胡兴东　蔡　燕　唐国昌　等◎辑点

『宋会要辑稿』法律史料辑录

上　册

中国社会科学出版社

图书在版编目(CIP)数据

《宋会要辑稿》法律史料辑录 . 全 2 册 / 胡兴东等辑点. —北京：中国社会科学出版社，2021.3

ISBN 978-7-5203-7792-8

Ⅰ.①宋… Ⅱ.①胡… Ⅲ.①法制史—史料—研究—中国—宋代 Ⅳ.①D929.44

中国版本图书馆 CIP 数据核字(2021)第 018332 号

出 版 人	赵剑英	
责任编辑	周慧敏	任 明
责任校对	韩天炜	
责任印制	郝美娜	

出　　版	中国社会科学出版社
社　　址	北京鼓楼西大街甲 158 号
邮　　编	100720
网　　址	http://www.csspw.cn
发 行 部	010-84083685
门 市 部	010-84029450
经　　销	新华书店及其他书店

印刷装订	北京君升印刷有限公司
版　　次	2021 年 3 月第 1 版
印　　次	2021 年 3 月第 1 次印刷

开　　本	710×1000　1/16
印　　张	86
插　　页	2
字　　数	1451 千字
定　　价	498.00 元（全 2 册）

凡　例

一、本书以《宋会要辑稿》收辑的法律史料为辑录对象。所辑录的法律史料包括立法、司法、执法、君臣对法律问题的言论等四个方面。

二、本书的"法律"是广义的，包括宋朝狭义上的法律和广义上的法律，即除了律、令、格、式、申明、指挥、看详等之外，还包括礼仪、礼制、官制方面的法律史料。

三、本书辑录的文本对象是四川大学古籍研究所刘琳、刁忠民、舒大刚、尹波等人点校的上海古籍出版社 2015 年本，同时参考中华书局 1957 年影印本。

四、本书对所有辑录的法律史料，能够确定具体时间的都补齐了发生的年月日。对增补的年月日用"【】"标出。史料中修改和改正的字，原文用"（）"，改正的用"〔〕"。

五、本书对所辑录的法律史料涉及的法律文件、法典名称按当前标点规范用书名号（《》）标出，以适应法律文件、法典标点的规范。

六、本书对辑录的法律史料根据现行国家标点规范进行了重新标点。

七、本书对辑录法律史料中的异体字、繁体字，在不改变原意的情况下全面改用通行简体字。若异体字、繁体字与现行简体字之间有不同含义的选择保留原字。如"閤门"就没有改成"阁门"。

八、本书为体现宋人的国家法律制度分类体系，在史料编排上没有采用编年体或当前通行的部门法分类，而是采用原书分类体例。全书共分为十七个门类。

九、本书对原书中一些法律史料由于章目门类的分类而出现重复分类到不同章目门类中的情况，一律只保留第一次出现的章目门类，不重复辑录。

十、本书对辑录法律史料中体现和反映宋朝专用法律术语、用语、官制等内容进行了必要的注释，以增加读者的理解。

十一、本书对辑录法律史料采用当前通行的横排、简体版式，以让本书能为学术界更多的学者阅读和使用。

十二、本书每条法律史料后面有两种数字进行标识，分别是：第一个数据表示清人徐松辑录整理中的页码，第二个加"p"的是 2015 年上海古籍出版社版本中的页码。

序　言

　　《宋会要辑稿》之所以被称为"辑稿"，是因为它是清人徐松在嘉庆年间从《永乐大典》中辑出所见《宋会要》的一部典籍。徐松对所辑《宋会要》并没有完成整理工作，宋朝编修的 12 部《会要》中属于哪一部，与其他不同时期《会要》的关系是什么，都没有考证清楚。而且，徐松辑录出的《宋会要》在流传中也是充满各种"传奇故事"，让这部典籍在学术界成为一部十分重要，但又有各种"传奇故事"的古籍。

一、《宋会要辑稿》来源与版本

　　《宋会要辑稿》是清朝嘉庆年间徐松在工作之余，从当时存世的《永乐大典》中辑录出《宋会要》的相关内容而成的一部在宋朝历史研究中具有原始性、基础性、资料性的重要历史文献。

　　宋朝在国家立法体例上，在继承隋唐时期的律令格式四典分类体例下，还发展和完善了唐朝中后期出现的两种立法形式，即事类体和会要体。事类体的目的是方便使用，而会要体则是为了全面记载国家典章制度的内容和沿革。两者在广义上都可以称为法典编撰。根据现在史料记载，宋朝共修撰了 12 部《会要》，最早的是《庆历国朝会要》，于仁宗庆历四年（1044 年）修成，最后的是南宋理宗朝的《理宗会要》。

　　现在可以见到的《会要》是清人徐松从《永乐大典》中辑录而来，又被称为《宋会要辑稿》。现在的《宋会要辑稿》是宋朝 12 部《会要》中哪一部《会要》，2015 年点校本的点校者认为是南宋张从祖编纂的《总类国朝会要》和李心传编纂的《续总类国朝会要》的结合体，具体是宋孝宗乾道年间以前的《会要》内容是张从祖的《总类国朝会要》，淳熙年以后的是李心传编纂的《续总类国朝会要》。从现有内容看，这种推定应是正确的，因为整部《宋会要辑稿》内容十分完整系统，在时间上从北宋太祖朝到南宋理宗朝。

清人徐松辑录出的《宋会要辑稿》，由于卷帙浩繁，加上当时辑录又是个人"私活"，所以错误、缺漏十分明显。对此，长期点校整理此书的学者刘琳就指出"《宋会要辑稿》之谬误较之沈刻《元典章》，有过之而无不及，几乎古籍中一切讹误的类型此书都有，而且更为典型"。① 正因这个原因，此书在点校本出现以前，学术界，特别是法律史学界使用并不广泛，以致出现宋朝法律史研究中往往以《名公书判清明集》等书为主要史料。

清人徐松辑录出的《宋会要》初稿经历了复杂的流转，直到民国时期藏书家刘取幹和刘富曾进行整理后，才形成四百六十册（卷）的整理稿本，最终让徐松的辑录手稿成为一部较为系统的书籍。1936 年北平图书馆影印出版两刘整理完成的《宋会要辑稿》，成为公开出版的《宋会要辑稿》中的第一个版本。1949 年后，最重要的版本有 1957 年中华书局影印本（共八册）。此书全面反映了《宋会要辑稿》的原状，但阅读使用十分不便。20 世纪 90 年代四川大学古籍整理研究所点校发行了电子版，2015 年四川大学古籍整理研究所整理出版了新的点校版，成为目前为止《宋会要辑稿》辑录后最完整的版本。

此外，学术界自民国以来就有不少人对《宋会要辑稿》进行了研究和部分点校。在专门研究上，民国时期汤中在 1932 年出版了《宋会要研究》，是国内最早系统研究《宋会要辑稿》的学术成果。20 世纪 80 年代后，王云海出版了《宋会要辑稿考校》和《宋会要辑稿研究》；陈智超出版了《解开宋会要辑稿之谜》和《宋会要辑稿补编》等研究成果。有学者对其中某些部分进行过点校，如苗书梅等人点校出版了《宋会要辑稿·崇儒》，郭声波点校出版了《宋会要辑稿·蕃夷道释》等。这些都成为研究此书的重要成果。

在整体、系统点校出版上，目前为止，最重要的成果有两个：一个是 20 世纪 90 年代四川大学古籍整理研究所与美国哈佛大学、台北中研院历史语言研究所合作，由四川大学古籍整理研究所负责点校出版的电子版《宋会要辑稿》点校本。此点校本出版后，大大方便了一般学者的阅读使

---

① 《宋会要辑稿·序言》，上海古籍出版社 2015 年版，第 1 页。

用。2009 年四川大学古籍整理研究所与上海古籍出版社合作，在电子点校版的基础上再次整理点校，最后在 2015 年出版了到目前为止最为完善和全面的点校版。根据四川古籍整理研究所整理者的统计，电子点校版校记出 1.5 万多条问题，2015 年点校版在此基础上再次点校出 3.3 万多条问题，还在正文中用括号直改、补、删等达 2 万多条。① 根据笔者阅读，在两次点校后，特别是 2015 年点校本，在文本上基本解决了徐松辑稿中存在的问题，但对涉及的法律名称、术语等问题的标点上仍然存在大量问题。这是因为本书中大量法律术语、习惯较为时代化，在标点时需要解决两个方面的问题：首先，是对宋朝法律术语、用语习惯有了解；其次，是对法律术语、用语的标点使用规范有掌握。本次辑录整理工作主要是辑录出法律史料，让研究法律史的学者使用，而不是文献学专业意义下的文献整理，所以没有进行详细校注。

二、《宋会要辑稿》在宋朝法律史料中的性质

《宋会要辑稿》在宋朝法律史料中具有原始性、基本性、全面性三个性质。这种性质让它成为其他任何法律史料都无法替代的宋朝法律史料。

（一）《宋会要辑稿》在法律史料性质上的原始性

《宋会要辑稿》中的大量史料是当时公文和原始文件的抄录，这样让我们对宋朝各种法律文书、程序有了全面的了解。宋朝的立法形式有哪些，不同立法如何表达，在《宋会要辑稿》中都有原始的史料可以看到。在宋朝现存的法律史料中，较为典型的有《续资治通鉴长编》《宋史》《庆元条法事类》《史部杂法》《名公书判清明集》等，但这些法律史料在全面性上都无法与《宋会要辑稿》相比。《长编》在时间上只是宋太祖至宋哲宗朝的历史，缺北宋宋徽宗、钦宗两朝和南宋时期的内容，而且《长编》的法律史料偏重事件记载，缺少法律内容的记载，此外还存在大量史料已经被李焘重新编排和转述表达的情况，缺少了原始性。《宋史》大量法律史料来自《会要》，但在抄录时仅对其中某部《会要》抄录，不能体现宋朝整体变化和不同时期的内容。《庆元条法事类（残本）》虽然全面反映了庆元年间的国家海行法中的敕、令、格、式、申明五种法律，但存在不全和仅是庆元年间的海行法，而无法反映其他部门和地方的相关

---

① 《宋会要辑稿·序言》，上海古籍出版社 2015 年版，第 2 页。

法律。《吏部条法》同样只反映了南宋后期的吏部相关法律，而无法反映其他时期和类型的法律。《名公书判清明集》所辑录的法律史料是有选择性的，反映的是当时"名公"的价值取向。这些司法判决按国家专业司法部门的标准看，很多判决是"不合法"，或者说是不规范的。而《宋会要辑稿》中的大量司法史料和君臣法律言论却反映了宋朝时国家司法上的取向。

（二）《宋会要辑稿》在法律史料性质上的基础性

《宋会要辑稿》的基础性是指它的史料往往是很多史料的来源和前身。这样《宋会要辑稿》让我们对宋朝的法律术语、用语等都能有很好的了解。如"敕"在宋朝有立法的、法典的、特定法律等多种含义。"在法""准敕""条制""条贯""条画""指挥""申明""看详"等词的含义演变在书中都有清晰的反映。此外，宋朝法律形式中，很多形式在学术界往往争论不休，原因就是无法对不同法律形式的具体内容有很好的了解。从《宋会要辑稿》保留的法律史料看，宋朝各种法律形式都有记载。如"敕"的不同类，特别是刑事法典的《敕典》与一般敕的两种形式的不同之处等。此外，格、式、指挥、申明、看详五种法律形式大量存在于《宋会要辑稿》中，其中格与式的内容十分多，让我们能够全面了解宋朝"格"与"式"的性质和内容。这些都让《宋会要辑稿》在宋朝法律史研究上成为基础性史料。宋朝立法中，一个最大的特点就是"礼仪"立法与敕令格式立法混同，两者在内容和形式上交叉重复，所以在《宋会要辑稿》中有大量此方面的内容，我们对此进行了大量的辑录，以反映宋朝在立法上如何把"礼与法"两者混同，特别是把"令格式"写入"礼"，"礼"也写入"令格式"之中的现象。

（三）《宋会要辑稿》在法律史料性质上的全面性

《宋会要辑稿》在全面性上体现在时间维度和空间维度上。在时间维度上，《宋会要辑稿》中的法律史料从宋初到宋末，在不同门类上时间都是全面的，体现出清晰的沿革和变迁。在空间维度上，《宋会要辑稿》反映出宋朝不同领域的法律情况。按现在的分类，《宋会要辑稿》涉及立法、执法、司法、法律形式种类和结构、法律术语和用语、君臣对法律的言论、国家职能和机关演变、国家礼制礼仪、民事立法、国家邦交立法等成果和过程。再如，宋朝皇帝在法律中的作用变化，不仅体现在立法上有敕、赦、诏立、御笔等形式，在司法和执法上还通过特旨改变国家法律的运行。宋朝立法中的申明、指挥、看详等形式是如何产生作用和演变等。学术界对宋朝有哪些法律形式进行了长期争论，通过《宋会要辑稿》中各种法律史料，会看到主要有律、刑统、敕、令、格、式、申明、指挥、看详、断例、例等。同时，通过《宋会要辑稿》的时代间变化，可以看到这些法律形式是如何演变、形态如何、如何适用等。此外，南宋时有名的史料，如《建炎以来系年要录》《四朝纲要》等，特别是《建炎以来系年要录》虽然对南宋高宗朝的历史进行了详细的整理，但涉及法律问题的史料却十分少，无法与《宋会要辑稿》中记载的相关法律史料比侔。

三、本辑录成果的整理点校说明

本辑录整理始于 2013 年，此后经过多次整理，今年才获得学校经费支持，于是对全书进行了再次整理和校对。通过半年的分工整理，2019 年 6 月完成了分工校对工作后，笔者对全书进行了集中系统整理。最初共辑录出 7889 条，近 150 万字。在此基础上，笔者对整个辑录成果根据选辑标准，重新逐条复审，删除关联性较低的史料，让全书字数控制在 120 万字，共 6220 条。

本辑录在文献学上，主要从四个方面进行改进和完善：

第一，对 2015 年点校本中涉及法律文件时，存在的不统一和不够规范进行完善。如《绍兴职制令》被标点为"绍兴《职制令》"。此种标点是不符合宋朝法律情况，因为宋朝在制定令典上有多个版本，此处的"绍兴"与《职制令》是一个整体，它的法律名称应是"《绍兴职制令》"。再如"嘉祐编敕"是指嘉祐年间制定的法典名称，应标点为"《嘉祐编敕》"，而不是不使用书名号。这种情况在 2015 年的点校本中十分多，笔者对此进行了尽量统一处理。

第二，《宋会要辑稿》中大量法律术语同字不同义，如敕、令、申明、指挥，它们有时是国家颁行法律的一种立法行为，有时是指一种法律形式，有时是指一件法律文件或者一部法典的名称。如"某某年敕""某某年申明""某某年指挥"实质是指特定时间内制定的特定法律名称，所以要用书名号。如"绍兴敕"是指绍兴年间修订"绍兴敕令格式"修成的《绍兴敕》典。再如"编敕"在宋朝若与特定皇帝年号结合时，就是指修定而成的敕典。如"太平兴国编敕"是指太平兴国年间修成的《太平兴国敕》典。此种情况在"令"上也同样如此。有时称其为"令文"

是指令典或者特定"令"的法律，此时"令"是指特定的法典和单行令。指挥、申明、诏、圣旨、赦书、诏令等，加上特定年月日时，往往是指特定年月日制定的特定法律文件名称，文中有时甚至会引用到这一特定法律的具体条文，这个时候就需要用书名号。

第三，《宋会要辑稿》中有大量史料是引用了当时赦令格式等法典的原文，在2015年点校本中却对这些直接引用的法律条文内容没有用引号标出。如：

【隆兴元年】四月十五日，臣僚言："窃见李若川等乞转朝议大夫，援引建炎覃恩旧例，谓非止法，许其溢员。勘会建炎放行迁转，妨朝士之年劳寸进者逮三十年，若今用例，转行滋蔓，将来之沿袭迁阶者何可胜计！检准《绍兴赏令》：'诸朝请大夫以上因赏转官者，以四年为法格，计所磨勘收使。'修（今）〔令〕之日在靖康，建炎之后，详定已允，今日所宜遵守，则建炎覃恩转官，不当引援明矣。欲将川等陈乞迁转更不施行。"从之。29，p3248

此条史料中："检准《绍兴赏令》：'诸朝请大夫以上因赏转官者，以四年为法格，计所磨勘收使。'"这里是引用了《绍兴赏令》中的具体条文，但在点校本中采用：

【隆兴元年】四月十五日，臣僚言："窃见李若川等乞转朝议大夫，援引建炎覃恩旧例，谓非止法，许其溢员。勘会建炎放行迁转，妨朝士之年劳寸进者逮三十年，若今用例，转行滋蔓，将来之沿袭迁阶者何可胜计！检准绍兴赏令：诸朝请大夫以上因赏转官者，以四年为法格，计所磨勘收使。修（今）〔令〕之日在靖康，建炎之后，详定已允，今日所宜遵守，则建炎覃恩转官，不当引援明矣。欲将川等陈乞迁转更不施行。"从之。29，p3248

第四，笔者对辑录出来的法律史料中的特定术语进行了必要的注释。对一些明显不对的标点进行了重新断句标点等。当然，进行详细注释是无法在本书中完成的。

四、《宋会要辑稿》法律史料中不同用语的解释

宋朝法律用语十分复杂，也可以说十分专业化，在用语上存在同语多义，或者是多语同义等问题。如"某某海行赦令格式"是指某某年制定的国家基本法律——赦、令、格、式，如《政和海行赦令格式》是指政

和年间制定的政和法典。这个法律有时又被称为《政和新书》《政和法》。这样，三个法律用语所指对象是一致的。此外，在《政和海行敕令格式》中又由四个独立的法典组成，即《政和敕》《政和令》《政和格》《政和式》。有时，《政和敕》会简称为《敕》等。"律"在宋朝法律中具有不同含义，有时指的是《唐律》《律典》，或《唐律》中某条具体的法律等。"在法"，在宋朝有时"法"就是某法典，如《政和敕》《政和令》等。"敕"在宋朝是一种国家制定的法律，称为"宣敕"；一种刑事法律，如《元丰敕》等；国家颁布后已经成为相对稳定的法律，如"某某年敕"。"某某新书"是指特定的法典，如《绍兴新书》就是绍兴年间修成的《绍兴敕令格式》的简称。《元丰法》《乾道法》就是《元丰敕令格式》《乾道敕令格式》的简称。所以在点校时，每个法律用语在不同语境中应如何标点，必须根据它在该史料中的性质来决定。

宋朝在指称法律、法的用语上除了特定的律、刑统、敕、令、格、式、申明、指挥外，还常用"条制""条法""条贯"等。当称某某条制、某某条法、某某条贯时就是某某法，如《政和条制》《政和条法》《政和条贯》是指《政和敕令格式》等。宋朝形成了很多特别的法律术语，如条法、条制、条贯、条画、法、条等，这些术语都是现在"法律"或"法"的一种通称。当称某某条制、某某条法、某某条贯时就是某某法，如《政和条制》《政和条法》《政和条贯》是指《政和敕令格式》等。

宋朝法律形式从现在看，主要有律、令、格、式、申明、指挥、看详等。律在宋朝十分稳定，就是《唐律》，或说《开元二十五年律》，经过数百年发展在宋朝时简称为《唐律》。"敕"在宋朝是一个多义词，即是立法术语、法律形式两种含义。宋朝时的"敕"，太宗朝后就开始成为刑事法律的通称，宋神宗朝后，"敕"成为"律"的同义词，即指刑事法律。当然，很多"申明"是由具体的"敕"组成。"申明"在宋朝主要是一种法律解释产物，即对已经撰成法典的相关法律的解释。所以最早的"申明"法典是《申明刑统》，出现在宋神宗期。南宋国家制定海行法律时往往制定"申明法典"，如《绍兴申明》。这个时期的"申明"主要是因为在法律效力上稳定性较差。"指挥"在宋朝是一种由中央机关颁布的法律，在性质上具有立法和法律解释两种功能。当然，还有大量"指挥"属于行政命令。南宋孝宗朝开始，指挥越来越成为一种国家立法中的法律形式，构成国家法律中的重要组成部分。

宋朝立法术语中，存在很多用语，其中，以皇帝名义发布的有敕、赦、宣、圣旨、朝旨、诏令、诏、御笔等；以中央机关颁布的有指挥、申明、看详等。宋朝以皇帝名义立法中"敕"是比较特殊的一种，"敕"本来是中央针对特定事件而颁布特别赦宥的法律行为，但由于宋朝"赦"的种类十分繁多，所以"赦"在现实中成为国家立法的重要形式，其中主要分为明堂赦、大赦、德音等种类。宋朝"看详"是一种比较特殊的立法形式。最早，看详是指中央在立法时会让具体部门或具体提出立法草案时对立法进行说明，相当于现在立法中的立法说明。只是，宋朝的看详在立法说明上有多种形式，具体主要有条文的来源、立法的原因、新法与旧法的关系与不同等。宋神宗朝后，看详成为国家重要立法时必须进行的工作，于是，大量出现立法附产品——看详。南宋时，看详开始成为相关法律解释的依据，甚至慢慢成为国家立法中的一种产物，也是一种法律形式。

宋朝对不同法律的适用效力范围已经在名称上进行了区别。从宋朝法律适用的范围看，分为适用于全国的、部门的和地方的三类。在法律术语上，有明确的区分，具体是适用于全国的法律被称为"海行"，适用部门的被称为"一司""一务"，地方特定区域的被称为"在京""一路""一州""一县"等。若某一法律适用于两个以上的部门和地区的，称为"通行"。所以宋朝法律名称中有"某某海行法"和"某某通行"等限定语时，是指该法律适用的效力范围。这些都让宋朝的法律文件名称出现不同。如《绍兴敕令格式》有时又称为《绍兴海行法》，或者《绍兴海行敕令格式》等。

宋朝在法律责任上出现了一些新变化，其中主要是在大量适用传统的"违制论"下，还适用"以违御笔论""以大不恭论""特旨"三种新的法律责任。其中"以违御笔"主要是在宋徽宗时期，因为徽宗经常不按正常形式发指令，为此称为"御笔"；"以大不恭论"是"以大不敬论"的一种避讳称谓，这种法律责任在宋神宗和宋徽宗两朝时最为明显。"特旨"是宋朝一开始就出现的，针对特定官员的处罚、提拔而由皇帝独断裁决，不按法律规定进行的一种司法和行政行为。这四种特殊的法律责任让宋朝在国家法律处罚上形成了一种特别"皇权机制"，影响着国家法定刑和行政责任的适用。

《宋会要辑稿》中可以看到很多专门性用语，而这些用语到元朝时得到广泛使用，如"条画"和"脚色"。"条画"这个法律术语在宋朝时开始大量使用，并不是元朝才出现的特有术语。"脚色"在宋朝就出现，而且含义与元朝的"脚根"是一致的，两者具有渊源关系。此外，从《宋会要辑稿》中可以看出宋朝立法中口语和俗语化十分明显。对此，朱熹就指出"旧来敕令文辞典雅，近日殊浅俗"。① 这种风格对金元法律用语影响较大。

从辑录整理出的法律资料看，宋朝国家法制调整的重点是《职定》《食货》《刑法》，其中最多的部分是《职定》《食货》。《职定》是国家行政管理、官员管理方面的法律，属于现在部门法分类中广义的行政法；《食货》是国家税收、经济管理、土地等不动产交易、遗产继承等，属于现在部门法中的经济法和民法部分。《刑法》属于现在部门法中的刑法。

总之，我们现在辑录整理出的《〈宋会要辑稿〉法律史料辑录》一书，可以称其为宋朝法律史的一部特殊著作，它全面反映了宋朝的国家法律结构、内容、特点等多方面的问题，是用宋代认识反映当时法律史的一种最佳形式。

---

① 黄士毅编，徐时仪、杨艳汇校：《朱子语类汇校（五册）》校卷112，《朱子九·论官》，上海古籍出版社2016年版，第2710页。

目　录

一、帝系

宋会要辑稿·帝系一·庙号追尊

【绍兴三年】七月六日，枢密都承旨赵子画言："准敕差篆'昭慈圣献皇后宝'文，寻据文思院供，旧宝方二寸四分。欲以'昭慈圣献皇后之宝'八字为文，分寸仍旧。"从之。14，p11

宋会要辑稿·帝系二·皇子诸王杂录·昭成太子元僖

【淳化五年】二月二十七日，翰林学士张洎上言："准《制》：'益王元杰改封吴王，行扬州、润州大都督府长史者。'臣谨按前史，皇子封王，以郡为国，置傅、相及内史、中尉等，佐王为理。自汉魏已降，所封之王如不之国，朝廷命卿大夫临郡，即称内史行郡事。东晋永和、泰元之际，有琅琊王、会稽王、临川王，故谢灵运、王羲之等为会稽、临川内史，即其事也。唐有天下，以扬、益、潞、幽、荆五郡为大都督，非亲王不授。其扬、益等郡或有亲王遥领，朝廷命大臣临郡者，皆是长史、副人使知节度（使）〔事〕，如段文昌镇扬州，云'淮南节度副大使、知节度事、管内营田观察处置等使、检校尚书左仆射、兼扬州大都督府长史'，李载义镇幽州，云'卢龙军节度副大使、知节度事、管内观察处置押奚契丹两藩经略等使、检校司徒、平章事、兼幽州大都督府长史'，即其例也。今益王以扬、润二郡建社为吴国王，居大都督之任，又已正领节度使，岂宜却加'长史'之号。乃是吴国王自为上佐矣。若或朝廷且以长史拜授，其如衔内又无'副大使、知节度事'之目。傥或他日别命守将，俾临本郡，即不知以何名目除授也？臣草制之夕，便欲上陈，虑报奏往回，有妨来早宣降。兹事体大，实干邦国。况吴王未领恩命，尚可改。乞付中书、门下商议施行。"帝以制命已出，不欲追改。洎又再上表，引典故论列。中书、门下言："端拱初，韩王改建襄王，领荆湖节度、江陵尹。冀王改封越王，领福建节度、大都督府长史。今益王改封吴王，苟如洎言，改充大都督。按《官品令》①：'大都督是二品，五府大尹、五府大都督长史是三品。'若然，则吴王之品高于二王，昆弟之间，品秩未当。"诏俟他日改正之，洎奏遂寝。6—7，p42

【真宗咸平五年】十一月十八日，以皇子祐为左卫上将军、信国公。时宰相言："故事：皇子出阁当封王。"帝不许，而有是命。8，p43

【大中祥符八年】十二月二十四日，阁门言："《仪制》：'宣赐亲王告敕，阁门使称"有敕"，再拜，口宣讫，搢笏跪授。（侯）〔候〕箱过，俛伏，兴，再拜，搢笏舞蹈，三拜，退。'将来宣赐寿春郡王告敕，称'有敕'，再拜，口宣，应喏跪授后，拟只再拜，随拜万岁，退。"诏可。9，p43

康定元年五月十二日，枢密院言："皇子八月十五日生，请依郡王使相例，赐袭衣、彩帛百匹、金器百两、马二匹、金镀银鞍勒一副。"从之。11，p44

【孝宗乾道七年】十一月八日，客省言："依格签赐宰臣、亲王以下正旦、寒食、冬至节料，在法止有宰臣执政官奉使出外取旨。今皇子魏王恺判宁国府，取旨施行。"诏依格赐，自发付宁国府，仍令本府将合赐物色依数排办就赐。今后准此。25，p52

宋会要辑稿·帝系二·皇孙·皇孙谌

【徽宗政和八年】闰九月二十一日，中书省言："准提举左右太子春坊申：'今来十月二日，皇孙谌生日，缘未有支赐令格正文。'"诏依宗室节度使令格施行。28，p54

宋会要辑稿·帝系二·皇孙·皇孙惇悙

【高宗绍兴十六年】七月二十二日，吏部言："普安郡王二子令取索补官条法取旨。大宗正司具到《宗室赐名授官令格体例》：'缌麻以上亲右内率府副率，袒免亲保义郎。'昨绍兴五年内右千牛卫将军安邵男赐名

---

① 此篇在《唐令》中属于第一篇，是对国家各级职官品级的设定，在晋朝至宋朝的令典中都属于令类立法重点。

授官，赐名居端，补右内率府副率。"诏可赐名愉、恺，并补右内率府副率。29，p54

【绍兴二十八年】正月二十二日，诏普安郡王长子右内率府副率憻可特转右监门卫大将军、荣州刺史，请给等并依行在赴朝南班宗室例支破。29，p54

【绍兴三十年】正月二十八日，诏普安郡王次子恺可特授右监门卫大将军，请给等并依行在赴朝南班宗室例支破。29，p54

宋会要辑稿·帝系二·皇 孙·皇孙挺挺扩摅抐

【孝宗淳熙十二年】四月三日，皇太子宫左右春坊言："皇孙平阳郡王近除安庆军节度使，进封平阳郡王。先承指挥，请给、生日支赐、公使钱并与依格全支。所有禄粟，欲乞依南班节度使士岘体例，依《禄格》全支。"从之。32—33，p56

宋会要辑稿·帝系二·濮秀二王杂录·濮王

【元丰七年】三月十四日，诏："嗣王虽著《品令》，① 然自国初以来未尝除授，故有司不能昭其恩数。近除宗晖嗣濮王，宜下御史台、阁门参定以闻。"十七日，御史台、阁门言："本朝旧令班仪，嗣王在郡王上，宗姓又在同列之上。近例，郡王领使相者得吏二人前引，虽出特旨，缘嗣王恩数，尤宜加隆。今参详嗣王若止随本官立班，当在本班之上，使相即用双引。"从之。38，p59

【政和五年】七月二十日，（颍）〔颖〕昌府奏："检会《政和令》：'诸犯濮安懿王讳者改避。'今据临颍县颍阳乡北管村人民姓氏，有从言、从襄家，犯濮安懿王讳。除令回避外，乞申请改赐姓氏。"诏改赐姓逊。42，p61

宋会要辑稿·帝系二·濮秀二王杂录·杂录

【淳熙四年】八月九日，嗣濮王士輵言："省部将臣少傅合得给使、减年等恩数，比之少保并行减半。乞依昨除少保体例全与放行。"诏依枢

---

① 此处《品令》疑有误，因为按当时的法律名称应是《官品令》。

密使见行条法放行。既而刑部言："士𫐒昨除少保，已依初除枢密使例全行出给、减年，再除少傅亦已作转厅例减半，出给公据。今再乞全给，从来枢密使即无两次升迁并作初除全给之例。"诏依转厅条格减半出给。49，p65

【淳熙十六年】十一月二十日，大宗正司言："武翼郎不廷进状，乞比换南班。照得不廷系舒王位下'不'字宗室，依昨降指挥，合比换南班，诸般请给、支赐、人从等并乞依不谔等已得指挥施行。"吏部奏："不廷已降指挥，于武翼郎上比换南班。今来虽无武翼郎换官条格，自合就以次修武郎格比换。兼照得昨不㤴、不𧮾并系从义郎，亦无从义郎条格，并用次等秉义郎格换官了当。今来不廷换授南班，合就修武郎格比换正率。"从之。51—52，p66

宋会要辑稿·帝系二·濮秀二王杂录·秀王

【绍兴二十年】四月十五日，吏部言："普安郡王第四女，欲比附宗室曾孙缌麻亲任节度使女封硕人条格施行。"从之。56，p68

宋会要辑稿·帝系四·宗室杂录一

【明道二年】十一月一日，诏："皇亲诸司使已下料钱，自来已支见钱。今诸司使特添见钱十贯，副使已下各于本资上依次第添一等料钱，其余请受并依旧。"4，p100

【庆历二年】五月十日，诏："自今南郊支赐，皇后及宗室妇各减旧数之半。"5，p101

【庆历七年】正月八日，大宗正司请自今宗室辄有面祈恩泽者，罚俸一月，仍停朝谒。从之。8，p103

【皇祐五年】八月二十八日，诏："皇亲今后趁朝不到，依新定罚俸，令三司于料钱内尅除。"9，p103

【皇祐五年】九月七日，诏："应宗室犯奸私、不孝、赃罪，若法至除名勒停者，并不得叙用，仍永不许归宫。所犯不至除名勒停者，并临时取旨。"9，p103

【至和元年】八月二日，大宗正司言："右卫大将军从古自陈，亡子世迈尝冒请亡孙令昶俸钱，愿月除己俸入官，请劾罪以闻。"帝以其知过，特释之。9，p103

【嘉祐五年】六月二十四日,详定编敕所言:"皇亲宫院有违禁衣服、首饰、器用之类,及虽系所赐或父祖所置者,听百日改造之。如违令,本宫使臣觉察,申大宗正司施行。"从之。12,p105

【嘉祐六年】二月三日,诏:"宗室赐名授官者,须年及十五乃许计年转官。"12,p105

【嘉祐六年】二月八日,诏:"宗室上陵坟,毋得以粘竿、弹弓、鹰(大)〔犬〕随行。"12,p105

【英宗治平元年】闰五月十一日,太常礼院言:"宗室嫡母存,则所生母、庶母、乳母,妇之所生母、乳母卒,请皆令治丧于外。"从之。14,p106

【英宗治平元年】六月二十五日,大宗正司言:"定到宗室听读赏罚规式。"诏从之,而令本司选宗室及宫官一人,季一试其所读,仍令籍被罚姓名,遇迁官日以闻。15—16,p107

【英宗治平二年】五月二十六日,诏:"宗室除已袭封外,今后生前封王者方许子孙承袭,袭封者并转一官,止观察留后。"16,p107

【英宗治平三年】七月十九日,翰林学士承旨张方平言:"皇族赐名,其属绝无服,而异字同音,或上下一字同者,皆请勿避。"从之。16,p107

【熙宁元年】九月二十八日,三司言:"天章阁待制王猎奏:'皇亲月料、嫁娶、生日、郊礼给赐,乞检定则例,编附《(录)〔禄〕令》。'省司看详,其间颇有过当及不均一,欲量行裁减。"从之。17—18,p108

【熙宁二年】闰十一月四日,太常礼院言:"检详国朝近制,诸王之后皆用本宫最长一人封公继袭。今来新制既言祖宗之子皆择其后一人为宗,即与自来事体不同。谨按《令》①文:'诸王、公、侯、伯、子、男,皆子孙承嫡者传袭;若无嫡子,及有罪疾,立嫡孙;无嫡孙,以次立嫡子同母弟;无母弟,立庶子;无庶子,立嫡孙同母弟;无母弟,立庶孙。曾孙已下准此。'本院参详,合依《礼令》传嫡承袭。"诏令定合封公者以闻。19,p109

【熙宁三年】六月十四日,判太常寺兼礼仪事陈荐、李及之、周孟

---

① 此处"令文"之"令"是指《令典》,而非特定的"诏令",所以据习惯加书名号。全书同类用法皆与此同。

阳、章衡、同知礼院文同、张公裕等言："秦王、楚王之后各无嫡子嫡孙及同母弟，亦无庶子传至庶孙，诏依令敕详定。臣等谨按《令》文：'诸王、公、侯、伯、子、男皆子孙承嫡者传袭；若无嫡子，及有罪疾，立嫡孙；无嫡孙，以次立嫡子同母弟；无母弟，立庶子；无庶子，立嫡孙同母弟；无母弟，立庶孙。曾孙以下准此。'窃以国朝近制，诸王之后皆用本宫最长者封公继袭。今来新制稽古改正，祖宗之子并令传嫡袭封。按《令》文，传袭之法莫不以嫡统为重；若不幸无嫡子，及有罪疾，始许立嫡子同母弟；无母弟，事不获已，乃立庶弟，然亦不离本统。其言庶者，别妾子之称，故下言嫡孙同母弟，次言庶孙，是别本房妾生之子，与上文庶弟之义同也。夫兄弟一体，同父异母，不序长少，继祢与祖，不离本统，是重嫡之义也。若无庶孙，则曾〔孙〕已下准此《令》文之明据也。以《礼传》言之，为后者四：有正体而不传重，嫡子有罪疾是也；有传重而非正体，庶孙为后是也；有体而不正，庶子为后是也；有正而不体，嫡孙为后是也。然皆不敢舍本统而及旁支也。按晋范宣议：嫡孙亡无后，则次子之后乃得传重。由此言之，须嫡房已绝，方许次子之后承之，况嫡房自有曾孙者耶？以《五服敕》言之：'凡为后承嫡者，虽曾孙、玄孙与孙同'，则庶孙包于其中矣。后总言为庶孙者，谓正服也，岂可通入别房之庶孙，而谓之承嫡耶？若以行尊而属近者为当立，则《令》文何以先母弟而后庶，不以长少为序？若以恩亲等者为当立，《礼传》何以受重者不以尊服之？借使本房有曾孙，而立别房之庶长，则是嫡统无故而废之也，于义安乎？推情求理，宜以本房之庶孙继祢与祖；无庶孙则下传曾孙，不离本统而袭封，于《礼令》为是。臣等今定夺到秦王、楚王各无嫡子，无嫡孙，无嫡子同母弟，无庶子，无嫡孙同母弟，无庶孙，无嫡曾孙，无嫡玄孙，无嫡曾孙同母弟。秦王之后合立庶曾孙克继，楚王之后合立庶曾孙世逸。其克继、世逸祖父皆嫡。"知礼院韩忠彦、陈睦等奏以："古者袭封之法，子孙承重，皆以嫡相传。今详《令》文之制，与古稍异。若无嫡孙，而有嫡曾孙，则舍曾孙而立嫡子之母弟；若无母弟，又立庶子。以此知亦许推及旁支，常以亲近者为先也。今《令》文称，无嫡孙同母弟，则立庶孙。以礼典与《五服敕》言之，诸子之子除嫡长外皆为庶孙。既云立庶孙，则当于诸房庶孙内择其长者一人立之，盖王视庶孙恩亲等也，庶孙比曾孙行尊而属近故也。今若专以嫡房妾子为庶孙，则别房之孙当以何亲名之？窃详当时立法之意，若专主嫡房妾子，则必曰嫡孙庶弟，不应统云庶孙也。既指王而统言庶孙，则通于诸房明矣。今庶孙见存，偶因嫡孙房兄弟皆亡，遂弃庶孙不立，而下传曾孙；或不幸又无曾孙，只有别房庶孙，岂可便作无后国除乎？不惟人情未顺，（切）〔窃〕恐深违法令之文。况续奉旨依令敕详定。臣等谓诸房之孙，合依《五服敕》通为庶孙。既无嫡孙母弟，合依《令》文立庶孙传袭。其秦王合以庶长孙承亮，楚王合以庶长孙从式定袭封。"诏依忠彦等所定，封感德军节度使、荣国公承亮为秦国公；从式以封郡王，更不改封。将来后嗣即依今来条例。21—23，p110—111

宋会要辑稿·帝系四·裁定宗室授官

【熙宁元年】九月丁酉，诏三司裁定宗室月料、嫁娶、生日、郊礼给赐。时京师百官月俸四万余缗，诸军十一万余缗，宗室七万余缗，其生日婚嫁、丧葬及岁时补洗杂赐与四季衣不在焉。31，p116

【熙宁二年】二月壬寅，枢密院言："宗室乞子孙赐名授官。"韩绛奏曰："中书、密院尝议定宗室之制，已有旨，候亮阴后商度。今合施行。"上曰："此事甚大，须议使今可行乃便。"文彦博等各陈大旨，皆以亲疏当有等降，若非立法，无以为经常久远之计。上曰："祖宗时皆是近亲，今用（尝）〔常〕时奉养赐予之例，诚宜裁定。若以诸王嫡长世为南班官，其余子授以三班职名，可否？"陈升之曰："须依前代继承之法，余子杀其恩例。六世亲尽，别为经制。"绛曰："此事乞专委属臣下议论，须辨亲疏立法，则不失陛下亲亲之意。"彦博曰："自古宗族犯法，恩有不听者，臣下以义固争是也。"上颔之。31—32，p116

【熙宁三年】六月癸酉，宗正寺言："每岁正月一日装写《仙源积庆图》《宗藩庆绪录》各一本，供送龙图、天章、宝文阁。今祖宗非祖免亲更不赐名授官，一依外官之法，合与不合修入图册？"诏送礼院详定。礼官言："圣王之于其族，上杀下杀，而殚于六世，所以明亲疏之异也。亲道虽尽，且记其源流，百世不紊，所以著世系之同也。亲疏异则恩礼不得不异，世系同则图籍不得不同，二者并行而不相悖，亲亲之义备矣。《礼》：'四世缌麻，服之穷也；五世袒免，杀同姓也；六世属竭矣。庶姓别于上，而戚单于下，婚姻可以通乎？系之以姓而弗别，缀之以食而弗殊，百世而婚姻不通，周道然也。'郑注：'系之弗别，谓若今宗室属籍。'盖据汉宗正岁上名籍，与礼经合。又《户令》：'皇宗祖庙虽毁，其子孙皆于宗正寺附籍。自外悉依百姓，唯每年总户口帐送宗正寺。'此则《户令》之文又与古制合也。以此言之，远近之恩固宜有差降，而谱（谍）〔牒〕之记不可以不存。况朝廷厘改皇族授官之制，而祖免外亲统宗袭爵，进预科选，迁官给俸，事事优异，悉不与外官匹庶同法，是则属虽疏，而恩礼不绝。若图籍湮落，则无以审其所从，而为远久之证。所有祖宗非祖免亲，欲乞依旧修写入《仙源积庆图》《宗藩庆绪录》。其在外者委宗正寺逐年取索附籍。"从之。35—36，p118—119

【熙宁三年】十一月，礼院言："祖免亲出任外官，宜著姓；若降宣敕，或自上表及代还京师，即止称皇亲，不著姓。"从之。36，p119

宋会要辑稿·帝系五·宗室杂录

【神宗元丰元年】正月二十六日，诏："康王宗朴，先帝近亲，其子仲容、仲壬，服阕日各特转一官，女二人特与县主。他人不得援例。"1，p121

【神宗元丰元年】六月九日，中书门下言："诸宗室缌麻以上及祖免女，听离再嫁，如已追夺前夫恩泽，后夫即降一等，有官者转一官。欲立条颁下。"从之。1，p121

【元丰七年】八月二十三日，大宗〔正〕司言："仲葩唐突进表，乞依《元丰新令·赏格》转官。缘仲葩先就试，已特减七年磨勘，今复侥求。"诏仲葩特展二年磨勘。6，p124

【绍圣元年】四月十八日，诏："右金吾卫大将军、惠州防御使叔谆追两官勒停，令叔谆赎铜六十勒。官屋锁闭，差人监守。"以停止逃军、屠牛、卖酒，其监门并本位使臣皆坐罪。8，p125

【绍圣元年】四月二十五日，礼部言："诸宗室系祖免以外两世，祖、父俱亡而无官，虽有官而未厘务，各贫乏者，委大宗正司及所在官司常切体访，保明闻奏，支破钱米。其有官男至厘务日，本房下随行共居人口住支；女至出嫁日计口豁除。每月十口以下钱十二贯、米十硕、屋五间；七口以下钱十贯、米七硕、屋四间；五口以下钱七贯、米五硕、屋三间；三口以下每口钱二贯、米一硕、屋二间。冲改元祐四年续降全条。"从之。元祐四年续降全条检未获。8—9，p125

【绍圣二年】五月十一日，尚书吏部言："欲将宗室两犯私罪以上，除依本条外，候到部，不许用陈乞占射及初参选添差恩例。"从之。以开

封府言："宗室有屡犯法禁者，乞立法惩戒。"故有是命。9，p125—126

【绍圣四年】五月二日，三省言："今后宗室雇女使，不得雇同姓，违者降娶同姓妻罪一等。"从之。12，p127

【元符元年】八月十一日，宗正司言："叔纡妻王氏病，男盈之割股与食而愈。"诏特赐绢百匹、羊十口、酒十瓶、面十硕。建中靖国元年六月三日，右金吾卫大将军、濠州防御使叔重男举之为父割股，亦依此赐。13，p128

【崇宁元年】十一月十二日，提举讲义司蔡京等言："奉承德音，谨追考神宗诏书，推原本旨，稽之往昔，增以当今所可行者，谨条具如左。如允所请，即乞付本司立法施行。一、自熙宁降诏以来，宗室量试之法中废不讲。至绍圣间，始复讲之，所以预试应格之人至少，亦未曾有以年长特推恩者。宗室之无官者繇此甚众。今若俟其累试不中，然后录用，缘未尝教养，一旦峻责其艺能，则推恩之文殆成虚设。况非袒免亲乃祖宗六世孙，恩泽所加，谓宜稍厚。乞将上件服属宗室，年二十五以上者，今次许于礼部投状，试经义或律义二道。以文理稍通者为合格，分为两等，候至来春附进士榜推恩。内文艺优长者，临时取旨。其不能试，或试不中者，并赴礼部书家状，读律，别作一项奏名，只作一时指挥，不为永法。今后自依熙宁诏书并元符试法施行。一、宗室有世数既远，出仕外官者渐众，而宗女随夫之官者数亦不少。或亡殁于外任，而其子孙不能归葬，或随侍在外，因而流落，或孤寡无依，或道路贫病。若不存恤，恐无所归。今请委所在州军常切体量，如有上件宗室，仰随所在保明，量加存恤（乞）〔忆〕奏。其存恤格，从本司详议颁下。若应保奏而不保奏，或保奏而不以实，并杖一百，听宗室随所在监司陈述，监司依格给讫，按劾以闻。一、宗子虽有教授，名存实废，宗子往往不出听读。虽设宗学，聚而为一，则有赴学之费、往来之劳，其势必不能群处。今请逐宫各置大小二学，添置教授二员，量立考选法，月书季考，取其文艺可称、不戾规矩者注于籍。在外任而愿入宫学者，听依熙宁诏书、元符试法量试推恩。其学制从本司参定。愿入太学、律学者亦听。应宗子年十岁已上入小学，二十以上入大学，年不及而愿入者听从便。若无故应入学而不入，或应听读而不听读者，罚俸一月；再犯勒住朝参，三犯移自讼斋。即两人不入学，本官本位尊长罚俸半月；三人以上并犯者，罚一月；十人以上，罚两月；重者申宗正司奏裁。一、今虽置学立师，为量试之法，然所学未广，遂使出长入治，必未能守法奉令，而至瘝官废职。伏请依熙宁文武官试出官法，再试经义，中选者许令出官；若再试不中者，止许在宫院，使食其禄。其试法从本司参定。一、熙宁间，神宗厘正宗室，乃有袒免亲赐名授官，非袒免亲更不赐名授官，只许应举之制；袒免、非袒免亦各立奏补子孙之法。独缌麻亲旧用国荫，自来未有荫孙已下明文。今请依外官例，得补荫孙。一、旧制，宗室袒免亲初参选，常许不拘名次陈乞指占差遣；非袒免亲初参选，依条添差外，更许不拘名次陈乞指占差遣一次。以后每到部，如无遗阙，与升一年名次。今来袒免以下亲出官者人数浸多，侵占在部（元）〔员〕阙不少。缘职事既有修废，若不分别勤怠，无以劝沮。欲乞今后应宗室非袒免以下亲量试出外官者，并各于员阙外添差。每大郡通都属县不得过十人，中郡不得过七人，小郡不得过四人。到任不签书本职公事。如有本辖长贰或监司二人保奏堪任厘务，方得供职。未厘务者，添支驿券、供给人从并减半支破。"并从之。蔡京条具九事，内四事分入敦宗院，余并见本门内。元祐宗室废量试法检未获。15—18，p129—130

【崇宁二年】二月三日，中书省言："大理寺立法：'诸以孤遗宗室钱米历质当者徒一年，孤遗自质当者减一等。钱主各与同罪，其钱不追。即因举债及预借钱物买所请钱米，而每月取利过四厘者，钱主杖八十，举借钱物不追，已请钱米还主，许人告。'"从之。18，p130

【崇宁三年】九月二十九日，南京留守司言："准《外宗正司令》：'诸宗室不得私造酒曲，许于公使库纳曲麦价钱寄造，每人月不过一硕，遇节倍之。'今已到宗室三百二十五人。若男或女十岁以下者，合与不合造酒？"诏："五岁以下不造，十五以下减半。西京依此。"18—19，p130—131

【崇宁三年】十一月二十二日，中书省言："诸宗室女使曾生子者，更不得雇入别位。不限有无服纪。违者，牙保人徒二年，知而雇者加一等，许人告。合入《大宗正司敕》。"从之。19，p131

【崇宁四年】四月十二日，知西京外宗正事仲忽言："无官宗室多是少孤失教，自恃赎罚之外无以加责，故犯非礼。乞所管宗室或有恣横不遵教约者，听比附《崇宁宫学敕》行夏楚。苟败群不悛，及不（负）〔服〕夏楚者，则许奏劾，押赴大宗正司，下本宫尊长羁管。"从之。19，p131

【崇宁四年】九月二十三日，诏："《熙宁宗室葬敕》可颁降施行，如与今事名不同者，礼部贴正。今后如敢式外辄受钱一千以上，以自盗

论。"20，p131

【崇宁四年】十一月二十一日，仲忽言："准《格》：'宗室非袒免以下两世，于两京近辅沿流便郡居止者，支赐起发钱：十五口以上三十千，十口以上二十千，四口以上十五千，三口以上十千。'南京比西京水陆远近不同，故贫乏宗室愿往西京者少。"诏："往西京居止宗室，起发钱各递增十千。"20，p131

【崇宁四年】十一月二十一日，中书省言："宗室诸王影前屋业房钱，庄宅行人辄为典卖，若钱主知而买者，各杖一百。其屋业及钱物，委大宫院尊长同袭封人管干。若袭封人尊长，即以次宗室同管。检察侵欺入己，或非理破用，各以违制论，失觉察者减三等。仍令均备，著为敕令。"从之。20，p131—132

【崇宁四年】十二月二日，尚书省言："检会《崇宁内外宫学令》：'诸宗子入学即笃疾废疾，若无兼侍，曾被解送宗正司验实，听免。'即有官，在学未及一年，虽及一年而犯第二等以上罚者，犯（等）〔第〕二等罚未再满一年，不在出官赴任之限。若已经赴任，而无举主三人，亦准此。已经赴任，既有举主，即不须更限员数。"从之。20—21，p132

【政和二年】五月十五日，诏："比闻孤遗宗子应给钱米，一有愆违，终身遂无所给，深虑匮（法）〔乏〕，不能自存。当限以岁月，使之自新。自今若犯取人财物、故殴伤人杖以下罪，情理重者住给一年，轻者半年。或私罪徒以上罪若赃罪二年，如不再犯，仍旧支给；有再犯者，大宗正司量轻重再展年限。"23，p133

【政和二年】六月二十三日，诏："宗室袒免已下亲，男女生、广，外任限三日申所属州县，州县限三日申大宗正司，在京限三日报本祖下袭封宗室注籍。"（存）〔从〕大宗正司请也。24，p133

【政和二年】六月二十八日，诏："节度使仲轼特依仲縻例，人从并同外官额定人数差取。如遇疾病在假，缓急事故，许依《元丰令》①乘暖轿出入。余人不得援例。"24，p133

【政和三年】正月二十一日，宗正寺言："本寺训撰宗室名，'之'字子皆从'公'字，'子'字子从'伯'字，'不'字子从'善'字。自来未有'公'字、'伯'字、'善'字之子许连名指挥，今欲乞依'公'字

---

① 《元丰令》是指《元丰令》典。这里指的是令典的法律，而非特定的诏令。

等例，许撰连名。所贵有以分别宗族昭穆。"从之。24，p133

【政和三年】闰四月二日，诏："宗室同安郡王仲仆薨，陈乞男三人见系副率，转将军；女二人转郡主，仍依出适人例支给请俸等；妻张氏依故仲绾妻王氏例破俸给；余恩例并依故仲损遗表恩泽体例已得指挥。其仲仆父宗愈为系英祖同母弟，所乞先次行出，余人不得援例。"24，p133—134

【政和四年】十一月二十二日，诏："自今应宗室无父，宗妇无夫若舅亡殁，仰大宗正司管勾葬事。如有居丧非理争讼，挟长取财物等，及一切违犯，并许纠劾以闻。其所差官吏敢有搔扰乞取，收受馈遗者，并以违制论。所有官给孝赠，限一月内赐。非祖免以下无官人遭期以上丧，于法不应给孝赠，约度所用，每位许共借助钱一百贯，仍于所破钱米内逐月克纳。应有该载未尽事，仰大宗正司条析以闻。"25—26，p134

【政和五年】六月十六日，诏："宗庭按雅乐所得各转一官恩例，内宗室仲轩、仲轵系大将军止法，合行回授，特许与亲侄士仅；士称合转小将军，亦系止法，特令转行。余人不许援例。"26，p134

【政和七年】三月二日，臣僚言："比来宗室宗妇往往侥幸陈乞，多不次第经由，而直赴朝廷，至有冒渎宸严者。伏睹本司《令》文：'诸事有条令及无违碍，'非本司理断不当而不由本司者，尚有法禁，况事无条例者乎？欲望降旨，今后宗室以无条例事进状，及直经朝廷或他司陈论，敢有隔越者，乞增立禁止。"诏宗正司立法。26，p135

【政和七年】三月二十五日，诏："自今宗室赐名，令学士院看定，中书省取旨。"26，p135

【宣和元年】十二月四日，诏："除宗室依已降指挥不注沿边差遣外，其服属相避并依《元丰法》。"① 29，p136

【宣和四年】六月十二日，承议郎、试宗正少卿赵子崧奏："伏睹御笔，以子崧族兄子栎为宗正少卿，仍移异姓他官。子崧一介孤外，久容尸素，未即汰斥，天地大恩，（大）〔犬〕马縻殒，无以论报。仰体并用公族之意，不敢以亲嫌自列。检准《元丰官制》②：'诸职事官以先后列为

---

① "法"在宋朝法律术语中有时是特指法典，当用在"某某法"时是指"某某敕令格式"，如《元丰敕令格式》被称为《元丰法》，《绍兴敕令格式》被称为《绍兴法》等。

② 《元丰官制》在宋朝是指宋神宗年间官制改革时制定的《元丰官制敕令格式》，很多时候被简称为《元丰官制》。

序。'子崧（侍）〔待〕罪司属，并书吏考，虽难以私义辄紊甲令，然长幼有序，愚分未安。伏望详酌施行。"诏依《元丰官制》。31，p137

【宣和四年】六月二十二日，诏："应同国姓者，毋得与宗室连名相犯。"从宗正少卿赵子崧之请也。31，p137

【宣和五年】六月十四日，诏："今后内外宗室并不称姓。"31，p137

【宣和五年】十二月三日，诏："教诱陪涉宗室，虽不系敦宗院所管之人，并依外宗正司条法。"31，p137

【宣和六年】四月二十四日，诏："诸路应宗室并不许募押粮纲。"31，p137

【宣和七年】六月一日，诏内外宗室依《熙宁法》，并著姓。31，p1372

【宣和七年】八月十九日，诏："外官宗室不著姓，自降指挥以来，凡官司行移、文券帮书之类，虽侍从至一命，皆以名别之，殊失国体。熙宁、元丰中，宗室任外官，惟辞见榜子并不著姓，余依外官法。此制甚明，可依前降不著姓指挥改正，并依熙丰旧制。"32，p138

宋会要辑稿·帝系六·宗室杂录

【绍兴二年】十二月一日，诏："故安定郡王令话亲孙女三人，候出嫁日，依仲综例，女夫与补承信郎。以其用遗表恩陈乞也。"1，p141

【绍兴三年】正月三十日，诏："宗室添差差遣，每州十县已上，不得过十员；不及十县至五县去处，各随所管县分数目添差；三县以上五员；三县以下三员。诸县万户以上三员，万户以下二员。仍并以二年为任。"以吏部言："检准《敕》①：'宗室添差白入差遣，每州亲民、监当不得过七员，诸县监当不得过三员，并不厘务。盖为优恤宗子。'今已添差数足，不住有宗室陈乞接续添差，而元降指挥内即无今后之文，亦无止添差一次指挥。本部（切）〔窃〕详宗室祖法，每州县限定员数，比之外官，所入阙次绝少。况目今在部宗室已是员多阙少，差注不行。其诸路州军所管县分多寡不等，难以一概作州七员、县三员差注。谓如江阴军止管江阴一县，建昌军止管南城、南丰二县，若与福州、临安府等县分多处一般差七员，实为不均。欲乞今后诸州军添差不厘务宗室，每州十县以上，亲民、监当通不得过十员；不及十县去处，合随所管县分数目添差；其不

---

① 此处之"敕"是指敕典，所引之文是敕典之文，而非特定的敕令。

及五县，并不得过五员；诸县不得过三员。并从本部于去替前一年内，以先到任人使阙，候见任人罢日赴上，并三年为任。其昨来州七员、县三员已添差处，自合终满今任。其差注条法并依《建炎四年六月五日已降指挥》^① 施行。"故有是诏。2—3，p141—142

【绍兴三年】四月二十六日，诏："今后宗室南班官不许出谒及接见宾客。著为令。"3，p142

【绍兴三年】十一月二十五日，诏今后宗室添差厘务小使臣权以二年为任。5，p143

【绍兴四年】二月一日，诏南班宗室自今并赴台参。以侍御史辛炳言："右监门卫大将军、忠州防御使士稠等一十一员，于去年十一月十五日朝见讫，并无故不赴台参。累牒大宗正司告报，逐官回牒，取到士稠等状，止称自从升换南环卫官，及今二十六年，并不曾赴台参；并昨来自东京至建康府以来，一（搬）〔般〕宗室趁赴朝参，亦不曾台参；兼详台参令注，即不该载南班环卫官赴台参之文。检准本台《令》^②：'诸节度观察留后至刺史、诸卫上将军至副率，到阙出使，仍参辞。'《绍兴职制令》：'诸金吾卫上将军至诸卫将军为卫官。'又本台《令》：'诸不赴台参者，无故过十日，同以见谢辞日为始，殿中侍御史具姓名申台，取审状申尚书省，太中大夫、侍御史以上并奏。余官拒过饰非准此。'今契勘，逐官依条令并合赴台参。兼检照得去年有宣州观察使仲骦权知大宗正司事，在任替罢，到阙见朝讫，依本台条限趁赴台参。及新授郢州防御使安时朝谢讫，亦曾台参。今来士骦等不依本台条令趁赴台参，亦不伏取审，却一向他说，显是违本台条法，拒过饰非。"故有是诏。5—6，p143

【绍兴七年】十一月二日，知南外宗正事仲儡言："昨降指挥，依嗣濮王仲湜申请，将诈冒请钱宗子押送外宗正司锁闭。检准'宗子犯罪锁闭'条内：'诸杀人已杀、强盗、十恶、故烧有人居之室，各罪至死，贷免；或罪不至死，<small>谓如知人强盗、藏匿、过致资给，令得为盗，而分受所盗赃物之类。</small>而所犯丑恶者，本宫院锁闭，满三年取旨。<small>特旨永不放免，依特旨。</small>'契勘本司见有临安府并大宗正司牒送到冒请钱米及累作过犯宗子赴本司锁闭，缘逐人所犯不系前项该载，及不系特旨永不放免之人。"诏："见锁闭冒请钱

---

① 此处"指挥"是法律文件名。

② 此处指《御史台令》，宋朝中央各部多制定适用于本部门的敕令格式，在法律上称为"一司一务法"。

米宗子，并放逐便。"11，p146

【绍兴十年】十一月十五日，诸王宫大小学教授石延庆言："仰惟神宗皇帝诞颁诏旨，以祖宗之子皆择其后一人为宗，令世世封公，补环卫官，以奉祭祀，不以服属故杀其恩礼。爰自艰难以来，属籍散漫，继袭之宗，未易推考，故诸王之祀阙然弗举，上轸圣虑。昨因臣（寮）〔僚〕之请，尝令大宗正寺拟定袭封，累年未决。〔乞〕诏有司趣令拟定应将（未）〔来〕袭封宗子、合居环卫官，量与升等补授，仍特优其稍廪，庶几继袭之人各修厥职。"诏令礼部依已降指挥疾速取索拟定，申尚书省。〔十一年〕八月十一日，礼部言："宗正司欲将诸王之后见在最长一名，权令主奉祀事，即不改换环卫，添破请给。将来有已袭封人来归，及见得有合袭封人，即依自来法（法）〔令〕施行。检会本司《令》：'诸祖宗之子皆择其后一名为宗，世补环卫官，以奉祭祀。'今来所乞权令主奉祭祀事，并不改换环卫，添破请给，别无违碍。"从之。14—15。p148

【绍兴十五年】五月十三日，礼部状："准《敕》：'臣僚奏国家三岁取士，于宗室特加优异，盖示亲睦。'昨国子监申，请行在宗室并赴国子监试；如授外任差遣并宫观岳庙，并赴转运司试。特从其便，初非有内外之别。其赴国子监试者，有官锁应，每七人取三人；无官应举，每七人取四人；无官祖免亲取应，文理通者为合格，不限人数。唯赴转运司试者，其所取之数即与进士一同，非所以奖进宗子之意。望诏有司详酌施行。"国子监言："欲除行在宗室依见行条法外，其诸路宗室不以有官〔无官〕，如愿赴行在应举、锁应者，欲依熙宁旧制，并许国子监请解赴省。如不愿，即依见行《崇宁通用贡举条法》施行。"从之。18，p149—150

【绍兴二十七年】六月二十一日，诸王宫大小学〔教〕授楼韦奏："伏见《绍兴五年七月十七日敕》①：'诸王、宗室年未十五岁附入州小学，十五岁以上入大学，依学生日给钱米，依进士科举法取应。其有官而未出官，亦许入学听读，实及一年，许参选出官。'敦叙之道、训迪之方，可谓至矣！而比年以来，诸州宗子入学或止系籍，而身未尝到。至于有官参选之人，往往临时计会有司，虚给公据，上下相蒙，浸以成俗，甚非所以奉承休德。乞下大宗正司严行约束，仍敕监司、郡守督所在尊长检

---

① 宋朝这种"某年某月某日敕"是指已经撰入申明或指挥中的特定法律名称，而非皇帝或中央颁布的敕令。从法律结构上，这时"某年某月某敕"已经构成了一个独立的法律名称，所以用书名号。

察劝诱，痛革前弊。"从之。26，p154

【绍兴二十七年】七月二十日，吏部尚书陈康伯言："勘会《绍兴令》：'诸宗室知通与兵职官不得同任。'又《令》：'诸职事相干或统摄有亲戚者并回避。'尚书右选差注宗室兵官，见依《建炎四年五月二十九日指挥》，会问大宗正司，与见任宗室无服纪，许行差注。缘尚书左选每遇差注宗室知通，即会问本州，如有已差宗室兵官，即拘上条，不以有无服纪，不得同任。近来诸州兵官多是添差宗室。又近承指挥，应通判除武臣知州、高丽人使经由，及元系堂除使阙外，余并令本部使阙。若不申明朝廷，不惟宗室已关升通判资序，无阙可入，使本部亦差注不行。今欲乞注拟宗室知通，其见任已差下宗室兵官系是添差厘务者，并行会问大宗正司，若别无服纪，即行拟差。如有服纪，及系正额兵官，到罢月日相（防）〔妨〕，并不许同任。"从之。26—27，p154

【绍兴二十八年】十一月十七日，定江军承宣使、同知大宗正事士籛言："自来宗室文臣参选，并免铨试。盖祖宗优异宗枝，别于庶姓，德至渥也。近有宗室不居近于切系京官参选，吏部告示，令赴铨试。若是本选去失指挥，无可籍考，自合申明，通用选人见今免试条法，窃恐后来成例。欲乞自今后京官参选，许通用选人免试条法施行。及武臣宗室，昨因臣僚论列，应任监当并不厘务，亦非国家并用文武、均惠戚疏之意。乞依祖宗旧例，仍旧注授厘务差遣，如有愿就岳庙宫观者听从便。兼契勘宗子犯罪，据所司根勘，① 约法定断，得旨拘管或锁闭之人，自有条法，立定〔年〕限，取旨放免。近来遇有拘管锁闭年限已满之人，有司又行看详元犯情理，再行展年。如此，则罚责尤重于异姓。欲乞依祖宗旧制，依年限取旨放免，以彰陛下加惠同姓之德。"诏吏、刑部看详，申尚书省，逐部欲以初官宗室无出身，如试不中，及无免试恩例，未应出官之人，令比选人法，（不）候年及三十；如授官，候满三年，年二十五，许行出官。及宗室锁闭、拘管、监管之人，除犯谋杀、强盗、十恶、故烧有人居止之屋各罪至死，贷免；或不至死，而所犯凶暴或丑恶，及谋杀、强盗、十恶、放火、私铸钱、强奸、略人，罪至流；并杀牛马，徒以上，经断再犯者，皆系情犯深重，即难以便依常法取旨放〔免〕，从刑部参酌，具申朝廷施行。其余罪犯，欲依所请施行。从之。29—30，p155—156

---

① 指彻底查究。

【绍兴二十八年】十一月二十三日，南郊赦："勘会行在、绍兴府孤遗宗子、宗女、宗妇等，所请钱米微薄，不可赡养。可比附《两外司孤遗体例》，将见请钱米之人籍定名字。如十五岁以上，每月添支钱一贯、米一石；十四岁以下，减半添支。"30，p156

宋会要辑稿·帝系七·宗室杂录

【乾道元年】正月一日，赦："勘会州县寄居宗子等孤遗钱米，累降指挥，令按月支给。访闻州县不为依期批勘，致有失所，未副惇睦之意。仰监司常切检察。勘会行在、绍兴府孤遗宗子、宗女、宗妇等，所请钱米微薄，不能养赡，可比附《两外司孤遗体例》，将见请钱米之人籍定名字。如十五岁以上，每月添支钱一贯、米一石；十四岁以下，减半添支。"乾道三年十一月二日、六年十一月六日、九年十一月九日赦同。4—5，p160—161

【乾道元年】正月十三日，崇庆军承宣使、同知大宗正事、安定郡王令誾言："依《格》：'任宗官每一岁，子孙遥郡刺史以下减二年磨勘。'昨自南渡后，任宗官子孙服属稍远，多无任遥郡刺史以下之人。其前官令廱子孙皆系文臣，已蒙依所乞收使。今令誾子孙亦系文臣，欲望特与收使。"诏依令廱例特许回授。二十三日，诏令誾与换文阶，特授左太中大夫、充敷文阁直学士、知绍兴府。5，p161

【乾道九年】闰五月十日，知明州伯圭言："馆客周筌（又）〔久〕从先臣，且教导臣子，欲望特降指挥补文资恩泽。"诏："恭奉太上皇帝圣旨，特与依士铢例，依《禄格》全支本色，仍免折支。"11，p164

宋会要辑稿·帝系七·宗室杂录·绍熙宗室杂录

【淳熙十六年】二月四日，登极赦："应宗子见入道或为僧，愿归家者听，元有官封者依旧。"13，p165

【淳熙十六年】四月十七日，诏："皇侄耀州观察使、嘉国公、食邑五百户、食实封贰百户抦。特授永兴军承宣使，进封许国公，加食邑五百户、食实封贰百户。应诸般请给、生日等可并与依《禄格》全支本色。"13，p165

宋会要辑稿·帝系七·宗室杂录·换授

【庆元元年】正月二十一日，诏忠训郎多谟特与换太子右内率府副率，其生日支赐、请给、人从并依见今南班官则例支破。以故皇叔太子右监门率府率多福妻徐氏奏："亲贤宅吴王、益王府、两（师）〔司〕南班宗室，在绍兴、隆兴以来，有居寅等二十余员，皆是使相、节度使，小者承宣、观察使，不数年间，相继沦没。乾道、淳熙间有'多''不'等十七八员，近年以来，相继不禄。今两宅止有七八员，委是官小员阙，日就零落，望怜恤近属。"从其请也。17，p167

宋会要辑稿·帝系七·宗室杂录·请给

【绍熙五年】七月七日，登极赦文："访闻宗室见请孤遗钱米之人，缘县道阙乏，多有拖欠。自今赦到日，并改就逐州按月帮支。"自后明堂、郊赦并同。19，p169

【绍熙五年】九月十四日，明堂赦："勘会行在及绍兴府见请孤遗钱米宗子、宗女、宗妇等，其间有未曾引赦添支钱米，可比附《两外司孤遗体例》，籍定名字，将十五岁以上并依前赦例添支，十四岁以下减半添给。"自后明堂、郊赦并同。19，p169

宋会要辑稿·帝系七·宗室杂录·恤孤

【嘉定六年】二月二十七日，臣僚言："窃见令甲所载：'孤幼财产，官为检校'。注云：'并寄常平库。'所以爱护甚至，隄防甚密矣。民间孤幼，责在州县，其家于乡村者，县（之）〔乏〕专责，应办窘迫，苟且目前，罕不于此移借。西南两外宗子孤幼，责在宗司，宗司自行拘收，吏辈既因以侵欺，用度务侈，遂视为公帑之储。且其在孩提之时，不能自有其有而委之官，须其及令而归之，谓不啻（局）〔扃〕钥之固。至于执券就索，以岁月久远拒之，否则婉辞以欸之，十或不能还一二。彼其初籍之〔日〕，已有利之之心。盖自籍而至于给还，近亦不下十载，而居官不过二三年为任。前者以非我给还而敢于用，后者以非我移用而吝于还。县令如此，甚非父母斯民之意；宗司如此，其亦盍以公族枝叶为念乎！乞诏户部行下州郡，毋容县道互用民间孤幼寄库财物。今后有法应检校之家，其财物并拘桩本县常平库；西南外宗司令大宗正司行下两司，如有孤幼宗子合检籍者，移文于寓居处，本州施行，亦寄常平库。如拘桩之物及续入地利，并须簿历分明收附，月委官点检，具申大宗正司。庶几给还以时，宿弊可革。"从之。22，p170

宋会要辑稿·帝系七·宗室杂录·训名

【嘉定八年】八月十三日，大宗正司言："枢密院编修官赵崇朴申请：宗子年长，四五十岁不曾训名，父无名籍，子无训据，乞行下诸路州县，明示年长未训名宗子，许日下经所属陈乞，保明具申。本司检准在《法》：'宗室降生，限一日报所属，限一季陈乞立名，以革伪冒之弊。'自后宗子间有不遵条令，遇降生儿男，或不照应条法陈乞；或讨觅外姓男女，一时扶合厢邻，只经州县出给降生。及自立私名，亦不陈乞训据。遂于嘉定五年内立式申明：'今后宗子降生男女，仰具三代家状声说其父曾不训名，系第几男，实排行第，于何年月日在甚处厢界（防）〔坊〕巷生长。收生老娘、抱育人，同本家尊长共状结罪保明。召承信郎或迪功郎保官一员，所在州军厢邻次第勘验，委无伪冒，批书保官印纸，保明申司置籍，出给降生文帖。如有自获指挥之后续陈乞者，亦照格式施行，方与给据。'行之许久，颇革前弊。所有宗子训名，亦照已得指挥，占偏傍避讳，牒报宗正寺训给。二者并是见行遵守。于今申请明示年长未曾训名宗子，经所属陈乞，保明具申。虽见念及宗子，免使因而流为外姓，窃虑伪冒之人乘时得以影射，妄作年长陈乞脱漏训名。本司今措置：'如有似此年及四十、五十未曾训名宗子，亦照前来格式，仰同本家近亲尊长重结罪名，委保陈乞。仍具夹细家状，拟占偏傍，避父祖名讳，令召或文或武升朝官一员委保，经所在州军陈乞。本州军亦照见行指挥，取索降生干照，委官点对，如前次第勘验。委非过房讨养异姓儿男，结立罪赏，批书保官印纸讫，保明缴申，山给训名。如陈乞之人父祖已亡，失于陈乞训名，以致宗寺不曾该载属籍，即乞就与添注。'"从之。25—26，p171—172

宋会要辑稿·帝系七·宗室杂录·杂录

【绍熙五年】七月七日，登极赦："应宗室（犯）〔凡〕请到文解，并与推恩。仰有司照应淳熙十六年体例，条具取旨。"同日赦："应宗室无官人，依淳熙十六年二月四日赦，与量试推恩。令有司照应已行体例，条具取旨。"同日赦："宗子见入罪，见锁闭、监管、拘管人，并放逐便。内情重，具元犯取旨。"同日赦："宗子见入道或为僧，愿归家者听。元有官者依旧。"28，173—174

【绍熙五年】七月二十九（年）〔日〕，诏皇弟许国公妇俞氏与封咸

宁郡夫人，依《宫人禄式》支破诸般请给。庆元四年七月封安国夫人。28—29，p174

【绍熙五年】九月十四日，明堂赦文："应宗室犯罪，元系情理重，与减作稍重；稍重减作稍轻；稍轻减作轻。"自后明堂、郊赦并同。29，P174

【绍熙五年】九月十四日，赦："应宗室犯罪，永锁闭、永监管拘管之人，令西南两外宗正司具元犯轻重及有无悛改，结罪保明，申大宗正司，具奏取旨。余锁闭、监管、拘管者可特与减一年，理为放免年限。已经展年人，令逐司结罪保明，申大宗正司，检照元犯，合行放免者与放免。"自后明堂、郊赦并同。29，p174

【开禧二年】五月十四日，皇叔祖和州防御使、新差知西外宗正事不掊言："窃见文武臣僚，自升朝以上，遇大礼皆得封赠父、母、妻等。欲乞自今后，南班正率以上，遇大礼并依外官法，许令封赠。"诏三省详议以闻。寻送吏部长贰看详："照得宗正司专法，别无立定正率许封赠母、妻并所生母及父祖条法。见行皆系宣和、绍兴格法内该载《换官格》明言：'正率换修武郎。'今外官修武郎该遇大礼，皆得封赠，而正率系是修武郎一等，合封赠官，却只得封赠母、妻，而不及父，是致不掊遂有此陈乞。今看详：不掊所乞亦人之子孙常情，况均为宗室，岂有南班而反不如（室）〔宗〕室外官可以荣其亲？欲乞朝廷许从本官奏陈事理，今后南班宗室自正率以上，遇大礼并依宗室外官法，许令封赠父、母、妻，并经大宗正司从条验实，保奏施行。"从之。29—30，p174

【嘉定六年】二月二十四日，大宗正司言："在《法》：'非祖免以下亲宗子、宗女，嫁娶虽依庶姓法。'而注文该载：'唯杂类与曾犯徒刑，若恶逆之家子孙，亦不许成亲。''杂类'注文为：'舅曾为人力奴仆，姑曾为娼。并父、祖系化外及居沿边两属之人，亦不许。'近年以来，往往奸胥猾吏多与无籍宗子伪冒苟合，盖芘门户，兜揽词讼，专事放哗，把持上下，莫敢谁何。事成则安接贿赂，事败则宗子出官抵拒；设有罪名，不过听赎阁请而已。是以村豪恃富，贿赂得行者必胜，愚善贫民有冤莫伸，诚为利害。今欲自后宗室并不得与曾为公吏之家为亲，比同'杂类'之法，庶几隔绝前弊。乞降指挥下本司，以凭遵守。"从之。30，p174—175

【嘉定七年】二月二十三日，大宗正司言平江府崑山县寄居宗子希尧文身犯法等事："照对宗室为非，皆是不逞恶少之徒，苟于一时酒食钱物之利，寻访他事，故意纵臾，使之出名，谓之'陪涉'。逮至有司，但令宗室招承其罪，余人悉得幸免。恶少恃此，何惮而不为？其陪涉之法，著之令甲，非不分明，然冒犯者尚多。况有该载未尽者，谓如宗室雕青，必须针笔之人，方能文刺肢体，悉是平时稔熟之辈。虽明知宗室不许雕青，缘无正条，万一犯至，有司不曾推究所自，是以为其引诱文刺者往往有之。凡人一被文刺，终身不可洗除，余人尚有从军之计，在宗室无所容身，遂至愈更习下。而况毁伤遗体，有玷祖宗，莫此为甚。宗室不许雕青，未著令甲；所有施针笔为宗室雕青之人，虽有条法，欲更比附陪涉之法，加一等断罪。仍许人告，给赏钱一百贯，于所犯宗室名下监偿。其宗室见支孤遗请给，即与住支，终身更不帮放。或有父祖恩泽，不得承受。其有同居尊长不觉察者，亦作施行。不唯使之知畏，此实杜绝宗室为非之一端。"敕令所看详："在《法》：'教诱陪涉宗室致犯罪者，徒一年。因而破坏资产、费用钱物，若为文刺身体者，各加二等，并千里编管，不以荫论。'上条该载，已自详备，止缘宗室文身者却无断罪正条，宗司今来申请，委得允当。所有日前文身者，合就令措置，使之自陈，或置籍，或给据，庶使有所分别，免（到）〔致〕一例施行。"从之。30—31，p175

【嘉定八年】六月四日，吏部言："四川制置大使司申：'右选宗室，在《法》："厘务二考，通不厘务四考，听通理关升。"本司照得，四川宗室厘务阙止是作院理为厘务。今来诸州作院已行废罢，其宗室厘务差遣无阙可入。若必令历厘务、不厘务差遣，共六考然后关升，委是艰阻。乞将右选宗室令历不厘务差遣三任六考，特与关升施行。'本部照得四川宗室既无可入之阙，则是无缘关升。若从本司所请，则（大）〔太〕为优滥。欲与展一任二考，通理八考不厘务，放行关升。庶几酌中，不废四川宗室寸进。"从之。31—32，p175

【嘉定十年】三月十八日，诏："魏惠宪王府小学教授依庄文府教授体例，除落'小学'二字。"以皇侄贵和趁赴朝参，本府教官陈敝等申请故也。32，p175

宋会要辑稿·帝系八·公主·哲宗四女

【绍兴九年】十一月二十七日，诏："哲宗皇帝昭慈圣献皇后止有孟忠厚、潘正夫系近亲，余人不得援例。"以臣僚言："近日戚里除授每加优异，往往不用祖宗故事。岂以比年以来，外族凋疏，于是深轸圣慈，务极恩意？此固陛下睦姻之厚德也。陛下之赐者甚寡，而不以为然者天下皆是，此不可不知也。前日孟忠厚以郡王出守镇江，今潘正夫又以驸马都尉除开府仪同三司。是以历考祖宗朝，驸马都尉惟石保吉以履历外任，尝着成效于行营，乃于晚年才得使相，自余皆无此除。如以郡王出守，则未之有也。忠厚、正夫傥于艰难时尝有勋劳在人耳目，则越常制而宠异之，其谁曰不然？今徒以存抚之故，而废祖宗之法，启侥幸于后人，无怪乎舆论之未孚。然开府者既已敷告治廷，日传千里矣；分符者又已就郡。臣亦尝以为请，蒙陛下为臣道其所以矣。臣之区区，固知其无及于事，然执法，臣之职也。陛下尝谓臣：'祖宗之法不可辄改。'臣以谓，上行法则下知所从，上废法则下亦莫之守矣。臣愿陛下特降处分，孟忠厚、潘正夫差除系一时特恩，后人不得援例。仍自今改授，有非祖宗旧制，并许给舍台谏论驳，当不惮改。如此，庶几幸门杜绝，而天下皆知陛下如天之无心也。"故有是命。34—35，p195—196

宋会要辑稿·帝系八·宗女

【淳熙十六年】二月四日，登极赦："应宗女宗妇见入道或为尼，愿归家者听，元有官封者依旧。"44，p201

【绍熙二年】十一月二十七日，郊祀赦："行在及绍兴府见请孤遗钱米宗女、宗妇等，其间有未曾引赦添支钱米，可比附《两外（可）〔司〕孤遗体例》，籍定名字，将十五岁以上并依前赦例添支，十四岁以下减半添给。"44，p201

【绍熙五年】正月一日，庆寿赦："宗子、宗妇、宗女年八十以上，令大宗正司保明奏闻，与转官加封；未有官封者，特与官封。"44，p201

【绍熙五年】九月十四日，明堂赦："应宗妇宗女因事令入道尼，如后来能自循省，仰大宗正司保明，特与放令自便；不愿者听。"自后明堂、郊赦并同。44，p201

【庆元四年】四月五日，诏："今后宗女因疾愿给度牒者，令礼部先次从实书填讫，方得给付。"以中书门下省言："宗女有疾愿出家者，得指挥给降度牒，止合自行承受。近来多有巧作名色，意在转卖。"故有是诏。44，p201

宋会要辑稿·帝系八·驸马都尉杂录

【元丰三年】十二月二十七日，驸马都尉王师约等〔奏〕："《皇祐一司敕》：'驸马都尉不与清要权势官私第往还。'臣等凡遇垂拱殿起居，即与修起居注等同阁子，虽非私第，亦虑非便。欲望以使相阁子二间为臣等（侍）〔待〕班处。"从之。51，p204—205

【元丰六年】闰六月十九日，三省奏："今后大长公主、长公主、公主下降，驸马都尉骨肉恩例令，尚书省立法。"从之。以郭献卿选尚冀国大长公主，其父乞恩例故也。52，p205

【哲宗元祐六年】十月十二日，右朝奉郎韩端彦言："弟嘉彦尚温国长公主，下降有期，私家进财，支费甚多。欲以相州田业契书于在京四抵当所各质钱二千五百缗，依例出息。"诏于抵当所特贷钱万缗，仍限五年还纳。其后韩端彦援元丰中郭献卿例，乞除放所贷钱，从之。53—54，p206

宋会要辑稿·帝系一一·守法·内降再任以不应法而止

【建炎四年】九月，内降："监御厨潘缜特令再任。"三省检会："缜系添差，法不当再任。"宰臣奏："如欲令再任，当降特旨更添差一次。"上曰："既不合再任，则不须与。若更添差，则人得以援例，而废法矣。"1，p237

宋会要辑稿·帝系一一·守法·不以戚里有过而废法

【绍兴元年】十月，进呈推勘伪告身文字，事连潘永思，上曰："永思虽戚里，即有过，安可废法？"于是令罢閤门职事，就逮。秦桧退而叹曰："卓哉此举！"1，p237

宋会要辑稿·帝系一一·守法·以中制法则法行

【绍兴三年】，上谓吕颐浩曰："为法不可过有轻重，然后可以必行，而人不能犯。太重则法不行，太轻则不禁奸。朕尝语徐俯：'异时宫中有所禁，切令之曰"必行军法"，而犯者不止。'朕深惟其理，但以常法处之，后更无犯者。乃知先王立法，贵在中制，所以决可行也。"1—2，

p 237

宋会要辑稿·帝系一一·守法·六曹以例决事

【绍兴四年】八月，权吏部侍郎胡交修等奏："契勘近降细务指挥内一项：'六曹长贰以其事治，有条者以条决之，无条者以例决之，无条例者酌情裁决。'夫以例决事，吏部最为繁多。因事旋行检例，深恐人吏隐匿作弊。欲七司各置例册，凡敕札、批状、指挥可以为例者编之，令法司收掌，以待检阅。"诏依之。臣升之释曰："庆历三年，富弼谓：'近年纪纲甚紊，随事变更，两府执守，便为常例，施于天下，咸以为非。而朝廷安然奉行，不思划革。'"盖不务谨守成宪，而凡事许以援例。兹顽弊所由生，而弼之所深虑也。吕源《增释·总论》谓："景祐亲政，小大之臣不能丕变。朝廷命令之地，刑赏之施，合取进止，率皆引例，以决重轻。往往出于堂吏之手，则天子威权悉制于例，非祖宗独断之意也。"由是言之，守法不谨而牵于用例，非一日矣。绍兴四年，常因权吏部侍郎胡交修等奏：无条例者酌情裁决，谓以例决事，吏部最为繁多。盖深虑人吏（之）隐（愿）〔匿〕之弊，而《圣政》史臣所谓稍知任人之重，而救吏强之弊也。九年，御史中丞勾龙如渊抗论，谓："艺祖受命之初，睿断英发，动以便宜从事，而法令之在天下，何其简也！累圣相承，讲求备具，凡载在官府者，有嘉祐、熙丰、政和敕令。陛下即位以来，有《绍兴令》，本末相参，纤悉备具，凡人情有疑而事之难决者，揆之于法，鲜不在焉。粤自艰难以来，有权一时之宜而行之者，有朝廷一时特达而行者，有出州县一时利害而申明者，有出百司庶府一时务为人情而不恤后患者。事既一行，遂引为例，而法令之外，又杂例而行，始不胜其繁矣。夫例之为害有四：法令已繁而复援例，是非丛扰，不知所出，一害也。其始有司所行，本非得已，互相攀引，取若探囊，而官日增，费日广，赏日滥，二害也。吏人私自记录，随事而售。甲理会某事，则曰有某例；乙理会某事，则曰有某例。既得此例而诉之也，所偿或不如所欲，则又持他例之不可者白之官，曰某例虽可用，然有某例以冲之。吏强官弱，贿赂公行，三害也。甲令所载，本有定法，或缘官司特行一事，后来循吏，置法用吏，四害也。欲望特降指挥，将官司应干行过旧例，委官搜检，并行架阁；并吏人私所纪录者，限十日许令首纳，尽行烧毁。仍明饬有司，今后一切依法令从事，而诉事之人敢辄引例者，官员徒一年，百姓杖一百科断。"并亦深有见于用例之弊，不容以不革也。乾道元年五月诏告天下，以旁缘出入引例为弊，失刑政之中，其刑部大理寺例册令封锁架阁，更不引用矣。二年又谕执政："当谨法令，毋创例害法。"臣以斯言推之，则当时之事必无牵制于例之患。诿曰久用之例不容尽废也，亦决不至听其出没变化于吏胥之手矣。2—4，p237—238

宋会要辑稿·帝系一一·守法·抑戚里思战士不以私恩废公法

【绍兴六年】五月，户部论潘永思添破食钱不应格法，上曰："若于法不可，亦无如之何。"4，p238

宋会要辑稿·帝系一一·守法·谓不便民之事不去申严无益

【绍兴七年】十（日）〔月〕，上曰："昨日降出刘瑜论十事，皆民间疾（若）〔苦〕，可择其当行者行。"于是〔赵〕鼎等曰："所论皆善，然役法今已详密，当申严行下。"上曰："止申严未必济事，须去其不便于民者为善。"4，p238—239

宋会要辑稿·帝系一一·守法·立法不贵太重而贵力行

【绍兴十四年】正月，进呈杨存中乞刺本军未刺字人，以防诸处互相召置，仍乞严行约束。秦桧奏："旧有二法：一、召别军人，并行军法。此太重难行。一、立赏许人告，犯人请给，计赃坐罪，将校佐取旨。乞依此施行。"上曰："甚好，立法不贵太重，而贵必行，法必行，则人莫敢犯矣。"《圣政》史臣曰："王者明以法示人，使人知避，而不敢犯也。且人有不幸而罹于法，王者往往有所不忍，而法遂不行焉，何也？是太重之过也。夫欲重则必难行，欲行则不必重。设之太重，而行之不顾，此惟商鞅能之，圣人不能也。"4，p239

宋会要辑稿·帝系一一·守法·谓法令奉行不虔申严无益

【绍兴二十四年】三月，进呈臣僚上言州县不依法即时过割税租，有害于民事。有司供到见行条法指挥，命申严行下。上因言："法令固在，如官吏奉行不虔，虽申严行下，终亦无益。为知州者，须更历民事、通晓利病者为之。"因命监司以时检察，有不如令，按劾以闻。4—5，p239

宋会要辑稿·帝系一一·守法·用法之公

【绍兴三十二年】八月乙丑，诏：文州刺史、知阁门事孟思恭奉使受赂，可罢见任。辛未，谏议大夫任古奏："思恭奉使受赂，而朝廷不能正其典刑，止罢见任。夫人之有过而不能治，在国法为可废；国之有法而不能施，在朝廷为可羞。而道路之言，以谓其弊滋久，动则窒碍。若其果然，愿陛下澄源塞流，使斯（辈）〔辈〕贪利败国之心潜销于冥冥之中，则专对于外，可以无辱命之忧。"乃降授武功大夫、吉州刺史。5，p239

宋会要辑稿·帝系一一·守法·给舍缴论王继先经赦恩法并用

【绍兴三十二年】九月，给事中金安节等奏："奉圣旨，福州居住致仕王继先已经大赦，可令任便居住。臣窃以圣人用法，常以天下为心，罪之宥之，一用公议。王继先罪恶稔积，群情久愤，太上皇帝用公议逐之，天下称快。原其罪状，当屏遐裔，而近居闽中，为幸已大。曾几何时，遽用恩赦，许其从便，殊骇物听。欲乞寝罢令任便居住指挥。"诏："王继先依赦任便居住，不得辄至行在。"《圣政》史臣曰："圣人之治天下，恩与法并用，而后可以相维于无穷。"盖偏于法，则无以开天下自（幸）〔新〕之路；而偏于恩，则无以杜天下侥幸之门。诸葛亮曰："吾今威之以法，法行则知恩。"二者未尝（便）〔使〕之偏胜而已。王继先罪恶稔积，太上以公议逐之，此法也；寿皇登极，引大宥之文许之从便，此恩也。而给舍犹以为未厌公议。于是裁之以圣断曰："王继先依赦任便居住，不得辄至行在。"一以开其自新之路，使之知朝廷之恩；一以杜其侥幸之门，使之不敢玩朝廷之法。御天下之道，至是无余蕴矣。5—6，p239—240

宋会要辑稿·帝系一一·守法·责守法惩依违

【隆兴元年】四月，诏有司："所行事件并遵依祖宗条法及《绍兴三十一年十二月十七日指挥》，更不得引例及称疑似，取自朝廷指挥。如敢违戾，官司重作施行。"先是绍兴三十一年十二月十七日，因臣僚上言："乞诏三省大臣，凡四方奏请送有司，令各以成法来上；其不以实而依违迁就者，主典科违制之罪，长吏以不职免所居官。台谏常切觉察。"得旨

依奏，令三省六曹遵守。至是臣僚复论吏舞文曲说，检会元敕奏上，故有是命。6，p240

宋会要辑稿·帝系一一·守法·用法不用例晓告天下

【乾道元年】五月，诏："法令禁奸，理宜画一。比年以来，旁缘出入，引例为弊，殊失刑政之中。应今后犯罪者，有司并据情，直引条法定断，更不奏裁。内刑名有疑，令刑部、大理寺看详，指定闻奏，永为常法，仍行下诸路遵守施行。其刑部、大理寺见引用例册，令封锁架阁，更不引用。仰刑部遍牒诸州，大字出榜晓谕。"6，p240

宋会要辑稿·帝系一一·守法·旧无条法之事不可创

辅臣奏："昨日传旨，询问医官换授事。吏部供：并无条法，惟有王继先以特恩换授。"上曰："伎术官自是不许换授。"洪适等奏："陛下欲推恩一小臣，亦须问法。"上曰："正恐批出，又不可行。旧有条法之事岂可创？卿等亦当如此。"适等奏："陛下如此遵守法度，臣等岂敢轻违三尺？"《宝训》6—7，p240

宋会要辑稿·帝系一一·守法·谕执政毋创例以害法

【乾道二年】四月，上谕执政："卿等当谨法令，无创例以害法。如胥辈兼局之类，切不可放行。"6，p240

宋会要辑稿·帝系一一·守法·欲增宫人俸顾禄令不可而止

【乾道二年】八月，进呈内东门司申："内人红霞帔韩七娘得旨转郡夫人，依外命妇支给请受。据户部供，除红霞帔逐月有请受外，外命妇郡夫人即无《禄令》。"魏杞等奏："岂有加封而反无请俸者？"上曰："《禄令》如此，朕不欲破例。此事且已，朕禁中自理会也。"《圣政》（使）〔史〕臣曰："寿皇圣帝欲为一宫人增俸，顾《禄令》不可而止，则其重爵禄、守法令之意可以类推矣。"7，p240—241

宋会要辑稿·帝系一一·守法·谓言事未必尽知利害便欲更张

【乾道六年】八月，吕游问进对，论祖宗成法。上曰："言事者未必

尽知利害，便欲更张。"7，p241

宋会要辑稿·帝系一一·守法·亲定《乾道新书》

【乾道六年】十月，礼部尚书刘章进对奏："臣闻李德林在隋开皇初与修敕令。时有苏威者每欲易其条目，德林请于朝，谓欲有更张者当以军法从事。夫法之弊也故修之，修之而未必皆当，与众共议之可也，乃欲胁以军法，其亦不仁甚矣。仰惟陛下清明远览，命官取新旧法并前后敕旨，辑而修之。越岁书成，反覆参订，迺以奏御，而丙夜之观尤为详悉。其间有未便于人情，未安于圣心者，莫不朱黄识之，还以下谕，俾疏奏以闻。稍或可疑，必加改定，然后颁行。欲望播告中外，惟《新书》①是遵。"上曰："朕已自看一遍，亦异乎隋高祖之事矣。"于是诏从之。《圣政》（使）〔史〕臣曰：法之未成也，议之贵乎详；法之既成也，守之贵乎坚。故今日议法之详，所以为异日守法之地也。议论讲明，一或不审，异日虽欲信而必行之，有不可得矣。《乾道新书》卷帙（而）〔不〕为不多，而寿皇丙夜遍览弗倦，朱黄识之，多所改定，而后颁行。议法之详如此，所以为万世法。8，p241

宋会要辑稿·帝系一一·守法·祖宗法度

【乾道七年】二月，侍讲张（拭）〔栻〕轮对奏："本朝治体，忠厚仁信为本。"因及熙丰、元符大臣。上曰："祖宗法度，乃是家法，熙丰之后不合改变耳。"8，p241

宋会要辑稿·帝系一一·守法·改法宜审于初

【乾道七年】十一月，虞允文奏："旧法，黄甲不曾到部人，在铨试下等人之上。"上曰："可依旧法。"又曰："改法不当，终有窒碍，不如加详审于初，则免改更于后也。"8，p241

宋会要辑稿·帝系一一·守法·谓侥幸之门由上自启

【乾道九年】，宰臣梁克家奏："龙云、陈师亮添差，于指挥有碍。"

---

① "新书"在宋朝法律用语中具有特定含义，是指某某法典，如《乾道新书》就是乾道年间修成的法典。

上曰："卿等如此守法，甚善。"又曰："侥幸之门，盖在上者多自启之，故人生觊觎心。讲画一之法，贵在能守。"8，p241

宋会要辑稿·帝系一一·守法·法度须是上下坚守

【淳熙二年】六月，进呈内降李显忠奏陈，乞女夫添差东南第四副将赵鼎差遣，奉御笔："再与前任差遣。"缘无添差恩例，有碍近降指挥。上曰："卿等合如此理会，既碍指挥则已。大凡法度，须是上下坚守。"8，p241—242

宋会要辑稿·帝系一一·守法·谓法令明备守之自足为治

【淳熙二年】闰九月，进呈淮南转运司申：濠州锺离定〔远〕县巡检耿成令再任。上曰："祖宗成法，惟监司及沿边郡守方许再任。耿成虽有劳效，已经再任，不欲以小官差遣坏祖宗成法。"因论及："国家承平二百余年，法令明备，讲若画一，傥能守之，自足为治。盖天下本无事，庸人扰之耳。"8，p242

宋会要辑稿·帝系一一·守法·谕辅臣遵守法度

辅臣进（承）〔呈〕诸司荐举刘三杰，缘系初改官人，近制合作县〔令〕，乞与堂除一知县。上曰："得卿等守法度如此，甚善。间有内降，朕初无心，不厌卿等来理会。国家或有大事，须赖谋猷；平居无事，且当遵守法度。"8，p242

宋会要辑稿·帝系一一·守法·内批误用未经任人辅臣有请而止

辅臣进呈：内批"刘球，勋臣之后，可差充诸州军签判"。辅臣奏："球未经（内）〔任〕，有碍堂除。"上曰："此刘光世孙，可特堂〔除〕之。"次日，中使至龚茂良私第传旨宣谕："昨日刘球差签判指挥更不须行。方进呈时，误认未曾经任之意，反覆思之，此除正碍近制，不可废法。"8，p242

宋会要辑稿·帝系一一·守法·亲定《淳熙法册》

【淳熙六年】八月，进呈敕令所重修《淳熙法册》，御笔圈记《户令》内驴、驼、马、舟船契书收税，上曰："凡有此条，并令删去。恐后世有算及舟车之言。"辛丑，进呈《户令》，内有"户绝之家，继绝者，其家财物许给三千贯；如及二万贯，奏裁"。上曰："国家财赋，取于民有制。今若立法，于继绝之家其财产及二万贯者奏裁，则是有心利其财物也。"赵雄奏："似此者欲悉删去。"上曰："可悉令删去。"九月丙寅，进呈《捕亡令》："诸捕盗公人不获盗，应决而愿罚钱者听。"上曰："公人捕盗不获，许令罚钱，而不加之罪，是使之纵盗受财也。此等条令，可令删去。"丁卯，进呈《赏格》，内有监司、知通纳无额上供钱赏格。上曰："祖宗时，取于民止二税而已。今有和买及经总制等钱，又有无额上供钱。既无名额，则是白取于民也，又立赏以诱之，使之多取于民，朕诚不忍也。可悉删去此赏格。"赵雄等奏："立赏以诱之，钱愈多则赏愈厚，俗吏唯赏〔是〕图，侵渔苛敛，无所不至。今圣慈删去此等赏格，斯民被实惠广矣。"上曰："朕不忘恢复者，欲混一四海，效唐太宗为府兵之制，国用既省，则科敷民间诸色钱物可悉蠲免，止收二税，以宽民力耳。"雄等奏："圣念及此，天地鬼神实临之，必有阴相，以济大业。"《圣政》史臣曰：寿皇万机之暇，无他嗜好，敕局所修条令，皆勤乙览，去取之间，辄经御笔审定。臣赏观算及舟车之训，而知圣人之远虑；观纵盗受财之训，而知圣人之渊识；观有心利其财物之训，而知圣人之大义；观设赏诱之多取之训，而知圣人之至仁。8—10，p124—243

宋会要辑稿·帝系一一·守法·详审不轻变法

【淳熙七年】五月，进呈广南路经略安（按）〔抚〕、转运、提点刑狱司状："准指挥，以本路奏请，乞将湖南宜章、临武两县割属广东连州。再委官询访，审究二县委不可割。欲望特降指挥下湖南漕、宪司，只令仍旧。"上曰："不若仍旧，岂可轻更易？朕向来见陈献利害，听其一时之言似乎可行，轻欲更改。迩年以来，惟务详审，未尝轻变一法。盖天下之言，来之欲广，而听之在审。"10，p243

宋会要辑稿·帝系一一·守法·谕士大夫改正罪名

辅臣进呈敕令所删定官郭明复奏："有犯人枉法自盗（贼）〔赃〕抵罪，乞不许改正。"上曰："（仕）〔士〕大夫陈乞改正罪名，不必问其所犯轻重，但委有枉，则虽重罪，亦不可不与改正；若所犯得实，虽是公

罪，亦难改正。"10—11，p243

宋会要辑稿·帝系一一·守法·法令不必申明但按劾违法者

辅臣进呈福建提刑司奏："乞下本路州县，不得存留罢役公人充耆长。"上曰："法令自明，但州县奉行不虔耳。今更不必申严，可令将违法知县按劾以闻。只行遣一二人，则诸路州县自不敢不遵法令。"11，p243

宋会要辑稿·帝系一一·守法·自守法不敢开幸门

辅臣进呈伯圭札子："门客不理选限，登仕郎恩泽，乞理选限。"上曰："于法如何?"赵雄等奏："在法不许。"上曰："每自守法，不敢开放。若违常法，以开幸门，则援例干请不已，将何以阻之?"11，p243

宋会要辑稿·帝系一一·守法·违戾当行遣不降指挥

【淳熙十三年】八月，进呈朱缓奏："乞约束州县，不得擅行苗税折纳价钱。"王淮等奏："莫更申严?"上曰："不须得，事贵简而严，若烦，徒为文具。"进呈约束诸路纳义仓米，上曰："亦不须得。若有违戾，自当行遣，今后更不降指挥。"11，p243—244

已上三十事，两朝严于守法，务在必行之。臣升之释曰：维持国家，在乎法守。国家之守在人，固有上立法而上自不守者，有前人立法而后人不守者，有上欲守法而下不能守者，有下欲守法而上不容其守者。徇情牵制，则以私意败法；随事变更，则以用例弃法。命令不一，则以无信玩法；束吏弗严，则以舞文害法；威断不立，则以姑息废法。甚哉，守法之不可不谨也!《大禹谟》曰："儆戒无虞，罔失法度。"盖虑游于逸，淫于乐，则不能谨守宪度也。《旅獒》曰："不役耳目，百度惟正。"欲其内有所主，不至徇外而解弃绳墨也。《无逸》曰："严恭寅畏，天命自度。"欲其一陟一降，秩然有天则不可乱也。《大诰》曰："惟十人迪知上帝命，越天棐忱，尔时罔敢易于法。"谓治定固当遵守成宪。况多事之时，尤不可轻易变更也。《诗·六月》之序曰："鱼丽废则法度缺。"伤其治内治外之政不举，而纲纪文章（文）〔又〕为之荡然也。《易》之"雷电噬嗑"，曰"先王以明罚敕法"，惧其无威明，不足以谨法也。《祈招》之诗曰："思我王度，式如玉，式如金。"言其法度精纯，爱民如金，治而不穷其力也。《语》曰："谨权量，审法度，四方之政行焉。"言数圣人相继有天下，未有无法而可行者也。《孟子》曰："上无道揆，下无法守，朝不信道，工不信度，君子犯义，小人犯刑。"盖惧夫上不（义以）〔以义〕理度量事物而制其宜，则下亦莫能以法度自守也。国朝立法，以洗晚唐五季之末习，历变多而虑患深，持心厚而禁防简。艺祖始创之，太宗增备之，真宗遵承之。咸平、景德之际，固无替于前朝。大中祥符以来，稍稍渐异祖宗之制。迨天圣、明道十余年间，东朝垂帘，奸幸始肆。虽景祐亲政，纪纲稍肃，而积习用例，祖宗躬亲听断之意浸以不复。弊法不除，颓纲不（整）〔振〕，非所以守基图、救祸乱，此富弼所以有请，而《三朝政要》之书所由（所）〔作〕也。高宗深惩祸乱之源，慨念更张之弊，凡前日法度之废者无不复，谨存者无不举，当行者无不申明，遵守惟恪。虑夫法太重而难必行，则立法贵乎中；虑申严未必济事，则去其不便于民者；虑官吏行不虔，则命监司检察按劾；虑法禁之所不载，则谓自公卿贵戚皆当以身帅之，不以特旨废法，不以私恩废法，不以戚里废法。此高宗所以为善守法。孝宗守之尤严，尝谓："国家承平二百余年，法令明备，讲若画一，傥能守之，自足为治。"又曰："大凡法度，须是上下坚守。"又曰："国家或有大事，须赖谋猷；平居无事，且当遵守法度。"凡此者，皆严于守法之意，而其所以守之则有道矣。盖守法所以不坚者，必自上始，尝谓："每自守法，不敢放开。若违常法，以开幸门，则干请不已，何以止之？"故虽欲增一宫人之俸，顾《禄令》不可而止；欲与（以）〔一〕未经任金判，以碍近制而止；欲与一潜邸祗应差遣，以指挥不应而止。既幸门不开于上，可以守法矣，又虑公卿大臣之不（然）〔能〕共坚所守也，则又谕大臣曰："卿等如此守法，甚善。"公卿既相与坚守矣，又虑并缘出入，引例为弊，以失政刑之中，则诏犯罪者有司并据情欵，直引条法定断，凡例册封锁架阁，更不引用。既已晓告天下，又特命官取新旧法并前后敕旨缉而修之，反覆参订，丙夜之观，尤为详悉。其间有未便于人情、未安于圣心者，莫不朱黄识之，稍或可疑，必加改之。其《淳熙法册》，下至《户令》内驴、驼、马、舟船契书收税，无不厘正。《圣政》史臣释之云："观算及舟车之训，知圣人之远虑；观纵盗受财之训，知圣人之渊识；观有心利其财物之训，知圣人之大义；观赏诱多取之训，知圣人之至仁。"其讲明无憾，可以百世共守之矣，犹虑言事者之未必尽知利害而轻欲更张，则曰："迩年以来，惟务详审，未尝轻变一法。"又曰："改法不当，终有窒碍，不如加详审于初，则免改更于后。"既又坚守不轻变矣，而下之人犹有不相与守之者，则黜赏行焉。于是长吏以不职免所居官，主典以违制科罪，违戾去处便行取问，奉行不虔之州县便许按劾。淳熙十三年十一月，尝因进呈陈居仁札子，上曰："今之要务，不过择人才、正纪纲、明赏罚。更赖卿等留意，却不须多降指挥，徒见繁碎。"又进呈司农寺分委西仓籴米，上曰："此等文字便可札下。凡指挥须教，若玩渎，何补于事？当取其大者要者留意，小事姑从阔略。"又曰："少降指挥，不惟事简，又且人信。"当时议论，大抵贵信不贵轻改，贵要不贵烦渎。如是而法不行，未之有也。故曰："朝廷不必变法，能以实意守法可也；士大夫不必议法，勿以私意败法可也。"以上《永乐大典》卷二一三〇四 11—14，p244—245

二、后妃

宋会要辑稿·后妃一·皇后皇太后杂录

　　【元丰八年】八月八日，礼部言："皇太妃冠服之属，减皇后五分之一。"诏翰林学士、给、舍、礼部、太常寺同详定。后翰林学士邓温伯等言："参详皇太妃冠服《礼令》不载，亦无故事。请参酌裁定，其生日节序请损皇后五分之一。"诏依。所定内冠朵用牙鱼。14，p260

宋会要辑稿·后妃二·皇后皇太后杂录

　　【建炎四年】十一月二十四日，诏："月供隆祐皇太后洗头炭一百八秤，内人贤妃已下月料炭九百八十一秤。岁供隆祐皇太后入冬炭一千五百秤。并一半支本色，余折支价钱。"2，p274

　　【绍兴四年】五月五日，故赠少师、嘉国公邢焕女和义郡夫人邢氏奏："伏睹《绍兴令》：'诸后合得亲属恩泽回授与本位使臣者，听。'今来别无使臣，本位乞回授与本家主管进奉等，补授初等使臣名目。"从之。4，p276

　　【绍兴十三年】四月二十七日，诏："慈宁宫官吏等到宫合行推恩，并特与转一官资内，内碍止法人特与转行，白身人与补进武副尉。"8，p281

　　【绍兴】〔十二年九月〕九日，诏："皇太后俸钱月一万贯，冬年、寒食、生辰各二万贯，生辰加绢一万匹，春、冬、端午绢各三千匹，冬加绵五千两，绫罗各一千匹。"8，p281

　　【绍兴二十七年】十月十三日，宰执进呈昭宪皇后侄孙杜子善、杜潘、杜演状："缴到政和五年十一月八日手诏：'昭宪皇后淑哲懿敏，诞育上圣，深谋远计，辅佐初潜，勤劳王家，勋在社稷。今考杜氏之后，门

阀微替，可令有司访其后裔，条具来上。'乞依前项指挥，将本家未仕子
孙逐月计口，支给孤遗钱米。"上曰："此虽不多，缘有徽宗皇帝御笔指
挥，可特与依《绍兴格》。宗室祖免外两世，逐月计口支给。朕平日于此
等事未尝辄放，盖恐援例者众，若例一开，不可复闭。"宰臣沈该等奏
曰："圣意高远，非臣等所及。"11，p283

宋会要辑稿·后妃二·皇后皇太后杂录·皇后杂录

【绍熙四年】十一月十六日，诏皇后亲属庄氏、路氏、钱氏、张氏并
与依宫人《禄式》则例，支破红霞帔请给。26，p298

宋会要辑稿·后妃三·妃嫔·贵妃

【庆历八年】十月二十二日，太常礼院言："参详令文及历代典故，
修撰《贵妃册礼仪注》：册竹简长一尺一寸，阔一寸，约文多少，用一十
四枚，以锦装褾。用天下乐锦。印用金，方一寸。其文曰'贵妃之印'，龟
钮紫绶。服以褕翟之衣，青质，罗为之，衣画裳绣，皆为翟文，编次于衣及裳，重为
九等。素纱中单，黼领，朱褾襈，黼谓为杂文绣为黼文。蔽膝，随裳色并用青，以缁
为缘，亦绣翟文，重为二等。大带以青，加革带，青袜，青舄，舄以白饰如绣次文。
玉佩，锦绶，首饰用花钗九株，宝钿准花之数，施二博鬓。"从之。2，
p304

宋会要辑稿·后妃四·内职

宋朝承旧制，皇后之下有贵妃、淑妃、德妃、贤妃、昭仪、昭容、昭
媛、修仪、修容、修媛、充仪、充容、充媛、婕妤、美人、才人。旧有宝
林、御女、采女，国朝不置。太祖置司簿、司宾，并封县君；又置乐使，并赐裙
帔。太宗置尚宫及大监，并知内省事，充内宣徽南院使兼承旨，与司簿或
封国夫人、郡夫人；宝省、尚食封县君，司宝、司仪、司给封郡君、县
君，乐使之下增副使。改内省为尚书内省，令尚宫、大监并号尚书，改祗
候人为御侍，衣服为司衣，梳篦为司饰，枕被为司寝，汤药为司药；乐
使、副使为仙韶使、副使，弟子呼供奉。置直笔、书省主事，改茶器为翰
林局，掌御阁为直阁，掌宫门为直门，掌灯火为掌灯，掌从物为直仗，针
线院为裁缝院。令司簿兼掌宝，司言兼监班，司仪兼承宣。掌宝、司仪及

仙韶使、副使封县君。司记知尚书内省公事，皆赐以（君）〔裙〕帔。真宗置宫正、司籍、司乐、司赞、司珍、司膳、典宝、典言、典赞、尚仪、尚功、尚服、尚食、尚寝、司闱、司仗、司醢、司饎、司正、司设、司舆、司苑、司制、司彩、乐长、引客御侍、行首押班、殿直、散直、行首、都行首、辇头、知书省之名。景德二年，增置太仪。大中祥符二年，特置贵人。六年，增置淑仪、淑容、顺仪、顺容、婉仪、婉容，在昭仪之上。司宫令一员，在尚宫之上。仁宗乾兴元年，置贵仪，在淑仪之上。1，p323

宋会要辑稿·后妃四·内职

凡内命妇品：贵妃、淑妃、德妃、贤妃，夫人，正一品。太仪、贵仪、淑仪、淑容、顺仪、顺容、婉仪、婉容、昭仪、昭容、昭媛、修仪、修容、修媛、充仪、充容、充媛，嫔，正二品。婕妤，正三品。美人，正四品。才人，正五品。贵人，无视品。宫人女官品：六尚书，正五品。二十四司司正、彤史，正七品。二十四掌，正八品。女史，流外勋品。1—2，p323

凡宫人女官职员：尚宫二人，掌导引皇后，管司记、司言、司簿、司闱，仍总知五尚须物出纳等事。司记二人，掌在内诸司文书入出目录，为记审讫付行监印等事。其佐有典记、掌记各二人，女史六人。司言二人，掌宣传启奏事。其佐有典言、掌言各二人，女史六人。司簿二人，掌宫人名簿廪赐之事。其佐有典簿、掌簿各二人，女史六人。司闱六人，掌宫闱管籥之事。其佐有典闱、掌闱各六人，女史四人。尚仪二人，掌礼仪起居，管司籍、司乐、司宾、司赞事。司籍二人，掌经籍教学纸笔几案之类。其佐有典籍、掌籍各二人，女史十人。司乐四人，掌音乐之事。其佐有典乐、掌乐各四人，女史二人。司宾二人，掌宾客参见朝会引导之事。其佐有典宾、掌宾、女史各二人。司赞二人，掌礼仪班序、设版、赞拜之事。其佐有典赞、掌赞、女史、彤史各二人。尚服二人，掌司宝、司衣、司饰、司仗之事。司宝二人，掌珍宝、符契、图籍之事。其佐有典宝、掌宝各二人、女史共四人。司衣二人，掌御衣服首饰之事。其佐有典衣、掌衣各二人、女史四人。司饰二人，掌膏沐巾栉服玩之事。其佐有典饰、掌饰、女史各二人。司仗二人，掌仗卫兵器之事。其佐有典仗、掌仗、女史各二人。尚食二人，掌知御膳，进食先尝，管司膳、司醢、司药、司饎事。司膳二人，掌膳羞器（血）〔皿〕之事。其佐有典膳、掌膳、女史各四人。司醢二人，掌酒醢之事。其佐有典醢、掌醢、女史各二人。司药二人，掌医药之事。其佐有典药、掌药各二人，女史四人。司饎二人，掌宫人食及柴炭之事。其佐有典饎、掌饎各二人，女史四人。尚寝二人，管司设、司舆、司苑、司灯事。司设二人，掌帷帐床褥枕席、洒扫铺设之事。

其佐有典设、掌设各二人，女史四人。司舆二人，掌舆伞扇羽仪之事。其佐有典舆、掌舆、女史各二人。司苑二人，掌园苑种植蔬果之事。其佐有典苑、掌苑、女史各二人。司灯二人，掌灯油火烛之事。其佐有典灯、掌灯、女史各二人。尚功二人：掌女工，管司（制）〔製〕、司珍、司彩、司计事。司制二人，掌裁缝衣服纂组之事。其佐有典制、掌制各二人、女史四人。司珍二人，掌金玉珠宝财货之事。其佐有典珍、掌珍各二人，女史六人。司彩二人，掌锦文缣彩丝枲之事。其佐有典彩、掌彩各二人，女史六人。司计二人，掌支度衣服饮食柴炭杂物之事。其佐有典计、掌计各二人，女史共四人。宫正一人：掌总知宫内格式，纠正推罚之事。司正二人，掌同宫正。其佐有典正、女史各四人。2—3，p323—324

宋会要辑稿·后妃四·内职·内职杂录

【大中祥符六年】正月二十八日，诏曰："朕以祗嗣庆基，交修茂则，眷言壸教，实系国风。辨彤管之等威，既存于旧制；益紫庭之位号，亦着于前闻。爰考典章，用新班秩。垂兹宪度，属在隆平。今增置淑仪、淑容、顺仪、顺容、婉仪、婉容，并从一品，在昭仪之上，可著之甲令，以为永式。"时将加恩太宗高昭仪、臧昭仪故也。4，p324—325

【大中祥符六年】二月一日，诏曰："朕以宫壸之间，各分事任；班序之际，夙著等威。爰按旧章，肇新明制，增其常秩，创以佳名。所冀彤管承荣，聿彰于茂渥；紫庭莅职，弥振于宏纲。（令）〔今〕特置司宫令一员，正四品，班在尚宫之上。著于令式，以为永规。"时以宫正邵氏久在宫披掌事，故特增置（于）〔以〕加恩也。4，p325

【元符三年】十二月二十七日，诏："内命妇降生皇子，许依大礼奏有服亲三品以上三人。著为令。"8，p327

【政和三年】五月二十八日，手诏曰："先王之政，自家刑国，自内及外。惟我祖考，董正治官，分建百职，总核万事。然乘五代之乱，循袭旧制，名不称实。惟我神考外设六联，分职三省，各有常守。而宫闱内官，尚或沿袭，有所未暇。朝夕惟念，内外家国，理当一体，则有条而不紊。机政之暇，因考古厘改，俾各遵承，永为定制。尚书内省内宰二人、副宰四人，总正六司，使率其属，以听内治，掌外省六曹所上之事。都事六人、主事六人、录事十二人、令史十二人、书令史二十四人、书史二十四人。内省六司：司治视吏部职事。官，内史一人、治中一人、吏令史二人、书令史四人、书史六人。司教视户部职事。官，内史一人、治中一人、吏令史二人、书令史四人、书史六人。司仪视礼部职事。官，内史一人、治

中一人、吏令史二人、书令史四人、书史六人。司政视兵部职事。官，内史
一人、治中一人、吏令史二人、书令史四人、书史六人。司宪视刑部职事。
官，内史一人、治中一人、吏令史二人、书令史四人、书史六人。司膳视
工部职事。官，内史一人、治中一人、吏令史二人、书令史四人、书史六
人。"10—11，p328—329

三、乐

宋会要辑稿·乐一·律吕一

【景祐二年】〔五月〕二十五日，李照上《造成今古权量律度式》："凡新尺、律、龠、合、升、斗、秤共七物。尺准太府寺尺以起分寸。为方龠，广九分，长一寸，高七分，积六百三十分。其黄锺律管横实七分，高实九十分，亦计六百三十分。以黄锺管受水平满，注龠中亦平满，合于算法。若依古法千二百黍而为一龠者，则于算法加减不成。乐合方寸四分，高一寸，受水三方龠。乐升广二寸八分，长三寸，高二寸七分，受水十二乐合。乐升所受如太府升制。乐斗广六寸，长七寸，高五寸四分，受水十升。总计三百六十方龠，以应乾坤二策之数。乐秤以一合水之重为一两，一升水之重为一斤，一斗水之重为一秤。及造《汉书》升、合二枚，汉合广寸八分，长二寸五分，高与广等，受水十方龠。此合分寸之数旧无其说，今以算法推究知之。汉升广四寸五分，长五寸，高二寸八分，受水十汉合。准今太府升凡二升，则余二十八龠。又造《周礼》升、豆二枚，周豆方寸，与黄锺新律管法不合；周方方三寸，受水二十七豆，准今太府寺升凡大七龠有畸。臣以新律龠、合、升、斗比较周、汉旧制，并据今新律龠立法，但小大不同。若取《虞书》'同律度量衡'，则此法量与律合，而《周礼》用豆起升，以方寸立法，则律、量不同矣。今制律定乐，声以谐和，其龠、合、升、斗亦合更造，用存永制。今欲以涂金熟铜铸造新定律、龠、合、升、斗，及别以木造周、汉升、合、豆、升四等各三副，以备程览。"从之。4—6，p343—344

宋会要辑稿·乐三·宋乐·"卿宜为朕典司之"

【政和三年】五月，颁新燕乐："一、新乐颁降后，在京限两季，在外限三季，川、广、福建又展一季，其（更）〔旧〕乐更不得作。所有旧来乐器不合行用者，如委是前代古器免申纳外，余并纳所在官司毁讫申礼部。即限满用旧乐并听之者，并徒一年；旧乐器应纳不纳者依此。二、应教坊、钧（镕）〔容〕及中外不依今乐，辄高下其声，或别为他声，或移改增损乐器者，徒二年，许人告，赏钱一百贯。三、人户有造到新乐器，仰赴州呈验，用所颁乐按协一次，声同不异，即听行用。四、诸路州军习乐人，如愿赴大（成）〔晟〕府按协习学，或赍乐器赴府开声，或愿收买者，并听从便。五、旧来淫哇之声，如打断、哨笛、呀鼓、十般舞之类，悉行禁止。违者杖一百，听之者加二等，许人告，赏钱五十贯文。其淫哇曲名，令开封府便行取索，申尚书省审讫，颁下禁止。六、天下如有善音律人，能翻乐谱，广其声律，许以所撰谱申州，州为缴申礼部，令大晟府按协，可用听行用。其翻谱撰词人，大晟府看详委是精熟，给券马召赴府按试，申尚书省取旨。七、应监司候乐到，举行督责，于限内出按，许以新颁乐与逐处所造乐与逐州官按试，如声音不异，协比不差，具保明闻奏。其奉行如法，每路具三五州申尚书省取旨推恩。如施行弛慢违失，禁止旧乐不尽，仰按（刻）〔劾〕奏闻。"诏第七项"十般舞"字下添入"小鼓腔小笛"五字，赏钱改作一百贯。26—27，p388

【政和三年】九月九日，提举大晟府言："诸州差到买新燕乐人，例多村野。其卖乐人并各将旧格材管作今来新格乐器出卖。乞令卖乐器人并于乐器上各镌'大晟新律，某人造'。如敢伪冒，立罪赏，许人告。"从之。28，p389

宋会要辑稿·乐四·乐器乐舞·"又乞取已颁中声乐在天下者"

【重和元年】十二月十九日，诏："太、少二音，调燮岁运，使之适平。不行于世，迨数百年。近命官讨论定律。镕范既成，不假刊削，自合宫音，太、少正声，相与为一。已降指挥，置登歌宫架，用于明堂。所有乐局检阅文字官三员各转一官，差充修制大乐局管干官；手分、楷书、书奏、书写人、通引官、定声、都作头共十五人，各转一官资，无官资人候有官日收使；工匠等共七十四人，共支绢三百匹，等第支散。"2，p392

宋会要辑稿·乐四·郊祀乐 一

（二十八日）〔开宝九年四月三日〕，太常寺言："准《令》：'宗庙殿庭宫县三十簴，郊社二十簴，殿庭加鼓吹十二案。'开宝四年郊祀误用宗庙之数，今岁亲郊，欲用旧礼。"诏圜丘增十六簴，余依前制。13，p401

四、礼

宋会要辑稿·礼一·郊祀职事

【乾德六年】十一月四日，诏："行事官令太常礼院以诸道前资宾幕、州县京官、黄衣、诸司守选人充，仍须以逐人出身、历任文书，准敕格分明磨勘，委无违碍，引验正身，方得差补。如数内曾有殿犯及除（除）名、免官、勒停人，未经恩洗雪者，不在差补之限。有已取到文解选人，不得更赴行事。"1，p493

开宝九年二月，诏："南郊，诸司寺监准例合差行事（宫）〔官〕，宜令逐州点检，除先受四川、广南官不赴任，应自前准敕起遣不赴阙者，并曾经引见拣落及不与官人等，并不得差补。如行事毕后参选日，铨曹磨勘，却有违碍，其元差补官吏勘罪奏裁。"1，p493

【太平兴国六年】十月二十一日，诏："自今奉郊庙行事文武官，致斋日并须洗沐、澣濯衣服，务于虔肃。违者以不恭论，令御史台纠察。"2，p493

【淳化三年】八月十六日，中书门下言："昊天四祭、太庙五飨，望依旧以宰臣摄太尉行事。自余大祀并差给舍已上摄，中小祠诸司四品以下摄。"从之。2，p494

真宗咸平二年二月，诏："自今祠祭行事官遇急速差遣，即听申〔中〕书门下，委实疾患，监祭使牒医官院看验，依淳化元年诏书施行。内有主判带职者，无得托故陈状，如有规避，令御史台、太常寺纠察以（间）〔闻〕。"2，p493—494

景德二年九月三日，诏："南郊行事官并须依坛上下等级官资次第定差，不得差老幼疾患者。礼有不肃，命御史台觉察弹奏。"2，p494

【大中祥符三年】八月二十四日，上封事者言："〔南〕郊，兵部及诸寺监、太常礼院差前资幕职州县官并在京百司人吏行事，无定员数，多是身不在京，许人投状，创给公验减选。欲望自今先定合用员数申中书，以无违碍官差，并须亲赴行事，方得出给公验；如违，委御史台、礼院觉举以闻。"从之。3，p494

【大中祥符三年】十二月二十四日，又置车驾前后、行宫四面都巡检三人，同巡检三人，栏前收后巡检三人，车驾左右厢巡检四人，都大提点排顿三人，整肃行在禁卫一人，编排导驾官二人，东京旧城内都巡检使一人、同巡检使一人，新城内都（内）〔同〕巡检使二人，旧城内都同巡检、钤辖三人，新城内巡检二人，管（内）〔勾〕皇城大内公事一人，同管勾大内公事一人，大内（西）〔四〕面巡检四人。并以阁门、诸司使副、管军枢密承旨、内侍押班都知充。3，p494

【大中祥符四年】正月十三日，详定所上从至（睢）〔脽〕上及奉祀官从人数：入内侍省都知二人、内臣五人，内侍省都知一人、内臣五人，阁门使一人，通事舍人二人，带御器械二人，亲王内臣一人、知客一人，中书门下（臣）直省官、枢密院知客、押衙各一人。幕次所留从人：亲王、（书）枢密院四人，三司使、学士、尚书丞郎、上将军、观察使已上三人，给谏、知制诰、龙图阁待制、大卿监、三司副使、知杂御史、大将军、枢密都承旨、防、团、刺史、阁门使已上二人，余并一人。仍不得至坛下。升坛职掌人数：中书省十人舁册，门下省二人捧宝，太常寺六人捧俎，二十二人登歌，礼院三人引赞行事，少府监三人供祭玉、酒爵，光禄寺二人酌酒过俎，司天监二人设神位，太府寺一人供币，将作监一人掌香火。从之。3—4，p494—495

【大中祥符七年】八月二十七日，诏："斋郎、室长每年预五大飨，行事无遗阙，放一选；一年内全不到者，殿一选；预一两次者，勤，守本出身选。仍给历，于岁给具逐人行事度数闻奏，定为永式。"4，p495

庆历七年八月九日，集贤校理、同知礼院邵必言："准《敕》：'郊礼行事除有父母服不得入太庙、奉慈庙，其景灵宫、南郊坛即听入。'臣窃以南郊、太庙俱为重祀，奉承之意无容异礼。今居父母丧者既不得入太庙，而得与郊祀，郊愈为重，能无妨乎？如闻今非与祀之官，但缘祀事阙职，有父母服者虽不入神门行礼，然皆得至斋宫，其南郊虽至坛所亦无禁止。吉凶相渎，莫此为甚！且常祀行事官，出入尚先期清道，不得见诸凶秽，今天子亲祠郊庙，而（返）〔反〕容丧者执从其间，尤所不可。臣欲乞今后郊、庙行礼，应臣僚有居父母丧而被起者，并不许赴。若以庆泽之行，例须霈锡，亦在朝廷恩旨所及尔，不必屈礼而回容也。"诏礼官定议以（间）〔闻〕。太常礼院言："郊祀大礼，国之重事，百司联职，仅取济集。若居丧被起之官悉不豫事，则或有妨阙。但不以惨粗之容接于祭次，则亦可行。按《太常新礼》：'自今宗室及文武百官有遭丧被起及卒哭赴朝参者，遇大朝会，听不入。'若缘郊祀大礼，惟不入宗庙外，其郊坛、景灵宫得权从吉服陪位，或差摄行事，着祭服无嫌。伏缘今来遭丧被起者悉有职事，难以尽废。欲今后大祭祀，应有父母丧被起者，依旧不得入宗庙外，其郊坛所听权从吉服，行本职事，唯不得入壝门，庶协礼意，又不废官守。"诏可。6—7，p496

【神宗熙宁五年】正月十九日，诏自今奉祠太庙，命宗室使相以上摄事。先是，侍御史知杂事邓绾言："伏见著令：郊庙大祀常以宰臣摄太尉，受誓戒，致斋，动经累日，中书政事多所废滞。祭祀之礼，于古则专以宗伯治神，于唐则宰相之外兼用尚书、嗣王、郡王，下至三品以上职事官通摄。而本朝亲行大礼，亚献、终献亦有以亲王及宗室近亲摄事者。方陛下讲修百度，政府大臣翊赞万机，而又使之奉郊庙、四时献享之礼，实恐淹废事务。欲乞明诏有司，凡四时献享、郊庙大祀，专使宗室近亲兼使相者摄上公行事。"故有是诏。7，p496

大观元年二月六日，监察御史王寊言："伏睹神宗皇帝称情立文，著为一代成宪，祠祭格令所委行事官以大中小祠定其职位。今捧俎官，有用户、兵、工部郎官以上；至于献官或阙，则吏部所差多是班秩在郎官之下。轻重先后，情文不称，望下有司讲究。"于是太常寺言："请自今行事官依格差，及递差以次官外，若阙初献，听报秘书省，以长贰充。亚献、终献礼官阙，以太常丞；阙，以秘书丞以下充；又阙，本省直报尚书吏部，仍报太常寺。监祭御史阙，听轮博士；又阙，报尚书吏部。其吏部差官摄初献，光禄卿、少以朝奉大夫以上充；户部、兵部、工部郎官、监察御史亚献以朝奉郎以上；_{内监察御史以亲民人充。}终献礼官以通直郎以上。仍著为令。"从之。14—15，p501

政和二年四月二十日，诏："祀为国之大事，苟失其仪，何以享神？比闻祠祀，类多简惰，执事之人代名者十有七八。加之容止全无庄肃，牲牢不依祀料，失严奉神祇祖考之意。自今大祠，御前不时差官诣祠检察，不如《礼令》，具实以闻；尚敢弗虔，重置于法。"15，p501

【绍兴十三年】八月二十九日，礼部、太常寺言："今具下项：一、将来郊祀大礼，坛上正配四位，合差捧执笾豆俎官二十四员、举鼎官一十六员。欲乞依礼例，从太常寺具窠目申吏部差官，并前一月趁赴习仪。二、将来郊祀大礼前一日朝飨太庙，依仪合差捧俎官六十六员。今欲乞依礼例，于所差圆坛捧执笾豆等官四十员、并圆坛奉礼郎一员，就充太庙捧俎官行事外，见阙一十六员，乞从太常寺申吏部差官。三、在京遇冬祀大礼，随所差分献官员数，合差奉礼郎一员，并麾坛木爵官一员，并系吏部差官。所有今来郊祀大礼，除第一麾合差奉礼郎一十员，乞依例令吏部差官，前一月趁赴教习外，所有其余合差奉礼郎并麾坛木爵官，乞从逐次明堂礼例更不差官，令执事人充代。四、将来郊祀大礼，合差供亚、终献匏爵及盥洗、拭爵巾官，并分诣别庙、九宫贵神、太社、太稷、较门奉礼郎等官，乞从本寺具窠目申吏部差官施行。"诏依。18—19，p503

宋会要辑稿·礼二·郊祀位次

【绍兴十三年】八月十日，礼部、太常寺言："检会《大礼令》：'读册官读册，至御名勿兴；坛殿上下彻去黄道裀褥；入坛殿门不张盖；百官不得回班；御燎从物伞扇更不入坛殿；行礼前卫士不起居呼万岁。'所有今来郊祀大礼并朝献景灵宫、朝飨太庙，欲乞并依上件令文。"诏依。后皆仿此。15，p522

高宗绍兴十三年十月，礼部、太常寺修立《郊祀大礼仪注》：前祀一日，奉礼郎、礼直官设皇帝位版于坛下小次前，西向；饮福位于坛上午阶之西，北向；望燎位于柴坛之北，南向；望瘗位于坎之南，北向。赞者设亚献、终献位于小次之南稍东，西向。大礼使、左仆射又于其南；行事吏部、户部、礼部、刑部尚书、吏部、刑部侍郎、光禄卿、读册举册官、光禄丞位于大礼使之东；光禄丞稍却。奉礼郎、太祝、郊社、太官令位于小次之东北：俱西向北上。监察御史位二：一于坛下午阶之西南，一于子阶西北。协律郎二：一于坛上乐虡西北，一于宫架西北，俱东向。押乐太常丞于登歌虡北，押乐太常卿于宫架北，良酝令于酌尊所，俱北向。又设陪祀文武官位于执事官之南；诸方客使在文官之南，随其方国。光禄陈牲于东壝门外，西向；祝史各位于牲后。太常设省牲位于牲西。大礼使左仆射在南，北向西上；分献官位于其后。行事吏部、礼部、户部、刑部尚书、吏部、刑部侍郎、押乐太常卿、光禄卿、读册举册官、押乐太常丞、光禄

丞、奉礼、协律郎、太祝、郊社、太官令在北，南向西上。凡设太常丞以
下位皆稍却。监察御史在吏部尚书之西，异位稍却。光禄陈礼馔于东壝门
外道北，南向；太常设省馔位版于礼馔之南。大礼使、左仆射在南，北向
西上；分献官位于其后。监察御史二，俱在西，东向北上。行事吏部、户
部、礼部、刑部尚书、吏部、刑部侍郎、押乐太常卿、光禄卿、读册举册
官、押乐太常丞、光禄丞、奉礼、协律郎、太祝、郊社、太官令在东，西
向北上。设进盘匜帨巾内侍位于皇帝版位之后，分左右。奉盘者（向北）〔北
向〕，奉匜及执巾者南向。祀日丑前五刻，太常设大礼使已下行事、执事官揖位
于卯阶之东、内壝外，如省牲位。行事升坛、饮福、望燎、望瘗。升陛立向
同《唐礼》，详见《总仪》。15—16，p522—523

宋会要辑稿·礼二·郊祀奏告

　　郊祀奏告。绍兴十三年六月二十三日，礼部、太常寺言："准《御
札》：'今年冬至日有事于南郊，合奏告天地、宗庙、社稷、宫观。'据太
史局申，宜用六月二十七日壬子吉。今参酌到合行事件：一、合用御封降
真香二十合，天地二合，宗庙十二合，社稷二合，天庆观一合，报恩光孝观三合。乞下入
内内侍省请降付太常寺。二、合用祝文一十六首，天地二首，宗庙一十二首，社
稷二首。青词二通，天庆观一通，报恩光孝观一通。并述以今年冬至日有
事于南郊，合祭天地奏告之意。乞下学士院修撰书写，进书讫，降付太常
寺。内懿节皇后祝文一首更不进请。三、合用币帛二十段，苍五、黄一、白十
二、皂一。各长一丈八尺小尺，下太府寺，行下左藏东库支供赴太常寺。
四、奏告天地、社稷合用神位版并铺设学生，下太史局排办差拨。前一日
赴惠照院斋宫祗应。五、奏告天地合差奏告官一员，前一日赴惠照院斋宫
致斋。依礼例，降敕差宰执。六、奏告太社、太稷合差奏告官一员，前一
日赴惠照院斋宫致斋。天庆观合差奏告官一员，前一日赴本观致斋。报恩
光孝观合差奏告官一员，缘本观别无屋宇，欲乞前一日于明庆寺宿斋，至
日赴本观行事。依礼例，并降敕差侍从官。七、奏告官宗庙合差奏告官一
员，前一日赴太庙致斋。依礼例，降敕差南班宗室。八、奏告逐处各差光
禄卿、奉礼郎、太祝、太官令，并各前一日绝早赴祠所致斋。内太祝差文
（人）〔臣〕有出身人充。乞从太常寺请官，及具员数申吏部差官。九、奏告天
地、宗庙、社稷，每位各合用酒二升，鹿脯一段，每段重四两。鹿臡二合
半，真蜡烛三条，每条重四两。缩酒茅一束。其天庆观、报恩光孝观每位各

合用酒二升，鹅梨五颗，阙，以时果代。法酱二合半，真蜡烛三条。每条重四两。及逐处合用香炉、匙合、炭火、神席、燎草、粰盆，并下临安府排办。"诏依。十六年用六月二十四日。十九年用七月九日。二十年用七月十日。二十五年用七月二日。二十八年用六月二十一日。隆（庆）〔兴〕二年先用六月二十五日，续准指挥，以来年正阳之月，雩祀之辰，恭见上帝于圆丘，再用十一月二十三日；又准诏改用献岁上辛，又用十二月十四日。乾道三年用六月十六日。六年用六月十九日。九年用六月十四日。淳熙三年用六月十五日。其所差光禄卿、奉礼郎、太祝、太官令，及排办香币、青词、祝文、礼料、酒脯等，并如绍兴十三年之制。17—18，p523—524

【绍兴十三年】七月五日，礼部、太常寺言："奉告诸陵宜用七月九日甲子。乞依礼例，权于法惠寺设位，奏告行礼。今具合行事件下项：一、奏告诸陵合用表文二十八通，并昭慈圣献皇后攒宫表文一通，永祐陵攒宫表文二通，懿节皇后攒宫祝文一首。并述以今年冬至日有事于南郊，合祭天地奏告之意。并下学士院修撰书写，进书讫，降付太常寺。所有攒宫表文、祝文，乞令学士院一面降付入内侍省，令所差赍香人一就赍降前去攒宫司。内懿节皇后祝文更不进书。二、合用御封降真香，内诸陵二十八合，昭慈圣献皇后攒宫一合，永祐陵攒宫三合。乞下入内侍省请降付太常寺。所有攒宫合用香，乞依例差人降付攒宫司。内懿节皇后香更不进请。三、奏告诸陵合差奏告官二员，乞依例降敕差南班宗室；并合差太祝三员，以文臣有出〔身〕人充，并前一日赴法惠寺致斋。所有每位合用供养茶、酒、果、蜡烛、燎草等，下临安府排办。四、奏告昭慈圣献皇后攒宫并永祐陵攒宫，乞候香祝到日，令绍兴府一面选日差官，及排办供养茶、酒、果、蜡烛等。"诏依。18—19，p524

宋会要辑稿·礼二·郊祀冕辂冠服

【绍圣三年】六月二十七日，权尚书礼部侍郎黄裳等言："南郊朝祭服皆以罗绫为之，今北郊盛暑之月，难用袷服。谨按《月令》：'孟夏初衣暑服，孟冬始裘。'欲依衮冕制度改用单衣。"从之。又言："《天圣衣服令》：'群臣朝服亦用绛纱单衣、白纱中单之制。'即将来北郊朝祭服宜用纱为单衣。"诏令通天冠、绛纱袍，虑当暑月，（令）〔另〕行裁制，令入内侍省选差使臣一员同有司详定奏闻。其朝祭服并用单纱。38，p534

宋会要辑稿·礼三·郊祀议论

【太祖乾德元年】十一月二十日，太常博士和岘言："今月十六日亲祀南郊，合飨天地，准画日二十九日冬至祀昊天上帝。谨按《礼记·祭义》云：'祭不欲数，数则烦，烦则不恭。'又按《开元礼义纂》云：'当禘祫之月，不行时飨，以大包小，礼所从也。'望依《礼令》权停南至之祀。"诏可。1，p539

宋会要辑稿·礼五·祠宫观·崇宁寺观

【崇宁三年】三月一日，诏：崇宁寺、观各给田十顷，以天荒等田拨充。六月四日，诏以"崇宁万寿寺"为额。16，p571

【崇宁三年】六月十三日，敕："应天下万寿寺宣赐经及常住什物，不许借出，不得客人赍携荤酒饮宴。"16，p571

【崇宁四年】五月十四日，诏："天下修营崇宁寺、观，如敢科率，以违制论。"16，p571

【崇宁四年】五月二十三日，诏："诸路崇宁寺、观铸〔像〕阙铜，许给公据前去就场买铜。"16，p571

【崇宁四年】五月二十五日，诏："诸路人户舍田土顷亩在崇宁寺、观，与免纳役钱。"16，p571

【大观元年】五月二十八日，诏："崇宁寺、观并令渐次修整，如科买、科配、抑（勤）〔勒〕者徒二年，不以失减论。"16，p571

宋会要辑稿·礼五·祠宫观·天庆观

【真宗大中祥符七年】，诏南京天庆观圣祖殿宜号鸿庆宫，仍设太祖、太宗像，西京亦曰天庆观。南京复别置鸿庆宫，而天庆观仍旧，惟不改圣祖像。其后定令："诸州给闲田供斋厨，藩镇十顷，余州七顷或五顷。"18，p572

宣和三年十一月十四日，诏诸州天庆观今后不许建置祠堂。20，p574

宋会要辑稿·礼五·祠宫观·集禧观

【真宗大中祥符八年】十二月，命丁谓斋宿会灵观五殿，建为民祈福道场。每季皆准此，著为定式。21，p575

【大中祥符九年】正月，幸会灵观。前一日，所司预于斋殿陈设，及设从臣幕次。又于诸殿东廊各设御幄，备褥位、香案。诸挟殿、崇元殿、三门道场各设褥、香案如仪。是日，帝服鞸袍，辇如本观。修官使已下拜起居，前导赴三门道场焚香，如常仪，从官陪位。次诣东岳殿。陪位官班定，修宫使奏请皇帝赴殿焚香，即前导至东阶上褥位，请皇帝再拜，从官皆再拜。皇帝三上香，又再拜。复导皇帝还褥位。礼直官引宰臣一员升殿上香，归位，再拜，皇帝又再拜。毕，诣诸殿，并如东岳之仪。归御斋殿进膳，从官赐食如仪。自是朝拜之仪著为令式。21，p575

【大中祥符九年】二月，令会灵观每朔望、三七、正、（室）〔至〕、寒食、上巳、三元，许士庶焚芗，著为定式。21，p575

仁宗庆历四年七月十二日，诏："会灵观延真殿已奉安玉皇、玉虚、圣祖及三圣真容，令皇城司不得放入臣僚、皇亲乘骑鞍马，及诸色闲杂人并牵鞍马入殿庭内。"22，p576

宋会要辑稿·礼五·祠宫观·万寿观

淳熙十六年二月十四日，万寿观言："皇帝本命纯福殿见安奉至尊寿皇圣帝丁未本命星官位牌，乞依礼例设置皇帝丁卯本命星官位牌，一处安奉。每遇至尊寿皇（帝）〔圣〕帝、皇帝本命日，依例用本观道士一十人，就本殿作道场一昼夜，设醮一百二十分位。皇帝圣节亦乞依会庆圣节体例。"从之。22，p576

【淳熙十六年】三月十七日，本观言："将来安奉高宗皇帝神御附宫崇奉日，及见安奉诸殿神御，遇旦望节序、生忌辰，乞并依景灵宫体例排办。"从之。22，p576—577

宋会要辑稿·礼五·祠宫观·崇宁寺观

【崇宁三年】二月八日，诏："崇宁寺、观上添入'万寿'二字。"23，p578

【崇宁三年】三月一日，诏："崇宁寺、观各给田十顷，以天荒等田拨充。"23，p578

【崇宁四年】五月二十五日，诏："诸路人户舍田土顷亩在崇宁寺、观，与免纳役钱。"23，p578

【崇宁四年】十一月七日，敕："应诸路州军崇宁寺、观，所赐田并免税。"23，p578

【崇宁五年】四月七日，诏："诸崇宁万寿观朝拜，并乘马于殿门外

上下，带入殿人从不得过三名。入《元符仪制令》。" 23，p578

大观四年五月十四日，臣僚言："崇宁寺、观赐田，并人户愿舍田土，役钱并免，俱为害法。"诏礼部划刷，关户部改正。23，p578

【大观四年】六月十五日，复诏崇宁万寿观官赐田土，并依天庆观例免出役钱。23，p578

宋会要辑稿·礼一二·群臣士庶家庙

仁宗《庆历元年十一月二十日南郊赦书》："应中外文武官，并许依旧式创立家庙。"1，p705

（至和）〔皇祐〕二年十二月，宰臣宋庠言："庆历郊祀赦书许文武立家庙，盖所以恢孝治，穆彝伦，风劝海内，恩化甚美。而有司终不能推述先典，明喻上仁，因循顾望，遂逾十载。使王公荐飨下同委巷，衣冠昭穆杂用家人。缘偷袭弊，甚可嗟也！臣尝因进对，屡闻圣言，谓诸臣专殖第产，不立私庙，宁朝廷劝戒有所未孚，将风教颓陵，终不可复？睿心至意，形于叹息。臣每诵天训，愧汗交浃。日夜循省，求诸臣所以未即建立者，诚亦有由。盖古今异仪，封爵殊制，因疑成惮，遂格诏书。礼官既不讲求，私家何缘擅立？且未信而望诚者，上难必责；徒善而设教者，下或有违。若令官制已颁，礼典咸具，尚安所习，不禀其规，虽官司劾之可矣，诛之可矣，凡在臣子，孰敢不勉哉！今幸遇皇帝陛下因大飨之报，躬严配之礼，事天尊祖，孝冠百王，圣化所覃，海内知劝。臣欲乞明敕有司，奉行庆历诏书，下礼官、博士及台阁儒学之臣，考案旧章，同加详定。不拘小以妨（夫）〔大〕，不泥古而非今，因时制宜，使称情礼，则可矣。若欲必如三代有冢嫡世封之重、山川国邑之常，然后议之，则坠典无可复之期，而礼祀或几乎息矣。夫建宗祐，序昭穆，别贵贱之等，所以为孝，虽有过差，是过于为孝。殖产利，营居室，遗子孙之业，或与民争利，顾不以为耻，逮夫立庙，则曰不敢，宁所谓敢于争利而不敢于为孝耶？以爵服承袭之间小违古，因放而不复，又所谓去小违古而就大违古也。此诸儒之惑，不亦甚乎！臣幸得待罪宰相，以明教化、美风俗为职，不胜惓惓。请因明诏书文，议以时决。若制下之日，或在立庙之科，愿买地一廛，悉力经始，上副圣人广孝之美，下极私门显亲之荣，推美人伦，非独臣幸。"于是下两制与礼官详定制度。而翰林学士承旨王尧臣等定："官正一品平章事以上，立四庙；枢密使、知枢密院事、参知政事、枢密副使、同知枢密院〔事〕、签书院事以上，见任、前任同。宣徽使、尚书、节度使、东宫少保以上，皆立三庙；余官祭于寝。凡得立庙者，许嫡子袭爵以主祭。其袭爵世降一等，死即不得作主祔庙，别祭于寝；自当立庙者，即祔其主。其子孙承代，不计庙祭、寝祭，并以世数亲疏迁祧，始得立庙者不祧，以比始封。有不祧，通祭四庙、三庙。庙因众子立，而嫡长子在，则祭以嫡长子主之；嫡长子死，即不传其子，而传立庙者之子。凡立庙，听于京师或所居州县。其在京师者不得于里城及南郊御路之侧。"既如奏，仍令别议袭爵之制。其后终以有庙者之子孙或官微不可以承祭，又朝廷难尽推袭爵之恩，遂不果行。1，p705—706

【政和六年】十月二十七日，礼制局言："近奉诏讨论群臣家庙，所有祭器，稽之典礼，参定其制：正一品每室笾、豆各（有十）〔十有〕二，簠、簋各四，壶、尊、罍、铏、鼎、俎、筐各二，尊罍加勺、羃各一，爵一。诸室共用胙俎一、罍洗一。从一品笾、豆、簠、簋降杀以两，正二品笾、豆各八，簠、簋各二，其余皆如正一品之数。"诏礼制局制造，取旨给赐。时太师蔡京、太宰郑居中、知枢密院事邓洵武、门下侍郎余深、中书侍郎侯蒙、尚书左丞薛昂、尚书右丞白时中、权领枢密院事童贯并以次给赐。3，p707—708

【绍兴二十六年】三月二十八日，诏：少傅、宁远军节度使、兼领殿前都指挥使职事、恭国公杨存中，依所乞〔立〕家庙，仍赐祭器。《中兴礼书》：五月十五日，礼部、太常寺言："勘会已降指挥，少傅杨存中许立家庙，系正一品。其合用祭器：笾、豆各六十只并巾、盖，簠、簋各二十只并盖，铏鼎一十只并柶，陶登一十只并盖，俎面案一十四面，壶尊、壶罍、散尊各一十只并巾，铜勺三十柄，爵坫一十五副，祝坫五片，铜烛台一十五座，罍洗二副，并筐二只、勺二柄。共用黑漆匣一十具，白绢拭爵巾一条，帨巾一条，各长八尺。共用黑漆腰舆一十只，紫细条索二十条。所有合用祭器，欲乞令工部行下所属依样制造给付。"诏依。自后吴璘、虞允文家庙祭器并依此制。4—5，p709

乾道元年四月一日，诏："将来皇后归谒家庙，所有合用制度等，令有司检照礼例条具。"十一日，礼部、太常寺言："今检照家庙制度等礼例，条具下项：一、四孟月择日飨家庙，差本宅亲宾行事。及应合用酒齐、礼料等，并差人赴宅祗应，合照应寿圣太上皇后宅礼例施行。二、祭器：每位笾、豆各一十只并巾、盖，簠、簋各二副，铏鼎二只并柶，俎二面，壶尊二只并巾、勺，壶罍二只并巾、勺，爵坫三副，祝坫一只，烛台三座，登二只，罍洗一副，筐、勺、巾全。速令工部行下所属制造给赐。三、将来皇后归谒家庙，于典礼别无该载，其归谒止合依家礼。"诏依。五月八日，诏："皇后家庙令两浙转运司随宜修盖"。5，p709

【淳熙五年】十二月十一日，少傅、保宁军节度使、充醴泉观使、兼侍读、卫国公史浩言："已蒙圣恩赐第都下，乞依诸臣例，许建家庙，以

奉先祀。其祭器乞下有司量行制造。"从之。《中兴礼书》：十一日，少傅、保宁军
节度使史浩札子奏："臣随宦南北，迁徙不常，先臣祖考未有祠祀之地。今蒙圣恩赐第都下，既
有定止，揆之礼经，凡家造，宗庙为先。欲望依前辈诸臣例，许建家庙，以奉先祀。所有祭器，
乞下有司量行制造，并以赐臣。"诏依。是年十二月二十七日，诏："史浩家庙、祭器，并如杨
存中之制。"续淳熙六年正月六日臣僚上言，所有史浩家庙祭器，并（如）权行寝罢。六年正月
六日，（二）〔工〕部言："将作监申，文思院提辖熊克等札子：'契勘本院见承指挥铸造故韩世
忠家庙祭器，数目浩瀚，申乞施行，今具下项：一、契勘本院即无样制及合用花版，今欲乞行下
太常寺权借合造祭器各一件，并所用花版赴院使用。二、契勘祭器系是捏蜡花纹入细造作，全藉
十分净铜应副使用。本院虽有铸钱司于处州等处依年例发到铜，止可铸造官司印记、常程生活，
难以铸造花纹。兼近于今年内，将发到铜当官再行烹炼得，止系七分净铜。今来铸造祭器，欲将
已烹炼到七分净铜数目，及前后铸造祭器纽折分数，准折支破，烹炼使用，庶几造作精致。
三、契勘全藉手高捏蜡铸渫、镌钑磨锃等匠人赴此造作。今缘禁止铜器，街市即无匠人。虽有会
解之人，往往多系官司等处拘占身役，难以雇募。今欲乞从本院指名踏逐会解手高（上）〔工〕
匠，时暂差借赴院造（依）〔作〕。'"诏依。6，p710

【淳熙五年】十月二十七日，礼部、太常寺言："奉诏令礼官将历代及本朝赐臣僚家庙祭器
等制度、格式讨论，申尚书省。今讨论：家庙，古者诸侯五庙，大夫三庙，士一庙。《唐开元十
三年敕》：'一品许祭四庙，三品祭三庙，五品祭二庙，嫡士祭一庙。'本朝嘉祐三年，礼官详定
家庙制度，平章事以上许立四庙。大观四年，内出手诏曰：'礼有等差，以别贵贱，故庙之数，
天子七世，诸侯五世，大夫三世，士二世，不易之道也。今以执政官方古诸侯，而止祭四世，古
无祭四世之文。又侍从官以至士庶通祭三世，无等差多寡之别，岂礼意乎？古者天子七世，今太
庙已增为九室，则执政视古诸侯以事五世，不为过矣。可文臣执政官、武臣节度使以上祭五世，
文武升朝官祭三世，余祭二世。'又当时内降指挥：'高祖之上又有一祖，未有称呼。'议礼局看
详，高祖以上一祖，欲乞称五世祖。所有祭器制度，唐虽有品官时飨其庙祭器之数，即不载制度
以何为饰。照得聂崇义《三礼图》所载礼器，笾、豆、簠、簋、柶、枓、尊、俎、爵、坫、篚、
洗并以竹木为之，唯铏以铜。至政和六年，礼制局参考古制，易木以铜。至绍兴十六年，礼器局
官段拂等陈请，乞凝土范金，厘正郊庙祭器之数；次及臣僚家庙给赐，并依政和六年已行旧制。
所有历代及本朝臣僚家庙祭器等制度格式下项：一、《礼记·王制》：'诸侯五庙，二昭二穆，与
太祖之庙而五，大夫三庙，一昭一穆，与太祖之庙而三。士一庙，庶人祭于寝。'二、《唐会
要》：《开元十三年敕》：'一品许祭四庙，三品许祭三庙，五品许祭二庙，嫡士许祭一庙，庶人
祭于寝。'《天宝十载正月十日敕》文：'天子七庙，诸侯五庙，大夫二庙，士一庙。今三品已上
乃许立庙，永言广敬，载感于怀。其京官正员四品清望官，及四品、五品清官，并许立私庙。'
三、《国朝会要》：'《庆历元年十一月二十日南郊赦书》：'应中外文武官并许依旧式创立家庙。'
（嘉）〔皇〕祐三年七月二十五日，宰臣文彦博言：'伏睹礼官详定家庙制度，平章事以上许立四
庙。欲乞于河南府营创私庙，伏乞降敕指挥。'从之。大观二年十一月十六日，议礼局言：'伏
闻周制，适士以上祭于庙，庶士以下祭于寝。凡营居室必先建宗庙，凡造食器必先备祭器，庶羞
不逾于牲牷，燕衣不逾于祭服。自公侯达于比闾，所以致孝于其先者如此，故民风以厚，国势以
宁。有唐推原周制，崇尚私庙，侍中王珪通贵已久，而爰尝犹设于寝，太宗为立庙以愧其心。及
开元制礼，自品官荐飨乃至拜扫，皆有常仪。五代扰攘，文物陨缺，臣庶荐飨，家自为俗。革而

化之，实在圣时。所有臣庶祭礼，欲乞参酌古今，讨论条上，断自圣学施行。'诏：'礼以祭为重。先王制礼，自士以上皆有庙祭其祖考，以尽奉先报本之义。今稽古制法，明伦厚俗，庙制亦当如古。然其世数之节、荐祭之仪、疏数之数，与迁徙之不常，贫富之有异，使不逼不僭，皆得其宜，然后为称。可依所奏条画来上。'大观四年四月二十八日，议礼局言：'古者诸侯祭五世，二昭二穆，与太祖而五；大夫祭三世，一昭一穆，与太祖而三；适士祭二世，祖祢而止。'故《子夏传》曰：'都邑之士则知尊祢矣，学士大夫则知尊祖矣，诸侯及其太祖，天子及其始祖之所自出。'《荀子》曰：'有一国者事五世，有五乘之地者事三世，有三乘之地者事二世，所以别积厚者流泽广，积薄者流泽狭也。按今品官下逮庶人，皆祭三世，无尊统上下之差、流泽广狭之别，缘媮袭弊，其流已久。今欲准周制，贵者比古诸侯祭五世，其次比古大夫祭三世，则可也；若又其次，比古命士，降祭二世，则夺人孝思追远之情，行之于外，深骇群听，殆失先王缘情制礼之意。请自执政官以上，自高祖而下祭亲庙四，余通祭三世，庶几有尊统流泽之差。'内出手诏曰：'礼有等差，以别贵贱，故庙祭之数，天子七世，诸侯五世，大夫三世，士二世，不易之道也。今以执政官方古诸侯，而止祭四世，古无祭四世之文。又侍从官以至士庶通祭三世，无等差多寡之别，岂礼意乎？古者天子七世，今太庙已增为九室，则执政视古诸侯以祭五世，不为过矣。且先王制礼，以齐有万不同之情，贱者不得僭，贵者不得逾。故事二世者，虽有孝思追远之心，无得而越；事五世者，亦当跂以及焉。今恐夺人之（思）〔恩〕，而使通祭三世，徇流俗之情，非先王制礼等差之义。可文臣执政官、武臣节度使以上祭五世，文武升朝官祭三世，余祭二世。'四、《政和五礼新仪》：《大观四年三月内降指挥》：'臣僚之家霑被恩典，泽及祖先，最为荣遇。其追赠官爵虽是宠以虚名，缘直下子孙皆得用荫，及本户差科、输纳之类，便为官户。故所赠三代愈多，即所庇之子孙愈众，不特虚名而已。'今《司封格》，三公以下至签书枢密院，初除及每遇大礼，并封赠三代；节度使虽封三代，遇大礼方许封赠，尚不在初除封赠之例。其次，官虽至东宫三师，阶虽至特进，职虽至大观文，亦止封二代。有以知祖宗以来重惜名器之意。又高祖之上又有一祖，未有称呼。本局札子：'臣等看详，家祭之礼，子孙所以致孝也，其世数之远近，必视爵秩之高下，以为之等，是以或祭五世，或祭三世，或祭二世。封赠之制，朝廷所以广恩也，其世数之远近，亦以视爵秩之高下，以为之等，是以或赠三代，或赠二代，或赠一代。盖朝廷之典，以义制恩，人子之心，奉先以孝。故远近虽不同，乃所以为称也。今平宥庙所祭世数仪注，已遵依御笔修定，其封赠自合依司封定格施行。至于高祖以上一祖称呼。臣等检详，《尔雅》曰："父为考，父之父为王父，王父之考为曾祖王父，曾祖王父之考为高祖王父。至四世而止。"按《礼记·王制》："诸侯五庙，二昭二穆，与太祖之庙而五。则所谓太祖者，盖始封之祖，不必五世，又非臣下所可通称。"'《祭法》：'诸侯立五庙，曰考、曰王考、曰皇考、曰显考、曰祖考。'则祖考亦（由）〔犹〕《王制》所谓太祖，不必五世者也。今高祖以上一祖，欲乞称五世祖，庶于礼经无误。更乞断自圣学。大观四年四月初八日御笔依所奏。五、《政和五礼新仪·庙制》：'文臣两制、武臣正任以上祭于庙，余祭于寝。'文臣执政官、武臣节度使以上祭五世，文武升朝官祭三世，余祭二世。应有私第者立庙于门内之左；如狭隘，听于私第之侧；力所不及，仍许随宜立庙。间数视所祭世数，寝间数不得逾庙，事二世而寝用三门者听。兄弟同居则合祭，异居则分祭。其庙祭世数、疏数之节，同居则视其贵者，异居则各视其品。若父祖先立庙，后世子孙官卑者，亦听庙祭，其世数之差各视其品。六、祭器。《通典》：'唐三品以上特祭其庙，前一日设祭器之数：每室尊二、簠二、簋二、瓶二、铏二、俎二。笾、豆，一品、二品各十，三品八，四品、五品各六。六品以下，簠、簋、瓶、铏、俎各一，笾、豆各二。掌事者以尊入，设前楹下，各于室户六品以下无庙者不言室户。之东北面，（面）〔西〕上，皆加勺、幂。首座爵一，余座皆爵四，置于坫。四品、五品、六品以下皆置于尊下，加勺、幂。'《国朝会要》：政和六年九月二十五日，礼制局言：'窃考太庙陈列祭器，每室笾、豆十有二，簠、簋各二。原于有唐开宝之制，因陋至今，未足以副圣上致孝宗庙之意。乞尽循周制，笾、豆各二十有六，簠、簋各八。如是，则五庙、三庙所用之器，其等降之数可得而议也。'从之。先是诏造祭器颁赐宰执，礼制局制造所乞降祭器名数，故有是议。政和六年十月二十七日，礼制局言：'近奉诏讨论臣僚家庙所用祭器，稽之典礼，参定其制：正一品每笾、豆各十有二，簠、簋各四，壶尊、壶罍、铏鼎、俎、筐各二，尊、罍加勺、幂各一，爵一。诸室共享胙俎一、罍洗一。从一品笾、豆、簠、簋降杀以两，正二品笾、豆各八，簠、簋各二，其余皆如正一品之数。'诏礼制局制造所制造，取旨给赐。时太师蔡京、太宰郑居中、知枢密院事邓洵武、门下侍郎余深、中书侍郎侯蒙、尚书左丞薛昂、尚书右丞白时中、权领枢密院事童贯，并以次给赐。绍兴十六年三月二十六日，礼部、太常寺言：'给事中段拂札子奏："臣闻记礼者曰，祭器未成，不造燕器。凡家造，祭器为先，盖祭以事神，器以藏礼。奉祀宗庙，足以隆孝飨；宠锡勋劳，足以昭庆泽。武王有宗彝之班，孔子有簠正之说，宜致严而不可后也。国家（立）〔自〕靖康以来，郊禋庙飨，器用之设，因循未备。窃考《政和会要》，礼制局建言，太庙陈列祭器，尚袭有唐制度之陋，乞尽循周制，然后议五庙、三庙祭器名数。恭惟陛下钦崇祀事，垂意典章，凝土范金，制作高古。稽考博通于载籍，览定悉自于宸衷，观时会通，庶事备矣。当及此时，厘正郊庙祭器之数，次及臣僚家庙给赐，并依政和六年已行旧制，庶几多寡适宜，有所依据。伏望圣慈更付礼官详加讨论。"诏依。礼部、太常寺今讨论：谨按《周礼》："朝事馈食，加笾、豆各八，羞笾、豆各二，其数各二十有六。"《礼记》："天子之豆二十有六，诸公十有六，诸侯十有二。"《诗》："陈馈（人）〔八〕簋。"古制甚明，徽宗皇帝诏书已有明文。今讨论，合依政和六年厘正郊庙礼器之数，于天地、宗庙每神位前用笾、豆各二十有六，簠、簋各八。次及（神）〔臣〕僚家庙给赐，并依已行旧制，委得允当。乞下礼器局照会增造。"诏依《三礼图》并《绍兴制造礼器图》制度，仍诏令礼官参酌典礼，指定群臣合立家庙世数，及给赐合用祭器制度、名数，申尚书省。其豆、笾等器尺寸制度并见礼器下。8—11，p711—713

嘉泰元年十月二日，诏："太傅、永兴军节度使、充万寿观使、平原郡王韩侂胄家庙祭器，特令文思院铸造给赐。"先是侂胄言："曾祖先臣琦劾忠先朝，重见褒录，于今奕世侑食大烝，荣光宠灵，古昔未有。今臣居止粗备，独家庙犹阙，仰俯之间，每怀愧惧。敢缘故实近例，悉有请许立家庙之文，乞付之礼官，讨论群臣家庙制度，下臣本家，自行修立；及照近例，颁降祭器式样，以竹木制造，免紊司存。"故有是诏。"按《五礼仪鉴》：'祝文以方版书之。'今遇时享，仿古用祝版。祭器，每位笾一十二，巾；豆一十二，盖；簠四；簋四；铏鼎二，柶；俎二；壶尊二；巾、杓。壶罍二；巾、杓。爵坫三；祝坫一；烛台三；登二；罍洗一；巾、杓。爵洗一；簾、杓、巾。拭爵巾一；帨巾一；篚一。共用黑漆髹匣一十具，

黑漆腰舆一十只，紫绸绦二十条。乞令工部下文思院制造给赐。"从之。13，p714

【嘉定十四年】八月四日，诏："右丞相史弥远赐第行在已十四年，依淳熙典故，合赐家庙。可令转运司、临安府随宜盖造。"既而弥远言："恭奉御笔，依淳熙典故合赐家庙。照得礼寺讨论家庙祭器典故，每位合用笾豆一十二只，并巾、盖。簠、簋四副，铏、鼎二只，并柶。俎二面，壶尊二只，并巾、杓。爵坫三副，祝坫一只，烛台三座，登二只。共用罍一副，筐、杓、巾全。爵洗一副。杓、巾全。并所生母齐国夫人周氏一位，亦乞如数制造外，今来妻鲁国夫人潘氏一位，欲乞附祭于所生母齐国夫人周氏别庙，制造笾、豆一十二只，并二杓。簠、簋四副，铏、鼎二只，并柶。俎二面，壶尊二只，并巾、杓。壶罍二只，并巾、杓。爵坫三副，祝坫一只，烛台三座，登二只，罍洗一副，筐、杓、巾全。爵洗一副。杓、巾全。欲望令工部行下所属，照数制造给赐。"从之。14，p715

宋会要辑稿·礼一三·神御殿

庆历七年四月，诏在京寺观及有神御殿处，宝元中尝减房钱，今给还如故。3—4，p720

至和二年八月十二日，诏有神御殿寺观内行禁约，不得采捕、弹射禽鸟，仍检会条约施行。4，p720

【神宗熙宁五年】十二月四日，诏："崇奉圣祖及祖宗陵寝神御寺院宫观免纳役钱。"4，p721

大观元年五月二十日，内出手诏："宗庙荐献、陵寝供应，极天下之奉。比闻开德府信武殿帏帐帘幕岁久不易，河南府会圣宫器皿供张悉皆故弊，至信武殿荐新，限以百钱。有司怠废，失严奉之礼。可令监司躬诣祠下检视以闻。比缘陵寝给钱十万缗以给岁用，而菲薄若此，怵惕靡宁。三省可具荐献之数、新旧之更易、费用之多寡，立为成法条上。"于是三省言："会圣宫、诸陵旦望节日荐献，并依《景灵宫令式》① 及会圣宫户牖质朴，饰色故暗，当重行制造。应陈设器皿之类，并三年一易。其所给钱十万缗，已令京西路提点刑狱及提举常平司每岁封桩，以应〔副〕诸陵、会圣宫支用。今逐司乃有不足之数，当限以年终，必令足备，否即劾以违

---

① 景灵宫礼制、礼仪立法在宋朝属于立法最多礼类的专门立法。

制之罪。"并从之。6，p722—723

【绍兴二十四年】九月二十七日，万寿观言："依条，（过）〔遇〕元日、寒食、中元、十月朔、冬至，差南班官诣观朝拜。缘后殿见安奉会圣宫、章武殿祖宗神御（殿），合与不合朝拜？"太常寺看详："亦合朝拜。今随宜修立礼仪条式：'是日，令所差南班宗室先诣万寿观殿下两拜讫，诣香案前，搢笏，三上香，执笏，复位，再两拜讫，退。次诣后殿会圣宫、章武殿下朝拜上香，并如朝拜万寿观之仪。'"从之。12，p729

【淳熙十五年】五月二十七日，景灵宫言："文思院制造宪节皇后位牌，乞依天章阁体例就本宫收奉。"从之。13，p730

宋会要辑稿·礼一四·群祀·群祀一

国朝凡大中小祠，岁一百七，大祠十七，昊天上帝、感生帝、五方上帝、九宫贵神、五福太一宫、皇地祇、神州地祇、太庙、皇后庙、景灵宫、朝日、高禖、夕月、社稷、蜡祭百神、五岳。中祠十一，风师、雨师、海渎、五镇、先农、先蚕、五龙、周六庙、先代帝王、至（神）〔圣〕文宣王、昭烈武成王。小祠十四。司中、司命、司民、司禄、灵星、寿星、马祖、先牧、马社、马步、司寒、山林、川泽、中霤。著《礼令》，用日者五十九，立春祀青帝于东郊，太一宫、东岳天齐仁圣帝、东镇东安公、东海渊圣广德王、东渎大淮长源王。上辛祈谷，祀昊天上帝于圜丘，前二日奏告太宗皇帝室；祀感生帝于南郊，前二日，奏告（禧）〔僖〕祖皇帝室。吉亥飨先农于东郊，后甲祀风神。仲春上丁释奠至圣文宣王，上戊释奠昭烈武成王。春分朝日于东郊，祀高禖，开冰祭司寒。春分前后戊日祭太社、太稷。季春吉巳飨先蚕。立夏祀赤帝于南郊，太一宫、南岳司天昭圣帝、南镇永兴公、南海洪圣广利王、南渎大江广源王。后申祀雨师、雷师。夏至祭皇地祇于方丘，前二日奏告太祖皇帝室。季夏土王，祀黄帝于南郊，中霤、中岳中天崇圣帝、中镇应圣公。立秋祀白帝于西郊，太一宫、西岳金天顺圣帝、西镇成德公、西海通圣广润王、西渎大河显圣灵源王。后辰祀灵星。仲秋上丁释奠至圣文宣王，上戊释奠昭烈武成王。秋分夕月于西郊，飨寿星于南郊。秋分前后戊日祭太社、太稷。立冬祀黑帝于北郊，太一宫、北岳安天元圣帝、北镇广宁公、北海冲圣广泽王、北渎大济清源王。后亥祀司中、司命、司民、司禄。十月十五日朝拜景灵宫。冬至祀昊天上帝于圜丘，前二日奏告太祖皇帝室。上丁，贡举谒至圣文宣王庙。腊日蜡祭百神于南郊，太社、太稷，腊飨太庙、皇后庙。有时月而无日者四十八。孟春荐飨太庙、皇后庙，朝谒祖宗神御。仲春祀九宫贵神、五龙、马祖、先代帝王、汾阴后土、周六庙，遣官朝拜诸陵，祭汴口。孟夏荐飨太庙、皇后庙，雩祀昊天上帝于圜丘，前二日奏告太宗皇帝室。仲夏祭先牧、周六庙。孟秋荐飨太庙、皇后庙。仲秋祭先代帝王、汾阴后土、九宫贵神、周六庙、马社，遣官朝拜诸陵。季秋大飨明堂，前二日奏告英宗皇帝室。孟冬荐飨太庙、皇后庙，祭神州地祇于北郊，前二日奏告太宗皇帝室。仲冬祭马步、周六庙，藏冰祭司寒，四时月荐新。司天监于季前预择之，供报礼院看详，牒祠部以闻，诏有司行焉，谓之"画日"。古者大祀散斋七日，致斋三日，誓于散斋之始，通日为十；今则先祀七日，太尉帅祠官受誓戒于尚书省，退而散斋四日于正寝，致斋二日于本司，一日于祠所。中祀散斋三日，致斋二日。小祀散斋二日，致斋一日。无本司者，于武成王庙。皇帝亲祀，散斋于别殿，致斋于大庆殿，从祀官致斋于朝堂及本司之在内庭者。车驾出则从，而斋宿于祀所。凡祝词，皇帝亲祀则书之册，封禅用玉，余用竹，皆中书省主之。有司常祀则书之方版，秘书省主之。岁之常祀率用旧文，其特祭如有祈请，则学士院撰文，应书御名者进书之。国初亲郊，朝飨太庙，中书侍郎读册文。乾德中用中书舍人，咸平后复用侍郎。凡玉、币，少府供玉，太府供币，其长一丈八尺。郊丘配帝币初用苍，乾德后改用白。凡祭器藏于少府监，有祀事则掌供。凡酒齐，皇帝初献用玉斝，亚献用金斝，终献用瓢斝，余皆用爵，并实以法酒。1—3，p743—744

淳化二年七月三十日，秘书监李至上新撰《正辞录》三卷，凡百九十三首，八十四新制，余仍旧辞。诏永为定式。6，p745

【淳化三年】八月七日，秘阁校理吴淑言祠祭有未合典礼二十七事，诏中书门下参酌以闻。李昉等言："旧制差监察一员充监祭，近岁多以他官摄。今请复举旧制，差官、祭器、礼（科）〔料〕不如礼者，仍并委纠举。其局当以祠祭，中使望停罢。应祠酒并以法酒充。祭器、神厨、什物有破弊者，委逐司点检雅饰。斋宫常令洒扫，有坏即时完葺。祀官旧制各第给食钱，三局每祭勘请。勘会每年八十四祭，太庙朔望、四祭太一宫不给外，余五十六祭计给食钱百八十三千。望每岁并付御史台，逐祭委监祭使给。诸寺观祈祷雨雪，至报赛日，请令各给事务钱五千造供食三牙盘，神庙即令御厨造祭食各一牙盘。"诏并从之，仍令先造祭食一牙盘进呈，以为定式。7，p745—746

【景德二年】九月二日，上封者言："郊（正）〔丘〕天地神位版，有司临时题写，多不严肃，望令重造。"诏卤簿使王钦若与内臣详阅修制。十一月一日，位版成，王钦若等呈于便殿，贮以漆匣、昇床，覆以黄缣帕。坛上四位朱漆金字，第一等黑漆金字，第二（位）〔等〕黑漆黄字，第三等已降黑漆朱字。天地、祖宗各为一匣，余十二陛共为一匣。诏付有司，郊祀日差官专掌，每行礼日，以长竿床昇赴祠所。12，p748

【景德二年】九月十六日，判太常寺李宗谔言："四郊诸坛及斋（官）〔宫〕近各修饰，欲自来年，本寺四时差太祝、奉礼二员巡行，有隳损，

即寺司移牒三司修整，仍判寺官春秋躬自按视。望著定式。"诏从之。12，p748

【大中祥符四年】八月二十二日，监祭使俞献可言："四郊祀坛，值雨雪泥淖，例于斋宫望祭。窃缘祀前一日，官吏悉集斋宫，惟南郊外，余皆逼隘。望令增设厅屋，或于斋宫前建亭，以备望拜。又祀官幕次在壝内，皆乘马直至次前。按《祠祭令》：'中祠以上并官给明衣。'斯礼久废，望付礼官详酌。"诏太常寺与礼院官详定以闻。判太常寺李宗谔等言："值雨雪，望祭日不设登歌，祀官以公服行事。如建厅宇，不惟逼隘，典礼无据。望令增葺斋宫，每望祭日，委监祭使检校，务令精洁。又坛壝之内，本禁行人，乘马往来，固为渎礼。自今欲设次于外，则下马无嫌。明衣绢布，唐礼具存，然停废既久，望且仍近例。"奏可。15，p750

【大中祥符五年】八月二日，诏："学士院撰青词、斋、祝、祭文，除旧式称'嗣天子''嗣皇帝'外，其余止称'皇帝'。"时学士院引端拱中李至奏请秘书省祝册不称尊号，乞比类施行，故有是命。15，p750

【大中祥符七年】正月十三日，礼仪院言："南郊合祭天地，承前太府寺供到币七十八段，除正位十三段外，自余施于内官则有余，用于中外官、岳渎则不足。窃寻礼制，内外官、海岳币从方色。欲望皇帝亲祀昊天上帝、皇地祇，配（帝）〔祀〕五方帝、日、月、神州、天皇、北极，及内官五十四，中官百五十九，外官百六，岳、镇、海、渎十八。请并供制币，各如方色，著为定制。"从之。16，p750

【大中祥符七年】二月九日，诏曰："朕躬承鸿贶，钦翼元符。每祗展于盛仪，乃奉置于前殿。爰修馨荐，必涉广庭，未协寅恭，是从详正。自今天书在朝元殿，朕由右升龙门入，自东上阁门，就东阶赴殿焚香。所司著为定式。"16，p750—751

【大中祥符七年】二月十五日，诏："昨太庙行礼次，登歌始作，而奏严不已，恐未中礼。而合朝飨宗庙、郊祀将行礼，严警悉罢，俟礼毕归幄殿复奏严。郊坛祭毕，警场、鼓吹乃振作，用为永式。"16，p751

【大中祥符八年】五月二十九日，礼仪院详定："自今大礼，皇帝位褥位，旧例及别敕绝红紫罗外，其逐时诣宫观寺院焚香并用黄绸。群臣行事，斋醮宴设、谢恩拜表，并用紫绸。永为定式。"先是仪鸾司乞制锦褥，帝曰："朕内庭中未尝践锦绣。"因命有司详定，仍自乘舆为始。17，p751

【天禧三年】九月二十四日，国子监言：“祠祭行事官条制：庙社不许致斋，止宿武成王庙。近以员多，分宿当监，灯烛非便，望令专宿武成王庙。”诏礼院与本监详定，复上言曰：“武成王庙斋厅位四十余间，今请不许官司拘占，悉留充斋宿之所。如发解锁宿庙内，即权徙尚书省。”从之。19，p752

【天禧四年】八月二十一日，同判太常礼院陈宽言：“郊庙致斋日，左右街司承例遣杂职随行。按《令》文：‘散斋之后，不行刑罚。’欲望自今罢之。其祗事人吏不谨职者，俟祭毕，付有司科罚。又诸司祗应人点馔后，多肆出入。望自今点馔后，不得辄出斋宫。又每礼毕，诸色人竞上坛，并以撤祭器为名，分取祭余果馔。望自今监祭御史监勒，〔徹〕祭依均胙例分给执事人。”从之。20，p752

【天禧五年】闰十月二十四日，详定所言：“朝元殿告谢，前二日先告配帝圣祖于玉清昭应宫本殿，太祖、太宗于本室。其日，太宗配坐南郊，望至平明奏告。准礼例，如用牲牢，即是祭礼；近已祭飨，今恐烦数，欲只用香、币、酒、脯，告官公服行事。圣祖以香、酒、时果，碧币。”从之。23，p753

【天禧六年】八月五日，祥定所言：“伏睹宣示宫庭小园嘉禾生四十穗以上。准《令》：‘祥瑞，有司以闻，差官告庙’。望遣官奏告玉皇大帝、圣祖天尊大帝、太庙。”从之。23，p753—754　23，p754

【景祐元年】七月十三日，礼官言：“按《礼部式》：‘天地五郊等坛，三百步内不得葬埋。’今参详，三百步外焚殡，烟气实乱薰洁。自今每遇诸坛祭祀，令监祭预牒开封府，前二日权令去坛五百步内禁断。”27，p755

【景祐二年】十月十二日，太常礼院言：“郊庙之礼，准故事，惟设更衣幄，而未有小次。皇帝久立版位，比及成礼，则已逾时，非所以裕至尊、究恭虔意也。谨按《周官》：‘朝日、祀五帝则张大次、小次。’朝觐会同亦如之。郑康成谓：大次，所止居也；小次，既（按）〔接〕祭，退俟之处。引《祭义》：‘周人祭日，以朝及暗，虽有彊力，曷能支之，是以退俟，诸臣代有事焉。’故说者以为祀昊天上帝亦张大次、小次。古者大次，坛壝之外，犹今更衣幄殿也。小次在坛之侧，今所未行。按魏武帝《祠庙令》：‘降神礼讫，下阶就蕝而立，须奏乐毕，似若不惓列祖，迟祭不速讫也。故吾座俟乐阕，送神乃起尔。’然则武帝坐俟，容须别设近次，与《周官》义符。参检前代，谓宜设小次于皇帝版位少东，每献毕，降坛若殿，就小次俟终献撤豆，则皇帝复就版位，他如常礼。如此，则奉神之意在久益虔，执礼之容有恭无阙。"诏如典礼。28，p755

宋会要辑稿·礼一四·群祀二

【神宗熙宁九年】十一月二十三日，诏："自今每遇大礼，从中书选官二员提点一行事务，仍著为定式。"元丰后，以左右司郎官一员充。十年三月二十二日，中书门下请差人吏等五人，诏并减半，候降御札即差。41，p763

【元丰五年】七月五日，尚书礼部奏："太常寺参详：雩坛当立圜坛于南郊之左已地，依郊坛远近，高一丈，广轮四丈，周十二丈，四陛，为三壝，二十五步，周垣四门，燎垣一，如郊坛之制。"从之。53，p769

【元丰六年】八月二十八日，诏："《南郊式》有皇帝称臣，遣使所遣官不称臣。自今依旧仪，皇帝称臣，遣官亦称臣。"先是，沈括上《南郊式》，以为被遣官亦称臣，不应礼，改之，至是复旧。56，p771

【元丰六年】十一月十日，权直学〔士〕院蔡卞言："大礼祝册旧式，前十日，学士院进书讫，送礼部。近诏亲祠圜丘、景灵宫、太庙，并于行事日未明之前，各就斋殿进书。而未进书以前，止在学士院幕次，诚未足称严奉之意。望于皇帝致斋前三日进书付礼部。"从之，仍著为令。56，p771

绍圣二年六月一日，诏以增上神宗皇帝徽号，命门下侍郎安焘奏告天地、宗庙、社稷。二日，学士院言："增上神宗皇帝徽号，将以七月十四日遣官诣永裕陵奏告。故事，告陵当用祝文，今尚循《元祐格》用表，非是，望仍元丰故事。"从之。先是，中书省签改《学士院格》，御札降："奏告诸陵，已依祖宗故事，而降诞皇子及他告谢，尚未厘正。"至是遂尽复。60，p773

【崇宁五年】十一月二十八日，礼部、太常寺言："准《令》：'诸坛置守坛户洒埽除治，大祠二人，中、小祠一人。'所有南郊及雩祀上帝、北郊皇地祇坛壝三重，亦止二人，请各增为六人。余大、中祠坛各增为四人。"从之。61，p774

【政和六年】八月十四日，礼部言："州县召募礼生习《五礼新仪》，未有定立州县合募人数，及许支给禀名则（则）例。检会《政和格》：'礼生，州二人，县一人。'"诏招募人数，依礼部所申，止于吏人内依格选补，兼月添料钱一贯、米一石。诸路依此。68，p778

宋会要辑稿·礼一四·群祀·群祀三

【绍兴二十九年】二月二日，太常丞张庭实言："检照《郊祀大礼按沓敕》：'诸大礼应奉人（乘）〔乖〕违失仪者杖一百。应缘大礼行事有违犯，不以本年赦降原减。'元系太常寺省条法，从前每遇大礼，只引《律》文'诸祭祀行事失错及违失仪式者笞四十'，皆引赦原，更无断罪条法。恐大礼应奉人懈怠不肃，无以惩戒，有失祖宗立法之意，望送敕令所，以《绍兴敕》内修入，永久遵守。"从之。83，p786

【淳熙元年】四月二十八日，详定一司敕令所言："重拟修《祀令》：诸祀天地、宗庙、神州地祇、大社、大稷、五方帝、日月、荧惑大神、太一、九宫贵神、蜡祭百神、太庙七奏告、孟春上辛祈谷祀上帝及祀感生帝，孟夏雩祀，夏至祭皇地祇，季秋大飨明堂祀上帝，孟冬祭神州地祇，冬至祀昊天上帝，各告配帝本室。文宣王，为大祀。州县释奠用中祀。后土、岳、镇、海、渎、先蚕、风师、雨师、雷神、五龙、前代帝王、武成王，为中祀。司中、司命、司禄、司寒、先牧、马祖、马社、马步、七祀、司命、户、灶、中霤、门、厉、行。诸星、山林川泽之属，及州县社稷、风师、雷神、雨师，为小祀。诸州县春秋社日祭社、稷，社以后土勾龙氏，稷以后稷氏配。牲用羊一、豕一、黑幣二。二月八月上丁释奠文宣王，以兖国、邹国公配。牲用羊一、豕一、白幣三。祀风师以立春后丑日，牲用羊一、豕一、白幣一。祀雨师、雷神以立夏后申日。牲用羊一、豕一、白幣二，牲并纯也。"从之。99—100，p795—796

【淳熙四年】二（年）〔月〕二十七〔日〕，详定一司敕令单夔言："春秋释奠全仝文宣王，在京为大祀，州县仍旧为中祀。"从之。100，p796

【淳熙六年】十月十七日，礼部侍郎齐庆胄言："《政和五礼新仪》旧尝给降印本于州郡，中更多故，往往失坠，郡县循习苟简，或出于胥吏一时省记。今春秋释奠，（所）〔祈〕报社、稷，祭祀风、雨、雷师，坛壝器服之度，升降跪起之节，率皆鄙野不经。乞令礼部、太常寺参稽典故，将州县合置坛壝器服制度、合行礼仪节次，类成一书，镂板颁下四方。"既而礼部、太常寺条具《诸路州县释奠、祀祭合用祭器》："检照大中祥符间颁降制度图本，并系以竹木为之。今临安府释奠、祭社稷、祀风师雷神，亦用竹（本）〔木〕祭器。今来颁降州县制度，乞从大中祥符制度图本。又诸路州县释奠祀祭合置坛壝、冕服，及行礼仪注，参考类成一书，

委临安府镂版印造，从礼部颁降，以《淳熙编类祀祭仪式》为名。"从之。100—101，p796

宋会要辑稿·礼一四·群祀·祠祭行事官

【嘉定十年】三月七日，臣僚言："检准《御史台弹奏格》：'应祠官不恭，及器服、礼料不如法者弹奏。'又《誓戒》云：'各扬乃职，敢有不恭，邦有常刑。'臣三月三日季春出火祀大辰，适与监祭。初据太常寺修写进胙奏状，系臣与摄光禄卿、太常寺主簿黄民望连衔具奏。续因终献官请假通摄，别换奏状，却系太官令、监临安府都税院蔡戎摄光禄卿，与臣连衔。臣即索上通摄单子点对，乃是民望擅令人吏改请通摄，初无公文辞免。臣照得民望职隶容台，岂不知祠祀为国之大事，务在严肃，顾乃规避拜跪，私易一监当选人摄事，与臣连衔具奏。非惟失事神之敬，抑且失尊君之义。臣职当弹奏，乞将民望罢黜，以为祠官不恭敬者之戒。"从之。117，p806

【嘉定十年】十一月二日，臣僚言："国之大事在祀，配以祖宗，又祀之至重者也。谨按《中兴礼书》《五礼新仪》及太常寺条具《祠祭合差行事官窠目①格式》，照得本朝每岁大祀虽多，而以祖宗配飨者有七。除正月上辛祈谷、孟夏雩祀、季秋合祀上帝并夏日至祭皇地祇、冬日至祀昊天上帝，凡此五祀，皆以宰执充初献，其亚献则差礼部尚书、侍郎，或阙，依次轮差别曹长贰，次给舍、谏议外，有正月上辛祀感生帝、立冬日后祭神州地祇，合差礼部尚书、侍郎、太常卿少；阙，听报秘书省长贰充初献。其亚献则差太常卿少、礼部郎官；或阙，差五曹郎官；又阙，差太常丞。其终献及执事官皆照班列，以次轮差。若局务监当，皆不与焉。以此可见祀天祭地为重，故以祖宗为配，所差献官必先宰执、侍从，而后卿监、郎曹。伏见今月十二日为立冬日后祭神州地祇，前二日奏告太宗皇帝，而所差掌誓、莅誓、初献官，乃以尚书、侍郎为职有妨，互相推避，类差郎官及监丞、博士摄之。尊卑不称，轻重不等，甚非所以仰副陛下交神明、尽诚敬之义也。乞下太常寺、吏、礼部，今后祠祭合差行事官，寺监丞簿已下从吏部左选依仪差摄；卿监已下、郎官已上，从太常寺具申尚书省点差。所有感生帝、神州地祇两祀系以太祖、太宗为配，其初献、掌

---

① "窠目"就是"科目"之义。"窠"字同棵、颗。

誓、涖誓官乞依前五祀亚献所差礼部长贰体例；如有故或阙，即依次轮差别曹长贰，或给舍、谏议充摄。仍并照卿监体例，具申尚书省一并点差，庶免临期妄有推托，而陛下尊崇祀典之意不为具文。"从之。118—119，p806—807

宋会要辑稿·礼一四·祭器

【哲宗元符三年】四月二日，礼部、太常寺言："按《大礼仪式》，亲祠太庙，俎不设肠胃，已合古礼。独犬牲腥熟皆设肠胃，于义未安。兼按《仪礼》，羊俎、豕俎皆有举肺一、祭肺三，今又俎独不实肺，亦当详正。欲罢犬牲肠胃，止存离肺、刌肺，及豕俎设离肺一、刌肺三，于礼为当。"从之。121，p807

【高宗绍兴二年】三月二十七日，诏："景灵宫诸殿神御酌献食，合用羊三百三十八口，以三分为率，减一分。"121，p807

【徽宗崇宁五年】正月二十四日，诏："应奉祀天地、祖宗、社稷，膳羞之物，可并令六尚局应奉，仍著为令。"124，p809

宋会要辑稿·礼一五·缘庙裁制

【元符三年】四月二日，礼部、太常寺言："按《大礼式》，亲祠太庙，俎不设肠胃，已合古礼；独（大）〔犬〕牲腥、熟皆设肠胃，于义未安。兼按《仪礼》，羊俎、豕俎皆有举肺一、祭肺三，今豕俎独不实肺，亦当详正。欲罢犬牲肠胃，止存离肺、刌肺，及豕俎设离肺一、刌肺三，于礼为当。"从之。继而太常礼院言，乞太庙祠事罢用犬牲。从之。13，p824—825

【绍兴二年】三月二日，诏："温州太庙百步内居止遗火者，徒二年；致延烧奉安寺观，流三千里。余依见行条法"。15，p827

【乾道六年】四月三十日，礼部言："敕令所看详：'诸臣（寮）〔僚〕导从至太庙、景灵宫墙，并禁呵喝；非荐献行事，不得由棂星门。及太常寺定到禁止张盖，亦合修入条令。'"并从之。先是太常少卿林栗等（常）〔尝〕有是请，礼部乞下敕令所看详，及令太常寺条具合宜，奏请行之。21，p833

宋会要辑稿·礼一六·释奠

【淳熙四年】二月二十七日，户部侍郎、兼详定一司敕令单夔言："《绍兴祀令》：'文宣王_{州县释奠同}。为中祀'；《乾道祀令》：'文宣王_{州县释}_{奠同}。为大祀。'所载不同。乞依《绍兴七年十月已降指挥》'春秋上丁释奠至圣文宣王，在京为大祀，州县仍旧为中祀。'"从之。1，p879

【绍熙三年】八月十七日，诏太常寺将州县释奠文宣王神位次序仪式改正，仍备坐今来申明指挥行下临安府镂板，同《绍兴制造礼器图》印行颁降。先是臣僚言："兖国公颜回、邹国公孟轲、舒王王安石配飨西上。王安石已降从祀之（例）〔列〕，不曾明载指挥，兖、邹二国公坐位从绍兴指挥，徙于先圣之东南，而皆西向北上。州县多不见此指挥，往往差错。曾参合从唐《通典》元封国作郕侯。薛公冉雍、费公闵损从《政和新仪》，闵为第一，冉雍为第二，以正《淳熙仪式》之误。两廊从祀，《政和新仪》与《淳熙祭祀仪式》不同，合依唐《通典》所载，以东西相对为次序。泗水侯孔鲤，《政和新仪》《淳熙仪式》不曾该载，今增入，孔鲤合在沂水侯孔伋之上。临川伯王雱，乞照《中兴礼书》，去从祀画像。祭器样式，政和年中铸（考）〔造〕皆（造）〔考〕三代器物，绍兴间以其样制印造颁付，今州县尚仍聂氏旧图，乞别行图画，镂板颁行。释奠时日，州县或秋用下丁，乞从《政和新仪·序例》，春秋皆用上丁日行事。陈设条内着尊肆、牺尊肆。'著'当作'牺'，'牺'当作'象'，新本虽已改正，旧本尚仍，并乞附载改正镂板。"既而礼院奏从所请，故有是诏。以上《永乐大典》卷一六五七四1，p879

宋会要辑稿·礼一七·亲飨 庙·杂录

【元符元年】十一月十八日，帝诣太庙斋宿，自庙门降辂，屏盖，步至斋殿。翌日，朝飨，诏读册官至御名勿兴。及飨神宗室，凄惨泣下。礼毕，乘舆出，至庙门少东，进步就辂。诏读册至御名勿兴事。著为令。16，p897

宋会要辑稿·礼一七·荐新

【太宗雍熙二年】十一月十三日，宗正寺言："准诏送到腊兔十只，充繶太庙。按《开宝通礼》荐新之仪，诣僖祖室户前盥洗、酌献讫，再拜，次献诸室，如初献之礼。"十四日，诏曰："《礼》云：'天子诸侯无事，则岁三田，一为干豆，二为宾客，三为充君之庖。'说者（为）〔谓〕干豆，腊以为祭祀豆实也。夫顺时蒐狩，礼有旧章，非乐畋游，将荐宗庙。久隳前制，阙孰甚焉。适属昌期，重兴坠典。昨者爰遵时令，暂狩近郊，既躬获禽，用以荐俎，盖遵故事，肃将至诚。其今月十一日畋猎亲射所获禽兽等，并付所司，以备太庙四时荐繶所用。仍永为定式。"86，p942

【神宗元丰元年】十月九日，宗正寺奏："据太常寺报：荐新兔、薯蓣、栗黄，并各有备，乞选日荐献。检举敕式：每年两庙荐新，共二十六种，皆取京都之物，料简供献，所以远方之珍贡，皆缘陈久而不登，专尚新成，用极严奉。今三物并鬻于市，众已属厌，庙犹未荐，颇违礼意。伏况承前登尝，虽系月分，然或差互，难以尽从。如二月开冰，遇中气在季，固合随春分；三月进樱桃、笋，若萌实未成，亦专至于孟夏。盖节序有晏蚤，品物有后先，自当通变，安能齐一？故或月内频荐，或旷月无新，雅协礼文，匪乖时训。既后熟者容有逾月，则先成者岂得过期？此理之明，不言可见。欲望自今凡礼令合荐之物，应鸡彘常畜之余，务及时新，免近黩慢。乞下礼官，参酌更定。及按唐《开元礼》，荐新不出神主，今两庙荐新及朔望上食，并出神主，亦乞议定所宜。"87—88，p944

宋会要辑稿·礼一八·祈雨

【大中祥符二年】二月，诏："如闻近岁命官祈雨，有司止给祝板，不设酒脯。其令自今祈报，　如《礼令》。"七日，诏："自今中书门下特差官祈祷，并前一日致斋。祠庙祭告，并用香、币、酒、脯、醢等，仍令太常礼院牒诸司寺监供应。祠官不虔，御史台纠举以闻。"帝闻遣官祈雨，有司止给祝板，不设酒脯，因出《礼令》、故事示宰臣，命申明之。其赛谢日，诸宫观、寺院官给钱五千造食，宫观仍用青词。神庙则翰林给酒，御厨造食，遣宽衣天武官昇往，仍给纸钱、驼马。6，p952

宋会要辑稿·礼一八·酺祭

【孝宗皇帝绍兴三十二年】八月八日，礼部、太常寺言："看详酺祭事，欲依《绍兴祀令》：'虫蝗为灾则祭之。'候得旨，本寺择日依仪祭告。其祭告之所，国城西北无坛壝，乞于余杭门外西北精进寺设位行礼。

所差祭告官并合排办事，并依常时祭告小祀礼例。在外州县无虫蝗为害
处，候得旨，令户部行下。有虫蝗处，即依仪式，一面差守令设位祭告施
行。"从之。按《太常因革礼》：庆历四年六月，臣僚言："天下螟蝗颇为民物之害，乞京师
内外并修祭醋。"诏送礼院详定。礼院称："《周礼·族师》'春秋祭醋'，音步。醋为人物灾害之
神。郑康成云：'校人职有冬祭马步，则未知此醋，蝼螟之醋欤？人鬼之步欤？盖亦为坛位，
如雩禜云。'然则校人职有冬步，是与马为害者，此醋盖人物之害也。汉时有蝼螟之醋神，又有
人鬼之醋神，康成未审果从何醋，故两言之。历代书史悉无祭醋仪式，欲准祭马步仪施行。坛在
国城西北，祭仪、礼料并属小祠。乞差官就马坛设祭，称为醋神，祝文系学士院撰定。若外州
者，即略依禜礼。"是岁仪注，先择便方，除地，设营缵为位。营缵谓立表施绳以代坛。其致斋、
行礼、器物等，并如小祠，上香，币以白。祝文曰："维某年岁次月朔某日，州县具官姓名，敢
昭告于醋神：蝗蝼荐生，害于嘉谷，惟神降祐，应时消殄。请以清酌、制币、嘉荐昭告于神，尚
飨！"39，p970

宋会要辑稿·礼二〇·诸祠庙·杂录

【崇宁元年】正月二十五日，诏："应民庶朝岳献神之类，不得仿效
乘舆服玩制造真物，只得图画焚献。余依旧条。及令开封府并诸路监司逐
季举行晓示，仍严切觉察施行。"先是侍御史彭汝霖言："《元符敕》：'诸
司因祠赛社会执引兵杖旗帜，或仿乘舆器服者，造意及首领之人徒二年，
余各杖一百。满百人者，造意及首领人仍不刺面配本城，并许人告。'乞
下府界及诸路，近年逐季举行，粉壁晓示。"7，p990

【仁宗天圣元年】十一月八日，户部郎中、知洪州夏竦言："臣闻左
道乱俗，妖言惑众，在昔之法，皆杀无赦。盖以奸臣逆节，狂贼潜窥，多
假鬼神，摇动耳目。汉之张角，晋之孙恩，偶失防闲，遂至屯聚。国家宜
有严制，以肃多方。窃以当州东引七闽，南控百粤，编氓右鬼，旧俗尚
巫。在汉栾巴，已尝翦理；爰从近岁，传习滋多。假托機祥，愚弄黎庶，
剿绝性命，规取财货。皆于所居，塑画魑魅，陈列幡帜，鸣击鼓角，谓之
神坛。婴孺襁褓，已令寄育，字曰'坛留''坛保'之类，及其稍长，则
传习妖法，驱为童隶。民之有病，则门施符篆，禁绝往还，斥远至亲，屏
去便物。家人营药，则曰神不许服；病者欲饭，则云神未听食。率令疫
人，死于饥渴。洎至亡者服用，又言余祟所凭，人不敢留，规以自入。幸
而获免，家之所资，假神而言，无求不可。其间有孤子单族、首面幼妻，
或绝户以图财，或害夫而纳妇。浸淫既久，积习为常，民被非辜，了不为
讶，奉之愈谨，信之益深，从其言甚于典章，畏其威重于官吏。奇神异

像，图绘岁增；怪篆妖符，传写日异。小则鸡豚致祀，敛以还家；大则歌舞聚人，馂其余胙。婚葬出处，动必求师；劫盗斗争，行须作法。蠹耗衣食，眩惑里闾。设欲扇摇，不难连结。在于典宪，具有章条。其中法未胜奸，药弗瘳疾，宜颁峻典，以革弊风。当州师巫一千九百余户，臣已勒令改业归农，及攻习针灸方脉。所有首纳到妖妄神像、符篆、神衫、神杖、魂巾、魂帽、锺角、刀笏、纱罗等一万一千余事，已令焚毁及纳官讫。伏乞朝廷严赐条约，所冀屏除巨害，保育群生，杜渐防萌，少裨万一。"诏："宜令江南东西、荆湖南北、广南东西、两浙、福建路转运司，遍行指挥辖下州、府、军、监、县、镇，今后师巫以邪神为名，屏去病人衣食汤药，断绝亲识看承，若情涉于陷害，及意望于病苦者，并同谋之人，引用呪诅律条，比类断遣。如别无憎疾者，从违制失决放；因而致死者，奏取敕裁。如恣行邪法，不务悛改，及依前诱引良家男女，传教妖法，为弟子者特科违制定断，其和同受诱之人减等科罪。余并检会前后条法，详酌断遣，情理巨蠹，别无刑名科断者，即收禁具案奏裁。仰粉壁晓示，仍半年一度举行约束，仍赐敕书褒谕。" 10—12，p992—993

【天圣三年】四月二十三日，淮南江浙荆湖发运司言："昨高邮军有师巫起张使者庙宇神像，扇惑人民，知军、国子博士刘龟从已行断绝，拆除一十处庙像，（像）收到材木、钱物盖造，作系官使用，见今人户安居。窃知洪州曾有师巫造作妖妄，蠹害风俗，知州夏竦奏闻朝廷，降敕江南、荆湖、广（昌）〔南〕、两浙、福建路条约①断绝。今来淮南乞降敕命，依例止绝。"从之。12，p993

【绍圣五年】四月五日，枢密院言："诸军营创立庙宇者徒一年，称灵异动众者加二等；庙宇未立，各减二等，止坐为首之人。本辖将校，节级不止绝，与同罪。"② 从之。13，p994

【绍兴二十三年】七月二十一日，将作监主簿孙祖寿言："圣王之制祭祀，非忠劳于国、功德及民者，不与祀典。闻近者禁止淫祠，不为不至，而愚民无知，至于杀人以祭巫鬼，笃信不疑。湖广之风，自昔为甚，近岁此风又浸行于他路。往往私遣其徒越境千里，营致生人，以贩奴婢为名；及至岁闰，屠害益繁，虽异姓至亲，亦不遑恤。今浙东又有杀人而祭

---

① 宋代"条约"多指法律之意。

② 宋代在立法中存在大量因事因时而制定的单行法。这类法律有时仅有一条，有时有数条。但这些立法成果是国家修撰法典时的来源。

海神者，四川又有杀人而祭盐井者，守令不严禁之，生人实被其害。今岁闰在季冬，良民罹其非横者必多，若不早为之禁，缓则弗及矣。欲望申严法令，戒饬监司、州县之吏，治之纵之，明示赏罚，增入考课令格，加之乡保连坐。诰诫禁止，期于革心，毁（撒）〔撤〕巫鬼淫祠。"从之。14，p994—995

宋会要辑稿·礼二一·四镇

神宗元丰三年，集贤校理陈侗言……诏下详定礼文所。详定所"请以国朝《祠令》所载岳镇海渎，兆四望于四郊：岱山、沂山、东海、大淮于东郊，衡山、会稽山、南海、大江、嵩山、霍山于南郊，华山、吴山、西海、大河于西郊，常山、医巫闾山、北海、大济于北郊。每方岳镇则共为一坛，海渎则共为一坎，以五时迎气日祭之。皆用血祭瘗埋，有事则请祷之。又以四方山川各附于本方岳镇海渎之下，别为一坛一坎，山共一坛，川共一坎，水旱则祷之。其北郊从祀及诸州县就祭，自如故事"。诏每方岳镇海渎共为一坛望祭，余从之。1，p1079—1080

宋会要辑稿·礼二四·明堂①御札

【仁宗皇祐二年】四月十一日，诏："明堂行礼所设褥位、祭器、祭食，应行事臣僚及诸司人毋得辄有践蹱及横绝越过，违犯者具以罪论。诸寺监应奉人等，令大礼使严行戒谕，须至时预先沐浴，服新洁衣。升殿行事职掌，差内臣管勾②宿斋及支沐浴钱，务在严肃，不得慢易。"8，p1142—1143

【皇祐二年】四月十二日，礼仪使言："准《敕》：'应祭祀行事官吏有不遵典礼、罔事肃恭，令有司纠察闻奏。若已受誓戒，有废阙者，不在赦原。'将来逐处行礼日，其文武百官、使臣、军校及诸司祗奉职掌等，虑不知有此条制，或至违犯，望下阁门、御史台、宣徽院申明告示。"从之。8，p1143

---

①　中国古代祭天的地方，时间在每年秋月。宋朝祭天分为南郊和明堂两种。南宋以明堂大礼为主。宋朝三年一大祭天，多由皇帝主持。宋朝明堂大礼举行了48次，南郊大礼57次。在明堂和南郊大祭时往往颁发赦令，被称为明堂赦和南郊赦，是宋朝赦类法律的主要来源。

②　管勾即是管理。

【皇祐二年】六月十四日，卤簿使言："明堂大飨用法驾卤簿，准《礼令》：'法驾之数减大驾三分之一。'得兵部状，大驾用万有八千二百五十六人，法驾减其一，用万有二千一百七十人。检大中祥符元年封禅法驾人数，即用万有一千六百六十一人，（有）〔与〕此不同。本部今无法驾字图故本，复又文牒散逸，虽粗有其数，较之《礼令》，未能裁决。望令礼院官一员，与兵部官同共详定图本。"又礼院言："准《郊例》：'大驾有象六，在六引之先。'今明堂行礼，若三分减一，即用四，亦在三引前。检详《令》文，但有象在大驾卤簿前，一中道，余分左右，即不言总数。又《国朝会要》：'象六，中道分左右。'恐旧文参榫，未知所从。"诏并令太常礼院与判兵部官同共详定图本以闻。后礼官等定法驾卤簿，凡万有一千八百八十八人。从之。16—17，p1147

【皇祐二年】七月二十五日，御史台言："准《敕》：'文官斋宿于左升龙门外。'今审度，与神厨迫近，又余地非广，计不能容东班次舍。望令文武百官并于右升龙门外，设次于中书门西。"从之。21，p1150

宋会要辑稿·礼二四·明堂颁朔布政

【政和七年】七月二十九日，议修定《时令》。"臣谨按《玉藻》，天子听朔于南门之外；《周官·太师》，颁告朔于邦国。盖听朔则每月听朔政于明堂，颁朔则以十二月朔政颁于诸侯。又按《周礼·月令》，天子居青阳、明堂、总章、玄堂，每月异礼。然《月令》之文，自颛帝改历术，帝尧正人时，《大戴》有《夏小正》，《周书》有《时训》，《吕氏春秋》有《十二纪》。《礼记·月令》虽本于吕氏，然其所载皆黄帝工旧典，非吕氏所能自作也。唐开元中，删定《月令》，国朝亦载于《开宝通礼》及以祠祭附为《祠令》。今肇建明堂，稽《月令》十二堂之制，其时令宜参酌修定，使百官有司奉而行之，以顺天时，和阴阳，诚王政之所先也。"79，p1184

【政和七年七月二十九日】议每岁十月朔御明堂受来岁新历颁之郡县："臣看详太史局每年以十月朔就崇政殿进呈来岁历日。谨按《月令》，以季秋之月为来岁受朔日，考之夏以建寅为正，商以建丑为正，周以建子为正，今以十月为来岁，何也？盖古者重俗敦本，三（岁）〔时〕务农大毕而岁功成，所以名一岁也。又以《诗》考之，'曰为改岁，入此室处'，十月闭塞而成冬，故谓之'改岁'也。《月令》以季秋受来岁朔日，正以

十月为来岁。今拟以每岁十月朔明堂设仗，受来岁新历，退而颁之郡县。其有随（身）〔月〕布政依此。"79，p1184

【政和七年】十月二十一日，诏："应颁朔布政诏书入急脚递，依赦降法。诸路监司、州县依此。应颁朔布政诏书付吏部，差人吏、工匠、纸札，限一日以事分下六曹，限一日下诸路监司，违者杖一百。应承受颁朔布政诏书，监司随事检举下诸州，州下诸县。榜谕讫，具已施行申州，州申所属监司以闻。共不得过十日，违者杖一百。若检举不以时，施行不如令，加二等，不以赦降原减。"82，p1186

宣和二年七月二十九日，诏："颁政事、颁朔，人主之事，不可以为官称。可减罢颁政一员不置；颁事二员改置司常一员，掌受颁朔布政等事；颁朔四员改置司令二员，掌读《月令》等事。以上并隶明堂颁朔布政府。"84，p1186

【宣和四年】二月十四日，太宰王黼言："今编类到明堂颁朔布政司政和七年十月止宣和三年十月颁朔布政诏书，及建府以来条例，并气令应验，《目录》一册，《编类》三册，《岁令》四册，《朔令》五十一册，《应验录》四册，总六十三册，谨随表上进以闻。"84，p1186

【绍熙五年】九月十三日，诏："马军行司官兵连日排立，依淳熙十五年明堂大礼例，使臣各特支三贯文，效用军兵各支二贯文，令户部支给。"庆元六年亦如之。104，P1198

【开禧二年】四月七日，诏："今岁明堂大礼，令有司除事神仪物、诸军赏给依旧制外，其乘舆服御及中外支费并从省约。仍疾速从实条具闻奏。"106，p1199

【开禧二年】七月十九日，诏："明堂大礼支赐，除师臣、宰执、侍从辞免依所乞外，余并依已降指挥减半支给，更不许辞免。"106，p1199

宋会要辑稿·礼二五·郊祀赏赐

国朝凡郊祀，每至礼成，颁赉群臣衣带、鞍马、器币，下洎军校缯帛有差。熙宁中，始诏编定，遂著为式。① 凡郊祀赏赐：亚献、三献皇子加赐银五百两，孙、曾孙三百两，玄孙二百两。旧式：皇子充亚献银三千两，帛三千匹，加袭衣、金

---

① 从此看，下面法律是《熙宁郊祀赏赐式》。此法律包括两部分内容，《旧式》与《新式》。从内容看，这里把整部法律内容全面抄录，是现在可以见到全文的宋代单行式的代表。

带、鞍勒马。**文武百官奉祠事，宰臣、枢密使**一千五百两，一千五百匹，银鞍勒马，银重八十两，枢密使不带使相重七十两。宰臣充大礼使，银、绢各加五百。旧式二千两、二千匹。**亲王**二千两，二千匹，银鞍勒马。旧式如今数。充开封尹即三千两、三千匹。**使相**并同宰臣，外任银、绢减半，皇亲准在京数。**知枢密院事、三师、三公、参知政事、枢密副使、同知枢密院事、签书同签书枢密院事、宣徽南北院使**千两，千匹，银鞍勒马，如枢密使。宣徽使外任银、绢减半。旧式：三师、三公二百两、二百匹，参知、枢副一千五百两、一千五百匹。**东宫三师、三少、仆射、观文殿大学士**七百五十两，七百五十匹。旧式，东宫三师如三公。**三司使**三百五十两，三百五十匹，银鞍勒马，重五十两。权使公事、权发遣使公事同。旧式：使、三部使，并五百两、五百匹。**副使**百两，百匹。权副使、权发遣理资序同。旧式百五十两、百五十匹。**学士、尚书**一百五十两，一百五十匹。旧（制）〔式〕二百两、二百匹。**阁直学士、丞郎、给事中**百两，百匹。自学士已下充四使者，银、绢各加五十。旧式：丞郎百五十两，百五十匹，给事中百两、百匹，直学士百五十两、百五十匹。**谏议大夫、舍人、知制诰、待制**四十两，四十匹。内充四使者，银、绢各加十。旧式五十两、五十匹，内充四使者加赐金带，亦有特赐者。待制减十两、十匹。天圣四年加，后复减如常数。**常侍、宾客**银、绢同待制。已上并袭衣、腰带，其带金、犀，鱼袋随所佩服。金带观文殿学士已上二十五两，内笏头者加鱼袋二两五钱，余二十两。**太常卿至正言**二十两，二十匹。旧式：太常卿如丞郎，宗正卿至正言如今数。**太常博士至朝官**十两，十匹。旧式太博至五官正如今数，内监察御史、著作郎二十匹，后减。**京官**五两，五匹。旧式各寺监丞已上十两、十匹，后减如今数。**幕职州县官**五两，五匹。旧式充校勘、直讲、教授、刑法直官、开封府曹官，乃如今数。**节度使**七百五十两，七百五十匹，银鞍勒马。旧式千两、千匹，上将军二百两、二百匹。**留后**六百两，六百匹，余同节度使。旧式五百两、五百匹。**观察使**三百五十两，三百五十匹。自节度使已下并加袭衣，金带二十两。旧式同留后。**防御使**二百五十两，二百五十匹。旧式三百两、三百匹。**团练使**一百五十两，一百五十匹。旧式二百两、二百匹，遥领者五十两、五十匹。**刺史**百两，百匹。已上并加袭衣，金带十五两。旧式刺史比团练使递减一等，遥领者五十两、五十匹。**皇亲上将军、节度使**千两，千匹。旧式皇子上将军如今数。留后七百两，五百匹。旧式，若充二献官，加三百。**观察使、防御使**五百两，五百匹。**团练使**五百两，五百匹。**刺史**三百两，三百匹。皇亲自刺史已上，并加银鞍勒马，上将军、节度使七十两，留后已下五十两。**大将军**二百两，二百匹。遥领防、团者，同正刺史。遥领刺史者二百五十两，二百五十匹。旧式五百两，五百匹，后减。领团练使各三百，领刺史各二百，不遥领者如今数。**将军**百五十两，百五十匹。皇亲自将军已上并加袭衣、金带。上将军已上二十五两，节度使至刺史二十两，遥郡至将军十五两。旧式二百两、二百匹，已减如今数。**率府率、副率率**百两，百匹，副率五十两、五十匹。**诸司使至殿直**旧式：使百两、五十匹，领刺史者加袭衣、金带。副使五十两、五十匹，承制四十两、四十匹，崇班三十两、四十匹，供奉官三十两、二十匹，侍禁十两、二十匹，殿直十两、十匹。**驸马都尉、观察、防团、刺史、将军**三百五十两，三百五十匹，银鞍勒七十两，并加袭衣、马。内观察使金带二十两，防御已下十五两，两使留后已上自从本官。**枢密都承旨、副都承旨**五十两、五十匹，旧式都承旨百两、百匹。副都承旨五十两、四十匹，旧式百两、百匹。**横行使、东班昭宣使已上**四十两，四十匹。旧式：内客省使已下横班诸司使百两、百匹，不掌事横班诸司使减半。**横行副使**三十两，三十匹。旧式五十两、五十匹，不掌事者如今数。**两省都知、押班、带御器械诸司使副**四十两，四十匹，窄四（撲）〔褄〕，金束带十五两。旧式：都知、押班、诸司使充行宫使及青城至郊坛巡检，同押仪仗、管勾应奉物色、提点酒食、管勾大内，百两、百匹；都知、押班不掌事者，加五十两；袭衣、金带。带御器械诸司使五十两、五十匹，副使五十两、三十匹，承制三十两、二十匹。自内客省已下，仍加袭衣、金带；自带御器械、诸司使已下，加窄袍、金束带。**大将军诸司使**四十两，四十匹。不掌事者银减半，绢减十匹。大将军如勾当①金吾引驾仗者，银、绢各加七十五。旧式：统军大将军三十两、三十匹，诸司使仪仗内押当及乘珂马，五十两、五十匹，不掌事减三十两、二十匹。**将军诸司副使**二十两，三十匹。不勾当事减十匹。旧式将军乘珂马者五十两、五十匹，判金吾者四十两、四十匹，副使仪仗内押当及乘珂马二十两、三十匹，不掌事减十匹。**枢密院诸房副承旨**四十两，四十匹，逐房副承旨减十两、十匹。旧式，逐房副承旨如今数。**阁门通事舍人**二十两，二十五匹，不掌事者减五两、五匹。自都承旨已下至通事舍人，如充行宫使、青城至郊坛已来巡检，及同押仪仗，驾前编排臣僚，及御营四面巡检，都大管勾大内公事、枢密都承旨已下至诸司使，赐七十五两、七十五匹。都大提举管勾南郊一行公事，赐百两、百匹。副使充者五十两、五十匹。并加袭衣、金带，重十五两。即官序支赐本应多者，自从多给。旧式：五十两、五十匹，不掌事二十两、二十匹。自今所载加袭衣、金带，旧式并同加金束带者，前后异例。**内殿承制**二十两，二十匹。带阁门祗候者同。不勾当事减十匹。旧式二十两、二十匹，乘珂马加五匹，不掌事减十两。**崇班、内常侍**十两，二十匹，不勾当事减十匹。旧式崇班十两、二十匹，乘珂马加十两，不掌事减十匹。内常侍十两、十匹。新定承制、崇班、带阁门祗候充驾前编排及青城至郊坛四面巡检等，三十两、三十匹，窄衣、金束带，十五两。**阁门祗候**崇班、供奉官并同崇班掌事者，殿直、侍禁并同崇班不掌事者。旧式：崇班、供奉充者二十两、二十匹，侍禁、殿直充者十两、十匹，乘珂马者加十匹。**供奉官至借职**供奉官五两、十匹，侍禁、殿直五两、五匹，奉职、借职三两、三匹。已上内大使臣绞缚青城，银、绢各加十，三班使臣各加五，勾当八作司、监修雅饰桥梁道路各加五。摄统军各二十两、二十匹。新定八作司文臣朝官比大使臣，京官以下比三班使臣。旧式：三班使臣充诸杂勾当、监当在京库务及库务门，十两至二两、十匹至二匹凡六等。**内侍两省使臣**夹侍、扶侍、听宣及当阁分供奉官、殿头高品、高班，并挂御衣供奉官以下至黄门，十两、二十匹。前省挂御衣同后省挂御衣例。**诸杂勾**

----

① 管理、掌管之意。

当诸杂勾当并道场及随驾带甲等供奉官、殿头、高品、高班，十两、十匹。带器械、带甲、抬宝、管勾诸阁分当从物诸杂差使，黄门至后苑散内品，五两、十匹。前省诸杂勾当除不管道场外，并同。其随驾带甲等供奉官、殿头、高品、高班，并十两、十匹。带器械、带甲诸杂差使、寄班黄门、小黄门，五两、十匹。**在内及诸处守宿**两省供奉官、殿头，五两、十匹。高品、高班，五两、五匹。后省黄门、祗候、殿头已下至后苑散内品，前省黄门、小黄门、祗候、高品已下至后苑散内品，三两、三匹。后省祗候、殿头已上在内守宿者，加赐二（匹）〔两〕、二匹。**升坛入室等**后省升坛、入室、卷帘、执扇等，进食门带器械祗候、殿头至后苑散内品，前省升坛、入室、卷帘、执扇等及将擎礼衣等祗应，并诸杂差使祗候、高品已下至后苑散内品，并五两、五匹。**诸监皇城门、权监门**监西华兼宣德、东华、左右掖、拱宸门，两省供奉官、殿头、高品、高班，并十两、十匹。黄门并减五两。前省祗候、高品已下至后苑散内品，银、绢各减半。**勾当绞缚青城**两省供奉官二十两、二十匹，殿头减十两，高品、高班减十两、五匹。后省黄门、前省黄门寄班并祗候、高品已下至后苑散内品，并十两、十匹。**在京监当任使**后省供奉官、殿头，前省供奉官殿头、高品，各五两、十匹。后省高品、前高班，五两、五（品）〔匹〕。前省高班、黄门，三两、十匹。后省黄门，三两、三匹。祗候、殿头至后苑散内品，二两、二匹。前省祗候、高班已下至后苑散内品，三两、三匹。旧式：内臣侍听宣、当阁及诸勾当，十两至二两、二十匹至二匹，凡六等。内品监当在京库务及库务门，如三班使臣例。**三班差使、借职权代殿侍在内守宿**钱五贯。**管军殿前都指挥使、副都指挥使**并同使相。**侍卫亲军马军步军都指挥使、副都指挥使**节度使并同殿前，内绢减五百匹，余金带减五两、银鞍〔勒〕减十两。**殿前侍卫亲军马步军都虞候**千两，千匹，金带二十两，银鞍勒七十两。内防御使带减五两，绢减五百匹。旧式：管军都虞候已上，节度使千五百两、千五百匹，留后、观察千五百两、千匹，防御千两、五百匹。**捧日天武龙神卫四厢都指挥使**三百两，三百匹。团练使减百匹。金带十五两，银鞍勒五十。旧式并三百两，并三百匹。**捧日天武龙神卫四厢指挥使**二百两，二百匹，金带十五两，银鞍勒五十两。已上并加袭衣、马。**殿前指挥使都虞候**五十两，百匹，窄紫罗旋襕，金救带十五两。**马步军都军头、副都军头、马军都军头、副都军头、步军都军头、副都军头**窄衣一袭，银带重十五两。内马步军都军头带遥郡者，改赐金束带十五两。**军都指挥使、御龙诸直都虞候充夹（车音）〔辂陪〕乘及仗内大将军、将军押队**百两，百匹，窄衣，金束带十五两。**诸班都虞候**窄紫罗旋襕，金束带一十五两。**在京诸军军头、指挥使**同诸班都虞候。不带遥郡者银带二十两。自都军头已下，尽从本额赐钱。管军自厢都指挥使已上，在外亦给。**马步军都军头领团练使**钱百五十千。**军头、指挥使、马步军都军头**百千。**副都军头领刺史**百千，不领郡九十千。**马军、步军都军头**八十千。**副都军头**七十五千。**殿前诸班直**殿前指挥使、内殿直、散员、散指挥、散都头、散祗候、金枪班、东西班、招箭班、散直、钧容直、新立内员僚直、御龙直、御龙骨朵子直、御龙弓箭直、御龙弩直、下茶酒班。**都虞候遥领郡，东西班不披带，年小守内、不守内，**

自百千至五千凡十七等。旧式有殿外直，凡十八等。捧日锎直至龙神卫，捧日锎直、左射、捧日宽衣、天武锎直、天武左射、天武第五军、在京员僚直、龙卫锎直、龙卫左射、龙卫、神卫。自捧日第五军副指挥使至长行，六十千至二十千，凡四等。旧式有捧日弩手、天武第五军、在京员僚、神卫水军，军都指挥使至长行，自百千至二十千凡八等。拱圣左射至奉节拱圣左射、上神勇、神勇、骁骑、弩手、上骁骑、骁骑、上龙猛、北面员僚直、骁捷、新立骁捷、云骑、武骑、宣武、上虎翼、殿前步军司虎翼、虎翼水军、步武上奉节、奉节。都指挥使遥领郡至长行，自百千至十五千，凡十等。旧式有马直、步直凡十五等。在京吐浑小底并咸平县契丹直都指挥使至长行，自八十千至十五千凡七等。归明渤海至步斗归明渤海、拣中龙卫、新立拣中龙卫、神卫、骁猛、神骑、骁雄、归明神武、雄武、弩手、新立弩手、床子弩雄武、飞山雄武、雄勇、雄威、广勇、步斗。都指挥使至长行，自七十千至十五千，凡七等。捧日天武第七军至定州禁军散员捧日天武第七军、捧日龙神卫第十军、军头司散员、归明骁骑、拣中武骑、雄武、效顺、殿前司广德、忠猛、定州禁军散员。都指挥使至长行，自六十千至十三千凡七等。旧式有拣中骁捷、神卫第九军、飞虎，数同。拣中雄武至就粮威果拣中雄武、雄勇、广德、清朔、擒戎、庆渭州员僚直、许州员僚剩员直、龙骑、效忠、新立川效忠、雄胜、归圣、广备、飞猛、骁胜、宁朔、卫圣、威虎、曹州员僚剩员直、勇斗、宣毅、岢岚军宣毅床子弩炮手、淮南等路就粮威果。都指挥使至长行，自六十千至十千，凡七等。旧式有拣中归明雄武、神射、怀勇、顺胜、无勇斗、宣毅床子弩炮手、就粮威果，数同。骁锐、广捷指挥使至长行，自四十千至八千，凡五等。旧式锐捷、广捷数同。广锐至相州禁军厅子广锐、骁武、武卫、禁军弩手、劲勇、飞捷、骑捷、云翼、骁骏、上威猛、禁军有马劲勇、神锐、相州禁军厅子。都虞候至长行，五十千至七千，凡六等。天武龙神卫剩员至延州青涧天武、龙卫、神卫、日骑巡检龙卫、检中神卫、归明神卫、剩员新立神卫、带甲剩员、新立雄勇上下第一、川忠节、川桥道、云捷、克胜、武清、神威、卫州、川员僚直、勇捷、威武、静戎弩手、平塞弩手、强猛、壮勇、忠节、横道、横塞、河北关西振武、保、宁、环、庆、原、渭、延、秦州、镇戎、保安军禁军蕃落、庆州禁军安（寨）〔塞〕、延州禁军捉生、府州威远、麟州飞骑、定州新立禁军厅子马、河北新立禁军无敌、招收、太原府新立禁军克戎、仪州新立禁军蕃落、登州禁军澄海水军弩手、江淮东西、荆湖南北诸州军就粮禁军，教阅忠节、延州青涧。都虞候至长行，自五十千至七千，凡七等。新定龙卫带甲剩员，五十千至七千七等。云骑带甲剩员指挥使至长行，二十千至五千凡七等。旧式有龙卫带甲剩员、威宁、强猛，无府州威远至延州青涧，数同。神虎至广南东西路有马雄略神虎、下威猛、武严、宣效、雄略、保捷、忠勇、拣中效忠、宁远、清边弩手、制胜、河东新立禁军建安、陕西禁军定功、太原府骑射、登州平海、广南东西路有马雄略。都虞候至长行，五十五千至六千，凡七等。旧式无清边弩手至有马雄略，都指挥使至长行，自三十千至六千凡五等。拣中看仓草场神卫剩员并在京看仓草场剩员，都虞候至长行，四十千至五千，凡六等。旧式有看船神卫剩员，数同。归明羽林牵拢至归恩赦罪归明羽林牵拢，许寿州契丹直、太原府代潞州吐浑安庆直、太原府感圣、夏州拣中厅子马、在谷熟就粮来化、归远、雍丘雄武归恩赦罪。都指挥使至长行，五十千至五千，凡七等。旧式有三部落，数同。新立广锐带甲剩员至西京奉园，新立广锐、神锐带甲剩员，新立吐浑剩员直，永安奉先用、拣中怀爱、万捷、马步军清塞、拣中教骏、平塞、六军教骏、备军、怀顺、带甲龙骑剩员、平塞、效恩六军搭材、六军开封府军都、西京奉园。马步军都指挥使至牢城都指挥使，并教骏、六军搭材都虞候，自五十千至三十五千，凡四等。又自指挥使并厢虞候至长行，自三十千至五千，凡五等。旧式兼效忠有骁捷、武骑带甲剩员，无效恩、西京奉园，自指挥使三十千至五千凡五等，余数同。左右金吾巡检军指挥使至长行，十千至四千凡三等。骁捷剩员至六军开封府军都诸处借事者，骁捷剩员、怀恩、怀爱、新立河清借事、诸处新招雄勇、骑射、功役厢军、六军开封府军都诸处借事者。指挥使至长行，十千至三千凡三等。旧式有牵船、怀爱、拣中窑务，数同。广捷剩员至怀顺剩员，广捷、常宁、雄胜、效顺、怀顺。指挥使至长行差出在营，自十千至二千凡四等。新立骑御马小底指挥使至长行并借事，自四十千至五千凡六等。旧式指挥使至长行，四十千至十五千凡五等。御营喝探军使至长行，自七千至五千凡三等。八作司至宫观厨子指挥，八作司造船务作坊、弓弩院事材场、八作司事材场、广德杂役、效节、效役、造船务杂役，万寿观、景灵宫、集禧观、醴泉观杂役厨子。都虞候至长行工匠，自二十千至三千凡六等。旧式有看船广德、玉清昭应宫，无万寿观，数同。店宅务杂役至八作司壮役，店宅修竹本提兼修仓、提点修造司杂役、街道八作司壮役。指挥使至长行，自六千至二千凡五等。旧式无街道八作司壮役，数同。太原府就粮、岢岚军克戎指挥使至长行，自十千至五千凡三等。新置军头司散指挥使至副兵马使、副都头，自二十五千至十千凡四等。军头司强壮副指挥使至都头、副都头，自六千至五千凡二等。殿前司军头司承局、副兵马使五千。延州塞门寨捉生指挥使至长行，自七千至三千凡三等。诸军看营剩员指挥使至副都头，自十千至七千凡二等。诸军驮甲、钧容直排乐、殿前马步军诸司承局，各三千。权管诸军三班使臣，各依本军指挥使例支给。诸班直兼管诸军，各依权管例与本职名例，从多支给。诸班殿直充河东、河北诸处忠烈、宣勇权官及权员僚，并捧日、天武已下指挥使、副使、员僚差充川峡诸州马步军都指挥使、副都指挥使者，并依在京本军班支赐。诸道本城员僚、兵士：诸州本城兵士，晋、绛、慈、隰、泽、潞州等处拣中厢军，及晋、隰州拣中保节，（潭）〔泽〕州等处拣中宣节，广州等处教阅澄海，广南忠敢，河北、河东、陕西保节，淮南教阅壮武，江南教阅武雄，荆湖路教阅静江，两浙教阅崇节，福建教阅保节，京东教阅忠果。节镇马步军都指挥使遥领郡至长行，不带甲牢城兵士，自二十千至二千凡八等；防、团、刺史州军都指挥使至长行，自十三千至二千凡六等。旧式无秦州定功及淮南教阅壮武至京东教阅忠果，节镇自二十千至二千凡七等，余数同。澧、复、郢州就粮剩员并永城诸处剩员，及诸处本城剩员指挥使至长行不带甲，自七千至二千凡五等。旧式同，无郢州。沿河东北面诸处劲勇等至保州散员指挥使、员僚，劲勇、招收、捉生、报冤、慈州就粮招收及景迹、归化、定塞、广信、安肃军、保州散员指挥使、员僚。都指挥使至长行，自十千至二千凡五等。在京排岸司管辖水军，奉化并广牧及开封府界递铺，指挥使至长行，自七千至二千凡四等。军器三库至诸州马监，军器三库军器什物库、拣选衣甲器械库、弓箭库，左右骐骥院天驷监、天厩坊、天坰监，并诸州牧龙坊、养马务，洺州广平监，相州安阳监，卫州淇水监，管城原武监，澶州镇宁监，（军）大名府大名监，白马灵昌监，同州沙苑监，西京洛阳监，郓州东平监，单镇新置马监，北京元城监，定州定武监，真定府真定监，高阳关高阳监，太原府太原监。指（指）〔挥〕使至长行工匠，七千至二千凡五等。旧式无原武监至太原监，数同。归化至拣充本指挥剩员，归化、新立归化，顺化，新立顺化剩员，年老顺化并归化拣充本指挥剩员。指挥使至长行，十千至二千凡六等。广固指挥使至剩员，自七千至一千凡五等。川峡武宁指挥使至长行，自二十千至四千凡五等。诸路不教阅厢军，京东奉化、京西壮武、河东旌猛、河北崇胜、淮南宁淮、两浙雄节、江南效勇、荆湖宣节、福建保节、广南清化、川峡克宁、陕西保宁。指挥使至长行，自七千至二千凡三等。广济并新招水军河清兵士，及在京排岸司装卸军，都虞候至长行，自七千至二千凡五等。诸州忠烈至新立逐州宣武，诸州忠烈、宣勇、厅直、散员僚直，并真定府、赵、怀、卫州、大名府忠烈、宣勇内（陈）〔拣〕新立逐州宣武。都虞候至长行，自八千至二千凡六等。西京、商、虢、汝州采造务至河阴窑务，西京，商、虢、汝州采造务开山员僚、兵士，并诸州采造务、柴炭务采斫，造船务装发军、推车军，并三门务门匠、西京河阴窑务。指挥使至长行，自四千至一千凡四等。高阳关忠顺指挥使至长行，自四千至一千凡四等。饶、池、江、建、邛、嘉、梓、雅、兴州铸钱监，指挥使至长行，自五千至二千凡四等。兖州景灵宫太极观杂役指挥使至长行，自十千至三千凡三等。诸营曹司虞候、兽医剩员、斗子、门子等，各一千。自归化至此，旧式数同。陕西沿边等处守把防托功役、弓箭手、保毅军寨户，极边鄜延、环庆两路，并镇戎军及原州柳泉镇、西壕、新门、平安等四寨，渭川德顺军、隆德、静边、得胜、水洛等五城寨，秦州极边诸寨。新定熙河弓箭手同此。军都指挥使至长行，自四千至三百文凡七等；稍次近里原州诸县及新城、开边、截原等三寨，渭州潘原县安国、耀武、定川、瓦亭、新寨等五寨，秦州稍次近里城寨依此例。若非次勾抽极边使唤，即依极边本例支给。其秦州下番保毅不支。军都指挥使至长行，自三千至二百五十文凡七等；近里地分泾、仪等州。若非次勾抽在极边或稍次近里使唤，即依本例支给。军都指挥使至长行，自二千至二百文凡七等。陕西沿边防秋，见今上番义勇，军都指挥使至长行，自四千至三百文凡七等。堂后官兼提点五房公事二十五两，二十五匹。堂后官十五两，十五匹。中书职事主事十匹、十两，礼房录事、主书、守当官各十匹，祗应大礼使司者自从本司例支。守阙五匹，私名二匹。专行大礼文字录事、主书、守当官各十匹、五两，守阙五匹，私名二匹。大礼使司堂后官加赐十匹、五两，主事加赐五匹、五两，录事十匹、十五两，主书十五匹、十两，崇文院孔目官十五匹、十两，编修院书库官十匹、十两，书表司十匹、十两。枢密院职掌主事并守阙各十匹、十两，礼房主行南郊司令史、书令史各十匹，新定加五两。正名贴房五匹，守阙贴房、私名贴房各三匹。三司置司行遣排办职级前后行，共钱二百千。新定留一百七十三贯充支，以二十七贯充将作监押司官等。提点阁门承受殿直已上五十两，供奉官已上加二十匹，本色、色衣三件。阁门承受十一人，共绢二十匹。行首银四十两，加绿袍衣服。又定承受七人共二十匹。旧式除行首，并如今数。御史台引赞至知班共绢二十匹。太常礼院抽差出职礼直官六十，太常礼院礼直官至归司礼生，五十匹至十匹有差。旧式，太常礼直官并寺监职掌、金吾勘箭官、皇城司勘契、声赞亲事官、六军司、卤簿仪仗司职掌、骐骥院、教坊部辖、色长、二舞教头，自五十匹至一匹凡八等。御书院御书祗候至库子，自二匹、八百文至钱二千为差。前行加旋襕。凡加衣服，仍随本色。御药院自药童副指挥使至裹幞头子祗应，自二两、五匹至二匹、二千为差。除押司已下及供御造裹人，并加旋襕。翰林医官院手分一匹、一千。加旋襕。翰林图画院祗候至涤除，自二千至一千、一匹为差。库子加旋襕、绵裤、头巾、麻鞋。大宗正司勾押官至前后行，自二两一千至一两一千凡二等。并加旋襕。两内侍省前后行至贴司，自二匹至一千为差。皇城司亲从指挥使至长行，自十匹、十千至三匹、四千凡六等。都卜都头全营门十，自五匹、五千至一匹、一千凡五等。亲事官指挥使至军医人，自十匹、十千至一匹、一千凡十一等。入内院子指挥使至营门子，自十匹、十千至一匹、一千凡九等。本司勾押押司官至赞声亲事官，自二两、一千至二匹为差。勾押至守阙曹司，并加旋襕。行宫司押司官至贴司，自六匹至五千凡三等。除贴司，并加旋襕。御前忠佐军头引见司勾押官至军医人，自三匹、三千至二匹、二千凡三等。内东门司押司官至曹司，自三匹、二千至一匹、二千凡三等。除曹司，并加旋襕。入内内侍省合同凭由司前后行各一两一千。加旋襕。都大提举管勾所勾押官至守阙前行，自十匹至五匹凡三等。都大管勾大内公事所押司官至贴司，自七匹至五千凡四等。提点管勾顿递所后行五匹。诸司人：骐骥院教马官差赴太仆寺祗应，六军仪仗司排通直官，教坊二舞部辖、色长差赴太常寺祗应，太常寺修制专知官都知等，各五匹。六军仪仗司排仗大将，太常寺掌祭酒都知，仪仗使司发勾官行遣手分、催驱职掌，教坊二舞教头差赴太常祗应，各三匹。六军仪仗司喝探头节级，太常寺两局令丞、正副院官录事，排列引乐官都知，登歌（官）〔宫〕架色长，供官职掌，府典史、副知，驱使官，卤簿、桥道顿递使行遣手分，太仆寺中书省职掌，各二匹。司天监剋择官、礼生，天文院节级，锺鼓院挈壶正、节级、直官，测验浑仪所节级、监生、学生，翰林天文院节级、监生、学生、礼生，太常寺修制副知，各二千。左右街司职掌，排列官节级长行，左右金吾仗司职掌，引车驾排列官都押衙、十将、副将、节级长行，太常寺诸色乐工，引文武舞郎，教坊差赴太仆寺祗应，羊车下童子，司天监天文锺鼓院监生、学生、守阙学生，各一千。文思院金明池杂役，绫锦院、驼坊、东西窑务、军营致远务、四园苑、牛羊司、作坊料物库、西内染院，右都虞候至押司官，自五两五千至一两一千凡五等；军头至军医杂役各一千，内西窑务小分五百文。中书、枢密（使）〔院〕、宣徽院大程官，内酒坊都头、副都头，群牧司、左右骐骥院、裁造院、弓弩院、内香药、外物料库、军器、什物、鞍辔、尚衣、祗候、内藏左藏、南北内弓箭库、内酒坊、军器、衣甲、弓枪弩剑箭库、左右天厩坊、左右天驷监、管勾往来国信所、编押添修弓弩所、专管拆剥变转不堪弓弩所、专一监造弩椿所专副、勾押、押司官，东西作坊专副、勾押官，各二两一千。布库、杂库等下界，都茶库、油醋库、皮角库、皮场、大通咸丰门、东西水磨务、杂买务、东西八作司事材场、竹木务、宣德门、太庙南郊家事库、南郊板木库、杂物库上界，修内司在京都大管勾街道司，右专副至杖直库子节级等，自一两一千至一千凡二等。内香药库、内外物料库、鞍辔库、尚衣库、祗候库、太庙祭器库、内藏库、左藏库、南北库、内酒坊，自十将至杖直；左右骐骥院、弓弩院、军器、衣甲、弓枪弩剑箭库、军器什物库、左右天厩坊、左右天驷监，自前后行剩员至押营；东西作坊押司官至虞候；管勾往来国信所、编拣添修弓弩所、专管拆剥变转不堪弓弩所、专一监造弩椿所前后行、手分、学士院院子；都大提点内弓箭、军器等库所押司官、前后行、群牧司前后〔行〕、通引官、虞候，提点在京西园苑司手分，集禧观法从库前后行手分、库子，醴泉观前后行，宜春苑随龙养老副指挥使、钤辖，钧容直所曹司，各一两一千。崇政殿御弓箭库曹司，慈孝（司）〔寺〕专副，各一匹、一千。都监院兵士，各一千。（水）〔冰〕井务兵士，各三千。旧式：诸司于南郊事有供应，自都虞候至诸司库务专副押司官职掌，自五千五两至一两一千凡七等。八作司专知勾押官、尚衣库祗候至诸门长行工匠杂役，自二千至一千凡三等。群牧司、牧养监、卖马务指挥使至长行，自二两三千至一两一千凡四等。中书、枢密、宣徽院大程官，都头至长行，自二两一千至一两一千凡二等。司天职掌、礼生供官并进牌直官及羊车童子、节级、金吾衙司、太常、教坊、少府杂供应职掌，自二千至一千凡六等。御辇院都虞候至知粮曹司，自十四、（至）十五千至一匹、一千。车子院十将、将虞候，自二匹、一千至一千为差。除曹司，并加旋襴。新定车子军（使）〔马〕使三匹、四千，副兵马使三匹、三千。裁造院额外副指挥使至副都头，自二两二千至一两二千凡二等。仪鸾司指挥使至小分看城壕，自七匹、七千至一匹、一千凡七等。各加旋襴。翰林司指挥使至长行，自七匹、七千至一匹、一千凡七等。专副勾押官二匹、二千，各加旋襴。御厨指挥使至杂役兵士，自七匹、十千至一匹、一千凡六等。专副勾押官、前后行，各二匹、三千，各加旋襴。法酒库军使至副都头，自三匹、二千至二两一千凡四等。内军使、十将、将虞候、节级酒炊匠长行，并加旋襴。鞍辔库指挥使、副都头，自三两二千至二两一千凡二等。太庙祭器专知官、尚衣库供御裹匠人，各二两二千。后苑御弓箭库曹司至招到工匠，一两一千至一千凡三等。曹司加旋襴。朝服法物库专副至曹司，自二两二千至一两二千凡二等。新定给纳专副至不给纳库子，自一两五千至一两二千凡五等。奉宸库专副至库子，自二匹、二千至一千凡四等。除节级、库子，并加旋襴。后苑东门药库节级至手分，以三千五百与一两为差。内弓箭库、给纳库专副及副指挥使至不给纳小分长行，自十千至一两一千凡十二等。内弓箭南内外库专副及指挥使至小分，自七千至一两一千凡七等。柴炭库专副各一两一千，手分、秤库子各一千。养象所广德将虞候至小分，自三千至一千凡二等。后苑造作所止副指挥使至枰子，自七千至一千凡四等。勾押官前后加旋襴。后苑化成殿专副至副都头，各一两一千。专副、前后行曹司加旋襴。景灵宫宫司前后行至库子，自三匹至一两一千凡四等。前后行加旋襴。庆宁延福宫前后行书司至副知，自一两一千五百至一千凡四等。专副、前后行各加旋襴。广圣宫前后至库子，自一两一千五百至一匹、二千凡二等。前后行加旋襴。龙图、天章、宝文阁前后行至库子，自三匹、二千至一两一千凡四等。前后行加旋襴。资善堂前后行至节级，自二匹、一千至一匹、一千二等。牧养监指挥使至剩员，自二两三千至一两一千凡四等。奉先资福禅院、庆基殿等所曹司，一两一千。加旋襴。祗候班兽医、内柴炭库子、手分，各一千。三馆、秘阁库子至工匠，自二匹、八百文至三千凡二等。旧式：入内内侍省、内东门、皇城司共别支钱二万七千余贯，银八千余两，绢万七千余匹，衣物四千余件，充回赐皇城、翰林、仪鸾司、御厨、御辇院等处祗应人恩赏。1—14，p1203—1212

宋会要辑稿·礼二五·杂录

【仁宗庆历二年】六月，诏三司减省司，自今南郊臣僚支赐，宰臣、枢密使旧银绢四千，参知政事、枢密副使旧三千，各减一千；三司使旧一千，减三百；资政殿大学士旧五百，翰林学士至枢密直学士旧四百，龙图阁直学士至三司副使旧三百，各减一百；权御史中丞、给事中、谏议大夫、知制诰、待制旧一百二十。减省司言："近制，皇后制宗室妇南郊支赐各减其半，其臣僚今亦次第裁减之。"遂以为定式。14—15，p1212

皇祐二年二月，诏："三司：在外禁军，凡郊赏折色并给以实估之直。"旧制，在外禁军郊赏实估八百者，为一千以给之。故有是命。15，p1212

【皇祐四年】三月，诏："天下请南郊军赏，须前一年九月内发衙前上京，限次年三月辇至逐州军。"先是，外处迫郊日，始差人请军赏，折支既不及，事又急遽，多至破逃。河北、河东尤苦其役，故条约之。15，p1212

【神宗元丰二年】十二月二十八日，诏："军士若系在公之人招捕及因亡匿首获，在大礼降御札后者，赏赐减半给，招捕及首获去肆赦一月内者，勿给。"从知保州张利一请也。16，p1212—1213

【元祐四年】九月十八日，诏观文殿大学士、知永兴军韩缜，观文殿学士、知（颖）〔颍〕昌府范纯仁，并依《大礼令》赐物外，加赐缯器币五百匹两，纯仁半之。16，p1213

【元祐四年】九月二十二日，诏太子太保致仕张方平依《大礼令》赐器币。16，p1212

【元祐七年】十一月二十七日，三省言："郊礼毕，徐王加恩，当赐剑履上殿，缘虚文已删去，请岁增公使缯钱。"太皇太后曰："尝有例耶？"吕大防等对曰："仁宗时荆王元俨增至五万缗，徐王昨亦增赐，今为三万缗。"于是诏许增三千缗。16—17，p1213

绍圣二年十月九日，诏诸司使以下差新旧城里都同巡检南郊宿卫，依《大礼令》，内管勾事加赐银绢，御厨、翰林仪鸾司应奉官，武臣诸司使、文臣朝奉郎以上，诸司副使通直郎以上，内殿承制以下并小使臣、宣德郎

至承务郎银绢有差。17，p1213

【绍兴元年】六月二十五日，户部言："据诸路粮料院申，大礼礼毕支赐，本院自来执用《宣和重修大礼令格》。其上件令格，昨为扬州渡江散失，今批录到《大观重修大礼令格》，来执使行执用，乞朝廷详酌，降付本部遵执，参照前次大礼合支数目，逐旋申请施行。"诏依《大观格》支赐，如有该载不尽处，令户部参酌比拟，申尚书省。19，p1214

【绍兴四年】六月二十九日，诏："应诸军班直大礼赏给等，并（尊）〔遵〕用自京抄录到政和间御笔修定条格令式，并礼毕赐外路诸军赏给格全文施行。"19，p1215

【孝宗隆兴二年】二月二十一日，诏："大礼赏给，行事、执事缘祀事差委官，可照应绍兴二十八年已支则例。内宰执、宗室应文武官一百匹两已上，权令减三分之二，余悉减半。五匹两而下许令全支。内侍官银、绢并权减半支破。"^{乾道三年并同此制。}23，p1217

【乾道元年】二月二十五日，臣僚言："检准《隆兴二年二月指挥》：'大礼支赐自宰执、宗室应文武官权减三分之二，余悉减半。'行在奉朝请南班官，依已降指挥三分减二。所有在外南班宗室，若不曾赴行在差充行事、执事，其支赐即不合批。今据士洪奏：'昨于绍兴三十一年该遇明堂大礼，已放行支请。今来宗室不行事士谞等已蒙支赐了当，乞依士谞例放行。'契勘士洪昨于绍兴三十一年系在行在，故有支赐，今于绍兴府居住，不曾陪祠，难以引用为例。欲望特寝所降指挥，庶合公议。"从之。23—24，p1217

宋会要辑稿·礼二五·郊祀恭谢

【元丰五年】二月十七日，详定编修诸司敕式所言："国家大礼，曰南郊，曰明堂，曰祫飨，曰恭谢，曰藉田，曰上庙号。今若止以明堂、祫享、南郊三事共为《大礼式》，则恐包举未尽。兼明堂、祫享、南郊，难以并合一名，须用旧文离修为式。恭谢、藉田，历年不讲，诸司案检散亡，今若（此）〔比〕类大礼斟酌修定，又缘典礼至重，品式或有未具，则奉行之际，恐致废阙抵牾，以此未敢修拟。"诏恭谢、藉田，据文字可推考者修定。54—55，p1223

【绍兴二十五年】十二月十二日，御史台言："郊祀礼毕，车驾诣景灵宫、太一宫行恭谢烧香之礼。旧例，在京恭谢陪位立班，系用正任刺史以上及御史大夫、中丞、六曹尚书、侍郎、左右散骑常侍、给事中、中书舍人、左右谏议大夫、起居郎、起居舍人、开封尹兼权同、太常、宗正卿、秘书监、侍御史，趁赴陪位立班外，所厘务通直郎以上及行在寺监主簿承务郎以上职事官，更不告集趁赴。"从之。57，p1224—1225

宋会要辑稿·礼二五·祖宗配侑 ·郊祀配侑议论

【康定二年】十月二十六日，同判太常寺吕公绰言："伏睹景祐五年《南郊仪注》①：'设昊天上帝、皇地祇神座于坛，南向西上；设太祖皇帝、太宗皇帝配座于东方，西向北上。'又注云：'准《大中祥符元年敕》："设太祖、太宗配座位，西北侧向，以表祖宗恭事天地之意。"'臣案《春秋传》曰：'自外至者，无主不止。'《诗》云：'思文后稷，克配彼天。'又云：'对越在天。'皆谓以祖宗之灵配顺天地、侑神作主之义。考历代郊祀之制，设祖考配位，无侧向之理。昔真宗将有事于泰山，以《封禅坛壝图》宣示宰臣曰：'当郊禋日，祀昊天上帝不以正座，盖有皇地祇次之。今封禅大礼，昊天上帝位当子位，太宗皇帝配位；北郊禋日，稍斜置之。'此可明先帝以告成报功，酌宜变礼之意。外廷罔知渊旨非为定规，每南郊撰仪，必引着祥符一敕，事乖先志，体越旧章。虽后来有司相承，仍于东方宜设配座，不从西北侧向之文，缘仪矩两存，未尝折衷于上，在有司藏事之际，择一而从，此又非慎重大事之所宜也。请诏有司撰郊仪，设太祖皇帝配座，只具东方西向之仪。如此，则增封建号，自存希阔之文；就阳配天，不爽古先之法。"诏从之。旧礼，配享神座在昊天上帝之东，西向北上。东封之岁，诏以祖宗配座皆西北斜向置之，用表祖宗恭事天地之意。至天禧元年南郊，遂因封禅故事侧置配座，至是始改焉。82—83，p1236—1237

宋会要辑稿·礼二六·郊祀牲牢

【太祖建隆四年】八月二十九日，有司上言："准《礼》：'宗庙之牛角握，天地之牛角茧栗。太庙四室各用犊一，昊天上帝用犊一，皇地祇及配帝用犊一，加羊、豕各一，五方帝用随方色犊各一，大明赤犊一，夜明

① 仪注是指礼仪制度。在宋朝是指祭祀和朝廷活动时的行为规范，有时又称为《仪注令》《仪注敕令格式》等，是宋朝礼制法律的重要组成部分。

白犊一，神州地祇黝犊一，皆有羊、豕，从祀中外官而下，共用羊、豕各九.'周显德元年，郊祀、太庙、四至共用犊一，郊坛用犊、羊、豕之数如故，颇异旧制。"诏太庙宜用犊二，郊坛宜用犊五，羊、豕，如令。7，p1248

【景德三年】十二月二十日，详定所言："准《礼例》：'后土地祇用黄牲一，配帝二座用黄牲二，神州地祇用黝牲一，并茧栗犊；及从祀羊、豕各五。仍各置副，使预先涤养。'"8，p1249

【景德四年】十月十二日，诏："自今应用牺牲，岁初委择纯色别牵养之，太常寺察举，在涤无得捶扑，一如旧典。中、小祠止用肉者，并加羊一。"8，p1249

【大中祥符元年】七月四日，详定所上言："南郊正位二，配位二，每位用犊一、羊一、豕一；五方帝，每位用羊一、豕一；日、月、神州，每位羊二、豕二；从祀七百三十七位，皆不用牲，并以上件羊、豕分充。今参详，准《手诏》：'五方帝、日、月、神州并特用方色犊，其旧用羊、豕二十二，望改充从祀牲。'"从之。8，p1249

【大中祥符元年】八月四日，详定所上言："准光禄寺牒，景德二年南郊，天皇大帝、北极二位升在第一等，与日、月、五方帝神位同用十笾、十豆。封禅日，未审用何等礼料。今参详：日、月、五方帝、神州地祇，准礼用犊；天皇大帝、北极元是星座，准礼不用犊。封祀日，欲望令光禄寺于从祀牲肉荐体，其笾豆礼料依第一等神座例。"从之。8—9，p1249

【大中祥符二年】三月，诏："自今十坊监、车营务、乳酪院、诸园苑、开封县西郭省庄，有孳生纯赤黄色牛犊，别置栏圈喂养，准备拣选供应。如养饲可充用者，每一犊省庄人户支钱三千，坊监二千。逐处有新生犊，即申省簿记，关太仆寺逐祭取索供应。"9，p1249

【大中祥符三年】四月二十四日，诏："自今祠祭猪、羊宰杀分为四段，入房封锁，至时请出，更不用火印。仍令监祭常切点检，稍有怠慢，罪在监祭使。"9，p1249

【仁宗天圣元年】十二月，诏："自今每禁屠宰日限内有祠祭，据合用肉依（仍）〔旧〕宰杀供应，即不得宰过所用数。"9，p1249

【天圣二年】三月，诏："供庖务、牛羊司，自今据司农寺合要祠祭猪数，预先收买及式样、纯黑、长尾肥好猪，破糟食子粟饲养供应。如后

更供瘦病不完具者，主典当行严断。仍令开封府每年举行指挥。"9，p1249

宋会要辑稿·礼二七·大礼五使

【庆元四年】八月二十六日，侍御史陆峻言："祭祀行于宗庙神祇，不可不致其严，故先事以戒期，斋宿而就列，警其职者有誓，纠其慢者有官，如是而敬事之诚者。今被差之官，多有托疾避免，而临时通摄者几（年）〔半〕。至如国忌行香，有经年勉赴一二者，何其敢为慢易若是耶！废礼玩法，莫此为甚。谨按《御史台弹奏格》：'应朝宴及祠祭官，或国忌日称疾不赴者，皆牒入内内侍省差人押医官诊视，诈妄者弹奏。六参及厘务望参官，为朝参连三次请假，一岁通计五六次者，与外任差遣。'欲望申严前项令格，以儆有位。"从之。11，p1260

宋会要辑稿·礼二八·郊祀御札

【乾德元年】十一月二日，太常礼院言："唐韦縚为太常卿知礼仪事，又杜鸿渐、杨绾并以太常卿为礼仪使，其职一也。准《仪注》，以礼仪使赞导，而《开元礼》合用太常卿，今请并置，分左右前引。"从之。2，p1266

【熙宁十年】七月十一日，提点南郊事务向宗儒言："准《式》：后苑造回鸾花草牡丹一万朵，銮枝七百五十朵，请如宴式更造新样，依式赐外，御营喝探军别无应奉，教骏只系牧马及抬擎，乞罢给。"从之。仍（照）〔诏〕殿前、马步军都副指挥使已下等第益数，四厢都指挥使、横行使副、两省供奉官殿头旧无例者，并特赠给。10，p1270

宋会要辑稿·礼二八·祀汾阴 北郊

【大中祥符元年】十一月三十日，诏："凡祭天地、宗庙、社稷、岳渎者，并祭后土，著在令式。①"41，p1287

【大中祥符二年】正月十三日，诏少府监制后土庙衣冠，遣使奉上。仍令礼官详定制度，礼院上言："《礼令》不载后土衣冠之制，今请用皇后礼衣修制。"从之。14，p1287

---

① 宋代"令式"之语含义复杂，有泛指法律，或指令与式两类法律等含义。

【大中祥符三年】十二月六日，详定所言："参详御史台所奏，告庙日群臣有服制合立班陪位与否者。准《职制律》：'庙飨有缌麻已上丧，遣充掌事者笞五十，陪从者笞三十。'又准《唐郊祀录》：'缌麻已上丧不预宗庙之祭，'以明吉事凶人不干也。又（正）〔贞〕元初，吏部奏请，既葬公除之后，得许权改吉服，以（后）〔从〕宗庙之祭。此一时之事，非旧典也。今请依礼律不陪庙庭，不预祀事。（文）〔又〕准其礼，祭天地之神不禁缌麻已上丧者，示不敢以卑废尊也。今准诏，期周已上服未满，余服未卒哭，不得预祭。其立班陪位，典礼无文禁止，其祀汾阴日，望立班如仪。"从之。47—48，p1291

【仁宗景祐元年】十月六日，太常礼院言："祀昊天，享太庙，并中书摄事。夏至祭皇地祇于方坛，止以郎官行礼。天地礼同，望差两制已上臣僚摄事。"礼官议曰："《祠令》：'诸大祠、中祠有行事须摄者，昊天上帝、太庙二祀，太尉则中书门下摄，司徒、司空以尚书省五品摄。余大祀，太尉以尚书省四品、诸司三品摄，阙则兼五品。'宜从《令》文定制。"诏自今夏至祭皇地祇，遣大两省①以上官摄事。其后神州地祇亦遣两制以上官摄事。53，p1294

【崇宁二年】六月八日，试给事中、详定编修大礼敕令邓洵仁等言："昨修建南北郊斋宿宫殿，南郊曰'帷宫'，事体如一，而名称不同，（令）〔今〕欲并称'斋宫'。"又言："北郊行礼在仲夏，卫士坐甲殿庭，自可听旨给冰，或设幕遮映。其在外仗下人马，遇日色盛热，欲令就近更休，俟夜凉及车驾经由，即预依行方之道置，瓮贮水供给人兵等，请著为令。"并从之。58，p1297

【崇宁二年】六月十五日，编大礼敕令所言："将来北郊，若依南郊例，百官并宿青城，窃恐盛夏幕次逼窄。今有废草场地与青城及方丘相近，请宰相、亲王、使相、执政、侍从官、六曹尚书侍郎，并设次青城内，余就草场设次。"从之。58，p1297

宋会要辑稿·礼二八·效祀卜日

【真宗景德三年】十二月十四日，崇文院检讨、龙图阁待制陈彭年言："伏睹画日，来年正月三日上辛祈谷于昊天上帝，至十日始立春。缅

---

① 宋朝中书门、门下省的左右散骑常侍、给事中、中书舍人、左右谏议大夫等官的总称。

寻历代，虽或相遵，博考礼经，实非旧典。谨按《礼记·月令》：'正月，天子以元日祈谷于上帝。'注云：'为上辛祈谷，郊祀昊天上帝。'又《春秋传》曰：'启蛰而郊，郊而后耕。'盖春气初至，农事方兴，郊祀昊天以祈嘉谷，故当在建寅之月，迎春之后矣。自晋泰始二年始用上辛，不择立春之先后。齐永明元年，立春前郊，议者欲迁日，王俭启云：'宋景平元年、元嘉六年，并立春前郊。'遂不迁日。其后吴操之又云应在立春后。然则左氏所记'启蛰而郊'，乃三代彝章，百王不易；王俭所启郊在春前，乃后世变礼，经籍无闻。载详《月令》正月元日祈谷，则明在正月之辛；左氏'启蛰而郊，郊而后耕'，则明在立春之后。参较其议，焕然无疑。来年正月十日立春，三日上辛祈谷，斯则袭王俭之末议，违左氏之明文，理有未安，事当复古。况陛下式严祀典，以迓神休，岂可舍周、孔之格言，用齐、晋之曲说？伏望宪章三古，取则六经，常以正月立春之后上辛行祈谷之祀。诞告礼官，著为甲令。"诏太常礼院详定以闻。礼院言："按《月令》云'正月元日祈谷于上帝'，《左传》云'启蛰而郊'，杜预云：'启蛰，夏正建寅之月，祀天南郊。'又按梁何佟之议云：'今之郊祭，是报昔岁之功而祈今年之福，故取岁首上辛，不拘立春之先后也。周人冬至于郊丘，大报天也，夏正又郊以祈农事，故有启蛰之说。自晋太初二年并圜丘、方泽同于二郊，是以一郊之中，有祈有报。不待启蛰而用上辛，始于此也。'又云：'齐永明元年立春前郊，王俭启云，宋景平元年、元嘉六年立春前郊，则近代明例。'梁吴操之又云：'郊应在立春之后。'本院今详《礼传》正文既言建寅之月启蛰而郊，则合在正月立春之后，所用上辛不拘立春先后，则后代相承。今据《礼传》明文，请依彭年所奏，当于立春之后正月辛日祈谷，祀昊天上帝，颁下所司，永为定式①。"从之。66—67，p1302

宋会要辑稿·礼二八·南郊家事库

【天圣八年】八月，诏："朝服法物、内衣物、新衣库，自今大礼，除诸司职掌系应奉祀事及仪仗内祗应人合请仪注衣服，其群臣从人、诸色人等，并不得支借衣服。如有违犯，阁门、御史台觉察以闻。"88，p1315

---

① 此语是宋朝立法中的专用语，指所制定的法律具有永久性效力，与"临时性"效力相区别。

宋会要辑稿·礼二九·历代大行丧礼上·太宗

【太宗至道三年】四月二十八日，礼仪使言："永昌陵仪仗用三千五百三十三人，考之《礼令》全不及大驾卤簿之半。今若全依《礼令》，则用万八千九百三十六人，必虑道途往复为难。今请除太仆车辂仍旧止用玉辂一、革车五外，凡用九千四百六十八人，合大驾卤簿半数。"诏恭依。9—10，p1322

宋会要辑稿·礼二九·历代大行丧礼上·仁宗

【治平二年】正月九日，诏以大祥，京师自二月一日、府畿自三月一日禁乐，至四月十五日，诸路禁乐前后各七日，沿边州军勿禁。45，p1345

【治平二年】正月二十二日，太常礼院言："近依国朝故事，详定仁宗大祥变除服制，以三月二十九日大祥，至五月二十九日禫，以六月二十九日禫除，至七月一日从吉，已蒙诏可。臣等谨按《礼学》，王肃以二十五月为毕丧，而郑康成以二十七月。《通典》用康成之说，又加至二十七月终，则是二十八月毕丧，而二十九月始吉，盖失之也。祖宗时，据《通典》为正，而未经讲求，故天圣中更定《五服年月敕》，断以二十七月。今士庶所同遵用。夫三年之丧，自天子达于庶人，不宜有异，请以三月二十九日为大祥，五月择日而为禫，六月一日而从吉。"45—46，p1345

宋会要辑稿·礼三四·后丧 四·宪圣慈烈皇后

【庆元三年】十二月八日，同日，修奉使司言："今来修奉欑宫，并依显仁皇后体例施行，所有皇堂石藏，省记得显仁皇后石藏里明长一丈四尺八寸八分，阔一丈三寸，深九尺。若依此铺砌，窃恐至期安下神杀外椁，空分窄狭，事属利害。照得高宗皇帝石藏里明长一丈六尺二寸，阔一丈六寸，深九尺，欲乞依上件丈尺修奉施行。"从之。29，p1519

【庆元三年】十二月十九日，礼部、太常寺言："今参酌礼例条具：一、启欑发引，百僚并服初丧之服。二、发引日，总护、顿递使、都大主管就幄次朝辞，余并免。三、鼓吹、警场、挽郎，于发引前二日系总

护、顿递使同都大主管官、礼部、太常寺官就贡院按阅。"并从之。30，p1519

宋会要辑稿·礼三六·丧服·斩衰服

【仁宗天圣二年】十二月七日，御史中丞薛奎言："旧制：京朝官丁忧服（阙）〔阕〕，其告敕并送本台给付，近日多不亲到台，颇涉慢易。乞自今并令躬亲到台，于三院御史厅下拜授。"从之。1，p1536

熙宁八年闰四月，集贤校理、同知太常礼院李清臣言："检会《五服年月敕》'斩衰三年加服'条'嫡孙为祖'注：'谓承重者。为曾祖、高祖后者亦如之。'又'祖为嫡孙正服'条注云：'有嫡子则无嫡孙。'又准《封爵令》：'公侯伯子男皆子孙承嫡者传袭。若无嫡子及有罪疾，立嫡孙。无嫡孙，以次立嫡子同母弟，无母弟立庶子，无庶子立嫡孙同母弟，无母弟立庶孙。曾孙以下准此。'究寻《礼令》之意，明是嫡子先死而祖亡，以嫡孙承重则体先庶叔，不系诸叔存亡，其嫡孙自当服三年之服，而众子亦服为父之服。若无嫡孙为祖承重，则须依《封爵令》嫡庶远近，以次推之。且传爵、承重，义当一体，《礼令》明白，固无所疑。而《五服年月敕》不立庶孙承重本条，故四方士民尚疑为祖承重之服，或不及上禀朝廷，则多致差误。除嫡孙为祖已有上条外，欲乞特降朝旨，诸祖亡无嫡孙承重者，依《封爵令》传袭条，子孙各服本服。如此，则明示天下，人知礼制，祖得继传，统绪不绝，圣主之泽也。"事下太常礼院详定，礼院〔言〕："检会《五服年月敕》：'斩衰三年加服，嫡孙为祖。（为）〔谓〕承重者。为曾、高祖后亦如之。'当院自来凡有详议持祖服纪内，其间无嫡孙及庶子者依《封爵令》，取庶长孙为后，持三年斩衰之服。缘从来未有明条，多是议论不一，致有差舛。今欲乞为祖承重者，依《封爵令》立嫡孙，以次立嫡子同母弟，无母弟立庶子，无庶子立嫡孙同母弟。如又无嫡孙之同母弟，即立庶长孙承重，行斩衰之服。"于是礼房看详："古者封建国邑而立宗子，故《周礼》适子死，虽有诸子，犹令适孙传重，所以一本统，明尊尊之义也。至于商礼，则适子死立众子，然后立孙。今既不立宗子，又未尝封建国邑，则嫡孙丧祖，不宜纯用周礼。欲于《五服年月敕》'嫡孙为祖条'修定注词云：'谓承重者为曾祖、高祖后亦如之。嫡子死，无众子，然后嫡孙承重。即嫡孙传袭封爵者，虽有众子犹承重。'"从之。4，p1538—1539

宋会要辑稿·礼三六·丧服·齐衰服

【真宗咸平三年】三月二十一日，殿中丞石峤言："昨知怀安军，在任丁母忧，准敕不离任。今得替，准敕赴阙，又缘服制未满，不敢依例朝见。"诏峤许令朝见。今后京官任川（陕）〔峡〕、广南、福建等路，在任丁忧者未得离任。候替人到，余服未满者，并令持服。6，p1539

天圣二年四月二日，大理评事杜杞言："祖母颍川郡君锺氏所生二男并先亡，祖母殁，并无服重子妇，止余孤孙七人。诸孙之中臣最居长，今已服斩衰，即未审解官以否。"诏太常礼院详定以闻。礼院言："按《礼记·丧服小记》曰：'祖父卒，而后为祖母后者三年。'《正义》曰：'此一经论适孙承重之服。祖父卒者，谓适孙无父而为祖后。祖父已卒，今遭祖母丧，故云为祖母后也。事事得申，若父卒为母，故三年。若祖父卒时，父已先亡，亦为祖父三年。若祖卒时父在，己虽为祖期，今父没，祖母亡时，己亦为祖母三年也。'又后魏永平四年，太常刘芳议：'累代承嫡，方得为嫡子、嫡孙耳。不尔者，不得继祖也。'又按《令》文：'为祖后者，祖卒为祖母。祖父殁，嫡孙为祖母承重者，齐衰三年，并解官。'当院参详，合依《礼令》承重、解官。"从之。6，p1539—1540

天圣七年六月五日，广南西路转运使王惟正言："祖母身亡，缘臣父早丧，望特许解官持服。"诏太常礼院详定，礼院言："按《礼令》：'嫡孙为祖母承重者，齐衰三年。'又云：'诸丧斩衰、齐衰三年者，并解官。'其王惟正若无亲伯叔及兄，即当依上项礼例解官持服。"诏惟正详礼院检定《礼令》施行。6，p1540

宝元二年八月十三日，三司度支判官、集贤校理薛绅言："祖母万寿县太君王氏卒，蒙给假三日。窃以祖母王氏是先臣所生母，服纪之制，罔知所适。伏乞申诏有司，检详条制，俯降朝旨，庶知遵守。"诏送太常礼院详定。礼官言："《五服年月敕》：'齐衰三年，为祖后者，祖卒则为祖母。'注云：'为曾、高祖母亦如之。'又曰：'齐衰不杖期，为祖父母。'注云：'父之所生庶母亦同，唯为祖后者乃不服。'又按《通礼义纂》：'为祖后者，父所生庶母亡，合三年否？《记》云为祖母也，为后三年，不言嫡庶。然奉宗庙当以贵贱为差，庶祖母不祔于皇姑，己受重于祖，当为祭主，不得申于私恩；若受重于父，代而养，为后可也。'又曰：'庶祖母合从何服？礼无服庶祖母之文，有为祖庶母后者之服。晋王廙议曰：

受命为后，则服之无嫌。妇人无子，托后族人，犹为之服，况其子孙乎？人莫敢卑其祖也。且妾子父殁，为母得申三年，孙无由独屈，当服之也。'今取到薛绅本家服图，绅系为庶孙，不为祖后，受重于父。看详《五服年月敕》，不载持重之文，于《义纂》即有所据。今薛绅不为祖后，受重于父，合申三年之制。"史馆检讨、同知太常礼院王洙言："伏以礼法二柄，合为宪章，本无异端，同底于治。故君子蹈之则为礼，小人违之则及刑。虽进退异名，而制度一体。百官之守，所当奉行；尺一之文，是为不易。薛绅以父之所生庶母亡，疑所服，乞下有司详定。众官会议，辄不凭用敕文，只据《义纂》定夺。又直引《义纂》'受命为后则服之无嫌'，此盖晋王廙解祖庶母之说，非庶祖母之事。臣窃见自来有司或见敕令不便者，必于无事之时，或事毕之后，明具利害，乃冲改旧文奏上，再下有司，或差官定夺可否。如实可冲改，即再具利害奏闻取旨，方降宣敕施行。未有临事之时，别引他书，擅自不依敕文，一面定夺奏上。况《五服年月敕》与新定令及《通礼》正文内五服制度，皆圣朝典法，此三处并无为父所生庶母服三年之文。唯《义纂》者，是唐世萧嵩、王仲丘等撰集，本名《开元礼义鉴》，开宝中改修为《开宝通礼义纂》，并依旧文，不曾有所损益，非创修之书，未可据以决事。其所引《义纂》两条，皆近世诸儒之说，不出于六经之文，臣已别状奏驳。若自今在外臣庶或有值父所生庶母亡，与薛绅事体一同者，如只准令敕不行三年之制，未知处以何罪？若使天下刑法之司舍令敕而守《义纂》，未见其可也。又详《五服年月敕》系天圣五年诏两制与太常礼院详定施行，此实本院所定之文，今乃临事之时，自不遵守，岂谓令敕便为刑书，与礼文有异，略而不取？亦未可也。况敕文初因孙奭，本朝名儒，常授经禁中，天下知其达礼，不应于《义纂》所载两条不出于六经，所以奭不取也。今以令敕之条不载，六经之文不出，辄引以为据，废格制书，臣所以不敢雷同具奏。臣非好立异议，唯知谨守敕文，不可临事改易。且礼法之局，所共执行，于法则议刑，于礼则制服，非一司独能专也。伏乞降状付外，令御史台、刑部、审刑院、大理寺与礼院同共定夺闻奏。所贵礼法之官，参议其极，画一之典，无辄重轻。"别状曰："窃以《义纂》皆近世诸儒之意，不合经义，谨具解正条驳如后。《义纂》云'礼无庶祖母之文，有为祖庶母后者之服'者，此答问之人明知礼经之中并无庶祖母之事，乃有《丧服小记》祖庶母之说为此。按《丧服小记》云：'为慈母后者，为庶母可也，为祖庶母可也。'注云：'父之妾无子者，亦可命己庶子为后。'疏云：'谓己父之妾为祖庶母。'即非今所谓父所生庶母者也。又云'晋王广议曰，受命为后，服之无嫌'者，此王廙释祖庶母之事，谓妾子受父之命，为祖妾之后，服之无所嫌疑也。又云'妇人无子，托后族人，犹为之服，况其子孙乎？人莫敢卑其祖也'者，此亦王廙引此言妇人无子，或托夫宗姓之子与为之后，犹当服之，况其夫之庶子、庶孙也？庶孙受父之命，为祖妾之后，是莫敢卑其祖。又云'妾子父没，为母得申三年，孙无由独屈，当服之也'者，此亦王廙引此，言妾子父没，尚得为母三年，孙不可不服也。臣谨按《丧服小记》云：'别子为祖。'注云：'诸侯之庶子别为后世为始祖也。'又云：'继别为宗。'注云：'别子之世长子为其族人为宗也。'又按《丧服小记》云：'慈母与妾母不世祭也。'注云：'以其非正也。'引《春秋传》曰：'于子祭，于孙止。'疏云：'妾母为庶子，自为其母也，既非其正，故惟子祭之，而孙则否。'据王廙虽知礼经正文无庶祖母之事，乃曲引祖庶母及妇人无子托后族人，并父殁为母申三年者，凡三条，强为此类，而皆非经典本意。殊不知承别子之后，自为大宗，所守者重，不得更为父所生庶母申三年也。况妾母不世祭，岂于祭有厌降之文，于服无衰杀之节？其不然也。且王廙所议，不云受重与否，但云当服之也；不显言丧期之数，同蒙三年之文，非文之不具，盖不达礼之本意也。况此议初问有服无服，本不在三年之章，亦不谓受重者也。臣看详绅为映之孙也，耀卿为别子始祖也。绅继别之后为大宗也，所守至重，非如次庶子等承传其重者也，不可辄服父所生庶母三年之丧，以废始祖之祭也。《义纂》云：'《记》云为祖母也，为后二年。'此《义纂》引之，传写错缪也。又云'不言嫡庶，然奉宗庙当以贵贱为差，庶祖母不祔于皇姑，己受重于祖，当为祭主，不得申于私恩'者，此释为祖之后，自然不得为祖母三年也。又云'若受重于父，代而养，为后可也'者，此释子传父重者，代父修养庶祖母亦得三年也。臣谨按礼经所谓重者，皆承后之文。据《义纂》称'重于父'，亦有二说：一者，嫡长子自为正体，受重可知；二者，或嫡长亡，取嫡或庶次承传父重，亦名为受重也。若继别子之后，自为大宗，所承至重，不得更远系庶祖母，为之服三年。唯其父以生己之故，为之三年可也。详《义纂》所谓受重于父者，指嫡长子亡，次子承传父重者也，但其文不同耳。臣（切）〔窃〕详《义纂》，其间论说多不与《通礼》正文相符。若于条敕之外，辩详典礼，或取或舍，质正异论可也，非可便取为执据，移夺令敕也。"诏太常礼院与御史台详定闻奏。众官参详："耀卿，王氏子。绅，王氏孙，尤亲于慈母、庶母、祖母、庶祖母也。耀卿既亡，绅受重代养，当服之也。复又薛绅顷因藉田覃恩，乞将叙封母氏恩泽回授与故父所生母王氏。其薛绅官爵未合叙封祖母，盖朝廷以耀卿已亡，绅是长孙，敦以孝道，特许封邑。岂可王氏生则辄邀国恩，殁则不受重服！况绅被王氏鞠育之恩，体尊义重，合令解官持齐衰三年之服。"诏从之。6—8，p1540—1542

　　元丰三年十二月十五日，太常礼院言："自今承重者，嫡子死，无诸子，即嫡孙承重；无嫡孙，嫡孙同母弟承重；无母弟，庶孙长者承重。曾孙以下准此。其传袭封爵者，自依《礼令》。"从之。先是，知太常礼院兼寺丞王子韶言："寺丞刘次庄祖母亡，有嫡曾孙，次庄为嫡孙同母弟。本院定次庄祖母亡，无诸子及无嫡孙，次庄以嫡孙同母弟当承重。检近降五服条'嫡孙为祖'，注：'谓承重者。为曾祖、高祖后亦如之。嫡子死无子，然后嫡孙承重。即嫡孙传袭封爵，虽有众子犹承重。'（切）〔窃〕详上条，止为嫡孙承重与不承重立法，即无庶孙承重之文。自来嫡孙即不问长幼承重。若嫡孙已死，见有亲弟年少，又有庶母弟年长，若论长即庶长孙承重。若谓庶孙不当承重，即嫡孙同母弟虽少，当为祖父母齐斩三年。未尝明降指挥，乞下礼官详议立法。"故也。9，p1542—1543

宋会要辑稿·礼三六·丧服·齐衰杖期

　　景祐二年，郭積为出嫁母行服，太常博士、同知礼院事宋祁以（当不）〔不当〕行服，乃奏曰："礼者，叙上下，制亲疏，别嫌明微，以为之节也。故三年之丧，虽天下达礼，至于情文相称，必降杀从宜。故尊有所伸，则亲者有所屈，不敢以所承之重而轻用于其私者也。伏见前祠部员外郎、集贤校理郭積，生始数年而父丧，其母边氏更适士人王涣，積煢然孤苦，以致成立。见无伯叔，又鲜兄弟，奉承郭氏之祭者，惟積一人而已。边氏既适王氏，更生四子。今边不幸而死，積乃解官行服，以臣愚管见，深用为疑。伏见《五服制度敕》'齐衰杖期降服'之条，曰：'父卒母嫁及出妻之子为母服。'注曰：'谓不为父后者。若为父后者，则为嫁母无服。'今详边氏，嫁则从夫，已安于王室；死将同穴，永非于郭耦。而積既为父后，则宜归重本宗，虽欲怀有慈之爱，推无绝之义，亦不得为已嫁之母亡父而进其礼也。何者？轻奉父统，则郭之承重更无他亲；备执母丧，则王之主祀自有诸子。臣详求礼制，疑积不当解官行服。夫礼有所杀，君子之俯就也；义有所断，圣人从宜也。况当孝治，宜谨彝经。伏乞降臣此状，下有司详议，其郭积为父后，为出嫁母应与不应解官行三年之丧，然后明垂定制，俾守洪规。臣备礼官，不敢寝嘿。"10, p1544

【景祐二年】，续准批下侍御史刘夔奏议："臣闻父尊母亲，天下之达礼也；存养没丧，天下之达节也。故父在为母期，父没为母三年，降杀之义，在此而已。勋、华而下，周、（随）〔隋〕以还，沿袭之文或殊，齐斩之仪无革。惟（载）〔戴〕《记》载孔氏丧出母，自子思始以讥废礼。至若父卒为出嫁母杖期，又为父后者无服，周公制礼，宣圣定仪，具载简编，初无此说。今宋祁谓疑积不当解官行服，臣谨按《天圣六年六月十二日敕》，礼部侍郎刘筠等同定刑部郎中孙奭所奏、左仆射刘照等所议开元五年五服制度，依《开宝正礼》录出旧载齐衰降服条例，与祁所言不异。又按唐宪宗朝丞相郑余庆、陆贽等议：'父卒母嫁，夫义绝，无服。'裴蒪注云：'准《天宝六年正月二日敕》："出、嫁母终年。"'又《假宁令》：'诸丧，斩衰三年、齐衰三年，并解官；齐衰杖期及为人后者为其父母，若庶子为后为其母，亦解官，申心丧；母及出、嫁母，为父后者虽不服，亦申心丧。'注云：'皆为生己者。'又《职制令》：'诸闻父母若夫丧，匿不举哀者，流二千里。'《丧制律》：'诸居父母若夫丧，释服从吉，若忘哀作乐。'注云：'自作、遣人等徒三年，杂戏徒一年。'《疏义》曰：'其父卒母嫁及为祖后者，祖在为祖母，若出妻之子，并居心丧之内，未合从吉。若忘哀作乐，自作、遣人等亦徒三年，杂戏徒一年。又冒哀求仕者徒一年。'注：'谓父母丧，禫制未除及在心丧内者。诸冒哀求仕者，谓父母之丧二十五月大祥后，未满二十七月而预选求仕。但父母之丧，法合二十七月是正丧，若释服求仕，即当不孝，合徒三年。其二十五月外二十七月内是禫制未除，此中求仕，名为冒哀，合徒一年。若释服从吉，自从释服从吉之法。及在心丧内者，为姜子及出妻之子合降其服，其二十五月内为心丧。'臣再详格令：'子为出、嫁母，虽为父后者不服，亦当申心丧。'又称：'居心丧者，释服从吉及忘哀作乐、冒哀求仕者，并同父母正服之例。'今积不自空桑而生，当念哀哀劬劳，报德罔极，若食稻衣锦，去衰粗、彻哀陨而享安荣，是谓以母死而为利。且天下岂有无母之国哉？臣向见今龙图阁学士王博文为殿中侍御史、中丞杜衍任太常博士日，并为出、嫁母解官致丧，识者誁之。切惟朝论士庶丧嫁母者比比皆是，辄举近班二臣以明非要。矧王涣身没之后，边氏却还積家，母子如初，累变星瑄。若使生为母子，没同路人，循开元屑屑之制，灭孝子充充之行，则必亏损名教，废坠人伦，下扇浇风，上玷孝治。事体至重，不可不惜。今積既自解官，已伏苫块，伏望圣慈遂其孝心，则至治之朝，敦风厚俗，在此举矣。且杖期降服之制，本出《开元礼》文，逮乎天宝，已降别敕，令终三年。然则明皇当时已悟失礼，但缘此敕在后，遂令执用旧文。方今圣哲熙朝，文物大盛，自我作古，谁曰不可，何必遵李唐之常议，略先王之经制，守为后之末节，绝母子之要道哉！臣又闻晋袁准谓：'为人后，服嫁母服。'刘智云：'虽为父后，犹为嫁母齐衰。'谯周云：'父卒母嫁，非父所绝，为之服周可也。'昔孔鲤之妻，鲤卒而嫁于卫，故《檀弓》曰：'子思之母死，柳若谓曰：子圣人之后也，四方于子乎观礼，子盍慎诸！子思曰：吾何慎哉！'石苞问淳于睿曰：'为父后者不为出母服。嫁母犹出母也，或者以为嫁与出不异，不达礼意，虽执从重之义而以废祭见讥。君为详正。'睿引子思之义为答，且言：'圣人之后服嫁母服，分明无可嫌。'详观古贤精密之论，则積之行服不为过矣。"10—11，p1544—1545

【景祐二年】上令太常礼院、御史台与前降指挥一处同共详定闻奏，曰："臣等今检详礼条如左。参详宋祁所奏疑《五服年月敕》内为父后者，为嫁母无解官之文，刘夔以为母嫁亦当申心丧之礼。窃缘以有下项典礼及律条分明，更难别立条制。"11，p1545

【景祐二年】又翰林侍讲学士冯元奏："准中书批下宋祁等奏状，疑積行服。参酌《礼记正义》，皆古之正礼，《开宝通礼》及《义纂》并《五服年月敕》，皆国朝见行典制，明有义据，即无子为父后、为嫁母行服三年、废父祖祭祀之礼。但有司未经遵用，止徇人之常情，宁不致疑，互持偏说？《礼记正义》《开宝通（理）〔礼〕》《五服年月敕》皆言为父后者为出、嫁母无服。惟《开宝通礼义纂》引唐天宝六年制，出母、嫁母并终服三年。又引刘智《释议》：'虽为父后，犹为出、嫁母齐衰，卒哭乃除，逾月乃祭，礼也。'且《通礼义纂》圣朝所定，《疏》云：'出母、嫁母并终服三年'；又云'为出母、嫁母缞，卒哭乃除'。二者并存，其事相违，何也？初详天宝六年之制，言诸子为出母、嫁母，故云并终服三年；刘智《释义》曰：'为父后者为出母、嫁母，'故云犹为齐缞，卒哭乃除。二理昭然，各有所谓，固无疑也。况天圣中《五服年月敕》，父卒母嫁及出妻之子为母降服杖期，则天宝六年出母并终服三年之制已经行改，不可行用。又《五服年月敕》但言母出及嫁，为父后者虽不服，亦申心丧，即不言解官。臣以为，若专用礼经，则是全无服式，施之今世，理有未安；若诸子杖期，又于条制更相违戾。既求礼意，当近人情。自今后子为父后、无人可奉祭祀者，依《通礼义纂》、刘智《释议》，齐缞之服卒哭乃除，逾月乃祭，仍申心丧，不得作乐，即与《礼记正义》《通典》《开宝通礼》《五服年月敕》为父后为出母、嫁母无服文，言不相远也。如非为父后者，出母、嫁母依《五服年月敕》，降齐缞杖期，亦解官申其心丧，则与《通礼·五服制度》言'虽周除，仍申心丧三年'，及《刑统》言'出妻之子合降其服。皆二十五月内为心丧'，其义一也。以此论之，则国朝见行典制尽与古之正礼相合，余书有偏见不合礼经者，皆不可引用也。今积即未审有无伯叔兄弟可奉父祖祭祀，应得子为父后之条以否，合行勘会。又缘其人解官行服，已过期年，难于改易。臣今议，欲乞依下项陈乞：'自今后子为父后、委实无人可奉父祖祭祀者，并依圣朝典制施行。'"从之。11—12，p1545—1546

宋会要辑稿·礼三六·丧服·缌麻服

天圣五年四月二十三日，翰林侍读学士孙奭言："伏见礼院及刑法司、外州各执守一本《丧服制度》，编附入《假宁令》者，颠倒服纪，鄙俚言词。如外祖卑于舅姨，大功加于嫂叔，其余谬妄，难可遽言。臣于《开宝正礼》录出五服年月，并见行丧服制度，编附《假宁令》，伏乞详择，雕印颁行。又《礼》文作齐衰'期'，唐避明皇讳，改'周'，圣朝不可仍避，伏请改'周'为'期'，用合经礼。"诏送两制与太常礼院详定闻奏。翰林学士承旨刘筠等言："奭所上五服年月别无误错，皆合经礼，其'齐衰期'字，却合改'周'为'期'，以从经典。又节取《假宁令》合用条件，各附五服之后，以便有司检讨，并以修正。望下崇文院雕印，颁下中外，所有旧本更不得行用，其印板仍付国子监印造出卖。"从之。14，p1546—1547

天禧元年四月十五日，诏："自今在京仓场、库务、坊监监官京朝官使臣，周亲丧给假五日，闻哀二日；大功、小功给假三日，闻哀一日；缌麻在家闻哀，并给假一日。"从三司使马元方之请。14，p1547

宋会要辑稿·礼三六·丧服·杂服制

元丰三年三月二日，太常礼院言："国子博士孟开乞以侄孙宗颜为嫡孙。据《令》：'无子者听养同宗之子昭穆合者'，又曰'子孙继绝应析户者，非十八以上不得析'，则是有以孙继祖者。又晋侍中荀顗无子，以兄之孙为孙。请如开所乞。"从之。15，p1548

哲宗元祐元年闰二月十八日，礼部言："故朝请郎致仕李弼贤妻王氏状：亡夫从祖惟清系绘像臣僚，为本支无嗣，乞依张知白例推旁支恩。"诏从之，仍令李惟清族中推有义者立为嗣。16，p1548

绍圣元年十二月五日，尚书省言："《元祐七年南郊赦书》节文：'今后户绝之家，近亲不为依条立继者，官为施行。'今户绝家许近亲尊长命继，已有著令，即不当官为施行。"从之。16，p1548

宋会要辑稿·礼三六·丧服·追行服

元祐六年五月六日，监察御史徐君平言："父母之丧，无贵贱一也。今大小使臣任管军、沿边之类，当行服而不请解官者甚众。愿令并解官持服，著为令。"从之。其大小使臣除系沿边等职任并元是军班换授，及小使臣非奏补，及武举入官人，并仍旧。17，p1549

【元祐七年】二月十一日，诏："武臣丁忧者见任管军处，或充路分总管、钤辖、都监、知州县、城关使、县尉、都监、寨主、监押、同巡检、巡检驻泊、巡防驻泊及管押纲运，大使臣系军班换授，小使臣非荫补，并武举入官者及差使、借差，并不解官。内系沿边任使并押纲者，给假十五日，余一百日。其应不解官而愿解官行服者，除沿边任使奏候朝旨外，听之。"17，p1549

绍圣三年五月八日，诏小使臣丁忧，依元丰旧法，勿令持服。17，p1549

淳熙四年九月十二日，敕令所言："臣僚奏，自今右选修武郎以下如有服制，并合依文臣解官。吏部看详：'应小使臣外官、宗室任诸路监司、知州军、军使、知县、县令、县尉、钤辖、路分都监、副都监、将副、准备将领差遣，如遇丁忧，乞依文臣解官持服。授讫未上同。内极边去处，并不解官；愿解官持服者，具奏听旨。'诏依，仍下本所修立成法。本所欲于武臣丁忧不解官本条依旧文外，今参酌创修：'诸路小使臣任知

州及军使、知县、县令、尉丁忧，并解官，内缘边去处不解，授讫未上同。愿解官者具奏听旨。'"从之。17，p1550

【淳熙七年】四月二十七日，吏部侍郎芮煇言："吏部选法，小使臣遭丧不解官，给式假，百日为限。欲除缘边职任及见从军与归正、归朝、拣汰指使等官，并军功补授、杂流出身人，依旧以百日为限外，小使臣如荫补子弟及取应宗室武举出身之类，皆合遵三年之制。"从之。17，p1550

【淳熙七年】四月二十八日，诏："内侍官如丁忧，依旧给式假一百日。"17，p1550

【淳熙七年】七月七日，中书门下省言："昨降指挥，应从军小使臣自今在职丁忧，与免式假。近缘吏〔部〕奏请，将见从军与不系从军之人，例皆给（理假）〔假，理〕宜分别。"诏内外诸军小使臣在职丁忧，并依上件已降指挥施行。17，p1550

【淳熙十年】七月二十二日，吏部言："《淳熙条格》：'小使臣沿边任使，丁忧不解官，止给式假十五日。'淳熙七年四月二十七日，因臣僚奏请，失于照会，一例衮同声说，给假一百日，遂致抵牾。乞依《淳熙条格》，止给式假十五日。"从之。17—18，p1550

宋会要辑稿·礼三六·丧服·成服

景祐三年五月二十一日，审刑院言："开封府民单如璧母于姑禫服内争家财。准《户律》：'诸居父母丧，兄弟别籍异财者，徒一年。'《疏》云：'谓在二十七月内。'今与有司检详典礼，准《五服年月敕》：'十三月小祥，除首（经）〔绖〕；二十五月大祥，除灵座，除衰裳，去绖杖；二十七月禫祭，逾月复平常。其单如（壁）〔璧〕祖母禫制未满。'缘三年之丧止以二十七月为满，其二十七月即〔未〕明逾月为限，或须实满二十七月，乞下太常礼院定夺。"礼官议曰："谨按《礼记·间传》云：'再期而大祥，素缟、麻衣；中月而禫，禫而纤无所不佩。'中犹间也，谓太祥祭后间一月而禫也。今俗所行禫则六旬既祥，缟麻阙而不服，稽诸制度，失之甚矣。今约经传，求其适中，可二十五月终而大祥，受以祥服，素缟、麻衣。二十六月终而禫服。二十七月而吉，吉而除，徙月乐，无所不佩。求其情可合乎礼矣。《仪礼》云：'又期而大祥，曰荐此祥事，中月而禫。'中犹间也，与大祥间一月，自丧至此月二十七。《礼记》

云：'是月禫，徙月乐。'言禫明月可以用乐。参详典故，三年之丧，十三月为小祥，二十五月为大祥，二十六月服素缟，二十七月禫祭，逾月仍复平常。自初丧至此月，首尾二十七月，逾月谓终禫月余日，次月改朔，是名逾月，即合纯吉。请颁天下，以为定式。"从之。19，p1550—1551

宋会要辑稿·礼三七·〔帝陵〕·太宗永熙陵

【至道三年】〔八月〕二十五日，太常寺言："将来山陵合排鼓吹、仪仗，及教习挽歌、代哭诸色人等，欲于开宝寺大殿前教习。"从之。命入内副都知卫绍钦为永熙陵使，内殿崇班杨继铨副之，仍置卫兵五百人守奉。5，p1558

宋会要辑稿·礼三七·缘陵裁制 上

开宝八年十月，安陵守当高品皇甫玉言，请禁民庶不得近陵阙穿土，及于三五里外葬埋。诏太常礼院详定，礼院言："按《丧葬令》去陵一里内不得葬埋。"从之。27，p1572

【真宗景德元年】六月二十一日，诏："永安县诸陵园松柏，宜令守当使臣等督课奉陵栢子户，每年以时收栢子，于滨河隙地布种。俟其滋茂，即移植以补其阙。民间园林不得辄有侵取，违者论如律。"先是，帝以园林松栢旧于旁侧山林移植，颇甚扰人，故约之。28，p1572

【真宗景德三年】二月二十一日，吴元扆等言："近陵域地，顷来民或开掘，望降诏禁止，仍令多植嘉木。新定兆域内居人、官廨、仓库，请徙置三百步外。"并从之。居人当徙者优加给赐，仍令河南府具阑入兆域条制揭榜告谕。28，p1572

【真宗景德三年】二月二十七日，诏诸陵侧近林木禁公私樵采，令吴元扆标记合行禁止处告示。28，p1572

【大中祥符四年】三月二十六日，诏三陵所管军士有罪者止得棰罚，当杖者送永安县。30，p1573

宋会要辑稿·礼三九·命公卿巡陵

【大中祥符九年】二月三日，宗正寺言陵庙行礼，阙官应奉。宰臣王旦言："按《令》文：'宗正卿一员，少卿、丞各二员，主簿一员。'今除

赵安仁兼卿、赵世长权判寺外，合添差四员，请于京朝官中选宗姓者充。"从之。6，p1610

【元丰五年】六月十八日，诏："自今臣僚朝拜诸陵，除见任、前任执政官许进汤，余止奠献、荐新，不特拜。"6，p1612

【元丰六年】五月七日，诏："内人朝陵，诸陵使臣毋得差伎乐迎。著《西京令》。"10，p1612

【建炎元年】十二月三十日，太常寺行司言："依《令》：'大宗正司差宗室遥郡团练使以上荐献诸陵，近以阙官，被旨就差诸陵官行礼。'所有来年仲春荐献诸陵，乞依上件体例。其合用香、表，令学士院、入内内侍省预先取降，付东京太常寺，差人赍付诸陵。"从之。时巡幸维扬故也。11，p1613

宋会要辑稿·礼四〇·濮安懿王园陵

神宗熙宁十年十一月十四日，宗室邕州观察使宗晖权令奉祀濮安懿王神主，其往来祭飨盘缠等，今后并依《禄令》例支给。3，p1620

宋会要辑稿·礼四〇·濮安懿王园庙

【英宗治平三年】二月十四日，帝阅诲等奏，问执政当如何，韩琦对曰："臣等忠邪，唯陛下所知。"欧阳修曰："御史以为理难并立，臣等有罪，即留御史；若以臣等为无罪，则取圣旨。"帝犹豫久之，乃令出御史，而曰："不宜责之太重也。"于是诲落御史知杂事，以尚书兵部员外郎知蕲州，纯仁以侍御史通判安州，大防落监察御史里行，以太常博士知歙州休宁县。马端临曰：先是，宰臣韩琦等奏，请下有司议濮安懿王及谯国太夫人王氏、襄国太夫人韩氏、仙游县君任氏合行典礼，诏须大祥后议之。至是进呈，乃有是诏。翰林学士王珪等相顾不敢先，知谏院司马光独奋笔立议，略曰："为人后者为之子，不敢复顾其私亲。秦、汉以来，有自旁支入承大统，推尊其父母为帝后，皆见非当时，取讥后世，不敢引以为圣朝法。臣以濮王宜尊以高官大爵，称皇伯而不名。"贾黯之议亦同，王珪敕吏以光手稿为案。议上，欧阳修以为自古无以所生父改称伯者，珪等言非是。中书奏，孝宣、光武皆称父为皇考。太后闻之，手书诘责辅臣，以不当议称皇考。上诏："如闻集议议论不一，宜权罢议，当令有司博求典故，务合礼经。"判太常寺范镇率礼官上言："陛下既考仁宗，又考濮王，其议未当。"具列《仪礼》及汉儒议论、魏明帝诏，为五篇奏之。于是台官自中丞贾黯以下各有奏。知杂吕诲亦言："陛下入继大统，皆先帝之德，当从王珪等议为定，封濮安懿王大国，诸夫人典礼称是。"奏皆留中，不报。司马光又上言曰："伏见向者诏群臣议濮安懿王合行典礼，王珪等二十余人皆以为宜准先朝封赠期亲尊属故事。凡两次会议，无一人异辞，而政府之意，独欲尊濮王为皇考，巧饰词说，误惑圣听。政府言《仪礼》本文、《五服年月敕》皆云'为人后者为其父母之服'者，不谓之父母，不知如何立文。此乃政府欺罔天下之人，谓其皆不识文理也。又言汉宣帝、光武皆称其父为皇考。臣案宣帝承昭帝之后，以孙继祖，故尊其父为皇考，而不敢尊其祖为皇祖者，此与昭帝昭穆同也。光武起布衣，诛王莽，冒矢石以得天下，名为中兴，其实创业，虽自立七庙犹非太过，况但称皇考，其谦损甚矣。今陛下亲为仁宗之子，以承大业，传曰：'国无二君，家无二尊。'若复尊濮王为皇考，则置仁宗于何地乎？"至是，乃诏立濮王园庙，以宗朴为濮国公，奉濮王祀。先是，太后手书："濮安懿王、谯国太夫人王氏、襄国太夫人韩氏、仙游县君任氏，可令皇帝称'亲'，尊王为濮安懿皇，谯国、襄国、仙游并称后。"上手诏曰："称'亲'之礼，谨遵慈训；追崇之典，岂易克当。且欲以茔为园，即园立庙。"皇太后已赐俞允，仍改封宗朴。侍讲吕公著上言："称'亲'之说，乃汉史皇孙故事。皇孙即宣帝所生父，宣帝为昭帝后，是以兄孙遥嗣祖统，无两考之嫌，故且称'亲'。其后既立谥，只称'悼园'。今陛下以旁支继大统，建立园庙，以王子承祀，于濮王无绝父之义，于仁宗无两考之嫌，可谓兼得。其'亲'字既称谓难立，且义理不安，乞寝罢。"不报。7—8，p1623—1624

神宗熙宁十年十一月十四日，宗室邕州观察使宗晖权令奉祠濮安懿王神主，其往来祭飨盘缠等，今后并依《禄令》例支给。9，p1625

【绍兴二十九年】五月三日，嗣濮王士輵言："每岁四仲月诣濮安懿王园庙祭享，准《令》听以子侄充亚献、终献官。虽有侄，并系出官之人，欲将南班充亚、终献官。"礼部、大宗正司及宫院看详，行在南班官系日奉朝请，兼不时差充五享三献行事，难以差拨。欲就差绍兴府南班官充。从之。11，p1627

宋会要辑稿·礼四〇·秀安僖王园庙

【绍熙三年】二月十四日，伯圭又奏："秀安僖王祠堂、园庙，乞从濮安懿王例，每三年一次，从本所移牒所属州府检计修造。"从之。14，p1630

宋会要辑稿·礼四一·发哀·杂录

太宗淳化四年闰十月，涪王廷美女出家而卒，帝手诏宰臣，询其礼仪、发哀制服。太常礼院言："按礼例，出家侄女无服。"从之。6，p1634

真宗咸平元年九月三日，乳母秦国延寿保圣夫人卒，将发哀，且以太宗丧始期，颇疑其事，命有司详定。而礼官言："《书》称'高宗谅暗，三年不言。'孔安国曰：'既卒哭即位，除衰麻，听于冢宰，以终三年。'至汉文帝即位，乃革三年之制，以日易月，二十七日除服，心丧终制。

《开宝通礼》云：'先遭重丧，后遭轻丧，皆为制服。往则服其轻，反则服其重。'又云：'皇帝为乳母缌麻三月。'按《丧葬令》：'皇帝为缌麻一举哀而止。'伏以秦国夫人保傅圣躬，绵历星纪，遽兹沦谢，宜备哀荣。况太宗上仙，已终易月之制，今为乳母举哀，合于典礼。"遂从之。6，p1634

【咸平六年】八月一日，永乐县主卒，礼官言："准《礼》：'皇帝降服大功九月，不视事三日，合择日成服。'按天子绝期，况成服之日与安王同日，酌情顺变，礼从厌降，望罢其礼。"从之。6，p1634—1635

天圣元年五月三日，太常礼院言："赠侍中刘美妻越国夫人钱氏卒，准《礼令》：'皇太后为亲兄弟妻本服大功，合于便殿发哀。'缘在真宗大祥内，望罢其礼。"从之。8，p1635

【天圣元年】闰九月十一日，太常礼院言："武胜军节度使、兼侍中冯拯卒，《礼令》：'皇帝为一品、二品丧合举哀成服，'又缘见在大祥之内，望罢其礼。"从之。8，p1635

景祐元年正月十六日，太常礼院言："安国军节度使、延安郡公允升卒，准《礼令》：'皇帝本服大功，合举哀成服。'为在庄献明肃皇太后小祥之内，望罢其礼。"从之。8，p1636

宋会要辑稿·礼四一·辍朝·杂录

【真宗咸平三年】九月，太常礼院言："准《礼例》：'诸王启葭、掩圹日，并辍朝参，掩圹日百官〔奉〕慰。'今月二十九日改葬秦王，其日朝参、奉慰望准故事。"从之。55，p1668

【景德四年】正月二十五日，河阳三城节度使、同平章事王显卒。行在太常礼院言："准《令》：'使相辍朝两日。'又缘朝拜诸陵，方当行在，酌情顺变，事贵从宜。欲望更不行辍朝之礼。"又龙图阁待制陈彭年检讨故事："昔唐太宗北征，中书令岑文本卒于扈从，太宗轸悼，不忍闻严更之声，然亦无辍朝之文。今王显卒于私第，国家方行盛礼，吉凶既难相干，伏请更不辍朝。"从之。56，p1668

天禧元年十一月二十六日，太尉王旦出葬。太常礼院言："按礼例：宰相出殡，辍其日视朝。王旦出葬，望准旧制。"中书言："二十六日冬至，其日皇帝不受朝贺，已有诏命。"遂不下辍朝之命。议者谓其日当罢百官拜表之礼，时宰臣王钦若与旦不（叶）〔和〕故也。56—57，p1669

【天禧二年】七月，太常礼院言："皇后父永兴军节度使、赠太师、尚书令刘通母故徐国太夫人庞氏，以七月十六日迁葬。按《令》：'皇帝为皇后父母丧，皆不视事三日，'若行迁厝之礼，即无辍朝之例。"诏特辍其日朝参。57，p1669

皇祐三年十月二十五日，太常礼院言："李用和妻卒，检会乾道六年皇舅杜审进妻天水郡夫人赵氏卒，准礼辍朝一日，诏特辍朝二日。窃缘当时礼例，为舅之妻本服缌麻三月。今《五服敕》不载舅妻之服，缘有旧例，系自圣恩。"诏特辍两日。58，p1669—1670

【皇祐四年】九月十六日，太常礼院言："侍卫亲军副都指挥使、耀州观察使周美卒，准《礼令》：'三品以上辍朝，'今美系四品。"诏以美久在边任，曾有战功，特辍一日。58，p1670

英宗治平二年正月十四日，太常礼院言："检会皇祐元年十二月阁门奏：'宣徽北院使、判并州郑戬薨，辍今月十三日、十四日视朝。当日四更二点关到阁门，寻行告报，已是五更后，朝臣、军员皆及朝门。欲乞今后非时辍朝，令礼院于前一日未时已前关报，如至未时后即辍次日。'看详阁门所请，全乖礼意。欲自今后凡有文武官薨卒合该辍朝者，令本院即时告报诸司，并辍闻哀之明日。如此则得称礼情。"从之。58—59，p1670

神宗熙宁四年二月十七日，编修中书条例所言："检会宗室及臣僚薨卒合辍视朝者，并太常礼院申奏，关牒御史台、阁门，当日辍朝讫，中书续据状降敕，虚有行遣。欲今后已辍朝，更不降敕。"从之。59，p1670

宋会要辑稿·礼四二·国忌

宋太祖建隆元年三月十四日，追尊四庙，内出僖祖文献皇帝十二月七日忌，文懿皇后六月十七日忌，显祖惠元皇帝正月二十五日忌，惠明皇后五月二十一日忌，翼祖简恭皇帝四月十二日忌，简穆皇后十月二十日忌，宣祖昭武皇帝七月二十六日忌。其日禁乐废务，群臣诣佛寺行香修斋。凡大忌，中书悉集，小忌轮一员赴寺。如车驾省方，即留守自于寺院，仍不得在拜表之所。天下州、府、军、监亦如之。惟宣祖为天下大忌，前一日不坐，中书门下、文武百僚诣西上阁门奉慰，移班奉慰皇太后，退赴佛寺行香如仪。车驾省方，在路遇忌日，皆不进名奉慰。1，p1671

乾德二年五月十八日，太常礼院言："二十一日禘祫太庙，其日惠明皇后忌。按唐开成四年正月二十二日祀先农，与穆宗忌同日；太和七年十二月八日蜡百神，与敬宗忌同日。诏以近庙忌辰作乐非便，宜令备而不作。窃以农、祺之祭犹避庙忌而不作乐，望依礼例备而不作。"从之。1，p1671

淳化三年五月二十三日，御史台言："今后国忌日，文武百官并早先行拈香毕，赴幕次茶酒，永为规式。"从之。1—2，p1671

【景德二年】六月十三日，诏："今后国忌斋设，西京及诸节镇给钱十千，防、团州七千，刺史州五千。其使铁钱处，（北）〔比〕折支给，无得率敛。"4，p1672

【大中祥符二年】十月六日，诏曰："恭以宣祖昭武皇帝、昭宪皇后夙蕴庆云，克昌基绪，载诞二圣，奄宅万邦。猥承燕翼之谋，深惟似续之重。每临讳日，尤切永怀。式陈尊祖之诚，以罄奉先之礼。自今复为大忌前一日不坐，其日群臣进名行香，禁屠宰，著于令式。"4—5，p1673

【大中祥符五年】十月七日，诏："枢密使、同中书门下平章事，自今每国忌赴佛寺行香，依宰臣例，左右巡使、两县令夹阶通揖；及寺庭，缀宰臣，揖百僚。"5，p1673

【乾兴元年】十一月十四日，礼仪院言："庄穆皇后（外）〔升〕祔太庙，其四月十六日忌辰，请依礼例前一日不视事，（郡）〔挥〕臣进名奉慰讫，赴佛寺行香，著为令式。"从之。5—6，p1673

天圣元年七月十一日，都官员外郎杨居简上言："昨知泗州，刑禁甚众，每国忌日淹系百余人，杖罪望许忌日决罚。"下法官详议，审刑院上言："按唐大和七年敕，准《令》国忌日惟禁饮酒举乐，至于科罚人吏，都无明文。但缘其日不合厘务，官曹即不决断刑狱，其小笞责在礼律无妨。众官参详前件律条，但未有指定刑名，所以不敢决遣。欲望自今后应杂犯杖罪，并许决遣；应入徒者，即次日。"从之。6，p1674

【天圣三年】二月十六日，太常礼院言："二月十九日真宗忌，准礼例前一日不坐，其日不视事，群臣诣西上阁门、内东门进名奉慰，退赴佛寺行香。"（照）〔诏〕："先帝初忌，前后各三日不视事，不行刑罚，前后各五日禁止音乐。"仍令百官赴景灵宫奉真殿行香。自后每真宗忌日，皆约此制，余如太宗忌日之例。6，p1674

【天圣七年】三月一日，东上阁门使李昭亮等言："伏见真宗忌辰并诸大忌，臣僚有称患请假，不赴奉慰、行香者，颇（陟）〔涉〕不恭。欲

乞今后诸大忌，除实患请假将治外，不许当日请假一日。如违，阁门具姓名以闻，重行责罚。"从之。6—7，p1674

【天圣八年】十月五日，太常礼〔院〕言："奉迎太祖御容奉安太平兴国寺开先殿，所有忌辰，合依太宗忌辰礼例，群臣赴开先殿行香。缘同日简穆皇后小忌，请其日先诣开先殿行香讫，移班赴本寺大殿行香，永为定式。"从之。7，p1674

明道二年正月二十一日，诏："真宗忌辰，前后各两日不行刑，不视事，禁乐前后各三日，著为定式。"7，p1674

景祐元年二月九日，太常礼院言："庄懿皇太后二月二十六日忌辰，欲望前后各一日不视事。其日百僚进名奉慰，退赴佛寺行香。"诏前后各两日不视事，各一日禁屠宰，各三日禁乐。7，p1674

【景祐二年】正月二十五日，太常礼院言："庄懿皇太后忌辰，群臣欲望依例赴景灵宫广孝殿行香，永为定式。"从之。7，p1674

【庆历八年】正月十二日，诏："自来诸州军每遇朝拜行香国忌日，官吏已下并赴，今后只令知州、通判、职官行香，主兵官员更不赴。"8，p1675

皇祐三年三月二十四日，诏："今后应大忌行香，臣僚并破素食。"8，p1675

【皇祐四年】十二月四日，权知开封府吕公绰言："相国寺、启圣院、慈孝寺国忌行香，应皇亲、诸臣僚并逐寺院殿门外下马，惟兴国寺未有定制，并入殿庭，就幕次前下马。欲乞今后兴国寺行香及非时开寺，皇亲、诸臣僚并依相国寺例，殿门外下马。"诏御史台详定，台司言："今后兴国寺行香及非时开寺，依相国寺体例，百官并不得乘马入殿庭。宰臣、枢密、皇亲正刺史以上，学士、节度使、大小两省（侍）〔待〕制以上文武百官，并许入寺东门上下马。皇亲遥郡大将军以下至率府、副率府，自东门慰班退，于东华门或左掖门上马。从御街直南赴寺，入南西偏门，至寺庭西门外上下马。"从之。8—9，p1675

英宗治平三年三月二十六日，诏："仁宗初忌不御前后殿，至四月三日，令开封（初）〔府〕停决大辟及禁屠宰十日。"9，p1676

神宗熙宁元年三月六日，太常礼院言："仁宗大忌，请前后各三日不视事，应臣僚等见、谢、辞正衙并放，前后各五日禁屠宰，及大辟罪不行刑。"从之。10，p1676

【熙宁三年】十一月，编修敕令所删定到："每遇国忌前一日，牒三司取斋钱、香等，阁门轮差军将于左藏库请领，送僧录司斋僧。顺祖、翼祖、惠明、简穆皇后四忌，各斋钱二十千、香十两；僖祖、宣祖、太祖、太宗、真宗、仁宗、英宗、昭宪、孝明、明德、懿德、元德、章穆、章宪、明肃、章懿皇后十五忌，各斋僧钱二十五千、香二斤。钱并以黄绢充折。仁宗忌斋钱分送道录司。" 10—11，p1676

元丰元年闰正月二十二日，御史台、阁门言："忌日神御殿行香，群臣班殿下，宰相一员升殿跪炉。" 从之。先是，三司使李成之言："伏见神御殿酌献，设皇帝位于庭下，升降再拜，而忌日两府例于殿上，未安。" 故诏御史台、阁门详定，著为令。11，p1677

【元丰六年】五月一日，诏："大忌日，六曹诸司不为假，执政官早出，诸司官不得随出。" 11，p1677

【绍兴十三年】正月十一日，御史台言："正月十三日，钦圣宪肃皇后忌日，其日立春。准《令》：'诸臣僚及将校立春日赐幡胜，遇称贺等拜表、忌辰奉慰退即戴。' 欲乞候十三日忌辰行香退，即行插戴。" 从之。14，p1679

宋会要辑稿·礼四四·赙赠①

国朝凡近臣及带职事官薨卒，非诏葬者，如有丧讣及迁葬，皆赐赙赠，鸿胪寺与入内内侍省以旧例取旨。其尝践两府或任近侍者，多增其数。熙宁七年，命官参酌旧例，著为新式，付之有司。旧例所载不备，今并其数俱存之新式。所谓三年服：父、母。为人后者为所后父并继母、慈母及所生母三年服同。期年服：第一等，父卒母嫁继母嫁后者同。及出妻之子为母及祖父母，嫡孙为祖、庶孙为祖后，谓承重者。为曾祖、高祖后亦如之。及为祖后者，祖卒则为祖母，为曾高祖后者为曾高祖母亦如之。三年服同。为人后者为其父、母、为所生母服心丧同。妻：第二等，伯叔父母及兄弟及子、长子三年服及女在室同。继父同居：第三等，高祖父母、曾祖父母、继父不同居者，及兄弟之子、女在室同。父为其子之为人后者，及姑姊妹在室。大功服：从父兄弟、姊妹在室亦同。为人后者为其兄弟，及姑姊妹女子、兄弟之女子适人者，无祭主者期年服同。嫡

———————————

① 此法律是《熙宁赙赠式》全文。《赙赠式》是宋代各级官员出现亲属死亡时，国家给他们封赠钱财的标准。

孙、嫡曾孙、嫡玄孙长殇、中殇，嫡孙、嫡曾孙、嫡玄孙期年服同。庶孙、女在室
同。子之妇，嫡妇期年服同。兄弟子之妇，及为人后者为其姑姊妹在室者，及
从父兄弟、姑姊妹子、女子，兄弟之子、女子之长殇、中殇。

宰相薨钱五百贯，绢五百匹，法酒五十瓶，秉烛、小烛各五十条，湿香三斤。新式：绢
八百匹，布三百匹，生白龙脑一斤，秉烛、常料烛各五十条，湿香、蜡面茶各五十斤，法酒、法
糯酒各五十瓶，米面各五十硕，羊五十口。枢密使带使相同。其后龙脑并烛、香、茶、酒之类，
皆仿此。母、妻之丧绢五百匹，米、面各三十硕或二十硕，酒三十瓶或二十瓶，羊三十口或
二十口。兄弟、子孙之丧及姑、姊妹、女之〔在〕室者绢三百匹，酒三十瓶或二
十瓶，羊三十口或二十口，米二十石并面二十石，或无之。殇子、诸侄之丧绢百五十匹，
酒二十瓶，羊十口。新式：三年服，绢五百匹，酒各三十瓶，米面各三十石，羊三十口。期年服
第一等，绢减一百匹，酒、羊各减三之一；第二等，绢减一百匹，余同第一等；第三等，绢减五
十匹，余减半。大功服，减五十匹，余同期服第三等。枢密使带使相亲并同。

参知政事薨钱五百贯，绢五百匹，米面八十石，酒三十瓶，羊三十口。新式：绢六百
匹，布一百五十匹，龙脑一斤，蜡烛各三十条，香、茶各三十斤，酒各三十瓶，米、面各三十
石，羊三十口。知枢密院事、枢密副使、同知枢密院事并同。母、妻之丧绢三百匹，酒二十
瓶，羊一十口。男女、诸妇及伯叔姨舅之丧绢二百匹，酒二十瓶，羊十口。新式：三年
服，绢三百匹，酒各二十瓶，米、面各二十石，羊二十口。期年服第一等，绢减五十匹，酒、羊
各减半；第二（第）〔等〕，绢减五十匹，余同第一等；第三等，绢减五十匹，余减半。大功服，
绢减五十匹，余同期服第三等。知枢密院事亲同。

枢密使薨钱五百贯，绢五百匹，酒五十瓶，秉烛、小烛各五十条，湿香三斤。新式：绢
七百匹，布二百匹，龙脑一斤，烛各十条，香、茶各五十斤，酒各五十瓶，米、面各五十硕，羊
五十口。使相亦同。诸女、诸妇之丧钱一百贯，绢二百匹，酒二十五瓶，羊十口。新式：
三年服，绢四百匹，酒各二十瓶，米面各二十硕，羊二十口。期年服第一（第）〔等〕，绢减一
百匹，酒、羊同。三年服，第二等，绢减五十匹，酒、羊各减半；第三等，绢减五十匹，酒、羊
同第二等。大功服，绢减五十匹，酒、羊各减半。使相亲同。

宣徽使薨钱五百贯，绢五百匹，米、面八十硕，酒三十瓶，羊三十口。新式：绢五百
匹，布一百五十匹，龙脑一斤，秉烛、小烛各三十条，香、茶各三十斤，酒各三十瓶，米、面各
三十硕，羊三十口。签书枢密院事同。男子、姑、姊妹、侄、外甥之丧绢二百匹，酒
二十瓶，羊一十口。堂侄之丧绢百五十匹或百匹，别加钱百贯，酒二十瓶或十瓶，羊十口或
五口。侄妇之丧绢百匹，酒十瓶，羊十口。新式：三年服，绢二百五十匹，酒各一十瓶，米、
面各一十石，羊一十口。期年服第一等，绢减五十匹，酒、羊同三年服；第二等，绢减五十匹，
酒、羊各减半；第三等，绢减五十匹，酒、羊同第二等。大功服，绢减二十匹，酒、羊各减半。
签书枢密院事同。

迁葬旧自宰相至宣徽使，绢三百匹，酒三十瓶，羊十口。新式：待制以上、三司副使、
御史知杂、直舍人院、侍讲、侍读、崇政殿说书、知谏院、修起居注、三司开封府推判官、中书

检正公事、枢密院检详文字、三院御史、京朝官以上带馆职、殿前马步军都指挥使、副都指挥使，并都虞候、四厢都指挥使及观察使以上，并正任防御、团练、刺史、驸马都尉、中书堂后官、枢密院逐房副承旨以上，迁葬父母，并依父母亡例支赐。

三公仆射薨绢三百匹，米、面八十石，酒三十瓶，羊三十口。新式：太师、太尉、太傅、太保、司徒、司空，绢六百匹，布一百五十匹，香、茶各三十斤，酒各三十瓶，米、面各三十硕，羊三十口。仆射、观文殿大学士，绢减一百匹外，余并同。男女之丧钱百贯，绢百匹，酒十瓶，羊五口。新式：仆射、观文殿大学士三年服，绢二百匹，酒各十瓶，米、面各十硕，羊十口。期年服第一等，绢减五十匹，酒、羊减半；第二等，绢减五十匹，酒、羊同；第三等，绢减二十匹，酒、羊各减二。大功服，绢减二十匹，酒、羊同期服第三等。太师、太尉、太保、司空、司徒亲，新式不载。

东宫三少薨钱五十贯，绢百匹，米、面二十硕，酒五瓶，羊五口。新式：太子太师、太傅、太保，绢五百匹，布一百五十匹，香、茶各三十斤，酒各三十瓶，米、面各三十石，羊三十口。太子少师、少傅、少保，绢减半，酒、米、面、羊各减二十。

三司使、盐铁、度支、户部使卒钱二百贯，绢二百匹，酒二十瓶，羊五口。新式：三司使，绢二百匹，酒各十瓶，米、面各十石，羊十口。尚书、观文殿大学士，资政殿大学士曾任宰臣依观文殿大学士例，翰林学士承旨，翰林、资政殿、端明殿侍读、侍讲，龙图阁、天章阁、宝文阁学士，枢密、龙图阁、天章阁、宝文阁直学士，权知开封府，同。祖父及母、妻、男女之丧钱百贯，绢百匹或五十匹，酒十五瓶或十瓶，羊五口。伯叔兄弟之丧钱五十贯，绢五十匹，酒十瓶，羊五口。新式：三年服，绢一百五十匹，酒各五瓶，米、面各五石，羊五口。期年服第一等，绢减五十匹，酒、羊同；第二等，绢减二十匹，酒、羊各减二；第三等，绢减二十匹，酒、羊同第二等。大功服，绢减二十匹，酒、羊同期服第三等。尚书、观文殿大学士，资政大学士曾任宰臣依观文殿大学士例，翰林学士承旨，翰林、资政殿、端明殿侍读、侍讲，龙图阁、天章阁、宝文阁学士，枢密、龙图阁、天章阁、宝文阁直学士，权知开封府亲，同。

三司副使卒钱百贯，绢百匹，酒十五瓶，羊十口。新式：绢一百匹，酒各五瓶，米、面各五硕，羊五口。太子宾客、给事中、谏议大夫、中书舍人、知制诰、直学士院、（侍）〔待〕制同。兄弟及子妇之丧钱百贯，酒五瓶，羊五口。新式：三年服，绢八十匹，酒各三瓶，羊三口。期年服第一等，绢减二十匹，酒、羊同三年服；第二等，绢减一十匹，酒、羊同第一等；第三等，绢减一十匹，酒、羊各减一。大功服，三司副使不赐，余官绢减一十匹，酒、羊同期服第三等。给事中、谏议大夫、中书舍人、知制诰、直学士院、（侍）〔待〕制亲，同。

判官及判诸司者卒钱百贯，酒五瓶或三瓶，羊五口。新式：绢六十匹，酒各三瓶，羊三口。三司判官、主判官、开封府推判官、中书检正逐房公事、枢密院检详逐房文字、知谏院、修起居注、京朝官以上带馆职、崇政殿说书、侍御史、殿中侍御史、监察御史里行，同。祖母、母、妻之丧或迁葬钱百贯，亦有特加绢五十匹。兄弟、兄弟之妻、姑姊妹、侄之丧钱五十贯。新式：三年服，绢五十匹，酒各三瓶，羊三口。期年服第一等，绢减一十匹，酒、羊各减一；第二等，绢减一十匹，酒、羊同第一等；第三等，绢减一十匹，酒、羊同第二等。开封府推判官、中书检正逐房公事、枢密院检详逐房文字、知谏院、修起居注、京朝官以上带馆职、崇政殿说书、侍御史、殿中侍御史、监察御史里行亲，同。

知开封府卒旧（关）〔阙〕。新式同三司使。

判官、推官卒钱百贯，酒五瓶，羊五口。新式同三司判官。**母、妻之丧或迁葬**钱百贯。**兄弟、姑姊妹之丧**钱五十贯。新式同三司判官亲。

翰林学士、侍读、侍讲、枢密直学士卒钱二百贯，绢百匹，酒二十瓶，羊十口。新式同三司使。**母、妻之丧或迁葬**钱百贯，绢百匹或五十匹，酒十瓶，羊一十口或五口。**男女、兄弟之妻、姑、姊妹、孙、伯叔、伯叔母之丧**钱五十贯，绢五十匹，酒十瓶或五瓶，羊五口。**出嫁女、侄女之丧**钱百贯或五十贯，酒五瓶，羊五口。新式同三司使亲。

尚书丞郎、给谏、舍人、知制诰、待制以上、宗正卿卒绢二百匹，或一百匹加钱百贯，亦有止绢百匹者；米、面二十硕或十五硕，或无之；酒二十瓶或十瓶、五瓶，羊十口或五口。新式：给谏、舍人、知制诰、（侍）〔待〕制同三司副使。**父、母、妻、男之丧或迁葬**钱百贯或五十贯，绢百匹或五十匹，酒十五瓶或十瓶、五瓶，羊一十口或五口。**诸妇之丧**钱百贯，绢五十匹或无绢，酒十瓶或五瓶，羊一十口。**伯叔、伯叔母、兄弟、侄，及姑、姊妹之在室者**钱百贯或五十贯加绢五十匹，亦有止绢百匹者，酒十瓶或五瓶，羊五口或三口。**出嫁者**钱五十贯，酒五瓶，羊五口。新式：给谏、舍人、知制诰、待制亲，同三司副使亲。

御史中丞卒钱百贯，绢二百匹，酒十瓶，羊十口。新式：绢一百五十匹，酒各五瓶，米、面各五硕，羊五口。左右丞、诸行侍郎同。**妻、子、兄弟、侄之丧**钱五十贯，绢五十匹，酒五瓶，羊五口。新式：三年服，绢一百匹，酒各五瓶，米、面各五石，羊五口。期年服第一等，绢减二十匹，酒、羊各减二；第二等，绢减二十匹，酒、羊同第一等；第三等，绢减一十匹，酒、羊同第二等。大功服，绢减一十匹，酒、羊各减一。左右丞、诸行侍郎亲同。

知杂御史卒旧（关）〔阙〕。新式：绢八十匹，酒三瓶，羊三口。龙图阁侍讲、天章阁侍讲、直舍人院、朝官以上兼侍读、中书检正五房公事亲，同。**兄弟之丧**钱五十贯，酒五瓶。新式：三年服，绢六十匹，酒各三瓶，羊三口。期年服第一等，绢减一十匹，酒、羊同三年服；第二等，绢减一十匹，酒、羊各减一；第三等，绢减一十匹，酒、羊同第二等。龙图阁侍讲、天章阁侍讲、直舍人院、朝官以上兼侍读、中书检正五房公事亲，同。

卿监、少卿监卒钱百贯或五十贯，绢百匹或五十匹，米、面各五石，酒五瓶，羊五口。新式：大卿监、少（监）〔卿〕监绢计五十匹，酒各三瓶，羊三口。

朝官直馆阁、集贤或校理、检讨者卒钱百贯，绢百匹，亦有止钱百贯，或别加酒二十瓶，羊十腔。新式同三司判官、主判官。**父、母、妻之丧或迁葬**钱百贯，酒五瓶，羊三口，或不给羊、酒者，亦有给羊、酒而钱止五十贯者。**兄弟、侄、诸妇之丧**钱五十贯，酒二瓶，羊三口。新式同。三司判官、主判官亲同。

任翰林侍书或御书卒钱百贯，或绢五十匹、钱五十贯，酒五瓶，羊十口或五口。新式不赐。

任诸王记室、侍讲、翊善、教授者卒钱百贯，酒五瓶，羊五口或三口。新式不载。母、妻、男、女、伯叔母、兄弟之妻、姊妹、侄诸妇之丧钱百贯或五十贯。迁葬钱百贯或五十贯。新式不载。

京官任三馆校理者卒钱五十贯，酒三瓶，羊三口。新式同。三司判官、主判官同。

任伴读者卒钱五十贯，酒二瓶，羊二口。新式不载。

节度使卒旧阙。新式：绢五百匹，布一百五十匹，香、茶各三十斤，酒各三十瓶，米、面各三十石，羊三十口。母、妻、男之丧钱二百贯，绢二百匹，酒三十瓶或二十瓶，羊二十口，亦有止绢二百匹而加米、面五十石。女及诸妇之丧钱二百贯或百贯，绢百匹，酒二十瓶，羊二十口。兄弟、姑侄及妻父母之丧钱百贯，绢百匹或五十匹，酒十瓶，羊二十口或十口。新式：三年服，绢二百五十匹，酒各一十瓶，米、面各一十石，羊一十口。期年服第一等，绢减五十匹，酒、羊同三年；第二等，绢减五十匹，酒、羊减半；第三等，绢减五十匹，酒、羊同第二等。大功服，绢减二十匹，酒、羊同期服第三等。

两使留后卒旧阙。新式：绢二百五十匹，酒各十瓶，米、面各一十石，羊一十口。观察使同。妻之丧钱百贯，绢五十匹，酒二十瓶，羊十口。新式：三年服，绢一百五十匹，酒各五瓶，米、面各五石，羊五口。期年服第一等，绢减五十匹，酒、羊同三年服；第二等，绢减二十匹，酒、羊各减二；第三等，绢减二十匹，酒、羊同第二等。大功服，绢减二十匹，酒、羊同观察使亲。

观察使卒钱三百贯，绢、布各二百匹，酒五十瓶，羊五十口。新式同留后。祖母、妻、男之丧钱百贯，绢百匹或五十匹，面一十五石或无之，酒三十瓶或五瓶，羊二十口或五口。新式同留后亲。

防御使卒旧阙。新式：绢一百五十匹，酒各五瓶，米、面各五石，羊五口。客省使以上及正任团练使同。父、母、妻之丧或迁葬钱百贯，绢百匹，酒二十瓶或十五瓶，十瓶，羊十五口或十口，面十五石或十石。新式：三年服，绢一百匹，酒各五瓶，米、面各五石，羊五口。期年服第一等，绢减二十匹，酒、羊各减二；第二等，绢减二十匹，酒、羊同第（二）〔一〕等；第三等，绢减二十匹，酒、羊各减一。客省使以上及正任团练使亲同。

团练使卒钱三百贯或百五十贯、百贯，绢二百匹或百五十匹、百匹，酒三十瓶或二十瓶、十瓶，羊三十口或二十口、十口，米、面共二十石或无之。新式同防御使。父母之丧或迁葬钱百五十贯或百贯，绢百五十匹或百匹，酒二十瓶，面十石，羊二十口或十口。妻之丧钱百贯，绢百匹或五十匹，酒二十瓶或十瓶，羊十五口。新式同防御使亲。

刺史卒钱百贯，绢百匹或五十匹，酒十瓶，羊十口。新式：绢一百匹，酒各五瓶，米、面各五石，羊五口。阁门昭宣使以上及诸司使带御器械同。父母之丧或迁葬钱百贯，绢百匹，酒十瓶，羊十口。妻、男之丧钱五十贯，绢五十匹，酒十瓶或五瓶，羊十口或五口。新式：三年服，绢八十匹，酒各三瓶，羊三口。期年服第一等，绢减二十匹，酒、羊同三年服；第二等，绢减一十匹，酒、羊同第一等；第三等，减绢二十匹，酒、羊各减一。阁门昭宣使以上亲同。

　　侍卫殿前都指挥使卒旧阙。新式：绢六百匹，布一百五十匹，香、茶各三十斤，酒各三十瓶，米、面各三十石，羊三十口。副都指挥使亲同。**父母之丧或迁葬**钱二百贯，绢三百匹，米面共五十石，酒三十瓶，羊三十口。**子孙及兄弟之丧**钱二百贯，绢百匹，或止绢三百匹或二百匹，或钱绢百匹，酒三十瓶或二十瓶、十瓶，羊三十口或二十口、十口。新式：三年服，绢三百匹，酒各减二十瓶，米、面各二十石，羊二十口。期年服第一等，绢减五十匹，酒、羊各减半；第二等，绢减五十匹，酒、羊同第一等；第三等，绢减五十匹，酒、羊同第二等。大功服，绢减五十匹，羊、酒同期年服第二等。副都指挥使亲同。

　　副都指挥使卒旧阙。新式同都指挥使。**父、母、妻之丧或迁葬**钱三百贯，绢二百匹，米、面共五十石，酒二十瓶，羊二十口。

　　都虞候卒旧阙。**父母丧**钱三百贯，绢三百匹，面二十石，酒五十瓶，羊二十口。或止钱百贯，绢百匹，酒十瓶，羊十口。**迁葬**钱百贯，绢百匹，酒二十瓶，羊二十口。**妻、子、孙之丧**钱百贯，绢百匹，或止二百贯，酒二十瓶或一十瓶、五瓶，羊二十口或十口、五口。新式同都指挥使亲。

　　殿前左右班都虞候、诸班直都虞候卒新式：殿前侍卫亲军马步军都虞候，绢二百五十匹，酒各一十瓶或五瓶，羊十口或五口。**父、母、妻之丧**钱二百贯或百贯，绢百匹或五十匹，或无之，酒十瓶或五瓶，羊十口或五口。**迁葬**钱百贯，或五十贯而加绢百匹，酒五瓶，羊十口。新式：殿前侍卫亲军马军步军都虞候亲，三年服，绢二百匹，酒各一十瓶，米、面各一十石，羊一十口。期年服第一等，绢减五十匹，酒、羊各减半；第二等，绢减五十匹，酒、羊同第一等；第三等，绢减二十匹，酒、羊各减半。大功服，绢减二十匹，酒、羊同期年服第三等。任防御使以下不赐。

　　指挥使卒钱五十贯，酒五瓶，羊五口。新式：（俸）〔捧〕日天武龙神卫四厢都指挥使，绢二百匹，酒各一十瓶，米、面各一十石，羊一十口。**父母之丧及迁葬**钱五十贯，或三十贯而加绢二十匹，酒六瓶或五瓶，羊计五口或无之。**祖父母之丧**钱五十贯或三十贯，绢二十匹。**妻丧**钱三十贯，绢二十匹或无之，酒五瓶或三瓶。新式：（俸）〔捧〕日天武龙神卫四厢都指挥使亲，三年服，绢一百五十匹，酒各五瓶，米、面各五石，羊五口。期年服第一等，绢减五十匹，酒、羊同三年服；第二等，绢减二十匹，酒、羊各减二；第三等，绢二十匹，酒、羊同第二等。

　　诸军厢都指挥使卒钱二百贯，绢百匹，酒二十瓶，羊十口。新式：厢都指挥使绢二百匹，酒各一十瓶，羊一十口。**父、母、妻之丧及迁葬**钱百贯，绢百匹，亦有止百贯者，酒三十瓶或十瓶，羊十口。新式：厢都指挥使父母，绢一百五十匹，酒各五瓶，羊五口；妻，绢减五十匹，酒、羊同父母丧。

　　军都指挥使卒钱百贯或五十贯，绢百匹或五十匹，酒十瓶或五瓶，羊十口或五口。新式：绢七十匹，酒各三瓶，羊三口。**父、母、妻之丧及迁葬**钱百贯，酒十瓶或五瓶，羊十口或无之。新式：父母，绢五十匹，酒各二瓶，羊二口；妻，绢减一十匹，酒、羊同父母丧。

都虞候卒及父母丧钱五十贯，酒五瓶，羊五口。新式：殿前指挥都虞候，绢一百五十匹，酒各五瓶，羊五口；诸班直都虞候，绢减九十匹，酒、羊各减二；诸军都虞候、诸班直指挥使，绢减半，酒、羊同；钩容直指挥使，绢减五匹；殿前指挥使都知，绢减十匹，酒、羊同。**迁葬**钱五十贯或三十贯。**妻丧**钱五十贯或二十贯，酒三瓶或无之。新式：殿前指挥使都虞候父母，绢六十匹，酒各三瓶，羊二口；妻，绢减一十匹，酒、羊同。军都指挥使父母，绢五十匹，酒、羊同；妻，绢减一十匹，酒、羊同。诸班直都虞候父母，绢减一十五匹，酒、羊同；妻，绢减一十五匹，酒、羊同。诸军都虞候、诸班直指挥使父母，减绢五匹，酒、羊同；妻、减绢一十匹，酒、羊同。钩容直指挥使父母，绢、酒、羊同诸班直指挥使；妻，绢减五匹。

御前忠佐马步都军头卒钱百贯，绢百匹，酒十瓶，羊十口或五口。在见任者钱或百五十贯，绢或百五十匹，亦有止五十贯、五十匹者。新式：绢八十匹，酒各三瓶，羊各三口。**父、母、妻之丧及迁葬**钱五十贯，绢五十匹，酒十瓶或六瓶，羊十口或五口，或无之。新式：父母，绢七十匹，酒各三瓶，羊三口；妻，绢六十匹，酒各二瓶，羊二口。

副都军头卒钱百贯，酒五瓶，羊五口，亦有钱五十贯、绢五十匹、酒八瓶、羊七口者。新式：绢三十匹，酒各二瓶，羊二口。马军步军都军头、副都军头同。**父、母、妻之丧及迁葬**钱五十贯，酒五瓶，羊五口。新式：父母，绢二十五匹，酒各二瓶，羊二口；妻，绢减一十匹，酒、羊同。马军步军都军头、副都军（副）〔头〕亲同。

马军或步军都军头、副都军头卒新式同副都军头。**父丧或母丧或迁葬**钱五十贯，绢五十匹，亦有止钱百贯，或止钱五十贯，或绢五十匹，酒十瓶或五瓶，羊五口。副都军头亦有止钱三十贯。**妻丧**钱三十贯，酒五瓶或三瓶，羊三口。新式同副都军头亲。

诸卫上将军卒钱百贯，绢百匹，或止绢二百匹，米、面二十石或无之，酒十瓶，羊十口。新式不载。

大将军卒钱百贯，或五十贯，绢百匹或五十匹，酒五瓶，羊五口，亦有加米、面共二十石者。新式：诸卫大将军、客省、引进、阁门副使、诸司副使、带御器械，绢八十匹，酒各三瓶，羊三口。**妻丧**钱百贯，酒六瓶，羊五口。新式不载。

将军卒钱五十贯，绢五十匹，或止钱一百贯，酒十瓶或五瓶，羊十口。新式：诸卫将军带遥郡，绢五十匹，酒各三瓶，羊三口。

横班诸使卒钱百贯，绢百匹或五十匹，米、面共二十石或无之，酒二十瓶，羊十口。**母、妻卒及迁葬**钱百贯或五十贯，绢五十匹，酒十瓶，羊五口。

副使卒钱百贯，绢五十匹，酒五瓶，羊五口。**母、妻、女之丧**钱百贯或五十贯，亦有加绢五十匹者，酒十瓶或五瓶，羊十口或三口。

东西班诸司副使、通事舍人卒钱百贯或五十贯，绢百匹或五十匹，亦有止钱三百贯或百贯者，酒十瓶，羊十口或五口，亦有止绢百匹，而米、面共二十石。**妇之丧**钱百贯或五十贯，绢五十匹，或止钱百贯或五十贯，酒五瓶，羊五口。**迁葬**钱五十贯，绢五十匹，或止钱百贯，亦有止五十贯者，酒十瓶或五瓶，羊十口或五口。

内殿承制、崇班及阁门祗候卒钱五十贯，绢五十匹，或止钱百贯，酒四瓶，羊五口。**父母丧及迁葬**钱五十贯，绢五瓶，羊三口。**妻丧**钱三十贯，酒五瓶，羊三口。新式：五路沿边及广南、川峡亲民以上在任者，诸司副使以上知府州，依旧例；知州军、路分总管、钤辖、都监、安抚副使、诸司使副，绢八十匹，酒各三瓶，羊三口；内殿承制、崇班，绢减三十匹，酒、羊同；逐州军总管、钤辖、知城寨主、都监、军使、同管勾安抚司公事、都同巡检使、都巡检、巡检，内该说未尽差遣系亲民者，同诸司使副，绢加一十匹，酒、羊同；内殿承制、崇班，绢减二十匹，酒、羊各减一。其诸司使副、客省、引进、阁门副使、五路沿边及广南、川峡亲民以上在任者，诸司副使以上知府州，依旧例。父母，绢减十匹，酒、羊同。

入内都知、副都知、押班卒新式：入内内侍省内侍省都都知，入内内侍省都都知、都知、副都知，绢六百匹，布一百五十匹，香、茶各三十斤，酒各三十瓶，米、面各三十石，羊三十口。押班，绢减三百匹，布减五十匹，羊、茶、酒、米、面各减一十。供奉官、殿头，绢四十匹，酒各二瓶，羊二口。高品、高班，绢减一十匹，酒、羊同。黄门，绢二十五匹。祗候殿头、祗候高品、祗候高班、内品、祗候内品，绢七匹。祗候小院品、贴祗候内品、云韶部内品、入内内品、把门内品、后苑散内品、北班内品，绢三匹。内侍省内侍左右班都知、左班都知、右班都知、左班副都知、右班副都知，绢三百匹，布一百匹，香、茶各二十斤，酒各二十瓶，米、面各二十石，羊二十口。押班，绢减半，酒各五瓶，米、面各五石，羊五口。供奉官、殿头，绢四十匹，酒各二瓶，羊二口。高品、高班，绢一十匹，酒、羊同。黄门，绢减五匹。高品、祗候高班、内品、祗候内品，绢三匹。贴祗候内品、内品、后苑内品、勾当事内品、北班内品、散内品、后苑散内品，绢二匹。**祖父母丧**钱百五十贯或百贯，绢百五十匹或百匹，或五十匹，酒二十瓶，羊十口。**迁（丧）〔葬〕**钱百贯，绢百匹，酒二十瓶。**妻丧**钱百贯，绢五十匹，酒十瓶，羊五口。新式：入内内侍省内侍省都都知，入内内侍省都都知、副都知亲属，三年服，绢加二百匹，酒各一十瓶，米、面各一十硕，羊一十口。期年服第一等，绢减五十匹，酒、羊各减半；第二等，绢五十匹，酒、羊同；第三等，绢减二十匹，酒、羊各减二。押班三年服，绢加二十匹，酒各二瓶，米、面各五石，羊加二口。期年第一等，绢减二十匹，酒、羊各减二；第二等，绢减二十匹，酒、羊同；第三等，绢减一十匹，酒、羊同。内侍省内侍左右班都知、〔左班都知〕、右班都知、左班副都知、右班副都知，三年服，绢加五十匹，酒各加二瓶，米、面各加五硕，羊加二口。期年服第一等，绢减二十匹，酒、羊各减一；第二等，绢减二十匹，酒、羊同；第三等，绢减一十匹，酒、羊同。押班，三年服，绢加三十匹，酒、羊同。期年服第一等，绢减二十匹，酒、羊同；第二等，绢减一十匹，酒、羊同；第三等，绢减一十匹，酒、羊各减一。

枢密院都承旨卒旧阙。新式：绢一百五十匹，酒各五瓶，米、面各五石，羊五口。**弟、侄丧**钱五十贯，绢五十匹，酒十瓶，羊五口，或止钱百贯。新式：三年服，绢一百匹，酒各五瓶，米、面各五石，羊五口。期年服第一等，绢减二十匹，酒、羊各减二；第二等，绢减二十匹，余同；第三等，绢减一十匹外，余同。

副承旨卒钱五十贯，绢五十匹，酒五瓶，羊五口。新式：承旨、副都承旨，绢一百匹，酒各五瓶，米、面各五石，羊五口。副承旨、诸房副承旨，绢减二十匹，酒、羊各减二。逐房副承旨，绢减一十匹，余同。主事令史并守阙，绢一十五匹。书令史，绢五匹。又中书提点五房公事、堂后官（廉）〔兼〕提点五房公事，绢六十匹，酒各三瓶，羊三口。堂后官减半，酒、羊各减一。（至）〔主〕事，绢一十五匹。妻丧及迁葬钱五十贯，酒五瓶，羊三口。新式：承旨、副都承旨亲属，三年服，绢八十匹，酒各三瓶，羊三口。第二等，绢四十匹，酒各二瓶，羊二口；第三等，绢三十匹，酒各二瓶，羊二口。副承旨、诸房副承旨，三年服，绢六十匹，酒各三瓶，羊三口。期年服第一等，绢四十匹，酒各二瓶，羊二口；第二等，绢三十匹，酒各二瓶，羊二口；第三等，绢二十匹，酒各二瓶，羊二口。逐房副承旨父母，绢二十匹，酒各二瓶，羊二口。又中书提点五房公事、堂后官兼提点五房公事父母，绢五十匹，酒各三瓶，羊三口。堂后官父母，绢二十匹，酒各二瓶，羊二口。

司天监判监卒钱百贯，绢五十匹或无之，酒八瓶或五瓶，羊五口。新式：判监绢六十匹，酒各三瓶，羊三口。管勾本监公事，绢减二十匹，酒、羊各减一。妻丧或迁葬钱三十贯，绢三十匹，酒五瓶，羊三口。新式：判监父母，绢四十匹，酒各二瓶，羊二口；妻，绢减二十匹。管勾本监公事父母，绢二十匹，酒、羊同判监父母；妻，绢一十匹。

五官正卒钱五十贯，酒五瓶，羊三口，或止钱五十贯。新式：绢一十五匹。殿中丞、太子洗马同。父、母、妻丧钱一十贯。新式：父、母绢一十五匹，妻绢七匹。殿中丞、太子洗马亲同。

翰林医官使、副使卒钱五十贯，绢五十匹，或止钱百贯，酒十瓶，羊五口。新式：医官使绢五十匹，酒各三瓶，羊三口。医官副使绢减一十匹，酒、羊各减一。医官使父母，绢减十匹，酒、羊同。迁葬钱百贯。

尚药奉御及医官卒钱五十贯，酒五瓶，羊五口或无之。新式不载。

天文官卒钱五十贯，酒三瓶，羊三口或无之。新式：天文官绢二十匹，酒各二瓶，羊二口。节级、监生、学生，绢三匹。测验浑仪所尝勾测验浑仪，绢一十匹，酒各二瓶，羊二口。天文官父母，绢一十匹；妻，绢七匹。节级、监生、学生父母，绢二匹。

书琴棋待诏卒钱三十贯，绢二十匹，或止钱五十贯。新式：图画院待诏，绢一十五匹。艺学，绢五匹。祗候学生、守阙学生，绢三匹。御书院、学士院书待诏，绢二十匹，酒各二瓶，羊三口。诸色待诏、书艺，绢一十匹。诸色艺学、御书祗候，绢七匹。诸色祗候，绢五匹。玉册官、系笔祗候、诸色祗应、镌字祗应，绢三匹。父母、妻、兄弟之丧钱二十贯或十五贯。新式：图画院待诏父母，绢五匹。艺学父母，绢三匹。御书院、学士院书待诏父母，绢一十五匹。诸色待诏、书艺父母，绢七匹。诸色艺学、御书祗候父母，绢五匹。诸色祗候父母，绢三匹。玉册官、系笔祗候、诸色祗应、（俊）〔镌〕字祗应父母，绢二匹。

教坊使、副使卒钱五十贯，绢五十匹，酒五瓶，羊五口。新式：使，绢八十匹，酒各三瓶，羊三口。副使，绢减三十匹，酒、羊同。

色长卒钱三十贯。新式不载。

公主男女之丧钱二百贯，绢百匹，酒二十瓶或十瓶，羊十口。妇丧钱百贯，绢百匹，酒十瓶，羊十口。

郡主县主男女之丧钱百贯，绢五十匹，酒十瓶，羊五口。新式：大长公主、长公主、公主出降亲三年服，舅、姑、夫，绢三百五十匹，烛各二十条，香、茶各二十斤，酒各二十瓶，羊二十口。期年服第一等，子长子三年服并女在室同，绢减一百匹，酒、羊各减半；第二等，夫之兄弟之〔子〕女子同，绢减五十匹，酒、羊同第一等。大功服，夫之祖父母，夫之伯叔父母，夫兄弟子之妇，夫兄弟女适人者，庶孙、嫡孙、曾孙、玄孙，并期年服及嫡孙、曾孙、玄孙长殇、中殇同，孙女在室者，夫兄弟之子长殇、中殇、女子同，子长殇、中殇、女子同，子之妇嫡妇期年服同，女适人者，绢减三十匹，酒、羊同第二等。小功服，外祖父母、舅、从母、姊妹之子女子同，庶母慈己者，庶母之乳养己者，子之下殇女（之）〔子〕同，嫡孙之下殇、庶孙之长殇男女同，夫兄弟之子下殇女子同，夫之叔父长殇，夫兄弟之孙，夫从父兄弟之子孙、女适人者，夫之姑姊、娣姒、妯娌，夫之兄弟、嫡孙之妇，绢减二十匹，酒、羊各减半。

驸马都尉伯叔、伯叔母、姑姊妹、兄弟之妻、侄女之丧钱百贯，绢百匹，酒十瓶，羊五口。

乳母丧钱百贯，绢二百匹，酒三十瓶，羊十口。新式：三年服，绢三百五十匹，烛各二十条，香、茶各二十斤，酒各二十瓶，羊二十口。期年服第一等，绢、酒各减半，羊五口；第二等，绢减三十匹，酒、羊同第一等；第三等，绢减二十匹，酒、羊同第二等。大功服，绢减二十匹，酒、羊各减二。任防御使以下不赐。

宗室期年使相以上银二千五百两，绢二千五百匹。节度使以上各减一千。观察使以上绢二千匹，正任刺史以上减五百。妇减一千，所生母减二百，出适女减五十，室女减一百，女夫减五十，乳母减二十。大功使相以上银一千五百两，绢一千五百匹。节度使以上各减五百。观察使以上绢一千五百匹，正任刺史以上减三百，率府副率以上减五百。妇减三百，所生母减一百五十，出适女减五十，室女减一百，女夫减四十，乳母减一十。曾孙缌麻使相（卒）〔以〕上银一千两，绢一千匹，节度使以上各减二百五十匹。观察使以上绢一千二百匹，正任刺史以上减二百匹，率府副率以上减四百匹，所生母减一百三十匹，出适女、室女、女夫、乳母递减一十匹。玄孙缌麻观察使以上绢八百匹。正任刺史以上减一百匹，率府副率以上减四百五十。妇减一百七十匹，所生母减四十匹，乳母减二十匹。袒免男绢六十匹。出适女减二十匹，室女减二十，男所生母、妇增一十匹。非袒免男绢三十匹。出适女减一十，室女、男所生母、妇，绢一十匹。应赙赠年十一以上即支，知、判大宗正事者加三百。系银绢者中支，未赴朝者减半。其正任刺史以上，浇奠、不浇奠并依赙赠支。内卑属三分支二分，宗妇浇奠加一倍，女出家入道依出适例。1—12，p1691—1698

检校少保、镇东军节度使、开府仪同三司蔡卞七年三月，赙赠外赐银绢各一千两。前礼部尚书姚祐四月，吏部尚书张克公奏："祐丁母忧，家贫无以营办，乞依冯熙载、王黼例，下两浙运司应副葬事。仍添差男芹两浙运司，往来照顾。"诏依冯熙载例，特赐绢四百匹，并应副白直人兵。17，p1702

凡文武臣僚及宗室、公主、（附）〔驸〕马都尉与其亲属薨卒，皆赗赠，旧书格目载之已详。建炎有诏，应孝赠并权住支，今所载者特恩焉。详见《杂录》。18，p1703

尚书右仆射、同中书门下平章事、兼知枢密院事朱胜非四月，母鲁国太夫人杨氏特依格支赗赠。先是，入内内侍省言："依《格》：'在京臣僚亲属薨卒，宰臣三年服父母绢五百匹，酒六十瓶，米三十石，麦十五石，钱三十贯。'"缘有建炎二年二月十九日诏权住支，故特有是命。19，p1703

金部员外郎吴并三月，诏依屯田员外郎汪廷直例，各赐其家银一百两。以纯等三人同时身故，户部尚书章谊言其家贫，无以营办丧事，援例陈乞故也。20，p1704

资政殿学士、左中大夫、提举临安府洞霄宫颜岐十二年八月，特依格支给赗赠。以岐尝任元帅府参议官，历尚书左丞、门下侍郎故也。中书舍人王铢三月，赐其家银、绢各一百五十四两。徽猷阁待制致士尹焞十一月，诏令绍兴府支赗赠钱三百贯。左朝请郎、荆湖北路提刑刘冠八月，诏与比附通判以上因干办公事致死例，特赐其家银五百两。以冠奉旨差往鄂州推勘公事毕，巡历本路州县，在路身亡故也。21，p1704—1705

文武臣及其亲属亡，合赗赠品秩、数目，见《乾道重修格》。今所书给赐者，皆出特恩。22—23，p1705

宋会要辑稿·礼四四·赗赠·赗赠杂录

太祖建隆元年十月十四日，诏："应扬州城下役夫内，有死于矢石者，人给绢三匹，仍复其家三年，长吏倍加安抚。尸骸暴露者，仍令使臣收瘗。"24，p1706

乾道三年五月八日，诏："诸军校疾殁者，比各赐物，有绝嗣及孤幼不能申请者，自今命内臣就家赐之。"同上。24，p1706

〔景德四年〕九月十一日，翰林学士晁迥等言："奉敕与龙图阁待制戚纶议定鸿胪寺赗赠条件。今请应职官丧亡赐赗赠，五品以上，内侍省于学士院请诏书，差官押赐；六品已下，差官传宣押赐。臣僚薨亡，如无恩旨敕葬及五服内亲丧及迁葬合有赗赠者，下鸿胪寺检会体例，牒报内侍省取旨。"从之。24—25，p1706

【景德四年】十一月二十九日，入内内侍省言："今后支赐赗赠，未委依近诏内侍省差官押赐，为复依旧当省差使宣赐。"诏晁迥等覆加详定。迥等上言："近翰林学士李宗谔妹亡，入内内侍省虽引景德元年翰林学士宋白弟亡例为言，终以无正例不行。今请应五服内亲丧亡而无正例者，委鸿胪寺移牒礼院，比类服纪远近奏取旨；其无例及在外亡殁者，更申中书门下。昨定五品以上诏书押赐，六品以下传宣押赐，今请除五品以上官正身丧亡即降诏书，自余亲丧亦止传宣。仍并委入内内侍省施行。"从之。仍诏会同鸿胪寺、太常礼院，俱不得过二日。25，p1706

大中祥符九年十二月五日，入内内侍省言："得鸿胪寺牒，取索景德四年十一月以后赙赠则例。伏缘当省每有赐赍，即旋取旨，今如尽以为例，授之有司，窃虑非便。望下本寺，如合有给赐者，止具官位报当省取裁。"从之。25，p1707

仁宗庆历二年七月九日，诏："自今阵亡军校无子孙者，赐其家钱：指挥使七万，副指挥使六万，军使、都头、副兵马使、副都头五万。"25—26，p1707

治平四年四月二十七日，_{神宗即位，未改元。}枢密院言："诸司使副至内殿崇班外任与在路身亡，及诸司使副父母亡合该孝赠，自来札下入内内侍省差使臣取索宣赐。缘逐官未到京，或外处居住者，支赐未得。今后请依孝赠则例，在京亡者入内内侍省宣赐，余下本任见在处支赐。"从之。26，p1707

【熙宁四年】二月十七日，中书门下言："臣僚有亲戚之丧，除二府外合给式假者，听依条在假，申御史台，令御史台奏知。仍勘会合支孝赠施行。"从之。26，p1707

【熙宁七年】十二月十八日，诏颁新式：诸一丧两人以上各该支赐孝赠，只就数多者给；官与职各该赙赠者，从多给；差遣权并同权发遣，并与正同。_{时暂权者不赐。}诸两府、使相、宣徽使并前任宰臣，问疾或浇奠已赐，不愿敕葬者，并宗室不经浇奠支赐，虽不系敕葬，并支赙赠。余但经问疾或浇奠支赐或敕葬者，更不支赙赠。前两府如浇奠只支赙赠，仍加绢一百，布一百，羊、酒、米、面各一十。诸支赐孝赠，在京羊每口支钱一贯，以折第二等绢充，每匹折钱一贯三百文，余支本色。_{茶、酒、香、烛依式内色额，银版锭、杂白绢折第二等布，川路白熟好米、上色白糠米，每石折支次色小麦五斗，龙脑以次色第一等充。}在外米支白糠米，面每石支小麦五斗，_{如无本色，以本处合支色额充。}酒支细色。_{余依价钱。绢每匹一贯三百文，布每匹九百文，羊每口一贯三百文，龙脑每斤七十六贯，香每斤四百，秉烛每条四百文，常料烛每条一百五十文，茶每斤五百文。}诸文臣卿监以上，武臣原系诸司使以上，分司、致仕身亡者，其赙赠并依见任官三分中给二，限百日内经所在官司投状，召命官保关申，限外不给。待制、观察使以上更不召保。26—27，p1707

元丰二年四月七日，诏："昨安南从军士卒因病寄留后不知存亡者，除籍给赙。"从广西经略司请也。27，p1707

【元丰五年】十一月十一日，诏："鄜延路没于王事、有家属见今在本路欲归乡者，给赙外，其大使臣以上更支行李钱百千，小使臣五十千，差使、殿侍三十千。其余比类支给。"27，p1707

哲宗元祐四年七月十二日，诏："内外文武官及宗室、内侍官应支赐赙赠，绢、布、米、麦、钱、羊并四分减一，应官员丁忧亡殁，令式无赙赠者，不得引旧例陈乞，所属亦不得奏请。"从户部之请也。27，p1707

徽宗宣和三年二月二十八日，〔诏〕："两浙、江东遇贼及防托守御去处，所差人兵、弓手等，如因战斗亡殁，仰监司、守臣疾速审实，依条支给孝赠。"27，p1708

【宣和三年】十月二十日，诏："王羲仲已赠徽猷阁待制，所有致仕及遗表恩泽、赙赠、应副葬事、借官屋居住等，依昨朝奉郎、将作监陈奇体例施行。"27，p1708

钦宗靖康元年五月九日，制："应殁于王事使臣、将校、命官等，各特赐与赠恤，其子孙等并与推恩。未给孝赠者，仰所属疾速支给。"27，p1708

【高宗建炎三年】二月十九日，诏："除行在一行官吏、军兵等日支食料等许行支给（付）〔外〕，其余应干公使、花果、房卧、生（白）〔日〕、身亡孝赠钱物，并权住支。"从户部尚书叶梦得之请也。28。P1708

【绍兴十　年】九月九日，诏．"诸宗室环卫官身亡，缌麻亲支钱三百贯，袒免亲支钱二百贯，其余不系环卫宗室，即不许援例。"28，p1708

宋会要辑稿·礼四五·宴享

淳化四年二月二十二日，诏："自今后宴文武常参官，其三馆、秘阁直官未常参官并令预会。"3，p1713

【淳化四年】十一月二十六日，诏："诸州屯兵将校旬设外，宜令州长吏州市牛酒宴犒设，务令丰饫，下至小校，皆沾及之。"3，p1714

【真宗咸平四年】三月二十九日，诏："内宴更衣，臣僚无得先退，须宴罢谢恩讫齐出。如违，委外弹奏。"先是，御史台言："内宴更衣，

百官有迳归及过从于外者，臣等已于春宴前严行戒励，请降敕处分。"故有是诏。4，p1714—1715

【大中祥符元年】十二月二十六日，诏："军校赴宴，并令终宴。营在城外者，如至夕，遣内侍持钥往诸门，俟尽出阖扉入钥，著为定式。"6，p1718

【政和五年】九月十二日，殿中省言："东上阁门奏，今月八日集英殿宴，教坊未喝酒遍，有尚醞奉御李弼不合赴揭盏位失仪。检会《政和殿中省通用敕》①：'诸应奉失设若稽缓者谓如应进酒食而不即进、当撤馔而不即撤之类。杖八十。'契勘李弼自来未曾经历亲近差遣，窃虑别致阙误。"诏依法赎罚讫，对换司圆奉御。16，p1730

宋会要辑稿·礼四五·宴享

【高宗绍兴十三年】五月十一日，阁门言："修立到《集英殿宴仪注》：是日，宰臣以下并应合赴宴文武百僚并分东西入殿庭，相向立定。知阁门官已下，并在内监临、祗应武功大夫已下，主管锺鼓院官、枢密院诸房逐房副承旨、逐位酒食使臣、左右军巡使，于集英殿下北向立定。先需云殿，入内省官喝排立。皇帝需云殿驻辇，内侍鸣鞭，鸣鞭讫归本班起居。本殿排立亲从迎驾，自赞常起居，先读奏目。知阁门官、当祗应舍人，并簿书官、提点承受使臣、翰林司官一班；翰林司官公服、系鞋，余并履笏。次内侍都知已下并带御器械官一班；带御器械窄衣，（并余）〔余并〕公服、系鞋。次管军并新旧城里巡检、四厢都指挥使以上，逐班常起居。次殿前左右班排立亲从并迎驾起居，阁门附内侍进班齐牌。皇帝集英殿坐，殿前指挥使鸣鞭，排立行门禁卫诸班直、亲从、托食天武东西班等迎驾，自赞常起居。舍人赞锺鼓院掔（壺）〔壶〕正已下迎驾，四拜起居。次知阁门官已下并在内监临、祗应武功大夫已下，主管锺鼓院官、枢密院诸房逐房副承旨、逐位酒食使臣、左右军巡使一班，履笏通班常起居。通唤知阁门官，用东阶并殿西南立，当祗应官各归殿上下侍立位，左右军巡使履笏起居讫分出，系鞋执杖子东西侍立，余非应奉官分出。次通唤知阁门官于折槛东西向立，宣赞舍人当殿躬通文武百僚宰臣已下谢宣召赴宴。知阁门官称通事，舍人应喏直身，通宰臣已下到。知阁门官称唤通讫，归上侍立位，舍人虚揖引班。舍人揖躬，舍人直身称

唤讫，宰臣已下应（诺）〔喏〕斗直身，立宣赞舍人少南面东折，方揖讫，自班后过归侍立位。舍人分引宰臣已下横行，知阁门官赞大起居讫，舍人引班首出班，俛伏，跪，致词讫，俛伏，兴，归位。五拜，赞各就坐，两拜，赞就座。舍人分引殿上官升殿，席前立，朵殿、两廊官席后立。次教坊使已下通班大起居，次看盏人稍前，两拜讫，赞上殿祗候，分立两陛，俟进酒分上殿祗应。进御茶床，次殿侍酹酒讫，舍人赞天武门外祗候，应喏绝。知阁门官当御前躬奏宰臣已下进酒，引宰臣已下横行进酒。赐酒，八拜就座，并如仪。酒三行，入内省官喝赐酒食。先管军谢酒食，两拜。次知阁门官已下，并在内监临、祗应武功大夫已下，主管锺鼓院官、枢密院诸房逐房副承旨、逐位酒食使臣等，内侍都知已下，带御器械官，依合应奉官斗班谢酒食，两拜讫，各归侍立祗应位。次教坊作语揖臣僚，立席后。作语讫，两拜。至第一段杂剧出，阁门奏再坐时刻。放队毕，举御茶床，皇帝降坐，鸣鞭。宰臣已下退，便戴花讫。前二刻催班立定，阁门附内侍进班齐牌。皇帝需云殿驻辇，内侍都知已下、带御器械（言）〔官〕迎驾奏万福，舍人赞谢花，两拜。次殿前左右班亲从迎驾奏万福，自赞谢花，两拜。皇帝集英殿坐，殿前指挥使鸣鞭，排立行门禁卫诸班亲从、托食天武东西班等，并锺鼓院挈壶正已下迎驾奏万福，自赞谢花，两拜。次知阁门官已下并在内监临、祗应武功大夫已下，主管锺鼓院官、枢密院诸房逐房副承旨、逐位酒食使臣、左右军巡使一班。大班新立，宣名奏万福讫，各归侍立祗应位。知阁门官奏实赴坐札子，次宰臣已下宣名奏万福，谢花，两拜，赞就坐，分升席后立。次管军一班宣名奏万福，谢花，两拜。次知阁门官已下并在内监临、祗应武功大夫已下，主管锺鼓院官、枢密院诸房逐房副承旨、逐位酒食使臣、左右军巡使、门班谢花，两拜。次教坊奏万福，自赞谢花，两拜。进御茶床，赞就坐。第一盏毕，宣示盏，逐次宣劝，各两拜。至角抵官入，舍人通旗鼓节级等两拜。宴毕，举御茶床，引宰臣已下降阶横行，五拜分出。次教坊谢祗应恩，各两拜。殿上入内省官喝赐茶酒，先教坊，次知阁门官已下，内侍都知已下、带御器械官、主管锺鼓院官，在内监临、祗应武功大夫已下，枢密院诸房逐房副承旨，逐位酒（长）〔食〕使臣等斗班，次排立行门禁卫诸班亲从、托食天武东西班、诸司应奉人等谢茶酒，逐班各两拜。谢讫，殿上知阁门官侧奏无事，弱奏。知阁门官不谢茶酒。皇帝起，鸣鞭。”从之。17—18，p1731—1732

宋会要辑稿·礼四五·杂宴·宴饯

宴饯之仪，太祖、太宗朝，藩镇牧伯沿五代旧制，入觐及被召、使回，客省赍签赐酒食，节度使十日，留后七日，观察使五日。代还，节度使五日，留后三日，观察使一日，防御使、团练使、刺史并赐生料。节度使以私故到阙下，及步军都虞（侯）〔候〕以上出使回者，亦赐酒食、熟羊。群臣出使回朝，见日，面赐酒食。中书、枢密、宣徽使、使相，并枢密使伴；三司使、学士、东宫三师、仆射、御史大夫、节度使，并宣徽使伴；两省五品已上、侍御史中丞、三司副使、东宫三少、尚书丞郎、卿监、上将军、留后、观察、防御、团练使、刺史、宣庆、宣政、昭宣使，并客省使伴；少卿监、大将军、诸司使以下任发运、转运、提点刑狱、知军州、通判、都监、巡检回者即赐，并通事舍人伴；客省、引进、四方馆、阁门使，并本厅就食。群臣贺，赐衣；奉慰，并特赐茶酒或赐食；外任遣人进奉，亦赐酒食或生料。自十月一日后尽正月，每五日起居，百官皆赐茶酒，诸军分校三日一赐。冬至、二社、重阳、寒食，枢密近臣、禁军大校或赐宴其第及府署中，率以为常。40，p1756

大中祥符五年，诏："自今两省五品、尚书省四品、诸司三品以上官，同列出使，并许醵钱饯饮，仍休假一日。余官有亲属僚友出行，任以休务日饯送。"故事：枢密、节度使、使相还朝，咸赐宴于外苑。见、辞日，长春殿赐酒五行，仍设食，当直翰林、龙图阁学士以上、皇亲观察使预坐。40，p1756

宋会要辑稿·礼四六·乡饮酒礼

高宗绍兴十三年四月六日，礼部言："比部郎中林保奏请，乞将所具《修定乡饮酒矩范仪制》①，乞遍下郡国。本部寻行下明州取索昨讨论已行仪制，与林保所具规式参酌修具如右，望镂版颁行。"从之。

主，州以郡守，县以县令，位于东南。宾，择乡里、寄居年德高及致仕者为之，位于西北。僎，州以通判，县以丞或簿，位于东北。介，以次长，位于西南。三宾，以宾之次者为之，位于宾、主、介、僎之后。又设郡僚之位，东西相乡。其余仕与未仕者，皆以齿序位于两廊。司正。以众

----

① 此法律名称有二，全称应是此名，简称为《乡饮酒仪式》。

所准服者为之。相及赞。以士之熟于礼仪者为之。

先一日，设罇罍爵洗，各如奠谒之仪。又于庠序之廊设主并介、僎、三宾之次。又设席于堂下，凡乡之仕与未仕者，以齿序立。又设席于庠门之外，自堂下各以序行立于庠门外之席。质明，主人率宾以下，先释菜于先圣先师，退各就次，以俟肃宾。

肃宾：宾、主以下各就次，候鸣鼓，相者引宾、介以下序立于庠门之外，北面东上。相者引主人出次，僎从至庠门外，速宾及介少前。主人立于门左，西乡；宾、介进立于门右，东乡。赞者立于中，唱曰主人拜，宾、介以下答拜；主人揖，宾、介以下皆揖。主人先入门左，僎从。宾揖，介亦入门右，介揖，众宾皆入门右，赞者先之，相次之。

序宾：主人与众宾三揖，仪门一揖，殿庙一揖，将下阶一揖。皆赞者唱之。至堂下，升阶，三逊，主人先升阼阶，僎从。立楣下。宾趋升西阶，介从。三宾亦升自西阶，并立楣下，各南面。司正亦升自西阶，立于西阶之上，东乡。教授升自东庑，立于东阶之上，西向。郡僚分立两庑。宾东西相乡，立于堂下。赞者唱曰宾主以下皆再拜，祭酒。拜讫，相者引主人诣罍洗所盥手，洗爵，诣尊所酌酒，如释奠仪。僎从。复至阼阶，祭酒、尝酒也。奠爵讫。

主献：相者少立，引主人再诣罍洗所洗觯，饮宾觯也。至河尊所酌酒实觯，授执事者，至宾席前西北乡立，执事者分立。直觯者立主人之左，直脯醢者立于右。次引宾自西阶趋就席，主人跪左，执觯饮宾，宾拜，一拜。跪受饮醮，主人答拜。拜先兴，执事者右荐脯醢，宾受讫，兴。主人退就席立，僎亦就席立。

宾酬：相者引宾诣罍洗如主人仪，至主人席前，东南乡，执觯饮主人。主人拜，跪受饮醮、脯醢，宾答拜如主献仪。

主人酬介：相者引主人再诣洗所，洗觯、饮介觯也。酌酒如前仪，至介席前。次引介自西阶趋就席，主人饮介如宾仪。主人复退就席位。

介酬众宾：相者引介诣洗所如宾仪，介洗三觯，饮三宾也。至众宾之长席前，相者引众宾之长自西阶趋就介席，跪劝如宾仪。众宾之长跪受立饮，复位。次引次宾一人至席前，饮如前仪，退。又引次宾一人至席前，介饮亦如之。并复位讫，介至堂下，迎揖众宾就席，主人就席，僎从；次宾就席，介从；次三宾、教授、司正各就席，次郡僚就席，次众宾各就席。并相者引之。赞、相及执事者各就席，在堂上者升，在西庑者各就位。修爵无算，宾主以下坐讫，酒三行。每酒一行，主人揖宾及介，介揖众宾，并礼生唱之。

沃洗：卒饮，赞者诣主人席前唱曰：请主人沃洗。相者捧觯，请主人酌酒。相者捧觯诣洗所跪，直洗者亦跪受，立饮讫，各就位扬觯。赞者诣席前唱曰：主人以下皆执筹。次引司正出位，赞者曰：请司正扬觯。次引司正取主人觯诣洗觯，至席前跪而扬觯讫，赞者请司正致词。司正乃言曰："古者于旅也语，于是道古。仰惟朝廷，率由旧章，敦崇礼教，今兹举行乡饮，非专为饮食而已，凡我长幼，各相劝勉，忠于国，孝于亲，内睦于闺门，外比于乡党，胥训告，胥教诲，毋或愆堕，以忝所生。"赞者曰"修爵讫"，司正复位，主人以下复坐。

拜送：相者引主人兴，复至阼阶楣下，僎从。宾介复至西阶楣下立，三宾亦至西阶，并南乡。教授复立东阶，西乡；司正复立西阶，东乡；郡僚复立两庑，众宾立于堂下，东西相乡。赞者唱曰主人拜，宾介以下再拜。拜既拜诉，宾介与众宾先自西趋出，主人少立，自东出。宾以下立于庠门外之右，东乡北上；主人立于门外之左，西乡。僎从。赞者立于中，唱曰主人再拜，宾介以下皆再拜，逡巡而退。

约束凡九事：其一，无士行者不得齿于乡饮之列。其二，置乡饮年齿簿。以所生年月日先后为比。其三，轮请本乡士大夫老成者与州学教授同主其事，其所立宾及僎、介并与主人谋之，随宜润泽之。其四，合赴乡饮人年七十以上者，教授同掌乡饮酒官具书以礼敦请之；五十以上及有官者，以咨目列位请之；其余士人，各自具年甲，报本学编排位次。十九岁以下并侍立，曾得解者许坐。父在坐则子侍立，有官者别席。七十岁以上许免拜。其五，乡饮所须饮食、器具，敦请乡之士大夫有功力者各备十位，力可倍者倍之。其六，行礼有期，而有疾故不能者，前期具状免，擅自不赴者除其籍。其七，不系学籍及齿于乡饮者不得称进士。其八，应赴乡饮人有犯倨傲、戏玩、争讼、喧哗等，并依学规行罚，有正条者送所属，仍除其籍。其九，有该载不尽及难举事件，并各从其乡之便。1—4，p1759—1760

【绍兴十七年】正月二十七日，左迪功郎陈介言："伏见国家颁降《乡饮酒仪式》，诸州遵行，缘初无所行岁数之文，望朝廷明降指挥，令诸州三岁科举之年行之于庠序。"国子监参详："《周礼》州长春秋会民，则一岁再饮；党正大蜡正齿位，一岁一饮；乡大夫宾贤能，则三岁一饮。《礼记·乡饮酒仪》曰：乡人士君子。郑氏谓：'乡人，乡大夫也；士，州长、党正也；君子，乡大夫也。乡大夫、士饮国中，贤者亦用此礼。'则乡饮酒凡有四事，行之疏数不同如此。汉、晋而下，间或行之。唐贞观初颁其书于天下，欲每岁行之，其后亦止行于贡士之岁。既历代举行岁数不同，欲依请令郡县于科举之年行乡饮酒礼于庠序一次。如愿每岁行之者，听从其便。"从之。4，p1761

宋会要辑稿·礼四九·尊号八

【宣和六年】七月五日，诏："内外臣僚今后勿得以上尊号为请，如违，以违御笔论。"23，p1796。

宋会要辑稿·礼四九·尊号十一

【淳熙十六年】十一月二十五日，礼部、太常寺言："检准《淳熙仪制令》节文：'诸大庆大礼，发运、监司、提点坑冶（冶）钱司同。诸州长吏奉贺表。所有将来正月一日奉寿圣皇太后、至尊寿皇圣帝、寿成皇后尊号册宝礼毕，系大庆典礼。'合依上条施行。"从之。48，p1812

宋会要辑稿·礼四九·尊号十三

【庆元二年】八月二十六日，礼部、太常寺言："检准《淳熙仪制令》节文：'诸大庆大礼，发运、监司、提点坑冶铸钱司同。诸州长吏奉表贺。将来十月三日奉上寿圣隆慈备福光佑太皇太后、寿成惠慈皇太后、圣安寿仁太上皇帝、寿仁太上皇后尊号册宝礼毕，系大庆典礼。'乞〔依〕条施行。"从之。70，p1834

【庆元二年】十二月一日，诏："圣安寿仁太上皇帝加上尊号册宝礼毕，其合该推恩人，并特与转一官资，令提举官先次开具职位、姓名申尚书省。"78，p1841

【庆元二年】十二月十三日，诏："已降指挥，修制奉上尊号册宝了毕，内都大主管官王德谦合该转两官，可将一官于见今官转行，一官依条回授。"78，p1841

宋会要辑稿·礼五一·徽号·朝谒太清宫

【真宗大中祥符六年】八月十三日，诏禁奉祠一路粘竿、弹弓、置网诸捕猎之具，太清宫园林五里内禁樵采，应修饬行宫桥道，不得侵占田畴，蹂践禾稼，犯者重置其罪。2，p1880

【大中祥符七年】正月六日，礼仪使言："准《礼例》：'自京至太清宫，所经县镇，先车驾三日禁止坊市哭泣。'"从之。2，p1883

宋会要辑稿·礼五一·徽号 二·迎奉圣像

大中祥符六年五月七日，详定所言："朝拜圣像，皇帝服衮冕。准《月令》：'孟夏初衣暑服，孟冬始裘。'尚衣库衮冕皆仲冬亲飨圜丘所服夹衣，今方盛暑，未称礼容，欲望依衮冕制度改制单衣，庶协时令。"从之。14，p1894

宋会要辑稿·礼五二·巡幸·仁宗

【景祐三年】二月七日，诏："今后车驾幸宫观、寺院，令阁门依例喝赐茶酒。"四月十三日，阁门详定到《车驾幸宫观、寺院支赐茶绢等第例》，诏依奏。景灵宫、会灵观、祥源观、万寿观、上清宫、建隆观、东西太一宫：道录绢七匹，茶五斤；副道录绢五匹，茶五斤；都监绢三匹，茶二斤；鉴仪、守阙鉴仪，各绢一匹，茶一斤；宫观主、本宫观都监，各绢一十匹，茶五斤；逐宫观道众共绢三十匹，茶二十斤；驾经过起居道众共绢二十匹，茶一十斤。延祥观及诸道观，道众共绢一十五匹，茶一十斤；驾经过起居道众共绢五匹，茶三斤。大相国寺、开宝寺、太平兴国寺、启圣院、景德寺、显圣寺、太清寺、显宁寺、奉先禅院、普安禅院、慈恩寺，僧录绢七匹，茶五斤；副僧录绢五匹，茶二斤；讲谕、讲经首坐，各绢三匹，茶二斤；鉴（义）〔仪〕、守阙鉴（义）〔仪〕，各绢二匹，茶二斤；僧众共绢三十匹，茶二十斤；驾经过起居僧众共绢二十匹，茶一十斤。启圣院、普安禅院、奉先禅院、慈孝寺院，各绢一十匹，茶五斤。开宝寺塔、显圣寺塔、起居寺僧众，共绢一十匹，茶五斤。报恩院、惠辩院、惠圣院、奉圣院、水陆院、崇福院、法济院、明禧院、法云院、承天院并诸寺院僧尼众，逐院共绢十匹，茶五斤；驾经过起居僧尼众共绢五匹，茶三斤。太平兴国寺译经大卿、小卿，各绢七匹，茶五斤；同译经僧，各绢二匹，茶二斤。上元观（登）〔灯〕，相国寺佛牙阁僧众共绢一十匹，茶五斤。8—9，p1916—1917

宋会要辑稿·礼五二·巡幸·高宗

【绍兴二年】正月一日，阁门言："〔车〕贺移跸临安府，正月十日登舟。今比附旧例，画一事件如〔左〕：一、车驾登舟日更不视事，至日禁卫行门等殿内排立，皇帝出禁，禁卫等迎驾，自赞常起居，随拜三呼万岁。皇帝坐，阁门官已下，带御器械官并祗应官等，并一班起居，次管军一班起居，官（各）〔合〕宣名即宣名。次引宰臣宣名常起居讫，宰臣并管军、阁门官已下并祗应官等，并头巾、窄衣、带子。皇帝升辇，至御舟降辇。或乘马，临时听旨。一、沿路逐日住程处，引三省、枢密院起居，升舟奏事，先应奉、阁门官已下并管军并赴起居，如有上殿臣僚并阁门官奏事，并升舟奏事如仪。早朝依例放。二、沿路州府县镇现任官并就本处迎驾起居，不许辄离本界。三、沿路遇忌辰日，臣僚并免起居。四、沿路如值雨雪霑湿，臣僚等并免起居。五、车驾至临安府，其日江岸禁卫、阁门等并排立，并应奉官已下立定，皇帝出禁城，〔禁〕卫等迎驾，自赞常起居。随拜三呼万岁。次阁门官并合应奉官迎驾，常起居讫，皇帝升辇行宫，或乘马，临时听旨。侍从官并百（岁）〔司〕欲乞依例于行宫门外迎驾起居。"诏依。13，p1923—1924

【绍兴二年】正月一日，同日，太常寺言："正月十日车驾进发，移（毕）〔跸〕临安府，今参酌到合行事件：一、车驾自绍兴府进发，登舟日并至临安府，各合差侍从官一员诣天庆观圣祖殿烧香。其香并令入内内（寺）〔侍〕省请降，付绍兴府、临安府本观收掌，至日供烧。二、车驾巡幸，沿路所过名山大川，系逐州府差官致祭。今来乞令绍兴府、临安府依例施行。"诏依。14，p1924

【绍兴五年】二月二日，御史台、太常寺、阁门言："已降指挥，暂回临安驻跸，今具仪制条令故事下项：一、《车驾省方仪令》：'车驾巡幸肯还京，及期出城百里外奉迎，土当物务并监临官免起。临京再于五里外起居，次日入问圣体。'二、《仪制》：'车驾临京，诣城外奉迎，起居依阁门仪。内执政及两省、御史台官并尚书侍郎以上侍从官、节度使俟迎驾讫，分左右前（道）〔导〕入内。'三、检会《因革礼》，太平兴国五年，太宗北面回，礼院言銮驾回京，是日早留守文武百官并出城奉迎，再拜起居如常仪，退。中书、门下两省常侍以下、舍人以上，御史中丞，并引驾至升龙门下马，分班序立。驾至，中书、门下横行，余官不横行，俱再拜三呼万岁。俟驾过，其不引驾官先至丹凤门外立班，俟驾至，横行起居，再拜，随拜三呼万岁，分班，俟驾过。次日，中书、门下、文武百官内殿起居如常仪。四、今来前项仪令故事，比附参酌，若依仪起居讫前导官前导，缘今来车驾系乘御舟进发，窃恐难以前导。兼员数止有三两员，若依令除主当物务并监临官不赴外，余官出城百里外奉迎，其合赴官数目亦是不多。兼俟迎驾班退，合赴近城五里外起居，其经由道路窄隘，或至日值雨，虑恐难以趁赴。及百里外即非程顿去处，若行（仓）〔创〕造侍班幕次，显是劳费。欲乞并行权免，止依仪集应见任文武臣僚并寄居待阙官京官小使臣以上，出城五里外立班，（奏）〔奉〕迎起居。五、今拟定将来奉迎车驾节次。其日留守率应见任文武臣僚并寄居待阙京官、小使臣以上，并履笏，内将校止窄衣、执杖子。出余杭门五里分立定，俟御舟将至，舍人揖躬喝拜，两拜起且躬，留守奏圣躬万福。再喝拜，两拜讫，各祗候。俟御舟过，并退。内留守先入门，赴章亭驿御幄下侧立定。俟车驾降御舟，入御幄坐。管军官僚并合从驾祗应官，欲乞免奏万福。留守自赴幄殿下立定，舍人揖，宣名奏万福，喝祗候。留守升幄殿当头问圣体讫，两拜，如有宣谕又两拜。讫，诣御座左侧奏事如仪。俟奏事毕，降阶，退。皇帝升辇还内。如宣马，临时听旨。沿路官局并履笏迎驾起居，应合从驾官并管军臣僚、祗应官等，并从驾还内如仪。六、已降指挥，车驾章亭驿登岸，备仪卫还行宫，百官免前导。所有城内前导官，缘道路窄（溢）〔隘〕，亦乞依城外礼例，更不前导。"诏依。14—15，p1925

【绍兴二十八年】十二月十八日，诏："军头司等子每遇车驾行幸，（牧）〔收〕接唐突人，除宗室、宗女、宗子、宗妇外，余人各行殴击。比来诸司人乱有询问，急于得知，擅行止约不得殴击，理宜禁止。可自今后除亲从快行按表当询问，入厢入殿御前祗应许殴击讫量问事因，余人不得询问。如尚敢违戾及本司人漏泄，并依无故辄入通进司法断罪。仍令军头引见司觉察闻奏。"17，p1927

【绍兴二十九年】四月六日，诏："车驾行幸，禁卫排立之后，尚有诸色人从等坐卧喧哗，往还不已，甚失恪恭之礼。可令有司立法断罪止绝。皇城司、禁卫所如辄（从）〔纵〕容犯者，不行收执，从杖一百科罪。"17，p1927

宋会要辑稿·礼五三·册后

【景祐元年】九月二十九日，诏太常礼院详定《册皇后仪制》以闻。礼院言："皇后玉册如皇太子制度，用珉玉五十简，匣随册之长短。宝用金，方一寸五分，高一寸，其文曰'皇后之宝'。盘螭纽，其绶并缘册宝法物即比附书制，匣、盝并朱漆，以金涂银装。又准《令》文：'皇后服首饰花十二株，小花如大花之数，并两博鬓。袆衣，深青织成为之，文为翟翚之形，素织五色，十二等。青纱中单，黼领，罗毅襮襈，蔽膝，随常色，以緅领缘，用翟为章，二等。大带，随衣色，朱裹，纰其外，上以朱锦，下以绿锦，钮约用青组。以青衣革带、青袜、舄，舄加金饰。白玉双佩，黑组，双大绶。章采尺寸与乘辂同。'"从之。2，p1932—1933

宋会要辑稿·礼五六·朝会

详定所上《朝会仪注》二卷，《令式》四十卷，其详密如此，恐尚有未至者焉。① 3，p1966

【元符元年】十二月二十一日，礼部言："将来正旦御大庆殿朝会，奉迎天授传国受命宝。"从之，仍著为令。10—11，p1971

宋会要辑稿·礼五六·命妇内朝

宝元二年五月九日，臣僚上言："乞自今后除皇亲国戚之家许奉朝请外，其余一切臣僚之家并女冠尼寺等人，并不许入内。如遇朔望，命妇之家只令进表起居。"诏入内内侍省，除亲王、长公主依旧外，余皇亲之家遇节序、圣节、南郊庆贺许依例进奉入内，非次不得妄作名目告求入内，永为定式。13—14，p1972

皇祐四年九月八日，诏："臣僚之家自外到阙入内，合进土仪物色者，许依旧例。皇亲戚里遇节序庆贺及乾元节、南郊，方许入内进奉，其朔望更不得入内。臣僚命妇（并命妇）并女冠尼寺院等，非遇乾元节、南郊及庆贺，毋得妄作名目告求入内。"14，p1973

宋会要辑稿·礼五七·节二·兴龙节

元丰八年六月八日，诏："兴龙节诸处合试童行，拨放并依旧例。坤成节以大行皇帝梓宫在殡，惟开封府度僧道，比兴龙节减三之二，仍禁屠、决大辟罪。余依《元丰令》。"时哲宗即位，未改元。23，p1996

宋会要辑稿·礼五七·节二·天宁节

元符三年正月十四日，徽宗即位，未改元。诏皇太后权同处分军国事，并

---

① 此条是朝会中的礼仪法律，没有明确的时间记载。从中可知宋朝在礼仪方面立法十分详备，同时也说明礼仪内容与法律内容往往一致。

依嘉祐、治平故事。三省检会嘉祐、治平故事，皇太后不御殿，百司不奏事，不立生辰节名，不遣使契丹。诏恭依。23，p1997

大观元年四月二十一日，臣僚上言："天宁节禁屠，缘赐宴群臣，理难菲薄，可于节后增禁屠宰二日。"从之。23，p1997

政和四年十一月十四日，臣僚上言："窃按《政和断狱令》：'诸罪人遇天宁节并壬戌日，杖以下情轻者听免，稍重者听赎。'伏闻四方之吏奉法不虔，是日例正停决，则反致留狱矣。伏望申严法令，故违者置以违制之罪。"诏依。23—24，p1997

【政和五年】六月十四日，诏天宁节应罪人在禁量久饮食，徒罪以下散禁一日。24，p1997

【政和六年】四月二十五日，臣僚上言："窃见《祠部格令》，大礼恭谢毕及上元、清明节并开寺观，放士庶烧香，以答福祐，而天宁节乃圣诞之辰，壬戌为本命之日，独未著甲令，事若有阙。欲乞前件节辰，并许开宫观三日，以听士庶烧香，仰祝君父无疆之寿。其外州县在城宫观依此施行。"从之。24，p1998

【宣和六年】十一月二十一日，诏左右街道录院每年天宁节赐度牒不得过五百道，紫衣不得过一百道，师号不得过五十道，立为定制。24，p1998

【宣和七年】九月一日，〔诏〕外路州军遇天宁节，监司及提总之官并合（趍）〔趋〕赴，不得以本司钱别行排（辨）〔办〕。如违，计赃计庸定罪。24，p1998

宋会要辑稿·礼五七·节二·天庆节

真宗大中祥符元年十一月二十一日，诏以正月三日天书降日为天庆节，休假五日，两京、诸路州、府、军、监前七日选道流于长吏廨宇或择宫观建道场设醮，所须之物并从官给，仍令三司降例。其月已断屠宰，更不处分。节日臣僚士庶特令宴乐，其夕京师燃灯。著在令式。28，p2000

【大中祥符二年】四月二十六日，诏太常礼院详定《诸州天庆节道场斋醮仪式》颁下。28，p2001

【大中祥符二年】五月八日，诏："六月六日天书降泰山日，令兖州长吏前七日诣天贶殿建道场设醮，永为定式。"28，p2001

【大中祥符二年】五月二十二日，诏："自今遇天庆节，五日内不得用刑。"

【大中祥符二年】五月二十八日，左右街道录院上《新定天庆节诸州设道场仪》，命崇文院摹印颁下。28，p2001

【大中祥符二年】八月十四日，太常礼院言："六月六日诸州设醮，望令道录院详定科仪颁下。"诏如天庆节，其青词委逐州选文学官修撰。28—29，p2001

〔天圣〕二年五月十四日，诏天庆节、天降圣节，奉上寿及宴会并停，其道场醮（余）〔除〕依旧用名山茶水、时果、药苗供养及官吏行香外，自来禁刑屠七日者止五日，五日者止三日。29，p2001

【天圣二年】六月十六日，开封府言："天庆、先天、降圣节，徒流笞杖罪正节日权住行刑一日外，其大辟罪即仍旧权住五日。"从之。29，p2001

天圣二年十月八日，知审刑院滕涉言："先诏天庆、先天、降圣、乾元、长宁节，前后共十一日住奏大辟公案，自余公案住奏二日。今请大辟公案前后共三日，自余只正节一日住奏。"从之。29，p2001

【大中祥符七年】十月十八日，诏天庆等四节，有司勿进刑杀文字。29，p2002

宋会要辑稿·礼五七·节二·天贶节

【大中祥符五年】三月二十六日，诏："自今两京诸路每遇天庆节七日，天贶节一日，毋得行刑。"帝曰："今后天庆等节并依天（祺）〔祯〕、天贶节例，辅臣至口往彼烧香、宿斋，文武百官亦不立班，其逐节道场即依旧开建。"30，p2003

宋会要辑稿·礼五七·节二·先天节

大中祥符五年闰十月八日，诏以七月一日圣祖下降日为先天节，十月二十四日降延恩殿日为降圣节，并休假五日，诸州、府、军前七日选道流于长吏廨宇或择宫观建道场设醮，所须之物并从官给。假内不得行刑，仍禁屠宰，节日并听宴乐。著为定式。30，p2003

【大中祥符五年】十二月二十三日，诏："天贶、先天、降圣、承天节，权止行刑。如闻所在辄以轻系例亦留禁，自令节日，杖以下情轻者释之，情重及须证左者责保知在，假开日区断。"30，p2003

【大中祥符七年】六月十一日，诏："先天节、降圣节日，除休假、斋醮、断屠宰、禁刑罚一依定式，令天下以延寿带、续命缕、保生酒更相赠遗，著于令式。"30，p2003

【大中祥符六年】六月二十八日，诏："诸司公宇自今每遇天庆、先天、降圣节建道场，未禁刑日即权（从）〔徙〕他所，令左官监断。"31，p2004

【大中祥符六年】九月二十九日，提举校勘道藏王钦若言："天庆、先天、降圣节，请令诸州军长吏已下，前七日依大祠散斋例建置道场。前三日，应行事、陪位官并宿斋于长贰厅。天贶节斋一宿罢散。"从之。31，p2004

【大中祥符六年】十月七日，诏："如闻诸州应缘庆节宴会，先一月召集乐工按习于司理院者，颇妨推勍。自今止得前七日按阅，违者当置其罪。"从供奉官邓雅之奏。31，p2004

【大中祥符六年】十一月八日，礼仪院言："诸节所禁刑罚，今请以前后诏旨类例颁下。应大辟罪，遇天庆、先天、降圣、承天节前七日后三日，天贶、天（祺）〔祯〕节一日，并权住决断。其徒流已下犯在节前四日内，公廨开建道场则权移他所，遣官断决。节前三日内犯者，并过节次日施行。节日杖已下许本处裁量，情轻者特放。"从之。31，p2004

宋会要辑稿·礼五七·节二·天应节

徽宗政和四年正月二十九日，诏曰："朕修祀事，荷帝溥临，旌旗、辇辂、冠（仗、服）〔服、仗〕卫见于云际，万众咸睹。可以十一月五日为天应节。"31，p2004

【政和四年】六月九日，礼部、太常寺言："天应节内中排办表文章，合依天庆节内乐局令文施行。所有建置道场朝拜，今欲比附天庆节，藩府节镇于天宁万寿观，余州军于天庆观建置道场，长吏率在城官吏朝拜。仍依天祺、天贶节，作休务假一日。"从之。31，p2004

【政和五年】三月二十一日，试刑部尚书慕容彦逢等奏："天应节开道场，率百官朝谒，并不决大辟，并已依天庆、先天节外，欲望申诏禁屠宰。"从之。31，p2004

【政和五年】五月七日，礼部奏，乞诸禁屠宰，天庆、先天、降圣、天应节及壬戌日各一日，天宁节五日。从之。31—32，p2004

【政和五年】六月二十七日，起复朝请大夫、充集贤殿修撰、淮南江浙荆湖制置发运副使李偃言："应天下州、府、军、监不如建立天宁观去处，凡遇壬戌日，即于所在天庆观三清殿，并依节镇例修设大醮，崇奉壬戌本命之辰，仍许监司、守臣率在职官僚开启罢散如礼。"从之。32，p2005

【政和】六年闰正月十四日，诏："天应节应县镇有天庆观、三清殿去处，依州、府、军、监例建置道场设醮外，其县镇壬戌日设醮，难以更令监司、守臣前去。诏逐处长吏率余官开启罢散，余依已降指挥。"32，p2005

【政和六年】五月十三日，诏断屠宰诸节（上）〔止〕一日，依已得指挥，天宁节依旧三日。32，p2005

【政和七年】六月十八日，诏天下州军道场，可依旁通立定格法，三京帅府处一年三十一次，天庆〔观〕五次：天庆节、天祺节、天宁节、上元节、中元节、下元节、壬戌日。神霄玉清万寿宫十五次，天应节、宁贶节、元成节、每月上七。节镇每处一年十四次，天庆观三次：天庆节、天祺节、天贶节。天宁万岁观八次，真元节、天宁节、壬戌日。神霄玉清万寿宫三次，天应节、宁贶节、元成节。上州并监司州军、辅州每州军一年十一次，天庆观两次：先天节、降圣节。天宁万寿观七次，天宁节、壬戌日。神霄玉清万寿宫两次，天应节、元成节。中州、望紧州、雄州、下州、同下州，每州一年四次，天庆观一次：降圣节。天宁万岁观一次，天宁节。神霄玉清万寿宫两次，宁贶节、元成节。32，p2005

宋会要辑稿·礼五七·节二，承天节

景德三年二月九日，三司使丁谓上言："伏见国家以天庆节日不禁刑罚禁烹宰，窃惟诞庆之日，动植欢心，虽均宴乐之私，未颁恻隐之令。伏见唐武德、开元以来诏令，皆节日不行刑，禁屠钓，庆成、庆阳、寿昌等节皆禁烹宰。欲望承天节日准天庆节例，前后禁屠宰，辍刑罚，著于甲令，用为常式。"从之。34，p2007

宋会要辑稿·礼五七·节二·乾元节

乾兴元年四月乾元节，诏以大行梓宫在殡，惟译经院献经、开封府僧道，余悉罢之。是月，诏乾元节前后各一日禁丧葬、屠宰、哭泣，权止行刑七日。杖罪已下情轻，特与免放；如情理重，并知在，候假开日施行。

34，p2008

【天圣六年】二月六日，诏乾元、长宁节禁决大辟前〔后〕各二日，余罪唯正节日权停。35，p2008

庆历元年正月十九日，诏乾元及天庆、天祺、天贶、先天、降圣节，自今惟正节日禁刑外，乾元节仍前后各一日停断大辟罪。35，p2009

至和元年二月二十四日，诏乾元节度僧尼，自今两浙、江南、福建、淮南、益、梓、利、夔等路，率限僧百人度一人，尼五十人度一人，京师及他路僧尼率五十人度一人。道士、女冠不以路分，率二十人度一人。36，p2009

宋会要辑稿·礼五七·节二·长宁节

乾兴元年十一月九日，诏长宁节中书、枢密不得以金酒器为献，诸州亦罢贡奉，及不得奏请赐僧道紫衣、师名。三京诸州比试童行，比乾元节，与度三分之一。中书门下上言，请前一月文武官各就大相国寺起道场，罢散日锡庆院赐会。前三日，内外命妇各进香合，至日入内上寿。在京禁刑罚、屠宰共七日。从之。其命妇进奉上寿、锡庆院赐会，并候丧制三年毕施行。37，p2010

【乾兴元年】十二月，太常礼院撰定《长宁节上寿仪注》。其日，皇太后垂帘，中书、枢密、学士、三司使、节度使、观察留后，契丹使分班立。宰臣已下进奉上寿，阁门使于殿上帘外序立。宰臣升殿，跪进酒于帘外，内臣跪接以入。宰臣跪奏曰：“长宁节，臣等不胜欢忭，谨上千万岁寿。”复位，再拜，三呼万岁。内臣承旨宣曰：“得公等寿酒，与公等同喜。”咸再拜。宰臣升殿，立于帘外。俟饮讫，内臣出帘外跪授虚盏，班首跪接，复位，再拜，舞蹈，三称万岁。内臣承旨宣升殿，酌酒三行。余如乾元节之仪。其日百官诣内东门拜表称贺。内取高者一人为班首。其外命妇旧入内者即入内上寿，不入内者进表。其日前殿百官退，内臣先引内命妇上寿，次引外命妇，如百官仪。从之。37，p2011

宋会要辑稿·礼五八·谥

太宗太平兴国八年八月二十八日，诏增周公《谥法》五十五字：美谥七十一字为一百字，平谥七字为二十字，恶谥十七字为三十字。仍令翰林学士承旨扈蒙、中书舍人王祐详定。蒙等奏议曰：“上所增五十五字皆

可用，其沈约、贺琛《续广谥》请停废。"从之。1，p2013

雍熙四年五月，直史馆胡旦言："旧制，文武官臣僚皆以功行上下各赐谥法，近朝以来，遂成阙典，皆须本家请谥，而所费甚多。今有建隆以后文武臣僚三品以上合赐谥者百余人，望令史馆编录文状，送礼官定谥，付馆收入国史。今后臣僚薨卒至，并令礼官取本家行状定谥，送考功详覆，仍令考功关送史馆，永为定式。"从之。1，p2013

神宗熙宁三年八月九日，考功言："故工部尚书李兑以八月三日葬，葬之日行状方上考功。按《治平编敕》：'文武臣僚薨卒合定谥者，本家于葬前陈请定谥。在外州者，本州据本家所请奏闻，在京者具状申考功。仍并取索自出身至赠官已来行状三本，缴连申考功，即牒太常礼院即日集官议谥，下考功覆议，判都省官即于都堂集合省官议定闻奏，牒本家及史馆遵行。赠官同职事，无爵者称子。或本家自不请谥者，本州取索子孙诣实文状奏闻，下尚书省，合太常礼院众官议生平履行善恶，依公定谥，并须葬前牒付本家，并牒史馆。如谥不以实，曲徇私情，或报仇偿忿，横加恶名，即依选举不以实论罪。如已葬方有奏请者，更不定谥。'伏详敕意，盖缘臣下薨卒间或有年祀久远，其子孙方为请谥，则善恶之行传闻于人，有所不及，而聚官集议所凭者本家行状而已，虚美隐恶，缘是而起。虽欲直笔，何由辨明？故近制限以葬前请谥，既葬而后陈请者更不定谥，所以防岁久之易诬也。如唐郭知运既逾五十年矣，而其子英乂乃以为请，若此者虽勿许可也。颜杲卿、卢奕辈忠烈在人，既葬赐谥，则又有之。今李兑卒未逾年即葬，其子幼弱，未知公家事体，致行状到省与葬同日，窃谓亦宜定谥。虽不及事，而赐之私家，使告庙主，及送史馆，以昭示善恶之报。伏况近制，本家虽不请谥，犹下尚书省依公合议，盖主于劝惩善恶而已。伏乞裁酌，特赐依常法定谥。并乞今后应有臣僚薨卒合依谥之人，如葬前曾请谥，或本家不请谥者，虽葬后并与定谥。"从之。4—5，p2015

宋会要辑稿·礼五九·配享功臣

【真宗咸平二年】九月二十七日，太常礼院言："准诏定配飨功臣禘祫之日祀仪，请令有司先事设幄次、布褥位于庙庭东门内道南，当所配室，西向设位板，方七寸，厚一寸半。笾、豆各二，簠、簋、俎各一，知庙卿奠爵，再拜。"诏可。13，p2086

宋会要辑稿·礼六〇·赐酺

【大中祥符七年】十月十一日，诏："以玉清昭应宫成，赐在京酺五日，西京、南京三日，诸州一日。京师以十一月十日始，诸州并以十二月内择日。"帝以景灵宫建创以来中外协力，因命遍颁饮宴。6，p2100

【大中祥符九年】四月二十三日，诏以景灵宫及兖州宫观庆成，赐在京酺五日，西京、南京三日，诸州、军、监一日，并取八月内陈设。诸县父老有疾病及艰于步履不愿赴者，勿强之。应赴酺者，长吏躬亲点阅姓名，安酒给食，无令失所。6，p2100

【天禧四年】九月二十四日，诏开封府赐酺日，罪人酗酒而不伤人者咸释之，酺假内再犯论如法。后赐酺皆〔如〕此诏。7，p2101

宋会要辑稿·礼六一·旌表

英宗治平三年十二月二十三日，诏："应天下义夫、节妇、孝子、顺孙，事状灼然，为众所推者，委逐处长吏按验闻奏，当与旌表门闾。"3，p2104

宋会要辑稿·礼六二·赉赐一

【太宗太平兴国九年】五月，赐臣僚时服，自是岁以为常。

凡五月五日赐服：二府宰相至同签书枢密院事、亲王、三师、三公、使相、东宫三师、观文殿大学士、仆射、宣徽使、殿前都指挥使至马步军都虞候、节度使、驸马都尉；五事：润罗公服、绣抱肚、黄（谷）〔縠〕汗衫、熟线绫夹袴、小绫勒帛。银装扇子二。旧式，大绫夹袴、勒帛，都尉须观察使已上。金吾将军、皇亲刺史已上；五事、扇子并同宰臣，惟小绫勒帛。两使留后、观察使、四厢都指挥使、忠佐领团练使；五事、扇子同皇亲刺史，惟大绫夹〔袴〕，无润罗。东宫三少、尚书、三司使至权发遣使公事、观文殿学士至枢密直学士；并同仆射，惟绫绣抱肚。旧式，尚书同待制、三司使。防御、团练使、刺史；同留后，惟绫绣抱肚。旧式：同三司使，惟无润罗。御史中丞、阁直学士、宫观判官；四事：润罗公服、黄（谷）〔縠〕汗衫、小绫勒帛、熟线绫夹袴。银装小扇子二。旧式，大绫夹袴。权中丞如待制之例，知审刑、判检院并同。诸统军；四事，同中丞，惟无润罗，扇子无银装。诸卫上将军；同统军，惟增绫绣抱肚，又改小绫汗衫。常侍、宾客、丞郎、给谏、舍人、知制诰、待制、卿监、祭酒、詹事、三司副使至发遣公事；五事：罗公服、绫绣抱肚、小绫（衫）〔汗〕衫、勒帛、大绫夹袴。旧式，三司副使如宫观判官。内客省使、延福宫、景福殿使；同防御使，惟扇子无银装。皇亲大将军、将军、诸司使、副使；四事：罗公服、小绫汗衫、勒帛、大绫夹袴，银装小扇子二。少卿监、知杂、司业、庶子、谕德、郎中、枢密都承旨至诸房副承旨、横行使、宣庆、宣政、（照）〔昭〕宣使、诸司使、大将军、入内、〔内侍〕省都知、押班；四事：罗公服、小绫汗衫、勒帛、大绫夹袴。无扇子。旧式，三司判官、判勾准此，知杂、入内都知并同员外郎，押班同承旨。皇亲崇班以上；三事，同诸司使无袴。旧式有扇子而无银装。起居郎至著作郎、三院御史、员外郎、少詹事、率更（领）〔令〕、博士、三丞、大理正以上、开封府判官、将军、横行诸司副使、枢密逐房副承旨、皇亲殿直以上；三事，同少卿监而无袴。通事舍人、承制、崇班及阁门祇候；二事，同诸司副使而无勒帛。中允至洗马、尚药奉御至五官正、阁门看班、三司勾当使臣、京官任在京职事者；二事：罗公服、绢汗衫。今选人充馆阁职任同。幕职州县官、三班使臣任在京职事当赐者；止罗公服。监文思院门，紫绅衫。内侍两省使臣，供奉官并紫罗公服，内常侍加小绫汗衫。内侍至黄门、入内殿头至奉辇管勾，紫罗窄衫、绢襕。内侍祇候高品至后（鼓）〔苑〕散内品、入内贴祇候内品至云韶部内品，紫（宫）〔官〕绅窄衫、绢襕。其内侍非宿直及在京勾当，不给。入内后苑内品至散内品，紫平绅窄衫、绢襕。寄班祇候、奉职、借职，罗公服。殿直以上加绢汗衫。旧式，带器械高品以并罗公服、绢汗衫。

凡诸军捧日、天武、龙卫、神卫、拱圣、骁胜、宣武、神勇、虎翼、步武、龙猛、吐浑、骁骑军都指挥使、诸班殿前指挥使、遥郡都虞候、御前忠佐马步都军头及遥郡副都军头；五事：罗公服、绫绣抱肚、黄縠汗衫、小绫勒帛、大绫夹袴。扇子二，旧有银装。不遥郡副都军头；五事，并同都军头，惟小绫汗衫、小扇子二。捧日至神卫不遥郡虞候及诸班内员僚御龙四直都虞候、指挥使、御前忠佐步军副都军头已上，行门殿前散直、钧容直指挥使；五事，并同都军头，惟绢汗衫。开封府马步都指挥使；四事：罗公服、小绫汗衫、勒帛、大绫袴。无扇子。拱圣至骁骑及云骑、奉节、归圣、效忠、武骑、雄武、渤海、宁朔都虞候，捧日至神卫指挥使，殿前都指挥都知；四事：罗公服、绢汗衫、大绫夹袴、小绫勒帛。小扇子二。内殿直、散员、散指挥、散都头、散祇候、龙旗、金枪、东西班、内员僚、外殿直都知；三事：罗公服、绢汗衫、大绫夹袴。小扇子一。开封府马军、步军副都指挥使以上，牢城都指挥使；三事，同外殿直都知而无扇子。拱圣至宁朔及骁猛马直、步直，拣中龙神卫、契丹、飞猛、卫圣、威虎、神威、宣效、横塞、威猛、广勇、鞭箭、云捷、归明雄武指挥使，捧日至神卫及御龙四直副指挥使，教骏、广备、忠节、威武都虞候，殿前指挥使副都知；三事：罗公服、绢汗衫、小绫夹裤。小扇子一。内殿直至外殿直副都知、殿前散直都知；三事：罗公服、绢汗衫、勒帛。拱圣、归明雄武副指挥使，教骏、骑御马、归圣、顺圣、勇捷、步斗、雄勇、广德、静戎、平塞、归化、顺化、忠节、桥道、清塞、广备、归恩、雄胜、威武、怀勇、效顺、怀爱指挥使，六军搭材都虞候，殿前指挥使押班；二事，同威武都虞候而无裤，亦小扇子一。御龙四直都头；二事，同殿前指挥使押班而无（子）〔扇〕子。皇城司都虞候；二事：罗公服、小绫汗衫。教骏至怀爱副指挥使，内殿直至外殿直押班、押（审）〔蕃〕，御龙四直副都（副）〔头〕，新立内员僚直行首、副行首，殿前散直副都知、押班，龙神卫剩员、保宁、搭材、窑务、广德指挥使，开封府六军副指挥使以上；罗公服。殿前指挥使行门殿直及内殿直之进御弩者，钩容直、招箭班都知、副都知；紫罗旋襕、小绫汗衫。钩容直、招箭班押班、都部头，内园御辇、翰林、仪鸾、八作、绫锦、事材、车营务诸司都虞候；紫罗绫襕。捧日至神卫军使、都头，龙神卫剩员至广德副指挥使，效节指挥使、员僚直行首、押蕃已上，军头司副兵马使以上；紫罗宽衫、旋襕。捧日至神卫副兵马使、副都头，拱圣至鞭箭军使至副都头，军头司强壮及散指挥使、副指挥使以上，契丹、渤海、吐浑军使以（下）〔上〕赴起居者；紫罗宽衫、绢襕。龙卫及骨（子朵）〔朵子〕直、内殿直至内员僚直、殿前散直、招箭班及外殿直、散祗候、东西班权管指挥者，军头司散员至副兵马使，强壮副都头、散副都头以上，契丹、渤海、吐浑军使以上不赴起居者，教骏、骑御马军使、副兵马使，归明散员僚诸司指挥使、副指挥使以上，军头司副都头以上；紫罗（穿）〔窄〕衫、绢襕。御龙、弓箭、弩、钩容、契丹、吐浑等直，归圣至怀爱、龙神卫剩员至广德都头、副都头，六军喝探副都头以上，开封府步军副都头及诸司军使、副都头以上；紫官绲衫子。御辇院供御辇官以上，车子院将虞候；紫平绲衫子。外仗使作坊前宿直者、军头司承局、御辇院下都辇官、车子院官健；紫南绸衫子。凡增立诸军并准视名额等第给之。

　　凡在京诸色人、中书堂后官、枢密主事；二事：罗公服、小绢汗衫。前诸司使，二事：罗公服、绢汗衫。翰林天文、知历算、御书待诏、翰林医学、书艺、书直、艺学、御书祗候，前防御、团练副使，当直、奉职以上，宣词令、左右军巡使、中书主事、诸镇节度进奏官、教坊使；罗公服。中书录事、守当官以上，枢密院令史、书令史，宣徽院前行，三司孔目官，教坊副使、色长，监承进司高品，学士院书诏、孔目（客官）〔官，客〕省行首、勾押官；紫罗宽衫。枢密院杂事，承进、银台司帖房、三司勾覆官以上，宣徽院后行、客省、阁门承受诸州进奏官，检鼓院纠察、提举司府吏后行以上，秘阁典书、翰林医人；紫罗（穿）〔窄〕衫、绢襴。礼宾院、客省、军头司译语、御辇院专典、提举司贴司；紫官绌衫子。秘阁楷书，御辇院曹司、乳酪匠，学士院亲事官，皇城锁钥库子；紫平绌衫子。内衣物库专典；二事：小绫背子、绢汗衫。军头司勾押官以下。黄绢汗衫。其品目均者准此，余以青绢绸、赤黄皂杂布衫袴、黄绢等第给之。3—7，p2114—2116

凡十月一日赐服：二府宰臣至同签书枢密院事、亲王、三师、三公、使相、东宫三师、观文殿大学士、仆射、宣徽使、殿前都指挥使至步军都虞候、节度使、驸马都尉、皇亲正任团练使以上；宽对衣。五事：紫润罗夹公服、天下乐晕锦宽锦袍、小绫汗衫、勒帛、熟线绫夹袴。旧式：大绫夹袴，都尉任观察使者方给润罗。皇亲遥刺史以上；并同正任团练使，惟簇四雕宽锦袍。旧式刺史以上并同亲王。东宫三少、尚书、三司〔使〕至权发遣使公事、观文殿学士至枢密直学士、内客省使；紫润罗夹公服、簇四雕宽锦袍、小绫汗衫、勒帛、熟绵绫夹袴。旧式：尚书同丞郎。两使留后、观察使、四厢都指挥使、皇亲大将军、将军、诸司使、忠佐领团练使；紫罗夹公服、川锦宽锦袍、小绫汗衫、勒帛、大绫夹袴。旧式：簇四雕锦。统军上将军、防御、团练使、刺史、皇亲诸司副使；五事：紫罗夹公服、翠毛细锦宽锦袍、小绫汗衫、勒帛、大绫夹袴。御史中丞、阁直学士、宫观判官；紫罗夹公服、师子大锦宽锦袍、小绫汗衫、勒帛、大绫夹袴。旧式：知通进银台司、勾当三班、知审（形）〔刑〕、判检院准此。常侍、宾客、丞郎、给谏、舍人、知制诰、待制、卿监、祭酒、詹事、三司副使至权发遣公事；五事：罗夹公服、绫绣夹（袍）〔抱〕肚、小绫汗衫、勒帛、大绫夹袴。旧式：三司副使同宫观判官。延福宫使、景福殿使；五事：紫润罗公服、熟绵绫夹袴，余同统军。金吾大将军；紫罗夹公服、红锦宽锦袍、小绫汗衫、勒帛、大绫夹袴。旧式同统军。少卿监、知杂、司业、庶子、谕德、郎中、横行使、宣庆、宣政、昭宣使、枢密承旨至诸房副承旨、大将军、诸司使，入内、内侍省都知、押班；罗夹公服、小绫汗衫、勒帛、大绫夹袴。旧式：三司判官、判勾准此，知杂同员外郎，内侍省都知、入内都知、副都知同横行副使，内侍省副都知、押班、入内押班同通事舍人。起居郎至著作郎、三院御史、员外郎、少詹事、率更令、博士、三丞、大理正以上，横行诸司副使、将军，皇亲率府率、副〔率〕，枢密院逐房副（丞）〔承〕旨；罗夹公服、小绫汗衫、勒帛。旧式：皇亲崇班以上同诸司使，殿直以上同副使。通事舍人、承旨、崇班、率府率、副率；紫罗夹公服、小绫汗衫。中允至洗马、尚药奉御至五官正、三司勾当使臣、京官（在）〔任〕在京职事者；罗夹公服、绢汗衫。今选人充馆阁职任同。旧式：京官任亲（正）〔王〕诸宫者，惟无汗衫。幕职州县官、三班使臣任在京职事当赐者；止罗夹公服。阁门看班、军巡使；以紫绫绵旋襕为差。内侍两省使臣；内常侍、供奉官，紫罗夹公服、小绫汗衫。入内殿头至奉辇管勾，内侍殿头至黄门，紫光色大绫绵旋襕；祗候高班内品至入内品，紫袍绾绵旋襕；入内贴祗候内品至后苑散内品，内侍祗候高品至后苑散内品，紫小绫绵旋襕；（宰）〔寄〕班祗候，紫干色大绫绵旋襕。旧式：内常侍同宣事舍人，内侍并紫大绫绵旋襕，殿头以上带器械紫罗绵旋襕。

　　凡诸军捧日至骁骑军都指挥使，诸班御龙四直、遥郡都虞候、忠佐马步都军头及遥郡副都军头；翠毛细锦绵旋襕。不遥郡副都军头；旧式方胜宜男细锦绵旋襕。不遥郡诸班及御龙四直、内员僚直，捧日至神卫军都虞候，诸班至员僚直及殿前散直、行门、钧容直指挥使，忠佐步军副都军头以上，开封府马步都指挥使；盘球云绣细锦绵旋襕。拱圣、神勇、骁骑、云骑、武骑、宣武、龙猛、雄武、虎翼、吐浑、广备、渤海、骁胜、宁朔都虞候，捧日至神卫及员僚直指挥使；师子大锦绵旋襕。拱圣至宁朔及顺圣、卫圣、归圣、奉节、广德、效忠、马直、步直、威虎、云捷、声骏、伴饭、骑御马、内员僚直、龙神卫剩员指挥使，捧日至神卫、御龙四直、员僚直、神勇、吐浑、渤海副指挥使，忠佐都虞候，开封府马步副指挥使，供奉官以下权管军者；方胜练鹊锦绵旋襕。飞猛、横塞、神威、宣效、威猛、归明雄武指挥使；红团花大锦绵旋襕。诸军副指挥使，勇捷、归化、顺圣、清塞、忠节、桥道、保宁指挥使，六军搭材都虞候，开封府马步都虞候以上；红团花中锦绵旋襕。六军厢虞候；细团花次中锦绵旋襕。殿前及行门都知；紫地紫花透身欹正绵旋襕。内殿直、散祗候、散指挥使、散都头、散员、东西班、金枪、龙旗、内员僚、殿前散直、外殿直都知，皇城都虞候；紫罗绵旋襕。内殿直至外殿直及殿前行门副都知，钧容直、招箭班都知、副都知，诸班直押番、押班，皇城等诸司都虞候；紫干色大绫绵旋襕。内殿直以下及殿前节级、十将，捧日下军使至都头，员僚直行首、押番，伴饭、骑御马军使、副兵马使，勇捷至保宁副指挥使，六军指挥使，军头司都指挥使至副都头，钧容、招箭押班，东西班小底、披带殿卫，开封府本城指挥使，皇城诸司等指挥使，忠佐军使、副兵马使；紫夹绫绵旋襕。御龙弓箭、弩手长行；紫花绾绵旋襕。东西班下茶酒、殿侍之内宿者，内员僚、钧容、殿前散直长行；紫罗大绫绵旋襕。诸军都头、副都头以上，内员僚、员僚、契丹、女真等长行，军头司散副都头以上，教骏、喝探、伴饭军使、副兵马使，皇城等诸司副指挥使至副都头；紫小绫绵旋襕。玉清昭应宫杂役十将；皂绸绵旋襕。牛羊司放牧军士、外仗作坊前宿直长行。黄绢绵袄。凡增立诸军，各随名额等第给之。

凡在（官）〔京〕诸色人：前任防御至刺史；翠毛细（绵）〔锦〕旋襕。供奉官以下、皇城内监库务及骐骥牧监文思院者；二事：罗公服、小绫汗衫。翰林天文、知历算、御书待诏、翰林医官、医学、书艺、书直、艺学、御书祗候，枢密主事，中书堂后官、主事，学士院录事；罗公服。教坊使；紫罗绵旋襕。中书录事至守当官，枢密令史、书令史，三司孔目、勾（神）〔押〕官；紫罗宽袍。前诸司使、教坊副使至色长；紫干色大绫锦旋襕。宣词令、左右军巡使、供奉官以下当直者，节度使进奏官，秘阁典书，三省监左藏库、文思院门及进奏、店宅务者，教坊都知；紫大绫绵旋襕。枢密院杂事，承进、银台司贴房、宣徽院后行以上，三司勾覆官、秘阁楷书，客省、阁门承受，学士院书诏、孔目官，诸州进奏官，客省、礼宾院译语，军头司押司官，检鼓院、斜察、提举司府史后行以上，翰林医人、天文院节级、御辇官节级以上；紫小绫绵旋襕。司天节级、天文院学生、理检院令史，秘阁、通进银台司亲事官，契丹译语，大内钥匙库子，乳酪匠，御辇〔院〕下都辇官，车子院官健；皂细绵旋襕。军头司承局以上、仪鸾卓帐匠；黄绢绵袄。其品目均者准此，余以赤黄绸绵袄、皂绢绵旋襕、绿平二宜绸袄子、绢夹袴等第给之。7—12，p2117—2119

凡赐外任初冬衣袄：使相、节度使、两使留后、观察使；五事：晕锦旋襕、大绫背子、夹袴、小绫汗衫、勒帛。尚书、管军四厢都指挥使以上及知益州；五事：次晕锦绵旋襕，余同观察使。学士、直学士、丞郎及知并州；三事：簇四雕细锦旋襕、小绫汗衫、大绫夹袴。给谏、舍人、待制、横行使以上；翠毛细法锦绵旋襕。防御、（围）〔团〕练使及正（副）〔刺〕史知州者，倒仙牡丹细锦绵旋襕。若任总管、钤辖者及他官知广州，皆赐三事：翠毛细法锦绵旋襕、小绫汗衫、大绫夹袴等。遥郡诸司使及益州钤辖；方胜宜男细锦旋襕，益州钤辖仍加小绫汗衫。诸司使、横行副使、副都军头以上；盘球云雁细锦绵旋襕。大卿监至升朝官、诸司副使至供奉官、大将军至将军、内侍至高品以上；紫敧正锦旋襕。天圣年后改用紫罗。京官侍禁至借职、医官及幕职知春州；紫干色大绫锦旋襕。河北、河东、陕西都转运使；旧亦止赐紫敧正，景德元年赐方胜练鹊大锦绵旋襕。其溪洞刺史；倒仙牡丹细锦绵旋襕。溪洞知州；方胜宜男细锦绵旋襕。溪洞都巡检使及陕西沿边巡检、蕃官供奉官以上；方胜练鹊大锦绵旋襕。溪洞首领及陕西缘边蕃官刺史以上知唐龙镇；红团花大锦绵旋襕。溪洞义军指挥使及陕西缘边巡检、蕃官、侍禁以下知丰州；红团花中锦绵旋襕。溪洞义军副指挥使及蛮界边寨指挥使、把截寨将以上；紫小绫绵旋襕。凡外任通判、监（监）押、巡检、驻泊、知城寨以上，皆赐。荆南、杭、益州监临物务，及真州（权）〔榷〕货务、雄州榷场、泗州守桥、府界捉贼、巡黄汴河，皆赐之。驻泊就粮、屯驻本城诸军巡检随行者，皆降敕书示谕，第赐衣袄。12—13，p2119

凡诞圣节赐服：二府宰臣至同签书枢密院事、亲王、三师、三公、使相、东宫三师、观文殿大学士、仆射、宣徽使、殿前都指挥至步军副都指挥使、节度使、皇亲遥〔郡〕刺史以上；六事：紫润罗公服、红罗绣襦、抱肚、小绫汗衫、勒帛、熟绵绫夹袴。旧式：大绫夹袴，东宫三师、仆射无襦，驸马都尉任观察使以上准此。东宫三少、尚书、三司使至权发遣使公事、观文殿学士至宝文阁直学士、中丞、宫观副使；五事：紫润罗公服、绫绣抱肚、小绫汗衫、勒帛、熟线绫夹袴。旧式：大绫夹袴，阁直学士无润罗，尚书（司）〔同〕丞郎。殿前都虞候至步军都虞候、内客省使、延福宫使、景福殿使；五事，同节度使而无襦。两使留后、观察使、四厢都指挥使、皇亲大将军、将军、忠佐领团练使；紫罗公服、红罗绣抱肚、小绫汗衫、勒帛、大绫夹袴。旧式：同步军。（郡）〔都〕虞候，惟无润罗。金吾上将军；旧式同仆射。上将军、统军；同留后。常侍、宾客、丞郎、给谏、舍人、知制诰、待制、卿监、宫观判官、三司副使至权发遣公事、祭酒、詹事、率更令、防御、团练使、刺史、皇亲诸司使、副使、大将军；同留后，惟绫绣抱肚。旧式：知审官院准此，大将军同统军。少卿监、知杂、司业、庶子、谕德、少尹、郎中、横行使，宣庆、宣政、昭宣使，枢密〔承〕旨至诸房副承旨，诸司使、将军，入内都知、押班、皇亲殿直以上；罗公服、小绫汗衫、勒帛、大绫夹袴。旧式：知杂同员外郎，两省都知并准此，押班无勒帛。起居郎至著作郎、三院御史、员外郎、少詹事、博士、大理正以上，率府率、副率，横行诸司副使、枢密（使）〔院〕逐房副承旨；三事：罗公服、小绫汗衫、勒帛。通事舍人、承制、崇班；罗公服、小绫汗衫。中允至洗马，尚药奉御至五官正，阁门祗候、三司勾当使臣、京官任在京职事者；罗公服、绢汗衫。幕职、州县官（屯）〔充〕馆阁职任者准此。旧式：三司推官、巡官并同京官，编修、校勘者止罗公服。幕职、州县官、三班使臣任在京职事当赐者；止罗公服。内侍两省使臣；内常侍同崇班。供（供）奉官及寄班罗公服，殿头至黄门，并紫罗窄衫，入内祗候殿头至后苑散内品紫官绌窄衫。旧式：当直、奉职内侍带器械者，并罗公服，内常侍加小绫汗衫，小底以上并紫罗窄夹四褑，监祗候库内品，紫罗官绌夹四褑。

凡诸军捧日至骁骑军都指挥使，诸班及殿前指挥使，御龙四直遥郡都虞候，御前忠佐马步都军头、副都军头；五事：罗公服、绫绣抱肚、小绫汗衫、勒帛、大绫夹袴。诸班直及内员僚、御龙四直不遥郡都虞候、指挥使，钧容、行门散直指挥使，忠佐步军都军头以上；五事：同遥郡都虞候，惟绢汗衫。开封府马步都指挥使；四事：同都军头，惟小绫汗衫。拱圣至宁朔都虞候，捧日至神卫及员僚直指挥使，殿前都知，伴饭指挥使；四事：罗公服、绢汗衫、小绫勒帛、大绫夹袴。开封府马步副都指挥使；（二）〔三〕事：罗公服、小绫汗衫、大绫夹袴。拱圣至宁朔及云捷、雄武指挥使，（奉）〔捧〕日至神卫、员僚直副指挥使，殿前副都知，内殿直至外殿直及钧容、招箭班都知；三事，同马步副都指挥使，惟绢汗衫。内殿直以下副都知、御龙都头；三事：罗公服、绢汗衫、小绫勒帛。皇城司都虞候；二事：罗公服、小绫汗衫。拱圣至宁朔副指挥使，搭材都虞候，教骏至骑御马指挥使，伴饭副指挥使；二事：罗公服、绢汗衫。忠节至广德指挥使，教骏至骑御马副指挥使，御龙直副都头，殿前及内殿直以下押班，内员僚直行首、副行首，龙神卫剩员，保宁指挥使、副指挥使，伴饭军使；止罗公服。捧日至虎翼军使、副都头以上，御龙内〔员〕僚、员僚直押番以上，钧容直都部头，军头司散兵马使以上，忠节搭材副指挥使；紫罗宽夹四袄。招箭押班，行门殿直、皇城等诸司都虞候；紫罗夹旋襕。皇城等诸司副指挥使以上，法酒库都头以上，教骏、骑御马副兵马使以上；紫罗夹平四袄。御龙直、骨朵子、内殿直至金枪直、行门天武官，军头司副押班、副都头以上，宫观杂役副指挥使，内宿殿侍、招箭殿侍、钧容直；紫花绝窄夹四袄。御龙弓箭弩直，内员僚至员僚直，教骏至喝探副兵马使以上，诸军诸司副都头以上，契丹、女真、渤海军头至长行；紫官绝窄夹四袄。枢密院大程官副都头以上，外仗作坊前宿直长行；紫南绸窄四袄。凡增立诸军，各准视名额等第给之。

凡任官诸色人、诸镇进奏衙内指挥使；四事，同诸司使。枢密主事，中书堂后官、主事，诸州进奏衙内指挥使；二事，同崇班。翰林天文、知历算、御书待诏、翰林医官、医学、书艺、书直、艺学、御书祇候，左右军巡使、左藏监门奉职，诸州进奉判官、节度使进奉官、礼直官、副礼直官，学士院录事；罗公服。教坊使、副使；紫罗宽夹四袄、小绫汗衫。监承进司内侍，诸州进奏官，诸州进奉军将以上，中书守当官、枢密书令史以上，学士院孔目官、宣徽院后行，三司孔目官，客省、阁门勾押官以上，教坊色长以上；紫罗宽夹四袄。诸州进奉人，枢密通进司杂事，客省、阁门承受；紫罗窄夹四袄。客省、礼宾院译语；紫官绝窄夹四袄。三司勾覆官以上，尚衣库专典；小绫背子、绢汗衫。军头司承局以上；绢汗衫。其品目均者准此，余以紫花平绝等第给之。

凡大臣生日及文武官内职中谢、朝见、受外任及出使朝辞，并于阁门支赐分物，及诸州镇、蕃国进奉牙校人从见辞，皆有赐。或驾出田猎，从官赐紫罗绢绵旋襴、暖靴等。凡言赐衣五事者：紫罗衫一、小绫汗衫一、七绫衫一、勒帛一、绣抹肚一充。三事，无勒帛、抹肚。赐罗衫者，紫罗（穿）〔窄〕衫一。其所支赐钱物，每于合属库务取索，赐讫，阁门出凭由付逐受除破。又有朝辞别赐，并枢密院奏定其数，付入内内侍省差使臣押赐。两制以上有主钱银，虽或数百它百，有二三百千至数十千已上，各有常数。

凡亲王、宰相、使相生辰，并赐衣五事，锦彩百匹，金花银器百两，马二匹，金涂银鞍勒。凡宰相、枢密使、参知政事、枢密副使、宣徽使、签书枢密院事初拜加恩，中谢日并赐衣五事，金带一。旧荔枝带，淳化后宰相、参知政事、文臣任枢密副使，改赐方团胯球路金带，加以金鱼。涂金银鞍勒马一。三司使、学士、御史中丞初拜，中谢日赐衣五事，荔枝金带一，金涂银鞍勒马一。文明殿学士以下，初赐金装犀带，后改赐金带。中书舍人赐袭衣犀带。宰相以下对御抬赐。枢密直学士、中书舍人谢讫，中使押赐，再入谢于别殿。中书舍人或告谢日已改赐章服，则罢中使押赐。

凡使相、节度自镇来朝，入见日赐衣五事，金带、鞍勒马；朝辞日赐窄衣六事，金束带，鞍马一，散马二。节度使减散马二。为都总管者，别赐带甲鞍勒马。凡观察使为都总管、副都总管赴本任、知州，赐窄衣三事，金束带，鞍勒马。防御、团练使、刺史为总管、钤辖，赐窄衣三事，金束带。诸司使为钤辖，赐窄衣、金束带。凡仆射以上知判州军，二月后支窄衣三事，绢五十匹；十月后歃正绵旋襴一，绢五十匹。上将军统军、尚书、左右丞、侍郎、学士、给事、谏议、中书舍人、知制诰、待制、大卿监、诸司使知判州府军监、通判、转运使、副使、都监、都巡检、知军、知监、军使、监使，二月后窄衣三事，绢三十匹；十月后歃正绵旋襴一，绢三十匹；总管人夫修河、修城、巡河、养马，止赐绢三十匹。大将军以下至率府副率，少卿监、郎中以下至赞善、洗马、五官正、诸司副使知州、通判、转运使、副使、判官、知军、都监、巡检、知军、知监、军使、监使，二月后窄衣三事，绢二十匹；十月后大绫绵旋襴一，绢二十匹；总管人夫修河、修城、巡河、养马，止赐绢二十匹。大将军以下至率府副率（府）及朝官充兵马都监，及知县兼兵马都监、监押，监当兼兵马都监、监押，二月后窄衣三事，绢二十匹；十月后大绫绵旋襴一，绢二十匹。中郎将、京官内殿承旨、崇班、内常侍、阁门祇候、供奉官、侍禁、殿直、三班奉职知州、知军、通判、军使、知监、监使、监押、巡检、同巡检，知县兼都监、监押，监当兼都监、监押，及陕府、河阳、澶、泗、寿州守浮桥，二月后罗衫一，绢十匹；十月后大绫绵旋襕一，绢十匹；总管人夫修河、修城、巡河、养马，止赐绢十匹。试大理评事、幕职州县官充广南西川诸州知州、通判，二月后罗衫一，绢十匹；十月后大绫绵旋襕一，绢十匹。防御、团练使、刺史知州、知军、知监、都监、巡检、知县兼都监，二月后支窄衣三事，绢三十匹；十月后敆正绵旋襕一，绢三十匹；总管人夫修河、修城、巡河，止赐绢三十匹。已上差遣如权差，即不支赐。新除防御使赴本任，二月后窄衣三事，二十两浑金镀银束带一条；十月后敆正绵旋襕一，二十两浑金镀银束带一条。新除团练使、刺史赴本任，二月、十月并十五两金镀银束带，衣服同上。医官、医学差随军诸州及驻泊看医，二月后支罗衫一，绢十匹；十月后大绫绵旋襕一，绢十匹。判司天监进新历日，支绢十匹，五两银碗一口。权任亦同。内提点历算同进，支绢十匹，三两银碗一口。

西京、南京留司百官差官赍表到，支色绢十匹。车驾省方，东京留司百官差官赍表到行在，亦依此例支赐。使臣朝臣、京官差诸处推勘公事，朝辞赐钱十千。使相、节度使差押衙赍贺胜捷及南郊礼毕皇亲加恩表，赐钱二千，诸表、奏状赐钱二千；两使留后、观察防御团练使、刺史差军将赍贺胜捷及南郊礼毕皇亲加恩表，赐钱二千；诸表、奏状赐钱一千。诸处差押人押匹帛、押省买羊马并牛皮、甲叶、翎毛、箭干并诸杂物等，及赍图到京者，如使相、节度使差押衙军将千里外内者，并赐钱二千。两使留后、观察防御团练使、刺史差人千里外内者，赐钱一千。知成都府、梓州、广州差军将，并赐钱三千；知升州、杭州及西川、广南知州、府、军、监、县差军将，并赐钱一千。江南、两浙、福建知州、军、监、县差军将及西川、广南散从步奏官，并赐钱一千。江南、两浙、福建散从步奏官及西川、广南承符人、院虞候、手力、弓手，并赐钱五百。江南、两浙、福建承符人、院虞候、手力、弓手，赐钱三百。荆湖并在北知州、转运司、军监、知县、监押差军将，赐钱一千；押省买羊军将，三百口以上赐钱一千；散从步奏官赐钱三百；承符人、院虞候、手力、弓手五百里外，赐钱三百，五百里内不赐。灵州差军将押省买马，赐钱三千，牵马衙官赐钱五百；节度副使、行军司马、判官、支使、推官差军将赍表奏，赐钱一千。夏州及广（内）〔南〕支郡押卖马差押衙军将及五十匹，十月后赐钱五千，沧锦夹旋襕十，四两银腰带一；四十九匹已下至二十一匹，十月后赐钱三千，沧锦夹四袄十，四两银腰带一；二十匹已（上）〔下〕至十五匹，支赐钱三千；十四匹以下，支赐钱二千。并至二月后赐紫官绯衫一，银腰带。静等州差军将押到马五十匹，十月后（腰）〔赐〕钱二千，沧锦夹四袭一，四两银腰带一；四十九匹已下至二十一匹，钱减一千，锦袭、银带同；二十匹以下，止赐二千。并至二月后赐官绯衫一。凡诸道衙内都指挥使、都虞候已下进诞圣节并南郊及大礼，除客省定赐分物外，朝辞日赐紫罗夹四袭窄四千〔窄夹四袭〕一，浑金镀银腰带。如进署朝见银者，却依数赐腰银；进马者依骐骥院估到价（银）〔钱〕，每一千赐银一两。如是银价过钱一千以上，即支本色钱一千（石）；若银（腰）〔价〕不及钱一千，即依原宣内所定支赐银一两。不进者不赐。如授官，除客省定赐分物外，所进对见物色并奏闻，赐放谢衣服，束带更不赐。17—21，p2121 —2123

宋会要辑稿·礼六二·赛赐一·节赐

凡立春，宰臣、亲王、使相签赐，大（镘）〔馒〕饼、中（镘）〔馒〕饼各三，大枣蒸饼一，素蒸饼二，猪内胘、白割内各二盘，白熟三十，法酒三斗。枢密使、知枢密院、参知政事、枢密副使、签书院事、宣徽使、三司使、观文殿大学士、三师、三公、东（公三司）〔宫三师〕、三少致仕曾任中书门下者亦赐。仆射、大夫、侍卫马步都指挥使至步军都虞候、节度使、留后、观察使，〔馒〕、饼、胘内并同上，惟减法酒一斗。资政殿大学士至龙图阁直学士、中丞、权知开封府、三司副使、内客省使、海外诸蕃进奏使、副使，大馒饼、中馒饼各二，枣、素蒸饼各一、胘、内各二盘，白熟二十，法酒一斗。观察使以上及皇亲刺史、副率以上，统军上将军、内客省使、驸马都尉，又赐浑金镀银幡胜二，绢幡胜五。资政殿大学士以下至待制，及防御团练使、刺史、厢都指挥至都虞候、忠佐诸司使之领（都）〔郡〕者，知通进银台、审官、审刑、纠察刑狱、太子庶子、三司判官、横行使、副使、枢密都承旨至诸房副承旨。间金镀银幡胜二，绢幡胜五。

凡正旦，宰臣、亲王、使相、枢密使，羊五口，米二硕，面五硕，米酒二斗。知枢密院至宣徽使，并同宰臣，惟米减一石。观文殿大学士、学士、三司使、三（司）〔师〕至大夫、管军节度使，羊三口，米一石，面三石，糯酒二斗。殿前侍卫都虞候、管军留后、观察使、统军留后、观察使，同节度，惟减面一石。资政殿大学士至龙图阁直学士，同观察使，惟减羊一口。四厢都指挥使至神卫厢都指挥使，羊二口，米五斗，面二石，糯酒二斗。中丞、舍人、权知开封府、三司副使、判三〔司〕勾院、知通进银台、审刑院、防御使至刺史、内客省使至诸司使、诸班值、诸军值、忠佐之领郡者，枢密都承旨、海外诸蕃进奉使、副使。羊一口，米五斗，面二石，糯酒一斗。

凡春秋二社节赐，并同立春。凡寒食节料，并同正旦。又签赐宰臣、亲王、使相，连珠神馓五子泯粥一分，白（锡）〔饧〕一斤，法酒二斗。枢密使至三司使、观文殿大学士、学士、三（司）〔师〕至大夫、管军至步军都虞候、节度使、留后、观察使，同宰臣，惟减酒一斗。资政殿大学士至龙图阁直学士、中丞、知开封府、三司副使、内客省使、海外进奉使、副使。连珠神馓三子泯粥一分，黑（锡）〔饧〕二斤，法酒一斗。

凡端午，宰臣、亲王、使相赐，白团、粽子各二百，粉食一百，法酒三斗。枢密使至三司使、观文殿大学士、学士、三师至大夫、管军至步军都虞候、节度使、留后、观察使，同宰臣，惟减酒一斗。资政殿大学士至龙图阁直学士、中丞、知开封府、三司副使、内客省使、海外进奉使、副使。白团二百，粽子一百，粉食五十，法酒一斗。

凡初伏日，宰臣、观察使已上赐，米麨、面麦各五升，蜜一斤。翰林学士承旨以下。米麨、面麦各三升，蜜半斤。旧式资政殿大学士以下。

凡重阳，宰臣、亲王、使相赐，百叶、黄、白、龙总、黄米、格子、点□、水拖、云霞、雪臆、褐糕凡十一种，法酒三斗。枢密使至观察使，同宰臣，惟减酒一斗。翰林学士承旨已下。糕减格子一种，酒减二斗。旧式资政殿大学士已下。

凡冬至节赐，并同寒食。21—23，p2123—2124

宋会要辑稿·礼六二·赉赐一·公用钱

公用钱制，使相、节度使、亲王有至二万贯者，其次万贯至七千贯，节度使五千贯，两使留后、观察防御团练使、（正副）〔至刺〕史皆第给之。刺史亦有不给者，观察已下任禁军校者，皆不给。守在边要或加给之，罢日如故。皆随月给受，如禄俸焉。咸平五年，令河北、河东、陕西诸路皆逐季给。京师给公用者：中书，宰臣月各给厨钱五十贯，参知政事三十五贯，又有添支钱百四十贯，添厨钱五十贯，制物枢密院堂后官已下共百七十二贯，凡五百二十三贯。枢密院，每月东厨三百五贯，西厨二百七十贯。玉清昭应宫使，每月百贯。景灵宫使，每月七十贯。会灵观使，每月六十贯。祥源观都大管勾，每月五十贯。宣徽院，每月厨钱八十贯。三司，每月厨钱三百贯。今每岁公用万贯。开封府，每岁万贯。门下省，每月五十贯。学士院，每月厨钱百贯。舍人院，每月三十贯。崇文院，每月七十贯。秘阁，每月二十贯。审官两院，每月各三十贯。三班院，旧每月五贯，后增十贯，今三十贯。通进银台司，每年百贯。理检院，每月五贯。登闻检院，每月五贯。鼓院，每月五贯。起居院，每月十贯。尚书都省，旧每岁百贯，今二百贯。兵部，每月五贯，今每岁一千五百贯。刑部，每月蕲州茶三百八十四斤，今每岁一千八百斤。官告院，每月五贯。御〔史〕台，每月三百贯，每至年终计支二百贯。太常寺，旧每月二十五贯，今十贯。礼院，旧每月十贯，今四十贯。宗正寺，每月十五贯。大（礼）〔理〕寺，每月二百六十三贯二百五十文。旧给茶，大中祥符二年八月计估给之。国子监，每岁一千贯，增至一万二千贯。提举诸司库务司，每给三十贯，支尽续给，不限年月。司农寺，每月十贯，今每岁三千五百贯。军器监，每岁二千贯。将作监，每岁二千贯。都水监，每岁二千五百贯。都提举市易司，每岁二千贯。太医局，每月十五贯。三京及诸道州、府、军、监旧皆有常数，其官高及曾任中书、枢密院者，临时取旨加给。并准宣定支，计月均给。知州、通判或职官上历同支，岁终支不尽者纳州库。若大两省、横行使（使）以上充此差遣，有添赐钱数，皆系特旨。熙宁中，特增定其额而分四季，每季一支。西京、南京，各六千贯。旧西京二千贯，南京一千贯。北京，八千贯，旧三千贯。京东路：东路青州，四千贯。旧五百贯。密州，一千贯。齐州，二千贯。旧二百贯。沂州，八百贯。登州，一千贯。旧二百贯。莱州，五百贯。维、淄二州，各一千贯。旧淄州二百贯。淮阳军，八百贯。西路兖州，一千五百贯。旧五百贯。徐州，二千五百贯。曹州，二千贯。旧二百贯。郓州，四千贯。旧三百贯。济州，一千五贯。单州，五百贯。濮州，一千五百贯。旧三百贯。广济军。旧一百贯，今废。京西路：南路襄州，二千贯。旧五百贯。邓州，三千贯。随、金、房、均、郢五州，各五百贯。唐州，八百贯。旧二百贯。北路许州，四千贯。旧五百贯。孟州，三千贯。蔡州，二千贯。旧三百贯。陈州，三千贯。颍州，二千五百贯。汝州，一千贯。信阳军，四百贯。滑、郑二州。旧各一千贯，郑后使相陈尧佐奏添一千贯。今并废。河北路：东路澶州，五千贯。旧二千贯。沧、冀二州，各四千贯。瀛州，六千贯。博州，一千贯。旧百五十贯。棣州，一千五百贯。旧二百贯。莫州，三千贯。旧二百贯。雄州，一万贯。旧五千贯。霸州，四千贯。旧一千贯。德、滨二州，各一千贯。旧各五百贯。恩州，四千贯。旧二千贯。永静军，一千贯。旧三百贯。乾宁、信安、保定三军，各二千贯。乾宁、保定旧五百贯，信安旧四百贯。西路真定府，七千贯。旧二千贯。相州，二千贯。旧三百贯。定州，八千贯。邢州，一千八百贯。旧一千贯。怀州，一千一百五十贯。旧二百贯。卫州，一千三百贯。洺州，一千一百五十贯。旧五百贯。深州，一千二百贯。旧七百贯，又比平塞五百贯。德清、通利二军，各二百贯。磁州，一千一百五十贯。旧二百贯。祁州，三千贯。旧五百贯。赵州，一千一百五（百）〔十〕贯。旧五百贯。保州，五千贯。旧二千贯，有沿边巡检、都监五百贯在内。安肃军，二百贯。旧一千五百贯。永宁军，二千贯。旧五百贯。广信军，二千贯。旧二千贯。顺安军。二千贯。旧五百贯。

陕西路：永兴军路永兴军，旧三千贯，今未定。河中府，三千五百贯。旧七百贯。陕州，□贯。旧□贯。延州，旧二千贯，今未定。同州，一千五百贯。旧三百贯。华州，三千五百贯。旧三百贯。耀州，一千贯。旧二百贯。邠州，二千五百贯。旧一千贯。鄜州，三千贯。旧五百贯。解州，一千贯。旧五百贯。庆州，旧五百贯，今未定。虢州，八百贯。商州，六百贯。宁州，二千贯。旧五百贯。坊州，一千贯。丹州，四百贯。环州，一千贯。旧数同。保安军，二千贯。旧四千贯。秦凤路凤翔府，五千贯。旧一千五百贯。秦州，旧一千贯，今未定。泾州，二千五百贯。旧七百贯。熙州，四万二千贯。陇州，二千贯。成州，六百贯。凤州，二千贯。旧五百贯。岷州，一万四千贯。渭州，旧一千贯，今未定。原州，一千五百贯。旧七百贯。阶州，六百贯。旧一百贯。河州，一万三千贯。镇戎军，五千贯。旧一千三百贯。德顺军，四千贯。通远军，一万二千贯。河东路：太原府，旧三千贯，今未定。潞州，三千贯。旧一千贯。晋州，二千五百贯。旧三百贯。府、麟二州，各二千贯。旧府一千贯，麟七百贯。绛州，八百贯。代州，三千贯。旧二千贯。隰州，一千贯。旧二百贯。忻州，一千二百贯。旧五百贯。汾州，一千五百贯。旧二百贯。泽州，一千二百贯。旧三百贯。宪州，一千贯。旧二百贯。岚州，一千一百五十贯。旧三百贯。石州、丰州，各一千二百贯。旧各五百贯。威胜军，一千贯。旧三百贯。平定军，五百贯。宁化、火山、保德三军，各一千二百贯。旧宁化、保德各三百贯，火山二百贯。岢岚军，二千五百贯。旧五百贯。淮南路：东路扬州，五千贯。旧五百贯。亳州，二千贯。旧七百贯。宿州，四千贯。旧三百贯。楚州，五千贯。旧三百贯。海、泰州，各八百贯。泗州，五千贯。旧三百贯。滁州，一千贯。真州，五千贯。旧三百贯。通州，七百贯。西路寿州，一千五百贯。旧三百贯。庐州，一千九百贯。旧三百贯。蕲、和二州，各八百贯。舒州，一千贯。濠州，八百贯。光州，七百贯。黄州，八百贯。无为军，七百贯。两浙路：杭州，七千贯。旧一千五百贯。越州，二千八百贯。苏州，四千贯。旧五百贯。润州，三千贯。旧二百贯。湖州，二千贯。婺州，八百贯。明州，二千六百贯。常州，三千贯。温、台、处三州，各六百贯。衢州，一千贯。睦州，八百贯。秀州，三千贯。江南路：东路江宁府，四千贯。旧七百贯。宣州，一千四百贯。旧二百贯。歙州，八百贯。江、池二（府）〔州〕，各一千贯。旧一百五十贯。饶州，一千二百贯。旧二百贯。信州，八百贯。太平州，一千贯。南康军，八百贯。广德军，五百贯。西路洪州，二千四百二十贯。旧五百贯。虔州，一千九百四十贯。旧二百贯。吉州，一千九百贯。袁、抚、筠三州，各四百八十贯。兴国军，三百贯。南安军，六百贯。临江军，七百贯。建昌军，四百贯。荆湖路：南路潭州，四千贯。旧七百贯。衡州，八百贯。道州，四百贯。永州，六百贯。郴州，四百贯。邵州，一千五百贯。旧二百贯。全州，九百贯。旧二百贯。

桂阳监，二百贯。北路江（宁）〔陵〕府，四千贯。旧一千贯。鄂、安二州，各七百贯。鼎州，八百贯。旧一百贯。澧州，一千贯。旧二百贯。峡、岳二州，各七百贯。归州，五百贯。旧一百贯。辰州，一千贯。旧二百贯。沅州，未定。成都府路：成都府，三万贯足。旧一万贯，又有钤辖五千贯。眉州，二千五百贯足。旧五百贯。蜀州，二千贯足。旧五百贯。彭州，一千五百贯足。旧五百贯。绵州，三千贯足。旧一千贯足。汉州，三千二百贯足。旧二千贯。又有（贯驻泪都益）〔驻泊都监〕钱一千五百贯。嘉州，二千五百贯足。旧五百贯。邛州，一千六百贯。旧五百贯。黎州，一千贯足。雅州，九百贯足。茂、简二州，各二千贯足。内茂州糯米二十石，面二百斤。威州，五百贯足。永康军，六百贯足。旧五百贯。陵井监，八百贯足。梓州路：梓州，四千贯足。旧二千贯。遂州，四千五百贯。旧一千五百贯，又有梓夔钤辖一千贯。果、资二州，各一千贯足。旧五百贯。普、昌二州，各八百贯足。戎州，一千五百贯足。旧一千贯。泸州，三千贯足。旧一千贯。合州，一千贯足。荣、渠二州，怀安、广安二军，富顺监，各八百贯足。利州路：兴元府，一千贯。旧数同。利州，三千五百贯。旧三千贯。洋州，七百贯。阆州，一千贯。旧数同。剑州，一千贯。旧一千五百贯。巴州，四百贯。文州，一千贯。旧五百贯。兴州，一千贯。旧一千五百贯。蓬州，五百贯。龙州，四百贯。三泉县。一百贯。夔州路：夔州，二千五百贯足。旧一千五百贯。黔州，七百贯足。旧五百贯。达州，五百贯足。施州，一千贯足。旧五百贯。忠、万二州，各五百五十贯足。开州，五百贯足。涪州，八百贯足。渝州，二千五百贯足。云安军，五百贯足。梁山军，五百五十贯。南平军，未定。大宁监，四百五十贯足。福建路：福州，二千贯。旧五百贯。建州，四百贯。邵武、兴化二军，各三百贯。广南路：东路广州，四千五百五十贯。旧六百贯。韶州，九百贯。循州，一百九十贯。潮州，二百贯。连州，一百九十贯。贺州，一百九十贯。旧二百贯。封、端二州，各二百五十贯。新州，一百九十贯。康州，二百五十贯。南恩州，一百九十贯。南雄州，五百贯。英州，四百贯。惠州，二百五十贯。西路桂州，四十贯。旧四百贯。容州，三百二十贯。邕州，二千一百二十贯。象州，二百四十贯。融州，五百贯。旧一百贯。昭州，一百二十贯。梧州，一百贯。藤州，一百二十贯。龚、浔、贵、柳四州，各一百贯。宜州，一千二百贯。旧五百贯。宾州，一百五十贯。横、化、高、雷、白五州，各一百贯。钦州，五百贯。旧一百贯。郁林州，一百贯。廉州，四百贯。旧一百贯。琼州，二百五十贯。昌化、万安、朱崖三军，各四百贯。

　　使相，初赐七千贯，加赐有至万贯者，亲王有至二万贯者。节度使，初赐二千贯，加赐有至五千贯者，枢密使（成）〔及〕宗室管军有初赐三千贯者。两使留后，初赐一千贯，加赐有至四千贯者。观察使，初四千贯，加赐有至三千贯者。防御使，初赐千贯。加赐有至二千贯。团练使，初赐千贯，加赐有至千五百贯。刺史，初赐千贯。并准宣定支本官自用。若皇亲及管军任者或移镇加恩，皆添赐，并系特旨。23—30，p2123—2127

【神宗熙宁元年九月】二十八日，三司言："天章阁待制王猎奏，皇亲月料、嫁娶、生日、郊礼给赐，乞检定则例，编附《（录）〔禄〕令》。省司看详，其间颇有过当及不均一，欲量行裁减。"从之。42，p2136

【熙宁】三年正月十七日，诏："定制，皇族非祖免以下更不赐名授官，只令应举。今后其所生男女及死亡者关报。逐祖下袭公爵者置籍纂录，岁终上玉牒所；其未出官者，依旧入大小学。祖宗祖免亲外两世贫无官，合量赐田者，大宗正司今后体量，有如此即具诣实以闻。祖宗祖免男，近制赐名授官，与右班殿直，年十五支请授里头穿执、逐日吃食、祔葬送殡盘缠钱，依旧时服，南郊赏给依外官例，至赴朝参日赐马一匹价钱。祖宗祖免女未出适日给食，出适支料钱三贯。祖宗祖免亲新妇日给食，并夫亡无子孙食禄者，料钱、衣赐依旧，余请给物皆罢。祖宗祖免及非祖免男、女、新妇诸请给物，系降敕已前合支者依旧例。"43，p2136

【元丰四年七月】二十三日，上批："出界诸军支禁军钱千，民兵、厢军、剩员降一等。"45，p2138

【哲宗元祐三年】闰十二月六日，诏太中大夫以上知、判州府，添赐公使钱。正任团练使、遥郡防御使以上至观察使，并分大郡、次郡。初除次郡，俸钱各减四分之一，移大郡全给。留后、节度使分大镇、次镇、小镇，递减五万。刺史以下、使相以上不减。其刺史至节度使公使钱，依俸钱分数裁减。48，p2140

【元祐】四年九月十八日，诏观文殿大学士、知永兴军韩缜，观文殿学士、知（颖）〔颍〕昌府范纯仁，并依《大礼令》赐物外，加赐缯器币三百匹，纯仁半之。48，p2140

【元祐四年九月】二十日，诏太子太保致仕张方平，依《大礼令》赐器币。48，p2140

【绍圣】二年十月十九日，诏诸司使已下差新旧城里都同巡检、南郊宿卫，依《大礼令》，内管勾事加赐银绢，御厨、翰林仪鸾司应奉官，武臣诸司使，文臣朝奉郎以上，诸司副使、通直郎以上，内殿承制以下，并小使臣宣德郎至承务郎，银绢有差。49，p2140

《徽宗纪》：大观元年三月三日，臣僚言："伏见《诸路将敕》节文：

'公使钱内岁给买药钱，每五千人三十贯。'据一岁之久，五六千人之多者，止以三（千）〔十〕贯为率，（切）〔窃〕恐有所未周。况逐将公使钱除犒设等支用外，每岁各有余剩，乞指挥诸〔将〕每岁量人数病状多寡，相度于公使钱内量增药钱，用心均给。"诏将岁给药钱每将于公使钱内各添钱十贯文。50，p2141

【大观二年】五月十一日，户部尚书、详定一司敕令左肤等札子："立定自学士至兵马都钤辖公使钱：（水）〔外〕任给，内曾任执政官以上不限内外并给。观文殿大学士曾任宰相，钱一千五百贯；观文殿学士、资政殿大学士、资政殿学士、端明殿学士曾任宰相、执政官，钱一千贯，余七百贯；龙图、天章、宝文、显谟、徽猷阁学士、直学士、待制、枢密直学士及太中大夫以上，五百贯。已上兼安抚经略使或马步军都总管、兵马都钤辖，各加钱一百贯。乞从本所依此刊为定制，仍乞不限内外，并所领职任一等支给。"诏依所奏，其资政殿学士可以七十贯别为一等。51，p2141—2142

建中靖国元年三月二十五日，诏："自刺史至节度使公使钱并减半，使相以上不过五千贯。"绍圣中罢此令，复用元丰旧制，唯宗室公使及生日支赐依元祐条格。至是以覃恩迁正任者众，三省以为言，故有是诏。51，p2142

宋会要辑稿·礼六二·赉赐 二

【绍兴三年】十二月十三日，迎奉奉安昭慈圣献皇后神御兼奉上册宝都大主管所言："昭慈圣献皇后改谥册宝等事，其礼仪使以下并官吏等各有礼毕支赐银绢，今依除几筵例比拟下项：发册宝，奉宝侍中、奉册中书令各一员，无例，并不支赐；礼仪使一员，银绢一百匹两。行事、陪位官一十员：礼部侍郎二员、中书舍人一员，各三十匹两；郎官五员、太常博士二员，各七（百）〔匹〕两。睿思殿祗应散祗候共二十一员，各三匹两。告庙，行事、陪位官四员：侍郎一员、中书舍人一员，各三十匹两；郎官二员，各七匹两。神御进发，太祝郎官一员，七匹两。告庙礼直官五人，各三（四）〔匹〕两。发册宝并告迁权安奉，诸司官二员，各三十匹两。温州行事、陪位官七员：郎官二员，各七匹两；温州官五员，各五匹两。告迁权奉安，治路至温州奉安主管诸司官二员，各三十匹两。扶侍内侍官三员，昨扶（获）〔护〕几筵官各一十匹两。觑步照管官一员，昨照管事务官七匹两。告庙发册、造迁神御、治路至温州奉安礼仪使都大主管官一员，一百匹两。承受奏报一员，一十五匹两。都大主管所使臣、人吏、礼直、克择官等共一十九人，人吏二匹两，使臣、礼直官各三匹两，克择官五匹两。主管诸司提辖事务下人吏四人，各二匹。使臣一名，三匹。赞者二人，各二匹。供官二人，各一匹。巡视等亲事官一十八人，各一匹。发册宝、告迁权奉安诸司下行遣人吏四人，各二匹。亲事官四人，各一匹。温州景灵宫主管官一员，三十匹两。温州景灵官太庙干办官三员，各五匹两。"诏并依，令户部支给。57—58，p2145—2146

【绍兴十三年】十二月二十七日，金国遣（元）〔完〕颜晔、马谔等来贺。是年和议方定，始令有司立《每年金国贺正、贺生辰使人（锡）〔赐〕类格目》。到阙，使一百两，金花（钞）〔金〕钞锣唾盂子一副；副使八十两，金花银钞锣唾盂子一副。朝见，使衣八件：紫春罗夹公服、淡黄罗绵袄子、绵背子、勒帛、熟白小绫宽汗衫、宽夹袴、红罗软（秀）〔绣〕夹抱肚、三襜；金二十二两御仙花腰带，金五两数鱼袋，牙笏，靴，幞头，折马银五十两，银一百两钞锣一面。副使衣七件：紫春罗夹公服、淡黄罗绵袄子、勒（常）〔帛〕、熟白小绫宽汗衫、宽夹袴、红罗软绣夹抱肚、三襜；金二十两御仙花腰带，金五两数鱼袋，牙笏，靴，幞头，折马银五十两，银一百两钞锣一面。都管各衣五件：紫春罗夹旋襕、熟白小绫窄汗衫、夹袜头袴、淡黄大绫绵袄子、小绫勒帛；金镀银一十五两荔枝腰带，银二十两盖碗，丝鞋。上节各衣五件：中苔红锦葵花夹旋襕、熟白小绫窄汗衫、夹袜头袴、淡黄大绫绵袄子、小绫勒帛，金镀银一十五两双鹿儿束带，银二十两盖碗，丝鞋。中节各衣四件：小苔红绵葵花夹旋襕、熟白小绫夹袜头袴、淡黄大绫绵袄了、小绫勒帛；金镀银一十两双鹿儿束带，银二十两数碗，丝鞋。下节各衣五件，紫小绫夹旋襕、熟白小绫窄汗衫、娟夹袜头袴、淡黄小绫绵袄子、勒帛；金镀银一十两只鹿儿束带，银一十两数碗，节衣。贺正旦，赐使衣六件：紫素罗夹公服、淡黄小绫勒帛、熟白小绫宽汗衫、宽夹袴、红罗软绣夹抱肚，三襜。副使衣五件：紫罗夹公服、淡黄小绫勒帛、熟白小绫宽汗衫、宽夹裤、红罗软绣夹抱肚。都管各衣三件：紫春罗夹旋襕、熟白小绫窄汗衫、淡黄小绫勒帛。三节人从各衣三件：紫素罗夹旋襕、熟白小绫窄汗衫、淡黄小绫勒帛。射弓，使衣五件：紫春罗窄夹四襟黄罗襕、熟白小绫窄汗衫、夹袜头袴、淡黄罗绵袄子、红罗软绣夹抱肚；金二十两数御仙花束带，折马银五十两。副使衣五件：紫春罗窄夹四襟黄罗襕、熟白小绫宽汗衫、夹袜头袴、淡黄罗绵袄子、红罗软绣夹抱肚；金一十五两数御仙花束带，折马银五十两。伴射官衣五件：紫罗窄夹四襈淡黄大绫襕、熟白小绫窄汗衫、夹袜头袴、淡黄小绫勒帛、红罗软绣夹抱肚；金二十两数腰带，以金料充。节度使二十五两，银七十两数鞍辔一副，以银料充，折马银五十两。馆伴副使衣五件：紫素罗窄夹四襈淡黄大绫襕、熟白小绫窄汗衫、夹袜头袴、淡黄小绫勒帛、红罗软绣夹抱肚；金二十两数腰带，以金料充。馆伴使不射弓，赐七两数银碗一只。朝辞，使衣八件：紫春罗夹旋襕、熟白小绫窄汗衫、夹袜头袴、淡黄罗绵袄子、锦背子、勒帛、红罗软绣夹抱肚、三襠；金二十两数御仙花束带，银一百两钞锣一面。副使衣七件：紫春罗夹旋襕、熟白小绫窄汗衫、夹袜头袴、淡黄罗绵袄子、勒帛、红罗软绣夹抱肚、三襠；金一十五两数御仙花束带，银一百两钞锣一面。都管各衣五件：紫春罗夹旋襕、熟白小绫窄汗衫、夹袜头袴、淡黄大绫绵袄子、小绫勒帛；银二十两盖碗，丝鞋。上节衣各五件：紫大绫绵旋襕、熟白小绫窄汗衫、夹袜头袴、淡黄大绫绵袄子、小绫勒帛；银二十两盖碗，丝鞋。中节衣各四件：紫大绫绵旋襕、熟白小绫夹袜头袴、淡黄大绫绵袄子、小绫勒帛，银二十两盖碗，丝鞋。下节各衣五件：紫细绸绵旋襕、熟白小绫窄汗衫、绢夹袜头袴、淡黄小绫绵袄子、勒帛，银二十两盖碗。密赐，使一千两，内二百两盆一口，一百两数内瓶二只，钞锣二面，合二具，注碗二只。副使五百两，内一百两盆一口，瓶二只，注碗一只，钞锣一面。63—65，p2149—2150

【绍兴】二十五年九月三十日，诏占城国进奉人支赐，见：使紫罗宽衫、小绫宽汗衫、大绫夹袜头袴、小绫勒帛、一十两金花银腰带、幞头、丝鞋、衣着三十匹、紫绮被褥毡一；副使紫罗宽衫、小绫宽汗衫、大绫夹袜头袴、小绫勒帛、七两金腰带、幞头、丝鞋、衣着二十匹；判官各罗宽衫、绢汗衫、小绫夹袜头袴、小绫勒帛、一十两金花银腰带、幞头、丝鞋、衣着一十匹；防援官各紫官绸衫、绢汗衫、绢夹袜头袴、绢勒帛、幞头、麻鞋、衣着七匹。辞：使紫罗窄衫、小绫窄汗衫、小绫勒帛、银器五十两、衣着三十匹；副使紫罗窄衫、小绫窄汗衫、小绫勒帛、银器三十两、衣着二十匹；判官各紫罗窄衫、银器一十两、衣着一十匹；防援官各银器七两、衣着五匹。66，p2150—2151

【绍兴二十五年】十一月二十二日，诏别赐占城国国信礼物：翠毛细法锦夹袄子一领，二十两金腰带一条，银器二百两，衣着绢三百匹，白马一匹，八十两闹装银鞍辔一副。所属制造讫，送祗候库打角，学士院封题请御宝，付客省关送押伴所施行。因其遣使入贡，故以赐之。67，p2151

【绍兴三十二年】八月一日，诏皇子生日并诸节序，各合取赐物色，除端午扇依已得指挥减半外，余并依《元丰令》取赐。68—69，p2152

宋会要辑稿·礼六二·赉赐 二·辞赐

孝宗隆兴元年正月二十一日，入内内侍省奏："检准本省《令》①：'诸宰执官一年内再有迁转者，支赐减半，特旨全赐者依特旨。'勘会史浩于去年八月内除参知政事，今来转右仆射，支赐合行减半。"诏特与全赐。浩寻奏乞减半，从之。92—93，p2165

---

① 本省《令》即是《入内内侍省令》的简称。

五、舆服

宋会要辑稿·舆服一·卤簿仪仗杂律

【建隆四年八月】十八日，南郊礼仪使陶谷言："按《礼令》：'大驾车辂三十六乘。'今太仆寺见管只二十八乘，内（王）〔玉〕辂等二十五乘，本寺见修饰。余安车、四（乘）望车、辟恶车三乘，望亦令修饰。所阙白鹭车一、革车一、属车六。又《令》文旧有副车，近代停废，望并下有司修制。又金吾将军、左右十二卫将军引驾、押仗，自来只着紫衣，今请依《开元礼》，各服本色绣袍。金吾以辟邪，左右卫以瑞马，骁卫以雕虎，威卫以赤豹，武卫以瑞鹰，领军卫以白泽，监门卫以狮子，千牛卫以犀牛，六军以孔雀为文，并下所司修制。又仪仗内所着五色画衣既法五行，合依其序。望以五行相生之色为次，黑为先，青、赤、黄、白次之。又仗中有具装人马甲，自来止以常铠甲给之，今请依式别造，用补坠典。"从之。16，p2176

宋会要辑稿·舆服四·天子服

【建隆元年二月】十九日，太常礼院言："准少府监准少府监牒，请具衮龙衣、绛纱袍、通天冠制度令式。衮冕，垂白珠十有二旒，以组为缨，色如其绶，黈纩充耳，玉簪导。玄衣纁裳十二章：八章在衣，日、月、星辰、山、龙、华虫、火、宗彝；四章在裳，藻、粉米、黼、黻。衣褾领如上，为升龙，皆织就为之。山、龙以下每章一行，重以为等，每行十二。白纱中单，黼领、青褾、襈、裾。蔽膝加龙、山、火三章，革带，玉钩𫐓。大带，素带朱里，纰其外，上朱下绿，纽约用组。鹿卢玉具剑，大珠镖首，白玉双佩，玄组。双大绶六采，玄、黄、赤、白、镖、绿，纯玄质，长二丈四尺五寸，首广一尺。小双绶长二尺六寸，色同大绶，而首半之间，施三玉环。朱袜赤舄，加金饰。"诏可。1，p2225

宋会要辑稿·舆服四·臣庶服

太宗太平兴国七年正月九日，诏曰："士庶之间，车服之制，至于丧葬，咸有等差。近年以来，颇成（踰）〔逾〕僭。宜令翰林学士承旨李昉等详定以闻。"既而昉等上言："今参详，伏请今后富商大贾乘马，漆素鞍者勿禁。近年品官绿袍及举子白襕下皆服紫色，亦请禁断。其私第便服，许紫皂衣、白袍。旧制，庶人服白，今请通许服皂。又参详近年工商、庶人家乘檐子，或用四人、八人。今请禁断，听乘车；兜子，舁不得过二人。"并从之。5，p2229

端拱二年十一月九日，诏曰："国家先定车服制度，如闻士庶尚有奢僭。今后应文武升朝官及武臣、内职、禁军指挥使、诸班押班、厢军都虞候、防团副使以上并得乘银装绦子鞍辔；其正五品以上即许闹装；余人悉禁，恩赐不拘此限。京官充知州军及通判者许权依六品以下升朝官例，乘银装绦子鞍辔，回日依旧。其品官所服带，已有条制。今后县镇场务诸色公人并庶人、商贾、伎术、不系官伶人，只得服皂、白衣、铁、角带，不得服紫。至道元年六月，复许庶人服紫（帝）〔带〕，以时俗所好，冒法者众，故除其禁。文武升朝官及诸司副使、禁军指挥使、厢军都虞候之家子弟不拘此限。幞头、巾子自今高不过二寸五分，妇人假髻并宜禁断，仍不得作高髻及高冠。其销金、泥金及真珠装缀衣服，除命妇许服外，余人并禁。"5，p2229

至道元年六月二十四日，诏："先是端拱二年十一月乙酉诏书申明车服制度，士、庶、工商先不许服紫。自今许，所在不得禁之，余悉如前诏。"5，p2229

大中祥符元年二月十五日，三司言："准《诏》：'开封府民违制造蹙金、泥金、销金，已从别处分，令申明旧制者。'窃以山泽之宝，所得至难，傥纵销镕，实为虚费。今约天下所用，岁不下十万两，俾上币弃于下民，自今金银箔线、贴金、销金、泥金、蹙金线裹贴什器土木玩用之物，并请禁断，非命妇不得以为首饰。冶工所用器，悉送官，违者所由捉搦，许人纠告，并以违制论。告者给赏钱，仍以犯人家财充。诸州寺观有以金箔饰尊像者，据申三司，听自赍金银工价就文思院换给。"从之。先是，真宗谓辅臣曰："近者士庶颇事侈靡，衣服器玩多镕金为饰，工人炼金为箔者，其徒日繁，当令禁止。据其数岁费用甚多，坏不可复，寖以成风。此深可戒。"乃命条约焉。6，p2230

【大中祥符元年】六月八日，禁皇亲诸亲召募工匠造侈靡服。6，p2230

【大中祥符】二年正月十日，诏申禁镕金以饰器服，犯者重绳之。6，p2230

景祐元年五月一日，诏曰："织文之奢，不鬻于国市，纂组之作，实害于女功。朕稽若令犹，务先俭化，深惟抑末，缅冀还淳。然犹杼轴之家，相矜靡丽；衣服之制，弗戒纷华。浮费居多，（踰）〔逾〕侈斯甚。宜惩俗尚，用谨邦彝。内自掖庭，外及宗戚，当奉循于明令，无轻犯于禁科。其锦背、绣背、遍地密花透背段子，并从禁止。见制造成者，与限百日，擘划变转。如有违犯，并根勘收禁奏裁，衣服没官，诸色人告捉赏钱五十贯，以犯人家财充。皇亲、宫院、公主宅勾当使臣觉察，无得违犯。在京、西川见织造上供者并停。"6，p2230—2231

【景祐元年】闰六月二十一日，梓州转运使张从革乞申明条贯，禁绝透背段子，诏："（密）〔遍〕地密花锦背透背段子、织成遍地密花锦背透背衣物并禁断。其稀花团窠、杂花不相连者更不禁止。"6，p2231

【景祐三年】六月十五日，中书门下言："臣庶之家，多剥鹿胎以为冠饰，比来浸盛。欲令刑部布告，一切禁断，不得采捕鹿胎，制造冠子。如违，许人陈告。"奏可。6，p2231

【景祐三年】八月三日，诏曰："天下士庶之家，凡屋宇非邸店、楼阁临街市之处，毋得为四铺作、闹斗八。非品官毋得起门屋。非宫室、寺观毋得彩绘栋宇及间朱黑漆梁柱、窗牖、雕镂柱础。凡器用表里毋得用朱漆、金漆，下毋得衬朱。非三品以上官及宗室、戚里之家毋得用金棱器。其用银棱者毋得镀金。玳瑁酒食器非宫禁毋得用。纯金器若经赐者，听用之。凡命妇许以金为首饰，及为小儿铃镯，余以为钗篦、钏缠、珥环者听之。仍毋得为牙鱼、飞鱼奇巧飞动若龙形者。其用银仍毋得镀金。非命妇之家毋得以真珠装缀首饰、衣服及项珠、缨络、耳坠、头须、抹子之类。凡帐幔、缴壁、承尘、柱衣、额道、项帕、覆荐、床裙，毋得用纯锦遍绣。宗室戚里茶檐、食合，毋得以绯红盖覆。豪贵之族所乘坐舁子，毋得用朱漆及五彩装绘，若用黑漆而间以五彩者听之。民间毋得乘檐子，及以银骨锹、水鑵子引喝随行。其用兜子者所异毋得过二人。违者物主工匠并以违制论，工匠刺配他州。有陈告者赏钱五万，其过百日而不变毁者坐之。宜令宣徽院、御史台、阁门、左右金吾街仗司、开封府觉察以闻。"7，p2231—2232

庆历八年二月二十七日，诏曰："闻士庶仿效胡人衣装，裹番样头巾，着青绿及乘骑番鞍辔，妇人多以铜绿兔褐之类为衣。宜令开封府限一月内止绝，如违，并行重断。仍仰御史台、阁门弹纠以闻。"7，p2232

皇祐元年十月十九日，诏妇人所服冠高毋得逾四寸，广毋得逾一尺，梳长毋得逾四寸，毋得以角为之，犯者重置于法，仍听陈告。先是，宫中尚白角冠、梳，人争仿之，至谓之"内样"。冠名曰"垂肩""等肩"，至有长三尺者；梳长亦（踰）〔逾〕尺。议者以为服妖，故禁止之。7，p2232

皇祐四年五月一日，诏禁白角冠子，限一月止绝。7，p2232

嘉祐五年六月，详定编敕所言："皇亲宫院有违禁衣服、首饰、器用之类，及虽系所赐，或父祖所置者，听（百）〔自〕改造之；如违，令本宫使臣觉察，申大宗正司施行。"从之。7，p2232

徽宗政和元年十二月七日，诏："《元符杂敕》：诸服用以龙或销金为饰，并服遍地密花透（骨）〔背〕、锦背、绣背服，及以纯锦遍绣为帐幕者，徒二年，工匠加二等，许人告捕。虽非自用，与人造作，同严行禁之。"7，p2232

宣和元年正月五日，诏："先王之法坏，胡乱中华，遂服胡服。习尚既久，人不知耻，木之有禁，非用夏变夷之道。应敢胡服若毡笠、钓敦之类者，以违御笔论。"7，p2232

【乾道】九年十二月十五日，详定三司敕令所状："《乾道重修仪制令》：'诸中书舍人、左右谏议大夫、龙图、天章、宝文、显谟、徽猷、敷文阁待制、权侍郎许服红鞓排方、黑犀带，仍佩鱼。'改修下条：'诸中书舍人、左右谏议大夫、龙图、天章、宝文、显谟、徽猷、敷文阁待制、权侍郎许服红鞓排方、黑犀带，仍佩鱼。诸狨毛座，职事官权六曹侍郎、寄禄官太中大夫以上，及学士、待制，或经恩赐者，许乘。二衙或节度使曾任执政官者准此'；'诸凶服不入公门，居丧而夺情从职者，照依本品，唯以浅色，去金玉饰。在家即如丧制。'改修下条：'诸凶服不入公门，居丧而夺情从职者服依本品，唯色浅，去金玉饰。在家即如丧制’；‘诸文武升朝官及伎术官大夫以上并用屦。学生同。内朝请、武功郎以下减繶，学生减綦。从义、宣教郎以下并用屦。伎术官、翰林良医以下及将校亦同。’改修下条：‘诸文武及伎术官并用靴。将校同。朝请、武功郎以上减繶，从义、宣教郎、伎术官、翰林良医以下、将校各减繶、纯。学生服者减綦’；‘诸州职员及职级许履袍、执笏。经略、安抚、总管、钤辖、发运、盐司职级准此。’改修下条：‘诸州职员及职级许靴、袍、执笏。靴减繶，经略、安抚、总管、钤辖、发运、盐司职级准此。’《乾道重修仪制式》：‘履用黑革，以绚、繶、纯、綦饰之，各随服色。学生履以綦、纯、繶、纯用青。减繶者亦名履，减繶、纯者名屦。绚，履上饰。繶，饰底。纯，缘也。綦，履带。’改修下条：‘靴用黑革，以麻底一重、皮底一重、白绢衲毡为里。自底至靿口高八寸，以绚、繶、纯、綦饰之，各随服色。学生绚、纯并用青’。”诏从之。8—9，p2233—2234

大中祥符二年，诏申禁镕金以饰器服。又太常博士、知温州李邈言：“两浙僧求丐金银珠玉，错末和泥，以为塔像，有高袤犬者，毁碎珠宝，浸以成俗。望严行禁绝，违者重论。”从之。9，p2234

【大中祥符】七年，禁民间服销金及跋遮那缬①。9，p2234

【大中祥符】八年，诏：“内庭自中宫以下并不得销金、贴金、间金、戢金、圈金、解金、剔金、陷金、明金、泥金、楞金、背影金、盘金、织金、金线捻丝，装着衣服并不得以金为饰。其外庭臣庶家悉皆禁断。臣民旧有者，限一月许回易。为真像前供养物，应寺观装功德用金箔，须具殿位真像显合增修创造数，经官陈状，勘会诣实闻奏，方给公据，诣三司收买。其明金装假果、花板、乐身之类，应金为装彩物，降诏前已有者，更不毁坏，自余悉禁。违者，犯人及工匠皆坐。”是年，又禁民间服皂班缬衣。9，p2234

仁宗天圣三年，诏：“在京士庶不得衣黑褐地白花衣服，并蓝、黄、紫地撮晕花样；妇女不得将白色、褐色毛段并淡褐色匹帛制造衣服。令开封府限十日断绝，妇女出入乘骑，在路披毛褐以御风尘者，不在禁限。”9，p2234

【天圣】七年，诏士庶、僧道无得以朱漆饰床榻。9，p2234

【天圣】九年，禁京城造朱红器皿。9，p2234

神宗熙宁九年，禁朝服紫色近黑者。民庶止令乘犊车，听以黑色间五

---

① “跋遮那”是佛教僧侣袈裟右肩下的大环扣搭。

彩为饰，不许呵引及前列仪物。9，p2234

　　政和二年，诏："后苑造缬帛，盖自元丰初置为行军之号，又为卫士之衣，以辨奸诈，遂禁止民间打造。令开封府申严其禁，客旅不许兴贩缬板。"9，p2234

　　【宁宗嘉泰】二年闰九月七日，中书门下省言："见今朝靴样制不一。得旨降下样制，靿高九寸，靿口可改作四直。工部勘当，欲参用履制度，絇、今抹口。繶、今裹底。纯、今缘。綦，今束。文武官各随其服色。大夫以上具四饰，用抹口、缘、束裹底。朝请郎、武功郎以下去繶，用抹口、缘、束。从义郎、宣教郎以下至将校、伎术官去繶、纯，用抹口、束。仍用麻底二重、皮一重，里用白绢纳毡，表用皂皱、羊皮底，靿口高八寸，准尺大小，随宜增减，各随服色。"诏工部画样颁下。10，p2236

宋会要辑稿·舆服四·朝服

　　康定二年十月，少府监言："每大礼，朝服法物库定百官品位，支给朝服。今朝班内有官卑品高及官高品卑者，难为临时参定，或恐差舛，有违典礼。望下礼院详定百官朝服等第，令本库依官品支给。"诏礼院参酌旧制。礼院言："准《衣服令》：'五梁冠，犀簪导、珥笔，朱衣、朱裳，白罗中单，并皂褾襈、方心曲领，大带，革带，蔽膝，随罗色。玉装剑、玉佩，锦绶间施二玉环，白袜，乌皮履。一品、二品侍祠、大朝会则服之，中书门下则加笼巾、貂蝉。'准《官品令》：'一品：尚书令、太师、太傅、太保、太尉、司徒、司空，太子太师、太傅、太保；二品：中书令、侍中、左右仆射，太子少帅、少傅、少保，诸州府牧、左右金吾卫上将军。'又准《阁门仪制》：'以中书令、侍中、同中书门下平章事为宰臣，亲王、枢密使、留守、节度使、京尹兼中书令、侍中、同中书门下平章事为使相，枢密使、知枢密院事、参知政事、枢密副使、同知枢密院事、宣徽南北院使、签书枢密院事并在东宫三师之上。以上品位、职事，请准上条给朝服。宰臣、使相则加笼巾、貂蝉。其散官勋爵不系品位，止从正官。后条余品准此。'又准《衣服令》：'三梁冠，犀簪导、白纱中单，银剑佩、银环，余同五梁冠。诸司三品、御史台四品、两省五品侍祠、大朝会则服之，近制并有中单。御史中丞则冠獬豸。'准《官品令》：'诸司三品：诸卫上将军，六军统军，诸卫大将军，神武、龙武大将军，太常、宗正卿，秘书监，光禄、卫尉、太仆、大理、鸿胪、司农、太府卿，国子祭酒，殿中、少府、将作、司天监，诸卫将军，神武、龙武将军，下都督，三京府尹，五大都督府长史，亲王傅。御史台三品、四品：御史大夫、御史中丞。两省三品、四品、五品：左右散骑常侍，门下中书侍郎，谏议大夫，给事中，中书舍人。尚书省三品、四品：六尚书，左右丞，诸行侍郎。东宫三品、四品：太子宾客，太子詹事，太子左、右庶子，太子少詹事，太子左、右谕德。'又准《阁门仪制》：'节度使、文明殿学士、资政殿学士、三司使、翰林学士承旨、翰林学士、资政殿学士、端明殿学士、翰林侍读学士、侍讲学士、龙图（阁）〔閤〕学士、枢密直学士、龙图、天章阁直学士，并次中书侍郎；节度观察留后，并次诸行侍郎；知制诰，龙图、天章阁待制，观察使，并次中书舍人；内客省使次太府卿；客省使次将作监；引进使、防御、团练、三司副使，并次左右庶子。以上品位、职事，请准上条给朝服。'又准《衣服令》：'两梁冠，铜剑、佩、环，余同三梁冠。四品、五品侍祠、大朝会则服之。六品则去剑、佩、绶，御史则冠獬豸，衣有单。'又准《官品令》：'诸司四品：太常、宗正少卿，秘书少监，光禄等七寺少卿，国子司业，殿中、少府、将作、司天少监，三京府少尹，太子率更令，家令、仆，诸卫率府率、副率，诸军卫中郎将，诸王府长史、司马，大都督府左、右司马，内侍。尚书省五品：左、右司诸行郎中。诸司五品：国子博士，五经博士，太子中允，左、右赞善大夫，都水使者，开封祥符、河南洛阳、宋城县令，太子中舍、洗马，内常侍，太常、宗正、秘书、殿中丞，著作郎，殿中省五尚奉御，大理正，诸王友，诸军卫郎将，诸王府谘议参军，司天五官正，太史令，内给事。诸升朝官六品以下：起居郎，起居舍人，侍御史，尚书省诸行员外郎，殿中侍御史，左、右司谏，左、右正言，监察御史，太常博士，通事舍人。'又准《阁门仪制》：'四方馆使次七寺少卿，诸州刺史次太子仆，谓正任不带使职者。东、西上阁门使次司天少监，客省、引进、阁门副使并次诸行员外郎。以上品位、职事，据令文但言四品、五品，亦不分班叙上下。'今请自尚书省五品以上，及诸州刺史以上，准上条给朝服。其诸司五品以上，实有官高品卑，及品高官卑者，合自诸司五品、国子博士至内给事并依六品以下例，去剑、佩、绶。御史则冠獬豸，衣有中单。其诸司使、副使以下至阁门祗候，如有摄事合请朝服者，并同六品。"诏从之。11—12，p2236—2238

【神宗元丰二年】八月二十九日，详定朝会仪注所言："《周礼》：

'天子视朝则皮弁，服十五升衣，积素以为裳。'《记》所谓'皮弁素积'是也。诸侯视朝则委貌冠，其服缁布衣，亦积素以为裳，《诗》所谓'缁衣之宜兮'是也。凡在朝，君臣同服。汉氏承秦，改六冕之制，但玄冠、绛衣而已。魏以来名为五时朝服，隋唐谓之具服。一品以下、九品以上皆绛纱（襌）〔禪〕衣，其冠有五梁、三梁、二梁、一梁之别。《隋志》曰：'梁别贵贱，自汉始也。'绶则以组为之，本以贯佩玉相承受。战国尚武而去佩，但留其系璲，而秦乃以采组连于璲，转相结受，因以为饰，所谓绶也。韦彤《五礼精义》曰：'绶以别尊卑，彰有德，故汉制相国至百石吏绶有三采、二采、一采之等。'然则冠以梁之多少别贵贱，绶以采之粗褥异尊卑，其来尚矣。古者制礼，上物不过十二，天之数也。自上而下，降杀以两。畿外诸侯远于尊者而伸，则以九、以七、以五，从阳奇之数；王朝公卿大夫近于尊者而屈，则以八、以六、以四，从阴偶之数。本朝《衣服令》：'通天冠二十四梁，为乘舆服。'盖二十四梁，以应冕旒前后之数。若人臣之冠，则自五梁而下，与汉唐少异矣。至于绶，则乘舆及皇太子以织成，诸臣用锦为之。一品、二品冠五梁，中书、门下加笼巾、貂蝉。诸司三品三梁，四品、五品二梁，御史台四品，两省五品亦三梁。而绶有晕锦、黄师子、方胜、练鹊四等之殊。六品则去剑、佩、绶。隋唐冠服皆以品为定，盖其时官与品轻重相准故也。今之令式尚或用品，虽因袭旧文，然以官言之，颇为舛谬。概举一二，则太子中允、赞善大夫与御史中丞同品，太常博士品卑于诸寺丞，太子中舍品高于起居郎，内常侍才比内殿崇班，而在尚书诸司郎中之上，是品不可用也。若以差遣，则有官卑而任要剧者，有官品高而处冗散者，有一官而兼领数局者，有徒以官奉朝请者，有分局莅职特出于一时随事立名者，是差遣又不可用也。以此言之，用品及差遣定冠绶之制，则未为允当。伏请以官为定，庶名实相副，轻重有准。仍乞分官为七等，冠绶亦如之。貂蝉、笼巾、七梁冠，天下乐晕锦绶，为第一等。蝉旧以玳瑁为蝴蝶状，今请改为黄金附蝉。宰相、亲王、使相、三师、三公服之。七梁冠、杂花晕锦绶，为第二等，枢密使、知枢密院至太子太保服之。六梁冠，方胜宜男锦绶为第三等，左右仆射至龙图、天章、宝文阁直学士服之。五梁冠、翠毛锦绶，为第四等，左右散骑常侍至殿中、少府、将作监服之。四梁冠、簇四雕锦绶，为第五等，客省使至诸行郎中服之。三梁冠、黄师子锦绶，为第六等，皇城以下诸司使至诸卫率府率服之。内臣自内常侍以上及入内省、内侍省、内东西头供奉官、殿头，前班、东西头供奉官、左右侍禁、左右班殿直，京官秘书郎至诸寺监（簿主）〔主簿〕既预朝会，亦宜朝服从事。今参酌，自内常侍以上冠服，各从本等，寄资者如本官，入内内侍省、内东西头供奉官、殿头，三班使臣、陪位京官为第七等，皆二梁冠，方胜练鹊锦绶。高品以下服色，依古者，（韠）〔鞸〕、袚、舄、屦并从裳色。今制，朝服用绛衣，而锦有十九等。其七等绶谓宜纯用红锦，以文采高下为差别，惟法官绶用青地荷莲锦，以别诸臣。《后汉志》：'法冠一曰柱后，执法者服之。侍御史、廷尉正监平也，或谓之獬豸冠。'《南齐志》亦曰：'法冠，廷尉等诸执法者冠之。'今御史台自中丞而下至监察御史，大理卿、少卿、丞，审刑院、刑部主判官，既正定厥官，真行执法之事，则宜冠法冠，改服青荷莲锦绶。其梁数与佩准本官。"从之。12—14，p2238—2240

宋会要辑稿·舆服四·公服

太宗太平兴国二年二月（三）〔八〕日，诏："朝官出知节镇，及转运使、副衣绯绿者，并借紫；知防御、团练、刺史州，衣绿者借绯衣，绯者借紫；其为通判、知军监，止借绯。"后江淮发运使同转运，提点刑狱同知刺史州。28，p2255

【太平兴国】七年正月九日，翰林学士承旨李昉言："准诏定车服制度。《礼部式》：'三品以上服紫，五品以上服朱，七品以上服绿，九品以上服青，流外官及庶人并衣黄。'参详除服青、服黄久已寝废，自今流外官及贡举人、庶人许通服皂衣、白袍。"从之。28，p2255—2256

真宗景德三年六月十三日，诏："内诸司使以下出入内庭，不得服皂衣，违者论其罪。内职亦许服窄袍。"28，p2256

仁宗明道二年十月九日，诏："审刑院详议官、省府推判官、群牧判官旧例合赐绯者，造谢日阁门取旨。"28，p2256

景祐元年六月十二日，诏："军使曾任通判者借绯，曾任知州者借紫。"28，p2256

庆历元年二月二十八日，龙图阁直学士任布言："欲望自今赠官至正郎者，其画像许服绯，至卿监许服紫。"从之。28，p2256

【庆历】七年五月十一日，侍御史吴鼎臣言："武班及诸职司人吏曾因亲丧出入禁门，甚有裹素纱幞头者，殊失肃下尊上之体。欲乞文武两班除以官品起复许裹素纱外，其余臣僚并诸职司人吏虽有亲丧，服未除，并须光纱加首，不得更裹素纱。"诏送太常礼院，而礼官言："准《令》文：'凶服不入公门。'其遭丧被起，在朝参处常服各依品服，惟色以浅，无金玉饰；在家者依其服制。其被起者及期丧以下居式假者衣冠朝集皆听不预。今鼎臣所奏有碍《令》文。"诏依所定。如遇筵宴，其服浅色素纱人更不令祗应。28，p2256

嘉祐三年三月十三日，诏："自后知杂、御史衣绿者，告谢日阁门取旨。"28，p2256

隆兴二年六月十八日，诏："少傅、保康军节度使、充醴泉观使、大宁郡王吴益依韦渊例，赐花罗公服，许服着趁赴朝参。"29，p2257

乾道四年正月十一日，诏："太学上舍生黄伦释褐，特与补左承务郎，依唱名例给赐袍笏，于国子监敦化堂祗受。"自后释褐并如之。29，p2257

乾道四年十二月十三日，诏："大尉、保信军节度使、充万寿观使郑藻赐花罗公服，许令着赴朝参。"29，p2257

嘉祐三年，诏："三路转（使）〔运〕使朝辞上殿日，与赐章服。诸路转运使候及十年，即与赐章服。"29，p2257

宋会要辑稿·舆服四·章服

嘉祐三年十二月十一日，诏："今后三路转运使朝辞上殿日，与赐章服。诸路转运使候及十年，即与赐章服。"30，p2258

神宗元丰五年四月二十七日，诏："六曹尚书依翰林学士例，六曹侍郎、给事中依直学士例，朝谢日不以行、守、试，并赐服佩鱼。罢职除他官日不带行。"30，p2258

高宗建炎元年七月二十八日，诏："借通直郎、直龙图阁、河北西路招抚使张所上殿，赐章服遣行。"30，p2258

建炎四年六月三十日，诏："自庶官除侍郎，如遇服绯、绿，依待制告谢日改赐章服。"30，p2258

绍兴五年三月十七日，左通直郎周葵言："乞将减三年磨勘恩例回授父裕章服。"特从之。自后内外官僚或以所得减磨勘无恩赏，或实历磨勘，或转一官及郊恩合改服色乞回授父改章服者，皆特从其请。30—31，p2258

【绍兴】六年八月五日，诏："左司谏陈公辅论奏，深得谏臣之体，

可赐紫章服。"31，p2258

　　乾道二年十一月十五日，诏："诸王宫大小学教授胡百能特赐章服。"以供职一考，年老乞致仕也。31，p2259

宋会要辑稿·舆服五·衮冕

　　神宗元丰元年十一月二日，详定郊庙礼文所言："《周礼》弁师掌王之五冕，五采缫十有二就，皆五采玉十有二。郑氏注谓合五采丝为绳，垂于延之前后各十二，所谓邃延也。贾公彦曰：以青、赤、黄、白、黑五色玉贯于藻绳，每玉间相去一寸，十二玉则十二寸，以一玉为一成结之，使不相并。此据衮冕前后二十四旒。孔颖达曰：旒长尺二寸，故垂而齐（眉）〔肩〕也。至后汉明帝用曹褒之说，乘舆服冕系白玉珠为十二旒，前垂四寸，后垂三寸，遂失古制。今之《衣服令》：'乘舆服衮冕，垂白珠十有二旒，广一尺二寸，长二尺四寸。'盖白珠为旒，用东汉之制，而其冕广长之度，乃自唐以来率意为之，无所稽考。景祐中已经裁定，以叔孙通汉礼器制度为法，凡冕板广八寸，长尺六寸，与古制相合，更不复议。令取少府监进样，如以青罗为表，红罗为里，则非《弁师》所谓玄冕朱里者也。上用金稜天板，四周用金丝结网，两旁用真珠、花素坠之类，皆不应礼。伏请改用朱组为纮，玉笄、玉瑱。以玄纮垂瑱，以五采玉贯于五色藻为旒，以青、赤、黄、白、黑五色备为一玉，每一玉长一寸，前后二十四旒，垂而齐（眉）〔肩〕。孔子曰：'麻冕，礼也；今也纯俭，吾从众。'释者曰：'纯丝易成，故从俭。'今不必绩麻，宜表里用缯，庶协孔子所谓纯俭从众之义。"从之。3—4，p2262

宋会要辑稿·舆服五·冕冠

　　元丰四年，臣僚言："古者冕弁则用纮，冠则用缨。今《衣服令》乘舆服大裘冕，以组为缨，色如其绶；衮冕朱丝组带为缨。冕而用缨，不与礼合。请改用朱组纮，仍改平冕为玄冕，用缯色赤而微黑者。"又别图上被制，从之。5，p2263

宋会要辑稿·舆服五·冕冠

　　太祖建隆元年二月十九日，太常礼院言："请具通天冠制度令式：

'二十四梁，加金博山、附蝉十二，高广各一尺。青表朱里，首施朱翠，黑介帻、组缨、翠绥，玉犀簪导。'" 5，p2263

宋会要辑稿·舆服五·诸色袍·绛纱袍

哲宗绍圣三年十月七日，工部侍郎高遵惠言："准朝旨，祀北郊通天冠、绛纱袍。虑当暑月，合行裁制。（接）〔按〕《天圣衣服令》：'衮冕大绥六采：黑、黄、赤、白、缥、绿，小绥三，色同大绥，间施三玉环。'所有减去折回，大绥一重只长二尺五寸，即于礼典别无制度。伏乞量宜制造。" 15，p2268

宋会要辑稿·舆服六·鱼袋

鱼袋。唐制，散官二品、京官文武职事五品已上，及都督、刺史皆佩。

国初，其制多阙。太宗雍熙元年，南郊毕，内出以赐近臣，由是内外升朝文武官皆佩。凡服紫者饰以金，服绯者饰以银，庭赐紫者给金涂银者，赐绯亦有特给者。京朝官、幕职、州县官赐绯紫者亦佩。亲王武官、内职将校皆不佩。20，p2292

真宗大中祥符六年，诏伎术官未升朝赐绯紫者不得佩鱼袋。20，p2292

仁宗天圣二年十月十四日，翰林待诏、太子中舍同正王文度因勒碑，赐紫章服，以旧佩银鱼，请佩金鱼。帝曰："先朝不许伎术人辄佩鱼，以别士类，不令混淆，宜却其请。" 20，p2292

景祐三年八月五日，诏殿中省尚药奉御、赐紫徐安仁特许佩鱼。20，p2292

至和元年十一月四日，诏中书提点五房公事自今虽无出身，亦听佩鱼。旧制，自选人入为堂后官，转至五房提点，始得佩鱼。提点五房吕惟和非选人入，援司天监五官正例求佩鱼，特许之。20，p2292

神宗元丰二年五月二十六日，蒲宗孟除翰林学士。上曰："学士职清地近，非他官比，而官仪未宠。自今宜加佩鱼。" 遂著为令。20，p2292

【元丰】三年十月十六日，诏："自今中书堂后官并带赐绯鱼袋，余依旧例。" 20，p2292

徽宗大观三年六月十日，诏："昨降（旨）〔指〕，除学士、待制旧班高者听从高，合佩鱼乃许佩。缘元丰品秩次序悉合其宜，所有已降（旨）

〔指〕，更不施行。"20—21，p2292

　　政和元年十一月十七日，尚书兵部侍郎王诏奏："今监司守倅等并许借服色，而不许佩鱼，即是有服而无章，殆与吏无别。乞今后应借绯紫臣僚并许随服色佩鱼，仍各许入衔，候回日依旧服色。"从之。21，p2292

六、仪制

宋会要辑稿·仪制一·垂拱殿视朝

太祖乾德六年九月十一日，诏自今每旬假日御讲武殿，近臣更不赴晚朝。其节假及大祀，并准令式处分。1，p2297

开宝（元）〔九〕年四月二十三日，诏："自今后每旬假不视朝，百官赐修沐一日。"2，p2297

【天禧】五年十月十日，中书、枢密院言："请准故事，每五七日一御便殿，或朔望坐朝。如有军国大事，即非时召辅臣参决。其只日资善堂商量公事，双日中书、枢密院早入，并如旧制。"从之。6，p2299

【庆历】六年五月十六日，中书门下言："制《令》：'诸在京文武升朝官每日朝，其有制免常朝者五日一参起居。其内外诸司官长上者不在此限。若雨雪霑服失容及泥潦、祁寒、盛暑并停。皆临时听旨。'"诏："今后内殿常朝并起居，或遇雨雪霑服失谷，如未有传宣免，即令阁门、御史台旋取旨。其泥潦、祁寒、盛暑临时取旨。"阁门言："看详如非时雨雪不止，旋取旨，即须伺候门开，方始闻奏。如是得旨放免常朝，或皇帝却御崇政殿视事。况前后两殿仪制各异，深虑合赴后殿起居及祗应臣僚奔赴不及。如以为遇紫宸殿起居，恐雨雪霑服失容，只乞自今后每遇朔望及合过前殿日，或雨雪不止，即令阁门旋取旨，乞传宣前殿不坐。如（旦）〔但〕循旧制，每遇朔望，须过前殿起居，即乞令侍卫司指挥使员僚等先于紫宸殿门外东廊上排立，俟班到依次起居毕，卷班西出。其文武百官即依次第，先于垂拱殿柱廊上排班。内左右巡使及御史中丞、知杂以下各于紫宸殿门外西廊上叙立，俟班到，即分引文武两班于紫宸殿东西门入，起居毕，依旧分班出东西殿门，由垂拱殿柱廊归朝堂。如以为文武臣僚遇雨雪于殿门上立班不合礼制，设或得旨放免常朝，皇帝却御崇政殿视事，亦须自有合系后殿起居臣僚及上殿班次、军头司公事，复不免各在廊上起居。况前后两殿，事体一同，但遇常朝及起居日雨雪不止，即乞临时降旨，前后殿不坐。"诏今后如遇大起居并百官起居，值雨雪，并作常朝。8—9，p2301

皇祐四年七月，阁门言："准中书批下东上阁门副使李惟贤状，假日崇政殿起居，阁门诸司使副、阁门祗候班未到间，于东阶下取便聚立，语话交杂，况仪制不载先诣殿庭立班。欲乞依垂拱殿常朝起居，候宰臣以下入殿庭，以次序班。仍添入仪制。诏〔阁〕门详定。今相度，假日崇政殿起居，诸司使副、阁门祗候等班次未到间，于东阶下便分东西班缀行序立，（冬）〔终〕须端谨，候宰臣以下入班庭，以次序班起居，不得取便聚立，语话交杂。有违，许阁门弹奏。"从之。9—10，p2302

【英宗治平元年六月】十九日，阁门言："定到上殿侍立臣僚：客省、引进、四方馆、阁门使副、枢密院都承旨已下，入内内侍省、内侍省都知、押班，修起居注，带御器械臣僚，勾当皇城、翰林仪鸾司监官。殿下祗应臣僚：殿前马步军以下。军头司如引公事，在殿阶下进读奏目，引拨公事。如引呈射人，即逐旋令内弓箭库勾当使臣依斗力旋〔备〕弓弩，阶下进呈。其提点军器库臣僚，或内有都知、押班、御药院使臣管勾，多进呈殿上祗候掌记策子，以备顾问。左右骐骥院监官押御马入，在朵殿上祗候。内衣物库朝官并祗候库使臣随准衣物等在排立诸班之后。"诏可。11，p2302

神宗熙宁三年六月一日，编修阁门仪制所言："观文殿大学士、学士旧制前殿侍立，又赴假日后殿起居。缘已有旨罢前殿侍立，其假日后殿亦欲依资政殿、端明殿学士例，更不赴（居）〔起〕居。"从之。11，p2303

【绍兴】十三年正月十二日，阁门言："依《在京礼令》：三元节前后各一日不视朝。"诏上元节前后各一日不坐，中元、下元正节日作假，前后各一日并后殿坐。14，p2304

宋会要辑稿·仪制一·文德殿视朝

仁宗景祐三年正月二十六日，诏知制诰李淑等重修《阁门仪制》，①

---

① 此法律又名《仪制令》，是宋朝令类法律的重要组成部分。

其入阁仪注颇省去繁文：前一日有司供帐于文德殿，入阁日殿庭立文武官等于东西，各衣绣。设殿中省、左右金吾仗于明堂阶下，东西对列。文武百官、节度使、留后、观察、防御、团练使、刺（使）〔史〕、军校及正衙见、谢、辞官各就班。次引御史中丞、知杂、三院御史揖班如常仪，各就位。次引监阁御史二员于正衙门外屏内北向揖讫，东西立，分屏东西入。次引两省，分班立。次引文明殿学士以下，立左省前。次引中书门下、使相对揖袍两省前，分班立。仗整班定，司天奏时刻，阁门版奏班齐。皇帝服鞯袍褰出，枢密、三司使、副使、内诸司使以下迎谒于垂拱殿前，导至文德殿，鸣鞭升座，索扇，卷廉。仪鸾使焚香，文武官等拜，司天鸡唱，阁门勘契，阁门使承旨唤仗，谢、见、辞官再拜先退。引中书门下班对揖于屏外，立于正衙门外。次引学士、两省、御史台、殿中侍御史已上序立。次引左右金吾大将军押细仗入，金吾将军先至揖殿位，拜讫，分行上黄道，仗随至龙墀，对揖，序立。次殿中省仗下（仗下）官入。次引吏部、兵部侍郎执文武班簿对揖于屏外，由黄道就本位对揖，序立，吏部左，兵部右。中书门下、学士、两省、御史台官入，至揖殿位，重行拜讫，由黄道，将至午（街）〔阶〕，搛靴急趋至丹墀本位，对揖，序立。弹奏御史二员至吏部、兵部侍郎南下黄道归本位。起居郎、起居舍人至吏部、兵部侍郎北急趋，飞至香案前揖讫，分立。次左右金吾大将军对揖鞠躬，搛靴至折方石位，又揖；至奏事石位，鞠躬。左金吾大将军奏"军国内外平安"，倒行至折方石位，对揖就班。次文武班入，军校随至，对立于文武班南。文武班至本位。次中书门下、学士、两省、御史台官、金吾将军、文武两班并横行起居祝月毕，各急趋还位，对揖立。次文武班先退，序立于衙门外；军校随出，序立。刑法、待制官赴弹奏御史位南立，中书门下夹案侍立。次两省官至揖殿位，揖讫出。次学士、节度使至揖殿位，揖讫出。次吏部、兵部侍郎对揖，至揖殿位，揖讫出。并就衙门外序立。次左右金吾大将军以下至揖殿位，揖讫出；细仗、殿中省仗（仗）下官随出，监阁御史北向揖讫出，皆就本班。中书门下诣香案前奏事毕，宣徽使赞"好去"，归位。使相卷班至揖殿位，揖讫出。次待制、候对官并至奏事位再拜。先待制官前奏事毕，宣"所奏知"，归位。次候对官如上仪，归位。再拜舞蹈，舍人赞"好去"，分班至揖殿位，揖讫出。次弹奏御史至揖殿位，揖讫出。次起居郎、起居舍人退至揖殿位，揖讫出。次阁门舍人朝堂内放仗，百官对拜讫，舍人宣赞"赐酒食"。次阁门使至奏事石位鞠躬，奏"阁内无事"。次文武官出，索扇，垂廉，鸣鞭，辇还内，仗出。赐廊下食：文武百僚、待制、三司副使同自左右勤政门北两廊，文东武西，北上立定。御史中丞至本位，南向一揖，就坐。食至，台吏乃赞"搢笏"，食讫，复赞"食讫"而罢。诸军校赐食于左右勤政门南两廊。其宰臣、枢密使以下至龙图阁直学士于中书，亲王、使相、节度使于赐食厅，留后、观察使至刺史于客省厅，管军节度使至四厢都指挥使于幕次。

于旧仪详略稍异，故再录之。24—26，p2309—2310

【景祐】四年三月二十七日，诏五月朔行入阁之仪，仍读《时令》，付礼院详定仪注以闻。先是，诏国朝时令委编修官约《唐月令》撰定，以备宣读。于是贾昌朝等采国朝律历、典礼、日度昏晓中星及祠祀配侑诸事当以岁时施行者，改定为一篇上之。遂诏因入阁行其礼。26，p2310—2311

庆历七年三月十七日，诏太常礼院权停所上立夏读《时令仪》。先是，诏御史中丞高若讷与礼官定读《时令仪》，将以四月五日就大庆殿行礼，而言者谓未合典礼，故权罢。28，p2312

《艺文志》：景祐三年，诏贾昌朝与丁度、李淑采国朝律历、典礼、日度昏晓中星、祠祀配侑岁时施行者，约《唐月令》，定为《时令》一卷，以备宣读。而淑定入阁仪，异于《通礼》。明年，诏因入阁读《时令》，寻停。29，p2312—2313

神宗熙宁三年六月九日，右谏议大夫、编修阁门仪制宋敏求言："本朝以来，惟入阁乃御文德殿视朝。今既不用《入阁仪》，即文德遂阙视朝之礼。欲乞下两制及太常礼院，约唐制御宣政殿裁定朔望御文德殿仪，以备正衙视朝之制。"诏学士院详定仪注。学士韩维等以《入阁图》增损（裁）〔裁〕定，上仪曰："朔日不值假，前五日，阁门关诸司排办。前一日，有司供帐于文德殿。殿庭东（西）〔面〕，左金吾引驾官一名，四色官二人，各带仪刀；带金甲天武官一人，判殿中省一名，排列官一名，扇二，方伞一，金吾仗碧襕一十二人，各执仪刀；兵部仪仗排列职掌一名，押队员僚二人。黄麾幡一，告止幡八，传教幡八，信幡八，龙头竿五十，戟五十。西面，右金吾引驾官一名，四色官二人，各带仪刀；带金甲天武官一名，殿中省〔一名〕，排列官一名，扇二，方伞一，金吾仗碧襕一十二人，各执仪刀；兵部仪仗排列职〔掌〕一名，押队员僚二人。黄麾幡一，告止幡八，传教幡八，龙头竿五十，戟五十。天武官两面共一百人。门外，东面青龙旗一，五岳旗五，五龙旗十；西面白虎旗一，五星旗五，五凤旗十。御马每面五匹，人员二人，御龙官四人。设御（屋）〔幄〕于殿之后阁，及设中书、亲王、皇亲、百僚等幕次于朝堂。其日左右金吾将军常服，押本卫仗，判殿中省官押细仗，先入殿庭，东西对列。天武官等分东西排立。诸军将校分入，北向立。朝堂引赞官引弹奏御史二员入殿门踏道，当下殿北向立。次催文武班分入。其判殿中省官本〔位〕起居讫，归押仗位。次丞郎、尚书两使、留后、观察、防御、团练使、刺〔史〕入，以次序位立。次引两省官、待制、御史中丞、知杂、三院御史入。次引文武班一品、二品入。次学士并节度使入，立于右省班前。次分引宰臣、（宰）〔亲〕王、使相、参知政事入，并东西相向对立。诸军将校即于殿庭北向立定。其班次并御史台祗应。皇帝服靴袍，垂拱殿座，鸣鞭。内侍省都知、押班、供奉官以下、带御器械等，其入内内侍省、内侍省合公服窄衣，各如仪。祗应诸司使副等，并系鞋，作一班，四拜起居。次进读奏目客省、阁门使，次通喝对立、觉察失仪引班舍人，次宿卫诸卫、诸班，次管军臣僚以下、行门指挥使，依朔望常例起居。殿前都指挥使以下起居讫，换窄衣祗候引驾。次引枢密、宣徽使、三司使副、枢密直学士、内客省（吏）〔使〕以下至医官、待诏，及修起居注官二员，并大起居。诸司使以下退。排立供奉官以下并先赴文德殿，于文武百僚班北东西排立。有司进辇，皇帝乘辇。枢密、宣徽使、三司使副、枢密直学士、内客省使至阁门副使、枢密都承旨至枢密院诸房副承旨，前导至文德殿后阁，各归殿上侍立。修起〔居〕注官夹香案相向立于螭陛之下，舍人二员殿庭北向对立，余并于殿下稍东侍立。司天监奏时刻，阁门奏班齐。皇帝自后阁出殿上，索扇升榻，鸣鞭。扇开帘卷，仪鸾使焚香，喝‘文武官就位’，四拜起居。鸡人唱时，舍人于弹奏御史班前西向，喝大起居。御史由文武班后至对立位。次引左右金吾将军合班于宣制石南大起居，班首出班，躬奏‘军国内外平安’，归位再拜，各归东西押班位。通喝舍人于宣制石南北向对立，舍人退于西阶。次揖宰臣、亲王以下，躬通文武百僚、宰臣某姓名以下起居，分引宰臣以下横行。诸军将校仍旧立。阁门使喝大起居，舍人引宰臣至仪石北，俯伏跪，致词祝月讫，其辞云：‘文武百僚、宰臣全衔臣某姓名等言：孟春之吉，伏惟皇帝陛下膺受时祉，与天无穷。臣等无任欢呼抃蹈之至。’归位五拜。阁门使揖中书由东阶升殿，枢密使带平章事以上由西阶升殿侍立。并依图。给事中一员，以知门下封驳事官充。归左省位立，转对官立，于给事中之南。如罢转对官，每遇御史台前期牒请，文官二员，并依转对官例，先于阁门投进奏状。吏部侍郎及刑法官立于转对官之南；兵部侍郎于右省班南，与吏部侍郎东西相向立定，搢笏，各出班籍置笏上。吏部、兵部侍郎以知审官东西院官充，刑法以知审刑、大理寺官充。亲王、使相以下分班出。引转对官于宣制石南、宣徽使殿上承旨宣答如仪。次吏部、兵部侍郎及刑法官对揖出。见、辞、谢班自从别仪。次弹奏御史无弹奏对揖出。如有弹奏，并如仪。引给事中至宣制石南揖，躬奏'殿中无事'，喝祗候，揖，西出。次引修起居注官，次引排立供奉官以下，各合班于宣制石南，躬，喝祗候，揖，分班出。喝天武官等门外祗候，出。索扇，垂帘，皇帝降座，鸣鞭。舍人当殿承旨放仗，四色官攊靴急趋至宣制石南，称奉敕放仗。金吾将军并判殿中省官对拜讫，随仗出。亲王、使相、节度使至刺史、学士、台省官、文武百僚、诸军将校等并序班朝堂，谢赐茶酒。皇帝御垂拱殿座，中书、枢密及请对官奏事，不引见、谢、辞班。后殿座不座，临时取旨。其日遇有德音、制书、御札，仍候退御垂拱殿座，制箱出外。应正衙见、谢、辞文武臣僚，并依御史台仪制唤班，依序分入于文武班后。以北为首，分东西相向，重行异位，依见、谢、辞班序位。余押班臣僚于班稍前押班，候刑法官对揖出，分引近前揖躬。舍人当殿宣班，引转对班，见、谢、辞〔班〕，并如紫宸殿仪。枢密使不带平章事、参知政事至同签书枢密院事、宣徽使并立于宣制石稍北，宰臣、亲王、枢密使带平章事、使相系押班者立于仪石南，余官并立于宣制石南。如合通唤，阁门使引并如仪。赞喝讫，系中书、枢密并揖，升殿，见、谢、辞，揖，西出。其合问圣体者并如仪，余官分班出。弹奏御史候见、辞、谢班绝，对揖出。其朝见，如谢都城门外御筵，及召赴官、谢茶药、抚问之类，不可合班者，各依别班中谢对。赐酒食等并门赐，其系正衙见门谢辞，亦门外唱放。应正衙见、谢、辞臣僚，前一日依例于阁门投下诣正衙榜子，阁门依例上奏目。其御史台、四方馆正衙状，亦依例投下。应朔日或得旨罢文德殿视朝，止御紫宸殿起居，其已上奏目，正衙见、谢、辞班并放免，依官品随赴紫宸殿引。或值改作常朝，文德殿自有百官班日，并如旧仪。应外国蕃客见辞，候唤班，先引赴殿庭东边，依本国职次，重行异位立定，候见、谢、辞班绝，西向躬。舍人当殿通班，转于宣制石南，北向立，赞喝如仪，西出。其酒食分物并门赐。如有进奉，候弹奏御史出，进奉入；惟御马及担床自殿西偏门入，东偏门出。其进奉出入，天武官、起居舍人通：'某国进奉'宣徽使喝：'进奉出'，节次如紫宸殿仪。候进奉出，给事中奏'殿中无事'，出。其后殿再座，合引出者，从别仪。其日赐茶酒，宰臣、枢密于阁子；亲王于本厅；使相、宣徽使、观（于）〔文〕殿大学士至宝文阁直学士、两省官、待制、三司副使、文武百官、皇亲、使相以下至率府副率及厢都指挥使已下至副都头，并于朝堂；如朝堂位次不足，即于朝堂门外设次。管军节度使至四厢都指挥使，节度使、两使、留后至刺史，并于客省厅。"诏从之。30—34，p2313—2315

高宗绍兴十二年十月二十七日，臣僚言："望诏有司讲求祖宗故实，常朝、视朝、正衙、便殿之仪，举而行之，用称万邦百辟尊君之心。"礼部、太常寺、阁门讨〔论〕在京日御殿节次："朔日文德殿视朝，紫宸殿日参、望参，垂拱殿日参、四参，假日崇政殿坐，圣节垂拱、紫宸殿上寿，若依所请，欲乞先次宰臣率百僚拜表，奏请皇帝御正殿视朝。"从之。既而御史台请以射殿作崇政殿，遇朔望，权安置幕帐门作文德、紫宸殿。或有相妨去处，随宜排立班次。每遇宣赦书、德音、麻制，①崇政殿就充文德殿，集百官立班听宣。及群臣拜表、听御札批答，以崇政殿权作文德殿，东上阁门立班。其垂拱殿四参，依仪即于殿门外铺设位版。以驻跸殿宇未备，故有是请。王应麟《玉海》：天禧五年十月十日，中书、密院请准故事，五日一御便殿。《皇祐编敕》："正衙常朝及横行，并宰臣立班。常朝日，轮宰臣一员押班。"《祥符编敕》："宰臣依故事，赴文德殿押班。"治平四年五月癸未，诏春分、秋分候辰正牌上，垂拱殿视朝未退，宰臣更不过文德殿押班。初，沿唐故事，百官日赴文德殿，宰臣押班，谓之常朝。休假三日以上，内殿起居官毕集，谓之横行。宰臣以下应见、谢、辞者，皆先赴文德殿，谓之过正衙。35，p2316

宋会要辑稿·仪制三·朝仪班序

【建隆三年三月】二十三日，有司上《合班仪》："太师，太傅，太保，太尉，司徒，司空，太子太师，太子太傅，太子太保，嗣王，郡王，左右仆射，太子少师，少傅，少保，三京牧，大都督，大都护，御史大夫，六尚书，常侍，门下，中书侍郎，太子宾客，太常、宗正卿，御史中丞，左右谏议大夫，给事中，中书舍人，左右丞，诸行侍郎，秘书监，光禄、卫尉、太仆、大理、鸿胪、司农、太府卿，国子祭酒，殿中、少府、将作监，前任节度使。开封、河南、太原尹，太子詹事，诸王傅，司天监，五府尹，国公，郡公，中都督，上都护，下都督，太子左右庶子，五大都督府长史，中都护，下都护，太常、宗正少卿，秘书少监，光禄等七寺少卿，司业，三少监，三少尹，少詹事，左右谕德、家令、率更令仆，

---

① 唐宋两朝任命宰相等重臣时的诏书，因为写在白麻纸上而得名。

诸王府长史、司马，司天少监，起居舍人，侍御史，殿中侍御史，左右补阙、拾遗，监察御史，郎中，员外郎，太常博士，五府少尹，五大都督府司马，通事舍人，国子博士，五经博士，都水使者，四赤令，太常、宗正、秘书丞，著作郎，殿中丞，尚食、尚药、尚舍、尚乘、尚辇奉御，大理正，太子中允、赞善、中舍、洗马、诸王友、谘议参军，司天五官正，凡杂座者以此为准。"诏曰："尚书中台，万事之本，而班位率次两省官；节度使出总方面，古诸侯也，又其检校、兼、守官多至师傅、三公，而位居九寺卿监之下，甚无谓也。其给事、谏议、舍人宜降于六曹侍郎之下，补阙次郎中，拾遗、监察次员外郎，节度使升于六曹侍郎之上、中书侍郎之下，余悉如故。"1—2，p2329

【乾德】二年二月一日，诏重定《内外官仪制》。有司请令上将军在中书侍郎之下，大将军在少卿监之下，诸卫率、副率在东宫五品之下，内客省使视大卿，客省使视大监，引进使视庶子，判四方馆事视少卿，阁门使视少监，诸司使视郎中，客省、引进、阁门副使视员外郎，诸司副使视太常博士，通事舍人从本品，供奉官视诸卫率，殿直视副率，枢密承旨视四品朝官，兼南班官诸司使者从本品，副承旨视寺监丞，诸房副承旨视南省都事。凡视朝官者本品下，视京官者在其上。2，p2329—2330

淳化二年八月，有司上《重定合班仪》，诏升尚书令于三司之上。《合班仪》旧无此官，时将画《正伏图》，欲备官故也。4，p2330

【大中祥符九年正月】二十三日，兴州团练使德文言："男侍禁承显等准诏赴起居，请在惟忠子从恪之上。"时从恪虽侄行，而拜职在前，因命宗正寺定宗室班图以闻。宗正上言："按《公式令》：'朝参行立，职事同者先爵，爵同者先齿。'今以宗子官同而兄叔次弟侄者，并虚一位而立。"德文复言爵同先齿，当叙尊卑之制。帝曰："朝廷仪制，以官次先后，不可易也。"10，p2334

【景祐五年】八月，阁门详定《合班杂座仪》：中书令，侍中，同中书门下平章事，以上为宰相，或谓之宰臣。亲王，使相，枢密使、留守、节度、京尹兼中书令、侍中、同中书门下平章事。尚书令，太师，太尉，太傅，太保，司徒，司空，旧仪，太师、太傅、太保为三师，太尉、司徒、司空为三公。太尉在太保之下。国朝以来，自太傅除太尉，今依此相压。其三师、三公之称如旧仪制。枢密使，知枢密院事，参知政事，枢密副使，同知枢密院事，宣徽南北院使，签书枢密院事，大中祥符九年九月七日，诏："自今参知政事、枢密副使、宣徽使立位并以先后为次序，同知枢密院事亦同。"**太子太师、太傅、太保**，次旧有嗣王、郡王。嗣王今阙，郡王今皆领使，无特为者。**左右仆射，太子少师、少傅、少保，州府牧**，冀州、兖州、青州、徐州、扬州、荆州、豫州、梁州、雍州、开封、河南、应天、大名、真定、京兆、凤翔、河中、江宁、江陵、兴元。又有大都督、大都护，今皆领使，无特为者。**御史大夫，六尚书，左右金吾卫，左右卫上将军，门下、中书侍郎，节度使，文明殿学士**，学士官至尚书有特旨者从本班序。**资政殿大学士，三司使**，与文明殿学士、资政殿大学士班位临时取裁。旧三部制置使亦在翰林学士上，权三司使临时取裁。**翰林学士承旨，翰林学士，资政殿学士，端明殿学士，翰林侍读、侍讲学士，龙图阁学士，枢密直学士，龙图阁直学士，左右散骑常侍，六统军，诸卫上将军，太子宾客，太常、宗正卿，御史中丞**，咸平五年三月，御史台奏："右谏议大夫王化基权中丞日，正衙常参立中丞砖位，内殿起居日止立本官班次。右谏议大夫宋太初权台事，请定班位。"诏如王化基例。**左右丞，诸行侍郎，节度观察留后，给事中，左右谏议大夫，中书舍人，知制诰，龙图、天章阁待制，观察使，秘书监，光禄、卫尉、太仆、大理、鸿胪、司农、太府卿，内客省使，国子祭酒，殿中、少府、将作监，景福殿使，客省使，开封、河南、应天尹，太子詹事，诸王傅，司天监，左右金吾卫以下诸军卫大将军**，次旧有次府尹、国公、郡公，今无单为者。又有中都督、下都督，皆（有）领使，无特为者。**太子左右庶子，引进使，防御使，团练使**，次旧有大都督府长史，今皆领使，无特为者。又中都护、副都护今皆阙。**三司盐铁、度支、户部副使**，官至谏议以上从本官。**太常、宗正少卿，秘书少监，光禄等七寺少卿，宣庆使，四方馆使，国子司业，殿中、少府、将作少监，开封、河南、应天少尹，太子少詹事，太子左、右谕德，太子家令，太子率更令，太子仆，诸州刺史，诸王府长史、司马，司天少监，枢密都承旨**，知客省使以下充枢密都承旨，亦依本职同班。如阁门使充，即在阁门使之上。如自见任内客省使以下转南班官充枢密都承旨，亦与同班，仍在旧职之上。如自客省副使以下转南班官充者，并在阁门使之上。**宣政使，西上阁门使，昭宣使，枢密承旨，枢密副都承旨，诸军卫将军，起居郎，起居舍人，知杂御史，诸行郎中，皇城以下诸司使，枢密院副承旨，枢密院诸房副承旨**，如带南班官者，在诸司使之下；不带南班官者，在皇城副使之上。**殿中侍御史，左右司谏，诸行员外郎，客省、引进、阁门副使，左右正言，监察御史，太常博士，皇城以下诸司副使，次府少尹，大都督府司马**，兖、徐、潞、陕、扬、杭、越、福。**通事舍人，国子博士，国子《春秋》《礼记》《毛诗》《尚书》《周易》博士，都水使者，开封祥符、河南洛阳、宋城县令，太常、宗正、秘书丞，著作郎，殿中丞，内殿承（旨）〔制〕**，如带阁门祗候，即在本官之上。**殿中省尚食、尚药、尚衣、尚**

舍、尚乘、尚辇奉御，大理正，太子中允，左右赞善大夫，内殿崇班，如带阁门祗候，即在本官之上。阁门祗候、太子中舍、洗马，枢密兵房、吏房、户房、礼房副承旨，太子诸率府率，左右卫、左右司御、左右清道、左右监门、左右内。东西头供奉官，太子诸率府副率，诸卫中郎将、左右卫、左右监门卫、左右千牛卫。郎将，左右卫。左右侍禁，诸王友，诸王府谘议参军，官高者从本官。司天春官、夏官、中官、秋官、冬官正，节度行军司马、副使，秘书郎，左右班殿直，著作佐郎，大理寺丞，诸寺监丞，大理评事，太学、广文博士，太常寺太祝、奉礼郎，秘书省校书郎、正字，御史台、诸寺监主簿，国子助教，广文、太学、四门书学、算学博士，律学助教，书学、算学无助教。司天灵台郎、保章、挈壶正，三班奉职、借职，防御、团练副使，留守、京府节度观察判官，节度掌书记，观察支使，防御、团练判官，留守、京府节度观察推官，军事判官，防御、团练军事推官，军监判官，诸州别驾、长史、司马、司录、录事参军、司理参军，三京府军巡判官在诸曹参军之下。诸曹诸司参军，诸县令，赤县丞，诸县主簿、尉，诸州文学、参军、助教。16—19，p2338—2339

【嘉祐六年】闰八月，阁门言："先准康定二年五月诏书，阁门定夺、中书参详前后殿都知、押班升比班次，入内内侍省都都知、内侍省左右班都〔都〕知比景福殿使；入内内侍省左右班都知比宣庆使；入内内侍省押班带诸司使已上比昭宣使，带诸司副使已下并在皇城使之上。又准《嘉祐五年十一月九日中书札子》，详定编敕所奏，准送下阁门状，检会《皇祐一司编敕》内与两省都知、押班系书差互，方欲申明，次据庄宅使、端州刺史、内侍省内侍押班石全育状，准敕差管辖三司大将，近差驾部郎中卢士宏权发遣三司开拆司。检会《皇祐编敕》：'升比班次，内侍省押班如带诸司使以上比昭宣使，即不见得今来系书相压高下，申乞指挥。阁门即牒内侍省，请具本省编敕回报。据牒到前后殿都知、押班升比班次。'勘会《皇祐编敕》内应皇祐二年以前专下一司宣敕，除今来编载外，其不系编附者更不行用。看详两司编敕交互，申中书门下，伏乞裁定。"诏送编敕所详定。"据删定官张师颜等状，检会《皇祐阁门一司编敕》节文：'东西上阁门使并在昭宣使之上。'又条：'入内都知至押班如带昭宣使已上，即与客省使等依使名为一班；带皇城使副已下，即并在皇城使之前别为一班。'又条：'入内内侍省都知、押班如带昭宣使以上，已有定制；若带皇城使以下，在皇城使之上系书；带皇城副使以下，在皇城副使之上系书；带内殿承制、崇班，在本官之上系书。'又准《皇祐内侍省一司编敕》节文：'前后殿都知、押班升比班次依下项：入内内侍省都都知、内侍省左右班都〔都〕知比景福殿使；入内内侍省都知、内侍省左右班都知比宣庆使；入内内侍省副都知、内侍省左〔右〕班副都知比宣政使；入内内侍省押班如带诸司使以上，比昭宣使；如带诸司副使以下，并在皇城使之上。'又条：'两省都知、押班如同勾当去处，其系书官位各随本职，入内内侍省在内侍省之上。'又条：'〔入〕内内侍两省内臣非次转入都知及押班者，更不依官资高下，只以新转入职名先后相压。'所据前项申请，今众官参详，其前后殿都知、押班升比班次系本省一司条贯，如只是与内臣立班系书及座次相压，合依此指挥。若与文武官立班系书及座次相压，即合依阁门条贯指挥。其上项两司敕条不系通使，别无差互。"诏从之。26—28，p2343—2344

【嘉祐】七年五月二十三日，入内内侍省都知史志聪言："蒙迁入内都知，差勾当军头引见司。勘会西上阁门使、陵州团练使李端悫见勾当本司，伏见阁门新除条贯，入内内侍省都知比宣庆使。详定编敕所定到都知升比班次，如是与内臣立班系书及座次相压，合依此指挥；若与文武等官立班系书座次相压，即合依阁门条贯指挥。勘会内臣宣庆使在宣政使之上，武臣东西上阁门使在内臣宣政使之下。臣看详先降编敕内，入内都知比宣庆使。今来编敕所详定只是与内臣立班系书及座次相压。臣见系左骐骥使、嘉州防御使、入内内侍省都知，若与内臣宣政使、武臣阁门使三人合班，或同勾当及同列座次，未审如何相压。兼见与李端悫同勾当军头引见司，有此系书疑虑。欲望详酌，明降指挥。"诏送详定编敕所详定。编敕所奏："据删定官张师颜等状，所据前项奏请并录到《仪制条贯》，勘会前来阁门不曾声说上件《康定二年五月十四日中书札子》，遂只据录到内侍省一司升比班次敕文定夺，只合于本司施行。今再详前项升比班次元降指挥，合与《阁门仪制》一处施行。皇祐中编修一司条敕之时，只编《入内侍省敕》，内于《阁门敕》内漏收，遂致两处指挥不同。其上件《内侍省一司敕》都知等升比班次条，亦合下阁门施行。《阁门一司敕》内声说都知、押班在昭宣使以上立班系书条贯二件，并《嘉祐五年十一月九日中书札子》，更不行用。"诏送阁门，依所奏。27—29，p2344—2345

【治平四年】闰三月十九日，太常礼院、阁门言："准诏同详定阁门使李端愿所奏《阁门仪制》，宰臣与亲王立班、座位分左右，各为班首。宰臣、枢密使带使相或带郡王，并使相作一行，总为中书门下班。其亲王独作一班者，准《封爵令》：'兄弟、皇子皆封国，谓之亲王'，所以他官不可参缀。检会《坐次图子》，直将宗室使相缀亲王。盖更张之时，未见亲王，遂致失于讲求。近见朝拜景灵宫，东阳郡王颢亦缀亲王班，窃恐未安。今取到《阁门仪制》，其合班宰臣、使相在东，亲王在西，分班立。又检到《祥符元年宴座次图子》，宰臣王旦与使相石保吉在东，宁王元偓、舒王元偁、广陵郡王元俨、节度使惟吉在西，分班座。其元俨、惟吉是郡王与节度使，许缀亲王班，窃虑当时出自特旨。今来检寻元初文字不见，在先朝只依《祥符元年宴座次图子》，亲王及带使相郡王在西为一班。臣等参详，请依《阁门仪制》，亲王在西独为一班，宗室郡王带使相及宗室使相许缀亲王立班，座次即系临时特旨。"从之。31—32，p2346

【神宗熙宁元年三月】七日，审刑、大理寺言："准诏详定知瀛州马仲甫奏：'《条例》："少卿监与发运、转运使副分官次高下相压，又发运使副在转运使之上。"如转运系大卿监，亦在发运使副员郎之下，部内知州军少卿监却在发运、转运使副正郎之上。不惟次序错乱，况在统属，于理未便。欲乞重行守夺，应少卿监在本路发运、转运使副之下，大卿监即分官次。所贵稍重职司，高下有分。'寺司为知州军少卿监以下，与本路发运使副依官次行之已久，难议更改。诏重行定夺闻奏。检会《嘉祐编敕》：'江淮制置发运使副在转运之上，转运使副在提点刑狱之上，并诸州总管、本路分兵马钤辖之上。若路分钤辖系正刺史以上，即依官次。其正刺史以上充路分总管，并少卿监以上知州军者，与本路制置、发运、转运使副、提点刑狱与提点银铜坑冶铸钱公事官员亦依官次。其路分都监与本州都监、同巡检等，并依官次相压。'又条：'诸州官员及路分都监与本州都监、同巡检等，并依官次相压。'又条：'诸州县官员以官品职任，依今敕相压。若遇会集，有高下相妨者，如京官充通判，诸司副使充都监，员外郎充签判之类，其签判官虽高于都监，缘职卑于通判，合在都监之下。'又如京官充本州通判，崇班充本州都监，却与别州供奉官之类会集者，缘供奉官合押京官，其崇班虽高于供奉官，合在京官通判之下。其余官局职任并依此例诸条，官位相压。若权充职任者，并与正同。又准《庆历编敕》：'制置、发运使、转运使副不以官品，并在提点刑狱朝臣、本路分兵马钤辖之上；提点刑狱朝臣、使臣在诸州兵马钤辖之上。若路分钤辖，即依官次序座。其同提点刑狱使臣与辖下知州军监，并依官序。'参详欲乞今后江淮制置发运使副、转运使副、提点刑狱朝臣并在本路知州军光禄卿之上，与秘书监以上各依官次。其同提点刑狱使臣即依《庆历编敕》旧条序座。"从之。32—34，p2347

元符三年三月二十七日，诏少府、将作、军器少监杂压并依《元丰令》，其元祐指挥更不施行。43，p2352

【高宗建炎】四年六月三十日，诏："自庶官除侍郎，依旧例带'权'字；若除外任差遣，（即）〔及〕除待制未及二年除修撰，其立班杂压并依《元祐令》；如遇服绯绿，依待制告谢日改赐章服。"46，p2354

【绍兴】十年四月四日，诏："今后起居班三公、三少带节钺者，序班在宗室开府仪同三司不带三公、三少班前；其外官不带三公、三少使相自合并入带节钺三公、三少一班起居；如无外官带节钺三公、三少班，其外官开府仪同三司依旧在宗室开府仪同三司后起居。"48，p2355—2356

【绍兴十年】八月二十三日，诏敕令所删定官立班序位在枢密院编修官之下。48，p2356

【绍兴】十一年二（十）〔月〕八日，诏枢密院编修官位在计议官之下。48，p2356

【绍兴十一年】三月八（月）〔日〕，详定一司敕令所言："看详到《绍兴杂压（今）〔令〕》①内，'枢密院计议官'字下添入'编修'二字，在'官'字上；却于'官'字下添入'详定一司敕令所删定官'（六）〔十〕字，在'陵台令'字上及于'国子监（承）〔丞〕'字下添入'诸王宫大小学教授'八字，在'大理（寺）〔司〕直'字上，为杂压之序。"从之。48，p2356

【绍兴】二十七年四月二日，诏选人任删定官杂压在太学博士之下。以侍御史周方崇言："《杂压令》删定官在著作佐郎、国子监丞之上，既而改官，除监检鼓院等差遣，则序位反在著作佐郎等之下。乞重修立，别为一等。"吏部看详，故有是诏。49，p2356

【绍兴】三十年三月四日，宰执进呈：吏部检照《职制令》："诸王开府仪同三司立班叙位在左右仆射、同中书门下平章事之下，知枢密院事之

---

① 宋朝官员上朝时排位顺序中的一种法律制度。宋朝官员分为官、职、差遣、散官、环卫官、宫观官，十分复杂，常出现官与职不统一的问题，于是在排顺序上就得在法律上进行规定。于是，在排顺序上一律采用品级高低顺序而非所任职位高低。

上。"阁门言："亲王赴垂拱殿后殿起居，合于宰执大班后入，遇（今）〔合〕班处，即立西班，与宰臣相对；遇景灵宫行香，即合押宗室班。"宰臣汤思退奏曰："虽着令诸王在左右仆射之下，伏睹太宗朝除元佐等诸王，宰臣宋琪奏请乞班楚王元佐等下。臣等欲依故事上表。"上宣谕曰："祖宗典故，亲王在左右仆射下旧矣，卿等不必有请。"令建王立班，序位并依所定。先是，有诏皇子已除开府仪同三司、进封建王，其序位立班，令有司检具条例。至是吏部、阁门具上，宰执进呈，故有此宣谕。49—50，p2357

【乾道元年】九月二十二日，阁门言："今来除环卫官系兼带，即与正环卫官不同。兼已降指挥，照御带体例施行，其环卫官五等班次亦合分别。今条具如后：一、副使带中郎将以下起居奏万福，与副使带御器械序官，并在上将军、大将军、诸卫将军、横行并正使带御器械官之后重行立，在寄班祗候之前别行立班。二、五等环卫官立班，依官序在本等官之上，在带军职官之次。正使御带及诸将军遇合班处，依官序在横行之次差后立。如御带、环卫官阶官遥郡一同，即御带在环卫官之上。三、副使带御器械官并中郎将以下遇合班处，在横行御带环卫官后重行，依官序一行立；如系小使臣带左右郎将，即在副使中郎将之后重行立；中郎将遇后殿，于东朵殿侍立。"从之。51，p2357

【乾道】三年正月二十一日，吏、刑部言："近承指挥，看详修立《绍兴职制杂压条令》，照得枢密使依《绍兴十二年指挥》，在宰相之下、知枢密院之上。缘杂压条内宰相之下又有王及开府仪同三司，其元降指挥即无明文，兼又无枢密副使一节。契勘枢密使立班系在知枢密院事之上，枢密副使系在同知枢密院事之次。欲将枢密使杂压在王之下、开府仪同三司之上，枢密副使在同知枢密院事之下修立。"从之。51—52，p2358

【乾道】七年二月十六日，诏魏王恺出镇，置长史、司马各一人，序位依两省官奉使法。记室参军事二人，序位在诸州通判之上。按《职制令》，两省官奉使在发运监司之上，与发运监司、路分总管、知州太中大夫、观察使以上叙官，临安府判官准此。52—53，p2358

【乾道七年】三月二十六日，诏太子宾客、詹事立班座次等，依杂压次序在给事中之上，遇日参令立东班。既而御史台言："遇大朝会、圣节上寿并朔望、四参、拜表及忌辰行香等，乞令太子宾客、詹事立班在台官班东，与六曹侍郎一行立；遇宣麻立班日，在侍郎班之次；其趋朝行马次

序，《杂压令》在给事中之上。"从之。53，p2358

【乾道七年】十二月二十六日，诏："《职制令》杂压内翰林侍读学士删去，承宣使改在给事中之下，步军都指挥使在马军都指挥使之下，延福宫使在协忠大夫之下，景福殿使在知阁门之下，带御器械在侍御史之下。"令敕令所依此修立。以上《永乐大典》卷五三五三至五三五五 53—54，p2359

宋会要辑稿·仪制四·正衙

开宝九年十一月五日，诏曰："外朝之设，旧章不忘。近年事出权宜，多从沿革，凡除拜出入，不由正衙。有司既失于举行，经制遂成于寝废。自今中外官除拜及假使出入，并须于正衙辞谢，违者有司议其罚。"3，p2362

太宗淳化二年六月二十九日，侍御史知杂事张郁上言："正衙之设，谓之外朝。凡群臣辞见及谢，先诣正衙见讫，御史台具官位姓名以报阁门，方许入对。此国家之旧制也。自乾德以后，始诏先赴中谢，后诣正衙。至今有司遵守此制。而文武官中谢辞见之后，多不即诣正衙。欲望自今内外官中谢后，次日并赴正衙。内诸司遥领刺史及阁门通事舍人已上新授者，皆同百官例，并赴正衙辞谢。出使急速免衙辞者，亦须具状报台。违者罚一月俸。"从之。3—4，p2362

【淳化】四年六月七日，诏："自今（五）〔正〕衙宣制及宣御札日，非在殿庭立班之人，敢辄阑入窃听者以名闻外，门司不禁约，亦当严断。"4，p2362

治平四年闰三月十一日，神宗即位，未改元。御史台状："检会《皇祐编敕》：'应正衙常朝及横行①并须宰臣立班。常朝日，中书门下轮宰相一员押班，寻常多据引赞官，称宰臣更不过来。'窃虑上项《编敕·仪制》别有冲改，更不行用。伏乞明降指挥。"既而御史中丞王陶奏弹宰相韩琦、曾公亮不赴文德殿押班，琦、公亮上表待罪，诏答不允。5，p2363

【治平四年闰三月】二十三日，琦、公亮言："近以御史中丞王陶弹奏不过文德殿押班，寻上表待罪，蒙降手诏不允。臣等先曾面奏，自来以前殿退晚及中书聚厅见客，日有急速公事商量，故不及轮往押班，已是积

---

① 宋朝武官中高级官阶群体的通称，又称为横班。有正副使，共十阶。朝会时位于东班前，列成横行，所以又称"横行"。

有岁年，即非自臣等始。今检详有唐及五代《会要》，每月凡九开延英，对宰臣日，未御内殿前，便令阁门使传宣不坐，令放班朝退，则可见宰臣更不赴正衙押班。国朝自祖宗以来，继日临朝，宰臣奏事。祥符初降敕令，宰臣依故事赴文德殿常朝立班，当日似未曾（子）〔仔〕细讨论，故后来行之不久，渐复隳废。若今后每遇前殿退晚，须轮宰臣赴文德殿押班，缘中书朝退后见客及商议公事，动逾时刻，必于常朝事务大有妨滞。欲乞下太常礼院检阅典故详定，议立常制，贵得永远遵行。"从之。5—6，p2363—2364

宋会要辑稿·仪制四·门戟

神宗元丰五年九月二十三日，修定景灵宫仪注所言："《仪制令》：'诸庙社门、宫门各二十四戟。'唐太清宫九门，亦设画戟。窃惟景灵宫、天兴门及宫外门，本以钦奉天神，不应立戟。神御诸殿既缘生礼以事祖宗，宜依《仪制令·宫门之制》每门立戟二十四。"从之。9，p2365

徽宗政和八年五月九日，知太原府姚祐奏："《政和格》：'臣僚私门经恩赐者许立戟，二品以上十四，一品十六。'乞应臣僚勋名显著与祠庙功施于民者，累功加封至二品以上，并许立戟于门。"从之。9，p2365

宋会要辑稿·仪制四·导从

真宗咸平二年三月，诏："节度、观察、防御、团练使、刺史如别知州府或掌兵处，止许役使本任公人，不得更于本使镇处抽取。"13，p2367

【真宗咸平二年】八月，诏："诸路节镇知州、都监给供身当直军士各七十人，通判十五人。防团军事知州、都监各五十人，通判十人。河北、河东、陕西有驻泊兵处，节镇知州、都监各百人，防团军事知州、都监七十人。"13，p2367

景德元年五月，诏："诸州节度、观察、防御、团练使、刺史以本郡兵随行给使者以三年为限。"13，p2367

皇祐元年七月，谏院言："今谏官二员，从人至少。昨三院御史增添人数，欲乞依例。"诏每员添差街司从人、神卫剩员各二人。16，p2369—2370

嘉祐六年五月十七日，诏："殿前马步军都指挥使、副都指挥使除合

（破）〔披〕带人数依旧（人）〔外〕，其不披带剩员备军等各特与添一倍。今后不得更于额外私有勾抽役使，如违，重行朝典。"16，p2370

治平四年闰三月六日，神宗已即位，未改元。诏："在京勾当官员待阙间，不得预抽新任公人当直。"16，p2370

【治平四年】七月二十二日，河东转运使吕公孺言："准《天圣令敕》：'诸外州官合给当直兵士者，节镇长吏五十人，余州监长吏各四十人。内河北、河东、陕西路有驻泊兵士者，节镇长吏七十人，余州军监五十人。'惟是有马步州军文武长吏，例更差有马兵士随逐，充马直出入，其人骑数目不定，即无合破敕条。欲乞今后应系有马军州节镇并其余州军文武长吏，许分两等立定随行马直人骑数目，如阙，即据数差拨，不得旋行收买。其三路安抚、都总管所带人骑，系备缓急应副，且乞仍旧存占。"诏除三路路分安抚使、总管依旧外，有马军处节镇知州、路分钤辖二十人，其余知州军、路分都监十五人。内本州军总管、钤辖即不得过知州军人数。16—17，p2370

宋会要辑稿·仪制四·得替官送还公人

太祖乾德二年三月，诏："访闻使臣因遣及请假出入，或知州军、监押、巡检替回，多有借本处兵士防送，或津致行李物色。自今非准宣旨，不得差借。"22，p2373

太宗至道二年三月，诏："闻川峡得替臣僚或勾当公事使臣回日，多于本处抽带兵士、公人随行至京，并令自备盘缠；或即受其佣（直）〔值〕，便即放回，多致人户破卖田户。自今一切禁止，如违，京朝官、诸司使副、内殿崇班、幕职、州县官并除名，使臣决配。仍委转运使觉举。"22，p2373

【至道】三年，诏："外任得替文武官，各差公人送还。丞郎、给谏、转运使、副使、大卿监、祭酒、詹事、庶子、大将军、防团、刺史十五人，诸司使带遥郡及诸行郎中、少卿监、少詹事、司业、谕德、太子三寺令仆、将军十人，不带遥郡诸司使、副使至殿直及京朝官、率府率、副率七人，内品官奉职以下使臣、幕职、州县官五人。移任、丁忧亦准此。若守任在合（般）〔搬〕家地分，亦许依上项数抽差（般）〔搬〕家。其水路管船纲者各减元数三人，内品以下减二人。所差公（文）〔人〕并本官给在路日食。"22，p2373

真宗咸平三年七月，诏："川峡得替文武官差防送公人，丞郎、给谏、卿监、祭酒、詹事、庶子、大将军、防御、团练使、刺史、转运使、副使十人，领郡诸司使、诸行郎中、少卿监、司业、少詹事、谕德、太子三寺令仆、将军七人，不领郡诸司使以下至殿直、京朝官、率府率、副率四人，内品以下至幕职、州县官三人，仍并至凤州界止。"22—23，p2373—2374

天禧元年八月一日，诏："自今诸路得替官送还公人，除转运使、副使、提点刑狱及正郎以上知州依元制外，余官旧十五人减其五人，十人减其三，七人、五人减其二。水路押纲运者十人又减其三，七人、五人减其二，三人减其一。县尉给手力外，余官悉以本处杂色公人充。"23，p2373—2374

仁宗天圣七年十月，诏："外任得替官各差公人送还，依元敕定差人，并令本官在路给食。或不愿公人送还，即牒送本处，不得取受顾直入己。如公人愿自顾替名，即听。或旧例更量差人送至近处，或赴任时差人远接，并依例差。应赴任、罢任及家属经过道途险阻去处，（令）〔合〕差防送者，亦令量差人。除弓手不得差出外，并各于本辖处抽差。如无人，即并差本城军士。其见任官不得专差人出本界三百里外勾当私事。其驻泊都副总管以下抽替或就移，送还远接，并差军人津（置）〔致〕行李。驻泊都总管禁军四十人，本城六十人；驻泊副都总管本城、禁军各四十人。驻泊总管、副总管并差禁军二十人、本城四十人；驻泊钤辖、知州军监城管勾本处驻泊军马公事者，本城、禁军各二十人；驻泊都监及河北、河东缘边安抚使、副使、管勾沿边安抚司、安抚都监禁军十人，本城二十人。乘船者不得更带本城军随行，仍不得更差送还公人。川、广、福建路转运、知州军、同判都监、监押、巡检、监当使臣得替，并依元定人数，差本城军士送还。琼管诸州得替，并差本城军士送至桂州或虔、洪州，逐州别差本城军士交替送至京。其替下兵士却归本处，不得别有住滞。若至水路州军，因便管押纲运前来者，送还军人更不得占留，画时发遣，却归逐处。"23—24，p2374

【天圣】八年二月，诏："今后所差接送臣僚禁军、本城军士，并依王正平所奏，选差十将节（给）〔级〕部辖。数内禁军送还到京者，殿前侍卫马步军司与限五日歇泊讫遣还；其厢军、本城兵士、步军司依此日限发遣。"24—25，p2374

至和元年十一月，诏："诸路官代还者，其护送公人如闻已顾人为代，而官司复令执役，民甚苦之。自今须计程满日，方得追呼。"25，p2374

嘉祐三年四月，诏："臣僚赴任益、梓、利、夔，其远接人，陆路止于京师，水路止于荆南。若路不由京师，即计其地里，无得过六十驿。若旧制不及者，止如旧例。"初，三司使张方平言："西川迎送之役，有经涉水路，往复万里之远，至有饥乏病死者，不可胜数。"故著此条。25，p2374

绍圣元年七月三日，户部看详役法所言："幕职、监当官（按）〔接〕、送，旧差全请顾钱公人。今来合支顾人钱，并依《元丰令》定人数支破。其《元祐敕》所添人数并差厢军。"诏减罢《元祐敕》添人数，余从之。27，p2375—2376

政和六年十二月十五日，诏川峡多阙正官，事因废弛，小臣远官艰于（般）〔搬〕挈，理须措置。《政和令》："内诸自川峡之官罢任，于接送人外。"缘路差递铺兵，该载未尽，可令兵部看详立法，限三日取旨颁降。兵部今拟修下条："诸川峡路之官罢任，分司、致仕、寻医、侍养、丁忧、身亡同。因犯奸赃而替罢，若川峡路之官罢任，不出本路者非。于接送人外，及服阕赴阙者，缘路差递铺兵，由江陵府及荆门军路者惟夔州路官许来。不（般）〔搬〕家者减半。别条已差铺兵者，从一多。负担者每人不得过九十斤。逐铺交替，不限官序，止以到铺先后为次。如或不足，于所在州依数差厢军，不得过至京程数。"以上《续国朝会要》。27，p2376

孝宗隆兴元年八月十七日，殿中侍御史周操言："臣契勘监司郡守所破接送人载在令甲①，各有定数：使相知州五百人，前宰执知州四百人，大藩知州二百三十人，节镇知州一百二十人，余州一百人，转运使副一百三十人，提刑一百二十人，转运判官一百人，此其格也。比缘监司、郡守数多，接送频繁，所破借请，或至半年，或四五月，近者不下三月，所费不知其几。加之公用什物，率皆创置，故一经接送，州县仓库为之（枊）〔枵〕然。臣愚欲望今后监司郡守接送人，除使相、宰执知州人数太多，合行减三分之一外，其他并不得过数添差。仍戒谕监司、郡守，每事简省，不得侈靡，并从御史觉察。若现接本任就移他处不候待阙之人，止得

---

① 此语在宋朝指某项临时性法律被写入永久性法律。

于旧任破送还人，（亲）〔新〕任更不得别发接人。如在五百里外者，其送还人就五百里止，却令新任接人于所止处交替。庶几免致重叠费耗，少宽州郡之力。乞附条令，永为定制。"从之。以上《乾道会要》29，p2377

宋会要辑稿·仪制四·接送

淳熙元年五月二十九日，诏："诸路监司、宪司州县巡历，只许带本司公吏一名、掌管案牍及使令三二名随行，不得与外人交通。余人并于所到州县借差。如敢违戾，令御史台觉察，以违制论。其他监司出巡及通判季点之类，并皆准此。"30，p2377

【淳熙】九年正月十三日，上谓辅臣曰："监司、帅守接送人借请等费用太多。"宰臣王淮等奏："条格具存，往往巧作名色，全在监司觉察。"上曰："只为监司自犯法，可令侍从等集议。"于是集议来上曰："一、监司守倅已依格差接送人从外，又有将带公使钱作随行支用，系是重叠破费，合行禁止。二、人从借请不多，合依格外，书表司等人近来多是妄作名色，增添借请，及格外差都吏、手分等，每名借请，犒设至多，合行禁止。三、（供）〔公〕堂供张、什物陈设等多是增添过多，以致科扰行铺，侵耗公库。一任之间，有置两三次者。自今不得再有添置，候得替日，依数逐一牒公库交纳，不得将带前去，及作名色销破。四、迎接轿乘，多是监司州郡分下所属科率。五、接送如愿乘船者，只合差破官船；如无官船，许和顾乘使，不得折支顾钱。六、合破接官从物，旗帜、挝剑及人从头帽、衣衫之类，只许就界首等候，不许将带出境迎接。七、诸公人违法借兑，并白状批请，已有见行条法及《绍兴二十六年指挥》，合行申严行下。今措置公人遇节，并经由州县借请，及非时妄作名色犒设之类，亦合禁止。"诏依集议到事理施行。是岁六月初八日，诏合破接官人从头帽、衣衫之类，许依旧例。30—31，p2377—2378

开禧元年六月十一日，诏："诸路监司并本司属官凡是迎送从物，各从逐司支公使库钱应办，不得行下州县。诸州知州、通判、幕职等官迎送从物，并从本州支公使库钱置造。县令、簿尉从物令本县支系省钱制造，知县不得过一百贯，佐官以下不得过五十贯，并不得科之乡司。更敢妄作名色，科扰百姓，许民户越诉。"福建提刑朱思远《便民五事》内言："知县迎接，科率乡书吏贴。"故有是诏。32—33，p2378—2379

宋会要辑稿·仪制五·群官仪制

太祖乾德二年九月十二日，诏曰："国家职位肇分，轨仪有序，冀等威之斯辨，在品式之惟明。矧著位之庶官，及内司之诸使，以至轩墀引籍、州县命官，凡进见于宰司，或参候于长吏，既为总摄，合异礼容。稽于旧仪，具无定法。或传宂揖之制，或有没阶之趋。既位貌之相殊，复典章之舛异。若以内司诸使承前规例，则朝官拜揖之制不同；若以《仪制令》遵守而行，则古今沿革之制不等。晋天福、周显德中，以廷臣内职、宾从将校比其品数，著为纲条，载于《刑统》，未为详悉。宜令尚书省集台省官、翰林学士、秘书监、国子司业、太常博士等详定内外群官、诸司使副、供奉官、殿直及州县官等见宰相、枢密使及所总摄正一品、二品官，东宫三师、三少、内外所属长官及品位相隔者，以前后编敕故事，参定仪制以闻。"翰林学士承旨、刑部尚书陶谷等共奏议："自今两省官除授、假使，出入并参宰相。起居郎以下参同舍人。五品以上官遇于涂，敛马侧立，须其过。常侍以下遇三公、三师、尚书令，引避；值仆射，引马侧立。御史大夫、中丞皆分路行。起居郎以下避仆射，遇大夫引马侧立，中丞分路。尚书丞郎、郎中、员外并参三师、三公、令仆，郎中、员外郎兼参左右丞、本行尚书侍郎及本辖左右司郎中、员外。御史大夫以下参三师、三公、尚书令仆，中丞兼参大夫，知杂事参中丞，三院御史兼参知杂及本院之长。大夫避尚书令以上，遇仆射分路。中丞引马侧立而避。大夫、中丞遇尚书丞郎、两省官、诸司三品以上、金吾大将军、统军上将军皆分路，余皆引避。知杂兼避中丞，遇左右丞引马侧立，余皆分路，郎中及少卿监、大将军以下皆避之。三院同行，如知杂之例。少卿监并参本司长官，丞参少卿监。诸司三品遇仆射于涂，皆引避。诸卫大将军参本卫上将军，东宫官参隔九品。凡参者，若遇于涂皆避。公参之礼，列拜于堂上，位高受参者答焉。四赤令初见尹，趋庭，受拜后升厅如客礼。上将军在中书侍郎之下，大将军在卿监之下，将军在少监之下，太子诸卫率府率在东宫五品官之下，内客省使视七寺卿，客省使视三监，引进使视左右庶子，判四方馆事视少卿，阁门使视少监，诸司使视郎中，客省阁门引进副使视员外郎，诸司副使视太常博士，供奉官视诸卫率，殿直视副率，枢密承旨视诸司四品常参官，副承旨视六品丞，诸房副承旨视南省七品都事。凡视朝官者序于本品之下，视京官者在上。内客省使谒宰相、枢密使以客礼，阁门使以上列拜皆答，客省副使至通事舍人、诸司使、枢密承旨不答焉。自枢密副使、宣徽使皆差降其礼，供奉官、殿直、教坊使、词令官、伎术官并趋庭偃受。诸司副使参大使，通事舍人参阁门使，防团刺史谒本道节帅，节度、防团副使谒本使，并具军容趋庭，延以客礼。少尹、幕府于本使长官悉拜，防团判官谒本道节帅，并趋庭。天长、雄武等军使谒宰相、枢密使，上佐州县官见枢、宰及本属长官，并拜于庭。参本府宾幕官及曹掾，县令、簿尉参本府录事，簿尉参令，皆答拜。王府官见亲王如宾职见长，府县官兼三馆职者见大尹同四赤令，六品以下未尝参官见枢、宰及本司长官并拜阶上。流外见流内品官，并趋庭。诸司非相统摄者，皆移牒，分路者不得笼街及占中道，依秩序以分左右。胥遇于驿舍，非相统摄及名位相隔，先至者居之。台省官当通官呵止者，如旧式。文武官不得借假呼称，以紊朝制。当避路者，若被宣召及有所捕逐者，许径度焉。"诏从之。1—3，p2381—2382

【乾德二年】四月二十四日，诏："诸司使、副使、通事舍人见宰相、枢密使，升阶，连姓通职展拜，不答拜。其见参知政事、枢密副使、宣徽使，以客礼展拜。他如旧仪。"3，p2382

太宗太平兴国八年正月十五日，诏曰："浩穰之地，民庶实繁，宜申明于旧章，用激清于薄俗。《仪制令》云：'贱避贵，少避长，轻避重。'宜令开封府及诸州府各于要害处设木牌，刻其字，违者论如法。"从大理正孔承恭之请也。3，p2382

【太平兴国八年】六月十三日，诏："自今京朝官知录事参军及知县事者见本州长史，用宾主之礼。宴集班位，其升朝官在判官之上，京官在推官之上。违者在所以闻，当行责罚。"4，p2382

淳化元年四月二日，国子祭酒孔维言："窃见中外文武官称呼之间，多或假借。殿直、承旨差出者须邀'司徒'之称，京朝官等不分品秩高下，一例递呼'郎中'。伏乞今后员外郎以上只可正呼，五博至将作监丞得假'员外'之称，助教以上只令正呼本官，毋致僭越班制，渎乱典常。"诏翰林学士宋白等详议。白等奏曰："按《官品令》及内外职官名目，如并令只呼正官，又缘官品之内，甚有难为称呼者，遽令改易，皆从正名，亦虑有所未便。今欲且约孔维所奏，于过呼尤甚者重行条禁，所贵庶官易为遵守。文班台省官及（御）〔卿〕监、郎中、员外并只得呼本官，升朝官自太常博士以下并京官至大理评事并不得呼'郎中'。诸司使、诸卫将军不带遥郡者并诸司副使，并不得呼'太保'。三班自供奉官以下并不得呼'司徒'。京官自校书郎以下并不得呼'员外'。待诏、医官等并不得呼'奉御'。府司录参军、县令等并不得呼'员外'；京府司录不在此限。判司簿尉等不得呼'侍御'。文武职事州县等如有检校、兼、试同正官者，伏请并（德）〔得〕呼之。"诏依详定施行，降敕榜示谕。3—4，p2382—2383

【淳化】二年六月五日，侍御史知杂事张郁言："文武官常参、内殿起居，露立廊庑。望自今前一日预设幕次于阁门外。尚书省旧仪，郎中、员外郎见本曹尚书、侍郎及丞郎、尚书见仆射，皆有公礼及回避之文，迩来遂成寝废，望举行之，违者加以责罚。旧制，御史（大）〔入〕台及出使并重戴，近年（廉）〔兼〕领他职及出使者辄废其仪。望自今违者罚一月俸料。"并从之。5，p2383

真宗咸平三年八月九日，御史知杂范正（乱）辞言："内外官称多过资品，望行条制，以肃纪纲。"诏两制集官详定。翰林学士承旨宋白等言："今请尚书省、门下、中书省、御史台、九寺、三监、东宫常参官、京官、武班诸卫各呼本官。除台省外，自有检校兼官者，从高称呼。两京五府少尹并以本官称呼，两京留守、判官、通判、诸路（侍）〔转〕运使副、四赤令、诸州知州、通判、监临官并是京朝（宫）〔官〕充职，并以本官称呼。其两京留守、判官、诸道行军副使各有检校官者，以检校官称呼。节度、观察使、两使兵马留后官未至检校太傅者，许通呼'太傅'，检校高者从高称。内客省使、客省、引进、四方馆、昭宣、东西上阁门使、遥郡内诸司使官未至检校太保者，许通呼'太保'。客省、引进、东西上阁门副使、未至遥郡内诸司使副，并许通呼'司徒'。内殿崇班、供奉官、侍禁、殿直、奉职、借职并只呼本职。其殿头、高品、高班、黄门并内品并以本职称呼。若衔命出外，即通呼'天使'。翰林待诏、医官并通呼'待诏''奉御'。如有同正、检校、兼官者，各呼本官。诸道幕职、录事参军、县令有检校试（御）〔衔〕者，呼本官。录事参军仍呼'都曹'，县令呼'长官'，（薄）〔簿〕尉许呼'评事'。仍望下御史台、宣徽院、阁门、诸路转运使觉察闻奏，请科违制之罪。"从之。5—6，p2383—2384

【大中祥符元年】八月十二日，殿中侍御史赵湘言："窃见含芳园迎天书日，街中布土，驰道阑以横木，止人践履，而群臣前驱者彻木，行马驰道上；又每逢辂马，不止传呵，分路而过，皆非人臣之礼。今如依古制，不绝驰道，则恐京师浩穰，阻滞车马。欲请每遇大礼，布土驰道，群臣非导驾不得于其上行马，及逢阅习辂马，不得冲过，许令两面行马。违者御史纠举。"从之。7，p2384

神宗熙宁二年二月八日，刑部（官）〔言〕："御街上只言许近上臣僚行马，即不指定品位职名。窃虑更有品位稍高，有犯此者，省司临时无由定夺。欲乞朝廷特降指挥，指定品位职名得于御路行马，以凭遵守。"诏御史台、太常礼院同共详定以闻。既而上言："勘会自来近上臣僚及北朝人使并三节人到阙，并于御路上行马，难以改更。检会《令》文，臣僚（道）〔导〕从呵止，除中书、枢密院执政官、宣徽院、御史中丞、知杂御史、左右金吾摄事官清道者依旧式外，三司副使已上亦许出节。欲自宣德门前至天汉桥北御路上，今后只许应合出节臣僚及正观察使已上行马；如从驾出入，并宗室、内廷、诸宫院车骑并不在此限。"从之。16—17，p2389

【熙宁】六年八月二十七日，诏："宰臣、亲王、使相、两府、宣徽使遇入枢密院门，许至从南第二重门外上下马。"先是，宣徽使以上凡出入皇城门，上下马处与三班使臣无以异，至是正之。18，p2390

【熙宁】八年三月，诏："今后每遇视朝，起居失仪，坐公罪，杖八十。"18，p2390

元丰七年八月十五日，诏："闻三省、枢密院出常早，妨六曹诸司结绝日务。自今冬夏并以未初为限，著于令。"20，p2391

哲宗元祐五年八月十八日，阁门言："景德、祥符、宝元、熙宁中，朝廷委近臣梁颢、李宗谔、陈彭年、张知白、李淑、宋敏求同阁门官修定《仪制》，行之已久，颇为详备。至元丰四年，诸司敕令式所厘为《仪式令敕》，比之旧仪，殊甚阔略。请委官与阁门官以旧仪制图策并见行仪式令敕同看详修定，不分仪式令敕，仍旧为《阁门仪制》。"诏枢密都承旨王岩叟、秘书少监王钦臣同阁门官修定。[①] 20，p2391

绍圣二年十二月十日，诏："诸官司出入局不以时，委统辖次第觉察举劾。"20，p2391

---

① 此处说明宋朝编修的"仪注""仪制"的法律情况。在神宗朝是按令敕格式编撰不同类型的法律，所以宋朝皇宫和官员的朝廷行为的规定在本质上是一种令式为主的法律。

元符元年十月二十九日，御史台言："按《元丰法》：'诸赴朝宴、庆贺、宣制、拜表、奉慰、行香、集议，若临时有急速公事，或上殿守宿趁赴不及，并本处有条免赴者，并报御史台。'《元祐法》应免者不报，乞依《元丰法》。"从之。20，p2391

徽宗建中靖国元年正月十八日，刑部状："永兴军路安抚都总管司奏，逐司契勘久来行遣文字，除不系统摄及辖下州军去处并行公牒外，有管下县镇将领训练官司之类，并同札子行下。近见《文书令》内无札子式，本部寻批送大理寺参详。经略、安抚或都总管、钤辖等司事体稍重，于管下县镇将分训练之类官司虽别无许用札子条式，其逐司自来旧例用札子去处，欲依旧施行。"从之。21，p2391

崇宁二年十二月十四日，尚书右司员外郎、充讲议司参详官林摅奏："检会《元符令》：'诸命官不得容人过称官名。'有兼官若检校官者，听从高称。其或有郡王称'大王'、正任称'太尉'、少卿称'判寺'，郎中、员外郎称'省判'之类。如此呵引，既非检校之官，即是过称官名，自合科罪。再详'大王'之称，止谓如亲王，太尉即须节度使或系检校官者。郎中、员外郎合以本曹或本司之名，少卿止合以本职称呼。欲乞申明行下。"从之。21，p2391—2392

政和三年八月十五日，中书省言，新提举淮东路常平应安道奏："臣伏睹《仪制令》内有州县官参知州，赞姓名致恭，见通判，阶上受拜，以至一簿尉参县令，亦曰受拜，此于臣下实为僭越。窃以昔日诸州长官礼上申陈，论及官属举书案、奉笔墨之类，陛下悉皆禁之。（今）今独赞姓名致恭、受拜之今未闻讲究，非人情所协。伏望将州县官赞姓名致恭、受拜全文重行详定。"从之。21，p2392

【政和】七年二月二十一日，尚书省言："修立到《诸朝参臣僚行马次序》，俟皇城门开，枢密入，次三省执政官，次一品、二品文臣、六曹侍郎、殿中监、开封尹、大司成、侍从官、两省，次百官。御史台编栏依次入。"从之。22，p2392

【绍兴二年】九月十五日，诏："方今尚武之时，访闻方面常日视事，武臣一例廷趋，文臣一例循廊，甚失武臣之心。今后诸州武臣非缘教阅军阵、出师讨贼，若常日见长吏，职任与文臣等者并依文臣，其不应趋廷者勿廷趋，著为令。"24，p2393

【绍兴】三年二月二十九日，三省、枢密院言："御史台榜示行宫南门，令百官朝谒入出。检准《政和四年七月十九日指挥》①：'今后皇城门开，先枢密院，次三省、执政官，次侍从官，一品、二品文官，次百官，次御史台官，次侍御史，次御史中丞，次大夫。上马、行马失次序之官徒二年，控马人杖一百。'缘旧制，三省、枢密院各班奏事，各厅治事。今宰相兼知枢密院，系同班奏事、同堂治事。兼旧来（遇）〔过〕前殿，即枢密先上马，入右掖门，于隔门外下马，于密院过道门俟三省官同入。过后殿，即同三省官上马，入东华门，系分两门入出。今止系行宫南门一门入出，虽遇六参等，止是后殿仪制，班次并与旧例不同。"诏三省、枢密院官赴朝且依见行仪制，回銮日依旧。24—25，p2393

【绍兴】十七年十二月二十日，吏部言："《绍兴令》：'杂压从一高，同者异姓为后，次以贴职、服色、资序。至改官先后同，方以出身。'切缘修上件令文之时，文臣未分左右。今来有出身人带左字，无出身人带右字，即合官同者先以左右为序，带左字人仍以及第出身、同出身为序。"从之。26，p2394

【绍兴】二十二年五月十七日，诏："今后筵宴赞喝，殿后（帝）〔带〕器械班直喝谢茶酒，舍人入出门户，依带器械班直。"26，p2394

【绍兴二十二年】五月十七日，诏："今后人使见辞并燕，所有权赴后幄起居班及奏事及上殿班，令入出射殿后门，经（申）〔由〕东壁便门入出，赴后殿起居。"26，p2394

【乾道】六年正月三十日，诏："臣僚导从至太庙、景灵宫墙，并禁喝止、张盖。非荐献行事，不得由棂星门。"太常少卿林栗札子："窃见自来车驾经由太庙前，有司预节音乐，止警跸，稍近则却伞扇，至尊抚式，辇士趋进，以为常制，诚得古礼式趋宗庙之仪。而臣下经由，呵导、张盖，未有条约。窃闻在京日，太庙不临通衢，窃虑自有专法，今来太常寺省记条内即无该载。欲望朝廷明降指挥约束，庶几官吏军民经由太庙前，知所严敬，仰副圣明奉先祗肃之意。"得旨，令本部条具申尚书省。本部检准《绍兴重修在京通用仪制令》节文："诸臣僚导从至景灵宫墙禁呵止。"缘《仪制令》内即无"太庙"二字。今欲乞朝廷札下敕令所日下看详，于"景灵宫"字上添入"太庙"二字，候敕令所报到本部，以凭

---

① 北宋神宗朝后，指挥开始成为一种法定的法律形式，当称"某某年指挥"时已经是一个法定的法律名称。

申请。本所今看详："在法，臣僚出节喝引，各有定式，至景灵宫墙皆禁呵止。今准太常少卿林栗陈请，臣下经由太庙，呵导、张盖，即未有条约。照得张盖一节，已降指挥，令礼部条具外，所是乞禁呵（正）〔止〕，本所伏见景灵宫、太庙皆系崇奉祖宗去处，理当一体严敬。止缘未有法禁，是致经由呵导。今来合于在京法内臣僚导从至景灵宫墙禁呵止条内，添入'太庙'二字，及'墙'字下添入'并'字，庶得补圆法意。又禁止张盖一节，本寺今指定合修入条令，于'禁呵止'字下添入'张盖'二字。"故有是命。29—30，p2396

【乾道七年五月】十二日，诏："皇太子领临安府〔尹〕，少尹已差侍从官。所有判官序位，依两省官奉使法，推官序位在诸州之上，任满日仍理为知州一任。"30，p2396

【乾道】八年八月一日，诏："今后不合辞免官，有司不许受接文字，如有违令，御史台觉察闻奏。"中书门下省奏："检会绍兴元年十一月二日敕，勘会臣僚辞免恩命，（名）〔各〕有定制。绍兴五年六月三日已降指挥，遵依旧制。比来不合辞免官亦具申陈，委是妨废职事，理合申严。有旨并令遵依旧制。如过制及不合申陈者，有司不得收接施行。乾道二年十二月十八日再降指挥，令吏部申严行下。近来各务虚文，多不遵依。"故有是命。30—31，p2397

【乾道八年】十二月八日，诏："今后有宰臣到阙，如遇赴宴赐茶，其合用坐塾礼，旧有旨并依官品。及今后遇筵宴等，行门、禁卫、诸色祗应人与依绍兴二十八年以前例，并赐绢衫。"31，p2397

绍熙元年十月十四日，三省检会《在京通用令》："诸驸马都尉、宗室南班官、戚里之家并不许出谒及接见宾客。"诏礼部申严行下，常切遵守。35，p2399

宋会要辑稿·仪制六·群臣奏事

开宝九年十（二）月二十三日，太宗即位，未改元。诏："自今内外群臣有所论列，并许实封表疏，诣阙以闻。必须面奏者，仰阁门使即时引对。"3，p2401

淳化元年十月二十五日，诏："自今后诸路转运使更不得以寿宁节辄献文章。其民间利害及合废置厘革等事，只令实封，附传置以闻。必须面奏者，别听进止。"3，p2401—2402

【淳化】四年六月十二日，诏："自今京朝官充川峡、广南、漳、泉、福建及缘边知州、通判，朝辞日乞上殿，即取旨。其余州郡差遣不令上殿。大两省以上升殿，仍旧取旨。"时颇有受命出使，以细务干听览者，故条约之。3，p2402

〔真宗咸平四年〕十一月五日，诏："诸司非言要切事不得上殿。其合取朝旨者，具状以闻。"时诸司事无巨细，悉上殿取旨，帝以谓臣僚自有职分，不当如是。会秘书丞孙冕上章极论不可，故降是诏。3，p2402

【大中祥符】三年二月十二日，诏："三司提举库务、提点仓场、管勾国信官应自来承准宣敕条贯，并仰遵守，不得将有条事件再具札子，上殿取旨。若实有不便，乞行改正者，具状以闻。"5，p2403

【大中祥符】四年正月二十八日，诏："臣僚上殿奏事，多是偏词，未经有司检会始末利害，亦有挟情用事，即批依奏施行，洎于检会，多成妨碍。宜行约束，庶警异同。自今如于进呈文字款内敢有增减者，当正其罪。"5，p2403

【大中祥符】五年四月二十一日，诏："文武臣僚出使还及以外任职事赴阙，合上殿奏禀。如因公事系取勘及曾经降敕断遣责罚差替者，中书、枢密院具职位姓名札与阁门，并无得上殿。"6，p2403

【大中祥符】九年二月一日，诏："在京勾当库务臣僚，有以公事上殿取旨者，并与同官参议平允，具体例以闻，违者坐之。"初，监官上殿，多以独见奏禀进止，而所陈非当，故命条约。6，p2404

【大中祥符九年】九月二十二日，诏："三司使、副使自今同上殿奏事，判官有大事亦令上殿。凡公事先须论定，不得临事异同。"旧制：副使、判官皆对，其后止使、副使同之，至是举旧制也。7，p2404

天禧二年七月十三日，诏："后殿进呈札子，并须（子）〔仔〕细书写，具官员印书报（丞）〔承〕旨司，无得卤莽，违者坐其罪。"7，p2404

【天禧】三年六月一日，礼仪院言："欲今后凡遇上巳、春秋二社、重午、重阳、三伏假日，并依旬假例，前后殿不视事。如中书、枢密院有急速须合面奏公事，即取旨。"从之。7，p2404

【神宗熙宁三年】八月七日，阁门言："检会《编敕》：'自入伏后审官院、三班院、流内铨只引一处，秋凉仍旧。'"诏曰："引两处。"16，p2409

【熙宁】七年九月，诏："两制以上有公事合同上殿者，令同上殿。"

17，p2410

元丰四年十一月二十一日，诏："尚书侍郎奏事，郎官一员同上殿。"17，p2410

【元丰】五年五月十五日，诏："三省、枢密院独班奏事，每日不得过三班。"17，p2410

【元丰五年】六月十九日，诏："尚书侍郎奏事，郎中、员外番次随上殿，不得独留身。侍郎以下仍不得独乞上殿。其左右选奏事，非尚书通领者，听侍郎上殿，以郎官自随。秘书、殿中省、诸寺监长官视尚书，贰丞以下视侍郎。六曹于都省禀事亦准此。"17，p2410

【元丰五年】七月四日，诏："三省、枢密院独班奏事日，枢密院当亟闻，更展一班。"17，p2410

【宣和】三年四月六日，诏："《元丰官制》：'寺监职事上部，部上省，'故得上下维持，纲纪所出。今后虽系视两制职司寺监，不许独对。"21，p2412

【宣和三年】十一月七日，诏："内外许上殿奏事官，除殿中省、辟雍太中大夫以上、知州、都大提举、同提举、都大管干茶事、提举学事、提举保甲官系合上殿及系增置许上殿，余并依《元丰官制》。"21，p2412

【宣和三年十一月】十四日，诏："已降指挥，上殿依《元丰官制》外，其见行东上阁门，《大观上殿格》内不该载上殿，并不许上殿。其正任、横行，依大观二年逐次已降指挥，推勘制勘公事，虽结案，亦不许陈乞。余依见行条法。"21，p2412

【宣和三年】十一月十九日，枢密院奏："两浙东西路廉访使者刘仲元申：（淮）〔准〕《令》：'诸使者每岁春秋依格轮赴阙奏事，独员者以取索季奏文书入递进纳。'仲元为独员，所有季奏文书，乞掩杀婺州等处贼徒了，取索入递进呈。"从之。21，p2413

【绍兴三年】十月十五日，诏："诸上言臣僚不得留身奏事，宰臣、执政官非，仍著为令。"23，p2413—2414

乾道元年六月一日，诏："今后转员、引呈将校换官、射射及御试举人唱名日并疏决罪人，并依令不引上殿班。"先是，有旨："防秋在即，除旬假如旧外，应国忌行香及小节省部并不作假，候将来解严日仍旧。若皇帝御殿廷，别有小小公事，阁门并听收接目下上殿班次。"续以边事宁息，有旨依令式作假。阁门状："契勘《阁门令》：'诸转员、引呈将校换官、射射及御试举人唱名日并疏决罪人等，并不引上殿班.' 今来已降〔指〕挥，〔依〕令式作假日分依旧。所有前项条令，不合引上殿班日分。"故有是命。25—26，p2415

【乾道元年】八月十八日，诏："今后应文武知州军、诸路厘务、总管、副总管、钤辖、都监见辞，并令上殿，批入料钱文历。如托避免对，并未得差除赴任，委台谏、监司常切（接）〔按〕察，以违制论。"26，p2415

【乾道】二年三月十六日，诏："应除郎官，先关报阁门，上殿讫，方得供职授告，立为永法。"26，p2415

宋会要辑稿·仪制七·拜表例

【绍兴】十（二）〔三〕年闰四月二十一日，礼部、太常〔寺〕言："检准《绍兴仪制令》节文：'诸大庆、大礼，发运、监司官、提举、主管茶事、提点坑冶铸钱官（司）〔同〕。诸州长吏三泉知县同。奉表贺。' 今来皇后受册毕，系大庆典礼，欲令进奏院遵依上条，遍牒施行。"从之。6，p2422

乾道元年八月二十七日，礼部、太常寺言："已降御笔手诏，皇子立为皇太子。检准《绍兴仪制令》：'诸大庆、大礼，发运、监司官、提举、（司）〔主〕管茶事、提举坑冶铸钱官同。诸州长吏三泉知县同。奉表贺。' 今来册皇太子，系大庆典礼，本部乞（休）〔依〕上件令，候皇太子受册毕，令发运、监司、诸州长吏等奉表贺皇帝，并贺光尧寿圣太上皇帝。候（令）〔今〕降指挥下日，令进奏院遍牒施行。"从之。9，p2424

【乾道】六年十二月二十五日，礼部、太常寺言："检准《绍兴仪制令》节文：'诸大庆、大礼，发运、监司官、提举、（司）〔主〕管茶（军）〔事〕、提点坑冶铸钱官同。诸州长吏三泉知县同。奉表贺。' 所有今来光尧寿圣宪天体道太上皇帝、寿圣明慈太上皇后加上尊号册宝礼毕，系大庆典礼，合依上条施行。欲乞候今降指挥下日，令进奏院遵依，遍牒施行。"从之。10—11，p2424—2425

【淳熙十六年】十二月，礼部、太常寺言："检准《淳熙仪制令》：'诸大庆、大礼，发运、监司官、提点坑冶铸钱官同。诸州长吏奉表贺。' 来年正月十九日，皇后受册，系大庆典礼，合依上条施行。"从之。13，p2426

宋会要辑稿·仪制七·章奏

太宗雍熙二年二月一日，诏曰："朝廷选用贤能，分膺事任，必资公共，以副忧勤。向者联事同僚，多不连书奏牍。自今并须同书，永为定式。其不合连奏者听之。如事状显然，而同官固执，不共连奏者，当行勘鞫。"先是，帝览诸路转运使副、知州、通判有不连书者，乃下是诏。19，p2429

淳化元年十二月十八日，诏中外所上书疏及面奏事制可者，并须下中书、枢密院、三司，以其事申覆，然后颁行，著为定制。19，p2429

【淳化】二年六月十一日，诏："应奏状有差错者，银台司副都进奏院，令报本处勘当职干系人以闻。"十七日，诏："都进奏院点检诸州府军监递到奏状，内有揩改脱错洗补不依体式处，送银台司，令本院准前诏施行。"19，p2429—2430

【淳化】四年四月二十二日，诏曰："国家万务至广，盖先于有司；旧章具存，必求于政府。近日中外官吏不守章程，凡有举行，多称特奉圣旨。鸾台凤阁既未降于敕书，金科玉条又靡干于律令，即有乖忤，无所辨明。自今诸司凡有奉行，不得辄称圣旨，违者置其罪。"19，p2430

【景德四年】七月十八日，知制诰周起言："诸司定夺公事，望令明具格敕律令条例闻奏。或事理不明，无条可援者，并须件析事宜，具从长酌中之道取旨，不得自持两端，逗遛行遣。如（狭）〔挟〕情者，望许人告论，重行朝典。或止是畏避，亦量行责罚。"从之。20，p2430—2431

【大中祥符】（二）〔三〕年五月九日，三司度支判官曹谷言："内外群臣上封者众，多务更改宣敕，徒成烦扰。欲望自今言钱谷者先检会三司前后编敕，议刑名者引律令格式、《刑统》、诏条，论户税者须按《农田敕》文，定制度者并依典礼故事。各于章疏具言前后宣敕未曾条贯；如已有条贯，即明言虽有某年敕令，今来未合便宜，方许通接。"从之。20，p2431

【大中祥符】七年六月一日，诏中书表疏不得指斥黄帝名号。故事，经典旧文必不可避，则平空之。20，p2431

【大中祥符七年】十一月三日，礼仪院请自今中外所上表疏不得连用玉皇圣号二字，如执符、御历之类。从之。20，p2431

【大中祥符八年】四月二十一日，礼仪院言："臣僚所进章表文字，不许使阔幅大纸修写。近日中外颇违约束，望令阁门、御史台、进奏院申戒，除用常程表纸、三抄西川麻纸外，更不得别用展样大纸、笺纸、屑纸。"从之。20，p2431

【天禧二年】闰四月三日，诏："中外申奏文字有不贴事宜、脱'臣'、漏印、字数差错，于文无害，但不如式者，一次违犯，特与免罪，委进奏院置簿记录。再犯即依元敕案问干系官吏。如自述身事及谢恩表状，止劾其人。"20—21，p2431—2432

景祐二年正月十七日，中书门下言："检院、鼓院今后应有（诣）〔诸〕色人投进文字，依例取责审状，书写赍文书人姓名，于实封上粘连进入。如与元状异同，并行勘断。"从之。21，p2433

【景祐】四年十月十六日，知开封府张逸言："准《敕》：'臣僚、皇亲、诸色人奏状，不得因亲戚入内，辄于中投进。'近见渐有违犯，望令承受官司未得施行，便即纠举勘断。"从之。22，p2433

宝（光）〔元〕二年二月十一日，三司户部判官郭积言："近日上封论列边事甚众，乞差近臣看详，有可采者，委中书、枢密院施行。"诏并送翰林学士于本院看详，不得漏泄于外。22，p2433

康定元年四月二十七日，诏："臣僚及诸色人所上章表、边事及朝廷降下制诰、宣敕文字等，令都进奏院不得传写，学士院不得漏泄于外。"22，p2433

【康定元年】七月十六日，权御史中丞柳植言："比来上封者所陈两事军机皆送学士详定，多致传布，有害事机。望只委中书、枢密院详酌施行。"诏学士院密收掌，无致漏泄。22，p2433

【庆历】三年四月五日，臣僚上言："窃见近日臣僚将所上封章书疏令人抄录出外，及密遣浮薄之辈传诵称扬，务取己名，欲彰君过。朝廷累行戒告，终未遵依，扇成浇风，无益圣化。大抵为臣事主之道，务敦忠厚，靡尚激昂。倘惟节行之自存，岂患功名之不立？苟亏祗慎，固有典章。乞晓示中外，更有违犯，察访得知，重行贬降，以厉众多。"从之。令御史台出榜示朝堂。22，p2434

皇祐元年正月九日，诏："诸州军不下司文字，知州、总管、钤辖躬亲书写回报，或专委通判职官收掌行遣，免致漏泄。如违，当行重责。"23，p2434

【皇祐元年】六月二十四日，御史陈升之言："近有臣僚缴奏交亲简尺，朝廷推究，事近深文；或不缴奏，又近请嘱，因事显露，悉皆科罪，遂令圣世成告讦之俗。请自今非请涉不顺，毋得缴简尺以闻。其于官司请求非法，自论如律。"从之。23，p2434

【神宗熙宁】九年十一月二十一日，中书门下言："孔目房申，熙宁八年七月四日条贯，诸内外官司奏状并申牒，衔位只书本处差遣。今看详，既不见得是何官职，缓急却须勘会。欲自今应官司公文合书衔者，令并书官职。其兼领差遣及散官勋赐等，即依旧更不入衔。"从之。25，p2437

【元丰五年】六月十七日，诏："近诸司妄以非应奏请事辄奏者，其以应申不申、不应申而申及辄受之者罪法申明之。"25，p2437

【元丰】六年十月十六日，诏："自今臣僚上殿札子，其事干条法者，尚书省依条议奏。如事理难行，送中书取旨。"25，p2437

徽宗崇宁元年正月二十二日，臣僚上言："勘会《熙宁编敕》：'诸臣僚不得因上表称谢，妄有诬毁，及文饰己过，委御史台纠奏。'臣窃惟自来诸处所上章表多不到御史台，逐时虽有朝报，或报或不报，虽报或已过时。陛下即位之初，咸与天下为新，一切牵复元祐窜逐之臣，其所谢表章但极意怨怼绍圣斥逐，为过当语言，甚者率皆诋毁。臣子不敬，莫大于是，不可不禁。欲望于上条'文饰己过'字下添入'仍录副本申御史台'八字，犯者本台即时弹奏，重加黜削。"诏臣僚谢表令进奏院录申御史台。25，p2438

【崇宁元年】五月十六日，中书省〔言〕："检会元符三年三月内诏书：'中外臣僚以至民庶各许实封言事，在京合属处投进，在外于所在州军附递以闻。'《元符令》：'诸上书言朝政阙失、公私利害者，本州附奏；责降散官及安置、编配之类言事者，所属审可采，不兼他事者，听收接，不得实封及遣人进状。'勘会自降上件诏旨，已及二年已上。诏令所属今后更不收接投进。其上书言朝政缺失、公私利害者，自依《元符令》施行。"26，p2438

【崇宁元年】九月十九日，中书省、尚书省送到白札子："勘会《元符敕令》：'内外奏报文字内事涉机密，若要切急速，或事干边防、军政，或臣僚自有所陈，或事体稍大而不漏泄，理须实封。或本条指定实封闻奏外，自余常程小事，于法只合通封者，皆作实封闻奏，致御宝实封降出，显属紊乱烦扰。'今后三省六曹并所属官司常切点检，如有违犯，并举劾

施行。"从之。26，p2438

大观三年六月二十日，上批："国子监、太学、辟雍三舍生近来上书献陈利害，或托以文词，觊幸恩赏，有违学制，殊无廉耻。自令学生应有陈述所见，若利害灼然，有补时政，或进献诗颂，文词优赡者，仰经长贰点检看详，若无违碍，即连衔保明缴进。如违，御史台弹纠以闻。"26，p2438

【宣和】七年二月三十日，尚书省言："臣僚陈乞不得言免执奏，如违，乞以违制论。"从之。27，p2439

宋会要辑稿·仪制八·集议

景祐四年三月二十三日，集贤校理、兼宗正丞赵良规言："伏见都省集官议谥，近制应本省官议，学士、知制诰、待制、三司使、副使者并令赴议。其曰带职官入省者，或在本官之次，或在本曹之上，着位舛（元）〔互〕，有乖旧制。谨按国朝故事及令敕仪制，则别有学士、知制诰、待制、三司副使着位，视品即与前朝制度不同，固无在朝叙职、入省叙官之理。今若全不论职，假有工、礼部侍郎兼学士者，使不在带职兵部侍郎之下；又如中行、后行郎官兼学士，在朝立丞郎之上，入省缀驾库之次；知制诰、待制入朝与六行侍郎同行，入省（郎）〔却〕分在郎官之下；如员外郎任三司副使、郎中充判官者，在三司为参佐，入省却在其上；又如员外郎兼学士，郎中兼舍人，待制在两制自分职次，入省亦却在其上，即各缀本官班，于理未便。所以旧来议事，除别诏三省悉集，则中书舍人、知制诰与常侍、给谏至左右正言皆赴；若内朝官悉集，则学士、待制、三司使、副使皆赴；若更集他官，则诸司三品、武官二品，各在本司长官之次；若止是集尚书省官，其带职者并合不赴。又按《天圣编敕》：'学士、知制诰、待制、三司副使正官，未至五品，并同五品官例。'今若各缀本官班，则是与《编敕》不同。又按《杂坐图》：'学士在两省侍郎之下，尚书丞郎之上；中书舍人、知制诰、待制在留后之下，秘书监之上；三司副使（右）〔在〕少卿监之上。'今若复缀本官班，显亦有违令文。又按《阁门仪制》：'大宴，学士座殿上，与仆射同行；知制诰亦座殿上，与尚书丞郎同行。若曲宴，则三司副使预坐，即在知制诰之后，重行异位。'其三司副使，又准《咸平六年敕》：'品与诸司少卿监同，而班其上。'岂有亲奉至尊于殿庭列座，其礼如此，暂入都省，便却降损？着位舛（元）

〔互〕，于理未顺。又按故事：尚书省官带知制诰者并中书省奏班簿，即于尚书省、御史台并不着籍，故有绝曹之语。今若复缀本官班，亦是有紊典故。又伏见国朝以来，凡定学士、舍人两省以上着位，除先后入外，若有升降，皆是特禀朝旨，方定着位。岂有在朝入省，迭为上下？况省中会议，皆左曹在右曹之上。今来升降弗伦，典故无据。又伏见郎中、员外兼侍御史、起居舍人及任里行者皆称台官，不赴都省议事。臣详上件官并是本官兼任台省，即是与带知制诰、待制等事体无异。岂有兼领若一，赴集有异？又按唐朝故事，翰林学士有不知制诰者，并无别占压着位，只是与今来直馆事体一般。若国朝学士、知制诰、待制，则显有着位，与唐朝不同。其侍读、侍讲、龙图阁、枢密等学士及三司副使，即是国朝新制。唐朝三司者自是尚书省之职，自后唐别置使额，今来显是不同。望委中书门下参酌旧规，详加审定，自今除集三省官议事即依旧外，若只是本省议事，其学士、知制诰、待制、三司使、副使并依前项典故，不更赴议。庶使品位有序，典故无违。"诏御史台与太常礼院详定。4—6，p2450—2452

太常礼院言："臣等窃推礼意，旁按国经，且载有司，咸着成式。由议者之未悉，故疑论之互兴。自非铺陈，奚能折衷。今列唐制及国朝近例如左。按唐李肇《翰林志》：'凡学士无定员，皆兼他官充，下自校书，上至诸曹尚书，皆得为之。既入院，与班行绝迹，亦不拘本司，不系常参，守官三周为满岁，则迁知制诰。'韦执谊《翰林院旧事》：'翰林学士自建置以来，秩序未立，庭观之际，各趋本列。洎兴元元年，始有别敕，令朝服、趴庁与诸司官知制诰例同。'《唐公要》：'（太）〔大〕中初，敕翰林学士自今以后至郎中令知制诰，其余并依本官月限及准外制例处分。'《五代史·职官志》：'天成初，敕今后翰林学士（八）〔入〕院并以先后为定。唯承旨一员出自朕意，不计官资先后，在学士之上。'国朝《天圣编敕》：'学士、知制诰、龙图阁待制、三司副使官未至五品者，并同五品官例。'附《仪制令敕》：'翰林学士、侍读侍讲学士、龙图阁学士、枢密直学士、龙图阁直学士并在丞郎之上，龙图阁待制在知制诰下，三司三部副使在少卿监之上。'《大中祥符五年五月敕》：'太常礼院奏，准敕新授仆射于都省上事，御史台仪制同。其日仆射、尚书、丞郎、郎中、员外、三司使、副使、学士、两省、御史台、文武诸司常参官并集省内幕次以俟。仆射自正衙退，将至都堂，门外下马。上事后乘马出入并于都堂前。朝堂差人着公衫前导，诸行尚书、丞郎、郎中、员外并于都堂门内分左右立班迎候。见带内职及知制诰并不迎班。俟仆射判案讫，知班引赞官报班定，礼生赞三司使前贺，又赞学士前贺，次赞两省、待制，次赞三司副使前贺讫，左右仆射降阶，就褥位南向立。引赞官通文武两班，相生言揖讫，班首出行致词。以中丞充。阙，即于班内取官高者充班首。'此六事，自唐至国朝翰林学士、知制诰、待制、三司副使与本官绝曹，不在南省官之例。乾德三年十二月，以大理寺尹拙等奏称妇人为夫家父母丧纪不定，诏尚书都省集翰林学士、三省官及御史台官等详定丧纪年限闻奏。太平兴国七年，以知开封府李符、法官查陶等状，令尚书都省集翰林学士、三省官、御史台官议定是非闻奏。雍熙三年三月，南雄州司理参军刘鼎等坐违制掠囚，本州以敕与赦同日到上请，下尚书都省集本省官及翰林学士、两省、御史台官会议。咸平元年三月，太常礼院李宗讷等奏请事件，令尚书省集三省、御史台官、翰林学士同检讨典故，详议可否闻奏。五年五月，知荣州（楮）〔褚〕德臻等言盗官银处法不定，下其状尚书都省，集翰林学士、本省四品以上官、两省五品以上官、御史中丞、知杂御史定议以闻。此五事皆三省及翰林学士、御史台同议。若诏语内不特言其官则不赴。《乾德二年二月敕》：'应内外文武职官仪制等，宜令尚书省集台官、翰林学士、秘书监、国子司业、太常博士等详议。'《开宝九年十一月敕》：'太子太师王（传）〔溥〕等奏，中书札子，诸道藩侯在京早要迎授恩命，其百官服式令文武班班首及学士、舍人同共详酌。'淳化三年十二月，许王元僖薨。时将南郊，在王丧戚之内，太宗疑之，命宰臣于中书省〔集〕尚书、丞郎、翰林学士、中书舍人、御史台、礼官、学官等详议可否。咸平元年六月，太常礼院议：每遇大祭之日，太祖与太宗昭穆同位，皇帝自称曰孝子嗣皇帝，敕都省集两制并尚书省四品以上官同参议。大中祥符元年七月，为九宫贵神于封祀坛不合用玉，诏（定）吏部尚书张齐贤、刑部尚书温仲舒集两省给事、舍人以上同议定。此五事，则诏旨临时指定。其官虽多少不同，然常别标翰林学士与知诰官，明知两制、待制不系两省官。至道二年六月敕：太常礼院奏，太宗皇帝祔庙有淑德皇后符氏，未审以何后祔飨配食？敕尚书都省员外郎以上、诸司四品以上官集议。又其年八月，敕尚书都省集翰林学士、两省、御史台知杂以上、南省员外郎以上、诸司四品以上并判官院官详定。景德元年七月，太常礼院奏请以懿德皇后、明德皇后同祔太宗皇帝室，以先后次之。敕尚书省集翰林学士、两省、御史台官、尚书省六品以上、诸司四品以上同议定。此二事，则三省及翰林学士、御史台及诸司四品以上并集，明不因诏旨，则尚书都省止循常例，集本省官议事。建隆元年正月，兵部尚书张昭等奏建立庙恐未合礼例，集文武百官于尚书省定议。此事止言百官，则知两省并学士等亦不赴。建隆三年三月，诏尚书省集议徒流笞杖用常杖制，此事止令本省尚书、丞郎、郎中、员外同议，两制及带职明皆不赴。《唐六典》：‘凡议谥之法，太常寺拟讫，考功于都堂集省内官议定，然后奏闻。’此事自唐以来，凡议谥止集本省尚书至员外郎，不集两省官及翰林学士之明据也。臣等谨详会议之文，由来非一，或出朝廷别旨，或徇官司旧规。故言集本省者，即南省官也；集学士、两省、台官者，容有内制、给舍、中丞之类也；集学士、台省及诸司四品以上者，容有卿监之类也；集文武百官者，容有诸卫之流。故谋事有大小，则集官有等威，率系诏文，乃该余职。昨缘段少连以太常易名，考功覆议，误谓群司普当会席，列为具奏，婴以严科，遂使位叙顿差，宪章交戾。而赵良规援求故实，采获舆言，事悉而可求，理当而难夺。然前之建白非是，盖或失传；后之辨正可稽，无容惮改。臣等参议，欲乞自今以后每有臣僚拟谥，止令南省官详定。其带两制并待制、省副、杂端职任郎中、员外更不赴会。或事体大，临时敕判，兼召三省、台寺，即并依国朝旧例施行。”6—10，p2452—2453

御史台别奏曰：“（有）〔看〕详赵良规起请及检会尚书都省自来朝廷降敕议事，或集尚书省五品以上及知杂御史者，或两制、两省五品以上、尚书省五品以上、御史台知杂以上者，或翰林学士、丞郎、大两省、御史台知杂以上，或翰林学士、两省官、御史台官、员外郎以上者，或两制、两省及南省四品以上，并御史台官者，或知制诰以上并两省侍郎以上者，或两制并秘阁、三馆官者，或翰林学士本省五品已上、两省官知制诰以上、御史知杂以上者，或尚书省官与太常礼院官者，或百官者。若以翰林冠侍从之先，西垣掌书之命重，待制参内阁之序，计庭领邦赋之繁，班朝则与众绝曹，入省则叙官为次，朝省异位，诚如良规之言。然古人创议，稽于本不稽于末；公朝立法，期于远不期于近。且中台设官，其来尚矣。故《书》称龙作纳言，《诗》载山甫出纳王命，实《周官》之司会，法文昌之六星。所以倡导政令，总领纪纲，居万事之元，作百官之本。秦汉而下，台阁增峻，首之以令仆，次之以尚书丞辖，又次之以侍郎、郎中、员外，列为六曹，析为二十四司，位有着定，职有统维。历祀（寝）

〔寖〕深，寻原不綦。皇朝凝命立极，垂八十年，振起前规，正在今日。如曰未暇，则其旧事之体，固可存而勿失。今良规以谓固无在朝叙职、入省叙官之理，复云中行、后行员外郎兼学士在朝立丞郎之上。又今之正言掌诰，立班于待制、谏议大夫之间，则是用在朝叙职之说。若叙职惟允，则都省叙官不诬矣。又云若只是集尚书省官，故带职者不赴。夫惟议事以制，是将建中于民，必在酌典刑之端，参礼法之变，所期清要之器识，以资折衷之讨论。岂可不副朝廷慎重之意，轻易台省咨询之体哉！而又引《杂座图》《阁门仪制》，此并非都堂序本省官仪也。至于称尚书省官任外制者不着台省之籍，故有绝曹之语，而以为重，则今尚书省官任内制者并系台省之籍，宁有座曹之实，而可谓轻乎？然则论职官之言，正为绝曹者设。岂有受禄则系官为俸，议事则绝曹为辞？况列圣累朝，名臣间出，若王旦、王化基、赵安仁、晁迥、杜镐、杨亿，亲尝预议于仓卒，无变古之论。故相李昉为主客郎中掌诰日，屡经都省议事。与故散骑常侍徐铉言江南议事，与此略同。则其谈评，固可采据。又议大事，仆射、御史大夫入省，唯仆射至厅下马，于今行之。盖所以重名器而守品位也。故都堂会议，书状以品，就座以官，亦已久矣。忽此更张，恐非通理。今与众官详定，都省今后承准敕命，令集在省众官会议者，自知杂御史、三司副使以上且系南（官）〔省〕官别带兼官及带职者并令依议预议。所有殿中侍御史段少连起请，今后每遇议事，其带职尚书省官不赴集者，以违制及不恭定罪，窃以议事必有大小，致罚须分重轻。欲乞自今合赴集议之官而辄不赴者，如议国家典礼，即从违制施行；若议常程小事，止依律处分。"10—12，p2453—2454

　　庆历三年五月二十三日，诏："自今两制官详定公事，大事限一月，小事半月，其急速者勿拘。"15，p2456—2457

　　绍兴三年四月十五日，御史台言："考功报本台，除礼官外，监察御史以上官并合赴今月十五日尚书省集议隆祐皇太后改谥。今检准本台《令》：'诸尚书省集议，轮御史一员监，告而不赴，及不委议意而书者并弹奏，有异议者听具状论列。'今来集议，全台官未委合与不合趁赴。"诏依御史台令施行。18，p2458

宋会要辑稿·仪制八·弹劾

　　【淳化】三年正月，诏有司复举十五条：一、朝堂行私礼；二、跪拜；三、待漏行立失序；四、谈笑喧哗；五、入衙门执笏不端；六、行步迟缓；七、至班列行立不正；八、趋拜失仪；九、语言微喧；十、穿班；十一、仗出阁门不即就班；十二、无故离位；十三、廊下食行坐失仪、语喧；十四、入朝及退朝不从正衙门出入；十五、非公事入中书。犯者罚一月俸，有司振举。拒不伏者录奏，乞行贬降。25—26，p2462

【淳化】四年六月十二日，御史台言："文武官在京监管庶务，并免常参外，其内殿起居、横行参假、入阁、非时庆吊、侍宴、正冬御殿、御楼、寿宁节、国忌行香、都省朝堂议事、城外立班并赴，违者望许弹奏以闻。"从之。26，p2462

真宗咸平三年七月十二日，诏："文武常参官入朝、退朝不由正衙门，非公事辄入中书，委御史台弹奏。"26，p2462

【咸平四年】闰十二月二十日，御史台言："旧例：假三日，群官并赴文德殿横行朝参。近日多以内殿起居不赴，望申旧制，以肃朝参仪。"诏自今并许弹奏。26，p2462

【大中祥符】六年十二月二十三日，御史台言："文武常参官失仪，凡十六条，内十三条缘事有失□，仍旧为公罪外，其语笑喧哗、入正衙门执笏不端，至班行立不正、情涉故违；赴宴言语交错、举动不肃，并请坐私罪。"从之。27，p2463

【仁宗天圣】三年八月十二日，上封者言："诸司使、副使已下起居多不整肃。请诏阁门告谕，内殿起居臣僚自今出入殿门，并须端谨，不得喧哗。殿庭依班排立，视枢密使拜起舞蹈，毋得先后。违者阁门使副举。"从之。28，p2463

庆历二年八月二十八日，权御史中丞（贯）〔贾〕昌朝言："臣僚起居失仪，请依唐制参定，列为八节，分十六事：朝堂私礼及跪拜，待漏行立失序，谈笑喧哗，入衙门执笏不端，行立迟慢，至班列行立不正，趋拜失仪，言语微喧，穿班仗出，阁门不即就班，无故离位，廊下食，行坐失仪语闹，入朝退朝不从正衙出入，非公事入中书。"诏从之。29，p2463—2464

【皇祐元年】六月二十四日，监察御史陈升之等言："比岁臣僚有缴奏交亲往还简尺者，朝廷必推究其事而行之，遂使圣时成告讦之俗。请自今请求非法，自论如律。"从之。29，p2464

【皇祐】五年十月二十二日，左巡使、侍御史吴秘言："内殿起居，百官多不成行列，惟前班稍有次序，自余皆群进族立，甚非朝廷齐肃之礼。准《太平兴国》：'诏中书：文武百官每遇内殿起居之日，须屏气随班，鞠躬就列，班退不得回顾。'斯盖后来不见著令，及条贯未甚章白。臣按唐乾元中《敕》文：'如有朝堂私礼淳化中降令文。及跪拜、待漏行立失序、语笑喧哗、入衙入阁执笏不端、行立迟慢、立班不正、趋拜失仪、言语微喧、穿班穿仗出入阁门、无故离位、廊下食行坐失仪喧闹、入朝及退朝不从正衙出入、非公事入中书等有罚。'五代题为十六愆，而修补无取。淳化中兼举旧仪，改'私礼'二字，（又）'〔入〕衙入阁'作'衙门'，又添'至班列'一科'穿班穿仗出入阁门'作'穿班'，'仗出'为一节，'阁门不即就班'为一事，'喧闹'作'语闹'。又据令文，'跪拜'去'及'字，余同后敕。庆历二年，权御史中丞贾昌朝以天圣三年榜示颇依唐诏，而失其句读，以'穿班仗出'为一事，以'廊下食'为一愆，又合'行坐失仪语闹'为一句，遂依唐制参定，列为八节、十六事。以'穿班'为一事，'仗出阁门'为一节，虽甚精详，与古终异。且礼制沿革，时代不同，至于令文有存而不用之目，岂兹仪范是日行急用之制，而须存无用之文？徒使朝士疑而不诚，非信（实）〔赏〕必罚之理。（宜）〔且〕以今朝言之，'待漏'之科却居'朝堂'之后，况'入衙入阁'不宜删去，'仗出阁门'与'廊下食'二节四条今无其事，并可存而不用。其所阙者，若仪制卷班分东西出、不得回顾，并不在其间。若以不欲革于旧文，则又逐度不同，屡经改易。臣今参酌切于用者，修而序之：以今之'待漏'宜居众科之首；'行立失序'仍注《仪制》；'语笑喧哗'请附'朝堂'之下；'私礼'自兼'跪拜'，不须重复；'入衙门'依旧作'入衙入阁'；'至班列行立不正'宜作'至班不成行列'；'无故离位'移次'至班'之科，亦可以兼'穿班'之义；请革'穿班'作'朝退不卷班'，增'回顾'一条次之；'入朝退朝不从正衙出入'，作'入朝退朝不由正衙'，定为六科十三条。如违者，依例弹奏勘罪。或拒过饰非，即录奏贬降。"诏御史台、太常礼院同详定。既而上言："检会《令》文，武常参官朝堂仪，已系贾昌朝奏依唐制参定，列为八节，分十六事。今参详吴秘起请条件，难为更改。"从之。29—31，p2464—2465

【嘉祐】三年十一月五日，陈升之言："有司断狱，而事连权幸者多以中旨释之。自今有干内降而得纵释者，请劾其干请之罪，以违制论。"从之。31，p2465

英宗治平元年五月八日，阁门言："检会《仪制》：'两省常侍、给谏、舍人、待制、中丞、三司使副、太子三少、尚书、丞郎、卿监、上将军、延福、景福、宣庆、宣政、昭宣使、枢密都承旨奉使勾当回，赐酒食，客省使伴，客省使至阁门副使本厅就食。庶子、少卿监、大将军已下、阁门祗候已上差充转运、发运、提点刑狱、知州军监、通判、总管、路钤辖、都同巡检、都监、寨主、驻泊回，命赐酒食并门赐，阁门祗候伴。'近来臣僚谢赐酒食讫，多是不就阁门。欲乞今后合请赐酒食者并依《（议）〔仪〕制》施行，不许不就，违者令阁门弹奏。"从之。31—32，p2465

徽宗政和七年二月二十一日，尚书省言："修立到诸入皇城门行马不依次序，控马人杖一百；约栏不止，失序之官仍加一等。"诏令御史台觉察弹奏。32，p2465

【乾道七年正月十日】，同日，诏："殿庭立班及应奉朝参官诸色人等入出皇城门，务要整肃。令御史台、阁门措置，条具取旨。"御史台言："今措置条具下项：一、殿庭立班，近来往往有交语、相揖或行立不谨之官，致不整肃，及有托疾在告不赴，列班萧疏。今检坐见行条令及续降指挥下项。二、崇宁重修本台《令》：'诸朝会仪，出入不由端礼门，紫宸、垂拱参日，两省官及应差引接者非。入端礼门不端笏，朝堂行私礼，虽朝退，在殿门内犯者同。交互幕次语笑喧哗，殿门内聚谈，行立失序，立班不正，交语相揖，无故离位，殿门外序班同。拜舞不如仪，穿班仗出，诸朝会不至，及失仪序并不赴台参辞谢者，无故过十日同。人见谢辞日为始。殿中侍御史具姓名申台，取审状申尚书省。入中人犬、侍御史以上并奏，余官拒过饰非准此。诸朝宴日称疾并假状内声说疾状。不赴者，牒内侍省医官局差内臣押医诊视，不实者弹奏。国忌日准此。'三、《在京通用敕》：'诸朝会行立不谨，谓失序或穿班及无故离位、立班交语、侧身相揖之类。若不归幕次及请引不行，或窃窥未宣麻制，及宴集改易坐次者，杖八十。情重者奏裁。若职事官、仗卫士及诸色人言辞喧嚣，乖违仪式，及不依所给朝服色衣，或承告而不至者，各杖一百。主司不告准此，皆为公坐。诸趋朝行马失序者各杖一百，控马人减二等。'四、绍兴九年二月四日臣僚上言：'比来每遇朔望或六参日，合赴官类多托疾，在告不赴。欲望申戒在位，以肃廷仪。仍令御史台将所告最多之人核实弹奏。'有旨依。绍兴二十七年十二月二十六日，诏：'应在京宫观人，如托疾请假，不赴朝谒，令御史台、阁门觉察奏劾。'乾道五年十一月十七日，尚书省札子：'臣僚上言：今后如遇四参等朝殿，临时称疾不赴，致班列萧疏者，当覈实弹奏。'有旨依。今措置，欲乞检坐上件条令指挥，候今降指挥下日，从本台出榜，每遇立班处张挂晓谕应赴朝参官。如有违犯，必定依条弹奏施行。五、应奉朝参官、诸色人等入出皇城门，契勘昨于乾道三年十二月丙申降指挥非不严备，今措置，欲将应（付）〔赴〕朝参官合破人从入出皇城门者，自今后并合量行带入，庶得整肃。乞下皇城司措置。如系内宿并担擎人等，自合遵依已降指挥施行。如有不依次序及奔走争先，拥遏喧闹，（及）〔即〕从皇城守把约拦人收领，一面送所属施行。如守把人更不止约，从台牒皇城司依条施行。"閤门今条具下项："六、见行《令》：'诸朝会臣僚失仪，谓立班交语、侧身相揖、行立失序、不端谨或穿班、无故离位，并殿内辄行私礼、聚立言语之类。并具名弹奏。将校直关本辖，内御史台班应弹而本台不弹者听举弹。若职事官、仗卫士及诸色人语言喧嚣，乖违仪式，及不依所给朝服，或承告不至者，准此。诸殿内侍立臣僚次序已定，辄越次及离行失序者，具名弹奏。祗应人奏知送所属。诸臣僚朝集辄交互幕次语笑喧哗，或不依官职序坐者，具名弹奏。诸臣僚趋朝不应入殿人，即时检察纠劾。诸殿门外见引谢辞，非见谢辞臣僚及诸色人辄过往者，臣僚具名弹奏，诸色人送所属。诸宴会应奏事有不如法者，听纠举。诸前后殿坐，殿门侧近不得声高，闻及殿庭。'今来前项条令系殿庭赴朝参立班，并应奉官及诸色人入殿辄不整肃，依上件条令弹奏施行。"有旨并依。37—39，p2468—2469

【乾道七年】十一月二十一日，诏检坐百司出入局条法指挥，严行约束。如有违戾，依累降指挥，令御史台觉察弹奏。先是，宰执进呈百司出入局条〔法〕指挥：一、《绍兴在京通用令》："诸在任官，库务官自依本条。日初出入局，内官视门下省，余院尚书省，次第出。执政官早出者以未时，自秋（春）〔分〕至春分日前以未时二刻。日初出，以开皇城门时，门下省、尚书省令系三省，次第出。谓如先宰执早出，或三省、枢密院作假，其余官并行未时出。"上因宣谕曰："从来指挥，虽载御史台觉察之文，元不曾觉察。卿等可类聚合觉察事件，预行措置。今后应觉察而不觉察者，并御史台官施行。"故有是命。39，p2469

【乾道】八年二月七日，诏御史台觉察弹劾事件，分隶六察。如有违戾去处，监察御史许随事具实状觉察弹劾闻奏。御史台状："今开具下项：到国都不曾朝见，而辄见宰执，干求差遣；文臣托避免对；官员违戾条禁，出谒受谒；行在百司、外路监司、州县违法请谒接见，违戾抑奔竞指挥；举官非其人，及责降未牵复而荐举百官；亲年已高而不迎侍及归养；观察使以上举所知，不许举宰执、管军、内侍亲戚；观察〔使〕以上举所受赂；监司铨量老病守臣容隐等；运司违戾保明州县差权官等；已除监司、郡守，乞祠未归，别有陈乞等；部使者具州县臧否违戾；观察使以上举所受赂，除授远地监司、郡守，比近地为加审访闻纠察。以上事属吏部，隶吏察。禁羡余，罢权摄，戢苞苴，节宴饮。如监司官、守臣违戾错支、侵欺常平钱米；过数支见任官供给；诸县借支侵欺糯米麦；州县预借人户税租；州县受纳物帛之类徇私；两浙漕司寄造酒不支本柄，受纳官作弊；州县催纳所放下绢；诸州将未成丁之人拘催丁钱；漕司、州县违限催科；诸路荒田令拣退人支请给耕种，如奉行不虔；州县违法支使篡名；所属积压不支盐本钱；沿淮州县起催二税，奉行不虔；差役观望不公等；水旱灾伤检放不以实；两浙、江东西夏税和买，高价勒民纳钱；饶州、江州如措置赈济灭裂；湖、秀、太平、宣州守臣如救恤灾荒不虔；州县令保正副出备参投等钱；宣州、太平州增科随苗钱；人户输纳匹帛，退换损污等；输官钱以见会子中半，如有违戾；监司、郡守岁考县令之课不以实。已上事属户部，隶户察。奉使三节人私行博易、受馈送等；奉使、接送使副辄赴筵会；品官祖父母亡十年无故不葬；品官父母亡五年无故不葬；巧图牒试，代笔传义；总管、通判以下用妓乐；州军发解差试官徇私；奉使三节人推恩，援例（遇）〔过〕有陈乞；巡幸视师经由去处过为华饰，违戾贡献果木、饮食之类；学官受理学生假限外，旋取公据；临安府收买祠祭牲半，不支还价钱；天申圣节筵宴，于例外因缘搔扰。以上事属礼部，隶礼察。白直人于置司州被差，如占留诸州抽差人；帅司诸司属官合破白直人，如依前占留；监司、郡守接送人过多等；诸军收买物色，场务衷私请托漏税等；三司违法借差军兵；诸军私役占破借使军器所工匠；诸百官司格外差占禁军；应差破禁军不放，于旧司人内差拨；诸州拖欠拣汰军兵请给；诸军合得犒设违戾支给未尽等；行军临敌，士不用命，致亡失掌兵官，监司隐蔽。已上事属兵部，隶兵察。包苴赂遗，群臣辄受苞苴，贵显者受权要供馈等；监司、知、通隐庇用刑惨酷或入己赃；州县之狱，守令决遣违戾，所属透漏；贩海越界，州县奉行宽恤等事违慢；县官庇奸，而监司不复谁何；治狱检法违限；州军大辟，情法相当，实无可悯而具奏；四川监司有违诏条等；监司、帅守容庇州县官出城迎送，不（接）〔按〕

举；州县奉行告讦虚妄条法不虔；诸州奏案稽滞，提刑催促结绝见禁罪人，断放不当；刑部郎官催促结绝见禁罪人，奉行不虔；州县官贪污不法，监司不按治；四方奏请送有司者照成法不以实等；监司巡历，所带人吏过于州县乞觅；宽恤事件隐匿，不切奉行；官司及在任官下行买物等；州县奉行朝廷指挥弛慢违戾；当职官拘留不决遣，日生词讼。已上事属刑部，隶刑察。州军违法差役工匠，事属工部，隶工察。朝会赐酒食不如法；朝会失仪；台参谢官有老病昏昧；赴宴不肃，及未罢先退；朝宴日称疾不实；百司官入出局不遵条法；授外任已得告牒，辞见进发过限。已上事属本台前司。本台契勘前件觉察弹劾事件，日前并系殿中与长贰通行风闻弹奏，即不属六察掌行。其六察系专一掌管取索所隶百司簿书、公案等，点检稽违差失。行遣迁回不当等事。今依应指挥，将觉察弹劾事件令六察分隶，并开坐在前。（切）〔窃〕虑尚有未尽事件，本台更切根刷，尽行抄录，别行具状供申。"勘会御史台具到合觉察弹劾事件，各有已降指挥，今来并分隶六察。故有是命。39—42，p2469—2471

宋会要辑稿·仪制九·告谢

真宗景德元年三月，翰林学士梁颢等言："详定《阁门仪制》，旧例皇城内监当库务及在京盐曲、商税、榷货务、香药、榷易、粮料院并告谢。今请在内监临如殿庭每日祗应库务使臣初授命日，并许告谢。其余在内库务及盐曲等院，如京官不带职，供奉官以下不带阁门祗候，及左右军巡使，并不告谢。如有特旨，不在此例。"从之。2，p2473

【仁宗】天圣二年正月二十五日，翰林学士、权三司使事李谘言："伏见《阁门条制》：'文武官该告谢者，须隔日先申阁门。'窃缘在京监左藏库、三粮料、商税、曲院及司录参军、两赤知县并皆告谢。若以侍从近臣一例隔日关报，实恐有伤国体。欲望自今应大两省以上、三司使副、知开封府凡受恩命差遣，并许当日告谢。"从之，其刺史、阁门使以上亦如此例。3，p2474

【高宗绍兴六年】八月二十七日，诏："侍读、侍讲在法虽无许告谢之文，多系前执政及从官兼充，理合正谢。令敕令所于《阁门格》内修入。"时以前执政孟庾提举万寿观兼侍读，受告申审，故有是诏。5，p2475

宋会要辑稿·仪制九·辞谢

太宗淳化二年六月五日，知杂御史张郁言："按《令式》：'每假日，百司不奏事。'陛下忧勤万机，每遇旬假，亦亲决政事。迩来文武群官多就假日辞、谢，贵就便坐，以免舞蹈之仪。欲望自今假日除内职及将校外，阁门不得引接辞、谢。其受急命者，不在此限。"从之。8，p2477

真宗咸平元年十二月，诏："京朝官差知州、通判、知军、监、县、场及监临物务者，差定后不得更赴朝参，限五日朝辞，除程更与限一月。如违，三日已上别具闻奏。"8，p2477

景德元年七月二十九日，御史台言："检会应文班朝官、京官、节度行军司马、节度、防御、团练副使、武臣将军、率府、郎将已上，并合请诣正衙谢及辞、见。内节度行军司马、防团副使回不见。使相、诸道节度使及管军节度使、防御使已上，并合正衙谢及辞、见。幕职、州县官等只赴正衙谢，无辞、见。准《淳化二年敕》节文：'文武官中见、中谢及朝辞后，次日须便诣正衙。或急速差使，虽放衙辞，亦须具状报台。如有违者，夺一月俸。应内诸司职官并管军将校但授遥（都）〔郡〕已上及阁门通事舍人已上，凡授恩命，并须诣正衙谢。其中见、朝辞更不诣正衙。'"诏："应文武臣僚合赴正衙谢并辞、见者，宜令阁门一依前后敕条晓示，违者御史台弹奏。"时工部员外郎朱台符差充陕西转运使，已朝辞，不赴正衙辞，乃下是诏。8—9，p2477

【天禧四年】五月，御史台言："三班使臣先准诏，诸处勾当回，限七日须得朝见。如违，即二班申直徽院勘问。所有不带职京官望依例，如违，即诸司寺监申举。"从之。11—12，p2479

【神宗熙宁三年】八月七日，阁门言："准《编敕》，自入伏后，审官、三班院、流内铨只许引一处，候秋凉添上殿班依旧。今月十日秋分。"诏自今后一日只许引两处。16，p2481

元丰五年十二月二十四日，御史台言："准诏，辽使见辞日，并特起居。其前后三日内当起居权罢。二十六日紫宸殿辽使见，来年正月六日垂拱殿朝辞。若各用本殿班，即见日望参班赴，辞日六参班赴。"诏并用望参班。17，p2482

乾道元年八月十四日，诏："今后应文武知州军、诸路厢务总管、副总管、钤辖、都监见辞，并令上殿，批入料钱文历。如托故避免，并未得差除赴任，委台谏、监司按察，以违制论。"已而又诏："内殿见，辞奏事讫，亦令阁门批上本官料钱文历照会。" 22，p2485

宋会要辑稿·仪制九·赐服

凡五月五日赐服，二府宰相至同签书枢密院事、亲王、三师、三公、使相、东宫三师、观文殿大学士、仆射、宣徽使、殿前都指挥使至马步军都虞候、节度使、驸马都尉，五事：润罗公服、红罗绣（袍）〔抱〕肚、黄（毂）〔縠〕汗衫、熟线绫夹袴、小绫勒帛。银装扇子二。旧式：大绫夹袴、勒帛。都尉须观察使以上。金吾上将军、皇亲刺史以上；五事、扇子并同宰臣，惟小绫勒帛。两使留后、观察使、四厢都指挥使、忠佐领团练使；五事、扇子同皇亲刺史，惟大绫夹袴，无润罗。东宫三少、尚书、三司使至权发遣使公事、观文殿学士至枢密直学士；并同仆射，惟绫绣抱肚。旧式：尚书同待制，三司使同节度使。防御、团练使、刺史；同留后，惟绫绣抱肚。旧式同三司使，惟无润罗。御史中丞、阁直学士、宫观判官；四事：润罗公服、黄縠汗衫、小绫勒帛、熟线绫夹袴。银装小扇子二。旧式：大绫夹袴。权中丞如待制之例，知审刑、判检院并同。诸统军；四事，同中丞，惟无润罗，扇子无银装。诸卫上将军；同统军，惟增绫绣抱肚，又改小绫汗衫。常侍、宾客、丞郎、给谏、舍人、知制诰、待制、卿监、祭酒、詹事、三司副使至发遣公事；五事：罗公服、绫绣抱肚、小绫汗衫、勒帛、大绫夹袴。旧式：三司副使如宫观判官。内客省使、延福宫、景福殿使；同防御使，惟扇子无银装。皇亲大将军、将军、诸司使、副使；四事：罗公服、小绫汗衫、勒帛、大绫夹袴，银装小扇子二。少卿监、知杂、司业、庶子、谕德、郎中、枢密都承旨至诸房副承旨，横行使、宣庆、宣政、昭宣使、诸司使、大将军、入内〔内侍〕省都知、押班；四事：罗公服、小绫汗衫、勒帛、大绫夹袴。无扇子。旧式：三司判官、判勾准此，知杂、入内都知并同员外郎，押班同承旨。皇亲崇班以上；三事，同诸司使而无袴。旧式：有扇子而无银装。起居郎至著作郎、三院御史、员外郎、少詹事、率更令、博士、三丞、大理正以上、开封府判官、将军、横行诸司副使、枢密逐房副承旨、皇亲殿直以上；三事，同少卿监而无袴。通事舍人、承制、崇班及阁门祗候；二事：同诸司副使而无勒帛。中允至洗马、尚药奉御至五官正、阁门看班、三司勾当使臣、京官任在京职事者；二事：罗公服、绢汗衫。今选人充馆阁职任同。幕职、州县官、三班使臣任在京职事当赐者；止罗公服。监文思院门，紫纻衫。内侍两省使臣。供奉官并紫罗公服。内常侍加小绫汗衫，内侍至黄门、入内殿头至奉辇管勾，紫罗窄衫、绢襕。内侍祗候高品至后苑散内品、入内贴祗候内品至云韶部内品紫绢纻窄衫、绢襕。其内侍非宿直及在京勾当不给。入内后苑内品至散内品，紫平纻窄衫、绢襕。寄班祗候、奉职、借职，罗公服。殿直以上加绢汗衫。旧式：带器械高品以上并罗公服、绢汗衫。

凡诸军捧日、天武、龙卫、神卫、拱圣、骁胜、宣武、神勇、虎翼、步武、龙猛、吐浑、骁骑军都指挥使、诸班殿前指挥使、遥郡都虞候、御前忠佐马步都军头及遥郡副都军头；五事：罗公服、绫绣抱肚、黄（縠）〔縠〕汗衫、小绫勒帛、大绫夹袴。扇子二。旧有银装。不遥郡副都军头；五事：并同都军头，惟小绫汗衫、小扇子二。捧日至神卫不遥郡都虞候及诸班内员僚、御龙四直都虞候、指挥使、御前忠佐步军副都军头已上、行门殿前散直、钧容直指挥使；五事：并同都军头，惟绢汗衫。开封府马步都指挥使；四事：罗公服、小绫汗衫、勒帛、大绫袴。无扇子。拱圣至骁骑及云骑、奉节、归圣、效忠、武骑、雄武、渤海、宁朔都虞候，捧日至神卫指挥使，殿前都指挥使知；四事：罗公服、绢汗衫、大绫夹袴、小绫勒帛。小扇子一。内殿直散员、散指挥、散都头、散祗候、龙旗、金枪东西班内员僚、外殿直都知；三事：罗公服、绢汗衫、大绫夹袴。小扇子一。开封府马军、步军副都指挥使以上、牢城都指挥使；三事：同外殿直都知，而无扇子。拱圣至宁朔及骁猛、马直、步直、拣中龙神卫、契丹、飞猛、卫圣、威虎、神威、宣效、横塞、威猛、广勇、鞭箭、云捷、归明、雄武指挥使、捧日至神卫及御龙四直指挥使、教骏、广备、忠节、威武都虞候、殿前指挥使副都知；三事：罗公服、绢汗衫、小绫夹袴。小扇子一。内殿直至外殿直副都知、殿前散都知；三事：罗公服、绢汗衫、勒帛。拱圣、归明、雄武副指挥使，教骏、骑御马、归圣、顺圣、勇捷、步斗、雄勇、广德、静戎、平塞、归化、顺化、忠节、桥道、清塞、广备、归恩、雄胜、威武、怀勇、效顺、怀爱指挥使、六军搭材都虞候、殿前指挥使押班；二事：同威武都虞候，而无袴，亦小扇子一。御龙四直都头；二事：同殿前指挥使、押班，而无扇子。皇城司都虞候；二事：罗公服、小绫汗衫。教骏至怀爱副指挥使、内殿直至外殿直押班、押蕃、御龙四直副都头新立内员僚直行首、副行首、殿前散直副都知、押班、龙神卫剩员、保宁、搭材、窑务、广德指挥使，开封府六军副指挥使以上；罗公服。殿前指挥使行门殿直及内殿直之进御弩者，钧容直、招箭班都知、副都知；紫罗旋襕、小绫汗衫。钧容直、招箭班押班、都部头、内园御辇、翰林、仪鸾、八作、绫锦、事材、车营务诸司都虞候；紫罗旋襕。捧日至神卫军使、都头，龙神卫剩员至广德副指挥使，效节指挥使，员僚直行首、押蕃已上，军头司副兵马使以上；紫罗宽衫、旋襕。捧日至神卫副兵马使、副都头，拱圣至鞭箭军使至副都头，军头司（疆）〔强〕壮及散指挥使、副指挥使以上，契丹、渤海、吐浑军使以（下）

〔上〕赴起居者；紫罗宽衫，绢襕。龙卫及骨朵子直、内殿直至内员僚直、殿前散直、招箭班及外殿直、散祇候、东西班权管指挥者，军头司散员至副兵马使、强壮副都头、散副都头以上，契丹、渤海、吐浑军使以上不赴起居者，教骏、骑御马军使、副兵马使、归明散员僚、诸司指挥使、副指挥使以上，军头司副都头以上；紫罗窄衫，绢襕。御龙、弓箭、弩、钧容、契丹、吐浑等直、归圣至怀爱、龙神卫剩员至广德都头、副都头，六军喝探副都头以上，开封府步军副都头及诸司军使副都头以上；紫官绌衫子。御辇院供御辇官以上，车子院将虞候；紫平绌衫子。外仗作坊前宿直者、军头司承局、御辇院下都辇官、车子院官健；紫南绸衫子。凡增立诸军并准视名额等第给之。

凡在京诸色人：中书堂后官、枢密主事；二事：罗公服、小绢汗衫。前诸司使；二事：罗公服、绢汗衫。翰林天文、知历算、御书侍诏、翰林医学、书艺、书直、艺学、御书祇候，前防御、团练副使，当直奉职以上，宣词令、左右军巡使、中书主事、诸镇节度进奏官、教坊使；罗公服。中书录事、守当官以上枢密院令史、书令史，宣徽院前行，三司孔目官，教坊副使、色长，监承进司高品，学士院书诏、孔目官，客省行首、勾押官；紫罗宽衫。枢密院杂事，承进、银台司贴房，三司勾覆官以上，宣徽院后行，客省、阁门承受诸州进奏官，检鼓院、纠察、提举司府史后行以上，秘阁典书、翰林医人；紫罗窄衫，绢襕。礼宾院、客省、军头司译语，御辇院专典、提举司贴司；紫官绌衫子。秘阁楷书，御辇院曹司、乳酪匠、学士院亲事官，皇城锁钥库子；紫平绌衫子。内衣物库专典；二事：小绫背子、绢汗衫。军头司勾押官以下；黄绢汗衫。其品目均者准此，余以青绢绸、赤黄皂杂布衫袴、黄绢等第给之。

凡十月一日赐服，二府宰臣至同签书枢密院事、亲王、三师、三公、使相、东宫三师、观文殿大学士、仆射、宣徽使、殿前都指挥使至步军都虞候、节度使、驸马都尉、皇亲正任团练使以上；宽对衣，五事：紫润罗夹公服、天下乐晕锦宽锦袍、小绫汗衫、勒帛、熟线绫夹袴。旧式：大绫夹袴，都尉任观察使者方给润罗。皇亲遥刺史以上；并同正任团练使。惟簇四雕宽锦袍。旧式：刺史以上并同亲王。东宫三少、尚书、三司使至权发遣使公事、观文殿学士至枢密直学士、内客省使；紫润罗夹公服、簇四雕宽锦袍、小绫汗衫、勒帛、熟线绫夹袴。旧式：尚书同丞郎。两使留后、观察使、四厢都指挥使、皇亲大将军、将军、诸司使、忠佐领团练使；紫罗夹公服、川锦宽绵袍、小绫汗衫、勒帛、大绫夹袴。旧式：簇四雕锦。统军上将军、防御、团练使、刺史、皇亲诸司副使；五事。紫罗夹公服、翠毛细锦宽绵袍、小绫汗衫、勒帛、大绫夹袴。御史中丞、阁直学士、宫观判官；紫罗夹公服、师子大锦宽绵袍、小绫汗衫、勒帛、大绫夹袴。旧式：知通进银台司、勾当三班、知审刑、判检院准此。常侍、宾客、丞郎、给谏、舍人、知制诰、待制、卿监、祭酒、詹事、三司副使至权发遣公事；五事：罗夹公服、绫绣夹抱肚、小绫汗衫、勒帛、大绫夹袴。旧式：三司副使同宫观判官。延福宫使、景福殿使；五事：紫润罗公服、熟线绫夹袴，余同统军。金吾大将军；紫罗夹公服、红锦宽绵袍、小绫汗衫、勒帛、大绫夹袴。旧式：同统军。少卿监、知杂、司业、庶子、谕德、郎中、横行使、宣庆、宣政、昭宣使，枢密承旨至诸房副承旨、大将军、诸司使、入内、内侍省都知、押班；罗夹公服、小绫汗衫、勒帛、大绫夹袴。旧式：三司判官、判勾准此。知杂同员外郎，内侍省都知、入内都知、副都知同横行副使，内侍省副都知、押班、入内押班同通事舍人。起居郎至著作郎、三院御史、员外郎、少詹事、率更令、博士、三丞、大理正以上，横行诸司副使、将军，皇亲率府率、副率，枢密院逐房副承旨；罗夹公服，小绫汗衫、勒帛。旧式：皇亲崇班以上同诸司使，殿直以上同副使。通事舍人、承旨、崇班、率府率、副率；紫罗夹公服、小绫汗衫。中允至洗马、尚药奉御至五官正、三司勾当使臣、京官任在京职事者；罗夹公服、绢汗衫。今选人充馆阁职任同。旧式：京官任亲王诸宫者惟无汗衫。幕职、州县官、三班使臣任在京职事当赐者；止罗夹公服。阁门看班、军巡使；以紫绫绵襕为差。内侍、两省使臣；内常侍供奉官紫罗夹公服、小绫汗衫；入内殿头至奉辇管勾、内侍殿头至黄门，紫光色大绫绵旋襕；祗候高班内品至入内内品，紫花绲绵旋襕；入内贴祗候内品至后苑散内品、内侍祗候高品至后苑散内品，紫小绫绵旋襕；（宰）〔寄〕班祗候，紫干色大绫绵旋襕。旧式：内常侍同宣事舍人，内侍并紫大绫绵绲襕，殿头以上带器械紫罗绵旋襕。

凡诸军捧日至骁骑军都指挥使，诸班、御龙四直、遥郡都虞候、忠佐马步都军头及遥郡副都头；翠毛细锦绵旋襕。不遥郡副都头（头）；旧式：方胜宜男细锦绵旋襕。不遥郡诸班及御龙四直、内员僚直、捧日至神卫军都虞候，诸班至员僚直及殿前散直、行门、钩容直指挥使，忠佐步军副都军头以上，开封府马步都指挥使；盘球云雁细锦绵旋襕。拱圣、神勇、骁骑、云骑、武骑、宣武、龙猛、雄武、虎翼、吐浑、广备、渤海、骁胜、宁朔都虞候，捧日至神卫及员僚直指挥使；师子大锦绵旋襕。拱圣至宁朔及顺圣、卫圣、归圣、奉节、广德、效忠、马直、步直、威虎、云捷、教骏、伴饭骑御马、内员僚直、龙神卫剩员指挥使，捧日至神卫、御龙四直、员僚直、神勇、吐浑、渤海副指挥使，忠佐都虞候，开封府马步副都指挥使，供奉官以下权管军者；方胜练鹊锦绵旋襕。飞猛、横塞、神威、宣效、威猛、归明、雄武指挥使；红团花大锦绵旋襕。诸军副指挥使，勇捷、归化、顺圣、清塞、忠节、桥道、保宁指挥使，六军搭材都虞候，开封府马步都虞候以上；红团花中锦绵旋襕。六军厢虞候；细团花次中锦绵旋襕。殿前及行门都知；紫地紫花透身欹正绵旋襕。内殿直散祗候、散指挥使、散都头、散员、东西班、金枪、龙旗、内员僚、殿前散直、外殿直都知，皇城都虞候；紫罗锦旋襕。内殿直至外殿直及殿前行门副都知，钧容直、招箭班都知、副都知，诸班直押番、押班皇城等诸司都虞候；紫干色大绫绵旋襕。内殿直已下及殿前节级、十将，捧日以下军使至都头、员僚直行首、押番，伴饭、骑御马军使、副兵马使，勇捷至保宁副指挥使，六军指挥使，军头司都指挥使至副都头，钧容、招箭押班，东西班小底，披带殿侍、开封府本城指挥使，皇城诸司等指挥使，忠佐军使、副兵马使；紫大绫绵旋襕。御龙弓箭、弩手长行；紫花绝绵旋襕。东西班下茶酒殿侍之内宿者，内员僚、钧容、殿前散直长行；紫罗大绫绵旋襕。诸军都头、副都头以上，内员僚、员僚、契丹、女真等长行，军头司散副都头以上，教骏、喝探、伴饭、军使、副兵马使，皇城等诸司副指挥使至副都头；紫小绫绵旋襕。玉清昭应宫杂役十将；皂细绵旋襕。牛羊司放牧军士、外仗、作坊前宿直长行；黄绢绵袄。凡增立诸军各随名额等第给之。

凡在（官）〔京〕诸色人：前任防御使至刺史；翠毛细绵旋襕。供奉官以下、皇城内监库务及骐骥牧监文思院者；二事：罗公服、小绫汗衫。翰林天文、知历算、御书待诏、翰林医官、医学、书艺、书直、艺学、御书祗候、枢密主事、中书堂官、主事、学士院录事；罗公服。教坊使；紫罗绵旋襕。中书录事至守当官，枢密令史、书令史，三司孔目、勾押官；紫罗宽袍。前诸司使、教坊副使至色长；紫干色大绫绵旋襕。宣词令、左右军巡使、供奉官以下当直者，节度使进奏官，秘阁典书，三班监左藏库、文思院门及进奏、店宅务者，教坊都知；紫大绫绵旋襕。枢密院杂事，承进、银台司贴房，宣徽院后行以上，三司勾覆官，秘阁楷书，客省、阁门承受，学士院书诏孔目官，诸州进奏官，客省、礼宾院译语，军头司押司官，检鼓院、纠察、提举司府（史）〔吏〕后行以上，翰林医人、天文院节级、御辇官节级以上；紫小绫绵旋襕。司天节级、天文院学生、理检院令史、秘阁、通进银台司亲事官，契丹译语，大内钥匙库子，乳酪匠，御辇〔院〕下都辇官、车子院官健；皂绸绵旋襕。军头司承局以上、仪鸾卓帐匠；黄绸绵袄。其品目均者准此，余以赤黄绸绵袄、皂绢绵旋襕、绿平二宣绸袄子、绢夹袴等第给之。

凡赐外任初冬衣袄：使相、节度使、两使留后、观察使；五事：晕锦旋襕、大绫背子、夹袴、小绫汗衫、勒帛。尚书、管军四厢都指挥使以上及知益州；

五事：次晕锦绵旋襕，余同观察使。学士、直学士、丞郎及知并州；三事：簇四雕细锦旋襕、小绫汗衫、大绫夹袴。给谏、舍人、待制、横行使以上；翠毛细法锦绵旋襕。防御、团练使及正刺史知州者；倒仙牡丹细锦绵旋襕。若任总管、钤辖者及他官知广州，皆赐三事：翠毛细法锦绵旋襕、小绫汗衫、大绫夹袴等。遥郡诸司使及益州钤辖；方胜宜男细锦绵旋襕。益州钤辖仍加小绫汗衫。诸司使、横行副使、副都军头以上；盘球云雁细锦绵旋襕。大卿监至（陛）〔升〕朝官、诸司副使至供奉官、大将军至将军、内侍至高品以上；紫欹正绵旋襕。天圣年后改用紫罗。京官侍禁至借职、医官及幕职知春州；紫干色大绫绵旋襕。河北、河东、陕西都转运使。旧亦止赐紫欹正，景德元年赐方胜练鹊大锦绵旋襕。其溪洞刺史；倒仙牡丹细锦绵旋襕。溪洞知州；方胜宜男细锦绵旋襕。溪洞都巡检使及陕西沿边巡检、蕃官供奉官以上；方胜练鹊大锦绵旋襕。溪洞首领及陕西缘边蕃官刺史以上知唐龙镇；红团花大锦绵旋襕。溪洞义军指挥使及陕西缘边巡检、蕃官侍禁以下知丰州；红团花中锦绵旋襕。溪洞义军副指挥使及蛮界边寨指挥使、把截寨将以上；紫小绫绵旋襕。凡外任通判、都监、监押、巡检、驻泊、知城寨以上皆赐。荆南、杭、益州监临物务及真州榷货务、雄州榷场、泗州守桥、府界捉贼、巡黄汴河皆赐之。驻泊、就粮、屯驻本城诸军巡检随行者，皆降敕书示谕，第赐衣袄。

凡诞圣节赐服：二府宰臣至同签书枢密院事，亲王、三师、三公、使相、东宫三师、观文殿大学士、仆射、宣徽使、殿前都指挥使至步军副都指挥使、节度使、皇亲遥〔郡〕刺史以上；六事：紫润罗公服、红罗绣襜、抱肚、小绫汗衫、勒帛、熟线绫夹袴。旧式：大绫夹袴，东宫三师、仆射无襜，驸马都尉任观察使以上准此。东宫二少、尚书、二司使至权发遣使公事、观文殿学士至宝文阁直学士、中丞、宫观副使；五事：紫润罗公服、绫绣抱肚、小绫汗衫、勒帛、熟线绫夹袴。旧式：大绫夹袴，阁直学士无润罗，尚书同丞郎。殿前都虞候至步军都虞候、内客省使、延福宫使、景福殿使；五事：同节度使而无襜。两使留后、观察使、四厢都指挥使、皇亲大将军、将军、忠佐领团练使；紫罗公服、红罗绣抱肚、小绫汗衫、勒帛、大绫夹袴。旧式：同步军都虞候，惟无润罗。金吾上将军；旧式同仆射。上将军、统军；同留后。常侍、宾客、丞郎、给谏、舍人、知制诰、待制、卿监、宫观判官、三司副使至权发遣公事、祭酒、詹事、率更令、防御、团练使、刺史、皇亲诸司使、副使、大将军；同留后，惟绫绣抱肚。旧式：知审官院准此，大将军同统军。少卿监、知杂、司业、庶子、谕德、少尹、郎中、横行使、宣庆、宣政、昭宣使，枢密承旨至诸房副承旨、诸司使、将军，入内都知、押班，皇亲殿直以上；罗公服、小绣汗衫、勒帛、大绫夹袴。旧式：知杂同员外郎，两省都知并准此，押班无勒帛。起居郎至著作郎、三院御史、员外郎、少詹事、博士、大理正以上，率府率、副率，横行诸司副使、枢密（使）逐房副承旨；三事：罗公服、小绫汗衫、勒帛。通事舍人、承制、崇班；罗公服、小绫汗衫。中允至洗马、尚药奉御至五官正、阁祇候、三司勾当使臣、京官任在京职事者；罗公服、绢汗衫。幕职、州县官充馆阁职任者准此。旧式：三司推官、巡官并同京官，编修、校勘者止罗公服。幕职、州县官、三班使臣任在京职事（常）〔当〕赐者；紫罗公服。内侍、两省使臣；内常侍同崇班，供奉官及寄班罗公服，殿头至黄门并紫罗窄衫，入内祇候、殿头至后苑散内品紫官绅窄衫。旧式：当直、奉职内侍带器械者并罗公服，内常侍加小绫汗衫，小底以上并紫罗窄夹四袄，监祇候库内品，紫罗官绅窄夹四袄。

凡诸军捧日至骁骑军都指挥使，诸班及殿前指挥使，御龙四直遥郡都虞候，御前忠佐马步都军头、副都军头；五事：罗公服、绫绣抱肚、小绫汗衫、勒帛、大绫夹袴。诸班直及内员僚、御龙四直不遥郡都虞候、指挥使，钧容、行门散直指挥使，忠佐步军都军头以上；五事：同遥郡都虞候，惟绢汗衫。开封府马步都指挥使；四事：同都军头，惟小绫汗衫。拱圣至宁朔都虞候，捧日至神卫及员僚直指挥使，殿前都知，伴饭指挥使；四事：罗公服、绢汗衫、小绫勒帛、大绫夹袴。开封府马步副都指挥使；三事：罗公服、小绫汗衫、大绫夹袴。拱圣至宁朔及云捷、雄武指挥使，捧日至神卫、员僚直副指挥使，殿前副都知，内殿直至外殿直及钧容、招箭班都知；三事：同马步副都指挥使，惟绢汗衫。内殿直以下副都知、御龙都头；三事：罗公服、绢汗衫、小绫勒帛。皇城司都虞候；二事：罗公服、小绫汗衫。拱圣至宁朔副指挥使，搭材都虞候，教骏至骑御马指挥使，伴饭副指挥使；二事：罗公服，绢汗衫。忠节至广德指挥使，教骏至骑御马副指挥使，御龙直副都头，殿前及内殿直以下押班，内员僚直行首、副行首，龙神卫剩员，保宁指挥使、副指挥使，伴饭军使；紫罗公服。捧日至虎翼军使、副都头以上，御龙内员僚、员僚直押番以上，钧容直都部头，军头司散兵马使以上，忠节、搭材副指挥司；紫罗宽夹四袄。招箭押班、行门殿直、皇城等诸司都虞候；紫罗夹旋襕。皇城等诸司副指挥使以上，法酒库都头以上，教骏、骑御马副兵马使以上；紫罗窄夹四袄。御龙直、骨朵子、内殿直至金枪直、行门天武官，军头司副押班、副都头以上，宫观杂役副指挥使，内宿殿侍、招箭殿侍、钧容直；紫花绅窄夹四袄。御龙弓箭弩直、内员僚至员僚直，教骏至喝探副兵马使以上，诸军诸司副都头以上，契丹、女真、渤海军头至长行；紫官绅窄夹四袄。枢密院大程官副都头以上，外仗作坊前宿〔直〕长行；紫南绸窄四袄。凡增立诸军，各准视名额等第给之。

凡在官诸色人：诸镇进奏衙内指挥使；四事，同诸司使。枢密主事、中书堂后官、主事、诸州进奏衙内指挥使；三事，同崇班。翰林天文、知历算、御书侍诏、翰林医官、医学、书艺、书直、艺学、御书祗候、左右军巡使、左藏监门、奉职、诸州进奉判官、节度使进（奏）〔奉〕官、礼直官、副礼直官、学士院录事；罗公服。教坊使、副使；紫罗宽夹四褉，小绫汗衫。监承进司内侍，诸州进奏官，诸州进奉军将以上，中书守当官、枢密书令史以上，学士院孔目官，宣徽院后行，三司孔目官，客省、阁门勾押官以上，教坊色长以上；紫罗宽夹四褉。诸州进奉人，枢密通进司杂事，客省、阁门承受；紫罗窄夹四褉。客省、礼宾院译语；紫官绸窄夹四褉。三司勾覆官以上，尚衣库专典；小绫背子、绢汗衫。军头司承局以上；绢汗衫。其品目均者准此，余以紫花平绸等第给之。25—31，p2486—2492

太祖建隆元年二月，长春节，赐群臣衣各一袭。十月，始赐宰相、枢密、宣徽、三司使、端明、翰林、枢密直学士、见任前任节度、观察、防御、团练使、刺史、诸军列校冬服有差。郡国长吏、边防将士遣使就赐之。31，p2492

太宗太平兴国二年十月，赐百官、诸军校百夫长以上冬服有差；将校之在外者及藩镇州郡，悉遣〔使〕赍以赐之。自是岁以为常。31，p2492—2493

【太平兴国】九年五月，又赐文武臣僚时服。31，p2493

宋会要辑稿·仪制一〇·臣僚恩庆封赠

【太祖建隆】三年二月八日，诏："内外臣僚母妻封号，尚书令、三师、三公、中书令、侍中、平章事、王，母封国太夫人，妻封国夫人，并委中书门下施行。东宫三师、三少、左右仆射、嗣王、郡王、国公、三京牧、御史大夫、六尚书、两省侍郎、太常卿、留守、节度使、诸卫上将军、统军、大都护、郡公、县公、大都督，母封郡太夫人，妻封郡夫人，并司封施行。左右常侍、太子宾客、中丞、左右丞、诸行侍郎、诸（侍）〔寺〕卿监、国子祭酒、太子詹事、诸王傅、诸卫（太）〔大〕将军、中都护、副都护、中都督、防御、团练使，母封郡太君，妻封郡君。给事中、谏议大夫、中书舍人、左右庶子、诸寺少卿监、诸行郎中、国子司业、三京少尹、赤令、太子少詹事、左右谕德、诸卫将军、诸州刺史、下都督、下都护、太子家令、太子率更令、太子仆，母封县太君，妻封县君。杂五品母、妻并许第三任叙封。其伎术头衔准旧例，不在此限。致仕官据官品与母、妻同现任官品例叙封。五品以上母、妻未叙封者便依夫、子见任官品施行，不论阶爵。亡母、亡祖母追赠亦依此。"7—8，p2500—2501

真宗咸平二年十一月七日，南郊赦书："应皇朝文武臣僚有勋绩灼然、官品合至封赠，而无子孙食禄、封赠不及者，并与封赠。"8，p2501

【咸平】四年二月二十二日，舍人院言："奉诏再议定百官封赠，请除见任将相及正一品、枢密使副、参知政事特恩追封三代外，其东宫一品以下官虽曾任皇朝将相者，请只依编敕，本品封赠。其曾祖母、祖母、母除中书门下二品、平章事及正一品官、使相封国太夫人外，余请至郡太夫人止。如旧有国号者，则依旧追封。其位极将相、勋业崇高，薨谢之时，特追封王爵者，请依旧施行。如子孙追封，虽功隆位极，并请不封王爵。应子孙追赠，除祖父先居高位，累赠至一品外，如子孙官高，祖父官卑，每逢恩例，请令历品而赠，勿得超越。如已赠五品，须历四品，方赠三品；已赠四品，须历三品，方赠二品；已赠三品，须历二品，方赠一品；应一品须历从一品，方赠正一品。其母妻所封郡县，依本姓望封。"从之。8，p2501

宋会要辑稿·仪制一〇·宗室外戚 内外臣僚 伪国王外臣等叙封母妻

康定元年十月五日，审刑院言："检会《令》文：'诸妇人因夫、子受邑号，而夫、子犯除名当免官者，其妻邑号亦随除。'自来法守不曾引用。欲乞今后应妇人因夫、子得邑号，犯除名当免官，事相干连、情理稍重，即检坐《令》文，取旨裁断。"诏内情理重者依此取旨。25，p2515

庆历四年十一月二十五日，诏："父、母、妻未有官及未曾叙封者，并与恩泽；已叙封及有官者，更与加恩；亡父母未曾封赠者，并与封赠；已封赠者，更与封赠。如父母在，愿回授者亦听之。"25，P2515，

【政和】（二）〔三〕年二月二十五日，吏部尚书张克公奏："准《敕》节文：'今来命妇为随其夫之爵秩，所有特封之人，其夫无官，或非通直郎以上者，则著姓名封赠。奉圣旨依。'今勘会官员父并嫡、继母亡，合封赠所生母。自来以子官封赠，子至中散大夫、团练使以上，郡

君；银青光禄大夫、节度使，郡夫人。今降指挥，命妇随夫之爵秩封赠，所生母封号未有该载。"诏所生母封号令从子官爵。29，p2517

宋会要辑稿·仪制一三·庙讳

崇宁四年闰二月五日，诏："翼祖皇帝未应祧迁，已还本室。所有翼祖皇帝庙讳，并依《元丰公式〔令〕》①，讳字仍添入《集韵》所载。"14—15，p2576

淳熙七年五月十一日，大理少卿梁总言："得旨将《刑统》内有本朝圣祖名、庙讳各随文义拟易他字，缮写为三册，乞下国子监刊印。"从之。先是，总言："校勘律文、《刑统》，窃见前代国讳皆易以他字。详律文系古法书，比拟经传，不当改易外，其《刑统》前后详定不一。既非古书，兼建隆四年详定庙讳、御名，既曾易以他字，止缘后来有司失于申明，循习开雕，尚仍旧本。"得旨编类，至是上之。17，p2578

【淳熙】十五年十月二十六日，礼部、太常寺言："《文书式》及国子监见今遵用《韵略》内所载高宗皇帝御名合改为庙讳，下刑部、国子监改正。"从之。17—18，p2578

庆元元年正月二十一日，礼部、太常寺言："《文书式》及国子监见行遵用《韵略》内所载孝宗皇帝御名合改为庙讳，下刑部、国子监改正施行。"诏恭依。18，p2578

【庆元】六年十一月十七日，礼部、太常寺言："《文书式》及国子监见今遵用《韵略》内所载大行圣安寿仁太上皇帝御名合改为庙讳，下刑部、国子监改正。"诏恭依。18，p2578

嘉定十三年十月五日，司农寺丞岳珂奏："臣闻尊祖敬宗者，帝王之达孝；以讳事神者，国家之定规。宗庙有讳，刊之令式，布之民庶，昭如日星，而有司沿袭故常，犹有条奏弗时之弊，臣窃惑焉。恭惟孝宗皇帝盛德巍巍，以华协勋，而潜跃基命之始，威煊招纪之名，所以与天挈崇者，尚未昭布于天下，至乃举其二而废其一，即其新而志其旧，知一名之当避，而不知二字之不可连。故今旧讳之从伯、从玉、从宗者，形诸文书则联翩而不疑，仕于官府则习读而弗怪。甚而下俚间阎之贱，或得以命名而

---

① 此处原文是"元丰公式"，点校者改为"元丰令式"，但从内容看此处应是"《元丰公式令》"才对。因为在宋朝令典中的《公式令》篇就是规定避讳用字的。

称之。尊避敬讳之典，（乞）〔讫〕未得视祖宗以为（北）〔比〕，甚非陛下揭虔教孝之本意也。臣常伏考国朝之制，太宗、仁宗、英宗、神宗旧讳二字者凡八，皆著令不许并用。（改）〔故〕《绍兴文书令》有曰：'庙讳正字皆避之。'又《令》之'注文'曰：'旧讳内二字连用为犯。'夫庙讳之尽列嫌名，旧讳则惟存其正，列圣相授，酌礼用中，又从而申制焉。字之复者则勿连，字之一者则尽避，不简不苟，情文叶称，弗可改已。今累朝之已行者既极其明备，而祖庙之未举者犹事于因循，则何以光丕承之烈于方来，而慰奏假之孝于今日？乞下之礼官，讨论订议，亟颁明诏，增附甲令，尽孝治之美，以宣示亿万世。"又言："窃惟钦宗皇帝旧讳二字，其一从（面）〔廩〕从旦，其一从火从亘。虽享国日浅，未遑颁下，而考之哲宗、孝宗旧（北）〔比〕，皆合回避。乞并下礼寺讨论，颁降施行。"从之。既而礼寺讨论："所有钦宗皇帝旧讳，一从〔廩〕从旦，一从火从亘。孝宗皇帝旧讳，一从伯，一从玉从宗。若二字连用，照条并合回避。指定欲从本官所请，刊入施行。"诏依。18—19，p2578—2579

宋会要辑稿·仪制一三·群臣名讳

淳熙三年七月四日，礼部侍郎、兼同修国史、兼实录院同修撰李焘言："该转中奉大夫，其中字犯父名。今官名有所避者往往于所授官上带'寄理'字，其条贯并不该载。今臣止合带旧官朝议大夫，更不带'寄理'字。"吏部检准《令》："诸官应称避者拟以次官，即愿仍旧（旧）官者听。"诏依，为系侍从，仍特免带"寄理"。22，p2580

宋会要辑稿·仪制一三·犯讳

李评任成（志）〔忠〕郎、建康府溧水县管押巡检，诏依断特降一官。评祖名建，被辟辄冒居之。偶赦原，止该杖罪也。29，p2583

宋会要辑稿·仪制一三·不讳

史浩以少傅、保宁军节度使、充醴泉观使、卫国公除少师，以先臣师仲与今来官称适同，乞避。吏部奏："《淳熙令》：'诸府号、官称犯父祖嫌名及二名偏犯者皆不避，违诏大臣合降。'诏不允，可坐《（熙）〔淳〕熙令》令学士降诏。"30，p2584

宋会要辑稿·仪制一三·私忌

太祖开宝九年九月三日，诏："应常参官及内殿起居职官等，自今刺史、郎中、将军已上遇私忌，请准式假一日。"31，p2584—2585

真宗景德三年二月二日，诏："文武官私忌并给假一日，忌前之夕听还私第。"开宝敕文不载编敕，然有司相沿遵用，至是降诏，遂普及焉。31，p2585

大中祥符元年十一月二十四日，龙图阁待制陈彭年言："今月二十七日上太庙尊谥册宝，前夕宿斋，其日私忌，望下礼官详定。"太常礼院上言："唐贞元八年将作监元亘摄太尉，荐飨昭德皇后庙，以私忌不受誓戒，为御史劾奏。今《假宁令》虽有给假一日之文，又缘《春秋》之义，不以家事辞王事。望令彭年依例宿斋。"从之。31，p2585

【熙宁】四年三月十八日，太常礼院言："检详《令敕》：'诸私忌给假一日，忌前之夕听还私第。'又按《礼记·祭义》曰：'君子有终身之丧，忌日之谓也。'忌日，亲亡之日。看详父母之忌则有《礼记》明文，其余亲为忌，于礼无闻。今请凡子为父母、为人后者为所后父母，并与依《令》给假。"从之。31，p2585

七、瑞异

宋会要辑稿·瑞异一·祥瑞杂录·真宗

【景德】四年十二月，尚书礼部言："先准敕命，珍禽奇兽诸祥瑞等不得进献甚众。当司准《仪制令》：'祥瑞应见，若麟凤龟龙之类，依图书大瑞者，随即表奏，自外诸瑞申报有司，元日闻奏。'又准《礼部式》：'祥瑞每季具录，送史馆。'又检会到唐太和二年中书门下奏：'伏请自今已后祥瑞但申有司，更不进献。'伏以圣化流通，瑞命纷委，苟不书于史策，曷以表于灵心？欲望自今诸道珍禽奇兽祥瑞等不得进献，只报当司逐季谍送史馆、起居院。"从之。11，p2593

宋会要辑稿·瑞异一·祥瑞杂录·徽宗

元符三年十一月，已即位，未改元。诏："在《法》：'诸州军应祥瑞不得辄以进献，令图其状申尚书礼部。'可遍下州军照会，遵依条令。"先是，知永静军曹量据本军管下将陵、阜城两县申，境内生到合穗嘉禾六本、两歧瑞麦五本，辄奉表称贺故也。18，p2601

宋会要辑稿·瑞异三·蝗灾

绍兴三十二年八〔月〕，山东大蝗。癸丑，颁《祭酺礼式》。《会要》：绍兴三十二年八月九日，诏："以飞蝗为害，令太常寺条具祭酺神礼施行。"先是，白札子奏："《绍兴祀令》：'虫蝗为害，则祭酺神。'"故有是命。孝宗隆兴元年四月十七日，诏令有蝗路分、转运司督责州县措置除蝗。殿中侍御史胡沂奏："按《尔雅》：'螟食苗心，螣食苗叶，贼食苗节，蟊食苗根。'四者皆蝗类也。诗人嫉之，其诗曰：'无害我田穉，田祖有神，秉畀炎火。'盖当穉未成之时，而为患方始，驱除之道，固宜无所不用其至也。"唐开元中，姚崇建言："田各有主，使之自救，必不惮勤。请夜设火，坎其旁，且焚且瘗。于是汴州刺史倪若水纵捕，得蝗十四万石，蝗害讫息。朝廷著令，虫蝗生发飞落，及有遗子，地主报耆申县，先次追集人户，并力扑除。又令官私荒田（收）〔牧〕地经飞蝗住落处，虽以扑掘，仍于十月初委令佐差募人取掘虫子纳官，给钱谷。又令扑掘虫蝗条法，于村疃粉壁晓示，县于季首举行，凡数十条。立法之意，可谓尽矣。去秋飞蝗逮至江浙，至冬无雪，宜有遗育散在郊野。而有司失于检举扑除之令，种息实繁，其势必将复出为害。如闻近郡村野间稍稍有之，须及此时举行旧法，令逐路转运司疾速戒谕郡县督责遵守，庶几销患于微。"故有是命。43—44，p2671—2672

　　嘉定元年五月，江浙大蝗。六月乙酉，有事于圜丘、方泽，且祭酺。七月，又酺，颁《酺式》于郡县。46—47，p2674

八、运历

宋会要辑稿·运历一·历法

仁宗天圣七年十月，开封府言："欲乞禁止诸色人，自今不得私雕造小历印版货卖。如违，并科违制，先断罪。"7，p2685

【元丰】三年三月十一日，诏："自今岁降大小历本付川、广、福建、江、浙、荆湖路转运司印卖，不得抑配。其钱岁终市轻赍物附纲送历日所，余路听人指定路分卖。"9，p2688

宋会要辑稿·运历一·〔历法〕

【宣和】六年十一月二十四日，诏："《元丰法》，四川并东南九路印卖历日，其法其备，行之已久，公私俱便。近缘历日所直申户部冲改旧法，住罢外路，只在京一处印卖，意在规求万本赏给。若只在京印卖，商贾难于（般）〔搬〕运，难以遍及远方。私历为弊，虚费工料，愈见亏损利源。可遵依《元丰法》，所有宣和六年十月三日住罢逐路印卖指挥更不施行。"10，p2688

宋会要辑稿·运历一·修日历

高宗绍兴元年四月八日，诏修今上皇帝日历，以修日历所为名。同日，诏："省曹、台院、寺监、库务、仓场、诸司被受指挥及改更诏条，并限当日录申修日历所。月内无，即于月终具申。其取索急速者限一日，余皆二日。如追呼人吏，限当日赴所，已出者次日，展限不得过三日。违限及供报草略者，从本所将当行人吏直送大理寺，从杖一百科罪。"

19，p2695

【绍兴】十三年二月二十四日，诏："国史日历所见修成《日历》共一十五年零五个月，计五百九十卷，并书《皇太后回銮本末》，官吏各转一官资。监修国史秦桧依昨编修《大观六曹寺监通用条法》成书体例推恩。"22—23，p2697

九、崇儒

宋会要辑稿·崇儒一·宗学

崇宁元年十一月十二日，宰臣蔡京札子奏乞所在诸宫置学，添教授。逐宫各置大小二学，治平初，诸王宫增置大小学讲官，宗子世符献《二学颂》。添置教授二员，量立考选法，月书季考，取其文艺可称、不戾规矩者，注于籍。在外任而愿入宫学者，听依熙宁诏书、元符试法，量试推恩。其学制从本司参定。愿入太学、律学者亦听。应宗子年十岁以上入小学，二十以上入大学，年不及而愿入者听从便。若无故应入学而不入，或应听读而不听读者，罚俸一月；再犯，勒住朝参；三犯，移自讼斋。即两人不入学，本宫本位尊长罚俸半月。三人以上并犯者罚一月，十人以上罚两月；重者申宗正司，奏取敕裁。1，p2727

诸宫博士共十三员，立《三舍法》。2，p2727

大观元年十一月，承议郎、充睦亲宅宗子博士勾祖武札子：“伏见宗学，昨已蒙朝廷增复博士员缺。然一学规矩，责在正、录举行。今止以宗（学）〔子〕为之，其学生类皆同宫，见属纠正，申举之际，未免或有牵制。欲乞凡当宫学生及一百以上处，并依大学、辟雍法，差命官正、录各一员。仍以宗子正、录副之。”从之。2，p2727—2728

【大观元年】十一月八日，南京外宗正司状：“承《崇宁四年十月十四日敕》：‘内外宫学正、录阙，并从朝廷差命官。’续承《崇宁五年二月四日敕》：‘内外宫学正、录，可依旧条差补，所有差命官指挥，更不施行。’”2，p2728

【大观四年】闰八月甲寅，工部尚书李图南上《宗子大小学敕令格式》二十二册，诏付礼部颁降。3，p2728

【政和】四年，小学生近一千人，分十斋。十二月，颁《小学条制》。立三舍法。3，p2728—2729

【政和】五年五月，试小学生，优等四人，赐上舍、童子出身。3，p2729

《政和学制》：宗正卿总治宗子大小学之政令，少卿贰之。3，p2729

重和元年十一月九日，臣僚言："诸宫学官承前弊，不暇升堂，则例皆传送口义，令诸斋抄录，以为文具而已。余事废弛，不言可知，欲乞严赐诫敕，诏令大宗正司检察措置。今看详：'宗子学官不升堂讲书，合从违令笞（土）〔士〕科罪。'今承朝旨，称有废慢，重置以法。欲宗子学博士应讲书不集众升堂者，增从杖八十科罪。"从之。4，p2729

【高宗绍兴五年】六月七日，礼部言："诸王宫大小学教授钱观复奏，乞复置宫学。送礼部，与所属曹部同共勘当，申尚书省。今据国子监状，祖宗朝凡宗室事，大宗正司治之。玉牒之类，宗正寺掌之。《政和学制书》：'宗正卿总治宗子大小学之政令而掌之，少卿贰卿之职事。'崇宁以来，知大宗正司、同知大宗正事兼领主管提按签书学事。今来宫学所隶宗正司与宗正寺，即本监难以指定。欲乞取会逐处指定施行。勘会诸宫教授，自嘉祐以来设置，仍立讲书课试规罚之法。累经兵火，元立一司条法已是散失。见今国子监有《政和学制》，内该载宗学法令，有简便可行于今者。欲就国子监关借，抄录奉行。所有宗学一司条法，欲乞搜访，以备采择合行事目，条画遵守。"从之。5，p2729—2730

【绍兴五年】八月十九日，诸王宫大小学教授钱观复等言："今具本学条画事件：一、宗子昔分为六宅，凡宅又各有学，学皆有官。今行在惟有睦亲宅一处，专以居南班官。其子弟之系外官者无几，所余外官无乞，散在民居邸店者不可胜数。欲尽令入学，则睦亲宅见在散居五间，除教官二员，各得直舍屋一间外，余讲堂三间，更无斋舍可以容处。欲各就宗子所在讲说训导，非特与民间混杂，所居褊隘，又散漫不一，难以遍诣。欲乞就睦亲宅附近踏逐空闲地基，增广学舍，令应干到行在宗子皆得入学，庶使内外宗子均被教养。二、契勘国朝自嘉祐三年诏诸宫置教授，治平元年添置讲书及课试规罚之法，其制未备。至崇宁、大观间，诸宫各置博士十三员，立为三舍，升补与贡士一体，其法甚详。（令）〔今〕创复宫学，止是行在及绍兴府南班宫邸各置教授二员。嘉祐、治平讲书课试规罚之法，已经兵火，无有（生）〔存〕者。今乞删修见今合行条制付本学，以凭遵守施行。三、宗学法，合轮讲书。今来宫学大学生人数至少，年格虽及，而经书全未通诵，尚须点授。若遽以大经义讲说，则义难开晓，恐成躐等。欲乞且讲《论》《孟》，可使易晓。候至稍通经旨，仍旧大、小经轮讲，庶以渐进，不为文具。其小学生日逐点授，或作诗对。所有大学生，年虽应格，学未成就，亦乞且依小学例点授功课。其有学业稍通，自依《大学法》。"并从之。6—7，p2730

【绍兴】十三年六月十九日，西外宗正司言："据宗学教授李若虎申，敦宗院宗学教授与诸州教授事体一同，所有就任磨勘及荐举等事，乞依诸州教授条例施行。"从之。7，p2730—2731

【绍兴十三年】七月二十六日，诏："西外敦宗院宗学教授，许礼部、国子监长、贰依诸州教授体例，通行荐举。"7，p2731

宋会要辑稿·崇儒一·太学

庆历三年十一月一日，诏："国子监、太学、天下州县学生徒，更不立听读日限。"近制兴学校，选儒士充教授，咸有课试之法。而谏官余靖极言其非便，故有是命。30，p2743

【绍兴十三年二月己卯】，国子司业高闶言："今参合条具太学课试及科场事件如后：第一场，《元丰法》，绍兴、元祐、大观同。大经义三道、《论语》《孟子》义各一道。今太学之法，正以经义为主，欲依旧。第二场，《元祐法》赋一首，今欲以诗赋。第三场，《绍圣法》论一首、策一道。今欲以子史论一首，并时务策一道为三场，如公试法。"诏从之。33，p2746

【淳熙元年】八月十二日，国子司业戴几先言"乞将太学私试习经义、文理优长，数外取放"。诏令礼部勘当以闻。既而礼部言："《太学格》：'每月私试，取人以十分为率，所取不得过一分。'至岁终，外合校定，依条每十人取一人。系将每月私试合格积累分数，从上依分数名次校定。今来几先乞将二《礼》《春秋》文理优长之人，优加取放。即与岁终校定人数并无增加。止缘三经逐月就试人数，每经不过数人。若不稍加优异，窃恐习者愈少，渐致废绝。今指定，欲将二《礼》《春秋》，于考校日，如有文理优长，于合取分数量行取放；如无优长，止依元法。"从之。40，p2751

【淳熙二年】七月八日，诏："国子监试官等，各有亲戚、乡人赴补，将卷别作一行排定坐次。应帘内试官并不得干预帘外职事；如违，令本院长官觉察以闻。其今次太学补试，应考试官，本宗亲戚试中之人，并未得参学。候将来有国子试日，重行收试。"于是祭酒萧之敏自劾，诏放罪。41，p2751

【淳熙二年】九月十九日，礼部侍郎赵雄言："近日太学补试进士多至万六千人，场屋殆不能容，理宜裁节。今欲依仿绍兴三十一年旧令，诸州教官，岁取本州士人住学最久，试中最多者，从上保明，仍别立定额。本州解额一名处，听保明五人赴补试；解额十名处，听保明五十人，至一百人止。州学保明申州，州申监，监申礼部。过数者，教官、守、贰坐之。人数不足者，听阙。其有驰鹜他州，要求保明者，依贡举冒乡贡条法科罪。"从之。41，p2751

宋会要辑稿·崇儒二· 在京小学

据宣和二年八月五日指挥，在京小学并依《元丰法》。其起创月日，检未获。1. P2761

徽宗大观三年四月八日，知枢密院郑居中等言："修立到《小学敕令格式申明一时指挥》，乞冠以'大观重修'为名，付礼部颁降。"诏："第一卷内小学能通经为文者为上等。既不犯罚，又五次合格，令更不赴本贯县学试补。在学半年，升本学外舍生。"1，p2761

【政和四年】十二月四日，大司成刘嗣明等言："近降《小学条制》：'小学生八岁能诵一大经，日书字二百，补小学内舍下等。诵二经，一大一小，书字三百，补小学内舍上等。十岁加一大经，字一百，补小学上舍下等。十二岁以上，又加一大经，字二百，补上舍上等。即年未及而能书诵及等者，随所及等补。今欲季一试，申监定日。欲每一大经挑三十通，小经挑二十通，及七分已上者为合格。'近降《三舍法》：'诸学生能文而书诵不及等，博士引试，考其文理稍通，与补内舍上等；优者补上舍下等。'今欲试本经义各一道，丞封弥，博士考校通否，申监升补。《大观重修国子监小学格》：'职事人小长，每教谕斋集正斋计同。一人。三十人以上增一人。集正同。'"从之。1，p2761

【宣和二年】八月五日，中书省言："七月十九日圣旨，在京小学，近岁增立三舍，其有害乡举里选。奉旨，可并依《元丰法》。契勘元丰末，在京小学止有就傅、初筮两斋，差教谕一员，即无立定官吏并直学等。今承指挥，小学既罢三舍，即无讲解、考选、直学、医官等。依

《元丰法》，自合更不差置。乞置小学生两斋，于大学生内选差二人充教谕。其俸给依元丰旧制。"诏依，今后小学生数多，令本监相度，增拨斋舍。1，p2761

宋会要辑稿·崇儒二· 郡县学

【元祐】七年四月十二日，吏部言："欲应奏举职官、知县、县令，依常调本资序系判司簿尉人，差充诸州教授，愿满四考者听。"从之。6，p2764

【元祐】八年六月二十二日，诏："诸州元无县学处辄创修，及旧学舍损坏许令人户出备钱物修整者，各杖一百。"以尚书省言外路多违法科率造学故也。6，p2765

【元符】二年十一月二十七日，诏："诸州学生，依《太学三舍法》，限当年十二月到京，随太学补试。诸州贡上舍生到京，并权充外舍生食。诸路各选监司一员提举学校，仍知通专一管勾。诸州试内舍、上舍，并监司选差有出身官一员，与教官同考试，仍封弥誊录。合用条贯，令于国子监取索行下。其外州不可行者，（此）〔比〕类条具，申尚书省。"7，p2765

崇宁元年八月二十二日，宰臣蔡京等言："乞罢开封府解额，除量留五十人充开封府土著人取应外，余并改充天下贡士之数。诸州军额，各取三分之一，添充贡士额。乞天下并置学养士。郡小或应举人少，则令三二州学者聚学于一州，置学州并差教授，先置一员。在学生员及百人已上，申乞添置，不拘资序，并许选差。应元祐以来教授条制，更不施行。应本路常平户绝田土物业，契勘养士合用数拨充；如不足，以诸色系官田宅物业补足。请以太学三舍校试法，删立颁降。升补为上舍生者，听每三年贡入太学，随太学上舍试，仍别为号。若试中上等，补充太学上舍中等；试中中等者，补充下等；试中下等者，补内舍。余为外舍生。虽不入等及科举遗逸而学行为乡里所服，委知州、通判、监司依贡士法贡入，委祭酒、司业、博士询考得实，当议量材录用。每路自朝廷选监司二人提举，知通令佐仍每十日一诣学，监司一岁巡遍所部州学。凡贡士，自教授考选，推择申州，知州、通判审察，监司覆按，监司、知州、通判连书闻奏，随奏遣赴太学。若所贡非其人，或应举而不贡，一等依律科罪。若贡士到太学，试中上等及考选升舍人多，即等第立法推赏。请天下诸县皆置学，令佐掌之。学置长、谕各一人，并支俸禄；并职事人，相度随宜量置。除倚郭县不置外，有不置教授处，其州学听置，仍只依县学法。以知州、通判主之。及于本县委令佐譬画地利，及不系省杂收钱内桩充费用。诸学生在县学一年，学长、学谕考选行艺，报令、佐审实申州，知、通验实，教授试其文艺，以入州学。不置教授州依此。应州县学生，若外舍在学实及二年，五犯规矩，两犯第三等已上罚，并五试不中第三等，而文艺无可取之实、行能无可教之资，立出学之法。则在学者不敢不勉，在外者有阙可试。既屏之出学，却许入县学。又三犯规矩，犯第三等已上罚，并五试不中第三等，则屏之出学。若犯杖已上罪，终身不齿，永不得入州县学。历在外官子弟亲戚，法不合在本处取应者，许随处入学。即不得升补与贡。在学通及一年，不犯第二等已上罚，给公据，许赴太学取应国子监解名。知州、通判、教授选补职事不当，并依贡士法降二等坐之。请除见行书（吏）〔史〕外，应邪说异书，悉不许教授。"从之。7—9，p2765—2766

【崇宁】二年正月四日，臣僚言："诸路教授自外任移者，除依条通理考任月日外，许就任升改。其教导有方、贡试如法者，仍听保明再任。内广南教授应升改者，减（王）举〔主〕一人。诸州教授合破接送人，承务郎已上，依转运司管勾文字，选人依管勾帐司，令住家州军限三日差拨，逐州交替。其当直人，承务郎已上十二人，选人十人，仍各差节级二名。"从之。9，p2766

【崇宁二年】五月六日，宰臣蔡京等言，修立成《诸路州县学敕令格式并一时指挥》，诏镂板颁行。10，p2767

【崇宁三年】十一月十七日，诏曰："神考（赏）〔尝〕议以二舍取士，而罢州郡科举之令。其法始于畿甸，而未及行于郡国。其诏天下，除将来科场如故事外，并罢州郡发解及省试法。其取士并繇学校升贡。"10，p2767

【大观】二年三月二十四日，开封府学博士郁师醇言："检会《御笔》：'自今应于乡村城市教导童稚，令经州县自陈，赴所在学试义一道。文理不背义理者，听之。'虑有假名代笔诈冒之人，欲乞依《大观学令》初入学生结保之法，仍乞试日依补试法，差官封弥试卷，送考校官。"从之。诸路依此。11—12，p2768

【大观三年】四月二十二日，奉议郎李庠言："形势官户，有以田宅入官中卖，请托州县，因缘为奸。欲乞将形势官户等，不许中卖在官赡学

田宅。"从之。14，p2769

《大诏令》：政和二年五月丁卯，新提举秦凤等路学（士）〔事〕许毂言："《大观新修诸路州县学敕令》，颁行六年于兹，诸路申明，上烦训谕放告者，不可悉数。乞诏有司，特加看详，择其可否，使人易晓。又乞以屏斥林伯达、责降蔡嶷等事镂板，颁布之天下。"并从之。17—18，p2771

【政和三年二月】二十五日，辟雍看详："诸路州军有校定内舍止有一人处，既难以分为三等校定，今相度，欲考察及十五分，为下等校定。"从之。19，p2772

【政和三年】三月十八日，臣僚言："诸州教授任满赏格，有轻于本州曹掾官处，理当依曹掾官法推赏。"从之。19，p2772

【政和三年】六月十一日，尚书省言："诸县令、佐，差有出身一人。缘见任令、佐以三年为任，伺候差注，乃在三年之外。学校不可缓，欲令转运、提举司契勘诸县官，对移上、内舍发科人，随资序到任二年以下充令、佐，于学事司钱内支食钱三贯。如不足，吏部注人替。满（雨）〔两〕考人，其被替人理一任，减一考改官。"从之。20，p2772

【政和三年】六月十三日，诏："诸路教授，尚多缺员，旷职废事非便。令尚书省置籍，每季左右司划刷，半年以上缺，从本省榜示，许合格人投状指射。① 左右司勘会合格人，具名呈禀讫，送中书省，限二日差充。以曾试中或曾经两任教授人，次充教授一年以上，次曾充两学正、录，次曾充两学大职事半年以上，次曾充两学长谕，（曾次）〔次曾〕为贡首，次曾在公试十人名内，于格内中二事以上者，为合格。即无中格人，愿就者，但一中格，听选。无一事中格（人）者，以曾补内舍人选充。即非上舍登科，不在选限。以中格多者为上；同者，以格内一事先后为上；俱同者，具名禀宰（丞）〔臣〕，选一名。尚书省吏房那拨手分二名，专一注行；左右司增置手分二名，贴书二名，专一行遣。"20，p2772—2773

宋会要辑稿·崇儒二·郡县学

政和学规。政和三年六月庚申，尚书省言："学校养士，以待天下贤

---

① 宋代某些官员在选任时可以自己选择任官地方的选任方式。

能，可以作人材，敦士行，兴教化。自县学升之州，自州升之辟雍，自辟雍升之太学，然后命官。则县学为升贡之本。今天下令、佐，吏部注授，多非其人。俗吏则以学为不急，不加察治，纵其犯法。庸吏则废法容奸，漫不加省，有罪不治。以故学生近来在学，（欧）〔殴〕斗争讼，至或杀人。盖令、佐不加治训，州县不切举察，提举官失于提按，以致如此。不惟士失其行，亦官废其职。今具下项：

一、州县学生有犯，在学杖以下从学规，徒以上若在外有犯，并依法断罪。

二、州县学生有犯，教授、令、佐、职事人不纠举，与同罪。知、通失按，减一等。提举官又减一等。若故纵，并加二等。欲令转运、提举司契勘诸县官对移上、内舍登科人，随资序到任二年以下充令、佐，于学事司钱内支食钱三贯。如不足，吏部注人替。满两考人，其被替人理一任，减一考（政）〔改〕官。"诏依。20—21，p2773

【政和四年】六月二十五日，礼部言："新差杨州司户高公粹，乞外州军小学生并置功课簿籍。国子监状：检承《小学令》：'诸学并分上、中、下三等，能通经为文者，为上；日诵本经二百字、《论语》或《孟子》一百字以上，为中；若本经一百字、《论语》或《孟子》五十字者，为下。'仍置历书之。欲依本官所请。"从之。23，p2774

【政和四年】七月二日，新差提举京西北路学事辛炳言："伏见《政和三年十二月二十三日辟雍申明》：'乞将当年榜上名次通比，从一高者相压。'已可其请，仍以在学月日先之，所以优其久被教养者。欲乞颁降诸路川学，并依此施行。"从之。23，p2774

【政和四年】八月九日，诏："学校以善养人，设师儒，建黉宇，备膳羞，教天下士。十有二年，道日益明，士日益众，庶几于古。而养士之额尚循前数，有司拘以定额，士游学校外，不被教养于学者尚多有之，则野有遗材矣。诸路学校，及百人以上者，三分增一分；百人以下者，增一分之半。即陕西、河北、河东、京东路，学生数少者，仰提举学事司具可与不可增，及所增数闻奏。"24，p2775

【政和四年八月】二十七日，新差提举广南西路学事洪拟言："编户之间，有预学籍者，其父兄尽以辞诉之事付之，校争锥刀之末，而不知以为耻。欲望特降睿旨，应州县学，非为户首，而辄诉本户事者，官司不得受理，仍坐以谤詈争讼之罚。"从之。24，p2775

【政和四年十一月】二十六日，诏："荫补入官人，随处入所在州学。仍别为斋，公私试附州学生，别作号考校。岁终校定，不通作在学人数。余并依国子生法。若请特给假，通计及三日已上，不理为在学月日。候及年，本州给公据，参部日照使。年未及十五人，愿入学者，听。曾犯第三等已上罚之人，自犯罚后，别理一年。如入学后，故犯第一等规矩情重者，教授申州，取勘施行。"26，p2776

【政和四年】十二月四日，尚书省言："《大观新格》：'诸州县小学职事人，小长一人。三十人以上增一人。诸小学，八岁以上听入。若在家、在公有违犯，违谓违父母尊长之训，犯谓犯盗窃伪滥之类，皆迹状者。若不孝不悌，不在入学之限。即年十五者，与上等课试。年未及而愿与者听。食料各减县学之半。愿与额外入学者听，不给食。州教授、县学长总之，训导较试，教谕掌之。'看详校试，诸州当委教授，亦兼校试。其国子小学生上舍等能文，试太学内舍。诸路亦合比附，与州县外舍生同试内舍。其国子小学生试程文，即附孟月引试。缘诸州学生私试系仲月，今小学生除季试书诵者，定日引试，其试程文，当随州学私试，月附试。其诸路封弥官，自可一就管勾，仍别为号。八岁以上诵经书等第，及挑经通数、升补等级，并同在京小学法。今诸路小学生应升补上、内舍，及季试合格，当申知、通引试。能文学生，每季附本学私试，别设一所，不得与太学交互。上舍等为文优异者，其名及所试程文，申提举学事司审察讫，保明奏贡入太学。仍每岁州不得过一人。如无，听缺。"从之。26—27，p2776

【政和四年】十二月四日，大司成刘嗣明等言："近降《小学条制》：'小学八岁能诵一大经，日书字二百，补小学内舍下等。诵二经，一大一小，书字三百，补小学生内舍上等。十岁加一大经，字一百，补小学上舍下等。十二以上，又加一大经，字二百，补上舍上等。即年未及而能书诵及等者，随所及等补。今欲季一试，申监定日。欲每一大经挑三十通，小经挑二十通，及七分已上者为合格。'近降《三舍法》：'诸学生能文而书诵不及等，博士引试，考其文理稍通，与补内舍上等，优者补上舍下等。今欲试本经义各一道，丞封弥，博士考校通否，申监升补。'《大观重修国子监小学格》：'职事人小长每教谕斋集正斋计同。一人。三十人以上，增一人。集正同。'"从之27，p 2776—2777

【政和六年】六月五日，诏："应州县系籍学生，不许身自佃赁系官田产及开坊场。如违，依辄请佃学田业法。"28，p2777

【宣和】二年六月二十七日，诏："县学给食，及州县小学或武学、医学、八行贡士给券并罢。见免身丁措借依官户法者，依元丰进士法施行。"30，p2778

宋会要辑稿·崇儒三·书学

徽宗崇宁三年六月十一日，都省言："窃以书用于世，先王为之立学以教之，设官以达之，置使以谕之。盖一道德，谨守法，以同天下之习。世衰道微，官失学废，人自为学，习尚非一，体画各异，殆非所谓书同文之意。今未有校试劝赏之法，欲仿先王置学设官之制，考选简拔，使人人自奋，所有图画工技，朝廷图绘神像，与书一体，令附书学，为之校试约束。谨修成《书画学敕令格式》一部，冠以'崇宁国子监'为名。"从之。1，p2787

【崇宁】五年四月十二日，诏："书、画、算、医四学并罢，更不修盖。其官私宅舍屋宇，并依旧修盖给还。已到官据资任与先次差遣，人吏归元来去处。系召募到者放停。其书画学，于国子监擗截屋宇充。每学置博士各一员，生员各以三十为额。其合行事件，令国子监条画，申尚书省。"1，p2787

宣和六年八月十四日，诏："书艺置提举措置书艺所，生徒五百人为额，篆正法锺鼎，小篆法李斯，隶法钟繇、蔡邕，真法欧、虞、褚、薛，草法王羲之、颜、柳、徐、李。有兼经义举人及贵游子弟，又分士流、杂流为二。以尚书主客员外郎杜从古、大宗正丞徐兢、编修《汴都志》米友仁并为措置管勾官。"1，p2787

宋会要辑稿·崇儒三·算学

哲宗元祐元年六月二十八日，看详编修国子监太学条制所状："准朝旨，同共看详修立国子监、太学条例，及续准指挥，国、律、武学条贯令一就修立外，检准《官制格子》'国子监掌国子、太学、武学、律学、算学五学之政令'。今取到国子监合干人状，称本监自官制奉行后来，检坐上件格子，申乞修置算学。准朝旨，踏逐到武学东大街北，其地堪修算学。乞令工部下所属检计修造。奉圣旨依。今看详，上件算学已准朝旨盖造，即未曾兴工。其试选学官，未有人应格。（切）〔窃〕虑将来建学之后，养士设科，徒有烦费，实于国事无补。令欲乞赐详酌寝罢。"诏罢修

建。2，p2787—2788

〔徽宗崇宁三年〕六月十一日，都省札子："窃以算数之学，其传久矣。《周官》大司徒以乡三物教万民而宾兴之，三曰六艺，礼、乐、射、御、书、数。则周之盛时，所不废也。历代以来，（囚）〔因〕革不同，其法具（官）在。神宗皇帝追复三代，修立法令，将建学焉。属元祐异议，遂不及行。方今绍述圣绪，小大之政，靡不修举，则算学之设，实始先志。推而行之，宜在今日。今将《元丰算学条制》重加删润，修成敕令，并《对修看详》一部，以《崇宁国子监算学敕令格式》为名，乞赐施行。"从之。都省上《崇宁国子监算学书画学敕令格式》，诏颁行之，"只如此书可也"。2—3，p2788

【政和三年】六月二十八日，算学奏："承朝旨，复置算学。今检会《崇宁国子监算学条令》，乞下诸路提举学事司行下诸州县等，诸命官入学，投纳家状，差使以下许服襕鞲。仍呈验历任或出身文（学）〔字〕，缴纳在官司者听先入，仍勘会。诸命官、未人。在入限诸命官及未出官人若殿侍，谓非诸军补授者。欲入律学或算学者，听入诸试，以通、粗并计，两粗当一通。《算义问》以所对优长，通及三分为合格。诸学生本科所习外，占一小经，遇太学私试，间月一赴。欲占大经者，听补试命官公试同。《九章》义三道、《算问》二道。算学命官公试，一人上等，转一官。殿侍、差使、借差同，已下减年试准此。幕职、州县官循两资，未入官选人、知、令、录仍占射差遣一次。内文学免召（外）〔升〕朝〔官〕及运司保明，注合入官。三入中等，循一资。使臣即减二年磨勘。愿占射差遣者，听。殿侍指射合入本等差遣，愿候借差已上收使者，听。未入官选人，占射差遣一次。文学免召升朝官及运司保明，注合入官。五入下等，占射差遣。使臣即减一年磨勘。未入官选人，不依名次注官。殿侍候补借差已上，听收使。内文学免召升朝官及运司保明，注合入官。算学升补上舍上等通仕郎、上舍中等登仕郎、上舍下等将仕郎学生，习《九章》《周髀》义及《算问》，谓假令疑数。兼通《海岛》《孙子》《五曹》《张丘建》《〔夏〕侯阳》算法。私试，孟月，季月同。《九章》（仪）〔义〕二道、《周髀》义一道，《算问》二道；仲月《周髀》义二道，《九章》义一道，《算问》一道。升补上内舍，第一场《九章》义三道，第二场《周髀》义三道，第三场《算问》五道。"从之。6—7，p2790

宋会要辑稿·崇儒三·律学

熙宁三年九月己亥，始用断案律义试法官。判大理寺（臣）〔崔〕台符等考

试。7，p2790

掌教刑名之学，隶于国子监。7，p2790

〔熙宁六年〕三月二十七日，诏于国子监置律学，差教授四员。7，p2791

【熙宁六年】四月二日，诏："律学教授诸般请给、当直人等，并视国子监直讲。应命官、举人，并许入学，内举人仍召命官二人委保行止。其试中学生，依国子监等第给食。所要屋宇，令将作监相度修葺。其课试条约及应合节次施行事件，并委本监详定。"7，p2791

【熙宁六年四月】二十四日，国子监进定条约事件："初入律学命官、举人，并于本监投纳家状。内举人更纳保状，召命官二人委保行止。勘会诣实，方许入学听读。委本监主判官同教授补试，取通数多者充生员。仍令各于家状内，指定乞习律令，或断案，或习大义兼断案。补试人试前于监丞、主簿厅投纳试卷连家状，共用纸一十张、草纸五张连粘，卷头用印。至试日，于监丞、主簿处收纳，封弥卷首。补试日，依条斋所习刑名文字赴试。内习断案人，试案一道，每道刑名五件至七件。习律令大义人，试大义五道，委主判官同教授依考试刑法官格式考校。生员初入学，且令赴学听读。补中者给食，其余听读人就本学食者，依太学例，令（陪）〔赔〕厨钱。愿自备饮食者亦听。仍立学正、学录各一员，于试中选充，依太学例给俸。命官、举人，各为一斋，每斋立斋长、谕各一员。虽未试中，亦给食。每月公试一次，习断案者，试断案一道，刑名如补试例。习律令大义者，试律令义三道。私试三次，每次试案一道，刑名三件至五件，律令义二道。每日讲律一授。遇试日，其主掌敕书及检用条例，乞于诸路及百司将来试中吏人内，指差两人充。其本学诸杂文字，乞于审刑院、刑部大理寺指名差手分二人行遣。本学合要《刑统》、编敕、律令格式及应系刑法文字，并乞于合属去处取索。今后应系续降条贯，并乞降一本付律学。一、今来教授生员学食钱及供给，并在学储，支费浩大。窃虑太学所管钱粮不足，欲乞更赐钱万贯，依例于开封府检校库出息，以助支用。"诏审刑院、大理寺手分约条不得抽差，特且权差。（今）〔令〕本监策射诸路州军有行止谙会刑名吏人，依试刑名人吏条试充用。续降条贯，仰刑部凡遇承受，于当日内关部，余并依所定施行。7—9，p2791—2792

【熙宁六年】六月三日，国子监言："律学除以假在外，遇直讲，并须回避。及上元、寒食、冬至、元日，给假在客一日。<small>分为三番，并以昏鼓还</small>舍，不得宿外。公试怀挟，于律学不行外，其系犯降舍殿试者，并罚钱五百。余依太学规矩施行。内命官充生员，愿出宿者，听。<small>每日讲鼓前日晚食还舍，鼓</small><small>后归。</small>" 9，p2792

【熙宁】七年七月二日，律学教授李昭远等言："本学生员习试断案，并合用《熙宁新编敕》，其间敕意或有疑难，须至往审刑院、大理寺商议。窃见开封府法曹、三司检法官，并许大理寺商议公事。今来本学如有疑难刑名，欲乞往审刑院、大理寺商议。"从之。9—10，p2792

徽宗建中靖国元年三月十七日，详定所奏："续修到《律学敕令格式看详并净条》，冠以'绍圣'为名。" 10，p2793

政和二年四月二十三日，臣僚言："访闻律学官员，（郡）〔群〕居终日，惟务博奕，不供课试，相习亵狎，嬉游市肆，昼则不告而多出，夜则留门俟归，假历、门簿，徒为虚设。愿戒饬所隶官司，举行学（观）〔规〕。"诏："今后律学博士、学正，可依不理寺官格除授外，仍不许用恩例陈乞及无出身之人。学门启闭，视太学法。学生所犯，依规罚；再犯者，罚讫，取印历或补授文字批书出官，到部理〔为〕遗阙。"<small>《长编纪事》：</small><small>六年六月丁卯，户部尚书兼详定一司敕令孟昌龄等奏："今参照熙宁旧法，修成《国子监律学敕</small><small>令格式》一百卷，乞以'政和重修'为名颁降。"从之。</small>10—11，p2793

宋会要辑稿·崇儒三·医学

政和元年八月二十六日，臣僚言："伏见诸路郡守许补医学博士、助教，明著格令。京府、上中州各一人，下州一人，选本州医生，以次选补。仍许依《禄令》供本州医职。岂容额外补授，滥纡命服，以散居他（群）〔郡〕！臣体访诸路州军不遵条格，多以守阙为名，或酬私家医药之劳，或徇亲知非法之请，违法补授，不可胜数。况《贡举条制》，有官锁试，而医学博士、助教与焉。若与贡附试辟雍，如入中、上等，乃有升二等差遣及免省之优命，岂容医学博士、助教旋求补牒，妄希仕进，以败坏学制！检会下项：《元符格》：'置医学博士、助教，京府及上中等州，医学博士、助教各一人，下州医学博士一人。医生人数，京府、节镇一十人，余州七人。试所习方书，试义十道。'《元符令》：'诸州医学博士、助教阙，于本州县医生内，选术优效着人充；无其人，选能者比试，虽非医生，听补。'诏令诸州军遵依条格施行，仍令提举学事司常切觉察。点检得铃辖司自大观元年已来，前后知州补过医助教丘仁杰、李德赡、陈居、熊安、刘明、万处仁等六人，充（铃）〔铃〕辖司助教名目，皆依条随曹官参集，受公使库供给。检会从初并无专一条格许令补授，又无条格不许补授。有此疑虑。乞（今）〔令〕有司契勘，立法施行。"从之。其江西铃辖司补过医助教丘仁杰等并改正。14，p2794—2795

【政和】〔三年〕九月二十七日，尚书省〔奏〕："依元格注官：上等从事郎，中等登仕郎，下等将仕郎。初任注在京自来合破医官去处，一任理为诸州军曹掾资任。除有许举荐数外，令医学司业各举改官二员。兼元得指挥，俾通籍仕版，治官政，掌医事。况学生多是两学移籍，并得解与贡之人，其三舍之法，并依两学体例。今来除初任差遣外，未有明降指挥。窃恐吏部将来尚依《崇宁格》，只注医官三等差遣。（令）〔今〕欲乞医学上舍出身人，初任自依近降朝旨注新格在京医职外，其后并依两学上舍出身人，赴吏部注合入差遣，用清其选，而革伎术之弊。庶使学者益知磨励，而得异能之士。"从之。15，p2795

【政和三年】十月十七日，礼部奏："检会政和三年七月四日敕，知洪州充江南西路兵马铃辖吴居厚奏，检会三年闰四月九日敕：'建学之初，务欲广得儒医。'窃见诸州有在学内、外舍生，素通医术。令诸州教授、知、通保明，申提举学〔事〕司，具姓名闻奏，下本处，尽依贡士法（律）〔津〕，遣赴本学，就私试三场。如中选，元外舍生即补内舍，内舍理为中等校定。其学生执公据入学日，即关公厨破本等食。"诏并依贡法，其前降指挥更不施行。15，p2795

【政和】四年八月四日，尚书省言："勘会诸川内、外舍通医术学生，已降指挥许津遣贡赴太医学，与在京学生同试。即未曾立定试补舍额，及试不中却还本贯之文。今乞立条：'诸州贡到通医术内、外舍生，附太医学补试。如试中，各依元舍额注籍；若或试下，还本贯旧舍额。'"从之。15—16，p2795—2796

【政和】五年正月十八日，提举入内医官、编类《政和圣济经》曹孝忠等奏："尚书札子，勘会太医学依仿两学措置贡士法并钱粮，具状申尚书省。本学（除）〔条〕具下（顷）〔项〕：

一、诸路贡士，与本学内舍同试上舍，三岁（其）〔共〕取下项合格人数，升补上舍，以（下）〔上〕、中等一百人为额。上等阙于中等补，中等阙以下等升补，并附文士引见释褐。下等不该升补人，贡士补内舍，元内舍与理考察。贡士不中选，听还本学外舍。第一年，上等一十人，中等二十人，下等三十人。第二年，上等一十人，中等二十人，下等三十人。第三年，谓大比，上等一十五人，中等二十五人，下等四十人。

二、诸路贡士同本学内舍就试上舍，若不满二百人，即每十人取二人合格。零数及三人，听取一人。以合格人十分为率，一分六厘为上等，二分四厘为中等，五分为下等，余分从多数。谓三等各有余分，就三等余分中，从数多之等取一人。若两等余分，各从其等，而共理取一人者，听从优。

三、契勘医学上舍推恩，依格上等从事郎，中等登仕郎，下等将仕郎。依旧在学满三季日，不犯学规第二等以上罚者，发遣赴吏部，依两学上舍法，注（受）〔授〕差遣。

四、乞两学于朝廷封（椿）〔桩〕钱内，支拨本钱十万贯，付开封府检校库，依两学法抵当。据每年收息数，以十分为率，将五分充本学支用。

五、乞于抽买石炭场岁给石炭三万秤。

六、乞将两浙路州县学费，目今见在及自今后逐年余剩钱物粮斛，计（椿）〔桩〕留七分，祗备本路支用外，三分限春季内差因便纲船一起附带，赴学送纳。仍委本路学事司管勾文字官计置，催督津遣。见今本学支费钱粮，并乞依元降指挥，日于国子监支拨。候将来两浙路支拨到今来所乞钱粮日，本学足用，即报国子监支拨：候将来两浙路支拨到今来所乞钱粮日，于本学足用，即报国子监住支。"从之。16—17，p2796

【政和五年正月十八日】曹孝忠等奏："承尚书省札子云云，本学今参详，条具下项：

一、乞诸州县并置医学，各于学内别为斋教养，隶于州县学，开封隶府学。

二、乞县学补试，以文理稍通，并取及一季谓上三月。不犯学规第二等罚者，令（左）〔佐〕保明申州学，赴岁升试，合格人补外舍。

三、应公私试合格分数，并月引试，分月关书。考选、校定、升降舍、除籍、规矩、讲解、假告、给（依）〔使〕、差补职事及应干事件，并依诸州县学法；公私试并附州学公私试院。

四、出题考校，县委令、佐，州军委教授。仍逐路提举学事司选差本州见任官通医术能文者一员，开封府选开、祥两县官，兼权医学教授。并依正教授条法。

五、应曾系州学生，及曾得解人，依条格合赴补试者，与免县学试。法行之初，恐士人兼习医术者未广，难以逐州立额，欲乞每路量立逐岁贡额。今（此）〔比〕仿《诸州县学格》内文士三年所贡人数，十分中以一分五厘人数，创立诸路医学贡额，分为三年。内岁供不及五人处，添作五人，并不近州军类试不得过三。附州学公试院，其所取合格并升补分数仍通取。

六、医学教授，讲一经，谓《素问》《难经》。其讲义逐月付县。学生分三科：兼治五经内一经。方脉科通习大小方脉、风、产，针科通习针灸、口齿、咽喉、眼目，疡科通习疮肿、伤折、金镞、书禁。

七、三科学生，各习七书。方脉科：《黄帝素问》《难经》《巢氏病源》《补注本草》《千金方》《王氏脉经》、张仲景《伤寒论》。针科：《黄帝素问》《难经》《巢氏病源》《补注本草》《千金方》《黄帝三部针灸经》《龙本论》。疡科：《黄帝素问》《难经》《巢氏病源》《补注本草》《千金方》《黄帝三部针灸经》《千金翼方》。

八、诸州县学及提举学事司试法，县学补试《素问》义一道，《难经》义一道，运（气）〔炁〕义一道，假令病法一道，儒经义一道。谓五经内治一经。州学岁升试，依县学补试道数。私试，孟月，《素问》《难经》义三道，儒经义二道。仲月，运炁义一道，处方义一道。季月，假令病法三道。公试二场，第一场，《素问》《难经》义二道，运（气）〔炁〕义一道，儒经义二道。第二场，处方义一道，假令病法二道。学事司所在州，试上舍三场，第一场《素问》《难经》义三道，儒经义二道。第二场运（炁）〔炁〕义一道，处方义二道。第二场，假令病法二道。

九、出题，儒经《素问》《难经》，并于本经内出；运（气）〔炁〕义，于《素问》内出。临时指问五运六气、司天在泉、太过不及、平气之纪，上下加临、治淫胜腹，时问所掌病疾，随岁所宜，如何调治。或设问病证，于今运岁，如何理疗。处方义，于所习经方内出。假令病法，方脉科于《千金》《千金翼》《外台》《圣惠方》治杂病门中出；针科于《三部针灸经》《千金》《千金翼》《外台》《圣惠方》《龙本论》治杂病及口齿咽喉眼目门中出；疡科于《三部针灸经》《千金》《千金翼》《外台》《圣惠方》治疮疡门中出。

十、医学应合干行事，本路提举学事司、州知、通、博士、教授、县令（左）〔佐〕、学长并通管。

十一、本学贡士法初行，窃恐天下州县未能一一谙晓奉行，兼所出题目或有异同。欲乞逐路并置医学教谕一员，以今来本学上舍出身人差充。仍从提举学事司差往点对。

十二、路、州、县医学事，其请给、人从、叙位，并依本路州教授除医学〔管〕勾。"从之。17—19，p2796—2798

宋会要辑稿·崇儒三·画学

大观元年二月四日，国子监修立到画学补试外舍，于本贯出给保明公据照验，或召命官一员委保谙实，投纳家状试卷，听收试等条，并系创业，冲改旧条。从之。先是，崇宁五年九月三日，大司成薛昂言："书画学止系置籍，注人年甲、乡贯、三代。入学三年，经大比，定夺等第，方分三舍。昨来两学各以二（顷）〔项〕为额，今来止各以三十人为额。近本监条画，以五（千）〔十〕人为上舍，十人为内舍，其外舍止各十五人。而旧法元无补试，乞愿入学者逐季附太学补试院，以所习书画文义量行校试，取合格者补充外舍生，仍依武学法破食。所有量行校试，乞令国子监详酌立法。"至是始上：一、画学，令诸补试外舍，于本贯出给保明公据照验，或召命官（官）一员委保谙实，投纳家状试卷，称说士流、杂流，听收试。限试前五日（生）〔收〕接。诸补试外舍，士流各试本经义二道；或《论语》《孟子》义。杂流各诵小经三道。各及三十字已上，或读律三板，附太学孟月私试院引试。次日，本学量试画，间略设色。诸补试外舍，士流试到经义卷，仍附太学私试，封弥誊录，送本学考校，限五日毕。其试到士流画卷封印，长、贰同定高下。诸补试外舍，取文理通者为（舍）〔合〕格；俱通者，以所习画定高下。每二人取一人，余分亦取一人。本学官不锁额，赴监试厅参定，注籍出榜。诸补试中外舍，候入学讫，本学（其）〔具〕姓名关太学，公厨给食，依武学法。诸补试发榜、议题引试及画官吏、祗应人食钱等，并依武学条例给。诸试画日应用作物等，监库排（辨）〔辨〕。26—27，p2802

宋会要辑稿·崇儒三·武学

元丰元年四月二十五日，诏："经任大小使臣无赃私罪，听召保官二人量试验，充武学外舍生，以三十人为额。累试合格，乃得补内舍。"30，p2804

【元丰】三年六月十八日，武学上新敕令格式，诏行之。30，p2804

徽宗建中靖国元年三月十七日，详定所续修到《武学敕令格式看详》，冠以"绍圣"为名。从之。31，p2805

政和〔元〕年八月二十八日，大司成张邦昌等言："准《大观重修武学令》：'诸贡士以年终集于武学，次年春试，应补上等者取旨释褐，中等俟殿试。'契勘文士上等留太学俟殿试，其武士上等，欲依文士上等已降指挥施行。"从之。32，P2805

宣和二年十月二日，尚书省言："武学依仿元丰法令，礼部同国子监、武学集议条画。契勘州县武学已罢，即别无武士升贡之法。内外愿人在京武学人，乞依元丰法试补入学。举试人旧制系与武学外舍人类试，取一百人，同上内舍生发解。缘科举已罢，不当循旧发解。今比仿新旧法令，尚书省于大比试前二年春季检举，降敕下兵部，依元丰法奏举。其被举人，限当年冬季到阙，与免补试入学，充外舍生，依与校定人赴次年公试。举试人将来到阙并入在京武学人，并由学校升选。其考选、升补、推恩，并依大观武学法。已上并候过将来大比试施行。武士该贡人，已降指挥，特许贡发，特赴来年大比试。"从之。32—33，p2806

【绍兴十六年四月】十九日，宰执进呈兵部讨论到《武士弓马及试选去留格》，寻下国子监，具到旧法，并殿前司省记子弟所格法，权行参照拟定："初补入学，步射弓九斗。今欲依子弟所第四等格，步（躬）〔射〕弓一石。公私试，若步骑射不中，不许试程文。第一等，国子监法一硕三斗，子弟所格一硕五斗，暗压二。（令）〔今〕欲作一硕五斗。第二等，国于监法一硕二斗，子弟所格一硕三斗，暗压一斗。今欲作一硕三斗。第三等，国子监法一硕一斗，子弟所格一硕二斗，暗压二斗。今欲作一硕二斗。第四等，国子监法一硕，子弟所格一硕，暗压二斗。今欲作一硕。第五等，国子监法九斗，子弟所格无。今欲作九斗，并不暗压。"上可其奏。因宣谕曰："国家设武选，所系非轻。今诸将子弟皆耻习弓马，求换文资。数年之后，将无人习武矣。岂可不劝诱之！"33—34，p2806—2807

【乾道】四年二月十四日，诏："武学放行公试一次。如有应格合该升补内舍人，即候有阙日，依名次填拨。"先是，兵部言："国子监申，据武学外舍生邹（翊）〔诩〕等状，本学每年开公试一次。目今内舍二十名额已满，内舍林镛等已系优等校定。今年八月上舍试合该升补。敕令格式兼行不同者，从本学法。《国子监太学令》：'诸请长（候）〔假〕，已填阙而参假者，候有阙拨入。'又承《乾道二年五月十四日已降指挥》节文：'当年补试，额外取放。如有拨填（下）〔不〕尽人数，候有阙，依名次对拨施行。'照得上项并系无缺先次取放，（假）〔候〕有阙填拨。今来武学内舍既有定额，其邹诩等所乞先试公试，候内舍有阙日拨填，既非额外增取，依（放）〔仿〕太学外舍补试待阙，委无妨碍。兼本学每年十二月月各有试，内公试系当一月月试之数，其月书季考等排月参考。今若不行申请，乞与先试，放行公试，即一年之内，常阙一试；又每年三月一日书簿无可抄转，委系阙碍。兼学校教养士人，除科举外，惟每月私试，用以激励。今若无公试可为升补内舍之阶，即外舍私试校定并为无用，无以诱劝。兼今年系上舍试年分，及来年系省试年分，必有升补上舍及过省人数。若先次取放，不过待阙半年以上，必有阙额可拨。欲乞依今来邹诩等所乞，放行公试一次。如有应格合该升补内舍人，即候有阙日，依名次拨填施行。"故有是命。36—37，p2808

宋会要辑稿·崇儒四·勘书

【仁宗天圣四年】十一月，翰林侍读学士、判国子监孙奭言："诸科举人，惟明法一科律敕文及疏未有印本，是致举人难得真本习读。乞令校定，镂板颁行。"从之。命本监直讲杨安国、赵希言、王圭、公孙觉、宋祁、杨中和校勘，判监孙奭、冯元详校，至七年十二月毕。6—7，p2818

【天圣】七年四月，孙奭言："准诏校定《律》文及《疏》，缘《律》《疏》与《刑统》不同，盖本《疏》依《律》生文，《刑统》参用后敕，虽尽引《疏义》，颇有增损。今既校为定本，须依元疏为正。其《刑统》内衍文者减省，缺文者添益，要以遵用旧书，与《刑统》兼行。又旧本多用俗字，寖为讹谬，亦已详改。至于前代国讳，并复旧字。圣朝庙讳，则空缺如式。又虑字从正体，读者未详，乃作《律文音义》一卷。其文义不同，即加训解。乞下崇文院雕印，与《律》文并行之。"① 7，p2818—2819

宋会要辑稿·崇儒七·经筵

高宗建炎二年三月十一日，讲筵所言："旧例：初御经筵讲读经史，

---

① 此条史料说明宋朝《律》《疏义》《刑统》之间的异同。

先具奏请点定。"诏讲《论语》，读《资治通鉴》。1，p2885

【绍兴】七年七月三日，讲筵所言："本所今来已到行在，所有今年秋讲一节，准令合至八月上旬择日取旨外，其供进故事，欲乞令讲筵所依开讲日分，除休假、旦、望，隔日依旧轮官供进。"从之。3，p2886

【绍兴】十五年十一月十三日，诏："赐讲、读、说书、修注官寒食、端午、冬至节料，观文殿大学士以上钱一佰五十贯、酒十瓶，资政殿大学士、学士以上钱一佰贯、酒八瓶，待制以上〔钱〕五十贯、酒六瓶，未系两制钱三十贯、酒四瓶。著为令。"5—6，p2888

孝宗绍兴三十二年七月二十九日，孝宗已即位，未改元。讲筵所言："见今排办今年秋讲。检准《令》，皇帝初御经筵，合具奏请点定讲读经史。"有旨讲《尚书》《周礼》，读《三朝宝训》。9，p2889

【绍兴三十二年九月】七（月）〔日〕，上初御讲筵，翰林学士承旨洪遵进读《三朝宝训》，给事中金安节、礼部侍郎黄中讲《周礼》，权工部侍郎张阐讲《尚书》。先是，讲筵所被官用二月十五日开讲，上以谓日分稍远，（时）〔特〕用是日，至十一月二十七日罢讲。故例：开讲，赐宰执御厨食各二十味，执政各十五味，经筵官各十味。讲、读、说书、修注官每遇讲筵日，赐食一合、法酒各二升。及遇寒食、端午、冬至节，观文殿大学士、学士以上，赐钱一百五十贯、酒十瓶；资政殿大学士、学士以上，一百贯、酒八瓶；待制以上，五十贯、酒六瓶；未系两制三十贯、酒四瓶。年例，春季取赐茶、墨，自隆兴元年，止赐茶，不赐墨。9，p2889

【淳熙】三年九月二十二日，讲筵所言："今来秋讲，准《令》：'大礼习仪前五日权住。'今太常寺十月六日阅乐，合于二十七日权住。"诏展至十一月五日住讲。12，p2891

【庆元元年】十二月七日，诏："自今已后，如遇开讲，只日早一讲，晚两讲一读；双日止晚讲，两读两讲。如将来遇垂拱殿坐，双只日并晚讲，免早讲。不系开讲之时，除假、故外，并特晚讲，依旧两读两讲。"22，p2896

宋会要辑稿·崇儒七·存先代后

【熙宁五年】二月十七日，供备库副使、曹州兵马都监柴愈言："叔咏致仕，愈是诸房中最长近亲，乞依例换文资袭封。"送太常礼院详定，太常礼院言："取到柴氏谱系，定得咏堂侄愈于诸房以为最长。检会《令》文：'诸王公侯伯子男，皆子孙承嫡者传袭。如无嫡子，及有罪疾，立嫡孙；无嫡孙，以次立嫡子同母弟；无母弟，立庶子；无庶子，立嫡孙同母弟；无母弟，立庶孙，曾孙以下准此。无后者国除。若身亡之后，嫡子已经命袭，未袭间犯除名者，听以次承袭。'据此，则始封之时，须推诸房最长；即封之后，自合世嫡相传。今来参详，欲取柴咏嫡长子孙一名承袭崇义公封爵，庶得不违著令，协于典礼。"诏依所定，勘会保明合承袭人以闻。72—73，p2926

【熙宁】八年三月二十一日，崇义公柴若讷卒，柴咏状称，若讷有嫡长男务简，系嫡孙，合依《礼令》承袭。太常礼院勘会，柴务简系白身，见居父若讷服内。合候服阕日，除官承袭。73，p2927

十、职官

宋会要辑稿·职官一·三公三少

【政和二年】九月二十九日，诏："新官三公旧为三师，新官太师旧亦为太师，新官太傅旧亦为太傅，新官太保旧亦为太保。此古三公之官，为宰相之任。今为三师，古无三师之称，合依三代为三公。论道经邦，燮理阴阳，官不必备，惟其人，为真相之任。新官三少旧为三公，新官少师旧为太尉，新官少傅旧为司徒，新官少保旧为司空。太尉以下旧为三公，缘司空周六卿之官，非三公之位，乃今之六曹尚书是也；太尉秦官，居主兵之任，亦非三公，太尉、司徒、司空合罢。并依周制，立三孤之官，乃次辅之位。三孤贰公洪化，寅亮天地，或称为三少，为次相之任。"详见"官制"。2，p2934—2935

宋会要辑稿·职官一·三省

《神宗正史·职官志》：中书门下在朝堂西，榜曰"中书"，为宰相治事之所，印文行敕曰"中书门下"。尚书、中书令、侍中、丞郎以上带同平章事，并为宰相，而参知政事为之贰，与枢密院通谓之执政。又有中书省、门下省者，存其名，列皇城外，两庑官舍各数楹。中书省但掌册文，覆奏考帐。门下省主乘舆八宝、朝会位版、流外较考，诸司附奏挟名而已。中书令、侍中不任职。官制行，悉厘正之，遂以实正名。废中书、门下省舍之在皇城外者，并朝堂之西中书堂为门下、中书两省，以左、右仆射兼门下、中书侍郎，又以两侍郎副之。17，p2946—2747

元丰元年八月，诏三司："令诸路转运司勘会所辖州军熙宁十年以前三年收支，应见在钱物，除间杂及理欠物更不条具，其泛收、泛支或诸处支借出入并蠲放欠阁，各令开析，限半年攒结成都状，送提点刑狱司驱磨，保明上中书。点检有不实，科徒一年罪，不理去官，仍并治保明官吏。如驱磨出增隐钱物，并当等第酬赏。自今三年一供，著为令。"以中书言"诸路财赋岁入岁支，转运司多不究心，唯称缺乏。既不可旋考校，宜有会计出入之法，以察增耗，以知有余不足之处"也。19，p2947—2948

【元丰】三年六月二十一日，诏罢中书门下省主判官，归省事于中书。19，p2948

【元丰】五年二月一日，诏："中书省、枢密院面奉宣旨，别以黄纸书中书令、侍郎、舍人宣奉行讫，录送门下省，为画黄。受批降若覆请得旨及入熟状得画事，别以黄纸，亦书宣奉行讫，录送门下省，为录黄。枢密院准此，惟以白纸录送面得旨者为录白，批奏得画者为画旨。门下省被受录黄、画黄、录白、画旨，皆留为底，详校无舛，缴奏得画，以黄纸书，侍中、侍郎、给事中省审读讫，录送尚书省施行。三省被受敕旨，及内降实封文书，并注籍。门下中书省执政官兼领尚书省者，先赴本省视事，退赴尚书省。申明及立条法，并送尚书省议定，上中书省，半年一进颁下，应速者先行。应功赏并送所属，无定法者送司勋。枢密院军功不在此〔限〕。文武官三省、枢密院各置具员。中书省非本省事，舍人不书。吏部拟注官过门下省，并侍中、侍郎引验讫奏，候降送尚书省。若老疾不任事及于法有违者，退送改注，仍于奏钞内贴事因进入。六曹诸司官非议事不诣都省及过别曹。应立法事，本曹议定，关刑部覆定，十酬赏者送司勋。如无异议，还送本曹，赴都省议。体大者集议，议定上中书省，枢密院事上本院。吏部差注官团甲，由都省上门下省。有违者，退吏部，以事因贴奏。诸称奏者，有法式上门下省，无法式上中书省，有别条者依本法，边防、禁军事并上枢密院。应分六曹、寺、监者为格，候正官名日施行。"19—20，p2948—2949

【元丰五年二月】二十一日，诏："知枢密院、门下、中书侍郎、同知枢密院、尚书左、右丞为定班，班次以是为差。"20，p2949

【元丰五年五月】二日，诏："今后四方实封奏除内降指定付三省、枢密院及中书、门下、尚书省外，余并降付中书省，可从本省分送所属曹省。"20，p2949

【元丰五年五月】十一日，诏："秘书省、殿中省、内侍省、入内内

侍省于三省用申状，尚书六曹用牒，不隶御史台六察。如有违慢，委言事御史弹奏。"20，p2949

【元丰五年六月】五日，诏："自今事不以大小，并中书省取旨，门下省覆奏，尚书省施行。三省同得旨事，更不带'三省'字行出。"21，p2949

【元丰五年六月五日】，辅臣有言："中书独取旨，事体太重。"上曰："三省体均，中书省揆而议之，门下省审而覆之，尚书省承而行之，苟有不当，自可论奏，不当缘此以乱体统也。"先是，官制所虽仿旧三省之名，而莫能究其分省设官之意，乃厘旧中书门下为三，各得取旨出命。既行，纷然无统纪。至是，上一言遂定。21，p2949

【元丰五年六月】十三日，诏尚书省六曹事应取旨者，皆尚书省检具条例，上中书省。又诏门下、中书省已得旨者，自今不得批札行下，皆送尚书省施行。著为令。21，p2949

【元丰五年六月】十四日，诏："六曹申尚书省、尚书省送中书及过门下省文字，皆随事立日限。即尚书事应取旨者，皆日具件数，录目尾结。后批日时，执政官书押，送中书省。各限一日，有故者听展。若送中书省取旨，事已进呈不行者，每旬录报尚书省。皆著为令。"21，p2949

【宣和二年】八月十一日，尚书省省言："奉圣旨：三省早出等礼仪并依元丰法令，行首司检具，申尚书省取旨。今契勘到下项：一、元丰年作早出：筵宴、殿试举人、释褐唱名、人使见辞、宣召观示、习仪按阅、进书奉安、疏决开堂、今即宰执不赴。开启道场相看、国忌奉慰。二、元丰年未经礼仪，见作早山：神霄宫烧香、明堂布政、就见皇子、御殿称贺、宰执谢敕设。元丰年共一日，今分作两日。三、元丰年不作早出，即今见作早出：宰执除拜转官、闻命授告、赐衣带、贺降生皇子、前两府到堂、外国人使到堂、诸官司就堂呈验、就堂宣视。"诏第一项依元丰体例，第二项合作早出，第三项不作早出。又制敕库房拟到下项："一、诸杂人入幕次：契勘自熙、丰年有约束（旨）〔指〕，不应入者无故入门，许人告。今来宰执幕次自合除合祗应人外，诸杂人并不得入幕次。二、官员就幕次取覆。契勘自熙宁年官员参辞谢呈敕告并本职公事，方许赴都堂，仍取禀指挥相见外，余并依于尚书省投状。今来官员自不合入宰执幕次及下马步行处接便唱喏，并待漏院及阁子内出头呈纳文字。欲已上并依元丰旧制。如违，徒二年。因而听采漏泄，依中书漏泄法。三、行马次序：契勘自熙、丰年，赴朝系宰执于百官后上马。昨迁班近上，见于百官前上马。除宰执见于百官前上马外，欲百官行马失序并冲节者各杖一百，仍令御史台、皇城司、开封府觉察，送所属施行，命官闻奏。四、上下马：契勘自熙、丰年，宰相于隔门内下马，执政于隔门外下马。今即依得熙、丰年体例及自来宰执于隔门下马，由垂拱殿贮廊赴朝。后来为拆去贮廊，遇泥雨许入右银台门北廊下马。并自熙、丰年，驾出入，趁赴起居，于左承天门下马。今后改作左、右两敷佑门，于左敷佑门里、右敷佑门外下马。欲除见依元丰旧制外，其于敷佑门并遇雨入右银台门北廊上下马，依见行仪制。五、侍班并从驾去处：契勘自来进呈侍班，殿内分三省各阁子，今系同阁子。从驾去处，今并依熙、丰年体例，在车驾殿门外作一阁子。勘会元丰三省各奏事，各阁子，见今同奏事、同阁子，欲除三省奏事同阁子外，余依元丰旧制。"从之。37—38，p2958—2959

宣和四年八月二十日，少师、太宰王黼言："臣顷被诏旨，三省、枢密院暨六曹事有未如元丰旧制者一切厘正。臣窃以神宗皇帝肇正官制之后，元丰五年八月修立《枢密院令》：'诸得旨事并录送门下省，候报施行；宣命即关送，候送回发付。'是年十月，枢密院再奉（旨）〔指〕，得旨及拟进画依文字内，圣旨急速限当日拟进，〔余〕限次日录送门下省。后覆奏回圣旨，急速限当日，余限次日发出。据此，则枢密院事悉合经门下省审省覆奏，然后施行。臣伏见近岁以来，枢密院诸房浸紊成宪，凡所施行，（折）〔析〕以为二。一曰机速，更不关录门下省；一曰急速，更不关录送门下省。止用关子，更不关录者，门下省悉不预闻。用关子者，审省覆奏与封驳之法尽废矣。臣愚深虑未应元丰旧制。臣谨按，门下省元丰六年兵房上半年承受枢密院录白者一千七百三十件内，用关子者才二事而已。今年上半年，兵房承受枢密院录白文字三百七十七件，而用关子者至四百八十九件，何其多也！称系机速更不关录者不在此数，不可得而知。其间关子如差除兵将官、转资、补授恩泽、差人吏、养老之类，悉用关子，臣所未谕。若缘恭奉御笔，或事干急速，合即施行，不当更录送门下省。即不特非元丰条制，（令）〔今〕中书省被奉御笔及急速文字，皆行录黄，送门下省审省覆奏。内急速不可待画者，止许先次报行。惟尚书省间有急速奏行止关门下省者，然亦近承睿旨，事干除授及转官资之类，并送中书省行录黄矣。臣又闻，元丰七年王珪为左仆射、章惇为门下侍郎日，枢密院降指挥转员文字更不送门下省。珪等力争之，寻被旨应缘转员文字并送门下省，仍依枢密院例宿直，枢密院已得（旨）〔指〕更不施行。详此则见先帝立经陈纪、垂裕无穷者，德音具存，无复可疑。臣苟窃位弗陈，是以不材而废陛下万世之法，岂特仰辜大任，将得罪天下后世不贷矣。伏望圣慈详酌，特降诏旨付枢密院，委大臣特行董正，庶尽革久弊，一遵前烈，天下幸甚！"诏并遵依元丰成宪，常切遵守，毋有违戾。38—40，p2959—2960

【绍兴】三年正月十四日，诏："无故入三省诸门，许人告捕，每名赏钱三十贯。余依见行条法。"以尚书省言未有告捕给赏条法故也。50，p2965

【绍兴】七年二月十三日，诏："今后应诸处举辟官员差遣，并令中书、门下省籍记所辟姓名。如任内犯入己赃徒以上罪，其元辟官取旨行遣。"50，p2965

【绍兴】二十五年十二月十一日，诏："命官犯罪，勘鞫已成，具案奏裁。比年以来，多是大臣便作已奉特旨，一面施行。自今后三省将上取旨。"51，p2966

宋会要辑稿·职官一·三省

【孝宗隆兴元年】四月二十七日，诏："今后有司所行事件，并遵依祖宗条法并《绍兴三十一年十二月十七日指挥》，更不得引例及称疑似，取自朝廷指挥。如敢违戾，官吏重作施行。"53，p2967

乾道元年二月二十日，诏："自今应堂除已授在外差遣人，非选材能特旨升擢者，并不许干求，更换差遣。三省、枢密院可常行遵守，仍著为令。"54，p2967

宋会要辑稿·职官二·门下省

【元丰八年】八月十二日，门下省言："应诸州奏大辟情理可怜及疑虑，委刑部声说于奏钞后，门下省省审，否即大理寺退回，令依法定断。有不当及用例破条者，门下省驳奏。"以刑部奏泰宁军姜齐等钞不应奏裁故也。5，p2987

宋会要辑稿·职官二·给事中

【元丰】六年三月十七日，诏六曹条贯改差门下中书后省官详定。继而给事中韩忠彦等言："奉敕同详定，乞以详定六曹条贯所为名。"诏宜称中书门下外省。又忠彦等以职事对，上顾谓曰："法出于道，人能体道，则立法足以尽事。立法而不足以尽事，非事不可以立法也，盖立法者未善耳。"又曰："著法者欲简于立文，详于该事。"7，p2988

【元丰六年】七月五日，门下中书外省言："自官制行已及期月，其利害官吏固已习知。今编修敕条理当博采众知。欲乞许见任到局参议及许诸色人具所见利害赴本省投状，如有可采，量事推恩。"从之。7，p2988

宋会要辑稿·职官二·起居院

【绍兴】九年五月二日，起居舍人王次翁言："伏见《在京通用令》，进对臣僚亲得圣语录报后省，不报者以违制论。然近来沿习旧例，称并无所得圣语，遂使见行条法（置）〔直〕为虚文。乞申言旧法，榜示朝堂。"从之。18，p2998

宋会要辑稿·职官二·通进司

真宗大中祥符四年七月，诏："通进、银台司承受奏状常须慎密，如有漏泄，事涉机密，情重当行极断，轻者亦行朝典。"26，p3003

【治平元年】十一月十三日，李柬之等言："应内外臣僚所进文字，不限机密及常程，但系实封者，并须依常下粘实封讫，别用纸折角重封。有印者内外印，无印者于外封皮上臣名花押字，仍须一手书写。所有内外诸司及诸道州府军监并依此例。如违，仰本司不得收进。其外处有不如式样，递到实封文字，仰进奏院于监官前折角重封用印，于本司投下。仍乞依三司、开封府条贯，并不得官员及诸色闲杂人辄入本司。"从之。28，p3004

宋会要辑稿·职官二·发敕司

发敕司，隶银台，掌受中书、枢密院宣敕，著籍而颁下之。中书遣发敕官二人主之。旧有枢密院令史一人，后省。41，p3010

太宗淳化三年二月，诏："中书敕文至发敕院点检有要害差错者，堂后官罚三十直，守当官罚十五直，仍以三之一赏发敕官。"41，p3010

真宗咸平三年十月，诏中书发到实封断敕如看详发讫，具州府事由报

银台司。41，p3010

宋会要辑稿·职官二·门下封驳司

太宗淳化四年六月，以右谏议大夫魏庠、知制诰柴成务同知给事中事。凡制敕有所不便者宜准故事封驳，自余常程公事依例施行者，不得辄有留滞。应后来行下制敕，并仰旋具编次。更有合举行之事，条奏以闻。42，p3010

【淳化四年】九（年）〔月〕，诏："停废知给事中封驳公事，令枢密直学士向敏中、张咏点检、看读、发放敕命，不得住滞差错。所有行下敕文依旧编录，仍令发敕院应承受到中书敕令并须画时赴向敏中等处点检，候看读、发放逐处。内有实封敕文，并仰逐房候印押下实封送赴向敏中等看读点检了，却实封依例发放。"自是始以封驳司隶银台。42，p3010

至道元年正月，诏："三司及内外官起请擘画钱谷刑政利害文字，令中书、枢密院检详前后条贯，同共进呈，每月编其应行条敕作策，送封驳司。如所降宣敕重叠及有妨碍，并委驳奏。仍于门下省差令史二人专掌簿籍。"42，P3011

宋会要辑稿·职官二·进奏院

【雍熙三年】十一月，诏："诸路递到案牍，令进奏院即时进入，无得稽滞。"又诏："诸州奏状小有差错，令进奏院依例进入讫，别申本州，称奉圣旨勘鞫干系人吏卤莽之罪。"44，p3012

端拱元年正月，诏："客旅便钱递牒，令进奏院别用牢固皮角封递。"44，p3013

【端拱元年】二月，诏："进奏院自今每承受宣敕、省牒，画时递发，不得稽滞。"44，p3013

【端拱】二年六月，进奏院言："本院承旧例补第一名进奏官李文业为行首，吕承信为副行首，委令提举。窃缘补置虽承久例，本院未奉朝旨，多不禀承。望降宣授。"从之。自后此职亦省。44—45，p3013

【淳化】二年六月，诏进奏院："应藩府奏诸色官充本道幕职，知委实阙官，即时奏请。内职诸司使以上知州，不得奏请京朝官充通判。如此等状，即时递回，不得收进。"45，p3013

【淳化】五年四月，诏："应诸蕃酋长朝见、远夷入贡宴劳、〔赐〕

赉、诸道奏祥瑞、官吏善恶、孝子顺孙、义夫节妇殊异之事，十日一具报起居院，不得漏落。"45，p3013

真宗咸平元年六月，诏："进诸州兵帐须即日还枢密院兵房，不得积留在院。"45，p3013

【咸平】二年三月，诏："缘边马递至进奏院者，委进奏官至枢密院开拆。"45，p3013

【咸平】（二）〔三〕年六月，诏："进奏院所供报状，每五日一写，上枢密院定本供报。"大中祥符元年又诏："不得非时供报朝廷事宜，令进奏官五人为保，犯者科违制之罪。"45，p3013

【咸平三年】九月，诏："诸州实封奏状委监进奏院官看详，验无损动者，题'封记全'三字，即时进内。有损动者，重封进入。"45，p3013

【咸平】四年二月，诏："诸州降雨雪，并须本县具时辰、尺寸上州，州司覆验无虚妄，即备录申奏，令诸官吏迭相纠察以闻。"又诏："应外州官吏奏民间利病，实封者即时进入，不得拆封。"45，p3013

【咸平四年】十月，诏："诸州官吏申奏脱漏、不依体式者，再犯勘罪送中书，下法寺依格断遣。"45，p3013

【咸平】五年四月，诏："凡降德音条贯等，其溪、夷、南、高、富、鹤、上锦、下锦、奖、叙、懿、古、元、显、绣、云、顺、波、晃、天赐二十州不须降去。"45，p3014

景德四年八月，诏："新注幕职州县官发先状赴本州者，委进奏院验认与发。"45，p3014

大中祥符二年三月，诏："诸州进奏官十年已上者，并补三班奉职。自今每遇郊祀，叙补五人。如次补之人有赃污者，勿得随例奏裁。"45，p3014

【大中祥符二年】七月，诏进奏院："自今每遇郊禋，保进奏官及十五年已上无过犯者，从上具五人姓名以闻，当议出职安排。如无过犯人不及数，即取曾罚直及放罪人。如更少，即取以次有过犯数少情轻者足数。"45，p3014

【大中祥符二年】九月，进奏院言："进奏官小可僭犯，旧例止罚直充公用，并宣敕明文，自今欲乞量行区分。"诏依旧例施行。45—46，p3014

天禧二年闰四月，诏："申奏文字有脱臣漏官不书事宜、于文无害者

第一度与免勘,委进奏院置簿抄上。若是再犯,即劾罪以闻。"46,p3014

仁宗乾兴元年十一月,未改元。诏都进奏院告报诸州府军监:"自今所奏文字凡系实封者,并令依常式封书毕,更用纸折角重封,准前题字,及两折角处并令用印。无印者细书名字。候到阙令都进奏院监官躬亲点检,无(折)〔拆〕动,即依例进纳。或有损动者,具收接人姓名以闻。"46,p3014

【熙宁】四年二月十一日,诏:"诸道进奏院自今以知银台司官提举。其勾当进奏院官,令枢密院选差京朝官二员,替见任官年满阙。今后更不差三班使臣,臣僚之家不得仍乞子弟勾当。"46,p3015

【熙宁四年】五月十八日,诏:"自今朝省及都水监、司农寺等处,凡下条贯,并令进奏院摹印,颁降诸路。仍每年给钱一千贯,充镂板纸墨之费。"46,p3015

元丰元年九月二十九日,都进奏院言:"准传宣,取索自九月以后下江宁府文字,令具名件。"诏:"应官司不著事目发过文字,并供检纳中书。有夹带书简,亦尽录同申。臣僚所发私书,委开封府下逐家取副本。或无底,令追省抄录,申府缴奏。如敢隐匿不尽,许人告,犯人除名,告者赏钞千缗。有官者不愿给钱,每三百千转一资。"时吕嘉问、何琬互奏不法事,琬奏才至而嘉问辩论继上,琬以为有从中报嘉问者,故诏索所发私书考实也。47,p3015

绍圣元年十月二十一日,枢密院言:"熙宁四年中书札子,应擢用材能,赏功罚罪,可为惩劝者,中书委检正官、枢密院委检详官逐月录事状付进奏院,誊报天下。元祐初辄罢。"诏今年十月后如熙宁旧条。47,p3016

钦宗靖康元年二月十七日,诏:"诸路监司帅守等应投进文字,不得请降指挥,径赴入内内侍省投进,并依自来条法,递赴进奏院施行。"47,p3016

【建炎】二年正月一日,诏:"诸司诸州月具承受朝省文字,遣人赍赴行在。投下文字人回日,请领递角前去。无故不依程限到州者,各从杖一百科罪。"给事中刘珏言:"进奏院人吏数少,所报文字太多,抄写不办,诸处拖下供给,养赡不足,沿路递铺有力不胜而弃掷文书者,有受财赂而藏匿文书者。乞降(旨)〔指〕,令诸司诸州发历日等钱前来,令本院依月给付。仍乞令本院将诸州下文字人置簿，抄上姓名，遇回归日请领递角前去，依程限到州。令诸司逐州月具承受朝省文字若干件，增立亡失文书条格，委知通专一点检。"尚书省勘会："亡失文书自有条法，诸州发历日钱见别作施行。"故有是诏。47—48，p3016

【绍兴三年】四月四日，左右司言："进奏官颁降赏功罚罪，乞量行支镂板工墨钱。本司约度，欲每季支钱一百贯，五抄纸五千张，临时以字数多寡置历支使。如不足，即贴之。仍限次季申比部驱磨。"从之。48，p3017

【绍兴三年】九月十七日，诏："进奏官有犯，依旧制，其令吏部直送所属指挥不行。"旧制，进奏院隶给事中，进奏官有犯，依崇宁法申牒提辖官司，详度轻重施行，不得直送。四月十八日，吏部申请以供报多误，今后从本部径送所属断遣。至是诸道进奏官诉于门下后省，乞依旧法。从其请也。48，p3017

【绍兴】五年闰二月十二日，诏："进奏院如将不系合报行事辄擅报行，及录与诸处札探人传报者，许人告，赏钱三百贯，犯人并重作施行。"49，p3017

【乾道】六年八月四日，尚书省言："进奏院违戾约束，擅报告词，系厅司刘资、冯时立承发朝报，保头人侯革。"诏并送临安府，各从杖一百断罢。51，p3019

【乾道】九年闰正月十八日，诏："今后外路官兵付身等，令拘催给发使臣每五日一次入进奏院，递取监官到院入递日时文状，仍令进奏官置籍发放，每月赴左右司、承旨司驱磨。"51，p3020

宋会要辑稿·职官二·奉安符宝所

嘉定十六年七月二十八日，都提举奉安符宝所承受王椿言："奉旨差充都提举奉安符宝所承受官。今随宜参酌比附，条具到合行事件。一、乞以'都提举奉安符宝所承受'为名。二、合用印记，乞下文思院铸造铜印一面，以'都提举奉安符宝所承受之印'一十二字为文。三、今来奉安符宝系创行建置，盖造殿宇廊庑等，乞差主管文字一名，许于见领职局及内外官司大小使臣见任、得替、寄居、待（关）〔阙〕、已未参部或白身人吏内指差，相兼祇应。带行见请，与理为在司在任月日，有名目人理为资任。请给等依玉牒所等处承受下主管文字则例支破。四、乞差背印、投送文字亲事官共二十，下皇城司指名踏逐差取，实占祗应，遇阙依此差填。五、踏逐在内皇城司起盖符宝殿宇等一所，差人吏并亲事官各合缀带敕入宫门号一道，乞于皇城司支破。"从之。52，p3020—3021

宋会要辑稿·职官三·中书省

太宗太平兴国九年二月，诏："凡除官及铨注州县官，新降画敕止宣黄甲等，各定经历发遣日限：承旨院二日，中书门下省五日，都省六行承领敕甲二日，吏部甲库五日。候正敕到，方给签符敕关。"1，p3023

《神宗正史·职官志》：中书省掌承天子之诏旨及中外取旨之事，凡职事官，尚书省自员外郎，门下中书省自正言，御史台自监察御史，秘书省（字）〔自〕正字，寺监自宗正、太常（承）〔丞〕、博士，国子监自正、录，侍从官〔自〕待制，带职官自直秘阁，寄禄官自中散大夫，宗室自防御使，外任官自提举官、藩镇节镇知州，内命妇自掌计，东宫自庶子以上除授皆主之。立后妃、封亲王、皇子、公主，拜三师、三公、侍中、中书、尚书令则用册，颁赦、降德音、命尚书左右仆射、开府仪同三司、节度使则用制，应迁改官职命词则用诰，非命词则用敕牒，赐中大夫、观察以上则用诏，布告、大号令则用御札，赐脯及戒励百官、晓谕军民则用敕榜。皆承制画旨，授门下省，令宣之，侍郎奉之，舍人行之，留其所得旨为底。大事则奏禀，其底曰"画黄"；小事则拟进，其底曰"录黄"。凡事干兴革增损而非法式所载者，论定而上之。诸司传宣特旨，承报审覆，然后行下。凡分房八：曰吏房，主行除授、考察、升黜、赏罚、废置、荐举、假故、一时差官及本省杂务。《人观格》：史房左选土行三省、枢密院、台省寺监、东宫、亲王府、大晟府、监司、内外教官带职人，及中散大夫以上牧尹、开府少尹，及应文臣差除、考察、升陟、论荐、假告、事故、内命妇、宫嫔除授，官封废置增减，文臣官吏降赐诏敕、尚书吏部内封考功所上，并特旨若起请、台谏章奏、内外臣僚官司申请无法式应取旨之事。右选主行遥郡刺史已上管军，诸卫将军、横行使副，入内、〔内〕侍两省知省、同知省，金书、同金书殿中省六尚局，及应武臣差除、考察、升陟、功赏、论荐、假告、事故，皇子赐名授官，宗室除改，宗室臣僚封爵，驸马都尉除授，官封废置增减，武臣官吏降赐诏敕、尚书吏部司勋所上，并特旨若起请、台谏章奏、内外臣僚官司申请无法式应取旨之事。曰户房，主行废置升降郡县，调发边防军须，给借钱物。《大观格》：户房主行废置升降诸路州县，调发应副边防军须，支借内藏及封桩钱谷，进纳粮草，应尚书户部、度支、金部、仓部所上，并特旨若起请、台谏章奏、内外臣僚官司申请无法式应取旨之事。曰兵、礼房。礼房，主行郊祀、陵庙典礼，后妃、皇子、公主、大臣封册，驸马都尉、内命妇官封，科举考官，外夷书诏。《大观格》：礼房主行典礼郊祀，朝拜陵庙，后妃、公主、亲王、大臣册礼，差大礼五使、奉册太尉，书撰册文，修书，学校凡大学、宫学等公私试考试等官，奉使、馆伴、接送、引伴外国使人，臣僚召试，赐外国书，应尚书礼部、祠部、主客、膳部所上，并特旨若起请，台谏章奏，内外臣僚官司申请无法式应取旨之事。兵（部）〔房〕主行除授诸蕃国，应尚书兵部、职方、驾部、库部所上，并特旨若起请、台谏章奏、内外臣僚官司申请无法式应取旨之事。曰刑房，主行赦宥，契勘刑狱，除授官贬降叙复。《大观格》：刑房主行赦宥、德音，制勘推官及命官诸色人公案，催促刑狱，差官编排罪人，灾伤降不下司救，创修条法，本省差除之官贬降责授牵复，应尚书刑部、都官、比部、司门所上并特旨若起请、台谏章奏、内外臣僚官司申请无法式应取旨之事。曰工房，主行计度营造、开塞河防。《大观格》：工房主行大营造应取旨计度及河防修闭，尚书工部、屯田、虞部、水部所上并特旨若起请、台谏章奏、内外臣僚官司申请无法式应取旨之事。其尚书省所上奏请、台谏所陈章疏，应被特旨及取裁之事，各视其房之名而主行之。曰生事房，主行受发文书。曰班簿房，主行具员。《大观格》：班簿房主行百官名籍及具员之事。曰制敕库房，主行编录供检敕令格式及架阁库。《大观格》：制敕库房，主行编录供检条法及架阁之事。开（柝）〔拆〕房，主行受发（主）〔生〕事。催驱房，主行催驱在省诸房行遣文字稽违之事。点检房，专点检诸房文字差失之事。凡官十有一：令、侍郎、右散骑常侍各一人，舍人四人，右谏议大夫、起居舍人、右司谏、正言各一人。吏四十有五：录事三人，主事四人，令史七人，书令史十有四人，守当官十有七人。而外省吏十有九人：令史一人，书令史二人，守当官六人，守阙守当官十人。3—5，p3023—3028

《哲宗职官志》分房十有一，增兵房，掌行除授诸蕃国爵命官封。催驱房，掌察文书稽违。点检房，掌察文书差失，余同《大观格》。吏额：诸房录事六人，主事四人，内一名守阙。令史九人，书令史十人，守当官十四人。点检房点检文字二人，制敕库房法司二人，贴司一人。架阁库房

(守)〔手〕分一名，提举纸库录事一员，管纸库手分二人。诸房合编写条例守当官或守阙守当官各一名，专写入进及进呈文书。守阙守当官，吏房左选六人，右选五人，户房六人，礼房五人，兵房四人，刑房上房六人，下房七人，工房五人，知杂房一名。发录黄、画黄并签书呈纳舍人文书守阙守当官四人，管抄写修销点检催驱房文簿守阙守当官四人。令正一品，掌佐天子议大政，授所行命令而宣之。祀大神祇则升坛，飨宗庙则升阼阶而相其礼，临轩册命则读册，建储则升殿宣制、持册及玺绶以授太子。大朝会则诣御坐前，奏方镇表及祥瑞。自建隆以来未尝除，惟亲王、枢密、节度使兼领者谓之"使相"，不与政事。元丰厘正官制，以右仆射兼侍郎焉。侍郎正二品，掌贰令，参议大政，授所宣诏旨而奉之。凡大朝会，则押表及祥瑞案。册皇太子、公主、诸妃则押册及引册案，以所奏文及册书授令。四夷来朝，则奏其表疏，以赟币付有司。5—6，p3025

【元丰】二年六月二十八日，中书言："刑房奏断公案，分在京、京东西、陕西、河北五房，逐房用例，轻重不一。乞以在京刑房文字分入诸房，选差录事以下四人专检详断例。"从之。7，p3026

【元丰】四年二月八日，中书言："诸房自来熟事不用条例文字事目欲令依旧外，如更有似此熟事文字并诸处奏请事件，引用条例分明，别无问难取索，便合拟进者准此。"从之。8，p3026

【元丰】六年十月九日，中书省言："三省六曹诸司如系圣旨指挥应速行及差除，并批时辰付受。无故违滞，随事科罪。一日杖八十，一日加一等，罪止徒一年。"诏改作十日徒一年。8—9，p3027

宋会要辑稿·职官三·舍人院

【神宗熙宁】四年二月六日，中书门下言："编〔修〕条例所申，舍人院除官皆有定格。除官之人无日不有，而外制臣僚兼领他事，既出仓卒，褒贬重轻或未得中。欲乞今后文臣两制、武臣阁门使已上及朝廷升擢职任、特旨改官并责降之人特撰告词外，其余除授，并撰定检永用。"从之。15，P3032

【乾道元年五月】十四日，臣僚言："准中书门下省付下敕黄一道，随龙敦武郎孙鼐特添差监行在省仓上界，随龙修武郎郭毅特添差，监行在杂卖务，随龙保义郎李继善特添差监行在省仓上界门，请给、人从、酬赏等并令依见任正官例支破，仍厘务。臣检准《绍兴令》：'诸添差官不应差而特差或用恩例陈乞者，并不厘务。'又《隆兴元年十月已降指挥》：
'应添差文武官及宗室、戚里、归正、归明或恩例或特差之人，并不厘
务，但与支破厘务请给。'今随龙孙鼐等三人皆依见任正官例支破，已为
优厚。至于厘务一项，即系以恩例特差之人。取到吏部状，即无随龙人许
添差厘务条法，兼有碍《绍兴令》并前后所降指挥。又况省仓、杂卖场
皆系赏典优厚去处，正官既已陈乞，若更令添差官推赏，即似太滥，一启
此例，无由杜绝。乞赐寝罢。"诏并不厘务。19—20，p3037

宋会要辑稿·职官三·五房五院 隶中书省

太祖开宝六年四月，诏："堂后官十五人，从来不曾替换。宜令吏部
流内铨于前资见任、令（禄）〔录〕、判、司、簿、尉内拣选谙会公事、
有行止无遗阙者，具姓名申奏，当议差补，仍三年一替。如至得替别无不
了者，令、录与除升朝官，判、司、簿、尉与除上县。"22，p3038

【开宝】九年，诏："堂后官在职满五年，如愿出外官，优与处分。
愿在职者，亦与迁转。"自是参用士人流外。22，p3038

太宗太平兴国七年十月，中书言："堂后官元额十五人，旧日不及一
百州公事。今来除出外官及身死外，只有十人行遣。"诏吏部流内铨于见
任州县官内选有科名、历任别无不了者，抽取引见，送中书比试。如谙会
公事，久远堪充堂后官，即留；不堪任者，却令归任。是岁，抽到州县官
于若讷等三十二人，得许州录事参军陈雅等四人，并授雄望州别驾充职，
余令还任。22，p3038—3039

【咸平二年】四月，诏曰："枢衡之地，慎密为先。如闻近日以来有
漏禁中语于外者，其令中书门下取旨。制敕院、沿堂五院委不漏泄及听探
公事，逐人结罪状，违者劾罪奏裁。自今除守阙人外，并须着宽衫出
（人）〔入〕，不得入茶坊酒肆。"23，p3040

【皇祐三年】十二月十一日，中书门下言："诸房人吏稽违案（谍）
〔牒〕者，自来量行罚典，终未革心。欲籍其（民）〔名〕氏，以轻重为
差。其罚数多、情重，取旨黜逐。"从之。24，p3041

至和元年十一月四日，诏："自今中书堂后官迁至提点五房公事，不
论有无出身，听佩鱼。"旧制：自选人入为堂后官，转至五房提点，始得
佩鱼。五房提点吕惟和非选人入，援司天监五官正例求佩鱼，特许之。
24，p3042

　　神宗熙宁三年十一月十七日，中书门下条例所删定《堂吏保引引试赏罚条约》："堂后官一经南郊，主事两经南郊，录（书）〔事〕、主书、守当官三经南郊，各许保引（第）〔弟〕侄或有服外亲一人充制敕院私名，仍不许换充沿堂五院。其守阙守当官每阙十人以上，（迁）〔选〕选差臣僚引试本房公事三件，中选者于元房祗应。主事以下遇迁补，各不出本房。自前补免守阙之人，虽年小未参，今来除及二十岁者，许依旧祗应。余别作一项，依名次上簿，候年及十六岁，别具引状投名。堂后官以下不得将添到（科）〔料〕钱及诸般酬奖陈乞改换骨肉额外守阙以上名目。主事以上除依条保引私名外，不得援例保引骨肉充额外守阙以上名目。逐房检正厅置功过簿一扇，手分点检得差错公事，候改正上簿。三次升一名。手分稽迟差错，事理轻者且与上簿罚直，三犯降一名，守当官降两名；两降及事重取旨。手分有功过者，将上簿次数及事轻重比类，对行除折。堂后官以下有劳绩，并随轻重酬奖。正名主书监（即）〔印〕及一年，与守阙录事请受。守当官使印一年，（侯）〔候〕入生事房，许指射优便房分一次。凡转补录事以上，并不依名次选择。（绿）〔录〕事三人以下结一保，内有犯枉法赃及出诈伪文字者，当同罪。提点五房公事如上名堂后官不堪补转，即于已次堂后官选充。遇南郊许奏子孙恩泽一次，与太庙斋郎。满三年出职，与堂除知州军差遣。如特旨再任，并与支赐，出职后许乞儿孙家便差遣一次。虽年未满，弛慢不职者，送审官院，与合入差遣。自主事以下除堂后官及一年，与转京官。选人补充者，即转合入京官后，依年限磨勘。转京官后及五年，愿出职，与通判差遣。十年以上转官，与知州军，仍升皇除。主事五年及录事、主书、守当官遇郊礼，并许三人乞出外官。堂后官以下不得力者，堂后官以本官送审官院，与合入差遣；主事以下自陈者，头名内殿崇班，正名东头供（俸）〔奉〕官，守阙西头供奉官；录事头名左侍禁，次名并守阙并右侍禁；主书、守阙主书并右班殿直；守当官奉职，守阙守当官下班殿侍、三班差使。初出职人许指射优便差遣，即因体量不得力者，并降一资出职。因过犯除外官者，不得再叙中书职名。堂后官以下犯事至勒停以上合该叙用者，除已有正官者依正官叙法，未有正官堂后官比供奉官，主事比侍禁，录事比令录，主事守当（之）官比判司簿尉，守阙比尚书省令史。凡身亡支赐，堂后官五十千，主事三十千，录事、主书、守当官二十千。仍乞一名已试中人量添请受，或引私名一人。堂后官父母死若葬事，赐钱五十千。乞假出外，许带所破人马。其旧条更不行用。诏并施行。于是中书守当官时忱等坐陈新定条不当，乞出外官。忱为（守）〔首〕，勒停，（除）〔余〕第降资。"先是，王安石白上："吏人旧有升名转资之法，可以劝能抑不能。今有劳，止增俸，则不能者莫肯自强，能者亦以无劝而怠。"上曰："近密院亦罢此法，乃止为无故陈乞者多，诚是不当罢。有陈乞，但不许可也。"故命立是法。往时守当官有阙，尝差近臣考试，其后遂罢，而止以恩赏陈乞保引，以故滥进者益众。又旧虽有试法，而但取笔札、人才。及是更法，乃试以公事，而主事以上皆取能而不以次补，于是吏莫不竞劝而知习法令矣。25—26，p3042—3043

【熙宁】九年正月十七日，中书门下言："中书主事已下三年一次与试刑法官同试刑法，第一等升一资，第二等升四名，第三等升两名。内无名可升，候有正官，比附减年磨勘。余并比附试刑法官条例施行。"从之。26，p3043

徽宗大观二年九月十三日，三省契勘："中书省系取旨之地，所管最为机要，日逐所得圣旨御批及本省言遣文字等，自来多不置籍，无以拘考。契勘近虽比仿尚书省置簿，祇是抄上尚书省送到文字，殊未详备。今参酌，重别措置下项：一、点检房、催驱房共置诸房受事文字都簿，吏（部）、户、礼房共一面，兵、刑、工、知杂、制敕房共一面。令诸房次日将承受文简关送，选差守阙四人专管勾抄上，限即时还房计会，诸房每日勾销。仍将圣旨御批取送舍人敕库等及判，候类聚进呈讫收知。退报尚书文字，逐项各别置簿，抄上勾销。已上所置簿，并季易。日结书押本房舍人，旬押侍郎。仍将未绝文字抄上。其守阙每月依旧支食钱三贯，许兼诸房。一房如抄转簿书勾销不至差错稽滞，（侯）〔候〕对读守阙有阙，依名次选差填阙。诸房收索文字，合依条限举催；经隔月日举催不到，即具出呈覆。如诸房失行举催，委催驱房点检。诸房未绝文字，欲令催驱房每月终经舍人于都簿内点检抽摘点检，限一日还房。令催驱房每月终将尚书省送到上中旬末下文字单子别录一本，限五日逐一朱书销凿，却送尚书省照会。内未了者录凿未了因依。诸房发放文字发历，每月令催驱房抽摘点检所发日限，仍于承受官司量行取索承受月日照验。其所取文字，并限一日送还。催驱房旧来职事并依旧。如催驱房职事不举，失行催促检点，及有（减）〔灭〕裂违慢，并委点检房具出，呈覆施行。催驱房并就点检房专切驱磨诸房文字，限同点检房点检稽违呈覆。其催驱房手分添息赏已有立

定条贯外，所有诸房非泛月给食钱减半。都簿合用纸数，每月下纸笔库支破。"从之。29，p3046—3047

【建炎三年四月】二十九日，中书门下省言："已降（旨）〔指〕，中书、门下省并为一省。其中书省正额录事、主事、书令史、守当官共四十二人，门下省正额录事、主事、令史、书令史、守当官共四十六人，两省正额守阙各一百人。左、右司拟定正额，欲依（租）〔祖〕额，以八十九人为额。守阙欲权存留一百五十人，中书省六分，门下省四分。"从之。绍兴元年四月三日，（旨）〔指〕重别裁定，止将上件人数分房掌事，即无减损。今措置下项：一、正额录事十二人：头名二人充点检，选差点检文字二人，吏房左选兼班簿房一人，吏房右选一人，户房一人，礼房一人，兵房一人，刑上房兼制敕库一人，刑下房兼制敕库一人，工房兼章奏房一人。二、正额主事七人：吏房左选兼班簿房一人，右选兼知杂房一人，户房一人，吏房一人，兵房兼工房、章奏房一人，刑上房一人，刑下房一人。三、正额令史十六人，书令史二十二人：以上二名充监印，吏房左选兼班簿房差上五人，右选兼知杂房差上四名，户房四人，礼房三人，兵房四人，刑上房四人，刑下房四人，工房兼催班房三人，章奏房二人，催驱房一人，班簿房一人，知杂房一人。四、正额守当官三十二人：开拆房兼书令（吏）〔史〕二人，使印二人，章奏房五人，主管簿书二十三人，吏房左选二人，右选二人，户房二人，礼房二人，兵房二人，刑上房二人，刑下房二人，上房二人，知杂房二人，班簿房二人，催驱房三人。30—31，p3048

绍兴元年二月十六日，诏："三省监印使并依大观、政和条（今）〔令〕置历，口具名件数目单了，经由职级勘实书押，付印司收掌。每日结计件数，不许辄印空纸。仍令本房守阙及贴房赍赴管印房用印，即不得令人承代。如违，并取旨重行责罚。"三省言："勘会三省、枢密院、六曹印记所系非轻，关防未严，往往预印空纸，引惹偷盗，理须约束。检《中书门下省令》：'监印差上名令史二人。'旧中书制敕院条，使印差守当官二人。尚书省监押依条差头名、第二名令史，使印合差头名、第二名守当官。枢密院监印差头名、第二名、第三名令史、第一名守阙主事，知印差正名守阙、贴房各一名。取到六曹状，《大观尚书六曹通用令》：'诸用印日轮令史一名兼尚书左、右选，通轮主事一名（尚）〔常〕切检察。'《政和令》：'诸文书应印者置历纪其事目。乞依旧制施行。'"故有是诏。32，p3050

【绍兴】四年二月十一日，尚书省言："旧日功赏文字随隶所属，故多留滞，遂专置赏功房。后来复将有格法事依旧分隶，止令专行战守招捕等事（月）〔目〕。欲都司检详勘定，三省、密院通治。今闻内外诸军州县多是专投公状，致有乞觅，奸弊日滋。乞增严法禁，及重立告赏断罪之法。"诏令刑部立法。38，p3056

【绍兴四年五月】二十二日，御史中丞辛炳言："吏部奏钞、刑部断案既上诸房，自来并有日限。访闻近日钞房率迁枉问难，或无故稽留。及刑部奏案既经本房反覆问驳，已是详审，复持之不下，动经岁月，不降断敕。乞今后专委都司依限检察，仍令吏、刑部每抄案上省，限次日报御史台。其间经涉日久者，许本台弹劾。"从之。38—39，p3056

【绍兴五年】七月一日，诏："堂后官补职及一年与改宣教郎，定著为令。"详定一司敕令所言："（俭）〔检〕准《国朝会要》及《中书备对》，堂后官及一年与展京官，自选人补充者即展合入京官。缘京官系是承务（郎）、承奉、承事、宣义、宣教郎五等，本所未审所改京官不从初等次第升转便改宣教郎义理。今来止有崇、观后来改宣教告外，别无以前改宣教郎来历恩例。虽诸处省记系令改宣教郎，难以据凭。伏乞降下参修。"取到制敕库房状，堂后官为三省诸房录事。检准《绍兴令》："'中书门下省录事、尚书省都事为正八品，宣教郎为从八品。'看详，自入省迁补至堂后官，已是年深，其补职及一年与改宣教郎，以官品较之，亦是相（堂）〔当〕，即与《国朝会要》《中书备对》及省记中书制敕院本条下文称'五年愿出职与通判差遣，十年以上与知州差遣'意义轻重相称。虽不见得崇、观以前来历因依，今据取索到中奉大夫张忻墓志石本，契勘得本官崇宁二年转门下省录事，明年改宣教郎，系崇宁之初，亦可凭据。"从之。39，p3057

【绍兴五年七月】九日，臣僚言："六察之职，掌纠察官司稽违。故事，尚书省刑房专置御史刑房以受行之。（人）〔又〕著令，弹察尚书六曹事件，限五日报尚书左、右司。盖有御史刑房以专主付受，又报左、右司俾之检察，故凡所弹治，皆应时施行，台纲既举，百司亦肃。自中兴以来，朝廷务所并省，御史刑房不复专置，每遇弹纠，虽依令报左、右司，亦不闻有所检察，缘此施行稽缓，浸生奸弊。臣取索到六察案自夏季以来申弹事件，自上省后至批状行下，大率迟者或至两旬，速者不下十日，被受官司便作常程文字，一例行遣，所司根治，亦多观望灭裂。纠察之职，本以弹治稽缓，革绝奸弊，而坐视奸弊如此，虽欲革之，势不能得，是徒费支札行移之烦，果何补于治也！兼访闻诸部吏人罪恶贯极，每台察有所取索，自知情罪败露，例先请假，及探知文字申省，即便逃窜。大理寺承袭玩弛，（正）〔止〕是备礼移文，一再追捕，才称东西，便乞先次结案。缘此猾吏益得肆奸，结案甫毕，已改易其名，复窜籍中矣。诸曹之中，吏部尤甚，是以奸弊百出，而士大夫尤受其害也。乞令尚书省复置御史刑房，以专主本台所上弹劾文字。凡所付受，立为定限，无得稽违。申饬都吏（尚）〔常〕检察。及大理寺承受勘鞫，不得观望灭裂。仍乞行下尚书六部，申严吏人结保之法，每令三人或五人结为一保，递相觉察。凡保中有人犯罪逃走，许大理寺监官同保人追捉，须管取获；如有不获，并与同罪，本部不得申请占留。其逃走改名，复来部中之人，并重行决配；保内人（辄）〔辄〕敢容隐者，亦与同罪。仍许诸色人告首。庶几弹纠之令不为虚文，奸猾之吏知所畏戢矣。"从之。40，p3057—3058

【绍兴】二十二年十一月二十七日，诏："三省都录事、主事、令史、书令史应陈乞收使、保引，除依例召保外，更增召有官都录事一人委保。如有不实，许人陈首，有官人降一官，无官人降一资。其收使、保引并被引人并落籍（官）〔管〕。"以臣僚言，自来陈乞保引人无断罪刑名，难以防闲关故也。40—41，p3058

【乾道】三年五月十一日，诏："三省行首司以一百二十人永为定额，其合减人（具）〔且〕令依旧。将来遇阙，更不迁补。愿比换出职者听。"同日，诏："三省大程官依昨降指挥以一百四十六人为额，溢额人且令依旧。今后宰执初除，更不用恩例收补。其外借七分大程官，依旧四十人为额。"43—44，p3061

【乾道】六年三月四日，给事中胡沂等言："准诏条具并省下项：中书门下省见管吏额录事八人，主事七人，令（吏）〔史〕一十人，书令史二十人，守当官三十人，守阙守当官一百人。欲将守阙守当官一百人内量减一十五人，通将一百人试行遣一道，内取八十五人存留为额。其不入等一十五人，候正额有阙日，从上拨入，不许保引到人搀越。见管守阙守当官一百人，将诸房事务繁简比较，均减一十五人：如户房二人，礼房三人，工房二人，兵房二人，点检、知杂、催驱、开拆、承开房四人，印房、班簿、章奏、时政记房二人，外差人并不在此数。元管房分，吏房左选、吏房右选、户房、礼房、兵房、刑上房、刑下房并如旧；点检房、知杂房、催驱房、开拆房，欲将点检房为名，以知杂、催驱、开拆三房并入；印房、班簿房、章奏房、时政记房，欲将印房为名，以班簿、章奏、时政记三房并入。一、制敕库房、架阁库并如旧。检正房见管吏额四人，欲将守阙守当官一名减罢。"并从之。44—45，p3062—3063

【乾道六年三月】二十三日，给事中胡沂等言："条具并〔省〕下项：尚书省见管吏额一百六十八人，都事七人，主事六人，令史一十四人，书令史二十五人，守当官一十六人，守阙守当官一百人。欲将守阙守当官一百人内量减一十五人，通将一百人试行遣一道，内取一十五人存留为额。其不入等一十五人，候正额有阙日，从上拨入，不许保引到人搀越。见管守阙守当官一百人，欲将诸房事务繁简比较，均减一十五人：吏房一人，户房三人，礼房二人，兵房二人，工房一人，点检、写敕、催驱在省、（摧）〔催〕驱六曹房二人，印房、开拆、内降实封、知杂房四人。见管房分，吏房、户房、礼房、兵房、刑房、奏钞吏房、案钞刑房并如旧，点检房、写敕房、（推）〔催〕驱在省房、催驱六曹房，欲将点检房为名，以写敕、催驱在省、催驱六曹三房并入。印房、开拆房、内降实封房、知杂房，欲将印房为名，以开拆、内降、知杂三房并入；封桩户房攒算欲并入户房；御史刑房、营田工房欲并入工房；制敕库房、架阁库并如旧。"从之。45，p3063

宋会要辑稿·职官三·检正

【熙宁】四年十一月一日，诏："应朝廷擢用才能，赏功罚罪，事可惩劝者，中书、枢密院各专令检正、检详官月以事状送进奏院，遍下诸路。"46，p3064

【乾道】三年七月二十二日，中书门下省检正诸房公事史正志言："欲将检正房令史今后理四年三季，通入仕须实及二十年，如无赃私罪犯，方许依条解发（赃）〔职〕。庶几革去侥冒补官之弊。"从之。48，p3065

宋会要辑稿·职官三·裕民局

【徽宗重和元年十二月】十四日，延康殿学士、充醴泉观使、兼侍读徐处仁奏："臣准御笔立法下项：臣看详敕令，意义该括详备，然议法之初，本局合有条具画一约束事件不少。兼恐诸路官吏未遽通晓，欲乞行

下，自重和二年秋料为头施行。仍令监司守贰先次看详敕令二法，并裕民札子事理，如有疑惑，并许申明。及有所见利害，亦许实封奏闻，送裕民局具进呈。庶几下情通达，法成令具，惠施无穷。"诏："依奏。诸折变、支移、和买者，前一月计本路丰歉、物价贵贱、所出多寡。各随贵贱多寡之实，贵则量减纳钱或物，贱则纳本物。若先贱后贵、先贵后贱，听改。诸折变、支移、和买，不计丰歉贵贱多寡者杖一百，官吏勒停，永不叙为。以贵为贱、以贱为贵及多寡丰歉不实者加一等，官吏编管千里，并不以去官、罢役、赦降原减。"49，p3066—3067

宋会要辑稿·职官三·谏院

【淳熙十五年】二月七日，敕令所言："检准《雍熙五年二月诏》：'左、右补阙宜改为左、右司谏，左、右拾遗宜改为左、右正言。'《淳熙令》节文：'左、右司谏为正七品，左、右正言、监察御史为从七品。'本所看详，今来复置左、右补阙、拾遗，欲参酌比拟，将品从、杂压并在监察御史之上。请俸人从并视监察御史。"从之。御史台言："补阙、拾遗今参酌比拟，将品从、杂压并在监察御史之上。每遇朝参、筵宴并忌辰行香，班于左右司谏之次，仍于台谏幕次侍班。"从之。58—59，p3077

宋会要辑稿·职官三·登闻院

太祖乾（道）〔德〕四年六月二十三日，诏："今后应诸色进策人，并须事关利害、情绝虚浮、益国便民、言直事当者方可为策，即不得乱引闲词。其所进事条，仍不得过五件巳上。如是巳经晓示不行者，亦不得再有投进。宜令匦院候有进策人分明晓示，先取知委文状及通指安下处所，方得投匦。如有违越，并当劾断。如是本官官吏不切晓告，当行朝典。其余申冤论事，不在此限。亦不得（腾）〔腾〕越，须（曹）〔曾〕经本处论诉，不与施行，有偏曲者，方得投匦。"62，p3079

【端拱】二年三月，诏登闻院、鼓司应诉田宅婚姻之类，一准新令施行。62，p3079

【淳化二年】十二月，理检院言："鼓司送到进状人，若非大段冤沉，止是因事诤论而越诉者，望勒还本州。若区断不当，即许再来陈诉。"从之。62，p3079

【至道】二年三月，理检院言："检会《敕》文，（发）〔登〕闻院、鼓司除常程公事依旧施行外，如有称冤滥沉屈者，（尽）〔画〕时引赴理检院，收结罪文状引见。如涉虚诳，便仰晓示不行。今据鼓司送到进状人多是援赦恩诉理，当院看详，未合得前项敕文，不敢申奏。望下鼓司、登闻院，自今（子）〔仔〕细看详，如实负冤沉者，送赴当院。"从之。63，p3080

【至道二年】七月，诏令诸州吏民诣鼓司、登闻院诉事者，须经本属州县、转运司，不为理者乃得受。63，p3080

景德元年四月，诏检院："自今追官、停任、责降、贬配、逐便人经赦乞叙用者，或称曾经刑部不蒙引见，或称赦文虽不（皆）〔该〕说，有例合得恩泽，若已曾进状者，不得再接。如实（核）〔该〕叙用，为有司抑屈，明有指论，乞行推勘者，责结罪审状，方得收接。"63—64，p3081

【大中祥符】六年十二月，诏军头司："应接驾进状人曾经检院进状，如称不尽情理，再令检院看详。如显是妄有指陈，令判院官于审状后具不行缘由，仍令今后不得妄进文状，判书给付本人收执。或再来接驾进状，如所定不行为当，即送开封府勘断。"65，p3083

【大中祥符】九年三月，登闻检院言："军头司送到接驾进状人故岳州刺史史韶孙立两次接驾，不执检院判凭。据史立称，累经检院进状不接。及行审问，乃是止经鼓院，未经检院。盖两司（各）〔名〕称相近，人不能辨。其史立已蒙送开封府勘鞫。窃虑今后进状之人有恃荫故违条贯，不执判状，直便接驾者，望令军头司送开封府劾罪。如再犯者，配远处衙前。三犯者，依法科决讫，编管如前。"诏："自今进状人令检院分明读示榜文，各令知委，贵免枉陷刑宪。仍取知委状讫，给付判凭。"65—66，p3083

【天禧】四年二月，同判鼓院鲁宗道言："准条：'凡论臣僚不公事状，即时封进。'近日以来，多有以州县寻常细务烦渎朝廷。今请应言受赇逾违以上罪者，即许实封论诉，自余皆须通封。"诏："自今后显有赃污逾违事状及告众者，即令实封投进，违者罪之。"66，p3083

仁宗天圣元年九月，诏："自今诸色人诣登闻鼓院妄进文状，称内中（肉）骨肉者，便令送开封府枷项取勘，依法断遣。"66，p3083

【天圣七年】八月，诏："昨降敕命，应诸色人凡有指陈军国大事、朝政得失、大段冤枉累经诉理未（穫）〔获〕辨明，或事干机密，并许诣检院投进。近来所进文字多不应得敕命，宜令登闻检院，自今诣检院投状人，须应得敕内许指陈名目，方得投进。如进文字却有不同，并当严断，仍先取诣实审状以闻。"66—67，p3084

【天圣】八年八月，诏："民有诣检院进实封者，多是争论远年婚田公事，累经诸处断遣者。自今令检院，应有进实封，先责文状。如实有枉冤，不系婚田，即得收接。其有争论婚田公事，并令依例于鼓院进状。"67，p3084

【天圣】九年六月一日，诏："登闻鼓（门）〔院〕院、检院无得辄受诸行军副使、上佐、文学、参军奏状。"时有妄求恩泽，至起讼者，因有是戒。67，p3084

景祐元年二月六日，中书门下言："检会近日有诸色人诣检匦进状，妄称军国机密，多是希求身名。今后如依得先降敕文即收接，仍（敢）〔取〕责审状一处连〔进〕。"从之。67，p3084

【景祐元年】六月十七日，御史中丞韩亿言："准《敕》：'取勘鼓司官吏不合收接马季良乞致仕文状。'切以朝廷比置鼓司，盖使人申理冤枉，岂未经奏御，便许退还？其鼓司官吏更不取勘。"仁宗以韩亿即合具奏取旨，不合擅纳敕书，特释之，仍取勘鼓司官吏。法寺言，登闻鼓院李晟当赎金，诏亦释之。67，p3084

神宗熙宁三年七月，登闻鼓院言："当院每日投进官员及诸色人词状并折角实封，并依自来体例，写两本事目子，于通进司投下。欲乞依（请）〔诸〕处投进实封体例，更不于目子上开说事宜，只据道数，关报通进司投进，免致漏泄。"从之。67，p3085

【乾道四年七月】十四日，诏："诸色人诣检院投进文字，已有指挥约束。如归正人投进文字，并许收接，取责审状。内有希求狂妄，亦依条断罪。"71，p3089

【乾道四年】八月十七日，监登闻鼓院翟畋言："本院省记一司旧条例，收接四方士庶、命官、诸色人等投进文字通封实封状，计一十六件。实封状：公私利济、机密、朝政阙失、言利害（利）〔事〕、论诉本处不公、理雪抑屈、论诉在京官员，已上八项，并系折角实封。不通封状：大礼奏荐、敕断、致仕恩泽、遗表恩泽、已得指挥恩泽、试换文资、改正过名、陈乞再任，已上八项，并通封。本院依得逐项事目，方许收接投进。本院于绍兴三十二年十月内准《尚书省札子》：'勘会自来诉事，合诣登闻鼓院进状。'访闻本院多以状不如式及召保等退难留滞，不即收接，致诉事之人径邀车驾唐突，显属未便。得旨，今后诸色人诉事，须先诣登闻鼓院进状，本院官画时点勘所陈事理，即时收接投进，不得非理沮抑退难。仍限三日，不候请宝，出给告示，放令逐便。如不曾经由鼓院，（往）〔径〕自唐突，依见行条法指挥科罪。今来登闻检院条例，投进文字事目共止有六项：机密、朝政缺失、公私利济、军期、军国重事、论诉在京官员。本院（切见）〔窃见〕检院未（成）〔承〕（大）〔乾〕道四年六月内黄榜约束进状人指挥已前，四方士庶往往将理雪冤抑及夹带论诉告讦、语言狂妄，不应上闻文字，诈作公私利济为名，实即封投进。今来检院已承黄榜指挥，门前张挂，致进状人（画）〔尽〕赴鼓院，投进文字。内有词诉冤抑、请给恩赏差遣等奏状，多是不曾经由次第，径赴本院投进，今来若不收接，虑有违前项圣旨指挥。欲望朝廷详酌，明赐指挥，行下本院，以凭遵守。"诏依检院已得指挥，令尚书省给榜。72，p3089

【乾道七年】十一月二十四日，检、鼓院言："本院收接进文字，职务至重，其人吏虑恐因漏泄传播于外，及非理抑退，不为收接。今后遇有投进实封文字，辄盗拆窥泄传报，事干（几）〔机〕密，重害者流二千里，非重害者徒三年，终事无害者杖一百。非理退所进文字，亦从杖一百断罪。其因而乞取钱物者，依监临主司受财科罪。"从之。72，P3090

淳熙十六年七月三日，监登闻检院黄灏言："窃见四方婚田之讼，经检、鼓院投进，行下有司，所宜即为予决。今乃多有经历岁月，再三陈诉，迹涉烦黩，或事非冤枉者。乞令有司立为定式，应今后降出进状，自所属省部行下所委官司，所委官司行下州县索案。及州县将案申上，各限若干日。其案牍亦各随多寡立限，使之看定。如有稽违，并令所属省部检察，按劾以闻。嚚讼之人所诉无理，尘紊天听，扰害善良，亦当行下科断。如此则进状施行，事加严重，于体甚便。"从之。73，p3090

【庆元三年十月二日】，大理卿陈倚言："棘寺近奉御宝封下进状，理诉婚田等事一十六件，皆是监司州县自可理断者。其间有不曾次第经由官司，或虽曾经由，不候与夺，及有已经官司定断，自知无理，辄敢越望天庭，进状妄诉，于贴黄上（旨）〔指〕定乞送大理寺，显是全无忌惮。今后应有进状诉事，乞从自来体例，先次降付尚书省，量度轻重，合与不合送司，取旨施行。"从之。73，p3091

宋会要辑稿·职官三·诉理所

哲宗元祐元年闰二月四日，三省言："元丰八年三月六日赦恩已前命官、诸色人被罪，今来进状诉理，据案已依格法。虑其间有情可矜恕，或事涉冤抑、合从宽减者，欲委官看详闻奏。"诏御史中丞刘挚、右谏议大夫孙觉看详以闻。75，p3092

【元祐元年】（二）〔三〕月十四日，管勾看详诉理所言："看详进状诉理人若不立定期限，窃虑无以结绝。欲乞应熙宁元年正月已后至元丰八年三月六日赦前命官、诸色人被罪合行诉理，并自降今来指挥日与限半年进状，先从有司依法定夺。如内有不该雪除，及事理有所未尽者，送本所看详。"从之。75，p3092—3093

【元祐元年】八月六日，右正言王觌言："臣伏见《今年闰二月五日赦》节文：'勘会元丰八年三月六日赦恩已前命官、诸色人被罪，今来进状诉理，据案已依格法。虑其间有情可矜恕，或事涉冤抑、合从宽减者，委官看详奏闻。'并《今年三月十五日赦》节文：'赦前命官、诸色人被罪合行诉理，限半年进状。'臣窃闻自有上件朝旨，置局以来，凡有情可矜恕、事涉冤抑，获申雪者甚多。中外人情既知朝廷哀矜冤抑，故见今陈诉者未已。而旦夕半年之限将满，窃恐疏远衔冤之人闻诏后时，未及自陈者尚众。臣欲乞指挥下诉理所，更与宽展日限，庶几衔冤之人皆得洗雪，可以推广圣恩，感召和气。"贴黄称："检会《元丰公式令》：'诸赦书许官员诉雪过犯。自降赦日二年外投状者，不得受接。即是常赦许官员诉理，刑部犹限二年。'若该元丰八年三月六日赦恩者，刑部自须至来年二月六日赦恩者刑部方不接状。所有今来诉理所日限，欲乞依前项令文，展至元祐二年三月五日终。如此，则凡经刑部定夺不该雪除者，诉理所皆看详施行。"诏展诉理所日限至元祐二年三月五日终。75—76，p3093

高宗绍兴二十年二月二十五日，进呈监察御史汤允恭札子："窃谓刑辟之设有金作罚刑，后世著在律文。凡罪丽三等者，皆有罚铜之条，自一斤以至（自）十有二斤，计其直自百有二十金以至万有二千而止，此律之大法也。比来州县任意纵舍，犯杖与徒罪者，皆令纳钱放免，少或数十百缗，多或三千缗，罚溢于罪，或相十百，或相千万，了不相当。且又避免监司检察，收在别历，侵欺干没，殆不可考。欲望申敕州县，凡罪人当罚者，一遵奉律条，毋令多纳缗钱，以济妄用。"诏刑部申严旧法。77，

p3093—3094

宋会要辑稿·职官四·尚书省

太宗淳化三年，诏："尚书令，唐为正二品，梁为正一品，自今宜升在三师之上。"1，p3095

【大中祥符】五年八月，诏："自今每覃恩封赠，立限二周年。如限内投纳文字，即与施行，出限即便止绝。今后初叙封者须开说存亡，并录本官告身及妻礼婚正室状。如已曾叙封者，即录累封官告。在京者纳都省，在外者入递申发，付官告院。"2，p3095—3096

《神宗正史·职官志》：尚书省掌行天子之命令及受付中外之事。凡天下之务，六曹诸司所不能决、狱讼御史台所不能直者，辨其是否而与夺之。应取裁者，随所隶送中书省、枢密院。事有前比，则由六曹勘验具钞，令、仆、丞检察无舛误，书送门下省画闻。朝廷有疑事，则集官议定以奏覆。考功所拟谥亦如之。纠正百官府之稽违，而考其故失轻重，以诏黜罚。季终具赏罚惩劝事付进奏院颁行。大祭祀，则执事官就受誓戒。凡分房十：曰吏房，曰户房，曰礼房，曰兵房，曰刑房，曰工房。各视其房之名，分掌六曹诸司所行之事。曰开拆房，主受发文书。曰都知杂房，主行进制敕目、班簿具员、赏功罚罪、都事以下功过迁补及在省杂务。曰催驱房，主行钩考六曹稽失。曰制敕库房，主行编类供检敕、令、格、式，简纳架阁文书。《哲宗职官志》同。《崇宁格》：吏房掌士之事，凡文武官转官、循资、考课、避亲、荐辟、考察、升陟、恩赏、废置、增减、致仕、假告、事故、分司、寻医侍养、封赠、承袭、录用、磨勘、八路差官等，应吏部司封、司勋、考功所上之事。户房掌户税之事，凡土贡、孝义、继嗣、券债、课入、支度应副边防军须、起发年额科买科拨、请给赏赐、宝货漕运、市舶榷易、仓场储积、支移折变、废置升降诸路州县等，应户部度支、金部、仓部所上之事。礼房掌礼仪之事，凡道释、祠祀、（晏）〔宴〕享、奉使、学校仪式制度、丧葬、医药、乐人等，应礼部祠部、主客、膳部所上之事。兵房掌军政之事，凡民兵、武士、地图、方域、城隍、烽候、传驿、厩牧、军器、仪仗、接送、（般）〔搬〕家、禁军阙额、请给等，应兵部职方、驾部、库部所上之事。刑房掌刑狱贼盗之事，凡捕盗、理雪、叙复、移放、配隶、关津、道路、门锁、几察、验尸、赃赏、申明条法等，应刑部都官、比部、司门所上之事。工房掌工作之事，凡营造、鼓铸、屯田、塘泺、官庄、职田、山泽、畋猎、桥梁、舟车、川渎、河渠、工匠等，应工部屯田、虞部、水部所上之事。奏钞吏（部）〔房〕掌吏部奏拟官员、转官、循资、差注、封赠、恩泽之事。案钞刑房掌刑部拟断案钞之事。知杂房掌省官替上奏事，进制敕目，班簿具员，考察赏功罚罪、吏人功过，迁补宿直，凡在省杂务之事。开拆房掌受付文书并发递之事。内降房掌受付内降之事。催驱房掌催驱在省文字，勾销已未结绝事目，点检诸房稽迟之事。点检房掌专一点检诸房差失之事。制敕库房掌敕书编录供检条法之事。架阁库掌架阁文字之事。官九：令，左、右仆射、丞，左、右司郎中、员外郎，各一人。吏六十有四：都事三人，主事六人，令史十有四人，书令史三十有五人，守当官六人。《哲宗职官志》同。《崇宁格》人额：都事七人，主事六人，内未名带守阙字，令史十四人，书令史三十一人，守当官十六人，守阙守当官一百五十人。（今）〔令〕正一品，掌佐天子议大政，奉所出命令而行之。大事三省通议，则同执政官合班。小事尚书省独议，则同仆射、丞分班论奏。若事由中书、门下而有失当应奏者，亦如之。与三师、三公、侍中、中书令俱以册拜。国朝以来未尝除。惟亲王元佐、元俨以使相兼领，不与政，不置厅事之所。左仆射、右仆射从一品，掌贰令之职。大祭祀则掌誓戒，视涤濯告洁，奉玉币进爵。国朝同中书门下平章事为宰相，以仆射为所迁官名。若罢平章事而官已至仆射者，仍旧领之。元丰中，厘正省、台、寺、监职事，旧居此官者换授阶官，为特进。（今）〔令〕阙，则仆射为宰相之任。左丞、右丞正二品，掌贰仆射之职。大祭祀酌献，荐馔进熟，则受爵酒以授仆射。国朝以为官名，班六曹尚书下。及官制行，升其职秩，遂为执政官。4—6，p3096—3097

【神宗元丰六年正月】十九日，尚书省言："御史台编《一司敕》，于官制后违法请公使钱。御史中丞舒亶直学士院日，于官制后违法请厨钱。台察官朋蔽不言，并乞付有司推治。"诏大理寺鞫之。7—8，p3098

【元丰六年】十月十六日，诏："自今臣僚上殿札子，其事干条法者，尚书省依条法议奏。如事理难行，送中书省取旨。"8，p3098

哲宗元祐元年，诏："军期、河防、赈救、灾伤之类，从本省札降诸路，以画录黄付本曹。应受御札，事大者送中书省取旨；事小及急速，止本省行讫奏知，仍关报中书、门下。其未便者，听执奏。"9，p3099

【元祐】三年闰十二月十四日，诏："陕西、河东蕃官、蕃兵，三路、广西、川峡、荆湖民兵及敢勇、效用之属，并隶枢密院，兵部依旧主行。其余路民兵，令兵部依旧上尚书省。应小使臣初补及改转并吏隶兵部，拟钞画闻讫，送枢密院降宣。"12，p3101

【元祐四年五月】二十八日，尚书省言："诸州军奏案过限未报，令御史刑房专一主行，仍以御史催案刑房为名。"从之。12，p3101

绍圣元年闰四月十八日，诏："在京官司所受传宣、内降及内中须索及常行应奉，随事申尚书省或枢密院覆奏。及类聚月终奏闻指挥，可并令随处覆奏。即本司官亲承处分须索，仍画所得旨录奏，请宝奉行。其官司

奏请得旨，非有司所可行者，仍申朝廷覆奏行下。"12，p3101

【政和五年十二月】十五日，御笔："契勘《政和四年九月二日指挥》：'应内外诸司库务承受传宣札子，不候覆奏，系于御前紧急须索。'《政和令》系海行①，自合兼行。"尚书省检会《崇宁在京通用令》："诸受御笔传宣（外）〔内〕降及内中须索，事干他司者同。随处覆奏，得旨奉行。即本司官亲承处分，仍录旨具奏，请宝行下。其非有司所可行，或事干他司，并官司奏请得旨者，并申中书省、枢密院奏审，御笔行讫具奏。"前后指挥，并冲改不行，只申明旧条行下。添刑名："应覆奏而不覆奏者徒二年，吏人配邻州；不应覆奏而辄奏者杖八十，吏人杖一百。"《政和海行令》系见行诸事应立法及敕、律、令、格、式文有未便应改者，具利害申所属审度。志非怀异、事务曲当者，申尚书省或枢密院。事不可分者，并申省下文。应申而不可分者，准此。即面得旨若一时处分，应著为法及应冲改条制者，申中书省或枢密院待报。即承传宣内降若须索及官司亲承处分，或奏请得旨，仍画所得旨，审奏奉行。又检会《政和四年九月二日敕》节文，大理卿侍其传等札子："措置应内外诸司库务承受传宣札子，如系御前紧急须索，候降到札子，依条覆奏，月日申所隶省寺检察。臣等措置，乞减去'不候覆奏'字。"诏传宣内降应覆奏，应附传宣使臣而不附奏者徒二年，不以赦降、去官失减。诏依已得指挥。16—17，p3103

宋会要辑稿·职官四·都司左右司

【元丰七年】四月十九日，三省言："工部郎中、权左司范子奇言：'尚书左、右司独创置吏额，分为别司，非是。欲乞依门下、中书省例，每有判送文字，更不离房，事重者郎官亲呈，事轻则拟定，令本房请判笔。'"从之，令左、右司著为令。其吏人遣归逐处。20，p3105

哲宗元祐元年五月二日，三省言："旧置纠察（左）〔在〕京刑狱司，盖欲察其违慢，所以加重狱事。向罢归刑部，无复申明纠举之制。请以异时纠察职事悉委御史台刑察兼领，刑部毋得干预，其御史台刑狱，令尚书省右司纠察。"从之。20，p3105

---

① "海行"宋朝专用法律术语，指该法律适用于全国。与"通用""一司一路"等适用于几个或一个部门，一个路或几个路的法律相区别。

【元祐】二年八月四日，诏："创立改法并先次施行应修条者类聚，半岁一进呈，以正条入册颁行。若非海行法，即书所入门目，裁去繁文，行下所属，仍类奏。六曹季轮郎官点检删节，具事目申尚书省、枢密院，令左、右司，承旨司看详当否，甚者取旨赏罚。"从枢密院言也。20，p3105

【绍圣】二年正月二十三日，尚书左、右司言："都省催驱房、御史台有点检六曹措置乖谬、行遣失当、迁枉并住滞三十日以上事件，限五日关送左、右司上簿。"从之。21，p3105

【隆兴元年】八月五日，左、右司言："见管吏额：左司令史一人，右司令史一人；左司知杂案书令史一人，右司知杂案书令史一人；都司四案守当官四人，茶盐案守当官二人，守阙守当官一人，已上并依旧。今欲减罢专一给发四川定差并归正官付身文字守当官一人；额外私名二员，今乞减一人。"诏依，见在人且令依旧，将来遇阙，更不迁补。24，p3107

【隆兴二年】五月九日，左、右司言："本司官旧系四员，分书诸房文字，今止二员。"诏："左司郎官书拟吏、户、礼机速房文字，右司郎官书拟兵、刑、工赏功房文字。"24，p3107

【隆兴二年五月】二十四日，臣僚上言："应州县民户自今后有词诉，各已次第经由者，只许诣登闻鼓院进状，候降出，委左、右司专一置籍举行。如显是抑屈不伸，即将经断官吏重作行遣。兼令御史台每季取籍检察。"从之。24，p3107

【乾道六年】八月十九日，尚书省言："近来进奏院辄于六部等处抄录指挥，又将传闻不实之事便行转报，深属未便。欲令左、右司将八曹刺报状内合报行事写录定本，呈宰执讫，发付进奏院，方许报行。如违，依听探传报漏泄法科罪。"从之。25，p3107

【乾道六年】十二月二十日，左、右司言："三省词状见系都司官点检讫，赴都堂宰执引问。今后就委都司官引问讫，发付开拆房，随事分送诸房，取索圆备，经都司官书拟讫，赴宰执厅请笔。所有枢密院词状委检详，亦乞依此。"诏仍令都司、检详专一置簿，逐件销凿结绝因依。25，p3108

【乾道七年】十二月五日，诏："都司文字并不许离房，违者左、右司申举。"25，p3108

【乾道】九年闰正月二十一日，诏枢密院："今后应外路官兵功赏、差遣等告敕、宣札、文帖、公据，并令左、右司，承旨司，检详所，除赍干照请领外，其余付身等，令拘催给发使臣，每五日一次入进奏院递，取监官到院入递日时文状。仍令进奏院专置簿籍发放，每日赴左、右司，承旨司驱磨。"25—26，p3108

【乾道九年闰正月】二十三日，诏："今后狱案委左、右司点检觉察。如有稽违，申取指挥，官吏重作施行，或失于觉察，亦行责罚。"26，p3108

【乾道九年】二月八日，诏："诸路监司各限十日条具不便于民事件，其奏到文状，令左、右司看详。"26，p3108

庆元五年十一月二十六日，臣僚言："恤刑者圣人之本心，留狱者盛世之大弊。今州郡重辟，皆令以奏案来上，所以重民命也。然既涉奏闻，必须待报而后处断。情罪至重、赦所不原者，固无足恤，所可悯者，干连久系之人耳。至于死囚，情有可疑者，必候断敕。若回降稽迟，以至淹延，或至（瘐）〔瘐〕死，此则其情尤可悯也。今日诸州奏案系属右司看定，朝廷所立日限至为严切。在《法》：'诸房文字紧限三日，诸受刑部案钞不除假限五日，即遇冬夏仲季月并依紧限。'其日限严切如此，而尚有留狱者，盖缘右司之务至烦，是致多违日限，回降稽缓，率皆由此。欲望精择详练明允之人，再立右司二员，使之分掌奏案。仍乞申明绍兴四年臣僚所请，不得违慢。所有诸军奏案系属检详看定，自今右司、检详并当从限看定。如有违戾，以致断敕迟延，御史台当弹劾以闻。"从之。26—27，p3108

宋会要辑稿·职官四·应奉司

【宣和三年闰五月】二十日，应奉司奏："条画下项：一、应奉事务及所委官并隶本司。二、应缘应奉事务，并所委官支一色见钱，于出产去处依市价和买及民间工直则例，措画计置，不得令州县收买，或令应副。内监司守臣及州县官除所委官及被旨专委外，余并不得干预。所用（般）〔船〕车及兵夫，除见管船车人兵并依久例，据实用数差拨兵士外，余并优立雇直，依民间体例和雇人夫，（般）〔船〕车（般）〔搬〕载，不得科抑民间。如违，并从本司体访取旨，重行黜责。三、承准今来应奉司札子，被奉处分，选委充应奉官及专委勾当者合专一应奉外，应在外以前曾被受诸处指挥管应奉事务官司并罢。四、应奉司使臣、公吏人并依重禄

法，仍不得接见宾客及出谒，并不得与内外官司书信往还。见及辄通书信者，同罪。"诏并依所奏施行。29，p3109

【宣和三年】九月二十七日，应奉司奏："准延福宫西城管所状申：契勘诸路州县起纳租钱，甚为糜费脚乘，除破钱数。且如舞阳县起纳万贯，不下脚钱六百贯。本所近计置收买船二只，价钱一千二百贯，可以二运，充填船价，甚为省便。今来沿流官司及无图之辈循习搔扰，稍涉不顺，百端阻节，罗织篙梢，入官拘系，妨阻行运。欲乞令本所关报所属，止绝施行。"又奏："兼契勘王子献起纳济、郓二州租钱，于广济河行运，从来多被官司船纲在前，于岸下系泊，不敢蹉运，动经阻留旬日。及诸路州县陆路车乘，亦皆如此阻滞。若以旗牌书写御前钱物纲船车乘，必无留滞。检会奉《御笔》：'水陆船车辄置旗号牌榜，妄称御前急切纲运物色，因而搔扰州县者，以违制论。系臣僚之家私物及兴贩而辄称御前纲运物色者，以违御笔论。许人告，赏钱五百贯。'勘会上件《御笔》处分止为妄称御前急切纲运物色，辄置旗号牌榜，并臣僚之家私物及兴贩而辄称御前纲运物色者，应御前纲运所置旗牌，即无条禁。"诏依，付应奉司照会。29—30，p3109—3110

【宣和】五年五月四日，诏："诸路应奉官司不得一面申请奏画指挥，及诸处承降处分等，并经由本司勘当取旨。辄敢一面奏画承降者，以违御笔论，仰应奉司觉察。"30，p3110

【宣和五年五月】十二日，尚书省言："两浙路都转运使王复奏：'奉御笔，装发御前官物局制造到御前及干华殿等处生活，并非泛取索官物，仰臣专　应奉人船，依限交装津发，不得违误。除已施行外，近承御笔，差充两浙专一应奉官。其所用人船，差拨见管船车诸头拘收到船只，并划差本司舟船修完。节次差拨交装制造到明金供具、揩光什物等生活上京未回，又于杭州造作局见有送下生活。若非指拟回来舟船，不惟数少，分差不足，兼虑迟延。今相度，欲乞遇有装发造下前项应奉生活，权行划刷诸司并诸州差出回来在路并在岸空闲座船、屋子船应副，相添装发，候回日逐旋发还原处。'"诏："应奉置司，本以尽革宿弊，累降处分，州县不得干预。今王复所奏权许划刷诸司并诸州差出回来在路并在岸空闲座船、屋子船应副般载事，又将蹈习旧弊，干预州县，殊失专置一司之意，可更不施行。今后辄敢似此申请者，系违累降御笔处分，合以违御笔论。人吏仍重行决配，仰应奉司常切觉察。"30—31，p3110

【宣和七年】六月二十二日，应奉司奏："奉《御笔》：'开具不急之务及无名之费，各具可以裁减节省事目以闻。'本司契勘，本司事务除两〔浙〕路钞旁定帖息钱，湖、常、温、秀州无额上供钱，淮南路添酒钱，已奉御笔处分，更不拘拨充本司支用，并拨归御前，只（今）〔令〕本司拘收，及奉《御笔》：'诸路应奉官吏并罢，其钱物令本司拘收，无致失散外。'（令）〔今〕措置先次裁节到事目数内下项：一、所管钱物在京系自于置司日，本司措置算请盐钞上每贯量收工墨钱等一十文，在外系拘收久来充应奉增收一分税钱，两浙路钞旁定帖息钱、磨出失收带纳酒钱、湖、常、温、秀州四色钱，明、越州湖田钱并本司措置拘拨头子等钱、出卖铁炭钱，淮南路添酒钱，隆、兖州铜铸到钱。本司契勘，上件诸色窠名钱，合依前项两次所承御笔处分施行，系令本司拘收。欲依在京钱物，并于后苑作制造御前生活所置司处一处桩发。又契勘，罢诸路应奉官钱物，令本司拘收处分。奉圣旨，系令应奉司拘收。二、本司所管纲运，除差借外，见管纲运船例皆畸零，先已行下团并去讫。本司契勘，内差出纲船，欲令见占使官司相度团并，及令措置管认支费等。三、行移等，欲以结绝应奉为名。"诏并依所奏。34—35，p3112

宋会要辑稿·职官四·行在诸司

【大中祥符元年】八月，详定所言："准《仪制令》：'诸赴车驾所曰诣行在所。'蔡邕《独断》曰：'天子以四海为家，故谓所居为行在所。'《开宝通对》曰：'封禅前七日，誓百官于行在。'尚书省旧亦行从。今参详，诸司前代元无随驾之文。欲望车驾赴泰山及凡有巡幸，有司旧称随驾某司者，并云行在某司。"从之。36，p3114

【大中祥符元年九月】二十七日，诏："给事中张秉、知制诰王曾自京西至泰山，应有沿路州县乡村父老诣行在朝见者，仰编连，送阁门引见。仍指挥逐处车驾经过日，有杂犯并见禁罪人未得断遣，疾速具元犯及刑名闻奏。"38，p3114

宋会要辑稿·职官四·提举修敕令

神宗熙宁三年十二月二十四日，金紫光禄大夫、行尚书礼部侍郎、同中书门下平章事、监修国史王安石提举编修三司令式并敕及诸司库务岁计条例。43，p3116

【熙宁】八年二月三日，命枢密使陈升之提举管勾修《军司马敕》，以权知审刑院崔台符等言："奉诏修《军马司敕》，缘军政事重，仁宗时命枢密使田况提举，乞依例差官。"诏知制诰权三司使公事沈括、知制诰判司农寺熊本详定。43，p3116

【哲宗绍圣】二年正月十八日，诏太中大夫、知枢密院事韩忠彦提举管勾详定删修《军马司敕例》。43，p3116

徽宗政和元年四（年）〔月〕十三日，尚书右仆射何执中奏："近蒙圣恩差提举重修敕令。臣以期限近促，急于条画创局，未尽考见久来文字。今历观祖宗以来天圣、庆历、嘉祐、熙宁《编敕》及《元符敕令格式》各曾差宰臣提举之例，盖是元丰成书，轻重去取，一出神笔刊削，复有总之官。今陛下圣学高明，独观万物之表，缉熙先烈，无不仰遵。元降手诏并依元丰、绍圣故事，当逐时条上，以禀睿训。虽元降手诏并依元丰、绍圣故事，终是当以元丰为法。欲望圣慈特赐寝罢提举敕令之名，以尽遵制扬功之美。"奉圣旨可以"兼领"为名，同提举官准此。同知枢密院王襄奏："伏蒙圣恩，差同提举重修敕令。窃见熙宁、元丰、绍圣差官例各不同。恭惟陛下聪明文思，博极六艺，小大之政，皆出睿断。今将上稽元丰政事，笔削润色，一禀圣裁，以垂于万世。寡昧岂能拟议其万分！借使充位备员，祇是催促工程、点勘差误而已。提举之名，所不敢当。"奉圣旨，可充"兼同领"。43—44，p3116—3117

宋会要辑稿·职官四·敕令所

孝宗绍兴三十二年八月二十九日，未改元。权吏部侍郎徐度等言："近措置哀集建炎、绍兴诏旨，令专一置局。窃见祖宗以来遇修一朝敕令格式，差朝臣提领编敕，事已则罢，乞权行复置。今来系专一哀集太上皇帝一朝圣政，其所名取自朝廷指挥。一、删定官以三员为额，于行在职事官内差除。本身请给外，添支御厨第三等吃食一分。人吏以十一人为额。通引官二人，承发取会文字。二、今踏逐怀远驿空闲，可时暂置司。三、旧敕令所印记，今乞依旧关借。其应干合行事件，乞并依昨敕令所前后已得指挥施行。"诏依旧以敕令所为名，余并依。45，p3117

【乾道】四年十一月二十八日，秘书少监、兼权刑部侍郎汪大猷言："太上皇帝临御之初，深究治体，首立详定一司。自建炎四年六月以前，著为《绍兴新法》。建炎以后，续降几至二万余条，其间轻重不伦，前后抵牾者合行删削。乞命大臣提领其事，选廷臣同加讨论，庶几督课有程，可以速辨。"诏差秘书少监、兼权刑部侍郎汪大猷兼详定官，大理少卿王彦洪、韩元吉兼同详定官，刑部郎官蔡洸、刘芮，吏部郎官郑伯熊，户部郎官曾逮，大理寺丞潘景珪，大理司直洪藏并兼删修官。仍限一年编修了毕，候成书日量行推赏。每月将已修卷数申尚书省，如有疑难合整会事件，逐旋赍赴朝廷取禀，与决施行。其在职不及半年，更不推赏。46，p3117—3118

【乾道四年】十二月十八日，汪大猷言："契勘今来指挥删修法令：一、今来修书，行移文字欲以重修敕令所为名，乞关敕令所旧印行使。修书官聚议职事，每月关钱三十贯充公用钱，于请受历内一就帮勘。修书人吏依所降指挥，系于诸司见支请给之内指差，候书成日，发遣归元来去处，今来差到之人，合与理为在司月日。"从之。46，P3118

【乾道】六年十一月十七日，汪大猷言："契勘承准指挥，令本所删修《吏部七司法》《四川二广法》《三省枢密院法》《殿前马步军司法》，合于内先次删修一书。"诏先修三省枢密院并吏部七司条法。46，P3118

【乾道六年十一月】十九日，汪大猷言："已降指挥复置敕令所，合行事件：一、绍兴年间改为详定一司敕令所，至绍兴三十一年依旧称呼。提举官衔系兼提举详定一司敕令，详定官衔系兼详定一司敕令，正差删定官衔系充详定一司敕令所删定官，兼删定官系兼详定一司敕令所删定官。印记见有旧详定一司敕令所印。提举诸司官一员，承受官一员，主管诸司官二员，以上并依旧例施行。二、修书令差供检文字一名，法司二人，知杂司一名，编修文字八人，书写人八人，守阙四人。并不支破请给，候有阙日拨填。所差人其请给如系本所旧人，依本所则例支破；若别官司差到，若无请给，各随名色，依敕令所则例三分减一，愿请本处请给者听。三、提举官下差置供检一名，详定官下差破书奏一名，尚书省、中书省各差供检二人承受本所文字，今欲各差一名。添支食钱三分减一。尚书省承受本所处白文字，今欲差一名。四、本所公用钱每月支钱二百贯文，应合行事件及差取人吏所破纸札等，并依本所前后已得指挥施行。"从之。46—47，p3118

【乾道】七年七月十五日，尚书左仆射、兼提举详定一司敕令虞允文，参知政事、兼同提举详定一司敕令梁克家言："奉旨，敕令所见修条法不待成书，令逐旋进呈。缘所修系三省、枢密院法，事关朝廷大体，理须讨论典故。兼自今所存皆是渡江以来旋次省记，未曾经修，而又文籍散落，艰于检会，近方粗有伦绪。除见已遵依，逐旋接续具进外，今有已修成五十沓并修到净条一册上进，仍乞付下。将来聚类成书，依例别具表投进。"从之。47—48，p3118—3119

〔淳熙四年〕八月三日，敕令所上《淳熙重修敕令格式》。49，P3119

【淳熙】五年六月四日，吏部尚书韩元吉言："祖宗自建隆以至嘉祐，但以续降类为编敕。虑其未尽，不肯遽修为法，率以数年，然后差官置局，从而删定，止号'编敕'。盖类为编敕，则不废旧法，可以参照。故删修而不能决者，许具申中书门下，命大臣佥议决之，其谨且重如此。自置敕令所以来，别设官属，自为一局，专以修法为名，岂得皆通练明习之士。而利在进书之赏，故一司法粗（笔）〔毕〕，又修一司。间又群臣或在要路，有所建议，他官莫何诘，朝廷曲徇其请，便降特旨，亦修为法。由是尽失祖宗编敕之意。乞诏修书官，自今凡有续降，止遵用祖宗故事，类以成编。遇臣僚有所建议申请者，不得便修为法，许其执奏。凡所修依旧且以编敕名之，俟其施行十年五年，别无可议，方得立为成书，次第推赏，庶合公论。其见修《乾道新书》，更令尽取累朝所编敕令，讨论沿革，折衷至当，务使全备。遇有疑难，亦申三省、枢密院以众裁定，不必拘以近限，稍宽岁月，使之尽善。"从之。49—50，p3119

【淳熙】六年七月六日，敕令所上《淳熙一州一路酬赏格法》，《净条》二百册，《目录》二十三册，《看详》六百三十八册。诏以来年正月一日颁行。50，p3119

【淳熙六年】十一月六日，兵部侍郎刘孝韪言："乞自今凡立一法一令，虽经其他有司详议，谓为可行，亦许令敕局照应于见行条法有无抵悟及有无未尽未便处，逐一条具，申明合如何增损，不得只缘元降指挥便行修入，庶几立法之始究见本末，免致行之未几，又复冲改。"从之。50，p3119

【淳熙】七年五月二十八日，敕令所上《淳熙条法事类》四百二十卷。诏以来年三月一日颁行。50，p3119

【淳熙】九年四月一日，诏："自今删定官选差经任人，其兼官更不差人。"先是，殿中侍御史张大经言："删定官于职事官中班高职清，比年除授寖轻，初不问其能否履历。大率未尝通练古今、明习法律，一切受成于吏手。或有能者，则又循习故常，未必经意。往岁乾道书成，上勤睿览，反多抵牾，遂烦圣训（丁宁）〔叮咛〕，重俾刊修。其后所定条法，妄去一字，而有司奉行，至于役及幼丁。所修右选条法舛误，而铨曹承用，尤多失当。皆缘臣僚论奏，复行订正，抵牾之罚不加，而受赏如故。今删定率常五员，而（比）〔此〕外复有兼官，员数既多，而涉笔弥年，汗青无日。陛下近者睿旨，令见修《百司省记法》逐旬缴进。"50—51，p3119—3120

宋会要辑稿·职官五·制置三司条例司

神宗熙宁二年二月二十七日，以尚书左丞、知枢密院事陈升之、参知政事王安石同制置三司条例。1，p3121

【熙宁二年九月】十八日，条例司言："近日在京米价斗贱，诸军班及诸司库务公人出粜食不尽月粮，全不直钱。欲乞指挥三司晓示，今后愿依下项所定价出粜入官者，依《嘉祐附令敕》坐仓条贯施行。诸班直一千，捧日天武、龙神卫八百，拱圣、神勇以下七百，上、下杂诸司坊监六百。"从之。5，p3123

【熙宁二年】十二月三日，条例司言："三司簿历最为要切，乞差官取簿历事目，拘辖次第文字看详，有当废置，务在不失关防。编定所管道数，与使副同议定，申本司参详闻奏。"又言："三司岁计及南郊之费皆可编为定式。乞差官置局，与使副等编修。仍令本司提举太常博士、集贤校理刘瑾、大理寺丞赵咸、保安军判官杨蟠、秀州判官李定编定《三司岁计》及《南郊式》，屯田郎中金君卿、大理寺丞吕嘉问、郓州须城主簿、三司推勘公事乔执中编定《三司簿历》。"从之。6，p3123—3124

宋会要辑稿·职官五·编修条例司

仁宗皇祐五年十二月，命参知政事刘沆提举中书五房续编例。8，p3124

嘉祐三年闰十二月，诏中书五房编总例。8，p3124

【神宗熙宁二年】九月十六日，条例司检详官李常、吕惠卿看详中书编修条例。先是，王安石数为上言："今中书乃政事之原，欲治法度，宜莫如中书。最急必先择人，令编修条例。"因极称惠卿及常，遂并用之。9，p3125

【熙宁二年】九月二十一日，制置三司条例司言："本司检详官吕惠卿近奉敕，差看详编修中书条例。且惠卿自置局以来检详文字，详熟事条

本末次第，欲乞相兼本司职事。"从之。9，p3125

【熙宁】三年六月，中书门下言："见编修五房条例，以堂吏魏孝先等一十二人充逐房，管勾其事。仍每月等第添支缗钱有差，俟了毕，别无漏落，并（无）〔行〕酬奖。如卤莽漏落，即量罪降黜。若已编定，不可赦原及自首。编修务要精当。若诸房堂后官以下能述见行条例有未便者，许经堂陈述。如委得允当，量大小酬奖。如系检寻应副之人，即便优与。"从之。9—10，p3125

【熙宁三年】八月二十七日，看详编修中书条例所言："看详合归有司二十二事：臣僚举选人转官、循资状，令银台司直送铨收使。官员身亡，令止申审官院等。内外辟举官并两制及亡没臣（寮）〔僚〕之家陈乞亲戚差遣，乞止中书批送所属施行。及乞今后差除官员合有支赐，即札下三司依式，其宗室支赐亦依此。见任少卿、监以上并分司、致仕少卿监，宗室小将军已上，身亡孝赠，并札下入内内侍省支赐，乞在京委三司、在外委所在州军支给。并乞罢进选人授差遣家状、新授京官三代表。品官之家陈乞服内成亲，乞令立条。封王并节度使初除及移镇等，合行管内布政，止令学士院检举。"并从之。令臣僚支赐及孝赠，候修成式，关送入内内侍省依旧取赐。10，p3125

【元丰】三年八月二十七日，诏中书以所编刑房并法寺断例再送详定编敕所，令更取未经编修断例与条贯同看详。其有法已该载而有司引用差互者，止申明旧条。条未备者重修正，或修著为例，其不可用者去之。11，p3126

宋会要辑稿·职官五·议礼局

【大观】四年二月九日，议礼局奏："臣等今恭依所颁冠礼格目，博极载籍，先次编成《大观新编礼书·吉礼》二百三十一卷，并《目录》五卷，共二百三十六册；《祭服制度》一十六卷，共一十六册；《祭服图》一册。其据经稽古，酌今之宜，以正沿袭之误，又别为《看详》一十二卷，《目录》一卷，共一十三册，《祭服看详》二册。谨随札子上进，损益（财）〔才〕成，伏乞断自圣学，仍乞降付本局，修定仪注。"诏："阅所上礼书并祭服制度，颇见详尽。内褍、袷礼自昔所论不一，今编次讨论，尤为允当。除依今来指挥改正外，余依奏修定。"22，p3131

政和三年（二）〔正〕月二十七日，特进、知枢密院事、兼领崇政殿

郑居中面奉圣旨，议礼局新修《五礼仪注》，宜以《政和五礼新仪》为名。22，p3132

【政和三年】四月二十一日，议礼局言："契勘《大观新编礼书》系遵依御制《冠礼沿革类例》编修，昨降指挥，令候仪礼局结局日，《五礼沿革》付本寺置柜匣收掌。窃缘《冠礼沿革》系是御制，当时不敢与本局修定《五礼沿革》一例编次。今来本局已限两月结罢，臣等窃虑御制《冠礼沿革》别合缮写，装背成册，进呈讫，付太常寺。"从之。22，p3132

【政和三年四月】二十九日，知枢密院事郑居中等札子奏："窃以礼有五经，而威仪至于三（十）〔千〕。事为节文，物有防范，本数末度，刑名比详。遭秦变古，书缺简脱。远则开元所纪，多袭隋余；近则开宝之传，间存唐旧。在昔神考，跻时极治，新美宪章，是正郊庙。缉熙先猷，实在今日。恭惟陛下德备明圣，观时会通，考古验今，沿情称事，断自圣学，付之有司。因革纲要，既为礼书；纤悉科条，又载仪注。勒成一代之典，跨越三王之隆。臣等备员参详，徒更岁月，悉禀训指，靡所建明。谨编成《政和五礼新仪》并《序例》总二百二十卷，《目录》六卷，共二百二十六册。辨疑正误，推本六经，朝着官称，一遵近制。上之御府，仰尘乙览。恭俟宸笔，裁定其当，以治神人，以辨上下。从事新书，其自今始。若夫搜补阙遗，讲明稀阔，告成功而示德意，则臣等顾虽匪材，犹当将顺圣志而成之。"诏宜颁降。22—23，p3132

宋会要辑稿·职官五·三部勾院

雍熙三年二月，诏："自今勾院检举三司失陷财赋，每一百贯，其本司吏给赏钱十贯，五千贯已上仍补职名。如本司吏庇藏其事，不即（中）〔申〕举，为他人所告，当行决配，赃重者当行极断。告者每百贯给赏钱二百贯，三千贯以上仍补职名。主判官及干系人知而故纵，并当重行朝典。"23—24，p3133

宋会要辑稿·职官五·提举三司账内磨勘司

熙宁五年十一月，右正言、知制诰、直学士院、看详编修中书条例曾布言："臣伏以四方财赋，其为名物，岂可胜计。凡给纳敛散、登耗多寡，非有簿书文籍以勾考之，则干没差缪，漫不可知。故内自府库，外至州县，岁会月计，以上于三司，纸札之须，贿赂之广，远近之人以为劳敝。三司虽有审覆之名，而三部胥吏所行职事非一，不得专意于其间。近岁以来，因循不复省阅，其为敝亦已甚矣。臣比被旨置司，尽取三司所管账籍，删去繁冗，具为法式，以施之天下。然钩考之法如故，则亦但为空文。臣欲乞于三司选人吏二百人，颛置一司，委以驱磨天下账籍。以至三部勾院，亦皆选置官吏，责以审覆。其人吏各优给请受，课以功罪，立定赏罚，仍自朝廷选差（疆）〔强〕干臣僚专切提举，所合措置条约，乞下详定账籍所详具以闻。"诏付详定账籍所。是月，详定账籍所言："检会诸州军供申诸色文账到三司，始自天圣九年。本司人吏瘝职，上下因循，徒有点算之名，而全无覆察之实。积弊岁久，官吏苟简，更不行遣送勾者甚多。至皇祐二年，周湛见此非便，即不寻究弊源，责之实效，却以人吏凿账为劳，遂起请，只将收账前连到收附拆发，与行破官物案分应账使用。自后吏人又以收附道数至多，而文字零碎，因此更不拆发，上下盖庇，浸成瘝废。至治平四年，已及一十五年。三司为见支官物全无点检归著，欲舍前弊而救后患，遂奏乞将已前合便收附更不根逐，只行下本处会问同否，销落钱物，及今后令省案勾院须得拆发收附。若其间州县公人作弊，重叠开破官物供析合同应破文账，即三司无由觉察。及虽将收附拆发，又却不依条挨排应勾照凿所破官物归著，逐件条贯乃成空文。盖为其间一道账头有连收附五七百至一二千道者，每道上省案朱书事宜，人吏次第书字，官员押讫，送勾院。本院依此次第，官吏书押、用印、拆发与开拆司，本司每收附一道，上书日用印，更三处上历，分送诸案。如此经历数处，极甚烦冗。又道数零碎，拆发互换，往还无由齐整。及　道收附有十数案使用者，先系官物为头所属案分收领使用。其以次合要案分合行会问，又不见得系甚案为头收却，是致本省从来难以依条点勘挨排，应凿支破官物不行。及有凭由司承受车营致远务、驼坊申乞除破外处倒死头口，并拘收司根逐到自前账内开破官物，各合使收附。缘从初只随钱物名目拆发与本属案，无由发到逐司。逐司若却将账勘凿，又恐重叠违碍，以此更无由得见归着。三司又见此（拯）〔极〕弊，即不复更张，遂奏乞差官二员，置司催促。送勾人吏避免稽迟，亦不点算照对所破官物归着。自治平二年后来，至熙宁二年十一月已前，送勾新旧文账共一十二万余道，并不见磨勘出小收大，被失陷官物。或虽有则例不同及差互数目，未见归着钱物，只是名目行遣会问，并不结绝，料纵有大段侵欺，无由举发。为弊寖久，四方钱谷略无检察。若令诸州军依皇祐二年周湛未起请拆发收附条贯已前体例，各造钱帛粮草新收单状一本赴三司，并依《嘉祐三司编敕》内勘凿收账条法施行，如此则钱帛粮草文账比拆发收附诸州军各减一半纸札。兼其余账目并减头连收附，文状大段简省，三司诸案、诸司亦无此繁冗文字。复又将收账并新单状勘凿官物，各见归著，可以绝杜欺弊。又缘逐司前行身分例各日有生事急速文字，难以专一点检账目，必虑趁办不前。况吏人虽众，人习慵堕。兼饥寒者十有七八，若不厚与添给，选择得力之人别置一司，专一点检，及专差官提举，即向去终是难为整齐。具合行条约事件，余依前后条贯施行。所有账司官员厅宇及人吏房舍及账库、新收库，并令三司擘画，腾展（夺）〔旧〕舍屋，于勾院磨勘司邻近一处安置。一、诸州军诸色月解到来年三月季账，自春季半年账、自上半年季账，自今年终为始攒造。应系自来依皇祐二年八月内周湛起请中书札子指挥，于账前头连收纳官物文状并更不出给。内钱帛粮草即依皇祐二年八月已前体例，别造新收官物草状，一一与正账收顿合同，经勾磨讫，随账申发赴三司。二、账内开破钱物附在自前账收者，并须根逐从初账头连到收附，照对使用。如委是元账不曾连到收附，即许会问本州诣实，勾磨同否，照证勘凿官物归着。三、委三部并都理欠司节级于逐案、逐司先选定诸会账籍得力前行之人，次与已选定前行同共依前选拣后行二百人充账司，专切点检行账。具所选定委是公当，别无情曲，重结罪文状，保（名）〔明〕供申，委使、副、判官及提举官更切审察诣实，即将逐司逐案账目均分与本案手分，每人各认窠名，依条二人同共系书行遣。若人数有剩，即以次分于别案人数不足处主行，务令均等。其前行每名分探手分人数主押，其勾覆、勾押、孔目官各随账目本属案分书押。四、账司勾押磨勘司人吏如因账籍职事受赃，并在京诸色公人因账籍公事取受逐司公人钱物及引领过度，并用熙宁三年九月二十五日《河仓条贯》。"26—30，p3134—3136

【熙宁】六年正月二十二日，详定账籍所言："本所检会近详定诸路州军供申三司文账内，新收官物并令开说色数、收纳来处窠名，立式申委施行去讫。所有支破官物，自来以收账头连到收附，照证不便，遂擘画，令三司账司将账勘凿归著。数内钱帛粮草除供正账外，更令依旧条例造新收单账一本，与正账合同勾磨申省，亦准朝旨施行。缘三司只是将新收单账内开坐逐色数目、元请纳来处窠名勘凿，所是正账只销将逐色钱物各撮计数目，仍须与单账内撮计数目，其正账内即不销更细开元请纳来处窠名，须至申明。本所今详定新收单账并正账内新收一项式样连粘在前，乞下三司颁降诸路州军照会，依此奏闻。"诏施行。具钱帛新收单账并正账内新收一项式样，粮草仿此。新收单账："某州今供某年、某季或上下半年钱帛新收单账如后：钱若干，银若干。"其余逐色，各依上项开。"钱若干，某窠名；银若干，某窠名。"其余逐色，依上项开。一、正账内新收一项："钱若干，银若干。"其余逐色，依上项开。30—31，p3136

宋会要辑稿·职官五·三司受御宝凭由司

【天禧】五年十一月，诏："自今除传宣喝赐茶酒食果等，止令库务候见使臣告报，依例供应讫，具数申合同凭由司，乞出给凭由除破。其余传宣取索诸般物，并依取金银钱帛宝货例施行。仍令本司使臣于凭由上系书名衔著字，仍别铸合同凭由印给之。"35，p3138

【天禧五年】十二月，诏："自今合同凭由司每有使臣取索金帛钱宝，依旧逐旋覆奏，出给凭由。若止是取索诸杂物，即令本司依旧勘会出凭由，更逐旋覆奏，直候至晚缴连，赴入内内侍省，当日或次日一处帖黄点检，用印奏知。"35—36，p3138

宋会要辑稿·职官五·衙司

景德三年九月，诏三司："应差大将、军将短次勾当，仰衙司出给印纸三十张，抄上所差勾当事名目，随公事紧慢起发，仍不得过限五日。候于印纸上批书差发月日，取本判官押书。遂程往回，并依此批书。如在路有阻滞去处，亦取随处州县官司批书因依。候到京，亦不得过限五日，须赴衙司公参，委本司点检磨勘程限违否，所差将历子批凿架阁。所差陆路管押官物，自来密院出给驿券，水路省司出给历头，逐日支破食钱。如不管押官物，亦自省司给与仓券。若差押船纲有过犯，该条以替归省者，仰省司开坐犯罪因由、断遣刑名，帖送衙门，委本司置簿，誊录省帖，不以元定年限，押运满与未满，仰勘会。如元系第一等优轻者，先与三次短差，后却与一次第一等重难。系第二等优轻者，即与两次短差，后却与一次第二等重难。原系重难纲运者，并却与一次第一等重难差遣。"39，p3140

神宗熙宁七年三月九日，诏："大将、军将以一千五百人为额，守阙军将并募充守阙后行满二年愿换充正名者听。诸司及库务人不在投换之限。大将、军〔将〕各给印历二十张，批书差遣功过，仍预关所属点检。无历者不在理为磨勘月日之限。衙司前行一人，后行三人。其后行并选差三年酬奖讫递迁充前行，又三年替。其守阙后行三人，选差四年替。"并从编修三司敕式所定也。40—41，p3141

宋会要辑稿·职官五·推勘

淳化元年五月，诏："御史台置推勘官二十员，分谳天下大狱。候三年满，无遗旷，或虽有责罚，如所犯情轻，及案节小不圆者，亦特与转官。如二年愿替，即与近便差遣。"47，p3143

【淳化元年五月】十七日，诏："御史台置推官二十员，分谳天下大狱。以三考为满，定其黜陟。"47，p3143

淳熙二年三月二十二日，诏："刑部大理寺自今驳勘案状，从本部长、贰并大理卿、少（子）〔仔〕细看详。如见得委是不圆，有碍大情，出入重刑，方许依条申奏驳勘。如大情不碍，止是小节不圆，即据所犯定断，不得一概泛乞别勘。仍令诸路州军、监司，将合申奏狱案文字须管具情犯一切圆备，方得申奏。若大情有碍，却致刑寺驳勘，具当职官姓名申尚书省。"47，p3143

【淳熙二年三月】二十三日，诏："昨降指挥，诸州翻异公事，遍经本路及邻路诸司差官推勘，依前翻异，令提刑司亲往勘鞫，指定实情申奏。仰选委部曲精强通判、签判前去，取见实情，将案连款状提刑司。如无翻异，即一面依条结断，录案闻奏。如依前翻异，即令提刑躬亲点对，指定实情申奏。"47，p3143—3144

【淳熙】三年二月七日，诏："自今县狱有尉司解到公事在禁，若令、丞、簿全阙去处，即仰本县依条申州，于合差官内选差无干碍官权摄。其徒罪以上囚，令、佐聚问无异，方得结解赴州。"以大理评事张维言："县尉职在巡警，及其获盗解县，禁推鞫，属之县令。若捕盗官或暂权县，自行鞫狱，既以元捕为当，又欲因以受赏，惟务狱成，而狱卒例是尉司弓手，往往迎合，逼令招承。"故有是诏。48，p3144

【淳熙】四年十一月十九日，敕令所言："自今翻异公事，已经本路监司、帅司或邻路监司差官，通及五次勘鞫，不移前勘，又行翻异者，后勘官申本路初差官提刑司提刑，躬亲置司根勘，着实情节，牒邻路提刑司，于近便州军差职官以上录问或审问。如依前翻异，即令本路提刑具前后案款指定闻奏。若元系提刑案发，即从转运司长官指定闻奏。候到，下刑寺看详，如见得干连供证事状明白，不移前勘，委是惧〔罪〕，妄有翻异，申尚书省取旨断罪。若刑寺见得大情不圆，难以便行处断，须合别行委官，即令邻路未经差官监司于近便州军差官别推，不得泛追干连人。"从之。48，p3144

淳熙十三年三月，诏："翻异之狱已经五推，依前翻异者，须管提刑躬亲鞫勘，不得委官代勘。案成，依条差官审录。如依前翻异，即仰本路转〔运〕取索前后案款尽情参酌，指定所勘情节是与不是实情，所翻词理系与不系避罪妄行翻异，分明果决指定，不得称为疑虑，具诣实保明闻奏。刑寺据案拟断，申取朝廷指挥，断遣施行。"49，p3144

【淳熙】五年十月九日，敕令所〔言〕："鞫狱，绍兴旧法拘以一案推结，正恐鞫狱之官推勘不得其实，故有不当者一案坐之。乾道法又恐替移事故，却致淹延，故将犯人先次结断，不当官吏案后收坐，仍取伏辨。今欲参酌绍兴、乾道法意，以取适中之制，将鞫狱前推及录问官吏有不当者，如已替移事故，元犯系死罪，遵依绍兴旧法，一案推结外，余罪遵依乾道旧法施行。"从之。因刑部言"命官有陈诉前勘不当，乞改正过名，照绍兴、乾道法各有不同"，是以令所看详上之。49，p3144—3145

【淳熙】七年二月二十四日，诏："监司以狱讼送部内州郡，若地里太远，则淹延追扰，自今毋得过五百里。仍严立期限，不得枝蔓勾追。"49—50，p3145

【淳熙七年】五月十四日，诏："诸路州军将应承受到疏驳再勘狱案，须管遵依鞫狱条限。如承受取会不圆情节，亦不得过会问条限。自今如有违滞去处，仰本路开具当职官吏姓名，申尚书省取旨，重作施行。仍令刑寺长贰、诸路提刑、诸州（官）〔守〕臣将上件指挥刻版榜，置之厅事，常切遵守。"50，p3145

【淳熙七年】八月十九日，诏："命官陈诉元勘冤抑不当，从刑寺申朝廷，送元犯州军，委不干碍官，将元勘断罪犯照应所诉因依追索干证，从实体究不同情节，画一开具。本州次第结罪保明，将元事发及体究取勘证佐始末公案一宗实封申尚书省。候到，委刑寺参照。若实有冤抑，合行改断，即具申省，取旨施行。"50，p3145

【淳熙】八年六月九日，知临安府王佐言："自今中使设狱，将翻异

罪人移司别推，恐或有冤，则差刑寺官录问。如更翻异，即并推吏送大理寺。"从之。50，p3145

【淳熙八年】七月四日，刑部侍郎贾选言："刑寺驳勘取会狱案文字，乞令进奏院置绿匣，排列字号、月日、地里，当官发放。所至铺分，实时抽摘单传。承受官司亦仰遵依条限，具所会并施行因依，实书到发日时，用元发匣回报，庶几违滞之处易于稽考。"从之。50，p3145

【淳熙】九年九月十三日，明堂赦："刑狱翻异，自有条法，不得于词外推鞫。其干连人虽有罪，而于出入翻异称冤情节元不相干者，录讫先断。近来州郡恐勘官到来，临期勾追迟缓，却将干证人尽行拘系，破家失业，或至死亡。可令释放，着家知在。如违，许被拘留人经监司陈诉。"十二年、十五年赦同此。50—51，p3145

【淳熙】十二年十一月二十二日，南郊赦："命官犯罪，遇恩全原，唯赃罪结案，余限三十日具事因申省。其元勘官司为见已遇赦恩，更不依条限具申，至有经隔累年，名挂罪籍，刑寺不作结绝，有碍升改注拟之类，仰所属将似此之人须管依条限开具事因。仍令刑寺常切检举催促，不管违戾。"十五年明堂赦同。51，p3145

【淳熙】十五年七月二十三日，诏："大理寺今后得旨推勘公事，内有干连人合先摘断，仰逐旋申取朝廷指挥。"先是，诏案内干犯人从本寺先次摘断。至是大理少卿袁枢言："大理根勘公事，虽有正犯、干犯之人，然其所坐刑名自有轻重，并合具案闻奏，取自圣裁，难以辄从本寺摘断。"故有是命。51，p3146

【淳熙十五年】九月八日，明堂赦："诸路见勘命官及大辟翻异之狱计九十余件，已降指挥，令诸路提刑躬亲与逐州守臣审勘。事涉可疑，即与从轻结断；别无意虑，即照刑寺已定断事理施行。至今尚未有结绝去处，可自今赦到日限两月结绝。如有违戾去处，令刑部开具官吏，申取朝廷指挥重行责罚。"51—52，p3146

绍熙元年四月二十九日，刑部郎中俞澂言："在《法》：'诸州所部官犯罪者，本州推鞫。若系本州按发者，申提点刑狱司。有妨碍，即报本州，申转运司。'立法之意，不为无谓。窃见近有本州按发而令本州推勘者，部属宁无观望乎？乞今后监司、郡守按发官吏合行推勘者，如系本州按发，须申提刑司，差别州官；本路按发，须申朝廷，差邻路官前来推勘。庶使无观望徇私之弊，则罚必当罪，而人无不服矣。"从之。53—

54，p3147

【绍熙】二年四月二十四日，臣僚言："三衙及江上诸军都统制司所有推狱名曰后司，有吏，有法司。狱成，则决之主帅，略不经官属之手。诸军每月公事解赴帅司，必先计会后司人吏，或非理锻炼，或轻重任情，贿赂得行，奸弊百出，军中冤抑无所赴愬。乞今后诸军后司公事并令主帅选委通晓条制属官二员兼管，庶几可无冤滥。"从之。54，p3147

【绍熙二年】八月二十日，刑部侍郎马大同言："乞应差推勘官并须选清强详练之人，不容作推避，从所差监司专人押发，限五日内起离。仍令所属州县将一行官吏依条合得券食挨日批支，应有供须之属，无令阙误，然后可以责其留心推勘。如罪因止一名，限以半月；三名以上，限以一月，方许出院。有所追会，不在此限。违者以违制论，许本路监司按治。期限既定，大约计之，每推自其被差以至出院，亦须两月之期而后讫事。如是五推，盖可以岁计矣。臣将诸州所勘大辟并杂犯死罪等公事一面置籍，遇有申到结绝或翻异名件，接续销注。每十日一催之，名曰举催案，而令法司兼行。自十日一催之后，须管具所差被差及入院出院月日，如（其）〔实〕报应。如准前玩易，五推通满一年，而其狱淹滞，不行结绝者，许从本部稽考其违限去处，将所差及被差官吏具职位姓名申奏，重行责罚。"从之。55—56，p3147—3148

庆元三年五月二十四日，诏诸路提刑司严立板榜，行下州县约束："应合解州公事，有预将案款先为计嘱州吏者，许诸色人指实，经提刑司陈诉。仍将先狱移勘，其犯人送无干碍官司根究，具案取旨，重作施行。"从大理评事沈槐之请也。56，p3148

【庆元】四年九月十二日，臣僚言："比年以来，推勘之法未尽，是致多有冤滥。推原其故，则法有所谓一案推结者，实病之也。谓如前勘官吏或有失实，于法须并行追勘。关涉人数既多，追逮繁扰。彼冤者既不能得直，而后勘官吏已与前勘官吏自相争讼，故后勘官吏悉皆视成于前勘。及至州狱翻异，则提刑司差官推勘。提刑司复翻异，则以次至转运、提举、安抚司。本路所差既遍，则又差邻路。关涉之人愈多，则愈难一案推结。臣以为今宜令州县诸司推勘大辟，各不得过百日。如所差官迁延不行，或诸司迁延不差，各与坐罪，庶几不致淹延刑狱。如已经本路差官俱遍，犹翻异不已者，仰家属径经朝省陈诉，结立愿加一等之罪，追人赴天狱推勘。如二广、四川去朝廷既远，亦结加一等罪，赴经略司及制置司陈诉。其经略司、制置司申朝省取旨，差官于邻路追摄根勘。如或妄诉，即坐以所加立之罪。如委是冤抑，即将前推勘失当官吏并与照条坐罪。至于检断签书及录问官，止据一时成款，初不知情，免与同罪。如此，则人知一案推结之法必行，而检断、签书、录问之官既不与罪，则关涉亦省，而民冤得以自直。"诏令刑寺看详闻奏。刑寺看详："若将犯人已经本路差官俱遍犹翻异者，便许家属经朝省陈诉，愿加一等之罪，追人赴天狱推勘。如二广、四川，许经经略、制置司陈诉，朝廷取旨，差官邻路根勘。照得在法罪人翻异或家属声冤，皆移司别推。已经五推，提刑亲勘、转运指定之后复行翻异，已有《淳熙十一年七月六日指挥》，具录翻词闻奏，听候指挥施行外，所是乞将检断、签书、录问止据一时成款，初不知情，免与同罪一节。照得《淳熙十一年十一月二十五日指挥》、绍（兴）〔熙〕元年十二月三日两项《指挥》，检断、录问之官，如辞状隐伏，无以验知者，不在一案推结之数。缘敕令所参修条法之时申明朝廷，乞将签书与检断、录问一体修立为法。续奉旨，依旧法施行，致有臣僚今来奏请。本寺照得检断、录问、签书不问有无当驳之情，并与推勘官一案推结，委是轻重不伦。今来臣僚奏请，即与敕令所前来申请颇同。今看详，送敕令所参酌，看详施行。"56—58，p3148—3149

嘉定二年三月十九日，臣僚言："乞今后县解公事或有情节未圆，不许将罪人往复押下，止许追承勘人吏一案勘结。其州郡狱事州勘不圆，申提刑司，即选择清强官吏，前去推鞫，责令必得其实。若更有翻异，即委自提刑司取索案牍看详，亲往审实予决，无待诸司邻郡差官，以为文具。"从之。61，p3150

宋会要辑稿·职官六·枢密院承旨司

神宗熙宁元年八月二十五日，枢密院言："北面、河西房所行文字并系边要事件，其底本自来各属逐房分掌，稍经岁月，每遇检证，难遽讨寻。"诏："勘会逐路见行要切事件，即仰接续写录，限在出宣札时同来签押。敢有怠慢，其当行主事等分首从重罚。如是未可漏泄事件，即别置册，副使书写缄封，付逐房收掌。"4，p3156—3157

【熙宁】五年正月二十七日，诏："今后守阙贴房补破食贴房阙，依条试行遣公事三件。自立新条后，两次补试拣选，已是难得合格之人。今后逐房副承旨欲每遇大礼，许保引内外亲属不限服纪两人，充守阙贴房主事，令史保引一名，书令史两遇大礼保引一名。实及十六岁已上，不以曾与不曾在别处守仕，但有行止，不曾犯刑责，召命官二人委保，各随状领赴院，呈验人才精神书札堪任习学公事，即收系姓名到院。不限年岁，遇有破食贴房阙，一例试补。未愿试者，亦听。如阙数少，所试合格人多，别作一项编排，不为黜落度数。如试不中，又不该编排，但及三次以上，在院习学及三周年者，并勒出院。其子孙弟侄出院之后，却能习学进长，合候保引人年分，更许保引一次，当所保引人数。今宽保引之路而峻退绌之格，盖欲广求人才，有可搜择而激励来者，非如向来只据见在守阙人数累经试黜落之余，短中求长，所以不肯习学书札行遣。又保引者别无沮劝，不公心引致，及教招督责。欲今后一试便中者，所保引令史、书令史与升一名；再试中者，两人已上升一名。主事已上合升一名者，候出职日减一年磨勘。如所引人三试不中勒出院者，连并及二人已上，令史、书令史降一名，主事已上出职日展一年磨勘，余并依前后诏条。应新法以前已入院书历者，且仍旧制。本院令史、书令史欲今后参用三班使臣、流外选人，与本院人隔间收补。仍以十人为额，额足更不收取。元额有阙，即还于三班院、流内铨拣选。使臣取殿直已下至借职曾经一任，流外选人三考已上，并不曾犯私罪情理重、好人才书札者充。每一阙取两人赴院，于所阙房试公事。满两月拣一名充，资序高者补令史，次者补书令史，不中者令铨班与指射优〔使〕〔便〕差遣。内刑房有阙，本院乏人可选，亦许本院定名选取曾经刑法局选人使臣充，仍在十人额内。"并从所请也。5—7，p3157—3158

【元丰】二年八月五日，上批："见修敕令格式，诸所析正，自朝廷立法付有司者，委枢密承旨司详定闻奏，付诸房遵行。"8，p3159

【哲宗元祐】二年八月四日，诏："创立改法并先次施行应修条者类聚，半岁一进呈，以正条入册颁行。若非海行法，即书所入门目，裁去繁文，下所属，仍勿类奏。六曹季轮郎官点检删节，具事目申尚书省、枢密院，令左、右司，承旨司看详当否，甚者取旨赏罚。"从枢密院言也。9，p3159

绍兴元年十二月三日，诏："祖宗时枢密都承旨一员，并差两制，盖以本兵宥密之地，不可不择人，付以承旨之事。元祐中，范纯礼、刘安世尝任此职。可依祖宗朝故事，置都承旨一员，其杂压检会《元祐职制令》施行。内未曾任侍从官之人，即依权侍郎法。"10，p3160

孝宗隆兴元年七月二十六日，枢密院言："依指挥并省吏额，见管副承旨五人、主事五人，分管兵、吏房十二房职事。守阙主事二人，今减罢。令史一十四人，均在诸房行遣文字，今减作十人。书令史一十九人，今减五人。守阙书令史三人，今减罢。正名贴房二十八人，今减八人。法司贴司二人，并系试中人。守阙贴房二百人，并均在二十五房书写文字，今减一百人。法司三人，系外差专行断案，并掌宣旨院条册。"诏依减数，永为定额。见在人且令依旧，将来遇阙，更不迁补。11，p3160

【淳熙】十一年十月三日，右正言蒋继周言："伏见江西路专一训练禁军钤辖下差下程迪，系枢密院人吏。且《大观格》武臣六等差遣，路钤系第四等，须曾经第五等两任及初除正任横行使者，方许除授。乾道元年初带训练，专降指挥，选差曾任主兵官。迪并未经任，考之大观格法、乾道指挥，无一可者。乞罢迪新任，别与差遣。"从之。18，p3164

宋会要辑稿·职官六·国用司

【孝宗乾道】三年正月十一日，尚书左仆射、同中书门下平章事叶颙等言："准《敕》：'宰相兼制国用使，参政同知国用事。'今条具下项：一、欲以'三省户房国用司'为名。二、逐时将上及拟进并行下批札文字，欲并依三省体式，仍就用尚书省印。三、常程文字，自行下户部施行。其余取会外路监司州军事务，系干财计利害文字，立号置籍，候回报到逐一钩销外，（切）〔窃〕虑承受官司报应稽迟，奉行灭裂。如有似此去处，欲具违慢官吏取旨，重作施行。四、行在百司、诸军经常岁支月用及年例诸杂非泛支使，自来皆系户部以诸色窠名钱物应副。近又降指挥，从本部所请，以官户役钱等衮同支遣。所有州军合发上供等钱物，户部自合遵依条法指挥，逐时举催，应副支使。如有每岁经常非泛杂支之外用度钱物及经画利源、节省事务，并从本部措置拟定，申取（旨）〔指〕挥施行。五、诸路州军合起发户部钱银、物帛、米斛等，并系指拟应副行在百司、大军支遣，不可少有阙误。近年州军将合起钱物侵欺移易，拖欠数多，户部虽逐时举催，多是虚申纲解，或不即应报，致有阙乏。已降指挥，诸路州军合起上供等钱物，每岁上下半年从户部比较最稽违拖欠去处，具名按劾，申国用司取（旨）〔指〕，重作黜责。如有起发足办，别无违滞去处，亦申国用司取旨，优加推赏。在外委逐路总领所依此施行。六、契勘诸路所起经总制钱，近来州军侵占妄用，一岁亏少动以数十万贯。欲令提刑司严行约束，常切检察，今后须管依年额尽数起发。如拖欠违戾去处，按劾申国用司，重作施行。七、逐路总领所申请经常钱粮，本部自合依年例申朝廷科降。八、应得旨文字，欲随事关送三省、枢密院。如系急切事务，即先次行下所属施行。九、欲于三省户房内选点检文字二人、主管文字五人掌管簿书，守阙二人、书写文字一十人，于三省诸房内踏逐选差。添给、纸札等并依机速房已得指挥减半支破。"并从之。21—22，p3165—3166

宋会要辑稿·职官六·国用所

开禧元年正月十七日，中书门下省言："已降指挥，宰相兼国用使，参知政事同知国用事，薛叔似兼国用司参计官，陈景思兼国用司同参计官。所有合行事件当议行下。一、国用司印。国用使就用堂印外，合铸参计官印一钮，以'国用参计之印'六字为文，令文思院日下铸印。二、令临安府踏逐空闲去处应副充局。三、承受兼提点文字二员，于三省户房选差。内点检文字一名，主管文字九名，开拆发放文字二名，攒算二名。开局后须管专一在司办事，不许往来充应。四、向来国用司案籍簿书账目并往年所造《会计录》令于合属去处取索，参酌去取，重新详尽立式施行。五、逐时行下外路官司关会账目文字，从本司开拆司封角，打号上簿，并经由都进奏院承领，照上所批，用皮筒黑匣专递遣发。才有报到账目文字，不许拆封，从本院抄记字号，赴本司开拆司呈纳。仍差进奏官一名、承应铺兵二名使令。六、将来取会户部诸百官司及总领所并诸路监司州郡账目文字，如有愆期不报及报不以实，许从参计官将当职官贠名申奏，及将公吏行下所属行遣，或径行追治。七、所差人吏见帮本身俸给，札下逐处按月支行。其待次人照官资比类帮给，无官人下元来去处放行旧请。所有本司每月等第于左藏库添支钱数，别开具申取朝廷指挥，行下粮审院批勘。仰所差人吏并依重禄法，如委有劳绩，当议立赏。八、合用纸札、银朱、黄蜡、筒牌、木牌、黄旗、麻索之类，关报临安府转运司，取拨使用。札下两浙转运司，临安府差杖直四名，转运司差承局四名，一季一替。九、选差三省大程官四名，承发在京文字。未尽事件，令本司申取朝廷指挥。"从之。25—26，p3167

【开禧元年】二月十七日，权兵部侍郎、兼国用司参计官薛叔似、太（明）〔常〕卿、兼国用司同参计官陈景思申请事件："一、本司行移并以

'国用司'为名。合行下内外官司并诸路监司州军照会,仍从都进奏院疾速遍牒施行。二、今来国用司创置之初,合行下在京及外路官司取会账目文字。其第一次行移乞用省札,自后从参计官径押公文催促取会。将来间有紧要事节,亦乞用省札。三、所会内外官司账目文字,但欲参考财赋所入、经费所出,一切会计总覈,务宽民力。如户部出纳之数,自有所属元申到账册,可以就行攒写回报。窃虑部胥并缘生事,方更翻符属部,重行取会,或追唤吏人,旋令供具,甚至妄作名色,科配搔扰,乞严立罪赏约束。所有两浙转运司、临安府、提领户部(搞)〔犒〕赏酒库所、点检激赏酒库所、榷货务及外路总领所、诸路监司州郡,亦乞一体令进奏院关牒施行。四、应取会账目,当职官并列衔亲行书押回报。如有本年漏落隐蔽不实之数,却于以后年分参考得出,其元申官不以去替,具名奏劾。五、今来踏逐抽差到人吏,恐其间见充吏役人向后有妨名籍,及有官人新授待阙差遣,并作兼充,开局后须管专一在司办事,不许往来充应。本司亦已帖付各人,不许兼管他处职事,或充应承受文字。今尚虑间有违戾,又复干预,乞严行札下元官司,照已降指挥,按月支行请给外,不许容令更管本处旧役职事及令承受文字,如违,重作施行。六、已降指挥,向来国用司案籍簿书账目并往年所造《会计录》,令于合属去处取索。今乞行下户部,将上项案籍账目及绍熙、庆元《会计录》并(王)寺丞稽考财赋册及外路总领所、监司州军等处所申嘉泰元年至四年分岁册年账并上供钱物册解赴本司,以凭参照施行。七、诸处账状文字,今欲且令开具嘉泰元年至四年分共四年数目供申。候到,参考总覈外,所有开禧元年正月以后收支见在之数,内自户部财赋官司、外自总领所、监司州郡,合令按月攒具账册,供申本司,参照施行。八、参计官禀议职事,乞依都司官例,诣都堂禀白。其入局假故,亦依都司体例施行。九、照得敕令所复置以来,每月支笔墨油烛等钱,依前项体例施行。十、应合行移取索内外官司及州郡监司等处文字,除御史台、谏院、后省、承旨司、检正司、左右司、检详所、秘书省、编修敕令局、玉牒所互关外,其余并以状申本司。会计财赋,务要关防机密,不容漏泄,今乞照敕令所已行体例,给降黄榜约束。十一、所差人吏,已降指挥,不以见任、待次、有官、无官,并自到司日理为实历月日。十二、承受兼提点文字及所差人吏,于本处请给外,每月支茶汤、折食、添支食钱各有差。"从之。26—28,p3167—3168

宋会要辑稿·职官六·御前弓马子弟所

开禧二年五月十二日，枢密院奏："奉旨，令参照旧例，复置御前弓马所，招收子弟，教阅武艺，选练人材，合行事件条具闻奏。今画下项：（御）〔欲〕以'御前弓马子弟所'为名，隶枢密院。一、乞下文思院铸造铜印一纽，以'提举御前弓马子弟所印'十字为文。二、招致子弟，以五百人为额。三、合差提举官一员，干办官二员，兼押教（措）〔指〕教官，每以一百人为率，差置一员，合差五员。四、招收子弟格法：检点《乾道八年指挥》，以五百人为额。委提举官踏逐，或招募见在军、离军兵官、品官之家及良家子弟。不以有无官资或武举有学籍生员，并要好人材，年三十以下、身长五尺五寸以上之人。令大小使臣一员委保，每二十人申枢密院审量。提举官取旨引呈讫，当日支破请给。五、子弟应募各以斗力支破请受。六、每日卯时入教，巳时放教。七、提举官（毋）〔每〕季拍试一次，每一斗将选试中斗力高强人引见，量武艺人材补转官资，引见呈试。不中人许行依旧在所习学。八、合用弓马教头，每一百人为率差一名。九、今来合用寨屋、教场地段，充教阅及一行官属舍屋。权乞于候潮门外大教场内教阅弓马。所有官物，亦权于大教场内空闲屋宇安顿。十、合用弓箭，乞先次支降一百八十张，一石五斗力、一石四斗力、一石三斗力各二十张，一石二斗力四十张，一石力六十张，九斗力、八斗力各一十张。射亲箭三十只，鉴箭四百只。十一、合用鞍马、军器、衣甲等，从提举所续次申请。提举所创立之初，别无公用钱物，欲乞每月支公用钱一百贯文，下左藏库支给，充教阅子弟公用，置历收支。本所（用）〔合〕用教阅、拍试纪律，候将来差到官属并新招子弟，条具格法，续具申请。"诏并依。提举官差枢密都承旨李壁，干办官兼押教差左领军卫将军李师闵、右领军卫中郎将翟铨。枢密院言："近降指挥，复置弓马子弟所，以五百人为额。据提举官节次申，已约招二百一十五人，尚有未招之数。访闻沿边西北州军或有应选子弟，缘路途遥远，无由前来应募。"诏令弓马子弟所除许招揍三百人外，仰江淮宣抚司于两淮招五十人，京湖宣抚司于荆襄招五十人，四川宣抚司于西边招一百人。并各精选，务要人材强壮，武艺等仗合格，候数足回取指挥。33—35，p3171—3172

宋会要辑稿·职官六·皮剥所

真宗咸平五年四月，诏："皮剥所自今后收官私死马，委使臣当面收剪鬃尾，秤数上历送纳。不须定十四两为额，勒人（陪）〔赔〕填。"36，p3172

景德三年二月，诏："皮剥所每匹死马收炼脂油七两送皮场，充熟皮之用。"36，p3172

大中祥符七年五月，诏："皮剥所断买肉屠户，除元定头匹钱外，每岁纳净利钱千二百贯，逢闰又加百千。句当以三年为满。如未满，不得诸色人陈状添课划夺。"36，p3173

天禧二年十一月，三司言："皮剥所每旬上殿，奏收到死畜头匹肉脏数，元无许上殿指挥。检会编敕，不得将带常程公事上殿闻奏，已令本所将合奏文字逐旬于银台司通下。所有冬、年、寒日节假，旧例支散亲从亲事官并骑马直节料，每人肉脏各二斤。欲乞亦只令具奏，于通进司进入。"从之。36，p3173

高宗绍兴八年九月三十日，诏复置皮剥所，以"行在皮剥所"称呼。以兵部言官私倒毙牛羊无处送纳也。兵部条画："一、监官旧例一员，今欲差同干办驼（方）〔坊〕官一员权行兼官，每月量支请给钱五贯文，随历批勘。二、专知官旧一名，手分旧例二人。今欲（置止）〔止置〕手分一人，兼专知官依旧募充。除支在京日所破请给外，其赡家食钱依见今库务例支破。三、库子旧例二人，今欲下临安府，于识字有行止厢军或曹司内踏逐出，指差一名充填。除旧请外，每食日量支食钱一百文，仍并分擘赴本所历内批勘。四、剥手旧例二人，今欲下临安府权差屠户一名。遇有开剥头畜，即时赴所开剥。如无送纳到死畜，并不得追呼，仍与免其余供应差使。五、把门巡宿剩员旧例系步军司差破一十人，今欲下步军（使）〔司〕差大分厢军兵士四人。其请给并分擘就勘所给。六、本所合置官厅（旧）吏舍、筋皮（踪）〔骔〕尾角库及（内）〔肉〕脏等钱库，今欲乞朝廷指挥临安府，于城外近便踏逐系官空地，疾速修盖官厅席屋二间，吏舍席屋二间，凡库屋共二（门）〔间〕。七、本所旧例每年起收纳置死畜旧文历承受簿、赏功罚罪簿、骔尾筋皮历架阁簿，年终攒造收支毙畜等账，赴尚书兵部驱磨。今欲并依旧例，起置攒造施行。内合印簿历，并赍赴尚书驾部覆印施行。八、今（未）〔来〕（覆）〔复〕置本所，逐时行

移并起置合用簿历纸数，今欲每季支破大抄纸二百张，并随本所请受历内批勘。"并从之。37—38，p3173

【绍兴八年】十一月二十六日，诏："皮剥所收到筋皮角，令军器所取拨使用，骔尾令杂卖场出卖。其收到买名、净利价钱等，并赴左藏库送纳桩管，听候枢密院指挥。"本所条画：一、在京日出卖死货，系本所置柜封锁，限一月人户实封投状在柜。如限满，抬舁赴所属开拆，取逐色价高者为定买朴。三年一界，入纳抵当钱一万五千贯，屋业金银充，所在垛放；准备钱三千贯，见钱，本所垛放；买名钱二千贯，开、祥两县送纳；净利钱三贯，纳本所。本所今措置，欲置柜，抬舁二赴尚书驾部郎中厅封锁。用讫，给付本所，限半月召人户情愿立定逐色钱数及每头匹死货全腔价钱，实封投状，赴柜内收盛。候限满，赴驾〔部〕郎中厅前开拆，取逐所立钱最高者为定。其合纳抵当、准备、净利、买名钱物，并赴所桩管送纳外，权以一年为界买扑。其未有人户间，遇有纳到死货，欲乞从本所一面开剥，依在市价钱出卖，候召到人户日付人户。二、旧例，诸军班倒死马，并次第具军状赴皮剥所送纳。系官例死牛马等具公文前来，私下死畜本掌地分人申纳。如隐庇不纳，衷私开剥，厢邻人并管辖合干人举发，作"不应为"从重断罪。本地分知而不举，或失觉察，致被他人告捉，并一等科罪。送纳迟延伤臭，纳人倍纳价钱。三、旧例，纳给诸处抬舁到死畜，即时给钞付纳人。四、在京日旧例，开、祥两县死畜并两县近城厢界倒死，并合赴皮剥所送纳。其乡村下死畜在外送纳。五、今后诸军并在城应官私倒毙头畜，诸军令管辖官及合干人，私畜委本地分都监，近城厢界委自县尉，并合干巡防人觉察。如隐庇不纳，许诸色人告捉，每头匹支偿钱二十贯文，及管辖合干人并私畜，将本掌地分合干人并送所属，依"不应为"从重科罪，仍拘纳合肉脏等钱入官。并从之。38—39，p3174

【绍兴】九年二月十七日，诏："行在皮剥所收到肉脏等钱，今后遵依旧法，并赴内（脏）〔藏库〕纳送。其日前已赴左藏库送纳讫钱数，仍限三日依数（掇）〔拨〕还。"39，p3174

【绍兴】十三年二月二十五日，诏："皮剥所召人买扑，不许荫与上件作户名之人前来投状入柜。虽开拆定到价高合买，许一时同投状人陈告，依犯人立定钱数，令告人便得承买一界。犯人送纳所属，依条（所）〔施〕行。所有已纳一界准备、抵当、买名、净利四色钱物，并行没纳入官。"从本府请也。39—40，p3174—3175

【绍兴十三年二月二十五日】，诏："皮剥所送纳官钱，自皇城门里至内藏库，每贯立定添支脚钱三文。"先是，破脚钱一十文省，缘止是到皇城门外，所有皇城门里至内藏库未有添支，故有是命。40，p3175

【绍兴十三年二月二十五日】，诏："皮剥所于临安府并行在库务踏逐厢军或曹司二人充库子祗应，其请给以例除旧请外，与日支食钱二百文，遇阙依此。"40，p3175

【绍兴十三年二月二十五日】，诏："皮剥所每收到皮及二十张，报军器所，限一日差人前来取跋。如不到，许工部勾追，违慢合干人依条施行。"40，p3175

【绍兴十三年二月二十五日】，诏皮剥所遇送纳骡尾赴杂卖场，每斤支脚钱三文。40，p3175

【绍兴】十四年九月四日，诏："皮剥所监官茶汤钱添一十贯文，仍差白直一名。专知官别无衣粮，与每月添支食钱四贯。"40，p3175

【绍兴十五年四月十七日】，诏："皮剥所专知、手分依编估打套局门司、手分请给则例支破，并推行重禄。"41，p3175

孝宗绍兴三十二年十月二十七日，未改元。工部言："乞将皮剥所马皮拣选，均数降付殿（葭）〔前〕马步军司制造军须。其零碎蛀损皮数，令军器所作破皮，以斤重估价出卖。自后皮剥所剥到马皮，每张估钱三百五十文省，同肉（赃）〔脏〕钱并起内藏库送纳。"从之。41，p3175

淳熙元年二月十四日，枢密院东厨状："每月见支破料次钱一千贯，乞依堂厨例，贴支钱三百贯。"诏每年于皮剥所合发内藏库（内赃）〔肉脏〕钱内截留五千贯。42，p3176

宋会要辑稿·职官六·学士院

【淳化二年】十一月二十三日，诏定《降麻事例》。宰臣、枢密使、使相、节度使特恩加官除授学士事例：银百两，衣着百匹。覃恩加食邑、起复、落起复，银五十两，衣着五十匹。亲王以有宣赐事例，更不重定。公主未出降，依亲王例宣赐；已出降，令驸马都尉管送。47，p3180

【大中祥符】六年八月，学士院谘报："准诏，减定书诏用纸。今定文武官待制、大卿监、观察使以上用白诏纸，三司副使、阁门使、少卿监、刺史以上用黄诏纸。自余非巡幸、大礼敕书、敕榜外，并用黄表纸。"从之。48—49，p3182

【神宗熙宁】十年十月三日，学士院言："编修内诸司式所送本院式十卷，编学士员数并录表疏、青词、祝文、锁院、敕设、宿直之类。看详学士员数系朝廷临时除授，若表疏、青词、祝文，或请祷之意不同，难用一律。况朝廷待学士礼意稍异，宣召、敕设尽出特恩，关白中书、枢密院止用谘报，不同诸司。乞下本所，以吏人差补及官物出入之类并立为式，学士所职更不编载。"从之。51，p3185

政和四年二月六日，翰林学士承旨、知制诰、兼侍读、修国史、议礼局详议官强渊明奏："奉御笔，差措置点检学士院。今措置点检到下项：本院回答大辽国书并赐夏国等诸番夷诏敕之类，自来只是临时检寻〔案〕沓使用。欲乞将承受到续降指挥并前后案例添修为本院敕令格式，选差本院使臣人吏就本院编修。更不添破请给，只乞候书成进呈日，具劳绩等第量乞推赏。本院公使厨库钱物浩瀚，自来止系孔目、表奏官轮监，窃虑难以委办。臣欲乞差小使臣一员专监厨库，兼管勾本院应干钱谷官物等。许臣踏逐，具姓名奏差。其理任、请给、破人并乞依近降点检文字使臣已得指挥施行。兼昨承朝旨，置专知官一名，乞从本院踏逐，具姓名谘报朝廷，指挥特差。仍乞添差兵士十人、节级二名，分番看管。今定人吏选试之法，除录事一名系职级外，有孔目官、正名表奏官、编排表奏官三等。欲乞遇孔目官有阙，令正名表奏官试补，将本院法并制诰敕书等案沓及《在京通用敕令格式》内出试题五道，以三通二粗为合格。遇正名表奏官有阙，令编排表奏官试补，写大小字诏书各一本，及于本院法并制诰敕书等案沓及《在京通用敕令格式》内出试题三道，二通一粗及书札精楷者为合格。遇编排表奏官有阙，令私名人试补，写麻制进本一道，以书札精楷者为合格。本院门禁约束，欲乞并依门下、中书后省法施行。今来承行学士，如遇有本职事上殿，乞依六曹长贰例，许带本院有服色二人随入殿门。"诏并依所奏。52—53，p3186

【绍兴二十七年】十月十二日，诏："学士院人吏应奉修写机密国书过七十次至六十次人，各与转一官资；五十次至四十次人，与减三年磨勘；三十次至二十次人，与减二年磨勘。仍自今降指挥之后，每应奉及一十次，与减一年磨勘。"从直学士院王纶请也。55，p3188

宋会要辑稿·职官六·侍读 侍讲

【绍兴】六年八月二十七日，诏侍读官许正谢，今后依此，令敕令所于《阁门格》修入。先是，观文殿学士、提举万寿观、充行宫同留守孟庾兼侍读，已授告讫，缘侍读、侍讲在法未有许正谢之文，庾以为言，故有是诏。60，p3194

【绍兴】十五年十一月十三日，诏宣赐讲读、说书、修注官寒食、端午、冬至节料。观文殿大学士以上钱一百五十贯，酒十瓶；资政殿大学士、学士以上钱一百贯，酒八瓶；待制以上钱五十贯，酒六瓶；未系两制钱三十贯，酒四瓶。今后准此。60，p3194—3195

宋会要辑稿·职官七·东宫官·附诸王府官

【孝宗乾道七年四月】十三日，礼部太常寺言："讨论东宫问讲并节朔贺庆、谢辞礼仪下项：一、宫僚讲读，无已行故事，当依仿讲筵，少杀其礼。每遇讲读，詹事以下至讲读官上堂，并用宾礼参见，依官职序座。皇太子正席，讲读官迭起，如延英仪。讲罢，复位。二、节朔典故有东宫受贺仪，承唐旧制，难以引用。契勘听朝每遇元正、冬至等节并不受朝，止是宰臣以下拜表称贺；其朔望日多是得旨，特免朝参。今来东宫节朔且仿听朝礼例，不受宫僚参贺；或元正、冬至日，詹事以下笺贺。三、谢辞初如常见之礼，后离位致词，复位，拜，就座；茶汤罢，退。四、詹事初上，参见皇太子，拜，皇太子答拜。庶子等初上，参见皇太子，受拜。庶子、谕德及讲读官虽有坐受之礼，止是《五礼新仪》所载；兼日逐致拜之礼近例皆已不行，或遇合致拜日，更乞参酌天禧、至道年事施行。按天禧二年九月五日，左庶子张士逊等言：'臣等日诣资善堂参见皇太子，犹令升阶例拜，然后跪受。望令皇太子坐受参见。'诏不许。至道元年，皇太子每见太子宾客，必先拜，迎送常降阶及门。"并从之。28—29，p3220—3221

宋会要辑稿·职官七·诸王宫教授

大观二年，定王、嘉王府侍讲沈锡奏："真宗皇帝时，以张士逊为王友，命王答拜，以示宾礼。今侍读辅翊之官，职在训导，亦王之友傅也。可如王友例，令王答拜。"39，p3225

宋会要辑稿·职官七·杂录

淳熙二年二（年）〔月〕十七日，诏："皇太子宫讲《周易》终篇，詹事、庶子、谕德、侍读、侍讲、承受官、左右春坊特与转一官，及指使、使臣、客司、（表书）〔书表〕司、楷书、直省官、诸色人、兵级、讲堂使臣、主管书写文字、供检奏报文字等祇应有劳，各（得）〔特〕与转一官资。余人依昨来终篇指挥施行。"40，p3225—3226

【淳熙二年】十二月二日，诏皇太子宫官吏特减作五年转一官。既而以主管左右春坊事张可宗等言："本宫官吏年劳酬赏，见依亲王下指挥，六年特转一官。今来皇太子宫比亲王府事体不同，乞特与减年转官。"故有是诏。40，p3226

【淳熙】四年十月四日，诏："皇太子宫见差破客司等，于内更与改差三人作使臣名色，特添破本等券，放行批勘。遇有阙，从本官差取升改。"40—41，p3226

【淳熙】六年四月二十四日，诏："皇太子宫讲《礼记》终篇，詹事、庶子、谕德、侍读、侍讲及曾任讲读官并承受官、左右春坊指使、使臣、客司、书表司楷书、直省官、供检奏报、讲堂使臣、书写文字、诸色人、兵级等各转一官资。"41，p3226

【淳熙】十二年正月二十九日，诏："皇太子宫讲《周礼》终篇，依昨讲《春秋》终篇，官属各特转一官资。内碍止法人依条回授，白身人候有名目日特作转官资收使。"41，p3226

宋会要辑稿·职官八·吏部

太宗太平兴国三年十月十日，诏："应诸司奉郊祀行事官等，并以前资自吏部黄衣选人充。曾犯除名及免所居官停任，未经思宥人等，不在差补之限。"1，p3231

至道二年正月，诏："今后京官着绿，至加恩前及二十周年者，许于吏部投状，依朝官例磨勘，奏候敕裁。内曾犯入己赃及逾滥者不得施行。"1，p3231

【至道】三年九月，诏："京朝官于吏部投状叙绯紫者，须牒问刑部、大理寺，会问有无停殿，审官院历任中有无父母忧制，将出身已来文字磨勘，委合得章服别无虚诳，结罪保明以闻。"1，p3231

真宗大中祥符二年四月，诏吏部："京朝官叙服色者，依条磨勘，历任如依赦格，即保明以闻。如涉卤莽，官吏并重行朝典。"1，p3231

【大中祥符】三年八月，尚书吏部言："请应京朝官准赦叙服色者，须将出身、告敕、逐任历子、家状，画一开坐着绿已来有无停叙、忧制、寻医、假满出落班簿，结罪收理，录白呈纳。如有异同欺诈，本犯官重行朝典。若追官两任、三任，虽有出身文书、解由历子，别无告敕照证，即通除追官任数，至叙理授官月日磨勘。若曾除名，后来理雪，显有得雪文字，即通理年月。如虽曾叙官，无显然得雪文字，即实理叙理后授官月日。应在任丁忧，准敕免持服不离任历子、批书、圣旨及有付身文字，旧来便通使年月。其间亦有丁忧服未（阙）〔阕〕，或因贬降授官，所有服未满月日，不在通理之限。若服未（阙）〔阕〕，非时特恩授官，即与通理服未满授官月日。寻医、假满百日出落班簿损日，及丁忧服未（阙）〔阕〕，亦有投状者，望自今后牒问御史台，免有欺诈。"并从之。2，p3131—3232

【大中祥符】五年闰十月三日，户部判官刘锴言："吏部叙服色，各将历任家状及告敕、历子照验，依例会问。如丁忧及假故、停殿并除落外，实及年月者方始以闻。其间告敕并足，只少差敕、历子一两道者，虽年限过余，未敢以闻，致本官进状下，方会问审官院诣实。欲乞今后为告敕、差敕、历子、家状点检，除落停殿、丁忧、假故外，实及年限，历子、差敕不全少者，便会问审官院，依州县官去失文书格例，召清资官同罪委保以闻。如历子、差敕俱无者，即依丁忧、停殿例除落年限。"从之。2，p3232

【元丰五年四月】二十八日，诏："六曹尚书依翰林学士例，朝谢日不以权、行、守、试，并赐服佩鱼。罢职除他官日不带行。"4，p3233

【元丰五年】六月十九日，诏："尚书侍郎奏事，郎中、员外郎番次随上殿，不得独留身。侍郎以下仍不得独乞上殿。其侍郎左、右选奏事，非尚书通领者听侍郎上殿，以郎官自随。秘书、殿中省、诸寺监长官视尚书，贰、丞以下视侍郎。六曹于都省禀事亦准此。侍郎以下仍日过尚书厅议事。"4—5，p3233

【元丰六年】十二月二十六日，吏部侍郎陈安石等言："乞以侍郎比类直学士例封赠父母。"从之，著为令。5，p3233

【徽宗崇宁】三年七月二十一日，吏部状："检会架阁官奏差到选人主管，其选人条格须用考第荐举，方得改官。今来本部无荐举格，欲乞许令本部尚书每岁各举一员，比附熟药所等监当条奏举改官体例，仍尚书、侍郎举状当为监司。"诏："除郎官不行外，吏部尚书每岁各奏举改官二

员，余部并六曹侍郎各一员。余依所申。"7，p3234

钦宗靖康元年八月一日，吏部尚书莫俦言："有旨将四选条例编纂，其间事理一等而有予有夺，或轻或重，不可胜举。今欲检其事理相类而体例不侔者，委本曹郎官看详，长贰覆定，归于至当，庶几不至散漫。"从之。8，p3235

高宗建炎元年五月十九日，诏："应官员转官、磨勘、叙复、注授、差遣之类，应取旨及具钞者，并令吏部就东京取会圆备，具钞闻奏。"8，p3235

【建炎元年】七月二日，诏："覃恩转官，文臣职事官、武臣横行及带遥郡人依侍从官例检举。在外令所在州军保明，见在东京并行在人许自陈，到部限五日具钞。"以尚书省言吏部不即施行，请立限日，故有是诏。8，p3235

【绍兴元年】九月六日，中书门下省言："文臣转官，旧法缘犯赃之吏混淆官品，无以区别。后来曾分有出身带'左'字，无出身带'右'字，赃罪更不带'左''右'字，乞依旧法施行。"从之。13，p3238

【绍兴元年】十二月二十五日，诏："应到省文字内将初拟官并磨勘改官人等，若见得有无出身及赃罪，带'左''右'字，其元文内不曾声说出身人，且据文字行遣外，仍令尚书省及吏部出榜晓示。自来年正月一日，应官员陈乞状词、札子及吏部上省文字，并遵依今降指挥。"先是，二十四日，诏文臣金紫光禄大夫至承务郎有出身人带"左"字，无出身人带"右"字。官员往往未知有新降指挥，于衔内未曾声说。若逐一取索行遣，又恐留滞。尚书省有言，故有是诏。13，p3238—3239

【绍兴三年】三月七日，臣僚言："吏部四选案籍散失，品官到部无所考验。窃见朝廷遣使宣谕诸道，乞令宣谕官立式，下所属州县取管下见任、待阙、宫观、丁忧、停替、责降、安置、编管等官员，除曾任侍从、观察使以上官外，每员各具夹细脚色①家状一本，五人为一保，结除名之罪，州委官收纳，编类成册，知通考验，诣实保明。左选京朝官以上为一籍，选人为一籍；右选大使臣以上为一籍，小使臣为一籍。籍为三本：一留本州照用，一留逐路转运，以备取索，一候使人回日送吏部。其在军下，令本将依此供具，依此注籍，一留军中，一纳枢密院，一送吏部。三

---

① 脚色，即出身。

省官司有官及入品吏人，令御史台取责编类，一留所属，一留本台，一纳吏部。见参部待差遣人，令临安府取索，缴送浙西宣谕司。仍令吏部印榜，下诸道晓谕。品官须管于所在州县结保投纳家状，将来到部状内，分明声说于某年月日某处注籍讫，本部据籍点磨无差误，即与判成。或堂除举辟，亦从本部参照，方许放行差遣。如有续次补官之人不及三人之数，难以自成一保，则召本色保官二员，本州依式注籍。"诏送吏部勘当。吏部乞如臣僚所请外，缘诸路宣谕官道里远近不等，若待使人回阙，（切）〔窃〕恐稽滞。乞令本司依阙状，即时赴部投下注籍之人。若须候脚色到部了日方许参部，显见官员留滞日久。乞（今）〔令〕缴纳脚色处先次给公据，赴部考验放行。并从之。17，p3240

【绍兴三年】四月十九日，诏："官员因事被责，送吏部注广南监当或远小处监当人，便行与阙，申尚书省点差施行。如后来却有碍乡贯、三代等，即令本官自陈，从本部具钞，改注本路一般差遣。如有隐匿辄上，乞依避亲辄之官法断罪。"从尚书洪拟言也。17，p3240

【绍兴三年】八月二十日，吏部侍郎陈与义言："本部昨承指挥，令诸州军〔不〕以远近，每月、每季随官资四选各具阙状一本申部，其诸同属官未有取索到阙，乞令逐路依绍兴二年已得指挥施行。"从之。17，p3240—3241

【绍兴三年】十月二十六日，诏曰："六官之长，是谓佐王理邦国者，其惟铨衡乎。今自艰难以来，士大夫流离契阔，有徒跣而赴行在所者，深可愍恤。访闻迩来注授榜阙之际，奸弊百出，货赂公行，寒士困苦，未有甚于此时者。安得如毛玠清公，使天下之士莫不以廉洁自励，如陆慧晓，不容胥吏谐执。三省可行措置，除其弊，严立赏禁。仍选能吏以主之，栢台常加纠察，当议重行惩诫。"三省措置下项：一、注拟之弊，谓以非次阙榜藏匿，或托故关会，以俟行赂之类。二、申请之弊，谓词状两词不决，受赂请嘱，故作申请，希求特行之类。三、去失之弊，谓见存干照，犹问难不已，直待贿赂，方肯保奏。或有伪冒，更不（子）〔仔〕细办认，取足货赂，立便放行之类。四、刷阙之弊，谓阙簿灭裂，只凭进奏官供具，致有差互，有误注授之类。五、关会之弊，谓七司之事动辄相关，每一勘会，各不即报，故作沮抑之类。六、审量之弊，谓滥赏名色，条例具存，辄于疑似之间问难取会之类。七、给付之弊，谓官员干照不即给付，邀求常例；或差遣、循转，承发亲事官过有乞觅，经久不付，却致去失之类。八、保明之弊，谓功赏恩数合经所属保明者，文字小有不圆，或小有不如式，辄行退难之类。诏令吏部七司同共措置，如有该载不尽积弊，亦仰一就措置，于见行条法之外，更作关防，条具申尚书省。先是，诏意以谓安得如皇甫铸、陆惠晓之流，钤制奸吏，上始用铸事，既而以铸后作奸利，遂改用毛玠，且谓宰臣朱胜非等（非等）曰："他（畤）〔时〕诏语有未当，可奏陈，复改定"云。17—18，p3241

【绍兴三年】十一月四日，臣僚言："近降诏书，以铨衡奸弊，寒士困苦，令三省措置弊源。继尝有所陈请，诏令吏部勘当，寻开具申尚书省，但迁延不行。乞取吏部元勘当申省状，委官看详：一、昨缘川峡奏荐、磨勘、封赠等文字，吏部拘于常法，有状内不依式或小节未圆，即便符下，故为沮抑。臣僚献言，乞先次施行。若系大节妨碍，方许符下。寻奉旨依。其后吏部复讲究，开析大节、小节事目，颁之川峡。推行既久，人以为（使）〔便〕。欲乞其余路分州军文字亦依此施行。二、吏部七司人吏，比之旧额裁省过半，而事务不减。昔时虽穷日之功，行移亦未尽绝。属者多缘都省、御史台追唤，初无引贴，真伪难办，又部吏便私，计会前去。欲乞今后三省、御史台追唤部，令检正都司及台官押贴子追呼。如（檀）〔擅〕追及辄发遣，并坐违制之罪。"诏吏部一就措置施行。18，p3241

【绍兴三年十一月】八日，吏部言："本部侍郎左选员阙，依格合分远近去处。乞比附尚书右选，令以去行在驻跸处千里外为远地，不及千里为近地。又依条，州二万户、县五千户以（上）〔下〕为小处，亦乞权将州以军事、县以下县为小处。"从之。19，p3242

绍兴四年正月十二日，诏："吏部七司复置催驱司，每司于事简案令选那手分、贴司各一名，罢本案职事，专一催驱点检。"从员外郎郑士彦请也。19，p3242

【绍兴四年】二月二十五日，吏部言："文臣全去失付身之人，除已有前项许召行在监察御史以上职事官委保指挥外，所有武臣全去失付身之人，合措置召保。今欲武臣去失付身，如无干照文字，许召行在见任武臣职事官二员谓殿前马步军司官、枢密副承旨、带御器械官并知阁。结罪委保。其所召保官，每岁不得保过五次。今来全去失付身之人止凭保官，难以一例岁保不得过五次，今欲每岁不得过三次。"从之。19，p3242

【绍兴四年】六月二十日，吏部侍郎胡交修言："近降细务指挥内一项：六曹长贰以其事治，有条者以条决之，无条者以例决之，无条例酌情裁决。盖欲省减朝廷庶务，责之六曹也。（令）〔今〕欲乞令本部七司各置例册，法司专掌，诸案具今日以来应干敕札、批状、指挥可以为例者，限十日尽数关报法司，编上例册。今后可以为例事，限一日关法司钞上，庶几少防人吏隐匿之弊。"从之。20，p3242

【绍兴】五年闰二月二十八日，诏："今后官员参部，许自录白合用告敕、印纸等真本，于书铺对读，别无伪冒，书铺系书，即时付逐官权掌。候参部审量日，各将真本审验毕，便行给还。如书铺敢留连者杖一百。"从左朝奉郎蔡道臣之请也。20，p3242—3243

【绍兴五年】七月十二日，吏部尚书晏敦复言："检准《绍兴重修令》：'诸堂除人愿归部而就本等合入员阙者，许升压同等名次人。'（令）〔今〕乞应堂除愿归部乞升压之人，并理前一任差遣。"从之。21，p3243

【绍兴九年十一月】十四日，详定一司敕令所言："本所今看详删修到诸命官移任，已受告敕、宣札者解罢，若不因罪犯体量，而新任非过满及见阙，愿候替人或于百日内候考满者听，并申尚书吏部。新任未满、未阙者不在却乞罢之限。"从之。23，p3244

【绍兴】十年二月二十八日，臣僚言："建炎四年六月指挥开具滥赏名色十八项，绍兴七年开坐二十四项，绍兴八年六月又比类九项。凡到部参选、注拟、磨勘、奏荐等事，虽无侥滥，例以审量扼之，非惟暴（杨）〔扬〕前日过举，亦使士大夫留滞愁叹，动经年岁。欲乞罢吏部审量指挥。"从之。23，p3244

【绍兴十三年】八月二十日，臣僚言："勘会官员去失初补付身，系召监察御史以上职事官一员、常法升朝官一员委保，而去失印纸之人止召升朝官二员委保。（切）〔窃〕详印纸照验历任有无罪犯，最为紧切，欲乞依去失初补付身例召保施行。"从之。24，p3244—3245

【绍兴】二十二年十一月十八日，南郊赦："勘会官员犯罪，先次放罢，后来结断，止系杖笞公罪，为有再得指挥，仍旧放罢，吏部见理后来年月，降罚名次，可特与理先降指挥年月施行。"24，p3245

【绍兴二十八年五月】二日，诏："今后堂除诸司属官，干办公事以上并须曾任亲民第二任知县以上，准备差使京官须曾经历监当，选人须曾任判司簿尉、令录以上资序人。其见任并已差下人，如未历州县差遣，今任回令归吏部，依格差注。"26，p3246

宋会要辑稿·职官八·吏部二

【孝宗绍兴三十二年】七月七日，吏部状："准四川、二广定差文字到部，多有不依格式，是致取会。乞今后定差文字事节不圆，行下所属，将当行人吏依条施行。"从之。27，p3247

【绍兴三十二年】八月，吏部言："昨承《绍兴二十九年七月三日指挥》：'将四川因事到行在之人，许本部将四川二年一季以上合入窠阙划刷应副。'近来四川运司定差到人，往往却碍已注因事到行在之人，将四川运司定差人不该行下，缘元划刷年限相去一季太窄，致有相妨。乞候今降指挥下部日为始，刷二年三季以上阙应副，亦权不引用碍注川人同任条法。始该指射，即排日行下本司照会，更不使阙，庶得不误四川定差之人。"从之。28，p3247

【绍兴三十二年】十月九日，吏部言："勘会依赦转官，据诸州军申到文字，若拘以小节行下，待其回报，窃恐滞留。今措置，欲将似此之人于前项所要付身内但曾录白到内一件，并供写到朝典家状，见得出身来历，即先次放行，具钞案后行下取会。"从之。28，p3247

【隆兴元年】四月十五日，臣僚言："窃见李若川等乞转朝议大夫，援引建炎覃恩旧例，谓非止法，许其溢员。勘会建炎放行迁转，妨朝士之年劳寸进者逮三十年，若今用例，转行滋蔓，将来之沿袭迁阶者何可胜计！检准《绍兴赏令》：'诸朝请大夫以上因赏转官者，以四年为法格，计所磨勘收使。'修（今）〔令〕之日在靖康、建炎之后，详定已允，今日所宜遵守，则建炎覃恩转官，不当引援明矣。欲将川等陈乞迁转更不施行。"从之。29，p3248

乾道元年三月二日，权吏部侍郎叶颙言："官员大礼奏荐、致仕、遗表、身后恩泽及恩赏升改之类，若于条法指挥实有相妨，或有可疑，长贰、郎官堂白申明。朝廷如批下，依条施行；或不从所请，已行告示者，当行下，不得隐匿已批下事理，妄持两端，致令本部官再行堂白申明。如有稍违犯，却重行断罪。"从之。31，p3249

【乾道元年】七月十四日，诏："自今后应呈试出官大小使臣，未经呈试不许堂除。虽系御笔内批特差，亦许执奏不行。仍令吏部官每季前去，同共监试一次，余依本部见行条法。内愿试七书义人听，仍附武学私试月分，试七书义二道，依文臣铨试旧法，十人取七人，与免射弓。"

31，p3249

【乾道元年七月】二十三日，诏："今后添差官不得兼权州县正官及公库等职事，如有违戾，所请俸给并计赃坐罪。"31，p3249

【乾道元年】九月十二日，权吏部侍郎魏杞札子："凡陈乞恩泽、恩例之类，如有经临安府陈乞之人，止用行在及浙西安抚司、两浙转运司、临安府见任官并已参堂、参部官作保。仍依去失法，年终通不得过五次。余官并不许作保。"从之。31，p3249

【乾道】二年七月十三日，吏部言："乞将广南东西路转运司每季差过文武臣差遣文字从本司实封，随案分专差使臣或差军员一人管押，赴省部投下。其该差所给付身，即从所属部分限一日发放敕札、告命去处，下都进奏院拘收类聚，当官对名件赍付元差来人收管，交付逐司，不得衷私发放所有不该差注省符。其余给付身去处，并依此施行。"从之。31，p3249—3250

【乾道】三年正月六日，吏部状："应文武官及选人校副尉、下班祗应等人，该绍兴三十二年六月十三日登极赦，并与转一官资，到今陈乞，未见尽绝，若不申明，岁久别有冒滥。乞自今降指挥日立限半年陈乞，如出违限，不许受理。"诏依。其四川限一年陈乞，从之。32，p3250

【乾道三年】四月十六日，诏："近来诸路州郡添差差遣并无员额，可措置立定员数，以为格法。令检正都司将朕即位以来创立格法并革弊指挥，依枢密院编修成册，关送尚书省。"32，p3250

【乾道三年】八月五日，吏部侍郎李浩言："先准乾道三年正月六日旨，文武官依赦陈乞覃恩、转官，自今降旨日立限半年陈乞，合至今年七月初六日限满。缘限外尚有诸处申到，至今未得尽绝，乞更与量展日限施行。"诏更与展限半年，仍自今降指挥日为始。32，p3250

【乾道三年】十二月四日，成都府、潼川府、夔州、利州路安抚制置使、兼知成都军府事汪应辰札子奏："窃见祖宗时，凡籍于铨曹者，必欲其入远。所谓远者，四川、二广是也。熙宁三年始定《八路差官法》，昔之籍于铨曹者，委之各路转运司。如蜀中，则必以内地人参错其间，若州若县，各有员数。方天下全盛，仕进者众，虽不拘以入远之法，而内地之仕于蜀者尚不乏人，分注之法犹可行也。今蜀地僻远险阻，非人之所乐趋。至于或随牒、或避地而家于蜀者，类不下二十年，其实皆蜀人矣。乞行下川（陕）〔峡〕四路转运司合使窠阙，更不分川人、内地人，只

（今）〔令〕以名次依格法差注，实为允当。”从之。33，p3250

【乾道】四年二月八日，吏部言：“应四川因事到行在之人，许借四川转运司定差窠阙，依条指陈三处，从本部会问进奏院。如系三年以上合入窠阙，即出榜令参部，依本部格法注授。所贵可以发遣归川。”从之。33，p3250

【乾道】五年二月二十五日，诏吏部将文武臣转官内有碍父祖名讳，合行寄理之人开具因依，出给公据，理作付身。33，p3250

【乾道】六年十月八日，吏部侍郎张津言：“契勘待阙应之官违一年，在旧法别差官。况今在部员多阙少，待次愈远。乞自今除程外，并以半年为限。如违，即许已注下次人赴部，给据前去交割。今检会绍兴六年五月十六日已降（旨）〔指〕，淮南路已注授官应赴之（任）〔人〕违限半年，许报所属别行差官。”诏依，其淮南州县官限与减作一季。33，p3250—3251

【乾道】七年六月二十六日，诏：“访闻赴部注授或求堂除，在旅日久之人尚多，仰三省、枢密院疾速照应，依格差注。仍令吏部措置注拟，毋得留滞。”从都省检会《乾道三年八月二十二日指挥》，故有是命。34，p3251

【乾道】八年二月四日，诏吏部行下八路：“自今降指挥到日，并依旧法。其替阙不曾授到付身，自不合赴上；虽已成资，并不理任。如有在今降（旨）〔指〕之前已成资之人，其所受差遣与资序一等，即与放行；如系越等，亦不理任。”从吏部侍郎汪大猷等请。34，p3251

【乾道】九年六月六日，中书门下省检正诸房公事、兼权吏部侍郎俞召虎言：“窃谓吏部之任号为铨衡，品目繁多，又不能取必于一定之法，而傍出为循习之例。其求于法而不得，则委曲引例以为据。今四方之来者或以注拟，或以磨勘，或陈乞恩赏，或理雪过愆。军功、死事、归正、归明，体尤不一，必由铨部，惟吏之听。至有某事不应得，则引其例以予之；某事所应得，则引某例以沮之，以为乞取之弊。当官者深思（孰）〔熟〕计，期有以革绝之。其如前后申明、续降，岁月深明，不可胜数。乞令吏部七司勒主令法司，将前后申明、续降、应见引用指挥体例各尽行供具，如有漏落不实，勒罢，永不收叙。结罪以后，或复创有引据，依违其间、觊遂私意者，即以所结罪罪之。傥更有所犯，刑名重者，自合依本条科断。”从之。35，p3251

【乾道九年九月四日】，吏部言：“依《法》：‘之官违限一年除程不到者，报所属别差官，未报间亦听赴上。非次阙以得报日为始。'又《敕》：'淮南限一季，余路限半年，除程不到之人，并行使阙差人。见行遵守。'缘目今选人并系三政窠阙，其间第一政满，第二政因事故不合赴上，第三政官合行之任，本部虽已得报，缘第三政官未曾知禀本部，便行使阙差人。其地理遥远去处稍涉半年，所差下人便论第三政官已是违年，词诉不已。盖缘法内止该说非次阙以得报日为始，未曾别作措置。今措置，如有改替非次窠阙之人，照应今政替人待阙去处行下本州，取索本人知禀文状申部，并誊上待报文簿，分明批凿行下月日、书押郎官、其本处始选程限。三经举催不报到文状，即符本路就近监司究治，将当行人断罢。庶几如期报应，不致虚闲阙次。"从之。35，p3251—3252

淳熙元年四月二十八日，敕令所言："改修《乾道重修杂令》：'诸弃毁亡失付身、补授文书，系命官将校付身、印纸，所在州军保奏，余报元给官司给公凭。过限添召保官一员。如二十日外陈乞者，不得受理。因事毁而改正者准此给之。'"先是，臣僚上言："《绍兴令》：'去失在内限三日、在外限五日，经所属陈乞，出限者不许受理。'今来《乾道新书》限十日经所在官司自陈。又云'如三十日外陈乞者官司不得受理'，其文自相抵牾"。敕令所看详："欲将上条内'三十日'外陈乞者官司不得受理改作'二十日'，余依旧文修立外，其前项《绍兴令》条，缘本内限三日，在外限五日自陈日限，今照得系《绍兴参附吏部四选令》条。缘本所见修吏部法，候修至本（系）〔条〕，即照应今来所立'三十日外陈乞不得受理'令条别行修入。"至是修立成法来上，从之。36，p3252

【淳熙元年六月】二十九日，吏部侍郎韩彦直言："旧法：'之官违年，不以有无疾故，三十日内报所属别差官。未报间至者亦听上。'缘有失于分别，即于一年外不拘年月远近，但州郡未报别差官间，并许赴上。其州郡未申到阙状，本部不敢作阙收使，愈见积压在部人。乞自今遇有除程违之官条限更过三十日，不以已未报所属，并不许放上，本部一面照限使阙。"从之。37，p3252—3253

【淳熙元年】十月十六日，诏："四川添置岳庙，专差曾经十三处立功之人，不以将佐，并（兴）〔与〕差注，减半请受。四路州军分上、中、下三等添置员数，仍下逐路转运司定差使阙。"37，p3253

【淳熙】二年五月五日，吏部侍郎蔡洸言："诸处阙状多不〔依〕限申到，每有事故，欲得其阙者往往计会本处，匿而不闻，俟其参选，方令申部。及阙出，幸人不知，便行指射，期于必得。今之在选者，以侍右言之，亡虑千百计，每患无阙可处。自今诸州及转运等司所具阙状不依条限申发，计程违限千里以下一月、千里以上两月，及诸州非泛事故阙，因人陈请，见得不曾申部，并许从本选具当职官职位、姓名，申尚书省取旨。"从之。既而淳熙三年三月十四日，吏部侍郎司马伋言："乞下诸路转运司，州委通判，县委县丞，无通判、县丞处委以次官，监司委属官，专一申发阙状。遇有到罢事故人，于当日内县申通判，申本部。监司属官从本部径申。如有稽迟流落，依法科罪。仍令四选掌阙案置籍，常切检举程限。"从之。37，p3253

【淳熙二年】十一月二十七日，吏部尚书蔡洸言："本部自来所有未得中者，合明行申明。一、本部见使四川诸司属官窠阙，日经使晓示，候及一年，如无官指射，并乞行下四川转运司，依本部（是）〔见〕行格法差注一次。若本司两经集注，无应选人愿就，更不作选阙。候该差人给降付身讫，却依旧本部使阙。二、官员陈乞磨勘、转官，乞并行根检，案证互照。如有隐减年甲，即从实声说因依，写入告身。曾经磨勘之人，告内已行书写年甲，若有减落，仍从改正批凿。三、官员录白付身，乞并不许添注贴改。州军委官对读，责所委官吏结罪保明无差漏状申州，州缴连申部。将来或有异同，具所委官吏姓名，申取朝廷（旨）〔指〕。四、应陈乞遗表、致仕恩泽等，如限内经州军陈乞日，除程外限半年，须管申发到部，限外更不施行。五、臣僚日前合得恩例已给公据，后来责降，除见责授散官并安置居住人外，如缴到本部已给公据，并与依条收使施行。选人酬赏不即循转，乞不许于改官后作减年收使。"并从之。38，p3253

【淳熙】三年八月四日，诏："应命官参部而年甲不实，欲冒注授者，与展名次半年，若磨勘而年甲不实，欲冒转官者，与展磨勘半年。限一月许自首改正。"38，p3253

【淳熙】四年五月二十七日，吏部言："欲自今命官到部，会到刑寺有公罪流以下过犯未结绝者，令吏部告示本人，如愿就刑寺结绝者，即（今）〔令〕开具三代、年甲、乡贯、脚色所供诣实因依，甘伏朝典状，申吏部，经备所供，关刑寺，参照元犯，具事因申省结绝。如不愿就刑寺供具，即听候本处结绝施行。"从之。38，p3253

【淳熙】五年二月二十五日，吏部尚书韩元吉言："铨量之法最为近古，乞自今应知州军、知县、县令合铨量者，于癃老疾病之外，取其履历。若有过犯，虽不曾推鞠，已经赦宥，并令长贰酌其情理轻重。若难付以（川）〔州〕县之寄者，详具别次等差遣。仍具事因申都省及关牒御史

台照会。"从之。38，p3253

【淳熙五年】三月二十七日，吏部言："十三处立战功已离军人，已降指挥，创置破格岳庙，每州差二员，减半请给。今乞改作添差，许修武郎以上指射。如亲民资序人，与添差诸州军兵马都监；监当资序人，与添差监当场务，并不厘务，仍许添差两任小使臣、校尉，每州亦差两员。亲民资序人与添差诸州军兵马监押，监当资序人与添差监当场务，校尉添差指使，并不厘务。大小使臣内有愿作岳庙者听。"从之。其后六年二月二十八日，吏部又言："四川（载）〔战〕功破格岳庙，亦乞改为添差，下四川转运司刷阙，出榜差注。"亦从之。39，p3254

【淳熙五年】五月二十一日，敕令所重修《吏部四选通用令》："诸犯赃罪若私罪情重，拜未历任，承直郎以上未成考。或无举主及停替未成资，并不在选限。即成资后，因前任过犯该停替，听与选。"从之。以吏部侍郎司马伋言，旧令不曾开注，故重别修定。39，p3254

【淳熙五年】闰六月十三日，吏部言："《六部郎官就理关升条》：'诸郎官任内该关升者，并通实历年限，听理合入资序。'本部契勘，郎官昨任外官日，虽已关升，其间于常格合用任数外，多有余剩月日，若止自曾经关升之后别理考任，不与收使，则与外官无异，而郎官就理关升专条遂为虚设矣。"诏吏部依郎官见行条法施行。39，p3254

【淳熙】六年正月十六日，吏部侍郎、兼权尚书程大昌言："乞将已射阙该铨量人如实病不能赴铨，且于阙榜之侧注说系某人射下，见病候铨量。不以是何假故，通过十日，许他人射注。"从之。先是，大昌言："在《法》：'大小使臣注应铨量差遣人许留一月外，方（今）〔令〕他人改射。'缘此有三弊：凡注阙三员外不许别换，今既占定此阙，妄请病假，旋询好弱，虚一月又却别授，是为暗坏不许改换之法，一弊也。其人身实在远，凭人代射，旋来赴铨，尚无大害；如不及赴，遂成虚占一月，方碍在部，二弊也。假如甲、乙、丙三人皆该此阙，甲不愿射而丙实欲之，丙（知）〔资〕次恩例皆在乙下，遂已赂甲，令且占下，旋以病状拖过月日。乙不知其为幸也，遇阙即已别授，甲方退出，则丙遂得之，三弊也。"故有是命。40，p3254

【淳熙六年正月】十六日，诏："归正官自今须要亲身到部，有召保官二员，内须要今任满罢日，非归正人而同在本州军，在内知识官一员。即虽同在一州军，而任诸县官者非。其初离军人，亦于保官二员内召未离军时同

营官一员，并后所属，结罪委保正身不系承代诈冒。到部须经长贰亲加引问照验，方得放行添差。"40，p3254—3255

【淳熙六年】九月十六日，明堂赦："应官员任满批书并四川、二广升改，考第、举主、定差使阙恩例，名次有小节不圆，取会留滞，并许就行在召本色官二员委保，先次放行。案后取会，如有违碍，依条改正。"自后郊赦同。40，p3255

【淳熙六年】十二月五日，吏部侍郎芮𬀩言："川广拟官，以道路回远，径赴本路转运司，参司注授，各不逐季申发，于是有积压之弊。今乞令逐路应有参司官，每月先具所理恩例、名次申部，本部以所申置籍抄转，仍每岁参司官脚色置籍申部，庶几定差文字到日，本部得以稽考。至于差注不公者，许集注官先经各路本司，次提刑、制置、经略司陈诉，令各司受理互察。"从之。41，p3255

【淳熙】七年二月五日，吏部侍郎阎苍舒言："乞令诸路漕臣将所部州军每州专委通判一员，三衙并驻札诸军令主帅各委将佐一员，将诸军及外路州、军、县、镇、乡村使臣、校尉如遇身亡事故人当日专状供申本部讫，仍取索付身，关报本州，批凿身亡月日，给还本家。"上曰："如此关防，则可绝伪冒承代之弊。"于是诏依所请。如有违戾，其所委通判并将佐取旨施行。41，p3255

【淳熙七年二月】十四日，诏："吏部四选各于岁首刷四川定差二年以下及见阙差遣共一百阙，以待因事到阙之人注授。"先是，利州路转运司言："近承《淳熙三年指挥》：'吏部四选措置，将四川定差窠阙内每月刷三年、二年以下并见阙去处，许令因事到阙人注授。'榜及一季，无人愿就，即行下使阙定差。本司每遇集注，有名次该注某阙，其下名自知不可得，却急赴部先注。缘本司系代曹参选注授，兼照得《淳熙吏部四选通用令》，止将四川不该定差窠阙听本部出一次，其前项指挥冲改上条，于四川漕司集注未便，乞参修条制。"本部言："已降指挥，难以遽改。昨来措置，每季〔逐〕路各刷五阙〔岁〕〔截〕留，以待到阙之人。今乞改每季作每年，令四川各于岁首刷本路二年以下及见阙各十员，许因事到阙人注授。分明具阙次下逐路，权不定差上件窠阙。"故有是诏。42，p3255

【淳熙七年】八月十一日，臣僚言："乞自今见任执政、台谏子孙并与祠庙差遣，特许理为考任者，即日并罢，应历过月日，仍许他日通理。"诏吏部条具以闻。既而本部条具于后："一、见任宰执、台谏子孙，京官、监当并知县资序并选人，并差岳庙。二、见任宰执、台谏子孙，京官、知县资序或通直郎以上，并宫观一任。见〔任〕宰执、台谏子孙，元授内外厘务差遣，已到任人，即日许父祖陈乞改差，仍许通理前任月日。三、见任宰执、台谏子孙，铨试中，入官年久及并任满得替，或已注授而未赴上者，并许父祖陈乞。四、宰执罢政，台谏改除，其子孙已任岳庙，愿终满者听；或不愿终满而别授合入差遣者，亦许通理。五、见任宰执、台谏子孙，见系知县资序人，所得宫观虽许理考任，(郎)〔即〕不得当实历知县。六、如遇陈乞祠庙，先关会吏部，于法不碍注授者方差。"从之。42，p3255—3256

【淳熙】九年二月五日，诏："诸注官不厘务非。不注本贯州。因父祖改用别州户贯者同，应注帅司、监司属官于置司州系于本贯者皆准此。不系本贯而寄居及三年，或未及三年而有田产物力，虽非居住处，亦不注。宗室同。即本贯开封，惟不注本县。"先是，吏部条具宗室寄居及庶官流寓州县不许注授差遣。上曰："寄居不必及七十，有田产不必及三等。凡有田产及寄居州县，并不可注授差遣。可令敕令所参照旧法修立。"至是敕令所增修来上，故有是诏。42，p 3256

【淳熙】十年正月十九日，臣僚言："乞下二广转运司，所有定拟窠阙，须候省(剖)〔部〕给到差札，方许赴上，不得先令就权。如有不可阙官去处，即于州县见任官内选委，时暂兼权。"从之。43，p3256

【淳熙十年】二月八日，诏："自今吏部注授沿边职官县令、兵官、巡尉，并令照应格法，铨量人材。"先是，臣僚言："朝廷除授，既重内地，远塞穷边，人所不乐，至吏部注授昏耄庸缪过犯之人，不得已而就焉，故州县官吏多不称职。"故有是命。43，p3256

【淳熙】十一年九月二日，臣僚言："添差之员，宗室、戚里、诸军拣汰与夫近时十三处立战功人、归明、离军、忠顺官，非泛恩例，其类不一，宜痛加裁抑，纵未能尽削冗滥。迩来添差中有元降指挥带任满更不差人者，及其任满，仍再差人；有令再任，有差待阙，源源不绝。乞重行相度，今后遵依元降指挥不差，仍不创置。"从之。43，p3256

淳熙十六年二月四日，登极赦："应文臣承务郎、武臣承信郎以上并内臣及致仕官，依绍兴三十二年赦文，并与转官，不隔磨勘。仍依当月二十四日续降指挥：'文臣中大夫、武臣承宣使以上，并其余碍止法人，并依条回授。选人、校副尉、下班祗应在职任并岳庙(入)〔人〕，并特与循一资。已系承直郎，候改官了日减二年磨勘。'仰所属曹部更切检照当年已行体例，毋得增损漏落。应命官因臣僚论列，或监司守倅按发，不曾经取勘，一时约作过犯，可并与除落，依无过人例施行。"44，p3257

【淳熙十六年八月】二十四日，权兵部尚书、兼知临安府张构言："(切见)〔窃见〕小使臣添差之阙，州郡皆有定员，总为阙四千八百七十有九。今赴部注授者才千余人，尚左等处可以类推矣。若添差之人止令照阙注授，则于州郡未为甚害。今乃有特添差之说，投牒朝廷，径指阙次，初非定员，亦无替官，惟(怿)〔择〕近地州郡，源源而来，至于本府，尤所争趁。欲乞应添差官员亦（无）并令赴吏部照（关）〔阙〕差注。"诏："诸州军添差官除依条法指挥差注人外，今后不许创阙特差。见任人令终满（令）〔今〕任，任满更不差人。" 45，p3257

【绍熙元年】十二月一日，中书舍人倪思言："吏部四选有名籍簿，凡文武臣僚乡贯、三代、出身、历任劳（续）〔绩〕、过犯，莫不具载。每朝廷除授，吏部注拟，台谏论列，给舍缴驳，皆于此有考。臣近者尝取而参照，乃是数年前所定者。后来升降与夫合书功过，咸不（许）〔详〕备。欲乞再令吏部委各曹郎官重加编类，自后或有升降功过，以时注凿，月为点检，庶几不至差误。"从之。45，p3257—3258

【绍熙二年】十一月二十七日，南郊赦："官员任满批书印纸多有小节不圆，见碍注授升改。并四川、二广升改考第、举主、定差使阙恩例、名次应得格法，缘本路转运司行遣或州军批书不依式及小节不圆，致取会留滞，有碍参选。并许令就行在召本色官二员委保，先次放行。案后取会，如有违碍，依条改正。" 45，p3258

【绍熙二年十一月二十七日】，赦："应承务郎以上使臣，不因赃罪降充监当人，如后来别无赃私过犯，并与牵复差遣。或不因罪犯，乞折资注授，若无规避，理元资序者听。" 46，p3258

【绍熙二年十一月二十七日】，赦："承务郎以下，已授差遣，未赴任间丁忧、服阕，并州府依条保明到选人陈乞祖父母、父母老疾，合得家便恩例，其间有不曾连到保明正身并勘验公据，致碍参选注授之人，可令吏部特与放行。" 46，p3258

【绍熙二年十一月二十七日】，赦："承直郎以下犯公罪杖笞，赴部注授，会到寺，见有公案未结绝，合取旨之人，且与放行参选。后有特旨，即依特旨改正。" 46，p3258

绍熙五年七月七日，登极赦："应命官犯公私杖以下罪，元（元）〔非〕赃滥者，可免理年举主，并与依无过人例施行。" 47，p3258

【绍熙五年】九月十四日，明堂赦："文〔武〕官员犯罪先次放罢，后来结断，止是笞公罪，为有再得指挥，仍旧放罢，吏部见理后来年月降罢名次，可特与理先降指挥年月施行。"庆元三年南郊赦，嘉定八年、十一年、十四年明堂赦并如之。47，p3259

【绍熙五年九月十四日】，赦："应命官酬赏，因犯公罪，须候一任回，方合推赏者，若经今赦，合依无过人例，便许收使。"庆元三年南郊赦亦

如之。47，p3259

【绍熙五年九月十四日】，赦："文武官陈乞奏荐，各有发奏期限，其间有未入限前发奏并不填实日，却系在应发奏月分，或保官漏行声说作保次数，并特与放行。"庆元三年南郊亦如之。47，p3259

【绍熙五年九月十四日】，赦："应官员任满批书印纸多有小节不圆，见碍注授、升改；并四川、二广升改，考第、举主、定差使阙恩例、名次应得格法，缘本路转运司行遣或军州批书不依条式及小节不圆，致取会留滞，有碍参选。并令就行在召本色官二员委保，先次放行。案后取会，如有违碍，依条改正。"嘉泰三年南郊赦亦如之。48，p3259

【绍熙五年九月十四日】，赦："应命官犯私罪徒经今十二年、赃罪杖以下经今二十年，有五人奏举；公罪徒、私罪杖以下经今七年，或元因注误，或法重情轻，并有三人奏举者，许今后不碍选举差注。其犯公罪徒、私罪杖以下经今十二年、公罪杖以下经今六年，有二人奏举者，今后与依无过人例施行。若公、私罪不至勒停，特旨勒停，加举主人一员；公罪徒合该勒停之人，与增展二年，并加举主二员，亦许依无过人例施行。以上并须情理稍轻及（被）〔备〕坐后来各不曾犯赃、私罪，并听于所属自陈。内承直郎以下犯私罪徒、赃罪杖，不碍选举差注。若举主、考第比无过人例合磨勘者奏裁。其犯公罪流，非用刑惨酷及拷掠无罪人致死及失入死罪之人，如及二十年，不曾犯赃、私，更加举主一员，在内于刑部、在外于所在州军自陈，保明申奏，亦与依无过人例施行。"嘉泰三年南郊赦亦如之。48，p3259

庆元元年二月十日，吏部言："侍郎左选承直郎以下陈乞参选注授，会到刑部、大理寺有过犯，刑、寺引用乾道元年六月二十二日、乾道二年十月九日指挥，命官因州按发，不曾经推勘体究之人，并免约法。及引用绍熙五年七月七日登极赦文，应命官因臣僚论列，或监司、守倅按发，不曾经取勘，一时约作过犯，可并除落，依无过人例施行。应命官犯公、私杖以下罪，元非赃滥者，可免理年举主，并依无过人例施行。本部照得官员虽该前项赦恩除落及免约法，其间却按章内赃数项目明白，或曾差官体究，却不曾取责本官伏辨文状，及有曾追合干人供出贯伯，却无的确赃数，亦无交付何人收领，不显缘公、缘私等，见行下大理寺约罪，及行下本处取会。未报到间，准刑部关该遇赦恩除落及免约法。缘似此在部之人，本部若不与放行参选注授，缘已该大赦，曾经刑寺陈乞除落及免约法；若便与放行注授，窃虑收使恩例及理名次在上，升压无过犯人，无以分别。今措置，欲自今后令本部照应似此罪犯之人，并与注降等合入差遣。如同日指射差注，在无过犯人之下。若有赃罪明白之人，亦不许注授掌财赋及收趁课利去处。"从之。50，p3259—3260

【庆元元年】六月二十一日，臣僚言："窃见宗子压在部选人，仍有占射恩例。凡在部窠阙，例为所占，至有一阙连三两任，但是宗子，故在部孤寒选人，虽欲指拟一阙，厥为难哉！欲令吏部注官之际，有宗子主拟窠阙①之处，须得外姓一任间之。傥其中间以外姓，而外姓适有事故者，亦听其同姓为代。"下吏部看详："欲从所请。今后如已隔政差下宗室，却中间外官一政，或有非泛丁忧、事故，仍听所差下宗室连并赴上。"从之。50，p3260

【庆元元年】十二月三日，刑部、吏部言："（诏）〔绍〕熙五年七月七日登极赦：应命官因监司、守倅按发，不曾经取勘，一时约作过犯，并与除落，依无过人例施行。照得大赦前有命官在任犯赃，因监司、守倅按发，曾经体究，直降指挥降官放罢之人，例因大赦，经部陈乞除落过名。本部欲将似此不曾经取勘之人照赦与之除落，即系与无过人事体一同，终是曾经体究。兼准今年三月二十六日从臣僚申请指挥，曾犯赃罪被劾降官罢任之人只许宫观岳庙，以此未敢照赦除落。乞明赐施行。"诏："命官因臣僚论列，或监司、守倅按发，身不曾亲被取勘，止泛言赃数，委无实迹，一时约作过犯之人，并令（曾）〔遵〕依大赦施行。如身不经勘，而曾约体究干连赃证，有实迹者，后来得旨降官放罢，照应只许受宫观岳庙指挥施行。如命官犯赃，身经勘鞫招伏，事状明白，并照见行条法。"51，p3260

【庆元元年】八月二十九日，中书门下省言："已降指挥，诸路属官今后并不作差注本贯及居止在本路者，见任人令终满，已差人听两易。添差不厘务者非。"诏"已授未赴上人，如无人两易者，许于吏部退阙，先注授本等差遣。其坑冶司属官止避本贯及居止处"。51，p3260—3261

【庆元】四年二月三日，臣僚言："国家铨选之法关防严密，载在令（申）〔甲〕，昭若日星。往往有司失于奉行，遂致奸〔弊〕百出。外而监司、州县，沉轧缺账，不即申发，而胥史、邸吏（赏）〔卖〕弄阙次，

---

① 宋元时期官职空缺之称。

专务隐藏。铨法之害，莫此为甚。在外州县官有到罢事故，寄居、待阙官有非泛事故，或阙到，合行之官而违限不赴，或见任去替半年，未曾注授替人之类，一时官吏隐而不闻，至有下政指论前官事实，而陈乞改替者。或有丁忧人，直至服（阙）〔阕〕参选而自告言者。或有见任官事故而监司、守臣差人权摄，利于兼局所得而不许入阙状者。或有亲戚待阙他州，知其事故，计嘱不申，径用占射恩例，作远阙指射，而卒得近见之次。（沉）〔况〕在《法》：'不依限申部杖一百，吏人三犯勒停，当职官奏裁。诸州令转运司从本部并申尚书省，如有情弊，根勘具奏。'法非不严，而外之监司、州县视为文具，使选部无由得知，此所谓沉轧缺账，不即申发之弊也。诸路有日申，有三日再申，有月五类聚别申，千里以上限一季申。多是无图罢役书铺或火下及代名守阙亲事官，公然与在选吏贴并顾书人就前路或诸门接见承局，厚致赂遗，取买阙状，收藏在家，作暗阙出卖。间有（斋）〔赍〕赴进奏院者，被院吏擅行开拆，以抄录照用为名。或有州县经阙，进奏院或报进奏官，亦与书铺、选吏通同（赏）〔卖〕阙，候其当次，一射可得。况在《法》：'应出阙而吏人漏落藏匿，各杖一百，仍降一资。'又'藏匿见行文书有情弊者，以盗论。诸盗文书徒二年，不以赦降原减'。法非不严，而内之胥史、邸吏故为弊幸，使差注不行。此所谓卖弄阙次、专务隐藏之弊也。乞备坐条法，申严镂板行下，务在遵守。外而监司、州县，须管依条限申发缺账；内而胥（吏）〔史〕邸吏，不得复行卖弄阙次。稍有违戾，依法断遣。赃重者以枉法论，当职官依条从本部具奏取旨，庶得阙次流通，士夫免留滞之叹。"从之。52，p3261

【庆元】五年三月十一日，臣僚言："乞初任通判人不许径与州郡，京官注属官人不许（唤）〔换〕选人阙，合该堂除人不许送部越次注授，六部架阁人不许冗流得以充数，已降永不得与亲民差遣指挥人不许复任监司、郡守，已经除授远地不肯赴上之人，不许别与近地差遣。"从之。53，p3261

【庆元】六年五月十四日，诏："吏部长贰严行约束本部人吏，将应干见行及日后承受到文字须管先次疾速行遣，不得住滞。如有小节未圆，续行取会改正。其余曹部依此施行。"虑恐当行人吏〔非〕理阻难，及将小节不圆一例不与放行，致使官员留滞等（侍）〔待〕，故有是命。53，p3261—3262

【嘉泰三年五月】二十六日，监察御史陆峻言："尚书六曹皆号法守之地，条格品目，吏铨尤为详密。比年以来，铨法滋弊，人有幸心。臣尝推原其故，其始盖起于废法而创例也。夫法不足而例兴焉，不知例一立而吏奸乘之，异时比附并缘，（寝）〔寖〕失本意，于是例用而法始废矣。欲望申饬吏部，自今后一切遵用《淳熙重修七司敕令格式申明》，及当时臣僚所进表文后所乞事件外，所有前后循袭成例者，非有申请画降圣旨，并不许承用，违者重置典宪。"从之。56，p3263

【嘉泰三年】十二月十七日，考功郎官王闻礼言："窃见近者臣僚陈请，选人历四任十考而实历监当、狱官、县令各三考者，与改入官。见蒙朝廷行下本部，遵守施行。兹固足以振拔滞淹，收拾遗材。然而应格者终少，且县令、狱官诚为繁重，而监当盖有优轻者。今有或为县令两任、狱官两任，以不曾经历监当之故，四任十二考虽足，不敢放行。区区愚见，以为有不任监当而曾任县令或狱官两任者，许理为监当之数；如阙县令、狱官一任，虽有监当两任，不与通理，庶几实历重（虽）〔难〕之人应得上件资格。伏乞详酌施行。又近日陈乞四任十二考之人，任考虽足，其间县令、狱官、监当任内偶因丁忧、事故，以理去官，一任之内，所少或一两月，或十数日，便以不满三考告示，不该放行，以故应格者尤艰。欲乞将曾历过上项三任之人，每任实历三十个月，便许理为一任。但须监当、县令、狱官通满九考，方理为实历。如此则绝长补短，人被宽恩，天下无遗才之叹。"从之。57，p3264

开禧元年闰八月六日，臣僚言："六曹之设，皆为法守之司，而吏铨为尤详，条格品目，炳若日星。比年以来，创例废法，循习滋久，流弊有不可胜言。试以一二言之。诸文学遇赦许注官，法也；今乃以公私试曾中及已用覃恩幸学恩例升甲推恩，后又欲用为免待郊参部，果法乎？诸黄甲已授差遣丁忧、事故人，服阕到部，许同在部人注授差遣，法也；今必欲占射未便阙，果法乎？诸初注权官，任内不许循资，虽奉特旨收使者执奏不行，法也；今乃却于未赴任间多方图谋酬赏资，径欲作正官理为考任，果法乎？初官不许差辟，法也；今乃却于部中注授差遣，后径欲作经任人，以图辟差遣，果法乎？在《法》：'应得循资以上酬赏不许留后收使。'今有选人未转至承直郎，改官后却欲将选人时所得酬赏作京官磨勘收使，果法乎？在《法》：'诸已授阙，不许退换，拟定三日内，许换经使阙一次。'今有已授差遣，出三日限，虽一两月后，亦别作缘故退阙，仍欲占射非次阙，果法乎？凡若是者，得之者不以为恩，不得者适以为怨，吏奸乘之，比附并缘，请嘱公行，祖宗成法荡然无有。欲望申饬吏部，自今以往，凡有成法者，不得援例引用，庶几幸门杜绝。"从之。58，p3264

【开禧】二年九月十三日，明堂赦文："应命官管押纲运，偶缘元差官司失于照应，致有年及六十以上或无举主，未曾到部，及课利场务监官并有进纳杂流与夫特奏名，并差别路官管押，或陈乞厘革之人，但所押钱物别无少欠，见碍推赏，可特与放行一次。"58，p3264

【开禧】三年九月十一日，诏："应任极边差遣人不愿循三（次）〔资〕，与减常员举主两员，次边与减一员。恩科出官人一任理一考者，极边差遣与理两考，次边与理一考半。并及三考，方许引用。自今降指挥之后，如有赴部注授见阙之人，即欲与就部出给理当减员增年公据。如京朝官、选人、大小使臣应赴边任，出边一季不之任人，日后参堂到部，并不得与授差遣。"59，p3265

【嘉定】四年十二月二十八日，吏部言："臣僚检会，凡弹劾放罢之人，率以二年为限，方许授祠禄。祠禄任满，然后取旨除授。乞下部，照累降指挥遵守。本部照得京官按劾之人以二年为限，方授祠禄。其选人止有县令限年参选指挥，余官并无限年条法。今措置，欲将选人县令任内经臣僚或监司、郡守按罢，如曾经推勘体究之人，罪状显著者，昨降指挥，放罢满一年参选，今欲展作二年后，方许陈乞参选。内有虽不曾经取勘体究，（两）〔而〕按章内声说赃滥明白，自放罢后并合满一年半，方许陈乞参选。其县令为监司、郡守一时按罢，按章内无赃滥等实迹，只是职事旷弛者，满半年后参选。其余选人任职官、县丞、判司、簿尉、教授、属官、监当等，内监司、郡守按罢，其赃滥明白者，虽不经〔取〕勘体究，欲自放罢后亦满一年方许参选。除县令外，余官犯公罪，照差替元法降两月名次，今展作一季名次，方许注授。"从之。60，p3265

【嘉定】五年十一月二十日，南郊赦文："应文武臣年七十以上，遇大礼合该奏荐之人，若从来未经荫补者，可特与放行一次。"八年十一月明堂赦亦如之。60，p3265

【嘉定五年十一月二十日】，又赦文："《嘉定四年十二月二十八日指挥》：'承务郎以上，在任经臣僚或监司郡守按罢之人，比类侍左措置。如曾经推勘体究之人，罪状显著者，昨降指挥放罢满一年参选'，今欲展作满二年方许参选。内有虽不曾经推勘体究，却缘按章内声说赃滥证据明白，放罢后并满一年半方许参选。按章内无赃滥等实迹，只是职事旷弛，满半年参选。今来既该郊恩，应犯在今赦以前，令吏部四选将上项展年参选人特与减年，许行参注一次。内元合候满二年参选人，令减作一年；合候满一年半参选人，减作半年；合候满半年参选人，即与放行参选。其赦后有犯人，自照应元降指挥施行。"61，p3266

【嘉定五年十一月二十日】，又赦文："使臣常程短使，旧法参部三月收入住程，被差之人三月一替。昨缘开禧修书将合该短使人止满一月收入住程，才遇住程，月日既满，虽不曾差充短使，亦得自便。其已被差充短使人缘尚照旧法，却须候满三月，方得交替，委有抵牾，遂使外方之人久成留滞，理宜优恤。可自今赦到日，令吏部将常程短使已满一月，（既）〔即〕听交替。"八年、十一年、十四年明堂赦亦如之。61，p3266

【嘉定】六年六月二十八日，臣僚言："初官不许占经任之阙，选人宗室许连授两政；年及三十，经任有举主人方许注选阙；年及六十，不许为狱官；曾经改官年及人，止许补外郎签判；或曾铨试不中年及人，止许注川广残零阙；捕盗改秩，必须先注县丞、令录，打归破格，方许集注；非阙期相近一年，不得互易差遣；按罢曾经鞫勘，一年方许参选；大使臣转武翼郎，经郊方许奏荐；小使臣非曾关升，难以亲民。是岂立法之不善哉！自夫不能权之以人，部吏与书铺相为表里，遇一暗阙，如获宝货，百端邀求。稍厌其欲，名曰榜示，其实未曾。及其出阙，不问前后资历有无分数，密以为地，俾之注拟而去。夫铨选之法，以历任浅深为资序之高下，以分数多寡为注拟之后先，可谓至公，了无欺弊。今也私意一萌，所当入者匿而不示其阙，所不当入者乃窃取而冒得。试诘其故，则曰此人某官（人）〔之〕亲若故也，此人某官之兄若弟也。是岂立铨法之本意哉！乞下臣此章于吏部，俾确守成法，检梐奸弊。如部吏与书铺仍旧扶合欺谩，必重置典宪。其或以（而）亲族而（桡）〔挠〕法，以故旧而坏法，许御史台弹劾以闻。"从之。61—62，p3266

【嘉定六年】八月三日，臣僚言："检准《嘉泰四年八月二十三日集议指挥》：'应文武官除磨勘转官外，应以恩赏转者，每年不得过两官。注文：谓如今年八月二日已转过两官者，须候来年八月一日以后，别遇恩赏，方许转官。如更有合转官恩赏，并作磨勘收使。'窃详当来集议之意，正以谨重赏典，用革泛滥之弊，其欲永久施行，亦贵于法意与人情相合。今观元来《集议》之文诚有窒碍，至于赏功之意，颇为亏失，不容不加订正。今照注文：'谓如今年八月二日已转两官，须候来年八月以后，别遇恩赏，方许转官。'其所以明立一年条限，固为严切，但失于照应初转第一官月日，未免有碍一年不得过两官之制。假如嘉定元年正月十五日转第一官，八月二（十）〔日〕转第二官，若直至来年八月二日方许转第三官，即是一年七个月方得转第三官，此犹是日月差近。又如嘉定元年正月十五日转一官，当年十二月转二官，若依《集议指挥》，直至来年十二月满一期，方转第三官，却是始终两年，止许转两官。其实每年止得转一官，乃于一年不得过两官元制委有抵牾。今乞朝廷详酌，立为定制。应文武官每岁自正月一日以后止十二月终以前，除磨勘转官外，如有恩赏，止许转两官。其更有合转官恩赏，并作磨勘收使。如此则限制截然，了无抵碍，庶可永久施行。乞下吏部、敕令所公共审详，修立成法，实为利便。"吏部、敕令所看详："《嘉泰四年八月指挥》：'其每年不许过两官注文委有未便。'今欲从所乞，自正月一日至十二月终，除磨勘转官外，许转两官，委是顺便。所有元降指挥，如更有合转官恩赏，并作磨勘收使。其注文欲只仍旧施行。"诏依吏部、敕令所看详到事理，令吏部常切遵守施行。63，p3266—3267

【嘉定】八年二月十八日，吏部尚书李大性言："吏部见行条令：'诸福建路知通、录事、司理参军、令佐不得差本路一州人。'照得川峡路差注不许同任，向来亦有此法。其后乾道三年指挥已行冲破。盖缘承平之日，在京去川峡、福建地里甚遥，遂一时如此措置。目今福建与昨来事体不同，兼相避之法引用不一，委是未便。照得在《法》：'诸川峡知通、职官判司、兵官、令佐不并差川峡人'；又《令》：'诸福建路知通、录事参军、令佐不得差本路一州人。'除川峡路不并差本路人条法，已有绍兴十七年十二月三日并乾道三年十二月四日《指挥》冲改，权不引用上条外，所有前项福建路知通、录事、司理、令佐不得差本路一州人之法，未有承准指挥冲改。今欲将福建路知通、录事、司理、令佐不得差本路一州人条法，照川峡路已得指挥，权不引用上件条法施行。"从之。64，p3267

【嘉定八年二月】二十四日，吏部尚书李大性言："铨法旧来作县罢黜人，不过两三月再行到部，复注县邑。至淳熙十三年七月，吏部遂行措置，画降指挥，知县、县令为监司、郡守及臣僚按罢，不曾经取勘及体究者，放罢后到部，不许注繁难大县及选阙知县、县令，止（法）〔注〕其他小县。惟是当来措置不曾分别，岁月滋久，奸弊甚多。如所谓繁难大县，除四川外，不过有四十阙。此外又有望县，有紧县，有畿赤县，有选阙县；又有上县，有中县，有中下县，有下县，皆出于邸吏供具，以为《九域志》所载如此。采之（郡）〔群〕议，稽之案祖，近年以来，作县罢黜人有力者或行宛转，或行计嘱，间得复注紧县与望县者，与四十大县无异。其贫困无力者，不过得穷僻下邑，以应复注小县之文。兼邸吏所具下县，除川广之外，不及二十处，而侍左与侍右堪作县人通差注，其尚左京官、尚右大使臣可注之小县不过三数阙而已。以此差注不行，多是攀援前来不当之例，除四十大县与选阙外，却于其余见榜县阙陈乞差注。窃谓作县罢黜人既是一体，岂应有不均之弊。乞将大县并望县、紧县、上县、畿赤县、选阙县，其放罢人不许差注外，有中县、下县，许令作县放罢人差注施行，庶几免致壅滞。目今县分间有难易与旧来事体不同去处，今将紧县内道州宁远县、营道县、复州景陵县并降作中县；其上县内赣州安远降作下县，随州随县、汀州上杭县、蕲州黄梅县并降作中县。其中县内有可升去处，太平州芜湖县、福州宁德县、无为军巢县并升作上县外，有进奏院供到十一县，《九域志》内不曾该载望、紧、上、中、下县去处。数内欲将抚州临川县作望县，处州庆元县、建昌军广昌县、抚州崇仁县、乐安县、建昌军新城县并作上县，武冈军武冈县、靖州永平县、德安府云梦县、复州玉沙县、蕲州罗田县并作中县。乞下吏部，照上件分定县分高下，置籍遵守，差注施行。"从之。65，p3267—3268

【嘉定八年九月十五日】，又赦文："知县、县令放罢后到部，从已降指挥，不许注繁难大县及选阙知县、县令，止许注小县并中县、下县知县、县令。似此之人如该今赦，令吏部开具元犯申尚书省，酌量事理（经）〔轻〕重。除不许注授繁难大县及选阙外，特许注授见榜上县并未应出阙中县、下县知县、县令一次。"十一年明堂赦亦如之。66，p3268

【嘉定八年九月十五日】，又赦文："应冲替命官，系事理重者，与减作稍重，稍重者减作轻，轻者与差遣，差替放罢者依无过人例，使臣比类施行。其缘公犯罪冲替，重降作轻，稍重者与本等差遣。"十一年明堂赦亦如之。66，p3268

【嘉定】十一年九月十二日，明堂赦文："（劝）〔勘〕会命官所得酬赏，在任公罪降官，不因本职或得替后被罢，行下约得刑名系是公罪杖以

下，该遇（令）〔今〕赦，合依无过人例，特与照数放行一次。"十四年明堂赦如之。66，p3268—3269

【嘉定十一年九月十二日】，又赦文："在法，命官陈乞磨勘服色年限内，曾因罪编、羁管、勒停、责授散官、追官或居住，若除名后虽已改正过名，而无理元断月日之文，其以前被罪年月并不许收使外，节次官司引用不明。自今后命官被罪以后至改正之前年月，并不许收使。其未被罪以前历过年月，系是未有罪犯，合与放行。"67，p3269

【嘉定】十四年六月十六日，德音赦文："勘会蕲、黄州并管下县镇近以虏寇惊扰，其间有官之家或致因而失去付身、告敕之属。自德音到日，限半年内许经（准）〔淮〕西制置司陈乞，召文武升朝官两员结罪保明，备申所属省部，即与出给公据，放行参注。"67，p3269

【嘉定十四年】九月十日，明堂赦文："（酌）〔勘〕会见在部待次、不得与亲民差遣人该遇今赦，令吏部开具元犯申尚书，酌量事理轻重，特与注授小军州签判及远小县县丞一次。如犯在赦后，依已降指挥施行。"67，p3269

【嘉定】十五年八月十六日，臣僚言："窃惟入仕之途杂于弊幸之多端，而诈冒同姓，则其尤甚者也。军功阵亡之泽，无子则许奏婿，所以示优恤之意。其无女者，乃售于多货，而冒为婿以补官。迺者陛下因廷臣之请，亦既严其禁矣。若诈冒同姓之弊，则未之革也。今军功杂流有延赏而无嗣续者固多矣，奸民罔利，往往为富室道地，恐之以离革之说，啖之以养赡之利，公为契券，以赀鬻官，伪为亲子，奏补入仕，因得以不碍格，经营漕举。侥幸换过，即经铨曹陈乞归宗。更易〔再〕三，以伪为（员）〔真〕，人不复可瑕疵之矣，名曰'脱胎换骨'。若此之比，实繁有徒。然则奸法禁，乱选举、冒官爵，敢（谓）〔为〕是无忌惮者，盖亦奸胥猾吏相为表里，舞法而慢令耳。厥今员多阙少，率一阙而待者数人，未免有贤愚同滞之叹。属日庆宝告成，霈恩旷荡，内焉三学之士暨于京庠，皆得以免举，外焉麾轺捧表、特奏末名，悉得推恩入官，占阙有增无损。如臣所陈，是亦澄源汰冗之一端也。欲望明诏有司，凡文武官已登仕版者，并不许陈乞归宗，永著为令，俾知遵守。革伪冒之弊，绝觊幸之心，诚非小补。"从之。68，p3269

【嘉定】十六年八月十一日，吏部郎中汪立中言："朝廷公论在铨曹，公道在法令。守法则人无幸心，破法则人得援例。盖幸法之立，乃幸心之所由起。士大夫未尝无幸心，以吾有公法制之尔。法既有幸，人心乌得而不幸耶？是知幸门不可开，幸例不可立也，明矣！臣有愚见，冒昧敷陈。窃惟本曹掌选人酬赏、循资，具有成法，不容紊乱。但迩来因该遇宝赏，如无资可循及举员足于宝赏之前者，合与给据，候磨勘日久。使今乃有资可转，却不即时陈乞，改秩后方行申给；或先以别赏犹至承直郎，或进赏而举员才及格者，部吏通同计较作弊，亦欲出据。盖其他赏典用于改秩之后者比折收使，宝赏得许全用改秩耳。凡有此等，若不申明，窃恐异日其弊如初，公朝名器，岂容轻畀，欲乞亟赐施行，庶几铨部以为遵守，则士大夫幸心亦可少革，是亦圣朝保全臣子之一端。"从之。68，p3269—3270

宋会要辑稿·职官九·司封

太宗雍熙三年十一月，诏："县尉在任如三限捉获劫杀贼，须（子）〔仔〕细批历及劫获时日、断遣刑名。应书较考第，须考账内事节分明，第一限获者与折两度不获劫杀贼，第二、第三限获者与折一度不获贼。其三限内捉获劫杀贼批书不全者，只折一度不获，仍不理为劳绩。今后应罢任县尉参选历子如有捉获贼，点检批书，或有劫盗月日，无捉获时日，有解送月，在限内者，即与施行。若捉贼推勘明是正贼，未断遣会恩放者，亦与理为劳绩。应元授官告内有同催科者，点检历子，逐考罢任比到任，户税如亏欠逃折及分，依主簿例殿降；如户口增添，催税及限，亦依主簿例减选。应注在淮南、荆湖、江南、两浙近处、河东官，并限敕申到库年月出给历子，江南、两浙、荆湖远处、西川近处限二十日，西川远处、广南、漳、泉、福、建限一月。如限满不来出给，罚俸。如违四十日已上，奏裁。"1，p3271

【咸平】三年七月，诏："考功所较令、尉考第折除外，如两度不获劫杀贼，降考一等。今后从初县尉失职，三限未满间交与县令捕捉，即据逐人所管目数分两处书罚，各降考第。"2，p3271

【咸平】六年六月，诏："选人不赍到单帐，即会问考功。如逐年本处已申考帐，较考分明者，更不守殿。如单帐、都帐俱不到者，加一选判成，更不候守殿满赴集。自今选人或有书罚，并只依断敕下月日施行。"2，p3271

【大中祥符二年】三月，诏："今后选人有追官、停任、充替人注司户参军兼录参、司法，若有书罚，只依旧降考外，所有常调选人，如拟司

户兼录参、司法，在任犯公罪杖已下责罚者，依录事参军例较考。"2，p3272

【大中祥符】三年正月，诏："选人有移官、对移，赴任后，前任事发，书罚在今任者，依例如前任未考批书。"2，p3272

【大中祥符】五年正月，诏："文武官薨亡，准《唐六典》：'诸职事三品以上、散官二品以上身亡者，佐吏录行状申考功，责历任勘校，送太常礼院拟谥讫，覆送考功，于都堂集省内官议定以闻。赠官同职事。'自今如本家请谥，更不先具闻奏，便依故事施行。"3，p3272

【大中祥符五年】二月，诏："今后幕职州县官到任便权司理、司法、录事，直至得替者，若考内有准敕公罪元犯杖已下书罚者，依例书常考。"3，p3272

天禧三年十一月，诏司封："自今给事中、谏议大夫、中书舍人母封郡太君，妻封郡君。"3，p3272

【天禧】四年三月，诏："翰林学士至龙图阁直学士已上母、妻，令尚书司封并依给、谏例拟封。"3，p3272

嘉祐六年正月，诏："判尚书考功、祠部、官告院，自今降敕差人，理合入资序，仍给添支钱十千。"故事：尚书省诸曹惟判刑部、吏部南曹许理资序，余遇有（闻）〔阙〕，即申中书，判送某官，谓之送印。时以入堂除差遣者众，又三曹皆有事守，故以敕差之。3，p3272

神宗元丰六年十二月二十六日，吏部侍郎陈安石等言："乞以侍郎比类直学士例封赠父母。"从之，著为令。3，p3272

哲宗元祐元年闰二月二十八日，中书外省奏："旧制，臣僚赠父母各有词。欲今后依旧制，中大夫、防御使以下用海词外，其太中大夫、观察使已上用专词。"从之。3，p3272

【元祐】二年九月十五日，诏："诸父及嫡继母在，不得封赠所生母。虽亡而未有官封者，不得独乞封赠所生母。若父及嫡继母、所生母未有邑封者，不得独乞封赠妻。"从吏部请也。4，p3272

绍圣元年七月八日，诏："宗室换授文官身亡者，通直郎以上，于见任寄禄官上加赠三官。"4，p3273

【绍圣】二年八月二十四日，诏："寺监官以杂压在寄禄官通直郎之上者，虽系宣德郎，遇大礼亦许封赠"。4，p3273

【绍圣】四年四月十二日，三省言："中书旧条，国名内有莒、郯、

夔、芮、薛、勋、鄣、罗国。今来《司封格》内无此国名，乞行添立。”从之。4，p3273

元符元年十一月十五日，司封言：“《元丰法》：‘中散大夫、大将军、团练使、杂学士以上母、妻并封赠郡君，其余升朝官母、妻并县君，银青光禄大夫、太子少保、节度使以上郡夫人，开府仪同三司以上国夫人，并系用子官封叙。’”诏封赠并依《元丰法》。4，p3273

徽宗崇宁四年四月二日，司封员外郎余彦明札子：“契勘自来不许封赠国、郡、镇名，除已有令文外，有下项国、郡、镇名内端国、遂宁郡，亦不合封。今欲条内添入。”从之。4，p3273

大观元年七月七日，广亲北宅宗子博士叶莘等状：“伏睹［见］行条令：‘大理评事叙位杂压在国子博士之下，遇大礼并许封赠。’今朝廷置立国子博士，与宗子博士叙位杂压，即未有明文。如宗子合在国子之上，伏望详酌，特许比类，遇大礼封赠。”吏部状：“契勘宣德郎任大理评事、国子博士，系寺监官，杂压在寄禄官通直郎之上，遇大礼依条合该封赠外，其宗子博士序位班在太学博士之上，系在通直郎之下，不该封赠。兼契勘宗子博士亦不系寺监之官。”诏：“宗子博士序位立班在国子博士之上，余依所乞。”5，p3273

【大观】二年二月五日，吏部状：“承《大观二年正月一日赦书》：‘郡、县君依封国法列为三等。’看详到封国之法，自来以大、次、小分为三等。今参酌拟定下项：将已曾经两次封赠之人与改封大郡、大县，已至大郡、大县人后来再遇恩，许令于本等内改封。如允所乞，即已下到封赠文字便依此施行。并契勘国夫人已立三等，今承赦文，郡、县君亦分三等，所有郡夫人未有明文，窃虑亦合依此分等。”诏：“郡夫人依国夫人分三等，余并依。”5，p3273

【大观】四年四月八日，内降指挥下议礼局：“臣僚之家霑被恩典，泽及祖先，最为荣遇。其追赠官爵，虽是宠以虚名，缘直下子孙皆得用荫，及本户差科输纳之类，便为官户。故所赠三代愈多，即所庇之子孙愈众，不特虚名而已。今《司封格》三公以下至签书枢密院初除，及每遇大礼，并封赠三代。节度使虽封三代，遇大礼方许封赠，尚不在初除封赠之例。其次官虽至东宫三师，阶虽至特进，职虽至大观文，亦止封二代，有以知祖宗以来慎惜名器之意。又高祖之上又有一祖，未有称呼，可令议礼局看详。”本局奏：“臣等看详家祭之礼，子孙所以致孝也，其世数之远近，必视爵秩之高下以为之等。是以或祭五世，或祭三世，或祭二世。封赠之制，朝廷所以广恩也，其世数之远近，亦必视爵秩之高下以为之等。是以或赠三代，或赠二代，或赠一代。盖朝廷之典以义制恩，人子之心奉先以孝，故远近虽不同，乃所以为称也。今来家庙所祭世数仪注已遵依御笔修定，其封赠自合依《司封格》施行。至于高祖以上一祖称呼，臣等检详《尔雅》曰父为考，父之考为王父，王父之考为曾祖王父，曾祖王父之考为高祖王父，至四世而止。按《礼记·王制》：'诸侯五庙，二昭、二穆与太祖之庙而五。'则所谓太祖者，盖始封之祖，不必五世，又非臣下所可通称。《祭法》：'诸侯立五庙，曰考，曰王考，曰皇考，曰显考，曰祖考。'则祖考亦犹《王制》所谓太祖，不必五世者也。今高祖以上一祖欲乞称五世祖，庶于礼经无误。"从之。6，p3273—3284

　　【政和三年】二月二日，吏部札子："奉《政和二年十二月二十二日御笔》，古者妻随其夫之爵服。国家（乘）〔承〕袭五代，事不师古，因陋循旧，或未有革，（令）〔今〕命妇犹封县君、郡君。昔在元丰，改作未就，小君之称虽见于古，而裂郡县以称君，盖非妇道。又等级既少，重轻不伦，全无差次。可依下项：通直郎以上初封孺人，朝奉郎以上封安人，朝奉大夫以上封宜人，中散大夫以上封恭人，太中大夫以上封令人，侍郎以上封硕人，尚书以上封淑人，执政官以上封夫人，并各随其夫之官称封之。武臣准此。若封母，则随所封五等，谓如封南阳县开国男，则随其爵称南阳县男令人；封魏国公，则称魏国公夫人之类，庶几近古，不至差紊。今将杂压与旧条参照措置，修立下项：勘会应妇人不因夫、子得封赠，谓命官非升朝而母年九十以上，或庶士妇女年百岁，并特旨若回授者。或因子孙得封赠，而其夫至升朝，或虽非升朝官应封赠者，并孺人。"吏部申下项："一、应已经封赠至国、郡夫人、郡、县君者，欲国夫人与夫人，郡夫人与淑人，郡君与恭人，县君与孺人。小贴子称，已封赠郡夫人者，更乞赐详酌。欲国、郡夫人并换夫人外，其郡君、县君，自今随其夫官爵高下对封。谓如承议郎以下换孺人，通侍大夫以下换恭人之类。二、宗室官卑，因袭封至国郡公、郡国王者，欲止依本身任官封赠，欲依旧。一应纳罗纸钱，并依见行条制。三、旧封赠祖母并母系国夫人、郡夫人、郡、县君，若父祖亡，即加'太'字。今来已降指挥别立新法，孺人至夫人即未有明文加与不加'太'字。欲因子孙得封赠而其父祖亡者，所封母并祖母并加'太'字。"诏："内命妇、国郡夫人令尚书省讲究，余依拟定。"8，p3274

【政和四年】十一月八日，臣（寮）〔僚〕上言："臣伏睹近者臣僚陛辞敷奏，文武升朝官赠母，乞除去'太'字，已奉圣旨依奏。然理有未安，事有未便者，臣请遂言之。《令》曰：'所生母存而嫡母亡者，在所生母则加"太"字，而赠嫡母则去之。'如此则以卑临尊，以贱临贵，称呼之际，未惬至情，此理之未安者也。今吏部出赠母告，先冠以子之官称，而继之以安人或孺人某氏，如此则母、妻无别，人子之心实所不遑处。既除'太'字，亦当加母、妻二字以别之，此事之未便也。况加'太'字，乃因子赠母而已，本非为父设也，于母固无存殁之异。则赠母不加'太'字，揆之人情可乎？迩者冬祀大礼霈恩，内外文武升朝官当得封赠者众，欲望圣慈下有司再加详议，务归至当。如合改正，即乞早赐睿旨施行。"诏于告内添入"母、妻并祖母"字。8，p3275

【政和四年十一月】十五日，新差知寿州刘安上奏："窃惟国家肇新命妇名称，德意美名，超轶前古，天下称颂。然独封赠之文有司奉行有疑误者，臣冒昧言之。谨按《令》文：'应因子孙得封赠而其父祖亡者，所封母并祖母用子孙官爵并加"太"字。'臣看详立法之意，惟封则加'太'字，赠则不用，其意甚当。有司缘承上文有'封赠'二字，遂于赠亦用，盖失之矣。何者？'太'者事生之尊称也，封母而加之，所以致别于其妇也。既没并赠于夫，若加之尊称，则是以尊临其夫也，于名义疑若未正。伏望诏有司申明行下，应命妇因子孙官爵封母、祖母者加'太'字，若父亡母加'太'字者，殁及进封，并合除去。所贵令文全备，有司奉行无或不当。"从之。8—9，p3275

【绍兴】十年五月九日，诏："应官员遇恩该赠父祖文（质）〔资〕，如系有官、有出身与带'左'字，无出身及白身并带'右'字。"10，p3276

【绍兴】十二年五月二十八日，吏部言："知临安府俞俟近除敷文阁直学士，缘封赠格法未曾该载。虽准《绍兴十年五月指挥》，敷文阁名在徽猷阁之下，未敢比类。"诏依徽猷阁直学士格法封赠。10，p3276

乾道元年正月一日，大礼赦："应诸州军申奏到文武官陈乞奏荐、封赠、加恩及致仕、遗表恩泽，录白真本，一切圆备，止是漏'保明'字，与作小节放行。案后行下取会，如有违碍，即行改正。内奏荐、申奏状内不填实日，却系在前后日分内发奏者，亦与放行。"10，p3276

【乾道元年三月二日】，吏部言："封赠加恩文字如录到经赦日付身，不曾录白到赦后转官告命，如止录到见任文字，却无经赦日付身，从来本部例皆取会。乞自今后如有似此陈乞之人，从本部关会所属选分见任官因依，许与放行。若不曾录白到父、母、妻已封赠并加恩告命之人，亦乞检照前赦已封赠加恩案检，亦与放行。"从之。11，P3276

【乾道】七年四月十一日，吏部言："准《赦》文：'文武升朝官为父后者，特与封父母一次。除父已有官封并父母系白身，未有官封、邑号依赦施行'外，窃缘母已封孺人，若子系文臣未至朝奉郎，武臣未至大夫，其母并未该迁改。并母已随夫官高封叙了当，或随夫官，亦未该迁改，其赦文内即无'加'字。乞指挥行下本部，各于见今已封邑号上再行加封一等施行。"从之。11，p3277

【淳熙二年】八月二十二日，敕令所拟上《重修司封令》："诸小使臣以上带御器械，依正侍至右武郎格法封赠，官高者从本格。"从之。12，p3277

【淳熙】三年三月二十五日，礼部尚书赵雄言："庆寿赦，得解进士父母年七十以上，并与初品官，妇人与封号。窃虑有增加年甲、计嘱州郡保明，若例与放行，侥幸为多，恩赏泛滥。臣谓得解进士父母年甲犹有试卷、家状可凭，绍兴二十九年以前不可检照，止凭州郡保明放行外。绍兴二十九年至今已十八年，略计进士父母年亦老矣，故便与放行。自绍兴三十二年以后五举试卷、家状尚全，犹可考按。已委郎官将举人家状内所载父母年甲尽入本名贡籍，如诸州保明到父母官封，并将贡籍点对，纽计父母年甲，至今若实及七十以上，立与具钞放行。如年未及七十，不应赦，即与驳下。司封所掌亦如之。却会礼部取实年甲。仍下国子监，应上舍、内舍、外舍生父母准此。"从之。14，p3277

【淳熙三年】八月四日，诏："进士增改父母年甲以冒封爵者，坐以学规一等之罚，限一月自首改正。"从吏部尚书韩元吉请也。14，p3277

【淳熙】六年七月十一日，诏吏部："应以小吏出职、杂流补官选人，不得引例取旨，陈乞回授官资封赠。"从之。以右谏议大夫谢（廊）〔廓〕然言："近来小吏出职及杂流补授选人至承直郎该赏，无用循习，却因先有贪缘，曾取特旨得封赠者，多援引陈乞回授。吏部用例取旨，特与放行。"故有是诏。14，p3277—3278

【淳熙】十年十二月十六日，庆寿赦："应升朝官以上祖父母、父母并与加封一次。祖父母年未七十以上及父母未有官封者，特与官封。京官、选人并使臣祖父母、父母年七十以上，亦与官封，已有官封者与加

封。应禁军都虞候以上并藩方马步军都指挥使祖父母、父母年七十以上，并与封叙，已封叙者更与加封。"14，p3278

【淳熙】十一年二月十日，吏部言："勘会《淳熙十年十二月十六日赦书》，应文武升朝官、京官、选人、使臣并曾得解进士、士庶、太学、武学上舍、内、外舍生祖父母、父母封叙，所有保明奏状体式、约束事件及立定限陈乞年限等事，欲依淳熙二年十二月十七日庆寿赦恩申请到前后已得指挥施行。"从之。15，p3278

淳熙十六年四月五日，吏部言："司封见行去年明堂大礼官员、将校等文字，止添差手分四名，贴司、楷书各三名。今登极赦恩，应文武官及都虞候以上并与封赠，文字浩瀚，乞更添差手分、贴司各二名，楷书一名，共一十五名，趁办两赦文字。并于本部私名内选差，从权名例，支破七分请（结）〔给〕。其理年乞自今年降赦日为始，候及一年，先次减罢手分、贴司、楷书各二人，及一年各减罢二人，又半年全罢。其添支食钱更不支破。"从之。14，p3278

宋会要辑稿·职官一〇·司勋

【元祐元年】十一月十五日，吏部言："诸色人援引旧制，侥求入官者甚众，小不如意，则经御史台、登闻鼓院理诉。若不约束，恐入流太冗。请今后诸色工匠、舟人、伎艺之类初无法合入官者，虽有劳绩，并止比类随功力小大支赐。其已前未经酬奖者亦如之。则侥幸之路塞，而赏不滥。"从之。1，p3281

【元祐】八年六月二十七日，尚书省言："昨勘会官员因恩赏与占射差遣者到部，凡在选久待名次之人皆被升压。有及一二年已上未能注授者，虑亦有可减，或与别等恩例，送吏部（子）〔仔〕细参照申。初谓占射差遣，亦有可减，或与别等恩例，仍为事任不当得此酬奖，或已得转官、循资而涉侥幸者，即与删削，或与改授、指射、升名之类，非谓必欲全罢占射。今吏部一例改换减年磨勘，却是岁增转官荫补请给，本部四选合再行看详。"从之。2，p3281

徽宗政和四年六月六日，翰林学士王甫等奏措置事件："勘会尚书司勋依《官制格目》，系掌赐勋、定赏、覆有法酬奖。内一司一路所载酬奖，自来唯据所属检引条法审覆推赏。谓如招隶将禁军专委将副招填，系在《将官敕》内，付之诸路，不曾颁降到部之类。本部并无编录条格，每有关申到该赏之人，类皆旋行取会所引法令有无冲改及系与不系见行，非惟迂枉留滞，设或官司检引差误，以至隐漏，故作欺弊，既无条法遵执，显见无以检察。今措置欲乞令本部行下所属，将一司一路条制参照。内有系干酬奖条格，节录成册，委官点对无差误，申送赴部编录照用。遇有续降更改，依此关申施行。"从之。2，p3281

高宗建炎元年七月十四日，诏："今后应杀获强盗，别无生擒徒伴照证，令所属州军申提刑司勘验诣实，即下所属依条保奏，从吏部定夺。如有已保明而事节不圆，复经烧劫，无从取会，即令所属委曹官一员根究，开具因依，结罪保明回申，依政和条格定赏。"先是，尚书路允迪言："司勋掌行诸色告捕赏条格，依条据元勘案所犯情节、赃钱及断遣刑名定夺推赏。近者州军保明尽是获到首级，无案款可验，再下覆实取会，多不能结绝。"故有是诏。2，p3282

【绍兴二年】十一月十七日，吏部尚书沈与求言："诸路保奏到捕贼酬赏有毁（夫）〔失〕元勘公案者，欲令监司选官，同本处官根究。如有当时招获贼人情款草案单状或不全，批书上有元获谋劫姓名、赃钱数，许作照据，即委宪司审验保奏，录白元据，送部推赏。如本部勘得所保明不依法，即许将当行人吏送别路从杖一百科罪。"从之。4，p3282

【绍兴三年】十二月十三日，诏："应承直郎以下因白身劳绩或四授恩赏得转一官，而元降指挥有言依条施行者，并与依条改官或循资，而回授者不得改官。如称比类、比附、比折或依条比类与循资，即已至承直郎者，候改官了日收使。"5，p3283

【绍兴】二十二年十一月十八日，敕："应命官酬赏，因犯公罪，须候一任回方许推赏者，并（因）〔依〕无过犯人例收使。"6，p3284

【绍兴】三十一年九月二日，敕："应四川、二广奏辟定差通判以下差遣先次就权之人，任内开破应在官物及趁办经总制无额上供酒税、茶息钱已及赏格，如不该差注、更不推赏之人，并与依正官减半推赏。"7，p3284

乾道二年六月二十七日，吏部侍郎李益谦言："乞遍行下诸州军监司，抄录一司一路专降指挥到任、任满酬赏，保明与见行无续降冲改，（子）〔仔〕细开具，立限申尚书省，著为成法，颁降本部遵守。"诏吏部四选同共勘当，申尚书省。8，p3284

【乾道】三年正月二十六日，试礼部尚书周执羔言："乞将京西、湖北、淮南州军等处官员如罢任在乾道二年终已前，权依旧格推赏。若在乾

道三年已后到任并应罢之人，并依昨降指挥，于逐处元立赏格上减半推赏施行。”从之。8，p3284

【乾道三年】十一月二日，大礼赦：“应命官酬赏，因犯公罪，须候一任回方合推赏，若经今赦合依无过人例，便许收使。”8，p3284

【乾道】四年七月十六日，尚书吏部侍郎周操言：“泸南安抚司奏，长宁军指使杨大椿乞推任满赏。本司检坐到《皇祐三年指挥》：‘三年得替与转一官，本人系二年成资满替，陈乞降赏格二（年）〔等〕推赏。’本部检准《赏格》，长宁军指使止是任满转一官，即无三年得替之文，其本司奏状内检引及二年降赏格二等条法，本部已行推赏了当。今承都省付下湖南安抚司奏，忠训郎、武冈军武阳寨兵马监押刘骏乞任满赏，本司检坐到《熙宁元年指挥》：‘三年为一任，任满日与减三年磨勘，免短使指射差使。’照得本人系二年成资满罢，即不曾声说降等推赏。本部检准绍兴修立《赏格》，亦无三年为任之文，如将本人依本部格法与推全赏，缘与长宁军指使降等推赏事体一同，若便行降等，又本部格法即不该载三年为任。今相度，自今后欲将诸路监司保奏到小使臣、校尉应以陈乞任满赏，如本司检坐到一司一路指挥以三年为任，于本部赏格虽不曾该载三年为任去处，并依长宁军指使已行体例，于赏格上降二等推赏。”从之。8—9，p3285

【乾道八年】十月七日，权吏部尚书张津札子：“契勘《侍郎左选参附令》：‘漳州龙岩县令三年替循一资，占射差一次。’缘日前并系选人任上件差遣，任满许行推赏，〔与〕京官任满事体一同，缘未有许推赏明文，乞依此施行。”从之。10，p3285

【淳熙四年】六月五日，吏部侍郎司马伋言：“二广奏到州县官授讫任满推赏，缘阙名与赏格类多不同，本部无所勘验赏格，并未推行。乞下敕令所早立成法，有阙名、赏格不同去处，看详改正，庶几法令归一，有以遵守，使应被赏者早霑恩典。”从之。阙名与赏格不同，如吏部注官阙名有融州文村堡准备差使，《淳熙总类赏格》则云融州文村寨之类。11，p3286

【淳熙四年六月】十四日，吏部侍郎司马伋言：“臣昨任司勋郎官，将崇宁以来应系赏典格法取会类写成册，编至乾道六年二月。自臣改除以后，不曾编类。所有法册见在司勋，乞下司勋，令取会自乾道六年二月以后推赏指挥，接续编类检照。”从之。11，p3286

【淳熙四年】九月二十四日，吏部尚书韩元吉言：“捕盗之赏非特选人改官一事，自余条目尚有数四。若今来止将选人改官减作循资，则轻重不均。若并数降削减，则捕盗之赏骤废。今乞正官在假而暂权者，所获盗赏止与循资。其捕剧贼及人数多者，听奏裁。仍令本州及提刑司指定保明，其不实者守倅、监司一例坐罪。"从之。12，p3286

【淳熙七年二月】二十六日，吏部言："诸处保明小使臣、校尉酬赏，今新修酬赏格法内有减损去处，系是今年正月颁行，其间却有到、罢在今降指挥前者，乞依旧法推赏。若在今来颁降条格之后，并从新格。"从之。12，p3286—3287

【淳熙七年】三月十九日，诏："自今承直郎以下捕盗合得转一官，与改次等合入官，每岁以八员为额。若合得减三年磨勘，与循一资。余一年磨勘，候改官毕日收使。其《乾道赏令》内承直郎以下捕盗改官条，令敕令所删修。"先是，宰执呈进重修《县尉捕盗赏格》。上曰："朕未尝轻易改法，缘《县尉捕盗赏【格】》前后臣僚论其太滥，不得不少严之，务要适中，可令敕令所依此删修。"故有是诏。13，p3287

【淳熙】十二年九月四日，诏："二广监司及诸郡守倅、州县镇寨等官到任、任满，依旧格推赏。"先是，广西路安抚使詹仪之并臣僚申请乞依旧格复二广赏典，奉旨令吏部看详闻奏。至是本部勘会："诸州所得到任、任满酬赏，近缘敕令所删修《淳熙一州一路到罢赏格》，并各比之旧赏例行减损。今取到进奏院状，称二广州郡内有瘴疠、沿边沿海或水土恶弱及外接蛮猺去处，即与其余裁减诸路州军赏典不同。昨来敕令所将二广诸郡酬赏一概删修镌削，是致间有连年无官愿就，久阙正官，实为利害。尚书、侍郎左、右选今同共看详，欲照应詹仪之及臣僚奏请，将二广监司及诸郡守倅、州县镇寨等官如到罢在今降指挥之前，自合遵从《淳熙一州一路酬赏条格》推赏。若到罢在今降指挥之后，其到任、任满与悉依旧格推赏施行。"故有是命。13，p3287

开禧二年七月三十日，右正言朱质言："检准《令》：'诸任满酬赏而本任犯赃及私罪重，若公罪降官或本职旷阙者，不在酬赏之限。即犯私罪稍重，降赏格一等。'此酬赏本法也。今司勋审覆，有隐落过名、巧为饰说而理赏者，其已经按劾或论奏，虽不曾推勘体究，固与善罢不同。有选人任左藏库监官，不就任满而引二年为界先受赏者，其本任既未满替，安保后无遗阙？有县尉巡捉私茶盐矾，盐亏而以茶无透漏循转者，其盐即是本职旷阙，岂有更推茶赏？巧于营求，唯务相蒙。乞今后任内应得酬赏，并候任满，关会所属官司次第保明，无诸般违碍，方许审验放行。其本任犯赃、私罪，但曾经按效论奏，或公罪降官，或本职内有一事旷阙，并不许推赏。惟私罪稍重，则降等。"吏部敕令所看详："今后任内应得酬赏，

并候任满，关会所属官司次第保明，无诸般违碍，方许审验放行。"从之。15，p3288

《神宗正史·职官志》：司勋郎中、员外郎，参掌勋赏之事。凡勋级十有二：曰上柱国，曰柱国，曰上护军，曰护军，曰上轻车都尉，曰轻车都尉，曰上骑都尉，曰骑都尉，曰骁骑尉，曰飞骑尉，曰云骑尉，曰武骑尉。《宋史·职官志》：上柱国，正二品；柱国，从二品；上护军，正三品；护军，从三品；上轻车都尉，正四品；轻车都尉，从四品；上骑都尉，正五品；骑都尉，从五品；骁骑尉，正六品；飞骑尉，从六品；云骑尉，正七品；武骑尉，从七品。自从七品推而上之，至于正二品，三岁一迁，必因其除授以加之。凡赏有格，皆设于此，以逆其至焉。若事应赏，从其所隶之司考实以报，则审其状，以格覆之。非格所载，则参酌重轻拟定，以上尚书省。录用前代帝系及勋臣之后，则考验而奉行其制命。分案四，设吏十有九。16，p3288

绍圣二年，户部言："《元丰官制》：'司勋覆有法式酬赏，定无法式酬赏。'元祐三年，有法式者止令所属勘验。自后应干钱谷，本部指定关司勋，则是户部兼司勋之职，愿依《元丰官制》。"从之。17，p3288

宋会要辑稿·职官一〇·勋官

太宗淳化元年，诏："自（分）〔今〕京官、幕职州县官始武骑尉，朝官始骑都尉，历级而进。内殿崇班初授则骑都尉，三班及军员、吏职并初授武骑尉。"18，p3289

神宗元丰三年九月十七日，诏："臣僚加恩并依旧勋，已至上柱国即并加食邑、实封。给、谏、待制许加实封。省副、知杂许并加勋，勋已至上柱国加食邑。"18，p3289

【元丰】六年十二月一日，诏："升朝官加勋依宗室法，并自武骑尉始。"旧法升朝官加勋，内殿崇班、内常侍赐勋，并自骑都尉始也。18，p3289

高宗绍兴三年二月八日，详定一司敕令所言："见修司勋一司法令，其间该载逐等勋赐。今既见遵依《政和三年三月三十日指挥》：'应文武臣勋并罢，'欲行删去。缘又见依当年九月九日《指挥》：'蕃官、蕃兵勋并依旧。'其条内勋赐即难以删去，欲乞存留。"从之。18，p3289

宋会要辑稿·职官一〇·考功部

《两朝国史志》：考功判司事一人，以带职朝官或无职事朝官充。凡考课之法，分隶他司，或以他司专领，本司但掌覆太常拟谥及幕职、州县官，流外较考之事。令史五人。元丰官制行，郎中、员外郎始实行本司事。郎中一人，掌考课之法及应文武臣磨勘、关升、资任、较考等事。案十二：曰六品，曰七品，曰八品，曰曹掾，曰令丞，曰从义，曰成忠，曰资任，曰检法，曰校定，曰知杂，曰开拆。吏额：主事二人，书令史十人，守当官一十人，正贴司八人，私名一十人。20，p3289—3290

《神宗正史·职官志》：考功郎中、员外郎，参掌考课及名谥、碑碣之事，随文武选分治。凡命官，随所隶选，以其职事具注于历给之，于其属州若司，岁书其功过。应升迁选授者，验历按法而叙进之。有负殿，则正其罪罚。凡考监司以七事：一曰劝农桑，治荒废；二曰招荒亡，增户口；三曰兴利除害；四曰劾有罪，平狱讼；五曰失案察；六曰屏盗贼；七曰举廉能。考守令以善最：德义有闻，清慎明着，公平可称，恪勤匪懈，为四善。狱讼无冤，催科不扰，为治事之最；农桑垦殖，水利兴修，为劝课之最；屏除奸盗，人获安处，赈恤困穷，不致流移，为抚养之最，通算最分定三等：五事为上，三事为中，余为下。而择其能否功过，著者别为优劣，以诏黜陟焉。执政官、节度使、银青光禄大夫以上，若死而应谥，则覆太常所定行状，考验名实，报尚书集〔议〕以闻。旧置考课院，其定殿最，皆有考辞。至熙宁中及官制行，悉罢。分案十有七，设吏六十有八。20，p3290

神宗元丰五年十月二十七日，尚书吏部言："待制以上，旧法六年迁官，今准新制三年一迁。其已满三年磨勘外有剩年月，乞许通理磨勘。"从之。21，p3290

哲宗元祐三年，诏："知州考课法，吏部上其事于尚书省，送中书省取旨赏罚，劣等应罚而已冲改者，仍从冲降法。县令以下，本部专行。"21，p3290

【元祐】四年五月八日，吏部言："应在任官差出，除应副军期、推鞠录问、验尸并考试、部夫、权繁难及课利三万缗以上场务、便籴、和籴、定夺公事外，余事差出，每考通计过百日者，所余月日并不理为考任。即自陈有碍而不为改者，杖一百，其月日与收理。"从之。21，p3290

【元祐】六年六月十二日，枢密院言："元丰七年中书省条，堂除知州军三年为任，武臣依此。元祐元年指挥以成资为任，武臣未曾立法。"诏："武臣任六等差遣，川广成资，余并三十个月为任。"21，p3290

元符元年三月八日，吏部言："四选通用在任成资，不因罪犯、替移，许理为任条制。欲入曾被对移破考，虽还本任，通及二年者不在此限。又差使、借差，虽未及二年，听通理。若因事对移及冲、差替之类者，不在磨勘之限。"从之。21，p3290

【元符元年】六月二十九日，吏部言："官员系朝廷差出，除在任人自理在任月日，其非在任人缘军期、边事、刑狱及往水土恶弱处，听理为任。若朝廷差委勾当余事，如无稽迟，许以二日折一日，理为考任。及三年以上者，申尚书省、枢密院审察。事体重者取旨，或与理为一任。"从之。21，p3290—3291

【绍兴】四年五月二十三日，诏："诸路干当短使人若无前任大添支人，许将合入常程短使人差拨，仍立为赏格。应系差川峡，即依吏部再差纲运重格，广南、荆湖路即依短使稍重格，淮南沿边州郡即依短使稍轻格酬奖，候事平日依旧。"先是，小使臣、校尉前任请大添支者合差纲运。以纲运稀少，并籍定名次，差诸路干当短使。侍郎郑滋以大添支人少为言，故有是诏。25，p3292

【乾道二年】六月二十七日，吏部侍郎陈之茂等言："伏准御笔降下集议等事，今议定下项：一、职事官以上系朝廷除人才，不拘亲民。二、今后六院官须要曾经实历知县一任，方得除授。三、今后教官应堂除理当亲民人，须要实历知县一任，方许关升通判资序。若在任未满二考，或寻医侍养，并不许理为任。四、见任官除在外场务监当窠阙，并送归吏部，随见任官四选诏定，依本部见行格法使阙差注。五、今后在京监当、主管尚书六部架阁文字等阙，如系京朝官以上任上件差遣，亦须实历知县一任，方许关升通判。六、知县除选人授知县外，其京朝官并以二年为任。"并从之。31，p3295

【乾道二年六月二十七日】，陈之茂等又言："准御笔降下堂除理实历亲民知县等事，今再集议定：今来改官人理知县资序，两任内一任实历知县，方得关升通判。后来循袭，却将堂除差遣理当实历知县。士大夫往往不历民事，越次关升。今来欲乞将初改官人所历两任内须要实历知县一任外，一任如系内外堂除及到部或举辟注授，并与揍理为两任关升，宫观岳

庙非。奏补承（承）〔务〕郎以上已关升知县，及宗室换授理亲民人准
此。仍自今降指挥日为始。"诏从之。31，p3295—3296

【淳熙】六年二月十三日，臣僚言："昨来吏部侍郎张津陈请武臣除
见从军人及宗室且依自来关升外，其余人并于历过考任内，须曾历州县职
事或诸司官属一任二考，方许关升。窃详津所谓缘不曾立定关升名色，是
致陈乞不一。兼在法，正、副使等荫补引用关升资序多有不同，有司无以
遵执，并宗室及见从军人亦未有定法。乞令吏部逐一措置指定，申尚书
省。"既而本部指定如右："合该关升名色，在内九项：监左藏东、西、南库，封桩库，行在、
建康府、镇江榷货务都茶场，行在省仓上、中、下界，丰储仓，赡军、激赏诸酒库，草料场，杂
贾务、杂卖场。在外五十二项：制置司沿海统制，安抚司水军统辖、水军统领，转运司酒库，铸
钱司措置铜场、措置锡场检踏官，总领所酒库监仓库，户部大军仓措置籴买官，诸路州军知县、
县令、县尉，正副将、准备将领，都巡检使、都巡检、巡检、水陆巡检、管界巡检、同巡检，巡
捉私茶、巡捉私盐，兵马都监、驻泊兵马都监，兵马监押、驻泊兵马监押，文州安昌寨驻泊，
左、右江镇寨兵马盗贼公事，知寨、知城、知城堡寨，主管堡、同主管堡寨官，知关堡、同知关
堡，军使，监仓场库务税，监院镇（监）〔盐〕井、排岸支盐官，主管榷场官，文州南路镇主
管，（岩）〔宕〕昌寨买马，银铜场监辖使臣。内外诸军一项：正将以上。本部今措置，使臣历
任实及六年，内须曾历前项名色四考，方许关升亲民。其武功至武翼郎入官三十年，内军功换授
止理十五年。正侍至右武郎转授及一年。武功至武翼大夫遥郡同。入官及二十年，内军（班）
〔功〕换授止理十年。已上并曾经关升，听依条荫补。通侍至右武大夫正任防御使至刺史同。曾
经关升每遇大礼，未经关升两遇大礼，并听荫补。宗室历任六考，虽非前项名色，亦许关升，内
二考许申宫观岳庙及不厘务差遣。见从军曾立战功人关升荫补，听依旧法，无战功人非。"从之，
仍令敕令所修立成法。34，p3296—3297

【淳熙六年三月】二十三日，吏部言："《淳熙令》：'诸选人任不厘
务差遣。'如未颁降《淳熙令》之前罢任人，乞与依任岳庙人分别前后指
挥，作考第收使。"从之。35，p3297

【淳熙六年三月】七月六日，诏："路分都监、副都监职任与州都监
一同，又在州都监之上，可听关升。其诸路总管、钤辖、州总管、钤辖、
提刑、知州军准此。"以吏部言："成忠郎武伉任福建路副都监，陈乞关升。本部照得关升
指挥，即无一路兵马副都监之文。乞照考功及格法关升。"故有是诏。35，p3297

【淳熙六年】九月十六日，明堂赦："选人先一任差遣未满，因避亲
之类以理去官，第二任授岳庙或不厘务差遣已满，别注第三任，曾于限内
陈乞通理，若作隔任，妨碍通理，可特许将第三任补满第一任，理为考
第。"35，p3297

【淳熙】八年闰三月十七日，诏敕令所于"通判关升知州条"内删去

注文"堂除宫观听用一任,即不许理当实历"一十五字,却修入"宫观并不理任数"八字。先是,臣僚言:"本知县关升通判者必以实历,而自通判关升知州者乃或用宫观月日以为考任。乞诏有司,自今通判资序人必实历两任然后关升知州,其宫观年月并依岳祠例,不许收使。"故有是诏。35,p3297—3298

【淳熙】九年十二月二十六日,吏部言:"从军人曾历正将以上差遣四考,及曾立战功,未经关升,离军后历外任,添差不厘务者非。揍及六考,方许关升。其不曾历任正将以上差遣,又不曾立战功,离军后须历立定名色差遣四考,方许通理在军考任二考,揍成六考关升。并外任人已历立定名色差遣四考,从军后任军中差遣二考揍成六考,方许关升。其已历立定名色差遣二考,从军后再历正将以上差遣二考,及军中差遣二考,揍及六考,方许关升。"从之。以本部言:"昨降关升指挥内,不曾该载离军后通理在军考任及从军后通理外任月日。"故有是诏。36,p3298

【淳熙】十一年五月一日,吏部言:"乞将京官任知县在任成二考,不因罪犯、偶因忧罢之人,与理当实历知县一任。照对本部京官在法虽知县资序人,须实历一任满,方合理当实历。其注文称'若在任未满二考改移,或寻医侍养,并不许理为一任',即是两考实历,便合理当一任。今来承务郎以上官到部注授知县差遣,在任已成二考,偶因丁忧罢任之人,服阕之后再行参部。缘见今知县以三年为任,本部却将似此之人作不曾实历知县一任,复令止注知县差遣,委是未尽。"从之。37,p3298

嘉泰元年八月二十九日,诏:"新州县丞、司理、知录、推官、签判破格注授之人,许用五纸常员奏举改官。"以守臣滕宾言:"新州水土平弱,在注教授、推官、县令、录参系用举主二员改官,独破格县丞、司理、知录、推官、签判并系四纸常员,一纸职司。今乞仍旧用举主五员,与免职司。"故有是命。44,p3301

宋会要辑稿·职官一一·审官东院

淳化四年二月,以考校京朝官院为审官院。1,p3303

【淳化四年】十月,诏审官院:"自今初任京朝官,未曾历州县,不得拟知州、通判。"从翰林学士承旨苏易简之请也。1,p3303

至道元年十月,诏:"今后自广南回京朝官,须在任及二周年已上者即与两任近地,未满二年者只与一任。"1,p3303

【真宗咸平】四年二月,诏审官院:"京朝官父母年七十以上,合入

远官，无亲的兄弟者，并与近地。如有亲的兄弟年二十以上者，不在此限。"1，p3303

大中祥符八年八月，审官院言："请以诸道转运、提点刑狱臣僚差出年月较其远近，先具磨勘。"从之。又诏令审官院以近地二年半已上，远地二年已上，权与差替，不为久例。真宗以京朝官候阙既久，奉朝请者颇多，故有是诏。2，p3304

天禧元年三月，诏："应缘冲罢降职，及年考而未磨勘者罢降。或磨勘而不改官，其后又及二考，罪非逾滥及入己赃，悉条列以闻。"2，p3304

【天禧元年】十月，诏令审官院："知州、通判、监当、知县员阙，限一月内差人，仍每月具已差、未差名闻。"2，p3304

【天圣】二年九月，审官院言："准《大中祥符七年四月敕》：'广南知州军、通判、知县到任，候及一年半差替。'又准《天禧四年四月敕》：'到任才及一年半，便仰差替。'如未有人差，逐旋擘画移官往彼，不得有违元限，以此多是在任不满二年便替。若依至道元年敕，只合入实一任近地，有此未便。今欲除在任不理及别因诸事未满替回人外，应系一年半替回者，并与两任近地。"从之。2，p3304

【天圣】五年七月，审官院言："今年六月敕，丁忧服阕京朝官等，宜令审官院依合入差遣资序，并先次与差。本院参详，若并有服阕官到院，并升先次，则久待阙人必恐难得差遣。今欲应得替京朝官如到院待阙已及三个月已上者，其丁忧服阕人不许超越姓名，先次差遣，余准令敕处分。"从之。2，p3305

【天圣】八年八月，诏审官院："自今得替京朝官如经知县、同判两任内，并无私罪并公过三度杖罪以下者，并与知州、同判差遣，更不用五人奏举。如有私罪及公过三度内有徒罪已上，即依前降条贯施行。情理重者，奏取指挥。若三任内曾犯赃罪者，不在升徙之限内，虽有奏举不行。"3，p3305

【天圣】九年二月二十三日，审官院言："广南官请自今从京差者，须旧官在任一年半以上；从江浙、荆湖、福建移授者，须二年。并前六十日差移。"从之。3，p3305

【宝元】二年正月二十八日，审官院言："旧制，京朝官到院日，各指定所入三路，自景祐四年十二月诏，始不拘路分，而率意择地，其阙官处拟奏不行。今请复令指定三路,如经三问阙不就,并从本院据合入远近定差。若丁忧服阕并自不(般)〔搬〕家地分替者,更许一问。"从之。3,p3306

【庆历四年】二月,以天章阁侍讲曾公亮删定本院条贯。至和二年十二月,又令编修皇祐三年以后冲改者。3,p3306

英宗治平元年四月,知审官院王珪奏新编本院敕十五卷。诏行之。4,p3307

宋会要辑稿·职官一一·审官西院

【熙宁三年六月】二十三日,诏:"本院日逐主判官员自早入局,须候中书、枢密院出方得出院。如有兼职去处,不在此限。本院不许接见宾客,诸司使已下至崇班并阁门祗候除整会差遣磨勘到院公参外,即不得擅入。司房应公报本院公文,并依东院例。"4,p3307

【熙宁三年】七月八日,枢密院札子:"勘会大使臣脚色、年甲、历任功过最系要切,照验行使。若不住令将出入,(切)〔窃〕虑别致改易增减。今后候见密院贴子取索脚色,即时用复封印,差人供纳。才候检用毕,却令逐房副承旨封记书押,送还本院,当官交割。"4,p3307

【熙宁三年八月】二十七日,编修中书条例所看详:"奏举大使臣、崇班以上内外监当差遣,自来系中书行遣,欲乞将应用条贯颁下西审官院。今后只批状本院,仰检用前后条贯,移问逐处官司,如别无违碍,即具奏差。仍开坐合行条贯及本官资序,委中书点检施行,仍令本院一面申枢密院并牒三司。其受纳守给应合行事件,仰三司检举,依例指挥,中书更不降札子下逐处。"并从之。5,p3308

【熙宁】五年十二月六日,右谏议大夫、知审官西院事沈立等上新修本院条贯十卷,《总领》一卷。4,p3307

宋会要辑稿·职官一一·磨勘

【真宗咸平】五年六月二十二日,诏:"审刑院详议官、大理寺权少卿、详断官今后三年满无遗阙,磨勘引对迁官。如任内曾迁者不在此限。"故事,凡本司官满,方有叙迁之文。今刑法司悉是他官兼领,故特降诏以劝尽心焉。6,p3308—3309

景德四年七月四日,诏:"审官〔院〕考较京朝官课绩,见任官三年已上者方得引对。特令考课者不在此限，丁忧者除丁忧月日外及三年方得磨勘。"先是，京朝官代还无殿累者皆考覈引对，至是始定年限焉。6，p3309

【大中祥符八年】二月，中书门下言："旧例，臣僚奏举幕职州县官，并下流内铨勘会，复申中书，然后取及六考内令铨司磨勘引见。欲今后未及六考者，更不下铨。"从之。7，p3309

【大中祥符九年】九月二十七日，诏："外任京朝官，故事代还方许考课引对。其或就移及过期不替，有累年不迁者，自今但转官及三周年，虽在外，并磨勘以闻。"7，p3310

天禧元年二月十三日，诏："京朝官改秩至今年正月十一日及三岁，不限中外职任，但非曾犯入己赃，令审官院磨勘以闻，当议迁陟。"帝以昨经大礼加恩，止于勋、散、爵、邑，故优其岁满及犯轻者，令考覆之。7，p3310

【天禧元年】八月二十二日，诏："伎术人虽任京朝官，审官院不在磨勘之例。"7，p3310

【天禧元年】七月十日，赦书："京朝官丁忧及勾当事就移经七年不改官者，审官院勘会，特与转迁三年。"7，p3310

【天禧三年】七月，审官院言："准诏磨勘内外臣僚，合具申请。在京勾当臣僚已经磨勘转官，仍旧勾当，即候得替更及三年再合磨勘者，参详如见勾当未罢者，即准前诏，直候得替磨勘。如朝廷特更留一任或量留年限者，欲望每任及三年亦与磨勘。又京朝官转官虽及三周年，曾经磨勘引见及奏名，亦该七年申奏者，虽不转官，亦望自磨勘后重叙三年，方得磨勘。如未经取旨，特旨别令磨勘者，不在此限。又勾当事京朝官自降敕以前差遣者，即准前诏一例磨勘。降敕后方就差遣，其间多有改官已及三周年者，参详未勾当事以前虽不该磨勘，乞朝廷相度，如勾当后及一年或二年，若别无遗阙，即许将前来年限通理，亦与磨勘。"诏："臣僚磨勘历任文字，仰本院并将自前已磨勘历任功过一处开拆进呈。降敕后就差遣者改官已及五年、勾当事及一年，并改官及三年、勾当事及二年者，并特与磨勘。余悉依奏。"8，p3310

【天禧五年】二月七日，（该）〔诏〕内、外京朝官经磨勘不改官，后来无私罪通及四年者，并与迁官。8，p3311

【天圣三年】九月六日，中书门下言："应京朝官经登位覃恩转官后及三年者并依景德四年七月敕施行。其移任，或不因公事非时除替，及岁未满别授差遣或特恩任使者，（候）〔候〕转官及四周年以闻。其天禧三年六月诏书更不用。"从之。先是，京朝官有任满三年，不候到阙，于所在申发文字，便许磨勘改转，考绩之制颇为滥易，故申明景德条制焉。9，p3312

【天圣六年】三月十六日，诏："见勾当事并带职任京朝官，该用景德四年七月敕条磨勘者自依前敕，其余不以在京及外任，候转官及四周年，令审官院磨勘以闻。"9，p3312

【天圣七年】二月，诏："殿直至供奉官充阁门祗候者，自今勾当事，或阁门祗候应实及五年，方许磨勘。内曾犯赃私罪、因事差替、年老、病患，并须奏裁。"10，p3313

【天圣】十一月六日，诏："京朝官磨勘，令审官院今后京朝官并依景德四年七月四日诏书，须到阙已前转官及三周年者。如到阙未满三期者，候及四周年亦与磨勘。其任西川、广南并候及三周年，许令在任申发文字赴审官院磨勘。"10，p3313

【天圣八年】八月六日，审官院言："准去年十一月六日诏书，磨勘京朝官年限，参详多有得替后转官未及三周年，却准诸处公文差遣勾当。在路托故拖延，候及三周年方始到阙乞磨勘。欲请自今京朝官并须得替已前及三周年即得磨勘。其西川、广南得替，在任不曾磨勘，到阙及三周年者，许与磨勘；如到阙未及三周年，即候次任及三周年日，许依例磨勘。又自来所差京朝官内，除西川、广南依例以到任月日为始差替外，其余不以远近，并以授敕年月为始，近地隔两月，远地隔一月，差人交替。其新授官员多是才授敕便赴任，是致见任官未满交割。欲望并令候见任官以受差敕年月，近地及三周年、远地及三十个月，满日即得赴任。及乞于差敕明言替某人某年某月满阙。所贵见在任官至得替、转官未及三周年者，免有叙述陈乞。其远地三十个月得替，如在任不曾磨勘者，即候到阙及三周年，许与依例磨勘。又得替后转官未及三周年，却准诸处公文差遣勾当公事方及年限者，并不在磨勘之限。又京朝官先因公事并有因依替移及降差遣者，自来不以年限无例外任磨勘，须候得替到阙。其间或有朝廷就移任使三两任者，本院自来别无条例。欲望自今以移替及降差遣年月为始，后来及三周年，通计未移降差遣前转官及五周年者，不以到阙、在任，并与磨勘。其在外京朝官在任未满，不因公事朝廷非时移替，在任不曾磨勘转官者，后来通计及三周年，不以到阙、在任，并与磨勘。如到阙未及三周年，即候次任及三周年，与依例磨勘。"并从之。10—11，p3313—3314

【天圣八年】十二月十三日，审官院言："准《诏》：'京朝官在任未满，不因公事移替转官及三周年，不以到阙，并与磨勘。'欲乞应是因人陈乞，部内有妨碍替移差遣，依敕磨勘。如是因陈乞或奏举升陟非次擢任之人，不在通计（二）〔三〕年磨勘之限。"诏除因陈乞移替依奏外，余如前诏。11，p3314

景祐元年正月二十三日，中书门下言："前诏，应勾当事京朝官转官及三周年并与磨勘。欲令审官院，应差移入西川、广南者，今后并许预先三两月申发文字，候到本院，疾速磨勘；才及三周年，便与申奏。诸处因公事移替系降差遣者，候转官及四周年，即依例磨勘。"从之。11，p3314

【景祐二年】九月二十二日，诏："内臣不得投进文字及御前陈乞转官。如入仕三十年已上，曾累有劳效，经十年不曾（选）〔迁〕转，勘会取旨。御药院勾当转官及五周年，与转一资。如自转官后来更在院勾当及三周年，不因过犯差替出院者，亦特与转一资。"12，p3315

【景祐二年九月】二十七日，诏："诸司使副至内殿崇班、内常侍、阁门祗候等，今后除依元定年限磨勘久来体例合该改转外，不得辄进文字并于御前叙述劳绩，求非次转官差遣。"12，p3315

【景祐二年】十二月十五日，流内铨言："乞今后如节察判官一任得替改转，进士与太常寺丞，余人即中允、赞善，经两任已上方转太（傅）〔博〕、殿丞。两任判司簿尉，进士诸寺监丞，余人大理评事。三任七考已上，进士与大理寺丞，余人诸寺监丞。"诏（令）〔今〕后节察判官转朝官依奏，余不行。12，p3315

【景祐二年十二月】十六日，审官院言："准《敕》：'内外勾当者京朝官并二年磨勘，因公事移替降差遣者四年。'乞今后犯赃者五周年磨勘。"从之。12，p3315

【宝元二年】十月二十二日，审官院言："欲乞奏荫子弟改官及五年，勾当事及一年，在任为监当亏课利一分以下，并公罪杖以下，并候勾当事三周年磨勘。其亏课利一分以上，私罪不计轻重，公罪至徒，并勾当事三周年磨勘。"从之。12，p3315

康定元年九月二十四日，权同判吏部流内铨吴育言："铨司举官条制内，有曾犯赃私罪不许奏举，今请应选人曾犯赃私罪，除情理重者无复在官，若所犯稍轻，叙用后经两任别无私罪，显有材能者，并许奏举磨勘，比类流外选人换补班行。其选人历任内有逾滥罪名者，更不引见。"诏令内外制臣僚与判铨官同共定夺以闻。遂请选人曾犯赃罪只是受汤药酒食果茹之类，身非监临，计赃不满匹；买卖剩利非强市者杖六十以下罪，后来两任不曾有过私罪者，举主十人，许与磨勘。曾犯逾滥，若只因宴饮伎乐祗应偶有逾滥，须经十年已上，后来不曾更犯罪，并与引见。从之。13，p3315—3316

【庆历四年】六月五日，诏审官院："应京朝官内外差遣合磨勘者，自近降敕到院日前转官及一周年者，且依旧制年限磨勘一次，其余改更今后且依新制。应守候差遣者，每月一度请问合入路分。内有阙不就及半年，则将守候差遣半年外月日不理入磨勘之限。得替赴任有押水路纲运并附纲到阙者，令在京排岸司点检本纲行程历，且在路计若干程，内阻滞月日显有因依者，批入本官到任历子。其陆路驿程并水路乘私下舟船元无行程文历，若有阻滞月日因依者，限降指挥到日，即随处州县各出给公据，候至磨勘日，仰审官院点检阻滞月日显有因依文据者，并许理入磨勘。若以私故住滞日限，远地累及一月已上、近地累及半月已上者，并不理入磨勘之限。朝旨给假者，除往来公程并元给假日外月日，不得理入磨勘。其元无日限者，除程外以一月为限，如限外日数更不理入磨勘。如在任所显有事故请假者，即许理入磨勘。"14，p3317

【皇祐】三年十二月二十四日，诏："文武官七十以上未致仕者不许磨勘。或丁国有功，于民有惠，理当旌赏，不在此限。"14，p3317—3318

【皇祐】四年九月，诏："文武官磨勘，私罪杖以下增一年，徒以上二年。虽犯杖而情重者奏听裁。赃罪杖以下增二年，徒以上三年。"15，p3318

【嘉祐二年】九月，审官院言："准诏：'今后京朝官磨勘更不令投下文字，令审官院举行。'本院为不见得授官月日，寻下诸处取出历任转官实日家状，候到置簿抄上，以凭检举磨勘次。尚虑诸司住滞会问文字，欲乞承领本院公牒，限两日内回报，违限三日以上，许令本院举行住滞人吏，并科违制之罪。"从之。15，p3318

〔庆历〕五年六月二十二日，诏："（令）〔今〕后京朝官须年及格方得依条磨勘，陈乞差遣。并选人乞注官，如年未及格，不得施行。"时监

簿王厚年未及格，从父素奏掌机宜三年为历任，乞磨勘，故下是诏。15，p3318

【庆历】六年十月，诏："磨勘选人历任内曾失入死罪未决者，俟再任举主应格听引见。其已决者，三次乃许之。若失入二人以上者，虽得旨改官，仍与次等京朝官。"15，p3319

【英宗治平】三年二月十九日，翰林学士承旨张方平等言："准中书送下臣僚上言：'伏见审官院京朝官以上磨勘转官者，举一岁中约有千数，其因职任升擢者尚不与焉。按《国朝会要》，真宗皇帝朝因谏官孙何等上疏，遂罢郊祀序进之制，即令有司考其殿最，临轩引对，亲加升黜，又令审官院考较京朝官今任五年以上磨勘无赃私罪，即以名闻，当议迁秩。又令在京臣僚已经三年磨勘改转，候依旧勾当直至得替后更及三年，再令磨勘。当时条制虽前后不同，然大抵不限定三年，亦不以在任得替一例磨勘。自今寺监主簿以上率三岁一迁，在外任者不俟替归，居官职者亦无候替别限年磨勘之制，至有待阙于家，动逾岁时，居无职事，禄廪不绝，苟及三年，则又磨勘。臣谓考课之弊无甚于今，而亦无速于今也。乞朝廷检详旧制，以见今内外京朝官及两制以上磨勘之法别立中制，虽未尽如虞舜三考升黜之典，而且复祖宗之制，亦庶几抑侥幸之弊矣。望赐别委近臣检详典故，裁定施行。'诏令两制详定之间，续降下权御史中丞彭思永言：'乞今后前行正郎该磨勘，依转大卿监例候四周年。及自历正郎后，须得举主五人，内有本路提转及大两省三人，方与改转少卿监。'同知谏院傅卞言：'欲乞今后京朝官至员外郎且依旧年限磨勘外，其前行员外郎入三郎及正郎磨勘并限四年，至前行郎中更不许磨勘。待制以上并乞五周年磨勘，至谏议大夫更不许磨勘。'殿中侍御史吴申言：'欲乞从今裁节，如有前行郎中合转少卿监者且令权住，先立定员数，候有阙即以迁授，仍以历任年深无赃私罪、或曾历职司差遣不经责降、或前后历官可称及素有文行者先次迁转。前行员外郎合转郎中及博士合转员外郎者，亦且权住，先立定员，候有阙即以次迁补。'监察御史刘庠言：'欲乞少卿监合磨勘大卿监者，如年已及七十以上，更不许磨勘。'监察御史蒋之奇言：'（切见）〔窃见〕两制以上皆四年转两资，比京朝官皆是二年一转，欲乞两制亦依京朝官例五年磨勘转一官，至前行郎中后乃更添左司郎中一转。'臣等检详祖宗朝中外官不立迁转条限，大中祥符八年始降诏，京朝官并以三周年令审官院磨勘引对与转官。是时仕路犹清，官员数少。厥后及今五十余年，约祥符初略计什倍，以故员多阙少，坐糜禄俸，才否无辨，差遣不行，考课之法难复施用，官制之弊无甚于此。今详定，且欲自京朝〔官〕以上磨勘一例各展一年，升朝官至后行郎中更不磨勘。其〔有〕才望劳绩，或因繁难任使，即自朝廷甄擢。盖登仕升朝累官至正郎，奏荫子孙，稍奉法循理，自应至州郡长吏，以此处常调固为优厚。其待制已上已处显近，请遵祖宗故事，更不磨勘。若因事功寄任，上自圣衷推恩迁改，因见资品已高，各据所居官止。自余条例，一切仍旧。其见任卿监不曾历职司差遣，只自常参官累迁者，并送审官院一例差遣。其以老或疾陈乞留台宫观监当者更不磨勘。如此则操柄归于君上，劝沮行于朝廷，人材有所甄别，重难烦剧之地可以用人，事体均平，简〔而〕易守，比于祖宗之制犹为优幸。"诏曰："朕惟制治之本必始于官，设官之方，其亦有择。国家承累圣之祚，跻时丕平，既假省寺之官出厘庶务，复许以三祀俾之一迁。岁月既深，吏员猥积。虽海宇至广，工师实繁，以官率人，倍者数矣。肆我台阁，数陈其故，兹用博议，审求臧谋。而封章亟来，请从更制，朕嘉与卿士，图惟厥中，庶几流弊，由此其息。一、待制以上今后并自转官后及六周年，令中书检会取旨，如无过犯，与改转，有过犯者，依旧条展年，至谏议大夫止。京朝官并四年与磨勘，至前行郎中更不磨勘。少卿监仍以七十员为定员；如定员内有阙，即检会前行郎中内拣及四周年以上月日最深者迁补。其有过犯合展年及有劳绩得减年磨勘者，并依旧制。少卿监以上更不检会，取旨转官。如别有劳绩，或因要重任使特旨推恩者，即不在此限。噫！公诚之心，期共济于道；澄革之始，无或蔽尔私。况上自于要官，俾一从于新令，凡曰在位，咸体朕怀。"17，p3319—3321

〔治平二年〕五月六日，枢密院言："嘉祐三年诏：非军职当罢横行、岁满当迁及有战功殊绩，皆不得除正任。正任当迁则改州名，或加检校官、勋封、食邑。自降诏以来，正任刺史以上绝迁进之望。今欲自知繁要州郡或路分总管任使，勘会及十岁，再经改州名，或加检校官、勋、封、食邑，则与改官，至节度观察使留后止。又嘉祐三年诏，客省、引进、四方馆各置使一员，东西上阁门共置使四员，阁门、引进、客省共置副使六员，阁门通事舍人八员。阁门使须有阙乃补。今欲增置引进、四方馆各使一员，阁门共使二员。阁门、引进、客省共副使二员，通（使）〔事〕舍人二员。所增置员须见任官当迁及有阙乃补。诸司副使兼阁门通事舍人，如在阁门供职转七资，不供职即转五资。又庆历四年皇城使李继忠乞磨勘，以继忠为遥郡刺史。而旧制皇城使不转阁门、昭宣使，绝其磨勘则无叙进之望，遂除遥郡则坏法。（入）〔又〕旧制诸司副使当改官者降五资除使，则是一日而迁十五资。今欲皇城使改官及七岁，如曾任边有本路安抚转运使、总管五人以上举，则与除遥郡刺史，至遥郡防御使止。诸司副使因差使及有劳迁使如旧制，止因磨勘即不得过五资，有战功及殊绩者不限。又旧制两省都知押班及带御器械内臣合磨勘者，临时用例取旨，今欲如旧制。"诏自今皇城、宫苑副使当磨勘者，各于本班使额自下升五资改诸司使，其自左藏库副使以上因酬奖及非次改官者如旧制。余皆如所奏。初，帝谓执政曰："诸司副使当从供备库使始，今对行降五资太优。"于是合议条奏而为此制。17—18，p3321

【治平二年五月】十八日，枢密院言："自今知州军选历任无赃私罪者。私罪杖以下及公罪体量冲替、降差遣，候经四任亲民；赃私罪徒以上而尝立战功酬奖转官者，亦候经四任亲民，临时取旨。知州军、路分都监、钤辖等如有员阙，即与正差，不得陈乞理为资序。"从之。18，p3321

【治平】三年五月十一日，知制诰、同判流内铨蔡抗言："伏见系磨勘奏举候次引对选人二百五十余人，一岁所引不过百人，计须二年半方可引绝。检会《编敕》：'在朝文臣知杂御史以上、武臣观察使以上，各许举外任选人充京官，安抚、发运、转运使副、提点刑狱、知州军、通判各举辖下选人充京官县令。'今将南曹逐年举状约一千九百员，被举者既多，故磨勘者益众，朝廷虽于引对之际限以班次，然内外举官之数未尝略有裁损，本源未窒，徒抑其流，故待次选人日月滋引。且今天下吏员有限，每一官之阙，初授、已替并见任者率有三人，故使除授益艰，能否共滞，若不稍为更改，恐久不胜其弊焉。欲乞权罢在朝文臣知杂御史以上、武臣观察使以上每年所举京官，其在外安抚使以下至通判逐年所举京官县令，各量本处在任吏员多少，于旧数十分内量减三五分，候员少即依旧。臣伏思朝廷更张法制，抑太甚之弊，盖有材者不患见遗，侥幸者则所不欲。况今来只是减损臣僚所举人数，即不得增添选人考第、举主，在人情亦无所觖望，乞委近臣参酌施行。"诏在京文臣知杂御史以上、武臣观察使以上，每岁许举幕职州县官充京朝官二人，今后并罢。18，p3321—3322

治平四年二月十一日，枢密院言："寄班祇候及十年合落职者，如曾犯公罪徒以上，及私罪杖情理重者不迁资，公罪杖于磨勘年限内减三年，私罪情理轻者减半，请依旧例。"从之。18，p3322

【神宗熙宁二年】十二月，审官院言："国子监博士苏充合该磨勘。勘会充是同知院苏颂弟，《嘉祐编敕》：'知院臣僚有亲戚者，其差遣、磨勘并牒同知院官施行。'俱是亲戚，即具申中书施行。"诏更不回避。审官院、流内铨今后应差注、升迁本司官亲戚合回避者，无官可牒送，并依此施行。19，p3322—3323

【熙宁】四年二月二日，诏："边任使臣任满合该减年磨勘者不因公事非次减罢。如在任及二年已上，内合减三年磨勘者减二年，合减二年者减一年，仍并免短使，先次指射差遣。"19，p3323

元丰元年七月二十五日，诏："自今诸酬奖：第一等，京朝官、大小使臣转一官；选人判司、主簿、尉，五考；初等职官知令录，四考；两使职官令录，三考；支、掌、防、团、节判察官并因军功捕盗，不限考第，并转合入京朝官；不及以上资考者，循两资。第二等，减磨勘三年，选人循一资，与堂除差遣一次，军功捕盗转次等合入京朝官。第三等，减磨勘二年，选人循一资。第四等，免远，免短使，免试。无可免者，各与升一年名次。第五等，各升半年。该两次已上酬奖者与并赏并升，愿留后任收使者听。"20，p3324

【元丰】三年九月十六日，详定官制所言："开府仪同三司至通议大夫以上无磨勘法。太中大夫至承务郎应磨勘：待制以上六年迁两官，至太中大夫止；承务郎以上四年迁一官，至朝请大夫止，候朝议大夫有阙次补。其朝议大夫以七十员为额。选人磨勘并依尚书吏部法，迁京朝官者依今新定官，其《禄令》并以职事官俸赐禄料旧数与今新定官请给对拟定。"从之。20，p3324

【元丰三年】十二月六日，诏："应迁官除授者并即寄禄官除，大两省、待制以上至太中大夫，余官至朝请大夫，并通磨勘，进士八年，余十年一迁，所理年月自降指挥日为始。"自官制行，以旧少卿监为朝议大夫，诸卿监为中散大夫，秘书监为中大夫。故事，两制以上转官至前行郎中即超转谏议大夫，前行郎中于阶官为朝请大夫，谏议大夫于阶官为太中大夫，而两制磨勘者旧不转卿监，即于今制不当转此三阶。又旧制朝议大夫止以七十员为额，余官转至朝议大夫，即须候有阙方许次补。至是因有司申明，乃降是诏。其大两省、待制以上，自通直郎至太中大夫磨勘理三年，承务郎以上至朝请大夫理四年，自如旧制。21，p3324

【元丰】五年十月二十七日，吏部言："待制以上，旧法六年迁官，今准新制三年一迁。其已满三年磨勘外有剩年月者，乞许通理磨勘。"从之。21，p3325

哲宗元祐元年六月十六日，右正言王觌言："近制，通议大夫已上皆通行磨勘，故自推行官制以来，或以推恩，或以磨勘而转一官，比旧有实转两官以至三四官者，非所以爱惜名器也。请自今官至太中大夫以上，毋以磨勘转官。"诏："文臣磨勘，待制、太中大夫已上至通议大夫止，余官至中散大夫止。其中散大夫已上以劳绩酬奖合转官者，许回授子孙。特旨升迁，不拘此制。"22，p3325

【元祐二年】六月八日，诏："保甲补借差以上者初该磨勘，有本辖官二员同罪奏举升陟，听如常法磨勘。即无举主、不足，犯赃若私罪徒，即展二年，应别格合展者并累展。其元丰元年以后补授人，虽经磨勘改转，内历一任，元无举主或不足者，将来磨勘亦如之。"23，p3326

【元祐六年】六月二十七日，吏部言："犯私罪徒，或奸赃及失入死罪，磨勘改官后事发，并申改正。余犯准幕职州县官所展考任法磨勘，情重者奏裁。犯罪改官后事发，于法合改正，已经转官者免改正。其私罪徒及奸赃更不在磨勘之限；失入死罪展年磨勘，情重者奏裁。"从之。24，p3326

绍圣元年闰四月八日，诏："引见磨勘改官人权依《元丰令》，五日引一甲，每甲引三人，每年不得过一百四十人，俟得次不及百人取旨。"24，p3326

【绍圣元年】十二月三日，户部尚书蔡京等言："看详役法文字张行历任已成七考，有改官举主二人，合磨勘改官。缘在京别无举选人改官臣僚，望依张元方例，以臣等为举主，与磨勘改官，依旧在任。"从之。24，p3326

（致）〔政〕和三年七月二十八日，尚书省言："修立到：'诸承直郎至登仕郎六考、将仕郎七考，有改官举主，内职司一员，与磨勘。公罪两犯杖，两犯笞比犯杖，或一犯徒以上，或私罪笞，止加一考；私罪杖加二考；私罪徒以上加三考，仍添举主二员或职司一员。如权官者，依本资条。'"从之。26，p3328

【政和】四年十一月十五日，吏部奏："显谟阁直学士、中奉大夫、提举亳州明道宫胡师文乞磨勘。在《法》：'年七十或老疾陈乞宫观、岳庙、留台、国子监之类，不许磨勘。'师文前知泰州，以地卑湿足疾乞宫观，与法稍异。"诏师文特许磨勘，自今太中大夫以上不用此令。28，p3328

宣和二年七月三十日，诏："文武官磨勘、选人改官具有成法。近岁尚书省批状令吏部先次与改官、与磨勘之类，并诸路选人许就任改官者颇多，皆有违彝宪。自今磨勘及改官可并遵依条法，应许就任改官，《元丰法》所不载者，更不施行，仰三省常切遵守。"28，p3329

【宣和二年】九月四日，吏部言："常州申：显谟阁待制、提举杭州洞霄宫蒋静乞磨勘。本官见年七十一岁。《审官东院敕》：'年七十或老疾陈乞宫观、岳庙、留台、国子监之类，更不许磨勘。'"诏依《元丰法》。28，p3329

【宣和】七年四月八日，中书省、尚书省言："从政郎、充皇后宅小学教授张宗奭奏：'契勘先降圣旨添给人从，并比附元丰诸王府记室、讲书例，所有改官未曾立法。窃缘臣在本宅供职成四考，别无所隶官司及都下选人职任，无荐举改官。伏望下本宅保明，许依见任太学博士条考第，改合入官。'"诏依太学正、录条改官。29，p3329

【宣和七年】五月十二日，吏部奏："检会去年七月二十九日敕，勘会承务郎以上及大小使臣已投下磨勘，于年六十九已前，因官司行遣会未到及递中失坠等致年七十者，并合除豁留滞迁枉失坠月日。"诏申明行下。29，p3329

高宗建炎元年五月一日，登极赦："应文臣承务郎以上并内臣医官、伎术官及致仕官，并与转行一官。内文臣中大夫、武臣承宣使并回授与本宗有官有服亲，武功大夫未带遥郡人与转行遥郡一官，已带遥郡防御使人与转行右武大夫。选人与循资，已系承直郎与改次等合入官，校副尉、下班祗应人依格与转官资，仍并不隔磨勘。"31，p3330

【建炎】二年正月六日，中书省言："祖宗旧制，《审官西院敕》：'诸司副使至内殿崇班及内殿承制、崇班带阁门祗候转官及五周年并与磨勘，候转至皇城使后改官。及七周年，不许用减年指挥。曾历缘边任使，有本路安抚使、总管、转运副使五人以上同罪保举，与磨勘转遥郡刺史，以后并理十年磨勘转遥郡团练使，转遥郡防御使止。'今照《元丰尚书右选令》：'诸司使副应转官者拟五资，即磨勘而有战功，谓身经战罢以功转官者，守城之类非。下条准此。拟七资。至左（臧）〔藏〕使以上并拟皇城使，皇城使拟遥郡刺史。'又照《宣和七年十月十九日诏》：'今后武臣官未至通侍大夫，虽已至通侍大夫而未满五年，并不除正任；及未至武功大夫，不除遥郡。虽奉御笔特旨并军功，亦不施行，令中书省将所降处分缴进。'"诏今后遵守。32，p3330

【绍兴】二年四月二十五日，臣僚言："选人用举主磨勘改官，在吏部法最为严密，毫厘之差，辄遂报罢，故凡行移取会，皆有近限。然其间或因自身及举主有公案在寺，虽（改）〔该〕赦恩或去官勿论，止缘未曾结案，难以约定刑名。在法当申朝廷，而朝廷例以为常程，报应稽缓，不幸举主一有差跌，终身无改官之望。乞应今后选人用举主改官，吏部不得非理沮难，故作申明。或于法合申朝廷，并于申状上写'急速'二字，本房堂吏限一日呈禀宰执与决回报，庶免妨滞人材。"从之。34，p3331

【绍兴四年】五月十四日，权吏部侍郎刘岑等言："迪功郎考第不满，若改本等合入官，依格改承务郎；如与次等合入官，为无等可降。本部未奉行《新书》以前，遵依元丰二年九月六日诏，例不降等，止与改承务郎。今来《绍兴吏部一司法》内未有该载，欲乞依旧遵用。"从之。35，p3332

【绍兴四年】六月五日，吏部尚书胡松年言："元丰旧条，幕职州县但得循资，未经收使，改官后依条循一资比减二年、两资比减三年磨勘。缘《绍兴新书》①却有'被赏'二字，内官员任选人日该覃恩或恩例循资之人，皆非被赏，乞依旧法施行。"从之。35，p3332

【绍兴】十一年九月十八日，权尚书吏部侍郎魏良臣等言："绍兴五年十一月初四日，诏归明、归朝官、选人无公私过犯，三考循资至承直郎，更五考即改宣教郎。盖为归明、归朝官、选人荐举不及，无缘改官，故以三考无过犯循一资。谓如元得将仕郎，历一任三考，与循一资，理算至承直郎。前后历官六任一十八考，更满五考，便改宣教郎，即历任二十三年，不用举主改官，不为侥幸。其余用有赏循资之人，合及十考，通历任十五考，与改宣教郎，庶免侥幸之弊。"从之。36，p3333

【绍兴】十九年三月二十日，诏："今后捕盗及获私茶盐之类，并选

---

① 宋朝对制定的法律常用"某某新书"称之，此处就是《绍兴新法》。

人依法应改官及四川换给酬赏改官之人，依删定改官体例，先次开具条法申尚书省，候指挥下部，依条格拟官奏钞。内四川选人换给磨勘及就任磨勘改官之人，仍令考功依此具申。”从吏部所请也。37，p3333

【绍兴】二十八年四月十八日，中书门下省言：“枢密院编修官、敕令所删定官、秘书省正字、博士、正、录，除内有自用吏部常格改官人外，依法合到任实历一年，通理前任考第改官。近来多是到任未及一年，援例陈乞通理升改，甚非朝廷涵养人材之意。”诏今后并遵依旧法施行37，p3333—3334

【绍兴二十九年】八月十二日，皇后宅教授林同言：“（无）〔元〕降指挥，请给、人从依诸王宫教授，诸王宫教授视太学博士例，通理循资。”从之。39，p3334

【绍兴】三十年五月十六日，臣僚言：“平江府节推刘天民在任改差主管架阁文字，乃乞依教官法就任改官，然后赴新任。监行在排岸司许子中亦差主管架阁文字，复引天民例就任磨勘，皆凭恃贵势，侥幸废法。望明诏吏部，坚守成法，今后如刘天民、许子中例妄有攀引而官吏辄有与申陈者，皆重置典宪，不以赦降原免。”从之。39，p3334

【绍兴三十二年】十月十五日，试给事中金安节言：“承指挥，成彦忠皇城司任满赏并两任翰林司任满赏，特与遥郡上转行两官。按《令》：‘诸武功大夫实历七年，曾历边任，有五人以上保举，与磨勘转遥郡刺史，已后并理十年转遥郡团练使，至遥郡防御使止。’祖宗之法，不轻以授人如此。契勘成彦忠今年五月方转遥郡刺史，抵今未及半年，遽用干办翰林司、皇城司任满赏丁刺史上转两官，则是二十年磨勘，五月之内且得之，于考绩之法无乃戾乎？非所以示至公，使人知劝也。欲望将成彦忠所得任满赏付之有司，依格施行。”从之。41，p3335

【隆兴元年四月】十五日，臣僚言：“（切见）〔窃见〕李若川等乞转朝议大夫，援引建炎覃恩旧例，谓非止法，许其溢员。勘会建炎放行迁转，妨朝士之年劳寸进者逮三十年，若今日用例转行滋蔓，将来之沿袭迁阶者何可胜计。检准《绍兴赏令》：‘诸朝请大夫以上因恩赏转官者以四年为法，各计所磨勘收使。’修令之日在靖康、建炎之后，详定已允，今日所宜遵守，则建炎覃恩转官不当引援明矣。欲望将若川等陈乞迁转更不施行。”从之。42，p3336

乾道元年正月一日，《南郊赦书》：“承直郎以下犯私罪徒、赃罪杖得不碍选举差注者，若举主、考第比无过人例合磨勘者，奏裁。"三年十一月二日、六年十一月六日、九年十一月九日《南郊赦书》并〔同〕此制。45，p3337—3338

【乾道六年】七月二日，吏部言："左中大夫、敷文阁直学士薛良朋磨勘。契勘《绍兴参附令》：'中大夫转太中大夫，虽两制即不许贴用减年'，法意分明。良朋自转左中大夫起程至今年六月止，实历一年六个月，却将昨任知徽州劳绩减四年磨勘内收使一年六个月，凑及三年，转左太中大夫，于法显碍。虽有放行王曦等例，并在乾道四年不许援例指挥之前。"诏良朋磨勘转左太中大夫一官改正，吏部处当官吏具名取旨。于是敷文阁直学士陈弥作、吏部员外郎（拭）〔栻〕、考功员外郎韩彦古降职、展磨勘年、降官有差，人吏王兴祖等皆决杖，弥作先任兼权尚故也。50，p3340

宋会要辑稿·职官一一·格式司

格式司。太祖建隆元年十一月，诏："天下县除赤、（几）〔畿〕、次赤、畿外，重升降地望。取四千户以上为望，三千户以上为紧，二千户以上为上，千户以上为中，不满千户为中下，五百以下为下，自今每三年一次升降。"58，p3345

宋会要辑稿·职官一一·流外铨

真宗咸平元年十二月，诏："京百司今后如额内阙人处，吏部每岁一次于十月内晓示诸司，于见祗应私名入仕三年已上依次牒送，比试补填，叙理资考。若抽在别处祗应与计劳考者，不更充在司额。留司祗应者，亦于见定额内抽那，不得别补。所有归司、不归司诸色事故，并准《长定格》，诸司内或（从）〔后〕来有添展阙额诏敕，一听逐司存留。"凡门下省额二十五人，中书省十五人，起居院三人，谏院二人，尚书省五人，吏部十二人，铨二十人，南曹十人，甲库四人，司封二人，司勋二人，考功五人，兵部十人，甲库二人，职方三人，驾部二人，库部二人，户部三人，度支二人，金部二人，仓库二人，刑部八人加五人，都官二人，比部二人，司门二人，礼部三人，贡院八人，祠部四人，主客二人，膳部二人，工部二人，屯田四人，虞部二人，水部二人，御史台二十五人，太常寺六人，礼院十三人，宗正寺十三人，光禄寺六人，卫尉寺十人，大理寺十二人加二十二人，太仆寺八人，鸿胪寺三人，司农寺五人，大府寺四人，秘书省七人，殿中省五人，国子监五人，少府监六人，将作监三人，司天监五人，四方馆三人，左右金吾、左右卫各三人。59，p3345

宋会要辑稿·职官一一·官告院

太祖乾德四年四月，诏重定官告院所用内外文武官告身绫纸、褾轴：尚书令、侍中、中书令、平章事、使相，用五色背金花绫纸，宝装犀轴，银钩晕锦红里褾袋、紫丝网、银粉鐼。枢密节度使已上，用白背金花五色绫纸，宝装犀轴，银钩晕锦红里褾袋，紫丝网，银粉（踏）〔鐼〕。参知政事、三师、三公、仆射、东宫三师，用无金花五色白背绫纸，银钩晕锦红里褾装，大牙轴。枢密副使、宣徽、三司使、留后、统军、上将军、检〔校〕官至太保以上者，与参知政事一同。司徒已下者止用大花白绫纸，褾轴同上。端明殿、翰林、枢密直学士、东宫三少、尚书、内客省使、防御、团练使已上，用大绫纸，红里银钩法锦褾，大牙轴。常侍、中丞、给谏、舍人、大卿监、宾客、詹事、刺史、（主）客省、引进使、判四方馆、阁门使，用大绫纸，法锦褾，大牙轴。祭酒、庶子、诸卫大将军、内诸司使、副使、禁军都虞候、起居郎、侍（卫）〔御〕史、少卿监、少詹事、司业、率更令、郎中、员外、太常博士、两京少尹、四赤令、诸州行军副使、节镇马步军都指挥使，用大绫纸，大锦褾，大牙轴。诸将军、率府率、副率、殿中侍御史、监察御史、国子五经博士、通事舍人、升朝官、禁军指挥使、京官，诸州防御、团练、刺史、都指挥使已下，幕职州县官、带检校官，用中绫纸，中锦褾，中牙轴。诸州幕职州县官、无检校官及内外副指挥使已下将校，用小花绫纸，小锦褾，木轴。60，p3346

太宗太平兴国六年十二月，诏："官吏以告身及南曹历子于贾区权息钱者并禁，违者官为取之，不偿其直。"60，p3346

淳化元年四月，诏："自今中书降敕，门下省差令史一人，于承敕院画领承受，抄上印历，分付甲库、官告院收掌，出给告身签符。"60，p3346

【淳化】二年三月，诏："官告院应降制，授官者使五色金花绫纸，宝装犀轴；追赠者使白背五色无金花绫纸，银钩，晕锦红里褾，大牙轴。"60，p3346

真宗咸平三年九月，诏重定告身：宰相、亲王、使相，用五色背金花绫纸，犀轴，晕锦褾袋，色带。三师、三公、枢密使，及曾任宰相官至太子三师、仆射已上、嗣王、节度使，用白背五色金花绫纸，犀轴，晕锦褾袋，色带。参知政事，宣徽使，枢密副使，太子三师，仆射，御史大夫，两京留守，皇弟、皇子、皇侄、皇孙，用白背五色绫纸，晕锦褾袋，大牙轴，色带。尚书，文明殿学士，太子三少，京牧，大都督、大都护，两省侍郎，京尹，统军，上将军，两使留后，观察使，用白背五色绫纸，法锦褾，大牙轴，色带。并十七张。三司使，翰林学士，侍读、侍讲学士，枢密直学士，尚书省、御史台四品、两省五品以上，诸司、东宫三品，王傅，中都督，诸府尹，上都护，下都督，昭文馆、集贤院学士，左右庶子，詹事，诸卫大将军，防御、团练、刺史、横行诸使，昭宣使，枢密都承旨，及诸司使、军职带刺史者，用大绫纸，法锦褾，大牙轴，色带。三司副使、升朝官太常博士以上，京府少尹，赤县令，王府长史、司马，诸司副使，枢密副都承旨、节度行军副使、两使判官，检校至常侍、中丞以上者，诸军都指挥，御前忠佐都军头以上者，〔蕃〕方马步军都指挥使及供奉官军职加爵邑者，用大绫纸，大锦褾，大牙轴，青带，并七张。升朝官五官正，郎将已上、内殿崇班及阁门祇候，京官带馆阁、三司职事者、防团副使，两使判官，（几）〔畿〕令，诸州别驾，幕职州县官，检校至员外郎者，中书、枢密主事以上、入内高班内品以上，诸军都虞候，忠佐副都军头、诸班指挥使、藩方马步军都虞候以上、供奉官以下，及三司勾复官以上，检校至尚书者，伎术官至朝官同正者，用中绫纸、中锦褾、中牙轴、青带。京官灵台郎，保章正，幕职州县官，高班内品，翰林诸待诏，医官，中书行省守当官，枢密院主事、令史，法直、礼直官，用小绫纸、小锦褾、木轴、青带，并五张。诸藩蛮子授大将军、将军、司阶、司戈、司候、郎将等，用大绫纸，大锦轴，法锦褾，色带。61—62，p3347—3348

【咸平三年】十二月二十日，诏京官供奉官、侍禁、殿直、祇候内品、内品，用小绫纸，水角贴金轴，红地黄花锦褾，青带。又诏皇亲崇班以上用大绫纸。文武官封赠，凡降制追赠者用白背五色绫纸，银钩晕锦红里褾，大牙轴。宫掖官告用遍地销金龙凤罗纸，妃嫔及大长公主、长公主、公主用遍地销金斜花凤子罗纸，内命妇、国夫人用销金团窠花罗纸，郡主、县主同。已上并犀轴，晕锦褾袋，紫丝（纲）〔网〕，银（幅）〔帉〕錔。诸王妻、宰相、枢密使、参知政事、枢密副使、宣徽使、节度使母妻，用团窠金花罗纸、犀轴、晕锦褾袋，紫丝网、银鈒镂。仆射、尚书丞郎、三司使、中丞、观察使、内客省使母妻，用金花罗纸、犀轴、法锦褾袋、紫丝网、银金鈒踏。防御使、刺史、厢主、南北省五品、诸司使以上母妻用五色金花绫纸、牙轴、大锦褾袋，余官母妻用中锦褾袋。其后郎中、诸司使以上母妻皆用金花五色罗纸、犀轴、法锦褾袋。自余母皆同上，惟用玳瑁轴，妻用五色罗纸、大牙轴、大锦褾。学士以上母妻皆赐之，余官则入其直。又有预印书纸在中书舍人院，有除授则就写之。62，p3348

【咸平三年十二月】二十二日，诏："文官曾任大卿监、丞郎、给谏，武官曾任大将军、防御团练使、刺史，内职曾任阁门使已上者，及因子孙追赠三代官至一品者，并用大绫纸、大牙轴、法锦褾。如曾降制授官，自依先降敕命。"62，p3348

【咸平】四年二月，诏："见任将相在朝正一品官及中书、枢密官特追封三代外，应东宫一品以上，虽曾任皇朝将相者，只依编敕本品追封。其三代曾祖母、祖母、母，除中书门下三品及平章事在朝正一品、使相封国太夫人外，余只封郡太夫人止，如旧有国号者依旧追封。今后如位极将相，勋业崇高，（梦）〔薨〕谢之时特恩追封王爵者依旧外，如因子孙追赠，虽功隆位极，并不追封王爵。应因子孙追赠，除祖父先居高位累赠至一品外，如子孙官高、祖父官低，今后祖父已赠五品者，须历品赠官，方得赠至正一品。母妻所封郡县依本姓望，不系紧望阙辅，至封国不拘此限。"62，p3348—3349

【咸平】五年七月，令初除驸马都尉用大绫纸、法锦褾。62，p3349

【咸平】六年十一月，诏官告院绫纸库差三司军将充专知官，三年一替。62，p3349

景德二年九月，官告院言："奉诏重定诸蕃告身纸。其蕃官军主、副军主首领、化外刺史子承父任知州授银青阶者，请用大绫纸、法锦褾、大牙轴、色带。化外幕职州县官、上佐指挥使至副兵马使、衙前职员请用中绫纸、中锦褾、牙轴、青带。"从之。63，p3349

【景德】三年二月，诏："吏部郎中掌文官告身，司封郎中掌封爵、皇宗诸亲、内外命妇告身，兵部郎中掌武官告身。赠官同正官。其封爵、命妇赠官，令用吏部、兵部告身印。内追封公主，亦合用司封告身印。今后兵、吏部及叙封、加勋，须各用逐使印。如违，官吏勘罪，重置之法。

其印坏绫罗纸，仍勒（陪）〔赔〕填。"63，p3349

【景德三年】十二月，诏："皇弟、皇子、皇侄、皇孙除官，并用白背五色绫纸十七张，晕锦褾、大牙轴、色带。若授崇班已下，如三司使例。"63，p3349

【大中祥符】二年二月，诏："应该封赠文武臣僚，每覃恩，须画时投状。如隔蓦不来，于后不得乞一并加恩。"63，p3349

【大中祥符】五年六月，诏进奏院："今后官告院发到军员告敕，画时入递，仍具道数、月日申本院。"63，p3350

【大中祥符】八年七月，令官告院，自今大除授告身、赐外蕃书，仍旧用金花绫罗纸。时禁销金，有司上请故也。63，p3350

天禧元年八月，翰林学士晁迥、秘书监杨亿、直龙图阁冯元详定"叙封所生母及致仕官封赠母妻事"。"臣等详《编敕·仪制》自有明文，若非嫡、继，不合叙封。其致仕官封赠据《五代会要》及新编《仪制》，须曾任五品已上正官致仕后，即据品秩施行。国朝已来，每因降敕，应预升朝，并许封赠，盖是一时覃庆，固非定格。其致仕官须是郎中已上方该封赠，兼逐时敕文封赠亦不该说，然官告院二十余年相承行遣。臣等议定，乞今后如遇恩泽，其升朝官在堂无嫡、继母者，许叙封所生母。其致仕（言）〔官〕于《仪制》难预恩泽，乞今后须曾任升朝官后致仕者，亦许封赠，如自京官幕职州县转朝官致仕者不行。"官告院又言："文武臣僚准敕封赠父者，当院点检有右赞善大夫吕行简叙封故事。准《六典》司封之职：'凡庶子五品已上官皆封嫡母，无嫡母即封所生母。子有五品已上官，若嫡母在，所生之母不得为太妃已下，无者听之。'《汉天福十二年【敕】》：'嫡、继即许封叙。如非嫡、继，不在论请。'《大中（详）〔祥〕符仪制》：'嫡母、继母即许叙封。如非嫡、继，不在论请之限。'其致仕官如未致仕曾任五品已上，合追封者与据品秩施行，别无条贯。"乃诏自除上条外，今依所议施行。64，p3350

仁宗天圣四年七月，提举官告院程（林）〔琳〕言："选人官告小绫纸一副、木轴、小锦褾、青带，合纳钱一千；中绫纸一副、中牙轴、中锦褾、青带，合纳钱一千五百，并八十陌。欲望自今小绫纸纳钱五百，中绫纸纳钱一千，只于本院绫纸库送纳，若选人料钱十贯已下不纳。"从之。64，p3351

【天圣】六年，诏："追官或除名，比限敕到日取宣敕告身，令逐处当职官吏注毁，所追夺因依限十日内纳尚书刑部。"从编敕所奏定也。
65，p3351

【皇祐】四年九月八日，诏颁《官告条制》①：自亲王、宰臣至皇侄、皇孙，并依旧制。观文殿、资政殿大学士，如文明殿学士及端明殿学士；侍讲学士、阁学士、阁直学士、太子宾客、太常卿监、国子祭酒、司天监、初除驸马都尉、四夷授郎将已上、蕃官授正副军主并首领，及化外刺史身故、子孙承袭以银青阶知州，并如三司使制；客省、引进、阁门副使并如太常博士以上制；内藩方都指挥使以上有带遥郡者用锦褾；五府少尹、通事舍人、两使判官、正畿令、防御、团练使、率府率、副率、诸色京官、检校官至员外郎以上、三司孔目、勾押、勾覆官、诸司职掌官至诸州别驾、化外授上佐幕职州县官、指挥使至副兵马使、衙前职员等并如升朝官制；内枢密副承旨有至将军以上、中书堂后官至太博以上、虞候加至爵邑者，并用大绫纸、大锦褾、大牙轴。正员京官用小绫纸、小角贴金轴头、红地黄花锦褾、青带。诸色京官、京主簿、诸州长史、司马、中书录事、班行借职及诸军指挥使以下、翰林待诏、书直、书艺、医官，并如京官灵台郎制；内礼直、法直授两省主事及勒留官至别驾者、诸州幕职州县官检校官至员外郎者、供奉官至指挥使以下检校至尚书者、翰林待诏等升朝官正官者，并用中绫纸、锦褾、牙轴。指挥使加爵邑，即更用大绫纸、锦褾、牙轴。诸司勒留官，诸州衙前官将，并用小绫纸。应宫掖并公主，并用遍地销金斜花凤子罗纸。内命妇，销金罗纸。郡、县主，用金花罗纸。国夫人，销金团花窠罗纸。郡夫人、郡君、县太君，及遥刺正郎以上妻，并用五色销金常使罗纸。余命如五色素罗纸。其细衔自仆射、尚书、丞郎以下见任者，令兵部、司封并于逐官预先书押，以备中书取索。应曾降麻授恩者赠官，并用白背绫纸、大牙轴、法锦褾。降麻授官人身薨追赠者，用白背五色绫纸、银钩晕锦红里褾、大牙轴。见任将相正一品及二府，追封三代。东宫一品以下，虽常任将相，各依本品追封。其曾祖母、祖母，惟中书门下二品、平章事正一品、使相封国太夫人外，余封郡太夫人止，已有国号者依旧追封。应百官为父赠官，如父曾降麻授官，赠官用白背绫纸。及赠至大将军已上，并用大绫纸七张。升朝官，中绫纸。诸

---

① "条制"在宋朝法律用语中有法、法律的含义，称"某某条制"相当于"某某法"，这里是《官告法》，在当时是令和格混和的单行法。

(手)〔寺〕监丞、大理评事，小绫纸，并各五张。应封赠文官曾任大卿监、丞郎、给谏，武臣大将军、遥郡、(阁)〔閤〕使以上者，及因子孙追赠官至一品者，并用大绫纸七张，大牙轴、法锦褾。除大学士已上者用十七张外，但用七张、五张为差。从权判尚书都省丁度等所议也。66，p3351—3352

【政和三年】十一月十六日，臣僚言："诸《令》文：'应因子孙得封赠而父祖亡者，所封母、祖母并加"太"字。'臣看详法意，封则加'太'字，赠则不用，其意甚明。而有司奉行，法难用。欲乞应命妇因子孙官爵，父祖亡，封其母并祖母者加'太'字，殁者并除去。"从之。66，p3353

【熙宁】四年十二月二十三日，诏："官告院绫纸库合纳绫纸官钱赴左藏库送纳，所管绫纸专差使臣一员，月给食钱五千，添差三司军大将一名充副知，只差本院守阙一名抄写文字，月给食钱一千，更不拘收家业酬奖。《皇祐编敕》：'本库如无正名，于有(加)〔家〕业守阙人内差，候勾当三周年无遗缺，补充正名。候替满日，再勾当三周年，减选出官。'"67，p3354

【熙宁】七年五月二十二日，舍人院言："检会《官告院条制》：'大学士已上并用白背五色绫纸、法锦褾，观文殿学士只用大绫纸、法锦褾、大牙轴、色带子。'缘观文殿学士乃在资政殿大学士之上，是旧制误定，乞用如大学士例。"从之。67，p2254

元丰五年六月十三日，详定官制所言定到《制授、敕授、奏授告身式》。从之。67，p3354

哲宗元祐元年五月六日，诏自今监司落"权发遣"及"权"字，毋给告。从中书省言也。67，p3354

绍圣元年九月十五日，吏部言："中书舍人朱服言：《元丰五年条制》：'阶官及职事官及选人凡入品者，皆给告身；其无品者，给黄牒。'元祐六年改元丰五年专条，除职事官，监察御史以上及除降官职依旧外，应内外差遣并职事官本等内改易或在任者，并给黄牒，乃与无品人等。"诏今后帅臣、监司并待制已上知州并给告，余依旧条。67，p3354

元符元年十一月十五日，吏部侍郎黄裳言："《元丰官制》：'入品官皆给告身，其无品者给黄牒，故小使臣皆给告身。'后来时务从简，遂行宣札指挥，于理未安。请自借职、奉职而上皆给告身，复《元丰官制》。"

从之。67，p3354

【政和】四年正月四日，诏："诸妃告身绫纸：四妃用云龙，贵仪至婉容用葛蘽、莺，昭仪至充媛用兰、燕，婕好至美人用荇、鱼。内命妇告身绫纸：内宰、副用遍地云凤，宫正、尚宫、内史、郡夫人、治中用云朵凤，国夫人用遍地云鹤，宝林至掌乐、管勾仙韶公事用云朵。"67，p3354—3355

宣和元年二月二十九日，中书省、尚书省言："勘会官告院制告身、法物合用造绫纸，近已措置更定花样名色。虑（名）〔民〕间私辄仿效织造及买贩服用，当立法禁止。今拟条项：'诸官告院制造告身、法物应用绫锦，私辄仿效织造及买贩服用者许人告，赏钱三十贯。'"从之。68，p3355

钦宗靖康元年九月二十三日，尚书省言："官员付身敕札系大程官承发，近多留滞，不依限发放。欲乞今后发出付身、告命，并当日具名件并发下月日及承受大程官报尚书省，都门下即时出榜。如有违滞，并许当行人吏并科杖六十罪。"从之。68，p3355

【高宗建炎三年六月】二十一日，诏："官告院依《禄令》支茶汤钱各十贯文，就料钱历批请。其权官并依正官例。"从本院请也。68，p3355

【绍兴】四年六月二十一日，诏："除授馆职、职事官及帅臣、监司，并依旧法给告，惟计议官依编修官出敕。"先是。臣僚言五品以下命以敕札，殊损国体。送部检会，言："旧法编修官出敕；馆职、寺监丞、博士、御史台检法、主簿，命词给告；承务郎以上磨勘转官出告；特恩转官仍命词外，任差遣出敕；监司并合命词给告。旧无计议官，未审是何付身。"故有是诏。69，p3356

【绍兴】五年五月二十日，诏："太师至尚书令绫纸，可降本格二等，用十五张色背五色绫纸，其余官并递降本格。太师至尚书令，左、右仆射至开府仪同三司，并用十五张色背五色绫纸。知枢密院事至宗室环卫官，观文殿学士至观察使，并用五张白背五色绫纸。宣奉大夫至侯用十张白绫纸，给事中至伯八张白绫纸。中大夫至子，七张白绫纸。七寺少卿至和安大夫至翰林良医，尚书诸司员外郎至翰林医正，并用六张白绫纸。奉议郎至太子诸率府副率，秘书省校书郎至诸军指挥使以下、遥郡刺史以上，马步军都头至蕃落马步军都指挥使，并用五张白绫纸。"以官告院言工部会告命品从数多，合行减损。故有是诏。69，p3356—3357

【绍兴六年三月一日】，同日，诏官告院吏人入仕年月并依吏部侍郎右选理二十五年。先是，官告院言："本院人吏选补并守熙宁法，近吏部申明将本院主事满三年半外通入仕及三十年，方许出职，仍理其所少年限，勒令殿选。缘从来本院遵守旧法，近吏部申明将满三年半出职，别无理年殿选之文。况六曹所理入仕年月各以人额多寡理年，有理三十年处，及有二十五年处。各缘充主事年月不多，如刑部都官止充主事满一年，或一年一季，止理二十五年出职。或遇大礼，又许解（法）〔发〕次名，三年半中约解发三人。本院缘守旧法，三年半止解发一名，更不理入仕年月。"故有是诏。同日，诏："官告院官去替半年，方许差人。其已差替人，并见阙未到之人，并别与差遣。如愿归吏部注授之人，特依省罢法与指射差遣一次，愿就宫（官）〔观〕岳庙者（职）〔听〕。"70，p3357

【绍兴】十一年十一月十日，吏部言："措置官员转官及封赠告【身】制度，若依旧法制造，窃虑难以应办，欲量增绫纸。"从之。一、文臣太中大夫、武臣正任观察使以上转官，并用杂色锦褾、丝带、拨花大红牙轴。文臣监察御史以上，并行在职事官、寺监丞簿以上，外路帅司、监司、转运判官、提举茶盐、市舶、常平等以上，并除贴职之人中大夫至奉直大夫，武臣通侍大夫至右武大夫及带遥郡，并武功大夫至修武郎以上，并用杂色锦褾、丝带、拨花中红牙轴。文臣朝请大夫至通直郎，武臣武功大夫至修武郎以上，并用红绫褾、碧绿绫带、拨花中红牙轴。升朝官量行添轴，改造褾袋。二、绫纸钱：内文臣太中大夫、武臣观察使以上并免，文臣中散大夫、武臣遥郡刺史以上二十贯，文臣朝奉大夫、武臣武翼大夫以上一十五贯，文臣通直郎、武臣修武郎以上一十贯，以上各欲增五贯。三、封赠绫纸钱：三公，三少，开府仪同三司，七贯五百文；东宫三师、三少，特进，太尉，金紫、银青光禄大夫，左、右金吾卫，左、右卫上将军，节度使，承宣观察使，六贯；宣奉、正义、通奉大夫，左、右骁骑以下，诸卫上将军，三贯五百文；通议、太中大夫三贯：以上并欲增一倍。中大夫，中奉、中散大夫，防御、团练使，诸州刺史，左、右金吾以下，诸卫大将军，二贯六百文；朝议、奉直、朝请、朝散、朝奉大夫，二贯三百文；朝请、朝散、朝奉、承议郎，诸卫将军，太子诸率府率，一贯八百文；奉议、通直郎，太子诸率府副率，一贯五百文；宣教郎以下，一贯：以上并欲增一倍。母及朝奉大夫、遥郡刺史以上妻，七贯二百五十文，欲增四贯七百五十文。余妻六贯四百五十文，欲增三贯五百五十文。武功、武德、武显、武节、武略、武经、武义、武翼大夫，遥郡同。二贯三百文；武功、武德、武显、武节、武略、武经、武义、武翼郎，一贯八百文；训武、修武、从义、秉义、忠训郎，一贯五百文：以上并欲增一倍。从之。70，p3357—3358

【绍兴二十六年】九月六日，诏内、外文武臣僚告敕并依《大观格》制造。裁减吏额，共置二十九人。后降下官告样十六轴，并物料等，（今）〔令〕有司制造。沈该等奏，依已得指挥，自来年正月为始。上曰："此是《大观式》，朕已令各随官品画成（圆）〔图〕册，他日可以按图制造。"71，p3358

【绍兴】二十七年二月二日，将作监奏："契勘依近降官告法式，应内外命妇迁转并赠封告命，并销金。续承指挥，内命妇迁转并封赠，外命妇封赠郡夫人以上，并依格用网袋外，其余以次并权不给。窃虑告身销金亦合参照，欲望除内命妇迁转并封赠、外命妇封赠郡夫人以上依法式外，其余并权住销金。"从之。71，p3358

【绍兴二十七年】五月三日，工部状："近降指挥禁止镂金、销金装饰之类，所有文思院见造销金告身绫罗纸、轴头，今欲将文武臣僚并内命妇迁转封赠、外命妇封赠郡夫人以上及外国封爵加恩告命等，并依已降《大观格》制造给降行使。所有应合用轴头上贴镂销金，乞止用拨花滴粉生色。"从之。71，p3358—3359

【绍兴】三十二年六月一日，官告院言："契勘本院先降到《大观格》出告样制，照得内、外命妇十等式内，除止有贵妃、淑妃、德妃、贤妃用十八张销金罗纸，并亲（用）〔王〕妻用十张销金罗纸外，所有皇太子妃并一字王夫人罗纸法物亦未有该载立定格式。今欲将所出上件皇太子妃（此）〔比〕附四妃、王夫人比附亲王妻罗纸张数、法物等，书写出给投进。"从之。71，p3359

宋会要辑稿·职官一一·吏部格式司

太祖建隆元年十一月，诏："天下县除赤、畿、次赤、畿外，重升降地望，取四千户以上为望，三千户以上为紧，二千户以上为上，千户以上为中，不满千户为中下，五百户以下为下。自今每三年一次升降。"76，p3363—3364

真宗咸平四年二月，诏："格式司自今如有不切（子）〔仔〕细勘会

升降户口、参定料钱，干系人吏重行决罚。"76，p3364

【景德】三年正月，诏："格式司起请幕职州县官、司士、文学参军板簿，具录出身、历任、乡贯、三代。其外州所资寓居者亦抄录官名、替罢因依供申，令格式司别置得替官板簿点检拘辖。如有改授及丁忧事故，即时批凿销注，委判铨官常切点检。"77，p3364

【景德三年】四月，诏："自今如已是令录、知令录引见与幕职者，即注节察推官、军事判官。其判司簿尉、司理参军资考合入令录引见与幕职者，且注初等，给本州录事或倚郭令俸，不得过十五千。"77，p3364

【景德三年】十一月，诏："吏部铨所注幕职州县官，令格式司每月具半年未上人名衔申铨，铨司上簿，移牒催促。若新授官身亡、丁忧不赴任者，所在根究，具事以闻，别行注拟。"77，p3364

宋会要辑稿·职官一三·礼部·祠部

祠部掌祠祭画日、休假令、受诸州僧尼、道士、女冠、童行之（藉）〔籍〕，给剃度受戒文牒。以朝官一员主判。《两朝国史志》：祠部判司事一人，以无职事朝官充。凡祠祀、享祭皆隶太常礼院，而天文、刻漏归于司天监，本司但掌祠祭画日、休假令、受诸州僧尼、道士、女冠、童行之籍，给剃度受戒文牒而已。（今）〔令〕史四人。元丰改（置）〔制〕，郎中、员外郎始实行本司事。提领度牒所附礼部郎中。通行四司。分案有二：曰道释。凡臣僚陈乞坟寺，试拨经放，该遇圣节始赐紫衣师号，诸州宫观、寺院、僧尼、道士、童行整会甲乙，十方住持教门事务，僧尼去失度牒改名回礼，僧道正、副迁补，拘收亡殁度牒，归正换给、埋瘗等阵亡恩泽，陈乞比换紫衣师号，给降出卖书填翻改空名度牒等，皆属之。曰详定祠祭、太医账案。凡医官磨勘八品驻泊差遣，太医局生试补，祠祭奏告、奉安、祈祷，应道释神祠加封赐额，诸色人陈乞庙令养老，侍从等除受奏举医人越试，宰执初除罢政遇大礼及知州带安抚使、学士及管军观察使以上陈乞太医助教等，拘催诸路僧道帐籍，皆属之。又有制造（窠）〔案〕，掌制造、书写、勘合绫纸度牒、紫衣师号及度牒库官吏替上申请事。又有知杂、开拆司。吏额：主事一人，令史二人，手分九人，贴司七人。度牒库隶焉。16，p3378

真宗咸平二年七月，诏："诸州比试童行，只得将僧帐内见管人数比试经业，具合格人数申奏，不得将已开落人出剩放度。"17，p3379

大中祥符元年四月，诏："(词)〔祠〕部手分八人，遇文牒并多日限给三十道，稍稀二十道。每降到奏状及申状、僧尼、道士陈状，并上历排日行遣，画时入递。如怠慢过犯，牒开封府科罪。其本行手分，都省不得抽差。"

【大中祥符】二年五月，诏："僧尼、道士身死者，其紫衣、师号敕牒并令知州、通判批书还俗及身死年月纳祠部。"17，p3379

【大中祥符】三年七月，诏："祠部给僧尼、道士牒，将本州帐勘会注给讫，本州判官押书勾凿。应僧尼遇恩泽试经中剃度童行给祠部者，将帐照证，亦勾凿讫，递送逐州。所给戒牒，如本人将到剃度受戒六念，勘会文帐印书给付。"17，p3379

【大中祥符】四年四月，诏："道士、女冠如受伪命公凭，自今许翻换祠部正牒。"18，p3379

【大中祥符】五年闰十月，诏："宫观行者每年依例考试，未得退落，具试业等第、有无过犯闻奏。"18，p3379

【大中祥符】六年正月，诏："京两街僧录供三年造僧帐之时，其住房僧不得擅立院额入帐度童行。"18，p3379

【大中祥符六年】十月，诏："祠部今后据逐处申纳僧尼祠部六念牒，验无虚诈，即与给戒牒，粘缝印递往逐处给付。"18，p3379

神宗熙宁二年九月五日，诏："尚书祠部遍牒四京及诸道州、府、军、监，今后应僧尼、道士、女冠身亡、事故，其元受披剃文牒、戒牒等，并仰逐处依旧例抹讫，更于行空处批凿身亡、事故年月、因依，本州军官押字用印讫，具状缴连入递，申纳本部。仍仰本部即时具交收道数、年月，附递回牒本州。州司候到，钩销照证。其缴到文牒等，即仰依旧诏施行。"21，p3381

【元丰】五年六月十一日，诏："自今紫衣、师名止令尚书祠部给牒，牒用绫纸。被受紫衣、师名者，纳绫纸钱陆百。"是岁十月复诏，依度僧牒例用纸。21，p3381

元丰五年十二月九日，尚书礼部言："度僧牒已立额岁给万，今年已给九千一百二十七，额外并来年数。"22，p3381

【元丰】七年二月七日，门下省言："度僧牒已著令，每道为钱百三十千。检会《敕》：'夔州路转运司每道三百千，以次减为一百九十千。'欲送中书省价高处别取旨。"从之。22，p3381

【哲宗元祐】二年三月九日，诏："僧道身亡及还俗、事故，其度牒、六念戒牒，令所在官司先行毁抹，依旧缴申礼部。本部以籍拘管，置柜盛贮。每季委郎官监送，于省外焚毁之。" 22，p3381

【宣和二年】十二月十二日，中书省送到宣义郎、权发遣福建路转运判官公事柯旸奏："臣窃睹迩者朝患度牒之弊，而诏止五年，在京官司祠部尽行毁抹，可谓长虑，以救一时之弊矣。臣巡历至福州，体访得民间初闻有此指挥，深恐例皆毁抹，遂贱价出卖，止于二十余贯。继闻止毁在京官司祠部，州县依旧书真，其价顿增，今已不下百千，往往珍藏，以邀厚利。增而不已，必有倍之，纵而不问，则利下为甚，而于国家未闻有补。臣于去年三月二日陛对，亦有札子敷陈利害，蒙陛下收采，若可行于今日。臣再相度，欲乞于书填日补纳官钱一百贯。盖民间元买止于五六十贯，官中轻用，所得亦不过此。今官中毁板住给，遂使民间所收贱价祠部得以倍增其直。又况所有者皆兼并豪右之家，方且待价，必厌其所欲然后售。若不于书填日令补纳官钱一百贯，则是官司元给过民间祠部每道亏一百余贯。诸路州军尚存度牒在民间者不知其几万，在官司者不知其几万。民间度牒当令州县拘收呈验，籍定数目，并从州别给公据，以（挨）〔俟〕书填日照对钩销，杜绝奸弊。今价既高，尤资伪冒，安能尽获，可不虑乎？官司度牒亦随处籍见其数，不得减价别给公据，于书填日免纳官钱，庶几民间有以准平，公私咸若，利害灼然。臣愚伏望陛下断而行下，岁入无（患）〔虑〕百万，岁终起发赴阙，实有补于国用，亦非损于民财。又臣巡历至邵武军，点检得推院勘到伪造度牒，百姓陈枢等伪造过一百九十三道货卖。又见禁一名陈祖孟供过买得襄阳府已获人黄中等伪造度牒一道货卖，其黄中等见在襄阳府推勘。以天下之广，其所不获者未易以数量也，盖为无关防。臣愚以谓将来印行祠部，欲乞朝廷相度，于后苑作织造异样绫帛在民间所无者印造，量其价以补其费，兼加以字号，如举人试卷然。令州军如遇书填，并腾录字号一本，月终类聚，申部照对钩销。如有伪冒，即行根究，庶几久远，可以杜绝伪造之弊。"奉御笔："度牒价（直）〔值〕比闻增贵，奸人趋利，伪造必多，如邵武军所勘可以概见。宜令礼部详度，将已降度牒在州县未下、在民间未书填者，随处籍见其数，量增价（直）〔值〕，别给公据，以俟书填照对，杜绝奸弊，疾（连）〔速〕立法，取旨施行。内伪造度牒印板以违制论，官司不检察，徒二年。"尚书省看详："伪造度牒除造官印外，伪度牒自合依伪印罪赏条法。至于降样造纸，监视印给，各有关防。其伪造度牒印板、印伪度牒，及书填官司不检查者，理当专立严禁令。拟修下条：'诸伪造度牒印板徒二年，已印者加一等，谓印成牒身而无印者，并许人告。诸伪造度牒而书填官司不检察者徒一年。'右入《政和诈伪敕》。'告获伪造度牒印板，〔赏〕钱一百贯，印成牒身而无印者加五十贯。'（石）〔右〕入《政和赏格》。"从之。24—26，p3383—3384

【宣和】六年闰三月二十八日，尚书省言："今措（署）〔置〕僧道度牒、紫衣、师号下项：一、度牒、紫衣、师号见今权住出给，比沿边事措置籴本，暂许开板印造。虽有指挥印毕毁板，尚虑无以关防，（今）〔令〕礼部将今来所开新式印板申纳尚书省，置柜封锁，遇有印造，具状请降；印毕，限即时封记送纳。二、应今日以前已给空名未曾书填度牒、紫衣、师号，在官者限一季申尚书省换纳，在私者截自指挥到日更不行用。三、伪造〔度〕牒、紫衣、师号，从未有专一法禁。（令）〔今〕后有犯，并依诈伪制书科罪，流罪配五百里，徒罪配邻州。四、见住给试经拨放等度牒、紫衣、师号，限满更不追给。自限满以后，并减半给赐，止系一道者全给。五、依仿将仕郎、校尉绫纸体制，别立度牒、紫衣、师号新式，令礼部依此开板，改用黄纸，如法印造，真楷书填。"奉御笔："僧道度牒、紫衣、师号，岁久伪冒者众，又昨因改更德士，奸伪益多，无以甄别，及旧式全无体制，非所以示敕命之重。可依前件措置施行。自今除应副新边及籴买并合给若干本外，更不取索。辄陈乞支降者，以违御笔论。虽奉专旨，并令礼部执奏不行。"27，p3384

宣和七年六月二十一日，礼部言："《宣和一年六月十七日敕》：'天下每岁间年拨放试经、特旨等度牒、紫衣、师号，并住五年给降，印板毁弃，候及五年取旨。'契勘今年六月十七日住给五年限满，合行取旨。"诏更展三年。27，p3384

高宗建炎二年五月八日，诏："伪造度牒、紫衣、师号，并许同造及知情、引领、变卖人陈首，与免罪犯，依告获给赏。其照牒公据如有伪冒，依条施行。"从礼部请也。27，p3384

建炎二年十一月三日，诏："四字师号每道价二百贯，许犯公、私罪杖各一次听赎，内私罪仍除盗及殴击人外，余（德）〔听〕赎。"从礼部请也。27，p3384

【建炎三年】八月十三日，诏户部侍郎叶份提领新法度牒，就用见今提〔举〕茶盐印行使。先是，尹东等言伪造度牒之弊，尚书省措（署）〔置〕："一、伪造度牒之人雕成一板，则摹印无穷，兼染成黄纸，便可印造。今欲改用绫纸，背造仿官告，如法书写，本部官系衔书押，空留合书填去处，令礼部限一日立式申尚省。二、乞令礼部依仿茶盐钞法，如遇给降诸州军度牒等，并用簿题写手本、料例、字号于绫纸后，别用朱印合同，降付逐路转运（同）〔司〕，委本司官吏主行。三、应民间空头未书填旧度牒、紫衣、师号，并限今来指挥到日官吏更不得书填，许赴礼部纳换，每道量纳绫纸工费钱，度牒一十贯，紫衣、师号五贯。四、检会茶盐法，伪造文引者当行处斩，许人捕，赏钱三百贯文。今来依新法给降度牒、紫衣、师号，理当严立法禁。如有诈伪，欲乞依伪造茶盐引法施行。五、契勘今来改用新法度牒等事干财计，欲委侍从官一员专一提领。"并从之。28，p3384

【建炎三年八月】十六日，诏："伪造度牒、紫衣、师号，其知情、货卖、牙引及资给之家并勘验，书填官司知而取受者，并罪加一等。若勘验卤莽，致有透漏，减三等，赃重者自从重。其知情、货卖、牙引及资给之家如能告首，即与免罪犯外，仍依今来指挥给赏。"28，p3385

【建炎三年八月】二十五日，诏："新法度牒号簿付逐路提刑、转运司，逐处公吏敢有邀阻取受，许人告，从徒二年科罪。若官吏辨验到伪造度牒等，每一火各转一官资。"从叶份请也。30，p3385

【建炎三年八月二十五日】，诏："民间未书填度牒等，计会州军、行用钱物，妄作日前书填者，许人捕，依伪造度牒罪赏施行。"30，p3385

【建炎三年】十月十二日，诏："今后令诸路转运、提刑司遇有合书填度牒等，专委近上职级即时书填给付。如敢非理阻节乞取去处，并许越诉，者官当窜逐岭南，人吏并配海岛。"30，p3385

【建炎三年】十一月十日，诏："今后应书填新法度牒，官司候书填讫，当日出给公据付本人，于受戒处照验，方许受戒。其私下辄擅书填人，欲依私拆递牒法断徒二年罪，赏钱三百贯文。"同日，诏："新法度牒如客人再行翻改往别路州军者，许令经守臣陈状，当官拆实封递牒验实，于公据后批凿某州军、某年月日，验认别无虚伪，系衔用印押字。仍别给折角实封递牒，当官面付客人，赍执前去所指州军货卖。如更愿翻改，亦依此施行。"并从叶份请也。30，p3386

【建炎】四年正月二十六日，诏："应僧尼、道士、女冠愿将已书填黄白纸度牒等赴礼部纳换者听，内度牒每道贴纳工墨钱一十贯文省，紫衣、师号减半，令礼部一就书填。及有缘贼马毁失度牒，经官自陈，给到公据，愿就礼部纳换者，亦令依此。"从叶份之请也。31，p3386

【建炎四年】五月二十一日，祠部员外郎章杰言："自来（牒）〔度〕

牒以《千字文》为号。其间字号有犯俗间避忌者，交易之际例多退嫌，至或减损价（直）〔值〕，今欲豁除字号共一百字。"从之。荒、吊、罪、羌、赖、毁、伤、短、悲、祸、恶、终、薄、颠、亏、疲、弱、倾、减、弊、刑、点、殆、辱、凋、饥、糟、糠、妄、悚、惧、恐、惶、骇、驴、骡、鸟、兽、驹、犊、诛、斩、盗、贼、叛、亡、孤、陋、愚、化、戎、阙、俗、过、改、难、克、非、阴、兢、尽、业、忧、去、贱、别、切、磨、离、退、移、禽、驱、轻、刻、因、杳、冥、庸、耻、逼、遭、落、独、捕、获、寡、志、惊、特、厥、倍、疏、寥、戚、莽、晦、魄、矫，皆以俗嫌忌故也。31，p3386

【建炎四年】七月二日，诏："诸路僧道尼应因盗贼散失度牒，并许召保，限一季内于所在州军自陈，保明申部，出给公据。"从礼部请也。31，p3386

【建炎四年八月二十六日】，诏："今后遇有造成诸路度牒合同号（薄）〔簿〕，每路从本部直关吏部，限一日差小使臣一员管押。依昨申请到（旨）〔指〕与免短使；其差出合破券马等，并依榷货务号簿使臣见行条法；每及千里与减一年磨勘。若阙，于巡幸所至州军差有物力使臣或衙前管押，其券马依使臣例，候回日与免重难差使一次。"先是，提领度牒所置押号簿使臣，至是罢之。32，p3386

【绍兴元年】十月十七日，诏："应诸路州军官吏能用心辨验伪造，每（火）〔伙〕已经官司推勘断遣了当，即将元验获官吏比提刑、转运司推赏。如人吏不愿转资，许依货卖、牙引告首支赏，仍以收到书填度牒等縻费钱内支给。"从礼部请也。本部言："建炎三年八月十二日旨挥立到提刑、转运司官吏辨验伪造赏格，其余官吏未有明文。"故有是命。33，p3387

【绍兴】四年八月十二日，诏："今后应官吏能用心首先辨验伪造新法度牒、紫衣、师号，不获犯人，比获犯人例每伙转一官资，只与减半年磨勘，用为酬赏。如人吏不愿减年，每减半年支赏钱三十贯文，仍以收到书填度牒等縻费钱用支给。"从礼部请也。33，p3387

【绍兴】十三年正月十五日，诏："度牒并权住给降。行在自今月十六日，诸路州军限指挥到日，先已支降度牒更不出卖，见在数拘收缴申尚书省。"二十五日，诏未住卖以前收买度牒，既系未立限以前买到，自令书填。34，p3387

【绍兴】三十一年二月二十五日，诏："复卖度牒，每道五百贯，绫纸钱一十贯。（雨）〔两〕浙东、西路就行在左藏库纳钱给钞，缴赴礼部书填。其淮东、淮西、江东、湖北、京西路并总领所，福建、二广、湖南、江西路各委本路提刑司出卖，如愿以金银依市价折算者听。其纳到钱物除三总领所各就本处令桩管外，其余每及一万贯，差人管押，赴左藏库

送纳桩管，不得侵移借兑。如违，依擅支封桩钱物法加等断罪。"35，p3388

绍兴三十二年十月十九日，孝宗即位，未改元。户部言："诸路提刑司、总领所并诸州军见卖度牒，元立每道价钱五百一十二贯，已展限两月，每道权减作三百一十二贯出卖。今有限满去处，欲乞再展两月，关报管属州军、诸路总领所，并下礼部照会。"从之。35，p3388

宋会要辑稿·职官一三·膳部

绍圣三年五月二十三日，诏："御膳添监官，并令入内省差使臣管勾。常膳权等辄开合见御膳者加役、流，其诸局工匠所造御膳滋味不和及诸不如法，三犯决替。"43，p3392

绍兴十二年八月十七日，诏："供进皇太后每日常膳并生料每月实计用羊九十口，及节料节序添供，每年实计用一十八口，欲令两浙转运司收买，赴牛羊司交纳宰供。所有阙少事件等，依例下临安府市令司取索。"44，p3392

孝宗乾道四年三月二十日，诏："膳部将御厨逃走工匠、库、院子等，并往他处割移名粮。应逃走之人不以已未出违年限，并违百日内许令出首，特与免罪，仍旧收管一次。合得诸般请给，从本厨关报粮审院，不候省寺经由，先次放行。如续次会问有不该钱物，依条回克入官。"44，p3392

宋会要辑稿·职官一三·礼部·主客司

【哲宗元祐】六年七月十二日，兵部言："《兵部格》：'掌蕃夷官授官'；《主客令》：'蕃国进奉人陈乞转授官职者取裁。'即旧应除转官者报所属看详，主客止合掌行蕃国进奉陈乞，其应缘进奉人陈乞授官尽合归兵部。若旧来无例，创有陈乞，皆令主客取裁，诚恐化外进奉陈乞授官事体，曹部执掌未一，久远互失参验。欲自今不以曾未入贡及有例无例，应缘进奉人陈乞授官加恩，并令主客关报兵部。"从之。46，p3393

宋会要辑稿·职官一四·兵部

【神宗熙宁六年】十一月十一日，枢密院检详兵房文字黎侁言："奉

诏修定《广南东西路土丁条约》，今具差免、教阅、禁约、迁补、捕盗条等事。"诏令尚书兵部施行。3，p3396

【熙宁十年】七月十七日，枢密副都承旨张诚一等言："奉诏候兵部进义勇、保甲条贯，令修定以闻。今看详，除合入一路一司及令敕施行外，重删修到《敕》五卷，《总例》一卷。"诏颁行。4，p3396

【绍兴】三年四月五日，诏："今后应差破送还人兵，据依条合得之数指定的实去处，依法借请。如敢妄指远处，冒借请受者徒二年，按察官加一等，并不以赦原减，仍令监司常切检察。"7，p3398

【绍兴】五年闰二月二十四日，诏："诸路州军将故臣（寮）〔僚〕之家合破宣借人，并依旧法。内有已及五十年已上者，（家）依格减半，余依《绍兴二年二月十八日指挥》施行。其请受文历，仍照验付身并粮料院文历。如冒名承代，将请人并帮书人吏并从诈欺法科罪。"7，p3398

【绍兴】三十年二月一日，诏："诸官司过数差占白直兵士及外借人，并仰日下拘收发遣。如有违戾，各从徒二年科罪，许被差借人经赴尚书省陈诉。"7，p3399

孝宗隆兴元年六月二十日，诏："诸军官兵因战斗重伤废疾不堪披带之人，许令子弟、亲戚承袭。"从江淮都督张浚请也。8，p3399

乾道二年七月二十三日，诏："令兵部检坐合差破厢军去处见行条法指挥，申严行下。今后不得辄差禁军充（镇）〔填〕厢军窠役及过数差破，如有违戾去处，当议重置典宪。"8，p3399

【乾道九年】十月十八日，诏："令兵部遍牒诸路州军等处，将申奏入递机密要切文字并实封，于皮筒内外及文引止排字号，不得显露事因，如违戾，取旨重作施行。"从枢密院请也。10，p3400

淳熙元年正月十二日，诏："外路诸军下班祗应，自今许通理一十五年，特与行磨勘改转。"以枢密院言三衙从军下班祗应系行在护卫之人，昨降指挥通理十年磨勘，外路诸军未有立定格法，故有是命。11，p3400

【淳熙】六年六月二十六日，兵部尚书王希吕等言："近吏部奏请措置应使臣身故并令诸州军批凿身亡月日，内外诸军使臣、将校行在委承旨司，在外委总领所批凿，违者坐以失觉察之罪，赏钱三百贯。其今日以前妄冒身故付身人，许两月陈首，特与免罪。所有兵部应管下班祗应、副尉、效用补授进勇并守阙进勇副尉，及厢军补授将校、节级、因功赏转授名目之人，如遇身故，乞令诸路州军并内外诸军依前项指挥施行。"从

之。12，p3401

【淳熙六年】十二月十七日，兵部尚书王希吕言："本部所管军功或恩泽及归正补授副尉并绍兴三十一年以后归正守阙进勇副尉名目之人，赍到付身，经部注授，往往经隔年岁。窃虑承代他人付身，妄说缘故，无凭考验。今欲将前项补授副尉初参部或任满后及三年以上赴部陈乞之人，并照应下班祗应参部条法。并副尉自补授及十年无故不陈乞者，亦依《乾道令》。又诸司主押官补下班祗应者属兵部，前后循习，止据逐处保奏，下本处审问，于条法无更改，便申密院取旨放行。今乞一依《乾道吏卒令》，先令本处申奏，次令本路转运司保奏，仍令本部送进奏院契勘，并关刑寺约法，如无违碍，然后申上密院取旨。"上曰："下班祗应条法详备，副尉自合一体施行。如此则关防周密，不容欺弊，可依奏。"13，p3401

宋会要辑稿·职官一五·刑部

太祖开宝七年，诏："负犯选人应出雪牒，仰刑部具犯由、有无赃罚刑名罪赎，南曹审问判成。"1，p3407

太宗雍熙四年十一月，诏应刑部、大理寺所断诸道公（按）〔案〕，详酌事理，可断者即断，不须驳回，更不重勘。1，p3407

淳化元年五月，诏刑部置详覆官六员，专阅天下案牍。1，p3407

【真宗景德二年】七月，上封者言："刑部举驳外州官吏失入死罪（按）〔案〕，准《断狱律》：'从徒流失入死罪者减三等，徒二年半。公罪分四等定断，官减外徒二年，为首者追官，余三等徒罪并止罚铜。'伏以法之至重者死生之际，幕职①州县初历宦途，未谙吏事。长吏明知徒罪不至追官，但务因循，不自详究。又雍熙三年七月敕，权判刑部张佖起请，失入死罪不许以官当赎，知州、通判并勒停。咸平二年编敕之时，辄从删去，致长吏渐无畏惧，轻用条章。乞自今失入死罪不至追官者断官冲替，候放选日注僻远小处官，连书幕职州县官注小处，京官、朝官任知州、通判，知令录、幕职授远处监当，其官高及武臣内职临时取旨。"从之。2，p3407—3408

---

① 宋代地方官中司理、司法、司户、录参军、节推（节度推官）、观察推官（察推）、节度判官等是地方长官的法定司法助理官员，被称为幕职官。

【景德】三年十二月，诏："刑部极刑案库应奏到断讫公（按）〔案〕，从银台司降下后，分与详覆官看详。内有不当，即行驳疏；若无不当，入库置历拘辖。遇有诉冤，检取照证。专差令史一人知库，法直杂事司签书，详覆官一员监掌，判部官通押。每官吏年满，依历交割，给付解由，候经三年已上奏取指挥。宣敕、公用钱、纸库各差令史一人，转历开闭支给亦差详覆官一员掌。自今置历，轮差令史二人，剩员二人，通昼夜在省，详覆、法直官〔各〕一员押宿。"3，p3408

【大中祥符五年】十月，诏："刑部断奏命官、使臣、将校、军人、色役公人，并于状内'今详'字下写所犯罪人脚色。其'今详'字所行法不用，止旧存留铺法。命官、使臣、将校按犯轻重、赦前后、赃私罪引条书断外，内公罪（是）〔实〕轻，不须条出罪名。合断罪处须简径节（掠）〔略〕合用格条，不须广录闲词，交杂款状。所引格、敕亦须简径铺坐。如外州断奏不当，除失出入罪名，合行驳勘，其元检勘官吏于奏状止定罪名勘鞠外，有失出入杖已下及半年徒罪，只于断状略言，虽有失（有）〔出〕入，合不行勘。"4，p3408—3409

【大中祥符】七年六月，诏："外州失入死罪，经省寺举驳勘断官吏讫，令刑部明具驳难误错因依，下审刑院看〔详〕，节（掠）〔略〕送中书，降下刑部，牒与进奏院告报。"4，p3409

【大中祥符七年】八月，诏："刑部今后专令详覆、法直官具逐处奏到旬申大辟人数，置簿抄录拘管，候奏到断讫，对簿勾销。限外不到及有（注）〔住〕滞，即勘会举行。"4，p3409

乾兴元年十 月，仁宗已即位，未改元。诏："诸处奏到见禁文状并断讫公（按）〔案〕，自来承进银台司先送中书，后送刑部看详，虚滞日数。宜令承进银台司自今更不送中书，直送刑部。"4，p3409

仁宗天圣元年十二月，知审刑院滕涉言："当院每准吏部南曹连到刑部、大理寺牒，定夺选人公私罪名。内大理寺称止是收理，别无勘到情款，或称该赦释放，无凭定夺，致南曹依条重移当院定夺，此盖详断官避事，住滞选人。望自今如将可行定夺罪名依前避事不（定详）〔详定〕，从院司申举。"诏："流内铨南曹，自今选人常例会问过犯公私罪名，仰止会问刑部，令本部检定关报。"4，p3409

【天圣】十年五月十日，诏："法寺断奏（按）〔案〕牍，旧以元勘（按）〔案〕纳中书本房，岁久毁腐。自今委大理寺每断奏后一月，实封关送刑〔部〕，遣吏别置簿历管勾，立便于中书刑房点对承领，用堂印封送赴省，置库架阁，无得交杂损失。如诸处合要照证，即上历封送，常切拘收。内有连（按）〔案〕下三司者，亦缴封刑部，刑部每季差详覆官一员提举。（苦）〔若〕管勾、手分差替出官，并须交割，违者当行朝典。"5，p3409

【天圣十年】八月四日，刑部言："本部凡追到已断告敕，寄省司毁抹。近降《编敕》，令所在注毁，限十日申省。又《附令敕》：'合追官如丁忧停任，旧告敕若两任作一任，当（牒）〔牒〕刑部置簿拘管。'只缘凡降断并不计道数，即省司不见得曾与不曾丁忧停任，虑追索不足，因循散失，望申诫诸路画时关送当部。"从之。5，p3409

庆历二年四月九日，刑部言："凡承受审官院、三班院、吏部南曹会问诸色官员过犯度数，例委手分检簿抄录，主判官书牒回报，多有漏略。欲委详覆官每季轮一员监勒检阅，系检供报，著为定制。"从之。5，p3409—3410

神宗熙宁元年二月十六日，大理寺言："敕阁自来轮差详断、法直官兼监，半年一替。缘断官日诣审刑院商量文字，及中书、枢密勾唤不定，难为专一监守。欲乞专差检法官二员监敕阁，更不轮管本寺纸库、钱库、签书铨曹、审官院文字。及移法直官房依旧于阁下，仍差归司官二人、府吏二人同共管勾。旧条审刑院、刑部、大理寺不许宾客看谒及闲杂人出入，如有违犯，其宾客并接见官员并从违制科罚。乞并亲戚不许入寺往还，所贵杜绝奸弊。"从之。6，p3410

【熙宁】三年三月二十四日，诏："审刑院、大理、刑部详议、详断、详覆官初入以三年为一任，再任以三十月为一任，仍逐任理本资序。欲出，即与先任满半年指射差遣，第三任满出者仍与堂除，若本司更举留者亦听。若任内失错稽违多、驳正少，即不许举留。其审刑能驳正大理寺误断徒以上刑名，与等第酬奖；其失错稽违者，责罚亦如之。刑部、大理寺并准此。遇南郊前一季许约法断案外，余除朝旨送下急速公案外，更不得约法，旧法奏断绝，乞宣付史馆，其罢之。其支赐都数比旧量与增添，致年终比较逐官断罪有无失错稽违及驳正刑名，分三等第给之。"7，p3411

【熙宁三年】八月，令殿前、步军司，今后大辟罪人，并如开封府条例，送纠察司录问。7，p3411

【熙宁】四年六月九日，中书刑房言："刑部详覆官如疏驳得诸处断

遣不当大辟罪，每一人与减一年磨勘。如失覆上件公事，每一人即展磨勘一年，累及四人即冲替。"从之。8，p3411

【熙宁四年】七月二十七日，御史知杂邓绾言："乞诸州收禁大辟罪，画时具单状两本申提刑司，本司缴连一本申刑部，本部上簿拘管，候逐州奏案到日对簿钩销。如有不到，即行勘会，仍委中书非时取索刑部拘管簿书点检。"诏："如已作大辟申刑部，后来勘得却非大辟，申刑部照会。"8，p3411

【熙宁】九年十二月二十二日，诏自今颁降条贯，并付刑部雕印行下。8，p3411

元丰元年闰五月十二日，诏刑部、大理寺自今奏举习学公事，并举曾试刑法得循两资以上人。9，p3412

【元丰元年】十二月十八日，置大理狱，诏天下奏案并刑部、审刑院详断。于是刑部言："本部于断案素所不习，应大理寺旧官吏令尽归刑部，以大理寺详断官为刑部详断官，仍以大理见断案付之。"9，p3412

【元丰】二年二月三日，诏审刑院、刑部："近因并差详议、详断官入试院，积未断公案五百余道，罪人幽系囹圄，日夜待命，岂宜淹滞留壅如此！其自今月三日后官吏并勒宿。"9，p3412

【元丰二年二月】六日，审刑院、刑部请以审官东院地为审刑院，太常礼院地为刑部详断司。从之。9，p3412

【元丰二年】五月八日，知审刑院安焘言："比年详议官以文案繁多，责重赏轻，除者多不愿就。乞以二年为一任，任满减磨勘二年。自刑部差者已及成资，先依刑部任满法推恩，未成资者，补及成资推恩后别理一任。"从之。10，p3412

【元丰二年】六月二十六日，诏："审刑院、刑部遇科场及试刑法，流内铨、三班院人并于试前半月选官申中书，审刑院三人，刑部七人。候差试官毕，据阙差权正官，到限一月了绝已分文字，过限不支添给。"以刑法官多差考试，而候差权官，稽滞案牍，从逐司请也。10，p3412—3413

【元丰二年】八月十二日，中书言："应朝旨置究治事，欲委审刑院、刑部置簿管勾，非特旨立限者及一季未奏，下所属催促。无故稽留若行移迁缓，并所属不催举，并劾奏，责刑房季终点检。"从之。10，p3413

【元丰二年八月】二十二日，诏："刑部详断、检法官再任，并二年

为一任，任满详断官减磨勘二年，检法官减一年。"以刑部言详断官、检法官虽许再任，无愿就者，故优其恩也。10，p3413

【元丰三年正月】二十四日，诏："审刑院、刑部断议官自今岁终，具尝失入徒、流罪五人已上或失入死罪者取旨。连签者二人当一人，京朝官展磨勘年，幕职州县官展考，或不与任满指射差遣，或罢本年断绝支赐，去官不免。"先是，熙宁十年尝诏岁终比较取旨，而法未备故也。11，p3413

【元丰三年】八月九日，诏审刑院并归刑部，以知院官判刑部，掌详议、详覆司事。其刑部主判官二员为同判刑部，掌详断司事，详议官为刑部详议官。11，p3413

【元丰】（四）〔五〕年七月十三日，诏刑部贴例拟进公案并用奏钞。其大理寺进呈公案更不上殿，并断讫送刑部。贴例不可比用及罪不应法、轻重当取裁者，上中书省。11，p3413

【元丰四年七月】二十五日，诏："叙复不以官高下，并归尚书刑部。内合取旨及职任非吏部者，并上中书省。"11，p3413

【元丰】〔四年〕十一月八日，诏罢刑部公案，半年一次法官赴中书断绝。11，p3413

【元丰五年】六月二十六日，诏："自今特旨冲替，无公案者，令中书随特旨定事理轻重；叙复者，不以官高下，并归尚书刑部。"12，p3413—3414

【元丰】六年三月六日，尚书刑部言："旧刑部详断官公案断讫，主管论议、改正、注日，方过详议官覆议。有差失问难，并于检尾批书，送断官具记改正，上主判官审定，然后判成录奏。自二司并归大理，断官为评事、司直，议官为丞，所断案草不由长贰，日者断案类多差忒，欲乞分评事、司直与正为断司，丞与长贰为议司。凡断公案，先上正看详当否，论难改正，签印注日，然后过议司覆议。如有批难，具记改正，长贰更加审定，然后判成录奏。"从之。12，p3414

【元丰六年】八月二十八日，尚书刑部言："乞应吏部补授大理寺左断刑官，先与刑部、大理寺长贰杂议可否，然后注拟。仍取经试得循资已上人充，正阙以丞补，丞阙以评事补。"诏刑部、吏部同著为令。其后著《令》："司直、评事阙，选尚书及侍郎左选人；丞阙，止选尚书左选人，仍经任司直或评事系亲民资任者。"已上二件，其初改官应入知县人，亦选正阙，选丞或司直、评事，见系通判已上资序者。已上所选，仍不限见任。授讫未赴，即曾失入徒已上罪已决，或死罪若私罪情重及赃罪，或停替后未成任，各毋得入选。12，p3414

【元丰】七年八月一日，门下省言："刑部奏钞，宣德郎乐京据例当作情理稍轻，不碍选注。京本坐言役法，本部不敢用例。"诏乐京情重，刑部引例不当。12，p3414

【元丰】八年十二月五日，刑部言："令提刑司检法官覆州县官、小使臣等公罪杖以下案，申吏部、大理寺注籍，则法官可以专于谳狱。"从之。13，p3414

哲宗元祐元年五月一日，三省言："旧置纠察在京刑狱司，盖欲察其违慢，所以加重狱事。向罢归刑部，无复申明纠举之制。请以异时纠察职事悉委御史台刑察兼领，刑部毋得干预，其御史台刑狱令尚书省右司纠察。"从之。13，p3414

【元祐元年五月】十三日，刑部言："旧刑部覆大辟，系直详覆司。自官制行，详覆案归逐路提刑司，刑部不复详覆，亦不置吏。今当复置详覆案。"从之。13，p3414

【元祐元年】八月二十七日，诏："将来明堂，刑部留郎官一员，免赴受誓戒，专一发遣断敕文字。"13，p3414

【元祐】四年五月九日，尚书省言六曹寺监吏额并关防约束："欲罢吏籍案，内外役人增减等止合随处行遣。应出职而入流，并直达吏部都官。欲罢配隶案，所掌配籍并归刑部举叙案。"从之。13，p3414

【元祐四年】十月二十三日，刑部言，"《元丰刑部格》，制勘案主鞫狱，根究体量过犯。逐案所行，首尾相干，有合行事节，却行往复，显见烦费。欲将制勘、体量案并为一案，所贵事体相照。"从之。14，p3415

【元祐】五年七月二十六日，刑部言："中书刑房条旧有刑部官岁终具失入徒、流罪五人或失入死罪、或违限三分并取旨之法。自《官制》行改贴'刑部官'字为'大理寺官'。其大理寺官岁终比较，系刑部上都省取旨，其'中书刑房'字当改作'刑部'。"从之。14，p3415

【元祐五年】九月二十二日，诏刑部："今后官员犯公罪杖已下，依敕文及有正例别无违碍者，关吏部施行。"14，p3415

徽宗建中靖国元年七月十七日，中书省、尚书省勘会："朝散大夫权刑部侍郎周鼎、承议郎刑部员外郎许端卿奏，乞应用《元符敕》编配过人内全行删去'编配'者，与放逐便，其损减地理，及为'刺面配'或'刺配'改为'编管'之类者，一切改正等事。臣僚上言：'久来条制，凡用旧条已断过，不得引新条追改。今已用元丰旧条断过编配人，乃用刑部看详新条改正。鼎为刑官，尽以元丰之旧条为重法而改之。命下删改之日，奸人鼓（无）〔舞〕，显属挟情乱法，伏望早降睿旨黜责鼎等。'"诏周鼎降授朝奉大夫，许端卿降授奉议郎。15，p3415

崇宁二年二月二十九日，刑部状："看详《元丰官制》立都官吏籍案、配隶案，昨因元祐元年内颁降到门下中书后省元丰七年十二月进呈修立本部条，将配隶案、移放案拨并入刑部，随事拨却行案一人。至元祐四年，修立到吏额指挥内，又将配隶案注籍拨入刑部随事拨却行案、不行案，各一人，吏籍案全行废罢，人吏亦行销减。其所掌无选限吏人及内外役人废置、增减、勘当出职等事，止随处行遣。应出职而合入流各补授大将、军将者，并直达吏部都官。再详上项所废事务，吏籍案事放在诸处，即已失总领，逐处亦不专一。除移放、编配人及受理词状点检移放犯由一节系门下中书后省元丰七年修立进呈外，其余并废案分，即与屯田掌营田、职田、官庄，元祐改入户部，虞部掌金银、坑冶、山泽，元祐改入金部，合行改正事体一般。所有都官吏籍、配隶案及人额合改正依《元丰官制格目》外，其移放、编配罪人及拨过吏人，欲乞依元丰七年已进呈条格，依旧隶刑部。"从之。15，p3415—3416

【宣和】四年三月二十七日，刑部尚书蔡懋奏乞编修《狱案断例》。诏令刑部编修大辟断例，不得置局添破请给。20，p3418

绍兴四年五月二十三日，诏："今后吏部奏抄刑部断案，每抄案上省，限次日报御史台。其间经涉日久，无故留滞，许本台弹劾。"20，p3418

【绍兴】二十一年七月二十五日，诏："今后官员擅行科率及应因害民之事被罪情理深重者，依已降指挥，更不注知州军监、通判、知县差遣。内有所犯情轻之人，开具所犯因依，申取朝廷指挥施行。"20，p3418

【绍兴】三十年五月一日，诏："刑部进拟案并大理寺右治狱法司、手分①今后遇阙，许刑寺并六曹、寺监正贴司以上并大理寺左断刑法司、

---

① 宋代时各衙署中的一种职业差役，多以精于某项技能为所长，如书法、计算等。

本司正贴司以上，各令所属保明无过犯、守行止之人，并依三衙人吏条法春秋附试，候试到合格人姓名，关送所属收补。内进拟案主事遇阙，将本案试到人依名次递迁。"先是。刑寺胥吏有阙，例是长贰临期差官量试收补，或抽差填阙。至是臣（寮）〔僚〕有请，从之。21，p3419

乾道元年五月二十四日，诏："法令禁奸，理宜画一。比年以来，旁缘出入，引例为弊，殊失刑政之中。应今后犯罪者，有司并据情理直引条法定断，更不奏裁。内刑名有疑，令刑部、大理寺看详指定闻奏，永为常法，仍行下诸路遵守施行。其刑〔部〕、大理寺见引用例册，令封锁架阁，更不引用，仰刑部遍牒诸州，仍出榜晓谕。"22，p3419

【乾道】七年十一月二十七日，诏（今）〔令〕刑部将乾道新修条令并申明户婚续降指挥编类成册，送敕令所看详，镂板遍牒施行。24，p3420

淳熙四年五月九日，刑部郎官梁总言："昔韩琦在中书日，尽取断例编次纲目，封縢谨掌。每当用例，必自阅之。窃谓今之断例正亦（断）类此，乞明诏刑部，以断例委之长贰或郎官封锁收掌，用则躬自取阅，庶几定罪用刑在官而不在吏。"从之。25，p3421

淳熙四年六月五日，诏："刑部将拟断案状照自来体例依条拟定特旨，（中）〔申〕尚书省，仍抄录断例在部，委长贰专一收掌照用。"以都省言："刑部拟断案状，后来并不比例，系本部照情犯轻重临时参酌拟定特旨申省取旨。近降指挥拘收断例，自今断案别无疑虑，依条申省取旨裁断；如有情犯可疑合引例拟断事件，申尚书省参照。今来刑部将合奏裁案状一例不拟特旨上省，照得已降指挥内即无令刑部不拟特旨之文，其本部自合依旧，于已降（旨）〔指〕别无相妨。"故有是诏。26，p3421

淳熙四年六月二十八日，诏："刑部自今将情法相当、别无疑虑案状依条施行外，有情犯可疑，即于已抄录在部例册内检坐体例，比拟特旨申省。如与例轻重不等，亦令参酌拟断，申取指挥。"既而中书省言："诸路州军申奏狱案，依已降指挥，刑部敕令所删订修立到断例共九百五十余件，左右司拘收掌管。自今刑部、大理寺断案如无疑虑，依条申省取旨裁断；有情犯可疑合引例拟断事件，申省参照施行。仍抄录断例在部，委长贰专一（状）〔收〕掌。今刑部所申案状虽有拟立特旨，并不曾检坐体例申省。窃虑处断轻重不伦，未应已降指挥。"故有是命。26，p3421

淳熙十年八月十三日，刑部侍郎曾逮言："乞下本部，自今应拟贷刑名并开具断例之相类者，然后酌其轻重，用小贴声说，以取朝廷裁断。如于重罪不失而小有不同，并免驳问，庶几有司（如）〔加〕意参酌，谨以引用拟断，以副陛下钦恤之意。"从之。26，p3421—3422

宋会要辑稿·职官一五·审刑院

太宗淳化二年八月，以枢密直学士李昌龄知审刑院。初，散骑常侍徐铉外族之女萧氏与姑为讼，法官议覆，依违卤莽，皆坐迁谪，因置审刑院，命近臣领之。

【淳化】四年六月，诏审刑院应罪人当坐极典公案，依法定断后，内有情理可悯者，仰体量事理，别具奏闻。29，p3423

真宗咸平元年三月，诏大理寺断狱有合上请者，审刑院即行驳问，无得奏裁。29，p3423

咸平二年正月，权大理寺事尹忔言："准至道三年二月李瑗起请，敕大理寺断案，审刑院详覆，各有程限。大理寺断到公案，审刑院如必然用法未当、出入刑名，须合改正者，即指出不当事节，分明札问，不得妄有驳难。近见审刑院札问大理寺，多不指出不当事件，只以疑词覆问，致案牍稽迟，欲乞再申明。"诏审刑院，凡札问刑名事节，一依前敕施行。29，p3423

景德元年八月，诏审刑院断案牍，自今大事限十日，中事七日，小事五日，从御史知杂李濬之请也。30，p3424

【景德】元年九月，诏："律敕所著则条目有常，案问之词则情状不一。若法寺以无条议罪，比附或爽于重轻；中书以径奏奉行，颁下有亏于审慎。至于仕进之伍，偶挂刑名之书，虽则已务从轻，如闻犹难自辨，则使有隐者何由上达，负屈者无以获伸。将更尽于详明，宜聊从于厘革。今后宜令审刑院进呈公案，一依旧例覆奏后，批所得指挥送中书，委自中书看详。如刑名已得允当，即出敕。除具法寺断语外，便以敕文处分，更不得录审刑院所批指挥。如是刑名未当，即仰中书别具进呈，务在平允，亦具法寺断语出敕处分。"30，p3424

【景德】四年七月，诏："审刑院凡有法寺奏断公案，皆具详议奏覆。其今后宜令本院除官吏赃私逾滥、为事惨酷及有刑名疑误者依旧奏覆，其余刑名已得允当者即具封进，仍以黄帖子拟云'刑名已得允当，乞付中书门下施行'。"时王济等上章乞废审刑院，帝因令宰臣更为约束。30，

p3424

宋会要辑稿·职官一五·法官

太祖乾道四年八月十二日，诏："应刑部、大理寺见任及今后授官，并以三周年为满。如常在本司区别公事，至满日便与转官。如有疏遗，不在此任限。"32，p3425

太宗太平兴国七年八月，诏曰："朕以刑法之官重难其选，如闻自来月给随例折支，宜令三司，自今后少卿、郎中已上料钱，于三分中二分特支见钱，员外郎已下并全支见钱。如他官任刑法官者，亦依此例。"32，p3425

（瑞）〔端〕拱二年十月，御札："朝臣、京官等，（今）〔令〕御史台告谕：有明于格法者，许于阁门自陈，当议试可，送刑部、大理寺充职。其大理寺满三年无遗阙，一依元敕改转。"32，p3425

【真宗咸平】二年四月，知审刑院雷有终言："大理寺断官每有公案，定断刑名，经申奏后，内降付审刑院详议。其议官看详或寺司定断刑名重轻未允，即札下本寺问难。其本断官（路）〔略〕无所执，随而入状改定，谓之'觉举'。且法寺出入刑名，朝廷略无劾问，甚非钦恤之义也。欲乞自今若将杖罪入徒或徒罪入杖，其本断官具名衔以闻，下本寺就勘取旨。或杖、笞罪递互出入，即依旧取觉举官状改正，更不行勘。"从之。32，p3425

咸平六年十二月，诏："自今有乞试法律者，依元敕问律义十道外，更试断徒已上公案一道。并丁人理寺选断过旧条律稍繁重、轻难等者，拆去元断刑名、法状、罪由，令本人自新别断。若与元断并同，即得为通。如十道全通者，具状奏闻（乞）〔讫〕于刑狱要重处任使；六通已上者，亦奏加奖擢，五通已下，更不以闻。"33，p3425—3426

【景德】二年三月二十四日，诏："自今所举大理寺断官、刑部详覆官已试断案五道，遣官与二司互考。"又审刑院言："准敕与刑部、大理寺详定，自今投状乞试格法，并审官院、流内铨等处引见时乞试人，并依元敕试律义十道合格外，更试断案三道，两道通者奏取进止。所有奏举到详覆、详断并拣选到法直官，并审官、铨司引见时不曾乞试、特奉圣旨与试人等，止试断案三道，通二道者为合格。其两项人所试断案，以断敕内取一人犯罪多者情款与试，合得元断刑名同，即为通。如罪犯易见者，取两人情款，与元断刑名同，即为通。仍依近敕，并差官与刑部、大理寺交（牙）〔互〕考试。"诏从所请，内试到三粗者，卷子仰缴连以闻，别取进止。其选到审刑、详议官亦准此。34，p3426

景德二年五月，诏："刑部自今每定试断案人，前一日差详覆官一人亲往大理寺，委判寺、少卿等临时旋差断官一人，与差去官同于公案库内拣选自来条件稍繁、轻重难等者公案，即不得令手分检取。仍据所借道数，令判寺官实封，具公文画时牒送刑部，只在本厅收掌，亦不得下所司收直。候引试日，当面与同监试官验认大理寺元封，拆开拣试，去却法状、断语，兼令详覆官等同共监试。令所试人自新别断。其余通否次第，一依前后条贯施行。"34，p3426

【景德】二年六月，诏："刑部、大理寺、三司法直官、副法直官等，自来以令史转充。自今应法直官、副法直官令铨司于见选人中选流内官一任成三考、干谨无遗、习书判者，具名引见，试断案五道。差官与刑部、大理寺、三司交（牙）〔互〕考试，以可者充。三司、大理寺满一年、刑部满三年，无私罪，并与京官。"先是，端拱中枢密直学士寇准上言，至是申明之。34，p3426

景德二年九月，诏："审刑院详议、刑部详覆、大理寺详断官自今任满，如书罚四次已上，未得考课引对。其同签连累者件析以闻，当酌其轻重差降任使。内供职无遗旷者，岁满优与升奖。"34，p3426—3427

大中祥符元年正月，诏曰："刑罚所施，益资乎审克；议谳之任，当慎于选抡。咨乃仕进之流，能明科律之要，各宜自荐，式协旁求。应京朝官有闲习法令、历任无赃滥者，许阁门进状，当遣官考试。如有可采，即任以审刑院详议官。"初，审刑院、刑部、大理寺皆阙属官，累诏朝臣保任及较试，皆不中选，乃有是诏。34，p3427

大中祥符三年四月，权判大理寺王秉式言："本寺官属多避繁重，自今望令权详断官未替，不得别求任使。如实不明法律，委在寺官体量以闻，方许外任。正详断及检法官年满，亦俟替人，方得出寺。"从之，其权详断官以半年为限。35，p3427

大中祥符六年四月，判大理寺王曾等言："自咸平元年编敕后至大中祥符五年八月，续降诏敕千一百余道，及诸路案内引到行用诏敕并《新编敕》《三司编敕》《农田敕》共三千六百余道，内有约束一事而诏至五七者，条目既广，虑检据失于精详，望差官删定。"诏令编敕所依咸平删

录。35，p3427

天禧元年六月十四日，诏："大理寺自来所举官，内幕职、州县官须及两任六考。今后但历任及五考已上，并许保举。"从本寺之请也。36，p3428

【天禧】二年二月，大理寺言："准《大中祥符七年九月敕》，判寺盛度言：'本寺断官八员，检法官二员，近年权差官充，多不精习法律。望依《咸平二年敕》："令审刑、大理寺、刑部众官举奏。"时诏依其请，令所举须经两任六考。今臣等参详，准《天禧元年五月敕》：'举奏幕职州县官但历任及四考已上施行。'本寺欲乞比类前敕，但历任五考已上，并许保荐，仍于法官将满前一月具名以闻。所冀精详法律，得遂公平。"从之，仍令自今所举官先审刑院试律义五道，具通否以闻。37，p3428

【天禧】四年四月三日，审刑院、刑部、大理寺言："众官参详，今后断官、法直官于年限未满前先次举官。内举到幕职、州县官，须曾有奏举主者，先还审刑院试律义五道，得通三者。若断官，即更试断中小案一道，仍取断敕合用律文者。如所试合得元断敕，即申奏施行。如试律但通二已上，及断案虽不合元断刑名，但引用条法、节略案款稍知次第，亦自审刑院闻奏，送大理寺试案二十道，委判事官保明，具可否以闻。其法直官先试义外，并断中小案，稍知使用条法次第，不必与元断法状一同，但参验曾习法律者，并依例以闻，送大理寺试公事三两月，亦委判寺官保明可否以闻。后更不得举京官充断官。"诏从之。并刑部详覆、法直官亦准此。37，p3428—3429

仁宗天圣七年十一月，诏："自今刑部、大理寺举幕职、州县官充详覆、详断、法直官等，如职任内犯入己赃，其举主并当同罪。或举主不至追官、停任，及该赦原免并遇减降者，具情理取旨，或降官秩，或降差遣。如职任外犯赃罪，于所犯人下减二等，更不取旨。若在任及离任后犯私罪，其举主更不收理。"39，p3429

【天圣】九年二月，诏："自今后所举大理详断、法直官，须有出身令录已上，历任中曾充司法或录事参军或职官各成资官者。详断、法直官阙，并须先取索目前乞试断案人但历五考以上者，（今）〔令〕众官将元试卷看详，取其通数稍多、引用不失者，并许保举，更不拘资品。若其间无人，或未知行止，即且依前项指挥举官。其考试所举之人，律义依旧只试五道，内问《疏义》二道，以二道以上为中。更试中小案三道，其案取约三道刑名，兼以重罪引用律条者合试。若得一通或二粗，即免试公事，便除京官。若试得一粗，或书札稍堪引用有取者，亦与闻奏，送本寺试断案三二十道，如堪充职任，本寺主判官已下保明以闻。其所试如重罪同，轻罪内差错一件刑名，亦许为同；或轻罪不同，重罪引用刑名正当，高下差误一等，于杖、徒、流、死刑名不差者，亦许为粗。其法直官依旧试律义外，亦以旧案三道试铺引法，仍以都引刑名条数十分为率，得六分同者为合格。试日，令审刑院差详议官二员，大理寺差判寺或权少卿一员，〔赴〕御史台同试。其所举人，并须见在任及历任曾有转运、发运使一人，或（太）〔文〕武升朝官二人同罪（奉）〔奏〕举，依铨格合充举主人数者，方得奏举。若充大理寺详断、检法官年满日再任者，亦听。如转官及三周年，便与磨勘，候再任满日与折一任知县，差家便通判。"自是刑部详覆、法直官亦据此诏，从之。其合该转官资年限即依旧例，如愿再任者亦听。40，p3430

明道二年十一月，诏刑部："天下旬奏公事，令法直官与详覆官分定看详。候二年满日，如在任举驳覆奏公事别无不了，即乞与转京官。更一年满日，别举官充替。"40，p3430

宝元元年六月，三司检法官孙抗言："三司刑名之有疑者，乞如开封府例，许至大理寺商议。"从之。40，p3430

【皇祐】四年三月十四日，诏："大理寺详断官自来大事限三十日，中事二十日，小事十日，审刑院递各减半。然不分有无禁囚，大惧炎暍之际，待报淹久，起今四月，尽六月，案内系有禁囚者减限之半。其益、梓、利、夔、广南东西、福建、荆湖南等州军，即依急案例断奏。"40，p3431

宋会要辑稿·职官一五·纠察在京刑狱司

真宗大中祥符二年七月十九日，诏："应在京府刑狱司局，每日具已断见禁轻重罪人因由供纠察司。其殿前马步军司徒已上，亦依此供报。应外厢巡凡有编管寄留人，每日一申，及责保、门留、守辜、产限、知在者，十日一申。若三司、开封府逐日结绝不了公事，送军巡府院、厢界四排岸军禁者，皆须明上印历，于因由内别项开坐。若三司、御史台别无禁系，即十日一报纠察司。若有公事，亦报因由。"45，p3432

【大中祥符二年】九月，诏："纠察刑狱官自今看详日状，如所犯稍重，及情理涉疑，禁系稍多，淹延未断，即仰暂勾罪人及碎状，就本司审问。若至大辟及密切事务，即委纠察官一员就往审问。如至翻覆异同，即委移司推鞫。"45，p3433

【大中祥符五年四月】二十五日，诏："开封府见勘逐公事并于别处陈词称未尽理者，并且委本府照勘，诣实断结。如已经勘断及有违条贯日限者，别取旨。"46，p3433

【大中祥符】八年十二月，诏："应在京诸处主掌刑狱官吏，如有与纠察司手分往还，仰觉察以闻。"46，p3433

宋会要辑稿·职官一六·军器所

【绍兴四年】四月九日，提举制造御前军器所刘岑言："见今制造诸色军器浩瀚，全藉官吏协力办事。今参照旧例，随宜相度下项：一、本所旧额局官四员，监造军器官二员，共六员。后来节次添差到三员，委是管干不前，欲更复置监造军器官一员，分认作分，监辖造作。二、本所旧额准备差使一十八员，昨缘置器甲所，令分减事务，并行减罢。今欲只乞复置准备差使二员，分委干事及差出督促物料。三、本所旧额监门官二员，后减一员。缘本所给纳官物浩瀚，并工匠一千九百余人出入。欲乞更复置一员，分番轮宿，专在门首照管。四、本所人吏（回）〔四〕分之内所留不及一分，今来事务繁重，欲乞量行复置前行、后行，书奏各一名、贴司二人，相兼应办。五、辖下提辖所等处旧额人吏共四十四人，昨裁减外，止有八人。今欲乞复置后行一名，监造军器手分、书手①各一名，受给手分、造账司、库经司各 名，大门书手 名，共七人。六、所乞复置官吏，其请给、人从等，并依见行条例施行。"诏第四项添二人，第五项添书手一名，余从之。6，p3437

宋会要辑稿·职官一七·御史台

【大中祥符】九年二月，诏："三院御史旧三年为满者，自今在台供职并止二年。若曾纠弹公事，显是修职，候满日特升陟。如全无振举者，当议比类对换别官外任差遣。仍令本台勘会在职事状及有无功过诣实以

---

① 宋朝公吏名。"手分"是抄写文书及兼其他杂事，可以迁补押司宫，在书手之上。"书手"是抄写吏人，不能递迁。

闻。"时殿中侍御史李馀援高弁、俞献卿例求补外郡。中书言弁在职岁余，以亲老求归侍，特命知淄州。献卿累更任使，得知（颖）〔颍〕州。馀裁通判一任，入台始周岁。元诏以三年为限，真宗因命差减年限。5，p3450

【元丰三年四月】十五日，御史台言："奉诏复置六察，在京官司今请以吏部及审官东、西院、三班院等隶吏察，户部、三司及司农寺等隶户察，刑部、大理寺、审刑院等隶刑察，兵部、武学等隶兵察，礼、祠部、太常寺等隶礼察，少府、将作等隶工察。"从之。9，p3453

【元丰三年四月】二十二日，权御史中丞李定言："奉行朝廷法令以致之民者诸路监司，而无钩考之法。今令御史台分察官司违慢，若推此法以察诸路监司，宜无不可者。以户案察转运、提举官，以刑案察提点刑狱，如此则内外官司各勤职事，朝廷法令不至隳废。"从之。9，p3453

【元丰五年】十一月一日，上批谓辅臣曰："御史分察中都官事已多矣，又令案举四方，将何以责治办，且于体统非是。可罢御史察诸路官司，如有不职，令言事御史弹奏，著为令。"11，p3454

【元丰六年五月】十九日，御史黄绛言："准《六察敕》：'诸弹奏文字，本察官与丞、知杂通签。'即旧所领任内事，丞、知杂免签书，诸案互察。看详诸案互察，止谓察官有旧领任内事合弹劾，于义有嫌，理当互送。（令）〔今〕诸案元不承互察妨碍事，既不相关，无从察举。若一案有失，泛责诸案，乃是一官兼有六察之责，恐法意本不如此，大理寺取索互察官吏姓名，未敢供报。"诏自今诸案申台移察，应申不申，从私坐，其互察除之。13，p3455

【元丰六年】十月四日，御史中丞黄履言："准《敕》：'诸鞫狱，言事御史轮治。'缘御史共置九员，六员分领六察，其言事官止三员，欲乞言事、案察御史轮治。"从之。13，p3455

【哲宗元符】二年，御史中丞安惇言："《元丰法》：'每半年轮台官就三省点检，各有日限。'又恐文簿未明，须呼吏指说，难于限内详究，诏许展日。元祐大臣不务悉心政事，遂改元条，听于限内了毕。被差御史观望，阅三四日便称别无稽滞差失。窃恐因此（寝）〔寖〕失先朝遣官检察之意。"诏并依《元丰法》。16，p3457

徽宗崇宁元年十月十七日，诏御史台纠察案依《元丰格》隶刑部，其《元祐元年五月二十日指挥》勿行。16，p3457

【绍兴三年】八月二十二日，御史台主簿陈祖礼言："谨按《台令》，两院御史有分（请）〔诣〕三省、密院取摘点检之文，监察御史有轮诣尚书六曹按察之制。凡奉行稽违，付受差失，咸得纠弹。渡江之后，始不克行，孰谓公朝，尚兹阙典，乞依旧例施行。"从之。续本台申："检准《令》节文：'诸上下半年轮两院御史四人就三省、枢密院取摘诸房文簿等点检，中书、尚书省以仲月中旬，门下省、枢密院以仲月下旬。'本台勘会，依上条，自来中书省以仲月中旬，门下省以孟月下旬，合轮官两员诣两省点检。今来门下省、中书省已并为一省，本台即未敢便依上条作两省轮官前去。"诏依点检中书省簿书条例施行。19，p3459

宋会要辑稿·职官一七·御史中丞

徽宗政和三年正月十七日，御史中丞王甫奏："臣顷奉诏参详《官制格目》，方事之初，尝乞差总领官，仍乞避宰执，被旨委郑居中，居中方领祠宫居家，不与朝廷政事。臣是时承乏谏路，不以纠察百官为职，与之参详，于理无嫌。臣今待罪宪台，居中知枢密院，若尚与居中共事，实于分义有所未安。欲望圣慈特降睿旨，许臣罢参详官职事。"从之。27，p3463

宋会要辑稿·职官一七·监察御史

宣和三年七月二十四日，臣僚言："著《令》：'监察御史诣三省、枢密院检点簿书毕，听往所隶官司点检。'近来因循，未尝推行，致寺监库务等处稽违废弛，无复畏惮。"诏依《元丰法》。33，p3465—3466

绍兴十一年十月二十八日，御史台言："检准本台《令》节文：'诸监察御史阙，牒殿中侍御史权，仍奏知。每员止权一察，余察官兼。若缺员多，两院御史分领。'又《总例》节文称：'诸两院御史者，谓殿中侍御史、监察御史。'契勘监察御史即日止有一员，正管兵察，所有其余察见今阙官。本台除已依上条差殿中侍御史胡大明权礼、吏察，监察御史陈时举兼户、兵、刑、工察职事外，奏闻事。"从之。34，p3466

宋会要辑稿·职官一八·秘书省

【元丰】五年四月二十三日，诏："自今更不除馆职，见带馆职人依旧。如除职事官，校理以上转一官，校勘减磨勘三年，校书减二年，并罢所带职。"馆职旧例,校理以上到馆二年与通判,三年与知州。郎官已上遇大(理)〔礼〕许奏荐,及校勘已上每任堂除,到京请给俸供职,不常参,不入川广、杂压官同以职支破职食钱及御厨食之类,今既不除,此例悉罢。5,p3473

元符二年六月二十四日,大理少卿、同详定一司敕令刘赓乞将《官制敕令格式》送三馆、秘阁收藏。从之。14,p3478

【元符二年】十一月十三日,三省言:"按元丰五年四月诏,见带馆职人依旧,即不供职,如除职事官,校理以上转一官,校勘减三年磨勘,校书减二年磨勘,并罢。今后更不许带馆职。"诏集贤殿修撰、直龙图、直秘阁依旧外,余依前诏。14,p3478

【政和】六年二月七日,蔡攸奏:"秘书省长贰五日轮一员,正旦、寒食、冬至节假并入伏不轮,丞以下日轮一员直宿。若请假,即轮以次官,参假日补填。置历抄转,长贰每旬点检觉察,月具直宿、请假官员数、职位、姓名报御史台。人吏、诸色人直宿别置历,日押当宿官,每旬长贰点检觉察。如有请假事故,即当宿官验实给假,告报以次人,候参假日补填。职掌二人,孔目官、专副至守当官通轮。楷书人二名,正名楷书至守阙通轮。装界作一名,库子二人,翰林司一名,厨子一名,亲事官四人,剩员五人。"从之。18,p3480—3481

重和元年十二月十四日,中书省言:"勘会中书熙宁馆职条,校理已上到馆一年与通判,一任回并到馆三年并与知州。如已系通判资序,即二年与知州。自奉行官制后来,其秘书省官即未有立定到省年限许理资任之法。今以熙宁旧法参酌,拟(参)〔修〕下条:'诸著作郎至佐郎到任及一年、承务郎以上任校书郎及二年,与理通判资序。著作郎、佐郎以上满三年与理知州资序,及二年与理通判资序。已系通判资序及二年、校书郎已系通判资序及三年者,准此。'右入《三省尚书吏部通用(今)〔令〕》。"诏依。20,p3481

宣和二年七月二十五日,臣僚上言:"伏见修立《三省吏部通用令》,系以熙宁旧法参酌详定。臣窃观熙宁馆职条,〔校〕理以上到馆一年与通判,一任回并到馆三年并与知州,已系通判资序即二年与知州,未尝有许理实历通判、知州资序之文。熙宁间任馆阁者不过三数人而已,尚乃靳惜如此。今右文之时,储养英旄,人才辈出,自校书、著作以上皆得实理通判、知州资序,臣窃以谓过矣。伏望圣慈特降睿旨,应馆职除擢不以次,

及许升等除知、通差遣外，其理资序指挥乞赐详酌施行。"诏依奏，并依《熙宁法》。21，p3481—3482

【宣和二年】十一月十三日，中书省言："秘书省官令中书省立定员额，将上取旨。中书省检会元丰年除监一员、少监一员，或只除少监二员、丞一员。及供到《皇宋馆阁录》卷第四《叙事》：'元丰五年五月厘正官制，崇文院易以秘书省之榜。官属监一、少监一、丞一、著作郎一、佐郎二、校书郎四、正字二。'勘会元丰四年曾除佐郎三员，别无定制。今立定员额下项：'监、少监、丞欲并依元丰旧制，著作郎、佐郎欲四员为额，校书郎欲二员为额，正字欲四员为额。'"诏依拟定，以先到人为额。今后遇阙差填额外人，候别有差遣，更不差人。21，p3482

【绍兴十四年五月】二十八日，秘书省复置补写所。以秘阁成，书写校勘黄本书籍也。本省条具："一、旧制书写、楷书并系本省守阙系名、正系名各五十人为额。二、楷书课程旧制每日书写二千字，遇入冬书写一千五百字，并各置工课手历，每日抄转书勘点检，月终结押长贰。三、本所管有点检文字一名，杂务书库官一名，书勘、书库官二人，并于本省人吏内选差，其行移取会等并书押本省长贰、丞郎。四、合用纸札等并下杂买务收买。"诏守阙系名、正系名通旧管各置一十人为额，余并从之。28，p3485—3486

隆兴元年五月七日，诏："秘书省人吏自入仕迁至都孔目官满一年半零半月，通入仕及二十五年以上，依条解发出职。"秘书少监胡铨等言："本省人吏旧制系两项出职：一项守当官补至都孔目官理二年半，一项正名楷书头名理四年。并不理年限，解发出职。昨敕令所将两项条法并作一项，修到条：'诸正名楷书自补授至迁补都孔目官，年满日通及二十年以上许出职'；又条：'都孔目官满一年半零半个月出职。'缘却有至解发出职日方及六年，若依新法以二十年出职，即是坐占职级名阙一十四年，积压下名，迁补不行。检准《绍兴重修敕》：'诸称省者，谓门下中书后省、尚书六曹、秘书省。'今来六曹人吏有自入仕补至主事，通入仕及二十年出职去处。缘本省依条系与六曹一等官司，乞依六曹例，通入仕及二十年解发出职，庶得下名迁补通流，不致积压。"吏部勘会："照得六曹主事出职格法内，有立定理头名主事年限，及通理入仕有用二十年或二十五年解发补官，体例不等。今欲将秘书省人吏比附六部闲曹去处，自入仕迁至都孔目官满一年半零半个月，通入仕及二十五年以上，依条解发出职，补

将仕郎。"从之。30，p3487

宋会要辑稿·职官一八·国史院

【绍兴二十九年】八月二十四日，诏："国史院宰臣提举，置修国史、同修国史共二员，编修官二员，都大提举诸司官、承受官、诸司官各一员，人吏存留一半。修史成，缴进日罢局。"从给舍裁定也。54，p3503

【绍兴二十九年八月二十四日】，诏："诸书局有官吏人、校副尉等，并发遣归部。内国史院系修三朝国史，特许从上存留知次第、有名目人四人。"54，p3503

宋会要辑稿·职官一八·太史局

【熙宁二年】六月，提举所言："乞今后应司天监官员、监生、学生、诸色人等，除有朝廷指挥或本监差遣外，并不得擅入皇亲宫院，其皇亲亦不得擅勾唤。如违，并当严断。若犯别条刑名者，自从重法。"从之。83，p3529

熙宁三年十二月，诏："司天监每有占候，须依经具吉凶以闻。如隐情不言善恶，有人驳难，蒙昧朝廷，判监已下并劾罪以闻。"84，p3530

【熙宁】四年二月二十三日，诏："民间毋得私印造历日，令司天监选官，官自印卖，其所得之息均给在监官属。"以近罢差本监官在京库务及仓场监门也。84，p3530

政和八年六月二十九日，起居郎李弥逊奏："太史局天文院、崇天台、浑仪所隶秘书省。今来颁朔布政，既建府设官，则太史局等处虑合拨隶明堂颁朔布政府，庶几体统相承，治以类举。"从之。85，p3531

【绍兴】五年闰二月十日，诏："太史局重造新历，布衣陈得一支破保义郎券一道，月给厨食钱二十贯文。亲随一名，支破进武副〔尉〕券一道，日支食钱二百文。太史局判局轮过局一名，日支食钱五百文。算造官每人各日支食钱四百文，司辰、局学生、人吏，每人各于见今食钱上每日贴支食钱三百文，并不理为名色次数。内陈得一并亲随下户部出给券历，并本所合用攒造历书纸札、油炭之类，并逐时聚议犒设合用杂支钱，每月批钱一百贯文。"从秘书少监朱震请也。89，p3533

【绍兴】十二年十一月七日，诏四院司辰请给，令户部措置增添。户部看详："今据粮料院申，太史天文局、锺鼓院、浑仪刻漏所见管司辰等，所请不一。在京旧请并昨自车驾巡幸，各人添破日支食钱二百一十文，月支赡家钱三贯文外，令欲将太史局额外学生每月增钱五贯文，司辰、局学生每月增钱四贯文。阴阳官、刻漏所局学生、天文局司辰、太史〔局〕生、玉漏学生、锺鼓院局学生，旧法学生每月增钱三贯文，太史局礼历生、守阙礼生每月增钱二贯文。并于见请赡家钱内增添，并作一色，仍自今降指挥日为始。"从之。90，p3534

【隆兴元年】八月十七日，太史局言："依指挥，条具并省吏额。本局天文院司辰、额内瞻望局学生各十人，各减二人；额外局学生三十人，减六人。并以试补到司月日从下裁减。司历历生六人，减一人；行遣文字人吏礼、历生四人，即无可减。"从之。92，p3535

宋会要辑稿·职官一九·殿中省

监、少监、监丞各一人。监掌供奉天子玉食、医药、服御、幄帟、舆辇、舍次之政令。少监为之贰，丞参领之。凡总六局：曰尚食，掌膳羞之事；曰尚药，掌和剂诊候之事；曰尚酝，掌酒醴之事；曰尚衣，掌衣服、冠冕之事；曰尚舍，掌次舍、幄帟之事；曰尚辇，掌舆辇之事。六尚各有典御二人，奉御六人或四人，监门二人或一人。又尚食有膳工，尚药有医师，尚酝有酒工，尚衣有衣徒，尚舍有幕士，尚辇有正供等，皆分隶其局。又置提举六尚局及管干官一员。旧殿中省判省事一人，以无职事朝官充。虽有六尚局，名别而事存。凡官随局而移，不领于本省，所掌唯郊祀、元日、冬至天子御殿，及禘祫后庙、神主赴太庙，供其伞扇，而殿中监视秘书监，为寄禄官而已。元丰中，神宗欲复建此官，而度禁中未有其地，但诏御辇院不隶省寺，令专达焉。初，权太府卿林颜因按内藏库，见乘舆服御杂贮百物中，乃乞复殿中省六尚，以严奉至尊。于是徽宗乃出先朝所庋《殿中省图》，命三省行之，而其法皆左正言姚祐所裁定，是岁崇宁二年也。三年，蔡京上修成《殿中省六尚局供奉库务敕令格式》并《看详》，凡六十卷，仍冠以"崇宁"为名。政和元年，殿中省高伸上《编定六尚供奉式》。靖康元年，诏六尚局并依祖宗法。又诏："六尚局既罢，格内岁贡品物万数，尚为民害，非祖宗旧制，其并除之。" 1，p3547

元丰五年五月十一日，诏："殿中省于三省用申状，尚书六曹用牒，不隶御史台六察。如有违慢，委言事御史弹奏。" 3，p3548

徽宗崇宁二年二月十二日，中书省修立到殿中监尚食、尚药、尚酝、尚衣、尚舍、尚輦官制等下项：殿中监掌供奉天子玉食、医药、服御、幄帝、輦舆、舍次之政令，总六尚局而修其职。监一人，少监一人，丞一人，簿一人，令史二人，书令史六人，贴书十二人。尚食局掌供御膳羞品尝之事。典御二人，奉御六人，监门二人，膳工二百人，膳徒三十人，食医四人，司珍六十人，掌库二人，杂役三十人，库典十二人，典事二人，局史六人，书吏七人。以御厨、翰林司凡供御事悉厘入尚食局，以直下事厘为太官局，太官令主之，太官令增一人，通旧监御厨官为四人。以今御厨内臣武官监官四人厘为奉御，增置二人，通为六人。增监门二人。唐有食医，以辨饮食禁忌，今置四人。以供御工匠百八十人，并都虞候以下，余令本分擘（大）〔太〕官外，择精熟人入尚食局，通为膳工，共置二百人。（託）〔托〕盘院子以三十人为膳徒，以专知为掌库，以库子为库典，以押司官为典事，以（分手）〔手分〕为局史，以书手为书（史）〔吏〕，并量定人数，余人太官。内翰林司供御人员等并为司珍，于局内别置一处，本局官通管。尚药局掌供奉御药、和剂诊候之事。典御二人，奉御四人，监门二人，医师二人，御医四人，医正四人，医佐四人，药童二十人，封人三人，药工十人，掌库二人，库典七人，局长一人，典事二人，局史四人，直史四人，书吏三人，贴书十人。今以御药院凡供御汤药之事厘为尚药局，余事分厘入他局外，御药院旧无监官，今供药饵，事体为重，增置内臣监官四员为奉御。以医官使上名有功效者为医师，医官使为御药，副使为医正，医官为医佐，杂役、秤子、捣碾之类为药工，检点文字为局长，押司官为典事，前行为局史，后行为直史，贴司为书吏，守阙贴司为贴书，封角人为封人。尚醖局，掌供奉酒醴之事。典御二人，奉御四人，监门二人，酒人十五人，酒工五十人，掌库二人，库典五人，局史三人，书吏二人。应法酒库（库）供御事并厘为尚醖局，增置监官内臣四员为奉御，以供御库酒匠为酒人，炊淘之类为酒工，余依诸司名外，应法酒库非供御事并依旧，监官亦合依旧。炊匠十人，今增五人，共为酒人。长行豆子三十九人，今增十一人，为酒工。尚衣局，掌供御衣服、冠冕之事。典御二人，奉御四人，监门二人，掌库二人，衣徒三十人，典事二人，局史五人，书吏二人，贴书五人，库典十人，缝人十二人，典功二十人，染人七人。以今尚衣库所主事分厘为尚衣局，除扇筤厘入尚辇，衮冕、法服合降付本局置库收掌，并御药院供应御衣、帽子、幞头等厘入局外，置监官内臣或武臣为奉御，通作四员。押司官为典事，手分为局史。

旧御药院有贴司，今随事厘二名入局为书吏，守阙厘入五人为贴书。本库旧有裁缝匠二人，通御药院，今增十二人为缝人。旧库有供御裹三人及御药院有裹幞头帽子五人，造靴作一名，腰带作二人，靴履作、犀作各一人，今通作二十人为典功。旧染御服一人，（切）〔窃〕虑太少，今通作七人为染人。专副共为掌库，库子共为库典，尚衣无杂役使，今定为二十人为衣徒。尚舍局，掌供御幄帟张设之事。典御二人，奉御四人，监门二人，幕士一百人，正供五十人，次供五十人，掌库十人，库典六人，局史二人，书吏二人。以仪鸾司应供御事并入尚舍局，增置监官内臣四员为奉御，其余应供诸处并各依旧为仪鸾司，见今监官并依旧。所有本局工匠人今量定人数，恐未均足，今本局官更分合用人，立为（立）〔定〕额。以旧供御人为幕士，以次供御为正供，以搭材为次供。尚辇局，掌供御辇事。典御二人，奉御四人，监官一人，正供二百二十人，次供一百三十人，下都一千人，知库二人，典库一十人，典事一人，局史二人，书吏三人。以御辇院事厘为尚辇局，增置内臣监官四员为奉御，仍以尚衣库扇筤厘入。其正供御、次供御、下都三色人旧亦祗应殿阁使用，今虽约定人数，恐未均足，合本局将应供御人分定厘入本局外，将余人并入车辂院。今后应付批降取索及合供应诸处，并增减量定人数，令车辂院充应外，旧御辇院吏人数少，今特添三人，一人职级充典事，二人贴司充书吏，厘旧来二人额为局史。其知粮司更不专置，只于（分手）〔手分〕或贴司内差充。其六局别更有厘正事在他局内，如乳酪院之类，候于寺监取索到，续行厘入。殿中监今拟定在列曹侍郎之上，少监序位欲在秘书监之下，丞欲在诸寺丞之上。提举六尚局欲在副都知之下、阁门使之上，六尚管勾欲在枢密院（丞）〔承〕旨之上、押班之下，六尚典御欲在枢密副（丞）〔承〕旨之上。诏："六尚局各添置管勾一员。内典御已增置一员外，共置提举六尚局一员，以入内省官充。杂压殿中监在正议大夫之下，提举六尚在延福宫使之上。余依拟定。"4—7，p3549—3550

【崇宁二年五月】二十三日，诏："殿中省监治一省之事，凡事干他司，若奏申牒帖，皆专总之，少监为之贰，提举官总六尚之事，凡事不干外司，若承宣旨供奉应办及事系宫禁，皆专总之，与少监不相统属。监、少与提举官行移以牒，管勾、典御皆具状申省。"9，p3551

【崇宁】三年二月二十九日，蔡京言："奉诏令讲仪司修立《六尚局条约》闻奏，谨以元陈请画一事件并稽考参酌，创为约束，删润修立成

《殿中省提举所六尚局供奉库敕令格式》并《看详》，共六十卷。内不可著为永法者，存为'申明'；事干两局以上者，总为'殿中省通用'。仍冠以'崇宁'为名。所有应干条画、起请、续降、申明及合用旧司条法，已系《新书》编载者更不行用。不系《新书》收载，各令依旧引用。"从之。9，p3551

大观三年十一月一日，中书省、枢密院同诏下项："一、应缘御马事依大辇例隶尚辇局，仍差前班大使臣二员充奉御，前有人吏并骑御马直、教骏人兵，更不添置，余并如旧制。二、御马隶殿中省尚辇局，凡大礼朝会、车驾行幸供进并入殿排立、引从之类，典、奉御主之，（具）〔其〕调养、赏罚事依旧左、右骐骥院官管勾。三、典御令尚辇典御兼领，奉御令中书省取旨差。四、奉御宿值依本局见行条法。五、行遣事务令本局人吏兼管。六、每季令殿中省官依条检察。七、未尽事件令殿中省条画闻奏，奉御笔关送中书省。"诏差任渥、黄辩。10，p3551—3552

政和元年十一月十七日，殿中监高伸等言准诏编定《六尚供奉式》，今已成书。诏殿中监、少、丞、簿刘瑗等各与转一官，内刘瑗依条回授。手分、书写人共一十一人，内使臣三人，各转一官，余八人候有名目转一资，余等第支赐。10，p3552

【政和】二年十二月二十八日，殿中省奏："检会《通用令》：'诸受殿中省若六局所会事急速者，即日回报。'契勘供奉库取会文字，亦干供奉，未曾立定日限。欲乞今后应官司承省局若供奉库取会事急速者限即日，余限三日回报，有缘故不得过十日。如有稽迟，其合干人从本省牒大理寺究治施行。"从之。11，p3552

【政和】八年三月十六日，殿中省言："奉诏取责供具诸路岁贡六尚供奉物内，除年计合用数外，并令裁减施行。本省恭依御笔供具到年计合用物数，其贡发限约束等，乞依见岁贡法施行，所有其余贡物并合裁减，乞下本省镂板遍牒颁降施行。"诏依，有司辄敢陈请复贡，以违御笔论。12，p3552

宋会要辑稿·职官一九·御药院

【绍兴】十一年九月八日，御药院典事王俦等言："本院《元丰令》，干办官差出及解罢，不得奏（讫）〔乞〕本院未经试中吏人，恩泽各转一资，共不得过三人。自来本院官每遇解罢，遵依上条具奏，与曾经差使人

各转一资，不得过三人。欲乞许依旧遵用本院元丰条法体例，将解罢恩泽陈乞收使施行。"从之。15，p3555

宋会要辑稿·职官一九·御辇院

高宗绍兴二年十一月二十三日，诏："行在御辇院辇官食钱、犒设并系应天府立定，依禁卫则例支破。内食钱累经裁定，所有元降支给指挥则例因昨兵火散失，可依历内明州对到犒设并粮料院出到小历内人员长行已请日支钱米等第则例，今后执用批勘。"16，p3556

【绍兴】五年十月十三日，诏："御辇院见今界满副知徐易依专条末帐入省，不候审覆，先次补进武副尉。应日立界，充专知官。候界满将合转承信郎恩例止减二年磨勘，依（便）〔使〕臣比折。见管人各依名次递迁。其专、副并应今年十月一日立界。今后专知官界满，通及七年有余，依徐易出补减年外，如有少短年限人，并依条展减。"先是，本院据副知徐易等状："本院公吏元额七人，递迁至副知，二年界满，依本院（东）〔专〕条末帐入省，不候审覆，先次补进武副尉，充专知官。应日立界，〔界〕满转承信郎，自来即无通理年限。昨缘敕令所审覆省记专条，前界人吏不知首尾，供作一十四年。今来已经裁减，立定四人为额，系八年出职，比元理出职短少六年。乞比附寺监人吏出职有余少入仕年限条法，每欠一年磨勘，每展及五年，降一资，军大将十年。"敕令所贴黄虽依供到事理贴说外，即未有许依（旨）〔指〕，令本院如遇递迁出职，具因依申明朝廷施行。今来副知徐易今年九月终界满，依敕令所贴，副界满短少不及十年，合补进武副尉，并专知官界满，合转承信郎。缘有短少年限，未有指挥。本院契勘公吏已经裁减人额，难以依旧出补。故有是命。17，p3557

【绍兴】十一年六月二日，诏："御辇院所管辇官等有犯，勘责罪状，同职官签书，仍从长官依条书断。若犯杖以上，或事应追究者，送所属。诸应差破当直辇官，辄于数外差占，妄作缘由差占同，徒二年。即干托差借及借之，罪亦如之。诸干办官当内宿，遇实有缘故，若病患，听给假，即牒以次官趁赴，参假日补填。"并从兵部请也。17，p3557

【绍兴十一年】十一月七日，诏："御辇院辇官犯罪，合行移降左右厢店宅务。今后令本院行下步军司，比附在京日店宅务一般军分收管。"17，p3557

【绍兴十二年】十二月二十九日，诏："制造大辇成，已降指挥于殿前司差检巡防潜火军兵五十人，管押人在内，分番昼夜巡警防护，（今）〔令〕权隶御辇院管辖。若有罪犯，牒本司施行。仍不得别行占破差使。如违，依私役禁军法科罪。"18，p3558

【绍兴十二年十二月二十九日】，诏："下都营依绍兴十二年正月二十九日并四月十三日降指挥招置，支破请给。如有不插板及五尺五寸五分等样之人，依在京体例给与例物，每名支钱五贯文。令户部据合用数目，逐旋入本院历内先次批勘桩管，招刺支给。"18，p3559

【绍兴十四年】五月四日，诏："御辇院下都辇官长行周明犯徒罪断讫，移降步军司，比附在京店宅务一般军分收管。今后遇有犯徒罪之人依此。"先是，临安府断讫，仍降作指挥下名，故有是命。18，p3559

【绍兴】十九年四月二十七日，诏："御辇院专知官曹颖候专知官满日，充手分名目补填短少年月，所有本人副知界满合补进武副尉，候专知官界满，依绍兴五年十月十二日已降指挥补授施行。其请给依旧接续批勘。今后本院公吏如有短少年月之人依此。"本院手分、押司、副知官、专知官四人为额，递迁至副知界，合先次补进武副尉，留充专知官，界满减二年磨勘。依《绍兴五年十月十二日专降指挥》，系通及七年有余出职。其曹颖自入仕至将来专知官界满出职，止及五年有余，其短少年月合行补填。本院言，若令曹颖作专、副、押司官补填，即冲改立界月日，及有碍以次年满人递迁，兼本人所少年系元充手分日短少，故有是命。19，p3559

宋会要辑稿·职官二〇·宗正寺

【景德三年】九月，宗正寺言："新葬一品坟，已差守坟户每有申报，望就近取河南府指挥。"从之。2，p3563

【景德】四年正月，诏："应诸司祠祭行事官，自今不得于太庙宿斋。每大（祀）〔祠〕祭，用本庙室长、（齐）〔斋〕郎十二人捧俎，令宗正寺预先告报，毋得阙事。"2，p3563—3564

【景德四年】七月，诏："太庙除中书门下行事许乘马入东神门，自余并禁止。如雨，许乘马入东〔神〕门，从者外门止。"2，p3564

【大中祥符】六年五月，宗正寺言："太庙后次北近西至后庙有屋舍，不（赏）〔当〕紧要，乞差使臣相度，开展寺基。"从之。2，p3564

【大中祥符六年】十一月，诏："太庙每亲行礼，于祼瓒前先上香，其香案设于牙盘前。若臣僚行礼，亦设香案于牙盘前。"3，p3564

【大中祥符】八年二月，诏："宗正寺火，有司奉属籍、玉牒置他舍，故得无损。"即日命盐铁副使段晔择地营建寺，初在延和坊，至是诏徙福善坊。自今判寺臣僚不得将家属居止。又诏："自今两庙郊社如遇祭告，委监（察）〔祭〕官严切钤束，俟礼毕息火烛。"旧以无事管勾，故多差老疾者为宫闱令，自今委内侍省择干事者代之，每三年无遗阙，即与酬奖，仍著为令。3，p3564

【大中祥符八年】四月，礼院言："宫闱令系本职，常有祗应，不同摄事臣僚。望自今有父母丧给（暇）〔假〕三日，期丧二日，余并一日。如遇祠祭行事，内侍省权差人，假满依旧。"从之。3，p3564

天圣七年四月，诏宗正寺："应宫宅皇属男年十八、女年十五，令管勾宫宅所申本寺，牒入内内侍省差勾当婚姻人计会本宫宅，寻访衣冠士族，非工商杂类及曾犯罪恶之家，人材、年（几）〔纪〕相当，即具姓名、乡贯、住止并三代衔回牒本寺，本寺更切审访诣实以闻。候得旨，即送入内内侍省引见。"4，p3565

嘉祐三年五月，诏宗正寺："自今白身人娶宗室女，须三代有官或父祖（常）〔尝〕任升朝官而告敕见存者，仍召京朝官委保之。其已在任者，三代虽不尽官，亦听。"5，p3565

神宗熙宁二年十二月二十三日，诏："近制皇族非（祖）〔祖〕免以下更不赐名授官，只令应举。今后如遇生男女及有死亡者，即令关报。逐祖下袭公爵者，令各置籍纂录，岁终上玉牒所。其未出宫者，仰依旧入大小学。"6，p3566

徽宗崇宁三年十月十四日，宗正寺丞徐处仁言："准《令》：'宗室、宗妇、宗女应修纂事迹，岁九月上旬关大宗正司取索。'又《仙源积庆图》每三年、《宗藩庆系录》每一年，并于岁旦关送内阁奏闻。明年合进图册，已依关大宗正司及河南、应天府敦崇院，请皆立朝会。"从之。8，p3567

大观三年三月二十一日，诏宗室并依行第连名。如连"士"字、"之"字之类，其单名者限十日改正。8，p3567

政和三年正月十九日，宗正寺奏："训撰宗室名，'之'字子从'公'，'子'字子从'伯'，'不'字子从'善'。'公'字、'伯'字、

‘善’字之子，乞依‘公’字等例许撰连名。”从之。8，p3567

【政和六年】八月十四日，宗正少卿间丘吁奏：“修纂玉牒、属籍，欲自祖宗以来每朝皇子、皇女及亲贤、〔棣〕华宅各为一秩，三祖下十九宫院，太祖皇帝下以德、惟、从、世、令、子、伯、师，太宗皇帝下以元、允、宗、仲、士、不、善、汝，魏王下以德、承、克、叔、之、公、彦，各依昭穆次序，分位增广秩数。如有不连名及连名与别祖字行称呼交互有碍者，并限三日改正。”从之。9，p3567—3568

【政和】七年八月十四日，宗正少卿间丘吁言：“为许份奏乞重别取索增广玉牒、属籍、祖簿秩数等画一内一项，宗室、宗女生亡、迁转、出适，宗妇成礼，合其三代名衔、成礼月日等报寺，入凿祖簿。有司多不画时关报，自来未〔立〕法禁。缘大宗正司、西南两外宗正司不报，已有立定杖八十断罪，乞今后供报漏落，官司、人吏并依已立内、外宗正司断罪约束指挥施行。若外住及外任宗室失申，罪亦如之。仍委大宗正司每日一次据宗室所检举行下，并报本所以凭销凿。”从之。9，p3568

【绍兴】二十九年闰六月十六日，诏：“宗正寺胥长满五年，通入仕及三十年，依太常寺条格体例补将仕郎，依条解发出职。”14，p3571

宋会要辑稿·职官二〇·大宗正司

仁宗庆历四年二月二十三日，大宗正司请自今后皇族凡有违慢过失，并从本司取勘施行。从之。16，p3571

嘉祐六年正月七日，判大宗正事允弼言：“自创置本司，所降宣敕、札子指挥及约束条贯甚多，独未编修，欲望差潭王宫教授周孟阳、燕王宫伴读李田与臣编修对读装写，乞差都监任修古监勒。”从之。16，p3571

英宗治平元年九月二十五日，判大宗正事允弼等言，详定到皇亲听书等赏罚规式。诏依所定施行。17，p3572

【神宗熙宁】三年六月十四日，大宗正司言：“并省管勾睦亲、广亲并提举郡县主等宅所，并令本司依例一面管勾。今有合行约束及废置八事，乞指挥。”诏内除应诸色人并姨媪监犯杖罪以下乞从本司一面勘断不行外，余并从之。18，p3572

熙宁五年七月六日，诏自今宗室犯过失杖以下，委宗正司劾奏。18，p3573

熙宁五年七月二十二日，知大宗正司宗旦言：“宗室所投文字或违例碍条，退回即生诬怨。或情有可怜，而例无其事；或事涉违冒，而理或可容。乞自今有疑难事，许上殿敷奏，或许同见执政禀议。"从之。18，p3573

哲宗元祐三年四月二十六日，诏宗室嫁娶，依旧制大宗正司勘验。19，p3573

元祐四年，诏宗室越本司诉事者罪之。19，p3573

绍兴元年十月九日，中书门下省言："大宗正司见在广州，西外宗正司已移司湖州，南外宗正司见在泉州置司，所有行在宗子见今无官管辖。"诏行在权置宗正一司，差赵仲蒸权行主管。23，p3575

【绍兴】（二）〔三〕年正月十四日，尚书省言："大宗正司在京日止系一司，差近上宗室主判。昨因巡幸，权移广州置司。续降指挥，以行在宗室无官管辖，权置宗正司，差官一员权主管。缘一司案牍并在广州，其宗子等陈乞请受、补官、恩泽、婚嫁等事，行移取会，往复留滞。及有不遵条法赌博、私酤、搔扰官司宗子，合要近上宗室充正官弹压。兼广州见管南班宗室并系近属，理合移赴行在。"诏："仲湜除兼判大宗正事，士儦除同知，仍令仲湜将带濮安懿王园庙官属等，士儦并见管宗室官属等并赴行在。候到，其行在宗正司官吏并罢。"23，p3575

绍兴二年四月十八日，诏："诸宗室非祖免亲诈称祖免亲陈乞起支请受者，论如诈欺法。宗正司保明审验不实，与同罪，著为令。"以户部言宗室有诈称祖免亲，妄经所属陈乞给历、放行请受故也。23，p3575—3576

【绍兴】五年九月十一日，知大宗正事、嗣濮王仲湜言，乞将本司人吏依行在百司例支破赡家食钱。粮料院状："检准《敕》：'自今日已后官司更敢辄称养赡不著，乞增添请受，以违制论。'虽有请降到指挥，亦仰户部执奏不行。契勘大宗正司乞支破人吏赡家食钱，委有碍前项指挥。"诏特依宗正寺人吏等第支破赡家食钱，仍免执奏。25，p3576

绍兴八年五月二十二日，诏仲偏除知大宗正事，人从除置省官外，并特依仲湜体例施行。25，p3577

【绍兴】二十四年九月二十七日，礼部言："万寿观申：检准《大宗正司条【制】》：'遇元日、寒食、中元、十月朔、冬至，差南班官诣万寿观朝拜。'缘本观后殿见安奉会圣宫章武殿祖宗神御，合与不合朝拜？"寻下太常寺勘会："每遇元日、寒食、中元、十月朔、冬至，差南班宗室朝拜万寿观，已有立定条法外，所有万寿观后殿见安奉会圣宫章武殿祖宗神御，其所差南班宗室亦合朝拜。缘本寺自来未有该载朝〔拜〕仪式，今随宜修立：'是日，令所差南班宗室先诣万寿观殿下两拜讫，诣香案前搢笏，三上香，执笏，复位。再两拜讫，退。次诣后殿会圣宫章武殿下朝拜，上香，并如朝拜万寿观之仪。'"从之。29，p3578—3579

【绍兴】二十七年正月二十五日，知大宗正丞喻樗言："近降指挥，宗子、宗女、宗妇应干恩数合请于宗司者，其申陈及保明等事状，专命臣僚分门编类，立为定式。缘上件事理并隶本司所掌。"诏令敕令所同本司官编类。29，p3579

【绍兴】二十九年三月十七日，安庆军节度使、同知大宗正事士篯言："与亲兄士街同任宗事，而兄士街见系承宣使。自来宗司文移以官高下列衔，乞依士儇例于士（衔）〔接〕之下列衔。"从之。29，p3579

【绍兴】三十年四月九日，诏："恩平郡王璩已除判大宗正事，其合行事、恩数、请给，并依见行条令及士儇例施行。"29，p3579

宋会要辑稿·职官二〇·敦宗院

徽宗崇宁元年十一月十二日，提举讲议司宰臣蔡京等言："追考神宗诏书，条具宗室事当今可行者，乞付本司立法。一、祖免外两世贫无官者，既不赐官，又不量试，故熙宁诏书惟赐田土，此服属既尽而恩有不可已者也。今宗室未食禄者，与夫宗女未嫁者甚众，世数既远，禄不可及，乞依熙宁诏书赐田。其田并于两京近辅沿流州军取应未卖官田物业拨充。每州府各置宗室官庄，专差文武官各一员，与逐州通判同行管干。逐县仰县兼管，仍差指使二员。所收钱物并付系省仓库收贮，每岁量入为出，常于三分内桩留一分，以待水旱。约服属远近，每月量支俸料，宗女量给嫁资。仍立定则例，量支婚嫁丧葬之费。其逐州自今后应有没官田产物业更不出卖，并拨入官庄。其管干官并指使并增俸料，若能擘画增衍，量立赏典。或致亏欠，亦立罚格。仍先于京西北路拨田一万顷，并从本司立法行下。二、宗室旧来在宫有出入之限，有不许外交之禁，宫门有机察之令。今疏属外居，仅遍都下，积日滋久，殆不能容。出入无禁，交游不节，往往冒法犯禁。其贫不能给者甚于齐民，无资产以仰事俯育，无室庐以庇风雨。若不居之两京，散之近郡，立关防机察之令，或一有非意犯法，则势有不可已者。今请非祖免亲以下两世除北京外，欲分于西京、南京近辅或沿流便近居止，各随州郡大小创置屋宇，仍先自西京为始。每处置敦宗院，差文臣一员、武臣一员管干，参酌在京宫院法禁可施行者颁下。应无父母兄弟，见任将军、副使以上官者，许令前去。若有父母兄弟而愿去，或无而不愿者，听从便，依外官赴任立法，量破舟船接人。仍乞先下（太）〔大〕宗正司取索愿出外宗室职位及家属数目，行下西京并本路转运司，踏逐系官舍屋。如无官舍，即择宽广、去市井稍远去处，相度修盖，约人数计口给屋，量数先次盖造。三、宗室今既许分〔居〕两京、辅郡，乞于两京置外宗正司，当择宗室之贤者管干，逐处各置一人。仍自朝廷于本州通判、职官内选差二人兼领丞、簿，以主其事。凡外（住）〔任〕宗室事不干州县者，外宗正司受理，干涉外人即送所属推治。其宗正司官吏受乞财物，凡有违犯，并依外官法。其一宗约束，及人从、俸给，并从本司参酌立法行下。四、今虽置学立师，为量试之法，然所学未广，遽使出长入治，必未能守法奉令，而至瘝官废职。伏请依熙宁文武官试出官法，再试经义，中选者许令出官。若再试不中，止许在宫院，使食其禄。其试法从本司参定。"并从之。34，p3581—3582

【崇宁】三年九月二十九日，南京留守司言："准《外宗正司令》：'宗室许于公使库寄造酒。'今已到宗室三百二十五人，若男或女十岁已下者，合与不合造酒。"诏五岁以下不造，十五以下减半。35，p3582

【崇宁】三年十月十四日，宗正寺丞徐处仁言："准《令》，应修纂宗室事迹，每岁九月上旬（开）〔关〕大宗正司取索，宗正司报寺即无日限。又河南府、应天府敦宗院宗室亦合于大宗正司取索，仍乞大宗正司将应干报寺条令下外宗正司照会。"大宗正司言："应天、河南府敦宗院宗室合修纂事迹，乞量立限外，令宗正司回报。"诏限至十月十三日。35，p3582

【政和二年八月】十六日，士㬎又奏："乞应（祖）〔祖〕免亲宗女无祖父母、父母、夫殁无子孙、本官无期亲以上食禄者，许入敦宗院（君）〔居〕住，身分料钱外、与量支钱米。至再嫁，比附非（祖）〔祖〕免亲宗女再嫁钱数支给。已上并支宗室财用。"诏依，内再嫁许给钱一次。36，p3583

【政和】三年正月二十三日，西京外宗正司状："契勘敦宗院宗女有祖父母、父母俱亡，在室及听离归宗人，见有亲兄弟、伯叔或亲侄在敦宗院，往往不肯同居，便要别作一位。本司今相度，乞应敦宗院宗女祖父母、父母俱亡，见在室，及听离并夫殁归宗者，并今于在院亲兄弟、伯叔或亲侄位同居。如在院无期服以上亲可以同居，即令于在院服属稍近宗室位次邻近别给屋二间居住。有姊妹者，并同居。"从之。36，p3583

【政和】四年六月三日，南京外宗正司奏："检承《敕》节文：'西京、南京复置敦宗院，其合置官属等，并依大观三年四月以前指挥施行。'本司今来修葺到敦宗院舍屋共一千四百二十七间，依元降朝旨分擗作一十六宫院，并已了当。财用司钱物已得足备，到院宗子并缘婚嫁应用什物并（以）〔已〕丰足外，有未到院宗子四十八位，屋宇预行修葺，并已足办；及劝诱宗子已入大小学人二百一十五员。今来复置敦宗院事务，委是就绪。"诏知南京外宗正事、管勾宗室财用及博士等各特转官，宗正丞，管勾敦宗院各减三年磨勘。36，p3583—3584

高宗建炎三年六月六日，诏："宗室女、宗妇散漫无依，仰州县长贰支给钱米，津发赴所属。有官人发赴吏部，无官人发赴西、南两京敦宗院。如州县奉行灭裂，即许越诉。"37，p3584

绍兴元年九月十九日，中书舍人胡交修等言："嗣濮王仲湜乞权将南外宗正司与西外宗正司合为一司，裁减官吏等事，今具申请画一：一、南外宗正司见在泉州置司，即今见受宗子一百二十二人，宗女一百二十六人，宗妇七十八人，所生母一十三人。官属知宗令旷，主受财用（言）〔官〕韩协、陆机先，财用司指使贺琼、孙康。主受财用官并指使乞并罢。主受敦宗院官等邵圹、李泳只乞存留一员，敦宗院指使智修靖兼监亲睦库，敦宗院监门官王德，一员见阙，只乞差一员，兼检察宗子钱米，余一员减罢。兼监亲睦库系财用司指使，已罢。人吏宗正司六人，财用司四人，敦宗院二人，亲睦库子二人，只乞留书吏一名，副书吏一名，贴司一名，财用司人吏并罢，敦宗院留手分一名，亲睦库子留一名。西外宗正司即今见受宗子九十五人，宗女四十九人，宗妇三十人，所生母二人。官属知宗士持，主受财用官二员，已差下张世才，即今未到任，一员见阙。主受敦宗院胡宗懿、王子瀋，敦宗院教授侯文仲，监亲睦仓库刘升，监敦宗院门路开辟，财用司指使曹浟、张察。人吏宗正司六人，敦宗院二人，财用司六人，敦宗院监门下军典一名，亲睦仓（亦）〔下〕攒司一名，库子二人，财用司两指使下军典各一名。若将西外宗子并入南外宗正司，其西外宗正司官吏各并罢。又臣僚上言，（各）〔合〕罢宗正司财用官，其宗室请给系转运司将上件钱物应副。今来财用一司官吏合行减罢，所有逐月检察宗室钱米，乞令敦宗院监门官兼行检察施行。（监）〔交〕修等契勘：

南外宗正司见在泉州置司，其原本缺。见受宗子等人数，本处钱粮已是赡养不给。若便将西外宗正司并为一司，显见钱粮无可应副，兼所受宗子等无处安泊。所有南外宗正司乞减官吏等欲并依所乞外，其西外宗正司旧置司内本司官吏等，欲比附南外宗正司裁减官吏等事理施行。"从之。37—38，p3585

【绍兴】六年三月二十六日，南外宗正司言："检准《崇宁外宗正司令》：'诸外宗正丞以本州通判、簿以职官兼领。'又《令》：'诸丞、簿取旨差。'契勘本司见阙宗簿一员，已牒左朝请郎、就差签书平海军节度判官厅公事朱缶权行主管，本官委是协力，欲望朝廷正行差注兼领。"从之。39，p3586—3587

孝宗绍兴三十二年十月十三日，未改元。知南外宗正事赵子游奏："检照绍兴元年九月十九日敕，嗣濮王仲湜奏裁减南外宗正司官吏，数内主管敦宗院官二员，监门官二员，各留一员，余并罢。"40，p3588

隆兴元年七月四日，南外宗正司言："违限未嫁宗女，乞特与展一年。如限满未嫁，依旧支钱米。所有归宗之人，亦乞宽限一年出嫁，庶可从容议亲。"从之。40，p3588

宋会要辑稿·职官二〇·修玉牒官

【绍兴】十二年六月四日，试起居舍人、兼充修玉牒官杨愿等言："契勘玉牒所见遵依圣旨指挥，编修今上皇帝《玉牒》，所有合书注皇族宗枝昭穆数内，所有宗正寺取会到事迹全未圆备，及恐后来别有转官、生亡，理宜别行取会。欲乞从本所立式，下人宗正司及西、南两京外宗正司及主管亲贤宅并吴王、益王府应所管宗室，并日下依式疾速取索，并逐路转运司下诸州军及管下县镇，将应见任、寄居、待阙宗室，并仰依此施行。仍令逐处各勘验，委无伪冒差漏不实，保明回报。行在官司、两外宗正司限五日，转运司限半月。若当行官吏不点检回滞去处，及供报不依式，漏落不圆，欲乞将当职官申取朝廷指挥施行，其人吏送所属杖一百科罪，所贵有以考实。"从之。59，p3599—3600

【绍兴十二年】七月十二日，试起居舍人、兼充修玉牒官杨愿等札子："勘会玉牒所事干国体，最为机密。今检准《御宝令》：'漏泄玉牒宗枝，并依军法。'本所依史馆例，诸处投下文字及纳贴子整会事节人，并于所门外计会把门人，转入系整会文字。如呼叫听入，辄入者流三千里。

凡所见闻因而漏泄，并当军令。欲乞朝廷依史馆例给降黄榜一道，付本所张挂，约束施行。"从之。59，p3601

宋会要辑稿·职官二一·光禄寺

太祖开宝六年十二月，诏："祠祭礼料香币等，委诸司官躬亲检点，置库封掌。祠日交付使臣，不得令职掌将置本舍。"1，p3605

神宗熙宁三年五月二十一日，制置三司条例司言："诸路科买上供羊，而民间劳费不细。河北榷场买契丹羊数万，至牛羊司则死损及半，屡更法不能止，一岁公私之费，共四十余万。仍令牛羊司栈养羊常满三千口为额，省其费用十之四。"从之。3，p3606

【徽宗崇宁五年二月四日】，诏："勾当翰林司使臣一员、法酒库小使臣一员、勾当太官局兼内物料库小使臣二员，系创置去处，令本辖官司相度，将职事拨并。如不阙事，可以减罢者罢。其增添到员数者并罢。"6，p3608

宋会要辑稿·职官二一·翰林司

淳熙元年九月四日，翰林司言："见排办将来车驾幸玉津园文武臣宴射，检照本司省记条册内，无上件排办事节。乞依绍兴十九年指挥车驾诣诸宫观等处对御筵宴施行。"从之。8，p3609

【绍熙】二年十月二十八日，进呈翰林司何闰等养老。葛邲奏曰："检照《指挥》：'年及七十，方令养老。'何闰等年皆未及，又给以全分。"上曰："年虽未及七十，却有疾病，不任役使，亦当听其养老，但请给与减半。今后准此。"9，p3610

宋会要辑稿·职官二一·〔牛羊司〕

【景德】二年六月，诏牛羊司："外群送纳死羊及诸处取索羊肉、羊耙，并须每口实定斤重，出抄申破，不得止凭估羊节级悬估。"10，p3610

【景德二年】十月，诏："外群死羊，委侧近县尉监造耙送官。其头、肚五月至七月埋窖，三月至九月量估价出卖。"10，p3610

【景德】三年十二月，诏："牛羊司畜挚乳者，并放牧之，无得宰

杀。"11，p3610

【景德】四年六月，诏："牛羊司牧羊，少失羊决罚之数：一口至三口，群头笞四十，牧子加一等。四口至六口，群头杖六十。七口至十口，群头杖七十，巡羊十将笞三十。十口至十五口，群头杖八十已上，牧子递加一等，巡羊十将杖六十，员僚笞三十。十五口至二十口，牧子徒一年，配外州牢城；群头杖一百，降充牧子；巡羊十将杖八十，降一资；员僚杖六十。二十口已上，牧子徒一年半，群头徒一年，并配远恶州府；十将杖一百，降二资；员僚杖八十，降一资；巡羊使臣奏勘替，与降等差遣。"11，p3610—3611

大中祥符三年四月，诏："牛羊司每年栈羊三万三千口，委监官拣少嫩者栈圈，均兼供应。四月至十一月，每支百口给栈羊五十口；十二月至三月，每支百口给七十口。"11，p3611

【大中祥符三年】五月，诏："每秋栈羊入圈，每圈给三司印历抄上，候宰杀时，每日轮一圈供杀。每年比较，栈羊须二十三斤已上，草羊四月至十一月肥月十五斤已上，十二月至三月瘦月十二斤已上，即杀。"11，p3611

【大中祥符】五年九月，诏："中牟牧羊群头、牧子所请月粮，如全带外群者，只支米豆二色，月给酱菜钱二百，麻履钱一百。十一月至二月，借皮裘一，至三月一日纳官。牧羊使臣给军士五人当直。"11，p3611

神宗熙宁三年五月二十一日，制置三司条例司言："诸路科买上供羊，民间劳费不细。河北榷场买契丹羊数万，至牛羊司则死损及半，屡更法不能止。一岁公私之费，共四十余万贯。乞募屠户，官预给约，以时口供羊，人多乐从，得以充足年计。仍令牛羊司栈养羊常满三千口为额，省其费十之四。"从之。12，p3611

【建炎四年十一月十三日】，牛羊司言："本司省记条法，头副指挥使、都头、副都头、节级为资级。今来本司（上）〔止〕有都头、副都头，其副指挥使并未曾迁补。欲副指挥使依见行条法迁补施行，各与支破本等请给。"从之。12，p3611—3612

【绍兴】十三年十二月九日，诏："临安府限一日收买羊一百口，猪三十口，赴牛羊司养喂，准备使用。其供使过猪羊，从本司报临安府，限次日收买，补发数足。"从本司请也。13，p3612

【绍兴】二十九年八月十九日，诏："牛羊司有不堪宰杀及有宰杀下不堪供奉羊口，令监官躬亲验实，牒送临安府，依市价三分减一分出卖。收到钱令本府赴左藏库送纳，守取朱钞，牒送本司照会。"14，p3612

宋会要辑稿·职官二二·〔仪鸾司〕

真宗咸平四年八月，诏："诸州所上闰年图，自今每两闰一造，每三次纳仪鸾司，即一次纳职方，换职方旧图，却付仪鸾司。其诸路转运司即十年一造。"5，p3617

【大中祥符七年】七月，臣僚言："仪鸾司遗火之时，屋舍连属，毁拆不逮。复内庭库务至甚拥隘，如仪鸾司帘幕、床榻之类，不须逼近宫殿。乞速命使臣相度以闻。"从之。5，p3617

仁宗天圣元年四月，定夺所言："腊烛旧例并系仪鸾司掌管，自大中祥符七年三司奏，除内中取索依旧令供外，余于三司开拆司置库收支，就差监门检法官勾当，及差专知官、库子，费用不少。又仪鸾司拣出故旧什物，亦止本司收管。自大中祥符七年后，三司起请，专差使臣、专副、库子、兵士于左掖门东占射行廊，为拣什物库受纳，十年止及百十事件，枉费不少。欲乞依旧拨归本司，附帐收管，只今准例支遣。"从之。7，p3618

【天圣】八年五月，开封府言："昨勘仪鸾司工匠戴用盗货官物，乃因工匠少欠官物，以请受克折填纳，故致偷盗。缘本司最处重难，工匠三百余人，不分都分，更（牙）〔互〕差拨，多不整齐。乞下本司拣选，分都分。"事下三司与提举司同定夺闻奏。遂请："将南北两营分四都，均人员部辖。若供应差使，一依旧例，衮同部辖。北营为第一第二都，南营为第三第四都。兼勘会本司元额都虞候一人，正、副指挥使一人。今定每营用指挥使、副指挥使各一人，都虞候更不添填，却添正指挥使一人。其员僚十将已下，并据元额分管。今后请跋官物、筵宴供应侵盗官物工匠、官小，乞杖配远处。或同情盗物反告官者，并免罪，量支赏钱。其告捉者，长行转节级，人员、节级于本职上迁转。其支赏钱，以犯事人家财充；不足，以仪鸾司头子钱充。所盗官物估（直）〔值〕钱五千至十千，长行转节级，赏钱五千；人员捉获工匠，只赏钱五千。所盗一千至五千，告捉者不以人员长行，只赏钱五千。一千以下，赏钱三千。应寘坐久占帐设什物，自来只凭工匠请往祗应。今后欲具数目，牒与逐处交领。如要回换，亦须牒赴仪鸾司。"从之。8，p3618—3619

【高宗绍兴】二十九年四月十三日，诏："仪鸾司干办官今后差武臣，其请给、理任、酬赏，并依本司省记条法。"9，p3619

【绍兴】三十一年二月三日，诏："仪鸾司陈设凡有破损，并申尚书省。俟札下运司及临安府，方许以新易旧。"先是，一年有至五易者，故有是命。9，p3619

【乾道元年】五（年）〔月〕二十七日，诏："仪鸾司官使臣满二年替，与减一年半磨勘；内侍官满三年，减二年半磨勘。"从吏部检坐《绍兴格》也。10，p3620

宋会要辑稿·职官二二·金吾街仗司

绍熙三年七月八日，兵部言："左右金吾街仗司申，准《淳熙十四年十月四日指挥》：'裁减左街仗司以一百三十一人、右街仗司以一百二十一人为额。'缘节次有逃亡事故，见阙二十四人。逐司所管人兵并系差充应奉内宿唱和更筹及宰执、侍从、台谏、给舍等官下当直，合行招刺补填。"从之。15，p3622—3623

庆元元年十二月二十七日，兵部言："左右金吾街仗司昨在京日，各以八百人为额，从《绍兴二十六年十月二十七日指挥》：'权各以一百七十五人为额。'准《淳熙十四年十月四日指挥》，敕令所将逐司见管人兵立为定额，左司以一百三十一人为额，右司以一百二十一人为额。目今左司见阙九人，右司见阙一十人，两司共实阙一十九人，乞行招刺。以招刺到日为始，依例支破口食钱米。其招军例物〔依〕自来体例，更不支降。"〔诏〕招填一十九人。16，p3623

宋会要辑稿·职官二二·斋郎

乾兴元年五月，吏部铨言："准《格》：'郊社斋郎补奏后五年，转掌坐；改补后五年，附奏，年满敕下，复一选集。'欲望自今年满不曾改补者，此类选并依诸色违碍选人体例施行。"从之。20，p3624

【天圣四年】九月，尚书礼部言："太庙斋郎乞改补，多违《长定格》年限，当部即从选人施行。看详多不知格文立年限改补。欲望每年终录格文下都进奏院，牒诸路转运司，令告示：'有随父兄在官，或乡寄居住者，如补授后及《长定格》内年限，并仰赴当部投状改补。如年及格，遇恩放选，赴南曹投状，更不在改补之限。若未欲参选，亦须依格改补，

庶免时有殿选。其在京居止者，即礼部告示。'"从之。20，p3624

宋会要辑稿·职官二二·挽郎

仁宗天圣元年正月，流内铨言："据永定陵挽郎王竦称，蒙恩补授，赴山陵行事，别无遗阙，系是放选。乞比斋郎例注官。铨司检详《长定格》，斋郎、挽郎并是一类出身人，欲令王竦依斋郎例，许于南曹投状。"从之。21，p3625

宋会要辑稿·职官二二·大晟府

【宣和二年八月】十八日，尚书省言："奉诏，在所及诸路乐工，旧制上系免行，后来增破请给，必为冗滥，可并依旧制。内在京乐工，遇朝会祠事日，特与支给食钱，仍立定人额。本府检会旧来祠祭共四十三次，今来年中祠祭及明堂颁朔布政通计八十一次，并非泛应奉在外。教习食钱，见依本府格令外，今措置到朝会祠事日，特支食钱下项：上、中、下乐工、舞师各一百文，色长二百文，副乐正、乐师共六人，各三百文，乐正共二人，各五百文。本府见管乐工六百三十五人，舞师一百五十人，共计七百八十五人。今欲用见管七百八十五人立为定额，今后便不添人。其不足人，乞依例借教坊乐人并守阙舞师。契勘破教习食钱，每年都计支六千四百六十一贯五百八十文。乐正年终每名共支钱四十贯文，副乐正年终每名共支钱一十贯二百文，乐师年终每名共支钱三贯九百文，运谱年终每名共支钱三贯九百文。乐正二人，每名每月料钱十贯文，米麦各一硕，春冬衣绢共一十匹，绵一十两，单罗公服一领，夹罗公服共二领。副乐正二人，每名每月料钱八贯文，米麦各一硕，春冬衣绢共七匹，绵八两，单公服一领，夹公服共二领。乐师四人，每名每月料钱六贯文，米一硕，麦五斗，春冬衣绢共六匹，单公服一领，夹公服共二领。运谱并色长共四十四人，每名每月料钱五贯文，米一硕，麦五斗，春冬衣绢共四匹，单罗公服一领，夹罗公服共二领。上工一百六十人，每名每月料钱四贯文，米一硕，春冬衣绢二匹。中工一百五十八人，每名每月料钱三贯文，米一硕，春冬衣绢共二匹。下工并舞师共四百十九人，每名每月料钱二贯文，米一硕，春冬衣绢共二匹。已上都计钱五万四千二百八贯三百二十文。检承崇宁五年十一月敕令，诸乐工教习日支食钱。后稍精熟，免日教。遇大礼、大朝会前一月，大祠前半月，中祠前十日，小祠前五日教习。各前期在家习学，止赴大寺协律厅草按一日，并台官按乐一日。"诏："教习草按乐日分，并依未置府以前旧制。遇依旧制合破按乐日分，并特依崇宁五年十一月条支破食钱。"26—27，p3627—3628

宋会要辑稿·职官二二·太医局

【嘉祐】六年二月一日，太常寺言："知亳州李徽之乞下外州军选试医学，救疗军民疾病事。检会《太医局敕》：'应在京习医人欲本局听（局）〔读〕者，许于本寺投家状，召命官使臣或翰林医官、医学一员保明，仍令三人已上结为一保，候听读及一年，试问经义十道，内得五道者，即本寺给牒，补充本局学生。兼准近条，以一百二十人为额。'今看详，欲乞诸道州府比（副）〔附〕太医局例，召习医生徒，以本州军投纳家状，召命官或医学博士、助教一员保明，亦三人已上结为保。逐处选官管勾，令医学博士教习医书。后及一年，委官比试经义，及五道者，本州给贴，补充学生，与免州县医行祇应。大郡以十（年）〔人〕为额，内小方脉三人。小郡七人，内小方脉三人。仍与官屋五七间，充讲习学。候本州医学博士、助教有缺，即选医业精熟、累有功效者差补。如不经官学试中者，更不得充医学博士、助教。如此，（只）〔足〕激劝外郡习学之人稍知方学，医疗生民。"从之。试格令于逐科所习医书内共问义十道，以五道以上为合格。其试医生大方脉：《难经》一部，《素问》一部，二十四卷。小方脉：《难经》一部，《巢氏》六卷，《太平圣惠方》一宗共一十二卷。36，p3634—3635

【神宗熙宁九年】五月，诏中书礼房修《太医局式》，候修定，即市易务卖药所往彼看详。太医局更不隶太常寺，别置提举一员，判局二员。其判局选差知医事者充。37，p3635—3636

【政和】三年闰四月一日，尚书省言："检会太医令裴宗元乞就太医局复置太医学，并依大观已行条例施行。奉圣旨依。外方难得医药，在京医学等员数甚多，并令尚书省措置。契勘翰林院见今医官至祇候七百余员，并无职事，诸路驻泊额止百余员，令立较试之法，随所试中高下分遣。诸路州军有大小远近之殊，而医有大、小方脉、产、眼、口齿、针、（产）〔疮〕、金镞之别。今以州郡分为八等，以医分为八科下项：三京七人，大方脉二人，小方脉、产、眼、针、疮各一人；帅府六人，大方脉二人，小方脉、产、眼各一人；上州四人，大方脉二人，小方脉、产各一人；中州三人，大方脉二人，小方脉一人；下州三人，大方脉二人，小方脉一人；次远二人，大方脉一人，小方脉一人；远二人，大小方脉各一人。医职、医工医治吏军民，任满比较，痊安八分以上，以下项医过人数十分为率：千人以上，或起死得生十人以上，虽不及八分，免试，仍减三年磨勘，愿以磨勘改换服色者听。五百人以〔上〕免试，仍升注官一等；三百人以上，升注官一等，愿换免试者听。死失三分以上，以下项医治过人数十分为率：千人以上，展一年磨勘；五百人以上，展二年磨勘；不满五百人，展三年磨勘。一、应见在翰林院自祗候以上，许就试注官。于翰林院投状，牒送医学类聚，（阙）〔关〕贡院较试，出榜申奏，于礼部注授。二、诸州书医职、医工历不验实，冒妄虚伪者杖一百，吏人勒停；有情弊者加二等，吏人编管五百里。乞取者以自盗论。"从之。38—39，p3637

【宣和二年】八月二十五日，礼部、翰林医官局言："奉诏：'立医官额。使、副，元丰旧额共肆员，今自和安大夫至翰林医官凡十四阶，额外总一百十有七人。直局至祗候，元丰旧额共一百四十二人，今自医劾至祗候，凡八阶，并不立额，见在职者总九百七十九人，冗滥莫此之甚。应额外人可特免改正，郎以三十员，大夫以二十员，医劾至祗候以三百人，并为额，额外人依已降待诏等指挥例施行。见带遥郡人请给等，并应医官入品及依官户，并依元丰法。比附《元丰法》不该入品、依官户者，并改正。医劾以下，分立员额，令礼部同翰林医官局条画闻奏。'今条画到下项：一、今准《指挥》：'医劾至祗候以三百人为额。'二、拟立下项人额：医劾，元丰额四人，今以七人为额；医痊，元丰额六人，今定以十人为额；医愈、医证、医诊系创立阶，今并入医候至祗候额内，通作二百八十三人为额。以上通医劾、医痊八阶共立三百人为额。医劾七人，医痊十人，大方脉兼风科一百五十三人，小方脉二十四人，针科一十四人，眼科一十六人，产科一十六人，疮肿科一十四人，金镞科三十二人，口齿兼咽喉科共一十二人。"从之。39，p3638

宋会要辑稿·职官二三·〔太仆寺〕·骐骥院

庆元二年十一月二十八日，兵部言："左右骐骥院骑御马左右其直元额管一百三十一人，淳熙十四年，敕令所裁减作一百一十一人为额，系应奉常朝殿及车驾行幸等事。今两直止有管四十四人，见阙六十七人。《元

丰令》：'诸本直长行遇阙，合于殿前司拱圣、骁骑指挥内将虞候至长行、非三路人拣选配填。'"诏令拣填三十人。2，p3646

宋会要辑稿·职官二三·〔太仆寺〕·群牧司

【景德】二年七月，群牧判官、著作佐郎王曙上《群牧故事》六卷，乞藏于本司，以备详阅。真宗览之，嘉其详博，特允所请，仍诏奖之。6，p3647

【治平四年八月】二十七日，诏群牧判官刘航、比部员外郎崔台符编修《群牧司条贯》，仍将《唐令》并本朝故事看详，如有合行增损删定事件，旋奏取旨。8，p3649

【神宗熙宁】（二）〔三〕年五月，群牧判官王海上《马政条贯》，行之。9，p3649

宋会要辑稿·职官二四·大理寺

【元丰二年】三月八日，诏："大理寺长、贰、丞、簿家属既不在治所，如遇休暇，宜止各轮一员在寺，余归休沐，庶可经久，人无惮倦。著为令。"8，p3659

【元祐六年】闰八月十五日，大理寺评事梁子奇言："官员犯罪，应坐举主者。乞今后会问到合断人，依旧取勘定断。又犯罪者与大理寺官曾荐举之人，乞本寺丞、司直、评事依《元祐编敕》被差检法有嫌听回避法，许自陈，别差官定断。"从之。11，p3661

【元祐六年】十二月二日，诏："大理寺人吏并许依旧法，三年一试断案，次第推恩。"11，p3661

【宣和】三年十月二十三日，臣僚言："伏见五月二十二日敕，梁俊公事，大理寺引用条法不当，丞、评各降两官，长、贰各降一官。续奉指挥，连签丞、评各降一官。又九月十八日敕，董弼公事，大理寺违慢，长、贰、元断丞、评各罚铜十斤。昨来吏部为指挥内止及长、贰、丞、评，而不及正，于是大理正尉迟绍先者独不与降罚之坐，臣窃疑焉。在《刑统·名例》，有四等坐罪之法，其说谓：假如大理寺断事有违，即大理卿是长官，少卿及正是通判官，丞是判官，府史是掌典。据此，则大理正又不应独免。又《官制格目》：'评事、司直、检法详断，丞议，正审，少卿分领其事，而卿总焉。'据此，则大理正又不应独免。第恐坐罪之法，前日敕文偶失该载耳。其大理正尉迟绍先当时实与签书，伏望圣慈特降睿旨，依前降指挥，一例降一官、罚铜施行，庶尽法意，而于公议为允。"诏大理正尉迟绍先特降一官。14—15，p3663

【绍兴】四年正月八日，诏："大理寺务要严密，虑有听探语言，漏泄狱情，其本寺许用《元丰六年二月右治狱指挥》：'系公人漏泄狱情，杖一百。'及许用《大观开封府六曹通用敕》：'诸左右狱内祗应人谓狱子、行人、座婆、医人之类，但可传达漏泄者皆是。并三人为一保，如通言语漏泄者，情重者杖罪五百里编管，徒罪配千里牢城。同保人失觉察，各杖八十勒停，永不收叙。即经停而别投名者，许人告'条法。仍有告获似此之人，赏钱五十贯。"先因渡江散失，后省记到前项节文，经尚书左右司看详，以上件指挥无元降年月日，全文贴说不行，至是寺官有请，故有是命。其后视为虚文，无复畏惮。至五月二十九日，本寺措置，如请求行用、传达狱情申乞，又立一百贯，以赃罚钱先次充赏。亦从之。18，p3665

【绍兴四年】四月十日，刑部言："大理寺丞刘抡等状：'本寺丞、评事议断刑名有差失者，岁立比较法。去年责罚差失寺丞孙光庭降一官，评事张仲奭送远小监当。（切）〔窃〕详祖宗以来自有比较法，差失死罪，至满其数，乃该比较。仍须因朝廷问难改正者，方理为数。或因刑部改正，则以名件比折。及所差失死罪徒杖刑名，各以其数多少，递相比折以计差失死罪，各有差等。及在赦降前者，不理为数。所有比较法，重者止于选人展年改官，京官不得当年对减磨勘，或断绝赏给。若一岁丞、评事差失死罪皆满其数，不以人数，尽行责罚；若皆无差失，即尽无责罚。今来比较法不以（多）〔其〕数多寡、刑名轻重，又赦降前后，每岁须要丞、评事两员被罚，其罚又比旧日至重。若一岁皆无差失，而偶失出入笞杖刑者，依近法亦须责罚丞、评事两员。若皆失出入数多，亦止责罚丞、评事两员。以三岁论之，（承）〔丞〕三员尽当降官，评事八员，被罚者几半。况本寺职事繁重，使一岁所断，皆无分毫差失，止得减一年或半年磨勘。依今来比较法，则四岁之劳不足以赏一日之责，委于人情法意未尽。'都省送下刑部，本部看详，昨立到比较法，每岁具两员最多者取旨责罚，不以差失多寡为限，显与比较旧格法意不同，理合别行修立。"从之。绍兴六年五月二十六日，刑部状："看详先拟立到比较差失最多者，具官职姓名上省，取旨责罚等条法，缘所立条内别无立定每岁差失多寡该比较之数明文。谓如评事八员为额，内七员别无差失不当，一员稍有差失，责罚亦不能逃。兼（等）〔寺〕丞四员，分议八员评事案状，即是寺丞所议，比之评事所断，案状倍多，其差失刑名，理宜分别立文。今欲拟立下条：'诸大理寺丞、评事断议刑名，每岁于次年正月行下，取会差失名件比较。死罪二人，寺丞三人。或流徒罪六人，刺配同。寺丞八人。失出者二人当一人，以上执议不同建白者非。具官职、姓名上都省，取旨责罚。'右入刑部。今系于本刑条内'比较'字下删去'最多者'字并注文，计一十八字，却添入'死罪二人，寺丞三人。或流徒罪六人，刺配同。寺丞八人。失出者二人当一人，以上执议不同建白者非'。计三十九字，冲改元修不行。"诏从之。20，p3665—3666

【绍兴六年】七月六日，诏："大理寺评事今后依格差试中刑法（第一）〔第二〕等上人外，其第二等下人，令刑寺议，申朝廷除授。"旧法："差试中刑法（等）〔第〕二等上人充，第二等下人系刑寺选议保明，关吏部差注。"近年少有试中及格之人，遂试中第三等以下人，亦蒙除授。故有是命。20，p3666

【绍兴六年】八月十四日，诏："大理寺左断刑人吏，依右治狱已得《绍兴二年十月五日指挥》施行，不许诸处指差。虽画降指挥，亦令执奏。"20，p3666

【绍兴六年】九月八日，诏："大理寺推司如遇省台点检，若止系行遣稽违失错，别无取受情弊及出入人罪，所犯情轻，许与赎罚上簿。若杖以下罪，非情轻合行断决，依临安府例，将当行正领人断决外，其余连书人行下本寺，依条施行。"从本寺请也。21，p3666—3667

【绍兴】（七）〔六〕年五月五日，诏："大理寺丞勘吏部人吏种永和等公事，行遣迁枉，故作（注）〔住〕滞，其当行官吏理合惩戒。少卿张汇、正赵公权各特罚铜十斤，丞林憝、都辖张昭亮各降一官，职级、推司并令临安府从杖一百科断。"23，p3667

【绍兴二十六年】十月一日，大理少卿杨揆奏："检准《一司敕》：'诸刑名疑虑及情法不称并奏裁；事若重密，仍许上殿。'乞自今后，遇本司有重密公事，许依前件条制，上殿陈奏。"从之。23，p3668

【绍兴三十年】七月十一日，诏："大理寺官拘催赃罚钱，比附诸州知通拘收无额钱例，每年催到一万贯以上，少卿减一年磨勘，至四年止；干预管库文簿官减半年磨勘，至二年止。不及一万贯，更不推赏。日后措置拘收，并拨纳激赏库，别项桩管。"先是，大理寺赃罚钱准《绍兴六年指挥》，令每旬赴左藏库送纳，而积年所入无几，率皆失陷。大理少卿张运到任，不半年间，拘催赃罚钱二十万缗，于是少卿减四年磨勘，干预管库文簿官减二年磨勘，非首尾干预官以钱数纽计推赏，因有是命。25，p3669

【孝宗隆兴】二年二月八日，臣僚上言："廷尉，天下之平，国朝以来，知审刑院、判大理寺各以儒臣为之，所以重其选。逮熙宁中，始定刑法六场格式，仍许进士就试。《元丰官制》行而大理之官备，自非更历州县，谙练人情，洞晓法意者，未易居此。窃见方今大理之官，初官试中刑法，多除评事，自评事改秩，即除寺丞，继而迁正，迁郎，虽卿少亦可以循次而进。问以法意，揆以民事，或未两尽。由是推之，虽试中刑法，必待历任，然后除评事，自评事改秩，再历外任，然后除丞，方为允当。望诏大臣参酌，立为成法，使才格相当，便于除授，庶几隶棘寺者，法意、人情无不通贯，天下之狱举得其平矣。"从之。26，p3669—3670

乾道元年五月二十四日，诏："法令禁奸，理宜画一。比年以来，旁缘出入，引例为弊，殊失刑政之中。应今后犯罪者，有司并据情理，直引条法定断，更不奏裁。内刑名有疑，令刑部、大理寺看详，指定闻奏，永为常法。仍行下诸路，遵守施行。其刑部、大理寺引见用例册令封锁架阁，更不引用。仰刑部遍牒诸州，大字出榜晓谕。"27，p3670

【乾道】二年六月十六日，臣僚上言："近日臣僚奏请：'近年所用法吏，多是一时偶中科目，于法意初非明习，于人情又不通晓。欲乞遇评事有阙，许刑部长贰将铨试断案曾中高等，或曾任外任检法官、州郡刑狱官，申朝廷通行除授。'五月十一日，奉旨依。臣仰惟祖宗立法，垂之万世，试中刑法人方许踏逐入寺，所以公天下之选。以故大理寺左断刑官虽有员阙，不曾试中刑法之人，终莫得而觊也。今若将曾任州郡刑狱官便许申朝廷除授，臣见怙权者或以势得，高资者或以货取，私暗亲党，容受请求，纷纷籍籍，莫之能遏，甚非祖宗立法之意。"诏五月十一日所降指挥更不施行。27，p3670

【乾道二年】十一月十四日，诏："大理寺治狱贴书充推司一年，通理正贴书年月日共七年比换。断刑胥长满一年八个月，通入仕及二十五年，许依条解发，更不用下名约理。"从少卿刘敏求请也。27，p3670

【乾道二年】十二月二日，诏大理寺："今后狱案到寺，满一百五十张为大案，一百五十张以下为中案，不满二十张为小案。断议限并依

《绍兴三十一年八月十六日指挥》（主）〔立〕定日限：'内外路并右治狱，大案断议限三十日，中案断议限二十二日，小案断议限七日。临安府大案断议限二十五日，中案断议限十二日，小案断议限七日。'"以刑部状："都省白札子，理会断案日限等，送部看详，申尚书省。本部下大理寺看详，据本寺专法，一、寺正领评事、司直为详断司，少卿领寺丞为详议司，卿总之。二、诸路奏到狱案，满二百张以上为大案，断限三十日；二百张以下为中案，断限二十日，议司各减半；不满十张为小案，断限七日，议司三日。并开封府、御史台申奏案状，如系大案，断限二十日，议司减半；如系中案，断限十日，议司五日；若小案，断限七日，议司三日。如断上刑部等处再退下，各减元限之半。《绍兴三十年十月四日尚书省札子》：'临安府案状，权依开封府日限施行。奉圣旨依。'《绍兴八年五月二日都省札子》：'大理寺狱案二百张以上为大案，限四十五日；二百张以下为中案，限三十日；不满十张为小案，限十日。欲大案权减十日，并中案权减五日外，其余日限并减三分之一。'《绍兴三十一年八月十六日敕》：'刑部状，欲将大理寺大案更权减五日，中案各权减三日。奉圣旨依。'《乾道二年五月十一日敕》：'刑部侍郎方滋札子，大理寺左断刑（丞）〔承〕受狱案，检准程限尚宽'。今欲拟定下项：外路及右治狱大案，元限三十日，今减作二十日，二百张以上；中案，元限二十二日，今减作十四日，二百张以下；小案，元限七日，今减作三日，十张以下。临安府大案，元限二十五日，今减作十六日，二百张以上；中案，元限十二日，今减作八日，二百张以下；小案，元限十日，今减作三日，十张以上。奉圣旨依。'寺官参详白札子陈请事理，契勘本寺专发诸路奏到狱案，满二百张以上为大案，断议限四十五日；二百张以下为中案，断议限三十日；不满十张为（十）〔小〕案，断议限十日。临安府、御史台申奏案状，大案断议限三十日，中案断议限十五日，小案断议限十日。续承绍兴八年五月二日并绍兴三十一年八月十六日、乾道二年五月十一日《指挥》，节次裁减外，见今外路及右治狱大案断议限二十日，中案断议限十四日，小案断议限三日。临安府大案断议限十六日，中案断议限八日，小案断议限三日。缘本寺承受诸路并临安府右治狱申奏到案状，并系断议官躬亲书断，若依《乾道二年五月十一日指挥》所减日限，委是（大）〔太〕窄，（切）〔窃〕虑趁办不前，却致迟延。今看详，欲依白札子所乞事理。"故有是命。28—30，p3670—3671

【乾道三年二月】十七日，陈弥作言："检准本寺《敕》：'诸流以下罪刑名疑虑及情法不称，并奏裁；事若重密，仍许上殿。'本寺虽已准前件指挥，自来例须申省，乞行敷奏，恐致稽缓。欲望遇有重密公事，许依本寺专法，径乞上殿，免致缓不及事。"从之。30，p3672

【乾道】六年七月二十八日，考功员外郎、兼权大理少卿韩彦古言："本寺专法：'推吏被差到寺三年，通入仕及八年，不曾犯赃私罪及无出入人罪，与补进武副尉。如推鞫惯熟，谨畏得力，许选留再一任三年，与减六（半）〔年〕磨勘；及有官人，即理合入资任。'窃详立法之意，欲令胥吏希觊酬赏，人知顾藉。今来损减酬赏，并三年一替，不许再留，不惟有失祖宗立法之意，深恐天狱推吏更易频并，不知事体，愈无顾藉。与其损赏，不若严罚。今后大理寺推吏酬赏理任，欲乞并依祖宗旧法。如于狱事受财，不以赦降原减、自首官当，及不得用已断罪名并计。如犯枉法，仍籍没家财。并乞立为本寺专法，庶几狱吏祗肃，民以不冤。"从之。31，p3672

【乾道】七年二月三日，诏："今后大理寺将应承受到断案（降）〔除〕旬休外，余并不理假故，通作元限行遣。仍令敕令所修立成法。"31，p3672

【乾道七年】三月七日，诏令刑部将右治狱、临安府比元立案限并减半。刑部侍郎王柜等札子："契勘大理寺案限，右治狱大案一百五十张以上，三十日；中案一百五十张以下，二十二日；小案二十张以下，七日。临安府案限依开封府法，大案二十五日，中案十二日，小案七日。近者准刑部间或批下急限约法，或三两日，或半日，或只今，临安府案又作急限案。实缘刑部案状下寺，在路已经隔半日，及付当断评事看阅一两遍，方见犯情节，付楷书节草，再纳评事，评事草出刑名，铺引条贯，却纳寺丞、正、卿、少逐处，次第往回批难，议定刑名，却再付楷书誊录净本节案法状申部。缘有节次经由，自非数日不能了办。如系大案，纸数、项目既多，又非中案之比，大则事干性命，小则刑名差（玄）〔互〕，利害非轻。今来右治狱、临安府案不敢依元限，欲〔乞〕于元来案限减三分之一。如此已是紧促。〔及〕乞将省部约法，除事干急速、不可稽留者取朝廷指挥外，其余急约法、急看详，乞量宽日限。庶几日力不至太促，得以详细，免致差误。"故有是命。32，p3672—3673

淳熙元年六月四日，臣僚言："在《法》：'鞫狱录问、检法而与罪人若干系人有亲嫌应避者，自陈改差。'崇宁二年，大理寺申请，除有服亲及曾经荐举，或有仇怨者许避外，余更不避，非所以别嫌远疑，欲将上项申请指挥更不施行。"从之。33，p3673—3674

【淳熙】三年五月七日，大理正李端友言："本寺左断刑人吏未有禁入酒肆之文，乞依右治狱禁止。"诏令敕令所立法。34，p3674

【淳熙三年】十一月八日，刑部言："乞自今大理寺丞、评事等断议刑名，遇有差失，令本部置簿籍定，每岁正月比较，开具职位、姓名上都省取旨责罚。如无差失，依条推赏。若该责罚，其当年减年磨勘更不推赏。"从之。34，p3674

【淳熙】五年十一月九日，诏："自今军民相争公事，除殿前、马、步军司依已降旨送大理寺外，其余诸司并将兵并令临安府理断。"十年三月，复诏："步军司宣效与百姓相争，更不送大理寺，令临安府依条理断。"34，p3674

【淳熙九年】十二月十三日，诏吏部："将承节郎杜文俊实历月日内与展二年磨勘，更有似此之人依此。自今大理寺差到推司、法司、胥佐满三年，无格内过犯，通入仕须实及六年，与补守阙进武副尉。"以中书、门下省言："《政和都官格》：'大理寺右治狱推司、法司、胥佐并为内外差到有出职人吏充者，满三年不曾犯私罪情重及赃罪，无失出入徒以上罪，通元差处入仕未及八年，补守阙进武副尉；及八年，补进武副尉。'今来吏部奏钞承节郎杜文俊磨勘事，照得杜文俊初补及借称元系排岸司私名习学，于绍兴二十六年九月内，大理寺抽差充本寺贴书。后及一年，差充推司，满三年，通入仕实及四年。今来引用本寺推司法，满三年，通入仕未及八年，补守阙（武进）〔进武〕副尉，实为侥幸，难以便行磨勘。"故有是命。36，p3675

【淳熙十三年】十月二日，臣僚言："伏睹《淳熙五年指挥》：'凡军民因争致讼，径送大理寺者。'每见军民斗讼，率因醉酒或赌博聚戏，至厢巡收领，即解棘寺，有司略加对证，曲直便可立判。所谓齐民者随所抵罪，受杖而去。若军人则多有名目。在法下班祗（罪）〔候〕以上犯罪，不论轻重，必具案闻奏，遂致拘系，动辄逾月，方得结绝。比之百姓即时释放，似于人情为甚偏。乞今后每遇厢解公事，有官资军人所犯杖一百以下罪，止令大理寺具事因申枢密院，径行决遣。若徒罪以上，方许依条奏案。"从之。37，p3675—3676

【淳熙十六年】十二月三日，监察御史林文中言："《乾道七年四月圣旨指挥》：'今后诸处有合送大理寺公事，并取朝旨指挥。'及《淳熙十四年四月臣僚札子》：'婚田末事，驱磨细务，不当渎扰天狱。其六曹所行有关利害，欲令取旨送寺。'其说未为不当。然去年有南药局库子张谨偷盗本局汤药，太府寺牒解临安府究治，府司检准《在京通用令》：'诸官司事应推断者送大理寺，或于官物有犯者准此。'遂将张瑾押还。近时六曹、寺监库务情弊稍多，所辖之官重于取旨，欲送大理寺，则碍指挥而不敢；欲送临安府及两属县，则执《通用令》而不受。臣以谓：'六曹、寺监所辖如有情弊，各禀白其长贰，酌量事理轻重。其轻者姑送府县，其稍重者径送大理寺，其最重者取旨送寺，重作施行，庶几百司知惧，奸弊戢。'"诏遵依《乾道七年四月七日指挥》，其情理轻者送临安府并两属县施行。39，p3676

绍熙元年十一月二十八日，中书舍人倪思等言："臣僚奏，凡今天下之狱，谳决论竟，至大理寺而止，宜于除用之制小有更易。谓如评事八员，其四员既用试中刑法人，则其四员宜择用改官历知县一任、有政绩人。又臣僚奏，大理寺官宜参用儒者。所差评事八员，内以四员选有出身、曾任检法、满三考、有举主、无过犯人，其四员仍旧差试中刑法人。并须实历评事两任，断狱委无失错，然后序迁丞、正。奉旨，（今）〔令〕后省、都司同共看详。臣等窃见四方狱案来上，聚于棘寺甚多。若止用四员试刑法评事拟断，却虑力有不给。照得寺官内有司直、主簿各一员，皆无职事，而断绝例亦推赏。今欲依旧存试刑法评事八员外，其司直、主簿自今后选用有出身、曾历任人，各以兼评事系（御）〔衔〕，将见今评事八人已拟断文字分作两厅，与之点检。如所见无疑，则于拟案内同（御）〔衔〕具申所属；或有情谊未安，则许述所见，与长贰商量，庶得情法两尽。至若迁转太速，今欲非曾任司法若检法官、成资任人，虽曾试中刑法，未得除授评事。其已为评事者，改官后必有四考，在内方许迁丞，在外方许授通判。如此则资历稍深，不致大段超躐。"从之。40，p3676—3677

【绍熙】二年九月二十三日，宰执进呈大理寺见阙长贰，留正奏："断刑卿少，极难得人。欲令侍从各荐举一二人。"上曰："他辈号为晓法，反有失错。大抵用刑须要原情，情通法亦通。法家多拘，更采公论择人极是。"诏："大理寺左断刑见阙长贰，缘系掌断诸路狱案去处，事务繁重，不可时暂阙官。令侍从于曾任卿、监、郎官内选差可为断刑长贰一

二人，限两日闻奏。"40，p3677

【绍熙二年】闰十月二十二日，诏："大理寺推司抽差到寺，不以在寺曾无推勘或贴勘看定公事，并展作到寺五年推赏。法司同。其再任人，与依旧法。"旧法："大理寺右治狱推司于内外抽差到寺，满三年，不曾犯私罪情重及赃罪，无出入人徒以上罪，通入仕八年，补进武副尉；未及八年，通入仕须及六年，补守阙进武副尉。"以臣僚有请："近日狱事稀少，若与旧法一概推赏，委是太滥。"下刑部看详，已得允当，故有是命。41，p3677

【宁宗庆元】三年七月二十七日，臣僚言："大理寺左断刑，天下奏案之所聚，人命死生，刑名出入，皆于此决。一失其平，是非讹舛，生死倒置，冤滥可胜言哉！窃见州郡勘鞫大辟公事，除正犯人外，知证干连者又不知几人。自初勘以至圆结，有经涉一二年者。比至奏案到寺，定断行下，又须数月。若系川、广，即往反动涉年岁。每勘一大辟公事，自始至末，不下二三年，方得断遣。今闻大理寺遇有发下狱案，数目壅并，详断不及。吏辈虑恐省部催促问难，多是搜寻些少不圆情节，申乞取会，便将名件销豁，作已结绝之类。殊不知一经取会，远地往反又是一二年，是致州郡刑狱多有淹延，盛夏隆冬，饥寒疾疫，囚系者（瘦）〔瘐〕死，监留者失业，召民怨而伤和气，莫此为甚。窃见法寺断狱自有条限，明降指挥，今后大理寺遇有承受到狱案，须管照应条限定断。若大情未圆，亦须指定申部，委自郎官躬亲审究得委碍大情，即立限取会。若（正）〔止〕系小节不圆，于大情别无相妨，即下本寺，限在三日内定断回报。其未圆小节，从本寺一面取会，续次行遣外，有本寺断十刑部狱案，其间有问难不完情节，合退下寺重别看详者，并限一日回申。仍委御史台不测取索本寺文簿点检，若所断狱案出违条限，及不应取会，而辄以小节不圆申乞照会者，并将当行人吏重断。甚者降名停勒，随所犯轻重，勘酌施行。"从之。42，p3678

宋会要辑稿·职官二五·鸿胪寺

【真宗景德四年】九月，诏定《诏葬赙赠体例》。1，p3681

【熙宁】四年三月十九日，诏废印经院，其经板付杭州，令僧了然主持。了然复固辞。明年八月，乃以付京显圣寺圣寿禅院，令主僧怀谨认印造流行。十二月十一日，诏："鸿胪寺所管式假、护葬、赙赠、朝拜、仲

享，并令太常礼院行遣。其押当即令四方馆差人。其寺差有职事臣僚兼判，更不别置人吏。"3，p3682

徽宗崇宁二年四月二十二日，讲议司言："高丽贡举方物，自过界沿路及应沿内外差官接引管押仪制、供须赐与及但干排办事节，皆从管勾所检勘，依条格申所辖鸿胪寺。其本寺不以事体大小，只声说别无条例，皆不与夺，只誊申主客而已。欲乞今后高丽、夏国凡遇入贡过界，应干排备所须之事，并令管勾同文馆所、都亭西驿所属曹部施行，更不经申鸿胪寺。"诏依《元丰官制》改正。5，p3683

宋会要辑稿·职官二五·礼宾院

真宗咸平元年十一月，诏："蕃部进卖马，请价钱外，所给马绢茶每匹二斤，老弱骒马一斤。令礼宾院每二千斤请赴院置库收管，当面给散。"6，p3684

景德二年十月，诏礼宾院："蕃部、蛮人欲请生料者，折券则例计数支与，取便馔食。"6，p3684

大中祥符二年二月，诏礼宾院："每蕃戎酋长忿争，本院官多不在彼条理，自今留官一员止宿。"7，p3684

【大中祥符二年】十二月，礼宾院言："西州进奉回纥李顺与西南蕃（人）〔入〕贡从人斗死，欲押赴开封府，依蕃部例和断，收偿命价。"从之。7，p3684

宋会要辑稿·职官二六·司农寺

真宗咸平四年五月，诏司农寺："每岁祠祭，用猪口肫胎生肉，令牛羊司别圈豢养。须纯黑无群、计重三十斤以下、二十斤以上者充。"1，p3687

【熙宁三年】九月二十五日，三司详定："在京船般仓专副、所由、斗子、书司、守门人等，如因仓事取受粮纲及请人钱物，并应在京诸司系公之人，因仓事取受专典、斗级并因纲运事取受粮纲钱物，并许赃不满一百徒一年，每一百加一等，一千流二千里，每一千加一等罪，止流三千里。所有共受分赃入己者，并计所受坐罪，仍分首从。其引领、过度并行用钱者，于首罪下减二等。已上决讫，徒罪皆刺配五百里外牢城，流罪皆刺配千里外牢城。满十千即受赃，为首者刺配沙门岛。已上若计赃未受，其取与、引领、过度人各减本罪一等。为首者依上条刺配，内合配沙门岛者配广南牢城。仍许诸色人陈告，犯人该徒赏钱百千，流罪二百千，配沙门岛三百千；若系公之人，给赏外更转一资。其赏钱并先以官钱代支，一面拘收受赃及元引领、过度并行用钱人家财充填，不足即与除破。其元〔引〕领、过度及行用并受赃人亦许陈首，依条免罪给赏。"从之。5，p3689—3690

【熙宁四年】十一月二十八日，司农寺言："乞将诸处卖到户绝田土钱，从本司移助诸路常平籴本。"从之。8，p3691

【熙宁】八年三月五日，诏："今后在京仓场所官任满并成考，合该批书印纸历子，只委提点仓场所一面勘会，依条式批书。"9，p3692

【熙宁八年】三月，诏："在京仓库立界满，如勾当及二十个月，与理为一任。若不及，即与新界专副别立界勾当。"9，p3692

【熙宁】九年四月二十九日，诏："诸在京府界仓库所供月季年账，并于合满后，依限申省。月季账二十五日，半年账四十日，年账五十日。如违，依《编敕》仓库申州法。"10，p3692

【熙宁九年】六月二十四日，判司农寺熊本言："乞取索本寺一司敕式，选官重行看详修定。"诏只就本寺选属官一员编修，令熊本提举。10，p3692

【元丰元年】七月十一日，判司农寺蔡确请令三局丞、主簿不妨职事，兼删修本寺条例。从之。11，p3693

【元丰元年十月】十三日，御史中丞、判司农寺蔡确言："常平旧敕多已冲改，免役等法素未编定。今除合删修为敕外，所定约束小者为令，其名数式、样之类为式。乞以《元丰司农敕令式》为目。"从之。12，p3694

【元丰二年】九月二十九日，司农寺上《元丰司农敕令式》十五卷，诏行之。12，p3694

【元丰】三年二月一日，编《司农寺敕》成。13，p3694

【元丰三年】七月二十八日，权发遣司农都丞吴雍言："乞置局，会天下役书，删除烦复，支酬庸直，比较轻重，拟成式样，下逐路讲求报应，再加删定。"从之。又言："差官考存留者壮雇直等支酬衙前钱物，计置聚之京师，或移转沿边，变易金榖。"诏提举司限一季具数以闻。13，p3694—3695

哲宗元祐二年三月六日，诏："粳米上中下、麦料上下诸界，旧隶三司举官，其令户部奏辟，著为令。"15, p3696

【元祐六年】九月二十七日，户部言："准《敕》：'复置水磨。'今踏逐到京索天源河，措置修立。"从之，仍差右通直郎孙迥提举。16, p3696

乾道三年二月十三日，诏："今后粮纲有欠，并从司农寺一面断遣监纳。如情犯深重，事须推勘，送大理寺。及押纲有官之人，照应祖宗条法，送大理寺推勘施行。"20, p3698

宋会要辑稿·职官二六·提点仓草场所

【大中祥符六年】五月，诏："仓草场监官押宿，如的疾患不任事，即预具公文，报提点所勘会，下次监官押宿。如违，科违制之罪。若轮当押宿官，遇起居日，权免朝参，须平明方得开门。所在粉壁晓示。"24, p3700

【大中祥符六年】八月六日，诏："诸仓斛斗，每月委三司取样，定三等给粮。每出纳之时，不得令斗子家人、经纪百姓入仓贴量，并须两平量，率不得亏损官私。仍令提点使臣觉察，抽拔点检。如敢减克，送三司治罪。常令入仓按视，须饱敖收贮；支给者须逐敖漏底，不得接便多开敖眼。如点检见有畸零斛斗占敖妨卸，即送三司追勘情罪。诸色人不得于仓内籴市军粮，许人纠告酬奖。仰三司、殿前马步军司晓示，不得于仓内卖筹，科违制之罪。"24, p3700—3701

【大中祥符七年】七月，诏京常平仓令提点官依诸仓例钤辖。25, p3701

【大中祥符八年】十一月，诏："在京仓草场，如宣旨并三司使取索都管见在数目，即得实封供报；自余官员及提辖使臣取索，不得供报。如违，当行极断[①]。"25, p3701

仁宗天圣六年五月，审刑院、大理寺言："权三司使范雍等言：'勘会近日诸界监官两夜或四夜一次本仓场押宿，至日多称不安，乞请宿假，逐旋施行讫。今来专副仿效，亦多不宿。其监官无故不宿，自有违制之罪。其专副不宿，未有正条。切缘仓场所管物浩瀚，全（籍）〔藉〕监专押宿。（切）〔窃〕虑今后专副转更顽慢，无故不宿，乞下法司，降下合

---

① "极断"在宋朝是指从重处罚，有时也指处以死刑。

断刑名条贯。'寺司众官参详,欲乞今后诸仓场专副不赴守宿,亦依诸司库务专副不宿,于违制杖一百上定断。"从之。25—26,p3701

嘉祐八年八月十二日,仓场所言:"乞下三司等处,将杂犯合配本城人配填装卸指挥阙额人数。"诏三司、开封府并京东、京西、陕西、河东、河北、淮南转运司,将辖下杂犯合配本城罪人配填在京装卸指挥,才候数足即止。26—27,P3702

神宗熙宁三年三月,三司言:"都大提点仓场所言:'准《条》:"诸司库务、坊监、场院、仓场、园苑如无杖印去处,即申解赴省及合属管辖去处。"内仓草场、四排岸司、蔡河上下等申送本所。缘元不系管(处辖)〔辖处〕,逐处排岸司各自有杖印,欲乞令直属省庭。本所自来凡有公事,遇在东排司寄禁一节事理,具合仍旧。所乞差拨兵士功役,申取省司指挥施行。'欲依所请。"从之。27,P3702

宋会要辑稿·职官二六·四排岸司

真宗景德四年五月,诏京东排岸司:"自今粮纲到京下卸,若梢工少欠应禁勘者,实时点检逐船家事,交管在岸。如该替者,差人对历交数,仍具牒报泗州排岸。"28,P3703

【熙宁】五年五月二十五日,权三司度支副使沈起言:"在京三排岸司,内京南、京西事务甚简,只差文臣一员勾当。唯东排岸司岁管粮纲、(般)〔搬〕上供斛斗四百万石,及杂(般)〔搬〕纲运,比之两司,最为烦要。自来举差文武官各一员,缘河勾当诸(般)〔搬〕公事,常轮一员出入。近兼委断押粮纲军大将、殿侍等杖罪以下公事,则日有推鞫禁系,须藉晓文法之人。乞今后京东排岸司所差武臣奏举文臣一员同共勾当。"从之。29,p3703

【绍兴】四年九月二十二日,诏:"今后纲运如作弊供申,虚冒不实,用情盗粜博易,以他物或入水拌和损湿,及纳外少欠粜填,限外有碍所立分厘,令排岸司并将犯人并押纲申解大理寺根究,依法施行。如纲运所给日限未满,未合申解大理寺间,若有事干刑禁,或杖罪以下,并依绍兴三年已降指挥,就临安府施行。"从本司请也。本司言:"昨在京日,诸路纳到粮斛纲运少欠填纳,所欠一分五厘以下,并批发往元装发州军拆会补发。如少欠一分五厘以上,即排岸司依直达条法,限十日监填纳。如限满填纳所欠尚碍分厘,申解大理寺,根究致欠情弊,依本寺专法及海行条法

断罪。"故有是命。29—30，p3703—3704

【绍兴】七年八月二十二日，诏："行在建康府置文臣排岸司监官一员，以行在排岸司为名，依本府排岸司请给，从行在勘给，二年为任。仍许招置手分二人，依行在省仓手分请给推行仓法。"从户部侍郎梁汝嘉之请也。30，p3704

【绍兴】八年七月二十四日，诏："行在排岸司比附在京日，添置前行一名书押文字，依条迁补。其请给依本司手分，每月添钱三贯文，米贰斗五升。仍招置贴司二名，依南北仓攒司请给。遇职级手分有阙，次第试补。"从监官右承务郎陈鼎之请也。30，p3704

宋会要辑稿·职官二六·都曲院

太宗至道三年三月，诏："曲院每斗麦收曲六斤四两正数，如有出剩，亦须收附。"33，p3705

【至道三年】七月，诏："左右军酒户，如户下小博士脚店欠酒钱，许曲院催理，仍旧于诸厢寄留。"33，p3705

真宗咸平元年五月，诏："开封、祥符两县去京五十里外村坊道店酒务，并令依旧各随县分界至管属，不得一例停闭。其郭桥道（士）〔市〕镇酒务勾当人等，更敢放卖交引，许人户于京城五十里内酝酒开沽，侵占曲院课利，其勾当人等并科违制之罪。"33，p3705

【景德四年】八月，诏定《磨焦麦料例》，功限、功钱，令曲院永为定制。凡磨小麦四万石，用驴六百头，步磨三十盘，每料磨五百硕。四更动磨，未时磨绝。役兵士四百二十八人，十二日毕。磨麦四万硕，收面三百二十二万七千三百九十二斤，踏曲九十一万六千六百三十五斤半。又佣雇百姓匠三人充作头，二十三人充拌和板头，脱蘸炒焦，六人充踏匠。每年踏内酒坊法糯曲七万四千三百四十二片，计用小麦二千一百六十五硕，磨十盘，三十一作，收面十四万三百四十八斤。合须锻磨匠于八作司抽差。34，p3706

【天圣七年】十二月，提举司言："欲将曲院见使曲模样造大小薄厚一等三百三枚，用火印记号，以三枚分送三司、提举司，付本院收掌充样外，三百枚赴作供使。候造曲时，先取麦三硕，依例令人匠对官炒变踏造。各以一硕送三司提举司，留本院收附。如此立定程序，至曲成日，即见得都大实收斤重万数，不致走缩侵欺，易为点检。"从之。34，p3706

宋会要辑稿·职官二七·太府寺

太宗至道元年二月，诏太府寺："凡给诸色秤量，并须监官次第精致较定，明勒都料专监姓名。或有轻重失中不合法，则其本寺官员并使臣等并劾以闻，当重置朝典。"1—2，p3709

【治平四年】九月，三司言："左右厢店宅务见管席屋子合尽拆去，今后更不令修盖。乞令街道司常切觉察两厢店宅务，今后不得将街坊白地出赁，及复令人搭盖席棚屋子，妨碍车马过往。如稍违犯，申乞根勘。"从之。4，p3710—3711

【熙宁七年】十一月十一日，诏："诸河锁监官年满无违阙，使臣升一季名次，选人免试，家便差遣。若课利增过祖额一分，使臣仍减一年磨勘，选人先次指射差遣；过二分者，使臣仍减二年磨勘，选人循一资。其有亏欠者，依诸州课利场务法。"4，p3714

【元丰六年】十一月十六日，开封府言："据司录司抵当免行所言，熙宁十年始立年额，其赏罚条约依三万缗以上场务法。自元丰元年至五年并增，当立新额。"户部详度，欲酌中用元丰二年三万九千七百缗为新额。从之。14，p3717

【元丰七年】六月九日，诏："河东、鄜延、环庆路各发户马二千匹。河东路可就给本路，鄜延路以永兴军等路，环庆路以秦凤等路。其少数即以开封府界户马。如尚少，内鄜延路仍以京西路坊郭户马。所发马官买者给元价，私买者三等：上三十千，中二十五千，下二十千。以解盐司卖盐钱、阜财监应副市易钱先借支。开封府界以左藏库钱，余以本路钱。专管勾官，开封府界委范峋，河东范纯粹、秦凤等路李察、永兴军等路叶康直。其买过户马限三年。"14，p3717

【元丰七年】八月二十四日，诏："诸路提举常平司存留一半见钱，以二分为市易抵当。"14，p3717

【元丰】八年七月二日，诏："诸镇寨市易、抵当并罢，仍立法。"14，p3717

哲宗元（佑）〔祐〕二年三月六日，诏："商税院、左藏南北库，中书省差官；粮料院、诸司诸军专计司，左右厢店宅务，香药库，北抵当所，旧隶三司举官，其令户部奏辟。著为令。"14，p3717

【元祐五年】九月二日，户部言："请令大宗正司具合请生日支赐宗

室及宗室女职位名称，并系所生月日及合给支赐条例，关（大）〔太〕府寺。"从之。15，p3718

【元祐五年九月】二十五日，户部言："勘会请给，粮料院、审计司只得拖历批勘，余并听太府寺旨指。仍令本寺指定，依某年月日条式，合支名目则例、月分、姓名、贯伯石斗钱米数，下所属粮审院勘验批放。如系无法式，或虽有法式而事理疑惑，不能决者，即申度支取决。不得泛言依条施行，逐处亦不得承受。已上违者徒二年，仍不以赦降原减。"从之。15，p3718

元符元年二月五日，户部言："左右厢店宅务监官赏罚，乞著为令。"从之。16，p3718

【政和六年】十月十八日，开封尹王革言："都下石炭，私场之家并无停积，窃虑下流官司阻节。欲望下提举措置炭事所司，今后沿流官司不得阻节邀拦，及抑勒炭船，多行搔扰。许客人经尚书省陈诉。"诏依，敢有阻节，以违御笔论。22，p3722

宣和二年八月十七日，诏："比遣官点检榷货务，自重和元年十一月至宣和二年六月，一年之间，珠子、金银、匹帛、钱物收支不明，及违御笔支用过见钱共逾千万。有司核实来上，殊骇闻听。可特免推治，监官李通、宋经臣、钱瑗、陈次收并除名勒停，李通展三期叙，仍送千里外州军编管。差魏伯刍监榷货务，日下供职。"22，p3722

【宣和】七年四月十日，中书省、尚书省言："京畿诸路抵当出限银，自来逐处一面钚销净银，起发上京，后（色）〔免〕钚销，只令来纳库务，钚销净银桩管。如此，则抵当人户不许计嘱合干人，将有铜锡银尽赴官中抵当，却致亏损官本，并未有约束关防。"诏令京畿并诸路常平司，（过）〔遇〕所部州军有抵当库，官吏将〔出〕限银对元抵当钱本，看验钚销铤银，依条起发。如有亏损官中本息，将元受抵当合干人除依条均（陪）：〔赔〕外，并断杖八十。今后人户□到抵当银，并仰（子）〔仔〕细辨认色额高下定价。（取）敢非理阻节、不令典当者，杖一百。24，p3722—3723

【宣和七年四月】十九日，都省言："讲议司奏，内降臣僚札子及杭州里外市户吴禧等状，乞纳钱免行事。看详州县行户立价，定时询价（直）〔值〕，令在任官下行买物，盖知物价低昂，以防亏损。贪暴之（利）〔吏〕冒法倚势，非理骚扰，诸州公使库尤甚。至有少欠行人物价数千缗，（缗）〔经〕隔岁月，不曾支还。如金、银、匹帛等行，往往停闭店肆，逃窜改业。开封府自绍圣间复行元丰法，令人户纳免行钱，公私便之。今相度，欲依所乞，（今）〔令〕两浙路依杭州已降免行指挥，立为永法。诸路州县依此。其立定合纳钱数，务要轻于当行日（陪）〔赔〕费之数，体仿开封府见行条法，立定拘催。"从之。其后讲议司条画到下项：一、州县行户自来多是备见官中骚扰，无钱（陪）〔赔〕备，致将铺席停闭，致有见阙行户。今既罢供应，合候逐行人户归业，依旧开张日，依元降指挥酌中立定。即不得先次审量，立定行户名目、出纳钱数。其四方商旅、村户时暂将物色入市货卖，许与买人从便交易，行户不得障固。如违，依强市法科罪。二、所立免行钱，如日后复有增添户数，或有销折钱本，改业不行开张人户，若不随元立定钱数纽计，随户增减，恐未得均当。欲立以逐行元出钱随户增减。如金行系十户，每户出钱一贯，十户出钱十贯，减二户，出钱八贯。若增一户，出钱九贯。若增及十一户，共出钱十一贯之类。三、州县行户定时旬价（直）〔值〕，盖欲令知物价低昂，以防亏损。及折纳、折变、破账、估赃之类，自合依旧供申。其岁计抛科和买之物，合本州置场，比市价量添钱和买，亦合遵依见行条法。四、在京所收免行钱，依法许收一分宽剩钱支使。今来外路系令封桩，即合更收宽剩钱数。五、今来所纳免行钱，亦合依系省常平给纳法，每贯收头子钱五文足。既未有支用窠名，合随正钱封桩。六、今来行遣拘催免行钱，令州县市令司户案掌行，量支食钱。候推行就绪，令提刑司随所收钱数多寡，量行立定，申取朝廷指挥施行。七、见任官员买饮食、衣着之类，不免于本处行市收买。虽名为不使时估，只用市价，然所买之物，或暗增斤两，或大量丈尺，或纯要上等之物。行市即系所部，不无畏惧，恐行户依前受弊。仰诸路监司、廉访使臣常切觉察按治，如违，许人户（经）〔径〕诣尚书省越诉，取旨重行黜责。八、诸路除帅府及监司置司所在军州已推行外，其余州县，欲令提刑司一体推行。仍依元降指挥，委官同本州县知通、令佐立定合纳钱数保奏。诏并依。内和买岁计上供等物，如以贡余及准备为名，数外收买者，所剩坐赃论。24—25，p3723

【绍兴三年】十一月一日，诏添置太府（丞）〔寺〕丞一员。户部条画："下礼部铸造太府寺丞印，仍乞以'太府寺丞之印'六字为文。一、行移文字于本部用状申，于所辖场务用贴。二、所管库务如点检得有违慢事件，申本部施行。三、请给人从依本寺丞及大理寺、宗正丞则例支破。内亲事官招置一名。四、逐季取索所管库务账历，审验驱磨有无侵欺失陷文状，保明申部。五、每丞下招置手分二名，贴书一名，行遣文字。请给并依宗正寺人吏支破。六、左藏东西库、诸军诸司粮审院、杂买务、祗候库隶太府寺丞。"并从之。28，P3724—3725

【绍兴】十三年九月十三日，诏："太府寺胥长依格应出职，权降一等出官。谓如承信郎降一等，补进武校尉。自余依绍兴出职条法施行。若将来本寺吏额依旧，即合照应旧法施行。"先是，尚书省据太府寺申："本寺胥长宋亮年满，乞出职。"后批："勘会太府寺见管吏额与昔日不同，送详定一司敕令所参酌立法。寻行取索到本寺状，称昨在京日，本寺吏额胥长等九十人，绍兴四年间复置，本寺见管四十一人为额，系与昔日不同。本所契勘太府寺胥长出职年限、合补名目，《大观寺监通用厘正侍郎右选格》系是印本，旧法已载，不须修立外，所有今来见管吏额比旧例减半，即与昔日不同。"故有是命。31，P3726

宋会要辑稿·职官二七·都商税院

太宗至道元年十月，诏都商税院："每客旅将杂物香药执地头引者，不问一年上下，只作有引者税二十钱者，无引者税七十五钱，仍毁引随账送勾。"34—35，P3728

【至道】二年二月，诏："商税院收税头子钱，五百已上一文，一贯二文，月终随账申三司。"35，P3728

真宗咸平二年九月，诏："官给折钱物买卖并不收税。"35，P3728

【咸平】三年十一月，诏："应以银寄蓄部首领，听人纠告。犯者家财尽底没官，以所犯物赏告者。"35，P3728

【咸平】六年八月，诏："臣僚随行银器行李，悉免税。即不得夹带客旅银器。如违，三分以一分给告者，二分没官。"35，P3728

景德三年二月，诏："以银出入，并每两税四十钱，出引放行。若卖马蕃部，带银向西者，券内具数，验认施行。"35，P3728

【景德三年】四月，诏："商税院捉到漏税物，三分抽罚一分。内以半没官，半充赏。"35，P3728

大中祥符二年五月，诏："商税院每于太府寺请斗秤升尺出卖，具账申三司，十日一转文历。"35，P3728

【大中祥符二年】六月，诏："禁城门每收税钱，仰次日将历及钱送

商税院，委本监官将门历点数，批历赴门。"35，P3728

【大中祥符二年】八月，诏："京城买卖牛、驴、骡、马、骆驼，须当日商税院上簿，限三日纳税印契。如不申官，准漏税条抽罚。"35，P3728

【大中祥符二年】十二月，诏商税院："每告筑新城外偷税私宰猪、羊屠户，依偷税例断遣，追毁宰杀什物。仍委厢巡逻察。"35，P3728

【大中祥符】三年五月，诏："商税院并依版榜例收税，仍取脚地引看验；如无引，每千收税三倍。若一千已下竹木、席箔、篾物，只委监新城门使臣点检，就门收税。一千已上，依旧于商税院纳钱。官员出入随行衣服，非贩鬻者，不须收税。村民入京货鬻，百钱已下，与免。如以香末出城，每斤税二钱。"35，P3728

【大中祥符】六年四月，诏："回纥卖马价钱，依旧令铺户将券照证，批凿所卖价钱，报商税院，不得通同谩税。违者，委本院觉察捉搦，许牙人告论勘罪。若偷税物，只于铺户处设官。若有市物，亦铺户一面认税，引券外物色，铺户具数赴院纳税，出印（纳）〔约〕付蕃部收执。其进卖鞍马，请到券钱例物，礼宾院实时具免税状报。仍令本院取（间）〔问〕有无券外物钱名件，报商税院。"35，P3728—3729

【大中祥符】七年四月，诏商税院："应知情、同情偷税公人、拦头，并许经官陈首，原其罪。"35，P3729

宋会要辑稿·职官二七· 〔都提举市易司〕

熙宁八年十二月十四日，诏："都提举市易司管辖在京免行所人户，许令本司受理陈诉骚扰词状，点检官司违犯新法。"从本司所乞也。37，p3729

【熙宁】九年正月二十五日，诏都提举市易司，自今不得赊请钱货与皇亲及官员公人。先是手诏："近禁止赊法，系行下几处，及从是何月日施行，违者有何刑名，可具奏闻。"至是中书奏请，故是有诏。37，p3729

【熙宁九年】十一月三日，诏都提举市易司："今日以前赊请过钱物，限外送纳本息已足，其罚钱并与免放；本息未足者，更展半年，足日准此。诸路到日以前见欠罚钱人户，亦准此。"37，p3729

【熙宁六年】十二月十三日，诏："在京免行钱如有诉未便者，都提

举市易司受理以闻。"38，p3730

【熙宁】七年九月九日，诏详定行户利害所："诸行应有不同者，定归一行供输，仍隶都提举市易司。"38，p3730

【熙宁】九年正月二十二日，中书门下言："都提举市易司申，杭州市易务课息比较，立定酬奖。第一等：同提举官孙迪转一官，赐钱百千；第二等：兼提举、权转运司王庭老，减二年磨勘，勾当公事曹彦候及三考日循一资；第三等以下官吏，在京市易务次第支赏。"从之。39，p3730

【元丰元年】十一月二十六日，都提举市易司言："本司遣官以物货往诸路变转，乞十万缗以上限二年，二十万缗以上限三年。如一年内索及三分，依递年比较推恩。限满索及八分以上，与理为任。过限不及立定分数者，不在酬奖理任之限，仍先停支官吏请给。"从之。39，p3731

宋会要辑稿·职官二七·〔提举在京诸司库务司〕

【真宗景德】三年五月，诏："应库务等官，非公事不得到提举司，若有公事合与本辖官商议者勿拘。"41，p3731

【景德四年】五月，又令定夺《诸司库务公人数及请受则例》，自今著为定额。41，p3731

大中祥符元年二月，诏："诸司库务监官两员已上处，并令一员押宿，一员处令与监门使臣轮宿。如无监门，只监官一员，并虽有两员而一员当内直或假故者，即与专副轮宿。若监官廨宇内在库务内居住，亦须每夜抄记宿历。其同监外居住者，更不轮宿。"41—42，p3731—3732

【大中祥符八年】闰六月，诏："诸司库务金帛缗钱，如有使臣传宣取索，仰依例画时应副，即不得将见在都数及将不系取索之物妄有比类供报。如有违犯，专副、手分处死，监官除名决配。"旧制，库务司物虽三司使不得知其总数。因丁谓在三司日言："凡干计度，须见实数"，遂可其奏，仍令亲书取索，实封收掌，副使以下不得预闻。今凡使臣取索支赐，监专尽数供报，仍罗列色类，比方多少，颇失条约，故申戒之。43，p3732

【大中祥符八年】七月，提举库务官蓝继宗言："准《诏》：'每到库务点检不便事件，合行条约改更，并与三司同议以闻，自后皆依诏施行。'切缘有至不便事，及三司元规画不当，失于拘检官物者，更难与三司议。望许臣等上殿敷奏。若常程不便事，即与三司同议。"从之。43，

p3732

【大中祥符】九年正月，提举诸司库务司言："诸司库务公人，先准宣属本司管，每有阙额，逐旋〔招〕填。其所招公人，自来各有元等身等尺寸，数内诸色工匠须及五尺一寸已上。今相度，匠人止要手艺造作，不须拘身等尺寸。欲望所招填阙工匠，不拘等样，但无残患，（诸）〔谙〕会造作，少壮得力者，并许招收。"从之。43—44，p3732—3733

天禧元年六月，提举诸司库务夏守赟言："先准《宣》：'诸司库务系经拣占留人，内犯赃者，更不得转补。'今详从初起请，比要戒励公人。然或有（目）〔日〕前犯赃经断，存留收管，后来改过，祗应得力者，若以曾犯赃罪，永不转迁，不惟无以激劝，兼且久占职名，压却转补。又有办及场务，各恋优轻，避见年满，收充三司军将，却入重难差使。如此，则是犯赃负罪之人翻为侥幸，守分检身之吏永不转迁。匪惟事理相殊，抑亦未得均济。欲乞应曾犯赃罪、得力曹司公人等，如元犯只杖罪已下，存留后来及三年，能改过自新，并与依本处年限递迁。如三年内再作赃私过犯，改配重难去处。"从之。43，p3733

【天禧】三年六月，诏："应在内诸司库务见管公人，并令五人为保。委得守慎行止，不作过非，连坐缴奏；若自来凶恶累犯者，分析以闻。今后同保人常切觉察，如有凶恶难钤辖之人，许人员同保告官断罪。若递相隐庇，因事冒罣，重置之法。"43，p3733

庆历六年八月二十七日，提举诸司库务司宋祁言："检会《编敕》，委本司体量辖下监官、监门使臣有通方干办及慢公违越人等，密具能否以闻。缘所辖库务官员数多，兼常有库务行人点检制朴、驱磨等事务，除本司并勾当公事张仲庸分治外，其余覆检舍屋、抄札倒榻材植、监金银斤两物件等，纲运责勒攒造绝界分文账等，就便或拣选本辖官员，不妨本职勾当，即不见得逐人出身、历任功过劳绩，虑差管勾事务未诚尽理诚。欲乞应今后审官、三班院、入内内侍两省等处差到本辖库务监官、监门等，候见赴职，委本司行遣，取索逐人出身、历任，赴司管系。或有差遣公事，详酌选差。"从之。46，p3734

【嘉祐】五年八月五日，诏提举司："今后内侍凡有差遣于诸司库务取索及借官物，并须躬亲投下文字，其逐库务亦候见使臣，方得差人供赴，仍于使臣当面送纳。违者，罪在取借官物使臣，及合属库务监官、干系专副库级。"46，p3734

英宗治平二年，提举诸司库务王珪言："本司与三司所部凡一百二处，其额例自嘉祐七年秋差都官郎中许遵重修，迄今三年，始成三司诸案，看详别无抵牾。所编提举司并三司额例，计一百五册，及都册二十五册上进，仍乞赐别立新名。"诏以《在京诸司库务条式》为名。46—47，p3734

治平四年四月十八日，同提举张师颜言："辖下库务，各有库眼库经，收贮抄上在库官物。自来库务为见上件库经开说，作过不得，遇有给纳，不于日下抄转，意欲常令在库官物不知见在实数，致官司缓急无由点检。监官因循，其弊最甚，盖自来未有指定库经条约。检会《条制》：'应收支官物画时抄上省印收支文历，如违，其干系官吏并从违制，分公私故失定断外，虽该赦书、德音疏决及去官不原。'乞今后诸司监务所管库经，如本库有支收不画时抄上者，并用此条。内有一般官物在数库内收贮，置都库经拘辖去处，亦乞准此。"诏三司施行。时神宗已即位，未改元。47，p3734—3735

【熙宁二年】六月八日，提举诸司库务司言："奉诏勘会诸司工匠，分为三等，仍于逐等分上、中、下。其第九等七百余人，悉皆无艺。"诏并放停。48，P3735

宋会要辑稿·职官二七·供奉

【淳熙】十四年三月二十九日，诏封桩库取会子十五万贯，供奉太上皇帝、太上皇后使用。十一月十四日，诏："冬至旧例供奉钱四万贯，可日下进纳德寿宫。恭奉皇太后圣旨，昨来有司供纳大行太上皇帝生料，并令住供。"十九日，诏："除依显仁皇后例，供奉皇太后外，仍依太上皇后例，供奉生辰金银。遇冬、年、寒食节例供奉外，更供奉德寿宫钱一万二千贯，充官吏、宿卫、亲从、亲事官军兵等月给支用。"十二月二十一日，诏："每遇冬、年、寒食节，各供送德寿宫钱一万五千贯，充官吏、宿卫、亲从、亲事官、军兵等节料使用。"55，p3738

宋会要辑稿·职官二七·粮料院

高宗建炎三年七月四日，诏："行在诸军粮料院人吏，依诸司粮料院例，每日添破食钱二百文。如今后逃亡，从杖一百科罪。因事逃亡，仍勒停，并许（人）〔人〕告，赏钱五十贯，首身减三等。"从监官宋辉之请

也。57，p3739

绍兴元年正月十四日，诏："诸路差随行在军兵，各许借衣。内禁军春、冬绢二匹，厢军等绢一匹。旧有衣粮文历人，合依元请则例；新给历之人，春、冬衣赐依出军例，并支一半。如一年不及元借数，即依所借则例。"57，p3739

【绍兴元年】七月二十三日，诏："行在厢军、禁军绵并一等借支一十两，新给历人绵亦支一半。其《令》内元不载支绵去处，更不支给。"57—58，p3739

【绍兴】二年七月二十三日，（请）〔诸〕军粮料院申："调弓箭手、民义兵，系《禄令》并不该载衣赐年例借支绵绢之人，合依例批勘。"从之。58，p3739

【绍兴二年】九月七日，诏："今后在外积并请给，不得积留于行在并请。虽有专降指挥，亦令户部执奏。"58，p3739

【绍兴二年九月】十日，诏："诸司粮料院主押官一名、前行四人、后行一（人十）〔十人〕，贴司四人，诸军粮料院都主押官一名、前行四人、后行十人、贴司三人为额。今来减罢及已后罢役之人，仍不得在外点缝写历，充诸处抱历过勘。如违，从徒一年科罪，每名赏钱一百贯，以犯人家财充。"58，p3739

【绍兴二年】十月十六日，诏："诸司、诸军粮料院、审计司监官，每遇阙官，逐急权差，每月支钱三十贯文。权不满月，计日支给。见支食钱三百文罢。"58，p3739

【绍兴】二年二月八日，诏："应行在请给文历券旁，伪造及许冒盗请官物，并犯轻者，并徒三年，有官人除名勒停，送广南编管，永不收叙；诸色人刺配广南。许人告捕，内有官人转两官，无官人补进义副（使）〔尉〕。不愿补官资，支赏钱一千贯，以犯人家财充；不足，以官钱代支。其帮书经历官司，如能点检败获，依此推赏。故纵者与同罪。失点检杖一百。盗请官物数多，或所犯情重者，犯人及帮书经历官吏申奏取旨，其告捕人亦当格外优加推赏。"58，p3739—3740

【绍兴】三年八月三日，诏："粮料院人吏今后敢于诸军诡名收系，或影带执役，并许诸色人告，赏钱三百贯文，以犯事人家财充。仍令户部先以官钱代支。其犯人并从徒一年科罪。诸军如是粮料院人吏敢有陈乞差拨，或私辄收系在军，及影带执役，其统制、统领并取旨行遣。"

58，p3740

【乾道】六年十二月十八日，臣（寮）〔僚〕言："行在粮审院所掌颁降到条格指挥，经今岁久，并皆散漫，别无印造条册检照。乞行下敕令所，将合用《禄令》及前后申明指挥编类成册，付粮审院。仍以一本付度支，以凭参照。及日后百司关报到请给指挥，并仰置册用印，即时抄录，从本部不测点检。"从之。59，p3741

宋会要辑稿·职官二七·审计司

高宗建炎元年五月十一日，诏："诸司专司、诸军专司'专'字下犯御名同音者，改作诸军、诸司审计司。"61，p3742

绍兴元年九月十日，诏："审计司主押官一员，前行二人，后行七人，贴司三人为额。今来减罢及已后罢役之人，不得在外点缝写历，充诸处抱历。如违，徒一年，每名赏钱一百贯，以犯人家财充。"61，p3742

【绍兴元年十月】十六日，诏："审计司监官每遇阙官，逐急差权，每月支钱三十贯文。权不满月，计日支给。见支食钱三百文罢。"61，p3742

【绍兴三年】八月三日，诏："审计司人吏今后敢于诸军诡名收系，或影带执役，并许诸色人告，赏钱三百贯文，以犯事人家财充。仍令户部先以官钱代支。其犯人并从徒一年科罪。诸军如是审计司人吏敢有陈乞差拨，或私辄收系在军，及影带执役，其统制、统领并取旨行遣。"61—62，p3742

【绍兴】七年十二月七日，诏："审计司监官任满，合得减三年磨勘，依南北仓监官例，计日推赏。"62，p3742

乾道六年十二月十八日，臣（寮）〔僚〕言："乞编类前后申明指挥，编类作册，付粮审院。"从之。详见"粮料院"门。62，p3743

宋会要辑稿·职官二七·抵当免行所　又名抵当所

【神宗熙宁】六年四月二十四日，诏给律学钱万贯，送检校库出息，以供公用。并从其请也。65，p3744

【熙宁六年】十二月十八日，都水监言："乞将本监钱一万五千贯，送抵当所出息供用。"从之。65，p3744

【熙宁六年十二月】二十六日，军器监言："乞将本监钱一万九千余

贯依武学例，送府司出息供用。"从之。65，p3744

【熙宁六年十二月】二十七日，诏："市易司市利钱量留支用外，十万贯并送抵当所出息，准备支充吏禄。其抵当所令都提举市易统辖，罢句当曹官一员，却置句当公事两员专切检估。"65，p3744

宋会要辑稿·职官二七·惠民和剂局

高宗绍兴六年正月四日，诏："和剂局置监官，文武各一员，差京朝官或大使臣，依杂卖场请给。熟药所各差小使臣或选（入）〔人〕一员，除请受外，月支钱一十二贯。遇入局日，支食钱二百五十文。"是年七月十六日朝旨："和剂局熟药所监官每月从本部于一文息钱内，添支犒设钱一十贯文。"66，p3744

【绍兴六年正月四日】，诏："卖到药钱，每五日一次，送纳药材所，听就支用药材价钱外，将见在钱纳杂买务。"66，p3744

【绍兴六年】二月二十三日，朝旨："今后交跋到熟药，虚称阙绝者，并从太府寺觉察，从杖一百科罪。"66，p3744

【绍兴六年二月二十三日】，诏："和剂局般担药至熟药所，并轮差巡防兵士，令本局量破脚钱，以药息钱支给。"十月四日，诏每人日支五十文，于头子钱内支给。又三月六日朝旨："和剂局令步军司更行选差少壮兵士一十五人，节（给）〔级〕一人，赴局充般担杂用。每人日支食钱五十文，内东所添作七十文，西所一百文，于本局降到料次内支给。"从本局请也。66，p3744

【绍兴八年十月四日】，诏："和剂局差专知官一名，手分二人，书手二人，生熟药库子、秤子各一名；熟药所各差专知官一名，书手一名，卖药库子三人，依法招募。内专知官于校副尉内踏逐。其请给并依杂卖场见请则例，专知官添给钱一十五贯，每日食钱三百文；手分料钱一十二贯，每日食钱二百文；书手、库子每月料钱八贯，每日食钱一百八十文。并推行仓法，内专知官与理当重格。"是年十月八日，朝旨："和剂局专副知、手分并日支食钱三百文，书手二百五十文，库子、秤子二百五十文。熟药所专库书手等，并依此则例。"并从太府寺请增添也。66，p3745

【绍兴六年十月四日】，诏："撰合假药、伪造贴子印记，作官药货卖，并依伪造条法。"67，p3745

【绍兴六年十月四日】，诏："熟药所、和剂局监专公吏轮留宿直，遇

夜民间缓急赎药，不即出卖，从杖一百科罪。"67，p3745

【绍兴六年十月四日】，诏："药局作匠，并不得占使，如违，从杖一百科罪。经时乃坐，许诸色人经部越诉。"67，p3745

【绍兴】九年二月五日，诏："和剂局、熟药所监官任满，京朝官、使臣并减二年磨勘，选人循一资。监门官、辨验药材官任满，诸局所专副界满，并减一年磨勘。如监官、监门、医官任内有碍赏罪名，及专副有旷缺事件，并不推赏。若不满任，即比附推赏。"67，p3745

【绍兴】二十一年闰四月二日，诏："诸路常平司行下会府州军，将熟药所并改作太平惠民局。"67，p3745

孝宗隆兴元年五月二十八日，诏："和剂局所管药材，内有贵细物，除偷出门一节，已有监官、亲事官搜检罪赏外，其局内有肉药之类，若专典、作匠、公吏等缘事入局，辄将食用者，许人告，赏钱二十贯。监临不觉察同罪。"67，p3746

宋会要辑稿·职官二七·编估局

【绍兴】九年六月四日，诏："打套局监官如任内职事别无旷阙不了事件，依药局监官赏格，任满，京朝官、使臣并与减二年磨勘，选人循一资，仍许计日推赏。如三年为任之人，若及二年以上，并全给赏。所〔是〕编估局官系左藏库中门官兼本门，已有赏格，更不推赏。"70，p3747

【绍兴九年六月】二十一日，诏："编估局官一员，专一编打三路市舶司香药物货并诸州军起到无用赃罚衣服等。自来纳讫，牒到本局，官吏将带行牙人前去，就库编拣等第色额，差南纲牙人等同本司看估时值价钱讫，供申尚书金部，符下太府寺，请寺丞一员覆估讫，径申金部提振郎中厅审验了当，申金部。内市舶香药物货等连估账符下打套局，将合打套名件一一交跂打套。如不是打套之物，符下杂卖场，径行赴左藏库交跂，赴场出卖。其不堪支遣无用衣物等，修审覆讫，省部供申朝廷指挥，日下依此行下打套局，一面交跂打套，及杂卖场径行交跂出卖施行。"70，p3747

【绍兴九年六月二十一日】，诏置编估官一员，请给人从酬奖并依打套官例。初以左藏库中门官兼，至是以户部言事务繁剧，故有是命。70，p3747

【孝宗隆兴元年】十月三日，右承（值）〔直〕郎、监（偏）〔编〕估打套局门何倬，左从政郎、监杂买务杂卖场门赵粹中奏："元降指挥，杂买务杂卖场门请给、人从，依左藏库监门官；编估打套局门请给、人从，依杂买务杂卖场监门官。独有赏典未曾陈乞，亦乞依左藏库门体例施行。"从之。以上《乾道会要》。70，p3747

宋会要辑稿·职官二八·国子监

太宗太平兴国九年六月，诏："国子监所解举人自今但负勤苦、有父兄居官食禄，不在本贯乡里居止，监司谙知行止，便可收补发解，不必附监听读，即不得收不系食禄之家。"1，P3749

【雍熙】四年十月，诏："国子监应卖书价钱，依旧置账，本监支用，三司不得管系。"1，P3749

至道三年十二月，诏："国子监经书，外州不得私造印板。"1，P3749

【大中祥符二年四月】二十八日，诏："凡补应出身求差遣者，须先于国学听读二年，满日具名牒，审官院试验。如年及二十五以上，不愿在监听读者，依敕考试所业，具名以闻。"2，P3750

【大中祥符】五年九月十五日，诏："国学见印经书，降付诸路出卖，计纲读领，所有价钱，于军资库送纳。"2，P3750

宝元二年十月十三日，侍御史方偕言："今后所举京朝官、幕职州县官充国子监直讲，乞历任中不曾犯私罪，或公罪杖以下者，方许保荐。及就转京朝官后，再供职四年，许理为一任。其见在监京朝官，亦乞勘会举到监及就转后年月施行。"诏自今改官后，供职四年，只与外任差遣。从之。3，P3751—3752

【康定元年】六月五日，叶清臣又言："今后国子监学官有阙，令本监官于外任州县幕职官内，举实有文行者充。"诏从之，其天章阁侍讲、诸王府侍讲、诸宫教授、伴读、说书，自今并不得兼国子监直讲之职。3，P3752

庆历元年五月，同管勾国子监梁适言："近制：本监举人无户籍者，听召京朝（言）〔官〕有出身者保三人；无出身者保二人。今秋赋在近，而远方寒士难于求保，欲请应见任并在铨幕职州县官，非技术流外及历任无赃人，并听为保。"从之。3，P3752

【皇祐】五年七月，诏国子监："如闻监生多以补牒贸鬻于人，使流寓无行之士，冒试于有司。其加察验之。"皇祐五年七月戊子，又诏：
"开封府国子监进士，自今每一百人解十五人。其试官亲嫌，令府、监互
相送，若两处俱有亲嫌，即送别头。"4，P3752—3753

【熙宁】二年二月，臣僚上言："乞今后天下州郡学举人欲补试于国
子监，并（元）〔先〕于本处投状。官司契勘合得《贡举条制》，及体访
无伪滥，即给公凭，令自赴监，更不用在京保官。此稍近乡举里选之
法。"诏国子监按验不虚，令五人至三人递相委保，如是假冒，甘（勤）
〔勒〕出科场，即与施行。其品官之家随侍子弟，即于随侍处依此召官委
保。7，P3755—3756

【熙宁四年】十月十七日，中书门下言："近制：增广（大）〔太〕
学，益置生员，除主判官外，直讲以十员为额，每二员共讲一经。委中书
选差，或主判官奏举，以三年为任。选人到监五年，与转京官。或教导有
方，或职事不修，并委主判官闻奏，当议升黜。其生员分三等，以初入学
生员为外舍，不限员；自外舍升内舍，内舍升上舍，上舍以一百员，内舍
以二百员为限。其生员各治一经，从所讲之官讲授。主判官、直讲逐月考
试，试到优等举业，并申纳中书。学正、学录、学谕仍于上舍人内逐经选
二员充。如学行卓然尤异者，委主判及直讲保明闻奏，中书考察，取旨除
官。其有职事者授官讫，仍旧管勾，候直讲、教授有阙，次第选充。其主
判、直讲、职事、生员并第增添支食钱。"从之。7—8，p3756

【熙宁四年十月】，诏："国子监直讲自中书门下选差，及本监主判官
奏举，不拘资序，任满与堂除合入差遣。又到监一年，通计历任及五考，
即与转官。如教导有方，实为士人之所归向，委主判官保明以闻，及中书
门下考察，许令再任。其职事不修者，许令中书门下及主判官检察取旨，
不候任满差替。"8，p3756

【熙宁】十年二月十三日，诏："国子监上舍生自今应补中后，在学
实及二年，无犯学规第二等已上过，委主判同学官保明，与免解，从上不
得过三十人。内于贡举自合免解者，与免省试一次。已该免解后，又在学
及二周年已上，别无公私过者，并免省试。"8—9，p3757

【元丰元年八月】二十九日，诏看详太学条制所以《国学条贯》与见
修学制定为《国子监一司敕式》。9，p3758

【元丰元年】十二月十八日，御史中丞李定等言："（切）〔窃〕以取
士兼察行艺，则是古者乡里之选。盖艺可以一日而校，行则非历岁月不可

考。今酌《周官》书考宾兴之意，为太学三舍选察升补之法，上《国子监敕式令》并《学令》凡百四十条。"诏行之。初，太学生（擅）〔檀〕宗益上书言："太学教养之策有七：一、尊讲官；二、重正录；三、正三舍；四、择长谕；五、增小学；六、严责罚；七、崇司业。"上览其言，以为可行，命定与毕仲衍、蔡京、范镗、张璪同立法，至是上之。太学置斋舍八十斋，斋容三十人，外舍生二千，内舍生三百，上舍生百，总为二千四百。生员入学，本贯若所在州给文据，试而后入。月一私试，岁一公试，补内舍生；间岁又一试，补上舍生。誊录封弥，如《贡举法》。而上舍，则学官不与考较，诸斋月书学生行艺，以帅教不戾规矩为行，治经程文合格为艺。斋长谕、学录、学正、直讲、主判官以次考察籍记。公试外舍生入第一、第二等，参以所书行艺，预籍者升内舍。内舍生试入优、平二等，参以行艺，升上舍。合三等俱优为上，一优一平为中，俱平若一优一否为下。上等命以官，中等免礼部试，下等免解，以升补及行艺进退，计人数多寡，为学官之赏罚。缘升舍为奸者，论如违制律，不用去官赦原。学正增为五人，学录增为十人，学长谕以学生为之。9—10，p3758

【元丰】四年七月二十七日，国子监言："学生入学，乞令同县五人以上为保。如犯第一等罚，不觉举者与同罪。许人告，赏钱三百。若未入学以前违碍，亦准《贡举法》。"从之。10，p3759

【元丰】五年正月十七日，太学言："生员万皋等五人曾经屏斥，未尝叙雪，而改名补试入学。"诏并斥出学，实殿一举。今后妄冒入学者，徒一年。10，p3759

【元丰八年】十二月二日，诏罢太学保任同罪法。11，p3760

【哲宗元祐元年】四月十七日，国子监言："太学生员犯规，屏出学，情轻满三年，及告假逾限除籍者，自来并各依条补试入学。今来该登极（太）〔大〕赦，其犯学规未得入学人，情理可矜者，取朝廷指挥，依旧入学。本条即无补试之法。欲乞为两等，其身自犯者，仍依《学令》补试入学；其系与保人连坐者，更不补试。"从之。11，p3760

【元祐元年五月】十二日，诏试给事中兼侍讲孙觉、试秘书少监顾临、通直郎充崇政殿说书程颐，同国子监长贰看详修立《国子监太学条例》。11，p3760

【元祐】六年九月六日，礼部言："应补外舍附私试大义日，愿试诗赋者附第二场。仍各为号，博士锁宿。自引试日后，别限考校。千人以上限止十日，每少百人，减一日。人数虽少，即不得减过五日。取文理通者为合格。长贰与考校封弥官同验号拆封，注籍晓示，仍申三省、礼部。"从之。12，p3761

【元符三年】十二月二十一日，礼部言："考功员外郎朱彦奏：'乞太学今后四季补试外舍生，只就本学考校，仍罢誊录，依元丰旧法施行。'国子监勘会《元丰学令》，补试外舍生系试大义一场。今比《元丰法》，系增添论一场，依太学私试，差丞、簿封弥，律学巡铺指挥监门。"从之。14，p3763

【元符三年九月】二十三日，详定重修敕令所请依旧令国子监印卖编修敕〔令〕格式，命官并习刑法人许置。14，p3763—3764

【元符三年】十月八日，诏："太学上舍生并免再试，其恩例各依旧条。内舍人除元丰年升补人免试外，余并令再试。如再试中，即与依旧充内舍。所有今举得解生员，并元丰年补中外舍人，亦并免再试。"14，p3764

绍圣三年十二月十八日，翰林学士承旨、详定国子监条制蔡京言："奉敕详定国子监三学并外州军学制，今修成《太学敕令式》二十三册，以'绍圣新修'为名。"诏以来年正月一日颁行。14，p3764

崇宁元年十月二十七日，宰臣蔡京言："奉诏，天下皆兴学贡士，以三舍考选法遍行天下，听每三年贡入太学。上舍试仍别为考，分为三等。若试中上等，补充太学上舍；试中〔中〕等、下等者，补充内舍，余为外舍生。仍建外学于王国之南，待其岁考行艺，升之太学。今具外学条件：外学官属司业一人、丞一人、博士十人、学正五人、学录五人，职事人系学生充。学录五人、学谕十人、直学二人，斋长、斋谕每斋各一人。外舍生三千人，太学上舍一百人，内舍三百人。欲候将来贡试到合格人，即增上舍作二百人，内舍作六百人。处上舍、内舍于太学，处外舍于外学。外学置斋一百，讲堂四，每斋五间，三十人。太学自讼斋合移于外学别置。诸路定到并入外学，（候）〔候〕依法考选校试合格，升之太学，为上舍、内舍生。见今太学外舍生，且令依旧在太学，候将来外学成日，别取旨外学并依《太学敕令格式》施行。"从之。15，p3764

【崇宁】二年二月二十九日，臣僚言："乞诏有司，每遇有制书、手诏、告词，并同赏功罚罪事迹，录付准奏院。本院以印本送太学并诸州军，委博士、教授揭示诸生。"从之。15，p3764

大观元年三月二十四日，翰林学士薛昂言："按《唐六典》，国子监有博士、助教。乞置国子博士四员，国子正、录各二员，与太学官分掌教导。"从之。17，p3766—3767

【大观元年】九月十五日，又言："乞国子、太学、辟雍博士共置二十员，各以《易》《诗》《书》《周礼》《礼记》为定额。国子并太学每经一员，辟雍二员，并选元始经登科人。"从之。17，p3767

【大观】二年五月二十日，中书省据学制局状："奉御笔：'古之学者三年通一经，至十五年则五经皆通。熙宁中，迪士以经术，期之尚浅，故止专一经。今已三十余年，士益习矣。思得多闻博习之才，而虑专门之流弊，可自今学生愿兼他经者听之。兼经多者，计所多量立升进之法，使天下全材异能得以进焉。'尚书省札付学制局，修立到诸学生本经外愿兼一经或二经等条。奉御笔：'比阅所着法，颇密而难行。士固有皓首终身通一经不能究者，兼习五经，盖以待博识多闻之才，是为难能，不可立为常法。应兼三经以上，所在学考选校定在学一年，取分数多、八行之中兼有行实，每路岁贡二人入太学，长贰审试以闻，量材拔用。其在学生愿兼一经者听。'臣等今依御笔（旨）〔指〕，修立兼经之制。经术深妙，既令兼治，恐当更俟以渐。今修立：'诸学生本经外愿兼一经或二经者听。'臣等看详，本经之外各兼一经，则五经已有二十五色。谓如本经治《易》，而所兼或《诗》《书》，或《周礼》《礼记》之类。又有兼二经，则其色额又多。若于试卷内明见其色额之异，则就试人姓名灼然可见。又况州郡人少去处，则私弊尤难关防。今将本经与所兼经每季轮与一经就试，谓如今经治《易》，而兼治《诗》，则正月试《易》义，四月试《诗》义之类。则卷子内不见色额之异，可以久远通行，不致私弊。今修立：'诸私试经义，以所习经及兼经轮以一经就试。'右并入《太学、辟雍、诸路州学通用令》。臣等看详，今来兼经既系别为奖劝之制，则所兼之经多少不同，所应之人有无不一。若试选兼经之法一概施于州郡之学，则节目既多，事难齐一。况州郡学校私试已阅习其文艺，至贡士举院试笔，别为一项，逐经分场引试，庶得要而易行，可以经久。免试《论语》《孟子》，以中二经为上等，一经而在十名内者为中等，余为下等，别榜晓示。'诸内舍生兼经曾入第二等以上者，听与贡士兼经人同试。诸兼经虽试中，而本经不与贡士举升补者，不在类聚比校之限。'右并入《太学、辟雍通用令》。'贡士举院试兼经，每经十五号取合格者一号。'右入《太学、辟雍通用格》。'诸兼经人初入州学，以状自陈，别为一籍。曾入第二等已上者，其所中经，候升贡日，教授据籍契勘，（例）〔列〕于贡状。'右入《诸路州学令》。'诸兼经人曾预贡士举，院试入上中下三等者，遇释褐或殿试唱名日，别作一项，具名闻奏。'右入《太学、辟雍通用令》。'御试唱名，若上舍释褐人，曾与贡士举，院试兼经（人）〔入〕上等者，与升一甲。本甲上名不及十名者，仍通升十名；中等升十名，下等升五名。已上如系第一甲者，即便不升。仍并与内外学官之选。'右入《三省通用令》。"从之。17—18，p3767—3768

【大观】三年四月八日，知枢密院事郑居中等言："修立到《国子监太学辟雍敕令格式申明一时指挥》，乞冠以'大观重修'为名，付尚书礼部颁降。"从之。18，p3768

【大观四年】八月十二日，诏："博士太学五员，国子五员，辟雍十员，率以二人共讲一经。又如国子博士专掌训导，国子生随行亲生员既少，职事甚简。兼国子生随行亲并处太学，可就委太学博士兼领。其国子博士并省。并辟雍博士亦省五员，以五员为定额。命官正、录太学各三员，辟雍各五员。其学录自有学生充职之人，可（大）〔太〕学省命官学录一员，辟雍省命官学录二员，国子命官正、录各二员。今既省博士，即命官正、录亦难专设，可就委太学正、录兼领。辟雍自有学生直学四人，其命官直学可省。辟雍见差巡检使臣一员，兵士一百人，本以修置辟雍之时权宜设置，巡察贼盗，自后因之，为永远窠名，专令管干辟雍地分。不唯地分狭小，职事太简，兼自有城南巡检管认地分，显属冗占官兵。其辟雍专置巡检官兵可行省罢。国子监监库官，元丰、绍圣间并不曾设置，自崇宁二年创差一员后来，辟雍援例，所管事务不多。可就委指使主管，库官省罢。国子监公厨使臣，《绍圣格》止二员，崇宁后来，养外舍于辟雍，太学生员数少，公厨事务颇简，于崇宁四年添置一员，显属员冗，可省后来复置官一员。私试誊录，起自近岁，元丰、绍圣曾所未闻。太学、辟雍月试可并依《绍圣格》施行，更不誊录。"18—19，p3768

【政和】三年四月三日，宣义郎黄冠言："今天下士自乡而升之县学，自县而升之州，则通谓之选士，其自称则曰外舍生；而升之内舍，则谓之俊士，其自称则曰内舍生；而贡之辟雍，然后谓之贡士，其自称也亦以是。世之商贾、工技、巫医、卜筮盗进士之名者，固不待禁而止矣。"从之。19—20，p3769

【政和三年】七月六日，尚书省言："检会从事郎、陈州教授李璆状：

自崇宁元年补试入太学，四年十一月缘父荫补（大）〔太〕庙斋郎。大观元年第一等升补内舍，当年累成上舍上等校定。政和元年赴上舍第三人，合释褐人数。承朝旨，合候殿试。政和二年殿试，赐第一等上舍及第。伏睹《学令》节文：'诸有官贡士附试合格者，上等升二等差遣。'及同年有官附试上等人李纲已蒙推恩了当。"诏李璆依李纲例，与承务郎，仍除国子博士。20，p3769

【政和四年】五月二十四日，吏部言："勘会近承敕：'荫补入官人在学及一年，许参选。'本部相度，欲乞除太学人合理入学月日外，其在诸州军府入学年月之人，并不理。"从之。20，p3770

【政和五年四月】二十四日，国子监、辟雍奏："臣僚言，自今后士人有犯规制，屏之。待其改过自新，于屏斥年限不复犯罪，然后可复收于籍。诏令国子监、辟雍立法。今修立下条：'诸学生于屏斥限内犯罪而经决，而情轻及经赎、会恩原者，杖罪别理三年，徒罪五年，以犯日为始。教授审量，提举学事司验实听入。即犯不孝不悌、假名代笔、缘学士请托，若有私及受赃者，不在审量之限。'"从之。20—21，p3770

【政和】七年四月十四日，礼部拟修下条："诸移籍入太学者，为国子生随行亲，应通理月日，考试校定者。其岁首私试，不理诸州学生。谓随行入学者。虽于法应移籍入太学，而本年在学已及三季已上者，候岁终，本州校定试毕，听移。"从之。21，p3771

【政和】八年五月二十四日，诏："两学博士、正、录并诸州教授兼用元丰试法，仍止试一经。"吏部供到《元丰法》："进士第一甲，或省试｜名内，或府、监发解五名内，或太学公、私试三名内，或季试两次为第一人，或上舍、内舍生，或曾充经谕以上职掌，或投所业乞试，并听试。入上等注博士，中等、下等注正、录。即人多阙少，愿注诸州教授者听。"21，p3771

【宣和】三年二月二十日，诏："罢天下三舍。太学以三舍考选，开封府及诸路以科举取士。州县未行三舍以前，应置学官及养士去处，并依元丰旧制。太学生并拨填太学旧额，辟雍旧额入太学者，拨入额外，依旧制遇阙填。国子生及诸内舍上等校定人，愿入太学者，与免补试。辟雍官属并罢。"22，p3771—3772

【宣和三年】三月九日，国子监言，太学官吏已降指挥，并依《元丰法》。吏部供到国子监未行三舍已前，依《元丰法》合差太学博士一十员，太学正五员，太学录五员。见今员数：太学博士七员，内二员系讲道经，于宣和元年置；太学正三员，太学录三员。国子博士五员，国子正二员，国子录二员。除讲道经博士二员见别作施行外，诏国子博士、正、录改充太学博士、正、录。22，p3772

【宣和三年】闰五月十三日，吏部言："尝取索《元丰官制敕令格式》，将加省察，而遗编断简，字画磨灭，秩序差互，殆不可考。"诏《元丰【官制】敕令格式》令国子监雕印颁降。22，p3772

【绍兴】十三年二月二十三日，诏有司将元祐、绍圣监学法并见行条法一处参定，修立《监学新法》，悠久遵守。从本监请也。23，p3773

【绍兴十六年五月十六日】，诏："国子监生有官人如习读及一年不犯规罚，自今取解外，若公、私试两入等，及赴部，许从本监保明申部，与免铨试，依格注授。如或三入第二等，或一中第一等，或与魁选，并从本监保奏，特与比附铨试格法推恩。"24，p3774

【绍兴】二十七年七月十一日，诏："今后太学、武学，每岁春季补试一次，于三月内锁院。遇省试年分，即用四月。立为永制。"25，p3774

【绍兴】三十年正月五日，诏国学进士减三年免解。在《法》："诸州进士得解，省试下十八年免解，国学进士及十二年免解。"绍兴二十八年十一月郊祀赦，诸州绍兴十三年到省进士，许赴绍兴三十年省试，系比旧法减三年与免解，其国学进士止用旧法。至是改之。25，p3775

绍兴三十二年十一月二日，孝宗已即位，未改元。诏："馆职、学官，祖宗设此储养人材，朕亦欲待方来之秀，不可定员。"先是，殿中侍御史张震言："国子监已减罢正、录二员，太学博士一员，书库官一员，武学谕一员。今日复置正、录，是开冗官之源。"故有是命。25，p3775

宋会要辑稿·职官二八·广文馆

哲宗元祐七年六月十三日，都省言："开封府遇科场岁，多有四方举人冒贯畿县户名取应。及太学生员依条须在学及一年，方预就试，其间有未及年之人，亦不免有寄贯取应之弊。检会旧制，国子监取应举人，先于广文馆补试，给牒取应。今欲复置广文馆生员，令礼部立法。"既而礼部修立一十九条：一、开封府举人投下取应文字，限试补广文馆生员锁院前纳毕，违者更不在收接之限。如有事故服制即日拘碍，若至八月一日合该投下文字者，许令家人亲属投状，召命官二员委保，亦听收接。二、诸补生员，以二千四百人为额。三、解额：开封府一百人，如投下文字不及千人以上，即每十人听收一名。广文馆二百四十人，以补中生员每十人发解一名。四、试补生员于科场岁六月五日锁院，委主司定日引试。五、进士愿补生员者，并召命官二员委保，连家状经本贯投状。勘会不碍贡举条制，保明给公据收执，同家保状、试卷赴国子监投纳。若不在本贯者，经所在移文勘会其见住处。有品官系有服之亲，即召承务郎以上二员保实别无违碍，听免勘会，亦给公据就试。六、进士殿限未满，及因屏斥出学未及三年者，并不得就补生员。七、试补生员三分以上为保，谓非兼容隐人及缌麻以上亲。八、试补生员家保状、公据、试卷，限锁院前一月纳毕，五日前长贰集保引验。有疾故者，锁院前投状再引。九、引试生员三场，第一场：习经义者，大经义二道，《论语》或《孟子》义一道；习诗、赋者，试律诗、律赋各一首。第二场：并论一首。第三场：并子史时务策一道。并取文理通者为合格。十、缘试补生员条所不载者，并依贡举法。十一、给生员公据，国子监候封到合格名籍，依籍内姓名，照家状年甲、三代书凿给付。十二、生员公据，并注乡贯、三代、年甲。自补中榜出后，限十日各正身（付）〔赴〕监请领，违限勿给。十三、生员假借买卖公据取应者，杖一百。许人告，赏钱五十千。十四、生员若去失公据，不在别给取应之限，因水、火、盗贼毁失者比。十五、生员于开科场年七月内，赍元授据赴国子监照验，投纳家状、试卷请解，其公据并行毁抹。如请解不中，即别听试补。十六、生员取原家保状、试卷，国子监置簿受纳，点检卷及家状，中间如不同，或不依式者退换，至锁院日封送试院。十七、生员所纳家保状、卷首并卷纸之类，并依国子监进士例。十八、举人诈冒开封府户籍取应者，杖一百。许人告，赏钱五十贯。虽已及第，并行驳放。保官及本属官吏、里邻、书铺知情，并与户籍令诈冒者并与同罪，同保人并殿二举。十九、开封府举人已于本府投下文字，更不得就补广文馆生员。违者依贡举两处应举法。"从之。30—32，p3778—3779

宋会要辑稿·职官二九·文思院

【天圣】四年二月，勾当文思院李保懿言："乞依拱宸门外西作例，差识字亲事官与在院人员同共监作，主掌官物，随界交替。内打、鈒、棱、铘、镀金五作各一人，钉子、拔条、场、裹剑四作共二人，生色、装銮、搽洗、腰带、杂钉、扇子、平画、碾砑、藤、漆、小木、牙、玉、旋、校、糊粘、结绦、错磨、铁、玳瑁、花面、花、真珠、银泥、雕木二十五作共三人。及依旧例，令监门使臣二人分监中大门，至晚放作绝后，一人止宿者，却管句两门公事。"1—2，p3782

【天圣】七年十二月，诏："文思院造作金银生活，近频有告论工匠入外（科）〔料〕添和金银及诸奸弊。自今许人告捉。如得金一两，支赏钱二千；银一两，支一（阡）〔千〕。"2，p3782

【淳熙九年】七月十三日，将作监条具措置文思院革弊事件下项："一、两院造作虽有作家、官工掌管，监官、专、副监视，往往关防不尽，致行人匠偷盗。今乞应人匠各令送饭，不得非时出作；及令监作亲事官专一在两院作下机察监视，遇晚看验，秤盘点对数足，入库讫，方得放作，不得于作下别立小库寄收。如有违犯，密切令监作赴省部陈告。二、打造器物，系临安府籍定铺户一十名，监视金钚销，交付作匠，以免夹杂。近缘前界作弊，止差浮泛牙人。（令）〔今〕欲下临安府拘集元来铺户，周而复始。日后遇（关）〔阙〕，从本院报临安府踏逐拨填，各正身赴院（有）〔看〕验。三、作匠入作时，合用金银各支一色，令铺户看验色额秤盘。遇晚收作，令铺户将器物再行看验。元色额秤盘数足，方得入库，同专副封锁。四、两院各用工钱，乞委官同文思院官躬亲监视，当官支散。五、两院手分，近来往往令兼权专副，致通同作弊。乞自今并不许兼权专副。其秤、库子、门司、手分合干人等，并不许亲属在院执役，及作过曾经断勒人并私名不得入院。六、昨礼物局制造正旦生辰礼物、人使衣带，自来系户部牒临安府使臣院长火下及本地分都监巡警造作，机察工匠。今乞照应礼物局礼例，每遇造作，具申省、监，牒临安府仍旧差拨。七、文思院上界打造金银器皿，自来止凭作家和雇百姓作匠，承揽掌管金银等，拘辖人匠造作，以致作弊。今乞将合用打作作头等，令本院召募有家业及五百贯以上人充。仍召临安府元籍定有物力金银铺户二名委保。如有作过人，令保人均（陪）〔赔〕。若召募未足，即令籍定前项铺户权行隔别，承揽掌管。"并从之。4—5，p3785—3786

【淳熙】十二年十一月五日，前将作监朱安国条上文思院三事："一、侵欺失陷之弊起于转料，乞令自今不得转料。仍备坐隆兴二年左司郎中叶颙所立限，行下御史台，牒文思两界，遇有抛降造作，分别紧切、常程项目，当日申工察，照限检举。如或留滞，径牒所隶，先将承行人吏断罪。违一日者杖一百，违三日者勒罢。俾经由应办官司知所警惧，则立限之法可以必行。二、旧来抛降金银，专以制造器皿，至于给散工食则例用一色（具）〔见〕钱，故金银出入，莫非官物，门头易为关防。近来所支工钱，（当）〔常〕是纽折金银，专库、工匠得以影带出入，并缘为奸。乞令户部自今文思两界除打造器物合支金银外，雇工食钱并给一色钱会支散，庶免影带偷窃之弊。三、皇城司差亲从官二名，充本院监作，每一季一替，自以与监官不相统摄，动辄胁持，及与合（千）〔干〕人兵共为奸利。乞自今罢差亲从官监作，以除去奸盗之根本。"并从之。5，p3786

宋会要辑稿·职官二九·少府监·染院

真宗咸平二年正月，诏："每年染院端午、冬衣、十月一日、承天节、春衣五料，自今三司自二月一日后，预将五料数目支付，依次出染。至八月终管足。"7，p3788

【咸平】四年七月，诏："染院染物，须依元定料例染褙，（下）〔不〕得增减物料。如偷兑抵换，（提）〔捉〕获及陈告得知赃验明白者，杖配外州。"7，p3788

宋会要辑稿·职官三〇·将作监·提举修内司

真宗天禧四年六月，诏："自今后修内司差内侍省使臣二人，入内内侍省使臣一人勾当。"从本省之请也。1，p3791

【仁宗嘉祐】六年闰八月六日，入内副都知甘昭吉言："准《敕》：'差都大提举内中修造。'勘会自来系两员提举，欲乞差勾当御药院使臣一员共同提举。"诏差入内东头供奉官、勾当御药院王世宁同提举。1—2，p3791

【熙宁】二年闰十一月，诏："在内修造系宫殿门委提举内中修造所主领，其系皇城司内宫殿门外者，或令提举在内修造所施行。"2，p3792

高宗绍兴元年十二月一日，诏："修内司工匠已降指挥，每日添支食钱一百文，可每日更添支一百文，仍自除降指挥日起支。"2，p3792

【绍兴】三年正月十二日，诏："修内司见造御前军器，其掌管官物使臣、人吏等，并不许诸官司踏逐指差，拘留截栏，应副它处。如承受传宣、内降朝旨等指挥，令本司遵执，更不发遣，亦不回报，止具奏知。"2，p3792

【绍兴】十九年二月七日，诏："自绍兴六年临安府每月供纳内修内

司添修生活钱三千贯，即今别无修造去处，可自二月为始免供。"2—3，p3792

宋会要辑稿·职官三〇·将作监·东西八作司

嘉祐七年十月，三司言："乞应系修造，监修官吏如要兵匠人数，并须申三司乞差，不得直具申奏，或申中书、枢密院。如违，所乞事理更不施行，官吏并从三司劾罪，官员使臣具案以闻，乞行朝典。"从之。14，p3798

英宗治平二年二月六日，三司言："东、西八作司使臣各一员，大使臣各二员，内朝臣已系三司举外，大使臣不系三司举。并二年一替，满日无遗阙，与指射差遣。乞依朝臣例，委本司保举，仍乞更不差内臣勾当。"从之。14，p3798

宋会要辑稿·职官三〇·都水监·街道司

英宗治平三年七月九日，都水监言："除街道司事只令申监依条例施行外，若街道并渠壕、河道等事，但系干百姓，合行检量定夺去处，令监司委街道司及本监指使，并移牒开封府，差曹官同共检量，定夺利害，连书申监。如百姓合有罪犯，牒送开封府断决。若干人众及词未明事理，乞本监（那）〔会〕同判监已下一员，计会开封府（那）〔会〕推官同共定夺施行。不得差委街道司监官管勾定夺诸般公事，并不得承受行遣。"从之。18—19，p3800

宋会要辑稿·职官三一·司天监

真宗景德元年正月，诏："司天监、翰林天文院职官、学生、诸色人，自今不得出入臣庶家课算休咎，传写《细行星历》及诸般阴阳文字。如违，并当严断。许人陈告，厚与酬奖。其学生已下令三人为一保，互相觉察。同保有犯，连坐之。保内陈告，亦与酬奖。"1，p3801

【景德二年八月】二十三日，谕枢密院曰："河朔屯军处所差占候司天官，访（问）〔闻〕每先与州县官议奏闻事。今后每有占候，如合令边臣知者，即实封申报。如所占不在地分，合申奏者，即实封以闻。此外更不得别有供报。"1，p3801

【大中祥符】七年七月，诏："司天学生不得更注外官。其本监职官出官者，不得带阴阳天文书出外。学生如陈本业阴阳星辰历算，并不得直进文状，须经本监委判监官看详，实有艺业，即具状以闻，当差官看验。若事该天象，别有异见，即许实封以闻。如开封不是天象文字，以违制坐之。"2，p3802

【大中祥符七年】八月，诏："司天监先差职官二员，于锺鼓楼下专掌漏刻时辰，每月支食钱三千。自今须昼夜轮一员在楼下，专管时辰，不得差互。"2，p3802

【乾兴元年】十二月，诏："今后司天监五官正不得依京朝官例差监库务。见监当者，候满日差替。"先是，中官正杜贻范、丁慎言皆依京朝官例监当库务，至是罢之。2，p3802

【天圣元年】七月，权判司天监宋行古言："于在监子弟内拣试有行止、无过犯、年十七已上，约四十二人，并补守阙。候三年有阙，补正名。"从之。2，p3802

【天圣】五年三月，诏司天监："近日多有闲人僧道于监中出入止宿，私习天象。又街市小术之人，妄谈天道灾祥，动惑人民。令开封府密切捉捕，严行止绝。"2，p3802

至和元年十二月，诏："司天监天文算术官自今毋得出入臣僚之家。"景德初已有此诏。2，p3803

【治平三年】十二月，诏："今后司天监差大两省一员提举，仍下提举所取索前后条贯，看详遵守。内有未便事，即具奏请。凡系占候公事，各々属官依（久）〔旧〕例自奏外，其余公事并取提举指挥。应五官正已上，许升厅参见；监丞已下，并令庭参。月给食钱十千，合用印令铸造。"3，p3803

【熙宁二年】六月，提举所言："乞今后应司天监官员、监生、学生诸色人等，除有朝廷指挥，或本监差遣外，并不得擅入皇亲宫院，其皇亲亦不得擅勾唤。如违，并当严断。若犯别条刑名者，自从重法。"从之。3—4，p3804

【熙宁】四年二月二十三日，诏："民间毋得私印造历日，令司天监选官，官自印卖。其所得之息，均给在监官属。"以近罢差本监官在京库务及仓场监门也。4，p3804

【元丰】三年（二）〔三〕月十一日，诏："自今岁降大小历本，付川、广、福建、江、浙、荆湖路转运司印卖，不得抑配。其钱岁终市轻赍物，附纲送历日所。余路听商人指定路分卖。"4，p3805

【宣和】四年五月二十七日，判太史局周彤奏："乞今后应诸路转运司每年收到历日净利钱，并限次年四月一日已前依条起发上京，送纳尽绝。如违，令本路转运司取索点检，究治施行。"诏违限如上供法。5，p3806

【靖康元年】闰十一月二十一日，诏："天文局、翰林天文官系属应奉御前天文休咎之人，并不许诸官司踏逐，指名抽差。虽被到不拘常制特旨等许差指挥，并不发遣。太史局同。"5，p3806

高宗建炎元年五月六日，诏："今后如有太阳、太阴、五星缠度凌犯，或非泛星云气候等，所主休咎灾福，令太史局、翰林天文局依经书实具奏闻。如敢隐蔽，当从军法。"5，p3806

乾道四年五月十三日，礼部言："太史局每岁笺注到历日，承指挥下两浙转运司雕造讫，将板送秘书省印造，颁赐交趾国及内外臣僚外，板即无用。昨秘书省申请到，将运司板送榷货务印造。乞除去'臣'字，每本立价三百文出卖。专委提辖检察，不得盗印。"从之。8，p3809—3810

宋会要辑稿·职官三二·殿前司、侍卫马步军司

【仁宗庆历】五年六月二十七日，诏："殿前、马、步军今后所奏本司公事，除系常程依旧例转奏外，如有非泛擘画急速公事，后殿祗候罢，使令免杖子窄衣上殿。若非本司公事，别陈利见，即关报阁门，依例上殿，更不取旨。"3，p3814

【庆历】六年五月，诏："殿前司自今引试武艺人，文武臣僚子孙与补班行。若诸军班，即听于军籍就迁之。"3，p3814

嘉祐七年五月，诏："自今殿前都、副指挥使唯许奏亲子孙一人为阁门祗候，余皆罢之。其尝管军，已奏子孙为阁门祗候者，虽迁至殿前，止许转一官。"先是，步军副都指挥使马怀德奏子仲良为阁门祗候，御史陈经以谓滥恩，不可以为例，故厘革之。3，p3814

【元丰】五年七月五日，殿前司言："殿侍有千二百五人，自补授至今，不参班。乞委诸路监司取索，除蕃夷、归明、傜人应仕本土，及有专条许留本处者，及年小痾疾，委官司保明听依旧外，余并发归班，仍立限。"从之。5，p3815

【淳熙】十三年十月八日，诏："殿前司每岁认纳内库坊场钱四分为率，推免一分，仍与放一界。日后毋得再有陈乞。"17，p3821

【绍熙】二年六月七日，诏："访闻殿、步司战马，百司官吏辄行私借乘骑，显属违戾。仰主帅日下禁止，毋得徇情应付。如或仍前借差，具名闻奏。"18，p3822

【绍熙】四年十二月十一日，殿前副都指挥使郭杲言："诸班直、行门长入祗候、宫殿打伞击鞭年代上名等居班，祖宗著令为阶级、次序，如有侵犯，当时斟量轻重，照条（继）〔断〕罪。近有祗应年满，合该出职换官之人，于引见推恩授赐讫，未授告命间，辄敢挟念日前私恨，恃赖已换官，离班在外，寻觅旧管合干人并上名等，仇恨欺陵，甚者至于殴打，委是有坏纪律，使见在班人观望循习，利害非轻。乞今后如有似此之人，许从本司收领，具录情犯，申明朝廷取旨，责降施行。庶几换官之人有以畏惮，不致败坏禁班纪律。"从之。18—19，p3822

嘉定二年二月一日，枢密院言："殿前司、步军司申，都城火政最为急务，大内与太庙、三省尽在府城南隅，每遇忌辰，两司管军悉赴景灵宫行香，设有风烛，救排非便。欲乞自今后忌辰，令殿前、步军司管军分轮一员诣景灵宫行香，一员专一祗备不测，庶几缓急不致误事。"从之。20，p3823

【嘉定】八年十二月十二日，殿前司言："准枢密院札子，检会知梧州郑炎奏：'比年以来，往往军帅多以胥吏备数，一（且）〔旦〕遽补官，未几又躐进，其奸则足以欺罔，其贪则足以克剥，士卒之心不平，莫不深被其害。皆军帅徇　时之颜情，而不知军旅之为重。欲乞自今以往，胥吏非有军功，不许径补军官。'照得三衙、江上诸军胥吏，系于各军差拨充应，自后军帅倚为腹心，每遇差除，即乞改拨，随行不久，便与升差职事。虽有前项指挥，在朝无籍可考，合行措置。札付本司，开具本司及诸军统制、统领、将队司等处见今充役胥吏职位、姓名、所请钱米等数目，行下所属，令置旁批勘，却减落兵籍。日后如遇开收升转，并仰具申枢密院。本司照得差军马军行司等人专一掌行应（千）〔干〕军务事件，从来于诸军选择谙晓书算行移之人充应，所行一事一件，动干军政，实为利害。盖缘名籍各隶逐军将队所管，若将逐人于本司兵帐兵籍内令项批出，不唯革绝妨嫌，日后亦无假借差之弊。仍将合得诸般请给、衣粮、大礼赏给，其余非泛赏给等，并照大军例支给，及照逐人见请例，于各军历内分擘，别立偏帐，委官帮勘，按旬依宣限支请俵散。遇有功赏、转资请等，照应资格循例转行。其名籍更不隶军将队所管，从便居住。如有阙额，许于诸军踏逐差填。或有因事替罢之人，乞存留在司别役，许令遇赦牵复。今开具见管人数、职次、请给则例：马军司提点文字一名，见阙；点检文字元管二名，见阙一名，见管一名，正额效用、白身，日请食钱三百文，口食米三升，大礼赏二贯文例。诸案职级元管二名，见阙一名，见管一名，正额效用、白身，日请食钱三百文，口食米三升，大礼赏二贯文例。

诸案：吏曹案，元管一十三人，见阙贴司一名，见管一十二人：主押二人，一名旧管效用、白身，日请食钱三百文，口食米三升，大礼赏二贯文例；一名额外效用、守阙进勇副尉，日请食钱二百五十文，米二升，大礼赏二贯文例。手分五人，一名正额效用、进勇副尉，日请食钱三百文，米三升，大礼赏二贯文例；一名额外效用、守阙进勇副尉，日请食钱二百五十文，米二升，大礼赏二贯文例；三名并系额外效用、白身，日请食钱一百文，米二升五合。每月折麦钱七百二十文，粮米三斗，春冬衣绢各二匹，冬加绵一十二两，大礼赏一十五贯文例。贴司见管五人，并额外效用、白身，日请食钱一百文，米二升五合。每月折麦钱七百二十文，粮米三斗，春冬衣绢各二匹，冬加绵一十二两，大礼赏一十五贯文例。兵马案，元管一十四人，见阙贴司二人，见管一十二人：主押二人，一名正额效用、守阙进勇副尉，日请食钱三百文，米三升，大礼赏二贯文例；一名额外效用、白身，日请食钱一百文，米二升五合。每月折麦钱七百二十文，粮米三斗，春冬衣绢各二匹，冬加绵一十二两，大礼赏一十五贯文例。手分见管六人，四人并正额效用、白身，日请食钱三百文，米三升，大礼赏二贯文例；二人并额外效用、白身，日请食钱一百文，米二升五合。每月折麦钱七百二十文，粮米三斗，春冬衣绢各二匹，冬加绵一十二两，大礼赏一十五贯文例。贴司见管四人，见阙二人，一名旧管效用、白身，日请食钱三百文，米三升，大礼赏二贯文例；一名额外效用、守阙进勇副尉，日请食钱二百五十文，米二升，大礼赏二贯文例；二人并额外效用、白身，日请食钱一百文，米二升五合。每月折麦钱七百二十文，粮米三斗，春冬衣绢各二匹，冬加绵一十二两，大礼赏一十五贯文例。仓推案，元管一十三人：主押二人，内一名系权差典书孙再荣，时暂管干。见阙贴司二人，见管一十人。主押见管一名，正额效用、白身，日请食钱三百文，米三升，大礼赏二贯文例。手分见管五人，一名正额效用、进勇副尉，日请钱三百文，米三升，大礼赏二贯文例；一名系正额效用、白身，日请食钱三百文，米三升，大礼赏二贯文例；三人并额外效用、白身，日请食钱一百文，米二升五合。每月折麦钱七百二十文，粮米三斗，春冬衣绢各二匹，冬加绵一十二两，大礼赏一十五贯文例。贴司见管四人，见阙二人，二人并额外效用、白身，日请食钱一百文，米二升五合。每月折麦钱七百二十文，粮米三斗，春冬衣绢各二匹，冬加绵一十二两，大礼赏一十五贯文例。发递司，手分一名，正额效用、白身，日请食钱三百文，米三升，大礼赏二贯文例。开拆司，职级一员，正额效用、守阙进勇副尉，日请钱三百文，米三升，大礼赏二贯文例。主押二人，额外效用、白身，日请钱一百文，米二升五合。每月折麦钱七百二十文，粮米三斗，春冬衣绢各二匹，冬加绵一十二两，大礼赏一十五贯文例。手分见管二人，并额外效用、白身，日请食钱一百文，米二升五合。每月折麦钱七百二十文，粮米三斗，春冬衣绢各二匹，冬加绵一十二两，大礼赏一十五贯文例。转行司，点检文字一员，额外效用、守阙进勇副尉，日请食钱二百五十文，米二升，大礼赏二贯文例。职级一员，正额效用、白身，日请食钱三百文，米三升，大礼赏二贯文例。主押二人，一名正额效用、白身，日请食钱三百文，米三升，大礼赏二贯文例。中军一名，额外效用、守阙进勇副尉，日请食钱二百五十文，米二升，大礼赏二贯文例。手分见管六人，一名正额效用、守阙进勇副尉，日请食钱三百文，米三升，大礼赏二贯文例；二人并正额外、效用，各日请食钱二百五十文，米二升，大礼赏二贯文例；一名额外效用、进勇副尉，日请食钱三百文，米二升，大礼赏二贯文例；二人并额外效用、白身，日请食钱一百文，米二升五合。每月折麦钱七百二十文，粮米三斗，春冬衣绢各二匹，冬加绵一十二两，大礼赏一十五贯文例。贴司见管六人，一名使臣、守阙进勇副尉，日请食钱四百二十六文；一名额外效用、摄进勇副尉，日请食钱二百五十文，米二升，大礼赏二贯文例；四人并额外效用、白身，日请食钱一百文，米二升五合，每〔月〕折麦钱七百二十文，粮米三斗，春冬衣绢各二匹，冬加绵一十二两，大礼赏一十五贯文例。所有诸军统制、统领、将队司并旧司共一千三百七十八人，于内多是进牌内籍定正带甲、准备带甲备差人数。今来若行置旁分擘，减落兵籍，窃恐人数太多。欲将逐人请给，仍旧各军历内帮勘。"（照）〔诏〕依条具到事理，立为定额，理充见管人数。其请给等各照逐人见请则例，令行置旁批勘。仍仰今后不许巧作名色，升差职事。如

遇升转开收，申取朝廷指挥。20—25，p3823—3825

宋会要辑稿·职官三二·行宫禁卫所

高宗建炎四年二月一日，行宫禁卫所言："入出皇城宫殿门等敕号，近缘散漫，已承指挥改造。欲乞从本所出榜，自二月五日为头，限三日，令官司等处赍旧号纳换。出限不纳，其旧号更不行使。如辄带者，从杖一百科罪。"诏依，辄带以违制科罪，今后准此。26，p3825

【建炎四年二月】十二日，行宫禁卫所言："被旨，应官司自给号记，不许以黄色为号，听用他色，即不得入皇城门。如违，并以违制论。今来已改给号，虑官司未能遍知，故有违犯，欲乞刑部遍牒施行。"从之。26，p3825

【建炎四年二月】二十四日，诏："行宫禁卫所已给散敕号，并不许代名借带。其借及借之者，并以违制科罪。许诸色人告捉，每名赏钱一百贯，日下于御前钱内支给。"26—27，p3825

【建炎四年】七月十七日，行宫禁卫所言："被旨，禁卫所改给牌子，入出皇城宫殿门，令本所条具立法。本所契勘：应去失牌子人，杖一百，（陪）〔赔〕偿价钱十贯。即将带牌子逃走，主司官并臣僚隐瞒，不即举行，杖八十，去失减二等。知情容庇，或诸色人故为偷盗牌子，规求赏赎，并从徒一年科罪。"从之。27，p3826

宋会要辑稿·职官三二·主管禁卫所

绍兴元年二月三日，干办皇城司冯益等言："禁卫所昨缘阙官，差皇城司官权领主管禁卫所，时暂申请，以行宫禁卫所为名。其所掌职事，各随事分隶主管。今若以禁卫所职事并归行宫禁卫所主管，本处使臣、人吏等系皇城司，即不经历自来禁卫职事。所有行宫禁卫所，乞改为行在皇城司称呼。其主管禁卫所，依旧欲存留主管官一员，使臣一名，手分二人，装界作画人各一名外，余并减罢。"从之。27，p3826

【绍兴】三十一年四月二十三日，臣僚言："车驾行幸，从卫禁旅每以若干人为一列，相去若干步。其当乘马前导者，悉豫上其数，命有司举绘为图，先一月以闻。别具副本，报御史台。有不如令，及不在图中而（辙）〔辄〕冒至者，许有司即纠之。蔽而不言者，令御史台觉察，请其罪。"诏札与禁卫所。28，p3826

宋会要辑稿·职官三二·差使剩员所神卫剩员所

熙宁九年六月十九日，枢密院言："差使剩员所系分擘典领步军司事，合依本司例申牒诸处。缘条贯须得受户部公文，方得差拨。况兵部系属尚书省，合用申状。"从之。30, p3827

【熙宁九年】八月五日，枢密院言："乞在京职事官准朝旨差出勾当，其见破当直兵士、剩员愿将带前去当随行人数者听。仍委合属去处，候见公文，照会差拨。"从之。30, p3827

【熙宁九年八月】二十一日，枢密院言："差使剩员所乞今后故臣僚之家所破兵士剩员，有年高、病患、不堪祗应之人，并申兵部，乞行差换。本部依条限五日内关报，牒所差司分施行。若勘会得系申兵部月日时辰，后来放停走死，即行填替。"30, p3827

【熙宁九年八月】二十六日，枢密院言："据差使剩员所申，准朝旨，委取会所差兵士与剩员一处看详，重行裁定，各立窠名，编成条式，付之有司，遵守施行。下项去处所管兵士、剩员内有冗占人数，未得均一。今来定夺，合留人数外，其余委是冗占，合行裁减。诸处不得更执自来条例及元降指挥，却行添差。仍乞下本处照会，立为条式。"从之。30, p3827

高宗绍兴四年正月十二日，诏："今后应行在官等合破兵士及诸色人从，如所属差拨不足，并与依数批勘钱米等，许从本官雇募，仍随宜支给。"32, p3828

【绍兴】二十七年正月二十八日，兵部言："臣僚之家，合破宣借人兵内有逃亡事故之人，并不照应条法，依旧批勘支破钱米。欲乞下诸路州军，今后每遇帮支，仰取索付身并券历，照验（指）〔诣〕实，将见存人兵依条支给。如有逃亡事故之人，仰日下依条开落。如违及冒名承代，请人并帮书人吏并依诈欺法科罪。"诏依，仍令逐路转运司常切觉察，刑部遍牒施行。32, p3828

【绍兴】三十年正月二十一日，侍卫步军司言："得旨，修内司并潜火人兵共一千五百人，可减五百人，拨赴步军司，充填雇募使唤。今欲除愿放停并发归元来去处外，将发遣到人依旧职名，并拨归本司厢备军指挥寄营收管。内将职名、请给稍高人充新招宣效，余充备军，各依则例，支破请给。仍将前项人遇有拨填顾募不足去处，逐旋轮流差拨。有犯，依厢

军条法断罪施行。"从之。33，p3829

　　孝宗乾道六年八月二十八日，步军司言："殿前、马、步军司逃走首身人兵，解赴承旨司等验，内有不及等仗短小人，拨付临安府充厢军。欲乞改送本司，刺填左右武肃指挥。内有杂犯人，刺填忠靖指挥。收到人合得钱米，依昨临安府先拨到本司充填顾募人则例，日支食钱一百文，米二升半。非惟不须支破衣赐绵绢，亦贵差使不致阙误。"从之。34，p3829

宋会要辑稿·职官三二·都统制

　　【乾道三年闰七月】十七日，三省、枢密院奏："勘会已（绛）〔降〕指挥，复置在外诸军副都统制，裨赞主帅商（义）〔议〕军事，觉察奸弊。今措置约束下（顷）〔项〕：一、合以副都〔统〕制称呼，（呼）更不给印。二、应干本司文字，与都统制连（御）〔衔〕申发。三、调发军马，并听都统制指挥，或有违戾，奏劾取旨。四、差拨亲随衙兵并马，并禀都统制差拨。五、每月支供给钱一百八十贯。六、差破（日）〔白〕直四十人。"并从之。41，p3833

　　【乾道七年】八月四日，诏："诸军统（领）〔制〕、统领拣汰罢军，内无例带或例带低小之人，自后统制官与添差路分副都监，统领官添差正将，余依《乾道七年六月二十一日指挥》。"44，p3834

　　【淳熙】四年二月八日，诏："镇江、建康府、池、鄂州都统司、御前水军、沿海制置司、武锋军，各于所管水军正、副将内，选择大使臣以上，能统众、曾于海道立功之人，保明一员，申枢密院。"以备差广州水军统领也。45，p3835

宋会要辑稿·职官三二·御马院

　　高宗建炎三年六月五日，诏："御马院合破草料，依昨升阳宫例，据每日合批请数目，令所属差入赴院交纳。"51，p3838

　　【建炎】四年七月十八日，诏："行在左、右骐骥院差教骏马五十人赴御前马院，养喂御马祗应，添作二百五十人为额，听本院于诸处踏逐，指名差取，日下发遣。"51，p3838

　　绍兴十三年闰四月十四日，诏："殿前司寄养御前良马，见破十分草料，自闰四月一日已后，每马减干草八分，止支破二分。至九月一日，听本院关报，依旧支请。今后每年四月一日依此。"51，p3838

【绍兴十三年】七月十二日，诏："御前马院差置手分四人，副知一名，兼前行书勘行遣文字。所差手分、副知，于内外诸官司指名抽差。不足，听本院召募试补。今后副知、手分有阙，并令以次人递（选）〔迁〕。其手分候递迁充副知日，与补进义副尉。副知满三年，与补进武副尉出职。今来副知系创行差置，未有递迁人将差到院及二年，依手分递迁副知法补授立界。所有见相兼祗应骐骥院手分二人，就差充填上（下）件手分窠阙祗应。"从本院请也。52，p3838

【绍兴十三年七月十二日】，诏："御前马院于内外官司系公人内踏逐，指名抽差二人，充库子祗应。及副知、手分、库子诸般请给，并依祗候库子例。内库〔子〕、副知无衣人，春冬各添人绢二匹，冬加绵十两。"52，p3838

【绍兴十三年七月十二日】，诏："余杭、南荡两监许各差手分二人，于四人内通选差一名充副知，兼前行祗应。其副知补授理年，并依本院副知体例格法，仍降一等补授。初补副知，与补进义副尉。界满三年，与补进（义）〔武〕副尉出职。"52，p3838

【绍兴】十七年五月四日，诏："御前马院可差管草料使臣二人，手分三人，许已未到部使臣、校尉及无违碍官司人吏或白身人内指差。内手分请给，并依入内省手分见请则例支破。白身人自差到实及七年，与补进武副尉出职。有名目人实及七年，与转一官资。日后年满之人，愿留者听，请给、理年、酬奖仍旧。所有管草料使臣请给、理任，并依主管回易库管干官物使臣已得指挥施行。"52，p3838—3839

【绍兴】十九年十二月二十二日，诏："御前马院见管胡羊，令户部行下勘给官司，大羊每口日支料四升，羔儿每口支料二升，就本院御前草料历内批勘，所属依例供送。日后遇有收支羊数，听本院关报支给。"52，p3839

【绍兴】二十三年十一月十六日，诏："殿前司寄养御前马驴二百三十头，令户部行下勘给官司，每头支草半束，料五升，就本处寄养御前良马草料历内批勘。今后遇有开收，并依良马体例，关报粮审院支破施行。"52，p3839

【绍兴】二十七年正月二十六日，诏："御前马院见管御马，令户部行下勘给官司，每匹每日添次黑豆二升，就草料历内批勘，所属依例供送。日后遇有收支马数，听本院关报施行。"52，p3839

乾道二年三月十四日，户部侍郎林安宅言："大理寺参详引例弊事内，有骑御马直人兵，依《元丰令》，自长行排连至十将，补内外院坊监，或厢军将校者听。缘自渡江以来，不曾排连迁补，皆系泛恩补授。十将人已立定年限出职，有押官、承局、将虞候并援例，乞依条指射内外坊监，或厢军将校出职。照得前项引例（旨）〔指〕，虽系一时申请，日后似此陈乞之人，合要照使，理难修为成法，止合作申明，存留照用。乞下兵部施行。"从之。53，p3840

【淳熙元年】六月九日，御前马院言："本院手分，各理到院及七年，补授进武副尉出职，委是侥幸。欲将手分窠阙依原降指挥，于内外无违碍官司并主管官司领职局或御前马院司人吏内踏逐指差。及将见管贴司试补，候至头名，与改作职级。及三年，通到院及一十年，与补授名目出职。如年代不及，许令依旧在职，补理及〔年〕，方许解发。"从之。53—54，p3840

淳熙十六年四月一日，诏："御前马院使臣罢军中兼职。其统制、统领、正副将愿归军，依旧职次；不愿归军，别听指挥。准备将至效用，并依旧骑习御马祗应。"54，p3840

嘉定十四年二月十八日，枢密院言："据御马院申，使、效、军兵、教骏多是三衙官兵内差取到院祗应，所是逐人籍请，仍旧在各司历内帮勘支请。窃虑人籍异处，是致帮勘请人等隐落、逃亡、身故人数，冒请钱米，因而别生奸弊。欲将各人籍请分擘赴院，令历帮勘。已札下殿前、步、马三司并御马院，日下公共相度，申枢密院。御马院外，有三卫取到使、效，左右骐骥院招刺到，其籍请见在本院历内帮勘外，有三衙取到使、效军兵，其籍请亦在各司帮勘。本院遇有逃亡、事故等人，即便关报逐司开落。今准前项密院札内事理，若将各人籍请分擘赴院，令历帮勘，委是从宜。所有使、效军兵内，有该请家口累重添支钱，并每月券食钱，系钱会中半，每贯有优润四十文省，及入冬二次各人雪寒钱二贯文。并有事故，遗留下妻口，两月日守孝钱米，及孤遗养济钱米等人，旧例系逐司支破。"诏依御马院相度到事理施行。54—55，p3841

宋会要辑稿·职官三三·环卫

【淳熙】三年二月二十四日，诏："诸环卫官正除授军中差遣或外任者，并不许衔内带行。内环卫不差戚里及非战功人。"先是，二年闰九月十六日，诏敕令所增修此法。至是上之，故有是诏。已而又诏："环卫官指挥内，不差非战功人一项，更不施行。"2—3，p3844

【淳熙】四年二月二十三日，诏立《环卫官格》：节度使除左右金吾卫上将军、左右卫上将军，承宣使、观察使除诸卫上将军，防御使、刺史、通侍大夫至右武大夫除诸卫大将军，武功大夫至武翼大夫除诸卫将军，正侍郎至右武郎、武功郎、武翼郎除中郎将，宣赞舍人、敦武郎已下除左右郎将。3，p3844

【淳熙】十年七月十七日，吏部言："武经郎、阁门祗候王去恶除环卫官，欲将所带阁职除比文臣带职在京差遣例，权行除落。候将来除授外任差遣日，却与依旧带行。日后转官，依见行条法指挥。"从之。去恶既除环卫官，申审阁门祗候合与不合寄职，下本部看详。本部勘会："敦武郎、阁门祗候该磨勘转官，如系阁门见供职人转〔武〕翼郎，带行阁门宣赞舍人。如不系见供职人，即行除落。去恶昨任秉议郎，特授敦武郎、阁门祗候，即非磨勘转官。"故有此请。3，p3844

【绍熙】二年正月二十二日，左武卫郎将盛雄飞言："环卫官每除，合破省马一匹，立为定例。房缙欲下临安府，每月将军支三十贯，中郎将二十贯。到任供职，经历考第，不应于殿前司批书印纸，乞就枢密院批书。每遇朝殿，将军见破宫门、皇城门号各三道。如系郎将，只破宫门、皇城门号各一道。欲乞郎将更行添破二道。"从之。3—4，p3844

宋会要辑稿·职官三三·三卫

徽宗崇宁四年二月一日，中书省言："《周官》宫正掌工公之戒令纠禁，以时比宫中次舍之众寡，为之版以待，夕击（析）〔柝〕而比之。又宫伯掌王宫之士庶子。盖王宫之内有士庶子为卫，而庶子者，非王族则功臣之世贤者之类，王以自近而卫焉，故休戚一体，上下亲而内外察。逮汉以郎执戟宿卫殿中，举衣冠子弟充选。至唐遂分三卫五府，其法详密。今殿庭设（伏）〔仗〕悉以禁（族）〔旅〕，而士庶子之法未能如古。欲仿前世，择贤德之后，勋戚之裔，以侍轩（陆）〔陛〕，庶几先王宿卫之意。今仿古修立三卫郎一员，治一府之事，秩比（大）〔太〕中大夫；三卫中郎为之贰，文武各一员，秩比朝议大夫。日率其属直于殿陛。长在左，立于起居郎之前；贰分左右，文东武西，在都承旨之后。仗退，治事于府。博士二员，秩比承议郎；主簿一员，秩比宣德郎。博士掌教导，校试亲、勋、翊卫郎程文，讲书武艺。亲卫府郎十员，秩比朝奉郎；中郎十员，秩比承议郎。勋卫府郎十员，秩比通直郎；中郎十员，秩比宣德郎。翊卫府郎二十员，秩比宣议郎；中郎二十员，秩比承事郎。亲、勋、翊卫文武各四十员，分左右侍立。官给衣带，紫罗义襕窄衫，镀金双鹿束带，执长柄八瓣骨朵。亲卫郎立于殿上两旁，勋卫郎立于朵殿，翊卫郎立于两阶卫士之前。三卫郎依给舍，中郎依少卿，余依寺丞。一、亲卫官许后妃、嫔御之家有服亲，及翰林学士并管军正任观察使以上子孙。二、勋卫官许勋臣之世、贤德之后有服亲，应（大）〔太〕中大夫以上及正任团练使、遥郡观察使以上。三、翊卫官许卿监、正任刺史、遥郡团练使以上，并以亲兄弟、子孙试充。四、三卫官直退，皆入府诵书。各占一经一书，月以私试，（李）〔季〕一公试，习武艺者许赴武学。五、三卫官许年十八以上、人材秀整武班郎，兼有材武之人，亲卫许承务郎以上大使臣，勋卫许通选人小使臣。各召六曹郎官、武臣正任团练使以上二员保明。文臣令（大）〔太〕学官，武臣令武学官试，合格人以闻，三省审差。六、犯恶逆之家若编管人子孙亲兄弟及上书邪等、归明、笃废疾并历任曾犯赃罪徒以上，及三路极边、川、傜人，元祐奸党五服内亲属，不许保明充三卫官。七、冒试者处斩。若违法保任者，以违制论，不以赦降原减；已在官者，不以首原。八、诸卫郎每三人已上结为一保，（之）〔互〕相觉举。虽非同保，知其有犯亦同。九、三卫郎知同保有犯恶逆，系元祐奸党五服内亲属若编管子孙亲兄弟，及上书邪等、归明、极边三路、川、傜人而不告者，处斩。十、诸卫官每保夜以一员直宿，有故若于令应给假者免。十一、文臣试卫官法，公私试依此。第一场本经或《论》《孟》义三道，私试减一道。第二场时务策一道。十二、武臣试卫官法，公私试依此。第一场《七书》义二道，或策一道。第二场弓马，依武学补试法。十三、三卫府令史一员，书令史二员，贴书四员，守阙贴书四员，并依殿中省法。十四、试诸卫郎取成文理稍通者为合格。有阙并试补臣僚，不在以恩例陈乞之限。十五、诸卫郎三年为任，任满无遗阙，三卫府保明闻奏，中郎升郎，翊卫郎升勋卫中郎，以次递升。愿充诸卫郎者，召保官，赴吏部投纳家保状。吏部类聚，及三十人以上，申尚书省差官试。"从之。9—11，p3847—3848

宋会要辑稿·职官三四·阁门通事舍人

【神宗熙宁】六年九月二十三日，枢密院言："诸司副使兼阁门通事舍人，充职及十年，转阁门副使及中等使额。本条虽言曾经边任及朝廷委寄、显著劳能者方与迁转，即不定边任职局去处，亦不分劳能大小等差，及以何使额为中等，故王咸有得以滑州钤辖为寄任，王易、王泽、李珹皆自宫苑副使转南作坊使。一十五资使额为中等，良以立法之初，不甚详备。欲今后诸司副使额兼阁门通事舍人，如充职及十年，曾经四路沿边路分都监，或沿边知州军，或安抚都监、副使、同安抚差遣，或自转大使臣后，以劳绩曾转官者，皇城、宫苑副使并除阁门副使。虽不历上项差遣，又无劳绩，但及十二年者，亦与转阁门副使。其余副使，并于使额上转五资，依旧兼职。若不愿兼职及转正使者，并罢兼通事舍人。其旧条内曾经边任及朝廷委寄、显著劳能，并转中等使额三项更不行用。余依前后条贯。"从之。2—3，p3850

乾道六年八月六日，诏："阁门官属旧有定制，今欲稍清其选，因以择材。除宣赞舍人、阁门祗候依旧通掌赞引之职外，可置阁门舍人十员，专掌觉察等事。并先召赴中书省，试时务策一道，限八百字以上。并试步射七斗弓四箭，就学引试。如应格，则（收）〔取〕旨除授，立为定式。其所分职务，别令阁门件析以闻。"8，p3853

【绍熙】四年六月八日，阁门宣赞舍人、干办皇城司郑挺言："阁门供职已逾十年，干办皇城司系再任，照得昨降指挥，阁门宣赞舍人供职及十年人与州钤辖差遣，皇城司干办官曾经任满人与升擢。欲照元降指挥，改差两浙东路兵马钤辖，衢州驻扎，依王瑛等例，依旧阁门供职，到日之任。"从之。9，p3853

【淳熙】二年三月十 日，中书门下省言："淳熙元年十一月二十日，敕令所编类落阁职转官申明指挥，谓带阁职阁门见供职人得旨除落，方合转官。其不系见供职人，如祗候转武翼郎，宣赞舍人转武翼大夫，依条自合除落，难以一概推恩。"诏自今依此施行。10，p3854

嘉泰元年十二月二十六日，诏："今后召试阁门舍人，必择右科前名之士，及照已降指挥，履历考任应格，方许与郡。"先是，淳熙四年三月，诏阁门舍人依秘书丞例，理亲民资序后，供职实历二年，乞补外，与知州差遣。至是，臣僚缴奏，阁门舍人戴炬、潘柽不顾格法，侥求郡寄，复有是命。10，p3854

【嘉泰】三年二月二十一日，诏："见任阁门官供职及一年，许奏本宗期亲阁职一名，特与不作员阙，额外供职，经任人方许赴上。曾任知阁

门事及一年，未曾陈乞者，亦许奏一名，令阁外待阙，候有阙，经任人依名次拨填供职。"10—11，p3854

宋会要辑稿·职官三四·带御器械

孝宗乾道六年九月十四日，中书门下省勘会："已降指挥，带御器械立班在枢密院检详诸房文字之下，其杂压叙位亦合一体。"诏前降带御器械官在横行本等官之上、余官在横行之下指挥更不施行。12，p3856

【淳熙】三年二月二十四日，诏："诸带御器械正除授军中差遣或外任者，并不许衔内带行。"先是，二年闰九月十六日，诏敕令所增修此法，至是上之，故有是诏。13，p3856

宋会要辑稿·职官三四·内殿崇班

太宗淳化二年正月，诏置内殿崇班，在供奉官之上；左、右侍禁，在殿直之上。先是，供奉官、殿直有四十年不迁者，故特置崇班、侍禁之目，差定其俸给，以次授焉，人用胥悦。14，p3856—3857

宋会要辑稿·职官三四·皇城司

真宗咸平三年八月，诏定臣僚趋朝下马之处，令皇城司告（论）〔谕〕：凡宰臣、亲王、节度使至刺史，文武升朝官，殿前诸班，马步军、厢军主、都虞候，诸司使至崇班，供奉官至殿直，枢密承旨、副承旨，医官待诏，于皇城门内下马。若由左掖门入，向北，于左长庆门外下马；宰臣、参知政事、亲王、枢密、宣徽并于左银台门外下马。若由右掖门入，向东，于中书门东下马，向北，于右长庆门外下马；宰臣、参知政事、亲王、枢密、宣徽并于右银台门外下马。若由东华门入，向西，于左承天门外下马。若入崇政殿起居，向北，寻城墙，于谠门外下马；宰臣、参知政事、亲王、枢密、宣徽于横门下马。指挥使以下至员僚、奉职、借职、幕职、州县官等，并于皇城门外下马。17，p3858

景德二年十一月，诏皇城司："今后差上番亲从、亲事官，于未开内门前，于门外编栏合入殿庭之人，先门道内守门，以次趋朝官排马，即于后排立，依次入门。若不系殿庭排立祗应人，须趋朝前入绝，方得放入。所有从内者，亦差补宿亲从官约栏于门里空处，候入门人静，方得放出，

即不得拥并占先奔走。" 17，p3859

【景德】三年九月，皇城司言："乞今后应中书、枢密院、三司、开封府及诸臣僚引从祗应公人，依崇政殿门例放入长春门；准备祗应人即止外贮廊西，如有公事，逐旋勾唤。余并不放入长春门。及东角门两处，取便出入。"诏："宰臣等各许带从人入长春门，内宰臣、亲王、枢密使五人，知枢密院事、参知政事、同知及签书、枢密副使、宣徽使三人，三司使、开封府二（年）〔人〕外，余依所请。仍令皇城司常切点检。"后以翰林学士晁迥乞，许各带一人入长春殿门，仍并罢三司使、开封府、御史中丞长春门里引接之人。18—19，p3859

【景德四年】九月，同管勾客省、阁门公事王克明等言："自来双日紫宸殿门外见谢辞文武臣僚，放班之次，诸色人于殿门外及廊上往来交杂。欲乞令皇城司差人于殿门外东西排立，不令放入不系见谢辞臣僚及诸色人过往。如有违犯，臣僚即许阁门弹奏，诸色人送开封府劾问。仍下阁门、御史台、三班院、入内侍省、皇城司告示。"从之。19，p3859

【大中祥符】五年正月，诏："皇城司亲从、亲事官十将已下，依旧五人为保，递相觉察，不得饮酒、赌博。其指挥使、都头亦须递相觉察钤辖，画时（中）〔申〕举。仍令指挥使已下置历，轮掌一月，具有无作过之人，抄上印历，书押于后，却称饮酒至醉、赌博受财、故作非违，令内职觉察。如不申报盖庇，致人陈告，察探得知连科违制之罪者，第迁一资。"20，p3860

【大中祥符五年】十二月，诏："皇城内盗百钱以上，法皆杖配。顷来有诸道纳纲之人怀钱山入，　为发觉，即无以免。其令皇城司晓谕应出入役人，使知条约。"20，p3860

天圣元年十二月，诏："皇城司亲从、亲事官，有饮博、逃亡及别为过恶合该移配六军并京畿县镇下军者，自今并相度情理，配外州军本城或边远牢城。仍下三司、开封府，应有亲从、亲事官作过、例该移配者，并决讫奏裁。"21，p3860

庆历六年四月二十九日，诏皇城司晓示："自来使臣、军员等因朝见谢辞，多于殿庭唐突。今后如合该条例酬奖，仰于所辖投状，如别有抑塞，即于理检院陈诉。更便辄于殿庭唐突，令行门止约。如违，当行劾问，并以违制私罪论。"22，p3861

皇祐元年三月十七日，诏："皇城司在禁中，外城墙正不点检，至生

青草。轮差勾当皇城司使臣躬亲将带里外巡城人员、兵士划削，并管常令洁净。"23，p3862

【皇祐元年】十一月十一日，皇城司言："相度到皇城东两壁有诸位次，内小屋子搭靠城墙，并檐楹俯逼皇城，计三十七处，屋后别无巡道，致外仗亲从官无由巡觑。乞令东西八作司监官部押人匠，并令拆去小屋子并檐楹附近皇城去处，并留出充巡道，更不得开置通后门子。并宣德门外两颊朵楼下，有仪鸾司木场子二处，排垛木植甚多，况接近内城下更不便，亦乞令仪鸾司迁置别处。"诏："逐位次元有后门处依旧存留，只于逐位两道置角门子，通作巡道。如官员不在位次，即闭后门，却开角门子，令亲事官通（遇）〔过〕，往来巡觑。余依从之。"23—24，p3862

【皇祐二年】二月，御史台、阁门同定臣僚合带从人出入禁城数目，除入宫城门至殿门准旧制外，各于着令节减，及（宗）〔定〕下马去处，其余即令门外祗候。所有中书、枢密院及台省诸司吏人，各有职局。在内祗应者，于合入门户别置名籍，点检出入。在外诸司祗应公人若厅子之类，并许带入皇城。若系主判官并上殿臣僚，合带引接人并将带文字合要手分、书表司等，亦仍旧例，即不过二人。其应差在臣僚下当直人，诸军指挥差到兵士，限半年一替。如过限不令交替，乞行严断。因而在皇城内作过，本官以违制论，条重者自从重。若散从亲事官、街司从人，以诸司人等缘常阙人替换，且依旧例。其合将带入皇城门从人姓名，并仰本处关报皇城司照会。若在京不勾当事文武臣僚，即委本官具合将带人力姓名关报门司，置籍抄上，（尝）〔常〕切检察。其从人遇有替换，亦仰接续关报。若额外将带人入，仰门司收领送官，其从人严断外，本官亦行朝典。如敢多将人数出入，或逼门司，不容检点，许御史台、阁门弹奏，重行贬责。其皇城内诸司库务人等，亦委本司勘合逐番祗应诣实人数、姓名，关报出入门户，各别点检，不得与合破当直人衮同将出入。今定到令出节数并将带随从人数。诏皇城司并依所定施行。中书、枢密院、执政官二十人，宣徽使十八人，御史中丞十四人，知杂御史十人，左右金吾八人。其出节元不开元坐，今定比旧减半，仆射以下四节，提印单行及执仗节级不在数中。余皆准此。今定入皇城门两节外，从人十六人。尚书以上及观文殿学士、资政殿大学士、节度使三节，今定入皇城门两节外，从人十六人。翰林学士以下至龙图阁直学士及丞郎以上、节度观察留后两节，今定入皇城门一节外，从人十四人。给事中、谏议、舍人、它官知制诰同。大卿监、待制、观察使、内客省使、延福宫使、景福殿使、客省使、诸军卫大将军、引进使、防御团练使各一节，今定〔入〕皇城门依旧一节，即不过五步，从人十二人。三司使、权知开封府四节，今定入皇城门一节外，从人十人。诸司四品官及宣庆使、四方馆使、诸州刺史、枢密都承旨、宣政使、阁门使、昭宣使，旧制许两人呵引，今定入皇城门去呵引外，破从人十人。枢密承旨、副承旨、枢密院都承旨、诸卫将军、起居舍人、侍御史、诸部郎中、皇城以下诸司使，旧许两人呵引，今定入皇城门去呵引外，破从人八人。枢密院副承旨、诸房副承旨、殿中侍御史、左右司谏、诸部员外郎、客省引进阁门副使、左右正言、监察御史、见任三司判官、主判官、开封府推判官，旧制许两人呵引，今定入皇城门去呵引外，破从人八人。太常博士以下升朝官及带馆职京官，许带从人四人。不带职京官，许带三人。诸司副使以下至内殿崇班及阁门祇候、枢密院兵房吏房礼房副承旨，各许带从人四人；如在内庭勾当，许带六人。入内内侍省供奉殿头，许带从人三人；如在内庭勾当，许带六人。三班使臣班直以上，内臣黄门以上，许带从人二人；如在内庭勾当，许带四人。皇亲、诸卫将军以上，出节及带从人自依本官外，其率府率以上（下），各许带从人六人。伎术官合骑马入皇城门者，许带从人二人。24—26，p3862—3863

嘉祐五年十二月，诏入内内侍省、皇城司详定《今后夜开宫殿、皇城门关防条贯》。省、司同奏："京城内夜间遗火稍大，及非次汴河水涨，差使臣传宣及抚防河兵士，并降放旧城门钥匙。今（从）〔后〕更不降在内门户钥匙开门，止令入内内侍省每司差入内供奉官至高班二人，于申时后赴东华门外仗止宿祇候，隔门承受文字；其旧城门钥匙，亦令封转与差下使臣降放。非次宣唤医官并事干急速，须合开门、留门者，乞差内宿使臣传宣入内内侍省，令隔手差使臣于垂拱殿窗子下传宣，内侍省并钥匙库令本处使臣覆奏讫，差当宿使臣降放。并内中差入内使臣付与御宝札子，赍赴门首监觑，仍委监门验认，使讫却须进纳。仍并差年长历事使臣及皇城司差在内巡检或地分人员等，与所差下使臣同视开闭。其内东门钥匙，亦乞差委当宿勾当内东门司使臣奏请，躬亲降付内东门，与勾当本门官员同开闭，辨认出入人等，候锁门毕复进纳。当宿翰林学士有事故不宿者，值晚锁院并逐次留门，或降钥匙开门放使宣唤。今后如当直学士有故不宿，乞令本院画时告报，以次学士宿直，免致开留门户。每宣试官赴阁门授敕，值晚即降钥匙开门及留门放入，赴阁门授敕讫，勾当御药院使臣押赴试院。兼计会阁门，称自来差发降南省知举、考试官等，系御药院密差人宣到阁门，伺候齐足，方将实封于众试官当面拆封给赐，与当直阁门祗候同押赴逐处锁宿。如值晚宣未齐足，御药与阁门祗候于东华门及左右掖门外齐候，给锁讫押赴逐处，乞更不开留在内门户。皇亲、诸宫宅院并充国公主宅内，有自来合得下随身榜子入内，如遇午后，令所司更不收接。每年遇上元节及遇郊禋大礼、宴会并御试举人，合开留在内门户，依自来体例施行。"并从之。时（衮）〔兖〕国公主夜开皇城门入内，故有是诏。26—28，p3863—3864

英宗治平元年三月，皇城司言："蒙降下谏官吕诲奏：'乞今后应宫门并须遵守着令，检察合入之人，及官员将带从者，定以数目。遇百官入朝，人吏等不得争行，严为禁止。如有栏入之人，勘鞫分明，应经历门户及所管司分并一等科罪。所（责）〔贵〕人不懈慢，门禁稍肃。'令本司一依条约施行。本司举行旧例，缘出入之人多不禀畏，每至趁朝宴设排当，祗应众人多，例皆争先拥闹，不成次第。既当整肃人员以下编栏约闹。因致过误，往往送开封府断决。乞自今后诸门约闹人等，如因约栏之次小有误犯，乞送本司酌情断遣，所贵敢行止约。"从之。28，p3864

【治平】二年七月，皇城司言："先准康定元年七月二十二日诏旨，以在内守诸门兵级等不切（子）〔仔〕细点检出入之人，因缘抵罪，遂降旨下本司，令自今后常须严切钤辖出入之人。缘今在内合出入门户臣僚、合将带公人数目、合到甚处，并未有明立条约指挥，致本司无凭按验。况近帝所亲严之地，出入之门动关防不细，乞下御史、阁门参详前后条约，重定夺件析以闻。"于是御史台、阁门并上言："具到除自来元合破引接人外，自三公、三师下至伎术官，除合祗应者，画定从人数目并引接人等。然只得将带入宫城门，其至殿门祗应人并主判臣僚自来合带将文字手分一两人得入殿门，并依旧制。"并依所定施行。凡祗应从人，三师、三公、东宫三师、仆射，以上各五人；东宫少师、少傅、少保、州府牧、御史大夫、六尚书、左右金吾街仗、左右卫上将军、门下中书侍郎、节度使、观文殿学士、资政殿大学士、三司使、翰林学士承旨、翰林学士、资政殿学士、端明殿学士、翰林侍读侍讲学士、龙图阁学士、枢密直学士、龙图阁直学士、散骑常侍、六统军、诸卫上将军、太子宾客、太常宗正卿、御史中丞、左右丞、诸行侍郎、节度观察留后、给事中、谏议大夫、中书舍人、知制诰、龙图天章阁待制、观察使、秘书监、内客省使，以上各四人；大卿监、祭酒、延福宫使、景福殿使、客省使、开封河南应天尹、太子詹事、诸王傅、司天监、左右金吾卫以下诸军卫大将军、左右庶子、引进使、防御使、团练使、三司三部副使、少卿监、宣庆使、四方馆使、司业、少尹、太子少詹事、谕德、家令、率更令仆、诸州刺史、诸王府长史、司马、司天少监、枢密都承旨、承旨、副都承旨、宣政使、閤门昭宣使、诸卫将军、起居郎、舍人、知杂御史，以上各三人；侍御史、郎中、皇城以下诸司使、枢密院副承旨、诸房副承旨、殿中侍御史、左右司谏、员外郎、客省引进閤门副使、正言、监察御史，以上各二人；太常博士、诸司副使、次府少尹、大都督司马、通事舍人、国子五经博士、都水使者、开封祥符河南洛阳宋城县令、太常宗正秘书丞、著作郎、殿中丞、内殿（丞）〔承〕制、殿中省六尚奉御、大理正、中（充）〔允〕、赞善、崇班、中舍、洗马、枢密院兵房吏房礼房副承旨、率府率副率、诸卫中郎将、司天五官正、閤门祗候系祗应者及内侍黄门以上、寄班祗候系殿祗应库务者、京官带馆职，以上各一人。内伎术官如遇宣唤入内祗应同。28—30，p3864—3865

神宗治平四年五月十七日，未改元。皇城司言："亲事官见阙人多，少有投名，盖久例有酒气并吃酒不醉，配外州军本城。欲乞今后如此罪犯，并降移别指挥亲从、亲事官，仍三年内不与优轻差遣。"从之。30，p3865

熙宁元年三月，皇城司言："在内诸司地分并诸司库务等处，至晚各着铺分，即无（玄）〔互〕相关防条约，致有寅夜作过之人。乞应系内宿人至锁门后各着铺分，如的有勾当，须告同铺或同房止宿人，同报本辖人员职掌等，称所欲往，仍与同覆人同行。所有内宿（从亲）〔亲从〕官直到地分报覆，天明后方得各处止宿去处，犯者并科违制之罪。如地分巡更不切觉察，致令地分收领，其同铺及经历巡宿人并行严断。如有一两人守宿处，即报本地分巡宿人同共往来。"并从之。30，p3865

【熙宁元年】四月二十四日，皇城司言："今后在内诸门地分透漏合行收理人数，欲乞依条从本司一面断遣。（加）〔如〕情理重者，即开封勘断。"从之。30，p3865

【熙宁元年】五月十八日，诏开封府："今后皇城司亲从、亲事人员已下真犯罪，勘见情理系杖罪已下，合牒皇城司一面断遣。"30，p3865

哲宗元祐元年十一月六日，诏："勾当皇城司三年无过犯者，与转一资。皇城使及遥郡刺史以上与子，有官者转一资，无子者许回授有服亲，减二年磨勘。再任满者减二年磨勘，皇城使及遥郡刺史以上许回授与子；如无子，与有服亲，仍减一年。见任再任官准此。"31—32，p3866

元符元年，诏："应宫城出入请纳官物、呈禀公事、传送文书并御厨、翰林仪鸾司非次祗应，听于便门出入，即不由所定门者，论如阑入律。应差办人物入内及内诸司差人往他所应奉，并前一日具名数与经历诸门报皇城司。"32，p3866

徽宗崇宁五年二月十五日，知入内内侍省事阎安奏："见勾当皇城司，招子弟刺填亲从、亲事官（关）〔阙〕额。自祖宗以来，止是招刺在京军班子弟。后来准朝旨，许招在京诸班直军民换受前班，并品官之家子弟，及在京禁军减充剩员子弟亲属。窃缘百姓子弟非土著人，其所从来不能尽知，杂行会问，亦虑不实，恐奸恶之人窜名其间。乞自今不许招收百姓。"从之。32，p3866

政和五年十一月十日，诏："皇城司亲从每遇大礼及行幸出郊，并在内诸门地分令阙人守把，止差亲事官充代窠役。可创置亲从第五指挥，以七百人为额，仍以五尺九寸一分六厘为等。候来年八月等拣招填数足，其将校、十节级、曹司、营门子等，并应合行事件，并比亲从第四指挥及见行条贯施行。"32，p3866

【政和】六年三月三日，皇城司奏："臣僚将带人从，依格各有定数。其辄带外借人力，除宗室已立法外，在内供职臣僚亦合一体禁止。今后应臣僚辄带借请或雇雇人力入宫门，罪赏并依宗室法，将带过数，止坐本官。若兼领外局，所破人从非随本官（辙）〔辄〕入者，自依栏入法。"从之。32—33，p3866

【政和】七年正月十八日，诏："皇城司创置五指挥，并班直及亲事增添入额，招刺二千五百余人，应副宿卫、守门等差役。备见官吏用心，可依下（顷）〔项〕推恩：内人吏减年，候出职日收使，愿换支赐者，特许将一年比换。提举官嘉王楷降诏奖谕。勾当官二员，各转一官，内中亮大夫已上回授，未至中亮大夫与转行。承受二员，各减二年磨勘。勾押官等共二十七人，各减三年磨勘；到司未及一年，减二年磨勘。"33，p3866—3867

钦宗靖康元年三月十九日，内降札子："应入皇城门之人，依法服本色，近来多有辄衣便服及不裹头帽入出。今后如有违犯之人，许守门等地

分合干人收领，送所属科杖一百罪。诸官司每季具知委闻奏，仍报皇城司检察。"诏依，每名立赏钱五十贯。33，p3867

高宗建炎二年四月九日，诏："皇城司亲事官等，日前应逃亡之人，或辄投他处及影占私役，许指挥到日，限一年所在州县出首，特与免罪，不理过名支破请给，押送皇城司，依旧职名收管。限内不首，依先降依军法从事。容蔽及影占私役官员，亦科违制之罪，人吏决配二千里。"33—34，p3867

【建炎】四年五月二十八日，诏："御前中军差赴禁卫所充亲兵祗应，共三百四十八人，并特令改刺充皇城司亲从五指挥收管。如内有不及等三路人，亦令改刺。"34，p3867

【绍兴元年】五月六日，提举皇城司言："乞将皇城周回山坡并皇城脚下系属皇城界至，分明置牌标识，设置笋椿青索，令中军禁止，不得牧放羊马并令人过椿索。"诏犯人从杖一百科罪，羊马过椿索，牧放人依此。34，p3867

【绍兴二年】正月二十五日，皇城司言："本司掌给行在应奉人等及臣僚下从人敕入皇城、宫、殿门三色牌子，照验入出，近缘绍兴府遗火，烧毁去失。今来所造敕号，欲乞使本司二印，仍角印上用'绍兴壬子新号'六字小印子（办）〔辨〕验。如日后印文字号暗淡，许赍执保明，移文赴司纳换。敕入禁卫，黄绫八角号三千道；敕入殿门，黄绢方号一千道；敕入宫门，黄绢圆号八千道；敕入皇城门，黄绢长号三千道。"并从之。34，p3867

【绍兴二年】五月二十二日，皇城司言："乞依自来条例，诸寨坐局所等处应差占亲事官已转至副都头以上之人，除御前祗应并海巡依旧差占人员外，余并行拘拦赴司，应副差使，其阙依优重别行差填，免致在外虚破人员请给。如诸处执占，不即发遣，亦乞立法科罪。"诏并依，如辄敢占留，以违制论。34—35，p3867

【绍兴二年】十二月十二日，诏："行宫皇城周回各径直空留三丈、皇城门外各空留五丈外，许见存人居住，并须防谨火禁。如有违漏之家，依开封府皇城法断罪。"35，p3867

【绍兴三年】十一月二十一日，诏："皇城司系专一掌管禁庭出入，祖宗法不隶台察，已降指挥更不施行。自今后臣僚不得乱有陈请，更改祖宗法度。如违，重行黜责。"先是殿中侍御史常同乞皇城司隶台察，已从

其请，至是遂不行。35，p3868

【绍兴五年】十月十九日，皇城司言："今省记下条《开封府重定在京编敕》：一、皇城内不系存留灯火之处，辄存留者徒二年，因而遗漏者当行处斩。本处当番监官、干系专副、巡防人员、兵级并同房宿人知而不禁，及至遗漏者，与同罪，不知者各减三等。即虽下番，知而不禁者，亦减当番罪一等，不知者不坐。虽非地分，皆听纠举，知而不纠者亦行严断。其本处当番监官、干系专副、巡防人员、兵级并同房宿人显然违慢，不切防戒，致遗漏者，虽不知存畏因依，亦与犯人同罪。以上并不分首从。二、皇城内应系合留灯火之处，并须严切防戒，或有遗漏，本犯当行处斩。其本处监官、干系专副、巡防人员、兵级并同房宿人显然违慢，不切防戒，致遗漏者，虽不知存畏因依，亦与犯人同罪。以上并不分首从。三、皇城内应系合留灯火之处，并须严切防戒，或有遗漏，本犯当行处斩。其本处监官、干系专副、巡防人员、兵级上番者，亦当极断；内有显然违慢，不切防戒，致遗漏者，与犯人同罪。以上并不分首从。"从之。35—36，p3868

【绍兴】九年正月五日，（照）〔诏〕："应亲从亲事官、宿卫亲兵逃走，为有专一断罪、不许收留条法，致不敢出首者，限百日首身免罪，依旧收管。限满不首，复罪如初。"36，p3868

【绍兴】十八年二月十六日，诏："今后如有将带敕号逃亡之人，不曾施用，见在而首身者，与于本罪上减一等断罪。余依见行条法。"36，p3868

【绍兴】二十年六月十三日，诏："御前支降钱一十五万贯，令两浙运司限一季修盖皇城司寨屋三千间，务要如法，不得科敷搔扰。"36，p3868

【绍兴】三十一年八月四日，诏："大礼及日常给黄色、绯色敕号，许（人）〔入〕禁卫、皇城诸门，应官司辄以黄、绯色为号者，罪赏依伪造大礼敕号法施行。"36，p3868

乾道七年四月一日，皇城司言："先降指挥，诸官司诸色人入出皇城门，依法合服本色、（裹）〔裹〕头帽入出。如违，杖一百，赏钱五十贯。近有诸官司吏人辄衣紫生纱衫，并手执彩画扇子等入出。欲行下诸门地分，今后如有犯人，牒送所属断罪追赏。"从之。37，p3869

【淳熙】三年七月十五日，皇城司言："将来大礼，预行互等亲从、亲事官近上指挥敷填阙额，乞将亲事官第四、第五指挥等中亲从指挥人，不候保引，子弟并令先次过营应副差使，候保引了日，依法拣选。崇政殿及应亲事官，取年二十五岁以下插一指板、二十岁以下插两指板等亲从指挥。如有避等拣逃亡之人，候出首日，欲依绍兴二十八年九月已降指挥，依旧令等拣合入军分。"从之。38，p3869

绍熙五年三月一日，诏："皇城司守阙入内院子见阙长行一百二十八人，令殿前、马步军司，可依淳熙十二年例，于马军司见管不入队、年五十岁以上至六十岁，十将以下至长行取拣一次。内有职名人，比换皇城司职名安排。"39，p3870

庆元（四）〔二〕年八月二十七日，皇城司言："刑部措置，今后敕号以《千字文》为号，将敕号簿各书凿字号，仍各缝印，计定数目，呈长官签押，不得指留多印。本司契勘递年印造敕号并给散收换拘籍数目，及关防辨验检察，并禁止借赁及伪造，自有立定条格指挥，约束罪（罪）赏，非不严备。缘有不畏公法之人，将请到敕号借赁与人，缘此有伪造之弊，亦系本司缉获，并已断罪了当。刑部申请前项措置，今来将欲制造来年丁巳敕号，缘其间委有未便事件，合将前项措置事理，逐一参照本司见行格法体例，重条具到下项：一、照得每岁给换禁卫、殿门、宫门、皇城门四色敕号，岁计约用三万余道，各有文簿，分内外官司立定门目，依格法拘籍合破敕号数目。遇有纳换，据凭诸百官司并百官厅分应合破号去处申到寨役、姓名，缴纳旧号，保明换请新号。本司专副合干人先次辩验旧号印文，对簿批凿交收，然后照合破数目、元请人姓名，委无差错重叠，先行书勘职级并点检文字，次又签押官当官毁抹旧号，开匣支给新号。如有额外创支，虽有承降指挥，本司又行奏审讫，方始支给，委是关防严紧。今若以《千字文》为号，又用合缝印，窃缘所造敕号已有立定大小样制，依例先用墨印'敕入某处'大字，又于大字之下，印'庆元某岁'新号，大小字作两行，于上又用本司二红印。且以今年丙辰宫门论之，其号长四寸八分，阔三寸四分，中门上下二印。其印文每一印目方一寸八分，两壁止有八分空处，仅可题写某处官司并带号人姓名。不唯《千字文》号难以拘籍三万余道敕号，若更用合缝印，委是印文重叠，其守把合干人转难辩验检察，委有未便。今乞从本司旧例印造施行。一、契勘本司所造四色敕号，以方、圆、长、八角方胜为样制，每岁递互更易，三年周而复始，并皆预明具奏进呈讫，申中书门下省奏审，（扎）〔札〕付本司制造施行。其所造敕号共三万余道，一月之间方可了办。（共）〔其〕三万余道，至岁首纳换仅二万道，将纳换讫数目奏闻外，其余数目当官用匣收盛封押，起置赤历桩管见在，充日常诸百官司及百司厅分等迁转、改差、替移等人前来支请。专副、库子等抄转赤历，勘同职级点检结押，委是关防严切。今若不得指留多印，必致临期旋行印造，窃恐难以关防，转生奸弊。及点得每岁纳换新号，本司先印号样，出榜于在内诸门晓示分明。逐门辨验入出，不得空名缀带，如有违犯，自有约束。兼有立定旧制，岁首止限五日换讫，五日之外，并要各带新号入出，易于检察。缘有拘定日限，其内外诸百官司等处每日拥并前来换请，官吏专库合干人等尽日收换，连夜攒类。今若从本司填写，非但有妨限日纳换，又虑因而差误不便。今乞从本司旧例施行。二、照得本司拘收旧号，当官点数勾销毁抹外，有岁首换纳。近年将收到旧号并依次逐一点数目，委无漏落，具诣实文状申司，然后差通管巡视，管押人员同合干人等赴亲从寨教场内再行覆点见数，监视烧毁。今遵从前项措置，候岁首纳换见数烧毁。内有不到旧号，即牒会元请去处根究施行。三、照得今承措置，应合带敕号出入宫禁人，仰缀带在胸前衫上，不得系带在腰间，庶几守卫易于检察。如有违戾，并从违制科罪。见行备坐出榜晓示，并行下逐门守把人常切遵守、辨验觉察施行外，缘本司（作）〔昨〕准《绍兴二十七年八月十一日圣旨指挥》：‘近来入出皇城门，应诸色人将合带敕号并不分明缀带，多用衣服盖藏，折叠在怀，虑生诈冒。仰皇城司常切禁止，如有违犯之人，具奏取旨施行。’见行每季检举。今欲将上项措置，仰缀带在胸前衫上，并立到断罪指挥，从本司一就每季检举施行。四、契勘（非）〔自〕来应合破敕号去处，内有冒利违法之人，将请到本身敕号借赁与人，致有伪造。今措置，遇有请号之人，于请领状内并仰分明声说，委得给付正身，缀带在胸前衫上，照验入出，即无重叠伪冒，不敢移见借带并衣服盖藏、从便折叠。内人从宫门号，委的给付系正身缀带，等事。如违，甘伏条制断罪追赏施行。欲乞令应请换敕号官司，遵从上件状式书写，前来关请。官司公文支请，亦仰依上件事理分明声说保明，前来支给，庶可关防借赁之弊。”并从之。39—42，p3870—3871

宋会要辑稿·职官三五·四方馆

　　庆历六年九月十七日，史馆言：“每外夷人入见，其（管）〔馆〕伴所申送国邑风俗形貌图轴外，其夏国曩霄人使每入朝贡，未见引伴官司供到文字。欲乞下四方馆牒报引伴夏国官员，依外夷入见，令询问国邑风俗、道途远近，及写衣冠形貌两本，一以进呈，一送史馆。"从之。2，p3874

元丰五年九月二十一日，诏："客省、引进、四方馆各置使二员，东、西上阁门共置使六员。客省、引进、阁门共置副使八员。阁门置通事舍人十员。内阁门副使以上，并依诸司使、副条例磨勘，阁门使以上遇有阙，改官及五期者，枢密院检举。如历阁门职事后犯赃及私罪杖以上事理重者，遇迁日并除他官。阁门、四方馆使及七年无私罪，未有阙迁者，与加遥郡。其特旨与正任者，引进使四年迁团练使，客省使四年迁防御使。"5，p3875

【大观】三年五月十八日，诏："今后客省、四方馆应陈乞恩泽等，并依大观三年四月二十日圣旨。阁门提点、承受等有陈乞祗应年劳转官差遣，并仰经由阁门陈乞，保明申奏朝廷推恩。如敢隔越，以违制论，所乞仍不行。"5，p3875

政和二年十一月十六日，诏："客省、引进、四方馆、东西上阁门，除今来立定外，如有该载未尽，仰尚书省将自来所掌职务厘正，条具隶事格法，进呈取旨行下。"横行职任差官员数：知客省二员，知引进事二员，知四方馆事二员，知东上阁门事六员，知西上阁门事二员。右一十四员。不以文武内外官充。客省掌信使到阙仪范，伴赐酒食，并臣僚等节仪、节料、生饩之事。四方馆掌致仕官、耆寿、僧道主首、蕃国贡首立班，并节旦外任臣僚进庆贺、起居表章之事。引进掌臣僚、蕃国等应干进奉及礼物之事，仍以司称。东上阁门掌朝会、宴集、视朝、前后殿起居、臣僚见谢辞班、仪范赞引、恩礼锡赐、承旨宣答、纠弹失仪、行幸前导、信使到阙授书、庆贺捧表、宣麻引案，应干吉礼等事。西上阁门掌忌辰奉慰、临奠、问疾，应干凶礼之事。今拟下项：今来分隶所掌职务外，其旧来合行条贯即无冲改，自合依旧施行。一、客省掌信使到阙仪范，伴赐酒食，并臣僚等节仪、节料、生饩之事。信使，大辽使到阙仪范：大辽使到阙，(管)〔馆〕伴奉使等相遇许相揖。节仪、节料：立春、春秋社、寒食、端午、初伏、重阳，宰臣、亲王以下至观察使，签赐节仪；正旦、寒食、冬至，宰臣、亲王以下至诸司使带遥郡，签赐节料；立春、春秋社、寒食、端午、初伏、重阳，签赐诸蕃国节仪；正旦、寒食、冬至，签赐节料；检举生日：宰臣、亲王、皇子、宗室及不系宗室开府仪同三司。职务：开府仪同三司、节度使朝辞、到阙，京城外赐御筵，贴座次，关所属排办。大辽使见前五日，关吏部等处；大辽使见、辞，预关殿中省等处；大辽使朝见讫，给歇泊假三日，关馆伴所；大辽使常朝赴起居前一日，关馆伴所。大辽使到（关）〔阙〕，差承受引揖；大辽使见、辞、上寿、赴宴，传事入殿引揖，祗应赐酒食。开府仪同三司至观察使到阙，签赐、伴赐臣僚酒食。道僧见、辞赐斋食茶果。大辽、高丽、交州副使朝见，签赐。大辽、高丽、夏国诸蕃国、溪洞蛮人入内。车驾行幸，高丽诸蕃国如有对御从驾。车驾行幸，西南蕃宣德门起居。集英、紫宸殿宴高丽、诸蕃国人从。夏国、高丽进奉副使见、辞伴赐，差阁门祗候。诸蕃国进奉人见、辞伴赐，前一日差舍人。大辽使常朝日起居，伴赐酒食。教坊使以下谢衣赐、茶酒，前一日关所属。生饩：正任防御、团练使、刺史到阙，大辽使到阙朝见，三节人从。二、四方馆掌致仕官、耆寿、僧道主首、蕃国贡首立班，进奉人到阙仪范，并节旦外任臣僚进庆贺、起居表章之事。立班：大礼，致仕官宣德郎至承务郎，道僧官主首以下，诸蕃国进奉副使等立班；御大庆殿，致仕官、未升朝官、诸道进（奏）〔奉〕官、诸蕃国诸州贡首立班。蕃夷朝贡，朔日视朝，正旦、冬至节拜表，引揖进奉副使等入殿。表章：节旦外任臣僚进庆贺、起居表章。蕃国进奉人到阙仪范：夏国、高丽诸蕃国，后殿再引；外国进奉人谢酒食，诸蕃夷朝集宴进宴会处，与别国须相避者并回去；车驾行幸，蕃夷进奉使以下赴宣德门外迎驾起居。职务：应正冬御殿，本馆预先牒礼宾院等处取索人数。诸蕃夷朝贡，关馆押伴所询问风俗国邑等。上元节驾幸宣德门观灯，入内省使臣关到合赴露台外国进奉人数。诸蕃国进奉人见、辞，御龙直同引入殿。于阗、高丽、诸蕃国进奉人见、辞、上寿、赴宴、译语等，入殿引揖祗应。夏国、高丽诸蕃国到阙，差引揖人。三、引进司掌臣僚、诸蕃国等应干进奉及礼物之事。臣僚进奉马及金银器并表；驾幸金明池水殿，普安院进蒸糊；车驾行幸诸园苑射弓，臣僚进奉；夏国、诸蕃国、溪洞蛮人进奉。夏国、高丽及诸蕃蛮进奉表匣、道僧进香合，送尚书礼部。应臣僚投进章表奏状。四、东上阁门掌朝会、宴集、视朝、前后殿起居、臣僚见谢辞班、仪范赞引、恩礼锡赐、承旨宣答、纠弹失仪、行幸前导、信使到阙授书、庆贺拜表、宣麻引案，应干吉礼等事。朝会：朝贺、上寿。视朝起居、前后殿起居：崇政殿再坐视事，延和殿同。假日特旨后殿引上殿臣僚。视朝退殿坐与不坐，取旨；前殿坐日公与一两件，人数不多，取旨坐与不坐；崇政殿引杂公事，遇臣僚奏事退日高，取旨再引。恩礼锡赐：特旨改赐章服，大臣特恩异物，赐臣僚告敕，臣僚等见、谢、辞，抬赐衣带等分物，诸蕃国进奉见、辞赐例物，差承受点检。承旨宣答：称贺宣答赐，学士院请降御札答。宣麻：赦书、德音。仪范赞引：天宁节上寿、大礼宿食致斋、行礼肆赦、车驾朝拜、行幸后苑赏花、上元节宣德门观灯、庆贺拜表、臣僚上殿。大辽使见，值雨雪沾服，仪仗并退，禁卫班直等上廊。诸蕃国进奉人见、辞宣班。蕃国进奉人在阙，值集英、紫宸殿宴，副使、首领并与坐。大辽使见、辞前一日，差舍人提点，并承受就驿习仪。大辽使见、辞、上寿、赴宴，差习仪劝酒舍人等。大辽使赴宴，人从上、中节为一行，下节为一行坐。高丽、交州进奉副使遇朔、望、四参日，诸蕃副使、首领遇朔、望日，赴前殿起居。诣景灵宫朝献日值雨雪，差官分献，差舍人引揖。宰臣、执政官景灵宫恭谢，差舍人引揖。集英殿宴、紫宸殿宴、垂拱殿曲宴，大辅臣僚等见、谢、辞班次。宰臣以下谢衣等，后殿班直谢时服，元日寒食冬至节假、开参假，臣僚给假、参假，臣僚等授制告免等。大辽国、夏国、高丽诸蕃国见、谢、辞、起居班入次序，大辽及诸蕃国见、辞，传事、译语人并免引门见谢。车驾行幸，差承受贴定臣（辽）〔僚〕等幕次。朔日不值假，文德殿视朝，开鸿胪寺礼宾院。将相迁拜，合迎授或见辞劳饯，奏闻得旨，申礼部。纠弹失仪。贡士释褐，臣僚因见迁授，申中书省。转官等批历，观察使以上及驸马等服阕申所属。贺祥瑞、胜捷，俟有定日。如诸蕃在阙，本处照会臣僚朝谢并起发日限，诸处进呈（衣）〔表〕样。后殿坐值雨雪，御马上殿门外摆立。诸蕃国进奉人见、辞职次支赐，〔前二日〕关太仆寺等处。溪洞进奉人见、辞支赐，前一日具职次、人数关祗候库。高丽入贡见、辞支赐，前二日关太仆寺等处。常朝假故，前一日关大内钥匙库。崇政殿疏决罪人。五、西上阁门掌忌辰奉慰、行香、临奠、问疾，应干凶礼之事。诏："高丽，神宗皇帝优待，使命已称国信，可改隶客省，余并依拟定。逐处看详，如未尽未便，条具申尚书省。"5—10，p3875—3877

【政和】五年二月十八日，客省言："皇太子签赐春社节仪，本省令内止有宰臣、亲王赐节料节仪，即未敢依上件令例签赐。"诏应合赐节料、节仪等，并依亲王例。10，p3878

【绍兴】四年四月七日，诏："四方馆、客省并依祖宗旧制，隶属中

书省，不隶台察。"11，p3878

【绍兴】五年六月九日，诏："引进司、西上閤门及客省、四方馆官已省废外，可只依见行员数。右武大夫以上，并称知閤门事兼客省四方馆事；若官未至右武大夫者，即称同知閤门事、同兼客省四方馆事。今后并依《崇宁在京通用令》，以除授为序，称同知者在知閤门之下，余并依閤门事。其观察使以上即序官。"缘建炎元年十二月内韦渊奏，将引进司、西上閤门废并，当时止以东閤门事六员同管三司职事。今来武臣阶（宫）〔官〕见遵用政和二年改定官制，其吏部讨论，即与当年九月内厘正（旨）〔指〕不同，（切）〔窃〕虑又有臣僚申请更改，难以遵守，故有是诏。11，p3878

【绍兴】六年正月二十六日，客省、四方馆言："逐司依格每季合破纸札、朱红，系杂物等库支请。后来续承指挥，应官司纸札、朱红，并于请受都历内批勘。逐司自东京勘请至扬州，昨（据）〔缘〕渡江散失都历，粮审院阻节，不肯批勘，坚要（历元）〔元历〕放行。今来逐司所破纸札、朱红不多，欲乞依格内所破，逐色三分为率，支破二分，截自今年春季勘请。"诏依旧逐司请受都历批勘，令赴左藏库支给。所破纸札、朱红，以四（方）〔分〕为率，支破一分。《客省格》："每季表纸七百，大抄一千，小抄一千二百，朱红四两，闰月加三分之一。"《四方馆格》："每季表纸二百，大抄纸八百，小抄纸一千，朱红三两，闰月加三分之一。"11—12，p3878—3879

【绍兴】十三年六月六日，四方馆言："旧例，郊祀、宣德门肆赦，蕃国进奉使副、大小首领并卖马蕃部郊坛陪位，及肆赦称贺立班，系鸿胪寺具到职次、姓名习仪，（上）〔止〕令承受分任班位，至日引押。契勘将来郊祀、登门肆赦，若有上件蕃国使、副等在阙，欲乞下礼部依此施行。"本部看详："鸿胪寺昨于建炎三年减罢，除无案籍考据外，若将来大礼，诸蕃国有因朝贡到阙，即本部开具职次、姓名关报四方馆，令依自来条例。内卖马蕃部若不因朝贡，止缘卖马到阙，即令兵部开具，回报本馆施行。"从之。12，p3879

【绍兴】二十五年十月八日，客省言："将来占城国进奉使、副到阙，在驿礼数仪范，缘无旧案牍，今条具到礼数、行马、坐次下项。"诏并依拟定。一、进奉使、副与押伴官相见：其日，进奉使、副到驿，归位，次客省承受引译语赴押伴位参押伴，复作押伴问："远来不易！"参讫，译语作进奉使、副传语押伴官讫，退。客省承受同译语入进奉使、副位，次使、副起立，与客省承受相见，揖讫，客省承受作押伴官回传语进奉使、副："远涉不易，喜得到来，少顷即得披见。"次客省承受引首领赴押伴位参，复作押伴问："远来不易!"参讫退，客省承受次拨人从参押伴。客省承受喝："在路不易!"参讫，退。译语赍进奉使、副名衔分付客省承受转押伴讫，复请押伴转衔分付译语讫。少顷，客省承受引押伴官同进奉使、副升厅对立，客省承受互展状相见讫，揖，各赴坐。点茶毕，客省承受喝："入卓子。"五盏酒食毕，客省承受喝："彻卓子。"次点汤、吃汤毕，押伴官、进奉使副相揖毕，分位。二、习朝见仪：其日，候阁门差人赴驿教习仪范，同客省承受先见押伴，讫，计会译语，请进奉使、副服本色服。次客省承受同译语引教习仪范人相揖，教习朝见仪。讫，相揖毕，退。朝辞准此。三、朝见：其日五更，人马、从物入位，客省承受计会译语，请进奉使、副上马，相次上马。次押伴官与进奉使、副相揖毕，行马。首领于门外上马，至待漏阁子下马。俟开内门，押伴官、进奉使、副上马，至皇城门里宫门外下马，至殿门外（侍）〔待〕班幕次待班。其首领已下步行入皇城门。俟阁门报班，引进奉使、副出幕次，入殿朝见。拜数礼仪并如阁门仪。俟朝见毕，阁门引进奉使、副出殿，客省承受接引归幕次。客省承受引伴赐舍人、押伴官、进奉使副对立，相揖毕，客省承受赞坐。点茶、吃茶毕，客省承受喝："入卓子。"酒食毕，客省承受喝："入卓子酒食毕客省承受喝彻卓子。"点汤、吃汤毕，客省承受引伴赐舍人与进奉使、副相揖毕，伴赐舍人先退，次押伴官、进奉使副相揖毕，引至宫门外上马。首领以下步行出皇城门外上马归驿。朝辞准此。四、在驿客省签赐节料节仪：其日俟客省承受赍到赐目，管押所赐节料等到驿。客省承受先报押伴讫，于设厅前望阙铺设所赐物。客省承受引进奉使、副立定，引进奉使、副拜赐目、跪受讫，次引首领以下拜赐目，跪受赐讫，退。五、御筵：其日，候赐御筵天使到驿，诸司排办备，客省承受取进奉使、副名衔转押伴看讫，纳天使，复取赐御筵天使转衔分付译语。少顷，客省承受引天使、押伴官、进奉使副降阶对立定。客省承受先引押伴官望阙谢恩如仪毕，引依位立。次引进奉使、副谢恩如仪，毕，引依位立。天使与进奉使、副相揖毕，天使先退；次押伴官与进奉使、副相揖毕，引押伴官、进奉使副升厅，席后立。客省承受拨首领以下谢恩如仪，讫，赴席后立。客省承受上厅赞揖毕，赴坐。点茶、吃茶讫，行酒。俟酒食毕，客省承受喝："彻卓子。"点汤、吃汤毕，引首领以下谢恩。客省承受赞："席后立。"俟首领以下谢恩如仪，毕，客省承受引押伴官、进奉使副降阶对立定。先引押伴官谢恩如仪，毕，引依位立；次引进奉使、副谢恩如仪毕，引依位立。客省承受引天使依前位立，进奉使、副令译语跪执谢表，拜讫，进奉使以表跪（受）〔授〕天使，讫，引依位立。与天使相揖毕，天使退。次押伴官、进奉使副相揖毕，引分位。六、起发日，进奉使、副与押伴官相别：其日，候进奉使、副以下（般）〔搬〕担行李尽绝，就驿酒食五盏。俟排办备，客省承受引押伴官、进奉使副升厅对立，相揖毕，客省承受赞坐。点茶、吃茶毕，客省承受喝："入卓子。"五盏酒食毕，喝："彻卓子。"点汤、吃汤毕，客省承受引押伴官、进奉使副对立定。客省承受互展状相别，讫，分位。客省承受引首领以下辞押伴，并如参押伴仪。毕，次伴送使臣交割起发前去。13—15，p3879—3881

【绍兴二十五年】十一月三日，客省言："占城国入贡，其进奉人非晚到阙，缘本省别无见存条令案牍检点，今具合行排办事件，伏乞施行。"并从之。一、欲乞候进奉人到阙，客省就驿置局，主管事务。二、今来进奉人候报到至国门日分，客省承受同合用人从、鞍马等出城幕次，内计会引伴使臣祗备使用。候入城到驿，与押伴相见，茶汤毕，排办酒食五盏讫，分位。所有相见酒食五盏，令在驿御厨、翰林司随宜供应排办。其城外幕次，令临安府于经由入国门外侧近去处钉设干办。三、进奉人到驿，所有朝见日分，欲乞候本省取到进奉人榜子，具奏取旨引见。及朝辞日分，依此施行。所有皇城门外待漏幕次、（付）〔什〕物等，欲乞从本省关报仪鸾司排办钉设。四、押伴官并进奉使、副乘骑素银鞍马四匹，判官等鞍马一十匹，乞下马军司差拨，事毕遣发。五、进奉人到阙，本省置局取索文字，欲乞下步军司差投进文字兵士五人，事毕发遣。乞从本省保明，关报皇城司，权关请敕入宫门号五道，逐人缴带，事毕送纳。六、进奉人起发日，就驿排办酒食五盏。押伴官相别讫，进奉人交付伴送使臣起发前去。所有酒食五盏，（食）〔令〕在驿御厨、翰林司排办供应。15—16，p3881

【绍兴二十五年十一月】二十七日，诏："引伴占城进奉人使臣韩全等八人，并译语二人，自泉州引伴并伴送前去，特与等第犒设一次。使臣韩全一百贯，与占射差遣一次，令吏部给据。译语二人各五十贯，衙前一名五十贯，手分一名三十贯，军兵五人各一十五贯，并令户部支给。"

17，p3881

【绍兴二十五年十一月二十七日】，诏："占城进奉人到阙，押伴官与（衣）〔依〕馆伴大（全）〔金〕使、副例减半，支银绢各一百匹两，充收买私觌。客省官置局主管，与依国信所主管官例减半，每员支银、绢各二十五匹两，并令户部支给。其当行房分折食钱，令临安府依大金人使到阙例减半支给。"17，p3881—3882

【绍兴二十六年四月】二十七日，客省言："据客省主管文字张彦中状：伏睹本省《元丰格》，主管文字大礼毕银器四十两、衣一袭。昨缘绍兴十三年八月内，有主管文字刘揆差充奉使大金贺正旦国信所都辖，至当年十一月内郊祀，不在省祇应，因而不曾批勘。伏乞自绍兴二十五年郊祀大礼毕为始批勘。"诏依本省见行《元丰格》批勘，今后准此。19，p3883

【绍兴二十六年六月十七日】，客省言："交趾国入贡，应〔干〕事件并依占城体例外，今续有合行事件，欲乞施行。"并从之。一、押伴官并进奉使、副乘骑素银鞍马，及判官以下并本省使臣人吏鞍马，候会到的确等第、称呼、人数，乞从本省据合用数目关报马军司差拨，事毕发遣。其一行鞍马，欲乞差管押使臣一员并（空）〔控〕马人，各日支食钱，于押伴所料次钱内支给。二、将来交趾进奉人到驿，（切）〔窃〕虑诸色人乱有出入，应入驿人并置牌号，机察出入。无牌号人辄入者，乞从本省送所属依条施行。仍每名立赏钱三十贯，犯人名下追取。三、本省使臣人吏置局，行移文字事体繁重，欲乞依国信所使臣人吏等第添破食钱，并乞减半支给。自进奉人过界日起支，出门（人）〔日〕住支。三省礼房、枢密院广西房提点职级至主行人，依客省使臣体例施行，守阙减半支给，点检、催驱印房依条施行，并随逐处大历内批勘。今来系是时暂，乞不理为名色（也）次数。今后诸蕃国入贡乞依此。四、怀远驿差监门官一员，欲乞于见任寄居待阙大小使臣内指差，进奉人到阙前三日赴驿。若系寄居待阙官，其本身请给仍令临安府按月帮勘，候进奉人起发日住支。19—20，p3883

宋会要辑稿·职官三六·内侍省

开宝四年七月，诏曰："前诏内侍不计官品高低，逐人许养一子，以充继嗣。近日访闻多有论讼，争竞资财，宜令宣徽院晓示：见在内侍自今日已前已有养男者，不计人数，明具姓名、年几，报宣徽院置籍收系。今后如年满三十，已无养父，欲收养义男者，本家具姓名、年几，经宣徽院陈状以闻，候得指挥，给与凭据收养。若衷私养者，许人纠告处死，告者赏钱百千，以犯事人家财充。如诏前已有义男多者，不（许）〔计〕人数，分析久后资产，特许诸子均分。如帐籍无名，不在此限。"2，p3887—3888

【真宗咸平】五年五月，温台巡检、内品徐志通坐养百姓李欢男四人作男，得十二日，惧罪还本家；又纵军人夺妇人郑氏男，致郑氏抱儿入海死。诏决杖，配扫洒院子。因下诏曰："内侍许养一子，前条具载编敕，年岁稍远，不知有此明文，致陷深刑，良增恻悯。再行告示，庶俾遵依。其今日以前已有数人，许令仍旧。自今宣徽院置籍收系姓名，分明告示，一依乾德四年、开宝四年诏命施行。"3，p3888

真宗景德三年二月，诏："比者入内内侍班院分遣使臣于内东门等处勾当，建置名目，细而甚烦，详其所掌，甚有可省去者。其内东门取索司可并隶内东门司，余入内都知司；内东门都知司、内侍省入内内侍班院，可立为入内内侍省，以诸务隶之。仍令逐处各据合行事件条列以闻，即降诏条约，各令遵守。"遂定入内内侍省管勾下项事：凡三司及凭由司等处，据诸处支遣过物取索同否，非传宣行遣公事，出札子赴逐处。在内库务及造作所合系本司除破物色，具帐点勘，印书除破。诸王宫院及公主、郡县主宅奏乞物色，皇城六指挥及翰林仪鸾司、御厨、辇院宣给特支。皇亲下财出室迎娶，内降尚书内省札子取物。入内供奉官已下勾当公事，诸班内品勾当及出外监当，收补入内供奉官已下及料钱、（依）〔衣〕粮请受，日奏宿直并私身系名内侍季帐，定诸色人恩赐及身亡孝赠。应宣奉圣旨，合系本班勾当公事，皆着宣命指挥。3—4，p3888—3889

【景德三年】五月，内侍省内侍班院言："准淳化五年诏，内班院改为内侍省内侍班院，入内黄门班院改为内侍省入内内侍班院，已止称入内内侍省。本班亦请称内侍省，及赐新印。"从之。4，p3889

【大中祥符二年】二月，诏："入内内侍省供奉官改为入内内侍省内东、西头供奉官，殿头高班为内侍殿头，高品为内侍高品，高班内品为内侍高班，黄门为内侍黄门。小黄门如初收补，且称小黄门，候该恩转迁，方得补内侍黄门。内侍省供奉官、殿头、高品、高班、内品准此。"5，p3889

【大中祥符】六年正月，诏："比来内臣将命出外，不许干预州郡事。如闻有收受牒诉送所在州县，官吏不敢拒之，恐缘此或致枉抑。自今宜切禁绝，违者重论之。州郡受而不奏者同罪。"7，p3891

【大中祥符七年】八月，诏："入内内侍省、内侍省使臣，今后须三年一替。或有绩效及旷怠不治者，有司考第以闻，升（升）〔降〕差遣，增损俸给。"先是臣僚上言，内中（西）〔两〕省使臣有差遣请给不均者，故条约之。8，p3891

【景祐二年】十二月三日，诏："入内都知、押班今后经落职，只得前殿都知、押班。今后前、后殿都知，押班不勾当皇城司，见勾当者年满差替，其张永和皇城司阙更不差人。前、后殿都知，押班亲戚，不得差勾当御药院。"8—9，p3891—3892

【景祐】四年二月十七日，诏："自今内品犯罪，并勘罪，检刑名杖数闻奏，降所属处断遣。"时高品陈崇祐抵罪赎金，令未得与差遣，因有是诏。9，p3892

【景祐】五年十月二十一日，入内内侍省言："乞依景祐二年九月诏，内臣勾当诸般差遣了毕，除依久例合与迁转外，不得投进文字及御前乞改转。及乞今后勾当内东门、龙图、天章阁，并本省选择差使。"从之。9，p3892

【庆历】四年九月四日，入内内侍省言："文武臣僚在京勾当，并依外任批书所抵历子。其使臣系（二）〔三〕班院出给，诸司使至（阁）〔阁〕门祗候系枢密院出给。入内供奉官已下，缘各有差遣勾当去处，欲并从本省出给，所抵批书劳绩及过犯。"从之。9，p3892

【皇祐】三年正月十二日，诏："入内内侍省、内侍省供奉官已下至内品，自来每因勾当遇劳绩事件，合得指射差遣者，只得各于本省差遣内陈乞指射。其已授下未赴（赋）〔职〕勾当及见勾当者，并候将来年满，一依今诏。并有年限违碍对移差遣，亦只得于本省差遣内回换。"9—10，p3892

【皇祐】四年三月十一日，诏："近来入内供奉官已下承领传宣者，并须躬亲赴逐处，仍令承准传宣处依近条覆奏，审取指挥。若是使臣依前封赉传宣（女）〔文〕字投下，不得收接。"10，p3892

【皇祐】五年十二月，诏："入内内侍省、内侍省都知、押班，非年五十以上、历任无赃私罪者，毋得除。"10，p3893

至和元年十二月，诏："自今内臣传宣，令先至都知司出札子，其被旨处仍覆奏之。"10，p3893

嘉祐四年四月四日，臣僚上言："乞今后应系宫禁阁分祗应内臣、诸色人等，不得请求嫔御乞批降指挥，侥幸恩泽。如实有劳效，合该酬奖，即令经所属官司自陈，具状取旨施行。如违，令二府依旧条奏（刻）〔劾〕，使臣特降名，诸色人并（凌）〔决〕配。"诏（令）〔今〕后请求内降刑名，并依自前诏约施行。11，p3893

【嘉祐六年】七月八日，入内内侍省言："乾元节合得食禄人，准庆历六年五月圣旨，收一十人为额，其诸班内品则无定数。请补入内内侍高品王日言等四人各男一，并为入内黄门祗候高品；内品罗成宁等三人各男一，并为贴祗候内品。"从之。11—12，p3893

【嘉祐】六年十月五日，枢密院奏："乞自今前、后省内臣入仕，并理三十年磨勘；有已经磨勘者，理二十年。其以劳得减年，无得过五年。"从之。自祖宗以来，内臣未尝磨勘转官，唯有功乃迁。至景祐二年九月，诏内臣入仕三十年，累有勤劳，经十年未尝迁者，奏听旨，盖犹无磨勘定格。庆历以后，其制渐隳，黄门有劳，至减十五年，入仕才五七年，有迁至高品以上者。两省因着十年磨勘之例，而减年复在其中。至是，枢密院患其幸进者不已，故厘（董）〔革〕之。12，p3893—3894

【嘉祐六年】十（一）月十六日，枢密院言："勘会两省使臣磨勘条例，欲除景祐二年九月诏并入内省自来黄门转高班例依旧外，并依今年十月五日指挥，其余条例更不施行。"诏合该改转高班已上，内元因劳绩者及无劳绩有公罪杖已下者，并理十年磨勘；无劳绩、有赃私及公罪徒已上者，并理二十年磨勘。内私罪情理轻取旨。余并从之。12，p3894

熙宁元年二月九日，入内内侍省言："乞将太皇太后殿等十二处使臣依旧祗候及十二年无过，余阁分祗候及十五年无过，即并与放转一资出阁。仍乞依旧令内东门司使臣保明。如累在阁分不得通理年月，只以新差到后来阁分年月酬奖。"从之。15，p3895

【熙宁】四年四月二日，上谕枢密院："内臣宫中凡有勾当，须称圣旨，若一一关申中书、枢院，则伤繁碎，或稽缓不及事，可令本省具自来合依久例施行事节件析以闻。"时以内侍直批圣旨获罪，因降是旨也。15—16，p3896

【熙宁】五年闰七月九日，诏："入内内侍省供奉官以下至黄门，并本省所管诸内品，见无儿男充内食禄者，许养私身内侍一子为继嗣，初养日不得过十岁。须已身年三十无养父或养父致仕，方许具状经本省与状充系内侍，遇圣节依名次收补食禄。如未进名及已系名间沦亡，亦许依上项条约别养子。若已有一子，更养次子为私身内侍者，当行处斩，不在自首之限外，并依前后条令，入内内侍省明谕之。"16—17，p3896

【元丰】二年三月六日，上批："前内侍高班梁坚坐监嵩庆陵自盗赃，贷死编管襄州，该恩已放逐便。今贫窭无所归，内臣执事、两省更无他所安排，可与一内侍省把门内品。"遂录为后苑散内品。17，p3896—3897

【元丰二年】八月十二日，详定编修诸司敕式所上《入内内侍省敕式》，诏行之。17，p3897

【元丰五年】五月十一日，诏："内侍省、入内内侍省于三省用申状，尚书六曹用牒，不隶御史台六察。如有违慢，委言事御史弹奏。"17—18，p3897

【元丰】六年正月二十二日，大理寺言："内侍黄门宋访下直日，入需云殿里幙被，当阑入殿门私罪徒，该赦原。"诏勒归本班。18，p3897

【元祐】二年三月二十八日，诏："内侍省供奉官以下至黄门，以一百人为定额。遇圣节许进子二人，与收系。额内有阙，于已收系人内从上拨二人食禄。愿依旧进借差殿侍者，听奏三人。余依著令，仍自今年为始。"19，p3898

宣和元年五月二十三日，刑部奏，入内祗候、黄门内品赵颁状："伏为旧系黄门，蒙刑部却叙充黄门内品名目，即不复元官。及睹梁毅因罪犯序尤入内祗候、黄门内品，理诉旧系黄门，乞改叙黄门。承枢密院札子，特与叙入内黄门了当。切念颁与梁毅并是刑部约定只叙黄门内品之人，欲乞比类敷奏，与颁叙充入内黄门。"诏与叙入内黄门。22，p3899—3900

【宣和】四年十月十一日，内侍省奏："今后应发过入递御前文字，立定日限收附，并将金字牌子同封报省，所贵驿程不致阻滞，兼于本省易为勾考。"诏限到日三日回报，如违，以违制论。22，p3900

【靖康元年二月】二十一日，诏："内侍官陈乞寄资复祖宗法，除省官已降指挥外，所有转出或致仕，已立新格。缘其间参照未备，可依下项：已转出或致仕者依此，其合改正之人，令入内、侍两省具名申尚书省，给降付身。见带太尉换内客省使、遥郡承宣使，节度使带礼官同。换延福宫使、遥郡承宣使，正任承宣使换宣庆使、遥郡防御使。曾任省官者换遥郡观察使。省官通侍大夫、遥郡承宣使，昨来减作昭宣使、遥郡防御使，今来不系省官，已别改正。其省官通侍大夫、遥郡承宣使人，依不系省官正任承宣使换宣庆使、遥郡防御使，并曾任省官依此。见带通侍大夫换武功大夫，正侍至中侍大夫换武德大夫，中亮大夫至亲卫大夫换武节大夫，拱卫大夫换武经大夫，左武、右武大夫换武翼大夫。以上见带遥郡承宣使者与改遥郡防御使，带遥郡观察使者与改遥郡团练使，遥郡防御使、团练使者与改遥郡刺史，遥郡刺（使）〔史〕无可换者，仍旧武功至武翼大夫。见带遥郡者止依本官转出。内有战功人，依祖宗法合除带御器械者，依祖宗法。下准此。通外官共六员。武功大夫以下不带遥郡人八阶，并换武功郎以下。将来转出或致仕，如依祖宗法合转所资官，祖宗法合寄转至副使。即依祖宗法。"22—23，p3900

高宗建炎元年十月二十七日，诏入内内侍省、内侍省："今后两省使臣不许与统制官、将官等私接见、往来、同出入，如违，追官勒停，编管远恶州郡。"23—24，p3900

建炎二年正月十六日，诏："内侍邵成章不守本职，辄言大臣，自祖宗朝未尝有内侍言大臣者，可特除名勒停，送南雄州编管。"24，p3900

【绍兴】三年四月二十六日，诏："今后内侍官不许出谒及接见宾客，（今）〔令〕敕令所立法。"25，p3901

【绍兴三年】十二月二十五日，诏："自今后内侍并不得收养禽虫等，并市肆游行。如违，以违制科罪。"25，p3901

【绍兴】六年二月二日，敕令所看详："内客省使至昭宣使，东、西头供奉官至内品，靖康元年已降指挥，内侍官称一遵祖宗旧法。今参照元丰、绍兴法，官品、杂压修立，诸内客省使至内侍省内品为内侍官。"从之。先是，入内内侍省言，本省官称于元丰条令备载，今来《绍兴新书》即未该载，故有是命。25，p3901

【绍兴】三十年九月二十五日，诏："内侍省所掌职务不多，张官置吏，徒有冗费，可废并归入内内侍省。"26，p3902

宋会要辑稿·职官三六·内东门司

神宗熙宁二年二月二十三日，御史中丞吕诲言，乞下三司取索内东门司自大长公主而下请受则例，编入《禄令》。诏令三司于内东门等司取索文字，详定以闻。29，p3903

【元丰】七年九月二十六日，诏："会通门承传文字并祗候使臣，委内东门司责本番上名内中不犯赃盗、请求、献遗、卖买，同罪保明状。经保明后改节，事未发，许经内东门司陈首。上名亦责相保明状，并许递相觉察，陈告施行。上名三年无遗阙，酬奖外更减磨勘三年。"29，p3903

【绍兴】二十七年三月二十日，诏："宫中首饰衣服并不许铺翠销金，仰干办内东门司常切觉察，不得有违。若失觉察，以违制论。如有违犯之人，令会通门捉获，先于犯人名下追取赏钱一千贯，如不及数，令内东门司官钱内贴支，将犯人取旨重作施行。其元经手转入院子、仪鸾等，从徒三年科罪。"29—30，p3904

绍兴三十二年八月十七日，孝宗即位，未改元。诏："太上皇后生辰物色，令内东门司并依《元丰令》数，全取索本色供奉。"30，p3904

孝宗乾道元年九月六日，诏："皇太子合取赐生日等物色，令内东门司比亲王例三分增一分取赐。"30，p3904

【乾道元年九月】三十日，诏："皇太子妃钱氏请给，令内东门司依婉容禄式则例，出历支破供纳。"30，p3904

宋会要辑稿·职官三六·主管往来国信所

【真宗景德】三年九月，诏："如闻契丹缘边诸色人将书籍赴榷场交易，自今除九经书疏外，违者案罪，其书没官。"33，p3905

天禧三年十二月，臣僚上言："每见押赐契丹、高丽使御宴，乐人致语不依体例，亦无回避，闻于四夷，颇失大体。自今赐筵，教坊令舍人院撰词，仍前于开封府僚属中选撰。"已从所请，后开封府又乞请直馆撰，亦从之。34—35，p3906

仁宗乾兴元年四月，未改元。诏："接送契丹使，自今并须慎重礼貌，稳审言语，不得因循，别致猜疑。管押三番使臣亦须用心钤辖，常令齐整，供应丰备。巡栏使臣亦须提举觉察，不得作过。违者牢固送所属州军劾罪以闻。自今每年依此施行，及取责知委结罪状。"35，p3906—3907

【天圣元年】八月，枢密院上言："入界三节人从，旧条并令逐处拣选有行止、无过犯者，须都将委保定差，候到国信所，更相责戒励状，非不丁宁。昨国信使张师德、刘谐、赵贺等随行二十五人，因醉酒不谨言语，遂致衅隙。内亲从长行李达已行处斩，自余亦合决遣。宜令管勾国信所，应每年合差祗应人去处，依条拣选，交付使、副。若颜情鲁莽，夹带无行止、有过犯人等在内，当职官吏劾罪严断。其国信亦常切钤辖。仍晓示三节人等递相觉察，或有作过，仰同保人或知次第人密于使、副处陈告，候回雄州，交付本州枷勘情罪，牢固押送赴阙。其同保与免连坐，量与酬奖。若不陈告，亦当重行断遣，即不得虚有告报。所差亲事官即令皇城司（子）〔仔〕细拣选。"35—36，p3907

【皇祐】三年三月，管勾国信所言："自今通事殿侍与契丹私相贸易及漏泄机事者，以军法论。在驿诸色人犯者，配流海岛。若博饮斗争、欺窃及损坏官物、书门壁者，亦行配隶。"从之。38，p3909

元符二年六月十八日，接伴辽国泛使朝散大夫、试秘书监曾旼等言："新国信敕令仪例中不无增损，而事干北人者恐难改革；又泛使往来，新条元不该及。乞下详定编敕国信条例所，取合用书状条式参详修定，编写成册，送国信所照使。"40，p3910

【绍兴二十年】十月八日，诏："今后入国使、副令常切钤束三节人从，不管与北界承应等人相等作闹，虑失国体。以三人为保，如有违犯之人，仰国信所差指（挥）使等觉察，候回日具姓名申所闻奏。"50，p3915

【绍兴二十九年二月】十九日，国信所言："每遇大金使人到驿告觅物色，自来止据排办骑御马直一面于本府取索供纳，至晚开具告觅物色申所照会，似此无以关防。欲乞今后遇有告觅物色，专差通事、指使应各一名在位次门外置历逐一抄转，赴所书勘结押，至夜令排办官具日下的实告觅过物色申所参照。"从之。52，p3916

【淳熙】七年正月十日，诏："国信所大小通事，指使、传语使臣，自今与依元符详定国信一司条法参部，止令注授临安府库下并行在合入差遣，愿就同监临安门者听。"59，p3920

【淳熙七年】十二月二十四日，诏："每岁奉使金国上、中节内，除都辖、引接并国信所指使定例外，更留二员听候御前降下。自今使、副许辟差亲属二人，书状官一员，掌管私觌职员一名，其余人数令吏部于见在部籍定名次、经任无过犯大小使臣内差。仍委长贰公共选择〔体〕貌魁伟、年六十以下、无残疾人充。诸军班换授人免行差拨。在部人不足，申枢密院，令三衙轮差入队准备，将训练官凑数。已曾经入国人不得再去。差定姓名申枢密院讫，发赴使副收管，依旧赴国信所审量。"60，p3920

【淳熙】八年十一月十九日，诏："自来年为始，令六曹将合差奉使金国正旦、生辰使副，并馆伴、接送伴下引接、仪范人，每曹籍定一十人，于差使副前两月，遇旬休日，分轮一曹所籍人数，发赴都亭驿，令国信所掌仪、通事使臣指教，阅习仪范节次。"60，p3920

宋会要辑稿·职官三六·军头引见司

太宗端拱元年六月，诏："每差拨马步军士，朝辞讫，仍传宣戒谕本管人员钤辖队伍，爱惜鞍马，磨锃甲器，阅弓弩，沿路毋擅离队伍，先后扰人，及差员僚轮番管押，如有违犯，当行严断。"77—78，p3928

【真宗咸平四年】九月，诏："军头引见司应管军头，每事须听受本司指挥，如有奏陈机密，许实封于本司投下，画时以闻，即不得非时接便出头奏告，违者勘断奏裁。"77—78，p3929

景德二年四月二十一日，诏："军头司自今引见罪人，召法官先定刑名。"时本司言开封府狱囚当引见，不坐格律，请再送司录定断。真宗虑其系滞，故有是诏。78，p3929

大中祥符元年正月，诏："每车驾出入，内侍省送到接驾进状人，本司官密切询问事宜。如未经诸处者，即以所进状晓示：'若勘罪即抵徒刑，如乞不施行，即不问坐；如坚乞施行者，取状缴连。仍定本合送去处或合放，实封闻奏，候御宝批降，即得施行。'"79，p3929

【大中祥符元年】七月，诏御前忠佐军头引见司："今后应引见军头差充诸处管军及权管，并具本人旧请受并新差定职名、请受则例，一处比类取指挥。如无新职名、请受，即行公文与三司取索。"79，p3929

【大中祥符四年】十月，同勾当军头引见司焦守节言："每遇驾出，有诸色官员、僧道、军人、百姓等进呈文状，泊至询问，又别无异见冤枉情理，各是无例施行事件。自今欲望有此违犯者，并令军头司收送开封府，依先降敕命严断。"从之。79—80，p3930

【大中祥符】七年五月，知宿州李防言："引见司科罪人于崇政殿门外，切为亲近，有亏严肃，欲望自今并送开封府或皇城司决遣。"真宗曰："外人不知，近年每月不过一二次，决罚人皆杖笞以下，此事已久，不欲遽改。"80，p3930

【大中祥符七年】九月五日，诏军头司："应回军兵士在京者，若老病合配（州）〔外〕处军分及草场、仓场、神卫看营三等剩员者，限驻泊半月后编排引见，见讫更与限五日（般）〔搬〕移。其经过军士编排引见

后令归本营，限十日（般）〔搬〕移。"80，p3930

【嘉祐】六年十月十四日，军头司言："马、步军司关合行引见配填诸军兵级三百四十六人，缘每日引见不得过三十人，虑更有诸处拣来军士，转至积压。"诏增至五十人引见。刺枪、打刀、相扑，每番各呈两对；射弓、踏弩亦添人数。候无留滞，却依旧例。81，p3931

【元丰】六年八月二十一日，诏军头司："自今诸路解拨到武艺高强兵级，虽有减退，如尚在同解发武艺最下人之上者，并依《元丰令》施行。"《元丰令》检寻未获。82，p3931

【绍兴二年】七月九日，诏："军头司干办官今后不许替成资阙，仍常切遵执，立为永法。如被奉特旨、内降圣旨指挥，只具奏知，更不施行。"84，p3932

【乾道五年三月】二十六日，诏："将来引呈诸班直年代上名出职换官，射弓弩下项：射两石力弓人，如射不得，依格补将校；射一石七斗力弓恩例人，如射不得，更不射以次斗力弓，依一石五斗力弓免引呈例推恩换官，展二年磨勘；射六石力弩，如射不得，依格补将校。"93，p3937

【乾道七年】十月九日，诏军头司："自今后收接到唐突人，除事干机密利害、实负冤抑外，有所诉事不经次第、（辙）〔辄〕敢唐突之人，令所属从杖一百断罪。"93—94，p3937

宋会要辑稿·职官三六·翰林院·翰林医官院

天圣六年七月，翰林医官院言："医学李诚十年当改转，其人凶顽，尝有负犯，请不迁改。自今后医学祗候医人如补授十年有过犯一度者，并不在补转之限。"从之。97，p3941

政和二年十一月五日，西上阁门使、德州防御使、直睿思殿谭（积）〔积〕言："奉旨差点检翰林医官局，今相度条画如（德）〔后〕：一、本局前后被受条制错乱不一，及官吏失于检详，或致引用不当。今乞将医官局及翰林院应前后被受条令并续降朝旨与本局见行条制送所属，责近限先次参照修立，颁降奉行。二、本局见管医官副使已下至翰林祗应医人数多，除入内内宿诸科医官已有专切管辖、入内内宿医官所差注外，其余医学已下磨勘转资及应迁补职序、改换服色，今（色）〔乞〕令本局将医官副使已下至翰林祗候医人各取脚色一本，依下项格目申纳，抄上文簿。如脚色内有一事隐漏、增减不实，乞依命官供吏部家状不实法科罪。遇有迁转移任等诸般事故之人，限当日销注，令比拟本局批书格目增立如法，具职位、姓名、本州县某乡里某人为户。（一）三代。如谓曾祖父母、父母，各具存亡，如内有见在，即具见年若干。（二）某年若干。元系太医局生，或因其官奏试并回授恩泽、郊礼荫补、致仕遗表之类，试中经合格或酬奖特补、翰林院帖补，充翰林祗候医人或学生，某年某月某日赴局供职，逐次转官年月日、因依。（三）见系某科目，自前曾与不曾改换别科。（四）见系额内或额外员数，曾与不曾入额，声说于某年月日入额。（五）经与未经住程差遣。（六）经与未经在京时暂非泛差遣。（七）经与未经改换服色。（八）经与未经入品加恩。（九）有无劳绩。（十）有无过犯并停降、断赎、展磨勘。（十一）有无寻医、侍养请长假。已上逐件并是诣实，如内有隐漏、增减不实，甘伏朝典。三、本局人吏复行重禄，其应取会行遣未有立定约束，乞今后应合取会节次，限三日一起行遣，不得依前节次会问。候圆备，限当日申所辖官司，依条施行。如有违滞不法等事，并委翰林院举劾闻奏。四、本局额内之人，缘即目阙多，合差之人数少，并久在外任，过满之人卒无差注替期。乞将外任驻泊见阙若任满已入本局季限合差注去处，不以优重，并一衮挨排年满资次先后，将见在局额内外人，依到局供职月日名次定差前去承替。如有托故推避之人，并从本局送所属推治施行。五、本司泛差医官并无籍记，致有差使不均。欲乞本局置簿，将合差医官各以逐科名次籍定职次、姓名，遇有差使，将直日历对簿，依名轮差。如有开收，即时销注。若本局差注不当，或被差之人辄避免者，并委翰林院检察，送所属推治。六、自来试验医官等人，其（诚）〔试〕卷并不誊录。欲乞今后应试人合差考试等官，令本司具应管姓名申翰林院差，仍本院别差人誊录，送监试使臣及考试官依法考校。七、本局所管职事颇繁，其管勾使臣并系兼行，常日不得专一在局。欲乞今后本局使臣常留一员在外转那，一员应副时暂差遣。遇上宿日，乞添破太官局第三等食一分。八、点检得翰林院所管医官至祗候人数不少，差遣等第不同。虽有法翰林医官局各置簿，二十余人注簿外，其内外差注、奏辟并就差再任医官至祗候，逐等额内额外人数并逐时迁补之类，并不注都差簿拘管。今乞置簿籍定姓名、差遣、到罢等因依。"诏未置簿书并行起置，其违法事件改正。翰林院并医官局条令，令详定一司敕令所修立。100—101，p3944—3945

绍兴十九年十二月六日，翰林院言："据翰林医官局申，检准本局

《宣和令》：'诸医候初补遇大礼应入品者，申翰林院。'除在局供职医官见遵依上条施行外，有奏试补授之人，已降指挥限五年许到局供职。今来未供职医官一例陈乞入品，本局难以考究有无事故过犯、诈冒不实。欲乞应未到局医官候供职日该遇大礼，方许入品。"从之。104，p3948

　　【乾道四年】八月八日，翰林院言："太上皇帝圣旨，医官朱仲谦为医药有劳，特与赐紫服色，仍于祗候库取赐。今契勘《元丰令》：'诸医官将恩例等改换服色者，候本色服及五年已上许改换。'宣和二年四月（旨）〔指〕挥，应医官见系服绿、未经赐绯隔等赐紫者，听执奏不行。其朱仲谦于隆兴二年九月内补翰林医学，方及五年，未经赐绯，有碍本局条法，合行执奏。"诏为系德寿宫祗应，特依今来指挥。105，p3949

　　淳熙元年四月二十五日，诏："翰林医候、小方脉科郭师谅医药有劳，特差入内内宿。"已而医官局言："内宿医官旧法选保试补，政和改充铨择，有紊旧制。乞依元丰法选保试补，虽奉朝旨、特旨、传宣、宣押等，许执奏不行，违者以违制科罪。"诏特放行。其后大小诸科特差内宿者同此。106，p3949—3950

　　【淳熙】十五年九月十日，诏："比年医官少精方脉，可自来年为始，令内外州县白身医人各召文武臣选人、医官一员委保，具状经礼部陈乞。于省试前一年附铨试场，随科目试脉义一场三道，以二通为〔合〕格，就本所拆卷，出给公据照会，赴次年省试场，试经义三场共一十二道，将五通为合格，以五人取一名，令礼部给帖，补充习医生。候次举再赴省试场，试经义三场共一十二道，以五人取一名，八通补翰林医学，六通补祗候。今后特补，许有司执奏不行。其臣僚已奏试医人，更不收试。仍仰礼部、太常寺更参照太医局试补旧法，条具申尚书省取旨。"十二月初六日，礼部、太常寺乞令大方脉科、风科、小方脉科依今降指挥试脉义三道，其眼科以下依旧法试大道二道，假令法一道，以二通为合格。其次年省试经义一十二道，依旧法以六通为合格。从之。106，p3950

宋会要辑稿·职官三六·翰林院·翰林天文局

　　淳熙四年九月二十三日，翰林天文局言："已降指挥，太史局天文院、浑仪所、钟鼓院曾经试中额内学生，祗应实及五年，与补局生。所有翰林天文局不曾该载。乞将本局曾经试中额内正名学生祗应实及五年，仍依太史局等处与补局生。"从之。109，p3953

【淳熙】七年六月十二日，诏："翰林天文局官循习弛慢，掌事不专，可于太史局官四员内差置谙晓天文主管官一员为额，专一提督本局职事，务要整肃。可改差太史局直长、翰林天文刘思义充翰林天文局主管，请给、酬赏、人从等并依同判太史局则例支破。自今除主管翰林天文局官一员外，天文官止以三员为额。"109，p3953

【淳熙七年】九月十三日，诏："天文局额内局学生年及七十以上愿养老者，听带本身请给养老。退下名阙，依条补填。"109，p3953

绍熙二年二月十六日，诏："天文局玉漏学生特与依太史局体例，年及七十愿养老者，听与带本身请给。所有退下名阙，依条补填。其书写学生刘炤特与依司辰体例试补出职。"109，p3953

宋会要辑稿·职官三六·技术官

至道二年三月，诏："应有落伎术头衔见任京官者，遇恩泽只转阶，或加勋，不得授朝官。"111，p3954

【大中祥符】九年十月，诏："诸色臣僚及御书院、司天监、天文院、翰林医官图画院等处，今后须经五年未该差遣者，方得送衣袄。如未及五年，辄敢陈乞及告托皇族国亲，并夹带实封乞差遣者，并科违制之罪。"111，p3954

仁宗天圣元年闰九月，诏："翰林医官院、司天监、天文图画院诸色人等，凡该恩泽改转，自有体例，近多妄进文状及行告属。令御史台指挥，但系伎术官，自今不得妄进文状并告托皇族国亲、形势臣僚乞改转官资服色，及夹带实封文字希求恩泽。如敢故违，并科违制之罪。"112，p3955

【天圣】二年十月，翰林待诏、太子中舍同正王文度言："近书勒牌额毕，蒙恩赐紫，缘见今赐绯鱼袋，乞依旧佩鱼。"仁宗曰："旧条曾有条约，不许伎术官辄带鱼袋，所以区别士类，不令混淆，今宜遵守。所奏不行。"112，p3955

神宗元丰六年六月十八日，知登州赵偶言："乞诸县主客不及万户补医学一人，万户以上二人，每及万户增一人，至五人止。除合习医书外，兼习张仲景伤寒方书，委本州差补试，依得解举人例免丁赎罪。"诏礼部立法。113，p3955

徽宗崇宁元年五月四日，诏："伎术杂流令补授子弟作班行或文资者，自今虽奉特旨令冲改旧条等指挥，并许三省、枢密院（子）〔仔〕细契勘，若于祖宗贻训格法实有冲改侵紊者，可明具有碍是何条法，奏知更不施行。"以近来有贪冒之徒不顾廉耻，寅缘请谒告嘱，希求冲改格法，泛滥陈请故也。114，p3955—3956

政和三年六月六日，礼部尚书郑久中等言："本部注授外郡医长、医职、医工，系据试到高下等第依格差注。其医官应有诸般非泛恩泽等，并不许换授医正、医工差遣，所贵诸州军得实学之人。及罢任到部再试，若注授外郡医官求嘱举辟再任，实占优轻窠阙，窃虑差注不行。今相度，欲应注授医职、医工，并不许州军及诸官司奏辟，亦不许举留再任，所贵易为差注。"从之。114，p3956

宣和元年五月二十六日，权知明州楼异言："检会《政和令》：'诸医艺业优长、治疗应效、为众推称、堪补翰林医职者，所在以名闻。'今据州学教授游觉民等状称，医学助教臧师颜供应本学汤药，治病有效。臣契勘明州最为地远濒海，少有谙知药脉之人，今来臧师颜委是艺业优长，治疗有效，在学十年所有劳绩，欲乞补充翰林祗候。"从之。114，p3956

【宣和二年】七月二十三日，诏："近岁诸路差置医职等，请给、白直、公廨，并视州县官，至为冗滥，增破顾钱，有害后法，可并罢。见任者依省罢法，旧合差医官去处，并依《元丰法》。"115，p3956

【宣和四年】八月四日，臣僚言："检会《大观元年五月三十日敕》，修立下条：'诸伎术官非随龙及有战功者，不得换授右职。内医官仍转至和安大夫止，不得转遥郡刺史以上。'《政和令》：'诸和安大夫至医学，太史令至挈壶正，书艺、图画、奉御至待诏，为伎术官。'伏望特降诏旨，自宣和二年五月已后，应改更裁定等事，有敢议冲改者，并重置典刑，必罚毋赦，御史台常切觉察弹奏。御史台失察，三省按治以闻。"诏三省常切遵守，虽奉御笔特旨，亦许将上执奏不行。115—116，p3956—3957

【宣和四年】十月四日，诏："诸州驻泊医官序位在州县官之下，非缘医药不许与见任官往来，违者以违制论。"116，p3957

【乾道元年】十一月二十二日，中书门下省奏："准降下圣旨，翰林医证、诊御脉、赐绯何滋医药有劳，特与赐紫服色。取到医官局状，检准《元丰令》：'诸医官将恩例等改换服色者，候本色服及五年以上，方许改换。'本局契勘，何滋自绍兴三十一年十月内服绯，至今未及五年，有碍

前项条令。"诏特依今来指挥。117—118，p3958

【乾道】三年正月二十四〔日〕，臣僚上言："随龙医官平和大夫、阶州团练使潘攸差判太医局，请给依能诚例支破。寻取会能诚全支本色因依，系与陈孝廉皆援干办军头司王公济例，特旨用随龙恩数。在于《禄令》固无伎术官请真奉之文。按能诚系和安大夫、潭州观察使，月请米麦百余石、钱百千，春冬衣绵绢之属比他人十倍。今潘攸官秩虽降诚两级，然其所得亦已多矣。以医职而授观察、团练使厚俸，何以别将帅、勋旧哉！欲望睿旨将潘攸合得请给，令户部照条支破。"从之。119，p3958

【乾道三年】四月四日，诏："应诸路州军驻泊医官，并以二年一替。其已过满人不候替人罢任，今后不许陈乞奏辟再任。"119，p3958—3959

【乾道】四年八月八日，翰林院状："准太上皇帝圣旨，医官朱仲谦医药有劳，特赐紫服色。寻取到医官局状：契勘朱仲谦见系翰林医证、御医、德寿宫祗应，于隆兴二年九月内补翰林医学。自补授日服绿，至今未及五年，亦未经赐绯，今承指挥特赐紫服色，有碍本局下项条法：一、《（丰）〔元〕丰令》：'诸医官将恩例等改换服色者，候本色服及五年以上，【方】许改换。'二、《宣和二年四月指挥》：'应医官见系服绿，未经赐绯隔等赐紫者，听执奏。'"有旨，为系德寿宫祗应，特依今来指挥。120—121，p3959

宋会要辑稿·职官三七·开封尹

【景德】三年八月，诏开封府："今后内降及中书、枢密院送下公事，罪至徒以上者，并须闻奏。"先是，御史台言："开封府前勘天清寺僧契如及故左丞吕余庆孙男归政，止节略札子闻奏，致不绝词讼。乞自今应干分割田地及僧人还俗事，并令结案录问，方得闻奏。"真宗曰："岂止僧归俗与私家分财邪！"因有是诏。5，p3964

大中祥符二年八月，诏："开封府凡出榜示众，并当具事听朝旨。"初，本府榜皆止绝牙保引致民家卑幼举借回鹘资财者。帝曰："国家惠绥远人，天下无外，京师万方所凑，岂可指言回鹘邪！"故有是诏。5，p3964

至和元年九月，诏开封府："自今凡决大辟囚，并覆奏之。"初，开封府言："得枢密院札子，军人犯大辟无可疑者，更不以闻，其百姓即未有明条。"仁宗重人命，至是军人亦令覆奏。5—6，p3965

熙宁八年五月，三司言："权发遣开封府事自来依权知开封府添支则例支给，乞编入《禄令》施行。"从之。6，p3965

宋会要辑稿·职官三七·临安尹

孝宗乾道（元）〔七〕年四月二十七日，诏皇太子惇领临安府尹。二十九日，礼部、国史院、太常寺言："皇太子领临安府尹，讨论典故下项：一、治所若就临安府，即相去太远，今欲止就东宫，少尹等官属两日一次将职官赴东宫取禀。二、见今临安通判及签判职官并各废罢，却置少尹一员、判官二员、推官三员。少尹欲依仿淳化判官例，差侍从官以上；判官欲仿《天圣令》，并用郎官以上。余曹掾官缘临安府系是行都，难以全用京府体例，并欲依旧。三、礼上（曰）〔日〕，临安府官庭参仍拜，冬、年节及到罢等准此。本府宣诏虑囚等，少尹以下一面施行讫，具事因申禀。四、本府日（生）〔主〕公事，并系少尹受领。内命官犯罪及余人流以上罪，具事因听裁酌；其徒罪具案判准，（枝）〔杖〕罪少尹一面裁决。五、皇太子铸临安府印一面，少尹就用见今临安府印，判官合铸印一面。安抚司印记、职事，亦合少尹兼领。诸门场务等锁匙，并令少尹掌管。六、浙西安抚司及临安府岁举所部官，缘有结罪保任一节，只乞令少尹奏举。七、安抚司及临安府表奏，皇太子系衔。申中书、枢密院状及应干文移，并依典故，系少尹以下签书。"并各从之。6—7，p3965

【乾道七年五月】十七日，临安府言："皇太子领临安府尹，依已降指挥施行外，续条具事件：一、传旨内降文字并合先赉诣皇太子宫启封，取令旨付下少尹等施行。二、训谕风俗、（观）〔劝〕课农桑及应宽恤事件，并合禀自皇太子，坐奉令旨出榜施行。其余应干事务，供应排（辨）〔办〕，收籴军粮，打造军器，刺填军兵，大者专委少尹同两判官两日一次赴东宫取禀。三、通判、签判职官职事各以次分管，并禀少尹施行。四、本府应干非泛事务，并送两浙转运司掌管施行。五、本府公吏随逐少尹官属抱公案赴东宫呈禀，经由禁中，合给入出皇城门号。六、本府文移，朝省台部系少尹以下系衔具申；寺监、本路监司，少尹以下移牒。"并从之。7，p3965—3966

宋会要辑稿·职官三七·左右厢公事所

神宗熙宁三年五月，诏以京朝官曾历通判、知县者四人分治京城四

厢，其先差使臣并罢之。凡民有斗讼事，轻者得以决遣。从权知开封府韩维之请也。9，p3966

【熙宁三年】十一月十九日，看详编修条例所言："开封四厢各置官一员勾当断决公事，内杖六十以上罪及枝蔓公事不许收接文状依旧外，取到逐厢一月之内决断事件不多，欲止令京朝官两员分领两厢决断，所是旧来四厢使臣仍旧存留，以备诸般差使。"从之。9，p3966

【熙宁三年】十二月八日，诏："京城里外雪寒，应老疾孤幼无依乞丐者，令开封府并分擘于四福田院住泊，于额外收养。仍令推判四厢使臣依旧福田院条约看验，每日依额内人给钱养活，无令失所。其钱于左藏库见管福田院钱内支给，候春暖即申中书住支。"9—10，p3966

宋会要辑稿·职官三七·州牧

【淳熙五年】十月四日，礼部、太常寺言："亲王出镇加牧合行礼例，今参酌比附魏王昨判宁国府见客礼例，条具下项：一、接见寄居及过往前宰执、使相、两府、太尉，俟亲王出厅降揖序坐，茶汤毕，就厅上轿。二、接见见任寄居文臣侍从官以上，武臣正任观察使以上，及见任三衙管军、知阁，俟亲王出厅赞请某官，俟到位赞揖讫就坐。点茶毕，出笏取覆讫，赞就坐。点汤毕，出笏揖，就厅上轿。内文臣曾任侍从以上、武臣曾任三衙以上同。三、见长史、司马并见任本路监司及寄居过往监司、诸州知州，俟亲王出厅系鞋，赞请某官，俟到位赞揖就坐。点茶毕，赞掇转倚子，出笏取覆讫，不点汤，揖，巡廊退。四、见任寄居、过往参议官并诸路知军、王府记室参军等，欲并依昨来判宁国府休例。"从之。12，p3967—3968

宋会要辑稿·职官三九·都督府

【高宗绍兴二年】闰四月二日，吕颐浩言："前路应有合行措置事务，不可少失期会，臣见带左仆射职事，伏望许臣从便先作圣旨行讫，续具奏知。"从之。颐浩条画下项：一、以江淮荆浙都督府为名。二、印记乞以"江淮荆湖两浙路都督诸军事印"一十三字为文。三、用兵临敌及遣人间探之类，全在激劝，使之效命，欲先次支银绢各二万匹两，内绢仍通造旗帜使用。四、逐路财赋许酌度多寡，随事移那，不以有无拘碍裁拨应副。五、逐路见任官如实有疾病、怯懦或公私罪犯，不堪任职，或见阙（言五）〔官之〕处，并许施行，仍选官差填替讫（奏具）〔具奏〕。所差官自供职日理为任，如有举（宫）〔官〕听收使。六、逐路官不以拘碍，并听差出干办。七、淮南东西路兵火之后，人烟稀少，务在优恤，如有条所不载于民实便者，并乞从先次随宜施行讫具奏。八、今来出师系都督诸路军马，其逐路见今应统兵大小将帅并许听节制，若有行移，并用札子。九、兵将官属钱粮，乞差随军转运一员应办，其合行事件令所差官限一日条具申尚书省。十、差参谋等官，欲乞许于内外见任、得替待阙已未参部人踏逐辟差，并不许辞避，并与理为资任住程磨勘年月。带见任或新旧任请给外，别给本身驿券；无见任、新旧任请给人，每月别给钱二十贯。其当直人从、（般）〔搬〕担兵士，并依本资序依条格差破。所有参谋、参议各破手分二人，机宜、干办官遇差出破一名，于新至州县札差，请给并依书写人例施行。其所辟官限三日起发，未授朝廷付身以前令带权字。如未踏逐到，许于内外见任或已授未授差遣人内一面札差，不许避免，请给、理任、人从等并依见任人法，候辟差人到日罢。已上行在官仍并免朝辞。参谋官二员，参议官二员，主管机宜文字二员，书写机宜文字二员，干办公事官十员，准备差使文臣十员，准备差使大、小使臣各二十员，准备将领使唤欲乞辟差十员。十一、行遣文字全要谙练熟知次第人吏，欲乞于三省、枢密院、六曹及内外官司内人吏及使臣内踏逐指差，各理为资任及通理在职年限月日。如有前项特旨不许发遣批勘重禄及添给碍名色并开落名粮等，并依今来指挥，事毕发归元处。仍带行被差见请或见任请给，并人从愿分擘出历随处批勘者听。兼后项奏请官吏并不许受供馈，欲并支本身驿券，白身人破进武副尉，仍每月并支钱。十二、合破亲兵三百人，欲将带前去，仍并许分擘券历发遣，内存留人请给就行在勘请。十三、合用行遣纸札、印色朱红及发递物色、收盛文字笼仗、打角官物等，并具数下户部日下支给，在外于所在官司关取。十四、乞于内外指差医官一员、克择官一员随，请给、驿券、抽差、约束等并依手分例。内医官仍每月支给药钱七贯。十五、合用公使钱欲每月支给二千贯，乞自朝廷先次支降一月钱，已后月分于所至州军应管钱内取拨应副。十六、遇有奏报文字，乞许直发入内内侍省投进。十七、随军合用粮料等官（未）〔朩〕记，乞于三省激赏库关借五面前去。如不足，礼部取。并从之。1—3，p3975—3976

【绍兴四年】九月八日，川峡荆襄都督府言：“依例合将带知客等前去，系于三省、枢密院等处差取，今欲立定请给。知客等七人各与带行见请外，破进武副尉券一道，每月赡家钱十（十）贯。随行东厨、专知官等一十一人，翰林仪鸾司五人，已上专知官、手分、库子请给等，乞依降赐公使库则例。厨子、院子、翰林仪鸾司请给等，乞依降赐公使库秤子则例。"从之。6—7，p3978

【绍兴四年九月】十九日，又言："本府合干官属等，已有指挥并理资任，通理在职年限月日、住程磨勘年月，事毕发归元处。所在随军粮料院、降赐公使库务、提辖拨壕寨司之类官吏并属官下人吏等，即未有该载，今欲乞并依已降指挥施行。"从之。7，p3978

【绍兴五年二月】二十一日，赵鼎、张浚言："蒙恩除都督诸路军马，有合奏请事件：一、印以'诸路军事都督府之印'九字为文。二、川峡荆襄都督府事务并官吏、兵将、官物等，合并归本府。内印记候铸到新印日，于礼部寄收，如遇臣等出使，却行关取行使。三、本府行移缘臣等系宰臣兼领，乞依三省体式，其与三省、枢密院往来文字依从来体例互关。四、如遇臣等出使，其官属并直省通引官、知客、散祗候、大理官、街司、堂厨、东厨、监厨合干人等，量度差拨，使回仍旧。内合破使臣、亲兵、宣借兵士、诸色人等，乞许存留照管家属，或将带随行。五、本府应干合行事件，并遵依川峡荆襄都督府并臣昨措置江上已得指挥及体例施行。事小或待报不及，听一面施行。"并从之。7—8，p3978

【绍兴五年二月二十一日】，张浚言："被旨暂往江上措置边防，有合奏请事件。一、昨蒙差到中军将官一名，马军使臣一百人骑，今来除将官乞就差王存外，内使臣并马令中军依前次数目拣选差拨，仍候起发日每日添支食钱一百文。二、昨在江上措置日，有支借不尽激犒金帛等，乞下所属取拨前去。三、乞于左藏库见桩管空名官告内共支拨三百道，准备缓急书填立功将佐等使用。四、乞于省马院差骤马五十头匹，控养兵士各一名，管押将校共二人，应副一行官属乘骑、驮载官物。五、差到官属使臣等，并许通理前任月日。六、随行辎重人并官属合破白直等，除于都督府差拨外，如阙少，于所至州军差拨，依条给与口券，逐州交替。"并从之。8，p3978—3979

宋会要辑稿·职官三九·司户

《元祐令》：中州从八品，下州从九品。22，p3986

乾道六年，（任）〔汪〕大猷乞令司户专主仓库。《职制令》："粮料院无专

监、录事、司户参军同知，仍分掌给纳。"《绍兴申明》①："司户同书狱事。" 22，p3986

庆元四年十一月十一日，臣僚言："和州见今所管户籍，较之三十年前已不啻五倍之多，自守倅而下，除知录、司理各管狱事外，祗有防御判官一员。凡直司签厅公事与省司仓谷库、常平财谷，尽责于判官一人之〔手〕，委是（官）阙事。臣窃惟和之与楚，事体一同，今楚州已蒙朝廷与辟置司户一员，亦乞照楚州体例，从朝廷添置司户一员。"诏令本路诸司公共奏辟一次。22，p3986

宋会要辑稿·职官四一·宣抚使

【绍兴四年三月】二十四日，武成感德军节度使、开府仪同三司、充镇江建康府、淮南东路宣抚使韩世忠言："昨来申所属官乞依旧例，其参谋官系与转运使、副叙官，参议官与知州军、朝请大夫已上叙官，机宜、干办公事并依发运司主管文字叙官，准备差遣与签判叙官。今准朝旨，宣抚司参谋、参议官与提举茶盐官叙官，机宜、干办与通判叙官。窃虑属官叙位不应降等，兼《绍兴令》发运（同）〔司〕主管文字、干办公事在所部通判之上，今来宣抚使司机宜、干办公事却与通判叙官，显见宣抚使在发运使之下。"诏参谋官系知州资序人，与提刑叙官；参议官系知州资序人，与转运判官叙官；机宜、干办公事并依发运司主管文字叙官。29，p4013

宋会要辑稿·职官四一·总领所

【乾道四年二月】二十九日，刑部言："新除司农少卿、淮东总领吕擢奏：'逐路州军应有总领所钱米去处，欲乞量立殿最之法，许从本所检察按治。'本部看详，欲令诸路总领所于岁终将所管州军每州合发本所钱物十分为率，若拖欠及二分，知、通各展二年磨勘。或欠数太多，取旨；如了办数足，各与减二年磨勘。"从之。55，p4027

【乾道五年】八月五日，淮东总领吕擢言："契勘本所属官已经裁减，止有干办公事一员。淮西总领所已置干办公事二员，近又申明辟差准备差遣一员，本司委是阙官，乞依淮西例置准备差遣一员。"从之。55，p4027

---

① 《绍兴申明》是绍兴年间修撰敕令格式申明而成的五部独立法典之一。此仍是"申明"法典化的产物，所以应加书名号。

【乾道五年】十一月三日，户部言："淮东西总领所奏：本所人吏旧请于大军钱内勘支，立年限与补进义副尉。本部照得批勘合于大军钱内应副，更不添支食钱。其出职年限，欲自差到所充应十年，头名职级补授进义副尉。其递迁以次人各充应二年，通到所及十年，依今来出职年限补授。下淮东西总领所照会，湖广总领所亦依此施行。"从之。55，p4027

宋会要辑稿·职官四一·经略使

淳熙六年四月四日，广西经略安抚刘焞言："本路宾、邕、昭、象等州见有劫盗公事一十五（火）〔伙〕，未曾结断。自来候提刑司请覆取会，或奏听敕裁，动淹岁月。今来湖南宜章贼徒陈峒等窃发，与本路抵接，本路州县单弱，久有篡囚越狱之风，或恐凶徒越逸。检准《乾道重修敕》：'诸军干边防或机速，机宜事干机会，理须从权速请，不可淹留待报。余条机速准此。并（请）〔诸〕军犯罪事理重害，难依常法而不可待奏报者，许申本路经略安抚司，酌情断遣讫以闻。罪不至死者，不许特处死。余犯情重自依奏裁法。'乞许经略司索取各州勘到情款，将迹状显著、赃证明白之人一面约法，依上件敕条酌情断遣，候事定日依旧。"从之。78，p4038—4039

宋会要辑稿·职官四一·安抚使

诸路灾伤或边境用师，皆特遣使安抚，事已则罢。其河北、河东别置司长任。景德三年，置河北沿边安抚使，以雄州知州充。又有副使，以诸司副使以上充，不常置。都监，以阁门祗候以上充。并掌北边戍机、交聘之事，副使、都监迭巡所部。大中祥符元年，置河东安抚司，管勾官二人，一以代州知州充，一以阁门祗候以上充。今陕西沿边大将帅亦皆带安抚使名。近制，官轻则为管勾安抚司〔公〕事。79，p4039

凡诸路安抚之名，并以逐州知州充，掌抚绥良民而察其奸宄，以肃清一道。京东东路以青州知州充，西路以郓州知州充，京西北路以许州知州充，南路以邓州知州充，荆湖南路以潭州知州充。其河北路有定州路，有高阳关路，有真定府路，有大名府路，并带马（并带马）步军都总管，而广、桂二州带经略安抚使。79，p4039

旧制，凡诸路安抚使之名并以逐州知州充，掌抚绥良民而察其奸宄，以肃清一道。两浙东路以绍兴府，两浙西路以临安府，江南东路以建康府，江南西路以隆兴府，淮南东路以扬州，淮南西路以庐州，荆湖南路以潭州，荆湖北路以荆南府，福建（州）路以福州，京西南路以襄阳府，广南东路以广州广南西路以广州，广南西路以静江府，成都府路以成都府，利州路以兴元府，潼川府路以泸州，夔州〔路以夔州〕，并以知州充。内广南西路、成都府路、潼川府、夔州路并带兵马都钤辖，余路并带马步军都总管。内广南东路带主管经略安抚司公事，广南西路带经略安抚使。79—80，p4039

【建炎四年五月】二十七日，诏："诸州守臣比年以来往往陈乞带管内安抚使，不过欲增置官吏，辟举亲识，无补事功。其诸州守臣见带管内安抚使可并罢。"98，p4049—4050

【建炎四年六月】十五日，尚书省言："自来二品以上官为诸路帅臣，即与侍从官并职名稍高之人一等安抚使，显见无以区别。欲乞今后诸路帅臣如系二品以上，即为安抚大使，其系衔则镇抚使体式。"从之。99，p4050

【建炎四年八月】十五日，诏："两浙西路安抚大使许置参谋、参议、主管机宜文字、主管书写本司机宜文字官各一员，干办公事官五员，其请给令尚书省立定则例行下。"尚书省言："今定参谋、参议官，欲依本路提举茶盐官例支破；主管及书写机宜文字、干办公事已上，欲京朝官依通判、选人依签判支给；准备将领、准备差使、使唤、使臣，欲并依本军逐等官见今所请给则例支破。"诏依拟定内支散，供给人更不支破驿券。101，p4051

宋会要辑稿·职官四一·走马①承受公事

【景德】四年五月，诏："朝廷比差诸路承受使臣，要知逐处物情人事。如闻多（败）〔贩〕鬻规利，及役匠人制作器用什物，与豪富公人往来，犯者重置其罪。"120，p4061

大中祥符元年正月，诏："诸路承受使臣多令诸州牒报事宜，誊录入奏，颇为烦扰，自今禁止之。"120，p4061

【大中祥符】七年四月，申禁诸州走马承受使臣受诸路赠（遣）

---

① 宋朝时皇帝特派的公开特务，负责监察收集各路将帅官员的情报，主要由内侍宫和三班使臣担任。

〔遗〕。121，p4061

天禧三年正月，禁川峡走马承受使臣自今往来兴贩物色。121，p4062

【天圣六年】十二月二十八日，诏："所差诸路走马（诸）〔承〕受使臣多不得人，宜令三班院今后并选曾有臣僚同罪奏举，及曾经兵马监押或巡检、寨主、知县，不曾犯赃私罪者充。"122，p4062

宝元元年二月，诏："内臣为走马承受，代还如使臣例与改官。"景祐五年中尝有是诏，今复申明之。122，p4062

庆历三年八月，诏："诸路走马承受非本职不得辄言他事。"122，p4062

【皇祐】二年闰十一月二十六日，诏："今后走马承受如擘画过边上利便事件，不得理叙劳绩。仍入内内侍省选差廉谨稳当之人，仍不许指射。"122，p4062

英宗治平三年正月十八日，枢密院言："诸路走马承受，欲令三班院勘会见任官，将欲年满更展一季，于九个月已前将见在班使臣依条拣选四员。仍仰主判官躬亲试验书札，各令写家状一本，并具析（遂）〔逐〕人出身、历任功过、〔举〕主人数姓名，连状申枢密院进入，乞点定一名。"从之。123，p4062

【治平三年】九月十九日，诏："诸路走马使臣（徐）〔除〕系申奏机密急速文字依旧例发马递外，其余常程文字只发步递。"以上《国朝会要》。123，p4062—4063

神宗熙宁三年十月二十一日，诏："自来诸路走马承受使臣春秋赴阙，并丁经略安抚司取索管下城寨平安文状赴阙进呈，未尝亲历。自今河东、陕西，令躬亲往逐城寨取索，所到留一日，不得饮宴。仍（着）〔著〕为令。"123，p4063

【元丰元年】五月十五日，诏："逐路走马承受，凡遇差拨军马出入，仰常切体量人情，如士卒私自赔费及将官措置乖失，并仰密具事由闻奏。如敢不（尽）〔画〕时闻奏，致朝廷察访得知，当与所犯人均责。"124，p4063

【元符元年十月】八日，诏："自今吏部看详，如遇出入回日，许关借详照。若敢隐匿，并徒二年，不以赦降、去官原减。诸路安（府）〔抚〕、钤辖司依此施行。"124，p4063

【崇宁】四年九月八日，诏："边界探报事宜，依条令实封送走马承受看详，如在外即更不送。近日经略司或隐漏不送看详，亦无缘见得（子）〔仔〕细。令经略司及沿边安抚司将探到事宜书号印缝，封送承受。如供报不实不尽，并以违制论，不以去官、赦降原减。"续据高阳关等路走马承受公事所入状申："未审合因季奏，为复每月或每季、半年取索闻奏事。今依粮草数立为每季闻奏，修立下条：'（诸）〔请〕每季取索本路封桩见在钱物数开具闻奏，诸被受走马承受公事所取索封桩见在钱物数供报不实不尽者，以违制论，不以去官、赦降原减。'"奉诏依修定。125，p4064

大观二年十一月九日，诏："今后东南走马季奏，应有驿铺并不得乘船，违者以违制论。"先是，（西）〔两〕浙西路走马承受公事安竦乘座船赴阙，计在路四十三日；江南东路走马吕仲昌乘递马赴阙，即不曾乘船，计在路十一日。得旨，安竦特冲替，永不得与走马差遣。故有是命。124—125，p4064

【大观三年】六月二十七日，诏："帅府置走马承受内臣一员，武臣一员。缘东南与西北不同，不可令侵紊职守，应有闻见干军民者，并具闻奏，仍许入急递，唯不得干预军民事词状及擅行决罚指挥，余令依三路旧法施行。江南东西、两浙各共差走马承受内臣一员，于东西路驻札。"126，p4065

【大观三年】七月八日，枢密院奏："京西路走马承受公事曾处厚申：准枢密院札子，奉圣旨，本路州军等处支给诸军月粮，许走马承受亲临，于已请出粮内取一二合，令当职官封题（即）〔印〕记，走马承受附递呈进。若走马承受不在本路，或缘假故，即与将副往彼取样封记，将官关送到，依例附递。窃详州军内有无将副去处，即乞委本州都监或监押往彼取样，当职官封记前来，本所依例附递进呈。"从之。126，p4065

【大观三年】十一月一日，诏："走马承受岑镇在任不钤束所带人兵，多请过米麦，特罚铜二十斤。仍令诸路走马承受今后严切钤束，不得多借请给及有搔扰，违者当议重行责罚。"先是，臣僚言镇违法将带马军及纵令人兵违法借请官物等，诏令本路发军（兵军）〔运〕副使庞寅孙体量得实，故有是命。126—127，p4065

【大观四年】二月十六日，枢密院言："两浙东西路走马承受公事吕仲昌、江南东西路走马承受公事王渊、关仔奏：'伏睹《大观走马敕》："每季取索本路州军粮草文帐，备录闻奏。续奉朝旨，许令取索封桩见在钱物、粮斛，季奏日赴阙进呈。及近奉朝旨，两浙并作一路，仍依旧往还守季。"臣等契勘，两路相去辽远，不下数千里，于守季传宣取索入奏，往来时无暂暇，两路帅府安得有互守之理。所奏帐状，窃虑书写不逮，遂至迟延。欲将两路州军每季合取粮草并封桩见在钱物、粮斛帐状等，令逐州军如法攒造，关报走马所，逐旋缴奏，所贵两不相妨。所有其余两路并作一路者，望立法遵守。'看详诸路粮草并封桩钱物，令走马承受取索闻奏，盖使举察他司。今来若止凭诸州攒造帐，本所缴奏，即与逐州一面申奏事体无异。所有走马承受公事所取索闻奏，自合遵依见行条制外，官司取索粮草帐，虽有立定回报日限，缘日限太宽，兼封桩钱物未有报限条约，乞检会增修。"从之。127，p4065

【政和】三年七月十四日，枢密院言："勘会走马承受自来独员及双员处，一员入奏或差出随军之类，其在本路人遇非次替移，从来并未有交割所管印记、案牍、人吏与是何官司收管条约，欲乞立法。"从之。128，p4066

【政和六年四月一日】，枢密院言："麟府路走马承受公事扬延宗申：伏睹《走马敕》：'诸称帅司者，谓经略、安抚、都总管、钤辖司，_{麟府路军马、泸南沿边安抚、保州信安军安肃军都巡检司同。}'又《令》：'诸帅司被受御前发下朱红金字牌，因季奏赍赴枢密院送纳。'契勘有知府州折可大并似此等处，遇有躬受到御前发下朱红金字牌，合与不合计会赍赴朝廷送纳。"诏并令走马承受赍擎赴阙送纳，诸路似此去处依此。129—130，p4067

【政和】七年二月八日，诏："边防谍报，至重至密，动系机要，间不容发。近闻沿边每有探报，不论重轻虚实，互相关报诸司，喧传卷播，增缘百出，显有漏露，实于边防有害。自今探报除闻奏外，更不得报诸司。_{谓如转运、提刑、提举、廉访等司之类。}如有著令，并行冲改。或擅辄取索及违者，论如违御笔法。"_{其后宣和三年三月二十四日，因臣僚上言，除去"廉〔访〕"二字。}130，p4067

【政和八年】五月八日，准枢密院封送到政和重修本所令："诸帅司送到诸处探报、关申边界事宜文书，即时看讫，实封送还。已奏者非别有申明，更不再奏。其附案者如有应奏之事，听备录闻奏，遇出入回日亦听关借。余准上法。"132，p4068

【宣和】五（月）〔年〕十二月九日，真定府中山府路廉访使者李约奏："伏睹《政和令》：'诸大庆、大礼、元日、冬至、发运、监司官，_提

举茶事、提点坑冶铸钱官（司）〔同〕。诸州长吏三泉知县同。奉表贺，旧例遣使者如旧例。月旦奉表参起居，仍前期七日到进奏院。中散大夫、刺史、大将军以上在外及武功至武翼大夫任路分钤辖以上准此。'臣契勘廉访使者，旧隶逐路帅司走马承受，昨蒙睿旨改正名称，叙官述职几厕监司之列。如天宁节进奉功德疏并赐宴，已蒙圣造特依所乞，独有大庆、大礼、元日、冬至、月旦奉表，臣所领职名未预其数。欲望圣慈特许今后依前项令文，逐时奉表贺、参起居。"诏依所乞，余路依此。133，p4068—4069

【宣和】六年三月七日，臣僚上言："淮南路廉访使者王若冲奏准敕修立到：'诸司遇季奏，前期报转运司，取索所部见任官职位、姓名、到任年月日，或事故及之官违限人，类聚点检，诣实连奏。'缘未有关送廉访所条限，伏望下有司修立关送日限及违限断罪（修）〔条〕法。""诏令诸路转运司春于正月下旬，秋于七月下旬以前发遣到廉访所，违限者杖一百。"133—134，p4069

宋会要辑稿·职官四二·劝农使

【天禧】四年正月，诏："改诸路提点刑狱为劝农使、副，兼提点刑狱公事。所至取州县民版籍，视其等第税科，有不如式者惩之；劝恤耕垦，招集逃亡，检括陷税，凡隶农田事并令管勾。仍各赐《农田敕》一部，常使遵守。"2，p4071

【天禧四年】八月，诏："诸路劝农、提点刑狱官，自今奏事，缘户赋农田则书劝农司，刑狱格法则书提点刑狱所。"又诏："自今逐年两税版籍，并仰令佐躬自勾凿点勘新收旧管之数。民有典卖析户者，验定旧税，明出户帖。劝农使按部所至，索视账目。其县官能用心者，批历为劳绩，当议升奖。"时上封者言，诸州民版止委吏人，失于勘验，移易税赋，多不均等，故有是命。寻又诏："前敕诸路劝农使所至究民间疾苦，检视账籍。虑其因缘取索，受民越诉，以扰人众，宜令使、副常切钤束，更不得妄有行遣，呼集民人。其籍账不整，止得移牒索视，论诉公事并依旧次第陈状。如已经州县、转运司不行者，并即时尽公处理。所置曹典勿得过提点刑狱司数。"2，p4071—4072

宋会要辑稿·职官四二·发运司

绍圣元年九月七日，户部言："发运司状，每年上供额斛及府界、南京军粮动以万计，止管汴河一百七十余纲，须装卸行运之速，乃能办集。其汴纲在京等处卸粮，多有少欠纲分，依朝旨并批发下装发处折会结绝，而从来未有立定日限备偿明文。欲并依《京东排岸司①一司式》，立限备偿。若装发处不便结绝，自依元祐八年秋颁敕条断罪。"从之。5—6，p4073

【元符】三年二月二十四日，刑部言："荆湖北路提点刑狱司申，检准治平二年三司使韩绛等奏：'使臣管押汴河粮纲，若于纲运内有过犯，并委三司、发运司取勘罚赎。'又准《元祐七年敕》：'小使臣在官处犯公罪杖以下，并本州断发。其应断罚而所犯情轻者，申提点刑狱司，委检法官看详。'又准《绍（兴）〔圣〕五年敕》：'诸押纲小使臣犯笞罪，批上行程，至卸纳处排岸司点检，在外就近送转运或发运、辇运、拨发司施行。'今看详，治平朝旨系专言渭、汴河纲使臣，即不言诸路押纲使臣有相合依是何条令。寻送大理寺参详，今据本寺状，治平朝旨既系一司专条外，其诸路押纲使臣虽依《绍圣五年敕》，（今）〔令〕排岸司点检，送转运司行遣，如所犯情轻者，除发运司合依本司专条勘罚外，其转运、辇运、拨发司即亦合关报提点刑狱司，依条看详当否施行。"从之。6—7，p4074

【政和三年三月】八日，中书省、尚书省〔言〕："检会《政和二年十二月十三日敕》：'今后应押（栈）〔筏〕使臣、殿侍、军大将等，如押竹木纲（栈）〔筏〕送纳，别无少欠，虽有不敷元来径寸，如有纲解火印照验分明，系是元起官物，别无欺弊，仰所属一面取会元发木官司认状外，其（其）管押人听先次依法推赏。如会到别有违碍欺弊，不该推赏，即行改正，依条施行。'勘会未降上件指挥日前，亦有似此之人，理合一体。"诏并依《政和二年十二月十三日朝旨》施行。8，p4074—4075

宣和二年八月十六日，中书省言："勘会东南粮纲为抛失少欠数多，近已奉御笔措置罢募土人，改差使臣等管押，及令经由拖欠路分任责。（令）〔今〕有合申明事件下项：一、六路召募土人法罢，其两河粮纲所募土人亦合并罢，遵依已降指挥施行。二、六路罢募土人粮纲并年满、事故等阙，转运司已降指挥出阙召人指射，如过两月无人指射，或虽有人指射不应差注者，即具阙报发运司召人。以上差讫，除具职位、姓名申尚书

---

① 宋代掌管各地水运纲船事务的官衙。

省外，仍申所属曹部出给付身。或发运司过一月无应入人指射，即申吏部；又过一月犹无应入人，即关都官差注。其资次并依已降指挥。三、两河土人粮纲并年满、事故等阙，輂运、拨发司出阙召人指射，差讫除具职位、姓名申尚书省外，仍申所属曹部，出给付身。过三月无人指射、不应差注者，即具阙申吏部；又过一月无应入人，即关都官差注。其资次并依六路已降指挥。四、管押人虽已有副尉指射，若定差未了间，却有校尉以上人愿就者，自合先差校尉等。五、今来所罢土人，候差到人交割讫，发遣归都官，别承差使，即不得再押粮纲。六、沿路抛欠斛斗，除合依已降指挥，令经由抛欠路分转运司任责，次年依上供条限补发外，其六路每年随正额合起酌中补欠数目，自合依旧起发，候次年经由抛欠路分补发到京。如实补发到数目过于本路随正额合起酌中补欠之数，即将剩豁除。七、两河抛欠斛斗，其经由路分任责补欠置籍等，亦合依东（西）〔南〕直达纲已降（旨）〔指〕施行。内抛欠斛斗，并令地分官司、京东輂运司、蔡河拨发司置籍。八、经由京畿地分，如有抛欠，缘京畿别无上供斛斗，自合据合补数目，于外路起到应副本路纲内，依数改拨补发上京。九、提辖文臣已立抛欠分厘责罚，其检察武臣亦合依此。十、土人如为已有替罢指挥，辄敢作过，偷盗粮斛，拆卖舟船，仰所在官司常切觉察，具违犯申尚书省，法外重行断遣。"从之。8—9，p4075

【宣和五年】九月五日，户部奏："荆湖南北路划刷大礼钱帛赵庠申：'勘会荆湖南北路诸州军起发上供钱物，有畸零数少去处，依条般往近便及沿流去处州军团并成纲，起发上京。限十日转发，违限杖一百。今团并州军承他处起到钱物，如不依限交收转发，欲望立法约束，及许管押人越诉。'户部看详，欲依赵庠所乞，如他州或别路起到钱物，限次日交收。仍乞立法施行，诸路准此。"从之。11，p4076

宋会要辑稿·职官四二·发运使

【大观】二年八月二十九日，诏："应诸路纲今来直达，各认船额，所在并发运司辄折变拘收改易者，以违制论。"32—33，p4087

【建炎二年五月】十七日，发运副使吕源言："今来取索驱磨措置钱物，窃虑诸处官司循习作过，或以曾被烧劫为词，或以军兴支讫为说，藏匿案籍，避免根究，合具名奏劾外，乞许诸色人陈告。十分为率，二分充赏。如同作过人自首，特与免罪给赏，其犯人并依自盗入己赃坐罪。若所首及万贯以上，除合得赏钱外，申奏朝廷，别加赏典。应诸路监司、州县承受本司驱磨措置钱物文字，并限一日回报。如违限，承行人吏从本司勾追，杖一百科断，情重者仍勒停。取索干照文字公案，亦乞依此。拘收到钱物，逐州专委官主管，并乞依本司籴本钱已降指挥，不许借兑移用，虽奉特旨或免执奏，亦具奏听旨。其官司擅行借支，即乞依擅支借常平封桩钱物条法。"并从之。33—34，p4088

【政和元年八月】十六日，户部状："契勘六路额斛，每年须要于本年般足奏计。欲乞今后诸路转运司应承发运司取会粮运事，并限三日报，违者杖八十。从本司关牒本路提刑司取勘，人吏如稽滞过一月不报，仍许申户部详酌事理，申取朝廷指挥施行。"从之。35，p4089

【政和元年】十一月二十四日，发运副使蔡安（特）〔持〕奏："契勘东南六路上供额斛，依条合均三限（般）〔搬〕发。限满不足，本州并转运司官差替吏人勒停。臣看详，若或三限各有违欠，即一岁之间诸州三易官吏，窃虑难行。"诏出违第一限不及八分，转运司吏人从发运司移文本路就近提举等司，先科杖一百。第二限通不及九分准此，转运副使、判官各展二年磨勘。第三限不足，即依见行条法施行。如限内率先敷足，其官吏保明申朝廷，等第推赏。仍令户部立法申尚书省。35，p4089

【政和三年】十月四日，尚书省言："检会宣德郎黄唐傅札子：'今州县官每遇监司巡按，往往假托他事，远候于数里之外；巡尉仍以警盗为名，部领甲仗，交会境上，习以为常。乞申严禁令。'今拟下条：'诸发运监司所至，其州县在任官辄出城迎送以职事为名者同。若受之者，各徒二年，并不以失及去官、赦降原减。'右入《政和职制敕》。系创立，冲改《政和职制敕》发运监司预宴会条内在任官出城迎送一节不行。'诸般运监司预妓乐宴会，自用或作名目邀近使令及过茶汤之类同。在路受排顿或受迎送，般担人（般）〔数〕及带公人、兵级过数，若为系公之人差借人马者，各徒二年。即赴所部及寄居官用家妓乐宴会者加二等。不应赴酒食而辄赴，及受所至在任官、诸色人早晚衙并诸色人出城迎送者杖八十。近城安（洎）〔泊〕，因公事往彼会议者，并不以失及去官、赦降原减。其辖下官司各减犯人三等。'右入《政和职制敕》。以《职制敕》详定冲改，元条不行。"从之。37—38，p4090

【政和】七年正月十一日，诏："诸路上供钱物可自今除格令合支拨外，发运使应敢陈请截拨及所在限满不及数者，并以违御笔论。"

38，p4091

【宣和七年七月十九日】，又奏："乞诸路起发钱物，印给走历，于卸纳处缴历驱磨。如地分巡尉苟简，或至侵欺移易，乞赐黜责。"诏依违御笔论。43，p4093

宣和四年十二月初七日，敕："发运使、经制两浙江东路陈亨伯奏：'乞应诸路州军籴买上供并军粮斛斗，法酒库并酒务、公使库糯米，并委官置场，不得抛下属县并于人户、行人处收买。如有违戾，乞重立刑名，仍许被率取人户越诉。诏：如违，徒二年。'取到户部状：'检会《政和敕》："诸缘公使库职事辄委县令佐管勾者徒二年。"勘会诸州军公使库属县收籴糯米，合遵依政和条敕行；所有其余合籴斛斗，自合遵依自来体例，措置收籴。'"诏《宣和四年十二月七日指挥》更不施行。45—46，p4094

【宣和六年四月】八日，发运判官卢宗原状："六路纲运水脚工钱，漕司并不遵依，诸州多称阙乏。今相度，欲据淮南路每年合桩水脚钱二十一万贯，除本路合得钱六万贯，自行移那支遣，将江、湖、两浙五路合得钱一十五万贯，（今）〔令〕淮南转运司契勘管下州军所入财赋多寡，分抛桩拨，令于酒税课利内以十分为率，每日以所收钱拨一分专作水脚钱。谓如一州日收酒税钱三百贯，即令每日拨出钱三十贯之类。须管依立定条限桩足，别库收管，选曹官一员专领，责知、通点检，每月一次起赴真州本司交纳，本司专责属官一员管勾支遣。所有两浙路合支钱数，亦从本司支拨，于扬州、镇州、瓜州镇桩管，就便委官支遣。如诸州有违欠不桩日分，或虽正收桩而辄敢别作支移，其当职官吏从本司点检奏劾，乞重赐典宪，仍不以去官赦原。"从之。49，p4096

【宣和六年】六月五日，尚书省〔言〕："检会《宣和六年正月二十七日敕》：发运判官卢宗原奏：'依（奏）〔奉〕御笔，措置兴复转（拨）〔般〕，所有转般舟船，招置人兵，支费浩瀚，欲于淮、浙、江、湖、广、福九路官司应出纳钱物一百文别收头子钱一文足。'度支供到《政和四年四月二十六日敕》'，荆湖南〔路〕转运司状：'欲乞应给纳系省钱物，并许令每贯、石、匹、斤、两、束各收头子钱五文足。内物价如直钱一贯，即收五文足；若一贯以上或不及一贯者，并纽计收纳；或旧收多处，自依旧收。专充裨助直达粮纲水夫工钱等。诏依所申，其应行直达路分依此。'"50，p4096—4097

【宣和七年】五月三日，诏："卢宗原拘收籴本，兴复转般，并系御〔前〕措画，亲笔处分，无损漕计，亦无取敛于民。访闻诸路漕司辄敢观望指准补欠，更不以上供岁额为意，发运司官又欲以补欠为己功，不复督责，举此以废彼。卢宗原所拘收钱本，可令不住于秋夏丰熟去处广行收籴，其已籴到并去岁均籴斛斗，并行桩管，以御前措置封桩斛斗为名。所有诸路上供额斛，除已代发过数合行截还外，且令依旧径发上京。如违，以大不恭论。"50—51，p4097

【宣和七年】六月二十四日，诏："官（师）〔司〕降指挥于六路漕司借舟船、人物等（般）〔搬〕载官物之类，并不得收接，仍仰发运司执奏觉察。如违，以违御笔论。"51，p4097

宋会要辑稿·职官四三·提举常平仓农田水利差役

【政和七年】十一月三日，（诏）试尚书户部侍郎任熙明、尚书户部员外郎程迈奏："户部右曹掌常平免役敕令，大观中被旨颁降《旁通格式》，令诸路提举司每岁终遵依体式，具实管见在收支编成《旁通》，次年春附递投进。又本部取诸路钱物之数，编类进呈。殆将十年，未尝检察钩考，以见金谷之登耗盈亏与提举州县官之能否勤惰，几为文具。窃见政和六年《旁通》，其间违戾隳废者凡七事：一、俵散常平钱谷随税敛纳，去岁未纳数多路分。二、常平籴谷所籴数少路分。三、农田水利堙废无措置兴修路分。四、市易岁终收息数少路分。五、抵当岁终收息数少路分。六、熟药岁终收息数少路分。七、免役钱依（去）〔法〕计一岁募直应用之数，立为岁额，多准备钱不得过一分。有不敷准备钱，却有准备钱过岁额处。如有逐件违犯，即是官司违法，缘《旁通册》内并不曾开说，乞委官遍行点检，因加赏罚，以示惩劝。"诏令逐路提举常平司具析逐项因依闻奏。仍令诸路今后将每年所申户部《旁通》内量行开说，因依。谓如是常平散敛元若干，已敛若干，未敛若干，其未敛之数内若干系灾伤倚阁，若干系逃亡户绝，若干系拖欠未纳。又如场务元管处所若干，已卖若干，未买若干，其未卖之数内若干系因败阙停闭，若干系过月未卖之数。候到，仰户部逐一检察钩考，具以闻。9—10，p4116

【政和七年十一月】八日，户部言："乞初除提举常平司官上殿禀圣训讫，许赴右曹讲议，仍给《绍圣常平免役敕令》《政和续附》各一。"从之。10，p4116

【绍兴二年】十二月二十九日，度支员外郎胡蒙言："常平之法，靖康初废提举官，唯罢散敛钱谷，余则其法具存，悉兼领于宪司。七八年矣，未闻朝廷每岁终以格法较诸路措置推行之能否，以责其实效也。而军旅未息，用度百出，则收常平程课以助经费。况残破郡县，逃绝田产不可以数计；坊场河渡托以停闭地界，利源尽入于私室。及神霄已废额，学校未养士，二浙又有所谓湖田、草田米之类，名色不一。臣欲乞申严期，自兼领使者至州县守令，立为殿最之法，岁终稽考而劝惩之。"诏令户部立法，申尚书省。本部今修立下项："诸令、佐催纳免役钱、旧常平司诸色租课，限满委知、通取索应催纳欠之数，批书印纸，仍申提刑司。本司类聚，每岁将任满之人考较，以足而不扰为优，有欠而最多为劣，各三人，限次年二月终具事状保奏。无或不足听阙。足而不扰者升半年名次，欠而最多者降半年名次。"诏从之。19—20，p4121

【绍兴】九年四月六日，诏："（令）〔今〕后诸路常平司干办官遇出陆巡按州县，许差破（般）〔搬〕担人一十名。"以江、淮、荆、浙、闽、广等路经制使司申明："《绍兴格》：'监司属官差出，止许破（般）〔搬〕担人六人，委是使用不足。'"故也。26，p4124

【绍兴】二十七年八月四日，户部言："逐路常平司保明到本路州县所立平准务合用本钱，除不（不）及一千贯去处不立赏罚外，今相度比拟条法，将立到本钱一千贯以上去处，以本多寡参酌立定监官候一岁终以本计息赏罚格：自收息及三分以上升一季名次，不及一分五厘展一季名次；五千贯以上，收息及三分以上升半年，不及一分五厘展半年；一万贯以上，收息三分以上升一年，不及一分五厘展一年；三万贯以上，收息及三分以上减一年磨勘，不及一分五厘展一年磨勘。本部除已相度监官岁终收息分数赏罚外，窃缘立到本钱既多寡不同，即难以一等添破食钱。欲乞将不及一千贯以上本钱去处，比拟条法，除不赏罚外，每月收息及二分，止与添破食钱三贯文外，有立到本钱一千贯以上添五贯文，五千贯以上添七贯五百文，一万贯以上添一十贯文，三万贯以上添一十五贯文。如不及二分，即依已降指挥不支食钱。欲下逐路常平司，行下州县遵守施行。余依见行条法指挥。"从之。30—31，p4126—4127

【绍兴二十九年】七月五日，诏："逐路提举常平官躬亲措置没官、户绝等田宅，如能率先出卖数多，仰户部具申尚书省，取旨优异推恩。或出卖数少，当行黜责。州县当职官能用心措置，亦于已立赏格外增重推赏，或令常平官按劾闻奏，重作施行。"先是，户部提领官田所状："契勘江浙等路没官、户绝田宅,近承指挥,州委知、通,县委令、丞,措置出卖。今访闻有奉行违戾去处,致引惹弊端,欲乞令提举常平官严行检察。今措置下项:一、人户见佃田宅,依指挥令州县官躬亲监督,依乡原体例,肥瘠高下估定实价,与减二分。如愿承买,并限十日经官自陈,日下给付,盖欲优恤见佃之家。今访闻估价之时,其所委官并不躬亲监督,致合干人作弊,受有力之家计嘱,低估价(直)〔值〕,便令承买。或见佃人未有钱,即计嘱高抬钱数,要得出卖不行。今措置,欲未卖田宅并依条出榜,许实封投状。自出榜日为始,限一月拆(开)封,以最高钱取问见佃人,如愿依价承买,限十日自陈,与减二分价钱给卖。如不愿承(卖)〔买〕,即三日批退给价高人。若见佃人先佃荒田,曾用工开垦,以二分价钱还工力之费;如元佃熟田,不在给二分之数。限满无人投状,再限一月。若两限无人承买,即量行减价出榜召卖。二、见佃人户已买田宅,既于官中低价承买,却又增价转手出卖,或借贷他人物收买后,却行增价准折之类,欲许诸色人经官陈告,以所买田宅价钱三分给一分与告人充赏,余拘没入官,别行召人实封投状买。庶几隔绝奸弊。三、人户所佃田宅,若其间有已前冒占及诡名挟田,至今耕种居住,送纳课米或二税,既已施工力,终是见佃之家。窃虑州县不许作见佃人承买,致引惹词诉。今措置,欲并作见佃人户承买。四、今来合卖田宅,其间有官户形势之家请佃,往往坐占,不肯承买,致阻障他人亦不敢投状。今措置,如出违前项(折)〔拆〕封日限,无人投状承买,即依官估定价(直)〔值〕,就勒见佃人承买。其所纳钱令作三次,限一百八十日纳足;违限不足,即依已降指挥施行。如依前坐占,不肯承买,即仰州县具名中常平司,本司具因依申取朝廷指挥施行。五、人户投状承买田宅,(折)〔拆〕封日见得着价最高,合行承买却称不愿买者,依已降指挥,以所着价十分追罚一分入官,仍给卖以次着价最高人;又不愿,亦追罚一分钱。窃虑有狡猾之人用意阻障,妄增钱数,既至拆封,却称不愿承买,又将合没一分钱数用情计嘱,不为送纳,搅扰见佃之家。今措置,欲似此合追罚一分钱数,限一月追理纳足。仍令常平司常切觉察,如州县不为追理,或顽猾人户不为送纳,即具名申取朝廷指挥施行。所有人户实封投状着价最高,若见佃人与投状人皆不愿买,即将次高钱数先次取问佃人施行。六、契勘出卖浙西营田,已承指挥权住卖外,所有其余路分营(主)〔田〕、官庄、屯田,前后已降指挥即不该载,今来并不合出卖。七、访闻常平司并州县人吏多受情嘱，邀阻乞觅，及不将前后措置多出文榜晓示；虽出文榜，随即隐藏，不令人户通知。或州县作弊，欲使人（抵）〔低〕价买得，榜内更不写出田段、价（直）〔值〕，却令买田人先低价投状，临时于纸缝内用纸挽入所买田土，外人无从得知，致出卖稽违。欲下逐路常平司官严行觉察，稍有违戾，按劾申朝廷，重作施行，人吏决配。八、今来措置止系补圆未尽事件，即不冲改前来指挥。欲下两浙、江东西、湖南、福建、二广、（西）〔四〕川提举常平司，疾速行下所部州县遵依施行。仍令州县分明大字多出文榜州县要闹及乡村坐落去处，晓谕民户通知，无令藏匿。若常平司不检察，乞令提刑司觉察按劾。"诏依（权）〔措〕置事理施行。于是中书门下省言："江浙等路出卖没官等田宅，前后措置指挥纤悉具备，全在常平、州县官恪意奉行。近据逐路申到所卖田宅大段数少，盖缘常平官视为虚文，不切督责，及州县知、通、令、丞弛慢，全不究心觉察，容纵吏人受嘱，高下估价，隐匿文榜，百端欺弊，致出卖稽违，理宜申严约束。"故有是诏。32—35，p4128—4129

【绍兴二十九年七月五日】，户部提领官田所言："诸路寺观绝产，已降指挥令常平司拘收，令项桩管，申取朝廷指挥，至今未见申到已桩管数目。"诏令诸路提举常平司依已降指挥，疾速开具申尚书省。35，p4129

宋会要辑稿·职官四三·体举茶盐司

【淳熙】九年十二月五日，前福建常平提举周颉言："常平三弊：一曰公吏非时借请，二曰选人支破接送雇人钱，三曰给散乞丐孤贫米。乞下诸路，将前后公吏已借请钱，依《元丰令》克纳五分。官雇人钱（般）〔搬〕家，止得就寄居处保明帮请，如绍兴三十一年三月内臣僚所奏事理施行。至于支给乞丐人米，则与申严行下，责在提举常平司严行稽察，将州县违戾去处，痛与按劾惩治。"从之。43，p4131

【淳熙】六年八月十八日，诏："提举常平茶盐官遇阙，如文武臣提刑两员去处，令以官序兼权。"43，p4132

宋会要辑稿·职官四三·都大提举茶马司

元丰元年四月七日，提举成都府利州秦凤熙河等路茶场公事李稷奏："议者常言茶价高大，国马遏绝，臣以谓博马官司既不用贵茶，自当以银帛和市。往时刘佐定熙河名山茶每驰直三十七贯省；吕大防用慕容允滋，价减为二十五贯一百六十省。然去冬民间且二十七贯足。由是观之，刘佐知增而不知减，吕大防知减而不知增，是皆立法不能变通。今且画一起请：一、诸出卖官茶，令提举茶场司立定中价，仍随市色增减。应增（减）者，本州本场体访诣实，增讫申茶场司，本司为覆按，若后时及妄谬不实，并随事大小奏劾施行。应减者，申茶场司待报。二、臣窃详茶法官利在价高以得厚利，处之无术而并与法坏者，刘佐是也。买马官司利在茶价低，价低则蕃部利厚而马有可择。近蒙朝廷已立对行交易法，销去买马官司争价之弊，臣不复论列。臣以谓既许随市色增，窃恐逐州止务添价，却致卖茶数少。须立定每岁课额及酬赏格法，使人人赴功，则事务不劳而办。今勘会熙宁十年卖茶倍于常年，欲立条下项：'诸博马场所用茶，秦州额熙宁十年支卖茶五千九百二十四驰，今定六千五百驰；熙州额熙宁十年支卖并博马共一万三百七十九驰，今定一万九百驰；通远军熙宁十年支卖并博马共六千九百六十驰，今定七千六百驰；永宁寨熙宁十年支卖并博马共七千九十一驰，今定七千五百驰；岷州熙宁九年〔支〕卖并博马共三千九百四十六驰，熙宁十年〔支〕卖并博马共三千三百八十六驰，今定卖并博马共四千驰。'"并从之。50—51，p4136

【元丰四年】十月二十七日，提举陕西买马监牧同提举成都府利州秦凤熙河等路茶场司奏："准《诏》：'买马价钱仰依条画时支给。'又《诏》：'令经制熙河边防财用司指挥，许令弓箭手依官价自买及格堪披带马，赴本司呈印讫给付买马场，当日支给价钱，仍充买马司年额之数。'本司岁额所入见钱不多，欲乞今后弓箭手自（卖）〔买〕到马价钱，许以茶及银、绸、绢、见钱相兼支给，所贵易为应副支用。"从之。38，p4139—4140

【元丰六年闰六月】十三日，提举茶场公事陆师闵札子奏："窃见新修《茶场司敕》尚未全备，择出合行通用条贯三十八件，内有于新法干碍者，略加删正下项：'诸提举官于辖下官吏，事局相干同按察，部内有犯同监司。诸提举官点检职务公事，杖已下罪就司理断，事合推究者送所司，徒已下依编敕监司点检法。诸路茶法、职务、措置、词讼、刑名、钱谷等公事，除州县施行外，合申明者申取提举司指挥施行，他司不得干与。虽于法合取索文字，并关牒提举司施行，不得专辄行下诸处，亦不得供报。如已经处置，尚有抑屈者，许以次经转运、提刑司申理。诸干当公事官，川路二年、陕西二年半为一任，选人愿三考者听从便。供给依廨宇所在州签判例。<small>州无签判依职官例。</small>京官以上及大小使臣各随本资添支，本资无添支者，依监一万贯场务例给。诸干当公事官阙无所承，许不拘常制选差辖下官权充。其余应合差官干事，并依编敕差官条施行。诸纸笔、朱墨、油烛、皮角，以系省钱收买，在京申省支给。诸文字往还并入急脚递。'"从之。<small>全文见茶门。</small>64，p4142—4143

【元丰八年二月】十一日，户部状："都大提举成都府永兴军等路榷茶司奏：'准敕，陕西买马监牧司相度到文州买马利害：一、乞将买马绸、绢、绞、茶之类，令买马官专管。本司看详，欲乞令买马官亲管折博支给外，依旧令职官兼管干折博场文历、仓库支收出入等事，于本司茶法别无妨碍。二、乞今后茶场司合应副本路博马茶数，并令文州茶场以洋州等处茶应副。如买马数多，额外更合销物色，并乞许令本司预行计度，下应副官司依数即时应副。看详买马司所乞文州茶场应副茶事，已准朝廷令本司就近于文州茶场见卖茶内支拨应副买马，除转运司旧额茶只用洋州、兴元府元价并雇脚钱数计算还本司外，有添额买马合用茶并旧额茶内亏少钱数，并依例计算，理为本场课额。'本部欲依相度到事理施行。"从之。69，p4145

【哲宗元祐元年】十月十七日，都大提举成都府等路榷茶兼陕西等路买马黄廉言："按元丰六年闰六月十三日并八年十二月七日朝旨，应缘茶事于他司非相干者不得关与，设使缘茶事有侵损违法或措置未当，即未有许令他司受理关送明文，深恐民间屈抑无由申诉。乞止依《海行元丰令》，监司巡历所至，明见违法及有词讼事在本司者，听关送。应缘马事亦乞依此。"从之。70—71，p4146

元符元年九月二十八日，都大提举成都府利州陕西〔路〕等茶事司申："准批下利州路转运司申：检准《元丰元年二月十二日敕》：'文州年额买马五百一十一匹。'又准《元丰八年十二月十五日敕》：'成都府利州路买马钱并依未置司以前旧额匹数，合用钱物令逐路转运司应副外，有不足，并于榷茶司税息钱内支破。'后准《元祐七年八月二日敕》：'管干茶事阎令奏，准敕买马钱本旧额，令转运司应副外，有不足，并于茶事司息钱支破。'今来川路已罢榷，除收致钱外，更无诸般课息，恐应副买马阙误，以前额外买马支过钱数，今茶司更不拨还。今后逐年买马钱，仰成都府利州路转运司均敷。又准《绍圣元年八月二十七日敕》：'文州添额买马合用茶，令转运司算还元买茶价并雇脚钱。'近准《绍圣四年二月二十五日敕》：'提举茶事陆师闵奏，复行榷买川茶，依元丰法不许通商。'本司勘会，文州旧额买马逐年额外合用钱数目，并系茶事司于税息钱内应副，后来阎令奏请，为罢榷川茶后来阙少课息，所以令转运司均认。本司自承准上件指挥后来，至绍圣三年终，买过额外马，支过马价并生料等，见取会元价拨还。本路财税岁入有限，应副不足，自均认后来，拖欠万数不少，尚未有钱拨还。今来已准敕依旧禁榷川茶，其茶司岁入课息等钱，自可敷足旧额应副买马之费，所有元祐七年八月二日并绍圣元年八月二十七日《指挥》，理合更不施行。自《绍圣四年二月二十五日指挥》后来，合依旧令茶司管认外，有未降复榷川茶日前均认过数目，乞渐次拨还，送都大提举茶马司相度，申枢密院。勘会昨准朝旨，永兴、鄜延、环庆三路复为禁茶地分后来，出卖川茶倍多，并于兴元、洋州收市应副，即目大段阙少钱本支使。本司今相度，欲将未准绍圣四年二月二十五日复禁川茶日前合还本司茶钱，乞严责日限拨还，应副茶本急阙支用。所有自复行禁榷川茶日以后利州路买马钱本，并从逐司依元丰年条法应副申闻事。小贴子称：所有成都府路、黎州买马钱本，亦乞依此施行。"从之。其去年二月二十五日以前转运司钱，限一年拨还。72—74，p4147—4148

【崇宁】三年二月二十九日，户部状："提举陕西等路买马监牧司申：'黎州所买马类多不堪披带，自来止为羁縻远人。又虑买数过多，有损无益，遂立条，从八月一日开务，至三月一日住买。后来官司有失体究本意，不限月分收买，却于成都府马务经夏养喂，比（之）〔至〕起纲时月，积留死损极多，枉费官钱刍粟不少。马务监官每岁例该责罚，遂累次检会旧条，乞本州每年自八月一日开务买马，至二月一日闭务住买，蒙朝廷施行，自后免得积留在成都府马务养喂病生，枉死物命。今会算黎州见买四岁至十三岁四赤四寸大马，每匹用名山茶三百五十斤，每斤折价钱三十文；银六两，每两止折一贯二百五十文；绢六匹，每匹止折一贯二百文；絮六张，每张止折五十文；青布一匹，止折五百文。约本处价例，仅是半价支折与卖马蕃部。自黎州至凤翔府汧阳监四十八程，沿路倒死数目不少，其马多充杂支。今会计，秦州买四岁至十岁四赤四寸大马一匹，用名山茶一百一十二斤，每斤折价钱七百六十九文，比黎州减得茶二百三十八斤，又减省银、绢等不少，衮比马价钱，止四分之一。黎州岁买马二千匹，元符二年买五千二百八十余匹，元符三年买四千一百余匹，费用茶万数浩瀚。雅州至黎州，道路尽是山崄，人夫负担，委是不易。近准建中靖国元年十二月十一日敕，茶事司奏，乞雅州在城、名山、百丈、庐山县茶场收买黎州博马茶不及八分及雇发积滞，即收买起纲茶虽及八分，不在推赏之限。契勘收买陕西、名山茶一百二十纲，买及九十六纲，已及八分该赏。其黎州收买博马茶自来不限定分数，今若候黎州收买足茶数及雇发无积滞方赏，其陕西纲茶必是减少留滞，有妨博（马）〔买〕战骑，兼于陕西贵价出卖茶处亏损课额。欲乞黎州买马，且依元条收买三千匹，其博马茶比旧减半支折，所有一半茶却依价折与（铢）〔银〕、绢等。合用钱物，除转运司年例拨到外，有余少钱物，并依旧茶事司应副，即蕃部尚为优幸，不失抚纳远人之意。所有雅州名山买陕西纲茶并黎州博马茶，且依旧条收买。'送户部，符茶事司连旧书申奏。今据提举官孙鳌拚状：'黎州南蛮及吐蕃部落惟仰卖马为生，久来不以配军为限，尽行收市，招怀远人。今若止以三千匹为额，更除豁不理赏之数，必致减损买马官赏格，无以激劝，又恐因此阻节远人，于蕃情未顺。兼茶事司额外买马银帛，自来转运司计置支还，茶事〔司〕止是应副茶货，年终计算拨还。成都府转运司见申乞令茶事司拨还用过银绢亏损价例，若减半支茶，却以银帛支折，转运司岂肯更行应副？若依旧不限数买马，又缘欠蕃部茶八千余担，亦非经久之法。所有买发黎州年额并额外马，通数岁买不得过四千匹，赏罚并收市合用茶及支折茶、彩，且依见行条法施行。其四赤以下马更不收买。'本部看详，若止三千匹为额，不惟减损买马官赏格，兼恐阻节远人。若不限定分数及比旧减半支折茶收买，缘今来应副湟州博籴万数浩大，比（赏）〔常〕年加两倍买茶，亦恐阙误。除赏罚并收市合用茶依见行条法施行，欲将黎州年额并额外马通岁额不得过四千匹，其博马茶比旧减半支折，所有一半茶却依价折与银、绢等。所是合用买马钱物，除转运司年例拨到外，有余少钱物，并依旧茶事司应副。其四赤已下马更不收买。"兵部看详，除所乞将年额并额外马数通不得过四千匹，合系年额马三千匹依旧、一千匹额外收买外，即无未尽未便事。从之。79—82，p4150—4151

【崇宁四年】七月二日，熙河兰湟秦凤路经略安抚制置使司奏："奉诏处分相度措置马政事，寻先次指挥岷州计置收买马一万匹，作制置司支用，候足日奏取处分，已令知岷州冯瓛措置。今据冯瓛申，已牒提举买马司逐急借拨名山茶贴作三万驮支与岷州，候见得的确数目申朝廷，却行拨还。及已牒茶事司依冯瓛所申，并下秦、巩、熙、河、岷州，依所乞应副去讫。一、于买马场勘会到良纲马，并系支一色名山茶下项：良马三等，并〔四赤〕四寸（已寸）已上，上等见支茶二驼一头，中等见支茶二驼二十斤一十五两半，下等见支茶二驼二十斤七两半；纲马四赤七寸，见支茶一驼一头二十六斤半，四赤（四）〔六〕寸见支茶一驼一头一十九斤一十二两，四赤五寸见支茶一驼一头壹十四斤一两半，四赤四寸见支茶一驼一头四斤一十一两，四赤三寸见支茶一驼四十九斤二两，四赤二寸见支茶一驼三十二斤一十二两。二、勘会日近蕃客稀少，即今买马场全然收买不得，若不添展茶数，窃恐卒难收买。乞候蕃客牵马到场，相验好弱，临时添搭。良马权添茶三十斤，纲马权添茶二十斤。相度欲依冯瓘所乞，权添上件茶数博马，只作添搭支马牙人，即不得碍买马司博马体例，候今来数足依旧。三、契勘若只买良马一万匹，约用名山茶三万驼。今来本州见管有三千余驼，止买得一千余匹。四、欲将秦州庙州铺分擘合应副，秦、巩、熙、河州名山茶，以三分中且截拨二分赴岷州，准备支用。五、今来茶数既多，即沿路不免拥并，欲乞将秦、巩、熙、河大路榷茶铺权行差那于本州沿路地分贴铺，及下经由县、镇、堡、寨，和雇人夫，并工推（般）〔搬〕，庶得办集。"从之。83—85，p4152—4153

【崇宁四年】十二月三日，中书省、尚书省〔言〕："检会元丰六年闰六月十三日条【制】：'诸出卖官茶，提举司立定中价，仍随市色增减。应增者本场体访诣实增讫，申提举司覆按，应减者申提举司待报。'今立到熙河路博马、贴卖、出卖茶名色酌中价例下项：博马茶：名山茶每驼七十八贯五百三十三文，瑞金茶每驼一百二十九贯四百一十三文，洋州茶每驼七十贯五百四十二文，万春茶每驼八十七贯二十六文。贴卖茶：名山茶每驼八十一贯六百五十一文，瑞金茶每驼一百七十三贯三百四十八文，万春茶每驼一百七十三贯三百四十八文，洋州茶每驼一百七十三贯三百四十八文。出卖食茶：油麻坝茶每驼九十三贯九百九十八文，洋州茶每驼八十六贯二百三十文，崇宁茶每驼八十一贯八百六十六文，杨村茶每驼一百一贯九百七十三文，兴元府茶每驼一百二十二贯五百七十一文，永康军茶每驼九十八贯七百二十四文，味江茶每驼九十三贯四百一十四文，堋口茶每驼一百三十贯四百五十三文。"诏川茶专充博马，更不出卖。旧出卖数，令洪中孚相度博籴斛斗。85—86，p4153

【崇宁四年十二月】十一日，中书省、尚书〔省〕检会："熙宁、元丰川茶惟以博马，不将他用，盖欲因羌人必用之物，使之中卖，不至艰阻国马，不乏骑兵之用。窃虑浅见官司趋一时之急，陈乞别将支费，有害熙丰马政，失今日继述之意。修立下条：'诸川茶非博马辄陈请乞他用者，以违制论。'"从之。以上《国朝会要》。86，p4153

【大观元年】二月三日，同管干成都府利州陕西等路茶事、兼提举陕西等路买马监牧公事庞寅孙奏："昨准朝旨'提举陕西成都府等路茶马司属官六员三分中减罢一分，止支与合入资序、请给等'，已依朝旨裁减外，检会《茶司令》：'诸提举官所请系省请给，岁（给）〔终〕以息钱计还。'《转运司令》节文：'干当公事官、指使添给，并以本司杂收钱给；如不足，即以茶司头子钱充。'勘会茶、马两司属官并系熙宁、元丰年差置，即非后来缘事创添。兼逐员添给并于本司杂收茶息钱等内支给，即无侵耗转运司岁计财用。除裁减外，见存员数轮定两川及沿边以来，分头催促，应副秦凤、熙河等路博马纲茶及买战骑，委是紧切事务。乞将茶、马两司减定属官，许依本司元丰旧法支破请给，内马司属官并依茶司属官条法，本司管认拨还。"诏依。89　90，p4155

【大观元年】九月十三日，户部状："都大提举成都府等路榷茶司状，检准《敕》：'诸都大管干成都府等路茶事兼买马公事支赐、添支，依诸路提点刑狱官则例支破。'本部看详，本司《大观令》内已有立定提举官请给，都大提举依转运副使，添支依陕西例，同提举依提点刑狱，同管干依转运判官例。今勘当，添支自合依本司令文施行。其支赐，都大提举欲依《支赐令》内陕西转运副使例，同提举依诸路提刑例，同管干依诸路转运判官例支赐。"从之。90，p4155—4156

【政和三年】八月十三日，朝请郎、直龙图阁、权发遣都大提举成都府利州陕西等路买马监牧公事张等路买马监牧公事张翚札子："准御前札子、臣僚上言同何渐札子，（今）〔令〕相度措置可否利害，保明闻奏。今检具前后手诏、敕令及依应相度，措置到下项：一、准《元丰四年七月十八日中书札子》，奉诏：雅州名山茶专用博马，候年额马数足，方许杂卖。二、准《马司格》：'应熙、秦、岷、阶州、通远军，各依逐等所定茶驮数，以新茶支折。谓如有见在元祐三年四月新茶，即支四年分茶之数。如蕃部愿要银、绸、绢、洋州茶、大竹茶之类，并许各依见卖实直价例算请，更不限定分数。'三、准《崇宁四年十二月十二日奉圣旨》：'诸川茶非博马辄陈请乞他用者，以违制论。'四、准《崇宁五年六月二十四日圣旨》：'应系茶并专充博马支用，余依《崇宁四年十二月十一日朝旨》施行。'

五、准《大观元年三月二十五日敕》：'中书省、尚书省送到庞寅孙札子，奉圣旨依所申，他司不得侵用。'六、准《大观四年正月七日枢密院札子》，三省、枢密院同奉圣旨，熙河、秦凤等路茶马事，应今日以前泛抛买马、添茶给引博马等指挥并罢，一切遵依元丰旧法，仍令提举茶事司措置施行。七、准《大观榷茶司令》节文：'诸名山茶依旧桩留博马外，如买马司关博马数多阙支用，委提举司即时应副，有剩，从本司相度贴卖与中马人。'又准《敕》：'诸名山茶博马外剩数，非中马人辄支卖者杖一百。'八、准《政和元年十月二日敕》：'中书省、尚书省送到户部状，准都省札子，奉圣旨，提举陕西等路买马监牧公事李稷奏，奉圣旨依。'九、臣契勘名山茶自熙宁榷茶之初，本以博马，至元丰四年，计其马足积羡，听以出卖，实为通法。继复有并用大竹、洋州茶博马之议。建中靖国年，始有许将名山茶余数止对卖与蕃商之论。大观中，又有权住卖四色纲茶、令对卖门户蕃商之请。然臣考利害之实，元丰之制最为要准，而后人之请或趋一时之利，不可为典要，或川秦首尾相戾，不达利害之实，姑以职事陈请而已。盖除马司博马外，茶司自有岁额，必待售茶而办，其四色纲茶实为茶额根本。秦、熙两路汉民，所售食茶不多，而浅蕃熟户并煎四色纲茶。远蕃多嗜名山茶，间有奸商诡用纲茶、粗硬食茶罔之者，亦能区别。若将名山、四色纲茶一切禁之不卖，必致茶额不敷，出茶无艺，显难属餍而害马政。惟斟酌非实马足茶羡则货之者，是通法也。其对卖尤非利害，徒益门户蕃人，乃熟户蕃族之为驵侩者，与官场吏卒乘便为恶，赢取官息，其利不及生蕃，于马未始加益。若将名山茶、四色纲茶依元丰旧制从本司参量，合用博马茶外，剩数转易，回本入川，惟不得害马政、妨茶额。元丰时虽曰两司，而提举官一以任责，苟其才下，亦能约量，不致乖戾，自取谴责。今相度，欲乞应名山茶、四色纲茶专用博马，余数听本司量度，转易回本入川，不许辄将他用。臣契勘昭化、顺政、长举库积茶，以今年五月中旬状考之，仅有五万九千四百驮。盖昨缘大观四年前，利州路凶歉，至今居民事力未能如旧，故其昔日甲头脚户流莩之余，存者逋负伙甚，雇召不行。臣比欲草具建明，乞将兴元府至永兴军一带减下旧额茶铺兵士七百余人，并听本司于洋州至兴元府添立铺，其余隶长举至秦州诸铺运茶，则永远不致积压。其廪给自系本司钱内支给，一切不预别司调度。又应川界转（般）〔搬〕茶诸邑，今辟举有经三年碍吏部格，虽辟书数上，终无一人得注授者。摄承之吏，玩习岁月，寖以隳弛。又臣尝建议，乞应本司辟官，乞破格差注一次，已蒙朝廷听行，而吏部终以合注承务郎以上者，不许降用选人。今五年，竟未有差注。臣又尝建议，乞将发茶场库监官、县令，如成都府排岸司、兴州长举县装卸库、兴元府西县转般库监官，绵州巴西，利州昭化、三泉，兴州顺政、长举，兴元府南郑、西县知县，计十处，每拨发茶及四万驮无阙失，与减二年磨勘。以其诸县如长举、昭化之类，多是僻小去处，既难得人肯就，及专任茶司事务而有责无赏，诚非劝沮之道，至今未奉指挥。积是三年，茶或滞留，滞而通之，可久无弊。臣今相度，欲乞应兴元府至永兴军一带，减下旧额茶铺兵士七百人，并令榷茶司措置，于洋州至兴元府西县添置茶铺，各请兵级人数外，将其余数分添入长举县干渠铺至秦州赤谷铺，并依茶司自来例施行。应熙、秦州路榷〔茶〕司所辟官，承务郎以上、选人、大小使臣，并许互换通举。谓如承务郎以上知县处亦许奏举选人，〔选人〕知县处亦许奏举承务郎以上，不以有无拘碍，并行注差。应拨川茶路地分，成都府排岸司、兴州长举县装卸库、兴元府西县转般库监官，绵州巴西县，利州昭化、三泉，兴（川）〔州〕顺政、长举，兴元府南郑、西县知、令，每拨茶及四万驮无违阙，与减二年磨勘。"〔贴黄〕称：契勘臣僚上言，攒积茶五万余驮，约计每驮二百七十三贯文省，系铁钱旧价。缘自今年奉行夹锡钱宝后来，每驮一百贯文省，以见茶数约计钱五百九十余〔万〕贯文。又称："契勘吏部及八路差官法，无本等人亦听破格差注。检会下项：一、政和三年七月三日敕，榷茶司状，朝旨令买马司每年添买二万匹，合用茶令计置茶本，从朝廷应副取到状。自减茶博马后，每年约攒剩茶一万四千余驮，内利州昭化库见在（在）名山茶四万二千一百六十五驮，兴州长举库见在名山茶八千六百一驮，其余场库未在其数。奉圣旨，据今来合添买牧马二万匹，所用茶于攒剩名山茶内支拨应副博马。仍令榷茶司今后每年宽剩计置茶一万驮，尽数充添买牧马之用，其合用茶价，仰具数申尚书省。所有岁额博马茶如有剩数，亦仰衮同应副添买牧马之用。二、政和三年七月二十八日敕，何渐札子：'乞将名山茶依条专用博马，如有剩数，许中马人依见买四色茶体例，用市价支卖，却将四色茶依旧出卖收息。契勘四色纲茶贴卖与中马蕃部等，昨降指挥俟三年买马通快依旧，今来将及二年。'奉圣旨，每年将四色纲茶并专充博籴汉蕃斛斗封桩，不得别将支用，仍逐旋具籴到斛斗数目申尚书省。三、政和三年六月七日敕，户部状：'榷茶司申，乞立定成都府排岸司、兴州长举县装卸库、凤州转般库，绵州巴西县，利州昭化、三泉，兴州顺政、长举县，兴元府南郑、西县，任满收发过茶无失陷欺弊，提举司保明，每四万驮与减磨勘二年，如不获抄附失陷，一万驮展磨勘二年。其承直郎已下赏罚并各比类施行，二分以上依差替人例。本部看详：本司申乞即系累赏，窃恐太重。今勘当，欲依巡辖般茶铺使臣任满法减磨勘一年，先次指射家便差遣，余并依本司所申事理施行。'"诏除名山茶博马、四色纲茶博籴，并拨发官等赏罚，并依近降指挥外，其措置铺兵依奏，余不行。94—99，p4157—4160

【政和】五年五月七日，诏："茶事司循法旧制，特许辟官。访闻比来不顾公议，多引四川土人。今后辟官，不许奏辟土人，已辟官并罢。仍（着）〔著〕为令，违者奏举官并被举人并降名。"99，p4160

【宣和三年】十一月十二日，吏部奏："检会提举成都府等路茶马、兼买马监牧公事宇文常状：准敕升充提举，即不带'都大'及'同'字，所有序官（限）〔取〕指挥。勘会宇文常系同管勾茶事，准敕升作提举，其《榷茶司令》文内即无立定提举茶事序位之文。本部今勘会，欲将宇文常序位在陕西熙河兰廓路转运副使、诸路转运使之下，诸路转运副使、提刑之上。今年四月四日，诏依吏部申。勘会张有极元受敕内亦不带'都大'及'同'字，与提举宇文常事体一般，所有序官，未审合与不合依宇文常已得指挥。"诏依宇文常所得指挥施行，今后准此。101，p4161

【乾道四年】五月十五日，四川茶马司奏："检准《令》节文：'文州买马通判奏举知县以上资序人。'又准隆兴元年本司奏乞，将文州通判从本司奏辟，吏部行下，令同本路提刑、转运司审度，连书保奏。今逐司奏，文州买马系（兴）〔与〕化外蕃交易，全藉通判措置招诱。旧系茶马司奏差，后缘一时申请，（今）〔令〕本路运司铨注，窃虑不得其人，难以责办职事。若从茶马司依旧选官奏差，委是经久利便。"吏部再勘当，依逐司审度到事理施行。从之。114—115，p4167

宋会要辑稿·职官四三·提点坑冶铸钱司

【大观】四年四月二日，臣僚上言："伏睹《大观二年三月八日敕》：'诸有冶处并县令兼，与正官一等赏罚。'《九月十四日敕》：'诸路银铜坑冶并令兼管，其赏罚各减正监官一等。'《三年正月十九日敕》：'应有冶处，知县每月一次到冶监点检催督，如违杖一百。'臣窃谓县令之职，当先责以治民，要在宣导朝廷德泽使流通，而征赋狱讼各得其平，不专为课利设也。百里之内，事随日生，虽敏健者为之，犹恐有不暇给。今诸有坑冶者皆崎岖山谷中，往往去县不下五十里，亦有多至五七处者，又皆散在四境之内，必责令兼管，又每月遍行，则县事必有废弛积滞，力所不逮。且既有正监官专任其事，于法所应当办者，令岂得违，不必使之兼管，均受赏罚也。此皆是一时为提举官者不究事理，徒欲张声势，增重其权，妄有陈请。伏望圣慈详酌，罢去兼管及每月一到之法，庶为令者得以专意治民，不废县事，非小补也。"诏大观三年正月十九日应有冶处知县每月一次到冶点检指挥更不施行。123，p4173

【政和元年三月】二十四日，工部奏："新提举河东路铸钱事许天启（之）〔子〕：所有序官、资任、人从、请给之类，乞指挥。吏部准《大观元年四月八日敕》，专一措置提举河东路坑冶铁铸钱王桓序官、请给、人从等，依提举常平官。许天启与提举曾任陕西路转运副使。"诏许天启与提刑序官。125，p4174

【政和二年十二月】十六日，尚书省言："勘会东南坑冶，虽专置提点坑冶、铸钱两司分领管勾，比岁以来，课利大段亏少，致趁办铸钱年额常是不敷，有误岁计。其逐司提点官坐视阙乏，全不用心措置。兼坑冶苗脉兴发，采矿烹炼，盛衰不常。近据虔州具到所管坑冶五十余处，其潭州状称，所管坑冶共止九处，内五场久无课利，只有四铜场并皆坑窟，取（巖）〔撅〕深远，下手兴工，采打不行。若不令两司通共那融应副，岁终衮同比较，严立殿最之法，则事难办集，无以劝沮。今欲拟修下条：'提点坑冶铸钱官以两司应管钱监每岁总计合铸钱数比较，增一分以上减二年磨勘，三分以上减三年磨勘，五分以上转一官；亏一分以上展二年磨勘，三分以上展三年磨勘，五分以上降一官'。右入《江淮荆浙福建广东路提点坑冶铸钱司格》。'诸提点铸钱，轮委提点刑狱司谓非提点铸钱置司所在路分者。索取两司应管钱监总计合铸钱年额，岁终衮同比较，具增亏实数拟定合该赏罚，保明闻奏。'右入《江淮荆浙福建广南路提点坑冶铸钱司【令】》并《提点刑狱司令》。'诸提点刑狱司岁终比较保明到东南提点坑冶铸钱官应副铸钱增亏五分以上者，依格赏罚外，取旨升降差遣。'右入《三省通用令一时指挥》。一、勘会东南坑冶岁收课钱监鼓铸年额，近岁增亏多寡不同，今来提点官既立岁比殿最赏罚，其年额理宜重别参酌立定。欲令所属将应管坑冶及钱监内从来无额或连年增亏去处，各取政和元年以前五年实增、实亏数目，逐一参照，酌中立定新额，具委无轻重不均，限一月保明申尚书省。其提点官员赏罚，候立定新额比较施行。二、勘会东南坑冶铸钱，近岁收趁多不敷额，连年亏欠。今来专立提点坑冶铸钱官殿最赏罚，全藉所委官尽心比较，务要赏罚公当。仍先自虔、潭州比近江南东路，提点刑狱司为头取索比较，以后逐年轮转交割，与以次相比路分管勾比较施行。三、今来新立《提点坑冶铸钱官殿最法》，如旧法别有专立赏罚者，自合依旧，各行引用。若内有相妨者，即从重施行。兼提点提辖官既严立殿最之法，及约束措置赏罚并检踏官①亦已增赏及弛慢许奏劾冲罢外，其诸路坑冶铸钱监官亦合别增赏罚。缘旧法轻重不一，欲令提点提辖坑冶铸钱官将应干监官赏罚参酌，重加增立，务要督责办集。仍限十日拟立，尚书省检踏约束。勘会诸路坑冶及铸钱，其所属监司、州县从来避免应副，多不兴举，故朝廷专委官前去提辖措置，自当检察州县，督责应办。访闻所委点、提辖、措置官属惟务收受馈送，不敢尽公措画，致奉行灭裂，课入亏额，鼓铸不敷。兼东南提点坑冶铸钱官既已立定岁比殿〔最〕之法，及诸路所差提辖官亦已约束措置赏罚外，若不逐司差官分头检踏，及支借钱本，雇工采打，并增立赏典，优加俸给，禁止收受供馈，则事难办集。今措置到下项：四、河东、陕西、河北、京西、京东路所委提辖措置坑冶铸钱官下，各已降朝旨许差检踏官二员外，欲江、淮、荆、浙等路提点坑冶铸钱虔、潭两司各差置检踏官三员。五、诸路坑冶检踏官并许于承务郎以上或选人大小使臣内，踏逐谙晓坑冶、有心力人充，仍具名奏差。应采访兴发或有苗脉处，并躬诣检踏得实，其地不以官私，皆许支破钱本，差人采取烹炼。或人兵不足及无会解之人，即许雇募人工采打，或召人户开采。应　行用度以至灯油之类，并许召保借支官钱应副，候烹采到宝货，先行还官外，余充课利。若开采不成及无苗脉，或虽有而微细，其所借官钱并与除破，即不得过三次。若据开采到数能补还所借官钱者，虽过数仍许豁除，别行支借。以上并委当职官（子）〔仔〕细勘验支借，不管透误大支。如敢冒借或大支，罪轻者并徒三年，许人告，赏钱一百贯。仍并同本县官采取，其本县官不肯用心，许申提举、提辖司，改差他官。如委有苗脉者，前官重行黜责。若能检踏兴发、立成课额者，其检踏并被差官并依检踏官增赏一倍。六、检踏官以二年为一任，随所理资序给本身及见任或前任请给，仍支驿券。遇出入检踏，别支券马。

---

① 宋代设立专业管理矿坑冶炼事务的官员。

七、应提点、提辖、措置坑冶铸钱官属，并不得受例外供馈，内检踏官不以有无例册，并不许收受诸般馈送。以上如违，其收受并与之者，各以自盗论。八、勘会坑冶兴发，全借检踏官协力尽心，公共相视检踏，除已增立赏典，优给请俸外，如有不切用心相视检踏、弛慢不职之人，仰所属提点、提辖、措置官奏劾，先次冲罢，当议重行黜责。"从之。127—130，p4174—4176

【政和三年】二月十二日，提辖措置京东路坑冶司状："今条画下项：乞将勾当公事官一员改作检踏官一员，将来差到正官，如能用心究寻，或招诱使人施功，因而自探得见苗脉，能兴山泽厚利，许本司临时参详其功力课利，保明申奏，乞朝廷量事推赏。一路新坑有人陈告，便令措置下手开发，其所用钱本等深恐所属不应副，乞所属以转运司系省钱物权行应副，候将来收到课利，申取朝廷指挥，依数兑还等，画一候指挥。"检会《政和二年九月二十四日敕》："河北路坑冶改勾当官一员充检踏官。"《政和二年十月十一日敕》："京东路坑冶辟置官属，依河东路措置坑冶司所得指挥。"勘会除第一项已降指挥外，诏应缘坑冶本司钱遇阙，许于常平司封桩耆户长钱内支借。余路依此，并免执奏。余依奏。130—131，p4176

【政和】五年二月十八日，河东路提辖检踏措置坑冶钱监司奏："承《朝旨》节文：'铸到钱每季令提刑、提举司分诣，再行看拣，别无粗恶不堪，方行行用。'契勘本路诸监院每季铸到钱，直至次季看拣了当，方许支桩。其被差官有事故或先承他司差委者，有经半年未曾看拣，委是有妨应时桩拨支遣。今乞将诸监院每月铸到钱，于次月内令提刑、提举司再行看拣。如逐司官巡历未到，不能亲诣，即乞令逐司于上旬内就钱监院邻近州县差官看拣。如被差官先承他司差务，除军期急速外，并乞限三日先次起发，于当月内看拣了当，方许承当别司所委事。又提辖措置河北路坑冶铸钱司奏：'乞应提举、提刑司所差看拣钱官，并依贡举差试官法，限三日起发。如敢托故推避，或本州别作名目占留，不为依限起发，并乞朝廷立法，加以刑名约束。'看详今除三路系应副军期、不可缓慢以每月、余路每季差官看拣外，今拟修下条：'诸提举常平、提点刑狱司，河北、河东陕西路每月，余路每季，分诣钱监院看拣已铸到夹锡钱。如亲诣不及，计程前期差官，须管于本季本月终到监院。谓如春季钱春季终、正月钱正月终，所差官到监院之类。即被差官，他司不得差委；若承他司差者，俟看拣毕听赴。<small>应副军期机速事非。</small>'右入《政和钱法令》。'诸被差看拣夹锡钱官不趁期到监院，若妄托事故避免，或官司别作名目占留，或辄差委者，各杖一百。即差委后时，致所委官趁期到监院不及者，止坐所差监司。<small>监司应亲诣而不如期到者同。</small>'右入《政和钱法敕》。"从之。131—132，p4177

宣和元年正月二十六日，都省言："检会金部员外郎朱尹奏：承尚书省札子，奉御笔，饶、虔铸钱司失陷本钱不少，积年不曾勾考，差臣前去勾考，仍委措置以铁蘸铜事。臣今参酌范之才昨提举荆湖茶事出使条例，画到合行事件下项：一、检会昨范之才提举南北两路茶事，差属官四员。今来措置勾考东南诸路事务，不敢故有陈乞，欲只依上件体例共差四员。内一员充管勾文字官，仍乞于见任或得替待阙不以京朝官或选人内踏逐，具名奏差。所有资任、请给、递马、驿券、当直、人从并差破手分等，并依范之才已得指挥。"奉御笔，属官可止差三人，其该载未尽，依范之才已降指挥，仰别具申请。余依奏。138—139，p4180

【宣和七年】三月三日，诏："江淮等路提点坑冶铸钱司官属依熙丰员数，余路坑冶官属并罢。内旧坑冶隶转运司者，依熙、丰、绍圣法；崇宁以后新坑冶隶常平司者，依崇宁法。提点官令中书省选差。"140，p4181

【宣和七年三月】十二日，中书省、尚书省言："勘会已降指挥，诸路兴复坑冶，专差官提举措置，合行事件下项：一、以'提举某路坑冶司'为名。二、合用印记令工部行下所属，限十日撙先铸造，以'提举某路坑冶司印'为文，并复褥印匣等全。三、合用公廨并以旧提举坑冶司廨舍充，如已被他司拘占，或旧无处，或（全）〔今〕来提举路分与旧不同，合于别州置司者，即从便踏逐，申尚书省。未踏逐到间，许权于寺院治事。四、逐司各置管勾文字官一员，勾当公事官两员，检踏官十员。内管勾文字、勾当公事官差文臣，检踏官通差文武臣，许提举官于见任得替、待阙待次官内，踏逐通晓坑冶次第人，具姓名申尚书省，下吏部差。五、提举官序位、理任、借服色、举官员数、请受、供给、公使钱、当直并接送人兵、递铺，水路破船，并依本路提刑官。本司管勾文字、勾当公事官依转运司属官，检踏官依提刑司检法官见行条例施行。其举官员数，如提举两路已上者从一多举。六、水路合破人船，许于本路州军见管无违碍船内踏逐，限一日应副。七、合置人吏并书表、客司、通引人数，并请给等，并依本路提刑司差破，许于无违碍官司指名抽差，限一日发遣，不得占（刘）〔留〕，如无或不足，听召募。八、应用纸（扎）〔札〕、朱红、发递角皮筒、油单之类，听于随处州县取索应副，合用价钱于系省钱内支破。九、应取会事，承受官司限一日回报。其申奏行移文字，许入急递，仍令提刑司进奏官并行承发。十、兴复坑冶之初，全藉州县官协力措置，如劝诱开采宝货浩瀚，许提举官保明闻奏，当议优与推恩。弛慢废职，亦仰举劾，依降御笔坐违御笔之罪。"从之。140—141，p4181—4182

【宣和七年】五月七日，都省言："检准四月二十一日〔三〕省同奉圣旨，诸路坑冶令中书省检会熙丰以来条制，将上取旨。吏、户、工部供到熙丰旧置提点坑冶铸钱官下项：江淮荆浙福建广南路提点坑冶铸钱虔州置司，提点官一员，勾当公事官一员，检踏官四员，政和二年十二月置一员，政和六年三月添置。江浙荆湖福建广南路提点坑冶铸钱饶州置司，提点官一员，充京西路检踏京西路坑冶铸钱，及差置勾当公事官一员，检踏官三员，政和七年八月指挥罢，重和元年十一月复置，见系提辖检踏措置京西路坑冶铸钱司。陕西路，政和二年七月差官一员，充陕西提举措置兴复坑冶，及差勾当公事官一员，检踏一员，重和元年十一月指挥罢，宣和元年十二月指挥复置。宣和二年十月奉御笔，陕西坑冶司罢。河北路，大观二年五月差官一员，充提举措置河北路坑冶铸钱，差检踏官二员，政和七年八月指挥罢。河东路，政和二年八月差官一员，充检踏措置坑冶，及差勾当公事官一员，检踏官一员，重和元年十一月指挥罢，宣和元年十二月御笔复置，宣和三年十月指挥罢。京东路，政和二年九月差官一员，充提辖检踏坑冶，及差检踏官二员，政和七年八月指挥罢。宣和七年二月一日，都省札子，奉御笔诸路各置提举坑冶官一员。《宣和七年三月十五日敕》：'诸路〔兴〕复坑冶，专差官提举措置，逐司各置管勾文字官一员，勾当公事官两员，检点官十员。'宣和七年三月二十四日，奉御笔，陕西、河东、京西坑冶见三路共差官提举，路远山僻，巡按不能周遍，可分为两路。今具诸路见差置官属下项：提举荆湖南北路坑冶司，提举官一员，〔管〕勾文字一员，勾当公事二员，检踏官一十员。提举京西路坑冶司，提举官一员，管勾文字一员，勾当公事二员，检踏官一十员。提举陕西河东路坑冶司，提举官一员，管勾文字一员，勾当公事一员，检踏官一十员。提举广南东西路坑冶司，提举官一员，管勾文字一员，勾当公事二员，检踏官一十员。提举江南东路坑冶司，提举官一员，管勾文字一员，勾当公事二员，检踏官一十员。提举京东淮南路坑冶司，提举官一员，管勾文字一员，勾当公事二员，检踏官一十员。提举两浙福建路坑冶司，提举官一员，管勾文字一员，勾当公事二员，检踏官一十员。铜本钱，旧坑冶隶转运司，熙宁已前系转运司置场榷买，其本钱系转运司应副。绍圣四年后来，冶户无力兴工，听就钱监借措留钱。大观二年后来，旧坑冶转运司阙本钱，许借常平司钱收买。新坑冶系崇宁二年三月以后兴发者，隶提举常平司。置场官监处，冶户无力兴工，许借常平司钱，俟中卖，于全价内剋留二分填纳。不堪置场召人承买处，中卖入官价钱，以常平司钱限当日支还。契勘诸路坑冶，除江淮等路系提点司专领外，其余逐路坑冶职事，未置逐司已前旧坑冶系属转运司，崇宁以后新发坑冶系属常平司。"诏提点坑冶铸钱司官属依熙丰员数，余路坑冶官属并罢。旧坑冶隶转运司者，依熙、丰、绍圣法；崇宁已后新坑冶隶常平司者，依《崇宁法》。提点官令中书省选差。142—144，p4182—4183

绍（圣）〔兴〕元年二月一日，都省言："访闻江淮等路提点坑冶铸钱司近来多是（安）〔妄〕以坑冶兴发为名，擅差见（任）〔在〕城寄居待阙官充检踏官之类，骚扰州县，冗费请给。令所在严行禁止，如有违犯，本司官并被差官各以违制论，请过俸给并计赃。如实有坑冶兴发，合差官检踏去处，止许时暂遣见任官。"144，p4183

【绍兴】三年四月二十三日，诏："提点铸钱司廨宇安顿钱物及一司公案，今后不许诸官司指占安泊及驻屯兵马，如违，杖一百科罪。"从提点坑冶铸钱向宗恕所请也。146，p4184

【绍兴】四年六月十六日，工部言："《崇宁二年五月十一日敕》修立到条：'江、池、饶、建川每年鼓铸上供新钱，铜料阙乏致亏者，责铸钱司。铸钱司不先次应副物料，典级杖八十，官员委发运司具职位、姓名闻奏取旨。'近降指挥，发运司官属权罢，职事并令逐路漕司分认管办。窃虑事有相干，欲乞令江东西路提刑司遵依前项条，常切觉察施行。"从之。146—147，p4184

【绍兴五年】七月二十一日，提点坑冶铸钱赵伯瑜言："窃见茶盐司文移，准敕州县并限一日回报。如违，以违制科罪。欲望应本司文移应报稽违及辄不应报去处，亦乞详酌立法。"诏铸钱司文移，州县并限二日回报。如应干稽违及辄不应报者，各杖一百。147，p4184

【绍兴七年】七月二十日，中书门下省言："《绍兴七年三月二十一日敕》节文：'监司、知州见带职并曾任监察御史以上及馆职更不铨量外，监司、大藩、节镇、知州差初任通判资序以上人,军事州、军、监第二任知县资序以上人。'检准《绍兴敕》:'诸称监司者,谓转运、提点刑狱'。其提点坑冶、铸钱、茶盐、市舶,未有该载。"诏提点坑冶铸钱依监司,茶盐、市舶依军州事已降指挥施行。148,p4185

【绍兴十二年十月】二十四日,韩球言:"坑冶、铸钱,祖宗以来系发运使兼提点,至景祐元年,专置都大提点坑冶铸钱官一员。准《嘉祐敕》,与提点刑狱序官。依条提点刑狱在发运判官之上。窃缘发运使系管六路,岁举改官二十员,县令十员;如系发运判官,三分减一。即今提点官虽岁得举改官七员,县令六员,缘提点司所管九路坑场五百一十三处,球近已措置过数内,以采兴坑冶计一百七十九处,合趁金银铜铅锡铁课利及铸钱监院六处,见铸新钱。其间州县及场监官内实有材干之人,须藉荐举激劝,使之办事,本司所得荐举改官员数委是数少,伏乞比附发运判官合得员数施行。"诏许通举改官十员,余依已降指挥。150—151,p4186

【乾道二年】六月三日,尚书工部侍郎薛良朋奏:"(奏)〔奉〕旨,诸坑冶出铜去处,令臣措置,要见所收数目。今条画下项:一、契勘铸钱司祖额一百六十一万七千九百三十五贯八百文,内除六十七万七千五百五十五贯三百九十九文充铜本钱,实合发钱九十四万三百八十贯四百一文。后来鼓铸不(数)〔敷〕,承降旨权以五十万贯为额,每年尽行分拨起赴内左藏库。臣拖照旧案并关会户部,见得绍兴十一年提点铸钱官韩球曾陈乞支降茶引一十五万贯作铜本钱。又绍兴十六年,支降江西茶引三万贯。又绍兴二十七年,支降八万贯。系于近便州军经总制钱通融取拨,委是支降本钱分明。欲从朝廷支降八万贯,仍以江西、江东茶引并一并见钱,于近便州军上供钱内拨下铸钱司,以铜额多寡均拨诸州,将茶引转变,同见钱逐时责付诸州,给还坑户铜本,庶可督责铜额。二、契勘州县拘纳坑户铜宝,就使依官估支给价钱,尚自不酬实直。今既不支钱,又令将所采铜宝尽行送纳官司,其坑户一无所得,参之人情,实不可行。臣今措置,且以坑户采铜十斤为率,内只许本县收买七分,所有三分许令坑户经本县出给文引,备坐斤数,从便卖与他处官司,即不得私下交易。如数外擅卖,许人陈告,依本司约束赏罚施行。三、契勘坑(治)〔冶〕兴发,人户欲行告发,多畏立额,恐将来取采年深,矿苗细微,官司不为减额,不敢告发。今相度,应人户告发铜铅锡铁坑冶,更不立额,但据采炼到数赴官中卖,即时支还价钱,(度)〔庶〕使坑户放心告发。四、诸路坑场现今所产铜铅锡铁，系铸钱司二分抽收，八分榷买。今来措置兴复坑冶场，务要课利增重，理宜优恤。今相度，应见催趁并人户踏发新旧坑冶，所趁铜免抽收，支还十分价钱，优润坑户。五、参照昨指挥，坑炉户每一名一年内中卖到铜五千斤，免差役一次；一万五千斤，免差役两次；卖及三万斤以上，免差役三次。庶使加意趁办。六、勘会已降绍兴二十七年正月二十一日指挥，坑户自备钱本采炼宝货，卖纳入官，从《绍兴格》特与减一半数目，依全格推赏补官。契勘折减一半数目推赏，尚虑太多，难得预赏之人。今相度，欲于所减一半数目上以三分为率，再减一分，依全格推赏补官。庶使人户用心，趁办课利。"从之。157—159，p4189—4190

【乾道七年】十月九日，江璆奏："检准《乾道七年五月六日指挥》：'逐州通判系专（注）〔主〕管坑冶事务，内有不可倚仗及弛慢之人，令本司劾奏，差官对移。'本司契勘，吉州通判赵壎自本司复置之后，牒令催趁铁课、修葺纲船、起发铁料等事，经及累月，并无一字报应，积压铁料七十余万斤。窃恐其他州军递相仿效，难以责办，欲望睿旨将赵壎重赐黜责，以为慢吏之戒。"诏放罢。164，p4193

【乾道八年】五月七日，新差知处州赵善仁言："乞依旧令通判、令、丞衔内带行主管铜银铅坑冶职事。如任满无亏欠，及巡尉任内无私采透漏，即依条推赏施行。"诏依。其推赏一节，令户、工部同敕令所参酌立法，申尚书省。其后户、工部同敕令所修立下条："每岁立定所收银、铜、铅数，任满无亏欠，各与减二年磨勘。巡尉官如任内无私采透漏，候任满令本州批书，巡检与减半年磨勘，县尉升六个月名次。"从之。165，p4194

宋会要辑稿·职官四四·市舶司

太宗太平兴国元年五月，诏："敢与蕃客货易，计其（直）〔值〕满一百文以上，量科其罪；过十五千以上，黥面配海岛；过此数者押送赴阙；妇人犯者配充针工。"淳化五年二月，又申其禁，四贯以上徒一年，递加至二十贯以上，黥面配本地充役兵。1—2，p4203

【太平兴国】七年闰十二月，诏："闻在京及诸州府人民或少药物食用，（今）〔令〕以下项香药止禁榷广南、漳、泉等州舶船上，不得侵越州府界，紊乱条法。如违，依条断遣。其在京并诸处即依旧官场出卖，及许人兴贩。凡禁榷物七种：玳瑁、牙犀、宾铁、鼊皮、珊瑚、玛瑙、乳香。放通行药物三十七种：木香、槟榔、石脂、硫黄、大腹、龙脑、沉香、檀香、丁香、丁香皮、桂、胡椒、阿魏、莳萝、荜澄茄、诃子、破故纸、豆蔻花、白豆蔻、硼砂、紫矿、葫芦芭、芦会、荜拨、益智子、海桐皮、缩砂、高良姜、草豆蔻、桂心、苗没药、煎香、安息香、黄熟香、乌樠木、降真香、琥珀。"后紫矿亦禁榷。2，p4203—4204

端拱二年五月，诏："自今商旅出海外蕃国贩易者，须于两浙市舶司陈牒，请官给券以行，违者没入其宝货。"2，p4204

淳化二年四月，诏广州市舶："每岁商人舶船，官尽增常价买之，良苦相杂，官益少利。自今除禁榷货外，他货择良者，止市其半，如时价给之。粗恶者恣其卖，勿禁。"2，p4204

【仁宗天圣】八年六月，诏："广州监市舶司使臣，自今三班院依拣走马承受使臣例，选取三人各曾有举主三人已上者，具脚色、姓名供申枢密院。其差出使臣如在任终满三年，委实廉慎，别无公私过犯，仍令本路转运使、副保奏，当与酬奖。"5，p4205

神宗熙宁四年五月十二日，诏："应广州市舶司每年抽买到乳香、杂药，依条计纲，申转运司，召差广南东、西路得替官往广州交管，押上京送纳。事故冲替之人勿差。"至元符三年六月十一日，广东转运司奏："欲于'上京送纳'字下添（人）〔入〕'如逐路无官愿就，即不限路分官员，并许召差；如无官，仍约定纲数申省，乞差军大将装押'字。"从之。5，p4205

【熙宁】七年正月一日，诏："诸舶船遇风信不便，飘至逐州界，速申所在官司，城下委知州，余委通判或职官，与本县令、佐躬亲点检。除不系禁物税讫给付外，其系禁物即封堵，差人押赴随近市舶司勾收抽买。诸泉、福缘海州有南蕃海南物货船到，并取公据验认，如已经抽买，有税务给到回引，即许通行。若无照证及买得未经抽买物货，即押赴随近市舶司勘验施行。诸客人买到抽解下物货，并于市舶司请公凭引目，许往外州货卖。如不出引目，许人告，依偷税法。"5—6，p4205—4206

【哲宗元祐】五年十一月二十九日，刑部言："商贾许由海道往来，蕃商兴贩，并具入舶物货名数、所诣去处，申所在州，仍召本土物力户三人委保，州为验实，牒送愿发舶州置簿，给公据听行。回日许于合发舶州住舶，公据纳市舶司。即不请公据而擅乘舶自海道入界河，及往高丽、新罗、登、莱州界者，徒二年，五百里编管，往北界者加二等，配一千里。

并许人告捕，给舶物半价充赏。其余在船人虽非船物主，并杖八十。即不请公据而未行者徒一年，邻州编管，赏减擅行之半，保人并减犯人三等。"从之。8，p4207

【徽宗崇宁】三年五月二十八日，诏："应蕃国及土生蕃客愿往他州或东京贩易物货者，仰经提举市舶司陈状，本司勘验诣实，给与公凭，前路照会。经过官司常切觉察，不得夹带禁物及奸细之人。其余应有关防约束事件，令本路市舶司相度，申尚书省。"先是，广南路提举市舶司言："自来海外诸国蕃客将宝货渡海赴广州市舶务抽解，（举）〔与〕民间交易，听其往还，许其居止。今来大食诸国蕃客乞往诸州及东京买卖，未有条约。"故有是诏。8—9，p4207

【政和】三年七月十二日，两浙提举市舶司奏："《至道元年六月二十六日敕》：'应知州、通判、诸色官员并市舶司官、使臣等，今后并不得收买蕃商香药、禁物，如有收买，其知、通、诸色官员并市舶司官并除名，使臣决配，所犯人亦决配。'缘止系广南一路指挥。"诏申明行下。9，p4207—4208

【政和】四年五月十八日，诏："诸国蕃客到中国居住已经五世，其财产依海行无合承分人及不经遗嘱者，并依户绝法，仍入市舶司拘管。"9—10，p4208

【宣和】四年五月九日，诏："应诸蕃国进奉物，依《元丰法》更不起发，就本处出卖。倘敢违戾，市舶司官以自盗论。"11，p4208

高宗建炎元年六月十三日，诏："市舶司多以无用之物枉费国用，取悦权近。自今有以笃耨香、指环、玛瑙、猫儿眼睛之类博买前来，及有亏蕃商者，皆重置其罪。令提刑司按举闻奏。"11，p4209

【建炎二年】十月十七日，司农卿黄锷奏："臣闻元祐间，故礼部尚书苏轼奏乞依祖宗编敕，杭、明州并不许发船往高丽，违者徒二年，没入财货充赏，并乞删除元丰八年九月内创立许海舶附带外夷入贡及商贩一条，并蒙朝廷一一施行。臣近具海舶擅载外国入贡条约，禀之都省，蒙札付臣戒谕。臣已取责舶户陈志、蔡周迪状，称今后不得擅载，如违，徒二年、财物没官之罪。欲望特降处分，下诸路转运、市舶司等处依应遵守，不许违戾。"从之。12—13，p4209

【建炎】四年二月二十六日，尚书省言："广南路提举市舶司言，检准《敕》节文：'广南市舶司状，广州市舶库逐日收支宝货钱物浩瀚，全藉监门官检察。’欲乞许从本司奏准无赃私罪文武官充广州市舶库监门，庶几得人检察，杜绝侵盗之弊。”从之。13，p4209—4210

【建炎四年】六月二十二日，诏："诸路市舶司钱物，今后并不许诸司官划刷。如违，以徒二年科罪。"13，p4210

绍兴元年十一月二十六日，提举广南路市舶张书言言："契勘大食人使蒲亚里所进大象牙二百九株、大犀三十五株，在广州市舶库收管。缘前件象牙各系五七十斤以上，依《市舶条例》：‘每斤价钱二贯六百文。’九十四陌，约用本钱五万余贯文省。欲望详酌，如数目稍多，行在难以变转，即乞指挥起发一半，令本司委官秤估；将一半就便搭息出卖，取钱添同给还蒲亚里本钱。"诏令张书言拣选大象牙一百株并犀二十五株，起发赴行在，准备解笋造带、宣赐臣僚使用。余依。13—14，p4210

【绍兴】五年闰二月八日，诏："市舶务监官并见任官诡名买市舶司及强买客旅舶货，以违制论，仍不以赦降原减。许人告，赏钱一百贯。提举官、知、通不举劾，减犯人罪二等。"19，p4213

【绍兴】七年七月二日，三省言："《绍兴七年三月二十一日敕》节文：‘监司、大（蕃）〔藩〕节镇、知州差初任通判资序以上人，军事州、军、监第二任知县资序以上人。’检准《绍兴敕》：‘诸称监司，谓转运、提点刑狱。’其提点坑冶铸钱、茶盐、市舶未有该载。"诏提举坑冶铸钱依监司，茶盐、市舶依军州事已降指挥施行。20，p4213

【绍兴七年】闰十月三日，上曰："市舶之利最厚，若措置合宜，所得动以百万计，岂不胜取之于民！朕所以留意于此，庶几可以少宽民力尔。"先是，诏令知广州连南夫条具市舶之弊，南夫奏至，其一项市舶司全藉蕃商来往货易，而大商蒲亚里者既至广州，有右武大夫曾纳利其财，以妹嫁之，亚里因留不归。上（今）〔令〕委南夫劝诱亚里归国，往来干运蕃货，故圣谕及之。20，p4213—4214

【绍兴十一年十一月】二十三日，臣僚言："广东、福建路转运司遇舶船起发，差本司属官一员临时点检，仍差不干碍官一员觉察。至海口，俟其放洋，方得回归。如所委官或纵容（般）〔搬〕载铜钱，并乞显罚，以为慢令之戒。"诏下刑部立法，刑部立到法："诸舶船起发，贩蕃及外蕃进奉人使回蕃船同。所属先报转运司，差不干碍官一员躬亲点检，不得夹带铜钱出中国界。仍差通判一员谓不干预市舶职事者，差独员或差委清强官。覆视。候其船放洋，方得回归。诸舶船起发，贩蕃及外蕃进奉人使回蕃船同。所委点检官覆视官同容。纵夹带铜钱出中国界首者，依知情引领、停藏、负载人法，失觉察者减三等。即覆视官不候其船放洋而辄回者徒一年。"从之。23，p4215

【绍兴】二十九年九月二日，宰执进呈御史台检法官张阐论市舶事，上曰："广南、福建、两浙三路市舶条法恐各不同，宜令逐司先次开具来上，当委官详定。朕尝问阐市舶司岁入几何，阐奏抽解与和买以岁计之，约得二百万缗。如此，即三路所入固已不少，皆在常赋之外，未知户部如何收附及如何支使，卿等宜取见实数以闻。"汤思退奏曰："谨当遵依圣训，行下逐路舶司抄录条法，并令取见收支实数。俟到，条数闻奏。"以御史台检法官张阐言："比者叨领舶司，仅及二载，窃尝求其利害之灼然者，无若法令之未修。何者？福建、广南各置务于一州，两浙市舶务及乃建于五所，三路市舶相去各数千里，初无一定之法。或本于一司之申请而他司有不及知，或出于一时之建明而异时有不可用，监官之或专或兼，人吏之或多或寡，待夷夏之商，或同而或异，立赏刑之制或重而或轻。以至住舶于非发舶之所，有禁有不禁；买物于非产物之地，有许有不许。若此之类，不可概举。故官吏无所遵守，商贾莫知适从，奸吏舞文，远人被害，其为患深。欲望有司取前后累降指挥及三路节次申请，厘析删修，著为一司条制。"故上谕及之。25—26，p4217

孝宗隆兴元年十二月十三日，臣僚言："舶船物货已经抽解，不许再行收税，系是旧法。缘近来州郡密令场务勒商人将抽解余物重税，却致冒法透漏，所失倍多。宜行约束，庶官私无亏，兴贩益广。"户部看详："在《法》：'应抽解物不出州界货卖更行收税者，以违制论，不以去官、赦降原减。'欲下广州、福建、两浙转运司并市舶司，铃束所属州县场务，遵守见行条法指挥施行。"从之。26—27，p4217

【隆兴二年】八月十三日，两浙市舶司申："条具利害：一、抽解旧法，十五取一，其后十取其一。又其后择其良者，谓如犀象十分抽二分，又博买四分，真珠十分抽一分，又博买六分之类。舶户惧抽买数多，所贩止是粗色杂货。照得象牙、珠、犀系细色，抽买比他货至重，非所以来远人，欲乞十分抽解一分，更不博买。二、三路舶船各有置司去处，旧法召保给公凭起发，回日缴纳，仍各归发舶处抽解。近缘两浙市舶司事争利，申请令随便住舶变卖，遂坏成法，深属不便。乞行下三路照应旧法施行。三、商贾由海道兴贩诸蕃及海南州县，近立限回舶，缘其间或有盗贼、风波、逃亡事故，不能如期，难以立定程限。今欲乞召物力户充保，自给公凭日为始，若在五月内回舶，与优饶抽税。如满一年内，不在饶税之限。满一年已上，许从本司根究，责罚施行。若有透漏，元保物力户并当坐罪。"从之。27—28，p4217—4218

【乾道二年六月】二十七日，两浙转运使姜诜言："奉旨提督两浙市舶事务，今条具下项：一、今来市舶司废罢，行移文字欲就用转运司印记，元印合行缴纳。二、市舶司每岁天申圣节及大礼，各有进奉银、绢，欲依旧例，将市舶钱收买发纳。三、市舶司元于见任官内差一员兼主管文字，点检账状，今欲就委转运司属官。提举官廨宇，今欲充市舶务库，安顿官物，旧务却有监官廨宇。四、市舶司元管都吏、前后行、贴司、书表、客司共一十一名，今欲于内存置前行手分、贴司各一名，其余并罢。"从之。28—29，p4218

【淳熙元年】十月十日，提举福建路市舶司言："舶司素有鬻纲之弊，部纲官皆求得之，换易、偷盗、折欠、稽迟，无所不有。今乞将细色步担纲运，差本路司户、丞、簿合差出官押；粗色海道纲运，选差诸州使臣谙晓海道之人管押。其得替待阙官不许差。"从之。二年，市舶张坚有请，以见任官可差出者少，乞依旧差待阙官。从之。30，p4219

【淳熙】二年二月二十七日，户部言："市舶司管押纲运官推赏，今措置，欲令福建、广南路市舶司粗细物货并以五万斤为一全纲，福建限三月程，广南限六月程，到行在无欠损，与比仿押钱帛指挥推赏。如不及全纲，以五〔万〕斤为则作十分（组）〔纽〕计，亦依押钱帛纲地里格法等第推赏。"从之。30，p4219

【淳熙】十一年十二月十四日，中书门下省检会淳熙十年（九年四日）〔九月四日〕已降指挥："今后与蕃商博易解盐之人徒二年，二十斤加一等。徒罪皆配邻州，流罪皆配五百里，知情引领、停藏人为同罪，许人捕；若知情负载，减犯人罪一等，仍依犯人所配地里编管，许人告。透漏官司及巡察人各杖一百。获犯人并知情引领、停藏人，徒罪赏钱二百贯，流罪三百贯；如告获知情负载人，减半。其提举官并守令失觉察，并取旨重作施行。"诏令逐路提举官并州军守臣各照应已降指挥，常切觉察禁止，毋令违犯，每季检举，多出文榜晓谕。31，p4220

宋会要辑稿·职官四四·河北籴便司

元符元年二月四日，户部言："河北措置籴便司状：'赵州籴仓关到措置司籴本文钞，每一十贯加饶钱三百文；转运司籴本文钞，每一十贯加饶钱七百文。加饶不同，便钱斛斗价亦高下不一。今相度，乞将本司文钞依转运司例，实一百贯文，并支加饶钱七贯文。'本部相度，一州两司用钞加饶不同，终是未便。乞将今后立定加饶，每一百贯文支钱三贯文。"从之。37，p4223

宋会要辑稿·职官四四·制置解盐司

神宗熙宁二年七月七日，知河中府蔡延庆言："乞下解盐司相度，据自来煎炼私盐地分置煎盐户，煎炼归官，每斤依乡原例支价钱，依解盐出卖。如敢私卖，依私盐法。"上曰："此恐不可施行。然要详尽利害，且令陕西转运司、制置解盐司各具相度以闻。"39，p4224

宋会要辑稿·职官四四·经制使

【神宗熙宁十年十二月】十八日，诏："近下经制熙河路财用司画一治田等事，闻所降指挥已入递付熙州治所，缘本司官李宪见在京师，宜别录本速札下，庶令及时，早得行遣。"42，p4225

【熙宁十二年八月】二十五日，诏："经制熙河路边防财用司兼秦凤路财利事，及置市易务，不隶都提举市易司。其熙河、秦凤路市易务并罢。"42，p4225

【元丰】六年七月十三日，经制熙河兰会路边防财用司言："乞于兰州添置市易务，支拨钱本，计置物货，应接汉蕃人户交易，因以增助边计。"从之。44，p4226

【绍兴】九年正月十八日，三省言："有旨：罢发运司，其籴买、经制等事，令户部侍郎专领，令三省措置，取旨施行。今措置：经制发运使司，欲除去'发运'二字，只作经制使司，差户部长、贰一员兼领。别差副使或判官一员，不时巡按诸路。将见今属官十员减作六员，数内两员充主管文字，四员充干办公事。应本司官吏资任、请给、人从等，并依经制发运使司已得指挥。契勘经制司职事，专管检察内外应干诸司、州县、军监失陷钱物，举催未到纲运，措置籴买，及总领诸路常平司事。仍许于诸路常平司各选差知首尾人吏二名与逐路干办公事官下行遣文字，其余人吏、公案，并归经制司，同本司人吏行遣。"从之。45—46，p4227

【绍兴九年八月】二十九日，臣僚言："累具奏札论创置经制司不当，未蒙施行。窃闻建司之初，即创官吏，长、贰之外，属官二十员，正名人吏、客司二十六名，贴司之属不知其几，各有请给，四时馈遗，出入津送，种种横用。置司半年以来，校其所入，未必能补其所费。至于创置酒库，亦是阴夺省司之利。夫经制所总之事，皆户部本职。税赋失实，当问转运司；常平钱谷失陷，当问提举司；监司不法，自有互察之文；州县不法，自有监司按举之令。若使经制司检察，则户部亦可废，又何必置诸司！欲乞检会累奏，早赐施行。"诏令户部措置，户部条具："一、经制司系检察诸司、州县失陷钱物，并举催未到纲运，总逐路常平等事。缘本司所管路分广阔，未见速效。今来若随事依旧分隶诸司拘收检察，其经制一司自可寝罢。二、经制司若行寝罢，欲乞将拘催检察上供钱物粮斛等职事，并各并归逐路所属监司主管施行。年额上供钱物、粮斛、酒税、诸路赡军酒务桩、办籴本等，隶转运司；无额经制、朝廷封桩钱物、建康永丰圩等，隶提刑司；茶盐钱物，隶茶盐司；常平并市易、回易、平准等钱物，隶常平司。三、据经制司主管官具到见管江浙钱物，欲令逐州军主管官除市易务钱物外，依旧寘名桩管，听候户部充籴本支用。四、经制司酒库应干官物，欲乞并归措置赡军酒库所分拨使用。五、经制司属官人吏，欲责限一月结局。其所管公使钱物等，并赴左藏库送纳；其经制司案牍，并发赴本部；所有逐路案牍并抽差到吏卒，并发归元来去处。六、诸路主管常平官，近因置经制司，改作经制某路干办常平等公事。今来经制司若罢，即合依旧。"诏罢经制司，余依措置到事理施行。内主管官请给、序位等，依已降指挥施行。47—49，p4228—4229

宋会要辑稿·职官四四·提举弓箭手司

神宗元丰五年二月十五日，诏提举熙河等路弓箭手、营田、蕃部共为一司，隶泾源路制置司，许奏举干当公事官一员、准备差使使臣三员。53，p4231

【徽宗政和五年】四月二十七日，太尉、武信军节度使、奉御前处分边防童贯奏："据提举陕西河东路弓箭手何灌等申请：今来复置提举弓箭手司，其人吏并行重禄，人从、恩数并依文臣提点刑狱条例。资序高者自从高。契勘逐官资序不等，缘曾任都（钤）〔铃〕辖、（钤）〔铃〕辖、知州军、路分都（盐）〔监〕资序，所有请给、人从、随行指使、接送人，并乞依上项从高条令支破施行。兼《政和五年二月二十一日指挥》：'理任、请给、恩数等，并依提举保甲司条例。'契勘提举弓箭手司旧视提举常平司。又《崇宁三年正月敕》节文：'提举弓箭手官岁举改官、县令、比提举常平官减半。'今来本司系依提举保甲，与提点刑狱条例并同。今欲乞荐举改官、县令依提点刑狱官减半外，有分曹建擦后来添举改官员数，内零分更举一员。其逐路城寨甚多，当职使臣并系奉行弓箭手职事，所有荐举大小使臣，并乞依提举保甲司条例，更不减半。看详可行，欲依所乞。"从之。54，p4231—4232

【徽宗政和五年】十一月七日，奉承御前处分边防司奏："检会崇宁二年五月十一日枢密院奏，提举河东弓箭手兼营田司申：'营田司使臣五员，并分差在新边城寨，往来照管耕种、催纳租课等事，最为劳苦。缘逐人依指使例各差破白直兵士二人，委是使唤不着。欲乞依监当官条例，差破白直兵士五人，于数内差识字军人一名应副文字。若不足，并从下差禁军。'诏依所申。本司今相度，本司准备差使官员合破人从，欲乞并依上项提举弓箭手兼营田司已得朝旨差破。如遇差出有公案文字，依监司差出小使臣□□勾当。《政和重修格》：'破担擎铺兵二人。陕西诸路亦乞依此施行。'本司看详，欲乞陕西、河东路提举弓箭手司所差本司小使臣，并权依河东路弓箭手司上项所申事理差破，候招刺就绪日依旧。"从之。54—55，p4232

宋会要辑稿·职官四五·监司

元符元年八月二十九日，左司郎中吕温卿言："诸路监司及州县各以事格日，仿省部分八案。"诏送详定一司敕令所。2，p4234

【崇宁】二年正月二十六日，中书省言："四川地远，军防不修，乞利州、夔州依成都府例，各置钤辖，移利州路分于剑门关，兵卒增倍。成都府旧以便宜从事，罢去已久，乞军民所犯巨蠹者，令酌情处断。四川监司、钤辖、大州守臣不差蜀人，所辖兵马东军与士人参和，如旧法。"从之。3，p4234

【崇宁】四年九月七日，中书省言："奉诏，除依元丰旧制设置监司外，所有后来增置提举茶盐、坑冶、铸钱、学事、保甲、粮草官之类，可(子)〔仔〕细相度，可以并省者即行并省，不可并省者依旧存留，仍裁减属官，严立出巡骚扰及受馈遗约束。其经略安抚、转运、提刑、发运、籴便、提举司准备差使、勾当公事官等，亦相度裁减，无令冗员侵耗那用。今依御札指挥，契勘到监司等见管属官计五百三十余员，今参酌措置，欲依下项：'诸路转运司、属官一百九员。提刑司、属官十八员。经略安抚司、属官一百一十三员。钤辖司、属官三十二员。总管司、属官七十二员。发运司、属官九员。措置河北籴便司、属官六员。提举陕西成都府等路茶马司，属官六员。欲除账司、检法官、指使外，其余属官据见在员数三分中罢一分。所减分数不及一员，即就厘减一员，止有一员者听留。'"3，p4234

【崇宁五年】六月三日，诏曰："诸路监司，所与共治，而寄制举耳目之任，顾不重哉！苟非其人，不能检身律下，乃违法背理，贪赃违滥，全无忌惮，其能制举一道，称所任乎！朕方励郡守、县令各各循理，而按察之官身先犯令，则士民何所视效！见今诸路监司，互相察举如法，或庇匿不举，以其罪罪之。仍令御史台弹劾以闻，朕当验实，重行黜责。故兹诏示，想宜知悉。"内"庇匿不举以其罪罪之"一节，仍著为令。3—4，p4234—4235

【崇宁五年】八月十九日，诏："访闻诸路监司属官擅行文书，付下州县，及出按所部，犯分骚扰。可令今后学事司属官许出诸处点检学事外，余并不得离司出诣所部，及不得擅移文书付下州县。即有公事差委勾当者，径诣所差处，沿路不许见州县官及受馈送。违者徒三年，仍不（许）〔以〕赦降、去官原减。"4，p4235

大观三年四月二十二日，尚书省送到内降札子，臣僚上言："窃见近者违例条奏之人，率多御前或朝廷得知，制下推鞫。素设知、通、监司掌举按之职，但闻举人之能，未见陈按人之罪，复待圣主廉察。望有御前及访闻公事得实若干件以上，按察官司容庇不发，量立惩诫之文。"诏依，立法施行。看详："若知而容庇，自依律科外，今修立下条：'（诣）〔诸〕所部违法，监司及知、通失按举，谓因御前及朝廷察治得实，（请）〔情〕理重（旨）〔者〕。并奏裁。'"得旨依拟定，仍先次施行。4—5，p4235

政和元年二月二十四日，详定一司敕令所状："修立到条：'诸被受朝旨应委监司同共管勾或分诣勾当者，并于符牒内指定合依某司所举某官同共施行。'"从之。5，p4235

【政和元年】三月二十九日，臣僚上言："契勘法有监司互察之文，而提举学事官例以侵官越职之故，不干预他司事。臣以出巡所至，有百姓多是称诉冤枉，臣以职事不相干，不敢受理。欲望特降睿旨，提举学事官巡历，遇百姓有词状，听询问情实，关送所属监司。"内降黄贴子："欲从其请，恐好权之人侵越职事，宜深思讲究，惟使民不失法意为良。检准《元符令》：'诸监司知所部推行法令违慢，若词讼虽非本职，具事因牒所属监司行遣。其命官老病不职而非隶本司准此，仍听具奏。'"诏依，申明行下。5，p4235

【政和三年】闰四月一日，诏今后监司不许任本贯或产业所在路分。9，p4237

【政和三年】九月二十三日，臣僚上言："应御笔宽恤手诏，乞令监司类次，悉于孟月上旬印给，令民间通知。违者比（籍）〔稽〕缓制书律加二等。"从之。9，p4237

【政和六年】四月二日，诏："今后按次之官行部，遇递马铺兵委阙，须得指定见少实数，牒所属照会，方得依条和雇。无文移及不支雇直者，（乞）〔仰〕重立刑名，仍许雇人越诉。"从臣僚请也。10，p4238

【政和六年】七月二日，诏："应诸路监司不得抽取县镇公人充本司吏职，见供职人并放罢。违者以违制论，监司互按以闻。"10—11，p4238

【政和六年】十二月十日，诏："依条立到：'诸监司依监司例人、凡可按刺州县者同。辄赴州县筵会及收受上下马供馈者，各徒二年。'"11，p4238

【政和】八年正月二十五日，诏："《五礼新仪》，州县推行未臻厥成，可令诸路监司因按部考察勤惰，岁择一二以闻，当议赏罚，以劝忠厚之俗。"11，p4239

【高宗建炎】三年二月十八日，知平江府汤东野言："元丰、政和《令》节文：'诸发运、监司因点检或议公事，许受酒食。其巡历所至，薪炭、油烛、酒食，并依例听受。'续准《宣和二年御笔》：'每岁巡历所部，并一出周遍。即有故复出者，不得再受所过州县酒食、供馈。'今军兴之际，调发紧急，百须应办，巡历不常，又非平日无事之比，难以指定岁终巡遍之限。倘使区区往来道路之间，供给所入不足以偿所费，而又廨宇所在，合得供给，例皆微薄。见今物价踊贵，既不足以糊口，又使更营道路之费，深恐未称朝廷所以委寄部使者之意。欲并依元丰、政和条令施行。"诏权依所乞。15—16，p4241

【建炎三年】三月二日，诏："监司缘事擅置官属，理当重置典宪，为累经赦宥，特免行遣。其所差官并罢。今后更敢擅自差置者，差与被受官并徒三年，所在官司不得放行请给。"16，p4241

【建炎三年】九月十七日，诏："诸路监司今后差官属出干事，不得差待阙官。如辄差，其元差官司及被差官各徒二年，不以去官、赦降原减。"16，p4241

【建炎三年】十月一日，臣僚言："自宣和以来，至今为州县之害者，赃吏是也。赃吏不除，民无安靖之理。欲乞立法，应按察官自通判至监司，每半年具发摘过赃吏若干人，并籍记姓名，以为殿最。或当劾而不劾，致因他事暴闻者，其不劾之官并重行贬黜。"诏每年一次，令诸监司按察官具发摘过赃吏姓名申尚书省置籍。16，p4241

【建炎四年】六月三十日，诏："应监司巡历去处，除合得供给外，辄以米曲价钱于所部公使库买酒，缘本司职事于所在州取者非。入己者以自盗论，不入者以坐赃论。"16—17，p4241

【绍兴二年】九月二十八日，诏："今后诸路监司及安抚等司属官，元额之外不得以军期为名辄行奏辟。及见任、罢任、待阙未出官人，并不许暂时虚作名目，差委出入。被差之人计俸坐赃，帅司、监司别行黜责。"17—18，p4242

【绍兴五年】三月八日，诏："应诸路监司取会州县，三经究治不报，住滞人吏杖一百，勒停，当职官申尚书省取旨。"119，p4242

【绍兴】二十八年七月十七日，诏："监司按发属吏，仰依条不得送置司州军。如所犯稍重，即申取朝廷指挥，委邻路监司选清强官就本处置狱推究。其州军按发官吏，即申监司于邻州差官，所委官不得避免及接见宾客，仍限三日起发。如有违戾，重作施行。"22，p4244

【隆兴二年】五月十一日，诏："自今后应除监司，于阙期前具名取旨。仍令先次上殿，不得在外又以资序差除。可立为定式。"24，p4246

【隆兴二年】九月十五日，臣僚言："乞专降指挥，应监司并不许将亲随、仆使在任所。如遇出巡，除依条合带吏人二名，客司书表一名，当直兵级十五名，不得以承局茶酒等为名别差人数，及不得令随行人吏、兵级于合任日数外借支食钱等乞取钱物。如违，许人越诉。监司不互觉察，与同坐。"从之。24，p4246

【乾道六年】八月二十五日，中书门下省检会《绍兴七年五月二十六日敕》："勘会诸路监司系通治一路，祖宗法即不避本贯，内本贯系置司州军者，即行回避。"有旨："今后除授监司，可依前降指挥施行。"28，p4248

【乾道六年八月】二十八日，吏部勘会："淮南、京西、利州路监司属官到任、任满，依条法许依置司州军推赏。今来极边州县官承指挥增赏，到任、任满，共转一官，其监司属官亦合一体。今欲将淮南监司属官应得酬赏，各随置司所在州县官格法，合依《乾道五年十一月指挥》推赏。"从之。28—29，p4248

【乾道】七年二月八日，诏："方今州县积弊，百姓疾苦，朝廷无由尽知。令诸路监司、帅守限一月各行讲究，条具一路、一州、一县便国利民事件以闻。"29，p4248

【乾道七年】十月十二日，诏："诸路监司将白直人兵照条于置司州差破外，将诸州抽差人兵尽行发遣。如违，令御史台按劾。"以三省、枢密院勘会，诸路监司合破白直人兵皆有定数，访闻比来别立名色，多行占破，却于所部州军差拨军兵赴司，就置司去处添破口食，以致郡计阙乏，甚为大害。故有是命。29，p4248

【乾道】九年六月八日，诏："令诸路监司、郡守不得非法聚敛，并缘申请，妄进羡余。违者重置典宪，令御史台觉察弹奏。"29，p4248

【乾道九年】十二月十五日，详定一司敕令所状："已颁《乾道海行①条法》，其间有得旨删改条件，合遍牒内外通知。一、诸监司准指挥分诣本路州干办者，各具本年已分巡历处。有（方）〔妨〕碍处听互牒前去。二、诸监司每岁被旨分诣所部点检催促结绝见禁罪人，限五月下旬起发，虽未被旨亦行。遇本司阙官，或专奉指挥躬亲干办，及鞠狱、捕盗、捉获河防不可亲诣者，委幕职官。仍具事因申尚书省。至七月十五日以前巡遍，仍具所到去处月日申尚书省。"诏依。30，p4249

【乾道九年十二月】二十三日，权户部侍郎蔡洸言："诸路州军起发上供并经总制等钱，各有期限赏罚。比年监司不体法意，其起发如期者皆与保明被赏，而违限者未见其举劾也。有赏无罚，人无惩劝，乞严饬诸路监司依限催发。其守贰尚敢违例，许臣择其弛慢尤甚者按劾奏闻；监司不行纠察，亦俾坐罪。"从之。30，p4249

【淳熙三年】九月六日，诏："诸路监司互相馈遗，及因行部辄受折送者，以赃论。"以臣僚言："近岁监司临按，多受馈饷，行部例有折送钱物，数目至多。又有无忌惮者，诸司互以钱物馈送，皆以折酒为名，赇

---

① "海行"宋朝法律术语，指适用于全国的法律。

饷相通，专济私欲。乞严置刑章，必罚无赦，计其所受，悉以赃论。在内令御史台弹劾，在外许诸司互察。"故有是诏。31，p4249

庆元元年十月二十九日，殿中侍御史黄黼言："窃详吏部铨法，年六十五不许注知县、巡尉。巡尉以警捕为职，而县有人户、社稷、财赋、狱讼，其责任之小者尚尔，而况于监司、郡守乎！乞检举绍兴二十三年十月二日、三十二年正月十三日、隆兴四年三月十四日前后指挥，令尚书省行下吏部，再行申明，监司、郡守年及七十者，其见任人不至疾病昏耄废事，听其终任，改界祠禄。如有年耄疾病之人，许其自陈，以全其进退之义。自今年及七十者，不除授监司、郡守，著为定令。"从之。36—37，p4252—4253

宋会要辑稿·职官四七·判知州府军监

景德二年十二月十八日，诏："河北、河东、陕西路缘边州军官为通判、幕职、巡检，既为所举，则在职依违，不能协正公务，今后宜罢举。"3，p4266

【景德】三年六月，诏："近日知州已下多与部内使臣官属为姻，后方以闻，致烦移替。自今应转运使、副使、知州已下，不得与部内使臣官员为姻，违者并行朝典。"3—4，p4266

【英宗治平】二年五月，枢密院言："自今武臣知州军，选历任无赃私罪者。私罪杖以下，公罪体量冲替除差遣，候经四任亲民；赃私罪徒已下而尝立战功酬奖转官者，亦候经四任亲民，仍临时取旨。知州军、路分都监、钤辖等如有员阙，即与正差，不得陈乞理为资序。"从之。11，p4271

（英宗治平二年三月十二日）〔熙宁元年十二月二十七日〕，枢密院言："自至和年降诏后，凡诸司使知州军并乞带兼钤辖，盖自误用上条。今欲差除武臣知州，除须合兼钤辖去处外，余并只用兼管勾驻泊军马公事，著为定式。如前任资高，今来所差知州军不是责降，即许理为资序。其正任防、团已上知州，自依旧制。"从之。11，p4271

元丰七年八月二十四日，诏："堂除及吏部使阙知州，自今三年为一任。"15，p4273

【元丰七年八月】二十九日，诏"武臣知州军及军使，并三年为一任。"15，p4273

【元丰七年】十二月十七日，诏："黎、茂、威三州知州，委钤辖、转运司依选格奏差。"15—16，p4274

【元丰】八年七月十二日，诏："今后知州年及七十，不许奏举再任。"16，p4274

【元祐元年】六月一日，诏："新复郡县知州军并堂选，余吏部选差。"16，p4274

【元祐元年】十月四日，诏："内地及川、广知州堂除人外，并以三十月为任。"16，p4274

【元祐】二年六月二十四日，诏："三京及带一路安抚、总管、钤辖知州阙，转运、提点刑狱官兼权，余州以次官或转运司选官权摄。武臣知州阙，安（府）〔抚〕、钤辖司选官权，内河北、陕西安抚本路阙官，许牒转运司权差。"先是，武臣有阙，帅臣与监司互差，定州安抚司以为言，著为令。16，p4274

【元祐】三年六月一日，吏部言："《熙宁敕》：'知州、通判川广以二年为满。'《元丰敕》：'川广以三十月。'《元祐敕》：'知州、通判并以三十月为任，即不分川广。'请川广知州除有专法指定及酬奖外，不以见任、新差官，并二年为任，其使阙、满替，悉依本法。"从之。16—17，p4274

【元祐】六年六月十二日，枢密院言："元丰七年，中书省条堂除知州军三年为任，武臣依此。元祐元年指挥，以成资为任，武臣未曾立法。"诏武臣任六等差遣，川广成资，余并三十个月为任。17，p4275

【徽宗崇宁】四年闰二月四日，中书省言，"昨自元丰肇新官制，随事之宜，分隶六曹，总领职务，各正名实。比者开封已正尹牧，惟外路州县等处尚循（例旧）〔旧例〕，而所置案名未曾体仿官制随事分隶，致主行事务丛杂。今体仿六曹为六案，各依六曹所主事务行遣，庶中外事体归一。其有该说未尽事件，悉合依仿官制格目。承行及主行吏人既随事分拨，轻重不同，自当量事繁简，约度合销人数，从本属当职官随宜均定。"所有常平等事，合系常平免役案主行，并开拆司知杂案自合依旧外，诏令〔诸〕路监司行下本路逐州军等，先次令相度增损，前期分拨，厘正已定申本司，再行相度施行讫申尚书省。18，p4275

政和元年八月二十四日，诏："诸路州军今后守〔臣〕阙，并仰遵元符条令。仍令提刑司、走马承受常切觉察，如旧弊不革，即速按劾闻奏，议加黜责。"时河北帅臣言："本路州郡暂阙守臣，权摄多非其人，率皆贪猥，不遵诏令，于民利害略不加省。《元符令》：'诸三京或兼一路经略、安抚、总管、钤辖知州阙，转运、提点刑狱官兼权，余州以次官或转运司选差。武臣无知州，即安抚、钤辖司差官。'"故降是诏。18—19，p4275—4276

【绍兴九年】九月四日，臣僚言："《绍兴令》：'命官移任，已受告敕者解罢，知州须候替人。'考之旧章，本无此法。盖自建炎之初，盗贼蜂起，所在州郡无复固守之意，见在任者营求脱免，未到官者迁延规避，苟得夤缘，委之而去。于是言者建请，见任守臣虽有移命，须候替人，此在当时固合事理。其后《新书》既成，遂为著令，至今遵行。欲乞明诏有司，删去此条，一循祖宗旧制。"吏部看详："今来臣僚所请，缘本部见遵守《绍兴二年十月三日指挥》施行，所乞删去《绍兴令》，乞下敕令所，从所请删去施行。"从之。27，p4280

【绍兴二十八年】九月十九日，知蕲州宋晓言："条具裕民事：一、诸州军守臣到任之初经理财赋，既去替将近，或改易差遣，往往便将本处见在岁计钱粮私情恣意非法妄用。转运司不为监察，遂致财赋率多阙乏，而搔扰及民。乞下诸路转运司常切约束，及取索州军守臣到任一年收支若干，并去替一年月分取支若干，比较多寡，开具夹细窠名账状，并守臣职位、姓名，保明申朝廷，付户部审实稽考。如有增添非法妄用不应支使钱物，（本从）〔从本〕部具因依申乞朝廷，（当将）〔将当〕职官取旨黜责施行。二、比者连拜诏旨，戒饬监司、郡守不得观望当路，挟情徇私，劾〔奸〕赃之污吏，明以赏罚。于法郡守不得而专，设或所部有实犯罪，仍与通判同衔按劾。欲望特降处分，应所部有实犯，守臣具事因牒报通判，同衔具奏。如所见不同，或守臣增加罪状，或于法亲嫌应避，限两日具事因回报，仍先次申尚书省。若出违日限，守倅互有容庇，即是有违诏条，乞下所司严立法禁戒约。"从之。33—34，p4284

【乾道四年五月】二十九日，〔诏〕："诸路总领所，今后于岁终将所管州军合发钱物十分为率，若拖欠及二分，知、通各展二年磨勘。"或欠数太多，取旨。如了（辨）〔办〕数足，各与减二年磨勘。从淮东总领吕擢之请也。35—36，p4285

【乾道九年】八月十四日，臣僚言："凡州县守令辄因公事敢科罚百姓钱物者，许诸色人越诉，坐以私罪，仍乞放罢，人吏决配。赃入己者，官吏送监司根勘以闻。监司察州郡，州郡察县镇。监司不能觉察，御史台弹奏；若因事发觉，监司、守臣并一等罪。"从之。37—38，p4286

【淳熙元年】五月二十五日，诏："诸州军守臣罢黜，指挥到日，即将州印交与以次官，不得匿旨逗留。如违，仰监司及御史台觉察闻奏。"39，p4287

【淳熙四年】七月二十五日，诏："职事官未至知州资序人陈乞外（人）〔任〕，缘堂除并取到部阙通判皆远，如系通判资序，可特与添差参议官一次，知县（次）〔资〕序以上与添差通判一次。在职改官后及二月同。每路每州各不得过一员，候添差及两政之后别取旨。"先是，二年定职事官除郡之格，理亲民资序，后以实历职事官年月等第除授。于是翰林学士、知制诰周必大等言："《乾道中书门下令》：'诸在京职事官未至监察御史已上，履历尚浅、供职未久、陈乞外任者，不得除监司、知州军差遣。'注：'特旨除授或资序已及者非。'今乃许其身内改秩，或京官不曾作县，才历职事官三二年便得为郡。间有辛勤州县，绵历数任，必参格法，方始得之，若何而不内重外轻乎！乞自今职事官未至监察御史以上者，履历尚浅，供职未久，陈乞外任，欲乞依《乾道中书门下令》，不得除监司、知州军差遣。其有材能劳效卓然显著、特旨升擢者，不拘此限。其元系部阙州军并川、广州军，令三省选定紧望去处，合堂差外，并发下吏部依格法注拟。元系堂除通判阙，依旧归堂。所立定格即非旧法，合行除去，并依旧法。"从之。其吏部注拟知州军并堂除通判员阙，并遵依《绍兴五年闰二月十三日措置指挥》。41—42，p4288

【淳熙】九年正月三日，诏："诸路守臣任满，开具本州实在财赋数目及有无拖欠诸色请（结）〔给〕，并有无少欠人户钱物，不管以在库虚数及不系本州合用之数在内，具公文交割与交代。如正官未到，并以交割以次官，及具一般文状，省部置籍稽考。如有不实，许监司、台谏觉察奏闻。总领及转运司依此施行。"十一年六月，令户部检坐申严，仍仰新到任人限一月内将交割到数目从实具申。如违，许本部具名奏闻。43，p4288—4289

【淳熙】十三年十月二十七日，诏："今后四川、二广知州军见居川、广，合阙到半年前奏事人，及系见阙去处，并令诣本路转运司禀事，仰漕臣精加铨量，人材委堪任使、非昏谬老疾之人，结罪保明申尚书省。"以上《孝宗会要》。44，p4289

【绍熙五年】闰十月十日，敕令所言："今以《绍兴参附尚书司勋格》《绍熙五年七月九日圣旨》，拟修下条：'郢州州县官格，右到任及一年减一年磨勘，任满更减二年磨勘。'右入《淳熙京西路酬赏法》。"从之。先是，权发遣郢州任世安言："京西一路六郡之地，与敌境相接，除襄阳府、均、随、房州、光化军五郡官吏任满皆有恩赏，独郢州无推赏之令。如房州一郡居大山之中，地势深固，去边稍远，尚蒙朝廷存念，官吏任满亦与推赏，而郢州极边，乞照别次边体例特与放行恩赏，庶几官吏趋赴事功，自然有所激劝。"至是敕局修立为法也。45—46，p4290

【嘉定】二年二月十一日，诏："雅州守臣任满与减二年磨勘，令敕令所修立成法。"以四川制置司言，雅州守臣责任非轻，考之地理，正系边面，乞比附黎州赏典，故有是命。55，p4294—4295

宋会要辑稿·职官四七·通判诸州府军监

开宝四年四月，诏："广南管内州郡除已差朝臣知州外，其余见阙知州、通判处，委吏部铨于邓、唐、随、郢、襄、均、房、复、安、申等州并荆湖管内见任令录两考已上成资者，及判、司、簿、尉中两任五考、合入令录、年五十五以下者移注，仍别降敕。兼令知州许（般）〔搬〕家赴任，缘路支给馆券。其俸钱并依逐州录事参军例，据户口特支见钱。以三考为限，秩满不令守选，据资叙量试书判，注在北幕职官。"58—59，p4297

【开宝】七年五月，诏："诸道州府通判官等每有公筵，并接知州坐次。"59，p4297

皇祐三年二月，审官院言："通判员多阙少，今定藩府州军凡五十一处，请各差京朝官一员为签判；及端、封等二十二州知州，邕、桂、宜三州通判，旧制就移知县人充，今请先用通判。"从之。61，p4298—4299

【政和】三年闰四月十一日，诏武臣知州处勿差宗室通判。64，p4300

【政和三年】九月二十六日，钦州言："远小州军系初任或第二任知县人权入通判，兼无司录去处系通判纠察六曹，即未审合与不合理作实历亲民。"诏应无司录处通判，并许理实亲民。64，p4300

【政和】四年十月四日，诏："诸州通判有两员处，以一员堂除。"64，p4300

【政和】六年七月二十九日，诏："边倅多副贰，武臣倚以文法，访闻或老疾轻易，或全无风力，坐縻厚俸，无补郡事。今后并具名取旨差，仍著为令。"64—65，p4300—4301

宣和三年闰五月十九日，（访）〔诏〕："访闻诸州军通判员阙，多是寄居待阙或他州官奔竞请求权摄，窥图利（人）〔入〕，漫不省事，虚费禄廪。今后通判阙，差本处以次官权，仍止许收受本职供给等。违者以违制论。"65，p4301

【宣和】四年六月二十六日，荆南府申明："本府通判二员，即未审合与不合依旧制通签六曹文字。"都省勘会："昨因京东路转运司申请，应天府少尹二员，乞分治六曹事。准《政和七年四月四日敕》，依本司所乞，诸路两员处依此。"诏令通管府事，诸路两员处依此。65，p4301

【宣和】七年正月十八日，中书省、尚书省言："诸州添差通判处，遇知州替移及时暂在假，于条牌印与以次官，而添差入官在正任通判之上，窃虑合将州事令正任人掌署。缘未有明文。"诏令尚书省立法。65，p4301

【绍兴】二年三月十七日，诏："将淮南通判到任赏比附建炎元年九月二十四日京畿已降指挥，到任与转一官。及一年别无事故替移，保明申吏部给告（者）；若一年内替罢，更不收使。任满无遗阙，更转一官。"66，p4301—4302

【淳熙】二年六月九日，浙西提刑徐本中言："诸路州军应差邻州通判审问公事，而正任通判实有事故者，许差以次官权通判前去，仍不得以监当、曹官、主簿充代。"从之。71，p4304

宋会要辑稿·职官四七·司理院

仁宗天圣五年十二月，开封府言："先准《编敕》，应司理院禁勘公事合销纸笔、油灯，罪人合破荐席、柴炭，委长吏量公事、刑狱大小，以本处估卖赃罚衣物等价钱支买供用。如不足，于系省头子钱内支给。左右军巡院每日赃罚钱内各支三贯文，收买灯油纸笔供用；不足，欲于系省头子钱内逐院每日各支十贯文。"从之。74，p4306

神宗元丰元年四月十一日，丹州言："本州僻小，管宜川一县，每有公事，止于司理院当直司勘鞫，乞并州院入司理院。"从之。74，p4306—4307

乾道七年二月四日，臣僚言："临安府所管左右司理院、府院三狱，除每院推级四名推行重禄外，其余杖直、狱子等自旧皆无请给，往往循习乞觅，无所顾籍。乞令三狱每处止许置杖直、狱子一十二名，比附大理寺则例，每月支钱十贯、米六斗，并推行重禄。仍不许诸处官司差拨。如敢仍前乞取，并计赃断罪。"从之。74，p4307

宋会要辑稿·职官四八·上佐官

皇祐二年十一月五日，诏："应庆历六年以前因应举殿前恩泽授诸州司士、长史、文学、助教，见年六十以下，精神不至昏昧者，并许朝臣三人同罪保明奏举，赴铨投下文字，试判三道，依言边事试中人注权入官。其摄助教与注诸州参军。每官只得同罪奏举两人，仍于举状内开坐已举过人数、姓名，重结罪以闻。仍令铨司置簿拘管，候举主数足，勘会施行。"2，p4309—4310

宋会要辑稿·职官四八·幕职官

【政和】三年十一月一日，详定一司敕令所看详旧幕职州县官，今后承直郎以下其就任改官之人，自改官日理任等，除《元祐法》合行删去外，今以熙丰旧法参酌修立下条："诸承直郎以下应就任改官者理任，自改官日即愿通计前后月日，满三年罢者听，仍不理为任。"从之。8—9，p4313

高宗建炎元年十二月二十三日，诏："〔已〕降指挥，诸州、军、府司录依旧为签书判官厅公事，诸路除旧有签判官自合存留司录改充，余州司录并令减罢。访闻旧无签判处却存留司录充签判，令都省札下吏部，遍牒诸州军，依元降指挥改正。仍行下转运司，取会所辖州军改正减罢员阙类聚申尚书省。如有违戾，按劾以闻。"9，p4313

宋会要辑稿·职官四八·县官

真宗咸平四年五月，诏："自今三班使臣知县，不得以诸州衙吏及富民受职者充。"25，p4322

【天禧】二年正月，诏："应臣僚奏举幕职州县〔官〕改授京朝官与西川知县者，如未有阙，不得差权知县，且与监当差遣。"先是，每授京朝官知西川大县，若未有阙，即差权知近地县邑，伺候远阙，或三五月即便移替，往往以不终任考因循，吏缘为奸。兼送迎烦数，重劳于民，故有是诏。25，p4322

仁宗天圣元年正月，开封府界提点诸县镇公事李识言："畿内京朝官知县，自今请令大两省及知开封府同罪保举。如满三年无赃私过犯，公事干集，特与升陟差遣。至于诸县簿、尉，亦许清望官论荐。若考绩有闻，等第量与擢用。"诏审官、吏部铨今后选差人充。25，p4322

庆历八年五月，诏："诸道非鞫狱而差知县、县令出者，以违制论。其被差官据在外日月，仍不得理为考。"时权三司使叶清臣自永兴召还，言所部知县有沿牒他州而经数时不归者，恐假领之官不能尽心职事，故条约之。26，p4323

【皇祐】三年三月，诏："天下知县、县令若差推勘刑狱及应副军期，或权繁剧县，须具奏闻。其闲慢处辄差及差而不奏者，以违制故失论。被差之官亦行责罚，差出日月仍不理为资考。"26，p4323

宋会要辑稿·职官四八·县令试衔知县

太宗太平兴国六年正月六日，诏："令长之任，所以字民，百里之裁制自专，一邑之惨舒攸系。朕深惟致理，用洽小康，而所司抡材，未能称职。况今封疆，混一县邑，动皆缺员，历年未补。铨衡则拘常调而不拟，州郡则缘下吏以为奸。朕思其所长，用立新制，与其限于资级，不若校以行能，俾下位以束求，令长吏而保举，且用试可，以观其材。傥及报政之期，自有陟明之典。宜今诸路转运司、州郡长吏，丁见任判司有清廉明干者奏举，当传召赴阙引对，授以知县，秩满差其殿最，以定黜陟。"27，p4324

仁宗天圣二年正月，诏："诸路州军自今常留县令管勾簿书，催督税赋，及理婚田词讼，不得差出勾当小可公事，及于县镇道店场务比较课利。其令佐年满，虽准铨牒放罢，若一县全然阙人，未得出给解由，须本县不至阙人，即许离任。"时诸州军累言属县令佐因年满放罢，及转运司差往他处比较课利，有一县全阙官者，故条约之。27，p4324

【天圣】七年十月二十一日，诏："诸路转运使、副使及知州府军监、朝臣并武臣崇班以上，举部内见任判、司、簿、尉有出身三考，无出身四考以上廉勤干济、无赃私罪、堪充县令者，除转运使、副不拘人数，余各一员，仍须同罪保举。如未有人，亦许察访，候有以闻，即不得举亲属及得替常参官。有两人奏举者，送铨司，候县令阙就移。如在任无赃罪，有公私罪情理稍轻，及能区决刑狱无枉滥，催理税赋不追扰，本州、府、军、监具实以闻，得替参选日与职事官，再令知县。如有依前显效，得替引见，特与京官，仍逐任替回免选。或不应得此诏，即候该参选日，且与知县、县令，其日前令录并依资序注拟。判、司、簿、尉内无人举者，如资考合入令、录，人材书判稍堪、精神不昏昧、无赃罪者，并依例注拟。内前任令、录并初入人（犯）曾犯赃罪及私罪至徒者，铨司相度，与注小处令、录。如精神昏昧、勾当稍难者，取旨。其已系及初入令、录人内，虽无人（奉）〔奏〕举而历任无赃私公罪、三度以下情理稍轻及有劳绩者，铨司相度人材书判堪预抢选者，引见取旨。已是令、录七考已上，与职官、知县；不及七考，与大县令。初入令、录者，且依制与县令，将来升陟，当议依奏举人例。内常选人引见日特有恩旨者，自依常例。”27—28，p4324—4325

皇（佑）〔祐〕二年六月，诏：“举官为县令，自今河北、陕西转运使、副岁各举十二人，提点刑狱各六人；河东、京东西、淮南转运使、副各十人，提点刑狱各五人；两浙、江南东西、福建、荆湖南北、广南东西、益、梓、利转运使、副各八人，提点刑狱各四人；夔州路转运使四人，提点刑狱三人；江淮发运制置使、副各六人；府界提点各三人；知开封府并诸州、府、军、监各一人。仍止得举所部官。”初，同提点京西刑狱张易临替，并举十六人为县令，仁宗谓辅臣曰：“县令与民最近，故朕设保举之法。今易所举猥多，岂无干请之人？”故令裁定之。28，p4325—4326

【治平四年十一月】十三日，诏：“考课之法，所以练群臣而核名实也。逐路监司与夫郡守之政，既已科别其条具为令矣，至于县令之职，与民尤近，而未尝立法，恐非以爱育元元之道。宜令天下州军各具所辖县令治状优劣以闻，以副吾陟罚之意。其条约令考课院详定以闻。”29，p4326

神宗熙宁元年十月二十五日，诏：“开封、祥符二县令，开封府举有出身，经一任三考，无赃私罪、公罪徒以上，曾有举主三人者充。”从权知开封府吕公著之请也。29，p4326

【熙宁四年二月】七日，诏：“诸路知县阙，候正入人不就又无人差移见阙及半月外，过满阙二十日外，八路见阙过（尚）〔满〕及差移五日外，八路委阙无人指射及差移一月外，并许亲民、监当无赃罪及公罪徒、私罪情理重者权指射差注，与知县请受。候在院监当人数少，即别取旨。"29，p4327

【哲宗元祐元年】十一月二十二日，吏部言："准《敕》：'尚书、侍郎、内外学士、待制、两省、台官、左右司郎官、诸路监司各举公明廉干、材堪治剧、仍系合入知县或县令一员，令吏部不依名次差充重法地分知县、县令，次差贼盗多有，万户以上县。任满委监司保明治状，作三等升赏，有任满酬奖者听从重，仍令吏部考较等第以闻。'今详立到考较等第，其旧有任满酬奖者听累赏。"从之。30，p4328

政和元年四月十二日，梓州路提举学事郑宗言："欲乞今后邻州接境人，不得注邻县令、佐。"吏部勘会："注拟官员差遣，依《条》：'本贯开封府不注本县，诸州不注本州，即河南、京兆府、郓、苏州有产业者，虽非本贯，亦不注亲民。'今臣僚所请令、佐不得注邻县，今看详令佐事权不同，欲于上条内'不注本州'字下添入'县令不注邻县'六字。"从之。31，p4329

宣和二年十二月二十三日，中书省、尚书省言："增修到：'诸繁难县令阙，本路无官可（考）〔差〕，若转运、提点刑狱司于罢任待阙官内选年未六十、曾历县令、无私罪疾病及见非停替人权，不得差在本贯及有产业、并见寄居者旧曾寄居处。'上条合入《政和职制令》，冲改本条不行。"从之。32，p4330

【宣和】三年十月十二日，诏："滨州招安、深州束鹿县令佐，许河北转运副使吕颐浩踏逐有心力人奏差一次。内京朝官替见任人成资阙，选人替年满阙。"先是，委颐浩拘催州（州）县学事司田土租赋，颐浩言两县田土空闲，无人承佃，在县令佐协力干办，故从其请也。32—33，p4330

绍兴元年正月十四日，诏："今后京朝官知县阙次，并令三省选择差除。仍内外侍从官各举堪充县令京朝官二员，中书门下省籍记姓名，以次除授。俟有善政，任满升擢差遣；或犯赃罪，连坐举官，依保举法。"34，p4331

【绍兴元年】二月八日，诏："应知县、县令今后不以是何官司，并不得差出。虽专画到许差见任官指挥，亦不许一例指差。仰守臣检察，如

或违戾，按劾以闻。被差及差之者，以违制论。"34，p4331—4332

【绍兴】三年十月十三日，臣僚言："乞自今令佐官非出入假故，应通签而独行者，官司不得被受。仍乞申严典宪，重行黜责，监司、守贰按行觉举。"诏坐条（甲）〔申〕严行下。今后如遇差出或在假等事故，并于阶衔下分明批鉴。34，p4332

【绍兴十四年】四月七日，臣僚上言："县令之职，比年类多偷惰。每畏事繁，无辞以却，遂于词状前预令人吏朱批有无少欠官物。一有少欠，则非特不为受理，又且从而监系，非理阻抑。缘此一邑之内，豪户日益恣横，而冤抑之民日益困迫。欲乞今后如有似此违犯之人，许令人户越诉，仍委监司觉察按（刻）〔劾〕。"从之。34，p4332

【绍兴】十七年十月十三日，右正言巫伋言："近年州县间上下苟且，凡命令之下，视为具文。欲望申敕州县，将前后所降指挥编次成册，置之厅事，守、令常切遵依。如少有违戾，即仰监司觉察按劾。"从之。35，p4332

【绍兴】二十年十月十六日，诏："诸守、令遇劝农，不得用妓乐迎送及宴会宾客，如违徒一年，著为令。"35—36，p4333

【绍兴】二十六年八月二日，诏："初改官及应理知县资序人虽有两任，如用县丞作实历亲民者，即依旧法，须满六年替罢，方许依条关升。其选人任县令，候满任无过犯，与占射差遣一次。"36，p4333

【绍兴二十六年】十月二十八日，吏部言："欲依臣僚所请，将治县善最并七条之目刊印成册，凡县令授记，即给付一本。并将逐项治民条法镂板，遍下诸路州军及监司等处，行下所部县分正厅，令大字书写板榜，常切遵奉，毋致违戾。"从之。36，p4333—4334

【绍兴三十二年】八月十三日，知沅州秦杲言："卢阳、黔阳、麻阳三县各接（猺獠）〔瑶僚〕生界，及接广南，系水土恶弱瘴烟之地，县令任满循两资。今乞比照本州幕职官与改合入官，或止依判司任满该磨勘，与减举主二员。"吏部勘当，欲将三县县令依见行赏格推赏，如任满得替应磨勘改官人，任内不曾透漏蛮贼五人以上入界，即与依本州判司减举主二人，不愿减〔举〕主者听与循资。从之。36，p4334—4335

【乾道二年四月】二十七日，尚书吏部侍郎、权吏部尚书陈之茂等言："伏准御笔降下堂除理实历亲民知县等事，今议定下项：一、除职事官以上系朝廷选用人材外，今后除六院官，须要曾经实历知县一任，方得除授。二、今后教官及在京监当、主管尚书六部架阁文字等阙，如系京朝官以上任上件差遣，亦须实历知县一任，方许关升通判。或两任内曾经作县一任，虽授别差遣，并与授理为两任，关升通判。宫观岳庙承务郎以上关升知县及宗室换授理亲民准此，仍自今降指挥日为始。"并从之。37，p4335—4336

【乾道二年四月】八月十六日，尚书吏部侍郎、权吏部尚书陈之茂等言："集议指挥内知县除选人外，其京朝官并以二年为任，立为永法。今四川转运司检坐令，诸知县人川广并三十个月为任。本部未敢依本司专法，亦未敢依集议指挥。"诏令吏部遵依四川专法施行。37，p4336

淳熙元年三月七日，尚书省言："沿边知县、县令、县尉随格通差文武臣，武臣仍须识字，依文臣法。知县、县令先本部铨量，次都堂审察，方许差注。其窠阙并差注格法，令吏部条具申本省。湖广屡经盗贼县道，可以文武臣通差，其窠阙令逐路帅臣、监司同共开具申奏。候到，送吏部处置，申取朝廷指挥。其文武官岁举武臣升陟，内将二人举堪充升陟亲民任使。到部官有举主二员、曾历监当差（遗）〔遣〕、考第及格人，方许注授知县、县令。"从之。39—40，p4338

【淳熙五年十一月】十四日，工部郎官杨骧言："广西之盗已殄，乞命选曹遴选县令，勿注推恩得仕、两举权摄正摄补官者。"上谓辅臣曰："县令最为近民，（李）〔奈〕何以摄官为之？可令吏部详议以闻。"既而吏部言："在《法》：'知县、县令并注已改官及经关升有举主、考第人。'其推恩得仕，比至经任、关升、（往）〔注〕授，年已六十，近降指挥已不许注授知县窠阙，即无许差注摄官条法。其广南东、西路摄官，检点皇祐、大观、绍兴条格，已是详备。目今广东合补正额待次、摄官各二十五人，共一十九处窠阙；广西正额待次、摄官各三十人，共三十五处窠阙。除海外琼州乐会、文昌县，万安军万宁、陵水县，昌化军宜伦县，或是令阙有以主簿兼县事外，其海北并系场务监当，即无县令窠阙。今乞下转运司，照条不得将不是阙官阙次辄差摄官，及不得因所摄之官就委兼权其他职事。如违，许诸司互察，御史台弹奏。"从之。40，p4340

【淳熙】七年正月十五日，枢密院具到《审察武臣知县县令格目》："一、知县、县令令注经任有举主、关升亲民人。二、注年未及六十、无疾病人。三、注识字能书晓文义人。四、注不曾犯赃若私罪情重人。五、当官试书判二道，从长贰出题。六、审察之日各具已见利便札子三两

件投陈。"诏吏部先次铨量，如应得今来立定格目，即具申枢密院审察，余依见行格法。41—42，p4340

【淳熙】十一年五月一日，吏部言："京官在法理知县资序人，须实一任满，方合理当实历。其注文称，若在任未满二考，改移或寻医、侍养，并不许理为一任。即两考实历便合理当一任。今来承务郎以上官理知县资序人授知县差遣，在任已成二考，偶因丁忧罢任之人，服阕之后再行参部，缘见今知县以三年为任，本部却将似此之人作不曾实历知县一任，复令止注知县差遣，显是碍前项条法。今欲将京官任知县在任已成二考，不因罪犯，偶因忧罢之人，即照应前项条法与理当实历知县一任。"从之。42，p4341

【淳熙】十二年二月二十一日，臣僚言："诸县收支如版账钱物等，皆知县自专，而丞或不预签押。其常平仓等通签，河渡等钱虽县丞通管，出入之际，易为欺弊。乞自今诸县应干收支，必使丞佐等通签，其县丞所管财赋则必使知县检察。将来如有以赃获罪，并量轻重责罚。"从之。42—43，p4341

【淳熙十六年】八月十一日，臣僚言："近年应改官人须要作邑，不材之人贻害百姓。在《法》：'诸县有繁简难易，监司察令之能否，随宜对换，仍不理遗阙。'又《敕》：'诸监司以繁简难易察换县令，而私徇者以违制论。'乞申明上件指挥，今后所在知县委实才力不逮者，从本州具申监司。或监司自能采访，即行公共商议，不拘县之小大，择人两易。他日到部，并无妨碍。其县令亦依此施行，则能否各当其任，而民得抚字矣。"从之。44，p4342

【庆元】三年二月二日，诏："四川今后不得违法抽差知县、县令，有敢抽差若经营求抽差者，悉重置典宪；其抽差过月日，并不理为在任。诸司互相纠察，有敢隐蔽，令御史台觉察以闻，并与坐罪。仍立为令甲。"以臣僚言："四蜀县令、知县违法抽差甚众，到官未几，即谋他徙。大抵非贵游之子孙，即高谈之文士，往往惮烦，不肯屑就，迫于合入，姑为一来，委而去之，不过（附）〔付〕之佐官而已。佐官既非本职，岂肯竭力尽心？上司违法抽差，亦难以严诘峻责，纲运月解悉不能辨，故州郡拖欠总所有至数十万缗，而本州官兵月给有拖下累月者？此则县令抽差之所由致也。"故有是命。44，p4343

【庆元四年】九月七日，诏："沿边武臣知县，今后依铨法差注。"以监察御史张岩言："边县事体与内县不同，内县所长者民事而已，边县自边防之外，兼主民事，必有通才，乃能称职。隆兴初政，戎马方息，朝廷欲存抚复业之甿，兼为守卫之计，以防南牧，是以通差武臣，亦时良法也。在《法》：'沿边注武臣知县，须关升亲民资序，有堪任知县、县令举主二员，赴部选量日，长贰出题试书判二道，试中者申密院。'审察之日，又令具己见利便三两事。惟武举与试中《七书》义及断案人免书判。其立保荐铨量之法严密如此，岂容泛进！自后循袭，渐亏法意，大小使臣粗有夤缘，干堂即得边邑。既（闻）〔开〕其端，抱虚者纷至，皆援例而前，以求幸恩，初无练历之能，辄冒民社之寄。是以数十年来，边县未闻政绩显著者，正以保荐铨量之法姑亦文具，而干堂者又得以泛进故也。自今沿边州县并令吏部先差文臣，次差武臣，一依铨法差注。其武臣须加严保荐选量之法，举主二员并要于历任处监司、帅守荐举，方理为举主，庶几熟知其人有（才通）〔通才〕，可任县寄者。至于铨量之法，亦当审察其才能，毋为文具。自指挥之后，更不堂差武臣县令，现任者委监司、帅守体量，有不堪其任者即申朝廷与祠禄，理作自陈。如此，则边县不至泛用不练历之人以为民害，而边防绥御之计亦庶乎得人矣。"故有是命。45，p4343—4344

【庆元四年】十一月十二日，臣僚言："凡今之为令者，徒知簿书期会之为急，生财修缮之为功，催科政拙者指为愚人，凡事操切者目曰能吏。听讼之事，置而不问；字民之效，邈焉无闻。乞戒饬监司、守令，今后论荐知县，如其廷无滞讼，邑无冤民，讼诉不至于上司者，始可（剡荐）〔荐剡〕，不得徒以财赋为急。如或徇私行权，淹延民讼，翻异至多者，并从按治施行。"从之。45，p4344

嘉泰元年二月十七日，臣僚言："广西一路诸县，县令少有正官，若无以次官处，多是于他州别县差官权摄，甚至差寄居待阙右选摄官。多者一年，少（月）〔者〕数月，倏去忽来，志在苟得，职事废弛，冤枉莫伸。间有贪夫掊克自营，则一意聚敛，席卷而去，恬不顾恤。于是县益废坏，至有一二十年无敢注授者。其间有水土恶弱、岚瘴至重去处，加之经久权摄，事皆废坏。检照《淳熙令》：'诸南（宫）〔官〕得替该职官循资酬赏者，如考第合磨勘，与〔举〕减主一员。'又《令》：'诸广南县令任满该改官应减举主者，更减一员。'窃详法意，广南县令任满有循资酬赏，改官之人，自合减举主二员。然比岁以来，广西一路县令任满到部，未闻有用举主三员得放行磨勘者。乞行下广西监司、帅臣，刷具本路诸县有水土恶弱、累年无人愿就去处，斟酌轻重，分作三等，同衔结罪保明，具申朝廷。候到，送吏部照福建、广东西路见行格法，将愿授知县选人随其地土恶弱、轻重量减举主，申取朝廷指挥，行下本部照应出（关）〔阙〕。在任必要实历三考，方该赏典。"从之。45—46，p4344

【嘉定九年二月】八日，吏部奏："广西经略安抚司言：'静江府古县令素来无赏，无官愿就。今乞将古县令于衔上带兼兵马监押，文臣比附龙南县令任满循资减举主体例，武臣比附邕、钦沿边都巡检，凤州河池知县，授讫转官、得替减磨勘升名体例。乞（乞）详酌立法，今后静江府古县令任满无遗阙，与循一资，占射差遣。如有改官举主三员。与改合入官。'付敕令所。本所照得古县令系是四选通差窠阙，上件指挥止该载选人酬赏及武臣依所乞比附，所是京官注授，上件差遣却未有任满推赏明文，乞送吏部参酌，比拟合得酬赏。本部照得：古县令任满推赏，选人循一资，与占射差遣，减改官举主二员。所有京官昨来照条比拟，将选人循一资，占射差遣一次。唯是选人减举主二员，京官不用举主，别无条法可以比拟。今参照《赏格》，如赣州龙南县，选人县令循一资，占射差遣一次，减举主三员；京官知县转一官，减二年磨勘。即系共减磨勘六年，除选人循资、占射比折京官三年磨勘外，所有举主三员约减三年磨勘。今古县令减举主二员，若京官比拟龙南县赏格，合减二年磨勘。缘龙南系风土恶弱去处，比古县利害不同，欲更与减一年磨勘，共减三年磨勘，仍占射差遣一次。所有占射差遣，京官上所得从条合换次等，减一年磨勘，即系共减四年磨勘，委是轻重适中。"从之。48—49，p4347

宋会要辑稿·职官四八·县丞

仁宗天圣四年七月二十一日，诏开封府开封、祥符两县各置丞一员，在簿、尉之上，仍于有出身幕职、令录内选充。时两赤县簿、尉多差出外勾当，而本县阙官，祠部员外郎苏耆以为言，乃命增置。53，p4351

神宗熙宁元年十月，诏："京畿县丞、簿、尉除举官外，令审官院、流内铨精加选择。"从权知开封府吕公著之请也。53，p4351

【熙宁】四年三月五日，编修（申）〔中〕书条例所言："欲令诸路转运司具州军繁剧县分，主户二万户以上增置县丞一员，以幕职官或县令人充。"从之。53，p4351

徽宗崇宁二年三月二十四日，宰臣蔡京言："熙宁之初，修水土之政，行市易之法，兴山泽之利，皆王政之大者，追述缉熙，当在今日。农田如荒闲可耕凿，瘠卤可变膏腴，陆可为水，水可为陆之类；水利如陂塘可修，灌溉可复，积潦可泄，圩堤可兴之类；山泽如铜、铅、金、银、铁、锡、水银坑冶及林木可养，斤斧可禁，山荒可种植之类，县并置丞一员以掌其事。"从之。53—54，p4351

【崇宁二年】四月十九日，中书省、尚书省言："检会三月二十四日敕：'诸路除已置县丞处外，余并置丞一员。承务郎以上知县者，即差承务郎以上官，万户以上即差任录人，万户以下经任判、司、簿、尉，并许差见阙榜。半年无人愿就者，以次通注。'今欲承务郎以上知县去处差置县丞，并差承务郎以上亲民人，次新改官合入知县人，并与理为实历知县资序；次第二任监当有举主人。万户以上差职官县令及奏举职官知县、县令人，万户以下差县令及奏举职官知县、县令人，万户以下差县令及奏举职官知县县令人万户以下差县令及奏举职官知县县令已授差遣待阙人换授。又无，差经任判、司、簿、尉人。"从之。54，p4351

【淳熙】十二年二月二十一日，臣僚言："乞自今诸县应干收支，必使丞佐等通签；其县丞所管财赋，必使知县检察。将来如有以赃获罪，并量轻重责罚。"从之。56—57，p4353

宋会要辑稿·职官四八·县尉

太祖建隆三年十二月，诏曰："贼盗斗讼，其狱实繁，逮捕多在于乡间，听决合行于令佐。顷因兵革，遂委镇员，渐属理平，宜还旧制。其令诸道州府，今后应乡村贼盗斗讼公事，仍旧却属县司，委令尉勾当。其万户以上县差弓手五十人，七千户以上四十人，五千户以上三十人，三千户以上二十五人，二千户以上二十人，千户以上十五人，不满千户十人。合要节级，即以旧镇司节级充，余并停归色役。其弓手亦以旧弓手充。如有贼盗，县尉躬亲部领收捉送本州。若有群贼，画时申州及报捉贼使臣，委节度、防御、团练使、刺史画时选差清干人员将领厅头小底兵士管押，及使臣根寻捕逐，务要断除。其镇将、都虞候，只许依旧勾当镇郭烟火贼盗争竞公事。仍委中书门下每县置尉一员，在主簿之下，俸录与主簿同。"又诏："县尉以在任无寇贼理为上考，非捕贼不得下乡，其较考并依判司，仍与免选注官。所有捉贼期限、赏罚，并依前制，减一选者超一资，

殿一选者折一资。"60，p4354

乾德六年十一月，诏："贼盗渐息，逐县弓手稍多，宜复差减。自今万户县三十人，七千户二十五人，五千户二十人，三千户一十八人，二千户一十五人，千户及不满千户并一十人。令、尉如妄占留差遣，许人陈告，重置之法。"60—61，p4354

太宗雍熙三年十一月，诏："县尉在任，三限捉获劫杀贼，并于历上批书行劫及捉获日月、断遣刑名。今后应书较县尉考第，如在任捉获劫杀贼人，考帐内分明开（折）〔析〕。第一限获者，准格与折两次不获劫杀贼；第二、第三限获者，并与折一次不获贼。其三限内捉获劫杀贼人，开说批书不全者，令后一次获劫杀贼人，批书不全者比折一次不获劫杀贼人，即不理为劳绩。"61，p4354—4355

大中祥符三年四月，太常丞乞伏矩上言："川界弓手多贫乏，困于久役，州县拘常制不替，至破坏家产。况第一、第二等户充耆长、里正，不曾离业，却有限年；弓手系第三等户，久不许替，事体不均。今满三年与替，情愿在役者亦听，其第三等户例即与第二等户差充。"从之。61，p4355

【大中祥符】九年四月，诏："三京及诸路转运司，除川峡州军外，并据所管县分弓手，每五人借弩一枝，其弓箭枪剑令各自置办，以簿拘管，递相交割，委令、尉常切教阅。"先是，止降诏河北转运司，太常博士张希颜言，复州有弓手置弓刀以捕寇者，本州以私置衣甲器械坐其罪，皆杖脊配隶本城。真宗因令遍下诸道。62，p4355

天禧元年九月，诏："自今令、尉亲自部领弓手斗敌，杀获劫盗，及十人以上虽不全（火）〔伙〕，并七人以上虽不伤中，并比类元条酬奖。"先是，获全（火）〔伙〕十人已上，全（火）〔伙〕不及十人而伤中者，方得酬奖。帝特宽此条，以劝勤吏。62，p4355

【天禧】四年三月二十五日，诏："自今县尉斗杀全（火）〔伙〕贼、资考当入令录者，授节、察推官。"62，p4355

【仁宗天圣】五年八月，流内铨言："准《诏》：'开封府界阙簿、尉，于选人中拣无遗阙、有出身、书判人材稍优者引见取旨，权超资注拟。'今府界簿、尉有过满员阙，缘少得有出身人拣选引见，欲望许于见该参选合入判、司、簿、尉人内拣有出身、历任无赃私罪、或止是公罪三两度者，并引见取旨，权超资注拟。"从之。62—63，p4356

康定二年八月五日，中书门下言："近令淮南等路添差弓手，与旧同教阅武艺、捕盗。今虑县尉中有贪浊昏耄，欲令流内铨自今并选无赃罪、年六十已下注授。仍令体量，如贪滥不公，即依理施行。止是年老昏昧、临事怯弱，即与选人对换。"从之。63，p4356

庆历二年四月，诏："如闻京东西盗贼充斥，其令转运司委通判或幕职官，与逐县令、佐择乡民之武勇者，增置弓手。仍令流内铨选历任无赃罪、年未及六十者为县尉，以捕击之。"63，p4356

【元符元年】二月三十日，刑部言："欲于《编敕》'巡检、县尉应承告强盗而故不申徒二年'字下，添入'重法地分系结集十人已上者，仍不以赦降、去官原减'。"从之。66，p4358

徽宗崇宁二年七月十五日，诏："重法地分县尉旧差武臣处并归本选，依《元丰法》选差。"66，p4358

大观三年三月十九日，诏："访闻诸路县分有令、丞、簿、尉，令知总县事，其尉专主盗贼。若令、丞、簿差出事故，县尉权摄县事，万一有贼盗合行掩捕，即恐职事相妨，难以出界袭逐。可立法，每县常留令或丞、簿一员在县，不许差出。如非次偶阙，州军那差官权管勾，所贵不妨县尉捕盗职事。"立下条："诸县令、丞、簿虽有条旨许差出，须常留一员在县，如非次见阙，州郡差官权。"从之。66，p4358

宣和二年二月十五日，提举京畿京西路盐香茶矾事司（庐）〔卢〕知原言："私盐及茶、矾、香盗贩，全籍巡捕官不住遍诣巡警，则私贩不致透漏。虽前后立法约束，不能奉行。欲乞应管下县镇于逐乡村置粉壁一座，仿巡辖马递官法，每月躬诣地头，于粉壁上亲书出巡月日。一月之间，责其一遍，亦不为劳。如不亲书及坐罪立法。"尚书省检会《政和敕》："诸巡尉下乡巡捕，应书历而令人代书及代之者，各杖一百。"欲依所请："诸巡检、县尉应出巡而不出，或限内不遍、及不书粉壁者，各杖一百。"从之。67—68，p4359

【宣和】三年十一月十三日，臣僚上言："巡检以巡捕为名迎送，违令罪笞，县尉亦未有明文。伏望于《政和令》'巡检不得迎送'条内入'县尉'二字。"从之。68，p4359

【绍兴】三年十一月三十日，诏："诸乡村巡、尉每月地界阔远处听巡尉更立分巡。于要会处置粉壁，州给印历，付保正副掌之。巡尉所至，就粉壁及取历亲书到彼月日、职位、姓名，书字仍与本身历对行抄转。本身历候巡遍赍赴州印押，_{州县当日给还。}仍仰提举茶盐司及主管官逐季点检。著为令。"
从两浙西路提举茶盐公事夏之文请也。70，p4360

【绍兴五年】八月七日，诏："诸监司妄作缘由，非〔理〕追呼巡尉、
弓兵，将带远离地分谓出本界。者杖一百。著为令。"71，p4361

淳熙元年三月七日，诏吏部将沿边县尉自今随格通差文武臣，仍须识
字，依文臣法。令敕令所照应差注格法重别修定，一体施行。修立到条法
如后：一、选阙县尉限五日，先注应材武亲民人，限满无人就，方许经任
应材武监当人指射。内郴州先注武举出身人，如无，即依上法。仍试书札
百字，试中许差。并不注癃老疾病、年六十以上。在部委长贰，若在外指
射及奏辟定差，即监司、帅司或寄居州军知、通并精加铨量。二、注阙县
尉，_{兼县尉同。}右注年未六十、不经体量怯弱弛慢、并非有疾不任捕盗人。
诸应注县尉委长贰精加铨量，在外指射及奏辟定差者，即监司、帅司或寄
居州军知、通准此。乾道四年二月十九日并乾道六年六月十六日敕，淮南
东、西路诸州文臣县尉去处，自今通差文武臣。如同日指射，即先差文
臣，次大小使臣。乾道五年九月二日，三省、枢密院言："将京西路极边
州军差注武尉，依淮西已降指挥通差文武臣。如同日指射，先差文臣，次
大使臣。若无大使臣指射，即差小使臣，余依本选格法。所有庐州梁县、
合肥县，光州光山、固始、定城县，安丰军安丰、六安、霍丘县，濠州钟
离、定远县，盱眙军天长县，楚州宝应、盐城县，尉通〔差〕文武臣。
如同日指射，先差大使臣，次选人，次小使臣。侍郎左选。武冈军绥宁
县，澧州澧阳、安乡县，邕州宣化、武缘县，信阳军信阳、罗山县，廉州
合浦县，辰州沅陵县，融州融水县，郢州长寿、京山县，襄阳府襄阳县，
尉通差文武臣。如同日指射，先差选人，次大小使臣。侍郎右选勘会，除
本选自来认定沿边县尉专差武臣小使臣窠阙去处，从本部依见行条法已降
指挥差注外，今欲将沿边文臣县尉窠阙通差文武臣，欲依尚书侍郎左选已
措置事理施行。"从之。76—77，p4363—4364

【淳熙三年】八月六日，诏："诸处弓兵获到私贩茶盐，如事状明白，
依时给赏。如弓兵纵容私贩，巡、尉官坐视，致有透漏，并仰所部监司觉
察。"以江东提举赵师揆言，弓兵捕获私贩而推赏止及巡、尉，乞定弓兵
赏罚故也。78，p4364

宋会要辑稿·职官四八·牙职

太宗太平兴国八年五月，诏："诸道州府军监衙前使院、客司、通引官，多是知州、通判临替徇情，额外添人，蓦越迁补。自今并须依次转补，及不得额外别置名目添人。如日前已有此类，并须改正。如违，许诸色人告，正犯人当行配决，告事人支赏钱二百千，犯事人家财充赏。其干系官吏等并当除名。新官到任后不举觉，亦连坐之。" 94，p4372—4373

真宗景德四年三月，诏："开封府职员、孔目官、勾押官至前后行，自来元不定迁转年限，今后并五年一迁，逐度具功过以闻。" 94，p4373

【大中祥符】八年正月，诏："三京及诸道州府军监衙前使院职员等，有受入己赃，依法不至徒刑、勒停、见充散押衙者，今后经恩特与降等收系。或定额已足，即令守阙；如有阙，亦依例迁转。内有元犯枉法赃并勒充衙前散职，后再犯入己赃，并依旧名目收管，经恩不得收系。应三司、开封府过犯公人，自来赦文该叙理者，除犯入己赃及徒刑外，余并许于刑部投状，送所属处勘会元犯因依以闻，当与量所犯等第收叙。" 95，p4373

【大中祥符八年】八月，诏："开封府应管牙职、将佐、都押衙、左知客、押衙、左番通引官、行首，并壹处迁补，仍具新定资级以闻。"旧例，叙迁至牙职之首即府以闻，补充班行。至是，本府以押衙、知客、权行首各奏岁满出职，故有是命。95，p4373

【大中祥符】九年九月，开封府言："定衙吏为三等：左、右都押衙为第一等，以五年出职；客司左右知客、押衙为第二等，六年，通引同左右番行首为第三等，七年。并出职。其职员不立等第，有阙即本司次补。"从之。95，p4373

天禧二年十月，诏："逐路转运司奏，诸州军都知兵马使供职年限，看详有一二年或二〔三〕年一替之处，例各不同，自今并二年一替。" 95，p4373

【天禧】（二）〔三〕年十二月，诏："诸路府州军监，自今都知兵马使年满，并先申本路转运司，委使、副看验人材书札堪任班行差使，即得发遣赴阙。如选懦、不习书札及老疾不任差使者，却送逐处，与摄长史、司马。" 95—96，p4373

仁宗天圣元年十一月，诏："宜州最处边陲，接西南蕃，南丹州控带

蛮洞，其衙前职员累经差使，甚有勤绩。自今都知兵马使三年满，依例赴阙与班行，诸处不得援例。"96，p4373

【天圣】四年正月，诏："应诸州军州院勾押官已下系节级名目者，如犯入己赃，依法不至徒刑、勒停，该赦叙理者，比类使院勾押官已下体例，与衙前散押衙名目，不得随例迁转。"96，p4374

皇祐四年十二月，诏："诸州衙前在缘边应役者，止令主管官物，毋使管勾公厨、茶酒、帐设司，违者以违制坐之。"98，p4375

绍兴八年三月六日，诏："监司、州、县等处吏人犯罪，但已曾编配，或于法本不合编配，而情重法轻，有司酌情特行编配之人，虽会恩或依条放还，或改正过名，并不许收叙，亦不得投充他处名役。"从之。100，p4376

【绍兴八年】九月二十一日，诏："诸路监司、州军人吏见带校尉以上名目之人，不自陈解罢，依旧充役者，徒一年。官司容庇，杖一百。"以臣僚言："州郡旧制，人吏每遇考课，推其年额最高、无罪犯者补摄参军，号为出职，未有得为品官者。唯节镇衙前，每岁解发一名补承信郎。近岁以来，（寝）〔浸〕失旧制，监司、州郡执役人吏夤缘军兴之际，奏功推赏，窜名其间，例蒙授以品官，一州不下数人，高者至保义郎，下者进武校尉。且以近地数州论之，平江府尤甚，为役史而带行阶官，固非旧制，而又仍旧掌行文案，未尝罢役参选。"故有是命。100—101，p4376

【绍兴】十二年九月八日，臣僚言："州县往往擅自增添人数，额外收补充手分、贴司、乡书手，并存着私名贴写之类，及收叙犯罪勒罢吏人入役。并有断配他州者，辄敢不往配所，依前家居，或存留在案，充私名贴司，恣其作过。伏望令户部检坐敕条，行下诸路，专责通判先自本州军及遍诣管下点检，将额外增置及断罢不应充役之人并存着私名贴写之类，并日下放罢。所有断配之人，如尚留本家，即收捕依法施行讫，严切押往配所交管。其州县违戾之罪，乞权贷免，自后有犯，论如常法。仍令部使者常切觉察。"诏令户部检坐见行条法行下，仰诸路监司按察，如失举劾，令御史台弹奏。101，p4376—4377

【绍兴】二十六年八月十一日，御史中丞汤鹏举言："欲固邦本，在宽民力，在省人吏。今之州县胥徒最冗，为民之害最甚。且如既有正额，又添守阙；既有习学，又收私名。创立事端则谓之专行，分受优轻则谓之兼案，率置一局则三四人共之，贴司又不可胜计。比年以来，朝廷屡行告戒，赦文累有约束，或减省吏额，或禁止冒役，（丁宁）〔叮咛〕备至。率皆巧作名目，或云见行理雪而所属公文未下，乞先次权案；或云已经赦宥而叙复合得元名，乞先次收补。于案牍公移则避罪而不系书，于监司巡案则匿名而暂逃避。凡此之类，未易概举。缘此州县本无事也，以人吏众多纷张而生事；居民本无讼也，以人吏奸猾教唆而兴讼。追呼逮捕，文移骚然，第见吏日益富，民日益贫。比年守、令、监司恬不加恤，朝廷岂可不为之立法乎？伏睹建炎三年赦文内一项，具载减罢人吏最详，而一时奉行不虔，至今徒为空文。乞下户部，委逐路常平官躬亲出巡，量立期限，参照见行条令，视州县繁简分为上、中、下三等，立定合置吏额，如逐处已是足用，则不须增置；如或过额，则自当裁减。内有曾经编配放停之人，并不许收叙。稍有违戾，于额外收补，委监司、守、令常切觉察。如不遵守，以违制论。"诏依，令逐路常平官参照吏额立定，申尚书省。101—102，p4377

【绍兴】三十年八月二十五日，大理评事蔡洸言："伏睹绍兴二十八年郊祀大礼赦敕：'契勘昨缘州县、监司公吏猥冗，已降指挥裁减，及犯罪停罢之人。访闻往往循习积弊，别作名目收系。既无吏禄，则取给百姓，至于教唆词讼，变乱曲直，扰害公私。并日下罢逐，与免科罪。仍仰提刑司常切觉察，如有违戾去处，按劾以闻。'（切见）〔窃见〕近日诸州县、监司吏额之外，略已去矣，独有诸县未能恪意奉行，顿革此弊。除吏人定额之外，依前潜置私名，号为贴书、欨司，其徒尚繁，每一剧邑有至一二百人，少亦不下数十人。县官利其便于使令，一切不问。朝入县门，曰十为群，散之吏舍，行遣公事，操切百姓，乞取无厌，抵暮无有垂手而归者。使乡民日赡一二百人，自然膏血尽矣，何为而不因耶！且有老奸巨蠹，累犯断停，置身无所，专务刺探县道，持其短长。苟或不容，则假托姓名，妄兴词讼，官吏畏之，无敢不留。公事一人其手，则舞文弄法，扰害公私，正如诏旨之所谓者，可不逐乎！伏望申严行下提刑司，常切觉察，如有违戾去处，即依赦敕指挥按劾施行。私名冒役之人，一例依条断罪。"诏令户部申严行下。其昨降指挥令诸路监司参照裁定吏额，至今未见申到去处，仰本部限一月催督。如依前违戾，具监司职位、姓名申尚书省取旨。103—104，p4377—4378

【乾道】六年八月二日，试宗正少卿兼户部侍郎王佐言："乞令提举常平司委州之主（官）〔管〕官，限两月取索属县额内公吏看详，如委有违条冒役人，即行勒罢。如收叙应法，听令在役。仍将各县公吏姓名揭于板榜，其称再入役者，略具所叙之因，俾民通知，岁终一易。论诉冒役者，必须指其元犯刑名与收叙不当因依。如根究得实，监司、守、令、当职官依《绍兴二十六年八月指挥》，坐违制之罪。或奸民挟私妄诉，亦科反坐。"从之。104—105，p4378

【乾道】九年闰正月七日，详定一司敕令所言："契勘诸州衙职解发补官，《乾道令》称：'孔目官每州补一名，年满解发赴阙补官。'缘《政和二年二月九日指挥》：'都知兵马使改为都史。'昨修书日，照'都史'二字作'都吏'字，改移为孔目官。今看详，合将上条内'孔目官'三字依旧作'都知兵马使'为文。"从之。105，p4378

宋会要辑稿·职官四八·都钤辖 钤辖

【元符三年】五月七日，详定一司敕令所言："臣僚奏路分兵官驻札处不系将禁军，不因本司牒差，许与不许巡觑教阅，及点检军中差遣；所有不系将禁军指挥小分，亦未审路分兵官合与不合管辖等事。检会《枢密院札子》节文：'诸路分钤辖、都监自置将后来，所管职事、训练军马、系书衔位，皆未有定制，逐路事理不一。除三路、二广系边帅统属，旧成伦绪，及元置系在控扼去处，如淮南、两浙、江南东西、荆湖南北、福建路，并合依旧外，其余诸路'今相度到路分兵官合管职务：一、管辖本路不系将屯驻、驻泊就粮禁军，应驻札处岁首拣选及排连转补公事，并与知州等同共商量行遣，兼提举本处所管诸军教阅。若与钤辖司共州者，应钤辖司行遣军马公事，并签书同行；不同州者，亦系衔书其某处。二、路分兵马兼将者，除管辖本将军马外，亦依前项指挥。如因巡教拣选将兵，所至有管辖不系将兵，亦仰巡觑教阅，点检军中差遣。三、每年春秋，许安抚、钤辖司相度有不系将兵两指挥以上州军，轮定三两处，牒差不兼将路分兵官一员前诣，仍与随处长吏同共商量措置，务在劳逸均平。奉圣旨依，今欲依上件指挥施行。"从之。112—113，p4383

【政和】六年十一月七日，诏："应见理路分钤辖，路分都监、州钤辖资序人，并改正。今后如敢奏陈乞理为资序者，以违御笔论。仍委御史台觉察。"114，p4384

乾道元年八月十四日，诏："今后应文武臣知州军、诸路厘务总管、副总管、钤辖、都监见辞，并令上殿，批入料钱文历。如托避免对，并未

得差除旧任，委台谏、监司常切按察，以违制论。"117，p4385—4386

【乾道】三年七月四日，枢密院言："诸路钤辖到任二年，过满不候差替成资罢除拣汰，应初离军第一任添差到任人，在《乾道二年四月十四日指挥》之前，并令终满三年为任。"从之。117，p4386

绍熙元年四月十五日，诏："州钤辖、将官如系别路无统摄，准《令》序官；如本路有统摄，依《乾道元年三月二十六日已降指挥》序职。"119，p4387

宋会要辑稿·职官五一·国信使

天禧二年十二月二十六日，诏："应曾充北朝国信及接伴、送伴使、副等，每遇契丹人使到阙，除大两省外，余并令于左掖门出入，候回日依旧。"1，p4417

【元丰】六年二月二十五日，诏："北使经过处知州曾借朝议大夫者依旧，自今更不借官，令权服金紫，不得系金带。其押赐御筵官仍互借，先已借朝议大夫即借中散大夫，并许系金带，不佩鱼。"3，p4418

【绍圣四年】九月七日，诏："国信使、副自今依熙宁条，许带亲属一名充小底，其元祐法勿行。"从国信使范镗请也。6—7，p4420

元符元年二月一日，权开封府推官王诏言："差充兴龙节送伴辽国人使，欲乞依接伴到阙例，只于瑞圣园内设阁子，令送伴使、副伺候相见。如允，乞下有司著为令。"从之，仍令详定编修国信条例所于仪内修具。7，p4420

【元符二年】闰九月六日，试给事中兼侍读赵挺之言："差充贺北朝生辰，见领详定编修《国信条例》，有《北道刊误志》及接见北使书状仪式未能全备，欲乞就行询访，沿路看详修润。"从之。7—8，p4421

【绍兴二年九月】十九日，诏："应奉使金国未还之人，并随逐官员、使臣等，其家属散在诸路州军居住，访闻所在并不应副请给，自今后专责守臣，须管排月支给。如违，从徒三年科罪，仍许奉使之家越诉。及出榜晓谕。"四年九月十五日、九年正月五日、十年九月十日敕，并令按月支给。10—11，p4423

【绍兴】十二年五月三日，诏左朝请郎、试尚书户部侍郎沈昭远假吏部尚书，充金国贺生辰使；福州观察使、知阁门事、兼客省四方馆事王公亮假保信军承宣使副之。金国生辰遣使准此。于是诏检奉使大辽进呈取旨。国信所具到《国信令格》①："奉使指使满二次，转进武校尉；译语、亲事官、奉使接送、伴送及两次，转一资；亲从差随奉使及接送伴，两次无遗阙，候投名满二十年转一资；奉使书表司入国三次满足，转一资；奉使随行医官及三次，换章服，已衣紫许回授有服亲，或指射差遣；医学以下转一资，或换章服；奉使礼物殿侍满二次，转三班差使；奉使引接殿侍满四次，转三班差使。别无奉使大辽生辰推恩人体例。检正、检详看详，参酌拟定：正使起发支赐银绢各二百匹两，钱一千贯；副使起发支锡银绢各二百匹两，钱八百贯，三节人从共破五十人，不许差白身人。上、中节一十人，下节三十人，内准备差使四员，余差军兵。上、中节先转一官资，内选人比类施行。候回日更转一官资，添差合入差遣一次。内医官更支合药钱一百贯。下节准备差使先转一官资，候回日更转一官资。内军兵先转一资，候回日更转一资。起发：上节支银绢各一十五匹（匹）〔两〕，中节支绢一十五匹、银一十两，下节支绢一十匹、银五两。请给：三节人从日支食钱五十文，内有官人带行新旧任见任请给。如无请给或不愿请新旧见任者，每月支赡家钱三十贯。内军兵除带行见请外，月支赡家钱八贯。并自到所日起支，结局日住支。有官资人仍破本身本等券一道，并借请两月。"诏依拟定，立为永法。14—15，p4424—4425

【绍兴十二年】六月八日，吏部侍郎、充金国接伴使魏良臣等言："欲乞依旧例差编栏官二员、引接仪范二员、职员二员、小底二人、亲随二人、医官一员、主管文字二人、书表司二人外，更乞差准备差使十员，许依例指差，借请两月。"诏准备差使许差四人，官属人吏等并借请一月。15，p4425

【绍兴十四年】三月二十六日，诏："应差生辰、正旦非泛奉使并接、送伴官，合差国信所指使、译语、亲事官及皇城司亲从，并仰依祖宗旧法，听审使、副问答语言及见闻事件，兼觉察一行人，务令整肃。可札与主管往来国信所，今后遇差奉使等官，令检坐条法指挥关报，常切遵守，毋致灭裂。"16，p4425—4426

【绍兴十四年】八月八日，诏："右承议郎、监潭州南岳庙万俟允中奉使金国礼物官日，私以违禁之物附载入国，博易厚利。（游）〔特〕贷

----

① 从法律名称上看，宋代对单行法名称中用"条法""条制""条格""令式""令格"时，往往是因为该单行法中存在敕令格式等不同形式的法律。

命，追毁出身以来文字，不刺面，配贵州本城收管。"16，p4426

【绍兴】十六年三月十日，尚书省言："接送伴所差官属员数太冗，欲裁减小底二人、亲随二人、主管文字二人、准备差使四员，止差部辖一员、编栏官二员、引接仪范二员、职员二员、医官一员、书表司二人。"从之。16—17，p4426

【绍兴十六年】四月十一日，诏："今后金国使人赴阙，所差〔引〕接、指使、亲从、（谭）〔译〕语等人，除身分合得券食钱外，其沿路州军所送钱物并不许收受。如违，以赃论。"17，p4426

【绍兴十八年】闰八月三十日，诏："今后奉使生辰、正旦下三节人过界，并不许与北人博买。如违，从徒二年科罪。使、副不觉察，同罪。"17，p4426

【绍兴二十六年】十月十五日，诏："奉使金国使、副并三节人推恩，并有定制，今后不得援例，过有陈乞。如违，令御史台弹劾。"19，p4427

【绍兴】二十八年二月十三日，诏："奉使、接送伴使副往回，不得辄赴筵会。如违，依已降收受馈送指挥科罪，仍令台谏觉察弹奏。"19，p4427

【绍兴二十八年】十月十九日，诏："接送伴官属等，已有约束，不许私贩。其奉使三节人从，可令有司参照立法禁止。"19，p4427

【绍熙五年十一月】十六日，礼部、阁门、太常寺言："国朝典故，启攒前三日至祔庙，皇帝并前殿不坐。将来贺登宝位使人到阙，依孝宗淳熙十五年贺正旦人使到阙，于垂拱殿东楹引见。今来贺登宝位使人朝见，已降指挥，皇帝御后殿引授书朝见并赐茶，候朝辞日依旧垂拱殿东楹坐赐茶等。今欲权于紫宸殿引见，其余并从旧仪，唯不设仗。"从之。阁门条具：一、是日使人朝见，开紫宸殿门并紫宸殿两廊及后殿两廊放班门，令百官并使人入出，赴后殿起居朝见，赐茶。二、知阁门官已下并当祗应宣赞舍人已下、合祗应诸司官，并赴后殿后幄起居，宰执有如奏事，赴后殿后幄起居奏事。三、御后殿坐，望参官四拜起居，权免舞蹈，仪仗免排设。四、宰执、使相及使人、侍从、正任馆接拌，并后殿宣坐赐茶。五、行门禁卫等于紫宸殿内随宜排立，迎驾起居，令入内官报拨。六、使人朝见授书，止合知阁门官并当祗应宣赞舍人在后殿内，余并出殿。提点一名同仪鸾司伞褥位。七、使人合赐例物，止抬两箱过。如未尽未便事，临时随宜施行。32—33，p4435

宋会要辑稿·职官五一·祭奠使

【绍兴二十九年十一月】二十九日，三省、枢密院言："拟到今后《遣使三节人格例》：'常使合差二十四人，文武臣通差。泛使如非执政官与此同。'今欲止许使、副通差文臣六人，余差武臣校、副、尉、下班祗应，其转〔官〕、支赐依见前条格。泛使系执政官二十八人，文武臣通差。今欲止许使、副通差文臣八人，余差武臣校、副、尉、下班祗应。上节恩数依旧，中节转一官，与回日添差遣，下节转一官资。以上并不许（并）〔差〕承议郎以上并行在职事官，合差人并差正身，不得充代。内引节、礼物官、书表司，乞踏逐惯熟无官人者，听与破本等支赐及承信郎请给。其恩例候有名目日收使，仍不得过（人三）〔三人〕。"从之。48，p4444

宋会要辑稿·职官五二·遣使

【神宗熙宁】九年四月二十四日，诏："应朝省、寺监差官出外安抚、体量、察访及勾当公事，如有措置乖方并违法等事，监司及州郡长吏并密具事状以闻。如有隐庇，别致发露，量事轻重取旨。"11，p4450

【元丰】六年九月二十八日，诏："三路非泛使命除当支赐外，仍取旨别与支赐。其所至不得受馈，如违，送与受之者各徒三年。"12，p4451

【崇宁】二年八月三日，臣僚言："绍圣诏令三岁一遣郎官、御史按察诸路监司职事。访闻诸路监司每闻朝廷遣使，则以出巡为名，日候于境上，盖自来未有约束禁止，监司亦不敢辄废。伏望特诏有司，每遣使诸路〔按〕察，本路监司不得以出巡为名，先至界首迎候。违者以违制论。"从之。14，p4451—4452

政和七年四月二十日，诏："入内，内侍两省使臣被遣将命，应合破人马所须，并依元丰旧法，其后来冲改增添事并罢。尚敢陈请，并以大不恭论。"14，p4452

宋会要辑稿·职官五二·诸使杂录

嘉祐三年八月，诏立定《横行员数》：客省、引进、四方馆各置使一员，东、西上阁门使共二员，阁门、引进、客省副使共六员，阁门通事舍人共八员。内阁门副使转引进副使，引进副使转客省副使，即依诸司副使磨勘条例施行。遇阁门使有阙，则以次迁补，不拘磨勘年限。内有历阁门职事后，别无近上臣僚同罪奏举，及曾犯赃及私罪杖以上情理重者，若迁补名次到日，并与别除它官。内有任东、西上阁（阁）门使或四方馆使及七年无私罪、未有员阙迁补者，与加遥郡。其改正任者，须是授引进使及四年转充团练使，客省使及四年转充防御使。其战功并殊常绩效、非次拔擢者勿拘。23—24，p4457

英宗治平二年五月一日，枢密院言："诸司使额并正刺史以上及皇城使并无磨勘年限，横行使、（行）〔副〕至阁门通事舍人定员稍狭，并诸司副使磨勘改诸司使永例过优，俱未适中。今欲尽为永制：皇城（行）〔副〕使、宫苑（行）〔副〕使该磨勘者，各于本班使额从下与升五资，改转诸司使。其自左藏库副使已上，因酬奖及非次改转者，即依旧例转皇城副使。"并从之。24，p4457

【政和四年九月】十四日，诏："自今（自今）通侍大夫须（宾）〔实〕及四年，方许换正任，虽奉特旨，亦令中书省执奏。仍令御史台觉察弹奏。"26，p4459

【政和】六年十一月二日，诏："武臣自今应自杂流入仕迁至横行者，其恩数、请给、奏荐等，并依武功大夫法，著为令。"26—27，p4459

宣和六年六月二十二日，诏："近岁爵禄之滥，见在京、外官横行一百一十八人，内在御前职事者止系五员，系臣僚下者至五十人，官以亲卫、翊卫等为称而给使于臣下，不以为嫌，殆有五季跋扈之风。应外官横行可并以见今官为数，敢有陈乞转行并奉行官司，并以违御笔论。虽奉特旨，止具奏知。见任臣僚之家差遣或为管勾事务者并罢，无职任令吏部注拟。"27，p4459

宋会要辑稿·职官五三·提举德寿宫

绍兴三十二年六月十一日，诏："应在内日常应奉诸司，仰轮差诸色官吏等赴德寿宫如法应奉，不得少怠。有违，以大不恭论。应奉人数并物色，可令应奉诸司各行差破；宿卫并执从物人，可令殿前司、皇城司等处条具科差；德寿宫诸门依皇城门及宫门法，仍依行宫大内置巡警守卫，一切务令如法。"1，p4461

【绍兴三十二年七月】二十七日，诏："修内司修盖德寿宫了毕，官吏、兵匠等推恩，内第一等与转两官资，第二等与转一官资、减三年磨勘，第三等与转一官资。碍止法人特与转行，愿回授者依条回授。白身人候有名目或出职日，特依今来所转官资收使。余人并本宫支犒设。"3，p4462

【乾道】七年五月二十四日，诏："德寿宫官吏、诸色人等，昨于乾道二年五月二十二日，为应奉有劳，并特转一官资了当。今后实及五年准此。今年已及五年，可依已降指挥，并特与各转一官资，仍不隔磨勘。内碍止法人特与转行，愿回授者听。白身人吏候有名目日，特作一官资收使。"6，p4464

宋会要辑稿·职官五四·宫观使

【乾道元年正月】十五日，钱端礼言："准敕：'差兼充德寿宫使'，今来乞以'德寿宫使司'为名，行移合依自来执政体例，省、院并系关送。所有印，乞以'德寿宫使之印'六字为文。其人吏、使臣，止乞就差近德寿宫提举所已差人。应干请给、恩赏等行移之类，并依提举所已（甲）〔申〕降旨挥施行。"从之。18—19，p4475

先是，绍兴三十二年六月四日，诏张去为落致仕，依前延福宫使、安德军承宣使，提举德寿宫。仍诏以"提举德寿宫"为名，依所乞令工部下所属铸造印一面。应行移公式等，并依入内省见行条例施行。差点检文字使臣二人，支本等驿券外，每月添给钱一十五贯、赡家钱一十贯。并三年为任，任满无遗阙，与减三年磨勘。再留依此。又主管文字三人，书写人二人，其请给等，主管文字依入内省书令史，书写人依书史见请则例支破。内有名目人，每及五年转一官资；白身人候实及七年，与补进武副尉出职。所差使臣、人吏，被差官司如有拘碍不许抽取条制旨挥，特依今来旨挥日下发遣。仍于皇城司指差巡视、背印、投送亲事官各二人，及于临安府差看管案牍兵士六人。19，p4475—4476

绍兴三十二年六月十一日，诏："应在内日常应奉诸司，仰轮差诸色官吏等赴德寿宫如法应奉，不得少怠。有违，以大不恭论。应奉人数并物色，可令应奉诸司各行差破；宿卫并执从物人，可令殿前司、皇城司等处条具科差；德寿宫诸门依皇城门及宫门法，仍依行宫大内置巡警守卫，一切务令如法。"19，p4476

宋会要辑稿·职官五四·外任宫观

徽宗崇宁元年七月十一日，中书省〔言〕："勘会熙宁三年五月诏，以诸臣历监司、知州，有衰老不任职者，使食其俸给，令处闲局，故令诸州增置宫观员数，使人各得便乡里，且以优老示恩。自后添支屡经裁减，而诸州供给亦无明文，是致往往失所，恐非先帝创立宫观、优老示恩之意。今以熙宁、元丰以来条制，参详修立下条：'诸三京留司御史台、国子监，诸州宫观岳庙提举、管勾等官添支，前宰相、执政官依知判诸路州府例，待制已上依见任官知郡例，中散大夫以上并职司资序人依知诸州府大卿监例，知州资序人依见任官充小郡通判例，通判资序人依见任官充军通判例，武臣正任横行以上依诸司副使知州例，路分钤辖以上依侍禁、阁门祗候知州例，路分都监以上依殿直充诸路走马承受例。'上条合入《禄令》，冲改元丰三年十一月十八日并元丰六年四月十八日、绍圣元年五月十六日指挥不行。诸宫观、岳庙提举、管勾等，文官因陈乞及非责降充者，并月破供给，于所居处依资序降二等支，职司以上资序人依通判例，知州资序人依金判例，无金判处及通判资序人并依幕职官例。前宰相、执政官及见带学士以上职者不降。诸陈乞宫观、岳庙若三京留司御史台、国子监，年七十以下不得过三任；七十以上、曾历侍御史以上，听两任；寺监长贰、六（书）〔曹〕郎中以上同。及职司中散大夫以上，并一任。曾历堂除知州资序人准此。当直宫观、岳庙，宫观使五十人，学士以上四十人，太中大夫、（官）〔观〕察使以上三十人，中散大夫及提点刑狱以上资序并止任横行以上二十人，知州路分都监以上资序十五人，通判以下资序十人。"从之。28—29，p4482

【政和三年八月】二十四日，中书省言："检会《大观重修中书省令》：'诸宫观差遣，中散大夫以上及职司资序并充提举，余官充管勾。'勘会余官内，朝奉郎以上及曾任职事官监察御史以上职任，及曾带贴职之人，若与务郎并一等充管勾宫观，虑无以区别，今参酌添立下条：'诸宫观差遣，中散大夫以上及职司资序充提举；朝奉郎以上或曾任职事官监察御史以上，若曾带贴职，充提点；余充管勾。'"从之。29，p4483

【政和三年】十月二十九日，中书省〔言〕："勘会除授宫观差遣，近降旨立定提点、提举、管勾三等，所有（诸）〔请〕受、从人，亦合随所授职任修定。今参酌旧法，拟立下项：'承务郎以上任宫观差遣，提举二十人，提点一十五人，管勾一十人。'右入《政和重修吏卒格》，冲改本格中'散大夫及提点刑狱以上资序、知州通判以上资序差当直人格'不行。'承务郎以上任宫观差遣，谓外任许在京居住者。提举十五人，提点十人，管勾四人。'右入《绍圣军马司格》，冲改本格'太中大夫及职司资序、知州通判（江）〔以〕下资序差当直人格'不行。"从之。29，p4483

【宣和元年】九月十七日，吏部言："奉圣旨，选人见任岳庙，令吏部具数申中书省取旨。本部勘会，选人见任岳庙计七十九员。检会政和七年十月敕内一项：应未应出官人及选人，小使臣并大使臣武功郎以下，并不得陈乞宫观、岳庙差遣。如违，以违制论。"诏并罢。30，p4484

【宣和二年】五月五日，中书省言："奉御笔，宫观并依《元丰法》，其后来新置创添差、兼领等员阙，并合先次放罢，限三日。所有宫观窠阙，今具下项：一、《熙宁编敕》：阙额，西京嵩山崇福宫、南京鸿庆宫、凤翔府上清宫、亳州明道宫、杭州洞霄宫、袭庆府仙源县景灵宫、太极观、华州灵台观、建州武夷观。已改为建州武夷山冲祐观。台州崇道观、成都府玉局观、建昌军仙都观、江州太平观、洪州玉隆观、舒州灵仙观。改为舒州潜山真源万寿宫。二、《崇宁三年七月六日敕》添置下项：灵济观、建隆观、奉慈观、延祥观、阳德观、福源观、崇先观、东太一宫、西太一宫、长生宫。三、《政和二年七月五日敕》添下项：成都府玉清宫，成都府国宁观、成都府长生观、成都府太平观、江宁府万寿宫、江宁府崇真观、江宁府崇禧观、杭州紫霄宫、杭州集真观、泰州万寿宫、袭庆府会真宫、袭庆府岱岳观、筠州妙真观、温州南真观、温州万寿宫、真华观、信州上清宫、信州太霞宫、南康军延真观、南康军逍遥观、临江军承天观、陕州太初观、筠州明道观、泗州太初观、彭州冲真观、衡州露仙观、衢州福堂观、南雄州会仙观、成都府崇道观、成都府永宁观、衢州兴道观。"30—31，p4484

【宣和二年五月】十三日，中书省言："检会御笔，宫观并依《元丰法》，其后来新置创添差、兼领等员阙，并合先次放罢，限三日。"诏依下项：应宫观、岳庙依熙丰立定窠名，新置内外宫观、岳庙并罢。太中大夫以上任宝箓（官）依旧；见在并曾任职事官监察御史以上及监司、并谓责降。并见久任归明人并蕃官，并依旧；见任职事官监察御史以上及监司陈乞，并谓合堂除。并依熙丰法久任，内非癃老疾病人并罢，随龙官依旧；太中大夫及武臣正任以上见任都下宫观依旧，内太中大夫以上任职事兼宫观人并罢；太中大夫及武臣正任以上正领宫观兼别差遣、或见领差遣兼宫观人并罢，内太中大夫以上兼书局人依旧；太中大夫及武臣正任以上领在外宫观人依旧，内依旧人见领内外新置宫观，改差旧额宫观。用恩例陈乞并请给、人从、差注，并依熙丰法，余依已降指挥。岳庙并依宫观已降指挥。31，p4484

【宣和二年五月】二十五日，诏："三京留守司御史台添权判官一员，仍差大卿监并职司以上差遣人；国子监添同判官一员。"尚书省检会："宫观不限员数，并在知州资序人以上，并须精神不至昏昧、堪厘务者充。《审官东院编敕》：'宫观、岳庙及三京国子监、御史台并差知州军人，仍到院体量精神不至昏昧、堪厘务者充。'《元丰元年二月六日中书省札子》：'应审官东、西院陈乞宫观等差遣人，年六十以上许差，仍不得过三次。'《吏部尚书左选条》：'诸管勾宫观、岳庙、三京御史台、判国子监，并注知州军年六十以上、精神不至昏昧、堪厘务人，长官审验差，不得过两任。兼用执政官乞者加一等。'奉圣旨依，余依已降指挥。元系侍从者责降，与宫观后来改作自陈人，依堂除宫观人，令吏部差注人，并依元丰吏部法，注知州军年六十以上、精神不至昏昧、堪厘务人。"诏依此行下。31，p4484—4485

【宣和二年】六月三日，吏部尚书蒋猷等言："勘会承务郎以上官任新置创添宫观、岳庙，已恭依五月五日所降指挥，并行先次放罢。今承《正月十三日指挥》内一项：'依旧人见领内外新置宫观，改差（改差）旧额宫观。今来除太中大夫及监察御史以上官、监司责降人两项外，其庶官任新宫观、岳庙合罢之人内，有年甲、资序、任数若依得元丰格法，合差注宫观、岳庙之人，未委今来并合与不合一面改差旧额宫观。'得旨，应任新置宫观、岳庙，年甲、资序、任数依元丰格法不合罢人，并改差（满）〔旧〕宫观，仍通理前月日满罢。当部检准《元丰令》：'诸管勾宫观、岳庙、三京御史台、判国子监，并注知州军年六十以上、精神不至昏昧、堪厘务（以）〔人〕，长官审验差，不得过两任，若用执政官陈乞者加一任。'又《令》：'诸年七十乞宫观、岳庙及三京留守司御史台、国子监者，曾历侍御史听两任，寺监长官及职司中散大夫以上并一任。'又准《考功元丰令》：'诸称职司者，谓转运使副、提点刑狱及朝廷专差宣抚、安抚、察访。余同知州。'勘会承务郎以上官昨任新置宫观、岳庙已放罢人内，年甲、资序、任数应得元丰法令之人，以上件敕命指挥划刷施行。"

从之。31—32，p4485

【宣和二年六月】十四日，中书省检会："《熙宁四年三月敕》：'（令）〔今〕后应宫观差遣，如系大卿监及职司并武臣遥郡以上，及本州知州自来带管勾者，并充提举，余官各充管勾。'《政和三年八月十五日敕》条：'诸宫观差遣，中散大夫以上及职司资序充提举，朝奉郎以上或曾任职事监察御史以上若曾带贴职人充提点，余充管勾。'"诏依《熙宁四年三月指挥》，内称职事者，谓职司资序人。其见带提点、提举、管勾，不依《熙宁四年三月指挥》者，令吏部出给公据改正。32，p4485

【宣和】七年九月二十五日，吏部言："奉御笔，中散大夫、提举西京崇福〔宫〕王迢候（候）今任满日，特令再任。吏部检准《元丰令》：'诸管勾宫观不得过两任。'勘会王迢已历宫观两任，若特令再任，即不应条法。今年八月七日圣旨，今后内降及传宣与差遣之人，或违碍资格，更不进呈，具因依告示不行。"诏更不施行，令吏部告示。32，p4486

高宗建炎三年五月二十六日，敕："降（指）〔旨〕，文臣承务郎以上许权差宫观一次，盖为未有差遣之人权行措置发遣，所有见任并已授差遣之人，并不许陈乞。"吏部侍郎康执权奏："承指挥，文臣承务郎以上许权差宫观一次。缘自渡江，案牍条法及（遂）〔逐〕次（所遂次）所降指挥例皆散失，今省记元拟立因依，条具下项：一、宫观差遣旧来系差六十以上知州资序人，本部长官体量精神不致昏昧、堪厘务者，许差一任，兼用执政官陈乞者加一任。即年七十以上，若曾任侍御史以上及职司人，许差一次，并具钞拟注。欲乞仍旧。二、昨降指挥，曾任监察御史以上而年四十以上者，不限资序，许权差宫观一次。知州资序年六十以上已经两任者，更权许差注一次。通判资序年五十以上，若四十以上历任曾经堂除终满一任者，知州资序人并依此。知县资序人年四十以上历任无赃私罪、曾经堂除满一任人，并权许差一次。二、今来预行先次差注宫观一次，见今未有差遣之官，权行措置发遣。所有见任三代、年甲、乡贯、出身、历任到罢年月日，及元差事因及功过、举主等朝典文状脚色一本，仍召保官三员，结除名罪，指定历任以来委的有无赃私罪犯，及所任差遣是与不是堂除终满一任之人，各开具委的自陈。（具）〔其〕见任行在人且令于本部陈乞，仍取索保官印纸或诰敕照验批书，仍循旧例赴长官体量，即行具钞拟注。在外人令所属州军依此陈乞，仍委自知、通效此体量，堪厘务、别无冒伪奸弊，即一面批书保官印纸等照验讫，从知、通结罪保明，缴连本官文状及家状脚色并保官状，申部以凭拟钞施行。如有一事一件隐漏不实，许人告陈，特立赏钱五百贯文充赏。其陈乞并保人送（送）广南编置。若官司保明不实，官吏并科徒二年之罪。"从之。33，p4486—4487

【绍兴五年】十月十日，臣僚言："准《绍兴令》：'诸臣僚因陈乞及非责降宫观、岳庙差遣者，并月破供给，于所居处依资序降一等支。职司以上资序人依通判例，知州资序人依签判例，无签判处及通判资序人并依幕职官例，武臣武功大夫以上未及知州职司资序人准此。其前宰相、执政官及见带学士以上职者不降。'契勘宫观官自祖宗以来，即无支破供给之文，止因崇宁间蔡京用事，创立格法，支破宫观供给。王黼作相之后，已行（任）〔住〕罢，今来却修入《绍兴敕令》，永为成法。所在州军虽不曾一一支给，缘已是编敕该载，难以止绝干请。欲乞删除。"从之。35，p4488

【绍兴】二十八年四月十七日，尚书左司员外郎王晞亮言："文武官实有疾病则许以寻医，悯其年劳则优以宫观，此旧制也。而《绍兴二十五年十一月指挥》，乃有州县官僚疾病日久者，许求宫观而去，则是合寻医人却得宫观，与旧制相戾。有司疑惑，莫知所承，乞删去。"从之。36，p4490

【绍兴】三十二年正月十三日，臣僚言："郡守之职，其任为至重，其事为至繁。昨者朝廷因臣僚之请，以谓郡守年及七十，非惟不应格法，亦恐耄昏，为民之害，遂令吏部并与自陈宫观。其后吏部谓此乃一时申请，本非旧法，不肯永远遵用。殊不知大（大）〔夫〕七十而致仕，乃古之令典也，今乞将前项指挥永为著令。"从之。36，p4490

绍兴三十二年十二月二十九日，孝宗即位，未改元。诏："文武臣陈乞常除宫观、岳庙，未曾立定员数。除在京宫观文臣曾任监察御史以上，监司、郡守及带职人，武臣（会）〔曾〕任宫观、知阁、御带、郡守、遥郡、横行及带军职人外，文武臣宫观以四百人为额，岳庙以三百人为额。大使臣注岳庙以一百人为额，小使臣曾从军添置岳庙以三百人为额。宗室依格通差宫观、岳庙，以七百人为额。其溢额人许终满今任。"36—37，p4490

【孝宗乾道】四年五月十八日，臣僚言："《绍兴三十年十月二日指挥》：'郡守年及七十者，（计）〔许〕令自陈宫观，不请者与宫观，理作自陈。'今略数班簿，亦几二十辈，恐其间有精力未衰，朝廷擢用，合加优礼外，乞降旨检会前令，特与宫观，理作自陈。具下项：'新知州贾价、新差知南恩州田伯强、知汀州韦能定、知肇庆府秦吁、知昭州叶秉彝、知廉州章兼、知广安军姚悠、知荣州杨高、新差知辰州黄绎，并年七十一，知万州梁戴年七十二，已过满。知陕州胡括年七十三，直秘阁、新差知常德府张允蹈，知连州钱师仁。'"诏并与宫观，理作自陈。37，p4491

【乾道四年】七月十二日，尚书吏部员外郎林栗言："在《法》：'诸宗室宫观、岳庙，若前任不厘务，满罢愿就前任者听。'契勘本选小使臣、校尉曾经从军立功，依累降指挥注授诸州军添差指（挥）使、听候使唤不厘务及岳庙差遣。如任满替回，愿就前任州军添差不厘务等窠阙，有妨碍于前任，不许差注。切缘拣汰离军之人多是贫乏，（般）〔搬〕挈可悯，乞将添差指使、岳庙之人比附宗室岳庙不厘务，差注不碍前任州军，仰称陛下优恤之意。"从之。37，p4491

【淳熙】八年闰三月十七日，诏敕令所于"通判关升知州条"内删去注文"堂除宫观听用一任，即不许理当实历"一十五字，却修入"宫观并不许理当任数"（八）〔九〕字。从知江阴军王师古请也。40，p4494

宋会要辑稿·职官五五·御史台

【真宗咸平】六年二月，诏："御史台今后推勘公事，令中丞、知杂躬亲披详，必须（子）〔仔〕细询问，御史台推直官躬亲勘鞫。仍令知杂与中丞提点勘当。其问间被推之人别有申诉，欲见中丞、知杂明理，仰引出更切审问，不得只凭元状子，须令剖析，毋致有抑屈。如断遣后却有偏曲，其本推官或重置之法，中丞、知杂别取旨。"4—5，p4499

【大中祥符】七年五月，御史知杂王随言，请以御史台新降条目编为仪制，从之。6，p4500

【天禧】二年十月，右巡使王迎等言："准诏，赵安仁所请重修定令式，缘诸处文字悉无伦序，难以编缉，欲望且仍旧。"从之。6，p4500

庆历六年六月，诏："御史台凡大辟囚将决，而狱吏敢饮以毒药及诸非理预致死者，听人告论，支赏钱十万。"7，p4500

【嘉祐】七年正月，权御史中丞王畴等言："闻纠察在京刑狱司尝奏，府司、左右军巡皆省府所属，其录大辟之翻异者，请下御史台。窃惟府县之政，各存官司，台局所领，自有故事。若每因一囚翻异，用御史推劾，是风宪之职下与府司军巡共治京狱也，恐下可遽行。"从之。7—8，

p4501

【元丰二年】十二月六日，诏："御史台重修一司敕。"9—10，p4502

【元丰（三）〔六〕】年八月三日，诏："御史勘公事权罢本职，不得与在外官吏往还。"从中丞黄履奏也。履言："本台推鞫公事，至有逾年而后毕者，迁为行遣，以致淹久。欲乞自今本台独勘或外官同勘，并令宿直，仍罢本职，不与在外官吏交往，而吏人食直随狱大小立以三等，为之给式：大者三十日，中者二十日，小者一十日。过此，虽狱毕亦不给，而官员食缗亦少裁损。"诏尚书省立法，送中书省取旨。10，p4502

【政和】七年七月十四日，御史中丞王安中奏："陛下躬览万机，凡大号令政事皆出亲翰，而又必诏宪司耳目之官觉察弹奏。比者面蒙圣训，以谓承乏之臣视为空文。臣闻命震恐，思所以自效，绎寻汇聚，粗见本末。契勘本台政和四年建请修《总官制格目》，成《弹奏》三卷。续有所降付，虽未经编纂，亦循旧制，应弹奏事并揭于榜，初未尝厘去御笔，尽与海行旧条、一时指挥不见少异。臣恭览御笔所谕告，有以一道德、（言）〔严〕分守者，有以隆道揆、明法守者，有肃朝仪者，有整军政者，有正官制者，有抑吏强者，有戒元祐党人覆出为恶者，有戒诸司奏请之有冲改者，有戒监司、守令不切遵守御笔者，有戒侍从而下非职干预侵越者，有戒除横行落内职夤缘请求者，有申敕常平散敛玩法为奸者，有申敕和预买前期给价者，有申敕赍锡钱妄传文移者，有申敕推赏滥冒、不以劳能定等者，有申敕明堂推恩辄有攀援者。凡此皆大猷，顾合与行马失序等同为一格，纲目混淆，旧榜昏黑，寖昧本意。臣今乞除已修成格目外，别将本台前后所奉御笔令觉察弹（奉）〔奏〕事专为 书，每殿中侍御史以上即抄录一本给付，仍榜内厘出御笔，揭示其余条令之首，庶几上可以严君父之命，下可以儆有司之守。"从之。13—14，p4504

乾道元年三月十七日，御史台状："本台系掌行纠弹百司稽违，点检推勘刑狱，定夺疑难刑名，婚田、钱谷并诸色人词诉等，事务繁重，全藉知次第人主行。今欲将察案后推书吏，如有愿陈乞比换之人，候比换讫，许本台存留，依旧祗应。"从之。23，p4509

【乾道九年】十二月三日，御史台状："检准《御史台格》：'户察贴司三人，本台节次承指挥裁减贴司二名外，目今户察只有贴司一名。'契勘本台日受词状，多是争讼婚田事，属户察行遣；及本台所辖户部五司仓场、库务五十余处，逐时取索点检，事务繁剧，贴司一名支擸书写不及，

乞以二人为额，庶几职事不致妨废。"从之。24—25，p4510

【淳熙】四年七月十七日，敕令所上《重修淳熙编类御史弹奏格》三百五条，诏颁行。先是，御史台言："觉察弹劾事件，前后累降指挥，经今岁久，名件数多，文辞繁冗，又有止存事目，别无可考，窃恐奉行抵牾。乞下敕令所删修成法，各随事以六察御史所掌分成门类，缴申取旨，降下本台遵守。"批下本所，至是（止）〔上〕之。25，p4510

宋会要辑稿·职官五五·进纳补官

绍兴三十二年五月二十九日，诏："中卖米斛推恩，即与纳粟事体不同，如补官之后有司辄敢沮难，以违制论。"48，p4522

乾道二年四月三日，都省批下刑部看详，进纳人身亡，子孙不作官户。本部今拟修下条："诸进纳授官人特旨与理为官户者，依元得旨，若已身亡，子孙并同编户。"从之。50，p4523

乾道七年八月一日，中书门下省奏："旱伤州军有赈济上户，许州县保明申朝廷，依今来所立格补授名目。无官人一千五百石补进义校尉，愿补不理选限将仕郎者听。二千石补进武校尉，如系进士，与免文解一次；不系进士，候到部与免短使一次。四千石补承信郎，如系进士，与补上州文学。五千石补承节郎，如系进士，补迪功郎。文臣一千石减二年磨勘，如系选人循一资。二千石减三年磨勘，如系选人循一资。仍与各占射差遣一次；三千石转一官，如系选人循两资。仍各与占射差遣一次；五千石以上取旨，优异推恩。武臣一千石减二年磨勘，升一年名次；二千石减三年磨勘，占射差遣一次；三千石转一官，占射差遣一次；五千石以上取旨，优异推恩。"从之。51，p4524

宋会要辑稿·职官五六·官制别录

神宗元丰三年六月十五日，诏中书置局详定官制，命翰林学士张璪、枢密副都承旨张诚一领之，祠部员外郎王陟臣、光禄寺丞李德刍检讨文字。应详定官名制度，并中书进呈。先是，元丰二年五月二十二日，右正言、知制诰李清臣言："本朝官制踵袭前代陈迹，不究其实，与经舛戾，与古不合。官与职不相准，差遣与官职又不相准。其阶、勋、爵、食邑、实封、章服、品秩、俸给、班位，各为轻重后先，皆不相准。乞诏有司讲求本末，渐加厘正，以成一代之法。"1，p4527

【元丰三年】八月十四日，诏吏部流内铨，自今称尚书吏部。1，

p4527

【元丰三年九月】十六日，详定官制所上《以阶易官寄（录）〔禄〕新格》：中书令、侍中、同平章事为开府仪同三司，左、右仆射为特进，吏部尚书为金紫光禄大夫，五曹尚书为银青光禄大夫，左、右丞为光禄大夫，六曹侍郎为正议大夫，给事中为通议大夫，左、右谏议为太中大夫，秘书监为中大夫，光禄卿至少府监为中散大夫，太常至司农少卿为朝议大夫，六曹郎中为朝请、朝散、朝奉大夫凡三等，员外郎为朝请、朝散、朝奉郎凡三等，中书舍人为朝请郎，起居舍人为朝散郎，司谏为朝奉郎，正言、太常、国子博士为承议郎，太常、秘书、殿中丞为奉议郎，太子中允、赞善大夫、中舍、洗马为通直郎，著作佐郎、大理寺丞为宣德郎，光禄、卫尉寺、将作监丞为宣义郎，大理评事为承事郎，太常寺太祝、奉礼郎为承奉郎，秘书省校书郎、正字、将作监主簿为承务郎。又言："开府仪同三司至通议大夫已上无磨勘法，太中大夫至承务郎应磨勘。待制已上六年迁两官，至太中大夫止。承务郎已上四年迁一官，至朝请大夫止，候朝议大夫有关次补，其朝议大夫以七十员为额。选人磨勘并依尚书吏部法，迁京朝官者，依今新定官。其《禄令》并以职事官俸赐禄料旧数与今新定官请给对拟定。"并从之。2，p4527—4528

【元丰三年九月】十七日，中书言："据官告院状，诸班直都知、押班、长行等，诸军使、副、指挥使、军使、副都兵马使、都头、副都头未曾受加恩者，遇大礼授银青光禄大夫、检校国子祭酒、兼监察御史、武骑尉。缘见今台、省、寺、监之官易之以阶，则所授银青光禄大夫正为阶，而国了祭酒、监察御史乃职事官，皆不合用为加恩。今明常诸如此举未加恩者，并乞加武骑尉，欲送官告院照会施行。"从之。3，p4528

【元丰三年九月十七日】，中书言："官制所申，朝旨除三公、三师外，余检校官散阶并罢。所有宗室及文武臣正任至内常侍以上，内臣供奉官以下，选人、技术官、将校、中书枢密院主事以下，及诸司吏人所授勒留官、衔校等，各有带文散阶、检校官及宪衔，欲并除去。其僧官溪洞蛮人知州镇，及化外蕃官所带散官等，合自朝廷指挥。"从之。3—4，p4528

【元丰三年】闰九月十九日，诏："自今致仕官领职事官，许带致仕，若有迁转，止转寄禄官。若止系寄禄官，即以本官致仕。其见致仕官，除三师、三公、东宫官三师、三少外，余并易之。"5，p4529

【元丰】四年二月十三日，诏审官东院所请重详定令敕，并归官制所。6，p4530

元丰四年七月二十三日，命权判尚书吏部、集贤院学士苏颂同详定官制。6，p4530

【元丰四年】八月八日，朝散郎、直龙图阁曾巩言："伏睹修定官制，即百官庶务既已类别，自一事以上本末次第，使更制之前习勒已定，则命出之日，但在奉行而已。盖吏部于尚书为六官之首，试即而言之：其所总者选事也，流内铨、三班、东西审官之任皆当归之。诚因今日之有司，择可属以事者，使之区处。自令仆射、尚书、侍郎、郎中、员外郎，以其位之升降，为其任之繁简，使省书审决，某当属郎中、员外郎，某当属尚书、侍郎，某当属令、仆射，各以其所属预为科别。如此，则新命之官不烦而知其任矣。曹局吏员如三班诸房十有六，诸吏六十有四，其所别之司，所隶之人，不必尽易，惟当合者合之，当析者析之，当损者损之，当益者益之，使诸曹所主，因其旧习。如此，则新补之吏不谕而知其守矣。宪令、版图、文移、案牍、讼诉、期会，总领循行，举明钩考，其因革损益之不同，与有举诸此而施诸彼，有舍诸彼而受诸此，有当警于官、布于众者，皆前事之期，莫不考定。如此，则新出之政不戒而知其叙矣。夫新命之官不烦而知其任，新补之吏不谕而知其守，新出之政不戒而知其叙，则推行之始，去故取新，所以待之者备矣。其于选事如此，旁至于司封、司勋、考功当隶之者，内服、外服、庶工万事当归之者，推此以通彼，则吏部之任不待命出之日闻而后辨、推而后通也。试即吏部言之，体当如此，其于百工庶职素具以待新政之行者，臣之妄意，窃以为无易此也。"诏送详定官制所。6—7，p4530

【元丰四年】十月二十七日，诏："自今除授职事官，并以寄禄官品高下为法。凡高一品以上者为行，下一品者为守，下二品以下者为试。品同者不用行、守、试。"7，p4530

【元丰五年四月】二十七日，诏："六曹尚书依翰林学士例，六曹侍郎、给事中依直学士例，朝谢日不以行、守、试，并赐服佩鱼，罢职除他官日不带行。"8，p4531

【元丰五年五月】九日，三省言："九寺、三监，分隶六曹，欲申明行下。"上曰："不可。一寺一监职事，或分属诸曹，岂可专有所隶？宜曰九寺、三监于六曹随事统属，著为令。"10，p4532

【元丰五年五月】十一日，上批："自颁行官制以来，内外大小诸司及创被差命之人，凡有申禀公事，日告留滞，比之旧日中书稽延数倍，众皆有不办事之忧。未知留滞处所，可速根研裁议，早令快便，大率止似旧中书遣发可也。"于是三省言："尚书省六曹，如吏部尚书左、右选，旧系审官东西院、流内铨、三班院，户部左、右曹，系三司、司农寺，旧申中书者，今合申都省。其应奏及本部可即施行者并如旧。内外诸司皆准此，可申明行下。"10，p4532

【元丰五年五月十一日】，诏："秘书省、殿中省、内侍省、入内内侍省于三省用申状，尚书六曹用牒，不隶御史台六察。如有违慢，委言事御史弹奏。其尚书六曹分隶六察。"10，p4532

【元丰五年五月】十五日，诏："三省、枢密院独班奏事，每日不得过三班。其枢密院自今应入进文字，自来用押字者，并依三省例书臣名。"10，p4532

【元丰五年】六月十三日，详定官制所言定到《制授、敕授、奏授告身式》。从之。翌日，诏官诰及奏钞体式，令官制所取房（元）〔玄〕龄《官告看详》，改定以闻。11，p4532—4533

【元丰五年】八月一日，详定官制所言："尚书省施行政令，分属六曹之事，都省总之，或有稽违，所当察举而任其责。今拟立法：诸六曹事有稽违而不察举者，以律'上官按省不觉'坐之，令、仆、丞为一等，左右司为一等，都事、主事为一等，令史以下为一等。"从之。12，p4533

【元丰五年八月】四日，诏二省、枢密院、秘书、殿中、内侍、入内内侍省，听御史长官若言事御史弹纠。先是，置监察御史，分六察，随所隶察省曹、寺监，而三省至内侍无所隶，故以长官、言事御史察之。12，p4533

【元丰五年】九月十四日，诏："应修明法式，并尚书省议定上中书省，速者先决施行，余半年一颁。其枢密院并不隶六曹者下刑部，缘功赏者下司勋修立，还送尚书省议。"12，p4533

【元丰五年九月】二十三日，诏详定官制所罢局，六曹等条贯送编敕所。其未了事，限十日结绝，先罢官吏请给。12，p4533—4534

【元丰五年】十月十二日，详定重修编敕所言："准朝旨，六曹等处条贯送编敕所修定，乞自朝廷于官制所见在属官内，选差六员为删定

官。"从之。12—13，p4534

【元丰五年十月】二十七日，尚书吏部言："待制已上，旧法六年迁官；今准新制，三年一迁。其已满三年，磨勘外有剩年月者，乞许通理磨勘。"从之。13，p4534

【元丰五年】十二月一日，上批："起居舍人王震谙晓吏文，即今全无职事。官制所拟修《六曹敕令》，文字浩繁，详定官安焘、崔台符各有尚书省职务，不能专力，可差震同详定。"14，p4534

【元丰七年】十（一）〔二〕月二十六日，敕："诸官司仓库事不可专行及无法式须申请者，并申所属寺监申；寺监不可专行，并随事申尚书省本部；本部又不可专行，即勘当上省。若直被朝旨应覆奏者，依本条，仍各申知。上条合入《在京通用【令】》。今看详：'不可专行若无法式事，系干边防及紧急理不可缓者，尽令申所属待报，窃恐迟误害事。'今修立下项：'诸事干边防及应紧急理不可缓，申所属本部不及，听直申尚书省、枢密院。'右入《寺监（务）库务通用令》。'诸事非边防及应紧急不可缓者，申本部不及，辄直申尚书省、枢密院者杖一百。'右入《寺监库务通用令》。奉圣旨依，如违，令御史台觉察弹奏。"诏遵守元丰诏书，如违犯，令尚书省纠劾。14—15，p4535

【元祐】三年二月六日，诏："自今朝议、中散、正议、光禄、银青光禄、金紫光禄大夫，并置左右。进士出身及带职转至左朝议、中散为二资，余人转至朝议、中散，分左、右字为四资。以上各理七年磨勘。其正议至金紫并分左右为八资，应今官已及此者悉加之。"17，p4536

【元祐三年】六月二十八日，诏："今后应除六曹郎中，选第二任知州已上资序、实历知州或曾任监司官、六曹员外郎、校理、台谏官、开封府推官并满二年人充。少监、员外郎、府推官，选第二任通判以上资序、或初任通判曾历外任亲民二年人充。寺监丞选第二任知县以上资序人充。"17，p4537

【元祐三年】闰十二月一日，尚书省言："未行官制以前，凡定功赏之类，皆自朝廷详酌，自行官制，先从六曹依例拟定。其事例轻重不同，合具例取裁；事与例等，不当辄加增损。若不务审察事理，较量重轻，惟从减损，或功状微小，辄引优例，亦当分别事理轻重及已未施行，等第立法。今以旧条增修，凡事与例同而辄增损漏落者杖八十，内事理重已施行者徒二年。如数例重轻不同，或无例而比类他例者，并具例勘当，拟定奏

裁。"从之，仍增三省、枢密院相干事并同取旨。18，p4537

绍圣元年闰四月十六日，左司谏翟思言："先帝修定官制，循名辨实，元祐以来，（寝）〔寖〕以变乱。如六曹尚书与侍郎，有去行、守、试而加权者，学士、待制、校理有兼尚书、侍郎、郎中、员外郎者。请诏有司，各与厘正。"诏令编修官制局考具元合改正事目申省取旨，改正毕罢局。其元请集成《六典》① 更不修纂。20，p4538

【绍圣二年】七月二十五日，三省言："夔州路转运判官黎珣言：臣于先朝元丰七年中曾进《开封六曹官制格》，寻令知府蔡京等编修成书。今其具草见在，欲望绍承前志，早迁天府，以正官司之弊。"诏送户部尚书蔡京看详以闻。22，p4539

【绍圣】三年九月十二日，户部侍郎吴居厚言："神宗议行官制，使之各正其名，凡台省寺监之官，制禄有三等之别，行、守、试是也。元祐中裁减浮费，而职事官带'行'者，遂令存虚名而已。且职事官带'行'字者，凡今且亦无几，使如官职制赋禄，其费又有几何？伏望朝廷以其事付之有司讲求，复行旧制。"从之。22，p4539

大观二年三月十五日，吏部状："准尚书省札子，奉御笔：'寄禄官在神考时不分左右，曩虽厘正，犹有存者。若尽去之，则序爵制禄，等级差少，人易以及。可令有司条画以闻。'付本部施行，谨具下项：一、《元丰寄禄官格》：开府仪同三司、特进、金紫光禄大夫、银青光禄大夫、光禄大夫、正议大夫、通议大夫、太中大夫、中大夫、中散大夫、朝议大夫、朝请大夫、朝散大夫、朝奉大夫、朝请郎、朝散郎、朝奉郎、承议郎、奉议郎、通直郎、宣德郎、宣义郎、承事郎、承奉郎、承务郎。一、绍圣二年'给事、中书舍人看详'一项，寄禄官分左、右。窃见先帝以文散官定为寄禄法，实一代之新制，而议者浅陋，妄加穿凿，遂请分为左、右。元法本缘禄秩，不为流品，今合除（法）〔去〕。若谓正议大夫、光禄大夫元是六曹及左右辖（细）〔进〕转，法有未尽，合行完补，即乞存此三等分左、右外，余并废罢。仍朝议大夫、中散大夫亦依旧存左右字，以分杂出身及无出身人，依旧作两资迁转。二、绍圣三年十一月十四日，中书省勘会《元丰四年正月九日中书省札子》：'应大两省待制以上并转朝议大夫、中散大夫、中大夫三官。'至《元祐三年二月九日敕》：

① 这说明宋哲宗有想修成《唐六典》式官制法典的努力。

'寄禄官并置左、右字'，因此许带职人待制以上，职事官谏议大夫以上，自朝议大夫便转中大夫，比其（地）〔他〕出身人超越一官迁转。近降《绍圣二年三月二十六日敕》：'正议大夫、光禄大夫、银青光禄大夫分左、右，余并废罢外，仍朝议大夫、中散大夫亦依旧作两资迁转，其朝议转中大夫一节亦合废罢。'奉圣旨依拟定，其已转过之人更不追改。三、崇宁四年三月十九日，朝奉大夫、试中书舍人、兼直学士院林摅状：承尚书省札子，据吏部状，勘会寄禄官分左、右字，系元祐年指挥，虽已焚毁不行，缘却有绍圣二年内正议大夫、光禄大夫、银青光禄大夫并朝议大夫、中散大夫分左右指挥，及臣僚上言欲依官制不分左、右字等，奉旨（今）〔令〕审覆省、寺、监诸司元祐法官，别立新法。今参酌修立下条：'诸朝议、中散、正议、光禄、银青光禄大夫应转官者，各以左、右为两资转，_{先右而后左，有出身人应转朝议、中散大夫者更不转右，止作一官转}。即朝请大夫至中散大夫仍各理七年磨勘。'右入《吏部考（巧）〔功〕令》。奉圣旨依。四、《大观二年二月二十一日敕》：'中书省、吏部供到状：检会《崇宁四年三月十九日敕》条，即不该载带职及两制以上无出身人超转之文，其元祐法带职并任谏议已上职事官转左字指挥已焚毁不行事。检会《熙宁中书条》：'应带馆职及侍讲、天章阁侍讲、崇政殿说书并转左曹。其无出身人带上件职者，依进士带职人例转。'今看详修立下条：'诸朝议、中散、正议、光禄、银青光禄大夫应转官者，各以左右为两资转，先右而后左。有出身及无出身而见带直秘阁已上职，或任谏议大夫已上应转朝议、中散大夫者，更不转右，止作一官转。即朝请大夫至中散大夫仍各理七年磨勘。'右入《中书省吏部考功令》，冲改《崇宁四年三月十九日敕》全条不行。"从之。26—28，p4541—4542

【大观二年】五月十七日，中书舍人、兼直学士院叶梦得札子："勘会编修神宗官制六典，昨承朝旨再展一年，至今年五月限满。缘官制系总三省、密院、省台、寺监、诸司库务，不隶省曹、寺监、诸司库务计三百余处，并逐一取索本处条例所立事务齐足，攒类成昝，方可下笔编修。兼朝廷日近补完官制事，如殿中省六尚、开封府牧尹、诸曹及礼乐、学校之类，并合候法令完备日取索编载，委于限内难以了当。今欲乞朝廷详酌，宽展限期。"诏再展半年。28，p4542

【大观二年】六月二十七日，中书省检会："《大观二年三月十五日奉御笔》：'寄禄官在神考时不分左、右，曩虽厘正，犹有存者，若尽去之，则序爵、制禄，等级差少，人易以及。可令有司条画以闻。'今拟下项：金紫光禄大夫、银青光禄大夫、光禄大夫旧系右银青光禄大夫，宣奉大夫旧系左光禄大夫，正奉大夫旧系右光禄大夫，正议大夫、通奉大夫旧系右正议大夫，通议大夫、太中大夫、中大夫、中奉大夫旧系左中散大夫，中散大夫、朝议大夫、奉直大夫旧系右朝议大夫。"诏依拟定，应见带左、右字人并除去，依逐等所定官换授，别给黄牒，仍免谢。内有出身及带职人更不转中散、奉直大夫，其品从、杂压、请俸、磨勘等，并依旧官条格施行。28—29，p4542—4543

大观四年八月十一日，中书〔省〕检会："今年七月十四日奉圣旨：'自今并依熙宁、元丰除（日）〔官〕资格差除，其太学博士、正、录，诸州军教授，依元丰格法选试。'今勘会，除依元丰官制格差除施行外，下项窠阙系元丰官制格内所无，并后来创置去处，并系见今堂除：文臣郑州知州、洪州知州、开封尹、开封少尹、开封府左右司录、开封府六曹参军、符宝郎、殿中丞、殿中省主簿、夔州知州、诸路提举学事、提举福建市舶、诸路提举（监）〔盐〕香、洛口提举交装、汜水同提举辇运、淮南措置矾事、三京司业、敕令所删定官、诸宅宗子博士。下项窠（关）〔阙〕并送吏部依格差注，内学官依近降指挥选试，旧系举官去处依旧法。诸路提举学事司主管文字、检察私钱、南北平准务、榷货、大观库、封桩竹木务、折钞官物香药等，法酒库、外香药库、石炭场、熟药所、太官令、太医局令、正、丞、国子博士、正、录、染院添差官、车辂院、中车院添差文臣近已减罢。国子监书库、登闻鼓检院。"诏并依旧堂除。30，p4543—4544

政和二年三月十七日，奉议郎、左司谏王甫奏："臣仰惟神考以尧、舜之独智，拯文、武之坠典，出道制法，作新垂裕，皆有成宪，而政事之原，莫大于官制。臣闻元丰中官制既行，乃取三省逮寺监凡所上所行之事，张官置吏，讲明搜举，仿周天地四时之官，辨其掌治与所统属，为《官制格目》①，颁之有司。其书起三省、枢密院，次以六部，而九寺、五监随所属部附焉。分列科指，条析庶事，以类相从，下至一时之务，咸有秩叙，大纲大纪，无不备具。元祐奸臣欲肆纷更，弃而勿用，遵扬丕谟，实在今日。臣比者钦承圣训，委臣参照违格目事务，条列元祐紊乱事迹、

---

① 此书是宋代元丰官制改革中的重要成果，成为明清六部制形成的基础。

年月，厘正类成事件，甚盛举也。臣愚谓当将应该《官制格目》所载省曹、寺监一切事务，依今来圣旨悉行照参，及条列废亲事迹、年月，取元丰以后继述增立之事，并依例补完，厘正成书奏御，断自渊衷，然后颁之天下，以诏万世。伏望陛下留神，如上当圣心，即乞特降诏旨。仍乞更不置局，止以参详补完官制格目所为名，以便文移。除臣合遵依圣训参详外，乞差宰执一员总领，选差手分五人。及乞三省、察院各差供检人吏一人，以便报应行遣。除官给纸（扎）〔札〕之类并人吏添给外，臣等乞并不支破诸色请给。应今来修书縻费事件，如聚议之类，亦乞更不陈请，仍限一季结绝。伏望圣慈详酌施行。"诏："《元丰官制》，政事本源，上下维持，讲究备具。若非元祐奸臣启例隳紊，纷更至今，则孰敢辄有拟议！近尝委官参照尚书省格目，悉依官制，甫复有请，应干官制所载及后来增立事件，委官修完，仍乞差宰执总领。可并依所奏，委郑居中总领，蔡薿、王甫参详，不许添官增吏，只就议礼局人吏限一季书成，不得展限。依已降指挥疾速行下。"31—32，p4544

【政和二年】四月十八日，参详补完官制格目所奏："臣等恭惟《官制格目》是为元丰不刊之典，盖与《周官》并传而无遗。曩缘元祐隳紊，循以积习，（寝）〔寖〕以违戾，特诏臣等参照厘正，欲以先朝垂裕之成宪，及陛下缵述先志而见于大政事，俾得依仿《格目》，附为全书，甚盛举也。契勘见（于）〔以〕参详补完官制格目所为名，窃虑四方万里妄议臆度，谓于补完有所去取。臣等再详所名，恐有未当，欲乞改以'参照官制格目所'为名。"从之。32，p4544

【政和二年】五月十七日，诏参照官制格目所："参照省曹寺监见行事务，有与元丰官制违戾不同者，一切遵依《格目》。"32，p4544

【政和二年】六月二十九日，参照官制格目所奏："本所取索参照据省曹寺监等处具到格目，内有逐处合行点检合旬申、月申、季申及每年举行事务，例称自来未经行遣，即今并无文字，显是蹈袭隳废。欲望委长贰、郎官、（承）〔丞〕属检照《官制格目》所载事务，自来隳废不曾施行者，一切遵依《官制格目》举行。如事系诸处合行申请，并随事行下本处照会，遵依《格目》施行。仍委左右司逐案检察，所降今来指挥以后，依前隳废，即乞委御史台举劾，具奏听旨。"又奏："尚书度支事目格有点检、驱磨官员请受券历、销簿、架阁等四项，至元丰七年九月二十八日，准敕将在京券历仿帐法，本部磨讫送比部驱磨，其在外券历并归转运司施行。绍圣二年六月已后,户部申请到朝旨,径申比部。大观二年四月二日,修立成条,在外券历申转运司覆磨架阁,在京所给兼请他路钱物者,申尚书刑部。虽与度支格目不同,又缘比部官制格目亦掌追(给)〔纳〕欠负、侵请及有驱磨文历一项,欲乞遵依比部格目元丰、绍圣、大观逐次已降敕条厘正施行。"又奏:"乞在京出给选人文历,令度支依官制格置簿,比部关报勾销。其官员事故住支请受,令度支关报比部追取驱磨。如得允当,乞依此厘正。"并从之。32—33,p4544—4545

【政和三年闰四月】十七日,尚书省言:"今拟定:'诸州掾、县丞从事郎以上充者,非簿、尉、城寨马监主簿及长史、司马、别驾,见知州庭参不拜。'右欲入《仪制令》,冲旧《仪制令》全条不行。"从之。40,p4548

【政和三年】十二月十八日,中书省言:"勘会直睿思殿既系衔、序位在不带职人之上,合为贴职立文,其睿思殿供奉亦当一体立法,文武官勋(罢)〔爵〕并参军等文并合改修。今参酌修立到集贤殿修撰至直秘阁、直睿思殿并睿思殿供奉为贴职等条:诸太师、太傅、太保为三公,少师、少傅、少保为三少,三公、左辅、右弼、太宰、少宰为宰相,知枢密院事、两省侍郎、尚书左右丞、同知枢密院为执政官,签书枢密院同。本条不同执政官者依本条。开府仪同三司为使相,特进至承务郎为寄禄官,通直郎、修武郎以上为升朝官,有执掌者为职事官,观文殿大学士至徽猷阁待制为侍从官,集贤殿修撰至直秘阁、直睿思殿并睿思殿供奉官为贴职,王、公、侯、伯、子、男为爵,金吾卫上将军至诸卫将军为卫官,太子太师至率府副率为东宫官,节度、观察为两使,留后、观察、防御、团练使、刺史为正任,领他官者为遥郡,通侍大夫至右武郎为横行,知〔入〕内内侍省事至内侍(郎)内品为内侍官,武功大夫至修武郎、阁门祗候为大使臣,从义郎至承信郎为小使臣,京府至军监六曹为曹官,通仕郎已下为掾官,及县令、丞、簿、尉、城寨马监主簿并为州县官,承直郎至将仕郎为阶官,节度副使、行军司马、防御团练副使、别驾、长史、司马、司士、文学、助教为散官,和安大夫至医学、太史令至挈壶正、书艺图画奉御至待诏为伎术官。"诏并依。42—43,p4549—4550

【政和六年】六月四日,太师、鲁国公蔡京等奏:"崇、观、政和以来,中书省除授内外省官制,参照元丰旧格,成书一百二十卷,乞以《中书省官制事目格》为名。"诏颁行。43—44,p4550

重和元年十一月十六日，吏部奏："检准《政和官品令》节文：'诸中亮、中卫大夫，防御、团练使，诸州刺史，为从五品；诸知、同知内侍省事，拱卫、左武、右武大夫，为正六品。'今来本部未审将亲卫、翊卫资格在中卫之下为从五品，惟复在拱卫之上作正六品称呼，有此疑惑。"诏翊卫、亲卫大夫并为从五品。47，p4552

【宣和二年八月】二十七日，臣僚上言："《元丰官制敕令格式》，① 字画灭漫，秩序差互，条目无伦，检举遵奉，殆不可考。夫以内外官司昔尝欲降元丰法令，不惟岁月之久，寖以敢失，亦有如省部辖下元不曾被受（法）〔去〕处。今绍述政事成宪，有司奉行，大惧违戾，然非朝夕从事于其间，岂得周知尽闻，以时而检举哉！伏望（朝）〔圣〕慈命有司契勘内外官司，别行颁降。"从之。49，p4553

【宣和二年】十一月十九日，臣僚上言："臣恭闻神宗皇帝元丰中尝诏天下，以闵古弗还，因时改造，是正百辟，复建六联。又有小大贵贱，迭相维持之语。当是时，省曹寺监各循分守，所掌职事未尝闻有借紊也。仰惟陛下绍述大猷，训迪在位，宸心所虑，犹恐体统失序，先后紊差。大观间以六曹寺监诸司等直申朝廷，并不次第行移，有违《元丰官制》，遂检具格法，修立条禁，有事非边防及应紧急理不可缓，不得直申尚书省、枢密院法。陛下申敕告戒，深切着明。昨者官司因循弛慢，不守彝宪，不由本部，径申朝廷，是致臣僚论列，尝降睿旨，令具《元丰官制》诏于官府，如违以违御笔论，庶几奉以周旋，不忘夙夜。且王言惟作命，命出惟行，弗惟反，是岂徒为空文哉！迩来寺监等处又复侵紊，径申朝廷，其事不一，未可以立谈也。况事非紧急，若先期检举，次第行移，岂不办集，安有申部不及之理！寺监诸司往往以一时（措）〔指〕挥踏差差官之类，许其径申，遂执为专法，仍旧引用。岂不知陛下前后德音（其）〔具〕在，非不谆复，方当正大体统，振肃纪纲，遵守元丰宪度之制，尚或侵越如此，非所谓迭相维持之意。伏望圣慈详酌，特降睿旨，寺监、库务、诸司等处，前后应有专许直申朝廷指挥，并乞赐冲罢不行，悉依《元丰官制》及遵守累降诏旨。如后有冒犯，令本部觉察纠劾，三省取旨，必科以违御笔之罪。庶几取信于人，而法度纪纲，持循无怠，以光先

---

①　从此看，元丰年间在官制改革时曾制定了完整的《元丰官制敕令格式》，此法律名称有时又称为《元丰官制格目》，但更多时候简称为《元丰官制》。

烈，以幸天下。"吏、刑部供到："《政和七年三月指挥》《元丰五年四月二十八日诏》《大观四年四月二十七日内降札子》。检会《元丰七年十二月二十六日敕》：'诸官司、仓库事不可专行及无法式须申请者，并申所属寺监；寺监不可专行，并随事申尚书本部；本部又不可专行，即勘当上省。若直被朝旨应覆奏者，依本条，仍各申知。'上条合入《在京通用【令】》。看详：'不可专行若无法式事系干边防及紧急理不可缓者，尽令申所属待报，窃恐迟误害事。'（令）〔今〕修立下项：'诸事干边防及应紧急理不可缓、申所属本部不及，听直申尚书省、枢密院。'右入《寺监库务通用令》。'诸事非边防及应紧急理不可缓者，申本部不及辄申尚书省、枢密院者杖一百。'右入《寺监库务通用（令）〔敕〕①》。"三省、枢密院同奉圣旨依。如违，令御史台觉察弹奏。诏遵守元丰诏书，如违犯，令尚书省纠劾。依《政和七年三月指挥》，如违以违御笔论。诏事干边防及应紧急理不可缓，申所属本部不及者，依《大观四年四月申明指挥》。49—51，p4553—4554

宋会要辑稿·职官五七·俸禄

宋朝俸料：宰相、枢密使，月三百千；枢密使带使相者四百千。参知政事、枢密副使、宣徽南北院使、知枢密、同知枢密、三司使，各二百千；签书枢密院事，盐铁、度支、户部使，百五十千；检校太保签书者同副使。三师、三公，百二十千；东宫三师、仆射，九十千；三少、御史大夫、尚书，六十千；门下、中书侍郎，御史中丞，五十五千；太子宾客，四十五千；太常、宗正卿，左、右丞，侍郎，五十五千；左、右散骑常侍，六十千；给事中、中书舍人、大卿监、国子祭酒、太子詹事，四十五千；谏议，四十千；盐铁、度支、户部副使，五十千；左、右庶子，三十千；谕德、少卿监、司业、郎中，三十五千；起居郎、舍人、侍御史、司谏、殿中侍御史、员外郎、赤令，三十千；少詹事，二十九千；正言、监察御史、太常博士、通事舍人、国子五经博士，太常、宗正、秘书、殿中丞，著作郎、大理正，二十千；太子率更令、中允、赞善、中舍、洗马、六局奉御，十八千；太常博士旧十五千，雍熙三年增二千；著作郎二十千，减三千；洗

---

① 此处应是有误，因为神宗元丰年后，在立法上严格区分敕令格式，其中与刑事有关的都归入敕类。

马十七千，减二千。司天五官正，十三千；秘书郎、著作佐郎，十七千；秘书郎旧无俸，兼二馆职事者给八千，至道二年令同著作佐郎给之。大理寺丞，十四千；诸寺监丞，十三千；大理评事，十千；诸（司）〔寺〕监丞旧十二千，雍熙初〔增〕二千，大理评事旧六千，增二千。太祝、奉礼，八千；司天监丞，五千，主簿，五千；灵台郎，三千；保章正，二千；六军统军，百千；诸卫上将军，六十千；左右金吾卫大将军，三十五千；诸卫大将军，二十五千；将军，二十千；率府率、副率、中郎将，十三千；内客省使、延福宫使，六十千；景福殿使，二十七千；旧六十千。客省使，三十七千；宣庆、引进、四方馆、宣政、昭宣、阁门使，二十七千；皇城以下诸司使，二十五（年）〔千〕；客省及皇城以下副使，二十千；内殿承制，十七千；崇班，十四千；阁门通事舍人，二十千；供奉官十千，兼阁门祗候者十二千；侍禁七千，〔兼〕阁门祗候者十千；殿直五千，〔兼〕阁门祗候者九千；三班奉职、供职，四千；皇亲观察使，三百千；诸卫大将军遥领刺史，八十千；诸自节使至遥团并如臣僚旧式，刺史大将军领者如今数，将军领者六十千。诸卫大将军，六十千；诸（位）〔卫〕将军，三十千；旧式将军有五十千、四十千、三十千凡三等。诸司使有四十千、三十千二等；副使以下与庶姓同而并给实钱；内臣都知、押班、诸司使，二十五千；副使，二十千；遥郡以上半给实钱，半给他物，诸司使以下全给实钱。入内供奉官，十二千；殿头，七千；高品、高班，五千；黄门，三千；祗候殿头至散内品并云韶内品，并七百；入内内品，二千、一千五百、一千凡三等；内常侍、内供奉官，十千；殿头，五千；高品、高班，三千；黄门，二千；北班内品，七百；殿头内侍、入内高品，二千；高班内品，一千五百；黄门内品，一千；寄班小底，二千，入内小黄门、前殿祗候内品、外处拣来至西京北班内品，并七百；西京内品，五百；郢、唐、复州内品，三百；旧式供奉官七千五百，殿头四千，高品三千，高班二千五百，黄门一千五百，西京内品三百，寄班小底二千。枢密都承旨，四十千；副都承旨、副承旨、诸房副承旨、逐房副承旨、中书提点五房，三十千；中书堂后官，二十五千；中书、枢密院主事，二十千；录事、令史，十千；主书，七千；守当官、书令史，五千。自副承旨并增七千。中书、枢密、宣徽院、三司、学士、舍人、待制、御史台、开封府、三馆、秘阁、审刑院、刑部、大理寺、诸王府翊善、记室、诗讲、教授、侍教，知审官院、勾当三班院、纠察刑狱、判吏部铨、南曹、登闻检院、司农寺、三司判官、主判及国子监直讲，河北、河东、陕西转运使，直舍人院及权领两制差遣，并给见钱，余官悉三分之二给以他物。节度使，四百千；使相及亲王为节度使同。节度观察留后，三百千；观察使，二百千；遥领同，或三百

〔千〕。防御使二百千，遥领百五十千；团练使百五十千，遥领百千；刺史百千，遥领五十千，自防御使已下诸卫将军、横行诸司使，遥领者（领）如百官之制，三分之二给以他物。开封府判官，三十千；推官，二十千，皆给见钱。西、北、南京留守判官，河南、应天、大名判官，节度副使，三十千；行军司马、节度观察判官，二十五千；防御、团练副使，掌书记、支使、诸府少尹，二十千；行军司马、副使不厘务者，悉给以他物。留守京府节察推官，十五千；防、团军事推官，军、监判官，七千，新增至十二千；防、团判官，如本州录事参军及依倚郭县令，旧十五千。军事判官、如本州录事参军。司录参军，二十千；诸曹参军，十千；以京官知者俸从多给。景德三年，诏司录、六曹官及畿县官悉给春、冬衣。五万户以上州录事参军，二十千；司理、司法，十二千；司户，十千；三万户以上州录事，十八千；司法、司理十二千；司户，九千；万户以上州录事，十五千；司法、司理，十千；司户，八千；五千户以上州录事，十二千；司法、司理十千；司户，七千；不满五千户州录事、司法、司理，十千；司户，七千；新增，录事十二千以下并增至十五千，判司十千以下并增至十二千。四京军巡判官，十五千；东京畿县七千户以上，朝官二十二千，京官二十千；五千户以上，朝官二十千，京官十八千；三千户以上，朝官十八千，京官十五千；三千户以下止命京官，十二千；县丞，十五千；河南、洛阳县令，三十千；万户以上县令二十千，簿、尉十二千；七千户以上令十八千，簿、尉十千；五千户以上令十五千，簿、尉八千；三千户以上令十二千，簿、尉七千；不满三千户令十千，簿、尉六千。新增令、录十二千者并为十五千，判、司、簿、尉十千以下并为十二千。京官及二班知县者给县令本官俸，多者从多给，兼监厘务者止谓本俸添给。别驾、长史、司马、司士、文学，七千；岳渎庙令，十千；庙丞、主簿，七千。别驾以下悉他物。1—4，p4557—4559

凡春、冬以衣赐：宰相、枢密使，春、冬各绫二十匹、绢三十匹、冬绵百两；参知政事、枢密副使、宣徽南北院使、三司使、知枢密、同知枢密、俸给并同副使，惟知院餐钱同使。签书枢密院事，盐铁、度支、户部使，春、冬各绫十匹、春绢十匹、冬二十匹；检校太保签书者，春、冬各绢十匹；三师、三公，春、冬（冬）〔各〕绫十匹、绢三十匹；旧同仆射。东宫三师、仆射，春、冬各绫十匹、绢二十五匹；三少、御史大夫、尚书、御史中丞、太子宾客，春、冬各绫七匹、绢二十四匹；门下、中书侍郎，太常、宗正卿，左、右丞，侍郎，旧式两省侍郎同尚书。观文殿大学士、学士，依从本官，凡不载者并准此。资政、端明学士，春、冬各绫五匹、绢十七匹；翰林承旨、学士，春、冬各绫三匹、绢十五匹；本官多者自从多给。旧式他官若充翰林承旨及侍读、侍讲，各绫加二匹，绢加三匹。翰林侍读、侍讲，阁学士，枢密直学士，春、冬各绫五匹、绢十七匹；阁直学士，春、冬各绫三匹、绢十五匹；左、右散骑常侍，给事中、谏议、中书舍人、知制诰、待制，大卿监、国子祭酒、太子詹事，春、冬各绫三匹、绢十五匹；充职者自从多给，若中书舍人充翰林学士亦准此。阁直学士、知制诰、待制依同谏议。盐铁、度支、户部副使，春、冬各绢十五匹、春绫三匹、冬五匹。自参知政事至此，各冬绵五十两。左右庶子、谕德、少卿监、司业、起居郎、舍人、侍御史、郎中、司谏、殿中侍御史、员外郎、赤令、少詹事，春、冬各绢十三匹；正言、监察御史、太常博士，春、冬各绢十四匹；国子五经博士，太常、宗正、秘书、殿中丞，著作郎、太理正，太子率更令、中允、赞善、中舍、洗马、六局奉御，春、冬各绢七匹。自左、右庶子至此，各冬绵三十两。司天五官正，春、冬各绢五匹，冬绵十五两；秘书郎、著作佐郎，春、冬各绢六匹，冬绵二十两。自宰相至此，各春加罗一匹。大理寺丞、诸寺监丞，春、冬各绢五匹；大理评事，春、冬各绢三匹；三司、刑部检法、法直、副法直官，司天监丞，春、冬各绢五匹；主簿，春、冬各绢三匹。自大理寺丞至此，冬各绵十五两。旧太祝、奉礼同司天监丞。灵台郎、保章正，春、冬各绢三匹，冬钱三千；六军统军、诸卫上将军，春、冬各绫五匹、绢十匹，冬绵五十两；左、右金吾卫大将军，诸卫大将军，春、冬各绫三匹、绢七匹，冬绵三十两；将军，春、冬各绫二匹、绢五匹，冬绵二十两；率府率、副率、中郎将，春、冬各绢五匹，冬绵十五两。自统军至此，春各罗一匹。内客省使、延福宫使、景福殿使、客省使，宣庆、引进、四方馆、宣政、昭宣、阁门使、皇城已下诸司使，春各绢七匹，冬十匹，绵三十两；阁门通事舍人，春、冬各绢七匹，春罗一匹，冬绵三十两；客省及皇城以下副使、内殿承制、崇班，春各绢五匹，冬七匹，绵二十两；供奉官，春绢四匹，冬五匹，绵二十两；侍禁、殿直，春、冬各绢四匹，冬绵十五两；三班奉职、借职，春、冬各绢三匹，钱二千；皇亲任诸卫大将军及领刺史，春、冬各绫十匹、绢十五匹，冬绵五十两。诸卫将军有二等：一等春、冬各绫五匹、绢十匹，冬绵二十两；一等与庶姓将军同。诸司使至殿直，春、冬各绫二匹、绢五匹，冬绵四十两。自大将军至此，各春加罗一匹。入内供奉官，春绢五匹，冬七匹，绵三十两；殿头、高品、高班，春绢五匹，冬六匹，并绵二十两；黄门祗候殿头至后苑散内品，并入内内品，春、冬各绢五匹；云韶内品，春、冬各绢四匹，并绵十五两；前省内常侍、内供奉官、北班内品、外处拣来至西京北班内品、内品，春、冬各绢五匹；殿头、高品、高班、黄门、入内小黄门、前殿只候内品，春、冬各绢四匹；殿头内侍、入内高品，春、冬各绢三匹，无绵，加钱二千；在京黄门内品，春、冬碧绫罗、黄白绢共六匹，寄班小底，春、冬各绢十匹；郢、唐、复州内品，春、冬各绢二匹，布半匹，无绵，加钱一千。内班高品衣带，旧内侍春加罗一匹，供奉官、殿头、高品、高班冬绵二十两，在京黄门内品八两，余并十五两。旧式供奉官至高班，并春、冬各绢五匹，供奉官并冬绵二十两；西京内品，春、冬各绢三匹，冬绵十两。枢密都承旨，春、冬各绢十五匹，春绫三匹，冬绫五匹，绵五十两；副都承旨、副承旨、诸房副承旨、中书提点五房，春、冬各绢十五匹；逐房副承旨，春、冬绢十三匹。自副承旨以下，冬绵各三十两。中书堂后官，中书、枢密院主事、录事、令史，春、冬各绢十匹，主事以上冬绵五十两，录事、令史三十两，堂后官加特支钱五千。自都承旨至此，春、冬加罗一匹。主事、守当官、书令史，春、冬绢各二匹，主事、书令史春钱二千，冬绵十二两，钱一千，守当官冬钱一千；留守判官、府判官，春、冬各绢十二匹，冬绵二十两；节、察判官，春、冬各绢六匹，冬绵十二两半；书记、支使、春、冬各绢五匹，冬绵十两；留守推官、府推官、节察推官，春、冬各绢五匹，绵各十两；节度使、亲王为节度使，春、冬各绢百匹，大绫二十匹，小绫三十匹，春罗十匹，各加绵五百两；节度观察留后、观察使，防御使、团练使、刺史遥领掌兵者，春、冬各绢十匹，冬绵五十两。4—7，p4559—4560

凡禄粟，宰相、旧无，自赵普加。枢密使、参知政事、枢密副使、宣徽使、三司使，月各一百石；签书枢密院事、三部使、权三司使，七十石；权发遣使公事，三十五石；内客省使、景福殿使，二十五石；节度使，二百石，初除一百五十石，皇亲带者一百石，掌兵及遥领百五十石；留后，观察、防御使，一百石，掌兵、遥领同；团练使，七十石，掌兵及遥领五十石，正任亦有五十石者；刺史，五十石或三十石，掌兵、遥领二十五石、十石，有二等，皇亲遥领者无米。赤县令，七石；县丞，四石；京府司录，五石；诸曹参军，三石；东京畿县，六石至三石有四等；诸州录事，五石至三石有三等；司理、司法，四石、三石有二等；司户，三石、二石有二等；河阳、洛阳县令，视其户口差降；诸县令，五石至三石有三等；簿、尉，三石、二石有二等。新增令、录三石者并为四石。防、团军事推官，军、监判官，判、司、簿、尉，二石者至三石、四石。军巡判官、司天监丞，并四石；自赤县至此，米、麦各支半。入内供奉官，四石；殿头高品，三石；高品至散内品并入内内品，并二石；云韶内品，一石；内供奉官，三石；殿头、高品、高班，二石；北班内品、前殿祗候、外处拣来至郢、唐、复州内品，并二石；黄门殿头内侍、入内高品，米麦各五斗，在京黄门内品，二石五斗；入内小黄门，一石；寄班小底，四石。旧式除小底外，供奉官、殿头并三石，高品已下并二石，仍米、麦各半。7—8，p4560—4561

凡添支：权三司使、知开封府、权三司使公事，百〔千〕；旧权公事七十千。权发遣三司使公事，五十千；观文殿大学士、诸宫观使、三部副使，三十千；观文殿、资政殿大学士、宫观、三司、开封府判官、审刑、刑部提举帐司、检正、检详官，判子司、提举诸司库务、管辖三司军大将、都提举市易司、提点仓场、提点内弓箭库、府司录、宗室大宗正，二十千；旧审刑十五千。判诸寺监，二十千，一等十五千；旧司农寺七千。宫观都监、勾当官，十七千；任都知、押班二十千。资政殿、端明殿、翰林侍读、侍讲，枢密直阁学士、直学士、理检使、知杂、群牧使、副使、判兵部、谏官、开封府推官、宗正诸寺监丞，十五千；提举宫观，曾任两府三十千，余二十千，提点十千；群牧都监，十三千；御史，十二千；银台司、审官、三班院、吏部铨、登闻检院、鼓院、太常寺、太常礼院、官告院、礼部主判官、纠察在京刑狱、群牧判官、监祭使，崇文院（较）〔校〕书、直讲、教授，十千；审官、三班、吏部、司农、军器、将作、太常主簿，十二千。诸在京勾当公事、主簿、法官至太学正、录，以十五千、十二千、十千、八千、七千为差；诸仓、库、务、院，诸所管勾，各以公事闲剧差定其数焉。8—9，p4561

凡外官知、判州府：三师、三公钱六十千，米十石，面十石，羊十口，傔三十人，马七匹。前任两府并东宫三师、仆射钱五十千，米七石，面十石，羊十口，傔十人，马五匹。旧式：曾任两府须丞郎以上，米五石，羊七口。余同。三少、尚书并丞钱三十千，余同仆射。侍郎至大卿监、学士至知制诰、待制知州府兼都总管、安抚经略钱三十千，米七石，面十石，羊十口，傔十人，马三匹。除桂州〔外〕并（时）〔特〕添二十千，并州带学士者自给五十千，更无特添例。又有一等钱二十千，余同上。朝臣已上知荆南、永兴、扬、潭、江宁并同待制知州府本例。旧式河南、大名、杭、并、代州并同。知广州年给钱七百千，分月分支，米十石、面十石、羊五口、傔七人、马三匹。旧月给钱百千，大中祥符六年，令岁取五百千为公用。凤翔、洪钱二十千，米五石、面十石、羊七口、傔十人、马五匹。旧式：应天、真定、保、定、秦、延、府并同。桂除大卿已上外，余只钱二十千，米三石、面五石、羊五口、傔七人、马三匹。江淮发运使学士至大卿监充使，如尚书知州府；朝臣充使、副并诸司使充使，如朝臣知凤翔；副使充副，傔减三人，马减二匹；充都监，钱二十千，米三石、面七石、羊五口、傔七人、马三匹；朝臣充判官，钱十千，面五石，余同都监。旧式：朝臣充发运制置使，面五石，余同都监。学士至大卿监充河北、河东、陕西都转运使如大卿监充发运使例，诸路都监、运使并京畿转运使同。朝臣充诸路转运使、副如朝臣知桂州，白波发运使同。转运判官钱十千，米三石、面五石、羊五口、傔七人、马三匹。福建、广南加钱五千。提点刑狱如运使，副同提点诸司使。钱二十千，米五石、面十石、羊七口、傔十人、马五匹。横行副使至带职供奉，钱一十千，米三石、面七石、羊五口、傔七人、马三匹。带职侍禁钱十五千，面五石，余同上。带职殿直羊三口，马二匹，余同上。开封府界提点诸县镇公事朝臣充者如提点诸路刑狱，诸司使充同提点。钱十五千，余如提点诸路刑狱。横行副使至崇班，钱十五千，余并如横行副使、提刑。府界提点钱帛公事朝臣充者钱二十千，米三石、面五石、羊五口、傔七人、马三匹。武臣（同）〔充〕者钱十五千，面七石，余同。提举（铜）〔银〕铜坑冶铸钱、提点银铜铅（場）〔锡〕坑冶铸钱等公事如福建运判例。提举常平广惠仓朝臣视大郡通判，京官视兼兵知县。大卿监知州军府钱十五千，米五石、面十石、羊七口、傔十人、马五匹。朝臣知河阳、河中、许、襄、潭、相、沧、邢、恩、华、潞、晋、寿、庐、宿、楚、越、苏、润、泗、常钱十五千，米三石、面七石、羊五口、傔七人、马三匹。旧式：滑、郑、郓、沧、福建诸州军、广南路州〔军〕并同。兖及福建诸州、广南诸州军面五石，余同上。诸州〔府〕钱十千，余同上。其权知州府并用此例。一等傔五人，余同上。知军、监并使钱十千，米二石、面五石、羊三口。傔五人，马二匹。京官知州、军、府钱七千，米三石、面五石、羊三口。傔五人，马二匹。知福建诸州、广南诸州军钱十千，米三石、面五石、羊五口。傔七人，马三匹。知军、监并使钱七千，米二石、面三石、羊三口、傔三人，马二匹。邵武、兴化、怀远等军，钱十五千，傔五人，余同上。州县官知春州（北）〔比〕京官知军，羊减一口。差知州人通判诸州府朝臣视防、团知州旧例，大者从多给，京官视京官知州军。朝臣通判广州、河南、应天、大名、永兴、江宁、荆南、扬、杭、潭、并、代、福建、广南诸州钱十千，米三石、面五石、羊五口、傔七人、马三匹。内广州二十千，余同。京官通判广州，钱十五千，傔五人；荆南，米二石、面三石、羊二口、傔三人、马二匹；福建、广南州，傔五人，马二匹，旧式，闽、广只载朝臣通判泉、宜、邕，同并、代。诸州府钱十千，米二石，面五石，羊三口，僦五人，马二匹。**诸军**钱七千，米二石，面三石，羊三口，僦三人，马二匹、内邵武、兴化、怀远钱十千，僦五人，余同。**京官通判诸州军**羊二口，余比朝臣通判诸军，邵武、兴化、怀远比朝臣钱减三千。旧式：京官通判诸州军并如诸军，亦有马三匹者。**通判人签判**朝臣如通判诸州，京官如通判诸州军。**通判朝臣知开封府界，陈留、雍邱、咸平、襄邑、东明、考城、尉氏、太康、阳武九县，同签书兵马司公事**视朝臣通判诸州府。**诸知县兼都监、监押**朝臣如九县同签书，京官如通判诸州军。旧式：京朝官并钱十千，余如京官通判诸州军。京官广南知县兼监押，钱十千，米三石，面五石，羊五口，僦七人，马三匹。**管勾机宜文字**亲民朝臣至京官，各如本官通判诸州府。**朝臣都大提举河渠司勾当公事**钱十五千，余比朝臣通判诸州府。**提举管勾三京留台、国子监，诸州宫观、岳庙**大两省、卿监职司视本官知小郡例，知州人视本官通判小郡例，武臣比类支给。旧式：朝臣尽比通判诸州府，将军至崇班比知州、军、城。**朝臣监当物务**钱十五千，米三石，面五石，羊五口，僦七人，马三匹。一等钱十千，米二石，面五石，羊三口，僦五人，马二匹。一等钱七千，余同上。一等面二石，僦三人，余同上。一等羊二口，余同上。内三万贯已上比通判凤翔，旧式并（加）〔如〕最低等。**京官监当物务**钱七千，米三石，面五石，羊五口，僦五人，马二匹。一等羊三口，余同上。一等米二石，面三石，僦三人，余同上。一等羊二口，余同上。一等钱五千，面四石，僦三人，余同上。一等钱四千，余同上。内三万贯已上如通判诸州军。旧式并钱五千，余如最低等。**横行诸司使充诸路都总管、权总管、都钤辖**钱十五千，米五石，面十石，羊七口，僦七人，马五匹，旧式：自遥领防御至诸司使，各视官及地望为差，兼知州军者止从本给。复又有一等，钱三十千，米七石，面十石，羊十口，僦十人，马五匹。一等羊七口，一等如今路分都监。**诸路钤辖横行诸司使充高阳关路、知雄州，如都总管例；并代路知代州，钱减二十千，余同。横行使、副诸司使充诸路钤辖，同并代路分。广西羊减三口。横行诸司副使权者，同诸路都监。**旧式：诸司使、副充，并如今之路分都监。**诸路都监诸司使（加）〔如〕同提点刑狱。横行诸司副使，钱二十千，余如横行副使同提点府界诸县镇公事。诸司副使、通事舍人权者，十五千；承制至带职供奉官同上。带职侍禁**钱十千，带职殿直钱八千，羊三口，马二匹，余同。**州钤辖横行**诸司使、六将军及权辅郡钤辖，并同诸司使充路分都监、诸司副使权（北）〔比〕路分都监。旧式，诸司使、副并如副使充路分都监。**州都监**诸司使、大将军，钱十五千，余同州钤辖。横行副使至带职供奉充州县镇寨都监，及充提举捉贼、巡检、都巡检使，钱十五千，余同权州钤辖。内常侍钱十二千，余同上。带职侍禁钱十千，面五石，余同上。带职殿直钱八千，羊三口，马二匹，余同上。率副率钱十千，羊五口，马三匹，余同上。**内供奉权者比走马承受。开封府诸县都监并巡检**诸司使比知州、军、城，横行副使至带职供奉，并比诸司副使知州、军、城。内常侍钱十二千，余同上。带职侍禁、供奉官、率府率，同带职侍禁知州、军、城。带职殿直比本官知州、军、城。殿直钱七千，僦五人，余同上，奉职、（供）〔借〕职钱五千，米二石，面三石，羊二口，僦二人，马一匹、旧式：府界诸州都监并同今知州、军、城。**河北沿边安抚副使**

并都监横行使充副使，比诸路钤辖；诸司使充副使、横行副使充副使、都监，比诸司使充路分都监。诸司副使至崇班充都监，比副使路分都监，带职供奉比本官路分都监、同管勾河东沿边安抚司公事。横行副使至崇班〔比〕诸司副使充安抚都监，带职供奉比本官安抚都监。旧式：带职承制崇班充两路都监，并如诸路钤辖。知诸路州、军、城横行副使比诸司使安抚都监，有钱三十者。诸司使钱十五千，余同上，有钱三十或二十千者。副使至带职供奉并比带职供奉充安抚都监，带职侍禁、殿直各比本官州都监。知广南州军诸司副使至带职殿直，各比本官知诸路州、军、城，充路分兼知者自依本给。旧式：将军、诸司使及遥领知诸州，并如今之诸司使知州、军、城。勾当汴口、都大巡检汴河堤岸诸司使及横行副使至带职供奉，各比本官知诸路州、军、城，供奉官、带职侍禁至内供奉官，比带职侍禁知诸路州、军、城。侍禁、带职殿直至殿头，比带职殿直知诸路州、军、城。殿直至高班，钱七千，傔五人，余同上。都大提举巡护管勾河堤至提点马监等副使至带职供奉，比知诸路州、军、城。带职侍禁及供奉官权者钱十千，带职殿直钱八千，羊三口，（余）马二匹，〔余〕并同上。走马承受供奉官及内供奉官比带职侍禁知州、军、城，侍禁至殿头比带职殿直知州、军、城。殿直至高班钱七千，傔五人，余同上。黄门钱五千，米二石，面三石，羊二口，马一匹，傔二人。御前忠佐、提举巡检捉贼、都提举、都巡检马步军都军头比府县都监，诸副使、副都军头比横行副使，马军、步军两都军头比带职侍禁，两副都军头比侍禁。沿边诸族蕃官巡检诸司使至借职，各比本官充府县都监、巡检。殿侍钱四千，面二石，余同上。两内侍省外任都大提举管勾修护河堤至监捉贼，供奉官至黄门，各比本官走马承受。一等供奉官钱七千，米二石，面三石，羊二口，傔三人，马二匹，高品钱五千，高班至内品钱四千，余并同上。黄门并内品钱三千，马一匹，余同上。诸（事）〔司〕副使都监除馆券外，每月添支五千。诸司使、副监当物务钱十千，米三石，面五石，羊五口，傔七人，马三匹。三班使臣一等监押、权都监、知军监县堡寨、驻泊等，供奉官至殿直各比本官走马承受，殿直亦有羊五口者。奉职、借职比蕃官巡检。旧式或只以官序，自供奉至借职内品，凡分五等为差。一等马监、河堤埽岸，供奉官钱七千，米二石，面三石，羊二口，傔三人，马二匹，侍禁钱六千，面二石，傔二人，余同上。殿直钱五千，奉职钱四千，借职殿侍钱三千，马一匹，余各同上。一等监院、务、场、监、堰、闸、桥、税等，带职供奉如同诸司使副监当。供奉官、带职侍禁钱七千，米二石，面三石，羊二口，傔三人，马一匹。待禁、带职殿直钱六千，奉职钱四千，余同上。借职殿侍钱三千，马一匹，余同上。诸巡监当万贯课利已上，诸司使至带职供奉钱十千，米三石，面三石，羊五口，傔七人，马三匹。〔率〕副率至带职侍禁钱七千，米一石，面三石，羊七口，傔三人，马二匹、内常侍钱八千，余同上。侍禁、带职殿直至殿头，钱六千，面二石，傔二人，余同上。殿高品钱五千，奉职、高班内品钱四千，借职、殿侍、黄门内品钱三千，马一匹，余各同上。内收及三万贯，诸司使、率府率已下比都监，三班使臣（北）〔比〕监押，内臣比走马。旧式：监当（收）〔物〕务使臣分五等，钱自七千递减，余准此。凡它任

使，并临时约官秩高下廪给，不为定制。8—13，p4561—4564

凡川峡铁钱界，则别定差给之制：丞郎、给事、谏议以上朝臣带枢密直学士知益州铁钱三百千，米二十石，面三十石，羊二十口，僦十人，马十匹。今不以官序，并准此给。（侍）〔待〕制、少卿以上及朝臣知梓州铁钱二百千，米十石，面二十石，羊十口，僦五人，马五匹。朝臣权知者（加）〔如〕知诸州。丞郎至给谏、学士至待制知诸州府铁钱二百千，余同内地。大卿监铁钱百五十千，余同内地。朝臣充益梓利夔路转运使、提点刑狱铁钱百五十千，米三石，面五石，羊五口，僦七人，马三匹。同提点，带职供奉已上铁钱百五十千，带职侍禁已下铁钱百千，余同内地。转运判官钱八十千，余同内地。朝臣知川峡诸州府铁钱八十千，米三石，面五石，羊五口，僦七人，马三匹。知军监铁钱六十千，余同上。京官知诸州府同朝臣知军、监。知军监铁钱五十千，米三石，面三石，羊三口，僦五人，马三匹。朝臣通判益州铁钱八十千，米三石，面五石，羊五口，僦七人，马三匹。通判诸州府及永康军铁钱五十千，余同上。京官通判诸州府铁钱五十千，米三石，面五石，羊五口，僦五人，马二匹。军、监米二石，面三石，羊二口，余同。差通判人金判益、梓州朝臣、京宫各视通判诸州府。朝臣知县兼兵马都监如差通判人金判益州。京官知县兼兵马监押同京官通判诸州府。四路（铃）〔钤〕辖益、利路，横行使、副铁钱二百千，米七石，面十石，羊七口，僦十人，马五匹。诸司使铁钱百五十千，余同。兼知利州者米十石，面二十石，羊十口，僦五人，余同。梓、夔路，诸司使同益利路。副使铁钱百千，米三硕，面七石，羊五口，僦七人，马三匹。旧式：诸司使并遥郡刺史充益、利路钤辖，并如今之诸司副使。都监益、利路兼知利州，横行副使至崇班同益、利路钤辖。诸司使兼知利州，带职供奉铁钱一百五十千，米三石，面七石，羊五口，僦七人，马三匹。梓、夔路，横行副使至带职供奉官铁钱百千，余同上。诸州钤辖益州比梓、夔路，兼知利州比带本路分兼知者。知夔州横行副使至带职供奉，铁钱百五十千，余比本路分都监。带职侍禁面五石，余同。旧式，崇班已上至副使数同。知诸州军并充都监诸司使铁钱百千，米五石，面十石，羊七口，僦十人，马五匹。（汉）〔横〕行副使至带职供奉，铁钱八十千，米三石，面七石，羊五口，僦七人，马三匹。带职侍禁铁钱六十千，面五石，余同上。带职殿直铁钱五十千，羊三口，马二匹，余同上。旧式：诸司使至阁门祇候以上知文州、永康军及充兵马都监、都巡检、寨主，并如今横行副使例。州都监益州，横行副使至崇班比诸司副使充路分钤辖。带职供奉铁钱八十千，余同。带职侍禁铁钱六十千，面五石，余同。汉、遂州、剑门，横行副使至带职供奉，并比益州崇班。余州府并兴化军使，横行副使至带职供奉并比益州带职供奉，带职侍禁比益州带职殿直并剑门都监，铁钱五十千，羊三口，马二匹，余同上。益、彭、威、茂州、永康军都巡检使横行副使至带职供奉，并如崇班充益州都监。带职侍禁铁钱八十千，带职殿直铁钱六十千，余同。旧式：诸司使至阁门祇候以上知文州、永康军及充兵马都监、都巡检、寨主，并铁钱八十千，米三石，面七石，羊五口，傔七人，马三匹。**监州监**朝臣（北）〔及〕京官，各视本官通判州府，朝官有马二匹者。京官监益州军资库交〔子〕务同。**诸知县兼都监、〔监〕押**京朝官各视本官通判。**供奉官充监押、巡检、寨主、走马承受公事**铁钱六十千，米三石，面五石，羊五口，傔七人，马三匹。侍禁铁钱五十千，米三石，面五石，羊三口，傔七人，马二匹。殿直铁钱四十千，傔五人，余同上。奉职铁钱三十千，米二石，面三石，羊二口，傔三人，马一匹。**余监当差遣各比类定给**朝臣及供奉官铁钱五十千，米三石，面五石，羊五口，傔五人，马三匹。侍禁铁钱四十千，米三石，面五石，羊三口，傔七人，马二匹。殿直、京官铁钱三十千，傔五人，余同上。比折银钱三万贯以上，将作监主簿铁钱三十千，米二石，面二石，羊二口，傔二人，马一匹。奉职及万贯以上监簿，铁钱二十五千，米三石，面三石，羊二口，傔二人，马二匹。借职马一匹，余同上。内供奉官三万贯以上，并（北）〔比〕监押四等添支，仍分亲民、监当视课利两项凡三等。内供奉官比供奉官，殿头比侍禁，高品比殿直，高班比奉职，黄门比带职。折铜钱三万贯已上，供奉官铁钱六十千，傔七人，殿头铁钱五十千，高品铁钱四十千，高班铁钱三十千，马一匹，余并依万贯例。13—15，p4564—4565

凡元随、傔人衣粮：宰相、枢密使给七十人，宰相旧五十人衣粮，二十人日食，后加。参知政事、枢密副使、宣徽院使、三司使五十人，签书枢密院事、三部使、权三司使三十人，检校太保、签书枢密院事、权发遣三司使公事十五人，副使、判官、判子司五人，观文殿大学士二十人，观文殿学士、资政殿大学士十人，资政殿至枢密直学士各七人，玉清昭应宫、景灵宫会灵观、三部副使、判官五人，旧（二）〔三〕部副使十人。节度使一百人，掌兵遥领及初除五十人，留后观察使五十人，防御、团练使三十人，团练或二十人，防御使以上掌兵遥领十五人，团练十人，刺史二十人或十人，掌兵遥领十人或五人，团练、刺史遥领有不给者。内客省使、景福殿使二十人，枢密都承旨十人，副都承旨、诸房副承旨、中书提点五房七人，逐房副承旨五人，中书、枢密主事已上各二人，录事、令史、寄班小底各一人。中书、枢密、宣徽、三司使及正刺史以上各有元随，余止（兼）〔傔〕人。其龙图阁学士、枢密直学士七人，止给日食。内景福使今不载。15—16，p4565—4566

凡月给餐钱：宰相、枢密使、宣徽使、知枢密院五十千，参知政事三十五千，枢密副使、同知枢密、签书枢密二十五千，秘书监、判三馆及谏、舍以上任三馆职者五千，天章阁侍讲十千，崇政殿说书七千，修撰、直馆阁、校理、直龙图阁、检讨、校勘官各三千，国子监判监、直讲各五千，自修撰以上又有职钱五千，检讨以上三千。知审刑院十五千，如已有餐钱即充添支互名给，如两有即罢。审刑详议官十千，三司二百千，学士院百千，中书堂后官共百二十千，枢密院承旨以下二百七十千，宣徽院吏属三十千，京城诸司库务、仓场监官，朝官自二十千至五十千凡八等，京官十五千至四千凡五等，诸司使副、承制、崇班二十千至四千凡七等，阁门祗候及三班十五千至二千凡九等，内侍八千至二千凡七等。（文）〔又〕学士、权三司使以上兼秘书监，及曾任二府提举宫观，日给酒者，法酒自五升至一升有四等，法糯酒自一升至二升有三等。权发遣三司使公事，法酒半升，糯酒半升。又宫观副使、观文殿大学士至枢密直学士，并月给茶。又节度副使以下各给国料米六斗、面一石二斗。又薪、蒿、炭、盐之给：宰相、枢密使月给薪千二百束，枢密使有五百束者。参知政事、枢密副使、宣徽使、签书枢密院事、三司使、三部使、权三司使四百束。权发遣三百束。三部副使、枢密都承旨百三十束。枢密副都承旨、诸房副承旨、中书提举五房百束。开封府判官、节度判官，薪二十束，蒿四十束。开封府推官、掌书记、支使、留守节度推官、防团军事判官，薪五十束，蒿三十束。留守判官，薪二十束，蒿三十束。防、团军事推官，薪十束，蒿二十束。宰相、枢密使岁给炭，自十月至正月，月二百秤，余月百秤。枢密使有五十秤者。参知政事、枢密副使、宣徽使、签书枢密院事、三司使、三部使，三十秤。观文殿大学士至枢密直学士及提举宫观，各十五秤。都承旨，二十秤。宰相、枢密使给盐七石，枢密使有三石者。参知政事、枢密副使、宣徽使、签书枢密院事、三司使、三部使、权三司使二石。权发遣一石。节度使七石。掌兵遥领五石。留后，观察、防御、团练使，刺史，五石。掌兵遥领皆不给。又给马刍粟，自二（千）〔十〕匹至一匹凡七等。其军职、寄班、伎术、中书、枢密、宣徽院、侍卫、殿前司、皇城司、内侍、入内省吏属借官马者，其本厩马刍粟随给焉。16—17，p4566

宋会要辑稿·职官五七·俸禄杂录（上）

【太祖乾德四年】七月，诏曰："州县之职，民政是亲。自来所请料钱，多是折以他物。既将货易，未免扰人，岂惟伤廉，抑亦犯禁。且民惟邦本，禄以代耕，俸给苟有不充，官吏何以知劝！应天下令、录、簿、尉、判、司等，宜准汉乾祐三年敕，复于中等无色役人户内置俸户，据本官所请料钱折支物色，每一千给与两户货卖，逐户每月输钱五百文，除二税外，与免徭役。其折支物色，每岁委官吏随蚕、盐一并给付元数。等第定置回易料钱人户等：万户以上县，令料钱二十千、四十户；主簿、县尉料钱各十二千，每人二十四户。七千户以上县，令料钱十八千、三十六户；主簿、县尉料钱各十千，每人二十户。五千户已上县，令料钱十五千、三十户；主簿、县尉各八千，每人十六户。三千户以上县，令料钱十二千、二十四户；主簿、县尉料钱各七千，每人十四户。不满三千户县，令料钱十千、二十户；主簿、县尉料钱元各六千，今添及七千，每人十四户。五万户以上州，司录、录事参军及两京司录，每人料钱二十千、四十户；司户、司法每人料钱十千，各二十户。三万户已上州，司录、录事参军每人料钱十八千、三十六户；司户、司法每人料钱九千，各十八户。万户已上州，司录、录事参军料钱十五千、三十户；司户、司法每人料钱八千，各十六户。五千户已上州，司录、录事参军每人料钱十二千、二十四户；司户、司法每人料钱元是六千，今增及七千，各十四户。不满五千户州，录事参军每人料钱十千、二十户；司户、司法每人料钱元是六千，今增及七千，各十四户。军巡、马步判官正摄者，各与本州府判司料钱例支给。州县阙正员差人充摄者亦准此。即不得增置及令当（置）〔直〕手力别更纳课。其请物人户不得假托州县为名，更将出放，违者许人告纠。三千已下者，决臀杖十七；五千（户）已下者，决臀杖二十；五千已上者，决脊杖十七。仍以家产之半给告事人。其州县官不得更于所管乡料人户内出放，及元数料钱外影占人户纳课。所犯者以枉法赃论，至死刑者并当极断；如不至死者，不计多少，并除名配流，纵逢恩赦，永不录用。仍令逐处降敕榜晓告。"18—19，p4567

【雍熙四年】十二月，诏曰："访闻诸道州府军监知州、通判、监当朝臣、京官、使臣并幕职、州县官等，所请俸钱内折支杂物，多是逐处阙绝，动经年月，积滞请人。宜令三司今后常切预先计度，支拨应副，无令阙绝。不如诏旨，并科违敕之罪。"22，p4569

至道二年正月，诏曰："先是秘书郎不给月俸，自今宜与著作佐郎同。京官先以三十月为满，即罢给俸料，自今宜续给之。并著于甲令。"23，p4570

【真宗咸平】二年四月三日，定百官添饶折支则例："在京每贯上茶添二百文，若杂物添三百文；外道州府每贯上添百文。"从之，仍令所有诸道折支物色，令三司常切计度，不得阙失。24，p4570

大中祥符元年正月，诏定入内内侍省、内侍省官俸料：供奉官俸钱七千五百，殿头四千，高品三千，高班二千五百，黄门千五百。供奉官、殿头米三石，高品、高（小）〔班〕、黄门二石五斗。供奉官至高班，春、冬各绢五匹，黄门四（定）〔匹〕；供奉官冬加绵二十两，自余十五两。27，p4572

【天禧】五年五月，诏流内铨："应入令录人等，自今如是今任内犯赃罪，及因公事非次冲替、注替、勒停，未得与官，并犯私罪徒以上，合该参选、以例注官者，仰据逐人前任所请料钱，自二十贯已下递降一等与注官，三十贯文止。如是历任内有所说料钱多处，即说多者降等。候此任回，若别无上件罪名，依并却（知）支与前任料钱。或再有前项罪犯者，

即更与递降一等支给。"31—32，p4574

　　庆历二年四月，诏："近令三司减省诸费，其文武官及诸班诸军料钱、月粮、衣赐、赏给、特支，并听如故。"35—36，p4577

　　【神宗熙宁二年十二月】二十五日，诏："今后文武升朝官乞致仕，历任有功绩治状显著者，与支在外见任官料钱、衣赐。京官、班行准此。其虽无功绩治状显著，但历任中无公私罪事理重及无赃罪者减半。历任中有公私罪（重）事理重及有赃罪，并因过犯及老疾体量与致仕，历任中无显著功绩治状者，即依旧法。"39—40，p4579

　　【熙宁】三年七月二十七日，诏："三京留台、国子监、诸州宫观岳庙提举、主管官等，大两省、卿监及职司资序人，添支视知小郡，知州资序人视小郡通判。武臣仿此。遥郡以上罢正任及遥郡改授南班官，元自文资换者，却与换文资。功绩殊异者别取旨。"40，p4579

　　【元丰三年】十月八日，御史台言："资政殿学士吕惠卿丁忧，奉旨本俸外月特给钱五十千。惠卿月又请添支钱十五千，即非本俸。诸司粮料院吏举首，而三司不行，乞究治。"诏付大理寺。后大理寺言，已下扬州取惠卿（奉）〔俸〕历。诏："惠卿前执政，治之伤体。误请俸钱宜除之，余官司依已得指挥。"既而惠卿奏，称添支系俸。奉旨，举发不当，令御史台劾官吏以闻。御史满中行言："《禄令》所载本俸、添支，立文各异。若以添支为俸，恐自今引用不行，乞改正。"上曰："惠卿乃朝旨给俸，诚优于见任者。惠卿受而不辞，固为贪冒，以义责之可也，于法无可改正。"《玉海》：嘉祐二年十月丙午，颁《嘉祐禄令》；四年正月壬寅，颁《嘉祐驿令》。43—44，p4582

　　【哲宗元祐三年】闰十二月六日，诏："太中大夫以上知、判州府，添赐公使钱，正任团练使、遥郡防御使以上至观察使并分大郡、次郡。初除次郡，俸钱各减四分之一，移大郡全给。留后、节度使分大镇、次镇、小镇，递减五万，刺史以下、使相以上不减。其刺史至节度使公使钱，依俸钱分数裁减。"47，p4584

　　【元祐五年】三月二日，诏："起支官员俸及添给，不以则例限内申户部者杖一百；擅给历及不候分移历到而收并者，各徒二年。"户部言起支请给，旧无法禁，多重叠伪冒，有已分移而他处全请、已身亡而分移处犹请者，故立是法。48，p4584

　　【建中靖国元年】六月二十四日，户部状："准都省批送下鄜延路经略安抚使司奏：检准《嘉祐禄令》：'诸带遥郡若系沿边任使就转及在京除授，差充河北、河东、陕府西路沿边路分钤辖者，依全分例定支，余依减定例支。'今来沿边汉宫、蕃官凡带遥郡，下以资任高下，一例却摘出'沿边就转'之文，却将下文'路分钤辖'别为一事，遂致见今本路城寨都监、准备差使及蕃官带遥郡之人，乃与路分钤辖一等请受，必非立敕之意。本司已指挥延安府、绥德、保安军将不系钤辖汉官、（藩）蕃官带遥郡之人，请受且依减定例支给，别听朝廷指挥去讫。其以前大支请过请受之人，欲乞除汉官并令于请受内限三年克纳外，有蕃官乞朝廷详酌指挥。"诏汉官依鄜延路安抚司所奏，蕃官特免追纳。49—50，p4585

崇宁元年七月十一日，中书省〔言〕："勘会熙宁三年五月诏，以诸臣历监司、知州有衰老不任职者，使食其俸给，令处闲局，故令诸州增置宫观员数，使人各得便乡里，且以优老示恩。自后添支屡经裁减，而诸州供给亦无明文，是致往往失所，恐非先帝创立宫观、优老示恩之意。今以熙宁、元丰以来条制参详，修立下条：'诸三京留司御史台、国子监，诸州宫观岳庙提举、管勾等官添支，前宰相、执政官依知判诸路州府例，待制已上依见任官知郡例，中散大夫以上并职司资序人依知诸路州府大卿监例，知州资序人依见任官充小郡通判例，通判资序人依见任官充军通判例，武臣正任横行已上依诸路副使知州例，路分钤辖已上依侍禁、阁门祗候知州例，路分都监已上依殿直充诸路走马承受例。'上条合入《禄令》，冲改元丰三年十一月十八日并元丰六年四月十八日、绍圣元年五月十六日指挥不行。诸宫观岳庙提举、管勾等，文官因陈乞及非责降充者，并月破供给，丁所居处依资序降二等支。职司以上资序人依通判例，知州资序人依签判例，无签判处及通判资序人并依幕职官例。前宰相、执政官及见带学士已上职者下降。"从之。元丰三年十一月十八日、绍圣元年五月十六日《指挥》检未获。51—52，p4586

【大观】二年三月二十三日，详定一司敕令所状："检会《嘉祐禄令》：'节度使同中书门下平章事已上、前两府除节度使及节度使移镇，料钱四百贯文，禄粟二百石，食盐七石，骏马二十匹，元随二百人。'"53—54，p4587—4588

大观三年九月八日，中书省札子："详定官制所拟定：开府仪同三司料钱一百贯，新春服小绫一十匹、绢三十匹、罗一匹，冬服小绫一十匹、绵五十两、绢三十匹。勘会开（封）〔府〕仪同三司除授并带节度使，所有请俸系依《嘉祐禄令》内节度使同中书门下平章事则例支，缘节度使同中书门下平章事，《官制》改为开府仪同三司，合行修正。其则例依旧外，《官制》创立开府仪同三司请受，自来别无独除充者，今合删去。"从之。54，p4588

【大观三年】九月十日，户部尚书、详定一司敕令左肤等札子："勘会特进至承务郎，今为寄禄官，惟承务郎未有立定料钱，厘务止破驿料。《元丰官制》立定承事郎料钱十贯文，承奉郎料钱八贯文，今承务郎名寄禄官而实无禄赐，恐非元丰寄禄之意。"诏承务郎每月支破料钱七贯文。54，p4588

【大观三年九月】十一日，又奏："伏睹崇宁诏旨，开封府置牧，皇子领之，而尹以文臣充。今府尹分行、守、试三等，其职钱自一百贯至八十贯修立有差，惟府牧未尝制禄。"诏开封牧典治京师，以皇子领之，任责亦重，其禄如执政官，立为定制。又奏："臣等见编修《禄格》，伏睹学士添支比正任料钱相辽邈。且如观文殿大学士、节度使从二品，大学士添支钱三十贯而已，节度使料钱乃四百千，傔从、粟帛等称是。或谓大学士自有寄禄官料钱，故添支数少。臣等以银青光禄大夫任观文殿大学士较之，则通料钱、添支不及节度使之半，其厚薄之不均明矣。（切）〔窃〕谓观文殿大学士近制非曾任宰相者不除，而节度使或由行伍，或立战功，皆得除授，曾无流品之别，则朝廷顾遇大学士岂轻于节度使哉？而禄秩甚微，殊未相称。自余学士视诸正任，率皆如此，其所给添支，非前任两府在外则勿给，比正任且无正赐公使。自待制至直阁，皆朝廷遴选，亦有添支，又学士或守大藩，或领帅权，自有添支，而职钱亦谓之添支，其名重复。今欲将职钱改作贴职钱以别之，谨以正任料钱、公使为率，参酌立定。自学士至直阁以上贴职钱，不以内外并给。观文殿大学士一百贯，观文殿学士、资政殿大学士八十贯，资政殿学士、端明殿学士五十贯，内前执政加二十贯。龙图、天章、宝文、显谟、徽猷阁学士、枢密直学士四十贯，龙图、天章、宝文、显谟、徽猷阁直学士三十贯，龙图、天章、宝文、显谟、徽猷阁待制二十贯，《事类合璧》：外任纳内曾任执政官以上不限内外，并给公使钱。大观文曾任宰相一千五百贯，观文、大资政、端明曾任宰相、执政官一千贯，余七百贯，龙图至徽猷学士、直学士、待制、枢密直学士及太中大夫五百贯。已上兼（按）〔安〕抚、经略或马步都总管、兵马都钤辖，各加一百贯。集贤殿修撰一十五贯，（真）〔直〕龙图阁、秘阁十贯。"诏依所奏。又奏："伏见《元丰官制》，以太师、太傅、太保为三师，太尉、司徒、司空为三公，侍中、中书令、尚书令为三省长官，系正一品。职任既重，当称是以制禄。元丰中，止除左、右仆射及执政官，独公、师、三省长官虚位未除，是以未曾修立俸禄，合自圣裁。"诏：公、师使三省长官，其俸可增，仆射一百贯为四百贯，其余杂给可准此量增，详定闻奏。又奏："伏见亲王俸禄，久来系用《嘉祐禄令》，内皇族所请随官序支给。见今亲王俸给系循嘉王、岐王旧例，与《嘉〔祐〕禄令》多寡不同，此盖元丰特恩，令甲之所不载。本所累行取索不到，今参酌，除亲王公使钱系朝旨逐次特恩添赐，自随所得指挥外，其俸给欲并依见请修立。"诏："以见今请给之数立为定制。天伦之爱，理宜加厚，今亲王居三公之位而未给三公之禄，可自今带司空以上官者给其俸。"54—56，p4588—4589

【政和】五年八月二十三日，中书省、尚书省言："检会《政和禄令》：'诸学士至直秘阁贴职钱，内外并给；致仕者减半，因事责降不支。待制已上米麦，在京任职即支。'□取到度支状：契勘命官致仕内曾任侍从官者，依条合支见任官支破请受；其带职人致仕者，依条合减半支给贴职钱。其带侍从官致仕者，系在直秘阁之上，合行比附申请，支破所带侍从官职钱。看详：带侍从官已上职事官致仕之人，系在直秘阁之上，其所支职钱未有明文。并（侍）〔待〕制以上职钱，亦当一体修立。今拟修下条：'诸致仕带谏议大夫以上职事官者，其职钱并全给，因事责降不支。诸学士至直秘阁贴职钱，内外并给；致仕者待制以上全给，余减半，因事责降不支。待制以上米麦，在京供职即支。'"从之。57—58，p4589—4590

宣和元年五月二十四日，河北路都转运司奏："据怀州申，朝请大夫致仕苏湜所请料钱，（名）〔合〕依《禄令》减半勘请一分见钱，一分折支。准大观二年三月十日敕，户部侍郎洪中孚奏，乞应致仕官年八十以上者特免折支，合得俸料并支一色见钱。诏依。（切）〔窃〕详洪中孚申请到朝旨，恐止为选人因致仕授官，合全给本色折支之人，乞明赐指挥施行。"诏洪中孚奏请支见钱指挥更不施行。59，p4590

宣和三年六（十）〔月〕十一日，户部尚书沈积中、侍郎王蕃奏："契勘元丰法，带职人系依《嘉祐禄令》该载，观文殿大学士以下至天章阁直学士，除料钱随本官外，等第支破添支。内钱三等，自三十贯至（十）〔一〕十五贯；米面两等，自八石至五石。昨于大观年后来，因敕令所节次起请，将添支钱改作贴职钱，观文殿大学士至直秘阁，自一百至一十贯九等支破。兼增添在京供职米麦，观文殿大学士至待制，自五十石至二十五石四等支破。比之旧法，增多数倍。（切）〔窃〕详带职官授内外差遣，自有寄禄官请受并本任添给，又依此则例支破贴职钱、米、麦，系是两重，显属太优。欲望应带职人请给，并依《元丰法》施行。"又奏称："学士提举在京宫观，除本身请受外，更请贴职并差遣添支等钱物，有比六曹尚书、翰林学士承旨钱、米、麦增多几及一倍上者。例皆如此，轻重不伦，恐非称事制禄之意。"诏并依《元丰法》。61—62，p4591—4592

【宣和】五年十一月十三日，诏："户部违定限不支俸钱，特于榷货务支见钱一十万贯，专充应副结绝。户部选委度支郎官一员，以远及近，监支给散。左藏西库监官特降两官冲替，户部长贰罚铜二十斤，度支郎中降一官，户部及库吏各决杖，有官者降一官。今后仰依定限，按日支给，户部逐旬点检按治。"62，p4592

【宣和七年】七月二十五日，讲议司奏："奉御笔送讲议司，内侍官请给，武功大夫以上可支一分见钱、二分折支，武功大夫以下并依《嘉祐禄令》，祗候内品以下并依见请随龙、战功见行条令施行。看详节度使并正任团练使至刺史亦合依此外，再详内侍官即今已不寄资，各系直官，祗候侍禁、只候殿直、祗候黄门内品资序系在祗候内品之上，其见今所请比祗候内品以下数多。今来若将祗候侍禁、祗候殿直、祗候黄门内品作武功大夫以下，依所降御笔指挥，依《嘉祐禄令》支破，即比次等祗候内品数少。欲自祗候侍禁以下，并依见请施行。"诏并依看详。其正任并知省事，并依《嘉祐禄令》。内武功大夫以下至修武郎，并合依《嘉祐禄令》内供奉官则例支破。申明行下，余依已降御笔指挥施行。63，p4592

宋会要辑稿·职官五七·俸禄杂录（下）

【建炎三年】十一月七日，诏："昨降指挥，流寓文武官许破格差岳庙宫观一次，其请受与支破本身料钱、衣赐外，选人自承直郎至迪功郎，给钱五贯文。仍于付身内该说系破格差注，令所属批上文历，于所居州军按月批勘。堂除并依格除授人自依常法。文臣朝奉郎以上，武臣武翼大夫以上，十贯；文臣宣教郎以上，武臣修武郎以上，七贯；文臣承务郎以上，五贯；武臣承信郎以上，三贯。"64—65，p4593

【绍兴元年】六月二十六日，臣僚言："契勘请给各有定格，今局、所官吏每月除请添给数项外，更请御厨折食钱。昨以东京物价低贱，逐时减落，每月旋估支折。今来时物踊贵，尚循旧例，其所折钱往往增过数倍，暗侵财计。"诏裁定则例，永为定法：第一等折钱八十四贯六百二十文，减作四十贯文；第二等折钱七十四贯文，减作三十七贯五百文；第三等折钱六十八贯三百八十三文，减作三十五贯文；第四等折钱五十一贯八百文，减作三十二贯五百文；第五等折钱四十七贯四百六十文，减作三十贯文；第六等折钱四十二贯八百三十二文，减作二十七贯五百文；第七等折钱四十一贯八百文，减作二十五贯文；第八等折钱三十八贯二百二十六文，减作二十二贯五百文；第九等折钱三十三贯文，减作二十贯文；第十等折钱三十一贯三百九十五文，减作一十七贯五百文；第十一等折钱三十贯九百文，减作一十五贯文。66—67，p4594

【绍兴二年】八月十七日，诏："比降指挥，措置武臣横行正任遥郡请俸，各依出身权行减借钱。内管军谓殿前、马、步军司。并宗室月廪，合依《宣和七年十二月二十五日指挥》，节度使权依六曹尚书，承宣使权依侍郎，观察使权依给、舍，防、团依郎官例支破。其统兵战守之官谓身在军中，充都统制、统制、统领、将副之类。更不权减。其诸路总管、钤辖、都监、巡检及州钤辖、都监、巡检，系是职任差遣，不合作统兵战守之官。除系宗室更不减借，其余转至遥郡以上，俸钱、衣赐、傔人、俸马，依《靖康元年二月二十七日指挥》，权支三分之二；并《当年七月九日指挥》，于见请二分则例上以四分为率，权借一分支给。月廪依《宣和七年十二月二十五日指挥》，傔粮等钱依《靖康元年闰十一月二十一日指挥》，权行住支。外路依此施行。自今降指挥日为始。"68，p4595

【绍兴二年】十一月二十五日，诏："诸学士、待制合请职钱、米、麦等，依《嘉祐禄令》支破。中散大夫以上提举在外宫观，依《嘉祐禄令》随资序立等支破添支。如州郡官失觉察，从杖一百科罪。"68—69，p4595

【绍兴六年】八月二十五日，诏："寺监丞，太常博士，馆职，御史台主簿、检法，大理（寺）〔司〕直、评事，每月特支米三石，计议、编修官二石，自今年九月为始。"以职事官除本身料钱外，止有添给职钱，别无米麦，（瞻）〔赡〕给不足，故有是诏。《玉海》：绍兴六年九月二十一日丁亥，右相张浚上《重修禄秩新书》，《敕》二卷，《令》三卷，《格》二十五卷，《申明》十五卷，《目录》十三卷，《修书指挥》一卷，共五十八卷，《看详》百四十七卷，吏部侍郎晏敦复、户部侍郎王俣等上，乞镂板施行。八年十月三日丙辰，右相桧等续上《重修禄秩》一卷，《禄令》二卷，《禄格》十五卷；《在京禄秩》一卷，《禄令》一卷，《禄格》十二卷。诏自九年正月朔行之，以《绍兴重修禄秩敕令格》为名，及《申明》《看详》八百十卷。先有诏，将嘉祐、熙宁、大观《禄令》并《政和禄令格》及续降指挥编修，至是续修上之。72，p4597

【隆兴元年】二月十一日，尚书左仆射陈康伯、尚书右仆射史浩、同知枢密院事黄祖舜、张焘奏："今日之务，节省为先。臣等备位近臣，所有逐月请给，乞下有司裁损。"得旨令户部条具闻奏，今拟定下项：一、左右仆射每月见帮支请给，依《建炎元年八月二十八日指挥》，请受权支三分之二。料钱三百贯，内三分已减一分，见请二百贯，今欲更减五十贯。粳米、小麦各一百二十二石五斗，内三分各已减一分，见各请八十一石六斗六升，今欲更各减二十石四斗一升。同知枢密院事每月见帮支请给，依《建炎元年八月二十八日指挥》，请受权支三分之二。料钱二百贯，内三分已减一分，见请一百三十三贯三百三十三文，今欲更减三十三贯三百三十三文。粳米、小麦各一百石，内三分各已减一分，见请六十六石六斗六升，今欲更各减一十六石六斗六升。并比元请系减半之类，候事定日依旧。（照）〔诏〕依。81，p4602

【隆兴】二年五月一日，权直学士院洪适等讨论到环卫官故事，诏依旧制，应堪任将帅及久勤军事、暂归休佚之人，并为环卫官，更不换授，止令兼领。如节（改）〔度〕使则领左右金吾卫上将军，承宣使即领左右卫上将军之类，并依旧令。其朝参、职事、俸给、人从，并令有司条具。户部言："下粮料院契勘，节度使至正任刺（使）〔史〕兼领环卫官，除各随本身官序依（格禄）《禄格》支破请受外，其环卫官月给，今欲乞依绍兴《禄格》，将兼领左右金吾卫上将军支职钱六十贯文，左右金吾卫大将军支职钱二十五贯文，诸卫大将军支职钱二十五贯文，诸卫将军支职钱三十贯文。"从之。82，p4603

【乾道】二年九月十七日，臣僚言："张师颜离军日久，见任带御器械，可比附离军参部人，与出给料钱文历。今检准《绍兴重修禄令》：'诸使臣、校副尉未经参部，已有住程或时暂差遣者，并候参部了日，方许给历起支，即未曾到部，止与支破本处添给。'今来张师颜虽是离军日久，未曾参部，即不该给历。若以见充带御器械，欲比附离军参部之人，则带御器械乃是差遣，在《禄令》所谓已有差遣须候参部了日许给历，其法甚明，（切）〔窃〕恐难以不用正条而委曲比附。所有录黄，未敢书行。"诏前降指挥更不施行。84，p4604

【乾道六年】闰五月六日，御前忠毅军统制张师颜特与出给料钱文历。臣僚言："检准《绍兴重修禄令》：'诸未经参部时暂差遣者，候参部了日，方许给历，即未曾到部止与支破本处添给。'张师颜既未经参部，即是未应给历之人。尝有陈乞，臣僚缴奏，蒙睿断即日寝罢。今来又重叠侥求，再降恩命，若从其请，他日（板）〔扳〕援，将（例）〔何〕以杜之？欲望圣慈特赐寝罢。"诏张师颜系管兵官，累立战功，非常选之比，可依已降指挥。86—87，p4605

【乾道六年正月】二十六日，诏："已降旨，入内内侍省寄资中侍大夫、遥郡承宣使杨兴祖转归吏部，特差永祐陵攒宫都监，填见阙。先次出给料钱文历、仍免参部指挥更不施行。"从臣僚之请也。臣僚言："窃谓以内侍劳绩迁转而寄资横行遥郡者，则自国朝以来盖有之，以内侍而为在外差遣如攒宫都监之类，则所不当得。今杨兴祖者，既便转归吏部，乃免参部，料钱文历所不当出，乃与先给。臣谓若内省一时除授，外廷有不得而预者，若归吏部则有法存焉。按《在京禄令》：'使臣堂除未经参部人，不在给历之限。'又《绍兴重修令》：'诸未经参部或时暂差遣者，候参部了日，方许给历起支。'国家之法，明白如是，而乃以一时之恩而隳之，可乎？欲望圣慈将杨兴祖免参部、先给料历指挥特赐寝罢。"诏依，杨兴祖特（受）〔授〕中侍大夫、保宁军承宣使。87—88，p4606

【乾道六年】八月二日，户部状："准批下总领两淮浙西江东财赋军马钱粮所申，得（首）〔旨〕，郭振诸般请给，可特支全俸。本部勘当，统兵战守之官合支诸般全分请给下项：料钱四百贯文，禄粟一百五十石，准细色九十石。内米四十五石，二十二石五斗住支，二十二石五斗本色；小麦四十五石，内二十二石五斗住支，二十二石五斗折钱，每石折钱一贯文。元随五十人，各每月粮二石，计一百石，每石折钱三百文。"诏依已降指挥支全俸。88，p4606

【乾道】七年四月六日，户部状："准批下宁国府奏：'皇子大王出判宁国府，已择三月二十七日开府视事，每月俸料钱外，欲每月支供给钱五百贯文。所有一行官属每月供给钱，今参酌立定则例下项：一、长（使）〔史〕、司马依监司例，各支给一百五十贯文。二、参议一员，如已关升知州资序，与支一百五十贯文；若通判资序，与支八十贯文。三、路钤一员，支一百五十贯文。四、记室参军（事）两员，各支六十贯文。五、干办府〔事〕三员，各支五十贯文。六、随行医官三员并使臣一十八员，各支钱一十贯文。乞于经总制钱内支给。'本部勘当，欲乞依立定则例支给，将长史、司马、路钤、记室参军（事）依知州、通判、职官、路钤例，于公使库支给外，所有皇子大王并参议、干办府〔事〕、随行医官、使臣供给，缘创置之初，恐难应副，许于经总制钱内支给。"从之。88—89，p4606—4607

熙宁三年八月癸未，上批："闻在京诸班直并诸军所请月粮，例皆斗数不足，内出军家口亏减尤多。请领之际，仓界斗级、守门人等过有乞取侵克，甚非朕所以爱养将士之意。宜自今每石实支十斗。其仓界破耗及支散日限、斗级人等禄赐、告捕关防乞取条令，三司速详定以闻。"先是，诸仓吏卒给军食，欺盗劫取，十常三四，上知其然，故下是诏，且命三司条具。于是，三司言："主典役人岁增禄，为钱一万四千余缗。（丐）〔乞〕取一钱以上，以违制论，仍以钱五十千赏告者，会赦不原。"中书谓："乞取有少多，致罪当有轻重。今一钱以上论以一法，恐未当。又增禄不厚，不可责其廉谨，宜岁增至一万八千九百缗。在京应（于）〔干〕仓界人，如因仓事取受粮纲及请人钱物，并诸司公人取受应（于）〔干〕仓界并粮纲钱物，并计赃钱。不满一百徒一年，每一百钱加一等；一千流二千里，每一千加一等，罪止流三千里。其过致并与者，减首罪二等。徒罪皆配五百里外牢城，流罪皆配（十）〔千〕里外，满十千即受赃为首者配沙门岛。若许赃未受，其取与过致人，各减本罪一等；为首者依上条内合配沙门岛者，配广南牢城。仍许人陈告，犯人该徒给赏钱百千，流二百千，配沙门岛三百千。若系公人，给赏外更转一资。以上人仍亦许陈首免罪、给赏。"从之。其（从）〔后〕内则政府百司，外则监司、诸州胥吏，率多增禄而行此法，谓之仓法。京师岁增吏禄四十一万三千四百余缗，监司、诸州六十八万九千八百余缗。92—93，p4608—4609

政和二年七月二十二日，臣僚言："乞应监司人吏请给顾直，并依官兵法，专责本司管勾文字官，依州通判句覆法，逐月句覆勘支。其随逐出巡食钱，则专委出巡监司每日押历，行下所至勘给。候归司日，依前责管勾官逐一点勘。其管勾官如点检败获，特与依获强盗法计数酬赏。其或鲁莽漏落，循情畏避，致冒请官钱者，亦乞依盗法坐之。"从之。其妄请依自盗法，仍入《元符给赐令》。96，p4611

宋会要辑稿·职官五八·职田

【咸平】二年七月，真宗欲兴复职田，三司请令依例输税，诏三馆秘阁检讨故事沿革以闻。检讨杜镐等言："按《王制》：'古者公田籍而不税。'籍之言借也，借民力治公田，美恶取于此，不税民之所自治也。又曰：'夫圭田无征。'夫犹治也；征，税也。孟子曰：'卿以下必有圭田，治圭田者不税，所以厚贤也。'《周礼》载师之职，有士田，有官田，有赏田，又以家邑之田任稍地，以小都之田任县地，以大都之田任疆地。家邑，大夫之采地；小都，卿之采地。汉制，列侯皆衣食租税，而不得臣其吏民。晋制有刍稿之田，大国十五顷，次国十顷，小国七顷。又占田之限，官第一品五十顷，二品已下每品减五顷以为差，第九品十顷。又得荫人为衣食客及佃客。后魏宰人之官各给公田，刺史十五顷，太守十顷，治中、别驾各八顷，县令、郡丞六顷，更代相付，卖者坐如律。职分田起于此矣。北齐京城四面诸坊之外三十里内为公田，一品以下逮于羽林、虎贲各有差，多者至百顷，少者三十顷。唐制，永业田各有等差。武德元年十二月制内外官各给职分田，自一品至九品，以十二顷至五十亩为差。京司及外县又各给公廨田，以供公私之费。又准《令》：'诸外司公廨田，大都督府四十顷，中都督府三十五顷，下都督、上州各三十顷，中州二十顷，下州十五顷。'又《田令》：'诸职分陆田限三月三十日，稻田限四月三十日，以前上者并入后人，以后上者入前人。麦田以九月三十日为限，若前人自耕未种，后人酬其功直；已前种者，准分租法。'此皆历代故事、令文旧制也。今三司建议，但系官水陆庄田，据州县近远并充职田，召人佃莳，所得课利随二税输送，置仓收贮，依公使钱例上历公用，具账申省。又令悉输二税。臣等按隋、唐给田之制有三：一曰永业田，依品而给，听其子孙相承；二口职分田，随官而给，更代相付，三曰公廨田，据省寺州县地望而给。永业田唯不许私卖，职分、公廨田唯课营种以给公私之费，别无禁止之制。且百官廪赐莫盛于唐，月俸之余既有食料杂给，禄粟之外又有息利本钱，加以白直、执刀、防阁、掌固之类，悉许私用役使，潜有所输。五代所支，裁得其半。太祖始定添支，太宗增给实俸。职田之制废于五代，兴于本朝，而计臣以出纳之吝，遂有兹议。且历寻故事，并无输税之文。臣等参详，请不计系官口土及远年逃田充州县官吏职田者，悉免二税及缘纳物色，许长吏已下募人牛垦辟，所得租课均分，如乡原之例。不须置仓上历，造籍申省，唯准令甲，三年一造簿，替日递相交付，不得私以贴卖。给受之制，一如《田令》。其桑果菜茹薪刍及陂池所产，悉以均分。仍俟今秋委转运使就近差官，尽括系官水陆庄田顷亩，据逐州官员分定顷亩，州县长吏给什之伍，自余均其沃瘠，与通判、幕职、簿、尉差降给之。其两京、大名、京兆、真定、江陵、河中、凤翔及大藩镇各四十顷，次等藩镇三十五顷，防御、团练使州三十顷，中、上刺史州二十顷，下州及军、监十五顷，边远小州户口少处比上县给十顷，上、中、下县以十顷至七顷为三等。转运使、副许于管内给十顷。其诸州给外剩者许均给兵马都监、〔监〕押、寨主、监临文武职官、录事参军、判司等，其顷亩多少类通判、幕职之数。其州县阙官，即以一分职田给权签判官。所召佃户止得以浮客充，仍免乡县差徭，不得占庇税户。如此，则中才之类可革于贪心，上智之人益兴于廉节，与夫周之采地、魏之公田，其揆一也。经久之利，无出于兹。"从之。1—3，p4615—4616

大中祥符六年五月，令三司检会幕职州县官元定职田顷亩数付流内铨，仍别具转运使副、知州、通判及京朝官、使臣、幕职州县官等，应见请职田顷亩数目编录以闻。3，p4616

天禧二年十一月，诏："诸路职田，自今三月、四月、九月或值闰月内，官员、使臣赴任者，并依条；月分已后上官，例给与前人，不得更理闰月。"4，p4617

天圣元年七月，诏"诸处职田多不依条召浮居客户，却令公人及税户租佃，所纳斛斗又更加量，以至水旱灾伤不许申诉。宜令今后不得更然，所收课子亦须平量，灾伤依税放免。日前有违条者并改正，今后有违，当重置于法。"又诏："访闻两浙转运使、副职田元在苏州，昨缘水灾，辄于杭州换易。令本路劝农司给还苏州元标职田，其杭州田土依例召人承佃。"5，p4617

宝元二年二月四日，流内铨言："铨司注拟幕职州县官，先准敕，并须将有无职田州县相度均平定差，而累有称诉顷亩不实及所收至薄。铨司相度，欲以幕职令录与判司簿尉各作一等，大约随路分斛斗贵贱分定石数。如京东、京西、河北、淮南、两浙、江南皆物价中平，其幕职令录以岁收一百五十石已上、判司簿尉一百石已上者为有职田；陕西、河东、荆湖、福建、广南土（簿）〔薄〕物贱，即幕职令录以二百石、判司簿尉以一百五十石为限。唯川峡谷贵，与〔诸〕路不通，其幕职令录断自百石已上、判司簿尉五十石已上并为有职田处。且举此为例，共得天下幕职州县官系职田者裁六百八十余员，共一州幕职、一县令佐内一员已及所限石数，余员虽石数差少者，亦须至收在有职田限内。除上件六百八十余处员额置簿并出榜晓谕选人不得连任注拟外，自余并不问职田顷亩，一依甲次名字先后注官，则公（租）〔私〕稍得均济。其合入近地情愿乞入远者，自依旧条顷亩施行。又勘会诸处过满见阙不少，虽有选人情愿陈乞，或碍职田条贯，是致诸处注拟不行。铨司相度，应系省罢员阙及季阙经三季已上，并非次阙经三月已上未注使者，更不勘会职田，并与注拟。"并从之。7，p4618

【庆历】三年十一月，诏曰："昔者先帝，诏复公田，合《王制》班禄之差，得圣人养贤之义。载原深旨，本自爱民。比者缙绅之间，屡陈利害之意。以谓郡县受地，有无不齐；铨审补员，权利为幸。奔竞以之伤俗，因缘至于害人。故命有司，断以定数，诚足厘于浮弊，然未安于余怀。《礼》不云乎：'厚禄以劝群臣，则下之报礼重。'凡厥文武，仕于朝廷，虽廉素者惟士之常，而富贵者是人所欲。其全宽大之体，自有公平之制。所宜给其所未给，均其所未均，约为等差，概令赒足。使事父母者得以致其养，畜妻子者得以致其乐，冠婚丧祭有所奉，庆恤馈问有所资，不牵私室之忧，必专公家之虑，则六计可以弊群吏之治，四方可以期众职之修。悦自犯于有司，亦何遁于彝宪！上广先朝之惠，示不敢渝；下俾诸臣之言，审兹自定。惟尔中外，体予所存。应天下职田，大藩府长吏二十顷，通判八顷，判官五顷，余并四顷；节镇十五顷，通判七顷，判官四顷，余并三顷五十亩；防、团以下州军十顷，通判六顷；小军监七顷，判官三顷五十亩，余并三顷；县令万户以上六顷，五千户以上五顷，不满五千户并四顷；簿尉万户以上各三顷，五千户以上各二顷五十亩，不满五千户并二顷。发运、转运使及武臣总管比节镇长吏，钤辖比防、团州长吏，路分都监比节镇通判，州都监比大藩府判官，监押比节镇判官，监当不得过本处职官之数，在县镇监当不得过簿尉之数，录事参军比本判官，判司比倚郭簿尉。所定职田，并以四年为始。内无职田处及有职田而顷亩少处，并元标得山石积潦之地不可耕种者，限三年内检括官荒田并绝户田及五年以上逃田添换其数。若系官庄田见有人户出租者，不得一例支拨。如逐处职田比今来所定顷亩不足，即据见在顷亩或子利，重与上件众官等（弟）〔第〕均分。如地内有桑枣果蔬之利者，即以所收利约度折充职田。许自差公人勾当，并招置客户，每顷不得过三户，即不得全令州县差人及招客户。或遇灾伤，并依例检覆减放。以上违者，官员以违制论。如恐减下职田子利，不肯接灾伤词状者同，其所收子利并纳官。如将职田影庇合入差徭及抑配虚作佃户令出课者，并以受所监临财物论。仍专令逐路提点刑狱司觉察，若犯者情重，有失于觉察，亦当以罪坐之。"9—10，p4619—4620

【庆历七年】四月，诏："定诸职田，若后官不该合得月分，如前官有不种地土，许后官耕种，收取地利。"10，p4620

治平四年十一月二十八日，神宗已即位，未改元。诏："自今诸官廨及职田内无得种植鬻卖，其官廨内蔬圃止得给食用；陂塘蒲鱼之利，不许占充职田；及于职田内修建邸舍，收取课利。如有犯者，情重即取旨，重行黜降，经（敕）〔赦〕未得叙用。"11，p4620

【熙宁六年】三月二十八日，诏详定《职田》：知州，藩府三京、京兆、成都、太原、荆南、江宁府、延、秦、扬、杭、潭、广州。二十顷，节镇十五顷，余州及淮阳、无为、临江、广德、兴国、南康、南安、建昌、邵武、兴化军并十顷，余军、监七顷。通判，藩府八顷，节镇七顷，余州六顷。留守、节度、观察判官，藩府五顷，节镇四顷，掌书记已下幕职官三顷五十亩，防御、团练军事推官、军监判官三顷。令、丞、簿、尉，万户已上县令六顷，丞四顷；不满万户令五顷，丞三顷；不满五千户令四顷，丞二顷五十亩。簿、尉各减令之半。藩府、节镇录参比本州判官，余比幕职官。藩府、节镇曹官比万户县簿、尉，余比不满万户县簿、尉。发运、转运使副比节镇知州，开封府界提点比余州知州。发运、转运判官，常平仓司提举官，比藩府通判，同提举官比万户县令。发运司勾当公事、转运司管勾文字、提刑司检法官，比节镇通判。蔡河、许、汝、石塘河都大催纲管勾机宜文字，开封府界提点司勾当公事，比节镇判官。总管比节镇知州，路分钤辖比余州知州，安抚、路分都监、州钤辖，比节镇通判。藩府都监比本州判官。走马承受、诸州都监、都同巡检、都大巡河，并比节镇判官。巡检、堡寨都监、寨主、在州监当及催纲、拨发、巡（提）〔捉〕私茶盐贼盗、驻泊捉贼，并比幕职官。巡辖马递铺、监堰并县镇寨监当，并比本县簿、尉。诸路州学教授，京朝官比本州判官，选人比本州曹官。12—13，p4621

【元丰元年】十二月八日，诏："诸路将副听比类《熙宁附田令敕》给职田，正将视路分都监，副将视藩府都监。其青、郓州虽已拨黄河淤地及废罢都监职田与将副，而多寡未均，并依令改正。"14，p4622

【政和】四年十一月十一日，中书省言："臣僚上言：'近见朝廷行遣河北官员辞受园利事，惩劝明白，足以风示四方。然（切）〔窃〕谓外官职田本以养廉，而自来非理取租课，害有甚于卖菜者。近（颖）〔颍〕川百姓孙真诉本县勒充司录厅职田户，云初未尝拨田给种，但令承受散到凭由，认纳斛斗。如臣所闻，（颖）〔颍〕州知州岁入千余斛，余官亦皆厚于他州。不问丰凶岁，必取（赢）〔赢〕焉。乞下逐路提刑司，选差无妨碍官诣所部（知）〔州〕县，考覆其实。'检会《政和令》：'诸职田县召客户或第四等以下人户租佃，已租佃而升及第三等以上愿依旧租佃者听。或分收，每顷至十户止。租课须税入中限，乃得催纳，遇灾伤检覆减放，准民田法。'分收者依乡例，不得以肥地制扑收课。遇收种，许差本厅公人管勾。止有兵级及地在别县者，本州于外县同本属量差公人管勾。"诏于《令》内除去"遇收种许差本厅公人管勾止有兵级及"字，计一十六字，余申明行下。16—17，p4623

宣和元年六月五日，诏："诸路当职官各赐职田，朝廷所以养廉也；县召客户或（等）〔第〕四等以下税户租佃分收，灾伤检覆减放，所以防贪也。访闻诸县例多违法，勒见役保正长及中上等人户分佃，认纳租课，不问所收厚薄，必输所认之数。设有水旱，不问有无苗稼，勒令撮收。其甚有至不知田亩下落，虚认送纳，习以成例。农桑之家受弊无告，闻之恻然，可严行禁止。诸县官吏违法以职田令第三等以上人户及见充役人，或用诡名、或令委保租佃，许人户越诉，以违诏论；灾伤减放不尽者，计赃以枉法论；已入己者以自盗论。提刑、廉访常切觉察。"18—19，p4624

【宣和元年六月】十四日，中书省、尚书省言："检会臣僚上言，诸路监司职田数内，有所纳租课并纳上色斛斗，又有无田可拨去外，州县观望，临时旋行抑配有力人户，致有破荡产业。又河北监司运使、运副、措置籴便、提举东路常平廨宇并在大名府，东路提刑、提举廨宇在恩州，标拨职田，多有于滨州，显见意在厚利。欲乞诸路并依成都府均给职田法式。诏令措置立法，将上取旨。今参酌修立下条：'诸发运、监司属官同。职田，廨宇所在有田而于别州标拨，及租课不以地土所出，抑令输纳上色物者，徒一年。无田或顷亩不足，而抑配虚纳租课者，徒二年。本官知情与同罪，不知情减三等。'"19，p4624—4625

【宣和三年】闰五月十日，海州申："忠翊郎、添差充本州兵马监押不厘务张溪状，元系北界燕京人（事）〔氏〕，所有职田，自有《政和令》该说。今来本州称不合支破申乞施行。"工部看详："归明人添差不厘务，《政和令》即无许与不许支破明文，合取自朝廷指挥。检会《政和令》：'诸添差官系纳土归明，西北归明人虽非纳土同。职田依正官给。'"诏归明不厘务人依条支给。20，p4625

【宣和三年】七月二十四日，京西北路提点刑狱司奏："（切）〔窃〕详职田租课给受封桩，俱有成宪。迩来州县玩习为常，遇在任官省员废并，或阙正官，其职租钱物应入封桩者，多不申报提点刑狱司检察拘收。或以见任官应得职田偶阙地田未标拨到，便行将前件应封桩之物支充。在法虽有（檀）〔擅〕支借科徒二年之罪，缘上件钱物未拘收作朝廷封桩间，若有侵支，（切）〔窃〕虑难以便行引用，伏望立法禁止。"尚书省检会，今据修下条："诸职田收到租课应充朝廷封桩钱物者，州限十日具数申提点刑狱司检察拘收。"入《政和田令》。"诸职田收到租课应充朝廷封桩钱物，不依限申提点刑狱司检察拘收者，杖八十；未拘收封桩而辄支借，加二等。"入《政和户婚敕》。从之。20—21，p4625

【宣和】四年十二月二十五日，诏："应职田并所属州县以官员职任、见破的实顷亩、乡村卓望、佃户姓名、耕佃年月、租课色数，置籍拘管。遇有改更，即时揭贴。如不尽或不以地土所产抑令输纳上色物者，各徒二年。已上本官知情与同罪，不知情减三等。委提点刑狱常切检察，因巡历所至，取籍点检。"21，p4625

【绍兴三年】七月十七日，诏："诸路提刑司将见任官至选人、小使臣应合得职田，依格法标拨。如本州见任官数多，所管田不足，令提刑司于一路邻近州县通融标拨，须管数足。即不得挑取膏腴田土及过数标拨，标拨未归业人田土。又选人、小使臣任外路州县差遣，内有无职田及虽有职田不曾依格拨足，每月止请钱三五贯，难以养廉，仍令诸路提刑司依格法标拨。窃虑行法之初，或标拨未足，夏秋未有所得，仰转运司权将无职田选人并亲民小使臣，每员每月支茶汤钱一十贯文。内虽有职田，每月不及一十贯处，补足一十贯。如每月（细）〔纽〕计，支得职田计三贯，添支七贯之类。候依格拟到职田，其所收租课（细）〔纽〕计一十贯文以上即罢。"23—24，p4627

【绍兴三年七月】二十日，诏："职田虽堪耕种而强抑人户租佃，及佃户无力耕种不令退免，各徒二年。遇灾伤已经捡放，或不堪耕种、无人租佃而抑勒乡保邻人（陪）〔赔〕纳租课，并计所纳数坐赃论罪，轻者徒二年。非县令而他官辄干预催佃自己职田者杖一百。并许人越诉，仍令提

刑司觉察按劾。"24，p4627

【绍兴】十一年十二月十一日，诏："诸州县职田令提点刑狱司核实，使佃民按实输租，毋得代纳抑配。如监司、知、通失于检察，与犯人减二等断罪。"24，p4627

【绍兴】三十年十一月六日，诏："应诸路有职田米麦麻豆处，只令纳本色，随月支给，依市价出（籴）〔粜〕。如敢抑勒牙人，科敷人户，许越诉，以所剩利依法计赃。"25，p4628

【绍兴三十二年】八月二十四日，右正言袁孚（言）奏："臣闻圭田所以养官吏之廉，在法以官荒及五年以上逃田充，召客户或第四等以下户租佃或分收，遇灾伤捡覆减放准民田法，分收者依乡例，不得以肥地制额收课，载诸令甲，非不详备。而比年以来，所在职田奸弊不一。欲望下诸路，委提刑取见所部官吏职田诣实，将无田而有租去处改正除落；若有田无租户，即召人情愿租佃分收，不得辄勒令邻保承佃及重立租额。专委提刑觉察，违者劾奏，计赃科罪，仍许人越诉。如提刑隐（弊）〔蔽〕，即重置典宪。"从之。26，p4628

【乾道六年】八月四日，户部状："臣僚言，权借职田三年，令折纳马料，其不通水路及僻远去处，计价折钱，发赴淮南运司收籴，令户部条具。今具下项：一、浙东、福建州军多无水路，乞令转运司将职田米或自来折纳钱尽行拘收，发赴行在省仓，委官收籴马料。二、浙西、江东、淮东西州军，乞令逐路运司将每年职田米数依数纳马料。内有折钱去处，依自来例，据每石钱数拘收籴马料，起赴两淮总领所令项桩管。三、江西土地阔远，州县往往将别色田亩占充职田，欲乞令漕司将本路岁得职田米尽行折钱收籴马料，起赴湖南总领所令项桩管。四、湖南北、京西路，乞令转运司将应管职田尽行折纳马料，内有从来折钱，即依体例折纳，收籴马料，起赴湖广总领所令项桩管。五、二广地里遥远及不通水路，乞令转运司拘收折钱变轻赍，赴湖广总领所收籴。"从之。28—29，p4629

宋会要辑稿·职官五九·考课

太祖建隆三年十一月十日，有司上言："准《考课令》：'诸州县官抚育有方，户口增益者，各准见户为十分论，每加一分，刺史、县令进考一等。其州户不满五千，县户不满五百，各准五千、五百户法为分。若抚养乖方，户口减损者，各准增户法，亦减一等，降考一等者。'当司近年例不进考，唯是点检考帐阙失，不问重轻，便书下考。今请应州县官抚养乖方，减损户口一分以上者，并降考一等。州比州，县比县。如有公事疏遗，曾经敕命殿罚者，降考一等。所有增添户口、租税课绩兵并戈灾渗，并准《长定格》处分。又诸道州府逐年考帐多不坐户口数目，只见催科、刑狱公事有无遗阙比较，升降考第申奏。今请令逐州府考帐，须以逐人到任至成考日月，具系税户口租赋开坐比损多少，及有无功过。如违，并准考帐违限例殿罚。又州县官每考满罢任，本州批给解由历子，若不是校考之时，即不与批书末考。直候合书校日，方先批罢任日月，然后始书末考。况铨曹检勘，只凭省校，今后欲请罢任如月数合书末考者，便令批书，方批离任月日，免使更劳往复。其考课候至书校时，依旧附帐申省，不得漏落。又应京官月限多少不等，有以三十六月、三十月为满者，有以二十月住支料钱者，当司逐年书校考第，并无准绳。今后欲请应有曹局料钱京官，并以三十月为满。内有合校考第者，以此为限，其料钱一依旧例月数支给。"从之。1，p4633

【建隆三年十一月】二十二日，诏："令、尉在任，如能肃静乡州，一任内并无贼寇，仰本州闻奏，别行旌赏，仍书上考。应县尉较考，并依判司、主簿月限。应有劫贼、杀人贼，并给三限捕捉，每限二十日。第一限内获，不计人数，令、尉各减一选，半已上减两选；第二限获，不计人数，令、尉超一资，半已上超两资；第三限获，不计人数，令、尉加一阶，半已上加两阶。出三限不获，尉罚一月俸，令罚半月。三度罚俸，尉殿一选，令四度罚俸亦殿一选。经三度殿选者勒停。应有劫贼、杀人贼，限内已获、限外不获，并仰本州批书历子，于逐年考帐内分明开坐罚殿，较定功过考第申省。"1，p4633

【淳化三年】十一月七日，沔等言："应京朝官殿犯，望令刑部件析供报，以赃私、公罪分三等以闻，取候进止。其京朝官投牒所陈历任殿最，有敢隐漏者，并除籍为民。刺问有司而受请托、隐蔽殿罚、不以实报者同罪，胥吏杖脊，配隶远恶处。"从之。4，p4637

景德元年九月五日，诏："诸路转运使、副察所部官吏能否，辨为三等：公勤廉干、文武可取、利益于国、惠及于民者为上；干事而无廉誉、清白而无治声者为次，畏懦而贪、慢公不治、赃状未露、滥声颇彰者为下。并列状以闻。"从右司谏高伸之请也。6，p4638

大中祥符二年六月二日，颁幕《职州县官招携户口旌赏条制》。6，

p4639

【大中祥符】五年六月，知龙州吴济言："准敕，诸州省钱修至圣文宣王庙及礼器及天庆节醮器将毕，自今乞当职官吏书上到任历子，迭相交割。"从之。6，p4639

皇祐元年二月五日，权三司使叶清臣言："三司总天下钱谷，赡军国大计，所切一十七路转运司公共应副，仍须有材干臣僚，方能集事。伏以朝廷责（辨）〔办〕财赋，出于三司。近年荆湖等路年额上供斛斗亏欠万数不少，皆是转运司无所禀畏，致此弛慢。苟不振举，久远上下失职，号令不行，亏损财用，有误支计。臣伏见提点刑狱，朝廷以庶狱之慎，特置考课一司，专考提刑朝臣进退差遣。欲乞今后转运使、副得替，亦差两制臣僚考较，分上中下上下六等。若考入上上，与转官升陟差遣；上下者，或改章服，或升差遣；及中上者，依旧与合入差遣；中下者，差知州；下上者，与远小处知州；下下者，与展磨勘及降差遣。仍每到任成考，并先供考帐申省，关送考课院。今具考课事目如后：一、户口之登耗；二、田土之荒辟；三、茶、酒、盐税统比不亏递年祖额；四、上供、和籴、和买物不亏年额抛数；五、报应朝省文字及账案齐足。户口增，田土辟，茶、盐等不亏，文案无违慢，为上上考；户口等五条及三以上为中上考；若虽及三以上者，（为）〔而〕应报文字、帐案违慢者为中下考；五条中亏四者，下上考；全亏及文帐报应不时者，为下下考。"诏从之，仍令磨勘提点刑狱院一处施行。7，p4640

嘉祐二年七月二十一日，命翰林学士承旨孙抃、权御史中丞张昇磨勘转运使及提点刑狱课绩，仍诏今后常以御史中丞、学士典领。初，知谏院陈升之言："生民休戚，系郡县政之得失。今天下州三百，县千二百，其治否朝廷固不得周知，必付之十八路转运使。而预选者，自三司副使、省府判官、提点刑狱，或以资序，或以荐引，才不才固已混淆，一旦付以一道按察之寄，虽知其不胜任，必重退之，是重抑一人希进之心，而轻一道生民之命。今选用不精，又责任无法，考课不立，其间非暗滞罢懦则凌肆刻薄，十尝八九，所以下之疾苦不得上闻，而重其愁叹憔悴也。朝廷有意天下之治，宜自转运使始。今上选用、责任、考课三法。"其选用法曰："以公正、明断、惠爱为本，公正可使纠肃官吏，明断可使决治烦剧，惠爱可使恤民之隐。苟无此数者之长，即以补他职，其禄赐恩典视转运使可也。"其责任法曰："唐虞四岳、十二牧，三代方伯、连帅，汉部刺史，皆今转运使之任。今居职者非其人，专以办财赋为职业，故郡县之政不修，独掊敛刻暴之令行，而民受共弊，盖典制不立所致也。今举其切务有五：一、称荐贤才，各堪其任；二、案劾贪谬，修举政事；三、实户口，增垦田；四，财用充足，民不烦扰；五、兴利除害。仍令岁终条具所施行以闻。"其考课法曰："故事，转运使给御前印纸，岁满上审官院考校之。三司亦尝立考课升黜条，其后卒不行。盖委计司，则先财利而忽民事；在审官，又因循常务而无课第之实。按汉世御史中丞外督部刺史，今宜付御史台考校为三等，仍委中书门下参覆其实。其上等量所部事之剧易而褒进之，中等仍旧秩，下等退补小郡。若风绩尤异，即擢以不次。其职事弛废，不俟岁满，明行黜削。"乃命昇等同领之。7—8，p4640—4641

神宗熙宁二年五月，考课院言："准诏定到考校知县、县令课法下项：在任断狱平允，民无冤滥；赋税及时了办，不烦追扰；及差役均平，并无论诉之人，及虽有论诉而人无不当之理。在任能屏除盗贼，里民安居；劝课力田，使野无旷土；及能振恤困穷，不致流移，虽有流移之人，而多方招诱，却令复业；一任之中，主客户比旧籍稍有增衍。在任架阁簿书务令整齐，经提刑、转运点检，别无散失；及兴修水利，疏导积水，以利民田；能劝诱人户种植桑枣。天下州军委知州、通判每岁终取索辖下得替知县、县令前项三条课绩，兼依唐四善德义、清谨、公平、恪勤，采访逐人有上项事实，即参详分为上中下三等，申本路转运、提刑司。逐司类聚齐足，同共将一路所供三条课绩、四善事实再行审定上中下三等。内有绩状尤异出于上等之外，则更定为优等；如政事昏谬，出于下等之下者，即定为劣等。即不得将合在三等政事定优或劣。其奏状并限次年春季申奏到，送考课院看详。如所奏委得允当，即从本院保明申奏，其知县、县令依下项赏罚。若所奏徇情，功过不实，及虚奖权要，困抑孤寒，其转运使副、提点刑狱及知州、通判并科违制之罪。京朝官系优等人，到院日与升在院人名次之上，仍令指射家便近地差遣，及令中书记录姓名。其劣等人并降入监当。选人系优等人，如到铨合该磨勘，判成过铨日，令铨司与不依名次，先入申引见，改转合入京朝官近地差遣。其未该磨勘者，如已系职官，并与循资；若系令录，即与两使职官；如系试衔知县，即充远小判司（薄）〔簿〕尉。定到武臣知县为上下等之人，即乞比类上项赏罚施行。"诏并从之。9，p4641—4642

【哲宗元祐】二年二月十四日，枢密院言："内外坊监使臣任满当被赏，无责罚，有举主二员，皆令再任。次任如之。第三任满，取劳最者与补骐骥院阙。任内职事修举，亦与再任。次任如之。第三任与理路分都监资序，任满取劳最者与补提点左右厢诸监阙，仍升一等资序。并太仆寺考察以闻。"从之。10，p4643

【元祐二年】五月十八日，三省言："吏部状，文彦博奏请，委本部尚书、侍郎依三类之法，将本选守令、通判考其才德功效为上中下三品，送中书门下覆验可否，委本选长官引对。间有人才高下绝异者，特以名闻而进退之。"诏送给事中、中书舍人、左右司郎官、吏部、礼部参详：应守令、通判请依《元丰考课令》："通取善最分为三等"。候罢任，委监司审覆，具事状保明以闻，付吏部定本选合入差遣。内知州、通判申尚书省覆验可否定讫，付本部官，候注拟日引对。即守令、通判内有才德功效过恶显著，令尚书侍郎铨量高下，特以名闻，乞行升黜，岁毋得过五人。从之。10—11，p4643—4644

【元祐】四年八月五日，吏部言："县令罢任，委知州、通判考察课绩，以德义有闻、清谨明著、公平可称、恪勤匪懈为四善；以狱讼无冤、催科不扰、税赋无陷失、宣敕条贯案帐簿书齐整、差役均平为治事之最；农桑垦殖、野无旷土、水利兴修、民赖其用为劝课之最；屏除奸盗、人获安处、赈恤贫困、不致流移、虽有流移而能招诱复业为抚养之最。仍通取善最分为三等，及七事为上，五事为中，余为下。限次月申监司类聚，每半年一次同行审覆，若有能否尤著者，别为优劣等。上半年限八月，下半年限次年二月，保明以闻。知州除太中大夫、观察使以上及三京留守、安抚使、钤辖不考察外，其余并委监司依此考察，吏部开析等第申尚书省。"从之。11，p4644

绍圣元年八月十九日，诏："大名府等处通判周谊、韩跂、唐弼，与依《元祐编敕》内第五等酬奖。"以御史郭知章言其赈济有劳也。11，p4644

【绍圣】二年四月八日，诏："内外官批书印纸并依《元丰式》。"11，p4644

【绍圣二年】七月八日，尚书省言："今增损诸转运、提刑、提举官合上簿七事：一、举官；二、劝农桑；三、招流亡；四、兴利除害；五、按察部吏赃罪；六、部内置狱及平反狱讼；七、几察盗贼。并开具互申都司，都司限两月开具申尚书省。诸考课事该赏罚而隐漏不申者，徒二年；

逐曹失报者，责其吏。"从之。11，p4644—4645

【崇宁】二年九月二十四日，讲议司白札子："诏令修立诸路知州、通判、令佐任内如能尽心经画财用，应副上供及本处支使各得足备，或不能悉心营办，却致阙乏，殿最赏罚闻奏。今参酌，应知州、通判、县令佐，（岁）〔任〕内能尽心经画，计置财用，应副上供钱物，封桩起发无欠、不违限，及本处支用备、二税无拖欠外，仍以场务房园等课利通比（租）〔祖〕额数，增一倍转一官。"从之。12，p4645

【崇宁三年】十二月四日，中书省、尚书省送到左右司状："比较到崇宁二年分六曹诸部所收生事行遣迁枉、不当、违滞等件数，兼事多全无迁滞失当去处，郎官在任日月下项：度支生事五万一千一十五件，郎中石谔在任六个月零一十六日；金部生事四万四千一百三十五件，员外郎庄徽在任八个月零二十一日。行遣迁枉、不当、违滞等最多：礼部生事一万四千四百二十八件，员外郎何昌言签书迁枉、不当、违限一十一件。事少部分：水部生事九千六百八件，员外郎韩辑签书违限三件；虞部郎中梁子野兼权签书，违限三件。申闻事。"诏庄徽特转一官，石谔减三年磨勘，何昌言降一官，韩辑、梁子野各展三年磨勘。12，p4645—4646

【崇宁四年】九月一日，户部奏："检会《元符考课令》：'监司功过及措置利害，本曹上簿，岁终考校外，分为三等。'本部看详，崇宁二年分考课：京西运司具到南路提举王璘合为上等，北路提举王孝称合为中等，府界提点司具到提举宋乔年合为优等，江西运司具到提举韩宗直合为中等，广西运司具到提举何康直合为上等，广东运司具到提举王觉合为上等，成都运司具到提举向宗哲合为上等，京东运司具到东西路提举詹适、郭长卿、王公彦合为中等，湖北运司具到提举林虞合为中等，河东运司具到提举洪中孚合为上等，梓州路具到提刑权提举王岘合为上等，夔州路运司具到提举俞次夔、提举谢皓合为中等，江东运司具到提刑权提举王勇、提举孙虞丁合为中等。崇宁三年分考课：江西运司具到提举何宗范、乔方合为中等，崇宁三年分河北运司具到提举邓宵、吕沆合为上等，梓州运司具到提举陆如冈合为中等，广西运司具到提举何康直、刘川合为中等。奏闻事。"诏优等与转一官，减一年磨勘；上等减三年磨勘。仍令吏部立法。13，p4646

【大观元年】十一月九日，吏部奏："准《敕》：'畿县知县今后并堂除，考课赏罚，令吏部立法闻奏。'今立下条：一、课绩入上等，知州减二年磨勘，占射差遣一次；知县、县令承务郎以上减二年磨勘，_{畿县知县加}_{半年。}承直郎以下循一资。乞候将来堂除人罢任定到等第日，即依今法施行。"从之。14，p4647

【大观四年】五月十一日，吏部奏："勘会诸路州学教授《考课格》内，第一项教养有方，注谓'贡士至辟雍升补推恩者多'。又第四项生徒率教，注谓'士庶争讼庚规者少'。即未该载以多少分数定格。今欲乞将前项《考课格》内两项比类贡士条分数，应升补推恩者，如及六分以上即为多，庚规者即以四分以下为少，行下诸路州军照会考校施行。"辟雍、大学勘当："推恩如及六分以上为多，即是贡十人有六人以上该升补，方及今来所立分数，深恐诸州难以应格。若减作五分以上，虑贡二人得一人升补亦便为多，却成侥幸。其庚规者若以四分为少，寻常学校犯罚不曾有及四分者。今同共相度，欲委逐州保明申学事司，将本路州军参定，取得士最多去处依条施行。其庚规一节，亦乞依得士最多处委逐州保明申学事司，将本路州军参定庚规学士最少去处为少，依条施行。"从之。15，p4648

【政和三年】七月十四日，吏部奏："户部三曹关，济源县申奉议郎薛苍舒，池州申前权青阳县主簿王伯熊，京畿转运司申前雍丘县尉程若英，任内栽种到桑柘，各乞推赏。送详定三司敕令所疾速立法。今参酌修立下条：'诸监司保明到令佐_{使臣充知县、县尉同。}任满添植到桑柘等为最多之人，并验实依格推赏等条。'"从之。15—16，p4649

【政和】六年八月二十四日，通直郎、新权发遣成都府路转运副使公事吕潜大奏："居养、安济、漏泽，州县官任满无违庚，方田限满无词诉，劝诱折纳及钱数，合依条推赏，多是人吏蔽于私意，每遇官员替罢，经五日不为保明。如奉行违庚，或人户词诉，或折纳不及，合该责罚，亦不举行，甚非朝廷劝沮之意。欲望指挥，应州县官替罢及方田限满，折纳了毕，并限五日内具奉行次第、合该是何赏罚，申提举司。县申本州者，通限十日。本司限五日依条申奏，若有未完，再限五日疏问，依限别申。如出限不申，或再申依前不完，州县人吏并乞重立刑名放罢。"从之。16，p4649

重和元年十二月五日，奉议郎、新差权发遣提举成都府路学事黄谔奏："伏见近降御笔指挥，于知、通任满考课添入'诱进道学'四字，圣心亹亹，至教是崇。臣窃以（请）〔谓〕道徒既资教养，则诸路提举学事官与州学教授、逐县令佐当身任其责。欲望申诏三省，应干学事官并依今来知、通任满指挥，以教导外贡道徒等事立考课殿最之法。"诏依，于考课项内添入"诱进道学"四字。16—17，p4650

高宗绍兴二年八月十五日，臣僚言："守令有四善、四最考课之法，虽具载条格，欲望明诏监司、守臣遵行考课良法，责以诚实治状上闻。如得优异之人，乞加奖擢，以为循吏之劝。"诏令吏部申明行下。19，p4652

【绍兴三年】十二月十五日，诏："令佐替移，催科夏秋二税不经批书，及当行人吏所批不实，并杖一百。内人吏勒停，永不收叙；令佐到部日，依冲替人例。"19，p4652

绍兴三十二年九月二十四日，孝宗已即位，未改元。权吏部侍郎兼权尚书凌景夏言："右承直郎、前监雅州名山县茶税场王骧任内买起纲茶，合得第一等酬赏，依格转一官。《元丰格》：'第一等承务郎以上转一官，幕职州县官改合入官。'绍兴十八年，监雅州名山县茶税场家撰买发陕西纲茶，合得第一等，缘系右迪功郎，历任止四季，依条比类循两资。王骧系右承直郎，历任满六考，与家僕事体不同，今欲乞除资考不及之人自不合改官外，其资考已及之人欲依旧法改官施行。"诏依绍兴十八年十一月十一日降旨比类。21，p4654

【乾道元年正月】二十一日，中书门下省〔言〕："勘会两淮民户并已复业，宜先劝课农桑，若不稍优其赏，委监司、帅守督责，窃虑以为虚文，无缘就绪。今拟定：'县令、丞于本县界内种桑栽及三万株，承务郎以上减三年磨勘，承直郎以下循一资，占射差遣；六万株，承务郎以上减磨勘四年，承直郎以下循两资，占射差遣。守、倅劝课部内栽植，二十万株以上转一官。应守、倅、令、丞赏格，任满本路转运司覆实保明以闻。仍统具一路已未栽种数，州县别若干，申尚书省，监司、守令恪意奉行。'"23，p4656

【乾道】五年七月十九日，司农少卿李洪等言："乾道二年至四年，纲运欠米约八万余石，州郡视为常文，漫不追理。今次将见监欠人押发往元装州军，专委通判限两季附纲补发。借如合催三千石，以十分为率，能于限内尽数追理，减半年磨勘，及八分减一季，五分免罚；不及五分，展磨勘半年。如能加倍追理，纽计推赏。或不及赏罚，即候任满揍理。仍令本州勘会诣实，申运司陈乞推赏。"从之。24，p4657

【乾道六年】九月十九日，重修敕令所言："看详获盗条格，凡州县巡尉阙官之处，如系州府监司差权，于任内获强盗，即依正官法推赏。即有正官，偶病故在假，权摄已及半年以上，获盗亦以正官法；不及半年，并督捕官非捕盗官获强盗者，自依隆兴元年九月之制，两名比当一名理赏。如权巡尉有不获火数，随所得赏典轻重，比附正官责罚条法施行。如获强盗，案证已完，本州长贰聚录，或已审录无翻异，偶（瘦）〔瘐〕死者，正官一名与当半名，权官两名与当半名。即未尝结录而（瘦）〔瘐〕死，更不计数。"从之。先是，隆兴元年九月二十五日，臣僚言："祖宗成宪，盗贼许诸色人告捕，比妄有开陈，谓非捕盗官则减半推赏，不许以两名比一名，赏格愈薄，人何知劝！"以其言下吏部勘当，乞将诸路权巡尉及督捕非捕盗官捕获赃满罪至死强盗凶恶强盗，依臣僚所陈，以两名比当一名理赏，余依见法。从之。25，p4658

【乾道六年九月十九日】，臣僚言："乞将巡尉收捕逃卒立定断罪赏罚，责在巡尉，每年具已捕逃亡名数批书印纸，任满到部稽考。巡尉任内捕及十人，升半年名次，二十人升一年，三十人减一年磨勘，五十人减二年磨勘。知、通在任督责巡尉收捕逃卒，若及三十人，减半年磨勘，五十人减一年，七十人减二年。"从之。25，p4658—4659

宋会要辑稿·职官六〇·转对

太宗淳化二年十一月一日，诏复百官次对。1，p4665

【仁宗天圣】八年九月六日，御史台言："先准敕，百官起居日令转对奏事，今已周遍。"诏权罢。2，p4666

【治平四年】十二月一日，御史台言："准《诏》：'令百官每起居转对。'台司检会《仪制》，于两省及文武内官高者从上轮二员。其两省官有充学士、待制者，本台为学士、待制缀枢密班起居，未敢移牒逐官。检会《阁门仪制》，只是百官起居日转对，不载内朝臣僚转对。"诏依《阁门仪制》。4，p4666

宋会要辑稿·职官六〇·休沐

国初休假之制，皆按令式：岁节、寒食、冬至，各假七日，休务五日；圣节、上元、中元，各假三日，休务一日；春秋二社、上巳、重午、重阳、立春、人日、中和节、春分、立夏、三伏、立秋、七夕、秋分、授衣、立冬，各假一日，不休务；夏至、腊日，各假三日，不休务；诸大祀假一日，不休务。其后或因旧制，或增建庆节、旬日赐沐，皆令休务者，并著于令。其庆节但录休假，而事详见本篇。其亲行大礼及车驾巡幸、赐群臣休假，皆无定制，今并载于后。15，p4672

庆历六年四月二日，诏："驾幸金明池并拨麦、刈谷、诸处游宴，后一日并放歇（泪）〔泊〕、（沐）〔休〕务假，前后殿不坐，永为定式。"15，p4672

绍兴元年正月十八日，诏今后朝廷百司依条月中每旬仍旧作休务假。15，p4672

乾道九年二月二十一日，诏："吏部具目今行在百司见行立定假式，颁下诸州县，令遵守。"15，p4672

宋会要辑稿·职官六〇·自代

高宗绍兴四年二月十九日，吏部侍郎郑滋言："著《令》：'诸侍从官授讫，三日内举官一员自代，既举然后入谢。'自来循守此制惟谨。臣僚既因推择而许荐士，往往谨惜，不肯妄举，然亦罕闻有因举代而获除用者。苟以为所举多非其人，则此令固可废矣。（切）〔窃〕详举官自代，本遵唐制，官品制度，沿革不同。祖宗故事，其表并付中书门下省籍名，每阙官，即以举多者姓名进拟。所奏举之人若任用后显有器能，明着绩用，其举官特与旌酬；不如举状，即依法科罪。谓宜参酌旧制，示以必行，每于岁终类聚将上，以所举多者量能任使。傥非其人，即以缪举坐之，庶几法不徒设。纵使人材难知，拔十尚可得五也。兼契勘武臣中，岂无忠勇智略可用而未显者，考之往制，亦许节度、观察、防御使、诸州刺史举官自代。欲乞仿文臣之制，令三衙及见带军职与见任将帅正任观察使以上，因除授日，亦许举代，以备选任。"诏令吏部勘当，申尚书省。18—19，p4674

【绍兴】五年六月十五日，徽猷阁待制、提举建隆观、兼史馆修撰、兼侍讲、资善堂翊善范冲言："准《令》：'诸侍从官授讫，三日内举官一员自代。'伏睹和靖处士尹焞，诚明之学，实有渊源；直方之行，动应规矩。内外淳备，毫发无玷。实为乡间之所尊礼，士夫之所矜式，臣无能髣髴。举以代臣，允惬公议。"诏尹焞召赴行在，仍令川峡宣抚司以礼津遣前来。19，p4674—4675

宋会要辑稿·职官六○·久任官

【崇宁】五年四月二十一日,吏部状:"昨准崇宁元年七月内手诏:'牧守并以三年为任。'内川、广路牧守准当年十月敕,依《元丰四年三月指挥》,并三十个月为任。今来即未审川、广路牧守理年限,合依《元丰四年三月敕》三十个月为任,或未审并合依今来《正月二十五日敕》三考任满,伏乞明降指挥。"诏依《元丰法》:"三十个月为任。"23,p4677

【大观三年】八月九日,臣僚言:"漕计之官,不可轻授数易,伏望择通晓之人久其任,而责之理财之实。检会今年七月二十三日手诏,并遵元丰旧法,以三年为任。欲乞申严前诏施行。"从之。23,p4677

【政和】八年正月三日,诏:"自今监司、郡守可三载成任,不许替成资阙。三省遵守,御史台觉察弹奏。"25,p4678

【政和八年正月】二十一日,诏:"监司郡守并须实满三岁,不得陈通理,违者以违御笔论。"25,p4678

【宣和四年】二月二十四日,诏:"监司、知州、通判,自熙宁至元丰奉行官制以后,例替成资,可并遵依熙丰旧制。其治绩显著及专委主管合满三年或令再任者,自依专降指挥。"25,p4678

宋会要辑稿·职官六一·改官

绍圣元年,诏;"引见磨勘官人权依《元丰令》,五日引一甲,每甲引三人,每年不得过一百四十人。俟后次不及百人,取旨。"2,p4689

宋会要辑稿·职官六一·换官

【大中祥符】三年正月,诏:"京朝官欲换武职、诸司使副、三班使臣欲换文资者,并试时务策三道,不习文辞者许直述其事。其换武职者问以边事。"5,p4691

仁宗天圣元年二月,步军副都指挥使、威塞军节度使夏守恩言:"女夫试将作监主簿赵宗奭昨修真宗上下宫,随行指使勾当,乞依姊女夫王仁祯例,对换侍禁。"诏授右班殿直。7,p4692

【天圣四年】十一月,诏:"三班使臣内有元是举人入班行者,如乐换文资者，左班殿直与试衔近地知县，候得替无赃罪，与节察推官；右班殿直与家便大县簿尉，候得替无赃罪，与初等职事官；诸科与令录。三班奉职与除簿尉，进士与家便，诸科与近地。三班借职与小处判官簿尉。殿侍补郊社斋郎。"7—8，p4692

【神宗熙宁五年】三月十九日，中书言："礼房修换官法。自今秘书监换防御使。大卿、监换团练使。秘书少监、太常、光禄少卿换刺史。卫尉以下少卿监换皇城使、遥郡刺史。前行郎中换宫苑使，中行郎中换内藏库使，后行郎中换庄宅使，并带遥郡刺史。前行员外郎换洛苑使，中行员外郎换西作坊使，后行员外郎换供备库使。以上如正郎带职，即换阁门使，仍带遥郡刺史；员外郎带职，（郎）〔即〕换遥郡刺史。太常博士换内藏库副使，国子博士换左藏库副使。以上如带职，换阁门副使。太常丞换庄宅副使。秘书丞换六宅副使。殿中丞、著作郎换文思副使。太子中允换礼宾副使。赞善大夫、太子中舍换供备库副使。秘书郎、著作佐郎换内殿承制。大理寺丞换内殿崇班。诸寺监丞，节、察判官，并换东头供奉官。大理评事、支使、掌书记，并换西头供奉官。太祝、奉礼，并换左侍禁。正字、秘校、监簿、两使职官、防团判官、令、录，并换右侍禁。初等职官知令、录，并换左班殿直。初等职官知令、录未及三考，换右班殿直。判、司、主簿、尉成三考以上，换三班奉职；未及三考并试衔斋郎，各换三班借职。内如带职，各升一资。起居郎、起居舍人、左右司谏、正言、侍御史、殿中侍御史、监察御史已上，各比类官序，依带职人例。如籍人材或曾有过犯，并临时取旨，特与升降官资。其右职换文资并依此。内奉职以下并换堂除主簿、尉，三班差使、殿侍换郊社斋郎。"从之。13—14，p4695—4696

【熙宁五年】五月九日，检详兵房文字朱明之言："乞今后自承制以下，如愿换文资者，不须三代曾任文资之家子孙及亲伯叔兄弟子孙见任文官，并许依得替守选幕职州县官乞试断案或律义，并奏补京朝官及选人乞依进士试经义或依试法官条例施行。如试中合格，可与比类文资安排。所贵各尽其材，以就职业，少副朝廷因能任官之意。"从之。14，p4696

【熙宁五年】闰四月十七日，诏："武臣已有试换文资法，今后更不许臣僚举换。"14，p4696

【熙宁】十年六月十八日，诏："使臣换文资者，并试律令大义十道，第一等八通，第二等六通，第三等四通为合格。"14，p4696

【元丰元年】九月二十八日，诏："京朝官、选人并使臣换文资，所试上等第一，宜赐进士出身；中等稍优，与堂除差遣；中等与不依名次注官。下等与注官，内未出官与出官，已出官与免短使，无短使者升半年名次。"14—15，p4696

徽宗崇宁二年二月八日，使臣王审言乞检举《元丰法》，使臣试换文资。敕令所看详："王审言等所乞，吏部元勘会未曾指定今来试格。若依元丰法制，随铨选岁以两试止试律义。至元符中，因臣僚奏请，令吏部重修试法。其所修到法，比之元丰旧法太严，今合以前后试法比仿熙宁、元丰酌中，重别拟修下项。"诏诸内殿承制至差使，不曾犯赃私罪及笞刑经决而愿换文资者，听召保官二员，具家状二本，诣登闻鼓院投进。外任人候替罢就试。文资换武职者准此。即授小使臣后未及三年、差使后未及五年，三省、枢密院书令史以下授使臣、差使。若义勇、保甲及试武艺并进纳流外出身人，不用此令。诸武臣试换文资者，于《易》《诗》《书》《周礼》《礼记》各专一经，第一场试本经义三道，《论语》或《孟子》义一道。第二场试论一首。限五百字以上成。愿依法官条试断案、《刑统》大义者听。上条入《选试令》。元符重修法，检未获。16—17，p4697—4698

宋会要辑稿·职官六一·以官回授

庆元元年四月十七日，吏部言："权吏部侍郎孙逢吉乞将转一官回授，赠祖父叔遇、祖母李氏。本部勘当，在《法》：'诸臣僚不许以转官之类回授封赠。'注云：'太中大夫以上不拘此令。'照得本官见任权吏部侍郎，杂压在太中人大之上，于法有不拘此令之文，乞指挥施行。"诏从之。33—34，p4707

【庆元】六年五月四日，正奉大夫、同知枢密院事许及之言："臣近两具辞免敕令所修进《庆元编类宽恤诏令》并《役法撮要》了毕，经修不经进宫特与转行一官、依例加恩恩命，蒙赐不允批答。伏念臣出于白屋，致身两地，曾祖以下皆沾宫少恤典。缘先臣枢乃先叔祖懿文、先叔祖姬王氏所出，叔祖以力学授徒为业，臣童蒙逮事，实被义方之训。先臣抱罔极之痛，欲报无所。窃见在《法》：'诸臣僚不许以转官之类回授封赠。'注云：'太中大夫以上不拘此令，从官则得封赠父母。'而绍兴、淳熙及庆元初，从臣相继有请，皆得回授，以赠其祖，间有并赠所生父母者。望许臣以今来合转一官回授与先臣所生父母，量赠秩号，以见微臣

不忘自出之意。"从之。及之父所生父懿文赠朝奉郎，所生母王氏赠安人。34—35，
p4707

宋会要辑稿·职官六一·对换官

【政和】四年三月二十二日，提点荆湖南路学事林俦奏："准《敕》
节文：'令转运、提举司契勘诸县官，对移上、内舍登科人，随资序到任
二年以下充令、佐。如不足，申吏部注人。'契勘本路所管县分内，有
令、佐皆无出身去处，除尽数对移上内舍人，见今阙有出身官，已具供申
尚书吏部注人。窃虑未即到任，检承《政和二年十月二十三日敕》节文：
'审察如令、佐虽无出身，却通经术、可以委责之人兼或对移。'今欲且
一面依上条审察通经术人兼管或对移，候差注到，依禀施行。"诏《政和
二年十月二十三日指挥》更不施行。43，p4712

【宣和三年】五月一日，武节郎、泸南潼川府路廉访使者郭卫奏：
"臣伏睹《元丰敕》：'应知州、通判，无通判只有金判或职官独员处同。川峡路
不得并差川峡人。'臣窃见本路合州知州、朝奉郎史堪，眉州眉山县人；
司录、承议郎马祖武，潼川府郪县人。缘合州系无通判州军，司录系以次
官属史堪，史堪于今年二月一日到任，马祖武于今年三月十四日到任。"
诏马祖武可对移川路州军不系川人知、通一般差遣。44，p4712

宋会要辑稿·职官六二·借补官

高宗建炎元年十月二十四日，诏："今年五月一日以后，诸路帅臣、
监司等应借补官资之人，令所在官司拘收元借补付身公据，并行毁抹，具
姓名申三省、枢密院。其今年五月一日以前借补官资，非专承圣旨及朝廷
借补者，令帅守、监司并拘收毁抹。其擅行借补官司，特与免罪，今后不
得更辄借补。内有系盗贼招安借补者，具元承指挥及所借补官司，令所在
帅臣勘验，开具申尚书省。"1，p4721

【建炎】二年二月二十一日，臣僚言："兵兴以来，例用便宜指挥借
补拟转官资，如高公纯、齐诏、谢贶辈，所与借官人皆是客司、虞候，下
至屠沽不逞之徒。虽累降约束，犹未知禁。乞应诸路借官人，委提刑、安
抚司依弓马所格法比试，将合格人两司拟定合得名目，径申省部，给进
义、进武校尉两等文帖，拘收借补文字毁抹，缴申省部对名。仍令安抚司
先次别项籍定，充准备军前使唤，不得充州县监当等差使，仍不限员数。

每月依格法支破食钱，候将来立功或因捕盗得赏者，即与保奏，依法比附转行。试不中者，特许再试一次。或又不中，即追取原借补文字毁抹入官，放令逐便。若试中人内有日前委曾立功或捕盗功赏照据可以凭用者，（今）〔令〕系籍处安抚司取索勘验，具诣实保明，朝廷依法推恩。如随身别无照据，或虽有而不可凭用者，如元立功处相去不远，虽非本路，亦许移文勘验。仍令转运、提刑司觉察符同并诈伪不实等弊，庶使不致阻遏功赏，有以激发忠义之士。应因功迁转入品者，逐旋申解枢密院，以备铨择。其余在司人候将来士马宁息日，具姓名、人数取旨发遣，赴沿边帅司听候使唤。不愿前去者，即申解都官，别听差使。今具弓马所试验格法下项：步射两石硬弓，马射一石一斗，走马射各随身弓并走马使枪，以上合格人补承节郎；步射一石八斗，马射一石一斗，走马射各随身弓并走马使枪，以上合格人补承信郎；步射一石五斗，马射一石一斗，走马射各随身弓并走马使枪，以上合格人补进武校尉，日支破食钱一百文省；步射一石三斗，马射一石，走马射各随身弓〔并〕走马使枪，以上合格人补进义校尉，日支食钱七十文省。”诏令诸路安抚、提刑司验实有功已补借官人，依格比试讫，具功状及别应格法解发赴御营使司审试。余依所请。1—2，p4721

【建炎二年二月】二十八日，臣僚言：“张守《论借补状》云：臣闻《传》曰：‘善为国者赏不僭而刑不滥。’赏僭则惧及淫人，刑滥则惧及善人。若不幸而过，宁僭无滥，与其失善，宁其利淫。是则圣人立国之意，每过于厚，不使过于薄也。故《传》又曰‘赏疑从予’，所以广恩劝功也。《司马军法》曰‘军赏不逾月’，欲民速得为善之利也。其意皆本于此。伏睹靖康元年十一月诏书，有能应率众勤王立功人，听便宜权行补授文武官资，候到阙正授。于是四方之士，各效所长，官司依诏借补以官，上之朝廷，酌其功之大小而正授之。信赏示劝，中外具孚。而二月二十一日指挥，乃有‘应借官人内，有委实曾习弓马或武勇之人，委诸路提刑、安抚司依弓马所格法比试，两司将合格人拟定合得名目，径申省部，给进武、进义校尉两等文帖，将元借补文字毁抹缴申’之文。兹盖朝廷爱惜名器，杜绝冒滥之意。然犹有所未尽，请试言之。一则难概试以弓马，二则推恩太薄，三则试格太峻，四则得赏太缓。何谓难概试以弓马？立功之人，色目不一，或输家财以助国费，或赍蜡书而冒险阻，或有进士借补文臣，皆未必有过人之武勇也。试之弓马，必无幸中。（令）〔今〕乞借补文臣则试兵书战策以为殿最。若输私财数多，赍蜡书已达，自无侥幸之理，便可验实，免试授官。何谓推恩太薄？艰危之际，有累立功节次借补至升朝官大使臣者，设即试中，乃与借补初官者同得校尉，未为允惬。今乞凡试中人，于所借官上降三资，以次补授；无资可降人，听补守阙副尉。何谓试格太峻？弓马格法，乃白身人州县解发，中即补官。今借补之人，各已立功，若试不中则前功俱废，似于常情有所未安。今乞更于弓马所试格法小加裁降，使可通行。何谓得（实）〔赏〕太缓？借补之人，类在一二年前，及得所属保明，间关以至行在，更经有司问难，如达朝廷，已是艰滞，今又令归诸路安抚、提刑司同共比试拟定，解赴御营使司审试而后授官，须更经涉期月。今乞且据逐处保明功状，就御营使司类聚，差官比试，便与补授。张守状云：'凡此数条，实有利害。又四方得赏归乡者亦已甚多，一旦骤革之，则有功同而赏异，不能无幸不幸也。' 今方敉宁四方，正须激赏以劝后来，张守状云：'又况孔予以兵食可去而必欲存信，而成汤之《誓》亦曰朕不食言。'若谓诸处保明不实，则在审择将帅而已，行赏之际，恐非所当致疑也。张守状云：'所谓不幸而过，宁借无滥，庶几合于古之赏疑从予及赏不逾月之义。谨录奏闻，伏候敕旨。' ”诏将今年二月二十一日已降《指挥》内试格，步射、马射各递减二斗，余并依奏。2—4，p4721—4722

【建炎三年】十二月十三日，川峡等路宣抚处置使司言：“给换借补付身，合将每员应便宜补转过官资聚起改换，止给付身一道，将所立功因依于付身内分明开说。今措置立式下项：某官、某人、本贯、三代年甲。一、某年月日缘某事补授某名目。二、某年月日缘某事转授某官，一次立功作一项开呈。以上某名目官资已授到朝廷付身，某名目官资今乞换给付身。”诏令宣抚处置使司今后依此式，每三十员类聚作一状开具，申三省、枢密院。6，p4723

开禧二年四月十三日，都省言：“诸路州军近来籴贱伤农，从长措置，取到户部供具乾道七年、绍熙五年、嘉泰二年指挥，晓谕诸路州军，如愿纳粟人户，随时直纽计，与补官资。开具赏格：迪功郎、承节郎各一万贯，承信郎、上州文学各八千贯，进武校尉四千贯，进义校尉三千贯，进武副尉二千贯，不理选限将仕郎一千贯，诸州助教五百贯。”诏令吏、刑部照应前项赏格，先给降空名告敕、绫纸付身等，付淮东西、湖广、四川总领所官库收管。如诸州军有纳粟之人愿以米赴四总领所入纳，即经本州给公据照应，与免沿路征税。仍先申尚书省，各照总领置司去处市价纽计钱数，径从本所保奏，行下总领所，依前赏格书填给告。其所补官资，并照《乾道七年指挥》，不作进纳名色。内文臣许依旧法关升改官，永不冲改。令吏部出给公据，随付身永远收使。如有愿就本州军纳米之人，即照本州军市价纽钱，与补官资。28，p4737

绍熙五年九月二十七日，检正都司言："照得元立《纳米补官赏格》，系以丰年米价为准，每石只计钱两贯，委为太轻。耿延年所请，却系大荒米价甚贵之年，每石计钱四贯，委是太重。况所在米价高下不同，难以一概。（令）〔今〕参照前后条格指挥，将官资计钱立价：迪功郎、承节郎一万贯，承信郎、上州文学八千贯，进武校尉四千贯，进义校尉三千贯，进武副尉二千贯，不理选限将仕郎一千贯，诸州助教五百贯。却令入纳人以见在市米价计米入中，须管于州县仓送纳，据数桩管，具申朝廷，听候指挥分拨粜济。其米价令知、通、令、佐同市令官重结罪赏保明诣实。淳熙十四年七月内指挥，从本州径行保奏，免经由其他官司。其所补官资，照《乾道七年八月一日指挥》，不作进纳名色。令灾伤州县镂榜晓示。"从之。35—36，p4741

元丰四年十月庚辰，诏："自今除授职事官，并依寄禄官高下为法。凡高一品者为行，下一品者为守，二品以下者为试，品同者不用行、守、试。"此宋制所谓"试"也。38，p4742

真宗咸平三年四月，诏："自来所差摄官勾当及三十六个月，内有犯公罪至徒及私罪至杖以下，无赃污者，依法当赎。累摄考限满日，依例解送赴阙。"39，p4743

政和二年六月六日，吏部言："陈州文学徐猷等状，'伏睹礼部晓示，诸州文学遇赦保注权入官。猷等蒙恩释褐，若待赦恩注官，日月尚远。窃闻黔南、二广等路见多阙官，伏望免经恩保奏注官。'检准《令》：'诸恩应举授散官，如遇赦与注权官。'又《元丰三年六月大赦》节文：'应进士、明经、诸科恩泽授诸州参军，年六十以下，并许召保注权官。'乞依元丰赦施行。"诏："应特奏名授诸州参军，系三举年未六十人，并许权注广南东、西路并梓夔路新边州军摄官。其曾充上舍及贡士、大学、辟雍在学职事人差权注僻远及远恶州教授、诸州文学人，愿就前项路分差遣者听，仍免经恩保奏，许注权官。余并依本法。"43，p4745

【政和】三年二月六日，尚书省言："敕赐荣州参军武航状，元应新科明法，两举到省，昨缘废罢本科，授前件官，见年三十九岁，即非老榜奏名，乞依三举人例送吏部，注授广南东西、梓夔路摄官。吏部检照《政和二年六月七日敕》：'应特奏名授诸州参军，系三举年未及六十，并许权注广南东、西路并梓夔路新边州军摄官。其曾充上舍及贡士、大学、辟雍在学职事人差权注僻远及远恶州教授、诸州文学人，愿就前项路分差遣者听，仍免经恩保奏，许注权官。余并依本法。'"诏：应特奏名参军人，二举以上，年六十五已下，许依《政和二年六月七日指挥》施行。43—44，p4745

【绍兴】二年十月十五日，诏："诸州县阙官而依法合差罢任待阙官权摄者，并令本州取印纸批书到任月日，替罢亦批有无不了事件讫，方得离任。如无印纸，即取诰敕、宣札，于背后真谨批书，当职官具衔书押用印。候参选日，吏部取索点检，如曾权摄职任而不批（罢）〔书〕事因者，依非任满擅去官守法施行。"45，p4746

【孝宗隆兴二年】九月十九日，权发遣昌化军李康臣奏："《皇祐广南东西路通行敕》节文：'应阙官处许转运司差摄官。'臣契勘二广举人两举到省试下，家贫亲老，无以赡给，即就本路转运司试刑法、敕令格式、断案五场，考中者补为南选摄官，迺祖宗优异远方，永为不刊之典。其权摄监税、簿、尉月俸不过十余贯，非惟摄官者得以供赡，亦所以省小郡财赋也。且以昌化一军言之，本军税务日收止一贯或二贯，税官皆承信郎，月入不偿其俸。又感恩县一季税钱及经总制钱共不过百十贯，其县多是秉义、保义郎，又延德知寨及主簿亦差命官，月俸无以支给。前权军邓璵曾申三司，乞奏朝廷，将感恩县并隶昌化县，庶省请给，蒙委琼管司见行勘会。乞行下二广，如此远小县寨去处，其监税、县令、簿、尉及寨官止差摄官。"户部看详，欲行下本州照会施行。从之。48—49，p4748

【隆兴二年】十月一日，广南西路转运司申："《隆兴二年四月十五日敕》节文：'应权摄人并罢。'契勘本路系僻远去处，诸县寨等多阙正官，兼诸务止有令一员，簿尉一员，若省部俱未差到，无官可兼，窃恐职事废弛。欲依八路专法，令逐司差官暂权。"吏部勘当，欲依专法，令权官暂权。从之。49，p4748

宋会要辑稿·职官六三·避亲嫌

康定二年正月二十八日，翰林学士丁度等言："详定服纪亲疏、在官回避条制，请本族缌麻以上亲及有服外亲，并令回避，其余勿拘。"从

之。2，p4755

至和二年七月二十五日，同判吏部流内铨刘敞言：“伏见审官、三班院、流内铨注拟外官，其间或兄弟、伯叔、子侄自相为代。所注拟外官，其五服之内于法许相容隐者，皆不得相为代，有敢妄冒居之者以私罪论，于理为便。”从之。2—3，p4756

【嘉祐】八年十二月十四日，诏审官院：“应京朝官有亲戚妨碍合回避者，如到任未及一年，即与对移。本县官相妨碍，于本州别县对移；本州官相碍，于邻州对移；本路职司相妨碍，于邻路对移。及一年已上者，除祖孙及期已上亲依此对移外，其他亲戚即候成资放罢。令枢密院、三班院并准此施行。”3，p4756

【神宗熙宁】三年十一月二十六日，诏：“应内外官事局相干或系统摄，若本族同居无服以上亲，异居袒免以上亲，亲姑姊妹、侄女、孙女之夫，凡言亲者，堂从不避。其子婿、子妇之父及其亲兄弟、母妻亲姊妹之夫、亲姨之子、亲外孙、外生女之夫、母本服大功亲，若嫡继慈母亡即不避。皆令奏请回避。若审官、三班院、流内铨主判官差注官员及其余司局事有干碍者，许一面牒同职官管勾当，并免签书，更不逐旋申奏。若无官可牒，依公施行。”4—5，p4757

【熙宁】五年八月四日，枢密院言：“权同检详兵房文字苏液言：自来诸路都总管司走马承受使臣与本路官避亲者，不以有无统摄，一皆妨碍，理未允当。乞自今〔承〕受与本路转运使副、判官、提点刑狱、通判、幕职令录、判司簿尉及监当官吏不回避，其路分都副总管并路分钤辖、都监以下应带兵职，及知州军城寨、管勾机宜文字臣僚等，并回避。”从之。5，p4757

【元祐】八年四月二十三日，臣僚上言：“伏见自祖宗以来条制，凡官员亲戚于职事有统摄或相干者并回避。近时朝廷侍从近臣职事，或有亲戚相妨，多用特旨，更不回避。今乃类使叔侄、兄弟更相临统，则是按察之法名存而实废矣。望应今后内外官职事有亲戚相妨，并令依法回避，更不降特不回避指挥。”诏依奏，内有服纪远，职事疏，临时取旨。6—7，p4758

徽宗建中靖国（六）〔元〕年九月九日，鄜延路经略安抚使司状：“准《敕》：‘诸司属官与本路经略安抚、监司系亲嫌者并回避，经略安抚司管干机宜文字官非。’今来本司契勘，一路监司于所部官并系统属，虽于别司属官，在法亦合互察。除（师）〔帅〕臣子弟充书写机宜文字自有别条外，其余辟置机宜官，依条并在敕举之例。今若不避亲嫌，则恐于荐辟、敕举皆有妨碍。今条内并不该载，虑有未尽，欲乞依上条内除去注文'经略安抚司管干机宜文字官非'一十三字外，即别无冲改前后条贯。"从之。7，p4758

【政和元年】八月十三日，臣僚言："在京内外局所应亲戚职事相干或相统摄、法所当避者，欲乞并令逐处检举，依法如敢隐蔽，尚容在任，委御史台觉察。诏立法闻奏。今看详修立下条：'诸在京内外官司局职相干或统摄系亲、法应避而隐蔽容留在京者，委御史台觉察闻奏。'"8，p4759

【宣和】六年八月十九日，中书省言："新差夔州路计度转运副使郭伦状，为本路转运判官张深系伦同堂妹夫，申乞回避。《政和敕》称'亲戚'条'母妻大功以上亲'字下，专设'姊妹之夫同于同堂姊妹之夫'，不合回避。"诏令吏部申明，遍牒行下。10，p4760

宋会要辑稿·职官六四·黜降官

【太宗太平兴国】八年四月十一日，威塞军节度使、判（颖）〔颍〕州事曹翰削夺在身官爵，御史台遣吏护送登州禁锢。先是，翰知（颖）〔颍〕州，部内不治，汝阴县令孙崇望诣阙击登闻鼓，讼翰盗用官钱，擅筑烽台，私蓄兵器，擅补牙官，取官租羡利钱五百万、绢百匹，诸不法事。帝怒，命膳部郎中、知杂滕中正就鞫之，翰具伏。狱成来上，法当死，命百官集议。工部尚书李昉等奏议曰："曹翰身备将坛，职当郡寄，不守法度，黩乱纪纲，请如有司所定，置于极典。"帝以其劳旧，未忍置于法，故止行黜削焉。2，p4766

【雍熙】三年七月三日，天平军节度使、兼侍中曹彬责右骁卫上将军，河阳节度使崔彦进责右武卫上将军，内客省使郭守文责右屯卫大将军，天武四厢都指挥使傅潜责右领军卫大将军，沙州观察使杜彦圭责均州团练副使，光州刺史陈廷山责复州团练副使，仍不得签书州事，亳州刺史蔡玉除名配商州，文思使薛继昭降供奉官。彬、守文、潜坐违诏逗遛，退军失律，士多亡死；彦进坐违节制；彦圭坐不容军士晡食；玉坐畏懦伏匿；廷山坐汾州会战失期；继昭坐先谋退阵。刑部请据律皆处斩，以三品议责，翰林学士贾黄中等上议，请议如律，诏从宽宥而及是责。4—5，

p4767

淳化元年二月十八日，崇仪副使王惟德责殿前承旨，殿中丞王淮责濠州定远县主簿，宦官僞怀志杖脊配隶忠靖，坐监香药榷易院奸赃，为部下所告，鞫得钱二百七十六万故也。淮，参知政事沔之同母弟，事发，自度当死，遂从阙下亡命。有司召捕，逾月不获。沔方得幸，颇惭愤，因上表待罪。狱已具，惟德等皆坐弃市，帝方宠待沔，故尽贷其死，但责降焉。淮数月自归，沔以闻，诏令沔就私第杖一百，遣之任。7—8，p4768—4769

【淳化二年】九月二日，左司谏、知制诰、判大理寺王禹称，库部员外郎、知制诰、判刑部宋湜，秘书丞、权大理正李寿，左赞善大夫、刑部详覆赵曦，左散骑常侍徐铉，开封府判官、左谏议大夫张去华，皆免所居官，仍削一任。续责禹称商州团练副使，湜均州团练副使，铉静难军节度行军司马，去华安远军节度行军司马。坐庐州尼道安尝（请）〔诣〕开封府讼兄萧献臣、嫂姜氏不养母姑，府不为理，械系道安送本郡。至是，道安复击登闻鼓，自言尝诉兄嫂不孝，嫂姜氏，徐铉妻之兄女，铉以尺牍请托张去华，故不为治；且诬铉与姜奸。帝颇骇其事，以道安、献臣、姜氏及铉、去华属吏。狱具，大理寺以铉之奸罪无实，刑部详覆，议与大理寺同，尼道安当反坐。帝疑其未实，尽捕三司官吏系狱，而有是命。8，p4769

【淳化】三年五月十四日，户部郎中、知陈州田锡责海州团练副使，通判、殿中丞郭渭责鄞州团练副使，并不签书州事；著作佐郎东野日宣免所居官，仍削三任，大理评事张熙绩出为凤州河池县令。先是，部民王裕被酒，与里中民张矩相诟，是夕为矩所杀。方舆尸弃野次，裕壻孙忠适见矩，问矩妻父何在，矩诡以对，因又杀忠。家人诉于州，凡禁系七十日，长吏不虑问。家人不胜其冤，诣阙击登闻鼓，（召）〔诏〕遣熙绩驰传就鞫之，具得其状。狱已具，大理疑其词未尽，遣日宣再劾之。日宣平反张矩，云王裕、孙忠非其所杀。裕家甚冤，其子福诣阙应募为军，因引对自言曰："臣非愿隶军籍，盖家冤求见县官自诉耳。"备陈本末。帝怒，命御史府鞫之，张矩果杀人，置于法，而锡等皆抵于责。9，p4769—4770

【淳化三年】十一月九日，给事中李惟清责卫尉少卿，盐铁判官、仓部郎中李琠降本曹员外郎。坐任盐铁使日，淮南榷货务卖岳州茶，斤为钱百五十，主吏言二十六万六千余斤陈恶，惟清擅减斤五十钱，不以闻，亏

损官钱万四千余贯，为勾院吏卢守仁所告。诏罢惟清，使劾之，而有是命。9—10，p4770

【至道二年】九月八日，灵州环庆清远军路马步军都总管、会州观察使田绍斌责率府副率，虔州安置。先是，诏绍斌领兵于普乐河应接裹送粮草入灵州，寻遇番贼劫虏，抛失官粮。准《律》："守备不设、为贼所掩覆者斩。"准《令》："五品已上犯非恶逆以上听自尽。"时从宽宥。12—13，p4771

【大中祥符〔九年〕】六月五日，比部员外郎、知齐州范航免死，杖脊黥面，配沙门岛。航为吏，所在贪狠，持人短长，众多惮之。帝之尹京也，航宰东明，民有讼其鬻虚钞纳物者，事状明白，按鞫已就，府佐皆曰此凶人，虑有反复，须结正坚固，乃可上闻。洎付台覆按，事果中变，航止罚金而已。后任河东提点刑狱，表求知博州聊城县，虽云（使）〔便〕于举葬，实以是邑富饶，利于掊取。在齐州尤狡蠹不法，笞棰无度，强取财货。其子昭为太常博士、直集贤院，闻其丑声，走仆赍书谏勉。航怒，重抶其仆。至是，提点刑狱滕涉、常希古发其奸赃，又揭榜令吏民首露，得罪状数十条，遣御史李铢就鞫得实而窜之。23，p4777—4778

天禧元年十二月二十六日，玉清昭应宫判官、礼部郎中、知制诰夏竦降职方员外郎、知黄州。竦与妻杨不睦，杨与弟倡疏竦过，窃出讼之。竦母与杨母相诉，交竞于开封府，府以闻，并下御史狱，故有是责。仍令与杨离异。24，p4778

【天禧】二年闰四月十六日，宫苑使、奖州团练使李溥责忠正军节度使，不签书州事。溥为江浙发运使，私役兵健为姻家吏部侍郎林特起宅，又附官船贩鬻材木，规取息利，为黄震所举。鞫之得实，未论决，会赦，故溥责焉。24，p4778

【天禧】三年三月二十二日，工部郎中陈尧佐责起居郎，依前直史馆，监鄂州茶场。右正言陈执中责卫尉寺丞、监岳州酒务。先是，定考试条制，举人纳试卷，即先付编排官，去其卷首乡贯状，以字号第之，付封弥官誊写校勘，始付考官定等讫，复封弥送覆考官再定等，乃送详定官启封，阅其同异，参验着定，始付编排官取乡贯状字号合之，则第其姓名差次并试卷以闻，遂临轩发榜焉。而尧佐、执中为编排官，不详此制，复改易其等级。翌日，内庭覆验，多所同异，遂悉付中书，命鲁宗道、冯元阅视之，具言其差互。诏宗道召尧佐、执中洎考校、详〔定〕官对辨之，尧佐等具伏，命御史劾问，法官定罪。宰臣等言，尧佐等所犯诚合严谴，然属吏议，其责尤重，请止据罪降黜，故有是命。24，p4778

【仁宗天圣三年】八月二十六日，入内副都知、泾原路都钤辖周文质降率府率，荆湖南路安置；续除名，白州编管。先是，文质与总管王谦、史崇信议断，斩作过投首蕃部首领厮铎论；又与知渭州马洵美同放质子，有违宣命；修治兵器，惊动诸蕃首领，致有疑虑，结构斗敌，死伤军马。故及于责，仍差使臣伴送往彼。谦、崇信并免勘差替，洵美特罚铜三十斤，移别处差遣。27—28，p4780

【天圣】七年二月十四日，左千牛卫上将军、知随州曹利用责崇信军节度副使，房州安置。先是，利用侄汭以荫为左侍禁，领赵州兵马司。州民赵德崇者诣登闻院告汭密事，即诏龙图阁待制王博文、监察御史崔暨与内侍罗崇勋驰往，逮系真定狱鞫治之。狱具，汭坐被酒衣黄衣，词斥乘舆尤切害。又军民王旻、王昱、李惟庆、蔡钊、康证、宋达、孙政、王元亨八辈，于汭前呼万岁。法寺议，汭当斩，母郑、妻郑悉徒三年，二女未十岁，请以赎论。王旻辈为王元亨有当上请，余悉抵死。诏汭特重杖处死，母年五十九，听以杖七十论，妻、女论如法。王旻等并贷命，杖脊、黥面配隶。王旻沙门岛，遇赦不还；王元亨本州编管，余悉配广南、荆湖牢城。赵州知州、通判并绌令厘务，职官及本路前后转运、提点刑狱官特释其罚。又利用弟利涉任左侍禁、阁门祗候，前为赵州都监，在官强市邸店亏估，役军士治第。利涉时在京师，亦诏开封府劾问，法当流三千里，荫减外夺三官，勒停，诏特除名编管；续诏开封府决杖一百，依旧编管。又有殿直田务成，在利用门下掌家事；崇仪副使田承诜尝诒书务成，妄言钱惟演有章荐利用，及以金遗务成。诏并劾之。务成坐赃应徒二年，追二官，勒停；承诜杖八十，官减外赎铜七斤。诏可，务成仍羁管之，承诜亦徒监当。又四门助教邹利见本以占命称，尝为利用治庄，因受试秩，议法当赎铜七斤，诏削试衔，决杖八十。初，利用领景灵宫使，令枢密主事苏藏用、令史赵兼素、中书堂后官宋昱主宫中公使钱，尝（遗）〔遣〕教练使杜升就贷官钱，藏用辈不敢拒，返诈为见数。法寺断利用为首，藏用辈为从，应徒二年半；昱追别驾，罚铜二十斤；藏用亦追一任，罚铜十斤；兼素追两任，勒停；杜升当杖八十。诏昱等三辈免追官，止勒停，杜升仍羁管之。利用坐数狱，法官以借用公钱为重，当除名，诏免除名，而有房陵之徒。四子崇（议）〔仪〕副使渊而下左降二官，除许随行外，并差荆湖、江南僻远监当。家族随任所外，官给脚乘津遣，使臣防护，悉赴房州。令随州给沶田五顷、钱二百千赏德崇。28—29，p4781

【天圣七年】五月十七日，知制诰、史馆修撰、充景灵（官）〔宫〕判官、同纠察在京刑狱李仲容，知制诰、史馆修撰、同知审官院石中立，屯田郎中丁慎修，并罚铜十斤，仲容、中立落修撰、纠察、审官之职，慎修绌小处厘务差遣。坐荐举尹尚不当。尚坐赃法当绞，减一等。初，仲容等知尚欲败，亟自首露，法寺引知人欲告而首减外，当坐徒二年，罚铜四十斤；又引《敕》："举官犯赃，举主虽不至追官，具情取旨。"故有是命。30，p4782

【天圣七年】七月二日，左领军卫大将军、知光州石普责左监门卫率府副率、滁州安置，秘书丞、通判光州王植责郴州长史，永不录用。普受所部赃，估绢四百八十匹，法应加役流除名；植受所监临赃，估绢百二十七匹，法应流二千五百里，免三官。初，植发普罪，有司并得植赃，诏并安置，植亦除名。转运使坐不觉察，治其罪。30，p4782

【天圣七年七月】十二日，知（状）〔棣〕州、比部员外郎杨筹追三任，特除名，责澧州团练使，不签书州事。通判、赞善大夫宿靖言除名，责潭州别驾，永不录用。天雄军判官、知阳信县郭研几追一官勒停，宿州编管。判官杜从一、推官李务德、德清军判官监酒税张玘，并特勒停。厌次令魏谏特冲替。筹、靖言并坐以土户为职田佃客，虚出租课，买卖亏价，计倍赃筹绢百三十匹，靖言三百四十匹；研几而下皆坐多取田课。诏御史鞫咏驰往案鞫。法寺案：靖言当加役流，除名；筹流二千五百里，追三官勒停；研几流二千五百里，追官勒停；务德、从一各徒一年半；玘杖一百；谏准赦原罪，特重其罚。故有是命。31，p4782—4783

【明道二年】九月四日，泰宁军节度使、同中书门下平章事、判河南府钱惟演落同平章事，（从）〔徒〕崇信军节度使，赴本任。先是，权御史中丞范讽言："惟演与李遵勖为婚家，及共刘美结托，先太后时最为权幸，相次与后族郭家连姻。今闻又与庄懿太后弟论亲，及上章妄陈章献明肃、庄懿太后祔庙事，朝野闻者无不哈笑。伏乞（时）〔特〕议黜降，明警群邪。"帝谕以山陵在近，候礼毕日降黜。讽复云："臣将来差往山园勾当，恐被惟演令人刺杀，已将到权中丞诰敕，如不行，乞进纳。"帝敦谕，不退，直候有旨许降责惟演，方出。33，p4783—4784

【景祐二年】二月十二日，龙图阁直学士范讽责授鄂州节度行军司马，不签书州事；祠部员外郎庞籍降太常博士、知临江军。坐奏论事不实，籍合追见任，更罚铜十斤勒停，讽合罚铜三十斤。讽又以不候旨擅归兖州，合罚铜九斤，特有是命。吴守则不候省司磨勘，进状乞酬奖转官，合罚铜九斤，该赦原追纳。东头供奉官、前知齐州李逊移小处知州，知宿州董储移通判差遣，知信州滕宗谅移监当差遣，知湖州安吉县范拯降上佐官，监都进奏院石延年落校勘，同判差遣。仍降敕榜曰："怀谖罔上，彝宪之深惩；挟党背公，前训之攸疾。矧践扬于近列，宜表式于群伦。苟致人言，实干邦治。范讽早徭官牒，擢处净臣，当铭泽以誓忠，庶敦风而报国，而乃性资伪辩，志骋比周。顷主计文昌，冒干赏典。吴守则常司国帑，未结岁劳，辄废格于旧条，妄保任于空簿。加以内营产利，外托廉贫，假什物于禁司，形妄言于奏牍。仍于列郡，辄市公田。因夙昔之荐论，致州县之阿狗。洎从讯逮，咸露欺诬。伊具狱之上闻，合免冠而俟报，擅还治所，尤骇舆情。特申降黜之科，用判忠邪之类。庞籍比参台选，亟贡囊封，事虽失于审详，理特从于矜贷。噫！事君尽节，乃克荷于宠荣；行己弗臧，盖自取于尤悔。凡百多士，宜悉朕怀。"令进奏院遍行告谕。讽令殿直胡仲宣疾速判送赴鄂州，乘驿发遣。候到，只得在本州居住，勿令他往。34—35，p4784—4785

【景祐】三年五月九日，吏部员外郎、天章阁待制、权知开封府范仲淹落职知饶州。坐言事惑众，离间君臣，自结朋党，妄有荐引，知府区断任情故也。35—36，p4785

【景祐三年五月】十七日，太子中允、馆阁校勘尹洙责崇信军掌书记、监郢州酒税。以洙言："伏睹朝堂榜示范仲淹落职内，有'自结朋党、妄有荐引'之言。臣识虑闇短，常以其人直谅有素，义兼师友。自其被罪，朝中口语籍籍，多言臣亦被论荐，未知虚实。仲淹若以它事获谴，臣固无预，今以朋比得罪，臣与仲淹义分既厚，纵不被荐，犹当从坐。况如众语，则臣负罪实深。虽然，国恩宽贷，无所指名，臣内省于心，有腼面目。况余靖自来与范仲淹踪迹比臣绝疏，今止因上言，犹以朋党坐罪，臣不可幸于苟免，乞从降黜，以明宪法。"故也。36，p4785

【景祐三年五月】二十一日，镇南军节度掌书记、馆阁校勘欧阳修责峡州夷陵县令。先是，右司谏高若讷言："敕榜范仲淹免勘落职知饶州及（成）〔戒〕谕臣僚事，臣以备位谏列，自仲淹贬职之后，诸处察访端由，参验所闻，略与敕榜事意符同，臣固不可妄有救解。欧阳修持书抵臣，言仲淹平生刚正，好学通古，今班行中无比者，责臣不能辨仲淹非辜，犹能以面目见士大夫，出入朝中称谏官，及谓臣不复知人间有羞耻事。臣与修交往绝疏，未尝失色，本人谓仲淹班行无比，称其非辜，仍言今日天子与宰相以迁意逐贤人，责臣不得不言。臣谓贤人者，国家以为治也。若陛下以迁意逐之，臣合谏诤；宰臣以迁意逐之，臣合论列。臣愚谓范仲淹顷以论事切直，比来亟加进用，知人之失，尧舜病之，忽兹狂言，自取谴辱，宽大之典，固亦有常。今修谓之非辜，称其无比，仍谓天子以迁意逐贤人，中外闻之，所损不细。望令有司召修戒谕，免惑众听，而书谨具缴进。"故及于贬，仍令御史台催发之任。36—37，p4785—4786

【宝元二年八月】十四日，祠部郎中、判大理寺杜曾降知密州。先是，曾言："法寺久例，将行劫贼人本因吞并财物，或嫌懦弱伤残，恐有累败，遂自相屠害，又并不依应宣教告官，群〔前〕〔盗〕因（怯）〔劫〕赃物窜伏草野，不改前非，别谋行劫，捕获之后，只作杖六十定罪。深恐今后贼人得便恣行强盗，俟得财自满，即于徒伴中间屠一名；相次又更行劫，亦候得财至多，依前潜损一命。如此重复为之，乃至终身行劫，不来经官首告，于后事败，惟获杖六十罪，有此惠奸不便。至如今年五月九日新敕，许贼徒自相杀并，敕内亦不言杀并后经官告首，然其理必须首告，不言可知。若不归首，使官司可以施行赏典，恰与编敕内言放罪支赏不殊。及今来庐州将似此不归首劫贼已行处死，寺司已依旧断体例疏驳，乞行推勘去讫。盖缘未有明文，致中外用刑，死生异制。乞送有司详定，明立罪名。"诏以庐州见勘官吏，曾未合起请，故出之。37—38，p4786—4787

宋会要辑稿·职官六八·黜降官（五）

【大观四年五月】二十九日，诏："河北、河东群贼经历县分及十次以上，知县特降一官冲替，县尉一官勒停。不及十次，知县冲替，县尉勒停。内一次、两次，知县各降一官，县尉冲替。内降官人选人比类施行。"20—21，p4884

【政和二年十二月】二十四日，周师中、鲁百能各罚铜二十斤，并放罢，送吏部与合入差遣。赵先之、关璘并取勘。提举河北东路常平周师中奏："恩州武城县窦保镇酒税、左侍禁赵先之收支官物不明，及少欠米曲数目不少，已牒恩州根勘。"又提举秦凤路常平鲁百能奏："皇城使、泾原第八副将关璘,任内(提)〔捉〕到打开永洛城门锁弓箭手徐荣,不申解所属,却用石于本人腿上致打,致限内身死,已下顺德军根勘。"刑部检会《元符敕》:"诸路连监司事非职而辄管勾者徒一年。"故两行之。27,p4887

宋会要辑稿·职官七五·黜降官杂录

庆元二年三月二十六日,臣僚言:"国家赃吏之罚,固亦不轻,责罚未几,遇赦复叙,故态复作,民罹其害。朝廷若不忍终弃,乞专降指挥下省部,将曾犯赃罪被劾降官、罢任之人,只许奉祠。如监司、州郡私意按劾,送有司根勘,委无实迹者不在此数。其有巧图干堂者,必下吏部取索脚色。部吏或敢隐匿所犯,则坐以故出入罪,许人纠告。赃吏奉祠,约其中制,以六年为阙,京官二年、选人三年为任,任满注授,又复如初,著为定令。庶几贪污者知所警惧而不敢自肆。"从之。40,p5094

嘉泰三年十一月十一日,南郊赦文:"官员犯罪,先次放罢,后来结断,止是杖笞公罪,为有再得指挥,仍旧放罢。吏部见理后来年月、降罚名次,可特与理先降指挥年月施行。"开禧二年、嘉定二年明堂赦并同。40,p5094

【嘉泰】四年正月二十九日,臣僚言:"乞诏二三大臣,凡赃吏罪状显然,虽圣恩宽大,未欲尽加之以法。官无崇庳之间,惟得罪于民者,永不得与亲民差遣;得罪于士卒者,永不得与管军差遣;已降官勒停者,不得援例收叙。其或幸求冒进,则台谏、给舍当任其责。"从之。40,p5094

宋会要辑稿·职官七六·收叙放逐官一

乾德元年十一月十六日,《南郊赦书》:"诸贬降官吏未量移者与量移,已量移者与复资,已复资者与叙用,余者委刑部分析贬降缘由闻奏听旨。除名合叙理者,于南曹投状,准格处分;勒停官各与降资叙用。"开宝元年十一月二十四日、四年十一月二十七日、九年四月四日南郊赦,并同此制。1,p5097

【乾德】二年二月七日,尚书刑部言:"准旧《刑统·晋天福六年敕》:'准《长定格》,特敕停任及削官人,及曾经徒流、不以官当者,经恩后本官选数赴集。'况除名罪重于停任及不以官当者,自今望准《长定格》,(长定格)经恩后并年限满,依所降资品理选数,候合格日赴集。

又准《乾德元年敕书》：'诸除名人合叙理准格敕处分者，当部自前出给雪牒，皆坐前敕。'昨据大理寺送到新《刑统》《编敕》，并无上件敕文。本寺言，详定之时，检详上件敕文引《长定格》该系铨选公事，又别无刑名，不在编集之数。伏缘当司元敕先经兵火散失，旧《刑统》又废不行，《敕书》又云'准格敕处分'，欲望许于旧《刑统》内写录敕格施行。"从之。1，p5097

太宗太平兴国元年十一月二十二日，即位敕书："诸贬降、责授官量与升陟，在外未量移者与量移，已量移者与复资，已复资者与叙用。先是不赴西川、岭南诸处州县官等并与叙用，诸司勒停罢职掌府史并与收叙，配流人内有曾任职官者量与叙用，除籍为民终身不齿，诖误连累削任免所居（宫）〔官〕者并与叙用。"1—2，p5097

【太平兴国】六年十一月十七日，《南郊敕书》："诸贬降官未量移者与量移，已量移者与复资，已复资者与叙用。配流人内有曾任职官已经恩赦放还者，委所司具元犯以闻。"《雍熙元年十一月二十一日南郊敕书》同此制。2，p5097

【淳化元年】十一月十七日，诏："两京及诸道州府胥徒、府史等，或受赇亡命会赦免罪者，所在不得收叙，违者重致其罚。"3，p5098

【淳化】四年九月五日，诏："诸道州府新除行军防团副使、上佐、文学、参军及禁锢人等，令转运使自今本州阙官，次补承乏，以责其效，俾之自新。或勤干有闻，当再与叙用。其行军副使并先奏听旨。"3，p5098

至道三年四月一日，真宗即位敕书："诸贬降、责（受）〔授〕官量与升陟，在外未量移者与量移，已量移者与复资，已复资者量与叙用。应不赴西川、广南州县官所起遣不赴京者，并与叙用；配流人内有曾任职官、已经赦恩放还者，量与叙用；除名、追官、停任人，并终身不齿及因诖误连累、自来未敢求任人，并于刑部投状。行军司马、防团副使、上佐官、司士参军、衙前编管人等，并仰发遣赴京，于逐处投状，降资叙用；除名、追官、停任、衙前编管人，并仰依格敕施行。内有年老疾患、不堪任使者，并仰引见取旨。经恩已放令逐便者，并许于刑部投状，量与叙用。停职诸色人等未曾叙用者，仰于刑部投状，引见取旨。"咸平二年十一月七日、五年十一月十一日南郊敕，并同此例。3—4，p5098

真宗咸平三年二月，诏刑部："自今京朝官犯除名人，依律令施行。

其余应犯免官、免所居官，及官当并本犯至免官特除名，不至免所居官特免官，及以官当徒用官不尽，及用官尽合降等叙用者，即并依见今入官资叙，于犯罪时本官上准《律》又降一等、二等叙。若本犯不至追官而特追官，及不至勒停而特勒停，告身见在者，更不降等，只依本官上叙。所有自京朝官为行军司马、副使、上佐及县令、簿、尉者，或是犯罪后因叙理除授，或是直责降而未经叙用者，缘律令别无条例，临时奏取敕裁。内有赃罪及情理重者，旋取进止。"4，p5098—5099

【咸平】五年十一月十一日，诏："应曾任京朝官，因负犯降黜，见在幕职州县官，及使臣降充三司大将、军将者，如后来任用别无赃罪，候到阙，委逐处投状，磨勘引见，别取进止。应充替及未得与官诸色违碍选人，并仰于南曹投状，依例施行。"景德二年十一月十三日南郊、大中祥符元年十月二十六日东封、五年十月二十五日圣祖降、七年二月十六日恭谢赦，并同此例。4—5，p5099

【景德二年】十一月十三日，诏："应京朝官、使臣有申奏，经勘断并访闻多酒慢公，不和不公，不经勘断，非次冲替，未得磨勘差遣者，内监当候一任满，别无私罪，得替到阙，年限合该磨勘者，并与依例引见；短使差遣者，并特与监当差遣。"6，p5100

【景德】三年二月，诏刑部："应诸色叙理人贴黄叙法时，不以用官尽与不尽，内追官及三任者，并降先品二等叙；追一官、一任、两任者，并降先品一等叙；余依先降敕命施行。"6，p5100

【大中祥符】六年正月二日，诏："叙理使臣犯入己赃徒以上罪，叙用已至本职降两资者止，若犯入己赃杖罪及元断徒以上，该恩特停官者，叙用至元职降一等止。纵逢赦命，不得叙进。"7，p5100

【大中祥符六年正月】十五日，中书门下言："命官犯罪配诸州衙前者，若承前经赦止放从便，昨赦恩内许令叙理。今请以赃重及情理蠹害者授诸州参军，余授判司，京朝官、幕职、令录簿尉，等第甄叙。"从之。7，p5100

【大中祥符六年】二月二日，诏："自今犯罪已叙用未复资人，遇赦，情轻者更与叙用。"8，p5100

【大中祥符六年二月】十一日，诏："文武官犯私罪该赦叙理者，依大中祥符二年四月诏旨磨勘，中书、枢密院具所犯轻重取旨。"8，p5100—5101

【大中祥符六年】三月十日，中书门下言："贬降官覃庆叙理，如上佐、文学参军官自来稍迁及量添请俸，或移授别郡，仍从其便。今有已添料钱及无可迁改者，或不愿迁易者，欲与等第加阶。"诏勿至朝散。8，p5101

【天禧】三年九月二十一日，诏："应犯赃罪叙用，注授广南、川峡幕职州县官，委逐路转运、提点刑狱司（尝）〔常〕切觉察，如更犯赃罪，永不录用。"8，p5101

【天禧】五年正月十七日，诏："命官、使臣犯赃，诸司职掌人吏因罪停职，累经赦宥，不该叙理，情轻者许于刑部及所在投状，当议收叙。"8—9，p5101

【仁宗天圣】四年三月二日，中书门下言："近负罪安置之人多辄离本处，诣阙妄求叙用。欲肇自今擅离官次者，准律断遣。"从之，仍下诸路告谕。11，p5102—5103

【天圣】七年八月四日，诏："命官今后犯正入己赃该赦叙用者，不复任亲民。内受所监临赃数少情轻者，别奏取旨。幕职官仍不得更差知县，州县官不注令录。除犯枉法外，如叙用后经三次赦恩，别无赃私罪者，奏取旨。如再犯赃罪，永不录用。（今）〔令〕逐路转运司体量辖下官员，历任犯赃罪，年七十以上，疾病不任厘务者，具事状以闻。"11—12，p5103

庆历二年七月十四日，臣僚言："命官犯罪或年七十以上，乞临时取旨，量其历官劳绩、情理轻重，或授以分司、致（任）〔仕〕，或放归田里。犯罪勒停，经恩叙理，令刑部不许接状。"诏今后命官、使臣犯罪及叙理，如内有年七十以上者，具所犯情理轻重取旨。12，p5103

【庆历】五年十月九日，升祔赦书："应得替幕职州县官并诸色违碍及冲替未得与官人，三班使臣且与短使、未得与差遣者，并仰于南曹、三班院投状，依例施行。贬降、追停及除名、编管人等，未量移者与量移，已量移者与叙用，仍各具情理轻重者旋取进止。"12，p5103

【元祐】六年八月二十四日，三省言："责降英州别驾、新州安置蔡确母明氏乞依元祐四年明堂赦文及吕惠卿移宣州安置二年例，量移确一内地。按条：'前任执政官罢执政后，因事责降散官，令刑部检举。'又《刑部令》：'应检举人理期数，准法散官及安置之类以三期。'"诏开封府告示。其后给事中朱光庭言："确母明氏乞量移男确一内地，奉圣旨令开封府告示叙复期数。谨案确罪恶比于四凶，既窜岂有复还之理？量移乃刑部常法，豫先告示，理极不可。"诏今月二十四日指挥勿行。19—20，p5107

【元祐】七年二月六日，刑部言："两犯赃罪杖，各经勒停，若与一犯人同期叙用，轻重未称。欲乞两犯正入己赃罪杖并经勒停，于初叙用上展二期叙。武臣准此。犯在今来展期已前者，听依旧法叙之。"20，p5107

绍圣二年四月三日，吏部言："应使臣本犯至死及连累私罪情重者，永不与叙用，使人知戒惧，各厉廉隅，庶以少清流品。"诏吏部、刑部同立法以闻。20，p5107—5108

【元符元年】四月二十一日，刑部立到《武臣降叙格》："第二等赃盗奸私罪，借、奉职初叙守阙军将，再叙军将，殿直初叙军将；第三等赃罪，借、奉职初叙军将。"从之。21，p5108

【元符三年】四月十五日，皇子生赦书："应官员犯罪及因事安置、编管、羁管并指定居住已曾量移者，详酌移放。所有前降今后更不用期降数赦恩移叙指挥更不施行。"22—23，p5109

【元符三年】五月二日，刑部言："检会近降《四月十五日赦书》：'内别无责降、停废官员等叙用明文。'（切）〔窃〕虑有经本部投状乞叙之人，未审许与不许收叙，亦未见得合理几期。"诏各与理当三期收叙，仍今后应遇非次赦恩依此。23，p5109

【元符三年】七月十一日，刑部奏："《正月十三日登极赦书》：'应除名、追官、停任人并终身不齿及放归田里人等，并许干刑部投状。'契勘除名、追官、停任人，刑部虽各有叙法十一等，内第一等永不叙收，第三等至六等止叙散官，其终身不齿，及放归田里人，系叙法之所不载。元丰大赦后，曾有投状人，刑部为无叙法，并送看详诉理所断遣。本所奏请得叙者止一二人，余皆不行。今来大赦后投状者，若止随常格不与收叙，则赦书指挥殆成虚文。况此两色犯状未必重于除名，偶因当时特旨异名、叙格阙漏，遂使不沾霈泽。今欲乞并依特除名叙法，内本应除名者自从重并除名，永不收叙与止叙散官者，如经部投状，并从本部取索元犯看详，逐旋申取朝廷指挥。所贵久废仕官之人，又与恩恤。"从之。23，p5109

建中靖国元年三月二十一日，刑部奏："臣（切）〔窃〕见自来《大礼赦书》内，例各有除落命官过犯等指挥。自去年正月十三日颁降登极赦书后来，不住有官员赴部陈乞除落过犯，本部为赦文所不该载，不敢比类施行。欲望特诏有司，许依《大礼赦书》施行。内十年以上者，仍各与减五年；不及十年，各与减三年。所贵非常之泽，广被远迩。"诏许依《大礼赦书》施行，其理年仍各减三分之一。23—24，p5109—5110

宋会要辑稿·职官七六·收叙放逐官二

崇宁二年四月二十一日，亲谒原庙赦："应见贬谪命官除元祐奸臣及到贬所未及年外，未量移者与量移，合叙用人依该非次赦恩与叙。冲替命官系事理重者与减作稍重，系稍重者减轻，轻者便与差遣。使臣比类施行。"25，p5110

【崇宁】三年六月十六日，诏："元符末奸党并通入元祐籍，更不分三等。应系籍奸党已责降人，并各依旧。除今来入籍人数外，余并出籍，今后臣僚更不得弹劾奏陈。令学士院降诏。"25，p5110

【崇宁】四年十二月二十四日，诏："应元祐及元符末系籍人等，今既迁谪累年，已足惩诫，可复仕籍，许其自新。所有朝堂石刻已令除毁讫，如外处有立到奸党石刻，亦令除毁，今后更不许以前事弹纠。常令御史台觉察，违者具弹章以闻。"25，p5110

大观元年正月一日，改元赦："应合叙用人与理当三期叙，应落职、降职及与宫观或放罢直替，并曾任在京职事官监察御史以上、开封府推官及监司人，令吏、刑部限一季逐旋申尚书省取旨外，其未复旧官并未复旧差遣人，并令吏、刑部不候投状，各限两月。内赃罪及私罪情重人与依例叙复，其公罪并私罪稍重情轻人，并量轻重申尚书省取旨。"25，p5110

【大观元年】十月十七日，刑部言："《九月二十八日赦书》：'应官员除名、追官、停任、停职未经叙用，并不因赃罪已经叙用及降官资未复旧，并贬谪已量移者，并与叙用，已叙用者更与叙用。'即是叙格内应六期、三期、一期并无等可降展年人，依上件赦条皆得与叙外，惟有本期之外更有特旨展期之人，未委合与不合依无等可降展年人与叙期。勘会除名系用六期收叙，特勒停系一期叙，今若一等并许叙用，即无轻重之别。"诏合叙用人并理当三期。25—26，p5110—5111

【大观】四年三月二十五日，诏："罪废之人，不忍终弃，昨者稍加甄叙，尚虑怀奸沮法，命监司俟一年保奏。今兹阅月浸久，颇闻各安所守，更不候一年之淹，各与等第差遣，以责来效。其曾任侍从官，于去年

十二月以前牵复与知州人，内有未带职、未复待制以上职名人，并特免监司保明，三省条具，将上取旨。"28，p5112

政和元年六月十四日，臣僚言："失入徒罪已上及用刑不法之吏，虽遇赦宥，许其叙复，乞不令任提点刑狱、亲民差遣。"从之。28，p5112

【政和元年】七月十一日，帝疾康宁德音："应文武官自大观元年后来至今日前，因臣僚弹击、不曾体量取勘及特旨责降，不以大小臣僚，自责降后不以曾与未尝牵叙，见在罪籍者，并仰于所属投状申刑部，本部具元责因依申尚书省，量事体轻重取旨牵复。文臣曾任待制以上，武臣观察使以上，尚书省限十日检举取旨。如已经叙官之人，更与牵复，无致漏落。"28—29，p5112

【政和】二年二月五日，臣僚言："去年十二月十一日赦文，大小臣僚现在罪籍者，量事体轻重，仰刑部具元责因依申尚书省，取旨牵复。今文臣曾任待制以上、武臣观察使以上已行检举，其余小官经隔岁月，未见施行。小大之臣，不应有异，乞诏有司类聚取旨。"诏限半年。29，p5112

【政和二年】十二月一日，中书省言："十一月二十五日受元圭赦书：'应合赦用人自降责已及二年，理为非次赦恩，许当三期与叙。'契勘叙用之人理期年限不等，《政和二年十二月四日诏》：'一期、再期合叙用人并许叙用，三期以上合叙用人，并与理当二期。'"诏应合叙用人，自责降已及一年，理为非次赦恩，许当三期与叙。29，p5112—5113

【政和】三年十一月六日，南郊赦："应官员除名、追官、勒停、落职未经叙用，并不因赃罪已经叙用及降官资未复旧，并曾贬谪已量移者，并与理当三期叙用，已叙用者更与叙用。"29，p5113

【政和】四年五月十二日，北郊德音："应追官、降官、降资、勒停未该叙用者，缘今次首行夏祭之礼，其理为一赦。及拘管人情轻，具犯由申，当该特与放免。"政和七年五月十四日北郊德音、八年九月十日皇帝元命之月德音，并同此制。29，p5113

【政和】五年二月十四日，立皇太子赦："应昨元符末上书邪下之人，趣操颇僻，在所摈废，累经赦宥，有指挥改官升任之类，例作过犯之人。可自今后遇改官关升注授，与依无过人例，及于家状内更不声说，仍许与在部人衮同注授，唯不得注在京差遣，以示宽宥。"29—30，p5113

【政和五年】三月十七日，诏："建立太子，庆及海宇，与常例不同。

应见责降官文武臣僚并与牵复，仰刑部限十日条具闻奏。如敢用情漏落，以违御笔论。"30，p5113

【政和五年】四月十一日，吏部奏："见降任监当、冲替放罢等未复资任小使臣，开具下项。检会《四月十日御笔指挥》，今来叙复，有司差注拘碍常格，可特依下项：编管人依法，除名勒停人降二等，追官勒停人降一等，勒停人降远处冲替，并与本等差遣。无等可降，与次等；又无次等，与本等远处差遣。奉御笔，第二项不候任满依今来已降处分，第六项依令，余并依今来已降处分施行。冲替人系依《元丰令》降等，除依今降赦书施行外，其降官冲替已依今来御笔。复官人及特旨未得差遣，若会赦及赃罪到部一年，各依事理重法，亦依《元丰令》施行。差替人前任因体量，准朝旨，不候任满，差人抵替交替。罢任人系依前替人例，及放罢人自来亦依差替人例，并依《元丰令》与本等差遣。若以老疾或谬懦差替，依稍重法，系合降等，候满一任即复本等。降任监当人遇赦，许候到任及二年牵复人，即合依《元丰令》牵复。比较贼盗马数，并在京仓库、监渡官透漏，并武艺等出身，因事停替，并押纲官失押伴蕃蛮应降等差遣人，合候一任满复本等差遣。追降官勒停并特勒停，除依今赦叙官人外，其叙法差遣系以任数复本等。若任数满即合复本等之官不赴任，系依《元丰令》降等，候满一任监当复本等。无等可降，到部降一等名次，与远小处。"30—31，p5113

【政和】六年正月二日，都省言："检会政和四年四月九日奉圣旨，今后御笔及特断并非在者，并不得理元断月日。"诏应犯罪人，若御笔特令叙复及令通理磨勘者，并合理元断月日，余依已降指挥。32，p5114

【政和六年】十月十九日，刑部奏："为恭上昊天玉皇上帝圣号册宝礼毕肆赦内，未有官员被罪理当期限指挥，奉诏与理三期。勘会诸色有叙法公人遇非次赦，已有海行条减三期，今承上件朝旨，被罪官员与当三期，缘下班祗应并将校等，于本部条格皆有叙法，未审合与不合亦与理当三期。"诏与理三期。32，p5114

【政和六年】十二月九日，尚书省言："奉上帝册宝赦，罪废之人咸得自新，圣恩甚厚，然有司检举，随事拟定，虑有未尽，今具下项：一、与合入差遣人或见今差遣比本等已优，谓如知县资序人经责降，见已作通判，今令与合入差遣，即合罢通判，却作知县之类。愿且依旧者，听。二、应叙复之人不碍大礼赦恩，即庶官大夫以上应奏荐者皆不碍，内复待制以上合具辞免，未

即受告，恐有司拘碍，未得奏荐。"诏第二项自不碍奏荐，申明行下。32—33，p5114

重和元年十一月（七）〔一〕日，太乙宫成改元赦："应官员、诸色人犯罪合叙用者，并与理当三期叙用。其官员降名次，公吏人降名次，原情至轻，可令刑部比附降官、降资人，并与叙免。应落职、降职及与宫观，或放罢、直罢并曾任在京职事官监察御史以上、开封府曹官及监司人，除已该今年正月赦叙复外，其未叙复人，令刑部限一月，逐旋申尚书省取旨。"33，p5115

【宣和二年】七月十一日，御笔："应该遇去年冬祀、今岁夏祭赦宥人，可依下项，令吏部限一月检举。曾任太中大夫以上官职未复官职（即）〔及〕已复未有差遣人，并取旨。曾任监察御史以上职事官及监司、见降资任差遣者，并与牵叙。落职人取旨。见流配、编管、羁管、安置、责授散官者，并放移、放牵叙，内情重及永不放还、永不叙复并系监察御史以上职事官及监司得罪者，并取旨。勒停、冲替、放罢、降官、降资人，并与牵叙。见降授监当之类者，并令吏部注授合入差遣。"34，p5115

【宣和三年】二月二十八日，罢方田买钞免夫钱赦："应官员昨缘随逐出塞被责见被罪之人，限一月许经所在官司陈首，并与免罪，具元犯保明申枢密院，量轻重叙复。其责降未叙旧官人，并特与叙复。比降指挥，士大夫实有材望、曾经任用之人，非有显过而被遣斥替移，不该检举，并行采访，具名取旨，各已采访甄叙。仰诸路监司、郡守更切询求实有才望之人，具名保明闻奏，当议量才甄用。见责降及流配、编管、羁管、安置、责授散官并（勤）〔勒〕停、冲替、放罢、降官资及降授监当之类差遣人等，除已依昨降御笔检举，已后未经检举者，仰吏、刑部限一月，并依宣和二年七月十一日所降指挥检举牵复。昨缘陕西奉行铁锡钱一等行使平定物价指挥，并因诸路方量及根括冒佃大荒地土，应当（月）〔司〕违犯抵罪编管、羁管、安置人，并放令逐便。内命官及落职、停替、降官、降资、放罢人，并与叙用元旧官职，依无过人例施行。"34—35，p5116

【宣和三年】八月十二日，德音："应缘贼及因军兴致罪停降、编配之类，并与当三期叙复、移放。应官员缘贼及因军兴被罪差冲替、放罢者，并许经所属自陈，保明闻奏，当量情理重轻，特与牵复。"35，p5116

【宣和三年】九月三日，刑部奏："八月十三日德音：'应缘贼及因军兴致罪停降、编配之类，并与当三期叙复、移放。'本部勘会，官员停降官资系理期限叙用，编配诸色人系理年限移放。今来编配、羁管、安置等命官，缘法系以情理轻重理赦数移放，今取朝廷指挥。"诏与理为一赦。35，p5116

【宣和】四年十一月十五日，南郊赦："应编管、羁管人并放逐便，除名、勒停、降官资人并与叙复，冲替、放罢人与牵复本等差遣。上书邪等文臣，除邪下人已降指挥免展磨勘外，其邪上及尤甚未有听许磨勘指挥，缘已累该赦宥，今后特与磨勘。应使臣且与短使、未得与差遣者，并仰于所属投状，依例施行。"35—36，p5116

【宣和】五年五月，吏部奏："勘会大观元年宗祀及政和三年冬郊赦文，内追降官资、勒停未叙用人理当三期，已申明将私罪情轻并公罪添展年季人许免展了当。今来刑部承指挥，应追降官资、勒停未叙用人，该宣和四年冬祀赦，许理当三期叙用外，有不因赃罪添展年季之人，未有许展指挥。"诏私罪情轻并公罪添展磨勘人，并与免展。36，p5116

高宗建炎元年五月一日，赦："应停降诸色人等未经叙用及永不收叙人，并特与叙元职名，已迁补者额外收补。又命官流配、编管、羁管人永不移放者，并放逐便；除名、追降官资及勒停、责授散官安置或终身不齿、放归田里及永不收叙人，并与叙官；落职人与复旧职；析资及降等差遣人，与复本等（遣差）〔差遣〕。合检举者，刑部限三日检举。惟蔡京、童贯、王黼、朱勔、李邦彦、孟昌龄、梁师成、谭稹及其子孙，皆误国害民之人，更不收叙。"37—38，p5117

【建炎元年】十一月九日，刑部尚书郭三益言："本部依赦敕检举命官元犯，申取朝廷指挥。缘昨经延烧，案籍不全，及大理寺簿书拘辖不尽，（切）〔窃〕虑检举漏落，欲望遍下诸路州军告示，应官员赦前犯罪未叙官职、未放逐便人，经所在州军自陈。本州具录元犯全文保明，自被断后更有无再犯，缴申刑部，检举施行。"从之。38，p5117—5118

【建炎二年】十一月二十二日，赦："应冲替命官，系事理重者与减作稍重，系稍重者减作轻，系轻者便与差遣。差替、放罢者依无过人例，使臣比类施行。其缘公犯罪冲替，重降作轻、稍重者便与本等差遣。"38，p5118

【建炎二年十一月二十二日】，赦："应合叙用人并与理当三期，命官编配、羁管、责授散官、安置人理为一赦。勘会责授散官、安置、居住、羁管人，往往在道，故作稽留，不赴贬所，除已降指挥将经过容留不即催督州军知、通行遣外，其虔奉责命已到贬所降及半年人，该遇今来赦恩，虽止合理为一赦，可特令所属州军保明诣实，申本路监司覆实闻奏，特议移贷。"三年四月八日赦同上制，惟因苗傅、刘正彦得罪人不在此限。39，p5118

【建炎三年】四月十日，刑部言："措置到举叙案，掌行命官叙复、移放、编管内有已曾经部陈乞未经结绝之人，欲出榜晓示，重别陈乞。并该遇昨来赦降责降官内，有系本部一面检举，虽已检举尚未得指挥及见行检举未了之人，乞从本部遍下诸路，令逐官具元断指挥全文及责降后来有无过犯，具朝典文状，召本色官二员委保，经所在州军自陈，从本处保明申部，以凭依赦施行。"诏命官供报过犯隐漏并委保不实官依条断罪外，仍并勒停。余从之。39—40，p5118

【建炎三年】五月二十八日，详定一司赦令商守拙言："本部行司别无叙用条格，乞将犯罪依条合追官资勒停，并赃罪及犯赃应断私罪杖笞入格法叙用之人，候取到东京条法日，与依条格叙用外，将犯公罪徒不至追官，并犯公私罪杖笞特旨勒停，及特旨追降官资不勒停之人，与先次引赦叙复。"从之。40，p5118—5119

【建炎四年二月二十三日】，德音："应命官、诸色人编管、羁管、刺面不刺面配本城牢城，情理轻者并放逐便。内情重及永不移放，并配沙门岛、吉阳、昌化、万安军、琼州及散官安置人，仰所属具元犯因依闻奏，当议移放。"41，p5119

【建炎四年】八月三日，诏："责降、落职人经赦未曾牵叙等官，展限一月，召保自陈，令所在州军勘检，仍保明自责降后来有无过犯及事故申部。候到，令刑部限一日（截会）检会申尚书省。如自陈及委保不实，依已降指挥断罪。内曾任侍从官以上，令见寄居州军勘会其元犯事因及责降后来有无过犯及事故申刑部。候到，令本部限一日关检正、都司，照会元降指挥施行。应承受会问官司，并仰疾速回报，不得故有留滞。"41，p5119

【绍兴元年】五月二十二日，刑部言："欲将该遇建炎元年赦敕陈乞除落过犯理元断日月之人，立限半年，如限外投状者，不许受理。及今后如遇所降赦内有应命官、诸色人许除落过犯指挥，并乞依许雪过犯二年外

投状不许受理条限施行。”从之。41—42，p5119

【绍兴元年八月】二十八日，刑部尚书胡直孺言：“勘会官员因罪责授散官安置，已放后依条理一期入格叙用，其命官因罪勒停或责授散官、分司、州军居住，已放后未有立定期限入格叙用条法。缘安置与居住事体颇同，今相度，欲将命官因罪勒停或责授散官、分司、州军居住已放后，比类安置人已放后理一期入格叙用。”从之。42，p5120

【绍兴元年】九月十八日，明堂赦：“应合叙用人并理当三期，其永不收叙人仰经所属自陈，具元犯申刑部看详，取旨叙用。命官编配、羁管、责授散官、安置人理为一赦，居住人令所属具元犯因依闻奏，取旨移放。其应合检举叙复人，仰刑部限一月逐旋开具申尚书省，如稽违漏落，委御史台弹劾。”42，p5120

【绍兴元年九月十八日】，赦：“应命官犯私罪徒经今十二年，赃罪杖以下经今二十年，有五人奏举；公罪徒、私罪杖以下经今六年，或元因违误，或法重情轻、理可矜悯，并有三人奏举者，许今后不碍选举差注。其犯公罪徒、私罪杖以下经今十二年，公罪杖以下经今七年，有二人奏举者，今后与依无过人例施行。以上并须情理稍重及被坐后来各不犯赃私罪者，如情理（稍）重、赃罪，各加举主二人，余罪各加举主二人，并听于所属自陈。内承直郎以下犯私罪徒、赃罪杖得不碍选举差注者，若举主、考第比无过人例合磨勘者，奏裁。应犯罪赦后犹合收坐及犹勒停还俗之类，如非情理深重，特依今赦施行。”43—44，p5120—5121

【绍兴元年】十月六日，刑部言：“检准《元丰刑部格》：‘文臣责授散官安置已放后，一期入格叙用。’其武臣责授散官安置已放后，即未有立定期限，今欲依文臣条法叙用。”从之。44，p5121

【绍兴】二年三月十七日，刑部员外郎张杓言：“勘会文臣带职人缘罪追降官、落职，或不曾降官落职特勒停之类，本部自来先叙复官讫，其职名然后理期检举。近有官员经部陈状，称元系带职，因罪勒停，不曾追降职名，乞将官、职一并牵复。检准元丰叙法，止称合叙见存官与差遣，即无该载并叙职名。及别理期叙职名之人，自来或例先叙尽元官，后再理期检举职名。缘无指定明文，是致合叙官员得以陈词，欲依本部自来体例举叙，责凭遵守。”从之。44—45，p5121

【绍兴二年】九月十二日，刑部言：“绍兴二年九月四日赦文内，应官吏因罪停降并理当二期叙用，其追官及责授散官安置、居住及放逐便，

并应合理期叙用人，未审合与不合准此?"诏应合叙用人，并与理当三期。45，p5121

宋会要辑稿·职官七七·起复

太宗太平兴国六年二月二十五日，诏曰："三载通丧，百王达礼。近朝以降，急于用人，凡钟艰疚之臣，多行抑夺之命。而起复臣僚等，或速于陈力，或志切感恩，未满十旬，便赴朝谢。念忠勤之节，诚则可嘉；于敦劝之风，窃恐未尽。自今并许百日后来赴朝谢，其料钱即自敕下日支给。"1，p5139

雍熙二年十一月二十一日，诏曰："三年之制，谓之通丧，圣人垂教，百代不易。向者臣僚居丧，多从抑夺，盖切于为理而急于用人，求便一时，诚非永制。方敦孝治，以厚时风，宜从栾棘之心，俾守苴麻之礼。自今京官、幕职州县官有丁父母忧者，并放离任；京官见奉使差委者，候替离任；常参官奏取进止。"先是，应御前及第并江浙人任在北州县官丁忧者，并不令离任；职事官及见任川广、江浙、河东幕职州县官丁忧者，亦不听离任。自是遂解官，然朝官间亦有特追出者。1—2，p5139

端拱二年八月二十六日，诏："京朝官丁忧，多是转运使或本州举留，比至替回，已终丧纪。自〔今〕应在外充知州、军、监并通判官者，如有以次官处，便放离任持服。监临物务有同监者准此。如只一员者，疾速奏闻，差人充替。(懗)〔悗〕或举占，并科违制之罪。其幕职州县官丁忧者，并所在放离任，员阙速具奏闻注填。"2，p5139

【真宗景德】二年四月二十八日，诏："川峡官丁父母忧者，除州军长吏奏取旨，余许解官行服。"2，p5140

神宗熙宁三年十一月十九日，诏："今后丁忧服阕，除见在任西府、中书检举施行外，大两省待制以上、武臣正刺史以上、御史台、中书门下省、阁门检举闻奏，或降诏书，或降札子外，小两省及文武京朝（京）〔官〕丁忧服阕，令中书门下省、御史台、阁门检举，牒报本人，赴御史台、阁门参见讫，关所司依自来朝参朝见体例施行，更不别给授前官告敕。其未出官之人，仍不用参见之例。"5，p5142

【绍兴三年】八月十八日，草土朱胜非言："奉诏起复，已行起发。若到国门，或有被受拜赐诏命及入城朝见，并赴堂治事、聚堂见客、私第接见宾客，未审各合着是何衣服，乞下有司检照典故，明降指挥，庶有以遵守。"阁门□书《阁门令》:"诸臣僚起复,或在缌麻以上亲丧假应入殿者,权易吉服。"(未)〔朱〕胜非朝见入殿并日逐趁赴朝殿,合依上件《令》文,并合依旧章服。太常寺勘会:"省记得宣和年间曾降旨,起复臣僚趋朝治事并服吉服。(常)〔当〕时郑居中、李邦彦系起复,并服吉服。所有今来(未)〔朱〕胜非若到国门拜受诏命,并赴堂治事、聚堂见客、私第接见宾客,并合服吉服。如于私第接见宾客,许服繐公服,皂带,不佩鱼,(仆)〔幞〕头不用光漆。"从之。又言:"窃见《绍兴令》:'有丁忧在职日给假条格,大小祥各七日,朔望各一日,禫五日。'欲乞依上条给假,内朔望仍乞趋赴遥拜二圣,及朝参讫退作假。遇给假内,除内降及军期急速机密文字外,常程文字权免书押。"诏依,余朔望日奏事毕退作假。17—18,p5149

【绍兴】十七年七月十二日,详定一司敕令所言:"准诏修立:'诸遭丧应解官,而临时窜名军中、规免执丧者,徒三年;所属知情容庇,或为申请起复者,徒二年。'"先是,宰执(佳)〔进〕呈殿前司乞武翼郎、训练官董彦起复事,上曰:"须见在军中,不免从权,许令起复;若旋行窜名,规免执丧,有害风教,可指挥禁止。"至是修立成法(门)。20,p5150

宋会要辑稿·职官七七·陈乞侍养

【神宗熙宁】三年十一月八日,诏:"京朝官等乞寻医、侍养,依致仕条只令逐州军勘会,如别无规避,即具保明,本处放离任讫,各申所属差人承替。通判以上差遣,即候朝廷指挥。"25,p5154

【乾道六年】三月十八日,臣僚言:"本台《令》节文:'诸寻医已除籍官年满乞朝参者,体量委无疾病注籍讫,牒吏部、阁门。'又《令》:'诸体量官员因疾者,牒(依)〔医〕官局差人诊视,具实状申所属。'窃见右承奉郎江深前任监福州古田县水口镇,因病寻医,合至乾道五年十月满一年,未曾陈乞赴台引验。近奉旨差充琼州琼管司主管机宜文字,系堂除,其江深隐匿向来寻医一节,冒授新任,乞罢差遣,以为慢令之戒。"从之。27,p5156

宋会要辑稿·职官七七·致仕上

淳化元年五月,诏:"应曾任文武职事官恩许致仕者,并给半俸,以他物充,于所在州县支给。"30,p5158

宝元二年六月，诏："朝官尝犯赃而乞致仕者，自今止与转官，更不推恩子孙。"36，p5161—5162

【皇祐三年】十二月二十四日，诏："应文武臣僚年七十以上未致仕者，更不许考绩。或于国有功，于民有惠，理当旌赏者，不在此限。"39，p5163

【皇祐】四年二月一日，诏："自今应曾任中书、枢密院臣僚，不循例引退，言事官亦不得辄有弹奏。"39，p5163

【嘉祐】三年十二月，诏："年七十而居官犯罪，或以不治为所属体量，若冲替而求致仕者，更不推恩子孙。"39，p5163

【英宗治平元年】八月，诏："自今大卿监未尝任大两省以上官，因病老疾，仍乞致仕者，恩泽减旧之半。"40，p5163

【熙宁】二年四月，枢密院言："见在外任、年七十已上大使臣，即令逐路转运、提刑体量以闻。及今日已后直除致仕者，更不与子孙恩泽。"从之。43，p5165

元丰三年闰九月十九日，诏："自今致仕官领职事官，许带致仕。若有迁转，止转寄禄官；若止系寄禄官，即以本官致仕。其见任致仕官，除三师、三公、东宫三师三少外，余并易之。"51，p5168

宋会要辑稿·职官七七·致仕下

【孝宗隆兴元年】十月二十四日，诏："文臣太中大夫、武臣正任观察使以上，今后引年或特乞致仕，于所出札子内带说合得恩泽资数，如遇收使，即缴连中朝廷陈乞，候批凿已收使因依讫给还。余官并令缴连末后付身，从吏部批凿因依、押印讫给还。若州军申发文字在今降指挥月日之前，许先次给降付身，案后委知、通取索末后付身，批凿已收使因依，具状保明申吏部。"从吏部尚书凌景夏之请也。73，p5179—5180

【隆兴二年】七月二十一日，臣僚言："臣闻皇祐中，御史知杂司马池尝言：'乞应文武臣僚年及七十，并令自乞致仕，依旧与一子官。若不自陈，许御史台纠察，特令致仕，更不奏子。其已陈乞，有诏特留，不在此限。'先是天圣中，御史（台）曹修古亦谓：'臣僚年近八旬，尚未辞官，心力尽衰，何职能治？自今除元老勋贤询议军国自有典章外，其内外官年七十者，乞下御史台及诸路转运司，许自陈，特与转官致仕。不自陈者，勘会岁数以闻，特与致仕。'今见行之法，年至七十则不许磨勘转官，其次虽保亦不许为；至于子孙出仕者，皆得陈为恩泽，指射差遣。其限之以法，待之以恩，可谓两尽矣，独未尝责令致仕，如曹修古、司马池所请也。此无他，一则贪望荫补，二则苟窃祠禄。岂有磨勘转官不许，乃许奏荐者耶？岂有子孙尚得陈为恩例，自乃贪仕不得已者邪？欲望取其成法，裁以中道。其内外臣僚年七十不陈乞致仕者，除合得致仕或遗表恩泽外，更不许遇郊奏补；所差宫观于合得次数未满者，更许陈乞一次。"从之。73—74，p5180

【乾道】四年正月六日，中书门下省言："白札子：契勘隆兴二年七月，因臣僚言年及七十不肯致仕者，不许遇（敕）郊祀奏补。当年八月指挥，文武官年七十，缘郊礼在近，自降指挥后，已未致仕人合该奏荐，并更听陈乞一次。今次郊礼，其内外从官以上年及七十已未致仕，亦已放行，止有庶官即无指挥。今相度，欲将年及七十人、曾经奏荐及该遇前郊放行一次之人，并遵依《隆兴二年七月指挥》，更不许奏补。其平生未曾奏荐文臣，方始转至大夫及带职员郎及武臣武翼郎以上，初应奏荐偶及七十岁之人，欲乞放行一次奏补。"从之。79，p5183

【乾道六年】十二月八日，中书门下省言："在《法》：'陈乞致仕应荫补者，若历任无入己赃，及不曾犯私罪徒，但生前曾乞致仕，虽亡殁在出敕前，听依致仕荫补法。'访闻诸军将应荫补官以病乞致仕者，其家匿丧以俟致仕文字，或经旬月，殓殡失时，深可怜悯。"诏诸军因疾病陈乞致仕之人，仰本军即时保明申所属，纵亡殁在出敕前，听依上条荫补。83，p5185

宋会要辑稿·职官七九·戒饬官吏

淳熙元年二月二十三日，诏："访闻诸路州郡循习旧弊，巧作名色馈送，及虚破兵卒，以接送为名，多借请受，并假名权摄支请供给之类；又闻诸司与列郡胥吏、牙校月有借请。蠹耗财赋，重困民力，致令归正、拣汰之人拖下请给。仰诸路帅臣、监司常切觉察。"1，p5225

【淳熙】二年五月二十四日，诏："州县迎送条制，除在法许迎送外，其余非因职事相干，止许就馆舍相见。如州县官辄敢出城而监司不觉察者，必正其罪。监司辄自迎送，亦准州县之法。"从臣僚请也。1—2，p5225

【淳熙六年】八月四日，诏："外路诸州，自今违戾稽迟朝省文书，大事令本部将当职官劾奏，小事将人吏行下断遣。"以臣僚言："吏部有监司州郡保明差遣恩泽等事，辟差不合格，坐条法行下，而本司复为隐落再申者；有在任未满，不应指射差遣，而本州亦行保明者；有已注官，待阙间身故，而复欲改奏他人者。刑部有改正过名，符下本州，至于三年而未回申者；有勘鞠公事，累经翻异，故作淹延者；有定夺词诉违限日久，致其人经台省陈不已者。乞革其弊。"故有是命。3，p5226

【淳熙八年】七月二十一日，诏："帅臣、监司以劝农为名，自当朝夕谘访，以待上问。比者数命诸道条具雨旸丰歉之候，乃或泛言某郡某县大略如何，或云见行取会，显属文具。仰自今行下所部，令诸县五日一申州，州十日一申帅臣、监司。才候指挥到日，帅臣、监司即时开具闻奏。其或不尽不实，并当黜罚。"3，p5226

绍熙元年正月二十一日，臣僚言："古者以例而济法，后世因例而废法。夫例者，出格法之所不该，故即其近似者而仿行之。如断罪无正条，则有比附定刑之文；法所不载，则有比类施行指挥。虽名曰例，实不离于法也。沿袭既久，行法者往往循私忘公，不比法以为例，而因事以起例，甚者自有本法，亦舍而弗用。转相攀援，奸胥猾吏皆得以制其出入，而法始废矣。乞令有司检照绍兴以来臣僚不许援例之奏，申严主典违制科罪、长吏免所居官指挥，明示中外，其有法者止当从法，其合比附、比类者不得更引非法之例。令御史台觉察，必罚无赦。如此，则祖宗成法得以遵守于无穷矣。"从之。6，p5228

【嘉定五年】四月二日，臣僚言："检准本台《弹奏格》：'应臣僚不合辞免恩命辄具辞免者，弹奏。'士大夫之不顾法守，缪为辞逊，未有甚于今日者。内而职事官之补外，及外之由麾而得节，或予内除，此皆朝廷量才器使，初不以为私恩。夫既知其官不应辞，则朝闻命而夕引道，宜也。今乃奏疏祈免，阖门待报。若自知其不能，则未闻有终辞者也；若以逊为美德，则玩熟见闻，亦未有高其能逊者也。陵节躐等而不严著定之令，连章累牍而徒溷中书之务，此其弊不可不革，未容以细故忽也。乞敷示中外，继自今如有不合辞免而辄具辞免者，所司不许收接。仍令御史台依格弹奏。"从之。22，p5236

胡兴东　蔡燕　唐国昌　等◎辑点

『宋会要辑稿』法律史料辑录

下册

中国社会科学出版社

十一、选举

宋会要辑稿·选举一·贡举一

旧制：三史、《通礼》各试三十场，每场墨义十道。制自今只试墨义十五场，余十五场抽卷，令面读，能知义理，分辨其句，识难字者为合格，不可者落。自端拱元年试士罢，进士击鼓诉不公后，次年苏易简知贡举，固请御试。是年又知贡举，既受诏，径赴贡院，以避请求，后遂为例。4，p5249

宋会要辑稿·选举二·贡举二

英宗治平二年二月，诏："南省合格进士，已降敕及着白襕，重戴、丝鞭，其进士二十四日于兴国寺东经藏院，诸科于相国寺东经藏院期集，择日于阁门赐绿袍谢恩。"10，p5269

神宗熙宁二年十二月九日，诏："今后制科人第五等、进士第一人及第者，一任回，更不与升通判差遣及不试充馆职，并令审官院依例与差遣，余如嘉祐诏书。"10，p5270

【熙宁】八年七月二十三日，诏："今后进士及第，自第一名以下，并试律令大义、断案，据等第注官。"议具"试法"。11，p5270

【元丰二年】五月二十八日，诏进士、诸科新及第人免试刑法。11，p5271

【元丰】八年五月十日，诏："科场推恩，依治平四年故事。正奏名进士、诸科，吏部给敕牒；特奏名，中书给敕告、敕牒。"11—12，p5271

徽宗崇宁元年十月二日，诏："今后特奏名进士、诸科，并依《绍圣四年二月二十三日指挥》并《元符令》施行。内州助教改为诸州参军，

仍依州助教，不许出官。"13，p5272

政和二年四月二十四日，礼部言："《崇宁贡举通用令》：'诸举人已唱第，赐闻喜宴于琼林苑。诸贡士已推恩，赐闻喜宴于辟雍。'系贡士并宗子上舍，与进士同榜释褐，所有赐宴，恐合就琼林苑，并差押赐官。"诏用四月二十九日于琼林苑赐宴，差郑详押赐。13，p5272

【政和二年】六月二十二日，中书言："文林郎刘敦诗奏：大观二年贡士第二名及第，已依进士第二名恩例授文林郎讫。伏望比附进士上三名一任回改官条例。勘会故事，进士及第一任替回，自来未有推恩条例。今拟贡士及第一任回，第三至五人，各循一资。"从之。13—14，p5272

【政和】八年四月五日，诏上舍唱名讫，准《令》赐钱一千七百贯文，可添赐钱七百贯文。14，p5272

【绍兴五年十月】五日，臣僚言："准《令》：'初入官人所在州保明正身，给公据赴任，经所属令次第五甲出身人参选，权免出给公据，止许结保参部。'"从之。16，p5274

宋会要辑稿·选举三·贡举杂录一

仁宗天圣元年七月七日，学士院言："准中书批送汝州并镇海军状，称天禧四年敕：'今后举人有周（基）〔期〕尊长已上服，依元条不得取应，其缌麻服并特许应举'者。看详：除周期尊长已上不许取应，即周亲卑幼已上，并得应举。又缘敕文只指定缌麻服并特令应举，其有周期卑幼及大功、小功等服即未有明文，诏送两制定夺。臣等看详，欲乞依天禧四年晁迥等元定夺，有周期尊长已上服不得取应外，有周（基）〔期〕卑幼并大功已下服，并许应举。"从之。13，p5291

【天圣元年】十月十二日，礼部贡院言："旧制：诸州解发举人试卷并家保状、试纸等，置库编排封锁，合差官与主判官同加检勘。"从之。13，p5291

【天圣元年】十二月十二日，中书门下言，乞定科场条贯，诏两制与孙奭同共详定以闻。既而上言："殿举人旧实殿一举，后遂以一年理为一举。缘数年一开举场，其间更值恩赦，遂使惩沮之典，虚有其名，负犯之徒，不妨进取。欲今后殿三举以下，即依旧例。其殿五举者，须实殿两举后，方许更理一年为一举。又，曾犯刑责之人，不得收试。大凡无官荫者，笞以上皆决，不复更践科场，有官荫者，流以下皆赎取应，并无妨碍。轻重之间，恐未允当。欲今后有官荫举人，身犯徒以上罪，虽赎及虽逢恩宥，并不许应举。如敢冒冒，以违制罪之。同保人殿五举，有保官者与同罪。又，下等举人好撰匿名文字，谤讟主司，或私相期集，构合词讼。欲今后委是知举官等第不公，许令单名实封指论，更不得期集，连名进状。如辄撰无名文字，私相传布，令开封府及巡检人擒捉，重行断决。如不获主名，其文字随处焚毁，勿送官司。"从之。13—14，p5291

【天圣】五年正月十六日，诏："贡院将来考试进士，不得只于诗赋进退等第，今后参考策、论，以定优劣。诸科所对经义，亦不得将重复文句及抽拆经注，令数字对答，致有非理黜落。仍榜谕举人。"15，p5292

【天圣五年】二月二日，权知贡举刘筠等言："准诏免解进士五举以上，诸科七举以上，虽不合格，未得退落。缘诸科于逐场有九否、十否者，未敢去留。"诏十否者驳放，仍候贡举毕日以名闻。15，p5292

【天圣五年】三月二十三日，诏："今年省试下第举人，进士五举，年五十以上，及曾应淳化年举者；诸科七举，并六举终场，年六十以上者；并进士、诸科曾经先朝御试者，令贡院检会以闻。"15—16，p5292

【哲宗元祐】二年正月十五日，诏："自今举人程试，并许用古今诸儒之说或己见，勿引申、韩、释氏之书。考试官于经义、论策通定去留，毋于老、列、庄子出题。"50，p5311—5312

【元祐二年】十一月十二日，诏礼部立诗赋格式以闻。既而礼部修立考校条令，《礼部韵》中备载，见遵用。50，p5312

【元祐】四年四月十八日，礼部言："经义兼诗赋进士听习一经，第一场试本经义二道，《论语》或《孟子》义一道，第二场赋及律诗一首，第三场论一首，第四场子史、时务策二道。经义进士并习两经，以《诗》《礼记》《周礼》《左氏春秋》为大经，《书》《周易》《公羊》《穀梁》《仪礼》为中经。愿习二大经者听，即不得偏占两中经。其治《左氏春秋》者，不得以《公羊》《穀梁》为中经。第一场试本经义三道、《论语》义一道，第二场本经义三道、《孟子》义一道，余如前。并以四场通定高下去留，不以人数多寡，各取五分，即零分及元额解一人者，听取辞理优长之人。其省试奏名额准此。"并从之。50—51，p5312

【元祐四年】五月十九日，礼部言："勘会经义已得旨，许兼用注疏及诸家之说或己见。缘《诗》《书》《周礼》三经，旧注疏与新义不同，其音释亦有别处，虑考试官各随好恶，取舍不一。今考校辞赋程文，乞只用旧来注疏及音义。"又言："勘会试习《春秋》进士，缘只于正经内出题不多，今以《左氏春秋》为大经，自合兼出题目。近添《公羊》《穀梁》二中经，亦出题不多，合于经传注文兼出题。又恐二传难以称经，乞以《公羊》《穀梁》并为一中经，止于经传内出题。其先令治《左氏春秋》者不得以《公羊》《穀梁》为中经，乞勿行。"并从之。51，p5312

【元祐四年五月】（三）〔二〕十八日，诏："经义进士并习两经，《左氏春秋》兼《公羊》《穀梁》或《书》，《周礼》兼《仪礼》或《周易》，《礼记》兼《书》或《毛诗》。"51，p5312

【元祐四年】六月八日，详定重修敕令所言："兼诗、赋进士，若将《公羊》《穀梁》《仪礼》为本经专治，缘卷数不多，即比其余六经未至均当。所有兼诗、赋进士，自合依元条，于《易》《诗》《书》《周礼》《礼记》《春秋左氏传》内各习一经。"从之。51，p5312—5313

【元祐四年六月八日】，详定重修敕令所言："近降敕，为进士将来兼用诗赋，不专经义，遂更不分经去取。今经义进士又添治一中经，亦乞更不分经去取。"从之。51—52，p5313

【元祐】五年七月八日，太学博士孙谔等言："贡举条诗、赋格式有所未尽，如韵有一字一义而两音者，若'廷'字、'防'字、'寿'字之类，不敢辄指一声；押用字有合用，而相私传为当避者，如分寸尺丈引之'引'、杼袖其空之'杼'之类；又有韵合押，而《礼部韵》或不收者，如傅说之'说'及'皓'字'扩'字之类，并自合收用。"从之。53，p5313—5314

【元祐】八年三月十三日，礼部言："检准《元丰礼部令》：'诸开科场，每三年于季春月朔日取裁。'本部勘会，昨元祐五年发解，至今已及三年。"诏所有今岁科场，依例施行。54，p5314

【元祐八年】五月二十七日，礼部尚书苏轼言："伏见《元祐贡举敕》：'诸诗、赋、论题，于子史书出，如于经书出，而不犯见试举人所治之经者听。'臣今相度，欲乞诗、赋、论题，许于九经、《孝经》、《论语》、子史并九经、《论语》注中杂出，更不避见试举人所治之经，但须于所给印纸题目下备录上下全文，并注疏不得漏落，则本经与非本经，与举人所记均一，更无可避。兼足以示朝廷待士之意，本只为工拙，为去取，不以不全之文掩其所不知以为进退，于忠厚之风，不为无补。"诏从之。今来一次科场，未得出制度题目。54，p5314

【绍圣元年】六月十五日，太学博士詹文言："《元祐贡举敕令》，进士不得引用王安石《字说》，乞除其禁。"从之。55，p5315

【绍圣元年】九月十一日，考试所言："《元丰贡举敕条》分经取人，昨元祐间兼用诗赋，即不得分经。今既专用经义，未知止取文理优长者为合格，或分经通融分数去取。"诏依旧条，分经取人。55，p5315

【绍圣】二年正月十三日，国子监司业龚原言："续降《敕》节文：'论题并于子史书出，唯不得于老、列、庄子出题。'缘祖宗以来，科场出题，于诸子书并无简择，乞删除前条。"从之。55—56，p5315

【绍圣二年】十二月二十三日，提点荆湖北路刑狱陈次升言："按《贡举敕》：'举人因子孙授封官，或进纳得官，或摄授官后免解，或特奏名，而愿纳付身文书，赴省试、御试者听。'今欲添入'应奏授不理选限官准此'十字。"从之。56，p5315

宋会要辑稿·选举四·贡举杂录二

【崇宁】二年六月八日，礼部言："添修到《崇宁贡举通用式》'犯不考条'内添入'义论策卷辄作歌辞画卦之类'一十二字，别不冲改前后条贯。"从之。3，p5318

大观二年四月二十九日，中书省言："诸路州学限年应科举之法，系未罢科举已前条贯。今来士人并由学校岁贡，应缘科举载在《学令》者，已依《大观新书》冲改。所有权留三分科举一次，其应举人除太学已有专法外，其诸路不以曾系学籍不系学籍，自合取应，依贡举元条施行。其国子随行亲及今年不曾附试贡士合锁厅人，亦合令取解。"从之。5，p5319

政和元年四月二十五日，吏部侍郎姚祐等奏乞《礼部贡举令》内收入不得援引皇帝名。从之。6，p5320

高宗建炎二年五月三日，中书省言："已诏后举科场讲元祐诗赋、经术兼收之制。今参酌拟定：《元祐法》习诗赋兼试经义，今欲习诗赋人止试诗赋，不兼经，第一场诗、赋各一首，第二场论一首，第三场策三道。《元祐法》不习诗赋人令治两经，今欲习经义人依见行止习一经，第一场本经义三道，《论语》《孟子》义各一道，第二场论一首，第三场策三道。解额、省额，旧法考校，依条以所治经十分为率均取。若有余不足，听通融相补，各不得过三分。今欲计数各取，通定高下，除诗赋自无有余不足外，将诸经听通融相补，不得过三分。数内逐经各留一分，添取诗赋。如无合格人，听阙。殿试并同试策，诗赋、经义两科，欲注疏《三经义》，许从使用，取文理通者。音义如不同，听通用。徐、尹、平，音义同。余并依格。"从之。21—22，p5327—5328

【建炎二年】二月二日，礼部言："《崇宁贡举法》系以元丰条令及后来申明等修立，其《元丰法》与《崇宁法》不同者，自合遵依《元丰法》。若不该载者，即参照崇宁条令。"从之。19，p5326

【建炎二年】十月二十三日，大理少卿吴言："国家科举，兼用诗赋，而《政和令》命官不得诗赋私相传习之禁，尚未删去，望令刑部删削。"从之。22，p5328

【绍兴】十二年二月四日，礼部贡院言："别试避亲有孤经人，欲依《崇宁贡举令》却送贡院，与本院同经人一处收试，止合避所避之官，令过落司送别位考校。"从之。27，p5331

【绍兴】十三年二月二十（三）〔二〕日，国子司业高闶言："复兴太学，宜以经术为本。今条具三场事件：第一场，《元丰法》，绍圣、元符、大观同。本经义三道，《论语》《孟子》义各一道，今太学之法正以经义为主，欲依旧；第二场，《元祐法》，赋一首，今欲以诗、赋；第三场，《绍圣法》，论一首、策一道，今欲以子史论一首并时务策一道。如公试法，自今日始，永为定式。"从之。27，p5331

【绍兴十三年】四月三十日，高闶又言："《贡举令》：'诸《春秋》义题，听于三传解经处出。'此法殊失尊经之意。今欲只于《春秋》正经出题，庶使学者专意经术。"从之。绍兴十四年，吏部员外郎严抑言："正经其辞至简，为题者历历可数，使士子私习满百篇，则有司出题殆无逃者。罢去三传，虽曰尊经，其于考校，实有未便。"诏依《崇宁贡举法》，于三传解经出题。27，p5331

宋会要辑稿·选举五·贡举杂录三

孝宗淳熙元年六月四日，臣僚言："近岁科举，士子习诗赋者比之经义每多数倍，至于二礼《春秋》之学，习者绝少。加以有司考校，或全经不取，遂令士子惮习。除二礼已有指挥许侵用诸经分数优取外，如《春秋》文理优长，亦乞许侵用诸经分数取放。"从之。既而二年正月十八日，权吏部侍郎赵粹中言："近来臣僚申请以二礼《春秋》习者绝少，欲科举考校，或三经士子稀少处，虽无优异卷子，其文理通者，每经各取一名。臣谓科举取士，正欲得真才实能，若无优异卷子，其文理通者亦取，则他经优异者反被黜落。乞依《绍兴四年六月指挥》，将五经终场人数，有余不足，通融相补，各不得过三分。内一经人数虽少，亦取一名。如无合格者听阙。"从之。1—2，p5341

【淳熙五年正月】十九日，诏敕令所将贡院帘外誊录、对读、封弥、监门等官避亲，修入省试条法。既而敕令所《依淳熙四年十一月二日敕》，并照应《崇宁通用贡举敕》内余官避亲之文，参酌拟修下条："诸试院官谓主司及应预考校之官。亲戚谓本宗祖免以上，同居无服亲，或缌麻以上亲及其夫、子，或母、妻缌麻以上亲及大功以上亲之夫、子或女婿、子，妇期以上亲。及试院余官谓监门、巡铺、封弥、誊录、对读之类。亲戚谓本宗大功以上亲，或母、妻期以上亲，并亲女及亲姊妹之夫、子。并两相避。若见在门客，每员止一名。亦避。右入《绍兴重修省试令》。"从之。4，p5342

【淳熙五年】二月二十一日，知贡举范成大等言："照对举人程文赋内押'惚恍'字，或书作'怳'，或书作'恍'，除'怳'字《礼部韵》已收入外，其'恍'字按《老子》云'无物之象，是谓惚恍'，系从心从光，《礼部韵》却不曾收载。近年虽曾增广，亦失附入。按《集韵》怳、恍并虎晃切，皆以昏为义，即'恍''怳'二字并通。恐碍后来举人引用，乞下国子监详定修入。"从之。4，p5342

【庆元元年十一月】十五日，礼部言："国子监检举四川类省试，乞依画一事件施行：一、牒试得解人，依指挥除见任帅臣、监司子弟赴南省试外，余牒试类试，并依类试旧法。所有在任差遣去本贯户籍二千里者，照《绍熙二年五月指挥》：'止许牒随行本宗缌麻以上亲。'二、陕西州军举人，许赴类试。昨绍兴三十二年四月指挥，本路系是新复，合该免解人，若有干照，难得保官，令不拘路分，召文官二员结罪委保本人曾经应举年甲诣实，经所属陈乞验实，批保官印纸，许行赴试。如有伪冒，申取指挥。三、《绍兴二十七年五月指挥》：'监司、帅臣、守倅亲属、门客依法牒试，及属官干官以上、去户籍二千里、随行本宗异姓缌麻以上亲赴漕司试得解人，并令赴南省试。其余得解人，愿赴南省者听。'仍给口券，并依《绍兴二十九年八月指挥》，合该免解进士，如愿赴南省，无州军保明公据，不在收试之限。其人得免解进士，合赴省试，令制司置院，依累举例类试，以十六人取一名，仍具合格等第推恩。内愿赴御试者，令给券，于三月以前到行在，祗备御试。若后到人，依本司已考等第推恩。

四、该特奏名进士，依累举例，系本司置院差官，试时务策一道，将中人分立五等推恩。五、将来类省试下，合该特奏名人，乞照绍熙四年行在定例指挥，递趱施行。六、《淳熙六年指挥》："特奏名二人取一名，人数冗滥，欲三人取一名，置在第四等以前，谓如三百人赴试，则取一百人出官。其余并入第五等，听纳敕再试。'后止纳敕一次，淳熙十一年三月增而为三，至今遵用。及每举免解进士，丁忧疾病并门引不到、赴试不及人，并理为一举。今欲将实请到省终场人，方许理为举数，逐举准此。"并从之。15—16，p5348

宋会要辑稿·选举八·亲试二·亲试杂录

【绍兴五年】八月九日，翰林学士、知制诰孙近言："祖宗廷试进士，差官初考、覆考、详定，盖欲参用众见，以求实材。初考既定等第，乃加封印，以送覆考，复定等第，而详定所或从初考，或从覆考，不许别自立等。至嘉祐间，因王安石充详定官，始乞不用初、覆考两处等第，别自立等，至今循袭为法。如此则高下升黜，尽出于详定官，而初考、覆考殆为虚设。欲望复用祖宗旧制，如初、覆考皆未当，即具失当因依奏禀，方许别立等第。"从之。右谏议大夫赵霈言："《崇宁御试贡举令》自有'隔二等累及五人，许奏'之文。臣近充详定官，以试卷与初、覆考等第不同者闻奏，奉御宝令编排所定夺。是使编排官得以兼详定之职，非特废法，恐自此遂为定例。乞今后隔二等累及五人，各开具集号，某说可取合升某等，某说非是合降某等，许依令奏闻，免令复加定夺。"从之。41—42，p5429—5430

宋会要辑稿·选举一二·宏词科

【哲宗绍圣】二年，诏立宏辞科，岁许进士登科者诣礼部请试。若见守官，须受代乃得试。率以春试上舍日附试，不自立院也。差官锁引，悉依进士。惟诏诰、赦敕不以为题，所试者章表、露布、檄书用四六，颂、箴、铭、诫、谕、序、记用古今体，亦不拘四六。考官取四题，分二日试。试者虽多，取毋过五人。中程者上之三省，三省覆视，分上、中二等，推恩有差。辞格超异者，恩命临时取旨。2—3，p5495

【绍圣】二年正月九日，礼部言："宏词除诏诰赦敕不试外，今拟立《程试考校格》：一、试格十条：章表，依见行体式；赋如唐人《斩白蛇》《幽兰》《渥洼马赋》之类；颂如韩愈《元和圣德诗》柳宗元《平淮夷雅》之类；箴如扬雄《官箴》《九州箴》之类；铭如柳宗元《涂山铭》、张孟杨《剑阁铭》之类；诫谕如近体诫谕风俗或百官之类；露布如唐人

《破蕃贼露布》之类；檄书如司马相如《喻蜀檄》之类；序如颜延之《王融曲水诗序》之类；记亦用四六。以上考试官临时取三题作一场试，其章表、颂、檄书、露布、诫谕、序、记，并限二百字以上成；箴、铭并限一百字以上成；赋八韵，限三百字以上。二、考格三条：词理俱优者为上等，词理次优者为次等，词理超异者取旨。上等循一资，承务郎以下比类推恩。"3，p5495—5496

【绍圣二年正月】二十八日，再立到《考试格》，其近降试格更不施行，今修立九条："章表、露布、檄书，以上用四六；颂、箴、诫谕、序、记，以上依古今体，亦许用四六。考试官临时取四题，分作两场引试，并限二百字以上，箴、铭限一百字以上成。"从之。3—4，p5496

宋会要辑稿·选举一三·试法

太宗雍熙三年九月十八日，诏曰："夫刑法者，理国之准绳，御世之衔勒。重轻无失，则四时之风雨弗迷；出入有差，则兆人之手足何措。念食禄居官之士，皆亲民决狱之人。苟金科有昧于详明，则丹笔若为于裁处。用表哀矜之意，宜行激劝之文。应朝臣、京官及幕职、州县官等，今后并须习读法书，庶资从政之方，以副恤刑之意。其知州、通判及幕职、州县官等秩满至京，当令于法书内试问，如全不知者，量加殿罚。"11，p5520

端拱二年九月二十九日，诏："应朝臣、京官如有明于格法者，即许于阁门上表，当议明试。如或试中，即送刑部大理寺祗应三年，明无遗阙，即与转官。"11，p5520

仁宗天圣十年二月，流内铨言："前澶州濮阳尉张嘉言初任丁忧免丧，请试律断案。检会《编敕》：'试中律义人，并注大州俸多处司法、录事。'断案固难合格，止以试律升降，如才一考，太为侥幸。请自今选人求试律断案者，须任三考以上。"奏可。11，p5520—5521

景祐三年六月七日，流内铨言："乞自今应试律断案选人，律义通外，更须断案一道通，或二道粗通，方与注优便官。如第二度乞试律，除合入法寺，余只依常注官。"诏再试不行，余并从。11—12，p5521

【景祐】四年六月十二日，审刑院、御史台言："今后应试法选人，明法出身即试律义六道，以通疏议两道者为合格；别科出身即依旧考试外，仍并试断大案二道、中小案一道，如中小案通，考大案内得一道粗

者，即为中格。"从之。12，p5521

神宗熙宁元年十二月十二日，诏："自今被举试刑部法寺官者，流内铨收阙便（住）〔注〕正官。如就试人不中，别与差遣，并以后来到铨名资序注拟。"先是，赴试刑法官往还未有日限，往往因事规避，州县多阙正官，至是始立法。13，p5521

【熙宁】三年三月二十五日，诏："京朝官、选人历官二年以上，无赃罪，许试刑名。委两制、刑法寺主判官、诸路监司奏举，历任有举主二人，亦听就试。日试断狱一道、刑名十事至十五事为一场，五场止。又问《刑统》大义五道，断狱通八分已上，不失重罪，合格。分三等，第一等选人改京朝官，京朝官进一官，并补审刑、大理、刑部官；第二等选人免循一资，京朝官减二年磨勘；第三等选人免选，京朝官减一年磨勘。法官阙，亦听补。考试关防，如试诸科法。"13，p5521—5522

【熙宁三年三月二十五日】，诏："试用法官条贯，候法官皆是新法试到人，即依此施行。立定《试案铺刑名及考试等第式样》一卷，颁付刑法寺及开封府、诸路州，仍许私印出卖"。13，p5522

【熙宁七年五月】二十七日，中书省〔言〕："刑房覆考试中刑法第一等，除详断之官；第二等循两资；第三等，京朝官减二年磨勘，选人循一资；第四等，京朝官减一年磨勘，选人堂除一次；第五等，京朝官先次指射优便差遣，选人免试注官。"从之。16—17，p5523—5524

【熙宁】八年五月十五日，诏："诸发、转运、提举司及州县人吏，衔前同。不曾犯徒刑及赃罪，如通晓法律，许三年一次试判案，于当年三月一〔日〕已前经州陈状，要本州体量行止，召职员五人委保。五月一日已前申转运司类聚，于八月内差官。锁院前三日，投纳所习律令格式、《刑统》《编敕》《附令敕书》《德音》《五服年月敕》、大礼御札约束、《九域图》、历头、祠部休假名、庙讳等，赴试院点检。如到，夹带可以准备断案答义文字者，先次驳放。其位委试官于逐场试前一日排定，仍逐日移易。通试五场，每场试案一道，约七件已上、十件已下刑名。委考试官撰案，依试举人例封弥、誊录、考较。已就试，不得上请。如的有差误，引断不行，许白巡铺官引赴帘前，白试官改正。仍五道通考，所断及八分已上，重罪不失为合格。如合格人多，即别引一场。比试《刑统》大义五道，不取文采，止以通义理为上。如不合格，具所引刑名差错晓示。内有不当，听次日经试院分析，与改正，重定去留。虽所说不通，亦不坐罪。若不为改正，许经监司次第陈述，当与不当，各依条施行。本司具合格姓名并试卷闻奏，中书详覆。每路不得过三人，仍一面出给公据付逐人，限次年二月一日已前到京，于刑部投状。其在京诸司人吏，许经中书投状，依此召保，并两巡院前行依条试验。到台者并一处差官比试，取十人为额，以曾经制勘狱、推勘公事人充御史台主推书吏。若各经勘鞫，即以试到名次高者先补。余充审刑院、纠察司书令史。内未系正名并职级者，且充守阙祗应，给与请受，候通理入仕及五年，即与补正。如未有阙，即补守阙。愿归本贯及本司守者亦听。其试不中者，内系巡院人与三司大将。诸路人吏委试官取转运司试卷并见试卷看详，如各有可采，亦许具名闻奏，当议特与转资。"17—18，p5524

【熙宁】九年正月十七日，中书门下言："中书主事以下，三年一次，许与试刑法官同试刑法，第一等升一资，第二等升四名，第三等升两名。内无名可升者，候有正官，比附减年磨勘。余并比附试刑法官条例施行。"从之。19，p5525

【熙宁九年】三月一日，中书门下言："贡院考试中刑法人，欲依熙宁八年例，第一等充法官，第二等循两资，第三等循一资，第四等与堂除，第五等与免试，京朝官依例比附推恩。内第一名王柏案数通粗合在亲戚所第一名之上，以贡院言柏大义优长，乞与旌擢。今欲升作上名。"从之。19，p5525

【元丰元年】五月二日，诏："试中刑法官第一等充法官，第二等循两资，第三等循一资，第四等堂除，第五等免试，京朝官比类推恩。"20，p5525—5526

【元丰】四年五月二十三日，中书言："刑房覆考试刑法官，第一等，欲充法官；第二等下三人，欲循一资；第三等上十人，与堂除；第三等中八人，与免试，仍升一季名次；第三等下十二人，与免试。"从之。21，p5526

【元丰五年】十二月三十日，诏："诸承务郎以上及幕职、州县官并未入官人，历任无私罪徒及入己赃、失入罪，并勒停冲替后已经一任者，许试刑法。无人奏举，听于尚书吏部及所在官司投状乞试。见在外任官及授黄河地分见阙者，不许就试。诸举官试刑法者，尚书刑部官、大理寺长贰岁各十人，侍从、三省六曹、御史、开封府推判官及监司各七人。"21，p5526

【元丰】八年九月二十九日，刑部言："修立到考试刑法官等断案，通粗分三等条约。一、罪名当，而剩引上下文及他条，于所断罪名无害者，皆为通。罪名谓公私之类。上粗，视通七分半：漏条贯内要切字；谓如藏匿条规'令得隐避'之类。漏要切情节、节案或引条入生语，漏声说；谓不声说除某事系轻，及除免在下项声说之类。即受赃项内不声说，除免重罪又不声说者，受赃与重罪合罪，自为否。不依体式；谓将私罪诸私自犯在定断之后，及不应追夺而追夺，或引条全而不追夺。即误以重罪为轻罪，致却于轻罪追夺者，其轻罪听为通。条贯引文差互；谓如合引巡检注'令别兼干当者亦同差出，不得差出'，却引'不得差出'在'别兼干〔当〕'上之类。中粗，视通五分：引用皆当，差刑名；刑名谓徒年、杖数、除免之类。差误；谓应用'从减外'而不言用'官荫减外'之类，但于刑名无害者。即一事引两法断者，若以断违制又断违失之类，自为否。漏条贯罪名不当；谓应公言私及不言公私之类不碍官当者。即刑名不当，或刑名偶同而所引条意义全非者，若'诈为官文书杖一百'却引'请求杖一百'之类，自为否。下粗，视通二分半：漏本犯条；漏余贯五分已上，直断受赃或请求。谓如断请求枉法，不断出入罪，及断不枉法，不引罪人本犯条贯。其后刑部更以为格式内有差互未明，奏重行修立到考校通粗格式。以引用皆当，若刑名、罪名当而剩引上下文及他条，于所断刑名无害，刑名谓徒年、杖数、除免，罪名谓公私之类为通。漏条内要切字，谓如藏匿条漏'令得隐避'之类。漏要切情节、节案，或引条入生语，漏声说，谓不声说除某事系轻及除免在下项声说之类，即受赃项内不声说，除免重罪又不声说者，受赃与重罪合罪，自为否。不依体式，谓将私罪诸私自犯在定断之后，及不应追夺而追夺。或引条法全而不追夺，即误以重罪为轻罪，致却于轻罪追夺者，其轻罪听为通。条贯引文差互；谓如合引巡检注'令别兼干当者亦同差出不得差出'，却引'不得差出'在'别兼干当上'之类。为上粗。差误，谓应引从轻入重条，而引从笞入杖条，及应言'从减外'而言'官荫减外'之类，各于刑名无害者。即应引'从减'条而'引官荫减'条，并一事引两法，若已断违制又断违失者，自为否。漏条贯罪名不当，谓应公言私及不言公私之类不碍官当者。即刑名不当，或刑名偶同而所引条意义全非者，若'诈为官文书杖一百'却引'请求杖一百'之类，自为否。为中粗。漏本犯条，漏余条五分以上，直断受赃或请求，谓如断请求枉法，不断出入罪，及断不枉法，不引罪人本犯罪，为下粗。"从之。时元祐三年正月也。21—23，p5526—5527

元符二年十二月十六日，刑部言："选试法未得允当，今重别修立。承务郎以上及幕职、州县官历任两考，非见任外官，投黄河地分见（闻）〔阙〕，于交替月分有妨者，与见任同。有举试刑法或监司举主一员，无即余官举主一员。每岁听于尚书吏部或所在官司投状，申本部乞试刑法。其举主未足或历任未两考，亦许试，未入官人、将来应注官特奏名人、应举（人）〔人〕、官人准此。如得减年磨勘、占射差遣以上，候举主、考第足推恩，免试以下候到部。即历任曾犯私罪徒或入己赃及失入死罪并停替未经任者，并不许乞试及推恩。一、愿试法官者，不得更赴吏部试。其试法官等第：一等上断案三场，到刑名不失重罪，通《刑统》大义及八分，以断案、《刑统》义通考，下文准此也。第一等下六分，第二等上五分半，第二等下五分，第三等上四分半，第（二）〔三〕等下四分，第四等上二分，第四等下二分半。二、承务郎以上推恩：第一等上转一官，免试断案及公事，充大理寺评事或司直；未及两考、无举主者，先供职，候考第、举主应条，与转官。第一等下减磨勘，准此。第一等下减三年磨勘，免试断公事，差充评事或司直；第二等上减三年磨勘；第二等下减二年磨勘；第三等上减一年磨勘；第三等下升一季名次，注近地官；第四等上注近地；第四等下升半年名次。选人推恩：第一等上免试断案及公事，〔改〕合入官，（羌）〔差〕充大理评事、司直；未及两考、无举主者，先供职，（侠）〔候〕考第、举主（候）应条，与改官。第一等下准此。第一等下大理寺试断案三十道，如堪充职官，二正保明闻奏，改合入官，差充评事或试公事三月，依上文保奏改官，差充司直；第二等上循两资；第二等下循一资；第三等上不依名次路分占射差遣；第三等下免试一季名次；第四等上免试；第四等下升半年名次。"从之。24—25，p5527—5528

【宣和三年】八月二十八日，大理卿宋伯友言："奉诏令遵依元丰试刑法条制措置。检照前后条格均减六场，内元丰时试刑名及三十九件，至十七件皆为合格，考试分数稍优，所以就试合格者多。见行试法，每试刑名须四十四件，至二十七件方为合格。元丰时试及二分半便入第三等下，今试及五分方预第三等下。虽见行赏格差优，而考试之格分数增倍，是至就试合格者少。今参酌元丰、崇宁旧制，修成格法，以八分以上为第一等上，六分为下，五分半以上为第二等上，五分以上为下，五分为第三等上，四分以上为中，二分半已上为下。乞赐颁行。"从之。26，p5529

【光尧皇帝绍兴】四年五月十八日，大理（路）〔寺〕正路彬言："考校试刑法官分数格，系以五十五通分作十分为率，第二等下五分以上，第三等中上五分，第三等四分以上，即是二十七通七厘半为第二等下，二十七通五厘为第三等上，二十二通二厘半为第三等中。（切）〔窃〕详第三等中至第三等上系隔五通二厘半，第三等上至第二等下止隔二厘半，分数不伦，人情法意未得周尽。欲取四分半以上为第三等上，庶适中。"从之。27，p5529

宋会要辑稿·选举一四·新科明法

【哲宗元祐】三年闰十二月二十三日，诏："五路不习进士新人，今后令应新科明法，许习《刑统》。仍于《易》《诗》《书》《春秋》《周礼》《礼记》内各专一经，兼《论语》《孝经》。发解及省试分为三场，第一场试《刑统》义五道，第二场试本经义五道，第三场《论语》《孝经》义各二道，以三场通定高下。及以诸科额十分为率，留一分解本科旧人，一分解新科明法新人。不及十人处亦准此。如无人赴试及无合格人，即存留，更不许添解进士第。若向去销尽诸科举人，即当留二分解新科明法新人。"2，p5531—5532

【元祐】四年四月十九日，诏："元祐二年以前诸科举人改应新科明法，听取应外，自今更不许改。其获冒应人，仍增旧赏。"从礼部、刑部请也。2，p5532

【元祐四年】七月二十九日，礼部言："立到五路不习进士新科明法新人，欲与诸科改应进士及五路进士新科明法旧人衮同均取分数，并考校等第。应诸科奏名每十一人取一人，剩额以旧应诸科改应新科明法及新科明法新人并改应进士五路进士每路作一项。到省人衮同通纽分数均取。谓如剩额三百人，到省通计一千九百人，即每九人五分取一人之类。余分奏新科明法旧人。今后御试本经义二道，《刑统》义三道，考校分为五等。其经义、《刑统》义两处考校，初、覆考讫，即详定官合以两处等第参定。所有发解及省试刑法考试官，止是考定得《刑统》义通、粗、否，其去留自合是考试经义官以三场通定去留高下。"从之。2—3，p5532

宋会要辑稿·选举一四·发解一

太祖乾德二年九月十日，权知贡举卢多逊言："伏以礼部设科，贡闱校艺，杜其滥进，是曰宏规。所以发解之时，必责程试，取其合格，方可送名。岂有经试本州，列荐贡籍，考其艺能，动非及格，殊乖激劝之道，渐成虚薄之风。请准《周显德二敕》：'诸州解发进士，差本判官考试，如（未）〔本〕判官不晓文章，即于诸从事内选差。所试并得合格，方可解送。诸科差录事参军考试，如录事参军不通经义，即于州县官内抡选。'本判官监试，如有遥口相授、传本与人者，即时遣出，不在试限。纸先令官长印书，至时给付。凡贴经对义，并须监官对面，同定通否，逐场去留，合格者即得解送。仍解状内开说当州府元若干人请解，若干人不及格落下讫，若干人合格见解。其合申送所试文字，并须逐件朱书通否，下试官、监官仍亲书名。若合解不解、不合解而解者，监试官为首罪，并停见任，举送长官闻奏取裁。诸科举人，第一场十否者，殿五举；第二场、第三场十否者，殿三举；其三场内有九否者，殿一举。其所殿举数，于试卷上朱书，封送中书门下，请行指挥及罪发解试官等，令重举旧章，庶绝侥滥。"从之。13—14，p5536—5537

【雍熙四年】十二月十日，翰林举士、知贡举宋白等言："今进士、诸科八千余人，其间终场落者四百九十余人，御前落者六百八十余人。伏请应已曾解送举人在千里内，委本处重加考试；发解在千里外及两京发解者，仍乞诫励试官，务令精核。"从之。15，p5537

【雍熙】五年正月六日，开封府发解官、直史馆王世则等言："千里外举人并今年赴试人数不少，欲展限至二月二十日，兼乞下开封府晓示，须正月十五日已前到京投状，纳文卷试纸。"从之。仍令登闻院，出限进状者不得收接。15，p5537

宋会要辑稿·选举一五·发解二

【天圣四年】八月十九日，诏："解发举人，窃虑妄有保委寄贯户名，宜令开封府下司录司及诸县，并依前后条贯施行，更不得妄保寄贯户名。如有违犯，重行断遣。将来秋赋，限至九月终试毕。"6，5547

【天圣四年】十月十二日，中书门下言："应三京、诸道州府军监进士、诸科举人，除已发解、免解外，有诸科曾经终场，进士曾经御试，今来不该解荐者，并乞特许将来赴省试。余不得妄有陈述、收接文状。如违，必行严断。"从之。6，p5547

【明道二年】七月十二日，诏："自今诸州府军监考试解发举人，一依先降条制，应在试解发人处，兼令依省试例，封弥卷首后考较过落。仍令转运司于本州及辖下州军等处，选差京朝、幕职、州县官。"9，p5549

【景祐】四年二月十一日，详定科场条贯所言："直集贤院贾昌朝奏：'诸州举人亲戚守任在本贯、远地官僚子孙在任处、发解官亲戚三等举人，乞今后并申转运司类聚，别差官考试，每十人解三人。见守任处去本贯二千里内者，并归本贯取应。'看详牒送举人，须是五服内的亲，自余不在移送之限，违者科违制之罪。今来二千里内举人，各勒归本贯，深虑奔赴后期。及令贡院于三月一日起请转运司差官试到举人，与限十一月二十五日到省。余依昌朝所奏施行。"从之。9—10，p5549

【景祐四年】十一月十五日，诏："三京、诸州进士、诸科，除已发解、免解外，有曾经御试，今来不该解者，并先曾取到景祐四年文解、祥符元年南省下第曾应三举，今来不该解者，特许就南省试。"10，p5549

【景祐四年十一月】十六日，详定科场条贯所上发解、考试、巡铺及巡捉、传义、支赏条数，诏付贡院施行。10，p5549—5550

【庆历元年】五月二十七日，国子监言："近制，本监举人无户籍者，听召京朝官有出身者保三人，无出身者保二人。今秋赋在近，而远方寒士难于求保。欲请应见任并在铨幕职、州县官，非伎术流外及历任有赃人，并听保。"从之。11，p5550

【庆历元年】八月十一日，权知开封府贾昌朝言："故事，举人秋赋纳公卷。今既糊名誊录，则公卷但录题目，以防重复，不复观其素业，请罢去。"从之。11，p5550

【庆历四年】六月二十八日，详定贡举条贯所言："准诏删定新《贡举条制》，取解进士、诸科国子监、开封府为保人数。欲令诸处取解进士、诸科举人，每三人已上为一保。国子监、开封府五人已上为一保，内须有书到省举人。"从之。12，p5550

【庆历四年】七月五日，诏："近令逐州军学校未成及讲说日近处，即将来一次秋赋，未拘听读日限。所有外县新举人，合依条贯内日限听读。如内有不愿赴国子监及郡学者，即许就县学。其县学教授更不差官，仰学徒经本州军众举有德行艺业之人充，只委本县令佐专切提举管勾。其本州县未有学校，或虽有学校而未有教授处，并许就邻州或邻县有学校处听读。仍仰逐处召保。或执到本乡无违碍过犯公凭，即令入学。至取解时，令本学据听读日数给与公据，归本贯投纳秋赋。"12，p5550—5551

【庆历四年】八月十一日，礼部贡院言："准诏详定试官与长吏解试举人分等定罪。今请解送举人有保明行实不如式者，知州以下坐罪，仍以州县长吏为首。解试日，有试院诸般情弊，止坐监试官考校不精，妄有充荐。至省试日，拖白纰缪、十否，止坐考试官。若所差试官非其人，考校不公，坐所差官司。若试官因缘受贿，有发觉者，其所差官司于不按察罪名之上，更加严谴。其考试官坐罪，即不分首从。"奏可。12—13，p5551

【英宗治平四年正月】二十三日，礼部贡院言："欲将《贡举条制》内解额，自至和二年后不曾增添者，即用为旧额，依今敕施行。三年十月六日，诏：'今后宜每三年一开科场。应天下所解进士、诸科，并以本处旧额四分中解三分。内开封府、国子监以皇祐四年所解进士、诸科数，各于四分中以三分为额。所有礼部奏名进士，以三百人为额，明经诸科不得过进士之数。'见《实录》。若曾经增添者，更将新添人数并在《贡举条制》元额内，通计为数，然后于四分中解三分，永为定额。又勘会逐州军解额人数不等，其间有二人、三人、五人、六人、七人者，虽析分数，今欲乞应将旧额四分中解三分，不满一人，并许解一人。假设旧额十人，今四分中解三分合解七人外，更有余分，即解八人之类。"从之。17，p5553—5554

【治平四年】四月十三日，礼部贡院言："检会《贡举条制》：'诸举人虽是外处人（事）〔士〕，曾预府解者，本土虽有产业，亦许只依旧取解。'如愿归乡者，经本院陈状，与通理举数。其外处虽有解数，不系本府户籍，即不得理入在京举数。《嘉祐二年四月二十八日敕》：'今后并须在本贯取应。其日前已在他处寄应取到解者，许经逐处官司陈首，勘会诣实，即与移牒并给付身公据，令还本贯，及具前来得解并陈首因依申省，许通理举数。'又三年正月二十四日诏：'先无户（令）〔今〕有户，先有户今无户，并乡贯移徙者，许经贡院投状，召京朝官委保诣实，与叙举数场第者。'近日举人多以典卖田产为名，不无伪滥。欲乞或有典卖田产，移往别州者，并令随契经本属州军开（柝）〔析〕典买某处因依，保明申礼部，改正贡籍施行，更不用京朝官充保。无本属州军保明，即不在叙举之限。又六年五月十九日，本院奏：'欲乞自嘉祐二年降敕以前，应开封府及别州军寄贯人，方许陈首迪埋举数。仍限至今年终，不经逐处陈首，更不在收接。其系嘉祐二年以后寄贯人，并不在陈首之限。'诏可。看详上项条贯，盖欲举人尽归土著取应，则官司可以询察履行，稍近乡举里选之法。虽嘉祐六年本院奏乞限至年终，许令陈首，通叙举数，还本贯取应，其举人多是不曾依应陈叙。欲乞应开封府并外州军举人，自来于三两州户贯并一州三两县户贯请到文解者，与限至今年终，许经本贯州军陈述因依，合并归一处户籍。仍令本贯州军结罪保明申贡院，勘会三代、年几并同，与通叙举数。如出限及无本贯州军保明，更不在叙举之限，即不得将外州军文解移徙入开封府、国学。"从之。18—19，p5554

【神宗熙宁】二年六月二十二日，诏："诸州军监举送发解考试、监试官亲戚门客，类聚送转运司，与锁厅明经一处考试，各十分取一分半为额。即余分或应举不满十人，并五人以上听解一名。其四人以下，如灼然有文艺可称者，准此。以上并不系诸州军解额。"从礼部请也。20，p5555

【熙宁】三年三月六日，诏："景祐五年以前礼部试下进士一举、诸科两举、年六十五以上，令本贯州县以名闻，当特推恩。如开封府、国子监举人，令止召见任京朝官二人结罪保明。其进士两举、诸科三举，更不限年。若进士七举、诸科八举、曾经殿试、年四十以上，并令赴今殿试。内庆历三年礼部试下进士两举、诸科三举，亦不限年，与免解。"21，p5555

元丰元年六月十一日，诏："武学上舍生在学一年，不犯第二等过，委主判同学官保明免解。从上无过二人内，于贡举法自应免解，及已该免解后，又在学二年以上，无殿罚，免阁试。"22，p5556

【哲宗元祐】二年十一月十二日，诏："进士以经义、诗赋、论策通定去取，明法增《论语》《孝经》义。将来一次科场，未习诗赋人依旧法取应，解发不得过元额三分之一。令礼部立诗赋格式以闻。"25，p5557

【元祐四年】十二月二十四日，礼部言："诸路申请：'《贡举敕》："经义兼诗赋进士及经义进士，解额各取五分。"窃虑两科应者不齐，拘定五分，则似未尽，乞行均取。'取看详进士两科试法不一，举人互有轻重难易之论，兼就试人数不定，则解额难以均当终非通法，不可久行。"诏："来年科场，以试毕举人分数均取。后一次科场，其不兼诗赋人解额，依元祐三年六月五日所降朝旨，如有未习诗赋举人，许依旧法取应，解（法）〔发〕合格人，不得过解额三分之一。以后并依《元祐二年十一月十二日敕》，分为四场，以四场通定去留高下，内仍减时务策一道。"25—26，p5558

【元祐】五年十月二十二日，诏："近制，府、监发解省试举人，经义每道不得过五百字，策不得过七百字。如过二分，虽合格并降一等。诸州发解举人依此。"26，p5558

【元祐】七年十一月十四日，南郊〔赦〕文："诸路进士、诸科，经治平二年以前省试下，熙宁三年以前御试下，并进士、明经御试下三举、省试下五举，诸科御试下五举、省试下七举，及开封府国子监进士、诸科，经熙宁九年以前省试下，元丰二年以前御试下，并进士、明经御试下两举、省试下三举，诸科御试下四举、省试下五举，将来并与免解。"

26，p5558

【元祐】八年七月五日，礼部言："五路进士及新科明法等，欲将旧诸科并经律、《通礼》三科举人，许于诸科额内各与一分解额。"诏以诸科解额分为十分，内以一分解旧诸科，一分解经律科，一分解《通礼》科。其余七分人数，通入进士额，以进士及新科明法人共纽分数均取。仍须就试终场，进士每十人、新科明法每七人各许解一人，零分亦各许解一名。26，p5558

【绍圣二年】九月十九日，明堂赦文："诸路进士、诸科，经治平四年以前省试下，熙宁六年以前御试下，并进士、明经御试下三举、省试下五举，诸科御试下五举、省试下七举，及开封府、国子监进士、诸科，经元丰二年以前省试下，元丰五年以前御试下，并进士、明经御试下两举、省试下三举，诸科御试下四举、省试〔下〕五举，将来并与免解。"27，p5559

【宣和三年】十一月二十二日，诏："太学解额依《元丰贡举敕》，以五百人为额。内除拨二十四人归滑、郑州外，合解四百七十六人。国子监依《元丰贡举敕》以四十人为额，开封府依《元丰贡举敕》以一百人为额。崇宁分拨五路解额，系以剩额并诸科正解人数均拨，合依《崇宁五年指挥》，拨六百五十四人与诸路，令礼部均拨。"30—31，p5561

【宣和】四年七月三十日，三省言："已降指挥，五路剩解额，依《崇宁五年指挥》，令礼部拨六百五十四人与诸路。续取到礼部状，崇宁五年分拨五路剩额并诸科正解等人数与东南等路，系将诸路已应与就试终场人数纽计分拨。缘当时系有九百二十二人，每三十五人九分二厘一毫三丝八忽均一人。今来除拨还太学额外，止有六百五十四人，合以五十人七分四厘均一名。均拨过六百五十二人外，有均拨不尽零数二人。"诏一名与杭州，一名与湖州，余并依。31，p5561

宋会要辑稿·选举一六·发解三

【建炎四年】五月二十一日，权礼部员外郎侯延庆言："行在职事及厘务官随行有服亲若门客之类，欲乞立应举法，以国子监进士为名。其解发人数，依旧制以就试终场人为率，七人取一名，余分亦听取一名。"诏门客请解取人，合依《崇宁贡举令》外，余依所乞，仍就转运司附试。2，p5563—5564

【建炎四年五月】二十二日，诏："京畿、京东、京西、河北、陕西、淮南路士人，许于流寓所在州军，各召本贯或本路及邻路文官两员，结除名罪保识，每员所保不得过二人。仍批书印纸，听附本州军进士试，别为号，以终场二十人解一名，余分或不及二十人处亦解一名。不及五人，附邻州试。"从都官员外郎侯延庆请也。2，p5564

【绍兴四年六月】十四日，国子监丞王普言："科举取士，《元丰法》与《崇宁法》不同者，已诏并依《元丰法》。《元丰贡举令》转运司发解每七人解一人，《崇宁贡举令》每十人解一人。前举诸路运司所解人额，奉行不一，乞下诸路（尊）〔遵〕依建炎二年二月九日已降指挥。"从之。4，p5565

【绍兴十四年】四月二十七日，礼部言："盱眙军系创置州军，未有立定解额，欲依《崇宁贡举条令》满二十人解一人，不满三十人解二人，三十人以上解三人。候至后举，别行参酌，立定解额。"从之。7，p5566

【绍兴十四年】八月二十八日，礼部言："国子司业宋之才陈请，欲立同文馆，收试士人见在行朝、去本贯及一千里以上无处取应之士。令实通乡贯，五人为一保，召文官二员结罪委保乡贯、士行等诣实，仍赍保官付身赴监官呈验讫，许纳试卷应举。令附本监发解试，别立号考校，每三十人取一名，通取不得过三十人。看详欲依所乞，保官每员所保不得过十人。如不实，其保官依委保转运司就试人不得实例，先降一官，取责罪犯，申取朝廷指挥。仍令本监续行取会就试举人本贯州军审察勘会，于贡举条制如有违碍，不该赴试，或两处应举，虽已得解过省，即行驳放。犯人并保官、保人，依法施行。"从之。7，p5566—5567

【淳熙四年】三月三日，诏："淮南、京西人户有产业，如烟爨实及七年以上应举，即许依《贡举法》收试。"兼详定一司敕令单夔言："《乾道敕》：'非本土举人往缘边久居，或置产业为乡贯者，杖一百，押归本贯。'今据庐州条具到《乾道敕》与《贡举法》文意相妨，乞详酌行下，遵守施行。窃详国家立法，务在便民。若民户有愿徙居宽乡者，即合听从其便。况缘边州郡，惟要招集四方人户，置产久居，以壮边势，岂有（返）〔反〕行禁止，断罪押归之理？"故有是诏。20，p5573

【嘉定】十一年十一月十一日，诏："荣州发解监试官、承直郎、签判何周才特贷命，追毁出身以来文字，除名勒停，免真决，不刺面，配忠州牢城，免籍没家财。考试官石伯酉、扈自中、冯夤仲各特降一资，并放罢。刘颐并徒二年私罪，赎铜二十斤，仍照举人犯私罪不得应举。杨元老徒二年私罪，荫减外杖一百，赎铜十斤。刘济特送五百里外州军，刘颐、杨元老特分送三百里外州军，并编管。"以周才充发解监试，受刘光赇赂，用杨元老之谋，约以策卷中三"有"字为暗号，取放光之子颐改名宜孙及其孙济二名。既为赵甲经漕司告试院孔窍之弊，下遂宁府鞫得其实，具（按）〔案〕来上，从大理拟断。于是臣僚言周才、光等罪犯皆得允当，伯酉、自中、夤仲不合擅令周才干预考校，又听从取放，乞并镌罢。故有是命。32—33，p5579—5580

【嘉定十一年】十二月二十六日，礼部言："准《令》：'诸开科场，每三年，于二月一日降指挥许发解，令降诏。'照得四川解试，逐举用三月五日锁院，十五日引试。近降指挥，四川解试改用二月二十一日锁院，三月一日引试。所有嘉定十二年开设科场，窃恐降诏日分相逼。"诏用正月十五日。33，p5580

【嘉定】十七年四月二十五日，诏令刑部行下淮西转运司，将秦万全、夏蜇英、柯介然、林洙、林泾各特从徒二年，听赎，仍分送千里外州军编管。以刑部言："淮西转运司申，光州进士秦万全妄诉林应辰冒贯就试，群众打林应辰濒死，士人惊散，几坏科举。若以中州律之，合尽法科以徒罪编管。"故有是命。37，p5582

宋会要辑稿·选举一七·教授

【乾道二年】六月四日，诏："今后诸州教授不得理作实历亲民资序。其余堂除差遣，并依选仕法，许理当实历亲民资序。"臣僚上言："伏睹五月二十六日诏，今后诸州教授不得理作实历亲民资序，修入关升条。当日又承都省札子，考功供到：契勘知县资序人关升通判，除堂除宫观岳庙不许理当实历亲民外，其余堂除差遣，并依选任法许理当实历亲民关升通判资序。契勘国家立法，当要昭如日月，信若四时，使一定而不易。今来圣旨指挥教授不得理作实历亲民资序，而考功供到选任法，堂除差遣许理作实历亲民。万一将来有堂除教授备陈乞关升，猾吏欲不令关升，则引用五月二十六日指挥；欲使之关升，则引用选任法（除）〔许〕理作实历。如此则国家立法，适所以为猾吏舞文乞取之资用。欲望睿旨裁定施行。"故有旨于元降指挥内添入"其余堂除差遣，并依选任法，许理当实历亲民资序"。1—2，p5583—5584

【乾道】九年十一月二十四日，吏部言："近承指挥，堂除教授五十阙，并令吏部使阙。本部宜从尚书左选教授格法，选注曾试中词（举）〔学〕兼茂科、曾试中内外学官，先学官，次教官。殿试第一甲，及曾试上舍上十名，转运司类试第一名。旧法：太学上舍或公试上三名，国子监、开封府取解上三名，曾任太学辟雍、宗学官为等次，并不限资序、名次、考任、年甲、过犯，并先注应格数均之人，即以应格高下差注。若限内无应格之人，依旧再榜半月。又无应格人，虽磨勘改官唯注□县亦许，资次依太学旧法，曾升补内舍人，次曾任教授经任人，次进士上舍出身，并三十以上曾历任人。所准拨下堂除教授等员阙，今欲将格内自曾任太学、辟雍、宗学官以高下等应格之人两选同日通注外，其不应格法人，即先令尚书左选差注，候满一月，方许通差选人施行。若同日有官指射，即先差承务郎以上官。"有旨依。2—3，p5584—5585

宋会要辑稿·选举一七·武举一

仁宗天圣七年闰二月二十三日，诏置武举："应三班使臣、诸色选人及虽未食禄、实有行止、不曾犯赃及私罪情轻者，文武官子弟别无负犯者，如实有军谋武艺，并许于尚书兵部投状乞应上件科。先录所业军机策论伍首上本部。其未食禄人，召命官三人委保行止。委主判官看详所业，阅视人材，审验行止。试一石力弓平射，或七斗力弓马射。委实精熟者，在外即本州长吏看详所业，阅视人材、行止、弓马，如可与试，即附递文卷上兵部，委主判官看详。如委实堪召试，即具名闻奏，当降朝旨召赴阙，差官考试武艺并问策一道，合格即从试。其逐处看详官，不得以词理平常者一例取旨。如违，必行朝典。仍限至十月终已前，先具姓名申奏到阙。"5—6，p5586—5587

【英宗治平元年】四月九日，诏令诸路都总管、安抚、钤辖司："凡以武艺求荐，依三等格考试以闻。候到阙覆验，及上等者，弓步射二石，弩踏四石五斗力以上，更兼别事艺三般以上者，如并中，补借职；中等，弓步射一石七斗，弩踏四石力以上，更兼别事艺三般以上者，如并中，补差使、殿侍；下等，弓步射一石五斗，弩踏三石五斗力以上，更兼别事艺三般以上者，如并中，补披带班殿侍。如只有弓或弩，中书取旨安排。不中者，放逐便。已仕比类升擢。"10，p5589

【治平元年】八月十九日，枢密院言："近复置武举，以策略定去留，弓马定高下。弓步射一石一斗力，马射八斗力，各满，不破体，及使马精熟，策略、武艺俱优者为优等，与右班殿直；弓步射一石一斗力，马射八斗力，各满，但一事破体，及使马生疏，策优艺平者为次等，与奉职；弓步射一石〔力〕，马射七斗力，各满，不破体，及使马精熟，艺优策平者为次等，与借职；弓步射一石力，马射七斗力，各满，但一事破体，及使马生疏，策艺俱平者为末等，与茶酒班殿侍、三班差使；弓射二石力，弩踏五石力，射得，策略虽下而武艺绝伦者，未得黜落，别候取旨。凡头偃为破体。”诏可。11，p5589—5590

【熙宁】五年六月二十七日，枢密院请复置武学。诏选文武官知兵者充教授，凡使臣未参班并门荫、草泽人，并许召京官两员保任，先试验人材弓马，应武举格者方许入学。愿试阵队者，量给兵伍（隶）〔肄〕习。在学及三年，则具艺业保明考试，与等第班行安排。未及格者，逾年再试，凡试中，三班使臣与三路巡检、监押、寨主。白身试中，与经略司教押军队准备差使，三年无遗阙，与亲民巡检。如至大使臣，历任中无赃罪杖以上及私罪情理轻者，令两省或本路（铃）〔钤〕辖以上三人同罪保举，堪将领者并与兼诸卫将军。外任回，归环卫班阙。以尚书兵部郎中韩缜判学，内藏库副使郭固同判，赐食本钱万缗。12—13，p5590—5591

【熙宁五年】八月十七日，枢密都承旨曾孝宽言：“详定《武臣试格》：应大小使臣恩泽奏授得官，年及格合出官者，并于三等试条，各随所习事艺呈试。上等内七事，下等内八事，有试中一事以上，皆为合格，等第擢用。每年二月八日以前，具所应事艺，供家状开坐，于审官西院、（二）〔三〕班院投状，候次月具乞试人数申奏，差官同主判臣僚引试。内武艺即送武学试外，所试兵书大义、策略算计，并依春秋试文臣（僚）〔条〕贯。讫，其等第及封试卷，申枢密院看详。如得允当，即奏画，依条施行。如累试不中，或不能就试者，于出官合格岁数外更增五年。若授官日年已过合格，须授官及五年，方得依旧条，写家状读律讫，与出身。初任仍且与〔双〕员处监当。如有举主，方得升入亲民；无举主，即更展一任监当。如诸般劳绩升入亲民者，即依旧条。熙宁五年以前授官，见年十五以上，不能就试者，候年合格日，且依旧条施行。”从之。13—14，p5591

【熙宁六年九月十一日】，诏：“应御试武举人，御药院初考官撰策题。策入优等，武艺优等，与右班殿直；弓步射一石一斗，马射八斗，各满，不破体，及使马精熟，武艺次优，与奉职；弓步射一石一斗，马射八斗，各满，但一事破体，及使马生疏，武艺次等，与借职；弓步射一石，马射七斗，各满，不破体，使马精熟，武艺末等，与三班差使，减三年磨勘；弓步射一石，马射七斗，各满，但一事破体，及使马生疏，策入平等，武艺优等，与奉职；武艺次优，与借职；武艺次等，与三班差使，减二年磨勘；武艺末等，与三班差使。"14—15，p5592

【熙宁七年】十月二十三日，枢密院言："检会熙宁五年八月曾孝宽详定《大小使臣出官三等试格》内一项：'应已历任及诸色出身不该就试人愿试者，候得替亦许投状，除不许算钱谷并元系军班及武艺出职人更不试武艺弓马外，余并许乞试。'"诏今后武举使臣更不试策，其乞试弓马人，仍于元试中上添斗力，方许依条收试。15—16，p5592

【元丰元年】十月四日，诏兵部以《贡举敕式》内武举敕条，再于诸处索文字，删类成《武举敕式》以闻。17，p5593

【元丰】七年十一月十一日，诏："武举依进士试大义一场，第一等取四通，第二等取三通，第三等取二通，并为中格。"从司业翟（忠）〔思〕、（生）〔朱〕服（新）〔所〕定也。18，p5594

【元祐六年】五月十一日，诏："府监贡举敕考校武举内'武艺绝伦，策义不入等，而文理稍可采者奏裁'一节勿用。"18—19，p5594

【绍圣】三年四月十二日，诏依《熙宁贡举式》，诸武艺绝伦、策义不入等，并奏裁。19，p5595

【大观】二年七月二十七日，诏："诸州武士试补，与文士别场引试，马射九斗三上垛为五分，八斗三上垛为四分，七斗三上垛为三分，七斗二上垛为二分，七斗一上垛为一分。令学制局立法改正，马射八斗九斗、一上垛二上垛并与理作分数。"从前宿州教授胡（及）〔伋〕请也。20，p5595

【大观】四年八月十三日，诏："学校之法，天下奉行之初，设官属，厚饩廪，所以劝励趋向。及今累年，颇见就绪。武举旧来奏名三十人，武学三人，许免省试一人，量材录用，每举以官者三十四人。近以四海之大，人材之众，令以贡士每三人取一名为上舍，增至百人为额。比旧命官之数，计增两倍。积之累年，入流颇冗。兼近者所贡人数不多，若宽立额，所取既广，不无侥滥。况三人取一名，比之文士，所取分数大段隔远。可自今后，诸路所贡武士试上舍，以合格者取十人为上等，四十人为中等，五十人为下等，补武学内舍。逐等合格人不足者听阙。余不入等并充武学外舍。一、诸州昨因教养武士，专以都监窠阙选注武举呈试事艺及诸军教头出身人充，委以兼充教导。今详学制，教谕听与武士就学，质问《七书》兵法，即不令指教武士弓马事艺。除武学出身人可以通晓《七书》兵法外，其呈试事艺及诸军教头岂能通晓？不唯于学制违背，兼于差注实有妨碍。可今后诸州都监许先注武举及武士上舍出身人兼教谕外，余依近降指挥，遵依《元丰法》差注。其教谕阙，止委知、通于本州见任使臣内，选谙晓《七书》兵法人保明，提举学事司差兼；又阙，即依《大观三年正月二十五日朝旨》，对移武举及上舍出身人。"20—21，p5595—5596

政和元年正月二十六日，大司成张邦昌等言："奉御批学制局札子，将分拨到五路诸科解额二分一百三十人，并州学解额八十人，充京畿等诸路武士贡额，令诸路以指挥到日，在学人数每十五人、五路每十四人贡一名。寻取会修立到诸路武士贡额共一百六十九人，兵部具到已得朝旨，武学依文士存留科举三分，许在学三舍生并曾经在学已除籍人取应，并于贡额内除豁三分，永充解额。看详大观二年武举，依进士三分科场，系于武举旧解额八十人内取二十四人。今来若依兵部符，令本监于见立到一百六十九人数内除豁三分，即是合取五十一人，比之前三分发解，计增一倍以上，显属太优，兼亏损天下贡额，亦虑未便。今来欲于旧解额八十人数内除豁三分，以充武贡发解额。武举既已降指挥依进士例，在学武士不合取应。缘今次未有奏举人，欲依文士许入学而不因罪犯见系退黜之人取应，仍纽分数，每一十人解一名，无人可解则阙之。武士贡额，仍依所立一百六十九人之数下诸路。武举省试，旧来正奏名止三十人。自大观元年已后，所增多二十人，本为贡士。今来科举，于旧省试奏名额内除豁三分，充科举奏名。"诏可依国子监契勘到事理施行。22—23，p5596—5597

【政和元年】八月二十八日，大司成张邦昌等奏："检会《大观四年八月十三日圣旨》：'贡士入等者，自今与中等并留太学以俟殿试，其上等人遇唱名日取旨。'又准《大观重修武学令》：'诸贡士应补上等者，取旨释褐，中等俟殿试。'欲望武士上等依文士上等已降指挥，留武学以俟殿试。"诏并依大观四年八月十三日贡士等已降指挥。23，p5597

【政和】六年八月六日，礼部奏："昌化等军州学生陈善长、黄理、祥璨、覃德舆、吴拱状，为整会本路学事司，检坐《政和元年正月二十七日敕》，修立到本路武士贡额五人。照会武士既用本路元立武士额发贡，即是诸州解额内元桩留一分文士贡额充武士，自不相妨。本司指挥出给公据，贡发前来。今来本路诸州并不曾将一分武士额桩留，例各充贡人数，合行驳退施行。本路今勘当逐人所乞，难议施行。尚书省勘会，陈善长等并系逐州不合用武士桩留一分人额升贡前来，虽当驳退，缘系官司差误，自广南远地已贡到都，理可矜恤。"诏陈善长、黄理、祥璨、覃德舆、吴拱五人并特许升贡，参入辟雍，仍令学事司各理充逐州大比前一年贡额。23—24，p5597

【乾道二年】七月二十七日，中书门下省言："《绍兴重修贡举令》：'诸应武举被举人，限六月到阙。'承前多以七月中引试，自《绍兴二十四年指挥》定用八月十五日。今若令举人六月终到阙，恐在旅日久。"诏自今应举人并限七月到阙，限内不到，并不收试，余依见条。31，p5601

宋会要辑稿·选举一八·武举二

淳熙元年二月二十三日，兵部言："武举依逐举例，系八月初二日或初三日先试比弓马。今举系奏举二名，比前举增添数多，恐举人皆七月终到阙，不唯于比试弓马日逼，又恐内有诈冒，稽考违碍不及。乞依条于六月终以前到阙，如限内不到，并不收试。其被举人，往往于比试前一两日投下奏状，使有司仓卒难以辨验。乞自今须管于六月终前投下，如在七月一日已后，并不许收换。今举奏举增倍数多，若依例于八月初二日或初三日比试弓马，窃恐是日值雨泥泞，于引试程文日分相逼。乞从本部于七月下旬择日比试弓马。"从之。1，p5605

【淳熙】七年三月四日，宰执进呈兵部措置武举贡举补官差注格法，并从之。《武举贡举格》：绝伦，弓两石兼马射九斗力。策入优等、三平等，并依旧法，第一等弓一石一斗力兼马射七斗，第二等弓一石力兼马射七斗，第三等弓九斗力兼马射七斗。已上殿试合用马射，令就大教场内引试，宰执按阅。其补官差注格法，第一名堪充兵将官愿从军人，补秉义郎，差充三衙并江上诸军同正将，依正额人支破请给。到军及五年，无遗阙，愿离军者，除诸军计议官，任满，入诸路正将；第二、第三名堪充兵将官愿从军人，补保义郎，差充三衙并江上诸军同副将，依正额人支破请给，到军及五年，无遗阙，与转忠翊郎。州军监守臣荐举武举人，七年八月又诏自今内外各许奏举二名。至是，阁门舍人林宗臣言，乞诏有司宽保官之法，增其人数。上曰："来之欲广，择之欲精。"故有是诏。4—5，p5607

宋会要辑稿·选举一九·试官一

【绍圣元年正月】二十五日，右通直郎蔡安持言："《贡举敕》：'五百人以上差点检官一员。'既与考官分校,然以应黜试卷为中程,止坐点检官,而考官不坐,考官将无肯协心考校者。欲于《贡举敕》内改'点检'为'考试官'字,庶几条约均一,士无遗滥。"从之。20,p5631

宋会要辑稿·选举二〇·试官二

【乾道六年】十月六日,国子司业芮辉言:"本监补试已拆号发榜,所取试卷,宁国府汪琚于第七韵落韵,正系辉分考试卷内所取人数。欲望将汪琚驳放,仍将辉罢黜。"中书门下省检准《绍兴御试贡举令》:"点检试卷官专点检杂犯不考。"诏汪琚驳放,点检试卷官薛元鼎特降一资。21,p5645

【乾道七年】七月十七日,两浙路转运司言:"《绍兴重修贡举令》:'试院以本州通判监试,若无或阙,(若)〔差〕以次官。'今临安府府学罢通判,未审合差何官充监试。"诏差推官。21,p5645

宋会要辑稿·选举二二·考试

淳熙元年四月二十八日,诏:"《乾道七年十月二十三日指挥》,自今考试官并不许差知县,合于旧法内注文改'县丞不得差充考试官'为'知县不得差充考试官'。"1,p5657

【淳熙元年】六月九日,诏:"考试刑法官一员,于郎官卿监内差;点检试卷官三员,于在京职事官内差。依《绍兴二年七月指挥》施行。"知开州吴宗旦奏:"试大法官常附铨试,故事差大理少卿或刑部郎官一员充考试,正、丞、评事共三员充考校。比年以来,止差丞一员充考试,评事三员充考校。所出题目,语言太繁,使人迷惑,铺引错谬。乞自今依旧差少卿或郎官一员充考试,正、丞、评事共三员充考校。但曾任左断刑官,虽在别部他寺监,亦乞通差。所出题目,限以千字,直问法意,毋事诡谲。"故有是命。1,p5657

【淳熙二年】六月十五日,诏:"自今差充贡院帘内试官,并不得出帘外,干预帘外职事。如违,令本院长官觉察,具名闻奏,重作施行。"从国子监请也。2,p5658

【淳熙二年】七月十一日,诏:"自今国子生解试、补试,其合避亲并别院收试。其或避亲嫌官,不得差充别院试官。"2,p5658

宋会要辑稿·选举二三·铨选一

《两朝国史志》：吏部，判部事二人，以带职京朝官或无职事朝官充。凡文吏班秩品命令一出于中书，而小选院不复置，本曹但掌京朝官叙服章、申请、摄官、祠祭及幕（府）〔职〕、州县官格式、阙簿、辞谢，拔萃举人，兼南曹、甲库之事。南曹掌考验选人殿最成状而送流内铨，关试、勾黄、给历之事。令史九人，驱使官一人。甲库掌受制敕黄、关给签符优牒、选人改名废置之事。令史三人，驱使官一人。1，p5673

《元丰官制》：吏部左右选各置尚书侍郎、郎中、员外郎，分掌其事。1，p5673

《神宗正史·职官志》：尚书吏部掌文武官选授、勋封、考课之政令。凡分选有四：文臣寄禄官自朝议大夫、职事官自大理正以下，非中书省敕授者，归尚书左选；武臣（外）〔升〕朝官自皇城使、职事官自金吾街仗司以下，非枢密院宣授者，归尚书右选；自初仕至州县幕职官，归侍郎左选；自借差、监当至供奉官、军使，归侍郎右选。凡分职有三：封爵、赠官之事，则司封主之；赐勋、定赏之事，则司勋主之；官资、课最、名谥之事，则考功主之。凡应注拟、升移、叙复、荫补及酬赏、封赠者，随所分隶勘验法例，团甲以上尚书省，即法例可否不决应取裁者亦如之。若中散大夫、阁门使以上，则列其迁叙之状上中书省、枢密院，得画给告身，则通书尚书、侍郎及所隶郎官。1，p5673

宋会要辑稿·选举二三·尚书左选上

《神宗正史·职官志》：审官东院，旧止名审官院，及置西院掌武选，乃以为东院。官制行，归吏部尚书左选。2，p5673

【神宗熙宁】三年五月，诏以审官院为审官东院，置主簿。时置审官西院，乃降是诏。2，p5674

【熙宁三年】六月九日，诏审官东、西院之印各六字为文，令少府监铸造，送礼部给付。2，p5674

【熙宁三年】九月，审官东院言："看详川、广、福建皆属远官，欲乞今后到院合入福建京朝官，如有骨肉在川、广守任者，依入川、广人例，权免入远，与近地一任。只是于本院编敕内'入川广'字下，添入'福建'二字，'差遣官员见有同居大功已上亲'字下，以'在彼'二字

改为'川广'二字外，即别不冲改前后条贯。"从之。2，p5674

【熙宁】四年二月十七日，诏："审官院定差知州、军、监人，并当日具姓名申中书，次日赴中书审察堪任差委，即引见取旨。其应申奏磨勘到京朝官外任者，便于历任前贴出转官月日取进止，尽与转官或展年。除中书入熟状取旨，在京者依此进画，更不引见。应有将转官或减二年已上磨勘酬奖，愿换堂除差遣，并听施行。如曾任升擢差遣因罪降黜者，并送审官院，与合入差遣。"从中书编修条例所定也。2，p5674

【熙宁】五年五月四日，诏："增中书、审官东西、三班院、吏部流内铨、南曹、开封府吏禄，其受赇者以仓法论。"3，p5674

【元丰】二年十一月十二日，知审官东院陈襄乞委本院官重定本院敕令式。从之。3，p5674

【元丰】三年正月五日，御史舒亶言："铨院事无正条，止凭吏人捡到例，因缘或致奸弊，乞委官以例删定为例策。"诏铨院合施行事，并编入敕令格式。3，p5674

【元丰三年】七月六日，上批："早进呈审官东西、三班院为本系尚书省职事，只令用公牒往还。缘司农寺、群牧等司亦皆六曹职事，今乃独许三处不用近降（旨）〔指〕，若非朝廷特委，随见今主判为废已行之命，则取此舍彼，殊失均直之道，未知所以。"先是有旨，审官、三班院于吏部皆用申状。中书以为不当申，衹当用牒。后再进呈，审官东西、三班院、司农寺、群牧司等皆用申状。3，p5674

【元丰】四年二月十三日，诏："审官东院所请重详定令敕，并归官制所。"3，p5674

【元丰四年】十一月二十五日，宝文阁待制何正臣言："伏见朝廷比以远官迎送之劳，特于八路立法差注。计之八路，蜀为最远，仕于其乡者，比他路为最众。今自郡守而下，皆得就差，而一郡之中，土人居其大半，僚属既同乡里，吏民又其所亲，难于徇公，易以合党。乞收守令员阙归于朝廷，而他官可以兼用（士）〔土〕人者，亦宜量限分数，庶几经久不为弊法。兼闻本路差注往往未至尽公，盖缘地远，朝廷不能遍察，而审官、吏部所见，不过文具而已。仍乞八路凡有员阙及遇指射，皆使提点刑狱司通知，如有情弊，亦许取索点检闻奏。"诏八路差官，自今委提点刑狱司逐季取索点捡，如有违法，具以闻。仍令中书本房立法。3，p5674—5675

【元丰】五年二月一日，诏："吏部拟注官过门下省，并侍中、侍郎引验讫，奏候降送尚书省。若老疾不任事及于法有违者，退送改注。仍于奏钞内贴事因进入。"3，p5675

【元丰五年】五月，改审官东院为吏部尚书左选。4，p5675

【哲宗元祐元年闰二月】二十八日，诏："八路知州、通判、签判、监司属官、承务郎以上知县、大小使臣员（关）〔阙〕，并归吏部差注。内接送人合支顾钱者，并合只差兵士。内有专条并奏差，及一时（旨）〔指〕挥，及其余阙，并水土恶弱及自来差摄官处，并依旧。"4，p5676

【元祐】二年八月十六日，三省言："应曾历省府推判官、台谏、寺监长贰、郎官、监司人并合堂除，而知州军阙少，每于吏部取差，有妨本部拟授。"诏以前后条参酌，使两不相妨，立法以闻。于是以知州军阙一百四上朝廷，以九十八分吏部。4，p5676

【元祐】三年十一月四日，三省言："在京堂除差遣累有增改，而吏部阙少官多。今裁定寺监主簿、太常寺太祝、奉礼，光禄寺太官令、元丰库、牛羊司，京东排岸司，诸宫院教授、太康、东明、考城、长垣知县，并吏部差，俸钱依在京分数。"从之。4，p5676

【元祐】四年八月二十六日，吏部言："比诏内外官司举官悉罢，令本部立定合举官处。今请尚书（在）〔左〕选除榷货务等仍旧举官外，左右厢店宅务、文思院、太常寺协律郎、内酒坊、法酒库、作坊、八作司、通利军使、准备勾当、市舶司、经抚库务等；尚书右选除都大巡河及御厨等仍旧举官外，法酒库、内酒坊、街道司、作坊、八作司、便钱博易务、排岸司、都监、巡检、军使、知县、监修营房等；侍郎左选职官、令录、判司簿尉并凤翔司竹监、独员县令、城寨主簿、监当、县尉等；侍郎右选武学学谕、巡检、寨主、催纲、押纲、文思院、作坊、八作司等，城寨军使、知县、县尉、巡检、监押、巡防、勾当公事、指使、准备差使、部役、押队、退背河埽、催纲、监当等，并从本部注拟。"从之。4—5，p5676

【元祐五年】八月二十二日，吏部言："官员犯私罪，若老疾差替者，依近敕便令罢任外，其公罪差替并候替人，愿罢者听。"从之。5，p5676—5677

【元祐】六年五月十八日，吏部言："按《条》：'官员不因罪犯体量离任，注谓举辟及对移、就移、避亲、丁忧、罢任之类。别授差遣，各愿补满前任月日者听。所补不及二年，愿再满一任者亦听。'看详：条元无'对移'之文，亦无添入意义，所有'对移'二字殆为虚文，今欲于注文内除去。"从之。5，p5677

【绍圣元年五月】十五日，门下中书后省言："奉诏按《元丰选格》，参以旧制，裁定堂除。今请沂、博、唐、口、濮、怀、卫、洺、通、泰、滁、和、舒、汉、解州、淮阳军知州军，荆南、应天、河南、大名、成都府、郓、杭州、成德、永兴军通判，左藏南北库、元丰库，系元祐后来收入中书省差人，欲复归吏部差注。"诏左藏南北库、元丰库并解州知州，仍旧中书省差人，余并从之。其《吏部选格》，令本部看详，具未尽未便事理申尚书省。6，p5677—5678

【绍圣元年】七月六日，吏部言："本部选阙，旧法不限名次，并校量功过分数优劣定差。后来改立选法，只用名次，致有功人或在无功人之下，有过人或在无过人之上。欲更下有司，以前后条制参酌修立。"诏令吏部四选同看详门下中书后省所修分数选格有无窒碍，具合增损申尚书省。6，p5678

元符元年二月十五日，吏部言："林希乞八路员阙用熙宁、元丰旧条，并绍圣新制，一处参酌，修完成书。诏令吏部四选同共编修。今乞将川峡、福建、湖南路季阙并去替一年使阙。"从之。6，p5678

【元符】二年四月四日，朝奉郎檀宗旦言："熙宁八年差官条，见任官去替一年内，许在任指射差遣。乞依熙宁旧制。"吏部看详："除广东西、夔州路已令在任指射外，请将五路合使员阙去替半年，依旧制许在任指射。"从之。6，p5678

【政和】五年四月二十九日，诏二广、四川沿边处不注授宗室女夫，令尚书省立法。8，p5680

宋会要辑稿·选举二三·尚书左选下

政和七年三月二十四日，诏："成都府、利州路州军县镇文武等官，多阙正官，内成都府路见阙一百三十余员，利州路见阙六十九员。或已拟差，避怕川远，故意迁延一年已上，更不赴任。或久阙正官，时下差官权摄，一切职事悉皆苟简，课入亏失，良民受弊。仰吏部将前后川任之官条格，参酌立为永法，限半月上尚书省，取旨施行。"9，p5681

宣和二年八月九日，吏部奏："检准《政和五年六月十一日敕》，勘会还堂阙，自来虽有吏部已差下替人，若未及半年便行冲罢，显属非辜。得旨，今后合还堂阙，如有已差下替人未及一季，朝廷使阙差人。勘会已差下人，虽未及一季，亦系冲罢。"诏："今后应还堂阙，未还堂以前已差下替人，许令赴任，后来却还堂一次。"10—11，p5682

【宣和二年八月】十九日，中书省、尚书省言："送到吏部供到下项：一、元丰年选人，曾任下项窠阙：太学博士、正、录，律学博士、正、录，国子监博士、正、录，武学博士、正、录，大理寺司直、评事，秘书省正字，（刺）〔敕〕令所删定官，国子监书库官。二、见今选人任在京窠阙下项：秘书省正字，辟雍博士、正、录、直学，太学博士、正、录，国子博士、正、录，武学博士、正、录，律学博士、正、录，大理寺司直、评事，敕令所删定官，国子监书库官，吏部架阁文字及户、礼、兵、刑、（二）〔工〕部架阁文字，编估局划刷折抄官，打套新法香药，开封府学博士，河南、河北诸石炭场，京西软炭场，抽买石炭场，丰济石炭场，城东新置炭场，医药中惠民局，管勾礼部贡院，平货东场（平货东场）交易官，在京都茶库，大观东库，大观东库门，大观西库，大观西库门，封桩竹木务东场，封桩竹木务东第二场，封桩竹木务西场，皇后宅小学博士，睦视宅宗子学正、录，睦亲北宅宗子学正、录，睦亲西宅宗子博士，周王宫宗子学正，广亲北宅学正，广亲南宅学正，尚书吏部官告院善利门，管勾专一入明盐事，作坊料物库门，作坊料物库，东作坊库，西作坊门，金耀门，文书库，开封府架阁文字，西南北抵当所，东退材场，管勾监辖炒造丹粉所，在京裁造院，东永丰仓门，在京木炭场，京东箔场，京东抽税、竹木、箔场、皮角四场库，管勾外排岸司，麦料下第八界，军器监准备差使，粳米上第八界，粳米下第八界，文绣局，天驷监仓草场，麦料上第二界，安肃门，广利门，籍田令，榷货务，军器什物库、太社局令、城西炭场、大理寺习学公事选元丰选人窠阙并学官，并依元丰法差。管勾六曹架阁文字并罢，令本部末曹郎官兼领。打套新法香药并归（权）〔榷〕货务，官吏更不差。编估局划刷折抄官物，并为一局，差文武升朝官各一员。余并抄钞吏额，令尚书省措置存废。内合存留官，止差京朝官、大小使臣。"11，p5682—5683

【宣和三年】九月十六日，吏部尚书宇文粹中奏："乞令逐路州军委通判、司录或曹官一员，专置文簿，驱催应见任新差官职位、姓名、到任年月日，若有诸般事故违年之类，并限当日申本部，照会使阙差注等。看详已有条法，并不须立文。今拟修下条：'诸命官到罢事，故元官限满不赴，同。已申尚书吏部者，限三日再申，仍委通判或曹官专一置簿销注，转运司每季取索点检。'"从之。11—12，p5683

【宣和】六年闰三月六日，臣僚言："唐太宗省内外官，定制为七百三十员，曰：'吾以待天下贤材，足矣。'今四选无虑一万六千余阙，而（当）〔常〕有员多阙少之患者，其害有二，有委法弗守，鬻法弗惩，公攘、阴夺之害。诸奏辟官不许权升职任，并冲移已差注替人及半年者，此法也。自今乞应辟官并遵守成法，不许冲移已差注及半年人。违法奏差，许吏部执奏不行，则公攘之害除矣。诸州员阙并以三状：一廉访所、一吏部、一御史台，使吏无所隐，则阴夺之害除矣。"从之。12，p5683—5684

【钦宗靖康元年】七月二十八日，诏吏部四选将逐曹条例编集成（删）〔册〕，镂板印卖。从尚书莫俦之请也。12，p5684

【绍兴】六年五月十四日，吏部言："勘会尚书左选官员责降，或缘罪犯到部合入远小差遣之人，依法以去京千里为远，州以二万户、县以五千户为小。今驻跸两浙，其合入远小差遣人，乞依侍右申请到比附《绍兴令》，权以在行在处千里为远，州以军事州、县以下县为（水）〔小〕，候还阙，及户部取到户口帐籍，并依旧。"从之。14—15，p5686—5687

宋会要辑稿·选举二四·铨选二·审官西院·尚书右选

【神宗元丰】三年正月五日，御史舒亶言："铨院事无正条，止凭吏人检到例，因缘或致奸弊。乞委官以例删定为例策。"诏铨院合施行事，并编录入敕令格式。2，p5693

【元丰】五年五月，改审官西院为吏部尚书右选。2，p5693

【徽宗崇宁】二年二月二十九日，吏部侍郎刘拯等札子："臣等（切）〔窃〕详旧法，主兵使臣内地以三十个月，陕西、河东城寨以三年满替，所以重边任也。监当以三年，水土恶弱处以二年满替，所以优恤瘴疠之地也。元祐七年，因右侍禁陈师式乘朝廷欲变乱法度之隙，徼幸速理资任，奏乞但以三年为任者，并以二年或三十个月为任，于是差遣不以亲民，监当事务不以缓急，水土不以善恶，但理正亲民资序者，一例以三十个月为任，甚无谓也。臣等欲乞冲改不行。"诏依旧法。2—3，p5694

【政和】六年十一月二日，诏："武臣自今应杂流入仕迁至横行者，其恩数、请给、奏荐等，并依武功大夫法，著为令。"3，p5694

【政和】七年二月十二日，吏部尚书张克公奏："伏睹修立到《吏部四选通用令》：'诸路沿边不得注授宗室女夫。'窃详立法之意，盖为不欲宗女远涉烟瘴之地，而其夫或怯懦，有误任使，遂行禁止。然其间实有武略，练习兵机，曾立战功，及累经边任之人，因娶宗女，遂屈之内地，诚为可惜。欲乞宗室女夫曾立战功及曾沿边两任无遗阙，除二广、四川外，应三路沿边，并许注授，使实有材武之人，得以自效。"诏依所乞，仍于元条内添入"有战功非"。3，p5694

宣和二年七月七日，臣僚上言："比者诏令数下，有所厘正，率由旧章，至训敕在位，冲改元丰法制，以大不恭论，甚盛德也。然有司奉成法，虽知其或戾，不敢辄请。臣请粗陈一二。谨按：吏部右选知州阙，《元丰格》率注知州人，虽有曾历或实（立）〔历〕两任与一任之文，要之，知州人见知州阙，即得射也。至资序之深浅，功过之多寡，下状虽众，差注自有本法。崇宁改格，唯四十五处远小依旧，又多朝廷取阙为谪降之地，其余并注曾实历知州资序人。夫必待曾实历人，设偶无之，则榜阙虽久，初任合入知州者终不得指射。又其尤远小烟瘴处，《元丰格》内取通判、知县人者方许注知州人。既非本等人愿就，而以次人，亦须俟经三集两集乃注，滞阁可知也。通判阙，《元丰格》虽有注曾任一任知州及第二任通判之文，然间曾历一任知州及钤辖、大藩通判者，青州一处尔；但注知州人者，成都府一处尔，注知州两经集注第二任通判者，十处尔。其佗则本等人见阙皆可射也。崇宁改格，除青州略同外，但注知州人者二十四处，注知州三经集方许注第二任通判人者一百二十三处，注知州及第二任通判人者两经集方许注初任人者四十三处，注本等人者才三十二处尔，又皆远小烟瘴，非本等人所愿就也。夫榜阙而本等人睥睨不得射，纵其得射，又三两月而后可。若权住刷阙，则又展月矣，至有百余日而不注者，臣惧夫贤愚同滞也。二者之利害较然。方今减罢创局，裁省冗员，镌损宫观差遣，吏之集于铨部者不可胜数。如此等弊，政为急务。兼契勘诸路知县阙，因《崇宁格》差注不行，《政和七年十月敕》：'许不以资序通行差注。'文虽小异，实《元丰法》也。独知州、通判格尚未仍旧，安有事同而法异乎？"诏依元丰法。3—4，p5695

【绍兴】三年二月二十八日，枢密院言："近准指挥，堂除阙并拨归吏部。契勘下项阙未有立定差法，乞今御厨、翰林司、仪鸾司、牛羊司依《元丰令》，先注亲民，次监当人；权干办金吾街仗司，先注武功至武翼大夫亲民资序人，次注大使臣经两任亲民人；行在诸司监门，欲依立定行在仓场库务监门已得指挥，先注亲民，次监当人。"从之。5，p5696

【绍兴三年】五月七日，吏部尚书洪拟言："本部大使臣守城随军，被赏转官减年，依《元丰格》，并作材武人注授差遣。近大使臣到部，有随军被赏补官者，亦乞指射材武窠阙。缘旧法未有此条，欲乞应随军被赏补官者，并与比仿随军被赏减年磨勘材武条格。"从之，仍照会《绍兴二年十一月一日已降指挥》。先是，绍兴二年十一月一日，吏部尚书沈与求言："近武经郎王寿元随军差使，充掌管降赐库物帛，乞指射宣州兵马都监。（切）〔窃〕详法意，随军被赏，谓出戍经战之人。若使收支官物、抄转簿籍者一例将作材武，委是太优。欲乞告示王寿指射非材武窠阙，仍今后似此等人，准此施行。"从之。5，p5696—5697

【绍兴五年】八月十六日，吏部尚书晏敦复言："尚书右选差注系选窠阙，依元丰旧法，合通较官员出身、历任功过、负犯，以优者定差。缘渡江之后，为官员去失印纸，遂权宜申请，只用前一任定差。昨元丰旧法已修为《绍兴令》，其敕令所又将许只用一任指挥修为永法，显见与通行较量条法相妨，乞删去。"从之。6，p5698

【乾道六年】四月十日，吏部状："准《乾道六年三月十九日敕》：'将应离军注授添差指使、巡检下使臣、岳庙之人，并令具钞，候画闻下部日，吏部出给差帖，当官给付。'本部勘会前项指挥，照得止为小使臣、校尉。缘本部尚书右选大使臣离军注授添差准备差使、巡检下使臣，听候使唤不厘务，并到部注授诸军及监司、帅司添置准备差使，并注授岳庙之人，即未有指挥该载明文，窃虑亦合一体，伏乞朝廷指挥。"诏依侍郎右选已得指挥施行。8，p5699

宋会要辑稿·铨选三·流内铨

太祖建隆三年八月，诏："吏部流内铨选人并试判三道，只于正律及疏内出判题，定为上、中、下三等。其超降准元敕指挥，仍限敕出后一年，依此施行。流外出身不在此限。"9，p5700

【建隆三年】十月，诏："铨司与门下省官考定旧格及前后制敕，要当条约堪久行者，余皆（册）〔删〕去。"有司言："参定《循资格》一卷、《长定格》一卷，并入格及删去外，见行敕条共二十二道，编为一卷。"诏选人三十以下，依旧不得入令、录，余并依，仍付所言。9，

p5700

开宝六年七月，诏翰林学士卢多逊、知制诰扈蒙、张澹等重详定吏部流内铨《循资格》。从澹之请也。9，p5700

太宗太平兴国二年十二月，诏曰："流内铨常选人所试判，自来不较臧否并判下者。自今选人所试判三道，定为四等：二道全通，一道稍次，而文翰俱优者，为上等；一道全通，二道稍次，或二道通，一道全不通，而文翰稍精者，为中等；一道通及稍次，二道全不通，或三道全次，而文翰无取（省）〔者〕，为中下等；三道全不通，而文翰纰（者）〔缪〕者，为下等。判上者即与超一次注拟，如入职事官即不超资，与（如）〔加〕一阶；判中者即依资注拟；判中下者，注同类官，黄衣人即除一资，如初入令、录，止于令、录内降一资注拟，至下州下县不降；判不及全不对者，落下殿一年，候殿满日赴集。凡两经试判皆中下者，拟同类官。"9，p5700—5701

【淳化】四年二月，以磨勘幕职州县官院为考课院。10，p5701

仁宗天圣元年九月，流内铨言："准《太平兴国二年十二月敕》并《景德三年三月指挥》，看详上件条贯，所定刑名通与稍次及不通三等体式未明，致考较之时，难于区别。今欲乞以每道刑名全合者为通，刑名及七分者为粗，不及三分者为不。仍于逐卷头定词理书札优、稍优、次、低次、纰缪，为五等：以二通一粗而词理书札俱优者为上等；一通二粗或二通一不，而词理书札并稍优者为中等；三粗及二粗一不、二不一粗，而词理书札俱次或低次、纰缪者为中下等；三不而词理书札俱纰缪者为下等；其全无词理者，纵刑名通、书札优，亦只入中下等。其上件四等，超资、加阶、循资、降资、殿年并依旧例外，更取判中下内二不一粗及词理书札俱低次、纰缪者，并注久缺官处，所冀稍申旌别，以合旧规。"从之。10—11，p5702

【庆历四年】二月，命天章阁侍讲曾公亮删定《流内铨条贯》。12，p5703

【治平】三年五月，吏部流内铨进《铨曹格敕》十四卷，诏行之。12，p5703

宋会要辑稿·选举二四·铨选三·侍郎左选

【神宗熙宁】五年闰七月，诏吏部南曹并入流内铨。初，吏部别有判官二，兼判南曹，掌考验选人殿最成状而送铨，及关试、勾黄、给历之事。于是判铨许将等请省南曹入流内铨，故有是诏。12，p5704

【元丰】三年正月五日，御史舒亶言："铨院事无正条，止凭吏人检到例，因缘或致奸弊，乞委官以例删定为例策。"诏铨院合施行事，并编入敕令格式。亶又言，天下选人名在吏部者且万人，索其家牒，以式注籍。13，p5704—5705

【元丰三年】八月十四日，诏吏部流内铨自今称尚书省吏部。13，p5705

【元丰】五年二月一日，诏："吏部拟注官过门下省并侍中、侍郎引验讫，奏候降送尚书省。若老疾不任事，及于法有违者，退送改注。仍于奏钞内贴事因进入。"13，p5705

【元祐元年四月四日】，诏："应合试选人年五十以上、历两任，六十以上、一任，无赃罪及私罪情重，并今任非停替者，并与免试。"13，p5705

绍圣元年闰四月七日，右司谏朱勃言："元祐变法，选人改官，岁限百人，而有司奏请作三甲引见，以三人为一甲。积累至今，待次者亡虑二百八十余人，率二年三季始得引见。请以《元丰令》详酌增损。"诏："引见磨勘改官人，权依《元丰令》五日引一甲，每甲引三人，每年不得〔过〕一百四十人。俟待次不及百人，取旨。"14，p5706

【绍圣】二年正月二十五日，中书省言："制敕库修例到得替若荫补、进纳及应举出身、假官京府助教，并得替合注官者，每春秋试时议三道，或《刑统》大义五道，或断案二道，断案七分以上，时议、《刑统》、经义辞理俱优，（马）〔为〕优等；断案六分以上，时议两通一粗，《刑统》、经义各四通，为中等；断案三分以上，时议两通，《刑统》、经义各三通，为下等。即历任有举主五人、摄官初到选、散官权官归司年满，新及第者并免试。每百人就试，取优等一人试卷，申纳中书省，取旨推恩。上等二人，第一人循一资，余人占射差遣。承务郎以上减一年磨勘。中等五人，并不依名次注官。承务郎以上与近地，升一年名次。余并下等，注合入官。"从之。14，p5706

【绍圣三年】七月四日，吏部言："准敕，引见改官人权依《元丰令》，五日引一甲，每甲引三人，不得过一百四十人。今准敕每甲权添二人。本部看详，既依今降指挥，五日引见五人，其至岁终，难以限定人

数。所有前降指挥每年不得过一百四十人，合行冲罢。"从之。14，p5706

徽宗崇宁二年五月二十三日，吏部侍郎刘拯等奏："今后不经部注授差遣，不显存亡及十年者，并移入别籍根究施行。并吏部供到《长定格》：'诸色选人除本选数及隐忧停集外，过格十年已上者，于吏部南曹投状，准格敕磨勘，依旧例召清资朝官保明，委无伪滥违碍，即与送铨，降两资注拟；如无资可降，（江）〔注〕边远同类官。其过格二十年已上者，铨曹不在施行之限。'"诏依《长定格》施行。如十年不到部，与降一官；十年已上，别置籍拘管（限）〔根〕究施行；二十年已上，并落。15，p5707

【崇宁】二年七月八日，吏部奏请今后选人纳（却）〔脚〕色外，更令依熙宁式样，别供家状册子。从之。15，p5707

【崇宁】五年十一月三日，吏部尚书虞策奏："检准《【敕】》节文：'愿补满前任者，到任三十日内申。'又准《诏令》节文：'乞用恩赏注阙而别选缺者，听留后任收使，授告敕五日内自陈。'缘外官多不知吏部合用条令，偶出违上件日限，吏部便将合得恩赏又补满前任指挥更不施行。欲自今后出违上件日限，并只降名次，违十日，降一月，违一月已上，降一季。其补满前任及曾用恩赏改任收使指挥，自依旧。"诏："愿补前任者，到任限半年；用赏注阙而别就选阙者，听留后任收使，授告敕限一月内（中）〔申〕陈。"15，p5707

【政和】三年正月二十七日，吏部侍郎刘焕奏："检会本选《令》：'恩赏循资者任满赏，非幕职官奏举县令及别领职任人，与就任改正资序，余取射缺状移注。'今来曹掾官若有该恩赏循资，虽未有就任改正之文，缘上件员阙皆许从事郎以上及令、录、判、司通注。今相度欲将在任曹掾官该恩赏循资之人，并《令》就改正资序。"从之。15，p5707—5708

【政和三年】十月十八日，吏部侍郎刘焕奏："本选近承朝旨编类选人名籍，已分姓编排逐人乡贯、三代、〔年〕甲、出身、循资、历任、举官、功过，立定草沓，修成四百册。本选郎官刘绛日（冢）〔逐〕自早至（幕）〔暮〕，虽休务，切督人吏，编成案沓，录写净册了毕。本官委日宣力，伏望优与推恩。"诏刘绛依郑绛例转一官。15，p5708

【政和】五年十二月五日，吏部侍郎刘焕等奏："承《吏部左选令》：

'诸非本部注拟之官，而被旨送部与合入差遣，或因体量负犯到部，其资序远近，并依本部条法。'本部契勘，选人非本部注拟，如被旨送部与合入差遣之人，即未有明文。今欲乞依左选法，并依本部条法施行。"从之。15—16，p5708

宣和三年四月二十七日，中书省言："吏部状：《宣和二年十二月二十日敕》《政和八年三月二十日尚书省札子》，检会诸路买纳盐场官并（般）〔搬〕押盐袋官，自来合本路提举盐香司举辟去处，并权货务管押号簿使臣，及昨来新置盐仓盐官，其间阙并改作堂除。今后且令逐处依元降朝旨辟官施行。（二）〔三〕月二十六日，诏听具名申尚书省差。又札子，奉御笔：今后遵依元丰四年七月二十八日诏书，内外举官悉罢，令尚书省依仿元丰旧制，措置闻奏。恭依御笔，体仿元丰旧制，措置到欲依下项。数内一项：'元丰四年后来创置奏举窠缺，今措置除事（于）〔干〕陵寝欲特存留依旧奏举外，余并罢归吏部。'内缘新法差官窠缺，仍具名申差等，并堂除。检会《宣和元年五月十二日敕》：'勘会诸路罢举内事干新法，合朝廷差人窠缺，如朝廷未差人间已入使阙条限，诏令吏部别立选法出榜，限五日召人指射，具应选最高人拟定，申尚书省。'又《敕》：'勘会上件窠阙，既指射之人应选别无违碍，若更申尚书省听候指挥差注，显属往复留滞。诏令吏部四选将应选（择）最高之人便行差注。除依已得指挥，十二月十七日诏应事干新法，朝廷差人窠阙已入使阙条限，依《宣和元年十月十六日指挥》施行。如满一月无人愿就，申尚书省。'今其温州永嘉、双穗买纳盐场、策密过满阙等三阙，勘会上件阙已是限满，依上件指挥，合中朝廷候指挥。"诏："应事干新法合朝廷差人窠阙，已系过满见阙及已入使阙条限，如经一季，别无关报到朝并吏部已差人指挥，令元辟官司踏逐，除犯赃私罪人外，余并（时）〔特〕许具名奏差。候到，仰吏部限五日拟差。其差钞盐路分，自来私盐多处，巡尉令盐御司同提刑司踏逐有武勇人，依此奏差。余依已降指挥。"16—17，p5708—5709

【绍兴四年】五月三日，吏部侍郎刘岑言："选人丁忧、服阕，旧来但曾到任，本部作历任人，与免试恩例。今《绍兴新书》乃称历任为二年以上，寻取会系用元丰本选人修定。缘旧法止是京朝官，难与选人一例混同。欲乞将历任为二年一节，依元丰旧制，厘为《尚书左选令》。所有选人历任，亦乞依旧法，以但曾到任人，即与前项恩例。"从之。19，

p5711—5712

【绍兴六年】九月二十七日，吏部侍郎晏敦复言："检会《八月二十二日指挥》：'小使臣校尉任诸州窠阙，并诸路属官到任、任满应有酬赏。'自来系监司保奏，以兵火之后，往往州军一面保明申部。若更取会，决致迁滞，可与审实，依条推赏。今侍左选人到任〔推〕赏，未有该载，乞依侍右指挥施行。"从之。20，p5713

【绍兴】八年九月三十日，吏部侍郎晏敦复等言："诸州录参、司理并系狱官，内司理已许注经任或历任二考以上人。今有录参兼司户处，依《绍兴令》（玄）〔差〕注初入官人，委是轻重不伦。今欲将应诸州兼录参、司户去处，差注经任或历任成二考以上，不缘犯罪罢任之人，一等衮理名次差注。"从之。20，p5713

【乾道】三年正月二十八日，吏部状："近承《乾道二年八月四日敕》节文：'今后应奏补出身，更不许用补授及三年、年三十免试参选，仍自今降指挥日为始。'见行遵守外，窃详未降指挥之前，本部有初出官选人，用上件恩例已参选判成，见待次，及已注授差遣未上钞之人，乞许酌指挥施行。"诏令吏部放行。23，p5716

【乾道三年】十一月二日，大礼赦："旧法：'初官补授及三年，并年三十到部，与免试。'自近降指挥，并须铨试，方得参部。其间有年及五十以上之人，令吏部权与放就残零阙参部一次。"24，p5717

【乾道】八年七月一日，吏部员外郎钱佃言："遇有应入远小处窠阙，循见行格法，川、广、福建为远地，其小处窠缺，依本选旧法，诸州二万户、县五千户以下并为小处。本选遇有应注小处窠阙之人，（阙）〔关〕会户部，往往皆一万户以上，兼逐县言亡数目，皆称帐状未到，致差注不行。伏睹《尚书左右选、侍郎右选续修参附令》：'诸差注应入远小者，去阙下千里外为远，州以军事、县以下县为小。'欲乞比附三选条法差注施行。"从之。25，p5718

宋会要辑稿·选举二五·铨选四·三班院

【咸平四年】六月，诏："三班院使臣应经磨勘已转班行者，改转后七周年再与磨勘。其供奉官、侍禁、殿直、奉职若补班行及四年以上，借职三年以上者，并依例与磨勘。所有曾经磨勘转不得者，候住程一次回起，自磨勘日后及三年以上，再与磨勘，后亦依例七周年，更与磨勘。所有已经磨勘不转者，及得指挥更一次差遣者，并三年后更与磨勘。若更不转者，即候三年后更与磨勘。所有元得指挥依例差遣者，即七年后更与磨勘。"1，p5721

【咸平】五年正月，诏："自今都巡检差供奉官，或遇少供奉官时，即差历事有武勇侍禁。内地州府兵马监押、巡检、同巡检，差殿直已上；远地小处州军监押、巡检、同巡检并广南小郡知州，差奉职以上；缘边小可城寨监押，如有曾立边功借职亦差，余依本院旧例施行。其内地小可县镇及漳、泉、福建、荆湖、江南、两浙远地州军，元不系屯驻禁军去处，即拣选奉职内有人材勇，或经历勾当得事，堪任监押、巡检差遣者，品量定差。"1，p5721—5722

【景德】四年闰五月，诏："诸路转运司，仰体量应部中使臣内委实有所能事件者，仰（其）〔具〕姓名、勾当、所能之事分析，同罪奏举。仰枢密院候（泰）〔奏〕到，逐旋送三班院，令置簿记名，及于脚色下（子）〔仔〕细抄上，候差遣时，将此照证，品量差遣。所有曾犯入己（职）〔赃〕使臣，如经七年，显有劳绩，仰具事状以闻，当议却与依例磨勘差遣。若是经十年，虽无劳绩，别无赃私罪犯者，亦与磨勘引见。"2，p5723

【大中祥符】二年五月，诏："应收补到臣僚弟、侄、儿、孙充班行者，内有年未及二十，虽年二十以上未任差使者，并未得与差遣。令本院常切体量，候堪任勾当，即依例差使，无令出外勾当不前。"3，p5723

【大中祥符二年】十月，枢密院言："三班使臣在外有过冲替及降任者，皆候替人，动逾岁月，所厘事务益复堕紊。请自今诏命到日，即令离任，择官权莅其事。"从之。3，p5723

【大中祥符五年七月】二十一日，诏三班院："自今磨勘或非次引见使臣，内有与改转者，并于申枢密院状内，坐举主职位、姓名，兼具举奏年月。"3，p5724

【天禧】三年二月，诏三班院："自今抽到开封府正名前行充勾押官，候及五年，若守阙，前行充勾押官，即候及七年，并奏取指挥。其本院递迁前行，候及三年，从上转补一名，充押司官。所有转上前行阙额，更不补填。其官押司候及三年，如有勾押官员阙，即与递迁。充勾押官候及七年，奏取指挥。仍自今后依旧只以十一人为额，补置勾押、押司官各一人、前行二人、后行七人，即更不于别处抽人充勾押官。如是非次有押司

官、勾押官员缺，须候及定年限，即得改转。"3—4，p5724

【天禧三年】十一月，三班院言："先准《诏》：'应使臣差遣去处、职位、姓名，自今每岁于四季月一日进纳一本者，自后院司遵行。'昨该汾阴改转后，至今例该磨勘，日逐行遣，文字甚烦。欲乞依流内铨州县官季帐例，每半年一度，具状进纳一本。"4，p5724

【天禧三年】十二月，诏："应见勾当事殿直已上至供奉官带阁门祗候，自今及五周年未转迁者，不以在京及差遣出外，并令枢密院磨勘逐人历任功过，进呈取旨。若赦前已及五周年，并赦书降后其计赦前年限及五周年者，并依赦书磨勘。见在外任勾当者，令都进奏院移文告示。"4，p5724

仁宗天圣元年六月，诏："自今初任监当使臣得替到阙，委本员取索印纸勘会，若在任别无赃私过犯不了，即候短使足日，与监押、巡检。如或内有巡辖马递铺一界，孳生马驹数少，抛死及二十匹已上，并监场务所收课利亏少三分已上，及诸杂勾当使臣若因公事但系私罪断遣，不拘曾与不曾责罚，候短使足日，与合入远处监当。如再任依前不了，亦依此施行。"4，p5725

【天圣】四年二月，诏："自今使臣如有已经两任近地差遣，情愿降等，更乞近地监当，许依旧例支与小添支或驿料去处差注。如已三任近地者，即更不得陈乞，候将来亲民员缺稍多，却依旧施行。"5，p5726

【天圣四年】六月，诏："三班院供奉官已下至借职差出及在京监当去处，依职位、名衔、〔资〕次，每半年一度，写成册子进纳。"5，p5726

【天圣】五年六月，诏三班院："阁门祗候下到磨勘文字，内有曾过犯冲替及与监当差遣，并为年老与监当者，仰具历任画一开坐，奏取指挥。"5，p5726

【天圣七年二月】四日，诏："殿直至供奉官充阁门祗候乞磨勘者，须勾当及祗候除出假故月日实及五周年者，方得依例磨勘。并内有年限虽足，曾有赃私过犯及因事差替并年老病患者，未得磨勘，并奏取裁。"5，p5726

【天圣七年】闰二月，诏："文武臣僚家奏乞三班使臣，请官中俸料，留在门前管勾家事，自今宜行绝止。如违，许御史台弹奏。"5，p5726

【天圣八年】十月，三班院言："准《宣》：'三班使臣监当回，合入监押、巡检，自今后一任监当回，别无遗缺，并依旧条，却与监押、巡检

差遣。'所有《天圣六年正月敕》更不施行。"6，p5727

景祐三年五月十六日，三班院李淑言："本院起请事件：一、准宣臣僚所举使臣充阁门祗候，其举主须是见任知州、知军、通判、钤辖、都监、员外郎、诸司使已上及总管、转运使副、提点刑狱、朝官使臣方得奏举。如及七人以上，仍须内有转运使副或提点刑狱，方得依条例磨勘闻奏。其举主须是见在任勾当。如有事故，不得理作七人之数。自来勘会举主如外任已得替，便作不在任。（切见）〔窃见〕流内铨磨勘选人举主，若外任得替，并理作见任，惟是降着差遣，即不理人数。今来本院磨勘举主，如元系知州、通判，后授三司、开封府判官升陟差遣，却承例作不在任数。欲乞今后凡是举主，除有事故及降差遣不该举主者即不理为人数，自余并许理为举主。二、准宣，应初入班行，借职三年，奉职至供奉官四年，方许磨勘准差使。殿侍五年，方转借职，后便依使臣曾经磨勘例，别理五年，方与磨勘。勘会殿侍不带差使者，及三司大将、诸处司属，或因管纲运诸般勾当酬奖直补借职者，又却并理初例已上磨勘。以此比方，未得均一。今来差使、殿侍、〔钤〕辖充借职，亦合只理初入班行人例。欲乞自今后应殿侍系本院差使转补借职者，并依使臣初任年限磨勘施行。三、本院每差住程使臣往诸处勾当，其逐州军申奏到任月日文状，并不降付本院，元替月分划替，是致多有差误。有授差遣近延一年有余，未见到任。凡是得替使臣，亦有不便赴阙，或妄托事故，盖缘未有拘辖。欲乞今后应住程使臣到职，委（罪）〔逐〕州军具到月日申奏外，别具状报本院，专差人吏于具员缺薄内分明书凿，候划阙文时，将此勘会。其得替使臣，小委逐州军具父割起离月日，先府递实封报院。如经隔时月不到者，候到，委本院取馆券勘会，如涉稽延规避重难差使，即具名闻奏，乞行朝典。四、先准宣应得替巡检捉贼使臣到阙，据已获未获贼数比较，如十分中捉获七分已上，特与磨勘升奖五分六分，依例差遣；不及五分，即与监当；若三分已下，勘罪取旨。当院勘会天禧已前，并依上下条贯，逐度引见改官。乾兴后来，为该覃恩改转稍频，遂不引见，只令依例比较。仍准宣，别具本人亲捉杀分厘闻奏。自来捉贼十分以上，亲捉一分以上，只免短使，家便差遣；不及一分，只免短使；如无亲捉人数，只是依例差遣。其责降条例，即依旧施行。以此本院每差巡检使臣，多是规免，难为定差。看详巡警寇盗，尤籍谨力之人。今来有责无奖，恐非激劝之道。欲望自今后凡得替者，令具一界贼盗印纸比较。如五百人已下，捉及八分以上，亲自捉获七厘以上；如五百人以上，捉及七分以上，亲自捉获五厘以上者，许依先降宣命磨勘引见，特与酬奖。若只捉及七分、八分以上，无亲捉者，或有亲捉却不及八分、七分者，并不引见，只免短使差遣。又旧条须巡检、县尉各自捕获，方理为本官人数，以此多有责罚。欲望自今如火之内，内弓手捕获即理为县尉人数，军士捕获即理为巡检人数，如会合捉杀到者，即听分理人数。如此，则巡逻之司，赏罚并举，既易差择，亦劝尽心。五、本院使臣任川峡差遣，亦见连并愿就遐远之人，颇闻视为贩鬻。或在彼密营居止，盖缘未有条贯，无以拒止。欲乞自今后应有求川峡差遣之人，委本院先取脚色照会，如历任内无赃恶过犯，经隔一任以上者，听与差注，只不得连并在彼。又川峡使臣准先降条贯，如并无人依倚，许召官三人委保，般家赴任。每见召到保官亦有三人，并是合入遐远之人，虽已退却，终是未有条贯。欲望自今凡召保官，并须是近地差使之人，庶防奸诈，颇为稳便。六、本院应承受宣敕条贯，凡是趁请（壁）〔擘〕划事件，除一司编敕外，合有旨用者，自来虽曾编录，不得齐整，亦虑或有遗落，妨误检会。无勾当官交易不定，亦恐不曾尽见。欲乞委本院勾当官将前后条贯文字逐一看详，系见今行用者，别置（薄）〔簿〕册，分明尽底抄上，专差手分主管，庶免散失，得以遵守。七、本院应管使臣脚色，人为一本，功过旋次抄上，岁月既久，不无散失。亦有外任就转，不曾添上脚色。欲乞委本院取应系使臣殿侍旧纳脚色，别选使差职员等将旧条取索，或关报到文字（字），逐一点对，重新添整誊写，类成文册印书。有不完备处，即因磨勘或差遣到院之际，照会改正。仍自今后，凡使臣住程到京者，并依审官院例，逐人先投纳家状一本，具言出身、历任，如有隐落功过，一事虚诳，甘伏除名之罪。候到，更委到班，将家状与脚色参会使用，庶得不漏功过，易为检证。仍下三司，量给纸墨抄录。八、应使臣自来有请长假或侍养者，本班别无簿籍拘辖，又无所住州县去处。直至本人参假，方始勘会差使。今欲乞委本院将长假或侍养使臣别置文籍，差人管勾抄上。如内有却出参假者，逐时勾销，其现系长假，自来不知所住〔去〕处者，委自本院移牒根究，上（薄）〔簿〕拘管。”并从之。6—8，p5727—5729

　　【庆历五年】六月，三班院言：“旧制，臣僚同罪奏举使臣差遣，虽不行，而他时或别预选擢，其举状却复用。请于所授宣敕具载举主姓名，后或得罪，亦当连坐。”从之。8，p5729

【庆历】六年六月，诏枢密院："凡臣僚应诏敕奏举使臣，其三班院籍记姓名，候岁终录一本进。" 8，p5729

至和元年五月，诏："自今三班使臣合入远地，而父母高年者，听依文臣例召保官，与近地。" 8，p5729

【嘉祐】三年二月，以太常博士韩缜、杨开详定《三班院编敕》。开先从本院奏同编修条贯。8—9，p5729

【治平元年】闰五月一日，枢密院言："欲应臣僚随行指使自转借职后，河北等路前两府充安抚使并都总管，四年理为一任，诸路前两府充知州及学士以下，至正任充四路安抚使并都总管，五年理为一任。其余路分知州、总管、钤辖、安抚、都巡检之路，六年理为一任。" 从之。9，p5730

宋会要辑稿·选举二五·铨选四·侍郎右选上

旧系三班院，元丰五年改今名。其五年以前，仍具载于此。10，p5731

《两朝国史志》：三班院，勾当院官无常员。文臣以两制以上、武臣诸司使以上充，常置籍以总使臣之名，均其出使厘务，定其任使远近之等级，及考其殿最而上于朝。凡借职以上至供奉皆隶焉。勾押官一人，前行三人，押司官一人，后行十一人。10，p5731

熙宁五年八月十七日，枢密都承旨曾孝宽言："前定《武臣试格》，应大小使臣恩泽奏授得官、年及合格出官者，并于三等试条，各随所习事艺呈试。上等、中等内七事，下等内八事，有试中一事以上，皆为合格，等第擢用。每年二月八日以前，具所应事艺，供家状开（坐）〔坐〕，丁审官西院、三班院投状。候次月，具乞试人数申奏，差官同主判臣僚引试。内武艺即送武学试外，所试兵书大义、策略、算计，并依春秋试文臣条贯讫，具等第及封试卷，申枢密院看详。如累试不中，或不能就试者，于出官合格岁数外，更增五年。若授官日年已过合格，须授官及五年，方得依旧条，写家状、读律讫，与出官。初任仍且与双员处监当。如有举主，方得升入亲民；无举主，即更展一任监当。如诸般劳绩升入亲民者，即依旧条。熙宁五年以前授官，见年十五以上，不能就试者，候年合格（人）〔日〕，且依旧条施行。" 从之。10，p5731

【熙宁】七年十月二十三日，枢密院言："检会熙宁五年八月曾孝宽详定《大小使臣出官三等试格》内一项：'应已历任及诸色出身不该就试人愿试者，候得替，亦许投状，除不计等钱谷并元系军班及武艺出职人不更试武艺弓马外，余并许乞试。'今后武举使臣，更不试策。其乞试弓马人，仍于元试中上添得斗力，方许依条收试。"10，p5731—5732

【元丰元年】十二月二十三日，中书言："立《大小使臣呈试弓马艺业出官试格》：第一等，步射一石，发两矢，射亲十中三，马射七斗，发三矢，马上五种武艺，问《孙》《吴》大义十通七，时务、边防策五道成，文理优长，律令大义十通七。如中五事以上，与免短使，减一任监当；三事以上，免短使，升半年名次；两事，升半年；一事，升一季。第二等，步射八斗，射亲十中二，马射六斗，马上三种武艺，《孙》《吴》义十通五，策三道成文理，律令义十通五。如中五事以上，与免短使，升半年；三事以上，升半年；两事，升一季；一事，与出官。第三等，步射六斗，射亲十中一，马射五斗，马上两种武艺，《孙》《吴》义十通三，策三道成文理，律令义十通三，计算钱谷文书五通三。如中五事以上，升半年；三事以上，升一季；两事，与出官。已上步射并发两矢，马射三矢。"从之。11，p5732

【元丰】五年五月十一日，改三班院为吏部侍郎右选。11，p5732

【元丰】七年五月一日，泾原路经略司言："自今沿边将官、城寨使臣坐事冲替者，乞再下本司审察。军前得力人，量事大小，于酬奖折除，或展年降官，依旧在任。"从之，令尚书吏部立法。11，p5732

【元祐】四年五月二十四日，吏部言："沿边使臣差遣有见阙处，欲以远近添立日限。无故违限者，论如之官不赴律。满一年，沿边主兵官满半年，不以有无事故，本处三十日内报所属别差官，系奏举者报元奏举处，并不得放上。未申报间到任者，听上，候到吏部，并降一等差遣。无等可降者，降一年名次，俱于远小处。"从之。11，p5732—5733

元符二年闰九月二十三日，〔诏〕兵部侍郎兼权吏部侍郎黄裳等言："乞巡检除三路依《材武格》外，控扼重兵去处，五日排次，限满更限五日，无应格人，即取守城随军被赏免短使，及呈试中武艺、升半年名次以上，并曾历巡检、监押、任满无遗缺人，庶几差注稍通。"从之。11—12，p5733

徽宗崇宁元年十二月二十日，东头供奉官薛仲孚等状："窃见侍郎右选守待差遣使臣，见有数百员，盖为凡有阙出，十中八九须用材武。伏睹《元丰格》内一项，保举沿边重难任使之人，《材武格》自有，元祐间删去，自此阻节差注。乞赐取会《元丰格》看详，特将旧格改正，及乞将自来曾经保举（法）〔沿〕边重难任使之人，并合后被举使臣，并许依旧作材武差注。"诏保举沿边重难任使依《元丰格》作材武〔差〕注。12，p5733

【崇宁】三年二月十二日，诏吏部："应注《材武格》内保举沿边重难任使一项删去，并崇宁元年十二月二十日保举沿边重难任使作材武差注指挥，更不施行。"12，p5733

【大观】二年十一月二十八日，中书省言："尚书吏部侍郎慕容彦逢等奏：奉诏将本部具员名数，依仿旧制，考正差误，编为籍。凡差注、举选及应用条格等，并随缺注入。今注勘员缺七十余处，已编修成书。"诏各特与转一官。12，p5734

【大观】三年三月十七日，枢密院言："殿前司呈试吏部出官使臣，其射法依《元丰格》，而事艺多不应法。皆系有官人，止为呈试出官，不复责以技能，而材武之士无以旌别。欲依元丰法，如愿试材武者，校以五事，若应格，与免一任（滥）〔监〕当，注授三路沿边差遣；其次免短使，升名。若挽强不如法，许习学再试。"从之。12—13，p5734

政和元年十月七日，枢密院言："检会大观元年春颁《选试令》：'诸使臣元系呈试武艺出身，或军班呈试事艺换授而乞试者，须比元试弓加一硕、弩加两石，方许乞解发。'"诏大观元年春颁《选试令》内"使臣元系呈试武艺出身，及军班呈试事艺换授人，许奏乞解发"条更不施行。13，p5734

【政和】二年二月四日，吏部侍郎姚祐等札子："勘会小使臣下磨勘文字内，有充巡检、县尉及驻泊、捉贼得替，自来并会问资任案比较盗贼，该与不该降监当，照会添展磨勘并有巡辖马递铺得替，亦会问马数，该与不该展年磨勘。动经数日，勘会四报。及称已经比较，关右选乞其脚色。内取到无文可以照据，却须再行取会，显有往复住滞之累。欲乞应使臣充巡检、驻泊、捉贼并巡辖马（补）〔铺〕，得替参部，纳到印纸，陈乞比较贼盗、马数了当，且合该赏罚，面依批上印纸照会，免致临时会问住滞。兼于见行条法别无冲改。如允所请，即乞行下。其八路得替在外指差人依此，所贵减省行遣。"诏依。13，p5735

【政和六年】十月十八日，开封尹王革奏："检承本府《令》：'每岁冬月，吏部差小使臣，于都城里外救济寒冻倒卧，并拘收无衣赤露乞丐人，送居养院收养。'契勘都下诸厢地分阔远，其所差使臣，于三冬寒月，昼（衣）〔夜〕往来救济，事务繁重。取会到吏部所差使臣，系合当短使人，即无酬奖。欲乞今后应救济无遗缺，除省部依短使酬赏外，管勾四月以上，特减二年磨勘。不及四月者，以管勾过月日比附省部短使，减年酬赏。"诏依。15，p5736—5737

【政和】七年四月十九日，吏部侍郎韩粹彦奏："从义郎至校尉脚色、家状、功过，近承朝旨重行编排。除已供到编排外，访闻使臣多有推避，不肯供申。欲乞特降朝旨下诸路州军、开封府、宗正司，再限一月取索。如因参部点检，却有漏供之人，元保明去处官吏，各科杖一百，不以首失、赦降、去官原减。所有不供使臣校尉，与落班簿，候及五年，方许参部，仍罚重难纲运一次，了日注授差遣。未出官，不候年及格日，亦依此施行。"从之。15，p5737

宋会要辑稿·选举二五·铨选四

【绍兴元年】十二月十二日，诏："今后吏部右选注拟出阙，并依侍郎左选体例施行。有合会问宗室、进纳人员数、年纪，并限两日。如违，人吏从杖一百科罪。"先是，臣僚言："铨选之法，其实通用，而右选行事，略不相伴。如非次阙出，左选则日逐别为一榜，开具阙若干数，无则言无，指定第六日召人指射差遣。今右选但连以长纸，有阙或书上，或不书上，更不逐日声说。究其所以，盖欲存留暗阙出卖，候人注拟，则旋次书上。（人）〔又〕如注拟差遣，左选则截日类聚合射阙人，出为一榜晓示，某人用某年月名次或恩例，内某人名次或恩例且上，合注某人。今右选更不言某人用某年月日名次或恩例，合注某人，却只言某人陈乞，见已施行，亦不明言合注某人。究其所以，盖欲诛求合得之人，又从而洗垢索（搬）〔瘢〕，期于厚赂而后已。又如左选初一日出四阙，初五日限满，投状指射，已注下两阙，即时作经使阙晓示，召（人）〔人〕注拟。今右选则不然，其已注两阙，既不即时开具某人已注，其合作经使阙，又不即时晓示，召人注拟。遂使已注非次之人怀狐疑嘱托之心，未注经使之人起争先暗买之幸。此三事，乃侍右人吏与书铺通同作弊，不可不革。"故有是诏。24，p5742

【绍兴二年】十二月十六日，吏部侍郎韩（省）〔肖〕胄言："本选掌行小使臣、校尉差注、酬奖、转官、升复资序等事，自来惟据凭名籍簿参照行遣。近以遗火，文字散毁，欲乞将在部小使臣、校尉，限十日具家状一本，赏出身以来文字，赴部点对编类。在外委通判，限一月取索见任并寄居待阙官，各具出身文字并脚色，具状申部，以凭照使。"从之。24，p5742—5743

【绍兴】三年六月二十八日，司谏唐辉言："吏部侍郎右选主事，旧制：满一年三季，通入仕三十年者，补承信郎。今乃有满年乞降等补将仕郎，它部皆（授）〔援〕以为例，隳废成法。欲乞并行改正，已补者与免追改，今后不许妄请。"诏考功依旧法补将仕郎，余从之。24—25，p5743

【绍兴四年】五月一日，诏："诸小使臣缴到去失及无干照或补注文字，并不许作材武注授。"先是，诸监押、巡检、校尉、堡寨驻泊等缺，依条差材武人，而小使臣缴到去失付身，给到文字并随军守城名色补转者，并陈乞作（戟）〔战〕功等材武收使。吏部言，便作战功告示，即恩例太优于常调，故有是诏。25，p5743

【绍兴】十年九月二十一日，臣僚言："顷者献议之臣立审量之说，在建炎则有十八项，在绍兴则有二十四项，其后又有九项，书之史册，遂彰先朝过举。顷罢审量，士大夫莫不欢呼，然有司犹执《靖康元年十一月指挥》，应泛滥补官，若句身祗应应奉有劳，或待诏减年出职等，如合参部之人，并在武举等人名次之下，不得通比分数，仍先注远地差遣。若用诸般恩例，亦不许入近地。又《绍兴八年三月指挥》：'小使臣因应泛滥补授名目之人，虽已经关升，不许注授亲民等官。'窃详两项，与前日审量名异而实同。今既罢审量，而吏部执此，使待次之士留滞滋久，乞已经关升者许注亲民及收使分数恩例。"从之。25，p5743—5744

【绍兴】十八年八月六日，诏："今后小使臣、校副尉身亡，即于所寄居或见任州县即时申官取索付身，分明批上身故月日，于付身告敕等文字背后用印讫，给还本家，仍申吏、刑部、殿前司诸监司照会。"先是，使臣赴任远方，有其家衰而暗卖付身、诡名承代者，有不幸身故、明（聚）〔娶〕其室而冒名影带者，或有付身头尾，或存印纸后截，改易姓名，撰造初补，其弊百出。肇庆府通判王次张以为言，故有是诏。25—26，p5744

【隆兴元年】五月七日，诏将堂除窠阙拨付吏部，可依格法尽行差注一次。以吏部侍郎徐林言："契勘侍郎右选，近承指挥发下堂除窠阙，令本部差注在部人，先已条具使阙条限、差注格法申省。今承指挥，内一项，将曾经堂除并宫观岳庙人先次注授。勘会《左选参附令》：'曾经堂除人，若两任以上，与先次注授；一任，与占射差遣。即堂除不终任，许升压同等名次人。'缘侍郎右选小使臣，即无曾经堂除得替许行指占差遣条法指挥，若不申明，无以遵执。又缘小使臣、校尉所得堂除差遣，即非荐举选除升擢，谓如监官资序人差赡军酒库及指使之类。难以与左选一等行使恩例。本部今相度，欲乞将小使臣比附侍郎左选格法，曾经堂除两任、满替到部之人，与占射差遣一次；选缺即较量功分，一任人同。一任满替人，与升压同等名次一次；其不终任及不曾到并曾经任岳庙之人，不理堂除，与常调人衮理名次差注。"从之，仍照应隆兴元年五月七日已降指挥施行，故有是诏。26—27，p5745

宋会要辑稿·选举二六·铨试右选·呈试附

　　淳熙元年二月十二日，吏部侍郎赵粹中言铨试弊幸："今将书铺五人结为一保，如为赴试人寻讨代笔、冒名传义及自外传入文字，犯人每名追赏钱三百贯，徒二年断罪，永不得充书。同保人一例施行。如保内人告首，与免罪支赏。赴铨试人对面亲书结保，如非正身，许人告首，亦依冒名罪赏。试大法人别廊，不得放令与铨试人交互相见。赴试人擅移案（卓）〔桌〕①，并行扶出。其巡捕守分等人失觉察，重行断罪。祗应公人等多是递年作过之人，计嘱承替名字，或有士子承替入院代笔。自今所差封弥、誊录、对读、巡铺、监门所人吏，及应干祗应人，并兵级元差官司去处，先次责状保明委是正身。如有代名人赴门头点名，仰诸色人指出，每名追赏钱二百贯，重行断罢。帘里外祗应兵级等，并不得差曾经入院之人。从外传入文字，如把门等人捉获，比类支赏钱二百贯，吏人更与本处升名。监门官捉获，取旨推赏。并许人告首。所有立定赏钱，乞令临安府先次官钱代支，后犯人名下追理。"从之。8—9，p5756—5757

　　【淳熙三年】三月二十七日，太学录黄维之言："铨试无出身人以经义、诗赋、时议者，欲使之知经史而谙世务也；以律义、断案者，欲使之习法律而通文义也。程文两场，而试一场者亦听，律义、断案亦如之。今任子之不学者，悉试断案。引法断罪，要归于同，同则均为合格。场屋间

---

① 应为"桌"，笔者改。

以次传授，不害其为皆得也。律义必欲能文，则不习焉；彼所恃者，断案一场可以传授。甚者身不至场屋，赂买他人，冒名入试，而又门禁不密，有自外传稿而入者。乞明诏有司，铨试无出身人程文以经义、诗赋、时议为去留，刑法以律义为去留，断案次之。断案一场虽有分数，而经义、诗赋、时议、律（议）〔义〕三场俱不中程度及分数最少，并行黜落。其合格者，参选日召保识官二员批书印纸，令吏部覆试，依太学帘试诸生法，则可以革去冒名代笔之弊。"从之。9—10，p5757

【淳熙五年】八月二十七日，诏："出官人铨试、呈试，虽已各立定格目，深虑讲明未尽，尚有遗材，合再添场数。内铨试杂文字一场，如宏词六件文字内听习一件，有司明其出处命题；书判一场，同唐人格；呈试添断案一场，书判一场，各听以所长求是。如有数场并试、文艺优长之人，有司临时具奏，当议升擢，以旌其能。令吏部参酌，考校等第并分场格目，条具以闻。"10—11，p5757—5758

【淳熙】六年正月九日，诏："近已降指挥，令武臣呈试材武或三等弓力事艺，或《七书》义三色，依旧法外，内呈试第二等、第三等弓力人，并令添试断案一场，仍止试一道问目，少立条件，比文臣铨试题一半。"11，p5758

【淳熙七年】二月二十四日，臣僚言："武臣呈试出官，系是材武及三等弓力，以十分为率取五分。昨来措置将材武与第一等人共取二分半，第二等取一分半，第三等取一分。缘当时不立定合格箭数，故第一等有数箭中垛，而本等分数已足，致取不到，其第三等却只一箭中垛取中者，因有词诉。启来更不分等，马军可止从上叫及五分乃为足，余人未尝得试，便当黜落。兼照得近降指挥，第二等、第三等呈试弓力人，添试断案一场。目今陈乞试此二等弓力人数少。今参酌措置：三等人所试，如射亲箭数同，以等第为次；若等第同，以元牒字号先后为次。"马军司看详："除材武人依旧法取放，将三等人不拘等第，以亲射四箭以上人为合格，通材武共取五分之数。如取及五分，余虽合格，并令次年再试。如取不及五分。亦欲以次三箭已下，依等第从箭数多者取之。"吏部看详："自今呈试第一等、第二等事艺，并令于每岁二月上旬为始，赴部投纳试卷，往类试所收试，就铨试官出题考校，分优、平二等，不拘分数取放。内文理全不通者，即行黜落。从本部牒马军司，于牒到本月内选者，依马军司已措置事理，将材武并三等人尽行呈试，以箭数多寡比较，十分取五分合格之数。内第二等、第三等添试断案，文理优通之人，即与升一等比较。其通平者，止依本等。若呈试不中，或箭数少不及之人，理为已试中断案，令次年止呈试本等事艺。"从之。11—12，p5758

【淳熙】九年正月十九日，诏："二广土著人，权令就本路呈试，许定差外，其诸路户贯之人，自来年为始，更不许赴二广呈试。如违，从《贡举条制》施行。"以吏部侍郎萧燧言："顷年因臣僚言，有请乞罢二广铨试，以革侥幸之弊。乾道七年三月，诏吏部将广东西路铨试自乾道八年为始并行住罢。惟是武臣呈试弓马或《七书》义，二广仍旧，其试中人定差一次，却移籍参部。亦有本部试中，未经定差，径来参部者，事体未均。"故也。13，p5759

【绍熙】二年四月二日，吏部条具下项：一、帘试去处，合就本部长贰厅前排设座次引试。二、京官选人帘试，各随本选长贰、郎官出题引试。如有避亲，请不碍官出题考校。三、引试日，官员各合冠带入试，令书铺户责状识认正身。四、合令试人投纳试卷前连家状并草纸，仍声说所习名件。五、照得臣僚申请所降指挥内，系令试小经义一道。却缘铨试人只试经义五篇，不试小经义。今合令试本经义冒头一首，或小经义一道，或赋一韵，或省题诗一首。六、候指挥下部日出榜，令铨试中人投纳试卷，不拘日分人数引试。合下国子监关借《韵略》一百本，并合用出题经书及试案一百只。七、所有宗子系是量试中出官，更不帘试。八、所有铨试不中、终场之人，引用年及四十陈乞出官之人，自有见行条法，更不帘试。九、所有同进士出身并恩科人铨试，止试《刑统》或断案。若试中之人，不须更令帘试。十、四川安抚制置使司铨试，乞候今来本部帘试了日，行下本司照会，一体施行。18，p5761—5762

【绍熙二年四月】七日，国子监供具太学帘试节次如右：一、引试日，请长贰判，请博士、正、录各一员（同共）〔共同〕垂帘出题引试。二、士人试毕，亲于帘前纳卷，先呈博士、正、录，考毕，呈长贰定高下资次，揭榜晓示。所有考校，例不糊名，更不誊录。若文理通，并无黜落。三、照得淳熙十一年颜师鲁任内，有补中学生沈良杰系帘试文理纰缪，寻勒再试，亦纰缪，已行驳放。以后别无文理不通纰缪之人。18—19，p5762

【绍熙】二年二月十四日，诏："自三年以后，任子不试律义者，无得独试断案。如已试律义，而后欲试断案者听。惟不得以断案辄当律义之数。"从礼部尚书李巘请也。19，p5762

宋会要辑稿·选举二七·举官一

淳化元年四月，诏："知制诰已上，每两人共于常参官内保举一人堪充转运使副者；员外郎已上，每两人共于京朝官内保举一人堪充知州、通判者。限两月内以名闻，仍令御史台催督。"4，p5769

【淳化】三年正月，诏："升朝官于京官内各举奏一人堪充升朝官者，若有劳绩事件，并仰条陈。如覆问不同，当罪举主。诸司使、副使及三班供奉官已下，今后为人所举者，亦准此，具诸实劳绩事件。所举官将来任使后有犯私罪者，举主连坐。"5，p5769

【淳化三年】二月三日，诏："宰相、参知政事、枢密副使、翰林学士、尚书丞郎、两省官给谏已上、御史中丞，各于朝官内举堪任转运使者一人，京官内有才用强明者亦许称举。其见任转运使副并三司、王府、审刑院职任，不在举限。"5，p5769—5770

真宗咸平元年六月四日，诏："三司使、尚书丞郎、给谏、知制诰、知杂御史等，各于朝官内举廉慎强干、堪转运使副者，不限人数。如任使后犯赃罪，并当连坐。曾任转运使、副使及三司职官者，不在举限。"7，p5771

【咸平元年六月】八日，诏："诸路知州军、通判，自今举管内京朝、幕职、州县官，各具劳绩及委实公廉干事，如经擢任，有违犯，并当连坐。"7，p5771

【咸平】二年正月，诏："尚书、丞郎、给谏、知制诰各举升朝官一人，详明吏道、可守大郡者，限一月内以名闻。俟吏三任，有政绩，当议奖其善举；有赃私罪，亦连坐之。"7，p5771

【景德四年】七月，诏："文武官连坐奏举京朝官、使臣、幕职、州县官，自今须显有边功及自立规画、特着劳绩者，乃以名闻。如考课改官，与元奏不同，当行朝典；或改官后犯赃，举主更不连坐。如循常课绩，历任奏举者改官犯罪，并依条连坐。其止举差遣，本人在所举任内犯赃，即用连坐之制；其改他任，纵犯赃罪，亦不须问。"9—10，p5772

【大中祥符二年四月】十八日，诏："自今诸路转运、发运使、副使、提点刑狱官保举京朝、幕职、州县官、使臣，如改官后一任或两任及五年无遗阙，有劳绩干事者，其本官及举主并特酬奖；除私罪外，虽有遗阙，系杖以下公罪者，亦别取进止。若历任内犯入己赃，并同其罪。"

10，p5773

天禧元年四月五日，诏三班院："今后臣僚准诏保举使臣，别无违碍者，依例施行。内历任曾犯私罪者，奏取进止。"16，p5776

【天禧】二年二月二十三日，诏："应准诏举到京朝官，候得替，令审官院勘会，知县与通判差遣，通判与知州，并合入知州、通判者，更升藩镇差遣。所有县令候得替，令铨司磨勘奏裁。"17，p5777

【天禧二年】四月，诏："自今命官使臣犯赃，不以轻重，并劾举主，私罪杖已下不问。"17，p5777

【天圣六年】十二月，诏："今后应臣僚准御札并年终诏敕，同罪奏举到幕职、州县官充京朝官者，若已有准御札举到人数得足，合该札下磨勘者，更不得带下年终举状。如准年终诏敕，举主人数得足，更不得带下御札举状一处行遣。"22，p5780

【天圣七年】十月，诏："诸路转运及知州军监朝臣并内殿崇班已上，于见任判、司、簿、尉中，不以任数，有出身三考以上、无出身四考已上，廉勤干济、无赃私罪、堪充县令者，除转运使不拘人数外，其知州军监各同罪保举一人。如未有人可举，亦许审细察访，续次并以闻。即不得保举亲属。其得替常参官，不在举限。有两人奏举，即送铨司，于县令员阙处就近移注。如在任无赃罪，其公私罪情理稍轻，及能区决刑狱不至枉滥，催理税赋不致追扰，本州府军监具诣实理迹闻奏，得替日与职事官，再令知县。如考满依前无赃罪，虽有公私罪、情理不至重，及有上件理迹，候到阙引见，特与京官。"24—25，p5781—5782

康定元年十二月二十三日，诏："诸路转运使、提点刑狱及知州府军监朝官、武臣，今后举县令，其举主两员内，但一员现任本部，一员现任别路州军，许令保举。其举状送铨量簿。举主数足，依奏举人例申中书，候降下，就近移注。余依《天圣七年条制》。"26，p5782

【嘉祐】二年五月，诏："凡举官已施行者，后虽有改节，不许陈首。及被举之人，毋得纳举主。"至七月，复诏："近制，举官不许陈首，其在部内守官而改节者，许发摘，同自首法。"29，p5784

【嘉祐】六年八月，诏："自今诸路知州军监、知县、县令有清白不扰而实惠及民者，其令本路安抚、转运使副、判官、提点刑狱官同罪保举再任，委中书门下别加访察。如其政迹尤异，当议更与推恩。"30，p5785

宋会要辑稿·选举二八·举官二

神宗熙宁元年二月十一日，诏："翰林承旨以下、知杂御史以上，各于内外文官历一任通判以上人内，同罪保举一员，堪充刑狱、钱谷繁难任使。"翰林承旨王珪等奏举虞部员外郎张讽等二十员，诏见在京及得替到阙者，并令上殿。6，p5789

【熙宁元年二月】十八日，诏："近复诸路武臣同提点刑狱。勘会旧制，提点刑狱奏举选人充京朝官，须连状共举，颇闻不便。今后奏举选人充京官、职官，并据逐路元条合举人数，各举一半，更不连状。"6，p5789

哲宗元祐元年二月八日，诏："应内外待制、太中大夫以上，限诏到一月，各举曾历一任知州以上，聪明公正，所至有名，堪充监司者二人，委中书籍记，遇转运使副、提点刑狱有阙选差。若到官之后，才识昏愚，职业堕废，荐才按罪喜怒任情，即各依本罪大小，并举者加惩责。"14—15，p5795

【元祐元年四月十一日】，诏："应沿边州军城寨巡检、都监、监押、寨主、巡防、诸路捕盗官及课利系三万贯以上场务，旧系举官员阙处，许依旧奏举。如数内今来事务稀少，不消奏举，及事务烦剧，合举官去处，具因依窠名，限一月闻奏。"15，p5795

【元祐元年四月】十四日，诏："三路知州带安抚使者，许奏辟本州官二员；余路知州带安抚使或太中大夫以上带一路钤辖，及知河南府、应天府，不以官序知雄州，各许奏辟本州官一员；便相及曾仕执政官添举一员，虽不系合辟官处，亦许奏辟本州官一员。仍各同罪保举闻奏。"15—16，p5795

【元祐元年】五月六日，三省言："尚书、侍郎、内外学士、待制、两省、台官、左右司郎中、诸路监司，限一月举公明廉干、才堪治剧，仍系合入知县或县令一员，令吏部不依名次差重法地分知县、县令，次差贼盗多处、万户以上县。"从之。16，p5795

【元祐元年】六月十三日，有司言："新制，诸州军通判每年许举选人一名，幕职州县官改官、判司簿尉充县令间举。然郡府有大小，不可无等杀。请分州军为三等：十邑以上，岁举三人，改官、职官、令各一；五邑以上，二人，令一，改官、职官互举一人；五邑以下如新制，无邑者不

举。"从之。内两员通判者分举。16，p5795—5796

【元祐元年】七月一日，尚书省言："旧制，中外学官并试补，近诏尚书、侍郎、左右司郎中、学士、待制、两省、御史台官、国子司业各举二员，宜罢试法。"从之。16，p5796

【元祐元年十一月】四日，中书省言："臣僚上言，比诏大臣荐馆职，又设十科举异材，请并依《元丰荐举令》，关报御史台。非独内外之臣各谨所举，庶使言者闻知，得以先事论列，不误选任。"从之。19，p5797

【元祐元年十一月】二十二日，吏部言："准《敕》：'尚书、侍郎、内外学士、待制、两省、台官、左右司郎官、诸路监司，各举公明廉干、材堪治剧，仍系合入知县或县令一员，令吏部不依名次差充重法地分知县、县令，次差贼盗多处万户以上县。任满，委监司保明治状，作三等推赏。有任满酬奖者，听从重。'仍令吏部考较等第以闻。今详立到考较等第，其旧有任满酬奖者，听累赏。"从之。19，p5797

【绍圣元年】六月十九日，给事中王震言："中书省修立举试诸路学官画一，其法至严。元祐中，尝裁减恩例，如选人充教授添举主、转降等官之类即是。师儒之任，不得比县令，盖缘当时曲有沮抑，恐合改正。"诏《元祐令》："诸州教授磨勘改官，加举主一员"，更不施行。25，p5801

徽宗崇宁元年三月二十八日，吏部言："检准《荐举令》：'诸知州、县令有治绩可再任者，知州须监司，县令须按察官五员连书，去替前一年，具实状保奏。年七十者，不在保奏之限。'又准《吏部尚书左选令》：'知州到任一季使阙，知县去替一年半使阙。'契勘自来监司、按察官依海行令保奏知州、县令治绩再任，缘吏部法知州到任一季、知县去替一年半使阙，洎奏状到部，往往已注替人，承例符下不行，即是使阙与保奏条限相妨，则保奏再任之法诚为虚文。今相度，乞将保奏到承务郎以上知州、知县该再任者，以元发奏日，如差下替人，知州未及一年半，知县未及一年，并许冲罢，令依条别授差遣。如所差下人年月不该冲罢，其保奏再任之人，候到部，与升一年名次。"诏今后知州、县令委有显著治绩，方许依条具实状保奏再任。每岁逐路知州不得过一员，县令不得过两员。仍令尚书吏部申三省审察，取旨施行。28—29，p5802—5803

【崇宁二年三月二日】，吏部言："准《崇宁元年闰六月八日敕》，内外举官员阙，可令吏部讲求元丰所修格，酌以时宜，删成经久可行彝格，申三省裁议闻奏。侍郎左选除西安州、会州职官、录参、司理、司法，会州会川城、新泉寨、怀戎堡主簿，河州安乡关、来羌城、怀羌城主簿，兰州金城关、京玉关、西关堡主簿，西安州临羌寨、征逋堡主簿，通峡寨、荡羌寨主簿，定戎寨兼管天都寨主簿，平夏城、灵平寨主簿，并系缘边及新置城寨，并沅州黔阳、麻阳县令亦系正接蛮界缘边县分，并经略、安抚、都总管司掌管机宜文字及河北路转运司勾当公事官，职事繁难。今相度，欲并依旧奏举外，余阙并依元丰四年七月二十八日朝旨罢举施行。内端州节推、资州内江县令止系一时举官一次，元非选阙，自合依常法差注。雅州名山县产茶浩瀚去处，合依旧举官外，罢举县令。茶场监官并诸勾当公事、茶事司催发茶盐纲运官，全要得人，合依旧举官。帐司官旧法选差举职官、县令人，今来罢举，依奏举法，却合选差常调职官，次令录人充。"从之。30—31，p5804

宋会要辑稿·选举二九·举官三

政和元年三月一日，吏部侍郎姚祐言："契勘小使臣差使、借差总二万三千余员，凡举辟差遣，皆用年甲、识字与不识字、乡贯、出身、历任、三代名讳、功过、举主资序照使。其间若有外补授及连任就注，久不到部，未经供通之人，旋行取会。近降朝旨，应奏举差遣，并于状前贴黄声说年甲、三代、差遣、功过事件，以备照用。其举辟官多是节略事宜，不免开具违碍因依铨量，令取会具钞拟差。洎至移文，往往经隔年月，使见任之人不得应期交替，见阙处久无正官，被举之人亦不能差注。似此窒碍，乞卜有司立式颁行，于举状前贴黄声说，所贵有补。"从之，令吏部立式。1—2，p5807

【政和】二年八月二十九日，吏部尚书张克公言："窃见吏部选格，惟才武为上。检会《元丰材武格》内一项，保举沿边重难任使，从来未曾立定所举员数。应内外臣僚荐举大小使臣，往往作沿边重难任使，而应材武者不可胜计，遂与曾立战功、捕获强恶及武举出身等人同为一格，显属太滥。乞断自圣裁，限以员数，谓如合举大小使臣升陟几员，内几员许举沿边重难任使，庶几增重材武之格，绍隆神考奖励人材之意。"诏于合举升陟员数内，听举沿边重难任使，不得过五分。2，p5807—5808

【政和】三年二月五日，诏令吏部将诸路州军新添曹掾、县丞员数，参照旧额，契勘监司、守臣合增举官之数，逐一开具，申尚书省，仍限三日。尚书省勘会："自来诸路监司、守臣，其举官员数不一，若计数一概增添，显属多寡不均。今拟下项：京东路转运司欲添及十人，举改官一人，及十五人，举县令一人；提点刑狱司欲添及二十人，举改官一人，及三十人，举县令一人；提举司欲添及三十人，举改官一人。京西路转运司欲添及二十人，举改官一人，及三十人，举县令一人；提点刑狱司欲添及三十人，举改官一人，及五十人，举县令一人；提举司欲添及五十人，举改官一人。河北转运司欲添及二十人，举改官一人，及三十人，举县令一人；提点刑狱司欲添及三十人，举改官一人，及四十人，举县令一人；保甲司欲添及三十人，举改官一人，及四十人，举县令一人；提举司欲添及四十人，举改官一人，及五十人，举县令一人。河东路转运司欲添及二十人，举改官一人，及三十人，举县令一人；提点刑狱司欲添及三十人，举改官一人，及四十人，举县令一人；保甲司欲添及三十人，举改官一人，及四十人，举县令一人；提举司欲添及四十人，举改官一人，及五十人，举县令一人。陕西路转运司欲添及二十人，举改官一人，及三十人，举县令一人；提点刑狱司欲添及二十人，举改官一人，及四十人，举县令一人；提举司欲添及三十人，举改官一人；保甲司欲添及四十人，举改官一人。淮南路转运司欲添及十人，举改官一人，及十五人，举县令一人；提点刑狱司欲添及十二人，举改官一人，及二十人，举县令一人；提举司欲添及二十人，举改官一人，及三十人，举县令一人。两浙路转运司欲添及七人，举改官一人，及十五人，举县令一人；提点刑狱司欲添及十二人，举改官一人，及二十人，举县令一人；提举司欲添及二十人，举改官一人，及三十人，举县令一人。福建路转运司欲添及六人，举改官一人，及十人，举县令一人；提点刑狱司欲添及六人，举改官一人，及十二人，举县令一人；提举司欲添及十人，举改官一人，及十五人，举县令一人。江东路转运司欲添及六人，举改官一人，及十人，举县令一人；提点刑狱司欲添及六人，举改官一人，及十三人，举县令一人；提举司欲添及十人，举改官一人，及十四人，举县令一人。江西路转运司欲添及五人，举改官一人，及十四人，举县令一人；提点刑狱司欲添及五人，举改官一人，及十一人，举县令一人；提举司欲添及十人，举改官一人，及十四人，举县令一人。荆湖南路转运司欲添及十人，举改官一人，及十五人，举县令一人；提点刑狱司欲添及八人，举改官一人，及二十人，举县令一人；提举司欲添及十人，举改官一人，及二十人，举县令一人。荆湖北路转运司欲添及十人，举改官一人，及二十人，举县令一人；提点刑狱司欲添及十二人，举改官一人，及三十人，举县令一人；提举司欲添及十五人，举改官一人，及四十人，举县令一人。成都府路转运司欲添及六人，举改官一人，及十人，举县令一人；提点刑狱司欲添及七人，举改官一人，及十五人，举县令一人；提举司欲添及十五人，举改官一人，及二十人，举县令一人。利州路转运司欲添及八人，举改官一人，及十人，举县令一人；提点刑狱司欲添及八人，举改官一人，及十五人，举县令一人；提举司〔欲〕添及十五人，举改官一人，及二十人，举县令一人。梓州路转运司欲添及八人，举改官一人，及十人，举县令一人；提点刑狱司欲添及八人，举改官一人，及十五人，举县令一人；提举司欲添及十五人，举改官一人，及二十人，举县令一人。夔州路转运司欲添及八人，举改官一人，及十人，举县令一人；提点刑狱司欲添及八人，举改官一人，及十五人，举县令一人；提举司欲添及十五人，举改官一人，及二十人，举县令一人。广东路转运司欲添及五人，举改官一人，及八人，举县令一人；提点刑狱司欲添及八人，举改官一人，及十人，举县令一人；提举司欲添及八人，举改官一人，及十人，举县令一人。广西路转运司欲添及十人，举改官一人，及十五人，举县令一人；提点刑狱司欲添及十人，举改官一人，及二十人，举县令一人；提举司欲添及十五人，举改官一人，及二十人，举县令一人。知州自来以所管县分依格奏举，人数多寡不等。欲京东、京西、河北、河东、陕西添及十人，举改官一人；淮南、两浙、福建、江南、荆湖、川、广及五人，举改官一人。其县令并不曾增添。发运司自来所管员数，系总领淮南、两浙、福建、江南东西、荆湖南北、广南东西九路通行奏举改官、县令，今来欲共添改官二人，县令一人。添举员数，并依旧举官条例施行。承务郎以上官举升陟状，合依条减幕职、州县官改官之半，提举学事司已有教授及十人处许添举改官三人指挥，今来更不添举。提刑、提举、保甲司内有分两路者，如本路所添不及今来员数，许每路各举一人。"从之。谓如京东路提点刑狱司添及二十人，举改官一人，本路提点刑狱司系分东西两路，今来共新添三十八人，即是逐路各添不及二十人，许各举一人之类。2—6，p5808—5809

【政和】六年二月七日，吏部侍郎韩粹彦等言："检会政和三年五月敕：'奏举窠阙，如见任官过满三月，其创添并非次见阙，及三季各奏状不到者，更不候本处申到无官可举，并从本部使阙差人。'本部勘会上件窠阙，当时为员多阙少，申明到前项指挥，即无今后依此施行明文。窃缘奏举窠阙内，有河防、捕盗及三路沿边掌兵并盐事官，系被举官司依专法奏举使臣。若今后亦合依上件施行，即乞将前项似此奏举去后，须候所举官司申到无官可举，本部依条使阙差人外，余奏举并接续申明到奏举一次去处，依前项已得朝旨施行。"从之。7，p5810

绍圣元年，右司谏朱勃言："选人初受任，虽有能者，法未得举为京官。而有挟权善请求者，职官、县令举员既足，又并改官举员求之。"诏历任通及三考，而资序已入幕职、令录，方许举之改官。又言："选人改官，岁限百人，而元祐变法，三人为甲，月三引见，积累至今，待次者亡虑二百八十余人。以数而计，历二年三季，始得毕见。请酌《元丰令》增损之。"诏依《元丰》【令】，五日而引一甲，甲以三人，岁毋过一百四十也。俟待次不及百人，别奏定。10，p5811

【政和】七年，臣僚言："官冗吏员增多，本因入流日众。熙宁郊礼，文武奏补总六百一十一员。元丰六年，选人磨勘改京朝官，总一百三十有五员。近考之吏部，政和六年，郊恩奏补约一千四百六十有（畸）〔奇〕。选人改官约三百七十有（畸）〔奇〕，其来既广，吏员益众。欲节其来，惟严守磨勘旧法，不可苟循妄予而已。且今之磨勘，有局务减考第者，有川远减举官者，有用酬赏比类者，有因大人特举者，有托因事到阙而不用满任者，有约法违碍、许先次而改者，凡皆弃法用例。法不能束，而例日益繁，苟不裁之，将又倍蓰于今而未可计也。请诏三省若吏部，旧有正法，自当如故，余皆毋得用例。"诏惟川、广水土恶弱之地许减举如制，余悉用元丰法从事，其崇宁四年之制勿行。10—11，p5811

【政和七年】七月二十九日，吏部言："勘会崇宁看详考功条，修武郎以上初该磨勘并武功大夫磨勘，缘元符、政和举官奏状式内即无'同罪'二字。再详所须同罪保举，方与施行，缘所举官只是依式发奏，自来虽已参用元符、政和举官式磨勘，终是未有明文执守。伏乞详酌施行。今拟添举朝请大夫以下充升陟任使等状，添入'如蒙朝廷擢用后犯入己赃，臣甘当同罪'。"从之。12，p5812

《文献通考》：绍兴三年，右仆射朱胜非等上《吏部七司敕令格式》一百八十八卷。自渡江后，文籍散佚，会广东转运司以所录元丰、元祐吏部法来上，乃以省记旧法及续降（旨）〔指〕详定而成此书。25—26，p5819

宋会要辑稿·选举三〇·举官四·附自代

【绍兴二十六年】四月二十四日，侍御史汤鹏举条具荐举六科："一曰文章典雅，可备制诰；二曰节操公正，可备台谏；三曰法理该通，可备刑谳；四曰节用爱民，可备理财；五曰刚方恺悌，劳绩着闻，可备监司、郡守；六曰知几识变，智勇绝伦，可备将帅。以此六科，俾荐者随才而举，录用之后有改节者，仍坐以谬举之罚。"从之。3，p5824

【绍兴二十六年】十月七日，诏："四川去朝廷遥远，守臣尤须得人。可令逐路监司、帅臣各举京朝官知县资序以上人，堪充郡守者二人，内制置、总领、都大茶马各举三人奏闻。如被举后犯赃罪及不职，与同罪。仍令尚书省籍记。" 4，p5824

【绍兴二十七年】十二月三日，诏："诸路帅臣、监司，于本路武臣大使臣以上见任或寄居官内，选历任有劳敕之人，每岁各举二员。明具所长，保明闻奏。仍令枢密院籍（寄）〔记〕姓名，以备任使。" 5，p5825

【绍兴】二十九年三月二十二日，诏："侍从、台谏、诸路帅臣、监司各岁荐大小使臣二员，开具才略所长，曾立功敕闻奏。三省、枢密院籍记姓名，无人听阙。" 从校书郎汪澈请也。5—6，p5825

孝宗隆兴元年正月一日，三省、枢密院奏："奉诏：'朕嗣位以来，收召四方贤士大夫，布列中外，将集治功。顾武举之众，岂无其人？而拔擢之路未广，非朕忘也。其令观察使以上各举所知三人，三省、枢密院详议立格以闻。'今立定荐举格式下项：谋略沉雄、可任大计；宽猛适宜、可使御众；临阵骁勇、可鼓士气；威信有闻、可守边郡；思智精巧、可治器械：已上五等，令曾立军功观察使以上指陈实迹荐举。通习典章，可掌朝仪；练达民事，可任郡寄；谙晓财计，可裕民力；持身廉洁，可律贪鄙；词辩不屈，可备奉使：以上五等，令非军功观察使以上指陈实迹，不许别撰举词。"诏依："候逐官举到，并于枢密院置籍录用。如诚立功效，其举官取旨推赏；如或败事，亦加责罚。不许举宰执、管军并内侍官亲戚，如违，令御史台觉察以闻。" 12，p5828

【隆兴元年二月】十八日，权吏部尚书凌景夏等奏："准《尚书省札子》，臣僚：'奏荐举选改之法，历时既久，不能无弊。今若立限员之制，命有司检会绍兴以来每岁所改若干，取一岁酌中之数，立为定额。凡在选者，较其年劳，以次选改。岁终考核，不得过所定之数。关升者亦如之。所有荐章，权行寝罢。'得旨令侍从、台谏详议。景夏等今看详，欲将选人历十二考以上、无赃罪，与减举主一员，其余并依祖宗见行条法。"诏依，仍令吏部开具三年举过员数，措置立额，申尚书省取旨。13，p5829

【隆兴元年】八月二十六日，吏部状："臣僚言：'照得吏部放行改官，参照三年之数，初年七十员，次年五十员，至绍兴三十二年顿添至一百一十三员，多是不依旧制，用后来补发文字，前后相乘，更无限隔，合行裁减。'诏令吏部裁定，申尚书省。本部看详下项：一、臣僚言：'《荐举法》：

"诸举官有员数，而被举之官身亡或因罪停废，不该收使者，听别举官。若前官举状不该用，或前一年有未举之数，并听次年再举。"（切）〔窃〕详法意，非是不曾立定年限，既有前一年未举听次年再举之文，则是不许以后年更举。今欲听次年举前一年未用合补之数，若一年内偶有两政，或一政已补而事故者，听后政再补，仍不得出一年限。'本部今看详，欲依所乞外，有日前补发并已到部，用考功收附之人，候到部日，许行收使。其四川已放散举主者奏状，自来年正月一日为始，并举主与被举之官乞不用者，听依此补发。二、臣僚言：'在京如户、礼、工部长贰、国子祭酒、司业、司农、太府卿少皆有许荐举改官之法，而不以一年之间除授几人，虽供职一日，便各依员数荐举，并无损减。今欲将诸部长贰及卿少等合举员数，分上下半年荐举。'本部今看详，欲将诸部长贰及户部左右曹郎官并寺监卿少等应在内有合举官去处，每岁依条分上下半年荐举。数若不等者，听上半年从多。如未至半，下半年因差除等罢去，即不许荐下半年之数。举主与被举之官，或有身亡事故，许令补发。三、所乞选人改官员额，除七十员外，欲乞量添二十员。"从之。13—14，p5829

　　《文献通考》：淳熙元年，参知政事龚茂良言："官人之道，在朝廷则当量人才，在铨部则宜守成法。夫法本无弊，而例实败之。法者公天下而为之者也，例者因人而立，以坏天下之公者也。昔者之患在于用例破法，比年之患在于因例立法，故谓吏部者例部也。今七司法自晏敦复裁定，不无疏略，然已十得八九，有司守之以从事，可以无弊，而徇情废法，相师成风，盖用例破法其害小，因例立法其〔害〕大。法常靳，例常宽，今至于法令繁多，官曹冗滥，盖由此也。望诏有司裒集《参附法》及《乾道续降申明》，重行考定，非大有抵牾者不去，凡涉宽纵者悉刊正之，庶几国家成法简易明白，赇谢之奸绝，冒滥之门塞矣。"于是诏从修焉。既而吏部尚书蔡洸以改官奏荐、磨勘差注等条法分门编类，冠以《吏部条法总类》为名。十一月，参知政事龚茂良进《吏部七司敕令格式申明》三百卷，诏颁行焉。27—28，p5836

宋会要辑稿·选举三二·召试二·宗室召试

　　元丰二年正月十七日，诏："宗室大将军以下愿试者，试本经及《论语》《孟子》大义共六道、论一首，大义以五通，论以辞理通为合格。"4，p5864—5865

　　徽宗崇宁元年十一月十二日，诏："应宗室非祖免年二十五以上，许于礼部试经义或律义二道，取文理稍通者分两等，附进士榜，优异者取旨。其不能试，或试不中者，读律于礼部，别为奏名。止推一时之恩。勿著于令。"5，p5865

十二、食货

宋会要辑稿·食货一·检田杂录

乾兴元年二月，开封府言："开封等十六县逃移人户甚多，近得雨泽，日望耕种，欲于邻近县分差令佐更互覆检。"诏特免覆检，今后不得为例。2，p5938

仁宗景祐二年十月十三日，中书门下言："《编敕》：'人户披诉灾伤田段，各留苗色根槎，未经检覆，不得耕犁改种。'虑妨人户及时耕种，今后人户诉灾伤，只于逐段田头留三两步苗色根槎准备检覆，任便改种。故作弊幸，州县检覆官严切觉察，不在检放之限。"先是，诉灾者未得改耕，待官检定，方听耕耨。民苦种莳失时，重以失所，故诏革之。2—3，p5938

【元丰】四年七月七日，前河北转运判官吕大忠言："天下二税，有司检放火伤，执寸谬例，每岁侥幸而免者无虑三二百万，其余水旱蝗、阁，类多失实。民披诉灾伤状，多不依公式，诸县不点检，所差官不依编敕起离月日程限，托故辞避。乞详定立法。"中书户房言："《熙宁编敕》约束详尽，欲申明行下。"从之。4，p5939

【宣和】六年三月二十四日，诏："诸路州县灾伤多是官司检放不实，使人户虚认税额，无所从出，必致流移，不能归业。今后人户经所属诉灾伤，而检放不实，州郡、监司不为（伸）〔申〕理，许赴本路廉访所及尚书省、御史台越诉。"6，p5940

高宗绍兴二年十一月十二日，江浙、荆湖、广南、福建路都转运使张公济言："人户田苗实有灾伤，自合检视分数捐放。若本县界或邻近县分小有水旱，人户实无灾伤，未敢披诉，多是被本县书手、贴司先将税簿出外，雇人将逐户顷亩一面写灾伤状，依限随众赴县陈（过）〔述〕。其检灾官又不曾亲行检视，一例将省税捐减，却于人户处敛掠钱物不赀。其乡书手等代人户陈诉灾伤，乞行立法。"户部检坐到《绍兴敕》："诸揽状为人赴官诉事，及知诉事不实，若不应陈述而为书写者，各杖一百；因而受财赃重，坐赃论加一等。"诏依，告获，每名支赏钱五十贯。6—7，p5940

【乾道七年】十一月十四日，详定一司敕令所修立下条："诸灾伤路分，安抚司体量、措置，转运司检放、展阁，军粮阙乏，听以省计通融应副。常平司粜给、借贷，提刑司觉察妄滥。如或违戾，许互相按举，仍各具已行事件申尚书省。诸灾伤路分帅臣、监司申到已行措置检放、粜给、觉察事件，并岁终考察修废以闻。"从之。13，p5944

宋会要辑稿·食货一·农田杂录·农田一

【建隆三年】九月，诏："如闻百姓有伐桑枣为薪者，其令州县禁止之。"16，p5945

【乾德】四年闰八月，诏："所在长吏告谕百姓，有能广植桑枣、开垦荒田者，并只纳旧租，永不通检；令佐能招复逋逃，劝课栽植，旧减一选者，更加一阶。"16，p5945

真宗咸平二年二月，诏曰："前许民户请佃荒田，未定税赋，如闻抛弃本业，一向请射荒田。宜令两京、诸路榜壁晓示。"应从来无田税者，方许请射系官荒土及远年落业荒田。候及五年，官中依前敕于十分内定税二分，永远为额。如见在庄田土窄，愿于侧近请射，及旧有庄产，后来逃移，已被别人请佃，碍敕无路归业者，亦许请射。州县才有请射状，疾速给付，别置籍抄上，逐季闻奏。其官中放（收）〔牧〕要用土地，及系帐逃户庄园、有主荒田，不得误有给付。长吏常切安抚，广务耕种，随土所宜，趁时栽种，不得辄有搅扰。长吏批上印历，理为劳绩。如抛本业，抱税东西，改易姓名，妄求请射，此色之人，即押归本贯勘断。17，p5946—5947

大中祥符二年八月，诏澶州，自今民以耕牛过河北者勿禁。时河北牛疫，河南民以牛往贸易者甚众，而澶州浮梁主吏辄邀留之，故诏谕焉。17，p5947

【大中祥符】五年五月，遣使福建取占城稻三万斛，分给江淮、两浙三路转运使，并出种法，令择民田之高仰者分给种之。其法曰：南方地暖，二月中下旬至三月上旬，用好竹笼，周以稻秆，置此稻于中外，及五斗以上，又以稻秆覆之。入池浸三日，出置宇下。伺其微熟如甲坼状，则布于净地。俟其萌与谷等，即用宽竹器贮之。于耕了平细田停水深二寸许，布之。经三日，决其水。至五日，视苗长二寸许，即复引水浸之一日，乃可种莳。如淮南地稍寒，则酌其节候下种，至八月熟。是稻即旱稻也。真宗以三路微旱，则稻悉不登，故以为赐，仍揭榜示民。17—18，p5947

【大中祥符六年】七月，诏："自今农器，并免收税。"先是，知滨州吕夷简奏，乞免河北诸州收税农器。帝曰："务穑劝农，古之道也，岂止河北耶？"故有是诏。18，p5947—5948

【大中祥符】七年三月，诏："自今典卖田宅，其邻至内如有已将田业正典人者，只问见典人，更不（会）〔曾〕问元业主。若元业主除已典外，更有田业邻至，即依邻至次第施行。"先是，京兆奏民有讼田，以典到地为邻至者，法无明文，故条约。18，p5948

【大中祥符七年】六月，诏："诸州典业与人而户绝没官者，并纳官，检估诣实，明立簿籍，许典限外半年以本钱收赎。如经三十年无文契，及虽有文契，难辨真伪者，不在收赎之限。"初，三司以旧无条制，请颁定式状下法寺，故命条约焉。18，p5948

【大中祥符七年】八月，诏："以诸道牛疫，民有买卖耕牛者免税。"18，p5948

【大中祥符】九年八月，诏曰："蒭牧之畜，农耕所资。盗杀之禁素严，阜蕃之期是望。或罹宰割，深可悯伤。自今屠耕牛及盗杀牛罪不至死者，并系狱以闻，当从重杖。"时中使自洛回，言道逢鬻牛肉者甚众，虑不逞辈因缘屠宰，故戒之。明年，江南范应辰、杭州薛颜、越州杨侃并上言："江浙之间，犯禁者众，悉以上闻，即刑狱淹系。"遂罢此诏，止如旧敕施行。18，p5948

天禧元年八月，诏："诸州卖买耕牛税钱，更放一年，三司不须比较。"18，p5948

【天禧】二年二月，梓州黄昭益、遂州滕世宁言："（川）〔州〕界多争论追赎远年典卖庄土，及至勘诘，皆于业主生前以钱典市，及业主户绝，本人不经官自陈，便为己业，直至邻里争讼，方始承伏，出钱估买。

望自今每户绝，如有曾典得物业人，并须具事白官。或隐匿讵误，事发，即决罚讫，勿许复买。"诏法寺参议，且请"自今应以田宅典人上而业主户绝者，与限一年，许见佃人具事白官估（直）〔值〕，召人收市。限满不告，论如法，庄宅纳官"。从之。18，p5948

【天禧二年】六月，诏："民有诉理田土，非是相侵夺者，并依旧制，俟务开日理决。"先是，河北提点刑狱上言："民有诣阙诉田者，诏令本州依理施行。官司被诏，虽在农务，即追理之，颇妨农业。"故命条约。18，p5948

【天禧】三年七月，诏："户绝庄田，自今才有申报，即差官诣地检视，其沃壤、园林、水硙，止令官司召人租佃，及明设疆界、数目，附籍收系。其硗瘠田产，即听估（直）〔值〕出市。"时有言官司以户绝田肥沃者市于人，而以瘠土租课，故有是诏。18—19，p5948

【天禧三年】十月，诏："广南自天禧元年正月一日已前，民有私鬻有分田产，券契分明，为有分骨肉论理者，即以所鬻价值均分之，田产付见佃。"19，p5948—5949

【天禧】四年四月，利州路转运使李防上言："近睹敕命，就差提点刑狱官充劝农使，以见国家务农之道。臣三纪外任，每见州县之民，多不谙会播种，览《四时纂要》《齐民要术》，并是古书，备陈耕耨栽植之法。又睹先降《农田敕》，条贯甚精。盖止约于刑禁，显诸程式；复置常平仓，亦虑其乏绝。今请取此二书雕印，颁付诸路劝农司，委转运、劝农使副每遇巡历州县，常加提举劝农。"诏令馆阁校勘雕印，赐与诸处。19，p5949

【天禧五年】十月，诏："河北民有请佃落北蕃户庄土、园林而辄典质者，止勒典质本主佃莳，俟本主自北界至，即时给付，其元质缗钱勿复理纳。"先是，《景德二年敕》："落北界人庄田、园林请佃辄有毁鬻者，许人陈诉，依法科罪。"至是，知赵州高志宁言："部民投牒诉者五百八十余户，盖始以蝗旱不济，因贸易其园。今方岁稔，即互有论告。若受而理之，恐成滋蔓，望赐条约。"故有是诏。19，p5949—5950

乾兴元年十二月，上封者言："自开国以来，天下承平六十余载，然而民间无积蓄，仓廪未陈腐，稍或饥（慊）〔歉〕，立致流移。盖差役、赋敛之未均，形势、豪强所侵扰也。又若山海之利，岁月所增，莫不笼尽。提封万里，商旅往来，边食常难。物价腾涌，匹帛金银，比旧价倍，斛食粮草，所在增贵，复有榷酤，尤为糜沸。不立禁约，只务创添，为害滋深，取利何极！至如川远，所产虽富，（般）〔搬〕运实多，收买折科，织造染练，其费不一。所有四害，今当缕陈。伏见劝课农桑，曲尽条目。然乡间之弊，无由得知。朝廷惠泽虽优，豪势侵陵罔暇，遂使单贫小户，力役靡供。仍岁丰登，稍能自给；或时水旱，流转无从，户籍虽有增添，农民日自减少。以臣愚见，且以三千户之邑五等分算，中等以上可任差遣者约千户；官员、形势、衙前将吏不啻一二百户，并免差遣；州县乡村诸色役人又不啻一二百户，如此，则二三年内，已总遍差，才得归农，即复应役，直至破尽家业，方得闲休。所以人户惧见，稍有田产，典卖与形势之家，以避徭役，因为浮浪，或恣惰游。更有诸般恶幸，影占门户，田土稍多，便作佃户名目。若不禁止，则天下田畴，半为形势所占。伏请应自今见任食禄人、同居骨肉，及衙前、将吏各免户役者，除见庄业外，不得更典买田土，如违，许人陈告，典买田土没官。自然减农田之弊，均差遣之劳，免致私役不（禁）〔均〕，因循失业。其罢俸、罢任前资官元无田者，许置五顷为限，乞差近上明干吏检会茶盐体例条制，出自宸断，（栽）〔裁〕择施行。”诏三司委众官限五日内定夺。三司言：“准《农田敕》：‘应乡村有庄田物力者，多苟免差徭，虚报逃移，与形势户同情启幸，却于名下作客，影庇差徭，全种自己田产。今与一月自首放罪，限满不首，许人告论，依法断遣支赏。’又准《天禧四年敕》：‘应以田产虚立契，典卖于形势、豪强户下隐庇差役者，与限百日，经官首罪，改正户名。限满不首，许人陈告，命官、使臣除名，公人、百姓决配。’今准臣僚奏请，众官定夺，拟应臣僚不以见任罢任，所置庄田，定三十顷为限；衙前将吏合免户役者，定十五顷为限。所典买田，只得于一州之内。典买数目，如有祖父迁葬，若令随庄卜葬，必恐别无茔地选择方所，今除前所定顷数，许更置坟地，五顷为限。如经条贯后辄敢违犯，许人陈告，命官、使臣科违制罪，公人永不收充职役，田产给告事人。若地有崖岭，不通步量，刀耕火种之处，所定顷亩，委逐路转运使别为条制，具诣实申奏。又按《农田敕》：‘买置及析居、归业佃逃户未并入本户者，各出户帖共输。’今臣僚所请，并须割入一户下。今欲申明旧敕，令于逐县门榜〔粉〕壁晓示人户，与限百日，许令陈首改正，限满不首，及今后更敢违犯，许人陈告。如公然作弊，显是影占他人差役，所犯人严断，仍据欺弊田三分给一与告事人充赏。”并从之。19—20，p5950—5951

【仁宗天圣元年】七月，殿中丞齐嵩上言："检会《大中祥符八年敕》：'户绝田并不均与近亲，卖钱入官，肥沃者不卖，除二税外，召人承佃，出纳租课。'变易旧条，无所稽据，深成烦扰。欲请自今后如不依《户令》均与近亲，即立限许无产业及中等已下户，不以肥瘠，全户请射。如须没纳入官，即乞许全户不分肥瘠，召人承佃。"又国子博士张愿上言："累有百姓陈状称：为自来官中定年深户绝租课，积累物数已多，送纳不前。盖是元差到官务欲数多，望成劳绩，定租重大，累蒙校科，摊配在邻人户下，送纳不（辩）〔办〕，遂至逃移，官中更均摊在以次逃户邻人名下，起惹词讼。国家富有万方，三司是聚敛之臣，必虑不能捐免。乞下三司定夺。"事下三司与法寺议定闻奏。今参详：应户绝户合纳官田，设或兑下瘠田已远，无人请买，荒废亏失税额。欲乞勘会户绝田，勒令佐打量地步、什物，估计钱数申州。州选幕职官再行覆检，印榜示见佃户，依估纳钱，买充永业，不得更将肥田请佃，兑下瘠簿。若见佃户无力收买，即问地邻，地邻不要，方许中等以下户全户收买。其钱限一年内送纳；如一户承买不尽，许众户共状收买。如同情欺幸，小估亏官，许知次第人论告，并当严断，仍以元买田价十分给三分赏告事人。从之。21，p5951—5952

【天圣】三年五月，深州董希颜上言："准《景德二年正月敕》：'河北没蕃户庄田林木，本主未归，无人佃者，委逐县官遍往点检实数，置籍管系，常切检校，不得毁斫，候本主归给付。如本主未到，许房亲请佃；如无房亲，即召主户佃莳。'其年七月，诏：'河北全家没蕃户庄田，须亲房召邻保五七人，方得请佃；如无，许主户请佃。据一物已上，县立帐给付，州县拘辖，不得斫伐破卖。候主归，依数还之。'至天禧五年敕，用知赵州高志宁言，据已破卖没蕃人户主田，且勒典质主佃莳，候归给付；已经勘断者，更不为理。臣详元敕为未和好以前没蕃之人，朝廷矜悯，虑有废土，伐木拆屋，致本主归无所投，遂降敕不得斫伐破卖。今缘和好已久，自雍熙后至景德前能归复者尽已归复。至今年未归之人，多是从初杀戮，或在北已亡，纵在蕃中，其存者亦少，其庄田旧已准敕给与房邻佃莳。或已有请佃户，又多尊长亡没，目下子孙相承佃莳，已成营葺。屋宇损坏，不敢修换；桑枣枯朽，不敢剪除。见今园林多是后来栽植。河朔之地，少近山谷，每官中科木，或制农具，或不采斫园林，即木无所出。偶然修换，或采取一株，便为游堕之民陈告，即夺给告者，却使元佃户全家趁出。不唯惠彼奸民，实亦有伤和气。近又频准转运司差官推勘，多是陈告此类公事。窃虑不逞之人竞起讼端，编民不遂安居，刑狱无由清简。今请应河北人户请佃没蕃庄田者，除将庄田典卖、毁伐桑枣，即依旧条，所有屋舍、家事、园林、果木，任便修采，更不坐罪。不许陈告，亦不给田充赏。"从之。21—22，p5952

【天圣三年】十月，提点开封府界县镇张君平言："州县户绝没官庄田，官司虽检估，召人承买莳佃，其有经隔岁月，无人承当。盖检估之时，当职官吏准防已后词讼，多高起估钱，以致年深倒塌荒芜，陷失租税。望降敕选官重估实价，召人承买。自今须（子）〔仔〕细看估，不得高起估钱，虚系账籍。"事下三司相度，三司言："按《天圣元年七月敕》：'户绝田，令佐画时打量地段，估计屋舍，动使申州，委同判、幕职再行覆检，出榜晓示见佃户纳钱，竭产收买。只依元额纳税，不纳租课，不得挑段请佃。或见佃户无力，即问地邻；地邻不要，方许中等以下户收买，价钱限一年纳官。'又《九月敕》：'三司言：旧假欠官物，估价纳抵当产业入官，除已标充职田（收）〔牧〕地不许收赎外，如十五年内本主或子孙亲的骨肉却要元纳庄，许依元估价钱收赎；如十五年外，见有人住佃者，不令收赎。今详年限稍远，欲乞限十年内，许本主或亲的子孙骨肉收赎，限满不赎，郭下廊店物业、外乡村庄田、舍屋、水硙，委令佐打量估计，结罪申州。州差同判或幕职再行检估，出榜许人收买。如小估亏官，许知次第人论告，并科违制之罪，公人决配；其元价没官。奏可。'今看详张君平所请，已有上件敕命，今欲举明前敕施行。"从之。22—23，p5953

【天圣】四年六月，辛惟庆还，言："臣与本州体量，闽、候官十二县，共管官庄一百四，熟田千三百七十五顷八十四亩，佃户二万二千三百人，于太平兴国五年准敕，差朝臣均定二税，给帖收执。内七县田中、下相半，五县田色低下。寻牒州估价，及具单贫人数，按见耕种熟田千三百七十五顷，共估钱三十五万贯，已牒福州出卖，送纳见钱，或金银依价折纳。其元管荒田园有后来请垦佃者五十四顷九亩，见今未有人佃，已牒福州估价，召人请佃。臣尚虑狡猾之辈别启情幸，于名下田园拣选肥浓税轻者请买，却退瘠地，别致亏官。已牒福州并须全业收买，依敕限三年纳钱，不收牙税。如佃户不买，却告示邻人；邻人不买，即召诸色人。仍令佐将账簿根究数目，如日前曾将肥土轻税田与豪富人，今止瘠地，即指挥见佃户全业收买，割过户籍。若佃户不买，即将元卸肥田一处出卖。又按佃户名亦有僧户，元条僧人不得买田，已牒州出榜告示，许本主收买。或僧人元有官田已卸别户承佃者，敢争执妄生词说，即严加勘断。"事下三司详定，三司言："若依惟庆估定价钱三十五万余贯，（今）〔令〕作三年送纳，恐见佃户除二税外，更纳田价钱数多。欲乞特与减放分数，却添年限，许随税将见钱并但堪供军金银、绸绢，依市价折纳。如愿一并纳足价钱，亦听从便。仍令州县置籍拘管，纽定逐年合拘纳钱数，随税追催，封桩收附。候及数目，计纲上京，不得别将支破。候纳钱足，给户帖与买田人执为永业，应副差徭。"敕三司，据估到钱三分减一分，限三年纳足。其合应副差徭，亦候三年外。监察御史朱谏上言："福州屯田耕（田）〔佃〕岁也，虽有屯田之名，父子相承，以为己业。伏乞量定租课，罢行估卖。"诏：如见佃户内单贫户承买者，令别立宽限。惟庆言："所纽田钱，内单贫户欲更展限一年。"从之。23—24，p5953—5954

【天圣四年】十一月，诏："江淮、两浙、荆湖、福建、广南州军，旧条，私下分田客非时不得起移，如主人发遣，给与凭由，方许别住。多被主人折勒，不放起移。自今后客户起移，更不取主人凭由，须每田收田毕日，商量去住，各取稳便，即不得非时衷私起移。如是主人非理栏占，许经县论详。"24，p5954

【天圣七年】五月，龙图阁学士、知密州蔡齐言："三司牒：'户绝庄田钱未足、合纳租课者，勒令送纳，直候纳足价钱开破。若未有人买者，官定租课，令请射户供输。'本州自大中祥符八年后，户绝庄〔田〕七十七户，只有六户未户绝已前出课扑佃，自后依旧纳课，余皆荒闲。准《天圣四年七月五日敕》，令召人请射，只纳二税，更不纽课。未及一年，准《天圣五年六月十五日敕》，差官估计，召人承买；若未有承买，且令见佃人出税。后来本州估卖，有四十八户承买，尚有二十九户未有承买。三司累牒催纳，价钱未足，且纳租课。伏缘人户请射之初，田各荒废，才入佃莳。未及一年，续许承买。催纳价钱，并是卖牛破产，竭力送纳。未足，又更勒纳租课。一年之内，催纳三重，臣未敢紧行理纳。兼虑诸处承买庄田钱未足更纳租课者，亦乞遍下诸处。"事下三司相度。三司言："诸处所管户绝庄田不少，今若不候钱足，便除租课，窃虑承买户故为拖滞，不纳价钱。欲乞自今据未纳足钱并未有人承买，依估价，召人承买，限一年内钱足。仍将估价及见纳租纽作十分，如纳钱一分，即除落一分租

课，直候纳足，方与全免。"从之。24—25，p5955

【天圣七年】十一月，诏："州县逃田经十年已上，无人归业，见今荒闲者，令出榜晓示，限百日令本主归业。限满不来，许人请射耕佃。其归业并请射人户，并未得立定税额，及令应副差徭。候及五年，于旧额税赋上特减八分，永为定额。"其月，中书门下言："窃虑上件逃田荒闲年深，见有人户侵耕冒佃，将来有人归请，别致争讼。及见有税产人为见宽恩，抛弃己田，却求请佃逃田。欲令三司告示，如有侵耕者，与限百日陈首，更不问罪。据陈首后耕到熟田顷亩，于元税额上令纳五分。如本主限内归认，给付本户，依此纳税。若辄弃己田，妄作逃移，请射逃田，许诸色人论告，科违制罪，押归旧贯。乡耆不切觉察，致有违犯，并从违制断遣。"25，p5955

【天圣】八年八月七日，审刑院言："河北天圣八年四月已前值灾伤逐急典卖与人，其四邻逐熟在外不曾会问者，如见执文契印税分明，其邻人不曾着字，却有论认者，官司不得为理，并依元契为主。"从之。25，p5955—5956

庆历四年正月二十八日，诏："自今在官有能兴水利，课农桑，辟田畴，增户口，凡有利于农者，当议量功绩大小，比附优劣，与改转，或升陟差遣，或循资家便，等第酬奖。即须设法劝课，不得却致扰民。其或陂池不修，桑枣不植，户口流亡之处，亦当检察，别行降黜。仍令转运使、提点刑狱常切纠举，无自旷慢。至于省徭役，宽赋敛，使百姓乐于务农，亦所以广劝民之道也。仍令逐处臣僚，今后举奏见任知州、通判、知县、令佐者，并先言有何劝课劳绩，方与依条理为举主施行。其提点刑狱朝臣并转运判官，今后并带兼本路劝农。一、兴水利。谓陂塘、污田之类，及逐处堤堰河渠可备水患者，或能创置开决，或久来废坏埋塞，复能兴修，或前人已兴功未成，后来能接续了毕者，仰逐处勘会功绩大小，所利广狭闻奏。二、植桑枣。令文劝课栽植，自有等第数目，如土地有所不宜，则不必桑枣，但榆柳之类，随地所宜，可为民利。如官员能自相度民力，设法劝课，不须执守令文内数目，并令逐处具本官任内栽种诣实数闻奏。三、增户口。部内有逃户，却能招诱复业，或有天荒田能招人开耕，创立户贯，皆为劳绩。即不得差人追捕归业，亦不得强抑人户开耕，以为己功。令逐处勘会增添到户数及开耕到地土顷亩闻奏。已上劝课功绩，并于得替日出给解由，仍令本属保明以闻外，并给与公据，自赍赴阙。"25—

26，p5956

至和元年三月，诏："京西民饥，其荒田如人占耕及七年，起税二分；逃田及五年，减旧税三分。因灾伤逃移而复业者，免支移折变二年；非因灾伤者，免一年。"26，p5957

【至和】二年十一月三日，诏："荆湖、广南路溪洞人户争论田土，虽在务月，须理断了当。"26，p5957

治平四年九月二日，江南东路转运司言："三司奏：'池州多逃产，年深，元额税重，人户不敢请射。欲乞其逃田如三十年以上，于元税额上减放四分，四十年以上减放七分。如此，候十年，其田已成次第，即依《编敕》，十分内减三分，立为永额。其三年以下、十年以上者，自依《编敕》，令三司依此施行。本司看详：本路及天下似此逃田不少，乞施行诸路，令人请佃。'"诏并从之，仍候请佃及十年，并令纳五分税；及二十年，即依《编敕》纳七分税，永为定额。26，p5957

【熙宁】五年，重修定《方田法》。29，p5960

【熙宁】八年二月二十八日，中书门下言："诸畸零不成片段田土难已召给役人者，依出卖户绝田产法召人承买。"29，p5960

【元丰】八年十月二十五日，诏罢方田。30，p5961

【哲宗元祐】四年二月十三日，诏："自今应濒河州县积水占田处，在任官能为民经画沟畎疏导，退出良田一百顷已上者，并委所属保明以闻，到部日，与升半年名次。每增一百顷，各递升半年名次；及一千顷已上者，比类取旨酬赏；功利大者，仍取特旨。"从刑部侍郎范百禄请也。30，p5961

【徽宗崇宁】四年二月十六日，复颁《方田法》。详见"方田"门。30，p5961

政和元年四月五日，诏："士大夫与民争利，多占膏腴之地，已有令文，令监司常切检举。"31，p5962

【政和元年】五月二十二日，诏："耕桑乃衣食之源，斫伐桑柘，未有法禁，宜立约束施行。"31，p5962

【政和元年】六月六日，户部侍郎范坦奏："奉诏总领措置出卖系官田产，欲差提举常平或提刑官专切提举管勾出卖。凡应副河坊、沿边招募弓箭手或屯田之类，并存留；凡市易、抵当、折纳、籍没、常平户绝、天荒、省庄，废官职田，江涨沙田，弃堤退滩，濒江河湖海自生芦苇荻场，

圩埠湖田之类，并出卖。"从之。31，p5962—5963

【政和元年九月】十四日，总领措置官田所奏："检会《熙宁二年十一月二十四日朝旨》：制置三司条例司奏：'出卖广惠仓田土，其所委逐项提举官催趣出卖。如一年内卖及三万贯，减一年；七万贯，减二年；十万贯，减三年磨勘。'欲比类熙宁年指挥①，所委监司官一路州县合卖田舍价钱数目，如于一年内卖及七分，与转一官；六分，减三年磨勘；五分，减二年磨勘。其出卖不及五分之处，亦依已降指挥，从本所奏劾，庶几有以激劝。"诏："诸路系官田舍，平日多为豪右侵冒，有亏邦计。今来出卖顷亩、间椽万数不少，所委官吏若不明劝赏，则无以激劝，使能吏悉力干办。可并依所奏施行。"31—32，p5963

政和六年五月二十九日，尚书省言："新授邓州司户曹事毕昂奏：'窃见自来诸处圩岸，多是所属寻常不切照管，到水涨之时，常有决溢，公私被害不细。县官任满，别无疏虞，虽许免试一次，缘赏典尚轻，及未有决溢断罪之法，欲望重立赏罚。仍于逐县令佐御内添入"专切管干圩岸"字。其邻圩去处，亦乞并禁樵采，以固堤坊。'诏令尚书省立法。今拟立下条：'管干圩岸、围岸官任内修葺牢固，不致隳损堙塞者，三年任满，承务郎以上减磨勘一年，承直郎以下占射差遣一次。二年以上移替者，承务郎以上与家便差遣，承直郎以下升一年名次。'"从之。32—33，p5964

宣和元年八月二十四日，农田所奏："应浙西州县因今来积水减退，露出田土，乞每县选委水利司谙晓农田文武官，同与知佐分诣乡村检视标记。除出人户已业外，其余远年逃田、天荒田、草葑菱荡及湖泊退滩、沙涂等地，并打量步亩，立四至坐落、着望乡村，每围以《千字文》为号，置簿拘籍。以田邻见纳租课比扑，量减分数，出榜限一百日，召人实封投状，添租请佃。限满拆封，给租多之人。每户给户帖一纸，开具所佃田色、步亩、四至、著望、应纳租课。如将来典卖，听依系籍田法请买印契书填交易。"从之。33，p5964—5965

宋会要辑稿·食货一·农田二

高宗建炎元年五月一日，赦："人户置买耕牛，权免税钱一年。"

35，p5966

【乾道元年九月】二十四日，臣僚言："已降指挥：'应占佃沙田、芦场，并立租税。'乞将昨来已立租税，及官户二千亩、民户千亩以下，亦等第均立税额。其已立额，候秋成，依见额拘催，余俟核实，与编氓均输。"从之。44，p5976

【乾道】六年二月一日，诏："浙西、江东、淮东诸处沙田、芦场二百八十余万亩，除人户已请佃及包占外，其余并行估价出卖。所有已请佃及包占数目，可立定等则，增立租课。"45，p5976

宋会要辑稿·食货三·营田·杂录二

【绍兴】十六年三月三十日，工部言："今参酌立定淮东西、江东、两浙、湖北路每岁合比较营田赏罚。以绍兴七年至十三年终所收夏秋两料子利数内，取三年最多数，更于三年最多数内，取一年酌中者为额。以本路所管县分十分为率，内取二分奉行有方、民无论诉，抑勒搔扰去处，分为三等。增及三分以上者为上等，依元格减磨勘二年；增及二分以上为中等，依元格减磨勘一年半；增及一分以上者为下等，依格减磨勘一年；若亏及元额，最少一处者为罚。从本路提领营田官、宣抚营田使开具保明以闻。"从之。2，p6006

【绍兴十八年】十一月九日，户、工部言："今立定诸军营田，主管官各以所管已耕种熟田外，将均拨到荒田措置增种过田顷，候至收成，从总领所保明，依格推赏。增五顷已上，减一年磨勘；十顷已上，减一年半磨勘；二十顷已上，减二年磨勘；三十顷已上，减三年磨勘。若不为措置增种者，并（领）〔令〕总领官、本军都统制开具职位姓名申朝廷，特与展二年磨勘。"从之。2—3，p6007

【绍兴】二十年二月一日，工部言："乞将诸路绍兴十三年至十九年知、通、令、尉，且依《绍兴十六年三月二十日指挥》立定分数，并近申拟定法比较赏罚外，其十九年以后，欲将当年所收物斛：若元额五千硕至一万硕已上，比递年增及二分已上，与减一年磨勘；亏及二分已上，与展一年磨勘；增及四分已上，与减二年磨勘，亏及四分已上，与展二年磨勘。若元额不及五千硕，增亏不及二分，并不在赏罚之例。每岁仰本路营田官具无民词诉抑勒去处，方许保明。其已降指挥立定一分至三分赏罚，自绍兴十九年已后更不施行。"从之。3，p6007—6008

【绍兴二十年】七月二十三日，知庐州吴逵言："土豪大姓、诸色人就耕淮南，开垦荒闲田地归官庄者，岁收谷、麦两熟，欲只理一熟。如稻田又种麦，仍只理稻，其麦佃户得收。桩留次年种子外，作十分，以五分给佃户，五分归官。初开垦，以九分给佃户，一分归官；三年后，岁加一分，至五分止。即不得将成熟田作初开垦荒田一例施行。所有产税、役钱，并令倚阁，仍将开耕官田每顷别给菜田二十亩，所收课子，不在均分入官之限。其管官庄户于本道都比联附保，并免差役及诸般科借。佃户谷就近便处用省斗交量，更不收耗，及不得辄加斗面。岁终，安抚司勘当，以多寡为优劣。"从之。3，p6008

乾道元年二月二十四日，诏："两淮合行屯田，以便军食，昨来郭振于六合措置，已见就绪。今来已除镇江府驻札御前诸军都统制，所有淮南东路屯田，理合委官。令郭振同王弗、周淙疾速措置，其合用种粮、农具、牛畜等，一就条具闻奏。"其后王弗等条具下项："一、检准《绍兴六年十二月十九日指挥》：措置屯田，乞以五十顷为一屯，作一庄，差主管将领一员、监辖使臣五员、军兵二百五十人。如次年地熟，人力有余，愿添田土，听从其便。二、近取会到扬、楚州、高邮、盱眙军天长县见管系官荒田共五万八千余顷，所用种本、收买耕牛、置办农器、修盖庐舍寨屋、差拨军兵列屯耕作、使臣管干监辖，虽蒙朝廷降到银绢，止纽计钱五万余贯，若下手措置收买牛畜、盖屋之类，大段数少。欲望广行支降钱本应副使用。"诏令淮东总领所将寄收屯田钱五万贯，并见桩管都督府度牒一百三十二道价钱，拨充屯田使用。13，p6018

宋会要辑稿·食货四·屯田杂录

景德元年四月十八日，诏："保州置屯田兵籍，自今转运司擅移易者，以违制论。"2，p6030

景德元年十月，诏："相州管内不堪牧马草地一段，宜令官置牛具，选习耕农兵士，置屯田庄。"2，p6030

宋会要辑稿·食货四·方田

神宗熙宁五年，重修定《方田法》：自京东为始推行，冲改三司方田均税条。见前《会要》"赋税"嘉祐四年。夏税并作三色：绢、小麦、杂钱；秋税并作两色：白米、杂钱。其蚕、盐之类已请官本者不追；造酒、粳糯

米、马食草仍旧；逃田、职田、官占等税亦依旧倚阁，屋税比附均定，墓地免均，如税额重处，许减逃阁税数。7，p6035

已方四路：京东东路。秦凤路，内凤翔府天兴、秦州陇城、成纪县已方，余州县《熙宁七年四月朝旨》权住。永兴军等路，延州临真、门山、肤施、敷政、延长，永兴军蓝田、武功、兴平、临潼、咸阳、醴泉、乾祐，丹州宜川，陕府灵宝、夏县，坊州中部、宜君，邠州永寿、宜禄，庆州安化、彭原，解州闻喜，虢州虢略县并到王城县中曲等七村，鄜州洛交、洛川、鄜城、直罗县，为灾伤权罢，候丰熟别奏取旨。陕府平陆、同州、韩城县已方，诉不均，见重方量。河北西路，内卫州黎阳、汲县已方。《熙宁九年朝旨》："应本路合行方田，赋税最不均县分，每年逐州不得过一县；一州五县以上，不得过两县；其次灾伤县分仍权罢。"邢州钜鹿、真定府槁城县系税最不均，朝旨：候元丰二年施行。7，p6035—6036

【熙宁七年】四月四日，诏："方田每方差大甲头二人，以本方上户充。小甲头三人，同集方户，令各认步亩。方田官躬验逐等地色，更勒甲头、方户同定，写成草账，于逐段长阔步数下各计定顷亩。官自募人覆算，更不别造方账，限四十日毕。先点印讫，晓示方户，各具书算人写造草账、庄账，候给户帖，连庄账付逐户以为地符。"8，p6036

【熙宁七年】十月二日，司农寺言："今年四月己巳诏：'灾伤路分见编排保甲、方田及造五等簿并权罢，候岁丰农隙取旨。'今年秋成，乞下诸路及开封府界，除秋田灾伤三分以上，县依前权罢外，余候农隙编排保甲、方田及造五等簿。内永兴军、秦凤等路义勇、保甲，依八月甲申诏，候来年取旨。"从之。8，p6036—6037

徽宗崇宁四年二月十六日，尚书省奏："赋调之不平也矣，自开阡陌，使民得以田私相贸易，富者贪于有余，厚价以规利；贫者迫于不足，移税以速售。故富者跨州轶县，所占者莫非膏腴，而赋调反轻；贫者所存无几，又且瘠薄，而赋调反重。熙宁初，神宗皇帝诏有司讲究方田利害，盖以土色肥硗别田之美恶，定赋调之多寡，已行之五路，至今公私为利。今取《熙宁方田敕》，删去重复冲改，取其应行者为《方田法》，乞付三省颁降。"从之。9，p6037

【政和二年】八月十八日，诏令京西南北路监司："应已方田，并选差官前去体量有无违法不均不实，出税有无偏重偏轻。如不曾方量处，即且令依旧出税，别选他州县官互行差委前去重行方量，即不得差本州县寄居、待阙等官。所委官仰先习熟法内行遣次第，选差非本州县吏人前去，尽公施行。如违，以违制论；即因而受财乞取，以自盗论，赃轻吏人、公人并配二千里。"10—11，p6038

【政和二年】九月八日，诏："应已方田路分，见有人户论诉不均者，并依京西路已降指挥施行。其有人户论诉合重方并未方路分，合差一行方量官吏、均税甲头、合干人等，并差非本州县人。如违，以违制论。"其后十月七日，河北东路提举常平司奏："（切）〔窃〕详朝廷之意，止为本方内有自己或邻并或亲戚地土，徇情牵制，于定验土色必先弊幸。今相度，欲令四隅方量官互换，隔隔点定某字方内大小甲头五人赴某字方充甲头，亦与别州县差拨无异。兼近降敕命，不用本州县官吏、公人、庄宅牙人、都攒书算一行人，若方田事务有不均，人户时下有可申诉，官司等亦不敢抑遏弹压。"诏依，诸路准此。11，p6038

【政和二年】十月二十七日，河北东路提举常平司奏："检承《崇宁方田令》节文：'诸州县寨镇内屋税，据紧慢十等均定，并作见钱。'本司契勘：本路州县城郭屋税，依条以冲要闲慢亦分十等，均出盐税钱。且以未经方量开德府等处，每一亩可（尽）〔盖〕屋八间，次后更可盖覆〔屋〕。屋每间赁钱有一百至二百文足，多是上等有力之家。其后街小巷闲慢房屋，多是下户些小物业，每间只赁得三文或五文，委是上轻下重不等。今相度：州县城郭屋税，若于十等内据紧慢，每等各分正、次二等，令人户均出盐税钱，委是上下轻重均平，别不增损官额，亦不碍旧来坊郭十等之法。余依元条施行。"从之，余路依此。11—12，p6038—6039

宣和二年十二月二十四日，诏："自今后诸司不得起请方田，见方、未方、已方而未起税者，并罢。如敢有违，官吏并送御史台，以违御笔论；吏人不以有无，并配海岛。根括纳租者并同。"15，p6040

宋会要辑稿·食货五·青苗下

【绍圣】三年正月二十二日，户部言："准《敕》：'府界应缘常平敛散等事，除今来申请外，并依元丰七年见行条制。'《元丰令》：'给常平钱谷，年终不足，勿给。'今有旧欠户数，依令勿给，恐人户困于兼并。"诏："应人户旧欠钱斛，今来愿请者，许支，仍自来年以后，有新欠者上条。"17，p6066

【绍兴】三年三月十三日，户部言："常平司见管闲田，权令人户认纳二税，却于常平仓送纳。候及三年，依条出卖，或立定租课，许人户添租承佃，给最高之人。若召到人所入租课与见佃人所入数同，即先给见佃人。仍先乞下湖南提刑司照会施行。"从之。22，p6070

【绍兴五年】三月二十九日，诏："出卖没官等田，今年二月二十四日已降指挥，监司、州县官吏、公人并不许收买外，其寄居、待阙官愿买者听。"从福建路提刑吕聪问之请也。23，p6071

【绍兴五年】四月二日，总制司言："承送下专切措置财用司奏：今条具下项：一、系官田地，乞且截自宣和以后，应可以卖者，先委官根括，候见着实顷亩四至，即大字榜示人户愿买人名，以时价着钱，依已措置事理出卖。庶几岁月未也，易于考验，不至纷争。兼多在形势户下，取之无伤。纵使巧为占吝，亦须高价承买。其宣和以前田地，且令官司宽缓括责步亩，增减租课，改造砧基薄，卖与不卖，他日临时相度。元降出卖官田指挥即不显年限，今欲宣和以后应可以卖者依臣僚所乞，先次出卖；其以前年分，令诸路总领官续次相度，申请施行。今来召人承买，系州委知州、县委知县。若论职事，合在守令。缘其间有贪有廉，有才有否，不可一概委付。欲令逐路转运、常平两司，不问职位高下，州县各精选一员同主其事，如系职官以下，许添破请给，庶相关系，无敢容私。今相度，欲依今年正月三日指挥，州委知州、县委知县，取见元管数目比仿邻近田亩所取租课及屋宇价（直）〔值〕，量度适中钱数，出榜召人实封投状承买。卖到价钱，州委通判、县委县丞拘催，计置起发。其诸县有实阙知县去处，即于丞、簿内选委可以倚仗之人权行管干，候正官到日，却行交割。所有州县应估价、检察奸弊，乞令州县当职官并行通金管干施行。二、窃谓卖田极易，惟括责实难，此全在官吏得人，然公平者少，容私者众。乞饬谕所委官司，有违戾者，当遵用艺祖之法罢黜；其合卖田舍，承今年正月三日指挥；州委知州、县委知县，取见元管数目；并二月二十四日指挥：令州军先将但干照据簿历（子）〔仔〕细刷的实合行出卖田产名色、地段、顷亩、物件，先次置籍拘管，申总领官；及承闰二月十八日指挥：应州县因划刷失实，别无情弊，并依被差检覆户绝财产根括不尽条法施行，如有情弊，或为隐漏不实，从所委监司具事因申取朝廷指挥，重赐施行。今欲乞依已降指挥施行。三、看详户部前后所具事节已如是详备，缘有省房租赁一色，多为官吏之家累世隐占，有良田数百亩，而岁纳四五十千者；有市井地段数十丈，而岁纳四五十钱者，今却不系合卖七色之内。议者谓田可增价出卖，地可增钱召赁，兼逃绝田土又有累年荒废，只是抑邻人、保甲代纳租税，似此一色，若不量行减价，或许放一二年官物，决未有人承买。检准绍兴四年六月二十二日户部状：'诸路州县系官房廊、白地、园圃等，自军兴以来，或因贼马残破，簿籍不存，或逃亡未归业，或被虏死绝事故之类，往往人吏作弊，侵欺入己；或为形势之家强占起造，更不纳钱；或非理减落元价。盖缘官司失于拘籍，为弊日久，失陷官钱，不可胜数。'今相度，乞下诸路运司，州委通判、县委知县，限五日措置关防利害，并如何可以革去侥幸、增收课入，限半年陈首。已承指挥，依所申条具。户部累将上件事理，委监司、州郡条具，未有申到去处，今欲依臣僚所申，如有似此隐占之家，许限一月，诣官自陈，依本处体例添纳租课，仍与减免二分；限满不首，许人陈告，即以其地给与告人，具告人所纳租课，亦减二分。四、实封投状，已限一季开拆，若措置未尽，即限满给卖，难以追改。欲乞更令户部详细议定，疾速行下诸路转运、常平司，令得遵执，庶几不失信于民间。若虑远方被受稽缓，即乞更展一月。今欲依臣僚所乞。"诏依措置到事理施行。23—25，p6071—6072

【绍兴】十三年二月三日，户部言："欲将常平、转运司应管田产并提刑司所管贼徒田舍，并遵依去年十月二十一日指挥施行。内元系荒闲田土，因人户请佃围里兴修田产，即自请佃日，依今降指挥，各理五年日限，权免添租划佃出卖，令依旧承佃。谓如请佃已及三年，更合展限二年之类。若限满，尚有不愿添租之人，依前项备坐已降指挥，划佃出卖施行。余路依此。"从之。26，p6074

【绍兴】二十八年二月三日，户部言："江浙、湖南、福建路诸州军自绍兴二十年降指挥之后，应常平司拘收到没官、户绝等已未佃赁田地宅舍，专委提刑总领出卖。并四川、二广州县没官户绝等田地，除见佃人户已添三分租课，并令人户依旧承佃，更不出卖外，其余有不曾添租田产，欲乞依今来措置施行。自后应没官、户绝等田、地屋舍等准此。"从之。27，p6075

【绍兴二十六年】六月一日，户部言："诸路没官田产，近因钟世明申乞，尽行出卖。自后未有人承买，其未卖之田，遂致荒废。欲将已降出卖指挥更不施行，令江浙、湖南、福建常平司遵依节次所降指挥，并拨归常平司拘收，召人修葺佃赁。其四川、二广见出卖田宅，自合照应元降添租承佃指挥施行。"上曰："建议出卖者，不过利于得钱。若许民户租佃，

量出租课，百姓必利之。百姓足，君孰与不足乎！"沈该等曰："陛下恤民务本如此，天下幸甚！"27，p6075

【绍兴二十八年】十月十七日，诏户部将所在常平没官、户绝田产已佃未佃、已添租未添租，并行拘收出卖。户部措置："一、将诸路州军应诸司并常平司拘收簿籍内合行出卖田地、宅舍，先次选委清强官，躬亲地头，从实勘验，取见诣实，分明立定字号，仍开具田地乡分地名、坐落四至、膏腴瘠薄、若干顷亩。如有坟墓已葬埋在今日以前者，克留四至各三丈，与为己业。若所至三丈内，或系别人己产，即据所至给与，不得侵越别人己产。或所至三丈内系见今出卖水田池塘之类，止得以岸为至。若墓地元从官地上出入者，买主不得阻障。宅舍亦开具新旧、间架、丈尺阔狭、城市乡村等紧慢去处，并量度适中估价，务要公当，不致亏损公私。如拘收没官、户绝有畜产、什物，亦仰所委官取见诣实，开具估价出卖。州委知、通，县委令、佐，如有荒田地多年不曾耕垦者，与买人免纳二年四料税赋。二、令州军造木柜封锁，分送管下县分，收接承买实封文状。置买历一道，令买人于历内亲书日时投状，或有不识字人，即令承行人吏书记日时，并于封皮上押官用印讫入柜。限九十日内，倚郭县分将柜申解赴州，聚州官当厅开拆；其外县委通判，县分多处，除委通判外，选委以次幕职官分头前去开拆。并先将所投文状当官验封，开拆签押，以时比较，给卖着价高人。内着价同者，即给先投状人。或见赁佃人愿依着价高人承买者，限五日投状，听给，限外或称缘故有失投状之类，官司并不得受词。所买田产等，并与免投纳契税钱，每一贯文省止收头子钱四十三文省，更不分隶诸司，专充脚乘縻费、行遣纸札支用。仍置历收支，具账申户部照会。其承买价钱不以多寡，自拆封日为始，并限六十日纳足。若违限纳钱不足，其已纳钱物依条并没入官，其田产等亦行拘收。其间如未有人承买田地宅舍，听见佃赁人依旧管纳租课。三、前承降到指挥，止许诸色人并寄居（侍）〔待〕阙官实封投状承买，即不许当职官吏、监司或本州县在任官及主管公人并本州县公吏承买，如有违犯，依条施行外，许人陈告，其所卖田舍等依旧还官。仍以买价钱为则，每一百贯支赏钱二十贯。除支赏外，其余价钱并行没官；如价钱未纳在官，即以犯事人家财充。四、今来所卖田地宅舍等，专差重禄吏人承行，州县各差二人，其差出到地头验实官，亦许带吏人二人。如因职事乞取财物，并依重禄法。五、今来所卖田宅，其间若有见佃人已施工力布种，听收当年花利，管纳租课。内情愿令买人偿其工直即交业者听。六、今出卖田地，如内有佃人自造屋宇居住，未能有力承买，官司量度适中立定白地租钱，令人户输纳，依旧居住。元有出入行路在见出卖地上者，特与存留，如不愿佃上件白地，愿行拆移者听。其城郭内外没官绝产白地，已有佃（卖）〔赁〕人盖造屋宇，止令依旧纳白地租钱。如日前计嘱官吏作弊，低估赁钱，即听官司从实量行增减。七、今来应出卖田舍，其间有见承赁人不愿承买，虽合给着高价人，并限六十日（般）〔搬〕移，不得拆毁作坏。其见赁人有自添修盖造，官司先次取见诣实，估定价（直）〔值〕，别项开说，许今来承买人依价还直。如见赁人不愿，欲自行拆移者听。八、其间见有人户争理，官司未曾与决，限六十日须管结绝。如合拘收，即行出卖。"27—29，p6076—6077

【绍兴二十八年十月十七日】，权发遣浙东提刑邵大受言："置买田产，皆有力之人缘惧物力高重，将见在产业诡名隐寄，避免色役。今一旦承买官产，即门户骤增，无由隐讳，以致迟疑，不敢投状。今来欲将承买官庄，每价（直）〔值〕一千贯以下，与免三年物力；一千贯以上，免五年；五千贯以上，免十年。又出卖田地，窃虑民间被人阻障，称某处可作宅基，某处可作坟地。候他承买，修治栽莳了毕，用亲邻执赎，致不敢投状。自今应承买官产之人，已给卖后，与免执邻取赎。及承买田产价钱，元限六十日纳足，不足，没官。窃恐近日钱物最为难得，钱一不继，便至没官，则人不敢投。欲将价钱分作三限，每限各六十日，纳足始与交业；限满不足，十日内许人划买；无人买，即钱没官。仍许将金银依时价折纳。如州县官吏秤估价贯斤两亏民，许经元纳官司陈状，实封至本司，重行秤估。如委是阻节亏损，即本司按治行遣。"27，p6077

【绍兴】二十九年二月十七日，权户部侍郎赵令誾言："江浙、湖南、福建、川、广应诸司没官户绝田产，并行出卖，今欲州委知通、县委令、丞，根括出卖。如能用心措置，每卖价钱，县及二万贯、州及五万贯，与减一年磨勘；县及四万贯、州及十万贯，减二年磨勘；县及六万贯、州及十五万贯，减三年磨勘；县及十万贯、州及二十万贯，转一官。如欺弊灭裂，出卖稽违，令提刑司具所委官职位、姓名申朝廷，重行黜责，人吏断罢。及欲下诸路常平司，依已降朝旨，先次根括逐州军合出卖田宅细数，及依温州作册，并限十日供申户部，置籍拘催。如依前灭裂违滞，从本部取会当职官吏，申朝廷重作施行。并江浙福建湖南路州军月具、四川二广季具已未卖田宅数目并卖到价钱，申部照会。如有见占佃形势、官户及豪右之家欺隐占吝者，及用情障固，致人户不敢请买，仰所委官具名申朝廷，重作施行。今来措置出卖田产万数浩瀚，若不委官驱考，窃虑散漫稽违，今欲专委郎官一员、左右曹各差职级一名、手分二人、贴司二人，置籍揭帖，排日催促，月具已未卖田产及价钱数目申朝廷照会。"从之。29—30，p6078

【绍兴二十九年二月】二十二日，权户部侍郎赵令誏言："出卖没官田宅，见有承佃去处，令知、通、令佐监督合干人估定实价，与减二分，如估（直）〔值〕十贯，即减作八贯之类。分明开坐田段坐落、顷亩、所估价（直）〔值〕，出榜晓示，仍差着保逐户告示。如愿依减定价例承买，并限十日自陈，日下给付；如不愿承买，即依条出卖。张榜许实封投状，限一月拆封，给价高人。如限满未有人承买，再榜一月。自来合申常平司审覆，窃虑地里遥远，往来稽缓，欲令州县一面估价给卖，止具坐落、顷亩、价（直）〔值〕申司检察，其承买人计嘱官吏低估价钱，藏匿文榜，见佃人巧作事端，故意阻障，及所委官吏容心作弊，即仰常平司觉察，取旨施行。"从之。30，p6078

【绍兴二十九年】三月二十五日，诏："公吏等冒占系官屋宇，限一月许见住人陈首，与免坐罪，及追理日前合出赁钱，令所委官拘收出卖。如限满不首，送所属以违制断罪。仍许邻保限半月赴官陈告，将所告屋宇估定实直价钱，以十分为率，二分给告人充赏。若邻保限满不首，许诸色人陈告，将邻保从杖一百断罪，依此给赏。如邻及告人不愿给赏，依估定价钱承买者，与减二分钱数。其冒占应干系官田产，隐匿税租，亦依此施行。"从户部郎官杨伋之请也。30，p6078

【绍兴二十九年】七月五日，户部提领官田所言："江浙等路没官户绝等田宅，近承指挥，州委知、通，县委令、丞措置出卖，及委逐路常平官总领督责。今欲将未卖田宅，并依条出榜，许实封投状，自出榜日为始，限一月拆封，以最高钱数取问见佃人，如愿依价承买，限十日自陈，与减二分价钱给卖；如不愿承买，即三日批退给价高人。若见佃人先佃荒田，曾用工开垦，以二分价钱还工力之费。如元佃熟田，不在给二分之数。限满，无人投状，再限一月。若两限无人承买，即量行减价，出榜召人买。见佃人户已买田宅，既于官中低价承买，却又增价转手出卖，或借贷他人钱物收买，后冒行增价准折之类，欲许诸色人经官陈告，以所买田宅价钱，三分给一分与告人充赏，余拘没官，别行召人实封投买。人户所佃田宅，若有以前冒占及诡名承佃，至今耕种居住，见送纳课米或二税，既已施工力，终是见佃之家，欲并作见佃人承买。今来卖田宅内有官户、形势之家请佃，往往坐占，不肯承买。如出违前项拆封日限，无人投状承买，即依官估定价（直）〔值〕，就勒见佃人承买；如依前坐占，不肯承买，即仰常平司申取朝廷指挥施行。投状承买田宅，拆封日，见得着价最高合行承买，却称不愿买者，依已降指挥，以所着价十分追罚一分入官，欲将此追罚钱数限一月追理纳足。仍令常平司常切觉察，如州县不为追理，及人户不为送纳，即具名申取朝廷指挥施行。出卖浙西营田，已承指挥权住卖外，所有其余路分营田及官庄、屯田，前后已降指挥即不该载，今来并不合出卖。访闻常平司并州县人吏不将前后措置多出文榜晓谕，或州县榜内更不写出田段、价（直）〔值〕，致出卖稽违。欲下逐路常平司官严行觉察，稍有违戾，按劾申朝廷，重作施行，人吏配决。及下两浙、江东西、湖南、福建、二广、四川提举常平司，疾速行下所部州县遵依施行。仍令州县多出文榜，晓谕民户通知，无令藏匿。若常平司不检察，乞令提刑司觉察按劾。”从之。于是诏令逐路提举常平官躬亲督责，严行检察欺弊，如能率先出卖数多，仰户部具申尚书省取旨，优异推恩；或出卖数少，当行黜责。州县当职官能用心措置，亦于已列赏格外增重推赏；或稽迟不职，令常平官按劾闻奏，重作施行。30—31，p6079—6080

【绍兴二十九年】九月十一日，中书门下省言：“诸路出卖没官田产，州及五万贯、县及二万贯已上，各有立定递增酬赏。”诏令户部将州县卖钱及格应赏去处，取会当职官职位、姓名，　面审覆，推恩施行。32，p6080

【绍兴三十年】三月十三日，试右谏议大夫何溥言：“昔祖宗出卖官田，旧法止令人户实封投状，限满拆封，给与价高之人。比来建议之臣欲优恤见佃之家，许令减价二分，依旧承买。意固善矣，而复为一说以请：见佃人户已买田宅，既于官中低价买过，却与外人相见，转手增价出卖；或借人钱物收买，于后增价准折。若此等类，并许陈告，即行拘没。夫始怜其失业而为之减价，终设为转卖之说而开其争端。欲望圣慈特诏有司，将前项申请已得指挥即赐改正，明以示民。”从之。32，p6081

【绍兴三十年】五月十四日，臣僚言：“吉州出卖常平没官田产，元估价钱与提举司核实高下辽绝，遂委提刑司看详到数目，见系可出卖者约

三十一万贯，而未售者尚居其半，其余尽皆荒闲不耕之地。虽乞委官相
视，量立中价，召人承买，今以提刑司覆实之数较之，提举所亏者一十万
缗，而卖未尽绝，尚未可知。欲望特命有司行下所属，如有召卖不行，理
宜裁减。又除豁去处，并令条具申省，别委监司审覆取旨。"诏令户部看
详。户部言："诸路州军有人户见佃田宅出卖了当，欲将未卖见佃田宅再
限半月，仍于减免二分价上更减一分，今后更不减价。如见佃人依前执
占，令州县召人承买；如见佃人不愿承买，及曾有人承佃、开垦成熟田
产，欲将来卖田产，于元定价上十分减免一分，依条出榜，许诸色人实封
投状，给价高人。无人开垦荒田，近承指挥，并许人户自行开坐所买田产
四至，随乡原任便着价，给与价高人，其买人免纳三年六料税赋，委是太
优，州县自合遵守。如有违戾去处，常平司坐视不为检察，亦乞令提刑司
觉察，按劾施行。诸路州县自降指挥及今多日，出卖未绝，却将未卖田产
巧作缘故，纵容见佃形势之家及元拘没人户坐估花利，其所委官不协力措
置，是致迟缓。欲乞行下江浙等路提刑司官严行觉察，如有违戾去处，即
仰按劾，重作施行。州县已卖未起钱数不即起发，往往移易应副别色槖
名，今乞下常平司官，督责州县所委官尽数根刷，日下起赴所属送纳。"
从之。32—33，p6081—6082

【绍兴三十一年】十一月十六日，户部提领官田所言："节次承降指
挥，将江浙等路应诸司没官、户绝等田产，州委知、通，县委令、丞，专
一根括，立赏出卖。今来拘籍到王继元房廊、田园、山地等，乞下临安府
督责所委官多方措置出卖，依前项立定钱数格法（或）〔减〕半推赏施
行。"从之。34，p6082—6083

【乾道三年】九月七日，臣僚言："在《法》：'品官之家不得请佃官
产。'盖防权势请托也。今乃多用诡名冒占，有数十年不输颗粒者；逮至
许人划佃，则又计嘱州县，不肯离业。乞自今应户绝没官田产，不以有无
见佃之人，并令州县具顷亩、间架径申户部，行下常平司估价出卖。"从
之。35，p6083—6084

【乾道】八年十一月六日，诏："诸路没官田产、屋宇并营田，已降
旨令常平司开具三等九则价钱，至今累月，多未报到，或估到价（直）
〔值〕又太低少，可委户部长贰同郎官一员措置，合行事件，限五日条具
闻奏。"户部条具下项："一、今来卖诸路没官田产、屋宇并营田，所据
逐州报到价（直）〔值〕，缘当时所委官往往未尝躬亲肥瘠，止凭牙吏作

弊，或将膏腴作中下等立价，亏损官钱。乞下诸路常平司别委官审验，具实价申尚书省，俟得指挥，限一月召人承买。见佃人愿买者，就价中与减二分。其卖到价钱，计纲起发赴行在左藏南库送纳。二、出卖没官田产，州委知、通，县委令、丞。如能究心措置，县及二万贯、州及五万贯，减一年磨勘；县及十万贯、州及二十万贯，与转一官。出卖稽违，或比较数少，申朝廷黜责。三、诸路安抚、转运、提刑等司有拘籍到没官田产、屋宇并营田等，乞令尽数关报常平司，一就差官措置出卖。"并从之。35，p6084

【乾道】九年正月十五日，诏将作监丞折知常前往浙西措置出卖营田并没官田产。知常条具下项："一、乞朝廷札下浙西常平官，开具营田并没官田产色额数、估价关报本所。其出卖田产，除本处当职官吏外，应官户、公吏等，并许依价承买，价钱委知、通置库拘收，计纲发赴行在。二、恐有形势之家计嘱隐占，立价不实，全籍提举官并知、通、令、佐尽实根括。如官吏所行灭裂，致有词诉，许从本所具当职官姓名申取朝廷指挥。三、今来窃虑不能遍历州县，欲暂委官前往计置。如所卖田产率先办集，乞从本所具职位、姓名申朝廷推赏；或所行灭裂，亦当申奏责罚。四、田产、屋宇除有人佃赁者，合就所估价增钱承买外，间有荒弃田产及陧圮屋宇，欲委知、通、令、佐再行相视，重裁价（直）〔值〕，召人承买。"并从之。35—36，p6084—6085

【乾道九年闰正月】二十六日，诏："浙东提举司将人户承买官产，一千贯以上，免差役三年；五千贯以上，免五年。和买并免二年。其二税、役钱，自今计数供输。"以措置自言"民户困于和买，致有避惧"故也。36，p6085

【乾道九年】二月四日，诏："四川提举常平司将诸州户绝、没官田产、屋宇委官估价，召人承买。其营田依昨降指挥权行住卖，仍旧令人请佃。"先是，资州言："属县有营田，自隋唐以来，人户请佃为业。虽名营田，与民间二税田产一同，不应出卖。"故有是命。36，p6085

【乾道九年】七月十六日，臣僚言："近见户部申请诸路并限一季出卖官产，拘钱发纳。且以江东西、二广论之，村田之间，人户凋疏，弥望皆黄茅白苇，民间膏腴之田，耕布犹且不遍，岂有余力可买官产？今州县迫于期限，且冀厚赏，不免监锢保长，抑勒田邻。乞宽以一年之限，戒约州县不得抑勒，如有违戾，重置典宪。"从之。36—37，p6085—6086

宋会要辑稿·食货六·限田杂录

高宗绍兴元年十二月十四日，权户部侍郎柳约言："授田有限，著于令甲，比来有司漫不加省，占仕籍者统名官户，凡有科敷，例各减免，悉与编户不同。由是权幸相高，广占陇亩，无复旧制。愿推明祖宗限田之制，因时救弊，重行裁定。应品官之家，各据合得顷亩之数，许与减免，数外悉与编户一同科敷。"诏坐条行下。1，p6087

【绍兴】十七年正月十五日，臣僚言："《政和令格》①：'品官之家，乡村田产得免差科：一品一百顷，二品九十顷，下至八品二十顷，九品十顷。其格外数悉同编户。'今朝廷之意，盖欲尽循祖宗之法，以纾民力。比年以来，军须百出，编户有不能办，州县必劝诱官户，共济其事，上下并力，犹患不给。今若自一品至九品皆得如数占田，则是官户更无科配，所有军须悉归编户，岂不重困民力哉！望诏大臣重加审订，凡是官户，除依条免差役外，所有其他科配并权同编户一例均敷，庶几上下均平，民受实惠。至若限田格令，臣欲候将来兵戈宁静日，别取旨施行。"又言："今日官户不可胜计，而又富商、大业之家，多以金帛窜名军中，侥幸补官，及假名冒户、规免科须者，比比皆是。如臣所请，则此弊可以少革，而科敷均平，民不重困，实济国用。"诏令户部限三日勘会，申尚书省。于是户部勘当②："欲依臣僚所乞，权令应官户除依条免差役外，所有其他科配，不以限田多少，并同编户一例均敷科配。候将来边事静息日，却依旧制施行。"从之。1—2，p6087

【绍兴】二十九年三月二十二日，大理评事赵善养言："官户田多，差役并免，其所差役，无非物力低小贫下之民。望诏有司立限田之制，以抑豪势无厌之欲。"于是户部言："近年以来，往往不依条格增置田产，致州县差役不行。应品官之家所置田产，依条格合得顷亩已过数者，免追改，将格外之数衮同编户，募人充役。"诏令给、舍、户部长贰同议，措置取旨。其后给事中周麟之等言："今措置，官户用见存官立户者，许依见行品格；用父祖生前曾任官若赠官立户名者，各减见存官品格之半；父祖官卑、见存同居子孙官品高，如未析户，听从高。及官户于一州诸县各

---

① 此处从内容看应属于《政和格》，"令格"不准确。

② 即审议。

有田产，并令各县纽计，每县并作一户，通一州之数，依品格并计，将格外顷亩并令依编户等则于田亩最多县分袞同比并差役。若逐县各有格外之数合充役者，即随县各差坐募人充役。即役未满而本官加品，并令终役。逐州委通判或职官县丞、尉专一主管，将诸县官户及并计到田产数置籍。如本州遇逐县申到升降，并仰于当日销注；如县内出入田产已过割讫，或官员加品，限一日申州主管司注籍。如人吏违限不注籍，从杖一百科断讫勒罢。如别有情弊，故作稽滞，因事发觉者，徒二年，有赃则计赃论。其主管官仰监司具名申尚书省。自指挥到日，许各家将子户诡名寄产限三月从实首，并作一户拘籍。如出限不首并许诸色人告，不以多少，一半充赏，一半没官。其见立户名官员或品官子孙，并取旨重作行遣。如告首不实，并依条断罪。及日下州委知、通、职官、县委令佐，取索官户户籍编排。若已编排讫，却有隐匿，盖庇不实，及奉行灭裂，及于差役时观望不公，并许人户越诉，其当职官取旨重作黜责，人吏断配。仍仰逐路监司常切觉察，如有违戾，按劾以闻。监司失觉察，令御史台弹奏。品官募人充役，如敢倚恃官势，及豪强有力于本保内非理搔扰，并许民户越诉。及不伏州县依法差使，许当职官按劾，有官人并品官子孙并取旨重作行遣。并只许募本县土著有行止人，不许募放停军人及曾系公人充。违者许人告。"详定一司敕令所看详前项措置，欲依所请，下户部遍牒诸路州军遵守施行。从之。2—4，p6087—6088

【绍兴】三十年正月五日，户部言："近给、舍措置品官之家见行品格，用见存官及父祖生前曾任官若赠官立户；并一州诸县如有田产，并令纽计并作一户；通一州之数顷亩，令依编户衮同差役，许将子户诡名寄产，限三月实首，并拘籍，如出限，许诸色人告，一半充赏。本部今再措置：一品官子孙析为十户，每户许置田五十顷之类，品官之家田土内，有山林园圃及坟茔地段之类，难以一例理数。今乞并行蠲除，不理为限田之数。内芦场顷亩，折半计数。其子户诡名寄产，元限三个月首并，窃虑内有守官不在置产州县，未能依限首并。今欲更与展限两个月，如出违所展日限，即依已降指挥施行。"诏依，仍行下诸路监司、州县遵守施行。4，p6088

【淳熙七年十月】七日，进呈敕令所具官户限田数。上曰："顷亩太宽，自然差不到。"于是有旨："官户顷亩数多，编民差役频并，令台谏、给、舍同户部长贰详议以闻。"既而给、舍、台谏同户部长贰言："欲下诸路提举司，将品官之家照应淳熙重修条格内立定限田条格：一品至九品合得限田顷亩，以十分为率，令再减三分。其余七分与免差役。谓如一品元合得五十顷，以十分为率，再减三分外，合得三十五顷，与免差役之类。其子孙所得限田，缘乾道八年十一月二十六日已经减半，将来承分稍众，通以一户之产均为数户，所占必自不多。若再行裁减，又恐不能自立。今欲照《淳熙格》内已立定子孙减半之数施行。如子孙分析，不以户数目，并同编户差役。"不报。7，p6090

　　【淳熙】十三年十一月十二日，详定一司敕令所言："臣僚札子：'见行《田格》该载："子孙用父祖生前官或赠官立户者，减见存官之半。"《乾道八年户部集议指挥》："品官限田，身后承荫人许用生前曾任官减半置田，封赠官子孙并同编户差役。"往往州县多谓格中赠官立户者，减见存官之半。《乾道八年指挥》却令并同编户，以此承用疑惑。窃详封赠官子孙，止谓父祖生前不曾任官，得伯叔或兄弟之封赠者，是为封赠官子孙；其元自仕宦累赠至显官者，自合以生前官立户。今乾道八年指挥大意止欲宽编户之力，而封赠元系有官及素来无官者，却无以区别，遂致胥吏舞法，并缘为奸，牒诉纷纷，所在皆尔。乞令户部镂板，颁臣此章，仍下敕令所，于《田格》注文内将"或赠官"三字除去。'奉旨：'令本所看详闻奏。'本所今看详，欲从臣僚奏请，将父祖生前不曾任官、得伯叔或兄弟封赠之家子孙，遵从《乾道八年十一月二十六日指挥》同编户差役外，其元自仕宦，缘已经赠官之家，不用封赠官限田，止以生前曾任官减见存官之半置田。所有《淳熙田格》注文内'或赠官'三字，欲乞更不引用。"从之。8—9，p6090—6091

　　宁宗庆元五年三月四日，户部言："九品至一品，除非泛补官外，承荫人许用生前官品减半置田免役，特八品以上子孙，则九品官虽自擢科第、显立军功，子孙不得用限田法。照得今若将九品子孙不得限田，则失之太窄。今乞将元因非泛及七色补官之人，遵依《淳熙十三年五月七日指挥》，若自擢科第或显立军功及不系非泛补授之人子孙，并许用立定减半限田格法免役。若析户，通不得过减半之数。特奏名文学遇赦授迪功郎、注权州县，走弄籍户。今乞将特奏名出身之人，如有偶授破格八品差遣，或循至八品上，须落权注，正官差遣，方始理为官户。敕令所议，欲于第一项军功下添入'及'字，余从户部议定事理施行，从本所修入《役法撮要》。"从之。9—10，p6091

宋会要辑稿·食货六·垦田杂录

【绍兴】五年五月十五日，户部言："修立到《诸路曾经残破州县守令每岁招诱措置垦辟及抛荒田土殿最格》：一、增：谓见抛荒田土而能招诱措置垦辟者。一分，知州升三季名次，县令升半年名次；二分，知州升一年名次，县令升三季名次；三分，知州减磨勘一年，县令升一年名次；四分，知州减磨勘一年半，县令减磨勘一年；五分，知州减磨勘二年，县令减磨勘一年半；六分，知州减磨勘二年半，县令减磨勘二年；承直郎以下循一资。七分，知州减磨勘三年，县令减磨勘二年半；承直郎以下循一资，到部升半年名次。八分，知州减磨勘三年半，县令减磨勘三年；承直郎以下循一资，仍占射差遣一次。九分，知州转一官，县令减磨勘三年半；承直郎以下循一资，仍占射差遣一次，到部升半年名次。二、亏：谓见耕种田不因再被盗贼残害，若灾伤而致抛荒者。一分，知州降三季名次，县令降半年名次；二分，知州降一年名次，县令降三季名次；三分，知州展磨勘一年，县令降一年名次；四分，知州展磨勘一年半，县令展磨勘一年；五分，知州展磨勘二年，县令展磨勘一年半；承直郎以下到部降一年半名次。六分，知州展磨勘二年半，县令展磨勘二年；承直郎以下降一资。七分，知州展磨勘三年，县令展磨勘二年半；承直郎以下降一资，到部降半年名次。八分，知州展磨勘三年半，县令展磨勘三年；承直郎以下降一资，到部降一年名次。九分，知州降一官，县令展磨勘三年半；承直郎以下降一资，到部降一年半名次。三、考州县守令垦辟抛荒田土增亏十分者，取旨赏罚。四、考州县垦辟抛荒田土理分者，以守令到任日见垦田亩十分为率。五、诸县每月终，（见）〔具〕措置招诱到垦辟田亩实数申州。州每季终（身）〔申〕监司准此。若守令替罢，即州县限五日具在任月日内垦辟田亩数申。六、守令措置招诱垦辟田亩并岁考日限约束，并依户口法。若守令在任虽不及半年，而增及一分以上者，亦考察。七、守令虽系权摄，赏罚并同正官。八、考知州、县令措置招诱垦辟田土不实，及供具田亩增减若保奏违限，并依考户口法。其增亏九分者，依上下等，余依中等。九、岁考州县守令招诱措置垦辟及抛荒田土者，其比考之数更不通计。谓如到任第一年增五分，其第二年数别理之类。已上格法，令三省、吏部、户部、诸路通用。"诏依，仍先次施行。11—12，p6091—6092

【绍兴】十九年十一月二十一日，臣僚言："契勘淮南东西、荆湖等路比年宁靖，民稍复业而户口未广，田野渐辟而旷土尚多。惟县令最为亲民，此未有赏格可以激劝。今欲下诸路转运司，取见属县已归业人户与耕垦田亩税赋之数，委官审实，注籍申部。如一政内能劝诱人户归业，耕垦田业、添复税租增及一倍，从本州保明，申运司审实，保明申省部立定赏格；不及倍者，亦量所增之多寡，递与推赏。其不能劝诱，又致流亡荒废者，罚亦如之。"于是户部言："增户口、措置垦辟田土，昨承指挥，立定守令岁考增亏格法，至今少有申到赏罚文状。盖缘所立格法轻重不伦，致无激劝用心招集。谓如措置垦辟田土增一分，知州升三季名次，县令却止升半年名次。今来官员陈请，乞立定县令一政内能劝诱民户归业，耕垦田业、添复税租增亏赏罚。本部契勘逐路抛荒田土数多，全藉守令措置招诱人户耕垦，比之兴修农田水利尤重。若不增重赏格，开垦无缘增广。今比拟守令一任招诱措置垦辟田土赏罚格下项：知州，增：谓到任之后，管属诸县开垦过见抛荒田土。一千顷，转一官；七百顷，减磨勘三年；五百顷，减磨勘二年。亏：谓到任之后，管属诸县见耕种不因灾伤而致抛荒者。五百顷，展磨勘二年；三百顷，展磨勘一年。知县、县令，增：谓到任之后，开垦过见抛荒田土。五百顷，承务郎以上转一官；承直郎以下依条施行。四百顷，承务郎以上减磨勘三年；承直郎以下循一资，仍减磨勘一年，愿以循资当举官者，当举官一员。三百顷，承务郎以上减磨勘二年；承直郎以下循一资。愿以循资当举官者，当举官一员。二百顷，减磨勘一年半；一百顷，减磨勘一年。亏：谓到任之后，见耕种田不因灾伤而致抛荒者。一百顷，展磨勘一年；每及百顷依此。五十顷，降三季名次；三十顷，降半年名次。一、县令到任日，具着业户口、垦辟田亩、税赋、抛荒田土实数申明，本州覆实，保明申转运司，知州到任申转运司准此。转运司保明申尚书户部。二、县令每岁终，具措置招诱垦辟田亩、增添税赋及有无却抛荒田土实数交割付后官，从后官保明申州；州限半月覆实，申转运司；转运司一月，保明申尚书省户部。三、守令若权摄官，据权过月日内开垦田数交（格）〔割〕。或有抛荒田土，并依正官赏罚。四、今除前项立定赏格外，如有任内于所立格外开垦田土增广数目，并许计数累赏。五、守令措置招诱垦辟田土、增添税赋等，若供具增减不实，及供申违限，乞重立条法施行。如得允当，即乞更下吏、刑部审覆施行。及乞下诸路转运司，取见属县已归业人户、耕垦田亩税赋之数，委官审实注籍讫，先次开具，保明申部。"从之。12—14，p6092—6093

【绍兴】二十年四月二十七日，左朝奉大夫、新差知庐州吴逵言：

"请置力田之科，以重劝农之政。募民就耕淮甸，赏以官资，辟田以广官庄，自今岁始。汉制，计户口置员，则有赏员。今欲以斛斗定赏，必无滥赏。江浙、福建委监司、守臣劝诱土豪大姓赴淮南从便开垦田地，实为永久之利。今立定《赏格》：'土豪大姓、诸色人就耕淮南，开垦荒闲田地归官庄者，岁收谷五百硕，免本户差役一次；七百硕，补进义副尉；八百硕，补不理选限州助教；一千硕，补进武副尉；一千五百硕，补不理选限将仕郎；三千硕，补进义校尉；四千硕，补进武校尉，并作力田出身。其被赏后，再开垦田及元数，许参选如法，理名次在武举特奏名出身之上。已上文武职遇科场，并得赴转运司应举。'"从之。14—15，p6093

【绍兴】二十九年十二月十六日，直敷文阁、淮南东路转运副使魏安行言："淮东州县闲田甚多，今欲劝诱民户增广力田，先次条画下项：一、乞将本路招诱到人户先支借口粮，次给农器、牛具、种子，盖造住屋。算计所直，俟种田见利，立定分数、逐年次第还官。并令州县访闻籍记土豪姓名，乞量立赏格，如能招致耕田人户一百家者，有官人差充部押官，无官人补甲头；招及一百〔五十〕家者，有官人减二年磨勘，无官人依八资法补守阙进义副尉。每五十家递迁一等。无官人至五百家，补承信郎；五百家，有官人充辖官，无官人令依今来措置补名目人与递迁充部押官。并依效用备官法支破请受，理为资任。及立赏招诱未来之人，有能招诱人户十家、耕田三顷者，支钱四十贯文；一百户、耕田三十顷者，支钱四百贯文；二百五十户、耕田七十五顷者，白身与补进义副尉，不愿就名目者，支钱一千贯文。大率每招到一户、耕田三十亩者，支钱四贯文，以次第增添。一、诸军已拣汰下官兵有愿赴淮东耕田者，乞许径赴本司及所在州军陈状。如系有官资人，借请三月驿料，军兵借三月家粮，差人伴押前来，依出戍体例日支钱米，候开田收利日旋次住罢。三、劝耕之初，捐免课子十年。至第五年，只收种子；第六年，带还官司所借粮食等价钱，仍分秋、夏两料送纳。并不收息。还官足日，自为己业。四、耕牛差委有心力人拣择收买，乞于产牛州郡就经总制钱内支。或客牛，听人户拣买，官借价钱。如日后缺牛，许再请或借价钱。其招召客人，欲随人夫多寡，旋修筑圩堰、盖造屋宇、种麻豆粟麦之属，亦可以减省支借。"从之。16—17，p6094—6095

【乾道】五年正月十九日，诏新除大理正徐子寅措置两淮官田。子寅条具下项："一、乞先往楚州督促守令置造农具、屋宇，给散耕牛、种粮，就二月内开垦。俟一州毕，即往以次诸州依此措置。二、合置买牛具，乞支降会子二万贯。俟用毕，即申朝廷再行给降，接续支遣。三、今来楚州山阳、宝应县归正人愿请佃者计四百余名，合用耕牛、犁耙、锹镢、石辘、轴木、勒泽、踏水车之属，乞札下淮东安抚司预办耕牛，并委楚州计置合用钱数，付诸县知县，置造上件农器。俟本所到日，同知县标拨田段。如官吏违慢，具姓名申朝廷行遣。"从之。18，p6095—6096

宋会要辑稿·食货六·经界

【光尧皇帝绍兴十二年】十二月二日，两浙转运副使李椿年言："被旨措置经界事。臣今有画一下项：一、今来措置经界，应行移文字并乞以'转运司措置经界所'为名。二、今欲先往平江府措置，候管下诸县就绪，即以次往其余州军措置经界，要在均平，为民除害，更不增添税额。恐民间不知，妄有扇摇，致民情不安，许臣出榜晓谕民间通知。三、自来水乡秋收了当，即放水入田，称是废田。欲出榜召人陈告，其田给予告人，耕田纳税；既已给予告人，后有词诉，不得受理。四、有陂塘塍埂被水冲破去处，勒食利人户并工修作。如有贫乏无力用工者，许保正、长保明，以常平钱米量行借贷；如常平钱米不足，乞以义仓钱米借充。候秋成，以收到花利分三年还纳。仍乞免覆奏及执事不行。五、今来措置经界，全籍县令、丞用心干当。如无心力，虽无大过，许于本路踏逐有心力强敏者对移，各许通理月日，不理遗阙。六、今画图，合先要逐都耆邻保伍关集田主及佃客，逐丘计亩角押字，保正长于图四止押字，责结罪状申措置所，以俟差官按图核实。稍有欺隐，不实不尽，重行勘断外，追赏钱三百贯。因而乞取者，量轻重编配，仍将所隐田没入官。有人告者，赏钱并田并给告人。如所差官被人陈诉，许亲自按图覆实。稍有不公，将所差官按劾取旨，重行窜责。如所诉虚妄，从臣重行勘断。七、乞许于本路州军委自知、通踏逐保明精勤廉谨官三两员，不以有无拘碍，发遣前来，从臣差委逐都覆实。俟平江措置就绪，却令归本州依仿施行。八、所委官自能于本州依仿施行就绪，无人陈诉，乞从保明申朝廷，乞赐推恩施行。九、有措置未尽事件，许续具申请。"从之。既而椿年又言："今欲乞令官、民户各据画图了当，以本户诸乡管田产数目，从实自行置造砧基簿一面，画田形丘段，声说亩步四至、元典卖或系祖产，赴本县投纳点检，印押类聚。限一月数足，缴赴措置经界所，以凭照对。画到图子，审实发

下，给付人户，永为照应。日前所有田产虽有契书，而不上今来砧基簿
者，并拘入官。今后遇有将产典卖，两家各赍砧基簿及契书赴县对行批
凿。如不将两家簿对行批凿，虽有契帖干照，并不理为交易。县每乡置砧
基簿一面，每遇人户对行交易之时，并先于本乡砧基簿批凿。每三年将新
旧簿赴州，新者印押，下县照使，旧者留州架阁。将来人户有诉去失砧基
簿者，令自陈，照县簿给之；县簿有损动，申州，照架阁簿行下照应。每
县逐乡砧基簿各要三本：一本在县，一本纳州，一本纳转运司。如有损
失，并仰于当日赴所属抄录。应州县及转运司官到任，先次点检砧基簿，
于批书到任内作一项批云：'交得砧基簿计若干面，并无损失。'如遇罢
任，批书'砧基簿若干面，交与某官'。取交领有无损失，送户部行下本
官措置施行。"38—40，p6106—6107

【绍兴十五年】二月十日，王鈇言："被旨差委措置两浙经界。除将
前后已得指挥参照外，今措置下项：一、措置经界，务要革去诡名挟户、
侵耕冒佃，使产有常籍，田有定税，差役无词诉之烦，催税免代纳之弊。
然须施行简易，不扰而速办，则实利及民。今欲将两浙诸州县已措置未就
绪去处，更不须图画打量、造纳砧基簿，止令逐都保先供保伍帐，排定人
户住居去处。如寄庄户，用掌管人，每十户结为一甲。从户部经界所立
式，每一甲给式一道，令甲内人递相纠举，各自从实供具本户应干田产亩
角数目、土风水色、坐落去处、合纳苗税则例，如系从来论钧、论把、论石、论
秤、论工，并随土俗。具帐二本。其从来诡名挟户、侵耕冒佃之类，内包占逃
田如系十年以上，从实首并，于帐内添入；不及十年者，令作一项供具。
若户多税少，或有产无税，亦于帐内开说实管田亩数目、土风水色高下、
供认税赋。若田少税多，即具合减数目。若产去税存，即行除豁，务要尽
实。如所供田亩水色着实，所有积年隐过苗税，一切不问。如有欺隐，不
实不尽，致人陈告，其隐田亩并水色人并从杖一百断罪。仍依绍兴条格，
将田产尽给告人充赏，仍追理积年减免过税赋入官。仍将所隐田亩上每年
合纳税苗等依在市时值纽计，每及三百文省，赏追钱三十贯文。不及三百文
者准此。每加一百文，又加一十贯，至三百贯止。其同甲人，每人出赏钱
三十贯，尽给告人，亦依隐田人断罪。若因官司点检得见，其赏钱并田并
行拘没。如有脱户，并仰于邻近甲内附入；如不附入，依隐田罪赏施行。
许田邻纠，其田邻不纠，依同甲人结甲不实罪赏施行。逐都差保正、长均
散甲帐体式付人入户，限一月依式供具。令保正、长拘收甲帐，类聚赴当

州县，以移用钱顾书算人攒造，将田亩并苗税数目腾转，逐乡作都簿在官照应，及每保正亦给上件簿书收掌，许人户检看，庶使各乡通知，如有不实之人，得以告首，免致乡司等人作弊。仍将逐甲元供帐状每户印给一道，付各人家照会。所管田产并其税赋如有甲帐上不曾声说，久后因争竞到官，止以帐状为定，官司更不得受理。二、欲乞行下诸州知、通，如昨来画图打量、送纳砧基簿已了去处，一面措置结绝，候事毕，保明申尚书省并经界所。如有未当，及人户不住词诉，更委自知、通审度，依结甲事理一面施行。三、比来有力之家规避差役科率，多将田产分作诡名挟户，至有一家不下析为三二十户者；亦有官户将阶官及职官及名分为数户者。乡司受幸，得以隐庇。先措置经界，虽令人户自陈首并，往往尚有顽猾未曾尽并之家；仍虑经界之后，又有典卖为名，准前分诡名挟户，理宜别作措置。除已令于结甲帐归并，如不归并，许人告首。依供具税租隐匿不实罪赏施行外，欲候人户供到，从本县将保正帐并诸乡主客保簿参照，若非系保伍籍上姓名，即是诡名挟户。如外乡人户寄庄田产，亦合关会各乡保甲簿有无上件姓名。如有，即行将物力于住居处关并作一户。其外州县寄庄户准此关会。若后来各乡有创新立户之家，并召上三等两户作保，仍即时编入保甲簿，庶得永远杜绝诡名挟户之弊。四、人户自来多是冒占逃户肥浓上等田土，递相隐蔽，不纳苗税。洎至官司根括，却计会村保将远年荒闲不毛之地桩作逃户产土，或将逃户下瘠瘦不系苗税田产指作苗田，承代税赋，恣为欺弊。今来既令人户结甲供具，内有人户占据逃产，已令于甲帐内声说。所有人户不占见行荒废逃产，自合根括见数，置簿拘籍。今措置欲应见逃荒产，并令保正、长逐一着实根究，某人全逃产土若干，某人见占若干，已具入甲帐、见荒废若干。仍令村保田邻并逃户元住邻人指定见今荒废逃产是与不是元逃产土，有无将远年荒闲田土虚指作各人逃产，要桩苗税在上，及以元不系苗税荒闲产土桩作各人户下苗田，意在登带苗税数目。仍将所供田段立号，逐户誊写上簿，却具地名、段落、亩数逐一出榜揭示。其包占人不供具入帐，及供不尽之人，并许人告，依前项隐产人断罪理赏施行，别以本户己田计元所包占官田亩数给告人；如本户别无产土，即估价追钱充赏，及依条追理日前隐匿过苗税入官。所有村保田邻及元住邻，并依甲内供具不实罪赏施行。五、人户将天荒产段并淹浚之类修治堤道，围裹成田，自系额外产土，欲令逐州知、通令作一项保明供申朝廷，量行起税。六、契勘人户有将田宅已典卖与人后，因今来措置，却行依旧供作己业，意在图赖。若不严立罪赏，窃恐词诉不绝，证定之后，苗税无归。今欲令人户并于结甲帐内着实供具，如有违戾，后来到官根究得实，从杖一百科罪，追理赏钱一百贯文入官，其田归还合得产人。其重叠典卖田产人，自合依条令先典买人供具入帐。所有寫佃田，谓如田在甲乡，却在乙乡纳税，理合于坐落乡分供具绝纳。七、契勘两浙诸州县内有近缘被水县分权住经界，除限满自合检举外，所有衢州诸县、婺州兰溪、临安府富阳县、严州建德、桐庐县虽未限满，缘今来措置既不行打量画图、造纳砧基簿，止令人户结甲供具，委是易于措置，不扰于民。欲令不候限满，一面奉行了办。八、今来若依前项措置经界，全藉守倅督责县官公共用心了办。今欲令知、通于各县知县、丞、簿、尉内选委有才干官一员，专一桩管措置。如当县无官可选，即于邻县本等内权暂对移管干，不理旷缺。候事毕日归任后，于州官内选差一员复行检察。既毕，申经界所，从户部经界所差官重行点检。如所委官措置有方，苗税得实，公私兼济，不致骚扰，别无词诉，并许保明申尚书省，取旨推赏。若或弛慢灭裂，按劾申朝廷，乞重行黜责。兼虑州县所委官有相次任满之人，不行用心了办，如有灭裂去处，不以去官，并行按劾科罪。仍欲委漕臣催督了办，纠察官吏违慢。九、今来既委州县自行措置，令人户结甲供具，即与日前措置繁简不同。所有先分委在诸州县核实及措置官别无职事，欲令逐官将元给印记并公案等，限一月具数交割，付本处州县收管讫，起发归任。如有已任满人，即一面赴部参选。仍仰州县逐一交点；拘收照用。十、今来所行经界事体浩大，若不严行约束，窃虑人吏乡司受贿，别生奸弊，及纽算数目并供具元额致有增减。今欲应人吏乡司因经界事，不以多寡，并决配远恶州军，籍没家产。如因纽算，仍供具元额数目擅有增减，别生情弊，并依此施行。十一、州县旧管税额，往往自兵火后来簿籍不存，多是旋行括责，于十分内以分数立额。后来归业人户虽（业）〔众〕多，止是隐落，或州县自用，或乡司欺盗，走失合纳常赋。今欲委知、通、令、佐根究，取见元初旧额数目，务要着实。十二、今来措置，所有逐州县镇坊郭、官司地段，亦合一体施行。十三、契勘州县乡村有风俗去处，该载未尽，许州县条具，申经界所相度施行。十四、今来措置，欲候事毕，令知、通开具旧额并今来供具出田产数目、今实纳税赋，保明闻奏。十五、经界所属官，其间有已成资任满之人，欲乞从本所别行踏逐辟差。十六、应合行事件，并参照前后已得指挥施行。如有未尽，续具申

请。"从之。40—45，p6107—6109

【绍兴】十七年五月三日，权户部侍郎、专一措置经界李椿年言："今措置两浙路事件下项：一、本路州县经界，已打量及用砧基簿计四十县，欲乞结绝。二、未曾打量及不曾用砧基簿，止令人户结甲去处，窃虑大姓形势之家不惧罪赏，尚有欺隐。欲乞令措置，行下州县，依旧打量画图，令人户自造砧基簿，赴官印押施行讫，申本所差官覆实。稍有欺隐，不实不尽，即依前来已得指挥断罪追赏。三、结甲县分内有先曾打量，后来又参照类姓图帐，已得亩角着实，别无欺隐不尽不实，欲乞别令州县出榜，限一月许人从实自首。限满，从知、通保明申本所，以凭差官覆实结绝。四、人户先因结甲，致有欺隐亩步、减落土色、诡名挟户之类，如今来打量，依实供具，画图入帐，置造砧基簿，并同自首。五、昨来结甲县分已行起理新税，欲且依新额理纳。将来各乡有打量出田产宽剩亩角，即行均减，更不增添税额。窃虑民间不知，妄有扇摇，出榜晓谕民间通知。六、今来措置经界，全藉逐州守倅督责令佐究心协力，务要日近了办，无致骚扰。如令佐内有无心力、不能了办之人，听守倅商议，于管下选差强明官对移。若管下无官可差，申本所，于曾了办经界、均税无扰官员，不以有无差遣及有无拘碍，差往抵替。其所替官只是不能了办经界，别无过犯，乞不理遗阙，赴部别行注拟。七、已均税县分如得允当，别无词诉，即令保正取责都内人自行供具诣实文状，连书押字。如有纷争不服，即责两争人将产对换，各据两争人亩角对换，据所争产色认税。若已对换后有词讼，官司不得受理。八、本路率先了办经界州县及民无争讼去处，乞许覆实，次第保明，申朝廷推赏。如守倅、令佐违慢不职，许奏劾取旨。"从之。47—48，p6110—6111

宋会要辑稿·食货八·渠

淳熙七年六月三十日，知临安府吴渊言："万松岭两傍古渠，多被权势及百司公吏之家起造屋宇侵占；及内西寨前石桥并海眼缘渠道堙塞，积以淤填；兼都亭驿桥南北河道（缘）［沿］居民多将粪土、瓦砾抛扬河内，以致填塞，流水不通。今欲分委两通判监督地分、厢巡逐时点检钤束，不许人户仍前将粪土等抛扬河渠内，及侵占去处。任满，批书水流淤塞，从本府将所委通判及地分节监保明，申尚书省，各减一年磨勘。如有违戾去处，各展一年。"从之。49，p6171—6172

宋会要辑稿·食货九·受纳

【孝宗乾道】七年六月二十七日，详定一司敕令所修立到条法："诸受纳苗米官纵容公吏巧作名色乞取者，比犯人减一等罪，徒二年，仍许人户经监司越诉。州县长吏不觉察，与同罪。"以臣僚言："人户率用米二石有余、一千文足以上，方能了纳正米一石，乞行禁止。"故有是诏。11，p6180

宋会要辑稿·食货九·赋税杂录上

【徽宗政和】三年七月一日，梓州路计度转运副使王良弼奏："欲州县应税限及期而纳数未敷，辄欲虚申其数，以逭一时之责者，令佐及县吏书手并科违制之罪；吏非知情，减二等。"从之。13，p6181

【宣和】四年十月三日，臣僚言："官户占田用荫，具载格律，州县未尝奉行。在《格》：'自一品百顷，至九品十顷，其格外之数，并同编户。'在《律》：'九品之官身得用赎，而祖父母、父母、妻、子孙皆不与焉。'故生为官户，没为齐民。欲望赋役皆如本法，庶几贫富贵贱无不均之弊。"从之。16，p6183

【宣和】七年四月七日，诏："诸路转运司、常平司行下州县，取索去年人户应干欠负、见合催理税赋、租课、均籴等，兼以二麦折纳。仍以在市见买见卖的实中价，取问情愿，不得高抬，小估及抑勒骚扰，其约束官吏刑名等，并依已降籴买指挥。"从尚书省请也。16—17，p6183

宋会要辑稿·食货一〇·赋税杂录下

【高宗绍兴】二十五年十月四日，诏："绍兴二十六年分民户二税，不得合零就整。令户部行下诸路监司、州军遵守，如有违戾，许经尚书省越诉。"3，p6194

【绍兴二十六年七月】八日，诏："诸路县道起催产税，乡司先于民户处私自借过夏税，和买入已，并不到官，却将贫乏下户重叠催科，补填上件失陷数目。下户畏惮往来，再行送纳。重困下民，无所伸诉。令户部看详立法，如有诸路县道公吏辄于人户处私自预借税物，许令越诉，犯人重行断配。监司、守贰常切觉察。"从殿中侍御史周方崇之请也。

4，p6194

【绍兴二十七年六月】二十三日，臣僚言："诸路州县起催产税，积弊甚大。富横之家与本县公人相与为党，使下户细民破家逃移，深可怜悯。盖未催科之时，典吏乡司先于民户处私自借过夏税，和买入己，比至开场，更不纳官。以一邑计之，有数百匹至五十匹之家，失陷官物，不知几何。却将下户重叠催科，补填上件失陷数目。乞令户部看详立法。"今看详参酌下条："诸州县公吏人于人户处辄借税租及和、预买绸绢者，杖八十。若上限尽而不为送纳，计赃重者，准盗论，三十匹配本城。许人告，仍听被借人户越诉，委监司、守贰觉察。"6—7，p6196

【绍兴二十七年六月】二十八日，左司谏凌哲言："诸路县道起催产税，公吏、揽子先于民户处私自借入己，不为了纳。户部看详立法，尚有未审，当令户、刑部重别修立。"今修立到下条："诸州县公吏于人户处辄借税租和预买绸绢、钱物，同准盗论，五十匹配本城。许人户告，仍听被借人户越诉。告获州县公吏于人户处辄借税租和预买绸绢、钱物同。钱五十贯。诸揽纳税租、和预买绸绢、钱物。谓非系公之人，本限内不纳，杖六十，二十匹加一等罪，止徒一年。"诏依，仍行下州县知、通、监司常切觉察。7，p6196

绍兴三十二年寿皇圣帝已即位，未改元。六月十三日，登极赦："应人户典卖田产，依法合推割税赋。其得产之家避免物力，计嘱公吏，不即过割，致出产人户虚有抱纳；或虽已过割，而官司不为减落等，抑令依旧差科。立限两月，许经官陈首，画时推割。如违限不首，令无产人户越诉，依法施行。"乾道元年正月一日、三年十一月二日、六年十一月六日、九年十一月九日南部赦并同此制，立限陈告并止一月云。15，p6201

【乾道】六年二月二十八日，措置浙西江东、淮东路官田所状："参酌拟立税租数目：已业沙田主分所得花利，每米一石，欲于十分内以一分立租；已业芦场等地田主所得花利，纽钱一贯，欲十分以一分五厘立租；租佃沙田主分所得花利每米一石，欲于十分以二分立租；租佃芦场等地田主所得花利，纽钱一贯，欲以十分之三输官。以上田地除所立租外，更不敷纳和买、夏税、役钱、秋苗之类。如旧曾起立苗税额重，则依旧。"从之。27，p6207—6208

【乾道七年】六月二十日，诏："两淮许依湖北已得指挥，今后民户垦辟田亩，止令送纳旧税，不得创有增添。"从新除淮南运判向子伟请

也。28，p6208

宋会要辑稿·食货一一·钱法·铸钱监

铸钱：每铸一贯省，用铜二斤八两，铅一斤一十五两，锡三两，炭五斤。3，p6212

宋会要辑稿·食货一一·版籍

【真宗景德二年】八（年）〔月〕，诏："诸州县案帐、抄（旁）〔月榜〕等，委当职官吏上历收锁，无得货鬻、弃毁。仍令转运使察举，犯者，官员重置其罪，吏人决杖、配隶。"时卫州判官王象坐鬻案籍文抄，除名为民，配隶唐州，因著条约。11，p6216

天禧二年六月，三司言："定夺三部合减省诸州府账目奏状，一年计八万八千九百一十九道，约省三十四万五千二百余纸。其诸路州府，望令转运使定数白三司，三司覆定以闻。"下诏曰："计账之繁，动盈几案，公家之利，无益关防，从事勾稽，空靡纸札。比令近侍，同令删除，或匪切须，并从简并。咨尔在位，宜守亲稽，勿务滋章，至于烦扰。其令三司、诸路并依新减数目，不得擅有增益。"先是，上封者言："诸州账籍，繁而非用，纸笔所费，或至掊敛。望省其数。"是岁又诏："诸州自今造账，营房半年一申，拣停军人一年一申，职员、马递铺马账并一季一申。"三司使李士衡因言，逐年约减省账目二分以上，在省手分亦合减省，遂诏三部官司议以闻。11，p6216

【天圣】三年七月，京西路劝农使言："点检夏秋税簿，多头尾不全，亦无典押、书手姓名，甚有揩改去处。深虑欺隐，失陷税赋。近兖、郓、齐、潍、濮州磨勘出失陷税赋四万三千九百八十四贯匹石。看详欺隐税数，盖是造簿之时，不将递年版簿对读，割移典卖，又不取关帖证对，本州岛亦不点检，致作弊幸，走移税赋，改作粗色。亦有贫民额外移税在户下，纵有披诉，只凭递年簿书，无由雪理。今乞候每年写造夏秋税簿之时，置木条印一，雕年分、典押、书手姓名，令佐押字。候写毕，勒典押将版簿及归逃簿、典卖析居、割移税簿逐一勘同，即令佐亲写押字，用印记讫，当面毁弃木印。其版簿以青布或油纸衬背，津般上州请印。本州岛干系官吏更切勘会，委判句官点检，每十户一计处，亲书勘同押字讫，封付本县勾销，仍于令佐厅置柜收锁。如违，依法施行。书手虽经赦，仍勒充州县重役。令佐不亲勘读，以至失陷税赋，虽去官不原。"事下三司，三司检会："《农田敕》：'应逐县夏、秋税版簿，并先桩本县元额管纳户口税物都数，次开说见纳，见逃数及逐村甲名税数，官典勘对，送本州岛请印讫，更令本州岛官勘对朱凿，勘同官典姓名书字结罪，勒勾院点勘。如无差伪，使州印讫，付本县收掌勾销。'今请依所乞造置簿印施行。"从之。12—13，p6216—6217

景祐元年正月十三日，中书门下言："《编敕》节文：'诸州县造五等丁产簿并丁口帐，勒村耆大户就门抄上人丁。'虑灾伤州县骚扰人民。"诏："京东、京西、河北、河东、淮南、陕府西、江南东、荆湖北路应系灾伤州军县分，并权住攒造丁产文簿，候丰稔，依旧施行。"13，p6217

【高宗皇帝绍兴二年】八月二十二日，诏："今后应逃亡、死绝、诡名田产，令户部立法。"今修立下条："诸逃亡、死绝及诡名，挟佃并产去税存之户，不待造簿，画时倚阁，检察推割。"从之。16，p6219

【绍兴】十三年九月一日，诏："州县租税簿籍，令转运司降样行下，并真谨书写。如细小草书，从杖一百科罪勒停，永不得收叙。其簿限一日改正。当职官吏失点检，杖八十。如有欺弊，自依本法施行。"从转运使李椿年之请也。18，p6220

【绍兴】十六年六月十日，权知郴州黄武言人户典卖推税，诏令户部立法。户部今修下条："诸典卖田宅，应推收税租，乡书手于人户契书、户帖及税租簿内，并亲书推收税租数目并乡书手姓名，税租簿以朱书，令佐书押。又，诸典卖田宅，应推收税租，乡书手不于人户契书、户帖及税租簿内亲书推收税租数目、姓名、书押令佐者，杖一百，许人告。又，诸色人告获典卖田宅，应推收税租，乡书手不于人户契书、户帖及税租簿内亲书推收税租数目、姓名、书押令佐者，赏钱一十贯。"从之。18，p6220

【绍兴】二十六年二月二十二日，新差权发遣全州杨揆札子言："在《法》：'人户家产物业，每三岁一推排，升降等第。如有未当，许人户陈诉改正，然后立为定籍，置柜收藏于长官厅。凡有差科，令佐躬亲按籍均定。'比年以来，州县弛慢，尽付胥吏之手，每遇差科，公然贿赂，良民受弊，依前产去税存，故使贫乏下户多有逃移。欲望明饬有司，申严行下诸路监司、守臣，凡差科，并须令佐躬亲均定，不得令公吏干预，惟许检阅抄写。如有违戾，仰监司按劾以闻。"从之。19—20，p6221

【绍兴】三十年六月十四日，诏："诸州县岁终攒造丁帐，三年推排物力，除附升降，并令按实销注。州委官，县委主簿，专掌其事，监司、太守常切检点。如有脱落，许人户越诉，当行官吏以违制论。"从户部之请也。20，p6221

【绍兴】三十二年五月三日，四川总领王之望言："契勘人户将田宅遗嘱与人，及妇人随嫁物产与夫家管系。在《法》：'田宅止与出母、生母，方合免税，若与其余人，并合投税。'今四川人户遗嘱、嫁资，其间有正行立契，或有止立要约与女之类，亦合投税。缘得遗嘱及嫁资田产之人依条估价投契，委可杜绝日后争端。若不估价立契，虽可幸免一时税钱，而适所以启亲族，兄弟日后诉讼。"户部言："人户今后遗嘱与缌麻以上亲，至绝日，合改立户。及田宅与女折充嫁资，并估价赴官投契纳税。其嫁资田产于契内分明声说，候人户赍到税钱，即日印契置历，当官给付契书。如合干人吏因缘骚扰，许人户经官陈诉。若出限不即经官税契，许人户告，将犯人依匿税法施行。"从之。20—21，p6221—6222

宋会要辑稿·食货一二·户口二·户口杂录

大中祥符二年六月，颁《幕职州县官招携户口旌赏条制》。2，p6230

哲宗元祐六年八月二十八日，三省言："诸路户口财用，虽户部每年考会总数，即未有比较进呈之法，复不知民力登耗、财用足否。今立定式：'令诸州每年供具，以次年正月申转运司，本司以二月上户部。本部候到，于半月内以次上尚书省，三省类聚进呈。违者，杖一百。'"从之。3，p6230

【政和】六年七月二十日，户部言："淮南转运司申：'《政和格》：知、通、令佐任内增收漏户一千至二万户赏格，一县户口，多者止及三万，脱漏难及千户，少得应赏之人，徭此不尽心推括。'看详：令佐任内增收漏户八百户，升半年名次；一千五百户，免试；三千户，减磨勘一年；七千户，减磨勘二年；一万二千户，减磨勘三年。知、通随所管县通理，比令、佐加倍。"从之。4，p6231

宋会要辑稿·食货一二·身丁

绍兴三年四月九日，权发遣严州颜为言：乞许曾得文解及该免文解人，并免身丁。诏令户部立法。今修立下条："诸未入官人、校尉、京府诸州助教免二丁，二人以上免一丁，一名者不免。得解及应免解人：助教广南摄官，流外品官，三省守当官、守阙守当官私名以上，私名谓已未入额编排定人数。枢密院贴房、守阙贴房、散祗候以上，职医、助教、摄参军之类，并侍丁本身，并免丁役。"从之。8，p6233—6234

【绍兴】十五年正月二十七日，臣僚言："州县坊郭、乡村人户，既有身丁，即充应诸般差使，虽官户、形势之家亦各敷纳免役钱。唯有僧、道例免丁役，别无输纳，坐享安闲，显属侥幸。乞令僧道随等级高下出免丁钱，庶得与官、民户事体均一。"户部言："今措置到下项：甲乙住持律院并十方教院、讲院僧：散众，每名纳钱五贯文省；紫衣二字师号，纳钱六贯文省；只紫衣无师号同。紫衣四字师号，每名纳钱八贯文省；紫衣六字师号，每名纳钱九贯文省；知事，每名纳钱八贯文省；住持僧职法师，每名纳钱一十五贯文省。十方禅院僧：散众，每名纳钱二贯文省；紫衣二字师号，每名纳钱三贯文省；只紫衣，无师号同。紫衣四字师号，每名纳钱五贯文省；紫衣六字师号，每名纳钱六贯文省；知事，每名纳钱五贯文省；住持长老，每名纳钱一十贯文省。宫观道士散众，每名纳二贯文省；紫衣二字师号，每名纳钱三贯文省；只紫衣无师号同。紫衣四字师号，每名纳钱四贯文省；紫衣六字师号，每名纳钱五贯文省；知事，每名纳钱五贯文省；知观法师号，每名纳钱八贯文省；道正、副等同。"诏依。9，p6234

【绍兴十五年】二月十二日，臣僚言："乞太学生免丁役，令敕令所立法。今修立下条：'诸未入官人，校尉，京府、诸州助教、得解及应免解人，并见系太学生，并免丁役。'"从之。10，p6234

【乾道元年】三月十六日，三省言："（切）〔窃〕虑州县奉行不虔，依旧催理，有失宽恤之意。"诏令逐州府遵依已降指挥。如有违戾，许人户越诉，当职官吏重置典宪。16，p6238

【乾道元年】四月四日，诏："僧道年六十以上并笃废残疾之人，并比附民丁放纳丁钱，自乾道元年为始。仍令州县出榜晓谕。"16，p6238

宋会要辑稿·食货一三·免役钱上

哲宗元祐元年正月十四日，户部言："准《敕》：'府界诸路耆长、户长、壮丁之役，并募；以保正代耆长，催税甲头代户长，承帖人代壮丁，并罢。'看详：所募耆、户长，若用钱数雇募，即虑所支数少，应募不行。兼第四等以下，旧不出役钱，只轮充壮丁。（切）〔窃〕虑诸路提举司、州县为见今降朝旨并创行雇募，却于人户上更敷役钱。今相度，欲乞应府界诸路自来有轮差及轮募役人去处，并乞依元役法。如有合增损事件，亦依役法增损，条具施行。"从之。1，p6243

【元祐元年三月三日】，详定役法所言："检会今年《二月六日朝旨》内一项：'诸色役人，其间虽有等第不及而愿充近上役次者，乞听从便。及旧人愿住者，准此。'一项：'乞下诸路，衙前依已得指挥外，其余役人，亦乞并依即日见用人数定差。如委实人数太少，使用不足，或别有妨碍，即依《闰二月四日指挥》施行。'一、官户、僧寺、道观、单丁、女户出助役钱，（切）〔窃〕虑州县有不晓元降朝旨'如有妨碍，即未得施行'之意，却便作无妨碍行下。今乞下诸路更不施行，别听指挥。二、已准朝旨，免役钱一切并罢。其将来夏料役钱，自合更不起纳。"从之。20，p6254

【元祐元年三月】四日，详定役法所言："诸色役人已行旧日差法，（切）〔窃〕虑新旧法未定之际，州、县辄有诸般圆（那陪）〔挪陪〕备，非理勾追役使。若不严行禁止，必恐后致骚扰。欲应《元丰编敕》及见行散敕内约束'不得非理差衙前及诸色役人，并令（陪）〔赔〕备'等条贯，并乞依旧行使。内耆、壮即乞依保正长法施行。"从之。20，p6254

【元祐元年】五月八日，户部侍郎赵瞻详定《役法》。24，p6257

【元祐元年五月】二十三日，详定役法所言："新敕罢天下免役钱。缘《元丰令》修马手营房给免役，剩钱和雇递马及雇夫，并每年终与转运司分认。三十贯以下修造，及旧系役人陪备脚乘之类，更有诸州造帐人请受，并巡检司、马递铺、曹司代役人应用纸笔，并系支免役钱。今请支见在免役积剩钱，候役书成，别行详定。"从之，其免役积剩钱应副不足处，依嘉祐以前敕条，条不载者奏。24—25，p6257

【元祐元年】九月十七日，诏："诸路坊郭第五等以上，及单丁、女户、寺观第三等以上，旧纳免役钱并与减放五分，余并全放。仍自元祐二年为始。其收到钱，如逐处坊场、河渡钱，支酬衙前重难及纲运、公人接送食钱不足，方许以上项钱贴支。余并封桩，以备缓急支用。"29，p6260

【元祐元年】十月三日，吏部侍郎傅尧俞罢详定役法。从所请也。

29，p6260

【元祐六年八月】十八日，户部言："应输助役钱人户典卖田，限五十顷止，限外田依免役旧法全输役钱。未降敕前已过限者非。降敕后，典卖田土者，即通旧过限田土，亦依免役旧法令输。荒田并坟地若恩赐者，不在此限。"从之。35，p6263

【元祐六年八月】二十三日，户部言："按《元祐差役敕》：'单丁、无丁或女户，如人丁添进，合供力役者，若经输钱二年以上，与免役一次。'缘其间有户窄役频处，今欲依本条下添入注文：'户窄空闲不及二年处，即免一年。'"并从之。35，p6263

【元祐】八年正月二十二日，诏："近降役法：今后收到官田，并见佃人逃亡，更不别召人户租佃。及见佃官田人户如违欠课利，于法合召人户划佃者，并拘收入官，留充雇募衙前。收到官田，未有人投募，且召人租佃；有人充役，即行付给。"36，p6263—6264

宋会要辑稿·食货一四·免役下

【绍圣元年六月】九日，又言："熙宁、元丰间，设提举官，以总一路之法，州有管勾官，县有（纳给）〔给纳〕官。今复免役法，既置提举及管勾官，乞依《元丰令》，给纳分逐县常留簿、丞一员。"从之。4，p6266

【绍圣元年】七月三日，又言："乞应幕职、监当官接送，旧系差全请雇钱公人，今来合支雇钱，依《元丰令》立定人数支破。其《元祐敕》添人数，并差厢军。"诏罢减元祐敕添人数，余从之。4—5，p6267

【绍圣元年八月】七日，又言："诸处申乞造簿，缘近降朝旨：五等簿不得旋行改造。盖虑纷然推排，别致骚扰。按《元祐令》：'人户物力贫乏，所输免役钱虽未造簿，许纠决升降。'今但推行旧条，因其纠诉，略行升降，则已与造簿无异。"从之。5，p6267

【绍圣元年九月】二十八日，诏："人户以财产妄作名目隐寄，或假借户名，或诈称官户之类，避免等第科配者，各以违制论，内官员仍奏裁；减免役钱者，杖一百已上；未经免及衷私托人典买未转易归本名者，各减三等。并许人告，以所言财产之半充赏。"从户部看详役法所请也。6，p6268

【绍圣元年】十月十八日，户部看详役法所言："《元丰令》节文：

'诸宗室在京正属籍，及太皇太后、皇后缌麻以上亲，并免色役。'所有皇太妃缌麻已上亲，亦合并免色役。"从之。6—7，p6268

【绍圣三年】六月八日，详定重修敕令所言："常平等法，在熙宁、元丰间各为一书。今请敕令格式并依元丰体例修外，别立常平、免役、农田、水利、保甲等门，成书同海行敕令格式颁行。"降诏自为一书，以《常平免役敕令》为名。10，p6270

【元符】三年八月二十一日，诏："三省编敕役法，既已成书，修书官吏并罢。见修一司敕令归刑部，役法归户部，各委郎官兼领之。"12，p6271

崇宁元年八月二日，中书省言："臣僚奏：户部右曹更改诸路役法，增损元丰旧制五百九项不当。勘会永兴军路乞行差役，州县申请官已降旨责罚。湖南、江西提举司乞减一路人吏雇直，见取会别作施行外，如江西州军止以物贱减削人吏雇直，显未允当。至如役人罢给雇钱去处，亦害法意，理合依旧。"诏户部并依《绍圣常平免役敕令格式》及元降《绍圣签贴役法》施行。其元符三年正月后来冲改《绍圣常平免役敕令格式》并冲改《签贴续降指挥》，并不施行。13，p6271—6272

【崇宁】三年二月二日，臣僚言："免役之法，始于熙宁，成于绍圣。神考之稽古创制，哲宗之遵业扬功，著为万世不刊之典，讵可轻改？元符末，官吏观望，欲以私意变乱旧条。户部侍郎王古首先建言，乞委本部郎中及举官两员同共看详，删修役法之未尽，未便者。遂以朝奉郎李深、中大夫陆元长同都官程筼等刊修，凡改更诸路役法、增损元丰旧制五百九项。如减手力、乡书手雇钱，重立院虞候、散从官家业，添衙前重难，增斗子人数之类，毛举事目，恣为更改，意在沮毁成法。至若常平库子、掏子不支雇钱，则是公然听其取乞，尤害法意。朝廷照其奸弊，故户部侍郎吕仲甫止缘改宽剩钱一条，特蒙黜责。后虽力自辩明，亦由南京下迁徐州，修撰降为直阁。若户部尚书虞策等无所畏惮，辄更先帝旧制，冲改役法五百九项之多，岂宜宽贷？况《崇宁元年八月三日圣旨》，所有元符三年正月后来冲改《绍圣常平免役敕令格式》并冲改《签贴役法续降指挥》，并不施行。以见前日刊修之官阿附、沮坏，罪状甚明。王古、李深今已谪居远州，编入奸籍，其虞策、吕益柔偃然安处从班，中外未免疑惑。伏望严行降黜，以允公论。"14，p6272

大观四年五月十四日，臣僚言："《元丰令》惟崇奉三圣祖及祖宗神御陵寝寺观，不输役钱。近者臣僚多因功德坟寺，奏乞特免诸般差役，都省更不取旨，状后直批放免。由是援例奏乞，不可胜数。或有旋置地土，愿舍入寺，亦乞免纳。甚者至守坟人虽系上、中户，并乞放免。所免钱均敷于下户，最害法之大者。欲今后臣僚奏请坟寺，不许特免役钱，仍不得以守坟人奏乞放免。其崇宁寺观合纳役钱，亦乞改正施行。"诏令礼部划刷，关户部改正。15，p6272—6273

【大观四年】六月十四日，诏："常平、免役岁终造账之法，分门立项，丛剉汗漫，倦于详阅。令修成旁通格法。可令逐路提举常平司每岁终，将实管见在依此体式编类，限次年春首附递，（径）〔经〕入内内侍省投进。仍自大观五年春为始。"政和元年八月二十五日诏展限，次年季月纂类投进。15，p6273

【大观四年】十二月十四日，户部言："常平之法，取于民者还以与民；免役之法，取于民者还以治民。此先王理财治民之义也。常平取息二分，免役多敷一分，盖以为灾伤减阁之备。二分之息，取之五年，则有一倍；一分之剩，积之十年，则余一年。更加五年、十年，则有两倍、两年之数。若无灾伤支用，积而在官。此所谓与民者也。故绍圣立法，常平息及一倍，免役宽剩及三料，则保明具数，取旨捐免，以明朝廷取于民者非以为利也。欲降睿旨下诸路提举常平司，勘会自降上条至今，如有积及一倍、三料之数，即次第保明奏闻。"诏候丰衍有余日取旨。15—16，p6273

【高宗建炎】四年八月二十一日，广南西路转运、提刑司言："今乞罢催税户长，依《熙丰法》以村疃三十户，每料轮差甲头一名，催纳租税、免役等钱物，委是经也利便。"诏依，其两浙，江南东、西，荆湖南，福建，广南东路州军并依此。17—18，p6274

【绍兴元年】十月二十五日，诏："应诸幕职官、诸县令、丞、簿、尉合破接送并在任（般）〔搬〕家雇人钱，并权罢。"20，p6275

【绍兴四年七月】三十日，户部言："节次承降指挥：将见行役法等与《嘉祐条法》窒碍未尽事件，及保正、副差免利害，令诸路常平官条具闻奏。除湖北路未据相度条具外，节次承据两浙、江南、广南东、西并福建、荆湖南路八路常平司奏到，内六路乞依《绍圣条法》；并保正、副差免利害，亦据江西等四路乞依见行条法施行。今相度，欲乞将役法及保正、副代耆长并依见行诸州县已定役法及《绍圣免役条法》施行。仍乞

下诸路常平司照会。"从之。22，p6276—6277

【绍兴五年三月十日】，臣僚言："乞下有司，专用物力及通（输）〔轮〕一乡差募保正、长。凡官吏因役事受财者，重为典刑，以示惩诫。诏于《绍圣常平免役令》'五保为一大保'字下添'通'字，'选保'字下删去'长'字。仍今后许差物力高单丁，每都不得过一人。寡妇有男为僧道成丁者同。即应充而居他乡别县或城郭及僧道，并许募人充役，官司不得追正身。余依见行条法，仍先次施行。"24，p6278

【绍兴七年】闰十月十四日，户部言："在《法》：'品官之家或女户、单丁、老幼、疾病及归明人子孙，各免身丁。'昨降指挥，许差有物力高单丁，寡妇有男为僧道成丁者同，并许募人充役。今来不住据人户陈诉，非鳏寡孤独人作单丁人户，致词讼不绝。契勘品官许免身丁，而家有三丁，两人有官，其一丁无官；又如人户家有四丁，一丁进士得解，一丁应免解，一丁进纳得官，一丁白身；似此之类，非（子）〔子〕身一丁，即难以作单丁之户。合申明行下。及人户家有三丁，一丁进纳得官，一丁进士得解，一丁为僧，内进纳未至升朝，三丁并免身丁，别无丁名充役。既成三丁，即是丁行数多，祗合免身丁，其充役合募人，不得追正身。"从之。27，p6279

【绍兴】八年五月二十六日，江南转运司言："相度物力高有老病合给侍丁，比类寡妇有男为僧道成丁，募人充役。"户部看详："单丁、女户合免丁役，已降指挥：许差物力高单丁，寡妇有男为僧道成丁，并许募人充役。今来侍丁之家，即比单丁、寡妇。委系丁行数多，合行比附，令募人充役，不得追正身。下诸路常平司照会施行。"从之。27，p6279—6280

【绍兴八年】九月二十六日，臣僚言："检会绍兴八年四月六日都省批状，绍兴府申明官户免色役指挥，内户部看详称：'官户唯系宗室亲等未至升朝，保甲授官等因军功捕盗未至升朝，非军功捕盗未至大夫，虽是品官，止合免丁，不合作官户。若家有三丁，两丁有官，一丁无官，难作单丁，合募人充役。若品官家有三丁，两丁有官，一丁无官有荫，依法色役听免。如未改官户内一丁白身无荫，及进纳未至升朝官，合募人充役。'勘会上件指挥内'若品官'三字，系谓上文该说逐色未至升朝或未至大夫，应改为'官户之家'，依户部勘详，合募人充役。除此名色外，其余合为官户之家，色役听免。"从之。27—28，p6280

【绍兴十二年】十月四日，户部看详："乡村户数乡皆有物力，合并归烟爨处外，其坊郭及别县户有物力在数乡，并令各随县分并归一乡物力最高处，理为等第差遣，仍各许募人充役。如有隐落物力人户，合依条于升排后六十日内陈诉。如临时纠论，官司不得受理，违者并科杖一百。如当行人吏乡司同，以物力高强人户匿在小保，及故有隐落差互，意在邀求先差不应充役人户，至惹词诉者，并从徒二年科罪勒停，永不得叙理。县令、丞故纵及不觉察，仍委提举司常切觉察按治。"从之。28—29，p6280

【绍兴】十五年八月十八日，给事中李若谷言："《绍圣常平免役条令》系祖宗成法，纤悉具备。比年以来，缘州县差募之际不体照法意，致上户百端规避，却令中、下户差役频并。后因增添通选之法，以一都保内物力高者通行定差，户数既宽，有力者不能幸免。虽单丁户物力最高人及寡妇有男为僧道成丁者，亦预差选，已为公当。只缘《绍兴十二年十月十四日一时指挥》，因致选差不均。今欲将上件指挥内歇役年限并'物力倍者再差'一节删去，更不施行，余令诸路遵依见行成法。"从之。29，p6281

【绍兴】二十八年六月一日，权吏部尚书王师心言："被旨，令六部长贰将差役旧法并前后臣僚申请指挥公共看详。或已见不同，各许条具申尚书省审度，取旨施行。契勘《绍圣常平》《绍兴重修常平役法》并《绍兴重修常平免役申明》《续降指挥》已是详备。昨缘臣僚节次申请指挥不一，州县公吏得以舞文作弊，致差役不均。今看详，合将前项指挥共三十八件：《绍圣常平》《绍兴重修常平免役法今》计一十五条，《绍兴重修常平免役申明》《续降指挥》计二十三件，欲行下诸路常平司照会，仍镂板，遍下所部州县，遵守施行。其与上件法意相妨指挥四件：《绍兴二十六年二月一日敕》：'臣僚上言，欲将批朱者歇役止于六年，便与白脚比并物力人丁再差'指挥，绍兴二十六年十二月九日都省批下江东常平司申：'相度到知宣州楼炤陈请，欲将上户斟酌定差，下户止轮差充大保长'指挥；《绍兴二十七年五月二十一日敕》：'人户未分众户，已充保正、副，后来析户，其户头若再当充役，自合依近降指挥歇役，其余本家众户，物力高即系白脚，自合选差'指挥；绍兴二十七年十二月四日都省批下'处州遂昌县丞黄楷陈请，欲籍定物力倍于众户大段辽绝，应役两次当其他役户一次'指挥，欲并删去，更不施行。兼契勘州县差募保正、副，依法系以十大保为一都保，二百五十家内通选材勇物力最高二人充应。缘州县乡村内上户稀少，地里窄狭，并有不及一都人户去处，致差役频并。今看详：欲下诸路常平司行下所部州县，委当职官将都保比近地里窄狭、人烟稀少，并不及十大保去处，并为一都差选，仍不得将隔都及三都并为一保。如内有都分人烟繁盛，山川隔远，更不须拨并。其并过都分，从本司保明供申。如有人户陈诉均拨不当及人吏作弊去处，仰常平司按劾，申取朝廷指挥施行。"从之。33—34，p6283—6284

【乾道三年】四月三日，刑部修下条："诸进纳授官人特旨与理为官户者，依元得旨；若已身亡，子孙并同编户。"从之。因军功捕盗而转至升朝、非军功捕盗而转至大夫者，自依本法。41—42，p6288

【乾道】三年十二月十三日，提举浙西常平茶盐公事刘敏士言："欲将寡妇召到接脚夫，或以老户本身无丁，将女招到赘婿，如物力高强，即许比附寡妇有男为僧道成丁，选募充役。其召到接脚夫、赘婿，若本身自有田产、物力，亦许别项开具，权行并（讨）〔计〕，选差充役。若接脚夫、赘婿本身有官荫，合为官户之人，即照应限田格法豁除本身合得顷数，令与妻家物力并计，选差募人充。"从之。43，p6288

【乾道九年】七月四日，诏："诸路转运司行下所部州县，将女户如实系寡居及寡居而有丁者，自依条令施行。其大姓猾民避免赋役，号为女户无丁，诡名立户者，即自三等以上及至第四等、第五等，并与编户一等均敷。仍令州县多立文榜晓谕，限两月陈首，与免罪改正。如违，许告，断罪，告赏并依见行条法。"以臣僚言："大率一县之内，系女户者其实尤儿，而大姓猾民避免赋役，与人吏、乡司通同作弊，将　家之产析为诡名女户五七十户，凡有科配，悉行捐免。乞立法革其弊。"故有是命。47，p6291

【乾道九年】十二月九日，详定一司敕令所修立下条："诸村疃，伍家相比为一小保，选保内有心力者一人为保长；五保为一大保，通选保内物力高者一人为大保长；十大保为一都保；通选都保内有行止材勇、物力最高者二人为都副保正。余及三保者，亦置大保长一人；及五大保者，置都保正一人。若不及，即小保附大保，大保附都保。其《绍兴五年四月十六日敕》：'单丁及寡妇有男为僧道成丁及僧道，并许募人充役，官司不得追正身。'乃是优恤单寡之家，故令募人充役，合依旧存留，以备照用。"从之。先是，臣僚言："常平、免役差大小保长、都副、保正之法，后来选差不便，《绍兴五年四月十六日敕旨》于'大保'字下添'通'字，'选保'字下删去'长'字。及《绍兴九年四月四日敕旨》于'都保'字下添'通'字，'选'字下改'大'字为'都'字，'保'字下删去'长'字。自此差役极便。《绍兴十七年六月二十三日申明》止作存留，故州县奉行抵牾。今乞删修成法。"故有是命。47—48，p6291

宋会要辑稿·食货一七·商税三·商税杂录一

太祖建隆元年四月，诏："诸州勿得苛留行旅赍装。除货币当输算外，不得辄发箧搜索。"10，p6349

【建隆】二年二月，诏："蔡河、（颖）〔颍〕河五丈河及沿河州县民船载粟者，勿算。"10，p6349

【建隆】四年八月，诏曰："登州沙门岛土居人户深在海峤，皆出王租。比闻自备舟船，（般）〔搬〕载女真鞍马。眷言劳役，宜示矜捐。应所纳夏税、曲钱及沿纳泛配诸杂物色并州县差徭，今后并与放免。其渡马回（般）〔搬〕上木植，自前州司多令抽纳，亦并除之。"10，p6349

【乾德】六年四月，免普州行铺赁地钱。10，p6349

【开宝四年】四月，诏："岭南道应税及盐曲，并依荆湖禁法。"10，p6349

【太宗太平兴国】七年六月，诏："江、淮、湖、浙民贩芦苇者，勿算。"11，p6350

【太平兴国八年】八月，诏："桂州承前配纳糖及茶叶并死伤牛租米，及四处税场增添年额共八十余贯，并与除罢。"11，p6350

【太平兴国】九年十月，盐铁使王明言："西川、陕路诸州商税，自来杂用铜钱，其价不等。请自今比市价，每一贯收住税三十，过税二十。"从之。11，p6350

淳化元年二月一日，诏："诸处鱼池旧皆省司管，系与民争利，非朕素怀。自今应池塘、河湖、鱼鸭之类任民采取，如经市货卖，即准旧例收税。"先是，淮南、江浙、荆湖、广南、福建路当僭据之时，应江湖及池潭、陂塘聚鱼之处，皆纳官钱，或令人户占买输课，或官遣吏主持。太宗闻其弊，故有是诏。11—12，p6350

【淳化元年】四月，诏："兴化军两浙伪命日，以官牛赋于民，岁输租。牛或死伤，则令民买偿。自今除之，仍以官牛给租牛户。"12，p6350

【淳化元年】八月，诏："舒州管内四处鱼池，除望江官池外，其桐城县大龙、宿松县小孤及长武湖等三处鱼池特免税，任民采运。"12，p6350

【淳化元年】十月十三日，诏："婺州金华、东阳两县陂湖，岁取鱼税并除之，纵民采捕，吏勿禁。"12，p6350

【淳化元年十月】二十一日，诏："兴国军大冶县鱼池潭步地，江南（请）〔谓〕江湖边岸出船之地曰步，以所坐物为名，若瓜步、麻步是坐。伪国日纳鱼税外，复于缯纲每夫岁收十钱，颇甚扰，自今除之。"12，p6350—6351

【淳化元年】十二月十六日，诏："邕州、琼州伪命日，每遇市集，居人妇女货卖柴米者，邕州人收一钱，以为地铺之直。琼州粳米计税四钱，糯米五钱，并除之。"12，p6351

【淳化】二年二月二十日，诏："峡路州军于江置撞岸司，贾人舟船至者，每一舟纳百钱已上至一千二百，自今除之。（杨）〔扬〕、润、常三州商税取算外，境上又倍征者，自今止得一度收税。"12，p6351

【淳化二年二月】二十四日，诏曰："关市之租，其来旧矣。用度所出，未遑削除；征算之条，当从宽简。宜令诸路转运司以部内州军商税名品参酌裁减，以利细民。"12，p6351

【淳化】四年七月，诏："岳州岁输鱼膏四千五百八十斤，斤纳七钱，并除之。商人贩易，不得辄由私路，募告者厚赏之。"12—13，p6351

【淳化四年】九月，禁两京诸州不得挟持搜索，以求所算之物。13，p6351

【淳化四年】闰十月，诏商人经潼关东西行者，勿出算。13，p6351

【淳化】五年五月，诏曰："古者市廛而不税，关讥而不征，盖所察奇衺而禁浮惰也。国家算及商贾，以抑末游，既以防民，克助经费。而当职之吏恣为烦苛，规余羡以市恩宠，细碎必取，掊克斯甚，交易不行，异夫通商惠工之旨也。自今除商旅货币外，其贩夫贩妇细碎交易，并不得收其算。当算之物，令有司件析，颁行天下，揭于板牓，置官宇之屋壁以遵守焉。"国朝之制：布帛、什器、香药、宝货、羊豕，民间典卖庄田、店宅、马、牛、驴、骡、骆驼及商人贩茶，皆算。有敢藏匿物货，为官司所捕获，没其三分之一，仍以其半与捕者。13，p6351

至道元年九月，诏："两浙诸州纸扇、芒鞋及他细碎物，皆勿税。"13，p6351

【至道】二年十二月，诏："民间所织缣帛非出鬻于市者，勿得收算。"13，p6351

真宗咸平元年二月，除渠、阆二州枯牛骨税钱。14，p6352

【景德二年】八月二十九日，诏："泾、原、仪、渭等州蕃部所给马价茶，沿路免其税算。"14，p6352

【景德三年】四月一日，诏："河北诸州军市征榷酤比常课不及者，特展限三月。"14，p6352

【景德三年】九月，诏："京城税炭场自今抽税，特减十之三。"15，p6352

【景德】四年六月，诏淮南转运司："（杨）〔扬〕州民采荻柴，官中承例十税其二，自今除之。"15，p6353

【大中祥符二年】六月七日，诏："自今诸色人将带片散茶出新城门，百钱已上，商税院出引；百钱已下，只逐门收税。村坊百姓买供家食茶末，五斤已下出门者，免税。商贾茶货并茶末依旧出引。"15，p6353

仁宗天圣元年二月，诏："商贩客旅于山阳榷务算请茶课，从起发地头沿路经过禁榷地分合纳税钱。令在京榷货务抄上文（薄）〔簿〕拘辖，召交引铺户充保，给与公凭，沿路批凿。合纳税钱自起离请茶场务月分为始，立限半年，一并于在京榷货务收纳。每年不曾磨勘，常有积欠。本路分析，见有违限未纳钱四万九千六百余贯，及限未满钱二十二万八千五百余贯。自今每违限一月，系欠每十千罚纳钱一千；违限三月，系欠每十千罚纳钱一千；违限三月已上，除依月纳钱外，差人监货元通抵当家业陪填。如不足，即于连保铺户下均摊收理。委都大提举库务每年终取索驱磨当年已纳见欠数目以闻。"18，p6355

【天圣】二年四月，在京商税院言："旧例：诸色人将银并银器出京城门，每两税钱四十文足，金即不税。请自今每两税钱二百文省。"从之。19，p6355

庆历五年五月二日，三司使王尧臣言："请今后在京及诸州陈告，税物见在未货易者，与限二十日；已货易，与限十日，许诸色人陈告。仍以隐税日为始。杀猪羊者以私杀日为始。并须依编敕指定隐藏处所，及卖与何人。照证分明，在日限内，官司方得受理。若货已易，其物见在，照证分明，只据见在物许告官。与限半月，仍以偷税货易日为始。物无见在及限外，不得告论，官司亦不得受理。其在限外，而因官司点检败获者，自

依漏税敕条施行。"从之。27，p6359—6360

绍圣元年九月二十五日，诏："府界并诸路税务年终课利增额，并依《元丰格》。"从三省请也。27，p6360

徽宗建中靖国元年三月十四日，户部状："近据两浙转运司申：访闻民间日前多有典买田宅、孳畜、船车等私立契书，因为少得见钱赴官投纳印税，内因循出违条限，避免倍输，多是收藏白契在私，不曾经官投纳税钱。本司申请省部画降指挥，许与展限首纳，只收一重正税官钱。所展限内，稍有首税名件。今来欲乞依逐次已得指挥，自指挥到日为始。"从之。27，p6360—6361

【建中靖国元年三月】二十五日，刑部状："峡州申：准《元符令》节文：'诸请给若恩赐物免税；其品官供家服用之物非兴贩者，准此。'"看详上条："品官供家服用之物"，未审品官合用马、牛、驼、骡、驴合与不合入服用之例。送寺参详，据本寺状：《元符令》服用之物，止谓衣帛器用之属，其马、牛、驼、骡、驴，即非服用之物。从之。27—28，p6361

大观四年四月二十二日，工部奏："故赠开府仪同三司张康国妻成安郡夫人喻氏状：'本家见就（杨）〔扬〕州修置夫开府坟茔，欲于淮、浙、真、（杨）〔扬〕等州收买木植、砖瓦、钉、灰、彩色、朱漆、杂物之类应副装修使用，欲乞捐免沿路场务抽解及拘栏和买收税等。'工部检准《元符令》：'诸太中大夫、阁门使以上买竹木之类修宅者，许自给文凭，逐处审验，免和买。'今来喻氏所乞内和买一节，本部勘当，欲依上条施行。"户部勘会，《元符令》止是免和买，所有抽解、收税等，无文该载许免。今勘当所乞，欲依元符条令施行。诏依喻氏所乞。28—29，p6361

【高宗建炎】二年四月二十七日，诏："应客贩粮斛、柴草入京船车，经由官司抑令纳力胜，商税钱者，从杖一百科罪。许客人越诉。收数多，法应重者，自从本法。"33，p6364

【建炎二年】六月二十一日，诏："应荆湖、江浙路客贩米斛赴行在，而经由税务辄于例外增收税钱，罪轻者徒一年，许诣尚书省越诉。"33—34，p6364

【建炎】三年四月一日，诏："应兴贩物斛入京，许客人经所在去处陈状，出给公据，沿路商税、力胜并特放免。枭到价钱，不限贯百，令留守司验实给据，放令出门。其（般）〔搬〕贩先至京城，入中数多之人，

从留守司具名取旨，当议推赏。如官司辄敢非理邀阻，许客人越诉，官吏重行编置。仍仰逐路提刑司常切觉察。"34，p6364

【建炎三年】九月一日，御营使司参议官兼措置军前财用李迨言："客人多自江西、湖南（般）〔搬〕运斛斗、竹木前来建康府，往往算请盐钞，并籴米以回。货经由一处，税场抑令纳力胜税钱数百千者，以至其余物货，皆不依条例，数倍收税，致商旅不通，实害利源。伏望申严禁约，如有违戾，当职官重赐黜责，栏头、公人决配。许客人越诉。专委提举茶盐官按治督责，诸州主管官常切检察，如失按举，与同罪。"34，p6364

宋会要辑稿·食货一八·商税四·商税杂录二

绍兴三十二年六月十三日，敕："临安府内外买卖兴贩金银、匹帛、杂物之类，除依省则合收门税外，访闻税务将铺户已卖物色，因所买人漏税及元未经税卖下之物，辄于铺户一例追纳罚钱。可令本府严行禁戢，如有违犯之人，计赃断罪，仍许人户越诉。"1，p6373

【绍兴三十二年】十一月十四日，诏："应创置税务，日下禁止。令诸路转运司给版榜，于从来依条法合置处张挂，晓谕客旅通知。如无转运司所给版榜，见得是私置，许客人越诉，将违法收过税钱钱数纽计，申取朝廷指挥施行。"1，p6373

乾道元年正月一日，敕："州县税务依法各有合置去处，近来又行私置，邀阻商旅，于民为害。仰日下废罢，令监司常切觉察。如有违戾，按劾以闻。"三年、六年、九年南郊敕，并用此制。2，p6373

【乾道元年】十二月十日，上封事者言："关市之征，古者以禁游手，于是乎征之。今也有一务而分之至十数处者，谓之分额；一物而征之至十数次者，谓之回税。乞训敕州郡，非省额者不许私置，已税者不许再征。"从之。2，p6373

孝宗隆兴元年四月十九日，诏："应客贩耕牛往淮南州县变卖，仰经所属自陈，给据与免本处投契。沿路税及船渡钱并免。如有违戾去处，仰监司按劾施行。仍令诸路漕司下所部州县，多出文榜晓谕。"从中书门下请也。2，p6373—6374

淳熙元年十一月十一日，诏："米、面、柴、炭、油，皆系民间日用之物，并已免税。访闻州县税务巧作名色，收纳税钱，及将木炭抽解。令

户部行下诸路转运司约束，违者按治，仍许客人越诉。"8，p6377

【庆元元年正月】十九日，尚书省言："绍熙五年七月指挥：令沿流州县关津税务，如遇客船贩到米斛，与依条免税，仍免纳力胜钱，即不得别作名色，妄有邀阻。如有违戾，仰逐路监司严切根究施行，仍许客人越诉。今闻州县惟以多收课利为急，致见责（辨）〔办〕场务，非理邀阻，过数重征，理合申严约束。日后如有违戾，定将守臣、当职监官一例取旨，重行责罚。"从之。20，p6383

宋会要辑稿·食货二〇·酒曲·酒曲杂录上

太祖建隆二年四月，诏："应百姓私造曲十五斤者死，酝酒入城市者三斗死，不及者等第罪之。买者减卖人罪之半，告捕者等第赏之。"1，p6417

【建隆】三年三月，诏："应私造曲者，州、府、县、镇城郭内一两以上不满五斤，徒二年；五斤以上不满十斤，仍配役一年，告者赏钱十千；十斤以上不满十五斤，徒三年，配役二年，告者赏钱十五千；十五斤以上不满二十斤，加配役一年，告者赏钱二十千；二十斤以上处死，告者赏钱三十千，并以官钱充。其至死者，告、捉人依上条外，别给赏钱：东京三百千，西京及诸州、府二百千，县、镇百千，以死者家财充。若在乡村犯者，自一两以上不满五斤，五斤以上不满十斤，十斤以上不满十五斤，十五斤以上不满二十斤，二十斤以上不满三十斤，并如上法等第科罪，至三十斤处死。应私犯酒者，东京去城五十里，西京及诸道州府去城二十里，不许将外来酒入界，并入州、府、县镇城门，犯者一胜以上不满一斗，量罪处断；一斗以上、不满三斗，徒二年，配役一年，告人赏钱十二千；三斗以上、不满五斗，徒三年，配役二年，告人赏钱十五千；至五斗处死，告人赏钱二十千。应乡村道店有场务处，其外来酒不许入界，犯者一胜以上、不满三斗，量罪科断；三斗以上、不满五斗，五斗以上不满一硕，并如上法等第科罪，至一硕处死。其私曲者，二两得一两之罪；私酒，二胜得一胜之罪。诸场务曲有羡余敢衷私货卖者，同私曲例。"1—2，p6417

【乾德四年】十一月，诏："私犯曲者，州、府、县、镇城郭内一两以上不满五斤，量罪区断；五斤以上不满十斤，徒一年，告人赏钱五千；十斤以上不满二十斤，徒一年半，配役一年，告人赏钱十千；二十斤以上不满三十斤，徒二年，配役一年半，告人赏钱十五千；三十斤以上不满四十斤，徒二年半，配役二年，告人赏钱二十千；四十斤以上不满五十斤，徒三年，配役三年，告人赏钱二十五千。五十斤以上处死，告人优赏，东京五百千，西京及诸州、府三百千，县、镇百千。如乡村内犯者，一两以上不满十斤，十斤以上不满二十斤，二十〔斤〕以上不满三十斤，三十斤以上不满四十斤，四十斤以上不满五十斤，五十斤以上不满一百斤，并依上法等第科罪，至一百斤以上处死，告人赏钱三十千。应犯私酒者，东京一胜以上、不满一斗，量罪区断；一斗以上、不满三斗，徒一年，告人赏钱五千；三斗以上、不满五斗，徒一年半，配役一年，告人赏钱十千；五斗以上、不满一硕，徒二年，配役一年半，告人赏钱十五千；一硕以上、不满一硕五斗，徒二年半，配役二年，告人赏钱二十千；一硕五斛以上、不满二硕，徒三年，配役三年，告人赏钱二十五千；二硕以上，处死，告人赏钱三十千。西京及诸道州、府一胜以上不满三斗，三斗以上不满五斗，五斗以上不满一硕，一硕以上不满一硕五斗，一硕五斗以上不满二硕，二硕以上不满三硕，并依上法等第科罪；三硕以上处死。两京及诸道州、府禁法地分并乡村道店有场务处，若外来酒不许入界。犯者，东京一胜以上不满三斗，量事科罪；三斗以上不满五斗，徒一年；五斗以上不满一硕，徒一年半，配役一年；一硕以上不满二硕，徒二年，配役一年半；二硕以上不满三硕，徒二年半，配役二年；三硕以上不满四硕，徒三年，配役三年；四硕以上处死。告赏悉如上条。西京及诸州、府 一胜以上不满五斗，五斗以上不满一硕，一硕以上不满二硕，二硕以上不满三硕，三硕以上不满四硕，四硕以上不满五石，并减如上法等第区断，至五石处死。" 2—3，p6417—6418

【太宗太平兴国】六年，诏："在京卖曲，每斤原定二百文八十五陌，自今斤减五十文。" 3，p6419

【雍熙】四年十二月，诏："诸处酒务不得于百姓处借米麦充用，已借者还其直。" 4，p6419

端拱二年五月，诏："应两京及诸道州府民开酒肆输课者，自来东京去城五十里、西京及诸州去城二十里，即不说去县镇远近。今后须去县镇城十里外。" 4，p6419—6420

【大中祥符】六年三月，诏："诸处酒曲场务止得约造一年，合使酒曲交与后界。如于一年之外多造，并即纳官。若将不堪使用酒曲交与后界者，并仰毁弃，仍勘罪以闻。"先是开宝中，尝有是诏，其后定敕文误有删者，至是因小民买扑场务，有启幸而兴讼者，开封府引是敕以闻，故申明之。5，p6421

【天圣七年】十一月二日，开封府言："开封县民乐守元、郭顺所居，各去城三十里之外，先斡酿村酒，因水坏屋，擅徙三十里之内。检会旧条：'惟有将外酒入界，及私造曲条外。'今详村民造曲，本亦酤酒出课，即与私造异科。望自今有如此类者，减造私曲条一等定罪。若犯酒多，自从重法。"奏可。7—8，p6424

【天圣】九年正月四日，淮南转运司言："准《诏》：'州县酒务酘匠、役兵，无得差有过之人，仍以一年为替。'又接《天圣编敕》：'造曲酘酒，并抽应役军士，以一年为替，不得给钱佣顾。'淮南二十一州军酘匠，多新犯配军之人，亦有准《祥符编敕》，月给钱佣匠之处。自准新诏，拣选替换，皆少得人。缘酘酿课多，欲望自今应选酘匠，并须无过者，役一年；若无过，且留充役。"事下三司，三司言："酒课数多，不可轻为改革。望自今役兵以一年为替，酘匠不计年。若旧负过之人，委所自体量。自酘酿后无大过者，且留充役，甚者即时选替。旧给钱佣匠之处，亦仍旧贯。"从之。8，p6424

【景祐元年】七月九日，诏："《编敕》买扑乡村酒务课额，十贯以下停废，以上有人承买扑，勘会交割。访闻十贯以下有不停废，却衷私分擘三两处沽卖，只作一户纳钱，令转运司觉察禁止。如不及十贯，依敕停废，不得衷私分擘别处酤卖，只作脚下名目开酤。违者严断，曲米动使并从纳官。"8，p6425

嘉祐六年五月十四日，诏："诸知军、州及兵官，许造酒者，毋得卖易及以折物价。"8，p6425

【元祐】八年七月十三日，户部言："买扑场务课利钱数增亏，全在人烟多寡，昨来省并兴废，其课利量行增添，既人烟稀少，沽卖迟细，亦合裁减。缘《元祐敕》只有废置州县镇寨处场务有量行增减之法，其割并县分镇寨之处，乞亦依此施行。"从之。11，p6428

【政和】二年四月六日，户部奏："修立到下条：'诸非吉凶而冒乡村人户姓名，或用以次家人请买曲引造酒者，杖八十。曹吏、保正副、形势之家者，加二等，许人告。'"从之。12，p6429

【绍兴】二十六年三月二日，诏罢逐路漕司寄造酒，以（待）〔侍〕

御史汤鹏举言"诸州县寄造酒不支本钱，不分诸司，专用耗米，逐岁增添不已。本务酒未卖必要先卖，诸司钱未解必要先解"故也。20，p6438

【绍兴】〔二十五年〕八月二十四日，户部言："旧法：'品官之家有官酒者，不限数，若私自酝造沽卖，已有等格罪赏禁约。'绍兴六年续降指挥：'州县寄居官及有荫之家造酒沽卖，一等作杖罪科断，赏钱三百贯。'仍作本州县界与旧法抵牾，今欲依旧法。"从之。20—21，p6438

宋会要辑稿·食货二一·酒曲三·酒曲杂录下

绍兴十一年正月六日，权户部侍郎赵子潚、钱端礼言："财用之源，实出酒税，比年以来，州县酒务尽皆败坏，榷酤之利，徒存虚名，守令间有留心于其间者，或委官以察其侵欺，或并务以省其浮费，措置百方，终未见利。欲乞令诸路漕司与守臣从长商榷，庶几可以责其必办。所有逐州相度到事理，仰漕司限两月条（其）〔具〕申朝廷。今具下项：一、诸路州县酒路不等，一有石米至收二十余千。立价既高，酒味淡薄，是致私酤转盛，官卖日亏。乞州责之郡守，县镇责之县令，别立省则，或稍损酒价，多造佳酒，广行沽卖，务及祖额，分拨诸司经总（置）〔制〕等名色起发。二、诸路州县豪猾酝造私酒，侵夺官课，巡捕官司习以为常，不能禁绝。今欲委守令相度何道可以禁职，或别有可以改更措置利害，开具申请。三、诸路州军有因并务，课利增羡，或因并务却致酤卖不行。盖缘所在风土不同，欲令从长相度，务在增羡。四、在《法》：'诸州县酒务刷差强壮厢军充杂役，三万贯以上二十八人，以下十五人。'已雇夫之费，及依条帮支专一监官重难钱，自合依数支给。"从之。1，p6443

【绍兴三十二年】九月二十七日，知临安府兼权户部侍郎赵子潚言："殿前司献酒坊，其十七库已降指挥，（今）〔令〕本部差官管干。其五十二处并拨隶两浙转运司检察，内二十四坊元差军中使臣二十四人管干。其余逐坊，乞专委两浙漕臣同诸州守倅，责逐县知佐召募土豪人户开沽，量坊大小，官借本，认定息钱，从户部将增息钱与比类献钱米格法拟补官资，以后递年随□升转。仍从本部辟差谙晓酒利文武官各一员，专一往来总辖酤卖，务要课利增广。其逐官请给、人从、酬赏，并依点检酒库所主管官体例。诏三省差官二员，专一措置管认户部、两浙运司元额趁办外，如有增羡，申朝廷（廷），优与推（思）〔恩〕，仍令吏部郎官杨俢措置，两浙西路兵马都监梁俊彦同措置。其诸库监官许诠量，申尚书省改易。其后杨倓等措置，乞以措置两浙犒赏酒库所为名，仍铸印一颗，所管诸坊三十二处并双员，虚费廪禄，欲乞将三万贯以上课额差监官二员，不及处止差一员。其诸坊称呼，并以某州县犒赏酒库为名。内额少处，更不差官，止令比近监官管。如收息增剩，即从本所月增食钱，三万贯以上三十贯，二万贯以上二十五贯，一万贯以上二十贯，一万贯以下十五贯，并于五厘等钱内支。今减员阙，以三员例。殿前司旧例各分管总辖诸库，其合分隶五厘等钱，乞于行在择系官屋宇置库一所，以本所钱库为名，仍差使臣充监官及检察。除一万贯以上场务收息赏罚依绍兴十二年六月已得旨外，一万贯以下，诸坊未有立定赏罚。今比拟收趁息课，任满及额，减半年磨勘，占射差遣一次。比额每增一分以上，与减三个月磨勘，亦许累赏。若比额每亏及一分，展三个月磨勘。如内增剩多处，任满，从本所保明再任。每岁比较，以额外所增息钱十分为率，支一分充监专合干人均赏。所有移体式及举官等事，并乞依点检所已获之旨。"从之，其措置官赏格依点检赡军激赏酒库官例。3—4，p6445—6446

【乾道四年】九月，诏："四川酒务，十万贯以上场务，酒官任满，与减四年磨勘；谓如在任三年，依额趁收共及三十万贯文以上之类，下准此。五万贯以上场务，任满，与减三年磨勘；三万贯以上场务，任满，与减二年磨勘，更与占射差遣一次；不满三万贯场务，任满，减二年磨勘。以上选人比类施行，并以三年为任。若满三年，即推全赏。成资替者，减三分之一推赏。兼监官：知县并本州知、通，比正监官减半赏罚。其已废罢官监，将酒务专委知县拘催官钱去处，任满，催发应干钱足，依正监官减半推赏。如管两务以上，即并逐务酒额钱作一等推赏。诸州傍郭知县更有在州酒务不系罢监官去处，其所得兼监官减半推赏，两应得者，从一高等推赏。"从四川总领查籥请也。7，p6449

【乾道八年七月】八日，知常德府刘邦翰言："湖北去朝廷为甚远，贫民下户困于买扑酒（防）〔坊〕寄造曲引，至贫者不捐万钱于寄造之家，则不能举一凶吉之礼。乞将湖右买扑酒坊课额，令民间随产业钱均纳，其酝造酤酒卖，悉听民便。"以其言下，详定一司敕令所以谓："坊场造酒，骚扰抑勒，从来自有约束，若将酒务课额均分民间，即是两税之外，别生一税，他日恐有渔利之人，妄生计画，沽榷乃旧。此税不除，反为民害。"乃检坐《乾道重修敕令》禁止抑买酒曲条格，申严下诸路州军。从之。10，p6452—6453

宋会要辑稿·食货二一·酒曲三·买扑坊场

【绍兴】十六年十月五日，详定一司敕令所言："修立到：诸场务败阙、界满无人承买者，州限五日申提举司，本司与转运司限五日同差官审度减净利、课利钱。被差官起发日限准此。自到后，限十五日毕。诸场务败阙界满人承买，州应申提举司，及本司与转运司应差官审度减净利课利钱，违限者，各杖一百。被差官起发若到后违限，准此。"从之。13，p6455

【绍兴】十八年四月八日，户部言："场务败阙、界满无人承买者，依绍圣法，州申提举司，本司与转运司同差官减课利、净利钱，召人承买。即累减及五分以上，亦无人承买者，当职官保明停闭讫奏。续承《宣和元年二月指挥》：'今后诸路人户承买场务，如因败阙停闭，其净利钱并依课利钱法相度，并入邻店分认。'又绍兴十年闰六月，黄仁荣言：'败阙坊场虽体减未及五分，如停闭已及一季，并依经体减例，将五分官钱令邻左酒坊分认抱纳。今据逐路常平司申：若将停闭场务才及一季，止以五分名课敷与邻左，其余一半官钱即便放免，不唯亏失名课，兼恐坊场因此易为废坏。若依绍圣旧法，委是经久利便。'"从之。13，p6455—5456

宋会要辑稿·食货二一·公使酒

神宗熙宁七年正月一日，诏："诸路自来不造酒州，及外处有公使钱不造酒官司，听以公使钱顾召人工，置备器用，收买物料造酒。据额定公使钱，每百贯许造米十石，额外酝造，于系官以违制论，不以去官、赦降原减。"16，p5458—6459

绍圣二年正月十二日，诏："应熙宁五年以前不造酒州军，及外处有公使钱不造酒官司，并依《熙宁编敕》石数。内州军减外不及一百石者，许造一百石；元不及者依旧，不得例外特送，违者坐之。"从左司谏翟思请也。17，p6459

政和六年十二月五日，尚书省言："勘会诸路州军官员，多以私钱于公使库并场务寄造酒，显属违法。"诏："诸州以私钱物就公使库，若场务酝酒者，论如私酝酒法，加一等；已入己，以自盗论。长贰当职官加二等。监司、统辖、廉访官知而不纠，与同罪；不知，减三等。许人告，不

以赦降原减。"17—18，p6459

【政和】七年十一月九日，两浙路转运使王汝明奏："准《御笔》：'楚州公库造酒，出卖寄造为名，令虞候于小店货卖，官利日亏。其余州军类皆如此。诏令体究。'寻选差秀州司录丘朝俊等诣宿、亳等（县）〔州〕体究到，数内宿、真、通、泰、海、舒、和、庐、寿、光、濠、蕲、黄州、无为军无公使造酒、出卖寄造为名外，体究得亳、泗州知州、通判及见任官，却有将所请公使供给酒令虞候、厅子等于市肆开小店，不认官课，致拍官酒店户停闭，及都酒务因此课利日亏。"诏："今后见任官不得令人开店卖供给酒，令户部立法，申尚书省，其亳州、泗州知、通各罚铜十斤。"18，p6459

宋会要辑稿·食货二三·盐法二·诸路盐额

钞价：《元丰二年二月指挥》："西钞依东钞价作一等，解盐每年以二百四十二万为额。"自元丰三年为始，岁增到钱一十二万贯，一半令三司封桩，一半与陕西都转运司移用。9，p6492

宋会要辑稿·食货二三·盐法二·盐法杂录一

太祖建隆二年四月，诏："私炼盐者，三斤死。擅货官盐入禁法地分者，十斤死。以蚕盐贸易及入城市者，二十斤已上，杖脊二十，配役一年；三十斤已上上请。"18，p6497

【乾德】四年十月，诏："应犯盐条制，建隆诏书已从宽贷，尚念近年抵罪者多，特示明文，吏从轻典，宜令有司，量增所犯盐斤两，差定其罪。著为甲令。"18，p6497

【乾德】五年三月，诏："诸道知州不得遣元随监散人户蚕盐，及将俸料食盐夹带货卖。"时贝州言："本镇节度使承前多遣元随监散蚕盐，率有减克，并鬻禄料盐，侵夺官务课额。"故条约之。18，p6497

开宝三年四月，诏："河北诸州盐法，并许通行，量收税钱，每斤过税一文，住卖二文。隐而不税，悉没官，以其半给捕人充赏。仍于州府城内置场收税，委本判官监掌。敢有侵隐，并当削除。能纠告者，本院栏头、节级即补税务职掌，百姓即免三年差役，并给赏钱百千。"18，p6497

【开宝】四年四月，广南转运使王明言："本道无盐禁，许商人贩鬻，兼广州盐价甚贱，虑私贩至荆湖诸州，侵夺课利，望行条约。"诏："自今诸州并禁之，其岭北近荆湖、桂管州府，即依荆湖诸州例，每斤六十足。近广南诸州即依广州新定例，每斤四十足。潮、恩州百姓煎盐纳官，不给盐本，自今与免役，或折税。"18—19，p6497

太宗太平兴国二年二月十八日，三司言："准诏：颗末盐，应南路旧通商州府，并令禁榷，犯者差定其罪，仍别定卖盐价例著令。请凡刮咸并炼私盐者，应咸土及咸水并煎炼成盐，据斤两定罪：一两已上，决杖十五；一斤以上，决杖二十；二十斤已上，杖脊十三；二十五斤已上，十五，配役一年；三十斤已上，十七，配役一年半；四十斤已上，十八，配役二年；五十斤已上，二十，配役三年；百斤已上，二十，刺面押赴阙。应诸处池场，主者并诸色人擅出池场盐，或将盗贩及以羡余衷私货鬻者，并依前项条流。监当主守职官不计多少，并奏裁，当加极典。应私盐及通商地分盐入禁法地分，一两已上，决杖十五；十斤已上，二十；二十斤已上，杖脊十三；三十斤已上，十五，配役一年；五十斤已上，十七，配役一年半；七十斤已上，十八，配役二年；百斤已上，二十，配役三年；二百斤已上，二十，刺面送赴阙。西路青白盐元是通商地分，如将入禁法地分者，准前项私盐条例科断。人户所请蚕盐，不许货卖贸易，及将入州县城郭。违者，一斤已上，决杖十三；十斤已上，十五；五十斤已上，二十；百斤已上，杖脊十三；百五十斤已上，十五，配役一年；二百斤已上，十七，配役一年半；三百斤已上，二十，配役三年；五百斤已上，二十，刺面送赴阙。其河东犯贼界私盐，依所犯轻重条流科断。敢有私卖及受寄隐藏者，二两得一两之罪。如转将货卖者，依元卖人例断遣。或为贩盐群盗抑迫收留者，许告官，当与免罪。持仗盗贩私盐者，三人已上，持杖及头首并处死；若遇官司擒捕辄敢拒捍者，虽不持仗，亦处死；若不持仗，及不曾拒捍，盐数至配役三年者，杖脊二十，刺面押赴阙，其余不以所犯盐数多少，并杖脊二十，于本处配役三年。颗盐、末盐虽皆是禁法地分，亦不许递相侵越，如官中买到及请到蚕盐，辄相侵越者，并量罪科决。淮南诸旧禁法卖盐处，斤为钱四十，内庐、舒、蕲、黄、和州、汉阳军去建安军水路稍远，斤为钱五十。襄州等十四处，旧颗盐通商，今并禁止，每斤钱五十足陌，令襄州都大于建安军般请。其邓、唐、房、随、均、金等州及光化军，转于襄州请，又安州都大于建安军请，其顺阳军转于安州请，复、郢二州各于建安军请，商、华二州不通水路，并令雇召陆脚，商州于华州请，蔡州于陈州请。江南十五州，并于建安军请，内升、润、常、宣、池州、平南、江阴、宁远军去建安军稍近，依江北诸军例，斤为钱四十。江、洪、筠、鄂、抚、饶、袁、台〔去〕建安军稍远，斤为钱五十。歙、信、建、剑接近两浙界，斤为钱五十，就两浙般请。虔、汀二州接近广南界，斤为钱五十，汀州于潮州般请，虔州于南雄州般请。其青白盐旧通商之处，即令仍旧。"从之。19—21，p6498—6499

【太平兴国二年四月】二十四日，诏："自今禁法州府捉获贩私盐人，不计人数、斤两，依法科决，刺面送赴阙。其蚕盐犯禁，依前诏施行。"21，p6499

【太平兴国】五年七月，西川转运使聂咏言："蜀民不知盐禁，或买三二两至五七斤，酌情止为供食。自今请十斤以上押送赴阙。"从之。21，p6499

【雍熙二年】十一月，诏："更定两浙犯盐法，一两至百斤以下，差罪决配，以上者刺面押赴阙。"22，p6499

【雍熙】四年四月，代州言："宝兴军及大石寨以南，人户多私市北界骨堆渡口盐，望令禁止。"诏："自今犯者，一斤以下量事区分；以上杖脊十五，配役一年；十斤以上，十八，配役二年；五十以上，配役三年；百斤以上，刺面押赴阙引见。余并准太平兴国二年诏旨施行。"22，p6500

淳化四年八月，诏："陕西诸州先禁戎人贩青白盐，许商人通行解盐，以济民食。诏令既下，而犯法者众，宜除之，悉仍旧贯。"先是，戎人以青白盐博米麦充食，转运副使郑文宝建议，以李继迁聚徒为寇，平夏之北，千里不毛，徙以贩青白盐籴粟麦以充食，愿禁之，诈商人贩易解盐，官获其利，而戎人以困，继迁可不战而屈。太宗从之，下诏："自陕以西，有敢私市戎人青白盐者，皆坐死。"募邻里告讦，差定其赏，行之数月，犯法者甚众。戎人乏食，寇掠边郡，内属万余帐稍稍引归继迁。商人贩解盐少利多，取他路出唐、邓、襄、汝间邀善价，吏不能禁。关陇民无盐以食，而境上骚扰。及命知制诰钱若水驰传视之，因下诏尽复旧制，内属戎人渐复归附，边境始定焉。22—23，p6500

【真宗咸平】六年正月十二日，度支使梁鼎上言："陕西沿边所折中粮草，率皆高抬价例，倍给公钱。止如镇戎军，米一斗计虚实钱七百十四，而茶一斤止易，米一斗五升五合五勺；颗盐十八斤十一两止易米一斗。粟一斗计虚实钱四百九十七，而茶一斤止易粟一斗五升五合七勺，颗盐十三斤二两止易粟一斗。草一束计虚实钱四百八十五，而茶一斤止易草一束五分，颗盐十二斤十一两，止易草一束。又镇戎军在蕃界，渭州在汉界，而渭州白米每斗价钱高于镇戎二十。环州在蕃界，庆州在汉界，而庆州白米每斗价钱高于环州六十；粟每斗钱亦高三十。以日系时，潜耗国用，倘不厘革，必恐三二年后，茶盐愈贱，边食愈亏。臣今检会，严信、咸阳、任村、武定、渭桥等仓见管诸色粮斛七十九万余石，请以春初农隙并力辇送，沿边州军计所屯兵有一年以上储备，则止以将来二税转换支填；如不及一年处，则以上件粮斛增备，年备足即住折博，然后盐则仍旧官卖，草则止令沿边于夏秋缘料钱内折纳，取年支足用。又官卖解盐，一岁必得钱三二十万贯充给诸军。况今来支用，比旧已增一倍，倘不速为此计，异日匮乏，则不惟须截留西川上供物帛，兼必须自京辇运供储矣。"又言："中书唤臣，令计度如何辇运科拨夏秋二税者。窃以陕西沿边除镇戎、保安军各近蕃界，不可大段储积，所资粮草止逐时辇运，常及半年已上外，其渭、原、泾三州，即西路屯兵之处，请令永兴、凤翔、华、仪、陇五处人户辇运粮草，仍支此五处二税于上件三州输送；其三州二税，即令辇运镇戎军粮草。环、庆二州即中路屯兵之处，请令同、耀、干、邠、宁五州人户辇运粮草，仍支此五州二税于上件二州输送。其二州二税，并于沿路镇寨输送。延州即东路屯兵之处，请令解、河中、丹、坊、鄜五州人户辇运粮草，仍支此五州二税于延州输送，其延州二税，即令辇运保安军粮草。其陕、（号）〔虢〕、商三州，请令于永兴军输送，其逐处本州军所备年支粮草，则止令五等已下人户供输。秦、凤、阶、成四州地里稍遥，其二税请令输于本郡。如上件三路屯军处辇运科拨不及一年已上储备，即且留沿江茶引，许商旅入中添填。"又言："解盐自准诏放行，任商旅兴贩，减落元价，贵在利民。如闻近日沿边诸州少客旅货卖，颇令远郡难得食盐，渐致边民私贩青盐，干犯条禁，兼于永兴军等八州军元禁地分取便货鬻。不惟乱法，抑亦陷人，为害既深，须行禁止。其解池盐货，欲乞更不通商，官自出卖，所有禁榷条件别为规画。"诏以鼎状令辅臣议。陈尧叟言禁盐所利甚博，吕蒙正等言鼎忧职徇公，所言可助边费，请从之。仍以鼎为陕西制置使，内殿重班、閤门祇候杜承睿同制置青白盐事。鼎至陕西，即禁止盐商既运盐，公私大有烦费，上封者多言非便。既而鼎始谋多沮，因请复旧通商，乃命太常博士林特乘传与知永兴军张咏会议，咸请依旧通商。既从之，而鼎以前议非当，五月，罢使职。27—29，

p6502—6503

【天禧】二年正月，两浙转运副使谢涛言："苏州界海内，捕得温州贩私盐万四千斤，准条止以千斤为限，又作三分给赏。今巡捕军士用命对敌，获数倍多，而赏给殊鲜，无以为劝。望下大理寺重定等第以闻。"诏法寺、三司同议定。既而上言："准《大中祥符六年条》：'止云七百五十斤已上至千斤，三分中以一分给赏。'则千斤已上，不计多少，并三分以一分给赏，望申谕诸道。'"从之。30—31，p6504

仁宗天圣元年六月十四日，三司盐铁判官俞献卿言："奉诏与制置茶盐司同规画淮南通、泰、楚州盐场利害。一、诸处盐场亭户实无牛具者，许令买置，召三人已上作保，赴都盐仓监官处印验，收入簿账，给与为主，依例克纳盐货，不得耕犁私田，借赁与人。真州権务每年入中耕牛二千头，分给逐州亭户。犁、盐各有元定等第价例，及添饶钱数支与客人腾茶。先准建隆中敕，每头减放一半价钱，更于每头上减钱一千外，余钱每一千只纳平盐二石。至咸平二年敕，每一千折纳盐二石。大中祥符八年，制置发运使李溥擘划，估计耕牛价钱依丁额等盐例，每一贯纳六石。自添起盐数，亭户填纳不易，多欠牛盐，今请依咸平二年敕施行。二、盐场亭户卖纳盐货，每三石支钱五百文。准《大中祥符二年敕》：'每正盐一石纳耗一斗，所买盐只于本州出卖，每石收钱一千三百足，展计一千六百九十文省，官有九倍净利。'缘亭户赴仓，往回二百余里，今乞于正盐三石元定价钱五百文省上，依海州、涟水军例，添钱一百文省。三、逐州共管煎盐场二十五处，煎趁额盐百三十五万余石，自前差衙前充专知官勾当，别差使臣巡捉私盐。自景德二年后，不置专知官，止委使臣、监辖煎盐。缘场分阔远，止差军人往逐灶监煎，甚有搔扰。欲望自今罢之，依旧差衙前充专知官，勾当公事，取本场使臣指挥，不得擅行。四、淮南产盐州军捉获犯盐人多是恶迹，不顾条章，和同者则深与包藏，嫌恨者则妄行攀执。欲乞今后止据见获人盐数目区断，不得根究来历。如收捉时显见头主并出入居止之处，即不在此限。五、盐场亭户田产税苗自来纽计钱数，依丁额浮盐价折纳盐货，水旱灾伤，即不检覆。欲望自今许依百姓例，令所隶县分差官检覆，据合破分数纽计折纳盐货，支与价钱。六、盐仓今后年满班行，乞举侍禁已上文臣，泰州如皋、楚州盐城各知县事，即举京朝官，通州、泰州、西溪盐仓文臣，即依淮南山场监官例举。七、盐场亭户积欠盐货逃亡，如归业者，其未逃已前所欠盐，望权与倚阁，只自归业日后计工收纳，每丁更预借官钱十千，令置买动使。候及一年，即依例克纳所借钱，仍每户不得过两丁。八、盐场围侧近各有酒店，致亭户多饮酒，怠堕农桑，兼聚集不逞之人兴贩盐货，欲望自今并令离亭围十里以外开张，如不愿出外者，即依例停闭。"诏三司详定以闻。三司言："所请举官，望许举殿直已上。其监场使臣，亦委三司及发运、转运使举。亭场侧近酒店，望下淮南转运司相度有无妨碍，当议起离停废。自余规画，亦可施行。"从之。31—33，p6504—6505

【天圣九年四月】十八日，盛度等上言："解盐通商，今详改法之初，虑官司委有邀颉，及私盐之禁稍宽，返有刮炼出鬻，至侵客利。外人不详利害，轻议新法。今请特行条约，所在榜壁晓谕，犯者许人告捉，给赏钱五十千，村邻及经由之所一等科罪。巡捕官吏亲获盐二万斤以上，京新城门使臣一界捕获盐五千斤已上，消卤二万斤已上，并升等差使；透漏盐五斤以上，消卤万斤以上，并降等差使。京诸庙虞候捕获盐五千斤以上，消卤万斤以上，得替与优轻差使；若透漏三千斤以上，消卤五千斤以上，并第一等重难差使。贸市末盐，不得辄入颗盐地分；凡解盐，放行三京、陈、颍、许、汝、孟、郑、滑、宿、亳、曹、单、兖、郓、济、濮、澶、怀、汾、河、陕、晋、（降）〔绛〕、慈、隰、虢、解州、广济、庆成军三十一处，惟不得般往永兴、凤翔、同、华、原、泾、仪、渭、邠、宁、干、耀、鄜、坊、丹、陇、秦、凤、阶、成、环、庆、延州、镇戎、保安军二十五处及唐、邓、金、商、均、房、蔡、随、襄、郢州、光化、信阳军十二处。其旧系唐、邓十二州贸市者，无得入新放商地分，违者重置其罪。"奏可。35—36，p6507

至和二年七月十九日，龙图阁直学士何中立言："《陕西编敕》：'应蕃界青白盐并犯禁者，罪至死，奏裁。'边民犯者甚众，圣恩宽恤，减死刺配远州军。在禁经时，欲乞指定刑名，令逐处断遣。"诏："今后犯青白盐人，（今）〔令〕本路安抚司相度情理轻重断遣，内合该死罪者，依朝廷自来贷命，刺面配沙门岛；如有大段凶恶群党，即具案奏裁，仍不得下司。"1，p6511

宋会要辑稿·食货二四·盐法三·盐法杂录二

【元丰元年】八月八日，诏："自今官司及官员、伎术、举人等于所

折博务占买盐钞及越次给者，并科徒二年罪，不以赦原。告者厚赏之。"17，p6520

【元丰二年】十二月五日，诏："外界青白盐入河东路，犯人罪至流，巡检或寨主、监押、津堡官先差替。"从河东转运使陈安石请也。先是，安石乞本路犯西北两界青白盐者，并依《皇祐敕》断罪，仍不以首从编配，从之。《皇祐敕》刑名比今为重，又法"非兴贩，二分得一分之罪"，时安石方行盐法于河东以希功利，故欲峻其禁也。19，p6521

【元丰四年】十二月九日，权三司使李承之札子奏："东南盐法条约，蒙诏旨，俾臣与编修官董唐臣截自元丰三年八月终，应干盐法前后敕札及臣庶起请，除一时指挥已施行者更不编修外，修成一百八十一条，分为敕、令、格共四卷，目录二卷。乞以《元丰江淮湖浙路盐敕令赏格》为名。如得允当，乞雕印颁行。"从之。21—22，p6523

【元丰】五年二月八日，朝奉郎宝文阁待制李承之、承议郎董唐臣上编修盐法，承之赐银绢各五十，唐臣减磨勘一年。22，p6523

【元丰六年】七月九日，尚书户部言："江淮等路发运使蒋之奇奏：知州、通判与监事官未有赏罚，请以祖额递年增亏，从制置司比较闻奏。本部欲乞江、湖、淮、浙路诸州所收盐课，岁终申发运司类聚比较，一路内取最多、最少者各两处，以知州、通判、职官、令、佐姓名上户部。其提举盐事官一路增亏准此。"诏详定重修编敕所依此著为令。24，p6524

【元丰七年】九月十二日，提举荆湖南路常平等事张士澄、转运判官陈偲等上本路八州监旧卖盐，及今来相度合增卖盐数，修为《湖南广东四路盐法条约总目》。户部言："欲依此推行，候就绪，令本路转运、提举官同立法。"从之。先是，三司副使塞周辅言：郴、全、道州可以通广盐数百万，代淮盐食湖南。故奉议郎郑宣亦乞运广东盐往湖南路郴、全、道三州。诏送士澄、偲相度，至是奏上，乃下本路监司行之。25，p6525

【元祐元年正月】二十二日，户部言："右司郎中张汝贤奏，福建路产卖盐额，候及五年，有并增并亏，自依海行条法施行。内上四州军卖盐，应抑勒人充铺户并愿退免不为施行者，各徒一年。提举盐事知而不举，与同罪。"从之。26，p6526

【元祐八年】二月十七日，诏："俵散蚕盐，徐州、淮阳军许依《元祐敕》，京东路、河东晋、隰、磁、绛州并罢。"30，p6529

绍圣元年九月二十五日，诏："府界并诸路盐年终课利增，欲并依

《元丰赏格》。"从三省请也。30，p6529

【绍圣三年】五月二十四日，江淮荆浙等路制置发运司言："官员躬亲捕获私盐，累及一万斤至十万斤，等第推赏。未获犯人者，以三比一；差人比获者，以三之半比一。内产盐地分获私盐，须四分中获一分犯人，方得比折。"从之。31，p6529

【绍圣三年】六月九日，江淮等路发运使吴居厚言："淮南岁月盐，委逐州通判专催促买纳，支还价值，申陈利害，检察奸弊，仍上下半年遍诣管下仓场提举。如任内敷足额数，从本司别委官审覆奏乞，减一年磨勘；若比额亏及一厘以上，坐罪有差，止展一年磨勘。"从之。31—32，p6529

【崇宁】二年七月三日，户部奏："修立到新法，茶盐每岁比较增亏，赏罚约束。解盐地分见行东北盐去处州县，当职官能招诱客人住卖，比年额数增，依下项：二分已上减磨勘半年，三分已上减磨勘一年，五分已上减磨勘二年，七分已上减磨勘三年，一倍转一官。解盐地分见行东北盐去处州县，客盐住卖数比年额数亏，依下项：二分已上展磨勘半年，三分已上展磨勘一年，五分已上展磨勘二年，七分已上展磨勘三年，全亏降一官，仍冲替。解盐地分权行东北盐等处州县当职官，每岁所属官司与盐事司同共取索住卖数目，比较增亏应赏罚者，同状闻奏。如州县当职官奉行如法，并能讲求利害，推原法意，施行有绪，而致增羡，应赏；或有不职，并不切奉行条令，而致亏额，应罚。仍具诣实保明及不职因依闻奏，除依赏格外，仍取旨别不赏罚。陆路支赏盐州，如能招诱客人、铺户自用船赴产盐场（般）〔搬〕请盐数敷官纲及年额数目，当职官依下项：五分已上减磨勘二年，七分已上减磨勘三年，全及转一官。诸陆路支赏盐州，委所属监司与盐事司于岁终取索招诱客人、铺户自用船（般）〔搬〕请过盐数目应赏格，同状保明闻奏。诸发运、转运司支拨纲船（般）〔搬〕载陆路支赏末盐，比年额数外增及五分，及一切差拨支发致亏三分已上者，委盐事司岁终取索，具诣实保明及不职因依闻奏，取旨赏罚。今来所立年额，合令所属监司与茶盐事司取索立定，申尚书省。仍并自崇宁三年分为始奉行。内以官纲船（般）〔搬〕载数，仍令盐事司取索，依此施行。"从之。35—37，p6532

【崇宁二年七月】二十三日，讲议司言："修立到客人贩东北盐法，沿路免收力胜税钱条。"从之。37，p6532

宋会要辑稿·食货二五·盐法四·盐法杂录三

【大观四年】闰八月十二日，左右司状："本司依准朝旨，先次编修东南盐法，已成《看详》计一百三十沓，见欲攒写净条，铨次成册送户部。看详间准今年《七月二十七日朝旨》：'东南盐依元丰法官卖。'其所修上（顷）〔项〕条沓内辰、沅、归、靖州、武冈军官卖盐，元降朝旨系久远行使外，其余虽并系客贩条法，续准《八月十五日朝旨》：'淮浙盐场监现在并续买到盐，桩留五分，专充支发官纲，余五分许客人、铺户用换请到钞及见钱钞算请，依旧往逐路货易。'即上件客贩前后元降朝旨，见今亦合施行。缘不系永法，其已编修看详到一百三十沓，不须成书颁降，欲送户部收管，依详元降朝旨施行。"从之。2—3，p6536

【政和三年】六月十八日，尚书省言："户房主行新法盐钞事务，自创新措置，才及一年，已收课息钱一千余万贯，前后财利，未可有比。近榷货务官吏止缘奉行，已蒙推恩。检会《大观元年闰十月十七日敕》节文：'崇宁库桩见钱及一千余万贯，左右司官特转一官，仍减二年磨勘。'"诏："左右司郎官为奉行新法，并不曾推恩，各特转两官。尚书省户房正行职级、手分各特转两官；尚书省户房副行职级、手分各特转一官；有资人转一资，特与转行，仍于额外安排，候名次到日入额；无资可转人候有正官日收使，内有官碍止法人，许回授有官有服亲。如愿保引者，许依条保引亲属一名；守当官于转一官上减半推恩，其合转资人如内有未试正额书令史已转充额外主事者，候试补了日收使。点检房职级，依户房职级例施行。"7—8，p6538—6539

【政和】五年六月六日，诏："合同场监官增一百万斤以上，转一官；五十万斤以上，减三年磨勘；十万斤以上，减二年；十万斤以下，减一年；不及一万斤，不赏。亏三十万斤以上，降一官；二十万斤以上，展三年磨勘；十万斤以上，展二年；十万斤以下，展一年；不及一千斤，不罚。内选人比类施行。知、通主管依此。除二等展限磨勘一年已下者，每季为一等申，余候到，申尚书省依此赏罚。"8，p6539

【政和】六年五月十六日，中书省言："勘会今年二月二十四日已降指挥：诸处盐场官并堂除人，近因河北盐香司陈乞许奏举一次，窃虑所属疑惑。"诏："今后盐场官辄奏举官，徒二年，其余路分并一体。"8—9，p6539

【政和】七年正月十三日，尚书省言："检会已降指挥：'诸路盐场官并堂除，举辟者徒二年，未有管押盐袋官指挥。'"诏：应管押盐袋官，并堂除。9，p6539

【政和】八年闰九月十七日，诏："解盐商贩不行，可复行末盐。更有陈请，以违御笔论。"9，p6540

【宣和】二年二月十三日，两浙提举盐事司奏："检会《政和七年十二月三十日敕》：榷货务札子，乞应支盐仓自政和八年为始，每上下半年，各具支发袋数目，以递年所支盐数比较，供申尚书省，并报本务籍记。本司今据逐州申到政和八年支盐仓支发过盐，比较递年增亏，内杭州、越州最增，台州、明州最亏，数内明州已奉宣和元年七月十三日诏，明州知、通并盐仓官各降一官。又诏支盐仓监官，杭州减三年磨勘，越州减二年磨勘，台州展二年磨勘。逐州知、通、管勾官依此降二年展、减磨勘，其已用当年支发盐货增剩曾经推恩人，如比今来赏格轻者，听从重赏；明州知、通并支盐仓官更各罚铜十斤，管勾官展二年磨勘。内选人比类施行。年限不同，依四年法比折。"10，p6540—6541

【宣和三年】七月二日，榷货务奏："收盐钱一亿万及一亿一千万贯，已蒙推恩，今具尚书省点检文字专呈新法人下项：卢宗古、秦畋、任点。检会《今年七月二日诏》：'榷货务收盐钱一亿万、一亿一千万贯，两项并作一项推恩。本务官吏各转一官资，三省户房职级、手分、点检诸房文字并尚书省呈新法文字人，各转一官，愿支赐者听，其余经历去处，更不推恩。内转官碍止法人，许回受本宗本色有官服亲。'又检会《政和二年十月八日朝旨》：'收到新法见钱三百八十余万贯，户房职级、手分、榷货务官资等，内点检、都事转官回授，仍赐紫章服。'又检会《政和元年十一月敕》：'榷货务状，收到盐钱通及八千万贯，三省户房奉诏，依降御笔指挥转行一官资。今具专委措置呈新法文字人点检文字吴纮、尚书省都事张士元、冯仲源、李士规、张仔、董彦。'十月二十四日，诏：'吴纮特转行一官，张士元、冯仲源、李士规并赐紫章服，张仔、董彦依吴纮例，换右职，依旧充点检文字。'诏依例并赐紫章服，先降转官指挥更不施行。"14，p6542

【宣和三年】九月十一日，中书省言："检会《崇宁元年十月四日敕》，东南末盐画一内一项：'见任及停闲命官有荫子弟、得解举人与本州县公人之家，并不得作铺户，与客人用钞请盐，违者徒二年；官司知情与同罪。许人告，赏钱一百贯。'勘会前项逐色人若自用钞请盐贩卖，或接买停塌盐钞转卖，尤当禁止。兼元降指挥虽系东南盐法，其东北盐事法一同，合申明一体约束。"从之。15，p6543

【宣和三年】十一月十五日，提举荆湖南北路盐香茶矾事司奏："检承尚书省札子：客贩辰、沅、靖州、武冈军盐，已至本州军，如转卖与溪洞人，每斤依旧算价，就本州军贴纳见钱四分算。续承都省批指挥：客人翻盐入外县寨铺，零细卖与出入猺人，如系五斤以上，自合贴纳四分钱。本司照对邵州卢阳县管卢溪寨等，即与武冈军等处事体一同。窃虑客人贩盐已到逐处，如转卖与溪洞人，亦合依前项节次指挥，贴纳四分见钱，批凿元引，方得前去。"权货务勘当："欲依本司所申外，本务勘会先承《宣和二年十月九日御笔》节文：'东南六（略）〔路〕封桩旧盐，散在州军县镇十有余年，并无支用。日近淮浙运河浅滩，商旅难以（般）〔搬〕贩，所有阙盐食用，合得旧盐措置，取客人情愿，与淮浙盐仓盐钞对数算请，许客人从便货卖。'"自降上件指挥后来，客人算请浩瀚，缘当时淮南见支博易场旧盐，并免贴纳四分见钱。其今来对算到江南东、西、荆湖南、北旧盐，指往博易场兴贩，比之淮南（般）〔搬〕运近便，本务遂权且申明，内江东、西令量贴纳一分见钱，湖南、北量贴纳二分见钱，方得前去。今来诸路旧盐未算数目不多，兼淮南运河通快，将来支绝旧盐，客贩盐货皆系盐仓所支盐。若（般）〔搬〕入溪洞转卖与蛮人，自合依政和二年五月五日元降指挥贴纳施行。诏依权货务所申。15—16，p6543

【宣和四年】五月十四日，两浙盐香司奏："承敕：'诸路客贩茶盐各有措置就绪，课额增羡，提举官各与转一官，仍令逐路茶盐司具合转官人职位、姓名申尚书省。'本司契勘，提举官奉议郎李与权；又河东盐香司状，本司提举官系朝奉大夫郭忠孝。"诏郭忠孝可朝散大夫，李与权可承议郎。17，p6544

【宣和五年】五月十五日，诏："客贩钞盐，累降处分，责以遵奉成宪，禁戢私贩。矫虔之吏怀奸害政，视为空文，致商贾沮抑，中都入纳不广。及住卖州县缘比较法废，慢吏玩习苟简，招来商贾理索欠负，漫不留意。令诸路提举官比较州县住卖增亏，申尚书省赏罚。盐课，国计所资，今来明示劝沮，务在必行，仰诸路提举盐事官严切遵依施行。如违，以大不恭论。"20，p6545

【宣和五年五月】十八日，诏："客贩钞盐，令诸路提举官比较州县住卖增亏，申尚书省赏罚。可依知、通、当职官、句管令、丞年终招诱住卖盐，比额十分为率，增一分以上，减半年磨勘；三分以上，减一年磨勘；五分以上，减二年磨勘；七分以上，减三年磨勘；一倍以上，转一官；两倍以上，取旨，优与转官升擢。亏一厘以上，展二年磨勘；一分以上，展三年磨勘；三分以上，降一官；五分以上，差替；六分以上，冲替；七分以上，取旨重行停废。"20—21，p6546

【宣和七年二月十日】，诏："昨缘妄行改革盐法，立赏格招其幸进，故较多寡以迁秩；严法罪其亏损，故重抑配以逃责。至计口以敷及婴孩，广数以下逮驼畜，使良民受弊，比屋愁叹，为之悯然。亲降诏旨，悉从初令，宽其禁，弛其苛，以走商人、利百姓，使天下无抑配之害，得安田间。尚虑有司狃习前弊，其令三省申严近制，遵用新法，悉禁旧盐，改奉新钞，毋或封记不严，尚虑隐匿旧货。违者并以违御笔论，流之海岛。可应诸州管（句）〔勾〕盐事官吏并罢，其提举官别选能吏施行。"25，p6548

【宣和七年】三月十三日，尚书省言："契勘东南六路商贾，皆欲前来兴贩钞书，缘以钱物重大，畏涉江淮，艰于搬运。若买物货，又于买卖处动经岁月，盘费浩（瀚）〔瀚〕，是致巨商大贾未见众多。今欲乞许诸路客人召壮保、出长引，从本州本县赍带到金银前来都下，当官验号及元封斤重，给付客人，从便货卖见钱，入中盐钞。仍免沿路商税，其沿路不得阻节。乞行立法。"诏依。沿路官司辄敢阻节者，徒二年。26，p6549

【宣和七年五月】二十三日，中书省、尚书省言："《榷货务札子》：'契勘客人（般）〔搬〕载见钱、金银赴务算请盐钞，依法经所属给据，免沿路力胜税钱，除程外，各有立定行使日限。其客人若阻风雨缘故之类，即未有许除豁月日明文。'（令）〔今〕相度，欲乞如有似此缘故，即具事因经所属陈状，限一日于所给公据上批凿日数，赴务照会。如违限，乞朝廷立法。"诏依。批凿违限，杖一百。28，p6549—6550

【宣和七年五月】二十七日，诏："客人、铺户用船请贩盐货，及运载买钞钱物上京算请，自来已有立定许不依次序搀先行运及令先次放行入门指挥，并管纲官员座船等非理邀拦阻节，亦有断罪条约。访闻日近客人运载买钞钱物，所在多以纲运占压邀阻取觅，窃虑官司失于检察，致妨客人入纳。仰检坐逐件已降指挥申明施行，如有违犯，并许客人等越诉。仍

令提举茶盐公事官常切往来觉察催促，无致沮害客人算请。如违，以大不恭论。"28，p6550

【宣和七年五月】七月一日，都省言："榷货务状：勘会客人垛放旧盐，已降指挥，将见今未曾买新钞带卖旧盐，尽行抄札见数，官为封印籍记。若不专一委官，窃虑奉行灭裂。欲乞朝廷特赐指挥，在京令开封府专委曹官，在外州委通判、县委令佐管句。如抄札不尽不实，亦乞朝廷重立约束施行。其抄札旧盐，仍令所委官具数径报本务照会。"诏依，（招）〔抄〕札不实不尽，一袋杖一百，每袋加一等，罪止徒三年。29，p6550

【建炎三年三月】十三日，〔诏〕："客贩东南盐，不于经过州军县镇批引者，杖一百。许人告，每袋赏钱二贯，至一百贯止。官司批凿无故留滞经日者，杖一百，一日加一等，罪止徒二年。"34，p6553

【建炎三年】闰八月九日，诏："盐场地分巡检下土军，诸处不得抽差。如违及巡捕官擅行发遣，并徒二年。"34，p6553

【建炎四年】六月三十日，诏："辄将客人遗弃下钞引诈妄官司支盐，虽未得，徒二年；盐仓公吏知情批凿保明者，与同罪。赏钱一百贯，许人告捉。本法重者，自从重。盐仓失觉察，杖八十，仍先次施行。"38，p6555

【建炎四年】七月十五日，诏："淮浙盐场买纳亭户盐，监官、公吏大秤斤重，罪轻者并徒一年，许亭户越诉。即将大秤到盐妄作亭户支请官盐钱入己，计赃以自盗论，并许人告捕，（实）〔赏〕钱二百贯文。提举官常切检察，知而不举，并监官知情，与同罪；不觉察者，各杖一百。"38，p6555

宋会要辑稿·食货二六·盐法五·盐法杂录四

绍兴元年三月十五日，尚书工部言："提举广南路茶盐公事司申：'检踏委官相视到南恩州阳江县管下海陵、朝林乡，地名神前等处，各有盐田，咸潮阴浸，堪以置场。劝诱到民户开垦盐田计一顷二十四亩，置灶六十七眼，一年收盐纽计七十万八千四百斤，盖造到监官廨宇、专典司房、盐敖、钱库各得圆备。户部计一年收净利钱一万九千二百五十贯七百七十文足。'本部今勘当，欲依本司已行事理施行。"从之。1，p6557

【绍兴元年】七月二十六日，户部侍郎孟庾言："据提举广南茶盐李承迈札子申请，命官监广南盐场，年终比较增及分数赏格，已申乞比附两浙推赏外，所有满全年，自依《宣和元年四月二十三日指挥》，听以主管月日对比，减半推赏；其不满半年者，亦乞依政和七年五月二十日淮南所得指挥，更不比较。"从之。2，p6557—6558

【绍兴元年】十月十九日，户部尚书孟庾言："乞今后两浙路令盐场将支抹讫盐钞，限当日缴申主管司。本司类聚，候押号簿官到彼，即时交付押回。"诏主管司不预行类聚交付，及号簿官不尽数附押者，各杖一百。3，p6558

【绍兴元年】十二月十七日，提举两浙东路茶盐公事蔡向言，乞修立买盐场监专、催煎官不觉察亭户私煎盗卖断罪刑名。诏："盐地分巡检不觉察亭户隐缩私煎盗、卖盐者，杖一百，监官、催煎官减二等，内巡检仍依法计数冲替。余路依此。"3，p6558

【绍兴】二年正月二十一日，提举两浙西路茶盐梁汝嘉言："契勘私贩之人，若不因牙人招诱，指引出卖，即无缘破货。缘牙人依法止坐二分得一分之罪，遂致无所畏戢。欲望朝廷详酌，将牙人停藏、接引私盐与犯人一等科罪。"从之。3，p6558

【绍兴二年】二月五日，柳约又言："兼巡捕官透漏私盐，欲依《嘉祐法》正巡捕官断罪；如任满，别无透漏，亦乞依《元丰盐赏格》推赏。"从之。时两浙西路提举茶盐公事司申："准尚书省札子：'勘会钱塘江东接大海，西彻婺、衢等州，近访闻海船（般）〔搬〕贩私盐直入钱塘江，径取婺、衢州货卖。其临安府岸专设海内巡检一员，责在专一巡捕，一向坐视，并不捕捉，有妨浙东州县住卖盐课。'札付本司，同临安府限三日公共相度，申尚书省。今与临安府相度得：钱塘江两岸，系属浙东、西各置巡检，内浙东岸系越州三江、翁山、西兴、渔浦四处巡检，浙西路系临安府黄湾、赭山、茶槽、海内、南荡、东梓六处巡检。准《政和敕》：'诸巡捕使臣透漏私盐一百斤，罚俸一月，每五十斤加一等，至三月止；及一千五百斤，仍差替；二千五百斤，展磨勘二年；每千斤加半年，及五千斤降一官，仍冲替；三万斤奏裁。两犯已上通计。其兼巡捕官，三斤比一斤。'今点对逐处巡捕官职兼巡捉私假茶盐香，如有透漏私贩及一万五千斤，方合降官冲替。缘其间有弛慢之人，为见所立罚格太轻，不务用心缉捕断绝，却致透漏。欲乞详酌，许依正巡盐使臣法断罪；如任满，别无透漏，亦乞重立赏格。"户部勘当，乞依上条。4—5，p6558—6559

【绍兴二年】三月二十六日，尚书户部符："准都省批下提举两浙西路茶盐公事梁汝嘉言：相度乞将盐亭户除合纳常赋外，不得与坊郭乡村人户一例科敷诸般色役等差使。户部送检法案，检到除亭户合纳二税依皇祐法折纳盐货外，即无'亭户不得与坊郭乡村人户一例科配诸般色役'等专法。今勘当，欲下两浙转运司，上等最高煎盐亭户，每户年终煎盐申官及一万硕，比坊郭乡村户，以十分为率，量减三分科配色役；其上等次高并中下等户，若每年比旧额敷趁及一倍以上，亦与量减三分科配色役。如不及立定分数，更不减免。并下提举茶盐司照会。"从之。5，p6559

【绍兴二年】闰四月三日，临安府言："据钱塘县申：'契勘本县不住有管下巡尉解到军民违犯私盐。若盗贩入城，合依今降指挥施行外，或有违犯私盐不曾入城，若依城外捕获，即未审合与不合依准近降指挥施行？'勘会军人、百姓若结集徒众恃势买盐，公然盗贩，城内城外，皆合严行禁止。"诏："军人、百姓结集徒众，买私盐一百斤以上入城货卖，并依已降指挥，许人告捕，每名支赏钱二百贯文；犯人取旨，法外重行处断；若于城外结集徒众，买贩二百斤以上，依此断罪理赏；若有透漏，致他处捕获，其透漏官司取旨重行断遣。告捕不及今来立定之数，并纽算支赏。"5—6，p6559—6560

《绍兴二年五月一日敕》节文："勘会近降指挥立定，今后透漏私盐，并依正官断罪。任满无透漏，依《元丰盐赏格》推赏。内推赏一节，系为产盐地分私贩猥多去处立文。窃虑官司误会法意，除兼巡捕官透漏，不拘产盐与不产盐地分，并合依正官断罪外，五月一日奉圣旨：'产盐地分兼巡捕官如任满别无透漏，即依今年二月五日已降指挥推恩，其不系产盐地分，若有捕获私盐，即依绍兴法计数推赏。'"6—7，p6560

【绍兴】三年正月十三日，尚书省言："朝廷养兵之费，多仰盐课。比缘私贩公行，已降指挥，今后私盐贩获三十斤以上，透漏盐地分巡尉、捕盗官并冲替，令、佐差替，知、通并行降官。谓如鲞鱼之类斤数不多，若令一概引用透漏指挥，窃虑未得适中，理合别行措置。"诏："今后巡捕官、知、通、令佐透漏持仗群众结党（般）〔搬〕贩私盐五百斤以上，并依绍兴二年十一月十六日已降指挥施行；若透漏其余私贩之人，断罪并系依旧制。如及一千斤，即合状申尚书省，酌情取旨行遣。余依已降指挥。"7，p6560

绍兴二年十一月十六日，诏："私贩获三十斤以上，其透漏地分巡

尉、捕盗官并冲替，令、佐差替，知、通不以官序，并降一官。"7，
p6560

【绍兴二年十一月】二十九日，臣僚言："人户合纳蚕盐钱，自祖宗
以来，认纳皆有定数。如不愿请盐，即具合纳盐数上纳六分价钱，具存成
法。政和三年敕：'不愿请盐者，即据合散盐数，只纳六分价钱。'昨缘
推行钞盐，民间易得盐货，专有指挥：'蚕盐更不支俵，祇令减定分数，
送纳价钱，以便公私。'今访闻婺州兰溪、金华县被受指挥，尚以十分催
纳，虑州县更有似此去处，理合申严诚饬。"诏令户部检坐"更不支俵蚕
盐，祇令依分数纳钱"指挥，遍牒诸路州县遵守施行，毋致违戾。8—
9，p6561

【绍兴二年十一月】三十日，淮南东路提举茶盐司言："本路累经兵
火，亭户未肯归业，今具本路盐价及支散钱、牛接济等下项：盐每筹支钱
一贯六百文足，额外每一筹一贯九百文足。归复亭户，每户上等支钱四十
贯文，中等钱三十五贯〔文〕，下等钱三十贯文。生添灶座，每二灶支修
灶钱五十贯文，先次给牛四头。如遇阴雨或冬寒，本司支散钱米接济。"
诏令逐州军镂板，遍于县镇乡村分明晓示。9，p6561

【绍兴二年】五月十五日，荆湖南路提举茶盐晁谦之言："乞今后镇
市及乡村墟井、州县在城所卖盐货，并令税务才据客人赍到盐引乞验封引
住卖，并即时于引上用雕造大字印子，称已于某年月日验引验封，于某处
住卖，官亲押字。榷货务检准《大观二年七月十九日指挥》：'限当日委
税务验封验引，注籍放行后，批凿到日，听取便货卖。'缘止系批凿到
日，显见关防未尽，如用大字雕造印子，依此书押，委可关防作弊。欲依
本官所乞事理施行。诸路亦乞依此。"从之。12—13，p6563

【绍兴二年】八月十日，提举两浙西路茶盐公事张愿言："契勘催煎、
买纳盐场合用买盐本钱，依自来例，系作料次差人就支盐场请拨归场，附
历支使。今巡历管下盐场，取索逐年收支官钱文历，照对收附盐本下落，
其间多是有支无收。寻行根究得，并系盐场库子等人将请拨到钱在外裹私
侵盗用过。缘产盐知县职系兼监，盐场从来循例，不曾同共检察，以致盐
场公吏得以作弊。今相度，欲乞知县同共点检收支赤历，照应请拨支收钱
数批凿书押。如因本司巡历，或委官隔手覆行对历，却有失收欺弊，及盐
场每月不即赍历赴县点检，其兼监知县及盐场官，并乞从朝廷等第立定断
罪法禁。"张愿又言："亭户其间有顽猾不务工业之人，常是拖欠盐额，

及有借过官钱，辄便逃移往别处盐额增羡场分亭灶，改易姓名，作新投亭户等。盖缘从来未有法禁。检准《绍兴敕》：'诸盐亭户投充军者，杖八十。'又《令》：'诸盐亭户投充军者，断讫放停，押归本业。'欲乞今后煎盐亭户及备丁小火如抛离本灶，逃移往别处盐场煎盐之人，并乞依亭户投军法断罪，仍押归本灶，承认元额，煎趁盐课。如所属承牒根究，不为发遣，或妄作缘故占留，亦乞严立断罪条法。"诏并依，内断罪一节，令刑部立法，申尚书省。13，p6563—6564

【绍兴二年】九月五日，台州守臣言："检会《绍兴二年十二月八日圣旨》节文：'今后亭户辄将煎到盐货冒法与私贩、军兵、百姓交易，不以多寡，并决脊配广南牢城，不以赦降原减。'绍兴三年三月四日都省批状：'勘会不系亭户而冒法私自煎盐，公行交易，即与亭户盗卖事体无异，亦合引用上件断配指挥。'《律》：'诸共犯罪以造意为首，随从者减一等。'诸本条言'皆'者罪无首从，不言'皆'者依首从法敕，诸罪应减等。若为从，不在编配之例。其本条言'皆编配'者，不以从免。本司契勘上项元降指挥，祗谓一名所犯盐数不以多寡，并行决配。若不预行申明，窃虑奉行抵牾。"刑部下大理寺，参详台州所申事理，既原降指挥内无"不分首从皆配"之文，即是止谓冒法不以多寡者断罪立文。其为从应减等之人，依海行法，自不合刺配。诏依，仍申明行下。15—16，p6565

【绍兴二年】十月十一日，刑部言："准旨，看详臣僚论私贩盐人刑名太重。本部据大理寺参详，臣僚所请事理，除止系私贩之人有犯，自合遵依《绍兴敕》断罪外，若系亭户卖所隐缩火伏盐及买之者，依《盐敕》，并论如《煎炼私盐法》，一两比二两，及合依《政和三年十二月十七日指挥》，依《海行私盐法》加二等断罪。所有亭户、非亭户煎盐，与私贩、军人聚集（般）〔搬〕贩，及百姓依藉军兵声势私贩，即依《绍兴二年十二月八日指挥》一节。缘不曾分别斤重数目，若不问多寡，并行决配广南，深虑用法轻重不伦，理合随宜别行多寡断配。今欲本犯不至徒罪，乞配邻州；若罪至徒，即配千里；如系流罪，仍依元降指挥刺配广南。其所乞详酌私贩不用荫原赦事理，除因官司捕捉，敢与官司斗敌者，系情理凶恶，欲乞依旧引用上件不赦指挥外，余卖买私贩人，今欲依臣僚所请施行。"从之。先是，臣僚言："近因奏对，尝论私贩盐人刑名太重。谨按《绍兴编敕》所定私贩刑名，盖取旧法通修，禁约不为不重，行之已久，所入课利已为浩瀚。后来复降指挥，并不用荫原赦。再因官司申请，虽遇特恩，亦不原减。罪非凶恶，情非巨蠹，行法之深，乃至于此。至绍兴二年之冬，因大军所驻，常有兵卒于诸州军（般）〔搬〕贩百姓私盐之故，又有亭户不以多寡杖脊配广南指挥，盖为百姓、军兵依藉声势，公然犯法，一时禁止亭户，不得不重，非通行天下永久之法也。昨因浙东提刑司申明亭户私煎盗卖断罪事理，都省批状，送提领榷货务都茶场看详，以谓虽缘通州管下有犯，臣僚起请画降禁约，诸路亦合一体施行，遂批状行之。契勘提领官张纯本一堂吏耳，今使一堂吏以鄙浅之见，看详永远之大法，朝廷不一属意，不谋之近臣，不付之户部，不禀之圣旨，遂以批状行之，何其易哉！自此法之行，州郡断配日有之，破家荡产，不可胜计。昨来两浙贼方腊、福建贼范汝为皆因私贩茶盐之人以起，今所在结集如此，滋蔓日深，万一猖獗，朝廷遣将调兵、追捕讨贼之费，将又不赀。又况岭外险远，其俗轻而好乱，平时攘劫之风已自难制，今配私贩之（入）〔人〕往聚于彼，岂远方之利哉？欲望付之三省，以前后所降私贩刑名更加熟议。如有犯禁，且从《绍兴编敕》定断；若军人聚集（般）〔搬〕贩私盐，及百姓依藉军兵形势私贩，即依《绍兴二年十二月八日指挥》。所有不用荫原赦指挥，亦乞详酌施行。契勘《绍兴二年十二月八日指挥》：'私贩买人，取旨行遣。'访闻见有自今年六月系狱取旨，至今未得指挥断放者。近在辇毂之下，尚尔留滞，窃虑远方取旨待报，禁系淹延，有伤仁政，亦望详酌施行。"有旨："令户部、刑部限三日勘当，申尚书省。"刑部检具敕条下项："《绍兴敕》：'诸私有盐，一两，笞四十；二斤，加一等；二十斤，徒一年；二十斤，加一等；三百斤，配本城。煎炼者，一两比二两。以通商界盐入禁地者，减一等；三百斤，流三千里。其入户卖蚕盐、兵级卖食盐及以官盐入别界，去本州县远者不坐。一斤，笞二十；二十斤，加一等；一百斤，徒一年；二百斤，加一等，罪止徒三年。'绍兴二年九月二十六日，奉圣旨：'应私贩茶盐，虽遇非次赦恩，特不原减。'绍兴二年十二月八日，臣僚札子：'窃见通州递年支盐约二十万袋，近来却有刘光世下统兵官乔仲福、王德下人兵，于本州沿江港汊内公然泊船，计嘱江口镇巡检军兵于亭户处，以入钱先后理为资次，收买私盐，伏望行下统兵官严行禁止。'都省勘会：'茶盐之法，系朝廷利柄，自祖宗以来，他司不敢侵紊，若将来将佐不为体恤朝廷，辄敢容纵军兵侵夺朝廷养兵利源，非独妨害客人兴贩，显是有违祖宗成法。'奉圣旨：

'令刘光世限今来处分到日，立便勾追王德、乔仲福取问辄违祖宗成法、侵夺朝廷盐利因依闻奏，仍仰光世严加诫谕所部将佐遵守条法，不得（般）〔搬〕贩私盐，侵夺客贩，务要觉察严密。如尚敢违戾，朝廷察探得知，取旨追摄正身，赴御史台根勘，重行贬窜。令尚书省出榜产盐场监告谕亭户，今后辄将煎到盐货冒法与私贩、军兵、百姓交易，不以多寡，并杖脊配广南牢城，私买贩人取旨行遣，仍不以赦降原减。'榷货务契勘上件指挥，缘通州管下有犯，臣僚起请画降禁约，诸路亦合一体施行。兼近据淮东提盐司申明上件指挥，其非亭户私煎盐货与军兵、百姓交易，未有断罪明文，乞申明行下。续准都省批状指挥："若不系亭户，而冒法私自煎盐，公行交易，即与亭户盐事体无异，亦合引用上件断配指挥外，其本非亭户，祇是将买到私盐贩卖之人，自合只依常法定断。诸路依此。"17—20，p6565—6567

【绍兴二年十月】十五日，刑部言："产盐路分知县在职系兼监盐场，若有收支官钱，即合与本场官同共点对。（令）〔今〕依已降圣旨指挥参酌修立下项：'诸催煎、买纳、支盐场收支官钱历，本场官月终赍赴兼监知县厅点对书押。违者杖八十，有失收欺弊及知县不为点检者加二等。'右合入《元丰江湖淮浙路盐敕》，系创立。看详产盐路分，全藉亭户及备丁小火用心煎趁盐课，中卖入官，今依元降圣旨指挥参酌立下条：'诸盐亭户及备丁小火辄走投别场煎盐者，各杖八十，押归本场，承认元额；若别场承所属根究不即发遣者，杖一百。'右入《元丰江湖淮浙路盐敕》，系创立。"从之。20—21，p6567

【绍兴四年】六月二十二日，刑部言："浔州奏：勘到责授黄州团练副使孟揆为令干当人作客人李俊名姓，于梧州买官盐，因贼马奔避，装载卖不尽盐过藤州、龚州，到浔州岸下，被监税韩璜捡见事发。合徒三年私罪，荫减外徒二年半，追一官，更罚铜三十斤入官，勒停放，情重奏裁。"诏孟揆依断，特责授白州别驾，本州安置。23，p6568

【绍兴】六年六月十五日，诏："监司、州县并巡尉下公人、兵级，非缘公、虽缘公而无所执印头引，并不得擅入亭场。如违，以违制论；因而骚扰，乞取盐货，计赃坐罪。所属当职并场监官失觉察，并取旨行遣，许亭户越诉。"25，p6569

【绍兴十二年十月】二十八日，详定一司敕令所言："修立到盐亭户不许买扑坊场条：'诸坊场以违碍人谓应赎若犯徒或三犯杖各情重，不计赦前后，并见欠官钱物，见任品官、见充吏人贴书、盐亭户、巡检司土军之家。承买者杖一百，诈隐者加一等；即已承买后始有违碍而不自陈，以同居无违碍亲戚掌领尚冒占者，准此。若已承买而后为吏人贴书者，又加一等。'右入《政和续附绍圣常平免役敕》，以《政和续附绍圣常平免役敕》、绍兴十二年二月二十日都省批状指挥详定。"29，p6572

【绍兴十三年】三月二十三日，户部言："据榷货务申：'近来茶盐司比较到州县住卖盐，往往止是升降名次，委是赏罚太轻，窃虑无以激劝。今参酌比附，立定住卖盐最增、最亏赏罚下项：最增一分以上，减半年磨勘；三分以上，减一年磨勘；五分以上，减一年半磨勘；七分以上，减二年磨勘；八分以上，减二年半磨勘；一倍以上，减三年磨勘。最亏一分以上，展半年磨勘；三分以上，展一年磨勘；五分以上，展一年半磨勘；七分以上，展二年磨勘；八分以上，展二年半磨勘；内选人降一资。一倍以上，展三年磨勘；内选人降一资，更降一季名次。余依见行条法。'"从之。30，p6572

【绍兴十三年】九月十九日，刑部言："行在榷货务申：《绍兴八年十一月指挥》：'透漏私盐三十斤，其巡尉、捕盗官并冲替。'（切）〔窃〕虑责罚太重，互相隐庇，伏望朝廷立法施行。本部下大理寺看详，欲自今后应巡捕官透漏私盐败获不及百斤，罚俸两月；一百斤，展磨勘一年；二百斤，展磨勘二年；两犯通及三百斤以上，差替，一犯三百斤准此。五百斤以上，取旨裁断。"从之。31，p6573

【绍兴】十八年三月七日，诏："通州海门知县岁终买纳盐货，比较增羡，并依大观元年立定格法减半推赏，及任满，买盐敷足，别无亏欠，与减一年磨勘；选人与减举主一人；未该磨勘，与堂除，仍升一季名次。若有亏欠，亦依正卖盐官条法减半责罚，余依见行条法。"以本路茶盐司言："吕四港场一十五灶，近不置监官，此令知县兼行主管，职事稍重。"故降是诏。31，p6573

【绍兴】二十八年正月十一日，右正言朱倬言："旧法：获私盐者，必一（火）〔伙〕万斤，方许改秩。续降指挥以为太轻，遂以万斤者更与减年，累及万斤者添作改秩。法意固欲激捕盐之官，严私贩之禁，然一火万斤者间或有之，累及万斤者比比皆是，何者？全（火）〔伙〕类非（贪）〔贫〕弱，捕盗者既畏其众，或得其赂，故多纵之不问。单弱之民，犯法者众，抑有说焉。今濒海盐户，其入纳所羡，悉为私易，一舟之数，私易百万。篙工盐丁，率皆屠庸，闻捕者至，纷然而散。苟得一夫，即申为捕获，不得主名私贩，法亦改秩。兹二者，既不能以抑豪强而利细民，又且被厚赏而获改秩，二十年后，皆得任子，何恬退者之困选调，而狡狯者之太侥幸耶？欲望复还旧法，一火万斤者止于改秩，累及万斤者依旧减年，而不得主名私贩。欲乞别立赏格，于是为便。"户部据榷货务都茶场指定："准《绍兴二十七年六月二十六日敕》节文：'命官捕获私茶盐赏格，各递增一等。'《绍兴令》节文：'诸命官获私有茶盐，未获犯人，三斤比一斤；其产盐界内获私盐者，须四分中获一分犯人，方得比折。'今欲将命官亲获一火万斤，转一官、减二年磨勘者，依旧转一官；如不系应改官人，更与减一年磨勘。又累及一万斤转一官，改作减三年半磨勘。'所有不得主名私贩，乞别立赏格'一节，欲依绍兴条法分数比折，其赏依旧格施行。内获一火七千斤，旧格减三年半磨勘，近增作转一官，亦虑侥幸，今欲作减四年磨勘。"从之。36—38，p6576

【绍兴二十八年】二月九日，榷货务言："《绍兴十二年十一月二十九日指挥》：'应追赏钱一百贯以上，许根问始初卖盐人。'今来既降指挥：'诸色人获私盐赏钱，各增五分支给，其上件合追赏钱，合增作一百五十贯以上，许根问初卖盐人。'"从之。38，p6576

【绍兴二十八年】十月十七日，诏："今后除巡尉亲获私盐依旧法推赏，其暂权巡尉捕获之人，减正官得赏之半。若权官界内有透漏榷货，并依正官条法减半责罚。"42，p6579

宋会要辑稿·食货二七·盐法六·盐法杂录五

绍兴三十年正月二十五日，臣僚言："尝询究盐弊有四，一曰惜本钱，二曰增元额，三曰纵私贩，四曰慢收贮。何谓惜本钱？在法，亭户不许别营产业，只煎盐为生，盖欲其专也。若不以时支本钱，彼安得食？向者监司要名，乃以合支钱作羡余进献，驯致阙乏。近有令亭户先次纳盐取足，一并支钱，而守候交秤，倍费月日，泪得钱，不了日用，故不得已私货，以度朝夕，缘此犯法者众。今若以本钱就场先支一半，候交盐足，再支一半，俾无难滞，则善矣。何谓增元额？在法，盐有正额，有出额，亭户出额则量加本钱，监官增额七分则转一官。闻近来亭户所煎出盐，并依正额，而监官赏典，因以靳吝，上下解体，不肯用心。且额之多少，初不在是，惟本钱不阙，劝督有方而已。今若复出额所加之钱，还监官增额之赏，则善矣？何谓纵私贩？在法，有盐场处皆置巡检，以捕私商，缘岁久，而土军与亭户交往如一家，亭户私货自若。兼贩私盐之人，类皆强壮为群，号曰水客，土军莫能制，反相连结，为之牙侩，巡检者徒备员，盐场官熟视无策。今若别作措置，或重立赏格，责其地分，穷其来历，遇有捕获之人，配隶诸军，无使放纵，则善矣。何谓慢收贮？盐之为物，饮食所资，务在洁净。敖宇隘陋，不能容顿，诸场津般到买纳监，不得交秤，留船以待，于是舟人盗卖，杂以粪土。今若令于买纳监添置盐廪，遇有盐至，即时分交，无使稽留，则善矣。臣谓盐者自然之货，不劳民，不害物，而为富国强兵之本。今日败坏，是有司之罪也。望诏淮、浙提举官讲求利病，将四弊措置条具以闻，然后审订而行之，庶浚利源，以图实效。"续诏下淮、浙提盐官讲究弊病，条画具奏。1—2，p6581

【绍兴三十年】二月二十四日，权户部侍郎邵大受言："淮、浙买纳亭户盐本，系支盐仓收到客纳、揣留等钱。缘私盐盛行，侵夺客贩，致积压官盐支发不行，因致拖欠亭户本钱浩瀚。又诸场公然违法，省则外大搭斤重，暗亏课息。今措置下项：一、拖欠亭户本钱，除依《绍兴二十九年三月五日指挥》已后秤买亭户盐就秤下支还外，其已拖欠旧钱，虽已有指挥分限带还，今欲乞朝廷特降指挥，权将客人每袋合纳通货钱五贯文内揣留三百文，就盐仓送纳，专一桩充带还旧欠本钱。二、盐课所入，资助朝廷大计，全藉所属屏禁私贩，则课入自然增广。今比较得浙东一路产盐州军，如绍兴府最系人烟繁盛去处，在城并倚郭两县一岁住卖盐，止及十六万余斤；其不产盐处，且以衢州并倚郭县，每岁买及三百余万斤，婺州并倚郭及东阳县，每岁买及五百万斤，比绍兴府多三四十倍，灼见绍兴人户尽食私盐，提举司坐视，略无措置。乞下浙东帅臣同提举官公共相度措置，申取朝廷指挥。三、已降指挥，许逐路提盐司互相纠察，将大搭斤重盐袋收买在官，关申原支发场分。今承都省批下浙西提盐司申，去年客人入纳秀州盐钞亏少，支发迟细，遂委平江府都税务监官买到客人一引盐三袋，系绍兴二十七年二十料一字号通州盐仓支发，内二袋各多七十九斤，一袋多六十七斤。本部乞将本州当职官吏重作行遣，庶几有以惩诫。"诏并依，通州支盐不当官吏，令本路提刑司开具职位、姓名，申尚书省。三十年五月二十六日，提刑司具到官吏职位、姓名。监官二员，各降一官；专秤从杖一百，勒停。2—3，p6581—6582

【绍兴三十年】二月二十九日，提辖榷货务都茶场史俣言："近来获到私盐，其透漏去处避免责罚，却计嘱元捕获官司，于解状内添入姓名，称同共申解，望严赐立法。"刑部指定："透漏地分若计嘱捉获官司，希求功赏，已有诈冒功赏断罪。除条法外，若系入名申解，欲乞比附在法'诈为官文书及增减者杖一百'断罪。及今后州县应捉获私茶盐，若将透漏地分受计嘱妄入姓名同状申解，其元保明官司从杖一百断罪。"从之。4，p6582

【绍兴三十年五月】十二日，金部郎中路郴言："近来盐场官自将钱物诈作他人，或令亲戚及纵亲随放债与亭户取利，却将支到本钱在外抑勒就还。望下刑寺参照监临官放债条法增重禁约，仍许人告。"刑寺据大理寺参详："在《法》：'监临官司放债者，徒二年；监临之官受所监临财物八匹，徒一年，八匹加一等；五十匹，流二千里。乞取加一等，强乞取者准枉法论。'欲今后州县盐场监官放债与亭户，罪轻者，依监临官放债法徒二年；计赃重者，即依乞取监临财物断罪。并许人告。"从之。5，p6583

【隆兴元年】十二月十三日，户部条具下项："一、买纳盐场容纵公吏侵渔亭户，不以时支本钱，及有减刻，又纳盐限滞，违法重斤，以致亭户不愿纳官盐。今欲下淮、浙、二广提盐司、福建转运司约束施行。二、买纳盐场发盐赴州仓纳盐日限，途中滞留，州仓监专不即交纳，（般）〔搬〕稍人等扫袋偷窃，暗耗官盐斤数，或以沙泥夹杂充足，以致客人兴贩折阅，不愿请买。今欲下淮、浙、二广提盐司、福建转运司禁止施行，仍今后发盐须管计程立限，运赴盐仓即时交纳。三、广东盐味咸厚故易售，广西盐味淡薄故难售。广西措置，应贩到广东盐钞，并先抛卖广西盐钞，方许卖盐。广西盐钞未必能售，并与广东盐钞滞之矣。欲行下提举司参酌利害，应两路盐钞通融贩卖，如或抛卖广西盐钞，不应立定限数，止合劝诱承受带纳。四、诸处置场，差官太多，既有监仓官，又有买纳官，又有催煎官，又有管押袋盐官，又有支盐官，多是堂除权要子弟不曾铨试之人，及武臣有力者不晓民事。可委提举司相度减罢。或盐利浩大去处，合与存留窠阙，止许吏部作选阙注经任人，仍不许差武臣。"从之。13—14，p6587—6588

【隆兴二年】六月八日，诏："访闻临安府城内外多有不畏公法之人兴贩私盐，及结托贵势之家倚为主张，公然货卖。令临安府重立赏钱，严行缉捉。日后有犯，如系贵要之家，令御史台具名弹奏。"15，p6588

【乾道六年】三月一日，诏："将三榷货务都茶场收到茶、盐、香矾钱，各行立定岁额钱数下项：行在八百万贯，建康二百万贯，镇江四百万贯。如收趁及额，官吏方得依例推赏。如亏不及一分，免行责罚；若亏及一分以上，各降一官，吏人各从杖一百科断。其降出外路茶盐钞引，候卖到钱，赴务场交纳讫，方许理数。"以户部侍郎、提领榷货务都茶场叶衡言："三务场每岁所收入纳茶、盐等钱，依已降指挥各行比较，如有增羡，方合理赏。似此须是年年增羡，窃虑却将别色钱混杂在内，冒滥赏典。"故立定为额云。35，p6597—6598

【乾道六年】六月十五日，诏："催煎、买纳官系以三年为任，任满，以三考逐年内煎买到盐与年额比较。其任外零考不及半年以上，对比月日，比祖额纽计，如亏不及一分之人，与免比较。其零考虽不及半年，若比类亏一分，即更不推赏。"36，p6598

宋会要辑稿·食货二八·盐法七·盐法杂录六

【淳熙七年正月】十八日，四川制置使胡元质言："在法，盐井推排，所以增有余减不足。有司奉行弗虔，务求赢余，其盐井盈者则过为之增，涸者略为之减，增损尽出于私心。乞将今来所减盐数并为定额，自后每遇推排，以增补亏，不得逾越已减一定之数。"从之。11，p6610

【淳熙】十年正月十四日，胡庭直再条具措置二广钞盐利害下项："一、二广通行客钞，正要西路提举盐事官究心协力，公共措置。乞令广西提举盐事官衔内带'同措置广东盐事'，广东提举盐事官衔内亦带'同措置广西盐事'。自今两路提举盐事官须管分上下半年巡历至梧州同共会议，或有急切，不能候两路提举官到来，许互差属官至两司治所公共商议。有合行事件，同衔闻奏。须管两路每半月具招诱到客人入纳数目彼此关报，务要客钞通行，漕计不阙。二、广西盐司差主管官一员，就石康县置廨宇。缘彼处烟瘴深重，无人注授，多是权摄。乞从朝廷选授有材力清强官，仍不拘资格，依已降指挥，任满与转一官，庶几人皆乐就。三、乞降指挥，令广东自通行客钞之后收到正钞钱，依旧额以七万五千箩为率，作上供支解外，自余增卖到盐箩，如正钞钱，许令别项椿管，准备广西岁额万一不敷，即以此钱权行补助。候客钞通行，发归朝廷别用。四、乞朝廷明立赏格，将广西州县守倅、令佐、巡尉若能劝诱客旅，禁戢私贩，所趁盐课登及岁额，每岁各与减一年磨勘，选人任满，与循一资；亏及三分者，每岁各展磨勘一年。仍于岁终将一路守令比较，使人知所惩劝，则事功可以兴起矣。五、州县官般到见在未卖官盐，尽数拘收封椿。如合干人辄有隐匿，并许诸色人告，赏钱一百贯，犯人以违制科罪。如新钞客盐未到，人民阙食，仰本州县权将拘收到盐于官务零细出卖，许客人从便算请，指射有盐州县支请出卖。六、乞照绍兴八年指挥，两路产盐场僻远隔涉海洋去处，（今）〔令〕提举盐事司措置，依旧例自海场（般）〔搬〕运。内广西至郁林州都盐仓，其广东路至广州、潮州、南恩州，于州仓卸纳，准备支遣。内有山险去处，合作小箩，以便客人（般）〔搬〕贩。今欲作两等制造盐箩，内一等作一百斤，内一等作二十五斤，令客人从便算请。七、二广州县，自来寄居待阙官、有荫子弟，摄官、举人、（刑）〔形〕势之家判状买盐，夹带私贩，乞依准浙盐法，不以荫论，命官奏裁。"从之。15—17，p6612—6613

【淳熙十年】三月五日，广西经略安抚、转运、提刑司言："奉诏条具合行未尽事件，谨条具如后：一、静江府见屯驻韶州摧锋军官兵二百人，合用口食钱米，并系转运司逐年于广东认起鄂州大军钱内截拨，应副批支。今来改行客钞，鄂州大军钱止合于广东正钞钱内起解。转运司既无前项窠名钱截拨应副，望特降指挥措置支给。二、准《指挥》：住卖雷、廉、高、化四州食盐。缘四州系产盐去处，盐价低平，决无钞客算请，恐因而科抑，重为民害。三、准《指挥》：封闭钦州白皮场盐灶。契勘钦州自绍兴十二年内因咸土生发，遂创置白皮盐场，后因百姓兴贩私盐作过，遂行住罢，依旧差官（般）〔搬〕雷州蚕村场盐出卖，每斤收钱五十四足。今来客贩每斤价钱已及六十足，又有贴纳、廪费、脚剩在外，如此，则过于钦州见卖盐价，不惟客人兴贩无利，又无经涉海道，决无客人请贩。窃虑民间无盐食用，白皮场未免复有私煎盗贩等事。四、照对《绍兴八年六月六日指挥》，两路初行客贩，广东岁以十万箩为额，广西岁以八万箩为额。其时广西盐事系提刑兼领，不放东盐入西界，是致发卖及额。绍兴二十五年，因广东申请通货盐入西路，每箩额通货钱七百文，补助西路岁额。缘此西路岁额大亏，至于抑勒东客带买西钞，于是西路遂有并司之请；西路积压钞引无客算请，遂有官（般）〔搬〕官卖之请。既行官卖，而通货不行，两路纷争，遂令广东提举章潭、广西运判高绎会议，每岁止约以广东客钞二万五千箩入广西州郡住卖。自乾道八年改行客钞之初，当年广东盐入西界已及二万三千二百十八箩，至乾道九年，遂及三万三千八十六箩，是致搀夺西盐发卖不行，岁计阙误。于是淳熙元年，再行官（般）〔搬〕官卖，不曾通入东盐。今来复行客钞，缘客贩便于东而不便于西，若不限以通货箩数，则客人必辐凑于广东，西路钞额。决难趁办。”诏第一项令胡庭直于已科拨贴助摧锋军支遣钱内，每年移运一万三千四百余贯前去静江府，充屯驻官兵按月支遣，毋致阙误；第二、第三、第四项，并令胡庭直同王正己相度经久利便，连衔指定闻奏。17—19，p6613—6614

【淳熙十年】七月十七日，诏敕令所专一修立《私贩解盐断罪、告赏条格》：“自今与蕃商博易解盐之人，徒二年，二十斤加一等。徒罪皆配邻州，流罪皆配五百里。知情引领、停藏人与同罪，许人捕。若知情负载，减犯人罪一等，仍依犯人所配地理编管，许人告。透漏官司及巡察人各杖一百。获犯人并知情引领、停藏人，徒罪，赏钱二百贯；流罪，三百贯；如获知情负载人，减半。其提举官并守令觉察，并取旨重作施行。令户部遍牒沿边州军并提举司常切觉察。”19—20，p6614

【淳熙十年七月】二十五日，户、刑部言：“乞将弓兵容纵私盐之人，照应《透漏私茶指挥》一体施行。”从之。先是，绍兴八年六月十八日，《申明透漏私茶指挥》，所犯不至徒，自合徒一年，决配邻州。如本犯至徒罪以上，即合随本犯刑名决配千里；如系流罪，刺配广南。20，p6614

【淳熙十一年五月】十九日，诏：“殿前、马、步军司及江上诸军及都大提举茶马司约束取押马纲官兵，不得将带解盐私贩。如有违犯，即从条断罪。”从知均州何惟清之请也。24，p6616

【嘉泰】二年十二月十八日，诏：“淮东提盐司贴纳盐钱，与免纳二分交子，止用钱、会中半。”旧例：用钱会各四分，交子二分，至是客人诉其不便故也。49，p6629

【开禧元年】九月二十八日，诏：“临安、绍兴府四渡官捕私盐，并与依格推赏。内举主未足人，每合转一官，与减举主一员；该累赏人取旨施行。”50，p6629

宋会要辑稿·食货三〇·茶法杂录上

太祖乾德五年，诏：“客旅于官场买到茶，如于禁榷地分卖者，并从不应为重定断。”1，p6649

淳化三年七月，诏淮南茶场：“今后商旅只得于园户处就贱收买，将

赴官场贴射，违者依私茶例区别。"2，p6650

【淳化四年】八月二十三日，诏："京城及诸道州府民卖茶，多杂以土药规其利，一切禁之，犯者以私贩盐曲法从事。"2，p6650

【至道】二年九月，诏："建州岁造龙、凤茶，先是研茶丁夫悉剃去须发，自今但幅巾，洗涤手爪，给新净衣。吏敢违者，论其罪。"2，p6650

大中祥符二年五月二十一日，三司盐铁副使、户部郎中林特，昭宣使、长州防御使刘承珪，江淮制置发运使李溥等上编成《茶法条贯》。《序》云："夫邦国之本，财赋攸先；山泽之饶，茶茗居最。实经野之宏略，富国之远图也。顷以边陲之备，兵食为先，而乃许（析）〔折〕缗钱，以入刍米，给彼茶茗，便于商人，笼货物之饶，助军国之用。岁月既久而条制稍失，吏民（冈）〔罔〕上而因缘为奸，始增饶以为名，终蠹弊而滋甚，遂致廪庾之畜，年收无几，采撷之课，岁计渐虚。商旅之货不行，公私之利俱耗。于是，缙绅之列，伏阁以论奏；草莱之士，抗章以上言。国家思建经久之规，以定酌中之法，乃命臣等博访利病，（偏）〔遍〕阅诏条，参酌远谋，别议新式。虔承旨诲，周询玩弊，远采舆诵，旁察物情，将克正于纪纲，乃别立于科制。务存体要，用叶经常。岁序再周，课程增羡。先是收钱七十三万八百五十贯，自改法二年，共收钱七百九万二千九百六十贯。岁时未几，商贾自陈，知所利之实多，虑亏公以为责，爰求奏御，俄奉德音。时方洽于还淳，事宜从于务实，俾于卖价，书减虚钱，仍加资缗，用济园户。兼许客旅应经道途，以所历之关征，悉会输于天邑。诏旨方卜，财货已行。自降诏日，即有入中金银钱帛数逾万计，实兴利以除害，亦赡国而济民。其所定宣敕条贯共二百九十九道，内二道出于权制，非可久行，今止列事宜，不复备录，余皆合从遵守，以着法程。并课利总数，共成二十三策。式资永制，允契丰财。"其自述如此。3—4，p6652

【大中祥符】六年四月三日，三司言："准诏参定监买茶场官赏罚条式。今请除沿江六榷务、淮南十三场外，江、浙、荆湖诸州买茶场自今纳到入客算买茶及得祖额，递年前界有羡余者，依元敕酬奖；亏损者依《至道二年敕》，一厘以上夺两月俸，七厘以上夺两月半俸，九厘以上夺一季俸，仍降差遣。其买到不入客算茶数于租额、递年前界羡余，并不理为劳绩。"4，p6652—6653

【仁宗天圣三年】九月四日，翰林侍讲学士孙奭等言："乞差三司使范雍同共详定茶法。"从之。7，p6656

【景祐元年九月】二十一日，枢密院副使李谘言："天圣初，奉敕定茶法，方成伦叙，臣僚挟情上言，差官重定，称是不当，手分王举等并皆决配。今来茶货大段亏官，三司乞依天圣年改定施行，显是当行手分枉遭决配，举等乞依出职安排。"诏王举、于贵、勾奉元各转一资。8，p6657

【景祐】二年正月二十二日，诏："山泽之民撷取草木叶而为伪茶者，计其直从诈欺律盗论，仍比真茶给赏之半。"8，p6657

【嘉祐】七年正月，命翰林学士王珪、吴奎同详定茶法。10，p6659

【神宗熙宁】八年二月三日，都大提举熙河路买马司奏："据提举熙河路市易司状申：准都大提举买马司札子，坐准《熙宁七年七月十六日中书札子》内圣旨指挥施行内一项节文：'客人兴贩川茶入秦凤等路货卖者，并令出产州县出给长引，指定只得于熙、秦州、通远军及永宁寨茶场中卖入官。'今来已有客人兴贩茶货到岷州茶场中卖。窃虑颁行近降条贯，其产茶州县不发长引赴岷州，却致客人枉路，茶货不得通行。伏乞于上项条贯内'熙、秦州、通远军'字下及'永宁寨'字上添入'岷州'二字，所贵客人茶货通行，不致阻节。本房检会《熙宁七年九月八日中书札子》内一项：'客人兴贩雅州名山、洋州、兴元府、大竹等处茶入秦凤等路货卖者，并令出产州县出给长引，指定只得于熙、秦州、通远军及永宁寨茶场中卖入官。仍先具客人姓名、茶色、数目、起离月日关报逐处上簿，候客人到彼，画时收买。如计程大段过期不到，即令行遣根逐。若客人私卖茶与诸色人，及将合入秦凤等路货卖茶虚作永兴军等路回避关报逐处者，并依《熙宁编敕》禁榷腊茶法断罪支赏。所有《熙宁七年七月十六日朝旨》内上项一节更不施行。'今欲依所乞，于《熙宁七年九月八日中书札子》于'熙'字下、'奏'字上添入'岷'字。"从之。11—12，p6659—6660

【元丰五年】十月二十五日，同提举茶场蒲宗闵言："诸茶场立额出卖，比较申奏，每收息二万缗，监官减磨勘一年，余数更比类酬奖；不满二万缗及不愿减年者，每息钱百缗，支赏钱二千。选人依第四等酬奖，与免试，无可免者，升一年名次。"从之。18，p6663

【元丰六年】闰六月十三日，同提举茶场公事陆师闵札子奏："窃见新修《茶场司敕》，尚未全备，臣今择出合行通用条贯三十八件，内有于新法干碍者，略加删正下项：一、诸成都府、利州路、金州产茶处，各就近置场，尽数买园户茶，许（各）〔客〕人于官场收买，贩入川峡四路并金州界，充民间食用。私辄买卖、博易、兴贩及入陕西地分者，并许人告捕，依犯私腊茶法施行。诸陕府西路并为官茶禁地，诸路客贩川茶、南茶、腊茶无引、杂茶犯禁界者，许人告捕，并依犯私腊茶法施行。诸园户赍茶往不置场处，并用有引茶及空引影带私茶，并未经贩卖及诸色人贩茶偷谩商税者，皆许人告捕，依漏税法断罪外，一斤以上赏钱三贯文，每十斤加三贯，至三十贯止。禁地官茶偷税准此。诸产茶州县每岁于民间阙乏时，预先计置见钱、斛斗，召园户情愿结保借请，每贯出息二分。至茶出时晓示，令以茶赴官折纳。过夏季不纳，即追催，秋季不足，量分数科校。诸产茶州县买茶，正斤外依市例量加耗茶。非理责加耗者，许卖茶园户告，计所剩坐赃论罪，止杖一百。即官库漏底，虽有出剩，不得理为劳绩。诸产茶州县出卖食茶，并随时价高下增息，仍准价别收长引钱一分讫，给引放行。诸产茶州县出卖食茶，各以元丰元年为额，提举司岁终比较不亏，每收息一百贯文，支赏钱五贯文，充监官公人添给。监官四分，公人六分，其开场在元丰元年以后者，并以第一年全年为额。卖盐准此。诸茶场官舍有阙，牒转运司应付，其合占那民地者，令指射官地对换；系楼店务官舍地基及税地者，以茶息钱输纳税租。诸禁地卖茶场年额敷办，岁终比较，每收息钱二万贯，监官减一年磨勘，提举司保明闻奏，选人比类奏裁；不满二万贯，每息钱一百贯文，支赏钱二贯文。以上愿留次年并赏者听。仍将博马茶通比。秦、熙、阶、岷、河（非）〔州〕、通远军、水于寨七处分茶与外镇城寨出卖者，亦通比。诸处山卖官茶，令提举司立定中价，仍随市色增减。应增者，本州本场体访诣实，增讫申提举司覆按。应减者申提举司待报。卖盐准此。诸陕西不立额卖茶场，并以元丰元年课利为额，岁终比较赏罚。其开场在元丰元年以后者，以第一年全年为额。诸买卖茶，每州委见任官一员管干，通计所管课利敷办者，比监官减半推赏。卖盐准此。诸官场以茶、盐博易到银、帛、斛斗、杂物，限半年变转见钱，除元价外，所增息钱十分中给一分与主辖官吏充赏。官员四分，专典六分。过半年，不得变转，不支赏钱。亏元价者，监、专均偿。如博下滞货，虽已解替，候变转讫离任。诸成都府、利州、陕府西等路县镇城寨买卖茶场，无正监官处，就差税务官吏；无税务处，委余官不妨本职监辖。金州及卖盐场准此。诸买卖茶州军知州、通判兼提举，经略使所在，通判兼提举茶场，所在州委都监、县委令佐兼监。卖盐准此。诸辖下州军每季轮当职官点检未批文历，如提举司覆较得官物有侵欺盗用，失陷损恶，违法不职，其干涉季点官于监官下减一等科罪。诸买卖茶场年终比较，亏五厘以上，罚俸半月，公人笞四十；满一分，监官笞二十，干系公人杖六十；每一分，监官、公人各加二等，三分各罪止。管干当官以所管场务通比，减正监官一等科罪。监官任满通比，一界内如及二分，降一年名次，及三分，降一等差遣；无等可降，依差替人例施行。课利一万贯以下，监官每一分罚一月俸，三分罪止。诸辖下买卖茶场监官如有不得力，并许量人材于事简处对讫，奏乞各与正差。如阙正官，即依川峡四路转运司差官例，于得替待阙官内权差，或指名牒转运司依条差权。诸提举司人吏、贴司、军典及茶场专典、库秤、牙人等，因公事取与财物，依转运司人吏法。引领过度，首、从皆用此法。诸买茶场量事务繁简，招置有物力、保识牙人。应收买起纲茶，依乡例支牙钱，即收买食茶，亦依乡例，于合支价钱内克留。牙钱置历，分闲忙月分均给，有余并不应给者，并入官。诸顾脚，州县召有物力行止人充甲头，准例收克保引钱。应所保脚户带官物、脚钱等逃匿，及有所欺隐侵盗致失陷者，甲头备偿；即例外克取，依仓法；州县辄役使，杖一百，计庸重者，自从重。诸水陆（般）〔搬〕茶、盐所经州县并推排脚户，置簿籍定姓名，准备随时价和顾。如有损失毁败，全数备偿。诸茶、盐纲所经官司遇有给纳，托故不躬亲若住滞经宿者，依常平法。诸脚户所（般）〔搬〕茶盐遇阴雨，许就寺舍、亭铺及空闲官屋内安泊。其合顾脚交替州县，并于要便处那并添兑官舍充纲院，仍令转运司应副。诸见管钱物，其他官司辄支动者，以违制论，不以赦降、去官、自首原减。诸茶场及转（般）〔搬〕库役人，并随课利给纳大小增损制禄，不得支动本息钱。诸干运物货所经税务，依省定则例收纳六分税钱，在成都府、利州路，许以所干物货准折；如系陕西，令逐处税务批抄，理为年额，转运司牒提举司取拨。诸回干物货出入川界，量多寡关牒秦、熙州，差指使管押，诸茶、盐所经道路巡检、县尉、巡铺、使臣，各递相催驱出界。诸给公人赏者，专副四分，典吏、库秤等共六分，阙无所承者入官。诸给纳，并每贯收头子钱五文足，应茶场监官添支驿料、运船，提举司官属及干事官属直吏禄，公使什物杂费，并贴支诸场公人佣食钱等，并以所收头子市利钱充。诸提举官于辖下官吏事局相干，同按察；部内有犯，同监司。诸提举官点检职务公事，杖以下罪就司理断；

事合推究者，送所司；徒以上，依编敕监司点检法。诸路茶法职务措置词讼、刑名、钱谷等公事，除州县施行外，合申明者，申取提举司指挥施行，他司不得干预。虽于法合取索文字，并关牒提刑司施行，不得专辄行下，诸处亦不得供报。如已经处置尚有抑屈者，许以次经转运、提刑司申理。诸干当公事官，川路二年、陕西二年半为一任，选人愿就三考者，听从便。供给依廨宇所在州签判例。州无签判，依职官例。京官以上及大小使臣，各随本资给添支；本资无添支者，依监一万贯场务例给。诸干当公事官阙无所承，许不拘常制选差辖下官权充。其余应合差官干事，并依编敕差官条施行。诸纸笔、朱墨、油烛、皮角，以系省钱收买，在京申省支给。诸文字往还，并入急脚递。看详熙河兰会路见今不隶陕府西路，窃虑今来条贯内凡称陕府西路者，须合添入'熙河兰会'四字，又第十四项于'县镇'字上合添入'州军'二字。以上条贯，乞赐施行。"诏令尚书省检会，疾速行下。18—23，p6663—6666

【元丰六年】九月十六日，户部状："同提举成都府等路茶场公事陆师闵札子奏：通用条贯三十八件内，第二项：'诸陕府西、熙河兰会路并为官茶禁地。'本司检准《元丰六年四月三日条【制】》节文：'文、龙二州并为禁地，依秦凤等路茶法施行。'今来所降上件通用条贯，系在四月三日后来颁降，欲乞于第二项'诸陕府西、熙河兰会路'字下添入'文、龙州'三字。本部看详，欲依所乞。"从之。23，p6666

【元丰六年】十月十六日，茶场司言："准《敕》：'每岁下本司熙州桩管茶一万驮，于经制司年额现钱内除豁，充兰州博籴粮斗，仍依市价计钱。'今乞分四料，每季支茶二千五百驮。"从之。23，p6666

【绍圣】三年五月二十四日，江淮荆浙等路制置发运司言："官员躬亲捕获私茶，累及一万斤至十万斤，等第推赏；未获犯人者，以三比一；差人捕获者，以三之半比一。"从之。28，p6669

元符元年九月十九日，都省批下都大提举成都等路茶事司奏："准《敕》：'成都府复置博买都茶场。'本司看详，有未尽事件：一、欲乞立法：'应买茶及以物货博易而官司拘栏或抑勒者，并徒二年。'二、欲立法：'茶价如合增减，而官司不切体访市价，行遣失时，并科杖一百。'三、客旅以物货赴场博茶，如不及担数，并许随斤重博易。若物价多茶价少，许贴给物价；若物价少茶价多，许贴纳茶价，内贴给钱不得过一分。四、元条许本司奏差监官二员，缘今来复法之初，职事未致繁多，乞先

且奏差一员，候将来买卖浩瀚，从本司相度添置。"诏依。30—31，p6670—6671

【元符】二年三月二十七日，户、刑部状："修立到下条：'诸茶场监官、同监官、专秤、库子亲戚，不得开置茶铺，违者杖八十。许人告，赏钱三十贯。'上条合入《成都府、利州、陕西路并提举茶事司敕》，系创立。'诸提举、管干茶盐官并吏人、书手、贴司及卖盐场监官、专秤、库子亲戚辄开茶盐铺，及扑认额数出卖，若于官场买贩者，各杖一百。许人告，赏钱三十贯文。'上条合入《厩库敕》。"从之。31，p6671

【徽宗崇宁二年八月】十一日，京西转运司状："检准二月十九日江、淮、荆、浙、福建州军所要茶，官置场买，不得私卖。所有告捕支赏及应榷法巡捕等事，并依元符敕令条格施行。今契勘元符条格，别无该载捕获私贩卖真茶赏格。契勘庆历旧行榷茶日，犯私茶系分草、腊茶①两等刑名外，推赏并巡捕透漏约束，止为一等。今来复行禁榷，亦分草、腊茶两等刑名。其巡捕透漏、支赏等，今若比附，亦为两等，即与旧法不同。兼已降朝旨，告捕支赏及应榷法巡捕，并依元符敕令条格施行，即一切并合遵依见行条令。看详除《元符杂格》内品官许有禁物一项，系草茶通商日修立，今来既腊茶、草茶皆行禁榷，即草茶亦合许有。今欲乞于本项内'腊茶'字下添入'草茶各'三字，其余元符敕令条格内应干腊茶条内，并合除去'腊'字一个，伏请详酌施行。"诏依。34，p6672

【崇宁二年十月】二十九日，诏："川茶毋得过陕西路南茶地分出卖，如违，依私茶法。"35，p6673

【崇宁四年】十月十二日，诏："川茶，熙河一路经费所仰，除博马并博籴外，并不得出卖。辄出卖者，以违制论。"36，p6673

【大观】四年闰八月十二日，左右司状："勘会先准朝旨编修《茶盐香钞法》，续准朝旨，勘会《通商茶法》，系治平年所修颁降，见今引用。缘岁月甚久，其间续降冲改不少，窃虑别致抵牾。本司见今编修《七路茶法》，正与《通商茶法》相干。"诏令左右司一就编修闻奏。37，p6674

政和元年三月二十四日，臣僚上言："乞应将茶货高立价例，约期依限赊卖与卑幼及浮浪之人，并依有利债负条施行。"法案检条："看详臣

---

① 腊茶：早春之茶，因为早春茶汁泛乳色，与溶腊相似而得名。草茶：烘烤制成的茶。团茶：宋代用圆模制成的饼状茶。

僚上言，客人将茶货倍立高价赊卖，远约期限，已有《治平通商茶法》约定三限，并《元符令》高抬卖价不得受理外，有赊卖茶货与浮浪及卑幼，今修立下条：'诸客人将茶贩卖与浮浪及卑幼者，依有利债负法。'右合入《通商茶法》。"从之。37—38，p6674—6675

【政和元年】四月二十四日，诏有司重行参定《私茶赏格》，无使太重。38，p6675

【政和】二年八月二十六日，尚书省黄牒："奉圣旨，令尚书省措置茶事。今勘当水磨茶自元丰创置，除近畿外，即不曾分下诸路。昨缘分配诸路有置官之冗、（般）〔搬〕辇之劳，致妨客贩，收息减少，乃至商贾不通，内外受弊。缘水磨茶先帝建立，不可废罢，欲只行于京城，与客贩兼行，余路并令客人商贩，可走商贾、实中都、惠小民。今具下项：一、京城内以水磨茶官卖，其京畿、京东、京西、河北、河东、淮西、两浙、荆湖、江南、福建、永兴、鄜延、泾原、环庆路，并为客贩南茶地分。二、客贩茶许至京城，与水磨茶兼行。除京城水磨存留外，余路水磨并罢。三、在京见置比较铺并罢。四、在京置都茶务，专管供进末茶及应干茶事，从朝廷差官四员管干供进官一员，专一管干供进，关枢密院选差入内内侍省官。专一供进等茶料，每年所阙约二十余万斤，除于官库取拨外，若有少数，以合用茶所出处，取客愿，赍引收买，附带前来。如无人愿，依市价和买。其所附茶免税，计茶本免引钱。五、诸路茶园户，官不置场收买，许任便与客人买卖，仰赴所属州县投状充茶户，官为籍记。非投状充户人，不得与客人买卖。六、客人许于茶务买引，指定某州县买，仕所指处任便货卖。七、客贩茶，并于茶务请长、短二引，各指定所诣州县住卖。长引许往他路、短引止于本路兴贩。其约束沿路阻节，给公据，并依盐引法。八、客人请到文引，更不经由官司，许径赴茶园户处私下任便交易。九、长、短引令太府寺以厚纸立式印造书押，当职官置合同簿注籍讫，每三百道并籍送都茶场务。十、客请长引，每引纳钱一百贯，若诣陕西路者加二十贯文，许贩茶一百二十贯；短引二十贯，许贩茶二十五贯。若于非指定出卖者，依私茶法罪，告赏亦如之。十一、客贩茶不请引而辄贩者，加私茶法一等，告赏亦如之。若引外增数搭带，或以一引两次行用，若逾限不申缴者，罪赏准此。十二、应茶引辄私造者，依川钱引法，赏钱三百贯；已成未行用，减一等，其赏如之。十三、客请引贩茶，许自陈乞限，长引不得过一年，短引一季，于引内批书所至州县，卖讫批凿,自赴茶务,或遣亲人缴引,务官对簿销落,抹讫申太府寺。十四、客贩长引茶至所指处,余限未满,愿入别州县住卖者,经所属批引前去,卖讫,缴引如上法。十五、客引逾限不缴,本务下所属追人并引赴务,依法施行讫,不在贩茶之限。十六、应客贩茶地分,而诸色人辄以茶侵越本地分者,罪赏以私茶论;已至而未卖者,减一等。十七、客人引违限一日,笞一十,三日加一等,至徒一年止。若有故,听申所属展限讫报务,展不得过一季,即已展而违者,罪亦如之。十八、茶园户随地土所出,依久来分为等第,即不得以上等为中等,以次等为上等,余等亦如之,违者各杖一百。十九、州县春月园户茶出时,集人户以递年所出具实数、卖价,县申州,州验实,以前三年实直与今来价具实封申户部,下茶务照会。若平价不实,虚抬大估者,杖一百;受赃者以盗论,赃轻徒一年;吏人、公人、牙人配千里。许客越诉,或理不直者,经监司、尚书省。二十、客人赍引辄改易揩改,徒一年;若添减斤重、日限者,加二等。即去失者若水火盗贼,并随处经所属自陈,验实召保,赴茶场再请买;违者,依私贩法。二十一、客人请引,须正身若亲人正身赴场,不得假借他客。借人或借之者,各杖一百。二十二、客人赍引贩茶,所至州县若商税、市易务、堰闸、桥镇、栅门辄邀阻留难,一日杖六十,二日加二等,三日徒一年,又三日加一等,至徒二年止。吏人、公人并勒停,永不叙。即受财者,以自盗论,赃轻吏人、公人配千里。二十三、客人赍引贩茶,所顾舟车若为人以他事惹绊,因致留阻者,杖一百。若长引客有罪,杖以下听留家人受罪,其茶限一日放行。二十四、勘会福建路腊茶,旧茶法禁止,不许通商,今并许客人依草茶法兴贩。二十五、水磨地分,河北见卖驮茶,候客贩到新引茶,截日住卖,其卖不尽茶,具数申尚书省,今后水磨更不起发驮茶赴诸处出卖。二十六、客贩茶愿借江入汴者听,入京师者依旧认纳淮西税钱,外路认淮东税钱。二十七、客人已贩旧法茶至元指住卖处,仰所至州县委官抄札封讫;如未至元指处,愿抄札者听,其合纳税息并依旧法外,将今来新法茶引贩到茶对带出卖,如愿赴茶务请新引出卖旧茶者,并依兴贩新茶法。如违,并依私茶法。二十八、客贩茶货,自来起引处虽秤盘封记,多是计会虚套封头,致出务收盛,沿路私拆,添填私茶,依条沿路只是点检封记,不许秤制,以此走失税课。今后客茶笼籯并用竹纸封印,当官牢实粘系,不得更容私拆。如擅拆封及擦改者,杖一百,许人告,赏钱三十贯。二十九、客人于园户处买到茶,并令园户于引内批凿的实色号、斤重、价钱，于所在州县市易税务点检封记。三十、客贩茶合纳税，并遵依旧法。三十一、七路茶法，并依大观三年四月已前指挥；文意相妨，并依今降指挥。三十二、产茶并通商路分茶事，并令盐事司管干。无盐事官处，从朝廷专委官管干。三十三、今后盛茶笼篰，仰所属州军专委通判，阙者委以次官，扑定茶笼篰长阔尺寸并笼叶斤重，分为二等，一百三十斤为限制造，用火印燃记题号，降付市易、税务收掌，随所贩茶令客人收买盛茶。候装到茶，令所在州县市易、税务点检封记，即不得依前将宽大笼庵收盛茶货，搭带私茶。三十四、客贩茶辄用私笼，庵罐、袋之类同，杖八十，若增损大小、高下者，加二等。三十五、应出茶地分委通判，无者委以次官，依样选人匠制造笼庵，罐、袋之类同，出卖，每只除工费外，不得过五十文，以所卖息钱充工料之费，不得增损。若制造不如法，杖八十，增损大小、高下者，杖一百。三十六、客人贩茶，已依旧法给卖茶公据，未曾卖茶者，并令缴纳，违者依私用法。三十七、永兴、鄜延、环庆、泾（源）〔原〕四路见在川茶并客人旧贩南茶，听且出卖，候客贩到〔新〕引茶住卖，委所属抄札旧茶见数，具状申尚书省。藏匿免抄札，依茶法。川茶却（般）〔搬〕入川茶地分。三十八、旧客贩南茶地分铺户，见在茶并令截日抄札见数，且令出卖。若隐漏，依私茶法，候客贩到新引茶住罢，具卖不尽数申尚书省。三十九、合变磨供进并在京出卖末茶合用磨盘数，令所属相度存留。四十、系籍园户，客无引而辄自卖若私贩者，杖一百，许人告，赏钱五十贯；已贩者，依私茶法。不系籍而与客买卖者，依此。"诏从之。39—44，p6675—6678

【政和一年】九月十二日，诏·"川茶如敢侵客地分，以违制论。"44，p6678

宋会要辑稿·食货三一·茶法三·茶法杂录二

【绍兴五年】七月二十三日，臣僚言："州县之狱有不能即决者，私商败获根究来历是也。且贩私商者，皆不逞之徒，有败获禁勘，而素与交易者多不通吐，以为后日贩鬻之计，所牵引者类皆畏谨粗有生计之人。官司不追证，则谓之结勘灭裂，一追证则无辜者受弊，且以快其平日不与交易之愤。暨至明日得释，有不可胜言者矣。司狱利其如此，又根究而别追治，是致狱户填满，严冬盛夏，死损者常有之，岂不上累仁圣之治，孤钦恤之意乎！夫产茶、盐地分根究来历者，故欲止绝私商，而小人用意如此。交易者以其不通吐而无复疑，畏谨者恐其结仇恨而不敢拒，是使不逞者愈得意于其间也。臣谨按祖宗法，应犯榷货，并不根究来历，止以见在为坐。今若不问是与不是产茶、盐地分，一切不根究来历，止以见在结断，不惟囷圄可致空虚，而私贩者即伏刑宪，亦将止息矣。"诏令户部限三日勘当，申尚书省。既而户部言："据榷货务都茶场勘会，不系出产州军捕获私贩茶盐之人，依法自不许根究来历。其出产州军捕获私盐，如系徒以上罪，及亭场禁界内杖罪及获私茶，并合根究来历。虽有《绍兴令》称'犯榷货者不得根问卖买经历处'，即系海行条法；缘《绍兴敕》内该载：'一司有别制者，从别制。'又缘诸处私茶、盐并系亭灶、园户卖与贩人，今若一概不行根究来历，深恐无以杜绝私贩之弊，却致侵害官课。今欲乞遵依见行茶、盐专法施行。"诏："依户部勘当到事理，如犯其余榷货，并以臣僚所陈施行。"从之。1—3，p6679

【绍兴五年】十一月二十三日，诏："私贩川茶已过抵接顺蕃处州县，于顺蕃界首及相去伪界十里内捉获，犯人并从军法。若入抵接顺蕃处州县界、未至顺蕃界首捉获者，减一等。许人捕，所贩物货并给充赏。如物货不及一千贯，即依绍兴五年十月三日已降指挥支给赏钱。其经由透漏州县，当职官吏、公人、兵级并合减犯人罪一等。"3，p6679

【绍兴】十二年四月二十八日，户部言："据浙东提举茶盐司具到本路州县绍兴十年一全年批发住卖茶增亏数目，并合赏罚当职官名衔，申乞取旨赏罚施行。"诏："最增去处，当职官与升一年名次；最亏去处，当职官各降一年名次。"3，p6680

【绍兴十二年】五月八日，刑部言："湖北提举茶盐贾思诚札子：'检准《绍兴十年六月十九日敕》节文："刑部看详茶园户有违犯条禁依法合追赏者，如系二罪已上俱发，只从重赏追理。"本司看详，犯茶人情犯不一，假令初一日甲使乙担私茶二十斤往州西贩卖，初二日甲又使丙担私茶五十斤往州东贩卖。未卖过间，初三日，州西者为弓手捉获，州东者为土军捉获，同日到官，即是二罪俱发。州东者为重罪，若只据五十斤追赏，未审弓手合与不合与土军均给赏钱？亦未审贩茶客人二罪俱发，合与不合从重追赏。'下大理寺看详，据本寺众官参酌前项事理，缘依律，二罪以上俱发，以重者论。既断罪从重，其赏亦合从所得重罪追理。若逐项告获同日到官，难以止给告获重罪之人，即欲乞比附'应赏而系二人以上者分受，功力不等者，量轻重给之'条法施行。其茶园户犯私茶二罪以上俱发，亦合从重追赏。本部寻行下都茶场去后，今据本场申：（切）〔窃〕虑追赏数轻，少肯告捕，使冒法规利之徒得以为奸，侵害客贩，有亏课入。今欲乞下法寺重别拟定立法施行。据本寺重别参详上件因依，不须立法外，其私茶公事各被逐地分人告获，同日到官，合行各追赏钱。如系一名或二人以上共告获者，即合依《绍兴十年六月十九日指挥》，从一重追赏，内二人以上均给施行。所有贩茶客人二罪俱发，亦遵依今来所降指挥施行。"从之。3—4，p6680

【绍兴十二年九月】二十三日，户部言："据行在都茶场申：勘会客贩诸路草、（未）〔末〕茶，在法并有限定许贩斤重，惟福建路腊茶即与诸路草、末茶大段不同，访闻冒法射利之徒，多与山场园户私相计合，将上等高品茶货却作下等纽计批引，请嘱合同场公吏通同作弊，以至经由海道，抵冒法禁，理合随宜措置。今条具下项：一、今措置福建园户等处腊茶，自今降指挥到日，不许与客人私下交易；如违，依腊茶法断罪追赏。并仰将所造銙、截、片、铤腊茶，不以等第高下、价例多少，并中卖入官。仍令提举官于逐州军量度产茶远近，置买纳茶场，将山场见卖价上增搭五分，于当日支还价钱收买，谓如每斤十贯，增添五贯作十五贯之类。以示优润园户。其买到銙子、截子逐色腊茶，令提举官计置起发，赴行在送纳。其买纳茶场买到逐等片、铤腊茶，仰本场于元买价上增搭三倍，谓如每斤一贯，增搭园户买价五百文，于通计一贯五百文上更增三倍，作六贯之类。以逐等片铤茶品搭打套，逐时往合同场，令客人请买，依新法钞引纳钱请买兴贩施行。二、诸路州、县、镇、寨等处应客人及铺户见在已、未开拆，并未到住卖处腊茶不以成引不成引之数，并限今来指挥到日住行货卖，州委主管官，县、镇等处委令丞或巡尉，日下分头躬亲诣停塌店铺等处，尽数抄札，并引拘收入官，依市价用官钱支还价钱，许于经总制钱内取拨。三、契勘客贩腊茶，辄装上海船，经由海道，虽已承指挥，依《绍兴五年正月二十七日指挥》：'贩物人并船主、稍工并皆处斩；水手、火儿各流三千里，皆刺配千里外州军牢城；元保人各徒三年，分送五百里外州军编管。'访闻日来尚有不畏法禁规利之徒，依前（般）〔搬〕载腊茶经由海道贩卖。盖缘州县当职官吏坐视，全不用意禁戢，是致客贩违法公行。今检准《绍兴七年四月二十九日指挥》：'客人乘海船兴贩牛皮筋角等货卖，仰沿海州军严切禁止，仍仰帅、宪司常切措置觉察。其经由透漏并元装发州县知、通、令、各当职官吏，并按劾以闻，依已降指挥并流三千里，各不以去官敕降原减。'欲乞今后当职官透漏客贩腊茶经由海道,并依前项《绍兴七年四月二十九日指挥》施行。"诏并依,内福建仍委程迈与韦寿成同共措置。5—6,p6680—6681

【绍兴】十三年三月二十三日,户部言:"据都茶场申,今依应立定住卖批发茶最增亏去处赏罚下项:最增一分以上,减一季磨勘;三分以上,减半年磨勘;五分以上,减一年磨勘;七分以上,减一年半磨勘;八分以上,减二年磨勘;一倍以上,减二年半磨勘。最亏一分以上,展一季磨勘;三分以上,展半年磨勘;五分以上,展一年磨勘;七分以上,展一年半磨勘;八分以上,展二年磨勘;一倍以上,展二年半磨勘。内选人降一资。余依见行条法。本部寻送检法案参详及司勋、刑部审复讫。"从之。8,p6682

【绍兴十三年】七月十八日,提举湖北茶盐司言:"检准《绍兴八年十一月三日敕》节文:'犯私盐人除流配自依本法外,徒以下并令示众五日;遇寒暑,依本法。'契勘本路系产茶地分,缘茶、盐事属一体,所有犯茶人欲依犯盐人已得指挥。"从之。8—9,p6682—6683

【绍兴】十五年九月二日,提举浙西茶盐郑侨年申:"勘会已降指挥,诸州监门官检察获到私盐及有透漏,并依《巡尉格法》赏罚,所有客贩私茶,乞依盐事已得指挥施行。"诏依,其余产茶路分准此。9,p6683

【绍兴】二十一年七月十九日,宰执进呈敕令所编类茶盐法成书,欲择日投进。上曰:"今茶、盐法已定,令久远遵守,往时随事变更,虽可趣办目前,日后入纳稀少,却非善计。"9—10,p6683

【绍兴二十一年】八月四日,宰臣秦桧等奏言:"臣等今将《元丰江湖淮浙路盐敕令格》并元丰四年七月二十三日后来至绍兴十年三月七日以前应干茶盐见行条法并续降指挥,逐一看详,分门编类到《盐法》《茶法》各一部,内《盐法敕》一卷,《令》一卷,《格》一卷,《式》一卷,《目录》一卷,《续降指挥》一百三十卷,《目录》二十卷,共一百五十五卷,合为一部。《茶法敕令格式》并《目录》共一卷,《续降指挥》八十八卷,《目录》一十五卷,共一百四卷,合为一部,并《修书指挥》一卷。以上茶、盐二书,共二百六十卷,作二百六十册,乞下本所雕印颁行。内盐法冠以《绍兴编类江湖淮浙京西路盐法》为名,茶法冠以《绍兴编类江湖淮浙福建广南京西路茶法》为名。所有事属一司、一路、一州、一县等条法指挥,不系今来编类者,自合依旧遵守。"上曰:"茶、盐前后指挥条目繁多，今编类成书，纤悉具载，若能遵守，永远之利也。"先是八年七月七日，枢密院计议官陈康伯言："臣窃惟茶、盐成法，纤悉备具，载之简策，布在有司。然阅时既久，续降益多，或臣僚因事而建明，或朝廷相时而增损，前后重复，科目实繁。昨者虽降旨取索编类，未见施行。伏望委官审订，勒成一书，镂板行下，使诸郡邑有所遵承，或无抵牾。"至是始成书。10，p6683—6684

【绍兴】二十七年六月二十六日，尚书省言："告捕私茶盐虽有赏格，若不增重，无以激劝，兼次第保明，多有阻滞。"诏："今后命官捕获私茶盐，依赏格各递增一等，诸色人赏钱各增五分。应合得赏人，茶盐司限三日勘验，保明申奏，赏钱限当日支给。"11，p6684

绍兴三十二年八月二十三日，中书门下言："自今应有犯贩私茶盐，仰官司依法根治，不得信凭供指，妄有追呼。违者，许被扰之家越诉，承勘官吏当重置于法。"从之。15，p6686

孝宗隆兴元年四月六日，上封事者言："建州北苑焙所产腊茶，每岁漕司费钱四五万缗，役夫一千余人，往往以进贡为名，过数制造，显是违法。"诏福建转运司常切觉察，仍具每年造茶的实合用钱数闻奏。15，p6686

【隆兴元年四月】二十二日，诏："今后捉到私茶，依龙安县园户犯私茶体例，及十斤以上，将户下茶园估价，召人承买，将五分收没入官，五分支还犯人填价。"从都大主管成都府利州等路茶事续麏请也。15，p6686

【乾道二年】十月三十日，四川茶马司言："已立罪赏，禁贩茶子入番。近有奸猾之人，却将已成茶苗公然博买入蕃，乞依茶子罪赏指挥。"户部言："《绍兴十二年十一月二十五日指挥》：'园户收到茶子，如辄敢贩卖与诸色人，致博卖入蕃，及买之者并流三千里，其停藏、负载之人各徒三年，分送五百里外，并不以赦降原免。许诸色人告捉，每名赏钱五百贯，内茶园户仍将茶园籍没入官。州县失觉察，当职官并徒二年科罪。'今茶苗比之茶子，为害尤重，乞依本司所请。"从之。18，p6688

【乾道】三年十二月十二日，行在都茶场言："准《乾道二年三月二十五日指挥》：'应指两淮州县住卖者，并就买引去处贴纳翻引钱十贯五百，许从便住卖及榷场折博。'近来不住据所属，申明客人于指挥之前已买引，乞依旧法，免贴纳翻引钱。"诏将乾道二年以前请买到茶引未曾起茶，并就起茶去处贴纳翻引钱讫，批上文引，方许批发放行。18，p6688

【淳熙三年二月】十八日，诏："自今州县不依条限拘缴茶、盐引，从本路提举司检察，并依奉行茶盐法违戾徒二年断罪。其比较增亏赏罚，亦依《绍兴二十八年十月四日指挥》，以缴到引日为数比较。"从江东提举司请也。23—24，p6691

宋会要辑稿·食货三二·茶法四·茶盐杂录三

政和三年正月四日，户部员外郎、提举荆湖南北路茶盐事范之才奏："契勘《崇宁二年八月九日敕》节文：'川茶除入熙河、秦凤两路外，有鄜延、环庆、泾原、永兴四路，并许客人（般）〔搬〕贩东南茶货。'续承《崇宁三年二月十二日朝旨》：'陕西盐香司申，诸川茶自来先到凤翔府，方始转（般）〔搬〕入熙河路出卖。'缘凤翔府以东诸县镇系卖川茶地分，与见今客贩东南茶地界相接，恐冒法透漏入东南茶界，有害客贩。欲将凤翔府以东岐山、扶风、麟游、周至、普润、好畤、郿、虢县添展作东南茶地分，更不放令川茶（般）〔搬〕运过凤翔府以东。奉圣旨：依所乞。后来陕西路并作川茶地分。缘近降茶法，永兴等四路并为客贩南茶地分，其凤翔府以东八县，即未有复行南茶指挥。"诏凤翔府以东岐山等八县，依旧作南茶地分，余依已降指挥。1，p6697

【政和三年正月】十四日，诏："贩茶短引候园户处买茶讫，令本处官司依《大观二年五月二十九日朝旨》所定至住卖处日限，于今年新引内凿定，仍更依旧式，别用日限印子。候到住卖处，依已降指挥，于引背批说已贩到茶年月日，此引更不得重叠兴贩，若出违所给日限，立便拘收元引，茶货没官。其缴引日限等约束，并依近降指挥，内亲身赴茶务买短引贩茶人，仍除程，到本州理限。《大观二年五月二十九日敕》：'重别修到短引体式，并添日限印子。'奉圣旨：令给引官司遇客人贩茶，并仰依式用大字书凿，仍约度所指住卖处远近计程，分立日限：不及十程，限五日，十程已上限十日，二十程已上限十五日，三十程已上限二十日。并通计程数于引内批凿，谓如去住卖处二十程，给限三十五日引之类。仍于印子内亦凿定所立限。并计行使用月日，谓如二十程即限三十五日，大观二年正月一日给，至当年二月六日。不在行使之限，即出限，更不许行使。其程数不以水、陆路，以五十里为一程。罪赏约束，并依元降指挥。"1—2，p6697—6698

【政和三年二月】十九日，尚书省札子："提举福建路茶事司状：体访得本路产茶州军诸寺观园圃，甚有种植茶株去处，造品色等第腊茶，自来拘籍，多是供赡僧道外，有妄作远乡馈送人事为名，冒法贩卖，官司未有关防。伏望立法行下，以凭遵守。"诏诸寺观每岁摘造到草、腊茶，如五百斤以下，听从便吃用，即不得贩卖。如违，依私茶法。若五百斤以上，并依园户法。3—4，p6698

【政和三年三月】二十五日，盐都盐务吕仲随等札子："检会崇宁三年二月内讲议司修立到《福建路茶法》内一项：'诸园户五家为保，内有私相交易者互相觉察，告赏如法。即知而不告，论如五保不纠，律加一等。'契勘新修茶法，并许客人请引径赴园户处私下任便兴贩，即不得与无引交易。看详上条内有文意与新法相妨去处，若不修正，窃虑园户别致疑惑。今相度，欲乞于上条内删去'内有'二字，却添入'若与无引入'五字。如允所请，亦乞依此施行。"从之。4，p6699

【政和三年】七月二十日，尚书省言："勘会贩茶短引每道价钱二十贯，窃虑尚有本小商旅不能兴贩之人。"诏令太府寺更印给一等十贯短引，许贩茶一百五十斤，余依前后已降指挥。4，p6699

【政和三年】八月四日，诏："客人买到茶货往税务封记起引，其商税务如茶到限日，依条封记放行。如敢阻节住滞，当行人吏杖一百勒停。"5，p6699

【政和三年八月】二十日，中书省言："勘会诸路朝廷所管茶、盐钱万数不少，并系专一措置收桩，以归朝廷移用。窃虑诸官司却与诸色窠名封桩钱一例支使，有妨朝廷指拟。"诏："诸路茶盐钱除有专条及朝廷临时指挥指定许支外，并不得与诸色窠名封桩钱一例支使，如违，依擅支封桩法。"5，p6699—6700

【政和三年】九月十九日，中书省言："增修到下条：'诸茶法，州县及当职官奉行稽慢违戾，或有沮抑者，各徒二年，并不以去官、赦降原减。'"从之。6，p6700

【政和三年十二月】六日，中书省言："检会《崇宁四年八月十七日朝旨》：'应在任官亲戚，及非在任官、僧道、伎术人、军人、本州县公人及犯罪应赎人，不得请引贩茶，如违，其应赎人杖一百，余人徒三年，犯罪应赎人送邻州编管。许人告，赏钱五十贯。'勘会见行茶法系令客人等赴都茶务买引，与园户任便交易贩茶，限定大小斤重，官置笼篰，即与以前事体不同。"诏："崇宁四年指挥内见任官、公人合依旧不许买引兴贩外，余更不施行。"6，p6700

【政和】五年五月二十五日，尚书省言："今重修立到下项《赏格》：命官亲获私有茶、盐，获一火三百斤，腊茶一斤比草茶二斤，余条依此。升半年名次；八百斤，免试；一千二百斤，减磨勘一年；二千斤，减磨勘一年半；三千斤，减磨勘二年；四千斤，减磨勘二年半；五十斤，减磨勘三年；七千斤，减磨勘三年半；一万斤，转一官；三万斤，取旨。累及一千斤，升半年名次；一千五百斤，免试；二千斤，升一年名次；四千斤，减磨勘一年；五千斤，减磨勘一年半；七千斤，减磨勘二年；八千斤，减磨勘二年半；一万斤，减磨勘三年；二万斤，减磨勘三年半；三万斤，转一官；十万斤，取旨。《罚格》：巡捕官透漏私有茶盐一百斤，罚俸一月；一百五十斤，罚俸一月半；二百斤，罚俸两月；二百五十斤，罚俸两月半；三百斤，罚俸三月；一千五百斤，罚俸五月，仍差替；二千五百斤，展磨勘一年，仍差替；三千五百斤，展磨勘二年，仍差替；四千五百斤，展磨勘三年，仍差替；五千斤，降一官，仍冲替；三万斤，取旨。"从之。7—8，p6701

【政和】六年闰正月二十六日，刑部〔奏〕："今拟修下条：'诸巡捕使臣透漏私有盐、矾、茶者，百斤罚俸一月，每五十斤加一等，至三月止；两犯已上通计及一千五百斤者，仍差替。私乳香一斤比十斤。其兼巡捕官，三斤比一斤。即令佐透漏私煎炼白矾，碱地分令佐漏刮碱煎盐同。减兼巡捕官罪一等。'"从之。8，p6701

【宣和三年闰五月】十五日，中书省、尚书省言："潭州申，准《重和元年十二月十九日御笔》：'今后买卖私茶牙人、铺户、私贩人，罪轻杖一百，编管邻州；失觉察地分人，杖八十，公人、吏人并勒停，永不收叙；故纵，与犯人同罪，并不以赦降原减。'看详保正长失觉察保内兴贩私茶，依条则有巡捕、公人、吏人合断罪勒停，永不收叙外，其保正长因缘侥幸，避免差使，虑合止从地分人断放，有此疑惑。"诏申明行下。11，p6703

【宣和】四年六月二十五日，都茶场状："准尚书省批送下淮南提举盐香茶矾事司状：'检准《敕》："应代支私盐赏钱，并责透漏地分人与犯人均备，候私盐屏息、盐课增羡日依旧。"本司今相度，乞应代支私茶赏钱，并依上件盐赏已得指挥施行。本场今勘当，欲依淮南茶事司所申事理施行。'"诏依都茶场所申。14—15，p6704—6705

【宣和四年】十二月八日，尚书省拟修下条："诸渠、合州、长宁、泸川军所产茶辄出本州界，及夔州路茶入潼川府通贩川茶地分者，并依私茶法。当职官故纵若透漏，听榷茶司按劾。右入潼川府、夔州路并榷茶司敕。"诏依。15，p6705

【宣和】六年闰三月三日，提举两浙路盐香茶矾事李弼孺奏："契勘盐、茶课利，正系今日财用大计，其取会事务，并系紧切照应准备朝廷取索文字。访闻诸州县自来报应稽缓，如被受朝旨取会，并乞限当日回报，余依旧。三经举催，不与完备回报，亦乞立定断罪刑名。"诏依户部所申，如违，从杖一百科罪。15，p6705

【绍兴二年】五月七日，提举两浙西路茶盐公事夏之文言："巡捕官带兼巡捉私盐茶，如有透漏，罚格太轻，如一任内别无透漏，亦无推赏，是致得以弛慢。契勘昨来透漏私盐，已降指挥依正巡捕官断罪；如任满别无透漏，依《元丰盐赏格》与减一年磨勘。缘茶、盐法事理一同。"诏巡捕私茶赏罚，并依绍兴二年五月一日盐事已降指挥施行。17，p6711

【绍兴】三年正月十五日，刑部言："提举两浙西路茶盐夏之文奏：'检会《绍兴元年十二月三日都省札子》："勘会国家养兵之费，全藉茶盐之利，（日近）[近日]守令官司玩习怠慢，全不禁戢私贩。"奉圣旨："应私贩茶盐，并不用荫原赦。"又《绍兴敕》："诸律与敕兼行，文意相妨，从敕；其一司一路有别制，从别制。"今准九月二十日赦恩，据所属申明见禁犯茶、盐公事，合与不合引用《绍兴敕》作非次赦恩原免？本司契勘《绍兴敕》诸海行条内，称不以赦降原，除缘奸细或传习妖教托幻变之术及故决、盗决江河堤堰已决外，余犯若遇非次赦，或再遇大礼赦者，听从原免。又缘茶、盐约束断罪等各有专法，未审合与不合引用海行条原放。九月二十六日有旨：应私贩茶盐，虽遇非次赦恩，特不原免。本司检准《绍兴敕》："诸犯罪未发及已发未论决而改法者，法重依犯时法，轻从轻法。"伏详今降旨意，本缘冒法之人侵耗国计，务要禁戢私贩，故专降指挥特不原非次赦恩。兼详所降圣旨，亦无今后之文，若或便将似此犯人不原九月四日赦恩，缘犯时终未尽降不原非次赦恩指挥，又虑合作建格改引赦原免，委有疑惑。'并小贴子：'看详《九月二十六日指挥》："应私贩茶、盐，虽遇非次赦恩，特不原减。如再遇大礼赦，未审该与不该原减。"'小贴子：'照会《绍兴敕》诸海行条，内称不以赦原减，除缘奸细或传习妖教等外，余犯若遇非次赦，或再遇大礼赦者，听从原免。亦未审一司一路一州一县条法内该载不以赦降原减，若遇非次赦，或再遇大礼赦，合与不合原减？

仍乞一就申明施行.'本部寻下大理寺参详去后, 据大理寺申: '寺司众官参详, 若私贩茶、盐, 犯在《绍兴二年九月二十六日指挥》已前, 依敕合作犯罪未论决而改法, 法重依犯时外, 依《绍兴敕》称不以赦降原减, 除缘奸细或传习妖教托幻变之术及故决、盗决江河堤堰已决外, 余犯若遇非次赦或遇大礼赦者, 听从原免. 即是一遇非次赦与再遇大礼赦立法一般. 今来私贩茶、盐既专降指挥, 虽遇非次赦, 特不原减, 即再遇大礼赦, 亦不合原减.'所有一司、一路、一州、一县条法内称不以赦降原减, 事既非海行法, 若遇非次赦, 或再遇大礼赦, 亦不合原减. 本部欲依本寺所申行下.'从之. 27—28, p6711—6712

【绍兴三年】二月二十五日, 诏: "茶园户自请引贩茶, 如引不随茶, 并依客人兴贩引不随茶条法断罪施行." 28—29, p6712

【绍兴三年三月】六日, 大理寺言: "本寺昨因渡江散失条制之后, 一司专法编录不全, 每遇检断犯私茶、盐公事, 不免旋于临安府取会专法, 非特留滞案牍, 兼恐供报漏落, 因致引用差误. 欲乞下本府将前后茶、盐法并续降指挥责限一月, 编录成册, 官吏保明委无差漏, 送寺收掌, 以备检用. 所有日后续降指挥, 亦乞申严有司依条限誊报, 下寺施行." 诏临安府系驻跸州军, 事务繁剧, 改令严州限一月抄录成册, 送本寺收掌. 29, p6712

【绍兴】四年三月十六日, 户部言: "检准《绍兴三年三月九日指挥》: '今后告获牙人接引货卖私盐罪赏, 并依正犯人法.'欲乞今后告获牙人接引卖买私茶之人, 并依接引卖买私盐人已得指挥施行." 从之. 30, p6713

宋会要辑稿·食货三四·坑冶下·矾

太祖建隆三年三月, 监晋州榷矾务、右谏议大夫刘熙古言: "幽州界有小盆矾, 民多私贩, 望令禁止." 诏自今犯者严断, 募人告捉, 给赏有差. 1, p6733

开宝三年二月, 诏: "三司先定(司)〔私〕矾条流颇甚严峻, 犯者皆至极刑, 宜示改更, 特从宽贷. 其私贩幽州矾入界者, 旧条不计斤两多少, 并知情人并决杖处死, 告人据等第给赏. 自今所犯至十斤处死, 十斤已下等第断遣. 告人获一人, 赏绢十匹; 二人, 二十匹; 三人已上, 不计多少, 并赏五十匹." 先是, 周显德二年敕, 犯矾不计多少, 并知情人悉处死，至是始差减之。私煎者旧条三斤处死，并场务主者及诸色人擅出场务内矾，或将盗贩，及逐处官场务以羡余矾衷私自卖，旧条十斤处死，已下等第断遣。自今依刮咸煎炼私盐条例，至十五斤已下等第断遣，赏钱亦依盐法。已上罪至死者，仍具奏裁。1—2，p6733

太宗太平兴国二年十二月，诏曰："晋州矾官岁鬻不充入旧贯，盖小民逐末，不服畎亩，因而为盗，复赍贩以交化外。自今贩者一两已上不满一斤，杖脊十五，配役一年，告人赏钱十千；一斤以上不满二斤，杖脊十七，配役二年，告人赏钱十五千；二斤已上不满三斤，杖脊二十，配役三年，告人赏二十千；三斤处死，告人赏钱三十千。场务主者并诸色人擅出场务内矾，或偷盗兴贩，及逐处场务将羡余矾货衷私出卖，一两已上不满一斤，量罪断遣，捉事人赏钱五千；一斤已上不满三斤，决脊杖十五，配役一年，捉事并告者赏钱十千；三斤以上不满五斤，决脊〔杖〕十七，配役二年，捉事并告者赏钱十五千；五斤已上不满十斤，决脊杖二十，配役三年，捉事并告者赏钱二十千；十斤处死，捉事并告者赏钱三十千。私煮及贩，已论决而再犯者，虽所犯不如律，亦杖脊，配隶远恶处。会赦释放而又犯者，无轻虑重，悉处死。买及受寄隐藏者，二两得一两、二斤得一斤之罪；如受而转卖者，依元卖人例断遣。"2，p6734

淳化元年三月，三司言："准《敕》：'以慈州绿矾积留，令别为条约。'缘小民多于山岩深奥之处私煎规例，侵夺官课，今若依白矾条例，即绿矾价低，白矾刑名太重。或依旧以漏税条制区分，又刑名过轻，人无所畏。今请依太平兴国二年所定私茶例科断，告捉人赏钱亦依私茶盐条数支给。"从之。2—3，p6734

仁宗天圣元年闰九月，司农少卿李湘言："晋、慈州矾铺户多杂外科煎炼，致官矾积滞，货卖不行。"诏禁止之，其产私矾坑窟牢固封塞，觉察犯者，许人告捉，依刮咸煎炼私盐条例断遣；绿矾即依私茶条例。3，p6734

【天圣】六年十一月，诏："巡捉私矾使臣、县尉捕得私煎白、绿矾，并依私茶盐万数酬赏；如透漏者，并当批罚。"3，p6734

【天圣】十年九月四日，江淮发运司言："准《条》：'私贩白矾依刮咸例、绿矾依私茶例科罪。'近杭州民陈爽往信州市土矾二千斤，此矾比绿矾色味俱下，若从杖科刑，即太轻典，望别定刑名，并下信州封矾坑，以禁私鬻。"下法寺，请据斤两比犯私茶减三等定罪。巡警透漏，告捉到百斤已下，全给告者；五百斤已下，给半；已上，并给三分之一。使臣透漏三百斤，夺一月俸，三百斤，加半月，罪止罚一季俸。奏可。3，p6734

【哲宗元祐】八年二月二日，户部言："无为军昆山白矾，元条禁止，官自出卖。昨权许通商，每百斤收税五十文。准《元祐敕》，晋矾给引，指住卖处纳税，沿路税务止得引后批到发月日，更不收税。其无为军昆山矾，欲依晋矾通商条例。"从之。4，p6735

绍圣三年五月二十四日，江淮荆浙等路制置发运司言："官员躬亲捕获私矾，累及一万斤至十万斤，等第推赏。未获犯人者，以三比一；差人捕获，以三之半比一。"从之。4，p6735

政和二年二月三日，诏："自政和二年为始，将东南九路岁买矾依熙宁旧法，九路官（般）〔搬〕去出卖，仍将每岁合发上供卖矾钱并依绍圣敕条，令发运司管认旧额三万三千一百贯起发上京，以助经费。所有见措置淮南路矾事司依旧并归发运司，其官吏等并罢。"以户部奏："臣僚言：无为军昆山县矾事旧属发运司总领，每年认定净利钱三万贯。自大观二年专置司，差官措置，立定年额九百贯，令无为军出备钱收买。至今约计五年，矾货山积，变转不行，虚占本钱，利息甚寡，官吏、军兵、公使等钱所费不轻。乞依旧法出卖。"故也。4，p6735—6736

高宗建炎二年正月十三日，同专一措置财用黄潜厚言："《宣和三年闰五月十五日敕》：'淮南矾场取客人从便，于榷货务入纳请买公据外，亦许客人用金、银、钱、帛等依数就矾场入纳算请。所有纳下金、银、匹帛等，并令矾场监守封记，团并上京。'及承《建炎元年十一月二十三日敕》：'淮南无为军矾，权许客人通贩入晋、相矾地货卖。'今欲乞许客人贩淮南矾通入河北、河东、京东、京西、在京并东南九路，除在京榷货务买到公据外，仍许就行在入纳见钱、金银、物帛等请买公据钞引，可免矾场（般）〔搬〕辇脚费。"从之。6，p6736

【绍兴】十一年十二月四日，工部言："铸钱司韩球奏：据铅山知县同本场监官申，截自七月二十日终，煎炼到青胆矾六千七百六十斤，扫到黄矾四千五百六十四斤在库，乞变卖施行。据榷货务条具下项：一、检照《建炎四年十月九日指挥》：'给卖抚州青胆矾，每斤价钱一百二十文省，土矾每斤价钱三十文省。'其铅山场所产矾货，今体问得比之抚矾稍高，内青胆矾欲放抚州矾体例，每斤作一百五十文。黄矾比土矾亦是稍高，每斤作八十文。仍乞将逐色矾依崑山场白矾例，每引各作一百斤。二、契勘自来客人赴务算请矾货，系依茶、盐钞引例，每贯纳头子、市例钱二十文，每贯纳顾人钱一文，每引纳工墨钱二十文。今来客算青胆、黄矾，欲乞依本务见今收纳则例。三、契勘客人纳钱赴榷货务算请矾货，系给钞引付客人执前去矾场照会请矾，其引系矾场批凿月日付客人，随矾照会货卖，合行预降合同号簿。欲令太府寺交引库速行印造，差本务号簿官押发前去信州铅山场收管，勘同支矾。"并从之。8—9，p6737

宋会要辑稿·食货三四·坑冶杂录

天圣四年，京东转运副使上官佖言："奉诏相度登州蓬莱县界淘金利害。今检视淘金处，各是山涧河道，及连畔地土闲处有沙石泉水，方可淘取得碎小片金。仍定下项条例：凡上等，每两支钱五千，次等四千五百，俱于在城商税务内置场收买，差职官勾当。产地主占护，即委知州差人淘沙得金，不计多少，立纳官，更不支钱。监官招诱收买数多，即与酬奖。地主及赁地人不得私卖，及将出州界。许人告捉，一两已下笞四十，已上笞五十，四两已上杖六十，七两以上杖七十，十两以上杖八十，十五两以上杖九十，二十两已上杖一百；买者减一等。告人据捉到金色号，全与价钱充赏，至百千止。应自前淘买到者，即限一月赴官中卖，限满不首，许人告捉，并依前项施行。应出金地主或诸色人，如自立法后一年内，淘取得金二百两已上中卖入官，与免户下三年差徭及科配。如并五次淘得各及两数，即永免差役科征，只纳二税。应地主如少人工淘取，许私下商量地步，断赁与人淘沙得金，令赴官场中卖。"从之。14，p6740

【绍兴】二十七年，兼权户部侍郎陈康伯等言："近有陈请诸路州县管下坑冶停闭荒废去处，勒令坑户抱认课额。已委逐路提刑司检视相度，以所收多少分数认纳，不得抑勒。尚虑有停闭坑冶内却有宝货去处，一概作停闭，致减损国课。今措置，欲委逐路转运司行下所部州县，应有停闭及新发坑冶去处，许令人户经官投陈，官地给有力之家，人户自己地给付本户。若本地主不赴官陈告，许邻近有力之家告首，给告人，候及一年，成次第日，方从官司量立课额。其告发人等坑户自备钱本采炼，卖纳入官。从《绍兴格》特与减壹半数目，依全格推赏补官。"从之。19，p6743

宋会要辑稿·食货三四·禁铜

太宗太平兴国二年，有司言："江南诸州铜先未有禁法，请颁行之。"诏从其请，除寺（劝）〔观〕先有道佛像、钟、磬、铙、钹、相轮、火珠轮、铎及人家常用铜鉴外，民间所蓄铜器，悉送官，给钱偿之。敢有匿而不闻者，论如律。31，p6748

至道二年，诏："应私铸铜器，蠹坏钱货，建康府、台、明、湖州犹甚，可专委守臣严切禁止，除钟、锣、磬、铙、钹、铃、杵、镜、铩襷并依已降指挥，内钟、磬、铃、杵许投税获凿出卖。"31，p6748

咸平四年，江南转运使冯亮言："旧《敕》犯铜禁者七斤而上，并处极法，奏裁多蒙减断，待报逾时，颇成淹缓。请别定刑名，以为永制。"诏自（令）〔今〕满五十斤以上取敕裁，余递减之。31，p6748—6749

元祐元年，枢密院言："乞禁私卖锡、铜、逾石器，犯者依私有法。"从之。31，p6749

宋会要辑稿·食货三五·钞旁定帖

徽宗崇宁三年六月十日，敕："诸县典卖牛畜契书并税租钞旁等印卖田宅契书，并从官司印卖，除纸、笔、墨、工费用外，量收息钱，助（瞻）〔赡〕学用，其收息不得过一倍。"1，p6753

【崇宁三年】十一月十二日，尚书省奏白札子："考城县典卖牛畜契，每一道今卖五钱省，比旧减下八钱省；税租等钞旁，每一十旁今卖五十七钱省，比旧减下二十二钱省。检会今年六月十日度支、户、金部看详，前项钞旁并从官司印卖，除纸、墨、工费用外，量收息钱，不得过一倍。切缘府界诸县有未承六月十日朝旨，已得前旧卖钱数稍多，已成定例，与今来逐部看详所收息钱，比之逐县旧卖钱数，除本价外，各有减落数目。且以考城一县计之，比旧减下钱数太多，亏损学费。"诏："府界诸路官卖钞旁、契书等，收息不得过四倍，随土俗增损施行。如旧卖钱数多者，听从多，仍先次施行。"1，p6753

宣和元年八月二十二日，诏："钞旁元丰以前，并从官卖，久远可以照验，以防伪滥之弊。政和修敕令删去，不曾修立。及降指挥不许出卖。今后应钞旁及定帖，并许州县出卖，即不得过增价（直）〔值〕。"2，p6753

【宣和】二年八月二十日，诏："官卖钞旁、定帖，以防伪冒，实遵元丰旧制。收息分数已降处分，并依《崇宁三年十一月指挥》。如敢数外增钱，及邀阻乞取者，官吏并以违制论。疾速申明行下。"从两浙路转运使李祖申请也。2，p6753

【宣和二年】十二月十七日，《尚书省札子》节文："官卖钞旁、定帖，并须每户请纳作一钞，不得依前众户连名。遇人户请买，当官依法出卖；不当官给卖者，杖一百。公吏人等揽买出外增塔价钱转者，各徒二年。"2，p6753

【宣和三年四月】十三日，诏："诸路收帖定并帖纳钱，委逐路提刑司拘籍起发，赴内藏库送纳。若拘籍隐漏及辄移用，并当重行黜责。其已降赴大官库送纳指挥，更不施行。今后收到钱并依此。"先是，四月诏：依户部尚书沈积中奏，钞旁、定帖等钞除陕西、河东路及已有指挥支拨外，并令提刑司同本路转运司措置起发上京，赴大官库送纳，寻有是诏。3，p6754

【宣和】六年三月二十二日，发运司奏："奉诏兴复转（般）〔搬〕，拘收诸色钱本，收籴斛斗。数内官卖钞旁，诸处关报，所收钱数不多。盖缘奸弊未能杜绝，暗亏官钱，深为未便。臣今措置条具下项；钞旁系司录厅印造，给付属县等处出卖。今欲乞诸州钞旁、定帖除依旧令司录监辖印造外，并用通判勾印讫，给付属县置历出卖。诸州止于《千文》字号上添甲子字号，每一字号印造一千副为额。仍于每字号下排定第一、第二纸以至一千纸字，所贵有以关防。诸县专委县丞管勾，置卖钞局出卖，即不得辄拘早晚时限。仍于钞旁上印定所卖钱数。"从之。3，p6754

【宣和】七年四月九日，讲议司言："契勘人户输〔纳〕，纳官卖钞旁，州县不能钤束公人计嘱尽行出买，却于人户处邀求厚价，比之官价，多至数倍，兼又阻节留滞，致有人户粜卖所纳物斛以充盘费，为害甚大。今欲更不印卖，止令人户从便自写钞旁纳官，置单名历用合同印记，令人户量纳合同印记钱，以杜绝阻节之弊。今措置下项：一、旧来印卖空钞，收息不过四倍，每钞四纸。今乞人户自写钞旁，纳合同印记钱，以免邀求厚价、乞觅阻节之弊。其所纳钱数，每钞纳钱四十文省，不成贯、石、匹、两、束者减半，内依法许合钞送纳者听依旧。二、旧来官司去失官钞，即追户钞，或又去失户钞，人户更无照应。今来乞置单名文历，遇人户送纳输官钱物，将人户县分、乡村、姓名、所纳数目，一户作一项抄上，仍将所受纳处铜印于官钞及历上用印合同，五十户作一结，受纳官签书。遇官司去失官钞，只用单名历比照，不得辄追户钞。三、去失单名历，依去失重害文书法。四、淮南、江东、西、湖南、北路收到钞旁钱，依宣和二年七月十三日朝旨，令发运司拨充籴本，岁终，具帐申尚书省。五、京畿并旧四辅州及河北东、西、京西南、北路，欲依先降指挥并隶应奉司拘收。续承今年二月二十二日御笔，六路赡学钞旁、定帖、无额上供经制司添酒钱，并充发运司转（般）〔搬〕籴本。欲令发运司尽数拘收，岁终具帐申尚书省。六、陕西、河东路依元降指挥，令提刑司收籴斛斗，别作一项桩管。七、京东路先降指挥，听河北、京东制司移用。契勘朝廷应副燕山、云中两路钱物不少，今来京东路合同钱欲令本路提刑司拘收封桩。八、成都、潼川府、利州、夔州路，欲依先降指挥，计置金、银、绢、帛赴内藏库送纳。九、广东、西、福建路并令逐路提刑司拘收封桩，听候朝廷支用。十、自宣和七年诸路州县应收到合同钱，不以有无支桩，并令提刑上、下半年具帐闻奏。若他司并州县侵支借兑，依擅支借封桩钱物法，亦仰提刑司觉察按劾。"诏依讲议司所定施行。3—5，p6754—6755

【绍兴二年闰四月】二十三日，诏："应典田宅，若故违投契日限，经隔年月，遇赦恩方始自陈即印契者，其所典年限，并自交业日为始。"5—6，p6755

【绍兴】四年二月二十日，户部言："人户典卖田宅，一年之外不即受税，系是违法。缘在法已有立定日限投契，当官注籍，对注开收；及诡名挟佃并产去税存之户，依已修立到条法断罪施行。仍乞行下州县，每季检举，无致稍有违戾。"从之。6，p6756

【绍兴五年三月】二十日，两浙转运副使吴革言："在《法》：'田宅契书，县以厚纸印造，遇人户有典卖，纳纸墨本钱买契书填。'缘印板系是县典自掌，往往多数空印，私自出卖，将纳到税钱上下通同盗用，是致每有论诉。今相度：欲委逐州通判用厚纸立《千字文》为号印造，约度县分大小、用钱多寡，每月给付诸县，置柜封记。遇人户赴县买契，当官给付。仍每季驱磨卖过契白、收到钱数。内纸墨本钱专一发赴通判厅置历拘辖，循环作本，既免走失官钱，亦可杜绝情弊。仍乞余路依此施行。"从之。6，p6756

【绍兴】六年七月十五日，都省言："州县人户典卖田宅，其文契多是出限，不曾经官投税。昨降指挥：只纳元初税钱，限以半年，许换官契。既限内不许陈告，及免倍税断罪，即系利便，人户往往乐于输纳。今来日限已满，访闻尚有不曾送纳去处，盖缘其间有不知上件指挥，兼元降指挥出限，别无约束，是致依前隐匿。"诏更与立限半年，许投税，仍免断罪倍税，各自今降指挥到日为始。从之。6—7，p6756

【绍兴】十三年四月五日，臣僚言："人户典卖田宅印契投税出限，许人告首，乞将今日以前未印契书，再限许人自首。"户部看详："欲依臣僚所乞，将人户今日以前违限不投税，再与展限一季，许将未投契自陈免罪，只令倍纳税钱。如违今来所展日限，告赏、断罪并依已降指挥施行。仍令州县将今来所降指挥分明大字镂板，多出文榜，遍于乡村等处晓谕民户通知，务要投纳契税。今后更不得申乞再展限。"从之。7—8，p6756—6757

【绍兴十三年】十月六日，臣僚言："应民间典卖田宅，赍执白契，因事到官，不问出限，并不收使，据数投纳入官。其前因循未投纳税钱白契，并限五十日自陈投纳。如出限一日，更不展限。"户部看详："欲依所乞，行下诸路州军出榜晓谕。"从之。8，p6757

【绍兴十五年】十月三日，户部言："应人户典卖田宅、船、畜投税违限，能自首之人，并依匿税法，仍三分为率，以一没官，二给自首。"从之。9，p6757

【绍兴】二十六年十二月二十五日，户部言："人户典卖田宅印契日限，违者断罪而没其产，皆太重难行，徒长告诉。欲乞并依《绍兴法》，旧限六十日赴县投税，再限六十日赍钱赴县请契。仍自今降指挥到日为始。所有其余见行应丁关防投纳印契税钱中明，即与成法不相妨碍，自合依旧遵守，照用施行。仍乞检坐绍兴条法遍下诸路监司、州军约束遵守施行，多印文榜，乡村张挂，分明晓谕民间通知。"从之。10，p6758

【绍兴三十二年】十二月五日，刑部立下条件："诸县人户已纳税租钞和、预买绸绢、钱物之类同。不即销簿者，当职官吏各杖一百，吏人仍勒停。其人户自赍户钞出，官不为照使，抑令重叠输纳者，以违制论，不以赦降原减。许人户越诉，专委知、通检察。知情容庇者，与同罪。仍令提刑司每季检举，出榜晓示民户通知。"11，p6758—6759

隆兴二年正月二十五日，诏："民间典卖田宅等违限，不曾经官投税白契，限一季经官自陈，止纳正税，与免入罪。如违限不首，许人告，依匿税条法断罪。"因臣僚有请也。12，p6759

【乾道】五年十二月八日，诏："人户应违限未纳契税，并已前首契不尽白契，并自今降指挥到日，限一季许于所在州县陈首，与免罪赏。自下状日，更与限一百日送纳。税钱专委本州通判拘收，入总制账，令作一项解发。如一州起发及一十万贯以上，从户部具知、通名衔申朝廷推赏。若违限不首，或虽曾陈首，违百日限不纳税钱之人，并许诸色人陈告，依条断罪给赏，拘没田宅入官。仍逐旋开具拘没到数申户部籍记。务在必行，以后更不展限。"以户部尚书曾怀言："人户典卖田宅，自有投税印契日限，违限许人告，依匿税法断罪，追没给赏。昨来四川立限，许人首纳，拘收到钱数百万贯，并婺州一州得钱三十余万贯。其他诸路州县视为常事，恬不加意，是致收纳不尽。兼循习旧例，并不依限投税。"故有是命。12—13，p6759—6760

【乾道】七年二月一日，诏："人户典卖田宅合纳牙契税钱，虽有立定所收则例，昨降指挥，通限一百二十日投纳契税。可依《绍兴十年六月二十七日指挥》，限一百八十日；其人户典卖舟船、驴马合纳牙契税钱，各有立定所收钱数立契，并限三十日印契。访闻诸路州军往往并不曾投纳契税。所有人户典卖田宅、船、马、驴、骡合纳牙契税钱，昨降指挥，专委诸路通判印造契纸，以千字文号置簿，送诸县出卖。可令各路提举司立料例，以《千字文》号印造契纸，分下属郡，令民间请买。将收到钱专委通判拘收，并充上供起发。内有元系分隶经总制钱，以乾道四年账据收到数销豁外，有其余钱，并入总制账，令作一项解发。令提举官逐时检察，每季开具通印给过道数，诸郡各该若干，系某字号至某字号；卖过若干，系某字号至某字号，计交易钱若干，合收牙税钱若干；未卖若干，系某字号至某字号。开具牒报本路转运司，委官一员驱考施行。如印造违慢致积压，有妨请买，许人越诉，依《绍兴十四年七月八日指挥》，官吏重作施行。如人户纳钱违限，许诸色人告，依匿税法断罪追赏。若提举官能用心印造，并本州拘收过钱及五万贯，已起发交纳数足，仍从本路转运司开具本路提举官并本州知、通名衔申朝廷，特予推恩。"先是，宗正少卿兼权户部侍郎王佐言："典卖田宅、舟船、骡马，虽有立定条限赍契投税，例收藏白契，至有加交，方行投印。移割不明，赋役失当，重叠典卖，词诉不已，皆缘不即投契所致。臣今相度，欲令各路提举司立料例、字号，印造契纸，分下属郡，令民间请买。将收到钱并上供起发，内有元系分隶经、总制钱，以乾道四年账据收到钱数销豁。仍依《绍兴十

年六月二十七日指挥》：'立限一百八十日，违限不税者，许人陈告，委自公私两利。'"故有是命。13—14，p6760

【乾道七年】七月二十八日，户部尚书曾怀言："准《乾道六年十二月十一日敕》：'典卖田宅、舟船、骡马，合用契纸，令提举司印给，将收到钱并充上供。'仍依《绍兴七年六月二十七日指挥》：'立限一百八十日，违限不税者，许人陈告。'本部今照得有未尽未便事件，重别条具下项：一、人户请买契纸，若令本路提举司印给，缘所属州军繁多，其间又有相去地里窎远去处，窃虑却致留滞。今欲乞依旧令逐州通判印给，立料例，以《千字文》为号，每季给下属县，委县丞收掌，听人户请买。其钱专委通判拘收交纳，每季具给下契纸数目申提刑司照会。若稍有不尽不实，官吏并以违制论科罪，不以赦降原减。二、人户合给牙契税钱，每交易一十贯，纳正税钱一贯，除六百七十五文充经总制钱外，其三百二十五文充本州之数。今欲乞将本州所得钱三百二十五文数内存留一半充州用，其余一半钱入总制钱账。如敢隐漏，依上供钱断罪。三、人户典卖田宅、舟船、骡马牙税钱，若违限不纳，或于契内减落价贯，规免税钱，许牙人并元出产人户陈首，将所典买物业一半给赏，一半没官，犯人依条施行。四、人户投纳契税、契钱，每交易一贯，纳正税钱一百文并头子等钱二十一文二分。访闻州县往往过数拘收，或揽纳公人邀阻作弊，欲专委令佐觉察禁止。如有违戾，即仰根究，重作行遣。"从之。14—15，p6760—6761

【乾道】九年正月十八日，诏："人户典卖田宅物业，往往违限不行税契，失陷官钱。仰自今降指挥到日，出榜立限一月自行陈首，与免罪赏。自投状日，限一季送纳税钱。如限满不首，许元典卖及诸色人陈告，其物产以一半给告人充赏，余一半没官。仍委叶翥、折知常一就措置，令项拘收发纳。所有州县解发推赏，并依卖田钱格法施行。"17，p6762

宋会要辑稿·食货三五·经总制钱

【绍兴六年】十月二十六日，户部侍郎王俣言："乞令诸路提刑司将所收总制钱窠名、钱物账状供申日限陷漏不实、起发违慢断罪，并依经制司额上供钱物条法。"从之。24，p6767

【绍兴六年十月】十九日，户部言："据淮西提刑司开具到绍兴九年至十一年所收经制钱数目，参照得内有当时系经人马侵犯年分，今来已是平息，欲权将最高年分为额，自绍兴十三年为始，如提刑、检法官能悉心奉行，至岁终拘催钱数及数，乞保明推赏。内舒、和、蕲、黄、庐州、无为军通判拘收钱及数，各与减半年磨勘；若亏额，并展一年磨勘。光、濠州、安丰军通判及数，各与升一年名次；如亏及一分以上，并展一年磨勘。今权立赏罚，候将来及三年，（今）〔令〕提刑司别行开具增立钱数，申取指挥施行。"24—25，p6768

【绍兴】十六年三月二十四日，权户部侍郎李朝正言："诸路每岁所收经、总钱，依元降指挥，委本路提刑并检法、干办官点磨拘催，岁终数足，许比较推赏。本部欲将经总制钱数通衮纽计，比较递年增亏，依立定分数殿最，增一分以上减三季磨勘，二分以上减二年磨勘，四分以上减三年磨勘，六分以上减四年磨勘；亏一分以上展二年磨勘，二分以上展三年磨勘，三分以上展四年磨勘。"从之。25，p6768

宋会要辑稿·食货三五·无额上供钱

【建炎】二年五月十五日，户部尚书吕颐浩等言："诸路无额钱内增添酒钱，依旧法系户部上供之数。今已承指挥，自建炎二年正月一日为始，并依旧法。（切）〔窃〕虑诸州军止以六分桩发，欲乞令提刑司行下逐州军，将四分增添酒钱并入六分之数收系入账，依限尽数桩发施行，免致有亏省计。"从之。30，p6773

绍兴元年四月四日，户部侍郎孟庚言："诸路州军所收无额钱物，昨窠名繁多，州郡得以侵欺，并令提刑司具帐催督起发，以革侵用。近缘军兴，诸路供申帐状多不依限。继承指挥：'添酒钱五项依旧作经制钱拘收，亦系无额，名色相同，从来帐限不一，作两色供报，州县得以侵欺。'今欲乞将诸路所收无额、经制钱物每季只作一帐供申，并限次季孟月二十五日已前具帐，及起发数足。余依见行条法。"从之。30—31，p6773—6774

【建炎】二十五年四月十六日，诏："诸路州军知、通今后拘收无额钱物及一万贯，与减一年半磨勘；及一万五千贯以上，与减二年磨勘。如止及五千贯，依已降指挥，与减一年。"从户部请也。31，p6774

宋会要辑稿·食货三五·上供钱

【高宗建炎】四年九月六日，户部侍郎孟庚言："崇宁立法：'诸路违欠上供钱物，官冲替而吏配千里，务要应期办集。后大观间户部奏请，以为法禁太重，将官员冲替改作差替，人吏决配改作勒停，期于必行，不为虚文。'继承指挥：'却依旧法。日来朝廷不欲深罪，监司、州郡公然违戾，深虑有误国计。'伏望严赐督责监司、州郡当职官，将今年上供钱物须管依限起发赴行在应助支用，如有违欠，并乞依大观间申请断罪。"从之。32，p6774

【乾道四年】十二月十四日，四川总领所、夔州路转运司言："夔路岁发上供等钱物，支降盐、茶下逐州拘收，自行变卖充本，收买金、银、绢、帛起发，偎折人户输纳数目。其州军如有侵移、借兑、欺隐，不行尽实偎折，乞比附擅赋敛法科罪。"诏："如有违戾，即将官吏依'非法擅赋敛敕条'以违制论，依律徒二年科罪。"41—42，p6780

【乾道】七年正月二十日，诏："自今后诸州军起发上供诸色窠名铜钱，并要起七分见钱、三分会子，并人户典卖田宅等交易用钱、会子，使听从民便。"42，p6780

【乾道七年】五月五日，三省言："检准《绍兴二十五年四月十六日圣旨》：'诸州军知、通拘收无额上供钱物，每岁终及一万贯，与减一年半磨勘；如及一万五千贯以上，与减二年磨勘。'（切）〔窃〕见州军所收诸色窠名数目浩瀚，如赃罚、户绝等钱物，动以千万贯计。其知、通岁终只以一万五千贯以上趁及赏额，余钱既无增赏，得以侵支妄用，是致失陷财计。欲乞自今后应诸州军知、通及诸路安抚、转运使、提刑、提举并市舶官，应任内各司自能拘收起发无额钱物内，一万贯减一年半磨勘，及一万五千贯减二年磨勘，若增及三万贯又以上，转一官。如更能拘催起发过数，并比类推赏。除岁额诸州军一万五千贯以下钱物并依旧逐季起发左藏西库外，自今来诸司及诸州军增收到无额钱物，并逐季令项起赴左藏南上库桩管。仍专委官一员以时点检拘催，依数起发，俟至岁终，优加旌赏。"从之。其后九年五月二十七日，臣僚言："伏见《绍兴二十五年指挥》：'诸州军知、通每岁拘收无额钱及一万贯，与减一年半磨勘，一万五千贯以上，与减二年磨勘。'此以利导之。近来往往诸州将其他钱物先次起发数足，以幸赏典。虽云诸色窠名无亏方许陈乞，然知、通替罢，未有不推赏者。至乾道七年五月五日再降指挥：'若知、通起发无额钱及三万贯，与转一官。'此法既行，太为侥滥。昨来推赏不过二年，并用实历对使，今比旧法，才得一万五千贯，径转一官。诸路知、通尤更急于受赏，人人竞利，至有一年之内拘收无额钱转一官、减二年磨勘者；若二年，则遂转三官矣。如小郡财赋有限，于常赋之外更事刻剥，则事力愈窘，益见煎熬。天下州郡长贰但志在于拘钱转官，凡在任有合行整顿纲纪之事，苟且因循，尽废而不举矣。"诏诸路州军知、通今后每岁起发无额上供钱物，若增及三万贯以上，与减三年磨勘。42—43，p6780—6781

宋会要辑稿·食货三六· 榷易

【太平兴国二年】三月，监在京出卖香药场大理寺丞乐冲、著作佐郎陶邴言："乞禁止私贮香、药、犀、牙。"诏："自今禁买广南、占城、三佛齐、大食国、交州、泉州、两浙及诸蕃国所出香、药、犀、牙，其余诸州府土产药物，即不得随例禁断。与限令取便货卖，如限满破货未尽，并令于本处州府中卖入官；限满不中卖，即逐处收捉勘罪，依新条断遣。诸回纲运并客旅见在香、药、犀、牙，与限五十日，行铺与限一百日，令取便货卖。如限满破货不尽，即令于逐处中卖入官。官中收买香、药、犀、牙，价钱折支，仍不得支给金、银、匹段。所折支物并价例，三司定夺支给。应犯私香、药、犀、牙，据所犯物处时估价纽足陌钱，依定罪断遣，所犯私香、药、犀、牙并没官。如外国蕃客、公私人违犯，收禁勘罪奏裁，不得依新条例断遣。应干配役人，并刺面配逐处重役，纵遇恩赦，如年限未满，不在放免之限。应有犯者，令逐处勘鞫，当日内断遣，不得淹延。禁系妇人与免刺面，配本处针工充役，依所配年限满日放。二千以下、百文已上，决臂杖十五；百文已下，逐处量事科断；二千已上，决臂杖二十；四千已上，决臂杖十五，配役一年；六千已上，决脊杖十七，配役一年半；八千已上，决脊杖十八，配役二年；十千已上，决脊杖二十，配役三年；十五千已上至二十千，决脊杖二十，火刺面配沙门岛；二十千已上，决脊杖二十，大刺面押来赴阙引见。应诸处进奉香、药、犀、牙，即令于界首州军纳下，具数闻奏，其专人即赍表赴阙。"先是，外国犀、象、香、药充牣京师，置官以鬻之，因有司上言，故有是诏。1—2，p6785—6786

雍熙四年六月，诏："两浙、漳、泉等州自来贩舶商旅藏隐违禁香、药、犀、牙，惧罪未敢将出。与限陈首，官场收买。"2，p6786

大中祥符二年五月，三司林特等上编成《茶法贯条》。其序文已见"茶法杂录"。9，p6790

【仁宗天圣七年】七月二十三日，诏河北州军："自今厢、禁军兵士与北客偷递违禁物色并见钱及与勾当买卖捉获者，内禁军从违制定、厢军从违制失断遣，并刺面配广南牢城收管。"22，p6797

宋会要辑稿·食货三七·市易

太祖建隆元年八月，禁商人不得赍箭笴、水银、丹添等物于河东境上贩易，违者重致其罪。沿边民敢居停河东商人者，弃市。1，p6805

开宝二年九月，开封府司录参军孙峓言："每奉中书及本府令，勘责京畿并诸道州府论事人等。内论讼典卖物业者，或四邻争买，以何邻为先；或一邻数家，以孰家为上？盖格文无例，致此争端。累集左右军庄宅牙人议定，称凡典卖物业，先问房亲；不买，次问四邻。其邻以东、南为上，西、北次之。上邻不买，递问次邻，四邻俱不售，乃外召钱主。或一邻至着两家已上，东、西二邻，则以南为上；南、北二邻，则以东为上。此是京城则例。检寻条令，并无此格。乞下法司详定可否施行。所贵应元典卖物业者详知次序，民止讼端。"据大理寺详定，所进事件乞颁下诸道州府，应有人户争竞典卖物业，并勒依此施行。从之。1，p6805

淳化二年四月，诏："雷、化、新、白、惠、恩等州山林中有群象，民能取其牙，官禁不得卖。自今许令送官，官以半价偿之。有敢藏匿及私市与人者，论如法。"2，p6805—6806

天禧二年三月，郓州言："准《敕》：'收买绸绢，不得抑配人户，如愿预请钱者听。'今来春泽沾足，农民种莳，咸愿预请钱收市种粮，以济贫乏。州军无钱，今以柒斛斗钱四千贯给外，阙钱万贯，望令三司速作（般）〔搬〕运赴州。"从之。8，p6809

【天圣】六年八月，审刑院、大理寺言："枢密副使姜遵言：'前知永兴军，（切见）〔窃见〕陕西诸州县豪富之家多务侵并穷民庄宅，惟以债负累积，立作倚当文凭，不逾年载之间，早已本利停对，便收折所倚物业为主。纵有披诉，又缘《农田敕》内许令倚当，官中须从私约处分。欲乞应诸处人户田宅凡有交关，并须正行典卖，明立契书，即时交割钱业，更不得立定月利，倚当取钱。所贵稍抑富民，渐苏疲俗。其自来将庄宅行利倚当未及倍利者，许令经官申理，只将元钱收赎，利钱更不治问。如日前已将所倚产业折过，不曾争理，更不施行。'寺司众官参详，乞依所请施行，只冲改《农田敕》内许倚当田土宅舍条贯，更不行用。"并从之。

11—12，p6811

宋会要辑稿·食货三八·和市

哲宗绍圣四年十一月十四日，诏："户部严戒诸路监司，应取承诏旨市物色，并于出产多处置场，计数和买，召人赴场中卖，以见缗给之。如不系出产或出产数少，及当年偶阙者，即申本司，别行下出产多处和买；又不足，令监司具陈。违者坐违制罪，仍令提举常平司察举，如有违戾，具名申尚书省。仍许人户径诣提举常平司陈诉，如不为理者，与同罪。每遇和买，皆揭示诏文。"3，p6828

徽宗建中靖国元年正月十九日，户部状："修立到下条：'诸县散预买绸绢价，前期录应用条制及以乡村排定应给日分晓示，二月终给散尽绝。本保三户以上为一保，不给州县吏人。令佐亲临，各限当日毕。本州具逐县给散讫月日申，转运司类聚保明闻奏，不得克纳欠负。'"诏从之。3—4，p6828—6829

【大观】三年十月二十六日，诏："官司近年甚有拖欠民间预买，及拖买物色价（直）〔值〕去处，互相蒙庇，致朝廷莫得而知。仰逐路提刑、提举官取索应今日已前未还民间钱粮多寡，立为上下半年或作季限催督，责令旋次给还，仍各注籍拘管勾销。或有规避隐匿官司，并科违制罪；如限满，更敢违欠，即具当职官吏姓名申尚书省取旨。提刑、提举司承今来指挥，不为究心取索，若人户别有陈诉，并重行黜责，仍不理去官。"7—8，p6830—6831

【大观】四年四月十四日，左司员外郎董若言："奉诏取索看详诸路拖买名件等。寻取索到京西都水磨务等共二十七处看详，共详每岁裁损二百四十五万一千九百八十一匹两石斤。今编修写成《大观看详诸路抛买物》第一至第十，共一十册。"又奏："诏有'定价低小者略与增添'一节。若看详逐年所抛买名件不一，出产去处贵（钱）〔贱〕随时不同，即难以预行增添。缘已有量添价和买之法，尚虑诸路不切遵奉，临时价（直）〔值〕低小，致亏损人户。若有违犯，止从违令科罪，亦虑未足惩诫。相度欲乞诸路和买上供之物，不比市价量添钱和买者徒一年，仍候买讫，具价（直）〔值〕申户部审察，及提刑司常切觉察。"诏从之。8，p6831

【政和元年】三月二十九日，户部言："京西路臣僚奏：'暴吏倚势，官物之价多小于市中，取于非时，求于不产'事，奉内批：'倚势作威，厚敛于民，先王所深戒。若掊取徇己，或上结权贵，尤为可罪。今后有犯者当重责之，为躁进趋附之戒。'看详《元符敕》，在任官卖买物旋行增损实直，及抑非本行卖买物等，有徒二年之制，欲申明行下。"从之。9，p6831

【宣和二年】八月二十五日，诏："州县市易物货于本州，公使库不许收买，如违，罪责并依当职官吏卖买法。"9—10，p6832

【宣和】三年二月二十八日，〔诏〕："访闻开封府将已纳免行钱人户又行科差，显属违法骚扰。应在京已纳免行钱人，不得违法更有科差；其不纳免行钱诸色行人，仍不许科差非本行事。如违，以违制论，仍许人户越诉。诸路令行户供应非本行斡运兴贩物者准此。"10，p6832

【宣和三年】五月八日，尚书省言："勘会预买绸绢价，诸县于正月十五日以前给散，至蚕丝收成之后随夏税送纳。从来官司于受纳之日，专库公人多端乞取，民受其弊。欲诸告获因受纳预买绸绢干系公人受乞财物，笞杖罪赏钱三十贯；徒五十贯；流八十贯；死罪一百贯者。"从之。10，p6832

【宣和】四年三月二十日，尚书省言："修到条目：'诸供官之物应和买者，转运司度州郡多寡、出产厚薄，等第分买，仍具总买及诸州分买之数行下。不当者，听逐州申尚书省。'"从之。10，p6832

【宣和七年】七月二日，诏："应诸路州军今后买合纳上供或应副他处及本处军衣物帛，买纳毕，委官定验，有粉药、纰薄、短狭者，计所亏准监盗论赃，轻者徒二年；即专库合丁人及管押人、纲梢等，以私物贸易计赃，轻者徒三年。仍仰廉访使者觉察闻奏，余依见行条法，各不以失及去官、自首原减。"11，p6833

【宣和七年】十二月十九日，诏："和、预买绢本以利民，比来或量支杂物，或但给虚券，其害甚多。仰转运司预取一路合俵之数，分下州县通融措置，或不以见钱而以他物、不以正月而以他月给散者，以违制论。"11—12，p6833

【高宗建炎三年】五月十六日，诏："诸路预买多是不给价钱，虽累降诏旨，预支与钱，多不曾给散。仰诸路监司、守贰每岁预买绵绢合给钱，须管转那，并行支给。若或有违，并重置典宪。"13，p6834

【绍兴】四年正月十四日，诏："和、预买本钱，已降指挥隔季桩办，

如违限不桩，或擅支用者，并徒二年。"16，p6835

【绍兴四年】二月九日，诏："应今后遇有科敷及和买，监司、郡守须契勘诸县实有合支钱窠名数目，方许施行。若违戾诏令科率百姓者，监司、郡守并一等科罪。"16，p6835

宋会要辑稿·食货三八·互市

太祖乾德四年四月，诏："江北诸州县镇，近闻自置榷场禁人渡江以来，百姓不敢渔樵，又知江南仍岁饥馑。自今除商旅依旧禁止外，缘江百姓及诸监煎盐亭户等，并许取便采捕，过江贸易。"26，p6840

景德二年正月，诏雄州："如北界商人赍物货求互市者，且与交易，谕以自今宜令北界官司移牒，俟奏闻得报，乃敢互市。"时契丹新城都监遣吏赍牒，请令商贾就新城贸易，雄州以闻故也。26—27，p6840

【景德】三年九月，诏："民以书籍赴沿边榷场博易者，自非九经书疏，悉禁之，违者案罪，其书没官。"28，p6841

天禧元年三月，禁延州民与夏州牙将互市违禁物者。先是，言事者言夏州鬻马于延州，所得价（直）〔值〕悉市物归，蕃商多违禁者，请载行条制故也。29，p6842

【天禧】二年十一月，诏广州："自今蕃商发往南蕃买卖，因被恶风飘往交州管界，州郡博易得纱、绢、绸、布、见钱等回到广州市舶亭，除黎字及小细砂镴等不是中国钱并没纳入官外，其余纱、绢、绸、布物色取其三之一纳官，余二给还本主。所犯人从违制失条例科断。"初，秘书丞朱正臣言："广州有蕃商船中载黎字钱到州，颇紊中国之法。自今犯者望决配牢城。"帝以刑名太重，非来远之道，故令减而申明之。29，p6842

【天禧】三年十月，工部侍郎、充集贤院学士马亮言："福州商旅林振自南蕃贩香药回，为隐税真珮，州市舶司取其一行物货悉没官，内有蕃人你打、小火章阐等名下各有互市香药，为纲官犯罪，一例没纳。准元降诏命，罪不及此，其蕃客望量给一分，蕃人你打十分给与五分，小火章阐、蕃客那赖等并全给付。"从之。29—30，p6842

【仁宗天圣】五年二月，中书门下言："北戎和好以来，发遣人使不绝，及雄州榷场商旅互市往来，因兹将带皇朝以来臣僚著撰文集印本传布往彼，其中多有论说朝廷边鄙机宜事，望行止绝。"诏："自今并不得辄行雕印，如有合雕文集，仰于逐处投纳一本附递闻奏。候到，差官看详，别无妨碍，降下许令刊板，方得雕印。如敢违犯，必行朝典，仍毁印板。及令沿边州军严切禁止，不得更令将带上件文字出界。"30，p6842

庆历五年九月，诏："河北、河东、陕西沿边州军有以堪造军器物鬻于化外者，以私相交易律坐之，仍编管近里州军。"30，p6842

皇祐四年十一月，诏宣徽使狄青："广南吏民有与蛮人买卖博易者，斩讫以闻，仍徙其家岭北。"30，p6842

嘉祐元年三月，诏："河北沿边商人多与北客贸易禁物，其令安抚司设重赏以禁绝之。"30，p6842

【嘉祐】二年二月，知并州庞籍言："西人侵耕屈野河地，本元藏讹庞之谋，若非禁绝市易，窃恐内侵不已。请权停陕西沿边和市，使其国归罪讹庞，则年岁间可与定议。"诏禁陕西四路私与西人货易者。30—31，p6842

【熙宁】三年六月，三司言："相度雄、霸州、安肃军三榷场，乞将合支见钱除充北客盘缠等钱外，余令算腊茶行货。如违，其监、专、使臣等并依透漏违禁物货条，从违制分故失、公私科罪。"从之。31，p6842

【熙宁】九年二月十六日，河北西路转运司言："北界甚有人户袅私兴贩，欲乞自今后应与化外人私相交易，若取与者并引领人皆配邻州本城，情重者配千里，知情（般）〔搬〕载人邻州编管。许人告捕，每名赏钱五十千；系巡察官员、公人，仍与折未获强盗一名。即犯人随行并交易取与物过五十千者，尽给。因使交易，准此给赏。有透漏，官司及巡察人杖一百；再透漏者，巡察官员奏裁。"从之。31，p6843—6844

【高宗绍兴十二年八月】十九日，户部言："今来建置榷场，欲将岁终收息立定赏罚下项：主管司兼主管同。任内至岁终，将本钱比较息钱，谓如本钱一万贯，收息钱一千贯作一分之类。本钱不满万余贯，不推赏。增：已下内选人比类施行。六分以上，减磨勘半年；七分以上，减磨勘一年；八分以上，减磨勘一年半；九分以上，减磨勘二年；一倍以上，减磨勘二年半。亏：谓为收息不及者。五分，展半年磨勘；四分，展一年磨勘；三分，展一年半磨勘；二分，展二年磨勘；一分，展二年半磨勘。主管官兼主管同除依格赏外，如增及七分以上，支钱一百贯，每一分加五十贯，至二百贯止，并于息钱内支，仍共给。提点措置知、通除难以支赏钱外，如至岁终，依前项增息，比主管官格法递加半年磨勘；如亏息，令总领钱粮官具因依申取指挥责罚施行。总领钱粮官及提领监司（侯）〔候〕岁终，令本司开具

息钱增亏数目，从户部点对比较，取旨赏罚。"从之。35—36，p6845—6846

【绍兴】十四年正月二十九日，诏："北使所过州军如要收买物色，令接引送伴所应副，即不得纵令百姓与北使私相交易。可立法禁止。"37，p6846

【绍兴】二十六年六月二十六日，诏："黎、雅州博易场见收买珠、犀、水银、麝香并罢，已买者赴激赏库送纳。日后蕃蛮将到珠、犀等，并令民间依旧交易。"37，p6846

【绍兴二十九年】十一月二十一日，权发遣黎州军州事冯时行言："到任便民事内一项：'本州系蕃蛮互市之地，所出犀角、珍珠等物，官吏于蕃蛮两行牙人收买，亏损价（直）〔值〕。乞应干互市货物，不许见任官收买，如有违犯，重置典宪。'"诏依。38，p6847

宋会要辑稿·食货三九·市籴粮草一

【至道】三年五月，诏曰："国家大本，足食为先，今亿兆至蕃，未闻有九年之蓄，朕甚忧之。宜令两制议致丰盈之术以闻，仍令三司及兹岁稔，大为市籴，以实仓廪。"1，p6851

【大中祥符六年】十月，诏："今岁秋成，如闻诸路和籴不均，于民户颇有烦扰。可令河北、陕西、京西转运司各捐其半，中等户以下免之。"7，p6855

【大中祥符六年】十一月五日，诏："陕西州军平籴斛斗，宜令太常博士周嘉正与本道转运司勘会，如合（诸）〔储〕积州郡，即速令收籴，仍许就便输纳；其不须准备州郡，即勿一例施行。"7，p6855

宝元二年九月九日，三省言："准《敕》：'收买秆草一千万束。'行人估定每束一十三斤，末等价例一十九文。省司欲依估价，依旧例更支脚钱五文收市。"诏令三司特更添五文，余从之。18—19，p6861

【神宗熙宁】三年正月二十二日，制置三司条例司言："检会《编敕》：'军人食不尽月粮口食，并许坐仓籴入官。'自来河北、河东、陕西州军少阙省钱，多不施行。欲乞三路如阙见钱，许提举常平仓司坐仓收籴，以备俵散。如合留充军粮支遣，即却令拨充和籴，或入中仓。"从之。21—22，p6863

【熙宁九年二月】十二日，诏荆湖、广南东西路转运司："如诸路运

粮未到，或支遣未足，即依市价量添钱，许于有蓄积之家收籴，不过五分；其情愿入五分者听。"25，p6865

【元丰元年七月】二十四日，诏："诸路封桩阙额禁军请受，可令枢密承旨司注籍。辄支用者，如擅支封桩钱帛法。"29，p6868

【元丰三年七月】二十九日，诏："河北路都转运司借支澶州封桩军粮五万硕，特除之。自今河北三州封桩军粮，如敢请借支者，依擅支封桩钱物法。"33—34，p6870

元祐二年五月二十六日，户部言："近准诏旨，令诸路乘时广行收籴。今请州县长吏及籴官以所管钱，计所用籴本分数，等第定赏，著为令。"从之。40，p6874

宋会要辑稿·食货四〇·市籴粮草二

【宣和二年五月】二十五日，诏："泛给香乐钞并告敕、补牒、度牒、师号、紫衣共二百万贯，付河北籴便司广行收籴，以备储蓄。全在州军叶力，乘时计置，乃无阙事。仰提举官陈迈候将来依条限住籴日，比较逐州军知、通及所委籴官首先籴买了足，或收籴数多，保明闻奏，当议重行旌赏。或弛慢不切用心，收籴数少，即重行责罚。"8，p6881

【宣和三年三月】二十日，诏："诸司籴买军储，不容滥恶，条禁甚明。近岁奸弊百出，往往杂以糠秕灰土，致亏诸军粮食。检会《籴买条法》，严切申明行下，仍仰廉访使者觉察闻奏。"9，p6881

【宣和三年】十二月二十日，发运副使林篪言："诸路岁籴封桩上供斛斗，依圣旨许用学费钱、旁行定帖、封桩上供等钞籴买。检点得诸州县将逐色籴本别行支用，既不作籴本，又失上供。欲据诸路拘收到逐色合充籴本名色，每路委漕臣一员，专切置籍拘催，只得分收籴上供封桩斛斗。"诏令中书省，每路选委漕臣一员，专切置籍拘催，应辄兑借支使者，并以违御笔论。9，p6881—6882

【绍兴三年五月】十一日，侍御史辛炳言："浙西诸州军博籴米斛，约束以装卸欠折为名，加抬斗面，及容纵专斗乞取常例钱。"诏官吏、专斗如违，并徒二年科罪。17—18，p6886

【绍兴三年】九月八日，都省言："和籴米一百万石，所籴米斛并系朝廷支降金银、钱、帛，务要便国利民，免科敷之扰。除已约束籴买官依市价两平交易，支还价钱，不得亏损官私。闻已前和籴州县百姓入中粮斛，多将支拨到籴本停留，不即支还，百端阻节减克，民户实得无几，及用幸责量，遂致籴买数少。今来理宜措置，革去前弊，使分毫不扰于民。"诏如有违戾去处，其当职官吏并从徒二年科罪。18—19，p6887

【绍兴四年】十月二日，户部言："检准《绍兴敕》：'诸上供钱物及谷，虽请降特旨截留借兑支拨，听被受官司执奏不行。如违，其不奏及支拨官司各徒二年。元陈请截拨官司准此。'本部勘会诸路合发上供额斛，若他司申请到指挥截留借兑支拨，系依上条合行执奏不行外，有逐时降本和籴粮斛、马料，亦是内外指拟应付用度之数。今相度，欲将今后他司申请到指挥截留借兑支拨前项和籴米料，并乞依《绍兴敕》条执奏不行。"诏依。19，p6887

【绍兴五年】六月二十日，诏："逐路转运司约束州县，须趁时收籴，即不得低价科敷，及容纵揽纳人骚扰作弊。如有违戾去处，许民户越诉，当职官吏取旨重作施行。"20，p6888

宋会要辑稿·食货四一·和籴

宋时市籴之名有三：和籴以见钱给之，博籴以他物给之，便籴则商贾以钞引给之。太祖建隆中，河北谷贱，添价散籴，以惠贫民。自后诸道丰稔，必诏诸道漕司增价和籴。1，p6909

【淳熙十二年八月】六日，四川总领所言："准《淳熙十一年五月二十九日敕》：'知兴元府张宓奏，金州洵阳、上津两县旱荒，民阙食，乞于安抚司买马钱内支拨一万贯应副收籴物斛。'奉旨，令四川总领所措置增籴一万石，就金州桩管。本所并已收籴数足，每石价钱七道，共计钱引七万道，乞于宣抚司桩管窠名钱内支拨。"从之。12，p6915—6916

宋会要辑稿·食货四一·均籴

【徽宗政和二年】八月三日，尚书省言："七月二十八日已降指挥，三路均籴斛斗，今措置约束：均籴法州县不得常行，并俟朝廷降指挥，方许均籴。不应均而辄均，若不依役钱，或多寡不均者，徒二年，吏人配千里；不前期支钱或斗价支钱增减不实者，加一等，吏人配一千五百里；乞取若减刻所均钱者，以自盗论，赃轻者配一千里。"从之。23，p6921

【政和】四年六月二十二日，诏："诸路均籴差到非见请重禄人，内人吏每日添支重禄钱三百，专斗钱二百，仍于宽剩役钱内支给。"从广南

西路提举常平司请也。23—24，p6922

【政和四年】十月二十三日，诏："自今均籴斛斗，须管先桩见钱，方得均籴。如违，官员徒一年，吏人配千里。"以尚书省言："河阳县及孟州温县百姓诉，纳过均籴斛斗不曾支钱。"诏官吏罚铜有差，兼有是诏。24，p6922

宋会要辑稿·食货四一· 附量衡

太祖建隆元年八月，有司请造新量、衡以颁天下，从之。27，p6923

淳化三年三月癸卯，诏曰："《书》云：'协时、月，正日，同律、度、量、衡。'所以建国经而立民极也。国家底慎财赋，较量耗登，即府库之充盈，须权衡之平允。如闻秬黍之制，或差毫厘，垂钩为奸，害及黎献。宜令详定秤法，著为通规。"既而监内藏库、崇仪使刘蒙正、刘承珪言："太府寺旧铜式自一钱至一十斤，凡五十一，轻重无准。外府岁受黄金，必自毫厘计之，式自钱始，别伤于重。"遂寻究本末，别制法物。至景德中，承珪重加参定，而权衡之制益为精备。其法盖取《汉志》子谷秬黍为则，广十黍以为寸，从其大乐之尺。秬黍，黑黍也；乐尺，自黄钟之管而生也。谓以秬黍中者为分寸、轻重之制也。就成二术，二术，谓以尺、黍而求厘、累。因度尺而求厘，度者，尺、丈之总名，谓因乐尺之源，起于黍而成于寸，析寸为分，析分为厘，析厘为毫，析毫为丝，析丝为忽。则十忽为丝，十丝为毫，十毫为厘，十厘为分，十分为寸，十寸为尺，十尺为丈。自积黍而取累。从积黍而取累，则十黍为累，十累为铢，二十四铢为两。锤皆以铜为之。以累、厘造一钱半及一两等二秤，各悬三毫，以星准之。等一钱半者，以取一秤之法。其衡合乐尺一尺二寸，重 钱，锤重六分，盘重五分。初毫星准半钱，至稍总一钱半，析成十五分，分列十厘；第一毫等半钱，当五十厘。一十五斤秤等五斤也。中毫至稍一钱，析成十分，分列十厘。末毫至稍半钱，析成五分，分列十厘。等一两者，亦为一秤之则。其衡合乐尺一尺四寸，重一钱半，锤重六钱，盘重四钱。初毫至稍，布二十四铢，铢下别出一星，星等五累；每铢之下复出一星，等五累，则四十八星等二百四十累，计二千四百累为十两。中毫至稍五钱，布十二铢，铢列五星，星等二累，布十二铢为五钱之数，则一铢等十累，都等一百二十累为半两。末毫至稍六铢，铢列十星，星等一累。每星等一累，都等六十累为二钱半。以御书真、草、行三体淳化钱较定，实重二铢四累为一钱者，以二千四百得十有五斤为一秤之则。其法：初以积黍为准，然后以分而推忽，为定数之端，故自忽、丝、毫、厘、黍、累、铢，各定一钱之则。谓皆定一钱之则，然后制取等秤也。忽万为分，以一万忽为一分之则，以十万忽定为一钱之则。忽者，吐丝为忽；分者，始微而着，言可分别也。丝则千，一千丝为一分，一万丝定为一钱之则。毫则伯，一百毫为一分，以一千毫定为一钱之则。毫者，毫毛也。自忽、丝、毫，三者皆断骥尾为之。厘则十，一十厘为一分，以一百厘定为一钱之则。厘者，氂牛尾毛也，曳赤金成丝以为之。转以十倍倍之，则为一钱。转以十倍，谓自一万忽至十万忽之类定为则也。黍以二千四百枚为两，一龠容千二百黍为十二铢，则以二千四百黍定为一两之则。两者，两龠为两也。累以二百四十，谓以二百四十累定为一两之则。铢以二十四，转相因成，十累为铢，则以二百四十累定成二十四铢，为一两之则。铢者，言殊异也。遂成其秤。秤合黍数，则一钱半者，计三百六十黍之重。列为五分，则每分计二十四黍。又每分析为一十厘，则每厘计二黍十分黍之四，以十厘分二十四黍，则每厘先得二黍，余四黍都分成四十分，则一厘又得四分，是每厘得二黍十分黍之四。每四毫一丝六忽有差为一黍，则厘、黍之数极矣。一两者，合二十四铢为二千四百黍之重。每百黍为铢，十黍为累，二铢四累为钱，二累四黍为分。一累二黍重五厘，六黍重二厘五毫，三黍重一厘二毫五丝，则黍、丝之数成矣。其则，用铜而镂文，以识其轻重。新法既成，诏以新式留禁中，取太府旧秤四十、旧式六十，以新式较之，乃见旧式所谓一斤而轻者有十，谓五斤而重者有一。式既若是，权衡可知矣。又比用大秤如百斤者，皆垂钩于架，植镮于衡，镮或偃仆，手或抑按，则轻重之际，殊为辽绝。至是，更铸新式，悉由黍、累而齐其斤、石，不可得而增损也。又令每用大秤，必悬以丝绳，既置其物，则却立以视，不可得而抑按。复铸铜式，以御书淳化三体钱二千四百暨新式三十有三、铜牌二十授于太府。又置新式于内府、外府，复颁于四方，凡十有一副。诏三司使重较定，以御书淳化三体钱二千四百，磨令与开元通宝钱轻重等，付有司。先是，守藏吏受天下岁输金币，而太府权衡旧式失准，得因之为奸，故诸道主者坐逋负而破产者甚众。又守藏更代，有校计争讼，动必数载。至是新制既定，奸弊无所措，中外以为便。27—30，p6923—6925

真宗景德二年八月，诏刘承珪所定《权衡法附编敕》，而不颁下。30，p6925

哲宗绍圣四年十一月十六日，户部言："辄增损衡量，若私造卖者，各杖一百，徇于市三日。许人告，每人赏钱有差。令转运司所在置局制造，送所在商税务鬻卖。"30，p6925

政和二年八月十九日，工部尚书兼详定重修敕令、权开封尹李孝捪等奏："契勘度、量、权衡，出于一体，旧条以积累为数，修立成文。今来大晟乐尺系以帝指为数，昨已奉圣旨，颁行天下。其量、权衡虽据大晟府称，皆出于度，缘至今未曾颁用，本所欲拟旧条修立。即度、量、权衡不出于一；欲依乐尺修立，又缘既未颁行，未敢立法。欲乞详酌，先将量、权衡之式颁之天下，仍降付本所，以凭遵依，修立成条。"诏量、权衡以大晟府尺为度，余依奏。31，p6926

【政和二年】九月十三日，工部尚书兼详定重修敕令、权开封尹李孝捪奏："看详度、量、权衡出于一体，内度虽已得旨颁大晟新尺行用，缘依《政和元年四月十二日敕》：'应干长短广狭之数并无增损，其诸条内尺寸，止合依上条，用大晟新尺纽定。谓如帛长四十二尺、阔二尺五分为匹，以新尺计长四十二尺七寸五分、阔二尺一寸三分五厘之五为匹，即是一尺四分一厘三分厘之二为一尺。又如天武等杖五尺八分，以新尺计一尺四分一厘三分厘之二之类。'如得允当，欲作申明随敕行下，即不销逐条展计外，有度、量、权衡，今候颁到新式，续具修定。"从之。31—32，p6926

宣和七年十二月十三日，尚书省言："左司员外郎阎孝悦奏：'臣闻嘉量之制，具在方册，而愚民无知，趋利冒禁，奸弊百出，自为高下，至于割移规模，增加装具。害法蠹民，莫此为甚。欲望圣慈明诏上方，铸铜为式，颁之天下，以正私伪。庶使童子适市，莫之敢欺，以比隆二帝三王之盛，岂不韪与！'尚书省措置参酌拟修下条：'诸增减斗、升、秤、尺等，若私造、私用及贩卖者，各杖一百；增减私造，仍五百里编管；私用及贩卖，并令众三日以上。许人告，巡察人知而不纠，杖八十。告获斗、升、秤、等、尺私用及贩卖，钱二十贯；增减若私造，钱五十贯。'"从之。34，p6927

绍兴二年十月二十九日，诏："户部支钱五百贯，令文思院依临安府秤斗务造成省样升、斗、秤、尺等子，依条出卖，其钱循环作本。仍先次制造样制法则颁降诸路，漕司依式制造，分给州县货易行使。其民间见行使私置升、斗、秤、尺等子，候官中出卖日，并行禁止。如或违犯，并依条施行。"34，p6927

宋会要辑稿·食货四一·诸郡进贡

太宗太平兴国二年闰七月二十八日，有司上诸州所贡《闰年图》。故事，每三年一次，令天下贡地图与版籍，皆上尚书省。国初以闰为限，所以周知地理之险易，户口之众寡焉。至是，吴、晋悉平，奉图求献者州郡几于四百卷。36，p6928

宋会要辑稿·食货四一· 历代土贡

真宗大中祥符五年九月二十八日，诏：“诸道州府自今土贡，并以官物充，如无，以省钱收市，不得配率。”39，p6930

【政和三年】十月十七日，殿中省奏：“勘会诸路贡物，官司计置不依时，暴凉不如法，以致损坏，起发不依限者，已有《崇宁敕》各从杖一百断罪外，若系被差管押担击之人起发在路，故违程限，或津（般）〔搬〕安放不谨，从来未有约束。本省今相度，欲乞诸州应差管押担擎贡物之人，若沿路无故稽程，或津（般）〔搬〕安放不谨，致有损坏，罪轻者杖八十。”从之。43，p6932

【政和】五年十二月二十五日，寿州状：“检承《政和诸路岁贡六尚局格》：‘淮南路寿州拣蜂儿一百斤。’缘本州自来不是出产去处，安丰一县土产不多。契勘本路庐、和、舒、无为军等州县各有土产地分，伏望将本州合贡数目同共承认，供奉岁贡。”诏从之，仍减三五十斤。43，p6932

宋会要辑稿·食货四一·禁珠玉 贡珠玉 献珠玉

徽宗大观二年十一月十九日，礼部状：“修立到下条：‘诸非品官之家，不得以珍珠为饰。’”诏从之。47，p6934

【大观】三年十二月二十一日，诏：“今后珍珠更不许计置上（洪）〔供〕，只许就本处买卖，循环作本。即不得因缘阻节，有失招徕之意。”47，p6934

宋会要辑稿·食货四二·宋漕运二

太祖建隆三年三月，诏：“三司起今戍军衣并以官脚（般）〔搬〕送，不得差编户民。”1，p6937

至道二年二月，诏：“自三门垛盐务装发至白波务，每席支沿路抛撒耗盐一斤，白波务支堆垛消折盐半斤。自白波务装发至东京，又支沿路抛

撒盐一斤。其耗盐候逐处下卸，如有摆撼消折不尽数目，并令尽底受纳，附帐管系。"2，p6939

【至道二年】八月，诏："荆湖（般）〔搬〕粮赴真州等处卸纳，回脚千料船或装盐回，并依例破十分人力，空船即破八分人力。如千料已下船，并依此比附分数。"2，p6939

【至道二年】十二月，诏："应诸道州、府、军、监今后合要支用财谷等，各须预先计度，准备支遣；诸处起发上供金银、钱帛、斛纲斗运，并须赴京送纳，缘路诸州不得辄有截留。如有擅留处，其知州军、通判、职官等并当除名，转运使、副各勒停，三司、转运司、发运司、州军孔目吏已下并决配远恶处。"帝以三司文籍多是积年淹延，因问其故，称诸道上供物色沿路每有截留，勘会往来，动经岁月，因止绝之。2—3，p6939

【大中祥符】六年三月，诏："黄河自河阳已上至三门，并峡路河江水峻急、系山河，并依旧条外，有黄河自河阳已下，并三门已上至谓渭仓，并诸江、湖、淮、汴、蔡、广济、御河及应是运河，水势调匀，本纲抛失重船一只，依旧条徒二年；二只，递加一等，并罪止十一只。空船各减一等，押载、押运节级降充长行，纲副勒充梢工，使臣、人员并替，梢工、棹手罪各有差。如收救得粮斛，即以分数定刑。"4，p6941

【大中祥符六年】四月，重定《山平河亏失筏木条格》："筏头以一筏为准，团头、纲副、监官、殿侍以一纲为准。山河以筶，平河以杖。筏头、团头以家赀偿官，不足则杖之；殿侍杖而勿偿。"初，太平兴国八年敕定《平河条格》，至有杖背者。议者以其太重，而山河悉无条格。编敕所上言，付三司与刑寺评定，且请计其所失为十分分定，罪止至杖一百。从之。4，p6941

【大中祥符六年】十月，三司言："扬州运盐四千斛赴杭州，凡四十船，船二百斛，有盗及太半者，官司止论走卤罪，杖而免之，颇容奸弊。自今应盐船除耗外，有隐欺者，请令劾罪备偿。"从之。4，p6941

【大中祥符九年】六月，诏："清河并江、湖纲运梢工盗取官物，却以他物拌和，有人告诉者，如一船内只拌和数少，不曾故意沈溺舟船者，只将已拌和却盐粮官物硕斗数目估价（直）〔值〕，每一千省支与告事人赏钱百文。如估（直）〔值〕至五百千已上者，止给赏钱五十千；若估价不及一千者，亦依一千例支赏。并以系省钱充。"先是，李溥上言："元敕：应盗官物并杂以他物，及故为侥幸沉溺舟船者，如有人告获，每一船

给赏钱三十千；二船四十千，三船已上，五十千。官司执是法以罪，而不分轻重之差，乞别行条约。"故有是诏。5，p6942

【天圣三年十二月】二十四日，诏："自今应请（般）〔搬〕小河运粮盐人员坐船，许令只装一半官物，余一半即令乘载家计物色，所贵人员易为部辖，免致兵梢论诉。"10，p6948

【天圣六年】三月二十三日，三司言："制置发运司言：'准《编敕》："诸河押纲殿侍、三司军大将应杖罪，如不系上京，内三司军大将即就近送本路转运或发运司勘决讫，具所犯因依、断遣刑名申省；其殿侍即勘罪申省，降杖区分。仍并令依旧押船。其徒罪已上，并差人替下，押赴省。"发运司勘会：诸河押运殿侍为有上项条贯，多不用心，信纵兵梢作弊侵欺，损失官物。虽省牒降到合决杖数，又缘行运往来无定，不时决遣，或该遇赦宥，是致全无畏惧。今检会天圣四年至五年共有殿侍二十四人违犯抛失、偷侵、少欠茶盐粮斛，并该赦放罪。欲乞自今诸河押纲殿侍不系上京，或有罪犯徒以上，依元条替下，申解赴省。若该杖罪，乞依三司大将例，就近申送转运、发运司勘决讫申省。'"从之。12—13，p6950

【天圣】七年三月十六日，屯田郎中李璠言："渝州城当二江会流，纲船顺流至者多为风恶漂溺，舟人不敢收救。盖以赦条全纲没溺，或收救足数，方免罪，若失三五分，须责备偿之故，凡有没溺，不复收救。望别为条制。"事下三司，三司言："璠所陈太过，望委转运使参议。"乃请："自今于古滩暴风溺舟者，责部纲使臣集近村耆保并力援救。若全纲失者，篙工、梢工皆杖一百，主吏、使臣递减一等。所溺物计为三分，须备偿一分。如救及分，别无侵欺者，原其罪。"从之。14，p6952

【天圣七年】六月七日，三司言："益州路转运使高觌言：'乞今后管押布纲使臣、省员三运全无抛失，不违元限，三司军大将、三班差使、殿侍乞与改转，其使臣未亲民者乞与家便差遣，已亲民者乞与五年磨勘。如是使臣、省员弛慢，沿江抛失官物，及住滞纲运有违元限，乞自当司取勘情罪申奏，乞行冲替。'省司检会，使臣差益州押匹帛纲赴荆南下卸，别无抛失，每运支官钱十五千，军大将十千文。《天圣七年敕》：'今后川峡行运布纲抛失官物，若全抛失，收救不获，其本纲梢工、櫂手各断杖一百，配别州军牢城收管；纲官、节级各杖九十，押纲使臣各杖八十，并勒下，不令押纲。或十分中收救一分已上，依全抛例断遣；二分已上至四分已上，梢工、橹手、纲官、节级、使臣、殿侍、省员每一分各递减一等断遣讫，梢工梢、橹手勒充军，牵驾兵士，其纲官、节级已上并依旧押纲；或收救及五分已上、不满元数，梢工、橹手各杖六十，纲官、节级人员各笞五十，使臣、殿侍、省员罚一月食直，断讫，并依旧行运。所有纲官、节级、人员、使臣、殿侍、省员如遇本纲更有抛失，据只数，每一只加一等，罪止杖一百，其罚食直加入笞五十，仍并据抛失收救不获数目，勒本纲上下等第均摊，（陪）〔赔〕纳入官。若收救官物并足，不失元数，梢工、橹手各笞四十，纲官、节级已上并放。所有行运程退，仍须限一年往回。嘉州排岸司候行运日出给行程，付本纲收执，所到州军批书到发时日、阻滞因依。候回，嘉州委排岸司点检。如有不因风浪，故作拖延，有违程限，并依法科断，仍罪止杖一百。若违限三月已上，其本纲梢工、橹手、押载纲官、节级、人员、押纲使臣、殿侍、省员断讫勒下，不令押纲。'省司看详，缘有上项赏罚条贯，所奏难议施行。"从之。14—15，p6952—6953

【天圣七年】十月，三司言："三门白波发运使文洎奏（般）〔搬〕盐条件：白家场去河中府五七里，三门集津埭盐务去陕府四十五里，乞委两处同判依例充季点纳下盐货，及乞许三门发运使、判官提举点检。每年上供盐，欲乞钤辖支装堪好明白盐席，分明定样，两平交装上船，无令欺压秤势。及戒约押纲人员钤束梢兵爱护，不得信纵偷盗拌和。到京，于都盐院交纳后，有少欠、拌和不堪盐数，即申解赴省勘罪，依格条等第断遣。沿路偷卖盐货，其买人多乡村凶恶之辈贩卖取利，地分巡检、村耆人等隐庇不言。欲乞下本司检坐元降告捉偷盗官物支赏条贯，遍牒沿路州军出榜晓示。许人首告，勘逐不虚，依元条支赏外，如五十斤已上，告人二税外，免户下一年差徭；百斤已上，免二年差徭。犯人如赦后再犯，凶恶不可留在彼者，断讫配五百里外牢城。所犯重，自依重法。经历地分巡检、村耆人等知情，并依法严断。纲副知情，自依本条；若不知情，亦乞依粮纲偷盗斛斗例，于本犯人名下减三等定断。其在京盐院所纳船（般）〔搬〕盐货，并须公平受纳，不得欺压秤势。支绝纵有出剩，不为劳绩。但一界别无少欠，即依元条施行。监官、三司申奏，下三班、审官院磨勘施行。盐纲如纳正数足外，收到水路盐出剩，不以席数，并尽数正收入官申省。检会《天圣元年敕》：'只于在京支给赏钱。其盐院监专不得隐落，故意不收；如稍违犯，并行勘断。'"从之。15—16，p6953

【天圣】八年正月，三司言："广济河都大催遣辇运任中师奏：'乞自今本河每年逐纲约定地里、所（般）〔搬〕斛〔斗〕数目，量与酬奖。'省司检会《编敕》：'运河押纲使臣、人员等，一年之内，全纲所（般）〔搬〕斛斗依得万数，候住运日，令发运司磨勘。内梢工支钱三千，纲官支五千。管押人本司具劳绩申奏，重将与转大将，使臣、大将即与引见酬奖。并年终住运，除全纲一年无抛失、少欠，依前项施行外，所有一纲之中，内有梢工至年终委实逐运别无少欠、抛失，亦与据梢工人数支赐赏钱，其本纲人员、纲官即不得一例酬奖。如梢工接连三年各无抛失、少欠，除支赏外，与转小节级名目，便充纲官勾当。若充纲官后，相接更二年全纲并无抛失、少欠，支与赏钱一千，更转一资。'又《编敕》：'应差押运省员、殿侍、三班借职等，每人各给印纸五十张充历子，付逐人收掌。据逐运送纳官物有无少欠，行船违与不违程限，及抛失舟船杂犯惩罪，并于催纲、装卸、排岸司批上历子，年满得替，赴省投纳，比较磨勘。如逐人合该年满得替，别无少欠官物及惩罪，量与酬奖。'今相度：'广济河押粮纲军大将、殿侍，三年内（般）〔搬〕过斛斗别无少欠，已依条申奏，乞量与酬奖，其本河梢工、纲官即未有条贯。欲乞下广济河辇运司，今后广济河粮纲，如一年之内（般）〔搬〕得郓州、徐州、淮阳军三运，并曹州、广济军、济州五运斛斗至京交纳，并无少欠过犯，候住运日，令辇运司磨勘。其纲梢令比附汴河酬奖体例，特支钱一千。梢工接连五年各无抛失、（欠少）〔少欠〕，除支赏外，与转小节级名目，便充纲官。充纲官后及已充纲官人，相接三年全纲并无抛失、少欠，支与赏钱五千，更转一资。'"从之。16，p6953—6954

【天圣八年】八月十三日，审刑院、大理寺言："楚州奏：'自来领勘偷盗动使梢工，并从监主自盗律敕科断。'今新《编敕》内偷拆官船钉板等货卖者，当行决配；又条：'当行决配者，具案闻奏。州路居冲要，日夕过往纲运不少，常有拆卖钉板兵梢，若或逐度禁奏，非唯频烦朝廷，实见虚有淹禁。欲乞立定刑名，许令断遣。'众官参详，欲自今应'梢工偷拆官船钉板之类货卖者，计赃从监主自盗法，杖罪决讫，刺配五百里外牢城；徒罪决讫，刺配千里外牢城；流罪决讫，刺配二千里外牢城；罪至死者奏裁。'"从之。17，p6955

【嘉祐】六年四月二十一日，详定宽恤民力所言："屯田员外郎陈安道言：'诸州军衙前（般）〔搬〕送纲运，合请地里脚钱，逐处须候运毕方给。缘雇觅脚乘打角官物，须至（陪）〔赔〕取债负及贱卖畜产，如地远州军，不免侵使官物，致陷刑宪。乞今后应衙前（般）〔搬〕请纲运合支脚钱者，并于请物州军先次支给，关报受纳州军照会。其送纳纲运者，于起发州军先次支给。如愿运毕请领，各听从便。'详定所检会《庆历编敕》：'上供及支拨官物等，如官有水陆回脚，并许差人管押，附搭送纳。其陆路无官（般）〔搬〕及无军人者，许破官钱与押管人和雇脚乘，仍依图经地里，每百斤、百里支钱百文。急速辇运雇佣不及，即差借人户脚乘，仍具事由闻奏。其川峡有水路不便者，转运司计度（般）〔搬〕运。'今安道所申，自合依条于请物州军先给脚钱。窃虑州军候运毕方给，致使衙前重有劳扰，乞令今后押纲运和雇脚乘，依上条施行。"从之。20，p6958

宋会要辑稿·食货四三·漕运二

【熙宁】十年十月二日，诏："诸粮纲透借并诸（般）〔搬〕损湿斛斗，每纲不及五十硕，支充本纲兵梢月粮口食，批上券历，于次月克折；五十硕已上，即令变转收籴元色填欠，如透借斛斗，本名正数已足，更不坐欠，委本仓摊曝估卖。内逐船及十硕已上，梢工方得科罪。"1，p6961

哲宗元祐六年三月二十六日，江淮荆浙等路发运使晁端彦言："请应汴河粮纲每岁运八千硕已上，抛欠满四百硕，押纲人差替，纲官勒充重役；满六百硕，军大将、殿侍差替，使臣冲替外，更展三年磨勘。若行一运已上，抛欠通及一千五百硕，除该差替、冲替外，更展三年磨勘。其初运但有抛欠，仍无故稽程，至罪止者，小行差替、重役。"从之。4，p6965

大观元年八月二十八日，诏："纲运舟船牵挽浮驾之人既出本界，仰给沿流粮食，而州县以非本道人兵，抑而不支，致侵盗纲米，饿殍失所。可依发运副使吴择仁所奏，纲运管押人经过州县合该请受，不即时勘支赶发，以违制论，不以去官、赦降原减；发运司不按，与同罪。"5，p6966

【大观二年】六月二十八日，诏："六路起发纲米于南京畿下卸交量，并依在京司农寺条法施行。"6，p6966

【大观】三年四月二十六日，户部言："检会大观三年四月四日湖南转运司状，欲将本路见阙押纲使臣下吏部权差使臣。奉圣旨：据今来见阙人数，并权许见在部小使臣免短使指射。每一运如无违欠，与减二年磨勘，及支与本资序请给外，支破券一道。看详前件指挥，每一运如无违欠，减二年磨勘，即是尚有违程，自合引用《元符令》：'二日以上，降一等；十日以上，不在赏限。如有少欠，系以全纲数折会填纳外，欠不满一厘，合依元降指挥推赏。'今欲申明行下。"诏依。6，p6966—6967

【大观】四年八月五日，户部言："契勘元丰旧法，钱纲少欠，折会填纳。本船少欠满半厘，有断降之文；半厘外，计赃以盗论，至死减一等。押纲官亦有断罪降等冲替指挥。法禁甚明，犯者亦少。见行条约：'一分以上，方送大理寺；一分以下，许于本路处折会。即是一纲押钱五万贯，明许欠钱五千贯以下。'"诏依元丰【法】。6，p6967

【大观四年】十月九日，诏："东南六路额斛复行转（般）〔搬〕之法。"6，p6967

【政和】二年六月五日，江淮发运司言："勘会见有事故纲分阙人管押，乞据踏逐到军大将宋瑗等并特行差拨，仍乞今后依此指挥。本部勘当：宋瑗等并系见押纲运并见勾当专副，及得替未到部绾系之人，有碍敕条，不合发遣。及乞今后依例特差，难议施行。检会《大观元年三月二十八日敕》：'诸路纲运押纲军大将见阙及年满，纲运无人差拨，特召募军将未足见阙及数，应诸河纲运禀名，令发运、辇运、转运、拨发、铸钱司下诸州，并依《都官法》，用家业抵保，召募土人或衙前吏人充守阙军将，就近管押。委本贯县司保明，申所属州军审察，保明申本部，给状收补充。如州军职官员入仕十五年以上者，与换正名军将，并只令管押本路。军大将纲阙，其逐处召募到人仍填见阙，次年满替。差讫，即令所属开申都官。所有向去磨勘、改转及罪犯，并依《都官条法》。'《都官条》①：'保人合用诸司正名二人及命官一员，虑在外难得命官为保，土人即令召本处有物力人二名，衙前吏人一名召本色二人为保。若纲运有轻重不同者，令所属更互差押。如有人少欠官物合该差替者，发遣归部，依条承受差使。其本部差去押纲人，候召募到土人，即发归部。'"诏依大观元年三月召募土人指挥施行。6—7，p6967—6968

【政和二年】十月八日，尚书省言："奉诏措置东南六路直达纲。欲六路转运司每岁以上供物斛，各于本路所部用本路人船（般）〔搬〕运，直达京师，更不转（般）〔搬〕。仍自来年正月奉行。其发运司见管诸色

---

① 此条史料中的《都官法》《都官条法》《都官条》都是同一法律的三种名称。

纲船，合行分拨应副诸路，余令发运司应副非泛纲运。其淮南转（般）〔搬〕，旧制岁备水脚工钱四十二万、米十二万硕，合令本路提刑司拘收封桩。今来初行直达，诸路运司窃虑难于应办，每路于上件钱内支二万贯应副一次。所有六路运粮，岁认应副南京等处米斛，除湖南、北数少外，欲令江南管认南京，两浙管认雍丘，江东管认襄邑，淮南管认咸平、尉氏、陈留。更不差衙前公人、军人，除使臣、军大将外，许本路募第三等以上有物力土人管押。除依募土人法，其请给、驿券，依借职例支给。若曾充公吏人或犯徒以上，并不在招募之限。招募不足，许差见在官；又不足，即募得替待阙、无赃私罪、非流外官充。逐路各差承务郎以上文臣一员，自本路至国门往来提辖催促，杖印随行纲运。有犯，许一面勘断。请给、人从依转运司主管官例，仍给驿券。许招置手分，贴司各二人，仍与本路转运司吏人衮理名次升补。江南四路地理遥远，更差大使臣以上武臣一员，往来催促检察。其请给、理任依本资序，仍别给驿券。江、湖纲运管押人，如二年（般）〔搬〕及三运至京或南京、府界下卸，拖欠折会外，不该坐罪，使臣与减二年磨勘，军大将依法比折，土人与补军大将外，仍减五年磨勘；再押该赏，依使臣比折。若一年及两运，亦依上法推恩。淮、浙一年（般）〔搬〕及两运，与减一年磨勘；三运以上，减二年。余依前法。逐路纲官、梢工连并两次该赏者，仍许纲船内并留一分力胜，许载私物。沿路不得以搜检及诸（般）〔搬〕事件为名，故为留滞，一日笞三十，二日加一等，至徒二年止，公人、栏头并勒停。官司如敢截留人船借拨差使者，以违制论；截留附搭官物者，徒二年，官员冲替，人更勒停。所有起发交卸余限与旧不同：淮浙初限三月，次限八月，末限九月；江湖止分两限，上限六月，下限十月终（般）〔搬〕足。兵梢偷盗若诸色人博易籴买并过度人，并同监主科断，至死减一等。"并依，内提辖文臣候催了日，赴尚书省呈纳具状，以行升黜。7—8，p6968

【政和】三年正月二十九日，两浙转运司言："见奉行直达之法，今措置下项：兵官差刷上纲兵士，未有罪赏专法，除已将诸州所管厢军多寡以十分为率，每州岁差三分，配上粮纲牵驾行运，依条一年一替外，乞立法：诸州兵官任满，如差足粮纲，兵士逃亡不及三分之一，比附押纲使臣一年三运以上，与减年酬奖。若岁终差刷不足，或逃亡及三之一，即乞罚俸两月。若差不及一半，或虽差足，若逃亡一半以上，并乞特行差替。仍依课利亏欠法，官吏并不以赦原减。又本路见管禁军二万四千余人，依熙宁、元符敕令，许差下禁军兼厢军充知州、通判等官员当直。近因大观二年朝旨，不许差拨禁军当直，从此尽占厢军。窃缘禁军自有分轮番次之法，即不妨教阅。欲乞权依熙宁、元丰令文，许令兼差充，那厢军差上粮纲。户部检承《敕》：'兵梢、纲官、团头在路逃亡、病患事故，并仰所在官司实时填差，若不行差拨，并杖一百，公人勒停。'今来本司所乞除差拨上纲人兵沿路逃亡系属本纲，其元差处本官难以认数立罚。如差拨数足，自系本职，亦难比附押纲使臣一年三运以上减年酬奖。"诏禁军当直，不妨教阅，兵官赏罚等，并依本司所乞，余路依此。8，p6969

【政和四年】十一月二十日，诏："诸路招募到等第土人押纲，初运并令支拨优便去处装发一次。如运内有欠，次运即却入重难；无欠者，还依前法。即拨入重难而一运或次运能补足前运所欠之数，及今运亦无欠者，并却入优便去处支装。如违，及不依次辄差余人者，徒二年，不以失及赦降原减。其诸路纲运见押人如系衙前公吏管押，若已起发，并候回本路日，别差应入人交割讫替罢；未起发纲运并改正，别差人管押。"从尚书省请也。9，p6970

【政和五年】十二月二十二日，诏："脚户侵用（般）〔搬〕运钱物，许人告获，先支赏钱五百贯，后于犯人名下追纳。如不足，应干系及交易人均备，并以自盗论。"从河东转运司请也。9，p6970

宣和元年六月十八日，诏："陈留县等处应开决河口地，速行修闭，仍令都提举汴河堤岸司、洛口都大司依已降指挥，疾速放水行纲运，不管小有阻节。令尚书省继日催促。"9，p6970

【宣和】二年六月十九日，发运司言："臣僚言：'东南岁漕召募土人，有物力自爱之民多不应募，惟无赖子弟产业仅存及兵梢奸猾者，则旋以百千置产，使亲属应募，遂补守阙进义副尉。及得管押万硕纲至京，欠及一分五厘，计米一千五百硕，才得杖罪差替，复多引赦用例，止罚铜十斤。计一岁六百二十万硕之数，所欠无虑数十万矣。'乞下六路，应米麦纲运依法募官，先募未到部小使臣及非泛补授校尉已上未许参部人并进纳人管押。淮南以五运，两浙及江东二千里内以四运，江东二千里外及江西以三运，湖南北以二运，各欠不及五厘，依格推赏外，仍许在外指射合入差遣一次。若应募而辄敢沮抑及乞取者，并科违制罪。"诏依前项先次施行，召募土人法并罢。其余应合条尽事件，仰陈亨伯、赵亿限一月同共措置，条画以闻。"今条具：直达纲差管押人，先大小使臣、校尉合注授人，次校尉以上未参部及未到部人，次非泛补授校尉以上未许参部人，次进纳文武官，次副尉。校尉理当管押水陆重难纲运，副尉理当重格差遣各一次。再任者候到部，再免一次。进纳人免参部。每运至卸纳处，无抛欠，减磨勘三年；并押两运无抛欠者，转一官资，仍减磨勘三年；进纳人依正法，并押五运无抛欠，依捕盗法改换使臣；不及一厘，谓折会借纳外，下准此。减磨勘二年；不及二厘，减磨勘一年。以上副尉依使臣法比折，展年准此。少欠坐罪自依本法。三厘，展磨勘一年；四厘，展磨勘二年；五厘，展磨勘三年。一分，抛失空重船及十五只同。冲替；副尉勒停。三分，勒停。副尉仍展三期叙。罪至冲替以上者，奏裁。副尉勒停准此。押纲人冲替者，纲官配五百里，勒停者配千里。沿路官司或非本路纲运，坐视不问。今后抛失或偷盗，并令地分官司限一日具数申发运司置籍。辄隐庇或漏落实数者，徒二年；申报违限者，徒一年。发运司置籍，候岁终，关拖欠地分转运司，次年依上供条限承认补发外，仍各计逐路年额上供数，令发运司以元起发路分年额十分为率，计经由路分抛欠数，具奏责罚。转运司官如在本路抛欠者同。五厘，展磨勘二年，七厘三年，一分取旨。自今应纲运经由地分，发运及别路转运司官觉察偷盗作过及留滞损坏等事，任责并如本路转运司。六路抛失，岁终，户部比较三年数，申尚书省取旨升发运司官。其专置提辖官在路抛失，自今计本路年额，以十分为率责罚，令发运司具奏。三厘展磨勘三年，五厘降一官，一分取旨。经由地分巡捕官司，自今应偷盗军人、公人不觉察者，杖一百；累及五纲以上者，徒一年。命官各减一等，即故纵者，各加三等。军人、公人不以赦降、自首原免；命官虽会赦，仍奏裁。若能用心巡察，捕获犯人，计赃不满贯，命官升半年名次，五贯以上，减磨勘一年，每及十贯，更减磨勘半年；一百贯以上，转一官。诸色人计赃不满一贯，赏钱十贯；五贯以上，钱三十贯；每及十贯，加钱十贯；一百贯以上，钱二百贯。军人、公人仍转一资。"诏依。9—10，p6970—6971

【宣和】五年六月九日，诏："应押纲人犯罪或违程、抛欠，合批书印纸，而收匿避免批书者，杖一百。"11，p6972

【宣和五年六月】十日，发运副使吕淙言："欲下诸路转运司，须管见得逐州县申到实有米粮，方得支纲，仍依条预借纲梢三分钱。如违限，许逐纲陈诉。"从之。以转运司科数下州县支纲，实无见管粮料，纲运等动经数月，又不支借三分工钱故也。11，p6972

【宣和五年】七月十八日，发运司言："契勘江、湖路装粮重船，多是在路买卖，违程住滞。本司看详：上供钱物纲在路有故违程，依法不得过三日，累不得过一月。所有诸路粮纲即未有立定明文，今欲比类上供钱物立定：'有违程，不得过十日。内江东、淮南、两浙路地近累不得过一月，湖南、北、江西路地远不得过两月，所有守闸日分许与除豁。及无稽程并经由催纲地分官司，亦乞比附上供钱量行增立法禁。'"诏："六路粮纲地分官司不催发，杖一百。"11，p6972

【宣和五年】十二月十九日，诏："应管押纲运使臣等，并不许诸处抽差，如违，官司及被差人各徒一年。"从户部尚书卢益请也。11，p6973

政和七年二月四日，尚书〔省〕言："勘会东南六路诸州军逐年装发上供额斛，自来立定知、通任满赏格，轻重未至均当。近又因两浙申请，将不满一任替罢之人，不论到任月日浅深、年起斛斗多寡，但管勾装发无违限，便依任满法，作不满三十万硕，皆减年磨勘。今修下条：'一万硕以上升一季名次，五万硕以上升半年名次，十万硕以上减半年磨勘，二十万硕以上减一年磨勘，三十万硕以上减一年半磨勘，四十万硕以上减三年磨勘。'"从之。12，p6973

【政和】六月八日，户部尚书刘昺言："诸路粮纲情弊甚多，沿流居民无不收买官纲米斛。欲今后委逐路官司觉察，沿流人户买官物一升，赏钱十贯；一斗，赏钱五十贯，至三百贯止。买卖人决配千里外，邻人知情，与同罪；不知情，减一等。许诸人告捕，犯人自首，与免罪。"从之。12，p6974

【政和七年】七月二十一日，开封尹王革奏："刘昺所立罪赏，已是严重，无图之辈因缘生奸，诈诱兵梢，复行告捕。欲乞诈诱及故令纲运兵梢籴粜米谷因而告捕规赏者，并以被诱人所得刑名决配支赏，许人告捕。粮纲到岸，应管勾河岸铺兵、公人、岸子之类知情容纵兵梢籴粜纲运米谷，乞受钱物，计赃并依河仓法决配支赏，引领牙人并知情停藏、负载者，同罪。"诏"改赏钱'十贯'字作'一贯'，'五十贯'字作'五贯'，'三百贯'字作'一百贯'，余依奏。"13，p6974—6975

【高宗建炎】二年正月十日，诏："粮纲卸讫，空船虽许差乘，若往别路及经过所差州军，元差官司并乘船官各徒二年。真州排岸及瓜洲堰闸官不切检察者，各杖一百。其以前已差往别路粮斛船，令转运司委官催回

本路。如乘船官占吝，依'未出本路非理迁延占留人船，致妨本处装运钱粮，计日坐罪'指挥施行。"14，p6976—6977

建炎四年七月三十日，户部言："准都省批下发运副使宋辉札子：'契勘本司旧行转（般）〔搬〕支拨纲运装粮上京，自真州至京，每纲船十只，且以五百料船为率，依条八分装发，留二分揽载私物。如愿将二分力胜加料装粮，听。八分正装计四百硕，每四十硕破一夫钱米；二分加料计一百硕，旧法每二十硕破一夫。建炎二年内装发东京粮紧切，画降圣旨，加料每十硕支破一夫。后来前本司官叶宗谔去年内得指挥，拨还东京粮料沿汴少欠，就顾牵驾舟船，申画指挥：加料依和雇客船则例支给雇钱，入汴添支三分水脚钱，及旧法支给薦席、剌水、铺衬等钱，并管押人依条除本身请给外，重船又别给驿券。每运至东京卸纳，无欠折，转一官资，纲梢并支撞岸及赏钱，所请脚剩等大段优润。今来依奉圣旨，雇船起发浙西劝诱等米，其押纲除本等资序请给外，止添食钱三五百文，别无立定了纳赏罚。兼本司见打叠舟船，团结官纲，起发行在物斛，浙西州军至越州地里不远，若不权宜立定赏罚，无以劝惩。今相度，除雇船自有立定地里水脚钱外，有官纲欲乞依本司昨来起发上京纲运例，除添支三分水脚钱不及外，余依旧例支破。所有官、客纲人赏罚，今以地里远近、所装米数参酌立定下项：《赏》：每运押米五千硕以上，地里至卸纳处无违程、折会偿纳外少欠，依下项：副尉比折收使，八百里减磨勘二年半，五百里减磨勘二年，三百里减磨勘一年。《罚》：每运押米五千硕少欠一分，使臣冲替，副尉勒停，仍根究致欠因依；七厘，展磨勘三年；五厘，展磨勘二年；三厘，展磨勘一年。'后批送户部勘当，申尚书省。本部今欲依本官所乞施行，内赏系别无少欠。仓部供到状，近勘当发运副使宋辉札子，起发浙西诸州米斛至越州，乞依旧八分装，每四十硕破一夫钱米，二分加一料，每二硕破一夫，并以地里远近赏罚。合支薦席、剌水、铺衬等钱，已勘当，依本官所乞。内押人依条除本身请给外，重船又别给驿券，缘今来止是一时装发斛斗，比之上京纲运事体不同，若更破驿券，委是太优，欲乞重船日支食钱四百文省。"诏依。16—17，p6978—6979

【绍兴】元年三月十二日，户部言："越州通判赵公竑言：'两浙路见有起发米斛万数不少，内有经由海道前来纲运，除官纲平河行运合依宋辉措置外，海道（般）〔搬〕运粮料系为登险，理当优异。'本部今比附重别措置：每运至卸纲纳处，无拖欠、违限、折会偿纳外，依下项。内赏比平河已是优异，其罚格亦比附申请措置递减一等。《赏格》：一万硕已下，所装虽多者同。一千里无拖欠，转一官；不满一厘，减四年磨勘；副尉依使臣法比折收使，下准此。不满二厘，减三年。五百里无拖欠，减四年；不满一厘，减三年；不满二厘，减二年。五千硕，所装不及五千硕，若并押两运如及所立之数，亦乞通行推赏。一千里无拖欠，减四年；不满一厘，减三年；不满二厘，减二年；五百里无拖欠，减三年；不满一厘，减二年；不满二厘，减一年半。《罚格》：欠三厘，展一年磨勘；副尉亦合比展。欠四厘，展一年半；欠五厘，展二年半；欠七厘，展三年半；欠一分，展四年；欠三分，抛失空船一十五只同。使臣、校尉冲替，副尉勒停，仍根究致欠因依。"从之。17，p6980

【绍兴】二年三月十二日，诏："应纲运不以人粮、马料，不得在外一面支遣，并赴合属仓分送纳。如违，并从杖一百科罪。每名赏钱五十贯文，以犯事人家财充，仍先以官钱代支。"18，p6981

【绍兴】三年四月二日，诏："今后起纲，如本州差过三员皆未还任，接续有合发纲运，即先从倚郭县差县丞或主簿一员管押，以后先近远于诸县轮差。如被差辄敢规避，并从徒二年科罪。管押官候到行在，别无疏虞，依已降指挥推恩。"18，p6981

【绍兴三年】十二月二日，户部言："两浙运判孙逸札子：'诸州县起发纲运赴行在卸纳，别无抛欠，其管押人乞特行犒设。'今立定下项：'其钱于和籴场百陌钱内支破，如无见在，移文本路运司，于移用钱内限当日支给。三百里以上，三千硕已上欲支一十五贯文省，五千硕已上欲支二十贯文省；五百里以上，三千硕已上欲支二十贯文省，五千硕已上欲支三十贯文省。'"诏依，今后如遇纲运卸纳了当，别无缘故，排岸司非理留难阻节，官吏并从杖一百科罪。18，p6981

宋会要辑稿·食货四四·漕运四

【绍兴】二十七年七月十二日，两浙路转运司言："为浙西州军人户纳苗米水脚钱赴通判厅、县丞厅，于经总制库收贮，并管押米斛、马料赴行在及军前交纳，每船及二万硕，计减磨勘一年，每增一万硕，减磨勘半年；及押纲使臣、兵梢合得请给，乞拨定州府应副，依条限帮支。"仓部勘当："押纲使臣管押米斛、马料赴行在及军前交卸，除破耗别无抛失，及少欠不碍所欠分厘、次运折会补足，别无违程，一岁内每纲累押及二万硕，乞许减磨勘一年，每增一万硕，减磨勘半年。所有欠多押纲兵梢合该责罚，及兵梢纳足特赏，并乞依见行条法施行。"从之。4，p6989

【绍兴】二十八年七月三日，直敷文阁、新权江南西路计度转运副使李邦献言："奉旨，令臣与李若川将江西路绍兴二十一年至二十六年分已起未到米一百六万四千五百余硕，疾速催赶前来，并未起七十万五千二百余硕并纲装发，并限半年到行在等处。窃缘江西米运，其弊有五：一则押纲不得其人，二则官纲舟船灭裂，三则水脚縻费不足，四则不曾措置擢运远迩，五则卸纲处乞取太重，斗面太高，不除掷扬折耗，所以失陷数多。欲望许招募土豪及子本客人装载，并与依旧例上更许搭带一分私载，于装发米处出给所附行货长引并批上行程赤历，沿路与免商税，即不得留滞纲运。如不愿请船脚钱者，管押及二万硕、无少欠，与补进武校尉，二万硕加一资，依军功补官法。如土豪客船不足，许令逐州选差见任文官宣教郎以下至选人及武官大小使臣管押。若无欠少，与依绍兴五年十一月立定赏格推恩，如一万硕、一千里以下，减四年磨勘；二万硕，更乞与减二年磨勘；三万硕，转两官止。"户部看详："一、乞招募土豪及子本客人装载。今欲许招募有家业及得所押物数，不曾充公人，亦不曾犯徒刑，非凶恶编管会赦原免之人，当职官审验诣实。其自备人船，每硕三千里支水脚钱三百文省。余计地里纽支。许将一分力胜装载私物，与免收税，批上行程，沿路照验。若所供不实，或借人抵产，许人陈告，依诡名挟户条敕断罪，财产没官。经由税场，监官即躬亲照验放行，干系公吏乞觅，论如监临主司受财法计赃断罪；无故留滞者，杖一百。到卸纳处，依自来纲运条例，计地里除破耗米，如有少欠，候补足，保明申朝廷，降付户部勘验，关吏部等处依今来修立赏格请降付身。所乞逐州选差见任文武官，今欲令江西运司于见任应差出之官内选差，或募寄居待阙官。召保官二员。除计地里合破耗外，如无抛失少欠、违程，从交纳官司保明，依今来修立到赏格等推赏。并重别增损，拟定赏罚格如后：土豪子本客人运载米斛二万硕，舟运每二万硕转一官资，通押及四万硕，行放参部，注授差遣。三千里以上，承信郎；二千里以上，进武校尉；一千里以上，进义校尉。右除地里折耗外，如少欠三厘以下，与依格推赏，如三厘以上，候补足日推赏。命官差募管押，赏：一万硕，二千里以上无官欠，减四年磨勘；每加一万硕，增一倍推赏。不满一厘，减三年半磨勘；不满二厘，减三年磨勘。一千里以上无官欠，减三年磨勘，每加一万硕，增一倍推赏。不满一厘，减二年半磨勘，不满二厘，减二年磨勘；三千里以上，与递增一等推赏，谓如元合减四年磨勘而及三千里以上者，减三年磨勘之类。罚：少欠三厘，展三季磨勘，每加一厘展一季，展至一分止。少欠二分，每分加展半年磨勘，至四分止。副尉、下班祇应比类。少欠五分，命官冲替，副尉、下班祇应勒停。二、卸纳处乞取太重，斗面太高，不除掷扬折耗。今欲令江西转运司将合起米先次差人别赍一般样赴司农寺照会，候纲到日申户部，差郎官一员前去对样交卸，不得将所起米擅便掷扬折耗，疾速交纳。其合赴总领所米，亦合依此封样，候到，差官交纳。仍令户部长贰、总领官不测赴仓点检，如有违戾，各仰按劾施行。其押到米与元样不同，委有夹杂沙土，即申本部及总领所差官看验，依条交卸。三、水脚糜费钱，本路所起米一百七十余万硕，有逐州随苗收到水脚钱三十四万余贯，兼朝廷给降乳香套一十三万贯，并就拨经制总钱十七万八千余贯应副装发，本司自合将上件钱相兼措置起发，自余押纲作弊，舟船灭裂，并系本司合行事务，欲下江西路转运司一面措置。”从之。4—5，p6989—6990

【绍兴二十九年四月】二十三日，诏：“今后除依条合团并钱物照应见行条法施行，其余州军合发钱物，并不得差募官附押两州钱物，如违，将所押正纲合得酬赏减半，其附押官物请过水脚、糜费等钱，于违戾差押官司人吏名下追理入官，将所差违戾官司从杖一百科罪。”6，p6991

【绍兴二十九年四月】二十八日，总领四川财赋军马钱粮所言：“四川押纲官不许附押他司钱物，并乞修立断罪条。”户部欲自今后四川州军诸司起纲去处辄差官附押他司钱物，及押纲官受差附押者，准《绍兴敕》：“诸因职事例受制书而违条科罪，受差官正纲合得赏典便行减半，脚钱追理发纳。”从之。6，p6991

【乾道】三年二月十三日，诏：“今后粮纲有欠，并从司农寺一面断遣监纳施行，如情犯深重，事须推勘，送大理寺。”以知临安府王炎言：“《在京通用令》：‘诸官司事应推勘者，送大理寺，所有粮纲推勘，若有翻异，始合送大理寺，余依祖宗条法施行。’”故有是命。9—10，p6995

【乾道】七年二月十三日，诏：“诸路漕司严责所部州军，如纲运经由县道，仰县道官催督沿流巡尉护送，催赶出界，仍于行程内批凿日时，交付以次去处。即有欠折，根究在经由界内偷盗作奸，将本县及巡尉吏人配流，巡尉取旨施行。”从臣僚请也。11，p6996

【乾道七年】十月十三日，诏：“自今广南市舶司起发粗色香药、物货，每纲以二万斤正、六百斤耗为一纲。如无欠损、违限，依押乳香三千斤例推赏。其差募官管押等，并依见行条法。"11，p6996

【乾道九年十月】二十九日，详定一司敕令所修立到："诸纲运以本州县见任合差出官各籍定姓名，从上轮差，不许辞免。无官可差，即募官管押。先选本州本路，次别路寄居、未到部人非。得替、待阙官。并选差有举主、年未六十、无疾病、有心力可以倚仗人，取付身照验圆备，寄军资库，获收附回日，即时给还付身。土豪官砧基簿契准此。召本等保官二员，土著官亦许募。仍取愿状，取见产业及得所押价（直）〔值〕，拘收砧基簿契在官抵当；产业不及者，拘收外，召保官一员。即曾犯赃及私罪冲替、押纲欠折，并通判路分都监以上及本州金判，并不许募。其见任官许于替前六十日内指射，各以下状先后为次。即虽应选，若当职官审量不可付者，听别选。以上各于纲解内具到元差募监司、谓系本司应起发者。守令名衔、诸宗室及见任本州守贰、本路监司子弟亲戚或诸军拣汰使臣及不应差出之官，并不得差募押纲。下班祗应、副尉、衙前、公吏、斗级、将校、军兵、无官土豪准此。诸纲运于装发州给行程历付押纲人。募押者止批本官印纸，差押者准募押式批书。水路于排岸、催纲、运巡检司，陆路于州县镇寨，即时批到发日时、附载物名数，或风水事故实状。通判督责催纲，巡尉差人防护，监赶出界，关报前路催纲官司。若风涛不可停船，听押纲人从实声说事因、到发日时，结朝典状赴以次官司并批。仍押官用印，结罪保明。其赴阙者，水路排岸司、陆路所属省部寺监，在外者卸纳官司，点检。诸处起发官物应给路费钱者，并计所至，谓如上供物以至京，往别路以卸纳处之类。以应给钱全支付押纲人，水路纲约度阻风日分宽处。仍批书解纲行程历。若缘路截留或寄纳，即据销破不尽数与所卸官物各具钞纳。水路不曾阻风，有余乘，回日纳官。再起发者，以所纳钱给如法。诸押纲人卸纳官物讫，所在官司限一日取索行程历、印纸驱磨，仍批书有无违程、欠剩。诸监粮纲纲梢犯罪不可存留者，押纲人具事状申转运或发运、辇运、拨发司审度，差人交替。若兵梢在路籴粜卖，送本地分州县施行；如阙人牵驾，即令所在贴差。诸押纲得减年赏者，不许凑理磨勘转至应荫补官，虽得转官赏，亦候转过日收使。诸粮纲每纲不得过二万硕，装载讫，限三日起发。诸纲运应募土著官管押者，于行程内声说起纲事件，并依见任官法。诸纲运募土著管押应赏者，依见任官法。诸纲运差募押纲官不当，致盗货、移易、失陷，具元差募监司、守令职位、姓名申尚书省取旨。诸仓受纳粮斛，以元样比验交量，非夹杂糠粃，不得抛扬。司农寺丞、簿轮日分巡诸仓，仍听户部官不时下仓点检。"从之。先是，中书门下言："诸路监司、州军选差管押钱物、米斛纲运人指挥虽已详备，窃虑引用不一，兼所差孔目、典级难以责任。"诏："除孔目、职级、典押并无官土豪、土著不许差押外，今后监司、守令起发纲运，须管任责，照前后指挥依公选委。纲解内分明声说元差监司、守令职位、姓名，如有失陷，户部具元差官取旨施行。仍令本部检坐条旨，同敕令所立法。"12—13，p6998—6999

淳熙十六年闰五月十九日，诏："今后浙西州县辄敢违戾差拨兵梢装运上供米料，许从农寺及漕司觉察闻奏，当职官以违制论，人吏决配。逐州元拨官船，令漕司日下尽数拘收，兵梢拨归元来军分，其过犯已经黥刺者，押送元配州军收管。"14，p6999

【嘉定】七年六月二十五日，诏："诸路州军税场每遇纲运船到，若果有货物，即从公收税；如止是起发钱粮，仰即放行，不得留滞。如违，许押纲官经州郡、监司陈诉，差官核实，严与断治。"17，p7002

【嘉定】十一年正月二十五日，户部言："左藏东、西库指定福建市舶司遵依指挥，条具装发纲运事理下项：'一、纲运交装之初，监官不能皆廉，下逮专库，各有常例，隐瞒斤两，以高为次，弊幸百端。照得本司递年纲运，并于未支装前唤上舶务合干人等重立罪赏，不得就纲官乞觅，方差官吏监视行人，先次分色额等第。伺交装日，提举官同本司官属公共下库，再监无干碍行人重验色额，仍差泉州无干碍官监视。以省降铜陶法物对纲官两平秤制斤两，当官封角。每包作封头两个，一系印提举官阶位，小书，用本司铜朱印记；一系监装官名衔印记。外檀香瘰木，并数计条截两头，各用提举官押字雕皮记，责付纲官下船。仍差近上吏人、军员各一名防察，随纲前去，责限两月到行在所属库分交纳。今准指挥，本司除已遵禀，严行约束，日后合干人辄乞纲官钱物，将香货以高为次，定行根究决配。或监装官属容情隐庇，致因觉察得知，定申朝廷施行。此项，库司今从本司所申事理，常切遵守，毋务致废弛，在久远施行。二、精选畏谨之人以充部押纲运。照得本司近降指挥，选差见任、寄居大使臣堪倚仗畏谨之人，近来本司起发纲运，移文泉州选差。况聚泉州见任、寄居大使臣少，纵有员额，又系归明不厘务官，委是于条有碍。间差见任官，又复推避，正缘日前管押纲运有冒涉鲸波，而依限到库者往往不蒙推赏，所以多有不愿管押之人。欲（令）〔今〕后差官部押，如依程限到库，委无欺弊少次，乞与优加推赏。及防纲公吏，亦从本司犒劳，升补名次。此项，逐库检准《庆元重修令》："诸纲运以本州县见任合差出官，各籍定姓名，从上轮差，不许辞避；无官可差，即募官管押。"窃缘先来本司不与照条差募，或差无藉之官，致有在路故作稽违，交卸又有欠损，其押纲官遂不敢乞赏。今乞下舶司，须管照条选差可倚仗谨畏之人。如所押官物无欠损、违程，即与照条推赏。三、纲官将官给之物换易变卖，沿途商贩，经岁滞留。照得本司每遇差官押发纲运，并从条关报本司以至行在。凡所经由州县及沿海巡尉官迭递催赶，防护出界，其经由州县与沿海巡尉官司更不用心差人赶发，是致逗留作弊。缘本司与州县初无统摄，文牒视为具文。今乞下纲运所经由郡县及沿海巡尉官司，如纲运逗留界分之，不即差人起发过界，并许本司移文所属郡县根究，如稍有违戾，申取指挥施行。此项乞朝廷行下所隶监司，严督催纲巡尉，遇有纲运到界，继时催赶，防护出界，及于本纲行程分明批凿起离时日。如有违戾，计从监司、属郡根究，重作施行。四、交装纲运，先以色样申解户部，不许随纲将带，以防换易。本司今遵禀，日后起发纲运，只发各色香样一项，前期专差人赍发赴户部投下。伺纲运到日，照样交纳，更不出给随纲香样，庶革侵欺移易之弊。此项欲从本司申请，日后起纲，于所发香货逐件抽取色样封角，专人先次赍赴户部投下寄留。候到库，唤集行众当官开拆封样，看验一同，即与交收。五、起发纲运，除细色香药物货遵陆前去不以时月，有可稽考外，其粗色物货系雇船乘载泛海，直是四五月间支装，赶趁南风顺便发离，庶免飓风海洋阻滞。缘本司逐时遵奉省部行下催发严峻，逐色寸秋冬时月装发，致纲首以阻风为词，公然抛泊湾澳，逗留作弊。今准指挥，后起粗色物货纲运预期支装，候四月、五月南风顺便，方赶趁风信发离，及责日限，到所属库分交纳。如有违限，即乞根究住滞情弊，重作施行。此项乞下市舶司。应有蕃船到舶，抽收香货，将合解数目按月具申，遇便起发，照立定程限行运。如所押官物至交卸出违限日，将纲官从条根究，亦不推赏。六、纲运至左帑交卸，牙侩看验，帑吏经由，莫不岁有定价，几类执券取偿。常例之需既足，则交收指日了办。今乞严行约束左帑合干人等，今后纲运到库，如看验委无欺弊，即交秤给钞，不许多方需索常例。此项逐库照得纲运到库交卸，自有元降指挥板榜立定官脚等则例，充雇夫脚剩之费。今来本司所请纲运，乞指挥下日，重立罪赏，严行约束施行。'本部今勘当，欲从指定到逐项事理施行。"从之。18—19，

p7003—7005

宋会要辑稿·食货四五·漕运四·纲运设官

【真宗大中祥符】九年五月十五日，诏："河、汴、广济、石塘河催纲巡河京朝官、使臣，自今每岁许一次入奏，三门白波发运使、判官每岁许二人更番入奏。"1，p7010

皇祐五年十月十八日，诏："诸路所举文武臣僚充催纲、拨发者，并依从减罢，今后更不差置。见任官未成资者，即后任通理年月。"2，p7010

绍圣元年九月七日，户部言："发运司状：每年上供额斛及府界、南京军粮，动以万计，止管汴河一百七十余纲，须装卸行运之速，乃能办集。其汴纲在京等处卸粮，多有少欠纲分，依朝旨，并批发下装发处折会结绝，而从来未有立定日限备偿明文。欲并依京东排岸司一司式立限备偿。若装发处不便结绝，自依《元祐八年秋颁敕条》断罪。"从之。3，p7011—7012

【元符】三年二月二十四日，刑部言："荆湖北路提点刑狱司申：'检准治平二年三司使韩绛等奏，使臣管押汴河粮纲，若于纲运内有过犯，并委三司、发运司取勘罚赎。又准《元祐七年敕》："小使臣在官处犯公罪，杖以下并本州断罚，其应断罚而所犯情轻者，申提点刑狱司，委检法官看详。"又准《绍圣五年敕》："诸押纲小使臣犯笞罪，批上行程，至卸纳处排岸司点检，在外就近送转运或发运、辇运、拨发司施行。"今看详治平朝旨，系专言渭、汴河纲使臣，即不言诸路押纲使臣有相合，依是何条令。'寻送大理寺参详。今据本寺状：'治平朝旨既系一司专条外，诸路押纲使臣虽依《绍圣五年敕》，令排岸司点检，送转〔运〕司行遣，如所犯情轻者，除发运司合依本司专条勘罚外，其转运、辇运、拨发司即亦合关报提点刑狱司，依条看详当否施行。'"从之。3，p7012

【政和三年三月】八日，中书省、尚书省言："检会《政和二年十二月十三日敕》：'（令）〔今〕后应押筏使臣、殿侍、军大将等，如押竹木纲筏送纳别无少欠，虽有不敷元来径寸，如有纲解大印照验分明，系是元起官物，别无欺弊，仰所属一面取会元发木官司认状外，其管押人听先次依法推赏。如会到别有违碍欺弊，不该推赏，即行改正，依条施行。'勘会未降上件指挥日前，亦有似此之人，理合一体。"诏并依《政和二年十

二月十三日朝旨》施行。4，p7013

【政和三年】七月十二日，尚书省言："淮南路转运司提辖催促直达纲运宋子雍状：'近点检得本路州军装发地头妄破诸般缘故，至有住滞等，欲望特赐重行立法。'今修下条：'诸纲运装卸，无故违限过五日者，附载官物装卸违限同。一日笞三十，二日加一等；过杖一百，三日加一等；罪至徒二年。事由装卸官司，本纲不坐；事由本纲，装卸官司准此。仍各以所由为首。和雇私船运官物而装卸违限，并准此。内事由本船者，止坐船主。违限请过口食，干系人均备。'"从之。4，p7013

【政和三年】九月十三日，两浙转运司奏："本路岁发上供额斛万数浩瀚，奉旨直达都城，唯藉纲运趁限装发，了办岁计。缘本路所管纲船并是三百料，与他路大料纲船不同，除许附载私物外，装发米数不多。近朝旨许加一分力升，通旧二分附载私物。今乞依《政和令》，许二分附载私物，情愿将逐船所剩力升如无私物揽载，即加装斛斗，每二十石添破一夫所得雇夫钱米。不唯优恤兵梢，实于官物不致侵盗，兼亦使爱惜舟船，委得利便。今来所乞二分附载私物，每船一只装米二百四十石外，有六十石力升，若愿加装米斛，每二十石添破一夫，每船增三夫，以酌中平江府至都城地里约度，共添得雇夫钱七贯五百文、米二石二斗，即与附搭客人行货所得钱数不致相远，所贵纲梢爱惜官物舟船。"从之。4，p7013

宋会要辑稿·食货四五· 漕运五·纲运令格①

《捕亡令》：诸江、淮、黄河内盗贼、烟火、榷货及抛失纲运，两岸捕盗官同管。其系岸船筏，随地分认。8，p7016

《赏格·命官》：捕盗官谓职应催纲者。能检察纲运兵梢不犯故沈溺舟船，或有故而收救官物别无失陷者，任满，减磨勘一年。检官能觉察纲运妄称被水火盗贼、损失官物欺隐入己者，免试。诸色人：获故沉溺纲船，及有人居止船虽未沈溺，每只钱五十贯。因侵盗官物者一佰贯。江河深险处收救得沉溺船所失官物，准给价三分。收救得流失官船，每只准价不及一佰贯，诸河空船钱五贯、重船钱一十贯。江、淮、黄河空船钱一十贯、重船钱二十贯；一佰贯以上，诸河给一分，江、淮、黄河给二分。8，p7016

---

① 这一部分是漕运的相关法律，从内容看，有敕、令、格、式、申明、指挥等法律形式。

《杂敕》①：乾道八年五月二十三日，尚书省批状："纲运经由地分遇风水抛失，遵依见行条法，仍申所属州县，州委幕职官、县委丞佐，即时躬亲前去抛失地分验实保明，再批行程，结罪申州，备申司农寺，外路申总领所。候本纲到下卸处，即依条施行。如违，从本路转运司追当行人吏断遣，命官申取朝廷指挥施行。"8，p7016

《盗贼敕》：诸博易、籴买纲运官物，官船、车、脚、板船具。驼驮及其器用同。余纲运条称官物者准此。计已分依贸易官物法计利，以盗论加二等。牙保、引领人与同罪。许人告。强者计利，并赃以强盗论。以上再犯，不该配者，邻州编管；罪至死者，减一等，皆配二千里。二十贯，为首者绞；杀伤人者，依本杀伤法。以上运载船车、畜产没官。知情借赁者准此。被强之人不速告随近官司者，杖六十；因被强而受赃者，以凡盗论。诸以私钱贸易纲运所（般）〔搬〕钱监上供钱者，许人捕；诸钱纲押纲人、部纲兵级本船梢工同。以私钱贸易所运钱，虽应计其等，依监主自盗法；罪至死者，减一等配千里。本船军人及和雇人犯者，亦以盗所运官物论。8，p7016—7017

《杂敕》：押纲人、部纲兵级、梢工失觉察盗易欺隐本纲及本船官物，事虽已发而能自获犯人者，除其罪。二人以上同犯，但获一名亦是。诸纲兵级和雇人同。博易本船官物，罪至徒；杖罪两火同。地分催纲、排岸巡检、县尉司干系人失觉察者，杖一百，命官减二等。三十日内能获犯人者，不坐；二人以上获一名，亦准此。诸路年额及上供粮纲兵级，和雇人同。若博易、籴买之者，其所犯并破赃地分催纲、排岸、巡检、县尉及捕盗人，村保、地分铺头同。故纵者，减犯人罪一等。受赃重者亦从重。诸差雇运送官物，而收贮他物欲拌和者，以收贮物数计所欲拌和官物价，准盗论，许人捕；已拌和者，入水及以透堵腐烂拌和者同，下条准此。计亏官价，依主守自盗法，至死者减一等，配二千里以上；赃轻者杖一百。诸不觉本纲人以他物拌和所运官物者，部纲兵级杖七十，计所亏官价，一分杖八十，一分加一等，罪止杖一百。押纲人减部纲兵级罪二等。部纲兵级及五分，或一年内两犯至罪止者，降一资。长行充部纲兵级者，勒充别纲牵驾。诸盐粮纲封印有损动者，梢工杖八十，篙手减一等。8—9，p7017

《诈伪敕》：诸伪造封纲船堵面印，论如余印律；已行用者，不刺面，

---

① 此处疑少"申明"两字，因为从内容看应是"申明·杂敕"部分。

配本城，兵级配邻州。许人告。9，p7017

《职制令》：诸巡捕官获纲运拌和官物，所属监司岁终比较，具最多、最少之人，最少谓地分内透漏及犯者数多而获到数少者。每路各二员以闻。9，p7017

《辇运令》：诸博易、籴买纲运官物，并以他物拌和所运官物，应干条制，州县于装卸及沿流要会处粉壁晓示，岁一举行。诸年额及上供粮纲，转运、提点刑狱司常切督责捕盗官等警捕博易、籴买之人，其应干罪赏条制，仍岁首检举，于装卸及沿流要会处粉壁晓示。9，p7017

《赏令》：诸六路并汴河纲运所经州县，以发运司息钱桩管，如无息钱，州县兑及官钱，具数报本司拨还。遇获博易、籴买若粜卖纲运官物者，以桩管钱当日支赏，桩管钱已支不及五分，即申发运司贴支。仍置籍，于犯人及停藏负载人追理；若不足，于犯人邻保及本纲保内均备；又不足，于地分及本纲干系人；尚不足者，以犯人没官船、车、畜产估偿纳，逐旋销注。9，p7017

诸备赏应以犯人财产充而无或不足者，差雇运送官物而收贮他物，欲拌和所运官物，及已拌和者，责部纲兵级、押纲人均备。9，p7017

《辇运格》：六路并汴河纲运经过州县，桩管发运司息钱，充博易、籴买、粜卖纲运官物赏钱数，州三百贯，县二百贯。9，p7017—7018

《赏格》：诸色人：获结集徒党强博易、籴买纲运官物者，仍以其财产，徒罪给三分，流罪给五分，死罪全给。获以私钱贸易纲运所（般）〔搬〕钱监上供钱者，钱三百贯。获博易、籴买若粜卖六路并汴、蔡河纲运官物，钱五贯。赃及一贯者给一十贯，每贯加五贯，至一百贯止。获差雇运送官物而收贮他物欲拌和及已拌和者，钱二十贯。已拌和计亏官价一十贯外，每贯仍加五百文，至一百贯止。亏及二千贯者，仍转一资。告获伪造封纲船堵面印，钱三十贯。9，p7018

《厩库【申明】》①：《乾道六年十二月二日敕》："起发上供纲运并诸司钱物，并合用钱、会中半。访闻在外州县会子或有损折，其押纲官却将合发见钱赢落水脚，尽买会子前来临安府私充见钱送纳，反复赢落厚利，是致会子不复流转。自今起纲，仰于纲解内分明开具所发钱、会数目，押纲保官状内仍声说如所保官有前项移易，甘伏同罪。所押官并随纲合干

---

① 此类法律是"申明"，因为申明的编撰体例是用律典十二篇制. 此法律属于"厩库"篇。

篙、梢等，仍前通同作弊，许诸色人经所在州县陈告，其告人每一千贯支赏钱一百贯文，犯人计所移易数，以监临自盗赃论。若合干篙、梢等能自首，与免罪，亦支给上件赏钱。今来会子务要流通，如不畏公法之人妄有扇摇，许诸色人指证着实陈，并科违制之罪，不以官荫、赦降原减。"9，p7018

《盗贼敕》：诸窃盗得财，杖六十；四（伯）〔百〕文，杖七十；四百文加一等；二贯，徒一年，二贯加一等；过，徒三年；三贯加一等；二十贯，配本州。诸强盗得财，徒三年；二贯五百文，流三千里；二贯五伯文，加一等；拾贯，绞，即罪至流，皆配千里。诸监临主守自盗，及盗所监临财物，罪至流，配本州；谓非除免者。三十五匹，绞。其运送官钱而自贷罪至流，应配本城至死者，奏裁。诸梢工盗本船所运官物者，依主守法，徒罪勒（克）〔充〕牵驾，流罪配五百里。本船军人及和雇人盗者，减一等，流罪军人配本州，和雇人不刺面配本城。9—10，p7018

《辇运令》：诸盐粮纲装讫，梁上置锁仗封锁，遍用省印，押纲人点检。若封印损动，即时报随处催纲、巡捕官司，限当日同押纲人开视讫，以随处官印封锁，批书本纲历照验。10，p7018

《盗贼敕》：诸梢工盗本船所运官物者，依主守法，徒罪勒充牵驾，流罪配五百里。本船军人及和雇人盗者，减一等，流罪军人配本州，和雇人不刺面配本城。同保人受赃，及已分重于知情者，以盗论；非同保知而不纠及受赃者，各减同保人罪一等；受赃满二十贯者，邻州编管。诸于管押官物或受雇立案承领官物人名下私揽运送而盗贷者，依主守法减一等。展转受雇运送而犯者，亦准此。诸巡防守御人于本地分犯盗者，以盗所监临财物论，其盗官物者，从主守法，罪至死，减一等，配千里。竹木筏、团头、水手大下盗本筏官物，梢工盗本船钉板船具者，准此。诸运送官钱而自贷，罪至流应配者，配本城；至死者，奏裁；即受雇立案承领官物而运载者，同主守法。诸盗官船钉板、船具者，加凡盗一等。10，p7018—7019

《杂敕》：诸纲运不觉盗所运官物，梢工依主守不觉盗律，罪轻者减盗，重者罪五等，虽持杖，亦从不持杖窃盗减。徒罪勒充本纲牵驾。部纲兵级减梢工一等。其不觉本纲人盗所运官物，部纲兵级罪至杖一百，差替。仍勒充重役三年。即故纵罪至死者，减一等配千里。诸押纲人、部纲兵级不觉本纲人盗所运官物，梢工不觉本船人盗所运官物同。虽自觉举，至下卸毕，犯人犹不获，不得原罪。若本纲及船更有欠，即以被盗物并为欠数科之，仍不倍。并不加重，止科不觉罪。获盗应免罪者，所盗物不理为欠。诸押纲部纲、兵级、梢工失觉察盗易欺隐本纲及本船官物，事虽已发而能自获犯人者，除其罪。二人以上同犯，但获一名，亦是。诸纲兵级和雇人同。盗本船官物，罪至徒。杖罪两（火）〔伙〕同。地分催纲、排岸、巡检、县尉司干系人失觉察者，杖一（伯）〔百〕，命官减二等。三十日内能获犯人者，不坐；二人以上获一名，亦准此。诸路年额及上供粮纲兵级和雇人同。盗所运官物者，其所犯并破赃分催纲、排岸、巡检、县尉及捕盗人村保、地分铺头同。故纵者，减犯人罪一等。受赃重者自从重。诸香药并市舶司物货纲缘路侵盗或货易，而地分人若催纲官司失觉者，杖六十。10，p7019

《厩库敕》：诸起发上京钱物管押人侵盗移易入己者，不以自首原免。10—11，p7019

《职制令》：诸处捕获纲运偷盗官物，所属监司岁终比较，具最多、最少之人，最少谓地分内透漏及犯者数多获到数少者。每路各二员以闻。11，p7019

《理欠令》：诸粮纲犯自盗案首，其所盗官物并理为欠数，至罪止。应配者，配如法。11，p7019

《辇运令》：诸年额及上供粮纲，转运、提（检）〔点〕刑狱司常切督责捕盗官等警捕侵盗之人，其应干罪赏条制，仍岁首检举，于装卸及沿流要会处粉壁晓示。11，p7019

《赏格》：命官催纲或捕盗官获纲运人盗所运官物，计价累及二百五十贯，免试；五（伯）〔佰〕贯，减磨勘一年，仍升半年名次；一千贯，减磨勘三年。11，p7019

《厩库【申明】》，绍兴二年十月十八日，尚书省批状："州县起发上京钱物，管押人侵盗移易入己，不以自首原免。今来车驾驻跸临安府，自合引用上条不以自首原免断罪。"11，p7019—7020

《厩库敕》：诸私贷贷官物而以物质当，或有簿籍及抄领曾经官司判押者，并同有文记法。即仓库簿历及（般）〔搬〕运交请文凭，或私自抄上簿籍单状之类，并不为（大）〔文〕记。诸监主以官物私自贷，虽有还意而不还，或偿不足者，计所少之数，不以赦降原减。因首告减等及保人偿足者，非。11，p7020

《名例敕》：诸称"不以赦降原减"，除缘奸细事或传习妖教、托幻变之术，及故决、盗决江河堤堰已决外，余犯若遇非次赦，或再遇大礼赦者，听从原免。11，p7020

《贼盗敕》：诸窃盗得财杖六十，四（伯）〔百〕文杖七十；四〔百〕文加一等；二贯徒一年；二贯加一等；过，徒三年；三贯加一等；二十贯配本州。诸监临主守自盗财物，罪至流，配本州，谓非除免者。三十五匹绞。11，p7020

《厩库敕》：诸粮纲少欠，于折会借纳外，梢工计本船欠一厘，笞三十，一厘加一等。元装千石以上船，半厘加一等，并至四厘止，四厘外计赃，重者准盗论。于见欠处估价。至罪止者，配邻州。11，p7020

《职制敕》：诸押纲人及部纲兵级并本船梢工以和雇人工食钱于官司行用者，减凡盗三等坐之。官司受财满五贯者，徒二年；不满五贯，杖一百。受财枉法之类计赃重者，自依本法。诸排岸、催纲司桥堰、应沿河地分公人、兵级受乞纲运人财物，计赃一贯，公人勒停，兵级降配；罪至徒，公人不刺面配本城，兵级配邻州。11，p7020

《斗讼敕》：诸纲兵梢每三船为一保，若于本纲侵盗或负载及贩私有权货并藏匿盗及逃亡兵级者，犯人虽于法不许捕者，亦许人捕。同保知而不纠，依伍保有犯律，杖罪笞三十；不知情，各减三等。部纲兵级不知情，减保人罪一等。不觉盗罪重者，依本法。即因保人告获犯人者，应连坐人不觉之罪并免。诸纲运兵级违犯押纲人，杖一百；刺面人违犯本辖官，徒一年；詈者各徒二年，殴者各加二等，配五（伯）〔百〕里；情重者奏裁。殴命官致折伤者，当行处斩。诸长行权充部纲兵级，而本辖兵梢违犯者，减阶级法一等。诸纲运和雇人违犯押纲命官，杖一（伯）〔百〕，詈者徒一年；余押纲人杖八十，詈者杖一百，殴者各徒二年，即殴命官致折伤者，徒三年，配五（伯）〔百〕里。诸纲运人告押纲人侵盗或拌和官物、贩私有权货、谋杀人若妄破程限及干己事，听受理；余犯流以下罪，虽于法许告捕，亦依事不干己法。11—12，p7020

《杂敕》：诸权差主驾纲船人有犯，依梢工法。诸平河全沉失粮船，梢工徒三年，篙子减一等，部纲兵级杖六十，押纲人减二等。余条有部纲兵级罪名而不言押纲人者，准此减之。每收救一分，各减一等。诸纲船军人，岁终所至官司驱磨，在纲逃、死及四分，不满十人一名当一分。部纲兵级杖八十，押纲人减二等；再犯者，押纲人展磨勘一年；磨勘年限不同者准使臣五年为法比折展之。无磨勘者，准前科罪；部纲兵级差替，勒充重役。诸押纲人无故离本纲空船纲非。经时者，杖一百；虽有故而经三时者，罪亦如之，各不在觉举自首之例。诸押纲人疾病，纲虽空而擅杂者，依擅去官守法。年月虽满，不候替人交割，准此。诸部纲兵级犯罪应降长行者，若元系长行，勒充别纲牵驾。诸押纲人犯罪或违程、抛欠，应批书印纸而收匿以避批书者，杖一百。诸兵梢、部纲兵级凭借事势，于官私船筏乞取财物者，杖一（伯）〔百〕；计赃一贯，移配五百里重役处。诸官船兵梢、部纲兵级，于所载命官家属同。乞借财物者，杖八十，差替。12，p7020—7021

《断狱敕》：诸募押纲运官，见任官差押纲同。因本纲事连坐，部纲兵级罪至降资及降充长行，或于本纲有犯，至罪止，而情理重者奏裁。其欠损官物非侵盗，能于百日内纳足者，除其罪，仍不理为欠折。诸差押纲使臣于本纲犯罪者，去官不免。诸部纲兵级应勒降，虽会恩，不免。不觉监者非。诸押纲人罚俸半月，应加一等者，罚一月；又加一等，笞四十。其应减等准此。诸纲运兵级运雇到火夫同。犯笞罪，谓于本纲有犯者。听押纲人行决；过十下者，论如前人不合捶考律；以故致死，或因公事殴至折伤以上者，并奏裁。12，p7021

《辇运令》：诸纲运梢工、篙手犯罪，勒充本纲牵驾者，本纲不愿留，即送别纲，仍不得主管官物。诸盐粮纲纲梢犯罪不可存留者，押纲人具事状申转运或发运、辇运、拨发司审度，差人交替。若兵梢在路粜卖，送本地分州县施行。如阙人牵驾，即令所在贴差。诸押纲人卸纳官物讫而疾病者，随纲治，至装发处申所属官司验实，差人交装，痊日管押。12，p7021

《断狱令》：诸纲运兵级犯杖以下罪，未任决者，批行程历，本纲已发者，转关前路等截批书，有纲可附者附纲。装卸官司检断勾销。诸犯罪纲运兵级，不在令众之限。12，p7021

《辞讼令》：诸纲运人未卸纳而告押纲人及本纲事，杖以下罪，虽应受理，纳毕乃得追鞫。卸纳在他所者录报。诸发运司所辖纲运人论诉本纲请给钱米事，随处转送论诉人赴本司，候纲到日究治。12，p7021

《名例敕》：诸称当行处斩者奏裁，得旨依者，决重杖处死。12，p7021

《贼盗敕》：诸窃盗得财杖六十，四（伯）〔百〕文杖七十，四（伯）〔百〕文加一等；二贯徒一年，二贯加一等；过徒三年，三贯加一等；二十贯配本州。12—13，p7021

《斗讼敕》：诸军厢都指挥使至长行，一阶一级，全归伏事之仪，虽非本辖，但临时差管辖，亦是。敢有违犯者，上军当行处斩，下军及厢军徒三年，下军配千里，厢军配五（伯）〔百〕里，即因应对举止偶致违忤，谓情非故有陵犯者。各减二等，上军配五（伯）〔百〕里，死罪会降者配准此。下军及军厢配邻州。以上禁军应配者，配本城。诸事不干己辄论告者，杖一百，进状徒二年，并令众三日。诸军论告本辖人，仍降配，所告之事各不得受理。告二事以上，听理应告之事，其不干己之罪仍坐。诸军告本辖人再犯、余三犯各情重者，徒二年，配邻州本城。13，p7021—7022

《职制敕》：诸在官无故亡，擅去官守，亦同亡法。计日轻者徒二年，有规避或致废阙者，加二等。13，p7022

《名例申明》① 绍兴六年九月二十三日尚书省札子："遇非次赦，或再遇大礼赦，既不以赦降原减罪许行原免，所有犯不以去官之罪，亦合原免。本所看详上件指挥，在法不以赦降原减，遇非次赦或再遇大礼赦，许行原免，所有犯不以去官之罪，亦合原免。窃虑州军未尽晓，引用差误，今编入，随敕申明照用。"13，p7022

《诈伪敕》：诸押纲人任满，妄称该赏或再押，并所属官司知情而为保明供申及批书印纸，虽会典原免，并奏裁。13，p7022

《考课令》：诸押纲人功过，所属官司即时取行程历印纸批书。13，p7022

《赏令》：诸应募官愿押两纲以上者，其赏以两纲止。诸纲运募土著官管押应赏者，依见任官法。诸命官押纲而附押别色钱物者，令起纲官司先具申尚书吏、户部，俟获到内足逐色钱物收附，方许推赏。诸管押纲运，如本州不及壹全纲，附押别州钱物（揍）〔拨〕发者，各依所起发州军数目、地里定赏；若本州已及一全纲，而附押别州纲者，其所押正纲应得酬赏减半。诸人因事故别差人，或所押官物缘路有截留者，计官物分数、地里远近，比类推赏。诸押纲人虽有欠损，若非侵盗，能于百日内纳足者，赏如法。诸应募押纲，而所运之物不同者，听通计分数理赏。谓如钱帛与军食之类。诸押纲人官物有欠而不批书或批书漏落者，当运不理赏；募押者虽不经装卸处批书，而勘会有实者，其赏听理。诸于法不应押纳人辄受差押者，不得推赏。诸押纲人应赏而无故稽程，三日降一等，十日不在赏限。募押者十日降一等，二十日不在赏限。诸押纲人毁失行程历被人毁失同。而无照验，或妄称毁失，及本纲附载未足，而不于经过处批书者，稽程碍赏虽有缘故，应豁除日限而不曾批书亦同。各不在推赏之限。

① 此处属于《申明》典中的"名例"篇。

诸运铜出剩，准格应给赏而系元称买人者，不在给例。13，p7022

《赏格》：命官：管押诸路纲运无少欠谓非川峡四路者。全纲谓见钱二万贯以上者，余物依条比折计数，下条准此。三（伯）〔百〕里，五分纲五百里，三分纲一千里，减磨勘一年。全纲五（伯）〔百〕里，五分纲一千里，三分纲一千五百里，减磨勘二年。全纲一千里，或五分纲一千五百里，减磨勘三年。全纲一千五百里，转一官。应募官押纲无欠损者，全纲三百里，五分纲五百里，三分纲一千里，升一季名次。全纲五百里，五分纲一千里，三分纲一千五（里）〔百〕里，升半年名次。全纲一千里，或五分纲一千五百里，免试。全纲一千五百里，不拘名次指射差遣，仍免试。13—14，p7022—7023

诸色人：押纲人、部纲兵级、兵梢运铜于诸处交纳，若比元装数出剩，以装发处元价共给五分。14，p7023

《赏式》：陈乞押纲赏状：具官姓名右，某于某年月日准某州差管押或募押某年季分窠名钱物米纲即云于某年月日准某州差押或募押本州某年分甚名色米。若干，赴某处送纳了当，即无少欠、违程，除今来纳外，更无别处送纳，合行团并推赏。系某独员管押，即无同共管押合该分受酬赏之人。押纲日，即不是本州守贰、本路监司子弟亲戚，及不系停降未叙复之官；自补授至今，历任亦不曾犯赃罪及私罪冲替。并是诣实，如后异同，甘伏朝典。所有依条合得酬赏，令申缴（贞）〔真〕本行程几道、纳讫钱物公据几道、脚色家状在前，谨具申太府寺。米纲申司农寺。伏乞指挥，下所属推赏施行。谨状。年月日、具官姓名状。经总领所乞赏仿此。保明召募押纲酬赏状：某司据某官姓名状，昨蒙某州招募管押某色物，赴某处交纳毕，陈乞酬赏。今勘会下项：一、某官某年月日某州招募到管押某色物若干，赴某处交纳某物若干，更有余物，亦各闻。某物若干，比折某物计若干。二、所装官物系全纲，或不及全纲，则云若干分。三、某处水路或陆路，至某处计若干地里。四、某年月日于某处仓库交纳毕，并无欠损。有即开说，虽有欠损，已依条于限内送纳了足。五、检准令格，云云。右件状如前。勘会某官管押某处某色物全纲或若干分赴某处交纳毕，计若干地里，准令格，该某处酬赏，保明并是诣实，谨具申尚书某部。谨状。年月依常式。14，p7023

《随敕申明·厩库》：绍兴元年九月十五日敕："诸路起发纲运，依法见钱二万贯纽计金二万两、银一十万两，各为一全纲推赏。令权将金、银计价，以金八万贯、银五万贯为一全纲，并令交纳处计价推赏。余依见行

条法。" 14，p7023

绍兴五年正月二十四日敕："（令）〔今〕后诸路起发到纲运，量轻重远近分定等第，如所押官物到库务交纳别无少欠、违程，量与推恩。今权宜立定酬奖下项：诸路水陆纲运无少欠，全纲：谓见钱二万贯以上，余物依条比折计数，金银依已降绍兴元年九月十五日指挥计价推赏。下准此。三千里转一官，选人比类施行，下准此。二千七百里减三年半磨勘，二千四百里减三年磨勘，二千一百里减二年半磨勘，一千八百里减二年磨勘，一千五百里减一年半磨勘，一千二百里减一年磨勘，九百里升一年名次，六百里升三季名次，三百里升半年名次。九分纲：三千里减三年半磨勘，二千七百里减三年磨勘，二千四百里减二年半磨勘，二千一百里减二年磨勘，一千八百里减一年半磨勘，一千五百里减一年磨勘，一千二百里升一年名次，九百里升三季名次，六百里升半年名次，三百里升一季名次。八分纲：三千里减三年磨勘，二千七百里减二年半磨勘，二千四百里减二年磨勘，二千一百里减一年半磨勘，一千八百里减一年磨勘，一千五百里升一年名次，一千二百里升三季名次，九百里升半年名次，六百里升一季名次，三百里支赐绢六匹半。七分纲：三千里减二年半磨勘，二千七百里减二年磨勘，二千四百里减一年半磨勘，二千一百里减一年磨勘，一千八百里升一年名次，一千五百里升三季名次，一千二百里升半年名次，九百里升一季名次，六百里支赐绢六匹半，三百里支赐绢六匹。六分纲：三千里减二年磨勘，二千七百里减一年半磨勘，二千四百里减一年磨勘，二千一百里升一年名次，一千八百里升三季名次，一千五百里升半年名次，一千二百里升一季名次，九百里支赐绢六匹半，六百里支赐绢六匹，三百里支赐绢五匹半。五分纲：三千里减一年半磨勘，二千七百里减一年磨勘，二千四百里升一年名次，二千一百里升三季名次，一千八百里升半年名次，一千五百里升一季名次，一千二百里支赐绢六匹半，九百里支赐绢六匹，六百里支赐绢五匹半，三百里支赐绢五匹。四分纲：三千里减一年磨勘，二千七百里升一年名次，二千四百里升三季名次，二千一百里升半年名次，一千八百里升一季名次，一千五百里支赐绢六匹半，一千二百里支赐绢六匹，九百里支赐绢五匹半，六百里支赐绢五匹，三百里支赐绢四匹半。三分纲：三千里升一年名次，二千七百里升三季名次，二千四百里升半年名次，二千一百里升一季名次，一千八百里支赐绢六匹半，一千五百里支赐绢六匹，一千二百里支赐绢五匹半，九百里支赐绢五匹，六百里支赐绢四匹半，三百里支赐绢四匹。二分纲：三千里升三季名次，二千七百里升半年名次，二千四百里升一季名次，二千一百里支赐绢六匹半，一千八百里支赐绢六匹，一千五百里支赐绢五匹半，一千二百里支赐绢五匹，九百里支赐绢四匹半，六百里支赐绢四匹，三百里支赐绢三匹半。一分纲：如止及一千贯以上减半。三千里升半年名次，二千七百里升一季名次，二千四百里支赐绢六匹半，二千一百里支赐绢六匹，一千八百里支赐绢五匹半，一千五百里支赐绢五匹，一千二百里支赐绢四匹半，九百里支赐绢四匹，六百里支赐绢三匹半，三百里支赐绢三匹。"14—15，p7023—7024

绍兴五年三月十五日敕："（令）〔今〕后行在差人管押钱物往外路州郡应副军须支遣及充籴本之类，其所押人如至交纳处别无疏虞欠损，今比照诸州郡差人管押钱物赴行在纲运参酌立定推赏等第下项：全纲：谓见钱二万贯以上者，余物依条比折计数，金银依已降《绍兴元年九月十五日指挥》，并从行在纽计推赏。三千里减三年半磨勘，选人（止）〔比〕类施行，下准此。二千七百里减三年磨勘，二千四百里减二年半磨勘，二千一百里减二年磨勘，一千八百里减一年半磨勘，一千五百里减一年磨勘，一千二百里升一年名次，九百里升三季名次，六百里升半年名次，三百里升一季名次。九分纲：三千里减三年磨勘，二千七百里减二年半磨勘，二千四百里减二年磨勘，二千一百里减一年半磨勘，一千八百里减一年磨勘，一千五百里升一年名次，一千二百里升三季名次，九百里升半年名次，六百升一季名次，三百里支赐绢六匹半。八分纲：三千里减二年半磨勘，二千七百里减二年磨勘，二千四百里减一年半磨勘，二千一百里减一年磨勘，一千八百里升一年名次，一千五百里升三季名次，一千二百里升半年名次，九百里升一季名次，六百里支赐绢六匹半，三百里支赐绢六匹。七分纲：三千里减二年磨勘，二千七百里减一年半磨勘，二千四百里减一年磨勘，二千一百里升一年名次，一千八百里升三季名次，一千五百里升半年名次，一千二百里升一季名次，九百里支赐绢六匹半，六百里支赐绢六匹，三百里支赐绢五匹半。六分纲：三千里减一年半磨勘，二千七百里减一年磨勘，二千四百里升一年名次，二千一百里升三季名次，一千八百里升半年名次，一千五百里升一季名次，一千二百里支赐绢六匹半，九百里支赐绢六匹，六百里支赐绢五匹半，三百里支赐绢五匹。五分纲：三千里减一年磨勘，二千七百里升一年名次，二千四百里升三季名次，二千一百里升半年名次，一千八百里升一季名次，一千五百里支赐绢六匹半，一千二百里支赐绢六匹，九百里支赐绢五匹半，六百里支赐绢五匹，三百里支赐绢四匹半。四分纲：三千里升一年名次，二千七百里升三季名次，二千四百里升半年名次，二千一百里升一季名次，一千八百里支赐绢六匹半，一千五百里支赐绢六匹，一千二百里支赐绢五匹半，九百里支赐绢五匹，六百里支赐绢四匹半，三百里支赐绢四匹。三分纲：三千里升三季名次，二千七百里升半年名次，二千四百里升一季名次，二千一百里支赐绢六匹半，一千八百里支赐绢六匹，一千五百里支赐绢五匹半，一千二百里支赐绢五匹，九百里支赐绢四匹半，六百里支赐绢四匹，三百里支赐绢三匹半。二分纲：三千里升半年名次，二千七百里升一季名次，二千四百里支赐绢六匹半，二千一百里支赐绢六匹，一千八百里支赐绢五匹半，一千五百里支赐绢五匹，一千二百里支赐绢四匹半，九百里支赐绢四匹，六百里支赐绢三匹半，三百里支赐绢三匹。一分纲：如止一千贯以上减半。三千里升一季名次，二千七百里支赐绢六匹半，二千四百里支赐绢六匹，二千一百里支赐绢五匹半，一千八百里支赐绢五匹，一千五百里支赐绢四匹半，一千二百里支赐绢四匹，九百里支赐绢三匹半，六百里支赐绢三匹，三百里支赐绢二匹半。"15—17,p7024—7025

绍兴五年九月二十四日敕：[①] "今后外路合起赴行在钱物，承朝廷指挥支移起发应副别路州军屯驻军兵支遣，令交纳处勘验所押钱物纲运，如无欠损、违程，保明申尚书省，降下所属，依绍兴五年三月十五日行在支降钱物往他处州军支遣立定等第推赏。"17, p7025

绍兴七年闰十月一日敕："四川金银纲运令比仿《路押纲赏格》重别参酌，量轻重远近，分定等第酬赏。如所押官物到库务交纳别无少欠、违程，并依立定赏格纽计推赏。令重别参酌权宜立定酬奖下项：四川路水陆纲运无少欠，全纲：谓见钱二万贯以上者，余物依条比折计数，金银依已降《绍兴元年九月十五日指挥》计价，以金六万贯、银四万贯各为一纲推赏，下准此。五千五百里转一官，减三年磨勘；选人比类施行，下准此。六千里转一官，减二年半磨勘；六千五百里转一官，减二年磨勘；五千里转一官，减一年半磨勘；四千五百里转一官，减一年磨勘；四千里转一官，升一年名次；三千五百里转一官，升半年名次；三千里转一官。九分纲：六千五百里转一官，减二年半磨勘；六千里转一官，减二年磨勘；五千五百里转一官，减一年半磨

---

① 这种类型的法律在南宋时都属于"申明"。

勘；五千里转一官，减一年磨勘；四千五百里转一官，升一年名次；四千里转一官，升半年名次；三千五百里转一官；三千里减三年半磨勘。八分纲：六千五百里转一官，减二年磨勘；六千里转一官，减一年半磨勘；五千五百里转一官，减一年磨勘，五千里转一官，升一年名次，四千五百里转一官，升半年名次；四千里转一官；三千五百里减三年半磨勘；三千里减三年磨勘。七分纲：六千五百里转一官，减一年半磨勘；六千里转一官，减一年磨勘；五千五百里转一官，升一年名次；五千里转一官，升半年名次；四千五百里转一官；四千里减三年半磨勘；三千五百里减三年磨勘；三千里减二年半磨勘。六分纲：六千五百里转一官，减一年磨勘；六千里转一官，升一年名次；五千五百里转一官，升半年名次；五千里转一官；四千五百里减三年半磨勘；四千里减三年磨勘；三千五百里减二年半磨勘；三千里减二年磨勘。五分纲：六千五百里转一官，升一年名次；六千里转一官，升半年名次；五千五百里转一官；五千里减三年半磨勘；四千五百里减三年磨勘；四千里减二年半磨勘；三千五百里减二年磨勘；三千里减一年半磨勘。四分纲：六千五百里转一官，升半年名次；六千里转一官；五千五百里减三年半磨勘；五千里减三年磨勘；四千五百里减二年半磨勘；四千里减二年磨勘；三千五百里减一年半磨勘；三千里减一年磨勘。三分纲：六千五百里转一官，六千里减三年半磨勘；五千五百里减三年磨勘；五千里减二年半磨勘，四千五百里减二年磨勘，四千里减一年半磨勘，三千五百里减一年磨勘，三千里升一年名次。二分纲：六千五百里减三年半磨勘，六千里减三年磨勘，五千五百里减二年半磨勘，五千里减二年磨勘，四千五百里减一年半磨勘，四千里减一年磨勘，三千五百里升一年名次，三千里升三季名次。一分纲：如止及一千贯以上减半。六千五百里减三年磨勘，六千里减二年半磨勘，五千五百里减二年磨勘，五千里减一年半磨勘，四千五百里减一年磨勘，四千里升一年名次，三千五百里升三季名次，三千里升半年名次。" 17—18，p7025—7027

绍兴十一年八月十六日敕："勘会诸路管押纲运赴行在，依格二万贯为全纲，若押及两全纲，令户部对数增赏。今后管押人听押至两全纲止。" 18，p7027

绍兴十一年十二月四日敕："（令）〔今〕后管押外路州军合赴行在钱物，承朝廷指挥支移应副别路屯驻军兵支用，其管押人如押及两全纲已上，据地里远近，与作一纲半推赏。如所押官钱物不及两全纲之人，止作

一全纲。余依见行条法。"18，p7027

绍兴二十三年四月二十六日敕："诸路钱物纲运赴行在，昨缘道路梗涩，及朝廷支降钱物往他处，并外路合发行在钱物承指挥支移应副别州郡屯驻军兵，及总领所等差官押到钱物，节次以纽计推赏太优。今来道路通快，比前日不同，今后管押逐色纲运如无欠损、违程，并依见行赏格上减半推赏。二人已上管押，依条分受，余依见行条法指挥。"18，p7027

绍兴二十八年十一月四日敕："（令）〔今〕后应诸路州军起发上供等钱物赴行在，内有经过建康、镇江府，总领所就行拘截，或兑换轻赍纲运。如系专承朝廷指挥，许令兑截交纳讫，别无欠损、违程，与计元指送纲去处地里依格法推赏。其不彻地里水脚钱，令兑截官司依旧拘收入官。"18，p7027

绍兴三十年六月二十九日敕：铸钱司："今年钱纲依旧以二万贯为一全纲，自二万贯已上添押之钱，与据数推赏。谓如一万贯合得减十个月零半月磨勘，五千贯合得减五个月零七日磨勘之类。"①18，p7027

绍兴三十二年九月二十四日敕：铸钱司："应募官押发绍兴三十一年以后钱纲，并依绍兴三十年六月十九日已降指挥推赏施行。"18，p7027

绍兴三十二年十二月二十九日敕："今后诸州纲运起发赴行在送纳，内有经过建康、镇江府总领所拘截之数，许令就行在所属陈乞，取索随身逐处钞据并不彻地里水脚钱干照勘验，一并依条推赏。"18，p7027

隆兴二年二月八日敕："左朝奉郎冯忠嘉、右奉议郎许牧管押成都府路提刑司银绢纲赴内藏库交纳，各纽及一全纲零七分，已各减三年半磨勘了当。今来冯忠嘉等乞放行零分纲赏，令户部照应零分格法，与减半推赏。今后依此施行。"本所看详前项逐件指挥，并系权宜所降，难以修为成法。缘系见行，今编节作《申明》，存留照用。18—19，p7027

乾道七年正月二十九日，尚书省批下户部申："相度今后诸路州军起发金银钱帛粮斛纲运赴行在及外路总领所（缺）〔卸〕纳，经涉重湖大江及平河并路分作等第程限，如违，更不推赏。若经过闸堰，如有缘故，或遇钉闸日分，即令监押官于行程历内分明批凿到闸及启闸通放日时除豁施行。今开具下项。"后批送户部，依相度到事理施行。"一、经由重湖大江纲运，不时有风涛卒暴湍险去处，依法于行程历上批说风水事故，除豁

---

① 此处根据宋朝立法习惯应是小字注文，但点校本和影印本皆是正文。

推赏，若内有经由平河地里程限，即与重湖大江程限通行纽计，如无违程，依格推赏。若有违程，其差押人三日降一等，十日不在赏限；募押人十日降一等，二十日不在赏限。二、经由平河纲运阻浅盘剥之类，其程限不得过正破程限日子一倍半，如违，更不推赏。三、陆路纲运阻滞风雨，其程限不得过正破程限十日，如违，更不推行。"19，p7027—7028

淳熙七年十二月十六日敕："诸路监司、州军今后差押纲官须管遵依条法，如所差官不应格，虽官物数足，亦不推赏。若有少欠，仰所属开具元差当职官姓名，申朝廷取旨施行。"19，p7028

杂敕【申明】：淳熙八年八月三日敕："州县装纲即毕，起发有日，则三申下卸官司，谓之先申纲解。及起发，则关报缘路巡尉，批凿行程。奈何弊端百出，至于起发纲解，计会不申，缘路行程，未尝批凿。今后凡所申纲解不依法计，缘路催纲司应批行程而不批，纵容留滞，不即赶发，以致愆期，并不许推赏。其催纲官司与不申纲解去处，亦次第施行。"19，p7028

宋会要辑稿·食货四六·水运一

【太平兴国】九年十月，盐钱使王明言："江南诸州载米至建安军，以回船（般）〔搬〕盐至逐州出卖，皆差税户军将管押，多有欠折，皆称建安军盐仓交装斤两不足。准今年三月敕，每盐一石以上破随纲卤沥盐一升，恐卸纳补填卤沥折耗不足，每石更破消耗盐二升。管押使臣、三司大将军将、州府军将、纲官、梢工、本纲部辖节级同认数请纳，少欠，等第均填。自后未有申报欠少去处。缘已前江南诸州（般）〔搬〕盐税户军将逐纲请三五千石，多是欠少一分以上，动计及千贯已上钱数，无非破产填纳，例遭枷禁。校料前件人皆是村民差充军将，量其情状，皆非侵欺，若令破产填欠，似伤风教。稍加宽恕，深便公私。其未降敕添耗已于建安军请出盐货未到本州，及虽到未经交纳欠数每硕五升已上者，乞依条敕与破耗盐；如已经交纳，及欠数不及五升者，不在此限。除破耗盐外，更有欠少盐价，不以前后，并乞据数勒定年限，随夏秋税租催纳。如三百千以下，三年；以上至五百千，五年；以上，七年；百千以下；一年。"从之。2—3，p7030

【雍熙】四年十一月，诏曰："访闻西路所发系官竹木筏拖缘路至京，多是押纲使臣、纲官、团头、水手通同偷卖竹木，交纳数少，即妄称遗

失。自今应出竹木州军并缘河诸州及开封府严行约束，每有筏拖至地分，画时催督出界，违者准盗官物条科罪。"3，p7031

真宗景德元年五月，诏："京畿守冻纲运兵士，逐处县分依例接续支口食料钱，仍每人特支酱菜钱百文，行运时全支二百文，更不克折。仍令东、西排岸司擗掠房屋，纲运到京，库务未纳，各认排岸司分，于其门造饭供送。库务疾速交纳，不经三司使陈告，并当严断。"3，p7031

【景德四年】七月，诏："诸州遣军士赴京东下卸者，自今附口粮外，月别给钱二百，仍创营屋，每使其休息。"帝以士卒外役，即留廪给之半以赡其家，致饥寒不给，特优恤焉。4，p7032

【大中祥符】五年四月，诏："淮南堰埭运粮挽，若估价不及一千者，亦依一千例支赏，并以系省钱充。"先是，李溥上言："元《敕》：应盗官物并杂以他物，及故为侥幸沉溺舟船者，如有人告获，每一船给赏钱三十千，二船四十千，三船已上五十千。官司执是法以罪，而不分轻重之差，乞别行条约。"故有是诏。5，p7033

仁宗天圣元年三月，三司言："提点仓场所奏请事件内：'纲运载斛斗上京，内有湿润，即监锁梢工、纲官摊干，比元样受纳。若无欺弊，从不应为重断。纳外有少欠，亦取勘情弊，依条施行。'省司看详：粮纲梢工、纲官湿润斛斗已有条例断遣外，押纲人员未有条贯，欲乞今后如有湿润斛斗船五只以上，其押纲殿侍、军大将答二十，三只加一等，罪止杖六十。委排岸司勘罪，申解赴省断遣。如一年内两为湿润斛斗该杖者，即勒下。每装发纲运，委知州、通判或本判官、兵马都监、监押、排岸使臣在仓提点，两平量，不得亏损纲运。许押纲人员指索布袋封记，乞行盘量。如实比元样亏少，并勘逐元装发仓分监专等情罪，依条施行。又自京至泗州，催纲更不差使臣三人，只令内侍曾继华乘递马往来觉察，催促纲运，巡捉偷籴拌和。提点沿河地分都监、监押、巡检、催纲使臣、令佐等，依先降编敕施行。仍令各置历，每巡捉到公事，并令所属州军批书，候得替，缴连申奏，量与酬奖，违者勘罪闻奏。又每纲船至雍丘，令本县兵马都监具过桥牒报东排岸司，预定下卸仓分，及委排岸司候到，差人勾催，不得住滞隔蓦。如违，许人陈告，不虚，支赏钱五千，以下锁抽税力胜钱充，排岸司官吏并当严断。又自今起运时，选差使臣、忠佐一人监催下卸，搜检空船，不得隐藏官物。沿河排那泊处，除押纲人员船外，不得存留灯火，偷籴拌和。或纲船津漏，勒兵梢走报押纲人员，取灯火与地分巡检同共觑步，爱护官物，不管疏虞。新城外委巡检，开封、陈留界汴河兼巡捉催纲使臣依此施行。押纲人员能自部辖缉捉梢工，爱护官物，不至入水拌和，每运仓司看验，并是干圆，即令批上印纸照证。至得替，一界并不曾有斛斗湿润，更与押纲一次。其年终（般）〔搬〕过斛斗、地里合该酬奖人数，不在此限。如或不切用心钤辖，稍有彰露，即依法科罚。"并从之。7，p7035

【天圣元年】四月，诏："淮南居河路县分，应造下土珠、土缠拟要卖与纲运拌和斛斗人等，已有天禧五年十二月条贯，自今仍许邻人及诸色人告捉送官，勘逐不虚，并支与赏钱十千，以犯事人家财充。虑断遣后，与旧居止处人别生仇嫌，移送邻近州县不居河路去处居住。邻人知而不告，别致彰露，并重行科断。如不知情，止从不觉察，于杖六十条断遣。"7，p7035—7036

【天圣元年】五月，诏："自今（般）〔搬〕盐船至京交纳数足外，元破在路耗盐每席二斤半，数内却能爱护，不致抛撒，留得耗盐，于十分中量破二分，等第支与押纲人员等充赏。每收五席，只以一席钱均给。押纲省员、殿侍、纲官等每人二千，副纲一千，梢工每席二百文。其人员、纲副收到五席已下，梢工收到一席已下，更不支赏。人员并纲副须是全纲，逐船各有出剩，即依此支赏。若或纲内虽船数出剩，其余船却有少欠，不在支给之限。"7—8，p7036

【天圣】三年十二月十二日，诏："自今装载扬、楚、通、泰、真、滁、海、濠州、高邮、涟水军等处税仓和籴斛斗，并依装转（般）〔搬〕仓斛斗空重力胜例，并以船力肚五十石为准，实装细色斛斗四十石，与破牵驾兵士一名。其空船亦依差装转（般）〔搬〕仓例。"9，p7037

【天圣三年十二月】二十四日，诏："自今应诸（般）〔搬〕小河运粮盐人员坐船，许令只装一半官物，余一半即令乘载家计物色，所贵人员易为部辖，免致兵梢论诉。"9，p7037

【天圣六年】三月二十三日，三司言："制置发运司言：'准《编敕》："诸河押纲殿侍、三司军大将应杖罪，如不系上京，内三司军大将即就近送本路转运或发运司勘决讫，具所犯因依、断遣刑名申省；其殿侍即勘罪申省，降杖区分。仍并令依旧押船。其徒罪已上，并差人替下，押赴省。"发运司勘会：诸河押运殿侍为有上项条贯，多不用心，信纵兵梢作弊侵欺，损失官物。虽省牒降到合决杖数，又缘行运往来无定，不时决遣，或该遇赦宥，是致全无畏惧。今检会天圣四年至五年共有殿、侍二十四人违犯抛失、偷侵、少欠茶盐粮斛，并该赦放罪。欲乞自今诸河押纲殿侍不系上京，或有罪犯徒已上，依元条替下，申解赴省。若该杖罪，乞依三司大将例，就近申送转运、发运司勘决讫申省。'"从之。10—11，p7039

【天圣】七年三月十六日，屯田郎中李璹言："渝州城当二江会流，纲船顺流至者多为风患漂溺，舟人不敢收救。盖以《敕》条'全纲没溺，或收救足数，方免罪，若失三五分，须责备偿'之故，凡有没溺，不复收救。望别为条制。"事下三司。三司言："璹所陈太过，望委转运使参议。"乃请："自今于古滩暴风溺舟者，责部纲使臣集近村耆保并力援救。若全纲失者，篙工、梢工皆杖一百，主吏、使臣递减一等。所溺物计为三分，须备偿一分；如救及分、别无侵欺者，原其罪。"从之。11—12，p7040

【天圣七年】六月七日，三司言："益州路转运使高觌言：'乞今后管押布纲使臣、省员三运全无抛失，不违元限，三司军大将、三班差使、殿侍乞与改转，其使臣未亲民者乞与家便差遣，已亲民者乞与五年磨勘。如是使臣、省员弛慢，沿江抛失官物，及注滞纲运，有违元限，乞自当司取勘情罪申奏，乞行冲替。'省司检会，使臣差益州押匹帛纲赴荆南下卸，别无抛失，每运支官钱十五千，军大将十千文。《天圣七年敕》：'今后川峡行运布纲抛失官物，若全抛失，收救不获，其本纲梢工、榛手各断杖一百，配别州军牢城收管；纲官、节级各杖九十，押纲使臣各杖八十，并勒下，不令押纲。或十分中收救得一分已上，依全抛例断遣；二分已上至四分已上，梢工、榛手、纲官、节级、使臣、殿侍、省员每一分各递减一等断遣讫，梢工、榛手勒充军牵驾兵士，其纲官、节级已上并依旧押纲；或收救及五分已上、不满元数，梢工、榛手各杖六十，纲官、节级人员各笞五十，使臣、殿侍、省员罚一月食直，断讫，并依旧行运。所有纲官、节级、人员、使臣、殿侍、省员如遇本纲更有抛失，据只数，每一只加一等，罪止杖一百，其罚食直加入笞五十；仍并据抛失收救不获数目，勒本纲上下等第均摊，（陪）〔赔〕纳入官。若收救官物并足，不失元数，梢工、榛手各笞四十，纲官、节级已上并放。所有行运程限，仍须限一年往回，嘉州排岸司候行运日出给行程，付本纲收执，所到州军批书到发时日、阻滞因依。候回，嘉州委排岸司点检。如有不因风浪，故作拖延，有违程限，并依法科断，仍罪止杖一百。若违限三月已上，其本纲梢工、榛手、押载纲官、节级、人员、押纲使臣、殿侍、省员断讫勒下，不令押纲。'省司看详，缘有上项赏罚条贯，所奏难议施行。"从之。12，p7040—7041

【天圣】八年正月，三司言："广济河都大催遣辇运任中师奏：'乞自今本河每年逐纲约定地里所（般）〔搬〕斛数目，量与酬奖。'省司检会《编敕》：'运河押纲使臣、人员等，一年之内，全纲所（般）〔搬〕斛斗依得万数，候住运日，令发运司磨勘。内梢工支钱三千，纳官支五千。管押人本司具劳绩申奏，重将与转大将，使臣，大将即与引见酬奖。并年终住运，除全纲一年无抛失、少欠，依前项施行外，所有一纲之中，内有（稍）〔梢〕工至年终委实逐运别无少欠、抛失，亦与据梢工人数支赐赏钱，其本纲人员、纲官，即不得一例酬奖。如（稍）〔梢〕工接连三年各无抛失、少欠，除支赏外，与转小节级名目，便充纲官勾当。若充纲官后，相接更二年全纲并无抛失、少欠，支与赏钱一千，更转一资。'又《编敕》：'应差押运省员、殿侍、三班借职等，每人各给印纸五十张充历子，付逐人收掌。据逐运送纳官物有无少欠、行船违与不违程限，及抛失舟船、杂犯潜罪，并于催纲、装卸、排岸司批上历子。年满得替，赴省投纳，比较磨勘。如逐人合该年满得替，别无少欠官物及潜罪，量与酬奖。'今相度广济河押粮纲军大将、殿侍，三年内（般）〔搬〕过斛斗别无少欠，已依条申奏，乞量与酬奖；其本河梢工、纲官即未有条贯，欲乞下广济河辇运司。今后广济河粮纲，如一年之内（般）〔搬〕得郓州、徐州、淮阳军三运并曹州、广济军、济州五运斛斗至京交纳，并无少欠过犯，候住运日，令辇运司磨勘。其纲梢令比附汴河酬奖体例，特支钱一千；梢工接连五年各无抛失欠少，除支赏外，与转小节级名目，便充纲官；充纲官后及已充纲官人，相接三年全纲并无抛失、少欠，支与赏钱五千，更转一资。"从之。13—14，p7041—7042

宋会要辑稿·食货四七·水运二

哲宗元祐六年三月二十六日，江淮荆浙等路发运使晁端彦言："请应汴河粮纲每岁运八千硕已上，抛欠满四百硕，押纲人差替，纲官勒充重役；满六百硕，军大将、殿侍差替，使臣冲替外，更展三年磨勘。若行一运已上，抛欠通及一千五百硕，除该差替、冲替外，更展三年磨勘。其初运但有抛欠，仍无故稽程，至罪止者，亦行差替、重役。"从之。2，

p7049

【大观】三年四月二十六日，户部言："检会大观三年四月四日湖南转运司状：欲将本路见阙押纲使臣下吏部权差使臣。奉圣旨，据今来见阙人数，并权许见在部小使臣免短使指射，每一运如无违欠，与减二年磨勘，及支与本资序请给外，支破券一道。看详前件指挥：'每一运如无运欠，减二年磨勘。'即是尚有违程，自合引用《元符令》：'二日以上，降一等；十日以上，不准在赏限。如有少欠，系以全纲数折会填纳外，欠不满一厘，合依元降指挥推赏。'今欲申明行下。"诏依。4，p7050—7051

【大观】四年八月五日，户部言："契勘元丰旧法，钱纲少欠，折会填纳；本船少欠满半厘，有断降之文；半厘外，计赃以盗论，至死减一等；押纲官亦有断罪降等冲替指挥。法禁甚明，犯者亦少。见行条约一分以上，方送大理寺；一分以下，许于本路处折会。即是一纲押钱五万贯，明许欠钱五千贯以下。"诏依元丰［法］。4，p7051

【政和二年】十月八日，尚书省言："奉诏措置东南六路直达纲。欲六路转运司每岁以上供物斛，各于本路所部用本路人船（般）〔搬〕运，直达京师，更不转（般）〔搬〕，仍自来年正月奉行。其发运司见管诸色纲船，合行分拨应副诸路，余令发运司应副非泛纲运。其淮南转（般）〔搬〕旧制，岁备水脚工钱四十二万、米十二万硕，合令本路提刑司拘收封桩。今来初行直达，诸路运司窃虑难于应办，每路于上件钱内支二万贯应副一次。所有六路运粮，岁认应副南京等处米斛，除湖南、北数少外，欲令江南管认南京，两浙管认雍邱，江东管认襄邑，淮南管认咸平、尉氏、陈留。更不差衙前公人、军人，除使臣、军大将外，许本路募第三等已上有物力土人管押，除依募土人法，其请给、驿券，依借职例支给。若曾充公吏人，或犯徒以上，并不在招募之限。招募不足，许差见在官；又不足，即募得替待阙、无赃私罪、非流外官充。逐路各差承务郎以上文臣一员，自本路至国门往来提辖催促，杖印随行，纲运有犯，许一面勘断。请给、人从，依转运司主管官例，仍给驿券，许招置手分、贴司各二人，仍与本路转运司吏人衮理名次升补。江南四路地里遥远，更差大使臣以上武臣一员，往来催促检察。其请给、理任依本资序，仍别给驿券。江湖纲运管押人，如二年（般）〔搬〕及三运至京或南京府界下卸，拖欠折会外不该坐罪，使臣与减二年磨勘，军大将依法比折，土人与补军大将外，仍减五年磨勘。再押该赏，依使臣比折。若一年及两运，亦依上法推恩。淮浙一年（般）〔搬〕及两运，与减一年磨勘；三运以上，减二年；余依前法。逐路纲官、梢工连并两次该赏者，仍许纲船内并留一分力胜，许载私物，沿路不得以搜检及诸（般）〔搬〕事件为名，故为留滞，一日笞三十，二日加一等，至徒二年止，公人、栏头并勒停。官司如敢截留人船借拨差使者，以违制论；截留附搭官物者，徒二年，官员冲替，人吏勒停。所有起发交卸条限与旧不同，淮浙初限三月，次限六月，末限九月；江湖止分两限，上限六月、下限十月终（般）〔搬〕足。兵梢偷盗若诸色人博易籴买并过度人，并同监主科断，至死减一等。"并依，内提辖文臣候催了日，赴尚书省呈纳具状，以行升黜。5—6，p7052

【政和四年】十一月二十日，诏："诸路召募到等第土人押纲，初运并令支拨优便去处装发一次。如运内有欠，次运即却入重难；无欠者，还依前法。即拨入重难而一运或次运能补足前运所欠之数，及今运亦无欠者，并却入优便去处支装。如违及不依次辄差余人者，徒二年，不以失及赦降原减。其诸路纲运见押人，如系衙前公吏管押，若已起发，并候回本路日，别差应入人交割讫替罢；未起发纲运并改正，别差人管押。"从尚书省请也。7，p7054

【政和】七年二月四日，尚书省言："勘会东南六路诸州军逐年装发上供额斛，自来立定知、通任满赏格，轻重未至均当。近又因两浙申请，将不满一任替罢之人，不论到任月日浅深、所起斛斗多寡，但管勾装发无违限，便依任满法作不满三十万硕，例皆减年磨勘。今修下条：'一万硕以上升一季名次，五万硕以上升半年名次，十万硕以上减半年磨勘，二十万硕以上减一年磨勘，三十万硕以上减一年半磨勘，四十万硕以上减三年磨勘。'"从之。7，p7054

【政和七年】六月八日，户部尚书刘昺言："诸路粮纲情弊甚多，沿流居民无不收买官纲米斛。〔欲〕今后委逐路官司觉察，沿流人户买官物一升，赏钱十贯；一斗，赏钱五十贯，至三百贯止。买卖人决配千里外，邻人知情，与同罪；不知情，减一等。许诸人告捕，犯人自首与免罪。"从之。7—8，p7054

【宣和】二年六月十九日，发运司言："臣僚言：'东南岁漕，召募土人，有物力自爱之民多不应募，惟无赖子弟、产业仅存及兵梢奸猾者则旋以百千置产，使亲属应募，遂补守阙进义副尉。及得管押万硕纲至京，欠及一分五厘，计米一千五百硕，才得杖罪差替，复多引赦用例，止罚铜十斤。计一岁六百二十万硕之数，所欠无虑数十万矣。'乞下六路，应米麦纲运依法募官，先募未到部小使臣及非泛补授校尉已上未许参部人并进纳人管押。淮南以五运，两浙及江东二千里内以四运，江东二千里外及江西以三运，湖南、北以二运，各欠不及五厘，依格推赏外，仍许在外指射合入差遣一次。若应募而辄敢沮抑及乞取者，并科违制罪。"诏依前项先次施行，召募土人法并罢，其余应合条画事件，仰陈亨伯、赵亿限一月同共措置，条画以闻，今条具："直达纲差管押人，先大小使臣、校尉合注授人，次校尉以上未参部及未到部人，次非泛补授校尉已上未许参部人，次进纳文武官，次副尉。校尉理当管押水陆重难纲运，副尉理当重格差遣各一次。再任者，候到部，再免一次，进纳人免参部。每运至卸纳处，无抛欠，减磨勘三年，并押两运无抛欠者，转一官资，仍减磨勘三年。进纳人依正法，并押五运无抛欠，依捕盗法改换使臣。不及一厘，谓折会借纳外，下准此。减磨勘二年；不及二厘，减磨勘一年。以上副尉依使臣法比折，展年准此。少欠，坐罪自依本法。三厘，展磨勘一年；四厘，展磨勘二年；五厘，展磨勘三年；一分，抛失空重船及十五只同。冲替；副尉勒停。三分，勒停。副尉仍展三期叙。罪至冲替以上者，奏裁。副尉勒停准此。押纲人冲替者，纲官配五百里，勒停者配千里。沿路官司或非本路纲运，坐视不问。今后抛失或偷盗，并令地分官司限一日具数申发运司置籍，辄隐庇或漏落实数者，徒二年；申报违限者，徒一年。发运司置籍，候岁终，关拖欠地分转运司，次年依上供条限承认补发外，仍各计逐路年额上供数，令发运司以元起发路分年额十分为率，计经由路分抛欠数，具奏责罚。转运司官如在本路抛欠者同。五厘展磨勘二年，七厘三年，一分取旨。自今应纲运经由地分，发运及别路转运司官觉察偷盗作过及留滞损坏等事，任责并如本路转运司。六路抛失，岁终户部比较三年数，申尚书省取旨，升发运司官。其专置提辖官在路抛失，自今计本路年额，以十分为率责罚，令发运司具奏。三厘展磨勘三年；五厘，降一官；一分，取旨。经由地分巡捕官司自今应偷盗军人、公人不觉察者，杖一百，累及五纲已上者，徒一年。命官各减一等，即故纵者，各加三等。军人、公人不以赦降、自首原免；命官虽会赦，仍奏裁。若能用心巡察，捕获犯人，计赃不满一贯，命官升半年名次；五贯以上，减磨勘一年；每及十贯，更减磨勘半年；一百贯以上，转一官。诸色人计赃不满一贯，赏钱十贯；五贯以上，钱三十贯；每及十贯，加钱十贯；一百贯以上，钱二百贯。军人、公人仍转一资。"诏依。8—9,

p7055—7056

【宣和五年】十二月十九日，诏："应管押纲运使臣等，并不许诸处抽差，如违，官司及被差人各徒一年。"从户部尚书卢益请也。10，p7057

【高宗建炎】二年正月十日，诏："粮纲卸讫，空船虽许差乘，若往别路及经过所差州军，元差官司并乘船官各徒二年。真州排岸及瓜洲堰闸官不切检察者，各杖一百。其以前已差往别路粮斛船，令转运司委官催回本路。如乘船官占恢，依未出本路，非理迁延，占留人船，致妨本处装运钱粮，计日坐罪指挥施行。"12—13，p7060

绍兴元年三月十二日，户部言："越州通判赵公竑言：'两浙路见有起发米斛万数不少，内有经由海道前来纲运，除官纲平河行运合依宋辉措置外，海道（般）〔搬〕运粮料系为登险，理当优异。'本部今比附重别措置，每运至卸纲纳处，无拖欠、违限，折会偿纳外，依下项：内赏比平河已是优异，其罚格亦比附申请措置递减一等。《赏格》：一万石已下，所装虽多者同。一千里无拖欠，转一官；不满一厘，减四年磨勘；副尉依使臣法比折收使，下准此。不满二厘，减三年。五百里无拖欠，减四年；不满一厘，减三年；不满二厘，减二年。五千石，所装不及五千石，若并押两运如及所立之数，亦乞通行推赏。一千里无拖欠，减四年；不满一厘，减三年；不满二厘，减二年。五百里无拖欠，减三年；不满一厘，减二年；不满二厘，减一年半。《罚格》：欠三厘，展一年磨勘；副尉亦合此展。欠四厘，展一年半；欠五厘，展两年半；欠七厘，展三年半；欠一分，展四年；欠三分，抛失空船一十五只同。使臣、校尉冲替，副尉勒停，仍根究致欠因依。"从之。15—16，p7063

【绍兴】二年三月十二日，诏："应纲运不以人粮、马料，不得在外一面支遣，并赴合属仓分送纳。如违，并从杖一百科罪。每名赏钱五十贯文，以犯事人家财充，仍先以官钱代支。"16，p7064

【绍兴四年】七月二十七日，诏："使臣、校尉押发粮斛等到行在交纳，无违程、抛失、少欠，或少欠不碍分厘，若纳足，不愿支给犒设钱，依立定：平江府、湖州二万五千硕、秀州三万硕，减磨勘一年。"18，p7065

【绍兴】四年九月二十九日，户部言："湖、秀州、平江府管押粮纲使臣、校副尉押发官纲米斛到行在，无违程、抛失、少欠，或少欠不碍分厘、次运补足之人，量与减年磨勘事，批送部勘当，申尚书省。本部勘会，近承朝旨，浙西管押粮纲使臣每遇装发一千石，无抛失、少欠，并有欠不碍分厘、次运补足，别无违程，若不愿支给犒设钱，平江府、湖州与升三季名次。今来两浙转运司申明，校副尉押纲亦合依使臣体例推赏。本部今勘当，欲将使臣、校副尉押发粮斛到行在交纳，无违程、抛失、少欠，或少欠不碍分厘，若纳足，不愿支给犒设钱，依立定：平江府、湖州二万五千硕、秀州三万硕，已上二项减磨勘一年。平江府、湖州二万硕、秀州二万五千硕，已上二项免短使，升二年名次；如愿换减磨勘九个月，听。平江府、湖州一万五千硕、秀州二万硕，已上二项升一年名次；如愿换减磨勘半年，听。平江府、湖州一万硕，秀州一万五千硕，已上二项，免短使，升半年名次。"从之。18，p7065—7066

宋会要辑稿·食货四八·水运三

【绍兴】二十七年七月十二日，两浙路转运司言："为浙西州军人户纳苗米水脚钱赴通判厅、县丞厅，于经总制库收贮，并管押米斛、马料赴行在及军前交纳，每船及二万硕，计减磨勘一年，每增一万硕，减磨勘半年。及押纲使臣、兵梢合得请给，乞拨定州府应副，依条限帮支。"仓部勘当："押纲使臣管押米斛、马料赴行在及军前交卸，除破耗别无抛失，及少欠不碍所欠分厘、次运折会补足，别无违程，一岁内每纲累押及二万硕，乞许减磨勘一年，每增一万硕，减磨勘半年。所有欠多押纲兵梢合该责罚，及兵梢纳足特赏，并乞依见行条法施行。"从之。4，p7072

【绍兴二十九年四月】二十三日，诏："今后除依条合团并钱物照应见行条法施行，其余州军合发钱物，并不得差募官附押两州钱物。如违，将所押正纲合得酬赏减半，其附押官物请过水脚、糜费等钱，于违戾差押官司人吏名下追理入官，将所差违戾官司从杖一百科罪。"6，p7074

【乾道元年十月】十四日，诏："诸路州军今后起发粮斛纲运，于见任曹职官内差拨。如不足，即依已降指挥，差拨见任文武官或寄居待阙官曾经到部、付身圆备之人管押。其合得赏典，依已降指挥，每押米一万硕、一千里以上无抛失少欠，减二年零八个月磨勘；一万五千硕已上，纽计地里推赏，转至一官止。"淮东总领韩元龙奏立纲赏，因裁酌而有是命。元龙仍请招募土豪，自用人船，每二万硕、千里以上，补进义校尉；二千里以上，补进武校尉；三千里以上，补承信郎。仍许随纲带三分米斛兴贩。如无拖折，给赏外，更免户下非泛科率半年。并从之。10，p7078

【乾道】三年二月十三日，诏："今后粮纲有欠，并从司农寺一面断遣监纳施行。如情犯深重、事须推勘者，送大理寺。"以知临安府王炎言："《在京通用令》：'诸官司事应推勘者，送大理寺。'所有粮纲推勘，若有翻异，始合送大理寺，余依祖宗条法施行。"故有是命。10，p7078

宋会要辑稿·食货四八·陆运

太祖建隆三年三月，诏三司："起今戍军衣，并以官脚搬送，不得差编户民。"13，p7081

嘉祐六年四月二十一日，详定宽恤民力所言："屯田员外郎陈安道言：'诸州军衙前（般）〔搬〕送纲运，合请地里脚钱，逐处须候运毕方给。缘顾觅脚乘，打角官物，须至（陪）〔赔〕取债负及贱买畜产，如地远州军，不免侵使官物，致陷刑宪。乞今后应衙前（般）〔搬〕请纲运合支脚钱者，于请物州军先次支给，关报受纳州军照会。其送纳纲运者，于起发州军先次支给。如愿运毕请领，各听从便。'详定所检会《庆历编敕》：'上供及支拨官物等，如官有水、陆回脚，并许差人管押，附搭送纳。其陆路无官（般）〔搬〕及无军人者，许破官钱与管押人和顾脚乘，仍依图经地里，每百斤、百里支钱百文。急速辇运，雇佣不及，即差借人户脚乘，仍具事由闻奏。其川峡有水路不便者，转运司计度（般）〔搬〕运。'今安道所申，自合依条于请物州军先给脚钱。（切）〔窃〕虑州军候运毕方给，致使衙前重有劳扰，乞令今后押纲运和雇脚乘，依上条施行。"从之。17，p7085—7086

【乾道】九年十月二十九日，详定一司敕令所修立到："诸纲运，以本州县见任合差出官各籍定姓名，从上轮差，不许辞免。无官可差，即募官管押，先选本州本路、次别路寄居；未到部人非。得替待阙官，并选差有举主、年未六十、无疾病有心力可以倚仗人，取付身照验圆备，寄军资库，获收附回日，即时给还付身。土豪官砧基簿契准此。召本等保官二员，土著官亦许募，仍取愿状，取见产业及得所估价（直）〔值〕拘收砧基簿契在官抵当；产业不及者，拘收外，召保官一员。即曾犯赃及私罪冲替、押纲欠折，并通判、路分都监以上及本州佥判，并不许募。其见任官许于替前六十日内指射，各以下状先后为次。即虽应选，若当职官审量不可付者，听别选。以上各于纲解内具到元差募监司、谓系本司应起发者。守令名衔。诸宗室及见任本州守贰、本路监司子弟亲戚，或诸军拣汰使臣及不应差出之官，并不得差募押纲。下班祗应、副尉、衙前、公吏、斗级、将校、军兵、无官土豪准此。诸纲运于装发州给行程历，付押纲人。募押者止批本官印纸，差押者准募押式批书。水路于排岸、催纲运、巡检司，陆路于州县镇寨，即时批到发日时、附载物名数或风水事故实状，通判督责催纲，巡尉差人防护，监赶出界，关报前路催纲官司。若风涛不可停船，听押纲人从实声说事因，到发日时，结朝典状赴以次官司并批。仍押官用印，结罪保明。其赴阙者，水路排岸司、陆路所属省部寺监，在外者，卸纳官司点检。诸处起发官物应给路费钱者，并计所至，谓如上供物以至京，往别路物以卸纳处之类。以应给钱全支付押纲人，水路纲约度阻风日分宽处。仍批书解纲行程历。若缘路截留或寄纳，即据销破不尽数与所卸官物，各具钞纳。水路不曾阻风，有余剩，回日纳官。再起发者，以所纳钱给如法。诸押纲人卸纳官物讫，所在官司限一日取索行程历、印纸驱磨，仍批书有无违程、欠剩，诸盐粮纲纲梢犯罪不可存留者，押纲人具事状申转运或发运、辇运、拨发司审度，差人交替。若兵梢在路粜卖，送本地分州县施行；如阙人牵驾，即令所在贴差。诸押纲得减年赏者，不许凑理磨勘转至应荫补官，虽得转官赏，亦候转过日收使。诸粮纲每纲不得过二万石，装载讫，限三日起发。诸纲运应募土著官管押者，于行程内声说起纲事件，并依见任官法。诸纲运募土著管押应赏者，依现任官法。诸纲运差募押纲官不当，致盗贷、移易、失陷，具元差募监司、守令职位、姓名申尚书省取旨。诸仓受纳粮斛，以元样比验交量，非夹杂糠粃，不得抛扬。司农寺丞、簿轮日分巡诸仓，仍听户部官不时下仓点检。"从之。先是，中书门下言："诸路监司、州军选差管押钱物米斛纲运人指挥虽已详备，（切）〔窃〕虑引用不一，兼所差孔目典级难以责任。"诏："除孔目、职级、典押并无官土豪、土著不许差押外，今后监司守令起发纲运，须管任责照前后指挥依公选委。纲解内分明声说元差监司、守令职位、姓名，如有失陷，户部具元差官取旨施行。仍令本部检坐条旨，同敕令所立法。"20—21，p7089—7090

宋会要辑稿·食货四九·转运司

皇祐元年六月二十五日，诏："应诸路转运使，不得差官在本司点检，或管勾文字、勾当公事。"时臣僚上言：诸路转运使自令部下幕职、州县官在司，故诏止之。15，p7101—7102

【嘉祐】五年八月，诏："转运使之任，所以寄耳目、治财赋也。江南东、西，荆湖南、北、广南东、西、福建、益、梓、利、夔凡十一路，去京师远者万里，近者数千里，或转带山海，崎岖蛮夷，而皆一转运使领之。处则无与参虑，出则无与同力，设有缓急之警，调输之烦，机会一失，民受其弊，甚非豫虑先具之策也。其各选置转运判官一员，以三年为一任。第二任知州人入者，满一任与除提点刑狱；初任知州若第二任通判入者，满两任，亦如之。"16，p7103

【元丰三年】七月二十五日，诏梓州路转运司："应供军之物，并从官给，或和买，毋辄配率，支移折变。违者，以违亲被制书论。"以本路奏科夫事，上忧其乖方扰民故也。18，p7104

【元丰三年】八月十四日，诏夔、利、成都府路转运司："其应泸州军前系军马所由道路，即办具应副，非所由者，不得辄有计置。即应急速者，并从官给，勿取于民，勿致搔扰。提刑司觉察以闻，失觉举者，与同罪。"18，p7104

【元丰】四年正月十一日，措置账法所言："被旨，先措置京西一路账法，今已修立法式奏闻。参详诸路可以依仿推行，欲乞颁下。内京西一路可自来年先行，其余自元丰五年依新法。"从之，仍令提举三司账司官候及一年取旨。诸路委转运司官一员专推行账法，候将来修定条式，止付逐司遵守。18—19，p7104

【元丰】七年三月八日，诏："京东转运使吴居厚修举职事，致财用登饶，又未尝创有更革，止用朝廷旧令，必是推行自有检察勾考法度。宜令尚书户部左曹下本官，具事曲折，从本曹删修以闻。"21，p7106

【元祐】四年七月八日，诏："陕西、河北、河东路逐年封桩保甲冬教赏物，自今后免封桩，其合用赏物，令转运司应副。仍令保甲司秋季约度钱数，关转运司豫排办于教前足备。如违，保甲司以闻，当议重行黜责。"22，p7106—7107

【元祐四年】十一月二十六日，尚书省言："改立转运预妓乐宴会徒二年法。"从之。22，p7107

【绍圣二年】五月一日，户部言："转运司，淮南、京东、京西路每年上供额斛，依限桩足，责州县认状，报发运、辇运、拨发司。如不实，并从本司申户部，委别路提刑司鞫勘。已报而擅易者，依擅支借封桩钱物法。"从之。23，p7107

【绍圣】三年二月，诏："六路转运司岁应输米限内有故未备输者，次限补至末限足；又有故，发运司核实保明，申尚书省。即无故，发运司申户部，下旁路提刑司取勘。六路三限皆卸贮，淮南路：第一限十二月，第二限二月，第三限四月；江东路：正月、四月、六月；两浙路：四月、六月、八月；江西、荆湖南、北路：二月、五月、八月。"23，p7107

政和元年八月二十二日，臣僚上言："一岁之入，莫大于租税，而诸县税簿，不依条式，人户纳毕，亦不驱磨；及酒税课利，仓场库务、交界官物、买扑酒坊河渡并房园地基等课利，诸县镇杂收系省钱，多不置都簿拘籍，欺弊不少。又诸军请给，分擘小历，因缘侵冒，岁终不曾选官驱磨。诸州支费，并由粮料院勘给，多不依条帮旁，致有诈伪。月终，又多不具已支物数磨勘对账，申转运司，转运司亦未尝检察。准《元符令》：'诸官司置都簿，五年一易，具载所辖应用簿历，其有增减，次日报都簿司除附。'臣今置造税簿及岁纳军资库钱物都簿，并以账案会计岁收实数，用置本司财赋都簿。今后将逐州月申见在钱物参照，仍亲点对逐州递年实收实支钱物，置籍将逐州磨勘司月申粮料院已勘给物数参较，以备计度均节。愿特诏诸路漕司，各检举前后诏条，以遵奉次第纂类推明，督责州县协力施行，共图成效。仍望立限一季，许令州县等各改正，自来一切违法伤财事件特与免罪。并从漕司推原法意，措置施行。如限满尚有违戾，从转运司奏劾，重行黜责。其有能悉意在公、绩效显著者，除漕臣依条格荐举外，许本路监司同衔具功绩保奏，特加褒录。"诏令诸路漕臣详臣僚所言事理，更切相度，如委无骚扰不便、有补漕计，则仰仿此点检施行。26—27，p7108—7109

【政和三年】二月二十三日，户部奏："广南西路转运司状：'勘会仓库所收头子钱，自来依《元符令》，以五分充系省，五分充不系省。本路自降《大观元年六月十日指挥》，更无转运司五分之数，一衮作不系省钱侵用。今欲便行改拨，乞申明行下。'勘会近承朝旨，止合据应收到钱，以二分属转运司。今来本司申明元条内'不系省'字，缘条内别无称说五分系省、不系省之文。若依《政和令》，以所收头子钱分用；又缘已承《政和二年五月十七日朝旨》，学校并依大观三年四月已前指挥，亦合用分数头子钱，即转运司更无所得五分之数。今勘当，欲依大观元年六月十日修立到条令施行。"诏依。28，p7109—7110

【政和三年】七月十二日，尚书省言："淮南路转运司提辖催促直达纲运宋子雍状：'近点检得本路州军装发地头妄破诸（般）〔搬〕缘故，至有住滞等，欲（妄）〔望〕特赐重行立法。'今修下条：'诸纲运装卸，无故违限过五日者，附载官物装卸违限同。一日，笞三十；二日，加一等，过杖一百；三日，加一等，罪至徒二年。事由装卸官司，本纲不坐；事由本纲，装卸官司准此。仍各以所由为首。和雇私船运官物，而装卸违限，并准此。内事由本船者，止坐船主。违限请过口食，干系人均备。'"从之。29，p7110

【政和三年】八月七日，诏："诸路封桩斛斗钱物辄支借，干系人吏并断讫刺配千里牢城，官员劾奏，重行黜责。"29，p7110

【政和三年】九月十三日，两浙转运司奏："本路岁发上供额斛万数浩瀚，奉旨直达都城，唯藉纲运趁限装发，了办岁计。缘本路所管纲船并是三百料，与他路大料纲船不同，除许附载私物外，装发米数不多。近朝旨许加一分力升，通旧二分，附载私物。今乞依《政和令》，许二分附载私物，情愿将逐船所剩力升，如无私物揽载，即加装斛斗，每二十石添破一夫所得雇夫米钱。不惟（忧）〔优〕恤兵梢，实于官物不致侵盗，兼亦使爱惜舟船，委得利便。今来所乞二分附（私载）〔载私〕物，每船一只装米二百四十石外，有六十石力升，若愿加装米斛，每二十石添破一夫，每船增三夫，以酌中平江府至都城地里约度，共添得雇夫钱七贯伍伯文、米二石二斗，即与附搭客人行货所得钱数不致相远，所贵纲（稍）〔梢〕爱惜官物舟船。"从之。29—30，p7110—7111

【政和三年九月】十九日，户部奏："京畿转运司申明，差官点检无额钱，已降朝旨，系隶提刑司拘收，更不令转运司干预。乞将《政和令》'转运司'字改作'提刑司'字。"从之。30，p7111

【政和六年】五月十七日，两浙转运司奏："检会已得朝旨，委知州、通判或职官一员，专一管勾装发上供额斛，候任满日，从本司保明，减二年磨勘；及三十万石以上，更减一年；及五十万石以上，转一官。所有在任未满三年替罢之人，任内所发斛斗能无违限，所发米数已及原立万数，乞许依已得朝旨等第推赏。"诏依任满法。31—32，p7112

宣和元年八月十六日，诏："江南东路起发上供最少，其漕臣特降两官，人吏令提刑司勾追，决杖一百。"以户部尚书唐恪稽考到诸路已发、未发上供钱物数目，故有是命。32，p7112

【宣和】七年正月十一日，御笔："诸路上供钱物，可自今除格令合支拨外，发运、转运使应敢陈请截拨，及所在限满不及数者，并以违御笔

论。"33，p7112

【宣和七年正月】十九日，诏："诸路转运司钱物应支用者，旁帖并经所在州粮勾院勘勾。右入《政和给赐令》。"二月七日，又诏："诸不经粮勾院勘勾者，徒一年。"33，p7112

【宣和七年】十一月一日，诏诸路漕臣："钱物不以多寡，并经官司勘实，各相关会检察，不得隐藏寄收。如违，以违制论。"33，p7113

【高宗建炎元年】十二月十八日，江南东路转运司言："《靖康元年敕》：'赡学钱粮、物帛、田产皆系转运司窠名拘收。续准发运司拘收充转（般）〔搬〕籴本，未蒙拨还。'"诏令转运司拘收。35，p7114

【建炎二年】九月二十五日，发运副使吕源言："给纳钱物，并合付之州县库分，正附账历收之，以防伪冒。故专副立界，以至缴赴所属驱磨，监司巡历点检。自应奉之后，废法玩令，遂自行收支。宣和七年，因京西漕司以钱物贮别库，移牒径取，始立法禁：转运司应支钱物，不经粮审院勘验者，徒二年。比岁因缘调发，复甚如前，于本司或随行别置库局，妄有支费。望申严旧法，期于必行。"诏："如违，徒二年。"36，p7114

宋会要辑稿·食货五〇· 船战船附

仁宗天圣元年十二月，诏："自今有落水舟船，须画时出取，相验修补。如必然不堪装载盐粮，亦便驾送合属去处修充杂般。委实不任修补，即差官监拆，板木量定长阔，钉鋦秤计斤重，因便纲船附带赴船场交纳修打。盐粮舟船，不得擅将支使。如敢擅将官中堪好舟船妄有毁拆，及将板木钉线打造家事并诸般使用，并委发运司检举申奏，其典守等勘罪断遣后，据占使却钉板，勒令均（陪）〔赔〕价钱，当职官员、使臣勘罪申奏。"2，p7121—7122

【天圣】三年七月，诏："在京诸禅院各有舟船在河（般）〔搬〕买供用物，自今不得于船头排牌，不依次驾放，并妄外欺压百姓舟船，并仰开封府收捉在船僧人、道士并行者及主捉舟船人等勘逐区分，如显有凶豪，及不伏止约，依法断讫，收禁奏裁。缘河州府县镇及拨发、巡检、催纲、排岸、斗门使臣觉察，三司每季举行宣命，无令违犯。"2，p7122

【皇祐】四年十一月，诏："如闻江淮、两浙、荆湖南、北等路守官者多求不急差遣，乘官船往来商贩私物。宜令发运、转运司，自今非急

务，毋得辄差官；若当差者，即不得以官舟假之。违者，本司及被差人并以违制论。"3，p7122

【徽宗政和】三年三月二十五日，诏："应今来补造到汴纲舟船及招到人兵，并仰所属交割付贾伟节专一管干，仍逐路雕凿字号，打造州军、年月记验，常切桩管，听候朝廷指挥支使。其人兵即仰分臂着船，仍并不得别有差占，虽直奉指挥及一切特旨，仰并具状申尚书省奏禀。候得旨，即依所得指挥施行。违者，徒二年。"5，p7123

【政和】四年正月二十一日，尚书省言："奉诏，钱塘江阳村去年十月二十一日，海客舟船靠阁，为江潮倾覆，沉溺物货，损失人命，滨江居民渔户乘急盗取财物，梢徒互相计会，坐视不救，利于取财。可令杭州研穷根究，不得灭裂。未获人名，立赏三百贯告捉，不原赦降。仍令尚书省立法以闻。今拟修下条：'诸州船因风水损失，或靠阁收救未毕，而乘急盗取财物者，并依水火惊扰之际公取法。即本船梢徒互相计会，利于私取财，坐视不救，海内不可收救处非。若纵人盗者，徒二年；故纵而盗罪重者，与同罪；取财赃重者，加公取罪一等。'"从之。5—6，p7123

【政和四年】十二月十二日，发运副使李偃言："近承《尚书省札子》节文：'开修济河毕工，下发运司打造舟船。勘会所打舟船一千三百只，座船一百（支）〔只〕，浅底屋子船二百只，杂（般）〔搬〕座船一千只，并三百料。'缘真、楚、泗州先打广济河船，除座船打造其百料外，其屋子并杂（般）〔搬〕船，相度并只乞打二百五十料，所贵于济河、五丈河通快行运，亦减省得材（籵）〔料〕。"从之。6，p7124

宣和元年五月二十一日，诏："访闻诸路造船州军未造数目至多，兼近来打造多不如法，易损坏。仰拖下数目，用堪好着色材木如法打造，不及百只限半年，百只以上限一年，须管了足。并委宪臣点检催促，如违限拖欠，具官吏姓名申尚书省，将上取旨。今后应纲运舟船，如敢截留、借拨船（般）〔搬〕载佗物者，以违御笔论。"7，p7124

【建炎三年】八月四日，工部言："勘会发运副使叶焕札子：欲将两浙路州军抽税竹木依《嘉祐敕》，以十分为率，三分应副发运司修整纲船。"从之。11，p7126—7127

【绍兴二年】三月二十二日，诏："应官吏、军下使臣等辄干州县乱作名色指占舟船，及州县因作非泛使名经过差人捉船，并从徒一年科罪。许船户越诉，仰州县常切遵守，散出榜晓谕。如奉行不虔，许监司觉察闻

奏，重行黜责。仍令工部遍牒行下。"以殿中侍御（使）〔史〕江跻奏请，故有是诏。12，p7127

【绍兴二年】四月十八日，诏："浙西起发上供籴买钱米及起发安抚大使司赡军钱粮船户，令转运司依实值和雇，即不得辄便差科。如违，许人户径赴尚书省越诉。"12，p7127

宋会要辑稿·食货五一·左藏库

【淳熙三年】三月二十四日，诏："封桩库监官并监门官，元系以监左藏南上库并门，今改为封桩库，其理任、请给、酬赏、人从等，并依左藏南上库已得指挥，仍通理历过年月日。公吏亦与通理，及入役、迁补、出职、补授、合支请给等，并依南上库。"从本所请也。9，p7146

【淳熙】十一年七月十二日，左藏东、西库言："诸处纲运到库，有合用书铺、甲头、脚户、（般）〔搬〕夯搭垛等人，皆是百姓。从来纳纲人于所〔在〕州军糜费钱内使用顾倩，未曾立定则例，遂致公吏、库级通同过数乞取钱物。窃见内藏库已有定立诸处入纳金银等物（般）〔搬〕运脚钱则例，今欲将左藏库书铺、甲头、脚户等常例使用，依内藏库见行体例裁酌，各量逐人名色高下立定则例有差。今后如有违戾过数乞取之人，计赃断罪。"从之。11—12，p7147

【淳熙】十二年四月十八日，右正言蒋继周言："南库拨付户部于今二年，而南库之名尚存，官吏如故。乞令户部将南库（发）〔废〕并，其官吏并从省罢。"上曰："若尽废库眼，收支必至殽乱。可存留库眼，以'左藏西上库'为名，收支尽依旧。官吏全无不得，可与裁减。"既而户部条具："诸州军合起发本库定收泛收寄名钱物，照应递年期限，并起赴西上库送纳。如有稽滞去处，从本部具违慢因依，申取朝廷指挥。其行移文字，以'户部主管西上库所'称呼，减罢押司官一人、库子二人。"从之。12，p7147

嘉定五年九月，中书门下省言："《中书令》节文：'诸左藏库监官，武臣差亲民资序，仍不差年六十以上赃私罪人。'照得左藏库职事，即与武臣材武事不相干。"诏除去"材武"二字，余依已降指挥。15，p7149

【淳化】四年二月，诏："左藏内库专副、库、秤、拣、掏等盗百钱已下，杖八十；已上，杖一百；一千已上，徒一年半，刺面配忠靖指挥；五千已上，流三千里，刺面配京窑务；赃满三十千，依监主自盗法处死。

告捉者，第给赏钱。秤司透漏，减盗者罪二等。"21，p7152

【绍兴三年】十一月十日，诏："应折支绢，江南作五贯文，两浙作六贯五百文。如遇无渍污绢，即将好绢递增一贯文给。"今以户部状："勘会支赐钱不言见钱，依法以绢折支。《宣和左藏库格》：'浙绢渍污，每匹五贯一百文；江南渍污，每匹三贯九百一十文。'窃缘近岁诸路纲运地里不远，既无大段渍污，又街市价例高贵，理当权行增价。"故有是诏。27，p7155

【乾道三年】七月二十二日，臣僚言："左藏库专、副、手分、库级等，如无人保明及无抵产，并曾经过犯，并不许入本库守把中大门。亲事官，令皇城司选差五十以上有行止、无过犯、有职名人充。如能搜获偷盗官钱物（人）〔人〕，已有立定赏格。今后若有透漏，杖罪笞四十，徒罪杖六十，流罪杖一百，降一资，永不得差入仓场库务；徒罪以下及三次，亦杖一百，降一资。监官、监门官见一十员，三库共轮一员止宿，今后逐库各轮一员。"从之。31、p7158

【乾道七年】十月二十三日，户部尚书曾怀言："准《乾道六年七月十五日指挥》：'左藏库交受纲运，专委太府寺丞、簿一员轮日监交、给钞。'本部窃详左藏库置提辖官，正欲检察两事情弊，若欲更差寺官，委是繁紊。今后欲尽委提辖官，其太府寺官止合每季前诣逐库点检。"从之。33，p7159

宋会要辑稿·食货五一·度支

【哲宗元祐元年四月】十八日，左正言朱光庭言："乞置局，取户部天下一岁之所出入，与三年郊赏、四夷岁赐，凡百经费，会计可省者省之，量入为出，著为令式。"诏户部相度裁减，条析以闻。35，p7159

【元祐】四年二月二十八日，户部言："自官制行，三司所掌钱谷事分隶五曹、寺、监，皆得主行。官司既无邦计盈虚之责，各务取办一时，不量户部有无利害，横赏百端。请令军器、将作、少府、都水监、太府、光禄寺等处辖下应干申请创修、添修，计置收买材料、钱物，改铸钱料，兴废坑冶之类，并先由户部看详检覆。内河防急切申禀不及者，听逐急应副，事毕，亦申户部点检。"从之。35—36，p7159—7160

【政和二年】六月三十日，参照官制格目所奏："《尚书度支事目格》有点检驱磨官员请受券历、销簿架阁等四项，至元丰七年九月二十八日准

《敕》：'将在京历券仿账法，本部磨讫，送比部驱磨。其在外历券，并归转运司施行。'绍圣二年六月已后，户部申请到朝旨，径申比部。大观二年四月二日修立成条：'在外券历，申转运司覆磨架阁；在京所给，兼请他路钱物者，申尚书刑部。'虽与《度支格目》不同，又缘《比部官格目》亦掌追纳欠负、侵请，及有驱磨一项，欲乞遵依《比部格目》并元丰、绍圣、大观逐次已降敕条厘正施行。"又奏："乞在京出给选人文历，令度支依官制格置簿，比部关报钩销。其官员事故住支请受，令度支关报比部追取驱磨。如得允当，乞行厘正。"从之。37—38，p7161

【政和三年】十月十七日，户部尚书刘炳等奏："今拟修到条：'诸吏人驱磨点检出收到无额上供钱物，供申数目不实，而侵隐、移易别作窠名收系若支使者，诸州三千贯、累满者同，提刑司依此。提刑司六千贯，转一资。'上条合入《政和赏格》。'诸吏人驱磨点检出收无额上供钱物供申数目不实，而侵隐、移易别作窠名收系若支（得）〔使〕者，州及八千贯、提刑司一万五千贯以上，累满者同。并奏裁。'上条合入《政和赏令》。'诸驱磨点检出收到无额上供钱物供申数目不实，而侵隐、移易别作窠名收系若支使者，三百贯，累满者同，余项依此。升一名；一千贯，升二名；二千贯，升三名；四千贯，升四名；七千贯，升五名；一万二千贯，转一资；三万贯已上，取裁。'上条合入《尚书户部司勋格》。契勘阙下支用见钱，全仰诸路上供有额、无额钱数应办。其无额钱，元丰间岁收约一百七八十万贯，近年以来，所收约八九十万贯，比旧大段数少，亏损省计。缘无额上供虽有窠名而各无定数，从前据凭场务收到数目申州驱磨，报提刑司，本司备申省部拘催起发。若供申隐落，止有断罪约束，即无点检告赏之文。兼近承朝旨，令诸路常平司驱磨到崇宁元年至大观三年侵使隐落上供无额钱，总计一百七十余万贯，金银物帛一十万余斤两等，如此显有陷失钱物，盖为未有劝赏，致所属不肯尽公点检驱磨。今相度，欲乞今后场务收到无额钱物，供申所属州军、提刑司并本部，如逐处能点检、驱磨、告发侵隐、失陷钱物，并依政和赏格令法施行。又检会《大观诸路上供钱物续降敕令》节文：'诸无额上供钱物，场务限次季孟月十日前具逐色都数申本州驱磨，本月二十日前申转运司，仍具一般状入递，申尚书户部。本司限十日申本部。诸供申无额上供钱物隐漏者，徒二年。'《政和元年十月十四日朝旨》节文：'诸路应无额上供钱物，并隶提刑司拘收。'《政和格令》：'诸告及驱磨点检出隐落并失陷钱物，应赏者，以所纳物准价，仍依数借支。即犯人应勿追或追而不足者，干系人均备。'及'驱磨点检出隐落并失陷钱物，每及一分给三厘。'"诏依修定，余依《诸路上供敕》施行。40—42，p7162—7163

宋会要辑稿·食货五二·茶库

淳化元年十一月，诏："京茶库交茶，须依省账等第色号、年分支遣。违者，许人告捉勘罪，赏钱百千。"3，p7170

大中祥符二年九月，诏："茶库受纳片茶，各定日限看验交纳，无得留滞。片茶：潭州大坊茶伍万斤，限半月；诸州茶五万斤，限十日；三万斤，六日。散茶：五万斤，四日；三万斤，三日。腊面茶：万斤，四日。"3—4，p7170

宋会要辑稿·食货五二·专副库掏

专副库。绍兴十五年三月二十一日，诏："场务府库所管专、副、库、掏，多是将钱物移易、侵欺、盗用，其监临官吏漫不加省。已降旨，官吏不觉察，徒二年；本犯人，止系杖罪；或不至徒二年之人，其不觉察官吏亦科徒二年之罪。"10，p7174

【绍兴】二十一年十二月三日，臣僚言："窃见场务府库专、副、库、掏用官物，监临官吏不觉察，徒二年。推原其情，若赃物数多，犯人罪抵极刑，或至流配，监临官吏处以徒罪，不为过矣；然其间有犯人罪不至徒，而监临官吏亦处徒刑，则不觉察之罪乃重干自犯。欲望令有司于续降指挥内'官吏不觉察，徒二年'字下添入'若犯人罪轻者，与同罪'。"诏令刑部看详，申尚书省。其后，刑部言："今看详，欲依臣僚奏请，所犯罪轻，刑名不至徒二年之人，其觉察官吏并与所犯人同罪，依条断遣。"从之。10，p7174—7175

宋会要辑稿·食货五二·文书库

【真宗景德】四年三月，诏："三司捉到盗案账要切文书，不以当职不当职，人吏并决配；吏人杂闲慢文字，亦勒停。监门获盗者，等第给赏。文书库军事人吏，通同盗出货卖，许人陈告，杖配；买人知情，与所犯分首从断决。三司吏如的要文字照会者，本判官押帖，借取置历抄，监

官开库检寻，封付本判官处呈验，十日内还库。其文字并依部分架阁。每夜轮专知官一人押宿。"11，p7175

大中祥符四年十一月，诏："文书库分三部，各房架阁文字逐案异架，一一交点锁钥，纳三司使处。如非时人吏私检文帐，即行严断。"11，p7175

宋会要辑稿·食货五二·元丰库

元符二年五月二十一日，三省言："按《绍圣四年六月十五日指挥》：'诸路折斛钱，熙宁年并归朝廷。'自元祐以来，户部阴有侵用，不复更归朝廷，无虑二百万缗。缘系本部已前侵用过数，难责今日并偿。"诏："将元祐年折斛钱除户部的实已支过钱数与免拨还外，有其余数目，并绍圣年所起折斛，及提举司兑籴过斛斗价钱，并仰元丰库拘收封桩，准备朝廷支使。如户部辄敢侵用，并依擅支使朝廷封桩钱物法。"15，p7177

宋会要辑稿·食货五二·法物库

仁宗天圣七年十二月二十七日，诏："每遇大礼，诸军及行事官、从人等，于朝服法物、内衣物、新衣库支借出法物、仪注、衣服等，自（令）〔今〕后礼毕日，诸军、诸司职掌并太常乐部并限五日，余限十日送纳。如违限及损坏官物者，令本库检举。"16，p7178

【天圣】八年八月，诏朝服法物、内衣物、新衣库："自（令）〔今〕大礼，除诸司职掌系应奉祀事及仪仗内祇应人合请仪注衣服，其臣僚、从人、诸色人等，并不得支借衣服。如有违犯，阁门、御史台觉察以闻。"16，p7178

宋会要辑稿·食货五二·封桩库

【绍熙元年十月】二十三日，户部言："昨准《淳熙十年八月二十四日（提）〔指〕挥》：'左藏南库拨隶户部，所有本库以后合收支钱物，仰户部并照应项目依数管认。'续承《淳熙十二年正月三日指挥》：'左藏南库可并作西上库，其管认收支及桩管钱物，并令依旧。'今承《绍熙元年十月二日指挥》：'封桩见钱徙入西上库桩架，将西上库以封桩下库为名，其元发户部主管钱物，且依旧窠名，从本库拨与户部。'本部窃详昨来南库拨隶户部，坐下项目令户部管认，总收州军等处合发窠名钱一百九十八万一千六百四十一贯二百七十七文，见以'户部主管西上库所'为名，行遣拘催。今既改名'封桩下库'，桩管朝廷钱物，隶属提领所，难以仍旧以'户部主管西上库'为名称呼。其元拨户部钱物窠名，亦难以从封桩下库拨与户部。窃虑支拨钱物迁枉，兼恐〔州〕军发纳疑惑。欲乞将西上库元拨户部窠名钱物，拨入左藏东、西库，从本部令作一案拘催、收支、行遣，庶几不致混杂。"诏："将昨来南库拨隶户部钱物，并应合桩办行遣等事，令作一案掌行，仍旧于封桩下库管收支施行。"20—21，p7180

绍熙元年十一月二十九日，户部言："左藏封桩下库申：'检准《淳熙十年十一月八日指挥》："南库拨隶户部泛收项目内，坐下镇江、建康府等处沙田钱，系递年户部先于南库借支二十三万贯，所以将上件纳到钱数拘收理还。"本库今来改作"左藏封桩下库"，所是支过绍熙元年分沙田钱二十三万贯应副左藏西库支遣了当，合从省部照递年体例备申朝廷，札下镇江、建康府路，各将今年正月一日至截日终收到江东、淮东路州军并本府民户沙田〔钱〕，先次尽数差官押发赴库送纳。其日后至年终收到钱数，亦仰接续起发。'"从之。21，p7180—7181

嘉定七年二月三十日，监三省枢密院门兼提辖封桩库杨恕言："照得提辖左藏东、西库任满推赏，合转一官；在任改除，计日推赏。其封桩上、下库监官，各有任满转官减年格指挥，不终任人，亦合计日推赏。所有提辖封桩上、下库兼职，即是一职而任两库之重，创置之初，未审将来合与不合推赏。"诏令杨恕以"兼提辖封桩上、下库"系衔，任满与照提辖左藏东、西库例推赏。22，p7181

宋会要辑稿·食货五二·寄桩库

寄桩库。孝宗隆兴元年三月二十一日，尚书省言："左藏南库遇有编估到官物，自来下杂卖场出卖，系寄桩库收钱赴南库送纳。本场为无赏罚，不切用心，兼不曾委官，致有积压损坏。"诏委太府寺丞，并差提点所使臣专一措置出卖。仍令户部照应《杂卖场赏罚格法》，参酌立："任满，将任内卖到钱，比类前官数目，申取朝廷指挥，每岁比较增亏分数酬赏展降。其寄桩库未曾立定赏罚，今照应参酌，一体立定。本部欲依本寺立定事理施行。"从之。22—23，p7181—7182

宋会要辑稿·食货五二·军器库

太宗淳化元年七月，诏："军器什物支借物色，候送纳时，令于纳状内开设年月、堪与不堪数目收纳。如色额不是元供物，即勒（陪）〔赔〕填，即不得私借物与人。如违，许人陈告，坐如法。"25，p7183

宋会要辑稿·食货五二·内军器库

【绍兴】九年十二月五日，诏："内军器库前行依条迁补副知与监、专，自来年正月一日立界。其副知请给，止依见请手分则例，仍作内军器库副知。其余已并六库，更不作阙迁补。"都大提点内军器库，元系军器、衣甲、弓枪、弩剑箭、南外、内弓箭库，并军器什物库，共七库，并为一库。其未并库前，逐库专、副共二千余人，昨缘并库日，据见到行在人吏存留。当时衣甲库副知有上件名阙未曾迁补。见管专知官止有一名，自绍兴三年差到，至今未曾陈乞立界。故有是命。28，p7185

【乾道】六年十一月二十八日，内军器库言："契勘本库自建炎四年八月军器七库并作一库，以'〔内〕军器库'为名，人兵一百四十八人为额，如遇逃亡事故，依本所元丰令，招刺本营子弟填阙。目今见阙四十二人。先来南、北两库军器止有火焙一座，今来火焙四座，九处着火烘焙弓弩，乞将见阙人数招填。"诏："权以一百三十六人为额，令招填敷额，今后遇阙，准此。"29，p7186

宋会要辑稿·食货五二·军资库

建炎元年十一月十八日，知濠州连南夫言："尚书省札子：'依黄潜厚所乞，下诸路守臣、监司，各尽臣子之心，计置轻赍金帛，差官管押前来行在交纳，共济国用。'今划刷到军资库见在未起夏税匹帛官绌七百七十六匹、绸三千七十九匹、绢九千匹。"诏："军资库物帛既非上供额数，自合桩留，充本州、本路军兵衣赐。诸路依此。"32，p7187

建炎三年九月十六日，诏："诸路漕司差官根刷到诸路钱物，见于别库寄收，并以后州县起到钱物，并须管依法于军资库桩收。如违，及不经勘旁支给，官窜岭南，人吏决配，并不以去官、赦降原免。"32，p7187

绍兴二十六年正月二十七日，右司员外郎兼权户部侍郎钟世明言：

"诸路州军钱物，并合隶军资库。近年以来，州军多将拘到钱物别置库眼，赤历拘收，以为羡余之献、公库之用。乞令逐路转运司，将创置库眼去处废罢，其钱物拨并入军资库。今后州军辄敢仍前别置库眼者，以违制论，仍放罢。监司知而不纠者与同罪，并许人告。"从之。32—33，p7188

宋会要辑稿·食货五二·布库

真宗咸平五年九月，诏："自今南布纲至京，除状内明言渍污损伤数外，如不切爱护，纽亏官钱送纳，仍等第科罪：一厘以上，笞五十；三厘以上，杖六十；五厘以上，杖七十；七厘以上，杖八十；九厘以上，杖九十；一分以上，杖一百。纲官、节级于梢工下减一等；专、副，减三等；三司军将、管押人，又减一等。"33，p7188

景德四年五月，诏："布库所管布帛，系军需好布，别库收掌；其不任军须者，具病色黥印。若给衣赐者，常约度三二年以来数目有备；如少，即三司下出产州军科拨。应纲运拣退者，监官勒行人定验堪与不堪转染科造，具数申三司。"33，p7188

宋会要辑稿·食货五二·省库

开宝四年正月，诏曰："诸路州府买朴场院人员，访闻以所收课利擅贷于民，以规息利。有逋欠者，取其耕牛、家资以偿，或经官司理纳，追禁利较，民甚苦之。自今所收课利钱，旋赴省库送纳，不得积留，擅将出放。违者当除籍及决杖配隶，告者赏之。"34，p7189

宋会要辑稿·食货五二·祗候库

【高宗绍兴】三年十一月二十九日，诏："祗候库人吏，自入役充手分，至补副知界满，别无不了过犯，与先补进义副尉立界，再充专知。候二年界满，别无诸般不了等事，与依使臣法减二年磨勘，发遣归都官。"35，p7189

【乾道四年】九月十九日，兵部言："勘会大金贺会庆圣节使人到阙朝见日，依《政和五礼新仪》，黄麾角仗一千五十六人。乞依绍兴十四年已降指挥施行。"从之。36，p7190

【乾道】六年闰五月十四日，诏："等子出职例物事，亲从、诸班直堆垛子例物事，依例令祗候库径申户部，行下所属制造，排办施行。"36，p7190

宋会要辑稿·食货五二·瓷瓦器库

宋太宗淳化元年七月，诏："瓷瓦器库纳诸州瓷瓦器，拣出缺瑿数目，等第科罪：不及一厘，特与除破；二厘，免决勒（陪）〔赔〕，却给破者；三厘，笞四十；四厘，笞五十；五厘，杖六十；六厘，杖七十；七厘已上，不计多少，杖八十。"37，p7190

宋会要辑稿·食货五三·仓部

建炎三年四月十三日，诏仓部印司依《户部通用令》，先于知杂案书吏、令史内选差，无即通选。满三年无过犯，转一资，勘验关司勋推赏讫，再满三年替。2，p7195

绍兴元年七月十五日，诏："行在省仓受纳纲运，令户、工部斟量较定斗样，缴申尚书省，责下所属制造，降下诸路州军，应受纳、支遣、起纲、交量，并用省样新斗量。今后每遇起纲，并于纲解内分明声说'系用新降斗交量'起发，仰省仓依条受纳；不得作弊。如有违犯，许本纲诸色人越诉。"2，p7195

孝宗隆兴元年八月三日，户部言："依指挥条具并省吏额：'仓部见管主事一名，令史二人，书令史八人，正贴司九人，私名五人。'今减书令史一名，守当官一名，正贴司二人，私名一名。乞将减罢人籍定，以后有阙，依名次拨填。"诏依。见在人且令依旧，将来遇阙，更不迁补。3，p7196

【淳熙】八年闰三月四日，诏："自今行在省仓上中下界、丰储仓、丰储西仓、草料场监门，任满无违阙，各与减二年磨勘。"4，p7197

宋会要辑稿·食货五三·常平仓

太宗淳化三年六月，诏："京（几）〔畿〕大穰，物价至贱，分遣使于京城四门置场，增价以籴。令有司虚近仓贮之，命曰'常平'，以常参官领之。岁歉，减价以粜，用赈贫民，以为永制。"6，p7197

【天禧】二年正月，诏："诸州常平仓斛斗，其不满万户处，许籴万硕；万户已上、不满二万户，籴二万硕；二万户已上、不满三万户，籴三万硕；三万户已上、不满四万户，籴四万硕；四万户已上，籴五万硕。"6—7，p7198

仁宗天圣二年十一月，司农寺言："旧制，在京并府界县分及诸州、府、军、监常平仓如有粜籴，即供月账；如无粜籴，只供季账。今诸州所供多不如式，有烦往复会问。欲望自今不以有无粜籴，并作季账供申。"从之。7，p7199

【庆历四年】七月二十九日，诏："天下常平仓，本备救济贫民，不得别有支借，违者，以违制论。其收积年深者，许依旧条兑换，毋致损恶。"7，p7199

【庆历】五年九月二十八日，司农寺言："天下常平仓，自景德中起置，自后承准条约不少，乞将降到敕札参定为一司条贯，也可遵行。"从之。7，p7199

【神宗熙宁】二年二月八日，三司言："天下屯田省庄，皆子孙相承，租佃岁久，兼每亩所出子敕比田税数倍，及户绝田已拨入广惠仓者，并乞不许卖。其余没纳庄田，愿买者听。"从之。8，p7200

【熙宁三年十一月】二十四日，诏："诸路给青苗钱斛官司，诸色公人取受人户钱物，虽已依敛掠乞取差点人夫钱物条约，虑未凛惧。今后应诸色公人因给纳常平仓等钱斛取受，杖罪送邻州编管；徒罪以上刺配本州牢城。并许诸色人陈告，杖罪支赏钱五十千；徒罪一百千，先以官钱给赏，后以犯事及干系人家财充。或无可送纳，官吏保明除破。"11，p7203

【熙宁四年】十一月二十八日，司农寺言："乞将诸路出卖到户绝田土钱，从本司移助诸路常平籴本。"从之。11，p7204

哲宗元祐元年四月二十二日，三省言："诸路旱灾处，已降指挥赈济外，按《常平条》：'遇谷贵则量减钱粜，不得亏本；贱则量添钱籴。'昨臣僚言淮南米斗直百七十文，虑官司拘执量减市价之文，致民不沾实惠，欲令府界、诸路阙食处，其常平谷价但不亏元本，并许出粜。仍委州县严加觉察，不得与兴贩之人。"从之。14，p7207

绍圣元年六月九日，户部看详役法所言："熙宁、元丰间设提举官，以总一路之法，州有管勾官，县有给纳官。今复免役，既置提举官及管勾

官，乞从《元丰令》，给纳月分，逐县常留簿、丞一员。"从之。14，
p7208

【绍圣元年】九月十二日，诏："府界诸路罢广惠仓，其户绝田土，
并行出卖，并本仓见管钱斛，拨入常平仓收管。所有赈济合行事件，令户
部检举《元丰敕令》，立法以闻。"14，p7208

大观二年八月十四日，户部侍郎李孝称奏："诸路州军秋稼十分丰
稔，所可虑者，粒米狼戾，复致伤农。已蒙朝旨，将人户输纳并积欠增价
折纳，仍以本司见在钱数，于沿流州军收籴。尚虑无抛降钱数，所籴未
广。检会《崇宁四年指挥》：'取今年已前五年中一年通一路所籴最多之
数，加一倍收籴。'欲乞下诸路提举常平司，今秋并依前项已得指挥加倍
收籴。籴本阙处时，特许借支诸色系官并封桩钱应副，所贵便于公私。"
从之。15，p7208

【政和五年】八月二十日，诏："诸路丰熟州军，令常平司将诸色积
欠钱物见合催纳者，并许依在市价（直）〔值〕用斛斗折纳，只就本处仓
送纳，每月具数申尚书省。如愿将未合催旧欠亦行折纳者，仍于市价上增
一分，并不得抑勒。"16，p7210

【政和六年】十月二十七日，诏："常平钱物充俵散赈贷并雇役支酬
之费，岂可辄将他用？有司妄行划刷，全失旨意。自今如奉御笔并除本司
支用外，方得取拨。违者，以违御笔论。"16，p7210

【政和】七年十二月十八日，手诏："应日前诸路他司借支常平钱物，
并特除破，与免拨还。今后仰遵守元丰、绍圣敕令，敢有陈乞借用者，以
大不恭论。"16—17，p7210—7211

宋会要辑稿·食货五三·义仓

元丰元年二月五日，提点开封府界诸县镇公事蔡承禧言："义仓之
法，今率之以二硕而输一斗，至为轻矣。乞今年夏料科税之始，不烦中
覆，悉皆举行。"诏："府界诸县并依已行《义仓法》，仍隶提举司。"
20，p7215

【元丰元年】六月二十四日，诏京东、京西、淮南、河东、陕西路，
依开封府界诸县行《义仓法》。仍以今年秋料为始。先以将作主簿王古
言："去岁诏讲复义仓，试于畿邑，已不扰而行。欲乞于丰稔路，委提举
司勘会省税、常平、免役钱谷欠阁共不及三分处，先推行。庶几数年之

间，即见成效。"故有是诏。20，p7215

【元丰元年】十月十八日，权发遣兴州罗观乞颁《义仓法》于川（陕）〔峡〕四路。从之。20，p7215

【元丰元年】十二月六日，诏："应乡村民愿以所纳义仓粮别钞就便纳县仓者，听。"从知管城县赵燮请也。20，p7215

【元丰】二年二月五日，诏威、茂、黎三州罢行《义仓法》。20，p7215

绍圣元年闰四月十六日，侍御史虞策请复置义仓。三省言："旧行《义仓法》，上户苗税率一硕出米五升。"诏除广南东、西路外，并复置义仓，自来岁始。放税二分以上，免输。所贮义仓米，专充赈济，辄移用者，论如法。21，p7216

徽宗政和元年正月二十二日，臣僚言："《元丰义仓令》计所输之税斗纳五合。《大观敕》应丰熟计一县九分以上，增为一升。乞罢所增之数。"诏依元丰、绍圣法。21，p7216

【政和元年】七月六日，户部言："立到'诸义仓计夏秋正税谷数，无正税谷处，物帛之类折为谷者，准此。每一斗别纳五合，同正税为一抄，不收头子、脚剩钱'，及'民限当日交入本仓。出剩通正税盘量都数纽计。即正税不及一斗，并本户放税二分已上及孤贫不济者，免纳'等条。"诏依。以臣僚言："省仓遇纳到正税米，不即分拨义仓，转运司多以阙乏，随时支遣。欲于绍圣本条内，增条'过一日不拨，监、专杖一百；二日加一等，罪止徒一年'，及'因而他司移用，并依已降指挥，依擅支法施行'。"诏令户部立法故也。21，p7216

【政和】二年五月二十五日，提举京西南路常平等事范域言："《绍圣常平免役令》：'诸纳义仓谷而税应支移者，随税附旁送纳，仍准数以本处省税谷对换；无税仓处，截留下等户税。'近年转运司多将省税量度阙剩，更互支移非要便县分。契勘逐县每料合纳义仓之数，并依无税仓例，截留下户税，使就本处送纳。伏望下有司立法。"诏令户部立法。21，p7216

【宣和六年】五月七日，诏："义仓积谷，本以备赈济，著在元丰成宪。昨令所在存留三分，非唯见在之数不多，兼终违神考立法本意。今后义仓，并依《绍圣常平免役令》，唯充赈给，更不得起发赴京。"22，p7217

【绍兴】十八年闰八月二十八日，御史台主簿陈夔言："伏睹《常平令》：'岁十月州县籍民之老、疾、贫乏不能自存与凡乞丐者，廪给之，至三月而止。'而州县之吏，去朝廷稍远者，往往类不知奉行，孟冬之月，未尝检察老、疾、乞丐之人而籍之，不过行移文书，以应格令而已，所谓日给之米，乃或移之他用，或糜于侵盗，岂不上负陛下之良法美意哉！欲乞睿断，专责监司常切觉察，有敢因循，重置典宪。"上因宣谕曰："义仓之设，其来尚矣，所以备凶荒、水旱，救民于艰食之际，诚仁政之所先也。访闻比年以来，州县奉法不虔，或侵支盗用，而监司失于检察；或赈济无术，而僻远穷困之民不得均被其惠，非所以称朕矜恤元元之意。宜令户部措置。"户部言："乞检坐见行条法，申严行下诸路常平司，约束所部州县，恪意奉行，依时给散，务要实惠贫乏、乞丐之人。仍仰本司常切觉察，如有似此违戾去处，按治依法施行。仍令诸路提刑司更切觉察施行。"从之。24—25，p7219—7220

宋会要辑稿·食货五四·诸州仓库

真宗咸平元年正月，诏："诸路场务逋欠官物，令主典备偿者，监临官非同为欺隐，勿令填纳。"2，p7234

【大中祥符】五年闰十月，诏："诸州衙前有缘官中差遣欠折至没入庄产者，十五年内许其亲的子孙、同居骨肉收赎。"初，《大中祥符三年六月敕》："场务欠折人，籍其产者，（计）〔许〕其家收赎。"至是，华州民王先状诉父顺以官遣市牛不如式，没其庄产。州以元条止云场务事，从申覆，且命三司定夺。故有是命。2，p7234

【大中祥符六年十一月】十五日，令诸州仓场，所纳旁钞，自今证验讫，具斤数送军资库。每经三年一定价，鬻钱入官，不得妄有费用，违者坐之。初，《景德二年敕》："逐年贮积，以备检会。"2，p7235

天禧二年三月，河东转运使言："并、潞州仓，元支剩五千斛，及复欠四千斛。昨准《大中祥符八年六月二十八日敕》：'给支三年以下欠数者、偿纳半年以上者，咸释之。'切以此辈仰恃明诏，别有欺弊，已移牒根究偿纳。臣所部州郡积粟皆三五年，此若不行，弊必滋长，望特定条制。"三司言："《至道元年五月十七日敕》：'诸州受纳斛斗收到剩数，支绝日，除雀鼠耗外，欠者偿官。'今请祥符八年以前用至道敕，八年以后用新敕。其每岁纳粟，正收雀鼠耗着于籍。岁除雀鼠耗外，三年已下，咸令偿纳；已上，于剩数更免什之三；五年已上，免什之五；

七年已上，免什之七。（起）〔乞〕今后受纳界分少剩，并如今奏。"从之。2—3，p7235

【仁宗天圣七年】九月，臣僚言："伏睹《编敕》：'诸处仓场受纳所收头子钱，除一半纳官外，其余并于仓场内置柜封锁。凡有支破，监官与知州、通判同上文历。'其县镇逐旋具支破数目申州，候纳罢日磨勘，具账申奏。并税仓支遣斛斗漏底如不少欠，元收出剩亦不破雀鼠耗，及无损恶官物，其支使不尽头子钱，不以三年内外，并将一半纳官，余一半支与专副。若是元收出剩斛斗支遣漏底却有少欠，及破雀鼠耗，损恶官物，其存留头子钱更不支与专副，并送纳入官。天下所收头子钱，贯万浩瀚，其仓场纳罢，只将一半纳官，内一半逐州官吏皆依旧来体例支遣。但有名目破使去处，即便使用。又缘元敕，候仓场漏底不破雀鼠耗，许将一半支与专副。其仓场漏底，实见少有不破雀鼠耗者，以此天下一半头子钱，多是逐州依例因循破用。今乞每年所收头子官钱，除合给与铺衬、纸笔、食直钱外，并乞一齐收纳入官，更不存留封锁。如此，则拘辖官钱不至枉用。"诏："诸处仓场所收头子钱纳官外，内有合行支使者，并依先降条贯明上文历支使，不得妄作名目枉有破用。如敢故违，并当劾罪严断。"以上《国朝会要》。4，p7236—7237

神宗熙宁七年正月一日，诏："诸仓库所收课利钱钞数封送本县。若受纳别州支移官物，每季逐州县所纳数对历开项，具状二本，并实封钞申本州。内一状留充案，一状出内引关子与钞同封，递送支移处。其逐处收领点对讫，登时缴回关子照会。以上候都大数足，本仓库出给收附，申州亦依旧封送。衷私取领，收附开给。违者，各杖一百。诸身场所收课利，除县寨合截留外，并于军资库送纳。其在州钱数，多者即次日，少者即五日一纳。外县镇寨次月上旬，里外买扑场务次月内并纳。若支移折变往别州，三百里外即许每季一纳，仍限次季内纳足。违者，各杖六十。其官监场务，仍置州印历，随钱取库务监官往来通押。买扑在州官监酒课利钱，并五日一纳。"从编敕所定也。4，p7237

【大观】四年十二月九日，诏："日近诸仓月给军粮，多有减克，监视斗面官不切躬亲检察。仰司农寺检具条制，申饬施行。如有违犯，官员重行黜责，吏人决配千里。"5，p7238

政和元年五月三十日，诏："诸库月粮、口食，虽食用有余，不取情愿而抑令坐仓收籴者，徒二年。"以臣僚乞严立抑勒之罪，复坐仓之法。

若果是食用之余，情愿依实值价，使以见钱给之，因亦可行，但须（愿）〔严〕立抑勒条法。故复立此条。5，p7238

【政和元年】八月二十二日，臣僚言："州县仓库钱谷出入，系于簿历，其名数不一，各有司属，总而检察，并在本州。《元符令》：'诸官司置都簿，五年一易，具载所辖应用簿历。其有增损，次日报都簿司除附仓（军）〔库〕。'比臣访闻诸州军多不曾依上条置都簿司，致钱谷簿历增减隐匿，无所关防。望特诏诸路漕司检举诏条，督责施行。"从之。5，p7238

【政和五年】十一月十五日，陕西路转运使席贡言："《续降政和令》：'诸仓监官应差出者，常留正官一员在仓，系独员者不许差出。'其诸州军资库监官，与监仓职事无异，欲今后并不许差出，责令专一管出纳。"从之。6，p7239

【绍兴】十五年三月二十一日，诏："场务府库所管专、副、库、掏，多自将钱物移易侵欺盗用。其监临官吏，漫不加省。已降指挥，官吏不觉察，徒二年；本犯人，止系杖罪；或不至徒二年之人、不觉察官吏，亦科徒二年之罪。"8，p7241

【绍兴】二十一年十二月三日，臣僚言："（切见）〔窃见〕场务府库专、副、库、掏盗用官物，监临官吏不觉察，徒二年。推原其情，若赃物数多，犯人罪抵极刑，或至流配，监临官吏处以徒罪，不为过矣。然其间有犯人罪不至徒，而监临官吏亦处徒刑，则不觉察之罪，乃重于自犯。欲望令有司于续降指挥内'官吏不觉察徒二年'字下，添入'若犯人罪轻者，与同罪'。"诏令刑部看详，申尚书省。其后刑部言："今看详，欲依臣僚奏请，所犯罪轻、刑名不至徒二年之人，其觉察官吏，并与所犯人同罪，依条断遣。"从之。8，p7241

【孝宗乾道四年】三月十七日，诏："诸仓支诸军月粮、口食，抑勒坐仓，低价籴买；及将军人与在外籴米人非法断罪，追理赏钱。并令从便，不得依前抑勒籴买。"从中书门下省请也。9，p7242

宋会要辑稿·食货五四·炭场

仁宗天圣三年六月，诏："自今应三炭场监官、专、副，并二年一替，依旧守给支遣。如一界支见数破一十万秤，其监官二员内，先发遣一员归班，只留一员守给管认结绝。其归班使臣理作重难，与住程差遣一

次。所留守给使臣，候得代，结绝官物别无侵欺少欠，即优与家便差遣。仍增逐人每月食直钱作六千。"11，p7244

【天圣】六年八月，三司言："三炭场监官，欲乞自今二年一替，交与本场见受纳界分出令元旧专、副、秤子认数守给。监官递相交割印记，发遣旧界使臣归班。"从之。11，p7244

神宗熙宁三年正月二十六日，三司言："提点仓场所勘会，城南新置抽税炭场，城南、城西税炭场共三场，给纳柴炭万数浩瀚。其监官多差初三班未曾历任，并年高昏昧，有过犯，或军班并押纲军大将、吏人等出职使臣，致事不整齐。欲乞逐场添差文官各一员，与使臣同管；自来每场合差使臣二员，乞减其一。仍下审官院选差合入知县或第二任资序有举主，廉干京朝官一员，三班院选差使臣一员，须有举主，历任无过犯。若是军班等出职，不至年高昏昧，有举主无过犯者，亦听。仍截年月立界交割，及乞比类见今诸仓界监官条例，与理资任，支破添给。"从之。11，p7244

【熙宁】五年四月二十五日，中书门下言："户房今欲立定：应三炭场逐界监官，文资使臣各一员，今后并委审官东院、三班院选亲民资序人，许于第二任监当人内选差使臣。每月添支钱十千。当直剩员六人，候本界纳足日，令提点仓场所探减一员，只留守支。并三年理为一任，五年以上理为两任。其减罢人，如及二年以上，理一任。京朝官仍与先次，使臣免短使，并近地差遣；不及二年，并与近地差遣，仍理元到院月日。"从之。11，p7244

未会要辑稿·食货五四·杂卖场

高宗绍兴四年三月十三日，诏："杂卖场置交跋历，应有诸处官物，当官对历交点，方得出卖。若辄敢截留、关借出外，并从杖一百科罪。"18，p7247

【高宗绍兴四年三月十三日】，诏："杂卖场专典，半年一历。所有合造帐籍，半年一易。合用行遣纸扎，每月降帖左藏东库支给。"18，p7247

【绍兴四年】七月二十六日，诏："编估、打套局今后行众逐旋供刺增减名件价数，委自杂卖场官审实，限当日实封，申太府寺；本寺画时实封，备申户部尚书厅，随宜增减。如有减价，即申尚书省、总制司，候指挥添价，一面行□增减出卖。"19，p7248

【绍兴】八年七月二十九日，诏："杂卖场监官依杂买务官，每月食

钱二十贯文，添支一十五贯文，第四等折食钱三十二贯五百文。"从本场监官王植之请也。19—20，p7248

【绍兴】十二年八月十三日，诏："杂卖场权手分阙，改为正额，通建康府、本场，共二名为额；添置书手一名，通建康府、本场，共三名为额。令本场并依见行条例，踏逐招募一次，各理到场月日先后，俟排节次。如日后有阙及专知官界满，许将建康府并行在本场头名手分，依次第迁补，充专知官。以三年界满、通役二十年无遗阙，依祗候库与进义副尉，发遣赴都官。以次手分依名次递迁。"20，p7248—7249

【绍兴】十四年二月十三日，诏："杂卖场手分，依打套局手分例，每月支破米一硕一斗三升；秤、库子，依本局库子例，支破米五斗四升。其时服衣赐，更不支破。"从本场请也。20，p7249

【绍兴】二十二年十月二十六日，诏："权监杂卖场郑谷在任九个月，收钱三十三万四千余贯，比附前任正官刘彦昭例减半推赏，减一年磨勘。"权官初无赏格，以太府寺言"失陷官物，例被责罚，难以无赏"故也。20—21，p7249

【绍兴】二十六年十一月十八日，诏："杂卖场监官赵益在任一年零十个月，卖到钱八十八万九千余贯，减三年磨勘。"以元无立定赏格，皆比附推赏也。21，p7249

宋会要辑稿·食货五五·左右厢店宅务

太宗淳化四年四月，诏："店宅务今后不得擘画市在京宅舍增僦。"2，p7252

真宗咸平二年三月，诏："店宅务兵士二十人分地分觑步看管室屋，召人承赁，夜即归营。"2，p7252

景德元年十月，诏："应宣借舍屋，须的是正身居止，如已有产业，却将转赁，委店宅务常切觉察，收管入官。自今悉如此例。"2，p7252

【景德】二年六月，诏："店宅务舍屋欹垫，人户欲备材添修者，须约退赁时润官不拆动，即委监官相度，如不亏官，亦听。"2，p7252

【景德】四年三月，诏："店宅务倒塌舍屋及损下退材，委监官躬亲点检，还退材场。各堪供使者，并径量色额收数，不得充柴。如有合盖造，即拣取供使；不入料者，具数结罪申三司，方得拨充柴。"3，p7252

【景德四年】九月，诏："自今皇城内外亲王宫宅、寺观、祠庙用石

灰泥，诸司库务营舍、厅堂、门屋用破灰泥，自余止麦糠细泥，营舍、厅堂、门屋用赤色装。如自备泥饰者，听。"3，p7252

大中祥符元年四月，诏："没官舍屋，其元业主无得请赎。"3，p7252

【大中祥符】二年十二月，诏："人户侵地步屋，旧来店宅务并计侵占年月日收课，自今与免追理，止计附帐后理纳。"3，p7252

【大中祥符】三年二月，诏："赁官屋者，如自备添修，店宅务无得旋添僦钱；如徙居者，并听拆随。"3，p7252

【大中祥符三年】六月十一日，诏："在京店宅，自今止以元额为定，不得辄增数刬夺。违者，罪在官吏。"3，p7252

【大中祥符三年六月】二十四日，诏店宅务："自今但倒塌烧、爇舍屋修盖未了，人户欲权柱修候者，与免房钱。"3，p7252

【大中祥符五年】十二月，诏："店宅务据赁官地已系浮造舍屋者，令且掠地课钱入官，仍于帐内别项收数。其已盖造，如愿移赁货卖，并中卖入官，无得衷私转赁货卖。违者科罪，舍屋没官。"3，p7253

【大中祥符六年】七月，诏："应臣僚不得进状买官田宅，其通进银台司、阁门无得收接。"4，p7253

【大中祥符】七年二月，诏："贫民住官舍者，遇冬至、寒食，免僦直三日。"4，p7253

【大中祥符七年】三月，诏："店宅务退材及倒屋材植，每亲事官三人地分内置场，打墙围绕，置门户扃锁，每月给纳，须监官躬往封锁。其修造兵匠给与日食，自今无得放归假。每人户赁屋，免五日，为修移之限，以第六日起掠。"4—5，p7253

【大中祥符】八年正月，诏："市中延爇官舍，其修盖讫移居者，免僦居二十日。应僦官舍居赋直十五钱者，每正、至、寒食，免三日之直。"5，p7253

宋会要辑稿·食货五五·杂买务

太宗太平兴国八年四月，诏："内外诸司库务及内东门诸处造作，如官库内有物，不得更下行收市。应要物，委三司职官常预计度。若急须物色，官库内无，即于出产处收市；若不及，即从三司下杂买务收买，即不得直行铺。如违，许诸色人陈告，监官劾罪严断。"15，p7259

【绍兴六年二月】二十三日，诏："太府寺置牙人四名，收买和剂局药材，每贯支牙钱五文，于客人卖药材钱内支。如入中，依市直定价，责牙人辩验无伪滥堪充修合状，监官再行审验，定价收买。如受情中卖伪滥，牙人例外收受钱物，许（人）〔人〕告，每名支赏钱五十贯，并依伪滥律断罪。及官知情，各与同罪，不觉察，减二等。"五月十五日，朝旨："每贯于客人处更支牙钱二十文。"以无人应募也。18，p7261

孝宗隆兴二年二月十六日，吏部状："都省批下本部申明：'杂买务阙，未审日后合从是何选分差注，或系堂除?'后批：'照应已降指挥，许通差文、武臣。'尚书左选勘会：'今将《绍兴格》并续降指挥参照立定差法：杂买务选注通判、知县资序、不曾犯赃私罪、年未六十人，仍不注初磨勘改官人。'尚书右选勘会：'杂买务阙，通差文、武臣，今欲差亲民资序、不曾犯赃私罪、年未及六十人，候尚书左选关到指挥日，出榜召官指射。如同日有官愿就，即先差承务郎以上，次注大使臣。其为任、使阙年限，并依见行格法施行。'"18—19，p7261—7262

宋会要辑稿·食货五五·务杂录·铸钨务

仁宗天圣八年四月，三司言："准《编敕》：'铙、钹、钟、磬、酒旋子、照子等，许令在京铸钨务在外于就近便官场收买，并须镌勒匠人、专、副姓名，并监官押字。将往外处者，仍给公据。'今详铸钨务逐旬造到器用功课斤两，欲先令尽数赴省呈验讫，差人押赴在京商税院出卖。"从之。19，p7262

宋会要辑稿·食货五五·榷货务

【景德】三年二月，诏："客旅见钱往州军使用者，止约赴榷货务便纳，不得私下便换。如违，许人陈告，依漏税条抽罚后重罪之。仍令开封府出榜晓谕。其诸城门锁，不得私放出见钱。"22，p7264

【乾道】六年二月三日，吏部〔言〕："检准《乾道三年指挥》：'榷货务、都茶场提辖监官、左藏库监官，今后并先差知州，次通判，次第二任知县人。'今看详，乞依《乾道三年指挥》施行。"诏今后依旧通差武臣大使臣以上第二任亲民资序人，其文、武，依吏部看详到事理施行。30，p7268

宋会要辑稿·食货五五·市易务

【元祐】二年五月六日，诏："应官员缘市易增羡酬奖，唯身亡、致仕及得减一年以下磨勘人并免；其余转官、升任、减年磨勘、循资者，并各追夺一半；循一资、升一任，以磨勘年数比类减之。选人俟改官后，展其循资；已改官并减年磨勘不成一资者，并以磨勘年限对展。内吕嘉问追三官，展四年磨勘；吴安持追两官；贾昌衡追一官。"《九朝纪事本末》："三年二月己亥，诏罢变卖市易司元丰库物。"从三省请也。44，p7279—7280

【崇宁二年】六月十八日，诏："府界诸县，除万户及虽非万户而路居要紧去处，市易、抵当已自设官置局外，其不及万户处、非冲要及诸镇有监官却系商贩要会处，依元丰条例，并置市易、抵当，就委监当官兼领。"45，p7280

大观四年十二月三日，诏："熙、丰市易之法，本与公私贸迁有无，买贱卖贵，以阜商贾，非取利于官。近年市易官司专截买客人过税之货，及不许计贵贱一例取息，与民争利，非朝廷立法之意。令户部检会《元丰条》①，下诸路监司，常切诫市易官吏，如敢违犯，许客人径诣所属陈诉推治。即不得将客人一例拘留，有妨商贩。"45—46，p7280

宋会要辑稿·食货五六·金部

《神宗正史·职官志》：金部，凡造升、斗、尺、秤，皆以法颁其禁令。若事应谘决拟书者，视度支，余曹亦如之。分案七，设吏七十有二。哲宗《职官志》同。2，p7283

徽宗元符三年五月二十三日，金部员外郎都赆状："准《敕》：'令赆专切交领结绝盐事，乞于内外官司移文取会申请之类，体大者同长、贰行遣。'仍乞以'尚书户部'为名，就使金部印子。"从之。2，p7283

【政和】二年五月六日，参照官制格目所奏："金部掌财货出纳之政令，本部立钱帛案，主行催发年额钱帛、折斛、封桩钱物之事。《元丰五年十一月七日朝旨》：'选差人吏，专一主行置簿拘管诸路无额上供钱物，

---

① 此处似缺字，按宋朝习惯，应是"元丰条令"，或"元丰条制"，指元丰年间制定的法律。

关所属案分兑便举催。'至元祐元年，隳紊官制事务，改钱帛案为催纳案。虽崇宁二年已行改正，缘大观二年后来节次承朝旨，并钱帛案入都拘辖司，分为八寨，与《官制格目》不同。今来合禀自圣裁。"诏依《元丰官制格》①等。3，p7284

【绍兴】二十九年闰六月八日，诏："诸州知、通拘收起发无额钱，除一岁及五（十）〔千〕贯以上者，与减三季；及三千贯以上者，与减两季；及二千贯以上者，与减一季。"先是，止有及五千贯赏典，往往有不及数者，将桩到钱物即行侵用。臣僚上言，故有是命。6，p7285

宋会要辑稿·食货五六·户部

三司凡二十四案，曰兵、刑、胄、铁、商税、茶、颗盐、末盐设、赏给、钱帛、发运、百官、斛斗、粮料、骑、夏税、秋税、东西上供，修造、竹木、曲、衣粮、仓。旧例：盐铁六案，度支十四案，分押户部四案。乾德五年，度支判官侯陟言其不均，始令三部各分领八案焉。咸平四年，并夏、秋税两案为一，曰户税；并东、西上供曰上供；并竹木归修造，仓案归衣粮。大中祥符七年，别置常平案。其后重定：盐铁八案，判官三员分领：曰兵、刑、胄、铁，曰商税、茶，曰颗盐、末盐设；度支八案，判官三员分领：曰赏给、钱帛，曰发运、斛斗、百官，曰粮斗、常平、骑；户部五案，判官三员分领：曰两税、曲，曰上供，曰修造、衣粮。详"司"。9，p7286—7287

【治平四年】八月十七日，诏："提点开封府界诸县镇公事、群牧判官，并令满三年，职事修举，即除三司、开封府判官。其三司久任权发遣判官五员，许于知州任内通选。如已经知州，候到二年，即令再任，理提点刑狱资序。"13，p7289

【治平四年】九月五日，三司使韩绛上《治平会计录》六卷。降诏奖谕。13，p7289

【神宗熙宁三年八月】二十八日，命提举在京诸司库务王珪、李寿朋，同三司使、副使提举编修三司令式。候成，各赐一本，令三司通共遵守施行。16，p7291

---

① "元丰官制"包括有元丰官制敕令格式四部子法典，此处的《元丰官制格》是其中一部子法典。

【熙宁七年三月】八日，宰臣王安石言，提举编修《三司敕式》，成四百卷，乞修写付三司等处。从之。17，p7291

【熙宁七年十月十六日】，权发遣三司使章惇奏："乞从臣委官，及选检法官一员，同取索在省主行文籍，逐一看详。素有令式者，归有司；未有令式者，立条制。"又奏："三司僚属，从臣选举。外司之财，三司总领。如外司有不职不奉法者，以时按举。"从之。19，p7293

【熙宁八年】六月二十三日，提举三司会计司上《一州一路会计式》，余天下会计，候在京诸司库务账足编次。从之。20，p7293

【哲宗元祐元年】四月八日，门下中书外省言："取到户部左、右曹、度支、金部、仓部官制条例，并诸处关到及旧三司续降并奉行官制后案卷宣敕，共一万五千六百余件，除海行敕令所该载者已行删去，它司置局见编修者各牒送外，其事理未便、体制未顺，并系属别曹合归有司者，皆厘析改正，删除重复，补缀阙遗，修到《敕令格式》共一千六百一十二件，并删去一时指挥，共六百六十二册，并申明画一一册。乞先次颁行，以《元丰尚书户部度支金部仓部敕令格式》为名，所有元丰七年六月终以前条贯已经删修者，更不施行。其七月以后条贯，自为后敕。"又言："上供钱物，旧三司虽置吏拘催，然无总领，止据逐案关到上簿。如有不至，遂相因习，岁月之久，官吏迁易，无以拘考。今户部虽有分职，度支主岁计，金部以度支关到之数拘催，然漫无格法。本省昨取索，欲类以成书，而诸案文簿无可考校。已询诸库务，求访旧籍，互相照验，修立为格。其间不备事节，虽据所见送本部看详，缘事干诸路，尚虑有未尽不同事。乞令本部取索点勘，如有未尽不同事件，即补正添入。"并从之。25，p7296—7297

【元祐二年】七月二日，户部言："制国之用，量入为出，必当周知天下金谷之数，以察登耗虚实，必资成法，以为总要。国家初置三司官，即今户部之职，自景德、皇祐、治平、熙宁，并修《会计录》，事目类分，出纳具见。岁月已久，未及编纂，宜复讲修，以备观览。请就委本部官编集。"从之。27，p7298

【元祐六年八月】二十八日，三省言："诸路户口、财用，虽户部每年考会总数，即未有比较进呈之法，复不知民力登耗、财用足否。今立定式令：'诸州每年供具，以次年正月申转运司，本司以二月上户部。本部候到，于半月内以次上尚书省类聚进呈。违者，杖一百。'"从之。

29，p7299

【元祐】七年九月五日，户部言："本部假日诸处申解公事，并送厢寄禁，至假开日方押赴部勘断。其间甚有情法至轻而偶假故，连绵禁至五七日者，颇为未便。今欲乞假日轮本部官一员午前入省，轮推司、杖直各二人。直日，杖已下罪事非追究者，听决。遇本省官当宿日，只令宿官以时入省断遣。其省曹官吏，畏避诸处问难点检，多务因循，不即结绝，亦不恤小罪，非理淹留。如许施行，其显有推避，不即结绝，亦乞行约束。"从之。29，p7299

元符二年十一月二十五日，户部言："《元丰官制》：'寺监不决者，上尚书省本部；又不能决者，奏裁。若直被朝旨应覆奏者，依条仍各申知。'又《六曹通用令》称'取裁者'，并随事申都省、枢密院。今请并依元丰旧制。"从之。31，p7300

徽宗建中靖国元年四月三日，户部奏："本部累据买扑场务人户陈状，为败折少欠，拘纳抵当在官，乞以所收子利填欠。检会嘉祐以来旧条，买扑场务人户少欠课利，拘收产业，仍许子利相兼充折纳官。绍圣元年，因秦凤路提点刑狱司申请，止以课利钱折纳，产业在官者方许以所收得利偿欠，净利钱不许折填，理有未尽。《元符新令》又不以课利、净利，皆不许偿欠，尤为未便。欲乞将买（朴）〔扑〕场务败阙少欠课利并净利估纳；产业入官之家，如未有人承买，若无欺弊者，许以所收课利填欠，偿足给还，或贴纳所欠钱收赎。若欠人愿自往佃出纳课利者，亦听。其指挥到日已前出卖了当，或官中改修、别民占使者，不在此限。"从之。32，p7301

政和元年九月五日，户部奏："臣僚上言：'今财用之数，寖以纷紊，朝廷有司，每难核实。欲望许援故事，取大观酌中一年财用支纳数，约仿旧制，编次成书上进。'奉圣旨：'可令户部并依今来臣僚上言事理施行。仍就差本部郎官吏人，不妨本职，渐次编类。'本部合要内外收支钱物禀名数目，乞从本部立式取索，外路委转运司官专一催督，供攒点勘圆备，从转运司保明供申。如报到，检点得却有隐漏、重覆，收支不实，应干系官吏科杖一百罪。并取会文字被受官司，外路限一月回报，往回文字并入马递。若有稽违，许本部下所属从杖一百科断。"左右司看详，欲并依户部所申事理施行。从之。34，p7302

【政和】二年三月二十四日，户部言："已编定《傍通格子》，拘籍钱

物。所有立式、取会内外官司事，并已寝罢。"从之。34，p7302

【政和】二年五月二十三日，参照官制格目所奏："伏奉诏旨，参照官制目内右曹掌（掌）〔常〕平、免役之政令，坊场、河渡之事。本曹合行事务内，有相度改更常平、免役、坊场等事，有干大法者，许奏裁。近取会行遣，本部称自来未有行遣，如朝廷送下诸处陈请勘当取裁（旨）〔者〕，依《六曹通用令》申都省。欲乞今后常平、免役、坊场等事，有相度改正大法者，并依格目，令本部奏裁。"奉诏批："更革常平政令，神考彝训委以右曹专一主行之。凡有更革大法，许本部奏具。防微杜渐之旨，概可见矣。户部雷同别曹，例申都省，显属失当。自今后，可依《官制格目》，仰本部直达奏裁。"34—35，p7302

【政和二年】六月八日，参照官制格目所奏："户部具到《熙宁三司敕式》，许置催辖司。本部称：官制奉行，不曾分隶，至元祐元年承敕，依熙、丰旧三司条制，于本部置都拘辖司，总领户、度、金、仓四部财赋，后来承朝旨删去元祐指挥。契勘都拘辖司虽是沿袭三司事务，缘系元祐元年立名，今欲乞遵依《熙宁三司敕式》，以'催辖司'为名。其应主行事务，即并依见行条贯。"从之。35，p7302

【政和】三年二月，户部奏："伏睹诸路买扑坊场，依条召人实封投状，添钱承买。准《绍圣免役敕》：'已买扑而官司经画请官监者，徒二年。'以革侵紊之商弊。自奉行（役）〔后〕来，尚有陈请将兴贩去处拘取官监，计一百余处，虽有上条，徒为虚文。欲乞下诸路监司，今后遵依绍圣免役敕条施行。如尚敢依前陈请者，从本部申朝廷，乞重行黜责。"从之。35，p7302

【政和三年】三月二十六日，户部尚书刘炳奏："本部契勘诸路上供钱物，大观于系以提刑司具到桩发起离本路尽绝月日，以数比较，取率先桩发数足处，令户部保明申尚书省，系大观已修定令文。昨承《政和元年三月四日朝旨》，更不施行。缘诸路上供钱物万数浩瀚，若不旌赏，无以激劝。今欲乞依上件大观已修条令施行。"从之。35，p7302—7303

重和元年十一月二十二日，户部奏："契勘阙下百色经费，惟仰诸路岁入上供钱谷应办，若稍涉稽违，则必误指拟。欲乞今后应催促取会上供钱谷文字不报，约计往回程限，依法行下究治外，如两经究治了当，并许本部行下邻路提刑司取勘逐处官吏，仍不以赦降原减。检会《政和五年五月十八日敕》节文：'户部札子：本部承受官司文字，两经究治，其元承受官司依前不见圆备回报，并究治官司不为究治了当，逐处当职官并展一年磨勘，人吏配千里。若事体重者，从本部申乞朝廷，重赐施行。'"诏依，余曹依此。内取勘并申尚书省施行，余依奏。37，p7303—7304

尚书一人、侍郎一人，通管五司。左曹郎官一人，右曹郎官二人。左曹分案有三：曰户口，掌凡诸路州县户口、孝义、婚姻、良贱、民间债负、州县升降户口、官员增收漏户酬赏、改立官户、分（折）〔析〕财产、科差人丁、典卖屋业、陈告户绝财产、索取妻男借贷钱物之类；曰农田，掌农田及田讼、务限，奏丰稔，验水旱虫蝗，劝课农桑，请佃地土，令佐任满赏罚，缴奏诸州雨雪，检按灾伤、逃绝人户；曰检法，掌凡本部检法之事。设窠有三：曰二税，掌受纳、驱磨隐匿、支移折变；曰房地，掌诸州楼店务房廊课利、人户侵占官地、裁减房地钱、催促僧道免丁钱、土贡献助之类；曰课利，掌诸州军酒务课利，比较增亏知、通等职位姓名，人户买扑官盐场，酒务租额、酒息，卖田投纳牙契。又有开拆、知杂司。吏额主事二人、令吏五人、书令史十二人、守当官十八人、正贴司二十人。右曹分案有六：曰常平，掌常平、农田水利及义仓、赈济、户绝田产、居养鳏寡孤独之事；曰免役，掌免役，不系教阅保伍；曰坊场，掌坊场，河渡，裁定公使支酬、衙前纲运路费；曰平准，掌市准、市易、抵当、医药、石、木、炭等；曰检法；曰知杂。吏额：主事一人、令史四人、书令史九人、守当官十人、贴司二十人。40—41，p7305—7306

【建炎】二年四月二十三日，中书侍郎、专兼一提领措置户部财用张悫言："检准《政和敕》节文：'诸收支官物不即书历，及别置私历者，各徒二年。欲望责限一月，各许自陈改正。限满，从所属及台察点检。有违，并依条施行。'"从之。41，p7306

【乾道七年】十二月二十七日，诏令户部将乾道新修条令并申明户缗续降指挥编类成册，送敕令所看详，镂板遍牒施行。55，p7314

宋会要辑稿·食货五七·赈贷上

【神宗熙宁】十年二月二十五日，诏："应经贼杀戮之家余存人口，委是孤贫不能自活者，所在州军勘会诣实，特日给口食米：十五岁以上一升半，以下一升，五岁以下半升，至二十岁止。仍令相度每五日一支。"8，p7333

【元丰元年】八月二十八日，诏："滨、棣、沧三州第四等以下被水灾民，令十户以上立保，贷请常平粮，四口以上户借一硕五斗，五口以上户借两硕，免出息。物税百钱以下，权免一季。"8，p7333

【元祐元年四月】四日，诏："开封府诸路灾伤，逐县令、佐专切体量，人户委有阙食，速具事实申州及监司，仍许一面将本县义仓、常平谷斛赈贷。据等第逐户计口给历，大者日二升，小者日一升。各从民便，五日或十日至半月赍历诣县，请印给遣。若本县米谷数少，先从下户给，有余则并及上户。候夏秋成熟日，据所贷过数随税纳。阙食之民，贫乏不能自存或老幼疾病不任力役者，依乞丐法给米、豆，其赈济粜谷，并据乡村阙食应粜之数给历，许五日或十日一粜，无令抑遏。此外，若令、佐别有良法，使民不乏食而免流移者，申州及监司相度施行，半月一具赈济次第闻奏。仍体量令、佐有能用心存恤阙食人户，虽系灾伤并不流移者，保明闻奏，当议优与酬奖；其全不用心赈贷，致户口多有流移者，取勘闻奏，特行停替。"从三省请也。9—10，p7335

【元祐元年】十一月二十八日，户部言："左司谏王岩叟言：'赈济人户，必待灾伤放税七分以上方许贷借，而第四等以下方免出息，殊非朝廷本意。乞如旧法，不限灾伤分数，并容借贷；不均等第，均令免息。'看详，《元丰令》限定伤灾放税分数支借种子条合依旧外，应州县灾伤人户阙乏粮食，许结保借贷常平谷。"从之。10，p7336

【元祐元年】十二月十八日，侍御史王岩叟言："伏睹十一月二十九日敕：'户部看详，《元丰令》限定灾伤放税分数支借种子条，合依旧存留外。'缘臣元奏本以赈济旧法灾伤无分数之限，人户无等第之差，皆得借贷，均令免息。新条必待灾伤放税七分以上，而第四等以下方许借贷免息，殊非朝廷本意，故乞均令借贷，以济其艰。今户部复将支借种子条依旧存留。切以灾伤人户既阙粮食，则种子亦阙，岂可种子独立限隔？臣欲乞通为一法，于所修'粮食'字下添入'并种子'三字，庶使被灾之民广沾惠泽。"从之。10，p7336

宋会要辑稿·食货五八·赈贷下

【乾道七年八月一日】中书门下省言："湖南、江西间有旱伤州军，窃虑米价踊贵，细民艰食。富室上户如有赈济饥民之人，许从州县审究诣实，保明申朝廷，依今来立定格目给降付身，补受名目。无官人：一千五百硕，补进义校尉；愿补不理选限将仕郎者听。二千硕，补进武校尉；如系进士，与免文解一次；不系进士，候到部，与免短使一次。四千硕，补承信郎；如系进士，与补上州文学。五千硕，补承节郎。如系进士，补迪功郎。文臣：一千硕，减二年磨勘；如系选人，循一资。二千硕，减三年磨勘，如系选人，循两资。仍各与占射差遣一次；三千硕，转一官，如系选人，循两资。仍各与占射差遣一次；五千硕以上，取旨优与推恩。武臣：一千硕，减二年磨勘，升一年名次；二千硕，减三年磨勘，占射差遣一次；三千硕，转一官，占射差遣一次；五千硕以上，取旨优与推恩。其旱伤州县，劝谕积粟之家出米赈济，系敦尚义风，即与进纳事体不同。"诏依。其赈粜之家，依此减半推赏。如有不实，官吏重作施行。寻诏江南东路、荆湖北路依此制。9，p7359

【乾道七年九月】二十五日，白札子："江东西、湖南州军今岁旱伤，欲乞依《绍兴九年指挥》，将本路检放、展阁之事则责之转运司，遇军粮阙乏处，以省计通融应副。粜给、借贷则责之常平司，觉察妄滥则责之提刑司，体量措置则责之安抚司。"诏依，仍令逐司各务遵守，三省岁终考察职事修废以闻，送敕令所立法。本所看详："灾伤去处，全在赈济。若不分隶，责之帅臣、监司，窃虑奉行违戾；诸司设有违戾，若不互相按举，亦无以觉察。今参详，许逐司互相按举，及将已行事件申尚书省，以凭考察。仍立为《三省通用》及《职制令》。"从之。是日，宰执进呈江东、西、湖南旱伤，依绍兴九年诸司分认赈恤事。上曰："它路或遇灾歉，并当依此。然转运司止言检放一事，犹恐未尽。它日赈济之类，必不肯任责。"虞允文奏曰："转运司管一路财赋，谓之省计，凡州郡有余、不足，通融相补，正其责也。"上曰："然今降指挥，止以'检放'为文，它日以此借口逃责，何所不可？"允文奏曰："乞立法，遇诸郡有灾伤处，以省计通融应副。"上曰："如此，则尽善矣。"故令立法。10，p7360—7361

【乾道八年】八日，权发遣隆兴府龚茂良言："本司劝谕上户出米赈济、赈粜，缘所立赏格比寻常鬻爵计之，其直不啻过倍，又有运载之费，欲更少加优异。《绍兴三十二年闰二月十九日指挥》：'进纳迪功、承信郎，并理为官户。内迪功郎与免试，先次注授差遣，依奏荫人例；承信即、进武、进义校尉，并与免试弓马及短使，先次注授差遣。'今来劝谕赈济告敕，元降指挥系敦尚义风，即与进纳不同，见得事理尤重。虽各系理选限，及先与添差本路合入差遣，缘许理官户一节，及将来到部免试、先次注授、依奏荫人例等事未尝立法。"吏、户部看详："欲将承信郎比附承节郎，上州文学比附迪功郎，依条遇赦注授簿尉差遣。余并依绍兴三十二年闰二月十九日已得指挥，仍比拟献纳已降指挥理为官户。"从之。12，p7362—7363

【孝宗淳熙】二年闰九月十四日，诏："湖南、江西昨缘茶寇蹂践，阵亡将佐官兵等遗骸，令所在官司即为埋瘗，毋致暴露。及被烧毁屋宇贫乏下户、孤老、童幼、寡妇（木）〔未〕有居止，可令于诸寺院及系官屋宇安泊。日计人口给义仓米二升。并遗弃小儿未有人识认，日给钱米；若有亲属，责归存养，毋令失所。"13—14，p7363

【淳熙】八年四月十一日，诏："军民多有疾疫，令医官局差医官巡门诊视，用药给散。殿前司十二人、马军司二人、步军司七人，临安府内外诸厢界二十人，各日支食钱。所有药饵，令户部行下（利）〔和〕剂局应副，仍各置历抄转医过人数，日具以闻。"14，p7364—7365

宋会要辑稿·食货五九·恤灾

【大观】三年九月六日，诏："东南路比闻例有灾伤，斛斗踊贵，可下诸路监司，仰依实检放秋苗数，仍依条推行赈济。"8，p7382

政和二年正月二十二日，诏："户部上诸县灾伤应被诉受状而过时不收接若抑遏，徒二年；州及监司不觉察，各减三等法。"从之。9，p7382

【政和六年】十一月三日，诏："两浙州军秋水害田，物价翔踊。别州邻路粒米丰贱，辄禁米斛出界者，以违御笔论。"10，p7383

绍兴元年五月十四日，诏："诸路见今米价踊贵，细民阙食。令州军将常平仓见在米量度出粜。仍广行劝诱富家，将愿粜米谷具数置历出粜，州委通判，县委令佐。如粜及三千石以上之人，与守阙进义副尉；六千石以上，与进武副尉；九千石以上，与下班祗应；一万二千石以上，与进义校尉；一万五千石以上，与进武校尉；二万石以上，取旨优异推恩。如已有官荫，不愿补授名目，当比类施行，并令州军保奏。通判、令佐劝诱人户出粜数多，令本路监司保奏，等第推恩。务要实惠及民，即不得虚桩数目，陈乞推恩。仍令监司觉察。如违，按劾取旨，重作责罚。"22，p7389

【绍兴】三年六月十二日，荆湖南路宣谕薛徽言："已檄州县劝诱上户借贷种本，月终考历，以多寡为殿最。其上三名，与免公罪杖一次；稍多者，又与免科役一次；优异者，保明申本司。又就全、永间通那省米应副借贷。应第四等以下户，计人为一甲，于本州给据，自赍赴拨米州军请领。"于是户部言："人户灾伤，在法以常平仓钱谷应副，不足，方许劝诱有力之家出办粜贷。兼已划刷湖南有米州军支拨二万石付本路提刑司，专充赈济支用。今乞下提刑兼提举常平司，遵已降指挥施行，毋致人民流移失所。"从之。23—24，p7390

宋会要辑稿·食货六〇·恩惠·居养院 养济院 漏泽园等杂录

元符元年，诏："鳏寡孤独贫乏不能自存者，以官屋居之，月给米、豆；疾病者仍给医药。"崇宁五年，始赐名居养。从淮东提举司之请也。五年，淮东提举司言："安济坊、漏泽园，并已蒙朝廷赐名。其居养鳏寡孤独等，亦乞特赐名称。"诏依，京西湖北以"居养"为名，诸路准此。1，p7415

绍熙五年九月十四日，明堂赦文："在《法》：'诸州每岁收养乞丐。访闻往往将强壮慵惰及有行业住家之人计嘱所属，冒滥支给，其委实老、疾、孤、幼、贫乏之人不沾实惠。'仰今后须管照应条令，从实根括，不得仍前纵容作弊。其临安府仁和、钱塘县养济院，收养流寓乞丐，亦仰依此施行，不得徒为文具。如有违戾去处，仰提举（司）〔常〕平司觉察，按治施行。内有军人拣汰离军之后，残笃废疾不能自存、在外乞丐之人，仰本军随营分措置收养，毋致失所。"自后郊祀、明堂赦亦如之。1，p7415

庆元五年十二月十二日，广东提刑陈晔言："窃见所部十四郡，多是水土恶弱，小官贪于近阙，挈累远来，死于瘴疠者时时有之，孥累贫乏，不能还乡，遂致狼狈。晔撙节财用，起宅子六十间，专养士夫孤遗。又买官民田及置房廊，拘收钱米，创仓库各一所，凡入宅居止者，计口日给钱。仍以其余，遇有二广事故官员扶护出岭，量支路费。欲名其宅曰'安仁'，仓库曰'惠济'。尚虑向后不能相承，却致流落之家复至失所。乞行下本司，得以遵守。"从之。晔条具事宜云："一、遇二广官员事故，家属不能出岭，愿就宅居止者，每家给屋一间，七口以上二间止。二、买到田，每岁秋成，委官收纳；拘收到房钱，桩备支遣。三、计口给钱、米：十五岁以上，每口日支米一升、盐菜钱一十文；十五岁以〔下〕支米一升；一家不过七口。四、二广官员事故，孤遗扶护出岭，支给路费，自二十贯至五十贯止。五、过往事故官员不愿出岭，旧有丛园，就内葬葬。六、在宅之人，亡殁支钱三贯，嫁女五贯，娶妇三贯。七、官置钱米历子，付各家收掌，不许预借。八、置砧基簿，一面本司激赏库，一面本州军资库收掌。九、依文思院式，置斛斗各二十只，分给逐庄收管。十、钱米窃虑官司移易，比类借兑常平钱米法施行。"1，p7415

嘉泰元年三月十一日，和州言："以本路提举韩挺申请，置居养院，收养孤老残疾不出外乞食之人，起造屋宇，支给钱米，拣选僧行看管轸恤。本州去年二月，于城西（路）〔踏〕逐买到民田，修筑墙围五十三丈九尺，创建居养院，根括到鳏寡（狐）〔孤〕独无依倚人六十九口，每人日支米一升，至岁终，共支米一百七十二石八斗五升。今来已行收买材植物料，起造到养济院一所，计瓦屋二十五间，置造应干合用床荐、什物、器用之属，约可存养一百余人。计支用钱三千二百余贯、米二十石，并系搏节那融支使，即不敢支破朝廷钱物。乞行下提举常平司及本州，照会常切遵守。如遇歉岁阙乏，许于本州别项米内借拨，候丰年拘收拨还。轮差僧行各一名，主掌点检粥食；分差兵士，充火头造饭煮粥、洒扫杂使、把门使唤；轮差医人诊候病人，用药调治。有过往人卧病在道路、店肆不能行履，许抬拼入院，官给钱米、药饵，候安可日，再给钱米，津遣还乡。以养济一百人为率，一岁约用米四百七十余石、钱六百贯文。根括到含山县桐城、度安、湘城、太浦四圩课子米，令项置籍拘催。委自历阳知县，令大军仓交受，置历收附，专一拨充养济院支用。如有余剩，即充给散贫民，或散施贫病药饵之用。专差巡辖兼监，知县检点，通判提督。"从之。1—2，p7415—7416

【熙宁】九年十二月十三日，知太原府韩绛言："在《法》：'诸老疾自十一月一日州给米、豆，至次年三月终止。'河东地寒，与诸路不同，欲乞本路州县于九月以后抄札，自十月一日起支，至次年二月终止。如米、豆有余，即至三月终。"从之。3，p7416

元丰二年三月二日，诏："开封府界僧寺旅寄棺柩，贫不能葬，岁久暴露。其令逐县度官不毛地三五顷，听人安葬。无主者，官为瘗之；民愿得钱者，官出钱贷之，每丧毋过二千，勿收息。"又诏提举常平等事陈向主其事，以向建言故也。后向言："在京四禅院均定地分，收葬遗骸，天禧中有敕书给左藏库钱。后因臣僚奏请裁减，事遂不行。今乞以户绝动用钱给瘗埋之费。"3，p7416—7417

哲宗元祐二年十二月十六日，诏："畿县贫乏不能自存及老幼疾病乞

丐之人，应给米、豆，勿拘以令。"3，p7417

【元符元年】十月八日，诏："鳏寡孤独贫乏不能自存者，州知通、县令佐验实，官为养之。疾病者，仍给医药，监司所至，检察阅视。应居养者，以户绝屋居；无户绝者，以官屋居之。及以户绝财产给其费，不限月分，依乞丐法给米、豆。若不足者，以常平息钱充。已居养而能自存者，罢。"从详定一司敕令所请也。3，p7417

【徽宗崇宁元年】九月六日，诏："鳏寡孤独应居养者，以户绝财产给其费，不限月，依乞丐法给米、豆。如不足，即支常平息钱。遗弃小儿，仍雇人乳养。"3，p7417

【崇宁】二年四月六日，户部言："怀州申：'诸路安济坊应干所须，并依鳏寡乞丐条例，一切支用常平钱斛。'看详：'欲应干安济坊所费钱物，依《元符令》，并以户绝财产给其费。若不足，即以常平息钱充。仍隶提举司管勾。'"从之。3—4，p7417

【崇宁三年】二月四日，中书省言："诸以漏泽园葬瘗，县及园各置图籍，令厅置柜封锁。令佐、替移，以图籍交授；监司巡历，取图籍点检。应葬者，人给地八尺、方砖二口，以元寄所在及月日、姓名若其子孙、父母、兄弟、今葬字号、年月日，悉镌记，砖上；立封记，识如上法。无棺椁者，官给。已葬而子孙亲属识认，今乞改葬者，官为开葬，验籍给付。军民贫乏，亲属愿葬漏泽园者，听指占葬地，给地九尺。无故若放牧悉不得入。仍于中量置屋，以为祭奠之所，听亲属享祭追荐。并著为令。"从之。4，p7418

【崇宁四年】十二月十九日，兴元府言："窃惟朝廷置居养院，安养鳏寡孤独，及置安济坊，医理病人，召有行业僧管勾外，有见管簿历，自来止是令厢典抄转收支，难责以出纳之事。今欲乞差军典一名，除身分月粮外，与比附诸司书手、文字军典，每月添支米、酱菜钱一贯文。有犯，依重禄法，并于常平钱米支给。所有纸笔之用，量行支破。其外县，差本县手分一名兼管抄转收支，一年一替。如蒙施行，乞下有司，颁降诸路常平仓司施行。"从之。4，p7418

【崇宁】五年八月十一日，诏："诸漏泽园、安济坊，州县辄限人数，责保正、长以无病及已葬人充者，杖一百。仍先次施行。"4，p7418—7419

【崇宁五年八月】二十一日，尚书省言："新差江南西路转运判官祖理奏：'窃见漏泽园州县奉行尚或灭裂，埋瘗不深，遂致暴露，未副陛下所以爱民之意。望询访州县，凡漏泽园收瘗遗骸，并深三尺。或不深三尺而致暴露者，宜令监司觉察，按劾以闻。'"从之。4—5，p7419

大观元年三月十八日，诏："居养鳏寡孤独之人，其老者并年五十以上，许行收养。诸路依此。"先是，崇宁三年十一月二十六日南郊赦内一项云："已诏天下置安济坊、漏泽园，访闻州县但为文具，未尽如法。并仰监司因巡按检举，委曲检校，每季具已较正数及施行逐件事理，次第闻奏。"至是，河东路提点刑狱点检到事件，故有是诏。5，p7419

【大观三年】十二月十六日，三省言："户部奏：'诏居养、安济日来官司奉法太过，致州县受弊，可申明禁止，务在适中。看详自降元符法，节次官司起请增添。若依旧遵用，虑诸路奉法不一。欲依《元符令》并崇宁五年秋颁条施行。'"诏改昨颁条注文内"癃老"作"废、笃疾"，并依所奏并罢。5，p7420

【大观】四年八月二十五日，诏："鳏寡孤独，古之穷民，生者养之，病者药之，死者葬之，惠亦厚矣。比年有司观望，殊失本指，至或置蚊帐，给肉食，设祭醮，加赠典，日用即广，糜费无艺。少且壮者游惰无图，廪食自若，官弗之察，弊孰甚焉。应州县以前所置居养院、安济坊、漏泽园许存留外，仰并遵守《元符令》，余更不施行。开封府创置坊院悉罢，见在人并归四福田院，依旧法施行。遇岁歉、大寒，州县申监司，在京申开封府，并闻奏听旨。内遗弃小儿委实须乳者，所在保明，听依崇宁元年法雇乳。"5—6，p7420

政和元年正月二十九日，诏："居养鳏寡孤独等人，昨降指挥并遵守《元符令》，自合逐年依条施行，不须闻奏听旨外，如遇歉岁或大寒，合别加优恤，若须候闻奏得旨施行，窃恐后时，仰提举司审度施行讫奏。诸路依此。"6，p7420

【政和六年】十月十八日，开封府尹王革言："本府《令》：'每岁冬月，吏部差小使臣，于都城里外救寒冻倒卧，并拘收无衣赤露乞丐人送居养院收养。'会到吏部所差当短使人即无酬奖。惟已经短使再差，或借差及三月以上，减一年半；两月以上，减一年；一月以上，减半年磨勘，止是短使专法，本府别无立定酬赏。欲今后应救济无遗阙，除省部依短使酬赏外，管勾四月以上，特减二年磨勘；不及四月者，以管勾过月日，比附省部短使，依减年酬赏。"从之。6—7，p7421

【政和】七年七月四日，成都府路提举常平司言："准《敕》：'成都府路提举常平司所请居养院孤贫小儿内有可教导之人，欲乞入小学听读。'本司遵奉施行外，所有逐人衣服襕鞟，欲乞于本司常平头子钱内支给置造，仍乞与免入斋之用。"诏依，余路依此。7，p7421

【宣和二年七月】十四日，户部言："奉诏：'居养、安济、漏泽之法，可参考元丰惠养乞丐旧法①，裁立中制。应资给若斋醮等事悉罢，吏人、公人等员额及请给、酬赏，并令户部右曹裁定以闻。'本部今裁定：'外路军州，《崇宁四年十二月敕》，居养、安济坊差军典一名；续承《大观元年八月敕》，各差军典一名。'今欲依旧居养院、安济坊共置一名，每月给钱一贯文，充纸札之费。"诏依，旧酬赏并不施行。7，p7422

【宣和二年】十月十七日，京畿提举常平司言："《大观元年三月敕》：'居养鳏寡孤独之人，其老者并年五十以上，许行收养。'近奉诏参考元丰惠养乞丐旧法，裁立到应居养人日给钱米数目，见遵依施行。缘元丰、政和《令》：'诸男女年六十为老。'即未审且依《大观元年指挥》，为或合依元丰、政和法令。"诏"依元丰、政和条令。降指挥日为始，日前人特免改正"。7，p7422

绍兴元年十二月十四日，通判绍兴府朱璞言："绍兴府街市乞丐稍多，被旨令依去年例日下赈济。今乞委都监抄札五厢界应管无依倚流移病患之人，发入养济院，仍差本府医官二名看治，童行二名煎煮汤药、照管粥食。将病患人拘籍，累及一千人以上，至来年三月一日死不及二分，给度牒一道；及五百人以上，死不及二分，支钱五十贯；二百人以上，死不及二分，支钱二十贯。并令童行分给。所有医官医治过病患人痊愈分数，比类支给。若满一千人，死不及一分，特与推恩。如有死亡之人，欲依去年例，委会稽、山阴县尉各于城外踏逐空闲官地埋葬，仍委踏逐官点检，无令暴露。其养济院及外处方到未曾入院病患死亡之人，去年召到僧宗华收敛，雇人抬拼出城掩瘗。令县尉监视，置历拘籍，每及百人，次第保明申朝廷，给降度牒。"诏："每掩瘗及二百人，与给度牒一道，余依所乞。"8，p7422—7423

---

① 从此可知在元丰年间制定过《元丰惠养乞丐法》。

宋会要辑稿·食货六一·官田杂录

【绍兴二十九年二月】二十二日，权户部侍郎赵令誾言："出卖没官田宅，见有承佃去处，令知、通、令、佐监督合干人估定实价，与减二分，如估（直）〔值〕十贯，即减作八贯之类。分明开坐田段坐落、顷亩、所估价（直）〔值〕，出榜晓示，仍差耆保逐户告示。如愿依减定价例承买，并限十日自陈，日下给付；如不愿承买，即依条出卖。张榜许实封投状，限一月拆封，给价高人。如限满未有人承买，再榜一月。自来合申常平司审覆，窃虑地里遥远，往来稽缓。欲令州县一面估价给卖，止具坐落、顷亩、价（直）〔值〕申司检察。其承买人计嘱官吏低估价钱，藏匿文榜，见佃人巧作事端，故意阻障，及所委官吏容心作弊，即仰常平司觉察，取旨施行。"从之。20—21，p74443—7444

【绍兴二十九年】三月二十五日，诏："公吏等冒占系官屋宇，限一月许见住人陈首，与免坐罪，及追理日前合出赁钱，令所委官拘收出卖。如限满不首，送所属以违制断罪。仍许邻保限半月赴官陈告，将所告屋宇估定实直价钱，以十分为率，二分给告人充赏。若邻保限满不告，许诸色人陈告，将邻保从杖一百断罪，依此给赏。如邻及告人不愿给赏，依估定价钱承买者，与减二分钱数。其冒占应干系官田产，隐匿税租，亦依此施行。"从户部郎官杨偰之请也。21，p7444

【绍兴二十九年】七月五日，户部提领官田所言："江浙等路没官、户绝等田宅，近承指挥，州委知通、县委令丞措置出卖，及委逐路常平官总领督责。今欲将未卖田宅，并依条出榜，许实封投状。自出榜日为始，限一月拆封，以最高钱数取问见佃人，如愿依价承买，限十日自陈，与减二分价钱给卖；如不愿承买，即三日批退给价高人。若见佃人先佃荒田，曾用工开垦，以二分价钱还工力之费。如元佃熟田，不在给二分之数。限满，无人投状，再限一月，若两限无人承买，即量行减价，出榜召人买。见佃人户已买田宅，既于官中低价承买，却又增价转手出卖，或借贷它人钱物收买，后冒行增价准折之类，欲许诸色人经官陈告，以所买田宅价钱，三分给一分与告人充赏，余俱没官，别行召人实封投买。人户所佃田宅，若有以前冒占及诡名承佃，至今耕种居住，见送纳课米或二税，既已施工力，终是见佃之家，欲并作见佃人承买。今来卖田宅内有官户、形势之家请佃，往往坐占，不肯承买。如出违前项拆封日限，无人投状承买，即依官估定价（直）〔值〕，就勒见佃人承买；如依前坐占，不肯承买，即仰常平司申取朝廷指挥施行。投状承买田宅，拆封日，见得着价最高合行承买，却称不愿买者，依已降指挥，以所着价十分追罚一分入官。欲将此追罚钱数，限一月追理纳足。仍令常平司常切觉察，如州县不为追理，及人户不为送纳，即具名申取朝廷指挥施行。出卖浙西营田，已承指挥权住卖外，所有其余路分营田、官庄、屯田，前后已降指挥，即不该载，今来并不合出卖。访闻常平司并州县人吏，不将前后措置多出文榜晓谕，或州县榜内更不写出田段、价（直）〔值〕，致出卖稽违。欲下逐路常平司官严行觉察，稍有违戾，按劾申朝廷，重作施行，人吏决配。及下两浙、江东西、湖南、福建、二广、四川提举常平司，疾速行下所部州县，遵依施行。仍令州县多出榜文，晓谕民户通知，无令藏匿。若常平司不检察，乞令提刑司觉察按劾。"从之。于是诏令逐路提举常平官躬亲督责，严行检察欺弊。如能率先出卖数多，仰户部具申尚书省，取旨优异推恩；或出卖数少，当行黜责。州县当职官能用心措置，亦于已立赏格外，增重推赏；或稽违不职，令常平官按劾闻奏，重作施行。22—24，p7444—7445

【乾道】二年十一月九日，权户部侍郎曾怀言："诸路没官、户绝田产，已卖到钱五百四十余万贯。所有营田若便出卖，窃虑拥并，候没官田产卖毕，申朝廷接续出卖。其见佃人买者，与减二分价钱。"从之。30，p7449

【乾道二年十一月】十七日，户部言："诸路营田，已降指挥，令常平司出卖。今欲行下逐路常平司，尽实开具顷亩，纽计实价，保明供申，从本部置籍拘催。所纳价钱，听以金银依市价纽折，并许用会子。应约束行遣事件，并依元降出卖没官田产指挥施行。"从之。仍令户部侍郎曾怀专一提领，其钱起赴左藏南库令项桩管。30，p7449

【乾道】四年八月三日，诏："诸路常平司见卖户绝、没官田产，及诸州未卖营田，并日下住卖，依旧拘收租课。其人户承买而违限纳价不足者，所纳钱依条没官。"31，p7449

【乾道】八年十一月六日，诏："诸路没官田产、屋宇并营田，已降旨，令常平司开具三等九则价钱，至今累月，多未报到，或估到价（直）〔值〕又太低少。可委户部长贰同郎官一员措置合行事件，限五日条具闻奏。"户部条具下项："一、今来出卖诸路没官田产、屋宇并营田，虽据逐州报到价（直）〔值〕，缘当时所委官往往未曾躬亲肥瘠，止凭牙吏作弊，或将膏腴作中、下等立价，亏损官钱。乞下诸路常平司别委官审验，具实价申尚书省，俟得指挥，限一月召人承买。见佃人愿买者，就价中与减二分。其卖到价钱，计纲起发赴行在左藏南库送纳。二、出卖没官田产，州委知、通，县委令、丞。如能究心措画，县及二万贯，州及五万贯，与减一年磨勘；县及十万贯，州及二十万贯，与转一官。若出卖稽迟，或比较数少，申朝廷黜责。三、诸路安抚、转运、提刑等司，有拘籍到没官田产、屋宇并营田等，乞令尽数关报常平司，一就差官措置出卖。"并从之。31—32，p7450

【乾道】九年正月十五日，诏将作监丞折知常前往浙西措置出卖营田并没官田产。知常条具下项："一、乞朝廷札下浙西常平官，开具营田并没官田产色额数，估价关报本所。其出卖田产，除本处当职官吏外，应官户公吏等，并许依价承买。价钱委知、通置库拘收，计纲发赴行在。二、恐有形势之家计嘱隐占，立价不实，全藉提举官并知、通、令、佐尽实根括。如官吏所行灭裂，致有词诉，许从本所具当职官姓名，申取朝廷指挥。三、今来窃虑不能遍历州县，欲暂委官前往计置。如所卖田产率先办集，乞从本所具职位、姓名申朝廷推赏；或所行灭裂，亦当申奏责罚。四、田产、屋宇，除有人佃赁者合就所估价增钱承买外，间有荒弃田产及隙圮屋宇，欲委知、通、令、佐，再行相视，重裁价（直）〔值〕，召人承买。"并从之。32，p7450

【乾道九年】闰正月二十六日，诏："浙东提举司将人户承买官产，一千贯以上，免差役二年；五千贯以上，免五年，和买并免二年。其二税、役钱，自令计数供输。"以措置官言"民户困于和买，致有避惧"故也。33，p7450

【乾道九年】二月四日，诏："四川提举常平司将诸州户绝、没官田产、屋宇委官估价，召人承买。其营田依昨降指挥，权行住卖，仍旧令人请佃。"先是，资州言："属县有营田，自隋唐以来，人户请佃为业，虽名营田，与民间二税田产一同，不应出卖。"故有是命。33，p7450—7451

【淳熙二年】五月二十五日，湖广总领刘邦翰言："湖北州县应请佃官田，并归业人将见耕田土，许自陈，官出户帖，永为己业，听从典卖。将来合输二税，分为三限，每年起一分。若自陈不实，许人告，将所首田

给与告人。"从之。35，p7452

【淳熙二年】六月十一日，诏："民间元佃户绝田产，既行承买，即是民田。既起理二税，其元佃租米并与捐除。"35，p7452

【淳熙三年】十二月三日，诏："诸路没官田产，皆因公吏受赃、劫盗停赃，拘籍入官。已经卖绝者，不许翻论；或果冤抑须改正者，止给元价，不得复追买人。"从中书门下省请也。36，p7452

宋会要辑稿·食货六一·赐田杂录

【绍兴】二十六年四月十三日，诏："李显忠已赐田在镇江府，可依数于绍兴府上虞县官田内兑换。仍依薛安靖例，放免十料租税。"以显忠自夏国归朝，屡立战功，优之。因其陈请，故有是命。49，p7459

【乾道二年】十二月一日，诏耶律适哩特更赐田一十顷，令淮东转运司于扬州邵伯镇官田内摽拨。继而融州观察使耶律适哩奏："蒙恩更赐田十顷，乞降旨行下镇江府都统司，将已拨到镇江府中军见佃官庄、营田一十顷交割，付臣住佃。"有旨，令户部看详。本部"照元令淮东转运司扬州邵伯镇官田内摽拨，即无许拨赐军庄、营田明文，是致镇江都统司虽开具到耶律适哩乞拨官庄田，未曾摽拨。乞下镇江府都统司将续拨赐田一十顷，依萧琦等例支拨，付耶律适哩为业"。从之。52，p7461

【乾道】七年正月十七日，龙神卫四厢都指挥使耶律适哩言："臣自归朝之后，蒙恩与萧鹭巴于扬州各曾拨赐田土。今萧鹭巴于平江府又赐田二千亩，并扬州田二十顷，自今依旧占佃。臣乞于平江府管辖长洲、吴江等五县应系官常平、营田内，乞依萧鹭巴体例，更乞拨赐田二十顷，济赡老小。"诏拨赐田十顷。55，p7462

宋会要辑稿·食货六一·民产杂录

太祖建隆三年十二月，臣僚上言："新条称：'应有典赁倚当物业与人，过三十周年，纵有文契保证，不在收赎论索者。凡典当有期限，如过三十年后，亦可归于现主。'即未晓'赁'字如何区分，伏乞削去。亦未知典当过三十周年后，得许现主立契转卖与人否？欲请今后应典当田宅与人，虽则过限年深，官印元契见在，契头虽已亡殁，其有亲的子孙及有分骨肉，证验显然，并许收赎。若虽执文契，难辨真伪，官司参详，理不可定者，并归见主。仍虑有分骨肉隔越他处，别执分明契约，久后尚有论

理，其田宅见主只可转典，不可出卖。所有'赁'字，伏请削去。"从之。56，p7462—7463

雍熙四年二月，权判大理寺、殿中侍御史李范言："准《刑统》：'应典卖物业，先问房亲；房亲不要，问四邻；四邻不要，他人并得交易。若亲邻着价不尽，亦任就高价处交易'者。今详敕文，止为业主初典卖与人之时，立此条约，其有先已典与人为主、后业主就卖者，即未见敕条。窃以见典之人已编于籍，至于差税，与主不殊，岂可货卖之时，不来询问？望今后应有已经正典物业，其业主欲卖者，先须问见典之人。承当，即据余上所值钱数，别写绝产卖断文契一道，连粘元典，并业主分文契、批印收税，付见典人，充为永业，更不须问亲邻。如见典人不要，或虽欲收买，着价未至者，即须画时批退。准雍熙三年二月诏：'依右拾遗张素所请，民贸卖物业者，不得割留舍屋及空地，称为自置，卖与他人。'参详虽似除奸，未能尽善。盖小民典卖物业，急于资用，其间亦有不销全典卖，或是业主自要零舍及空地居住者。自有此诏，颇难交易。乞自今应典卖物业，或有不销竭产典卖，须至割下零舍或空地，如委实业主自要者，并听业主取便割留，即仰一如全典卖之例，据全业所至之邻，皆须一一遍问。候四邻不要，方得与外人交易。"从之。56，p7463

乾兴元年正月，开封府言："人户典卖庄宅，立契二本，〔一本〕付钱主，一本纳商税院。年深整会，亲邻争占，多为钱主隐没契书。及问商税院，又检寻不见。今请晓示人户，应典卖倚当庄宅田土，并立合同契四本：一付钱主，一付业主，一纳商税院，一留本县。"从之。57，p7464

仁宗天圣元年二月，江南东路劝农使宋可观言："《农田敕》：'人户逃移，令、佐（书）〔画〕时下乡检踏庄田。或先将桑土典卖与人，未曾割税及割税不尽者，即时改正。'今详此敕，止是条贯未逃已前典卖割税，今请应将土地立年限，出典与人。其受典人供输不前而逃者，所抛税物，不计年限已未满，并勒元主供输，既绝启幸，又免漏税。"事下三司。三司检会："《农田敕》：'卖田土未及五年，其买人不因灾伤逃者，勒元主认税。其卖人五年内不因灾伤逃者，户下所抛税数，却勒买人承认。若五年已上，依例检阁。'今详可观所奏，显与买卖田土事体一般。欲请应将地土立年限出典与人。其受典人五年内不因灾伤逃移抛下税物，不拘元限已未满，并勒元主供输。兼虑人户先将沃土典过，少割苗税，留下瘠地，将家逃走，其典田人如五年内不因灾伤逃移，所抛税数，却勒受典人供输。或典与数户，亦第均摊。若已认供输，本户却来归业，税物亦改正输纳。如限外归业，见佃户不愿割送改正所佃地土，并元典钱及典外余价，并不许论理。"从之。57，p7464

【天圣元年】八（年）〔月〕十二日，秘书丞、知开封府司录参军事张存言："伏睹《元年七月敕》：'户绝庄田，检覆估价，晓示见佃户，依价纳钱，竭产买充（水）〔永〕业。或见佃户无力，即问地邻；地邻不要，方许无产业中等已下户全户收买。'勘会今年春季后来，据东明诸县申，户绝状虽已依敕，内有相承佃莳年深、理合厘革者，并是亡人在日已是同居，户绝后来供输不阙，或耕垦增益，或丘园已成，无赖之徒，因为告诉，久居之业，顿至流离。官司止遏莫能，狱讼滋彰逾其。况孤贫之产，所直无多，劝课之方，其伤或大。欲乞应义男、接夫、入舍婿并户绝亲属等，自景德元年已前曾与他人同居佃田，后来户绝，至今供输不阙者，许于官司陈首，勘会（指）〔诣〕实。除见女出嫁依元条外，余并给与见佃人，改立户名为主。其已经检估者，并依元敕施行。"从之。57—58，p7464—7465

【天圣元年八月】二十八日，淮南路提点刑狱宋可观言："伏睹《编敕》：'妇人夫在日，已与兄弟伯叔分居，各立户籍。之后夫亡，本夫无亲的子孙及有分骨肉，只有妻在者，召到后夫，同共供输。其前夫庄田，且任本妻为主，即不得改立后夫户名，候妻亡，其庄田作户绝施行。'只缘多被后夫计幸，假以妻子为名，立契破卖，隐钱入己；或变置田产，别立后夫为户，妻殁之后，无由更作得户绝施行。臣欲乞自今后或有似此召到后夫，委乡县觉察前夫庄田知在，不得衷私破卖，隐钱入己，别买田产，转立后夫姓名。"事下法寺，请如所奏。从之。58，p7465

【天圣】四年七月，审刑院言："详定《户绝条贯》：'今后户绝之家，如无在室女，有出嫁女者，将资财、庄宅物色除殡葬营斋外，三分与一分。如无出嫁女，即给与出嫁亲姑、姊妹、侄一分。余二分，若亡人在日，亲属及入舍婿、义男、随母男等自来同居，营业佃莳，至户绝人身亡及三年已上者，二分店宅、财物、庄田，并给为主。如无出嫁姑姊妹侄，并全与同居之人。若同居未及三年，及户绝之人孑然无同居者，并纳官，庄田依《令》文，均与近亲。如无近亲，即均与从来佃莳或分种之人承税为主。若亡人遗嘱证验分明，依遗嘱施行。'"从之。58，p7465

【天圣五年】四月，诏："条贯户绝财产律令格敕及臣僚起请甚多，宜令礼部员外郎知制诰程琳、工部郎中龙图阁待制马宗元与审刑院、大理寺同检寻前后条贯，（子）〔仔〕细详定闻奏。"今详前敕，若亡人遗嘱证验分明，并依遗嘱施行。切缘户绝之人，有系富豪户，如无遗嘱，除三分给一及殡殓营斋外，其余店宅财物，虽有同居三年已上之人，恐防争讼，并仰奏取指挥，当议量给同居之人，余并纳官。所有今日已前见估卖庄田，无人买者，勘会如已有人租佃者，并给见佃人，更不纳租课，只依元税供输出户为主。如无，即许无田产户全分请射。其已典卖田产，不得更有检估根括。58，p7465

【天圣五年】八月，太子中舍牛昭俭言："准《敕》'应典卖田宅，若从初交易之时，不曾问邻、书契，与限百日陈首免罪，只收抽贯税钱'。臣自天圣四年十月到任，务开后来，推勘争田契十余事，各自克复已来造伪文契。内有因日前放纳牙税，直将印契，以此为由，虚构词讼。其上件契，并行毁抹，所争物业，各有结断。朝廷虽有敕条厘革，其如远方愚民罕有遵禀，执来契券，虚伪甚多。盖为邻里骨肉不相和协，遂与他人衷私交易，虚抬价钱，故作远年文契收藏。俟朝廷有敕，许将出限契书赴税务陈首，遂使顽民得便，竞将伪契投印。及至争论，执出为凭，官吏疑惑，便将为据，临时断割，枉直不分。臣今再详新敕，盖是果州同判李锡起请之时，不知诸路事体，紊乱正条，弃民本而取毫末之利。若不能寻究虚伪，益使愚民欺罔，争占田地，烦扰州县，刑禁滋多。所有李锡起请后来直赴务违限文契，臣已别簿拘管，送所属县分，勘会有无虚伪，又出榜告示人户讫。欲乞目今后典卖庄宅契，除元限两月外，更展限四十日，依元敕于本县投契，委令佐验认，如无诈伪，关送所属税场，依例纳税钱。限外典卖，不经官司陈首，即许典卖主陈者，不限多少，先依例抽纳正税钱入务外，分二分，一分纳官，一分支赏业主。如诸色人陈告，即立为十分，七分纳官，三分给告事人。所有文契，并令毁抹，更不行用。国家如此条约，则民政不至堕坠，课利亦自登办，百端欺诈，渐自泯绝。"又新授西京转运使高觌言："《编敕》：'应典卖物业，限两月批印契，送纳税赋钱。限外不来，许人陈告，依漏税条例科罚。'臣窃知西京路去年水灾，人户典卖物业不少，多是并兼之家因循，以至限满，避免（陪）〔赔〕税，便不批契，衷私藏隐。洎有人陈告，官中须至依法施行。欲望晓示人户，以敕到，与限百日，并赴官批印，更不倍税。"事下三司详定，三司按《旧条》："典卖物业，须依次第问邻里，商量相当后，限两月，印契纳税。应有偷谩商税，许人告捉，将所偷税物，先纳正税外，立为三分，二给本主，一纳官，仍支一半赏捉事人。典卖田土纳税，除倚郭县依旧就本州外，其外县人户就本县收税印契。今详二臣所奏，昭俭所乞展限、抽罚、给赏，已有《编敕》施行外，乞应典卖庄田宅契，本州投下，令佐验认，如无诈伪，便关所属税场，依例纳钱；觊所乞下诸路晓示人户，日前典卖未印契者，与限百日批印，只纳本税。欲并依所奏施行。"从之。58—59，p7465—7466

【天圣六年】十二月，判许州钱惟演言："本州准《敕》'户绝庄田差官估价，召人承买'。今有阳翟县户绝庄三十一顷，已有人户承买，遂差人监勒交割。据本庄现佃户称要承买。缘准《天圣元年诏》：'户绝庄或见佃人无力收买，即问地邻。'《五年六月敕》，只云召人承买，收钱入官。即不言问与不问见佃。伏乞明降指挥。"事下有司详定。三司言："五年所降敕命，只是为户绝庄估价高，重别估计，召人承买，即不改前敕。望以此意晓谕诸州遵禀施行。"从之。59—60，p7466—7467

【熙宁】十年九月三日，诏："诸出卖庄产，并依乡原立定约中租课。元有者依旧。其价钱，系创买人，自许买后限两个月纳及二分，方得交业。别限二年，分作两限。元佃人，自许买后限三年分作三限送纳。以上每纳一分价钱，即减一分租课。愿以金银斛斗折纳者听，川峡路，许兼以绸绢折纳。仍依常平钱斛折纳法。如逐限违欠，各别召人承买，已纳钱数并没官。"61，p7468

【元祐元年】四月四日，诏："罢典卖田宅私写契书并不系籍定牙人衷私引领交易法。"61，p7468

【元祐元年四月】十二日，户部言："民庶上言，每谓各州县乡村坊郭人户隐落家业，乞展限十日许令告论。看详，欲依《元丰令》日限，将《嘉（祐）〔祐〕编敕》内'一月'改为'六十日'。"从之。61，p7468

【元祐元年】七月二十二日，臣僚上言："遗嘱旧法，财产无多少之限，请复《嘉祐敕》财产别无有分骨肉，系本宗不以有服及异姓有服亲，并听遗嘱，以劝天下养孤老之意。"从之。61，p7468

【元祐元年】八月二十二日，户部言："出卖户绝田宅，已有估覆定价。欲依买扑坊场，罢实封投状。"从之。61，p7468

【元祐】六年闰八月十二日，刑部言："墓田及田内材木土石，不许

典卖及非理毁伐，违者杖一百。不以荫论，仍改正。"从之。61，p7468

【元祐】七年三月二十一日，诏："义养子孙，合出离所养之家而无姓可归者，听从所养之姓。若共居满十年，仍令州县长官量给财产。虽有姓而无家可归者准此。"61，p7468

【元祐七年】十一月五日，诏："诸太中大夫、观察使以上，每员许占永业田十五顷。余官及民庶愿以田宅充奉祖宗飨祀之费者，亦听官给公据，改正税籍，不许子孙分割典卖，止供祭祀。有余，均赡本族。"61，p7469

【绍圣】三年二月十日，提举梓州路常平等事王雍言："《元丰令》：'孤幼财产，官为检校，使亲戚抚养之。季给所需。赀蓄不满五百万者，召人户供质当举钱，岁取息二分，为抚养费。'元祐中，监察御史孙升论以为非便，罢之。窃详元丰法意，谓岁月悠久，日用耗竭，比壮长所赢无几，故使举钱者入息，而资本之在官者自若无所伤。所以收恤孩稚，矜及隐微，盖先王美政之遗意。请悉复元丰旧令。"从之。61—62，p7469

徽宗建中靖国元年三月二十七日，三省言："看详《元符户令》：'户绝之家，内外亲同居，计年不应得财产，如因藉其营运措置及一倍者，方许奏裁。'假如有人万贯家产，虽增及八九千贯文，犹不该奏，比之三二百贯财产增及一倍者，事体不均。兼昨来元祐敕文，但增置及一千贯者奏裁之法，今参酌重修，虽不及一倍，而及千贯者，并奏裁之。"诏依，仍先次施行。62，p7469

【建中靖国元年】十月二十一日，诏市易折纳田产，并依《户绝田产法》。62，p7469

政和元年四月六日，臣僚言："幼孤财产，并寄常平库。自来官司以其寄纳无所，专责转运司，又以寄它司，漫不省察，因致州县得为奸弊。财物不可留者估卖，则并其帷帐、衣衾、书画、玩好，幼孤莫能自直。"诏："于《元符令》内'财产官为检校，注文估卖'字下，添入'委不干碍，官覆验'字；又于'财物召人借请'字下，添入'须有物力户为保'字；又于'收息二分'字下，添注'限岁前数足'字；又于注文'勾当公人量支食钱'字下，添入'提举常平司严切觉察'字。"62，p7469

【政和】六年四月十一日，诏："两浙转运司拘收管下诸县岁额外，合依淮南例，收纳人户典卖田宅赴官收买定帖钱。《淮南体例》：'人户典卖田宅，议定价（直）〔值〕，限三日先次请买定帖，出外书填，本县上簿拘催，限三日买正契。除正纸工墨钱外，其官卖定帖二张，工墨钱一十文省，并每贯收贴纳钱三文足。如价钱五贯以上，每贯贴纳钱五文足。'" 62—63，p7470

【政和】八年四月八日，两浙转运司奏："民间典卖田宅，多有出限未投契纳税之人，因为避免倍罚，一向收藏在私，若不许令赴官陈首，窃意因循亏失税契官钱。欲本路州县民间典卖田宅，违限未投契纳税，特与限一月，许令陈首，与免倍税。如出限不首，并如本法。"从之。63，p7470

【绍兴二年】闰四月十日，诏："典卖田产，不经亲邻及墓田邻至批退，并限一年内陈诉，出限不得受理。"64，p7471

【绍兴二年】六月二十二日，诏："今后诸逃亡、死绝及诡名（抶）〔挟〕佃并产去税存之户，不待造簿，画时倚阁，检察推割。著为令。"64，p7471

【绍兴二年】八月二十九日，臣僚言："典卖田宅，批问邻至，莫不有法。比缘臣僚申请，以谓近年以来，米价既高，田价亦贵，遂有诈妄陈诉；或经五七年后，称有房亲墓园，邻至不曾批退。乞依《绍兴令》：'三年以上，并听离革。'又缘日限太宽，引惹词诉，请降诏旨，并限一年内陈诉。欲乞将上件指挥并行寝罢，只依绍兴敕令施行。"从之。64，p7471

【绍兴二年】九月二十二日，江南东路提刑司言："本司见有人户陈诉，户绝立继之子，不合给所继之家财产。本司看详：'户绝之家，依法既许命继，却使所继之人并不得所生所养之家财产，情实可矜。欲乞将已绝命继之人，于所继之家财产，视出嫁女等法量许分给。'"户部看详："欲依本司所申，如系已绝之家，有依条合行立继之人，其财产依户绝出嫁女法，三分给一，至三千贯止。余依见行条法。"从之。64，p7471

【孝宗绍兴三十二年】十一月二十四日，权知沅州李发言："近降指挥，遗嘱财产，养子与赘婿均给，即显均给不行误。若财产满一千五百贯，其得遗嘱之人，依见行成法，止合三分给一，难与养子均给；若养子、赘婿各给七百五十贯，即有碍遗嘱财产条法。乞下有司，更赐参订。"户部看详："诸路州县如有似此陈诉之人，若当来遗嘱田产过于成法之数，除依条给付得遗嘱人外，其余数目，尽给养子；如财产数目不满遗嘱条法之数，合依近降指挥均给。"从之。谓如遗嘱财产不满一千贯，若后来有养子，合行均给，若一千贯以上给五百贯，一千五百贯以上给三分之一，至三千贯止，余数尽给养子。66，p7473—7474

【乾道】八年五月十三日，大理少卿兼同详定一司敕令、兼权临安少尹莫漾等言："检准《乾道重修敕》：'诸诈匿、减免等第或科配者，谓以财产隐寄，或借假户名，或诈称官户及逃亡、诡名挟户之类，以违制论。如系州县人吏，乡书手，各加二等，命官及乡书手仍奏裁。未经减免者，各加三等，许人告。官户随转官职任分立户籍者，准此。'契勘前件条法，自'许人告'而下注文一十四字，得旨添入，已颁行讫。（切）〔窃〕虑颁行之后，人户所居僻远，未及通知，却致顽猾人便行告讦。乞下诸路州县，自指挥到日为始，许令自陈，特与改正免罪。如限满不自陈者，许人告首如法。"诏限一季陈首，令州县镂板晓谕。67，p7474—7475

宋会要辑稿·食货六一·检田杂录

仁宗景祐二年十月十三日，中书门下言："《编敕》：'人户披诉灾伤田段，各留苗色根槎，未经检覆，不得耕犁改种。'虑妨人户及时耕种，今后人户诉灾伤，只于逐段田头留三两步苗色根槎准备检覆，任便改种。故作弊幸，州县检覆官严切觉察，不在检放之限。"先是，诉灾者未得改耕，待官检定，方听耕耨。民苦种莳失时，重以失所，故诏革之。72，p7477—7478

神宗熙宁二年六月十二日，诏定："诸请买荒废地土已经开垦并增修池塘堤岸之类，却有诸般词讼，但合断归后人者，并官为检计用过功价，酬还前人。其增盖舍屋、栽种竹木之类，亦偿其值，愿拆伐者听。"72，p7478

【元丰】四年七月七日，前河北转运判官吕大忠言："天下二税，有司检放灾伤，执守谬例，每岁侥幸而免者，无虑二三百万。其余水旱捐阁，类多失实。民披诉灾伤状，多不依公式，诸县不点检，所差官不依《编敕》起离月日程限，托故辞避。乞详定立法。"中书户房言："《熙宁编敕》约束详尽，欲申明行下。"从之。72，p7478

高宗绍兴二年十一月十二日，江浙、荆湖、广南、福建路都转运使张公济言："人户田苗实有灾伤，自合检视分数捐放。若本县界或邻近县分小有水旱，人户实无灾伤，未敢披诉，多是被本县书手、贴司先将税簿出外，雇人将逐户顷亩一面写灾伤状，依限随众赴县陈述。其检灾官又不曾亲行检视，一例将省税捐减，却于人户处敛掠钱物不赀。其乡书手等代人户陈诉灾伤，乞行立法。"户部检坐到《绍兴敕》："诸揽状为人赴官诉事，及知诉事不实，若不应陈述而为书写者，各杖一百；因而受财赃重，坐赃论加一等。"诏依，告获，每名支赏钱五十贯。74，p7480

【乾道七年】十一月十四日，详定一司敕令所修立下条："诸灾伤路分，安抚司体量、措置；转运司检放、展阁，军粮阙乏，听以省计通融应副。常平司粜给、借贷，提刑司觉察妄滥。如或违戾，许互相按举，仍各具已行事件申尚书省。诸灾伤路分帅臣、监司，申到已行措置检放、粜给、觉察事件，并岁终考察修废以闻。"从之。77，p7483—7484

宋会要辑稿·食货六一·限田杂录

【绍兴】十七年正月十五日，臣僚言："《政和令格》①：'品官之家，乡村田产得免差科，一品一百顷，二品九十顷，下至八品二十顷，九品十顷。其格外数悉同编户。'今朝廷之意，盖欲尽循祖宗之法，以纾民力。比年以来，军须百出，编户有不能办，州县必劝诱官户共济其事。上下并力，犹患不给，今若自一品至九品皆得如数占田，则是官吏更无科配，所有军须，悉归编户，岂不重困民力哉！望诏大臣，重加审订，凡是官户，除依条免差役外，所有其他科配，并权同编户一例均敷，庶几上下均平，民受实惠。至若限田格令，臣欲候将来兵戈宁静日，别取旨施行。"又言："今日官户不可胜计，而又富商、大农之家多以金帛窜名军中，侥幸补官。及假名冒户、规免科须者，比比皆是。如臣所请，则此弊可以少革，而科敷均平，民不重困，实济国用。"诏令户部限三日勘会，申尚书省。于是户部勘当："欲依臣僚所乞，权令应官户除依条免差役外，所有其他科配，不以限田多少，并同编户一例均敷科配。候将来边事静息日，却依旧制施行。"从之。78，p7484—7485

【绍兴】二十九年三月二十二日，大理评事赵善养言："官户田多，差役并免，其所差役，无非物力低小贫下之民。望诏有司立限田之制，以抑豪势无厌之欲。"于是户部言："近年已来，往往不依条格增置田产，致州县差役不行。应品官之家所置田产，依条格合得顷亩已过数者，免追

---

① 此处内容是《政和格》的内容，但在写时采用"令格"，应存在误，或是当时通称。

改，将格外之数衮同编户，募人充役。"诏令给舍、户部长贰同议，措置取旨。其后给事中周麟之等言："今措置，官户用见存官立户者，许依见行品格；用父祖生前曾任官若赠官立户名者，各减见存官品格之半。父祖官卑见存，同居子孙官品高，如未析户，听从高。及官户于一州诸县各有田产，并令各县纽计，每县并作一户，通一州之数，依品格并计，将格外顷亩，并令依编户等则，于田亩最多县分，衮同比并差役。若逐县各有格外之数合充役者，即随县各差坐募人充役。即役未满而本官加品，并令终役。逐州委通判或职官、县丞、尉专一主管，将诸县官户及并计到田产数置籍，如本州遇逐县申到升降，并仰于当日销注。如县内出入田产已过割讫，或官员加品，限一日申州主管司注籍。如人吏违戾不注籍，从杖一百科断讫勒罢；如别有情弊，故作稽滞，因事发觉者，徒二年；有赃，则计赃论。其主管官，仰监司具名申尚书省。自指挥到日，许各家将子户诡名寄产，限三月从实首并作一户拘籍。如出限不首并，许诸色人告，不以多少，一半充赏，一半没官。其见立户名官员或品官子孙，并取旨重作行遣。如告首不实，并依条断罪。及日下州委知通、职官，县委令佐，取索官户户籍编排。若已编排讫，却有隐匿盖庇不实，及奉行灭裂，及于差役时观望不公，并许人户越诉。其当职官取旨重作黜责，人吏断配。仍仰逐路监司常切觉察，如有违戾，按劾以闻。监司失觉察，令御史台弹奏。品官募人充役，如有敢倚恃官势，及豪强有力于，本保内非理搔扰，并许民户越诉。及不伏州县依法差使，许当职官按劾。有官人并品官子孙，并取旨重作行遣，并只许募本县土著有行止人，不许募放停军人及曾系公人允。违者，许人告。"详定一司敕令所看详前项措置，欲依所请，下户部遍牒诸路州军遵守施行。从之。78—79，p7485

【绍兴】三十年正月五日，户部言："近给舍措置品官之家见行品格，用见存官及父祖生前曾任官，如若赠官立户，并一州诸县如有田产，并令纽计并作一户。通一州之数顷亩，令依编户衮同差役，许将子户诡名寄产，限三月实首，并拘籍，如出限，许诸色人告，一半充赏。本部今再措置：'一品官子孙分为十户，每户许置田五十顷之类，品官之家田土内有山林园圃及坟墓地段之类，难以一例理数。'今乞并行豁除，不理为限田之数。内芦场顷亩，折半计数。其子户诡名寄产，元限三个月首并，窃虑内有守臣不在置产州县，未能依限首并，今欲更与展限两个月，如出违所展日限，即依已降指挥施行。"诏依，仍行下诸路监司、州县遵守施行。

79，p7485—7486

【乾道元年】四年九月十二日，臣僚言品官占田，理为官户事，户部照得："承荫子孙许置田亩数目，虽比父祖生前品格减半，若析户数众，其所置田亩委是太多。今重别勘当，谓如一品父祖，元格许置田一百顷，死亡之后，子孙用父祖生前曾任官或赠官立户，减半计置田五十顷；若子孙分析，不以户数多寡，欲共计不许过元格减半五十顷之数。其余格外所置数目，并同编户；其余品从亦乞依此类施行，庶得下户不致差役频并。"从之。80，p7486

【乾道】八年四月二十五日，臣僚言："役法之均，其法莫若限民田：自十顷以上至于二十顷，则为下农；自二十一顷之上至于四十顷，则为中农；自四十一顷以上至于六十顷，则为上农。然后可使上农三役、中农二役、下农一役，岂复有不均之叹哉？其常有万顷者，则使其子孙分析之时，必以三农之数为限。其或诡名挟户，而在三农限田之外者，则许人首告，而没田于官。磨以岁月，不惟天下无不均之役，亦且无不均之民矣。"诏令给、舍同户部看详。看详："品官之家，照应元立限田条限减半，与免差役；荫人许用生前曾任官品格，与减半置田；如子孙分析，不以户数多少，通计不许过减半之数。仍于分书并砧基簿内分明该说父祖官品并本户合置限田数、自今来析作几户、每户各合限田若干。若分析时，田亩不及合得所分格内之数，许将日后增置到田亩凑数，经所属批凿添入，照验免役。若分书并砧基内不曾该说，并不在免役之限。若诸县皆置田产，窃虑重叠免役，仍令诸县勒令各家自行指定，就一县用限田免役。如所指县分田亩不及合得限田之数，许于邻县凑数。其余数目及别县田产，并封赠官子孙，并同编户差役；有已差役人辄于役内无故析户，计会官司差人抵替，致引惹词诉。今欲将来差役前父母亡殁，服阕在充役之内，合行析户者，听析户外，其见役人无故析户，即有所规避，须候满，方许陈乞。"从之。已上《乾道会要》。80，p7486—7487

宋会要辑稿·食货六一·垦田杂录

【高宗绍兴】五年五月十五日，户部言："修立到《诸路曾经残破州县守令每岁招诱措置垦辟及抛荒田土殿最格》：一、增谓见抛荒田土而能招诱措置垦辟者。一分，知州升三季名次，县令升半年名次；二分，知州升一年名次，县令升三季名次；三分，知州减磨勘一年，县令升一年名次；四分，知州减磨勘一年半，县令减磨勘一年；五分，知州减磨勘二年，县令减磨勘一年半；六分，知州减磨勘二年半，县令减磨勘二年；承直郎以下循一资；七分，知州减磨勘三年，县令减磨勘二年半；承直郎以下循一资，到部升半年名次；八分，知州减磨勘三年半，县令减磨勘三年；承直郎以下循一资，仍占射差遣一次；九分，知州转一官，县令减磨勘三年半。承直郎以下循一资，仍占射差遣一次；到部升半年名次。二、亏谓见耕种田不因再被盗贼残害，若灾伤而致抛荒者。一分，知州降三季名次，县令降半年名次；二分，知州降一年名次，县令降三季名次；三分，知州展磨勘一年，县令降一年名次；四分，知州展磨勘一年半，县令展磨勘一年；五分，知州展磨勘二年，县令展磨勘一年半；承直郎以下到部降一年半名次；六分，知州展磨勘二年半，县令展磨勘二年；承直郎以下降一资；七分，知州展磨勘三年，县令展磨勘二年半；承直郎以下降一资，到部降半年名次；八分，知州展磨勘三年半，县令展磨勘三年；承直郎以下降一资，到部降一年名次；九分，知州降一官，县令展磨勘三年半。承直郎以下降一资，到部降一年半名次。一、考州县守令垦辟抛荒田土，增亏十分者，取旨赏罚。二、考州县垦辟抛荒田土理分者，以守令到任日见垦田亩十分为率。三、诸县每月终（见）〔具〕措置招诱到垦辟田亩实数申州。州每季终申监司准此。若守令替罢，即州县限五日，具在任月日内垦辟田亩数申。四、守令措置招诱垦辟田亩，并岁考日限约束，并依户口法。若守令在任虽不及半年，而增及一分以上者，亦考察。五、守令虽系权摄，赏罚并同正官。六、考知州、县令措置招诱垦辟田土不实，及供具田亩增减，若保奏违限，并依考户口法。其增亏九分者，依上下等，余依中等。七、岁考州县守令招诱措置垦辟及抛荒田土者，其比考之数，更不通计。谓如到任第一年增五分，其第二年数别理之类。已上格法，令三省、吏部、户部、诸路通用。"诏依，仍先次施行。81—82，p7487—7488

【绍兴】十九年十一月二十一日，臣僚言："契勘淮南东西、荆湖等路比年宁靖，民稍复业而户口未广，田野渐辟而旷土尚多。惟县令最为亲民，此未有赏格可以激劝。今欲下诸路转运司，取见属县已归业人户与耕垦田亩税赋之数，委官审实，注籍申部。如一政内能劝诱人户归业、耕垦田业、添复税租，增及一倍，从本州保明，申运司审实，保明申省部，立定赏格；不及倍者，亦量所增之多寡，递与推赏。其不能劝诱，又致流亡荒废者，罚亦如之。"于是户部言："增户口、措置垦辟田土，昨承指挥，立定守令岁考增亏格法，至今少有申到赏罚文状。盖缘所立格法轻重不伦，致无激劝用心招集。谓如措置垦辟田土，增一分，知州升三季名次，县令却止升半年名次。今来官员陈请，乞立定县令一政内能劝诱民户归业、耕垦田业、添复税租增亏赏罚。本部契勘逐路抛荒田土数多，全藉守令措置，招诱人户耕垦，比之兴修农田水利尤重。若不增重赏格，开垦无缘增广。今比拟守令一任招诱措置垦辟田土赏罚格下项：知州，增：谓到任之后，管属诸县开垦过见抛荒田土。一千顷，转一官；七百顷，减磨勘三年；五百顷，减磨勘二年。亏：谓到任之后，管属诸县见耕种田不因灾伤而致抛荒土。五百顷，展磨勘二年；三百顷，展磨勘一年。知县、县令，增：谓到任之后，开垦过见抛荒田者。五百顷，承务郎以上转一官；承直郎以下，依条施行。四百顷，承务郎以上减磨勘三年；承直郎以下，循一资，仍减磨勘一年。愿以循资当举官者，当举官一员。三百顷，承务郎以上减磨勘二年；承直郎以下循一资。愿以循资当举官者，当举官一员。二百顷，减磨勘一年半；一百顷，减磨勘一年。亏：谓到任之后，见耕种田不因灾伤而致抛荒者。一百顷，展磨勘一年；每及百顷依此。五十顷，降三季名次；三十顷，降半年名次。一、县令到任日，具着业户口、垦辟田亩、税赋、抛荒田土实数申明，本州覆实，保明申转运司。知州到任，申转运司准此。转运司保明申尚书户部。二、县令每岁终，具措置招诱垦辟田亩、增添税赋及有无却抛荒田土实数，交割付后官，从后官保明申州。州限半月覆实，申转运司。转运司一月保明，申尚书省户部。三、守令若权摄官，据权过月日内开垦田数交割。或有抛荒田土，并依正官赏罚。四、今除前项立定赏格外，如有任内于所立格外开垦田土增广数目，并许计数累赏。五、守令措置招诱垦辟田土、增添税赋等，若供具增减不实，及供申违限，乞重立条法施行。如得允当，即乞更下吏、刑部审覆施行。及乞下诸路转运司，取见属县已归业人户、耕垦田亩、税赋之数，委官审实注籍讫，先次开具，保明申部。"从之。82—83，p7488—7489

绍兴二十年四月二十七日，左朝奉大夫、新差知庐州吴逵言："请置力田之科，以重劝农之政。募民就耕淮甸，赏以官资，辟田以广官庄，自今岁始。汉制，计户口置员，则有赏员。今欲以斛斗定赏，必无滥赏。江浙、福建委监司、守臣劝诱土豪大姓赴淮南，从便开垦田地，实为永久之利。今立定《赏格》：土豪大姓、诸色人就耕淮南，开垦荒闲田地归官庄者，岁收谷五百硕，免本户差役一次；七百硕，补进义副尉；八百硕，补不理选限州助教；一千硕，补进武副尉；一千五百硕，补不理选限将仕郎；三千硕，补进义校尉；四千硕，补进武校尉。并作力田出身。其被赏后，再开垦田及元数，许参选如法，理名次在武举特奏名出身之上。已上文武职遇科场，并得赴转运司应举。"从之。83，p7489

【绍兴】二十九年十二月十六日，直敷文阁、淮南东路转运副使魏安行言："淮东州县闲田甚多，今欲劝诱民户增广力田，先次条画下项：一、乞将本路招诱到人户先支借口粮，次给农器、牛具、种子，盖造住屋。算计所直，俟种田见利，立定分数，逐年次第还官。并令州县访闻籍记土豪姓名，乞量立赏格，如能招致耕田人户一百家者，有官人，差充部押官；无官人，补甲头。招及一百五十家者，有官人，减二年磨勘；无官人，依八资法，补守阙进义副尉。每五十家，递迁一等。无官人至五百家，补承信郎。五百家，有官人充辖官；无官人，令依今来措置补名目人，与递迁充部押官。并依效用补官法支破请受，理为资任。及立赏招诱未来之人，有能招诱人户十家、耕田三顷者，支钱四十贯文；一百户、耕田三十顷者，支钱四百贯文；二百五十户、耕田七十五顷者，白身与补进义副尉，不愿就名目者，支钱一千贯文。大率每招到一户，耕田三十亩者，支钱四贯文，以次第增添。二、诸军已拣汰下官兵，有愿赴淮东耕田者，乞许径赴本司及所在州军陈状。如系有官资人，借请三月驿料，军兵借三月家粮，差人伴押前来，依出戍体例，日支钱米。候开田收利日，旋次住罢。三、劝耕之初，捐免课子十年。至第五年，只收种子。第六年，带还官司所借粮食等价钱，仍分秋夏两料送纳。并不收息。还官足日，自为己业。四、耕牛差委有心力人拣择收买，乞于产牛州郡就经总制钱内支。或各牛，听人户拣买，官借价钱。如口后阙牛，许再请或借价钱。其招召客人，欲随人夫多寡，旋修筑圩堰、盖造屋宇，种麻豆粟麦之属，亦可以减省支借。"从之。83—84，p7490

【乾道】五年正月十九日，诏新除大理正徐子寅措置两淮官田。子寅条具下项："一、乞先往楚州督促守令置造农具、屋宇，给散耕牛、种粮，就二月内开垦。俟一州毕，即往以次诸州依此措置。二、合置买牛具，乞支降会子二万贯。俟用毕，即申朝廷再行给降，接续支遣。三、今来楚州山阳、宝应县归正人，愿请佃者许四百余名。合用耕牛、犁杷、锹镢、石辘、轴木、勒泽、踏水车之属，乞札下淮东安抚司，预办耕牛，并委楚州计置合用钱数，付诸县知县置造上件农器。俟本所到日，同知县摽拨田段。如官吏违慢，具姓名申朝廷行遣。"从之。85，p7491

【乾道】九年正月十八日，资政殿学士、新知扬州王之奇言："淮上之田，例多荒弃。昨绍兴二十年，尝置力田之科，募民就耕，赏以官资。当时止计斛斗定赏，是以应募人少。今欲令诸路州县劝谕土豪户、拣汰离军及诸色人，并许经安抚司指占荒田，据顷亩定赏。俟耕种日，与书填给付。若一年所耕不及其半，与二年不能尽耕，即行拘收付身毁抹。且以垦田一千顷为率，据每岁合用种粮、农器、牛具、屋宇之数，预申朝廷关拨。内补官人与作力田出身，理为官户。应开耕荒田，将来收成日，除合桩留次年种子外，官与均分。凡田一千顷，岁收稻二十万石。每石价钱约一贯五百文，计三十万贯，谩官者一十五万贯。所用官诰付身计一百二十二道，内迪功郎二道、承信郎十道、进义校尉三十道、进武校尉二十道，共六十二道。元有立定价钱，计一十三万二千贯文，比之官中出卖立名官告绫纸之数，其所得尚为有余。更有下班祗应、进义副尉守阙进义副尉各二十道，共六十道，系是书填元有借补官资人，即无立定价钱。今欲令耕田八顷者，补进义校尉；十顷，补进武校尉；二十顷，补承信郎；四十顷，补迪功郎。已上并自耕种日，先次书填给付，理为入仕月日。文臣即以力田所准备差使，武臣即以指使系衔，从安抚司保明，申朝廷给降差札，理为资任。候初收成日，依本等支破券钱。如及十年，愿参部注授者听。每岁终，具耕过顷亩、所收子利数目，经所属次第保明，申力田所批书。如不及十年，托故解罢，到部日，依进纳人例施行。不及五年，即不许到部。其所补官人，令吏部预行籍记姓名。至如借补名目，比之创开田人，自合量减顷亩。今欲令借补守阙进义副尉，每人开田三顷，进义副尉五顷，下班祗应六顷。缘初年难办牛具，兼淮南难得竹木，客户所居屋宇，亦难就绪。欲乞支降官会十万贯，并客户逐月借支工食稻子六硕，以半年计之，共三万六千硕。乞于两淮转运司今后营田米斛内支借，仍乞二年四料除还。"诏依。内会子令左藏库给降。其后中书门下言："两浙荒田，已给降空名官诰与绫纸，立定顷亩，劝谕人户开耕，更书填补授官资。访闻应募之家意在希赏，多隐匿已耕熟田，一概作荒田，陈乞补授，理宜约束。"诏王之奇取责应募之人，各开具愿耕田亩，及有无加括熟田在内，委官逐一检实。仍将已应募人并顷亩开具申尚书省。87—88，p7494

宋会要辑稿·食货六一·水利杂录

【神宗熙宁四年六月】二十四日，又诏："诸州县当职官如擘画兴修农田水利事，并先具利害，申转运或提刑、提举司，差官诣地相度，保明供申本司，疾速体访施行。如能完复陂塘渠沟河或导引诸水淤溉民田，修贴堤岸或疏决积潦水害，或召募开垦也废荒田，委堪耕种，令所属官司结罪以闻。千顷以上，京朝官转一资；幕职州县官勘会功过考第举主，转合入京朝官。或与循资，不拘名次，指射优便差遣。五百顷以上，京朝官减三年磨勘；幕职官与循资；令录及合入令录人与两使职官，判司簿尉与初等职官。内合守选者，仍与免选。三〔百〕顷以上，京朝官减二年磨勘，选人免选，注家便官。合免选者，与指射优便官。二百顷以上，京朝官减一年磨勘，选人并与免选。合免选者，与指射家便官。百顷以上，理为劳绩。若只是兴修开垦近岁损坏陂圩沟河荒田之类，比附上条顷亩，加一等酬奖。若功利殊常，自从朝廷旌擢。其已系创置增修，功利及民者，委官司常行葺治。如至废坏，并当降黜。"99，p7506

徽宗崇宁三年十月二十三日，臣僚言："《元丰官制》：'水部掌川渎河渠凡水政。'详立法之意，非徒为穿塞开导、修举目前而已，天下水利凡当兴修者，皆在所掌。宜发明之，以告于上，在今尤急。如浙右积水比连，震泽泛溢，淹浸庐舍，未有归宿。此类利害，最宜讲明，而未之及者也。愿申饬水部及当职官，推广元丰修明水政，凡当兴修，悉究利害，条具以闻。"从之。103，p7512

【绍兴二十三年】闰十二月二十七日，又言："今措置太平州圩埠卜项：一、今来当涂、芜湖两县人户被水，损坏圩岸。乞结保甲借米粮相添，自行修筑。在法，系是农田水利，民力有不能办者，合依宣州体例借贷，具数保明，申提举常平司外，有万春等圩埠人户乞官为雇工修筑。今检计被水破缺并里外埠损坏，合行增筑贴补。其芜湖县万春、陶新、政和等圩埠三所，共长一百四十五里有余，合用九十六万一百三十四工；当涂县官圩埠一所，系广济圩，长九十三里有余。其圩与私圩五十余所并在一处，坐落青山前，各系低狭。埠外面有大埂埠一条，加套逐圩在内，抵障湖水。今来逐圩被水损坏，询访人户，只修外面大埂，不惟数倍省工，委是可以抵障水势。所有腹里圩埠或有损处，听人户自修。寻取会到逐县被水修治官私圩埠体例，系是人户结甲保借常平米自修。今来损坏尤甚，人户工力不胜，不能修治。今措置，欲乞依见今人户结甲乞保借米粮自修圩埠体例，不以官私圩，人户等第纳苗租钱米，充雇工之费。官为代支过钱，年限带纳。自余合用钱米，并乞下提举常平司照会，日下取拨津发，应副本州雇工修治施行。二、今来芜湖县申，独山、永兴、保城、咸宝、保胜、保丰、行春圩北其地圩埠，被水冲破打损至多。若只依系保借粮米，将来修筑不前。内有咸宝一圩，被水损坏，冲成潭缺，计长二十五丈，阔三十丈，深二丈二尺。须用创作堤岸，从里面围裹，倍费工力。比独山等圩埠损坏，尤见工费不同，委是人力难办。乞官为雇工修筑。今检计独山等七圩，委是被水损坏处多。其咸宝圩墰冲破成潭处，难以就旧基修筑，合从里面别创，筑埂围裹，计长八十一丈，合用五千四百工。今措置，上件圩埠欲各依例结甲随苗借米外，更据户下田每亩与借钱一百文省，令自修筑。其咸宝圩埠潭缺处，据合用工数，欲乞官和雇人工，共同修治。"于是，户部言："欲乞下太平州、江东转运、常平司，并依本官逐项措置到事理施行。"从之。112—113，p7521—7522

宋会要辑稿·食货六二·京诸仓

【景德】三年三月，诏："在京仓草场监门使臣，自今后逐日常须各在本处监门，不得容庇专、副、公人等辄作弊幸，亦不得妄托事故，非时抛离本处。如违，当行严断。所有监门司天台主簿、保章正等，若是须要勾集议事，即仰司天监奏取指挥，并仰提点仓场所常切觉察。如有违犯，即具名闻。"4，p7551

【大中祥符】六年二月，诏："诸仓等处监门使臣及监官，当给粮、受纳纲运时，不得与官员及诸色人、闲杂人同坐，如违，应犯人并当严断。仍委三司（捉）〔提〕点仓场所常切觉察，兼许人陈告。"5，p7551

景祐三年七月二十三日，中书〔省〕言："京百万仓欲令三司举京朝官监当。自今合入亲民举差者，自立界至支遣漏底，一界了当无损欠，及三年已上，与理亲民一任；五年以上，与当两任；如及七年，与升一任差遣。其元合入远地者，与近地；合入近地者，与先次。曾经外任差遣。合入近地监当人举差者，自立界至支毕了当，许通计前任、今任监当年限，其合改亲民者，与改亲民资序；若于合改亲民年限外，更监当及三年以上者，与理亲民一任；及五年已上者，与理两任，仍与近地差遣。举充监残零界及三年以上了当者，各于元资序上理为一任；不及三年者，元合入远地差遣，即与近地；合入近地，与先次差遣。"从之。9，p7554

宝元三年正月二十五日，诏："在京百万仓，今后举官须具同罪闻奏。"时三司判官王求、李柬之举官监京仓，皆不同罪，故条约之。9—10，p7554

至和二年九月，诏："京朝官曾犯赃私罪，若公坐至徒者，毋得差监在京仓、库、场、务。"10，p7554

神宗熙宁三年九月二十五日，三司详定："在京船（般）〔搬〕仓专、副、所由、斗子、曹司门人等，如因仓事取受粮纲及请人钱物，并应在京诸司系公之人，因仓事取受专典、斗级，并因纲运事取受粮纲钱物，并计赃钱，不满一百徒一年，每一百加一等，一千流二千里，每一千加一等，罪止流三千里。所有共受分赃入己者，并计所受坐罪，仍分首从。其引领过度并行用钱者，于首罪下减二等。已上决讫，徒罪皆刺配五百里外牢城，流罪皆刺配千里外牢城。满十千，即受赃为首者，刺配沙门岛。已上若许未受，其取与引领过度人，各减本罪一等，为首者依上条配，内合配沙门岛者配广南牢城。仍许诸色人陈告，犯人该徒，给赏钱百千，流罪二百千，配沙门岛三百千。若系公之人，给赏外更转一资。其赏钱并先以官钱代支，一面内自收受赃及元引领过度并行用钱人家财充填下足，即与除破。其元引领过度及行用并受赃人，亦许陈首，依条免罪给赏。"从之。10—11，p7554—7555

【熙宁】八年三月，诏："在京仓、库立界满，如勾当及二十个月，与理为一任；若不及，即与新界专、副别立界勾当。"12，p7555

【熙宁】九年四月二十六日，诏："诸在京府界仓库所供月季年账，并于合满后依限申省，月季账二十五日，半年账四十日，年账五十日。如违，依《编敕·仓库申州法》。"12，p7555—7556

【高宗绍兴元年】十月十六日，诏："省仓请人出备短脚钱，每石五文，止用本仓脚袋（般）〔搬〕腾交付。其请人擅入敖者，杖一百，许人告，赏钱三十贯。"13，p7556

宋会要辑稿·食货六二·义仓

太祖建隆四年三月，诏曰："多事之后，义仓废寝，岁或小歉，失于备预。宜令诸州于所属县各置义仓，自今官中所收二税，每石别输一斗贮

之，以备凶歉，给与民人。"18，p7558

【仁宗庆历】二年正月，诏："天下新置义仓，止令上三等户输之。"《山堂考索》："五年，罢义仓。"20，p7560

【神宗熙宁】十年九月十六日，诏："开封府界提点，先自丰稔畿县立义仓之法。"21，p7561

徽宗政和元年正月二十二日，臣僚言："《元丰义仓》：'今计所输之税斗纳五合。'《大观敕》：'应丰熟计一县九分以上，增为一升。'乞罢所增之数。"诏依元丰、绍圣法。23，p7561

【政和元年】七月六日，户部言："立到'诸义仓计夏秋正税谷数，无正税谷处，物帛之类折为谷者，准此。每一斗别纳五合，同正税为一抄，不收头子脚剩钱'，及'民限当日交入本仓，出剩通正税盘量都数纽计。即正税不及一斗，并本户放税二分已上及孤贫不济者，免纳'等条。"诏依。以臣僚言"省仓遇纳到正税米，不即分拨义仓，转运司多以阙乏，随时支遣。欲于绍圣本条内增修'过一日不发，监、专杖一百，二日加一等，罪止徒一年'，及'因而他司移用，并依已降指挥，依擅支法施行'"。诏令户部立法故也。23—24，7562

【政和】二年五月二十五日，提举京西南路常平等事范域言："《绍圣常平免役令》：'诸纳义仓谷而税应支移者，随税附旁送纳，仍准数以本处省税谷对换。无税仓处，截留下等户税。'近年转运司多将省税量度阙剩，更互支移非要便县分。契勘逐县每料合纳义仓之数，并依无税仓例，截留下户税，使就本处送纳。伏望下有司立法。"诏令户部立法。24，p7562

【宣和六年】五月七日，诏："义仓积谷，本以备赈济，着在元丰成宪。昨令所在存留三分，非唯见在之数不多，兼终违神考立法本意。今后义仓并依《绍圣常平免役令》，唯充赈给，更不得起发赴京。"25—26，p7563

【绍兴】十八年闰八月二十八日，御史台主簿陈夔言："伏睹《常平令》：'岁十月，州县籍民之老疾贫乏不能自存与凡乞丐者，禀给之，至三月而止。'而州县之吏去朝廷稍远者，往往类不知奉行，孟冬之月，未尝检察老疾、乞丐之人而籍之，不过行移文书，以应格令而已。所谓日给之米，乃或之移他用，或糜于侵盗，岂不上负陛下之良法美意哉？欲乞睿断，专责监司常切觉察，有敢因循，重置典宪。"上因宣谕曰："义仓之设，其来尚矣。所以备凶荒、水旱，救民于艰食之际，诚仁政之所先也。访闻比年以来，州县奉法不虔，或侵支盗用，而监司失于检察；或赈济无术，而僻远穷困之民不得均被其惠，非所以称朕矜恤元元之意。宜令户部措置。"户部言："乞检坐见行条法，申严行下诸路常平司，约束所部州县恪意奉行，依时给散，务要实惠贫乏、乞丐之人。仍仰本司常切觉察，如有似此违戾去处，按治依法施行。仍令诸路提刑司更切觉察施行。"从之。30，p7565—7566

宋会要辑稿·食货六二·诸州仓库

乾德四年四月，诏曰："出纳之吝，谓之有司。傥规致于羡余，必深务于剖克。知光化军张全操言：'《三司令》：诸处仓场主吏，有羡余粟及万硕、刍五万束以上者，上其名，请行赏典。'此苟非掊纳民租，私减军食，亦何以致之乎？宜追寝其事，勿复颁行。除官所定耗外，严加止绝。"53，p7578

【仁宗天圣】〔七年〕九月，臣僚言："伏睹《编敕》：'诸处仓场受纳所收头子钱，除一半纳官外，其余并于仓场内置柜封锁。凡有支破，监官与知州、通判同上文历，其县、镇逐旋具支破数目申州，候纳罢日磨勘，具账申奏。并税仓支遣斛斗漏底，如不少欠，元收出剩亦不破雀鼠耗及无损恶官物，其支使不尽头子钱，不以三年内外，并将一半纳官，余一半支与专、副。若是元收出剩斛斗支遣漏底却有少欠及破雀鼠耗、损恶官物，其亦不破雀鼠耗存留头子钱更不支与专、副，并送纳入官。'天下所收头子钱，贯万浩瀚，其仓场纳罢，只将一半纳官，内一半逐州官吏皆依旧来体例支遣，但有名目破使去处，即便使用。又缘元效，候仓场漏底不破雀鼠耗，许将一半支与专、副。其仓、场漏底，实见少有不破雀鼠耗者，以此天下一半头子钱多是逐州依例因循破用。今乞每年所收头子官钱，除合给与铺衬、纸笔、食直钱外，并乞一齐收纳入官，更不存留封锁。如此，则拘辖官钱不至枉用。"诏："诸处仓场所收头子钱纳官外，内有合行支使者，并依先降条贯明上文历支使，不得妄作名目，枉有破用。如敢故违，并当劾罪严断。"56—57，p7580

【徽宗大观】四年十二月九日，诏曰："近诸仓月给军粮多有减刻，监视斗面官不切躬亲检察，仰司农寺检具条制申饬施行。如有违犯，官员重行黜责，吏人决配千里。"58，p7581

政和元年五月三十日，诏：“诸军月粮、口食虽食用有余，不取情愿而抑令坐仓收籴者，徒二年。”以臣僚乞严立抑勒之罪，复坐仓之法。若果是食用之余，情愿依实直价，使以见钱给之，因亦可行，但须严立抑勒条法。故复立此条。58，p7581

【政和五年】十一月十五日，陕西路转运使席贡言：“续降《政和令》：‘诸仓监官应差出者，常留正官一员在仓，系独员者，不许差出。’其诸州军资库监官与监仓职事无异，欲今后并不许差出，责令专一管出纳。”从之。59，p7582

【政和】六年十二月十七日，诏：“封桩钱将以待非常之用，有司失于经画，妄乞支拨。自今辄有陈乞，以违御笔论。”从户部请也。59，p7582

宋会要辑稿·食货六三·捐放

【绍兴元年】八月五日，诏：“湖州安吉县人户绍兴元年夏料税赋并以十分为率，分三等减免：被烧劫及被虏杀人户，与减免七分；被劫掠人户，减免五分；不被劫虏人户，减免三分。”以本县人户经部省陈乞故也。2，p7594

【绍兴二年】六月二十二日，知池州叶焕言：“本州税赋自建炎二年至今五年间，积欠无虑数百万贯匹石，已是出违上限。乞将今年本州合起发上供年额钱、绸绢并一半折帛钱，及（准）〔淮〕衣绸绢，并减免合起发之数一半。所有米斛，并甘依限尽数起发。”诏于曾被贼马烧劫人户名下均减。以本州十分为率，不得过三分，即不得稍有情弊。如违，当职官宷责，人吏决配。2，p7594

宋会要辑稿·食货六三·屯田杂录

【淳熙十年】八月十四日，刚又条具屯田利害奏陈：“〔一〕、合用耕牛：六人耕田三顷，给牛三头，以一千顷为率，计合用牛一千五百头。一、屯田官兵屋宇：欲（加）〔如〕营寨，各随一保就近耕田处起盖，（屋）〔庶〕几团聚合干人，易为拘辖。兼仓敖、牛屋之类亦不可阙。今契勘共合用三千七百三十五间，其屋欲下淮西漕司措置。二、合用农具：田一千顷，用犁一千五百具，钯一千五百具，水车一千部，并碌碡、锄、镢之类，乞下淮西漕司制造应副。三、合用种子：内稻每一亩用一斗一升，大麦每一亩用一斗二升，小麦每一亩用一斗一升。兴置屯田事体非一，若将来耕莳，其官兵止可力耕，将官止能部辖。所是收成见数，出入仓敖，欲得委他官监视，乞后漕司选差清强干官一员专主其事，庶岁出纳有司，于也为便。"诏总领与刚同共条具。53—54，p7641

【淳熙十年】九月二十三日，淮西总领蔡戡与刚条具下项："一、今来创开荒闲田土，全藉工力。今相度：欲每田一顷令三人分耕，每人当三十三亩有奇，每六人为一甲，于内差甲头一名。十甲为一保，计六十人，差使臣一员管押。今且以五百顷为率，共合用一千五百二十五人，每一千人差将官一员部辖。二、合用耕牛、农具、寨屋、种粮之属，若令州县应办，必至科扰百姓。欲乞朝廷指挥，于淮西漕司见管钱物内先拨钱十万贯，付建康都统司拘收，据合用耕牛、农具、寨屋、物料、种子，并依郭刚已奏请之数，且减半收买制造使用。三、今来开垦之初，所收子利未广，兼起荒劳苦，合行优润。今欲将第一年所收物斛除存留种子外，尽行给与力耕官兵；第二年除种子外，以十分为率，官收二分；第三年除种子外，以十分为率，官收三分；〔第〕四年所收物斛除种子外，十分为率，官收四分，其余给与力耕官兵。以后年分，并止以四六分收给，庶使官兵乐于劝耕，不致废堕。四、部辖将官、使臣、白直等人，往来管（幹）〔干〕，亦合量行支犒。缘官中所收不多，今相度欲于力耕官兵所得分数内斟量取拨，从都统司照等第径自均给。候支散毕，具数供申朝廷照会。"54，p7641—7642

【淳熙十一年】六月九日，进呈淮西总领赵汝谊言："详议到屯田事：遇圩水退，诸圩兵卒并力耕种，至立秋止。秋成谷熟，凡施工力者皆预分谷之数。"上曰："此五月二十三日文字。"王淮等奏："发文字时，去立秋尚一月。今去秋近，想再种不（遍）〔便〕。"上曰："若将来所收不多，朕不惜几万米分与屯田人兵，使之亦如丰年，则人更相劝。"55，p7642

【淳熙十六年】五月四日，工部言："淮南运判王厚之奏：'准《指挥》：无为军屯田抽回耕兵，令措置募民耕种。昨降指挥，营田秋成，委令、尉、监牧、知、通觉察外，所有今来租佃，欲依营田例，委自知县、县尉管干劝率开耕，籍定租佃之家合该夫力，每年将埂岸增加修筑。遇收成输纳，即委令、尉交受，随朝建桩积米一处桩管。'本部照得已降指挥，营田、官庄州县除桩出次年种子外，将初年收成课子官收四分，客户收六分，次年以后，即中半均分。今后请佃官庄，并合准此。内大麦、稻

谷充马料，小麦、杂豆等变转价钱，赴左藏库送纳。乞下淮南漕司遵守施行。"61，p7645

宋会要辑稿·食货六三·营田杂录

【绍兴七年】十月二十五日，诏："诸路营田官庄收到课子，除桩留次年种子外，今后且以十分为率，官收四分，客户六分。"111，p7670

【绍兴十三年】八月三日，工部言："淮东路官庄止系镇江府驻札御前军马都统制提领，今欲令本路总领官同共提领。内官庄不许侵占民田，及以种营田为名，私役人、牛耕种己田，依《律》'监临之官私役使所监临'法施行。各立赏钱五十贯，许人告。如添置耕牛、器具，许于诸军粪土等钱内支。不足，申明支降。"从之。114，p7671—7672

【绍兴】十六年三月三十日，工部言："今参酌立定《淮东西、江东、两浙、湖北路每岁合比较营田赏罚》：以绍兴七年至十三年终所收夏秋两料子利数内，取三年最多数，更于三年最多数内取一年酌中者为额。以本路所管县分十分为率，内取二分奉行有方、民力论诉抑勒骚扰去处，分为三等，增及三分以上者为上等，依元格减磨勘二年；增及二分以上为中等，依元格减磨勘一年半；增及一分以上者为下等，依格减磨勘一年。若亏及元额，最少一处者为罚。从本路提领营田官、宣抚营田使开具保明以闻。"从之。114—115，p7672

【绍兴十八年】十一月九日，户、工部言："今立定：'诸军营田主管官各以所管已耕种熟田外，将均拨到荒田措置增种过田顷，候至收成，从总领所保明，依格推赏。增五顷以上，减一年磨勘；十顷以上，减一年半磨勘；二十顷以上，减二年磨勘；三十顷以上，减三年磨勘。若不为措置增种者，并（今）〔令〕总领官、本军都统制开具职位、姓名申朝廷，特与展二年磨勘。'"从之。116，p7672—7673

宋会要辑稿·食货六三·农田杂录

【太祖建隆三年】九月，诏："如闻百姓有伐桑枣为薪者，其令州县禁止之。"161，p7696

【乾德】四年闰八月，诏："所在长吏告谕百姓，有能广植桑、枣，开垦荒田者，并只纳旧租，永不通检。令佐能招复逋逃，劝课栽植，旧减一选者，更加一阶。"161，p7696—7697

【大中祥符】七年三月，诏："自今典卖田宅，其邻至内如有已将田业正典人者，只问见典人，更不会问元业主。若元业主除已典外，更有田业邻至，即依邻至次第施行。"先是，京兆奏，民有讼田，以典到地为邻至者，法无明文，故条约。165，p7699

【大中祥符七年】六月，诏："诸州典业与人而户绝没官者，并纳官，检估诣实，明立簿籍，许典限外半年以本钱收赎。如经三十年无文契，及虽有文契，难辨真伪者，不在收赎之限。"初，三司以旧无条制，请颁定式，状下法寺，故命条约焉。165，p7699

天禧元年八月，诏："诸州卖买耕牛税钱更放一年，三司不须比较。"166，p7699

【天禧】二年二月，梓州黄昭益、遂州滕世宁言："川界多争论追赎远年典卖庄土，及至勘诘，皆于业主生前以钱典市，乃业主户绝，本人不经官自陈，便为己业，直至邻里争讼，方始承伏，出钱估买。望自今每户绝，如有曾典得物业人，并须具事白官。或隐匿诖误，事发，即决罚讫，勿许复买。"诏法寺参议，且请"自今应以田宅典人上而业主户绝者，与限一年，许见佃人具事白官估（直）〔值〕，召人收市。限满不告，论如法，庄宅纳官"。从之。166，p7699—7700

【天禧二年】六月，诏："民有诉理田地，非是相侵夺者，并依旧制，俟务开日理决。"先是，河北提点刑狱上言："民有诣阙诉田者，诏令本州依理施行。官司被诏，虽在农务，即追理之，颇妨农业。"故命条约。166，p7700

【天禧】三年七月，诏："户绝庄田，自今才有申报，即差官诣地，检视其沃壤、园林、水碓，止令官司召人租佃，及明设疆界数目，附籍收系。其硗瘠田产，即听估（直）〔值〕出市。"时有言官司以户绝田肥沃者市于人，而以瘠土租课，故有是诏。166—167，p7700

【天禧三年】十月，诏："广南自天禧元年正月一日已前，民有私鬻有分田产，券契分明，为有分骨肉论理者，即以所鬻价（直）〔值〕均分之，田产付见佃。"167，p7700

【天禧五年】十月，诏："河北民有请佃落北蕃户庄土、园林而辄典质者，止勒典质本主佃莳。俟本主自北界至，即时给付，其元质缗钱勿复理纳。"先是，《景德二年敕》："落北界人庄田、园林请佃，辄有毁、鬻者，许人陈诉，依法科罪。"至是，知赵州高志宁言："部民投牒诉者五百八十余户，盖始以蝗旱不济，因贸易其园，今方岁稔，即互有论告。若受而理之，恐成滋蔓，望赐条约。"故有是诏。168，p7701

乾兴元年十二月，上封者言："自开国已来，天下承平六十余载，然而民间无积蓄，仓廪未陈腐，稍或饥歉，立致流移。盖差役、赋敛之未均，形势、豪强所侵扰也。又若山海之利，岁月所增，莫不笼尽，提封万里，商旅往来，边食常难。物价腾涌，匹帛金银，比旧价倍，斛食粮草，所在增贵。复有榷酤，尤为糜沸，不立禁约，只务创添，为害滋深，取利何极！至如川远，所产虽富，（般）〔搬〕运实多，收买折科，织造染练，其费不一。所有四害，今当缕陈。伏见劝课农桑，曲尽条目，然乡间之弊，无由得知。朝廷惠泽虽优，豪势侵陵罔暇，遂使单贫小户，力役靡供。仍岁丰登，稍能自给，或时水旱，流转无从。户籍虽有增添，农民日自减少。以臣愚见，且以三千户之邑五等分算，中等已上，可任差遣者约千户，官员、形势、衙前、将吏不啻一二百户，并免差遣，州县乡村诸色役人又不啻一二百户。如此，则二三年内，已总遍差，才得归农，即复应役，直至破尽家业，方得休闲。所以人户惧见，稍有田产，典卖与形势之家，以避徭役，因为浮浪，或恣憧游。更有诸般恶幸，隐占门户，田土稍多，便作佃户名目。若不禁止，则天下田畴，半为形势所占。伏请应自今见任食禄人、同居骨肉及衙前、将吏各免户役者，除见庄业外，不得更典买田土。如违，许人陈告，典买田土没官。自然减农田之弊，均差遣之劳，免致力役不禁，因循失业。其罢俸、罢任前资官元无田者，许置五顷为限。乞差近上明干吏检会茶、盐体例条制，出自宸断，裁择施行。"诏三司委众官限五日内定夺。三司言："准《农田敕》：'应乡村有庄田物力者，多苟免差徭，虚报逃移，与形势户同情启幸，却于名下作客，影庇差徭，全种自己田产。今与一月自首放罪，限满不首，许人告论，依法断遣、支赏。'又准《天禧四年敕》：'应以田产虚立契典，卖与形势、豪强户下隐庇差役者，与限百日，经官首罪，改正户名。限满不首，许人陈告，命官、使臣除名，公人、百姓决配。'今准臣僚奏请，众官定夺：欲应臣僚不以见任、罢任，所置庄田定三十顷为限，衙前、将吏合免户役者，定十五顷为限。所典买田，只得于一州之内。典买数目，如有祖、父迁葬，若令随庄卜葬，必恐别无茔地选择方所，今除前所定顷数，许更置坟地五顷为限。如经条贯后辄敢违犯，许人陈告，命官、使臣科违制罪，公人永不收充职役，田产给告事人。若地有崖岭不通步量、刀耕火种之处，所定顷亩，委逐路转运使别为条制，具诣实申奏。又按《农田敕》：'买置及析居、归业、佃逃户未并入本户者，各共户帖供输。'今臣僚所请，并须割入一户下。今欲申明旧敕，令于逐县门榜壁晓示人户，与限百日，许令陈首改正。限满不首及今后更敢违犯，许人陈告。如公然作弊，显是影占他人差役，所犯人严断，仍据欺弊田三分给一与告事人充赏。"并从之。168—170，p7701—7702

仁宗天圣元年六月，江西劝农使朱正辞上言："昨知饶州，据鄱阳县佃户吴智等经县请射崇德乡逃户田产，今主人有状经县，不许请射逃田，遂送法司。《大中祥符六年敕》：'江南逃田如有人请射，先勘会本家旧业，不得过三分之一。'其吴智等无田抵当，更不给付。以臣愚见，若旧业田有三分方给一分，则是贫民常无田业请射，唯物力户方有抵当。欲乞特降敕命，应管逃田不问有无田业，欲并许请射。"事下法寺与三司定夺。三司言："江南逃田，若须令有田之户以旧业三分请射一分，则无土贫民无由请佃，荒闲益多，又有田业人挑段请射。今欲应管逃田，许不问户下有无田业，并令全户除坟茔外请射，充屯田佃种，依例纳夏、秋租课，永不起税。若一户无力全佃，许众户同状分请，一户逃移，勒同请人均输。"并从之。171，p7702

【天圣元年】七月，殿中丞齐嵩上言："检会《大中祥符八年敕》：'户绝田并不均与近亲，卖钱入官；肥沃者不卖，除二税外，召人承佃，出纳租课。'变易旧条，无所稽据，深成烦扰。欲请自今后如不依《户令》均与近亲，即立限许无产业及中等已下户不以肥瘠，全户请射。如须没纳入官，即乞许全户不分肥瘠召人承佃。"又国子博士张愿上言："累有百姓陈状称，为自来官中定年深户绝租课，积累物数已多，送纳不前。盖是元差到官务欲数多，望成劳绩，定租重大，累蒙校科，摊配在邻人户下，送纳不办，遂至逃移。官中更均摊在以次逃户邻人名下，起惹词讼。国家富有万方，三司是聚敛之臣，必虑不能捐免，乞下三司定夺。"事下三司与法寺议定闻奏。今参详："应户绝户合纳官田，设或兑下瘠田已远，无人请买荒废，亏失税额。欲乞勘会户绝田，勒令、佐打量地步、什物，估计钱数申州。州选幕职官再行覆检，印榜示见佃户，依估纳钱，买充永业，不得更将肥田请佃，兑下瘠薄。若见佃户无力收买，即问地邻，地邻不要，方许中等已下户全户收买。其钱限一年内送纳。如一户承买不尽，许众户共状收买。如同情欺幸，小估亏官，许知次第人论告，并

当严断，仍以元买田价十分给三分赏告事人。"从之。171—172，p7702—7703

【天圣】三年五月，深州董希颜上言："准《景德二年正月敕》：'河北没蕃户庄田、林木，本主未归，无人佃者，委逐县官遍往点检实数，置籍管系，常切检校，不得毁斫，候本主归给付。如本主未到，许房亲请佃。如无房亲，即召主户佃莳。'其年七月，诏：'河北全家没蕃户庄田，须亲房召邻保五七人，方得请佃；如无，许主户请佃。据一物已上，县立账给付，州县拘辖，不得斫伐破卖，候主归，依数还之。'至《天禧五年敕》，用知赵州高志宁言，据已破卖没蕃人户主田，且勒典质主佃莳，候归给付，已经勘断者，更不为理。臣详元敕，为未和好以前没蕃之人，朝廷矜悯，虑有废土伐木折屋，致本主归无所投，遂降敕不得斫伐破卖。今缘和好已久，自雍熙后至景德前能归复者尽已归复。至今年未归之人，多是从初杀戮，或在北已亡，纵在蕃中，其存者亦少其存。其庄田旧已准敕给与房邻佃莳，或已有请佃户，又多尊长亡没，目下子孙相承佃莳，已成营葺。屋宇损坏，不敢修换，桑枣枯朽，不敢剪除。见今园林，多是后来栽植。河朔之地，少近山谷，每官中科木，或制农具，或不采斫园林，即木无所出。偶然修换，或采取一株，便为游堕之民陈告，即夺给告者，却使元佃户全家趁出，不唯惠彼奸民，实亦有伤和气。近又频准转运司差官推勘，多是陈告此类公事。窃虑不逞之人竞起讼端，编民不遂安居，刑狱无由清简。今请应河北人户请佃没蕃庄田者，除将庄田典卖、毁伐桑枣，即依旧条，所有屋舍家事、园林果木，任便修采，更不坐罪。不许陈告，亦不给田充赏。"从之。172—173，p7703—7704

【天圣三年】十月，提点开封府界县镇张君平言："州县户绝没官庄田，官司虽检估，召人承买莳佃，其有经隔岁月无人承当。盖检估之时，当职官吏准防已后词讼，多高起估钱，以致年深倒塌荒芜，陷失租税。望降敕选官重估实价，召人承买。自今须（子）〔仔〕细看估，不得高起估钱，虚系账籍。"事下三司相度。三司言："按《天圣元年七月敕》：'户绝田，令佐画时打量地段，估计屋舍，动使申州，委同判、幕职再行覆检，出榜晓示见佃户，纳钱竭产收买，只依元额纳税，不纳租课，不得挑段请佃。或见佃户无力，即问地邻，地邻不要，方许中等已下户收买，价钱限一年纳官。'又九月敕：'三司言，旧假欠官物，估纳抵当产业入官。除已摽充职田、牧地不许收赎外，如十五年内本主或子孙亲的骨肉却要元纳庄，许依元估价钱收赎。如十五年外，见有人住佃者，不令收赎。今详年限稍远，欲乞限十年内许本主或亲的子孙骨肉收赎，限满不赎，郭下廊店物业，外乡村庄田、舍屋、水硙，委令、佐打量估计，结罪申州，州差同判或幕职再行检估，出榜，许人收买。如小估亏官，许知次第人论告，并科违制之罪，公人决配，其元价没官。奏可。'今看详张君平所请，已有上件敕命，今欲举明前敕施行。"从之。174—175，p7704

【天圣七年】五月，龙图阁学士、知密州蔡齐言："三司牒：'户绝庄田钱未足合纳租课者，勒令送纳，直候纳足价钱开破。若未有人买者，官定租课。令请射户供输本州。'自大中祥符八年后，户绝庄田七十七户，只有六户未户绝已前出课扑佃，自后依旧纳课，余皆荒闲。准《天圣四年七月五日敕》：'召令人请射，只纳二税，更不纽课。'未及一年，准《天圣五年六月十五日敕》：'差官估计，召人承买。若未有承买，且令见佃人出税。'后来本州估卖，有四十八户承买，尚有二十九户未有承买，三司累牒催纳价钱未足，且纳租课。伏缘人户请射之初，田各荒废，才入佃莳未及一年，续许承买，催纳价钱，并是卖牛破产，竭力送纳。未足，又更勒纳租课。一年之内，催纳三重，臣未敢紧行理纳。兼虑诸处承买庄田钱未足，更纳租课者，亦乞遍下诸处。"事下三司相度。三司言："诸处所管户绝庄田不少，今若不候钱足便除租课，（切）〔窃〕虑承买户故为拖滞，不纳价钱。欲乞自今据未纳足钱并未有人承买，一依估价召人承买，限一年内钱足，仍将估价及见纳租纽作十分，如纳钱一分，即除落一分租课，直候纳足，方与全免。"从之。178，p7706

至和元年二月，诏："京西民饥，其荒田如人占耕，及七年起税二分；逃田，及五年减旧税三分；因灾伤逃移而复业者，免支移折变二年；非因灾伤者，免一年。"182，p7708

【至和】二年十一月三日，诏："荆湖、广南路溪洞人户争论田土，虽在务月，须理断了当。"182，p7708

治平四年九月二日，江南东路转运司言："三司奏：'池州多逃产年深，元额税重，人户不敢请射，欲乞其逃田如三十年以上，于元税额上减放四分，四十年以上减放七分。如此，候十年，其田已成次第，即依《编敕》十分内减三分，立为永额。其三年以下十年以上者，自依《编敕》，令三司依此施行。'本司看详：本路及天下似此逃田不少，乞施行诸路，令人请佃。"诏并从之，仍候请佃及十年，并令纳五分税；及二十

年，即依《编敕》纳七分税，永为定额。182，p7708—7709

【治平四年】十一月，三司请出卖京东等路户绝、没纳庄田。诏：
"内有租佃户及五十年者，如自收买，与于十分价钱内减放三分，仍限二
年纳足。余依所请。"182，p7709

【熙宁】五年，重修定《方田法》。188，p7712

【元丰元年】八年十月二十五日，诏罢《方田〔法〕》。188，
p7712

【徽宗崇宁】四年二月十六日，复颁《方田法》。189，p7713

宋会要辑稿·食货六四·杂录

真宗咸平元年七月，广南西路转运使陈尧叟言："准诏，劝课人民栽
种桑、枣。切缘岭外惟产苎麻，望令折数，许官吏书历为课，仍许织布赴
官场，以钱博市。每匹准钱百五十至二百，仍免其算税。如私自贸易，不
在免限。"从之。18，p7741—7742

【景祐元年】闰六月二十一日，三司言："准敕：禁止锦背段子等，
勘会内衣库见管诸般段子万数不少，乞留充北朝人使到阙相兼支赐。"从
之。23，p7745

徽宗政和四年五月十五日，详定一司敕令所奏："今修立下条：'诸
应副他路军衣物帛，有粉药、纰疏、轻怯、短狭者，元买纳官司计所亏
官，准盗论罪。轻者徒一年，元验官司减一等。'"从之。先是，淮南转
运司奏："本路合要军衣，系江、浙路供应，近年以来，多被逐路官库合
干人与管押人表里作弊，将短狭、粗疏、轻薄、粉糊伪滥绸绢起发前来。
乞立法禁止。"故也。26，p7746

【宣和】六年闰三月二十二日，尚书省言："奉御笔：'诸军今岁春衣
绸、绢、布，近（今）〔令〕取样呈，例皆纰薄陈烂，不堪衣着，布为尤
甚，恐非诸路元上供和买之〔物〕，致使人兵赤露，军容不振。今降给散
样付尚书省，可根究有司有无情弊，因依进呈。仍自今预行措置，将来军
衣勿令更以此粗弱阙误。其户部官全然废弛，失职弗虔，各与降两官责后
敕。'"诏："榷货务官各降一官；元收买合干人，送大理寺决杖一百；大
观、元（豊）〔丰〕、左藏东库布库官并合干人，各降一官资，无官资可
降，罚铜二十斤；当抚、洪、夔、桂、袁州、遂宁府买纳官，各降一官
资，知、通、令、（承）〔丞〕及当职官，各罚铜二十斤。仍令逐路提刑

司具诸州府合降官资人职位、姓名申尚书省。"27，p7747

【绍兴】三十年六月十八日，户部言："臣僚乞：'人户输纳匹帛内有不应式者，止合退换。比年以来，间有州县复生奸弊，遇受纳夏税之日，差胥吏于场中别置一所，如有退换绸绢，每匹令人户纳钱，名曰回税，既不正附赤历，其钱莫可稽考，望严立法禁。'得旨，令户部看详。本部勘会，在《法》：'诸非法擅赋敛者，以违制论；过为剖刻者，徒二年；监司以人户合纳谷帛丝绵之类纽折增加价钱，或籴买粮草抑令远处输纳，若巧作名目，额外诛求者，亦并以违制论；守、令奉行及监司不互察者，与同罪，并许被科抑人户越诉；合纳官物不正行收支者，杖八十，收支官物不即书历及别置私历者，徒二年。'欲下诸路转运司行下所部州县，遵守前项见行条法。"从之。32—33，p7750

宋会要辑稿·食货六四·和买

太宗太平兴国八年四月，诏："内外诸司库务及内东门诸处造作，如官库内有物，不得更下行收市。应要物委三司职官常预计度。若急须物色，官库内无，即于出产处收市。若不急，即从三司下杂买务收买，即不得直下行铺。如违，许诸色人陈告，监官劾罪严断。"40，p7754

天禧二年十二月，提举库务司言："杂买务准内东门札子，九月收买匹帛，内白绫每匹二千二百；十月收买皂绫，每匹二千八百；及收买果子，添减价例不定，称府司未牒到时估。检会大中祥符九年条例，时估于旬假日集行人定夺。望自今令府司（侯）〔候〕入旬一日类聚，牒杂买务，仍别写事宜，取本务官批凿月日，赍送当司置簿抄上点检。"从之。42，p7755—7756

【绍兴六年二月】二十三日，诏："太府寺置牙人四名，收买和剂局药材，每贯支牙钱五文，于客人卖药材钱内支。如入中，依市值定价，责牙人辨验无伪滥堪充修合状，监官再行审验，定价收买。如受情中卖伪滥，并例外收受钱物，许人告，每名支赏钱五十贯，并依伪滥律断罪。及官知情，各与同罪。不觉察，减二等。"43，p7756

孝宗隆兴二年二月十六日，吏部状："都省批下本部申明：'杂买务阙，未审日后合从是何选分差注，或系堂除。'后批：'照应已降指挥，许通差文、武臣。'尚书左选勘会：'今将《绍兴格》并续降指挥参照，立定差法："杂买务选注通判、知县资序、不曾犯赃私罪、年未六十人，

仍不注初磨勘改官人。'" 尚书右选勘会：'杂买务阙通差文、武臣，今
欲差亲民资序、不曾犯赃私罪、年未及六十（又）〔人〕，候尚书左选
（阙）〔关〕到指挥日，出榜召官指射。如同日有官愿就，即先差承务郎
以上，次注大使臣。其为任、使阙年限，并依见行格法施行。'" 43—44，
p7756—7757

宋会要辑稿·食货六四·上供

【高宗建炎】四年九月六日，户部侍郎孟庾言："崇宁立法，诸路违
欠上供钱物，官冲替而吏配千里，务要应期办集。后大观间户部奏请，以
为法禁太重，将官员冲替改作差替，人吏决配改作勒停，期于必行，不为
虚文。继承指挥，却依旧法。日来朝廷不欲深罪，监司、州郡公然违戾，
深虑有误国计。伏望严赐督责监司、州郡当职官，将今年上供钱物须管依
限起发赴行在应助支用。如有违欠，并乞依大观间申请断罪。" 从之。
46，p7757

【乾道四年】十二月十四日，四川总领所、夔州路转运司言："夔路
岁发上供等钱物，支降盐、茶下逐州拘收，自行变卖充本，收买金银绢帛
起发，偃折人户输纳数目。其州军如有侵移借兑欺隐，不行尽实偃折，乞
比附擅赋敛法科罪。"诏："如有违戾，即将官吏依'非法擅赋敛'敕
条，以违制论，依律徒二年科罪。" 56—57，p7763

【乾道七年】五月五日，三省言："检准《绍兴二十五年四月十六日
圣旨》：'诸州军知、通拘收无额上供钱物，每岁终及一万贯，与减一年
半磨勘；如及一万五千贯以上，与减二年磨勘。'（切见）〔窃见〕州军所
收诸色窠名数目浩瀚，如赃罚、户绝等钱物，动以千万贯计。其知、通岁
终只以一万五千贯以上趁及赏额，余钱既无增赏，得以侵支妄用，是致失
陷财计。欲乞自今后应诸州军知、通及诸路安抚、转运使、提刑、提举并
市舶官，应任内各司自能拘收起发无额钱物内，一万贯减一年半磨勘，及
一万五千贯减二年磨勘。若增及三万贯文以上，转一官。如更能拘催起发
过数，并比类推赏。除岁额诸州军一万五千贯以下钱物，并依旧逐季起发
赴左藏西库外，自今来诸司及诸州军增收到无额钱物，并逐季令项起赴左
藏南上库桩管。仍专委官一员，以时点检拘催，依数起发，俟至岁终，优
加旌赏。" 从之。其后，九年五月二十七日臣僚言："伏见《绍兴二十五
年指挥》：'诸州军知、通每岁拘收无额钱及一万贯，与减一年半磨勘，

一万五千贯以上，与减二年磨勘。'此以利导之。近来往往诸州将其他钱物先次起发数足，以幸赏典。虽云诸色窠名无亏方许陈乞，然知、通替罢，未有不推赏者。至乾道七年五月五日再降《指挥》：'若知、通起发无额钱及三万贯，与转一官。'此法既行，太为侥滥。昨来推赏，不过二年，并用实历对使。今比旧法，才得一万五千贯，径转一官。诸路知、通尤更急于受赏，人人竞利，至有一年之内拘收无额钱转一官、减二年磨勘者。若二年，则遂转三官矣。如小郡财赋有限，于常赋之外更事刻剥，则事力愈窘，益见煎熬。天下州郡长贰但志在于拘钱转官，凡在任有合行整顿纲纪之事，苟且因循，尽废而不举矣。"诏："诸路州郡知、通，今后每岁起发无额上供钱物，若增及三万贯以上，与减三年磨勘。"57—58，p7763—7764

宋会要辑稿·食货六四·无额上供

【绍兴】二十五年四月十六日，诏："诸路州军知、通，今后拘收无额钱物及一万贯，与减一年半磨勘；及一万五千贯以上，与减二年磨勘。如止及五千贯，依已降指挥，与减一年。"从户部请也。64—65，p7766

宋会要辑稿·食货六四·封桩

神宗熙宁十年二月三日，诏："中外禁军已有定额，三司及诸路计置请受，岁有常数。其间偶有阙额未招简人充填者，其请受并令封桩，毋得移用，于次年春季具数申枢密院。"70，p7769

【元丰七年】十月九日，诏："诸路封桩阙额禁军钱谷，并依《元丰令》随市直变易，其不得减过元籴纳价法除之。"71，p7770

政和元年七月二十四日，诏："内外禁军阙额封桩钱，自今应官司陈乞支借者及支遣主司，并科违制之罪。应今日以前借过未还者，并注于籍，限三年拘辖拨还。仍先具逐件钱物元借年月、事因、已未还数申枢密院。今后每季依此。"73，p7771

【政和】八年五月二十七日，枢密院言："勘会枢密院所管诸路禁军阙额钱物，并降指挥变易轻货上京，于左藏库送纳，令宣旨库立法。今拟修下条：'诸禁军阙额封桩物应变易轻货上京者，逐州具管押人职（依）〔位〕、姓名、纳讫年月日、交付与左藏库是何人收领文状，入急递申枢

密院。'"诏依修定。73，p7771

宋会要辑稿·食货六四·经总制钱

【绍兴十三年三月】十九（年）〔日〕，户部言："据淮西提刑司开具到绍兴九年至十一年所收经制钱数目，参照得内有当时系经人马侵犯年分，今来已是平息，欲权将最高年分为额，自绍兴十三年为始。如提刑检法官能悉心奉行，至岁终拘催钱数及数，乞保明推赏。内舒、和、蕲、黄、庐州、无为军通判拘收钱及数，各与减半年磨勘；若亏额，并展一年磨勘。光、濠州、安丰军通判及数，各与升一年名次；如亏及一分以上，并展一年磨勘。今权立赏罚，候将来及三年，令提刑司别行开具增立钱数，申取指挥施行。"94，p7784

【绍兴】十六年三月二十四日，权户部侍郎李朝正言："诸路每岁所收经、总钱，依元降指挥，委本路提刑并检法、干办官点磨拘催，岁终数足，许比较推赏。本部欲将经、总制钱数通衮纽计，比较递年增亏，依立定分数殿最：增一分以上减三季磨勘，二分以上减二年磨勘，四分以上减三年磨勘，六分以上减四年磨勘；亏一分以上展二年磨勘，二分以上展三年磨勘，三分以上展四年磨勘。"从之。94—95，p7784

【绍兴十六年】五月二十八日，户部言："诸路经、总制、无额钱物，系专委通判检察造账毕驱磨。今来所委官并提刑司置而不问，弊幸百出。欲今后诸州通判每季收支经、总制、无额钱物，隐落失陷不满一分，展磨勘一年；一分以上，展磨勘二年；一分五厘以上，展磨勘三年；二分以上，展磨勘四年。仍令诸路提刑司自绍兴十六年分所收钱物为始，每岁开具点磨到逐州军各有无隐落失陷分数，通判并提刑司官职位、姓名、合展减磨勘，申部覆实责罚。余依已降指挥。"从之。95，p7784

嘉泰三年二月二十一日，户部侍郎王苇奏："经、总制之法，起于建炎条画申明；参酌中制，详于《绍兴会计》；实纳、减免数目，又备于淳熙；至于专委知、通，有赏有罚，则《庆元重修格令》纤悉无遗。准《格》：'经、总制钱及额，无违限拖欠，知、通同减磨勘。'又《令》：'经、总制钱物，知、通专一拘收。如违限拖欠，并行按劾。'赏则知、通同赏，罚则知、通同罚，责任之意，初无轻重，而任责之人，自分彼此，各欲取赢，义不相济。脱有不足，则归过于人。臣尝推究其致弊之源，盖郡有大小，势有难易。大郡帅守位貌尊严，通判既入签厅，凡事不敢违异，往往将经、总制钱窠名多方拘入郡库，不肯分拨，为通判者，亦无如之何。至于小郡，长贰事权相若，守臣稍不振立，通判反得以制其命，督促诸县，（迫）〔殆〕无虚日。本州合得之钱，亦以根刷积欠为名，掩为本厅经、总制名色积聚，虽有盈羡，不肯为州县一毫助。取以妄用，间亦有之。利害相反，自为消长，违限亏额，职此之由。欲望申严行〔下〕诸路提刑司，照元降指挥，将诸色窠名合分隶经、总制钱，令知、通同共掌管，不得以强弱相凌，递互侵越，自为取办之计。岁终比较，赏罚〔一〕同。"从之。108，p7791—7792

宋会要辑稿·食货六五·免役一

【熙宁七年】五月二十五日，诏："诸路公人，依沿边弓箭手例给田募人。其招弓箭手寨户地，不用此令。凡系官、逃绝、监（收）〔牧〕等田，不许射买请佃。委本县置簿，估所得租合直价钱，以一年雇钱为准，仍量加优润，以役钱据数拨还转运司。"14，p7804

【熙宁七年】七月十九日，司农寺言："曲阳县尉吕和卿请：五等丁产簿，旧凭书手及耆、户长供通，隐漏不实，检用无据。今《熙宁编敕》但删去旧条，不立新制，即于造簿反无文可守，尤为未便。承前建议，唯使民自供手实、许人纠告之法最为详密，贫富无所隐，诚造簿书之良法也。"诏送提举编修司农寺条例司。14—15，p7804—7805

【元丰元年十月】十三日，御史中丞、判司农寺蔡确言："常平旧敕，多已冲改，免役等法，素未编定。今除合删修为敕外，所定约束小者为令，其名数式样之类为式，乞以《元丰司农敕令式》为目。"从之。21，p7808

【元丰三年】七月二十八日，司农寺都丞吴雍言："乞置局，会天下役书，删除烦复，支酬庸直，比较轻重，拟成式样，下逐路讲求报应，再加删定。"从之。23，p7809

【元丰五年】八月十六日，户部言："诏修《诸路役书》。请敷出役钱除先立数外，所留宽剩不得过二分，余行减放。其自来不及二分处，即依旧。"从之。27，p7812

哲宗元祐元年正月十四日，户部言："准《敕》：'府界诸路耆长、户长、壮丁之役，并募。以保正代耆长，催税甲头代户长，承帖人代壮丁，并罢。'看详所募耆、户长，若用钱数雇募，即虑所支数少，应募不行。

兼第四等以下旧不出役钱，只输充壮丁。窃虑诸路提举司、州县为见今降朝旨并创行雇募，却于人户上更敷役钱。今相度：欲乞应府界诸路自来有轮差及轮募役人去处，并乞依元役法。如有合增损事件，亦依役法增损，条具施行。"从之。27，p7812

【元祐元年二月】二十八日，置详定役法所。诏："门下侍郎司马光近建明役法，大意已善。缘关涉事众，尚虑其间未得尽备，及继有执政论奏，臣僚上言役法利害，若不精加考究，何以成万世良法？宜差资政殿大学士兼侍读韩维、吏部尚书吕大防、工部尚书孙永、给事中兼侍读范纯仁专（切）〔窃〕详定以闻。仍将逐项文字抄付韩维等。"先是，知枢密院章惇言："近奉旨与三省同进呈司马光乞罢免役、行差役事札子，其间甚多疏略，今条陈如左：今月初三日札子内称：'旧日差役之时，上户虽差充役次有所陪备，然年满之后，却得休息。今所出钱数多于往日充役陪备之钱，其害一也。'又札子内却称：'彼免役钱虽于下户困若，而上户优便，行之已近二十年，人情习熟，一旦变更，不能不怀异同。'臣看详，司马光旬日之间两入札子，而所言上户利害正相反，未审因何违戾乃尔。臣观司马光忠直至诚，岂至如此反复，必是讲求未得审实，幸而而言。以此推之，措置变法之方，必恐未能尽善。一称：'田亩役之时，所差皆土著良民，各有宗族、田产。使之作公人及管勾诸事，各自爱惜，少敢大段作过；使之主守官物，少敢侵盗。所以然者，事发逃亡，有宗族、田产以累其心，故也。今招募四方浮浪之人，使之充役，无宗族、田产之累，作公人则恣为奸伪，曲法受赃，呈守官物则侵欺盗用。一旦事发，则挈家亡去，变姓名往别州县投名，官司无从追捕，官物亦无处理索。'臣看祥，司马光前项所言亦有所因，盖比来降出臣庶所上封章内，往往泛为此说。但是诸设疑之二端，未必事实。且招募人之法，自有家业保识，若是主持官物者，便是长名衔内，比旧唯不买扑坊场，至于支酬重难与月给工食钱，亦自不与薄，岂有无宗族、田产浮浪之人得投充此役？臣自当行免役新法以来，三经典郡，每每询问募役次第，但闻线下所召承帖人多是浮浪，每遇追呼勾当，多行骚扰。若朝廷欲知事实，但令逐路监司制定一州，差役使即自熙宁元年以前，免役法行后即自元封元年以后，各具三年内主持宦物衔内，有若干人犯侵盗，各是何姓名，得何刑罪，便可立见有无。至如州县、曹司，旧法差役之人时，方召人户投名应役，直是无人可召，方行定差，其所差人往之不会行遣，惟是雇人代写文书，所差之人但占名著字，事有失错，身当决罚而已，民间中、下人户甚以为苦。自免役法行，或勒向来受雇行遣人充手分，支与雇钱。设若此等人曲法受赃，即与旧日何异？一称：'提举常平仓司惟务多敛役钱，广积宽剩，以为功效，希求进用。今朝廷虽有指挥，令役钱宽剩不得过二分，（切）〔窃〕虑聚敛之臣依傍役钱别作名目，隐藏宽剩，使幽远之人不被圣泽。'臣看详，所言亦未中事理。大抵常人之情，谋己私利者多，而向公爱民者少。若朝廷以积钱多为赏劝，则必以聚敛邀功。今朝廷既不许取宽剩，及掊刻者必行黜罚，则提举官若非病狂，岂肯力求黜罚？况役钱若有宽剩，未委作何名目可以隐藏？以此验之，言已疏阔。一称：'臣民封事言民间疾苦，所降出者约数千章，无有不言免役之害，足知其为天下之公患无疑。'臣看详，臣民封事降出者，言免役不便者固多，然其间言免役之法为便者，亦自不少。盖非人人皆言免役为害，事理分明。然臣愚所见，凡言便者多上三等人户，言不便者多下等人户。大抵封事所言利害，各是偏辞，未可全凭以定虚实当否。惟须详究事实，方可兴利除害。一称：'莫若直降敕命，应天下免役悉罢。其诸色役人，并依熙宁元年以前旧法人数，委本县令、佐亲自揭五等丁产薄定差。仍令刑部检按《熙宁元年见行差役条贯》，雕印颁下诸州。'臣看详此一节尤为疏略，全然不可施行。且如熙宁元年役人数目尤多，后来累经裁减，三分去一，今来岂可悉依旧数定差？又令刑部检会《熙宁元年见行差役条贯》，雕印颁下诸州。且旧日每修编敕，比至雕印颁行之时，其间冲改已将及半。盖以事目岁月改更，理须续降后敕。今日天下政事，比熙宁元年以前改更不可胜数，事既与旧不同，岂可悉检用熙宁元年以前，见行条贯？纷详司马光之意，必谓止是差役一事，今既差役依旧，则当时条贯便可施行。乃不知虽是差役一事，而官司上下关连，事目极多，条贯动相干涉，岂可单用差役一门？显见施行未得。一称：'向日差役之时，有因重难破家产者，朝廷为此始议作助役法。然自后条贯优假衙前，应公使库、设厨酒库、茶酒司，并差将校干当。又上京纲运召得替官员或差使臣、殿侍、军大将管押。其粗色及畸零之物，差将校或节级管押，衙前苦无差遣。'臣看详此一节，自行免役法后来，凡所差将校干当厨库等处，各有月给食钱。其招募官员、使臣，并差使臣、将校、节级管干纲运官物，并各有路费等钱，皆是支破役钱。今既差役，则无钱可支，何由更可差将校管干，及招募官员管押？一称：'若以衙前户力难以独任，即乞依旧于官户、僧寺、道观、单丁、女户有屋业、每月掠钱及十五贯、庄田中年所收斛斗及百硕以上者，并令随贫富等第出助役钱。不及此数者，与放免。其余产业，并约此为准。'臣看详，自免役法行，官户、寺观、单丁、女户各已有等第出纳役钱之法。今若既出助役钱，自可依旧，何须一切并行改变？且如月掠房钱十五贯，已是下等之家，若令出助役钱，显见不易。又更令庄田中年所收百斛以上亦纳助役钱，即尤为刻剥。凡内地，中年百硕斛斗，粗细两色相兼，共不直一十千钱。若是不当水路州军，不过直十四五千而已；虽是河北沿边，不过可直三十来千；陕西、河东沿边州郡，四五十千。免役法中，皆是不出役钱之人。似此等第官户、寺观送纳，固已非宜，况女户、单丁，尤是孤弱，若令出纳，岂不更为深害！一称：'虑天下役人利害，逐处各有不同，欲乞今来敕内更行指挥，下开封府界及诸路转运司，誊下诸州县官看详。若依今来指挥别无妨碍，即便施行；若有妨碍，致施行未得，限敕书到五日内，具利害擘画申州。本州类聚诸县所申，择其可取者，限敕书到一月内，具利害擘画申转运司。转运司聚诸州所申，择其可取者，限敕书到一季内，具利害擘画奏闻。'又续有札子，内称：'伏望朝廷执之坚如金石，虽有小小利害未备，俟诸路转运司奏到，徐为改更，亦未为晚。'臣看详，今日更张政事，所系生民利害，免役、差役之法最大，极须详审，不可轻易。况役法利害所基，先自县道，理须宽以期限，令诸县详议利害，曲尽逐处所宜，则法可久行，民间受赐。今来止限五日，诸县何由擘画利害？详光之意，务欲速行以便民，不知如此草草更张，反更为害。诸路州军见此指挥，必妄意朝廷惟在速了，不欲令人更有议论，故立此限，迫促施行。望风希合，以速为能，岂更有擘画？上项两节，乃是空文。且诸县既迫以五日之限，苟且施行犹恐不暇，何由更具利害申陈？诸县既不申陈，诸州凭何擘画？诸州既无擘画，转运司欲具利害，将何所凭？又况人怀观望，谁肯措辞？如此，则生民受弊，未有已时。光虽有忧国爱民之心，而其讲变法之术措置无方，施行无绪。可惜朝廷更法美意，又将偏废于此时，有识之人，无不喟叹。伏乞更加审议。臣所看详，且据司马光札子内抵捂事节而已，至于见行役法，今日自合修改。但差役、免役各有利害，要在有讲求措置之方，使之尽善。臣再详光所论事，亦多过当，唯是称'下户元不充役，今来一例纳钱'，又'钱非民间所铸，皆出于官。上农之家所富有者，不过庄田、谷、帛、牛具、桑柘而已'。谷贱已自伤农，官中更以免役及诸色钱督之，则谷愈贱，此二事最为论免役纳钱利害要切之言。然初朝廷自议行免役之时，本为差役民受困苦，大则破家，小则毁身，所以议改新法。但为当时所遣使者不能体先帝爱民之志，成就法意之良，惟欲因事以为己功，或务苟且速就，或务多取役钱，妄意百端，徼幸求进。法行之后，差役之旧害虽已尽去，而免役之新害随而复生。民间徒见输纳之劳，而不知朝廷爱民利物之意。今日正是更张修饰之时，理当详审。况逐路逐州逐县之间，利害不同，并须随宜擘画。如臣愚见，谓不若先具此意申敕转运、提举司、诸州县，各令尽心讲求，豫具利害擘画次第，以俟朝廷遣使就逐处措置。此命既以先下，人人莫不用心，然后朝廷选公正强明、晓练政事官四员充使，逐官各更选辟晓练政事两员随行管勾。且令分使京东、京西路，每路两员使者，四员随行管勾官，与转运或提举官亲诣逐州县，体问民间利害，是何等人户愿出役钱，是何等人户不愿出役钱，是何等色役可差，是何等色役可雇；是何等人户虽不愿出钱，而可以使之出钱，是何重难优轻可增可减。缘人户贫富、役次多寡与重难优轻窠名，州州县县不同，理须随宜措置。既见得利害（子）〔仔〕细，然后条具措置事节，逐旋闻奏，降敕施行。如此，不过半年之间，可以了此两路。然后更遣此已经措置官员分往四路，逐员各更令辟一员未经措置、晓达政事官同行，不过半年之间，又可措置四路。然后依前分遣，遍往诸路。如此，则远不过一年半之间，天下役法措置悉已周遍。法既曲尽其宜，生民永蒙惠泽，上则成先帝之美意，下则兴无穷之大利。与今日草草变革，一切苟欲速行之弊，其为利害，相远万万。愿留省览。”至是，尚书左丞吕公著言：“勘会司马光近建明役法文字，大意已善，其间不无疏略未备处。若博采众论，更加公心，申明行下，向去必成良法。今章惇所上文字，虽其言或有可取，然大率出于不平之气，专欲求胜，不顾朝廷命令大体。早来都堂三省、枢密院会议，章惇、安焘大段不通商量。况役法元不属密院，若如此论议不一，必是难得平允。望宸衷详酌，或选差近臣三数人专（切）〔窃〕详定奏闻。”遂具韩维、李常、范纯仁、孙觉、孙永、吕大防、王觌名，乞自禁中指挥，选三数人降出。又言：“自来政事，朝廷有大议论，亦多选差两制或两省定夺。近刘挚、王岩叟、苏辙有所论奏，恐涉嫌疑，惟宸衷裁择。”于是诏维等专切详定。32—39，p7815—7819

【元祐元年闰二月】十九日，诏：“给事中兼侍讲傅尧俞详定役法。”46，p7822

【元祐元年三月三日】，详定役法所言："检会今年二月六日朝旨内一项：'诸色役人，其间虽有等第不及而愿充近上役次者，乞听从便。'及'旧人愿住者准此'一项，乞下诸路，衙前依已得指挥外，其余役人亦乞并依即目见用人数定差。如委实人数太少，使用不足，或别有妨碍，即依闰二月四日指挥施行。一、官户、僧寺、道观、单丁、女户出助役钱，窃虑州县有不晓元降朝旨'如有妨碍，即未得施行'之意，却便作无妨碍行下。今乞下诸路更不施行，别听指挥。二、已准朝旨，免役钱一切并罢。其将来夏料役钱，自合更不起纳。"从之。46，p7822

【元祐元年三月】四日，详定役法所言："诸色役人已行旧日差法，窃虑新、旧法未定之际，州县辄有诸般圆（那）[挪]陪备，非理勾追役使。若不严行禁止，必恐别致骚扰。欲应《元丰编敕》及见行散敕内约束'不得非理差衙前及诸色役人，并令陪备'等条贯，并乞依旧行使。内耆、壮即乞依保正长法施行。"从之。46—47，p7823

【元祐元年】四月六日，中书舍人苏轼详定《役法》。47，p7823

【元祐元年】五月八日，户部侍郎赵瞻详定《役法》。50，p7825

【元祐元年五月】二十三日，详定役法所言："新敕罢天下免役钱。缘《元丰令》修弓手营房给免役剩钱，和雇递马及雇夫，并每年终与转运司分认。三十贯以下修造及旧系役人陪备脚乘之类，更有诸州造账人请受，并巡检司、马递铺、曹司代役人应用纸笔，并系支免役钱。今请支见在免役积剩钱，俟役书成，别行详定。"从之。其免役积剩钱应副不足处，依嘉祐以前敕条，条不载者奏。51，p7825

宋会要辑稿·食货六五·免役二

【元祐六年八月】十八日，户部言："应输助役钱人户典卖田，限五十顷止，限外田依免役旧法全输役钱。未降敕前已过限者非。降敕后，典卖田土者，即通旧过限田土，亦依免役旧法全输。荒田并坟地若恩赐者，不在此限。"从之。61，p7831

【元祐六年八月】二十三日，户部言："按《元祐差役敕》：'单丁、无丁或女户，如人丁添进，合供力役者，若经输钱二年以上，与免差役一次。'缘其间有户窄役频处，今欲依本条下添入注文：'户窄空闲不及二年处，即免一年。'"从之。61—62，p7831

【元祐七年】九月六日，三省言："诸路差役，第三等以上户空闲四年，第四等以下户空闲六年，不及逐等年限，即雇募。狭乡县役人并许雇州县人役。宽乡县役人，并轮差。重役人合替放，愿应募者，听。募役人须有税产，不得募有荫、听赎人。衙前如人户愿以官田充募者，听。及请依今来立定新式，供本县轻重役次等。"并从之。62，p7831

【元祐】八年正月二十二日，诏："近降役法，今后收到官田，并见佃人逃亡，更不别召人户租佃。及见佃官田人户如违欠课利，于法合召人户划佃者，并拘收入官，留充雇募衙前。收到官田，未有人投募，且召人租佃。有人充役，即行给付。"62，p7832

【绍圣元年六月】九日，又言："熙宁、元丰间，设提举官，以总一路之法，州有管勾官，县有给纳官。今复免役法，既置提举及管勾官，乞依《元丰令》，给纳分逐县常留簿、丞一员。"从之。66，p7834

【绍圣元年】七月三日，又言："乞应幕职、监当官接送旧系差全请雇钱公人，今来合支雇钱，依《元丰令》立定人数支破。其《元祐敕》添人数，并差厢军。"诏罢减《元祐敕》添人数，余从之。66，p7834

【绍圣元年八月】七日，又言："诸路申乞造簿。缘近降朝旨，五等簿不得旋行改造。盖虑纷然推排，别致骚扰。按《元祐令》：'人户物力贫乏，所输免役钱虽未造簿，许纠决升降。'今但推行旧条，因其纠诉，略行升降，则已与造簿无异。"从之。66，p7834

【绍圣元年九月】二十八日，诏："人户以财产妄作名目隐寄，或假借户名，或诈称官户之类避免等第科配者，各以违制论。内官员仍奏裁，减免役钱者，杖一百以上；未经免及衷私托人典买未转易归本名者，各减三等。并许人告，以所言财产之半充赏。"从户部看详役法所请也。67，p7835

【绍圣元年】十月十八日，户部看详役法所言："《元丰令》节文：'诸宗室在宗正属籍及太皇太后、皇后缌麻以上亲，并免色役。'所有皇太妃缌麻以上亲，亦合并免色役。"从之。67，p7835

【绍圣三年】六月八日，详定重修敕令所言："常平等法，在熙宁、元丰间各为一书。今请敕令格式并依元丰体例修外，别立常平、免役、农田水利、保甲等门，成书同《海行敕令格式》颁行。"降诏自为一书，以《常平免役敕令》为名。70，p7837

【绍圣三年】九月十八日，诏翰林学士承旨兼详定役法蔡京依旧详定重修敕令。其后，十二月三日京言："臣僚论江西役法等事，奉旨令详定重修敕令所具析闻奏。一言：'元祐初司马光秉政，蔡京知开封府，光唱京和，首变先帝之法，只祥符一县，数日之间，差拨役人一千一百余人，皆蔡京首为顺从。'臣昨知开封府，于元祐元年二月内降到司马光差役法，令州县揭簿定差，仍称如无妨碍，即便施行。其开封府虽辖诸县，自来只管勾京城内公事，至于人户差役簿书之类，皆诸县一面施行。其开、祥两县在辇毂之下，既见法内有即便施行之文，所以承行，不敢少缓。臣若能应和司马光，则不应一月之间，一请遂罢。又言：'蔡京坏先帝之法，如江西吏人除重法案外，元无雇钱，近来一例创行支给，以百姓之脂膏，填群吏之沟壑。'检会江西绍圣三年敷出总数减放四万四千，臣若创行增添吏禄，当须于敷出总数内增过元丰额数。今来比元丰有四万余贯放免，显见臣僚妄诞。先帝仁政，而臣僚以为'取脂膏填沟壑'，不意敢为是言也！"先是，侍御史董敦逸有言，诏送详定重修敕令所具析闻奏。至是，京奏。迺复诏敦逸分析。敦逸言："据蔡京所陈，奉旨令臣分析状。内称：'苏辙亦言，朝廷明使州县相度有无妨碍，而开封府官吏更不相度申请。'苏辙兄弟自是毁坏良法之人，尚谓开封府监勒开、祥两县，迅若兵火，仍乞取问。"诏令敦逸分析，于甚处得苏辙元文字以闻。敦逸言："元祐更变役法，其建言是司马光，推行之始是开封府。时京知府事，惟章惇独有论列，其余皆是附光所言。闻苏辙见京施行太速，有'迅若兵火'之语。臣是时，言者凡数状，并付韩维，故士大夫多能道其略。臣日近为京又坏先帝之法，故以所得，形于章疏。"诏令董敦逸分析所得来处，诣实以闻，不得辄隐。70—71，p7837—7838

【绍圣四年】十二月二十二日，诏："衙前（般）〔搬〕运物并依《元丰条制》，删去元祐增入之文。"从荆湖北路转运司请也。71，p7838

【元符】三年八月二十一日，_{徽宗即位，未改元。}诏三省："编敕役法既已成书，修书官吏并罢。见修一司敕令归刑部，役法归户部，各委郎官兼领之。"72，p7838

崇宁元年八月二日，中书省言："臣僚奏：'户部右曹更改诸路役法，增损元丰旧制五百九项不当。'勘会永兴军路乞行差役州县，申请官已降旨责罚，湖南、江西提举司乞减一路人吏雇直，见取会别作施行外，如江西州军止以物贱减削人吏雇直，显未允当。至如役人罢给雇钱去处，亦害法意，理合依旧。"诏户部并依《绍圣常平免役敕令格式》，及《元降绍

圣签贴役法》施行。其元符三年正月后来冲改《绍圣常平免役敕令格式》，并充改《签贴续降指挥》，并不施行。73，p7839

大观四年五月十四日，臣僚言："《元丰令》，惟崇奉圣祖及祖宗神御、陵寝寺观不输役钱。近者臣僚多因功德坟寺，奏乞特免诸（般）〔搬〕差役。都省更不取旨，状后直批放免。由是援例奏乞，不可胜数。或有旋置地土，愿舍入寺，亦乞免纳。甚者至守坟人虽系上、中户，并乞放免。所免钱均敷于下户，最害法之大者。欲今后臣僚奏请坟寺，不许特免役钱，仍不得以守坟人奏乞放免。其崇宁寺观合纳役钱，亦乞攻正施行。"诏令礼部划刷，关户部改正。74，p7840

【大观四年】六月十四日，诏："常平、免役岁终造账之法，分门立项，丛脞汗漫，倦于详阅。令修成《旁通格法》，可令逐路提举常平司每岁终，将实管见在依此体式编类，限次年春首附递，经入内内侍省投进，仍自大观五年（者）〔春〕为始。"74，p7840

【绍兴】三年二月二十六日，提举淮南东路茶盐公事郭揖奏："差役之法，比年以来吏缘为奸，并不依法，五家相比者为一小保，却以五上户为一小保。于法，数内选一名充小保长，其余四上户尽挟在保丁内。若大保长阙，合于小保长内选差；保正、副阙，合于大保正长内选差。其上户挟在保丁内者，皆不着差役，却致差及下户。故当保正、副一次，辄至破产。不惟差役不均，然保伍之法亦自紊乱矣。今欲乞以《免役令》文内'选保'二字下删去'长'字。若如此选差，则上户不能挟隐，不须更别立法，自然无弊。"诏令户部限五日看详申尚书省。其后，户部言："臣僚所言，止谓关防人户避免充催税大保长，多是计会系干人将有心力之家于小保下排充保丁，致选差不到。今欲乞今后令州县先于五小保内，依法选有心力、财产最高人充保长，兼本保小保长祗应。其大保长年限、替期，轮流选差，并依见行条法施行。余依臣僚所乞。如此，州县奉行，不致隐挟上户却充保丁之弊。"批送户部，窃虑州县差役有不同去处，行下诸路提刑司相度保明，申尚书省。续已于"保"字下删去"长"字，见五年四月指挥。78—79，p7843

【绍兴五年三月十日】，臣僚言："乞下有司，专用物力及通（输）〔轮〕一乡差募保正、长。凡官吏因役事受财者，重为典刑，以示惩诫。"诏于《绍圣常平免役令》"五保为一大保"字下添"通"字，"选保"字下删去"长"字，仍今后许差物力高单丁，每都不得过一人。寡妇有男为僧道成丁者同。即应充而居他乡别县或城郭，及僧道，并许募人充役，官司不得追正身。余依见行条法，仍先次施行。81—82，p7845

【绍兴】二十九年七月五日，国子正张恢言："欲乞推详祖宗旧法，每都令户长催科外，置耆长、壮丁，专管争讼斗殴。追呼公事，别募人充。惟烟火、盗贼事之大者，则属之保正，他事不得追呼。以至修官宇、给厨传、收买土物之类，严行戒戢。有违戾者，置于法。"诏令有司看详。其后，户部言："在《法》：'保正、副系于都保内通选有行止材勇、物力最高者二人充应，管干开收人丁，觉察盗贼者。若愿就雇兼代耆长，即管干乡村盗贼斗殴、烟火、桥道公事。大保长愿兼户长催纳税租，若不愿而辄差雇者，徒二年。非本耆保而辄差委干当者，杖一百。官司于役人有所圆融及科买配卖者，以违制论，不以去官、赦降原减。即令陪备夫力者，徒二年。'欲乞下诸路常平司遍（条）〔牒〕所部州县，常切遵守施行，如有违戾，即依法按治。"从之。90—91，p7851

【绍兴】三十年五月十八日，臣僚言："州县保正、副间有雇募代役，多是公吏别立私名受募，每有文移，承受之后即收匿，追呼催索，有逾数限而不报。其徒递相壅蔽，但见公府事多而令慢，不知其弊由此。乞明立罪赏，许人告首，重置之法。其所募之人，例与同罪。"诏送刑部立法。刑部言："今后应募人充役者，辄〔募〕放停军人及罢役、见役公人代役，及代之者，各杖二百科罪。仍许人告，赏钱五十贯。"从之。91，p7851

【绍兴三十一年】九月二十四日，知忠州张德远言："川峡四路别敕申明、续降已经冲改厘革条件甚多。谓如免役法自熙宁改创，行垂百年，具有成宪。今忠州诸县近年以来，于选差逐都保正，却妄引未行免役之前皇祐川峡四路乡差里正、户长、耆长、散从、承符官、解子并手力、弓手敕条，次第轮流，差至第三等末人户充保正，却将绍圣、绍兴免役令通都保内选差物力最高之人见行条令更不遵用，致保正之役多及下户。都保内家业物力有及一万贯者，歇役或致二十年不差，却差至第三等家业三百贯文人户。贫富相远，力役何由均平？而朝廷见行免役条令，几至尽废。欲望特赐详酌下四路，各委详明监司一员，取索抄录《川峡四路编敕》及《一路一司一州一县别制》缴申朝廷，降付详定一司敕令所，重行修立《新书》从事。"给舍黄祖舜等今看详："差保正自合遵用绍圣、绍兴见行役法，不应引用皇祐旧条。欲乞令户部检坐见行条法，下川峡四路遵用施

行。"从之。93—94，p7852—7853

孝宗隆兴二年六月一日，诏："诸充保正、副，依条只合管烟火、盗贼外，并不得泛有科扰差使。如违，许令越诉，知县重行黜责外，守、倅各坐失觉察之罪。"以福建路转运司言："建宁府、福、泉州诸县差役保正、副，依法止管烟火、盗贼。近来州县违戾，保内事无巨细，一一责办。至于承受文引，催纳税役，抱佃宽剩，修葺铺驿，抛置军器，科买食盐，追扰陪备，无所不至。一经执役，家业随破。"故有是命。94—95，p7853

【乾道三年】四月三日，刑部修下条："诸进纳授官人，特旨与理为官户者，依元得旨；若已身亡，子孙并同编户。"从之。因军功捕盗而转至升朝、非军功捕盗而转至大夫者，自依本法。96，p7854

【乾道】八年十一月二十六日，户部尚书杨倓等言："今将给舍同本部长贰详到臣僚陈请役法，参酌如后：一、在《法》：'催税分定比近保分催纳，其寄产户令见任处大保长催。'续降绍兴十二年敕旨，却令寄产户充大保长。既非本处相近，烟火、盗贼无缘机察，亦难以责办催科。今欲依旧法差募。二、差役旧法，系以物力通选，续承绍兴十五年八月敕旨，许差物力高单丁，每都不得过二人。其应充保正、副或催税户长，止得一名，不得双差。本为优恤单丁之家，行之既久，奸伪百出，富豪者多以单丁而免役，贫弱者或以丁众而屡充。今欲不拘丁数只依旧法通选物力高者充役，庶得均平。三、小保长旧无替法，今欲限二年一替，更不给帖。四、在法，乡村盗贼、斗殴、烟火、桥道公事，并着长干当。今欲有着长处依旧例，尤着长处保正同。五、人户买扑酒坊，如本户别无田产物力，欲令以坊本物力就本坊充役；有田产物力，即以少并就一多处充应。六、代役人许募本县土著有行止之人，不得募放停军人及曾役公人。违者许告，将犯人雇钱坐赃论。仍不许受两家雇募。曾经代役或罢去，辄告论他事者，依罢役公人法。"从之。100—101，p7857

【乾道九年】七月四日，诏："诸转运司行下所部州县，将女户如实系寡居及寡居而有丁者，自依条令施行。其大姓猾民避免赋役，号为女户无丁，诡名立户者，即自三等已上及至第四等、第五等，并与编户一等均敷。仍令州县多立文榜晓谕，限两月陈首，与免罪改正。如违，许告，断罪、告赏并依见行条法。"以臣僚言："大率一县之内，系女户者其实无几，而大姓猾民避免赋役，与人吏、乡司通同作弊，将一家之产析为诡名

女户五七十户，凡有科配，悉行捐免。乞立法革其弊。"故有是命。101，p7857—7858

宋会要辑稿·食货六六·身丁钱

绍兴三年四月九日，权发遣严州颜为言："乞许曾得文解及该免文解人并免身丁。"诏令户部立法。今修立下条："诸未入官人：校尉、京府诸州助教，免二丁；二人以上免一丁；一名者不免。得解及应免解人：助教广南摄官，流外品官，三省守当官、守阙守当官私名以上，私名，谓已未入额编排定人数。枢密院贴房、守阙贴房、散祗候以上，职医，助教摄参军之类，并侍丁本身，并免丁役。"从之。1，p7859

【绍兴】十五年正月二十七日，臣僚言："州县坊郭、乡村人户，既有身丁，即充应诸（般）〔搬〕差使，虽官户、形势之家亦各敷纳免役钱。唯有僧、道例免丁役，别无输纳，坐享安闲，显属侥幸。乞令僧、道随等级高下出免丁钱，庶得与官、民户事体均一。"户部言："今措置到下项：甲乙住持律院并十方教院、讲院僧，散众，每名纳钱五贯文省；紫衣二字师号，纳钱六贯文省；只紫衣、无师号同。紫衣四字师号，每名纳钱八贯文省；紫衣六字师号，每名纳钱九贯文省；知事，每名纳钱八贯文省；住持僧职法师，每名纳钱一十五贯文省。十方禅院僧：散众，每名纳钱二贯文省；紫衣二字师号，每名纳钱三贯文省；只紫衣、无师号同。紫衣四字师号，每名纳钱四贯文省；紫衣六字师号，每名纳钱六贯文省；知事，每名纳钱五贯文省；住持长老，每名纳钱一十贯文省。宫观道士：散众，每名纳钱二贯文省；紫衣二字师号，每名纳钱三贯文省；只紫衣、无师号同。紫衣四字师号，每名纳钱四贯文省；紫衣六字师号，每名纳钱五贯文省；知事，每名纳钱五贯文省；知观法师号，每名纳钱八贯文省。道正、副等同。"诏依。1—2，p7859—7860

【绍兴十五年】二月十二日，臣僚言："乞太学生免丁役，令敕令所立法。"今修立下条："诸未入官人，校尉，京府、诸州助教，得解及应免解人，并见系太学生，并免丁役。"从之。2，p7860

孝宗隆兴二年四月二十六日，知常州宜兴县姜诏言："本县无税产人户，每丁纳丁身盐钱二百文足。第四、第五等人户有墓地者，谓之墓户，经界之时，均纽正税外，又令带纳丁盐绢，作折帛钱输纳。本州管下晋陵、武进、无锡三县，皆于众户田产上均纳，独是本县纽在下户带丁收纳，致人户不得已将父祖坟墓遗弃逃亡，或典卖与人，在上耕种，使枯骨暴露，情实可悯。欲乞依三县一例均纳。"从之。8，p7863

淳熙十六年闰五月十九日，诏："诸路州县僧道年六十以上合纳丁钱，特与放免一年。或已纳在官，与理充将来之数。如敢却行催理，许越诉，监司觉察以闻。"17，p7868

宋会要辑稿·食货六六·役法

淳熙元年三月五日，臣僚言："诸路州县一都之内，保正凡二，而保长凡八。保正物力颇高，役之二岁，尚可枝梧。至于保长，类多下户，无十金之储，限以二年，困穷特（立）甚。欲乞保正止仍旧法，保长限以一年，使深恩实惠下及细民。"从之。21，p7869

【淳熙元年】十月三日，浙西提举叶模言差役之弊，乞明诏有司严立条法。于是敕令所拟修下条："诸选定合充保正长而（选）〔逃〕役妄讼，以致役满人过期不替，或权募人充过月日者，并勒当役妄讼人于正役年限外增展拖延月日。谓如合役二年，若因妄讼拖延一季，即正役二年一季之类。若当行人吏或乡司受情增减物力，定差不当，即勒雇人代充，权替役满人。候差定正役人日交替。其罪各依本法。"从之。21，p7869

【淳熙】七年七月十四日，臣僚言："自来女户、幼丁并得免役，近因颁降役法，有司抵牾申明，遂致不免。兼隆兴二年老、幼、疾病之人止免身丁，不许免役。窃缘老、幼、疾病在法不合为丁，无可免者。望诏有司，应老疾户许雇人充役，其女、幼户依旧捐免。"诏敕令所检会条法释说。既而本所言："女户九人成丁者并不应差役外，如有孤幼，财产自为检校，即显幼丁自不成户。止缘淳熙六年六月十六日臣僚言申请之时，误于'老疾之人不许免役'文内多添一'幼'字，当时批状行下，因此州县疑惑，是致臣僚奏请，乞将女、幼户捐免差役。乞自今更不得引用上件批（献）〔状〕，并遵前后条法指挥。"从之。22，p7870

绍熙元年二月二十九日，臣僚言："近见朝廷从两浙漕臣之请，所至揭榜，限以两季，令官、民户归并诡名挟户。限满不自首者，许乡司等告首。将及限满，尚未闻有自首归并者。臣窃谓欲革此弊，莫若命郡守各于僚属择能通练清强者，每邑一员，再展期限，专一措置，严行督责，务在必行。其所委之官，措置有方，许令守臣保明，量与推赏。"诏潘景珪措置闻奏。既而景珪言："每县欲置木柜二口，封锁印押于县门。一口

（今）〔令〕展限内许诡名置产人实封状撺柜自首，十日一次知县躬亲开柜，即与免罪，追乡司归并入户内。一口（今）〔令〕展限外许诸色人并见役公吏、乡司及保正、副、保长、户长、承帖催税家人具实封状，告首诡名挟户之家撺柜内，十日一次知县躬亲开柜拆封，呼及乡司，究证得实，将告中田产依条给告人，犯人从条断罪。所告人内有公吏、乡司等向断罢已经叙理充役，若被告人出名或结托亲知，经官陈诉冒役，官司并不得受理。若首产之后，别有被罢冒役之人，方许受理。仍令转运、提刑、提举、安抚司照会。所置木柜，仍造牌二面，其一书'召人自陈诡名挟户'，其一书'召人告首诡（户）〔名〕挟户'。诡名挟户之家，除人力、佃客、干当掠米人不许告首外，田邻并受寄人亦许令撺柜首。如点检得实，与免罪，将告中田产亦给与告人。如被他人陈告，田邻并受寄人知情，依条科断。告首状撺柜日，知县躬亲拆封。若有自首状，虽已被他人撺柜告首，知县点检得实，亦理为自首，与免罪归并。官户除登科、军功荫补外，余依非泛补授，不得豁除限田指挥。官户于户下书名，若系执政、侍从、两省、台谏、卿（谏）〔监〕、郎官，注云'见任某官'，亡殁者即云'曾任某官'。官户既已取见职位、姓名，若已亡殁，即将格内合得田产，据子孙人数均算。官户合得限田，子孙虽多，须是服阕之后已曾分析，方合据户均算。乡司诸色人能首并人户诡名置产，依今来指挥，照条推赏给产。如逐县故有阻抑，许直经转运司陈理。官户依格合破限田，其家田产不及格数，受寄民户田亩入户揍充，并许受寄官户令干人等首。知县究证得实，将告中田产尽行给赏。如他人陈告，亦当坐罪。诡名挟户之家，于今展限内不自陈首，又无人告论，即从逐县知县索诸乡户长、催税承帖家人脚头簿点检所催税去处，便可照应诡名。诡名置产，依《淳熙十六年七月二十八日指挥》：'先限一季，又展一季，限满更展一季，系是三次立限。限内不首，更不展日，若被人陈首，即从今降指挥施行。'不曾首并田产税色之人，逐县出榜告示，今后不许作代纳销钞。典卖田产之人，知典卖主系是诡名，许行陈首。根究（指）〔诣〕实，将元典卖田产给还原主。"从之。24—25，p7873—7874

【庆元五年】三月四日，户部言："役之久近，理为白脚者，歇役也。姑以一家论之，设兄弟分析，去岁未分，方以合户充役，今岁既分，又复以析生白脚各户充役。今乞将分烟析生之家，如分后各户物力在二等以上，作析生白脚充役；若分后各户物力止在三等以下，则许将未分前充过役次于各名下批朱，理为役脚，与部内得替人比并物力高下、歇役久近，通行选差等。"敕令所欲从户部议定事理施行，仍从本所修入《役法撮要》。从之。先是，臣僚言析生白脚差役之害，乞下户部参酌，故有是命。28，p7877

开禧元年七月二十七日，臣僚言："窃见保伍之法，州县之吏往往视为具文，并无图籍可以稽考。盖一都当有一都之籍，一乡当有一乡之籍，一县当有一县之籍，一州当有一州之籍，一路当有一路之籍。所谓团籍者，起于保甲，以五家结为一小甲，三十小甲结为一大甲。每甲须当开具甲内某人系上户，见系第几等户，曾不应役，人丁若干；某人系下户，作何营运或租种是何人田亩，人丁若干；某人系客户，元系何处人氏，移来本乡几年，租种是何人田地，人丁若干；某人系官户，是何官品，曾不系析户，一一籍之于册。大甲内选众所推伏、稍有家力者充甲首。如甲内有孝行著闻、节谊可尚者，则申明有司，议陈乞旌赏。有不孝不悌、好勇斗狠、重为民害及过犯逃军之属，则甲首与众闻之有司，论罪状如法。或有一时交争斗殴者，则同甲之人互相劝解。甲首之家许置防盗之具，如遇歉岁，僻远去处置立巡铺，大甲首从公轮差甲内人户巡警。图籍既明，保甲既定，则民不犯禁，田宅安妥。乞下诸路提举司检照见行条法，参以臣之所陈，则田里之民皆有古人相友相助之意；一士一民，朝廷皆可以按籍稽考。其于民政，莫切于此。"诏依，令诸路提刑、提举司措置，条具申尚书省。29，p7878

嘉定五年正月二十二日，臣僚言："窃见淳熙十六年两浙漕臣耿秉建议，充役人物力比未役白脚人加增及一倍，歇役十年理为白脚，再充；如增及二倍，歇役八年；增及三倍，歇役六年。户部看详：'合从建议施行。今著令甲，永为成式。'自是两浙州县役户不以轻重疏数为病。至于其他路人户，争役到官，尚未免纷扰。夫均是郡县也，均是物力也，均是色役也，岂有可行于两浙而不可行之诸路乎？乞以两浙倍役之法通行诸路，永远著令，庶使州县差役无有紊扰，而力役既均，下户亦无坐困之弊。"从之。30，p7879

宋会要辑稿·食货六六·免役

【熙宁七年】七月十九日，司农寺言："曲阳县尉吕和卿请：五等丁产簿，旧凭书手及耆、户长供通，隐漏不实，检用无据。今《熙宁编敕》

但删去旧条，不立新制，即于造簿反无文可守，尤为未便。承前建议，唯使民自供手实、许人纠告之法最为详密，贫富无所隐，诚造簿书之良法也。"诏送提举编修司农寺条例司。39，p7887—7888

【元丰元年十月】十三日，御史中丞、判司农寺蔡确言："常平旧敕，多已冲改，免役等法，素未编定。今除合删修为敕外，所定约束小者为令，其名数、式样之类为式，乞以《元丰司农敕令式》为目。"从之。42，p7891

【元丰三年】七月二十八日，司农寺都丞吴雍言："乞置局，会天下役书，删除烦复，支酬庸直，比较轻重，拟成式样，下逐路讲求报应，再加删定。"从之。又言："就差官钩考存留耆、壮雇直，并支酬衙前钱物，计置聚之京师，或转移沿边，变易金、谷。"诏提举司限一月具数以闻。43，p7892

【元丰】七年二月二十五日，户部言："司农寺准朝旨就置官局，会天下役书，审察修定。虽已有讲议到路分，续准朝旨罢局。契勘推行役法，迄今十余年，诸路申请增损改更事件不少，条例烦复；兼役人多寡、场务优重、佣酬之类亦有未均。开封府界见用役书，疏略特甚。今相度：除淮东、两浙路系吴雍先已议定施行外，其余分路欲乞从本部参酌，刊成完书。"从之。44，p7893

【元丰八年】八月十六日，户部言："诏修诸路役书。请敷出役钱除先立数外，所留宽剩不得过二分，余行减放。其自来不及二分处，即依旧。"从之。45，p7894

【元丰八年】十月二十五日，诏："耆户长、壮丁之役，皆募充，其保正、甲头、承帖人并罢。"45，p7894

哲宗元祐元年正月十四日，户部言："准《敕》：'府界诸路耆长、户长、壮丁之役，并募。以保正代耆长，催税甲头代户长，承帖人代壮丁，并罢。'看详：'所募耆、户长，若用钱数雇募，即虑所支数少，应募不行。兼第四等以下旧不出役钱，只轮充壮丁。'窃虑诸路提举司州县为见今降朝旨并创行雇募，却于人户上更敷役钱。今相度：'欲乞应府界诸路自来有轮差及轮募役人去处，并乞依元役法。如有合增损事件，亦依役法增损，条具施行。'"从之。46，p7894

元祐元年二月二十八日，右正言王觌言："伏睹今月七日敕，行差役法，敕内止是备录门下侍郎司马光札子，不曾经有司立成画一条目。若内有小节未安，须当接续行下，庶几良法早定，不为浮议所摇。看详'诸色役人并依熙宁元年以前旧法人数，委本县令、佐亲自揭五等丁产簿定差'此一节，缘诸色役人自熙宁元年后来逐旋裁减，今来乞降指挥，依见今役人立额定差。并衙前一役，熙宁元年以前旧法许人投名。今既颁行熙宁元年以前差役条贯，即合存留投名之人。乞降指挥，应投名衙前只用近年规绳，以出卖坊场钱支酬重难分数，并给请受。或内有不愿依旧投名之人，重别招募不行，方得乡差。其官户、僧道、寺观、单丁、女户免役钱，即留助乡差之人。"诏札与详定役法所。52，p7901

【元祐元年五月】二十三日，详定役法所言："新敕罢天下免役钱。缘《元丰令》修弓手营房给免役剩钱，和雇递马及雇夫，并每年终与转运司分认。三十贯以下修造，及旧系役人陪备脚乘之类，更有诸州造账人请受，并巡检司、马递铺、曹司代役人应用纸笔，并系支免役钱。今请支见在免役积剩钱，候役书成，别行详定。"从之。其免役积剩钱应副不足处，依嘉祐以前敕条，条不载者奏。58，p7907

【元祐三年】四月二日，诏诸路郡县各具差役法利害条析以闻。60，p7910

【元祐六年八月】十八日，户部言："应输助役钱人户典卖田，限五十顷止，限外田依免役旧法全输役钱。未降敕前已过限者非。降敕后，典卖田土者，即通旧过限田土，亦依免役旧法全输，荒田并坟地，若恩赐者，不在此限。"从之。63，p7913

【元祐六年八月】二十三日，户部言："按《元祐差役敕》：'单丁、尤」或女户，如人丁添进，合供力役者，若经输钱二年以上，与免差役次。'缘其间有户窄役频处，今欲依本条下添入注文：'户窄空闲不及二年处，即免一年。'"并从之。63，p7913

【绍圣元年六月】九日，又言："熙宁、元丰间，设提举官，以总一路之法，州有管勾官，县有给纳官。今复免役法，既置提举及管勾官，乞依《元丰令》，给纳分逐县常留簿、丞一员。"从之。65—66，p7915

【绍圣元年】七月三日，又言："乞应幕职、监当官接送，旧系差全请雇钱公人，今来合支雇钱，依《元丰令》立定人数支破。其《元祐敕》添人数，并差厢军。"诏罢减《元祐敕》添人数，余从之。66，p7916

【绍圣元年八月】七日，又言："诸处申乞造簿。缘近降朝旨，五等簿不得旋行改造。盖虑纷然推排，别致骚扰。按《元祐令》：'人户物力

贫乏，所输免役钱虽未造簿，许纠决升降。'今但推行旧条，因其纠诉，略行升降，则已与造簿无异。"从之。66，p7916

【绍圣元年九月】二十八日，诏："人户以财产妄作名目隐寄，或假借户名，或诈称官户之类避免等第科配者，各以违制论。内官员仍奏裁。减免役钱者，杖一百以上。未经免及衷私托人典卖未转易归本名者，各减三等。并许人告，以所言财产之半充赏。"从户部看详役法所请也。66，p7917

【绍圣元年】十月十八日，户部看详役法所言："《元丰令》节文：'诸宗室在宗正属籍及太皇太后、皇后缌麻以上亲，并免色役。'所有皇太妃缌麻以上亲，亦合并免色役。"从之。67，p7917

【绍圣四年】十二月二十二日，诏："衙前（般）〔搬〕运物并依《元丰条制》，删去元祐增入之文。"从荆湖北路转运司请也。69，p7920

【元符】三年八月二十一日，诏三省："编敕役法既已成书，修书官吏并罢。见修一司敕令归刑部，役法归户部，各委郎官兼领之。"70，p7920

崇宁元年八月二日，中书省言："臣僚奏：'户部右曹更改诸路役法，增损元丰旧制五百九项不当。'勘会永兴军路乞行差役州县，申请官已降旨责罚。湖南、江西提举司乞减一路人吏雇直，见取会别作施行外，如江西州军止以物贱减削人吏雇直，显未允当。至如役人罢给雇钱去处，亦害法意，理合依旧。"诏户部并依《绍圣常平免役敕令格式》及元降《绍圣签贴役法》施行。其元符三年正月后来冲改《绍圣常平免役敕令格式》，并冲改《签贴续降指挥》，并不施行。70，p7920—7921

【绍兴五年三月十日】，臣僚言："乞下有司，专用物力及通（输）〔轮〕一乡差募保正、长。凡官吏因役事受财者，重为典刑，以示惩戒。"诏于《绍圣常平免役令》"五保为一大保"字下添"通"字，"选保"字下删去"长"字。仍今后许差物力高单丁，每都不得过一人。寡妇有男为僧道成丁者同。即应充而居他乡别县，或城郭及僧道，并许募人充役，官司不得追正身。余依见行条法，仍先次施行。76，p7926—7927

【绍兴七年】闰十月十四日，户部言："在《法》：'品官之家或女户、单丁、老幼、疾病及归明人子孙，各免身丁。'昨降指挥，许差有物力单丁，寡妇有男为僧道成丁者同，并许募人充役。今来不住据人户陈诉非鳏寡孤独人作单丁人户，致词讼不绝。契勘品官许免身丁，而家有三丁，两人有官，其一丁无官；又如人户家有四丁，一丁进士得解，一丁应免解，一丁进纳得官，一丁白身，似此之类，非（子）〔子〕身一丁，即难以作单丁之户，合申明行下。及人户家有三丁，一丁进纳得官，一丁进士得解，一丁为僧，内进纳未至升朝，三丁并免身丁，别无丁名充役。既成三丁，即是丁行数多，祇合免身丁。其充役合募人不得追正身。"从之。78，p7928

【绍兴】八年五月二十六日，江南转运司言："相度物力高有老病合给侍丁，比类寡妇有男为僧道成丁，募人充役。"户部看详："单丁、女户合免丁役，已降指挥，许差物力高单丁、寡妇有男为僧道成丁，并许募人充役。今来侍丁之家，即（此）〔比〕单丁、寡妇，委系丁行数多，合行比附，令募人充役，不得追正身。下诸路常平司照会施行。"从之。78，p7928

【绍兴】二十九年七月五日，国子正张恢言："欲乞推详祖宗旧法，每都令户长专受催科外，置耆长、壮丁，专管争讼斗殴，追呼公事，别募人充。唯烟火、盗贼事之大者，则属之保正，他事不得追呼。以至修官宇、给厨传、收买土物之类，严行戒戢。有违戾者，置于法。"诏令有司看详。其后，户部言："在《法》：'保正、副系于都保内通选有行止、材勇、物力最高者二人充应，管干开收人丁，觉察盗贼者。若愿就顾兼代耆长，即管干乡村盗贼、斗殴、烟火、桥道公事。大保长愿兼户长催纳税租，若不愿而辄差顾者，徒二年。非本耆保而辄差委干当者，杖一百。官司于役人有所圆融及科买配卖者，以违制论，不以去官、赦降原减。即令陪备夫力者，徒二年。'欲乞下诸路常平司遍（条）〔牒〕所部州县，常切遵守施行。如有违戾，即依法按治。"从之。82，p7932—7933

【绍兴】三十年五月十八日，臣僚言："州县保正、副间有顾募代役，多是公吏别立私名受募，每有文移，承受之后即收匿，追呼催索，有逾数限而不报。其徒递相壅蔽，但见公府事多而令慢，不知其弊繇此。乞明立罪赏，许人告首，重置之法。其所募之人，例与同罪。"诏送刑部立法。刑部言："今后应募人充役者，辄〔募〕放停军人及罢役、见役公人代役，及代之者，各杖一百科罪。仍许人告，赏钱五十贯。"从之。82，p7933

孝宗隆兴二年六月一日，诏："诸充保正、副，依条只合管烟火、盗贼外，并不得泛有科扰差使。如违，许令越诉。知县重行黜责外，守、倅各坐失觉察之罪。"以福建路转运司言："建宁府、福、泉〔州〕诸县差役保正、副，依法止管烟火、盗贼。近来州县违戾，保内事无巨细，一一责办。至于承受文引，催纲税役，抱佃宽剩，修葺铺驿，抛置军器，科卖食盐，追扰陪备，无所不至。一经执役，家业随破。"故有是命。84，p7935

【乾道】三年十二月十三日，提举浙西常平茶盐公事刘敏士言："欲将寡妇召到接脚夫，或以老户本身无丁，将女招到赘婿，如物力高强，即许比附寡妇有男为僧道成丁，选募充役。其召到接脚夫、赘婿，若本身自有田产物力，亦许别项开具，权行并计，选差充役。若接脚夫、赘婿本身有官荫合为官户之人，即照应限田格法，豁除本身合得顷数，令与妻家物力并计选差，募人充。"从之。86，p7937

【乾道九年】七月四日，诏："诸路转运司行下所部州县，将女户如实系寡居及寡居而有丁者，自依条令施行。其大姓猾民避免赋役，号为女户无丁，诡名立户者，即自三等以上及至第四等、第五等，并与编户一等均敷。仍令州县多立文榜晓谕，限两月陈首，与免罪改正。如违，许告，断罪、告赏许依见行条法。"以臣僚言："大率一县之内，系女户者其实无几，而大姓猾民避免赋役，与人吏、乡司通同作弊，将一家之产析为诡名女户五七十户，凡有科配，悉行捐免。乞立法革其弊。"故有是命。88，p7939

宋会要辑稿·食货六七·置市

太祖乾道三年四月十三日，诏："开封府令京城夜市至三鼓已来不得禁止。"1，p7941

仁宗庆历五年九月十六日，诏："河北、河东、陕西沿边州军，有以堪造军器物鬻于化外者，以私相交易律坐之，仍编管近里州军。"1，p7941

宋会要辑稿·食货六八·受纳

【孝宗乾道】七年六月二十七日，详定一司敕令所修立到条法："诸受纳苗米官，容纵公吏巧作名色乞取者，比犯人减一等罪，徒二年。仍许人户经监司越诉。州县长吏不觉察，与同罪。"以臣僚言，人户率用米二

石有余、一千文足以上，方能了纳正米一石，乞行禁止，故有是诏。11，p7948

宋会要辑稿·食货六八·受纳

【淳熙三年】八月六日，中书门下省言："诸路州郡受纳苗米，利于出剩，不问属邑远近，尽令搬米赴州，是致下户往回费用，留滞月日。乞令诸漕司行下所属州县，自今人户苗米赴州或县仓，并听从便输纳。如违，许被抑人户越诉。"从之。12，p7948

【庆元】六年闰二月二十三日，臣僚言："伏睹《庆元令》：'受纳二税官，转运委知、通，前期于本州县官内公共选差讫，申本司检察。'近因臣僚一时申请指挥，令诸路转运司选差。盖以近年以来，受纳官吏通同作弊，虑其州县差官之不公，遂以其权归之监司，亦革弊之一说也。但一路官僚之浩繁，监司廉察之余，固当得其大概，又岂能一一遍识？孰若本州知、通相去之近，日夕与之欵接，或得之议论，或试之职事，其贤其庸，其贪其廉，察之熟而知之详矣。转运既不及遍识其为人，是致差官之际，急于充员，其贪、廉、贤、庸，未免混淆。而所差之官，往往凭恃上司之委用，或敢妄作，州县亦以上司之故，不欲谁何，厚取添给，恣行奸欺，为害非细。且受纳二税如绢帛之纰疏，米麦之湿恶，自是州郡之利害，使守贰留意，必不肯付之贪庸之人，自贻其咎。乞遵守庆元著令，仍旧委知、通公共选差，令转运检察，实为上下之便。"从之。后遇赦，申严行下。16—17，p7950—7951

宋会要辑稿·食货六八· 赈贷

【哲宗元祐元年】十一月二十八日，户部言："左司谏王岩叟言：'赈济人户，必待灾伤放税七分以上方许贷借，而第四等以下方免出息，殊非朝廷本意。乞如旧法，不限灾伤分数，并容借贷，不拘等第，均令免息。'看详：《元丰令》限定灾伤放税分数支借种子'条合依旧外，应州县灾伤人户阙乏种食，许结保借贷常平谷。"从之。44，p7967

【元祐元年】十二月十八日，侍御史王岩叟言："伏睹十一月二十九日敕，户部看详：《元丰令》限定灾伤放税分数支借种子，条合依旧存留外。缘臣元奏本以赈济旧法灾伤无分数之限，人户无等第之差，皆得借贷，均令免息，新条必待灾伤放税七分以上，而第四等以下方许借贷免息，殊非朝廷本意，故乞均令借贷，以济其艰。今户部复将支借种子条依旧存留。切以灾伤人户既阙粮食，则种子亦阙，岂可种子独立限隔？臣欲乞通为一法，于所修'粮食'字下添入'并种子'三字，庶使被灾之民广沾惠泽。"从之。44，p7967

【元祐】五年二月七日，诏："灾伤处令、佐赈救人户不致流移所推酬奖：灾伤五分已上，与第五等；七分已上，与第四等。"以户部言"于《熙宁敕》系第五等，于《元祐敕》系第四等，分数未尽立法之意"故也。45，p7968

【乾道七年八月一日】，中书门下省言："湖南、江西间有旱伤州军，（切）〔窃〕虑米价踊贵，细民艰食，富室上户如有赈济饥民之人，许从州县审究诣实，保明申朝廷，依今来立定格目给降付身，补受名目。无官人：一千五百硕，补进义校尉；愿补不理选限将仕郎者听。二千硕，补进武校尉；如系进士，与免文解一次；不系进士，候到部，与免短使一次。四千硕，补承信郎；如系进士，与补上州文学。五千硕，补承节郎。如系进士，补迪功郎。文臣：一千石，减二年磨勘；如系选人，循一资。二千硕，减三年磨勘，如系选人，循两资。仍各与占射差遣一次；三千硕，转一官，如系选人，循两资。仍各与占射差遣一次；五千石以上，取旨优与推恩。武臣：一千硕，减二年磨勘，升一年名次；二千石，减三年磨勘，占射差遣一次；三千石，转一官，占射差遣一次；五千硕以上，取旨优与推恩。其旱伤州县劝谕积粟之家出米赈济，系敦尚义风，即与进纳事体不同。"诏依，其赈粜之家，依此减半推赏。如有不实，官吏重作施行。寻诏江南东路、荆湖北路依此制。69—70，p7989

宋会要辑稿·食货六八·恤灾

神宗熙宁元年正月九日，诏："诸州军每年春首，令诸县告示村耆，遍行检视，应有暴露骸骨无主收认者，并赐官钱埋瘗，仍给酒馔酹祭。"112，p8013

【熙宁元年】七月，诏："恩、冀州河决〔水〕灾，令选官分诣，若有淹死人口，量大小赐钱。其居处未安，令官地搭盖，或宫观、庙宇宿泊内有淹浸活业贫下人户，令省部赐粟。"112，p8013

大观二年三月三十日，诏："西京城内外日近庶民疾疫稍多，虑阙医药，有失治疗。宜下有司，依近例疾速修合应病汤药，差使臣管押医人，自三月末旬后，于京城内外遍到里巷看诊给散，要拯救疾苦，仍速施行。"又诏令大观库支钱一万赴开封府，令就差散药使臣并逐厢地分使臣，每日量数支给，应死亡贫乏不能葬者，人给钱两贯，小儿一贯。116，p8018

【大观】三年六月二十八日，诏："冀州宗齐镇被水身死人户，并为官埋葬，人支钱五千，择高阜安葬，不得致有遗骸。其见在人户，却依放税七分法赈济。孤遗及小儿，并送侧近居养院收养，候有人识认及长立十五岁，听逐便。内人户尽被漂失屋宇或财物，仍许依七分法借贷，仍具已埋葬、赈济、居养、存恤次第以闻。仍仰本路提刑司各那官前去点检赈恤，务要均济。"116，p8018

【政和】三年正月二十三日，诏："户部上诸县灾伤，应被诉受状而过时不收接若抑遏，徒二年，州及监司不觉察，各减三等法。"从之。116，p8019

宋会要辑稿·食货六八·居养院 安济坊 漏泽园

神宗熙宁二年闰十一月二十五日，诏："京城内外值此寒雪，应老疾孤幼无依乞丐者，令开封府并拘收，分擘于四福田院住泊，于见今额定人数外收养。仍令推判官、四厢使臣依福田院条贯看验，每日特与依额内人例支给与钱养活，无令失所。至立春后天气稍暖日，申中书省住支。所有合用钱，于左藏库见管福田院钱内支拨。"128，p8031

哲宗元祐二年十二月十六日，诏："畿县贫乏不能自存及老幼疾病乞丐之人，应给米、豆，勿拘此令。"128—129，p8032

【元符元年】十月八日，诏："鳏寡孤独贫乏不能自存者，州知通、县令佐验实，官为养之，疾病者仍给医药，监司所至，检察阅视。应居养者，以户绝屋居，无户绝者，以官屋居之，及以户绝财产给其费，不限月分，依乞丐法给米豆。若不足者，以常平息钱充。已居养而能自存者，罢。"从详定一司敕令所所请也。129，p8032

【徽宗崇宁元年】九月六日，诏："鳏寡孤独应居养者，以户绝财产给其费，不限月，依乞丐法给米、豆。如不足，即支常平息钱。遗弃小儿，仍顾人乳养。"129，p8032

【崇宁元年】十一月十日，河北都转运司言："乞县置安济坊，令、佐提辖。"从之。129，p8032

　　【崇宁三年二月】四日，中书省言："诸以漏泽园葬瘗，县及园各置图籍，令厅置柜封锁令、佐替移，以图籍交授，监司巡历，取图籍点检。应葬者，人给地八尺，方砖二口，以元寄所在及月日、姓名若其子孙、父母、兄弟、今葬字号、年月日悉镌记砖上；立封记，识如上法。无棺椁者，官给。已葬，而子孙亲属识认，今乞改葬者，官为开葬，验籍给付。军民贫乏，亲属愿葬漏泽园者，听指占葬地，给地九尺。无故若放牧悉不得入。仍于中量置屋，以为祭奠之所，听亲属享祭追荐，并著为令。"从之。130，p8033

　　【崇宁】五年八月十一日，诏："诸漏泽园、安济坊，州县辄限人数，责保正、长以无病及已葬人充者，杖一百，仍先次施行。"131，p8034

　　大观元年三月十八日，诏："居养鳏寡孤独之人，其老者并年五十以上许行收养，诸路依此。"先是，《崇宁三年十一月二十六日南郊赦》内一项云："已诏天下置安济坊、漏泽园，访闻州县但为文具，未尽如法，并仰监司因巡按检举，委曲检校，每季具已较正数及施行逐件事理次第闻奏。"至是，河东路提点刑狱点检到事件，故有是诏。132，p8034

　　【大观元年】闰十月，诏："在京遇冬寒，有乞丐人无衣赤露，往往倒于街衢。其居养院止居鳏寡孤独不能自存之人，应遇冬寒雨雪，有无衣服赤露人，并收入居养院，并依居养院法。"132—133，p8034

　　政和元年正月二十九日，诏："居养鳏寡孤独等人，昨降指挥并遵守《元符令》，自合逐年依条施行，不须闻奏听旨外，如遇歉岁或大寒，合别加优恤。若须候闻奏得旨施行，窃恐后时，仰提举司审度施行讫奏。诸路依此。"134，p8035

　　【政和元年】十二月二十四日，诏："居养、安济，仁政之大者。方冬初寒，宜务收恤。诸州郡或弛废，当职官停替，开具供申，并令开封府依此检察。"134，p8035

　　【政和元年】十一月十九日，尚书省言："居养院、安济坊、漏泽园，比来提举常平司官全不复省察，民之无告，坐视不救，甚失朝廷惠养之意。"诏："自今居养院、安济、漏泽园事，转运、提刑、监香司并许按举，在京委御史台弹奏。"134，p8035

　　【政和四年二月】二日，臣僚言："访闻诸路民之实老而正当居养，实病而真欲安济者，往往以亲戚识认为名，虚立案牍，随时遣逐，使法当收恤者复被其害。官吏相蒙，无以检察。欲令今后州县居养、安济人遇有

亲戚识认处，委不干碍官一员验实。若诈冒及保明不实，与同罪，仍不以赦降去官原免。"从之。135，p8035—8036

【政和】六年正月五日，知福州赵靖言："鳏寡孤独居养、安济之法，自崇宁以来，每岁全活者无虑亿万。乞诏有司岁终总诸路全活之数，宣付史馆。"从之。135，p8036

绍兴二十四年十月十二日，三省言："年例，令临安府自十一月一日支给钱、米，养济乞丐。"上曰："此一事活人甚多，可降旨行下。"143—144，p8040

【绍兴】二十六年闰十月二十七日，诏："临安府养济乞丐，当此雪寒，委荣薿常加检察，依时支散钱、米，毋令减克及冒名承请，务在实及贫民，仍具知禀闻奏。"144，p8040—8041

【绍兴二十七年十月】二十一日，权户部侍郎林觉言："乞措置两县并在城兵官、公吏及甲头，如抄札贫民姓名不实，及自行诡名冒请钱、米，许诸色人告，每一名赏钱一十贯，至三百贯止，犯人令临安府根勘，依条计赃断罪、追赏。若有不系贫乏乞丐之人，追赏、断罪施行。"从之。145，p8041

【绍兴】三十一年九月七日，知汉州王葆言："川蜀地狭民稠，贫窭者众，衣食不给，遂致乞丐。在《法》：'每岁于十月初，差官检察内外老疾贫乏不能自存、乞丐之人非慵堕者，籍其姓名，自十一月一日起支，每人日支米或豆一升，七岁以下减半，每五日一次并给，至次年三月终止。'缘州县自军兴以来，常平田土多已出卖，止是义仓米一色，其上件米惟充灾伤以备赈给，平时难以擅行支散。今养济指挥，既无常平钱米，何以给散？欲乞如关常平米、豆去处，许于见管义仓米内通融应副，日后如有收到常平司田地收桩米斛，逐旋拨还。"从之。146，p8042

宋会要辑稿·食货六八·养济院

孝宗隆兴元年十月十四日，诏："天气尚寒，其街市饥冻乞丐之人，合行措置养济。可令临安府自十一月一日为始。其合用钱、米并约束事件，并依节次《指挥》：'每岁饥冻乞丐之人，令临安府措置养济，率以十月十五日抄。十一月一日为始俵散钱、米，至次年二月住支。大人日支米一升、钱一十文足，小儿减半。'"以二月天气尚寒，后降指挥又展半月，逐年遂为常例。146—147，p8042

宋会要辑稿·食货六九· 宋量[①]

绍兴三十二年七月二十三日，〔诏〕户部检坐绍兴二十九年十一月二十四日已降下指挥，造百合斗行下，不得用乡原体例，仍晓谕州县。先是，秀州嘉兴县民沈彦章等进状："伏睹〔诏〕《绍兴二十九年十一月二十四日已降指挥》：'诸州县应干租斗，止于百合，如过百合以上，并赴所属毁弃。佃户租契，并仰仍旧，不得擅自增加租课。'又蒙委临安府置局做造百合斗，官雕印记出卖，并给与买斗人户。今检坐《绍兴格式》，或有私造升斗增减者，赏钱五十贯，杖一百断罪。上件指挥于民间实为良法。今来有产之家与籴米牙人，妄称已降官斗止系临安府使用。窃详元降指挥用百合官斗，缘为豪民私造大斗交量租米，侵害小民，所以臣僚上言，备知绍兴府会稽县陆之望陈请百合租斗事理，再行敷奏制造，冲改户部勘当因依，不许用乡原私弊伪造大斗交量租课。自后亦不曾有指挥令用省斗折还。今来农田人户被豪家辄用省斗准折租米，被害非轻，致有流移失所。伏望特降睿旨，禁止省斗多折交量，人户并籴粜米牙人遵依施行。"故有是诏。11—12，p8052—8053

政和二年八月，诏："量、权衡以大晟乐尺为度。"15，p8054

【政和】三年十月，令文思院下界造新权衡、度、量。15，p8054

绍兴元年四月十三日，诏："工部以省仓升、斗令文思院校定，颁其式于诸州。"15，p8054

【绍兴二年】二月七日，命榷务制百只颁诸路，禁用私量。15，p8054

【绍兴二年】十月二十九日，命文思院造升、斗、秤、尺鬻之。15，p8054

宋会要辑稿·食货六九· 版籍

【真宗景德】八年八月，诏："诸州县按帐、抄旁等，委当职官吏上历收锁，无得货鬻、弃毁。仍令转运使察举，犯者，官员重置其罪，吏人决杖、配隶。"时卫州判官王象坐鬻案籍文抄，除名为吏，配隶唐州，因着条约。16，p8055

---

① 此部分中的内容与"食货四一·附量衡"中的内容大量重复，这里将其删除。

【天圣】三年七月，京西路劝农使言："点检夏秋税簿，多头尾不全，亦无典押、书手姓名，甚有揩改去处，深虑欺隐，失陷税赋。近充、郓、齐、潍、濮州磨勘出失陷税赋四万三千九百八十四贯匹石。看详欺隐税数，盖是造簿之时，不将递年版簿对读，割移典卖，又不取关帖证对，本州亦不点检，致作弊幸，走移税赋，改作粗色。亦有贫民额外移税在户下，纵有披诉，只凭递年簿书，无由雪理。今乞候每年写造夏秋税簿之时，置木条印一，雕年分、典押、书手姓名，令佐押字。候写毕，勒典押将版簿及归逃簿、典卖析居割移税簿逐一勘同析，即令佐亲写押字。用印记讫，当面毁弃木印。其版簿，以青布或油纸衬背，津（般）〔搬〕上州请印，本州干系官吏更切勘会，委判句官点检，每十户一计处，亲书勘同押字讫，封付本县勾销，仍于令佐厅置柜收锁。如违，依法施行。书手虽经赦，仍勒充州县重役。令、佐不亲勘读，以至失陷税赋，虽去官不原。"事下三司。三司检会："《农田敕》：'应逐县夏秋税版簿，并先桩本县元额管纳户口、税物都数，次开说见纳、见逃数及逐村甲名、税数，官典勘对，送本州请印讫，更令本州官勘对，朱凿勘同官典姓名、书字结罪，勒勾院点勘。如无差伪，使州印讫，付本县收掌勾销。'今请依所乞，造置簿印施行。"从之。17—18，p8056

景祐元年正月十三日，中书门下言："《编敕》节文：'诸州县造五等丁产簿并丁口帐，勒村耆大户就门抄上人丁。'虑灾伤州县骚扰人民。"诏："京东、京西、河北、河东、淮南、陕府西、江南东、荆湖北路应系灾伤州军县分，并权住攒造丁产文簿，候丰稔，依旧施行。"18—19，p8056

【光尧皇帝绍兴二年】八月二十二日，诏："今后应逃亡、死绝、诡名田产，令户部立法。"今修立下条："诸逃亡、死绝及诡名挟佃并产去税存之户，不待造簿，画时倚阁、检察、推割。"从之。21—22，p8058

【绍兴】四年四月十六日，户部言："依条：'每年取会诸路转运司供攒户口升降管额文帐。'今据淮南转运司申：'缘本路州县才方招诱，渐有归业人户，未敢便行抄札户口。（切）〔窃〕虑惊扰，复有逃移。'本部相度，欲自绍兴五年为头。"从之。22，p8058

【绍兴五年】十二月二十三日，诏："《户部令》：'州县遵依已降指挥，止以见在簿籍内所管数目出给。'今来全在州县官用心措置，务要简便，于民不扰，早得给付。如敢乘此差人下乡根括，勾呼骚扰，并当重行停降。因而容纵公吏乞取，除公吏以枉法论坐罪外，官比公吏减一等。仍仰提刑司常切觉察，及许人户诣本司越诉。"以都省言，州县尚勒令人户开具，追呼骚扰，故有是诏。22—23，p8058

【绍兴】十三年九月一日，诏："州县租税簿籍，令转运司降样行下，并真谨书写。如细小草书，从杖一百科罪勒停，永不得收叙，其簿限一日改正。当职官吏失点检，杖八十。如有欺弊，自依本法施行。"从转运使李椿年之请也。23—24，p8059

【绍兴】十六年六月十日，权知郴州黄武言人户典卖推税，诏令户部立法。户部今修下条："诸典卖田宅应推收税租，乡书手于人户契书、户帖及税租簿内，并亲书推收税租数目并乡书手姓名。税租簿以朱书，令、佐书押。又，诸典卖田宅应推收税租乡书手不于人户契书、户帖及税租簿内亲书推收税租数目、姓名、书押令佐者，杖一百，许人告。又，诸色人告获典卖田宅应推收税租，乡书手不于人户契书、户帖及税租簿内亲书推收税租数目、姓名、书押令佐者，赏钱一十贯。"从之。24，p8059

【绍兴三十二年】五月三日，四川总领王之望言："契勘人户将田宅遗嘱与人，及妇人随嫁物产与夫家管系。在《法》：'田宅止与出母、嫁母方合免税，若与其余人，并合投税。'今四川人户遗嘱、嫁资，其间有正行立契，或有止立要约与女之类，亦合投税。缘得遗嘱及嫁资田产之人，依条估价投契，委可杜绝日后争端。若不估价立契，虽可幸免一时税钱，而适所以启亲族兄弟日后诉讼。"户部言："人户今后遗嘱与缌麻以上亲，至绝日，合改立户。及田宅与女折充嫁资，并估价赴官，投契纳税。其嫁资田产于契内分明声说，候人户赍到税钱，即日印契置历，当官给付契书。如合干人吏因缘搔扰，许人户经官陈诉。若出限不即经官税契，许人户告，将犯人依匿税法施行。"从之。26，p8060

寿皇圣帝乾道二年正月十八日，诏："孙大雅奏汉制上计之法，朕以为可行于今，令侍从、台谏参考古制进呈。"先是，知秀州孙大雅置本州《拘催上供钱格目》来上，且言："汉制，岁尽，郡国诣京师奏事。至中兴，则岁终遣吏上计，于正月旦，天子幸德阳殿临轩受贺，而属郡计吏皆觐，以诏殿最。今也不然，未尝有甘泉上计之制，而臣始为之奏。且臣所撰《州县拘催上供钱格目》者，盖法汉之大司农'郡国四时上月旦见钱谷簿，其逋未毕，各具别之'之意以为书也。敢昧死以献，惟陛下裁择。"于是监察御史张敦实、刘贡言："（切）〔窃〕谓一县必有一县之计，一郡必有一郡之计，天下必有天下之计。天下之计，总郡县而岁考焉。三代远矣，方册可得而知者，自禹别九州，成赋中邦，因南巡狩而至大越，登茅山而会诸侯，号其山曰会稽。后立会稽郡。《汉书注》云：'以其会诸侯之计于此也。'逮至《周官》所载，最为详悉。天官冢宰之属，理财居其半，掌财用而言'岁终则会'者凡十；又太府之职，'岁终，则以货贿之入出会之'；小宰之职，'岁终，则令群吏致事'。郑氏注云：'若今之上计也。'汉承秦后，萧何收其图籍，知张苍善算，于是令以列侯居相府，领主郡国上计者。此则汉初之制，专命一人以掌天下所上之计也。至武帝元光五年，诏吏民有明当世之务、习先圣之术者，县次续食，令与计偕。注云：'计者，上计簿使也，郡国每岁遣诣京师上之。'元封五年三月，朝诸侯王、列侯，受郡国计。太初元年十二月，又受计于甘泉。天汉三年，又受计于太山之明堂。太始四年三月，又受计于太山之明堂。是则终武帝之世，五十余年之间，一受计于帝都，三受计于方岳，或以三月，或以十二月之不同也。至宣帝黄龙元年正月，下诏曰：'方今天下少事，而民多贫，盗贼不止，其咎在上计簿文具而已，务为欺谩，以避其课。令御史察计簿，疑非实者，按之，使真伪无相乱。'是则在宣帝之时，郡国所上计簿已不能无弊矣。光武中兴，岁终遣吏上计，遂为定制。正月旦天子幸德阳殿临轩受贺，而属郡计吏皆在列。置大司农专掌之。其逋未毕，各具别之。今孙大雅所陈者是也。然西汉言郡国上计，东汉言属郡计吏，则远方者在东汉未必偕至矣。汉之大司农，则今之户部也。（切见）〔窃见〕户部掌天下之财计，有上限、中限、末限之榷法，有日催、旬催、五日一催之期会，每于岁终，独以常平收支、户口、租税造册以进呈，而于州郡诸色窠目尚略焉，是于三代岁终则会，与两汉岁终上计之法为未备也。然而去古愈远，文籍愈烦，在西汉已不免文具之弊，况今日能尽革其伪乎？在东汉，止于属郡之内，况今日川、广之远，能使其如期毕至乎？以臣等愚见，莫若岁终，令户部尽取天下州郡一岁之计已足未足、亏少亏多之数，并皆造册，正月内进呈。兼采汉制，丞相选差一人考核户部所上计，而明州郡之殿最。则三代、两汉之制皆兼该，而无不举之处矣。"诏令户部措置。其后，户部言："诸路州军岁起上供诸色窠名钱帛粮斛，各有立定起发条限、年额数目，本部每年预行检举，行下诸路监司及州军当职官，排日催促，依限拨纳，其岁终，具常平收支并税租课利旁通，系取前一年数、户口本年数，造册以进呈，内不到路分，次年附进。今来张敦实等奏陈，岁终令户部尽取天下州郡一岁之计已足未足、亏少亏多之数造册，正月进呈。缘诸州军地里远近不同，窃虑不能于次年正月尽实申到，若候取会齐足攒造，亦恐后时。今措置：欲立式遍下诸处州军知、通当职官，各以本州每岁应干合拨上供窠名钱帛、粮斛数目置籍，照条限钧考拨纳，岁终逐一开具造册，须管于次年正月了毕，诣阙投进。候到，降付户部参考，将拖欠州军，具当职官吏按劾，取旨黜责施行。"上曰："如此措置，甚善。"从之。27—29，p8061—8062

宋会要辑稿·食货六九· 逃移

【开宝六年】九月，诏："诸州今年四月已前逃移人户，特许归业，只据见佃桑土输税，限五年内却纳元额。四月已后逃移者，永不得归业，田土许人请射。"35—36，p8065

太宗太平兴国七年二月，诏："开封府近年蝗旱，流民甚众，委本府设法招诱，并令复业，只计每岁所垦田亩、桑枣输税，至五年复旧。旧所逋欠，悉从除免。违者，其桑土许他人承佃，承佃人岁输租调，亦如复业之制。民愿归业而官司邀滞者，许人陈告，犯者决配。"36，p8065

【淳化】四年二月，诏："开封府逃移人户，令本县招携归业，倍加安抚。其坐家破逃，挟〔名〕冒佃者，限一百日陈首，只自今年夏秋依旧额起纳税赋。过限不首，本县令佐并本村大户、地邻、户长、典押并当科责。"先是，太子中允窦玭建议请检括（几）〔畿〕内诸县逃田，即命玭领其事。至是，以烦扰罢之。36，p8065

【淳化四年】三月二十三日，诏："前令淮南、江南两浙民请射逃田，许五年满日止纳七分。如闻不体优恩，益生奸弊，将临输纳，复即逃移。励此顽嚚，宜行条约。自前逃移户，限半年归业，免当年二税；今后逃户，亦限半年，免一料科纳。限外不归，许人请射，除坟（莹）〔茔〕外，充为永业。其新旧逃户却来归业，并曾经一度免税后依前抱税逃走者，永不在归业之限。若在敕前归业，并请射人户经一年已上者，便纳元额；未及一年者，只放一料驱科，便纳元额。诸道并准此。"36—37，p8065

至道元年六月，开封府言："管内十四县，今年二月已前新逃人户计二百八十五户，乞差官与令、佐检校。"乃遣殿中丞王仲和等十四人分行检勘，仍诏："今年四月已前，逃并典卖逃户田土割税不尽，及挟佃诡名、妄破租税，侵耕冒佃侧近佃田妄作逃户，并见在户将名下税物移在逃户脚下夹带开破者，并限一月，许经差去官陈首，仍旧耕佃输税。并许本村耆保、亲邻、里正、户长、书手陈首，典押、令佐觉察。如有欺蔽者，许令差去官处申举。违限不首及不觉举，许人陈告，犯人田产、牛具给告人充赏外，本犯人并本村耆保、亲邻、里正、户长、书手、干系典押等，并当决配，令、佐除名，永不录用。其妄破税物，并于犯人并耆保、亲邻、里正、户长、书手及干系官典处均摊填纳。"37—38，p8066

天禧四年六月，殿中丞杨日严言："民有倚典膏腴、抛下瘠薄之地抱税逃移者，自今若来归业，请令先承认旧逃（簿）〔薄〕田，方得收赎前来待典土田。如已有人请射本户逃田，即元倚典田土亦不以多少，止许请射人收赎，并归一户，永为永业。如请射人不及收赎，即勒见佃人蒩，其本主更不得收赎。"从之。38，p8066

天圣七年十一月十六日，诏："天下逃户田土经十年以上，见今荒闲者，限一百日许令归业。限满不来，许人请射。其归业并请射人户，并未得立定税额，及（应令）〔令应〕副差徭。（侯）〔候〕及五年，于旧额税赋上特减八分，只收二分，永为定额矣。"38—39，p8067

【天圣七年十一月】二十三日，诏："前令逃田经十年已上，许本主归业，及诸色人请佃，（米）〔未〕得立定税额。虑其间有侵耕冒佃年深者，将来别致争讼，及见有税产人户故抛自己田产，却来请佃逃田，以图侥幸，须议特行条约：自今侵耕冒佃者，候敕到，限五日陈首，据陈首后来耕到熟田顷亩，于元税额上止纳五分。如本主限内归认，给付本户，依此分数纳税。若有辄抛自己田产，妄作逃移请射逃田者，许人论告，科违制之罪，押归旧贯供输，所请逃田给告人。请射逃田者，并具析户下有无田土税数，于请射簿内名下注凿。乡县耆保不切觉察，并从制违失科罪。"39，p8067

明道二年三月十四日，知安州刘楚言："本州旱歉三年，流亡者八千八百余户，检详《（绍）〔天〕圣编敕》：'应因灾伤逃户，限半年许令归业，免一料催科。'又《明道元年十一月甲戌敕书》：'京东、江、淮南灾伤州军流移人户，各令归业，免夏、秋两料税赋。'（令）〔今〕流亡之人已出敕限，虑富室（疆）〔强〕户肆为兼并，贫弱者归业无期，必恐州县户口咸耗。欲望申限半年，优免徭赋。"诏："灾伤之地，悉如楚奏，特

展半年，许流人归业，免两料差徭、赋税。"39—40，p8067

至和二年四月二十八日，诏："访闻饥民流移，有男女或遗弃道路。令开封府、京东、京西、淮东、京畿转运司，应有流民雇卖男女，许诸色人及臣僚之家收买；或遗弃道路者，亦听收养。"40，p8068

【神宗熙宁】十年四月二十四日，中书门下省言："户房看详：'诸色人户请逃田舍随田亩赋税出役钱者，候起税日敷纳。其承受官田者准此。'乞颁下。"从之。41，p8068

【宣和三年二月】二十八日，诏："逃移人户旧欠，不得令新佃人承认。催理积欠，展限三年。和、预买物帛，并仰预俵价钱。非泛抛科和买物色并行住罢。"43，p8069

【宣和】（十）〔七〕年正月八日，诏："河北、京东路盗贼及流移人户，已降处分出榜告谕，并使复业。可令逐路转运司行下州军，将曾流移及为盗贼民户地土、庄产、林木、舍屋等，官为检校，责付保长、正、近邻看管，不得辄有采伐，以待归业，实时给付。如已拘在官或已召人请佃出卖，并行改正。如违及敢占据者，并以违制论。"44，p8070

【宣和七年】二月二十八日，诏："京东等路流民与寇盗渐已出首复业，缘随身有道路费用之物，不许搜检收税。如违，以违御笔论。敢行邀阻乞取者，配三千里。"44，p8070

【光尧皇帝建炎】四年七月四日，两浙转运司言："管下州县有被贼驱虏未归之人，见今田业为佃户妄行识认，隐匿税役。今措置下项：一、欲委诸县令、佐晓谕佃户，各于八月一日以前具元佃某人户下地土四至、顷数，令自陈，官为出给由子，勒认纳苗。如佃户不见得田产之家逐年合纳税役，即以自来乡原体例每亩为率。二、佃户租种，每亩认还业户租米，除认纳全米外，将其余合还业户课利以三分为率，一分给与佃户，一分送纳入官，别历桩管，应副上供，及一分官中权与收桩，候人归业，连元业田产给还。如过三年，田户不归，即依户绝法。其见今户下诸色非泛科率，并与捐免，并先有积欠税物，亦不许于租佃户名下催理。"从之。47—48，p8072

【绍兴】二年四月十八日，中书门下省言："诸路州县人户因兵火逃亡者，田业二年外许请射。墓田非。在十年内者，虽已请射，并许地主理认归业。佃人已施工力者，偿其费。即已布种者，收毕交割。未请射归业，而佃客人权佃者，听免一料催科，而归业者听免两料催科。一年外，免三料，每加一年，各更免一料，至四料止。其已前积欠税租等，并与除放，仍免二年非泛科配。即已归业而又逃亡者，止理后逃月日为年限。拨充职田，十年内听理认归业。官司占吝不还者，许越诉。"从之。49，p8072—8073

【绍兴二年】六月二十二日，诏："今后应逃亡、死绝、诡名田产，令户部立法。"今修立列下条："诸逃亡、死绝及诡名、挟佃并产去税存之户，不待造簿，画时倚阁，检察推割。"从之。49—50，p8073

【绍兴四年】十二月二十九日，诏："淮南流寓士民，应有官人如材力可以任事，州县有窠阙，许令权摄。或无窠阙，京朝官、大小使臣除支体分料钱外，月给食钱五贯文；选人支体分料钱。权摄官依此，支两月止。进士愿入所在学者听，依例给食。军人寄营收养，依旧支破请受。吏人指定州县收寄，有可使令者，权收使；无可使令，月给钱三贯文。百姓令所在州军量给，内老弱不能自存及妇人无依倚者，依《孤贫法》。"53—54，p8075

【绍兴】八年八月二十日，蕲州言："本州并管属县、镇民户，因兵火毁失田土屋业契书外，其民户招认城市已业住舍、房廊、屋基，别无该载指挥。欲望朝廷详酌，特降指挥，应民户理认（生）〔住〕屋、房（廓）〔廊〕、地基，虽无契帐照验，而比邻有契帐指招认人地界，或已被人请射，状内声说元系指佃招（诱）〔认〕人屋基，如此但有凭据可以照验，及勘会干证分明者，许从官司给据，合理认为业。若元是已业，曾经典卖，后来为见得业人已死，或将他人住舍、房廊、屋地妄行计议，指为已业，诈冒理认，致他人告论，或因事冒罣出官，推究情实，乞重立罪员禁约。"诏："特依，如妄认，计赃论罪，轻者杖一百，许人告，赏钱一百贯。诸路更有似此处，依此。"56—57，p8076—8077

【绍兴】九年六月八日，宗正少卿、西京淮北宣谕方庭实言："契勘合昨（申）〔中〕原士民犇迸南州，自靖康至今，十有四年，已是出违十年之限；又有流徙在僻远去处，卒未能归业。望诏有司，自降赦以后别立年限。如出限，即许见佃田业、见盖屋舍住人永为已业，庶几中原流徙与见在人户各不失所。"诏令户部看详措置，申尚书省。其后，户部措置下项："一、今来人户归业，识认田产、屋业房廊等，难以理作逃亡月日，若不别立年限，使归宗之人不能识认已业。今措置：欲自新复降赦日为始，限五年许行理认。如限满无人识认，令见佃人依佃官田法依旧承佃。

今来识认田产，见系人户承佃已施工力者，偿其费；已布种者，候将来收刈了日交割。其田产自抛荒之后至今尚无人承佃，目今荒闲者，仰所属实时验实给还。二、勘会昨自兵火之后，中原士民流寓东南，往往皆有祖先坟茔，或被官司拘籍，或被他人冒占，即与耕种田土事体不同。仰所属勘验诣实，便行给还。三、人户识认田产，仰所属（子）〔仔〕细验契书干照。若因兵火之后委无契书，但有一件可照勘验明白，亦许识认，谓如有邻人契书或纳税人田产，及指四至户口，并邻佐、耆保供证诣实之类，皆为一件可照。四、人户抛下住屋房廊屋业，若见今被人户拘占，或权行拘收在官，仰所属（子）〔仔〕细验契书干照，如因兵火之后委无契书照验，而比邻有契帐系指认人抛地界，或已被人请射，状内声说元指佃认招人屋基，如此但有凭据可以照验勘会，干照分明，许从官司给据，令理认为业。如已曾经界，约量所费，还纳价钱。若系曾经典卖与人，后来为见得业人已死，将它人屋地等妄行识认，指为己业，并前项识认，并依已降指挥告赏、断罪施行。其人户识认得业，若便行起遣见住人，（切）〔窃〕虑却致失所，欲且令见住人仰所属量行归业，依旧出纳价钱。如得业人要实归业，别无所居，自要居住，亦仰所属量其归业口数，给充自住，余且合见住人和债乞施行。五、今来新复州县，难以遥度彼处人情利害，除今来措置外，别有未尽未便，欲令所属监司、帅臣委州县官各具利害，从长相度，措置条具申请施行。"从之。57—58，p8077

孝宗皇帝隆兴元年正月三十日，诏："应民户抛下田产、屋宇，责令佐抄札籍记，如有回归者，即依旧主业；已请佃者，实时推还。出二十年委无归认之人，依户绝法。"61，p8079

【淳熙】十一年六月二十七日，户部言："夔州路转运司（奉）〔奏〕：'检准《皇祐四年敕》："夔州路诸州官庄客户逃移者，并却勒归旧处，他处不得居停。"又《敕》："施、黔州诸县主户壮丁、寨将子弟等旁下客户逃移入外界，委县司画时差人，计会所属州县追回，令着旧业，同助祗应把托边界。"本司今措置：乞遵照本路及施、黔州见行专法，行下夔、施、黔、忠、万、归、（浃）〔峡〕、澧等州详此，如今后人户陈诉偷（般）〔搬〕地客，即仰照应上项专法施行。如今来措置已前逃移客户移徙他乡三年以下者，并令同骨肉一并追归旧主，出榜逐州，限两月归业。（般）〔搬〕移之家不得辄以欠负妄行拘占。移及三年以上，各是安生，不愿归还，即听从便。如今后被（般）〔搬〕移之家，仍不拘三年

限，官司并与追还。其或违戾强（般）〔搬〕佃客之人，从略人条法比类断罪。'"从之。66—67，p8082

开禧元年六月二十五日，夔州路运判范荪言："本路施、黔等州界分荒远，绵亘山谷，地旷人稀，其占田多者须人耕垦，富豪之家争地客，诱说客户或带领徒众举室（般）〔搬〕徙。乞将皇祐官庄客户逃移之法稍加校定：'诸凡为客户者，许役其身，而毋得及其家属妇女皆充役作。凡典卖田宅，听其从条离业，不许就租以充客户。虽非就租，亦无得以业人充役使。凡借钱物者，止凭文约交还，不许抑勒以为地客。凡为客户身故，而其妻愿改嫁者，听其自便。凡客户之女，听其自行聘嫁。'庶使深山穷谷之民得安生理，不至为强有力者之所侵欺，实一道生灵之幸。"刑部看详："《皇祐敕》：'夔州路诸州官庄客户逃移者，并勒归旧处。'又《敕》：'施、黔州诸县主户壮丁、寨将子弟、旁下客户逃移入外界，委县司画时会所属州县追回，令着旧业，同助把托边界。'皇祐旧法欲禁其逃移，后来淳熙间两次《指挥》：'应客户移徙，立与遣还，或违戾，强（般）〔搬〕之家比附略人法；（般）〔搬〕诱客丁只还本身，而拘其父母、妻男者，比附和诱他人部曲法；如以请佃卖田诈立户者，比附诡名挟户法；匿其财物者，比附欺诈财物法。'则是冲改皇祐之法，别为比附之说，致有轻重不同。今看详皇祐旧条轻重适当，是以行之可以经久，焉可以略人之法比附而痛绳之！且略人之法，最为严重，盖略人为奴婢者绞，为部曲者流三千里，为妻妾及子孙者徒三年。使其果犯略人之罪，则以略人正条治之可也，何以比附为哉！既曰比附，则非略人明矣。夫法意明白，条令遵守，加以比附，滋致紊烦。欲今后应理诉官庄客户，并用皇祐旧法定断。所有淳熙续降比附断罪指挥，乞不施行。仍行下本路，作一路专法严切遵守。"从之。68—69，p8083—8084

宋会要辑稿·食货六九·杂录

寿皇圣帝乾道二年三月，左司员外郎张澹上井田制度、户籍沿革数："太祖建隆元年十月，吏部格式司言：'准《周广顺三年敕》："天下县除赤县、次赤、畿、次畿外，其余三千（口）户已上为望，二千户已上为紧，千户已上为上，五百户已上为中，不满五百户为中下。"据今年诸道申送到阙解木夹帐点检绍兴元年降敕命，户口不等，及淮南十五州只依《十道图》地望收附，秦、凤、阶、成、瀛、莫、雄、霸州未曾升降。欲据诸州见管主户重升降，取四千户已上为望，三千户已上为紧，二千户已上为上，千户已上为中，不满千户为中下。自今三年一度，诸道见管户口升降。'从之。凡望县五十，户二十八万一千六百七；紧县六十七，户二十二万八千六百九十三；上县八十九，户二十一万八千二百八十；中县一百一十五，户一十七万九千三十；中下县一百一十，户五万九千七百七十，总九十六万七千三百五十三户，此国初版籍之数也。其后平荆南，得州三，县十七，户十四万二千三百；平湖南，得州十五，监一，县六十六，户九万七千三百八十八；平两川，得州四十六，县二百四十，户五十三万四千二十九；克岭南，得州六十，县二百十四，户十七万二百六十三，克江南，得州十九，军三，县一百八，户六十五万五千六十五；陈洪进献漳、泉二州，得县十二，户十二万二十一；钱俶献（西）〔两〕浙，得州十三，县八十七，户三十二万九百三十三；平河东，得州十，军一，县四十一，户三万五千二百二十。"77—78，p8092

太祖开宝四年七月，诏曰："朕临御已来，忧恤百姓，所通抄人数目，寻常别无差徭，只以春初修河，盖是与民防患，而闻豪要之家多有欺罔，并差贫阙，岂得均平？特开首举之门，明示赏罚之典。应河南、大名府、宋、亳、宿、（颖）〔颍〕、青、徐、兖、郓、曹、濮、单、蔡、陈、许、汝、邓、济、卫、淄、潍、滨、棣、沧、德、贝、冀、澶、滑、怀、孟、磁、相、邢、洺、镇、博、瀛、莫、深、（杨）〔扬〕、泰、楚、泗州、高邮军所抄丁口，宜令逐州判官互相往彼，与逐县令佐（子）〔仔〕细通检，不计主户、牛客、小客，尽底通抄。差遣之时，所贵共分力役。敢有隐漏，令、佐除名，典吏决配。募告者，以犯人家财赏之，仍免三年差役。"78，p8092—8093

【大中祥符】四年正月四日，诏："诸州县自今招来户口，及创居入中开垦荒田者，许依格式申入户籍，无得以客户增数。"旧制，县吏能招增户口者，县即升等，乃加其俸缗，至有析客户者，虽登于籍，而赋税无所增入，故条约之。79，p8094

哲宗元祐六年八月二十八日，三省言："诸路户口财用，虽户部每年考会总数，即未有比较进呈之法，复不知民力登耗，财用足否。今立定式：'令诸州每年供具，以次年正月申转运司，本司以二月上户部，本部候到，于半月内以次上尚书省，三省类聚进呈。违者，杖一百。'"从之。79，p8094

【政和】六年七月二十日，户部言："淮南转运司申：《政和格》：'知、通、令、佐任内增收漏户一千至二万户赏格，一县户口，多者止及三万，脱漏难及千户，少得应赏之人，徭此不尽心推括。'看详：'令、佐任内增收漏户八百户，升半年名次；一千五百户，免试；三千户，减磨勘一年；七千户，减磨勘二年；一万二千户，减磨勘三年。知、通随所管县通理，比令、佐加倍。'"从之。79，p8095

【乾道二年】十月十八日，户部言："准《令》：'每岁具册进呈天下户口、税租、课利数目，秋季以闻；如未到，展限至冬季。若不足，先具已到路分进呈。'本部自去年十二月内预行检举催促，除两浙、淮南、成都府、夔州、利州路申到户口，两浙、淮南东、西路申到税租，两浙、夔州、淮西路申到课利账状外，其余路分并未申到，见行督责，委于秋季攒造进呈未得，乞展限至冬季，具已到路分攒造进呈。"从之。81，p8096

宋会要辑稿·食货七〇·赋税杂录

【建隆四年】七月，诏："先令诸道州府人户所纳牛皮、筋角，每夏秋苗共十顷纳皮一张、角一对、黄牛干筋四两、水牛干筋半斤。其牛、马、驴、骡皮筋角，今后官中更不禁断，即不得将入他外敌境。所纳皮、筋、角，限至年终了绝。如无大绝，即牛皮一张，并随皮、筋、角，许共纳价钱一贯五百文。"又诏："诸道州、府将逐年都催牛皮数目内七分许纳价钱，仍令三司以皮、角定为三等，取中、下两等，隆兴诸州勒人户送纳，内下等皮三折中等皮二，下等角三折中等角二。今据三司言：'见管筋、角不阙供使，其本色牛角望令住纳。'宜自来年以后，所纳三分本色皮、筋，只仰本县收纳，至农税稍闲，差借门内脚乘（般）〔搬〕送赴州。如小有孔窍不妨使用，不得退却。其本色牛角权（任）〔住〕，止纳价钱。"2，p8100

【乾德四年】四月，诏："诸路州府受纳税赋，自今不得称分、毫、合、勺、铢、厘、丝、忽，钱必成文，金、银成钱，绢、帛成尺，粟成胜，丝、绵成两，薪、蒿成束。"3，p8100—8101

【嘉祐】四年六月二十五日，中书门下言："草泽陈师中上《太平通济策》，言：'江、淮、两浙、福建、广南并为山水之乡，或遇秋（源）〔潦〕泛涨，近山民田土多被土石涨塞，难复开耕，悉为废地。所存二税，无由去除，贫民岁虚纳税。诏天下许有废田，并乞勘会，除落二税。'三司下江南东西、荆湖南北、两浙、福建、广南东西、益、梓、利、夔州转运司看详，并言所请经也可行。省司检会旧制：缘江河州县有人户披诉河塌并落江地土者，并行委逐处差通判或幕职与县令佐同诣逐户地检量诣实，官吏结罪以闻，差官覆检。如显有欺弊，官司盖庇，妄破省税者，本县干系兼检覆官吏，计所妄破一年税物，不及一匹，从违制一匹以上科违制之罪；计赃重者，从'应输课之物，回避诈匿不输'律条坐之。内干系人吏罪至流者，仍奏裁。然此诏只条约河塌落江地土者检覆，即无人户田土被土石涨塞，难复开耕，许与披诉检覆之文。欲乞应今后有民田被山源洪水泛废流荡、土石冲破，委实不任开耕，永为废田者，并许经县披诉，县司勘会诣实，保明申州，乞依前诏差官检覆诣实，官吏结罪以闻。检覆得实，乞与除落二税。显有欺弊，官司知情，亦以旧法坐之。"从之。9—10，p8105

【神宗熙宁元年】十二月二十二日，诏："《皇祐新编京东一路敕》：'积水灾伤田，其人户如不系灾伤，并元种不敷地亩，一例披诉，并当严断。地邻知情盖庇，科不应为重。'所隐户下税数，勒尽元数送纳，不在减放之限。仍许诸色人告首，据所欺隐并元种不敷地亩打量，如告首一亩以上至十亩，赏钱五千；十亩以上至一顷，赏钱十千；每一顷增五千，至百千止，以犯人家财充。如不足，于知情邻人处催理。或告数户，各据逐户顷亩给赏。其本户如欺隐已经妄破税物，计赃重者，从诈匿不输律条定断，条内增赏钱一倍。"11，p8105—8106

【熙宁元年十二月】二十七日，诏："诸县催税，依条逐户下销凿足，将簿钞上州驱磨。内县分有管户二万已上处，即于元降半月限外更展半月申解。若驱磨尚有愆欠，其催科典押、书手、本年催税户长，并令勘罪严断，一面填纳，不得追呼民户。"11，p8106

【元丰元年】三月四日，京西南路转运司言："秘书监高赋言：'唐州民请地生税，实公私之利。乞并邓州南阳县民有田无税及税少地多，立限一年自陈，据顷亩立税给帖，听为永业。限满不言，听人告请。'"从之。13，p8106—8107

【元丰元年】六月二十四日，诏："京东东路民诉方田定验肥瘠未实处，并先择词讼最多一县，据名色等，酌中立税。候了日，无赴诉，即按以次县施行。"13，p8107

【元丰】七年五月十一日，荆湖路相度公事、尚书右司员外郎孙览言："徽、诚蛮多典卖田与外来户，乞立法：'溪洞典卖田与百姓，即计直立税，田虽赎，税仍旧。'不二十年，蛮地有税者过半，则所入渐可减本路之费。乞下辰、沅、邵三州施行。"从之。16，p8108

【宣和】四年十月三日，臣僚言："官户占田用荫，具载格律，州县未尝奉行。在《格》：'自一品百顷至九品十顷，其格外之数，并同编户。'在《律》：'九品之官身得用赎'，而祖父母、父母、妻、子孙皆不与焉，故生为官户，没为齐民。欲望赋役皆如本法，庶几贫富贵贱无不均之弊。"从之。27，p8115

【绍兴二年八月】二十三日，左司谏吴表臣言："诸州折变物帛至有数倍者，州县、漕司不复加恤。欲望行下诸路，应今后折科，并令市长、牙人以中价纽估。"诏令户部取见违戾漕、宪职位、姓名，各罚铜十斤，人吏从杖一百科断，余依奏。34，p8119

【绍兴】二十五年十月四日，诏："绍兴二十六年分民户二税不得合零就整，令户部行下诸路监司、州军遵守，如有违戾，许经尚书省越诉。"44，p8124

【绍兴二十六年正月】八日，诏："诸路县道起催产税，乡司先于民户处私自借过夏税、和买入己，并不到官，却将贫乏下户重叠催科，补填上件失陷数目。下户畏惮，往来再行送纳，重困下民，无所申诉。令户部看详立法，如有诸路县道公吏辄于人户处私自预借税物，许令越诉，犯人重行决配。监司、守贰常切觉察。"从殿中侍御史周方崇之请也。45，p8125

【绍兴二十六年正月】十四日，诏："逐州委知、通将逐县官户、权势之家合科纳、和买等，并与平民一等。如辄敢减免，官司及减免之家并计赃断罪。令监司觉察，如有违戾，按劾闻奏。"45，p8125

【绍兴二十七年六月】二十三日，臣僚言："诸路州县起催产税，积弊甚大。富横之家与本县公人相与为党，使下户细民破家逃移，深可怜悯。盖未催科之时，典吏、乡司先于民户处私自借过夏税、和买入己，比至开场，更不纳官，以一邑计之，有数百匹至五十匹之家，失陷官物不知几何，却将下户重叠催科，补填上件失陷数目。乞令户部看详立法。"今看详参酌下条："诏诸州县公吏人于人户处辄借税租及和、预买绸绢者，杖八十。若上限尽而不为送纳，计赃重者，准盗论，三十匹，配本城。许

人告，仍听被借人户越诉，委监司、守贰觉察。"46，p8127

【绍兴二十七年六月】二十八日，左司谏凌哲言："诸路县道起催产税，公吏、揽子先于民户处私自借过入己，不为了纳。户部看详立法尚有未审，当令户、刑部重别修立。"今修到下条："诸州县公吏于人户处辄借税租，和、预买绸绢、钱物同。准盗论，五十匹配本城。许人户告，仍听被借人户越诉。告获州县公吏于人户处辄借税租，和、预买绸绢、钱物同。钱五十贯。诸揽纳税租、和预买绸绢钱物，谓非系公之人。本限内不纳，杖六十，二十匹加一等；罪止徒一年。"诏依，仍行下州县知、通、监司常切觉察。46—47，p8127

【绍兴三十二年八月】二十三日，诏："临安府系驻跸之地，及四方冲要去处。有民间田地为官司所占，或作寺观、花圃、营寨、宫宇等，虽已减免二税，访闻和买绸绢、州县不曾随税除豁，却均众户送纳。自今应官司所用民间田地，其和买并随二税捐免，不得暗敷众户。违者，听人户越诉，当议根治。"从中书门下省请也。62，p8138

【乾道】六年二月二十八日，措置浙西江东淮东路官田所状："参酌拟立税租数目：己业沙田主分所得花利，每米一石，欲于十分内以一分立租。己业芦场等地田主所得花利，纽钱一贯，欲十分以一分五厘立租。租佃沙田主分所得花利，每米一石，欲于十分以二分立租；租佃芦场等地主所得花利，纽钱一贯，欲以十分之三输官。以上田地除所立租外，更不敷纳和买、夏税、役钱、秋苗之类，如旧曾起立苗税额重，则依旧。"从之。62—63，p8138—8139

【乾道七年】九月十一日，敕令所拟修下条："诸上三等户及形势之家，应输税租而出违省限：输纳不足者，转运司具姓名及所欠数目，申尚书省取旨。未纳之数，虽遇赦降，不在除放之限。"先是，臣僚言："夏、秋二税输官之物，皆上供合起之数，谓之常赋。今有形势、食禄之家积年不纳，专候郊恩，觊望除放，遂致上供愆期，支用窘阙。乞今后上三等及形势、官户应合纳税租，虽遇恩赦，不在除放之限。"故命立法。64，p8139

淳熙元年十一月二十九日，中书门下省言："人户合纳租税，在《法》：'本户布帛不成端匹，米谷不成升，丝绵不成匹两，柴蒿不成束者，听依条时价纳钱。其钱不及百，愿与别户合钞纳本色者听。'访闻州县奉行不虔，吏缘为奸，将合纳零碎之数催纳，已纳者不即销簿，重叠追

理。"诏逐路监司常切约束，如有违戾，许民户越诉。68，p8141

宋会要辑稿·食货七〇·方田 杂录

神宗熙宁五年，重修定《方田法》，自京东为始推行，冲改三司方田均税条。夏税并作三色：绢、小麦、杂钱。秋税并作两色：白米、杂钱。其蚕、盐之类已请官本者，不追；造酒粳、糯米、马食草仍旧；逃田、职田、官占等税亦依旧倚阁；屋税比附均定，墓地免均。如税额重处，许减逃阁税数。114，p8164—8165

【政和二年】八月十八日，诏令京西南、北路监司："应已方田，并选差官前去体量有无违法不均不实，出税有无偏重偏轻。如不曾方量处，即且令依旧出税，别选他州县官，互行差委前去重行方量，即不得差本州县寄居、待阙等官。所委官仰先习熟法内行遣次第，选差非本州县吏人前去尽公施行。如违，以违制论。即因而受财乞取，以自盗论，赃轻吏人、公人并配二千里。"118，p8167

【政和二年】九月八日，诏："应已方田路分，见有人户论诉不均者，并依京西路已降指挥施行。其有人户论诉合重方并未方路分，合差一行方量官吏、均税甲头、合干人等，并差非本州县人。如违，以违制论。"其后，十月七日，河北东路提举常平司奏："（切）〔窃〕详朝廷之意，止为本方内有自己或邻并或亲戚地土？情牵制，于定验土色必先弊幸。今相度：欲令四隅方量官互换隔隅，点定某字方内大、小甲头五人赴某字方充甲头，亦与别州县差拨无异。兼近降敕命不用本州岛县官吏、公人、庄宅牙人、都攒书等一行人，若方田事务有不均人户，即下有可申诉，官司等亦不敢抑遏弹压。"诏依，诸路准此。118，p8167

【政和二年】十月二十七日，河北东路提举常平司奏："检承《崇宁方田令》节文：'诸州县寨镇内屋税，据紧慢十等均定，并作见钱。'本司契勘：本路州县城郭屋税，依条以冲要、闲慢亦分十等均出盐税钱。且以未经方量开德府等处，每一亩可（尽）〔盖〕屋八间，次后更可盖覆屋，每间赁钱有一百至二百文足，多是上等有力之家。其后街小巷闲慢房屋，多是下户些小物业，每间只赁得三文或五文，委是上轻下重不等。今相度：州县城郭屋税，若于十等内据紧慢每等各分正、次二等，令人户均出盐税钱，委是上下轻重均平，别不增损官额，亦不碍旧来坊郭十等之法。余依元条施行。"从之，余路依此。118—119，p8167—8168

【政和三年三月】十九日，河北西路提举常平司奏："均税之法，各从地色肥瘠（栽）〔裁〕敷轻重，即无偏曲不均之患，乃副立法方田本意。所在县分地色至少不下百数，而均税乃不过十等。第十等地最为低下，但依法均税。第一等虽出十分之税，地土肥酰，尚以为轻，第十等只均一分，多是瘦瘠之地，出数虽少，犹以为重。若不入等，即依条止收柴蒿钱，每顷不过百钱至五百。既收入等，但可耕之地，地便有一分之税。其间下色之地与柴蒿之地不相远，乃一例每亩均税一分，上轻下重，故人户不无词诉。欲乞依条据土色分为十等外，只将第十等之地再分上、中、下三等折亩均敷。谓如第十等地，每十亩合折第一等地一亩，即第十等内上等依元数，中等以一十五亩，下等以二十亩折地一亩之类也。① 庶几上下重轻均平。"诏依，余路准此。119—120，p8168

【政和三年】五月二十六日，河北东路提举常平司奏："检会《政和二年十一月二十二日敕》节文：'臣僚上言：切闻昨来朝廷推行方田之初，外路官吏不遵诏令，辄于旧管税额之外增出税数，号为蹙剩，其多有一邑之间及数万者。欲望下逐路提举司，将应有增税县分并依近降指挥重行方量，依条均定税数，不得于元额外别有增损。'本司契勘：本路昨已经方田县内有增税数多县分，已依朝旨施行外，有十余县比旧额虽有增出数目，皆系逐户逐色毫忽圭撮纽计，无不均之数，即非蹙剩为名。既已经年，无人户论诉不均。若不限所增数目多寡，一概重方，又虑公、私别有繁费。今相度：欲将元无人户论诉县分，止是增出私数纽计逐色贯百，实及一分已上，依所降朝旨重行方量，如不及一分，只别均税。如实是蹙剩数少，均摊不行者，更不均量。如可施行，即乞降下。余并依元条施行。"诏："因方田增税是定田色，不当其税，自当有增减。若所方已得允当，虽增不合减。如所方未当，有人论诉，即令提刑司体量诣实闻奏。诸路依此。"120，p8168

宋会要辑稿·食货七〇·经界杂录

【光尧皇帝绍兴十二年】十二月二日，两浙转运副使李椿年言："被旨措置经界事。臣今有画一下项：一、今来措置经界，应行移文字并乞以'转运司措置经界所'为名。二、今欲先往平江府措置，候管下诸县就

---

① 此处根据宋朝立法习惯应是小字，但点校本和影印本上皆为正文。

绪，即以次往其余州军措置经界。要在均平，为民除害，更不增添税额。恐民间不知，妄有扇摇，致民情不安，许臣出榜晓谕民间通知。三、自来水乡秋收了当，即放水入田，称是废田。欲出榜召人陈告，其田给与告人耕田纳税。即已给与告人，后有词诉，不得受理。四、有陂塘塍埂被水冲破去处，勒食利人户并工修作，如有贫乏无力用工者，许保正、长保明，以常平钱米量行借贷；如常平钱米不足，乞以义仓钱米借兑。候秋成，以收到花利分三年还纳，仍乞免覆奏及执事不行。五、今来措置经界，全藉县令、丞用心干当。如无心力，虽无大过，许于本路踏逐有心力强敏者对移，各许通理月日，不理遗阙。六、今画图，合先要逐都耆邻保伍关集田主及佃客逐坵计亩角押字，保正、长于图四止押字，责结罪状申措置所，以俟差官按图核实。稍有欺隐，不实不尽，重行勘断外，追赏钱三百贯。因而乞取者，量轻重编配，仍将所隐田没入官。有人告者，赏钱并田并给告人。如所差官被人陈诉，许亲自按图覆实，稍有不公，将所差官按劾取旨，重行窜责。如所诉虚妄，从臣重行勘断。七、乞许于本路州军委自知、通踏逐保明精勤廉谨官三两员，不以有无拘碍，发遣前来，从臣差委逐都覆实，俟平江措置就绪，即令归本州依仿施行。八、所委官自能于本州依（傚）〔仿〕施行就绪，无人陈诉，乞从保明申朝廷，乞赐推恩施行。九、有措置未尽事件，许续具申请。"从之。既而椿年又言："今欲乞令官、民户各据画图了当，以本户诸乡管田产数目从实自行置造砧基簿一面，画田形坵段，声说亩步四至、元典卖或系祖产，赴本县投纳点检，印押类聚，限一月数足，缴赴措置经界所，以凭照对。画到图子，审实发下，给付人户，永为照应。日前所有田产虽有契书，而不上今来砧基簿者，并拘入官。今后遇有将产典卖，两家各赍砧基簿及契书赴县对行批凿。如不将两家簿对行批凿，虽有契帖干照，并不理为交易。县每乡置砧基簿一面，每遇人户对行交易之时，并先于本乡砧基簿批凿，每三年将新旧簿赴州。新者印押，下县照使，旧者留州架阁。将来人户有诉去失砧基簿者，令自陈，照县簿给之。县簿有损动，申州，照架阁簿行下照应。每县逐乡砧基簿各要三本，一本在县，一本纳州，一本纳转运司。如有损失，并仰于当日付所属抄录。应州县及转运司官到任，先次点检砧基簿，于批书到任内作一项批云：'交得砧基簿计若干面，并无损失。'如遇罢任，批书：'砧基簿若干面，交与某官。'取交领有无损失，送户部行下本官措置施行。请令州县造图而遣官核实，先成有赏，慢令有罚。"

125—126，p8171—8172

【绍兴十五年】二月十日，王鈇言："被旨差委措置两浙经界，除将前后已得指挥参照外，今措置下项：一、措置经界，务要革去诡名挟户、侵耕冒佃，使产有常籍，田有定税，差役无词诉之烦，催税免代纳之弊。然须施行简易，不扰而速办，则实利及民。今欲将两浙诸州县已措置未就绪去处，更不须图画打量，造纳砧基簿，止令逐都保先供保伍帐，排定人户住居去处。如寄庄户，用掌管人，每十户结为一甲。从户部经界所立式，每一甲给式一道，令甲内人递相纠举，各自从实供具本户应干田产亩角数目、土风水色、坐落去处、合纳苗税则例，如系从来论钧、论把、论石、论秤、论工，并随土俗。具帐二本。其从来诡名挟户、侵耕冒佃之类，内加占逃田如系十年以上，从实首并，于帐内添入。不及十年者，令作一项供具。若产多税少，或有产无税，亦于帐内开说实管田亩数目、土风水色高下，供认税赋。若田少税多，即具合减数目。若产去税存，即行除豁，务要尽实。如所供田亩水色着实，所有积年隐过苗税一切不问。如有欺隐，不实不尽，致人陈告，其隐田亩并水色人并从杖一百断罪，仍依绍兴条格，将田产尽给告人充赏，仍追理积年减免过税赋入官，仍将所隐田亩上每年合纳税苗等依在市时直纽计，每及三百文省，追赏钱三十贯文。不及三百文者，准此。每加一百文，又加一十贯，至三百贯止。其同甲人，每人出赏钱三十贯，尽给告人，亦依隐田人断罪。若因官司点检得见，其赏钱并田并行拘没。如有脱户，并仰于邻近甲内附入。如不附入，依隐田罪赏施行，许田邻纠。其田邻不纠，依同甲人结甲不实罪赏施行。逐都差保正、长均散甲帐体式付人户，限一月依式供具。令保正、长拘收甲帐，类聚赴当州县，以移用钱顾书算人攒造，将田亩并苗税数目誊转，逐乡作都簿在官照应。及每保正亦给上件簿书收掌，许人户检看，庶使各乡通知。如有不实之人，得以告首，免致乡司等人作弊。仍将逐甲元供帐状每户印给一道，付各人家照会。所管田产并其税赋，如有甲帐上不曾声说，也后因争竞到官，止以帐状为定，官司更不得受理。二、欲乞行下诸州知、通，如昨来画图打量送纳砧基簿已了去处，一面措置结绝，候事毕保明，申尚书省并经界所。如有未当，及人户不住词诉，更委自知、通审度，依结甲事理一面施行。三、比来有力之家规避差役科率，多将田产分作诡名挟户，至有一家不下析为三二十户者；亦有官户将阶官及职官及名分为数户者，乡司受幸，得以隐庇。先措置经界，虽令人户自陈首并，往往尚有顽猾未曾尽并之家；仍虑经界之后又有典卖为名，准前分作诡名挟户，理宜别作措置。除已令于结甲帐归并，如不归并，许人告首。依供具税租隐匿不实罪赏施行外，欲候人户供到，从本县将保伍帐并诸乡主客保簿参照，若非系保伍籍上姓名，即是诡名挟户。如外乡人户寄庄田产，亦合关会各乡保甲簿有无上件姓名。如有，即行将物力于住居处关并作一户，其外州县寄庄户准此关会。若后来各乡有创新立户之家，并召上三等两户作保，仍实时编入保甲簿，庶得永远杜绝诡名挟户之弊。四、人户自来多是冒占逃户肥浓上等田土，递相隐蔽，不纳苗税，洎至官司根括，却计会村保将远年荒闲不毛之地桩作逃户产土，或将逃户下瘠瘦不系苗税田产指作苗田，承代税赋，恣为欺弊。今来既令人户结甲供具，内有人户占据逃产，已令于甲帐内声说，所有人户不占见行荒废逃产，自合根括见数，置簿拘籍。（令）〔今〕措置：欲应见逃荒产，并令保正、长逐一着实根究某人全逃产土若干，某人见占若干，已具入甲帐、见荒废若干，仍令村保田邻并逃户元住邻人指定，见今荒废逃产是与不是元逃产土？有无将远年荒闲田土虚指作各人逃产，要桩苗税在上？及以元不系苗税荒闲产土桩作各人户下苗田，意在登带苗税数目？仍将所供田段立号，逐户誊写上簿，却具地名段落亩数逐一出榜揭示。其加占人不供具入帐及供不尽之人，并许人告，依前项隐产人断罪理赏施行，别以本户已田计元所加占官田亩数给告人。如本户别无产土，即估价追钱充赏，及依条追理日前隐匿过苗税入官。所有村保、田邻及元住邻，并依甲内供具不实罪赏施行。五、人户将天荒产段并淹泆之类修治堰道，围裹成田，自系额外产土，欲令逐川知、通⊙作一项保明供申朝廷，量行起税。六、契勘人户有将田宅已典卖与人后，因今来措置，却行依旧供作己业，意在图赖。若不严立罪赏，窃恐词诉不绝，证定之后，苗税无归，今欲令人户并于结甲帐内着实供具。如有违戾，后来到官根究得实，从杖一百科罪，追理赏钱一百贯文入官，其田归还合得产人。其重叠典买田产人，自合依条令先典买人供具入帐。所有寄佃田，谓如田在甲乡却在乙乡纳税，理合于坐落乡分供具绝纳。七、契勘两浙诸州县内有近缘被水县分权住经界，除限满自合检举外，所有衢州诸县、婺州兰溪、临安府富阳县、严州建德、桐庐县虽未限满，缘今来措置既不行打量画图，造纳砧基簿，止令人户结甲供具，委是易于措置，不扰于民。欲令不候限满，一面奉行了办。八、今来若依前项措置经界，全藉守倅督责县官公共用心了办。今欲令知、通于各县知县、丞、簿、尉内，选委有才干官一员，专一桩管措置，如当县无官可选，即于邻县本等内权暂对移管干，不理旷阙，候事毕日归任后，于州官内选差一员覆行检察，既毕，申经界所，从户部经界所差官重行检点。如所委官措置有方，苗税得实，公私兼济，不致骚扰，别无词诉，并许保明申尚书省，取旨推赏。若或弛慢灭裂，按劾申朝廷，乞重行黜责。兼虑州县所委官有相次任满之人，不行用心了办，如有灭裂去处，不以去官，并行按劾科罪。仍欲委漕臣催督了办，纠察官吏违慢。九、今来既委州县自行措置，令人户结甲供具，即与日前措置繁简不同，所有先分委在诸州县核实，并措置官别无职事，欲令逐官将元给印记并文案等限一月具数交割，付本处州县收管讫，起发归任。如有已任满人，即一面赴部参选，仍仰州县逐一交点拘收照用。十、今来所行经界，事体浩大，若不严行约束，窃虑人吏乡司受贿，别生奸弊。及纽算数目并供具元额，致有增减，今欲应人吏乡司因经界事乞觅，不以多寡，并决配远恶州军，籍没家产。如因纽算，仍供具元额数目擅有增减，别生情弊，并依此施行。十一、州县旧管税额往往自兵火后来簿籍不存，多是旋行括责，于十分内以分数立额，后来归业人户，虽业多止是隐落，或州县自用，或乡司欺盗，走失合纳常赋。今欲委知、通、令、佐根究，取见元初旧额数目，务要着实。十二、今来措置，所有逐州县镇坊郭官司地段，亦合一体施行。十三、契勘州县乡村有风俗去处，该载未尽，许州县条具申经界所相度施行。十四、今来措置，欲候事毕，令知、通开具旧额，并今来供具出田产数目、今实纳税赋、保明闻奏。十五、经界所属官，其间有已成资任满之人，欲乞从本所别行踏逐辟差。十六、应合行事件，并参照前后已得指挥施行。如有未尽，续具申请。"从之。126—129，p8173—8175

【绍兴】十七年五月三日，权户部侍郎、专一措置经界李椿年言："今措置两浙路事件下项：一、本路州县经界，已用打量及砧基簿计四十县，欲乞结绝。二、未曾打量及不曾用砧基簿，止令人户结甲去处，窃虑大姓形势之家不惧罪责，尚有欺隐，欲乞令措置行下州县，依旧打量画图，令人户自造砧基簿，赴官印押施行讫，申本所差官覆实。稍有欺隐，不实不尽，即依前来已得指挥断罪追赏。三、结甲县分内有先曾打量，后来又参照类姓图帐已得亩角着实，别无欺隐不尽不实，欲乞别令州县出榜，限一月许人从实自首。限满，从知、通保明申本所，以凭差官覆实结绝。四、人户先因结甲，致有欺隐亩步，减落土色，诡名挟户之类，如今来打量依实供具，画图入帐，置造砧基簿，并同自首。五、昨来结甲县分已行起理新税，欲且依新额理纳。将来各乡有打量出田产宽剩亩角，即行均减，更不增添税额。窃虑民间不知，妄有扇摇，出榜晓谕民间通知。六、今来措置经界，全藉逐州守倅督责令佐究心协力，务要日近了办，无致搔扰。如令、佐内有无心、力不能了办之人，听守、倅商议，于管下选差强明官对移。若管下无官可差，申本所，于曾了办经界均税无扰官员，不以有无差遣及有无拘碍，差往抵替。其所替官只是不能了办经界，别无过犯，乞不理遗阙，赴部别行注拟。七、已均税县分，如得允当，别无词诉，即令保正取责都内人自行供具诣实文状，连书押字。如有纷争不伏，即责两争人将产对换，各据两争人亩角对换，据所争产色认税。若已对换后有词讼，官司不得受理。八、本路率先了办经界州县及民无争讼去处，乞许覆实，次第保明申朝廷推赏。如守倅、令佐违慢不职，许奏劾取旨。"从之。130，p8176—8177

宋会要辑稿·食货七〇·钞旁定帖杂录

徽宗崇宁三年六月十日，敕："诸县典卖牛畜契书并税租钞旁等印卖田宅契书，并从官司印卖。除纸、笔、墨、工费用外，量收息钱，助赡学用，其收息不得过一倍。"135，p8180

【崇宁三年】十一月十二日，尚书省奏白札子："考城县典牛畜契，每一道今卖五钱省，比旧减下八钱省；税租等钞旁每一十旁，今卖五十七钱省，比旧减下二十二钱省。检会今年六月十日度支、户、金部看详：'前项钞旁并从官司印卖，除纸、墨、工费用外用，量收息钱，不得过一倍。'切缘府界诸县有未承六月十日朝旨已得前旧卖钱数稍多十，已成定例，与今来逐部看详所收息钱比之逐县旧卖钱数，除本价外，各有减落数目。且以考城一县计之，比旧减下钱数太多，亏损学费。"诏："府界诸路官卖钞旁、契书等，收息不得过四倍，随土俗增损施行。如旧卖钱数多者，听从多，仍先次施行。"135，p8180—8181

宣和元年八月二十二日，诏："钞旁元丰以前并从官卖，久远可以照验，以防伪滥之弊。政和修敕令删去，不曾修立，及降指挥不许出卖。今后应钞旁及定帖，并许州县出卖，即不得过增价（直）〔值〕。"135—136，p8181

【宣和二年】十二月十七日，《尚书省札子》节文："官卖钞旁、定帖，并须每户请纳作一钞，不得依前众户连名。遇人户请买，当官依法出卖。不当官给卖者，杖一百，公吏人等揽买出外增搭价钱转卖者，各徒二年。"136，p8181

【绍兴二年闰四月】二十三日，诏："应典田宅若故违投契日限，经隔年月，遇赦恩方始自陈即印契者，其所典年限并自交业日为始。"139，p8183

【绍兴】四年二月二十日，户部言："人户典卖田产，一年之外不即受税，系是违法。缘在法已有立定日限投契，当官注籍，对注开收；及诡名挟佃并产去税存之户，依已修立到条法断罪施行。仍乞行下州县，每季检举，无致稍有违戾。"从之。139—140，p8183

【绍兴十五年】十月三日，户部言："应人户典卖田宅、船、畜投税违限，能自首之人，并依匿税法，仍三分为率，以一没官，二给自首。"从之。143，p8185

【绍兴三十二年】十二月五日，刑部立下条（件）〔制〕："诸县人户已纳税租钞，和预买绸绢、钱物之类同，不即销簿者，当职官吏各杖一百，吏人仍勒停。其人户自赍户钞出官，不为照使，抑令重叠输纳者，以违制论，不以赦降原减，许人户越诉，专委知、通检察。知情容庇者，与同罪。仍令提刑司每季检举出榜，晓示民户通知。"145，p8186

【隆兴二年正月】二十五日，诏："民间典卖田宅等违限不曾经官投税白契，限一季经官自陈，止纳正税，与免入罪。如违限不首，许人告，依匿税条法断罪。"因臣僚有请也。145—146，p8186

【乾道】五年十二月八日，诏："人户应违限未纳契税，并已前首契不尽白契，并自今降指挥到日，限一季许于所在州县陈首，与免罪赏。自下状日，更与限一百日送纳税钱，专委本州通判拘收入总制账，令作一项解发。如一州起发及一十万贯以上，从户部具知、通名衔申朝廷推赏。若违限不首，或虽曾陈首违百日限不纳税钱之人，并许诸色人陈告，依条断罪给赏，拘没田宅入官。仍逐旋开具拘没到数申户部籍记，务在必行，以后更不展限。"以户部尚书曾怀言："人户典卖田宅，自有投税印契日限，违限许告，依匿税法断罪，追没给赏。昨来四川立限许人首纳，拘收到钱数百万贯，并婺州一州得钱三十余万贯。其他诸路州县视为常事，恬不加意，是致首纳不尽，兼循习旧例，并不依限投税。"故有是命。146—147，p8187

【乾道七年】十一月六日，臣僚言："比年以来，富家大室典卖田宅，多不以时税契，有司欲为过割，无由稽察。其弊有四焉：得产者不输常赋，无产者虚籍反存，此则催科不便，其弊一也。富者进产而物力不加多，贫者去产而物力不加少，此则差役不均，其弊二也。税契之直、率为干没，则隐匿官钱，其弊三也。已卖之产或复求售，则重叠交易，其弊四也。乞诏有司，应民间交易，并先次令过割而后税契。凡进产之家，限十日内缴连小契自陈，令本县取索两家砧基赤契，并以三色官簿，系是夏税簿、秋苗簿、物力簿，却径自本县，就令本县主簿对行批凿。如不先经过割，即不许人户投税。仍以牙契一司专隶主簿厅，庶几事权归一，稽察易见。若主簿过割不时及批凿不尽，或已为批凿而一委于胥吏，不复点对稽察者，则不职之罚，以例受制书而违者之罪罪之。如此，则四者之弊一旦可革，而公私俱便矣。"诏令敕令所参照见行指挥修立成法，申尚书省施行。149—150，p8188—8189

【乾道】九年正月十八日，诏："人户典卖田宅物业，往往违限不行税契，失陷官钱。仰自今降指挥到日，出榜立限一月自行陈首，与免罪赏。自投状日，限一季送纳税钱。如限满不首，许元典卖及诸色人陈告，其物产以一半给告人充赏，余一半没官。仍委叶翥、折知常一就措置，令项拘收发纳。所有州县解发推赏，并依卖田钱格法施行。"151，p8189

宋会要辑稿·食货七〇·均籴杂录

【政和二年】八月三日，尚书省言："七月二十八日已降指挥，三路均籴斛斗，今措置约束：'均籴法州县不得常行，开俟朝廷降指挥，方许均籴。不应均而辄均，若不依役钱，或多寡不均者，徒二年，吏人配千里。不前期支钱，或斗价支钱增减不实者，加一等，吏人配一千五百里。乞取若减刻所均钱者，以自盗论赃，轻者配一千里。'"从之。153，p8191

【政和四年】十月二十三日，诏："自今均籴斛斗，须管先桩见钱方得均籴。如违，官员徒一年，吏人配千里。"以尚书省言："河阳县及孟州温县百姓诉：纳过均籴斛斗，不曾支钱。"诏官吏罚铜有差，兼有是诏。154，p8191

十三、刑法

宋会要辑稿·刑法一·格令一

国初用唐律、令、格、式外，又有《元和删定格后敕》《太和新编后敕》《开成详定刑法总要格敕》、后唐《同光刑律统类》《清泰编敕》、〔晋〕《天福编敕》、周《广顺续编敕》①《显德刑统》，皆参用焉。1，p8211

太祖建隆四年二月五日，工部尚书、判大理寺窦仪言："周《刑统》科条繁浩，或有未明，请别加详定。"乃命仪与权大理少卿苏晓、正奚屿、（承）〔丞〕张希让，及刑部、大理寺法直官陈光乂、冯叔向等同撰集。凡削出令（或）〔式〕、宣敕一百九条，增入制敕十五条，又录《律》内"余条准此"者凡四十四条，附于《名例》之次，并《目录》成三十卷。别取旧削出格令、宣敕及后来续降要用者凡一百六条，为《编敕》四卷。其厘革一司、一务、一州、一县之类不在焉。至八月二日上之。诏并模印颁行。1，p8211

乾德四年三月十八日，大理正高继申言："《刑统·敕律》有错误、条贯未周者凡三事云。《刑统·职制律》准《周显德五年敕》：'受所监临赃，及乞取赃过百匹，奏取敕裁。'伏缘准《律》：'若是频犯，及二人以上之物，仍合累并倍论。'元敕无'累倍'之文，致断案有'取裁'之语。今后犯者望依《律》累倍过百匹，奏取敕裁；如累倍不过百匹，依《律》文处分。又《刑统·断狱律》有'八十'字误作'十八'字，伏请下诸处，令法官检寻刊正，仍修改大理寺印板。又《刑统·名例律》：

---

① 格后敕、编敕是唐元和年间至宋朝初期立法的主要形式，这种立法统称为编敕。

'三品、五品、七品以上官亲属犯罪，各有等第减赎。'伏恐年代已深，不肖自恃先荫，不畏刑章。今后犯罪之人身无官者，或使已亡祖父亲属之荫减赎其罪，即须是已亡人曾（在）〔任〕皇朝官，据品秩得使。如有不曾任皇朝官者，须是前代有功惠，为时所推，历官至三品以上者，（亦）〔乃〕得上请。伏乞永为定制。"从之。1，p8211

太宗太平兴国三年六月，诏有司取国朝以来敕条纂为《编敕》颁行。凡十五卷，曰《太平兴国编敕》。1，p8211

端拱二年十月，诏翰林学士宋白等详定端拱以前诏敕。至淳化二年三月，白等上《淳化编敕》二十五卷、《敕书德音》《目录》五卷。帝阅之，（调）〔谓〕宰相曰："其间赏罚条目颇有重者，难于久行，宜命重加裁定。"即诏翰林学士承旨苏易简、右谏议大夫知审刑院许骧、职方员外郎李范同别详定。至五年八月二十一日，骧、范上《重删定淳化编敕》三十卷。1，p8211—8212

至道元年十二月十五日，权大理寺陈彭年言："法寺于刑部写到令式，皆题伪蜀广政中校勘，兼列伪国官名衔，云'奉敕付刑部'。其帝号、国讳、假日、府县陵庙名悉是当时事。伏望重加校定改正，削去伪制。"诏直昭文馆勾中正、直集贤院胡昭赐、直史馆张复、秘阁校理吴淑、舒雅、崇文院检讨杜镐于史馆校勘，翰林学士承旨宋白、礼部侍郎兼秘书监贾黄中、史馆修撰张佖详定。1，p8212

真宗咸平元年十二月二十三日，给事中柴成务上《删定编敕》《仪制敕》《敕书德音》十三卷，诏镂板颁行。先是二月诏户部尚书张齐贤专知删定淳化后尽至道末续绛宣敕，权判刑部李范、职方员外郎马襄、同知审刑院刘元吉、权判大理寺尹玘、直集贤院赵安仁、监察御史王济、大理寺丞刘去华同知删定。十一月，齐贤等上新敕。又诏成务与知制诰师颃、侍御史宗度、直秘阁潘慎修、直史馆曾致尧、晁迥、杨嶠、张庶凝、史馆检讨董元亨重详定。至是成务等上言："自唐开元至周显德，咸有格敕，并着简编。国初重定《刑统》，止行《编敕》四卷。太宗朝遂增后敕，为《太平兴国编敕》十五卷。淳化中又增后敕，为《淳化编敕》三十卷。自淳化以后，宣敕至多，乃命有司别加删定。取刑部、大理寺、在京百司、诸路转运司所受《淳化编敕》及续降宣敕万八千五百五十五道，遍共披阅。凡《敕》文与《刑统》、令式旧条重出者，及一时权宜非永制者，并删去之；其条贯禁法当与三司参酌者，委本部编次之。凡取八百五十六道，为《新删定编敕》。其有止系一事，前后（格）〔累〕敕者，合而为一；本是一敕，条理数事者，各以类分，取其条目相因，不以年代为次。其间文繁意局者，量经制事理增损之；情轻法重者，取约束刑名削去之。凡成二百八十六道，准《律》分十二门，并《目录》为十一卷。又以仪制、车服等敕十六道别为一卷，附《仪制令》，违者如违令法，本条自有刑名者依本条。又以续降敕书、德音（凡）〔九〕道别为一卷，附《淳化敕书》，合为四卷。其厘革一州、一县、一司、一务者，各还本司。令敕称依法及行朝典勘断、不定刑名者，并准律、令、格、式。无本条者，准违制敕分故失及不躬亲被受条区分。臣等重加详定，众议无殊，伏请镂板颁下诸路，与律、令、格、式、《刑统》同行。"优诏褒答从之，成务等加阶勋。又请定诸司使至三班有罪当续条例。诸司使以上领遥郡者从本品，诸司使同六品，副使至内殿崇班同七品，阁门祗候、供奉（言）〔官〕、侍禁同八品，殿直、内品同九品，奉职、借职同九品下。诏著于令。旧条持杖行劫，得财不得财并处死，张齐贤以为（大）〔太〕重。议贷不得财者，济坚执。乃诏尚书省集议，卒用。成务等言："强窃盗刑名比例文用一年半法及《配军条例》，品官犯五流不得减赎，除名配流如法。臣等详定，并可行用，欲编入敕（史）〔文〕。"诏诸司使臣至三班使臣所犯情重者奏裁，余并从之。1—2，p8212—8213

【咸平】二年七月三十日，户部使、右谏议大夫索湘上《三司删定编敕》六卷，诏颁行。先是诏湘与盐铁使陈恕、度支使张雍、三部判官取三司咸平二年三月以前逐部宣敕，分二十四案为门删定，至是上之。2，p8213

景德二年八月十二日，诏诸州："应《新编敕》后续降宣敕、札子，并依三司所奏。但系条贯旧制置事件，仰当职官吏编录为二簿，一付长吏收掌，一送法司行用，委逐路转运使点检。其转运司亦依此例编录。"2—3，p8213

【景德二年】九月十六日，三司上《新编敕》十五卷，请雕印颁行，从之。3，p8213

【景德二年】十月九日，三司盐铁副使林特上《三司新编敕》三十卷，诏依奏施行。先是，诏特与直史馆权判三司勾院陈尧咨、直史馆判度支勾院孙冕、审刑院详议官李渭编录。至是，尧咨、冕、渭皆补外，续诏审刑院详议官周实、大理寺详断官彭愈、开封府兵曹参军孙元方详勘。及

书成上之，特赐勋一转，余赐器帛有差。3，p8213

【景德】三年正月七日，右谏议大夫、权三司使丁谓上《景德农田编敕》五卷，诏颁行。先是诏谓与户部副使（仅）〔崔〕端、度支员外郎崔旷、盐铁判官乐黄目、张若谷、户部判官王曾取条贯户税敕文及四方所陈农田利害事同删定，至是书成。旷前任度支判官，尝同编集，故亦预焉。3，p8213

【景德】四年七月五日，帝谓宰臣等曰："王济上《刑名敕》五道，烦简不等。朕尝览显德中敕语甚烦碎，盖世宗严急，出于一时之意，既以颁下，群臣无敢谏者。"因言："魏仁浦为相，尝作敕草，云'不得有违'，堂吏白云：'敕命一出，违则有刑，何假此言也?'仁浦是之。"王旦曰："诏敕理宜简当，近代亦伤于烦。"冯拯曰："开宝中差诸州通判敕，刑狱钱谷，一一指挥，方今已简略也。"3，p8213

大中祥符二年十一月十九日，诏："大理寺自今定夺公事，并具有无冲改律令及前后宣敕，开坐以闻。"3，p8214

【大中祥符】六年正月八日，诏："自今凡更定刑名，边防、军旅、茶盐、酒税等事，并令中书、枢密院参议施行。"以上封者言二府命令互出，或有差异故也。3，p8214

【大中祥符九年】九月二十一日，编敕所上《删定编敕》《仪制》《敕书德音》《目录》四十三卷，诏镂板颁行。先是六年四月，判大理寺王曾等言："得法直司状称，咸平元年编敕后来续降宣敕，条同无贯，检坐失详，望差官删定。"诏曾与翰林学士陈彭年、右谏议大夫慎从吉、知制诰盛度、太常博士仇象先、慎锴、殿中丞阎允恭、太子洗马韩允、大理寺丞赵廓、司徒昌运同详定，止大中祥符六年终。又以《三司编敕》条目烦重，亦令彭（言）〔年〕等重详定增损。至是上之，彭年而下各加阶勋。帝以彭年等所编诏敕删去繁文，甚简，然有本因起请，更相诘难冲改，前后特留一敕者，今悉删去，恐异日或须证验，乃令录所删敕一本，别付馆阁，以备检详，不得行用。[①] 又命屯田员外郎王汝能、太常寺博士张宗象、太常寺奉礼郎谢绛充勘读官。3—4，p8214

天禧元年六月七日，编敕所上《条贯在京及三司敕》共十二卷，诏颁行。4，p8214

---

① 此种立法技术成为后来"看详"类法律的来源。

【天禧】二年十月十七日，右巡使王迎等言："准诏依赵安仁所请重编定令式，伏缘诸处所供文字悉无伦贯，难以刊缉，望（具）〔且〕仍旧。"从之。4，p8214

【天禧四年】正月十三日，知制诰吕夷简言："诸州续降宣敕，旧制常令州县纂次，（令）〔今〕多堕坠不录。望委提点刑狱官专切检视。"奏可。4，p8214

【天禧四年】二月九日，参知政事李迪等上《一州一县新编敕》五十卷。先是元年七月，诏迪与翰林学士盛度、知制诰吕夷简、审刑院详〔议〕官尚霖、司徒昌运同详定，至是上之，并加阶勋。4，p8214

【天禧四年】十一月十七日，宰臣李迪上《删定一司一务编敕》三十卷。赐器币有差。4，p8214

仁宗（大）〔天〕圣元年三月二十二日，大理寺言："审刑院、大理寺今后定夺起请刑名者，望依大中小事公案给限，庶免留（满）〔滞〕。"从之。4，p8214

【天圣】五年七月四日，提举详定编敕所言："据《编敕》，众官参详前后宣敕内只是约束一路或三两州军事件，若一例编敕，未得允当。今欲令看详，不销遍行天下宣敕，类聚抄录，画一开坐，都为一卷。候将来详定了毕，编〔敕〕所于头尾开说删定行用因依，同《编敕》进呈。乞降中书门下看详，只乞逐处都作散敕一道，降下刑部，令翻录，下逐路合要行用州军施行，冀免差互，易为检断。"从之。4，p8215

【天圣】七年四月二十五日，诏："审刑院、大理寺、刑部、三司，自今参详起请，改定条贯，当降敕行下者，并依编敕体式，简当删定，于奏议后面别项写定，于降敕之际止写后语颁下。"4，p8215

【天圣七年】五月十八日，详定编敕所上删修《令》三十卷，诏与将来新编敕一处颁行。先是诏参知政事吕夷简等参定《令》文，乃命大理寺丞庞籍、大理评事宋郊为修令官，判大理寺赵廓、权少卿董希颜充详定官。凡取《唐令》为本，先举见行者，因其旧文，参以新制定之。其今不行者，亦随存焉。又取《敕》文内罪名轻简者五百余条，著于逐卷末，曰《附令敕》。至是上之。诏两制与法官同再看详，各赐器币、转阶勋有差。4，p8215

【天圣七年五月】二十一日，翰林学士宋绶言："准诏：以编敕官《新修令》三十卷，并《编敕》录出罪名轻简者五百余条为《附令敕》，

付两制与刑法官看详，内有添删修改事件，并已删正，望付中书门下施行。"从之。4，p8215

【天圣七年】九月二十二日，详定编敕所言："准诏：《新定编敕》且未雕印，令写录降下诸转运、发运司看详行用。如内有未便事件，限一年内逐旋具实封闻奏。当所已写录到《海行编敕》并《目录》共三十卷，《赦书德音》十二卷，《令》文三十卷，并依奏敕一道上进。"诏送大理寺收管，候将来一年内如有修正未便事件了日，令本寺申举，下崇文院雕印施行。4，p8215

【天圣】十年三月十六日，诏以《天圣编敕》十三卷、《赦书德音》十二卷、《令》文三十卷，付崇文院镂板施行。先是五年五月，诏以大中祥符七年止天圣五年续降宣敕删定，命宰臣吕夷简、枢密院副使夏竦提举管勾，翰林学士蔡齐、知制诰程琳、龙图阁待制韩亿、燕肃、判大理寺赵廓同加详定。又以权大理少卿董希颜为详定官，秘书丞王球、大理寺丞庞籍、张颂为删定官。依《律》[①] 分门为十二卷。七年六月上之，各赐器币，仍第进阶、勋。至是镂板，又命权大理少卿崔有方、审刑院详议官张度校勘。4—5，p8215

【明道二年】八月二十七日，权判吏部流内铨丁度言："诸司见管《一司一务编敕》，先于天禧年差官编修行用，后来续降敕望差两制以上臣僚管勾，看详删定。"诏翰林学士（张）〔章〕得象、知制诰郑向编定闻奏。向知州，以知制诰宋郊代。5，p8216

景祐元年闰六月十九日，诏翰林侍读学士范（枫）〔讽〕、御史中丞韩亿详定奏取敕裁及配罪人等条贯，于理检院置司，仍命审刑院详议官齐廓同详定。二年六月九日上之。5，p8216

【景祐】二年六月二十四日，翰林学士承旨章得象上《一司一务编敕》并《目录》四十四卷，诏崇文院抄写颁行。先是诏以大中祥符八（月）〔年〕止明道二年所降宣敕，命判大理寺司徒昌运、判刑部李逊与得象等同删定。5，p8216

【景祐】五年十月四日，审刑院、大理寺上《减定诸色刺配刑名敕》五卷，诏依奏施行。先是《景祐》二年十一月十五日敕书："应犯罪人条禁尚繁，配隶尤众，离上乡土，奔迫道途，有恻朕怀，特申宽典。宜令

---

① 此处的"律"是指《唐律》，具体是《开元二十五年律典》，而非"律"类法律。

审刑院、大理寺别减定诸色刺配刑名，委中书门下详酌施行。"至是上之。5，p8216

庆历元年九月二十一日，知开封府事贾昌朝言："检会在府迎颁下令颇多，欲令检法官类聚编次，以便检阅。"从之。5，p8216

【庆历】四年五月十二日，司勋员外郎吕绍宁请以见行《编敕》年月以后续降宣敕，令大理寺检法官依《律》门类分十二卷，以颁天下，庶便于检阅，而无误出入刑名。从之。5，p8216

【庆历】八年四月二十八日，提举管勾编敕宰臣贾昌朝、枢密副使吴育上《删定编敕》《敕书德音》《附令敕》《目录》二十卷，诏崇文院镂板颁行。先是，诏以《天圣编敕》止庆历三年续降宣敕删定，命屯田员外郎成奕，太常博士陈太素，国子博士卢士宗，秘书丞郝居中、田谅，殿中丞张太初，刘述充删定官，翰林学士张方平、侍读学士宋祁、天章阁侍讲曾公亮、权大理少卿钱象先充详定官，昌朝、育提举。至是上之。5，p8216

【庆历】八年十一月二十五日，命观文殿学士丁度、翰林学士钱明逸、翰林侍读学士张锡同详定《一州一县编敕》，集贤校理田谅、馆阁校勘贾章同删定。5—6，p8216

【皇祐元年】十一月十一日，诏："今后凡有上言乞更改条制者，令中书、枢密院审详利害执奏。"6，p8216

嘉祐二年十月三日，三司使张方平上《新修（录）〔禄〕令》十卷，诏颁行。先是，元年九月枢密使韩琦言："内外文武官俸入、添支并将校请受，虽有品式，而每遇迁徙，须申有司检（堪）〔勘〕申覆，至有待报岁时不下者。请命近臣就三司编定。"命知制诰吴奎、右司谏马遵、殿中侍御史吕景初为编定官，太常博士张子谅、太常丞勾谌、大理寺丞张适为删定官。至是上之。6，p8216—8217

【嘉祐】七年四月九日，提举管勾编敕宰臣韩琦、曾公亮上《删定编敕》《敕书德音》《附令敕》《总例》《目录》二十卷，诏编敕所镂板颁行。先是，诏以《庆历编敕》（上）〔止〕嘉祐三年续降宣敕删定，命都官员外郎张师颜、权大理少卿王惟熙、屯田员外郎宋迪、太常丞张宗易充删定官，龙图阁直学士钱象先、卢士宗充（祥）〔详〕定官，琦、公亮提举。至是上之。6，p8217

【嘉祐】八年四月十六日，编定（录）〔禄〕令所奏，将诸道州军至

京程数分为三卷，望颁降天下。从之，以《驲程》为名。6，p8217

英宗治平二年六月十四日，提举在京诸司库务王珪、尚书都官郎中许遵上新编提举司并三司类例一百三十册，诏颁行，以《在京诸司库务条式》为名。以上《国朝会要》。6，p8217

治平四年十月九日，神宗即位，未改元。审刑院、大理寺言："知汀州周约起请《编敕》内'诸军年老病患，拣充剩员中小分者，若愿放停，并听从便。其杂犯军人须及七十以上，或有笃疾，方许依此施行。若元犯情轻，即奏取指挥'。既云'年及七十，或身有笃疾，依此施行'，即不应更云'若元犯情轻，即奏取指挥'。检会元起请系《嘉祐六年闰八月枢密院札子》：'应看验诸军人年老疾病不堪征役人数，有已系半分人，如后来更合减充半分、中小分者，若本人愿要放停，并从情愿。其杂犯军人合减充小分，愿放停者，即须年及七十以上，或身负笃疾，即依此施行。未及此者，如元犯情轻，即奏取指挥。'显是修敕时于《札子》内节去'未及此者'四字，是致语意不贯，引用疑惑。寺司参详，依元《札子》添入。"诏于《编敕》内"依此施行"字下添入"年未及七十或身无笃疾"一十字，仍仰刑部遍牒施行。6，p8217

【治平四年】十一月二十七日，诏群牧判官刘航、比部员外郎崔台符编修《群牧司条贯》，仍将《唐令》并本朝故事看详，如有合行增损删定事件，旋奏取旨。6，p8217

神宗熙宁元年二月六日，诏："近年诸司奏辟官员就本司编录条例簿书文字，颇为烦冗。今后应系条贯体例，仰本司官依《编敕》分门，逐时抄录入册，不得积留，别差辟官。如续降宣敕岁久数多，合行删修，即依祖宗朝故事，奏朝廷差官修定。见今诸司有官编录处，如替移，更不差填。"6—7，p8217

【熙宁元年】三月十六日，诏："中书、枢密院及诸司编修条例诸般文字见未毕者，令本处官编纂。见编修官并减罢，与合（人）〔入〕差遣。"7，p8217

【熙宁】二年五月十七日，中书门下言："勘会《嘉祐编敕》断自三年以前，后来续降条贯已多，理须删定。自来先置局，然后许众人建言，而删定须待众人议论，然后可以加功，故常置局多年，乃能成就。宜令内外官及诸色人言见行条贯有不便及约束未尽事件，其诸色人若在外，即许经所属州府军监等处投状缴申中书。俟将来类聚已多，即置局删定编修，则置局不须多年，而编敕可成。仍晓示诸色人，所言如将来有可采录施行，则量事酬赏，或随材录用。"从之。7，p8217—8218

【熙宁】三年五月，群牧判官王海上《马政条贯》，行之。7，p8218

【熙宁三年】七月二十二日，诏："编敕所见修续降宣敕及修《嘉祐编敕》，仰候修成一卷日，于逐条上铺写增损之意，先赴中书门下看详，候成日同进呈。"7，p8218

【熙宁三年】八月二十一日，中书门下言："下项刑名有义理未妥，欲并送编敕所详议立法。一、天下死刑大抵一岁几及二千人，比之前代，其数殊多。自古杀人者死，以杀止杀也，不当曲减定法，以启凶人侥幸之心。自来奏请贷死之例，颇有未尽理者，致失天下之平。至如强劫盗并有死法，其间情状轻重有绝相远者，使之一例抵死，良亦可哀。若据为从情轻之人，特议贷命，别立刑等，如前代斩右趾之比，足以止恶而除害；自余凶盗，杀之无赦。禁军非在边防屯戍而逃者，亦可更宽首身日限，以活壮夫之命，收其勇力之效。二、徒流折杖之法，久来缘事立法，禁网加密，抵冒者殊甚。良民偶有违犯，便致杖脊，众所丑弃，为终身之辱。愚顽之辈虽坐此刑，其疮不过累旬而平，既平则忘其痛楚，又无愧耻之心，岂肯遂便悛改所为？是不足以惩其恶也。若今详定徒流罪，情理不致巨蠹者，复古居作之法，如遇赦降，止可次第减月日。彼良民则免毁伤肌肤，但苦之使思咎而知悔，至岁满则为完人，可以回心而自新。彼顽民则因之徒官，经历年岁，不能恣其狡恶，侵扰善良，庶几来者怀惧，而奸党自衰。如此，则俗有耻格之期，官有给使之利。三、刺配之法，大抵二百余件，愚民冒犯，罕能知畏。使其骨肉离散，而道路死亡者甚众，防送之卒，劳费尤苦。其间情理轻者，亦可复古徒流之坐、移乡之法，俟其再犯，然后决刺充军。诸配军并减就本处，或与近地。凶顽之徒自从旧法。所有编管之人，亦与迭送他所，量立役作时限，不得并髡。四、令州县考察士民，有能孝悌力田、为众所知者，委乡里耆宿与令佐保明，州给付身帖。偶有过犯，杖以下情轻可恕者，特议赎罚；如敢再犯，显是故为，复行科决。五、奏听敕裁，条贯繁多，致有淹延，刑部亦合重行删定。"从之。7—8，p8218

【熙宁三年】十月十九日，详定编敕所言："嘉祐删定编敕官以二年为任，五年为两任。乞自今应删定官每月各修敕十条送详定官，如二年内

了当，不计月日，并理为任。如有拖滞，虽过二年，亦理一任。"从之。8，p8218—8219

【熙宁三年】十一月二十一日，枢密使文彦博言："臣闻刑平国用中典。自唐末至周，五代离乱，刑用重典，以救一时，故法律之外，轻罪或加于重，徒流或至于死。权宜行之以定国乱可也，然非律之本意，不可以为平世常法。国家承平百年，当用中典，然因循用法，犹有重于旧律者。若伪造官文书印，律止于流二千里，今断从绞。又其甚者，因近者臣僚一时起请，凡伪造印记再犯皆不至死者，亦从绞坐。既云罪不至死，而复坐绞刑，是不应死而死，用刑之失中也。若以其累犯，责其不悛，即持仗强盗赃满五匹者死，若止于四匹，虽五七犯不至于绞。况持杖强盗，本法重于造印，则今之用法，甚异律文。恭惟陛下仁覆万邦，惟刑是恤，方诏法官讲议刑典。欲乞检详自五代以来，于本朝见用刑名重于旧律，如伪造印之比者，以敕律参详，裁定其当。所冀圣朝协用中典。"诏送编敕所。8，p8219

【熙宁三年】十二月二十四日，命宰臣王安石提举编修三司令式并敕及诸司库务岁计条例。翰林学士元绛、权三司使公事李肃之、权发遣三司盐铁副使傅尧俞、权三司户部副使张景宪、三司度支副使王靖同修起居注、李寿朋、集贤校理陈绎同详定，太子右赞善大夫吕嘉问，光禄寺丞杨蟠，崇文院校书唐（炯）〔坰〕，试秘〔书〕省校书郎乔执中，许州观察推官王觌，著作佐郎李深、张端、赵蕴、周直孺、均州军事判官孙寊并充删定官。8，p8219

【熙宁】四年二月五日，检正中书户房公事曾布言："近以《刑统》刑名义理多所未安，乞加刊定，准诏令臣看详。今逐一条析，《刑统疏义》繁长鄙俚，及其间条约今所不行、可以删除外，所驳《〔疏〕义》乖缪舛错凡百余事，离为三卷上进。"诏布更切看详《刑统》内如有未便事理，续具条析以闻。8，p8219

【熙宁四年二月】十八日，中书门下言："编敕所应删条贯，如删定官，众议有不同，即各具所见，令详定官参详；如尚有未安，即申中书门下。"从之。8，p8219—8220

【熙宁四年】五月十八日，诏："自今朝省及都水监、司农寺等处，凡下条贯，并令进奏院摹印颁降诸路，仍每年给钱一千贯充镂板纸墨之费。"8，p8220

【熙宁四年】十二月十三日，侍御史知杂邓绾言："《海行编敕》，逐官删定将毕。所有《诸路一州一县敕》自庆历年删修，行用已久，欲望再行取索，重别论次，接续删定。"从之。8，p8220

【熙宁】五年二月四日，大宗正司上《编修条贯》六卷。先是嘉祐六年正月，诏魏王宫教授李田编次本司先降宣敕，成六卷。以辄有删改元旨，乃命秘阁校理文同、王汾、陈睦看详，续命大宗正丞张稚圭、李德刍，馆阁校勘朱初平、陈侗、林希同编修。至是上之。8，p8220

【熙宁五年】四月二十六日，命集贤校理、检正中书户房公事章惇删修《都亭西驿条贯》。夏人再朝贡三十余年，西驿条制前后重复，未经删定，至是令刊修。8—9，p8220

【熙宁五年】十二月六日，知审官西院沈立上新（条）〔修〕本院条贯十卷、《总例》一卷，诏遵行。9，p8220

【熙宁】六年八月七日，提举编敕宰臣王安石上《删定编敕》《赦书、德音》《附令敕》《申明敕》《目录》共二十六卷，诏编敕所镂板，自七年正月一日颁行。先是诏以嘉祐四年已后续降宣敕删定，命大理寺法直官刘赓、左班殿直张痴充检详官，刑房堂后官刘衮充点对官，秘书丞胡瑗、太子中舍陈偲、大理寺丞张巨、光禄寺丞虞太宁充删定官，权大理少卿朱温其充编排官，翰林学士曾（直）〔布〕、龙图阁待制邓绾、权知审刑院崔台符充详定官，安石提举。至是上之。安石赐银、绢各五百，仍降诏奖谕；曾布等九人升任、迁官、循资有差。9，p8220

【熙宁六年】九月四日，以翰林学士曾布、权御史中丞邓绾、司勋员外郎崔台符同详定《一路一州一县一司一务敕》。绾降黜，权御史中丞邓润甫代之。9，p8220

【熙宁】七年七月二十一日，诏："今后中书、枢密院诸房应创立或删改海行、一司敕条贯，可并送刑法司及编敕所详定讫，方得拟进，取旨颁行。"9，p8220

【熙宁七年】九月二日，命大宗正丞张叙、宋靖国与国子博士孙纯同共编修宗室臣僚葬敕条。十年四月二日上之，诏以《熙宁葬式》为目。9，p8220

【熙宁七年】十月十四日，编敕所言："删定'诸上禁军逃走，情状未明，因被盘问，不曾隐拒，即自首服，罪至死者减一等'。"初，大理寺检法官刘赓以法寺近断沧州兵士王信逃走，（信）〔改〕名秀，被捕时即别通所隶（州），（北）〔比〕会问，至无秀名者，方实招通，原情犹可矜。如郓州成江已炙了字号，直称素非黥者，用法（斩）〔渐〕宽，恐未为便。因赓之请而详修之。9，p8220—8221

【熙宁】八年二月三日，司勋员外郎崔台符言："准诏删修《军马司敕》。勘会《嘉祐编敕》时，有枢密使田况提举。今来置局，稽考旧例，即未有枢臣总领。伏缘军政事重，上系国论，顾非臣等浅见寡闻敢颛笔削，欲望检详故事，特命典领。"诏枢密使陈升之提举。9，p8221

【熙宁八年】五月十二日，诏："诸功赏未经酬叙，逢格改者，新格赏轻，听依立功时；若重，听从重赏。详定修入《编敕》。"9，p8221

熙宁九年四月二十六日，诏中书户房习学公事练亨甫等编定《省府寺监公使例条贯》。9，p8221

【熙宁九年】五月八日，诏中书堂后官、提点五房公事刘衮、堂后官周清、成州司理参军王修、三班奉职陈景再行删定《海行编敕》。9，p8221

【熙宁九年】六月十二日，诏："自今应删立条贯，专委官详定讫，中书、枢密院同进呈，取旨类聚，半年一次覆奏颁行。事干急速，即临时取旨。中书仍令都检正、逐房检正、监制敕库官详定。"9，p8221

【熙宁九年六月】二十四日，判司农寺熊本言："乞取索本寺一司敕式，选官重行看详修定。"诏只于本寺选属官一员编修，令本寺提举。9，p8221

【熙宁九年】八月十六日，枢密使吴充言："检会《大中祥符五年十月敕书》：'应掌狱详刑之官，累降诏条，务从钦恤。今后按鞠罪人，不得妄加逼迫，致有冤诬。其执法之官所定刑名必先平允，内有情轻法重、理合哀矜者，即仰审刑院、刑部、大理寺具事状取旨，当议宽贷。'治平四年九月，诏开封府、三司、殿前马步军司：'今后逐处所断刑名，内有情轻法重，许用敕书，取旨宽贷。'《在京海行敕》：'诸犯流以上罪，若情重可为惩戒及情理可矜者，并奏裁。'窃详敕书之（易）〔意〕，初无中外之别，（祇）〔秖〕缘立文有碍，遂致推择未均。何则？审刑院、大理寺、刑部等处，若非于法应奏，无由取旨从宽。虽是命官、使（官）〔臣〕等合奏公案，若有情轻法重，方得应用敕书施行，其余一无该及。后来在京刑狱官司亦得换以取旨，其为德泽不为不厚。然天下至广，囹圄实繁，岂无情轻法重之人，而官吏苟避不应奏之罪，一切以重法绳之，恐未副朝廷钦慎仁悯之意。甲乙二人所犯略同，甲以于法该奏，法寺得引情轻法重取旨宽贷，乙以于法不该奏，遂获全罪，殆非均当，有幸不幸尔。欲今后天下罪人犯徒流罪或该编配者，情轻法重，并许本处具犯状申提点刑狱司看详，委是依得赦书，即缴连以闻。所贵罪法相当，中外一体。如恐地远淹系，其川、广、福建，或乞委安抚、钤辖司详酌指挥，断讫（间）〔闻〕奏。仍委中书、枢密院点检。"诏送重修编敕所详定以闻。本所看详："缘天下州郡日有该徒流及编配罪人，若更立情轻法重奏裁之法，不惟淹系刑狱，兼恐案牍繁多，未敢立法，乞朝廷更赐指挥。" 9—10，p8221—8222

【熙宁九年】九月二十五日，编修令式所上《诸司敕式》二十四卷，诏颁行。先是命官修令式，至是先成《阁门抬赐式》一、《支赐式》二、《赏赐赠式》十五、《问疾浇奠支赐式》一、《御厨食式》三、《炭式》二。上之。10，p8222

【熙宁九年】十二月二十日，中书门下言："重修编敕所勘会，熙宁编敕时系两制以上官详定，宰相提举。乞依例差官。"诏知制诰权三司使公事沈括、知制诰判司农寺熊本详定。10，p8222

【熙宁九年十二月】二十三日，中书门下言："刑房状：自来颁降条贯，或送刑部翻录，或只是直付进奏院遍牒。盖所总不一，关防未备，致其间有不曾修润成文，及不言所入门目者，亦便行下。欲乞今后应系条贯，并付刑部翻录，或雕印施行，其进奏院雕印条并令住罢。"从之。10，p8222

【熙宁九年十二月】二十四日，诏："勘会熙宁八年司农寺编修常平等敕未得允当，不可行用，已留中。后来未曾委官重行修定。可就差本寺丞、簿编修，主判看详。其常平敕令一处重行编定以闻。"10，p8222

【熙宁】十年正月二十七日，权御史中丞邓润甫言："乞将应系不以赦降、去官原减条令重修，编敕所及司农寺择其中可以删除者先次详定。"从之。11，p8222

【熙宁十年】二月二十七日，详定编修诸司敕式所上所修敕令格式十二卷，诏颁行。翰林医官院五、广圣宫一、庆宁宫一、大内钥匙库一、资善堂一、后苑东门药库一、提点军器等库一、入内内侍省使臣差遣一。11，p8222

【熙宁十年】八月三日，馆阁校勘范镗上准诏修到《贡举敕式》十一

卷，诏颁行。11，p8222

【熙宁十年】十一月四日，详定编修诸司敕式所上所修《敕令格式》三十卷，诏颁行。龙图、天章、宝文阁四，延福宫一，起居院一，四方馆一，玉牒所一，入内内侍省合同凭由司二，翰林图画院二，提点内弓箭南库并内外库二，后苑御弓箭库一，入内内侍省使臣差遣四，内侍省使臣差遣三，御药院二，在内宿直人席荐一。11，p8222—8223

【熙宁十年】十二月六日，详定一司敕令所言："准送下《刑部敕》二卷，今将所修条并后来敕札一处看详。其间事系别司者，则悉归本司；若两司以上通行者，候将来修入。《在京通用敕》已有条式者，更不重载，文义未安者就加损益。其后来圣旨、札子、批状，中书颁降者悉名曰'敕'，枢密院班降者，悉名曰'宣'。共修成一卷，分九门，总六十三条。乞降敕命，以《熙宁详定尚书刑部敕》为名。"从之。11，p8223

元丰元年三月二十三日，详定诸司敕式所言："今修定学士院、龙图、天章、宝文阁等处敕令式，如得旨施行后续降朝旨，乞从本所详定，编入见修内诸司令式。事（于）〔干〕有司奉行者，并分入诸司。"从之。11，p8223

【元丰元年】六月二十一日，诏："司农寺见行条例繁复，致州县未能通晓，引用差误。昨令编修，已经岁时，未见修成。令丞吴雍、孙路、主簿阎令权罢其余职事专一删修，限半年，仍月以所修成条例上中书。"11，p8223

【元丰元年】七月十一日，判司农寺蔡确请令三局丞簿不妨职事，兼删修本寺条例。从之。11，p8223

【元丰元年】九月六日，删定在京当直所修成敕令式三卷，乞以《元丰新定在京人从敕令式》为目颁降。从之。11，p8223

【元丰元年】十月四日，诏兵部以《贡举敕式》内武举敕条，再于诸处索文字，删类成《武举敕式》以（间）〔闻〕。11，p8223

【元丰元年十月】十三日，御史中丞、判司农寺蔡确言："常平旧敕多已冲改，免役等法素未编定。今除合删修为敕外，所定约束小者为令，其名数式、样之类为式，乞以《元丰司农敕令式》为目。"从之。11，p8223

【元丰元年】十一月十八日，上批："重（编修）〔修编〕敕所修海行敕令未成书，已委官参定一司敕，不惟次序失伦，兼二书交举，亦广占官吏，去取难于照类，或致遗落要切事，或与海行敕令相妨，又成瑕典。人功廪赐，亦所宜惜。可令且并力修海行敕令，俟成书，以一司敕相继照会编修。"11，p8223

【元丰】二年五月十二日，成都府等路茶场司上《茶法敕式》，诏行之。先是诏提举成都府等茶场李稷编修，至是上之，乃诏岁增本司公使钱二百千。11—12，p8223

【元丰二年】六月二十四日，左谏议大夫安焘等上《诸司敕式》，上谕焘等曰："设于此而逆彼之至曰格，设于此而使彼效之曰式，禁其未然之谓令，治其已然之谓敕。修书者要当知此，有典有则，贻厥子孙。今之格式令敕即典则也，若其书全具，政府总之，有司守之，斯无事矣。"12，p8223—8224

【元丰二年】九月二十九日，司农寺上《元丰司农敕令式》十五卷，诏行之。先是熙宁九年六月二十四日，判司农寺熊本言："乞取索本寺《一司敕式》，选官重行修定。"诏令后本寺选属官一员编修，令本寺提举。至是上之。三年二月，诏同判司农寺、太常博士周直孺升一任，丞、主簿各减磨勘三年，仍赐银绢。12，p8224

【元丰】三年五月十三日，详定重修编敕所言："见修敕令与格式兼行，其《唐式》二十卷，条目至繁，（文）〔又〕古今事殊。欲取事可海行，及一路、一州、一县、在外一司条件，照会编修，余送详定诸司敕式所。"从之。12，p8224

【元丰三年五月】十五日，详定重修编敕所言："奉诏月具功课以闻。缘参取众议，研究义理，及照会抵牾，重复遗略，正是难立课程之时。乞免奏功课。"诏不许，仍令中书立式。12，p8224

【元丰三年】六月十八日，武学上新修敕令格式，诏行之。① 12，p8224

【元丰三年】八月九日，中书奏：详定重修编敕所修立《告捕获仓法给赏条》，欲依所定。上批不行，可并依旧给全赏，虽系案问亦全给。时议者欲渐弛仓法，故修敕官先宽其告赏，自一百贯分等至三百贯，而按问者减半给之。中书以熟状进，而上察见其情，寝之。12，p8224

【元丰】五年二月八日，宝文阁待制李承之、承议郎董唐臣上编修

---

① 此处说明元丰年间修成了《武学敕令格式》。

《盐法》，赐承之银、绢各五十，唐臣减磨勘一年。12，p8224

【元丰五年】四月三日，户房检正官吴雍、王震上《都提举市易司敕》。12，p8224

【元丰五年】九月十四日，诏："应修明法式并尚书省议定，上中书省，速者先次施行，余半年一颁。其枢密院并不隶六曹者下刑部，缘功赏者下司勋修立，还送尚书省议。"12，p8224

【元丰五年九月】二十二日，入内供奉官冯宗道上《景灵（官）〔宫〕供奉敕令格式》六十卷。12，p8224

【元丰五年】十月十二日，详定重修编敕所言："准朝旨，六曹等处条贯送编敕所修定。乞自朝廷于官制见在属官内选差六员为删定官。"从之。12，p8224

【元丰】六年九月一日，诏："内外官司见行敕律令格式，文有未便，于事理应改者，并申尚书省议奏，辄画旨冲革者徒一年。即面得旨，若一时处分，应著为法，及应冲改者，随所属申中书省、枢密院奏审。"12，p8224

【元丰】七年三月六日，《详定重修编敕》书成，删定官尚书刑部侍郎崔台符、中书舍人王震各迁一官，前删定官知制诰熊本、宝文阁待制李承之、李定赐银绢百。12，p8224

【元丰七年】七月二十五日，御史黄降言："朝廷修立敕令，多因旧文损益，其去取意义则具载看详卷，藏之有司，以备照使。比者官司议法，于敕令文意有疑者，或不检会看详卷，而私出己见裁决可否。乞申饬官司，自今申明敕令及定夺疑议，并须检会看详卷，考其意义所归。所贵法定于一，无敢轻重，本台亦得以据文考察。"诏下刑部。本部言："《元丰敕令格式·看详卷》共二百二十册，难以颁降，乞自今官司定夺疑议及申明敕令，须《看详卷》照用者，听就所掌处抄录。"从之。12—13，p8225

哲宗元祐元年三月十二日，枢密院言修定《诸将巡教例物条》。13，p8225

【元祐元年三月】二十五日，刑部修立到重（录）〔禄〕条。同日，尚书省上所修《吏部四选敕令格式》，乞先次颁降，从之。13，p8225

【元祐元年三月】二十七日，门下中书外省修定起居郎、舍人、左右司员外郎荫补条，从之。13，p8225

【元祐元年三月】二十八日，户部修定《郑、滑州捕盗赏钱法》。从之。13，p8225

【元祐元年】四月二日，刑部言："乞改《六曹通用格》，应检举催促文书，并郎官书押行下。所贵逐曹侍郎稍得日力点检予夺文字。"从之。13，p8225

【元祐元年四月】三日，礼部言："（大）〔太〕学、武学条一处相照修立，贵不致抵牾。"从之。13，p8225

【元祐元年四月】六日，刑部言立"聚集生徒教授辞讼文书编配法及告获赏格"。从之。13，p8225

【元祐元年四月】八日，门下中书外省言："取到户部左右曹、度支、金部、仓部官制条例，并诸处关到及旧三司续降、并奉行官制后案卷宣敕，共一万五千六百余件。除海行敕令所该载者已行删去，他司置局见编修者各牒送外，其事理未便、体制未顺，并系属别曹、合归有司者，皆厘析改正、删除重复、补缀阙遗，修到敕令式共一千六百一十二件，并删去一时指挥共六百六十二册，并申明画一一册。乞先决颁行，以《元丰尚书户部度支金部仓部敕令格式》为名。所有元丰七年六月终以前条贯已经删修者，更不施用。其七月以后条贯自为后敕。"又言："上供钱物，旧三司虽置吏拘催，然无总领，止据逐案关到上簿，如有不至，遂相因循，岁月之久，官吏迁易，无以稽考。（令）〔今〕户部虽有分职，度支主岁计，金部以度支关到之数拘催，然漫无格法。本省昨取索所管，类以成书，而诸案文簿无可考校。已询诸库务，求访旧籍，互相照验修正，立为定例。若有不备事节，虽据所见送本部看详，缘事干诸路，尚虑有未尽、不同事，乞令本部取索点勘，如有未尽、不同事件，即补正添入。"并从之。13，p8225—8226

【元祐元年五月】十二日，诏试给事中兼侍讲孙觉、试秘书少监顾临、通直郎充崇政殿说书程颐，同国子监长贰看详修立《国子监、太学条制》。13，p8226

【元祐元年】八月十二日，三省〔言〕："中书门下后省修成《六曹条贯》及《看详》共三千六百九十四册，寺、监在外。又据编修诸司敕式所修到敕令格式一千余卷，其间条目苛密、抵牾难行者不可胜数。欲下尚书六曹委长（二）〔贰〕、郎官同共看详，删去本曹旧条已有，及防禁太繁，难为遵守者，惟取纪纲大体切近事情者，留作本司法，限两月以

闻。"从之。14，p8226

【元祐元年八月十二日】，诏颁门下中书后省修到《度支大礼赏赐敕令格式》。14，p8226

【元祐元年】十月二十二日，左右司言："六曹及不隶六曹官司得旨施行应立法者，自来立到条，本省议奏，取旨施行；非紧切者，制敕库房类聚，半年一次具册，取旨颁降，显是重烦。欲今后申请，并先行下；应立法者，候立到条，干罪赏者覆定申省；有取会赴期不及者，于后次入册。"从之。14，p8226

【元祐元年】十一月二日，刑部言："大理寺请罢纲船告赏条。看详《嘉祐敕》初无告赏之文，《熙宁敕》唯立新钱纲告赏之法，欲依所请。"从之。14，p8226

【元祐元年十一月】四日，中书省言："《刑房断例》，嘉祐中宰臣富弼、韩琦编修，今二十余年，内有该载不尽者，欲委官将续断例及旧例策一处看详情理轻重去取，编修成策，取旨施行。"从之。14，p8226—8227

【元祐元年十一月】六日，枢密院言："诸路将兵（那）〔挪〕移赴阙人处，合依旨申枢密院外，若本处用旧条例差使，即不须申。其元丰《将官敕》《军防令》'差讫申枢密院'一节欲删去。"从之。14，p8227

【元祐元年十一月】十六日，太师文彦博言："尚书省二十四司郎官迁改不定，往往未能周知本案事务。欲令左右司点检勘当，定为式例，左右丞覆视。刑部尚书苏颂熟知台省典故，亦乞委之详定。兼尚书省见裁减八曹寺监冗杂文字，欲令苏颂与左右司同共看详结绝。"并从之。14，p8227

【元祐元年十一月】二十八日，诏中书省编修《刑房断例》，候编定，付本省舍人看（祥）〔详〕讫，三省执政官详定，取旨颁行。14，p8227

【元祐二年八月】二十四日，诏门下中书后省修立《司封考功格式》，先次施行。14，p8227

【元祐二年】十二月二十四日，详定重修敕令书成，以《元祐详定敕令式》为名颁行。先是元年三月二十四日，诏御史中丞刘挚、右正言王觌、刑部郎中杜纮将《元丰敕令格式》重行刊修，至是上之。修书官光禄大夫吏部尚书苏颂，朝散郎试大理卿杜纮，奉议郎试侍御史王觌，朝散郎王彭年，朝奉郎宋湜、祝康，奉议郎王叔宪，宣义郎石𫍯、李世南，承务郎钱盖各迁一官，蔡州观察推官晁端礼循一资，宣义郎张益减磨勘一年，奉议郎陈絒、承奉郎刘公噩减磨勘二年。14—15，p8227

【元祐】〔三年〕闰十二月一日，尚书省言："初，《官制》未行，凡定功赏之类，皆朝廷详酌之。自行《官制》，先从六曹用例拟定。其一事数例，轻重不同，合具例取裁。或事与例等，辄加增损，或功状微小，辄引优例，并当分别事理，等第立法。今以旧条增修，凡事与例同而辄增损漏落者杖八十，内事理重已施行者徒二年。如数例重轻不同，或无例而比类他例者，并具例勘当，拟定奏裁。"从之，仍增三省、枢密院相干事并同取旨。15，p8227

【元祐】四年六月十六日，诏："范育、穆衍限一月看详旧三司（权）〔榷〕货务已行之法，宜于今者，与户部参酌，著为令。"15，p8228

【元祐四年】八月六日，诏："自今应修条，除法意小有不足当修补外，其更易增损并须类聚申尚书省，候得指挥，方许编修。其尚书省所修条，先经左右司看详，执政官笔削，方许更改。"15，p8228

【元祐】五年正月二十三日，户部言："诸路纲运到京，例皆少欠。《元丰公式令》：'诸州解发金银钱帛，通判厅置簿，每半年具解发数目及管押、附载人姓名，实封申尚书省。'《元（佑）〔祐〕敕》误有删去，合重修立。"从之。15，p8228

【元祐】六年五月十二日，尚书省立《监临主司受乞役人财物枉法者罪赏法》，从之。15，p8228

【元祐六年五月】二十九日，尚书省言："门下中书后省详定《诸司库务条贯》，删成敕令格式共二百六册，各冠以'元祐'为名。"从之。15，p8228

【元祐】八年六月十六日，门下中书后省言："准朝旨编修《在京通用条贯》，取到在京诸司条件，修为一书。除系海行，一路一州一县及省曹寺监库务法，皆析出关送所属，内一时指挥不可为永法者且合存留依旧外，共修成敕令格式若干册。所有元祐三年十月终以前条贯已经删修收藏者，更不施行。其十一月一日以后续降，自为后敕；及虽在上件月日已前，若不经本省去取并已行关送者，并合依旧施行。仍乞随敕令格式，各冠以'元（佑）〔祐〕'为名。"从之。15，p8228

【元祐八年六月】二十日，刑部言："修立到司门条，内陈请废置移复城门关津桥道，并申刑部；及部送官物出入，画时具部送人姓名，申所

属寺监及尚书本部。"从之。15，p8228

绍圣元年八月二十六日，三省言："见今比较盐事、看详役法、措置财利之类，名目不一，虽各置局行遣，缘官属多是兼（令）〔领〕，于职事未能专一。今已置重修编敕所，除官长可以兼领外，只于删定官内量添员数，令专一看（祥）〔详〕中外利害文字，并从朝廷选差。"诏从之，仍不拘资序，节次选补，不得过六员。又诏差户部尚书蔡京、大理少卿刘赓重行编修详定，并依熙宁、元丰旧例，权于东西府空闲位置局。15—16，p8228—8229

【绍圣元年】十月九日，三省因言"《元祐编敕》刊去嘉祐、元丰州军创修园亭、改立官司之禁，以故近岁诸道土木昌炽，民罢财屈，而藩镇近臣尤甚，监司莫敢问"，诏重修编敕所依旧立法。16，p8229

【绍圣元年】十一月一日，刑部言："被旨：六曹、寺、监检例必参取熙宁、元丰以前，勿专用元祐近例；旧例所无者取旨。按□降元祐六（门）〔年〕门下中书后省修进《拟特旨依断例册》，并用熙宁元年至元丰七年旧例，本省复用黄贴增损轻重。本部欲一遵例册，勿复据引黄贴。"诏："黄贴与原断同，即不用；内有增损者，具例取旨。"16，p8229

【绍圣二年】四月九日，诏："将来大礼并依《元丰大礼令式》，其元祐所修敕令勿用。令所属参按新旧令式并续降，如有合依元祐所改事，即明具事本签贴改正，余并从元丰旧例。"16，p8229

【绍圣二年】五月十四日，详定编修国信条例所言："欲依《元丰海行敕》体例分修为敕令格式，其冗不可人者，即著为例。"从之。16，p8229

【绍圣二年】六月三日，详定重修敕令所言："故烧黄河浮桥者，罪赏并依故烧官粮草法。即于浮桥内停火及遗火者，各依仓库内燃火遗火律。看守、巡防及部辖人不觉察，各减犯人五等，监官又减一等。其上流船筏在五里内停火者杖八十，在十里内遗火者杖一百，带火于浮桥上下过者并准此。黄河浮桥脚船札漏合用灯者，监官审察，差部辖人监守，用讫扑灭。本州置板榜书火禁于桥两岸晓示。"从之。16，p8229

【绍圣二年】十二月二十七日，尚书省言详定重修敕令所修立《禁私铸钱法》。从之。17，p8230

【绍圣】三年四月十七日，诏："转员后取诸班直及诸军上名年岁出职人，令殿前马步军司、军头司并检详元丰年例施行。将来诸班直出职

人，令枢密院以熙宁、元丰年取拣安排条与元（佑）〔祐〕定格参详立法。"17，p8230

【绍圣三年】六月八日，详定重修敕令所言："常平等法在熙宁、元丰间各为一书。今请敕令格式并依元丰体例修外，别立常平、免役、农田水利、保甲等门；成书同海行敕令格式颁行。"降诏自为一书，以《常平免役敕令》为名。17，p8230

【绍圣三年】七月九日，吏部言："欲乞以八路四选阙付有司或编敕所，用熙宁、元丰旧条并绍圣新制一处参酌，条具成书，庶有司易为引用。"诏令吏部四选同共编修。17，p8230

【绍圣三年】八月二日，详定重修敕令所言："乞将见修《贡举敕令格式》依《常平敕》别为一书。"从之。17，p8230

【绍圣三年】十二月十八日，翰林学士承旨、详定国〔子〕监条制蔡京言："奉敕详定国子监三学并外州军学制。今修成《（大）〔太〕学敕令式》二十二册，以'绍圣新修'为名。"诏以来年正月一日颁行。17，p8230

【绍圣三年十二月】二十八日，大理寺修立到重禄人受乞财物，虽有官印，并不用请减当赎法，从之。17，p8230

【绍圣四年】十二月三日，尚书省言："《元丰度支令》'上供科买物应改罢若减者，听以额责所属计价费封桩'后增注文称：'无额者以三年中数，因灾伤或特旨免改者非'，今乞删去注文。又《令》'诸国用物所科供，非元科供处者，听以封桩价费还之'后增入'其千贯以下不在还例'，今乞删去。"从之。17，p8230

【绍圣四年十二月】二十八日，大理寺言乞立《人吏互相保任法》。从之。17，p8230

元符元年二月十七日，户部言："潭州知、通任内应副铜场买铜赏罚条，请著为法。从之。"17，p8230

【元符元年二月】三十日，刑部言："欲令《编敕》'巡检、县尉应承告强盗，而故不申'条'徒二年'字下，添入'重法地分系结集十人已上者，仍不以赦降、去官原减'。"从之。17，p8230

【元符元年】四月二十九日，详定删修《军马司敕例》成书。先是绍圣元年正月十日诏："《军马司敕例》久不删修，类多讹缺，可差官置局修定。"二年正月十八日，诏差知枢密院事韩忠彦提举管勾，刑部侍郎范纯礼、度支员外郎贾种民充详定官。至是上之。降诏奖谕知枢密院事曾布、知定州韩（宗）〔忠〕彦，余赐银绢有差。17，p8230—8231

【元符元年】六月十一日，尚书左仆射兼门下侍郎章（溥）〔惇〕上《常平免役敕令》，诏颁行之。惇赐诏奖谕，仍赐银绢三百匹两；详定官翰林学士承旨、朝散大夫、知制诰蔡京迁一官。其余官吏减年支赐有差。17，p8231

【元符元年】八月二十九日，三省言："国子监丞毕仲愈言：'乞诏近臣申讲六官之制，达之天下；州置六曹参军，而省去职司无补之员。'左司郎中吕温卿言：'请诸路监司及州县各以事务格目仿省部分六案。'"①诏送详定一司敕令所。17—18，p8231

【元符】二年五月五日，刑部言："驱磨告发出失陷钱物合推赏者，（今）〔令〕上户部参验，如有请属冒赏，各杖一百，赏钱五十贯。"又乞立伪造文钞及知情者流配告赏等条。并从之。18，p8231

【元符二年】七月四日，中书舍人赵挺之详定编修《国信条例》。18，p8231

【元符二年】八月三日，宰臣章惇、翰林学士承旨蔡京、大理少卿刘赓进呈《新修海行敕令格式》。惇读于上前，其间有元丰所无而用元（佑）〔祐〕敕令立者。上曰："元祐亦有可取乎？"惇等对："取其是者。"上又问："所取几何？"惇等遂进呈《新书》所取元丰、元祐条，并参详新立件数。上令逐条贴出。又问："谁修元祐敕令？"京对："苏颂提举。"惇等又读太学生听赎条，上问："新条耶？旧条耶？"京对："臣等参详新立。盖州县医生尚得听赎，（太）〔太〕学生亦应许赎。"次进呈格式件数，上曰："元丰止有赏格，元祐俱无。"惇对曰："然。"惇等又言所进册多，乞只进净条入内，余付有司。上令皆进入。闰九月二十六日颁行。先是绍圣元年九月二十七日，差宰臣章惇、门下侍郎安焘提举。户部侍郎王古为详定官，仍令专详定右曹常平、免役法等敕；刘赓专详定海行敕。至是上之。诏赐惇银、绢各一百匹两，详定官各转一官，删定官减三年磨勘，仍赐银、帛有差。校勘官吴颐候一司敕了日取旨。18，p8231

【元符二年八月】五日，宰臣章惇等言："请将申明《刑统》、律令事以续降相照添入。或尚有未尽事，从敕令所一面删修，类聚以闻。至来年

---

① 此处改革加快地方政府在衙门内部机构设置上与中央六部的趋同。

正月一日施行。"从之。18，p8231

【元符二年】九月二十五日，诏："编修《刑名断例》成书，曾旼、安惇各减二年磨勘，谢文瓘、时彦各减一年磨勘。"18，p8231

【元符】三年七月二十四日，徽宗已即位，未改元。中书省言："《元（佑）〔祐〕编敕》：'诸海行敕内不以赦降原减事件，除传习妖教、托幻变之术，及故决、盗决江河堤堰已决外，余犯若遇非次赦，或再遇大礼赦者，听从原免。'后来删去上条，遂使一有所犯，虽累（皆）〔该〕恩沛，无以自新。"诏以元祐旧法。18，p8232

【元符三年】十二月二十七日，诏删改元符敕数十条，皆绍圣以前法轻而新制重者，悉复其旧。18，p8232

徽宗建中靖国元年正月十日，中书省言："《元符户婚敕》：'诸臣（寮）〔僚〕丁忧或亡殁，应借舍宇，而辄以人户见赁屋借之者，以违制论。即本家辄出赁所借屋者，准此。所入赁直，计赃重者坐赃论。'看详：官员丁忧亡殁借官舍之意，盖为恩恤近上臣（寮）〔僚〕及亡殁之家。若计赁直，赃重仍坐赃论，甚失朝廷优异近臣之意。况今因有许借空闲官舍居止之文，若将出赁，或以非空闲官舍借者，已自有罪，上条合行删去，更不用。"从之。18，p8232

【建中靖国元年】二月十七日，承奉郎王实状："伏见新颁《元符敕令格式》，其间多有未详未便者，伏望更加详究，特为陈请再议删定。旧《法》：'《申明刑统》养同宗子，昭穆相当，男在（目）〔日〕父母不曾遣还本生，男既死，母遣孙出外。法无许遣孙之文，自是不合遣出。'《元符申明》（讲）〔谓〕：'《刑统》养子尚许遣还，即所生之孙自可包括。设如养子生孙皆在，若父母欲遣还，而依申明，即遣子留孙，甚非法意。'实窃详旧法申明谓养子既终身于所养父母，即于其死，义不可遣孙，若子孙皆在，自当从所养之命。是旧法特谓养子既死，即谓遣孙之理。元符（驭）〔驳〕议恐或未详。"都省批送刑部勘当，寻送大理寺参详：有子即有孙，其子既已遣，即无留孙之理；其子若死，即难以遣孙。今欲依旧法申明行下，"旧《法》：诸奉制推鞫及根治公事，已给限而限内结绝未得者，具因依、合展日限申尚书省、枢密院。无故稽违者，一日杖一百，五日加一等，罪止徒二年。新定敕称：'已给限而无故稽违者徒二年。'实窃详，推鞫究治有非朝夕可结绝者，故法许其展限。若（上）〔尚〕有稽违，即自一日等第论罪，至十五日已上方徒二年。今法已稽违

一日已上即论徒二年，窃虑官司迫于禁限，或鲁莽结断，别致害犯，有所未便。"从之。18—19，p8232

【建中靖国元年二月】二十二日，大理少卿周鼎言："看详《元丰六年八月十八日敕》：'大理寺勘断窃盗，该案问减等，随减至罪名给赏。'立法之意，盖谓当时见行《熙宁编敕》，窃盗该案问减者，无许给赏之文；而大理寺所治窃盗，多是犯在京畿，及事干官物，故虽该案问减等，特许随减至罪名给赏。今海行令文既已立诸赏犯人案首减等备受，各依本法，则本寺推断窃盗，该案首减等者，其赏理合亦依本法追给。缘上件朝旨元批入大理寺令，系一司别（致）〔敕〕，从来未经申明冲革。伏乞朝廷详酌，付有司参照，删去上件指挥，今后依海行令文施行，所贵用赏均一。"从之。19，p8232—8233

【建中靖国元年二月】二十六日，尚书省言：三班奉职葛中复状："《元符编敕》内一项：《元祐敕》：'诸化外人为奸细，并知情、藏匿、过致、资给人皆斩。即藏匿、过致、资给人能自告、捕获者，事虽已发，并同首原。'"今《敕》改云："'能自获犯人者，事虽已发，原其罪。'中复看详：旧藏匿、过致、资给奸细之人，能自告捕获者，皆许原罪，盖欲广开屏除奸细之路，或告或捕，因而获者，皆得原罪。今敕止言自获，若只告而他人获之者，拘文不免。如此，则身力不加，或羸弱等人，既不能擒捕，必须自默，不敢告言，甚非设法屏除奸细之意。欲冲改本条不行。"从之。19，p8233

【建中靖国元年】六月六日，刑部言："承奉郎王实状：'伏见新颁《元符敕令格式》，其间多有未详未便者，伏望更加详究，再议删定。旧法：《申明刑统》①："僧道在父母丧内犯奸，于凡奸本罪上累加四等。"大理寺再看详："只合加二等。"《元符申明》称："僧道虽从释老之教，其于父母与凡人不殊，今合更加居丧罪。缘监主内犯奸加一等，若在父母丧中，合更加二等，即僧道合累加四等。"实窃详《刑统》称监守内奸者加凡人一等，即居父母及夫丧；若僧道奸，又加一等。（此）〔比〕凡人通加二等。法意甚明。盖缘僧道既无居丧之理，即不当居丧加等，然与凡人有别。今《申明敕》称："监主内犯奸加一等，若在父母丧中合更加二等，即是累加三等。"且《刑统》自无加二等之文，虽从监临上加二等，

---

① 《申明刑统》是宋神宗朝编成的专门针对《刑统》解释的"申明"类法律。

亦不累加至四等。显是新法乖误，合行删正。大理寺参详：'僧道于本家财分、身下课役之类，皆不入俗人之法；或父母服，匿不举哀，亦无条禁。既已离俗出家，则人伦之义已绝。其在父母丧内犯奸，依律只合加二等。今欲依此申明行下。'都省勘会：'大理寺称僧道离俗出家，则人伦之义已绝，未得允当。兼未见申明监临主守、居父母丧，于监守内犯奸合如何加等。'大理寺重别参详立法：'居丧与道士、女冠既别立文，其下统言又加一等，则是道士、女冠居丧更无累加之文，在律已明。今来王实申请《元符申明》①乖误，合行删去，委得允当。所有监守、居丧犯奸，自合依律，居丧又加一等，通加二等。'今欲申明行下。所有前参详事理，伏乞照会，更不施行。"从之。19—20，p8233

【建中靖国元年六月】三十日，诏颁《斗杀情理轻重格》于诸路。先是格（上）〔止〕用于刑部、大理寺，而州郡议刑往往出于临时，或得高下其手。至不能决，则以疑虑奏裁，以是多留狱。大理卿周鼎以为请，故有是诏。20，p8233

【建中靖国元年】七月一日，臣僚上言："今朝廷名为看详元符增重及创立条件，其实将熙宁、元丰以来条制一概率意增损。欲乞置局重修敕令，委详定官举辟刑部、大理寺官或历任内曾任法寺及外任检法者充属官。其已行增损条制，并乞付本局再行修完。"诏："差郭（如）〔知〕章、周鼎看详，王吉甫、钱盖同看详。应合删改增损条例事件，并依累降指挥施行。仍令看详所逐旋具删修到条件申仆射厅点检，详正取旨。其梁士能等依旧于仆射厅看详祗应，左右司更不详定。"20，p8233—8234

【建中靖国元年】八月二十六日，刑部言："勘会本部编修一路等敕令，缘系四万余件，蒙朝廷责限三年了当。有合申请事件：一、乞修成书，申三省等处，限半月看详有无未尽未便。二、乞应取会事件，并依《六曹通用令》押贴子会问回报日限。三、乞应所修条内有在京官司合行事件，乞从本部相度厘析关送。"从之。20，p8234

【建中靖国元年】九月九日，吏部言："鄜延路经略安抚使司（伏）〔状〕：'准《敕》："诸司属官与本路经略安抚、监司系亲嫌者并回避。经略安抚司管勾机宜文字官非。"本司契勘一路监司所部官并系统属，虽

①　北宋中后期"申明"已经成为一种法律形式，在立法上开始有《申明刑统》《申明敕》《某某申明》等形式。

于别司属官，在法亦令互察。除帅臣子弟充书写机宜文字自有别条外，其余辟置机宜官依条并在刺举之例。今若不避亲嫌，则恐于荐辟刺举皆有妨碍。今条内并不该载，虑有未尽。'本部欲乞于上条内除去注文'经略安抚司管勾机宜文字官非'一十三字外，即别无冲改前后条贯。"从之。20—21，p8234

崇宁元年五月十二日，臣（寮）〔僚〕言："三省六曹所守者法，法所不载，然后用例。今顾引例而破法，此何理哉？且既用例矣，则当编类条目，与法并行。今或藏之有司，吏得并缘引用，任其私意，或至烦渎听聪，甚无谓也。欲将前后所用例以类编修，与法妨者去之，庶几可以少革吏奸。"诏吏部七司已编类外，（今）〔令〕他曹依奏编修。21，p8234

【崇宁元年】六月十六日，尚书省言："检会吏部尚书赵挺之等言：'准《条》："引例破法及择用优例者徒三年。"盖为有司当守法，法所不载，然后用例。今有正条不用而用例，例有轻重，而止从优者，此胥吏欲废法而为奸也。'朝廷已立法禁。欲自今决事实无正条者，将前后众例列上，一听朝廷裁决。"从之。21，p8234

【崇宁元年六月】二十一日，中书省、尚书省送到白札子："《元符三年七月二十四日敕》：'检会《元祐编敕》："诸海行敕内不以赦降原减事件，除传习妖教、托幻变之术，及故决、盗决江河堤堰已决外，余犯若遇非（决）〔次〕赦或再遇大礼赦者，听从原免。"勘会敕内诸条并不以赦降原减者，盖谓禁约指望恩赦、故作罪犯之人。既遇非次赦宥或两该大礼，事体轻者理合原免。今元符新敕诸条内增添不以赦降原减，比旧甚多，又更将上条删去，遂使一有所犯，虽累该恩沛，终身无以自新。奉圣旨："依旧条仍先次施行，所有犯在今年四月十五日赦前之人，亦依上条施行。"勘会元犯既不以赦原，虽再遇大礼赦，亦难从原免，其减降即并系非次推恩；若尽从原免，其"不以赦降原减"遂成空文。'"诏《元符三年七月二十四日指挥》更不施行。21，p8234—8235

【崇宁元年】七月二十六日，中书省〔言〕："检会崇宁元年七月六日奉圣旨：'编敕更不编修，并依《元丰敕令格式》施行。其元祐后来所编修更不施行，仍并毁板。'七月九日奉圣旨：'并依《元符敕令格式》施行，其今年七月六日指挥更不行用。所有《元祐敕令格式》及元符三年以后冲改《元符敕令格式》续降指挥，并板并行毁弃。'勘会昨修《元符敕令格式》，内有系干一司一路等条法，并行厘出，不曾编修，今来自合

依旧行用。窃虑诸处疑惑，合申明行下。若其间有冲改动元丰法制者，仍具利害因依申尚书省。"从之。21，p8235

【崇宁元年】九月二十八日，中书省、尚书省勘会下项："一、元符三年已后冲改《元符敕令格式》续降指挥并板，合依朝旨并行毁弃，其创立条件不系冲改《元符敕令格式》者，自依旧行用。二、七月二十六日诏书：今来追复元丰法制，已冲改元祐条件不行者，其元祐条件勾收，申尚书省焚毁。勘会所有未曾冲改元祐年条件，自合依旧行用。三、勘会昨修《元符敕令格式》，内有系干一司一路等条法，并行厘出，不曾编修，今来自合依旧行用，颁行新法日即依新法施行。四、勘会昨修《元符敕令》，为户部见修禄秩，其《禄令》更不曾编修。后来建中靖国元年十月二十七日，得旨罢修禄秩，遵依见管令式条贯施行。今欲申明，将见行《禄令》条件且依旧行使，仍令一司敕令所将元祐年冲改旧法《禄令》条贯详看，申尚书省。"从之。21—22，p8235

【崇宁元年】十一月九日，都省白札子："契勘一司一路等条，内有系元祐以来续降指挥，虽不系厘出条件，若系冲改动元丰法制者，亦合具利害因依申尚书省。"诏令刑部申明，遍牒行下。22，p8235

【崇宁】二年正月四日，尚书右仆射兼中书侍郎蔡京等奏："昨具陈情，乞诸路置学养士。伏奉诏令讲议立法，修立成《诸州县学敕令格式》并《一时指挥》凡一十三册，谨缮写上进。如得允当，乞下本司镂板颁行。"从之。中大夫、试尚书刑部侍郎、充讲议司详定官刘赓特授太中大夫，奉议郎、试起居舍人、充讲议司参详官林摅特授承（义）〔仪〕郎，承奉郎、将作监丞、讲议司检讨文字吕沆特（受）〔授〕承事郎。22，p8235

【崇宁】三年二月二十九日，蔡京言："奉诏令讲议司修立六尚局条约闻奏。谨以元陈请画一事件，并稽考参酌，修立成《殿中省、提举所、六尚局、供奉库敕令格式》并《看详》共六十卷。内不可著为永法者，存为'申明'。事干两局以上者，总为'殿中省通用'。仍冠以'崇宁'为名。所有应干条画、起请、续降申明，及合用旧司条法，已系《新书》编载者，更不行用；不系《新书》收载，各合依旧引用。"从之。22，p8235—8236

【崇宁三年】十月十八日，详定一司敕令所修立到《龙图天章宝文显谟阁学士荫补推恩格》，从之。22，p8236

大观元年七月二十八日，蔡京言："伏奉圣旨，令尚书省重修《马递铺海行法》颁行诸路。臣奉承圣训，删润旧文，编缵成书，共为一法。谨修成《敕令格式》《申明》《对修》，总三十卷，并《看详》七十卷，共一百册，计六复，随状上进。如或可行，乞降付三省镂板，颁降施行。仍乞以《大观马递铺敕令格式》为名。"从之。22，p8236

【大观元年】十一月十一日，兵部尚书兼侍读、详定一司敕令左肤奏："伏闻神考详告有司，修书之法必分敕、令、格、式，著为成宪，以示天下万世，不可改也。今兵部所有《陕西、河东弓箭手敕》乃崇宁元年修成颁降，（格）〔敕〕令、格、式混而为一，既已乖违神考修书之旨，兼以元符、建中靖国不许引用年分条法修成，及（至）〔自〕颁降至今，冲改名件不少，紊错舛缪，难于考证。伏望遵依神考修书法，分为敕、令、格、式，重别刊定，垂之永久。"诏："修书旧无定制，神考垂训，分敕、令、格、式之法，万世不易。今继志述事，而有司尚或违戾。可依奏重行删定。"22—23，p8236

【大观二年】九月十八日，诏："名不正则言不顺，言不顺则事不成，名不可以乱实久矣。比阅《军马司敕例》，有敕令格式之名，而名〔实〕混淆，敕中有令，令中有格，甚失先帝设此逆彼、禁于已然未然之训，殆未足以称扬功遵制之意。可令有司重加刊正。"23，p8236

【大观二年】十一月二十九日，御笔："批阅近奏，以六曹事修例为条。且法有一定之制，而事有无穷之变，苟事一为之法，则法不胜事。又其轻其重、其予其夺，或出于一时处断，概为定法，则事归有司，而人主操柄失矣。宜令详定一司敕令所，应于六曹已施行事为永制者，修为敕令格式外，其出自特旨，或轻或重，非有司所决，可以垂宪者，编为定例，以备稽考，余悉删去。庶使官吏不得高下其手。"23，p8236—8237

【大观】三年六月十三日，中书省、尚书省勘会："详定敕令所修到外路敕令格式等，朝廷置局审覆，设官置吏，糜费禄廪，显属重复。"诏罢审覆，如事干诸路，下逐路安抚、转运、提刑、提举司依公看详，（子）〔仔〕细签贴。如有未尽未便事件，限半月指陈利害，保明申尚书省。23，p8237

【大观三年】七月九日，臣（寮）〔僚〕上言："伏见近时刑名有出于臣僚一时随事建议，不经思虑，取办目前，恐轻重有不协于中者。愿诏有司将臣僚前后奏事所立刑名看详，酌中立为定制。合用旧条者，宜依旧

条施行。庶几有罪不失，而人无冤滥。"诏依奏，仍令刑部逐旋看详，申尚书省。23，p8237

【大观】四年四月二十四日，给事中蔡薿奏："窃惟人主称制，故辄违者论以违制之罪。臣伏见比来有司以己见条陈事，方欲立法，辄请论以违制，此臣所未（论）〔谕〕也。不唯间因细事，暗增重刑，实亦理势非顺，其名不正。欲望睿慈明示戒。兼因事立法者，岂容臆决？谓如付在所司讨论参考，然后颁行，亦可以杜绝轻重不（论）〔伦〕、罪同罚异之弊。"从之。23—24，p8237

【大观四年】六月三十日，刑部奏："圣旨：'神考稽古创制，讲明治具，维时宪度，尽载《编敕》，悉出睿断裁成，亲加笔削，故行之甚久，曾无抵疵。继而元符续敕令，疏密重轻，颇有不同，遂致舛驳，寖失本意。可委刑部检详元丰颁降敕令格式，条具闻奏。如有该载未尽，参以绍圣所降敕令施行。'今来元丰颁降敕令格式书完具，欲令先次遵依施行。如该载未尽，参以绍圣所降敕令，庶几元丰敕令便可施行。"又奏："《元丰敕令格式》系元丰七年正月一日颁降，所有后来续降，在元丰八年三月五日已前，亦合参照施行。"诏从之，仍具元符、崇宁后来敕令等，或因官司申请，各不失法意，有所补完，及随事创立与《元丰敕令格式》别无妨碍者，且合遵依施行。内有刑名轻重不同，去取失当，即令本部、大理寺限一月条具前后意义，签贴成书，取旨。① 24，p8237

【大观四年】闰八月十八日，工部尚书、《圣政录》同编修官李图南奏："臣将《大观内外宗子学敕令格式》等与奏禀到条画事件，重别详定到《宗子大小学敕》一册、《令》七册、《格》五册、《式》二册、《申明》一册、《一时指挥》一册、《对修敕》一册、《令》二册，总二十一册。谨缮写上进。如得允当，乞付尚书省礼部颁降。"从之。24，p8238

【政和元年二月】二十三日，尚书左仆射何执中奏："准敕差提举详定删修敕令格式。今以熙、丰、绍圣修书旧例参酌，乞从本所关牒诸路监司，遍下本路州县，晓谕官吏、诸色人，如有见得见行敕令、续〔降〕等条贯，有未尽未便，合行更改，或别有利害未经条约者，指挥到日，限两月内具状分明指说，实封经所在投陈。随处州军附急递至京，仰都进奏

---

① 从此可以看出，宋徽宗大观年间曾以《元丰敕令格式》为基础，修订成新版的《元丰敕令格式》，称为《大观敕令格式》，即在《宋会要》有些地方称为《大观令》《大观格》等法律的版本。此次修法应是变动不大，所以没有太多的记载。

院直赴本所投下。在京亦从本所报阁门等处，依此晓谕施行。"从之。24，p8238

【政和】元年四月十三日，尚书左仆射何执中奏："近蒙圣恩差提举重修敕令。臣历观祖宗以来，除天圣、庆历、嘉祐、熙宁《编敕》《元符敕令格式》，各有曾差宰臣提举之例。盖是元丰成书，轻重去取，一出神笔刊削，复有总领之官。今陛下圣学高明，独观万事之表，缉熙先烈，无不仰遵。元降手诏，并依元丰、绍圣故事。当逐时条上，以禀睿训。虽元降手诏并依元丰、绍圣故事，终当以元丰为法。欲望寝罢提举敕令之名，以尽遵制扬功之美。"诏可，以"兼领"为名，同提举官准此。初以同知枢密院王襄同提举重修敕令，是日襄奏，以笔削润色，一禀圣裁，提举之名，所不敢当，故有"同兼领"之命。24—25，p8238

【政和元年四月】二十四日，臣僚言："东南茶盐已尽（覆）〔复〕熙、丰旧法。缘熙、丰、绍圣以来，前后申明、续降不一，宜编次遵守，乞委官修类成书。"从之。25，p8238

【政和元年】十二月二十七日，详定一司敕令所奏："奉圣旨编修禄秩，以元丰、大观式修定。今修成禄令、格等计三百二十一册。如得允当，乞冠以'政和'为名，雕印颁降，下本所先次施行。其旧法已系《新书》编载者更不行用外，今（来）〔未〕经编载，及政和元年十二月十七日已后续降，自合遵守。"诏依。二年二月十三日，诏详定官乞不推恩外，删定官李良佐、周穗、李富国、周用中、周因、何天衢、何亮、戴该，检阅文字吴守仁、（禓）〔杨〕发各转一官。内选人比类施行。25，p8238

【政和元年十二月】二十八日，郑居中奏："《学法》一百三十卷，御笔裁成者列于卷首，乞冠以'政和新修'为名，仍乞付国子监颁降。"从之。25，p8238

【政和二年二月】二十二日，诏："详定重修敕令所官吏置局未久，趁办条敕，进呈了毕，委有勤劳。删定官各特转两官。选人改合入官，更转一官。使臣各转两官。内尹正特与转行遥郡一官外，一官许回（受）〔授〕有官有服亲。供书使臣转一官，减三年磨勘。编修手分及承受下手分、点进使臣、知杂司手分各转一资，有官人转一官，仍各减三年磨勘。内差使臣借差，不隔磨勘。无官人有出职法者，内少五年以下人、愿先次出职者听，少三年以下出职人仍与占射差遣一次，二年以下更循一资；五

年以上候补至前行或职级日。与先次出职；其未有名目人愿换大将、减三年磨勘者亦听。" 25，p8239

【政和二年】九月十五日，诏："今年五月已后，应见行钞法洎茶盐法合传载者，大小纲目，具著为令。"以太师蔡京还冠宰司，图制国用，公藏私余，上下皆足，故有是诏。26，p8239

【政和二年九月】二十九日，尚书省言拟立到《诸路州军分曹掾格目》共三十册。诏自来年正月一日奉行。26，p8239

【政和二年】十月二日，司空、尚书左仆射兼门下侍郎何执中等上表："修成《敕令格式》等一百三十八卷，并《看详》四百一十卷，共五百四十八册，已经节次进呈，依御笔修定。乞降敕命雕印颁行，仍依已降御笔，冠以《政和重修敕令格式》为名。"从之，仍自政和三年正月一日颁行。先是政和元年二月一日，诏以尚书左仆射何执中提举，同知枢密院事王襄同提举，至是上之。仍诏兼领官何执中，详定官李孝称、任良弼，承受官张僧祐，删定官刘宏、杜充、张焘、钱随、尚谕、杜严、刘寄各转两官。26，p8239

【政和二年】十一月十一日，臣僚言："乞命有司类次诏书律令可以训民者为一书，与婚冠之礼先后颁焉。州县委官专掌，孟月属民而读之。"从之。26，p8239

宋会要辑稿·刑法一·格令二

【政和】三年二月七日，殿中省六尚供奉敕令所书成，诏详定官朝请郎殿中监高伸、朝议大夫殿中少监曹昱、删定官朝散郎殿中丞王迢、朝奉郎殿中省主簿赵士䜣各转一官，内曹昱仍转行。承受官裴诜更不推恩。使臣、手分、书写人、书奏人各与转一官。无官人转一资，内无资可转者或不愿转人各支赐绢二十匹，或愿候有正官日收使者听。进奏官减二年磨勘。27，p8240

【政和三年】二月二日，中书省言："检会《大观重修中书令》：'诸每岁取旨下近臣，博求疏远贤能之士以备器使。'勘会博求贤能，须待圣旨，岂可立为常法？兼诏侍从官荐举臣僚，亦难立每岁之文。"诏上条不行。27，p8240

【政和三年】九月四日，刑部（奉奏）〔奏："奉"〕御笔改定条法内称'主'者。其应缘条法内更有似此合改称呼者，仰刑部检勘，逐一条具，参酌拟定，申尚书省。典卖田宅交易文契、要约，钱主改为典买人，业主改为典卖人。失贼遭劫之家称被主、变主、事主、财主者，改为被盗人。主婚人改为掌婚人。主守改为典守。主司改为典司。监（司）〔主〕改为监守。诸欠应纳田宅入官，其元主改为元纳田宅人。无主死人改为无识认尸人。雇人限满愿留主家，改为元雇之家。主驾纲运改为驾放海外。蕃舶主改为首领。遗物不知主名，改为所遗人。主将已下改为首将。主钥人改为掌钥人。主持官物改为掌管官物。吏人主行改为吏人管勾。主兵官改为掌兵官。以田佃与人限满并佃人为主，改为并归佃人。马主改为管马人。已买物未令入官、寄桩物主之家，改为元卖之家。主典改为掌典。"从之。27，p8240

【政和】四年三月二十三日，殿中监、详定六尚供奉敕令兼详定一司敕令高伸等言："契勘本所见责限编修一路法及禄秩、六曹条例等。文字浩瀚，全藉官吏夙夜协力。缘比来人吏避见督责，往往干求他处差遣，兼带请给。本所虽差人权行管勾，然虚占名阙、积滞课程之弊未之能免。伏望圣慈特降睿旨，应今后差出人并行开落姓名，不许带行本所诸般请给。除系传宣、内降外，余降到，如有一切违碍，且依今来指挥，亦许本所奏知不行；其已差出人，亦乞开落姓名。庶几人各赴功，杜绝侥求之幸，速得成书。"又奏："契勘本所无旧请人，吏禄稍薄，如允臣等今来所乞，欲望圣慈许依九域图志所无旧请人则例支破；其有旧请人，愿依无旧请人者亦听。"诏并依，虽奉传宣、内降、宣押，亦不许。27，p8240

【政和四年】四月十五日，殿中监、详定六尚供奉敕令兼详定一司敕令高伸等上修立到《诸路岁贡六尚供奉物法》，诏令颁行。27，p8240

【政和四年】七月三日，详定一司敕令所奏："修立到诸县丞任内种植林木，以青活须及二万株，有增亏者赏罚如法。"从之。27—28，p8240

【政和四年七月】五日，中书省言："检会《政和名例敕》：'诸《律》《刑统》《疏议》及建隆以来赦降与敕令格式兼行，文意相妨者从敕令格式。其一司、学制、常平、免役、将官、在京通用法之类同。一路、一州、一县有别制者，从别制。'其诸处有被受专降指挥，即与一司、一路、一州、一县别制事理一同，亦合各行遵守。专降指挥缘未有明文该载。"诏令刑部申明行下。28，p8241

【政和四年】十月十九日，诏："自今以民功被赏迁秩者，依战功法，

仍选任在战功之上。武臣有战功、犯赃罪者，不得亲民，著为令。"28，p8241

【政和四年十月】二十日，刑部奏："欲依户部拟到《绍圣常平免役令》：'诸承买场务已给付后，正身有违碍而无同居亲主领者，别召人承买'，拟定'主领'字作'掌领'字。"从之。28，p8241

【政和四年】十二月二十四日，中书省言："《政和四年十月二十日敕》：'诸以民功被赏转官者，选任在战功之上，仍依战功法；诸有战功人有赃罪者不得亲民。勘会民功人犯罪合追降及准例入重者，除因农田、水利、赈济、居养、安济、漏泽违慢外，并合依战功法取旨施行。'"诏令刑部申明行下。28，p8241

【政和四年十二月二十四日】，尚书省言："《政和赏令》：'诸应转一官者，承直郎以下改合入官；非军功捕盗者，将仕郎不满五考，从事郎、登仕郎不满四考，文林郎、通仕郎不满三考，并循两资'等条。"诏："逐条内称战功或军功者，其有民功之人并依战功法。所有一司一路并应干条法内称战功、军功者，（及）〔令〕六曹及详定一司敕令所依随事参照，条具比拟，申尚书省。"28，p8241

【政和】五年四月十六日，刑部郎中李绎奏："伏睹《政和令》：'诸命官将校犯罪自首，遇恩全原，去官勿论者，具事因及条制申尚书省或枢密院。'缘自来在外官司于状内多不如令详具有无专条战功、别犯并计，却致刑寺再行取会，动经岁月，莫能结绝。欲乞立严禁，使之遵守，庶几革去迁滞灭裂之弊。诏依奏，仍令刑部立法申尚书省。又都省勘会：'今来令官司事因状内详具有无战功等，其民功亦合一就立法。'"从之。28—29，p8242

【政和五年】八月九日，手诏："法以制人，不以便己，故法出于至公，无牵于私意。稽考《元丰官制》，刑部为议法之官，尚书省为创法出令之地。今有司请立法，往往自便。应修敕令格式，并归一司敕令所，候修毕，送刑部议定立法，申尚书省详覆，取旨颁行，如《元丰格》。其逐处见编修官吏并罢。"29，p8242

【政和五年八月】十三日，诏："一司敕令所张官置吏，以删立法令为职。而有司辄自请立法，不归本所立文，盖欲自便。近降指挥申饬，以革其弊。访闻敕令吏人往往不习法令，又多三省、枢密院给使之人，食其俸而身不在役，以故法久不成，虚糜廪禄。可自今并不得差三省、枢密院

人，其见在吏人并行试补，汰其不能者。如违，以违御笔论。仍仰御史台弹奏。"29，p8242

【政和五年】十一月十二日，尚书度支员外郎张动奏："窃以东南六路上供粮斛，岁额数百万石。前此真、楚等有转（般）〔搬〕七仓，其掌管官吏、装卸兵卒，糜费至广，弊亦如之。自陛下灼见利病，讲究直达，出于宸断。推行以来，舳舻相衔，万里不绝，虽五湖之远，皆应期而至。不唯省转（般）〔搬〕之劳，而绝侵盗失陷之弊，内外刑狱为之一清，兹实万世之利。臣自承朝旨差委编修，遂参照政和四年六月二十日以前所降直达纲条敕及申明、指挥，修立成书，并《看详》共成一百三十一册，总为一部，计一十复，并已经尚书省看详讫。所有前后应干指挥，已系《新书》编载者更不行用；其不系《新书》所收，文意不相妨者，并七月一日以后续降指挥，自合遵守奉行。谨具进呈。如允所奏，先付本部镂板颁行，内厘送条件限十日录送所属。"从之。29，p8242

【政和】六年闰正月二十九日，详定一司敕令王韶奏："修到《敕令格式》共九百三卷，乞冠以'政和'为名，镂板颁行。"从之。29，p8242

【政和六年】六月五日，户部尚书兼（许）〔详〕定一司敕令孟昌龄等奏："今参照熙宁旧法，修到《国子监律学敕令格式》一百卷，乞冠以'政和重修'为名。"诏颁行。29，p8242

【政和六年六月】十三日，礼部尚书白时中等奏："今将《崇宁贡举（去）〔法〕》改修到《御试贡士敕令格式》总一百五十九卷，乞冠以'政和新修'为名。"诏颁行。29，p8242—8243

【政和】七年四月十六日，详定一司敕令所奏修成《吏部侍郎左右选条例》，诏令颁行。详定官孟昌龄等更候三次进书取旨推恩。29，p8243

【政和七年】五月二十七日，礼制局编修《夏祭敕令格式》颁行。详议官兵部尚书蒋猷、保和殿学士蔡攸、显谟阁待制蔡鯈各转两官。承受官中侍大夫、青州观察使邓忠仁更不推恩。检详官辟（雍）〔雍〕司业尚佐均、朝奉郎郭三益、徐秉哲、太常博士王升、承议郎王沔、奉议郎杜从吉、正字李升、迪功郎崔造各转一（各）〔官〕，减三年磨勘；选人改合入官，仍减二年磨勘。检讨官倪登、王庭老各转一官，选人比类施行。29—30，p8243

【政和七年】八月九日，中书省言："检会《律》文：'在官犯罪，去官事发，犯公罪流以下勿论．'盖为命官立文。后来敕文相因修立，掌典解役谓出职归农，已离本司，及勒停永不收叙。亦同去官免罪。如此，若犯罪之后，则生奸弊，解役归农，侥免重罪，兼与命官犯罪去官不同。"诏："《政和敕》内'掌典解役者听从去官法'一节删去不行。" 30，p8243

【政和七年八月】二十五日，臣僚上言："窃以比年以来，六曹等处申请因事立法，指定刑名者甚众，或乞依某条，或乞（料）〔科〕某罪，阅时滋久，陈请猥多，本末轻重，不无舛紊。臣谨按《政和令》：'因事奏请立（治）〔法〕，不得指定刑名。'法意详尽，理应遵守，而未有专一科罪指挥，是致玩习，无所畏惮。欲望特降睿旨，凡因事应立法而辄定刑名者，乞严立断罪条法施行，庶使便文自营之人知所惩戒。"诏令敕令所立法，申尚书省。30，p8243

【政和七年】十二月二十八日，枢密院言："修成《高丽敕令格式例》二百四十册，《仪范坐图》一百五十八册，《酒食例》九十册，《目录》七十四册，《看详卷》三百七十册，《颁降官司》五百六十六册，总一千四百九十八册，以《高丽国入贡接送馆伴条例》为目，缮写上进。"诏送同文馆遵守施行。30，p8243

【政和】八年四月二十四日，中书省言："检会诸受制书急速者，当日行下，遇夜收到，限次日午时前；非急速者，限一日。诸承受御笔处分，无故违限一时者徒二年，一日加一等，三日以大不恭论。看详：承受御笔处分理宜虔恭，不可稽缓，然誊写指挥，或遇假及出者，赍就宰执书押用印，并入夜有门禁限隔，理宜立限行遣，而元条未曾立行下之限。"诏于"制书"字上添入"御笔"二字。30，p8243

【政和八年】五月十八日，臣僚言："方今政事所先，理财为急务。比者已诏诸路，而《旁通格》会元丰以来财用之数，将乘其出入，通其有无，以制国用。又因建利者之言，推明榷酤、盐铁、里衍等事于四方。是数者皆宜讲求画一之法，使当于人情，宜于久远。乞依元丰条例司、崇宁讲议司故事，置经制司于尚书省，领以宰臣，措置官吏，专责推行，以幸天下。"诏："诸路所上《旁通格》并日近臣僚推明财计等事，可付编修《圣政录》官讲画，分别条目。仍差高伸、李梲、柳庭俊、王安中、刘嗣明为详议官，张大亨、张灏、丁彬、王礼、李子奇为检阅官。"30，p8243—8244

重和元年十二月十三日，殿中省编修《六尚法》书成，详定官蔡行、少监赵士谍、删定官李秘、高尧臣各转一官，检阅文字、手分各转一官，书写人、书奏、通引、进奏官各减二年磨勘，依四年法比折。内未有名目人候有名目日收使，愿换进义副（刷）〔尉〕者听。诸色人共四十一人，赐钱一百贯文，付本所等支给。30—31，p8244

宣和元年五月十九日，中书省言："检会臣僚上言：'臣闻天下之所恃以为治者曰法，而敕令格式者法之具也。臣契勘一司敕令所上下官属无虑三十余员，而详定官居半，臣窃怪之。今详定官类多中台长贰或侍从官领宫祠者兼之，盖甚重也。然中台长贰，或各有本职，使其究心力，或有所不给，而侍从官领宫祠者，朝廷本以优赏，不可责以职事。且十羊九牧，甲可乙否，为属官者将奚所取正而为之适从？非特如此，凡兼详定，其赏给、人从之类率皆添给，又书成奏功，例有增秩之赏。此在朝廷，固不较其多寡也，诚恐于法（诚）〔令〕之损益利害实未有补，而徒为此纷纷尔。伏望睿断量立员数，择其练达典章、深晓法令者，俾兼详定，则着敕令格式，以辅成一代之治，岂小补哉！'奉旨：员额、犒设等令尚书省措置取旨。勘会：'详定检阅官已有立定员额外，详定官系临时取旨差除，难以立额。'"诏："本所官请给并依《九域图志》所则例支破，不得例外添破酒食犒设之类，违者以违制论。"31，p8244

【宣和元年】八月二十四日，详定一司敕令所奏："新修《明堂敕令格式》一千二百六册，乞下本所雕印，颁降施行。"从之。其后诏经进书官吏各转一官资，选人改合入官；不经进书人依例减三年磨勘，人吏愿补进义副刷者听；不系首尾人，依例减二年磨勘。31，p8244

【宣和元年八月】二十五日，成都府路提刑司奏："乞今后有盗昊天玉皇上帝、诸州天庆观圣祖殿、及神霄玉清万寿宫殿内供献之物，未有专一断罪条法。"刑部、大理寺今具下项："诸盗大祀神御之物者流三千三百里。谓供神御，凡其余仪仗亦同。其拟供神御谓营造未成者。及供而废阙、若飨荐之具已馔呈者徒二年，飨荐谓币牲牢之属，馔呈谓已入于所经祀官省视。未馔呈者徒一年半，已阅者杖一百。已阅所接神御。若盗釜甑刀匕之属，并从常盗之法。勘会盗昊天玉皇上帝及圣祖殿内供献之物，自合引用盗大祀神御之物断罪外，神霄玉清万寿宫内供献之物虽未有明文，理当比附前项条令断罪，欲申明行下。"从之。31，p8244

【宣和元年】十月三日，刑部尚书王革奏："契勘鞫狱干证无罪之人，依《政和令》合责状先释。自来不曾立限，遂致纵留动经旬月。伏睹《开封府令》有不得过两日之文，其余官司与外路理合一体立法。若违限不放，亦未有专一断罪条约。欲望付有司参详，以《开封府令》修立海行并违限刑名，颁下在京刑狱官司并诸路遵守。"诏令尚书省立法。今增修下条："诸鞠狱干证人无罪者，限二日责状先放。其告捕及被侵（捐）〔损〕人唯照要切情节，听暂追，不得关留证讫，仍不得随司即证。徒以上罪犯人未录问者，告示不得远出。冲改本条不行者，鞠狱干证人〔无〕罪应责状先放，而于令有违者，论如官文书稽程律计日，罪者杖六十。"从之。31—32，p8244—8245

【宣和元年】十二月二十八日，尚书省言："措置到《详定一司敕令所事件》一册，〔详〕定官系以十员为额，内四员欲乞元选曾任刑法差遣或通晓刑法之人承替。额内已改官先到□□令，今后依此选除。其余额外人，依已降指挥，满资日罢任。勘会敕令格式，昨降指挥，须归一司敕令〔所〕编修，革其自便。其详定官编修到本局敕令，亦与签书，显属妨嫌；自〔今〕系修本职条令，并免签书，更不干与。"从之。详定官今后以三员为额。32，p8245

【宣和】二年八月二十七日，刑部状："详定一司敕令所修立到：'诸纲运，缘路官司辄截留附搭官物者，于行程内批书两厢情愿附搭者同。当职官吏并徒二年，命官先次冲替，人吏勒停。'即乞冲改拘截附带他物者以违制论、发运司常加觉察等条，本部已议定立讫。"从之。32，p8245

【宣和】三年五月九日，详定一司敕令所奏："今将两浙、福建路供到皇祐以后至政和三年终应干条制册，修成《敕令格式》进呈。"诏依奏颁降施行。32，p8245

【宣和三年】六月二十七日，提举利州路常平韩思俨奏："（切见）〔窃见〕朝廷逐时颁下申明续降条制，但以年月先后编次，月日寖久，在官者未能通知，奸吏因之得为轻重。乞（照）〔诏〕有司，应被受见行敕令逐门编入，庶使良法美意粲然易见。"诏令尚书省立法。32，p8245

【宣和】四年十二月二日，知平阳府商守拙奏："伏睹旧法，乡村居民会要处许置炉造熟铁器用，即不该载镇寨。（切）〔窃〕详诸路州郡所管县镇多寡不同，河东、陕西县多而镇少，河北、京东县少而镇多。其逐镇居民人烟过于河东县分，兼各有知镇或监官，并管烟火贼盗，注亲民资序，及有巡尉去处，自可责委觉察，奉行条令。今欲乞诸路有监官镇寨内亦许置炉造熟铁器用。若私造禁兵器等，并依上件罪赏施行。只乞于前项条内'州县城外'字下添注入'镇寨有监官兼烟火公事处同'一十（三）〔二〕字，庶得法意周尽，即不冲改前后条贯。"从之。32，p8245

【宣和】五年八月十四日，刑部增修下条："诸重禄案吏人辄引非本宗同居缌麻以上亲，罢役吏人虽亲亦同。在案及书写文书者，并引人犯赃与同罪。"从之。32，p8245

钦宗靖康元年四月二十日，大理卿周懿文言："《敕令格式》自熙宁以后四经编修，率不逾十年；《元符敕令》行之最久，经十二年，亦重修纂。见行敕令自政和三年颁行，迨今一十五年，未再编次，其间缘因革建明，条目至多，抵牾乖戾，无所适从。乞下敕令所编次。"从之。32，p8245—8246

【建炎】三年四月八日，敕："自今并遵用嘉祐条法。内拟断刑名，嘉祐与见行条制轻重不等，并从轻；赏格即听从重。其官制所掌事务格目及役法等，有引用窒碍，或该载未尽事件，并令有司条具以闻。"既而刑部侍郎商守拙条具："欲将斗殴盗博引用嘉祐条外，其余将嘉祐与政和敕参酬相照，合从轻，谓如略和诱人为人力女使，《嘉祐敕》依略和诱人为部曲律减一等，《政和敕》论如为部曲律，合从嘉祐减一等之类。赏典之类并合从重，谓如获盗黄汴河官木，《嘉祐敕》一名杖罪、钱五贯，《政和敕》每人杖罪、钱二十贯，合从二十贯之类。责限条约之类并合从宽。谓如《嘉祐敕》犯罪经官司断遣，屈抑者听半年内披诉，与重勘，《政和敕》称事已经断而理诉者，一年内听乞别勘，即合从一年内之类。其一司、一路、一州、一县、在京、海行，及嘉祐所不该载，如免役、重禄、茶盐、香矾、八曹通用等事，并合依见行条法。若事干军政边防机密，漏泄、听探，情理深重，并修书未成间，《嘉祐敕》与见行条法相照引用，窒碍者并合取自朝廷指挥。"从之。至四年十月二日，重修敕令所再条具嘉祐法疑碍项目申请，奉诏："遵依嘉祐成法外，情犯刑名至有轻重，亦难以并依。令本所随事损益参酌，务要曲尽人情法意。仍依已降指挥，将合行增损刑名拟定以闻。"33，p8246—8247

【建炎】四年六月七日，大理卿兼同详定一司敕令王衣言："修敕旧例，关报刑部，遍下诸州军等处，出榜晓示诸色人等，陈言编敕利害，于所在州县投陈，入急脚递，发赴都进奏院，本院赴部、所投下。如看详得委有可采，即保明申朝廷，乞与推恩。仍乞以'详定重修敕令所'为名，就用见使印记，将见在敕局与大理寺供职官并力，同共依元降指挥对修，

止请见任请给。"从之。34，p8247

【建炎四年六月】十日，敕令所言："修敕旧例，合差提举官。"诏差范宗尹提举，张守同提举。既而又言："乞将以次所差官于衔内带删定官及编修官。"诏详定一司敕令所删定（言）〔官〕兼重修敕令删定官，详定一司敕令兼详定重修敕令，同详定一司敕令兼同详定重修敕令，大理寺官兼详定重修敕令删定官。34，p8247

【建炎四年】八月一日，臣僚言："自渡江以来，官司文籍散落，无从稽考，乃有司省记之说，凡所与夺，尽出胥吏，其间未免以私意增损，舞文出入。望下省部诸司，各令合干人吏将所省（已）〔记〕条例攒类成册，奏闻施行。内吏部铨注条例乞颁下越州雕印出卖。"诏六曹百司疾速条具申尚书省。绍兴元年四月二十四日，诏："百司进呈条册，候降到颁行，各具册抄录送刑部，仍逐季具有无冲改，续降关报。如有差漏及违慢不报，即依旧制人吏杖一百。"十月二十九日，又诏："先令左右司郎官以省记之文刊定颁行，恐不能专一，可改送敕令所立限刊定，镂板颁降。内吏部条法最为急务，责限一月，余并限一季成书。"绍兴三年三月十三日，从臣僚所请，复诏令百司各将已省记条例与合为永格。续降指挥先委本处当职官吏精加看详，置册分门编纂，申纳朝廷。如有所隶去处，即申所隶审覆圆备，送敕令所看详，取旨颁降，逐处收掌。所有合用纸笔朱墨等，各具合用数目申所属应付。其后诸司编类到省记条令，并从敕令所看定讫，取旨颁降。34，p8247

【建炎四年八月】四（月）〔日〕，敕令所言："奉诏将嘉祐与政和条制对修成书，本所节次往邻近州军抄录续降等文字，未到。窃虑坐费岁月，难以成书。除已降嘉祐、政和条法参照先次删修外，缘其间有情犯重而刑名轻，或立功轻而推赏重者，乞从本所随事损益，参酌拟修。"从之。34，p8247—8248

【建炎四年】十月二十一日，刑部员外郎王纲等言："《律》称'日者'以'百刻'，称'年者'以'三百六十日'。窃详上条既言称'年以三百六十日'，即是'一月'系'三十日'为限。诸条及指挥内有以'月为限者'，（为）〔谓〕如军人许首身之类适当在'三十日'，而遇小月者，有司往往便以'二十九日'为'月'引用，却作违限。盖缘未有明文，遂致疑惑。"诏尚书省行下。34—35，p8248

绍兴元年五月二十三日，详定重修敕令所言："伏睹赦书：应仁宗法度理合举行，可自今并遵用嘉祐条法，将《嘉祐敕》与《政和敕》对修。本所今将《政和敕》并《嘉祐敕》先次参修，书成，乞先次进呈，镂板施行。"诏依。于五月二十八日进呈毕，详定官韩肖胄续请编修官吏除详定官乞不推恩外，望依政和进敕例施行。诏："重修敕令所费用浩大，仰本所官疾速刊修，候成书日，一并优与推恩。"35，p8248

【绍兴元年】八月四日，参知政事、同提举重修敕令张守等上绍兴新《敕》一十二卷，《令》五十卷，《格》三十卷，《式》三十卷，《目录》一十六卷，《申明刑统》及《随敕申明》三卷，《政和二年以后敕书德音》一十五卷，及《看详》六百四卷。诏自绍兴二年正月一日颁行，仍以《绍兴重修敕令格式》为名。先是建炎三年四月八日指挥，可自今并遵用《嘉祐条法》。于是下敕令所，将嘉祐与政和条法对修。至绍兴元年五月二十八日先修《敕》一十二卷进呈讫，至是续修成（今）〔令〕、格、式并申明等上之。诏详定官权工部侍郎韩肖胄落"权"字，同详定大理卿王衣除权刑部侍郎。见在所并已离所删定官宣教郎鲍延祖、刘一止、曾恬、宣义郎李远、文林郎何许、胡如埙、修职郎王洋、迪功郎李蒍、陈戬、虞澋、陈康伯、张域、大理寺官兼删定官大理正孔仲京、大理丞孙光庭、张柄、路彬、大理评事赵公爛、许大英、检阅文字使臣、两经进书人各转一官，内选人改合入官，并更减二年磨勘。一经进书人各转一官，选人改合入官；不经进书人减二年磨勘，选人循一资，无资可循人与改次等合入官。知杂司、法司、编修手分、开拆司以下等第推恩。后诏温州都孔目官陈邦材，令本州支赐绢一十匹，以本州供报抄录政和以来续降详备故也。35，p8248

【绍兴】二年八月二十九日，臣僚言："自颁降《绍兴新书》之后，恐官司申请创立条禁或增重刑名，寝失祖宗立法之意。乞令有司如遇臣僚续有申请，并检会昨用《嘉祐法》参酌修书元降指挥，参照修立施行。"从之。35，p8248

【绍兴】三年九月五日，权刑部侍郎兼详定一司敕令章谊言："朝廷比修《绍兴敕令格式》，简编浩博，众议纷纭，书务速成，论靡专决，去取之间，不无舛错。厥今颁在有司、州县权行，渐见抵牾。欲承疑遵用，则众听惑而不孚；欲因事申明，则法屡变而难守。望诏监司、郡守与夫承用官司，参考祖宗之旧典，各摭《新书》之阙遗，悉随所见，条具以闻，然后命官审订，删去讹谬，著为定法。"从之。35，p8248—8249

【绍兴三年九月】十五日，诏："今后执政官留身奏事，并依宰臣条例；其阁门见行条令，敕令所删修。"35，p8249

【绍兴三年九月】十八日，敕令所看详："臣僚陈请：'吏部七司近因申请，修立到人吏犯赃，同保人停降编管断罪之法。自降指挥后来，铨曹之吏稍知畏戢。然独行于吏部七司，而户部以下诸司亦莫之行。乞将上条并入《尚书六曹寺监通用敕令》施行。'本所看详：'渡江以来，铨部案籍不存，遂以《大观六曹寺监通用敕令》条立法禁。今欲将《吏部七（旬）〔司〕通用敕令》并入《大观尚书六曹寺监通用敕令》施行。'"从之。35—36，p8249

【绍兴三年九月】二十七日，尚书右仆射、同中书门下平章事朱胜非等上吏部《敕》五册、《令》四十一册、《格》三十二册、《式》八册、《申明》一十七册、《目录》八十一册、《看详司勋获盗推赏刑部例》三册、《勋臣职位姓名》一册，共一百八十八册。诏自绍兴四年正月一日颁行，仍以《绍兴重修尚书吏部敕令格式并通用敕令格式》为名。先是建炎四年八月一日，臣僚言："渡江以来，官司文籍散亡，无从稽考，乃有司省记之说，未免以私意增损出入。乞下省部诸司，各令合干吏人将所省记条例攒类成册，奏闻施行。"诏令六曹百司疾速条具，申尚书省。绍兴元年十一月二十九日，又诏："吏部条法最为急务，令敕令所限一月先次镂板。"续诏以广东转运司录到元丰、元祐吏部条法，与吏部七司省记到元丰、崇宁看详，政和重修格式，及天圣七年以后案例，至绍兴三年七月二十四日续降指挥条册，参酌修立，依限颁降。时礼部尚书洪拟、兵部侍郎章谊为详定官，左承议郎宗庠、左通直郎张博、左从政郎李材、魏良臣、左修职郎金安节为删定官。相继修到尚（书）左右、侍左右、司勋、司封、考功条。而敕令所切言："前项条法虽已申纳尚书省，缘七司条法所系非轻，自来凡有成书，并经圣览，方始颁行。"诏令缮写投进。至是上之。有旨，曾编修进书详定官各特转一官，删定官各减三年磨勘，知杂司、编修手分、书写人以下各等第推恩。36，p8249

【绍兴】四年三月二十七日，刑部言："政和二年七月一日以后至建炎四年六月终续降，系参酌删修成《绍兴新书》，见今遵用外，其建炎四年七月一日以后至绍兴三年十二月终海行续降指挥，昨缘本部遗火不存，已下湖、温州抄录到续降指挥，见行编类，镂板颁降。其绍兴四年正月一日以后续降指挥，合依旧法，春秋编类，颁降施行。"从之。36，p8249

【绍兴四年】四月二十四日，前广南东路转运判官章杰言："朝廷自渡江以来，图籍散亡，官曹决事无所稽据。臣为郎时，尝乞下诸路编缉。继而备使岭外，于是遍行所部搜访，缮写到祖宗以来条令，及纂集前后续降指挥，凡一千十八卷，并地图一十面。望下有司更加订正，然后颁之列曹。"敕令所看详："章杰抄录条册内，户部一司计一百九册，共一百八十卷。今将目录勒逐部当行人契勘，已有未有条令名件开坐在前，乞将户部一司降付本部，参照见行条令遵守照使。如有相妨窒碍者，即从本部看详施行。"诏："章杰抄录到条册内，事干六曹，分送逐部看详以闻。"36—37，p8249—8250

【绍兴】五年三月一日，诏监司、（师）〔帅〕守限一月条具逐路州县被受专法，修写成册，申尚书省。盖以兵火之后，州县（授）〔援〕专法申述朝廷无所考据，往复诘问，久而不决，因臣（寮）〔僚〕上言，故有是命。37，p8250

【绍兴】六年八月十八日，刑部员外郎周三畏言："国家昨以承平日久，因事增创，遂有一司、一路、一州、一县、海行敕令格式，与律法、《刑统》兼行，已是详尽。又或法所不载，则律有举明议罪之文，而敕有比附定刑之制，可谓纤悉备具。乞自今除朝廷因事修立一时指挥外，自余一切，悉遵见行成宪。"从之。37，p8250

【绍兴六年】九月二十一日，尚书右仆射、同中书门下平章事、提举详定一司敕令张浚等上禄秩《新书》：《海行敕》一卷，《在京敕》一卷，《海行令》二卷，《在京令》一卷，《海行格》一十一卷，《在京格》一十二卷，《申明》一十五卷，《目录》一十二卷，《修书指挥》一卷，《看详》一百四十七卷。诏镂板施行。初，臣僚起请，乞下详定一司敕令所将嘉祐、熙宁、大观《禄令》并政和《禄格》及前后所降指挥，详定成法，修为《绍兴新书》。本所寻将嘉祐以来并政和元年十二月以后二十五年续降指挥，先次编修到绍兴海行文武官请受并在京宰执、亲王、侍从、卿少、员郎、丞簿而下职事官应干请给敕令格等。至是书成上之，诏离所提举官资政殿学士、提举临安府洞霄宫沈与求，详定官显谟阁待制、知福州张致远，见在所详定官吏部侍郎晏敦复、删定官右从事郎方颖、（在）〔左〕宣教郎王居修、（在）〔左〕从事郎张庭俊、左迪功郎李朝正、右迪功郎方扔，并各转一官；内选人改合入官。见在所详定官户部侍郎王（候）〔俣〕落"权"字，离所删定官减二年磨勘，人吏已下等第推恩。

37，p8250

【绍兴】七年四月八日，左司员外郎楼炤言："兵火以来，文书阙逸，频年省记，品式粗周。而因缘申请者至今未已，务为一切，纷乱旧章，甚者至于徇人而变法，用例以破条，甚非法守之义。此而不革，法将废矣！望饬中外官司，自今恪守成法，无得轻议冲改，及已有明文者不得用例。"从之。37，p8250

【绍兴七年】闰十月二日，左正言辛次膺奏："近有废法而用例者，且以二事言之：故侍从、执政之家用致仕、遗表恩泽，乃援例而补异姓者；特奏名进士及以恩例补文学之人，不候赦恩，乃援例而参部者。且事或无条，乃可用例；事既有条，何名为例？一例既开，一法遂废。望今后凡有正条，不许用例。"诏（中）〔申〕严今年四月八日指挥行下。绍兴九年二月九日，御史中丞勾龙如渊言："有司用例之害有四，大略以胥吏私自记录，并录有奸。乞将官司应干行过旧例，委官搜检，并行架阁；并吏人私记录者，重立罪赏，限十日首纳烧毁。仍饬有司，今后一切以法令从事。而诉事之人敢辄引例者，官员徒一年，百姓杖一百。"诏敕令所取索百司行过旧例，删修取旨。37—38，p8250—8251

【绍兴】八年六月十九日，尚书左仆射、同中书门下平章事、兼枢密院使赵鼎等上《诸班直诸军转员敕》一卷、《格》一十二卷，《亲从亲事官转员敕》一卷、《令》一卷、《格》五卷。诏降付枢密院行使，仍以《绍兴枢密院诸班直诸军转员敕令格》及《绍兴枢密院亲从亲事官转员敕令格》为名。38，p8251

【绍兴八年】十月三日，尚书右仆射、同中书门下平章事、提举详定一司敕令秦桧等续上《禄敕》一卷、《禄令》二卷、《禄格》一十五卷，《在京禄敕》一卷、《禄令》一卷、《禄格》一十二卷，《中书门下省尚书省令》一卷，《枢密院〔令〕》一卷、《格》一卷，《尚书六曹寺监通用令》一卷，《大理寺右治狱令》一卷，《目录》六卷，《申明》六卷。诏自绍兴九年正月一日颁行，仍以《绍兴重修禄秩敕令格》为名。先有诏将嘉祐、熙宁、大观《禄令》并《政和禄令格》及政和元年十二月十七日后来续降指挥编修，除已先次修成《敕》二卷、《令》三卷、《格》二十五卷、《目录》一十三卷、《申明》一十五卷、《修书指挥》一卷、《看详》一百四十七卷，于绍兴六年九月二十一日进呈讫，至是续修上焉。诏详定官吏部侍郎晏敦复、户部侍郎李弥逊、见在所删定官右迪功郎方

畴、任绅、左迪功郎李郁并各转一官，内选人依条施行；曾经修书离所删定官减二年磨勘。38，p8251

【绍兴】九年十月二十五日，臣（寮）〔僚〕言："绍兴法令，著为成书，愿饬有司，成法具载方册者务在固守，无辄时加新意，妄议增损。"诏令敕令所取索内外申明、续降指挥，看详可以永久通行者，编类成法，余并取旨。十一年十一月二十七日，臣（寮）〔僚〕言："自绍兴修法成书之后，十年之间，或因州郡申请，或因臣（寮）〔僚〕建明，创立条禁，增减刑名，冲改不一，是为续降指挥。乞令监司委属官、州委司法、县委主簿，各将被受续降指挥，依敕分门编类成书。仍于《绍兴法》中应冲改条内，分明贴出'照某年月日续降冲改指挥'，长吏再行照对，不得漏落。"诏依。十三年六月十五日，尚书刑部员外郎李景山言："绍兴重修法令成书，颁行甫及一纪矣。然其间或亲颁诏旨裁定刑名，或因修别条冲改不用，虽皆已得指挥见行遵用，而敕令格式仍旧未改。诚恐奸吏得以舞文，望诏有司将见颁敕令格式参定改正，别行颁印。"诏令敕令所增修颁降。38，p8251—8252

【绍兴九年十月】二十七日，诏："今后敕令所删定官，差曾任亲民【官】，参用刑法官。"38，p8252

【绍兴】十年十月七日，尚书右仆射、同中书门下平章事、提举详定一司敕令秦桧等上《在京通用敕》一十二卷、《令》二十六卷、《格》八卷、《式》二卷、《目录》七卷、《申明》一十二卷。诏自绍兴十一年正月一日颁行，仍以《绍兴重修在京通用敕令格式》为名。先是绍兴六年六月一日，大理正张柄言："伏见国家修复旧章，以幸大卜，如《绍兴新书》，系将嘉祐、政和敕参酌成书，其于常法之外增立条制并一切删去。以至兵火后来省记到一司专法，尽经左右司及敕令所逐一参酌详定，然后引用。惟是《大观在京通用》至今依旧遵守，兼内有已经冲改、不该引用之文，尚载典册，颁之郡县百司及车驾临幸之所在，于观听实为未允。乞送修立官司逐一看详删削。"诏令详定一司敕令所重别删修颁降。敕令所言："欲乞将《崇宁在京通用条法》，自崇、观后来至绍兴八年六月终应受续降指挥，修为《绍兴新书》。检会一司专法内又各厘正在京通用，并大理寺又有《崇宁续附在京法》。缘昨来所得圣旨内未曾有前项厘正、续附二件条法名色。"有旨令编写修入。至是上之。时尚书右仆射秦桧提举，参知政事孙近同提举，刑部侍郎陈橐详定，大理卿周三畏同详定，左奉议郎周林、右宣教郎陈抃、左从政郎石延庆、左迪功郎方云翼、何逢原为删定官。诏本所官吏等该首尾修进详定、删定官并各转一官，选人改合入官；经修不经进书详定、删定官各减二年磨勘；以下人吏等第推赏。38—39，p8252

【绍兴】十一年八月九日，臣（寮）〔僚〕言："《绍兴保状式》，若系毁失付身之类，并结除名编置之罪，所以深防欺诈，重示诚惩，使人知法之不可犯，不可轻任此责也。然稽之见行条法，则罪不至于是，使无辜去失之人益艰于求保。望诏有司，今后保状结罪之文止称甘伏朝典，一从抵罪之法。"诏令吏部改定状式（之）〔以〕闻。

【绍兴】十二年十二月十四日，太师、尚书左仆射、同中书门下平章事、提举详定一司敕令秦桧等上《六曹通用敕》一卷、《令》三卷、《格》一卷、《式》一卷、《目录》六卷，《寺监通用敕》一卷、《令》二卷、《格》一卷、《式》一卷、《目录》五卷，《库务通用敕》一卷、《令》二卷、《目录》四卷，《六曹寺监通用敕》一卷、《令》二卷、《格》一卷、《式》一卷、《目录》五卷，《六曹寺监库务通用敕》一卷、《令》一卷、《格》一卷、《目录》三卷，《寺监库务通用敕》一卷、《令》一卷、《目录》二卷、《申明》四卷。诏自绍兴十三年四月一日颁行，仍以"绍兴重修"为名。先是绍兴六年六月一日，大理正张柄言："《大观六曹寺监库务通用法》内有已经（重）〔冲〕改，乞送修立官司逐一看详。"诏下敕令所重别删修颁降。后本所言：欲将《大观六曹寺监库务通用条法》自崇、观后来至绍兴八年六月终应受续降指挥，修为《绍兴新书》。至是上之。时太师、尚书左仆射秦桧提举，参知政事王次翁同提举，权户部尚书张澄为详定，大理卿周三畏同详定，左从事郎游操、左从政郎洪适、左修职郎沈介、〔左〕迪功郎潘良能、右迪功郎张表臣为删定官。有旨："敕令所编修《大观六曹寺监等通用条法》，依昨进《在京通用令》体例推恩。"39，p8252—8253

【绍兴】十三年闰四月四日，臣僚言："乞诏有司将祖宗旧法所载'虽累讳后招，终因自服，依案问自首'之文仍旧存留，将近修立'再勘方招减一等，三问不承，不在减等'之法，特赐删去。"敕令所看详："《律》云：'知人欲告，（反）〔及〕案问欲举。'为其本情将有发觉，不容隐拒，必须自首，方获减科。《敕》云：'因疑被执之人，虽有可疑之迹，赃证既未分明，则无必按之理。若不因其自服，所犯无由显露。'以此推原律、敕意义，盖谓因疑被执之人，赃证未明，故可隐拒；虽经累讳后招，终是因其自服，即与'知人欲告，案问欲举'事体不同。所以《熙宁敕》添立注文，合从（咸）〔减〕等。元符、政和、绍兴《敕》皆以上件旧文详定成法。至绍（圣）〔兴〕六年内，福建宪司申明，嘉祐、元丰（去）〔法〕有曾经盘问，隐拒本罪，更不在首减之例，遂行删去，却添入初问、再问、三问之文，不唯使犯罪之人无自新之路，亦恐知虽首无益，终不自服，反致淹延。今欲从臣（寮）〔僚〕所请，删去绍兴六年八月二十三日限定次数指挥，依旧遵用《绍兴敕》内依案问自首之文。"从之。39—40，p8253

【绍兴十三年】十月六日，太师、尚书左仆射、同中书门下平章事、提举详定一司敕令秦桧等上《国子监敕》一卷、《令》三卷、《格》三卷、《目录》七卷，《太学敕》一卷、《令》三卷、《格》一卷、《式》二卷、《目录》七卷，《武学敕》一卷、《令》二卷、《格》一卷、《式》一卷、《目录》五卷，《律学敕》一卷、《令》二卷、《格》一卷、《式》一卷、《目录》五卷，《小学令格》一卷、《目录》一卷，《监学申明》七卷，《修书指挥》一卷。诏自来年二月一日颁行，仍以"绍兴重修"为名。是年二月二十三日，国子司业高闳言："监学在京日应合行事务，并遵用宣和新修法。昨缘兵火散失，目今别无遵照。虽见存元祐、绍圣条令，皆系旧法窒碍不同。欲下修法官司，将元祐、绍圣并见行条法指挥一处详定（条）〔修〕立。"又言："昨降指挥，太学并诸路科举取士，依遵元丰成宪。所有学法在宣和间用元丰以来条件参修，自合以元丰法为主。今来本监有先省记到《元丰学法》，及取到秀州《元丰学令》，并系祖法，乞送敕局参修。"敕令所言："元祐、绍圣监学条法，照得系国子监、太学、武学、律学等法，共成一部，合（依）〔一〕就参修。其武学、律学条法等包括小学法在内，兼小学条件不多，系在太学法之后附载。"既而高闳复言："敕令所一就修武、律学法，本监见存建中靖国新法，武、律学法具载详备，乞将与元祐法参修施行，庶不抵牾。"并从所请。至是书成上之。诏依昨进大观六曹寺监等通用条法例推恩，礼部、国子监详审官各减二年磨勘。40，p8253—8254

【绍兴十三年】十二月二十九日，臣僚言："蜀中四路差官，著于条令甚详。昨颁降《吏部七司法》，付之逐路，藏于有司，当职官不能遍晓，参选官（慢）〔漫〕不及知，奸吏舞文，为害甚大。乞令成都府路转运司翻印关诸路，依《绍兴新书》，许人收买，所贵人皆晓然。有不依法者，听于逐路提刑、安抚司陈诉改正。"从之。40，p8254

【绍兴】十四年五月十七日，大理评事孙敏修言："《绍兴敕》海行条内称不以赦降原减，若遇非次赦或再遇大礼赦者，听从原免。而其（问）〔间〕有厘析为一司专法，如擅支常平司钱之类，既非海行条内所载，有司拘文，不复引用，理实可矜。乞下所属参酌轻重，除去'海行条内'四字，庶几厘析为专法者亦霑恩霈。"刑部看详，欲如所请，从之。40—41，p8254

【绍兴】十六年五月十三日，尚书省言："已降诏旨，委诸路监司、郡守措置裕民事件。今已条具来上，次第施行。尚虑条目颇多，易成散（浸）〔漫〕，久远无以稽考，欲委官编类成秩。"诏令吏部侍郎王循友、户部侍郎李朝正编类成册，印本颁降诸路州军。41，p8254

【绍兴】十七年十一月六日，太师、尚书左仆射、同中书门下平章事、提举详定一司敕令秦桧等上《常平免役敕》五卷、《目录》二卷，《令》二十卷、《目录》六卷，《格》三卷、《目录》一卷，《式》五卷、《目录》一卷，《申明》六卷，《厘析条》三卷，《对修令》一卷，《修书指挥》一卷。诏自来年三月一日颁降，仍以《绍兴重修常平免役敕令格式》为名。先是绍兴六年六月一日，大理正张柄言："绍圣常平免役条内有已经冲改，愿送修立官司看详。"诏送敕令所参照删修。后十四年二月十六日，敕令所言："绍圣法修书后来续降指挥，除（正）〔政〕和三年四月以前系昨修《政和续附法》已参用去取，更不合引用外，欲从本所将政和三年四月一日修《政和续附》已后至今应干续降，与绍圣、政和旧条一处参修。"从之。至是上焉。时太师、左仆射秦桧提举，刑部尚书周三畏详定，右儒林郎黄卓、左迪功郎林机、右迪功郎周紫芝、张好问为删定官。诏依进国子监条（司）〔法〕体例推恩。于是提举官秦桧依例转一官，回授赐亲属一名六品服，恩数依转官例。41，p8254

【绍兴】十九年六月八日，太师、尚书左仆射、同中书门下平章事、提举详定一司敕令秦桧等上《吏部七司》并《七司通（判）〔用〕》、《续降》共二百五十六卷，《目录》三卷，《修书指挥》一卷。其事干有司及一司、一路、一州等指挥，并行厘出，分为二十七卷。所有专为一名或一事一时申请，不该（条）〔修〕入七司条（司）〔法〕者并作《别编》一百四十八卷，共四百三十五卷。诏颁降，仍以《绍兴看详编类吏部续降》为名。先是绍兴十年十二月二十五日，权兵部侍郎张宗元言："应吏部续降指挥，分案条具，〔乞〕命官修饰其便于人、合于理，依仿旧文，编为一书。"诏令吏部长贰措置。于是吏部尚书吴表臣等言："今遇每旬具合施行及否者上省，如得允当，乞送敕令所依仿成宪，立文修法。"书成，具敕、令、格、式，别为卷帙。后敕令所言："吏部法昨已修至绍兴三年四月终，今来合自绍兴三年五月为头编修。本所逐一取会看详得其间有事干海行者，有合属七司者，有系一司或一路专法者，即难以一衮修为吏部七司法。兼海行及吏部等法各已修为敕令格式，亦难别为卷帙。今来吏部具到续降指挥约二千七百余件，若不逐一分别编类，窃恐官司引用疑惑。今欲将前项吏部具到指挥，于内将冲改不行，或重复及事干海行等条，不合收入吏部法者，并别用册编载外，将其余事干七司合存指挥，并随事分门，分为七司及通用编类。"又言："编类续降至绍兴十一年终，所有自绍兴十二年至绍兴十五年六月终，接续编类。"并从之。至是上焉。时桧为提举，刑部侍郎韩仲通为详定，右承直郎盛师文、右儒林郎黄然、右文林郎杨迥、右从事郎吴松年、右迪功郎魏师心并为删定官。诏依常平免役法例推恩。既而秦桧辞免恩命，寻赐桧孙埙进职一等，孙女孺人封令人，依例赐对衣、金带。41—42，p8254—8255

【绍兴】二十一年七月二十八日，太师、尚书左（朴）〔仆〕射、同中书门下平章事、提举详定一司敕令秦桧等上《盐法敕》一卷、《令》一卷、《格》一卷、《式》一卷、《目录》一卷，《续降指挥》一百三十卷、《目录》二十卷；《茶法敕令格式》并《目录》共一卷，《续降指挥》八十八卷、《目录》一十五卷。诏颁行。盐法以《绍兴编类江湖淮浙京西路盐法》为名，茶法以《绍兴编类江湖淮浙福建广南京西路茶法》为名。先是绍兴十九年十月三十日，干办行在诸军粮料院王珏言："窃以茶盐之法，祖宗成宪非不详备，然岁月寖久，积弊滋深。盖缘州郡申明，或因都省批送，或因陈献，或因海行，并皆随事设宜，画时颁降。比自建炎之后来未编集，例多断阙，改之（文）〔之〕文，无复参照，往往州县所引专法，间是一时省记，因此黠吏舞文，得以轻重其手。望下敕令所取应系茶盐文字并续降画一、见行条法，看详编定。"于是敕令所言："寻下诸处抄录到《元丰江湖淮浙路盐法》，并元丰修书后来应干茶盐续降指挥八千七百三十件。今将见行遵用条法逐一看详，分门编类。"至是上之。时太师、尚书左仆射秦桧为提举，刑部侍郎韩仲通为详定，左迪功郎魏师逊、

右儒林郎方泾、左修职郎周麟之、右从事郎何溥为删定官。诏修进茶盐法，依吏部七司例皆推恩。42，p8255

【绍兴】二十三年十一月九日，详定一司敕令所上《大宗正司敕》一十卷、《令》四十卷、《格》一十六卷、《式》五卷、《申明》一十卷、《目录》五卷。诏颁行。先是绍兴十四年七月十四日，诸王宫大小学教授王观国言："宗室支派散居四方，虽有大宗正一司法令，而难以推行。"礼部取到诸宫院状："契勘本司专法系在京日删修，其间有目今权在外难以推行者，或内有合行删修者，请从敕令所删修。"从之。至是书成进呈，上谕辅臣曰："遍阅所修，甚有条理，可颁降施行。"续诏依茶盐法进书例推恩。42，p8255—8256

【绍兴】二十五年九月十三日，太师、尚书左仆射、同中书门下平章事、提举详定一司敕令秦桧等上《宽恤诏令》一百六十八卷、《目录》三十一卷、《修书指挥》一卷。诏颁行，仍以《绍兴编类宽恤诏令》为名。(一九)〔先〕是绍兴二十三年八月二十八日，前权知惠州郑康佐言："陛下临御以来，诏令为民而下者十常八九，莫先省刑罚也，薄税敛也。然亲民莫如守令，按察莫如监司。而守令之职，固当精白一意，务使实惠及民；若监司岁内巡历所部州县或不周遍，则遐方僻壤，郡邑官吏奉行必有不谨。望饬攸司，自中兴以来省刑罚、薄税敛，凡恤民宽厚之诏令，编类成书，以赐守令。仍令监司岁内分巡所部州县，务要周遍，以察奉行诏令之当否、官吏之勤惰。"诏下敕令所编类。至是成书上之。有旨依昨修大宗正司法进书例推恩。42—43，p8256

【绍兴二十六年】闰十月一日，臣（寮）〔僚〕言："文昌，政事之本。今户部之婚、田，礼部之科举，兵部之御军，工部之营缮，以至诸寺监一司专法之外，窃意无条而用例者尚多有之。欲望深诏大臣董正治官，悉令有司（子）〔仔〕细编类，条具合用之例，修入见行之法。一有隐匿之弊，重置典宪。"从之。43，p8256

【绍兴二十六年】十二月十五日，尚书左仆射、同中书门下平章事、提举详定一司敕令万俟卨等上《御试贡举敕》一卷、《令》三卷、《式》一卷、《目录》一卷、《申明》一卷，《省试贡举敕》一卷、《令》一卷、《式》一卷、《目录》一卷、《申明》一卷，《府监发解敕》一卷、《令》一卷、《式》一卷、《目录》一卷、《申明》一卷，《御试省试府监发解通用敕》一卷、《令》一卷、《格》一卷、《式》一卷、《目录》一卷，《省试府监发解通用敕》一卷、《令》二卷、《格》一卷、《式》一卷、《目录》二卷，《内外通用贡举敕》二卷、《（今）〔令〕》五卷、《格》三卷、《式》一卷、《目录》四卷、《申明》二卷，《厘正省曹寺监内外诸司等法》三卷，《修书指挥》一卷。诏可颁降，仍以《绍兴重修贡举敕令格式》为名。是年正月九日，臣（寮）〔僚〕言："国家取士，如棘闱糊名之法，悉沿唐制，而又增广。立号、誊录、监试、巡铺，以至代笔、挟书、继烛，禁戢尤严。独缘试官容私，公道不行，或先期以出题目，或临时以取封号，或假名以入试场，或多金以结代笔。故孤寒远方士子不得预高甲，而富贵之家子弟常窃巍科。乞下有司重修科举之法，革去近年容私之弊。如挟书、代笔、继烛，必欲尽禁；如封弥、立号、誊录，必欲依条；如考校、定去留、分高下，必欲至公；如知举、参详、考试官，仍乞御笔点差，以复祖宗科举之法。"后敕令所言："科举取士，一宗条令尽载《贡举法》。系自崇宁元年七月修立，经今五十余年，其间冲改及增立名件不少，前后所降申明，州县多不齐备。欲将上件《崇宁贡举条法》逐一取索，重修施行。"从之。时宰臣万俟卨为提举，户部侍郎王（侯）〔俣〕为详定，右宣教郎柳纶、右宣议郎魏庭英、左从政郎赵壅、右从政郎范冈、左迪功郎陈榕为删定官。至是书成上之，诏依《宽恤诏令》进书例推恩。43—44，p8256—8257

宋会要辑稿·刑法一·格令三

【绍兴二十七年】四月二日，吏部状："侍御史周方崇上言：'伏睹近日敕令所删定官不问岁月远近，偶值进书，例付改官。虽推赏系旧例，然前（比）〔此〕亦少假岁月，不如是之冒滥也。窃见《绍兴杂压令》："删定官在著作佐郎、国子监丞之上，既改官除监检鼓院等差遣，则序位反（存）〔在〕著作佐郎之下。"欲望将选人删定官虽经进书，令依太学正录例，到任一年，通及五考，方与改官。仍乞将选人任删定官及其余选人职事杂压，重行修立，别为一等。'本部看详：'选人任删定官，欲令杂压在太学博士之下。其磨勘改官，在任及一年，有出身人通及四考，无出身人五考，即依绍兴六年三月二十七日已降指挥施行。其进书赏并与比类循资。仍自今降指挥日为始。'"从之。45，p8257

【绍兴】二十八年三月二十七日，司农卿汤允恭言："全蜀之地初置宣抚处置使，则许便宜行事；既立总领财赋司，则有措画指挥。二者出于军兴一时济办，多与一司一路及见行条法不相照应。望降指挥，俾制置司、总领所各具元来所得便宜措置指挥，取会四路宪、漕、常平司、见今州县承受奉行与《绍兴新书》不同处，及断立罪赏轻重或相抵牾，逐一参照，条具申奏，下敕令所看详，将合存留条件编入《绍兴新书》，颁降四川专一遵守。"从之。45，p8257—8258

【绍兴】二十九年四月十五日，尚书右仆射、同中书门下平章事、兼提领详定一司敕令所汤思退言："中书、门下、尚书三省实总万机之务，其章程品式以应期会者亦各有本省之法。伏见中书、门下敕令格式实大观中修纂，历年既久，而尚书省第有省记条册。窃虑官制、事名或有增改、续降命令所当修（著）〔者〕，望下有司重修三省成法。盖三省之法实着出令官人之程格，其小兼载吏员迁补之次序，非他法比，欲与宰执同共选差尚书侍郎、给、舍两三人，同本所详定官以典故法令参修，以（来）〔求〕至当。臣虽备员提领，缘今来系三省法，合同宰执详议审履。乞将来进书，臣更不推恩。所有选差官系三省属官，论思乃其本职，乞不入衔，及不添请给、书史之类。"从之。其后三十一年二月八日，刑部侍郎、兼详定官黄祖舜条具修三省法申请，未几诏罢敕局，修书指挥（逐）〔遂〕寝，至乾道六年七月十九日才降诏复修焉。45，p8258

【绍兴】三十年八月十一日，尚书右仆射、同中书门下平章事、兼提举详定一司敕令陈康伯等上《尚书左选令》二卷、《格》二卷、《式》一卷、《申明》一卷、《目录》三卷，《尚书右选令》二卷、《格》二卷、《申明》二卷、《式》一卷、《目录》三卷，《侍郎左选令》二卷、《格》一卷、《申明》一卷、《目录》三卷，《侍郎右选令》二卷，《格》二卷、《式》一卷、《申明》二卷、《目录》三卷，《尚书侍郎左右选通用敕》一卷、《令》二卷、《格》一卷、《式》一卷、《申明》二卷、《目录》一卷，《司封敕》一卷、《令》一卷、《格》一卷、《申明》一卷、《目录》一卷，《司勋敕》一卷、《令》一卷、《格》一卷、《申明》一卷、《目录》一卷，《考功敕》一卷、《目录》一卷，《改官申明》一卷，《修书指挥》一卷，《厘析》八卷。诏下本所颁降，仍以《绍兴参附尚书吏部敕（卷）〔令〕格式》为名。先是绍兴二十八年九月十九日，权吏部尚书贺允中言："比年以来，臣（寮）〔僚〕奏请，取便一时，谓之续降指挥，千章万目，其于成宪不无沿革。舞文之吏依倚生奸，可则附会而从权，否则坚吝而沮格。惟是吏部七司见今所用法令最为急务，若无一定之法，革去久弊，而望（诠）〔铨〕曹之清，不可得也。愿诏敕令所严立近限，将吏部七司祖（宜）〔宗〕旧制与续降指挥参定异同，先次（条）〔修〕纂，立为定制，庶免用例破条之患。"后详定官黄祖舜言："见修吏部七司条法，欲将旧来条法与今来事体不同者立为参附条参照。"上谓辅臣曰："祖宗成宪不可废也，存之以备用甚当，但令所修法须与祖宗法意不相违背。仍谕诸详定。"既而权吏部尚书周麟之言："吏部诸选引用续降指挥，前后不一，或臣（寮）〔僚〕建明，或有司申请，皆经取旨，然后施行。今以续降条册观之，乃有顷年都省批状指挥参列其间，亦曰'续降'，诚未为允。"诏令诸选具绍兴二十五年以前批状指挥，如有类此者，仰敕令所可削则削之。时陈康伯为提举，刑部侍郎黄祖舜为详定，右迪功郎闻人滋、左从政郎徐履、右从政郎陆游为删定官。至是书成进呈。上曰："顷未立法，加以续降太繁，吏部无所遵承。今既有成法，若更精择天官长贰，铨曹其清矣。"宰臣汤思退奏曰："顷未立法，官员到部，有所整会，一求之吏，并缘为奸，金多者与善例，不然则否。"上曰："今既有成法，当令一切以三尺从事，不可更令引例也。"续诏修进官与《刑名断例》成书通推恩赏。45—46，p8258—8259

【绍兴三十年八月十一日】，尚书右仆射、同中书门下平章事、兼提举详定一司敕令陈康伯等又上《刑名断例》，《名例》《卫禁》共二卷，《职制》《户婚》《厩库》《擅兴》共一卷，《贼盗》三卷，《斗讼》七卷，《诈伪》一卷，《杂例》一卷，《捕亡》三卷，《断狱》二卷，《目录》一卷，《修书指挥》一卷。诏下刑寺遵守，仍以《绍兴编修刑名疑难断例》为名。以绍兴二十八年九月二十九日御史中丞汤鹏举言："三尺之法，天下之所通用也。四海九州，万邦黎献，知法之所载而已，安知百司庶府之有例乎？例之所传，乃老奸宿赃秘而藏之，用以附下罔上，欺（或）〔惑〕世俗，舞文弄法，贪饕货赂而已。望诏吏部、刑部条具合用之例，修入见行之法，以为中兴成宪。"后敕令所详定官王师心言："据刑寺具到崇宁、绍兴《刑名疑难断例》，并昨大理寺看详本寺少卿元衮申明《刑名疑难条例》，乞本所一就编修。"从之。初，绍兴四年四月二十三日，刑部侍郎（故）〔胡〕交修等乞编集《刑名断例》，当时得旨，限一季编集。又绍兴九年三月六日，臣（寮）〔僚〕言，请以建炎以来断过刑名近例分类门目编修，亦得旨限一月。是年十一月一日，臣僚复建言："前后所降指挥非无限期。取到大理寺状，虽曾编修审复，即未上朝廷。窃详编类之意，盖为刑部进拟案引用案例，高下用情，轻重失当。今既未成书，不免随意引用。乞下刑寺根究节次立限之后如何编类，再立严限，专委官看详。"遂诏刑部委（员）〔郎〕官张柄、晏孝纯，大理寺委（平）〔评〕事何彦猷、赵子籭，依限一月。时编集止绍兴十年。其后汤鹏举奏："敕令所且言：（诏）〔照〕得《绍兴断例》，大理寺元止编到绍兴十五年以前，所有以后至二十六年终即未曾编类，理合一就编集。"至是成书，与《参附吏部法》同日上焉。诏："敕令所修进《吏部参附法》，并《刑名疑难断例》，依昨进御试等条法进书推恩。"其本所差到大理正周自强、丞冯巽之、评事贾选、潘景珪，各与减一年磨勘，以尝兼权删定官，编过《断例》及审覆故也。以上《中兴会要》。

孝宗隆兴二年正月七日，宰臣汤思退言："今百司皆有成法，中书国政所出，三省之法不可不修。"诏权中书舍人何俌、马骐、检正诸房公事叶颙、右司员外郎沈枢同共编修；候成书，差尚书、侍郎、给事中详定覆。47，p8259

【隆兴二年】二月二十四日，臣僚言："今日之弊，在于舍法用例。法者率由旧章，多合人情；（出）〔例〕者出于朝廷，一时之予夺，官吏一时之私意。欲望明诏中外，悉遵成法，毋得引例。如事理可行而无正条者，须自朝廷裁酌，取旨施行。"从之。47，p8259—8260

【隆兴二年】五月二十六日，吏部尚书金安节言："比因臣僚言铨曹用例之弊，臣即与郎吏疏谬例之当去与定例之可用者，悉上于朝。（切）〔窃〕虑定例虽下，人不得知，欲望申饬有司镂板刊示。"从之。47，p8260

乾道元年七月二十日，权刑部侍郎方滋言："乞将绍兴元年正月一日以后至目今刑寺断过狱案，于内选取情实可悯之类，应得祖宗条法奏裁名件，即编类成书；及将敕令所修进《断例》更加参酌。"从之。47，p8260

【乾道】二年六月五日，刑部侍郎方滋上《乾道新编特旨断例》五百四十七件，《名例》三卷，《卫禁》一卷，《职制》三卷，《户婚》一卷，《厩库》二卷，《擅兴》一卷，《贼盗》十卷，《斗讼》十九卷，《诈伪》四卷，《杂例》四卷，《捕亡》十卷，《断狱》六卷，分为一十二门，共六十四卷；《目录》四卷，《修书指挥》一卷，《参用指挥》一卷。总七十卷。仍乞冠以《乾道新编特旨断例》为名。从之。47，p8260

【乾道二年】八月九日，户部郎官司马伋言："契勘铨综之司，唯法是守，令有二（徒）〔途〕，是启奸吏舞文之弊。欲望明诏吏部七司，如有敕令前后不同者，并委有司删定可否，止从其一。"从之。47，p8260

【乾道】三年五月二十八日，臣僚言："（切见）〔窃见〕绍兴续降指挥未经编类，前后异同。乞诏有司删修，总为一集，颁示天下。"诏刑部条具。既而刑部言："绍兴续降指挥已修至建炎四年六月终，自当年七月至绍兴十八年应干申明及冲改法令指挥，已尝下大理寺、江东西提刑等司抄录，见在本所。所有十八年以后至目今续降，伏乞札下诸处缮写赴部；并诸百官司元系省记专法，内有事干海行，并改冲条制，理合一就取索参修。"从之。47—48，p8260

【乾道】四年三月二十三日，臣僚言："伏见近日将绍兴续降重行删修。缘四十年间，前后申请无虑数千，重复抵牾，难以考据。乞且委大理寺官同共看详，先经正、丞，次至卿、少，一如狱案详难，定其可否，类申刑部。然后以所隶事目分送六部，六部长贰、郎官更加参详，委得允当，即著为定令。庶几敕令之颁，可以经久。"从之。48，p8260

【乾道四年】十一月二十九日，秘书少监、兼权刑部侍郎汪大猷言："（切见）〔窃见〕绍兴以来续降几至二万余条，间见层出，前后（外悟）〔舛牾〕者不可一二数。比因臣僚所请，命刑寺官如断案例以次删修。然至今数月，未知所裁。欲望明诏有司，亟赐编集。有旧法不能尽而续降可以参用者，即分类编次之；有旧法文不分明而续降因事重出者，即参酌损益之；有旧法所无而后来因事立制者，即修立以为法；有一时权宜处分不可著为成制者，即存留以照用；有旧法本自可用而续降不必行者，即皆删去。庶几一代法令，粲然备具。"诏依，仍差大猷兼详定官，大理少卿王彦洪、韩元吉兼同详定官，吏部郎官郑伯熊、户部郎官曾逮、刑部郎官蔡洸、刘芮、大理寺丞潘景珪、大理司直洪蒇并兼删修官。限一年编修。48，p8260—8261

【乾道四年】十二月十八日，秘书少监、兼权刑部侍郎、兼重修敕令详定官汪大猷言："昨修《绍兴新书》，系用《嘉祐法》与《政和法》对修。今来重修敕令，亦乞以《嘉祐法》参酌修立。"从之。48，p8261

【乾道】五年三月二十五日，吏部侍郎周操言："（切见）〔窃见〕吏部七司条令，自绍兴三十年以后节次申明、续降，未经修缉。欲乞委官就吏部置局，依仿旧书，随事纂集。"诏依，仍委逐司郎官并吏部架阁文字

官编类。48，p8261

【乾道】六年五月，枢密院检详诸房文字张敦实言："比者朝廷命官置局，重修绍兴以来法令，然（上）〔尚〕未及诸路一司法令。乞取四川、二广逐路专行者，并加修削，目为《乾道新修一司法》。"从之。48，p8261

【乾道六年】八月二十八日，尚书右仆射虞允文言："昨将《绍兴敕》与《嘉祐敕》及建炎四年十月以后至乾道四年终续降指挥逐一参酌删削，今已成书。《敕》一十二卷，《令》五十卷，《格》三十卷，《式》三十卷，《目录》一百二十二卷，《存留照用指挥》二卷。缮写进呈。乞冠以《乾道重修敕令格式》为名。"诏依，仍自八年正月一日颁行。48，p8261

【乾道六年】十月十五日，尚书右仆射虞允文言："伏见敕令所见修《乾道新书》，系将诸处录到续降指挥计二万二千二百余件，除合删去外，今于旧法有增损元文五百七十四条，带修创立三百六十一条，全删旧文八十三条，存留指挥一百二十八件，已成书颁行。欲望明诏诸路，候颁到《新书》，其间如有疑惑事件，许限两月，各条具申本所，以凭检照元修因依，分明指说行下。"从之。48—49，p8261

【乾道】七年正月十二日，提举福建常平茶事周自强言："（切见）〔窃见〕《乾道新书》既以颁行，自今凡有申请冲改，必先送所属曹部详议，如果合冲改，然后取旨删修。若旧法已备，止请申严者，乞更不施行。"从之。49，p8261

【乾道七年】九月十一日，权刑部侍郎、兼详定一司敕令所王秬言："本所重修海行敕令格式，已至乾道四年终。今乞将乾道五年以后续降指挥，令本所详定修削，每三年一次编类，申朝廷审覆颁降。"从之。49，p8261

【乾道七年】十一月二十七日，诏令户部将《乾道新修条令》并《申明》户婚续降指挥编类成册，送敕令所看详，镂板遍牒施行。49，p8261

【乾道】八年八月十八日，大理少卿、兼同详定一司敕令莫濛言："契勘中书门下省、枢密院法系大观间修立，尚书省法系崇宁间修立，并未尝审订去取，止是引用省记。今乞将崇、观以后至乾道八年终重加修缉，并《三省通用法》《三省枢密院通用法》一概修立。"从之。49，p8261—8262

【乾道】九年二月六日，右丞相梁克家、参知政事曾怀上《中书门下省敕》二卷、《令》二十二卷、《格》一十三卷、《式》一卷、《申明》一卷，《尚书省敕》二卷、《令》七卷、《格》二卷、《式》三卷、《申明》二卷，《枢密院敕》四卷、《令》二十四卷、《格》十六卷、《申明》二卷，《三省通用敕》一卷、《令》五卷、《格》一卷、《式》一卷、《申明》一卷，《三省枢密院通用敕》二卷、《令》三卷、《格》一卷、《式》一卷、《申明》三卷，《目录》二十卷，并元修《看详意义》五百册，乞冠以《乾道重修逐省院敕令格式》为名。从之。49，p8262

淳熙元年四月二十八日，敕令所言："吃菜事魔或夜聚晓散，因而传习妖教，州县不行觉察，自当坐罪。缘（系）〔条〕内令、丞、巡尉、都监、知、通、监司既有分立等第断罪，其后徒党已成者，若（从）〔泛〕言'命官'，即是（即是）监司、知、通、令、丞等皆合冲替，致无以分别。兼巡尉、都监职专警捕，欲将'命官'字改为'巡尉、都监'字。及于'冲替'字下云'余五百里编管'，不显'余'系是何色目人，所以删去'余'字，却照得条内上文，添入'厢耆等人'四字，在'五百里'字上为文。庶几罪责有以区别。"从之。49，p8262

【淳熙元年】十月九日，诏："六部除刑部许用乾道所修《刑名断例》，及司勋许用《绍兴编类获盗推赏刑部例》，并乾道元年四月十八日措置条例弊事指挥内立定合引例外，其余并依成法，不得引例。"先是臣僚言："今之有司既问法之当否，又问例之有无。法既当然，而例或无之，则是皆沮而不行。夫法之当否人所共知，而例之有无多出吏手，往往隐匿其例，以沮坏良法，甚者俟贿赂既行，乃为具例，为患不一。乞诏有司，应事有在法炯然可行，而未有此例者，不得以无例废法事。"诏下六部看详。至是来上，因有是诏。49—50，p8262

【淳熙】二年十二月四日，参知政事龚茂良等上《吏部七司法》三百卷，诏以《淳熙重修尚书吏部敕令格式申明》为名。先是乾道五年三月，吏部侍郎周操言："吏部七司条令，自绍兴以来凡三经修纂。起于天圣七年以后，至绍兴三年七月终成书，目曰《吏部七司法》；自建炎二年八月至绍兴十五年六月终成书，目曰《新吏部七司续降》；自绍兴三年四月〔至〕三十年七月成书，目曰《参附吏部七司法》。上件条令，卷册浩繁。又自绍兴三十年以后，更有《隆兴弊事指挥》及节次申明、续降，散（浸）〔漫〕于各司之间。乞委六部主管架阁库官置局，依仿旧书，每事编类成门；仍令逐司主令法案画一供具结罪，以凭编类。候敕令所修敕令毕日，取吏部七司（以）〔已〕成三书，及今来架阁库官编类绍兴三十年以后指挥、续降，重行删（条）〔修〕，共成一书。"诏从其请。至是来上。50—51，p8262

【淳熙】三年正月十三日，敕令所言："本所近修《吏部七司·尚右》，从龙四色人犯赃许荫补并致仕推恩条，已于内删去犯赃一节，系犯赃人不许荫补。其旁照海行法内第二条与此相关，当时得旨，令照上条删去犯赃一节。今来敕令所除将第二条系从龙等四色人既已删去'曾犯赃及'四字，若第二条内'历任有入己赃'字删去外，尚恐引用疑惑。本所今重别看详：中大夫、武功大夫以下条内除依旧法外，仍于'化外人'字下添入'除犯入己赃外'六字，在'听奏乞'字上立文。所有元申前项海行法第二条，乞更不施行。"从之。51，p8263

【淳熙三年】三月二十九日，参知政事龚茂良等上《吏部条法总类》四十卷。先是淳熙二年十一月，有诏："敕令所将吏部见行改官、奏荐、磨勘、差注等条法指挥分明编类，别删投进。若一条该载二事以上，即随门类厘析具入，仍冠以《吏部条法总类》为名。"至三年三月五日，详定官蔡洸等言："除将吏部见今引用条法指挥分类各就门目外，其间有止是吏部具钞状体式之类，及内有将来引用条件，并已于法册内尽行该载讫，今更不重行编类。"至是来上。51，p8263

【淳熙四年】五月二十五日，诏："敕令所参酌到适中断例四百二十件，以《淳熙新编特旨断例》为名，并旧《断例》并令左右司拘收掌管。今后刑寺断案别无疑虑，依条申省取旨裁断外，如有情犯可疑，合引例拟断事件，具申尚书省参照施行。"51，p8263

【淳熙四年】十一月十一日，参知政事李彦颖等上参考《乾道法》，诏以《淳熙重修敕令格式》为名。先是淳熙二年，臣僚言《乾道新书》尚多抵牾，未免时有申明。至三年六月十一日，诏差户部尚书蔡洸兼详定官，大理少卿吴交如同详定，燕世良、俞澄时暂兼删定官。许于诸处选差通习法令人吏，将《乾道新书》抵牾条令，就敕令所与本所官同共逐一参考刊修。时本所官户部侍郎单夔为详定官，宣教郎张季樗、宣教郎楼钥、承奉郎丁常任、从事郎吴天骥、从事郎周硕为删定官。七月十四日，敕令所言，旧有五千四百余条，昨（条）〔修〕《乾道法》日，于内删改创修九百余件。除今来合修改者置册投进外，诏令将今次改定条文逐旋置册进入，其元不动文并别无抵牾条件，不须投进。八月二日，诏六部将乾道五年正月以后应续降冲改条令，限半月开具送敕令所一就删润。（四八年月）〔四年八月〕三日，诏敕令所将今来修到抵牾条件，于见行《乾道法》内对定删修，通作一书。至是上之。诏详定、同详定官、删定、兼删定官各特转一官，内选人候改官了日收使；本所修书人吏，有官人各减二年磨勘，余人令户部各支犒设钱三十贯文。51，p8263—8264

【淳熙】五年二月二十一日，中书门下省言："命官陈乞改（政）〔正〕过名，前推录问官吏不当收坐伏辩，条法前后修改不一，难以遵用。"诏遵依绍兴重修，入淳熙新法施行。其《乾道重修令》并淳熙三年八月十日重修《乾道鞫狱令》，并令敕令所删定。51，p8264

【淳熙五年】七月二十一日，大理司直、兼敕令所删定官王梦若言："寻访得旧本《嘉祐编敕》四十七卷，乞委法官点检校勘。"诏贾选、王梦若、张维点检校勘。51，p8264

【淳熙】六年五月六日，吏部言："重修《淳熙新书》务合祖宗成宪，乞将续降指挥依旧制类成编敕，与法令并行，毋（改）〔致〕轻改成法。"从之。51，p8264

【淳熙六年】七月一日，刑部郎中潘景珪言："朝廷钦恤用刑，以条令编类成册，目曰《断例》，可谓曲尽。昨有司删订，止存留九百五十余件，与见断案状，其间情犯多有不同，难以比拟。乞下刑部将隆兴以来断过案状编类成册，许行参用，庶几刑罚适中，无轻重之弊。"诏刑部长贰选择元犯与所断条法相当体例，方许参酌编类；其有轻重未适中者，不许一概修人。51—52，p8264

【淳熙六年七月】六日，右丞相赵雄等上《诸路州军赏法》一百三十九卷、《目录》一十七卷，《诸路监司酬赏法》四十七卷、《目录》五卷，《通用赏法》一十三卷、《目录》一卷，《西北州军旧赏》一卷。诏以《淳熙一州一路酬赏法》为名。先是乾道二年六月二十七日，吏部侍郎李益谦言："本选近据诸路州军或监司申奏到小使臣、校尉陈乞任赏，其间有格所不载。本处检引一司一路专降指挥条法，皆是川广边远城寨等处，并系熙宁、元丰、大观以前所降指挥。本部推寻酬赏体例，又多案牍不存。乞下诸路州军监司抄录一司一路专降指挥，著为成法。"至六年正月二十七日，左司员外郎阎苍舒言："见修赏法止是四川、二广、两浙、京襄、湖南北、江东西、福建、两浙州军，并诸司计一百八十余处外，其余见今在北界路未通州军并不该载。"诏："其未复州军，令敕令所别作册开列。"至是书成上之。时赵雄为提举，参知政事钱良臣同提举，兵部侍郎刘孝韪为详定官，大理卿贾选为同详定，迪功郎邵拟、宣教郎大理寺丞张维、（宜）〔宣〕义郎胡长卿、宣教郎宋之瑞、宣教郎楼锡、从政郎郑灙为删定官。诏依淳熙二年进《七司条法》指挥体例推恩。52，p8264

【淳熙六年七月】十三日，权知徽州陈居仁言："乞下敕令所裒集隆兴优恤诏旨，类而分之，如代纳折帛、镯减重赋、惩罚科扰之类，立三十二条。大书镂板，颁之郡国，名曰《隆兴以来宽恤诏令》。申戒官吏，务在遵行。"从之。52，p8264—8265

【淳熙】七年三月二十五日，敕令所言："昨乞将乾道五年至淳熙六年终续降创立并冲改海行法，取会所属。今来逐一取（道）〔到〕，有合入三十七件，并是见行，欲雕入《新书》本门之后。"从之。52，p8265

【淳熙七年】五月二十七日，诏敕令所修立《百司省记法》，以《淳熙重修百司法》为名。先是大理（寺）〔司〕直兼敕令所删定官李大理言："渡江以来，官司文籍散逸，多出于老吏一时省记。今以百司计之，总一百七十余处。其（问）〔间〕有略举事端，泛为臆说，如所谓不记是何月日指挥、不记何人申请者不可胜数。四五十年来，老胥猾吏凭借此书，并缘为奸，盖非一日。此书当修，非其他比。惟是有司供报出于吏手，差互不同，若据凭便修成法，其间私行隐匿，供报漏落，他日复得以肆为奸弊。乞下百司疾速抄录省记与见行条法，责本处职级及当行人吏结罪尽实供报，毋致隐匿。如将来书成之后，辄以漏落事件，却乞申明照会，其当职官吏重作施行。"九年六月，诏权行住修。52，p8265

【淳熙七年五月】二十八日，右丞相赵雄等上《淳熙条法事类》四百二十卷、《目录》二卷。先是淳熙六年二月十六日，都省言，《海行新法》①凡五千余条，检阅之际，难以备见。诏敕令所将见行敕、令、格、式、申明，体仿《吏部七司条法总类》，随事分门修纂，别为一书。若数事共条，即随门厘入。仍冠以《淳熙条法事类》为名。至是书成上之。时赵雄为提举，参知政事钱良臣同提举，权户部侍郎陈岘为详定官，大理卿贾选同详定，刑部郎中潘景珪、儒林郎奚商衡、承直郎任洙、奉议郎郭明复、迪功郎李友直、承直郎（刑）〔邢〕绅为删定官。诏依淳熙六年进

---

① 此处的《海行新法》就是《淳熙敕令格式》。

书体例推恩。52—53，p8265

【淳熙】八年六月十九日，诏："淳熙重修吏部敕、令、格、式、申明既已颁行，其旧条难为杂用。自今如有疑惑，可申尚书省取旨。"先是吏部侍郎赵汝愚言："昨降指挥，令敕令所将《绍兴吏部七司法》《吏部七司续降》《参附吏部七司法》三书，又取自绍兴三十年以后至淳熙元年终节次续降，及集议弊事指挥，重修《吏部七司敕令格式》。至淳熙二年书成。除是年正月以后指挥合作后敕遵用外，自淳熙元年十二月终以前申请指挥自不合行用。然敕令之文简而深，请奏之辞详而备，居官者既未能精通法意，遂复取已行之例，用为据依，故吏因得并缘为奸。望委本部主管架阁文字官尽取建炎以来逐选见存指挥，分明编类成眚，付本选长贰、郎官，参照《新书》重行考定。取于《新书》别无抵牾者，编类成册进呈，取自裁断，存留照用外，其余尽行删削，自今法案不许引用。"至是书成，故有是诏。53，p8265

【淳熙】十年三月二十三日，诏敕令所将乾道七年及淳熙三年所降违限不投税告赏指挥并与刊除，自今专一遵守淳熙新法。先是《乾道七年指挥》："以物产一半没官，一半（允）〔充〕赏。"《淳熙三年指挥》则"以所告物全给告人"。后来《淳熙新法》所载："违限不投税者，三分物产，以一分没官，而告人只以没官之物一半充赏。"是告人之赏乃六分之中给其一也。缘《新法》与续降既许并行，故有司承用之际，或得容心，奸吏舞文，因例为市。至是臣僚请削去续降，当专一遵守《淳熙新法》，故有是命。53，p8265—8266

【淳熙十年】九月二十五日，详定一司敕令所删定官莫叔光言："《淳熙新书》所修者止于乾道四年，其乾道五年正月以后至淳熙七年六月以前所降指挥并未铨次。今因淳熙命书之名，莫敢引用。乞申饬四方，使考首篇所载指挥，明知续降不曾冲。《新书》所已修者，自以条法为断；《新书》所未入者，自据指挥而行。"从之。53，p8266

【淳熙】十一年五月一日，敕令所上绍兴三十二年六月十一日以后、淳熙十年十二月以前宽恤事件成书，凡三百卷。53，p8266

【淳熙十一年】十月二十七日，敕令所看详："臣僚奏：《绍兴敕》节文：'诸因事呼万岁者徒二年，其不因事者杖一百。'绍兴五年刑部看详，乞将因事到官，实负冤（仰）〔抑〕，官司欲加刑禁，避怕一时锻炼辄呼者，依不因事法。《乾道敕》于'不因事者杖一百'之下注云：'虽因事到官，实负冤（仰）〔抑〕，避免刑禁而辄呼者同。'研究前项看详及补注，其于裁酌轻重，切当事情。今《淳熙重定敕》止云'诸辄呼万岁者徒二年'，所有《绍兴敕》及《刑部看详》二项悉皆删（者）〔去〕，不复区别。乞下敕令所遵用旧法及已看详事理施行。本所今重别参酌改修：'诸辄呼万岁者徒二年，兵级配本城，再犯配五百里。若因怨嫌者，诸军对本人依阶级法，余人对本辖官配本城。其实负冤抑者杖一百。'诏令刑部遍牒。"从之。53—54，p8266

【淳熙】十三年十月六日，臣僚言："《吏部尚书左右选通用令》：'冒亲被荫，自陈听改正。虽已经升改，仍依初补法。'与《考功承务郎以上使臣通用令》：'命官妄冒奏授，已陈首改正者，与通理前任未经磨勘年月，仍添展二年。'二条自相抵牾。乞下有司详议。"吏、刑部长贰看详："《尚书左右选令》内虽说冒亲被荫，不曾开说如何伪冒。今欲于'被荫'字下添入注文'谓奏孙作男之类'七字。《尚书考功令》内'已陈首改正者'下文有'与通理前任未经磨勘年月，仍添展二年，以后依常例不理为过犯'二十六字，欲令删去，却添入'虽已经升改磨勘，其以前历过年月并不许收使，仍依初补法'二十四字。庶几法令归一，不致抵牾。乞下敕令所详定，重行修立成法。"从之。54，p8266

【淳熙十三年十月六日】，臣僚言："《刑部法》：'诸官司失入死罪，其首从及录问、审问官定罪各有等差。'而《考功令》：'诸历任曾失入死罪，未决者两该磨勘，已决者三该磨勘。'一概施行，初不分别推勘官、审问、录问官。乞令有司将《考功》失入官磨勘一节，以《刑部法》为比，审问、录问官比推勘官稍为等降。"吏、刑部长贰看详："《刑部法》各已该载分别首从，推勘、审问、录问官等降不同。惟《考功令》通说曾失入死罪，不曾分别。今欲于《考功令》内'曾失入死罪'字下添入注文'谓推勘官'四字，即与审问、录问官稍分等降，庶几于《刑部法》不相抵牾。乞下敕令所修立成法。"从之。54，p8266—8267

【淳熙】十四年三月十八日，中书舍人、兼详定一司敕令陈居仁言："乞下敕令所取祖宗免役旧法，并户部取括绍兴十七年以后续降指挥，本所官公共精加参考，其有与旧法抵牾者即行删（者）〔去〕。仍具申朝廷，修为一书，名曰《役法撮要》。候成，镂板颁之天下，以一民听，以屏吏奸。"从之。54，p8267

【淳熙】十五年五月二十八日，修立《诸军及配军逃入郴桂界捕获赏格》。臣僚言："郴州宜章、桂阳县并桂阳军临武县管下，民性顽犷，好武喜动。其逃走军兵既无生业，往往为盗。今来郴、桂境内捉获逃军，乞与倍他州之赏。"敕令所重别参酌立法："诸军及配军逃亡入郴州、桂阳军界，捕获者以海行赏格倍给。获藏匿或过致、资给者准此。"从之。以上《孝宗会要》。54，p8267

【淳熙】十六年八月二十五日，臣僚言："仰惟国家《新书》之设，昭如日星，事制曲防，靡不毕具。而又以颁降指挥，厘为《申明》，一定不易，所以一民听而塞吏奸。然州县之间，往往杂取向来申请续降指挥，凡《申明》所载者悉与成法参用。书既不载，而下无从折衷，上不得尽察，由是轻重出入，惟吏所欲。虽有明晓详练之官，但见有所稽按，即为施行。尝考其故，盖向来续降指挥，其间或有便于人情，至今合行，而新旧《申明》阙遗不载，是以相循错杂，悉至引用。昨淳熙五年七月内因臣僚奏请，乞将乾道修书以前申请续降指挥更加考订，取其可行者附于《新书》之后，其余不许引用。寿皇尝命有司立限条具，然一时去取不过数件。其后虽更《淳熙新书》既成，而有司参用如故。弄文舞法，皆起乎此。乞明诏有司行下，内而百司庶府，外而监司州郡，令各条具，断自今日以前、《淳熙新书》以后，凡经引用续降指挥，随敕申明不曾收载者，并行置册编录，供申刑部。候齐足日，缴申朝廷，委官详与参订，取其《新书》阙遗者，附于随敕申明之末，镂板颁行。其已经改者悉从删削，不许更有引用。庶几法度昭明，有司有所遵守，而民听不惑。"从之。54—55，p8267

绍熙元年八月九日，臣僚言："伏见至尊寿皇圣帝命官考订成淳熙一书，其间申明、续降往往删除，从一定之制，悉以《新书》从事，非书所载，一切不得引用。特未知《淳熙新书》止将乾道四年十二月以前指挥删修而成，自乾道五年至淳熙七年续降指挥既未经修，即非删去。当时敕令所于进书之前，盖尝取旨，以谓乾道五年正月一日以后应干续降不收载者，并合依旧遵守。《新书》之首具载此旨，昭然甚明。缘所在官吏元不曾读首篇所载之文，往往弗能详知，便意《新书》尽冲续降。弄法者得行其意，奉法者不知所从。臣淳熙十年九月内尝具奏，乞申敕四方，使考首篇所载，明知乾道五年正月以后、淳熙七年六月以前续降不曾冲改，镂板见诸春颁。至于非书所载，直云一切不得引用，初不明指乾道四年以前已经删去者为不得用，乾道五年正月以后、淳熙七年六月以前元非删去者自合遵承。乞检坐《淳熙十年九月二十五日指挥》，并臣今所在，颁示中外，咸使明知，庶几政令之信，无所恣违。"从之。55，p8267—8268

【绍熙】二年正月二十七日，臣僚言："淳熙新修《新书》止乾道四年，自乾道五年至今二十二年之间，申明、续降，未经修纂。比因臣僚有请，令诸处各条具修书以后，凡经引用续降指挥，并行置册编类，供申刑部，候齐足日缴申朝廷，委官参订。经涉二年之久，诸处供申未足。乞行下刑部，立限（崔）〔催〕督，蚤与参订颁行。"从之。55，p8268

【绍熙二年】四月十二日，臣僚言："臣闻自昔天下之所通行者法也，不闻有所谓例也。今乃于法之外，又有所谓例。法之所无有者，则援例以当法；法之所不予者，则执例以破法。生奸起弊，莫此为甚。盖法者率由故常，著为令典，难以任情而出入；例者旋次创见，藏于吏手，可以弄智而重轻。是以前后臣僚屡有建请，皆欲去例而守法。然终于不能革者，盖以法有所不及，则例亦有不可得而废者；但欲尽去欲行之例，只守见行之法，未免拘滞而有碍。要在与收可行之例，归于通行之法，庶几公共而不谬。今朝廷既已复置详定敕令一司，臣以为凡有陈乞申请，觉于法诚有所不及，于例诚有所不可废者，乞下敕令所详酌审订。参照前后，委无抵牾，则著为定法，然后施行。如有不可，即与画断，自后更不许引用。如是，则所行者皆法也，非例也，彼为吏者虽欲任情以出入，弄智而重轻，有不可得，奸弊自然浸消。举天下一之于通行之法，岂不明白坦易而可守也？"从之。55—56，p8268

【绍熙二年四月】十七日，臣僚言："近者朝廷复置敕令删修官，盖将会稡续降，编缉无遗，使章程条目昭然可见，诚为中外之利。然则法贵乎简，不贵乎繁。今敕令格式既勒成书，余外建请冲改，不知其几，皆百姓所未闻。厖官其间者虽欲检伺欺弊，未必尽究，猾吏黠胥掩藏玩弄，得以容奸。民庶冒昧，陷于非辜；郡县奉行，乖于定令。若斯之类，为害实多。靖循其原，盖徭立法以病法，革弊而滋弊，文书猥冗，非所以明邦典而定民志也。乞诏攸司，将前后续降指挥非已编成书者，精加审订，冗并者省之，异同者析之，可久者著之，难行者削之。搜剔汇萃，各有伦要，使中外共睹，无或瞀乱，是为一代之良法。"从之。56，p8268—8269

【绍熙二年】五月六日，臣僚言："淳熙所修《新书》止乾道四年而已，自乾道五年至书成之日凡十有余年，自书成以迄于今又十有余年矣，则是二十二年之间，申明、续降未经修纂也。比因臣僚有请，令诸处各条具修书以后，凡经引用续降指挥，并行置册编录，供申刑部，候齐足日，缴申朝廷，委官参订。此淳熙十六年八月所降指挥也。今诸路州军抄录到部者才五十余处。且朝廷法令不可一日而不齐，诸处编录不过数日而可办，顾乃经涉二年之久，而供申有未足乎，官吏玩习，无乃已甚！乞下刑部立限（崔）〔催〕督，早与参订颁行。"从之。56，p8269

【绍熙二年五月六日】，权工部侍郎潘景珪言："恭惟至尊寿皇圣帝一朝大典，著为成书，固已颁之史馆矣；独于法令一书，才修及乾道四年，自五年以至今将二十余年，未尝一加删润之力。臣不敢妄议法令之万一，深惟前后臣僚申请殆非一端，前后指挥行下殆非一事。或有旧法不能尽，续降参照者；或有旧法文不甚明，而续降因事重出者；或有旧法元不该载，后因事立为成法者；或有旧法本自可用，而续降不必行者；或有一时权宜措置，而后不可引为（帝）〔旁〕用者。交互之际，出入之间，诚恐未免有抵牾而相参差者，或删而去，或存而留，使著为成书，定为成法，而生民永可以为司命，是岂宜一朝而缓也哉！臣尝见祖宗时，遇修书则置局，书成则罢。愿陛下体此之意，特命大臣选择周行之士，付以删润之职，分其条目，期以岁时，使之精考而修削之。比至书成，则还其元职，不复再为一司。"从之。56—57，p8269

【绍熙二年】八月三日，诏敕令局明立法禁："应尸虽经验，妄将傍人尸首告论到官，致拷掠无罪人诬服，因而在囚致死者，依诬告罪人法。其家属妄认者，以不应为重坐之；至死者，加以徒刑。其承勘官司依故入人论罪。"先是臣僚言："处州何强因骂人力何念四，别无殴击实状，忽逃而之他。有何闰胜者于溪淤内寻得一不识名尸首，遂诬告何强，以为殴杀其仆。检验委有致命痕伤，而仆之父亦妄行识认。官司禁勘，逼勒虚招，何强竟死于狱。后何念四生存复还。使何强不死于狱，必死于法。治狱之官可非其人，推鞫谳议之际可不致其审哉！昨来臣僚申请下大理寺看详，一时止具检验不实条法申严行下，而妄告、妄认、妄勘者竟不施行，其冤滥岂无所归耶？乞行下删修。"故有是诏。57，p8269

【绍熙】三年六月二十四日，臣僚言："窃惟朝廷方严盗铸之禁，不可不稍优捕获之赏。照得《赏格》：'获私铸钱不满五火，止减磨勘半年；五火以上减一年，十火以上减二年，二十火以上止减三年。且捉获私铸三、四火已是不易，乃止减得磨勘半年。'一任之内，一官吏之身，积而至于二十火，固无此等事。傥或有之，出等殊赏，乃止减得三年磨勘，计功酬劳，诚是太轻，何以激劝？乞将上项赏格重加详定。知、通、都监、县令、巡尉获私铸，照应前项《乾道九年八月八日指挥》内已增修减磨勘至转官等项目推赏。所是旧立不满五火至二十火以上之文，窃恐于火数太多，难得及格之人，由此坐视，不切用心缉捉。欲将'不满五火'之文改作'一火以上'，增作'减磨勘一年'；'五火以上'改作'三火以上'，增作"减磨勘二年'；'十火以上'改作'五火以上'，增作'减磨勘三年'；'二十火以上'改作'十火以上'增作'转一官，选人循两资'。所有命官亲获赏格，并诸色人获私铸钱赏格，亦乞从前项《乾道九年八月八日指挥》内已增修赏典施行。"从之。以上《光宗会要》。57，p8269—8270

庆元二年十一月十八日，刑部言："臣僚札子：'乞将强盗除贷命再犯依元项指挥处断外，并强盗已经断配，再犯两次以上，照淳熙十三年二月六日已降指挥施行；余并照元项指挥拟断。'本部措置，除曾犯强盗断配，谓非贷命者。再犯行劫两次以上，自依已降指挥处断外，其初犯百姓行劫，欲增作四次以上，谓未曾事发者。方许照应《淳熙十三年指挥》施行。如不及今来所增次数，即听依《乾道六年三月二十五日指挥》施行。"从之。《乾道六年三月二十五日指挥》："应强盗赃满，内为首及下手伤人，若下手放火，或因而行奸，或杀人加功，并已曾贷命再犯之人，已上六项并依旧法处断。余听依《刑名疑虑》奏裁。"《淳熙十三年指挥》节文："强盗苟不犯六项，虽累行劫至十数次以上，并赃至百千贯，皆可贷命。谓宜除六项指挥外，其间有行劫至两次以上，虽是为从，亦合依旧法处断。"《律》："诸强盗无首从。"《敕》："诸强盗十贯，若持仗五贯者绞。"57—58，p8270

【庆元】四年十二月四日，新权知滁州曾渐言："大宗正司、内侍省、太史局、太医局皆有补授迁转之法，未尝不关由吏部，而吏部无明文可以参考。以至省部寺监吏职补授亦然。当官者苟欲参究本末，不免迂回诘问，且又有不可得而取索者。乞将一司一所补授迁转及省部寺监吏职补授应所专用格法及续降指挥，命官立限，聚为一书，仿《淳熙一州一路酬赏法》之体，镂板颁行。"诏令敕令所类聚，限一年修立成书。58，p8270

嘉（庆）〔泰〕元年二月十四日，礼部尚书兼吏部尚书张釜言："《吏部七司法》盖尚左、尚右、侍左、侍右、司勋、司封、考功通用之条令。自绍兴三年迄淳熙二年，凡四经修纂，订正去取，纤悉备尽。孝宗皇帝尚虑条章汎滥，不便观览，复诏大臣分门编类。然编类之后，迨今又及二十有七年，其间有朝廷一时特降之指挥，有中外臣僚报可之申请，历时寖久，不相参照，重复抵牾，前后甚多。或例宽而法窄，则引例以破法；或例窄而法宽，则援法而废例。予夺去取，一出吏手。若更迟以岁月，则日复一日，积压愈多，弊幸愈甚。窃见孝宗皇帝乾道五年，尝诏七司郎官并吏部架阁将未经修纂指挥置局编类，仍委长贰同共点检。乞检照乾道五年已行体例，将吏部七司未经修纂应干申请画降，委官编类，正其抵牾，删其重复，辑为一书，颁降中外。"从之。58，p8270

【嘉泰元年】三月十八日，权户部尚书、兼详定敕令官韩邈等言："本所近进呈《庆元编类宽恤诏令》并《役法撮要》，已降指挥雕板印造。今已毕备，乞自四月三日颁行。"从之。58，p8270—8271

【嘉泰】二年十一四（月）〔日〕，臣僚言："《吏部七司法》自孝庙令敕局删修，凡有建立，间出御笔裁处，无非参酌为经久可行之典。成书既上，又令编成总类，以便参照。至今已二十八年矣。自淳熙初元积至今日，凡臣僚申请建议续降，不知其数，涉岁既久，吏得并缘为奸。其所欲行，则援引随至；无所请嘱，则多为沮抑。盖岁久不曾参酌去取，编入成书，则其弊必至于此也。乞令吏部疾速编集二十八年续降指挥，置册缴申朝廷，行下敕局公共看详，去其抵牾重复，而定其可以永久遵行者。毋得轻易变动祖宗旧法，以至宽纵生弊。庶几一代成法，灿若日星，昭示无穷。"从之。58，p8271

【嘉泰】二年七月十九日，户部侍郎李人性言："国家之法非不（整）整，而建议之人增损变更，不无可议。乞今后凡有建请，须下之六曹，审之敕省，更参照旧法有无冲改，然后施行。其或旧法已当，不应冲改者，许宰执开陈，给舍缴驳，台谏论奏。"从之。58—59，p8271

【嘉泰】四年五月二十三日，户部侍郎王苇、刑部侍郎周珌等言："恭奉指挥参修《吏部七司条法》，已将淳熙二年正月一日以后续降指挥四千四百余件，参酌一部旧法三千二百余条，可以附入旧法者就旧法本条删润，元无旧法则创行修立。今已每月申纳提举官。欲乞候提举官看下，送三省合属房分检正、都司审覆讫，类聚牒送吏部详审施行。"从之。59，p8271

开禧元年五月二日，权吏部尚书丁常任等言："参修吏部七司条法，

今来成书，乞以《开禧重修尚书吏部七司敕令格式申明》为名。"从之。59，p8271

【开禧元年】六月十九日，右丞相、提举编修敕令陈自强等上表："昨准指挥参修《吏部七司条法》，已将合修指挥参酌可以附旧法者增润删修，无旧法者创立为法，如是权行指挥难以立法者，编节作申明照用。今已成书，上进以闻。"从之。59，p8271

【嘉定】五年十月八日，知通州乔行简言："窃观见行条法，计赃定罪元以二贯成匹，至绍兴而增为三贯，至乾道又增为四贯，且令候绢价低平日别行取旨。仰见祖宗达权适变，不惮弛法以便民，惟恐置人于深宪。今江北专用铁钱，近年以来，比之内郡铜钱，数轻三倍，匹绢之直，为钱十千。而犯赃者以绢定罪，亦如铜钱以四贯为匹。赃轻罪重，犯者易入，深可悯恻。"事下大理寺，申："四川专法，以钱计赃定罪者，铁钱二文当铜钱一文。今两淮用铁钱，与川郡事体一同，合行下应用铁钱去处，并照应四川专法施行。"刑部以闻，从之。59，p8271—8272

【嘉定】六年二月二十一日，刑部尚书李大性言："《庆元名例敕》避亲一法，该载甚明，自可遵守。《庆元断狱令》所称鞫狱与罪人有亲嫌应避者，此法止为断狱设。盖刑狱事重，被差之官稍有亲嫌，便合回避，与铨曹避亲之法不同。昨修纂《吏部总类通用令》，除去《名例敕》内避亲条法，却将《庆元断狱令》鞫狱条收入。以此吏部循习，每遇州县官避亲，及退阙、换阙之际，或引用断狱亲嫌法，抵牾分明。兼《断狱令》引（兼）〔嫌〕之项，如曾相荐举，亦合回避，使此法在吏部用以避亲，则监司、郡守凡荐举之人皆当引去。以此见得止为鞫狱差官，所有昨来以《断狱令》误入《吏部总类》一节，当行改正。照得当来编类之时，吏部元有避嫌条令，却无引嫌名色，故牵引《断狱令》文编入。欲将元参修《吏部总类法·亲嫌门》内删去《断狱令》，所有《名例敕》却行编人。"从之。59—60，p8272

【嘉定】八年二月四日，吏部尚书、兼详定敕令官李大性等言："《庆元海行敕令格式》一书，先来用《淳熙海行》法并乾道五年以后至庆元二年终续降指挥删修成书，即是庆元二年十二月以前但干海行指挥，其可行者已于此书该载。又《开禧吏部七司法》一书，先来用淳熙吏部法并淳熙二年以后至嘉泰四年十月终续降指挥删修成书，即是嘉泰四年十月以前但干吏部指挥，其可行者已于此书该载，凡是不合修者并行删去。品式具备，昭著日星，是宜有司一意遵守。而吏胥为奸，旁缘出入，或以远年续降已经删修者复行引用，殊失公朝修立成书之意。所有海行指挥在庆元二年十二月终以前，吏部指挥在嘉泰四年十月终以前，凡《新书》所不该载者，并不合引用。其修书以后再有续降指挥，却合作后敕遵用施行。庶几恪守成宪，免致抵牾。伏乞朝廷特降指挥，仍札付吏、刑部照应，遍牒施行。"从之。60，p8272

宋会要辑稿·刑法一·法官

太祖乾德四年八月十二日，诏："应刑部、大理寺见任及今后授官，并以三周年为满。如常在本司区别公事，至满日便与转官；如有疏遗，不（准）〔在〕此任限。"62，p8274

太宗太平兴国七年八月，诏曰："朕以刑法之官重难其选，如闻自来月给随例折支，宜令三司，自今后少卿、郎中已上（科）〔料〕钱，于三分中二分特支见钱，员外郎已下并全支（见）〔现〕钱。如他官任刑法官者，亦依此例。"62，p8274

端拱二年十月，御札："朝臣、京官等，令御史台告谕：有明于格法者，许于阁门自陈，当议试可，送刑部、大理寺充职。其大理寺官满三年无阙，一依元敕改转。"62，p8274

真宗咸平二年二月，诏："审刑院举详议官，自今宜令大理寺试断案三十道，取引用详明、操履无玷者充任。"初，宰臣张齐贤奏："审刑院旧例，举详议官令刑部只试断案二道，俱通，则便令赴职，仍多改赐章服。纷详所断案牍，皆取其事小者以试之，是以多闻中选。"真宗曰："如此，则求人不精，何以惩之？"齐贤因请厘革。62，p8274

【真宗咸平二年】四月，知审刑院雷有终言："大理寺断官每有公案，定断刑名，经申奏后，内降付审刑院详议。其议官看详或寺司定断刑名轻重未允，即札下本寺问难。其本断官略无所执，随而入状改定，谓之'觉举'。且法寺出入刑名，朝廷略无劾问，甚非（轻）〔钦〕恤之义也。欲乞自今若将杖罪入徒或徒罪入杖，其本断官具名衔以闻，下本寺就勘取旨。或杖、笞罪递互出入，即依旧取觉举官状改正，更不行勘。"从之。62，p8274

【真宗咸平】六年十二月，诏："自（有）〔今〕有乞试法律者，依元敕问律义十道外，更试断徒已上公案十道。并于大理寺选断过旧〔案〕

条律稍繁、重轻难等者，拆去元断刑名、法状、罪由，令本人自新别断。若与元断并同，即得为通。如十道全通者，具状奏闻讫，乞于刑狱要重处任使；六通已上者，亦奏（如）〔加〕奖擢；五通已下，更不以闻。"62，p8274

【景德】二年三月二十四日，诏："自今所举大理寺断官、刑部详覆官，已试断案五道，遣官与二司互考。"又审刑院言："准敕与刑部、大理寺详定：自今投状乞试格法，并审官院、流内铨等处引见时乞试人，并依元敕试律义十道合格外，更试断案三道，两道通者奏取进止。所有奏举到详覆、详断并拣选到法直官，并审官、铨司引见时不曾乞试，特奉圣旨与试人等，止试断案三道，通二道者为合格。其两项人所试断案，以断敕内取一人犯罪多者情欵与试，合得元断刑名同，即为通；如罪犯易见者，取两人情欵与元断刑名同，即为通。仍依近（软）〔敕〕，并差官与刑部、大理寺交（牙）〔互〕考试。"诏从所请，内试到三粗者，卷子仰徽连以闻，别取进止。其选到审刑、详议官亦准此。62—63，p8275

【景德二年】五月，诏："刑部自今每定试断案人，前一日差详覆官一人亲往大理寺，委判寺、少卿等临时旋差断官一人，与差去官同于公案库内拣选自来条件稍繁、轻重难等者公案，即不得令手分检取。仍据所借道数，令判寺官实封，具公文画时牒送刑部，只在本厅收掌，亦不得下所司收直。候引试日，当面与同监试官验认大理寺元封，拆开拣试，去却法状、断语，兼令详覆官等同共监试，令所试人自新别断。其余通否次第，一依前后条贯施行。"63，p8275

【景德二年】六月，诏："刑部、大理寺、三司法直官、副法直官等，自来以令史转充。自今应法直官、副法直官，令铨司于见选人中选流内官一任成三考、干谨无遗、习书判者，具名引见，试断案五道。差官与刑部、大理寺、三司交（牙）〔互〕考试，以可者充。三司、大理寺满一年，刑部满三年，无私罪，并与京官。"先是端拱中，枢密直学士寇准上言，至是申明之。63，p8275

【景德二年】九月，诏："审刑院详议、刑部详覆、大理寺详断官自今任满，如书罚四次已上，未得考课引对。其同签连累者件析以闻，当酌其轻重差降任使。内供职无遗旷者，岁满优与升奖。"63，p8275

大中祥符元年正月，诏曰："刑罚所施，盖资乎审克；议谳之任，当慎于选抡。咨乃仕进之流，能明科律之要，各宜自荐，式协旁求。应京朝官有闲习法令、历任无赃滥者，许阁门进状，当遣官考试。如有可采，即任以审刑院详议官。"初，审刑院、刑部、大理寺皆阙属官，累诏朝臣保任及较试，皆不中选，乃有是诏。63，p8275

【大中祥符】三年四月，权判大理寺王秉式言："本寺官属多避繁重，自今望令权详断官未替，不得别求任使。如实不明法律，委在寺众官体量以闻，方许外任。正详断及检法官年满，亦俟替人，方得出寺。"从之，其权详（判）〔断〕官以半年为限。63，p8276

【大中祥符】六年四月，判大理寺王曾等言："自咸平元年编敕后至大中祥符五年八月，续降诏敕千一百余道，及诸路案内引到行用诏敕并《新编敕》《三司编敕》《农田敕》共三千六百余道，内有约束一事而诏至五七者。条目既广，虑检据失于精详，望差官删定。"诏令编敕所依咸平删录。63—64，p8275

【大中祥符六年】六月，诏："自今应京、朝、幕职、州县官乞断案者，委考试官等躬亲就库密拣公案，亲自封记，候试时于中更选合要道数，依元敕精加考试。不得仍前令库胥签检，致有漏泄。其所试断案须是引用格敕分明，方始定断合用何罪，勿使卤莽。如违，其所试官并重置之法。其大理寺应系新旧草检、宣敕等库，自后并差官封锁，无使人吏擅有开闭。"初，中书以试律人名进呈，宰臣王旦言："从来已有差遣，或已授远官，虽是法寺要人，恐涉规避，已不施行。其间预试而中选者，亦甚侥幸。缘选人未经六考，无两人同罪荐举，则无阶升陟。此辈虽（六）〔云〕详练格法，或考试不精，则幸者多矣。或权于审刑院则例改章服，岁满又加等差使。以此，尤须得人尽公程（式）〔试〕。"帝曰："如卿所言诚有。所试断案，往往先知，洎至定刑，则第曰合入徒罪、合入杖罪，即不指陈犯何条格，致得某罪。自今选官精加考试，仍更条约。"故有是诏。64，p8276

【大中祥符六年】十二月，大理寺又言："旧制，审刑院详议官、大理少卿、详断官三年满无遗阙，考课改官。景德中，诏岁满四经书罚者，审官院以闻，量其轻重，殿降差使；如详刑允当，优与升奖。向来审刑详议官年满，虽有责罚，亦优获差使；而本寺详断官偶有责罚不及四次者，止授知县，则是详断官资叙与监临场务无（巽）〔异〕。况京朝官充刑部详覆官、开封府诸曹参军，任满日并通判诸州。今本寺日有检断，鲜能无累。欲望岁满书罚不及四次者，授通判诸州，以励官属。"诏自今两经书

罚，情轻者奏取进（旨）〔止〕。64，p8276

【大中祥符】八年闰六月，诏："京官充大理寺、刑部职任及御史台主簿、三司检法官，不得便服街行及市肆下马。委御史台纠察之。"64，p8277

【大中祥符八年】十月，诏："自今无得举京朝官充大理寺检法官。"64，p8277

天禧元年六月十四日，诏："大理寺自来所举官内，幕职、州县官须及两任六考。今后但历任及五考已上，并许保举。"从（今）〔本〕寺之（情）〔请〕也。64，p8277

【天禧】二年正月，诏："审刑院详议官自今岁满，并令中书依例差遣。"64，p8277

【天禧二年】二月，大理寺言："准《大中祥符七年九月敕》，判寺盛度言：'本寺断官八员、检法官二员，近年权差官充，多不精〔习法律，望〕依《咸平二年敕》，令审刑、大理寺、刑部〔众官举奏〕。'时诏依其请，令所举须经两任六考。〔今臣等参〕详：准《天禧元年五月敕》举奏幕职州县官但历任及四考已上施行。本寺欲乞比类〔前敕，但〕历任五考已上，并许保荐，仍于法官将满前一月具名以闻。所冀精详法（历）〔律〕，得遂〔公平〕。"从之。仍令自（多）〔今〕所举官先送审刑院试律义五道，具通〔否〕以闻。64，p8277

【天禧二年】闰四月，〔右正〕言刘〔烨〕上疏言："在京刑法曹掾之官，近日多因〔臣僚陈乞〕差授。自今望下铨曹精择寒素之士，无得以权势亲属充选。"从之。64—65，p8277

【天禧】四年四月三日，审刑院、刑部、大理寺言："众官参详：今后断官、法直官于年限未满前，先次举官。内举到幕职、州县官，须（曹）〔曾〕有奏举主者，先还审刑院试律义五道，得通三者。若断官，即更试断中小案一道。仍取断敕合用律文者。如所试合得元断敕，即申奏施行。如试律但通二已上，及断案虽不合元断刑名，但引用条法、节略案欵稍知次第，亦自审刑院闻奏，送大理寺试案二十道，委判寺官保明，具可否以闻。其法直官先试义外，并断中小案，稍知使用条法次第，不必与元断法状一同，但参验曾习法律者，并依例以闻，送大理寺试公事三两月，亦委判寺官保明可否以闻。后更不得举京官充断官。"诏从之，并刑部详覆、法直官亦准此。65，p8277

仁宗天圣元年三月，判大理寺张师德等言："参详诏条，选人（来）〔求〕试充法官，自来下法寺考试能否。伏缘所试断公案并是在寺府吏写录行遣，及掌管敕库，皆知所犯罪人姓字并元断刑名。苟或漏泄，即有误精求。欲望自今并令御史台考试。"从之，仍令审刑院、大理寺知判官内轮差一员，与断官一员赴御史台同共考试。65，p8277

【天圣】二年六月，诏："自今三司检法官有阙，令流内铨依公拣选，保明以闻，其三司使、副更不得保举。"65，p8277

【天圣二年】八月十二日，诏："审刑院今后所举详议官并须先会问本人，如愿充职，方得奏举。其年满详议官，候替人到交割，即得离院。"先是同判贝州韩锡言："昨为审刑院举充详议官，准中书札子发遣赴阙。臣今情愿不就详议官，仍乞旧任。"帝许之，因有是诏。65，p8277—8278

【天圣七年】十一月，诏："自今刑部、大理寺举幕职、州县官充详覆、详断、法直官等，如职任内犯入己赃，其举主并当同罪。或举主不至追官、停任，及该赦原免并遇减降者，具情理取旨，或降官秩，或降差遣。如职任外犯赃罪，于所犯人下减二等，更不取旨。若在任及离任后犯私罪，其举主更不收理。"65—66，p8278

【天圣】九年二月，诏："自今后所举大理详断、法直官，须有出身令录已上，历任中曾充司法或录事参军或职官各成资官者。阙详断、法直官，并须先取索目前乞试断案人但历五考已上者，令众官将元试卷看详，取其通数稍多、引用不失者，并许保举，更不拘资品。若其间无人，或未知付止，即且依前项指挥举官。其考试所举之人，律义依旧只试五道，内问《疏义》二道，以二通已上为中。更试中小案三道，其案取约三道刑名，（无）〔兼〕以重罪引用律条者合试。若得一通或二粗，即免试公事，便除京官。若试得一粗，或书札稍堪引用有取者，亦与闻奏，送本寺试断案三二十道，如堪充职任，本寺主判官已下保明以闻。其所试如重罪同，轻罪内差错一件刑名，亦许为同；或轻罪不同，重罪引用刑名正当，高下差误一等，于杖、徒、流、死刑名不差者，亦许为粗。其法直官依旧试律义外，亦以旧案三道试铺引法，仍以都引刑名条数十分为率，得六分同者为合格。试日，令审刑院差详议官二员，大理寺差判寺或权少卿壹员，〔赴〕御史台同试。其所举人，并须见在任及历任曾有转运、发运使一人或（太）〔文〕武升朝官二人同罪奏举，依铨格合充举主人数者，方得奏举。若充大理寺详断、检法官年满日再任者，亦听。如转官及三周年，便与磨勘；候再任满日，与折一任知县，差家便通判。"自是刑部详覆、法直官亦据此诏，从之。其合该转官资年限即依旧例，如愿再任者亦听。66，p8278—8279

明道二年十一月，诏刑部："天下旬奏公事，令法直官与详覆官分定看详。候二年满日，如在任举（骇）〔驳〕覆奏公事别无不了，即乞与转京官；更一年满日，别举官充替。"66，p8279

景祐二年二月九日，中书门下言："审刑院、大理寺、刑部当职官员供职懈慢，今后并须早入晚出。所有公案文字仰逐旋结绝，仍令御史台觉察。"从之。66，p8279

【景祐】三年十一月三日，新荆湖北路转运使司徒昌运言："乞今后详断官满日，依敕选充审刑详议官。"诏："自今审刑详议官有阙，于年满详断官内选充，免试公事。如未有年满者，即于外任曾历详断、详覆官内保举。曾出入人罪者勿举。"66，p8279

宝元元年六月，三司检法官孙（杭）〔抗〕言："三司刑名之有疑者，乞如开封府例，许至大理寺商议。"从之。66，p8279

康定元年三月七日，大理寺言："据详断官郭昌等状，今后案牍应系法寺定断者，其主行之人受赇者，请以枉法论。"从之。66，p8279

皇祐四年三月十四〔日〕，诏："大理寺详断官自来大事限三十日，中事二十日，小事十日，审刑院递各减半。然不分有无禁囚，大惧炎（腊）〔喝〕之际，待报淹久，起今四月，尽六月，案内系有禁囚者，减限之半。其益、梓、利、夔、广南东西、福建、荆湖南等州军，即依急案例断奏。"66—67，p8279

嘉祐六年八月二十九日，诏："审刑院、大理寺日有诸路州军奏到公案，虑失于审慎，或致滞留。今后审刑院、大理寺详议、详断官阙，（直）〔宜〕令知院、判寺、少卿与学士院、御史台、舍人院同罪轮举法律精熟、论议通明之人以闻。余依（照）〔诏〕条。仍令详议、详断官每至月终，各具所断未了公案道数、承受月日，朱书大中小事元限月日，作单状。仰知院、判寺、少卿于次月五日以前类（众）〔聚〕缴连以闻。其详议、详断官更不得差诸处勾当。"67，p8279

英宗治平元年十一月二日，中书门下言："新差提点两浙路刑狱公事贾寿言：'审刑院、大理寺详断诸色公案，并须详定同进。如经奏断后失错，两司官吏等并不在觉举之限。然苟有失错，不许自陈，则虑法官虽觉其失，惧于科罚，不肯自引其咎而就责。如此，则所枉之罪未必发露，徒使罪人枉陷重辟。已经奏断，但于犯人未行决间，能自觉举改正，许从律文原减之法。'检会今年五月七日诏：审刑院详议、刑部详覆、大理寺详断官如断案或定夺差失，雪罪不当，及失举驳，曾经勘罚及三次者，并当责降。已上虽经赦降，并理为次数。如事系重大，或有涉情弊，虽（知）〔只〕一次，亦当重行降黜。其检法、法直官铺条差失者，亦准此。及仰刑房置簿，画时抄上，不得漏落。如次数合该责降，便仰检举施行。"诏："今后所入事状并须主判官等连签。如三次改动刑名，元断官、议官并理为一次勘罚。其大理寺一司不在觉举条更不行用。及仰刑房置簿，如前敕施行。" 67，p8279—8280

　　神宗熙宁元年二月十六日，大理寺言："敕阁自来轮差详断、法直官兼监，半年一替。缘断官日诣审刑院商量文字，及中书、密院勾唤不定，难为专一监守，欲乞专差检法官二员监敕阁，更不轮管本寺纸库、钱库，签书铨曹、审官院文字。及移法直官房依旧于阁下，仍差归司官二人、府史二人同共管勾。旧条：'审刑院、刑部、大理寺不许宾客看谒及闲杂人出入，如有违犯，其宾客并接见官员并从违制科罪。'乞并亲戚不许入寺往还，所贵杜绝奸弊。"从之。67，p8280

　　【熙宁元年】五月六日，御史台言："看详奏举乞试法官等条制，今与审刑院、大理寺众官将前后所降指挥参详到六条，委得经久可行。所有今日以前应系试法官敕札，乞更不行用。"从之。67，p8280

　　【熙宁】二年二月二十五日，诏："试用法官条贯，候法官皆是新法试到人，即依此施行。立定试案、铺刑名及考试等第式样一卷，颁付刑寺及开封府、诸州，仍许私印出卖。" 67，p8280

　　【熙宁】五年五月十四日，诏："大理寺详断官每二人同共看详定断文案外，更于奏状上系（御）〔衔〕，仍同点检。"从本寺所请也。事具大理寺。67—68，p8280

宋会要辑稿·刑法二·禁约一

　　太祖建隆四年七月九日，武胜军节度使张永德上言："当道百姓家有疾病者，虽父母亲戚，例皆舍去，不供饮食医药，疾患之人，多以饥渴而死。习俗既久，为患实深。已喻今后有疾者，不计尊幼，并须骨肉躬亲看

视，如更有违犯，并坐严科。"从之。1，p8281

乾德四年五月十三日，诏曰："如闻西川诸色人移置内地者，仍习旧俗，有父母骨肉疾病，多不省视医药。宜令逐处长吏常加觉察，仍下西川管内，并晓谕禁止。"1，p8281

【乾德】六年六月十一日，诏曰："厚人伦者，莫大于孝慈，正家道者无先于敦睦。况犬马尚能有养，而父子岂可异居？有伤化源，实玷名教。近者西川管内及山南诸州相次上言，百姓祖父母、父母在者，子孙别籍异财，仍不同居。诏到日，仰所在长吏明加告诫，不得更习旧风，如违者并准律处分。"1—2，p8281

开宝八年正月二十六日，诏："今后或有丘园宿德、乡县耆年，并委所在州县官等时与延（客）〔容〕，亲加问讯，察人民之疾苦，除胥吏之诛求。凡有逾违，咸须改正。"2，p8281

太宗太平兴国六年十二月二十九日，诏："中外官吏以告身及南曹历子于贾区权息钱者，并禁之。违者官为取之，不偿其直。"2，p8281

雍熙二年闰九月二十四日，诏曰："岭峤之外，封域且殊，盖久隔于华风，乃染成于污俗。朕常览传记，备知其土风，饮食男女之仪，婚姻丧葬之制，不循教义，有亏礼法。昔汉之任延理九真郡，遂变遐陋之地，而成礼义之俗。是知时无古今，人无远近，问化之如何耳，岂有弗率者乎！应邕、容、桂、广诸州，婚嫁丧葬、衣服制度，并杀人以祭鬼、病不求医药及僧置妻孥等事，并委本郡长吏多方化导，渐以治之，无宜峻法，以致烦扰。"初，帝览《邕管杂记》，知其俗陋，故下是诏。3，p8282

【雍熙】四年正月十日，帝以万州所获犀皮及蹄、角示近臣。先是，有犀自黔南来，入忠、万之境，郡人因捕杀之。诏自今有犀勿复杀。3，p8282

淳化元年八月二十七日，峡州长杨县民向祚与兄向收共受富人钱十贯，俾之采牲。巴峡之俗，杀人为牺牲以祀鬼，以钱募人求之，谓之采牲。祚与其兄谋杀县民李祈女，割截耳、鼻，断支节，以与富人，为乡民所告，抵罪。著作郎罗处约奉使道出峡州，适见其事，抗疏以闻，因下诏剑南东西川、峡路、荆湖、岭南等处管内州县，戒吏谨捕之，犯者论死。募告者以其家财畀之，吏敢匿而不闻者加其罚。3—4，p8282—8283

【淳化元年】九月二十一日，崇仪副使郭载言："前使剑南日，见富人家多召赘婿，与所生子齿，富人死即分其财，贫民多舍其父母出赘，甚

伤风化而益争讼，望禁之。"诏从其请。4，p8283

【淳化】二年闰二月十九日，诏曰："京城先是无赖辈相聚蒲博，开柜坊，屠牛马驴狗以食，私销铸铜钱为器用杂物。并令开封府严戒坊市捕之，犯者斩，隐匿而不以闻及居人邸舍僦与恶少为柜坊者，并同其罪。"4，p8283

【淳化二年】四月二十七日，诏："雷、化、新、白、惠、恩等州山林中有群象，民能取其牙，官禁不得卖。自今许令送官，以半价偿之。有敢藏匿及私市与人者，论如法。"4，p8283

【淳化二年七】六月二十三日，诏："陕西路诸州戒疆吏谨视，有掠生口阑出边关卖与戎人者，捕之，置于法，匿不以闻者同罪。"4，p8283

【淳化二年七】七（月）〔日〕，诏："江南、两浙诸州，民先（聚）〔娶〕旁妻在太平兴国元年已前者，为人所讼，不得受。"4，p8283

【淳化二年】十二（月）〔日〕诏："岭南诸州幕职、州县官等，并许携妻孥之任。秩满，不得寄寓于部内，违者罪之。"先是，黄播以知县秩权守象州，寄孥于桂州。播被疾且革，潜遣迎妻子至治所。疾愈，自陈于转运使，因复遣妻子诣本处。本道以闻，帝悯之，释播罪而降是诏。4—5，p8283

【淳化】三年十一月二十九日，诏曰："两浙诸州先有衣绯裙、中单，执刀吹角，称治病巫者，并严加（楚）〔禁〕断，吏谨捕之。犯者以造妖惑众论，置于法。"5，p8283

【淳化】五年二月二十六日，诏："剑南诸州民为州县长吏建生祠堂者，宜禁之。"先是，官吏有善政，部内豪民必相率建祠宇，刻碑颂，以是为名，因而掊敛，小民患之。帝知其事，故降是诏。5，p8283

【淳化五年】八月三日，诏："应文武臣僚子弟因父兄亡殁录用者，如未经百日辄出，并冒哀求仕、释服从吉者，仰御史台察访闻奏。"5，p8284

至道二年八月二十八日，诏制置剑南、峡路诸州旁户。先是，巴、庸民以财力相君，每富人家役属至数千户，小民岁输租庸，亦甚以为便。上言者以为两川兆乱，职豪民啸聚旁户之由也，遂下诏令州县责任乡豪更相统制，三年能肃静寇盗、民庶安堵者，并以其豪补州县职以劝之。遣职方员外郎时载、监察御史刘师道乘传赍诏书谕旨。既而载等复奏，旁户素役属豪民，皆相承数世，一旦更以他帅领之，恐人心遂扰，因生他变。帝然

之，其事遂寝。5—6，p8284

真宗咸平元年十月二十八日，禁峡州民杀人祭鬼。6，p8284

【咸平】三年六月六日，诏："河北诸州军凡有科率，本官当亲阅文簿均配，不得专委厢镇，违者罪之。"6，p8284

【景德】二年二月二十五日，诏曰："颇闻戎人所寓，潜置毒于瓶罂，投之井中，留害民庶。间者永静军多获此药。宜布告河朔，使知其事。"7，p8284

【景德二年】九月九日，诏："举放息钱，以利为本，伪立借贷文约者，从不应为重科罪。"7，p8284—8285

【景德】三年六月六日，禁诸路转运使副、诸州官吏与管内官属结亲，违者重置其罪。7，p8285

【景德三年】八月十日，诏："渭州镇戎军向来收获蕃牛以备犒设，自今并转送内地以给农耕，宴犒则用羊、豕。"7，p8285

【景德三年】九月二日，开封府言："文武官亡殁，诸寺击锺未有定制。欲望自今大卿监、大将军、观察使以上，命妇郡夫人已上，许于天清、开宝二寺击锺，其余悉禁。"从之。7，p8285

【景德三年九月】十（月）〔日〕，诏："如闻陕西沿边州军，游惰之民聚而蒲博，急则为盗，恣扰乡间，宜令所在申明旧诏，严行禁止。"7，p8285

【景德三年九月】十八日，诏："如闻河北官吏市民物，给直不当价，宜令转运使以前诏揭榜戒之。"7，p8285

【景德三年】十一月八日，诏："应以历代帝王画像列街衢以聚人者，并禁止之。"7，p8285

【景德三年】十二月二十日，诏："牛羊司畜孳乳者并放牧之，无得宰杀。"7，p8285

【大中祥符元年】十月一日，诏："内臣传宣取索，并令赍御宝文字为号，仍先降式付所由司，以辨诈妄。"9，p8286

【大中祥符二年】六月十一日，诏曰："如闻京城多有无赖辈妄称禀命诇察诸司，宜令三班捕而惩之。"9，p8286

【大中祥符二年六月】二十一日，诏："文武官自今非公事不得入京百司诸公署。如监临官挈家止廨宇者，许亲故来往，无得妨其公事。"9，p8286

【大中祥符二年六月】三十日，禁皇亲募工造侈靡服物。9，p8286

【大中祥符二年】七月四日，诏曰："禁咒之方，击刺之术，既靡缘于南亩，实有乱于齐民。言念僻违，用申科禁。其河北诸州军民户惰弃农业，学禁术、枪剑、桃棒之伎者，自今委诸县令佐常切觉察，违者论如法，情重者以令众。"9—10，p8286—8287

【大中祥符二年】〔八月〕十六日，诏："洞真宫及诸公主宅所须之物任便市易，勿令杂买务供应。"时驸马都尉柴宗庆家僮自外州市炭入京城，所过免算，至则尽鬻以取利，复于杂买务市炭重取之，家僮辈竞有求丐，故禁绝之。10，p8287

【大中祥符三年】二月二十五日，禁荆南界杀人祭棱腾神。10，p8287

【大中祥符三年】三月十八日，诏："如闻太康县民有起妖祠以聚众者，令开封府即加禁止。"10，p8287

【大中祥符三年】四月二十九日，诏："访闻关右民每岁夏首，于凤翔府岐山县法门寺为社会，游堕之辈昼夜行乐，至有奸诈伤杀人者。宜令有司量定聚会日数，禁其夜集，官司严加警察。"10，p8287

【大中祥符】四年正月十六日，诏："江湖间贫民捕鱼，豪户不得封占。"10，p8287

【大中祥符四年】九月三日，诏："诸路州军县镇应文武官见居远任家属寓止者，如其子孙弟侄无赖，不干家业，即严行约束。苟不悛革，则并其交游之辈劾罪以闻。"10—11，p8287

【大中祥符】五年正月十七日，诏："访闻闾阎门内，有人众日为先生，每夕身有光，能于隙窍出入无碍，是必妖妄惑众，其令开封府速擒捕禁止之。"11，p8287

【大中祥符五年】五月十三日，诏："川峡诸州屯兵草茅覆屋，连接官舍，颇致延火，宜令自今坏者，渐易以瓦，无得因缘扰民。"11，p8287

【大中祥符五年】六月二十六日，诏："沿边民有盗契丹马趣近南州军贸市者，宜令所在严禁止之。"11，p8287

【大中祥符五年】七月十日，知益州李士衡言："永康军村民社赛，用棹刀为戏，望行禁止。"从之。11，p8287—8288

【大中祥符五年七月】十九日，开封府言："三司先降纸式，并长二尺三寸，付洪、歙州捣造。除给中书、枢密、学士院外，自余止用次等黄

纸，非诏敕所用，悉染浅色。近日颇有逾式者，望申明前禁。"从之。11，p8288

【大中祥符五年】闰十月十四日，诏："访闻边臣每正旦五鼓即张烛庆贺，日聚宴乐，至有夜分而城不扃者，自今不得复然。"11，p8288

【大中祥符】六年三月二十七日，诏："两京诸路场务、津渡、坑冶等，不得令仕宦之家该荫赎人主掌，其合该赎金及疾毫者，即以次家长代之。"先是，陈留县民田用之、卢昭一争夺酒务，用之父见任幕职，昭一身为试秩，因条约焉。11，p8288

【大中祥符六年七月】二十四日，禁内外群臣市官田宅。11，p8288

【大中祥符六年】八月二十六日，禁沿边集军中子弟阅习乐声。上封者言其劳扰故也。11—12，p8288

【大中祥符六年】九月二日，诏："如闻质卖邸舍，而邻并权要家留其契券以艰难之，可申明条约，无使复然。"12，p8288

【大中祥符】七年五月四日，诏："两浙诸州有屠牛充膳，自非通议烹宰，其因缘买者，悉不问罪。"初，司勋员外郎孔宗闵上言："浙民以牛肉为上味，不逞之辈竞于屠杀，事发即逮捕滋广，请释不问罪。"状下两浙转运使陈尧佐，悉同其议，故有是诏。12，p8288

【大中祥符】八年正月十七日，上封者言："自今文武官受川峡任，其家族有所依而辄携赴者，请不许首罪。"从之。12，p8288

【大中祥符八年正月】十九日，诏："如闻诸军亡命卒每擒获，多妄引同辈常共赌博，逮捕既众，岂无滥刑？自今有司更勿穷究，止用本罪论决。"12，p8288

【大中祥符八年】二月十六日，诏："皇城内诸司、在京百司、库务、仓草场无留火烛。如致延燔，所犯人洎官吏悉处斩，番休者减一等。"12，p8288

【大中祥符】九年四月十一日，禁江南民卖黐胶，违者，一斤已上以不应为重论。12，p8288

【大中祥符九年】六月二十七日，诏以物价至贱，令小民无得轻弃食物，违者重置其罪。12，p8288

【大中祥符九年】七月三日，禁民私贩紫赤矿。12，p8289

【大中祥符九年】八月五日，禁京城杀鸡。13，p8289

【大中祥符九年八月】十五日，诏曰："薮牧之畜，农耕所资，盗杀之禁素严，阜蕃之期是望。或罹宰割，深可悯伤。自今屠耕牛及盗杀牛罪不（致）〔至〕死者，并系狱以闻，当从重断。"13，p8289

【大中祥符九年】九月十六日，诏："民负息钱，无得逼取庄土、牛畜以偿。"13，p8289

【大中祥符九年】十一月九日，禁广南西路白镴。13，p8289

天禧元年正月二十八日，禁陕西采卢甘石。13，p8289

【天禧元年】十一月十六日，禁川峡民畜飞梭。13，p8289

【天禧】二年十一月二十五日，秘书丞朱正臣言："前通判广州，窃见蕃商多往交州贸易，赍黎字及砂镴钱至州，颇紊中国之法。望自今犯者决杖配牢城，随行赍货尽没入官。"诏广南转运使洎广州覆议，既而上言："本州海路与交州、占城相接，蕃商乘舟，多为海风所漂，因至外国，本非故往贸易。欲望自今应赍到黎字、砂镴等钱，并没入官，其余博易所得，布帛取三分之一，余悉还之。所犯人以违制失论。"从之。13，p8289

【天禧三年】十月四日，诏："益、梓、利、夔州路沿边夷人有铜鼓铜器，许于夷界用之，州县勿责其违禁。其内地百姓赍入夷界卖鬻者，即依诏敕论罪。"先是，富顺监言始姑镇夷人家有铜鼓，子孙秘之，号为右族，而朝法所禁，因有是诏。14，p8289—8290

【天禧三年十月】十三日，禁兴州三泉县、剑、利等州白衣师邪法。14，p8290

【天禧二年十月】十六日，禁京师民买杀鸟兽药。14，p8290

【天禧】四年四月二十四日，诏："访闻忻、代州民秋后结朋角觚，谓之野场，有杀伤者。自今悉禁绝之。"14，p8290

仁宗天圣元年闰九月二十六日，诏："应翰林医官院、司天监、天文图画院，但系艺术官等处，今后更不得妄进文字，并告托皇族国亲、形势官员请求干黩，乞行奏荐，改转名目服色，及夹带实封文字希求恩泽。如违，据所降出求恩泽人姓名科违制之罪。或有所进文状者，仍令阁门承进常切点检，别无违碍，方得进入。"14—15，p8290

【天圣】三年三月二十二日，诏："金明池教习船，有司列水嬉，士民观者甚多，有蹴踏而死者。令本地分巡防人员止约，令勿奔凑。"15，p8290

【天圣四年】闰五月六日，中书门下奏："检会天禧元年赦文，应诸道州、府、军、监县等承受得三司非次有科取收买制造物色等，并须画时具事由实封闻奏。内有科率农民，事非急切及数目浩大者，仍须别候朝旨。诸路转运、提刑司每承朝旨降下诸色人论讼公事，其间甚有不销一例差官事件，今后仰逐司详上件事理施行。"帝曰："事贵简净，勿至劳扰百姓。前来条贯，并令申明施行。"15—16，p8290

【天圣】五年二月二日，中书门下言："北戎和好已来，岁遣人使不绝，及雄州榷场商旅往来，因兹将带皇朝臣僚着撰文集印本传布往彼，其中多有论说朝廷防遏边鄙机宜事件，深不便稳。"诏："今后如合有雕印文集，仰于逐处投纳，附递闻奏。候差官看详，别无妨碍，许令开板，方得雕印。如敢违犯，必行朝典。仍候断遣讫，收索印板，随处当官毁弃。"16，p8290—8291

【天圣五年】七月九日，诏："应今后停削命官使臣，不得过河西至府州县收买羊马兴贩。"16，p8291

【天圣五年】八月七日，河东路提点刑狱朱正辞言："河阳、怀、泽州已来，乡村百姓百十人为群，持幡花螺钹鼓乐，执木枪棹刀，歌舞叫啸，谓之迎圣水以祈雨泽，敛取钱物，诳惑居民。"閤门祗候韩永锡言："陕西州军及京畿许、郑界，少壮子弟聚集起置上庙朝岳社，人（名）〔各〕着青绯衫子，执擎木素棹刀及木枪，排旗子沙罗，作队迎引祭祀之物，望行禁止。"中书门下检会《编敕》："诸色人上岳及祭诸祠庙，并不得置造平头辇、黄凉伞、黄缨、茜绯鞍复系禁物色，并乱集众人，执擎兵刃。如违，画时收捉勘断。"诏："神社枪旗等严行钤辖，如有违犯，内头首奏取敕裁，及许陈告。"16，p8291

【天圣七年六月】二十五日，三司言："准诏，臣僚置庄田以三十顷为限，将吏十五顷为限，仍只许一州之内典买。伏缘有修营坟域之家，若只一州，虑有地非便宜，或茔域狭隘，须移他处营葬者。欲望除庄产外，听别置坟域，以五顷为限。"奏可。17，p8291

【天圣七年】十二月八日，东染院使张可用言："边州官员颇有连宵聚会及非时开闭城门者，望申禁止。"奏可。17，p8291

【天圣】九年正月十八日，诏："京城救火，若巡检军校未至前，听集邻众赴救。因缘为盗者奏裁，当行极断。"帝闻都辇间巷有延燔者，火始起，虽邻伍不敢救，第俟巡警者至，以故焚燔滋多，因有是命。17，

p8291

【天圣九年】二月十三日，御史中丞王随言："选人历任有负犯停殿，或因监司奏不理慢公者，望自今委吏部勘会，勿许改名。"奏可。17，p8291

【天圣九年】五月二日，上封者言："按《长定格》：'乾德六年八月诏书，臣僚违越不公，许人陈告奖擢。'望申旧敕，以儆臣伦。"奏可。17，p8291

【天圣】十年三月五日，上封者言："诸州知州、总管、钤辖、都监，多遣军卒入山伐薪烧炭，以故贫不胜役，亡命为盗。"诏申条约，自今犯者严断，仍委转运使察之。17—18，p8292

【明道二年】五月十二日，诏："卜相伎术、笃废残疾之人，妄言灾异，阴规禳厌，诳惑中外，冀取货财，并投隶远方。委官司严切禁止。"19，p8292

【明道二年八月】二十七日，审刑院详议官刘京言："诸州军非朝旨不得擅有科率，如违，并从违制私罪定断。"从之。19，p8293

【景祐元年】五月十一日，龙图阁待制燕肃乞今后内外官司合用宣敕条贯，写录厅壁，朝夕看读。从之。20，p8293

【景祐元年五月】十二日，上封者言："在京尼师之辈或入内庭，国亲之臣多接朝士，泄禁中之语，为外人所闻。乞今后入内师尼特赐一绝，国亲臣僚亦乞诫砺。"诏札与入内内侍省相度，及令诸宫司取知委状。20，p8293

【景祐元年五月】十八日，诏："今后每丰稔，百姓不得率敛钱物建感恩道场。"20，p8293

【景祐元年】六月九日，诏："臣僚失仪，依条责罚，更不理为过犯。"20，p8293

【景祐元年】七月十二日，中书门下言："内降札子，诸处承准宫闱教旨事件未得施行，次日面奏，审取指挥。不该上殿处，当日内实封申中书、枢密院，再取旨施行。"从之。20，p8293

【景祐元年】十月十九日，开封府请今后僻静无邻舍居止宰杀牛马，许人告捉给赏；无邻人处，以本住业主家财添给。依奏，业主只罪勾当人。20—21，p8293

【景祐二年】十二月十四日，诏："益、梓、利、夔路民夜聚晓散，

传习妖法，能反告者赏钱五万，以犯者家财充。"21，p8294

【景祐】四年四月四日，诏："广南西路诸色人不得容留溪洞妇女在家驱使，见在者不问契约年月，并放逐便。"22，p8294

【宝元二年】五月十四日，刑部言："著作佐郎王师旦为于御街上行马，致军巡人申举，蒙开封府勘罪。检会中书札子，御路上只许近上臣僚行马，及海行条贯本条无指定刑名，并从违制失私罪。其王师旦从上条杖一百，止私罪定断。"省司再详："只言许近上臣僚行马，即不指定品位、职名。窃虑更有品位稍高，临时无由定夺。今欲自宣德门至天汉桥北御路上，只许应合出节臣僚及正任观察使已上行马。如随从圣驾出入及宗室、内庭、宫院车骑，不在此限。"从之。23—24，p8295

康定元年五月二日，诏："访闻在京无图之辈及书肆之家，多将诸色人所进边机文字镂板鬻卖，流布于外。委开封府密切根捉，许人陈告，勘鞫闻奏。"24，p8296

【康定元年五月】三日，中书门下言："访闻近日无知之辈，妄称官中括取人户钱物。请重禁言者，欲许人告捉给赏。"从之。24—25，p8296

【康定元年】十一月四日，知万州马元颖言："乞下川峡、广南、福建、荆湖、江淮，禁民畜蛇毒蛊药，杀人祭妖神。其已杀人者，许人陈告，赏钱随处支铜钱及大铁钱一百贯。"从之。25，p8296

【康定元年】十二月六日，司勋员外郎马彝言："昨判大理，累见诸州奏案，多有官员率吏出钱创置公用器物。望自今犯者重断，委按察官觉举。"从之。25，p8296

【康定】（三）〔二〕年三月五日，诏："今后举人不得以进献边机及军国大事为名，妄希恩泽。"25，p8296

【康定二年】七月十七日，中书门下言："访闻浮薄小人撰长韵诗嘲讪大臣，令开封府密加察访，许人陈首，给钱三百千充赏。愿就官者，亦与补命。"25，p8296

庆历二年正月二十八日，杭州言："知仁和县、太子中舍翟昭应将《刑统律疏》正本改为《金科正义》，镂板印卖。"诏转运司鞫罪，毁其板。26，p8297

【庆历二年】六月十五日，详定减省所言："请今后宗室及郡县主、两地臣僚、节度使、殿前马步军都副指挥使、两省都知押班母妻，依旧赐冠帔，两府许乞长女或长子之妻，余并不许。僧道紫衣、师号，除御前恩赐外，臣僚不得奏荐。如于延州纳细色军粮一百万石，赐衣或师号。"诏："中书、枢密、郡王、使相、宣徽、管军节度并皇亲正刺史以及长公主，许依旧奏荐，余如所请。"26，p8297

【庆历】三年七月二十七日，臣僚上言："益州每年旧例，知州已下五次出游江，并山寺排当，从民遨乐，去城稍遥。窃以军资、甲仗、钱帛、军器、法从以至粮仓、草场等库藏，须藉官员在城管勾，欲乞下本州，今后遇此筵设，更（牙）〔互〕常轮通判、职官各一员在州照管，及提举监官专防守仓库。"从〔之〕。26—27，p8297

【庆历】四年八月七日，度支判官李参言："自今在京作过人该徒配外州者，无得差驾纲、接送诸般名目上京，其在京场务亦不得指定抽差及招填影占。如违，干系官吏严行勘断。"从之。时内东门司胥史犯自盗赃，决配黄州，有姻戚内侍为求纲役上京，作（方）〔坊〕指射为甲匠，三司觉其（都）〔奸〕妄故也。27，p8297

【庆历】五年五月七日，皇城司言："访闻在京诸色军人、百姓等讹言云道：'四月不戴皂角牙，直到五月脚攞沙。'恐是不祥之言，乞行禁止。"诏开〔封〕府严切禁止，如敢狂言，依法施行。27，p8297

【庆历五年】七月十六日，知延州梁适言："保安军榷场虑有官员于场内博买物色，乞科违制之罪。"从之。27，p8297

【庆历七年】十月九日，判北京贾昌朝言："河北诸州军及总管司等争饰厨传，以待使客，看馔果实，皆求多品，以相夸尚。盖承平日久，积习成风，稍加裁损，遂兴谤议，为守将者不得不然。近永静军收买公用羊爻，剩取数日，偶因发摘，遂至彰露。其如诸处州县似此者多，衙前公人亡家破产、市肆商贾亏本失业者不可胜数。欲乞应河北州军有公使钱，除管领军校接待信使，不得辄有减刻外，其余筵会迎送，并从简约，不得令衙前公人远诣诸处求买珍异之物。所买诸（般）〔搬〕公用物色，并须依准市价，不得亏损百姓。"从之。28—29，p8298

【庆历七年】十二月十二日，诏："访闻贝州来投军民，多行杀戮，以邀功赏，其令贾昌朝、王信等严切约束，违者以军法从事。"29，p8298

【庆历】八年正月十日，诏："士庶之家所藏兵器，非《编敕》所许者，限一月送官，如敢有匿，听人告捕之。"29，p8298

【庆历八年正月】十二日，秘阁校理、知相州杨孜言："进奏院逐旬发外州军报状，盖朝廷之意，欲以迁授降黜示赏功罚罪，勉励天下之为吏者。积习因循，将灾异之事悉报于天下，奸人赃吏、游手凶徒喜有所闻，转相扇惑，遂生观望，京东逆党未必不由此而起狂妄之谋。况边禁不严，细人往来。欲乞下进奏院，今后唯除改差任臣僚、赏罚功过、保荐官吏，乃得通报，自余灾祥之事，不得辄以单状伪题、亲识名衔以报天下。如违，进奏院官吏并乞科违制之罪。"从之。29，p8298

【庆历八年】三月四日，诏："诸传习妖教非情涉不顺者，毋得过有追捕。"初，王则之乱，州郡大索妖党，被系者不可胜数，帝恐滥及良民而宽之。29，p8298—8299

皇祐元年三月十二日，〔判〕北京贾昌朝言："乞依定州韩琦奏，定州界以北一概禁止采伐林木。"从之。29，p8299

【皇祐】二年八月七日，环庆走马承受公事元舜言："乞禁绝边臣养放鹰鹘，如差兵士飞放，以违制论私罪。"从之。29，p8299

【皇祐四年】九月十七日，诏："访闻诸州进奏官日近多撰合事端腾报，扇惑人心，及将机密不合报外之事供申。今后许经开封府陈告，如获，进奏官不候年满，优与授官出职，余递迁职掌；不愿本院转职，当议比类安排。本犯人特行决配，同保人等第断遣。同保觉察告首捕获，亦与免罪酬奖。监官不举觉，致有败露，当行冲替降官。仍今后只得以枢密院送下报状供申，逐处施行。"30—31，p8299

至和元年九月五日，诏："比闻差官缮修京师官舍，其初多广计功料，既而指羡赢以邀赏，故所修不得完久。自今须实计功料申三司。如七年内损隳者，其监修官吏及工匠并劾罪以闻。"31，p8299—8300

【嘉祐】三年九月二十二日，诏开封府止绝百姓，不得以献送为名，制造御服之类，于街市乞贷钱物。33，p8301

英宗治平三年七月十二日，诏："今后沿边大教，不得放士庶入教场绞棚观看。"（从之。）33，p8301

治平四年七月四日，神宗已即位，未改元。侍御史吴申言："乞察访豪民与妃嫔之家用赂为亲得官者，许人陈告给赏，削其官籍，没纳货赂。"诏令御史台、开封府察访以闻。33，p8301

神宗熙宁元年二月十六日，诏："今后曾任中书、枢密院及节度使以上，所居第宅子孙不得分割。"33，p8301

【熙宁元年】十二月四日，诏："今后内批降指挥，俟次日覆奏讫，即于当日行下文字，守为永式。"33—34，p8301

【熙宁】二年十月九日，诏："金明池每遇传宣打鱼，今后只得令本池兵士采打，不得更差百姓。"34，p8301

【熙宁二年】闰十一月二十五日，监察御史里行张戬言："窃闻近日有奸妄小人肆毁时政，摇动众情，传惑天下，至有矫撰敕文，印卖都市。乞下开封府严行根捉造意雕卖之人行遣。"从之。34，p8301

【熙宁】七年六月十九日，枢密副都承旨张诚一言："乞令三司约计年例宣纸，预遣军大将或殿侍就出产州军管押上京，专置写宣吏人。"诏降纸式下杭州抄造，岁五万番。自今公移常用纸，长短广狭不得与宣纸相乱。34，p8301

【熙宁】九年八月九日，诏中书门下："访闻司农寺见出卖天下祠庙，辱国黩神，此为甚者。可速遍降指挥，更不施行。自今司农寺、市易司应改更条贯、创请事件，可并进呈取旨，不得一面拟进行下。"34—35，p8301—8302

【熙宁九年】九月，诏："今后将作、都水、军器监如遇差出勾当公事官出外，并不得赴筵宴。"35，p8302

【熙宁】十年三月二十二日，中书门下言："刑部删立到：'诸灾伤州军合降下司敕减等断遣贼盗者，夏田灾伤自四月一日至八月终、秋田灾伤自八月一日至四月终为限，限内犯者，方得减等。'今欲颁下。"从之。35，p8302

元丰元年五月七日，诏："应有谒禁之官，如士人内通医药者，听往还。"35，p8302

【元丰元年】九月八日，诏："州县官吏毋得迎送过宾，即泛遣使命及太中大夫、观察使以上听如旧。"35，p8302

【元丰】二年二月十五日，诏："大理寺官属可依御史台例，禁出谒及见宾客。"35，p8302

【元丰二年十二月】二十八日，诏："在京管军臣僚，外任路分兵官、将副、押队使臣，禁出谒及见宾客，著为令。"35，p8302

【元丰】四年四月二十五日，侍御史知杂事舒亶言："执政大臣接见宾客已有约束，而子弟过还看谒，交接宾友，未之禁止，实于事体未安。"诏中书立法。其后立法："执政官在京本宗有服亲戚非职事相干及亲属，不得往还看谒，违者并往还之人各杖一百。"35，p8302

【元丰】六年正月二十六日，诏："官司如辖下有申请，并须明具合

用条例行下，不得泛言依条例施行。"从提举京师常平等事黄实请也。36，p8302

【元丰六年】五月十三日，诏："州郡禁谒，并依在京百司例，仍令详定重修编敕所立法。"从前知湖州唐淑问请也。36，p8302

【元丰六年】六月十七日，尚书右司郎中杨景略乞左右司官依枢密都承旨例禁谒。从之。36，p8302

【元丰六年六月】二十一日，诏诸路主管机宜文字及干当公事官并禁谒见。36，p8302

【元丰】七年十月二十二日，诏诸路兵官、沿边都监，武臣知城、县、堡（塞）〔寨〕主，如尚书左右司禁谒法。36，p8302—8303

哲宗元祐元年四月四日，诏："诸路分兵官、将副、沿边都监，武臣知城、县及堡寨主，非本处见任官不得往谒及接见。如职事相干并亲戚，并听往还。其往谒及接见宾客违法，并见之者各杖一百。"知大名府韩绛言："路分兵官、将官不得出谒接见宾客，仅同囚禁，恐非待将佐之体，乞赐删除禁约，以示优恩。"故有是诏。36—37，p8303

【元祐元年四月】二十四日，监察御史韩川乞除官局依旧不许接宾客外，内谒禁并废。监察御史上官均乞除开封、大理官司依旧行谒禁外，其余一切简罢。如罢谒禁后小大之臣或敢挟私背公，慢职玩令，执法言事之吏得以纠举上闻，黜之谪之。于是尚书省看详，参用旧条，申饬谒禁之制。其旧条中徒二年者，悉从杖一百；本应轻者，听从本条。并从之。37，p8303

【元祐元年】十一月十五日，吏部言："诸色人援引旧例，侥幸求入官者甚众，小不如意，则经御史台、登闻鼓院理诉。若不约束，恐入流太冗。请今后诸色工匠、舟人、伎艺之类，初无法合入官者，虽有劳绩，并止比类随功力小大支赐，其已前未经酬奖者亦如之，则侥幸之路塞而赏不至滥。"从之。37，p8303

【元祐】三年三月一日，诏《编敕》及春秋颁降条具勿印卖。37，p8303

【元祐三年】六月十三日，诏："河、岷、兰州沿边，今后蕃客入汉贩卖，回日许所经城寨搜检，不得带钱入蕃。若在汉界，从其便。"37，p8303

【元祐三年】十二月十八日，诏禁民庶传录《编敕》。37，p8303

【元祐】四年正月二十三日，诏："寺监属官、库务官，若职事有当赴左、右司郎官厅商议者，明具合议事报左、右司，呈禀执政，得笔方许赴。"37—38，p8303

【元祐四年正月二十三日】，诏："州县当水陆之冲者，监司、守令非假日并禁谒，著为法。"38，p8303

【元祐四年】十一月二十六日，尚书省言："改立发运、转运、提刑预伎乐宴会徒二年法。"从之。38，p8303

【元祐】五年五月十四日，枢密院言："令举人及曾聚学人，并阴阳、卜筮、州县停废吏人、诸造兵器工匠，并不得入溪洞与归明蛮人相见，违者以违制论。"从之。38，p8304

【元祐五年】七月二十五日，礼部言："凡议时政得失、边事军机文字，不得写录传布，本朝《会要》《国史》《实录》不得雕印，违者徒二年，告者赏缗钱十万。内《国史》《实录》仍不得传写。即其他书籍欲雕印者，选官详定，有益于学者方许镂板。候印讫送秘书省，如详定不当，取勘施行。诸戏亵之文，不得雕印，违者杖一百。委州县、监司、国子监觉察。"从之。以翰林学士苏辙言奉使北界，见本朝民间印行文字多以流传在彼，请立法故也。38，p8304

【元祐五年】十二月二十五日，刑部言："应天下郡县水陆驿路所经，并行禁谒，知州、通（州）〔判〕、县令、剑门关都监，非假日不得出谒。即谒本州见任官及职事相干若亲属，并泛遣使命或知州、钤辖以上者听。发运、监司在州县者准此。"从之。38，p8304

【元祐】六年八月十二日，诏："诸路州县自今非法令所听，不得以官物赊贷及抑配，亦不得以财产质出，令监司钤束。如违，并监司不切觉察，并取旨重置于法。"38—39，p8304

【元祐六年】闰八月十二日，刑部言："（暮）〔墓〕田及田内林木土石，不许典卖及非理毁伐，违者杖一百，不以荫论，仍改正。"从之。39，p8304

【元祐六年】十月十二日，殿中侍御史杨畏言："近日布衣薛鸿渐、林明发以妖妄文字上闻，诏送两浙、福建路转运司根治。臣闻鸿渐教本自海上异域，入于中国已数十年，而近者益炽，故其桀黠，至敢上书，以幸张大。愿诏逐路监司严切禁止。"从之。39，p8304

【元祐】七年二月三日，诏："商贾许往外蕃，不得辄带书物送中国

官。"39，p8304

【元祐七年】九月七日，诏："军人不许习学、乞试阴阳文书，如违犯，并依私习条。"39，p8304

【元祐七年】十一月二十六日，刑部言："夜聚晓散、传习妖教者，欲令州县以断罪、告赏全条于要会处晓示，监司每季举行。"从之。39，p8304

【元祐】八年四月十二日，御史中丞李之纯言："愿降明诏，禁广南东、西路人户采珠，止绝官私不得收买外，海南诸蕃贩真珠至诸路市舶司者，抽解一二分入官外，其余卖与民间。欲乞如国初之制，复行禁榷，珠（具）〔贝〕抽解之外，尽数中卖入官，以备乘舆、宫掖之用。申行法禁，命妇、品官、大姓、良家许依旧例装饰者，令就官买，杂户不得服用。及民间服用诸（般）〔搬〕金饰之物，浮侈尤甚，而条贯止禁销金，其缕金、贴金之类，皆至糜坏至宝，僭拟宫掖。往年条禁甚多，亦乞修立，如销金之法。"诏缕金、贴金之类，令礼部检举旧条，珠子令户、部相度以闻。39—40，p8304—8305

绍圣元年五月二十三日，三省、枢密院言："近闻奸人多妄说朝廷未施行事，以惑民情。"诏开封府界提点司及诸路监司常切觉察，其违犯者并依法，情重录案以闻，当议编配，有荫人不用荫，命官重行黜责。40，p8305

【绍圣元年】十月二日，殿中侍御史井亮（米）〔采〕言："西戎仰中国和市以生，操纵在我，所以制其命，边人与之私贸易非便。"诏陕西、河东经略、提刑、转运司申严其禁。40，p8305

【绍圣元年】十一月二十五日，户部尚书蔡京言："详定敕令所删定、看详、检阅官，乞依旧例，假日许接见宾客，不许出谒。"并从之。40，p8305

【绍圣】二年正月二十一日，枢密院言："诸武臣任主兵差遣、沿边安抚官、走马承受，并不得乘轿子。"从之。40，p8305

【绍圣二年正月二十一日】，刑部言："诸习学刑法人合用敕令式等，许召官委保，纳纸墨工（真）〔值〕，赴部陈状印给，诈冒者论如盗印法。"从之。40，p8305

【绍圣】四年三月十九日，诏："亡殁官员家属合给仓券者，服阕后三年外起发，更不支给。及官吏知情违法，除依条断罪外，仍勒均（陪）

〔赔〕支过钱物。"从详定重修敕令所言也。40，p8305

【绍圣四年】十一月二十一日，大理寺言："制书应给借者，具状经郎官书押注籍，限五日还纳，限满应留照用者听量展。若还纳违限，断罪准官文书稽程律加二等。"从之。40—41，p8305

【绍圣四年十一月】二十八日，吏部言："官司承告强盗，其行移不得开具告人姓名，郡邑每季检举。"从之。41，p8305

元符元年三月三日，户部言："诸押纲人押荆湖南路盐粮纲，已受省部付身，除程限三十日，到转运司公参。如无故违限，论如之官限满不赴律，违限月日仍不理磨勘。"从之。41，p8305

【元符元年三月】十九日，诏："近闻省寺官多私谒后族之家，或以邂逅为名，诸处宴聚，不可不戒。"41，p8305

【元符元年】四月十五日，尚书省言："宗室宫院遗火，宗正司取勘闻奏，宗室及同居尊长展磨勘年、罚俸给有差。祗应当直人若女奴失火，同保人不觉察，或同祗应人不即救应，勾当使臣不切钤束，等第坐罪。"从之。41，p8305—8306

【元符元年】五月十五日，尚书省言："进奏官许传报常程申奏及经尚书省已出文字，其实封文字，或事干机密者，不得传报。如违，并以违制论。即撰造事端誊报，若交结谤讪惑众者，亦如之。并许人告，赏钱三百贯。事理重者奏裁。"从之。41，p8306

【元符元年五月】二十三日，礼、刑部言："请诸赴朝参宗室如有疾病请朝假，申阁门，阁门报入内内侍省，差使臣押医官看验。如涉诈妄，所差使臣申大宗正司。其请假一日者，正任以上具榜子于阁门投下，阁门关宗正司；遥郡以下申大宗正司施行。若月内请过三日者，亦报所属，差使臣押医官看验。每半年一次比较，二十日以上取诚励，三十日以上罚俸半月，四十日以上罚俸一月，五十日以上取旨责罚。即痼疾未能痊者，委大宗正司保明奏裁。"从之。41—42，p8306

【元符】二年二月九日，熙河兰会路经略司言："押伴瞎征（般）〔搬〕次使臣郭諴等具析，（般）〔搬〕次人内夹带回纥刘三等至京。请今后解发诸蕃（般）〔搬〕次，不许数外夹带，私下抵换人口上京。如违，即抄点并押伴使臣并以违制论。"从之。42，p8306

【元符二年】八月十日，诏："应国戚、命妇入内，辄将带元自内中放出及作过经断宫人者，并以违制论。"42，p8306

【元符二年八月】十八日，诏："诸上殿进呈文字，并批送三省、枢密院，不得直批圣旨送诸处，违者承受官司缴奏。"42，p8306

【元符二年】闰九月十二日，诏："诸供官之物，转运司豫计置钱，令本州于出产处置场，比市价量添钱和买，亦许先一年召保请钱，认数中卖。即辄抛降下县收买及造制物色者，并以违制论，不以去官、赦降原减。"42，p8306

【元符二年闰九月】十四日，御史中丞安惇言："欲应陕西沿边收复故地并纳降疆界内，有羌人坟垄及灵祠寺观等，不得辄行发掘毁拆。"从之。42，p8306

徽宗建中靖国元年七月二日，河东路转运使孙贲言："河东习俗简陋，死者焚之，懵不知礼。韩琦知太原，官营墓域使葬，其后庞籍奏捐地税，孙沔乞令三寺主之，岁度一僧，仁宗悉从其请。逮今岁久，弊俗如故。乞令太原守臣同转运司官常加禁约，无废前规。应河东州县依此。"从之。42，p8306

崇宁元年正月二十六日，诏："应民庶朝岳献神之类，不得仿效乘舆服玩，制造真物，祇得图画焚献，余依旧条。及令开封府并诸路、府界监司逐季举行，粉壁晓示，仍严切觉察施行。"先是臣僚言："窃惟小民无知，因祠赛社会，兵仗旗帜执引先后，乘舆器服或张黄盖，造珠帘车马，备饰仪卫，呼喝载路，京师尤甚，坐《元符令》止之。"故有是命。42—43，p8306—8307

【崇宁元年】十二月二十七日，诏："诸邪说诐行、非圣贤之书并元祐学术政事，不得教授学生，犯者屏出。"43，p8307

【崇宁】二年六月十八日，诏："应官员不得与宗室、戚里之家往还。其宗室、戚里之家门客，申尚书省保明，选行义纯正之人充。其见在门客准此。"43，p8307

【崇宁二年】七月十三日，知泗州姚犖状："伏睹学制，凡邪说诐行、非先圣贤之书并元祐学术政事，不得教授。非此法特施于太学耳，其在外者厉禁未加；且邪说诐行非特成人之学可禁，而童子之学亦不可不禁。"讲议司看详，欲令诸路州县并开封府管内遍行晓谕，应私下聚学之家，并仰遵守，一依上条。从之。43，p8307

【崇宁】三年四月十九日，中书省、尚书省勘会："近据知廉州张寿之缴到无图之辈撰造《佛说末劫经》，言涉讹妄，意要惑众。虽已降指挥，令荆湖南北路提点刑狱司根究印撰之人，取勘具案闻奏，其民间所收本，限十日赴所在州县镇寨缴纳焚讫，所在具数申尚书省。窃虑上件文字，亦有散在诸路州军，使良民乱行传诵，深为未便。"诏令刑部实封行下开封府界及诸路州军，（子）〔仔〕细告谕，民间如有上件文字，并仰依前项朝旨焚毁讫，具申尚书省。43—44，p8307

【崇宁三年】六月十二日，臣僚言："检会前后臣僚奏请有碍条禁，特乞且依今来指挥施行，其类非一，甚非所以维持纪纲、与众共守之意。欲乞惟供奉至尊及措置边防法难具载者，许临时奏请，其余着在敕令，并仰有司遵守。所有特乞权依今来指挥之类并罢，庶使因缘苟且之人无复有意外之幸。"诏从之，如今后辄敢陈乞，以违制论。仍令御史台觉察弹奏。44，p8307

【崇宁三年】十月十三日，户部状："承都省批下熙河路提举司奏：'契勘本司自来差官体量坊场、河渡，或检察灾伤，或被朝旨分定州军选差官结绝刑禁等事，其依条合差出之官，每遇差委，须计会本州占留。守臣收敛人情，便为申乞，别行差官。既无官可差，往复行遣，动经三两月方肯前去，率皆迟误。兼坊场、河渡系出纳净利钱，若所差官逗遛月日，枉有积压官钱。检察灾伤及狱囚在禁，却居家待免，尤为害事。盖是自来别无专条禁约，本司今欲乞立法，应监司依条差官，别无违碍，不许申乞占留，依限起发。辄推避及为申者，并科杖一百罪。'"从之。44，p8307

【崇宁】四年正月二十三日，诏曰："日者诸路监司靡恤百姓，或增价折税，或开输籴头，聚敛掊克，自以为能。州县观望，又有甚焉。百方罔利，求益公帑，规取苟细，害侵小民。其令中外按察官觉察纠劾以闻，当议重贬，以戒贪（雪）〔虐〕。"44，p8307

【崇宁四年】四月十二日，中书门下省送到白札子："勘会民间私铸钱宝及私造鍮石铜器，各有条格及朝廷近降指挥，自合遵守外，全藉监司、州县及巡捕官司上下究心，方能杜绝。今具约束事件下项：一、私铸钱、私造铜器罪赏条禁，并仰于逐地分粉壁晓示，仍真谨书写，监司所至点检。二、获私铸钱宝、私造铜器合支赏钱，才候见得情由，即据合支数目立便支给，各于犯人名下理纳入官。三、邻保内如有私铸钱宝、私造铜器之人，若知而不告，并依五保内犯知而不纠法。四、提刑司每岁比较巡捕官所获私铸钱宝、私造铜器一路最少之人各二员闻奏，当议除合得罪赏

外，明行升黜，以为劝戒。"从之。45，p8307—8308

【崇宁四年】十月二十二日，尚书省札子："奉御笔：'备边兵马消耗甚多，盖（盖）自衣粮不时周给。切当留意措置招填，检察官司预桩请受，无令减克，兑折坐仓。'今勘会诸军及减克请受、兑折坐仓，不止陕西、熙河，应三路沿边皆当立法。"从之。45，p8308

【崇宁】五年二月二十四日，诏："河北、京东机户多被知、通及以次官员拘占，止给丝织造匹帛，日有（陪）〔赔〕费侵渔。可诏监司常切按察，如敢循旧拘占机户织造，诸色人陈首，将所亏过机户工价等钱计赃定罪，行下诸路约束施行。"45，p8308

【崇宁五年】八月十九日，诏："访闻诸路监司属官擅行文书付下州县及出按所部，犯分骚扰。可令今后学事司属官许出诸处点检学事外，余并不得离（同）〔司〕出诣所部，及不得擅移文书付下州县。即有公事差委勾当者，径诣所差处，沿路不许见州县官及受馈送。违者徒二年，仍不以赦降、去官原减。"46，p8308

大观元年七月十六日，诏："天文等书，悉已有禁，奉法弛慢、私藏盗习尚有之，一被告讦，讳误抵罪。可令诸路，应系禁书，限一季首纳，并与免罪；不首，复罪如初。"46，p8308

【大观元年】八月十二日，诏："在京有房廊屋业之家，近来多以翻修为名，增添房钱，往往过倍。日来尤甚，使编户细民难以出办。若不禁止，于久非便。自今后京城内外业主增修屋业，如不曾添展间椽地步者，不得辄添房钱。如违，以违制论。"46，p8308

【大观元年八月】二十一日，新差权提举江南东路常平等事何谊直札子："臣窃见豪右兼并之家，雕楹刻桷，异服奇器，极珠玑纨绮之饰，备声乐妓妾之奉，伤生以送死，破产以嫁子，专利自厚，莫知纪极。臣愿申明禁令，事为之制，待以期月，行之必信。臣盖知防范礼乐，以辅太平之功者，有在于是也。"奉御笔："可详所奏，定五礼之制条上。"46，p8308—8309

【大观元年】十一月十四日，诏："比来京师传报差除，皆出伪妄，盖缘小人意不得骋，造言欺众，规欲动摇，以幸回遹。奸不可纵，可令开封府立赏一百贯，许人告捕，仍以违制论。"47，p8309

【大观】二年正月二十九日，诏："古者命之教，然后学。比闻上书及党人聚徒立众，教以邪说，所习非正，违理害义，其能一道德、同风俗乎！除士子并合入所在学外，自今应于乡村城市教导童稚，令经州县陈，赴所在学试艺一道，文理不背义理者听之。上书及党籍人不在此限。违者以违制论。"47，p8309

【大观二年】三月十三日，诏："访闻房中多收畜本朝见行印卖文集书册之类，其间不无夹带论议边防、兵机、夷狄之事，深属未便。其雕印书铺，昨降指挥，令所属看验无违碍，然后印行。可检举行下，仍修立不经看验校定文书擅行印卖告捕条禁颁降，其沿边州军仍严行禁止。应贩卖藏匿出界者，并依铜钱法出界罪赏施行。"47，p8309

【大观二年】六月十六日，尚书省言："安济坊本意以养疾病细民，访闻诸路官员将带送还（般）〔搬〕家等人，妄作病患名目寄留在安济坊，希觊日支官米以给口食。欲今后并以违制论。"从之。48，p8309

【大观二年】七月二十五日，新差权发遣提举淮南西路学事苏棫札子："诸子百家之学，非无所长，但以不纯先王之道，故禁止之。今之学者程文，短晷之下，未容无怍，而鬻书之人急于锥刀之利，高立标目，镂板夸新，传之四方。往往晚进小生以为时之所尚，争售编诵，以备文场剽窃之用，不复深究义理之归，忘本尚华，去道逾远。欲乞今后一取圣裁，傥有可传为学者式，愿降旨付国子监并诸路学事司镂板颁行，余悉断绝禁弃，不得擅自卖买收藏。"从之。48，p8309

【大观二年】八月十四日，信阳军言："契勘夜聚晓散、传习妖教及集经社、香会之人，若与男女杂处，自合依条断遣外，若偶有妇女杂处者，即未有专法。乞委监司每季一行州县，觉察禁止，仍下有司立法施行。"从之。48，p8309

【大观二年十二月八日】，诏："天下每岁赐钱合药以救民病，比闻州郡因循苟简，奸猾干请，不及贫病，惠靡逮下，吏慢弗察。可详立法，修制不依方，给散不如法，徒一年。当职冒请者以自盗论。"49，p8310

【大观】三年四月二十二日，臣僚言："访闻近因上殿论事，而好事之人因缘附会，造为语言，事出不根，喧播中外，动摇上下，因以胁持言语，显其震怒。亦恐奸人伺间，肆为异谋，浸淫成风，为患不细。伏望特降睿旨，令开封府出榜禁绝施行。"奉诏，仰开封府严行禁止，仍令刑部立法（开）〔闻〕奏。其后刑部修立到条目，臣僚上殿论事而因缘附会、兴造语言、喧播中外、动摇上下者，以违制论。从之。49，p8310

【大观三年】五月十九日，臣僚言："伏见福建路风俗，克意事佛，乐供好施，休咎问僧，每多淫祀。故民间衣食因此未及丰足，狱讼至多，紊烦州县。家产计其所有，父母生存，男女共议，私相分割为主，与父母均之。既分割之后，继生嗣续，不及襁褓，一切杀溺，俚语之'薅子'，虑有更分家产。建州尤甚，曾未禁止。伏乞立法施行。"上批："远方愚俗，残忍薄恶，莫此之甚。有害风教，当行禁止。仰本路走马承受密切体量有无实状以闻，候到，立法禁止。如有违犯，州县不切穷治，守倅、令佐并当重行窜黜，吏人决配千里。"49—50，p8310

【大观三年】八月二十六日，诏毁在京淫祀不在祀典者。其假托鬼神，以妖言惑众之人，令开封府迹捕科罪，送邻州编管，情重者奏裁。50，p8310

【大观三年】九月十八日，臣僚言："窃见每年皇帝本命及天宁、天庆、天祺、天贶节，三元及诸处醮设，皆有降到青词等，系崇奉高真，祝延圣寿，理当严洁。其诸路州军往往于军资、公使库或吏舍收掌，显属不虔，乞行约束。"诏立法行下。今拟修下条："诸受朝廷降到设醮青词等，并以复匣于长吏厅置柜，严洁封锁，临日给付宣读。若祠所不在城下，即量远近，用匣封送。"从之。50，p8310

【大观三年九月】二十五日，诏："经大制炼砒霜、硫黄、朱砂等药，已令不得入皇城门。即今医药和剂局见修合汤药，如有合使上件药物之类，宜行止绝，庶使疾病服药者免为热药所毒，不致横夭，其利甚大。"50，p8310

【大观三年】十一月九日，兵部侍郎、详定一司敕令王襄等奏："福建、荆湖南北、江南东西有生子不举者，近诏申严禁约，其刑名告（实）〔赏〕止行于福建，而未及江、湖诸路，乞一等立法。"从之。50，p8310—8311

【大观三年十一月】十九日，礼部状："修立到下条：'诸非品官之家，不得以真珠为饰。'"从之。50，p8311

【大观三年十一月】二十八日，诏："京畿并诸路州军宫观寺院，比来所属不切检举已降指挥，公然容纵在任或寄居官居（居）住安下，纵意改造，或贮积官物，或权泊军兵；甚至于因像设以筑垣墙，就厨堂以为厕厕，产乳屠宰。黩教慢神，莫此为甚。可勘当旧制，重别修立，除经过暂居不得过十日外，其余见任或寄居官并军兵及官物居占，并限一季起移。或尚敢留，并以违制论。仍许寺观越诉，州委守倅、路委监司按劾施

行。如稍涉容庇，并与同罪。"50—51，p8311

【大观】四年正月二十二日，臣僚言："欲乞应天下寺院不得设高座僭据，使其徒列拜其下。如搢绅士大夫敢有屈膝并列以辱君命者，尤当重为法禁。使天下后世知崇尚儒术，遏绝横流，自圣时始，庶亦一变而至道。"诏非其徒而设拜者，以大不恭论。内令御史台、外仰监司纠劾觉察。51，p8311

【大观四年正月】三十日，诏："当春发生，万物萌动，在京委开封府、京畿并诸路仰州县官告谕奉行，令禁止伐木、毁巢、杀胎、麛卵。检会举行，榜示知委，常切觉察。违犯依条施行。"51，p8311

【大观四年】二月一日，诏："诸色人燃顶、炼臂、刺血、断指，并行禁止。"51，p8311

【大观四年】三月二十七日，臣僚言："伏见无知之民，日以屠牛取利者，所在有之。比年朝廷虽增严法度，然亦未能止绝。盖一牛之价不过五七千，一牛之肉不下三二百斤，肉每斤价（直）〔值〕须百钱，利入厚，故人多贪利，不顾重刑。臣窃谓力田为生民之本，牛具为力田之本，若不禁屠牛而觊稼穑丰登，民食富足，诚不可得。况太牢唯祀天与祖，祭神亦不敢用，今贪利之民计会上下，祇作病牛倒死，申官披剥，因缘屠，不畏官司，肉积几案，罗列市肆。冒法而不为禁、啖食而不知忌如此，非所以尊崇神祇，申严命令。伏望特下有司立法，凡倒死牛肉每斤价（直）〔值〕不得过二十文。如辄敢增添者，约定刑名，其买卖人并同罪，许人告捉。肉既价贱，则卖者无利，虽不严禁增赏，自绝其弊。"诏："（诰）〔告〕获杀牛赏依《元丰格》，开具行断罪，并令刑部检坐申明行下，常切遵守施行。"52，p8311

【大观四年】六月七日，上批："访闻日近有诸色人撰造浮言，诳惑群听，乱有传播赐予差除，以少为多、将无作有之类，可严行禁止。仍于御前降到捉贼赏钱内支一千贯文，开封府门外堆垛，召人告捕。如捉获虚造无根言语情重人，即支充赏钱。"52，p8312

【大观四年】七月七日，诏："勘会私有铜鍮石等，在法自许人告；如系贩卖，即许人捕；若私铸造，亦有邻保不觉察断罪之法。况私有铜鍮石，昨虽曾降指挥立限首纳，而无知之人玩法，无所畏惮。今已增立罪赏，尚虑民间将同常事，以不应存置之物依旧隐藏，不行首纳，可限今来指挥到日，于州县镇寨散出晓示，仍限一月内许人经所在官司首纳，依实直支还偿钱。过月不纳或收藏隐匿，听邻保诸色人纠告，勾收入官；知而不告，事发同罪。兼虑官司不切奉行，诸州仍委通判、县委知令专切警察督责施行，无致灭裂弛慢。候限满，令本路转运司具诸州县首纳到名数申尚书省。"52—53，p8312

【大观四年十月】六日，诏："近撰造事端，妄作朝报，累有约束，当定罪赏。仰开封府检举，严切差人缉捉，并进奏官密切觉察。"54，p8312

【大观四年十月】十五日，诏："在京并外路州郡，自来多有愚夫惑于邪说，或诱引人口，伤残支体，或无图之辈缘作过犯，遁迹寺院，诈称沙弥陁头，苟免罪辜，闪避徭役。炼臂、灼顶、刲肉、燃指、截指、断腕，号曰'教化'；甚者致有投崖赴谷，谓之'舍身'。州郡有一喧传腾播，男女老稚群聚咨嗟，鼓动蠢愚，掊敛钱物，残害人命，互相渐染，有害风教。在法自有明文禁止，有司不切遵守，日来尤甚。可检会条制遍行下，如有违犯，并依法科罪。其诱引之人为首，仍重加编配。如有因父母疾患割股割肝之类者非。若州县尚敢苟且，不切禁止，其本路监司、守臣并行严断。在京委开封府，京畿并诸路委监司，岁首检举行下。"54，p8312—8313

政和元年三月二十一日，诏："诸路公使支用，随逐处各有已定例册。其监司所在及巡历，或朝省遣官，所至州郡往往多不循例，过有供馈。朝廷察知其弊，遂修立崇宁五年春颁敕：'诸与所部监司若朝省所遣使命至本路，以香药馈送者徒二年，折计价（直）〔值〕，以自盗论。'虽已行下，而访闻其间，或不顾廉耻之吏，尚敢巧作名目，或将香药变为饮食之类，折等价钱，贪冒无厌，不知（正）〔止〕极。今后监司或朝廷所遣官至本路，虽非以香药馈送并折计价（直）〔值〕，而辄敢巧为别色名目收受者，并依上项崇宁五年敕条施行。"54—55，p8313

【政和元年】四月十五日，刑部奏："定州乞申严，自今将铜钱出雄、霸州、安肃、广信军等处，随所犯刑名上各加一等断罪。"从之。55，p8313

【政和元年四月】十九日，诏："狱吏不恤囚，至多（廋）〔瘐〕死。州县公人受文引追逮，多带不逞，用镴环杵索殴缚，乞取钱物。深可恻悯，宜严立法禁。"55，p8313

【政和元年】六月十六日，诏："川路接夷界地，自今（取）〔敢〕

有请射开（恳）〔垦〕，以违制论。"55，p8313

【政和元年六月】二十日，臣僚言："官员年六十以上及曾犯赃罪情重，不注知县，进纳授官不许权县事。"从之。55，p8313

【政和元年】七月四日，臣僚言："成都府泛科民间织造锦绮等非便，令约束，无使暴吏抑配扰民。"55，p8313

【政和元年】九月十七日，诏："比年遣使，不计重轻，皆以诏使为名，凌胁州郡，甚非观风察俗之意。应文武臣僚奉使，只依所领职任称呼。其供馈依监司。巡历所至，州县迎送不许出城。沿边自来合差人马防护，不得过数，如违，以违制论。"55，p8313

【政和元年十一月】二十三日，臣僚言："士大夫有诣僧寺参请入室，至去冠带，衣缁褐，折腰俛首，合爪作礼，立侍席末，师受其说而弗惭。其甚至有少妻寡妇屏去侍妾，密随其徒，更入迭出，斁教化，坏风俗，莫此为甚。乞非其徒而于僧寺入室者，以违制论。妇妻有犯，仍坐尊长。"诏："士大夫习圣人之正道，服先王之法服，而反易缁素，擎跽曲拳于释子之前，曾无愧耻。观此流且以纯素恬淡寡合自高，要誉于乡曲之间，较其实则奔竞躁进，毁誉是非，未必不甚于常辈。加之妇女出入，揉杂无间，诚宜禁止。可依所奏。"56，p8313—8314

【政和元年十一月】二十四日，诏："毁伤人体，有害民教。况夷人之教，中华岂可效之？宜增赏禁止，监司不举同罪。"56，p8314

【政和】二年二月五日，臣僚言："一时特旨，乃人主威福操纵御下之权，岂容攀援为例？乞诏有司，恪遵成法，不得以例决事。顷岁命一司救令所以六曹事可为永制者修为法，其出自特旨、非有司所决者，编集以备稽考。阅岁斯久，未闻奏御，亦乞立限修纂。"诏自今援例破条者徒二年，令御史台觉察弹奏。56，p8314

【政和二年】四月十二日，臣僚言："福建愚俗，溺子不育，已立禁赏。顽愚村乡，习以为常，邻保亲族，皆与之隐；州县勘鞫，告者认妄。究其弊源，盖缘福建路厚其婚葬，至如殡葬，不得其力。供祭罗列焚献之物，创新缯帛，里闾之间，不问知识，尽行送礼。不顾父母具存，藏凶服以待送丧之用，利赴凶斋，意在所得。使遭丧者所费浩瀚，遂致有父母之丧，岁月深久而不葬。愚贫之俗，避于葬费而焚弃。伏乞有司详议，士庶等各立格法。"刑部看详："福建路溺子，已有增立新法外，所有江南东西、荆湖南北路溺子，虽有大观四年四月救生子而杀刑名告赏，今乞于逐项条内'生子'字下各添入'孙'字一字，并于敕内第一项'放逐便'字下添入'赏仍依格'四字。"又礼部看详："福建路婚葬丰厚等条，已有海行外，今重别拟定下项：'诸父母存，非本宗及内外有服亲而辄凶服送丧，受顾行丧人非。若遇父母丧，而过百日，无故不（嫔）〔殡〕者，各杖六十。'"从之。56—57，p8314

【政和二年】六月二十二日，臣僚言："访闻入蕃海商自元祐后来，押贩海船人时有附带曾经赴试士人及过犯停替胥吏过海入蕃。或名为住冬，留在彼国，数年不回，有二十年者，取妻养子，转于近北蕃国，无所不至。元丰年中，停替编配人自有条禁，不许过海。及今岁久，法在有司，未常检举。又有远僻白屋士人，多是占户为商，趋利过海，未有法禁。欲乞睿断指挥，检会《元丰编敕》，配人不许过海条，重别增修，及创立今日已后曾预贡解及州县有学籍士人不得过海条赏，明示诸路沿海、次海州军。"诏依。有条令者坐条申明行下，其曾预贡解及学籍士人不得过海一节，于元条内添入。57—58，p8314

【政和二年】七月三日，宣州布衣臣吕堂上书："东南数州之地，尚有安于遗风，狃于故习，忮害不悛，公然杀人，贼父子之仁，伤天性之爱，男多则杀其男，女多则杀其女，习俗相传，谓之'薅子'。即其土风，宣、歙为甚，江宁次之，饶、信又次之。愿委守令以禁戒之，联保伍以督察之，立重赏以收捕之。有不变者，置以极刑，杀一儆百，使人有畏惧之心，则所活人命不可胜计矣。"诏依福建已得指挥，仍委监司按察，如有违犯，重置于法。58，p8314

【政和二年】八月一日，诏："比来内外职事诸司官等有同列处，多是独陈本处利害。赏罚之类，专一画旨，不候通签，一面施行，使赏恩不出于公上，罚怨归于人主，殊失事上之义。自今诸司局所双员以上者，并不许独员画旨。如违，官员坐流刑，吏人决配。令尚书省立法以闻，仍御史觉察纠劾闻奏。"58，p8314—8315

【政和二年八月】十一（月）〔日〕，诏："古我先王，绥厥兆民，一夫不获，时予之辜。朕嗣守祖宗鸿业，休养生息，四海泰定，夙兴夜寐，罔不惟民之承。比年以来，诏令数下，训迪戒谕，毋得骚动，播告之修，不匿厥旨。吏辄托法自便，废格违戾，夺其农时，害其常生，役使无艺。其令诸路监司检举前后不得科买、科配、率敛、差顾、假借、制造纽折之类条诏，申明榜谕，咸使知之。自今后有违者，罪加一等，吏人配二千里。即以强为和、以抑勒为情愿者，罪亦如之。因而乞取，以自盗论赃，轻配千里；若陈诉而不为理直者，徒二年。其大观三年以后许差顾及和预买指挥可更不施行。"58—59，p8315

【政和二年】十一月十一日，臣僚言："自今已后，诸在外见任官如私置机轴，公然织造匹帛者，并科徒二年。仍乞下有司，立为永法。"诏依奏，许人告，立赏钱二百贯，及许越诉。59，p8315

宋会要辑稿·刑法二·禁约二

政和三年三月二日，臣僚言："陛下肇新官制，自公、少而下以及武臣，考古验今，是正名实。然臣窃谓名虽正矣，而乱名者无禁；律虽设矣，而破律者无诛。官为将仕，尚称秘校；职列诸曹，仍呼府判。则名实安得而正乎？"诏令开封府晓示约束。60，p8315

【政和三年】八月十五日，臣僚言："《军马敕》：'诸教、象法誊录传播者杖一百。'访闻比年以来，市民将教法并象法公然镂板印卖，伏望下开封府禁止。"诏印板并令禁毁，仍令刑部立法申枢密院。60，p8315—8316

【政和三年】九月二十七日，诏："后苑作制造御前生活所翻样打造缬帛，盖自元丰初置，以为行军之号，又为卫士之衣，以辨其奸诈，遂禁止民间打造。日来多是使臣之家顾工开板，公然打造，更无法禁。仰开封府候指挥到，除降样制并自来民间打造二红相缬外，并行禁止。其外路亦不许打造、客旅兴贩入京，违者以违御笔论，许人告，赏钱三千贯文。所有（所有）缬板，许人陈首，赴府送纳焚毁。仍令出榜，委四厢使臣告示后，限五日，有犯依此施行。"60，p8316

【政和三年】十月一日，尚书省言："访闻诸色人多将京城内私下寄附钱物、会子之类出城，及于外处行使，有害钞法。"诏寄附钱、会子辄出新城外行用者徒二年，许人告，赏钱以会子所会、钱赏之。60，p8316

【政和三年十月】十三日，荆淮江浙等路发运副使贾伟节奏："当今太平极治之时，而号名之间，诵习传道，犹有称汉官、汉地、汉服之类，士大夫习见为常，因循不改，诚非尊重朝廷、齐一海内之意。宜明降诏书，号名之间，悉称云'宋'，凡旧称'汉'者一切禁止，亦三代着有夏、有商、有周之义。"从之。60—61，p8316

【政和三年】十一月十九日，臣僚言："江南逐年秋夏之交，深僻溪涧往往有人卒暴死亡者，皆因取鱼之患。愚民采毒药置于水中，鱼食之而死，因得捕之。盖止知取鱼之利，而不知害人之命也。欲望严立罪赏禁止。"诏以毒药捕鱼者杖一百，因食鱼饮水而杀人者减斗杀罪一等。61，p8316

【政和三年】十二月二十七日，诏："自今应内外非刑禁官司，不得辄置小荆杖栲讯。"61，p8316

【政和三年十二月】二十九日，臣僚言："诸帅臣、监司，凡按察之官，所以表率一道，每于朝拜行香之日，往往敢惮夙兴，称疾免赴。曾未（喻）〔逾〕时，迤复出谒，游从燕饮。上下相习，无或顾忌。欲望严立法禁，如既以疾病不赴而辄出入游赏宴饮者，以大不恭论。庶几傲慢不虔之吏，有所惩畏。"诏刑部立法申尚书省。三月二十三日，刑部修立到条："诸按察官，遇朝拜行香以疾免赴而辄出，谒若游宴者，各徒一年。"从之。61，p8316

【政和】四年二月五日，臣僚言："欲乞下诸路括责州县，前此有以讲说、烧香、斋会为名而私置佛堂、道院，为聚众人之所者，尽行毁拆。明立赏典，揭示乡保，仍令逐都保每季具有〔无〕邪法聚众申县，县申州，州申提刑司，类聚以上朝廷。结集徒党，事非细密，申令已明，傥复违犯，当严邻保之法。州城兵官、县巡尉，其不觉察之罪比佗官宜加等坐之。庶止邪于未形，且使无知之人免陷于刑戮。"从之。61—62，p8316

【政和四年】三月十八日，尚书省契勘："密州接近登、莱州界，系南北商贾所会去处，理合禁止蕃舶及海南舟船到彼。今添修下条：'诸商贾海道兴贩不请公凭而行，或乘船自海道入界河及往登、莱州界者，贩诸蕃及海南州县物回，若海南州县船到密州界，同徒二年。往大辽国者加二等。已买卖取与者徒三年，私相交易者仍奏裁。船物给赏外，仍没官。不请公凭而未行者徒一年，并许人捕。以上保人减犯人三等，同行人各杖八十。'"从之。62，p8316—8317

【政和四年】六月十九日，权发遣提举利州路学事黄潜善奏："仰惟陛下推崇先志，凡非先圣贤之书，若元祐学术、政事害于教者悉毋习，士宜强学待问，以承休德。而比年以来，于时文中采撷陈言，区别事类，编次成集，便于剽窃，谓之《决科机要》，偷惰之士往往记诵以欺有司。读之则似是，究之则不根于经术本源之学，为害不细。臣愚欲望圣断特行禁毁，庶使人知自励，以实学待选。"诏立赏钱一百贯告捉，仍拘板毁弃。仰开封府限半月，外州县限一月。62，p8317

【政和四年六月】二十七日，开封府奏："太学生张伯奋状奏，乞立法禁止《太平纯正典丽集》。其间甚有诈伪，可速行禁止，仍追取印板缴纳。"诏："已卖在诸处者许限一月缴纳，所在官司缴申尚书省。如违，杖一百。赏钱五十贯，许人告。"62，p8317

【政和四年七月】十二日，诏："诸路提刑司常行觉察夜聚晓散徒众及督责，仍每年具部内委无夜聚晓散徒众申尚书省。"63，p8317

【政和四年七月】十三日，诏："中外不许越职侵官，援例申请，以害成法。"63，p8317

【政和四年八月】三十日，诏："河北州县传习妖教甚多，虽加之重辟，终不悛革。闻别有经文，互相传习鼓惑致此，虽非天文、图谶之书，亦宜立法禁戢。仰所收之家经州县投纳，守令类聚缴申尚书省。或有印板石刻，并行追取，当官弃毁。应有似此不根经文，非藏经所载，准此。"63—64，p8317

【政和四年】九月八日，臣僚言："访闻惠州海丰县长桥亭壁上张挂白绢水墨画龙图子一面，四畔用紫绢缘。兼本路民庶之家，多有上件龙图子，并是久未来置造，其愚民不晓，因循习以成风。盖是自来官司失于奏请，全失奉君之礼，无所禁约。"诏："仰监司体究因依，如别无他弊，特免根究，缴申尚书省，仍速行禁止。民庶之家，仰限一月，经州县首纳免罪。逐州县类聚纳尚书省，逐旋进纳。"64，p8317—8318

【政和四年】十一月二十五日，臣僚言："窃见民间尚有师巫作为淫祀，假托神语，鼓惑愚众，二广之民信向尤甚，恐非一道德、同风俗之意也。臣愚欲乞申严法禁，以止绝之。若师巫假托神语，欺愚惑众，徒二年。许人告，赏钱一百贯文。"64，p8318

【政和】五年四月二十三日，臣僚言："江南盗贼间作，盖起于乡闾愚民无知，习学枪梃弓刀。艺之精者从而教之，一旦纠率，惟听指呼，习以成风。乞诏有司，责邻保禁止，示之厚赏，敢为首者加以重刑，庶免骚扰。"从之。64，p8318

【政和五年】八月十一日，刑部、大理寺奏："修立到条法：诸臣僚枢密院都承旨，左右司郎官，一省录事、都事，枢密院逐房副承旨，差守阙守当官，法司及贴司同。大理寺、开封府、国子监、太学、辟雍官，赤县若左右厢县勾当公事。不许出谒及接见宾客。翰林学士承旨、翰林学士、给事中、中书舍人、起居郎、起居舍人、太子侍读侍讲，尚书刑部、殿中省官，司农寺长贰丞，并禁出谒。假日即见客。尚书省官，六曹、秘书省及寺监、御史台检法主簿，遇假日听出谒，仍许见客。"从之。64—65，p8318

【政和五年】十一月四日，臣僚言："诸色人燃顶、炼臂、刺血、断指，已降指挥并行禁止，日来未见止绝，乞行立法。"诏："毁伤肢体，有害风教。况夷人之法，中华岂可效之？累有处分，终未能革。可遍行下，违者以大不恭论。添赏钱三千贯文。监司、守臣知而不举觉，与同罪。京师委开封府严行禁止。"65，p8318

【政和】六年正月二十三日，诏："近来京师奸猾狂妄之辈，辄以箕笔聚众立堂，号曰天尊、大仙之名，书字无取，语言不经，窃虑浸成邪匿。可令八厢使臣逐地分告示，毁彻焚烧。限三日外立赏钱三千贯（牧）〔收〕捉，犯人断徒二年，刺配千里，官员勒停，千里编管。若因别事彰露，本地分使臣与犯人同罪。每月一次检察告示，取使臣知委，缴连闻奏。京城内外准此。"其后闰正月二十七日，臣僚又言，乞遍下诸路约束，诏依前降指挥行下。65，p8318

【政和六年】闰正月八日，尚书省言："访闻士庶之家，以闰月为嫌，至于几筵之类，收藏不复祭飨，失礼为甚。自今许人告，以徒二年坐之。"从之。在京令开封府止绝。65，p8318

【政和六年】五月十五日，提举宝箓宫兼详定一司敕令王诏奏："内外官司应今后行遣文字，并用真楷，不得草书。至于州县请纳钞旁，亦依此例。乞令尚书省立法。"诏诸官文书辄草书者杖八十。65，p8318

【政和六年五月】二十一日，诏："访闻成都府大慈寺门楼斜廊安设鸱尾，沿袭五季专恣之弊，僭侈无度。其（师）〔帅〕府、监司七夕率皆登临宴饮，无复忌惮，吏民聚观，不可以训。今后七夕排当登寺门事可罢，如更有以此亏违典礼者，仰帅臣禁止施行。"65—66，p8318—8319

【政和六年】六月十一日，诏："访闻诸路民间多是销毁铜钱，打造器皿，毁坏钱宝，为害不细。仰尚书省申明条法，重立赏，严行禁止。"检会《政和赏格》："告获铍销、磨错、剪凿钱取铜以求利及买之者，杖罪钱一十贯；徒一年钱二十贯，每等加一十贯；流二千里钱七十贯，每等加一十贯。"诏："于《赏格》内杖罪添作五十贯，徒一年七十贯，流二千里一百贯，余并申明行下。"66，p8319

【政和六年】七月三十日，诏："访闻相州林（摅）〔虑〕县、邢州龙冈县天平、陵霄二山高崖之上有舍身台，每岁春月，村民烧香，闻有僧行诱惑，使人舍身者，导以法事，欲悔不能。僧行利其赀财衣物，愚民无罪而就死地。不有禁止，何以爱民！仰本州县当职官常切觉察，犯者以故杀论，仍令主僧偿命。许人告捕，每名支赏钱一千贯，白身与补进义校尉，有官人转两官，诸色人转两资，并不原赦。官司失觉察，以违御笔论。仍版榜揭示二县山路。监司、走马失按劾者与同罪，仍著为令。"66，p8319

【政和六年】十月十八日，入内内侍省武翼大夫、淮南路走马承受公事王道奏："外路州军百姓有报仇怨，包藏祸心，多用砒霜毒药密以中人。伏望特降睿旨，尽收入官，不得私相买卖。"诏违者徒二年，许人告，赏钱三百贯。66，p8319

【政和六年】十一月十日，冬祀赦："勘会累降指挥及严立法禁，诸路州县不得科配、率敛、差顾、假借什物、制造纽折之类，及租赋、和买不得前期催理，并和买之物须得即时支价钱。访闻州县循习既久，经赦犹未尽革，仰监司点检，速行改正。所有不即支给价钱，仍互相按劾以闻，违者徒三年，许人告，吏人配千里。"66—67，p8319

【政和六年十一月】二十九日，诏："比闻诸局擅遣大小使臣出外计置物件，所遣官骚动州县，扰害良民。自今无付受朝旨，辄遣使臣出外，若所在受而为施行者，并〔以〕违御笔论。令监司觉察，御史台弹劾以闻。"67，p8319

【政和六年】十二月十日，刑部奏："修立到'诸监司依监司例人凡可按刺州县者同。辄赴州郡筵会及收受上下马供馈者，各徒二年'等条。"从之。67，p8319

【政和七年六月】二十五日，前提点江南东路刑狱周邦式奏："江南风俗循楚人好巫之习，闾巷之民一有疾病，屏去医官，惟巫觋之信，亲戚邻里畏而不相往来，甚者至于家人犹远之而弗顾，食饮不时，坐以致毙。乞立法责邻保纠告，隐蔽而不言者坐之。"诏令监司、守令禁止。67，p8319—8320

【政和七年】七月六日，臣僚言："臣窃惟朝廷大恢庠序，养士求材，每患晚进小生蹈袭剽窃，不根义理。顷因臣僚奏请，尝降御笔，明行禁绝。书肆私购程文，镂板市利，而法出奸生，旋立标目，或曰'编题'，或曰'类要'，曾不少禁。近又公然冒法如昔，官司全不检察。乞令有司常切检举，缉捕禁绝。"从之。67—68，p8320

【政和七年七月】十七日，诏："广东之民多用白巾，习夷风，有伤教化，令州县禁止。"68，p8320

【政和七年】八月三日，诏："访闻河朔郡县凡有逐急应副河扫梢草等物，多是寄居命官子弟及举人、伎术、道僧、公吏人等别作名目揽纳，或干托时官权要，以揽状封送令佐，恣其立价，多取于民，或令民户（陪）〔赔〕贴钱物，郡县为之理索，甚失朝廷革弊恤民之意。自今并以违御笔论，不以荫赎及赦降、自首原减。许人告，赏钱一千贯，以犯事人家财充。当职官辄受请求者与同罪。"68，p8320

【政和七年】十一月六日，臣僚言："伏睹县令，州官及本县官不许托县镇寨官买物。访闻贪吏违法，禁托买而不禁自买，故州官行属县，县官行镇寨，多出头引收买匹帛丝绵等物，外邑镇寨之民尤甚苦。欲乞今后州县官非廨宇所在，如因事至邑镇寨，唯许买饮食药饵日用之物外，余悉禁之。仍立法行下。"户部供到《政和敕》："诸监司依监司例人凡可按刺州县者同。不系置司去处，每遇出巡，止许收买饮食药饵及日用物色，其余辄置买者，依托所部命官卖买物色法。"契勘即无州县官非廨宇所在，因事至属邑镇寨，唯许收买饮食药饵日用之物外，不许买他物法条禁。诏于上条内"卖买物色法"字下，添入"州县官出外准此"。（从之）。68，p8320

【政和七年】十二月十三日，诏："除刑部断例外，今后应官司不得引例申请。"68—69，p8320

【政和】八年正月十二日，诏："访闻拱州每年社会赛，城隍土地聚集百姓军人，张黄罗伞及唱喝排立起居行列。兼本州南寺干办年例作葬佛会，多是僧行预散帖子，纠率县下乡民户百姓，男女同处，身服布衣，首施纸花，沿路引迎纸佛。及经由道路，林木皆用纸钱装挂，选地焚烧，数千余人并行举哭事。奉御笔：为累经赦宥，特免根究，可下本州禁止。今后除宫观崇奉天神许存留红黄伞扇外，余遍下诸路，州军委知通，县委令佐，官司躬亲契勘，有处仍与免罪，当官焚毁讫，申本路转运司核实保明有无漏落以闻。所有葬佛服缟素等举哭一节，仰止绝。如日后有犯，为首纠率人并杖脊，黥配远恶去处，预会人各等第科罪。州县守令常切觉察，仍遍行下。守倅失觉察，徒二年。监司按劾，廉访使者互察。"69，p8320

【政和八年二月十二日】，臣僚言："应官司不得引例申请，法所不载，故用例以相参，则事不失轻重。且元丰即无不许用例之制，惟元祐例立法禁，不得引用。今一切不用，则皆元祐之事。又有司临时高下其手，可以为弊。"诏："除无正条引例外，不得引例破条，及不得引用元祐年例。"69—70，p8321

【政和八年七月】二十四日，诏："访闻川峡民庶因飨神祇，引拽簇社，多红黄罗为伞扇，僭越无度，理当禁止。可检会近降不许装饰神鬼队仗指挥，内添入'民庶社火不得辄造红黄伞扇及彩绘以为祀神之物纸绢同'。犯者以违制论，所属常切觉察。"71，p8322

【政和八年】八月五日，臣僚言："近者臣僚被旨保明官吏等姓名推赏，欲乞今后止得开具等第姓名，不得指定陈乞，违者重立宪禁，以正国体，以重君命。"诏依奏，违者以违制论。71，p8322

【政和八年】九月十三日，诏："州县遏籴，以私境内，边将杀降，以幸功赏，殊失惠养元元、招抚羌戎之意。自今有犯，必罚无赦。"以刑部尚书范致虚言："州县擅下遏籴之令，实为民害；边将杀降，沮外夷向化之心。乞立法，辄杀降者如杀人之罪。"故有是诏。71—72，p8322

【政和八年】闰九月十一日，提举河北西路学事张绰奏："伏见士大夫有造私第而十谒者，尤雨旸寒暑之悍。故命令一出，人皆知之，曰某官乃某人门下也。既得之，获举者必谢，受谢者不辞，恬不以嫌疑为避。欲望睿断，应有公举而辄私谢者，立法以禁止之。"诏："诸省台寺监官以公事见宰相、执政者，诣都堂及所聚厅处。若得替赴任参辞者准此。即属官及所请召若亲戚，不以有无服纪，听诣府。"72，p8322

重和元年十一月十五日，中书省言，乞在京官司遇壬戌日不奏刑杀。从之。72，p8322

【重和元年十二月】十五日，开封尹盛章奏："窃惟陛下即位以来，屡诏有司讨论礼制，张官庀局，首尾十年，始克成书。伏自《新书》之颁，累年于兹矣。比者帝子下降，帅臣之家始修舅姑馈盥之礼，位置枣栗，进拜唯谨。事既传闻，下至闾巷细民，无不咨嗟歆息，以谓虽王姬之贵，陛下犹且以新仪从事，况我曹之贱而敢有不遵者乎！日者陛下又虑所颁《新仪》天下遵行未遍，在京流俗尚又沿循旧例者，再降处分，令本府立法施行。臣契勘民间冠昏，所用之人多是俚儒、媒妁及阴阳卜祝之人。臣已令四厢并籍定姓名，逐旋勾追赴府，令本府礼生指教。候其通晓，即给文帖，遇民庶之家有冠昏丧葬之礼，即令指（受）〔授〕《新仪》。如尚敢沿循旧例，致使民庶有所违戾，及被呼不赴，因缘骚扰，邀阻贿赂，并许本色人递相觉察陈告，勒出本行。其不系逐厢籍定之人，不许使令。所贵各务讲寻《新仪》，上下通晓。本府恭依处分，立到条法：违仪不奉行者，以违制论，不以去官、赦降原减。"从之。73—74，p8322—8323

宣和元年正月二十一日，诏："昨降指挥，诸路州军除奉天神之物许用红黄伞扇等外，其余祠庙并行禁绝。访闻诸处画壁、塑像、仪仗之类，尚多僭侈，或用龙饰。可限指挥到日，本州长贰、当职官检察僭侈名件，（圩）〔坊〕塓改易，仍加严饰，不得亵慢。委廉访使者觉察以闻。"74，p8323

【宣和元年】二月四日，提举道箓院奏："伏睹僻远乡邑，画三清、玉皇仪像于尺素方纸间，每荐以盘荤杯酒，混杂诸神。习之既久，不为禁止。欲望特降睿旨下诸路，委监司、廉访、守令及以次当职官吏〔申〕严行下，觉察搜访，正以典刑，仍以捕获强盗之赏赏之。"从之。74，p8323

【宣和元年】四月一日，诏："沧州清池县饶安镇市户张远、无棣县新丰村张用、清州干宁县齐圮等，各为烧香受戒，夜聚晓散，男女杂处，互相作过，见今根勘。仰承勘官（子）〔仔〕细研究，不得漏失有罪，亦不得横及无辜。兼访闻沧、清、恩州界日近累有夜聚晓散公事，从来条约甚明，深虑愚人易惑，因而滋长，害及良民。仰本路提点刑狱司检会条贯申明行下，令逐州县镇粉壁晓示，重立告赏。其为首人于常法之外，当议重行断罪。"74—75，p8323

【宣和元年四月】二十二日，臣（寮）〔僚〕言："五（部）〔礼〕禁令，断自圣学，著为成书，严若防范，不可逾也。臣伏见郡守、县令奉法不虔，士俗民风故习犹在，昏葬之礼务为僭奢，有司孰视，恬不呵止，五礼之禁令仅挂墙屋。谓宜申严诏旨，责监司按举而行之，使太平盛典不为空文。"诏仰礼部检会前后累降指挥申明行下，监司以时按劾。75，

p8323

【宣和元年五月】八日，臣僚言："欲望出自宸断，唯知、通许用妓乐，其次郡县官除赴本州公筵及遇外邑圣节开启与旬休日听用伎乐外，余乞并依教授法。"诏："郡县官公务之暇，饮食宴乐，未为深罪。若沉酗不节，因而废事，则失职生弊。可详臣僚所奏，措置立法，将上取旨施行。"75，p8324

【宣和元年五月】十四日，臣僚言："臣窃见近日臣僚多称官名，选人自一命以上，例呼宣教，所谓七阶，鲜有称者。文臣朝请郎、武臣武功郎以下，通呼大夫者往往有之。其妄冒称呼，不可概举。况《政和职制令》：'诸命官不得容人过称官名。'自有明文，但未举而行之耳。伏望圣慈特赐申敕，今后如有违犯，在京委御史台、在外委监司纠劾以闻。"诏依奏，如承宣使称节度使，节度使称相公，王称大王之类，并悉行禁止。如违，并以违制论。委御史台、东上阁门觉察弹奏。75—76，p8324

【宣和元年】六月十四日，臣僚言："窃见迩来凡朝廷进用人材、除授差遣之类，曾未拟议，而士大夫间好事者乐于传播，撰造无根之言。欲望明诏有司，严为禁止。"诏："今后妄有传报差除，以违御笔论，委三省、御史台、开封府觉察，仍令开封府捉事使臣告捉。"76，p8324

【宣和元年】八月十八日，京东西路提举学事司奏："本司管勾文字职事与他司属官不同，每岁看详文武学生上舍等试卷及州学讲义、每年上舍等题目，文字最为浩繁，其禁止接送之法，乞依诸路州学教授条禁施行。"从之。76，p8324

【宣和元年八月】十九日，河东路都转运司奏："伏睹《律》节文：'诸堂外甥女不得为婚姻，违者杖一百，离之。'《刑统·疏议》：'外甥女亦系堂姊妹所生者，于身虽无服，据理不可为婚。'契勘上件律文，止为堂外甥女不得为婚，即未审再从姊妹所生女合与不合成婚，有此疑惑。乞申明降下。"刑部参详："《律》称己之堂姨及再从姨、堂外甥女并不得为婚者，盖为母之同列及己身卑幼，使尊卑混乱，人伦失序，故不得为婚姻。虽《刑统·疏议》止称堂外甥女，谓堂姊妹所生，缘律内称男不得娶己之再从姨，其再从舅者婚再从姊妹所〔生〕女，即与男娶再从姨尊卑事体无异，于理亦合禁止。"从之。76，p8324

【宣和二年】三月十九日，朝奉郎、守开封府右司录李侗奏："伏见监司被受御笔处分，或暂摄帅府，或托故在假，身不行而委官以代之。被委小吏，请托避免，动涉月日，莫肯就道。慢命不虔，于此为甚。欲望严立约束。"诏："今后监司被受御笔处分，无故不亲往，辄委官者，徒二年，不以（失）〔去〕减。"77，p8325

【宣和二年四月】十八日，诏："今后应勾追被盗人到官，对会讫便行疏放。或委有事故，听狱官具情由禀长吏，通不得过五日，庶几革去奸弊。仰刑部检详立法。"77—78，p8325

【宣和二年】六月十二日，诏："自今冲改元丰法制，以大不恭论。"78，p8325

【宣和二年六月】二十日，诏："先帝董正六部，应依条式，事奏钞画。闻近来差注、转官、支赐、支破、请给、封赠、回授等事，不合具钞及应取旨者，皆批状送钞旁，有违官制。自今后并遵依元丰法令，如违，仰御史台弹奏。今日以前特免改正。"78，p8325

【宣和二年】十一月四日，臣僚言："一、温州等处狂悖之人，自称'明教'，号为'行者'。今来明教行者各于所居乡村建立屋宇，号为斋堂。如温州共有四十余处，并是私建无名额佛堂，每年正月内取历中密日，聚集侍者、听者、姑婆、斋姊等人，建设道场，鼓扇愚民，男女夜聚晓散。二、明教之人所念经文及绘画佛像，号曰《讫思经》《证明经》《太子下生经》《父母经》《图经》《文缘经》《七时偈》《日光偈》《月光偈》《平文策》《汉赞策》《证明赞》《广大忏》《妙水佛帧》《先意佛帧》《夷数佛帧》《善恶帧》《太子帧》《四天王帧》。已上等经佛号，即于道释经藏并无明文该载，皆是妄诞妖怪之言，多引'尔时明尊'之事，与道释经文不同。至于字音，又难辨认。委是狂妄之人伪造言辞，诳愚惑众，上僭天王、太子之号。"奉御笔："仰所在官司根究（指）〔诣〕实，将斋堂等一切毁拆。所犯为首之人依条施行外，严立赏格，许人陈告。今后更有似此去处，州县官并行停废，以违御笔论。廉访使者失觉察，监司失按劾，与同罪。"78—79，p8325

【宣和】三年正月十三日，诏："两浙、江东路贼发，应知州、通判，应州县等官，并不得陈乞致仕、寻医、侍养，并请假离任。已陈乞及离任者，令本路监司疾速勾还本任。托疾致仕者，令中书省记录，候贼平取旨。"79，p8326

【宣和三年正月】二十五日，诏："自来收买计置花竹果石，造作供奉物色，委州县监司干置，皆是御前预行支降钱物，令依私价和买。累降指挥，严立法禁，不得少有抑配。比者始闻赃私之吏借以为名，率多并缘为奸，驯致骚扰，达于闻听。可限指挥到，应有见收买花石、造作供奉之物，置局及专承指挥计置去处，一切废罢，仍限十日结绝，官吏、作匠、钱物并拨归元处。已计置造作、收买到见在之物，所在桩管具奏。若尔后尚敢以贡奉为名，因缘科扰，以违御笔论。"79—80，p8326

【宣和三年】二月一日，诏："水陆船车辄置旗号牌榜，妄称御前急切纲运物色，因而骚扰州县者，以违制论。系臣僚之家私物及兴贩而辄称御前纲运物色者，以违御笔论。许人告，赏钱五百贯。"80，p8326

【宣和三年二月】二日，诏："近来臣庶之家于淮南、两浙、福建等处计置山石花竹之类，致有骚扰，可令禁止，违者以违制论。"80，p8326

【宣和三年】四月一日，臣僚言："忻、代州、宁化军界山林险阻，仁宗、神宗常有诏禁止采斫，积有岁年，茂密成林，险固可恃，犹河朔之有塘泺也。比年采伐渐多，乞立法禁。"从之。80，p8326

【宣和三年四月】九日，怀安军奏："奉圣旨，尚书省公相厅改作都厅，内外都厅并行禁止。契勘本军职官目前并于都厅聚议文字，今准前项指挥，欲将本军都厅改作签厅为名。如蒙允许，其条令内所载亦乞准此贴改施行。"从之，诸路依此。80，p8326

【宣和三年四月】二十四日，诏："臣僚章疏，不许传报中外，仰开封府常切觉察，仍关报合属去处。内敕黄行下臣僚章疏，自合传报；其不系敕黄行下臣僚章疏，辄传报者以违制论。"80，p8326

【宣和三年四月】二十五日，臣僚言："欲乞应官司出卖钞旁，如诸色人辄敢贩卖，于官价外增搭一文以上，乞重置于法。仍立赏，许人告，庶绝骚扰细民之弊。"奉御笔相度施行。尚书省勘会："诸色人增价贩卖钞旁定帖，即与公吏人等增价转卖事体无异，缘（五）〔令〕文未明，今相度，欲诸色人增价贩卖钞旁定帖罪赏，并依公吏人增价转卖已降指挥施行。"从之。80—81，p8326—8327

【宣和三年四月】二十七日，中书省、尚书省言："勘会僧尼所用铙钹，已措置令在京文思院广行制造出卖。访闻多有昨来首纳未尽数目，窃虑影带私造，难以禁戢。"诏："应首纳未尽铙钹，限一月许随所在官司陈首，特与免罪。官为镌凿字号，给据照验使用。如出限不行陈首，断罪、告赏并依私有铜法。仍仰所属（言）〔严〕行觉察，公吏人等不得阻

节，接便乞取骚扰。"81，p8326—8327

【宣和三年】五月十六日，中书省、尚书省言："四月二十八日奉御笔：'应诸路和籴，比较优劣及籴场官吏乞取减克、邀阻留滞、取样过数，或妄立名目收钱，若命官、进士、僧道、公人等请托入中等事，仰尚书省检会见行条令，措置增立刑名及告赏条格，行下诸路遵守。'勘会和籴斛斗、请托入中，罪赏已严。其《宣和二年正月十九日指挥》，止为东南六路，余路亦合依此。今措置诸路斛斗和籴、请托入中等，欲并依前项东南六路已降指挥施行。"从之。81，p8327

【宣和三年】闰五月七日，尚书省言："契勘江浙吃菜事魔之徒，习以成风。自来虽有禁止传习妖教刑赏，既无止绝吃菜事魔之文，即州县、监司不为禁止，民间无由告捕，遂致事魔之人聚众山谷，一日窃发，倍费经画。若不重立禁约，即难以止绝，乞修立条。"从之。82，p8327

【宣和三年】六月十四日，京西南路提举常平司奏："准《御笔》：'近岁诸路州军公吏人违条顾觅私身，发放文字及勾追百姓，或谓之家人，擅置绳锁，以威力取乞钱物，为害遍于四方。监司、守令坐视，漫不省察。可令诸路提举常平官躬亲巡按，点检觉察。应公吏人除依许顾家人外，辄置家人或贴身之类者，并以违制论。许人告，赏钱一百贯。仍许民户诣监司越诉。'本司官除已不住点检觉〔察〕施行外，看详公吏人令本家亲戚或他人顾到人力，以借为名，下乡勾当，追呼骚扰乞取，即与私置家人事体无异。缘未有该载明文，欲乞应公吏人令本家亲戚或借请他人力等，发放文字，勾追百姓，并依前项御笔指挥施行。"从之，诸路依此。81，p8327

【宣和三年】七月六日，三省言州县祀神，聚众相殴，未有禁约。诏今后为首罪轻者徒二年。83，p8327

【宣和三年】八月二十五日，诏："诸路事魔聚众烧香等人所习经文，令尚书省取索名件，严立法禁，行下诸处焚毁。令刑部遍下诸路州军，多出文榜，于州县城郭乡村要会处分明晓谕。应有逐件经文等，限今来指挥到一季内，于所在州县首纳。除二宗经外，并焚毁。限满不首杖一百，本条私有罪重者自从重。仍仰州县严切觉察施行，及仰刑部、大理寺，今后诸处申奏案内如有非道释藏内所有经文等，除已追取到声说下本处焚毁外，仍具名件行下诸路照会，出榜晓谕人户，依今来日限约束首纳，焚毁施行。"83，p8327—8328

【宣和三年】九月二日，臣僚言："臣闻四海之广，所与共治者莫严守令，而监司刺举之官也。伏见近岁以来，任非其人，背公自营，倚令骚众。到职之后，上之德意弗务宣究，民之利病弗务询采，一意以附托权势为计，委之营缉田产，制造器用，与办治其私者，公然不以为嫌。由是傍立名目，侵用公钱，须索诛求，靡有艺极，公私被害，有不可胜言者。甚则指名其人，假托气焰，强市横敛，抑配追呼，弗酬其直，弗顾其力，类多有之。伏望特降诏旨，自今有敢蹈习抵犯，重立典刑，内令御史台、外委廉访使者觉察按治。"诏："被委及委之者并以枉法自盗论，御史台、廉访知而不按与同罪，仍镂板印给诸路监司。"又诏："以降指挥禁止监司守令为人营治私事，如差使臣等出外勾当，而凭借声势，干托监司州县，或骚扰百姓者，并依已降指挥，仍并以违御笔论。"83—84，p8328

【宣和三年九月】二十二日，臣僚言："官守乡邦，著令有禁，陛下待遇勋贤，优恤后裔，故其子孙宗族有除授本贯差遣，不以为嫌，示眷礼也。而迩来非勋贤之后，多任本贯及有产业州县官。其田舍连属，悉皆亲旧，而胥吏辈并缘为奸，民讼在庭，以曲为直。挠法营私，莫此为甚。乞除勋贤之后得旨令子孙任本州官及曾任宰执外，余令自陈，对移一等差遣。愿罢者听。匿而不言或冒居者，必罚无贷。"从之。84，p8328

【宣和三年】十月八日，诏："访闻城寨掌兵官，近年已来多规求差出，妄作假故，动经数月，离去本任。其一寨职事，并付权官，比及任满，虚受赏典，深属侥幸。今后诸路城寨掌兵官，除军兴许差外，余并不得差出、给假、离任，违者以违制论。"84，p8328

【宣和三年十月】二十一日，诏："诸非应奉司辄遣使臣来往州郡计置收买什物果石者，以违御笔论，守臣、监司应付者与同罪。"84，p8328

【宣和三年十月】二十九日，诏枢密院："禁军阙额请受、收租、保甲封桩钱物，非专承枢密院及三省、枢密院同降指挥，不许使用，不得一例作朝廷诸司封桩钱物借支支那。如违，以违制论。"84—85，p8328

【宣和】四年四月十二日，中书省、尚书省言："勘会官司被受条制，置籍编录，以元本架阁。并应注冲改而不注，或编录不如法，若脱误有害，所掌吏人替日交受，并已有断罪约束条法，自合遵守，更不销别有增立。伏乞申严行下。"诏："应被受条制置册编录者，并用印，当职官以所受真本逐一校读讫，付吏人掌之。如违，杖一百。"85，p8329

【宣和四年四月】二十八日，诏："国朝置禁旅于京师，处则谨守卫，出则扞边境，故择诸爽垲，列屯相望，将校步骑，驰走教阅，分都置舍，多寡往来，各有区处，以相保守，其法甚严。比来官司、臣僚指射干请，置局增第，致令禁旅暴露潷隘，不安其居，闻之恻然。夫介胄之士所与共患难，惟有以恤其私，然后可使之竭力。自今敢有如前指射者，以违制论。"85，p8329

【宣和四年八月】二十二日，诏："诸沿边官吏辄以私书报边事，以违制论。"86，p8329

【宣和四年】十月十八日，诏："访闻州县仓场受纳多不以时，留滞乡民，物斛露积，或遇风雨，遂成弃物，非理退换，为害不细。今后应退换物，并书文籍，违者以违制论。"86，p8329

【宣和四年】十二月七日，诏："应买物斛，差官称量，被差官不躬亲监临，或指数约貌，量收出剩，或得支用过数目为已称量出数者，各杖一百。赴本处宴会者加一等。"86，p8329

【宣和四年十二月】十二日，权知密州赵子昼奏："窃闻神宗皇帝正史多取故相王安石《日录》以为根柢，而又其中兵谋、政术往往具存，然则其书固亦应密。近者卖书籍人乃有《舒王日录》出卖，臣愚窃以为非便，愿赐禁止，无使国之机事传播间阎，或流入四夷，于体实大。"从之。仍令开封府及诸路州军毁板禁止。如违，许诸色人告，赏钱一百贯。86—87，p8329

【宣和四年十二月】二十四日，臣僚言："林虑编进《神宗皇帝政绩故实》，其《序》称'先臣希尝直史馆，因得其绪，纂集成书'。鬻于书肆，立名非一，所谓《辞场新范》之类是也。乞禁止。"从之。87，p8329

【宣和】五年五月二十七日，中书省言："访闻外路县官多有不恤民力、抑勒侵扰事件。乡村陈过词状，未论所诉事理如何，却先根刷陈状人户下积（久）〔欠〕不问捐放分数、倚阁年限，并行催索。百姓避惧，遂致不敢到官披诉冤抑。或因对证，勾追人户到县，与词状分日引受。若遇事故，有迁延至五七日不能辨对了当，非理拘留，妨废农事。又有保正长、甲头之类，日限分催税数，仍令三日赴县衙出头比磨期限，迫促趋赴下辨乡村，地里夐远，多是不得及时催督，皆属未便。今乞转运司觉察，如有上项去处，并行止绝，日后常切点检。仍遍行晓示乡村知悉。勘会租税辄勾催税人赴官比磨已有法禁外，县道民讼与追会到公事，并合每日受理行遣，不当分日引受。其人户有欠，自合平日催督，若遇赴诉，却根刷出户下积欠催索，显是故为抑塞，并属违法。"诏令户部坐条申明，及遍下诸路监司，常切觉察点检。如有前项违慢去处，并仰按劾施行。87，p8329—8330

【宣和五年】六月十一日，中书省言："近降指挥，禁止市井营利之家不得以官号揭榜门肆，其医药铺以所授官号职位称呼，自不合禁止。检准宣和五年三月十七日延康殿学士赵遹奏，乞降睿旨禁止市井营利之家、伎巧贱工不得以官号揭榜于门肆，诏令开封府禁止，外路依此。"诏："《宣和五年三月指挥》更不施行，令开封府出榜晓谕。"87—88，p8330

【宣和五年】七月十三日，中书省言，勘会福建等路近印造苏轼、司马光《文集》等。诏："今后举人传习元祐学术，以违制论，印造及出卖者与同罪，著为令。见印卖文集，在京令开封府，四川路、福建路令诸州军毁板。"88，p8330

【宣和五年】十一月二十七日，提举潼川府路常平等事吕希莘奏："窃见近来州郡多差军人散在市井，以捉事为名，侵渔百姓，恐吓求取，其弊百端。小不如意，肆为凌暴，良民被害，甚于盗贼。欲望特诏有司立法，诸州郡非厢巡捕兵而辄差军人散在街市以捉事为名者，重为之禁。提刑司觉察，每季检举。出榜晓示，使民间通知。庶使太平之民，各享安业之乐。"从之。88，p8330

【宣和五年】十二月四日，尚书省言："勘会禁止蕃装、胡服，断罪、告赏指挥已严，近日士庶于头巾后垂长带，有类胡服，亦合禁止。"诏申明行下，仍令阁门、御史台、太常寺、开封府常切觉察及弹奏。88，p8330

【宣和五年十二月】五日，权发遣万州李载奏："本州非时监司呼索采取石砚，民无休息，欲乞于农务之月，不许采取。"虞部供到即行禁止、不许采取指挥，及无立定上供之数条法。看详万州砚石，监司相承劳民采取，显属骚扰。欲乞立法，应见任官辄下州县差人采取者，并科违制之罪，仍计庸坐赃论。从之。88，p8330

【宣和】六年正月十三日，秦凤路经略安抚使郭思奏："访闻管下州县将人户籍充乐人、百戏人，寻常筵会接送，一例有追呼之扰。乞降指挥，除圣节开启外，截日改正。"礼部状称："将人户籍充乐人、百（战）〔戏〕人，勒令阅习百戏、社火，寻常筵会接送追呼等，即未有禁约条法。看详除圣节开启并传宣抚问之类外，并合立法禁止。"诏州县辄抑勒人户充乐人、百戏、社火者杖一百。88—89，p8330—8331

【宣和六年】二月四日，臣僚言："比者纷然传出一种邪说，或曰《五公符》，或曰《五符经》，言辞诡诞不经，甚大可畏。臣窃意以谓其书不可留在人间。"奉圣旨，令刑部遍下诸路州军，多出文榜，分明晓谕。应有《五公符》，自今降指挥到，限一季于所在官司首纳，当时即时焚毁，特与免罪。如限满不首，并依条断罪施行。仍仰州县官严切觉察。诏："限一季首纳，限满不首，依谶书法断罪，许人告，赏钱一百贯。余依已降指挥。"89，p8331

【宣和六年二月】三十日，诏："诸路州县公人犯赃私罪，依格虽会恩永不收叙，或虽许叙，皆有期限。若有所规避，改易名姓应召募，官司明有法禁。访闻州县近来多以不应叙或合叙而岁月未满，或曾断罪而改易姓名之人，辄敢违法收补，容庇奸猾，肆为欺扰。可申明条约行下，仍令逐路监司常切觉察。"89，p8331

【宣和六年】三月四日，诏："臣（寮）〔僚〕将带人从，依格各有定数，其辄借人力，除宗室已立法外，在内供职臣僚亦合一体禁止。今后应臣僚辄带借（债）〔倩〕或售顾人力入宫门，罪赏并依宗室法。将带过数，止坐本官。若兼领外局，所破人从非随本官辄入者，自依阑入法。"89—90，p8331

【宣和六年三月四日】，提举荆湖北路常平等事郑庭芳奏："契勘天下坊场所入，酒利最厚。比年买扑坊场之家，类多败阙，多因州县官令酒场户卖供给酒及荐送伶人之类。欲乞朝廷立法。"勘会："除在任官荐送人于所部已有法禁自合遵守外，余合取自朝廷指挥。"诏："见任官将所得供给酒抑配，令酒场户出卖者，以违制论。"90，p8331

【宣和六年三月】八日，诏："诸路提刑司奏请申发根催，各有日限。访闻吏缘不虔，公然弛慢，宪司、州县恬莫加（血）〔恤〕，或法寺退驳，致有往复留滞。可自今奏案并限三日申发，除依条关申外，仍仰御史台检察稽滞去处，弹劾以闻。"90，p8331

【宣和六年】闰三月二十五日，中书省言："臣僚言（臣僚言），神宗皇帝肇修免役之法，罢豪右管勾公库，增吏禄以养廉。而近岁士大夫奔竞成俗，馈献包苴之风盛行于时，不可不禁。诏令立法。今拟：'诸命官以金缯、珠玉、器用、什物、果实、醯醢之类，送遗按察官及权贵，若受之者，并坐赃论。'"从之。90，p8331

【宣和六年闰三月】二十九日，中书省、尚书省言："勘会诸色因（祀）〔祠〕赛、社会之类，聚众执引利刃，从来官司不行止绝。其利刃之具虽非兵仗，亦当禁止。"诏："应诸色人因祠赛、社会之类执引利刃，虽非兵仗，其罪赏并依执引兵仗法。仍仰州县每季检举条制，出榜禁止。如以竹木为器，蜡纸等裹贴为刃者，不在禁限。"90，p8331

【宣和六年】四月二日，诏："河南府中岳有受戒亭一所，内立石刻，并嵩山戒坛院、岳寺竹木洞见塑中岳圣帝受戒之像及碑文等，并行毁弃。应有似此亵渎圣像去处，仰所属常切觉察，遵依已降指挥施行。辄敢存留，并以违制论。"90—91，p8331—8332

【宣和六年四月】四日，臣僚言："乞诏有司，应诸州公使库辄均配人户米麦，及在任官令机户织造匹帛者，重立宪法，庶使黩慢之吏少知畏戢。"诏令尚书省立法。尚书省修到："诸外任官自置机杼或令机户织造匹帛者，各徒二年，计所利赃重者以自盗论，仍并许越诉。"从之。91，p8332

【宣和六年】五月六日，臣僚言："伏睹《宣和二年御笔》：'在京官司辄置柜坊收禁罪人，乞取钱物，害及无辜，已降指挥，并令去拆。及已重立法禁，又访闻外路尚有沿袭置柜坊去处，为民之害尤甚，限一日去拆。自今敢置者，以违御笔论。'臣谨按，诏书数下，训辞深厚，恩施甚美，盛德之事也。然豪吏擅私，贪大求利，覆山为恶，无所畏忌。四方万里之远，耳目所不及者，其为害可胜言耶！或锁之柜坊，或幽之旅邸，近则数月，远则一年，守贰不能察，监司不以闻，衔冤之民，无所告诉，殊失陛下勤恤民隐之意。欲望特降处分，在京选强明郎官一员，遍诣捉事使臣家，毁拆禁房。于法应捕人，限当日解府；有不及者，许送厢寄禁。辄经宿者，许人告，重坐以罪。在外委监司，各据分界，岁巡州县，亲诣点检，毁拆私置柜坊、禁房。见有拘留人户去处，按劾以闻。庶几少副诏书恳恻本旨，实天下幸甚。"诏依《宣和二年已降御笔指挥》，余令尚书省立法。91—92，p8332

【宣和六年五月】十七日，臣僚言："窃见监司、守令皆赴寄居之家酒食，甚者杂以婢妾，深夜方散。交通所部，弛废职事，二者固已违法；

因缘稔熟，遂至请嘱公事，无所不至，如此岂复虔奉诏条、严戢官吏！伏望特降睿旨，重立法禁。"诏守令依监司法。92，p8332

【宣和六年】九月二十三日，诏："诸路监司沿流合破舟船，访闻多差定牵挽人兵，每遇出巡，归司依旧占留，不即发遣。可令立法禁止，仍不以失减。"92，p8332

【宣和六年】十月一日，诏："品官之家，依《格》乡村田产免差科，其格外之数并同编户。随袭官依品格置到田产，并充赡坟，特免夫役；夏秋税物并免支移折变，于本县止纳本色；及所居庄舍宅宇，亦免加抬等第。日后子孙并不许典卖。如有一切冲改，并特依今降指挥。余人自不合援例。"92，p8332

【宣和】七年正月二十四日，诏："民间私置博刀及炉户辄造，并依私有禁兵器法。见有者限一月赴官首纳，限外罪赏依本法，仍令诸路提刑司行下所属州县。"92，p8332

【宣和七年】三月十三日，中书省、尚书省言："诸路当职官多是乱出头引下行，过收买物色，行人见其数目甚多，少肯应副，即便收送下厢。本厢禁系，动是旬日，不免贵价邻州邻路收买应副，且免杖责。远方尤甚，民户无所告诉，良可悯恤。"诏："官员收买物，将行人辄送厢收禁者，以违制论。仍令厢司置簿，如有送厢公事，即时抄上，巡押、州县按察官、监司、廉访出巡点检。如违，按劾以闻，当重置典宪。"93，p8333

【宣和七年】四月五日，尚书省条下条："诸非见任官有贪恣害民、干扰州县而迹状显著者，监司按劾以闻。"从之。93，p8333

【宣和七年】五月二日，诏："内外官以苞苴相赂遗，其赂遗并收受人并以坐赃论。如有违犯，必行窜责，令御史台常切觉察弹奏。"93，p8333

【宣和七年五月二日】，诏："今后内外官遵依已降诏旨，并以三年为任，如治状显著，仍许再任。辄敢陈乞替成资，以违御笔论。"93，p8333

【宣和七年】七月一日，诏曰："朕惟王者之法易避而难犯，若苟举细故，使人拘畏而忌讳，非所以示大体也。臣僚建请，士庶名、字有犯'天''王''君''圣'及'主'字者悉禁。既非上帝名讳及无经据，谄佞不根，贻讥后世。并壬戌日宰执烧香住断刑、释轻罪，至留系佚罚，皆

非朕意，可并勿行。"93，p8333

【宣和七年】八月二十日，中书省、尚书省言："契勘诸州军每遇受纳、籴买，往往差公使库官领之，其害不可胜言。应管公使库官并不得差充受纳、籴买，违者重行流窜。"诏应管勾公使库官辄差充受纳、籴买及受差者，各以违制论。93—94，p8333

【宣和七年】十月一日，中书省言："奉议郎、守尚书都官员外郎叶三省奏，昨见诸路财计之臣有以羡余为献而被赏者，臣窃惑之。欲自今有以羡余献者勿复推赏，仍令别路监司驱磨核实以闻。其间稍涉虚伪，则重加窜斥，驱磨不实与同罪。庶几诞谩之风熄，而人之忠厚之归。"诏坐条申严行下。94，p8333

【宣和七年】十二月十九日，诏："二浙漕计积弊之久，访闻自来多务看谒，妨废职事。自今可恪守诏条，迎送之类，除专使外，余一切并罢。如违，以大不恭论。"94，p8333

【宣和七年十二月十九日】，诏："市户非圣节不许假借，自有定制。比来贪吏以和顾、和赁为名，须索无厌，不为给还，仰诸路监司觉察。"94，p8333

【钦宗靖康元年五月】十日，禁士庶之家以销金为饰。96，p8334

【高宗建炎二年】七月十六日，诏："自来入川峡之人，依法经官司投状，给公凭听行。今多事之际，尤宜几密，若诈冒入川杖一百，已度关者加一等，所犯重者从重，候事息日即依常法。"102，p8337

【建炎三年】二月二十三日，诏："江浙等州军应客旅（般）〔搬〕贩米斛，并从便往来，其经由官司如敢非理骚扰阻节，许客人经尚书省越诉，官员停替，人吏决配。仰提刑司觉察。"《四年二月二十三日德音》："禁米谷铺户停米邀勒高价，如违杖一百。"《绍兴元年三月十九日诏》："比来行在米价腾踊，或重税以困其兴贩，或遏籴以扼其流通，或夺船以害其往来。今后仰州县特捐收税，严止遏籴，及不得夺装载米斛舟船。如违，并以违制论。"《六月十九日诏》："浙西州县米价翔贵，虽有南船载到濒海诸州，多被米牙人邀阻，用大斗低价量籴私停，高价出粜。仍令温、台、明、越州严行约束。"102，p8337—8338

【建炎三年二月二十三日】，诏："监司、州县有擅立军期司为名，讽谕迫胁，掊刻民财，自今尽令止罢。违者委御史台专切纠察，当重置典宪。"从尚书右丞叶梦得之请也。102，p8338

【建炎三年】九月十日，诏："监司、守臣，今后不得并缘军兴，妄有横敛。如违，命官窜海外，吏人决配。"102，p8338

【建炎三年九月】十二日，诏："江东西、湖南北两浙、福建守倅今后并不许出谒及受谒、接送，违者徒三年，虽监司亦不许接送。如系休务假日准此。官属非实缘干办事，妄作名目，辄求差出，与差者各徒二年。"十一月九日，都省言："近以军兴之际，州郡将迎送谒，妨废日力，遂降指挥，立守倅受谒、出谒之文。访闻缘此却有端坐廨宇一两日不出厅者。"诏："自今及有职事及急速利害并许接见外，受谒、出谒依已降指挥。如依前废事，仰监司按劾以闻。"102—103，p8338

【建炎三年】十一月三日，德音："访闻州县近因军兴，并缘为奸，非理科率，如修城科买砖石，采斫材木，及沿江州郡科造木筏，致费四五十千，大困民力。并令日下住罢，如依旧科率，许人户越诉，及探访得知，其当职官并窜岭表。"103，p8338

【建炎三年十一月】二十五日，诏："今后船户辄敢揽载无券引军人，不以曾与不曾作过，许诸人告捉，每名支赏钱五十贯。其犯人并依军法施行，及船户名下船没官，或给告捕人充赏。如军人散往私小路乡村僻静处作过，其经从官司失觉察，致透漏去处，并科违制之罪。"103，p8338

【建炎】四年正月二十八日，诏："访闻士大夫避难入福建者，所至守隘之人以搜检为名，拘留行李，又不听去，稍自辨明，至有被害者，不免复还温、台，而逐州不许入城，至今县镇有不得安泊之禁。老幼流离，进退无所，甚非朕存恤衣冠之意。可行下戒饬逐州，令约束所在防托官辨验，如来历分明，不得辄有邀阻。"103—104，p8338

【建炎四年】五月二十三日，诏："访闻行在诸军及越州内外，多有宰杀耕牛之人，可令御营使司出榜禁止，诸色人告捉，赏钱三百贯。犯人依军法，如系军兵，其本军统领官取旨施行。"十月十四日，诏知情买肉兴贩者徒二年，许人告，赏钱五十贯。绍兴元年九月二十九日，诏越州内外杀牛、知情买肉人并徒二年，配千里，立赏钱一百贯。十一月二十六日，诏左藏库支钱三百贯，于尚书省都门桩垛充赏，许诸色人告捉。如绍兴府内外捕盗兵官不切用心缉捕，并先勒停。仍令尚书省检坐指挥，出榜晓示。二年九月四日赦，五家结为一保，邻保知而不纠及主兵官失觉与同罪。三年二月六日，禁影带宰杀，妄以毙死投报，其赏格并如上条。五年二月二十五日，诏应杀官私牛罪一等，官司断罪不如法杖一百，其告获杀官私牛及私自杀者，每头赏钱三百贯。二十三年三月二十四日，以军器监丞黄然言，复申严条法禁止。二十八年十一月二十三日赦，禁农生牛犊创使纳钱者。104—105，p8339

【建炎四年】六月八日，诏："行在受纳米斛、钱帛仓库，今后须管两平交纳，不得大量升合，非理退剥，阻节骚扰。如违，许纳人经尚书省越诉，其合干官吏并科二年之罪。及许人告捉，每名支赏钱二百贯。仍令尚书省出榜晓示。"105，p8339

【建炎四年六月】二十三日，诏："诸军统制官常切钤束，不得容纵军兵等带领无图百姓，挟持兵势，采打鱼蚌、莲荷、菱草，践踏苗稻及拆去笆篱、斫伐墓园桑竹等。如有违犯之人，并依强刈田苗已降指挥，立赏钱五百贯，许诸色人告捉。犯人并申解枢密院，重作施行。其统制官不切觉察，亦当重置典宪。仍出榜禁约。"106，p8340

【建炎四年】七月六日，诏："闽粤商贾常载重货往山东，令广南、福建、两浙沿海守臣措置禁止。"建炎四年七月十九日，禁明越州、山东游民来〔往〕贩籴。绍兴二年三月九日，禁江浙之民贩米入京东，及贩易缣帛者，濒海巡捕官觉察止绝，告捕人赏钱三千贯，白身补承信郎，有官人取旨推恩，犯人并依军法。三年二月一日，禁贩箭簳往山东，其有透漏并元装发州县，当职官吏并流三千里，各不以〔去〕官、赦降原减。三年八月七日，诏："应水陆兴贩出界，其知情负载及随船售顾火儿，并徒二年罪。"建炎三年十月二日，禁客人以箬叶重龙及于茶箺中藏（箸）〔筋〕鳔漆货过淮，前往外界货卖，许人告捉，并行军法。所贩物充赏外，其当职官吏等并依客船泛海往山东法，并流三千里，不以去官、赦降原减。每旬具申以闻。京西等路州县界首并依此。四年二月十九日，禁客人收买诸军春衣绢往伪界货卖，罪赏并依透漏（箸）〔筋〕鳔条法。五年五月十九日，以沿海人户五家结为一保，不许透漏舟船出北界。如违，将所贩物货尽给充赏外，仍将应有家财田产并籍没入官。同保人减一等。六年六月二十一日，禁贩海金沙往伪界。十二年八月三日，禁客旅私贩茶货，私渡淮河，与北客私相博易。若纠合火伴，连财合本，或非连财合本而纠集同行之人，数内自相告发者，与免本罪，其物货给告人。若同伴客人令本家人告发者，亦与免罪，减半给赏。仍比附获私茶盐法，令户部立定赏格。二十二年八月二十六日，禁泉州商人泛海私贩。上宣谕曰："累有约束禁止私泛海商人，闻泉州界尚多有之，宜令沿海守臣常切禁止，无

致生事。"106—107，p8340

【建炎四年】九月十五日，臣僚言："近年州县之吏赃贪颇众，望应官员犯入己赃，许人越诉。其监司、守倅不即究治，并行黜责。"从之。107，p8340

绍兴元年三月十七日，诏："诸州军依已降指挥，免行钱并罢，见系行人户更不作行户供应。见任官买卖并依市价，违者计赃，以自盗论，许人户越诉。监司所部州军，分明出榜晓谕，如有违戾，按（刻）〔劾〕闻奏。候边事宁息日，令户部取旨依旧法。"108，p8340—8341

【绍兴元年】四月四日，诏："令枢密院札下诸军统制，今后遇军兵出城打草，须差使臣部押，不得将人户田苗收刈。如或违犯，许人告捉，赏钱一百贯。其统兵将佐不切觉察，亦当重黜责。"108，p8341

【绍兴元年】五月〔二〕十四日，诏曰："朕遭时艰难，盗贼蜂起，比分遣将帅，招来平荡，而民力久困，不可枝梧。访闻县令寅缘为奸，廉者取羡余，悦权贵，为进身之术；贪者充家，民无所聊，朕甚悯恻。虽累降指挥，州县不得非理科率，缘其间实因军期急切，有不得已合须索之物，窃虑州县假此声势，过数率敛，为害不细。仰自今后州县如有似此合科物色，须管明以印榜开坐实数于前，次具乡村户口若干，依等第每户合出若干，仍具一般印榜申监司，因出巡亲行按察，不得更似日前先多科其数，然后轻重出入。如违，官窜岭表，人吏决配。仍许民户越诉。"108，p8341

【绍兴元年】十月四日，诏："已降指挥，令逐军自二月十三日后权住采斫。若阙少柴薪，申取指挥，给限于买到山内采斫。如擅出城斫柴，当依军法。将佐不钤束，重置典宪外，今后诸军并三衙遇得朝廷指挥，许打柴军兵并令长官给号，差官部押。如无押号及虽有而采斫坟茔林木作过，许巡尉、乡保收捉，赴枢密院取旨，部押官重作行遣。"从臣僚请也。109，p8341

【绍兴】三年十二月十一日，殿中侍御史常同言："乞委临安府守臣多方措置，于紧切地分专置防火司，立望火梯楼，多差人兵，广置器用，明立赏罚。"从之。110，p8342

【绍兴】三年十二月十七日，诏："今后火发去处，委官及临安府当职官监辖军民，约度火势远近拆截，不得乘时作过。其救火之兵，并不得带刀剑军器出寨，因而邀夺物色。又乘火之际，于相去远处寻求有力之家，用铁锚钩索于屋上钩定，商量乞觅钱物，稍不满意，即便拆拽。令临安府觉察犯人，计赃断罪，重者取旨。又因火发，有良民妻女人口迷路，为人诱引，知下落不肯收赎者，许赴尚书省陈诉。"110—111，p8342

【绍兴】七年十一月九日，进呈临安府火禁条约，放火者行军法，失火延烧数多者亦如之。上曰："放火、失火，岂可同罪？大凡立法太重，往往不能行。"赵鼎曰："失火延烧多者，止可将上取旨断遣。"上曰："止于徒亦足矣，庶几可以必行。兼刑罚太重，非朝廷美事。"111，p8342

【绍兴七年】八月二十七日，诏："访闻行在渐卖花木窠株，或一二珍禽，此风不可长。及有舟船兴贩，多以旗帜妄作御前物色，可严行禁止。如或官司合行收买者，须明坐所属去处。其花木窠株、珍禽，可札下临安府诸门晓示，不得放入。"111，p8342

【绍兴七年】十月二十九日，枢密院言："宣和间，温、台村民多学妖法，号吃菜事魔，鼓惑众听，劫持州县。朝廷遣兵荡平之后，专立法禁，非不严切。访闻日近又有奸猾改易名称，结集社会，或名白衣礼佛会，及假天兵，号迎神会。千百成群，夜聚晓散，传习妖教。州县坐视，全不觉察。"诏令浙东帅宪司、温台州守臣疾速措置收捉，为首鼓众之人依条断遣。今后遵依见行条法，各先具已措置事状以闻。111，p8342

【绍兴】三年四月十五日，申严收捕徽、严、衢州传（受）〔授〕魔法人。四年五月四日，诏令诸路措置禁止吃菜事魔。六年六月八日，诏结集（五）〔立〕愿、断绝饮酒，为首人徒二年，邻州编管，从者减二等。并许人告，赏钱三百贯。巡尉、耆耇、巡察人并邻保失觉察，杖一白。七年三月二十四日，禁东南民吃菜，有妄立名称之人，罪赏并依事魔条法。九年七月八日，以臣僚言吃菜事魔立法太重，刑部遂立非传习妖教，除为首者依条处断，其非徒侣而被诳诱、不曾传（受）〔授〕他人者，各杖一百断罪。111—112，p8342—8343

【绍兴】十一年正月九日，臣僚乞黜责婺州东阳县官吏，以不能擒捕事魔之人。诏自今州县守令能悉心措置，许本路监司审核以闻，除推赏外，量加奖擢。112，p8343

【绍兴】十一年正月十七日，尚书省检会《绍兴敕》："诸吃菜事魔或夜聚晓散、传习妖教者绞，从者配三千里，妇人千里编管。托幻变术者减一等，皆配千里，妇人五百里编管，情涉不顺者绞。以上不以赦降原减。

情理重者奏裁，非传习妖教流三千里。许人捕至，（死）〔以〕财产备赏，有余没官。其本非徒侣而被诳诱，不曾传授他人者，各减二等。"112，p8343

绍兴九年七月八日，刑部看详臣僚札子："吃菜事魔，本非徒侣而被诳诱、不曾传授他人者，各从徒二年半。委是立法太重，请各杖一百断罪。"诏："依《绍兴敕》断罪，其《绍兴九年七月八日指挥》更不施行。"112，p8343

【绍兴】十二年七月十三日，诏："吃菜事魔、夜聚晓散、传习妖教、情涉不顺者，及非传习妖教，止吃菜事魔，并许诸色人或徒中告首，获者依诸色人推赏，其本罪并同原首。自今指挥下日，令州县多出印榜晓谕，限两月出首，依法原罪。限满不首，许诸色人告如前。及令州县每季检举，于要会处置立粉壁，大字书写，仍令提刑司责据州县有无吃菜事魔人，月具奏闻。"112—113，p8343

【绍兴】二十年五月二十七日，诏申严吃菜事魔罪赏，仰提刑司督切检察，须管每月申奏，务在恪意奉行。三十年七月二十日，知太平州周葵言，乞禁师公劝人食素。刑部看详："吃菜事魔，皆有断罪、告赏，前后详备。准绍兴六年六月八日诏，系结集立愿、断绝饮酒。今来所申为师公劝人食素，未有夜聚晓散之事。除为首师公立愿、断酒依上条断罪追赏外，欲今后若有似此违犯，同时捕获之人，将为首人从徒二年断罪，邻州编管，仍许人告，赏钱三百贯。其被劝诱为从之人，并从杖一百。如徒中自告，免罪追赏。"113，p8343

【绍兴二十年】十二月三日，诏："大理寺官自卿、少至司直、评事，虽假日亦不得出谒及接见宾客，令本寺长贰常切觉察，仍令尚书省出榜于本寺门晓示。"七年七月十五日，三省言："谒禁之制，皆有专条，比缘多事，因循废弛。昨因臣僚论列，已降指挥申严。访闻近来依前不遵法禁，非唯〔无〕以杜绝请求，亦恐妨废职事。"诏令刑部再检坐条法申严，委御史台常切觉察，仍出榜晓谕。如有违犯之人，具名闻奏。七年十二月十三日，臣僚言："国家著令，台谏不许出谒，而宾客之造请者许见不以时。给舍不许出谒既与之同，而受谒乃特在于假日，使论思献纳者例壅于见闻而不得尽知是非利害之实。乞诏有司更定给舍受谒之令，一视台谏。"诏依。九年七月十六日，诏申严谒禁之制，仍今后御史台每季检举。九年八月十七日，臣僚言："乞申严谒禁，及在外新任待阙官吏，寄居于新部，与吏民私相往还者，并乞禁绝。"从之。十年八月四日，诏："谒禁之制，具有成法，仰御史台觉察弹劾。"十一年三月十三日，中书门下省奏："契勘绍兴七年十二月十三日臣僚言，乞更定给舍受谒之令，一视台谏。今来颁降《新书》，修立台谏、两省官不许出谒，虽非假日，亦许见客。切缘台谏许风闻言事，欲广耳目，故虽非假日亦许见客。其两省官所掌书牍、缴驳、制诰、记注等事，尽是朝廷机密利害，即与台谏事体不同，兼有紊祖宗旧制。"诏依崇宁旧法，给事中、中书舍人、起居郎、舍人并禁出谒，假日许见客。十八年七月十三日御史台主簿陈夔、二十二年四月二十七日国子监主簿史才、二十二年七月十三日祠部员外郎李岩老，并乞申严内外谒禁之制。《二十六年九月四日尚书省札子》，申严检正都司官不许出谒及接见宾客之令。二十七年四月十八日，诏除台谏、两省依令虽非假日亦许见客外，余官非旬假日并不许出谒、受谒。如违，御史台弹奏。二十七年五月五日，诏给事中、中书舍人、起居郎、起居舍人并依绍兴十一年三月十三日已得指挥禁出谒，假日许见客。从两省请也。二十七年十二月二十一日，左正言何溥言，乞推行外官谒禁之令，大要监司视台谏，典狱视大理，自余官概同在京百司，而职事相干者勿坐。113—115，p8343—8344

【绍兴二十七年十二月】八日，上谕辅臣曰："昨日因看《韩琦家传》，论戚里多用销金衣服，严行禁止。朕闻近来行在销金颇多，若日销不已，可惜废于无用。朕观《春秋正义》，谓质则用物贵，淫则侈物贵，盖淫侈不可不革。"越二日，复有旨："古者商旅于市以视时所贵尚而为低昂，故淫则侈物贵也。访闻（此）〔比〕来民间销金服饰甚盛，可检举旧制，严行禁绝。"都省勘会："民间以销金为服饰，《绍兴敕》内虽有立定断罪，其小儿妇人自合一体禁止。"诏申明行下，如有违犯之人，并依敕条断罪。仍令尚书省出榜晓谕。后五年十一月二十四日，上复谓辅臣曰："销金、翠羽为妇人服饰之类，不惟糜损货宝，残杀物命，而侈靡之习实关风化，朕甚矜之。已戒宫中内人不得用此等服饰，及下令不得放入宫门，无一人犯者。尚恐士民之家未能尽革，可申严止之，仍下广南、福建禁采捕者。"十二月七日，诸王宫大小学教授钱观复乞检会祥符、天圣、景祐以来敕条，申严约束。诏："今后销金为服，增赏钱三百贯。其采捕翡翠及贩卖并为服饰，并依销金为服罪赏。其以金打箔并以金箔妆饰神佛像、图画、供具之类，及工匠并徒三年，赏钱三百贯。邻里不觉察，杖一百，赏钱一百贯，许人告。其见存神佛像、图画、供具，诸军金锦战袍，并许存留。所有翠羽、销金服饰，限三日毁弃。"九年五月十七日，申严金、翠。十年五月四日，诏其犯金、翠人并当职官，除依条坐罪外，更取旨重作行遣。二十六年九月二日，沈该等奏："安南人使欲买捻金线段，此服华侈，非所以示四方。"上曰："华侈之服，如销金之类，不可不禁。近时金绝少，缘小人贪利，销而为泥，不复可用，甚可惜。盖天下产金处极难得，计其所生，不足以供销毁之费。朝廷屡降指挥，而奢侈成风，终未能禁绝，须申严行下。"该等曰："谨奉圣训，便当严立法禁。"115—116，p8344—8345

【绍兴】二十七年三月二十一日，内降诏曰："朕惟崇尚俭素，实帝王之先务，祖宗之盛德。比年以来，中外服饰过为侈靡，虽累行禁止，终未尽革。朕躬行敦朴以先天下，近外国所贡翠羽六百余只，可令焚之通衢，以示百姓。行法当自近始，自今后宫中首饰衣服并不许铺翠销金，仰干办内东门司（当）〔常〕切觉察。如违，以违制论。"次日，复诏："自今后宫中如有违犯之人，令会通门捉获，先于犯人名下追取赏钱一千贯充赏。如不及数，令内东门司官钱内贴支，将犯人取旨。其元经手转入院子仪鸾等从徒三年罪。"于是，有司条具："乞自今降指挥，应士庶贵戚之家，限三日毁弃。如违，并徒二年，赏钱三百贯。今后不得采捕翡翠并造作铺翠销金为首饰、衣服，及造贴金、缕金、间金、圈金、剔金、陷金、解金、明金、泥金、楞金、背金、影金、盘金、织金、线金、铺蒙金、描金、捻金线、真金纸。应以金泥为妆饰之类，若令人制造及为人造作，并买卖及服用之人，并徒二年，赏钱三百贯，许诸色人告。妇人并夫同坐，无夫者坐家长，命官妇申奏取旨。仍并下诸路州军严行禁止，每季检举，巡捕官、当职官常切觉察。如违，仰监司按劾。"从之。116—117，p8345

宋会要辑稿·刑法二·禁约三

淳熙元年四月二十八日，诏："诸非僧结集经社及聚众行道者，并依绍兴二十一年正月二十八日诏旨，仍令敕令所修立条法。"118，p8345

【淳熙元年】十二月十五日，盱眙军守臣言："乞自今有荫应赎之人，并不许通放过淮博易，如有违犯，透漏钱银，事发到官，并不许引用荫赎，止依无荫人例断遣。"从之。118，p8345

【淳熙】二年二月十二日，诏："自今将举人程文并江程地里图籍兴贩过外界货卖或博易者，依与化外人私相交易条法施行，及将举人程文令礼部委太学官点勘讫，申取指挥刊行。"118，p8346

【淳熙二年】六月一日，诏："诸路监司遇巡历到州县，检照有无科罚民户钱物。如敢违戾，即令给还，官吏重置典宪。"从司谏汤邦（孝）〔彦〕请也。118，p8346

【淳熙二年】七月十日，诏："六曹等处人吏不得与诸路作承受，规图厚利，探报利害，入斥堠转送。如违，计赃坐罪。及诸司递发筒牌，令当官入递印押发（于）〔放〕，不得私带移文字传递。"从度支郎中王松老请也。118，p8346

【淳熙】（二）〔三〕年五月七日，诏："民间采捕虾蟆，杀害生命，访闻多是临安府缉捕使臣所管火下买贩，及主张百姓出卖。令本府日下先次出榜晓谕，三日外别差人收捉赴府惩治。如捉获火下货卖，即将所管使臣一例坐罪。"118，p8346

【淳熙三年】八月十七日，臣僚言："临安府前有人户私置牢房，与公人通同作弊，专一锁闭理对知在公事之人，号曰关留店，每夜不下一二十人，虽无脚匣，亦有门锁。"诏本府常切觉察，不得依前违戾。118，p8346

【淳熙三年八月】二十六日，中书门下省言："累降指挥约束州县，不（辄得）〔得辄〕因公事科罚百姓钱物，许人越诉，坐以私罪，非不严切。近来尚有人户经台省陈诉不绝。"诏："自今有经台省陈状，事实十已者，仰户〔部〕开具科罚官职位、姓名申尚书省。"118—119，p8346—8347

【淳熙三年】十月十六日，中书门下省言："已降指挥禁约奢侈逾制事件，缘辇毂之下，四方取则，奉法行令，当自近始。若临安府不切遵守，则外路必将仿效，视同文具。"诏："行在专委临安府守臣严切禁止，断在必行。如有违戾，令御史台觉察弹奏，先次将守臣重行责罚，其犯人依条断罪追赏，有官人取旨施行。外路州军依此，仍委监司觉察按劾，多出文榜晓谕。"119，p8347

【淳熙三年十月】十七日，中书门下省言："访闻乡民岁时赛愿迎神，虽系土俗，然皆执持真仗，立社相夸，一有忿争，互起杀伤，往往致兴大狱，理宜措置。"诏诸路提刑司行下所部州县，严行禁戢。如有违戾，重

作施行。119，p8347

【淳熙四年】四月二十八日，诏："曾经编配吏人及见役吏人，并不许充官民户干人。如违，许人陈告，依冒役法断罪追赏。"先是，前知常州晋陵县叶元凯言："州县形势官户及豪右之家，多蓄停罢公吏以为干人，恃其奸恶，持吏短长，官物抵顽不输，词讼则变白为黑，小民被害。乞立条制，行下禁止。"故有是命。119，p8347

【淳熙四年】八月二十七日，诏："累降指挥，立法禁止私贩耕牛过界。如闻近来边界多有客旅依前私贩，显是沿边州军奉行灭裂。自今如有一头透漏过界，因事发觉，其守臣以下取旨重作施行，帅臣、监司亦坐以失觉察之罪。"119，p8347

【淳熙】五年六月二十日，诏："湖北、京西路沿边州县，自今客人辄以耕牛并战马负茶过北界者，并依军法。其知情、引领、停藏、乘载之人及透漏州县官吏、公人、兵级，并依兴贩军须物断罪。许诸色人告捕，赏钱二千贯，仍补进义校尉，命官转两官。其知情、停藏同船同行梢工、水手能告捕及人力女使告首者，并与免罪，与依诸色人告捕支赏。知、通任内能捕获，与转两官。"从知兴隆府辛弃疾请也。119—120，p8347

【淳熙五年】七月十二日，濠州言："《隆兴元年二月十三日敕》兴贩耕牛过界罪赏，与《乾道编类指挥》不同。缘本州乃是极边，虑奉行抵牾不便。"诏自今兴贩过淮，知情、引领、停藏、负载之人并透漏去处，赏罚并依隆兴元年五月九日（膘）〔鳔〕胶过淮已得指挥，令户部遍牒两淮州军遵守。120，p8348

【淳熙五年】九月九日，诏："沿江船户五家结为一甲，如有透漏奸细、盗贼及违禁之物，甲内人一等科罪。仍立赏钱二百贯，许告。如甲内人能自首，获与免罪，亦支赏钱。沿江州军依此。"120，p8348

【淳熙五年】十二月十一日，诏："访闻兴元府大军有总领所发到红漆牌子金书圣旨，每过打请日分，挂于仓中厅上。监仓先着公裳拜讫，次令统领将官以下着公裳拜毕，方令军中打请。可札下四川总领所，日下禁止。"120，p8348

【淳熙五年十二月】十八日，臣僚言："沿淮州军多有透漏钱银茶货及违禁等物，其最甚者莫若正阳之水寨。盖水寨每发一船，其管事将官各有常例。乞严行禁止。"诏本路帅、宪、守臣常切觉察，犯人依条断罪追赏。仍约束水寨首领，违者重作施行。120，p8348

【淳熙七年】五月二十日，诏："自今诸路监司并州郡吏卒，除依条差出勘旁借请外，辄用白状借请，并计赃断罪。"120，p8348

【淳熙七年五月】二十八日，诏："自今应诸司属官止令置司州军依格支破当直人，不得下外州取拨及收受钱粮衣赐等入己。如有违戾，令诸司互察，重置典宪。"120，p8348

【淳熙七年】六月十六日，诏："监司、郡守毋得以宽剩为名，铲刷州县非正额钱物。其巡历处，到任之初亦不得抑勒州县，辄取献纳。如有违戾，在外许监司互相觉察，在内令台谏按劾以闻。"120，p8348

【淳熙七年】七月九日，臣僚言："乞戒饬州县，非帅臣、监司不许用紫帟幕，列郡不许用牙旗及轿前列扇，通判、知县不得用紫轿衣，州郡远接不得发遣旗帜、围子、槌剑之属，止于所部界内随宜迎讶。"从之。120，p8348

【淳熙七年】十月二十四日，臣僚言："广南诸郡创鬻沙弥、师巫二帖，以滋财用，缘此乡民怠惰者为僧，奸猾者则因是为妖术。"除出给沙弥文帖已立限收毁外，诏广东西路帅司行下所部州军，将给过师巫文帖并传习妖教文书，委官限一月根刷拘收毁抹，严行禁止，毋致违犯。120，p8348

【淳熙】八年正月二十一日，臣僚言："愚民吃菜事魔，夜聚晓散，非僧道而辄置庵寮，非亲戚而男女杂处。所在庙宇之盛，辄以社会为名，百十为群，张旗鸣锣，或执器刃横行郊野间。此几于假鬼神以疑众，皆王制所当禁。"诏诸路提刑司严行禁戢，州县巡尉失于觉察，并置典宪。120—121，p8348—8349

【淳熙】九年三月二十一日，诏："诸路转运司行下所部州军，将见卖举人时务策并印板日下拘收焚毁，令礼部检坐见行条法，申严禁约，（延）〔勿〕致违戾。"以给事中施师点言："文字过界，法禁甚严，人为利回，多所抵冒。窃见书坊所印时文，如诗、赋、经义、论，因题而作，不及外事。至于策试，莫非时务，而临轩亲试，又皆深自贬损，以求直言，所宜禁止印卖。"故有是命。121，p8349

【淳熙九年】九月十三日，明堂赦："保正副依条所掌止于烟火、盗贼、桥道等事，访闻官司动以一切取办，如修葺材料、差顾夫力，至于勒令催科，并是违法。今后州县遵守条令，不得泛有科扰。如违，许充役家越诉，仍令监司按劾以闻。"121，p8349

【淳熙九年】十月二日，诏："诸路帅司、监司、州军遍行晓谕富室上户，因旧年旱伤借贷人户米谷，不得高折价钱，并还（学）〔本〕色，仍取利不得过五分。敢有违戾，许欠户经监司、帅守陈诉。或人户（抛）〔拖〕欠不还，亦许经官理索。"121，p8349

【淳熙】十年正月四日，诏禁淮西州郡采捕。臣僚言："淮南州郡有里正、保长，又有总首、缉捕等人，缘地饶麛鹿鹑兔之属，当官者欲得以为包苴，岁科此辈采捕，例成白取。每至冬间，尽将渔者拘集，名曰'纲船'，都以使臣军兵，课日采捕，复立赏禁其私市。戕物性，夺人力，莫此为甚。〔乞〕严行禁止。"故有是命。121—122，p8349—8350

【淳熙十年】十一月六日，诏："州县文移、市肆牌额，不得辄犯庙讳，违者依法坐罪。"122，p8350

【淳熙】十一年九月二十九日，诏："诸路州军犯盗等人间有意欲报仇及受吏人教唆，妄将本处富室上户及沿海有船之家以停藏资给之类攀引追逮，州县不审是否，便行捕治。及所在巡尉弓兵、商税场务以搜检铜钱为名，辄将船户舟中所需之具指为军器，欺诈钱物，致使无辜之人枉被追扰。令诸路提刑司及沿海帅臣、制置司各约束所部州县，常切禁止。如有违戾，觉察以闻。仍出榜晓谕。"122，p8350

【淳熙十二年三月】二十五日，前发遣筠州赵谧言："湖外风俗，用人祭鬼，每以小儿、妇女生剔眼目，截取耳鼻，埋之陷阱，沃以沸汤，糜烂（饥）〔肌〕肤，靡所不至。盖缘贩弄生口之人偷窃小儿、妇女，贩入湖之南北，贪取厚利。乞行下诸路州军，应兴贩生口入湖南北者，严立赏罚。委自监司、守臣专责巡尉，如能捉获此类强盗，与之酬赏。"从之。122，p8350

【淳熙十二年三月】二十八日，诏："内外诸军兵将官赴枢密院审察，其官司诸色人往往巧作名色，乞觅欺诈。自今许诸色人指名赴枢密院陈告，将犯人送所属根勘，重作施行。其告人每一名支赏钱三百贯。事理重者取旨，特与转官资。仍出榜晓谕。"122，p8350

【淳熙十二年】七月二日，右正言蒋继周言："乞明诏诸军将佐，于屯驻去处，自今后并不许私置田宅、房廊、质库、邸店及私自兴贩营运。"从之。122，p8350

【淳熙十二年】十一月二十二日，南郊敕："在《法》：'病人无缌麻以上亲同居者，厢耆报所属，官为医治。'访闻比来店舍、寺观遇有病患，避免看视闻官，赶逐出外，及道路暴病之人，店户不令安泊，风雨暴露，往往致毙。可令州县委官检察，依条医治，仍加存恤，及出榜乡村晓谕。"十五年明堂赦同。122，p8350

【淳熙十二年】十一月十一日，兵部勘会："擅入溪洞及典卖田产与夷人，断罪、告赏非不严备，盖缘当职官吏奉行不虔，致有臣僚陈请。"诏令广西帅司约束逐州，遵依见行条法，常切严行禁止，今后如有违戾，仰本司将当职官吏按劾施行。123，p8351

【淳熙】十四年正月二十三日，新知秀州赵亮夫奏："所在州县有神祠去处，每岁秋成丰稔，多用器械之属前后导引。乞申严条令，行下诸路州军，告谕民间，应有所藏迎神兵器，立限出首，赴官交纳，许以木、锡代用。"从之。123，p8351

【淳熙】十五年正月二十日，诏："近闻不逞之徒撰造无根之语，名曰'小报'，转播中外，骇惑听闻。今后除进奏院合行关报已施行事外，如有似此之人，当重决配。其所受小报官吏，取旨施行。令临安府常切觉察，御史台弹劾。"123，p8351

【淳熙十五年】五月二十九日，知南安军赵不迟言："乞令江西守令遇有祈祷，只许用香花鼓乐迎神，不得辄持兵器。"诏令诸司常切觉察禁戢，毋致违戾。123，p8351

淳熙十六年二月四日，登极赦："私放军债及质买所辖请给、赏赐，前后约束甚严，（倘）〔尚〕虑有力之人依前牟利侵克，致使军士不能赡家，可令主帅严行觉察，将见欠债负并行除放。访闻诸军回易市帛等物，赊与官兵，重搭息钱，却于请给内过数除克，及辄差靖受最多人掌管库务、店肆，稍有亏欠，勒令（陪）〔赔〕偿。又有见占私役、科摊造作及买工之类，弊幸不一，致令军士贫乏。前后约束虽已严切，深虑未能尽革，仰主帅严行禁戢，将见欠本军钱物并行除放。尚有违戾，在内委御史台、在外委总领所觉察以闻，重置典宪。"123，p8351—8352

【淳熙十六年二月】七日，礼、刑部言："将来遇丁卯皇帝本命日，依例合禁屠宰、禁刑。"从之。123，p8352

【淳熙十六年二月】十六日，户部郎中丰谊言："沿江并海深水取鱼之处，乞许令众户舟楫往来，从便渔业，勿有所问，不得容令巨室妄作指占，仍旧勒取租钱。虽昔系耕种之地坍落，今为深水，亦不在占据之限。豪强尚敢违戾，州县傥或纵容，即许人户越诉，择其首倡，重作惩戒。"

从之。124，p8352

【淳熙十六年】闰五月二十日，诏："今后有私撰小报，唱说事端，许人告首，赏钱三百贯文，犯人编管五百里。"124，p8352

【淳熙十六年】六月五日，诏谕："前不曾差人往榷场并海外去处收买物货，深虑或有假作名色，夹带铜钱、银两过界。仰沿边官司密切讥察，如有似此之人，先次拘管，即时具奏听旨。"124，p8352

绍熙元年三月八日，诏："建宁府将书坊日前违禁雕卖策试文字日下尽行毁板，仍立赏格，许人陈告。有敢似前冒犯，断在必行；官吏失察，一例坐罪。其余州郡无得妄用公帑刊行私书，疑误后学，犯者必罚无赦。"从起居郎诸葛廷瑞请也。124，p8352—8353

【绍熙元年】四月十七日，诏："临安府今后江上客人贩到柴薪，不得侵近居民屋舍，仍旧于塘岸宽阔处或沙地上垛放，常切检举约束。"124，p8353

【绍熙】二年二月二十五日，诏："盱眙、安丰军每遇客旅过淮博易，差官检视，不许差归正、归朝人。"124，p8353

【绍熙二年】三月十七日，侍御史林大中言："近有造匿名诗嘲讪宰相、学官及枢臣、侍从者，乞申严法禁，有犯毋贷。"诏本府多出文榜晓谕，如有捉获之人，送狱根勘，重作施行。124—125，p8353

【绍熙二年六月】十二日，臣僚言："沿边无赖之民渡淮行劫，杀人放火，踪迹败露则复窜淮南。有司究治，乃比附亡叛归本所，减二等坐之。今淮北作劫而复归淮南，正以淮之南作寠穴耳。乞明诏有司，申严行下沿边州郡，出榜晓谕，一季之后作过徒伴供通赃证分明者，并照现行条法。罪不致死，合从宽贷，亦乞照应已降指挥，分配屯驻军施行。"从之。125，p8353

【绍熙二年】十月四日，湖南提刑孙逢吉言："近年以来，为守令者不修其官，以待考察，往往崇饰虚伪，撰造政绩，或葺一亭舍，或疏一陂渠，或于常费薄有所捐，或于旧弊微有所革。自职事而言，皆其所当（违）〔为〕者，而刊刻碑记，张大其事，绘画图册，表闻于朝，甚者摹印装褾，遍纳中外。至于分配坊市建立生祠，阴讽士民借留再任，其间饷遗请托，何所不有！监司在远，难尽察知，盖有误以其姓名登彻天听者矣。此诞谩诈巧之大者，诚不可不禁遏也。"诏检坐建祠、立碑、举留条制，申严行下。125，p8353

【绍熙】四年六月十九日，臣僚言："朝廷大臣之奏议、台谏之章疏、内外之封事、士子之程文，机谋密画，不可漏泄。今乃传播街市，书坊刊行，流布四远，事属未便，乞严切禁止。"诏四川制司行下所属州军，并仰临安府、婺州、建宁府照见年条法指挥，严行禁止。其书坊见刊板及已印者，并日下追取，当官焚毁，其已焚毁名件申枢密院。今后雕印文书，须经本州委官看定，然后刊行。仍委各州通判专切觉察，如或违戾，取旨责罚。125，p8353

【绍熙四年】十月四日，臣僚言："恭惟国朝置（建）〔进〕奏院于京都，而诸路州郡亦各有进奏吏，凡朝廷已行之命令，已定之差除，皆以达于四方，谓之邸报，所从久矣。而比来有司防禁不严，遂有命令未行，差除未定，即时誊播，谓之小报。始自都下，传之四方，甚者凿空撰造，以无为有，流布近远，疑（悟）〔误〕群听。且常程小事，传之不实，犹未害也，倘事干国体，或涉边防，妄有流传，为害非细。乞申明有司，严行约束，应妄传小报，许人告首。根究得实，断罪追赏，务在必行。"又言："朝报逐日自有门下后省定本，经由宰执，始可报行。近年有所谓小报者，或是朝报未报之事，或是官员陈乞未曾施行之事，先传于外，固已不可。至有撰造命令，妄传事端，朝廷之差除，台谏百官之章奏，以无为有，传播于外。访闻有一使臣及阁门院子，专以探报此等事为生。或得于省院之漏泄，或得于街市之飘闻，又或意见之撰造，日书一纸，以出局之后，省部、寺监、知杂司及进奏官悉皆传授，坐获不赀之利，以先得者为功。一以传十，十以传百，以至遍达于州郡、监司。人情喜新而好奇，皆以小报为先，而以朝报为常，真伪亦不复辨也。欲乞在内令临安府重立赏榜，缉捉根勘，重作施行。其进奏官令院官以五人为甲，递相委保觉察，不得仍前小报于外。如违，重置典宪。"从之。125—126，p8353—8354

绍熙五年七月十七日，礼部、太常寺言："伏睹皇帝御名并同音计一十八字：扩、阔镬切。廓、郭、廛、廓、霩、鞹、鞟、彍、矿、霩、榔、籰、篗、箬、噭、潪。乞下刑部、国子监，于《文书式》并《韵略》内添入，从礼部行下都进奏院颁降回避。"从之。126，p8354

【绍熙五年】九月十四日，明堂赦："访闻湖、广等处州县杀人祭鬼及略（赏）〔卖〕人口，并贫乏下户往往生子不举，条法禁约非不严切，习以为常，人不知畏。可令守令检举见行条法，镂板于乡村道店、关津渡口晓谕，许诸色人告捉，依条施行。仍仰监司严行觉察，毋致违戾。"

126，p8354

庆元元年八月十七日，诏："有司检坐见行条法，给榜下州军县镇，今后现任官收买饮食服用之物，并随市直，各用见钱，不得于价之外更立官价。违，许人户越诉。在外令监司按劾，在内令御史台觉察。"从臣僚请也。126，p8354—8355

【庆元二年】八月十四日，中书门下省〔言〕："访闻临安府城内外私盐盛行，多是无赖之徒胁持铺户、寺观、营寨或士庶之家随门掜卖，理合措置。欲令临安府日下大字镂板晓谕，以前罪犯一切不问，若今后再敢违犯，许诸色人告，依格给赏，犯人送狱根勘，依法断罪、追赏。如自能执捕贩人赴官陈首，（降）〔除〕与免罪外，更与依格推赏。"从之。127，p8355

【庆元二年八月】二十七日，臣僚言："铍销之禁，不可不严。且如辇毂之下，实为法令之始，孝宗皇帝固尝亲有训戒矣。今乃列肆负担，无非铜器，打铸棱作，公然为业。又如建康之句容，台州之城下，专以古器得名，今则绍兴、平江等处皆有之。江西之抚州专以七筋器皿得名，今则四明、隆兴、鄂州、静江等处皆有之。且今（治）〔冶〕司岁铸生铜，所入盖自有限，其余皆是取给于淋铜、浸铜。夫毁一钱则（则）有十余之获，小人嗜利十倍，何所顾藉？欲责之守令，凡臣庶家所有铜器及僧道供具，立以近限，赴官镌凿，不得续行置造。如有违犯，坐以违制之罪，不以荫论。官吏失觉察，罪亦如之。其鼓铸打造炉户，仰所属州县括籍姓名，监令日下改业，犯者决配海外，永不放还。仍乞重立赏格，许人告捕。"诏令三省措置条具将上。三年正月，三省措置下项："一、令诸路监司、守臣行下州县等结甲，立罪赏，粉壁晓谕。二、令诸路监司、守（官）〔臣〕根刷私铸铜器之家，免罪改业，再犯立赏断配。三、有于军寨、寺观、舟船内铸造，仰主兵官、巡尉严切缉捉。四、官民户除日前现有腰带銙襻及鞍辔、作子、照子外，应有铜器并有铜钉饰器具不许使用。五、巡尉、都监捉获铍销铜钱到官，即与保奏推赏。六、内外应奉官司等处，法物等应用铜铸钉饰，限一月申朝廷，仍旧使用。七、僧道锺磬等并民间及船户日前置到铜锣，系防托使用者，仰寺观主首及民户各开具件数，经州府陈状镌凿，限一月申官。八、铸造之家未卖器皿，委官置场，立限听人户投卖。九、锺磬等、鞍辔、作子，令文思院铸造，听人户、僧道请买。十、应造军器须用铜者，申所属支降。十一、民间照子，令湖州拘籍工匠在官铸造，从人户请买。十二、诸路监司、州军公然呼集工匠铸造，今后敢自违戾，外责监司互察，内委御史台弹奏。十三、自今降指挥之后，官员、士庶尚敢私下收买者，许人陈告。十四、今降指挥到日，仰诸路监司等镂板晓示。十五、有关防未尽事件，许所在官司限一月（降）〔条〕具申闻。"诏令刑部疾速遍牒施行。127—128，p8355—8356

【庆元二年十月】十三日，潼川安抚司言："泸、叙州、长宁军沿边，连接夷蛮，全藉禁山林箐以为限隔，从条不许汉人擅将物货辄入蕃界，侵越禁山，斫伐林木。照得蛮人载马（叙）〔于〕叙州，互有赍带板木前来本州变卖，是致诸司递年常下叙州打造舟船，州县寅缘骚扰。乞令叙州委知、通常切觉察检举，毋令汉人将物货擅入蕃蛮界贩卖，斫伐禁山林箐，须候蛮人赍带板木出江，方得就叙州溉下交易。如有违犯，被捉到官，送狱根究，从条断罪、追赏施行。如遇打造舟船，自行差人收买板材置造，无得准前直下叙州打造，免致骚扰。"从之。128，p8356

【庆元】三年正月十一日，监察御史沈继祖言："乞戒敕外官无故不得辄与朝（例）〔列〕通书，其合通书只许一幅，如庆贺之类止于三幅。及在外书问往来，并不许过数，若过数不许接受。如违，并许弹劾，重加责罚，以儆有位。"从之。128，p8356

【庆元三年】五月二十一日，臣僚言："乞戒敕朝士，今后不得辄与谒士、术人等书，骚扰外路。如有持书以取钱酒者，并计赃，与书及与钱物者同罪，许人告。着之令甲，务在必行。外令监司，内令御史台觉察奏闻。"从之。128，p8357

【庆元四年】三月四日，诏："吊祭使人过界，仰经过州县严行禁止民间，不许歌乐及观看，人户毋致衣服华饰。"129，p8357

【庆元四年三月】十一日，臣僚言："今天下郡邑乡聚每岁立社，计户敛金以造作兵器，小有忤意，变故随生。近者都城鬻卖娱悦童稚之具，多有装饰兵器，弄伪成真。乞今后遇有献神祷旱等事，不得以头刃为戏，凡物之像兵器者亦不许复鬻于市。"从之。129，p8357

【庆元四年三月】二十一日，臣僚言："乞将建宁府及诸州应有书肆去处，辄将曲学小儒撰到时文改换名色，真伪相杂，不经国子监看详，及破碎编类，有误传习者，并日下毁板，仍具数申尚书省并礼部。其已印未卖者，悉不得私买。如有违犯，科罪惟均。"从之。129，p8357—8358

【庆元四年】四月二十九日，诏："应朝士以下并不许讲旦朔庆贺私谢苛礼，惟议职事，陈利害，方许相见。其有无故看谒、躁进不悛者，朝士则令御史台觉察，局务则令所属长官按劾。"129，p8358

【庆元四年】五月六日，臣僚言："楚俗淫祠，其来尚矣。惟是戕人以赛鬼，不宜有闻于圣世。俗尚师巫，能以祸福证兆簧鼓愚民，岁有输于公，曰师巫钱，自谓有籍于官。官利其一孔之入，于是纵其所为，无复谁何，浸淫妖幻，诅厌益广，遂至用人以祭。每遇闰岁，此风犹炽。乞告戒湖北一路监司、帅守，先严官吏收纳师巫钱之禁，然后取其为巫者，并勒令易业，不（帅）〔禁〕者与传习妖教同科，庶几此俗渐革。"从之。129—130，p8358

【庆元四年五月】十三日，诏："今后女冠、道士不得出入宫禁，三宫准此。"130，p8358

【庆元四年五月】十六日，臣僚言："迩岁以来，革私铸之奸，严销毁之禁，犹沙毛，犹未尽戢。乞下所属监司、州县，督责厢分，警饬巡尉，严保伍之法，申粉壁之禁，使盗铸之弊销，（般）〔搬〕贩之习弭，行用之患革。一有违戾，锄去本根，庶几窒其弊于本（厚）〔原〕，享其利于经久。"从之。130，p8358

【嘉泰元年】十二月十一日，诏："已降指挥，禁止销金铺翠，非不严切。访闻外方州县视为文具，略不禁止，可专委逐路提刑专一禁戢。如守令奉行灭裂，仰具名闻奏，切待重作行遣。如所部内尚有制造服着之人，并将提刑一例责降。"132，p8360

【嘉泰】二年二月二十八日，新差权知随州赵彦卫言："恭惟国家祖功宗德，超冠百王；真贤实能，远逾前代。史馆成书，有《三朝国史》《两朝国史》《五朝国史》，莫不命大臣以总提，选鸿儒以撰辑，秘诸金匮，传写有禁。近来忽见有本朝《通鉴长编》《东都事略》《九朝通略》《丁未录》与夫语录、家传，品目类多，镂板盛行于世。其间盖有不曾彻圣听者，学者亦信之，然初未尝经有司之订正。乞尽行取索私史，下之史馆，公共考核，或有裨于公议，即乞存留，仍不许刊行。自余悉皆（尽）〔禁〕绝。如有违戾，重置典宪。"从之。132，p8360

【嘉泰二年】七月九日，诏："令诸路帅、宪司行下逐州军，应有书坊去处，将事干国体及边机军政利害文籍，各州委官看详。如委是不许私下雕印，有违见行条法指挥，并仰拘收，缴申国子监，所有板本日下并行毁劈，不得稍有隐漏及凭借骚扰。仍仰江边州军常切措置关防，或因事发露，即将兴贩经由地分（乃）〔及〕印造州军不觉察官吏根究，重作施行。委自帅、宪司严立赏榜，许人告捉，月具有无违戾闻奏。"以盱眙军获到戴十六等，辄将本朝事实等文字欲行过界故也。132—133，p8361

【嘉泰二年】十二月九日，权知万州赵师作言："峡路民居险远，素习夷风，易惑以诈，易煽以恶，致使淫巫得肆簧鼓。凡遇疾病，不事医药，听命于巫，决卜求神，杀牲为祭，虚费家财，无益病人。虽或抵死，犹谓事神之未至。故凡得疾，十死八九。又其俗以不道于富，祀诸昏淫之鬼，往往用人，侥冀作福，流为残忍，不可备言。乞行下本路，先禁师巫，俾之改业，严结保伍，断绝禁叹及祭鬼器用，庶几拔本塞源，不致滋长。"诏仰本路提刑严切禁止，务要尽绝，如有违犯，重作施行。133，p8361

【嘉泰】三年五月十八日，臣僚言："臣闻治道之要在正风俗，而风俗之别则有二焉，曰民俗，曰士俗。民俗不正，士俗救之；士俗不正而欲正其在民者，不可得也。厥今之正风俗，莫先销金（补）〔铺〕翠之饰。窃见近日以来，街坊贾人公然货鬻，倡优下妾恣为服饰。以至游手之徒为左道之奉，迎神祠佛，千百为群，装侈队仗，曳地为衣，金翠夺目。臣推其本，弊不在民，实缘士夫之家狃于豪贵之习，服用华侈，则下而民俗得以转相视效。乞申严法禁首饰，士夫犯者痛罚，虽贵不赦，告者立赏，虽多不吝。若此，则士俗既正，民俗不正者未之有也。"从之。133，p8361

【嘉泰三年】十一月十一日，南郊赦文："访闻形势之家违法私置狱具，（僻）〔擗〕截隐僻屋宇，或因一时喜怒，或因争讼财产之类，辄将贫弱尢辜之人关锁饥饿，任情捶拷，以致死丁非命。虽偶不死，亦成残废之疾。被苦之家不敢伸诉，深为可悯。自今赦到日，仰守臣多立赏榜，遍示县镇，严行禁止。如有（祠）〔词〕诉到官，须管尽情根究，依法施行。或州县奉行不虔，仰提刑司按劾，月具有无违戾以闻。"133，p8362

【嘉泰】四年三月九日，枢密院奏："步军都虞候李郁言，街市铺户、典当质库辄将弓弩箭凿之属公肆出卖收当。乞下所属重立罪赏约束，但系军器，不许收当出卖。"从之。133，p8362

【嘉泰四年三月】二十五日，阁门舍人林伯成言："驴骡驼马有乘载之功，宜禁轻杀，以备（般）〔搬〕运。牛皮筋角受纳去处，毋致散失，以供军须之用。"从之。133—134，p8362

【嘉泰四年五月】十六日，臣僚言："牛皮筋角惟两淮荆襄最多者，盖其地空旷，便于水草，其民用之不恤，所以多毙。姑以臣前任安丰一郡言之，每岁官收皮角不下千余件。寻常皆系奸民计会所属估卖，却行转卖与北人。盖缘州解至临安，重有所费，而不解发者，省部未尝稽考。若从朝廷委自提刑司专一拘刷申解，仍许于系省或经总制钱内支破脚剩縻费之类，严加禁约，如州县辄卖及拘占不发者，必置重罚，如此，则非惟朝廷省支买之费矣。胶鳔翎毛，载在令甲，禁止甚严，比年公然过界，累有败获，甚至见任官亲戚仆从等专以此为优润之资。盖缘外借应副民间使用之名，其实在于过界获利数倍。今若顿加杜绝，不许过江，又恐民间阙用。欲仿铅矾乳香体例，从杂卖场量立数目给官引，随胶鳔翎毛拨付沿边州郡，置厝给卖。其无官引者不许过江，沿路觉察，并同贩铅矾之法而加严焉。如此则奸民无所容其计矣。”从之。134，p8362

开禧元年五月十八日，工部郎官吴铸言：“昨者朝廷禁止私铸铜器，闾巷游手末作铸造卖鬻之风一旦寝息。而在京官司工役之处，或因制造军器及公廨用度之物，旁缘打造，潜行货鬻。窃恐人见辇毂之下尚敢如此，远州遐邑相率效尤，渐不可制，乞申严禁约。”从之。135，p8363

【开禧元年五月】二十五日，诏：“访闻内外诸军将合干等人有诈作百姓名色私放军债，已是违戾法禁，又辄将物货高价揿卖，每遇支散衣粮料钱等，辄于打请之际，倚恃部辖，径行兜取，显属掊克。自今降指挥到日，仰主帅严行禁戢，如敢仍前违犯，主帅觉察，开具姓名申枢密院，取旨重置典宪。主帅不得觉察，亦当重议镌罚。可令三省、枢密院给降黄榜，下诸军晓示。”135，p8363

【开禧元年】十一月九日，淮东提举陈绩言：“主将克剥至重，莫甚于今日。私役之弊，买工之弊，差使营运之弊，未尝少革。是犹曰公家之事然也，至于屯驻之所私买田宅，役官兵以为之管干，役军匠以为之营造，竹木砖瓦之属悉取之官。国家竭民力以养兵，而主将迺竭兵力以奉己。乞今后应管兵官辄敢（放）〔于〕屯驻之所私置田宅，许民间告首，以违制论。”从之。135，p8363

【开禧】二年四月十七日，臣僚言：“都城之内，连甍比屋，脱有火灾，随时扑灭，独于弹压一事，犹未深讲，臣请条其利害而备言之。方郁攸之滋炽也，奸民幸灾，乘时剽掠，张皇声势，动摇人心，为害一也。河渠贵相贯通，政欲舟楫无壅，而公私巨舫，舳舻相衔，竹木排筏纵横，逼塞阻碍，伤害人命，其为害二也。古者栋宇之盛，谓之木祆，曩者一爇之后，土木之侈反过于前，是欲以人胜天，岂不悖理伤道？其为害三也。欲令临安府于通判、幕职官及本府兵将官内，先次推择强敏有才之人，以备缓急。遇有遗漏，即差委于要害处分布弹压。仍分差总辖使臣拨隶弹压之官，拘集头项火下四散几察，如有奸民乘势掠人财物、鼓噪惊众者，即时收捕，枷送所属根勘，情重者依军法施行。应公私坐船，常时并不得放令入城及于里河摆泊。应公私修造竹木，并用舟船乘载，不得编成排筏撑驾入城。应官民户不得以板木器用壅塞河道。令临安府多出文榜，豫先晓谕约束。犯人以违制论，弹压官吏等不切觉察，次第责罚。"从之。135—136，p8363—8364

【开禧】三年正月十六日，行在榷货务状："行在务场每岁收趁课额八百万贯，应副左藏西库，就支大军给遣及朝廷封桩财计。建康一千二百万贯，镇江四百万贯，应副淮东总领所给遣屯戍军马支费，并解发上供封桩之数，事系重害。今诸州府却依安抚司行下，更不顾客贩茶盐舟船，并行拘（肤）〔敷〕。设有不敷之人，便作有误军期行遣，遂使客人畏惧，不肯兴贩，三务所收课利全然稀少。乞指挥下三务场，遍牒晓谕兴贩茶盐客人知委，有茶盐船经本务场陈乞，送铺户保明诣实，给黄旗、公据收执兴贩，州县等处不得妄有拘扰。违，仰客人指实越诉，将官吏重行施（行）〔作〕。"从之。136，p8363

嘉定二年七月四日，权知漳州薛扬祖言："科罚之为民病，在在有之。夫以小小争讼而姑从科罚，已非息争之道，今有以杀伤而至死者，亦或以罚而苟免，则冤气何所伸！乞明诏四方，使为郡县者不至科罚病民。"又言："占有四民，舍士、农、工、商之外无他业。自佛法流入中国，民俗趋之，而南方尤盛。有如漳郡之民，不假度牒，以奉佛为名，私置庵寮者，其弊抑甚。男子则称为白衣道者，女子则号曰女道。男（人）〔女〕失时不婚不嫁，窃修道之名，济奸私之行。乞严切禁戢，应非度牒披剃之人，并（系）〔令〕各归本业。"从之。136，p8364

【嘉定六年】十月二十八日，臣僚言："国朝令甲，雕印言时政、边机文书者皆有罪。近日书肆有《北征谠议》《治安药石》等书，乃龚日章、华岳投进书札，所言间涉边机，乃笔之书，锓之木，鬻之市，泄之外夷，事若甚微，所关甚大。乞行下禁止，取私雕龚日章、华岳文字尽行毁板。其有已印卖者，责书坊日下（徼）〔缴〕纳，当官毁坏。"从之。138，p8366

【嘉定】七年三月十六日，臣僚言："辰、沅、靖三州内则省民居之，外则为熟户山徭，又有号曰峒丁，接近生界，迤逦深入，围峒甚多。平时省民得以安居，实赖熟户之徭与夫峒丁相为捍蔽。创郡之初，区处详密，隄防曲尽，故立法有溪洞之专条，行事有溪洞之体例，无非为绥边之策。近年以来，生界徭獠多有出没省地而州县无以禁戢者，皆繇不能遵守良法。夫溪峒专条，山徭、峒丁田地并不（计）〔许〕与省民交易，盖虑其穷困无所顾藉。今也州郡悉听其与省民交易，利于牙契所得输税可以资郡帑汎用。而山徭、峒丁之丁米挂籍自如，催督严峻，多不聊生，反引惹生界出没省地。若骎骎不已，其害有不可胜言者。乞明敕湖、广监司行下诸郡，凡属（奚）〔溪〕峒去处，所有山徭、峒丁田业一遵成宪，不得擅与省民交易，犯者科以违制之罪。"从之。138，p8366—8367

淳熙二年十二月十七日，庆寿赦："临安府西湖系放生池，专降指挥，不得采捕。迩来小民冒利采取，所属本尝禁止，可令本府严立罪赏，出牒禁戢，专责巡警官司，毋得容纵。应诸路州军放生池依此。"146，p8374

【淳熙】三年五月八日，诏："民间采捕田鸡，杀害生命，虽累有约束，货卖愈多。访闻多是缉捕使臣火下买贩，及纵容百姓出卖。令出榜晓谕，差不干碍人收捉。如火下货卖，捉获，其所管使臣一例坐罪。"146，p8374

【淳熙】四年六月二十日，诏："江东提刑司下所属州郡禁止采捕蜂儿，从知宁国府蔡洸请也。"146，p8374

宋会要辑稿·刑法二·禁约四

绍兴三年三月十八日，知临安府卢知原言："车驾驻跸临安府，屯兵既众，居民浩穰，今欲相度每夜三更断夜，五更依旧许人行往。"从之。147，p8374—8375

【绍兴三年】七月四日，浙东福建路宣谕朱异言："衢州所盖东岳神祠气象雄伟，州人每遇岳神生日，人户连日聚集，百戏迎引，其服饰仪物大段僭侈。窃虑所在崇奉淫祠之人递相仿效，别致生事。应州县奉祀神祠，设祭迎引，辄以旗锣、兵仗、僭拟服饰为仪数者，令提刑司行下诸州县，严行禁止。"诏坐条行下。147，p8375

【绍兴三年七月】二十二日，诏："江北流寓之人赁屋居住，多被业主骚扰，添搭房钱，坐致穷困。又豪右兼并之家占据官地，起盖房廊，重赁与人，钱数增多，小人重困。令临安府禁止，仍许被抑勒之人诣府陈告。根究得实，将业主重行断遣，其物没纳入官。本府不为受理，许诣朝省越诉。"147，p8375

【绍兴三年七月二十二日】，诏："宗室及有荫不肖子弟多是酤私酒，开柜坊，遇夜将带不逞，杀打平人，夺取沿身财物。令临安府寅夜密行收捕，如获上件作过之人，先行收禁枷讯，具奏听旨。"147，p8375

【绍兴三年】十月十七日，监察御史、广南东西路宣谕明橐言："访闻邕州之地南邻交趾，其左右江诸洞，五镇寨诸坑场，多有无赖之徒略卖人口，贩入交趾。又邕、钦、廉三州与交趾海道相连，逐年规利之徒贸易金、香，必以小平钱为约，而又下令其国小平钱许入而不许出。二者之弊，若不申严禁止，其害非轻。臣已检坐见行条制行下三郡外，欲乞自今二广边郡透漏生口、铜钱，应帅臣、监司、守倅、巡捕、当职官，乞比犯人减等坐罪。"诏依奏，令户、刑部限三日立法申尚书省。147，p8375

【绍兴三年】十一月八日，臣僚言："浙东衢、严之间，田野之民每忧口众为累，及生其子，率多不举。又旁近江东饶、信皆然。望赐止绝。"刑部检准见行条法，为系江南东西、荆湖南北、福建路，其两浙东西路未有，乞依上条。诏依。五年闰二月九日，臣僚言，不收养子孙，二广尤甚。诏："其该载不尽路分，依两浙等路见行条法。"八年五月十六日，诏："应州县乡村第五等、坊郭第七等以下人户及无等贫乏之家，生男女而不能养赡者，每人支钱四贯，于常平或免役宽剩钱内支给。官吏违慢，以违制比。仍委守令劝谕本处上豪、父老及名德（增）〔僧〕行常切晓谕祸福，或加赒给。如奉行如法，存活数多，许本路监司保明，并（无）〔与〕推赏。"十五年六月二十一日，臣僚言："已降指挥，生男女每名支钱四贯文，于常平或免役宽剩钱内支。窃闻州县免役钱所收微细，乞发义仓之粟以赈之。"诏于见管常平、义仓米内每人支米一硕。二十年六月四日，以臣僚言复申严行下。二十八年十一月三日，以臣僚言，诏敕令所立法。147，p8375

【绍兴】四年二月二十三日，诏："今后诸路有颁降诏令，并仰监司关报州县，真书文字，镂板印给于民间。仍约束巡尉不得以修葺粉壁为名，差人下乡骚扰。"以臣僚言置立粉壁之弊也。147—148，p8375—8376

【绍兴四年】四月十五日，御史台言："访闻西北流寓之民乍到行在，往往不知巷陌，误失人口。其厢巡人不即收领送官，责问本家识认，至被外人用情诱藏在家，恐吓以言，或雇卖与人为奴婢，或折勒为娼者甚众。虽有常法断罪、告赏，缘未曾申严约束，望下临安府措置禁止，常切觉察。"从之。148，p8376

【绍兴四年】七月六日，臣僚言："乞下诸路，今后有卖阵亡恩泽自首及因人告首，所给付身便行毁抹，余人悉免根究。如自首之人，特与放罪；若因人告发，合推究断罪、给赏，不得枝蔓。"诏："若有卖阵亡恩泽自首之人，不以所犯在今降指挥前后，并合遵依已降指挥施行。"148，p8376

【绍兴】五年闰二月二十三日，都省言："三省、枢密院人吏约束条贯，其辄入酒肆并开置邸店沽卖酒食之类，所立告赏（切）〔窃〕恐太轻，理当增立。"诏各更增立赏钱一百贯，余并依累降指挥，仍出牒晓示三省制敕院门、枢密院宣旨门。148，p8376

【绍兴五年】五月十九日，户部言："禁戢私铸铜器，已有见行条法罪赏。若私置炉烹炼、钚销、磨错、剪凿钱宝铸造铜器，乞以五家结为一保，自相觉察。除犯人依条外，若邻保内不觉察，亦乞依私铸钱邻保知而不纠法。"诏依。六年五月二十七日，诏："今后有销毁钱宝及私以铜输石制造器物卖买兴贩者，一两以上并依服用翡翠法徒二年，赏钱三百贯。邻保失觉察铸造，并杖一百，赏钱二百贯，许人告。仍令州县每季检举。"绍兴六年六月二十五日，申严禁止，仰逐路监司月具有无所犯及捉获人数申尚书省。八年八月二十七日，臣僚言："乞将诸路见存输石、铜器许存留外，后来更不许铸造贩卖，许人告捉，罪赏依法外，有民间合用之物，就官铸造出卖。"诏申明行下。十年五月十三日，户部言："续降禁（锢）〔铜〕器指挥，一两以上并依翡翠服用法徒二年，赏钱三百贯。缘立法太重，诸路州县未见遵依。今欲并依绍兴旧法，一两杖一百，一斤加一等，令众三日，配本城，十斤配五百里。厢耆、巡察人失觉察，杖八十。杖一百罪，赏钱五十贯；徒二年，钱七十贯，每等加十贯；流二千里，钱一百贯，每等加十贯。邻保知而不纠者，以犯人减一等。仍州委通判、县委令丞，先将见造卖铜器之家应有动用作具限一日并行毁弃，及将自来私造铜器之人先籍定姓名，版榜晓示。其民间见卖铜器，限一月令人户赴所属送纳，随斤两给还价钱。州县当职官吏违戾，具名取旨。"十二年四月三日，户、工部言："今欲将民间见买卖铜器之物立定每两价钱不得过二十文足，辄增价钱一文以上，并依《绍兴十年五月十三日指挥》。"二十六年六月二十二日，户、工部言："其买铜器之人未有约束，欲并从杖一百私罪科断。"七月十一日，御史中丞汤鹏举言："乞将已成坯而未铸者、已铸而未出卖者，并许诸色人告，尽以家业充赏，仍以犯人断配钱监。"二十七年四月八日，左司谏凌哲言："欲将天下寺观佛像、铜磬之属官为籍讫存留外，自后铸造者许人告首，僧徒、工匠施与、受施并依见行罪赏断遣。"二十八年七月二十四日，户部言："士庶之家除照子，及寺观佛像、锺磬、铙钹、官司铜锣存留外，其余所有鍮石铜器，如违限不纳入官，不满十斤杖一百，赏钱一百贯，十斤以上并徒二年，赏钱三百贯，许诸色人告。或豪富、命官之家限外尚敢沉匿，依条给赏、断罪外，具名取旨。当职官奉行违慢，重行黜责。铸铜器匠人立赏钱三百贯，许人告捉，从徒二年断罪，配铸钱监重役。"二十八年十月十日，提领铸钱所言："乞行下逐州府，如有铸铜工匠愿投充近便铸钱监工匠之人，更不刺军号，日支食钱二百五十省、米二胜半，常加存恤，无至失所。"并从之。148—149，p8376—8377

【绍兴五年】八月二十四日，德音："应潭、郴、鼎、澧、岳、复州，荆南、龙阳军，循、海、潮、惠、英、广、韶、虔、吉、抚州，南安、临江军，汀州管内，访闻逐路州县昨因捕盗，创置军期司，行移公文，追科差役，猾胥奸吏以此恐吓良善，无所不至。今来军事已定，仰提刑司委官点检，并行住罢。如尚敢存留，按劾以闻，当议重置典宪。又前项管内州军应见收藏驱虏到人，或展转雇卖，买人知情至今未令逐便，如限满依旧拘留，并从略人为女使法科罪。邻保知而不纠，减犯人罪一等，许被虏人或亲属次第陈诉。"149，p8377

【绍兴六年二月】十九日，中书门下省言："访闻临安府并诸路州县，多有邪伪之人，于通衢要闹处割截肢体，刳剔肠胃，作场惑众，俗谓'南法'，递相传习。若不禁止，为害不细。"诏令刑部检坐断罪条法，遍牒诸路州县，申严禁止。150，p8378

【绍兴】七年六月十五日，尚书省勘会："浙江西兴两岸济渡多因过渡人众，争夺上船，或因渡子乞觅邀阻，放渡失时，致多沉溺。自绍兴元年至今年，已三次失船，死者甚众。其监渡官系兼职，难以专一，理合措置。"有旨："如装载过数，梢工杖八十；致损失人命，加常法二等。监官故纵与同罪，不觉察杖一百，辄以渡船私用或借人并徒一年，其新林、

翁山私渡人杖一百。仍许人告，赏钱五十贯。"150，p8378

【绍兴七年】九月二十二日，明堂赦："访闻虔、吉等州专有家学，教习词诉，积久成风，胁持州县，伤害善良。仰监司、守令遍出文榜，常切禁止，犯者重置以法。"150，p8378

【绍兴】十三年闰四月十二日，尚书度支员外郎林大声言："江西州县有号为教书夫子者，聚集儿童，授以非圣之书，有如《四言杂字》，名类非一，方言俚鄙，皆词诉语。欲望播告天下，委监司、守令，如有非僻之书，严行禁止。"诏令本路提刑司缴纳，礼部看详取旨。150，p8378

【绍兴】十年四月二十一日，诏："新复州军官员到行在整会差遣之类，如所属胥吏非理阻抑，乞觅一钱以上，取与并过渡人并一等计赃，重行科罪，不以赦降原免。许告，赏钱五百贯。仍令尚书省出榜。"150，p8378

【绍兴】十一年正月十二日，桂（杨）〔阳〕监言："皇帝本命日，近降指挥禁止屠宰，所有禁刑一节，不曾该说，理合禁约。"刑寺看详："虽《绍兴令》内未曾修立成法，缘今来既已降指挥，丁亥日禁止屠宰一日，所有决大辟并流以下罪，如遇丁亥日亦不合行决。"从之。150—151，p8378

【绍兴十一年】八月七日，诏："应干托州县雇人辄差科，或以官钱应付，及于寺观、人户借夫，或以借夫为名收受雇直入己，本罪轻者并以违制论，不以赦降原减。按官属出巡及官员被差干办公事，合雇人夫辄过数，及于街市驱逐卖物村民，准此。"151，p8378—8379

【绍兴】十二年五月十四日，诏："皇城周回高阜望见禁中去处并州城上人行，先立法收捉，从徒二年科断。其候潮门上及城上平视禁庭，并不禁止。可令临安府日下垒塞踏道，有犯罪，依已降指挥施行。"151，p8379

【绍兴】十三年五月十九日，中书舍人杨愿言："乞天申令节天下访求遗迹，各置放生池，申严法禁，以广好生之德。"诏诸路监司措置以闻。是日，工部郎中林乂言："临安府西湖自来每岁四月八日郡人会于湖上，所放羽毛鳞介以百万数。比年以来，往往采捕，殆无虚日，至有竭泽而渔者，伤生害物，莫此为甚。乞检会天禧故事，依旧为放生池，禁民采捕。"从之。十七年十月二十一日，知荆门军赵士初言："恭睹条法，畜有孕者不得杀，禽兽雏卵之类，仲春之月禁采捕。今来伏遇丁亥日禁屠

宰，未尝禁渔猎，乞添入丁亥日禁渔猎之文。"诏依。151，p8379

【绍兴十三年】六月十九日，左修职郎赵公传言："近年以来，诸路书坊将曲学邪说、不中程之文擅自印行，以瞽聋学者，其为害大矣。望委逐路运司差官讨论，将见在板本不系六经子史之中而又是非颇缪于圣人者日下除毁。"从之。绍兴十五年七月二日，两浙东路安抚司干办公事司马伋言："建州近日刊行司马温公《记闻》，其间颇关前朝政事。窃缘曾祖光平日论著即无上件文字，妄借名字，售其私说。"诏委建州守臣将不合开板文字并行毁弃。绍兴十五年十二月十七日，太学正孙仲鳌言："诸州民间书坊收拾诡僻之辞，托名前辈，辄自刊行，虽屡降指挥禁遏，尚犹未革。欲申严条制，自今民间书坊刊行文籍，先经所属看详，又委教官讨论，择其可者许之镂板。"从之。151，p8379

【绍兴】十四年正月二十九日，诏："北（史）〔使〕所过州军如要收买物色，令接送馆伴所应付，即不得纵令百姓与北使私相交易，引惹生事。可札下所属立法禁止。"151，p8379

【绍兴十四年】九月一日，诏："士庶与国姓同，单名偏傍并连名相犯之人，令刑部遍牒州军，限一月改正。如违，从杖一百断罪。"151，p8379—8380

【绍兴】十六年二月三日，臣僚言："近来淫祠稍行，江浙之间，此风尤炽，一有疾病，唯妖巫之言是听，亲族邻里不相问劳，且曰此神所不喜。不求治于医药，而屠宰牲畜以祷邪魅，至于罄竭家赀，略无效验，而终不悔。欲望申严条令，俾诸路监司、郡守重行禁止。"诏令礼、刑部坐条行下，如不系祀典，日下毁去。152，p8380

【绍兴】二十年六月二十四日，宰执进呈直秘阁、前权发遣阆州王湛言："乞守令每遇劝农，不得辄用妓（药）〔乐〕宴会宾客，仍责郡县之官因农时躬驾乡亭，出入阡陌，纠罚游（隋）〔惰〕，以田莱垦辟为之旌赏。"上曰："四川去朝廷远，虽降指挥，多奉行灭裂，可令户部立法。"152，p8380

【绍兴二十年】八月十九日，太医局言："《本草》玉石部中有砒霜一味，委有大毒，并无起病之功。望令出产州军今后不许收采，商旅不得依前货卖，见在者并令烧毁。重立断罪，许人告捉施行。"从之。152，p8380

【绍兴】二十一年闰四月十六日，知沅州傅宁言："湖南北两路风俗，每遇闰月之年，前期盗杀小儿以祭淫祠，谓之'采生'。望下逐路帅臣、监司，督责巡尉，如一任之内纠察采生七人以上，依获强盗法，特与推赏。失于纠察，因事发觉，巡尉坐失捕强盗之罪。"从之。152，p8380

【绍兴】二十二年十一月十八日，南郊赦："近来州县违法差公吏、兵级、厅子之类赍执文引，遍下乡村民户假借什物器用，妄行需索所无之物，抑令置备，因而骚扰乞取，民被其害。仰监司觉察按劾，如敢容庇，许监司互察。"152，p8380

【绍兴】二十四年八月十三日，宰执进呈温州平阳县布衣黄元寿进状内一项："温州科柑，每岁保正和买百颗，以为常额。所纳者须及尺寸，稍有分毫不至，或五六颗然后折当一颗。稍有违拒，鞭笞两至。"上曰："可札下本州照会，不得非理科扰。并福建荔枝，不曾使令收买，今后亦不得供进。"152，p8380

【绍兴二十六年】七月五日，御史台检法官褚籍言："近年以来，州县守令类多贪墨，每有等第豪户及僧道富赡者犯罪，一至讼庭，往往视为奇货，连逮禁系，动经旬月，方令入状，以愿献助钱物为名，或作赡军支用，或作修造亭馆，更不顾其所犯轻重，一例释放。乞严立法禁，凡犯罪者轻重自有断罪条法，如或巧作名目，令犯人献助钱物以自（勉）〔免〕者，官吏当以坐赃论。"从之。153—154，p8382

【绍兴二十六年七月】十三日，御史中丞汤鹏举言："逐州私置税场，广收醋息，信有所入，尽归公库，恣己所用。波及僚属，兼局添给，所在有之，如苏、湖、秀之兵职、曹官、令佐请给，其间月有二三百千者，而居民、僧道、店铺、舟船经由场务，无不科敛以纳醋息，其害不可言者。伏乞申严守倅，遵依绍兴敕令，按月支见任供给。违者并以自盗论，令台谏、监司按（刻）〔劾〕。"从之。154，p8382

【绍兴二十六年】九月一日，太学录万成象言："昨者大臣专国，权倾天下，乃于始生之日受四方之献，宝货珍奇，辐凑其门。至于监司、州郡，转相视效，属吏谄奉，争新效奇。屯兵所在诸将，遗赂金珠彩帛，赀以万计。甚者给彩张乐，百戏迎引，所至骚然，逾于诞节。夫以州郡而为朝廷之仪，人臣而享天下之奉，名分不正，未有甚于此者，乞严禁止。"诏令有司立法，刑部立法："诸内外见任官因生日辄受所属庆贺之礼，及与之者，各徒一年，所受赃重者坐赃论。"154，p8382

【绍兴二十六年】十月十九日，诏："访闻街市货卖熟药之家，往往图利，多用假药，致服者伤生，深为恻然。自今后卖药人有合用细色药，敢以他物代者，许其家修合人陈首。如隐（敝）〔蔽〕，却因他人告首者，与货药人一等断罪，并追赏钱三百贯，先以官钱代支。其犯人不理有官及荫赎，并依不如本方杀伤人科罪。令临安府及诸路州县出榜晓谕。"154，p8382

【绍兴二十六年】闰十月十五日，刑部看详臣僚札子："在《法》：'州县违法差雇夫轿车马之类，及驱逐街市卖物村民，并以违制论，不以赦降原减。官吏乱作名色，拘占舟船者徒一年科罪，并许人户越诉。'其州县见任官私役工匠，即未曾申严禁约。今欲乞见任官，如敢于所部私役工匠，营造己物，依律计庸准盗论。若缘公兴造，即具事因送所属量事差拨，仍依籍内姓名从上轮差，务要均平，及令所役官司（扰）〔优〕支雇直。如有违犯，并许人户越诉。监司不行觉察，依条科罪施行。"从之，仍令敕令所编入成法。154，p8382—8383

【绍兴二十六年】十一月二十五日，尚书吏部员外郎王晞亮言："比年以来，承平寖久，侈俗益滋。婚姻者贸田业，而犹耻率薄，以至女不能嫁，多老于幽居；送终者罄力追修，而营缮无资，以至亲不能葬，多留于浅土。富者竞侈而越法，贫者强效而堕业。欲望委监司明加诫饬，使称家有无，各遵礼制，毋尚侈靡。"从之。154—155，p8383

【绍兴】三十年三月十四日，臣僚言："今钱塘南山士庶坟墓极多，往往与（刑）〔形〕势之家及诸军寨相邻，横遭包占平夷，其子孙贫弱，不能认为己有。乞令临安府出榜，严行禁约，并本县官吏不得受赂容情，擅行给佃。如有违犯，仰人户径诣台府越诉，重行断治。"从之。155，p8383

【绍兴三十年】四月十九日，诏："应已得差遣人遵依旧法，限半月出门；州县阙官，应专摄者，不得差本处寄居官；内已有差遣人，不得于行在并临安府权摄。徇情冒差者，并以私罪收坐。"从吏部请也。155，p8383

【绍兴三十年】十二月六日，臣僚言："邕州管下官吏受贿停留贩生口之人，诱略良口，卖入深溪洞。左江一带，七（元）〔源〕等州窃近交趾，诸夷国所产生金、杂香、朱砂等物繁多，易博买。平民一入蛮洞，非惟用为奴婢，又且杀以祭鬼。其贩卖交易，每名致有得生金五七两者，以是良民横死，实可怜恻。乞申严法禁，仍每季令帅、宪司检察，行下邕州

及沿路州军，取别无兴贩，结罪保明诣实账状申。"诏令刑部增立赏格。155，p8383

【绍兴】三十一年五月八日，知临安府赵子潇言："访闻街市无图之辈，插带掉篦，及着卧辣，用长藤为马鞭，聚众于酒肆，吹唱鹧鸪，手拨葫芦琴，跪膝劝酒，有伤风教。今立赏钱一百贯文禁止，违者从重断遣，有官荫人申取指挥。及近有官员出城外，张小凉伞，上用红油火珠，亦乞禁止。"从之。155，p8383—8384

【绍兴三十一年】八月十八日，知临安府赵子潇言："近来品官之家典雇女使，避免立定年限，将来父母取认，多是文约内妄作姝婆或养娘房下养女，其实为主家作奴婢役使，终身为妾，永无出期，情实可悯。望有司立法。"户部看详："欲将品官之家典雇女使妄作养女立契，如有违犯，其雇主并引领牙保人，并依律不应为从杖八十科罪，钱不追，人还主，仍许被雇之家陈首。"从之。155，p8384

【绍兴】三十二年二月二十九日，臣僚言："访闻州郡尚有以献助为名而下科率之令，如福州每产钱一文辄科八文，建州每产钱一文辄五文或三文，民甚病之。往往它郡间有此类，望赐止绝。如有输纳难再给还，即乞理为本户将来税赋之数。仍乞镂板行下，违者许民户越诉，当置严宪。"从之。155—156，p8384

孝宗绍兴三十（三）〔二〕年十月二十七日，未改元。户部言："近日民间多有货鬻铜器者，公然销钱铸造。乞行下州县，将逐处铜匠籍定姓名，如有违犯人，先次断罪，押赴铸钱监充役。"从之。156，p8384

隆兴元年三月十三日，中书门下言："检会已降指挥：'应诸军不得令军人回易及科敷买物，剥剥士卒请给。'访闻诸军近日放免虚钱，仍前勒令回易及俵散布帛、柴炭之类，并开坊造酒分俵，量其请给，每月克除，合严行禁止。"诏三衙诸军遵依已降指挥，如敢再有违戾，许军人径赴三省、枢密院越诉，愿移军别入役或愿离军者听。156，p8384

【隆兴元年】四月七日，臣僚言："迩来风俗侈靡，日甚一日。民间泥金饰绣，竞为奇巧，衣服器具皆雕镂（粧）〔妆〕缀，极其华美。望饬守臣，严切禁止。"诏"检会绍兴二十七年禁铺翠销金手诏，申严行下。"七月二十五日，中书门下省言："窃见迩来临安府士庶服饰乱常，声音乱雅，如插掉篦、吹鹧鸪、拨胡琴、作胡舞之类，已降指挥严行禁止外，访闻归朝、〔归〕正等人往往不改胡服，及诸军有仿效蕃装，所习音乐杂以

胡声。乞行下诸军及诸州县，并行禁止。"从之。156，p8384

【隆兴】二年正月十日，知潭州黄祖舜言："窃见湖南、北多有杀人祭鬼者，耳目玩习，遂成风俗。乞委两路监司严行禁戢，如捕获犯人，依法重作行遣。"从之。156，p8384

【隆兴二年正月】十四日，诏："诸州饮燕之费，丰侈过当，伤财害民。自今各令务从省约，敢有违戾，必置之罚。仍令户部条约行下。"156，p8384

【隆兴二年正月十四日】，诏："诸州公库合支见任官供给，止许送酒，仍不得过数。敢以钱物私馈，并以违制论，令提刑司常切觉察。"156，p8384

【隆兴二年】二月六日，知潭州黄祖舜言："窃见湖南人户有欠负客人盐钱贫无以偿者，至以男女折充奴婢。望敕湖南提举司严切禁戢。"从之。156，p8384—8385

【隆兴二年】三月二十七日，德音："勘会高、藤、雷、容等州累降指挥禁止采捕翠羽、蚌珠、玳瑁、龟筒、鹿胎之属，非不严切，尚虑贪吏抑勒民户采捕，伤害物命。仰本路监司常切觉察，如违，按劾闻奏。"156，p8385

【隆兴二年】七月二十日，知贺州秦籥言："赣、吉、全、道、贺州及静江府居民常往来南州等处兴贩物货，其间多有打造兵器出界货卖者，乞行下诸州县巡尉及津务镇场，严行禁止。如遇商人有夹带兵器，并拘没入官。"从之。156—157，p8385

【隆兴二年】九月十九日，权发遣昌化军李康臣言："窃见二广婚姻丧葬，习为华侈，夸竞相胜，有害风俗。〔乞〕行下二广，委帅守、监司常切觉察。如违，重置典宪。"从之。157，p8385

乾道元年正月一日，大礼赦："勘会宰杀耕牛罪赏非不严备，因州县失于检察，使愚民多有违犯。仰具指挥于乡村要闹处分明出榜晓示，仍督责合捕官司严行觉察。"157，p8385

【乾道元年正月一日】，赦："勘会州县辄将犯罪人不问轻重，巧作名色，勒令献助钱物，显是违犯。仰监司觉察按劾。"三年十二月二日、六年十一月六日、九年十一月九日南郊同此制。157，p8385

【乾道元年正月一日】，赦："勘会豪右兼并之家多因民户欠负私债，或挟怨嫌，恣行绯缚，至于锁闭，类若刑狱，动涉旬月，重违条禁，良善

受弊。仰州县严行觉察。"157，p8385

【乾道元年正月一日】，敕："勘会累年以来，已将日前科须敷率一切罢去，窃虑州县不体至意，尚有违戾，及纵容公吏巧作诛求。可令诸路监司常切觉察，如违，按劾以闻。"157，p8385

【乾道元年正月一日】，敕："勘会诸州公使醋库，累降指挥不得科抑人户。访闻州府利于所入，依旧抑配，至及人户、军营、寺观，甚为苛扰。仰监司举察按治。"157，p8385

【乾道元年】八月三日，臣僚言："伏见朝廷以比年服饰侈靡，故严铺翠销金之禁，诏旨叮咛，务在必行。今都城约束虽严，民不敢犯，而远方风俗习为华靡，未容遽革。欲望申敕诸州，严行禁止。"从之。157，p8385

【乾道】二年三月十二日，诏："应私铸铜器，蠹坏钱货，建康府、台、明州尤甚，可专委守臣严切禁止。"157，p8385

【乾道二年】十月三十日，四川茶马司言："园户收贩茶子入蕃界，已有申获罪赏指挥，近日辄有持茶苗入蕃博卖，深属不便。欲乞行下，并依茶子罪赏施行。"从之。九年十一月九日同此制。157，p8386

【乾道二年】十一月十一日，诏："诸路兵官经由州军按教，辄以馈送、私受钱物，并合坐赃论，仍令监司检察。"157，p8386

【乾道】三年三月二日，臣僚言："伏见钱宝之禁，非不严切，而沿淮冒利之徒不畏条法，公然（般）〔搬〕盗出界，不可禁止。乞札下沿边州县，严加觉察，如捕获犯人，与重置典宪。"从之。157，p8386

【乾道三年】七月四日，诏："淮东、西路安抚司行下沿边州军，严切立赏，禁止私渡买马人。如有违犯，具姓名申三省、枢密院，取旨重作施行。"158，p8386

【乾道三年】十一月二日，大礼赦："勘会民间多有杀人祭鬼及贫乏下户往往生子不举，甚伤风俗。可令逐路州军检举见行条法，令于县镇乡村晓谕，严行觉察，许人陈告。"九年十一月九日同此制。158，p8386

【乾道】四年八月十四日，尚书省言："检会累降指挥，令沿边州军禁止私擅渡淮，如遇捕获私渡人，并依军法。访闻近日禁防不密，仍多私渡，深虑透漏奸细，合再行约束。"诏沿边州军常切遵守，仍钤束县令、巡尉严行关防。若有透漏，致它处官司捕获，其当职地分官并取旨行遣。158，p8386

【乾道】六年四月二十八日，臣僚言："近日每遇批旨差除，朝殿未退，事已传播，甚者诸处进奏官将朝廷机事公然传写誊（执）〔报〕。欲乞严行禁止。"诏三省检坐条法，出榜晓谕。158，p8386

【乾道】七年三月十一日，知明州兼沿海制置使赵伯圭言："伏详铜钱（同）〔出〕界，法禁甚严，缘海界南自闽、广通化外诸国，东接高丽、日本，北接山东，一入大洋，实难拘检。乞自今应官司铜钱不得辄载入海船，如有违犯人，重作施行。"从之。158，p8387

【乾道七年三月】二十二日，权吏部侍郎王之奇言："窃见关外诸州连接敌境，多有归正、忠义之人及逃亡恶少之徒，以兴贩为名，啸聚边境，动辄成群。久而不禁，将有未萌之患。欲望申敕州县，严行禁止。"诏宣抚司措置施行。158，p8387

【乾道七年】六月十八日，知绍兴府、两浙东路安抚使蒋芾言："据本司参议官高敞札子，顷在北方，备知中原利害。如山东沿海一带，登、莱、沂、密、潍、滨、沧、霸等州，多有东南海船兴贩铜铁、水牛皮、鳔胶等物，虏人所造海船、器甲，仰给于此。及唐、邓州收买水牛皮、竹箭杆、漆货，系荆襄客人贩入北界。缘北方少水牛，皮厚可以造甲。至如竹箭杆、漆货，皆北所无。伏望敷奏，于沿海沿淮州军严行禁绝，如捕获客人有兴贩上项等事，与重置典宪。"从之。158—159，p8387

【乾道】八年二月二十九日，浙东提点刑狱公事程大昌言："窃见豪民私置牢狱，前后诏旨禁戢非不严备。访闻近日形势之家，仍前私置手锁枷杖之属，残害善良，恣为不法。欲乞申严禁约。"诏："依内情理重害者，令州县具姓名申奏，取旨行遣。"159，p8387

【乾道】九年三月六日，臣僚言："伏见朝廷禁止见钱，三贯以上不得出城门，五贯以上不得下江，已立定罪赏。其诸军每月支请券食见钱动计万数，往往出城归寨支散众军，却将见钱衷私（般）〔搬〕载外州回易，以致行在见钱稀少。乞行下殿前、马、步军严行约束，如有违戾，即依立定罪赏施行。"从之。159，p8387

【乾道九年】六月八日，诏："诸路监司、郡守不得非法聚敛，并缘申请，妄进羡余。违者重置于罪，令御史台常切觉察弹奏。"159，p8387

宋会要辑稿·刑法二·禁采捕

太祖建隆二年二月十五日，诏曰："鸟兽虫鱼，宜各安于物性；置罝

罗网，当不出于国门。庶无胎卵之伤，用助阴阳之气。其禁民无得采捕虫鱼，弹射飞鸟，仍为定式。"159，p8387

太宗太平兴国三年四月三日，诏曰："方春阳和，鸟兽孳育，民或捕取，甚伤生理。自今宜禁民二月至九月无得捕猎，及持竿挟弹，探巢摘卵。州县长史严敕里胥，伺察擒捕，重致其罪。仍令州县于要害处粉壁揭诏书示之。"159，p8387

真宗景德四年二月十三日，诏："方春用事，前令禁采捕鸟兽，有司当申明之。"159，p8387

【大中祥符】三年二月十九日，诏："诸州应粘竿、弹弓、置网、猎捕之物，于春夏依前诏禁断，犯者委长吏严行决罚。"自后每岁降诏申戒。159，p8388

【大中祥符三年】八月二十四日，诏："以将祀汾阳，沿路应有粘竿、弹弓并置网及诸般飞放猎捕禽兽并采取雏卵等，并令禁断。"159，p8388

【大中祥符三年】九月十七日，诏："将来祀汾阴，百司并从驾臣僚等，应网罟、鹰鹞伤生之物，并不得将行。令御史台（采）〔觉〕察闻奏。"159，p8388

【大中祥符】四年正月二十五日，帝谓宰臣王钦若曰："已禁断采捕，尚虑随驾臣僚从人以鸳禽、网罟妄称于庙内献送，宜严戒约之。"159，p8388

【大中祥符四年】八月五日，诏曰："火田之禁，着在礼经；山林之间，合顺时令。其或昆虫未蛰，草木犹蕃，辄纵（潦）〔燎〕原，有伤生类。应天下有余田，依乡川旧例，其余焚烧田野，并过十月，及禁居民延燔。"159，p8388

【大中祥符四年】十二月十二日，上封者言："京城多杀禽鸟水族以供食馔，有伤生理。"帝谓近臣曰："如闻内庭泊宗室市此物者尤众，可令约束，庶自内形外，使民知禁。"159，p8388

【大中祥符】八年八月二十四日，禁获龙河鱼者。初，皇城司言，民有私捕河鱼，故命开封府谕禁之。159，p8388

【大中祥符】九年四月二十四日，诏："江南民先禁黐胶，自今复有违犯者，一斤已上从不应为重，一斤已下从轻断之。"159—160，p8388

【大中祥符九年】八月四日，禁京城杀鸡者，违即罪之。初，帝曰：

"始闻京中烹鸡者滋多，增害物命。"故行此禁。160，p8388

【大中祥符九年】十一月一日，诏："应因修三宫观采斫木植山林之处，公私永禁采伐，余处亦住采，取樵薪者听从便。"160，p8388

天禧元年八月十一日，诏禁捕采取狨毛。160，p8388

【天禧元年】十一月八日，诏："淮南、江浙、荆湖旧放生池废者，悉兴之；元无池处，沿江淮州军近城上下各五里并禁采捕。"160，p8388

【天禧】三年二月七日，诏禁诸色人不得采捕山鹧。160，p8388

【天禧三年】十月十六日，禁京师民卖杀鸟兽药。160，p8388

仁宗天圣四年四月十八日，诏："山泽之民，采取大龟倒植坎中，生伐去肉，剔壳上薄皮，谓之龟筒，货之作玳瑁器。暴殄天物，兹为楚毒。宜令江淮、两浙、荆湖、福建、广南诸路转运司严加禁止。如官中须用，即临时计度之。"160，p8388

【天圣】六年二月十二日，诏："禁止诸色人等持黏竿、弹弓、罝网及诸般飞放猎捕禽兽，采取雏卵，犯者严断。"160，p8388

景祐三年二月五日，诏曰："国家本仁义之用，达天地之和。春令方行，物性咸遂，当明弋猎之禁，俾无麝卵之伤。眷乃攸司，各谨常宪。应有持粘竿、弹弓、罝网及诸般飞放猎捕禽兽，并采取雏卵及鹿胎人等，于春夏月并依条严切禁断，今后春首举行。"160，p8389

庆历（四）〔七〕年六月二日，诏蓄猛兽而害人者，以违制论。160，p8389

高宗绍兴十三年五月十九日，中书舍人杨愿言："天申（令）节，乞诏天下访求国朝放生池遗迹，申严法禁，仰祝圣寿。"从之。160，p8389

【绍兴十三年】十一月十四日，诏："诸路州军每遇天申节，应水生之物，系省钱赎生，养之于池，禁止、断罪依窃盗法。"160，p8389

【绍兴】十七年十月二十一日，知荆门军赵士初言："丁亥日禁屠宰，未有禁渔猎，望于条禁内添入丁亥日禁渔猎之文。"从之。160，p8389

【绍兴】二十年二月三日，军器监丞齐旦言："今江浙之民乐于渔捕，往往饰网罟、罩弋，以俟春时操以入山林川泽，所取必竭，盖未有断罪。望诏有司，申严法禁。"刑部看详，禁止采捕，在法止科违令之罪，欲从杖八十科断。从之。160—161，p8389

【绍兴】二十七年九月二十九日，宰执进呈知均州吕游问奏："本州城下边接汉水，乃是放生去处。公使库岁收鱼利钱补助收买天申节进银，自金州以来，密布鱼枋，上下数百里，竭泽而渔，无一脱者。乞将本州鱼枋尽行毁拆，除免公使库鱼利钱窠名，严立法禁，后来不得复置，仍禁止应干沿流不得采捕。"上曰："均州所贡银数不多，而经营至此，必是别无窠名钱物可以应办。且放生虽有法禁，亦细民衣食所资，姑大为之防，岂能尽绝？今自官中竭泽采捕以供诞节，其亦不仁甚矣，宜依奏。"161，p8389—8390

宋会要辑稿·刑法二·禁造伪金

太祖开宝四年，开封府捕得伪造黄白金民王元义等案问，皆伏辜。帝怒，并决杖，流于海岛，因下诏曰："昔汉法作伪黄金者弃市，所以防民之奸弊也。比云京城之内竞习其术，转相诳耀，此而不止，为盗之萌。自（京）〔今〕应两京及诸道州府，禁民无得作伪金，违者捕系，案验得实，并置极典。"162，p8390

宋会要辑稿·刑法二·禁金出关

淳熙元年五月十五日，盱眙军守臣言："铜钱、金银并军须违禁之物，不许透漏过界，法令甚严。本军系与泗州对境，逐时客旅过淮博易，射利之徒殊不知畏。且本军与泗州以淮河中流为界，渡船既已离岸，无由败获。今欲自客旅往渡口正路本军西门外立为禁约地分，遇有违犯之人，分别轻重断遣，庶几有所畏惮。今条画如后：一、照应榷场逐时发客过淮博易，系经由本军西门出入，今欲每遇榷场发客，令搜检官先就西门搜检，如无藏带金银、铜钱并违禁之物，方得通放。若客人经由西门搜检之后，于西门外未至淮河渡口搜获藏带金银、铜钱者，欲将犯人比附越州城未过减一等断遣，仍将搜获到金银、铜钱、物货尽数充赏。二、今欲于淮河渡口筑土墙、置门户以为禁约地分。如客旅或诸色人藏带金银、铜钱辄过所置墙门，虽未上船或已上船而未离岸，即与已过界事体无异，欲并依已出界法断罪，犯人应有钱物尽数给与搜获之人充赏。"从之。162—163，p8391

宋会要辑稿·刑法三·定赃罪

太祖建隆二年二月二十五日，诏："自今犯窃盗，赃满三贯文坐死，不满者节级科罪。其钱八十为陌。"先是，周广顺中《敕》："窃盗计赃，绢三匹以上者死，绢以本处上估为定，不满者等第决断。"至是以绢价不等，故有是诏。1，p8393

【建隆】三年二月十三日，诏曰："窃盗之徒，本非巨蠹，奸生不足，罪抵严科。今条法重于律文，财贿轻于人命，俾宽宪网，用副哀矜。令后犯窃盗，赃满五贯处死，以百钱足为陌；不满者决杖、徒、役，各从降杀。"先是，汉法一钱之罪必加重法，周初以所犯赃满绢三匹坐死，帝以死者不可复生，以钱代绢，满三千（又）〔文〕处死，及是又改。1，p8393

太宗太平兴国二年八月二十五日，知资州、著作佐郎成肃上言："先是开宝六年六月丁亥诏书，剑南西川吏民犯窃盗赃以铁锡钱计之，满万钱者抵罪，犯强盗赃满六千者亦抵法。铁锡钱轻，四直铜钱之一，愿均定其法。"事下有司，法寺言："剑南诸州官市金银、丝绢、茶盐，悉以铁锡钱四当铜钱之一，他物价随时高下，不可以为准。自今本犯窃盗、强盗及佗赃，并望以铜钱一千为银一两定其罪，亦犹内郡国以绢论。"从之。1—2，p8393

【太平兴国】四年九月二十六日，诏曰："先是江浙诸州所定法，以绢计赃物，绢价钱每二匹当江北之一，今宜以千钱为绢一匹计赃论其罪。"2，p8393

【太平兴国】五年三月二十一日，诏："荆湖、岭南等处绢价钱，自今所定法如江浙例，悉以千钱为绢一匹论其罪。"2，p8393

【太平兴国】八年十二月二十三日，福州言："先是铜、铁钱兼用，铁钱三直铜钱当一。吏受赇盗用官物，参以铜、铁钱计其赃差重，自今望悉以铜钱定罪。"从之。2，p8393

至道三年七月二十二日，诏逐处将铁钱依时价准折铜钱实数定罪施行。2，p8393

大中祥符六年二月一日，诏川峡四路赃钱、赏罚钱以小铁钱十当一。2，p8393

天禧元年十月二日，殿中侍御史薛奎言："灾伤州军有饥民为盗者，望止以见赃估断，余已费者不计。"诏审刑院、大理寺定夺以闻。2，p8393—8394

【天禧】三年二月十二日，殿中侍御史董温其言："自今凡认赃，当官员前令变主识认，题号着字；内不是元赃，即勘官着字。至录问时，令本判官更切覆问。又准先降敕命，应诸色赃物委长吏着字记号，令被盗家识认，断讫，当面给付。当纳官司者籍其数，金银匹段等送军资库，衣甲器械送甲仗库。自余品配折支料钱及估计货卖，充禁囚纸笔，不堪者、焚毁。又被盗之家如是认赃之时明知不是己物，虚有识认，或旧有嫌仇，致官司承误断杀平民者，其认赃人从诬告死罪已决法科处。"从之。2—3，p8394

仁宗天圣八年三月，诏："审刑院、刑部、大理寺今后案内有收理合纳官名件，除系干钱谷物色数目稍多，即依自来体例申奏外，自余钱帛不及贯、匹、石、秤并棒杖器刃之类，并于案内节掠合纳官数，候降（刺）〔敕〕下寺，直牒三司勘会，依例施行。内无还寺敕文者，候奏上公案，直牒三司。"3，p8394

景祐元年闰六月二十九日，法寺请今后凡勘贼盗所通赃物，称于人户处典质，即先取簿历（诏）〔照〕证，方得追取。若官司挟情教令指说，又追取赃物，抑令民陪备，并科违例罪。从之。3，p8394

【景祐】三年四月二十三日，开封府言："客司李简三受人钱，并经杖罚，今又使却欠负钱，乞特决停。今后公人犯赃杖已下经三次者依此。"奏〔可〕。3，p8394

神宗元丰二年十二月四日，成都府、利州路钤辖司言："往时川峡绢匹为钱二千六百，以此《编敕》估赃两铁钱得铜钱之一。近岁绢匹不过千三百，估赃二匹乃得一匹之罪，多不至重法，盗贼寖多。"法寺乞以一钱半当铜钱之一，从之。3，p8394

绍圣二年四月二十三日，诏："陕西杂用铜钱、铁钱地分，计赃者以铜钱为准。如只用铁钱处，即纽计铜钱定罪。"3，p8394

徽宗建中靖国元年九月六日，刑部言："《元符令》：'定罪以绢者，每绢一匹准钱一贯三百。'近岁物价踊贵，非昔时比，一绢之直多过于旧价，乞于《令》文添入'若犯处绢价高者，依上绢计直'。"从之。3—4，p8394

【建中靖国元年九月】二十二日，中书省检会《元符三十年十一月七日指挥》："强盗计赃应绞者，赃数并增一倍。赃满不曾伤人及虽伤人情理轻者，奏裁。其用兵仗、汤火之类伤人及残虐财主，并情状酷毒者，或污辱良家，或入州县镇寨内行劫，不在奏裁之限。若驱虏官吏、巡防人

等，罪不至死，仍奏裁。"诏："强盗应绞者并依旧计赃，其前降指挥内增倍一节更不施行。"4，p8394

大观元年闰十月二十日，诏："计赃之律，以绢论罪，绢价有贵贱，故论罪有重轻。今四方绢价增贵，至两贯以上，而计绢之数独循旧例，以一贯三百足为率。计价既少，抵罪太重，可以一贯五百足定罪。"4，p8394

政和五年三月二十一日，刑部尚书慕容彦逢等奏："窃见刑狱官司承勘公事，内有合备赃赏之人，先尽拘本家财产，遣出家属，封闭室宇，以备填纳。其间赃赏数少而财产数多，及勘证不合出备者，事决之后给还，稽违动经岁月，妨废营生，因致失所。乞诏有司立法，应承勘官司，如犯人合备赃赏，先下所属估定财产，据合备的数擗截拘管。如勘证不合备赃赏者，断讫，限当日给还。"从之。4，p8395

【政和】六年四月十九日，刑部奏："检会当年《闰正月二十四日敕》：中书省，刑部员外郎李揆奏：'窃见天下诸县推鞫强盗，依条解州结断，其间有所通赃数稍多，初勘官司以追究未足，不敢解送，动经岁月，未能结（施）〔绝〕。乞特诏有司立法。'诏令刑部立法申尚书省。本部寻下大理寺修立到：'诸县推鞫强盗而追到赃已满，或别有轻罪，各不碍揵断者，先次结解，余赃从后追。'"从之。4—5，p8395

高（祖）〔宗〕建炎元年六月七日，大理正、权尚书刑部郎中朱端友言："看详见今犯罪计绢定罪者，旧法以一贯三百足准绢一匹，后以四方绢价增贵，遂增至一贯五百足。州县绢价比日前例皆增贵，其值高下不一，欲应州县犯赃，合计绢定罪者，随当时在市实直价计贯伯纽计绢数科罪。其铁钱地分，并以铜钱计数科罪。"诏自今计绢定罪，并以二贯为准。5，p8395

【建炎】二年二月十七日，诏："犯枉法自盗赃罪至死者，籍没家产入官。"5，p8395

建炎三年八月二十三日，大理寺言："陕西路旧法唯许行铁钱，不许私用铜钱，所以计赃以钞面为准，纽铜钱定罪。今来本路既得通使铜钱，即计赃者合据犯处以铜钱估价为准，如元赃即以铜钱计绢价准赃。"从之。谓如犯时本处绢每匹铁钱三十贯文，铜钱三贯足，即元赃铁钱一十贯足，准铜钱一贯足，计赃之类。5，p8395

【绍兴】三年九月八日，诏曰："朕闻子产铸刑书，叔向罪之，盖刑法世轻世重、有伦有要而已。昨因臣僚有请，举行祖宗之制，欲杖脊赃吏于朝堂，痛恨椎肤剥体于斯民，亦以刑止刑之意也。复思纽绢之法，与祖宗立意大不相侔。是时绢值不满千钱，故以一贯三百计匹，是官估比市价几过半矣。其后尝因论（例）〔列〕，遂增至二贯足。目今绢价不下四五贯，岂可尚守旧制耶？可每匹更增一贯，通作三贯足，俟戎马平定，绢价低小，别行取旨。而今而后，赃吏犯法，夫复何言！"5—6，p8395

【绍兴三年】十月十四日，臣僚言："按《敕》窃盗以赃准钱及四百以上，即科杖罪；才及两贯，遂断徒刑。且承平之日，物价适平，以物准钱则物多而钱寡，故抵罪者不至遽罹重法。迨今师旅之际，百物腾踊，赃虽无几而钱价以多，一为盗窃，不下徒罪，情实可悯。乞将《绍兴敕》犯盗定罪者递增其数，庶使无知穷民，免致轻陷重宪。"诏令刑部勘当："契勘计绢定罪者，元估每匹价钱二贯足。近承今年九月八日手诏，每匹增钱一贯足，通作三贯足，即是二贯以十分为率，增及五分。所有应敕内计钱定罪，既系钱轻物重，即与纽绢事体无异，理合随宜比附定罪。除强盗缘情理凶恶，以钱定罪，自合遵依旧制外，今参酌臣僚所乞将敕内犯窃盗以钱定罪者递增其数事理，缘在法不止窃盗一事，其余计钱定罪者，理合一体措置。今欲权宜将敕内应以钱定罪之法各与递增钱五分断罪，谓如犯窃盗三贯徒一年之类。候边事宁息、物价平日依旧。"从之。6，p8396

【绍兴】十九年十一月十四日，南郊赦："勘会犯罪籍没财产条法，皆是情犯深重，本以禁奸戢吏。访闻州县辄挟私意，违法籍没罪人财产，因而妄用，殊非立法本意。如有罪犯依法合行籍没财产之人，并令所属具情犯条法申提刑司，审覆得报，方许拘籍。仍仰监司常切觉察。"6—7，p8396

【绍兴十九年十一月十四日】，南郊赦："勘会已降指挥，应缘经界乞受财物，如见系给重禄公人因本职乞受钱物，见行重（录）〔禄〕法断罪；若不系给重禄人并百姓差役等人受请求曲法作弊等事，并依见行绍兴条法律文断遣。内公吏人犯枉法自盗罪至流，即籍没家财。所有未降指挥已前断配、籍没家财之人，如依今来指挥不该断配、籍没家财，并特与改正。"7，p8396

【绍兴】二十六年四月十七日，秘书少监杨椿言："伏睹绍兴二十二年、二十五年赦文：'如有今后籍没财产之人，并令所属具情犯条法申提刑司，审覆得报，方许拘籍，仍仰监司常切觉察。'其所以约束关防周悉如此，而所至犹有不遵赦令，辄任私意籍没罪人财产者，盖缘未曾立法断罪故也。望诏有司申严行下，如是违法籍没罪人财产，及不先申提刑司审覆得报便行拘籍者，科以（某）〔其〕罪，监司不觉察者降一等坐之。庶几政平讼理，不致滥及无辜。"上曰："此须立法断罪，但刑名不必太重，务在必行。"五月十七日，乃诏："诸财产不应籍没而籍没者，徒二年；若应籍没而不申提刑司审覆，及虽申而不待报者，杖一百；监司不觉察者，各减一等。著为令。"7—8，p8396

【绍兴】二十七年三月七日，权尚书刑部侍郎张构奏言："法者，天下之平。今泉货之用，铜铁相准，在法有制。然四川郡县俗行钱引，以引定价，准之铜钱以定罪犯，遂致不侔，则有自笞入杖、入徒，或应徒而流，或应流而死者。谓如强盗持杖，铜钱五贯，铁钱十贯，俱坐绞刑。若盗钱引十道，便以十贯为罪，市价止八贯，比之铜钱止是四贯，少一贯，遂处以死。又如枉法二十匹绞，计铜钱六十贯，铁钱一百二十贯，若受钱引一百二十道，便以一百二十贯计罪，市价止计九十六贯，比之铜钱止是四十八贯，少一十二贯，亦处以死。由是言之，四川之法偏重，极可悯恤。欲望行下四川州县，凡以钱引定价科罪者，并依犯处市价为数。"从之。8，p8396

【绍兴】三十一年八月二十二日，诏知临安府赵子潇："拘籍到王继先房廊、田园、山地并应干物件，并令临安府估价出卖，其卖到钱逐旋赴激赏库送纳。内木植如有堪好者，存留桩管使用；金银、见钱并鞍马，令激赏库拘收，令项桩管，专充犒赏将士；海船交付李宝；元封杂物并箱笼，令本府委清强得力官逐一开拆抄札，具名件申尚书省，不得容纵偷盗。"8—9，p8397

宋会要辑稿·刑法三·诉讼

太祖乾道二年正月二十八日，诏曰："设官分职，委任责成，俾郡县以决刑，见朝廷之致理，若从越诉，是紊旧章。自今应有论诉人等，所在晓谕，不得蓦越陈状。违者先科越诉之罪，却送本属州县依理区分。如已经州县论理，不为施行，及情涉阿曲，当职官吏并当深罪。仍令于要路粉壁揭诏书示人。"10，p8397

【乾道】（明）〔四〕年六月三日，宋州观察判官何保枢上言："民争讼婚田，多令七十以上家长陈状，意谓避在禁系，无妨农务，又恃老年不任杖责，以此紊烦公法。欲望自今应年七十以上不得论讼，须令以次家人陈状，如实无他丁而孤老茕独者，不在此限。"从之。10，p8397

太宗太平兴国二年九月八日，有司言："诏问老而讼不实者不可以加刑，当详定其法。准《名例律》：'八十以上、十岁以下及笃疾，听告谋反叛逆、子孙不孝及同居之内为人侵犯者，余并不得论告。官司受而为理者，各减所理罪三等。'又《乾德四年六月（讼）〔诏〕》：'七十以上争（诏）〔讼〕婚田，并令家人陈状。'又《律》：'家人共犯，止坐尊长，于法不坐者归罪其次。'《疏》云：'于法不坐者，谓八十以上、十岁以下及疾患者。'自今应论讼人有笃疾及年七十以上，所诉事不实，当坐其罪而不任者，望移于家人之次长；又不任，即又移于其次。其论讼人若老及笃疾，当其罪不任者，论如律。"从之。10—11，p8397

雍熙四年四月四日，诏曰："悼耄之岁，刑责不加，斯圣人养老念幼之旨也。然则争讼之端，不可不省；奸险之作，抑亦多途。或有恃以高年，多为虚诞者，并从乾德四年六月诏书从事。"先是太平兴国二年九月诏书，老人论讼事虚，罪其次家长。至是有司以为或不知情，虚坐其罪，请依乾德诏书，七十以上不得论诉，当令宗族中一人同状，官乃为理，若实孤老即不在此限，乃下此诏。11，p8397—8398

至道元年三月十五日，诏："诸道州府军监，今后部下吏民有再诣阙陈诉，朝廷勘鞫，事皆不实者，更改陈诉，州不得为理，即禁锢，具前后事状奏取进止。"11，p8398

【至道元年】五月二十八日，诏曰："古者二千石不察黄绶，故事丞相府不满万钱，不为移书，所以明慎经制而斥去苛碎，各守职分而不至逾越也。今分建转运之任以按察风俗，州县吏皆文学高第，朝廷慎选。甘棠听讼，固惟旧焉；肺石称冤，安及于此！应诸路禁民不得越诉，杖罪以下县长吏决遣，有冤枉者即许诉于州。"11，p8398

真宗咸平元年七月三十日，诏："论事人如所诉虚妄，素好持（入）〔人〕短长，为乡县之害，再犯徒、三犯杖者，令所在具前后所犯械送军头引见司。"从陕西转运使陈纬之请〔也〕。11，p8398

【咸平】六年七月十八日，诏："军士因将校科责，挟恨诉讼，推劾虚妄者，并禁锢奏裁。"11，p8398

景德二年六月十三日，诏："诸色人自今讼不干己事，即决杖枷项，令众十日。情理蠹害，屡诉人者，具名以闻，当从决配。恐喝赃重者处死，被恐喝者许陈首，免其罪。"时曹州民赵谏与其弟谔皆凶狡无赖，恐喝取财，交结权右，长吏多与抗礼，率干预郡政。太常博士李及受诏通判州事，谏适来京师，即投刺请见，及拒之。谏大怒，慢骂而去，因帖榜言及非毁朝政。及得之，以匿名书未敢发。会大理寺丞任中行本谏同乡里，尽知其奸匿，密表言之。真宗即遣中使就访京东转运施护、知曹州谢涛并及，皆条疏谏兄弟丑迹，乃逮系御史狱。又诏开封府、曹州吏民先为谏、谔恐喝者得自首释罪。命搜其家，得朝士、内职、中贵所与书尺甚众，计赃钜万。诏并斩于西市，党与悉决杖流岭外，与之游者并坐降黜。故有是诏。12—13，p8398—8399

【景德二年】七月十三日，诏："自今诣阙论事人，须具州县施行不当、曾经转运使披诉日月，鼓司、登闻院乃得受之。越诉虚妄论如法。"13，p8399

【景德二年七月】十四日，诏曰："先是《咸平六年十一月敕》禁论诉蓦越。近日诣阙进状人多称转运司不为收接，及至降敕施行，多未经转运司陈状。自今应论诉称州县断遣不当者，转运使即时收接，看详施行。如合候务开，及别有违碍格敕、不合施行者，亦当面告示，取索知委结罪状。如所诉事理合与施行，转运使行遣不当，不与收接，须诣阙披陈者，并具曾经转运陈诉日月、因依，方许诣鼓司、登闻院进状。若将来勘鞫，却有虚妄，依法科罪。"从河北转运使刘综之请也。13，p8399

【景德】四年五月十三日，诏："自今文武官无例于阁门上封者，并诸色人并许诣鼓院进状。本院官看详，其告机密及论讼在京官吏，许实封进内。自余刑讼冤枉、朝政阙失、民间利害，并许上言。事有可采，亦依例进入，违理不可行者罢之。其鼓院不行，如本人称不尽情，即许诣检院披诉。仰详事理，如委是允当，即判书状付之；如实不当，即缴连闻奏。如检院不判审状给付，即许御史台陈诉。其两院委实行遣不当者，方得邀车驾进状，两院官必行朝典；如涉虚妄，科上书诈不实之罪。如未经鼓院进状，检院不得收接；未经检院，不得邀驾进状。如违，亦依法科罪。如是令人代笔为状，即不得增添情理，别入言词。并元陈状人本无枝蔓论奏事，被代笔人诱引、妄有规求者，以代笔人为首科罪。"13—14，p8399

【大中祥符】四年九月十日，诏："自今诉讼，民年七十以上及废疾者不得投牒，并令以次家长代之。若己自犯罪及孤独者论如律。"15，p8400

【大中祥符】五年四月二十四日，诏："比来因公事勘断人经年遇赦，多诣阙诉枉。自今宜令制勘官，每狱具则请官录问，得手状伏辨，乃议条决罪。如事有滥枉，许诣录问官陈诉，即选官覆按。如勘官委实偏曲，即劾罪同奏；如录问官不为申举，许诣转运、提刑司，即不得诣阙越诉。"15，p8400

【大中祥符】七年三月十三日，殿中侍御史曹定言："诸州长吏有罪，恐为人所讼，即投牒本州首露，虽情状至重者亦以例免。请行条约。"诏："自今知州、通判、幕职官、使臣等首罪，如实未彰露，则状报本路转运司，令检格条，纵当原免，亦书于历。"15，p8400

【大中祥符七年】九月十日，诏："如闻外州百姓诣登闻院钉足断指诉事者，有司以妄自伤残，并先决杖，流离道路，深可嗟悯。自今并送所属州县，依法决罚。"时忻州有民诣检院钉手诉田，帝因谓宰臣曰："朕顷莅京府，有蕲州女子诉父经县理田产被杖，千里而来，不为田而为父也。此事或有枉挠，即伤和气。"因有是诏。15—16，p8400

天禧元年十月十一日，诏："如闻诸班直、诸军坊监库务官健，饮博无赖，或部分稍峻，即捃摭兴讼。今后所诉事并须干己、证佐明白，官司乃得受理，违者坐之。情或巨蠹，具案以闻。人员被欺吓者，仰自首露，并释其罪。"16，p8400

【天禧】三年六月九日，诏："兵部郎中、直史馆陈靖，顷以典领藩条，决遣民讼，知胥徒之纳贿，列事状以上言。既敛怨于寺司，遂受诬于吏议。载披封奏，深用轸怀。非汝瑕疵，宜从洗涤。"靖先知泉州，有民张绩、张雅讼父产，绩、雅皆假子。靖奏条理待报，未下，又覆奏其事，并发法寺胥吏受请纳货得实。既而法官摘靖奏中有"必是不经圣览"之语，以为指斥乘舆，抵靖私罪。及是靖诉雪前事，故有是诏。16，p8400

【天禧三年】七月十八日，诏："今后有进状称累经勘断不当、披诉抑屈事，下本路转运司或提点刑狱司，详所陈，取索前后公事案看详，如实有抑屈，未尽情理，（堪）〔勘〕断不当，即仰依公尽理施行讫奏。如勘断已得允当，即告示知委。如不伏，再陈诉，即勘本人情罪区分。如是指论本路转运、提刑司，即下别路施行。"16，p8400—8401

【天禧】五年六月九日，诏："广南路民讼命官不公者，须本官在任及得替未发、事实干己及条诏许诉者，乃得受理。如已离在路，除犯赃及私罪徒已上，即委转运、提刑司体量，证佐明白非诬构者，乃得追摄。自余杖以下私罪，飞驿以闻。"时侍御史燕肃言："岭南遐远，摄官校吏多务阿私，在任命官顺之以情则惠奸，纠之以法则聚怨。故有无端之辈，或遭刑责，或违请求，闻其得替，将到阙庭，捃拾微衅，兴起讼词。官司不详事理大小，即行追对，往来万里烟瘴之乡，或惧迢遥，便行拟伏，以此负谴，亦可悯伤。故有惧致此患，务于因循者，望行条约。"故有是诏。16—17，p8400—8401

仁宗天圣八年八月一日，诏登闻检院："今后诸色人投进实封文状，仰先重责结罪状，如委实别有冤枉沉屈事件，不系婚田公事，即与收接投进。如拆开却夹带婚田公事在内，其进状人必当勘罪，依法断遣。所有争论婚田公事，今后并仰诣登闻鼓院投进，依前后条贯施行。"17，p8401

【天圣】九年八月九日，审刑院言："请自今鞫劾盗贼，如实枉抑者，许于虑问时披诉。若不受理，听断讫半年次第申诉，限内不能翻诉者，勿更受理。"从之。17，p8401

【天圣】十年正月二十二日，诏："制置转运使、知州奏劾所部官吏罪，反为被劾人论奏者，自今无得受理。凡按察官悉如此比。"17，p8401

景祐元年六月十五日，中书门下言："检会《条贯》：'诸色人诉论公事，称州军断遣不当，许于转运司理诉；转运不理，许于提点刑狱陈诉者。'虑诸色人方欲转运披理，却值出巡地远，难便披诉。自今如因提点刑狱巡到诸般公事，未经转运理断者，所诉事状显有枉屈，即提点刑狱收接，牒送转运司，即不得收接常程公事。"从之。17—18，p8401

【景祐】三年七月七日，淮南转运副使吴遵路言："民被骨肉指论本父亡没，元是异姓养男，夺却田业。年岁既远，事理不明，欺罔幼孤，规图贿财。乞自今论伯叔以上尊亲是违律养男，其被养本身、所养父祖并已亡殁，官司不在受理之限。"奏可。18，p8401

康定二年正月二十六日，诏："自今诸讨捕获劫贼，须于现任州军、转运司陈状，保明申奏。如官司不为申奏，或自因事故离任，许参选日进状叙陈，送刑部定夺。如定夺未了，限一年别具申诉，送别司再定。委是刑部不当、本人妄诉，并依法施行。如不曾进状及披述，经隔三年，更不在叙述之限。"18，p8401

【康定二年】八月，诏："军人差出戍边，如有事诉理，一面前去，委所隶官司移牒讯问。若须对理，候军回乃得陈诉。"18，p8401

【庆历二年】十月二十二日，诏："今后命官犯罪，经断后如有理雪者，在三年外更不施行。"19，p8402

皇祐元年十一月十三日，诏："民有诉冤枉而贫不能诣阙者，听投状转运、提点刑狱司，附递以闻。"19，p8402

【皇祐】四年四月九日，诏："应今后命官犯罪理雪，如曾丁忧，并与除出持服月日外，依《编敕》年限厘革施行。"19，p8402

【皇祐】五年八月一日，诏："灾伤之民诉于转运司而不受者，听逐州军缴其状以闻。"19，p8402

【皇祐五年】十一月二十七日，诏："广南州县簿书被蛮贼焚劫，而已经官司理断者，勿受理。"19，p8402

嘉祐三年闰十二月七日，诏："中外有陈叙劳绩或诉雪罪状，中书批送有司者，谓之送杀，更不施行。自今宜令主判官详其可行者，别奏听裁。"19，p8402

【嘉祐】四年十月十二日，诏："应今日以前因过犯经断，有司引用刑法差误，后来为碍条贯，三年外不许理雪，致久负冤抑者，并仰经所在投状以闻，当议别委官司定夺改正。"19，p8402

【神宗元丰】五年五月四日，诏："诉讼不得理应赴省诉者，先诣本曹。在京者先所属寺监，次尚书省本曹，次御史台，次尚书都省，次登闻鼓院。六曹诸司寺监行遣不当，并诣尚书省。"19—20，p8402

哲宗元祐元年三月十四日，诏："熙宁元年正月已后至元丰八年三月六日赦前，命官、诸色人被罪合行诉理，并限半年进状，先从有司依法定夺。如内有不该雪除及事理有所未尽者，送管勾看详诉理所。"20，p8402

【元祐元年】四月十二日，看详诉理所言："应系内降探报公事，于法不合受理者，如内有情可矜恕，具事理申奏。"从之。20，p8402

【元祐元年四月】十三日，看详诉理所言："刑部等处送到官员、诸色人犯罪进状理雪公案，其间有一案干连数人，内有情犯一般者，并合一体施行。缘系不经进状之人，致未敢便行一处看详奏闻。"诏令一处看详以闻。20，p8402—8403

【元祐】（三）〔二〕年正月十八日，诏看详诉理所："应元祐元年明堂赦恩以前，内外官司所断公事内有情可矜恕者，并听于元限内进状诉理，依前诏看详。"20，p8403

【元祐】八年十月十日，御史中丞李之纯言："欲望朝廷严饬省部，勾检前后词状文簿名件行下，在京者令本部长（二）〔贰〕紧行催驱，在外者令府界及诸路监司互行取索，责限促期，早令与决了当。如察见委有情弊，即按劾奏闻，等第降黜，以警慢吏。其所差定夺官员如承受经百日不为结绝者，虽得替交割，并须勒留，候毕了日方给与批书历子前去。如此则不敢迁延幸免，民间诉事早得辨正。"从之。20，p8403

【元符】二年正月二十一日，诏："元祐诉理事件内，公人、军人、百姓，其语言非于先朝不顺者，令看详诉理文字所、左右司更不看详。"20，p8403

徽宗崇宁元年三月十八日，诏："应诸色人词讼，六曹行下别处定夺理断，经赦尚未了者，内事小并令依条结绝，若事大合差官置司推究者，令本曹量事大小给限，催促结绝。如违，仰本曹检按究治。若本曹失催及不切检察究治，并令御史台及尚书省催驱房点检申举。如催驱房不切检举，令左右司申举施行。"21—22，p8403—8404

【崇宁】二年四月八日，臣僚言："乞令内外应受词讼官司，并如六曹法置退状簿，其六曹词讼不属本处者，即具事因关送施行，庶几有以关防检察。"从之。22，p8404

【崇宁】三年六月十八日，中书省言："勘会命官、诸色人陈乞理诉功罪之类，称熙宁、元丰条制因元祐改更，既行看详勘当，却系熙宁、元丰旧有条例；或系别无定制，出于朝廷临时详酌处分；或所诉事理，计其年限，依条厘革。"诏今后如有似此妄乱陈诉之人，并量轻重取旨施行。22，p8404

政和元年二月五日，诏："应邀车驾陈诉人系尚书省厘会事，可令左右司置籍拘管，候结绝勾销，月具已未与决名件进入。"22，p8404

【政和】四年七月四日，中书省言："勘会官司承受诸色人词诉，状内称'上命'及'与民作主'之类，其受状之官便将陈状人根勘，及一面具奏待罪。上件言语（言）虽不当称，缘愚民无知，别无情意，即与言语不顺事体有异。"诏今后官司承受诸色人词诉，状内有上件语言者，并勿受理，令别陈状。22，p8404

【政和】八年闰九月十四日，臣僚言："伏睹州县听讼，其间或有冤滥，即诣监司申诉，而监司多不即为根治，但以取索公（按）〔案〕看详为名，久不结绝，或只送下本处，或不为受理，致无所控告。自来非无法禁，盖官吏玩习，恬不介意。虽廉访使者许摭实以闻，而讼牒难以悉陈，上渎天听。臣愚欲乞诏有司立法，诸路监司有能改正州郡所断不当，总其实数，岁终考校，以为殿最，庶几诉讼获申，以副陛下爱民之意。"诏臣僚所言切中今日监司之弊，可措置立法行下。22—23，p8404

宣和元年十二月六日，臣僚言："省部应年月未绝公事，并行根刷，责近限结绝。仍乞今后省部催促究治，每及二年以上而未结绝者，并类聚申朝廷，勘会住滞因依，取旨黜责。庶几诸路警畏，不敢慢易，而理诉之人早获伸雪。"诏依奏，仍限一月。24，p8405

【宣和】二年六月二十五日，诏："应陈诉事，遵依累降指挥，不得用例破条。条所不载者，仍不得援引优例。违者以违制论。"24，p8405

【宣和】三年三月二十三日，诏："被贼人户复业，如有论诉，并不得受理。应以前罪犯一切不问，并与释放。"24，p8405

【宣和】五年正月二十八日，诏："诸被受监司行下辞讼，应追治者，先追陈诉人，方许推治，著为令。"从提点京兆府路刑狱邹子崇之请也。24，p8405

高宗建炎四年二月二十三日，德音："昨差张浚为川峡京西湖北路宣抚处置使，见在秦州置司，所有川峡等路去行在地里迂远，民间疾苦无由得知，或负冤抑，无缘申诉，仰宣抚处置司询访疾苦以闻。民有冤抑，亦仰经宣抚处置司陈诉。"24—25，p8405

绍兴元年十一月十三日，诏："官员犯入己赃，许人越诉，其监司、守倅不即究治，并行黜责。"从知琼州虞沇请〔也〕。25，p8405

【绍兴】四年十二月十一日，刑部言："臣僚札子，乞立法，应人户于条许越诉而被诉官司辄以佗故拘摭者，随其所诉轻重，以故入人罪坐之。本部看详立法：'诸人户依条许越诉事，而被诉官司辄以他事拘摭追呼赴官者，家属同。杖八十；若枷禁捶拷者，加三等。欲乞遍牒施行。'"从之。25，p8406

【绍兴】十二年五月六日，诏："帅臣、诸司、州郡，自今受理词诉，辄委送所讼官司，许人户越诉，违法官吏并取旨重行黜责。在内令御史台弹纠，外路监司互察以闻。仍月具奉行有无违戾申尚书省。"《绍兴令》："诸州诉县理断事不当者，州委官定夺；若诣监司诉本州者，送邻州委官。诸受诉讼应取会与夺而辄送所讼官司者，听越诉，受诉之司取见诣实，具事因及官吏职位、姓名，虚妄者具诉人，申尚书省。"26，p8406

【绍兴】十三年八月二十三日，礼部言："臣僚札子：'江西州县百姓好讼，教儿童之书，有如《四言杂字》之类，皆词诉语，乞付有司禁止。'国子监看详：'检准《绍兴敕》："诸聚集生徒教辞讼文书杖一百，许人告。再犯者不以赦前后，邻州编管。从学者各杖八十。"今《四言杂字》皆系教授词讼之书，有犯，合依上条断罪。'欲乞行下诸路州军、监司，依条施行。"从之。26，p8406

【绍兴】十四年四月七日，刑部言："臣僚札子：'民有冤抑，诉于郡守、监司，其所委定夺之官或不即与决，缘是（按）〔案〕牍亡失，间被拆换，亦无从稽考。欲乞令县官每月终具所承定夺事目，画一开坐被受年月日，若干件已回申，若干件见索（按）〔案〕、已未索到，结无漏落文状申本县，类申本州，本州类申逐司。如此，一阅尽在目前，易为督责，不惟下情无壅，且可以察官吏之能否。'本部看详：'欲依所乞行下。'"从之。26—27，p8406

【绍兴】十五年四月二十二日，尚书省言："民户理诉词讼，远诣朝廷披陈，虑有冤抑，遂改委他司定夺。访闻元行官司恶其指论，捃以他事，非理科罪，是使抱冤之民不敢申诉。"诏令诸路监司、州县将民户陈诉事务并仰长官躬亲审详，依公理断，无致少有偏曲。仍仰所属监司觉察按劾，当议重作行遣。监司违戾，仰帅司互察。27，p8406

【绍兴】十八年二月十四日，刑部言："臣僚奏请：'在《法》："放停人吏与词讼之人交涉者徒一年，因而计属公事加一等，受财重者自从重。"此良法也。然于放停人吏则知畏，而见役人吏及（虽）〔雄〕横有力之家，与健讼之人阴为奥援，表里相通，致使良善之人深被其害。欲望更加参订，重立法禁。'本部看详：'见役人吏与词讼之人交涉，欲元条徒一年上加一等，从徒一年半。若因而为计嘱公事，更加一等，从徒二年断罪。各系递加一等。'"从之。27—28，p8407

【绍兴】二十一年十一月十七日，刑部言："臣僚陈乞禁约健讼之人，本部欲于见行条法指挥外，其诉事不干己并理曲，或诬告及教令词诉之人，依法断讫，本州县将犯由、乡贯、姓名籍记讫，县申州，州申监司照会。若日后再有违犯，即具情犯申奏断遣，从断讫再注。仍先次镂板晓谕。"从之。28，p8407

【绍兴】二十二年五月七日，臣僚言："今后民户所讼如有婚田、差役之类，曾经结绝，官司须具情与法叙述定夺因依，谓之断由，人给一本。如有翻异，仰缴所给断由于状首，不然不受理，使官司得以参照批判，或依违移索，不失轻重。将来事符前断，即痛与惩治。"上宣谕宰臣曰："自来应人户陈诉，自县结断不当，然后经州，由州经监司，以至经台，然后到省。今三吴人多是径至省，如此则朝廷多事，可依奏。"28，p8407

【绍兴】三十年十月七日，诏："应民间讼牒，有事不干己，并仰参照成宪，依公施行。其诉州县不法，自当受理，不许辄加以告讦之罪。"〔从〕左正言王淮之请也。30，p8408

绍兴三十〔二〕年八月二十三日，孝宗已即位，未改元。诏："所在罢役人吏多诱导奸豪，巧生词讼，实为乡曲之蠹。自今如或不悛，当议刺配，永不移放。"30，p8408

【绍兴三十二年】〔十二月〕二十四日，诏："比来省部人吏随事生弊，命官、士庶理诉公事，法虽可行，贿赂未至，则行遣迁回，问难不已。若所求如欲，则虽不可行，亦必舞法以遂其请。自今如有冤抑之人，许诣登闻鼓院陈诉，当议重置于法。"30，p8408

孝宗隆兴元年九月二十二日，臣僚〔言〕："命官断罪，其始悉由刑部、大理寺拟定刑名。今于既断之后，遇有雪诉，却付外路监司委官看定，徇情出入，则是外路监司（及）〔即〕得驳正刑寺，事属倒置。乞自今遇有命官陈诉元断不当者，并不许送外路监司，先委大理寺官参酌情法，保明申部，再委刑部郎官、长贰重行看定，续次申省，送左右司审详取旨施行。"从之。30—31，p8408

隆兴二年正月五日，三省言："人户讼诉，在法先经所属，次本州，次转运司，次提点刑狱司，次尚书本部，次御史台，次尚书省。近来健讼之人，多不候官司结绝，辄敢隔越陈诉，理合惩革。"诏除许越诉事外，余并依条次第经由，仍令刑部遍牒行下。31，p8408—8409

【隆兴二年】正月二十日，臣僚言："伏睹刑部关牒，不许人户越诉，甚为至当。然州县、监司所受词讼，多有经涉岁月不为结绝者，欲乞行下刑寺，将州县、监司词诉分别轻重，立限结绝。如限满尚未与决，许人户次第陈诉。"从之。31，p8409

【隆兴二年】八月十三日，臣僚言："伏见御史台讼牒日不下数十纸，皆由州县断遣不当，使有理者不获伸，无辜者反被害，遂经省部，以至赴台。乞令御史台择其甚者，具事因与元断官吏姓名奏劾，取旨行遣。"从

之。31，p8409

乾道元年正月一日，大礼赦："应过犯经断人，依条限三年外不许雪诉。如元因有司违法勘断不当实在五年内者，并经所属投状以闻，当议实责改正施行。"31，p8409

【乾道元年正月一日】，赦："勘会进士枉被州县刑责，依条令所属审定，保明闻奏。虑恐所属多系元断官司嫌避迁延，不为保奏，仰诸路监司遇有诉理之人，即取索元（按）〔案〕委官看定，如系枉断，即令所属疾速依条保奏施行。"九年十一月九日同此制。31，p8409

【乾道七年】十二月十四日，臣僚言："民间词讼多有翻论理断不当者，（政）〔正〕缘所断官司不曾出给断由，致使健讼之人巧饰偏词，紊烦朝省。欲望行下监司、州县，今后遇有理断，并仰出给断由。如违，官吏取旨行遣。"从之。34，p8410

【乾道九年十一月九日】，大礼赦："勘会命官犯罪，曾经体究勘鞫，被断之后雪诉冤抑，已有别定、别勘条法。其元因官司按发，一时直降指挥先次停罢、降官冲替之类，不曾经体究根勘，或有实负冤抑，缘无理诉条限，有司拘文，不为受理，情实可矜。可并与照别定、别勘年限施行。"34，p8410

【乾道】九年十一月九日，赦："勘会民间诸色人讼诉事节，州县、监司各有结绝日限。近来官司往往纵容人吏，故作迁延，或枝蔓行遣，希望求嘱，至有经涉岁月不为结绝者，使实被枉之人困于逆旅，其当职官恬不加恤。今赦到日，将应未结绝名件限一月依公结绝。如违，许人户越诉。"34—35，p8410—8411

淳熙元年三月二十九日，御前忠佐军头引见司言："每遇车驾行幸，有唐突人所诉事不经次第，本司（降奏）〔奏降〕指挥从杖一百断罪。乞自今有似此唐突人，令临安府断罪讫，报军头司照会取旨。"从之。35，p8411

【淳熙元年】十月十四日，诏："自今监司被受三省六曹委送民讼，并令躬亲依公与决，疾速回报。若事干人众或涉远路，须合委定夺，亦令立限催促。候到，从本司再加详审，别无不当，方得具申。仍令所属曹部置籍稽考住滞，申尚书省，具所委监司取旨。"35，p8411

【淳熙】七年六月十三日，诏监司、郡守："应所属官吏或身有显过而政害于民者，即依公按刺。或才不胜任而民受其弊者，亦详其不能之状，俾依近例，改授祠禄，不得务从姑息，致有民讼，方行按刺。若廉察素明而的知其兴讼不当者，则当为白其是否，以明正其妄诉之罪，不得一例文具举觉。"36，p8411

【淳熙七年】十二月十六日，诏："自今狱事委送邻郡，或邻郡追逮稽慢不遣，令具申监司，从监司差人追发。若被诉人在禁而词主再追不出，即将被诉人先次知责。"36，p8411

【淳熙】九年八月二十六日，诏诸路监司："自今人户讼诉有合送别州追人索按推治者，止就邻近州军，仍不得过五百里。"36，p8411

【淳熙】十五年八月二十六日，诏："诸路凡有讼事，斟酌大小轻重，于送狱之际不许轻率。仍令刑狱长贰常切稽考，御史台常切觉察。"36，p8411

淳熙十六年闰五月七日，大理卿陈倚言："近来人户理诉婚田等事，皆有监司、州县自可理断者。其间有不曾次第经由官司，或虽曾经由，不候与夺，及有已经官司定夺，自知无理，辄便越经天庭进状妄诉，于帖黄指定乞送大理寺，显是全无忌惮。乞今后应有进状诉事，从自来体例，先次降付尚书省，量度轻重、合与不合送寺，取旨施行。"从之。36，p8411—8412

绍熙元年六月十四日，臣僚言："州县遇民讼之结绝，必给断由，非固为是文具，上以见听讼者之不苟简，下以使讼者之有所据，皆所以为无讼之道也。比年以来，州县或有不肯出给断由之处，盖其听讼之际不能公平，所以隐而不给。其被冤之人或经上司陈理，则上司以谓无断由而不肯受理，如此则下不能伸其理，上不为雪其冤，则下民抑郁之情，皆无所而诉也。乞诸路监司、郡邑自今后人户应有争讼结绝，仰当厅出给断由，付两争人收执，以为将来凭据。如元官司不肯出给断由，许令人户径诣上司陈理，其上司即不得以无断由不为受理，仍就状判索元处断由。如元官司不肯缴纳，即是显有情弊，自合追上承行人吏，重行断决。"从之。36—37，p8412

绍熙五年九月十四日，明堂赦："州县民户词诉已经朝省、监司受理，行下所属州县追究定夺之类，往往经涉岁月，不与断理，使实负冤抑之人无由伸雪。仰诸路监司催促，限一月依公结绝。如仍前迁延，许人户越诉，将当职官吏重作施行。"自后赦并同。37，p8412

庆元元年六月二十一日，知临安府钱象祖言："日来颇多滞讼，乞戒饬御史、监司常切觉察。有翻理不决之讼，必差官吏分互委送，阅实审订，使是非枉直咸得其当。至有经投匦进状者，亦先从都司详所属曹部见今所行果有未尽，朝廷别委清（疆）〔强〕明练之吏重为看定。"从之。37，p8412

【庆元】三年三月二十七日，臣僚言："乞申严旧法，行下诸路，应讼事照条限结绝，限三日内即与出给断由。如过限不给，许人户陈诉。"从之。37—38，p8412

【庆元】四年八月五日，臣僚言："乞行下诸路监司、州县，如有告诉事干人命，并须实系被害之家血属，其所诉事理证据分明，方许追勘。倘涉诬罔，须与反坐。其诈称被盗放火之人，如正贼败获，究证得实，曾将平人诬罔骚扰，必坐以（坐）〔罪〕。其他诬告之事，罪当反坐者，并须从条断治，州县具情节申提刑司，提刑司具申刑部照会。庶几奸罔之风稍戢，实清狱讼之切务也。"从之。38，p8412

【庆元四年】十月二日，臣僚言："百姓有冤，诉之有司，将以求伸也。今民词到官，例借契钱，不问理之曲直，惟视钱之多寡。富者重费而得胜，贫者衔冤而被罚。以故冤抑之事，类皆吞声饮气。乞行禁止。"从之。38，p8412

【庆元】六年闰二月五日，臣僚言："乞申敕户、刑两司，刷其词诉名件、斟酌事宜，立定日限，趣令结绝。其或所属官司仍前稽违灭裂不报，及虽回报而定断失当，翻论不已者，则从省部择其甚者申奏一二，乞行责罚。不惟止及监司、郡守，而经由官司例皆惩治。"从之。38，p8412

【庆元六年】五月十四日，中书门下言："户部词诉公事，多是移送定夺，枝蔓迁延，遂致积年不曾结绝。"诏："户部行下所属曹部，将目今应干累年未了词诉公事，须管目下尽行定断，不得仍前循习旧弊，复致积压，词诉不绝。各具已结绝名件申尚书省。"38，p8412—8413

嘉泰元年二月十二日，监察御史施康年言："乞戒饬诸路监司，凡有词诉，必使尽情处断，务要结绝。如或淹延岁月，与决不当，犹或上闻，令御史台择其尤者，将本路监司弹劾闻奏，仍将所属州县官吏重置如法。若顽民健讼，事涉细微，辄敢投匦进状，亦令所属常切检举，重作行遣。"从之。38—39，p8413

开禧元年六月二十一日，臣僚言："乞下诸路郡县，应干狱讼并令照

条令理断，如有淹延数年、重为民害者，委监司纠察。如监司不纠察，或自为淹延者，从台谏论奏。"从之。39，p8413

嘉定三年四月二十四日，臣僚言："词诉之法，自本属州县以至进状，其资次辽绝如此。今舍县而州，舍州而监司，等而上之，至于台省，乃有不候所由官司结绝而直敢进状，或至伏阙。乞自今进状，如系台省未经结绝名件，许令缴奏取旨，行下所送官司，催趣从公结绝。如所断平允，即从断施行；如尚未尽，却行一按追究。即不得径行追会根勘，则纪纲正而刑罚清矣。"从之。39，p8413

【嘉定五年】九月二日，臣僚言："窃照《庆元令》：'诸受理词诉限当日结绝，若事须追证者，不得过五日，州郡十日，监司限半月。有故者除之，无故而违限者听越诉。'今州县、监司理对民讼，久者至累年，近者亦几一岁，稽违程限，率以为常。乞戒饬监司、州县，照应条法，应词诉稽程不为结绝者，即与次第受理，已结绝即与出给断由。仍下户、刑部，如受理词诉，实时出给告示，不受理者，亦于告示内明具因依。庶使人户凭此得经台省陈理，民情上达，冤枉获申。"从之。40—41，p8414

【嘉定】六年六月七日，权刑部尚书曾从龙言："乞今后每遇岁终，从本部具诸路及诸州军词讼未结绝名件申尚书省，摘其岁月最久者札下本处具析不结绝因依，仍具当职官姓名并吏人，取旨量行责罚，庶几民讼免至淹延。"从之。41，p8414

【嘉定六年】十月二十六日，权户部侍郎李珏言："窃惟今日中外之弊，莫甚于（按）〔案〕牍积滞。吏习因循，视民政为不切之务。近因置籍稽考诸路监司并州郡承受本部发送民讼，截至九月终，未结绝共一千三百三十四件，其间盖有经数年尚未结绝。近而两浙转运司未结绝者亦二百四十余件。是致人户不住经部、经台催趣。乞许从本部仿财赋殿最之法，岁终将诸路、诸郡所受台部符移，择其淹延最甚者申朝廷，量行责罚。至于留意民政，狱讼平理，并无违滞，亦许以姓名上闻，特加旌擢，庶使为政者皆知以民事为急。"从之。41—42，p8414

【嘉定】十年十一月四日，臣僚言："近年（疆）〔强〕宗大姓武断尤甚，以小利而渔夺细民，以强词而妄兴狱讼，持厚赂以变事理之曲直，持越诉以格州县之追呼，大率把持官吏，欺压善良。乞戒饬监司、守臣，其有讼诉，必详加审察。已结绝者则取索断由，重加审定；未结绝者则立限催断，具由情节。如见得委有情弊，予夺不公，即与追治承吏；若乃凭

恃凶狡，饰词越诉，意在挟持，即将犯人严与根究，必罚无赦。"从之。42，p8414

【嘉定】十二年十二月二日，臣僚言："夫民必有争而后（刑）〔形〕于讼。讼之所起，始于其乡而达于其邑，使邑有贤宰，则讼可息，争可定。自其县未足以平其心，然后诉之于州；州又未足以平其必，然后诉之于监司。已出于其势之不得已，孰知其又有经台部而犹未止者。乞下此章，申儆州县，凡有民讼，随时断遣。或遇台部送下状词，亦仰监司及所部郡县察详事理，疾速施行。其或以狱为市，淹延岁时，紊乱曲直，臣当次第觉察以闻，重置典宪。"从之。42—43，p8415

宋会要辑稿·刑法三·田讼

太祖乾德四年闰八月五日，诏："应先隔在剑外人，蜀平来认田宅者，如已过十五年，除本户坟茔外，不在理诉。"43，p8415

太宗淳化二年正月二十六日，诏："荆湖、淮南、江南、两浙、西川、岭南管内诸州民诉水旱害田稼，自今夏以四月三十日，秋以八月三十日，违限者更不得受。"43，p8415

真宗景德二年六月九日，诏："河东管内有诉认仍伪命前祖先庄产者，止给荒田、坟墓，其桑熟地土不在分割之限。"43，p8415

大中祥符九年九月十六日，诏："昨缘蝗旱，今始得雨，诸处务开公事比常年更延一月，八年以前婚、田等事未得受理，俟丰稔如旧。"43，p8415

【大中祥符九年九月】十八日，诏："诸路州县七月以后诉灾伤者，准格例不许，今岁蝗旱，特听收受。"43，p8415

仁宗天圣七年五月十一日，太常博士王告言："昨通判桂州，每岁务开，民多争析财产。洎令追鞫，多是积年旧事。按伪刘时，凡民祖父母、父母在，子孙始娶便析产异爨。或敏于营度，资业益蕃；或惰不自修，田亩芜废。其后尊亲沦逝，及地归中国，乃知朝廷《编敕》，须父亡殁始均产，因萌狡计，以图规夺。或乡党里巷佣笔之人，（替）〔潜〕为教引，借词买状，重请均分。洎勾捕证佐，刑狱滋彰；或再均分，遂成忿竞。故每新官到任，动须论诉。游手之辈，侥幸实多；勤恳之民，冤抑无告。今请限乾兴元年正月一日以前，凡广南民若祖父母、父母在日分产与子孙者，悉以见佃为主，不在论理之限。"诏如所奏，仍以敕到日为限，其限

后若祖父母、父母在而别籍者论如律。43—44，p8415

【天圣】九年五月十二日，京兆府言：“泾阳县民刘显等五户诉，先于二十年前以田竭产鬻于豪户。其时割税不尽，自后无田抱税，相继输纳，累经披诉，未蒙捐改，即移本县覆验得实。按新《编敕》，凡立契十年以上，纵有未尽税数，亦不在均送之限。窃详上件百姓累尝披诉，盖是县司徇豪民之意，未曾改正。不田而税，于理无文。兼当府诸县似此贫户田尽税在者甚多，望下有司，别定规制。”事下大理寺，具言《编敕》未行之前，已经官司论理，合下本府改正。仍虑诸路有似此官吏厄塞细民、曲徇豪幸者，望以敕到日给限一年，听白官司改正。限满不首，勿更论理。从之。44，p8415—8516

【景祐】五年五月三日，诏：“诸色人论田土诣阙进状，朝廷下转运、提刑差官推勘者，并依令十月一日以后施行，不得有妨农务。”从中丞晏殊请〔也〕。45，p8416

庆历二年十月五日，〔诏〕：“访闻诸处有荫子恃其罚赎，遇小有水旱，即纠集人众，为辞牒之首，妄扰州县。自今后不得听为状首，如违，鞫实奏断。”45，p8416

治平四年闰三月十八日，诏：“天下有闲官并强徒之辈，昏赖田土，有妨农业，令转运、提刑司早催促结绝施行。”45，p8416

哲宗绍圣元年八月二十六日，左正言张商英言：“许州阳翟县豪民盖渐家赀累巨万计，女兄弟三人，有朝士之无耻者利其财，纳其仲为子妇，以渐非盖氏子，关通州县，讼而逐之，三分其财而有之。盖渐无所生养父母，法合承分，诣朝省理诉，终为势力者所扼。欲乞送不干碍官司推究情弊，以伸沉冤。”诏令户部选差郎官依公根勘，具案以闻。45，p8416

【绍圣元年】十一月十六日，左司谏〔张〕商英言：“（颖）〔颍〕昌府百姓盖渐遮执政马首声冤，称侍御史来之邵灭绝本家祭祀，规夺父祖财产。臣以之邵在风宪之任，为小民毁辱，不自奏辨，（送）〔遂〕具札子论奏，蒙送户部选郎官看详。按法，诸义子孙身虽存而所养所生父母、祖父母俱亡，被人及自有所论诉，各不得受理。据臣所闻，盖渐曾有姑证是庶生亲侄男，又有改嫁母阿张证是义男，于法皆不可用。乃是所养祖父母于其母嫁之后，养以为孙，于条正是义孙。若无所生父母，即官司不当受理，此讼止是片言可决。访闻（颖）〔颍〕昌府公（按）〔案〕内自有之邵手书，欲将盖氏住宅兑换房钱。审若有之，知情明甚。文昌从官，举动

如此，深可嗟骇。望早赐施行。"45—46，p8416—8417

高宗绍兴二年三月十七日，两浙转运司言："准《绍兴令》：'诸乡村以二月一日后为入务，应诉田宅、婚姻、负债者勿受理。十月一日后为务开。'窃详上条入务不受理田宅等词诉，为恐追人理对，妨废农业。其人户典过田产，限满备赎，官司自合受理交还。缘形势、豪右之家交易，故为拖延至务限，便引条法，又贪取一年租课，致细民受害。"诏："应人户典过田产，如于入务限内年限已满，备到元钱收赎，别无交互不明，并许收赎。如有词诉，亦许官司受理，余依条施行。"是年八月十五日，臣僚言："法之有务限，要所以大为之防，今若一决其防，不免于争竞。但既在务限前投状，自可申（饰）〔饬〕有司，严行理赎，或寄钱在官，给据为凭业。今若改法，恐有其弊，至于害民。"户部契勘："人户典田年限已满，于务限前收赎，自有见行条法。若于务限内年限已满或未满，钱、业主两情愿收赎，自听从便。若有论诉，自合依绍兴务限条法。"诏依。46—47，p8417

【绍兴二年】四月十一日，德音："访闻福建路范汝为等贼徒及上四州军曾系作贼招安之人，自前占据乡村民田耕种，或虽不占据而令田主计亩纳租及钱银之类。今贼魁已行诛戮，深虑尚敢凭恃恩贷，占夺民田，认为己业，仰州县出榜晓谕，许人户陈诉，官为断还。"五年八月二十四日，德音："应潭、郴、鼎、澧、岳、复州，荆南、龙阳军，循、梅、潮、惠、英、广、韶、南雄、虔、吉、抚州，南安、临江军，汀州管内，访闻昨来作过首领，多是占据民田，或虽不占据而令田主出纳租课。今来既已出首公参，尚虑依旧拘占，人户畏惧，不敢争讼，仰州县多出文榜晓谕，限一月陈首，退还元主。如依前占吝，许人户陈诉，官为断还。"47，p8417

【绍兴】二年闰四月十日，户部言："卖田宅，依法满三年而诉，以利息、债负准（拆）〔折〕，或应问邻而不问者，各不得受理。迩来田价增高于往昔，其卖、典之人，往往妄称亲邻（至）及墓田邻至不曾批退；或称卑幼瞒昧，代书人类百端规求。虽有满三年不许受理条限，缘日限太宽，引惹词讼。"诏典卖田产不经亲邻及墓田邻至批退，一年内陈诉，出限不得受理。47，p8417

【绍兴】十三年六月二十八日，大理寺参详："户部所申违法典卖田宅，陈诉者依敕自十八岁理限十年，系谓典卖田宅之时年小，后来长立，方知当时违法之类，即合依自十八岁理限十年陈诉。其理三年限自陈，系谓陈乞恩赏、理诉罪犯之类，与十（件）〔年〕事理不相干。欲依本部看详施行。"从之。47—48，p8417

【绍兴】十九年十二月十三日，权尚书户部侍郎宋贶言："湖湘、江淮之间，昨经寇盗，多有百姓遗弃田产。比年以来，各思复业，而形势户侵夺地界，不许耕凿。欲望立法诫饬。"户部措置，欲乞下江南东西、荆湖南北、淮南东西路安抚、转运、提刑司，检坐见行条法，出榜晓谕。如被上户侵夺田土之人，仰赴官陈诉。若干当人系白身或军人，即仰依条重行断遣；如有官人，即同形势、官户人家，并具情犯、姓名申朝廷，依法重作施行。州县观望，不为受理，仰监司按劾。其四川、两浙东西、二广、福建、京西路亦乞依此。从之。48，p8417—8418

孝宗隆兴元年四月二十四日，大理卿李洪言："务限之法，大要欲民不违农时，故凡入务而诉婚、田之事者，州县勿得受理。然虑富强之家乘时恣横，豪夺贫弱，于是又为之制，使交相侵夺者受理不拘务限。比年以来，州县之官务为苟且，往往借令文为说，入务之后，一切不问，遂使贫民横被豪夺者无所伸诉。欲望明饬州县，应婚、田之讼，有下户为豪强侵夺者，不得以务限为拘。如违，许人户越诉。"从之。48，p8418

宋会要辑稿·刑法三·勘狱

太宗太平兴国五年闰三月二十四日，诏："应命官犯徒已上罪，去官事发者，宜令逐处追寻勘鞫，以其状闻。"49，p8418

【太平兴国】八年八月二十日，诏："今后勘诸司使副、供奉（宫）〔官〕、殿直等，案内须具出身、入仕因依，法寺断罪亦取敕裁。"49，p8418

【雍熙三年】十月二十二日，有司言："准太平兴国六年五月诏书，诸道刑狱大事限四十日、中事二十日、小事十日。一日笞十下，三日加一等，罪止杖八十。自来诸道刑狱出限三十日以下者，比官文书稽程定罪，故违日限稍多者，即引上件诏书，从违制定罪。今请别立条制，凡违四十日以下者，比附官文书定断，罪止杖八十，四十日以上奏取旨。如事有关连，须至移牒刺问致稽缓者，具以事闻奏。"49，p8418

端拱元年十二月二十七日，兖州判官刘昌言〔言〕："窃见外州府推勘刑狱，多于禁人本状之外根勘他罪。欲乞今后除事该劫盗、杀人，须至

根勘外，其余刑狱并不得状外勘事。"从之。49，p8418

淳化二年四月一日，诏："诸路转运使今后差官勘事，并于幕职、州县〔官〕内拣选清强官一员，仍于本州别选清干碍监当京朝官或监押幕职一员同推，务要尽公，以绝枉曲。"49—50，p8419

【淳化二年四月】十四日，诏："应差官制勘，并转运司差官推勘，及省寺口公案不圆、合行取勘等事，敕下之日，先具事由送大理寺，仰本寺置簿抄上，候勘到公案，下寺断遣，了日勾凿。内有延迟过违日限者，便仰举行勘责。"50，p8419

【淳化二年】八月十八日，光禄寺丞奏言："勘鞫公事，欲乞今后命官、将校等合该杖罪，则牒送本州仍旧勾当，候敕命指挥；如徒罪，仍旧收禁。"从之。50，p8419

【淳化】三年五月十九日，御史台言："欲乞今后虑制勘官约束一行人等，不得容有嘱求，及到州府无泄事情。如违，并许逐处官吏举觉。"从之。50，p8419

【淳化三年】七月十六日，诏："访闻诸州（事）〔军〕应刑狱公事，若是州府受情，须至经转运司论讼。其间须富豪形势之辈，却于转运司请求司吏拣选州县将欲任满之人推勘。令逐路转运司今后并须使副亲自差强干能勘事人，不得更似日前，致有违越。"50，p8419

【淳化三年七月】三十日，峡路转运使崔迈言："川峡之民好讼，皆称被本州抑屈。又阙官抽差，乞今后如非疑狱及不关人命，只依元敕行遣，减去同共勘断二人，仍乞县令之中容选清强差使。"诏逐路转运司今后应勘事，只差勘官一人。如公案了当，依旧例请录问官、检法官一员。或有大段刑狱公事，临时取旨。50，p8419

【淳化】四年五月二十九日，诏："御史台应有刑狱公事，御史中丞以下躬亲点检推鞫，不得信任所司，致有冤滥。"50—51，p8419

【淳化四年】七月三日，淮南路提点刑狱尹𣏌言："今后制勘使臣乞不指（谢）〔射〕州县，踏逐系官空闲舍屋充制勘院。"从之。51，p8419

【淳化四年】十一月十五日，知制诰柴成务言："应差官勘事及诸州推鞫罪人，案成差官录问，其大辟罪，别差职员监决。如录问翻变，或临决称冤，即别差官推勘。此诚重刑之至，然臣详酌，滋长弊幸。且人之犯罪至重者死，数有翻变，或遇赦免，则奸计得成。纵不遇恩，止是一死。近见蓬州贾克明为杀人，前后禁系一年半，七次勘鞫，皆伏本罪，录问翻变。赖陛下英明，经赦不放，差转运副使蒋坚白、提点使臣董循再同推勘，方得处断。其如干连证逮，州县追禁，此又何辜？欲望今后朝廷、转运司、州府差官勘鞫，如伏罪分明，录问翻变，轻者委本州处别勘，重者转运司邻州遣官鞫勘。如三经推勘，伏罪如初，欵款辨分明，录问翻变，（监）〔临〕决称冤者，并依法处断。"事下大理寺详定，本司言："检会《刑统·唐长庆元年十一月五日敕》：'应犯罪临决称冤，已经三度断结，不在重推之限。自今以后，有此色，不问台与府县及外州县，但通计都经三度推勘，每度推官不同，囚徒皆有伏款，及经三度断结，更有论诉，一切不在重推问之限。其中纵有进状敕下，如已经三度结断者，亦许执奏。如告本推官典受赂，推勘不平，及称冤事状有据验者，即与重推。如所告及称冤无理者，除本犯死刑外，余罪于本条加一等。如官典取受有实者，亦于本罪外加罪一等。如囚徒冤屈不虚者，其第三度推事官典本法外加等贬责，第二度、第一度官典节级科处。'今详《刑统》内虽有此条，承前官吏因循，不能申明，自今请〔依〕成务起请施行。"从之。51—52，p8419—8420

【淳化】五年三月二十一日，黄（御河）〔河御〕催运叶仿言："河北转运使李若拙先（刑）〔邢〕州散参军廉成式往通利军勘公事，近七十日尚未了当。文式元是犯事人，若拙不合抽差。乞令逐路转运司，今后更不得差散参军、文学、长史、司马、别驾并配衙前人等勘鞫公事。"诏文式见勘公事，令转运司疾速别差官替访，访送枢密院与记姓名。52，p8420

【淳化五年】四月十一日，诏："开封府左右军巡、司录司，炎暑之月，禁系极多，皆是淹延，令御史台差官取勘知府张宏等情罪以闻。"52，p8420

【淳化五年】十一月四日，著作佐郎夏象言："制勘公事，只令于邻近州府抽差司（婭）〔狱〕，其间或是亲姻，必有幸门。乞令制勘官取便抽差。"诏今后凡差官推勘公事，所要司狱取便抽差，即不得全然隔蓦州府。52，p8420

至道元年正月十一日，诏曰："朕君临大宝，子育群生，渐致隆平，匪务烦剧，而禁者尚密，深用疚怀。诸州长（史）〔吏〕虽职在亲民，而动多率意，恐致枉滥，须革因循。宜令转运使申谕诸州，应勘鞫罪人，如情理别无枝蔓，杖罪以下长（史）〔吏〕与通判量罪区分，徒以上结正行

遣。"52，p8420

【至道元年】十一月二十九日，诏："审官院自今不得差京朝官往本乡里制勘、勾当〔诸般〕公事（诸般）。如中书、枢密院要京朝官差遣，并仰具本官乡贯去处供申。其推勘官仍令御史台亦依此指挥。"52—53，p8420

真宗咸平元年三月二十日，判大理寺尹圮言："诸州奏案多不圆备，欲别定推勘条式颁下。"从之。53，p8421

【咸平元年十月】二十日，诏："应降宣敕推勘公事，并须据实勘鞫，不得抑勒，令禁人须依宣敕，虚有招通。今后所差勘事官敕内，入此圣旨。"53，p8421

〔太平兴国〕五年闰三月二十六日，诏："应官吏犯徒以上（徒）罪，去官事发者，宜令逐处鞫之，以其状闻。"56，p8422

〔大中祥符五年〕四月二日，诏："遣官制鞫公事，所差推典如经七次无法司驳难者，递迁一级。如未有阙，即令守阙。"56，p8422

【大中祥符五年四月】十八日，诏："文武官被制劾者，所司移报阁门，禁止朝谒。"时常参官有别制推问，或因事到京，即便入见及上殿奏事，阁门及所由司不知故也。56，p8422—8423

【大中祥符五年】八月二十九日，诏："制劾刑狱无特处分者，并依推勘条式决遣，流罪及命官别具案以闻。"时详议官查拱之言："诸州奏案多以所降宣命止言制劾应干系官吏情罪具案以闻，乃悉拘禁以伺断敕，颇成留滞。"故有是诏。56，p8423

【大中祥符】七年正月十七日，诏："推勘公事丁连女口当为证者，千里之外勿追摄，移牒所在区断。"时鼎州判官孙赳受财坐罪，转运使牒郓州追其妻证，三子皆幼，帝愍之，故有是诏。57，p8423

【大中祥符八年】七月九日，诏："今后公事干连知州、通判、都监赃私罪，许转运司差官取勘外，自余知州、通判、都监公罪，并就本州差无干碍官取勘。其统属官长吏量公私赃罪轻重，于州院、司理院及差职员取勘。"57，p8423

【大中祥符九年】八月二十八日，诏："大辟罪临刑声冤者，并送不干碍刑狱留禁，具马递申转运、提点刑狱，就州选官覆勘。"58，p8424

【天禧】二年二月，诏："军巡院所勘罪人，如有通指合要干证人，并具姓名、人数及所支证事状申府勾追。候（诏）〔照〕证毕，无非罪

者，即时疏放。"58—59，p8424

【天禧二年】三月二十三日，知虢州查道言："诸路承例遣幕职官鞫问本路转运、提〔点〕刑狱官公事，体颇未便。望自今止令两司互相推问。"从之。59，p8424

【天禧二年】四月十四日，判大理寺李虚己言："请自今命官犯赃，不以轻重，并劾举主，私罪杖以下勿论。"从之。59，p8424

【天禧二年】七月八日，诏："应制勘公事，不得援例于御史台差推司。"59，p8424

【天禧】三年五月一日，诏："自今管军将校、沿边总管、钤辖犯赃私罪当禁锢者，即以本司事付长吏讫禁勘。"时鄜延钤辖高继勋犯私罪，勒停后始以本司事付知州，因有是诏。59，p8424

【天禧】四年正月二十三日，诏："桂州职官宜令流内铨各添（註）〔注〕及五员，仍拣选壮年办事人往彼。除供本职外，祗候转运、提点刑狱司差遣推勘定夺公事。"59，p8424

【天禧四年】二月，诏："大理寺自今驳勘并留案及翻变再勘公案等，候札送都进奏院催促，即具申审刑院，令本院置簿抄上，委详议官一员管勾，仍与众官同签书，知院、通判押。点检日数稍多，令本寺移文催促，或更未奏，即同牒本路提点刑狱司催促。候断奏讫，即判院官当面勾销簿历。"59，p8424

仁宗天圣二年正月，诏："开封府自今禁勘公事干系外州军，追捉照证人及合行会问公文，令入马递发放，不得将常程公事一应发遣。"60，p8424—8425

【天圣】二年六月一日，右巡使张亿言："伏（观右）〔睹在〕京官员过犯，下台差官取勘，乞今后更不于开封府抽差，所司只就本台差人勘鞫。"中书门下奏："台司自有四推人吏，限以年岁，迁转出职，而公事至少，绝无劳绩，乞依亿所奏。"从之。60，p8425

【天圣】七年十二月，诏开封府："自今府界诸县推鞫贼徒获半以上，赃证分明，公事解状内大情已正，止有小可未尽事意，宜令更不收理本县。"60，p8425

景祐元年正月五日，京东路提点刑狱崔有方言："今后应承准宣敕推勘公事，除命官、使臣、将校或死罪及情理切害者奏闻外，其余流罪以下，虽所受宣敕内言具案闻奏，并乞推勘条敕先次断遣。"诏："流罪以

下除指定姓名具案闻奏外，其余干连人并依推勘条施行。"60，p8425

【景祐元年】闰六月二十九日，审刑院、大理寺言："欲乞今后凡勘盗贼所通赃物，称于人户处典质，即先抽取簿历照证，方得追取。若是官司挟情，教令贼人妄有指说，及官司追取赃人等，抑令（户民）〔民户〕赔备赃物，并科违制之罪。"从之。61，p8425

【景祐元年】七月十六日，河东转运司言："今后诸州刑狱中，如有转运、提刑巡历，审问得大情未正，差官推勘，大情显别者，所属理一次重难勘事，批上历子。"从之。61，p8425—8426

【景祐】四年正月十三日，诏："诸州勘大辟罪人，结成公案，聚听录问，或罪人翻变，骨肉申冤，本处移司差无干系官吏推勘。或再翻变，即申转运、提刑司差官推勘。"62，p8426

庆历二年十一月六日，诏："今后御史台鞫狱自依旧令外，或有别制委官劾事，合止所劾臣僚朝参者，不得直牒阁门，并从御史台关报。"从御史中丞贾昌朝之请。62，p8426

【庆历】五年七月二十五日，诏："诸州自今有犯死罪公案，仰于卷内分明开说有无祖父母、父母年八十以上及笃疾、家无期亲成丁，一处闻奏，免往复淹延。"63，p8426

【元丰】二年正月十七日，知大理卿崔台符言："乞自今大理勘事内有情法不称者，许依三司条例断奏。事若重密，仍依审刑院、三司、开封府例，上殿奏裁。"从之。66—67，p8428

元符元年六月四日，尚书省言："大理寺修立到：'大辟或品官犯罪，已结案未录问而罪人翻异，或其家属称冤者，听移司别勘。若已录问而翻异称冤者，申提刑司审察。事有不可委本州者，差官别勘。'"从之。68，p8430

【（致）〔政〕和】四年四月十八日，刑部奏："晋宁军申：'承敕，应诸路推勘掾官，除本职及依条该载许差窠名，余不得泛领库务，仍不许接送。本军系不置掾官，自来止是曹官兼推勘公事，与掾官事体一同，即未审合与不合依上条施行。'大理寺参详到，本军系不置掾官，止是曹官兼推勘，即与掾官事体无异，理合依上条施行。"从之。69，p8430

【政和四年】十二月十八日，中书省言："检承《政和令》：'诸犯罪会恩或去官应原免勿论，而特旨犹推，虽又会恩或去官，并奏取旨。'勘会朝廷降指挥取勘闻奏，或具案申尚书省公事，后来遇赦降，系命官、将校如所犯合该恩原，依法合具事因申尚书省或枢密院，刑寺约法，上朝廷处分。其余〔诸色〕人所犯，元系朝旨取勘，后来会恩非应结案者，若止从有司一面施行，虑其间所犯情理重轻不伦，亦合具情犯申取朝廷指挥。"从之。69—70，p8430

【宣和】七年六月二十二日，臣僚上言："臣愿陛下亟命刑部，悉令开具见今体究与推勘未了公事以闻，取其稽滞淹久、屡推不报者，重赐降黜，以为慢令容奸之戒。仍命刑部举行元丰稽留奏劾之令，严立近限，使之结绝。若刑部失纠，亦当坐罪。"诏令尚书省责限下刑〔部〕举催，余依奏。刑部失纠，令尚书立法。今修立下条："诸差官被旨推鞫追究公事，下所属及御史台差官就推同。无故稽违而不奏劾者杖一百。"从之。72—73，p8432

绍兴元年二月二十五日，江南西路提刑苏恪言："州县见勘强盗公事已招认者，其勘司犹候追赃齐足，及捉获到同盗人，方始勘结。方今盗赃扰攘，欲乞将本路见勘强盗、伤杀人等重罪已系招认、情犯分明，并限日下先次断结，其赃物从后推究，所贵无留滞。"从之。73，p8432

【绍兴】三年三月十五日，臣僚言："乞今后有特旨推勘及具情犯申尚书省及枢密院者，除止留正犯及依法合奏之人具案闻奏外，余并许令先次决遣，著为定制。"续具大理寺看详："《绍兴敕》：'诸狱案以非本处得论之人上闻者杖一百。'今来罪人若不系元降指挥取勘人数，依法非应奏裁，谓如非情重法轻之类，若行先次决遣，即别无妨碍。欲依臣僚所乞施行。"从之。73，p8432

【绍兴三年】九月十七日，广南东路宣谕明橐言："二广去朝廷远，官吏奸赃狼藉，见今合勘者，广西运判王据、南恩州司户莫宪章、阳春县令陈子镇、桂阳权县令马缄、广州通判韩禧，皆已积年未曾结绝。窃缘岭南官吏淹延刑禁，巧作奸幸，避免罪罚，久已成俗，徒使朝廷法令不行于远方，不信于远人，奸赃之徒无所畏惮。"诏并令见承勘官司疾速根勘结绝，〔具〕原案闻奏，如尚敢稽违，当重置宪典。仍令帅（师）〔司〕先具体究迁延不当并不切用心催促当职官职位、姓名申尚书省。73—74，p8432—8433

【绍兴】五年二月二十八日，尚书省言："勘会绍兴令文，事已经断而理诉者，一年内听乞别勘。法意盖谓元勘不当，负冤抑之□。近来命官、诸色人不论元勘当否，陈乞别勘，致奸赃之人干请行赂，动（终）

〔经〕岁月，不能结绝。"诏："应命官、诸色人陈乞别勘，在条限内者行在令刑部、在外提刑司先行责限，委不干碍官体究诣实。如委涉冤抑不当，即分明开具事状申尚书省，下所属依条别勘施行。"75，p8433

【绍兴五年】闰二月六日，尚书省言："勘会宣谕按发过诸路未结绝公事，续降指挥，令刑部每三日一次举催，如有住滞，取旨重行黜责，尚未见奏到案状，显属违滞。"诏："令逐路提刑司及承勘官，自今降指挥到，限十日勘结了当，专差人赍奏案赴行在。如敢依前违慢，当职官重置典宪，人吏决配海外。"75，p8433

【绍兴六年】十一月七日，诏诸路体量取勘公事人，刑部开具住滞尤甚者，申尚书省，取旨施行。以臣僚言"诸路未结绝公事有二百八十九件，其间有自绍兴二年淹延至今日"故也。77，p8434

【绍兴】七年十月六日，刑部开具下项："一、鼎州为（循）〔修〕职郎舒邦彦于安抚司使臣何商处受寄李允文激赏库并宅库金银，侵欺入己，委邵州根勘。本部计一十次催促，并无回报。二、广东经略安抚司奏：'本州访闻得进义副尉、权广州香山镇林智在任与本镇副坊洪浩为保，领黄世通不纳牛皮事，林（知）〔智〕取乞洪浩银七十两等，已牒广州送所司根勘施行。据申，林智逃走，乞下高州催勘施行。'本部已勘会，自合一面移文高州，发遣前来本州根勘。计二十九次符下广州，四次申到因依，两次根治，即目未有结绝。"诏："知州、勘官各特降一官，余当职官展二年磨勘，（遂）〔逐〕处当行人吏各杖一百，决讫勒罢，永不得充役。被受推治不回报官罚铜十斤，人吏从杖一百科断。仍令帅司开具合降官、展年、罚铜人职位姓名申尚书省，其逐年件公事，各限十日依条勘结施行。"77—78，p8435

【绍兴七年】十一月十八日，广南东路提刑司言："德庆府根勘封川县令林廷辉在任不法，上下受嘱，故作违慢。本司催勘，计八十八次，经七个月，未见申到结绝。其本府官吏系（在）〔左〕朝散大夫、权知军府文彦博，右朝奉郎、权通判陈泳，左从政郎、录事参军兼司户司法吴廷宾。"诏各降一官。78，p8435

【绍兴】八年五月二十七日，福建转运判官范同言："赃吏翻异，不改前勘，乞并初勘共不得过三次。"上曰："官吏犯赃，既已断罪，多进状诉雪，何也？比年尤多。"宰臣赵鼎曰："意在徼幸改正，须更令体究。"执政刘大中曰："在法虽许雪诉，却合再勘。"上曰："若再勘委实

无罪，元勘官吏固应黜责；若勘得所诉不实，却合别勘妄诉之罪。"宰臣秦桧曰："当送刑部施行。" 78，p8435

【绍兴八年】六月八日，刑部言："今后诸路州县及推判官司勘鞫公事，虽有缘故，若经一年之外不决者，并具因依申本路提点刑狱司，备申刑部及御史台，看详有无冤滞，申取朝廷指挥施行。"从之。78—79，p8435

【绍兴八年】十一月五日，诏："令诸路帅司各选委强明官一员，将本路应见禁一年以上公事并专一催促勘结，仍逐旋具已结勘过名〔件〕申尚书省。" 79，p8435

【绍兴】九年八月三日，臣僚言："契勘广右（避）〔僻〕远，刑禁每多淹延，其弊有三：其一，监司轻于按发，不加审劾，或所勘与所按不同，则疏驳移推，必欲如其所按。又诸郡申请移推、详覆之类，皆不即报应，有及三五月者，率以为常。其二，罪人易于翻异，多缘奸吏之所教令。每一移推，旋改情节，或自招伏而令家属称冤，或故为不圆以使监司疏驳，或沉溺递角以致奏案不到，迁延岁月，以待按发之官去任。或徒伴有死亡者，然后计嘱官司，尽脱其罪。其三，追证取会及差官审录之类，一涉他州，互相推避，文移往返，动经岁月。以上三弊，皆有成法，特有司奉行不虔，遂致弛废，欲乞检坐申严行下，遵守按察施行。"从之。79，p8435

【绍兴】十一年六月十五日，臣僚言："伏见绍兴五年臣僚起请，诸鞫狱明白而妄行翻异，虽罪至死者，三经别推，即令逐路提刑司申察缴奏，加本罪一等，仍著为令。至绍兴七年指挥，流罪以下虽不缴奏，亦依此施行。盖缘当时偶有奸民抵法，有司始为此请。然而其间岂无冤滥，万一吏非其人，情未尽得，而概以此律论之，不无失入者矣。欲望除赃罪自合依前项缴奏外，其余死罪、流以下移推之法，悉依祖宗旧制。"从之。79—80，p8435—8436

绍兴三十二年八月二十三日，诏："州县捕获盗贼，狱吏往往教导，使广引豪富之人，指为窝藏，至有一家被盗，邻里骚然，贼情未得，而胥吏之家贿赂充牣。自今除紧切干证外，不得泛滥追呼。如违，许被扰人越诉，及反坐吏人以藏匿之罪。" 83，p8438

【绍兴三十二年十一月】二十九日，枢密院检详刑房文字许枢言："在《法》：'狱囚翻异皆委监司差官别推。若犯徒、流罪已录问后，引断翻异，申提刑司审详。如情犯分明，则行下断遣。或大情疑虑，推勘未尽，即令别勘。'然近者翻异多系滑吏犯赃、奸民犯盗之类，未至引断，只于录问便行翻异，使无辜之人滥被追证。乞自今如有似此等类，即从前项引断翻异申提刑司审详指挥施行。"从之。84，p8438

【隆兴二年】五月二十三日，诏："今后内外赃私不法官吏，或已按劾，稽于勘鞫，不即结绝，可令尚书省置籍检举，月具节目闻奏。"84，p8439

乾道元年正月一日，大礼赦："应鞫狱干证如系紧切照勘，方得时暂追证，有罪先次摘断，无罪日下疏放。前后约束，非不严备，尚虑当职官不切究心，止凭胥吏枝蔓追逮，连及无辜，有失恤刑之意。仰监司常切觉察，不得容庇。"84，p8439

【乾道元年】六月十一日，诏："自今诸县结解大辟，仰本州长吏先审情实，如无冤抑，方付狱，狱官亲行勘鞫。仍委长吏逐旬虑问，如违，许监司按（刻）〔劾〕以闻。"84，p8439

【乾道】二年二月八日，以新知贵州姚孝资言："在《法》：'诸录囚有翻异者听别推，然后移推。'初无止限，至有一狱经六七推不得决者。证佐之人，追呼拘系，率被其毒。乞自今内外之狱至三推未成者，其证佐人免行追呼，庶几无辜得免殒于非命。"诏："今后承勘翻异公事，如经三推者，其紧切干证人若干碍出入情节，方许追证，其余不得泛滥追呼。"84—85，p8439

【乾道】三年正月二十五日，大理少卿刘敏求言："伏见州县之狱追逮最多、淹延最久者，尤如强盗、赃吏，皆择其重罪，研分详备。其余轻罪非应累并者，惟令鞫正大情，虽有小节未圆，勿复追证，并须依限结案，庶使早正典刑，免枝蔓留滞之弊。"从之。85，p8439

【乾道六年】六月三日，权刑部侍郎汪大猷言："大理寺拟断案后收坐者不一，其间多有去官及经恩赦者。缘法有具事因申寺之文，故有司不敢但已，必候元勘官司取责逐官脚色、犯由申寺，方敢结绝。缘法有住居江浙而守官在福建，其事发却在湖广，亦有干连数十人者，必欲一一取责，方得圆结，遂致经隔数年，纷纷无已。今乞将案后收坐除不该赦及非自首、去官之人，及虽该赦亦合候结案取旨伏辨，自依本法外，其他所犯，令元勘官司于结案之后开具干连名衔定断。兼所具事因即是犯由，既真案已到，则所犯轻重亦可概见，不必一一取责。"诏刑部看详，申尚书省。已而（部刑）〔刑部〕看详："乞于《断狱令》'命官、将校犯罪自首、遇恩、去官，开具事因'令文下添入'若因事干连者，元勘官司于正犯人结案后，限五日取干连官名衔，声说所犯因依，随案供申。如不见得名衔，即具因依及所犯处地分、月日申刑部'。"从之。86，p8440—8441

【乾道九年五月】二十六日，两浙东路提点刑狱公事郑兴裔言："狱者，所以合异同之词，差官置勘，正欲得其实情。今之勘官往往视为常事，出入其罪，上下其手，及至翻异，则又别勘，或后勘驳正所犯不至前勘之重，或前勘已得实情，而后勘却与出脱。虽在法有故出故入、失出失入之罪，徒为文具。欲望明诏有司，俾之遵守。"诏刑部检坐见行条法，申严行下。87，p8442

淳熙六年六月，刑部言："昨乾道重修法增立'县以杖、笞及无罪人作徒、流罪，或以徒、流罪作死罪送州者，杖一百。若以杖、笞及无罪人作死送州者，科徒一年'。缘县狱比之州狱，刑禁事体不同，止合结解送州，故县不坐出入之罪。今欲依乾道重修法科罪，如系故增减情状，合从出入法施行。"从之。87—88，p8442

嘉定五年十二月十四日，臣（寮）〔僚〕言："刑狱，民之大命。州县之间，其弊有可言。如勘死囚，虽得其情，或惮于详覆之（糜）〔靡〕费而径用奏裁；如该徒、流，法所不宥，或畏于州郡之疏驳而止从杖责。罪至死、徒者，法当录问，今不复差官，或出于私意而径从特判；狱有翻异者，法当别鞫，今被差之官或重于根勘而教令转欵。寒暑必虑狱囚，法也，今监司按行之时，多是诡为知在；遇夜不得行杖，法也，今郡邑断遣之际，或至灯下行刑；狱许破常平钱米，亦皆法也，今守令不以经意，或从减克，或支不以时，遂至囚多（瘦）〔瘐〕死。凡是数者，冤抑实多。乞行下诸路提刑司严行觉察，照见行条法，或有违戾，罪在必刑。"从之。87，p8442—8443

宋会要辑稿·刑法四·配隶

国朝凡犯罪，流罪决讫配役，如旧条：杖以上情重者，有刺面、不刺面配本州牢城。仍各分地里近远，五百里、千里以上，及广南、福建、荆湖之别。京城有配窑务、忠靖六军等，亦有自南配河北屯田者。如免死者，配沙门岛、琼、崖、儋、万〔安〕州，又有遇赦不还者。国初有配

沙门岛者，妇女亦有配执针者，后皆罢之。1，p8445

太祖建隆二年五月一日，诏："应有配流人及流贬官在边远处者，并与移置近地；如见在近地者，不在更移之限。所有移置处所，申奏取裁。应配流人除刺面及曾任职官人别行指挥外，其余不刺面及配役妇人并放逐便。"其后赦书、德音约此著条。1，p8445

【建隆二年】八月二十六日，诏刑部："应诸道州府有犯盐曲之人合配役者，祗令本州充役。"1，p8445

【乾道】五年二月十四日，御史台言："伏见大理寺断徒罪人非官当罚铜之外，送将作监役者，其将作监旧兼充内作使，又有左校、右校、中校局。比来工役并在此司，今虽有其名，无复役使，或遇祠祭供水火，则有本司供官。欲望令大理寺依法断遣徒罪人役，并送付作坊应役。"从之。自后命官犯罪当配隶者，多于外州编管，或隶牙校；其坐死特贷者决杖黥面，配远州牢城。经恩量移，即免军籍。大凡命官犯罪，多有特旨，或勒停，或令厘务，赃私罪重即有配隶，或处以散秩。自远移近者，经恩三四，或放从便。所以禁贪滥而肃流品也。1—2，p8445

太宗太平兴国二年正月二十八日，诏曰："先是罪人配西北边者多亡投塞外，诱羌戎为寇，自今当徙者，勿复隶秦州、灵武、通远军及沿边诸郡。"自江南、湖、广平后，罪人皆配南方。2，p8446

雍熙四年十二月十三日，诏："应诸道擒获劫贼，狱成遇赦者隶本城军，仍廪给之。"先是，江南转运使许骧上言，劫盗遇赦得原还本乡，仇告捕者，多行杀害，请以隶军，故也。2，p8446

淳化元年十一月十八日，诏："窃盗、强盗至徒以（北）〔上〕并劫贼，罪在赦前而少壮者，并黥面配本城。"2，p8446

【淳化】三年四月十四日，诏："江南、两浙、荆湖等处吏民先犯罪配岭南，诸禁锢者并还本郡，仍禁锢之。"2—3，p8446

【淳化四年】七月六日，诏："凡妇人有罪至流者，免配役。"3，p8446

【淳化四年】闰十月四日，诏："今后应诸色罪犯人配衙前者，并不得与本贯州府。"3，p8446

真宗咸平元年十二月二十日，诏："杂犯至死贷命者，不须配沙门岛，并永配诸军牢城。凶恶情重者，审刑院奏裁。"3，p8446

【咸平】四年七月五日，诏："福建、广南、江浙、荆湖远地，应强盗及持杖不至死者，依法决讫，刺配本处五百里外充军。"先是，并其家

部送上京，多殒于道途，特有是命。3，p8446

景德元年正月一日，诏："川、广犯事人解送赴阙配逐处及已逐便者，正身已亡、儿幼小无以存济者，委逐处勘会，给与公凭，放还乡里。又所送罪人赴阙，多是与一房老幼同来，抛废田园，流散道途。自今止得押送本身并妻，（知）〔如〕骨肉愿从者亦听。"3，p8446

【景德元年】二月，诏御史台："自今应流配罪人止令逐州转递，如合差使臣、官吏押送者，即于逐州闲慢勾当并因巡历使臣及公吏内抽差，押送前去，逐州交割。"3，p8446

景德二年四月二十三日，诏曰："先是，诸路部送罪人至阙下者，军头司引对便坐，即将决遣，或刑名疑误，则无所准详。自今委本司召法官一人审定以闻。"3，p8447

【景德二年】九月二十九日，诏："广南西路州军有纵火焚人庐舍，情理凶蠹者，依法决讫，刺配五百里外牢城。"3—4，p8447

【景德二年】十月二十一日，诏："今后应盗贼合刺配牢城者，并配千里外。其河北、河东州军并配过黄河南，陕西州军配潼关东，荆湖南路州军配岭南，北路州军配过汉江，江南、两浙并配江北，川峡州军配出川界，广南州军近岭者配岭北，不近岭者东西路交互移配，福建路亦配广南、江浙。其同（火）〔伙〕人量远近散配。"4，p8447

【景德】三年六月一日，诏："川峡民为盗配军者，如再犯至徒，及情理难恕，并部送出川峡界，配诸州军牢城。"4，p8447

【景德三年】七月十七日，枢密院言："诸路部送罪人赴阙者，皆令军头司引对，颇为烦细。望止令本司依例降配。"帝曰："朕虑其间或有枉滥及情理可矜者，令银台司自今诸处送到罪人，并先取审状，送枢密院进拟，付军头司施行。其情涉屈抑者，不须取状，即令引见。"4，p8447

【景德三年】十二月二十九日，广南西路安抚使邵晔言："今后犯罪人配隶广南牢城者，乞委转运使详元犯情理凶恶者，以便宜分配，隶所部州军。"从之。4，p8447

大中祥符元年正月六日，诏："左降官配隶诸州衙前者，所在件析以闻。配流徒役人及奴婢、针工并放从便，黥面配隶者具元犯取旨。"以天书降也。4，p8447

【大中祥符】三年二月二十四日，诏："如闻两京诸路隶忠靖徒役人，刺配者即给衣粮，不刺配者止给囚人日食，各有家眷，或至匮乏，宜令依

例给之。"5，p8447

【大中祥符三年】闰二月七日，诏："江南、福建路罪人配广南充军，至配所逃归者，自今止委逐处勘罪，差人押送元配州军，依法决讫收管。"旧条："应配广南罪人逃归者，逐州奏裁。"工部郎中袁炜以谓系狱淹久，故有是命。5，p8447

【大中祥符三年】五月，知升州张咏言："当州水陆要冲，多有凶恶之辈放火为盗，准诏刺配潭、贺州充军讫。检会旧条：'累犯恶迹者禁身奏裁。'请应自来凶恶之人犯杖罪十次，徒罪七次，或犯徒杖罪作贼违忤父母者五次，及厢界与凶恶通情，搔扰侵凌人者，所犯杖罪三次，及犯侵扰人至徒一次者，并许刺配登、莱、沂、密、福建路州军充军。"诏："须累犯凶恶合申奏者，及放火、盗财，杖讫刺面，配一千里外牢城。"5，p8447

【大中祥符五年】六月二十九日，诏："诸军故断手足指以避征役及图徙便郡者，自今决讫并隶本军下名，罪重者从重断，伤残甚者决配本乡五百里外牢城。"从知升州张咏之请。5—6，p8448

【大中祥符五年】闰十月，诏："京城盗贼该决杖配隶者，免其令众，即送配所。情理重者奏裁。"6，p8448

【大中祥符】六年正月八日，诏曰："配隶之人，刑科至重。属膺善贶，交举鸿仪，载念黎氓，益怀钦恤。其先降宣敕，罪不致死，配隶逐州五百、千里外牢城及沙门岛，悯其稍重，特议从宽。宜令审刑院、私铸钱、大理寺、三司将前后条贯编类以闻。"既而取犯茶盐矾曲，私铸钱、造军器、市外蕃香药、带铜钱、诱汉口出界，主吏盗货官物、马递卒盗官物、夜聚为妖，皆比旧法咸从轻减。6，p8448

【大中祥符六年】三月十六日，诏："沙门岛罪人除该赦遣赴阙外，自余量其所犯，轻者徙至近地。"7，p8448

【大中祥符六年】五月十一日，诏："诸州凡配隶罪人于邻州者，皆录其犯状移送逐处，置簿誊录，以防照会。"先是，令拣配军外隶上军者，旧例移配第云"贼某配某所"而隐其状犯，难于证验。京西提点刑狱周实言其事，因请条约之。7，p8448

【大中祥符】七年二月一日，诏："负犯人刺面者，多大刺文字，毁伤既甚，深可哀矜。自今官吏点检，如有违越，委所司觉察闻奏，永为定制。"7，p8448

　　【大中祥符七年】十二月三日，诏："诸州部送罪人赴阙及他州者，并所在为券，给以口粮，仍令依程而行，不得非理縶扑，倍道起发。有疾，牒所至州县医治，死者检视无他故，即给公凭付部送人。违者，所在官司劾罪以闻。"先是，淄州遣牙校送罪人赴阙，涂中至毙者多，惩其懈慢，因条约之。7，p8449

　　【大中祥符】八年闰六月八日，诏广州："自今不逞之民五犯罪者，依法决杖刺配岭北州军牢城。内未满五次而情理切害者，亦准此。"7，p8449

　　【大中祥符八年】八月十九日，知密州孙奭言："本州累有强劫贼，结案遇赦或赦后捉获，准诏配本城。据官吏众称，准例配本城者，并配牢城。朝廷以本城、牢城分为轻重，今若一概处断，虑失诏意，请下法官参议。"诏："自今准诏刺配本城者，并止配本城有军额指挥，不得例配牢城。"7，p8449

　　【大中祥符】九年正月，诏开封府："自今应勘到罪人，除显有条法合行配递编管外，其余并须进呈取旨。"7—8，p8449

　　【大中祥符九年】七月十九日，诏："强劫贼人罪当死，以德音降从流者，决讫仍隶本城。"初，磁州贼逯宪持杖行劫，德音降罪免配，州疑刑轻，状下法寺详定，而有是诏。8，p8449

　　天禧元年七月二十一日，上封者言："江南有因事配军人，悉凶恶之徒，既不许差出，又无役使。望检会元犯罪名轻重，（升）〔并〕隶厢军。"从之。8，p8449

　　【天禧】二年三月十七日，诏："诸班直、诸军妻坐奸者，决讫即放，不须隶作坊针工，其见役百五十七人皆释之。"8，p8449

　　【天禧二年】闰四月十九日，诏："诸州该四月二十七日赦文，劫盗至死降徒、流，伤人者刺配沙门岛，内广南路配琼、崖、儋、万安州，益、梓路配商、虢、均、金、襄、邓等州，利、夔路配荆湖南路州军，并隶牢城；不伤人者，刺面配千里外牢城。罪不至流，并刺面配本州牢城。"先是，赦书强劫盗不杀人者悉奏裁。滨（隶）〔棣〕巡检赵继昌言："如此等人，朝廷若配本州，虑不悛革。"故条约之。8—9，p8450

　　【天禧二年】九月十八日，诏："配沙门岛人，仰（遂）〔逐〕州选吏部送，差兵防护，州府递相交割。"旧有此条，是年泗州亡失配沙门岛军士，故申明之。9，p8450

【天禧二年九月】二十八日，起居舍人吕夷简言："按《编敕》：'配罪人父母妻子不欲同行者，亦听。'其有并一房家累部送赴阙者，未有著令，极有老幼驰走，以至夭殁。望自今当配送者，长吏召问，如不愿同行者听。若不致强梁者，止决配近州；情重与乡里为患、不可留者，部送京师。"奏可。9，p8450

【天禧三年八月】十八日，诏："谋杀、故杀、劫杀人罪至死，用今月三日赦原者，诸州并依强劫贼例刺配本城，情重不可宥者部送京师，自今用为定式。"9—10，p8450

【天禧三年】十月十四日，中书门下言："准《诏》：'犯铜金输石、私酒曲，并免极刑。'今参详：'罪至死者，请令所在杖脊黥面，配五百里外牢城。'"从之。10，p8450

【天禧四年】十二月，知开封府吕夷简言："请今后应贼人窃盗、持杖、穿墙五贯以上，强盗满三贯及持杖罪不至死者，更不部送赴阙，只委逐处依法决脊杖二十。内身首强壮者刺配五百里外牢城，凶恶难恕者刺配千里外远恶州军牢城。若老小疾病久远、不堪充军役者，依法施行。"事下法寺，既而言旧条皆押赴阙，今请如夷简所奏。诏可，仍候断讫刺"指挥"二字，取转运使指挥移配。10，p8450—8451

【仁宗天圣四年】二月，开封府言："检会条贯，凡作贼三犯徒，军人不吃酒叫反，吃酒再犯，因与人相争忿叫万岁，旧例决讫并刺配商州坑冶务及配西京南山、郑州贾谷山采造务。近准诏，并权住配。自今有合配罪人，乞指定去处。"诏："合配坑冶务罪人并配广南远处牢城。"13，p8452

【天圣四年】八月，开封府言："东窑务军士储庆等各不饮酒呼万岁，准《格》当配广南。本务工役最重，又江浙人务求决配家乡，规免重役。望自今犯者依法杖讫，却送本务，再犯刺配沙门岛。"奏可。13，p8452

【天圣】五年正月十七日，中书门下言："累据诸处勘到衙前军人部送配军在路逃窜，望下诸路，今后应配送罪人内有强恶罪，并须牢固监防，不管走失，仍先具元犯因依移文所配州军。"从之。14，p8453

【天圣五年】八月六日，诏："诸路州军刺犯罪人，仰点检随行物色，具数牒交付防送公人管押前去，沿路罪人使用，置历支给。"14，p8453

【天圣七年】七月四日，知滑州李若谷言："河清军士盗伐（提）〔堤〕埽榆柳，准条凡盗及卖、知情者，赃不满千钱以违制失论，军士刺配西京开山军，诸色人决讫纵之；千钱已上系狱裁如持杖斗敌，以持杖窃盗论。臣所部州多此辈，盖堤埽重役，故图徒配。欲望自今河清军士盗不满千钱者，决讫仍旧充役；千钱以上及三犯者，决讫刺配广南远恶州牢城；诸色人准旧条施行。"事下法寺，请如所奏，凡京东西、河北、淮南濒河之所，悉如滑州例。从之。15—16，p8454

【天圣八年】八月七日，诏："如闻犯罪配流广南、福建、荆湖，有带妻子者，本身道死，妻子无托。自今愿回乡里者，逐处递送还乡，仍给口券。如本犯罪于律妻子不合还乡者，自如律。"16，p8454

【景祐元年】四月二十九日，中书门下言："诸路州军明道二年三月赦前配军人，除十恶、杀人放火、父母陈首及元是军人作过配到者依旧外，自余杂犯配军人并放逐便。"19，p8456

【景祐元年】五月二日，中书门下言："检会《编敕》，应配军该恩放逐便，后有恃凭凶恶，不务农桑，盗窃资财，恐吓民户，罪不致死者，并决讫刺配牢城。"诏应合该放停人以此告示，仍责诫励文状。19，p8456

【景祐】三年七月五日，诏："诸道新犯罪人内准宣敕合配沙门岛者，今后止刺面配广南远恶〔州〕军牢城。如南人即配岭北。"19，p8456

康定元年（七）〔八〕月六日，中书门下言："开封府、京东西、河北、淮南应罪人合配千里、五百里外牢城者，请并配永兴军。仍令本军自今取为盗贷命并杂犯罪人，候及三二百人，团作指挥，以威捷为额，选军校教阅，分隶逐路。如遇战斗，令于阵前驱使，果能用命立功，保明闻奏，当议酬奖。内贷命劫贼人本以情理可悯及有疑虑贷命者，若至配所更作过犯，罪法至徒，情理凶恶者，处斩讫奏；其余非贷命配到者，如有过犯，加常法一等断遣。"诏可。19—20，p8456

【康定元年】十月二十三日，权知开封府吴遵路言："乞今后京城内偷盗犯赃钱十贯以上，并配永兴军或二千里外牢城。"诏："京城内偷盗赃钱十贯已上，年五十已下，无病，并决配永兴军牢城；年五十已上，并决配二千里外牢城。"20，p8456

【康定元年十月】二十五日，诏："应诸处捉到强劫贼人，并依法施行，不得解赴开封府乞降朝旨，却纳中书。其合配五百里、千里外牢城者，刺配永兴军牢城。"20，p8456

庆历元年八月二十日，诏："沿边弓箭手于近里州军别置产业以避役者，决配近南州军本城。"20，p8457

治平四年六月二十五日，神宗已即位，未改元。登州并沙门寨监押李庆奏，依赦分析罪人二百七人。诏特取三十二人，仍选使臣二人管押赴阙，交付军头司，刺面分配淮南路牢城。内一名遇赦不还，改配荆湖南路牢城。余系所犯情重及在彼未久，并仍旧。24—25，p8459

神宗熙宁三年正月二十四日，审刑院、大理寺断通州百姓仇承广等九人持杖（疆）〔强〕劫，赃满合处死，特贷命，决脊杖二十，刺面配广南东西路逐州牢城。御批："可分析移配，仍今后应持杖强盗群队贼人，不要全（火）〔伙〕置在一路州军。"于是，承广等分配广南、陕西、河北诸州军。25，p8459

【元丰六年】闰六月二十三日，诏尚书刑部："应移乡人，情理轻者十年，稍重者二十年，遇赦检举，放令逐便。令刑部著为令。"28，p8461

【元丰六年】八月七日，两浙转运司言："犯盗徒五百里外州军无放还法，乞比移乡人例放。"从之。28，p8461

【元丰】八年九月四日，三省、枢密院言："该配合从本府及军马司断遣者，并依法配行。无军名者，五百里以上并配牢城，邻州、本州，并配本城。强盗或三犯窃盗，因盗配军后更犯罪，若谋杀并以刃故伤人，放火，强奸，或人力奸主已成，造畜蛊毒，及教令人并传习妖教，故沉有人居止舟船，拒捕，已上于法合配者，并诸军犯阶级及逃亡应配千里以上，并依法配行。无军额、五百里以上，配牢城；邻州或本州，配本城；已系本城，配牢城；已系牢城，配重役。"从之。28—29，p8461

哲宗元祐元年八月十四日，诏："杂役配军，诸路川军并配本川牢城，在京者元犯配广南，分配东、西窑务，三千里者配车营务，二千里者分配广固指挥。自今犯杖以下上罪，并依元犯配行。"29，p8462

【元祐】二年六月十七日，开封府言："续降朝旨，河北、河东、陕西、京东西、淮南路、开封府界窃盗赃满五百文以上，并强盗不该刺配，内杖罪免决，徒减从杖，并给招军例物，刺填本处或邻州厢军。看详在京犯盗一贯至徒，即无编管，六贯已合刺配。行此重法，尚无畏惧。欲请本府界有犯，更不行减免，并准法断罪，给例物刺充厢军。"诏开封府界窃盗赃满一贯以上，并强盗不该刺配，从所请。29，p8462

【元祐三年】四月二十一日，监察御史赵屼言："《元丰敕》：'重法地分劫盗者，妻子编管。'《元祐新敕》一切削去，前此编管者宜不少，

请令从便。"从之。30，p8462

【元祐】四年十月十九日，刑部言："开封府奏：'元降权宜指挥，欲乞将窃盗至徒刺填一节先次住罢外，其强盗不该刺配之人，乞依旧存留，刺填厢军。'欲依所奏。"从之。30，p8462

【元祐】六年八月十二日，诏："京城内诸官司向来因推行重禄法，行赂并违犯常平法编配之人，并依《元祐二年三月二十五日指挥》移放。"30，p8462

【元祐六年八月】二十三日，沧州言："按《元祐敕》：'钱监及重役军人合配者，除沙门岛及远恶处依本条外，余并勒充本指挥下名，其不可存留者，即配别监及它处重役，则是系以广南为轻，重役为重，遂不配行。'今重法地分重役人多是累曾作贼，却令徒伴会于一处，易于复结为盗。其告捕之人见其依旧只在本营或别重役处，相去不远，惧其仇害，不敢告捕。欲乞于上条'沙门岛'字下添入'广南'二字。"从之。30，p8462

【元祐六年】十一月十九日，刑部言："配沙门岛人：强盗亲下手，或已杀人放火，计赃及五十贯，因而强奸，亲殴人折伤，两犯至死，或累赃满三百贯、赃满二百贯以上，谋杀人造意或加功因而致死，十恶本罪至死，造畜蛊毒药已杀人，不移配。强盗徒伴杀人，元无同谋，赃满二百贯，遇赦移配广南，溢额者即配远恶处牢城。余犯遇赦移配荆湖南北、福建路州军，溢额者即配广南牢城。沙门岛人遇赦不该移配，并遇赦不还。而年六十已上，在岛五年，移配广南牢城；在岛十年，依余犯格移配；笃疾或年七十，在岛三年已上，移配近乡州军牢城。犯状应移而老疾者同；其永不放还者，各加二年移配。"从之。31，p8463

元符元年十二月二十六日，诏："应犯罪合配本州、邻州，身手强壮而愿免决配、填逐路军者听，辄抑勒者依故入人罪法。"31，p8463

元符三年正月二十六日，沅州奏："本州牢城军元置一百人，役使不足，乞依辰州以三百人为额，仍下诸路将罪人合配者，并与免决，刺送本州牢城。"兵、刑部请如本州所乞，从之。31，p8463

【宣和二年】十二月十八日，中书省、尚书省言："勘会命官犯罪编配、遇赦应量移者，自来止是刑部以地（理）〔里〕、赦数量移近乡州军，即未有立定纽计地里远近、随赦数量移条，至有远近轻重不伦之弊。除见行条法自合遵依外，今拟修下条：'诸命官犯罪编配、遇赦应量移者，以编配地里随所犯情理轻重，依移放格赦数纽计为分，元编配地里外剩数不计。每赦量移一分。谓如合二赦放，元系三千里，以一千五百里为一分；合三赦放，以千里为一分之类。若所移地里内无州者，移以次近乡州徙之。元犯编配邻州或量移已至邻州，若遇赦未该放逐便，合量移者，即移近乡州。如不愿移者听，仍理为赦数。以上奏抄内拟定合移地里州军，并取到刑部状，称所修条下别无未尽未便。'"从之。38，p8466

【高宗建炎四年】十一月十二日，刑部言："乞应诸路人犯配沙门岛，权配海外州军。谓万安、昌化、吉阳军，琼、郁（州）林州。广南、福建、江西、湖南北路人应配广南远恶及广南者，并止依本法配行。仍须各及二千里以上州军，无二千里以上州军，止于广南东路、西路从一远配，候道路通快日依旧。"从之。42，p8469

【绍兴元年】九月十四日，诏《政和敕》免决刺配靖州运粮等指挥更不施行。皆以虏人入寇，向北道路未通故也。42，p8469

【绍兴四年】三月二十日，大理寺言："决配指挥，《绍兴元年正月十四日敕》：'行在见任官，三省、枢密院、六曹、百司人吏等，并不得于五军并诸头项统兵官下兼带差遣，及诸军人不得互换相兼。今后有犯被差又差之者，有官人除名勒停，无官人决配。'《绍兴元年五月二十四日诏》：'自今后州县如有合科催物色，须管明以印榜开坐实数若干，仍具一般印榜申监司。监司因出巡视行按察，不得更似日前先多科其数，然后轻重出入。违者窜岭表，人吏决配，仍许民户越诉。'《嘉祐敕》一《宣敕》言：'当行极断、决配、除名之类，本犯轻者并以违制论，仍具案奏听敕裁。'《大观尚书六曹寺监库务通用敕》：'诸称配及编管（少）〔不〕言地（理）〔里〕者，并五百里外。'其前立定决配明文，庶使承用官司有以遵守。"敕令所看详："犯罪之人情状轻重不一，本罪刑名自有等差，决配之法不得不异。若谓前项元无立定决配之文，立为定法，恐或罪不称情。今欲申明，如于逐项指挥有违犯之人，除依法定断本罪外，取旨量轻重决配施行。"从之。44—45，p8470

淳熙元年五月三十日，诏："自今走失强盗配军，依犯流已决未役、已役未满而主守不觉亡罪，杖一百断遣。或有妄作缘故，放停强盗配军，比附取配军充宣借、被差官司辄遣，徒二年断罪。违戾去处，委本路安抚、提刑司按劾。"以知隆兴府龚茂良言："断配罪囚未到配所，中路托病，为之寄留，往往更不发遣，乞立法禁。"故有是命。53，p8474

【淳熙四年】十二月十二日，楚州言："准《敕》：'犯私盐科徒、流罪人刺充水军。'缘本路即无屯驻水军，未审合配是何军分。"法寺契勘，楚州既无屯驻水军去处，即合依六路犯私盐被获，依已降指挥刺填军额施行。其他诸路理合一体。从之。54，p8475

开禧元年闰八月十九日，臣僚言："配隶、羁、编管之条，非奸赃强盗杀人贷命与夫斗杀情重者，不以是罪之。酷虐之吏，曾不是思，创为押出外界之例，稽之《刑统》《新书》无是法。欲严饬中外，自配隶、编、羁管之外，惟他郡作过之人，许勒还本贯，其余悉从本条科罪，不得辄将土著之人并家属押出外界。"从之。65，p8481

嘉定五年十二月十六日，信阳军申："信阳最系极边，今他郡将断讫凶恶强盗等人编配本军，未便。"从之。65，p8481

【嘉定】七年八月五日，知镇江府史弥坚言："关防传送配隶强盗走逸之弊，前后颁降指挥，可谓详密。然续降申明，颇与旧法抵牾，所合检坐条法指挥，画一开具。乞从朝廷更切审订，分明颁降施行。一、检准《庆元令》：'诸应部送罪人，逐州军常切预差禁军二十人，籍定姓名，在营祗备。遇有押到罪人，依次差拨，即时交替，不得越过。'弥坚看详，此项系旧法，应被差防送军兵，许令逐州交替。二、检准《庆元随敕申明·（明）乾道七年八月（内）敕》①：'断配海贼并凶恶强盗，有配广南远恶或海外州军去处，若只循例逐州传押前去，窃虑交替稍频，纵其走透。'弥（间）〔坚〕看详，此项申明盖为海贼并凶恶强盗〔配〕广南远恶及海外州军者设，系专差人管押，逐路传递，押至路首，州军交替。三、嘉定四年八月内，臣僚奏请：'凡四方极刑来上，情有可悯，悉从原贷，黥隶远方。必置之广南恶弱之地者，所以慰谢死者之冤。今所在州军押发罪人，名曰长送，往往前途走逸，甚者毙于远行，没于无辜。欲乞朝廷遇有贷配，不必使之长送远役，遇逐州交替即止。除批行程历外，别具公状判凭回州照会，以验至否。倘有走逸，即行根捕，责以必获。'弥坚看详，此项奏请盖为矜怜押送军兵，类因长送，往往至死，故欲将贷配之人使防送军兵逐州交替，免致无辜毙于远役。四、嘉定五年正月内，臣僚言：'守将纵奸，犯盗黥徒或配遐方，（群）〔郡〕惮所费，付之递铺传押，一得所欲，随即释去。所配之郡，守将吝于衣粮，牒至未必受，受则

---

① 这是宋朝"申明"类法律的格式与条文的样式。

与之空文，无所廪给，率皆窜逃，复出为害。乞申戒郡将，（犯）〔凡〕有此徒，必专人押往。宪司岁终检察，或中道而遁，或回牒不至，先追推吏根究。仍申捕亡之令，其逃军被获，诘其窜逸之由，或配所不支衣粮，则将守臣重加镌责。'弥坚看详，此项盖因州郡守将不切留意防传，或致纵奸，是致臣僚有此奏陈。弥坚看详旧法与节次臣僚申明，关防走逸，矜恤无辜，皆有深意，恐难以一时臣僚申请尽行更改，致使州郡引用，未免疑惑。若不画项指陈，尤恐有违法意，官吏得以用情出入，关系非轻。欲望送有司审计，分别重轻，某罪可以逐州，某罪可以逐路，某罪可以专人押至配所，明赐指定，颁降诸道州军，使有凭据，恪意奉行，免有疑惑。"从之。65—66，p8481—8482

宋会要辑稿·刑法四·断狱

太宗雍熙三年五月，刑部言："果州、达州、密州、徐州官吏枉断死罪，虽已驳举，而人命至重，死者不可复生，非少峻条贯，何以责其明慎！按《断狱律》：'从徒罪失入死罪者减三等，当徒二年半，公罪分四等。'望自今断奏失入死刑者，不得以官减赎，检法官削一任，更赎铜十斤，本州判官削一任，长吏并勒停见任。"从之。69，p8482

真宗景德二年七月五日，上封者言："刑部举驳外州官吏失入死罪，准《断狱律》：'从流失入死罪者减三等，徒二年半。公罪分四等，定断官减外徒二年，为首者追官，余三等徒罪并止罚铜。伏以法之至重者死，人之所保者生，傥官司不能尽心，则刑辟乃有失入。'盖幕职、州县官初历宦途，未谙吏事，长吏明知从坐，因循不自详究。雍熙三年七月敕，权判刑部张佖起请，失入死罪不许以官当赎，知州、通判勒停。咸平二年编敕之时，辄从删去。臣以为若依格法旧条，似亏惩劝；或准张佖起请，又未酌中。欲望自今失入死罪不至追官者，断官冲替，候放选日注僻远小处官，系书幕职、州县官注小处官，京朝官任知州、通判、知、令、录，幕职授远处监当。其官高及武臣、内职奏裁。"诏可。69，p8482—8483

【神宗熙宁二年】十二月十一日，诏："今后失入死罪，已决三名，为首者手分刺配千里外牢城，命官除名编管，第二从除名，〔第三〕、第四从追官勒停；二名，为首者手分远恶处编管，命官除名，第二从追官勒停，第三、第四从勒停；一名，为首者手分千里外编管，命官追官勒停，第二从勒停，第三、第四从冲替。以上赦降、去官不免，后合磨勘、酬奖、转官，取旨。未决者，比类递减一等，赦降、去官又递减一等。内使相、宣徽使、前两府，取旨；大卿监、（阁）〔阁〕门使以上，（以）〔比〕类上条降官、（降官）落职、分司或移差遣；其武臣知州军、自来不习刑名者，取旨施行。"75—76，p8486—8487

哲宗元祐元年十二月十七日，尚书省言："左司状：'失入死罪未决并流、徒罪已决，虽经去官及赦降原减，旧中书例各有特旨。昨于熙宁中，始将失入死罪修入海行敕，其失入流、徒罪例为比死罪稍轻，以此不曾入敕，只系朝廷行使。近准朝旨，于敕内删去死罪例一项，其徒、流罪例在刑房者依旧不废，即是重者不降特旨，反异于轻者，于理未便。'本房再详，徒罪已决例既不可废，即死罪未决例仍合存留，乞依旧存留《元丰编敕》全条。"从之。77，p8487—8488

【元祐】四年五月二十七日，诏："诸路断流配罪已当，若本案内徒以下罪有出入者，奏裁。其出入笞杖及半年徒，从刑部下所属改正。"77，p8488

【元祐】七年八月五日，臣僚言："伏见法寺断大辟，失入一人有罚，失出百人无罪；断徒、流罪，失入五人则责及之，失出虽百人不书过。常人之情，能自择利害，谁出公心为朝廷正法者！乞令于条内添入'失出死罪五人比失入一人，失出徒、流罪三人比失入一人'。"从之。78，p8488

元符三年五月二日，徽宗已即位，未改元。臣僚言："大理寺谳断天下奏案，元丰旧法无失出之罪罚，后因臣僚建言，增修失出比较。逮绍圣立法，遂以失出三人比失入一人，则一岁之中偶失出死罪三人者，便被重谴，甚可惑也。夫失出者，臣下之小过；好生者，圣人之大德。请罢理官失出之罚。"诏《绍圣四年十一月二十九日指挥》勿行。78，p8488

【徽宗宣和三年】十二月五日，臣僚言："伏见大理寺断袁州百姓李彦聪令人力何大打杨聪致死公事，其大理寺以元勘官作威力断罪可悯，寺正、丞、评并无论难，因少卿聂宇看详驳难，称是李彦聪止合杖罪定断，其寺丞与评事亦从而改作杖罪。案上刑部，看详疏难，称大理寺不将李彦聪作威力，使令殴（系）〔击〕致死断罪未当，欲令改作斩罪。其寺正、评事议论反复，少卿聂宇执守前断，供报省省部。本部遂申朝廷，称大理寺所断刑名未当，已疑难不改，若再问，必又依前固执，枉有留滞，伏乞特赐详酌。既而大理寺检到《元丰断例》，刑部方始依前断杖罪施行。访闻寺正、评事其初皆以聂宇之言为非，兼刑部驳难及申朝廷详酌则以斩罪为是，杖罪为非。若聂宇依随刑部改断，则刑部以驳正论功，聂宇失出之罪将何所逃？直至寻出《元丰断例》，刑部方始释然无疑，使李彦聪者偶得保其（守）〔首〕领，则杖者为是，斩者乃非矣。伏望圣慈取付三省，辨正是非，明正出入之罪。兼（详看）〔看详〕法寺案□□□□宿尤无执守，其议李彦聪案，遂持两□□□□望并赐黜责施行。"诏高宿降一官，周懿文罚铜十斤。78—79，p8488—8489

【高宗绍兴】十八年闰八月七日，大理寺丞石邦哲言："伏睹《绍兴令》：'决大辟皆于市先给酒食，听亲戚辞诀，示以犯状，不得窒塞口耳、蒙蔽面目及喧呼奔逼。'而有司不以举行，殆为文具，无辜之民至有强置之法。如近年抚州狱案已成，陈四闲合断放，陈四合依军法。又如泉州狱案已成，陈翁进合决配，陈进哥合决重杖。姓名略同而罪犯迥别，临决遣之日，乃误以陈四闲为陈四，以陈翁进为陈进哥，皆已决而事方发露。使不窒塞蒙蔽其面目口耳，而举行给酒辞诀之令，则是二人者岂不能呼冤以警官吏之失哉？欲望申严法禁，如有司更不遵守，以违制论。"从之。83，p8491

宋会要辑稿·刑法四·冤狱

太祖建隆二年九月，诏："幕职、州县官、检法官因引问检法雪活得人命乞酬奖者，自今须躬亲覆推，方得叙为功劳。余准唐长兴四年、晋开运二年敕施行。若引问检法雪活者，不在叙劳之限。自后凡雪活，须元推勘官枉死已结案，除知州、系书官驳止本职不为雪活外，若检法官或转运，但他司经历官举驳别勘，因此驳议，从死得生，即理为雪活。若从初止作疑似，不指事状，或因罪人翻异别勘雪活者，即覆推官理为雪活，仍勘元推官一案断遣。或逢赦，亦须招罪状。其雪活得人者，替罢日刑部给与优牒，许非时参选。若雪活一人者，幕职循一资；州县官、幕职二人以上加章服；已有章服，加检校官；检校至五品以上及合赐章服，并京朝官雪活，并许比附奏裁。或覆推官妄欲变移，希冀酬奖，却为元推勘官对众凭者，其元驳议及覆推官各以出入人罪论。"93，p8500

真宗咸平六年十二月，敕："应自今叙雪活及捉贼劳绩，文武官等合与不合该酬奖者，并令审刑院详覆闻奏。"93，p8500

宋会要辑稿·刑法四·出入罪

淳熙元年六月四日，敕令所言："大辟翻异，后来勘得县狱失实，乞止依乾道敕条科罪；如系故增减情状，合从出入法施行。"从之。《乾道敕》增立："县以杖笞及无罪人作徒、流罪，或以徒、流罪作死罪送州，杖一百；若以杖笞及无罪人作死罪送州者，科徒一年刑名。"先是，臣僚言县狱失实，当将官吏一等推坐出入之罪。刑寺谓县狱与州狱刑禁不同，故是看详之。95，p8502

宋会要辑稿·刑法五·省狱

太祖建隆二年六月九日，以旱诏："东京管内见禁罪人，除恶逆、不孝、劫贼、故杀、放火、官典受枉法赃不放外，其余杂犯死罪，除同情共犯头首处死，余并减一等配灵武，流罪以下减三等，杖罪已下并放。所有不该释放罪人，令开封府尹速与疏决。其大名府、滑、卫、澶、郓、濮、齐、相、磁、（刑）〔邢〕、洺、贝、冀、博、镇、深、赵、易、定、祁、沧、德、（瀛）〔瀛〕、莫、（推）〔雄〕、霸州，敕到日并依此处分。"15—16，p8511

景德元年正月二十五日，平房城上言军营遗火，焚居人庐舍甚众，遣阁门祗候谢德权乘驿至宁边军，会孙全照同往穷诘其故。军民谋剽财物者，并按《军令》："军校不知情者，决杖，隶别州员僚直；余并论如律。"19—20，p8513

宋会要辑稿·刑法六·检验

真宗咸平三年十月，诏："今后杀伤公事，在县委尉，在州委司理参军，如阙正官，差以次官，画时部领一行人躬亲检验委的要害致命去处。或的是病死之人，只仰命官一员画时检验。若是非理致命及有他故，即检验毕画时申州，差官覆检诣实，方可给与殡埋。其远处县分，先委本县尉检验毕，取邻近相去一程以下县分内，牒请令、尉或主（薄）〔簿〕；一程以上，只关报本县令、佐覆检，独员处亦取邻州县最近者，覆检诣实，即给尸首殡埋，申报所隶州府，不得推延。"1，p8531

天禧二年五月十三日，权知开封府乐黄目言："应有非理致命及诸般杀伤人尸首，如检验、覆检官吏等定夺得致命去处，大事得正，或有小可声说伤损去处不同，别无妨碍，不系要害致命去处者，只从违制失科罪。如是卤莽，不切定夺，出入致命去处，即从违制。"从之。先是，本府官司检定金刃杀伤尸，它官覆检则以为楎挞所害，初检官坐是差谬，从违制徒三年科罪。至〔是〕黄目言其刑名颇重，故条约之。1—2，p8531

仁宗天圣元年四月十二日，审刑院、大理寺言："诸道州县分每有非理杀伤公事，遇夏月请官覆检，去邻县遥远之处，有所未便，欲望自今应诸处覆检尸首，不以冬、夏，并依《咸平三年十月敕》施行，其《天禧三年九月敕》更不行用。"从之。2，p8531

【天圣】二年四月十二日，诏："诸处有病患及非理致命身死者，须候再差官覆检，方得埋瘗。外州阙官处颇有淹滞，炎暑多致伤坏，因有异同，枉兴词讼。宜令今后所差官，须集干连人分明检验，具有无他故定上。自四月一日后至九月更不覆检，春、冬依旧制施行。"2，p8531

【天圣】三年十一月，诏："今后春、冬月，在京及畿内县镇，除非理致命、事有不明、两争并干碍勘照死刑须合覆检者，即依前敕差官覆检外，其余自缢割、投水、病患诸般致死事理分明者，检验后尸首主别无词说，即给付埋殡，更不覆验。"2，p8531—8532

景祐三年四月三十日，开封府言："旧制，公私家婢仆疾病三申官者，死日不须检验。或有夹带致害，无由觉察，望别为条约。"诏："今后所申状内无医人姓名及一日三申者，差人检验，余依旧制。"2—3，p8532

【景祐】五年七月二十一日，大理评事林概言："伏睹《编敕》：'应杀伤及非理致命公事，在县委尉，在州委司理参军，画时躬亲集众检验委的要害致命去处，申本属州军差官覆检，给与埋殡。县尉即检验讫，于最近州县有双员处请官覆检，受请官不得推避。'窃详诸县只当于最近州县有二员处（那）〔挪〕官覆检，今来不明上件敕意，每有非理死伤公事，县尉检验才毕，多就近移牒本县令佐，便行覆检。欲乞今后县尉检验讫，于别州县最近处请官覆检，不得一例移牒。"从之。3，p8532

康定二年二月十七日，诏："自今诸县令佐受到诸县牒请覆检者，须本县簿、尉及监当官员阙，县令独员在县，方听依条免去。"3，p8532

神宗元丰八年六月二十四日，知河南府韩绛言："山陵役兵病死，方盛暑之际，臣权宜与免检覆。然辄违诏条，自劾以闻。"工部言人命所

系，恐致欺弊。诏特依绛所奏，仍赦罪。3，p8532

徽宗政和七年十月十九日，诏："访闻福建路州县乡村委官检验、覆检，多不躬亲前去，只委公人同耆壮等。事干人命，虑有冤枉，仰提点刑狱申明条法，行下州县，违者奏劾，不以赦原。"3—4，p8532

宣和六年六月十八日，淮南西路提刑雷寿松奏："杀人公事，有司推鞠，以验定致死之因为据，（两）〔而〕检验官吏多是规避，并不即申验状，动经旬月。若所验致死之因不实不尽，而狱情疑贰未决，或两词互有陈论，虽欲再差官覆检，则其尸已是坏烂，难以辨明，往往迁就挟同结断，甚者受赂请托，以时增改。盖缘从来未有定申发验状条限，今欲乞应验尸官吏候验，限当日具验状申所属，仍于状内分明书填验毕申发日时。如违限，仍乞立断罪刑名。"诏依所乞，〔申〕发（达）〔违〕限从杖一百科罪。4，p8532

高宗绍兴三十二年闰二月六日，臣僚言："在《法》：'检验之官州差司理，县差县尉，以次差丞、簿、监当，若皆阙，则须县令自行。至于覆检，乃于邻县差官。若百里之内无县，然后不得已而委之巡检。'三尺具在，不可不守。方今州县之官，视检验一事不肯亲临，往往多以事辞免，率委之巡检。盖缘巡检武人，其间多出军伍，致有不识字画者，奸胥猾吏因得其便，往往是非曲直，颠倒徇情。乞申严检验之条，其初验官须委司理、县尉、丞、簿，不许以事辞免。至于覆验，如委无官可差，仰所在州县选差晓事、识字巡〔检〕前去。如有不虔，重置典〔宪〕。"从之。4，p8532—8533

【乾道】九年十月四日，臣僚言："诸大辟同案五人，及杀人应死而尸不经验、旁无证佐、不应奏者，监司一员审问；如在三百里外，则牒邻州通判，此（着）〔著〕令也。其间乃有视为不急之务，在近者固未必躬亲审问，而在远者邻州通判亦复托故不行，甚至择主簿、监当无能之人、州郡可辍者充大使，冤滥何所申诉！欲望申敕刑寺检举施行。"诏御史台觉察。4—5，p8533

淳熙元年五月十七日，浙西提刑郑兴裔言："检验之制，自有成法。州县视为闲慢，不即差官，或所差官迟延起发；或因道里隔远，惮于塞暑，却作不堪检覆；或承检官不肯亲临，合干人等情弊百端。遂使冤枉不明，狱讼滋繁。今措置格目，行下所属州县，每一次检验，依立定字号，用格目三本，一申所属州县，一付被害之家，一申本司照会，并依格目内所载事理施行。并缴格目一本，令刑部镂板，颁下诸路提刑司，依此施行。"从之。兴裔措置格目云：一、某处于某年某月某日某时据某人状乞验尸首，本案人吏某人承行，于某日某时差某人赍牒某处官初检，本官廨舍至泊尸地头计几里，人吏某人押批，本案官某官，覆检亦如之。二、初检官某时承受，将带仵作某人、人吏某人，于某日某时到地头，集着甲某人、保正副某人，及已死人亲如是亲兄即填云"亲兄"，如是堂兄即填云"堂兄"之类。某人。初拨到已死人某人痕损，数内致命因依、的系要害致命，身死分明。各于验状亲签，于当日某时差某人赍初检单状保明申某处，仍于当时对众入某字号递，具状缴连格目申本司照会，人吏某人押批，初检官职位、姓名。三、覆检官某时承受，将带仵作某人、人吏某人，于某日某时到地头，集着甲某人、保正副某人，及死人亲如是亲兄即填云"亲兄"，如是堂兄即填云"堂兄"之类。某人，覆检到已死人某人痕损，数内致命因依、的系要害致命、身死分明，各于验状亲签毕，其尸即时责付血属买棺木埋瘗。若其家贫乏或无主之家，即合勒行凶人陪备。或某人委实又无力可出，且令着保应钱买用，本县依价给还，并不得烧化。如违今来约束，依前烧化，日后致有词诉，其覆检官与保正、耆甲、仵作、人吏必有情弊，定当根究施行。仍于当日某时差人赍覆检单状保明申某处，仍于当时对众入某字号递，具状缴连格目申本司照会，人吏某人押批，覆检官职位、姓名。5—6，p8533—8534

庆元二年十月四日，敕令局以《淳熙令》《绍熙五年十月四日圣旨指挥》参酌增（闻）〔润〕，修立下条："诸验尸，州差司理参军，本院因别差官，或止有司理一员准此。县差尉，阙即差簿、丞，丞不得出县界。监当官，皆（关）〔阙〕者县令前去。若过十里或验本院囚，牒最近县，其郭下县皆申州。应覆验者，并初验日先次申牒差官。应牒最近县，而百里内无县者，听就近牒巡检或都巡检使。内覆验应止牒本县官，而独员者准此，并谓非见出巡（补）〔捕〕者。右入《淳熙重修职制令》，以《淳熙令》并《绍熙五年十月十四日圣旨指挥》详定。系冲改元条，乞行下刑部，先次遍牒遵守施行。"从之。以知长宁军张子震有请故也。6，p8534

嘉泰元年正月二十八日，臣僚言："近日大辟行凶之人，邻保逼令自尽，或使之说诱被死家，赂之钱物，不令到官。尝求其故，始则保甲惮检验之费，避左证之劳，次则巡尉惮于检覆，又次则县道惮于勘鞠结解。上下蒙蔽，欲知省事，不知置立官府本何所为。今若纵而不问，则是被杀者反为妻子、亲戚乞钱之资，甚可痛也。乞明指挥，凡有杀伤人去处，如都保不即申官，州县不差官检覆，及家属受财私和，许诸色人告首，并合从条究治。其行财、受和会之人，更合计赃，重行论罪。"从之。6—7，p8534

嘉定四年十二月十二日，江西提刑徐似道言："推鞫大辟之狱，自检验始，其间有因检验官司指轻作重，以有为无，差讹交互，以故吏奸出入人罪，弊幸不一。人命所系，岂不利害！伏见湖（广）〔南〕、广西宪司见行刊印正背人形，随格目给下检验官司，令于损伤去处依样朱红书画横斜曲直。仍仰检验之时唱喝伤痕，令人同共观看所画图本，众无异词，然后著押，则吏奸难行，愚民易晓。如或不同，许受屈人径经所属诉告。乞遍下提刑司径行关会样式，一体施行。"从之。既而刑部取索所刊正背人形式样参酌，大理寺申称湖南提刑司格式稍为详备，乞下诸路提刑司体劾施行。7，p8534

宋会要辑稿·刑法六·矜贷

太宗至道二年八月十一日，蜀州言捕获劫贼十人，内文次年十三，其父令持兵器从行，法当死。帝以其幼骏，特宥之。9，p8535

【哲宗元祐元年】八月十八日，刑部言："重法地分劫盗因按问首告减等，依常法妻子不缘坐，虑有已行编管者，请令逐便。"从之。19，p8541

庆元六年五月六日，中书门下省言："近日祈祷雨泽，检会《淳熙十四年八月二十六日敕》：'应诸路州军一时监司、守臣特判编管之人，并仰逐路提刑取元断由（子）〔仔〕细详覆，除情理重害、应得条法许仍旧外，其他于条不应编管而编管者，并令一面给据疏放，具已疏放人数申尚书省。'照得上件指挥行之岁久，近来州郡全无申到已放人数情节，窃虑奉行不虔，理合检举。"诏令诸路提刑司照应已降指挥，常切觉察，或有似此违戾去处，按劾以闻。43—44，p8554—8555

嘉泰二年十一月十一日，起居郎、兼权刑部侍郎林采言："嘉泰改元，一全年天下所上死案共一千八百一十一人，而断死者才一百八十一人，余皆贷放。夫有司以具狱来上，必皆可议刑之人，蒙陛下贷其非辜者凡一千六百三十人，岂谓细事？欲令秘书省修入日历，上以示陛下好生之

德，下以戒有司用刑之滥。"从之。44，p8555

【嘉泰】三年十一月十一日，南郊赦文："刑狱翻异，自有条法，不得于词外推鞫。其干连人虽有罪，而于出入翻异称冤情节，元不相干者，录讫先断。近来州郡恐勘官到来，临期勾追迟缓，却将干证人尽行拘系，破家失业，或至死亡。可并令释放，著家知在。如违，许被拘留人经监司陈诉。"44，p8555

【嘉泰三年十一月十一日】，又赦文："应命官本犯系公罪，在任不曾经取勘及已去官，监司、州军不检照去官条法，辄差人追捕拘系，赦到日并与释放。"44，p8555

宋会要辑稿·刑法六·禁囚

国朝《狱官令》，禁系皆轻重异处，囚家送饮食，狱官检视，即时付与，无使减节滞留。若囚死罪，枷杻；劫贼在禁五人以上，别差军人及将校日夕防守。妇人及流以下，去杻。妇人在禁皆与男夫别所，仍以杂色妇人伴守。杖罪散禁，若隐情拒抗者亦加讦。八十以上、十岁以下及废疾、怀妊、侏儒之类，虽犯死罪亦散禁。51，p8558

太祖开宝二年五月十一日，诏曰："扇暍泣辜，前王能事；恤刑缓狱，有国通规。朱夏既临，溽暑方盛，眷兹缧系，深用哀矜。宜令有司限诏到，其囚人枷械，囹圄户庭，长吏每五日一次检视，洒扫务在清洁。贫无所自给者供饮食，病者给医药，小罪即时决遣，重系无得淹滞。"51，p8558

太宗太平兴国七年五月九日，知相州张仲容言："诸州兵马监押、郎幕使臣等，或因小事，直送百姓、军人赴所司禁系，皆不牒报。欲望自今先具罪犯申本州，详酌事理禁留。"从之。51，p8558

【太平兴国】九年三月三日，诏："自今天下系囚，依旧例十日一具所犯事因、收禁月日申奏。其门留、寄禁、店户将养、保明出外知在，并同见禁人数，仍委刑部纠举。如事理可断及事有小虚，有禁系者，本处官吏重行朝典，人吏仍勒停，配重处色役。奏禁人数不以实及淹延日月，当密行察访，许人告。"51，p8558

【雍熙三年】四月四日，诏："诸道州府凡禁系之所，并须洒扫牢狱，供给浆饮；械系之具，皆令洁净；疾者为致医药，无家者官给口粮；小罪即决遣，大罪审辩其情，无致淹延。"（至）〔自〕是每岁首夏下诏书如此

例。51—52，p8558

至道（德）三年二月，令京城诸司不得专械系人。52，p8559

大中祥符四年十月三十日，诏：“访闻天下司理院、州院罪人狱死者，皆司理参军与州曹官迭差检验，虑相庇盖。自今须选差不干碍刑狱官，依公检验。”53，p8559

【大中祥符】六年十一月四日，诏：“诸州所供禁囚犯由，其命官居禁及责保参对者，悉以所犯别状申奏。”初，诸道通为一奏，至有命官犯轻，谳同于重狱者。帝以非便，命刑寺议，故有是诏。53，p8559

皇祐二年三月二十六日，广南东路提点刑狱席平言：“准《敕·职制》① 条：‘每（州）旬具本州及外县禁系，并随衙门留、保管出外人数，开坐犯由、禁日，次第供提刑点检。’又《断狱》条：‘诸县每旬具禁数、犯囚断遣刑名、月日申州点检。如可断不断，小事虚禁，淹延不实，并令举勘，更不开坐诸县人数。’窃详二条，《职制》则具州县禁数，《断狱》则不开人数，未委如何遵守。”诏付法寺，法寺言：“欲依景德四年、景祐四年敕‘每旬具本州’字下去‘及外县’字，余如旧条施行。”从之。55—56，p8561

治平四年十二月二十二日，神宗已即位，未改元。诏：“夫狱者，民命之所系也。比闻有司岁考天下之奏，而（瘦）〔瘐〕死者甚多，窃惧乎狱吏与犯法者旁缘为奸，检视或有不明，使吾元元横罹其害，良可悯焉。其具为令，应今后诸处军巡、州司理院所禁罪人，一岁内在狱病死及两人者，推司、狱子并从杖六十科断。再增一名，加罪一等，至杖一百止。如系五县以上州，每院岁死及三人，开封府司、军巡岁及七人，即依上项死两人法科罪，加等亦如之。典狱之官如推狱经两犯，即坐本官，仍从违制失入。其县狱亦依上条，若三万户以上，即依五县以上州军条。其有养疗之，不依条贯者，自依本法。仍仰开封府及诸路提点刑狱每岁终会聚死者之数以闻，委中书门下点检。或死者过多，官吏虽已行罚，当议更加（点）〔黜〕责。”56，p8561

神宗熙宁元年六月三日，诏：“今后四京及诸路州军旬禁犯囚，并限一月申发，诸县早本州者限十日。”56，p8561

【熙宁元年】十月二日，诏：“诸处禁系罪人，虑冬寒有失存恤，在

---

① 此处是指《敕》典中的《职制》篇。下面各引皆为敕典中的篇名。

京刑狱司及诸道，委当职官吏，应系人狱房常给柴炭，务令温暖。制造衲袄并衲袜、手衣，权给与阙少衣服罪人。及所供饭食，无容司狱作弊，使囚人冻馁，以致疾患。仍委长吏逐时提举。"56—57，p8561

哲宗元祐七年十二月四日，诏："应狱死罪人，岁终委提刑司，在京委御史台取索，具姓名、罪犯报刑部，数多者申尚书省。"57，p8561

【元祐】八年二月五日，中书省〔言〕："检会《元祐五年五月二十五日指挥》：'诸路、开封府界提刑司每岁终具诸狱（瘦）〔瘐〕死人数，仍开（柝）〔析〕因依申刑部，内数多者申尚书省。在京禁系委御史台取索，报刑部看详。'上件朝旨即无许分别禁系人数目。至元祐七年，诸路具到狱死人数，刑部遂分每禁二十人以上死一人者，更不开具。即是今后应系囚处，岁禁二百人，许破十人狱死。深虑州县狱官公然懈弛，甚非钦恤之意。"诏刑部，今后更不得分禁系人数，依元降朝旨，将（瘦）〔瘐〕死人数多者申尚书省。57，p8561—8562

【宣和】三年二月二十三日，诏："应江东、两浙路诸州申奏到见禁待报公案，大理寺大案十日，中案、小案限五日，刑部大案限五日，中案、小案限三日上省，候贼平日依旧。其应已申奏公案干证无罪人，如官司违法留禁，仰监司点检觉察，按劾施行。"60—61，p8563

【宣和】四年六月八日，臣僚言："州县刑禁，本以戢奸，而官吏或妄用以杀人。州郡犹以检制，而县令惟意所欲，淹留讯治，垂尽责出，不旋踵而死者，实官吏杀之也。乞依《在京通用令》，责出十日内死者验覆，如法重者奏裁，轻者置籍岁考。其不应禁而致死者，亦奏裁。"从之。61，p8563

【绍兴二年】十二月二十六日，臣僚言："乞自今已后，令州县月具系囚存亡之数，长吏结罪保明申提刑司，岁终举行断罪之法。仍每路比较一州一县死囚最多之数，具当职官吏姓名，取旨黜责，其最少处亦乞量行褒赏。"诏令敕令所重别删修增立刑名申尚书省。三年三月五日，敕令所增修到条法，已入《绍兴重修敕令》及《重修断狱令》。64，p8565

【绍兴】五年闰二月十二日，尚书省言："州县治狱之吏专事惨酷，待其垂死，皆托以疾患杀之，亦未尝依条视验医治。（庶）〔虽〕有岁终计分断罪条法，并不奉行，理合申严。"诏："诸路去年分合依条计数，至今未见具奏，除已行约束外，令诸路提刑司将管下诸州禁囚病死人数，遵依条敕计分断罪。仍疾速比较闻奏，不得容庇违滞。仍候指挥到，限十日专差人赍赴行在。"于是，五年宣州上收禁三百五十五人，即无病死人数，以最少去处，当职官各转一官。婺州武义县七十二人，虽死过四人，即不及六厘，最少处。衢州六百一十八人，不曾死过人数，内衢州当职官各转一官。福州即无死损人数，当职官与转一官。六年，江阴军七十四人，病死过四人，最少。临安府一千六百三十四人，病死无，临安府当职官与转一官。七年，福州六百八十二人，病死无，福州当职官与转一官。五年，舒州宿松县七人内一名病死，计死一分，当职官特降一官。惠州病死二分六厘以上，当职官特降一官。六年，洋州一百二十二人，病死一十二人，当职官特降一官。七年，汀州武平县四十人，死损二人，纽及五厘，汀州武平县当职官展一年磨勘。65—66，p8565—8566

【绍兴二十一年】闰四月二十六日，臣僚言："《绍兴令》：'诸囚在禁病者，官给药物医治，大理寺医官二员轮日宿狱。'缘官中不曾支给药物，又无合破官钱，或遇疾疫，名有医而实无药，法意几为虚设。望明诏有司，行下内外之狱，量支官钱，修合汤药，所费甚微而所利甚大。"上曰："可令户部依《绍兴令》措置，官给药物，酌度合支钱数申尚书省。"寻诏户部措置到："每岁殿前、马、步军司各支钱五十贯文，大理寺一百贯文，京府、节镇一百贯文，余州六十贯文，大县三十贯文，小县二十贯文。置历收支，若岁终余剩钱数，即充次年支用。"66—67，p8566

【乾道】九年三月二十二日，诏："刑部长贰、郎官并监察御史，每月通轮一员，分作两日，往大理寺、临安府亲录囚徒，仍具名件闻奏。"以上《乾道会要》。69，p8568

淳熙元年正月八日，诏："诸路禁囚有不得其死或人数稍多，狱官、令佐、守倅悉坐其罪，不以去官赦原。"以大理卿周自强言，广西狱囚死于冻馁、笞掠者甚众，故有是命。69—70，p8568

淳熙三年四月二十七日，知潭州李椿言："《乾道新书》：'诸强盗囚在禁，每（火）〔伙〕死及五分以上，依囚在禁病死，岁终通计及一分'法，盖防获盗之人徼求功赏、诬执平人计数、坐狱身死之弊。然假如强盗二人，一名偶死，便成五分，坐一岁通比及分之罪，可谓不幸。"敕令所看详："欲于上条'每（火）〔伙〕'字下添入'谓三人以上'五字为注文。如死及五分以上，合依强盗五分法科罪外，若强盗二人以下，在禁病死，止用诸囚在禁病死法，岁终通计分数科罪施行。"从之。70，p8568

绍熙元年七月十二日，臣僚言："州县狱必有历，凡有罪而入禁者，必书其月日，以时检举结绝，无致淹延，此法意也。往往不能仰体朝廷钦恤之意，（疚）〔究〕心狱事。公事到官，付之吏手，不问曲直，将干连无辜之人一例收禁。狱犴常满，不上禁历，号为寄收；乞取厌足，旋行疏放。乞申饬诸路提点刑狱常切觉察，自今后分上下半年，从本司印给赤历，下州县狱官，以时抄转所禁罪人，不得别置寄收私历。州委司法，县委佐官，五日一申，随即检举，催促结绝。巡历所至，索历稽考，如辄将干证无罪之人淹延收系及隐落禁历，不行抄上而别置历者，按劾闻奏，官吏重置典宪。"从之。71，p8569

嘉泰元年正月七日，臣僚言："乞令诸路提刑司检坐应禁、不应禁条法，出给版榜，大字书写，行下逐州县，委自通判、县丞各于狱门钉挂晓示。被禁之人如因罪入狱，仰就取禁历，书写所犯并月日、姓名，着押历上，以并新收，出狱日亦如之，以凭销落。其有不能书写者，令同禁人或当日书铺代书，亲自押字。仰通判、县丞逐时点检，如遇月终申发禁历赴提刑司，从提刑躬亲检察行下。内有不应禁而收禁者，提刑按劾守、令以闻。仍许不应禁人或家属经提刑司越诉，如提刑不为受理，仰经刑部、御史台越诉，乞从本台觉察弹奏。仍乞更令提刑司每岁终检察管下州县狱空最多并禁人最少者一两处，具申尚书省，取旨激劝。如因民讼见得不实，坐以妄申之罪。"从之。73，p8570

宋会要辑稿·刑法六·枷制

宋朝《狱官令》：诸枷，大辟重二十五斤，流、徒二十斤，杖罪十五斤；各长五尺以上，六尺已下；颊长二尺五寸以上，六寸以下；其阔一尺四寸以上，六寸已下；径三寸以上，四寸已下。仍以干木为之，其阔狭轻重刻志其上。杻：长一尺六寸已上，二尺已下；广三寸，厚一寸。钳：重八两已上，一斤已下；长一尺已上，一尺五寸已下。锁：长八尺已上，一丈二尺已下。77，p8571

太宗淳化二年九月，诏所置枷，徒、流罪重二十斤，死罪重二十五斤，并用干木，长短阔厚如令。77，p8571

【淳化】三年十月，大理寺丞惠价言："州县制枷多不如令，请委逐处知州、通判依令制造称校，一依等第书字刻讫，各据所犯罪施用。违者官吏劾罪，不（恕）〔如〕令者一切毁弃。"77，p8572

〔景德〕四年十二月二十八日，太常博士、河北提点刑狱陈纲言：

"诸州勘事，杖已下，法当令众及抗拒不招当枷问者，未有定制。自今请置枷重十五斤。"命法寺参议，如纲奏，从之。仍须情状顽恶及准条令（众）者方得行用。77，p8572

真宗天禧二年二月，工部郎中、知制诰盛度言："请委军巡使、判官点检见管枷杻锁镯，如有窍棱生涩，修葺错磨滑易，无致磨损罪人肌肤。如违，狱子乞行严断，官吏重行科罪。"从之。77，p8572

【天禧二年】二月，诏："开封府将见造到枷并依式样、斤重刻字为记，令左右军巡使、判官依元条轻重施用。常切觉察，不得违越。"77，p8572

仁宗庆历五年三月二十六日，殿中丞田颖言："伏睹《狱官令》内，大辟以下枷有三等，独盘枷之制不著令式，而天下有司常所用之。县送徒于州，州送囚于他所，催理官物，督责赋税，锢身千里之外，荷校连月之间，考其所设，议谓得宜，审其所行，当须定制。今诸处轻者同于无用，重者致于太刻，轻重不等，何以为法！且小杖亦立分寸，岂盘枷独有差殊。欲乞许置盘枷，委有司明立斤数，颁行天下，俾之遵守。"从之。77—78，p8572

徽宗政和五年十一月十七日，中散大夫、新差提点京畿刑狱公事、兼提举保甲钱归善奏："臣检会《政和敕》，诸笞、杖若诸军小杖制度违式者，已有断罪之文，而独讯囚杖枷、杻未有专法。臣欲乞下有司，修立补完，以称陛下钦恤之意。"诏违者以违制论。78，p8572

宣和元年五月六日，诏："狱具盘枷，止重十斤，日近官司不究法意，增置斤重过倍。其犯罪编配枷锢，不惟途路苦楚，枉致性命亦皆有之。可检会政和断狱条式，行下内外刑狱官司，常切遵守。其见使不依法式者，速令改正。若敢违戾，以杖刑法施行。仰刑部、御史台觉察弹奏。"78，p8572

高宗绍兴十二年四月二十六日，御史台言："检会《绍兴令》：'诸狱具，当职官依式检校，枷以干木为之，长者以轻重刻式其上，不得留节目，亦不得钉饰及加筋胶之类。仍用火印，从长官给。'访闻当职官吏视为虚文，并不依时检举，甚失朝廷钦恤刑狱之意。诏令刑部行下内外应有刑狱去处，各仰遵守成法施行。敢有违戾，在内令御史台、诸路委提刑司弹劾以闻。仍季具奉行有无违戾申尚书省。本台今检点得钱塘、仁和县长枷并大杖各有违戾。内钱塘县杖直丁贵大杖一条，重多五钱半；仁和县第二等长枷一具，重多一斤；第三等长枷二具，轻少半斤。临安府供到状：钱塘县左奉议郎、知县方懋德，右宣议郎、县丞蔡纯诚，左修职郎、主簿赵彦端，左迪功郎、县尉陈从易；仁和县左从政郎、知县王巩，左从政郎、县丞范光，左迪功郎、主簿谢沆，左迪功郎、县尉刘赟。"诏两县官吏各降一官。78—79，p8572—8573

宋会要辑稿·刑法七·军制

至道二年，诏："自今沿边城寨诸军内有故自伤残、冀望拣停者，仰便处斩讫奏。"1，p8575

真宗咸平五年五月十四日，诏："西路将士临阵巧诈退避者，即按《军令》，不须以闻。"1，p8575

【咸平】六年七月四日，诏："陕西振武军有愿依河东广锐例，官给价（直）〔值〕市战马者，听。"先是，帝曰："河东广锐元是州兵，官给中金充马价，其兵各立社，马亡，醵钱同市以补之者，自然用心养饲，官亦为利。关西振武亦可依广锐例处分，令立社市马。"1，p8575

【景德】二年二月，诏开封府："自今殿前、侍卫司军人合追摄证对公事者，如旧制。其军人身死，犯杖罪，送本司施行；若将校及军人犯徒罪已上者，未得直牒追摄，奏闻取裁。"时殿前、侍卫司言："开封府多直行捕逐禁军兵士，并不关报本司，事恐非便。"故有是诏。3，p8576

大中祥符元年三月，诏："应诸道州府军监厢军及本城指挥，自都指挥使已下至长行，对本辖人员有犯阶级者，并于禁军斩罪上减等，从流三千里上定断。副兵马使已上勘罪，具案闻奏。厢军军头已下至长行，准敕犯流免配役，并徒三年上定断，只委逐处决讫。节级已上配别指挥长行上名，长行决讫配别指挥下名收管。如本处别无军分指挥，即配邻近州府军监指挥收管。内有别犯重者，自从重法。其诸司库务人员兵士有犯上件罪名者，并依前项厢军条例施行。"4，p8577

【大中祥符】三年十月，殿前、侍卫亲军马、步军等司言，分析到诸军累作过犯员僚、节级、兵士。帝宣示知枢密院王钦若等曰："俱是无赖不逞之辈，本营畏惧，不敢申陈。然一概行之，失于轻重，可分作四等：一等配海岛，一等配远处牢城，一等降配远处本城，一等降配。并依例刺面，仍中书、枢密院籍之，遇赦不得放还。逐处只在差使，不得诸处屯驻。"4，p8577

【天禧元年十月】，诏："如闻诸班直、诸军、坊监库务官健饮博无赖，或部分稍峻，即招诱兴讼。仰今后所诉事，并须干己、证佐明白，官司乃得受理，违者坐之。或情理巨蠹，即具案以闻。"7，p8579

【天禧】二年十一月，诏："环、庆、宁三州禁兵犯罪至死者，委本州依条区断讫，申总管司。罪状切害者依旧例。"先是，上封者言环、庆、宁三州禁兵犯极刑者，狱既具，先以案牍申总管司以俟裁断，往复近十日，致留滞，故条约之。8，p8579

【天禧】三年五月，诏："自今放停军士愿还乡里者，并依大中祥符五年诏验认得实，即遣之。"时《编敕》止用《大中祥符元年八月十三日敕》，放停军士愿还乡者，移牒会问其骨肉，仍奏取进止，方遣之，而不录五年敕文。至是知河阳孙奭言不便，乞改用五年敕。故从之。8，p8579

乾兴元年十二月，诏："今后差发诸军人员、兵士赴逐处，本州长吏读示宣命，不得敛掠钱物与本押使臣、殿侍，仍责知委结罪文状管系讫起发。如稍有违，因事冒罝，或人陈告，人员、都将并当决配，元造意掠钱物人处斩。管押使臣、殿侍只于兵士侧近安泊，不得入馆驿。"8，p8579

仁宗天圣三年七月，诏："应有归远指挥处密降约束，自今节级、兵士内有作过者，本管人员区分后致死，若事不挟情，其人员不得收禁，具事由奏裁。"初，象州戍兵（谭）〔潭〕州归远指挥使尹元等以本营卒庄成吃酒，作决臀杖七十余身死，转运使王湛以成累犯凶恶，奏乞矜免元等，（太）〔仁〕宗令元无干系人并特放，故有是诏。8，p8579

天圣三年十二月，诏："自今军人犯私置兵器等，其本路人员连累负犯者，并从杖罪断遣，即更不等第降职。"8，p8579

【天圣】四年四月，审刑院言："准《敕》：'军员、节级等因公事情不涉私，行小杖决人十五已上因而致死者，具奏取裁。'自来法寺检断，依诸色官员因公事小杖决人杖数过多致死律条，考囚数过以致死者徒二年定断取旨。缘军法务严，与他官不同，若依上条，似未允当。欲乞自今应军节级因所管人有过，情理难恕，须合区分，情不涉私，行小杖决十五已上因而致死者，并从《律》文'决罪不如法以故致死徒一年'，失减三等杖八十定断，仍具情理取旨。"从之。8—9，p8579—8580

【天圣】五年四月，枢密院言："诸归远指挥系杂犯配军人拣充，先曾密降宣命，如有赌博、吃酒、劫盗、恐喝、不受约束者，便行处斩。访闻近日军伍渐有伦序，虑其间有因轻罪配军，今来再犯小过，逐处尽从极断。欲降宣，就粮并屯泊州军，如归远节级、兵士不改前非，再作过犯，先详前犯，如是贷命决配之人又作过者，即依宣命施行；若前罪稍轻，再作过犯者，止依法决断。仍此宣命不得下司，令长吏慎密收掌。"从之。9，p8580

【天圣】七年，审刑院、大理寺言："准《敕》：'定夺军人随身装着衣物与军号法物，立定名目，开坐闻奏。'寺司检会前后条贯，并无诸军军号与随身装着名件明文。寻牒殿前、侍卫马、步军司，会问到诸军兵士合属军号与随身装着衣物名（姓）〔件〕。殿前司捧日、天武、拱卫、骁骑、骁胜、宁朔、龙猛、飞猛、神勇、宣武、虎翼、卫圣，绯绸衫子；渤海，紫绸衫子；吐浑，紫绝衫子。诸军指挥，绯小绫卓画带甲背子（冬）〔各〕一领，系军号；请到春冬衣赐制造军装随身装着衣物，即不系军号。春衣，马军七事：皂绸衫、白绢汗衫、白绢夹绔、紫罗头巾、绯绢勒帛、白绢衬衣、麻鞋。步军七事：皂绸衫、白绢汗衫、白绢夹绔、紫罗头巾、蓝黄搭膊、白绢衬衣、麻鞋。冬衣，马军七事：皂绸绵披袄、黄绢绵袄子、白绢绵袜头绔、白绢夹袜头绔、紫罗头巾、绯绢勒帛、麻鞋。步军六事：皂绸绵披袄、黄绢绵袄子、白绢绵袜头绔、紫罗头巾、蓝黄搭膊、麻鞋。侍卫马军司员僚直、龙卫、云骑、武骑、带甲剩（负）〔员〕，紫绝衫子各一领，系军号；请到春冬衣赐军装随身装着衣物，不系军号。春衣七事、冬衣七事，与前殿司并同。侍卫步军司神卫、神卫水军、奉节、床子弩雄武、飞山雄武，各紫衫；虎翼水军、虎翼，各绯衫子。诸军指挥使绯卓画背子，系军号；请到春冬衣赐制造军装随身装着衣物，不系军号。春衣七事、冬衣六事，并与殿前司同。殿前司诸班直，马军诸班直，殿前指挥使、左右班、内殿直、散员指挥、散都头、散祗候、金枪东西班、钧容直长行，旧例自初（伏）〔入〕班时请到例物银束带各一条，至出职及转班，并随身带去。内有病死者，亦付本家。若正身犯事该决配已上罪，即例纳官。其诸班直锦袄子、背子、银鞍辔，步人御龙四直浑银度金腰带、锦袄子、背子、皂罗真珠头巾及旗号等，并系仪注物色。寺司看详，殿前司诸班直、马军长行等所有仪注物色，亦合系属军号法物。乞自今诸军兵士将军号法物转卖、典当者，并依至道元年并大中祥符七年六月二十四日《敕》，从违制本条定罪；若将衣赐制造到随身衣物非时破货典卖，即依《天禧四年二月二十五日敕》，从不应为重杖八十上定断。"从之。9—10，p8580

【治平四年】八月十八日，殿前、侍卫马、步军司言："准诏相度知辰州张宗义上言：'诸军每年一次造年额簿，上誊录旧簿乡贯，唯加起一岁。欲乞应系诸军年额簿，今后开坐军人投军时乡贯、岁数、庚甲，括定年几，更不别造新簿。'当司检会，准《嘉祐编敕》，内外诸军逐指挥置年甲簿二道，抄写军员、兵级乡贯、姓名、的实年几并投事到营年月日，委总管、钤辖、主兵当职官员点检印押，一于住营处兵官厅收掌，一付本营指挥使厅封录照使。其新收人数并依此抄上。若迁补移配入别指挥，即仰互相关报。内军员、节级仍于补充文字开坐。今勘会在京诸班直、诸军指挥，久来已有年甲版簿卷历据，每岁首即不曾翻换。窃虑外州军有承例每年翻换处，自今并令止绝，敢有违犯，准敕科罪。"从之。15，p8583

【神宗熙宁】二年九月，审刑院言："应诸路州军人犯罪情重法轻难恕者，仰逐处具所犯申本路经略安抚或总管、（铃）〔钤〕辖司，详酌情理，法外断遣。"诏无经略安抚、总管司，方许申（铃）〔钤〕辖司施行。16，p8583—8584

【熙宁】四年十月二十八日，枢密使吴充言："应犯军所坐不至巨蠹者，每十一月后至明年正月终，并依法断刺讫，且留于本处工役；候至二月，即差人递送所配州军。其已配未发，虽遇恩降，并依元断。如愿便之配所者，亦听。首获逃军合递还本所者准此。"从之。16，p8584

【熙宁五年】十二月，诏："今后诸路屯戍回引见，诸军力曾有功劳，所在不为酬奖，或轻重未当功状者，许于军头司自陈。本司抄札所诉事理，责（指）〔诣〕实结罪文状并随身公据以闻。"16，p8584

【元丰元年】三月二十一日，诏："应诸军军员等与管军臣僚同姓名者，并令改名。"17，p8584

【元丰】二年十一月二十六日，诏："禁军教阅厢军，毋得以为作院工匠。"17，p8584

【元丰五年】六月十六日，诏："将下诸军从军走回，并特免押赴军前，配逐处本城，人员降一资。"19，p8586

【元丰五年】八月九日，诏："鄜延路招纳归顺蕃部壮人十人、老小妇女四十人，并迁一资，十岁以下不（许）〔计〕，累迁不得过三资。即不及，与减磨勘一年。不及减年及迁资，止每一壮人支绢四匹，老小、妇女一匹。杀降人者，许人告，每人赏钱二十千，至百千（上）〔止〕。告杀五人以上者，仍迁一资。杀降人者斩。"19，p8586

【元丰】六年三月二十六日，上批："早来拟奏配军画一法，内称'刺充某指挥'，恐于上军称呼有嫌，可谕修法官，改云'某指挥杂役'。"时犯罪法应配流者，其罪（得轻）〔轻得〕免配行，尽以隶禁军营为杂役，然禁卒素惮配法，尝耻言之故也。上于人情至微，无不曲尽。19，p8586

哲宗元祐元年四月十八日，殿前、马、步军司言："禁军排连，欲且依《熙宁编敕》施行。"从之。21，p8587

徽宗建中靖国元年二月二十三日，兵部状："鄜延路都总管司奏，乞今后有诸色人等辄敢将官军器、衲袄、披毡之类质卖钱物，乞严立决配断遣条约。"大理寺修立到下条："诸军以军号、随身衣服非。军器、法物、军须、衲袄、披毡之类同。质买钱物者，徒二年。知情质买，若以官给鞍辔质（买）〔卖〕，借人及质买之者，各杖一百，军号、器物等并追还，质买钱物没官。"从之。24，p8589

政和三年三月三日，枢密院奏："殿前、马、步军司准批送下梓夔路兵马钤辖掌民纪等状：'伏睹《军防令》："诸军差赴川（陕）〔峡〕路屯驻者，如曾犯徒并逃亡捕获，不系全军差发者，所不应差人权移送本州或邻近以次一等军分指挥。"即不审诸军元差赴川峡路时不曾犯徒并逃亡捕获，全军到川峡路后有犯徒并逃亡捕获之人，合与不合依旧在川峡路屯驻。'殿前、马、步军司相度，契勘自来诸军遇差赴川峡路屯驻，未曾有本处被犯之人。欲今后诸军差在川峡路，如有违犯之人，令逐处断讫不至配降，即发遣赴所属，依条施行。"从之。25，p8589—8590

钦宗靖康元年二月二十七日，知建州王宾言："军兴以来，诸处取（用）勇、效用、保甲、弓箭社等带随身器甲于经过州县城内安泊，往往作过，未有明文禁止。检准《政和军防令》：'诸全将差发，所由州县承报，量兵马标占驿铺、官私邸舍，各以部分区处取定，仍前期一日以图报本将。'又《赋役令》：'诸丁夫经过县镇城市，三里外下寨宿止，不得入食店酒肆。有所须物，火头收买。'窃原法意，全将之兵久经训练，故经州县合行标拨驿铺、邸舍。至于丁夫则不然，本皆愚民，不闲教督，若使持器杖入城邑，千百为群，耳目之欲不胜其求，必致争乱。今来诸处所起人兵，皆新招乌合之众，部押兵官素非统辖，纵有不循纪律，未敢以军法从事，是以经由州县例多（分）〔纷〕扰。乞比附丁夫法，并于城外下寨。仍令部押官前期报所过州县，备合请钱粮，令就仓库请领，或差官于

城外支散，庶使平民得以安居。"从之。28，p8591

光尧皇帝建炎元年六月十四日，诏："自今行军用师，并依新法从事，可依下项：一、祖宗法，一阶一级全归伏事之（议）〔仪〕，敢有违犯，上军当行处斩，下军徒三年，配五百里。近来因循，浸失法意，可遵守施行。二、祖宗〔法〕，禁军逃亡，上军处斩，在七日内者流三千里，配千里，首身杖一百。下军第一度三年，首身杖九十；第二度流三千里，配邻州本城，首身徒二年。自今可常切遵守。过七日者，不许自首，许人告捕，每获一名，赏钱十贯文。三、禁军出战遇贼敌，进前用命者赏，辄退不用命者斩。贼众我寡，力不能胜，因致溃散，不归本部、本寨聚集者斩；因而逃归住营去处及作过者，家族并诛。四、禁军于行师之际，盗博斗殴、饮酒至醉、拍掷器甲、藏匿妇人、胁持财物、扇摇惑众、买物不还价钱，并依军法。五、统制官、部队将遇敌怯懦，不能率众用命者斩；贼攻一军危急，而余军不策应者，统兵官当行军法；贼攻一部一队，部队不策应者，部队将当行军法。六、统制官（明保）〔保明〕公状故不实、徇私不公者，当行军法。七、统制官不能抚御将士，致士卒摇动者，当行窜黜。八、统制官不能用兵，不能乘机取胜，致败北，事理重者（者）当行处斩，事理轻者编窜远恶州军。九、将士卒伍先登陷阵，及以弓弩射退贼者，虽不纳级，亦行推赏。十、全军胜则全军推赏，全队胜则全队推赏，同退走者尽斩。军队虽不胜，其间有能自斩贼级及中伤在前者，自行推赏。十一、将士战没，五甲将佐亲身而非逃亡者，委五甲将佐开具保明，当优恤其家，不得辄以收身不到开落，违者重行编配，许其家陈诉。十二、统制官、部队将所统兵以十分为率，遇敌接战，获级与杀死士卒人数等者，免罪推赏；获级分数少，杀死士卒分数多，比折推恩；不能获级而士卒杀死众多者，斩。十三、统制官不受大帅节制，部队将、甲正、伍长不递受节制，迹状显著者斩。十四、统制以下因出师辄敢扇摇谋变者，（先）〔全〕家族。十五、将佐卒伍出战获功多，缘再下保明，遂致行赏稽滞。夫赏不逾时，欲士卒之知劝也。自今大帅、统军画时保明，即行推赏。故不以实，许人告，根究得实，以赏与之。枢密院人吏辄拖延者，编配远恶州军。十六、守纪律、保护其上者赏，违犯者斩。十七、守控扼要害（敌处）〔处，敌〕至固守不去者赏，弃所守者斩。十八、使劫寨，或邀截，或追逐，或设伏，或出奇，或入敌营垒探事，能如令者赏，违戾者斩。十九、凡赏，应转官资或支例物，并军中画时给付。二十、凡有罪处斩讫，并枭首令众。率先退走者，家属尽杀。余并依将法。"28—30，p8591—8592

【建炎二年】九月十四日，诏："今后诸路应系将、不系将军兵，并听帅司差拨，应土军、弓手并听本路提刑司差拨。如辄敢申请占吝及直行差拨者，并以违制论。"其后枢密院言："已降旨挥即未曾立定分数，（切）〔窃〕虑诸路帅臣、监司各不知体国，尽数抽差，却妨本处防守。今后如遇差拨，仍不得过见管人数三分之一。"31，p8592

【建炎】三年四月二日，诏："自来将帅行军，诸军于军前犯罪，或违节制不用命，自合于军前处置外，若军马已还行在，诸军犯罪至死，申枢密院取旨断遣。"31，p8592

【绍兴】三十一年二月一日，后殿进呈乞编修枢密院军政条法，上曰："依故事委编修官。"38，p8596

十四、兵

宋会要辑稿·兵一·乡兵

大中祥符二年二月，诏："河北诸州（疆）〔强〕壮，自今每岁十月至正月，以旬休日召集校阅，免夺农时。"1—2，p8601

天禧元年十月，诏："河北、河东忠烈、宣勇兵士有老病拣给半粮者，自来令人承替。如闻多是贫独，无力召人，宜令转运司自今有如此类及不给钱粮者，逐处保明放停。所少兵士，并依本城例招补。"3，p8602

【仁宗天圣五年】八月，诏："河北、河东自今见在强壮身亡并老疾不（在）〔任〕充应者，本家别差一丁承填。除依常例修完城垒外，非时不得勾集差使。"3，p8602

景祐二年五月，诏："施州义军如闻多雇人代戍，既不时教阅，复私加役使，其令监司察视，违者以私役防兵论。"3，p8602

【康定二年七月】二十六日，诏："比置宣毅指挥，以防守城池。其先所增弓手于第二、第三等户内选壮勇者，益旧额两倍，每五十人置节级一名，余悉放归农。"4，p8603

庆历元年二月，中书、枢密院言："欲委逐路总管等于本处职员内择有行止人，令募近边土人，（立）〔止〕充护塞指挥，（立）〔止〕在乡村教阅武艺，遇有事宜，勾集使唤。"从之。4，p8603

【熙宁】十年七月十七日，诏："应民兵户内余丁，若归明人子孙、官户、客户、女户、有男夫同居者，依有丁例。单丁户、探事人户、河北沿边弓手户，并免丁之人，并令附保。"8，p8605

元丰元年十一月二十八日，荆湖南路安抚使谢景温言："相度转运司乞以邵州武冈等县保丁于界上置铺堡。其已发往关硖等寨弩手，并就本县差填。所置铺堡，望辰州界并在百里内。欲许保丁依条置器甲，以备保聚、教习，皆便。"从之。非蛮界百里者，不用此法。8，p8605

哲宗元祐元年三月五日，枢密院言，修定《监司按土兵赏格》。从之。10，p8606

【元祐】四年三月二日，诏："融州管下旧系《皇祐敕》差置全家成丁系籍之户，每年遇教阅，并三丁抽一丁，两丁之家亦抽一丁赴教，单丁者即二年一赴外，户内余丁，依旧存留系籍，以备边防，更不教阅。"从广西经略司请也。10，p8607

大观三年六月二十七日，诏："诸处捕盗巡检下兵士，捕捉不行，多是逐县弓手捕获，可令诸县各增置弓手。小县一十人，中县十五人，大县二十人，其役钱令敷出。"11，p8607

政和六年六月四日，诏："诸县尉司招置弓手，不许上三等人户投充。近来往往作弊计会，县官漫不省察，致使下等人户承带攒下夫役、支移科买等，以至破产。自今上三等人户辄敢计会投充者，每名立赏钱三百贯文，许人告，以犯人家财充赏。（行）〔将〕官吏、本保正副依条科罪，不以去官、赦降原减。其见今冒役之人，仰逐路提刑司指挥州县，并行改正，自首特与免罪。"11—12，p8607—8608

【政和六年】十二月七日，诏："河北路有弓箭社县分，已降指挥，解发异等。所有逐路县令、佐，候岁终教阅了毕，仰帅司比较。每岁具最优最劣各一县，取旨赏罚，以为劝沮，仍著为令。"又高阳关路安抚使司奏："准《大观三年十一月内朝旨》：'弓箭社人依保甲法推赏。'准《政和保甲格》：'比较最优县令、佐各减磨勘二年，巡检减磨勘二年；最劣县分令、佐各展磨勘三年，巡检展磨勘二年。若到任不及半年应赏罚者，并减半。即不经管勾聚教者，不在比较之限。'"诏弓箭社准《保甲格》赏罚施行。12，p8608

【宣和三年】十一月十二日，诏："近降指挥，弓手依《元丰法》，募上三等人户，候招募到人，方得替罢。访闻官司奉行苟且，其见存之人计属障栏，至今岁余，未见抵替了当。可立限一季，须管数足，监司、廉访使者候限满，觉察以闻。应重法地分准此。"13，p8608

【建炎三年】闰八月十日，御营使司参议官柳约言："今（修）〔条〕画：'土豪招募民兵，沿江把隘，自备钱粮、器甲，二百五十人承信郎，四百人承节郎，七百人保义郎。土豪招募民兵，官给钱粮、器甲，五百人进义副尉，七百人进武副尉，一千人承信郎。以上并先与补授，如有逃亡作过等人，不及数，即计数多少具数申朝廷，依法行遣。若所部人兵立到功效，并依军功推赏。'"从之。15—16，p8610

【建炎四年】八月九日，诏："诸路州县应水陆控扼合行把隘去处，委守臣、知县招募土豪，招集乡兵，捍御把隘。如能自备钱粮、器甲，招到委可使唤兵及三百人，把隘二十日以上，其首领仰所属州军开具召募人数、把隘日分，保明奏闻，当议参酌，各随人数、日分多寡等第补授官资。内有立到奇功、忠义显著之人，即优加旌赏。其把隘土豪、乡兵，并仰先期籍定姓名、人数。如遇警急，即赴隘所防托。仍仰所属州县，选择清强官躬亲前去隘所部辖。即不得以把隘及办验奸细为名，将官员、商贾一例妄行阻当骚扰。如违，并依军法施行。仍多出文榜于隘所并州县，分明晓示。"以知越州陈君锡言："乞将陆地把隘土豪正副首领，从朝廷比类前项申明，立定把隘日限及召募人数，量其费用，随数多寡，立为赏格。委自诸州守臣召募有能于冲要处结集民兵、出备粮食、置办土俗器仗者，候见结定人数，令守臣选官前去点检。见得所部人数委可使唤，器仗足备，即从本州一面依朝廷立定合该官资，先次给与公据照证。候过防秋，保守无虞，具奏正行补授。若或别有立到奇功之人，即乞优异推恩。"故有是诏。其后有旨，令诸州将昨来土豪实曾立功之人，勘验诣实，保明申奏，（尝）〔当〕议参酌推赏。仍分明出榜告谕。若今来防秋，或敢报怨复仇、劫掠作过，并许兼容隐人并奴仆、同伴告首，特与推赏；犯人遣兵剿戮，定不招抚。17—18，p8610—8611

【建炎四年】十一月二十六日，诏："应诸路召募到土豪、乡兵，各听本州县守、令节制。"18，p8611

【孝宗隆兴】二年正月二十七日，兵部言："契勘广西土丁教阅，熙宁旧法，一年县教，一年州教。昨自元祐以来，并罢之州。续《绍圣三年指挥》：'每一年在县，次年上州，各以都管指挥，均作三番，自十一月至正月终，每月轮教一番。如敢别有差借及诸般科配、和雇，并科违制之罪。'今窃详土丁虽每一年在县，次年上州，各自十月至次年正月，教阅三月。又缘分作三番，止系赴教一月，是致因缘私役差借，及有私需。今来若照应元祐指挥，免赴州教，又恐渐成废弛。今欲将州县教阅并合住罢两月，止于十二月赴教一月，分作两番教阅，即依自来条例放散。所有命官及诸色人，私役手艺、土丁，并有妨教阅，并乞依私役禁军（法条）〔条法〕断罪。"从之。21，p8612—8613

【乾道四年正月】二十七日，四川宣抚使虞允文言："兴元府一带义士，人材可用，一面委晁公武拘收人丁，并寻访陕西弓箭手旧法，乃得之泸州，盖祖宗朝所颁降也。重加看详，凡一百四十一条，分十三门，为一书，敢编录为册上进。窃详兴、洋之间，在绍兴初，义士系籍者以七万计。绍兴三十一年大散关之战，大将不授以甲，驱之使在官军之前，死损逃亡之后，仅存六千余人。今公武所籍兴元之丁，增至一万六千四百三十四人，合洋州两县三千七百八十九人，有真符一县拘籍未到。大安军一千七百六十八人，共二万三千九百八十一人，见已结成队伍。其金、房、阶、成、西和、凤、兴州，亦用结保社、守乡村、防奸盗为名，重加整治，约亦可得三万人。有家属物业，各有顾藉，人自为死，其为用过于官军，而风声气俗，皆传陕服之旧，安于弓箭手之良法。旧系官给田，故其法从重；今义士等私田，止免家业钱，所立法皆从轻。绝增募之扰，岁可免六七百万之费，而获四五万人之用。其为便利甚明，乞付有司早赐颁降施行。"诏依，仍先次施行。照得兴元义士自绍兴初团结之后，获其死力居多。兵火后，旧制不存，比年调发，隶属诸军，兵官不给衣甲，投之死地，始不聊生。然兴元、梁、洋之民，素号骄勇，实可济事，若为专法，禁止私役，分隶统辖，必著成功。谨以陕西弓箭手条格拟定成法，为永久之利。一、措置将新旧保丁拣选，每两丁、三丁拣一丁，四丁、五丁拣两丁，六丁、七丁拣三丁，选少壮堪充义士之人团结，每户免家业钱二百贯、非泛科率。今欲乞除常赋外，义士长行每户依旧与免家业钱一百五十贯，不及实免；拥队一百七十贯，队官二百贯上科籴外，与免本户差役。言取义士一名，户下元管家业钱三百贯除免二百一贯外，其免不尽外数，即合依旧差科。二、即今见管义士人数，欲依将兵例团结队伍，每六十五人为　队，推服管队　名，火头五名。仍丁数内拣习神臂弓手，并平射弓手，及甲军枪手，仍官为置教阅弓箭手、枪、旗训练。如遇调发，每人日破口食米二升半，回军日止。其行军犒赏、带甲等钱，并许依正军例一等支破。三、如遇调发，（计）〔许〕从安抚司踏逐，选官统押，申听安抚司分拨使唤。其御前诸军统兵官不得干预。四、逐州知州专一提举义士，知县兼义士军正，县尉兼军副。非因调发辄差使义士者，乞依私役禁军法。五、义士若追集教习，有妨农务。今欲且令各在乡舍教习武艺，隶属本路安抚司。本司遇农隙，自十一月一日追集生疏人教习，至十二月二十日放散。若武艺精熟，逐旋发归，及一月以上人，量破口食。六、遇有缓急，其军行所须什物、器械、衣甲，自合官给。事宁息日，并纳本路安抚司收管。七、义士内有愿充马军之人，并听。内愿自备马草料，乞请官马，即从军给。如一就自备，即与于已免家业上，更免钱三十贯。遇调发，官破草料，器甲依步军并从官给。八、义士依效用法补转，其阵亡恩例，自有条格。缘措置之初，多是白身，欲乞应阵亡内白身人除依例合得赠绢三匹外，更与补进勇副尉恩泽一名；及因调拨在军前病患身亡之人，与免户下三年税赋科役。九、今来措置与免户下家业科役，专一准备缓急出战，守把关隘，与陕西弓箭手利害一同。欲乞依陕西弓箭手，许行承籍。十、除兴元府、洋州外，有兴州、大安军等处义士，金、房州保胜、阶、成、西和、凤州忠义军，乞依洋州、今来兴元府义士一体施行。十一、今来措置义士比陕西弓箭手条，拟到专法，将敕令格式随门类总入项内，乞以《义士专法》为名行下。24—27，p8614—8615

【乾道六年二月】三十日，刘珙言："京西、湖北两路民兵，条具如后：一、访闻诸郡起籍民兵，其间有上三等户取义勇一人，亦有四等、五等户者，亦取义勇一人。凡家产多者，可以枝梧；若家产少者，往往弃产遁逃。欲乞应充义勇并与免非泛科役，有身丁钱处与免身丁钱。其第四等户，除非泛科役外，更与免差保正及大小保（正）〔长〕。五等人户，除免应（于）〔干〕科差外，更与量免三分或二分税役；总首、部将系是部辖之人，一县通不满十数人，乞与免保正长差役。二、访闻诸郡多将合作总首之人与升作统制、统领，往往擅差民兵，分番当直，不受县官号令。欲乞每郡只许选见任待阙武臣一两员，遇教阅之际，俾充训练官，教罢则不复相隶，不得轮差民兵当直。各县只选有物力、材武为众所推服者作正副总首，不得称统制、统领。缓急调发，方许帅司差官统之，庶免骚扰之患。三、访闻诸郡民兵结队，亦如正军简选结集。民兵散处村落，乡分不同，（若非）〔非若〕正军同一营寨，只合随乡结队，每七十五人为一队，五十人正军，十人准备带甲，十五人辎重火头，有零数则作畸零队。四、访闻诸郡向来民兵教阅，其粮食多令自备，人尤以为苦。若尽令总、漕司应付，窃恐侵损岁计。契勘京西、湖北皆有屯、营田谷斛，民兵每人合日给米二升半、钱五十文省。一月计之，米七斗五升、钱一贯五百文省。谷每石可得米四斗，为钱可准一贯省。若每岁于营屯田谷内据人数分拨，所用亦不至多。五、访闻诸郡民兵，弓弩、枪刀、箭凿之属，并令民间自备，平居教阅，且不中用，况欲出战，岂不误事？近四川宣抚使司已发到三千副，仅可以应（荆）〔副〕荆南及荆门两处。京西已蒙支拨器甲二千余副，其少数尚多，望支降数千副，应副使用。"诏并依。内器甲，令赵樽于诸军退下旧甲内挪融五千副付湖北安抚司，应副两路兵民使用。如尚阙少，即更于湖北路州军见教阅禁军甲内取拨，却令本处依数补造。30—32，p8617—8618

宋会要辑稿·兵二·义勇保甲

【英宗治平】三年十月二十五日，枢密院言："陕西新刺义勇，内秦、陇等一十二州，民俗尚武，可以备边。如遇缓急勾抽防托时，乞依环、庆州保毅例，日支口食米二升，月给酱菜钱三百文；人员下马，亦支草粮，放散日住。"从之。2，p8621—8622

【神宗熙宁二年】二月，诏："自来河北路诸州军义勇，每年轮番上州教阅，指挥多处十余年方遍，已令每州轮添上州教阅。陕西、河东路各系每年轮番，并须经隔年岁未遍。令陕西环、庆、秦、延、渭、邠、陇、鄜、仪、泾、原、宁一十二州别行指挥外，其余州军依河北重别分作番次，每年轮一番上州教阅，满一月日放散，仍自今年起教月日为始。如遇灾伤，虽合权罢，亦须奏取朝旨。"3，p8622

【熙宁三年】九月二十六日，枢密院言："陕西初拣义勇，每家三丁拣一丁，六丁拣二丁，九丁拣三丁，以上数多，亦只拣三丁。"诏："环庆路近有阵亡义勇，其本户内如尚有余丁，合添刺义勇者，与免之。所有见阙人数，于别户内有人丁者刺填。"4，p8623

【熙宁】三年十二月九日，中书门下言："司农寺定到《畿县保甲条制》：凡十家为一保，选主户有心力者一人为保长；五十家为一大保，选主户最有心力及物力最高者一人为大保长；十大保为一都保，选主户最有行止、心力材勇为众所伏，及物力最高者二人为都、副保正。凡选一家两丁以上，通主客为之，谓之保丁，但二丁以上皆充，单丁、老幼、病患、女户等，不以多少，并令就近附保。两丁以上更有余人身力少壮者，并令附保。内材勇为众所伏及物力最高者，充逐保保丁。除禁兵器不得置外，其余弓箭并许从便自置，习学武艺。每一大保，逐夜轮差三人，于保分内往来巡警，遇有贼盗，画时声鼓告报，大保长以下同保人户即时前去救应追捕。如贼入别保，即递相击鼓，应接袭逐。每捕捉到盗贼，除《编敕》已有赏格外，如告捉到窃盗徒以上，每名支赏钱三千，杖以上支一千，以犯事人家财充。如委实贫阙，无可追理，即取保矜放。同保内有犯，除强窃盗、杀人、放火、强奸、略人、传习妖教、造畜蛊毒，知而不告，并依律伍保法科罪。其余事不干己者，除依律许诸色人陈告外，皆不得论告；若知情不知情，并不科罪。其《编敕》内邻保合坐罪者，并依旧条。及居停强盗三人以上，经三口，同保内邻人虽不知情，亦科不觉察之罪。保内如有人户逃移死绝，即仰具状申县。如同保人户不及五户，即听并入别保。其有外来人户入保居止者，亦便仰申县，收入保甲。本保内户数虽足，且令附保收系，候及十户，即却令别为一保。若一保内有外来行止不明之人，须觉察收捕送官。逐保各置牌拘管人户及保丁姓名。如有申报本县文字，并令保长轮差保丁赍送。仍乞选官先于开封府祥符县晓谕人户，躬亲团成保甲，不得别致骚扰。候成次序，以次差官诣逐县，依此施行。"并从之。先是，同管勾开封府界常平广惠仓兼农田水利差役事赵子几言："昨任开封府曹官日，因勾当公事，往来畿内诸县乡村。尝体问疾苦，皆以近岁以来寇盗充斥、劫掠公行为患。中间虽有地分耆壮、邻里诸人，大率势力怯弱，与贼不敌。纵有捕捉赴官，即其余徒党同恶相济，辄行仇报，肆极惨毒，不可胜言。因诘其所以稔盗之由，皆言自来乡村人户各以远近团为保甲，当时官司指挥专于觉察奸伪，止绝寇盗。岁月浸久，此法废弛，兼元初创置保甲，所在县道，事无苟简，别无经久从长约束，是致凶恶亡命容于其间，聚徒结党，乘间伺隙，公为民患，以此乡村无由宁息。今相度，欲乞因旧来保甲重行隐括，将逐县见管乡民的实户口都数，除病患老幼、单丁、女户别为附保系籍保管外，将其余主客户两丁以上，自近及远，结为大小诸保，各立首领，使相部勒管辖。如此，则富者不虞寇劫，恃贫者相保以为存；贫者有所周给，恃富者相保以为生。使富贫交亲以乐业，谓无如使之相保之法也。所有置保及捕贼赏格，寅夜于保分内巡逻更宿，应系诸般约束，次第条（例）〔列〕。愿陛下赦其狂愚，假以诘盗之权，使因职事，遍行畿县。得奏差勾当得事选人一两员，及得选委簿尉，与当职官吏参校旧籍置法。编户之氓，不独生聚宁居，桴鼓不惊，若遂行之，绵以岁时，不为常情狃习所废，规模施设推及于天下，将为万世长安之术，生灵幸甚。"及下司农寺详定，至是增损成条，中书进呈，特从其请。5—7，p8623—8624

　　【熙宁四年】八月二日，诏："今后应保甲人户因与贼斗敌被伤者，给钱五千；折伤以上，给钱二千；至笃疾者，给其家钱二十千；因伤至死者，五十千，仍免三年科配支移折变。"先是，开封府界提点司言："新籍畿民为保甲，未几已有奋不顾身捕盗者，愿优恤之，以为激劝。"故有

是命。8，p8625

【熙宁八年】十月七日，诏："五路义勇每年赴州教，保甲赴县教，并自十月至次年正月终。义勇不及十指挥，保甲不及十都者，自十一月起教。各据人数，分定番次，教阅一月。不得坼破指挥、都保，其人数少处，只作一番、两番，不须满所教月分，即当年内以上番者止教半月。"10，p8626—8627

【熙宁八年】十二月三日，诏："五路义勇并与保丁轮充，及检察盗贼，有违者并（致）〔置〕于法。"10，p8627

【熙宁九年】四月二十五日，诏："河北西路义勇、保甲分三十六番，随便近村分于巡检、县尉下上番，半月一替。岁于农闲月，并下番人，并令所辖巡检、县尉择宽广处聚教五日。（放）〔余〕四路准此。"11，p8627

【熙宁九年】五月六日，诏："诸保甲每两大保团为一队，其引战、拥队以大保长充，并每一小保各别为一队，小保长一人在后，仍依队样结队。令兵部将队样送提点司，下诸路巡检、县尉司，每一都保给一本，（副）〔付〕都、副保正，令连队。二百一十八本，令兵部关牒施行。"11，p8627

【熙宁九年五月】二十三日，诏："府界、五路保甲，合置都保正、副保正，并于十保长数外置立，总押一都保。诸队仍令附保。"12，p8628

【熙宁九年】十月，枢密院言："兵部立到五路上番条约，已施行外，合删者：'诸县尉弓手元额六十人以上，留二十五人；五十人以上，留二十人；不满五十人，留十五人；余以保甲填元额人数。诸上番各随巡检、县尉所在，以近及远，籍定番次，内保甲不得坼破都保，分在两司上番。诸上番以额定人为正番，别取三分为贴番。人数虽多，不得过三十六番。'"并从之。12，p8628

元丰元年二月二十四日，诏："义勇、保甲上番所省诸军请给，唯粮米听留本色外，余并封桩。仍以诸路义勇、保甲隶提点刑狱司，开封府界隶提点司。"15，p8629

【元丰三年】闰九月十二日，诏："府界、河北、河东、陕西提举保甲官，各给内降《教阅格》一本。"18，p8631

【元丰四年正月】二十二日，判尚书兵部蒲宗孟言："开封府界惟有保甲，无义勇。五路义勇、保甲教习之法，事体略同，给钱粮亦不相远。

今上番集教既立一法，五路不得独异于府界。欲乞五路义勇并排为保甲，所贵民兵法出于一。"枢密院言："熙河五路义勇、保甲之法，主户第四等以上，每三丁选一丁为义勇。诸县每百人为都，五都为一指挥，不及五都亦为一指挥，不及百人附别都，即一县总不及百人，亦为一都。每都有都头、副都头、十将、将虞候、承局、押官各一人，四都立副指挥使一人，五都立正指挥使一人。主户两丁选一丁为保甲，以村瞳五家相近者为一小保，有小保长；五小保为一大保，有大保长；十大保为一都保。保外别立都、副保正各一人。及三小保以上，亦立大保长一人；五大保以上，亦立都保正一人。不及者就近附别保。隔绝不可附者，二小保亦置大保长一人，四大保亦置保正一人。"诏："五路义勇宜悉改为保甲。尔后丁口增减，并依见行保甲法。河北、河东第四等、陕西第五等以上，每户及五丁以上者取两丁。令兵部具画一以闻。其旧管人员、节级，即改为正、长。"19—20，p8632—8633

【元丰六年】二月十一日，诏："河北保甲使臣等共五十六人：保长五人与借职，十七人与差使，减磨勘二年，二十六人与差使；授教指使四人迁一资，减磨勘三年，三人迁一资，减磨勘二年，兼差充诸县新置团教场巡检；指使一人迁一资，减磨勘三年。"25，p8636

【元丰六年三月】二十五日，诏："开封府界、五路保甲辄投军者，杖八十，还充本色。立告赏法。余丁投军而应免保甲者准此。其五路保甲余丁愿充弓箭手者听，不在破丁之限。"26，p8636

【元丰】七年正月十二日，提举河北路保甲司言："保甲逃亡免教，乞给捕赏外，更立藏隐之家追赏法。所藏之家虽误相容隐，亦不免赏钱。"诏："三路知情庸顾、藏隐逃亡保甲之家，减保甲罪二等，许人告，均出赏钱。两犯捕获应配者，追其半，余以保甲司封桩钱支。开封府界准此。"28，p8638

【元丰七年二月】八日，诏："京东、京西路保甲免教阅。每都保养马五十匹，每匹给价钱十千。京东限十年、京西十五年数足，其当优恤、量给刍粟等，令转运、提举司同议，仍专置官提举。其京东、京西路乡村以物力养马指挥不行。"29，p8638

【元丰七年二月】十三日，诏："州县除依条不许干预教阅外，其保甲有违犯及当抚谕、弹压，巡教官、指使违犯，自当觉察施行。若失于觉察，保甲司按劾。"29，p8638

【元丰七年】四月三日，诏："开封府界、三路提举教阅保甲官，并本司干当公事、指使，每再遣官教阅，通比三等：武艺及五分与减磨勘三年，六分减四年，七分迁一官。以上每加一分，更减一年，至十分取旨。如止及三分，展磨勘二年，二分展三年，一分以下降一官。"30，p8639

【元丰七年五月】二十三日，提举京东保甲马霍翔言："民有物力在乡村而居城郭，谓之遥佃户。欲依乡村保甲养保马，均出助价；及单丁、女户、单户，见与保甲同等第人，自第三等以上推排主养；官户守官在外及第四等以下女户、单丁，止出助钱；寺观有物力，依附户。"从之。30，p8639

【元丰七年】八月十八日，诏："河东、陕西发保甲给路费，出州界二百里以上，保正三千，副保正二千，保长一千，小保长、保丁七百。不满二百里及沿边不出本州界二百里以上，保正二千，副保正千五百，保长七百，小保长、保丁五百。"31，p8639—8640

【元祐】五年九月十一日，户部言："诸保甲因娶宗室女并内命妇授官者，并不免本户科配。"从之。37，p8644

【元祐】六年二月十三日，枢密院上《冬教保甲敕》，诏行之。37，p8644

【元祐六年】闰八月十七日，诏："三路保甲今后冬教，五都保以下，不及千人县，分作一月；及千人或六都保以上，分作两月；及一千五百人或十都保以上，分作三月。仍须弓弩、教场、屋舍足备，如有不备，即依旧条。"先是，逐路提刑兼提举保甲司相度，以并月聚教为便。故有是诏。37—38，p8644

【政和三年】九月九日，枢密院言："《保甲令》：'诸主户两丁以上选一丁。'又《条》：'客户并令附保。'"诏应称"主户"处，并改为"税户"。40，p8645

【政和】五年十月十三日，诏："应保甲聚教月分，知县非应副军期，虽不拘常制，并不得差出，违者以违制论。"40，p8645

宣和元年六月二十一日，诏："提举保甲官督察州县都保，有不如条令者，并限一月改正。如奉行违戾，不依法差使，并以违诏论。保内有犯及匿盗三日，皆须究治，依法科罪。即匿强盗十人以上及十日，加二等。本县当职官不觉察，以违制论；知、通、监司不按劾，与同罪。并仰廉访使者以闻，当议重行黜陟。廉访使者不得直，许监司互察，当议远窜。"

41，p8645—8646

【宣和】二年六月十四日，诏："诸路保甲法并遵依元丰旧制，止为罢京东、京西四路保甲，即不冲改京畿三路见行教阅条法。令申明行下。"41，p8646

孝宗隆兴元年六月十日，诏："沿海州军专委巡、尉将管下诸乡人户，从本都保正、副重别编排。住处比邻，每五家（给）〔结〕为一甲，内选一名为甲头。五甲结为一保，内选一名为保长。五保结为一队，内选物力高并人丁强壮之家一名为队首。置籍统率弹压，各从便置弓箭、枪刀之类。如保正、副受财，编排不当，许人户越诉，依条断罪。如遇盗贼窃发，令队首鸣鼓集众，并力擒捕。内有托故不伏入队之人，许令队首申官勾追，从杖一百断遣。若能擒捕，依格法给赏。"以臣（寮）〔僚〕言："沿海之盗，尽是沿海之人。虽朝廷各令保甲，其间贼徒自与其党为伍，结为保甲，递相庇护。"故有是命。43，p8647

【乾道】八年十月十二日，淮南转运判官冯忠嘉言："教阅本路保甲、民兵合行事件：一、逐县差训练官一员，人数及二十人以上差两员，于诸军拣汰准备使唤使臣内差。每一员添支食钱八贯文，于逐州公使（军）〔库〕支给。二、保甲总首月给食钱五贯文，都教头、拨发官四贯文，押拥队、管事人月支食钱三贯文，队身人月支食钱一贯文。米计口，并二胜半。月支钱米、食钱，照月分起支，放散日住支。三、有马愿充马军之人，马支五分草料，免（兑）〔充〕身内诸役使唤。有知州、知县及训练官私役保甲，依私家（慕）〔募〕军法科罪。四、取（下）〔丁〕依淮东选取民兵，三丁、四丁之家取一丁，五丁、六丁之家取二丁，七丁、八丁之家取三丁。五、教阅至岁终，欲乞令逐州事艺最高强人保明解发，（拍）〔经〕本司拍试，具申枢密院抽摘覆试推恩。六、本路二漕一置司真州，一置司无为军。今来教阅保甲，惟复两司连衔，惟复依从来体例分领教阅，欲乞明降指挥，以凭遵奉。"诏依，令冯忠嘉专一教阅淮西路保甲。内训练官添支食钱，保甲总首等月给食钱，队身人月支钱米，令诸州军斟量支破。仍自农隙日教阅，三月分散。44—45，p8648

庆元二年十一月十八日，湖南安抚司言："潭州条画措置保伍、防闲盗贼合行事件，委是经久可行，乞下本路州军遵守。"从之。一、村疃保伍，自有旧法，缘县道失于检举，遂至废弛。湖湘乡分阔远，间有盗贼窃发，彼此不相救应。今措置团长，以便民情，初无骚扰。团长不久充，则无武断乡曲之患；官司不差使，则无追呼之弊。二、诸县管下乡分，五家结为一甲，家出一丁，其丁多之家两丁。一甲之内，推一名为甲头，五甲内轮一名为队长，于都内又推一名物力高者为团长，同保正、副统率其丁，器仗等各随所有。遇盗贼，有先觉处鸣击梆鼓，队长即时率甲士，或拦于前，或截于后，上连下接，其贼自无逃遁。团长一年一替。三、今来结甲，专委知县、县尉告谕，令保正、副就乡结甲，具已推团长等姓名申县。即不得差公人骚扰，县尉许行点检，一年不得过二次。非捕盗贼，不许役使，及追赴县点集。如违，许人陈告，定行按劾。四、甲内人如停著逃军、盗贼，及自为劫掠者，仰团长等执捉，赴官断罪给赏。其窝停人，照条坼屋行遣。甲内容庇，五家一例重断。五、逃亡军兵及配隶之人，散在乡村住泊，或经赦放回乡，仰本保抄录姓名，取索放停公据等，解官验实，责保居住。或无停据，押归元来军分施行。六、盗贼窃发去处，甲内不觉察违漏，先行遣团长；近队甲不即救助，许先发觉处队长具名申官施行。七、市镇居民邸店，多是作过之人藏泊。仰团长等随所在集逐甲内丁每季点检一次。于点检之际，将前项约束逐一申饬队丁。八、都分内居民稀少，不成保伍去处，各随人家多少，自结成一保，从团长等管。九、所差团长，本县不得使之承受文引等事；如违，许团长经州陈诉，将所犯官吏按治施行。47—48，p8649

宋会要辑稿·兵二·乡兵·忠义巡社

【高宗建炎元年八月十日】三省，枢密院言："今参酌立定诸路州、军、府忠义巡社可行之法，乞遍下诸路。"诏依："仰诸路安抚使及钤辖司、提举司，各依今来措画，督责州县疾速推行。仍令尚书户部遍牒行下，及令本部置籍举（摧）〔催〕，每旬检举取会诸路已施行次第，缴申枢密院。""一、乡村民户，除三路保甲并京畿诸路诸色役人，并稚小老病外，虽客户但有家属烟爨，而愿入巡社者亦听，即不得抑勒单丁贫弱之人。仍逐社置籍，县置都簿。内有能自置马者，于籍内开说，别加优恤。谓如免户下差使之类。籍内载其县分、乡村、户头姓名及充巡社正身姓名、年甲，并听乡村民户自结集到人数，即不许州县抑勒。其坊郭民户巡社，并依乡村巡社法施行，并以忠义强壮为名。仍各供申户部左曹置籍。二、忠义强壮巡社，令自相团结，每一十人为一甲，互相保识。每一甲内推择一名为甲长。每五甲为一队，有马者别为队，并注籍。于本队内推择一名为队长。每四队为一部，于本部内推择一名为部长。每五部为一社，于本社内推择二人，内上名为社长，次名为副社长。每五社为一都社，于内推择二人，内上名为都社正，次名为副都社正。若及两都社，谓及一万人以上者。社内推择首领为忠义强壮巡社都总辖，副首领为副都总辖。遇逐阶有阙，依格目资次升补。有劳绩、无过犯之人，应充甲长以上职名次人，并免本家保甲身役。其逐阶部辖人，从初并令本社内互相推择自来有信义及有材勇智略、兼物力高强为乡里众所推服者充。依《靖康元年六月一日敕》节文：'劝募到乡民丁壮、忠义社，各使推择为首领，自相团结。若及千人以上，与借授保义郎；八百人以上，借授承节郎；五百人以上，借授承信郎。'今除依上条施行外，若结集及一万人以上者，首领并副首领并与借授成忠郎。各据劝募结集到人数，令借授官资。差充社长以上，至都、副总辖职次，日后迁转，依资次条格。若同力劝募结集到人数，即从众人推排，依资次借授官资，差补职次。所有社长、副社长、部长及队长、甲长，非时捕盗、御金贼有功、合补官者，更不拘年限资次补授外，自都总辖至甲长，各三年一次递迁。内有过犯事理，或情理重及有病者，不在迁转之限。内自甲长迁至正、副社长以上，依元结集到人数借授官资，充逐阶职名。至该后项条格解发者，如以武艺解发，即赴阙引见。呈试合格，赴吏部补正元借官资，仍便注授监当、队将并许权入县尉、巡检及新置县尉、诸县指使差遣。若转至都总辖，实历二年、合该解发者，即直赴吏部补正元借官资，依上条注差遣。所有借官公据，从本州统制官、知、通及两职官验实，通签给付，仍申户部左曹注籍。三、每十人结为一甲，互相保识，觉察奸细贼盗、窝藏外来奸细贼盗等事。如失觉察者，减罪人罪三等，甲长、队长各减一等，社长、副社长又减一等，社正、副及都、副总辖又减一等。能自觉察捕获者，依条格推赏。四、乡民集为巡社，御贼备战，理须教习武艺阵队。若驱率赴本州县教场教习，窃虑民户劳费。访闻巡社尝于庄井近便处札寨，以聚丁壮，以防寇盗，可各从便轮番就寨教习。如寨地系官地，即据地数，权免赋租。若系民田，即以官地拨，或给价钱。其近江河乡村，仍相度沿江河置寨教阅，各分轮人准备应援。本州县并邻接乡村州县，或把截津渡外，当留一半人数防守村乡庄井，并务要土（着）〔著〕人应援。若知邻近乡村或连接州县缓急盗贼窃发，巡捕官及兵将未到，并许都总辖以下至部长、队长、甲长，即时呼集社人，互相应援邻近乡村州县，或拦截掩杀盗贼。申报不及者，听都、副总辖或都、副社正及社长临时随宜从便管押前去，仍飞申所属州县。其应援本州军府及邻近州县，并把截津渡、离家地远者，依保甲戍守巡防例，日给钱一百文、米三升，其马日给草料七分。仍令逐州县各将管内逐乡村民户合纳义仓粮斛，桩充前件支用。如不足，以应系官钱粮、草料充。五、忠义巡社人，各许置合用器械，或甲胄之类，并赴本县置籍拘管，应副本社使用。六、忠义强壮巡社，一阶一级，全归伏事之义。每遇点集御金贼，及应援本州军府，或邻近州县乡村，及把截津渡，但依公聚集之时，若有违犯阶级者，杖一百，殴者加一等，伤重加斗伤二等。其违犯本属官者，徒一年，詈者徒二年，殴者徒三年，仍配千里，伤者斩。若情犯凶恶，或事涉扇摇者，勘罪闻奏，即凌迟处斩。若不因点集等有犯，各加凡人一等。若遇御捍金贼，或捉杀群盗，临阵有犯，并依军法。七、巡社自都、副总辖及社正、长以下，事本县令、县尉及本州知、通，皆师帅之官也，合以县令为本县忠义巡社统领官，县丞为同统领官，知州为统制官，通判为同统制官。若知州系本路安抚使或都总管，自依帅臣节制一路官军、民兵条法。仍以一州一县忠义巡社增耗功罪立法，知、通、县令及县尉殿最，岁终考较，最优者各转一官，最劣者各降一官。知、通最优者转一官，更减一年磨勘，最劣者展三年磨勘。仍以邻近有盗不犯，而犯不能扰，或能克获者为优。八、帅守、县令，各实任教化之责，务化民忠勇，和睦孝悌，仍不废农务。令逐县于乡村冲要去处，粉壁晓谕巡社在家之人，并须依时农作。若于家孝悌，又勤于农作、事显著者。从本乡社保明申县，县申州审实，特与升补本社内阶级职名。九、忠义巡社官司，并本辖官等，若专擅拘抽私役差使者，以违制论，徒二年，不以失减，仍不以去官、赦降原减。如遇点集收捕盗贼，及应援州军府，把截津渡，并都保聚集之时，本辖官并都副总管及社正等，如有率敛，取受社人财物，罪轻者徒二年，赃重者自从本法。若许而未得，并依监临主司因事受财物法，加一等。事若枉法者，自依枉法断罪。不因事而率敛者，杖一百，一贯文徒二年，不入己减三等，应被率敛者不坐。并许人告，计赃依格支赏钱。统辖人知而不告，各减罪人罪五等坐之。其州县（人）〔人〕吏及诸色公人、百姓等，如因点集，敢起动社人乞觅钱物，委州县收捉。赃轻者科徒二年，刺配五百里外州军本城；赃重者禁勘具奏。十、忠义巡社犯放火、强盗、持仗劫盗，并各加凡人一等。如不因点集及教，遇本州军府及邻近乡村县分非次盗贼警急，即委自逐县令或县尉，画时量盗贼多少，呼集社人，并力掩捕袭逐。其社人若捉杀到贼人，除依条即时支赏外，功大者具功状保奏，当量功力补授，或迁转官资名目。若见贼不用心捉杀，有走透及自为贼盗，并窝藏盖蔽盗贼，至因事彰露，本管都副总辖、社正等不能觉察者，殿降一年名次。若能自设方略，率众杀获持仗强盗及杀人贼，各据身分获到人数，除依条支给赏钱外，若所获人数多，及获到近上首领、事状明者，量功更与转资；如无资可转，即量劳效，别优加酬奖。若赴官司陈告，捉获凶恶贼一名，除支赏钱外，亦与等第迁转。如未有名目人，即特与借补官资名目。其告捉到杀人及持仗强盗，每获一名，除支赏钱外，给与公凭；更获一名，即依前项酬奖。其杀获金寇立军功、战功之人，即量功力优加酬赏。功大者保奏，超授官资。十一、巡社往往以辨认奸细为名，劫夺居民或过往客旅、公人、官兵财物，或杀人者，其犯事人并行处斩。许人告，每名赏钱一百贯文。如根究得情理诣实，其赏钱并以官钱代支，于犯事并干系人名下均备还官。十二、巡社都总辖、副都总辖、都社正、副都社正、社长并副社长，各能统辖社众，及教习社内人武艺精熟，并自结集成社，后来自己不曾犯盗，并纠察屏除得本城分内贼盗稀少，及应援本州县并把截津要，及应援邻近州县乡村，别无违误，每岁从本县统领官按试武艺解发。内都总辖及副都总辖各射得弓九斗、弩三石，都社正及副都社正各射得弓一石、弩三石二斗，社长及副社长各射得弓一石一斗、弩三石五斗，本社保明申县，县申州，州审察按试得实，各保明申（按）〔安〕抚使司或钤辖司，内京畿即保明申提刑司。核较得实，闻奏得旨，解发赴阙引见，呈试前件身分弓弩斗力，赴吏部补正元借官资，仍便注授监当及队将，并许权注授县尉、巡检及新置县尉、诸县指（挥）〔使〕差遣。仍依弓马所子弟呈试武艺合格出身法，都总辖以下至副社长，每岁每〔州〕管内诸县，所管以十分为率，解发不得过五分。若合格人数多者，先取职名高者；若职名同，即取武艺斗力大者；若斗力同，即取精熟者解发。内有武艺不合格之人，都总辖实历二年，自己不曾犯盗，并纠察屏除得本地分内贼盗稀少，及应援本州县并把截津渡要害，及应援邻近州县乡村，别无违戾者，本州县保明，申安抚司或钤辖司，内京畿即保明申提刑司，解发赴吏部，补正元借官资，仍更注授监当及队将，并许权注授县尉、巡检，及新置县尉、指使差遣。仍依弓马所子弟呈试武艺合格出身法。遇都副总辖转资出官，以次递迁。若一职至两名以上者，即以次人为守（关）〔阙〕。十三、巡社部长以下，至众社人，每岁十月，从本县统领官按试武艺。内部长、队长、甲长，弓箭一石二斗，兼射亲二中，弩射三石八斗；众社人弓各射一石三斗，兼射亲三中，弩四石。内部长、队长、甲长能部辖及教习社人武艺精熟，并社人各不曾犯盗及徒以上罪，并不曾违犯阶级，并从本县保明，解发赴州。本州再试合格，听解发赴安抚使司或钤辖司，内京畿诸县即解赴提刑司，覆较得实，方许保奏，候得旨解发。每岁，每州管内诸县所管巡社，共及三万人以上，许解发六人；一万人以上，许解发五人；一万人以下，许解发三人。并依解发保甲赴阙引见呈试授官注授差遣。若无人应格，或应格者数少，即听阙。十四、逐社部长以上（致）〔至〕都总辖行遣文字，各从本州给木朱记行使。十五、每遇春天，其社人并免身丁，自养马者并非次科差夫役丁数并免。十六、本社防护过往纲运、使命，转送朝省文字及军期急速文字，保护无疏失违滞，仰本州保明闻奏，当议特与推赏。十七、除本县官充统领官，本州军府知、通充统制官，仍隶本路安抚使司；无安抚司处，即隶钤辖司。京畿即隶提刑司。逐路提刑充提举巡社官，除遇御杀金贼并贼盗，许会合点集外，并不得非时追扰、役使巡社人。其提刑司人吏、公人、军人，敢起动巡社，乞觅钱物者，并依州县人吏公人等断罪条法。十八、诸县奉行巡社措置先次就绪不扰者，许本州保明申帅司，帅司审察诣实保奏，当议优与推恩。其今来措置到巡社画一，若与已降指挥文意相妨者，并依今降指挥施行。如有未尽，或于本处土俗人情未便者，仰本县条具申州，本州审实，内京畿申提刑司相度，如有利便可行事节，先次施行讫奏。"诏依："仰诸路安抚使及钤辖司、提刑司，各依今来措置，督责州县疾速推行。仍令尚书户部遍牒付下，及令本路置籍举催。每旬检举取会诸路已施行次第，缴中枢密院。"50—58，p8650—8654

【建炎元年】十月二十一日，枢密院言："诸路招集巡社，内一项除〔本〕县官充统领官，本州军府知、通充统制官，仍隶本路安抚司，无安抚司处即隶（铃）〔钤〕辖司，京畿即隶提刑司外，逐路提刑充提举巡社官。今来契勘逐路创置武臣提刑一员，其旧保甲提刑，并今提刑（御）〔衔〕内，自合带入'提举巡社'字。"从之。58，p8654

【建炎元年】十二月二十五日，诏："除京畿、京东、京西、河北、河东、陕西路依元降指挥置巡社外，后来增置路分并罢。内有已就绪去处，民情或以为便，愿存留者，仰本处申取朝廷指挥。"以臣（寮）〔僚〕言："访闻近日州县颇行追呼，点集频数，遂致农民失业，公私纷扰，殊乖朝廷立法本意。愿申敕提举、统制、统领官，令各以至诚恻怛之心，推广至意，无令侵害吾民。仍令监司互察，敢有违戾者，重行黜责。"故有是命。58，p8654

【建炎】二年四月六日，诏："京畿、京东、京西、河北、河东、陕西，依元降指挥置巡社外，余路应权添置武臣提刑去处，并于衔内带'兼专一措置捉杀盗贼公事'，仍除去旧衔内'提举巡社'四字。内杭州、温州巡社已就绪愿存留指挥更不施行。"从臣（寮）〔僚〕请也。58，p8654

宋会要辑稿·兵三·厢巡

真宗景德四年闰五月，诏："京城内外诸厢，比差禁军巡检监察寇盗，如闻以战事为名，取求财物，宜令开封府侦捕严断，仍委殿前、侍卫司常行约束。"1，p8657

【大中祥符六年】四月，诏禁诸厢镇擅置刑禁者。至道初，禁镇将、厢校妄理词诉而禁棰人者。至是，颍州厢校张珪强棰鬻牛者为盗至死，刑部请申前制。2，p8657

【大中祥符】七年五月，诏诸州厢镇所由捕未获，用百日为三限，决罚减等，如"景德三年三大户"条。2，p8657

天禧二年八月，诏："新城里地分巡检兵士，自今捕获逃军一人，支钱二百，贼一人支钱五百。"2，p8657

【天禧】五年正月，诏："新城外置九厢，每五百户以上置所由四人，街子三人、行官四人、厢典一名；五百户以下置所由三人、街子二人、行官四人、厢典一名。内都所由于军巡差虞候充，其余并招所由。新旧城里八厢，左军第一厢管二十坊，人户约八千九百五十户，元街子、所由、行官、书手、厢典共三十二人，今减八人，差厢典、书手、都所由各一人，所由五人、街子二人、行官十四人；第二厢管十六坊，人户约万五千九百户，元共三十四人，今减八人，定厢典、书手、都所由各一人，所由五人、街子四人、行官十四人。城南左军厢管七坊，人户约八千二百户，元共二十人，今减四人，定厢典、书手、都所由各一人，所由二人、街子二人、行官九人。城东三军厢管九坊，人户约二万六千八百户，元共二十九人，今减十人，定厢典、书手、都所由各一人，所由四人、街子四人、行官八人。城北左军厢管九坊，人户约四千户，元共二十六人，今减十人，定厢典、书手、〔都〕所由各一人，所由三人，街子三人，行官七人。右军第一厢管八坊，人户约七千户，元共二十一人，今减九人，定厢典、书手、都所由各一人，所由二人，街子二人，行官六人；第二厢管南坊，人户约七百户，元共九人，今减三人，定厢典、书手、都所由各一人，所由三人，街子一人，行官二人。城南右军厢管十三坊，人户约九千八百户，元共二十四人，今减九人，定厢典、书手、都所由各一人，所由三人，街子六人，行官八人。城西右军厢管二十六坊，人户约八千五百户，元共三十一人，今减六人，定厢典、书手、都所由各一人，所由五人，街子六人，行官十一人。城北右军厢管十一坊，人户（都所）七千九百户，元共二十八人，今减十五人，定厢典、书手、都所由各一人，所由二人，街子二人，行官六人。"3—4，p8658—8659

仁宗天圣二年正月，诏："自今诸处遗火，如救火兵士、诸色水行人等于救火处偷取财物，其巡检人员当面捉下，勘逐不虚，元捉人令开封府候断遣赃人讫，具职次、姓名并赃人所偷赃物估（直）〔值〕钱数以闻，当议于开封府赃罚钱内量与支赐。如获偷物数多者，亦别与酬奖。诸色人告捉获，亦比类申奏。"4，p8659

【天圣】三年三月，诏："新旧城里外左右厢巡检，自今逐处所差巡检人员、节（给）〔级〕、兵士等，逐月严切晓示，每收领公事，并须分明依实写定元犯因依申送。（授）〔受〕事指挥使员僚等收到公事，更切审问罪人元犯事状申送，不得辄更虚妄添减罪状。及所领罪人，除是贼盗拒捍及凶恶人不伏收领外，其余杂犯罪人，并不得非理殴打，乞觅钱物。"5，p8659

【天圣】四年三月，诏："开封府勘得亲从兵士裴达、御辇院节级唐政、百姓丁遂、田从等，各诈作后殿巡察亲事官，并（火）〔伙〕下恐吓仓场所专典及官员、僧道、客旅金银钱物，已断达、政处死，遂、从决配沙门岛，遇赦不还。宜令开封府每季一度出榜晓示在京仓场库务，自今有犯罪未发，并无罪之人，如有称巡察公事，恐喝却钱物，许画时经官陈首，及收捉元犯人勘罪严断，更不根勘被恐吓人因依情罪，并特放免。如不陈首，因事彰露或察访得知，其被恐吓人一例依法施行。"5，p8659

【天圣四年】十一月，诏："近日频有遗火，虽累降条约，尚虑不切防慎。今南郊俯逼，宜令开封府指挥诸宫观、寺院及里外诸厢巡检、人员等，常切提举，不管疏遗。如违，并当极断，经赦不原。"5，p8659

【天圣四年】十二月，诏："京城诸厢虞候非次为事故及逃亡者，令三司衙门、开封府依例权差人管勾，具因依姓名申枢密院。"5，p8659

【神宗熙宁】十年正月十三日，诏："诸巡捕人不觉察本地分内有停藏透漏货易私茶、盐、香、矾、铜、锡、铅，被他人告捕获者，量予区分，本犯人罪至徒杖八十，至流杖一百；同保知情杖六十，不知情并保长不觉察者各不坐。"6，p8659—8660

宋会要辑稿·兵三·弓兵

【高宗建炎二年】十二月五日，太平州言："诸州增募弓兵，应募人若非特免身丁、量减科率，则愿投者少。"诏令尚书省立法。今拟修："新置弓手听免本身丁役。"从之。18，p8666

【建炎】三年正月二十五日，诏："新置弓手遇教习，辄令人代及代之者，各杖一百。管辖人容纵，与同罪；失觉察，杖六十。余并从之。"18，p8666

【绍兴】十二年七月五日，诏："诸州军添置诸县教阅弓手准备将领，自今后并差大使臣年五十以下、应材武亲民资序、无赃罪及私罪重、有举主二员人充。诸路安抚司辟差准备将领准此。其日前已差下小使臣充逐件窠阙，未赴任之人依省罢法，已到任人且令终满今任。"24，p8669

宋会要辑稿·兵四·弓箭手

【仁宗天圣七年】十一月，泾原路钤辖、兼知镇戎军王仲宝言："准宣，镇戎军弓箭手，自今抛下地土，逃走避罪，三五日首身者，依格法区分，却给旧地土；逃走一月以上，地土已别招人种莳，即永不得收录姓名。近准宣，令所招弓箭手并于手背上刺'弓箭手指挥'字号。欲乞自今如有未刺手背弓箭手逃走，一月内首身从获者决讫，亦刺字号收管差使；一月以上，止依旧例，永不收录姓名，将地土别招人请射。其已刺手背，正身逃走，权令本家少壮儿孙弟侄承替应役。如无得力人丁及全家逃走者，限三月内首身，决杖十三，捉获决杖十五，依旧收管差使。限外不首身，本家却令儿孙弟侄情愿投代，本指挥人员保明，押领赴官呈验得中，依例刺手背收管，却给元旧地土耕种。如限外不首及捉获，又无人代名者，即将地土纳官别招人。如元逃弓箭手却来首身者，决杖十七，捉获决二十。其地土如本家已有人承替，及别招到人请射，其逃人少壮有武勇者，亦乞却勒依旧别给空地土耕种。如刺手背人员、弓箭手年老病患，令儿孙弟侄承替，及逃走首身、捉到，其中亦有年老软弱病患者，当官呈验，委的不任征役，即乞给与公凭，放令逐便。或刺手背人往别州军界逃避，及出取却字号，验认有瘢痕，随身别无公凭，捉送所属州军勘断施行。"从之。2—3，p8678

嘉祐六年五月，诏："陕西逐路经略安抚司，沿边州军所置寨户弓箭手，专令防托边界，累曾约束训练，今后所属专切提点。有田土未足者，速根括支给。未置到鞍马、器械者，限一月创置足。除系边界御捍巡防外，虽官中工役不得抽差，违者以违制论。"4，p8679

【神宗熙宁六年十一月】五日，诏："麟府路弓箭手近行招添，全藉安集。本州及城寨除合差配及和顾马牛驴、夫力等，皆申经略使。若有贼马入界，许差发讫申。如违，并以违制论，不以赦降、去官原减。仍许人告，官给赏钱二百千。"6，p8680

【熙宁】七年三月二十五日，知熙州王韶言："乞以河州作过蕃部近城川地招弓箭手外，其山坡地招蕃兵弓箭手。每寨三五指挥，以二百五十人为额，每人给地一顷，蕃官两顷，大蕃官三顷。仍招募汉人弓箭手等充甲头。候招及人数，补节级、人员，与蕃官同管勾。自来出军多为汉兵盗杀蕃兵以为首功，今蕃兵各情愿依正兵例黥面，或刺手背为'弓箭手'字号讫，更于左耳前刺'蕃兵'字。"诏止刺耳前。6—7，p8680

【熙宁八年】九月二十二日，诏颁《陕西、河东弓箭手所养官马条约》。7，p8680

【元祐】五年四月三日，熙河兰岷路经略司言："乞委城寨使臣同召募少壮堪耕战人刺充弓箭手。每员招及三百人，着业及一年，减磨勘一年；百人减半。仍委知、通提举，每及六百人，各与减磨勘一年，三百人减半。"从之。14，p8685

【元祐五年】七月九日，泾原路经略司言："请自元祐三年五月以后根括违法典买蕃部地土人，与免罪，许以两顷五十亩出刺弓箭手一人，买马一匹。"从之。14，p8685

【政和五年】四月二十七日，（大）〔太〕尉、武信军节度使童贯奏："据提举陕西河东路弓箭手何灌等申请画一下项：一、（亲）〔新〕边地多有侵冒，自来将寨官已失觉察。今虑隐庇前非，无缘得实，欲乞于近里州军差出文武官及本处将寨官同共打量根括，本州军知、通觉察情弊。候打量了日，逐官连衔保明申。二、所立首限，乞自今年七月一日为头，其打量自十月一日为头，庶不妨农事。三、新边官员职田，多是挑拣膏腴地，有害招置良法。今欲并行拘收，依条于近里州军支给价钱。四、检承《崇宁弓箭手通用敕》：'给田，所属出给户帖。'又《敕》称'所属'者，谓州县城寨。缘此，诸路自来出给户帖不一，不无移易情弊。乞今后并从提举司出帖，下所属州县城寨给付。如有阻节情弊，听赴诉。五、沿边骑兵，最为先务。今逐路弓箭手阙马甚多，自来虽有马社钱补助买马，缘所积不多，马价倍贵，岁给买马不过三五匹，若非朝旨支降，无缘增置骑兵。今欲乞支降纲马，均配逐路弓箭手。内熙河路乞依旧令弓箭手选买，官支价钱。其支降纲〔马〕，乞专委边防司计置分拨。六、逐路各许指名抽差手分三人、贴书二人。缘今来复司之始，文移繁冗，欲乞逐路添差典书二人、贴书二人，请给、（还）〔迁〕转、出职，并依提举保甲司已得指挥施行。兼先罢司日，人吏多在诸司充役，谙知本司行遣，欲乞许本司勾抽，诸司不许占留。仍许通理在司月日，听从优处出职。七、弓箭手租田，其所出租子见隶经略司。缘弓箭手借助牛、粮、种子及赈贷之类，并系提举司责限支给，今欲乞将前项租子拨隶提举弓箭手司。不惟支遣不至留滞阙误，兼得职事专一。八、欲乞逐路踏逐奏差校尉已上小使臣二员充本司准备差使，并依经略司准备差使条例。如有违碍，乞特行差注一次。九、按试弓箭手武艺，旧分三等支赏：出等人支三钱银碗，第一等支二钱银楪子，二等支一钱银楪子。其所支赏物，虽可以激劝，缘极边难得（躬）〔射〕甲竹箭，今欲乞逐路各支降射甲箭三五万只。遇按试，武艺精熟及开耕土地、招置人马数多，量轻重支给，充为激赏。十、弓箭手指射堪好地土尽绝，内有薄弱稍堪耕种者自合增给，其不堪耕种者若一例品搭，则全无所得地利，赡家不足，遂致逃亡，深害招刺良法。今欲乞将不堪耕地土除豁，更不品搭。十一、弓箭手自来均籴虽分等第，缘物力贫富不同，遂至轻重不均。今欲乞上等均籴三硕，中等二硕，下等一硕，依在市中价，及乞依《崇宁弓箭手敕》本户结籴法，预借价钱。其新招到人，权免二年均籴。十二、元降指挥，提举弓箭手官理任、请给、恩数等并依提举保甲司条例施行。契勘逐官次序不等，缘曾任都钤辖、钤辖、知州军、路分都监资序，所有请给、人从、随行指使、接送人，并乞依上项从高条令支破施行。十三、契勘提举弓箭手司旧视提举常平司。检承《崇宁三年正月敕》节文：'提举弓箭手官岁举改官县令，比提举常平官减半。'今来本司系依提举保甲，与提点刑狱条例并同，欲乞荐举改官县令依提点刑狱官减半外，有分曹建掾后来添举改官员数内零分，更举一员。其逐路城寨当职使臣并系奉行弓箭手职事，所有荐举大小使臣，乞并依提举保甲司条例，更不减半。十四、元指挥礼部每路各支降空名度牒一百道，应副新边招刺。今来法行之初，招刺人便合支借钱粮，所用不少，窃虑度牒难以便行变易，欲将上件度牒共六百道并回纳，却乞逐路各支降钱三二万贯，令平货西场计置物帛起纲，前去应副。十五、保甲司岁赐公使钱四百贯，今来本司创置之初，犒设得力官吏，比保甲司不同，支用不足。欲乞逐路各添赐钱六百贯，以系省头子钱充；如不足，支转运使钱，欲逐司添支钱三百贯。十六、弓箭手所置耕牛，欲乞于角上官用火印。如不堪使用，即令别买，赴官呈验火印讫，却将替下牛火印退字，方得货卖。如违，许人告捉，支赏钱五十贯，买卖人均备，仍依质卖兵器法。十七、熙河新边一带土地荒芜太久，开垦甚难，又人贫少力，种粮倍贵，故弓箭手旋募旋散。今虽当厚借贷以广招募，亦宜委曲措画，以成地利。如前日湟州东原近千顷，亦以荒旷太久，人悉置而不问。因得汉、唐引水故渠，修葺引水，不一月间，其田悉为膏腴，人之占射者溢数。今西宁、湟、廓一带，可入水之地甚多，又汉、唐故渠间亦依稀可考。今欲乞于本路近里弓箭手步人内，轮差三五百人，每月一替，开渠引水，以变荒旷难辟之田，以劝富强难募之民。又地之所入，可数倍于旱田，庶得新边立见富强。"并从之。19—22，p8688—8689

【政和五年】十一月十日，边防司奏："据提举熙河兰湟路弓箭手（河）〔何〕灌申：'本路边远，土地至重，非特养兵待战，而收复之初，艰难亦甚，深宜宝惜。今在弓箭手虽已不容侵冒，而汉置蕃田尚甚泛滥。近缘打量，其人亦不自安，首陈已及一千余顷，若招弓箭手，即可以招五百人。若纳租税，依条每亩三斗五胜、草二束，一岁之间亦可以得米三万五千硕、草二十万束。今相度，欲乞将汉人置到蕃部土田愿为弓箭手者，两顷已上刺一名，四顷以上刺二名。如不愿者，依条立定租税输纳。其巧为蕃部将已买到地土别为名影占者，重为禁止，庶边远重地，不至侥冒。'本司契勘，欲依何灌所乞外，有别为名影占者，许人首告，以所告地三分之一给与。所贵有以革去影占之弊。"从之。25，p8691

【政和五年十一月十日】，边防司奏："提举河东路弓箭手（河）〔何〕申：'检会《崇宁陕西、河东路弓箭手通用敕》："诸户绝田土，委本州具顷亩、姓名申本司，招置弓箭手。"今点检得管下州县户绝财产，条内有合给者，州县公人作弊，将地土小估价（直）〔值〕，给与得财产人，若不申请，即户绝田土无缘拘收招置民兵。欲乞应本路沿边户绝财产依条给与者，先给见钱、物帛、斛斗、什物、畜产之类，次给（含）〔舍〕屋，或不足，许给地土。所贵户绝田土本司拘收，招置渐有增广，以备边防。'"从之。25—26，p8691

宋会要辑稿·兵四·峒丁

【神宗熙宁】十年十二月二十七日，知桂州赵卨言："奉诏相度邕、钦州峒丁。自极边、次边、腹内，分左江、右江州峒，定到提举训练条制，赏罚支赐事节。"各以条目来上，并从之。33—34，p8695

徽宗大观二年八月二十八日，上批：熙宁团集左、右江峒丁十余万众，自广以西，赖以防守。今又有二十万众投诚归化，已令张庄依左、右江例，相度闻奏。尚虑官司不知先务，措置灭裂，可依下项。一、今来峒丁既愿纳土，可依观、允、平、从等州例，先行犒设，仍更加优厚。其结保置籍、俸赐犒设，教阅按试、巡守番上之类，仰并依左、右江旧法施行，仍务加宽恤，条画闻奏。二、峒丁能率众从顺，宜加优异，以适其心。旧来有都副指挥使、都头、十将、节级名目，及小使臣官爵，并酬奖减年，未至优厚，今宜量与加等之法推恩。内有酋首为众推许并旧来统众之人，可与使臣安排；人材尤异者，更与转三两官。三、今来纳土之人，新归王化，深恐官司骚扰乞取，以失其心，可检会昨降付熙、河、湟、廓侵犯禁约颁下，委张庄措置。缘邕州去融州辽远，深恐安化之初，事务繁多，张庄力有不及，可令与程与同共协力相度，及令程邻前去邕州，就近措置，仍并依张庄已得指挥，即不得辄分彼我。四、归顺峒丁地出良马，可相度置场博买，及其余出产之物，亦仰措置有无相易，不得亏损，以利其民，条具闻奏。五、峒丁去交趾稍近，今其民革心从化，不系朝廷用兵讨伏，深虑异意乐祸之人故为传布，使之惊疑，可令安抚、经略司差人赍公文告谕沿边及交趾知委，不得别致生事。六、大观二年六月二十九日，检会《崇宁四年六月三十日敕》："中书省勘会：'熙河、秦凤路归顺蕃族熟户归投以来，本无背叛。访闻止缘官吏及诸色人公然不法，夺取财物，奸私妇女，全不畏惮，盖是法禁不严，人敢冒犯。今拟修下条。'诏依拟定到，湖南北、广南西路新边依此，仍多出榜晓示。'诸乞取蕃族熟户财物者徒二年，二贯徒三年，十贯加一等，至一百贯或奸若略人者斩，不以赦降原减。诸与蕃部熟户交易而小为价致亏损者，计所剩以监主自盗论。诸蕃族熟户无故辄勾呼追扰者，徒二年，禁留拘系加一等，三日以上又加一等，因而致逃叛者又加一等。右入《熙河兰湟秦凤路敕》。'勘会平、允等州已分为黔南路，依上件朝旨，即不该载。今欲黔南路应新边并依《崇宁四年六月三十日朝旨》施行。"从之，仍入《黔南路敕》。35—37，p8696

宋会要辑稿·兵五·屯戍上

【大观】四年闰八月十日，臣僚言："勘会自来宣发出戍将兵，每二千里外支借两月钱粮，三千里外借三月钱粮，盖所降宣命，系驻扎近而戍守远。若今后宣发将兵，如驻扎远而戍守近，或驻扎近而戍守远，其借请恐合并从远支借。自来未有明文。又契勘自来起发将兵州军阙少衣粮钱物之类，并移申本路转运司下有处州军支移，其阙物州军差衙前往彼般取，至有往复迟延，应用不及，致有阙误。若不立法，窃虑今后紊烦朝廷。今检会《元符令》：'诸军差出五百里以上，许借请受一月，千里以上两月，三千里以上三月。诸借兑钱物应支地里脚钱者，借兑官司出备。'《崇宁将官敕》：'诸军差出五百里以上，具人数、地里报州县借支请受。'看详：'除借兑钱物自合依条令借兑州军出备脚乘外，其转运司行下诸州借兑钱物，多不契勘的实有物州军，致展转（般）〔搬〕运，虚费脚乘，使军兵有违起发日限，显属未便。'今增修下条：'诸军差出五百里以上人数、地里报州县借支请受，其一将下人兵住营在内州以上者，以地里远处为限，一等支借。'"谓如京东第二将人兵，系京南谷熟、徐州住营，若差发赴陕西，以徐州计地里之类。诏依修定例条施行。13—14，p8706—8707

【宣和四年】三月二十一日，臣僚言："《政和令》：'出军衣，春限年前十月十六日支，十二月十五日以前发；冬限三月二十一日支，五月十五日以前发。在沿边者，支、发各先二十日。'盖出戍军先出给冬衣者，为其离营已远，旋寄异乡，使无衣裘之忧。此良法美意也。然冬衣之到，多是八九月之前，天气尚暄，多是将绵衣典卖，非理破卖，洎至风雪之际，例皆赤露。伏望特降睿旨，凡戍去处，如冬衣已到未系冬月，未得俵散，当厅置柜封锁收藏，至下月上旬方得支俵。庶几兵级军装，风雪之际，得获温暖。"从之。15—16，p8708

宋会要辑稿·兵一一·捕贼一

太祖建隆三年十二月九日，诏曰："贼盗斗讼，其狱实繁，逮捕多在于乡间，听决合行于令佐。顷因兵革，遂委镇员，时渐理平，合还旧制。宜令诸州府，今后应乡村贼盗斗盗讼公事，仍旧却隶县司，委令、尉勾当。其一万户以上县，差弓手五十人；七千户以上，四十人；五千户以上，三十人；三千户以上，二十五人；二千户以上，二十人；一千户以上，一十五人；不满千户，一十人。合要节级，即以旧镇司节级充。其余人并停归县司色役，其弓手亦以旧人充。如有贼盗，仰县尉躬亲部领收捉送本州；若是群贼，画时申本隶州府及捉贼使臣，委节度、防御、团练使、刺史画时选差清干人员，将领厅头小底兵士管押，及使臣根寻捕逐，务要断除贼寇，肃静乡川，不得（輙）〔辄〕便搔扰。其镇将、虞候只许依旧勾当镇（廓）〔郭〕下烟火、盗贼、争竞公事。仍委中书门下，每县置尉一员，在主簿之下，俸禄与主簿同。"1，p8817

【建隆三年十二月】十六日，诏颁《捕贼条〔法〕①》："应劫贼、杀人贼，并给三限，限二十日：第一限内捕获不计人数，令、尉各减一选；获及一半以上，各减两选。第二限捕获不计人数，令、尉各超一资；及一半以上，各超两资。第三限获贼不计人数，令、尉各加一阶；获一半以上，各加两阶。出三限，并不获贼，尉罚一月俸，令罚半月俸。尉三度罚俸，殿一选；令四度罚俸，亦（尉）〔殿〕一选。经三度殿选者勒停，仍委本州依条批书本官历子。应有劫贼、杀人贼，县（委）〔尉〕画时捕捉；尉已出捕贼，即令捕逐。如亲自斗敌，徒党全获者，令、尉并赐绯，尉除令，仍超两资，令别与迁擢。如获一半，及亲入贼及捉获酋领者，委本处优与酬奖。如令、尉力可捕贼，而公然逗留，致有透漏者，勘罪闻奏。力所不任，画时报邻近巡检使臣及州府，同共捕捉。合报不报，亦仰勘罪。若巡检使臣及州府（开）〔闻〕报不与借力，许令、尉直申奏，长吏、使臣并当重责。所差弓手、尉长须教习。应令、尉在任，如能肃静乡川，一任内并无贼寇，本州闻奏，别行推赏，仍书上考。令、尉无事不得下乡，或遇捉贼，亦不得烦扰人户。如有受财入己者，并以枉法论。应先行救命，乡村内争斗不至死伤，及遗漏火烛无指执去处，并仰耆长在村检

---

① 此处应缺字，按习惯应是"法"或"制"。

校定夺，不在经官审理，其县镇不得差人团保。（令）〔今〕后应前件小事，无（人）〔入〕词讼，官中不得勘结。应县尉校考，并依判、司主簿月限。边上县尉，并准前敕，候官满日，更不守遵。所有捉贼期限、赏罚条流，并如前敕，减一选者与超一资，殿一选者折一资。"1—2，p8817—8818

乾德六年三月七日，诏曰："国家务致理之本，设捕盗之官，前降诏书，（其）〔具〕存条制。郡县之内，既已奉行；赏罚之间，有所未尽。自今应有劫贼，如县尉亲自捕逐被（捐）〔损〕伤，获全（火）〔伙〕者，便与县令，仍赐章服。如三分获其二者，减三选，加三阶；获一分者，减两选，加两阶；一分以下，减一选，加一阶。若是尉出，（亲令）〔令亲〕自获捕被伤全（火）〔伙〕者，与升朝官，仍改服色；其余获贼分数，一准尉例，等第旌酬。如令、尉因伤致死，其亲的子弟，当与录用。如或遇贼逗留，因而漏失者，本官勒停。仍委本州郡给三限捕逐，每限二十日。第一限获者减一选，第二（日）〔限〕获者超一资，第三限获者加一阶。三限满不获，罚一月俸；经两度罚俸者，殿一选；经三度殿者，勒停。仍委本州逐度批书本官历，候赴调日，并许将功过除折，依赏罚施行。"2—3，p8818

【景德二年】八月二十三日，诏："亡命军人及劫盗，赦限内捕获，罪至死者奏裁。限外，劫盗准法。亡卒罪至死者，杖脊黥面流沙门岛，情理重者奏裁。罪不至死者，不以赦限内外，并依常法。"5，p8819

【天禧】二年十一月二十六日，诏："诸路州县乡村耆保、公人，自今除（疆）〔强〕盗失丁中报及捕盗迁延，并依旧条科违制之罪。自余小可窃盗，并依捕盗官员例，从违制失定断。"先是，都官员外郎严（颍）〔颖〕言："凡乡村有盗，耆保失于申报追捕者，悉科违制之罪；轻重未适。"乃命法官详议而申明之。9，p8821—8822

【天禧五年】八月十一日，驸马都尉王贻永言："诸州捕盗，每限内不获，其耆壮、弓手、典吏并行决罚。缘典吏止行遣文字，与弓手、耆长情理不等，望自今俟三限不获，典吏从杖七十区断。"从之。9—10，p8822

【仁宗天圣】五年三月二十七日，诏："自今应（疆）〔强〕劫并杀人，许人陈告。如捕获一名，支赏钱五贯，内军人仍转一资，公人百姓仍除二税、衙前差徭外，与免户下三年诸杂差徭。如系全（火）〔伙〕败获者，告人据数支钱外，更（扰）〔优〕与酬奖。所支赏钱，以犯人家财充。如不足，即以系官钱充。"先是，供备副使张君平上言："贼众行劫之后，散往它处寓藏，典卖赃物。军民虽有知者，以事不干己，不敢告官。望立条约。"故有是诏。11—12，p8823

【天圣】八年八月七日，诏："诸处令、尉捉杀到贼人，刑部详定，多称不该先降敕命酬奖。窃虑用功捉贼官吏无以激劝，须议别行条贯。应自今令、尉亲领弓手斗敌，捉杀金火十人以上（疆）〔强〕劫贼人，伤与不伤，令除朝官，（卫）〔尉〕资考合入令录者除京官，未合入令录除节察推官，仍赐绯。全（火）〔伙〕不及十人已上伤中者，令亦除（官朝）〔朝官〕，尉资考合入令录者除京官，未合入令录除节察推官。虽是全（火）〔伙〕伤中不及三人者，奏取旨。斗敌捉杀十人已上不全（火）〔伙〕，并七人以上全（火）〔伙〕，及虽不斗敌，能设方略亲自捉获全（火）〔伙〕十人以上，令除京官，尉除令，如资考未合入令录除节察推官。斗敌捉杀七人以上不全（火）〔伙〕，并五人以上全（火）〔伙〕，及不斗敌捉到十人以上不全（火）〔伙〕，令除执事官，尉资考合入令录者除万户县令，未合入令录除万户簿尉，仍并与家便差遣。凶恶贼徒以为民害者，令、尉能亲自斗敌与不斗敌捉杀群火，虽不及五人，亦许具收捉次第保明闻奏，当议比类量赐酬奖。内有朝廷曾降指挥，或待遣使臣收捕未获，今来令、尉能亲自捉获者，别与指挥。若不该前项条贯酬奖，当时三分捉获二分，与减三选，加三阶；一分与减两选，加两阶，一分以下，与减一选，加一阶。若该前项条贯，合除京、朝、职事官者，内流外出身人，当议比类闻奏。其今日以前得替已经参选磨勘者，不在此限。所有随行兵士、弓手，内有用命杀贼，显有功劳者，亦仰具等第奏闻。所有诸司使、副已下班行使臣等，枢密院比类指挥。"12—13，p8823—8824

【明道】九年八月敕文："禁民间诱聚兵民赌博之家，官司严行捕捉，人得告言。犯者具狱，当议投配恶地。告言有赏，纵而不察，有司论罪。"14，p8825

庆历元年十一月，诏："如闻淄、齐等州民间置教头，习兵杖，聚人为社。自今为首者处斩，余决配远恶州军牢城。仍令人告捕之，获一人者赏钱三十千。"18，p8826

【庆历】二年五月二十四日，诏："府界持仗劫粟盗贼未捕获者六百九十余人，恐结成群党，转为民患。令开封府，应曾伤财主及元谋三人即

加擒捕，依法处断，余限百日归业，除其罪。"18，p8826

【皇祐】二年闰十一月二十四日，审刑院、大理寺言："准中书送下何郯奏请：'今参详，欲乞应捕盗官及非捕盗官，但能亲率人众斗敌捉杀，及虽不斗敌，能设方略捕获同（火）〔伙〕强劫及凶恶贼人，并据人数于《庆历编敕》本条上递降一等酬赏。若捕盗官虽非躬亲，但擘画差人捉杀到，即据所获人数依编敕元条各降一等外，更降一等酬赏。上项如各无可降，更不理为劳绩。内（募）〔幕〕州县官未成两考，获贼降等外合转次等京官者，职官循资，令录除节察推官，判司簿尉除初等职官，仍各知县。其捕盗官及非捕盗官，委是躬亲斗敌，捉杀到久为民害凶恶贼人，等外赏轻并不及前项赏格者，特与临时量轻重取旨，加等酬奖。已上并委本州依条保明申奏。如有不实，其应干系保明及州县元勘贼官吏，并从违制分故失定断。'诏依所奏施行。所有诸色人并公人、军人及停藏贼人并受赃却捉杀贼人，并缉事军人等告捉贼人，并未曾定夺，（今）〔令〕审刑院、大理寺再详定以闻。今参详，欲望自今应公人及诸色人等，如遇贼发，能起意自设方略，率众捉杀到同（火）〔伙〕贼徒，每强劫十人以上或凶恶七人以上者，与三班差使、殿侍内职员名目；高者临时取旨，更与酬奖。不愿者许买扑第一等酒场一次，仍支赏钱二百贯文。如或强劫七人以上、凶恶五人以上，与下班殿侍，不愿者许与第二等厢镇或酒场一次，仍支钱一百贯文。如获强劫五人以上、凶恶三人以上者，与下班殿侍，不愿者许指射第二等厢镇或酒场一次，仍支钱五十贯文。如获强劫三人以上、凶恶两人者，许指射第三等厢镇、酒场。其余各处身分获到人数，每强劫　名，公人与转　资。内有已充节级者，更与节级　次，无（级节）〔节级〕名目者，与免本户下一次差徭科配，无租税者官支赏钱十贯文。每凶恶贼人一名，并依强劫贼酬赏外，更各支钱十贯文。应停贼及知情受赃人，如却能计谋捉杀贼人，并贼人见在本家宿食，能来告官，因兹获贼者，据所获人数，并依上条酬赏，仍特免停（赃）〔贼〕、知情、受赃本罪。其虽计谋捉杀，不经官司告首，别致彰露，即不免停（赃）〔贼〕等罪。若只是知贼人处所，能来告，因兹获贼，即不免停赃等罪。若只是知贼人处所，能来告，因兹获贼，即据所获人数，比起意捉杀人例减一等酬赏。内获强劫三人以上、凶恶两人，合该减等酬赏者，并支钱五十贯文。如告获强劫二人或凶恶一名者，亦支钱十贯文。应差出缉事（人）公人，如缉得同（火）〔伙〕贼人告官，因而捕获，每强劫十人以上、凶恶七人以上，与转一资，仍赏钱一百贯文。强劫七人以上、凶恶五人以上，与转一资。强劫五人以上、凶恶三人以上，只支五十贯文；强劫三人、凶恶两人，亦支钱三十贯文。若不及上件人数，强劫每〔名〕支钱五贯文，凶恶每名支钱十贯文。如一年内缉到强劫、凶恶贼人累计数及二十人以上，委实得力，许本属州军次第保明闻奏，当议相度别与酬赏。其诸色人官司临时差出缉贼者，亦比类此例已酬奖。上项除合该殿侍（已）酬奖，〔已〕奏取朝廷指挥外，余并委本州依条施行。"奏可。21—23，p8828—8829

【皇祐四年】四月九日，诏："应今后命官犯罪理雪及捕贼叙赏，如曾丁忧，并与除出持服月日外，依《编敕》年限厘革施行。"24，p8830

【皇祐四年】九月四日，诏："自来诸处奏到捕盗官捉贼杀人，并下刑部定夺。若系灾伤地分及赃物内有斛斗者，皆不依元定酬奖条贯，依例降下等第。虑有虽系灾伤地分，却是凶强贼徒，或赃内虽有斛斗，又别有大段财物，若一例降等，则酬奖稍轻，无以激劝。令刑部今后定夺捉赃酬奖，系是灾伤地分阙食之民打劫粮食，或斛斗之外更有财物者，各具赃数，开析闻奏。虽系灾伤地分，却是凶强贼徒，元初发意不因阙食打劫粮斛，其赃并是财物，或虽因劫到斛斗，余外财物计赃自至死罪者，细详元案内事理，开析定夺奏闻。"24—25，p8830

【庆历四年九月】十六日，诏："诸州军应勘鞫贼盗，据发意因依、行劫次第，并须尽公依实入案，不得受捕盗官嘱求，增移事情，曲致酬奖。委长吏等觉察施行。其本州保明获贼功劳，亦须具的实（声）〔申〕述所获贼徒系凶强徒党，或阙食人民。如涉私徇，致朝廷误有酬奖，并严行降责。其在京勘鞫贼盗，开封府依此施行。仍仰刑部细详案内事理，开析定夺闻奏。"25，p8830

【治平】三年四月五日，诏："开封府长垣、考城、东明县并曹、濮、澶、滑州诸县获强劫罪死者，以分所当得家产给告人，本房骨肉送千里外州军编管，即遇赦降，与知人欲告、案问欲举自首、灾伤减等，并配沙门岛。罪至徒者，刺配广南远恶州军牢城，以家产之半赏告人，本房骨肉送五百里外州军编管，编管者遇赦毋还。五服内告首者，具案奏。获贼该酬赏者，不用灾伤降等。"26—27，p8831

【治平四年】六月二十三日，刑部言："准治平三年四月五日诏书如前。省司看详立法之意，盖为上件指定州县居民自来习惯为盗，以至结集徒党，杀害官吏，遂立重法。据文称：'上件州县今后捉获强劫贼人，虑有他处人曾于上件州县诏书系开封府长垣、考城、东明县并曹、濮、澶、滑州诸县。行劫败获，亦合用此重法。'及有贼人犯在立重法以前，获在立重法以后，于条则合用犯罪逢格改、格重，听依犯时。若（文据）〔据文〕称，今后捉获，则更不问犯罪在前，亦并用重法。缘省司定夺酬奖，合随贼人所得刑名，窃虑执文定夺，违戾立法本意。今欲乞申明上条内'上件州县今后捉获（疆）〔强〕劫贼人'一十二字，改作'今后上件州县人犯（疆）〔强〕捉获'一十二字，所贵文与法通，刑赏不失。贼人如不是上件指定州县人，即免没纳家产及编管骨肉。"27，p8831—8832

【治平四年】九月十四日，审刑院、大理寺言："〔知〕许州钱象先奏：'窃见巡检、县尉捕盗之官，本地分有（疆）〔强〕盗及杀人贼，百日内收捉不获，各有敕条勘罚。如贼火数多，大段劫掠财物，杀害人命，收捉不获，即有勒停冲替之法。若凶歉之岁，饥民聚盗，但地分内申报称是（疆）〔强〕劫，即捕盗之官尽依（疆）〔强〕劫贼例立限捕捉。如不获，即依条勘责，别无减等之罚。及捉获正贼合该酬奖者，即朝廷以灾伤地分及劫盗斛斗，各与减等酬奖，县尉本合转官，减外只该免选者。以此责人效力，恐难以激劝。欲乞下刑法司定夺，今后灾伤地分持杖（疆）〔强〕盗赃物，或劫掠斛斗，但同（火）〔伙〕三人以上，伤人及赃满者，如捕获正贼，鞫勘得本非良民，前来已曾作贼罪至徒，经断不以赦前后，但今犯合至死者，别立条禁处断。其捕盗官及捕贼公人如合该酬奖，更不减等。'寺司准《刑部一司敕》：'捉获年岁荒歉处盗贼，诸未得引用捉贼酬奖条贯，先据人数取旨，从朝廷相度酬奖。'又《治平三年四月诏》：'开封府长垣、考城、东明县并曹、濮、澶、滑州诸县，累有凶恶之人结集，（疆）〔强〕劫人户财物，杀害捕盗官吏，须议别立重法。应上件州县获贼官吏、将校、兵士、公人、诸色人等该酬奖者，如系灾伤地分时，不用灾伤降等条贯。'（令）〔今〕众官参详，捕获灾伤地分贼人，若一例减等酬奖，诚恐无以激劝捕盗之人。除开封府县、曹、濮、澶、滑州诸县自有上项条贯外，欲乞其余州军今后灾伤地分（特）〔持〕杖强盗，不以财物、斛斗，但同（火）〔伙〕三人以上，伤人及赃满者，如捕盗官吏及诸色人等捕获正贼，鞫勘得本非良民，前来已曾作贼，罪至徒，经断不以赦前后，但今犯合至死者，如合该酬奖，更不用灾伤减等，并依元条施行。余依刑部敕取旨。"从之。27—29，p8832

宋会要辑稿·兵一二·捕贼二

【熙宁】三年二月四日，诏；"今后强劫贼合该刺配广南者，如同（火）〔伙〕五人以上，不得同配一路州军，并须分擘人数，兼配河北、河东、陕西边远州军。如系河北、河东、陕西三路贼人，即分配广南、福建州军。令刑部遍牒施行。" 1，p8833

【熙宁】四年正月二十一日，诏开封府东明、考城、长垣等县，京西滑州，淮南宿州，河北澶州，京东应天府、濮、齐、徐、济、单、兖、郓、沂州等州、淮阳军，别立《贼盗重法》。1，p8833

【熙宁四年三月】十四日，诏："庆州作过兵士，除招安、捉杀外，残党尚未歼剪，除见作首领及手杀邠州三使臣命官之人不赦外，余并许归首，更不问罪。如能自相并杀赴官，每杀到首领一名，与近上班行安排，更支赏钞五百贯文；三名以上支赏外，更等第优与安排。诸色人如能用命，或设方略，捉杀到贼人，并比类上项指挥酬奖。以上合转资，仍依《编敕》施行。" 1—2，p8833

【熙宁】十年二月七日，诏："访闻强劫贼盗多因案问贷命决配，走归乡里，仇害元告捕之人，致民间惧见，不敢告捕，因此贼盗转多。令河北、京东路州军，如强盗罪至死合该案问减等者，未得断放，并具析以闻，俟盗贼稀少日取旨。" 3，p8834

【熙宁十年】四月二十四日，中书门下省言："河北、京东强盗罪至死合该案问减等者，并具情理闻奏。访闻逐路因此致禁系稍多。欲令逐路转运司指挥辖下州军，强盗罪至死，知人欲告及案问欲举而自首，合令减等，内系群党及情理重者，未得断放，并具案闻奏，候贼盗稀少日取旨。"从之。3，p8834

【熙宁十年】五月八日，秘阁校理、检正中书户房公事安焘言："准诏体量河北、京东等路贼盗公事，应合权宜指挥，并止于两路施行，贼盗衰息日各依旧法。应强盗头首，虽曾杀人，若能斩捕到本火及别火死罪劫贼两人以上，及强盗为从，虽曾下手杀人，亦能斩捕到本火及别火死罪劫贼一名以上，并许陈首。其本罪并捕告以前他罪，虽事已发，（首）〔许〕用首原。只告贼人所在，因而捕获亦同。仍依诸色人例给赏。内有人材少壮愿在军者，支与盘缠，押赴军头司，编排于龙骑、壮勇指挥收管。应逃亡在两路未首获军人，欲限两月内随所在官司首身，特与放罪，依旧收管。限满不首，依法施行。应告获强盗及凶恶贼徒，除各依重法地分酬奖外，各递加一等，以为激劝。仍告谕诸色人，令散行缉捕，亦许计会官司同共掩捉。如告获到凶贼首或人数稍多，并乞例外优与推恩，仍许以别火三人当同（火）〔伙〕一名累赏。大名府及滨、（杖）〔棣〕、德三州贼盗，如被告获，并依重法地分条断遣。虽犯罪在今来指挥以前，若两月内不首，败获日并准此处断，不用格改法。强盗贼徒如不自首，遇将来南郊，虽犯罪今年正月一日以前，如情理重害，未得引赦原免，并具情理奏裁。"从之。3—4，p8834

【熙宁十年】六月十八日，诏："福建路捉杀贼盗所招募军民，随行有料钱者添支二百文，无料钱者添支三百文，仍军民负罪者亦许招募。其本路应差募捉杀兵级、枪仗手，每人特支钱五百文，人员增上。"4，p8834

【熙宁十年】九月二十四日，诏："诸强盗被囚禁，告举非同（火）〔伙〕强盗者，听受理。若本犯至死，能告获死罪者，奏裁。即妄有告举，遇恩亦不得减原。"5，p8835

【熙宁十年十月】二十二日，诏："诸路地分不觉察强盗。州县城内窃盗罪至徒者，听百日内分三限追捕。其应捕盗公人罚赎钱，唯得充本处捉贼赏钱支用。"5，p8835

【元丰】〔二年〕九月二十五日，诏："诸路州县告捕获盗，速依条限给赏。委提点刑狱等司，半年一次取索州县所获盗数及给若干钱数，上中书。"以州县给赏稽留，无以激劝告捕者故也。7，p8337

【元丰】六午三月十四日，封丘县贼焚劫库兵，杀伤人，防护军器车乘虎翼兵级王何、刘顺、侯玉杀获凶恶贼一人及御捍军器如法。王何等各迁两资，均赏钱百千。后诏："徒党系狱日久，或以（瘦）〔瘐〕死。不施明刑，限十日结案，捕人三日内拟赏。其未获贼人，将来捕获，不用恩原减。"9—10，p8338

【哲宗元祐五年八月】二十五日，刑部言："捕盗官比折条内，强盗及杀人，如系朝廷专立赏收捉者，除徒党外，其为首及以次凶恶之人，并许理赏，仍不愿比折者听。"从之。12，p8339—8840

【元祐】六年闰八月五日，刑部言："强盗发而所临官司不觉察，致事发它处，或监司举劾者，候得替，以任内曾觉察功过相除外，每（火）〔伙〕降名次一月，至三季止。捕盗官降名外，五火杖六十，十火或凶恶

五火者，仍奏裁。其非吏部差注官，依所降月数展磨勘，并不以赦原。"从之。12—13，p8840

【大观二年】二月二十二日，诏："自今应获贼以赏捕告者，即究物产家计，限三日估所值，加应给之数一倍，以物产给之，更不出卖，有余纳官，不足邻保均备。应盗贼多处积下未支赏钱，可令提刑司限一月取责，具数以闻，给度牒充。"15，p8841

【大观二年】五月一日，诏："访闻诸县弓手多以工技、老疾、幼稚人充，此盗贼所以不禁。自今弓手辄容老疾、幼稚，杖一百；工技人加二等；见任（见）官以人力或亲戚应募者，以违制论。"16，p8841

【大观二年五月】七日，诏："诸路监司所部若有盗贼，内有不切捕捉静尽，并行停替。如限内获足，即与优加推赏。"尚书省措置："诸路提刑司将见今未获强盗，严紧催督捕盗官等，如本地分内有十人以上，与限一百日，不及十人六十日，五人以下五十日，三人以（以）〔下〕四十日，须管依限捕捉静尽。若限满捕获及五分，许具因依申乞展限；如获及七分，于《赏格》外升一等推赏；全获者，本司保明闻奏，优与推恩。如限满系五（分）〔人〕以下全不获，杖八十，仍展半年磨勘，选人降半年名次。十人以下全不获，具因依闻奏，当议特行差替。十人以上所获不及五分，即取旨勒停。"从之。16，p8841—8842

【政和五年】十二月十日，诏："诸强盗三人以上，强恶巨蠹不及三人，并限即时入急递关报本路廉访所。无廉访所路分，关报提举保甲武臣。（注）〔住〕滞稽违者，以违制论。"18，p8843

【宣和】二年四月二十日，诏："访闻诸路州军凡有盗贼保明功赏，有司都是曲折问难，逗遛日月，故不圆备。猾胥奸吏得以乞取，甚失劝功除盗之意。自今后应州县保明盗贼功赏，地里近者不得过五日，远者不得过半月，须管推赏了当。故为迁延，不即推赏者，以违制论。监司常切按察，仍著为令。"20，p8844

【宣和】七年正月一日，诏："河北、京东路盗贼，唐、邓、汝、颍流移人户，比缘用非其人，政失厥中，徭役荐兴，使民不能自存，乃转而为盗，求生至急，遂抗官军、斗兵将，非其本心。今亲手诏，差官前去抚谕：一、州县见禁贼徒，如犯劫杀放火不赦外，余一切不问，并与放罪。二、宣和六年未纳税赋、租赋，沿纳和买、预买，并与免放。其分朵、结朵、敷朵、配朵，更不输纳。三、应合科敷率敛，应流移及盗贼归业民户，当牵挽、负担、防守、迎送之类，并免一年。盗贼、流民复业所赍随行物不得收税，妄有搜检邀阻。四、流移及盗贼归业人户，其宣和七年分合纳租税等，更与免一科。五、流移及盗贼归业人户，尚虑衣食未足，各特依常平法借贷一次，仍免出息，候至宣和八年丰熟日，分料送纳。六、今来放免租税等，仰所属监司具放免过实数闻奏，当议朝廷支降钱物应副。如辄敢别作名目科纳，官吏当重置典刑。七、应复业人并盗贼应公私欠负，不以多寡，不得理索。八、有罪在宣和七年以前，见勾捉、见寄杖，不得勾追寄杖，除其籍。九、仰差去官若民户能听命，或为贼首，或上等户，仰具名闻奏，当授以官爵。有文材可用，与将仕郎；有武艺可收，与承信郎；余人以次补官及军额。十、军人入火，逐队流移，与免罪，差使出戍工役一年。其有愿放停、愿归农、愿归营养老，听从便。官司违法不支月粮衣赐者，并限十日支给。"宣和七年三月二日，诏："近降招首盗贼免罪及流移人户放免科断税租等指挥。访闻以无日限，致人户觊望免科率、税租、招首官爵例物，相率流移为盗。限以三月一日以前，依已降手诏处分，以后不在放免之限。"29—30，p8849

宋会要辑稿·兵一三·捕贼三

刑部立下条："诸有强恶群盗，州委通判，差近下禁军，不得过三十人；若盗满五百人，不得过二百人满千人（百人）以上，劫掠州县同，下文准此。不得过三百人，并量给器甲，提举擒捕。捕盗官捕逐入他界者亦同。仍申提点刑狱司，如别有干辨及归任，并遣还。即盗满千人以上，虽别有干办，因本州及监司差委同。小许罢提举擒捕等。"从之。4，p8852

【绍兴四年正月】六日，刑部言："临安府城内犯强盗之人，缘有绍兴二年三月四日已降指挥，并依开封府条法断罪。其本府城内知欲为强盗之情，而藏匿、过致、资给，令得为盗、令得隐避者，即未有许依开封府条法指挥。若有似此犯人，亦乞引用开封府条法。余非犯强盗者，即知情藏匿、过致、资给之人，自不合一例引用开封府条法。"从之。15，p8858

【绍兴四年】四月六日，诏左从政郎、南剑州剑浦县令陈份改左宣教郎，更减二年磨勘。以捕强盗吴大有等二十六（日）〔人〕，准《令》："同（火）〔伙〕又及一倍推恩赏也。"是年十月二日，建州（杜）〔社〕首丁德高补进武校尉，更减三年磨勘。五年五月十四日，忠训郎、广州新

会县崖门山巡检尚惟寅转敦武郎，更减二年磨勘。皆捕获同（火）〔伙〕外又及一倍该赏。15，p8858—8859

【绍兴四年七月】十五日，臣僚言，乞将《绍兴敕》犯盗以钱定罪者，递增其数。刑寺看详："在《法》：'不止窃盗一事，其余计钱定罪者，理合一体措置。'今欲权宜将敕内应以钱定罪之法各与递增五分断罪，<small>谓如犯窃盗三贯徒一年之类。</small>候边事宁息，物价平日依旧。"从之。16，p8859

【绍兴五年】三月九日，诏："诸盗发州县，取索捕盗官印纸批书，而违限者杖一百；监司所至，不为取索印纸点检者，更减二等。"17，p8860

【绍兴五年三月】十日，刑部言："契勘犯罪之人，情状既有轻重，则本罪刑名亦有等差。看详结集徒党及十人以上，欲为强盗，未行而被获，或虽不及十人，若情犯如泰州王安等者，依法寺供到条例，比附结集徒党立社法徒罪刺配，从者编管。其结集不及十人，欲为强盗，不曾指定劫某人家财物，又无啸聚情意，并止欲（剑）〔劫〕某人家财物，而未行被获，比之欲为群盗啸聚作过者情犯颇轻，合从不应为重断。法寺以其情犯轻重议刑。若结集人众所谋重害之人，如王安等情犯，即合作（轻）〔情〕重法轻奏裁，其余自合依条施行。"从之。17—18，p8860

淳熙元年四月二十八日，刑部言："近来所属保奏捕获凶恶强盗遇赦后结录之人，其被赏者止是本州保奏到部，提刑司不曾核实保奏，致本部取会，动经岁月，无以杜绝词诉。"敕令所看详，欲于《赏令》注文内"提点刑狱司核实"字下添"保奏"二字。从之。30，p8866—8867

【淳熙二年】八月六日，诏："茶寇已立赏格，许人捕杀。其官兵、土豪、诸色人等，如能生擒及捕杀正贼首，第一名特与修武郎，第二名从义郎，第三名秉义郎，各更支赏钱五千贯，添差升等差遣一次。或徒中有杀并出参之人，与免罪外，亦依上件赏格补官、支赏、添差。其徒众多是胁从，有能拔身出首之人，亦与免罪，依已降赏格施行。"30，p8867

【淳熙四年】七月二十四日，诏："捕盗之赏，正官在假而暂权者，获盗止与循资。其捕剧贼及人数多者，即听奏裁。本州及提刑司保奏盗赏，并须指定保明；不实者，守倅、监司一例坐罪。"先是，左司谏萧燧言："捕盗官应各改官，往往凑足人数，迁就狱情，求合法意。乞止与循资。"既而吏部尚书韩元吉奏，谓轻重不均，则恐捕盗之赏骤废，故有是

命。31—32，p8867—8868

【淳熙四年四月】十三日，诏："湖南贼徒陈峒等啸聚作过，累降指挥，差发鄂州驻札大军前去会合将兵、弓兵等，措置掩捕。如徒中有欲立功自新出参及土豪、诸色人能捕杀贼首，依下项推恩。如系二人已上立功，即行分赏。每人捕获或杀并贼首一名，特与补进武校尉；二人，补承信郎；三人，补承节郎；四人，补保义郎；五人，补成忠郎。各与添差一次。如（补）〔捕〕杀五人已上，取旨优异推恩。"寻委王佐前去专一节制军马，其鄂州大军捕贼事宜，一就奏报。未几，峒败获，于是湖南运判陈孺以应办有劳（陈）〔除〕直秘阁，王佐除显谟阁待制。其元遣发殿前司摧锋军正将刘安，准备将罗宗旦，训练官巫迁、张德、谢先及其余将兵，推恩有差。32，p8868

【淳熙】七年三月十八日，诏："自今承直郎以下捕盗合得转一官，与改次等合入官，每岁以八员为额。若合得减三年磨勘，与循一资，余一年磨勘候改官毕日收使。其《乾道赏令》内承直郎以下捕盗改官条令，敕令所依此删修。"33，p8868

宋会要辑稿·兵一三·捕贼

【绍兴二年】十月二日，诏："诸路州县应强盗并杀人贼未获者，其所立赏钱，先须契勘犯人有无居止及有无藏匿之家，即不得先于被盗被杀处（材）〔村〕保均备。如获正贼后，见得犯人委无居止及藏匿之家，即依条令被盗被杀处（材）〔村〕保出备。"38，p8871

宋会要辑稿·兵一五·归正上

【绍兴五年】七月十九日，诏："淮北归附人民，所至州县，实计口数，每人支钱一贯，于提刑司应干钱为支给。所给耕种闲田，开垦之初，与免税役五年外，仰所属州军申尚书省，如尚未就绪，即更与宽展年限。军人请给衣赐等，依时支给，不得积压。举人、官员免（罪）解、转官差遣，依已降指挥外，如有阙少路费，仰所属州县应副，津遣前来。归（付）〔附〕人仰州县严行约束，如敢骚扰，许人户经本路宣抚、安抚、提刑司越诉，赏钱一百贯，犯人并依军法；当职官失觉察，取旨重行窜责。今来宽恤事件，如州县奉行违戾，朝廷体访得实，当职官重置典宪。事件即仰随宜措置，先次施行讫申尚书省，务使归（付）〔附〕之人早获

安业。并令逐路宣抚司多出文榜晓谕。"5，p8911—8912

【绍兴】二十九年闰六月六日，诏："归正、归附人并只用自归本朝日所给付身照使，不曾带到伪地被受文字者，特与放行，令吏部出榜晓谕。"吏部侍郎叶义问言："应归正、归附未曾减定官资，参部注拟差遣，奏荐致仕、遗表恩泽、转官、酬赏、封赠、磨勘、关升等，合行取索前后给到干照文字，并下所属（勘蜀）勘验（指）〔诣〕实，保明申部等，候逐处齐足，致迁延岁月。今参酌，日后如有似此之人赴部陈乞，更不取会，便合遵依今降指挥，只用自归本朝日所给付身照使，并照应正月二十九日〔田〕师中申请指挥放行。"从之。8，p8915

【寿皇圣帝隆兴元年七月】二十五日，臣僚言："临安府士庶服饰乱常，声音乱雅，已诏禁止。访闻归明、归朝、归正等人，往往承前不改胡服，及诸军又有效习蕃装，兼音乐杂以女真，有乱风化。"诏刑部检坐条制，申严禁止。归明、归朝、归正等人，仍不得仍前左衽胡服。诸军委将佐、州县委守令，常切警察。12—13，p8919—8920

【乾道四年】四月二日，编敕所言："殿前司乞立定归正、归附人转补资给格法。今照刑部自前除归明、归朝人依十资条格施行外，归正、归附人比附归明、归朝十资条格，其殿前司乃依效用八资格补转，各系先无分明条法，不曾取裁，止一时比附补转。今看详，既归明人有十资格法，归朝人又已有绍兴六年六月之制，比附归明格法，其归正、归附人不必别立法，止依归朝人比附归明十资格法补转施行。仍移兵、刑部、殿前司日后参照。"从之。18，p8925—8926

宋会辑要稿·兵一六·军兵

【淳熙二年】三月二十七日，诏："昨离军北军，令诸路州军自今并以离军忠顺官为名。"5，p8937

【淳熙二年】七月三日，臣僚言："昨降指挥，诸军见归正北军，并与升转官资，添差诸州军路分都监、正将、准备将、监押、指使，不曾立定几年为任。乞依见今其他归正官例，并以二年为任。任满，别与其他州军差遣。"诏并以三年为任，任满，令逐州申发，赴部与添差恩例注授。5，p8937—8938

【淳熙】四年十二月二十四日，诏："归正、归朝、归明忠顺官同。及拣汰离军官，见各添差诸州军不厘务差遣，别无管干职事，其间虽有艺能，无以自见。令诸路帅臣于本路逐州委近上兵官一员，专切管辖，依军中阶级法。逐州各别置教场，五日一次，并赴教阅；寻常亦许习射、击球。内年六十以上及添差总管、路分钤辖、州钤辖并官至横行以上者，免教，愿赴（京）〔者〕听。每岁春秋二季，合赴本州教阅，内有事艺精熟人，优加犒赏。若事艺杰出者，守臣及所委兵官连衔保明，申枢密院。"5，p8938

宋会辑要稿·兵一六·归正人

【淳熙元年】十一月十日，诏："昨来归正之人，窃虑其间遇有死亡人口，无力营办葬地，可令诸州军每州踏逐城外附近寺观空闲地段，从便埋瘗。专委同行一名看管，候及三年，给降度牒。仍令支钱埋殡，内大使臣以上支钱五十贯，小使臣以下支钱三十贯，父祖并母妻并各减半，小口又减半。文臣无力之家，比附支给，以为棺椁之费。"6，p8939

【淳熙】四年四月二十五日，诏："归正人令从便营生外，两淮、江浙系官田土甚多，每户给田十二亩，三人以上给二十亩，愿自备牛具种粮者，与增一倍。每户给草屋二间，三人以上给三间，人数虽多，不得过四间。其合用农具、种粮，从本州措置应副，仍专委甲头掌管，轮流通融使用。每遇发人之初，猝未能耕种养赡，却恐阙食，从本州计口，先支钱米。大人日支米二升半、盐菜钱五十文，小儿减半。候及一年住支。归正官子孙父祖曾任差遣，今已亡殁，别无廪禄养赡，（今）〔令〕所在州军于合给田、屋等数上以十分为率，增给五分。诸县知县悉意遵守，仍多方存恤，劝谕力耕，不得分毫迫扰。奉行（劝）〔勤〕恪，（绩）〔绩〕效显著，当议先次推恩。其或灭裂违戾，委监司按察。拨过田亩，并与免诸（般）〔搬〕科役租、税十年。"7，p8939—8940

宋会要辑稿·兵一七·归明

太宗雍熙三年七月，诏："北界归明人先令分处并、代。今遣（密枢）〔枢密〕都承旨杨守一迁于西京许州，给闲田处之，便为永业，仍免租役，州县常加安抚。"1，p8953

皇祐二年正月，诏："施州自今归明军校，死者许其子孙代守边，仍先给食盐。其衣袄，须三年乃给之。"1，p8953

神宗熙宁元年五月二十三日，诏："今后归明人子孙叙祖父乞恩泽者，不以生长去处，文武升朝官以上给田三顷，如在宽乡即给五顷；以下给田二顷，如在宽乡即给三顷。曾给田者，不得一例支拨。如祖父元给请受，并令承请，无者依此给田。" 2，p8953

【熙宁】三年八月七日，诏："归明人除河北、河东、陕西、京东、川广不差外，余路并许差注。内京东路除北界归明人外，余归明蛮傜亦听。" 2，p8954

【元丰】五年十月十八日，诏："归明人应给官田者，三口以下一顷，每三口加一顷。不足，以户绝田充，其价转运司拨还。" 2，p8954

【元丰】〔二年〕十二月二十八日，诏恩赐归明人田宅毋得质卖。以编敕所言，赐田宅本欲化外之人有业可归，不当许其质卖也。3，p8954

哲宗元祐元年三月二十四日，户部言："归明人除三路及缘边不得婚嫁，余州听与嫁娶。并邕州、左右江归明人，许省地溪峒结亲。" 从之。3，p8954

【元祐六年九月】二十九日，兵部请："应蕃官去失付身、告敕文书之类，不碍迁转照使者，借职已上展四年磨勘，差使已上展七年磨勘。碍磨勘者，借职已上七年，差使已上十二年。其货卖、典当并受买，各以违制论。" 从之。4，p8955

【元祐六年】十月二十一日，河东路经略司奏请："应沿边蕃官蕃部地土，如系官给者，并不许递相典卖。熟户蕃部祖、父及己业，即听自相典卖。" 并从之。4，p8955

绍圣二年六月三日，详定重修敕令所修立到："归明人于所住州军置籍，死亡者销落，申兵部条具。" 从之。5，p8955

【绍圣四年】九月一日，诏今后归明人未给田者，权舍以官屋。5，p8956

元符元年三月七日，诏："今后未经汉官差遣归明蕃官使臣，仍旧隶属兵部。如立功优异，委经略司保明闻奏，当议审察取旨。" 5，p8956

【大观七年】七月九日，诏："诸路归明官已授汉官差遣，仰所在处知、通等常（功）〔切〕体认朝廷待遇，优加存恤，无致失所。具合支破供给料钱、廨舍、接送当直人从、田土等，仰即时应副。如违，并以违御笔论，人吏决配广南。仰廉访使者觉察以闻。仍令尚书刑部遍牒施行。" 9，p8958

【大观】八年三月二十六日，枢密院言："契勘诸路见管、编管、羁管西界归明及捉到人不少，其无职名、田土之人，州郡止依乞丐例支给口食，别无请受钱米，难以存活，至有逃窜作过之人。"诏："令诸路州军，如有编管、羁管到西界归明及捉到人无职名田土者取问，如愿投本处厢军，即许收刺，仍令本处当职官及本营将级关〔防〕机察，不管走失疏虞，不得差使出城。月具存在及其已刺过人数，申枢密院。"10，p8958

【大观八年】四月八日，朝奉郎、新差权发遣利州路提点刑狱公事黄潜善奏："臣窃见诸路所管归明人，各有父祖元授官资、田土、钱米，至子孙皆许陈乞，而归明后所生，不复拘籍。人数既多，散处州县，岁月滋久，（安）〔案〕牍不全，遇有陈乞，止合验父祖元受付身，召保保奏，即未有立定年限，亦无关防重叠之法。至有自陈于数年之后者，有非同时归朝而（忘）〔妄〕陈请者。有司勘会，动经岁时，伪冒者难于检察，当得者困于留滞。若令比附叙述劳绩及陈乞恩例之法，宽立年限，过限不许受理，已经收使者将元授付身批凿用印，不唯可绝欺妄，亦使应法之人早沾恩典。"奉御笔依所奏，〔令〕尚书省立法。今立到："诸叙归明乞推恩及给田土、钱米之类得收使者，所属取父祖元授文书批凿用印。即过七年而方叙述者，官司不得受理。"10，p8958

【宣和五年八月】十七日，河北、河东、燕山府路宣抚使谭稹奏："臣契勘，虏人设官无度，补受泛溢，惟吝财物而不惜名器，虽有官之人类无请受，止是任职者薄有俸给。臣谨参照立定比换补授格目，伏望更赐睿察施行。今定到《归明人补授换格》下项：未抚定以前归朝人补换格，王师入燕后归朝人补换格。文资伪官：六尚书、尚书左右丞、侍郎、给事中、直学士、谏议大大、少大监、大卿、少卿、殿少、将作少监、少府少监、左司郎中、郎中、员外郎、检校常侍、殿丞一等官、洗马一等官、司直、秘书郎试评事、校书郎试崇文馆校书郎，太子校书郎、正字、文学同。比换朝散大夫、朝奉大夫、朝请郎、朝散郎、朝奉郎、奉议郎、通直郎、宣教郎、承事郎、承奉郎、承务郎、修职郎、迪功郎、将仕郎、文学、助教。武资伪官：金吾卫上将军、节度使大将军、节度使留后、观察使、观察留后、遥防、遥团、洺□商三州刺史、礼宾、洛苑、六宅使、奉宸、诸卫将军、小将军同。礼宾、洛苑、六宅副使、率府率、〔率〕府副率、左右翊卫校尉、东西头供奉官、左右承制、左右（直殿）〔殿直〕、阁门祗候同。东西班小底、三六班奉职、在班祗候，比换武功大夫、遥刺武德大夫、遥刺武德郎、武显郎、武节郎、武略郎、武经郎、武义郎、武翼郎、敦武郎、从义郎、忠训郎、保义郎、承节郎、承信郎、进武校尉、进义校尉。"诏并依谭稹措置到事理施行。12—13，p8960

【宣和七年】四月十三日，诏："昨降指挥，归明人初被官使，未（曾）〔习〕中朝法令，见授职任，权令不厘务。其或有明健通于吏治、具晓法令，可试以事之人，许逐路帅臣、监司保明申尚书省取旨，特听使任。"15，p8961

【宣和七年四月】十四日，诏："自今应归明官陈乞换官，并须依式开具房中元出身历任因依、脚色，及缴纳出身已来至见今职位（为）〔伪〕命付身，召非（总）〔缌〕麻以上亲并兼容隐人本色保官二人，委保正身，别无冒伪，经所在陈乞。如无元出身伪命文字，即不许换官。所有诈称亡失、转与他人、妄托姓名，及将付身增改，或诈承物故人伪命敕告、宣札冒滥补换之人，许限一月经所在官司首纳。如违，许人告，赏钱一百贯，犯人徒二年，不以赦降原减。如未经补换，事发，徒一年，赏钱五十贯。"15，p8961

【光尧皇帝建炎四年九月二十日】，诏："归朝、归明白身效用无差使人，并归朝、归明官、效用等身故之家，老小（人）无倚人，仰寄居州军计口数，大人每口月支钱八伯文省、米八斗。内十三岁已下，各减半，仍每家不得过五口，并依时支给，无致失所。"18，p8962

【绍兴三年】十二月八日，知潭州折彦质言："右承议郎周襟系归明朝官，昨充武安军签判，系添差不厘务，即不差替人，三年为任。今已罢任，别无所归。乞本路州军一添差〔差〕遣。"吏部检准《元丰令》："诸归明及蛮傜人应就注而无阙，愿再任者听。"诏周襟令再任。21，p8964

【绍熙】三年七月二十五日，诏："归朝、归明、归正、忠顺等官，朝廷念其远来，前后添差不厘务差遣，优恤备至。绍熙元年，又特添差一任。今第八任亦有已满者，依节次已降指挥，合注正阙。深虑其间有不能久待远次，不愿注授正阙之人，今更特与添差前任一等不厘（物）〔务〕差遣一次。其合得请给，令有司接续帮勘施行。"32，p8970

【绍熙三年七月二十五日】，诏："归朝、归明、归正、忠顺官子弟，身材强壮、武艺过人、无以自奋者，可并赴所居州军自陈，令守臣审验人材武艺，解赴本路安抚司。如是身长五尺五寸，射一石力弓、三石力弩为上等，日支食钱三百文、米三升；身长五尺五寸、射九斗力弓、二石八斗力弩为次等，日支食钱二百文、米二升。委帅躬亲拍试及格，补充本司效用，与免诸（般）〔搬〕杂役及防送差使。"32，p8970

【嘉定十四年七月】十六日，诏："京东、河北路归复州军应归顺立功已补转至武翼大夫以上之人，特与放行该遇嘉定十四年九月十日明堂大礼荫补亲男一次。令京东、河北节制司日下照应，从实契勘，仍依条式，逐一保明，奏申施行，不许泛滥，先具知禀申枢密院。"以吏部言："准《令》：'诸通侍、右武大夫已关升每遇、未关升两遇大礼，听荫补。'又《令》：'诸卫大将军、武翼大夫入官二十年，理亲民资序，听荫补子承节郎。'照得京东、河北路新归复州军，内有已补转正使之人，该遇嘉定十四年九月明堂大礼，各入官未及二十年，若依条法，未该荫补，合议指挥。"故有是命。既而吏部又言："准《令》：'诸卫将军至武翼郎，谓亲民资序，两遇大礼，军班换授一遇亲民满三十年，听荫补武功至武翼郎子承信郎。'照得京东、河北路新归复州军内忠义头目显立军功之人，已补转武翼郎以上，亦以年限，过数拘碍，并未该荫补，合与照应，特议指挥。"又诏京东、河北路归顺忠义头目人，显立军功已补转武翼郎之人，特与放行，该遇嘉定十四年明堂大礼荫补亲男一次。38，p8973—8974

宋会要辑稿·兵一八·军赏

【神宗熙宁】六年七月十六日，诏："诸色人杀熟户以邀功赏者，并斩讫奏。仍许人陈告，每名转一资，赏钱百千；无资可转，更支三十千。并先以官钱给，后于犯人催理入官。如军人陈告、事干本营者，送别指挥。"先是，边吏多杀熟户，诈为首级，吏不能知，而无辜死者众，故为之禁。5，p8977

【熙宁六年】十月二十九日，诏枢密院重修《行军赏格》，与中书详定进呈。5，p8977

【熙宁七年】七月三日，诏："破荡踏白城一带作过蕃部押队使臣，各计所部人数并获到首级，以十分为率，九分以上为优等，五分以上为第一等，三分以上为第二等，一分至不及分若无获者，并为第三等。优等迁六官，余推恩有差。"5，p8977

【熙宁】八年五月十二日，诏："诸功赏未经酬叙逢格改者，若新格轻，听依立功时；若重，听从重赏。入《编敕》。"从中书刑房所定也。6，p8977—8978

【元丰四年】十一月九日，内降《赏功格》：一、主将计功大小，听裁。二、走马承受公事计主将成功大小，听裁。三、军中掌机宜官计主将成功大小，听裁。四、逐军将副通计所部之兵除亡失外，以所获分五等：即斩级计分及一千以上，仍每百级加赐银绢五十匹、两。官各转〔资〕，银绢共赐。九分以上第一等五官，七分以上第二等四官，五分以上第三等三官，三分以上第四等两官，一分以上第五等一官；七厘以上减四年磨勘，五厘以上减三年磨勘，三厘以上减二年磨勘，一厘以上减一年磨勘，不及厘支赐绢十匹。五、部队将、押队诸色人，应手下有汉蕃兵马，计分推赏加赐准将副例，惟赐不共。贼中任事首（首）〔领〕，听裁。大首领（调）〔谓〕正监军、伪置郡守之类。四官，赐绢五十匹；次首领谓副监军及贼中所遣伪天赐之类。三官，赐绢三十匹；小首领谓钤辖、都头、正副寨主之类。两官，赐绢二十匹；蕃丁一级转一资，赐绢二十匹。（二）〔一〕、当战重伤一次，转一资，赐绢一十匹。一、斗敌捉获（疆）〔强〕壮蕃丁一名，转一资，赐绢二十匹。一、当战轻重伤一次，非斗敌获贼强壮蕃丁一名，各赐绢一十匹。一、新归顺之人立功，随状依格倍赏。一、五等杂功，凡减年者，并依条比折。下项为一等，转一资：临机献谋，致军兵获胜；身先士卒，摧锋陷阵；率先入贼，冲阵破贼，苦战力敌；先锋引路，争险夺隘，设伏邀截，杀退贼众，最为得力；率先夺渡过河、率先登城用命斗敌；偷乱贼寨，首先得力之人；躬亲督励兵众入阵破贼，阵前贾勇士卒，破贼得力；催驱阵队，攻破城池；逢贼引人，撞阵破贼；驱拥人马，向前破贼。下项为一等，减四年磨勘：无磨勘人支绢二十匹。能获贼窖，济接粮草，供馈不乏；能预探贼马下寨去处，致大军掩击成功；烧荡不顺族帐首先得力之人。下项为一等，减三年磨勘：无磨勘〔人支绢〕一十五匹。阵前及马前使唤，破贼得力；管押（般）〔搬〕运，裹送催驱，给纳粮草，别无不前；应副军期事件，随军诸（般）〔搬〕干当事件得力；阵前帐前主管金鼓，传呼号令、排布阵队；阴阳官占望克课，能获应验；随军主簿。下项为（第）一等，减二年磨勘：无磨勘人支绢十匹。亲兵使唤，最是得力；管干下营壕寨，制造攻城器具、桥梁、船筏管干官及作头；随军医人出取箭头。并医过人数。随军行遣人吏、随军干当事衙校主管随军器甲什物别无散失，部领照管运粮人夫别无逃避。下项为一等，减一年磨勘：无磨勘人支绢五匹。踏白白旗子，卓望贼马无虞；小壕寨亲兵、急脚子传送机密文字无虞；兽医随军医疗鞍马，不致死损。7—9，p8978—8979

【元祐】四年八月六日，诏："战阵立功人犯罪应追降及准例入重者，品官并转三官，文臣与换武臣，选人与改官，未授品官人得奉职知令、录，将校并转三资，军人得正副指挥使，为第一等；并转两官及循两资，白身人得判、司、簿、尉，借差已下得借职，殿侍、大将已下得差使，将校并转两资，军人转军使、都头，为第二等；转一官、循一资，殿侍、大将转借职，借差转差使，白身得未入官名目，文臣减三年、武臣减四年磨勘，将校转一资，军人转副都头、兵马使，为第三等。第一〔等〕人三次，第二等人两次，第三等人一次有犯，各取旨。其逐等人即犯公罪徒已下、私罪杖笞情轻者，不以次数，并准此。"16，p8984

宋会要辑稿·兵一九·军赏

【孝宗隆兴元年四月】二十四日，枢密院言："勘会诸军立功将士所得转官，内碍止法人缘经战与杂功，事体轻重不同，若令一例回授，委是无以激劝。今措置下项：应（经因）〔因经〕战内被赏所得转官，并合将所转官重轻转行，有收使不尽官，候别立新功日收使，如愿回授者听。武功大夫三官转行横行一官，旧用两官转。五官转行遥郡一官。旧系三官转，已是防御使即临时取旨。右武大夫并见带遥郡，两官转行横行一官，三官转行遥郡一官。已是防御使即临时取旨。一、应该暴露普转、随军干事、把隘不经战所得转官，并合回授。二、因战功落阶官，武功大夫、右武大夫以上、见带遥郡人，合量功力重轻除授。谓如遥郡承宣使（君），若落阶官，却合自正任刺史以上除授，缘除正任系特恩旌赏，临时取旨，不可为例。三、陈乞收使回授转官人，自合缴进回授公据陈乞，其公据并合毁抹。四、逐次功赏已经转行人，自合依元降（旨）〔指〕。谓如一赏元得指挥转两官以上，已经行，余官自合依已降指挥回授，将来即不合陈乞转官。五、今来措置系绍兴三十一年已后立功之人。"得旨依拟定。9—10，p9005—9006

【乾道元年】十月二十九日，诏："命官杀获贼二名，减一年磨勘；五名，减二年磨勘；七名，减三年磨勘；十名，转一官。诸色人二名与补一资，五名转两资，七名转三资，十名转四资。"16—17，p9009

【乾道二年】八月二十四日，诏："诸军将士曾与金人接战及守御立功之人，离军到部，一概注授差遣。其间功效显著之人，例皆衮同差注，委是无以甄别。今将战功显著去处共一十三项，立定格目：明州城下、大仪镇、杀金平、和尚原、顺昌府，已上共五处，依《绍兴十年九月二十二日指挥》。李宝密州胶西唐岛，刘琦（杨）〔扬〕州皂角林，王琪、张振等（逮）建康府采石渡，邵宏渊真州胥浦桥，吴拱、李道光化军茨湖，张子盖解围海州，赵樽蔡州，王宣确山，已上八处，依《绍兴三十一年十一月十七日指挥》。"《绍兴十年九月二十二日指挥》："明州城下、大仪镇、杀金平、和尚原见陈立功人，并依战功材武。"《绍兴三十一年十一月十七日指挥》："应诸军等将士，但与金虏战斗并守御立功之人，并与理为战功。"17—18，p9010

【淳熙十三年三月】十日，诏："殿前、马、步军司将来射射，铁垛帘人，弓箭手一石二斗力，如射中铁垛帘箭五只，与一石力射中五只赏一同；弩手四石力，如射中铁垛帘箭四只，与三石力射中四只赏一同。"31，p9017

【淳熙十三年四月】八日，诏："中垛帘弓箭手一石二斗力十箭，弩手四石力八箭，依格补两官资外，各特赐钱一百贯；弓箭手一石力十箭以上，弩手〔三〕石力八箭以上，各特补转两官资。内弓箭手一石二斗力六箭、五箭人依一石力，弩手四石力四箭人依三石力推赏。余并依格补转。内未填阙并额外效用，并特与依川峡效用十资格法补转一次。其付身令所属日下出给，并所赐钱缴申枢密院，委都承〔旨〕同主帅就教场一并点名给散。"工部侍郎兼枢密都承旨李昌图、殿前副都指挥使郭棣、步军都虞候梁师雄言，拍试过殿前、步军司诸军并马军司弓弩射射铁垛帘合格官兵共一千八百四十三人，故有是诏。32，p9017—9018

【淳熙十五年】八月十三日，诏："诸军弓箭手八斗力能升一石力射箭三十只，犒赏钱五贯；九斗力能升一石力射箭三十只，犒赏钱三贯；弩手两石五斗力能升三石力射箭三十只，犒赏钱五贯；两石七斗力能升三石力、两石八斗力能升三石一斗力射箭三十只，各犒赏钱三贯。"从侍卫步军都虞（侯）〔候〕梁师雄之请也。37，p9020

【淳熙十五年十二月】二十三日，诏："诸军弓弩手射远箭，每人箭六只、一百七十步，每只支犒赏钱一贯五百；一百八十步、一百九十步，每只支钱三贯；二百步，每只支钱四贯。内有最远者优赏。一百七十步以下为不合格，每人支钱一贯五百。弩手一百步射铁帘，每人箭六只，一只二只，每只支钱一贯五百；三只四只，每只支钱二贯；五只六只，每只支钱三贯。白脚，每人支钱壹贯五百。"从殿前副都指挥使郭钧、侍卫步军

都虞（侯）〔候〕梁师雄之请也。37，p9021

宋会要辑稿·兵二〇·军赏三

【淳熙】十三年正月一日，诏："殿前司、马军旧司、步军司官兵、诸班直军兵、皇城司亲从、亲事、辇官等人，并依则例，令主帅并所隶官司，各日下从实开具所管人同合支钱数，报提领封桩库所。以桩库所（以）桩管会子降付逐处，即时当官支给。其出戍人，依赦文，仰主帅将降到则例报所在州军，候到，令知、通同部辖兵将官给散。马军行司主帅开具所管人同合支钱数，报建康府，即时于降去第七界会子内支给。屯驻大军于屯驻州府仰知、通同兵将官据合支钱数，以本处应桩管朝廷会子支给。如不敷，或无桩管会子去处，于上供并诸司不以是何名色窠名内取拨给付。州府军监禁、厢军等准此。"以尚书省言："《庆寿赏给则例》：殿前司、马军旧司、步军司统制七十贯，统领四十贯，正将二十五贯，副将十五贯，拨发官同副将例，准备将十二贯，额外比正员下一等。谓如额外统制支统领四十贯之类，至准备将不减。使臣至带甲入队官兵九贯，傔人、辎重、火头五贯。队外官兵三贯。班直、行门二十五贯，余人十贯。班直下军兵三贯。皇城司亲从、亲事官五贯，院子三贯，辇官五贯。后苑厨子、御厨、仪鸾司、翰林司将校兵级四贯，军头司将校兵级四贯。御药院工匠、御酒库、御丝鞋所、内东门司、内藏库、内军器库、修内司、御马院、骑御马直、左右骐骥院将校兵级、德寿宫摆铺将校兵级，并造作人三贯。步军司厢军并行在百司军兵、逐处自行招刺人一贯五百。差出人准此。马军行司统制五十贯，统领二十贯，正将二十贯，副将十五贯。拨〔发〕官同副将例。准备将十（员）〔贯〕。额外比正员下一等，至准备将不减。使臣至带甲、准备带甲人入队官兵六贯，傔人、辎重、（大）〔火〕头四贯。队外官兵二贯五百。殿前司摧锋军、左翼军，许浦水军，兴州、兴元府、金州、镇江府、鄂州、江陵府、池州驻札大军统制四十贯，统领二十五贯，正将二十贯，副将十五贯，拨发官同副将例，准备将十贯。额外比正员下一等，至准备将不减。使臣至带甲、准备带甲人入队官兵五贯，傔人、辎重、火头三贯，队外官兵二贯。诸州府军监拣中禁军二贯五百，禁军、土军、水军二贯，厢军、铺兵一贯。诸路安抚司忠义军亲兵二贯五百。"33—34，p9041—9042

【绍熙二年】十二月二十五日，诏："马军行〔司〕官兵连日排立，

可依淳熙十二年郊祀大礼体例，使臣各特支钱三贯，效用军兵各支二贯，令户部支给。"37，p9044

【绍熙二年十二月】二十六日，诏："为天寒，应从驾诸班直、亲从、亲事官并诸军指挥军兵、将校等，并特依淳熙六年郊礼例，增三分给赐柴炭。愿依例折钱者听。"37，p9044

【庆元】六年九月十七日，诏："马军行司军兵连日排立，可依绍熙五年明堂大礼体例，使臣各特支钱三贯，效用军兵各支二贯，令户部支给。"38，p9044

【开禧】二年正月十一日，诏："雪寒，军人不易。行在殿、步司及诸军，可依自来雪寒钱数，再支柴炭钱一次。令主帅并所隶官司，各日下将见管人数从实保明，报提领封桩库所，并即时以见钱降付逐处，当官支给。"自是岁有是命。38，p9044

【开禧二年】五月十四日，诏："内外诸军各有调发战守之人，并已支犒外，在寨及自余差出未经支犒官兵，令户部四总领所日下每人各特支犒设钱二贯，毋致漏落。"38，p9044

【嘉定】十五年正月十六日，皇帝受恭膺天命之宝赦文："应内外诸军将士等，及忠义官兵并沿边创置军分，及拘集见今守御民兵等，并诸路安抚司神劲、忠义军亲兵，诸州府军监禁军、土军、水军、厢军、铺兵，并特与犒设一次。仍令户部检照淳熙十三年正月一日赦文则例，行下合属去处。"既而户部检具则例：内外诸军并见今出戍军兵、忠义官兵并沿边创置军分，及拘集见今守御民兵去处，统制五十贯，统领三十贯，正将二十贯，副将十三贯，拨发官同副将例，准备将十二贯。额外比正员下一等。_{谓如额外统制只支统领三十贯之类，至准备将免减。}使臣至带甲、准备带甲入队官兵各十贯，傔人、辎重、火头各六贯，队外官兵各四贯，诸路州府军监拣中禁军在寨人各两贯五百，禁军、土军、水军各二贯，厢军、铺兵各一贯。诸路总领所忠义官兵及民兵等，令制置司、总领所并各照则例支拨，付部辖兵将官给散。所有诸路安抚司神劲等军，并诸州府军监厢、禁军、土军等，并令所在州郡知、通照则例给散。其合用钱，许于逐处桩管或上供及诸司不以是何名色官钱内取拨兑支，具数闻奏。诏："忠义官兵并沿边并创置军分及拘集见守御民兵等，令并照三衙、内外大军一体支犒。其诸军统制、将佐等，已该赦转官外，并与（诏）〔照〕赦支给犒设。三衙、江上、安抚司忠义、亲兵各二贯五百，班直押行门三十贯，余人十二贯。班直下军兵各四贯，皇城司亲从、亲事官各七贯，院子五贯，辇官各七贯。后苑厨子、御厨、仪鸾司、翰林司将校兵级各五贯，军头司将校兵级各五贯，御药院工匠、御酒库、御丝鞋所、内东门司、内藏库、内军器库、修内司、御马院、骑御马直、左右骐骥院将校兵级、寿慈宫摆铺将校兵级各四贯，枢密院亲兵各三贯，省马院、军器所、牛羊司、金吾街仗司各二贯。令户部今来立定则例，遍牒合属去处，支犒施行。"44—45，p9047—9048

宋会要辑稿·兵二一·马政一·监牧

【大中祥符】二年五月，诏："在京养马院务坊监槽头、刷刨，各依元旧军例支给请受外，槽头每人日别支口食米、豆各一升，刷刨日支米一升。如阙刷刨，于长行内拣差；阙槽头，于刷刨内不拘名次，选小心勤劳者，依例奏补。其节级即于槽头内拣差。委提调使臣常切觉察，如有慢易不得力者，申群牧司勘断讫，勒充长行。"1，p9049

【大中祥符】三年正月，诏："左右骐骥院及诸坊监马官，自今并以三年为满。如笃知马事欲留者，群牧司保荐以闻，当徙莅他监。"1—2，p9049

【大中祥符】四年十二月，诏："群牧司在京两院、坊监，自今病患马数，令医兽人逐匹当监官使臣前看验，排所患病名轻重，分作两等记号，委群牧司官员点检过，转送与养马务养放、医疗。如本务人少，即于坊监（押）〔抽〕那差拨。其医较抛死马数，并令养马务一面（官）〔尝〕认，比较施付。每年所管医疗马，至年终，据本务应管病与内抛死数目比较。其使臣勾当二周年，即将前界医较抛马比较分数开坐。以抛马一分至三分，乞与改转。二分已下，赏钱五十贯；三分已上，一十六〔贯〕；四分、五分已上，不支赏；六分已上，罚一月俸；七分已上，罚一季俸；八分已上，勘罪以闻，乞行严断。又两院、坊监止养好马，如有转却病马并在坊监抛死数目，候至年终比较，一处算数。如比诸坊监最少，即给赏钱。若是数多，即相度第等科罚。仍委两骐骥院监官或群牧官员逐时点阅病患马数，逐旋转送，无致积压。候至十二月终，须管尽转与养马务医疗，即不得公然启幸藏隐，留在坊监，致有隔年方始转送。如违，其干系人并劾罪科断。其使臣三周年一度磨勘，及兽医人比较，将转却病笃与死数一处纽算分数，并依元敕施行。"2，p9049—9050

【仁宗景祐元年】四月二十五日，河北都转运使杜衍等言："准敕，同群牧判官边调相度，将大名、广平两监见管马数拨并，就便牧放。已将广平两监马数内第一监拨赴大名两监。其广平第二监拨与安阳淇水第一监，就草地牧放去讫。今点记下三岁大马三千一百四十匹，乞令便拨赴左右厢大马监收管。"从之。6，p9052

【高宗绍兴】四年四月二十七日，枢密院言："提点临安府孳生牧马监杨志悯申：'得（有）〔旨〕，临安府置孳生牧马监，差志悯兼充提点官，所有合行事件，条具申枢密院。（令）〔今〕先次条具下项：一、契勘更令诸处官马甚多，若不别立印号，（切）〔窃〕恐无以辨别。欲乞行下所属，打造篆文"牧"字火印，于群马左胯上烙印记号。仍乞本监添置如意郡记，于马尾靶上烙号。所贵与诸处号记不同，有所辨别，亦隔弊幸。一、合用等仗（星）〔并〕拍子，乞下所属制造四尺一寸至四尺七寸七色等仗并拍子，给降应付行使。'"诏依，工部行下所属制造，缴申枢密院给降。9—10，p9054

【绍兴】十三年六月二十八日，吏部言："都大主管成都府、利州、熙河兰巩秦凤等路茶事、兼提举陕西等路买马监牧公事贾思诚契勘：'成都府里外两马务监官，依元祐六年敕，令从本司辟差小使臣充。自建炎三年，宣司改差文臣主管，今乞将上件员阙，依法专差能干事小使臣，仍从本司选择奏辟。所有其他州府马务监官，亦乞依此。'本部勘当，欲乞依本官所乞施行。"从之。10，p9054

【绍兴】十九年四月六日，诏："孳生牧马以五百匹为一监，差置监官二员。每牝马一百匹、牡马二十三匹为一群，零匹付群。每群差军兵、医兽七十人，将病〔马〕别置监，差官一员，军兵、医兽据马数差破，医治养喂。如倒（弊）〔毙〕一厘以下、生驹五分，监官转一官；倒毙三厘以下、生驹四分，减三年磨勘；倒毙六厘以下、生驹三分，减二年磨勘。军兵、医兽全无倒〔毙〕，节级、槽头、医兽各转一资，军兵支钱一十贯；倒毙一厘以下、生驹五分，节级、槽头各转一资，仍支钱七贯，医兽支钱一十贯，军兵支钱一十五贯，选牧放岁久，依名次补二人充槽头；（头）〔倒〕毙三厘以下、生驹四分，节级、槽头各转一资，仍支钱五贯，医兽支钱七贯，军兵支钱一十贯；倒毙五厘以下、生驹三分，节级、槽头各转一资，医兽支钱五贯，军兵支钱七贯。倒毙及二分、生驹三分，监官罚俸一月；倒毙及三分、生驹二分，展一年磨勘；倒毙及四分、生驹一分，展二年磨勘；倒毙及五分、生驹不及一分，展三年磨勘。军兵、槽头、节级、医兽倒毙及二分、生驹三分，杖六十；倒毙及三分、生驹二分，杖七十；倒毙及四分、生驹一分，杖八十；倒毙及五分、生驹不及一分，杖一百。"从枢密院承旨司所请也。11—12，p9055

【孝宗隆兴四年】五月十四日，兵部言："茶马司差使臣自成都府及兴元府押马至汉阳军马监。全纲至，倒毙不及二分，减二年半磨勘；倒毙寄留及二分至不及三分，展二年磨勘；倒毙寄留及三分，降一官资。每增及一分，更展一年磨勘，余分数准此递展。若纲中有疮疥瘦瘠者，亦合除豁。已行约束，今寄留倒毙，犹自数多。"诏："今后纲马到监，将寄留倒毙及四分以上押马使臣并所押纲马，令赵搏差人管押赴枢密院，听候指挥。"13，p9056

宋会要辑稿·兵二一·马政一·估马司

真宗咸平元年十一月十（十）三日，西京左藏库使杨允恭言："准诏估蕃部及诸色进贡马价，请印一（钰）〔钮〕。"诏以"估马司印"为文。18，p9058

【咸平】六年七月，诏："自今蕃部中卖骡马及诸班格尺者，量与添钱收市。"18，p9058

景德元年九月，诏："估马司收到蕃部省马，将良驽中分，与两骐骥院收管。"18，p9058

大中祥符二年十二月，诏估马司："每省马到京，若军士慢易，失于抬举，不（甚）〔堪〕者量行区分，或与免放。"18，p9038

【大中祥符】三年正月，诏："诸州差押蕃部省马到京，令逐处具肥瘠分数公文付之。令估马司据以交割点检。"18，p9058

【大中祥符】四年五月，诏："应臣僚进马，委本司看验。如无病堪支遣，即分送骐骥院。若有病患及十五岁以上不堪支配，即回赐本官，仍具因依牒报讫奏。"18，p9058

【大中祥符四年】八月，诏："估马司每收蕃部鞍马，须依久例相度，两平估计，不得亏损官司。"18，p9058

【大中祥符】七年八月，诏定押省马上京纲（宫）〔官〕殿侍抛死寄留决罚条例。18，p9058

宋会要辑稿·兵二一·马政一·牧马官

政和五年五月二十五日，枢密院言："专（功）〔切〕提举京畿监牧司状：'准《令》："祠庙献马，限一日申所属州。本州二日具牡牝、毛〔色〕、齿岁、尺寸，差人依程牵赴提举监牧司纳。"本司契勘，自来止是据凭诸处差人牵送到献马匹数，送孳生监牧养，即未有约束关防。深虑逐处及至京沿路不顾公法之人，与差牵送马人得以作弊，隐匿贸易，难以检察。本司相度，欲乞今后合送纳祠庙献马，辄敢隐匿贸易者，依条断遣外，并不以去官、赦降原减，庶革奸弊。'今检会大观三年十二月十四日枢密院修立下条：'诸州纳到祠庙献马，送孳生监牧养。'《政和令》：'诸祠庙献马，限一日申所属州。本州三日内具牡牝、毛色、齿岁、尺寸，差人依程牵赴提举京畿监牧司纳。'本司看详：诸祠庙献马，若盗诈或贸易，虽有条断罪，诚恐未足禁戢，况关防亦未严备，理宜增立约束及注籍拘管。其在官之人有犯，既非缘公，无用去官之理，不须修立去官。若以隐匿为文，亦似未至详显，合明立盗诈之文。今拟立如后：'诸盗诈或贸易祠庙献马者，不以赦降（厚）〔原〕减。诸承报祠庙献马计程不到者，移文勘会。诸祠庙献马，本州依限差人牵纳外，别具马记验去处，记验谓_{吊星、玉面、前后脚白之类}。入马递预报。专切提举京畿监牧司仍岁终具献马人姓名、逐匹字号，供报本司。'"诏依条修定。20—21，p9058—9059

宋会要辑稿·兵二一·马政一·牧地

元丰元年六月四日，诏："牧地租课，诸路委提点刑狱、开封府界委提点司催纳。每年秋料限满，次季具纳、欠数，上群牧司。任满无欠或欠不及二分，令本司保明取旨；即及三分以上，并奏劾。"27，p9062

【绍圣】三年七月六日，权知邢州张赴等言："据知任县韩筠等申：'请应有牧地县分，许〔等〕第人户投状指请上色一顷，给付人户，自得耕佃，而捐其租，令养官马一匹。各于所属县借其毛色、尺寸、齿岁给付。每岁分番就县令佐点集。若马有死失，许即时申县，自备印给。非点集日，许私自乘骑，不得出本州界若干里。如元佃地人户愿养马者，祗令将文契批凿，除其租数。若请不尽并不愿请者，依条召人租佃。'赴等看详：'陕西沿边置弓箭手，授田不过一顷，养马一匹，又役一丁，一年之间，备边之日虽平时亦当过其半，与今所陈事理相类，而又无身丁之役，

有利无害。'望朝廷详酌施行。"28—29，p9062—9063

徽宗大观元年二月二十五日，提举熙河兰湟路牧马司奏："据通判会州王大年申：本城迁僻地土，据人户陈状，情愿递相委保，各养马一匹。只乞就拨见佃迁僻地土充养马田土。本司检准《崇宁牧马令》节文，该说闲田若已请射而无力耕，许募人给养官马，即无人户已请佃见出给租课地土，亦许就拨充养马明文，本司未敢施行。契勘给地养马，与出纳租课，其利略等。今来若将人户见纳租课地土，亦许人情愿回充养马，必当早见就绪。"诏给地养马，一取人愿，当不限已佃未佃之数。29—30，p9063

【大观元年】四月二十八日，都省札子："提举熙河兰湟路牧马司奏：检会《崇宁牧马令》节文，即是孳生战马，皆合牧养。行下诸州点检养马官，取汉蕃人情愿收养逐等官马去后，今据诸处点检养马官申：招募到蕃汉人户，往往愿养骒马，出驹纳官。本司契勘，熙河最出产战马之地，若取人户情愿，养骒马收驹者，听从其便。每匹收三驹，以（勘）〔堪〕收养二驹纳官，一驹给与马户充赏。其孳生到驹，先拨充养马户死损之数；有余，配本路阙马兵士。如系骒驹，本司别无支配，即取朝旨，拨付近里孳生监。有不堪披带出战及不孳生骒马，乞就近拨与马舍，充填递马。"贴黄称："兼体访得诸州愿养马户例（合）〔各〕疑虑，恐养战马，缓急朝廷别有差拨。今若令愿养骒马者听从其便，即人户不疑，出息亦厚，牧马早就绪。伏望详酌施行。"诏依所奏，仍每三驹以〔二〕驹纳官，一驹充赏，不限每匹之数。其骒马户不得过堪出战之半。30—31，p9063—9064

【大观二年】五月一日，诏："昨降给地养马之法，虽以推行，而地之顷数尚少。访闻多缘土豪侵冒，官司失实，牙吏欺隐，百不得一。自今被差括地之官，限一日起发，亲诣地所。如违及不实不尽，杖一百；故隐落者，以违制论。"31，p9064

政和四年十月二十三日，刑部奏："据秦凤等路提点刑狱司状：今拟牧地人户久来租佃，若已典当与人，只以见今租佃人为业。即元典当人以元钱收赎者，听仍依法养马。若业不离户，却系元业户租佃者，令业户与佃户共养。"从之。31，p9064

宋会要辑稿·兵二二·马政二·买马上

【太宗太平兴国】六年十二月，诏："岁于边郡市马，偿以善价。内属戎人驱马诣阙下者，悉令县次续食以优之。如闻富人皆私市之，致战骑多阙，自今一切禁之。违者许相告发，每匹赏钱十万，私市者论其罪。中外官犯者，所在以闻。"1，p9069

【太平兴国】八年十二月，诏："先是，禁民于沿边诸郡私市马，及戎人卖马入官，取其良而弃驽者，又民不敢私市，使往来死于道者众。戎人少利，国马无以充旧贯。自今边郡吏谨视马之良驽，驽者刻毛以记，许民市，庶羌戎获利，而岁驱马通（阙）〔关〕市，有以补战骑之阙焉。"1，p9069

【绍兴三年】四月二十三日，诏："邕州进士昌悫陈献广南西路买马利便可采，特与中州文学，差充广南西路买马司准备差使。"以悫言："伏见大理国管下善阐府有伪呼知府姓高者，稍习文典，粗识礼仪。前提举洞丁李稷差效用，赍牒谕买战马，即时缴申本国国王，令备战马一千匹，应副朝廷。先备马样五十匹，差人呈纳，若是中用，请差人使接引上件马一千匹。差蕃官张罗坚管押，随效用至横山寨。时李（域）〔稷〕减罢，只令买马官支还价钱，管设张罗坚，遣还本国。乞指挥买马司选差使臣、效用有智术之人，入大理国善阐府，重宣朝廷恩信，说谕接引前件马一千匹。如蕃蛮能备战马三百匹赴官中卖者，赐与锦袍一领，银带一条。仍令效用遍谕诸蛮，各令通知。由此，蛮情慕赏，有不待其招而自来者。递年蕃马之来，其间有出格马，厥直太高，蛮人不肯一概售之，有司亦不敢违格收买，溪洞主将或有力之人搭价交易。乞指挥买马司，如有出格马，并依溪洞两平价数收买，不可循其旧例。西南诸蕃并大理国，分遣效用遍谕买马，不可无（弊）〔币〕帛以将其厚意。乞下买马司相度，每去一蕃，约用彩帛几段，以为人信，用提举官衔位封题，付与效用、使臣前去。所贵外蕃见得朝廷礼厚，钦奉其赐，愈加忻慕，则尽招马之术。自来官司差人入蛮干办，须赍盐彩，结托开路，方得前去。伏睹《大观买马格》：'每招马一百匹，支盐一二百斤、彩一十匹与招马人，充入蛮开路结托人信。'乞指挥买马司，如差效用入蛮招马，许借官钱充买盐、彩。俟招到马数，乞依《大观买马格》销破折会。"诏札与〔提〕举广南西路买马〔司〕条划措置，（由）〔申〕枢密院。18—19，p9079—9080

【绍兴】四年正月十五日，李预又言："得旨，募土人招诱买马及三百匹，补守阙进义副尉；每三百匹，转一官资。今来措置，如能招到出格驯熟良马，即乞不限招及三百匹之数，许令据所招到数逐旋计纲，差所招人同部押官管押赴行在交纳，保明格外推赏。"诏立定今后招诱买及一百匹各高四尺六寸以上、八岁以下、阔壮无疾、驯熟堪披带马，就差同部押官管押前来。在路无遗阙，倒毙不及一分，与依前项招买及三百匹指挥推恩。21，p9081

绍兴三十二年十二月二十四日，诏："广西买马，系拨定本路上供钱七万贯、经制、赡学钱五万贯、静江府买钞钱八万贯，及每年拨定锦二百匹、盐二十万斤，令经略安抚司取拨，衮同应副支使。又广西收买战马一千五百匹为额，并要四尺二寸以上、八岁以下、阔壮堪披带马数。其买马系横山寨收买，价（直）〔值〕画时支给。昨来已将提举买马司官吏添置干办官并罢，令本路帅臣兼提举，邕州知州兼提点，及干办公事一员，于邕州置廨宇。仰广（西南）〔南西〕路经略安抚司依见行条法，常切检察。有违法处，具当职官吏姓名，申取朝廷指挥施行。"以士庶封事言市马之弊："每与蕃蛮博易，则支与铤银，或要器皿，以铤银打造；今者多集银匠，以铤银银钚销夹入赤铜。元法每盐一笪计一百五斤，算银五两，折与蕃蛮，今则以二笪分作三笪，折银壹拾伍两。元每马四尺一寸，算银三十六两，每高一寸，加一十两；今市马作两样（赤）〔尺〕度等量。旧每银一两，折钱二贯文足。唯（时）〔特〕磨不晓银价低昂，只取见钱，以高补低，是以每岁有出剩之数，暗将入己。马口齿在六、七、八岁，方可收买。今来逐官计嘱兽医，有骑退老马，印过支银。马场官吏作弊，遂别差经干一员兼提举。逐司公吏取善织水绸，又买典没旧锦，支与蕃蛮。"故有是诏。27—28，p9084—9085

【隆兴二年】二月二日，诏："广西买马自于岁额外买到溢额马，及二百匹，招买官各通减一年磨勘；四百匹减二年，六百匹减三年，八百匹减四年磨勘；一千匹转一官。每买及二百匹，更增减一年磨勘。如买不及一千五百匹，各展一年磨勘。或有文臣，比折施行。其招马效用，每人依招买及三百匹与转一资，依八资法转补，至承信郎止。仍差招马官不得过两（资）〔名〕，招马效用不得过二十名。内如买到四赤以上、不及四赤二寸，计数攒申，（诉）〔许〕以溢额：每三百匹，当溢额及格赤二百匹之数。令广西经略司，今后遇有保明上件纲马酬奖，须管分明（问）〔开〕具若干及格赤，若干不及格赤，团发起纲数目，逐一具发往是何去处，并招买官、效用职位、姓名及（校）〔效〕用每名下招买到马数，保奏推赏施行。即不得依前泛滥违戾，及不得于招买官、效用额外别有妄乱

搀杂他官申明乞赏。"以权发遣静江府余良弼言，方滋所条具买马推恩等事，未能一一曲当，故有是诏。30—31，p9086

宋会要辑稿·兵二三·马政三·川马纲

孝宗乾道元年五月十九日，臣僚言："川蜀纲马程驿迂路，经由州县山崄，有损无补。如宕昌寨所买西马，欲自本处排纲，陆路至利州上船，顺流而下，不过一月，可到荆南，出陆赴行在。成都府路所买川马，欲自合州上船，顺流而下，不过二十日，亦可到荆南出陆。其经由水路，合用马船及谙识水脉梢工、草料等，令所属州县预先约度计置，仍委逐路监司提举。乞自朝廷立格推赏，以为激劝。"诏令吴璘看详提领，疾速措置。其后九月二十一日，知夔州张震言四川纲马改移水路："一、窃见茶马司一处每年合发岁额马及宣州所买马约计二百三十五纲，每纲五十匹，共计一万一千七百五十匹。每一纲要得船三只，每一只顿放一十八匹。每船摇橹六枝，水手三十六人，梢工四人，计船三只，合用一百二十人。每人日支雇钱二百文、食钱三百文。自夔州顺流至归州三日，泝流虽是空回，系上水，梢工、水手依旧销得上件人数，且约十二日可回，共计十五日，计支破钱九百贯文，止系一纲。二百三十五纲，计支破钱二十一万一千五百贯文，止系一州之费。其余十州，可以类推。所有起盖马驿及一行官兵批支钱粮、草料数目在外。二、川蜀无载马船，今若制造，每一纲船三只，一年内，除四个月半水涨月分外，每一日发一纲，半月方得往返一遭，必又须更有十五纲舟船，并每船各要梢工水手在岸下，方可循环津载，不致积压。须要四十五只船、一千二百人，梢工水手不辍往来，日破口食若干，州县每年要一万二千人，别无差雇去处。船四十五只，每只打造糜费八百贯文，共计三万六千贯文。每一船一年往回十五次，必是败腐，又须一年一次打造。马纲一万一千七百五十匹，每匹日支大麦八胜、粟草十三斤，到发约批支三日，计每纲批支大麦二千八百二十硕，每硕二贯，计五千六百四十贯文；粟草四十五万八千二百五十斤，委是出产不敷，难以桩办。三、江道自利至合，春冬浅涩，难以桩重载；自合至归，夏秋江涨，阻水难行。峡山之间，寸草亦无，何以饲马？四、且以利、阆、果、合、恭、涪、忠、万、夔、归、峡等一十一州计之，每年分外虚费二百余万缗。"诏除打造舟船外，其余事件，并令吴璘管办。其州船，令王十朋疾速应（副）〔付〕。29—30，p9104—9105

【乾道】三年十月三十日，四川宣抚使虞允文言："均、房州一带马路多历崄岭，又多乱石，所以多坏马蹄，以致死损。利州水路至荆南府凡十二郡，计三千余里，分置船驿，数目浩大，挽而溯洄，用人力至多。若一旦阻风，行船不得，或至三五日，马失喂饲。今别踏行马路有二：一者旧系房、金州上京驿路，皆平坦，多系沙地，于马行相宜。但一段去房界稍近，二百七十里。恐生边隙，未敢便施行。一者自金州上船，至净口，水行五驿，出船至外口，陆行四驿，合旧行房州马路。马止历均、房两州，不过五百余里，尽避得金、房州数十重大山。比利州水路减十之九。见一面措置到图子进呈。"诏令允文择其利便，一面改易施行。36，p9108

宋会要辑稿·兵二四·马政四·杂录一

【大中祥符三年二月】十四日，群牧制置使言："养马务近已立赏罚条格施行外，其内外诸坊监，令定抛死及一分已上，主者等第科罪；其医较病马约以分厘及生驹六分已上，并为给赏条例，乞颁下。"从之。7—8，p9113

【大中祥符三年】七月二十六日，诏："群牧司在京及外坊监，自今生驹及五分，死失不及分者，使臣、军校等第支赐；生驹不及数而死失及分者，差级科罚。其生驹倍多、死益少者，就迁一级。"8，p9113

【大中祥符三年】八月六日，诏："沿边买马州军使臣及总管、钤辖，无得将省马务买到官马指射借取乘骑，仍将草料脚下请领，犯者论其罪。"8，p9113

宋会要辑稿·兵二四·马政四·杂录二

【大中祥符五年五月】十八日，诏："自今臣僚使臣，已有请到合破官马二匹及曾宣赐并已借官马见在者，因差使，更不得乞借支。令骐骥院勘会本人脚下见无请到宣赐借支马，方得借与。候事毕回日，画时送纳。若脚下已有官马，即未得支借，具奏取旨。"10—11，p9115

【大中祥符六年】七月，诏："群牧司坊监兵士盗杀官马三匹已下，并决配沙门岛，仍著为定式。"先是，有郑州原武监兵士李凝、刘乂盗马一匹亡走河阴，复杀其马以鬻钱。既捕获，鞫之得实，决隶海岛，因有是诏。12，p9116

【大中祥符六年】十一月，代州钤辖韩守英等言："勾当丰州蕃汉公事王文玉状：'当州进（奏）〔奉〕鞍马藏才蕃部元在黄河北异山前后住坐，去州约五百里，皆从赵德明北界过往，并无人烟，兼于德明榷场内，每匹纳买路绢一匹、大茶十斤。以此艰难，近少有至者。窃缘藏才一路，地接子河汊，所产鞍马，格式不大，骨体甚良。若官中以天武马为格拣选入券，即多不及等样。况降致敕书，令差人入深蕃勾招，其藏才最居远地。今若令于府州拣选入券，则又所属州府不同，虑恐阻隔蕃部，不来进奉。欲乞差兽医一人至当州看验鞍马，依旧例于当州抄札入券，委得用心当面拣选本产鞍马。'欲依所请施行，所有兽医人，仍乞于麟州飞骑指挥内轮差一人往彼，逐年替换。"从之。12，p9116

【大中祥符七年六月】二十三日，群牧制置使司言："奉旨，于七月一日勾取外监三岁、四岁已上杂配军大马，每（蕃）〔番〕作二千余匹，上京赴天驷监骑习。乞差内臣一人往鞍辔库点检见在或制造第一鞍辔三百副，付骑马直指挥使蔡兴，令分擘与四监，应副骑习鞍马。所有骑习马节级、兵士，乞依淳泽、单镇监例，每月请受外，更特支钱二百文、减月粮五斗，却日支口食二胜。"从之。13，p9116

【大中祥符】九年三月，诏禁臣（寮）〔僚〕私于沿边州军买马。必有所须，皆先禀朝旨。13，p9116

【大中祥符九年】九月，诏："自今唐龙镇进卖鞍马，令河东转运司指挥唐龙镇、火山军更不得点检印记，并令牵送岢岚军。候到，（子）〔仔〕细拣堪配军马，依例印记入券，上京进卖。内些小饥瘦堪抬举者，亦与印记，上京进卖。即不得将不堪马入券，及妄有拣退好马，致蕃部别有词说。"13—14，p9116

【大中祥符九年】十一月，枢密院言："群牧司押马殿侍条贯，不分地里远近及押过匹数，一例酬奖。乞自今须三年内押过马六百匹已上，往来及万里，如抛死、病患、寄留、减膘饥瘦，总计三厘并三厘以（上）〔下〕，并与三班差使；其三厘以上至五厘，押马五百匹已上，更不理往来地里，即与指使差遣。若五厘以上不及分者，并不理押过匹数、地里，特给赏钱十千。"从之。14，p9116—9117

【天禧】四年闰十二月，诏："在京院务坊监节级、槽头、刷刨、长行并诸色公人等，偷拔马尾一两至二两，决臀杖十七；三两至四两，臀仗十八。仍于本所榜枷，令众二日。五两已上者，臀杖二十，决讫，奏配远

处重役。如只于一匹上取到，即据所犯两数，依立定刑名施行，若是众马上取到，与倍两数断遣。"15，p9117

康定二年七月，诏："诸路本城厢军员阙马，听自市三岁以上、十三〔岁〕以下、高四尺一寸者，用印附籍，给刍粟。"16，p9118

【英宗治平】三年正月十八日，枢密院言："使臣差出勾当，许乘递马，体例不一。欲检会前后条例，就差本院编例官重行删定。"从之。17，p9119

神宗熙宁元年正月十八日，枢密上《文武官合乘递马条贯》，因言："先给递马者太滥，所在马不能充足，以致急令有所稽留。检会祖宗朝臣僚差遣有赐马者，以带甲为名。盖沿边要用任使故也。时平既久，侥幸干求，日以滋蔓。今欲应使臣阁门祗候以上充三路州军路分总管、钤辖、都监之比，依旧赐马价钱外，其余职任文武官，一切罢去。"从之。17—18，p9119

【熙宁元年】三月四日，殿前、马、步军司重定夺到《牧放鞍马约束条贯》。诏令施行，仍告示牧放官员，使晓会遵守。18，p9119

【熙宁】三年五月二十一日，群牧判官王海上《马政条贯》，诏令颁行。19，p9120

哲宗元祐元年正月十四日，诏保马别立法以闻。26，p9123

徽宗崇宁二年正月二十四日，详定一司敕令所札子奏："契勘见看详《省寺监诸司元祐敕令格式》，其间马政所隶之事，乃全冲改元丰旧法。窃缘马政合隶尚书驾部，乃先朝官制。自元祐冲改，至元符中，令候边事了日，依新敕施行，则看详去取，在于今日，所系最重。欲望圣下三省、枢密院详酌指挥。"诏太仆寺依旧制不治外事，拨归尚书驾部，应缘马事，上枢密院。28，p9125

【崇宁四年】十二月十一日，尚书省札子："检会熙宁、元丰（州）〔川〕茶惟以博马，不将他用。盖欲因羌人必用之物，使国马不乏，骑兵足用。窃虑浅见官司，趋一时之急，陈乞别将支费，有害熙宁马政。欲修立下条：'诸川茶非博马，辄陈请乞他用者，以违制论。'"从之。28—29，p9125

高宗建炎元年八月十四日，诏："应官司及诸路军脚下马，别立印号。其印号，令骐骥院拟申枢密院。如衷私转卖兑易之人，决脊配海岛，买马及牙侩并与同罪。许诸色人告捉，每匹赏钱一百贯。先以官钱代支

讫，于卖买及牙侩人均偿。若内有能自告首，以马价充赏，仍免罪。"31—32，p9127

绍兴三年正月二十六日，诏："邕州置买马司，收买战马。每一百匹为一纲，每纲差官二员管押，将校一名、节级二人、牵马禁军或厢军五十人、兽医一名、军典一名。兽医许募百姓。其厢、禁军于一路通差，即不得差寄居待阙官及峒丁、土丁。纲马逐匹各于两胯下用火印'纲马'字，及造木牌雕刻字号，分明标记格赤、齿岁、毛色等事，于马项如法封记，务要辨验。及于纲解状内声说，实封发遣。预申枢密院，用纸画逐马毛色，以凭照验交收。押纲官如到行在，损失不及一分，依得条法交割了当，与转一官；将校、节级、军兵，并与转一资。失及二分，并降一官资。若有情弊，送大理寺根治。押马纲官兵等在路换易官马，许诸色人告捉。所有罪赏，并依川峡马纲法。"以枢密院言："广西收买战马，招募押纲使臣无所顾藉，往往在路换易，兵级减克草料，及差峒丁、土丁自邕、管随至行在。地理遥远，回程口券，州县不肯支给，遂于沿路寻于驻军去处计会截留。"至是参酌措置，故有是命。33—34，p9128

【绍兴三年】三月二十一日，诏："广西起发纲马到日，委枢密院检详、计议官各一员亲赴省马院，当官以元解发纲马状并图画到毛色、齿岁、尺寸逐一点对，并验认火印封记、鬃尾讫，具有无异同，日下申枢密院呈验。仍令省马院候纲马到院，即时依数交收，如法喂养。"34，p9128

【绍兴十八年】十一月十六日，兵部言："参酌立定广南西路经略安抚司提点纲马驿程官任满，能点检沿路驿舍、槽具、动使，供应草料无阙误，及纲马死失、病患、寄留、减膘通不及下项厘数：三千匹以上，不满半厘，减一年磨勘；不满一厘，更不赏罢；如任内弛慢，倒毙、寄留满一厘，展一年磨勘；通满二厘，展二年磨勘；通满三厘，展三年磨勘；以上展四年磨勘。"从之。36—37，p9129—9130

【绍兴】二十五年十二月二十一日，尚书省言："平江府、湖、秀州三衙牧马寨屋，除步军司已造瓦屋外，余系席屋。访闻归司随即毁拆，州县公吏利于乞取，逐时科率于民，显属骚扰。"诏："令两浙转运司同逐州措置，以系官钱改造瓦屋。仍差使臣看管，遇有损缺，随时修治，日后更不得科敷。如有违戾去处，许人户越诉。"37，p9130

【绍兴二十六年】闰十月十五日，枢密院言："茶马司逐年团发纲马赴行在，委承旨司看验。有疮疥、瘦瘠马数，其管押使臣等，依寄留、倒毙赏罚。内军兵牵马二匹并疮疥，不推恩；一匹疮疥，减半推赏支钱。其诸军于茶马司取到并广西起发纲马，即未该载，理宜一体。"诏："今后诸军于茶马司取马并广西起发纲马，赏罚准此。仍令御前诸军都统制遇纲马到，（子）〔仔〕细看验，分明开具，申枢密院。"38，p9130

【绍兴二十七年五月】十七日，枢密都承旨陈正同言："乞自今后管押马五十五匹，五十四匹到，转一官，减二年磨勘；五十三匹到，转一官，减一年半磨勘；五十二匹到，转一官，减一年磨勘；五十一匹到，转一官，减半年磨勘。以上使臣，不支犒设，余照见行赏格则例施行。"从之。39，p9131

宋会要辑稿·兵二五·马政五·杂录三

孝宗隆兴元年三月二十四日，四川茶马司言："本司合起纲马，先从诸军自差使臣、军兵前来取押，往往全纲到军。近缘臣僚言三司取押西马，所差官兵职资高大，费耗批请，又取马官兵二年一次往来道途，弃习武艺，遂令每纲差医兽一名沿路点检调护外，令茶马司依旧差使臣、军兵管押。照得四川牵马人兵不谙养马，沿路偷盗草料，便自逃窜，故近日诸军官兵取押，损毙已多。欲令诸军于逐军拣下不堪披带、曾经养马人内选差。其逐军每岁得马一十五纲，一年不满四百五十人，逐旋差拨，循环归军，委是易于辍那。将校日给米一胜半、铜钱一百五十文省；军兵日支米二胜半、铜钱七十文省。至铁钱地分，纽计支给。本司已用递年开场月分籴到马数约度，分作六次到司，开坐月分纲数。（令）〔今〕后须得照应本司以前立定期限，节次差拨。若依限到来，自无积压留滞。"从之。1—2，p9135

宋会要辑稿·兵二五·马政五·杂录四

【乾道元年】八月二日，兵部言："勘会进马匹数推恩，今将无体例进马数参酌有体例数目，逐一拟定下项：有体例：四匹，五人各转一官资。六匹，八人各转一官资。八〔匹〕，一十一人各转一官资。一十二匹，一十七人各转一官资。一十四匹，二十人各转一官资。二十匹，三十四人各转一官资。二十五匹，四十人各转一官资。三十匹，四十二人各转一官资。五十匹，七十一人各转一官资。无体例：五匹，六人各转一官资。七匹，九人各转一官资。九匹，一十二人各转一官资。十

匹，一十二人各转一官资。十一匹，一十八人各转一官资。十三匹，二十人各转一官资。十六匹，二十八人各转一官资。十七匹，二十九人各转一官资。十八匹，三十人各转一官资。十九匹，三十一人各转一官资。二十一匹，三十五人各转一官资。二十二匹，三十六人各转一官资。二十三匹，三十七人各转一官资。二十四匹，三十八人各转一官资。二十六匹，三十九人各转一官资。二十七匹，四十人各转一官资。二十八匹，四十一人各转一官资。二十九匹，四十二人各转一官资。三十一匹，四十三人各转一官资。三十二匹，四十四人各转一官资。三十三匹，四十五人各转一官资。三十四匹，四十六人各转一官资。三十五匹，四十七人各转一官资。三十六匹，四十八人各转一官资。三十七匹，四十九人各转一官资。三十八匹，五十人各转一官资。三十九匹，五十一人各转一官资。四十匹，五十二人各转一官资。四十一匹，五十三人各转一官资。四十二匹，五十四人各转一官资。四十三匹，五十五人各转一官资。四十四匹，五十六人各转一官资。四十五匹，五十七人各转一官资。四十六匹，五十八人各转一官资。四十七匹，五十九人各转一官资。四十八匹，六十人各转一官资。四十九匹，六十一人各转一官资。"从之。13—14，p9140—9141

【乾道】二年正月二日，诏："诸军养马倒毙，自合依著令。带甲射弓应法，与免科校。其乾道元年四月内所降指挥更不施行。已经降官展年，并与改正。"先是，《乾道元年四月九日指挥》："枢密院言：'勘会川广所起纲马，管押使臣、人兵全到及倒毙，已有定立赏罚指挥外，交付三衙及江上诸军之后，其部辖将佐等（从）〔纵〕容合（千）〔干〕人减尅草料，全不用心养喂，往往瘦瘠，（到）〔致〕令倒毙数多，理合措置。兵部今参附马纲赏罚，随宜措置，拟立到诸军逐将部辖将佐合干人等赏罚：全不倒毙，转一官资，减一年磨勘，军兵、将校、白身人每一年磨勘折钱一十贯文。倒毙及一分至不及二分，减三年磨勘，军兵、（劾）〔效〕用、将校、白身人每一年磨勘折钱一十贯文。倒毙及二分至不及三分，展二年磨勘，将校、军兵、白身人各从杖六十科断。倒毙及三分，降一官资。每增及一分，更展一年八个月磨勘。分数准此递展。内无磨勘人，后理磨勘日展年，将校、军兵、白身人各从杖八十科断。乞下殿前、马、步三司及江上诸军，责委主帅自今年为始，将见存及日后收到马数置籍抄转，以十分为率，候至岁终，将见存并倒毙马的实匹数及部辖逐将将佐等合干人职位、姓名供申朝廷，赏罚施行。诸军所养马数，其马主名下若有倒毙，即合别行摊拨养喂，难以候至岁终叠较赏罚。如遇倒毙，马主即便科断，有名目人供申所属展年。若养喂实及一年，别无损毙，从本军量支犒赏施行。'"故有是命。14，p9141

【乾道三年】十月四日，四川宣抚使虞允文言："契勘宕昌所买西北之马，产于沙场平川之地，一旦使行金、房州路，固已损坏；草料不（辨）〔办〕，遂致饥饿，倒毙甚多。又自房州以去行在，马驿地（理）〔里〕稍远，每程有八九十里者，尽一日之力，不能得至。既抵驿舍，马已困乏，刍秣不齐，来日又是催赶前去。若有蹄脚病患，州郡不肯寄留，直至倒死而后已。盖州县马纲草料批请，程驿多是委之县令、簿尉，守臣殊不干预，事力至轻，例皆不办。伏望专委知州。所有逐驿程，每驿大约作五十里以下。所有病马，即权（守）〔寄〕留，如法医治。每岁若能医治及五十匹，知州即与减二年磨勘；不及五十匹，分数给赏。"从之。16，p9142

【乾道四年】三月十四日，枢密院言："茶马司每年起发御马一纲，系差使臣二员，将校，医兽各一名，牵马军兵五十人，每人各牵马一匹，内（佳）〔加〕备马五匹，附纲牵拽。如军兵名下马一匹到，转一资；马一匹不到，降一资。今来纲马内有牵马二匹并牵马一匹到军兵，及二匹内一匹倒毙之人，欲乞将马二匹到军兵更各（兴）〔与〕转一资，二匹内一匹不到军兵更不推恩。若日后有二匹全不到，与降一资。"从之。18，p9143

【乾道四年】五月十八日，兵部言："今看详，乞将殿前、马、步军司自临安府至汉阳军取马，依昨来兴元府发马至荆南立定赏罚。欲牵马军兵，自三衙于汉阳军取马至行在，如牵马二匹到，无疮疥、瘦瘠、病马，并与减半推赏；愿折资者，支钱一十五贯。内一匹疮疥、瘦瘠、病马，支钱七贯五百文。不愿折资者，若两次押马该赏，许作转一资收使。"从之。昨来兴元府马至荆南，立定赏罚，全纲至，倒毙不及二分，谓九匹以下，使臣减三年磨勘，将校、医兽、执色合干人各转一资；倒毙、寄留及二分至不及三分，谓十匹至一十四匹，使臣展二年磨勘，将校、医兽、执色合干人更不推恩；倒毙、寄留及三分，谓一十五匹，使臣、将校、医兽、执色合干人各降一官资。每增及　分，使臣更展　年磨勘，余分数准此递展。其将校、医兽、执色合干人更别无加罚。牵马军兵，二匹到，转一资；一匹到，更不推恩；二匹到，并疮疥，更不推恩；二匹到，内一匹疮疥，减半推赏，支钱一十五贯文；二匹全不到，降一资。已上赏罚外，若纲内看验得有疮疥、瘦瘠、病马，合依寄留、倒毙马数除豁。若降资军兵内无资可降人，从杖八十科断。20—21，p9144—9145

【乾道六年】九月二十三日，兵部言："广西经略司所起纲马，每一名牵拽六匹，常纲每一方牵拽十四。缘人力不胜，致病瘦倒毙数多。得旨，今广南西路经略安抚司今后起发纲马，进马每人牵拽二匹，常纲每人牵拽四匹，其赏罚令兵部参照见行格法比拟施行。本部今将格法体例指挥并地（理）〔里〕参照比拟，立定到因依：一、契勘茶马司自来于成都府起发御马，至行在六千一百一十九里，牵马军兵每人牵马一匹。今来广西经略司自静江府起发进马，至行在二千八百七十七里，比之成都府至行在地里，虽止及一半，每人却牵马二匹。二、契勘茶马司自来于兴元府起发常纲西马，至行在四千八百八十九里，牵马军兵每人牵马二匹。今来广西经略司自静江府起发常纲马，至行在二千八百七十七里，至建康府三千五百八十六里，至镇江府三千七百六十里，至池州三千里，四处地里，比之兴元府至行在地里，各及一半以上。至襄阳府二千三百六十二里，至鄂州一千八百八十二里，其两处地里，各不及一半，每人却（掌）〔牵〕马四匹。今后广西经略司起发进马赴行在，每人牵拽二匹，全到无疮疥、瘦瘠、病，转一资；若内有一匹疮疥、瘦瘠、病，减半推赏，支钱一十五贯；二匹并疮疥、瘦瘠、病并寄、毙马一匹，并更不推恩。其纲内通管将校、医兽全纲至，寄、毙不及一分，各转一资；寄、毙及一分不及二分，通管将校、医兽更不推恩；寄、毙及二分，通管将校、医兽各降一资；若更（不）〔有〕倒死分数，别无加罚。三、今后广西经略司起发常纲马赴行在并镇江、建康府、池州都统司，每人牵拽四匹，全无疮疥、瘦瘠、病马，转一资；若内有一匹疮疥、瘦瘠、病，减半推赏，支钱一十五贯文；二匹至四匹疮疥、瘦瘠、病并寄、毙马一匹，并更不推恩。其纲内通管将校、医兽全纲到，并寄、毙不及二分，转一资；寄、毙及一分至不及二分，通管将校、医兽更不推恩；寄、毙及二分，通管将校、医兽降一资；若更有倒毙分数，别无加罚。四、今后广西经略司起发常纲马赴鄂州、襄阳府都统司，每人牵拽四匹。五十匹全纲到，医兽、牵马四匹全（别）〔到〕，无疮疥、瘦瘠、病，转一资。若内有一匹疮疥、瘦瘠、病，牵马人减半推赏，支钱一十五贯文；倒毙寄留不及一分，医兽、牵马四匹全到，无疮疥、瘦瘠、病，各支钱一十贯，若有一匹疮疥、瘦瘠、病，减半推赏，支钱五贯文；牵马将校名下马四匹全到，内二匹至四匹疮疥、瘦瘠、病，并寄、毙马一匹，更不推恩；寄、毙马二匹至四匹，止降一资；倒毙、寄留及一分，医兽更不推赏；倒毙、寄留及二分，医兽降一资；若更有倒死分数，别无加罚。五、本部契勘广西经略司自来差使臣管押出格马赴行在投进，每纲系三十匹，虽有赏罚体例指挥，从来未有立定格法。今参照体例指挥，比拟下项：（一）全纲三十匹到，使臣、通管将校、医兽各转一官资，内使臣更减一年半磨勘。（二）倒毙、寄留不及一分，谓一匹至二匹，使臣、通管将校、医兽各转一资。（三）倒毙、寄留及一分至不及二分，谓三匹至五匹，使臣展二年磨勘，通管将校、医兽各更不推恩。（四）倒毙、寄留及二分，谓六匹，使臣、通管将校、医兽各降一官资。每增及一分，使臣更展半年磨勘。余分数准此迎展，其通管将校、医兽别无加罚。六、契勘广西经略司起发纲马赴前项去处交纳，若看验得内有疮疥、瘦瘠、病马，其使臣、通管将校、医兽，合依寄留、倒毙马数除豁。七、契勘广西经略司起发常纲马赴行在并江上诸军，每人牵拽四匹，每纲差一十二人，止牵拽马共四十八匹外，有零马二匹未有该载。今欲乞令广西经略司每纲更差将校一名牵拽，即与减半推赏，支钱一十五贯文。如内有一匹疮疥、瘦瘠、病，更与减半支钱七贯五百文。若二匹并疮疥、瘦瘠、病并寄、毙马一匹，更不推赏；二匹全寄、毙，降一资。"从之。24—26，p9146—9147

【乾道】七年二月十八日，诏："池州驻札御前诸军病患马医治痊可及倒毙，左军最优，统制特转一官，提点将官、管队事训练官、医兽各特减二年磨勘；右军最劣，统制特降一官，提点将官、管队事训练官、医兽各特展二年磨勘。"以池州驻札御前诸军都统制吴总言："诸军乾道六年七月一日至十二月终，病患马医治痊可及倒毙数，以各军本月终见管马十分为率，比较下项：（尤）〔左〕军最优：病患马二十七匹，合该一分二厘二毫一丝，倒毙一十八匹，合该八厘一毫四丝。见患二匹。十二月终，见管二百二十四。统制崔定，提点副将李大椿，准备将于翼，管队事训练官冉政、朱进，医兽田忠、杨玘。右军最劣：病患马三十七匹，合该一分八厘六丝。倒毙二十七匹，合该一分三厘一毫九丝。十二月终，见管马二百五匹。统制赵思忠，提点权正将赵赛，准备将王政、高贵、管队事训练官徐立、朱珍，部将韩清，医兽何进、郜德。"故有是命。31，p9150

【乾道七年二月】二十六日，诏："令内外诸军主帅责委逐军统制并逐将将官，将见今战马并降拨到纲马，钤束马土，以时认饲，有病即吋医治。仍每年一次比较牧养优劣，各于本军、本将马数十分为率，倒死不及二厘，统制、将官各与转一官；四厘以下，各减二年磨勘；倒死一分以上，展一年磨勘；一分半以上，展二年磨勘；及二分，降一官；二分以上，取旨重作行遣。马主令主帅量轻重等第责罚。有武艺绝伦者，与免罪。仍自今年岁终比较。"以枢密院言："内外诸军马，统兵官全不用心，牧养失节，縶维不以时驰骋，疾病不以时医治，致使倒毙，理宜立定赏罚。"故有是命。32，p9150

【乾道七年六月】十六日，诏："殿前司取押第二十三纲马四十八匹，除寄留、倒毙外，见到二十九匹。押马纲官依格责罚外，更特降三官。其本纲医兽等各特降两资，内无资可降人，各从杖一百科断。日后依此施

行。"33，p9150—9151

【乾道七年】八月四日，枢密院言："勘会三衙、江上诸军取马官兵，并不拣择差拨，往往不切用心，致令倒毙数多。"得旨，令三衙、江上诸军今后差拨阙马官兵前去马监牵取本名下马归军，专差训练官一员充纲官，赏罚令兵部措置。本部契勘："阙马官兵元旧名下止是管马一匹，今若循例牵拽二匹，又恐仍前不专，却致损毙。今欲乞各人止牵取一匹。寻将从前格法体例参照，重别措置比拟，立定赏罚下项。"诏依。"一、下项去处，管押使臣、执色合干人，皆以实数十分为率，计理赏罚。殿前、马、步军司及高邮军都统司差人于马监取马到军，五十匹至四十一匹全到、至倒毙、寄留不及二分，监官减二年六个月磨勘，执色合干人支钱一十五贯文。如不愿支钱、愿出给半资公据者听。如两次取马该赏，许作一资收使。四十匹至三十一匹全到，至倒毙、寄留不及二分，纲官减二年磨勘，执色合干人支钱一十二贯文；三十匹至二十一匹全到，至倒毙、寄留不及二分，纲官减一年七个月磨勘，执色合干人支钱九贯六百文；二十匹至一十一匹全到，至倒毙、寄留不及二分，纲官减一年三个月磨勘，执色合干人支钱七贯六百八十文。牵马官兵名下马一匹到，无疮疥、瘦瘠、病，军兵、将校并内有未理磨勘效用，支钱一十五贯文；如有不愿支钱、愿出给半资公据者听；如两次取马该赏，许作一资收使。有官使臣并合理磨勘人，减一年六个月磨勘。若寄留、倒毙，依此对展。二、镇江府都统制司差人于马监取马到军，五十匹至四十一匹全到，至倒毙、寄留不及二分，纲官减二年零半个月磨勘，执色合干人支钱一十二贯七百五十文；四十匹至三十一匹全到，至倒毙、寄留不及二分，纲官减一年七个月半磨勘，执色合干人支钱一十贯二百文；三十匹至二十一匹全到，至倒毙、寄留不及二分，纲官减一年三个月半磨勘，执色合干人支钱八贯一百六十文；二十匹至一十一匹全到，至倒毙、寄留不及二分，纲官减一年零半个月磨勘，执色合干人支钱六贯三百三十文。牵马官兵名下马一匹到，无疮疥、瘦瘠、病，军兵、将校并内有未合理磨勘效用，支钱一十二贯七百五十文；有官使臣并合理磨勘人，减一年三个月磨勘。若倒毙、寄留，依此对展。三、建康都统司并三衙差人于马监取马到建康府，五十匹至四十一匹全到，至倒毙、寄留不及二分，纲官减一年十一个月半磨勘，执色合干人支钱一十一贯二百五十文；四十匹至三十一匹全到，至倒毙、寄留不及二分，纲官减一年七个月磨勘，执色合干人支钱九贯文；三十匹至二十一匹全到，至倒毙、寄留不及二分，纲官减一年三月磨勘，执色（各）〔合〕干人支钱七贯二百文；二十（四）匹至一十一匹全到，至倒毙、寄留不及二分，纲官减一年磨勘，执色合干人支钱五贯七百六十文。牵马官兵名下马一匹到，无疮疥、瘦瘠、病，军兵、将校并内有未理磨勘效用，支钱一十一贯二百五十文；有官使臣并合理磨勘效人，减一年一个月半磨勘。若寄留、倒毙，依此对展。四、池州都统司差人于马监取马到军，五十四至四十一匹全到，至倒毙、寄留不及二分，纲官减一年三个月磨勘，执色合干人支钱七贯五百文；四十四至三十一匹全到，至倒毙、寄留不及二分，纲官减一年磨勘，执色合干人支钱六贯文；三十四至二十一匹全到，至倒毙、寄留不及二分，纲官减九个月半磨勘，执色合干人支钱四贯八百文；二十四至一十一匹全到，倒毙、寄留不及二分，纲官减七个月半磨勘，执色合干人支钱三贯八百四十文。牵马官兵名下马一匹到，无疮疥、瘦瘠，军兵、将校并内有未理磨勘效用，支钱七贯五百文；有官使臣并合理磨勘人，减九个月磨勘。若倒毙、寄留，依此对展。五、江州都统司差人于马监取马到军，地里最近，若不加罚，无以惩戒。五十四至四十一匹全到，至倒毙、寄留不及二分，纲官减九个月磨勘，执色合干人支钱四贯五百五十文；四十四至三十一匹全到，至倒毙、寄留不及二分，纲官减七个月磨勘，执色合干人支钱三贯六百四十文；三十四至二十一匹全到，至倒毙、寄留不及二分，纲官减五个月半磨勘，执色合干人支钱二贯九百二十文；二十四至一十一匹全到，至倒毙、寄留不及二分，纲官减四个月半磨勘，执色合干人支钱二贯三百四十文。牵马官兵名下马一匹到，无疮疥、瘦瘠、病，军兵、校并内有未理磨勘效用，支钱四贯五百文；有官使臣并该理磨勘人，减五个月磨勘。若倒毙、寄留，展一年磨勘。六、前项去处，纲官倒毙、寄留及二分，展二年磨勘，及三分，降一官资；每增及一分，更展一年磨勘。余分数准此递展。执色合干人倒毙、寄留及二分，并无赏罚；及三分，降一资，内江州更令本军问当。牵马使臣、军兵、将校，如有疮疥、瘦瘠、病，不该推赏。其军兵、将校，若寄留、倒毙，降一资，内江州更令本军问当。七、纲内执色合干人，仍止差军兵，及依自来体例，差拨施行。八、所差效用军兵，如该降资，若无资可降，于本处从杖八十科断。九、所差纲官、执色合干人取马到军交纳，勘验得有疮疥、瘦瘠、病，依倒毙、寄留数除豁。"33—37，p9151—9152

【乾道】八年正月三日，诏："已降指挥，内外诸军所养战马，令主帅每岁比较等第赏罚。可自今后倒毙及二分已上，统制将官展二年磨勘；三分已上，重作施行。马主如本等弓四箭中帖垛，或愿升加斗力者，并委主帅即时拍试，与免罪。其赏格，依已降指挥。"37，p9152—9153

【乾道九年】四月二十八日，兵部〔言："近〕降指挥，四川宣抚司起发阔壮马并茶马司御进马、常纲马到行在，及江上诸军纲马到军，并广西经略司排拨常纲马到行在，及江上诸军内有全纲到并寄留、倒毙之数，以地里远近，并牵马人，已拟定赏罚格法。本部今参照得地里虽有些小远近不同去处，且立赏罚格法已是酌中，久远可以遵行外，有该载未尽事件，今条具比拟，立定赏罚，开具下项。"并从之。"一、元札子内格目：（一）三衙往茶马司取押常纲并宣抚司押到阔壮马、茶马司御进马，各到行在。今拟到下项：全纲到，使臣转两官资；寄、毙一匹，转一官，减四年磨勘；二匹，转一官，减三年磨勘；三匹，转一官，减二年磨勘；四匹，转一官，减（二）〔一〕年磨勘；五匹，转一官资；六匹，减四年磨勘；七匹，减三年磨勘；八匹，减二年磨勘；九匹，减一年磨勘；十匹，不理赏罚；十一匹，展一年磨勘；十二匹，展二年磨勘；十三匹，展三年磨勘；十四匹，展四年磨勘；十五匹，降一官资；十六匹，降一官资，更展一年磨勘；十七匹，降一官，更展二年磨勘；十八匹，降一官，更展三年磨勘；十九匹，降一官，更展四年磨勘；二十匹，降两官资。以后匹数，依此展降。全纲到，将校、医兽等转两资；寄、毙五匹，转一官资；十匹，不理赏罚。十五匹，降一资；二十匹，降两资。以后每五匹依此更减一资。无资可降人，各从杖一百科断。本部今乞依已拟定赏罚格法施行。执色将校、先牌、火头、医兽、曹司等，全纲到，转两资；寄、毙一匹至五匹，转一资；六匹至九匹，本部今拟定，欲乞更不转资，止支赏钱一十五贯文；十匹至十四匹，不理赏罚。十五匹至十九匹，降一资；二十匹，降二资。本部（令）〔今〕乞并依前项拟定赏罚施行。所有以后每五匹依此更降一资；无资可降，各从杖一百科断。及该赏人如不愿转资，每资折钱三十贯文。（二）建康、镇江府、池州武锋军往茶马司取马到军，依今来指挥，并依三衙取马到行在三分减一分赏罚。今比拟：全纲到，使臣转一官资，减一年八个月磨勘；寄、毙一匹，转一官，减一年磨勘；二匹，转一官，减四个月磨勘；三匹，减四年八个月磨勘；四匹，减四年磨勘；五匹，减三年四个月磨勘；六匹，减二年八个月磨勘；七匹，减二年磨勘；八匹，减一年四个月磨勘；九匹，减八个月磨勘；十匹，不理赏罚；十一匹，展八个月磨勘；十二匹，展一年四个月磨勘；十三匹，展二年磨勘；十四匹，展二年八个月磨勘；十五匹，展三年四个月磨勘；十六匹，展四年磨勘；十七匹，展四年八个月磨勘；十八匹，降一官，更展四个月磨勘；十九匹，降一官，更展一年磨勘；二十匹，降一官，更展一年八个月磨勘。以后匹数，依此展降。全纲到，将校、医兽等转一资，更支钱一十贯文；如不愿转资者，资折钱二十贯。寄、毙一匹至五匹，支钱二十贯文，如不愿支给上件钱数，愿就半资公据者听；如两次押马该赏，许依转一资收使。六匹至九匹，支钱一十贯；十匹至十四匹，不理赏罚；十五匹至十九匹，从杖六十科断；二十匹，降一资。本部今乞并依拟定赏罚施行。所有已后每及五匹，依此更降一资；无资可降，从杖一百科断。

（三）荆南、鄂州、江州都统司往茶马司取马到军，依今来指挥，并依三衙取马到行在减半赏罚。所有茶马司起发骡马、翁马，赴鄂州都统司并荆南、龙居山孳生马监三处，虽有赏罚格法，于今来指挥内，未有该载。其两处押马与本处取马地里一同。今比拟，欲并依荆南、鄂州都统司取马立定赏罚，一体施行。今比拟：全纲到，使臣转一官资；寄、毙一匹，减四年半磨勘，二匹，减四年磨勘；三匹，减三年半磨勘；四匹，减三年磨勘；五匹，减二年半磨勘；六匹，减二年磨勘；七匹，减一年半磨勘；八匹，减一年磨勘；九匹，减半年磨勘；十匹，不理赏罚；十一匹，展半年磨勘；十二匹，展一年磨勘；十三匹，展一年半磨勘；十四匹，展二年磨勘；十五匹，展二年半磨勘；十六匹，展三年磨勘；十七匹，展三年半磨勘；十八匹，展四年磨勘；十九匹，展四年半磨勘；二十（四）〔匹〕，降一官资。以后匹数，依此展降。全纲到，将校、医兽等转一资，如不愿转资，折钱三十贯文。寄毙一匹至五匹，支钱一十五贯文；若不愿支钱，愿就半资公据者听；如二次押马该赏，许作转一资收使。六匹至九匹，支钱七贯五百文；十匹至十四匹，不理赏罚；十五匹至十九匹，从杖六十科断；二十匹降一资。以后每五匹，更降一资；无资可降，各从杖一百科断。

（四）契勘昨来殿前、马、步军司及江上诸军自差官兵前去茶马司取押川西纲马，并以五十匹为一纲，每一名牵马二匹。后来逐处往汉阳马监，每名只牵取名下马一匹归军。今承（旨）〔指〕，令逐处自差人前去茶马司取马，及（今）〔令〕本部拟定牵马人赏罚。缘所降（旨）〔指〕内未有该载牵马人每名牵取匹数明文，今乞将三衙并江上诸军、武锋军依旧例，每人牵马二匹，共二十五人。其军兵止差十将已下之人。今拟定牵马人赏罚，牵马人每名牵马二匹，各理名下赏罚：二匹全到，无疮疥、瘦瘠、病，转一资。不愿转资，折钱三十贯。二匹全到，内一匹疮疥、瘦瘠、病，与减半推赏，支钱一十五贯文；如不愿支钱，愿给半资公据者听；两次押马该赏，许作转一资收使。二匹全到，并疮疥、瘦瘠、病，或内寄、毙一匹，并更不推恩。二匹全不到，降一资；无资可降人，从杖八十科断。（五）广西经略司起发纲马至行在并建康、镇江府、池州都统司，今拟定赏罚，系以五十匹为一纲。二、元札子内格目：全纲到，使臣转一官资，更减三年磨勘；寄、毙一匹，转一官资，减二年磨勘；二匹，转一官资，减一年磨勘；三匹，转一官资；四匹，减四年磨勘；五匹，减三年磨勘；六匹，减二年磨勘；七匹，减一年磨勘；八匹，不理赏罚；九匹，展一年磨勘；十匹，展二年磨勘；十一匹，展三年磨勘；十二匹，展四年磨勘；十三匹，降一官资；十四匹，降一官资，更展一年磨勘；十五匹，降一官资，更展二年磨勘；十六匹，降一官资，更展三年磨勘；十七匹，降一官资，更展四年磨勘；十八匹，降两官资。以后匹数，依此展降。全纲到，通管将校、医兽等各转一官资，更特支犒设钱一十贯。如不愿转资，折钱三十贯。寄、毙一匹至三匹，转一资；四匹至七匹，支钱一十五贯文；八匹至十二匹，不理赏罚；十三匹至十七匹，降一资；十八匹，降两资。以后每五匹，依此更降一资；无〔资〕可降人，各从杖一百科断。（如不愿转资折钱三十贯）牵马军兵名下各牵马二匹，各理名下赏罚：二匹全到，无疮疥、瘦瘠、病，转一资，如不愿转资，折钱三十贯。二匹全到，内一匹疮疥、瘠病，与减半推赏，支钱一十五贯；如不愿支钱，愿给半资公据者听；如两次押马该赏，许作转一资收使。二匹全到，并疮疥、瘦瘠、病，并寄、毙（或）〔一〕匹，并更不推恩。二匹全不到，降一资；无资可降人，从杖八十科断。（一）广西经略司起发纲马至鄂州、荆南都统司，依今来指挥，并依到行在减半赏罚。所有广西经略司起发纲马至襄阳府都统司，虽有赏罚格法，今来指挥内却未有该载。其两处押马与本处押马，地里颇同，今比拟：全纲到，使臣减四年磨勘；寄、毙一匹，减三年半磨勘；二匹，减三年磨勘；三匹，减二年半磨勘理；四匹，减二年磨勘；五匹，减一年半磨勘；六匹，减一年磨勘；七匹，减半年磨勘；八匹，不理赏罚；九匹，展半年磨勘；十匹，展一年磨勘；十一匹，展一年半磨勘；十二匹，展二年磨勘；十三匹，展二年半磨勘；十四匹，展三年磨勘；十五匹，展三年半磨勘；十六匹，展四年磨勘；十七匹，展四年半磨勘；十八匹，降一官资。以后匹数，依此展降。全纲到，通管将校、医兽等各特支犒设钱二十贯文；如不愿支钱，愿给半资公据者听，两次该赏许作一资收使。寄、毙一匹至三匹，支钱十五贯文；四匹至七匹，支钱七贯五百文；八匹至十二匹，不理赏罚；十三匹至十七匹，杖六十科断；十八匹，降一资。以后每五匹更降一资；无资可降人，从杖一百科断。牵马军兵二匹全到，无疮疥、瘦瘠、病，支钱十五贯文；二匹全到，内一匹疮疥、瘦瘠、病，与减半推赏，支钱七贯五百文。及通管将校、医兽、执色人寄、毙三匹并牵马人等，如不愿支钱，愿给半资公据者听，仍两次押马该赏，许作转一资收使。二匹全到，并疮疥、瘦瘠病，并寄、毙一匹，并更不推恩。二匹全不到，降一资；无资可降人，从杖八十科断。（二）茶马司每岁起发御进马，以五十五匹为一纲。其使臣、执色合干人赏罚，欲并依今来三衙往茶马司取押马五十匹立定赏罚格法，一体施行。（三）契勘茶马司每年起发天申节并大礼进马，各四十六匹赴行在交纳，虽有推赏体例（旨）〔指〕，缘从来未有立定赏罚格法，今承指挥内未有该载，本部今依仿茶马司起发马五十匹分数，以十分为率，比拟赏罚：全纲到，使臣转一官资，减四年磨勘；寄、毙一匹，转一官资，减三年磨勘；二匹，转一官资，减二年磨勘；三匹，转一官资，减一年磨勘；四匹，转一官资，减半年磨勘；五匹，转一官资；六匹，减三年磨勘；七匹，减二年磨勘；八匹，减一年磨勘；九匹，减半年磨勘；十匹不理赏罚；十一匹，展半年磨勘；十二匹，展一年磨勘；十三匹，展二年磨勘；十四匹，展三年磨勘；十五匹，展四年磨勘；十六匹，降一官资；十七匹，降一官资，展半年磨勘；十八匹，降一官资，展一年磨勘；十九匹，降一官资，展二年磨勘；二十匹，降一官资，展三年磨勘；二十一匹，降一官资，展四年磨勘。以后匹数，依此展降。全纲到，将校、医兽等与转一官资，更支钱二十四贯文；如不愿转资，折支钱三十贯文。寄、毙一匹至五匹，转一资；六匹至九匹，更不转资，支钱一十五贯文；十匹至十四匹，不理赏罚；十五匹至十九匹，降一资；二十匹，降两资。以后每五匹，更降一资；无资可降人，从杖一百科断。其不愿支钱人，愿转半资公据者听；仍二次押马该赏，许作一资收使。（四）契勘茶马司起发每年御座进马二十匹，并文州进天申节马二十五匹、会庆节马一十二匹到行在交纳，虽已有推赏体例指挥，缘从来未有立定赏罚格法；今承指挥格目内未有该载，本部今拟定，以匹数十分为率，立定赏罚：全纲到，至寄毙不及二分，使臣、将校、医兽等各转一官资；寄、毙及二分至不及三分，使臣展二年磨勘，将校、医兽等更不推赏；寄、毙及三分，使臣、将校、医兽等各降一官资。每增一分，使臣更展一年磨勘。余分数准此递展。其将校、医兽等更别无赏罚。契勘前项茶马司每年起发御前马、天申节进马、大礼进马、御座进马、文州进天申节马、会庆节马，其牵〔马〕军兵，系每名各牵拽一匹，无疮疥、瘦瘠、病马，转一资；如不愿转资，折钱三十贯文。若有疮疥、瘦瘠、病，更不推恩，寄、毙降一资，无资可降，从杖八十科断。其牵拽准备马，系附纲前来，自来即无赏罚。（五）契勘金州、兴州、兴元府都统制司、四川宣抚司每年起发非泛进马，匹数不等，自四匹至五十匹，各有立定推赏人数指挥。今拟定，逐处今后遇进到马数，并乞依旧制施行。（六）契勘荆南都统司每年差人于茶马司取押文州马并川马至襄阳府，虽已有立定赏罚格法，今承指挥内未有该载。本部今欲依旧制施行。（七）契勘广西经略司每年起发出格马赴行在，每纲系三十匹，虽已有立定赏罚格法，今承指挥内未有该载，本部欲依乾道六年九月二十三日已降指挥格法施行。（八）契勘建康、镇江府、池州武锋军、荆南、鄂州、江州都统司往茶马司取马归军，三衙取马并宣抚司押阔壮马，茶马司起发御进马、天申节进马、大礼进马、御座进马、文州进天申节、会庆节进马，广西经略司起发出格纲马等至行在，并付建康、镇江、池、鄂州、荆南都统司纲马，其逐处所差使臣、执色合干人、牵马兵效，各已有立定赏罚格法外，若逐纲内有疮疥、瘦瘠、病马数，于承指挥格目内未有该载。今拟定，欲将逐处所押纲马使臣、执色合干人，不以匹数多寡，并以十分为率，如有寄、毙、疮疥、瘦瘠、病马，通及三分，依自来体例，并更不推恩。（九）契勘昨三衙、江上诸军自差人往茶马司取马，除每纲差使臣一员、军兵一名牵拽二匹外，其逐军所差执色合干人，例皆差拨多寡不同。今欲乞令取马诸军将执色合干人，三衙各七人，江上诸军各五人，于十将已下军兵内差拨。其赏罚并依今来已立定格法施行。（十）契勘茶马司每岁买发纲马，内西马在兴元府团纲，川马在成都府团纲。今来三衙并江上诸军、武锋军已承指挥，自行差人前去茶马司取合得马数。今欲乞行下茶马司，将已买到马数逐一排定纲数，依资次，预行关报合得逐军到彼月分，依次序差人前去取押。仍自乾道九年分合得纲马为始，庶免拥并，在彼等候，虚费批请。如已起发在道，许令本军差取押纲马使臣等，就所至去处，径于茶马司元差来管押使臣等处，交割见在纲马匹数并纲解一宗文字等，经所〔在〕州县陈乞，分明逐一开说因依，出给公据，随纲前来。候到，参酌匹数，地（理）〔里〕远近，以十分为率，比拟赏罚施行。（十一）契勘川峡、广西起发纲马，全在经由州县点检，修盖驿舍、槽具、动使，如法预期桩办草料，应副足备。其纲马至驿，既有歇泊去处，又不阙草料，自寄、毙数少。兼近得旨，彩画马驿图本地段、屋舍、间架丈尺、合用槽具、动使什物数目，已行下逐路漕臣，躬亲遍诣所部马驿相视，依降去样制体式，责委逐州县守令，限一月如法盖造置办。差将校五人看守，打并部辖。如纲马到来，预令人夫剉草磨磋，祇备喂饲，以备差官前去点检。本部窃计，虽令逐路漕臣遍诣所部相视，盖造置办，虑恐州县内有奉行不虔，以至盖造置办稽迟灭裂去处。今欲乞从本部遍牒逐路漕司并应纲马经由州县，须管遵依已降指挥，将合起造驿舍什物等，并限一月如法盖造置办，并支破系省官钱应副，毋得别致科敷，不管稍有违戾。"41—50，p9155—9159

宋会要辑稿·兵二六·马政六·杂录五

【绍熙二年八月】十七日，前权发遣融州邢绅言："窃见广西每岁经略司行下诸州，差官及将校押马帅马，惟行在、镇江、池州、建康将校有一资之赏，而襄阳、鄂州部押全纲，缘地里不及，惟纲官有转官赏，其余将校只得折赏钱一十五贯，全不用心看守，是致所部之马沿途病瘠损失。"奉旨，令兵部看详闻奏。（归）〔既〕而看详："所乞军兵牵马至鄂州，令牵马三匹全到，与转一资。缘有节次指挥，每名止牵马二匹，自合遵守。照得广西经略司全鄂州一十八白八十二里，比之到行在地里十分为率，止及六分半，难以一例转资。欲将所差牵马人至鄂州，名下马二匹全到，增作支钱二十贯；如愿给半资公据者听，更支钱五贯文；仍两次押马该赏；作一资收使，更支钱五贯。若二匹全到，内一匹疮疥、瘦瘠，与减半推赏，支钱十贯文；二匹全到，并疮疥、瘦（病）〔瘠〕，〔或〕寄、毙一匹，不推赏；二匹全不到，降一资，无资可降人，从杖八十（料）〔科〕断。广西经略司至行在二千八百七十七里，至襄阳府二千三百六十二里，比之到行在少五百一十五里，难以一例转资。欲将所差牵马人至襄阳，名下马二匹全到，增作支钱二十五贯文；如愿给半资公据者听，更支钱一十贯文；若两次押马该赏，作一资收使，更支钱一十贯文。若两匹全到，内一匹疮疥、瘦瘠，与减半推赏，支钱十二贯五百文；二匹全到，并

疮疥、瘦〔瘠〕，或寄、毙一匹，不推赏，二匹全不到，照应鄂州体例降罚施行。"从之。3—4，p9162

宋会要辑稿·兵二七·备边一

太宗太平兴国三年二月，诏："沿边诸郡关防守吏谨视蕃商，无许阑出铜钱。敢故纵者，自五百至五千，令有司差定其罪，著于甲令。有能告者，第赏之。"1，p9181

【太平兴国】八年二月，诏："应有蕃部将带人口入蕃界者，宜令所经历及次边州县军镇，常切验认收捉，不得放去。如有将人口货卖与蕃人，及勾该居停住，并依格律处死。验认到人口，便仰根问来处，牒送所属州府，付本家。仍令逐处粉壁晓示。"1，p9181

淳化二年六月，诏："西路诸州山川路口镇寨，不得放过贩卖人口入蕃，及指挥汉户不得停泊。如有故违，官中察探得知，或被人陈告，勘鞫不虚，所犯人当行严断。"3，p9182

【大中祥符二年】九月，诏审刑院、大理寺定沿边逃走及越关防刑名。帝览边奏，诸处断罪各异，故令重详定颁下。16，p9189

【大中祥符八年】十月，诏河东安抚司："今后如有私过北界偷盗及和同收买鞍马孳畜物色等，如是已过关寨捉获，即于法决讫，刺面配淮南界本城；若别罪名未得断遣，具所犯事情，分析以闻。如未过关寨捉获，及买者北界衷私过来人鞍马孳畜物色等，即依法决放，更不配军。余依前后条诏施行。"先是，河东军抚司言，代州民有与北界私相交易者，止依从重科断；岢岚军民有与北界私相交易及以货鬻之物至界首捕获者，仍于结罪区断。以其刑名不一，乃命法官详定而申明之。19，p9191

【天禧三年】六月，诏："自今诸色人将人口入契丹界货鬻者，所卖人及勾诱人首领并处死。如未过北界彰败者，决杖刺配淮南州军牢城。"先是，知雄州刘承宗言边民诱卖人口于北界者甚众，乞赐条约。故从之。21，p9192

【天禧三年】七月，令河北州军："自今民有越北境收市斛斗及不系禁物数少，为北境捕来者，并决科一百，释之。"先是，未有条目，诸州决罚各异，安抚司言其事，故有是命。21，p9192

【天禧】五年十二月，诏鄜延路钤辖司："自今蕃部贩盐及违禁物，与巡检兵士斗敌，杀伤人员、兵士者，其元行器械蕃部并处斩，自余徒党依汉法区断。"先是，鄜延路巡盐兵士为贩盐人所杀伤者，止令族众均纳羊马，其为寇蕃部全不科罪，则巡盐兵士颇类虚设，故有是命。21，p9193

【仁宗天圣】二年八月，诏："断绝私过渡河西兴贩违禁物货及鞍马人等，令河东转运司检详前后条贯，定夺闻奏。"21，p9193

【天圣三年】九月，陕府西沿边安抚使范雍言："沿边州军及总管司每蕃部有罪，旧例输羊钱入官，每口五百文。后来不以罪犯轻重，只令输真羊。乞自今后令依旧纳钱及量罪重轻，依约汉法定罚，免至苦虐蕃部。"从之。22，p9193

【天圣】五年十二月，知环州史方言："欲乞自今沿边汉户百姓、诸色人于熟户蕃部处赊买羊马、借贷钱物，并须用文约，立限交还。如违约不还，估赃满十千已上，从违制断；曾于限内还钱者，从违制失。若估赃不至十千并不归还者，亦从违制失；内曾于限内还钱者，不应为重断。如有汉户百姓将带妻口等投熟户蕃族内居住者，从违制断；若止自身与蕃部合种口苗，从违制失。别犯重法，自从本条。"诏大理寺详定以闻。寺司检会："《淳化三年诏》：'秦州自今诸寨监押常切钤辖将校、节级等，各著地分壕门，守把巡宿，不得擅入蕃界，亦不得辄放百姓入蕃取柴烧炭。仍断绝军人、百姓、通事不得与蕃人交易买卖，赊贷脱赚，欠负蕃人钱物，侵占土田。如是蕃人将到物色入汉界买博，一准先降宣命，并令汉户牙人等于城寨内商量和买，不得侵欺蕃人及赊买羊马物色，亏欠钱物，别致引惹边事不和。如有违犯，捉送秦州，依格法勘断。如诸寨监押不切遵守钤辖，致引惹蕃部不宁，仰秦州密具申奏，当行严断。'又《景德四年诏》：'秦州诸人自今或与蕃部买卖，并各将钱交相博卖，不得立限赊买及取觅债负，致有交加。诸色人公然于蕃部取债，及欠负钱物不还，即追领正身，以所欠钱物多少量罪区分，仍差人监催还足。如欠负蕃部钱物稍多，量情理诈欺者，其正身走避，即追禁亲的骨肉，及一面紧行追捉。候获日，依格法断遣。若是赃满，即奏裁。'又天圣四年，泾原路副总管康继英定夺百姓弓箭手不得典买、租赁蕃部地土，许令蕃汉愿合种利害闻奏。'检会先准宣，止绝汉户弓箭手、百姓不得典买蕃部地土，若却令蕃汉合种，未免被弓箭手、百姓奸幸侵欺，引惹边上不宁。乞严断，不得衷私典买、租赁、合种蕃部地土，任令蕃部取便养种。如有违犯，元典买、租赁、合种百姓、弓箭手并科违制之罪，仍刺面配向南远恶州军牢城。'看详淳化三年、景德四年《诏》，并只下秦州；《天圣四年诏》，只下泾原路。内据陕府西转运司状：'《淳化三年诏》断绝百姓、军人不得与蕃人交易买卖。（切）〔窃〕虑蕃部致疑，别生边事。'久未已不施行外，欲将景德四年、天圣四年《诏》遍下环庆、鄜延、泾原等三路缘边州军，检用施行。其史方所言，更不详定。"从之。22—24，p9193—9194

【天圣六年十一月】十一日，诏："陕西诸路缘边蕃部使臣、首领、人员等，如今后自作过犯，合断罪罚羊，令蕃部使臣、首领、人员等亲自出办送纳，即不得更于族下户上非理科敛。如违，重行罚断。仍令逐路总管、钤辖、军马司常切觉察。"24—25，p9194

【皇祐】四年十一月，诏都大提举广南经制盗贼事狄青："本路吏民有与蛮人买卖博易者，斩讫以闻，仍徙其家岭北。"40，p9203

【皇祐】五年八月，诏禁化外蛮人过岭北者。40，p9204

宋会要辑稿·兵二八·备边二

【英宗治平】三年七月，诏："令沿边居民三家至五家合为一保，不得含匿奸细及亡背之人。如敢隐藏或同谋诱诱，过致资给，并听保中捕告。应外奸人，若获一人，赏钱三百千。内奸出告一人，书生、举子依外奸给赏钱，仍补茶酒班殿侍；其余告获，皆赏钱百千。即保内知情不告，减罪人罪一等，配千里外牢城；余保人不觉察，亦行严断。"先是，进士景珣以不得意亡投夏国，教令为寇，英宗以边禁不严，故降是诏。2，p9209

宋会要辑稿·兵二九·备边三

徽宗建中靖国元年二月二十六日，尚书省言："三班奉职葛中复状：《元符编敕》内一项，《元祐敕》：'诸化外人为奸细并知情藏匿、过致、资给人皆斩。即藏匿、过致、资给人能自告捕获者，事虽已发，并同首原。'今《敕》改云：'能自获犯人者，虽已发，原其罪。'中复看详，旧藏匿、过致、资给奸细之人，能自捕获者，皆许原罪。盖欲广开屏除奸细之路，或告捕因而获者，皆得原罪。今敕止言自获，若只告而他人获者，既拘文不免如此，则身力不加或羸弱等人，既不能擒捕，必须自默，不敢告言，甚非设法屏除奸细之意。欲冲改本条不行。"从之。1，p9237

崇宁元年六月二十九日，诏："京师从来西北细人甚多，伺察本朝事端。今后如有能用心缉捕，勘鞫得实，支赏钱三千贯，白身更与补三班奉

职，官员并与改转。今降空名度牒一百付府，并行货易，其钱桩管，止充上项酬赏。"1，p9237

【宣和四年】八月二十二日，诏："诸沿边官吏辄以私书报边事，以违制论。"7，p9240

【宣和】六年三月四日，诏："边防军政之类，应属枢密院事，并合申枢密院。比来内外官司往往有所窥避，匿而不申，或循例却申他司，及有不依条制，直便施行去处。虑官司行遣违戾，或轻重不伦，朝廷无由得知，不惟难以检察约束，兼恐失于措置，可令尚书刑部遍牒内外官司，将应合申枢密院，仍仰本院觉察点检。如敢不申，或虽申后时，并取旨重作施行。"7，p9240

【乾道】四年四月十二日，臣僚言："淮上客旅多是过淮博易，往往寄附书信，传报两下事端，窃虑引惹生事。乞令盱眙军守臣将往回客旅并五人结为一保，互相委保，不敢寄附两下书信文字。许诸色人告捉，赏钱五百贯，更以客人随行物货充赏。犯人决配，籍没家财，同保人一等坐罪。其同保人内有能告首，依此支赏。"从之。19，p9246

【乾道四年四月】二十七日，江南东路安抚使史正志言："和州沿路多商贩牛纲，少者亦不下十余头。自江西贩往濠、寿、光州极边去处，而光州为最甚。其间亦是鳔胶市易铜钱情罪。乞行下沿边州郡，重立赏格，严切禁止。"得旨，令刑部限三日立法，申三省、枢密院。本部看详："商旅贩牛过淮并知情、引领、停藏、负载之人，并透漏去处赏罪，欲乞并依已降鳔胶过淮指挥施行。"从之。大理寺契勘："兴贩鳔胶之物泛海，不以是何州县捉获，及其余水陆路往次边州军捉获者，徒二年。以物估价及二贯，加一等过，徒三年；三贯加一等。徒罪皆配千里，流罪皆配远恶州。若于极边州军捉获者，徒三年。以物估价外，二贯加一等。徒罪皆配三千里，流罪皆配海外。十贯绞。已过界捉获者，不以多寡，并从军法定断，仍并奏裁。许诸色人告捕。其知情引领、停藏、负担乘载之人，并减犯人罪一等，各依犯人配法。经由透漏州县官吏、公人、兵级，并减犯人罪一等。以上并不以去官、赦降原减。今后兴贩军须之物往极边并次边及其余州军货卖者，除尽给随行物与告捕人充赏外，徒罪，命官转一官，（注）〔往〕次边止减磨勘三年，其余州军止减二年磨勘。诸色人钱一千贯，仍补进义副尉，（注）〔往〕次边止给赏钱。其余处赏钱及半。流罪，命官转一官，仍更减磨勘三年，（注）〔往〕次边止转一官，其余处止减三年磨勘。诸色人钱一千五百贯，仍补进义副尉，（注）〔往〕次边止给赏钱。其〔余〕诸处赏钱给半。死罪，命官转两官，仍减磨勘三年。诸色人钱二千贯，仍补承信郎。知情停藏、同船同行梢工、水手能告捕，及人力、女使告首者，并免罪，与依诸色人告捕支赏补官。"19—20，p9246—9247

宋会要辑稿·兵二九·备御

【光尧皇帝建炎三年二月】二十一日，尚书省言："浙西路合把隘四处，除吴江一处外，其余并据岭。欲每处差近上官一员，充专一统领措置把截统辖事务官。其召募欲就募本处土豪，立定官员，以一月为期，令各分募，仍自备粮食。一百人：无官（备）〔借〕补进武校尉，有官人借转一官；二百人：无官人借补承信郎，有官人借转两官；三百人：无官人借补承节郎，有官人借转三官。合用兵器，欲令应募人随土俗所宜自办，统领官随数量给价钱。"从之。31，p9253

【建炎三年】（三）〔二〕月十二日，吏部郎官郑资之除沿江措置防托，监察御史林之平为沿海措置防托，并许辟置僚属。所管地分，之平自杭州至太平州，资之自池州至荆南府。既而之平言："应海船乞于福建、广东沿海州军雇募，分作三等：上等船面阔二丈四尺以上，中等面阔二丈以上，下等面阔一丈八尺以上，并以船中堵（侧）〔则〕。上等船募梢工二人，水手四十人；中等梢工一名，水手三十五人；下等梢工一名，水手二十五人。船合用望斗、箭隔、铁撞、硬弹、石炮、火炮、火箭及兵器等，兼防火家事之类。募船候到日，别作旗号，令布沿江，各认地分把隘。如有探报及观望烽堠，节次应援。船十只为一艟，差所募官一员管押。候到防托去处及半年无散失败阙，选人与循一资，大小使臣以下减三年磨勘，各与占射差遣一次。其船约募六百余只，分作三番，半年一易。"诏并从之。又，资之言："欲募江东西、湖北有物力人户及有子本舟船，本处保明，权行借补，随船多寡、子本厚薄，与行补授。船七只以上，通载及一万三千石，与补授承信郎；五只以上，通载一万石，与补进武校尉；二只以上，通载四千石，与补进义校尉。今具募二十纲，分诸路：江西八纲，江东路七纲，湖北路五纲。候舟船通快日，更行增募。十船为一纲，每船梢工、棹手、招头募三十人。备战之具，合用纸甲、手炮、钩枪、木弩，箭用红竹□火。纲船不必尽用战舰，只寻常船亦可。分作二运，一即往来（般）〔搬〕载上供米，一即居上流把隘。如此，劳逸既均，缓急可济。今共二十纲，除梢工、㯭手、招头外，其（遇）〔御〕敌人兵五千四百人，系无探报时合（船）〔搬〕上供米外，有二千七百人往来江上，虽有蕃贼小寇，则无能为矣。不惟免长江之患，又无纲运失陷之虞。江南为岸，临江县镇渡口召募土豪把隘，五百人借承信郎，三百人校尉，二百人副尉，各给券。"并从之。31—33，p9253

宋会要辑稿·兵二九·边防

【孝宗淳熙】七年二月七日，知成都府胡元质言："蜀之边郡文、龙、威、茂、嘉、叙、恭、涪、施、黔连接蕃夷，各于其界建立封堠，谓之禁山。比年居民垦辟采伐，耗蠹无已。乞约束，禁山不得民间请佃，斫伐贩卖。仍专委县尉躬亲以时巡历，待其考满，递取邻封保明实迹，方许交替。果无违禁，量与酬赏。除已将治平中吕大防所立封堠，一面以茂州、永康军税地更展三里，别立新堠，其他州军更不宽展，只令各将所管禁山应有封堠及元无封堠去处，委通判、签判，限两月别立新堠，仍刻石各书地名及今所立年月背叛，以为限隔。"从之。41，p9257—9258

【淳熙】十四年五月四日，枢密院进呈四川安抚制置使赵汝愚言："马湖路董蛮与嘉、叙两州接境，去秋九月，侵犯嘉州笼鸠堡。臣已随宜处置，调兵防守，（但）〔且〕令嘉州住支税犒，叙州不得放行互市。近已还到所虏人口二十三名，惟余两名称是已死，并还到锣鼓各一面。又牵到马五匹，约价钱一千道，乞倍偿所杀人骨价。臣会得本路专法内一项：《熙宁七年二月指挥》：'蕃部作过，不得放令出买入卖。如乞投降，即候送过虏劫去人口及（倍）〔赔〕还命价，方得和断。又叙州亦有蛮人犯罪许罚牛之法。'检照前项指挥，皆合遵用。已行下叙州，受其骨价，许其打誓及抽回戍兵讫。"上曰："赵汝愚措置边防适宜，蛮夷屈服，可令学士院降诏奖谕。"42—43，p9258

十五、方域

宋会要辑稿·方域一·西京杂录

徽宗政和三年十二月三日，诏："见修西京大内，窃虑乱有采伐槩木、损毁古迹去处，仰王铸觉察以闻，违者以违御笔论。"25，p9279

宋会要辑稿·方域二·行在所·临安府

【绍兴】四年二月十八日，权知临安府梁汝嘉言："本府系车驾驻跸，其越城、门禁止有海行条法，窃恐合依在京法禁。乞下所属检会颁降，以凭遵守。"刑部状："检准《律》：'诸越殿垣者绞，宫垣流三千里，皇城减宫垣一等，京城又减一等。'诸奉敕以合符夜开宫殿门，符虽合，不勘而开者徒三年。若勘符不合而为开者，流二千里。其不承敕擅便开闭者绞。若错符下键及不由钥而闭者，杖一百，即应忘误不下键，应开毁键而开者徒一年。其皇城门减宫门一等，即宫殿门闭讫而进钥迟者，杖一百，经宿加一等。宫门以外递减一等。其开门出钥迟，又加递减进钥一等。勘会临安府城壁见有摧倒去处，窃虑夜有越城作过之人。"诏越城门禁并权依京城断罪，候车驾回銮日依旧。其未修城壁，仰本路相度置铺巡防。11—12，p9287

宋会要辑稿·方域三·堂·都堂

祥符四年五月一日，诏曰："文昌揆路，师长百僚。自今宰相官至仆射者，并于中书都堂赴上，不带平章事者亦本省赴上。令太常礼院、崇文院详定《仪注》。"明年二月，礼院上《仪注》。30，p9314

至和二年七月九日，诏宰相召自外者，百官班迎之；自内拜者，听行上事仪。文、富入相，然后辞之。30，p9314

宋会要辑稿·方域四·官廨

景德元年正月，诏："诸路转运司及州县官员、使臣，多是广修廨宇，非理扰民。自今不得擅有科率，劳役百姓。如须至修葺，奏裁。"11，p9334

【景德】二年七月，诏："今后应有旧管廨宇、院宅舍、寺观、班院等，乞创添间例及欲随意更改，并权住修。如特奉朝旨，即得修造。"12，p9334

英宗治平三年六月十九日，三司言："乞今后应在京官司，如元无官员廨宇，及虽有局所，本非官员居止去处，并不许辄有陈乞指射系官廨宇、宅舍及仓场库务空闲舍屋居止并创行添展。如违，委自省司执奏。"13，p9335

【治平四年】十二月十四日，诏："诸路州军库务、营房、楼房橹等，缮治如旧外，其廨宇、亭榭之类，权住修造二年。违者，从违制科罪。"13，p9335

神宗熙宁七年正月一日，诏："官员廨宇内外旧有空地或园池系本厅者，逐时所出地利听收。"13，p9335

【熙宁】八年二月十二日，三司言："在京官局多援例指射官屋、军营、廨舍，并乞破赁宅钱，转相仿效，有增无减，宜一切禁止。"从之。13，p9335

哲宗元祐八年十二月二十五日，户部言："检会《治平四年十二月四日朝旨》节文：'应今后诸处官员廨宇内及职田，更不得种植蔬菜出卖，其廨宇内菜圃（祇）〔秖〕许供家食用。'自《熙宁编敕》别无约束。今欲乞应官员廨宇内外并公使库菜圃，并依治平旧条，除供食外，更不得广有种植出卖。如愿召人出租断佃者，听。"从之。14，p9336

【政和三年】十二月十二日，臣僚言："伏睹见任官廨内外空地，各有所出地利物，于条听收。访闻诸州军、镇寨等处，缘有上条，往往务广蔬圃，多占人兵，不唯侵夺细民之利，而又依勒白直等人（田）〔四〕散货买，不无陪备之患。乞（有）〔命〕立法禁止，或限定数目，如圭田之制。令监司（当）〔常〕切觉察，按劾施行。"诏令尚书省立法。今拟修下条："'诸在任官以廨宇外官地、园池之类谓共属本县厅收地利者。营种辄收利，（徙）〔徒〕二年。或虽应收地利而私役公人者，加本罪一等。'上条合入《政和杂敕》。"从之。16，p9337

宋会要辑稿·方域七·州县升降废置三

绍兴三十年十二月十六日，遂宁府奏："本府依已降指挥升为大藩，照得《绍兴海行·名例敕》，未曾于'大藩条'内修入'遂宁府'字，乞下敕令所增修，降下遵守。"从之。5，p9405

宋会要辑稿·方域七·州县升降废置三·杂录

太祖建隆元年三月一日，有司上言，请改天下郡县名犯庙讳及御名者。从之。24，p9419

（乾德二年）〔建隆元年〕十月六日，吏部格式司言："准《周广顺三年十月敕》：'应天下县除赤、次赤、畿、次畿外，其余三千户以上为望，二千户以上为紧，一千户以上为上，五百户以上为中，不满五百户为中下。'据今年诸道州府申送到文帐点检，元降敕命户口不等，及淮南、秦、凤、阶、文、瀛、莫、雄、霸等州未曾升降地望。今欲据诸州见管主户重升降地望，取四千户已上为望，三千户以上为紧，二千户已上为上，一千户已上为中，不满千户为中下。自今仍欲三年一度，别取诸道见管户口升降。"诏从之。24—25，p9419

开宝九年七月二十二日，诏："应新修先代帝王及五岳四渎祠庙，如有去县镇相近者，即仰移其县镇就庙为理所。"25，p9420

太宗太平兴国元年十月十一日，诏："应官阶、州县名有与朕名下一字同宜改，与上一字同者仍旧。"25，p9420

【大中祥符五年】十一月九日，诏："州县名与圣祖名同者避之。"26，p9420

天圣七年九月十六日，诏："军县驿名与永定陵同者改之。"26，p9420

政和元年七月二十六日，详定《九域图志》何志同奏："地理志有赤，有畿，有望，有紧，又上、中、下之等，其法自唐始。后周因之，以三千户以上为望，二千户以上为紧，千户以上为上，五百户以上为中，不满五百户为下，亦各一时之制也。建隆初，从有司所请，递增千户，不满千户为下，仍三年视诸道户口为之升降。逮今百五十余年，其数（陪）〔倍〕于前矣，而县之第名仍旧。若齐州应城户九千七百，今为紧；临邑万七千户，乃为中；杭州临安户万二千，今为望；盐官户二万四千，乃为上。乞命有司参酌旧制，量户口多寡之数，以为诸县升降之法，使县之第名常与户版相应。"从之。27—28，p9421

【政和】五年四月四日，户部员外郎沈麟奏："承详定《九域图志》所申，取到天下户口，付户部参酌升降，送图志所看详。契勘本所申请，称自唐始至后周，县以三千户以上为望，二千户以上为紧，一千户以上为上，五百户以上为中，不满五百为中下。国初，增四千户以上为望，三千户以上为紧，二千户以上为上，一千户以上为中，不满一千户为中下。今来取索到提刑司审括到户数，（彼）〔比〕旧已增数（陪）〔倍〕，难以依旧志编类。欲乞元系赤畿、次赤、畿依旧外，今以下项户数为则编类，所贵（道）〔遵〕执成书。一万以上为望，七千户以上为紧，五千户以上为上，三千户以上为中，不满三千户为中下，一千五百户以下为下。"从之。28—29，p9421—9422

宋会要辑稿·方域八·修城上

【熙宁】十年七月十一日，河北西路提点刑狱丁执礼言："窃考前代，凡制都邑，皆为城郭，于周有掌固之官，若造都邑则治其固与其守法是也。盖民之所聚，不可以无固与守。今之县邑，往往故城尚存，然摧圮断缺，不足为固。况近岁以来，官司所积钱斛日多于前，富民巨贾萃于廛市，城郭不修，岂非所以保民备寇之道也。以为完之之术，不必费县官之财，择令之明者，使劝诱城内中、上户，出丁夫以助工役，渐以治之。缘城成亦民之利，非强其所不欲也。仍视邑之多盗者先加完筑，次及余处，庶使民有所保，而杜塞奸盗窥觊之心。"诏中书门下立法以闻。中书门下言："看详天下州县城壁，除五路州军城池自来不阙修完、可以守御外，五路县分及诸州县城壁多不曾修葺，各有损坏，亦有无城郭处。缘逐处居民不少，若不渐令修完，窃虑缓急无以备盗。今欲令逐路监司相度，委知州、知县检视城壁合修去处，计会工料，于丰岁分明晓谕，劝谕在城中、上等人户，各出丁夫修筑。委转运使勘会辖下五路，除沿边外，择居民繁多或路当冲要县分，诸路即先自大郡城壁损坏去处，各具三两处奏乞修完。候降到朝旨，依下项：一、委转运司先体量合修城州县知州、知县人材，如可以倚（辩）〔办〕集事，即行差委。如不堪委，知州即具奏乞选差，知县并许于本路官员内选择对换，或别举官。其被替人却令赴铨院，依旧名次别与合入差遣，仍并不理为遗阙。二、令所委躬亲部领壕寨等打量检计城壁合修去处州县，并依旧城高下修筑。其州县元无城处，即以二丈为城，底阔一丈五尺，上收五尺。如有旧城，只是损缺，（既）〔即〕检计补完。其州城低小去处，亦须增筑，令及县城丈尺分擘工料纽算，却计合用人工、物料若干数目申，差官检覆，委无虚计工料，即各令置簿抄录，依料次兴修。三、于丰岁劝诱在城上、中等人户，各出人夫，仍将合用工料，品量物力高下，均定逐户合出夫数，出榜晓示，及置簿拘管，从上轮番勾集工役，仍限三年了毕。如遇灾伤年分，亦许依常平赈济法，召阙食人民工役，支给钱米。四、应合用修城动使衽木博子椽之类，并委转运司勘会有处移（那之）〔挪支〕拨，其椽木亦许于系官无妨碍地内采斫充使。五、应城门并检计合用物料、人工，差官覆检，支破官钱收买，应副使用。"从之。4—6，p9427—9428

【元符】三年十一月十日，中书省、尚书省送到工部状："臣僚札子奏：'窃见《元符元年十二月二十三日朝旨》，将陕西诸路并依泾原路申请，不得于近城脚下取土。臣窃谓固护城壁，何独陕西，欲乞天下应有城垒去处，并依泾原路申请施行。（壖）〔撅〕成坑（陷）〔垎〕者，限半月令有司填垒，豫为缓急之备。'工部勘当，欲依本（司）〔官〕所申，如违，其所主修造官科（丈）〔杖〕八十罪。当职都监、监押有失检察，减罪二等。"从之。7，p9428

宋会要辑稿·方域一〇·道路

【政和】六年四月二十二日，工部奏："知福州黄裳状：'契勘本路八州军，建、汀、南剑州、邵武军驿路从来未曾种植，并福州尚有方山北铺亦未栽种，遂致夏秋之间，往来行旅（胃）〔冒〕热而行，多成疾疫。遂专牒委自逐处知州军，指挥所属知县、令丞劝谕乡保，遍于驿路及通州县官路两畔栽种杉、松、冬青、杨、柳等木。续据申，遍于官驿道路两畔共栽植到杉、松等木共三十三万八千六百株，渐次长茂，已置籍拘管。缘辄采伐官驿道路株木，即未有明文，伏望添补立法。'本部检承《政和令》：'诸系官山林，所属州县籍其长阔四至，不得令人承佃。官司兴造须采伐者，报所属。'《政和敕》：'诸系官山林辄采伐者杖八十，许人告。'《政

和格》：'告获辄伐系官山林者，钱二十贯。'本部看详：'乞依前项条法，诸路准此。'"从之。6—7，p9466

宋会要辑稿·方域一〇·驿传·驿传杂录

嘉祐三年四月十一日，诏："居州县驿舍亭馆者，毋得过一月。有违，所在官吏以违制论。仍令转运、提点刑狱司每半年一举行。"14，p9470

【嘉祐四年】正月十三日，三司使张方平上所编《驿券则例》，赐名曰《嘉祐驿令》。初，内外文武官下至吏卒，所给驿券皆未有定例，又或多少不同，遂降枢密院旧例下三司掌券司，会（倅）〔粹〕名数而纂次之，并取宣敕、令文专为驿券立文者附益删改，为七十四条，总上、中、下三卷，以颁行天下。14—15，p9470

徽宗崇宁元年六月十四日，敕："鼎州龙阳县永安驿与陵名相犯，改为龙潭驿。"15，p9470

政和四年二月二十五日，诏："臣僚上言，永兴军馆驿年深弊漏，见任官无廨宇，往往指占居住，致经过使命蕃夷只就寺院或邸店安泊。可委本路帅司根检馆驿旧基完葺，并创置什物等。其见任指占作廨宇者，并起遣拨还。仍立法禁止，日后更有指占及借什物出驿者，以违制论。令礼部给降空名度牒一百道，应副修置。"15—16，p9470—9471

孝宗乾道二年六月十七日，诏："都亭驿、班荆馆岁于六月上旬检视修整，限八月终毕工。有违，听提点官检察，具事因报国信所审度，申枢密院。自今令两浙转运司、临安府遵守修整，务要如法。"先是，国信所言："昨有旨，每季检计添修。今生辰、正旦使并冬季到阙，若每季检计，于事为烦。"故有是命。16，p9471

宋会要辑稿·方域一〇·递铺一

太祖建隆二年五月十七日，诏："诸道州府以军卒代百姓为递夫。"先是，天下邮传率役平民。至是帝知其弊，始尽易之。18，p9471

【建隆】三年正月二十三日，诏："郡县起令不得差道路居人充递运脚力。"18，p9471

端拱二年二月七日，诏："先是，驰驿使臣给篆书银牌，自今宜罢之，复给枢密院牒。"18，p9472

仁宗天圣元年五月二十六日，诏："内臣诸司使副、供奉已下，于诸处投送金龙玉简及建道场斋醮，不得占使舟船，往来递马不得过三匹。如违，并科违制之罪。"20，p9473

【天圣元年】八月八日，诏："诸道州军马递铺兵士如有作过，罪止杖六十已上，情理重及频犯者，并配隶本城下军。如无本城兵士，即勒令重役。"20，p9473

【天圣】七年闰二月，诏："自今应系（承）〔乘〕递马文武使臣请到头子，勾当了日，画时于合系去处送纳，缴连赴枢密院。仰都奏进院指挥在京诸门马铺，每起供递马，如京朝官使臣三日内非次实有故事，即具缘由于枢密院纳换。仍令置簿拘辖，逐旋勾销。有不纳到者，勘会元给月日，计程数催促，及取问住滞因依闻奏。"21，p9473

【天圣七年】六月，监察御史王嘉言言："昨（承）〔乘〕递马往信州勘鞫公事，窃见蕲、黄州界多差配到杂犯军人充马递铺祗应，别无人员钤辖，多即便为非，剽窃行旅。欲望自今诸路马递铺兵士，并于本城差无过犯军人充，其配到杂犯军人只勒在营，有人员部辖役使。"（使）诏转运使相度，如无妨碍，即依奏施行。21，p9473

嘉祐八年九月二十二日，英宗已即位，未改元。诏："递铺住滞文字，违一时辰并半时辰，各杖六十；一时半杖七十，两时辰并两时辰半杖八十，移配重难递铺；三时半杖一百，移配重难递铺；八时辰半徒二年。"22—23，p9474

神宗熙宁元年正月十八日，枢密院上新定到《文武官合乘递马条贯》，诏可。先是，诸色人给递马太滥，所在马不能充足，以致急递稽留故也。23，p9474

哲宗元祐六年四月七日，刑部、大理寺言："赦降入马递，日行五百里；事干外界，或军机及非常盗贼文书入急脚递，日行四百里。如无急脚递，及要速并贼盗文书入马递，日行三百里。违不满时者笞五十，一时杖八十，一日杖一百，二日加一等，罪止徒三年。致有废缺事理重者，奏裁。"从之。25，p9476

【建中靖国元年】三月二十七日，中书省、尚书省〔言〕："检会《元符职制敕》：'马递铺使臣私役所辖兵级、铺夫，罪轻者徒二年，不以赦降原减。'看详元祐以前编敕，并无遇赦降不与原减（不）〔之〕法，乞止科徒二年罪。"从之。26，p9476

崇宁元年六月十四日，敕："鼎州龙阳县永安铺与陵名相犯，改为龙潭铺。"26，p9476

【崇宁元年】十二月二十二日，兵部状："点检编排自京至荆湖南北路马递急脚铺所状：'今点检得鼎州敖山铺至辰州门铺人马，除传送文字外，其余人马多缘应付军兴差出，勾当官员、诸色人打过。体访得上（伴）〔件〕铺分，盖是役多人少，自来铺兵传送不逮，多作打过名目，影占身役。'见别作（劈）〔擘〕画外，检会《元符令》：'诸急脚铺兵不得令传送官物。'盖缘上项法意未尽，致官员、诸色人等无所畏惮。欲乞下有司立法，应官员、诸色人合破递铺（檐）〔擔〕擎，辄役急脚铺兵士或曹司者，以违制论。"诏依兵部所申。27，p9477

【崇宁】二年正月二十日，驾部员外郎陈赐状："窃见诸路递马，近来兵级养饲不切如法，多是死损，以致缺马。欲乞令州军记籍死数，至年终将逐铺马数各以三分为率，无上件致死者，管辖节级优立酬赏；若有及五厘以上，即科重罪；及一分以上，仍移降重难去处。其巡辖使臣至界终除依条比较分数殿降外，更与加赏罚。节级自来未有赏罚。"兵部勘当："欲依本官所乞事理施行。内马铺节级每至年终，如无膘减至死者，与支赏钱壹贯伍伯文。若有及五厘，科笞五十；及一分以上，科杖七十。"诏依兵部所申。27—28，p9477

【崇宁】四年九月十八日，尚书省〔言〕："奉御笔：'旧条，事干外界或军机，并支拨、借兑急切备边钱物，非常盗贼之类文书，方许入急脚递铺送。擅发急脚，自有立定刑名。近来官司申请，许发急递司局甚多。其间有将私家书简，并不依条入步递遣发，却旋寻闲慢关移，或以催促应入急脚递文书为名，夹带书简附急脚递遣发。致往来转送急脚递角繁多，铺兵疲乏，不得休息。可参酌立定断罪刑名。'今立下条：'诸文书虽应入急递，而用以为名，辄附非急文书者，徒一年。附私书之类者，加一等。'"从之。28，p9477

重和元年十二月十五日，兵部奏："承权发遣提点淮南西路刑狱公事、兼提举马递铺所俞向状，准批送下淮南西路兵马钤辖司状，讲究得诸军兵如有逃亡之人，不即申发，隐避诡名，请领（依）〔衣〕粮等，欲立定刑名、告赏等事。送兵部勘当，申尚书省。本部契勘，巡辖使臣任内逃亡铺兵责罚，已有条令，任满比较，自合遵依见行条贯。所乞将兵官岁终以所管铺兵比较推赏，及乞觉察诡名及冒名承代请受，立定分数推赏事节，乞下本路提举马递铺官相度。今相度下项：'淮西钤辖司所乞巡辖使臣比较逃亡及二分，展磨勘二年。'今相度，欲比附前项敕条，候任满不及一分，减磨勘二年。"从之。诸路依此。31—32，p9479

【宣和元年】八月十六日，权发遣京畿提点刑狱公事许偲奏："方今州府县镇驿舍亭（辅）〔铺〕相望于道，以待宾客，其法固已具备。然吏习弗虔，不以时察，梁角挠折，或墙壁圮坏，岁月既久，多致摧塌，使道路无所宿息，为行役者之患。臣职之所领，近在畿甸，目所亲见，有若此者，四方万里之远，从可知矣。欲望特降睿旨，俾诸路各行修整，严责州县常切检察，使出于（涂）〔途〕者有所依（上）〔止〕，亦足以俾盛时仁政之万一。"工部供到《政和令》："诸营缮廨宇、馆驿、马递铺、桥道及什物之类，一就检计。谓如馆驿有损，即一驿之凡有损坏处皆是。三十贯以下，转运、提举常平司分认，从所属支，修讫申逐司。诸营造材料所支钱及百贯，或创造三十间，每间不及四椽者以四椽准一间。申转运司。创造及三十间者，仍申尚书工部。县创造三间或缮修十间，并应支转运司钱者，申所属相度施行。应申者检计，仍委官覆检。其创造及百间，具奏听旨。诸营〔造〕材料并官给，阙，官差军工采官山林；又无，以转运司钱买。若不足，听于中等以上户税租内，随等第以实直科折。"诏坐条申明行下。32—33，p9480

【宣和元年】十月五日，中书省、尚书省言："检会《政和敕》：'马递承传文书，违一时杖八十，二时加一等，一日徒一年，二日加一等，配五百里，罪止徒三年，配千里并重役处，急脚递加二等。'其法已严。近来急脚递文书尚多住滞，盖是所（止）〔至〕不肯即时交割，或行用钱物，使令越过，人力不胜，因致违滞。今参酌事立告赏断罪，庶可惩革。检修下条：'诸急脚递承传文书，所至无故不即时交割，或行用钱物令越过者徒一年，受财而为越过者减二等，并许人告。诸告获急脚铺无故不即交割文书，或行用钱物令越过及受财而（受）〔为〕越过者，钱三十贯。'"诏从之。33—34，p9480

【宣和元年】八月，利州路转运司、提举马递铺所奏："勘会川峡路之官罢任，准条并破铺兵，各有立定人数。访闻近来得替赴任官员，有自前路递铺曹级取受情嘱，增差铺兵前来。（泊）〔洎〕至本界，若曹级欲取文书看照，多是辄鞭挞，勒令依数差换，动经五七铺，方令交替。铺兵缘此逃窜，阙人（般）〔搬〕发纲运。乞专立法禁。"兵部看详法禁，修润下项："诸初供递马铺兵处及所至州界首铺，曹司、节级取文书验实，巡检使臣在铺者并呈验。诸马递铺应取文书验实，而不出文书使照验，不得供差人马。诸因差递马铺兵，辄（欧）〔殴〕缚曹级、铺兵者，加（欧）〔殴〕罪一等。"诏从之。34，p9480

【宣和三年】三月十三日，入内内侍省武节大夫、充睿思殿供奉、权殿中省尚辇局司圈典御梁忻奏："臣奉御笔差自京至淮南往来催促驱刷递角。臣窃见本路急脚递所传文字名色冗并，角数浩瀚，铺兵唯知承送，难为区别。访闻他路类皆似此。于马递铺敕条明有法令，诸急脚递不应发者徒二年。缘有司奉行灭裂，略无畏忌，虽许巡辖使臣具奏，但人微官卑，莫敢谁何。兼实封文字不能窥测，积习滋久，寖以成弊。究其本源，往往多是因公及私，欲其速达，更不契勘条令，即入急递前去。当此军期之际，遂与奏报交（措）〔错〕，是致以一（画）〔昼〕夜为率，动辄数百铺兵晓夕承传，尚或不前，显属未便。虽非军期路分，亦宜禁止。乞诏有司，申严法令，载在本敕，庶几冗递减绝，人力易申。"诏："急递所传文字有不应发而发者，致角数浩瀚，人力不胜，有误军期，可申明条禁，遍行诸路。如有犯者，并不以赦原。廉访使者常切觉察。"35，p9481

【宣和三年】四月二十三日，中书省、尚书省言："检会下项：《政和格》：'给递马人兵数，武功至武翼大夫二匹、一十人，武功至武翼郎二匹、七人，敦武、修武郎二匹、五人，内侍官二匹、三人。'《政和令》：'诸朝廷非次差官出外，应纳递马及（补）〔铺〕兵两应给者，听从多。'"35，p9481

宣和二年二月十四日，敕："修立到入内内侍省传宣抚问使臣格，递马铺兵官二匹、三人。"取到驾部状，称"传宣抚问内侍官差破递马铺兵，如本官系修武郎以上，合依《政和令》从多给。若有押赐夏药等官物，差破铺兵，每人约担官物六十斤，各随所押赐物多寡斤重差破"。从之。35—36，p9481

【宣和五年】七月十四日，知成都府席贡奏："契勘诸路设置急脚、马递铺兵，承受往来文书，皆有程限，不容违滞，或私拆盗匿及有损失，官司点检封印传发，条法备具。近缘递角损破，铺兵经官申陈，多不受理，以次铺分不肯交承，遂致铺兵打过，直至本府，往回数千里，沿路并无口食，乞丐前来。本府已一面根究，及别出给铺兵口食历并公文遣回外，欲乞自朝廷立法约束。"奉御笔，尚书省勘当立法。本省今参酌增修下条："诸急脚、马递铺所递文书，并验封印及外引牌子交受传送。如有损失，所至铺分押赴本辖使臣或所属州县究治，即时封印，具公文递行。亡失文书者，速报元发递官司，即传送官物无人管押而裹角封记损动，并准此。以上因封印之类有损失而辄遣越过者，因损失而妄诈阙失越过同。听铺兵经本辖使臣或随逐州县陈告，仍听所至官司觉察点检，申本路所属监司究治罪处。非本路者，具事因申尚书兵部。"从之。37—38，p9482

【宣和六年】九月十九日，诏："辄以承受发下递角为名，差占铺兵，以私役禁军法，发遣者徒一年。"38，p9482

【宣和七年】五月四日，尚书省言："发运副使卢宗原奏：'依奉御笔，拘收九路钱物，措置籴买斛斗，逐时所行文字不少，并是特报供奉御前。近点检得诸处发来递角文字，例各在路违滞，动经累月，有误本司照应行遣。检承《政和敕》节文："急脚递每岁稽留通满五厘者，巡辖使臣、县尉各笞五十，使臣展磨勘一年，县尉降一季名次。满七厘各加一等，使臣展磨勘半年，县尉降半年名次。一分，各人加一等，使臣差替，县尉降一年名次。"今相度，欲乞据九路州军报应本司钱物文字，并令入急递，别置簿历传送。每旬本州通判驱磨有无住滞，保明申本司。若有住滞，其递铺兵级即送所属依法断罪外，巡辖使臣并本县尉许本司体量，取勘申奏。'又奏：'契勘递铺衣粮，往往不依时支给，是致铺兵逃窜。乞特降睿旨，令授铺兵衣粮，预于诸军支给，如有逃亡人数，并依条限招差填阙。'"从之。39—40，p9483

【高宗建炎】三年二月十八日，知杭州康允之措置本路冲要控扼去处摆铺斥堠：每十里置一铺，专一传递日逐探报斥堠文字。每铺五人，新旧弓手内选有心力、无疾病、能行步少壮人充。每日添支食钱三百文省。每铺并限三刻承传，置历批写时刻。每五铺选差有材干、年五十以下使臣一员，不以有无拘碍，委逐州于见任得替待缺官内，日下抽差，或召募有物力武勇人，借补进义校尉，充往来巡辖。候及一季无违滞，有官人转一官，招募人与正行收补。（知委州通）〔州委知、通〕专切检点，县委知县、尉主管，月支食钱三贯文。如无违滞，每一季减二年磨勘。从之。43—44，p9485

【建炎四年十月】二十四日，建康府路安抚大使兼知池州吕颐浩言："本司专〔委〕属官一员，往来督责沿路所置斥堠铺，转送应干军期探报文字。窃见斥堠铺缘官司将寻常闲慢文字一例转送，致军期紧急因此稽滞。检照《政和敕》节文：'诸急脚递不应发者徒二年，马递减二等。'今来用兵之际，乞立法，应官司非急速军期及盗贼探报文字辄入斥堠铺者，官员勒停，吏人决配。仍不分首从。如不应入斥堠铺文字，所至官司承受、不即申举者，与同罪。及专责县尉，每月遍诣斥堠铺点检。其提〔举〕马递铺官吏有失觉察，与擅发斥堠铺官吏同罪。及于市曹出榜，道路粉壁晓示。"从之。46—47，p9487

宋会要辑稿·方域一一·递铺二

绍兴四年五月五日，枢密院言："检会臣僚上言，乞督责诸路帅臣，参稽所部州县道里远近之宜，布斥堠之卒，番休迭往，使不告劳。诏令枢密院措置。今检会前后所降指挥：一、欲令淮南、荆湖、江南、两浙通接沿边探报军期急切及平安文字赴行在，经由州军去处，并取便路接连措置摆铺，至临安府界内，并合相连接置摆铺。其应置摆铺去处，并依后项事理施行。二、徽州等摆铺以三十里一铺，窃虑地里稍远，因而迟缓，欲以二十里置一铺。每铺差铺兵五人，先于闲慢铺分那差，如不足，差厢军。每日添支食钱一百五十文，每月一替。并差贴书或军典一名，每日添支食钱一百五十文，并每季一替。三、每州委守臣专差（措）〔指〕使一员，往来根刷传送，每日添支食钱三百文，仍与贴司或军典一名根刷行遣，每日添支食钱二百文，每季一替。四、今来摆铺传送文字，如有违滞，军兵依传送金字牌文书条法科罪；其指使失觉察两次，杖一百科罪。五、诸州县辄将不系探（保）〔报〕事宜及非平安状入便路摆铺传送者，其当职官吏依不应发急脚递条法科罪。八、已降指挥，过往官员丁经由地分差拨铺兵檐擎物色、牵挽舟船之类，并免应付，如不依约束，擅行差拨，具名衔飞申所属根究施行。今欲便路摆铺军兵辄别差使者，并依私役禁军法，仍于逐铺晓示。七、已降指挥，铺兵请受并须按月支给，不得留滞打请人数，妨本铺差使。仰所属县分据每日合支钱数，并五日一次前期预支。今欲依此施行，仍将不按月支给请受及不前期支给食钱官吏，仰往来根刷使臣申州根勘，依诸州请给过期不支条法断罪。八、摆铺所差军兵遇缺，仰往来根刷使臣即时申所属，限日下差足。如违，当职官吏并科违制之罪。九、摆铺屋令所属疾速修盖，如日后倒塌损漏，仰往来根刷使臣申所属，日下差人前来修整。十、往来根刷使臣私役铺兵者，依前项辄别差使私役禁军法断罪。十一、自来水路置急递船传送文字州军，若比摆铺通（决）

〔快〕去处，并依旧。十二、今来专委逐路帅臣、逐州军守火急依逐项摆置，更有合行事件，一就措置。及常切督责沿江、沿边州军守臣，厚支激赏，专差信实人体探，具的实事宜，日下实封入摆铺，飞申枢密院。仍先具本路州军已置铺分、相去接连着望去处、所差人数，一切毕备日时闻奏。十三、今来委逐路提举马递铺监司不住点检，如有违滞去处，即依今来立定断罪指挥施行。每月具点检过有无违滞去处，申枢密院。"（并诏）〔诏并〕依。1—3，p9491

【绍兴四年十二月】二十七日，诏："诸色人辄于斥堠铺兵、书手乞取钱物，不以多少，并决脊刺配岭表；官员失觉察，以违制论。"5，p9492

【绍兴十九年】四月十一日，刑部言："修立下条：'诸急脚、马递铺曹司逃亡事故阙，限一日申州，本州日下差拨。又阙，听权差厢军，候招到人替回。'右入《绍兴重修军令》。'诸急脚、马递铺曹司缺，不依限申州及本州差拨无故违限者，干系官吏各徒一年。十日以上加二等。诸处巡辖使臣以支取粪土钱为名，于铺兵名下减克请给、率敛财物者，以乞取监临财物论，仍许被减克、率敛铺兵越诉。通判、令、佐失察，杖六十。'右并入《绍兴重修职制敕》。如得允当，即乞申严，遍牒诸路施行。"诏依，仍先次施行。初诏黄敏行权兵部郎官措置诸路递角，至是敏行有请，故立此条。恐《新书》已有正条，欲删。10—11，p9495

绍兴三十二年十一月三日，兵部言："诸军摆铺兵级传送军期急速文字，近更稽迟，缘未立定日行地里并论罪条法，及措置勾考之方。近诣诸军，自兴州之行在，沿路接连，每十里置铺，选不入队少健轻捷军兵五人，每十铺添差巡铺使臣一员，往来机察，季一承代。今欲除金字牌日行五百里外，余日行三百里，如违滞、盗拆、亡失、弃毁等，并依斥堠铺第降罪论指挥断罪。本军帅臣选才力官一员，专一往来提点驱考，有违犯处，具因依，自本军帅臣闻奏取旨。"从之。17，p9498—9499

【乾道六年】十一月六日，诏江州马递铺兵汪立杖脊刺面、配流三千里外州军，巡辖官赵不退追两官勒停，巡检使臣武安追三官除名勒停。检坐见行条旨，并令责罚，下诸路提举马递铺官于逐铺榜谕。以汪立盗拆四川宣抚司"力""忠""则"字号递角当从军法，缘该赦宥及自首，巡辖官驱磨失实也。先是，上问盗拆递角当得何罪，宰臣虞允文奏曰："在法当死，汪立乃行陈自首。"上曰："须从流。"梁克家曰："巡辖使臣失于

钤束，漕司所差官根究失实，二者皆有罪。"上曰然，故有是命。22，p9501

宋会要辑稿·方域一二·关杂录

太宗太平兴国八年二月十日，诏曰："近戎人岁贡马，所过州县多私市女口出边关。自今谨捕之，敢以女口私市与贼人者弃市，吏知而不以闻者论如法。"3，p9511

大中祥符九年正月，诏："在京新城门每军员赴起居日，委监门使臣躬亲监辖开闭。未明前不得搭关龙锁，恣纵开闭，透漏奸诈及商税物色。违者并科违制之罪。"旧制，新城门至晓方开，开封府言："近日新城门每五鼓请到钥匙开锁讫，惟搭关俟晓，窃虑透漏奸诈。"故降是诏焉。3，p9511

政和元年四月二十一日，臣僚上言："关防之禁，昔年经由汜水、潼关，机察甚严，既抄录官员职位，又取券牒逐一检认军兵。今缘干关陕，所至关津未有过而问者，昔者以关禁之严，戍兵无逃窜之路，今则相携而去，略无留碍，故诸兵卒皆动归心。伏望申严关防之禁、汜水、潼关两处关津，咸阳、河中、陕府三处浮桥，检察之法，并遵元丰旧制。仍责委提刑司及知、通点检，违慢之人按劾，庶几不生戍卒逃窜之心，又可断绝奸细度越之弊。"尚书省〔言〕："检会熙宁、元符敕令：'诸关门并黄河桥渡常切辨察奸诈及禁物，军人、公人经过，取索公文券历验认，（印）〔即〕官员涉疑虑者，亦许取索文字看验。其夜过州县镇寨并关门桥渡者，如已锁门，唯军期及事干急速，即随处（那）〔挪〕官审问，听开。'《元丰令》：'诸黄河桥渡常辨察奸诈及禁物，若诸军或公人经过，并取公文券历验认。官员或疑虑者，亦取随身文书审验。'仰京西、陕西提刑司严切约束。"诏从之。5—6，p9513

宋会要辑稿·方域一二·市镇·市镇杂录

【高宗绍兴】十四年七月十四日，臣僚言："诸路镇市本属县邑，在法止令监镇官领烟火公事，杖罪情重者即归于县。比年以来，擅置牢狱，械系编氓，事无巨细，遣吏追呼，文符交下，是一邑而有二令也。乞应天下监镇官依条止领烟火公事，其余婚、田词诉并不得受理，辄擅置牢狱者，重置典宪。"诏令刑部坐条申严行下。20，p9530

【绍兴十四年】七月十七日，知湖州秦棣言："本州管下镇官，除乌墩、梅溪镇系（在）〔任〕文武京官以上，及许断杖罪以下公事外，其四安镇人烟繁盛，不在梅溪、乌墩之下，却只差小使臣，或选人监管，杖罪并解本县。臣今相度，欲依乌墩、梅溪镇例差京朝官，许断杖一百以下罪。"从之。20，p9530—9531

宋会要辑稿·方域一三·津渡

徽宗大观三年正月二十九日，诏："今后擅置私渡，不原赦降，并从杖一百。应系桥渡，官为如法修整。今后擅置及将系官桥辄毁拆损坏者，徒二年，配一千里。其官渡桥不修整者，杖一百。令佐展一考，致溺人者冲替。并许人告，赏钱五十贯。诸路依此。"以寿州民焦清言进因沿海创置私渡，多觅渡钱故也。6—7，p9536

光尧皇帝绍兴七年六月十五日，尚书省言："浙江西兴两岸渡口，每因人众争夺上船，或渡子乞觅邀阻放渡，致多沉溺。自绍兴元年至今年，已三次失船，死者甚众。"诏："如装载过数，（稍）〔梢〕工杖八十，致损失人命，（如）〔加〕常法二等。监官故纵与同罪，不觉察杖一百。辄以渡船私用或借人，并徒一年。其新林凫山私渡人杖一百。仍许人告，赏钱五十贯。"8，p9537

【绍兴】三十年十二月十四日，诏："浙江西兴镇两处监渡官，系枢密院差到使臣，今后一年一替。如无沉溺人船，令转运司保明，申取朝廷指挥推赏。任满不切用心，装载舟重，致误人命，依绍兴七年六月四日立定'渡船三百料许载空手一百人，二百料六十人，一百料三十人，一百料已下递减，如有担杖比二人'，罪赏指挥施行。仍仰所属具情犯申取朝廷指挥。所有供给，令临安府、绍兴府比附监当例减半添支。其龙山、渔浦监镇并是监管，不得专一，今后渔浦渡依旧就委监镇巡检，依浙江例卖牌发渡。龙山渡从朝廷选差枢密院使臣，一年一替，赏罚并依浙江西兴体例。其临安府海内巡检司管鲚渔三百料船二只，专一应副朝陵内人济渡不测使用。闻巡检司衷私差借，应副官员。今后专差军兵看守，如私辄差借，合干人从杖一百科罪，官员许本府具申朝廷施行。"并从两浙运使吕广问请也。9—10，p9537

宋会要辑稿·方域一三·桥梁

徽宗大观三年正月二十九日，诏："应系桥渡，官为如法修整，今后擅置及将官桥毁坏者徒二年，配一千里。其官渡桥不修整者杖一百。"23，p9545

【宣和】三年八月二十五日，诏："天成、圣功两桥已奏毕功，本处当职官失职与免勘，监桥官二员各降两官，都大一员降一官、展二年磨勘，滑州知、通二员各降一官，应当（官职）〔职官〕各展三年磨勘，提举官、都大司人吏、滑州当行人吏、监桥官下军司桥匠、作头等，各科杖一百。"27，p9547

宋会要辑稿·方域一四·治河上·二股河附

【开宝】五年正月，诏曰："每岁河堤，常须修补。访闻科取梢（捷）〔棷〕，多伐园林，全亏劝课之方，颇失济人之理。自今沿黄、汴、清、御河州县人户，除准先敕种桑枣外，每户并须别种榆柳及随处土地所宜之木。量户力高低，分五等：第一等种五十株，第二等四十株，第三等三十株，第四等二十株，第五等十株。如人户自欲广种者，亦听。孤老、残患、女户、无男女丁力作者，不在此限。"1，p9551

宋会要辑稿·方域一五·治河下·二股河附

【绍圣元年】九月十三日，北外丞李举之言，"春夫一月之限，减缩不得过三日，遇夜及未明以前，不得令入役。如违，官吏以违制论。"从之。19，p9579

政和元年正月十二日，（诏）〔都〕水监状："契勘见行河道次第，将年额合得诸路河防春夫一十万人相度均分，黄河诸河合用春夫，本监已将诸路春夫一十万人相度均科。检准《敕》：'都水监状，春夫不具夫账上朝廷，只从本监依数科拨路分，具功役窠名申尚书省。'今均前项役使去讫。"诏今后科夫，并依旧具抄拟奏，所有元祐年指挥内更不具夫账上朝廷一节更不施行。24—25，p9582

【政和三年】二月六日，敕："尚书工部奏，据都水监状，束鹿上埽今年涨水过常，比之已前年分行流湍猛，委系非次变移河势。自降作第三等向着后来，到今实及三年以上，乞依条升作第二（年）〔等〕向着。检会《崇宁看详·尚书水部》条：'诸埽向着退背各分三等，每三年一定，若河势非时变移，都水监申本部拟奏。'"诏依都水监所乞，深州束鹿上埽作第二等向着。25，p9582

【政和】六年闰正〔月〕二十八日，工部奏："知南外都水丞公事张克懋状：'契勘本司管下三十四埽，见阙四千七百七十人，欲乞以十分为率：内四分下都水监于北外都水丞司地分退慢埽分并诸州移拨；其三分特许将合配五百里以下情犯稍轻之人，依钱监法拨行配填；其余三分，乞下所属预支例物、钱帛，责令畿西、河北路侧近州县寄招，逐（施）〔旋〕发遣。并限半年须管数足。如有违慢去处，从本司具因依申乞朝廷重赐施行。'工部今勘当，除乞于北外都水丞司并诸路移拨人兵，都水监称有未便，难议施行，余〔依〕张克懋所乞事理施行。"刑部看详："张克懋所申，乞将三分特许将合配五百里以下情理稍轻之人，依钱监法拨行配填。其钱监乞配填兵匠，皆系免决配填。今勘当，欲下诸路州军，除犯（疆）〔强〕盗及合配广南远恶州军、沙门岛并杀人放火凶恶之人外，将犯罪合配五百里以下之人，不以情理轻重配填。仍断乞先刺'刺配'二字，监送南外都水丞司分拨诸埽，及填刺配埽分。候敷足，申乞住配。"诏依工部所奏，内情轻人特免决刺填。26—27，p9583

【政和七年】八月三日，诏："访闻河朔郡县凡有逐急应副河埽梢草等物，多是寄居命官子弟及举人、伎术、道僧、公吏人等别作名字揽纳，或干托时官权要，以揽状封送令佐，恣其立价，多取于民。或民户（陪）〔赔〕贴钱物，郡县为之理索，甚失朝廷革弊恤民之意。自今并以违御笔论，不以荫赎及赦降、自首原减。许人告，赏钱一千贯，以犯人家财充。当职官辄受请求者与同罪。"28，p9583—9584

【宣和元年】九月二十五日，诏："汴河（提）〔堤〕岸司可就所役兵夫取土，将南岸自京至洛口广阔厚实帮筑，务要牢壮，不得灭裂。自今后须管离堤岸三十步以外，方许开掘种植莲藕等，不致陂水腹背相淹浸。如违，以违御笔论。"28，p9584

十六、蕃夷

宋会要辑稿·蕃夷一·辽上

太祖建隆二年十月，诏北面诸州禁边民无得出塞盗马。先是，五代以来，募民盗戎人马，官给其直，籍数以补战骑之阙。上欲保境息民，遂加禁止，前所盗马尽还之，由是夷狄畏慕，不敢内侮。1，p9711

【太宗太平兴国四年】九月五日，诏："忻、岚、宪州缘边诸寨不得纵军士入蕃界打劫，以致引惹。贼众如入界打劫，即于要路等截掩杀。若须酬赛者，非有宣命，无得出境。"6，p9714

【景德元年十二月】二十二日，诏录契丹誓书盟约，颁河北、河东诸军。33，p9731

【景德】二年正月七日，诏谕缘边知州军等，令各遵守契丹誓书约束，不得辄与境外往还，规求财利。33，p9731

【景德二年】二月十日，瀛、代州送投降奚、契丹九人赴阙，诏以请盟后者付总管司还之。因诏沿边州军："自今得契丹牛马，所在移牒还之；汉口自契丹来归者，给资粮遣复本贯，其所乘马纵之，勿令入境。违者，论其罪。"33，p9731

【景德二年】六月，诏雄州："契丹诣榷场求市马者，优其（直）〔值〕以与之。"34，p9732

【景德二年】十一月二十九日，国母遣使左金吾卫上将军耶律留宁、副使崇禄卿刘经来贺承天节，奉书，致御衣七袭、金玉鞍（勤）〔勒〕马四匹、散马二百匹、锦绮春、肉羊、鹿舌、酒果；国主遣使左武卫上将军耶律委演、副使卫尉卿张肃致御衣五袭、金玉鞍勒马四匹、散马二百匹、锦绮、弓矢、鹰鹘等，对于崇德殿。留宁、委演，戎人也，以戎礼见，赐以毡冠、窄袍、金鞦；经、肃，燕人也，以华礼见，赐以幞头、公服、金带，并加袭衣、器帛、鞍马；又赐随行舍利已下衣服、银带、器帛有差。宴于长春殿，酒五行而罢。初，留宁等将见，接伴李宗谔引令式，不许佩刀至上阁门，留宁等欣然解之。既而曹利用以闻，帝曰："戎人佩刀，是其常礼，不须以此禁之。"即诏其自便。留宁甚喜，刘经等谓宗谔曰："圣上推心置人腹中，足以示信遐迩也。"又旧制，舍利从人惟上等入见，自余拜于殿门之外，帝悉许其入见。及节日上寿，班在诸卫上将军之下，大将军之上。自此凡使至，如此例。35，p9732—9733

【景德三年】十二月，契丹使萧汉宁至，时元日会朝贺，汉宁自言不习汉仪，愿不给朝服，副使吴克昌等亦言与大使同叙班，难衣朝服，诏听自便。38，p9734

【景德四年】十一月，契丹使耶律元至，又令庖人来献蕃食。蕃俗家提狸邦，发土得之，如大鼠，唯供母、主。至是，挈数头至，日饮以羊乳。帝许其馔造进入，择味佳者再索之，使大感悦。39，p9735

宋会要辑稿·蕃夷二·辽下

【真宗大中祥符二年十二月】二十八日，耶律信宁至，命太常博士赞引诣西上阁门，阁门使受书进内。博士命祠部员外郎、直集贤院石中立、太常博士、直史馆刘谐与礼直官同赞引。又命李维、曹利用馆伴其使，令中书门下、枢密院、三司使、学士、知制诰已上就都亭驿吊慰突鲁姑等。又令突鲁姑等就开宝寺设位，奠哭成服。又令礼院为定成服仪注。礼直官引使、副北向设香酒，拜跪成服，举哭三奠，焚纸马，改服吉服，还驿。其制，大使、副使粗布头冠帽，斜巾，方裙，大袖绔，绢衬衫，腰绖，桐杖；上、中节粗布斜巾，襕衫绔，绢衬衫，腰绖；下节粗布袜子，四襈衫裤，腰绖。2—3，p9738

【大中祥符三年】闰二月，诏河北、河东缘边安抚司，候契丹国母葬日，令沿边州军于其日前后各禁音乐三日。仍移文契丹界，令知朝旨。3，p9738

【大中祥符三年闰二月】，河东缘边安抚司言："北人王贵举族来归，欲送还之。"帝曰："《蕃法》：'亡者悉孥戮之。'况《契丹誓书》：'逋逃之人，彼此无令停匿。'可令本州遣归北境，勿移牒部送。"3，p9738

光尧皇帝绍兴四年正月十四日，诏临安府收买木绵、虔布各一百匹，

《资治通（监）〔鉴〕》并《节要》各一部，小龙凤茶一斤，令王伦作书，送耶律绍文、高庆裔。其支过钱数，申尚书省下户部支还。38，p9761

【绍兴】十年九月十日，明堂赦："契丹、渤海、汉儿等，本属大辽，祖宗以来为兄弟之国，讲好修睦，几二百年，边鄙之民不识兵革。后女真用兵，遂致彼此交锋，互相残杀，殊可悯伤。应上件诸族前来归投者，仰诸路帅司以礼接纳。"38，p9761

宋会要辑稿·蕃夷四·交阯

【元丰元年】闰正月二十二日，广南西路转运司言："昨退交人表，以犯庙讳及送还人口、发使入贡三事。今交人并已悛改，经略司干当公事杨元卿未肯收接，恐致猜阻。"诏元卿等速受表附递以闻，入贡使人发遣赴阙。其画定疆界、送还人口，别听处分。37，p9792—9793

【元丰元年九月】十六日，诏："交阯与占城为仇国，其起居及内燕听回避，如愿赴燕，亦听。交人与占城使遇朔并赴文德殿，分东、西立；望日交州使、副入垂拱，而占城赴紫宸殿起居；大燕，交人坐东朵殿上，占城坐西庑。"时占城使、副乞避交人，客省以闻故也。38，p9793

元符二年五月二十六日，交州南平王李乾德言，乞释典一大藏。诏印经院印造赐之。41，p9795

【徽宗大观元年】闰十月十日，诏："交阯进奉人乞市书籍，法虽不许，嘉其慕义，可除禁书、卜筮、阴阳、历算、术数、兵书、敕令、时务、边机、地埋外，许头。"41，p9795

【中兴光尧皇帝建炎】四年十二月二日，广南西路经略安抚司言："安南都护府牒：见备方物纲运，取今秋上京进奉。"诏令本司婉顺说谕，为边事未宁，免使人到阙。所进方物，除华靡之物更不受，余令界首交割，差人押赴行在。回赐令本路转运、提刑司于应管钱内取拨，依自来体例计价，优与回赐。仍具方物名件并章表入急递投进，候到，令学士院降敕书回答。42，p9795—9796

【乾道九年】十一月十二日，点检（阁）〔阁〕门簿书公事赵友仁等言："被旨充交阯进奉大礼纲押伴官，今依体例条具：交阯使、副等如有押伴私觌，乞令临安府差市令司看估价（直）〔值〕，回答物帛临时市买应副，送到私觌物色缴进。交阯使、副如陈乞寺院烧香及观看，临时取旨。交趾使、副自到驿至起发，遇有请觅物色，令监驿使臣审实，约度应副；及有所市买并两相交易，不得私便折博买卖。"从之。48，p9799

宋会要辑稿·蕃夷四·安南

【绍熙】二年五月二十六日，本司言："检准旧例，绍兴中寿皇登极，南平加恩，故隆兴二年彼国贡献进谢物，朝廷尽行收受。今（若来）〔来若〕受十一之数，却恐本国致疑。"礼部勘当："乞下本司照应隆兴体例全行收受，从《乾道元年三月十七日指挥》，更不回赐。"从之。54，p9803

宋会要辑稿·蕃夷四·占城

政和五年八月八日，礼部言："福建路提举市舶司状：'本路昨自兴复市舶，已于泉州置来远驿，及已差人前去罗斛、占城国说谕招纳，许令将宝货前来（役）〔投〕进外，今相度，欲乞诸蕃国贡奉使、副、判官、首领所至州军，并用妓乐迎送，许乘（轮）〔轿〕或马至知、通或监司客位，俟相见罢，赴客位上马。其余应干约束事件，并乞依蕃蛮入贡条例施行。'本部寻下鸿胪寺勘会。据本寺契勘：'福建路市舶司依《崇宁二年二月六日朝旨》，纳到占城、罗斛二国前来进奉。内占城先累赴阙进奉，系是广州解发，福建路市舶申到外，有罗斛国自来不曾入贡，市舶司自合依《政和令》询问其国远近大小强弱，与已入贡何国为比，奏本部勘会。今来本司并未曾勘会施行。'"诏依本司所申，其礼部并不勘当郎官降一官，人吏降一资。73—74，p9814

【绍兴二十五年】十月二日，礼部言："占城国已降指挥许令入贡。检准旧例，进奉回赐外，别赐翠毛细法锦夹袄子一领、二十两金腰带一条、银器二百两、衣着绢三百匹、八十两闹装银鞍辔一副，其马令骐骥院预行桩办给赐。"从之。76，p9815

【绍兴二十五年十一月】二十八日，礼部言："占城国入贡回答敕书制度，乞依学士院检坐到交趾国进奉方物给降敕书体例。"从之。《中兴礼书》：十月二日，礼、户、兵部言："准都省札：'勘会占城国已降指挥许入贡，其使、副已到泉州，窃虑非晚到阙，所有合回赐钱物及应合行事件，札付礼部等处检具，申取朝廷指挥。'逐部勘会：除就怀远驿安泊，及令省定赐例物等项目并依得交趾体例施行外，所有其余合行事件开具下项：一、《鸿胪寺条》：'诸番夷进奉人回，乞差担擎、防护兵士，并相度合用人数，关步军司差.'今来占城国入贡,到阙、回程合差檐擎、防护兵士,欲依条下步军司差拨三十人。内节级一名,赴本驿交割,俟至临安府界,即令以次州军差人交替,令押伴所于未起发已前预报沿路州军,差人在界首袛备交替。二、《主客条例》:'占城国进奉回赐外,别赐翠毛细法锦夹袄子一领、二十两金腰带一条、银器二百两、衣着绢三百匹、白马一匹、八十两闹装银鞍辔一副。下户、工部令所属计料制造,送客省桩办,依自来条例回赐。其马令骐骥院给赐.'"诏依。八日,客省言:"将来占城国进奉使、副到阙,在驿礼数仪范,今条具下项:(一)进奉使、副与押伴官相见。其日,进奉使、副到驿,归位,次客省承受引译语赴押伴位参押伴,复作押伴问:'远来不易.'参讫,译语作进奉使、副传语押伴官,讫,退。客省承受同译语入进奉使、副位,次使、副起立,与客省承受相见。揖讫,客省承受作押伴官回传语进奉使、副:'远涉不易,喜得到来,少顷即得披见.'次客省承受引首领赴押伴位参,复作押伴问:'远来不易.'参讫,退。客省承受次拨人从参押伴,客省承受喝:'在路不易.'参讫,退。译语赍进奉使、副名衔分付客省承受转押伴,讫,复请押伴转衔分付译语,讫。少顷,客省承受引押伴官同进奉使、副升厅对立,客省承受互展状相见,讫,揖,各赴坐,点茶。毕,客省承受喝:'入卓子.'五盏酒食毕,客省承受喝:'彻卓子.'次点汤、吃汤毕,押伴官、进奉使、副相揖,毕,分位。(二)习朝见仪。其日,候阁门差人赴驿教习仪范,同客省承受先见押伴。讫,计会译语请进奉使、副,服本色服,次客省承受同译语引教习仪范入,相揖,教习朝见仪。讫,相揖,毕,退。朝辞准此。(三)朝见。其日五更,客省承受计会译语请进奉使、副上马,次押伴官与进奉使、副相揖,毕,行马,首领于门外上马,至待漏阁子下马。俟开内门,押伴官、进奉使、副上马,至皇城门里宫门外下马,至殿门外幕次待班。其首领已下步行入皇城门。俟(阁)〔阁〕门报班,引进奉使、副出幕次,入殿朝见,拜数礼仪并如阁门仪。俟朝见毕,(阁)〔阁〕门引进奉使、副出殿,客省承受接引归幕次,客省承受引伴赐舍人、押伴官、进奉使、副对立,相揖,毕,客省承受赞坐,点茶。毕,客省承受喝:'入卓子.'酒食毕,客省承受喝:'彻卓子.'点汤毕,客省承受引伴赐舍人与进奉使、副相揖。毕,伴赐舍人先退,次押伴官、进奉使、副相揖。毕,引至宫门外上马,首领已下步行出皇城门外上马,归驿。朝辞准此。(四)在驿客省签赐节料节仪。其日,候客省承受赍到赐目,管押所赐节料等到驿,客省承受先报押伴讫,于设厅前望阙铺设所赐物,客省承受引进奉使、副立定,引进奉使、副拜赐日,跪叉手,次引首领以下拜赐日,跪受赐,讫,退。(五)御筵。其日,候赐御筵天使到驿,诸司排办毕,客省承受取进奉使、副名衔转押伴看讫,纳天使,复取赐御筵天使传言分付驿语。少顷,客省承受引天使、押伴官、进奉使、副降阶,对立定,客省承受先引押伴官望阙谢恩如仪,毕,引依位立。次引进奉使、副谢恩如仪,毕,引依位立。天使与进奉使、副相揖,毕,天使先退。次押伴官与进奉使、副相揖,毕,引押伴官、进奉使、副升厅席后立。客省承受拨首领已下谢恩如仪,讫,赴席后立。客省承受上厅赞揖赴坐,点茶,毕,行酒。俟酒食毕,客省承受喝:'彻卓子.'点汤毕,引首领已下谢恩,客省承受赞席后立,候首领已下谢恩如仪,毕,客省承受引押伴官、进奉使、副降阶,对立定。先引押伴官谢恩如仪,毕,引依位立。次引进奉使、副谢恩如仪,毕,引依位立。客省承受引天使依前位立,进奉使、副令译语跪执谢表,拜讫,进奉使、副以表跪授天使,讫,引依位立。与天使相揖,毕,天使退。次押伴官、进奉使、副相揖,毕,引分位。(六)起发日,进奉使、副与押伴官相别。其日,就驿,酒食五盏。毕,客省承受引押伴官、进奉使、副对立定,客省承受互转状相别,讫,分位。客省承受引首领已下辞押伴,并如参押伴仪。毕,次伴送使臣交割，起发前去。"同日，诏："占城进奉人到阙，在驿主管诸司官就差监驿官，与临安府排办事务官同共管干，疾速施行。" 76—78，p9816—9817

【绍兴二十五年十一月】二十八日，四方馆言："将来占城国进奉人到阙，遇大礼，其使、副并大小首领并合趁赴郊坛陪位，及登门肆赦称贺。"诏依。十一月一日，客省言："潮、梅州巡辖马递铺押伴占城进奉使韩全状：今月十二日，押伴进奉人到建州，约十一月六日到阙，及会问使、副已下职位、姓名、称呼、等第下项：一、进奉使部领姓萨名达麻，呼部领是官资。二、进奉（使副）〔副使〕滂姓摩名加夺，呼滂是官资。三、判官姓蒲名都纲，呼大盘是官资。四、蒲翁、团翁、但翁、加艳翁、邈翁、僚亚、辛沙、喝尼累，已上八名，系在番干办掌执人。五、翁儒、翁鸡、翁廖、蚁蛉、亚哪、不队、班儿、麻菱、日罕，以上九名，系亲随防护礼物人。"诏札下押伴所、怀远驿、临安府疾速排办。三日，客省言："占城国入贡，其进奉人非晚到阙，今具合行排办事件下项：一、欲乞候进奉人到阙，客省就驿置局，主管事务。二、今来进奉人候报到至国门日分，客省承受同合用人从、鞍马等出城幕次内，计会引伴使臣祗备使用。候入城到驿，与押伴相见，茶汤毕，排办酒食，五盏讫，分位。所有相见酒食五盏，令在驿御厨、翰林司随宜供应排办。其城外幕次，令临安府于经由入国门外侧近去处钉设排办。三、所有朝见日分，欲乞候本省取到进奉人榜子，具奏取旨引见。及朝辞日分，依此施行。所有皇城门外待漏幕次什物等，欲乞从本省关报仪鸾司排办钉设。四、进奉人起发日，就驿排办酒食五盏，押伴、送官相别讫，进奉人交付伴送使臣起发前去。所有酒食五盏，令在驿御厨、翰林司排办供应。"诏依。 78—79，p9817

宋会要辑稿·蕃夷四·大食

天禧元年六月，诏："大食国蕃客麻思利等回（示）〔市〕物色，免缘路商税之半。" 91，p9827

【神宗熙宁】五年六月二十一日，诏："大食勿巡国进奉使辛押陀罗辞归蕃，特赐白马一匹、鞍辔一副。所乞统察蕃长司公事，令广州相度。其进助修广州城钱银，不许。" 92，p9828

徽宗政和六年二月二十二日，诏："今后蕃夷入贡，并选差承务郎以上清强官押伴，依程行，无故不得过一日。因而乞取置买，以自盗论；抑勒阻节入贡人者，徒二年。仍令所在州军觉察。"先是，大食国进奉，差广州司户曹事蔡蒙休押伴，在路住滞，强买人使香药，不还价钱。有旨，蒙休先次勒（倚）〔停〕，令提刑司置司推勘，具案闻奏。故有是诏。92—93，p9828

【绍兴】四年七月六日，广南东路提刑司言："大食国进奉使人蒲亚里将进贡回赐到钱置大银六百锭及金银、器物、匹帛，被贼数十人持刃上船，杀死蕃牧四人，损伤亚里，尽数劫夺金银等前去。已帖广州火急捕捉外，乞施行。"诏："当职巡尉先次特降一官，开具职位、姓名，申枢密院。其盗贼，令安抚、提刑司督责捕盗官限一月须管收获。如限满不获，仰逐司具名闻奏，重行黜责。"93—94，p9828—9829

宋会要辑稿·蕃夷四·渤海国

【政和八年十月】十七日，知明州楼异言："检准《高丽入贡敕》：'（请）〔诸〕应用什物之类辄充他用者，以违制论；因而损坏，论如弃毁官物法。'所有盗卖、典借及知情典卖借赁之人，若依常盗法，则比之他用条为轻。欲乞于《高丽入贡敕》文添修'盗卖、典借及有字号知情典卖借赁之者，严立罪赏'专条。"诏限三日立法。104，p9833

宋会要辑稿·蕃夷五·安化州蛮

【咸平二年】十月，宜州部送溪峒蛮酋之狡狯者三十人，入见于崇政殿。帝诘责之，对曰："蛮陬小民，非敢骚扰边鄙，但饥寒所迫耳。"帝顾左右曰："昨不欲尽令剿绝。若纵杀戮，即无噍类矣。"释其罪，赐锦袍、冠带、银帛，戒励而遣之。5，p9838

【咸平】四年正月五日，抚水州蛮酋蒙汉诚等二十三人来朝，进纳环刀、标枪四十六事，各授以官，赐锦袍、银带、匹帛、器物有差。5，p9838

【咸平四年】三月三日，抚水州蛮蒙瑛等三十六人来朝，纳兵器、毒药，誓不犯边。并加赐赉，授官有差。5，p9838

宋会要辑稿·蕃夷五·西南蕃

【至道元年十月】二十八日，蕃王龙汉硔遣使龙光进率西南牂牁诸蛮来贡方物。帝召见其使，询其地理、风俗，译对曰："地去宜州陆行四十五程，程无（理）〔里〕堠，但晨发至夜谓之一程。人尚耕种，亦有五谷，多种粳稻，以本弩射獐鹿充食。每三二百户为一州，州有长。其刑罚止用鞭扑，杀人者不偿死，尽入家财以赎。国王所居城郭，城无壁垒，官府惟短垣。"帝曰："古称牂牁蛮，今见之矣。天生四夷，或闻彼中亦僭命，官司有称谏大夫者，此可笑也。"令又作本国歌舞，一人吹瓢笙如蚊蚋声，良久，十数辈连袂宛转而舞，以足顿地为节。询其曲名，则曰《水曲》。其使十数辈，从者千余人，皆蓬发，面目黧黑，状如猿猱。使者衣虎皮毡裘，以虎尾插首为饰。是日，并赐冠带、银帛，诏授汉硗宁远大将军、西南蕃（官）〔管〕内招讨使，保顺将军龙光盈、龙光显并为安化大将军，光盈仍为管内都统使，龙光进等二十四人并授将军、郎将、司候、司阶、司戈，其使从者，有甲头王子若刺史、判官、长史、司马、长行、傔人七等之名。其使者许赴崇德殿上寿宴座。12—13，p9845

【大中祥符二年】七月，诏谕侍其衡曰："如闻黎州夷人尚未宁静，宜谕以恩信，多设方略制御之，无使生事。"侍其衡至，夷人即首罪来归，杀牲为誓。及案行盐井，夷人复拒之，乃率部兵百余，生擒其首领三人，斩首数十级，而部下被伤者几二十人，遂还黎州。又以衣服绸布诱降蛮斗婆行者，将按诛其罪，帝以召而杀之，是违招安之实，即降是诏戒止。14—15，p9846

【大中祥符二年】八月二日，以文思副使、知庆州孙正辞为黎雅等州水陆都巡检使，东染院副使、环庆驻泊都监张继勋副之，又以侍其衡为同巡检，许就近量发骑军，仍以曹利用讨广南贼赏罚格付之。侍其衡上言："蛮人僻在岩险，未即首罪，尚集徒党拒捍，望发兵三五千，与近界巡检并赴清井监胁诱。如尚敢陆梁，即因而讨之。"故兼命正辞、继勋，仍发陕西兵尝经战陈者付之，遣陕西转运使李士龙乘传与正辞偕行，供给军须。又以春夏瘴毒，令西面缘边将士计程，以冬初到彼。帝又言："蛮性甚犷狠，往者丁谓夔州招抚，每有戒谕，并令歃血为盟，置铁石柱以志其事，条制甚多，枢察院可录其事示正辞等。"蛮人不赴招安者多已逃窜。有蛮斗引深入藏避，遣人就招谕之。15，p9846—9847

【大中祥符八年】闰六月，又言："张声进贡奉至中路，为南宁州龙汉硗部领人马劫截，获马三十一匹、朝贡人员五十九人，余悉回走，见今递相仇杀，实阻贡路。"诏降敕书安抚之。19，p9850

天禧三年十月，诏："益、梓、利、夔州路缘边居住夷人或有铜鼓、铜器，并许依旧于夷界内使用，州县不得骚扰。"先是，富顺监言，始姑镇夷人家有铜鼓，子孙传秘，号为豪族。有司按法，当以违制论。帝念远俗，而有是诏。20，p9850

【天禧】四年二月，归德大将军、知靖蛮军、节度蕃落等使、检校太师、守蕃王龙光泷言："昨大中祥符六年二月内，差武宁将军龙光进等部领进奉入京回，蒙恩赐臣官告、诏书、敕（谍）〔牒〕等三道，红中锦旋襕袄子一领，十两浑渡鹿儿银腰带一条，银器三十两，衣着三十匹，转迁臣归德大将军职员。今差安化将军兼节度副使、检校太傅龙光捷等部领入京进奉，乞加依前将军职员官告、诏书、敕牒、银器、衣着等物。"并从之。20，p9850

【元丰五年】四月十七日，林广言："乞弟巢穴已平，给赐后蕃罗氏鬼主，乞给知羁縻归来州铜印。"从之。30，p9857

【元丰五年四月】二十四日，诏："乞弟逃窜，其地已赐罗氏鬼主铺永，令知归来州，及令杨光震兄弟并沙取、落务嫂等蛮会合掩袭。所获夷户，令自为主；如获乞弟，即依朝旨推赏，令泸南安抚司常举行。"30，p9857

【元丰五年】十二月十一日，右骐骥副使、知泸州张克明言："泸州地方千里，夷夏杂居，近者白崖囤、落婆远等生夷并为王民，既供租赋，或相侵犯，未有条约，一以敕律绳之，或以生事。欲乞应泸州生夷，如与华人相犯，并用敕律；同类相犯，即比附黔州蛮五等罚法。"从之。30—31，p9857

【元丰】七年七月十□日，尚书礼部言："西南程蓄乞贡方物。旧不注籍，如许入贡，乞从五姓蕃例。"从之，令夔州路转运司相度，比附一姓人数解发。31，p9857

【元丰七年八月】二十二日，尚书刑部言："南蕃进奉人石以定过汝州襄城，其下殴击市人，及自毁敕黄。"诏敕书不别给，止令汝州具喧竞毁敕书因依，连所毁敕送广西经略司誊牒，送界首官司付本蕃；其指挥使臣回日，下大理劾罪。31，p9857

【哲宗元祐】二年五月十四日，礼部言："西南蕃泰平军遣石蕃以定等赍表装、鞍马、砂、毡等来贡。元丰著令，西南五姓蕃每五年许一贡，今年限未及，合具表裁。"诏特许入贡。32，p9858

【元祐五年四月】十二月二十五日，枢密院言："泸州张克明奏请：

'应泸州新投降招附生界夷人，今后如与汉人相犯，并乞依汉法施行；若是同类相犯，乞比附黔州见行蛮人条制，以五刑立定钱数，量减数目，断罚入官'。"从之。33，p9858—9859

　　【政和五年】五月七日，梓州路计度转运使赵遹言："晏州夷人结集泸州、长宁军管下罗始党等诸族共一百余村作过，今已措置安帖。缘东接纯州管下新民黄斗个林等族，次接祥州管下新民皇甫世忠、李世恭、时世钦、胥永宁、张永顺、惠世谨、王永怀、包永义等村族，今来至夷贼投降了当，并无新民一村一族一名附从作过，又更黄斗个林助宋杀夷，把隘烧囤，赤忠归宋，诚可嘉尚。乞将首领先次推恩，其纯、滋、祥州、长宁军管下新民、大小首领及亲族夷众，共乞支破提举常平司封桩钱二万贯，令臣措置，优加犒设。承信郎黄斗个林，乞与转两官，管勾本族公事，除每月料钱外，支食钱五贯文，更不依《禄令》添给；保义郎祥州南面管界同巡检皇甫世忠、保义郎祥州北面管界同巡检李世恭、承节郎管勾石门新民本族公事时世钦、承节郎管勾马湖新民本族公事胥永宁、承节郎管勾南管新民本族公事张永顺、承信郎惠世谨、承信郎王永怀、承信郎包永义，已上乞与转一官，料钱依《禄令》外，每月更增添支钱二贯，依旧不请添支驿料；修武郎纯州南面管界同巡检王忠顺、秉义郎纯州北面管界同巡检罗永顺，已上各乞与转一官，依《禄令》请给。"诏从之。36—37，p9861

　　【寿皇圣帝乾道】六年三月二十五日，泸南安抚司言："（木）〔本〕州寨旧例年支蛮人犒设绸一十九匹三丈，并猪、酒、茶、盐等，近刘显等于乾道三年擅与蛮人增添绢一百十四、茶四百二十五斤，并猪、酒、盐等，次年蛮人遂欲用为久例。显又擅立誓，书写合用文据有'永远支给'之文。窃虑遽然减落，别致生事。"户、兵部勘会："欲照应已增数目应副，仍令本司严行束约，已后年分不得擅增。"从之。39—40，p9862—9863

宋会要辑稿·蕃夷五·黎峒

　　真宗大中祥符二年十一月，琼崖等州同巡检王钊言："黎母山蛮递相仇劫，准前条约，不敢擅领军马直入掩袭，即委首领捕捉到为恶（恋）〔蛮〕人，悉还剽夺赀货及偿命之物，饮血为誓，放还溪峒，悉已平静。"诏曰："朕常诫边臣无得侵扰外夷，若自相杀伤，有本土之法，苟以国法

绳之，则必致生事。羁縻之道，正在于此。"43，p9864

【大中祥符】五年五月，万安州言："黎峒夷人互相杀害，巡检使臣领兵深入掩捕，军士有被伤者。"帝曰："朕累有宣谕，蛮夷相杀伤，止令和断，不得擅发兵甲，致其不宁。可令本路转运使察举以闻。"43，p9864

哲宗元祐四年六月，礼部言："遆黎国（般）〔搬〕次冷移四抹粟米等赍于阗国黑汗王并本国蕃王表章贡奉。缘自来不曾入贡，请比附于阗国进奉条式。"从之，今后更有似此而不依解发条乞贡，并说谕许就本处交易讫，令归本国。46，p9866

宋会要辑稿·蕃夷五·黎州诸蛮

淳熙元年正月九日，诏："黎州界吐蕃种落侵犯边境，访闻邛部川都鬼主崖袜率众从后掩杀遁走，备见忠勤。（今）〔令〕四川宣抚司斟量功力，保明闻奏，特与旌赏，仍拟定合推转是何官职申枢院。"52，p9869

【淳熙】二年七月七日，诏："黎州系与蕃蛮接境，凡有边防事件，自合申帅、宪司。近有蕃蛮出参，其本州专擅接纳纵遣，一面和断。知州秦嵩放罢，（今）〔令〕制置、提刑司选差公廉有才力人。"52，p9869

宋会要辑稿·蕃夷五·邛部川蛮

光尧皇帝绍兴十二年六月六日，嘉州上言："虚恨蛮人历阶等领众侵犯中镇等寨，虏掠寨将茹大猷等入蕃部，防拓累年，耗费不赀。今都王历阶遣蛮将军叶遇等二百八十六人送还茹大猷并土丁人等，于界首波恩神堂前折箭，将都王历阶头手皮甲、手刀御纳，设誓：'水不侵犯，为国藩篱。'如是三年边界宁静，乞（如）〔加〕历阶官爵。本州以等第激犒盐、茶，并给都王历阶锦袍、镀金银腰带、幞头、紫袍，填补进武校尉绫纸，付叶遇等。皆望阙山呼谢恩，并已发回蕃部。"诏候及三年，边界宁静，本路帅司保明闻奏，当议推恩。57，p9872—9873

【绍兴】二十七年四月十九日，成都府路钤辖司上言："嘉州中镇寨连靠虚恨蛮部族。先据都王历阶归降，蒙朝廷补官，今历阶年老，退都王名目与其子蒲底，乞补授官资。"诏蒲底补承信郎，候及三年，边界宁静，取旨。57—58，p9873

宋会要辑稿·蕃夷五·保塞蛮

真宗大中祥符二年八月，益州上言："邛部川蛮杀保塞蛮卖马蛮十八人，即移牒黎州，得报称：邛部川与山后两林素有仇隙，杀保塞蛮者乃大渡河外蛮也。"因下诏："本州蛮自今不得与河外蛮相侵扰。本州及巡检使臣不得辄入溪峒，邀功生事。"58，p9873

【光尧皇帝绍兴】二十七年十一月十七日，都大提举茶马司言："黎州蛮甲头李觊等报：有中马蛮客崖遇将带王子倪等自己马钱，雇大渡江土丁十五人，担擎请到马价、锦绢等前归，到大渡河南，在蛮界被汉人四十余人持刃将崖遇杀死，并杀伤蛮奴，劫夺财物。本州已收捉贼首汉人张大二姑并其徒伴二十六人根勘。本司行下黎州，将追到赃物日下给还，仍将贼徒尽实根勘。本州遂勒牙子杨实等说谕蛮人崖袜同水尾村人户商量赔还价钱讫。今照得此事系因蛮人牵马中卖，被边民过境界劫杀中卖蛮人，劫取钱物六千余贯，情理凶恶。今来却一面用夷法和理断，非惟引惹生事，兼恐有碍马政，显见本州知、通率意妄作，措置失当。"诏："知州唐柜、通判陈伯强并放罢，令本路提刑司将行凶为首人一名特决脊杖十五，送千里外州军编管，余人释放。今后并依见行条法施行。"59，p9873—9874

宋会要辑稿·蕃夷五·侬氏

【皇祐四年】八月，诏广南东路同体量安抚经制贼盗杨畋："以遣将佐，兵甲既集，当相形势缓急，一举而扑灭之。恐贼乘风下海，缘海州及琼管之地，厚成以兵则势不足，失备又乘隙而至，如能断其海路，则不以月日淹速计也。所请康定中行军约束及赏罚格令，（令）〔今〕降下；其欲差官删定模印，事非应速；及须检法官，亦可于辖下选之。朝廷既令节制诸将，其军旅战阵之事自当从长处决，毋用中覆。"62—63，p9876

宋会要辑稿·蕃夷五·南蛮溪峒诸蛮

【太平兴国】七年，诏："辰州不得移部内马氏所铸铜柱。"74，p9880

雍熙元年，黔南言："溪峒夷獠疾病，击铜鼓、沙锣以祀神鬼。"诏释其铜禁。74，p9880

【淳化元年】冬，荆湖转运使言："富州向万通杀皮师胜父子七人，取五藏及首以祀魔鬼。朝廷以其远俗，特令勿问。"74，p9880

仁宗天圣元年二月，知夔州史方上言："顺州蛮田彦晏、承恩等结搆作过，攻施州宁边寨。见集施、黔州义军，令差都指挥使牟汉卿、秦施煦等捉杀到溪峒子弟，夺器甲甚众。"诏奖之，其得功人赏以盐、彩。闰九月，夔州转运使刁湛上言："顺州田彦晏等各以悔过纳命，已送先略生口、器甲入官，望不授以刺史，止给知州告身，自今依元定人数许令进奉。"诏授宁远将军，依前知顺州，仍召彦晏等亲赴边寨，饮血设誓。彦晏初攻破施州宁边寨，刁湛召令饮血结誓，乞舍过，许令依旧往。诏释其罪，所欠金银、匹帛、粟米特与放免，所欠户口即责近限送官。湛上言，特降敕书奖之。81，p9886

景祐二年五月，知桂州田丙言："宜州管下镇宁州蛮莫陵等七百余人内寇。"诏遣西京作坊使郭志高、阁门祗候梁绍熙捕讨之。广南西路转运司复言："蛮贼莫陵、边人覃敌争田，互相仇杀，其众才百余人，而宜、融、柳州同巡检凌仲舒妄言七百人。今既请降，已勒誓状，放还镇宁州。"诏莫陵等尝杀害官吏，而转运司擅释之，并仲舒妄增贼数，并令劾罪。续诏转运使魏瓘："宜州蛮莫陵等既请降，宜令还所略人户。若不从命，即并兵追讨之。"82，p9886

元丰四年六月二十六日，权荆湖南路转运副使朱初平言："徽、诚州归明团峒应未建城寨以前，有相仇杀及他讼，并令以溪峒旧法理断讫。乞自今有侵犯，并须经官陈诉，如敢擅相仇杀，并依汉法处断；其有逃避，即官司会合擒捕及本处收捉施行。"从之。87，p9890

元丰八年二月三日，诏："邵州芙蓉、石驿、浮城等峒已修寨铺，其归明户及元省地百姓如省地法，应婚姻出入、典买田、招佃客，并听从便。"从知邵州关杞请也。90，p9892

哲宗元祐六年七月十三日，三省、枢密院言："通判沅州贺玮奏：'本州蛮汉杂居，相犯则汉人独被刑，而归明人止罚赎，实为未当。乞将沅州、诚州蛮汉人相犯立定年限，一断以法。'"下本路监司，相度到："沅州归明人，除附近城寨及与汉人杂居处，若有相犯或有相侵合以法令从事外，有渠阳寨归明人并去城寨至远蛮人，欲依沅州一州敕，除强盗、杀人、放火、诱略人以上罪并情理凶恶者，送本州按治，余并令本县寨斟酌罚赎，更候二三年取旨。"从之。92，p9894

元祐六年十二月二十八日，荆湖北路都钤辖唐义问言："渠阳蛮连年作过，朝廷发近兵讨荡，已画江立界。今虽宁帖，然不可便恃无事，不为预备。请今后蛮人结集，辄离巢穴入寇，即量事势随机杀逐出界。若在溪峒自相仇杀，但令城寨密为防备，毋辄出兵应援。若攻犯归明篱落，不侵省地，只令沅州依杨晟同例，量事大小支牛、酒、盐、彩，令自犒召邻近团峒救助杀逐。"从之。92，p9894

元祐八年正月二十三日，枢密院言："湖北转运副使喻陟、知沅州余卞奏：'本州边面宁帖，夷汉安居。'今据湖北钤辖司奏：'余卞申：杨晟好等结集溪峒，欲并杨晟同寨栅。'虑缘边官吏初作无事，洎结集渐盛，隐庇不得，方立赏逐捕。欲令指挥沅州，今后如有蛮人作过，并须觉察堤备，不得隐庇，养成边患。"从之。绍圣元年闰四月二十七日，诏："西京左藏库副使成卓为久在南方，与溪峒酋首及谅州知州等接熟，恐密相交结，扇摇边事。可添差徐州兵马都监。"二年七月八日，诏供备库副使秦世章等转官、减年有差。以荆湖南路安抚司言其捕杀永州黄里峒徭贼有劳故也。八月五日，诏左朝奉大夫、前知永州刘蒙抚遏蛮人有术，各安生业，减一年磨勘。元符二年二月二十四日，诏故银青光禄大夫、检校国子祭酒、知溪峒新远州军州兼监察御史田思迁长男彦伊特许承袭。徽宗崇宁元年十一月四日，枢密院言："知邵州黄克俊奏：知溪峒徽州杨光衔等乞如元丰以徽州为莳竹县，并诚州各创置城寨。"诏克俊核实，如委忠顺，即依所乞。二年正月五日，中书省言："辰、沅溪峒并以纳土，改诚州为靖州，徽州为莳竹县。"四年八月六日，广南西路经略使王祖道奏："王江、古州等处归顺，自怀远军至古州南，西至安化，北至靖州，广袤二千余里，乞置提举溪峒官二员。"诏从之，仍以平州为名。大观二年九月一日，太师、尚书左仆射兼门下侍郎、魏国公蔡京等言："据黔南等路奏，安化上三州一镇山河土地尽献纳朝廷，上州周围三千五百余里，户一万，人六万五千，永为王民。又思广峒蒙光明等献纳土地，周围计一千五百里，户八百，人九千余。又落安知峒程大法等献地，周围二千五百里，户八千，人四万五千余。又都丹团黄光明献纳土地，周围二千余里，户七千余，人四万余。以上计五万一千一百余户，二十六万二千余人，幅员九千余里，各款塞听命，已相度列置州县。又据靖州西道路诸蛮杨再立献纳土地二百七十五人，计七状，周围三千余里，户四千五百，人一万一千。又辰州蛮人覃都、管骂等三十五栅团人各纳土，输出贡，周围六百余里，三千余户。及涪州夷人骆世华归顺中华，地土东西计六程，南北五程，情愿请税承输，未耕之地并乞入官，幅员一千一百余里，至涪州一十三程，汉夜郎地分，唐属黔中，措置建立州县城寨。又上夷州首领任应举乞将所管夷州四县进纳入官，兴置州县，输纳税赋。又下夷州首领任汉崇等各愿将所管东西四程、南北五程见佃土地即请税承纳，余尽献入官。又南平军夷人木攀族大首领赵泰等献土归化，见耕佃土地请税，作汉家百姓，其余土地召人耕佃，管界东西五程，南北六程，周匝十八程。又播州夷人杨光荣所管系唐朝所建地唐州平，生户一万余家，乞献纳朝廷。又宽乐州、安砂州、谱州、四州、七源州县先次纳土归明，愿将所管州县纳税，永为王民，计二万人、一十六州、三十三县、五十余峒，幅员之广，又一万里。及赍到印记三十四颗，及具地图以闻。"上表称贺。政和三年三月二十九日，武经大夫、新差权发遣广南西路都监、权发遣宾州黄远奏："伏自陛下登宝位以来，尤着意于南方，而夜郎、牁柯之民一旦尽归王化，俾远人皆有蚁慕之心，故邕州管下右江化外之人咸欲款塞归明，愿为王民焉。"92—93，p9894—9895

寿皇圣帝隆兴二年四月二十七日，右正言尹穑言："湖南州县地界多与溪峒蛮徭差互连接，以故省民与徭人交结往来，以田产擅生交易。其间豪猾大姓规免税役，多以产业寄隐徭人户下，内亏国赋，外滋边隙。欲望下湖南安抚司，于逐州选差办吏，亲诣所属州县，将省地与徭人相连旧有界至处明立封堠，自今不许省民将田产典卖与徭人，及私以产业寄隐，并许乡保四邻陈告，以其田土给与告人。若官吏更不检察，停降决配。已前卖入徭户田等，难以遽行改迫，祇令置籍。如有徭人情愿退还所买省地田产者，州县以官钱代支元价。仍明出榜文委曲晓谕。"从之。96，p9897

乾道三年五月十三日，泸南沿边安抚司言："泸州江安县南、北两岸夷人有犯，断罪不一。自今江安县南岸一带夷人有犯十恶及杀伤人罪至死者，悉依汉法，余仍旧法施行。"刑部契勘："续降《绍兴三十一年十月敕旨》：'夔州路所部州军自今熟夷同类自相杀伤，罪至死者，于死（者）〔罪〕上减等。'泸州夷人与夔路夷人一同，欲依绍兴三十一年十月夔州路已得旨，于死罪上减等从流，罪不至死，并依本俗专法。余沿边溪峒有熟夷人，亦乞仿此施行。"从之。96—97，p9897

乾道六年，徭人杨再彤等啸聚数千人，犯沅州界。七年二月四日，诏荆南差官军五百人前往弹压。初，徭人因与省户争，二人伤死，知州孙叙杰辄以兵巡行，破其寨栅十三，夺还省地数十里，召耕佃。于是徭人结连为边患，诸司以闻。调常德府戍兵三百人，且差官说谕，又虑其不服也，及更差官军一二千人。宰臣虞允文奏曰："守臣贪功生事，致蛮峒作过。今所仇视惟守臣，若易孙叔杰，徭人自定。亦须量发官军，示以兵力，然后与打誓，则誓固矣。"上令就近选守臣有才力者往代之，且令开示恩信，（论）〔谕〕以祸福，俾各安业，勿贻后悔。克家曰："故当如此施行，更须以官军临之，彼方肯退听。"上然之。97，p9897

嘉泰三年，前知潭州、湖南要抚赵彦励上言："湖南九郡皆接溪峒，蛮夷叛服不常，制驭之方，岂无其说？臣以为宜择素有勇智、为徭人所信服者，立为酋长，借补小官以镇抚之，安边之上策也。"帝下其议。既而诸司复上言："往时溪峒设首领、峒主、头角官及防遏、指挥等使，皆其长也，比年往往行贿得之，为害滋甚。今宜一新蛮夷耳目，如赵彦励之请，所谓以蛮夷治蛮夷，策之上也。"帝从之。97，p9897—9898

【嘉泰三年】八月十三日，湖北提刑司言："靖州博米之弊：徭人用米博盐，四斤折钱一贯，约米一石，其所散盐不特杂和沙泥，又且减免斤两；其所米不特大多量，又且加耗费。乞下靖州，每岁博籴，止得差官置场，用钱用盐，从民间情愿，两平博易，不得辄有科敷。又科盐之弊：每岁计钱买盐，发下属县寨堡，不问已经减克折阅，每袋定要认作三百斤，每斤要钱二百五十文足。盐价既高，又亏斤两，多杂沙泥，无人愿买，不免科率徭峒头首人，分抑众徭俵盐纳钱。又丁米之弊：徭人每丁岁纳三斗三升，谓之身丁米。今则应系徭人并令就州城纳米，其间有去城百余里，往返等候，动经数日，而所纳米加增斛面，多收耗剩，每米一石，纳得三斗三升，或又高估价（直）〔值〕折纳，县不销钞，时常追呼被扰。乞下靖州，毋得将盐科扰，其丁米止得各就近属县寨堡，从便平量给钞，毋得多收斛面耗剩，及勒令折钱之类。如违，并以违制科罪。"从之。98，p9898

【嘉泰】八年五月八日，诏："衡州常宁县管下溪峒之民，毋得于省地创置产业；王民地著者，亦不许与溪峒以山林陇亩相为贸易。稍有违戾，即置于理。守令不能遵奉条令者，坐以除籍为民之罪。如溪峒之民愿以所置产业鬻与省民者，听。仍令部刺史纠察以闻。"臣僚言："溪峒之民往往于洞外买省地之田以为己业，役省地之民以为耕夫，而岁以租赋输之于官。官吏虑其生事，而幸其输租于我，则因循而不敢问，遂致其田多

为溪峒所有，其民多为溪峒所役。"故有是诏。99，p9898—9899

【嘉泰十年十二月二十一日】，臣僚言："叙州既外控蛮夷，而城之内外（棘）〔僰〕夷、葛獠又动以万计，与汉人杂处。其熟户居省地官庄者，多为义军子弟，而庆符一县与来附一驿迺是政和新纳土，其夷人田地即不许与汉人私相交易。近来多是他州客游或官员士庶因而寄居，贪并夷人之田。间有词讼，豪民行赂，计嘱上下，译者从而变其情，诛求屈抑，无可赴诉。一旦不胜其愤，群起而为盗贼。乞申严条法，不许汉人侵买夷人田地，及严责州县，应夷人词诉，务尽其情，无事之时，常加抚恤，勿令失所。"诏四川制置司及本路帅司、监司严行觉察，如州县尚有违戾，按劾以闻。101，p9900

嘉泰三年正月十二日，前知潭州、湖南安抚赵彦励言："湖南九郡皆与溪峒相接，其地阔远，南接二广，北连湖右，其人狼子野心，不能长保其无事。或因饥馑，或因仇怨，或行劫掠，或至杀伤，州县稍失堤防，则不安巢穴，越界生事，为害不细。为今日计，莫若平居无事之时，择其土豪为徭人所信服者为总首，以任弹压之责，潜以驭之。凡细微争斗，止令总首弹压，开谕劝解，自无浸淫之患。盖总首者，语言、嗜好皆与之同，朝夕相接，婚姻相通，习知其利害，审察其情伪，而其力足以惠利之。每遇饥岁，则籴粟以赈其困乏，徭人莫不感悦，而听从其言。若先借补以小小名目，使得藉此以荣其身，而见重于乡曲，彼必自爱惜而尽忠于公家。如此，则徭民之众，可坐以制之。然亦须五年弹压，委有劳效，然后正补以所借之官。所捐者虚名，所得者实利，安边之策，莫急于此。"诏令本路诸可相度，措置条具。既而本路诸司言："赵彦励奏请溪峒乞置总首，此控制蛮徭之上策也。所谓总首者，必择其平日知虑出于群蛮之右者而为之，无事则使之相安，有事则责之弹压。今诸州所申溪峒亦各有长，惟其名之不同，或谓之首领，或谓之峒主，或谓之头角官，或谓之防遏使、指挥使，不一而足。上件色目，近年以来不为无弊，或有夤缘差，或以贿赂得，名存实亡。万一狼子野心不安巢穴，窃恐为总首者不足以钤制。若非朝廷申明行下，一新蛮徭之耳目，使为之首者各知勉励，以供其职，其有庸懦无能者，许从州郡择众所推服者易置之，保明申帅司核实，借补以小小官资，数年之后，委有劳效，所借之官，锡以真命。其身既荣，颇知自爱，边陲有警，责之弹压，彼必奔走奉命之不暇。所谓以蛮徭治蛮徭，其策莫急于此。赵彦励所请，委是经久可行，乞下本路监司遵守施行。"从

之。102—103，p9901

【嘉定】七年，臣僚复上言："辰、沅、靖三州之地多接溪峒，其居内地者谓之省民，熟户、山猺、峒丁乃居外为捍蔽。其初区处详密，立法行事悉有定制，峒丁等皆计口给田，多寡阔狭，疆畛井井，擅鬻者有禁，私易者有罚，一夫岁输租三斗，无他徭役，故皆乐为之用。边陲有警，众庶云集，争负弩矢前驱，出万死不顾。比年防禁日弛，山猺、洞丁得私售田。田之归于民者，常赋外复输税，公家因资之以为利，故谩不加省，而山猺、峒丁之常租仍虚挂版籍，责其偿益急，往往不能聊生，反寄命猺人，或导其入寇，为害滋甚。宜敕湖广监司檄诸郡，俾循旧制毋废，庶边境绥靖而远人获安也。"70—71，p9904

宋会要辑稿·蕃夷六·吐蕃

【元丰元年】八月二日，诏："知岷州种谔集蕃官，出讷儿温及禄尊，对众明谕所犯，凌迟处斩，妻女田产并赐包诚，子年十五以上配广南牢城，十四以下听随行。哥吴补三班奉职，赐绢二百匹、锦袍带各一。结金迁两资，赐绢百匹。"先是，熙宁中鬼章犯境，讷儿温、禄尊首率部族叛附鬼章。边事才息，来降，今又阴附董毡、鬼章。谔言恐为边患，上董毡所与禄尊蕃字，故诛之。14，p9915

【哲宗元祐】八年正月十一日，熙河兰岷路经略安抚使范育言："阿里骨遣人以蕃字求各立文字，约汉、蕃子孙不相侵犯。得朝旨，令谕之。阿里骨已如所谕，约永不犯汉，复求汉如己要结。臣再三计之，边防重事，恐害久远事机，欲且作迤逦之意，许为奏达。"枢密院以阿里骨既自要结永不犯汉，若无文字答之，恐虑自疑开隙。欲令范育报阿里骨云："汝但子孙久远常约束蕃部，永无生事，汉家于汝蕃界自无侵占。"从之。27，p9923

宋会要辑稿·蕃夷七·朝贡

【景德四年】闰五月，诏："溪峒等处除刺史、知州已上非时到阙，进奏院申枢密院外，其常例进奉人员到京，限五日进纳，仍具职位、人数报阁门，依例见、辞，更不供申枢密院。阁门支赐，例具札子进呈，取索宣赐。"16，p9944

【大中祥符九年】七月七日，秘书少监、知广州陈世卿言："海外蕃国贡方物至广州者，自今犀象、珠贝、拣香、异宝听赍持赴阙，其余辇载重物，望令悉纳州帑，估价闻奏。非贡奉物，悉收税算。每国使、副、判官，各一人；其防援官，大食、注辇、三佛齐、阇婆等国勿过二十人，占城、丹流眉、渤泥、古逻、摩迦等国勿过十人，并来往给券料。广州蕃客有冒代者，罪之。缘赐与所得贸市杂物则免税算，自余私物不在此例。"从之。20，p9947—9948

【庆历五年】七月十二日，三司言："夏国、唃厮啰差人诣阙进奉，虑于延、秦州、镇戎军沿路收买陕西粮草交钞，乞行禁止。如违，卖者并牙人严断，没入之，告人每一钞赏钱五千，以犯人家财充。"从之。26，p9952

【庆历】七年正月二十六日，管勾交州进奉人使所言："乞下开封府告谕诸色行人，不许与交州人买卖违禁物色、书籍。"从之。27，p9952

【熙宁四年】十月六日，枢密都承旨李评言："诸国朝贡，乞别置一司总领，取索诸处文案会聚照验，预为法式。"从之，仍令管勾客省官领之。32，p9956

【元丰七年】七月十一日，尚书礼部言："西南程蕃乞贡方物。旧不注籍，如许入贡，乞从五姓蕃例。"从之，令夔州路转运司相度比附一姓人数解发。38，p9960

【元祐二年】五月十四日，礼部言："西南蕃泰平军遣石蕃以定等赍表装、鞍马、砂、毡等来贡。元丰著令：'西南五姓蕃每五年许一贡。'今年限未及，合具奏裁。"诏特许入贡。39，p9960—9961

【元祐二年】六月二十六日，诏："西平州武圣军都统韦公意许依西南龙、罗、方、石、张蕃例五年一贡，以七十人为额。贡物止纳宜州，计直恩赏、馆券、回赐、供给、犒设等并准石蕃例。"从广南西路经略司请也。39，p9961

【元祐二年八月】十六日，诏修立《回赐于阗国信分物法》。39，p9961

【元祐四年六月】十四日，礼部言："邈黎国般次冷移四抹粟迷等赍于阗国黑汗王并本国蕃王表章贡奉。缘自来不曾入贡，请比附于阗国进奉条式。"从之，今后更有似此而不依解发条乞贡，并说谕许就本处交易讫，令归本国。40，p9961

元符元年六月二十七日，诏："高丽朝贡并依元丰条例施行，《元祐令》勿用。"42，p9963

【崇宁】二年八月二十二日，太府少卿吴黯等札子："为于阗国进奉人将到解盐钞支给见钱，乞应外蕃入贡人所过州县，于法得与官私交易者，不得用钞，并三路香药、斛斗等钞折博，令尚书省修（保）〔条〕。"从之。43，p9963—9964

【大观四年】五月四日，诏："诸西人入贡，诸色人私有交易，编栏使臣不觉察者徒二年，引伴官与同罪，管勾行李、马驼使臣减一等，并不以赦降、去官原减。"43，p9964

【政和七年】五月六日，朝散大夫王师伏奏："伏见三国使者往还，赐予燕劳，仪式咸有定制。其余蕃夷，昨降指挥，令敕令所编修《朝贡令式》，于今十年，缘立法门类多，未暇及此。比年蕃国既多，法令固不可阙，兼引伴皆小使臣与胥吏而已，接见应答鄙俗，不足副陛下待遇远人之意。欲定责限，俾敕令所先次编修。"从之。44，p9964

宣和二年四月十七日，诏："今后蕃国入贡，令本路验实保明。如涉诈伪，以上书诈不实论。令尚书省立法。"45，p9965

【宣和】六年十一月二十六日，诏："罗殿国王罗唯礼等入贡，并依五姓蕃例。"45，p9965

十七、道释

宋会要辑稿·道释一·大师禅师杂录

宣和元年二月四日，诏："天下见住持长老，可委逐州军守臣取索姓名，并赐师号。如有师号者，添两字。"7，p9976

宋会要辑稿·道释一·僧道官

大中祥符二年十一月，诏："诸州僧、道依资转至僧、道正者，每年承天节前，具所管僧、道及寺观，分析为僧、道正已来年月、岁数、名行、有无过犯，开坐以闻。"11，p9978

【大中祥符】八年七月，诏："今后诸州、军、监僧道正有阙，委知州、通判于见管僧道内从上选择。若是上名人不任勾当，即以次拣选有名行经业及无过犯、为众所推、堪任勾当者，申转运司体量诣实，令本州军差补勾当讫奏，候及五周年，依先降指挥施行。"11，p9978

天圣八年正月，以僧道官阙，诏开封府选试僧，具名以闻。11，p9978

【天圣八年】五月，开府封言："勘会左右街僧正、僧录管干教门公事，其副僧录、讲经论首座、鉴义，并不管干教门公事。"诏今后左右街副僧录，并同管干教门公事。11，p9978

崇宁元年五月四日，诏："僧道官免试超越职名补额外守阙鉴义之类，自今虽奉特旨冲改旧条等指挥，令三省（子）〔仔〕细契勘，具有碍是何条法闻奏，更不施行。"12，p9978

宋会要辑稿·道释一·披度普度·度牒附

太祖开宝六年四月，诏："自今诸路据僧帐见管数目，七十人至百三

十人，每年放一人，至百七八十人放两人；如六十已下，据见在数积累年岁，候及前件分数，依例放一人。"14，p9980

太宗太平兴国二年三月，户部郎中侯陟言："沙弥童行剃度文牒，每道纳钱百缗，自今望令罢纳，委〔逐〕处据名申奏，于祠部给牒送逐处。"诏祠部实封下本州，令长吏与本州判官给付。14，p9980

【太平兴国】七年九月，诏曰："朕方隆教法，用福邦家。眷言求度之人，颇限有司之制。俾申素欲，式表殊恩。应先系帐沙弥长发未剃度者，并特与剃度，祠部即给牒。今后不得为例，不得将不系帐人夹带充数，犯者当行决配。"14，p9980

雍熙二年十月，诏："天下应系读经二年、所供帐有名者，并许剃度。僧、尼自今须读经及三百纸，差官考试，所业精熟，方许系籍。"14，p9980

淳化二年十月，诏："五台诸寺院今后每至承天节，依例更不试经，特许剃度行者五十人，内二十人与真容院，余依等第轮次均分诸寺院。"14—15，p9980

至道元年六月，诏："江南、两浙、福建僧尼，今后以见在僧数，每三百人放一人，仍依原敕比试念读经纸，合格者方得以闻。不如此式而辄奏者，知州、通判、职官并除（若）〔名〕，干系人吏、三纲主首、本犯人决配。僧尼死及还俗者，祠部画时追毁讫，缴送祠部。应衷私剃度及买伪滥文书为僧者，所在官司点检，许人陈告，犯者刺面，决配牢城，尼即决还俗。"先是，僧尼读经止以三百纸为限，而无念诵者，是岁，太宗阅泉州僧籍已度数万余籍，未度者犹四千余，始定此制。明年，又诏淮南、川（陕）〔峡〕路并依此制。15，p9981

真宗咸平二年三月，福州言："两浙伪命首僧二千九十四人，准诏：'试经合格者给公凭为僧，不者还俗。'欲望更不比试，止勘会见在数给公凭，仍旧为僧。"从之。17，p9981

【咸平】四年四月，诏："在京并府界、外县僧、尼、道士、女冠下行者、童子、长发等，今后实年十岁，取逐处纲维、寺主结罪委保，委是正身，方得系帐，仍须定法名申官，不得将小名供报。尼年十五，僧年十八，方许剃度受戒；道士、女冠即依旧例，十八许受戒。不得交互礼师，擅移院舍。如本师身亡，或移居院宇，即仰逐时申官，候改正帐籍，方得回礼师迁移居处，所有转念经纸数、卷数，一准久例施行，更不增减。"

17—18，p9981

【咸平】五年十月，诏："天下有窃买祠部牒冒为僧者，限一月于所在陈首，释其罪，违者论如律，少壮者隶军籍。"18，p9981

【咸平】六年五月，诏："僧人等或全无出家文字及受业处簿籍、主首法眷保明买得祠部者，限一月内自首。自首者放罪，任便归俗。或出限不自首者，依法断（违）〔遣〕，仍勒还俗。如内有自来曾作凶恶过犯者，即配军。"18，p9982

景德元年闰九月，诏："河北州军监，今后有北界过来僧人，先取问往止乡县有无亲的骨肉，及召本州公人二人保明结罪文状后，仰长吏已下当面试验经业。如稍精通，仰具奏闻，当议给与祠部，依旧为僧；其不通经业者，即令还俗，分付本家。如无亲的骨肉者，押来赴阙。"18，p9982

【景德】二年九月，诏："福建寺院今年正月一日已前，循伪命例依僧尼真影出家童行，许仍依旧附帐试经业外，今后出家者，并须礼见存僧尼为师。"先是，知兴化军文钧言："本军系帐童行五千七百八十八人，内一千三百五人皆依僧影出家，如违犯，则无本师照证。"故条约之。又诏："河北缘边诸州军寨，今后应是先落北界来归僧人，取问如不愿出家者，其随身公凭并僧（依）〔衣〕，遂处纳下，文字缴连纳省，僧衣本处收附。愿为僧者，并许披挂，将带归乡。仍令本属州军呈乞试验经业，兼令州军勘会。如经半年后不到者，更不得试验为僧，其随身文字、僧衣，即并纳官。内有试经业不精通，如志愿为僧者，召公人二人结罪保明以闻。余依《景德元年闰九月诏命指挥》。"18—19，p9982

【景德四年】七月，诏："西京永昌禅院，今后逐年许剃度行者五人。仍勘会的实系帐月日编排，并逐年依上名下次剃度，不得蓦越。候度到行者并旧管僧人共五十人为额，更不在此。若今后额内有阙，逐年遇承天节，即时剃度行者充填，不得过五人。兼依例逐年具帐通计人数以闻，不得将本院差出及游礼诸处僧人便为阙额。"19，p9982

【大中祥符】六年二月，诏："自今诸寺院童行，令所在官吏试经业，责主首僧保明行止，乃得剃度。如试验不公及保明失实者，并置深罪。"先是，岁放童行皆游堕不逞之民，靡习经戒，至有为寇盗以犯刑者甚众，故条约之。21，p9984

天禧元年三月，诏："道士、童行不由课试而披戴者，自今五年内不

得离宫观；特赐师号、紫衣者，三年内不得妄托假告，出求省亲者，须计程给假。"22，p9984

【天禧】二年三月，诏："祖父母、父母在，别无子息侍养，及刑责、奸细、恶党、山林亡命贼徒负罪潜窜，及曾在军带瑕痕者，并不得出家。寺观容受者，本人及师主、三纲、知事僧尼、邻房同住并科罪。有能陈告收捉者，以本犯人衣钵充（实）〔赏〕。其志愿出家者，并取祖父母、父母处分；已孤者，取问同居尊长处分。其师主须得听许文字，方得容受。童行、长发候祠部，方许剃发为沙弥。如私剃者，勒还俗，本师主徒二年，三纲知事，僧尼杖八十，并勒还俗。"时大理评事张师锡上言："民有出家为僧者，父母皆赢老无依，丐食他所。"故条约焉。22，p9984

【天禧二年】五月，诏："应今年闰四月终以前，在京住房僧及五年以上者，各与弟子一人系帐，俟至来年承天节，依例试验经业，后不得为例。"22，p9984

【天禧】三年八月三日，赦书："天下僧尼、道士、女冠见系帐童行，并与普度。"22，p9984

【天禧三年八月】二十八日，命尚书右丞林特、右谏议大夫兼太子右庶子张士逊提举祠部普度文牒。先是，诸州童行披剃祠部，胥吏纳赂启幸，有若市价，或十年不得文牒者，故命特等立限发遣。特等言："旧例移牒诸州取索名籍，今请止以祠部见管天禧三年帐出给文字，权于馆阁或经诸司抽差八人赴祠部，并手填写发遣，驲递付逐州。至日，长吏以名籍参验。其遁亡还俗者，咸毁讫以闻。仍令诸州先谕寺观，勿得敛钱行用，州县（惊）〔检〕举，犯者断讫以闻。又旧童行帐所作弊，揩改通注，小有差误，即不给祠部，从前启此幸门，邀纳贿赂。今欲勘会，止是小有错谩，非涉诈伪，即以空名祠部下本州，委知州、通判勘会诣实，填名给付讫奏。仍令祠部置簿（杪）〔抄〕上，印押拘管，候了日勾销。"从之。士逊为枢密，又令知制诰宋绶终其事，凡度二十六万二千九百四十人，道士七千八十一人，女冠八十九人，僧二十三万一百二十七人，尼万五千六百四十三人。22—23，p9984—9985

【天禧】五年三月，诏："自今在京寺院房廊住持僧及五年已上，委实不是自外暂来者，令本寺三纲、主首及僧司结罪保明，每人许判状系行者一人，候至承天节，依例试经。"先是，枢密直学士李浚言："在京诸寺院多有外来僧人，于寺院主首处伪作借钱借房文字，冒称住房僧人，以

图收系童行入帐。请自今应外来僧尼，并不得收系童行。"诏从其请。至是，僧徒上言，故降条约。24—25，p9986

【仁宗天圣二年】十二月，尚书右丞、集贤院学士马亮言："天下僧徒数十万，多游堕凶顽隐迹为僧，结为盗贼，污辱教门。欲望今后除额定数剃度外，非时更不放度。及常年聚试之际，先委僧司看验保识，如行止不明，身有雕刺及曾犯刑宪者，并不得试经。仍于逐年试帐前榜此条贯。"从之。26，p9986

【天圣】三年四月，开封府以乾元节，请放寺观童行千三百六十二人。诏："僧礼念经四卷以上、读八卷以上，尼、道士、女冠礼念三卷以上、读七卷以上者，为格试。"26，p9986

【天圣】八年三月，诏："应男子愿出家为僧道者，限年二十已上，方得为童行。若祖父母、父母在，须别有亲兄弟侍养，方得出家。其先经还俗，或曾犯刑责负罪逃亡，及景迹凶恶、身有文刺者，并不得出家。若系帐童行犯刑责者，亦勒还俗。寺观故违容受者，本人及师主、三纲、知事、邻房同住僧道并行勘断，本师虽会赦，仍勒还俗。官司常行觉察，许人陈告，以犯人衣钵、资财给赏，不过五十千。女子限年十五以上，方得出家；虽年幼，其尊长骨肉肯舍出家者亦听。"27，p9987

至和元年二月，诏："乾元节度僧尼，自今两浙、江南、福建、淮南、益、梓、利、夔等路，率限僧百人度一人，尼五十人度一人；京师及他路，僧尼率五十人度一人；道士、女冠不以路分，率二十人度一人。"28，p9987

【光尧皇帝建炎】二年八月二十四日，礼部言."诸州军每遇圣节，宫观道童试经依《元丰法》，《政和令》合念《道德》等经四十纸为合格，即无念过《御解真经》。"诏依人《元丰法》。32，p9990

【建炎二年】十一月二十二日，敕："勘会州县曾经金人或群寇经由去处，暴露遗（骇）〔骸〕，令所在州县委官监督收瘗，仍召募寺观童行专管收瘗。内命官量给钱，于寺院内如法瘗埋，每及二百人，给度牒一道。如僧道愿主管，准此。愿请紫衣或师号者，计价比折度牒支给。"32，p9990

【绍兴二十七年】十二月十五日，礼部侍郎贺允中言："近来僧道身死、还俗、避罪逃亡，寺观主首并州军过限并不缴申度牒，及州县人吏卖亡僧度牒，与僧行洗改、重行书填。欲遍下州县遵依现行条限缴申。若州县、寺观主首有违条限，依法断罪，主首仍还俗。许诸色人陈告，比依告获私自披剃或私度人为僧道条格支尝。如人吏将亡僧度牒私自披剃，及私度人若伪冒者，告赏依前项格法倍之。其童行告获，已有指挥许给度牒披剃外，缘改易书填唯是一般僧道深知弊幸，如能告获，欲支赏钱一百贯。兼僧道供帐及判凭行游及每年纳免丁钱，并令赍执度牒赴所属州验，如当职官能用心验获者，欲依验获伪印法推赏。仍令逐路转运司每岁取索帐状，照递年人数点磨身死及还俗、避罪逃亡之人。有不申缴，即根究依法施行。"从之。35，p9992

【绍兴】二十九年十二月一日，诏："应僧、尼、道士、女冠年八十已上，并与紫衣；已有紫衣者，与师号。经所属自陈，勘会诣实，保明奏闻。"35，p9992

【绍兴】三十一年十二月，敕："应僧、尼、道士、女冠受到（今）〔金〕国度牒，并经所属陈乞，换乞换给。"35，p9992

寿皇圣帝乾道元年正月一日，南郊赦书："僧道身死、若还俗，其度牒、紫衣、师号往往不行缴纳，冒法承代。在《法》：'赦后三十日不改正者，复罪如初，并若降指挥应未曾缴纳，却与童行冒法披剃、披戴之人，限一月自首改正，并与免罪。'（切）〔窃〕虑因所立日限太窄，及避罪未能尽行出首，自今赦到日，除依法限三十日外，更与展限一月，许令首纳，免罪改正。限满不首，因事彰露，复罪如初。"三年十一月六日、六年十一月六日《南郊赦书》，并同此例。36，p9992

宋会要辑稿·道释一·僧道丁钱

乾道元年四月四日，诏："僧道年六十以上，并笃废残疾之人，并比附民丁放纳免丁钱，自乾道元年为始。仍令州县榜谕。"39，p9993—9994

宋会要辑稿·道释二·开坛受戒

太祖开宝五年二月，诏曰："男女有别，著在礼经；僧尼无间，实紊教法。自今尼有合度者，只许于本寺起坛受戒，令尼大德主之。其尼院公院公事，大者送所在长吏鞫断，小者委逐寺三纲区分，无得与僧司更相统摄。如违，重置其罪。僧徒本教，不许习他义，自今无得习天文、地理、阴阳之学。"1，p9995

绍兴二年闰四月二十四日，详定一司敕令所言："今参酌《绍兴法》，拟修下条：'诸未受戒僧尼遇圣节，执度牒僧司验讫，本州出戒牒，并以度牒六念连粘用印，仍于度牒内注给戒牒年月日，印押给讫，申尚书礼部。诸僧道岁当供帐，官司前期取度牒验讫，听供帐。候申帐到州，州委职官一员取度牒对帐验实，申发所属。其行游在外者，所在官司于度牒后连纸批书所给公凭。'<small>右并入《绍兴道释令》，以绍兴二年二月十八日尚书省批状详定，冲改本条不行。</small>'诸僧尼遇开坛受戒及供僧道帐，若度牒有伪冒，失于验认，并帐不实，经历官司杖一百，所供官减一等。'<small>右入《绍兴诈伪敕》，以绍兴二年二月十八日尚书省批状详定。系创立。</small>"诏仍先以施行。先是，吉州天宁节开坛受戒，有僧伪作度牒，守臣徐宇有请，故至是立法。2—3，p9996

绍兴三十二年八月二十四日，<small>寿皇圣帝已即位，未改元。</small>礼部言："新制，斥卖度牒，已披剃、披戴僧尼、女冠除遇天申节受戒外，未有条式。乞遇会庆节，依例逐州开坛受戒，令都进奏院遍下诸路州军（于）〔施〕行。"从之。3，p9996

宋会要辑稿·道释二·释院·功德院

庆元三年五月四日，诏："应臣僚已请到守坟功德院，其家子孙并不得占据屋宇居止，干预常住钱谷出入，及差使人夫等。如违，许守僧经台省陈诉。其自盖造及置到田产者非。"5，p9997

后 记

本书选辑整理工作始于 2013 年，笔者最初是在全面阅读四川大学古籍研究所点校的电子点校版时，对涉及法律的史料进行全面辑录。同时，为了完成另外一件法律文献辑录整理工作做准备。2015 年初步完成了辑录工作后，笔者就有进一步整理出版的计划，然而由于各种原因，特别是没有出版经费而无法实现目标。

2015 年上海古籍出版社出版了四川大学古籍研究所最新点校版后，笔者有停止本项工作的想法。但在此后的教学和研究中发现 2015 年点校版虽然较为成熟，但对法律史的学生和学者来说，仍然存在阅读和使用上的很多问题。2016 年笔者开始对此项工作重新起动，其中首先是让三位硕士研究生以 2015 年点校本为底本进行再次比较收录，他们分别是向娇娇、黄众、姚瑶等。这个过程中由于笔者做了两个国家社科基金后期资助项目《宋朝立法通考》和《宋元断例考辑》的研究都与此史料有关，这样让工作有较好的开展。2019 年通过争取，获得了学校"双一流"经费的出版支持。为此，笔者再次组织同事和学生对辑录法律史料以 2015 年点校本为底本进行校对。参与此次工作的有云南大学马克思主义学院的蔡燕老师，法学院的唐国昌、李梦媛、唐馨怡、焦磊等，其中蔡燕老师对全书进行了一次全面校读。在他们的工作基础上，我对辑录整理出的 150 万字的整理稿进行了全面的统稿和选辑，具体是根据与出版社约定的 120 万字数对多余的字数根据史料的关联度进行删减，对最后选定的辑录史料逐条校对、点校、注释，让辑录成果达到自己设定的目标，可以说本书是目前宋代最真实的法律史料著作，全面反映了宋代法律状况的基础书。

史料辑录整理工作看似十分简单，但工作起来十分复杂、艰难。特别对《宋会要辑录》这样反映宋朝时代特色的法律史料，大量术语和用语就十分让人难以把握。同时，宋朝国家公文行文十分特别，大量公文存在反复套引，有的存在三四层套引。这些都让如何标点成为问题。从笔者的整理研究看，很多标点上的不同，实质是反映对宋朝各种法律形式、术语、用语、官制的把握程度和理解视角。所以说，本辑录整理已经不再是简单的辑录问题，而是一个全新的整理点校成果。笔者在整理过程中也体会到，文献整理中多人合作往往由于各自理解的不同，会存在同一类型的表达和用语上如何点断出现差异的问题。

本书出版首先感谢云南大学的支持，特别是林文勋教授的支持，因为本书属于史料整理研究中的"大部头"，需要大量的经费，若没有云南大学一流大学建设"国家高端智库建设"项目经费支持是无法出版的；其次，感谢在本书整理、校对过程中参与的老师和同学的辛勤工作；最后，感谢中国社会科学出版社任明老师的长期支持和帮助，让本书出版质量得到保障。

胡兴东

2019 年 8 月 23 日于云南大学东陆园